Compact Oxford German Dictionary

German → English
English → German

Chief Editors
Michael Clark
Olaf Thyen

OXFORD
UNIVERSITY PRESS

OXFORD
UNIVERSITY PRESS

Great Clarendon Street, Oxford, OX2 6DP,
United Kingdom

Oxford University Press is a department of the University of Oxford.
It furthers the University's objective of excellence in research, scholarship,
and education by publishing worldwide. Oxford is a registered trade mark of
Oxford University Press in the UK and in certain other countries

First Edition published in 2013
Impression: 1

British Library Cataloguing in Publication Data

Data available

ISBN 978-0-19-966312-5

Printed in Great Britain by Clays Ltd, St Ives plc

Preface

The *Compact Oxford German Dictionary* has been designed to meet the needs of students, tourists, and all those who require quick and reliable answers to their translation questions. Besides clear guidance on selecting the most appropriate translation, it provides illustrative examples to help with construction and usage, and precise information on grammar and style.

German words and senses added to this edition have been drawn from Oxford's Languages Tracker programme, which monitors up-to-the-minute German writing and records changes in the language as they happen. The most appropriate new English words and senses have been selected from those sourced for recent updates to Oxford's English dictionary range, which draws on the two-billion-word Oxford English Corpus. Approximately 2,000 of the commonest words in each language have been marked with a 'key' symbol.

The centre supplement includes a guide to life and culture in German-speaking countries, and a *Phrasefinder* section to help you communicate in commonly encountered situations such as travel, shopping, eating out, and leisure activities. At the end of the book are a glossary of grammatical terms used, a handy summary of German grammar, and sections on irregular verbs and numbers.

Reforms to the spelling of German ratified by the governments of Germany, Austria, and Switzerland have been fully incorporated, but former spellings are still included, marked as such, with cross-references to the modern forms when necessary. All the major spelling changes are also described in the introductory pages.

Visit the Oxford Dictionaries site (www.oxforddictionaries.com) today to find free current English definitions and translations in French, German, Spanish, and Italian, as well as grammar guidance, puzzles and games, and our popular blog about words and language.

Oxford Language Dictionaries Online is our subscription site, which you can access for one year with the purchase of this book (details on the back cover).

Vorwort

Das *Compact Oxford German Dictionary* wurde speziell für Studenten, Touristen und alle, die schnelle und zuverlässige Antworten auf Übersetzungsfragen benötigen, entwickelt. Neben klaren Anleitungen zur Wahl der jeweils passenden Übersetzung bietet es illustrative Beispiele, die Konstruktion und Sprachgebrauch zeigen, und genaue Informationen zu Grammatik und Stilebene.

Deutsche Wörter und Bedeutungen, die in dieser Ausgabe neu hinzugekommen sind, wurden dem Oxforder „Languages Tracker"-Programm entnommen, das die aktuellsten deutschen Texte verfolgt und Veränderungen in der Sprache dokumentiert. Die wichtigsten neuen englischen Wörter und Bedeutungen basieren auf den Aktualisierungen der Englischwörterbücher der Oxford University Press, die aus dem „Oxford English Corpus" mit zwei Milliarden Wörtern schöpfen. Etwa 2000 der jeweils häufigsten Wörter in den beiden Sprachen sind mit einem Schlüssel-Symbol gekennzeichnet.

Der Mittelteil enthält eine Einführung in das Leben und die Kultur in den deutschsprachigen Ländern und einen Sprachführer, den *Phrasefinder*, der Ihnen bei der Kommunikation in typischen Situationen wie Reisen, Einkaufen, Essen gehen und Freizeitaktivitäten hilft. Am Ende des Buches befindet sich ein Glossar der verwendeten Grammatikbegriffe, eine praktische Übersicht über die deutsche Grammatik und Informationen zu unregelmäßigen Verben und Zahlen.

Die von der deutschen, österreichischen und schweizerischen Regierung ratifizierte Reform der deutschen Rechtschreibung ist vollständig eingearbeitet, aber die früheren Schreibweisen sind weiterhin aufgeführt und wenn nötig mit Verweisen zu den neuen Formen versehen.

Besuchen Sie die Website der Oxford-Wörterbücher (www.oxforddictionaries.com)—dort finden Sie kostenlos aktuelle englische Definitionen und Übersetzungen auf Französisch, Deutsch, Spanisch und Italienisch sowie Grammatikinformationen, Puzzles und Spiele, dazu unseren Blog zum Thema Wörter und Sprache.

Oxford Language Dictionaries Online ist unsere kostenpflichtige Website, die Sie mit dem Kauf dieses Buches für ein Jahr nutzen können (siehe Rückumschlag).

Contents / Inhalt

Erläuterungen zum deutsch-englischen Text / Key to German-English Entries

Stichwort •——— **Bịld·schirm** *der* (Ferns., Informationst.) screen
Headword

Bịldschirm-: ~**gerät** *das* VDU; visual
display unit; ~**schoner** *der*; ~~s, ~~ (DV)
screen saver

•——— **Kompositablock.** Eine
Tilde ersetzt jeweils
den gemeinsamen
ersten Bestandteil
der Komposita
Compound block with a
swung dash representing
the first element of each
compound

Die 2000 •——— ✓ **bịllig** **A** *Adj.* **1** cheap ...
häufigsten
deutschen Wörter
sind mit diesem
Schlüssel-Symbol
gekennzeichnet
The 2,000 commonest
German words are
marked with this
key symbol

Blues /bluːs/ *der*; ~, ~; blues *pl.*

•——— Die Aussprache-
angaben (in IPA-
Lautschrift) stehen
unmittelbar hinter
dem Stichwort
(s.S.xvi)
Pronunciation is shown
in IPA immediately after
the headword (see p. xvi)

Ein senkrechter •——— **dar|bieten** (geh.) *unr. tr. V.* (aufführen,
Strich nach dem vortragen) perform; ...
ersten Bestandteil
eines zusammen-
gesetzten Verbs
zeigt an, dass es
sich um eine unfeste
Zusammensetzung
handelt
A vertical bar indicates
that a compound verb
is separable

✓ **darüber** *Adv.* **1** over it/them; ~ stehen (fig.)
be above such things

•——— Ein unter einen
Vokal gesetzter
waagerechter
Strich zeigt die
Länge des Vokals
und in mehrsilbigen
Wörtern zugleich
die Betonung
der betreffenden
Silbe an
An underline indicates
a long vowel, stressed
in words of more than
one syllable

Ein unter einen •——— ✓ **darụm** *Adv.* **1** [a]round it/them ...
Vokal gesetzter
Punkt zeigt die
Kürze des Vokals
und in mehrsilbigen
Wörtern zugleich
die Betonung
der betreffenden
Silbe an
An underdot indicates
a short vowel, stressed
in words of more than
one syllable

✓ **dạss**, *****dạß** *Konj.* **1** that; entschuldigen Sie ...

Kompositionsfuge •——— **Ẹrst·aufführung** *die* premiere
Dot marking the
juncture of the elements
of a compound

•——— Ein hochgestellter
Stern zeigt an, dass
es sich um eine alte,
nicht mehr gültige
Schreibung handelt
An asterisk indicates
an old spelling

Grammatische •——— **erstklassig** **A** *Adj.* first-class
Gliederungspunkte **B** *adv.* superbly
und Wortartangaben
Grammatical categories
and parts of speech

Die Formen des • — **Falter** *der*; ~**s**, ~ (Nacht~) moth; (Tag~)
Genitivs und des   butterfly
Plurals eines
Substantivs   **Fieber** *das*; ~**s** [high] temperature; ...   — • **Eine einzelne Form**
Genitive and plural   **stellt den Genitiv**
forms of a noun   **dar, das Stichwort**
                                                                             hat keinen Plural
                                                                             A single form is the
Der Hinweis *mit* • — **fliehen** /'fliːən/ *unr. itr. V.*; *mit sein* flee (vor   genitive; the word has
***sein* zeigt an, dass**   + *Dat.* from); ...   no plural
das betreffende Verb
die Perfekttempora
mit dem Hilfsverb   **fromm** ~**er** *od.* **frömmer**, ~**st...** *od.*
***sein* bildet**   **frömmst...** Ⓐ *Adj.* pious, devout ‹*person*›;   — • **Unregelmäßige**
mit sein indicates that a   **Steigerungsformen**
verb is conjugated with   **eines Adjektivs**
the auxiliary verb *sein*   Irregular comparative
in its perfect tenses   and superlative forms
                                                                             of an adjective

                       Gehässigkeit *die*; ~, ~**en 1** (Wesen)   — • **Semantische**
                       spitefulness   **Gliederungspunkte**
                       2 (Äußerung) spiteful remark   **und Bedeutungs-**
Stilistische • ——— **happig** *Adj.* (ugs.) ~**e Preise** fancy prices   **indikatoren**
Kennzeichnungen   (infml)   Sense categories and
Style labels   indicators

                       Haube *die*; ~, ~**n 1** bonnet; (einer
                       Krankenschwester) cap
                       2 (Kfz-W.) bonnet (BrE); hood (AmE)   — • **Angaben zur**
                       heuer *Adv.* (südd., österr., schweiz.) this year   **räumlichen**
Bereichsangaben • —— **Icon** /'aɪkən/ *das*; ~**s**, ~**s** (DV) icon   **Zuordnung**
Subject labels   **Immun-:** ~**schwäche** *die* (Med.)   Regional labels
                       immunodeficiency; immune deficiency;

                       knallen Ⓐ *itr. V.* **1** ‹*shot*› ring out; ‹*firework*›   — • **Kollokatoren**
                       go bang; ‹*cork*› pop; ‹*door*› slam; ‹*whip, rifle*›   **(Wörter, mit denen**
                       crack; ...   **zusammen das**
                       knapp Ⓐ *Adj.* **1** meagre; narrow ‹*victory,*   **Stichwort häufig**
                       lead›; narrow, bare ‹*majority*›; ...   **vorkommt) als Hilfe**
Beispiele • —————— ✓ **machen** Ⓐ *tr. V.* **1** make; **aus Plastik/Holz**   **zur Auswahl der für**
(jeweils mit einer   *usw.* **gemacht** made of plastic/wood *etc.*; **sich**   **den jeweiligen**
Tilde an Stelle   (*Dat.*) **etw.** ~ **lassen** have sth made; ...   **Kontext passenden**
des Stichworts)   **Übersetzung**
Examples (with   Collocators (words
a swung dash   often used with the
representing the   headword) shown to
headword)   help select the correct
                                                                             translation for each
                                                                             context

Ein Pfeil • ————— **Omi** *die*; ~, ~**s** ▶ **Oma**
verweist auf ein
bedeutungsgleiches ✓ **Samstag** *der*; ~**[e]s**, ~**e** Saturday; *s. auch*   —— • **Mit *s. auch* wird**
anderes Stichwort   **Dienstag**   **auf ein Stichwort**
An arrow directs   **verwiesen, unter**
the user to another   **dem noch zusätzliche**
headword with the   **Informationen zu**
same meaning   **finden sind**
                                                                      s. auch directs the user
                                                                      to another headword
                                                                      where additional
                                                                      information can be
                                                                      found

Key to English-German Entries /
Erläuterungen zum englisch-deutschen Text

Headword •————— **banquet** /ˈbæŋkwɪt/ *n.* Bankett, *das*
Stichwort

The 2,000 •————— ⚷ **bar** /bɑː(r)/ **A** *n.* **1** Stange, *die*; …
commonest English
words are marked
with this key symbol
Die 2000 häufigsten
englischen Wörter sind   **bar**: ~ **chart** *n.* Stabdiagramm, *das*; ~ **code**   •— **Compound block**
mit diesem Schlüssel-   *n.* Strichcode, *der*   **with a swung dash**
Symbol gekennzeichnet   **representing the**
                                                                                        first element of
                             ⚷ **bear²** **A** *v.t.*, **bore** /bɔː(r)/, **borne** /bɔːn/   **each compound**
Each phrasal verb •—— ■ ~ **'out** *v.t.* (fig.) bestätigen <*Bericht,*   Kompositablock. Eine
is entered on a new   *Erklärung*>; ~ **sb out** jmdm. Recht geben   Tilde ersetzt jeweils
line immediately   ■ '~ **with** *v.t.* Nachsicht haben mit   den gemeinsamen
following the entry   ersten Bestandteil
for the first element   der Komposita
Die *Phrasal Verbs*
folgen, jedes auf einer
neuen Zeile, direkt auf   **bemused** /bɪˈmjuːzd/ *adj.* verwirrt
den Eintrag zu ihrem
Grundverb   •—— **Pronunciation**
                                                                                        shown in IPA
                                                                                        (see p. xviii).
Stress mark, •———— **'bin liner** *n.* Müllbeutel, *der*   Ausspracheangaben
showing stress   (in IPA-Lautschrift)
on the following   (s. S. xviii)
syllable
Betonungszeichen vor   **cart** /kɑːt/ **A** *n.* Wagen, *der*   •—— **Grammatical**
der betonten Silbe   **B** *v.t.* (infml) schleppen   **categories and**
                                                                                        parts of speech
                                                                                        Grammatische
Irregular •—————— ⚷ **choose** /tʃuːz/ **A** *v.t.*, **chose** /tʃəʊz/, **chosen**   Gliederungspunkte
tenses of a verb   /ˈtʃəʊzn/ **1** wählen   und Wortartangaben
Unregelmäßige
Verbformen   **dub** /dʌb/ *v.t.*, **-bb-** (Cinemat.) synchronisieren   •—— **Doubling of a final**
                                                                                        consonant of a verb
                                                                                        before -ed or -ing
Irregular •————— ⚷ **good** /ɡʊd/ **A** *adj.*, **better** /ˈbetə(r)/, **best**   Verdoppelung des
comparative and   /best/ **1** gut; günstig <*Gelegenheit, Angebot*>; …   Endkonsonanten eines
superlative forms   Verbs vor -ed oder -ing
of an adjective
Unregelmäßige   **groom** /ɡruːm, ɡrʊm/ **A** *n.* **1** (stable boy)   •—— **Sense categories**
Steigerungsformen   Stallbursche, *der*   **and sense indicators**
eines Adjektivs   **2** (bride~) Bräutigam, *der*   Semantische
                                                                                        Gliederungspunkte
                                                                                        und Bedeutungs-
Subject labels •——— **HTML** *abbr.* (Comp.) = **hypertext markup**   indikatoren
Bereichsangaben   **language** HTML
                            immobilizer /ɪˈməʊbɪlaɪzə(r)/ *n.* (Motor Veh.)
                                Wegfahrsperre, *die*

Style labels •———— 'jam-packed *adj.* (infml) knallvoll (ugs.),
Stilistische   proppenvoll (ugs.) (with von)
Kennzeichnungen

loch /lɒx, lɒk/ *n.* (Scot.) See, *der*   ———• **Regional labels**
Medicare /'medɪkeə(r)/ *n.*   Angaben zur
(AmE) *[bundes]staatliches*   räumlichen
Krankenversicherungssystem für Personen   Zuordnung
über 65 Jahre

Collocators •————
(words often used
with the headword)
shown to help select
the correct transla-
tion for each context.
Kollokatoren (Wörter,
mit denen zusammen
das Stichwort häufig
vorkommt) als Hilfe
zur Auswahl der für
den jeweiligen Kontext
passenden Übersetzung

oppress /ə'pres/ *v.t.* unterdrücken; (fig.)
<*Gefühl:*> bedrücken
oppressive /ə'presɪv/ *adj.* repressiv; (fig.)
bedrückend <*Ängste, Atmosphäre*>; (hot and
close) drückend <*Wetter, Klima, Tag*>

⚥ **price** /praɪs/ *n.* (lit. or fig.) Preis, *der*; **at a ~** ———• **Examples (with**
of zum Preis von; **what is the ~ of this?**   **a swung dash**
was kostet das?; **at/not at any ~** um jeden/   **representing**
keinen Preis   **the headword)**
                                       Beispiele (jeweils mit
                                       einer Tilde an Stelle
                                       des Stichworts)

An arrow directs •—— sitcom /'sɪtkɒm/ (infml) ▶ situation comedy
the user to another
headword with the
same meaning
Ein Pfeil verweist
auf ein bedeutungs-
gleiches anderes
Stichwort

⚥ **Sunday** /'sʌndeɪ, 'sʌndɪ/ *n.* Sonntag, *der*;
~ opening die sonntägliche Öffnung; **~**
trading sonntägliche Ladenöffnung; *see*   ———• *see also* **directs**
also **Friday**   **the user to another**
                                       headword where
                                       additional
                                       information
                                       can be found
                                       Mit *see also* wird
                                       auf ein Stichwort
                                       verwiesen, unter
                                       dem noch zusätzliche
                                       Informationen zu
                                       finden sind

German spellings in this dictionary

German spellings in this dictionary are in accordance with the reforms ratified by the governments of Germany, Austria, and Switzerland in July 1996 and in force since August 1998. Key points of the reforms are summarized below.

To help the user who may not yet be familiar with the reforms, the German-English section of the dictionary gives both the new spellings and the old versions which became 'invalid' in 2005. The old spellings are marked with an asterisk and are cross-referred where necessary to the new. For example, the translations of the compound verb *wiedererkennen* will no longer be found at this headword, since under the new spelling rules the word vanishes from the language. Instead they are covered by two phrases at the entry for *wieder: jemanden/etwas wieder erkennen* (in the form *jmdn./etw. ~ erkennen*) and *er war kaum wieder zu erkennen* (in the form *er war kaum ~ zu erkennen*). Similarly, the translation of the verb previously written *fönen* will be found at the new entry for the headword *föhnen*.

In a number of cases, however, implementing the new spelling rules has meant that just some, but not all, uses of a word have had to be transferred from one entry to another. In these cases the headword is not marked with an asterisk, but the entry is provided with a cross-reference to where the transferred information is now to be found. So, for example, the user who consults the entry for *leid* looking for a translation of the phrase previously written *jemandem leid tun* will find a cross-reference to the entry for the noun *Leid*, since according to the new spelling rules the word is written with a capital *L* in this expression. The headword *leid* itself is not marked with an asterisk, since it continues to exist in its own right as an adjective.

The following summary lists the most important changes:

1 The ß character The ß character, which is generally replaced in Switzerland by a double s, is retained in Germany and Austria, but is now only written after a long vowel (as in Fuß, Füße) and after a diphthong (as in Strauß, Sträuße).

Fluß, Baß, keß, läßt, Nußknacker become: *Fluss, Bass, kess, lässt, Nussknacker*

2 Nominalized adjectives Nominalized adjectives are written with a capital, even in set phrases.

sein Schäfchen ins trockene bringen, im trüben fischen, im allgemeinen become: *sein Schäfchen ins Trockene bringen, im Trüben fischen, im Allgemeinen*

3 Words from the same word family In certain cases the spelling of words belonging to the same family has been made uniform.

numerieren, überschwenglich become: *nummerieren* (like Nummer), *überschwänglich* (being related to Überschwang)

4 The same consonant three times in a row When the same consonant occurs three times in a row in compounds, all three are written, even when a vowel follows.

Brennessel, Schiffahrt become: *Brennnessel, Schifffahrt* (exceptions are dennoch, Drittel, Mittag)

5 Verb, adjective, and participle compounds Verb, adjective, and participle compounds are written as two words more frequently than previously.

spazierengehen, radfahren, ernstgemeint, erdölexportierend become: *spazieren gehen, Rad fahren, ernst gemeint, Erdöl exportierend*

6 Compounds containing numbers in figures Compounds containing numbers in figures are now written with a hyphen.

24karätig, 8pfünder become: *24-karätig, 8-Pfünder*

7 The division of words containing st st is treated like a normal combination of consonants and is no longer indivisible.

Ha-stig, Ki-ste become: *has-tig, Kis-te*

8 The division of words containing ck The combination ck is not divided and goes on to the next line.

Bäk-ker, schik-ken become: *Bä-cker, schi-cken*

9 The division of foreign words Compound foreign words which are hardly recognized as such today may be divided by syllables, without regard to their original components.

He-li-ko-pter (from the Greek *helix* and *pteron*) may also be written: *He-li-kop-ter*

10 The comma before und Where two complete clauses are connected by *und*, a comma is no longer obligatory.

Karl war in Schwierigkeiten, und niemand konnte ihm helfen. may also be written: *Karl war in Schwierigkeiten und niemand konnte ihm helfen.*

11 The comma with infinitives and participles Even longer clauses containing an infinitive or participle do not have to be divided off with a comma.

Er begann sofort, das neue Buch zu lesen. Ungläubig den Kopf schüttelnd, verließ er das Zimmer. may also be written: *Er begann sofort das neue Buch zu lesen. Ungläubig den Kopf schüttelnd verließ er das Zimmer.*

Abbreviations / Abkürzungen

other, others	a.	anderes, andere
similar	ä.	ähnliches, ähnliche
abbreviation	abbr.	Abkürzung
abbreviation	Abk.	Abkürzung
absolute	abs.	absolut
adjective, adjectival	adj.	adjektivisch
adjective	Adj.	Adjektiv
Administration, Administrative	Admin.	Verwaltungssprache
adverb, adverbial	adv.	adverbial
adverb	Adv.	Adverb
Aeronautics	Aeronaut.	Flugwesen
Agriculture	Agric.	Landwirtschaft
accusative	Akk.	Akkusativ
American English	AmE	amerikanisches Englisch
American, America	Amer.	Amerika
official language	Amtsspr.	Amtssprache
Anatomy	Anat.	Anatomie
Anthropology	Anthrop.	Anthropologie
archaic	arch.	veraltet
Archaeology	Archaeol.	Archäologie
Architecture	Archit.	Architektur
article	art.	Artikel
Astrology	Astrol.	Astrologie
Astronomy	Astron.	Astronomie
Austrian	Aust.	österreichisch
Astronautics	Astronaut.	Raumfahrt
Old Testament	A. T.	Altes Testament
attributive	attr., attrib.	attributiv
Australian, Australia	Austral.	Australien
Construction	Bauw.	Bauwesen
Mining	Berg- mannsspr.	Bergmannssprache
especially	bes.	besonders
biblical	bibl.	biblisch
Biology	Biol.	Biologie
Bookkeeping	Bookk.	Buchführung
Stock Market	Börsenw.	Börsenwesen
Botany	Bot.	Botanik
Federal Republic of Germany	BRD	Bundesrepublik Deutschland
British English	BrE	britisches Englisch
British, Britain	Brit.	britisch, Großbritannien
British	brit.	britisch
fraction	Bruchz.	Bruchzahl

Bookkeeping	Buchf.	Buchführung
Book Trade	Buchw.	Buchwesen
Chemistry	Chem.	Chemie
chemical	chem.	chemisch
child language	child lang.	Kindersprache
Christian	christl.	christlich
Cinematography	Cinemat.	Kinematographie
collective	collect.	Kollektivum
combination	comb.	Kombination
Commerce, Commercial	Commerc.	Handel, Handels-
Computing	Comp.	elektronische Datenverarbeitung
comparative	compar.	Komparativ, komparativ
conditional	condit.	Konditional, konditional
conjunction	conj.	Konjunktion
dative	Dat.	Dativ
German Democratic Republik	DDR	Deutsche Demokratische Republic
definite	def.	bestimmt
declension	Dekl.	Deklination
demonstrative pronoun	Demonstra- tivpron.	Demonstrativ- pronomen
Dentistry	Dent.	Zahnmedizin
derogatory	derog.	abwertend
that is [to say]	d. h.	das heißt
dialect	dial.	Dialekt
poetic	dichter.	dichterisch
Dressmaking	Dressm.	Damenschneiderei
Printing	Druckw.	Druckwesen
German	dt.	deutsch
Data Processing	DV	Datenverarbeitung
Ecclesiastical	Eccl.	kirchlich
Economics	Econ.	Ökonomik
Education	Educ.	Bildungswesen
former, formerly	ehem.	ehemals, ehemalig
Railways	Eisenb.	Eisenbahn
Electricity	Electr.	Elektrizität
Electrical Engineering	Elektrot.	Elektrotechnik
elliptical	ellipt.	elliptisch
emphatic	emphat.	emphatisch
especially	esp.	besonders
something	etw.	etwas
euphemistic	euphem.	euphemistisch
Evangelical	ev.	evangelisch
expressing	expr.	ausdrückend

technical	fachspr.	fachsprachlich
familiar	fam.	familiär
feminine	fem.	feminin
Television	Ferns.	Fernsehen
Telephony	Fernspr.	Fernsprechwesen
figurative	fig.	figurativ
Finance	Finanzw.	Finanzwesen
Aeronautics	Flugw.	Flugwesen
Football	Footb.	Fußball
Forestry	Forstw.	Forstwesen
Photography	Fot.	Fotografie
Gastronomy	Gastr.	Gastronomie
elevated	geh.	gehoben
genitive	Gen.	Genitiv
Geography	Geog.	Geographie
Geology	Geol.	Geologie
Geometry	Geom.	Geometrie
Handicraft	Handarb.	Handarbeit
Heraldry	Her.	Heraldik
historical	hist.	historisch
History, historical	Hist.	Geschichte, historisch
Higher Education	Hoch-schulw.	Hochschulwesen
Horticulture	Hort.	Gartenbau
imperative	imper.	Imperativ, imperativisch
impersonal	impers.	unpersönlich
Indefinite	indef.	unbestimmt
indefinite pronoun	Indefinit-pron.	Indefinitpronomen
indeclinable	indekl.	indeklinabel
indicative	Indik.	Indikativ
infinitive	Inf.	Infinitiv
informal	infml	umgangssprachlich
interjection	Interj., int.	Interjektion
interrogative	interrog.	interrogativ
intransitive	intr.	intransitiv
Irish, Ireland	Ir.	irisch, Irland
ironical	iron.	ironisch
Hunting	Jägerspr.	Jägersprache
somebody	jmd.	jemand
somebody	jmdm.	jemandem
somebody	jmdn.	jemanden
somebody's	jmds.	jemandes
jocular	joc.	scherzhaft
Journalism	Journ.	Journalismus
young people's language	Jugend-spr.	Jugendsprache
legal	jur.	juristisch
cardinal number	Kardinalz.	Kardinalzahl
Catholic	kath.	katholisch
Business	Kauf-mannsspr.	Kaufmanns-sprache
Motor Vehicles	Kfz-W.	Kraftfahrzeugwesen
child language	Kinderspr.	Kindersprache
Cookery	Kochk.	Kochkunst

comparative	Komp.	Komparativ
conjunction	Konj.	Konjunktion
regional	landsch.	landschaftlich
Agriculture	Landw.	Landwirtschaft
Linguistics	Ling.	Linguistik
literal	lit.	wortwörtlich
Literature	Lit.	Literatur
Literary Studies	Literaturw.	Literaturwissen-schaft
Aeronautics	Luftf.	Luftfahrt
medieval	ma.	mittelalterlich
Middle Ages	MA.	Mittelalter
Marxist	marx.	marxistisch
masculine	masc.	maskulin
Mathematics	Math.	Mathematik
Mechanical Engineering	Mech., Engin.	Maschinenbau
Medicine	Med.	Medizin
Meteorology	Met.	Meteorologie
Military	Mil., Milit.	Militär
modifying	mod.	modifizierend
modal verb	Modalv.	Modalverb
Motor Vehicles	Motor Veh.	Kraftfahrzeugwesen
Music	Mus.	Musik
noun	n.	Substantiv
Nautical	Naut.	Seemannssprache
negative	neg.	negativ
nominative	Nom.	Nominativ
North German	nordd.	norddeutsch
North-East German	nordostd.	nordostdeutsch
nouns	ns. (English)	Substantive
National Socialist	ns. (Deutsch)	nationalsozialis-tisch
New Testament	N. T.	Neues Testament
without; above	o.	ohne; oben
object	obj.	Objekt
or	od.	oder
ordinal number	Ordinalz.	Ordinalzahl
Ornithology	Ornith.	Ornithologie
eastern German	ostd.	ostdeutsch
Austrian	österr.	österreichisch
eastern central German	ostmd.	ostmitteldeutsch
officialese	Papierdt.	Papierdeutsch
Parliament	Parl.	Parlament
participle	Part.	Partizip
passive	pass.	Passiv
perfect	Perf.	Perfekt
person	Pers.	Person
Philosophy	Philos.	Philosophie
Photography	Photog.	Fotografie
phrase(s)	phr(s).	Phrase(n)
Physics	Phys.	Physik
Physiology	Physiol.	Physiologie
plural	Pl., pl.	Plural
poetical	poet.	dichterisch

Politics	Polit.	Politik		Sociology	Sociol.	Soziologie
possessive	poss.	possessiv, Possessiv-		army slang	Soldaten-spr.	Soldatensprache
postpositive	postpos.	nachgestellt				
Post Office	Postw.	Postwesen		Sociology	Soziol.	Soziologie
past participle	p.p.	zweites Partizip		derisive	spött.	spöttisch
predicative	präd.	prädikativ		Linguistics	Sprachw.	Sprachwissenschaft
preposition	Präp.	Präposition		Stock Exchange	St. Exch.	Börsenwesen
present	Präs.	Präsens		Taxation	Steuerw.	Steuerwesen
preterite	Prät.	Präteritum		something	sth	etwas
predicative	pred.	prädikativ		subject	Subj.	Subjekt
prefix	pref.	Präfix		nominal;	subst.	substantivisch;
preposition	prep.	Präposition		nominalized		substantiviert
present	pres.	Präsens		noun	Subst.	Substantiv
present participle	pres. p.	erstes Partizip		South German	südd.	süddeutsch
proper noun	pr. n.	Eigenname		South-West German	südwestd.	südwestdeutsch
pronoun	Pron., pron.	Pronomen		suffix	suf.	Suffix
				superlative	Sup., superl.	Superlativ
proverbial	prov.	sprichwörtlich				
Psychology	Psych.	Psychologie		Surveying	Surv.	Landvermessung
past tense	p.t.	Präteritum		symbol	symb.	Symbol
Registered Trade Mark	®	Warenzeichen		technical	tech.	fachsprachlich
				Telephony	Teleph.	Fernsprechwesen
Railways	Railw.	Eisenbahn		Television	Telev.	Fernsehen
Space Travel	Raumf.	Raumfahrt		Textiles	Textilw.	Textilwesen
Roman Catholic Church	RC Ch.	römisch-katholische Kirche		Theology	Theol.	Theologie
legal terminology	Rechtsspr.	Rechtssprache		Veterinary Medicine	Tiermed.	Tiermedizin
				transitive	tr.	transitiv
Law	Rechtsw.	Rechtswesen		and	u.	und
reflexive	refl.	reflexiv		and similar	u. Ä.	und Ähnliches
regular	regelm.	regelmäßig		informal	ugs.	umgangssprachlich
relative	rel.	relativ		indefinite	unbest.	unbestimmt
Religion	Rel.	Religion		University	Univ.	Universität
relative pronoun	Relativ-pron.	Relativpronomen		impersonal	unpers.	unpersönlich
				irregular	unr.	unregelmäßig
Roman	röm.	römisch		usually	usu.	gewöhnlich
Roman Catholic	röm-kath.	römisch-katholisch		et cetera	usw.	und so weiter
Radio	Rundf.	Rundfunk		of	v.	von
see	s.	siehe		verb	V.	Verb
page	S.	Seite		auxiliary verb	v. aux.	Hilfsverb
somebody	sb	jemand		obsolete; obsolescent	veralt.	veraltet; veraltend
School	Sch.	Schule				
jocular	scherzh.	scherzhaft		Behavioural Research	Verhal-tensf.	Verhaltensfor-schung
school slang	Schüler-spr.	Schülersprache		euphemistic	verhüll.	verhüllend
				Transport	Verkehrsw.	Verkehrswesen
Swiss	schweiz.	schweizerisch		Insurance	Versicher-ungsw.	Versicherungs-wesen
Science	Sci.	Wissenschaft				
Scottish, Scotland	Scot.	schottisch		Veterinary Medicine	Vet. Med.	Tiermedizin
School System	Schulw.	Schulwesen		compare	vgl.	vergleiche
Nautical	Seemanns-spr.	Seemannssprache		intransitive verb	v. i.	intransitives Verb
Maritime Affairs	Seew.	Seewesen		diminutive	Vkl.	Verkleinerungs-form
singular	Sg., sing.	Singular		Ethnology	Völkerk.	Völkerkunde
slang	sl.	salopp		popular, vernacular	volkst.	volkstümlich
see above	s. o.	siehe oben				

reflexive verb	v. refl.	reflexives Verb	Commerce and Industry	Wirtsch.	Wirtschaft
transitive verb	v. t.	transitives Verb	Science	Wissensch.	Wissenschaft
transitive and intransitive verb	v. t. & i.	transitives und intransitives Verb	Registered Trade Mark	Ⓦⓩ	Warenzeichen
vulgar	vulg.	vulgär	Dentistry	Zahnmed.	Zahnmedizin
advertising jargon	Werbespr.	Werbesprache	for example	z. B.	zum Beispiel
western German	westd.	westdeutsch	Newspaper Industry	Zeitungsw.	Zeitungswesen
western central German	westmd.	westmitteldeutsch	Zoology	Zool.	Zoologie
			compound	Zus.	Zusammensetzung

Note on proprietary status / Als Markenzeichen geschützte Wörter

This dictionary includes some words which have, or are asserted to have, proprietary status as trade marks or otherwise. Their inclusion does not imply that they have acquired for legal purposes a non-proprietary or general significance, nor any other judgement concerning their legal status. In cases where the editorial staff have some evidence that a word has proprietary status, this is indicated in the entry for that word by the abbreviation ® or Ⓦⓩ, but no judgement concerning the legal status of such words is made or implied thereby.

Namen und Kennzeichen, die als Marken bekannt sind und entsprechenden Schutz genieBen, sind durch die Zeichen ® oder Ⓦⓩ gekennzeichnet. Handelsnamen ohne Markencharakter sind nicht gekennzeichnet. Aus dem Fehlen der Zeichen ® oder Ⓦⓩ darf im Einzelfall nicht geschlossen werden, dass ein Name oder Zeichen frei ist. Eine Haftung für ein etwaiges Fehlen der Zeichen ® oder Ⓦⓩ wird ausgeschlossen.

Phonetic symbols used in transcriptions of German words

Phonetic information given in the German-English section

The pronunciation of German is largely regular, and phonetic transcriptions have only been given where additional help is needed. In all other cases only the position of the stressed syllable and the length of the vowel in that syllable are shown: a long vowel is indicated by an underline, e.g. **Maß**, a short vowel by a dot placed underneath, e.g. **Masse**.

a	*hat*	hat		i̯	*Studie*	'ʃtuːdi̯ə
aː	*Bahn*	baːn		ɪ	*Birke*	'bɪrkə
ɐ	*Ober*	'oːbɐ		j	*ja*	jaː
ɐ̯	*Uhr*	uːɐ̯		k	*kalt*	kalt
ã	*Ensemble*	ã'sãːbl̩		l	*Last*	last
ãː	*Abonnement*	abɔnə'mãː		l̩	*Nabel*	'naːbl̩
ai̯	*weit*	vai̯t		m	*Mast*	mast
au̯	*Haut*	hau̯t		n	*Naht*	naːt
b	*Ball*	bal		n̩	*baden*	'baːdn̩
ç	*ich*	ɪç		ŋ	*lang*	laŋ
d	*dann*	dan		o	*Moral*	mo'raːl
dʒ	*Gin*	dʒɪn		oː	*Boot*	boːt
e	*egal*	e'gaːl		o̯	*loyal*	lo̯a'jaːl
eː	*Beet*	beːt		õ	*Fondue*	fõ'dyː
ɛ	*mästen*	'mɛstn̩		õː	*Fond*	fõː
ɛː	*wählen*	'vɛːlən		ɔ	*Post*	pɔst
ɛ̃	*Mannequin*	'manəkɛ̃		ø	*Ökonom*	øko'noːm
ɛ̃ː	*Cousin*	ku'zɛ̃ː		øː	*Öl*	øːl
ə	*Nase*	'naːzə		œ	*göttlich*	'gœtlɪç
f	*Faß*	fas		œ̃	*Parfum*	par'fœ̃ː
g	*Gast*	gast		ɔy̯	*Heu*	hɔy̯
h	*hat*	hat		p	*Pakt*	pakt
i	*vital*	vi'taːl		pf	*Pfahl*	pfaːl
iː	*viel*	fiːl		r	*Rast*	rast

s	*Hast*	hast	ʔ	Glottal stop, e.g. **beachten** /bəˈlaxtn̩/	
ʃ	*schal*	ʃaːl	ː	Length sign, indicating that the preceding vowel is long, e.g. **Chrom** /kroːm/	
t	*Tal*	taːl			
ts	*Zahl*	tsaːl			
tʃ	*Matsch*	matʃ			
u	*kulant*	kuˈlant	~	Indicates a nasal vowel, e.g. **Fond** /fõː/	
uː	*Hut*	huːt			
u̯	*aktuell*	akˈtu̯ɛl	ˈ	Stress mark, immediately preceding a stressed syllable, e.g. **Ballon** /baˈlɔn/. Each syllable of a word may be represented by a hyphen, e.g. **vor·her** /od. -ˈ-/; **wider**: … **~rufen** /--ˈ--/	
ʊ	*Pult*	pʊlt			
v	*was*	vas			
x	*Bach*	bax			
y	*Physik*	fyˈziːk			
yː	*Rübe*	ˈryːbə			
ỹ	*Nuance*	ˈnỹãːsə			
ʏ	*Fülle*	ˈfʏlə			
z	*Hase*	ˈhaːzə			
ʒ	*Genie*	ʒeˈniː			

Die für das Englische verwendeten Zeichen der Lautschrift

ɑ	*barb*	bɑːb	əʊ	*goat*	gəʊt
ãː	*séance*	ˈseɪãs	ə	*ago*	əˈgəʊ
æ	*fat*	fæt	ɜː	*fur*	fɜː(r)
æ̃	*lingerie*	ˈlæ̃ʒərɪ	f	*fat*	fæt
aɪ	*fine*	faɪn	g	*good*	gʊd
aʊ	*now*	naʊ	h	*hat*	hæt
b	*bat*	bæt	ɪ	*bit, lately*	bɪt, ˈleɪtlɪ
d	*dog*	dɒg	ɪə	*nearly*	ˈnɪəlɪ
dʒ	*jam*	dʒæm	iː	*meet*	miːt
e	*met*	met	j	*yet*	jet
eɪ	*fate*	feɪt	k	*kit*	kɪt
eə	*fairy*	ˈfeərɪ	l	*lot*	lɒt

m	*mat*	mæt
n	*not*	nɒt
ŋ	*sing*	sɪŋ
ɒ	*got*	gɒt
ɔː	*paw*	pɔː
ɔɪ	*boil*	bɔɪl
p	*pet*	pet
r	*rat*	ræt
s	*sip*	sɪp
ʃ	*ship*	ʃɪp
t	*tip*	tɪp
tʃ	*chin*	tʃɪn
θ	*thin*	θɪn
ð	*the*	ðə
uː	*boot*	buːt
ʊ	*book*	bʊk
ʊə	*tourist*	'tʊərɪst
ʌ	*dug*	dʌg
v	*van*	væn
w	*win*	wɪn

x	*loch*	lɒx
z	*zip*	zɪp
ʒ	*vision*	'vɪʒn
ː	Längezeichen, bezeichnet Länge des unmittelbar davor stehenden Vokals, z. B. **boot** /buːt/
'	Betonung, steht unmittelbar vor einer betonten Silbe, z. B. **ago** /ə'gəʊ/. Für jede Silbe eines Wortes oder einer Phrase kann ein Bindestrich stehen, z. B. **midway** /'--, -'-/; **live** ... ∼ **on** Ⓐ /'--/ *v.t.* leben von; Ⓑ /-'-/ *v.i.* weiterleben
(r)	Ein „r" in runden Klammern wird nur gesprochen, wenn im Textzusammenhang ein Vokal unmittelbar folgt, z. B. **pare** /peə(r)/; **pare away** /peər ə'weɪ/

Aa

a¹, A /a:/ *das*; ∼, ∼ **1** (Buchstabe) a/A; **das A und
O** (fig.) the essential thing/things (*Gen.* for);
von A bis Z (fig. ugs.) from beginning to end
2 (Musik) [key of] A

a² *Abk.* = **Ar**

à /a/ *Präp.*; *mit Nom., Akk.* (Kaufmannsspr.) **zehn
Marken** ∼ **0,56 Euro** ten stamps at o.56 euros
each

A *Abk.* = **Autobahn** ≈ M

Aal *der*; ∼[e]s, ∼e eel; ∼ **grün** (Kochk.) green
eels; stewed eels

aalen *refl. V.* (ugs.) stretch out

aal·glatt (abwertend) **A** *Adj.* slippery; ∼ **sein**
be as slippery as an eel
B *adv.* smoothly

Aas *das*; ∼es, ∼e *od.* **Äser 1** *Pl.* ∼e carrion
no art.; (Kadaver) [rotting] carcass
2 *Pl.* **Äser** (salopp abwertend) swine;
(anerkennend) devil

✔ **ab A** *Präp.*; *mit Dat.* **1** from; **ab 1980** as from
198o; **ab Werk** (Kaufmannsspr.) ex works; **ab
Frankfurt fliegen** fly from Frankfurt
2 ([Rang]folge) from ... on[wards]; **ab 20 Euro**
from 2o euros [upwards]
B *Adv.* **1** (weg) off; away; **[an etw. (*Dat.*)]
ab sein** (ugs.) (sich [von etw.] gelöst haben) have
come off [sth]
2 (ugs.) (Aufforderung) off; away; **ab nach
Hause** get off home
3 Gewehr ab! (milit. Kommando) order arms!
4 ab und zu *od.* an now and then

ab|ändern *tr. V.* alter; amend <*text*>

Ab·änderung *die* alteration; (eines Textes)
amendment

ab|arbeiten *tr. V.* work for <*meal*>; work off
<*debt, amount*>

Ab·art *die* variety

ab·artig *Adj.* deviant; abnormal

Ab·artigkeit *die*; ∼, ∼en abnormality;
deviancy

Abb. *Abk.* = **Abbildung** Fig.

Ab·bau *der* **1** dismantling; (von Zelten, Lagern)
striking
2 ▶ abbauen **3** cutback (*Gen.* in); pruning;
reduction
3 (Bergbau) mining; (von Stein) quarrying

ab|bauen *tr. V.* **1** dismantle; strike <*tent,
camp*>
2 (beseitigen) gradually remove; break down
<*prejudices, inhibitions*>
3 (verringern) cut back <*staff*>; prune <*jobs*>;
reduce <*wages*>
4 (Bergbau) mine; quarry <*stone*>

ab|beißen A *unr. tr. V.* bite off

B *unr. itr. V.* have a bite

ab|bekommen *unr. tr. V.* **1** get
2 einen Schlag/ein paar Kratzer ∼ get hit/get
a few scratches; **etwas** ∼ (getroffen werden) be
hit; (verletzt werden) be hurt
3 (los-, herunterbekommen) get <*paint, lid, chain*>
off

ab|berufen *unr. tr. V.* recall <*ambassador,
envoy*> (**aus, von** from)

ab|bestellen *tr. V.* cancel

ab|bezahlen *tr. V.* pay off

ab|biegen *unr. itr. V.*; *mit sein* turn off;
links/rechts ∼ turn [off] left/right

Abbieger *der*; ∼s, ∼, **Abbiegerin** *die*; ∼,
∼nen (Verkehrsw.) motorist/cyclist/car *etc.*
turning off

Ab·bild *das* (eines Menschen) likeness; (eines
Gegenstandes) copy; (fig.) portrayal

ab|bilden *tr. V.* copy; reproduce <*object,
picture*>; depict <*person, landscape*>; (fig.)
portray

Abbildung *die* illustration

ab|binden *unr. tr. V.* **1** (losbinden) untie; undo
2 (abschnüren) put a tourniquet on <*artery,
arm, leg, etc.*>; tie <*umbilical cord*>

ab|blasen *unr. tr. V.* (ugs.) call off

ab|blättern *itr. V.*; *mit sein* flake off

ab|blenden *tr., itr. V.* black out; dip (BrE),
dim (AmE) <*headlights*>; **bei Gegenverkehr
frühzeitig** ∼ dip *or* (AmE) dim one's
headlights promptly when there is
oncoming traffic

ab|blitzen *itr. V.*; *mit sein* (ugs.) **sie ließ alle
Verehrer** ∼ she gave all her admirers the
brush-off

ab|brausen *tr. V.* ▶ abduschen

ab|brechen A *unr. tr. V.* **1** break off; break
<*needle, pencil*>
2 (zerlegen) strike <*tent, camp*>
3 (abreißen) demolish, pull down <*building*>
4 (beenden) break off <*negotiations,
[diplomatic] relations, discussion, activity*>;
(vorzeitig) cut short <*conversation, holiday,
activity*>
5 (DV) cancel
B *unr. itr. V.* **1** *mit sein* break [off]
2 (aufhören) break off

ab|bremsen A *tr. V.* **1** brake
2 retard <*motion*>
B *itr. V.* brake

ab|brennen A *unr. itr. V.*; *mit sein* **1** be
burned down; **das Haus ist abgebrannt** the
house has burned down
2 <*fuse*> burn away; <*candle*> burn down

a

B *unr. tr. V.* **1** let off *‹firework›*
2 burn down *‹building›*

ab|bringen *unr. tr. V.* jmdn. davon ∼, etw.
zu tun dissuade sb from doing sth; jmdn.
vom Kurs ∼ make sb change course

ab|bröckeln *itr. V.*; *mit sein* (auch fig.)
crumble away

Ab·bruch *der* **1** (Abriss) demolition; pulling
down
2 (Beendigung) breaking-off; (einer
Schwangerschaft) termination
3 einer Sache (*Dat.*) [keinen] ∼ tun do [no]
harm to sth

ab|buchen *tr. V.* ‹bank› debit (**von** to);
‹creditor› claim by direct debit (**von** to);
etw. ∼ lassen (durch die Bank) pay sth by
standing order; (durch Gläubiger) pay sth by
direct debit

ab|bügeln *tr. V.* (ugs.) reject, brush aside
‹warning, question, criticism›; rebuff
‹person›

ab|bürsten *tr. V.* **1** brush off
2 (säubern) brush ‹garment›

ab|büßen *tr. V.* serve [out] ‹prison sentence›

Abc /a(:)be(:)ˈtseː/ *das*; ∼ (auch fig.) ABC

Abc-Schütze *der*, **Abc-Schützin** *die* child
just starting school

ab|dampfen *itr. V.*; *mit sein* (ugs.) (abfahren)
set off

ab|danken *itr. V.* ‹ruler› abdicate;
‹government, minister› resign

Abdankung *die*; ∼, ∼en ▸ abdanken
abdication; resignation

ab|decken *tr. V.* **1** open up; ‹gale› take the
roof/roofs off; ‹house›, take the tiles off
‹roof›
2 (herunternehmen, -reißen) take off
3 (abräumen) clear ‹table›; clear away ‹dishes›
4 (schützen) cover ‹person›

ab|dichten *tr. V.* seal

ab|drängen *tr. V.* push away

ab|drehen **A** *tr. V.* **1** (ausschalten) turn off;
den Hahn ∼ (fig.) turn off the supply
2 (abtrennen) twist off
B *itr. V.*; *meist mit sein* turn off

Ab·druck *der*; *Pl.* **Abdrücke** mark; (Fuß∼)
footprint; (Wachs∼) impression; (Gips∼) cast

ab|drücken **A** *itr. V.* pull the trigger; shoot
B *tr. V.* (zudrücken) constrict

ab|dunkeln *tr. V.* darken ‹room›; dim ‹light›

ab|duschen *tr. V.* sich/jmdn. [warm] ∼ take/
give sb a [hot] shower

ab|düsen *itr. V.* (ugs.) zoom off

***abend** ▸ Abend

⚘ **Abend** *der*; ∼s, ∼e evening; guten ∼! good
evening; am [frühen/späten] ∼ [early/late] in
the evening; heute/morgen/gestern ∼ this/
tomorrow/yesterday evening; zu ∼ essen
have dinner; (allgemeiner) have one's evening

⚘ key word
* old spelling—see note on page x

meal; ein bunter ∼ a social [evening]

Abend-: ∼**akademie** *die* evening school;
∼**anzug** *der* evening suit; ∼**blatt** *das*
evening [news]paper; ∼**brot** *das* supper;
∼**dämmerung** *die* [evening] twilight

⚘ **Abend·essen** *das* dinner

abend-, **Abend-:** ∼**füllend** *Adj.* occupying
a whole evening *postpos.*, *not pred.*; ein
∼füllendes Programm a full evening's
programme; ∼**gymnasium** *das;* night
school, evening classes *pl.* (*leading to the
'Abitur'*); ∼**kasse** *die;* box office (*open on
the evening of the performance*); ∼**kleid**
das evening dress; ∼**kurs**, ∼**kursus** *der*
evening class

Abend·land *das;* ∼[e]s West

abendlich *Adj.* evening; ‹quiet, coolness› of
the evening

Abend-: ∼**mahl** *das* (Rel.) Communion; (N.T.)
Last Supper; ∼**programm** *das* evening
programmes *pl.*; ∼**rot** *das* red glow of the
sunset sky

abends *Adv.* in the evenings; um sechs Uhr
∼ at six o'clock in the evening

Abend-: ∼**schule** *die* night school;
∼**sonne** *die* evening sun; ∼**stern** *der*
evening star; ∼**stunde** *die* evening hour;
in den frühen/späten ∼stunden early/late in
the evening; ∼**vorstellung** *die* evening
performance; ∼**zeitung** *die* ▸ Abendblatt

Abenteuer *das;* ∼s, ∼; **1** (auch fig.) adventure
2 (Unternehmen) venture
3 (Liebesaffäre) affair

abenteuerlich *Adj.* **1** (riskant) risky
2 (bizarr) bizarre

Abenteuer-: ∼**lust** *die* thirst for adventure;
∼**roman** *der* adventure novel; ∼**urlaub**
der adventure holiday

Abenteurer *der;* ∼s, ∼; adventurer

Abenteurerin *die;* ∼, ∼nen adventuress

⚘ **aber** **A** *Konj.* but
B *Partikel* ∼ ja/nein! why, yes/no! ∼
natürlich! but of course!; du bist ∼ groß!
aren't you tall!

Aber·glaube, **Aber·glauben** *der*
superstition

aber·gläubisch *Adj.* superstitious

abermals *Adv.* once again; once more

Abf. *Abk.* = Abfahrt dep.

ab|fahren **A** *unr. itr. V.*; *mit sein* **1** (wegfahren)
leave; wo fährt der Zug nach Paris ab? where
does the Paris train leave from?
2 (hinunterfahren) drive down; (Skisport) ski
down
3 (salopp) (sich begeistern) auf jmdn./etw. [voll]
∼ be mad about sb/sth
4 (salopp) (abgewiesen werden) jmdn. ∼ lassen
tell sb where he/she can go (sl.)
B *unr. tr. V.* **1** (abtransportieren) take away
2 (abnutzen) wear out; abgefahrene Reifen
worn tyres

Ab·fahrt *die* **1** departure
2 (Skisport) descent; (Strecke) run

Abfahrts-: ∼**lauf** *der* (Skisport) downhill
[racing]; ∼**läufer** *der*, ∼**läuferin** *die*
(Skisport) downhill racer; ∼**rennen** *das*
(Skisport) downhill [racing]; ∼**zeit** *die* time of
departure; departure time

Ab·fall *der* (Küchen∼ o. Ä.) rubbish, trash
(AmE) *no indef. art., no pl.*; (Fleisch∼) offal *no
indef. art., no pl.*; (Industrie∼) waste *no indef.
art.*; (auf der Straße) litter *no indef. art., no pl.*

Abfall-: ∼**beseitigung** *die* refuse disposal;
(industriell) waste disposal; ∼**eimer** *der*
rubbish bin; trash can (AmE); (auf der Straße)
litter bin; trash can (AmE)

ab|fallen *unr. itr. V.; mit sein* **1** fall off
  2 (abschüssig sein) ⟨*land, road, etc.*⟩ drop away,
  slope
  3 (übrigbleiben) be left [over]; **für dich wird
  [dabei] auch etwas** ∼ you'll get something
  out of it too
  4 von jmdm. ∼ leave sb; **vom Glauben** ∼
  desert the faith

ab·fällig **A** *Adj.* disparaging
  B *adv.* **sich** ∼ **über jmdn. äußern** make
  disparaging remarks about sb

Abfall-: ∼**produkt** *das* (auch fig.) by-
product; (Sekundärstoff) secondary product;
∼**vermeidung** *die* waste avoidance

ab|fangen *unr. tr. V.* **1** catch; intercept
  ⟨*agent, message, aircraft*⟩
  2 repel ⟨*charge, assault*⟩; ward off ⟨*blow,
  attack*⟩

ab|färben *itr. V.* **1** ⟨*colour, garment, etc.*⟩ run
  2 auf jmdn./etw. ∼ (fig.) rub off on sb/sth

ab|fassen *tr. V.* write ⟨*report, letter, etc.*⟩;
draw up ⟨*will*⟩

ab|fegen *tr. V.* **1** brush off; **etw. von etw.** ∼
  brush sth off sth
  2 (säubern) **etw.** ∼ brush sth clean

ab|feiern *tr. V.* use up ⟨*excess hours worked*⟩
(by taking time off)

ab|fertigen *tr. V.* dispatch ⟨*mail*⟩; deal with
⟨*applicant*⟩; handle ⟨*passengers*⟩; serve
⟨*customer*⟩; clear ⟨*ship*⟩ for sailing; clear
⟨*aircraft*⟩ for take-off; clear ⟨*lorry*⟩ for
departure

ab|feuern *tr. V.* fire

ab|finden **A** *unr. tr. V.* **jmdn. mit etw.** ∼
compensate sb with sth; **seine Gläubiger** ∼
settle with one's creditors
  B *unr. refl. V.* **sich** ∼ resign oneself; **sich** ∼
  mit come to terms with; learn to live with
  ⟨*noise, heat*⟩

Abfindung *die*; ∼, ∼**en** settlement; **eine**
∼ **in Höhe von ... zahlen** make a settlement
of ...

Abfindungs·summe *die* ▶ Abfindung

ab|flauen *itr. V.; mit sein* die down; subside;
⟨*interest, conversation*⟩ flag; ⟨*business*⟩
become slack; ⟨*noise*⟩ abate

ab|fliegen *unr. itr. V.; mit sein* leave

ab|fließen *unr. itr. V.; mit sein* flow off

Ab·flug *der* departure

Abflug·zeit *die* departure time

Ab·fluss, ***Ab·fluß** *der* drain; (Rohr)
drainpipe; (für Abwasser) waste pipe

Ab·folge *die* sequence; **die** ∼ **der
Jahreszeiten** the cycle of the seasons

ab|fotografieren *tr. V.* take pictures of

ab|fragen *tr. V.* test; **jmdn. od. jmdm. die
Vokabeln** ∼ test sb on his/her vocabulary

Abfuhr *die*; ∼, ∼**en 1** removal
  2 jmdm. eine ∼ **erteilen** (fig. ugs.) rebuff sb

ab|führen **A** *tr. V.* **1** (nach Festnahme) take
  away
  2 (zahlen) pay out
  3 (abbringen) take away
  B *itr. V.* (für Stuhlgang sorgen) be a laxative

Abführ·mittel *das* laxative

ab|füllen *tr. V.* (in Flaschen) bottle; (in Dosen)
can

Ab·gabe *die* **1** handing in; (eines Briefes, Pakets,
Telegramms) delivery; (eines Gesuchs, Antrags)
submission
  2 (Steuer, Gebühr) tax; (auf Produkte) duty
  3 (Ausstrahlung) release; emission
  4 (Sport) (Abspiel) pass

Ab·gang *der* **1** leaving; departure; (Abfahrt)
departure; (Theater) exit
  2 (jmd., der ausscheidet) departure; (Schule)
  leaver
  3 (bes. Amtspr.) (Todesfall) death
  4 (Turnen) dismount

Ab·gas *das* exhaust

Abgas·katalysator *der* (Kfz-W.) catalytic
converter

abgearbeitet *Adj.* work-worn ⟨*hands*⟩

✧ **ab|geben** **A** *unr. tr. V.* **1** (aushändigen) hand
over; deliver ⟨*letter, parcel, telegram*⟩; hand
in, submit ⟨*application*⟩; hand in ⟨*school
work*⟩; **den Mantel in der Garderobe** ∼ leave
one's coat in the cloakroom
  2 auch intr. jmdm. [etwas] von etw. ∼ let sb
  have some of sth
  3 (abfeuern) fire
  B *unr. refl. V.* **sich mit jmdm./etw.** ∼ spend
  time on sb/sth; (geringschätzig) waste one's
  time on sb/sth

ab·gebrannt *Adj.* (ugs.) broke (infml)

abgebrüht *Adj.* (ugs.) hardened

ab·gedroschen *Adj.* (ugs.) hackneyed

ab·gegriffen *Adj.* battered

ab|gehen *unr. itr. V.; mit sein* **1** (sich entfernen)
leave; (Theater) exit
  2 (ausscheiden) leave
  3 (abfahren) ⟨*train, ship, bus*⟩ leave, depart
  4 (abgeschickt werden) ⟨*message, letter*⟩ be
  sent [off]
  5 (abzweigen) branch off
  6 (sich lösen) come off

abgehetzt *Adj.* exhausted

ab·gelegen *Adj.* remote; (einsam) isolated;
out-of-the-way ⟨*district*⟩

abgemagert *Adj.* emaciated; wasted

ạb·geneigt *Adj.* averse (*Dat.* to); [nicht] ~ sein, etw. zu tun [not] be averse to doing sth

↗ **Abgeordnete** *der/die adj. Dekl.* member [of parliament]; (z.B. in Frankreich) deputy

ạb·gerissen *Adj.* ragged

ạb·geschieden *Adj.* secluded; (abgelegen) isolated

ạb·geschlagen *Adj.* (Sport) [well] beaten

ạb·geschlossen *Adj.* secluded

ạb·geschnitten *Adj.* isolated; **von der Außenwelt** ~ cut off from the outside world

ạb·gesehen *Adv.* ~ **von** apart from; ~ **davon, dass ...** apart from the fact that ...

ạb·gespannt *Adj.* weary; exhausted

ạb·gestanden *Adj.* flat

ạb·gestorben *Adj.* dead ‹*branch, tree*›; numb ‹*fingers, legs, etc.*›

ạb·getreten *Adj.* worn down

ạbgewetzt *Adj.* well-worn; battered ‹*case etc.*›

ạb|gewöhnen *tr. V.* jmdm. etw. ~ make sb give up sth; **sich** (*Dat.*) etw. ~ give up sth

ạb|gießen *unr. tr. V.* pour away ‹*liquid*›; drain ‹*potatoes*›

ạbgöttisch *Adj.* idolatrous

ạb|grenzen *tr. V.* **1** bound; **etw. gegen** *od.* **von etw.** ~ separate sth from sth **2** (unterscheiden) distinguish

Ạb·grund *der* abyss; chasm; (Abhang) precipice

ạb|hacken *tr. V.* chop off; **jmdm. die Hand** *usw.* ~ chop sb's hand *etc.* off

ạb|haken *tr. V.* tick off; check off (AmE)

ạb|halten *unr. tr. V.* **1** jmdn./etw. [von jmdm./etw.] ~ keep sb/sth off [sb/sth] **2** jmdn. davon ~, etw. zu tun stop sb doing sth **3** (durchführen) hold ‹*elections, meeting, referendum*›

ạb|handeln *tr. V.* **1** jmdm. etw. ~ do a deal with sb for sth **2** (darstellen) deal with

abhạnden *Adv.* ~ **kommen** get lost; go astray; **etw. kommt jmdm.** ~ sb loses sth

Ạb·handlung *die* treatise (**über** + *Akk.* on)

Ạb·hang *der* slope; incline

ạb|hängen¹ *unr. itr. V.* **von jmdm./etw.** ~ depend on sb/sth

ạb|hängen² **A** *tr. V.* **1** take down **2** (abkuppeln) uncouple **3** (ugs.) shake off ‹*pursuer, competitor*› **B** *itr. V.* (den Hörer auflegen) hang up

↗ **abhängig** *Adj.* dependent (**von** on); (süchtig) addicted (**von** to); **von jmdm./etw.** ~ **sein** depend on sb/sth

Ạbhängige *der/die adj. Dekl.* (Rechtspr.) dependant; (Untergebene) subordinate

Ạbhängigkeit *die;* ~, ~**en** dependence; (Sucht) addiction

Ạbhängigkeits·verhältnis *das* relationship of dependence (**zu** on)

ạb|härten *tr. V.* harden

ạb|hauen **A** *unr. tr. V.* **1** *Prät.* **haute ab** knock off **2** *Prät.* **hieb** (geh.) *od.* **haute ab** (mit Schwert, Axt usw.) chop off **B** *unr. itr. V.; mit sein Prät.* **haute ab** (salopp) beat it (infml)

ạb|heben **A** *unr. tr. V.* **1** lift off ‹*lid, cover, etc.*›; [den Hörer] ~ answer [the telephone] **2** (von einem Konto) withdraw ‹*money*› **B** *unr. itr. V.* ‹*balloon*› rise; ‹*aircraft, bird*› take off; ‹*rocket*› lift off **C** *unr. refl. V.* stand out (**von** against)

ạb|heften *tr. V.* file

ạb|hetzen *refl. V.* rush [around]; *s. auch* **abgehetzt**

Ạb·hilfe *die* action to improve matters; ~ **schaffen** put things right

ạb|holen *tr. V.* collect, pick up ‹*parcel, book, tickets, etc.*›; pick up ‹*person*›

ạb|hören *tr. V.* **1** jmdm. *od.* jmdn. Vokabeln ~ test sb's vocabulary [orally]; **das Einmaleins** ~ ask questions on the multiplication tables **2** tap ‹*telephone conversation, telephone*›; bug (infml) ‹*conversation, premises*›; **jmdn.** ~ tap sb's telephone

ạbhör·sicher *Adj.* bug-proof (infml); tap-proof ‹*telephone*›

↗ **Ạbi** *das;* ~**s,** ~**s** (Schülerspr.) **Abitur** *das;* ~**s,** ~**e** Abitur (*school-leaving examination at grammar school needed for entry to higher education*); ≈ A levels (BrE)

Abituriẹnt *der;* ~**en,** ~**en, Abituriẹntin** *die;* ~, ~**nen** sb who is taking/has passed the 'Abitur'

ạb|jagen *tr. V.* jmdm. etw. ~ finally get sth away from sb

Abk. *Abk.* = **Abkürzung** abbr.

ạb|kapseln *tr. V.* encapsulate; **sich gegen die Umwelt** ~ (fig.) isolate oneself from one's surroundings

ạb|kaufen *tr. V.* jmdm. etw. ~ buy sth from sb

Ạb·klatsch *der* (abwertend) pale imitation; poor copy

ạb|klopfen *tr. V.* **1** knock off **2** (säubern) knock the dirt/snow/crumbs *etc.* off **3** (untersuchen) tap

ạb|knallen *tr. V.* (salopp) shoot down; gun down

ạb|knicken **A** *tr. V.* snap off **B** *itr. V.; mit sein* snap

ạb|kochen *tr. V.* boil

Ạb·kommen *das;* ~**s,** ~; agreement

ạb|kommen *unr. itr. V.; mit sein* **1 vom Weg** ~ lose one's way; **vom Kurs** ~ go off course;

↗ key word

* alte Schreibung—vgl. Hinweis auf S. x

von der Fahrbahn ～ leave the road; **vom Thema** ～ stray from the topic **2 von einem Plan** ～ abandon a plan

abkömmlich *Adj.* free; available

ab|können *unr. tr. V.* (nordd.) (mögen) stand; (vertragen) take

ab|kratzen **A** *tr. V.* **1** (mit den Fingern) scratch off; (mit einem Werkzeug) scrape off **2** (säubern) scrape [clean] **B** *itr. V.; mit sein* (derb) snuff it (sl.)

ab|kriegen *tr. V.* (ugs.) ▸ abbekommen

ab|kühlen **A** *tr. V.* cool down **B** *itr., refl. V.; itr. meist mit sein* cool down

Ab·kühlung *die* cooling

ab|kupfern *tr. V.* (ugs.) copy mechanically (**bei** from)

ab|kürzen *tr., itr. V.* **1** (räumlich) shorten; **den Weg** ～ take a shorter route **2** (zeitlich) cut short **3** (kürzer schreiben) abbreviate (**mit** to)

Abkürzung *die* **1** (Weg) shortcut **2** (Wort) abbreviation

ab|küssen *tr. V.* cover with kisses

ab|laden *unr. tr., itr. V.* unload

Ab·lage *die* **1** storage place **2** (Raum) storage room **3** (Bürow.) filing

ab|lagern *tr. V.* deposit

ab|lassen **A** *unr. tr. V.* let out (**aus** of); let off ‹*steam*› **B** *unr. itr. V.* **1 von jmdm./etw.** ～ leave sb/sth alone **2 von etw.** ～ (etw. aufgeben) give sth up

♂ **Ab·lauf** *der* **1** (Verlauf) course; (einer Veranstaltung) passing off **2** (Ende) **nach** ～ **eines Jahres** after a year; **nach** ～ **einer Frist** at the end of a period of time

ab|laufen *unr. itr. V.; mit sein* **1** flow away; (aus einem Behälter) run out **2** (verlaufen) pass off **3** ‹*alarm clock*› run down; ‹*parking meter*› expire **4** ‹*period, contract, passport*› expire

ab|lecken *tr. V.* **1** lick off **2** (säubern) lick clean

ab|legen **A** *tr. V.* **1** lay *or* put down **2** (Bürow.) file **3** stop wearing ‹*clothes*› **4** give up ‹*habit*›; lose ‹*shyness*› **5** swear ‹*oath*›; sit ‹*examination*›; make ‹*confession*› **B** *tr., itr. V.* take off; **möchten Sie** ～? would you like to take your coat off? **C** *itr. V.* **[vom Kai]** ～ cast off

Ableger *der*; ～**s**, ～; layer; (Steckling) cutting

♂ **ab|lehnen** *tr. V.* **1** decline; decline, turn down ‹*money, invitation, position*›; reject ‹*suggestion, applicant*› **2** (missbilligen) disapprove of

Ablehnung *die*; ～, ～**en 1** rejection **2** (Missbilligung) disapproval

ab|leiten *tr. V.* **1** divert **2** (herleiten) etw. **aus/von etw.** ～ derive sth from sth

Ab·leitung *die* derivation

ab|lenken *tr. V.* **1** deflect **2** jmdn. **von etw.** ～ distract sb from sth **3** (zerstreuen) divert; **sich** ～ amuse oneself

Ab·lenkung *die* ▸ ablenken deflection; distraction; diversion

Ablenkungs·manöver *das* diversion[ary tactic]

ab|lesen *unr. tr. V.* **1** read ‹*speech, lecture*›; **werden Sie frei sprechen oder** ～? will you be talking from notes or reading your speech? **2** read ‹*gas meter, thermometer, etc.*›; check ‹*time, speed, temperature*› **3** (erkennen) see

ab|lichten *tr. V.* **1** (fotokopieren) photocopy **2** (fotografieren) take a photograph of

Ab·lichtung *die* **1** (das Fotografieren) photographing; (das Fotokopieren) photocopying **2** (Fotokopie) photocopy

ab|liefern *tr., itr. V.* hand in; deliver ‹*goods*›

ab|lösen **A** *tr. V.* **1** etw. **[von etw.]** ～ get sth off [sth] **2** jmdn. ～ relieve sb; **sich** *od.* **einander** ～ take turns **B** *refl. V.* **sich [von etw.]** ～ come off [sth]

Ab·lösung *die* (eines Postens) changing; **ich schicke Ihnen jemanden zur** ～ I'll send someone to relieve you

ab|machen *tr. V.* **1** (ugs.) take off; take down ‹*sign, rope*› **2** (vereinbaren) agree

Abmachung *die*; ～, ～**en** agreement

ab|magern *itr. V.; mit sein* become thin; (absichtlich) slim

Abmagerungs·kur *die* reducing diet

ab|marschieren *itr. V.; mit sein* depart; (Milit.) march off

ab|melden *tr. V.* **1** sich/jmdn. ～ report that one/sb is leaving **2** (Umzug melden) notify the authorities that one is moving from an address **3 ein Auto** ～ cancel a car's registration **4** (DV) ▸ ausloggen

Ab·meldung *die* **1** (beim Weggehen) report that one is leaving **2** (beim Umzug) registration of a move with the authorities at one's old address **3** ～ **eines Autos** cancellation of a car's registration

Ab·messung *die* (Dimension) dimension; measurement

ab|montieren *tr. V.* take off ‹*part*›; dismantle ‹*machine, equipment*›

ab|mühen *refl. V.* toil; **sie mühte sich mit dem schweren Koffer ab** she struggled with the heavy suitcase

ab|murksen *tr. V.* (salopp) do in (sl.)

Abnahme *die*; ～, ～**n 1** (das Entfernen) removal

a

2 (Verminderung) decrease

ab|nehmen A *unr. tr. V.* **1** (entfernen) take off; take down <*picture, curtain, lamp*> **2** jmdm. den Koffer ~ take sb's suitcase; jmdm. eine Arbeit ~ save sb a job **3** jmdm. ein Versprechen/einen Eid ~ make sb give a promise/swear an oath **4** (prüfen) inspect and approve; test and pass <*vehicle*> **5** jmdm. etw. ~ (wegnehmen) take sth off sb **6** (beim Telefon) answer <*telephone*>; pick up <*receiver*> **7** (Handarb.) decrease **8** das nehme ich dir/ihm *usw.* nicht ab I won't buy that (infml) **B** *unr. itr. V.* **1** (Gewicht verlieren) lose weight **2** (sich verringern) decrease; drop; <*attention, interest*> flag; <*brightness*> diminish; wir haben ~den Mond there is a waning moon **3** (beim Telefon) answer the telephone

Ab·neigung *die* dislike (gegen for)

ab|nutzen, (landsch.), **ab|nützen** *tr., refl. V.* wear out; abgenutzt worn

Abonnement /abɔnə'mã:/ *das*; ~s, ~s subscription (*Gen.* to)

Abonnent *der*; ~en, ~en, **Abonnentin** *die*; ~, ~nen subscriber (+ *Gen.* to); (Theater, Oper) season ticket holder

abonnieren *tr. V.* subscribe to

Ab·ordnung *die* delegation

ab|packen *tr. V.* pack; wrap <*bread*>; abgepacktes Obst/abgepackte Fleischportionen packaged fruit/pieces of meat

ab|passen *tr. V.* **1** (abwarten) wait for **2** (aufhalten) catch

ab|pausen *tr. V.* trace

ab|pfeifen (Sport) A *itr. V.* blow the whistle **B** *tr. V.* [blow the whistle to] stop

Ab·pfiff *der* (Sport) final whistle; (Halbzeit~) half-time whistle

ab|pflücken *tr. V.* pick

ab|plagen *refl. V.* slave away

ab|prallen *itr. V.*; *mit sein* rebound; <*bullet, missile*> ricochet

Ab·produkt *das* waste product

ab|puffern *tr. V.* offset; offset, cushion <*effect*>

ab|putzen *tr. V.* (ugs.) **1** wipe off **2** (säubern) wipe; jmdm./sich das Gesicht ~ clean sb's/one's face

ab|quälen *refl. V.* sich [mit etw.] ~ struggle [with sth]

ab|rackern *refl. V.* (ugs.) flog oneself to death (infml)

ab|rasieren *tr. V.* shave off

ab|raten *unr. itr. V.* jmdm. von etw. ~ advise sb against sth

ab|räumen *tr. V.* **1** clear away **2** (leer machen) clear <*table*>

♂ key word
* old spelling—see note on page x

ab|rechnen A *itr. V.* cash up; mit jmdm. ~ (fig.) call sb to account **B** *tr. V.* die Kasse ~ reckon up the till; seine Spesen ~ claim one's expenses

Ab·rechnung *die* **1** cashing up *no art.*; (Aufstellung) statement **2** (fig.) (Vergeltung) reckoning

Ab·rede *die* **1** arrangement; agreement **2** etw. in ~ stellen deny sth

ab|regen *refl. V.* (ugs.) calm down; reg dich ab! cool it! (infml); calm down!

ab|reiben *unr. tr. V.* **1** rub off **2** (säubern) rub

Ab·reise *die* departure (nach for); bei meiner ~ when I left/leave

ab|reisen *itr. V.*; *mit sein* leave (nach for)

ab|reißen A *unr. tr. V.* **1** tear off; tear down <*poster, notice*>; pull off <*button*> **2** (niederreißen) demolish, pull down <*building*> **B** *unr. itr. V.*; *mit sein* **1** fly off; <*shoelace*> break off **2** (aufhören) come to an end; <*connection, contact*> be broken off

ab|richten *tr. V.* train

Ab·riss, **Ab·riß der* **1** ▸ abreißen **A2** demolition; pulling down **2** (knappe Darstellung) outline

ab|rollen A *tr. V.* unwind **B** *itr. V.*; *mit sein* unwind [itself]

ab|rücken A *tr. V.* (wegschieben) move away **B** *itr. V.*; *mit sein* move away

Ab·ruf *der* auf ~ on call; (DV) in retrievable form

ab|rufen *unr. tr. V.* summon; call

ab|runden *tr. V.* **1** (auch fig.) round off **2** round <*figure*> up/down (auf + *Akk.* to); etw. nach oben/unten ~ round sth up/down

abrupt A *Adj.* abrupt **B** *adv.* abruptly

ab|rüsten *itr. V.* disarm

Ab·rüstung *die*; ~; disarmament

ab|rutschen *itr. V.*; *mit sein* **1** slip **2** (nach unten rutschen) slide down

ABS *Abk.* = **Antiblockiersystem** ABS

Abs. *Abk.* **1** = **Absender** **2** = **Absatz**

Ab·sage *die* (auf eine Einladung) refusal; (auf eine Bewerbung) rejection

ab|sagen A *tr. V.* cancel; withdraw <*participation*> **B** *itr. V.* jmdm. ~ tell sb one cannot come

ab|sägen *tr. V.* saw off

♂ **Ab·satz** *der* **1** (am Schuh) heel **2** (Textunterbrechung) break **3** (Textabschnitt) paragraph **4** (Kaufmannsspr.) sales *pl.*

Absatz-: ~**chance** *die* (Kaufmannsspr.) sales prospect; ~**förderung** *die* (Kaufmannsspr.) sales promotion; ~**markt** *der* (Kaufmannsspr.) market; ~**steigerung** *die* (Kaufmannsspr.) increase in sales

ạb|saufen *unr. itr. V.; mit sein* (ugs.) ‹*engine, car*› flood

ạb|saugen *tr. V.* **1** suck away **2** (säubern) hoover (BrE)

ạb|schaben *tr. V.* **1** scrape off **2** (säubern) scrape [clean]

ạb|schaffen *tr. V.* **1** (beseitigen) abolish ‹*capital punishment, regulation, customs duty, institution*›; repeal ‹*law*›; put an end to ‹*injustice, abuse*› **2** (weggeben) get rid of

Ạb·schaffung *die* abolition; (von Gesetzen) repeal; (von Unrecht, Missstand) ending

ạb|schalten *tr., itr. V.* switch off; shut down ‹*power station*›

abschätzig **A** *Adj.* derogatory **B** *adv.* derogatorily

Ạb·scheu *der; ~s* detestation; abhorrence

abscheulich **A** *Adj.* **1** disgusting ‹*smell, taste*›; repulsive ‹*sight*› **2** (verwerflich) disgraceful ‹*behaviour*›; abominable ‹*crime*› **B** *adv.* disgracefully

ạb|schicken *tr. V.* send [off]

ạb|schieben *unr. tr. V.* **1** push away **2** (abwälzen) shift ‹*responsibility, blame*› **3** (außer Landes bringen) deport

Ạb·schiebung *die* (Rechtsw.) deportation

Ạbschiebungs·haft *die* (Rechtsw.) detention prior to deportation

Ạbschied *der; ~[e]s, ~e* parting (von from); farewell (von to); ~ nehmen take one's leave (von of)

Ạbschieds-: ~**brief** *der* farewell letter; ~**geschenk** *das* parting gift; ~**gruß** *der* goodbye; farewell

ạb|schießen *unr. tr. V.* **1** shoot down ‹*aeroplane*› **2** fire ‹*arrow*›; launch ‹*spacecraft*› **3** (töten) take

ạb|schirmen *tr. V.* **1** (schützen) shield **2** (fernhalten) screen off ‹*light, radiation*›

ạb|schlachten *tr. V.* slaughter

Ạb·schlag *der* **1** (Kaufmannsspr.) discount **2** (Teilzahlung) interim payment; (Vorschuss) advance **3** (Fußball) goalkeeper's kick out

ạb|schlagen **A** *unr. tr. V.* **1** knock off; (mit dem Beil, Schwert usw.) chop off **2** (ablehnen) refuse **3** (abwehren) beat off **B** *unr. itr. V.* (Fußball) kick the ball out

ạb|schleifen *unr. tr. V.* (von Holz) sand off; (von Metall, Glas usw.) grind off

Ạbschlepp·dienst *der* breakdown recovery service; tow[ing] service (AmE)

ạb|schleppen tow away; take ‹*ship*› in tow; ein Auto zur Werkstatt ~ tow a car to the garage

Ạbschlepp-: ~**seil** *das* tow rope; (aus Draht) towing cable; ~**stange** *die* tow bar; ~**wagen** *der* breakdown vehicle; tow truck

(AmE); (der Polizei) tow-away vehicle

✧ **ạb|schließen** **A** *unr. tr. V.* **1** *auch itr.* (zuschließen) lock ‹*door, gate, cupboard*›; lock [up] ‹*house, flat, room, park*› **2** (verschließen) seal; etw. luftdicht ~ seal sth hermetically **3** (begrenzen) border **4** (zum Abschluss bringen) conclude; sein Studium ~ finish one's studies; Bewerber mit abgeschlossenem Universitätsstudium applicants with a degree **5** (vereinbaren) strike ‹*bargain, deal*›; make ‹*purchase*›; enter into ‹*agreement*› **B** *unr. itr. V.* (aufhören, enden) end; ~d sagte er … in conclusion he said …

✧ **Ạb·schluss**, *°**Ạb·schluß*** *der* **1** (Verschluss) seal **2** (Beendigung) conclusion; end **3** (eines Geschäfts, Vertrags) conclusion

Ạbschluss-, *°**Ạbschluß-**:* ~**ball** *der* final dance; ~**prüfung** *die* **1** (Schulw.) leaving or (AmE) final examination; (Hochschulw.) final examination; finals *pl.* **2** (Wirtsch.) audit

ạb|schmecken *tr. V.* **1** (kosten) taste; try **2** (würzen) season

ạb|schmieren *tr. V.* (Technik) grease

ạb|schminken *tr. V.* jmdn./sich ~ remove sb's/one's make-up

ạb|schmirgeln *tr. V.* rub off with emery; (mit Sandpapier) sand off

ạb|schnallen *tr. V.* unfasten

ạb|schneiden **A** *unr. tr. V.* **1** (auch fig.) (isolieren) cut off; cut down ‹*sth hanging*›; etw. von etw. ~ cut sth off sth; sich (*Dat.*) eine Scheibe Brot ~ cut oneself a slice of bread **2** (kürzer schneiden) cut **3** jmdm. den Weg ~ take a shortcut to get ahead of sb **B** *unr. itr. V.* bei etw. gut/schlecht ~ do well/badly in sth

✧ **Ạb·schnitt** *der* **1** (Kapitel) section **2** (Zeitspanne) phase **3** (Teil eines Formulars) [detachable] portion

ạb|schrauben *tr. V.* unscrew [and remove]

ạb|schrecken *tr. V.* **1** deter **2** (fernhalten) scare off **3** (Kochk.) pour cold water over

Ạbschreckung *die*; ~, ~**en** deterrence; (Mittel zur Abschreckung) deterrent

ạb|schreiben **A** *unr. tr. V.* **1** copy out; etw. bei od. von jmdm. ~ (in der Schule) copy sth off sb; (als Plagiator) plagiarize sth from sb **2** (Wirtsch.) amortize **B** *unr. itr. V.* bei od. von jmdm. ~ (in der Schule) copy off sb; (als Plagiator) copy from sb

Ạb·schreibung *die* (Wirtsch.) amortization

Ạb·schrift *die* copy

ạb|schürfen *tr. V.* graze

Ạb·schuss, *°**Ạb·schuß*** *der* **1** (eines Flugzeugs) shooting down **2** (von Geschossen) firing; (eines Raumschiffs) launching

a

abschüssig *Adj.* downward sloping ‹*land*›
ab|schütteln *tr. V.* shake off;
(herunterschütteln) shake down
ab|schwächen **A** *tr. V.* **1** (mildern) tone
down ‹*statement, criticism*›
2 (verringern) lessen ‹*effect, impression*›;
cushion ‹*blow, impact*›
B *refl. V.* ‹*interest, demand*› wane
Abschwächung *die;* ~ **1** (Milderung) toning
down
2 (eines Aufpralls, Stoßes usw.) cushioning
ab|schweifen *itr. V.;* *mit sein* digress
Abschweifung *die;* ~, ~**en** digression
ab|schwören *unr. itr. V.* dem Teufel/seinem
Glauben ~ renounce the Devil/one's faith;
dem Alkohol/Laster ~ forswear alcohol/vice
absehbar *Adj.* foreseeable; in ~**er** Zeit
within the foreseeable future
ab|sehen **A** *unr. tr. V.* **1** (voraussehen) predict;
foresee ‹*event*›
2 es auf etw. (*Akk.*) abgesehen haben be
after sth; er hat es darauf abgesehen, uns
zu ärgern he's out to annoy us; der Chef hat
es auf ihn abgesehen the boss has got it in
for him
B *unr. itr. V.* **1** von etw. ~ (etw. nicht beachten)
leave aside sth; *s. auch* abgesehen
2 von etw. ~ (auf etw. verzichten) refrain from
sth
ab|seilen **A** *tr. V.* lower [with a rope]
B *refl. V.* (Bergsteigen) abseil
*****ab|sein** ▶ ab B1
abseits **A** *Präp.;* *mit Gen.* away from
B *Adv.* **1** far away
2 (Ballspiele) ~ sein *od.* stehen be offside
Abseits *das;* ~, ~; das war ein klares ~ that
was clearly offside
ab|senden *unr. od. regelm. tr. V.* dispatch
Ab·sender *der,* **Ab·senderin** *die;* ~,
~**nen** sender; (Anschrift) sender's address
ab|setzen **A** *tr. V.* **1** take off ‹*hat, glasses,
etc.*›
2 (hinstellen) put down ‹*bag, suitcase*›
3 (aussteigen lassen) **jmdn.** ~ (im öffentlichen
Verkehr) put sb down; let sb out (AmE); (im
privaten Verkehr) drop sb [off]
4 remove ‹*chancellor, judge*› from office;
depose ‹*king, emperor*›
B *refl. V.* **1** (sich ablagern) be deposited
2 (flüchten) get away
Absetzung *die;* ~, ~**en** ▶ absetzen
A4 removal; deposition
ab|sichern **A** *tr. V.* make safe
B *refl. V.* safeguard oneself
Ab·sicht *die* intention; etw. mit ~ tun do sth
intentionally; etw. ohne *od.* nicht mit ~ tun
do sth unintentionally
ab·sichtlich **A** *Adj.* intentional; deliberate
B *adv.* intentionally; deliberately

♂ key word
* alte Schreibung—vgl. Hinweis auf S. x

ab|sinken *unr. itr. V.;* *mit sein* sink
absolut *Adj.* absolute
Absolutismus *der;* ~ (hist.) absolutism
no art.
Absolvent /...'vɛnt/ *der;* ~**en**, ~**en**,
Absolventin *die;* ~, ~**nen** (einer Schule)
one who has taken the leaving *or* (AmE) final
examination; (einer Akademie) graduate
absolvieren *tr. V.* complete
Absolvierung *die;* ~; completion
ab·sonderlich *Adj.* strange; odd
ab|sondern **A** *tr. V.* exude; (Physiol.) secrete
B *refl. V.* isolate oneself
absorbieren *tr. V.* absorb
ab|speisen *tr. V.* jmdn. mit etw. ~ fob sb off
with sth
abspenstig *Adj.* jmdm. etw. ~ machen get
sb to part with sth
ab|sperren *tr. V.* seal off; close off
Ab·spiel *das* (Ballspiele) passing
ab|spielen **A** *tr. V.* **1** play ‹*record, tape*›
2 vom Blatt ~ ‹*piece of music*› play at sight
3 (Ballspiele) pass
B *refl. V.* take place
Ab·sprache *die* arrangement; eine ~ treffen
make an arrangement
ab|sprechen *unr. tr. V.* **1** jmdm. etw. ~ deny
that sb has sth
2 (vereinbaren) arrange
ab|springen *unr. itr. V.;* *mit sein* jump off;
(herunterspringen) jump down; vom Fahrrad ~
jump off one's bicycle
Ab·sprung *der* take-off; (das Herunterspringen)
jump
ab|spülen **A** *tr. V.* **1** wash off
2 (reinigen) rinse off; sich (*Dat.*) die Hände
usw. ~ rinse one's hands *etc.*; das Geschirr ~
(bes. südd.) wash the dishes
B *itr. V.* (bes. südd.) wash up
ab|stammen *itr. V.* be descended (von
from)
Abstammung *die;* ~, ~**en** descent
♂ **Ab·stand** *der* **1** distance; in 20 Meter ~ at a
distance of 20 metres
2 (Unterschied) gap
ab|stauben *tr., itr. V.* dust
Abstecher *der;* ~**s**, ~; side trip
ab|stehen *unr. itr. V.* ‹*hair*› stand up;
‹*pigtail[s]*› stick out; ~**de** Ohren protruding
ears
Ab·steige *die;* ~, ~**n** (ugs. abwertend) cheap
and crummy hotel (infml derog.)
ab|steigen *unr. itr. V.;* *mit sein* **1** [vom Pferd/
Fahrrad] ~ get off [one's horse/bicycle]
2 (abwärts gehen) go down
ab|stellen *tr. V.* **1** put down
2 (unterbringen) put; (parken) park
3 (ausschalten, abdrehen) turn off
4 (unterbinden) put a stop to
Abstell·kammer *die,* **Abstell·raum** *der*
lumber room

ab|stempeln *tr. V.* **1** frank *‹letter›*; cancel *‹stamp›*
2 (fig.) label, brand (**zu**, **als** as)

ab|sterben *unr. itr. V.*; *mit sein* **1** [gradually] die
2 (gefühllos werden) go numb

Abstieg *der*; ~[e]s, ~e **1** descent
2 (Niedergang) decline

ab|stimmen **A** *itr. V.* vote (**über** + *Akk.* on)
B *tr. V.* **etw. mit jmdm.** ~ discuss and agree on sth with sb

Ab·stimmung *die* **1** vote; **während der** ~ during the voting
2 (Absprache) agreement

abstinent /apsti'nɛnt/ *Adj.* teetotal; ~ **sein** be a teetotaller

Abstinenz *die*; ~; teetotalism

Abstinenzler *der*; ~s, ~, **Abstinenzlerin** *die*; ~, ~nen teetotaller

ab|stoppen **A** *tr. V.* halt; stop; check *‹advance›*
B *itr. V.* come to a halt; *‹person›* stop

Ab·stoß *der* (Fußball) goal kick

ab|stoßen *unr. tr. V.* **1** push off
2 (be schädigen) chip *‹crockery, paintwork, plaster›*
3 (verkaufen) sell off
4 (anwidern) repel; put off

abstoßend *Adj.* repulsive

abstrakt /ap'strakt/ *Adj.* abstract

ab|streifen *tr. V.* pull off; strip off *‹berries›*; **die Asche [von der Zigarette/Zigarre]** ~ remove the ash [from one's cigarette/cigar]

ab|streiten *unr. tr. V.* deny

Ab·strich *der* **1** (Med.) swab; **einen** ~ **machen** take a swab
2 (Streichung, Kürzung) cut; ~**e machen** make cuts (**an** + *Dat.* in)

ab|stumpfen *itr. V.*; *mit sein* **jmd. stumpft ab** (wird unsensibel) sb's mind becomes deadened

Ab·sturz *der* fall; (eines Flugzeugs) crash

ab|stürzen *itr. V.*; *mit sein* fall; *‹aircraft, pilot, passenger›* crash

Absturz·ursache *die* cause of the crash

ab|stützen **A** *refl. V.* support oneself (**mit** on; **an** + *Dat.* against)
B *tr. V.* support

ab|suchen *tr. V.* search (**nach** for)

absurd *Adj.* absurd

absurderweise *Adv.* absurdly enough

Absurdität *die*; ~, ~**en** absurdity; (Ungereimtheit) inconsistency

Abszess, **Abszeß der* **1** Abszesses, Abszesse
2 (Med.) abscess
3 (Geschwür) ulcer

Abszisse *die*; ~, ~**n** (Math.) abscissa

Abt *der*; ~[e]s, **Äbte** abbot

Abt. *Abk.* = Abteilung

ab|tasten *tr. V.* **etw.** ~ feel sth all over

ab|tauen **A** *itr. V.*; *mit sein* (eis-/schneefrei werden) become clear of ice/snow; *‹refrigerator›* defrost
B *tr. V.* melt; thaw; defrost *‹refrigerator›*

Abtei *die*; ~, ~**en** abbey

Abteil *das*; ~[e]s, ~**e** compartment

⚹ **Ab·teilung** *die* department

Abteilungs·leiter *der*, **Abteilungs·leiterin** *die* head of department

ab|tippen *tr. V.* (ugs.) type out

Äbtissin *die*; ~, ~**nen** abbess

ab|tönen *tr. V.* tint

ab|töten *tr. V.* destroy *‹parasites, germs›*; deaden *‹nerve, feeling›*

ab|tragen *unr. tr. V.* (abnutzen) wear out; **abgetragen** well worn

abträglich *Adj.* (geh.) **einer Sache** (*Dat.*) ~ **sein** be detrimental to sth

Ab·transport *der* ▶ abtransportieren taking away; removal

ab|transportieren *tr. V.* take away; remove *‹dead, injured›*

ab|treiben **A** *unr. tr. V.* **1** carry away; **jmdn./ein Schiff vom Kurs** ~ drive sb/a ship off course
2 abort *‹foetus›*; **ein Kind** ~ **lassen** have an abortion
B *unr. itr. V.*; *mit sein* be carried away; *‹ship›* be driven off course

Abtreibung *die*; ~, ~**en** abortion

ab|trennen *tr. V.* detach

ab|treten **A** *unr. tr. V.* **1 sich** (*Dat.*) **die Füße/Schuhe** ~ wipe one's feet
2 jmdm. etw. ~ let sb have sth
B *unr. itr. V.*; *mit sein* **1** (Theater) exit; (fig.) make one's exit
2 (zurücktreten) step down; *‹monarch›* abdicate

Abtreter *der*; ~**s**, ~; doormat

ab|trocknen *tr. V.* dry; **sich** (*Dat.*) **die Hände/die Tränen** ~ dry one's hands/tears

ab|tropfen *itr. V.*; *mit sein* drip off

abtrünnig *Adj.* (einer Partei) renegade; (einer Religion, Sekte) apostate; **der Kirche/dem Glauben** ~ **werden** desert the Church/the faith

ab|tun *unr. tr. V.* dismiss

ab|wägen *unr. od. regelm. tr., itr. V.* weigh up; **abgewogen** carefully weighted; balanced *‹judgement›*

ab|wählen *tr. V.* vote out; drop *‹school subject›*

ab|wandeln *tr. V.* adapt

ab|wandern *itr. V.*; *mit sein* migrate; (in ein anderes Land) emigrate

Abwanderung *die* migration; (in ein anderes Land) emigration

Ab·wandlung *die* adaptation

Ab·wärme *die* (Technik) waste heat

ab|warten **A** *itr. V.* wait; **sie warteten ab** they awaited events; **warte ab!** wait and see;

(als Drohung) just you wait!
B *tr. V.* wait for

abwärts *Adv.* downwards; (bergab) downhill;
den Fluss ~ downstream

Abwärts·trend *der* downward trend

Abwasch *der*; ~[e]s washing-up (BrE);
washing dishes (AmE); **den ~ machen** do the
washing-up/wash the dishes

abwaschbar *Adj.* washable

ab|waschen *unr. tr. V.* **1** wash off
2 (reinigen) wash down; wash [up] <*dishes*>
B *unr. itr. V.* wash up (BrE); wash the dishes
(AmE)

Ab·wasser *das*; *Pl.* Abwässer sewage

Abwasser: ~aufbereitung *die*; ~~
sewage treatment; **~kanal** *der* sewer

ab|watschen *tr. V.* (ugs.) lambaste (infml)

ab|wechseln *refl., itr. V.* alternate; **wir
wechselten uns ab** we took turns

abwechselnd *Adv.* alternately

Abwechslung *die*; ~, ~en variety;
(Wechsel) change; **zur ~** for a change

Ab·weg *der* auf ~e kommen *od.* geraten go
astray

abwegig erroneous; false <*suspicion*>

Ab·wehr *die*; ~ **1** repulsion; (von Schlägen)
fending off; (Sport) clearance; clearing (AmE)
2 (Sport) (Hintermannschaft) defence

ab|wehren *tr. V.* **1** repulse; fend off <*blow*>;
(Sport) clear <*ball, shot*>
2 avert <*danger, consequences*>

Abwehr: ~kraft *die* power of resistance;
~spieler *der*, **~spielerin** *die* (Sport)
defender

ab|weichen *unr. itr. V.; mit sein* **1** deviate
2 (sich unterscheiden) differ

Abweichung *die*; ~, ~en **1** deviation
2 (Unterschied) difference

ab|weisen *unr. tr. V.* turn away; turn down
<*applicant, suitor*>

abweisend *Adj.* cold <*look, tone of voice*>; in
~em Ton coldly

Ab·weisung *die* ▸ abweisen turning away;
turning down

ab|wenden **A** *unr. od. regelm. tr. V.* **1** turn
away
2 *nur regelm.* (verhindern) avert
B *unr. od. regelm. refl. V.* turn away

ab|werben *unr. tr. V.* lure away

ab|werfen **A** *unr. tr. V.* **1** drop; throw off
<*clothing*>; jettison <*ballast*>; throw <*rider*>
2 (ins Spielfeld werfen) throw out <*ball*>
3 (einbringen) bring in; **Profit ~** make a profit
B *unr. itr. V.* (Sport) throw the ball out

ab|werten *tr., itr. V.* devalue

abwertend *Adj.* derogatory <*term*>

Ab·wertung *die* devaluation

abwesend *Adj.* absent

⚲ key word
* old spelling—see note on page x

Abwesenheit *die*; ~; absence

ab|wickeln *tr. V.* **1** unwind
2 (erledigen) deal with <*case*>; do <*business*>

Abwicklung *die*; ~, ~en ▸ abwickeln
dealing (*Gen.* with); doing

ab|wiegen *unr. tr. V.* weigh out; weigh
<*single item*>

ab|wimmeln *tr. V.* (ugs.) get rid of

ab|winken *itr. V.* uninteressiert ~ wave it/
them aside uninterestedly; **Skat dreschen bis
zum Abwinken** (ugs.) play skat till you can't
stand any more (infml); **Champagner bis zum
Abwinken** (ugs.) more champagne than you
can drink

ab|wischen *tr. V.* **1** wipe away
2 (säubern) wipe

Ab·wurf *der* **1** dropping; (von Ballast)
jettisoning
2 beim ~ stolperte der Torwart the
goalkeeper stumbled as he threw the
ball out

ab|zahlen *tr. V.* pay off <*debt, loan*>

ab|zählen *tr. V.* count

Ab·zahlung *die* paying off; **etw. auf ~
kaufen/verkaufen** buy/sell sth on easy terms

Ab·zeichen *das* emblem; (Anstecknadel,
Plakette) badge

ab|zeichnen **A** *tr. V.* **1** (kopieren) copy
2 (signieren) initial
B *refl. V.* stand out; (fig.) begin to emerge

Abzieh·bild *das* transfer

ab|ziehen **A** *unr. tr. V.* **1** pull off; peel off
<*skin*>; strip <*bed*>
2 (Fot.) make a print/prints of
3 (Milit., auch fig.) withdraw
4 (subtrahieren) subtract; take away;
(abrechnen) deduct
B *unr. itr. V.; mit sein* **1** (sich verflüchtigen)
escape
2 (Milit.) withdraw

Abzocke *die*; ~, ~n (salopp) rip-off (infml)

Abzocker *der*; ~s, ~ (salopp) rip-off
merchant (infml)

Abzockerei *die*; ~, ~en (salopp) profiteering
no pl.; **das ist reine ~** that's a complete rip-off
(infml)

Abzockerin *die*; ~, ~nen ▸ Abzocker

Ab·zug *der* **1** (an einer Schusswaffe) trigger
2 (Fot.) print
3 (Verminderung) deduction

abzüglich *Präp.; mit Gen.* (Kaufmannsspr.) less

ab|zweigen **A** *itr. V.; mit sein* branch off
B *tr. V.* put aside

Abzweigung *die*; ~, ~en turn-off;
(Gabelung) fork

⚲ **ach** *Interj.* **1** (betroffen, mitleidig) oh [dear]
2 (bedauernd, unwirsch) oh
3 (klagend) ah
4 (erstaunt) oh; ~, **wirklich?** no, really?; ~,
der! oh, him!
5 ~ **so!** oh, I see; ~ **was** *od.* **wo!** of course not

Achat *der*; ~[e]s, ~e (Min.) agate

Achse *die*; ~, ~**n 1** (Rad~) axle
2 (Dreh~, Math., Astron.) axis
Achsel *die*; ~, ~**n** (Schulter) shoulder;
(~höhle) armpit
Achsel-: ~**haare** *Pl.* armpit hair *sing.*;
~**höhle** *die* armpit
✔ **acht¹** *Kardinalz.* eight; **um** ~ **[Uhr]** at eight
[o'clock]; **um halb** ~ at half past seven; **drei**
viertel ~, **Viertel vor** ~ [a] quarter to eight;
es steht ~ **zu** ~/~ **zu zwei** (Sport) the score
is eight all/eight to two
acht² **sie waren zu** ~ there were eight of
them
Acht¹ *die*; ~, ~**en 1** eight
2 (Figur) figure eight
3 (Verbiegung) buckle; **mein Rad hat eine** ~
my wheel is buckled
Acht² *etw.* **außer** ~ **lassen** disregard sth; **sich**
in ~ **nehmen** be careful; **sich vor jmdm./etw.**
in ~ **nehmen** be wary of sb/sth; **auf jmdn./**
etw. ~ **geben** take care of sb/sth; ~ **geben**
be careful
acht... *Ordinalz.* eighth; **der** ~**e** September
the eighth of September; **München, [den]** 8.
Mai 1984 Munich, 8 May 1984
Achte *der/die adj. Dekl.* eighth
acht-, Acht-: ~**eck** *das* octagon; ~**eckig**
Adj. octagonal; ~**einhalb** *Bruchz.* eight
and a half
achtel *Bruchz.* eighth
Achtel *das* (schweiz. meist der) ~**s**, ~; eighth
Achtel·note *die* (Musik) quaver
✔ **achten** **A** *tr. V.* respect
   B *itr. V.* **auf etw.** (*Akk.*) ~ pay heed to sth
achtens *Adv.* eighthly
Achterbahn *die* roller coaster
acht·fach *Vervielfältigungsz.* eightfold; **die**
~**fache Menge** eight times the quantity;
~**fach vergrößert/verkleinert** magnified/
reduced eight times; **das Achtfache kosten**
cost eight times as much
*****achtgeben** ▸ Acht²
acht-: ~**hundert** *Kardinalz.* eight hundred;
~**jährig** *Adj.* (8 Jahre alt) eight-year-old
attrib.; eight years old *pred.*; (8 Jahre dauernd)
eight-year *attrib.*; ~**köpfig** *Adj.* ‹*family,*
committee› of eight
acht·los **A** *Adj.* heedless
   B *adv.* heedlessly
Achtlosigkeit *die*; ~; heedlessness
acht-: ~**mal** *Adv.* eight times; ~**spurig**
Adj. eight-lane ‹*road*›; eight-track ‹*cassette*›;
~**stellig** *Adj.* eight-figure *attrib.*; ~**stellig**
sein have eight figures; ~**stimmig** **A** *Adj.*
eight-part *attrib.* **B** *adv.* in eight parts;
~**stöckig** *Adj.* eight-storey *attrib.*;
~**tägig** *Adj.* (8 Tage alt) eight-day-old
attrib.; (8 Tage dauernd) eight-day[-long]
attrib.; ~**tausend** *Kardinalz.* eight
thousand; ~**teilig** *Adj.* eight-piece ‹*tea*
service, tool set, etc.›; eight-part ‹*series,*
serial›

Achtung *die*; ~ **1** respect (**vor** + *Dat., Gen.* for)
2 ~**!** watch out!; ~, **fertig, los!** on your
marks, get set, go!
acht·zehn *Kardinalz.* eighteen; **18 Uhr**
33 6.33 p.m.; (auf der 24-Stunden-Uhr) 1833
achtzehn·jährig *Adj.* (18 Jahre alt) eighteen-
year-old *attrib.*; eighteen years old *pred.*;
(18 Jahre dauernd) eighteen-year *attrib.*
achtzig *Kardinalz.* eighty; **[mit]** ~ **[km/h]**
fahren drive at *or* (infml) do eighty [k.p.h.];
über/etwa ~ **[Jahre alt] sein** be over/about
eighty [years old]; **mit** ~ **[Jahren]** at eighty
[years of age]
achtzig·jährig *Adj.* (80 Jahre alt) eighty-year-
old *attrib.*; eighty years old *pred.*; (80 Jahre
dauernd) eighty-year *attrib.*
ächzen *itr. V.* groan
Acker *der*; ~**s**, **Äcker** field
Acker: ~**bau** *der* arable farming; ~**land** *das*
farmland
Act /ɛkt/ *der*; ~**s**, ~**s** (Jargon) act
A.D. *Abk.* = **Anno Domini** AD
ADAC *Abk.* = **Allgemeiner Deutscher**
Automobilclub
Adams·apfel *der* (ugs.) Adam's apple
adäquat /atlɛ'kvaːt/ *Adj.* appropriate (*Dat.*
to); suitable (*Dat.* for)
addieren **A** *tr. V.* add [up]
   B *itr. V.* add
Addition *die*; ~, ~**en** addition
ade *Interj.* (veralt., landsch.) farewell (dated);
bye (infml); **jmdm.** ~ *od.* **Ade sagen** bid
farewell to sb
Adel *der*; ~**s** nobility; **der niedere/hohe** ~
the lesser nobility/the aristocracy
adelig ▸ adlig
Adelige ▸ Adlige
adeln *tr. V.* **jmdn.** ~ give sb a title; (in den
hohen Adel erheben) raise sb to the peerage
Adels-: ~**geschlecht** *das*, ~**haus** *das*
noble family; ~**stand** *der* nobility; (hoher
Adel) nobility; ~**titel** *der* title of nobility
Ader *die*; ~, ~**n 1** blood vessel
2 (Anlage, Begabung) streak
3 (Bot., Geol.) vein
4 (Elektrot.) core
ADHS *Abk.* (Med.) **Aufmerksamkeitsdefizit-**
und Hyperaktivitätssyndrom ADHD
adieu /a'diø:/ *Interj.* (veralt.) adieu
adipös /adi'pøːs/ *Adj.* (Med.) **1** (fetthaltig)
adipose ‹*tissue, abdomen*›
2 (fettleibig) obese ‹*child, adult*›
Adjektiv *das*; ~**s**, ~**e** (Sprachw.) adjective
Adjutant *der*; ~**en**, ~**en**, **Adjutantin**
die; ~, ~**nen** adjutant
Adler *der*; ~**s**, ~; eagle
adlig *Adj.* noble; ~ **sein** be a noble [man/
woman]
Adlige *der/die adj. Dekl.* noble [man/woman]
Admiral *der*; ~**s**, ~**e** *od.* **Admiräle** admiral
adoptieren *tr. V.* adopt

a

Adoption *die*; ~, ~**en** adoption

Adoptiv-: ~**eltern** *Pl.* adoptive parents; ~**kind** *das* adopted child; ~**mutter** *die*; *Pl.* ~**mütter** adoptive mother; ~**sohn** *der* adoptive *or* adopted son; ~**tochter** *die* adoptive *or* adopted daughter; ~**vater** *der* adoptive father

Adressat *der*; ~**en**, ~**en**, **Adressatin** *die*; ~, ~**nen** addressee

Adress·buch, ****Adreß·buch** *das* directory

⚬ **Adresse** *die*; ~, ~**n** address; **bei jmdm. an die falsche** ~ **kommen** *od.* **geraten** (fig. ugs.) come to the wrong address (fig.)

adressieren *tr. V.* address

adrett Ⓐ *Adj.* smart
Ⓑ *adv.* smartly

adult /aˈdʊlt/ *Adj.* (Biol., Genetik) adult

Advent /atˈvɛnt/ *der*; ~**s 1** Advent
2 (Adventssonntag) Sunday in Advent

Advents-: ~**kalender** *der* Advent calendar; ~**kranz** *der; garland of evergreens with four candles for the Sundays in Advent*

Adverb /atˈvɛrp/ *das*; ~**s**, ~**ien** (Sprachw.) adverb

adverbial (Sprachw.) Ⓐ *Adj.* adverbial
Ⓑ *adv.* adverbially

Advokat /atvoˈkaːt/ *der*; ~**en**, ~**en**, **Advokatin** *die*; ~, ~**nen** (österr., schweiz., sonst veralt.) lawyer; advocate (arch.)

Aero- /aero- *od.* ɛːro-/: ~**gramm** *das* air[mail] letter; ~**sol** *das*; ~**s**, ~**e** aerosol

Affäre *die*; ~, ~**n** affair; **sich aus der** ~ **ziehen** (ugs.) get out of it

Affe *der*; ~**n**, ~**n 1** monkey; (Menschen~) ape
2 (salopp) (dummer Kerl) oaf; clot (BrE infml); (Geck) dandy

Affekt *der*; ~**[e]s**, ~**e** emotion; **im** ~ in the heat of the moment

affektiert (abwertend) Ⓐ *Adj.* affected
Ⓑ *adv.* affectedly

Affen·theater *das* (salopp) farce

Afghane /afˈgaːnə/ *der*; ~**n**, ~**n 1** Afghan
2 (Hund) Afghan hound

Afghanin *die*; ~, ~**nen** Afghan

afghanisch *Adj.* Afghan

Afghanistan /afˈgaːnɪstaːn/ (*das*); ~**s** Afghanistan

Afrika (*das*); ~**s** Africa

Afrikaner *der*; ~**s**, ~, **Afrikanerin** *die*; ~, ~**nen** African

afrikanisch *Adj.* African

After *der*; ~**s**, ~; anus

AG *Abk.* **1** = **Aktiengesellschaft** PLC (BrE); Ltd. (private company) (BrE); Inc. (AmE)
2 = **Arbeitsgemeinschaft**

Agent *der*; ~**en**, ~**en**, **Agentin** *die*; ~, ~**nen** agent

Agentur *die*; ~, ~**en** agency

Agentur·bericht *der*, **Agentur·meldung** *die* agency report

Aggregat *das*; ~**[e]s**, ~**e** (Technik) unit; (Elektrot.) set

Aggregat·zustand *der* (Chemie) state

Aggression *die*; ~, ~**en** aggression

aggressiv Ⓐ *Adj.* aggressive
Ⓑ *adv.* aggressively

Aggressivität *die*; ~; aggressiveness

Aggressor *der*; ~**s**, ~**en**, **Aggressorin** *die*; ~, ~**nen** aggressor

Agitation *die*; ~; agitation

agitieren *itr. V.* agitate

Agrar·land *das* agrarian country

Ägypten (*das*); ~**s** Egypt

Ägypter *der*; ~**s**, ~, **Ägypterin** *die*; ~, ~**nen** Egyptian

ägyptisch *Adj.* Egyptian

ah *Interj.* (verwundert) oh; (freudig, genießerisch) ah; (verstehend) oh; ah

äh /ɛ(ː)/ *Interj.* **1** (angeekelt) ugh
2 (stotternd) er; hum

aha /aˈha(ː)/ *Interj.* (verstehend) oh[, I see]; (triumphierend) aha

ähm /ɛːm/ *Interj.* er; erm

Ahn *der*; ~**[e]s** *od.* ~**en**, ~**en** (geh.), **Ahne** *der*; ~**n**, ~**n** forebear; ancestor

ähneln *itr. V.* jmdm. ~ resemble *or* be like sb; **jmdm. sehr/wenig** ~ strongly resemble *or* be very like sb/bear little resemblance to sb; **einer Sache** (*Dat.*) ~ be similar to sth; be like sth; **sich** (*Dat.*) ~ resemble one another; be alike

ahnen *tr. V.* **1** (im Voraus fühlen) have a premonition of
2 (vermuten) suspect; **das konnte ich doch nicht** ~! I had no way of knowing that

Ahnin *die*; ~, ~**nen** ▸ Ahn

⚬ **ähnlich** Ⓐ *Adj.* similar; jmdm. ~ **sein** be like sb; ~ **wie** like
Ⓑ *adv.* similarly; <*answer, react*> in a similar way
Ⓒ *Präp.; mit Dat.* like

Ähnlichkeit *die*; ~, ~**en** similarity; **mit jmdm.** ~ **haben** be like sb

⚬ **Ahnung** *die*; ~, ~**en 1** (Vorgefühl) premonition
2 (ugs.) (Kenntnisse) knowledge; **von etw. [viel]** ~ **haben** know [a lot] about sth; **keine** ~! [I've] no idea

ahnungs·los *Adj.* (nichts ahnend) unsuspecting; (naiv, unwissend) naive

Ahnungslosigkeit *die*; ~ (Naivität, Unschuld) naivety; innocence; (Unwissenheit) naivety

ahoi *Interj.* (Seemannsspr.) ahoy

Ahorn /ˈaːhɔrn/ *der*; ~**s**, ~**e** maple

Ähre *die*; ~, ~**n** ear

Aids /ɛːts/ *das*; ~; Aids

Aids-: ~**kranke** *der/die* person suffering from Aids; ~**test** *der* Aids test

Airbag /ˈɛːɐbɛk/ *der*; ~**s**, ~**s** (Kfz.-W.) air bag

⚬ key word

* alte Schreibung—vgl. Hinweis auf S. x

Akademie die; ~, ~n academy; (Bergbau, Forstw., Bauw.) school; college

Akademiker der; ~s, ~, **Akademikerin** die; ~, ~nen [university/college] graduate

akademisch **A** Adj. academic
B adv. academically

Akazie /a'ka:tsjə/ die; ~, ~n acacia

akklimatisieren refl. V. become or get acclimatized

Akkord der; ~[e]s, ~e **1** (Musik) chord **2** (Wirtsch.) (Arbeit) piecework; (Lohn) piecework pay no indef. art., no pl.; (Satz) piece rate

Akkordeon das; ~s, ~s accordion

Akku der; ~s, ~s (ugs.) **Akkumulator** der; ~s, ~en accumulator (BrE); storage battery

akkurat **A** Adj. meticulous
B adv. meticulously

Akkusativ der; ~s, ~e (Sprachw.) accusative [case]

Akkusativ·objekt das (Sprachw.) accusative or direct object

Akku·schrauber der cordless screwdriver

Akne die; ~, ~n (Med.) acne

Akribie /akri'bi:/ die; ~ (geh.) meticulousness; meticulous precision

akribisch /a'kri:bɪʃ/ **A** Adj. meticulous; meticulously precise
B adv. meticulously; with meticulous precision

Akrobat der; ~en, ~en acrobat

Akrobatik die; ~; acrobatics pl.

Akrobatin die; ~, ~nen acrobat

akrobatisch Adj. acrobatic

Akt der; ~[e]s, ~e **1** (auch Theater, Zirkus-, Varietéakt) act **2** (Zeremonie) ceremony **3** (Geschlechtsakt) sexual act **4** (Kunst) nude

Akt-: ~**aufnahme** die nude photograph; ~**bild** das nude [picture]

Akte die; ~, ~n file

Akten-: ~**deckel** der folder; ~**koffer** der attaché case; ~**mappe** die briefcase; ~**notiz** die note [for the files]; ~**ordner** der file; ~**tasche** die briefcase; ~**zeichen** das reference

Akteur /ak'tø:ɐ̯/ der; ~s, ~e, **Akteurin** die; ~, ~nen person involved

Akt·foto das nude photo

Aktie /'aktsjə/ die; ~, ~n (Wirtsch.) share; ~n shares (BrE); stock (AmE); **die ~n fallen/steigen** share or stock prices are falling/rising

Aktien-: ~**gesellschaft** die joint stock company; ~**kapital** das share capital; ~**mehrheit** die majority shareholding (Gen. in); ~**paket** das block of shares

ɔ̌ **Aktion** die; ~, ~en **1** action no indef. art.; (militärisch) operation **2** (Kampagne) campaign

Aktionär der; ~s, ~e, **Aktionärin** die; ~, ~nen shareholder

ɔ̌ **aktiv** **A** Adj. **1** active **2** (Milit.) serving attrib. ‹officer, soldier› **B** adv. actively

Aktiv das; ~s, ~e (Sprachw.) active

Aktive der/die adj. Dekl. (Sport) participant

aktivieren tr. V. **1** mobilize ‹party members, group, class, etc.›; **den Kreislauf** ~ stimulate the circulation **2** (DV) activate

ɔ̌ **Aktivität** die; ~, ~en activity

Akt·modell das nude model

aktualisieren tr. V. update

Aktualität die; ~, ~en **1** (Gegenwartsbezug) relevance [to the present] **2** (von Nachrichten usw.) topicality

ɔ̌ **aktuell** Adj. topical; (gegenwärtig) current; (neu) up-to-the-minute; **eine ~e Sendung** (Rundf., Ferns.) a [news and] current affairs programme

Akupunktur die; ~, ~en (Med.) acupuncture

Akustik die; ~ **1** (Lehre vom Schall) acoustics sing., no art. **2** (Schallverhältnisse) acoustics pl.

akustisch **A** Adj. acoustic
B adv. acoustically

akut Adj. (auch Med.) acute; pressing, urgent ‹question, issue›

AKW Abk. = **Atomkraftwerk**

Akzent der; ~[e]s, ~e **1** (Sprachw.) (Betonung) stress; (Betonungszeichen) accent **2** (Sprachmelodie, Aussprache) accent

akzeptabel **A** Adj. acceptable
B adv. acceptably

ɔ̌ **akzeptieren** tr. V. accept

à la /ala/ (Gastr., ugs.) à la

Alabaster der; ~s, ~; alabaster

à la carte /ala'kart/ (Gastr.) à la carte

Alarm der; ~[e]s, ~e alarm; (Flieger~) air-raid warning; ~ **geben/**(fig. ugs.) **schlagen** raise the alarm; **blinder** ~ false alarm

alarm-, Alarm-: ~**anlage** die alarm system; ~**bereit** Adj. on alert postpos.; ~**bereitschaft** die alert

alarmieren tr. V. **1** alarm **2** (zu Hilfe rufen) call [out] ‹doctor, police, fire brigade, etc.›

Alarm-: ~**sirene** die warning siren; ~**stufe** die alert stage

Albaner der; ~s, ~, **Albanerin** die; ~, ~nen Albanian

Albanien /al'ba:njən/ (das); ~s Albania

albanisch Adj. Albanian

Albatros der; ~, ~se (Zool.) albatross

Alben ▶ **Album**

albern Adj. **1** silly; **sich** ~ **benehmen** act silly **2** (ugs.) (nebensächlich) silly; stupid

Albernheit die; ~, ~en silliness

Albino der; ~s, ~s albino

a

Alb·traum *der* nightmare

☞ **Album** *das*; ~s, **Alben** album

Alcopop /'alkopɔp/ *der od. das*; ~s, ~s alcopop

Alge *die*; ~, ~n alga

Algebra /(österr.) al'geːbra/ *die*; ~; algebra

Algerien /al'geːriən/ *(das)*; ~s Algeria

Algerier *der*; ~s, ~, **Algerierin** *die*; ~, ~nen Algerian

algerisch *Adj.* Algerian

alias *Adv.* alias

Alibi *das*; ~s, ~s alibi

Alkohol *der*; ~s, ~e alcohol

alkohol-, Alkohol-: ~**abhängig** *Adj.* dependent on alcohol *postpos.*; ~**abhängigkeit** *die* dependence on alcohol; alcohol dependence; ~**ein·fluss**, ***~**ein·fluß** *der*, ~**ein·wirkung** *die* influence of alcohol *or* drink; **unter** ~**einfluss** *od.* ~**einwirkung [stehen]** [be] under the influence of alcohol *or* drink; ~**fahne** *die* smell of alcohol [on one's breath]; **eine** ~**fahne haben** smell of alcohol; ~**frei** *Adj.* non-alcoholic

Alkoholiker *der*; ~s, ~, **Alkoholikerin** *die*; ~, ~nen alcoholic

alkoholisch *Adj.* alcoholic

Alkoholismus *der*; ~; alcoholism *no art.*

alkohol-, Alkohol-: ~**konsum** *der* consumption of alcohol; ~**missbrauch**, ***~**mißbrauch** *der* alcohol abuse; ~**sucht** *die* alcohol addiction; alcoholism; ~**süchtig** *Adj.* addicted to alcohol *postpos.*; alcoholic; ~**süchtige** *der/die adj. Dekl.* alcoholic; ~**sünder** *der*, ~**sünderin** *die* (ugs.) drunk[en] driver; ~**vergiftung** *die* alcohol[ic] poisoning

☞ **all** *Indefinitpron. u. unbest. Zahlw.* **A** *attr.* (ganz, gesamt…) all; ~**es andere/Weitere/ Übrige** everything else; ~**es Schöne** everything *or* all that is beautiful; ~**es Gute!** all the best!; **wir/ihr/sie** ~**e** all of us/you/them; ~**e Anwesenden** all those present; ~**e Bewohner der Stadt** all the inhabitants of the town; ~**e Jahre wieder** every year; ~**e fünf Minuten/Meter** every five minutes/metres; **Bücher** ~**er Art** all kinds of books; **in** ~**er Ruhe** in peace and quiet

B (allein stehend) **1** ~**e** all; ~**e, die** … all those who …

2 ~**es** (auf Sachen bezogen) everything; (auf Personen bezogen) everybody; **das** ~**es all** that; **trotz** ~**em** in spite of everything; ~**es in** ~**em** all in all; **vor** ~**em** above all; **das ist** ~**es** that's all *or* (infml) it; **ist das** ~**es?** is that all *or* (infml) it?; ~**es mal herhören!** (ugs.) listen everybody!; ~**es aussteigen!** (ugs.) everyone out!; (vom Schaffner gesagt) all change!

☞ key word

* old spelling—see note on page x

All *das*; ~s ▸ Weltall

☞ **alle** *Adj.* ~ **sein** be all gone; ~ **werden** run out

alle·dem *Pron.* **trotz** ~ in spite of *or* despite all that

Allee *die*; ~, ~n avenue

☞ **allein** **A** *Adj.* **1** (für sich) alone; on one's/its own; by oneself/itself; **ganz** ~ all on one's/ its own

2 (einsam) alone

B *adv.* (ohne Hilfe) by oneself/itself; on one's/ its own; **etw.** ~ **tun** do sth oneself; **von** ~ (ugs.) by oneself/itself

C *Adv.* **1** (geh.) (ausschließlich) alone

2 [**schon**] ~ **der Gedanke, [schon] der Gedanke** ~ the mere thought [of it]

alleine (ugs.) ▸ allein A1, B, C2

allein-, Allein-: ***~**erziehend** *Adj.* single <*mother, father, parent*>; ~**erziehende** *der/ die adj. Dekl.* single parent; ~**gang** *der* (fig.) independent initiative; **im** ~**gang** off one's own bat

alleinig *Adj.* sole

*****allein·stehend** *Adj.* <*person*> living alone; (ledig) single <*person*>

Alleinstehende *der/die adj. Dekl.* person living alone; (Ledige[r]) single person

alle·mal *Adv.* (ugs.) any time (infml); **was der kann, das kann ich doch** ~ anything he can do, I can do too; *s. auch* **ein¹** A

allen·falls *Adv.* **1** (höchstens) at [the] most

2 (bestenfalls) at best

☞ **aller·dings** *Adv.* **1** (einschränkend) though; **es stimmt** ~, **dass** … it's true though that …

2 (zustimmend) [yes,] certainly; **das war** ~ **Pech** that was bad luck, to be sure

aller·erst… *Adj.* **1** very first; **der/die/das** ~**e** the very first

2 (best…) very best

allergen (Med.) **A** *Adj.* allergenic

B *adv.* ~ **wirken** have an allergenic effect

Allergen /alɛr'geːn/ *das*; ~s, ~e (Med.) allergen

Allergie *die*; ~, ~n (Med.) allergy

allergisch **A** *Adj.* (Med.) allergic (**gegen** to)

B *adv.* **auf etw.** (Akk.) ~ **reagieren** have an allergic reaction to sth

aller-, Aller-: ~**größt…** *Adj.* utmost <*trouble, care, etc.*>; biggest <*car, house, town, etc.*> of all; tallest <*person*> of all; **am** ~**größten sein** be [the] biggest/tallest of all; ~**hand** *indekl. Adj.* (ugs.) **1** *attr.* all kinds *or* sorts of **2** (allein stehend) all kinds *or* sorts of things; **das ist** ~**hand** (viel) that's a lot; **das ist ja** ~**hand!** that's just not on! (BrE infml); ~**heiligen** *das*; ~~**s** (bes. kath. Kirche) All Saints' Day; ~**herzlichst** **A** *Adj.* warmest <*thanks, greetings, congratulations*>; most cordial <*reception, welcome, invitation*> **B** most warmly; ~**höchst…** **A** *Adj.* highest <*building, tree, etc.*> of all **B** *adv.* **am** ~**höchsten** <*fly, jump, etc.*> the highest of all; ~**höchstens** *Adv.* at the very most

allerlei *indekl. Adj.* all kinds *or* sorts of; (allein stehend) all kinds *or* sorts of things

Allerlei *das;* ∼s, ∼s (Gemisch) pot-pourri; (Durcheinander) jumble

aller-: ∼**letzt...** *Adj.* **1** very last **2** (ugs. abwertend) most dreadful (infml); **das ist das Allerletzte** that is the absolute limit; ∼**liebst...** A *Adj.* most favourite; **es wäre mir am** ∼**liebsten** *od.* **das Allerliebste, wenn ...** I should like it best of all if ... B *adv.* **etw. am** ∼**liebsten tun** like doing sth best of all; ∼**meist...** A *Indefinitpron. u. unbest. Zahlw.* by far the most *attrib.*; **das** ∼**meiste/am** ∼**meisten** most of all/by far the most B *Adv.* **am** ∼**meisten** most of all; ∼**mindest...** *Adj.* slightest; least; **das** ∼**mindeste** the very least; ∼**nächst...** A *Adj.* very nearest *attrib.*; (Reihenfolge ausdrückend) very next *attrib.* B *adv.* **am** ∼**nächsten** nearest of all; ∼**neuest...**, ∼**neust...** *Adj.* very latest *attrib.*; **das Allerneu[e]ste** the very latest; ∼**schlimmst...** *Adj.* very worst *attrib.*; ∼**schönst...** A *Adj.* most beautiful *attrib.*; loveliest *attrib.*; (angenehmst...) very nicest *attrib.* B *adv.* **er singt am** ∼**schönsten** his singing is the most beautiful of all; ∼**seits** *Adv.* **guten Morgen** ∼**seits!** good morning everyone

Allerwelts-: ∼**gesicht** *das* nondescript face; ∼**wort** *das* hackneyed word

allerwenigst... A *Adj.* lest ... of all; *Pl.* fewest ... of all B *adv.* **am** ∼**wenigsten** least of all

alle·samt *Indefinitpron. u. unbest. Zahlw.* (ugs.) all [of you/us/them]; **wir** ∼ we all

Alles·kleber *der* all-purpose adhesive

❡ **all·gemein** A *Adj.* general; universal ‹conscription, suffrage›; **im** ∼**en Interesse** in the common interest; **im** ∼**en** in general B *adv.* **1** generally; (ausnahmslos) universally; **es ist** ∼ **bekannt, dass ...** it is common knowledge that ... **2** (unverbindlich) ‹write, talk, discuss› in general terms

Allgemein-: ∼**befinden** *das* (Med.) general state of health; ∼**bildung** *die* general education

Allgemeinheit *die;* ∼ **1** generality **2 die** ∼ the general public

Allgemein-: ∼**medizin** *die* general medicine; ∼**wohl** *das* public good

All·heilmittel *das* (auch fig.) cure-all; panacea

Alligator *der;* ∼s, ∼en alligator

Alliierte *der adj. Dekl.* ally; **die** ∼**n** the Allies

all-: ∼**jährlich** A *Adj.* annual; yearly B *adv.* annually; every year; ∼**mächtig** *Adj.* all-powerful

all·mählich A *Adj.* gradual B *adv.* gradually C *Adv.* **wir sollten** ∼ **gehen** it's time we got going

all-, All-: ∼**morgendlich** A *Adj.* regular morning B *adv.* every morning; ∼**rad·antrieb** *der* (Kfz-W.) all-wheel drive; ∼**rad·fahrzeug** *das* four-by-four; ∼**seitig** A *Adj.* general; all-round, all-around (AmE) *attrib.* B *adv.* generally; ∼**seits** *Adv.* on all sides; ∼**tag** *der* **1** (Werktag) weekday **2** (Einerlei) daily routine; **der graue** ∼ the dull routine of everyday life; ∼**täglich** *Adj.* ordinary ‹face, person, appearance, etc.›; everyday ‹topic, event, sight›; commonplace ‹remark›; **ein nicht** ∼**täglicher Anblick** a sight one doesn't see every day; ∼**tags** *Adv.* [on] weekdays

Alltags- everyday *attrib.*; of everyday life *postpos., not pred.*; ∼**pflicht** daily duty

allzu *Adv.* all too; ∼ **bald/früh** all too soon/ early; ∼ **lange/oft/sehr** too long/often/ much; ∼ **viel** too much; **nicht** ∼ **viele** not too many

***allzu·bald** *usw.* ▸ allzu

Alm *die;* ∼, ∼**en** mountain pasture; Alpine pasture

Alm·hütte *die* Alpine hut

Almosen *das;* ∼s, ∼; alms *pl.*

Aloe vera /ˈaːloe ˈveːra/ *die;* ∼∼, ∼∼s aloe vera

Alp *die;* ∼, ∼**en** (bes. schweiz.) ▸ Alm

Alpaka *das;* ∼s, ∼s alpaca

Alpen *Pl. die;* ∼; the Alps

Alpen-: ∼**rose** *die* rhododendron; ∼**veilchen** *das* cyclamen

Alpha *das;* ∼[s], ∼[s] alpha

Alphabet *das;* ∼[e]s, ∼e alphabet

alphabetisch A *Adj.* alphabetical B *adv.* alphabetically

Alp·horn *das* alpenhorn

alpin *Adj.* Alpine

Alpinist *der;* ∼**en**, ∼**en**, **Alpinistin** *die;* ∼, ∼**nen** Alpinist

Alp·traum ▸ Albtraum

❡ **als** *Konj.* **1** (zeitlich) when; **damals,** ∼ [in the days] when; **gerade** ∼ just as **2** (kausal) **um so mehr,** ∼ all the more since *or* in that **3** *Vergleichspartikel* **größer/älter/mehr/ weniger** ∼ bigger/older/more/less than; **anders** ∼ **wir sein/leben** be different/ live differently from us; **so viel/so weit** ∼ **möglich** as much/as far as possible; **so bald/ schnell** ∼ **möglich** as soon/as quickly as possible; ∼ **[wenn od. ob]** (+ Konjunktiv II) as if; as though; ∼ **ob ich das nicht wüsste!** as if I didn't know **4** ∼ **Rentner/Arzt** as a pensioner/a doctor; **sich** ∼ **wahr/Lüge erweisen** prove to be true/a lie

❡ **also** A *Adv.* so; therefore B *Partikel* **1** (das heißt) that is

a

2 (nach Unterbrechung) well [then]
3 (verstärkend) **na** ~**!** there you are[, you see]; ~ **schön** well all right then

✓ **alt, älter, ältest...** *Adj.* **1** old; **Alt und Jung** old and young; **seine** ~**en Eltern** his aged parents; **wie** ~ **bist du?** how old are you?; **mein älterer/ältester Bruder** my elder/eldest brother
2 (nicht mehr frisch) old; ~**es Brot** stale bread
3 (vom letzten Jahr) old; ~**e Äpfel/Kartoffeln** last year's apples/potatoes
4 (langjährig) long-standing ‹*acquaintance*›
5 (antik, klassisch) ancient
6 (vertraut) old familiar ‹*streets, sights, etc.*›; **ganz der/die Alte sein** be just the same

Alt¹ *der*; ~**s**, ~**e** (Musik) alto; (Frauenstimme) contralto; (im Chor) contraltos *pl.*

Alt² *das*; ~**[s]**, ~; *top fermented, dark beer*

Altar *der*; ~**[e]s**, **Altäre** altar

alt-, Alt-: ~**bau·wohnung** *die* flat (BrE) *or* (AmE) apartment in an old building; ~**bekannt** *Adj.* well-known; ~**bier** *das*
▶ Alt²

Alte *der/die adj. Dekl.* **1** (alter Mensch) old man/woman; *Pl.* old people
2 (salopp) (Vater, Ehemann) old man (infml); (Mutter, Ehefrau) old woman (infml); (Chef) governor (infml); (Chefin) boss (infml); **die** ~**n** (Eltern) my/his *etc.* old man and old woman (infml)
3 *Pl.* (Tiereltern) parents

alt·ehrwürdig *Adj.* (geh.) venerable; time-honoured ‹*customs*›

Alt·englisch *das* Old English

Alten-: ~**pfleger** *der*, ~**pflegerin** *die* geriatric nurse; ~**tages·stätte** *die* old people's day centre

✓ **Alter** *das*; ~**s**, ~; age; (hohes ~) old age; **im** ~ in one's old age; **im** ~ **von** at the age of

älter **A** ▶ alt
B *Adj.* (nicht mehr jung) elderly

altern *itr. V.*; *mit sein* age

alternativ **A** *Adj.* (auch: Industriekultur usw. ablehnend) alternative
B *adv.* **1** (die Wahl lassend) alternatively
2 (Industriekultur ablehnend) ‹*work, farm*› using alternative methods

Alternative *die*; ~, ~**n** alternative

alters-, Alters-: ~**beschwerden** *Pl.* complaints of old age; ~**genosse** *der*, ~**genossin** *die* contemporary; person/child of the same age; **meine** ~**genossen** my contemporaries; people of my age; ~**gruppe** *die* age group; ~**heim** *das* old people's home; old-age home (AmE); ~**rente** *die* old-age pension; ~**ruhe·geld** *das* retirement pension; ~**schwach** *Adj.* old and infirm ‹*person*›; old and weak ‹*animal*›; ~**schwäche** *die* (bei Menschen) [old] age and infirmity; (bei Tieren) [old] age and weakness;

✓ key word
* alte Schreibung—vgl. Hinweis auf S. x

~**starrsinn** *der* obstinacy of old age; ~**stufe** *die* age; ~**unterschied** *der* age difference; ~**versorgung** *die* provision for one's old age; (System) pension scheme

Altertum *das*; ~**s** antiquity *no art.*

Älteste *der/die adj. Dekl.* **1** (Dorf-, Vereins-, Kirchenälteste usw.) elder
2 (Sohn, Tochter) eldest

alt-, Alt-: ~**glas** *das* waste glass; (Flaschen) empty bottles; ~**glas·behälter** *der* bottle bank; ~**griechisch** *das* classical *or* ancient Greek; ~**hochdeutsch** *das* Old High German; ~**klug**; ~**kluger**, ~**klugst...** **A** *Adj.* precocious **B** *adv.* precociously; ~**last** *die* (Ökologie) old, improperly disposed of harmful waste; (fig.) inherited problem

ältlich *Adj.* rather elderly

alt-, Alt-: ~**metall** *das* scrap metal; ~**modisch** **A** *Adj.* old-fashioned **B** *adv.* in an old-fashioned way; ~**papier** *das* waste paper; ~**rosa** *Adj.* old rose; ~**stadt** *die* old [part of the] town; ~**waren·händler** *der*, ~**waren·händlerin** *die* second-hand dealer

Alu *das*; ~**s** (ugs.) aluminium

Alu·folie *die* aluminium foil

Aluminium *das*; ~**s** aluminium; aluminum (AmE)

Alzheimer /'altshaime/ *der*; ~**s** (ugs.)

Alzheimer *die*; ~ (ugs.) Alzheimer's

✓ **am** *Präp.*; + *Art.* **1** ▶ an
2 Frankfurt am Main Frankfurt on [the] Main; **am Marktplatz** on the market square; **am Meer/Fluss** by the sea/on *or* by the river; **am Anfang/Ende** at the beginning/end; **am 19. November** on 19 November; **am schnellsten laufen** run [the] fastest; **am Verwelken sein** be wilting

Amalgam *das*; ~**s**, ~**e** (Chemie, auch fig.) amalgam

Amalgam·füllung *die* (Zahnmed.) amalgam filling

Amateur /ama'tø:ɐ̯/ *der*; ~**s**, ~**e**, **Amateurin** *die*; ~, ~**nen** amateur

Amazonas *der*; ~; Amazon

Amboss, *Amboß *der*; ~**es**, ~**e** anvil

ambulant (Med.) **A** *Adj.* outpatient *attrib.*
B *adv.* **jmdn.** ~ **behandeln** give sb outpatient treatment

Ambulanz *die*; ~, ~**en** **1** (in Kliniken) outpatient[s'] department
2 (Krankenwagen) ambulance

Ameise *die*; ~, ~**n** ant

Ameisen-: ~**bär** *der* anteater; ~**haufen** *der* anthill

amen *Adv.* amen

Amen *das*; ~**s**, ~; Amen

Amerika (*das*); ~**s** America

Amerikaner *der*; ~**s**, ~ **1** American
2 (Gebäck) *small, flat iced cake*

Amerikanerin *die*; ∼, ∼**nen** American

ɞ **amerikanisch** *Adj.* American

Amino·säure *die* (Chemie) amino acid

Ammann *der*; ∼**[e]s, Ammänner**
(schweiz.) (Gemeinde-, Bezirksamman) ≈ mayor; (Landamman) cantonal president

Amme *die*; ∼, ∼**n** wet nurse

Amnestie /amnɛsˈtiː/ *die*; ∼, ∼**n** amnesty

amnestieren *tr. V.* grant an amnesty to

Amöbe *die*; ∼, ∼**n** (Biol.) amoeba

Amok *der* ∼ **laufen** run amok

Amok·läufer *der* madman

Amok·läuferin *die* madwoman

Ampel *die*; ∼, ∼**n 1** (Verkehrsw.) traffic lights *pl.*
2 (für Pflanzen) hanging flowerpot

Amphibie /amˈfiːbiə/ *die*; ∼, ∼**n** (Zool.) amphibian

Amphibien·fahrzeug *das* amphibious vehicle

Amphi·theater *das* amphitheatre

Ampulle *die*; ∼, ∼**n** (Med.) ampoule

Amputation *die*; ∼, ∼**en** (Med.) amputation

amputieren *tr. V.* amputate

Amsel *die*; ∼, ∼**n** blackbird

ɞ **Amt** *das*; ∼**[e]s, Ämter 1** (Stellung) post; position; (hohes politisches od. kirchliches ∼) office; **im** ∼ **sein** be in office
2 (Aufgabe) task; job
3 (Behörde) office
4 (Fernsprechvermittlung) exchange

amtieren *itr. V.* **1** hold office
2 (vorübergehend) act (**als as**)

amtlich **A** *Adj.* official; (ugs.) (sicher) definite
B *adv.* officially

Amt·mann *der*; *Pl.* ∼**männer** *od.* ∼**leute**, **Amt·männin** *die*; ∼, ∼**nen** *senior civil servant*

Amts-: ∼**anmaßung** *die* (Rechtsw.) unauthorized assumption of authority; ∼**arzt** *der*, ∼**ärztin** *die* medical officer; ∼**eid** *der* oath of office; ∼**gericht** *das* local *or* district court; ∼**geschäfte** *Pl.* official duties; ∼**handlung** *die* official act *or* duty; ∼**leitung** *die* (Fernspr.) exchange line

Amulett *das*; ∼**[e]s, ∼e** amulet; charm

amüsant **A** *Adj.* entertaining; amusing
B *adv.* in an entertaining *or* amusing way

amüsieren *refl. V.* **1** (sich vergnügen) enjoy oneself; **sich mit jmdm.** ∼ have fun *or* a good time with sb
2 (belustigt sein) be amused; **sich über jmdn./ etw.** ∼ find sb/sth funny
B *tr. V.* amuse

ɞ **an** **A** *Präp.; mit Dat.* **1** (räumlich) at; (auf) on; **Frankfurt an der Oder** Frankfurt on [the] Oder; **Tür an Tür** next door to one another; **an … vorbei** past
2 (zeitlich) on; **an jedem Sonntag** every Sunday; **an Ostern** (bes. südd.) at Easter

3 arm/reich an Vitaminen low/rich in vitamins; **jmdn. an etw. erkennen** recognize sb by sth; **an etw. leiden** suffer from sth; **an einer Krankheit sterben** die of a disease
4 an [und für] sich actually
B *Präp.; mit Akk.* **1** to; (auf, gegen) on
2 an etw./jmdn. glauben believe in sth/sb; **an etw. denken** think of sth; **sich an etw. erinnern** remember sth
C *Adv.* **1** (Verkehrsw.) **Köln an: 9.15** arriving Cologne 09.15
2 (ugs.) (in Betrieb) on; **die Waschmaschine/ der Fernseher/das Licht/das Gas ist an** the washing machine/television/light/gas is on
3 (ugs.) (ungefähr) around; about; **an [die] 2 000 Euro** around *or* about 2,000 euros

Anabolikum *das*; ∼**s, Anabolika** (Med.) anabolic steroid

analog **A** *Adj.* **1** (gleichartig) analogous; ∼ **[zu] diesem Fall** analogous to this case
2 (Technik, DV) analogue
B *adv.* **1** (gleichartig) analogously
2 (Technik, DV) <*display, reproduce*> in analogue form

Analog-: ∼**rechner** *der* (DV) analogue computer; ∼**uhr** *die* analogue clock; (Armbanduhr) analogue watch

Analphabet *der*; ∼**en,** ∼**en, Analphabetin** *die*; ∼, ∼**nen** illiterate [person]; ∼ **sein** be illiterate

Analphabetentum *das*; ∼**s** illiteracy

Analphabetismus *der*; ∼; illiteracy

ɞ **Analyse** *die*; ∼, ∼**n** analysis

analysieren *tr. V.* analyse

Analyst *der*; ∼**en,** ∼**en, Analystin** *die*; ∼, ∼**nen** (Börsenw.) analyst

analytisch **A** *Adj.* analytical
B *adv.* analytically

Ananas *die*; ∼, ∼ *od.* ∼**se** pineapple

Anarchie *die*; ∼, ∼**n** anarchy

Anarchist *der*; ∼**en,** ∼**en, Anarchistin** *die*; ∼, ∼**nen** anarchist

Anästhesie *die*; ∼, ∼**n** (Med.) anaesthesia

anästhesieren *tr. V.* (Med.) anaesthetize

Anästhesist *der*; ∼**en,** ∼**en, Anästhesistin** *die*; ∼, ∼**nen** (Med.) anaesthetist

Anatomie *die*; ∼, ∼**n** anatomy

anatomisch *Adj.* anatomical

an|bahnen **A** *tr. V.* initiate <*negotiations, talks, process, etc.*>; develop <*relationship, connection*>
B *refl. V.* <*development*> be in the offing; <*friendship, relationship*> start to develop

an|bändeln *itr. V.* **mit jmdm.** ∼ (ugs.) get off with sb (BrE infml); pick sb up

An·bau *der*; *Pl.* ∼**ten 1** building
2 (Gebäude) extension
3 (das Anpflanzen) growing

an|bauen **A** *tr. V.* **1** build on
2 (anpflanzen) grow
B *itr. V.* (das Haus vergrößern) build an extension

a

an·bei *Adv.* (Amtsspr.) herewith; **Rückporto** ~ return postage enclosed

an|beißen Ⓐ *unr. tr. V.* bite into; take a bite of
  Ⓑ *unr. itr. V.* (auch fig. ugs.) bite

an|belangen *tr. V.* was mich/dies *usw.* anbelangt as far as I am/this matter is *etc.* concerned

an|beten *tr. V.* (auch fig.) worship

An·betracht *der* in ~ einer Sache (*Gen.*) in view of sth

an|betreffen *unr. tr. V.* ▶ anbelangen

an|betteln *tr. V.* jmdn. ~ beg from sb; jmdn. um etw. ~ beg sb for sth

Anbetung *die* ~, ~en (auch fig.) worship

an|biedern *refl. V.* sich [bei jmdm.] ~ curry favour [with sb]

◆ **an|bieten** Ⓐ *unr. tr. V.* offer; jmdm. etw. ~ offer sb sth
  Ⓑ *unr. refl. V.* **1** offer one's services; sich ~, etw. zu tun offer to do sth
  2 (fig.) <*possibility, solution*> suggest itself

An·bieter *der*, **An·bieterin** *die* (Wirtsch.) supplier

an|binden *unr. tr. V.* tie [up] (an + *Dat. od. Akk.* to); tie up, moor <*boat*> (an + *Dat. od. Akk.* to); tether <*animal*> (an + *Dat. od. Akk.* to)

an|blasen *unr. tr. V.* **1** blow at
  2 (anfachen) blow on

An·blick *der* sight

an|blicken *tr. V.* look at

an|blinzeln *tr. V.* **1** blink at
  2 (zuzwinkern) wink at

an|brechen Ⓐ *unr. tr. V.* **1** crack
  2 (öffnen) open
  3 (zu verbrauchen beginnen) break into <*supplies, reserves*>
  Ⓑ *unr. itr. V.*; *mit sein* (geh.) (beginnen) <*dawn, day*> break; <*age, epoch*> dawn

an|brennen Ⓐ *unr. tr. V.* (anzünden) light
  Ⓑ *unr. itr. V.*; *mit sein* burn

an|bringen *unr. tr. V.* **1** (befestigen) put up <*sign, aerial, curtain, plaque*> (an + *Dat.* on)
  2 (äußern) make <*request, complaint, comment*>
  3 (zeigen) demonstrate <*knowledge, experience*>
  4 (ugs.) (herbeibringen) bring

An·bruch *der* (geh.) (Beginn) dawn[ing]; der ~ des Tages daybreak

an|brüllen *tr. V.* (ugs.) bellow at

Andacht *die* ~, ~en **1** (Sammlung) rapt attention; (im Gebet) silent worship *or* prayer
  2 (Gottesdienst) prayers *pl*

andächtig Ⓐ *Adj.* rapt; (ins Gebet versunken) devout
  Ⓑ *adv.* with rapt attention; (ins Gebet versunken) devoutly

an|dauern *itr. V.* <*negotiations*> continue, go on; <*weather, rain*> last

andauernd Ⓐ *Adj.* continual; constant
  Ⓑ *adv.* continually; constantly

Anden *Pl. die;* ~; the Andes

An·denken *das;* ~s, ~ **1** memory; zum ~ an jmdn./etw. to remind you/us *etc.* of sb/sth
  2 (Erinnerungsstück) memento; (Reise~) souvenir

◆ **ander...** *Indefinitpron.* Ⓐ *attr.* **1** other; ein ~er/eine ~e/ein ~es another; das Kleid gefällt mir nicht, haben Sie noch ~e/ ein ~es? I don't like that dress, do you have any others/another?; jemand ~er *od.* ~es someone else; (in Fragen) anyone else; niemand ~er *od.* ~es nobody else; etwas ~es something else; (in Fragen) anything else; nichts ~es nothing else; not anything else
  2 (verschieden) different
  Ⓑ (allein stehend) ein ~r/eine ~e another [one]; nicht drängeln, einer nach dem ~n don't push, one after the other; ein ~er/eine ~e/ein ~es another [one]; ein[e]s nach dem ~[e]n first things first; ich will weder das eine noch das ~e I don't want either

anderen·falls *Adv.* otherwise

◆ **anderer·seits** *Adv.* on the other hand

ander·mal *Adv.* ein ~ another time

◆ **ändern** Ⓐ *tr. V.* change; alter; alter <*garment*>; change <*person*>
  Ⓑ *refl. V.* change

andern·falls *Adv.* otherwise

◆ **anders** *Adv.* **1** (verschieden) <*think, act, feel, do*> differently (als from *or* esp. Brit) to; <*be, look, sound, taste*> different (als from *or* (esp. Brit) to); es war alles ganz ~ it was all quite different
  2 (sonst) else; niemand ~ nobody else; jemand ~ someone else; (in Fragen) anyone else

anders-, Anders-: ~**artig** *Adj.* different; ~**farbig** *Adj.* different-coloured *attrib.*; of a different colour *postpos.*; ~**gläubige** *der/die* person of a different religion; ~**herum** *Adv.* the other way round *or* (AmE) around; ~**herum gehen/fahren** go/drive round *or* (AmE) around the other way; ~**wo** *Adv.* (ugs.) elsewhere; ~**woher** *Adv.* (ugs.) from somewhere else; ~**wohin** *Adv.* (ugs.) somewhere else

andert·halb *Bruchz.* one and a half; ~ Stunden an hour and a half

◆ **Änderung** *die* ~, ~en change (*Gen.* in); alteration (*Gen.* to)

Änderungs·schneiderei *die* tailor's [that does alterations]

anderweitig Ⓐ *Adj.* other
  Ⓑ *adv.* in another way

an|deuten Ⓐ *tr. V.* **1** (zu verstehen geben) hint
  2 (nicht vollständig ausführen) outline; (kurz erwähnen) indicate
  Ⓑ *refl. V.* be indicated

An·deutung *die* hint

◆ key word
* old spelling—see note on page x

An·drang *der* crowd; (Gedränge) crush

andre... ▶ ander...

an|drehen *tr. V.* **1** (einschalten) turn on
2 jmdm. etw. ∼ (ugs.) palm sb off with sth

andrer·seits *Adv.* on the other hand

an|drohen *tr. V.* jmdm. etw. ∼ threaten sb
with sth

An·drohung *die* threat

an|drücken *tr. V.* press down

an|ecken *itr. V.; mit sein* bei jmdm. ∼ (fig.
ugs.) rub sb [up (BrE)] the wrong way

an|eignen *refl. V.* **1** appropriate
2 (lernen) acquire; learn

an·einander *Adv.* (zusammen) together;
(nebeneinander) next to each other; next to
one another; ∼ **denken** think of each other
or one another; ∼ **vorbeigehen** pass each
other *or* one another

****aneinander|binden** *usw.* ▶ aneinander

Anekdote *die*; ∼, ∼n anecdote

an|ekeln *tr. V.* disgust

Anemone *die*; ∼, ∼n anemone

an|erkennen *unr. tr. V.* **1** recognize
‹country, record, verdict, qualification,
document›; acknowledge ‹debt›; accept
‹demand, bill, conditions, rules›; allow
‹claim, goal›
2 (nicht leugnen) acknowledge
3 (würdigen) appreciate; respect ‹viewpoint,
opinion›; **ein** ∼**der Blick** an appreciative look

anerkennens·wert *Adj.* commendable

Anerkennung *die*; ∼, ∼en ▶ anerkennen
1 recognition; acknowledgement;
acceptance; allowance
2 acknowledgement
3 appreciation; respect (Gen. for)

an|fachen *tr. V.* fan; (fig.) arouse ‹anger,
curiosity, enthusiasm›; inflame ‹passion›;
stir up ‹hatred›; inspire ‹hope›; ferment
‹discord, war›

an|fahren Ⓐ *unr. tr. V.* **1** run into; hit
2 (herbeifahren) deliver
3 (ansteuern) stop at ‹village etc.›; ‹ship› put
in at ‹port›
4 (zurechtweisen) shout at
Ⓑ *unr. itr. V.; mit sein* **1** (starten) start off
2 angefahren kommen come driving/riding
up

An·fahrt *die* **1** (das Anfahren) journey
2 (Weg) approach

Anfahrts·skizze *die* map showing
directions

An·fall *der* attack; (epileptischer ∼, fig.) fit;
einen ∼ **bekommen** *od.* (ugs.) **kriegen** have
an attack/a fit

an·fallen Ⓐ *unr. tr. V.* attack
Ⓑ *unr. itr. V.; mit sein* ‹costs› be incurred;
‹interest› accrue; ‹work› come up

an·fällig *Adj.* ‹person› with a delicate
constitution; ‹machine› susceptible
to faults; **gegen** *od.* **für etw.** ∼ **sein** be
susceptible to sth

ꞵ **An·fang** *der* beginning; start; (erster Abschnitt)
beginning; **am** *od.* **zu** ∼ at first; **von** ∼ **an**
from the outset; ∼ **1984/der Woche** *usw.* at
the beginning of 1984/of the week *etc.*

ꞵ **an·fangen** Ⓐ *unr. itr. V.* **1** begin; start; **mit
etw.** ∼ start [on] sth; ∼**, etw. zu tun** start
to do sth
2 (zu sprechen anfangen) begin; **von etw.** ∼ start
on about sth
3 (eine Stelle antreten) start
Ⓑ *unr. tr. V.* **1** begin; start; (anbrechen) start
2 (machen) do

An·fänger *der*; ∼s, ∼, **An·fängerin** *die*;
∼, ∼nen beginner

anfänglich *Adj.* initial

anfangs *Adv.* at first; initially

Anfangs-: ∼**buchstabe** *der* initial [letter];
∼**stadium** *das* initial stage

an|fassen Ⓐ *tr. V.* **1** (fassen, halten) take
hold of
2 (berühren) touch
3 jmdn. ∼ (an der Hand nehmen) take sb's hand
4 (angehen) tackle ‹problem, task, etc.›
5 (behandeln) treat ‹person›
Ⓑ *itr. V.* **[mit]** ∼ lend a hand

anfechtbar *Adj.* ▶ anfechten disputable;
contestable; challengeable

an|fechten *unr. tr. V.* **1** dispute ‹statement,
contract›; contest ‹will›; challenge
‹decision, law, opinion›
2 (beunruhigen) trouble

an|fertigen *tr. V.* make

an|feuchten *tr. V.* moisten ‹lips, stamp›;
dampen ‹ironing, cloth, etc.›

an|feuern *tr. V.* spur on

an|fixen *tr. V.* (Drogenjargon) jmdn. ∼ get sb
shooting up for the first time (sl.); **von etw.
angefixt sein** (fig.) be hooked on sth (infml)

an|flehen *tr. V.* beseech; implore

an|fliegen Ⓐ *unr. itr. V.; mit sein* fly in;
angeflogen kommen come flying in; **gegen
den Wind** ∼ fly into the wind
Ⓑ *unr. tr. V.* fly to ‹city, country, airport›

An·flug *der* **1** approach
2 (Hauch) hint
3 (Anwandlung) fit; **in einem** ∼ **von
Großzügigkeit** in a fit of generosity

an|fordern *tr. V.* ask for; order ‹goods,
materials›; send for ‹ambulance›

An·forderung *die* **1** (das Anfordern) request
(Gen. for)
2 (Anspruch) demand

ꞵ **An·frage** *die* inquiry; (Parl.) question

an|fragen *itr. V.* inquire; ask

an|freunden *refl. V.* become friends

an|fügen *tr. V.* add

an|fühlen *refl. V.* feel

an|führen *tr. V.* **1** lead
2 (zitieren) quote
3 (nennen) give ‹example, reason, details,
proof›
4 (ugs.) (hereinlegen) have on (BrE infml); dupe

a

An·führer *der*, **An·führerin** *die* leader; (Rädelsführer) ringleader

An·führung *die* **1** (das Zitieren, Zitat) quotation **2** (Nennung) giving

Anführungs·strich *der*, **Anführungs·zeichen** *das* quotation mark

✧ **An·gabe** *die* **1** (das Mitteilen) giving **2** (Information) piece of information; ~n information *sing.* **3** (Ballspiele) service; serve

an|geben 🇦 *unr. tr. V.* **1** give ‹*reason*›; declare ‹*income, dutiable goods*›; name ‹*witness*› **2** (bestimmen) set ‹*course, direction*›; den Takt ~ keep time 🇧 *unr. itr. V.* **1** (prahlen) boast; brag; (sich angeberisch benehmen) show off **2** (Ballspiele) serve

Angeber *der*; ~s, ~; braggart

Angeberei *die*; ~; showing-off

Angeberin *die*; ~, ~nen ▸ Angeber

✧ **angeblich** 🇦 *Adj.* alleged 🇧 *adv.* supposedly; allegedly

an·geboren *Adj.* innate ‹*characteristic*›; congenital ‹*disease*›

✧ **An·gebot** *das* **1** offer **2** (Wirtsch.) supply; (Sortiment) range; ~ und Nachfrage supply and demand **3** (Kaufmannsspr.) (Sonder~) [special] offer; im ~ on [special] offer; ~ der Woche bargain of the week

an·gebracht *Adj.* appropriate

an·gegriffen *Adj.* weakened ‹*health, stomach*›; strained ‹*nerves, voice*›

angeheitert *Adj.* tipsy

✧ **an|gehen** 🇦 *unr. itr. V.*; *mit sein* **1** ‹*radio, light, heating*› come on; ‹*fire*› catch **2** (anwachsen, wachsen) ‹*plant*› take root **3** es mag noch ~ it's [just about] acceptable **4** gegen etw./jmdn. ~ fight sth/sb 🇧 *unr. tr. V.* **1** (angreifen) attack **2** (in Angriff nehmen) tackle ‹*problem, difficulty*›; take ‹*fence, bend*› **3** (bitten) ask (um for) **4** (betreffen) concern; das geht dich nichts an it's none of your business

angehend *Adj.* budding; (zukünftig) prospective

an|gehören *itr. V.* jmdm./einer Sache ~ belong to sb/sth; der Regierung/einer Familie ~ be a member of the government/a family

an·gehörig *Adj.* belonging (Dat. to)

✧ **Angehörige** *der/die adj. Dekl.* **1** (Verwandte) relative; relation **2** (Mitglied) member

Angeklagte *der/die adj. Dekl.* accused; defendant

Angel *die*; ~, ~n **1** fishing rod **2** (Tür~, Fenster~ usw.) hinge; etw. aus den ~n heben (fig.) turn sth upside down

An·gelegenheit *die* matter; (Aufgabe, Problem) affair

Angel·haken *der* fish hook

angeln 🇦 *tr. V.* (zu fangen suchen) fish for; (fangen) catch 🇧 *itr. V.* angle; fish

Angel·rute *die* fishing rod

Angel·sachse *der*, **Angel·sächsin** *die* Anglo-Saxon

Angel·schnur *die* fishing line

an·gemessen *Adj.* appropriate; reasonable, fair ‹*price, fee*›

✧ **an·genehm** 🇦 *Adj.* pleasant; ~e Reise/ Ruhe! [have a] pleasant journey/have a good rest; [sehr] ~! delighted to meet you 🇧 *adv.* pleasantly

an·gesehen *Adj.* respected

✧ **angesichts** *Präp.*; *mit Gen.* (geh.) **1** in the face of **2** (fig.) (in Anbetracht) in view of

angespannt *Adj.* **1** close ‹*attention*›; taut ‹*nerves*› **2** tense ‹*situation*›; tight ‹*market, economic situation*›

angestellt *Adj.* bei jmdm. ~ sein be employed by sb; work for sb

Angestellte *der/die adj. Dekl.* [salaried] employee

Angestellten·gewerkschaft *die* white-collar union

an·getan *Adj.* von jmdm./etw. ~ sein be taken with sb/sth

an·getrunken *Adj.* [slightly] drunk

an·gewiesen *Adj.* auf jmdn./etw. ~ sein have to rely on sb/sth

an|gewöhnen *tr. V.* jmdm. etw. ~ get sb used to sth; jmdm. ~, etw. zu tun get sb used to doing sth; sich (*Dat.*) etw. ~ get into the habit of sth; [es] sich (*Dat.*) ~, etw. zu tun get into the habit of doing sth

An·gewohnheit *die* habit

an|gleichen 🇦 *unr. tr. V.* etw. einer Sache (*Dat.*) od. an etw. (*Akk.*) ~ bring sth into line with sth 🇧 *unr. refl. V.* sich jmdm./einer Sache od. an jmdn./etw. ~ become like sb/sth

An·gleichung *die* die ~ der Löhne an die Preise bringing wages into line with prices

Angler *der*; ~s, ~, **Anglerin** *die*; ~, ~nen angler

Anglikaner *der*; ~s, ~, **Anglikanerin** *die*; ~, ~nen Anglican

anglikanisch *Adj.* Anglican

Anglistik *die*; ~; English studies pl., no art.

Angola (das); ~s Angola

Angora-: ~katze *die* angora cat; ~wolle *die* angora [wool]

an|greifen 🇦 *unr. tr. V.* **1** (auch fig.) attack

✧ key word

* alte Schreibung—vgl. Hinweis auf S. x

2 (schwächen) affect ‹*health, heart, stomach, intestine, voice*›; weaken ‹*person*›
B *unr. itr. V.* (auch fig.) attack

Angreifer *der*; ~s, ~, **Angreiferin** *die*; ~, ~nen (auch fig.) attacker

An·griff *der* **1** attack; **zum** ~ **blasen** (auch fig.) sound the attack
2 etw. in ~ **nehmen** tackle sth

angst *Adj.* **jmdm. ist/wird [es]** ~ **[und bange]** sb is/becomes frightened

Angst *die*; ~, **Ängste 1** (Furcht) fear;
~ **bekommen** *od.* (ugs.) **kriegen** become frightened; ~ **haben** be frightened (**vor** + *Dat.* of)
2 (Sorge) anxiety; ~ **haben** be anxious (**um** about); **keine** ~, **ich vergesse es schon nicht!** don't worry, I won't forget [it]!

ängstigen **A** *tr. V.* frighten; (beunruhigen) worry
B *refl. V.* be frightened; (sich sorgen) worry

ängstlich **A** *Adj.* anxious
B *adv.* anxiously

Ängstlichkeit *die*; ~; timidity

an|gucken *tr. V.* (ugs.) look at; **sich** (*Dat.*) **etw./jmdn.** ~ have a look at sth/sb

an|gurten *tr. V.* strap in; **sich** ~ put on one's seat belt

an|haben *unr. tr. V.* **1** (ugs.) (am Körper tragen) have on
2 jmdm./einer Sache etwas ~ **können** be able to harm sb/sth

an|halten **A** *unr. tr. V.* **1** stop
2 (auffordern) urge
B *unr. itr. V.* **1** stop
2 (andauern) go on; last

anhaltend **A** *Adj.* constant; continuous
B *adv.* constantly; continuously

An·halter *der* hitch-hiker; **per** ~ **fahren** hitch[-hike]

An·halterin *die* hitch-hiker

Anhalts·punkt *der* clue (**für** to); (für eine Vermutung) grounds *pl.*

an·hand **A** *Präp.*; *mit Gen.* with the help of
B *Adv.* ~ **von** with the help of

An·hang *der* **1** (Buchw.) appendix
2 (Anhängerschaft) following
3 (Verwandtschaft) family

an|hängen **A** *tr. V.* **1** hang up (**an** + *Akk.* on)
2 (ankuppeln) couple on (**an** + *Akk.* to); hitch up ‹*trailer*› (**an** + *Akk.* to)
3 (anfügen) add (**an** + *Akk.* to)
4 (ugs.) (zuschreiben, anlasten) **jmdm. etw.** ~ blame sb for sth; blame sth on sb; **er will mir nur was** ~ he just wants to pin something on me
B *refl. V.* **1** hang on (**an** + *Akk.* to)
2 (ugs.) (sich anschließen) **sich [an jmdn.** *od.* **bei jmdm.]** ~ tag along [with sb]

An·hänger *der* **1** (Mensch) supporter
2 (Wagen) trailer
3 (Schmuckstück) pendant
4 (Schildchen) tag

Anhängerin *die*; ~, ~nen ▶ Anhänger 1

Anhängerschaft *die*; ~, ~en supporters *pl.*

anhänglich *Adj.* devoted ‹*dog, friend*›

Anhänglichkeit *die*; ~; devotion

an|hauchen *tr. V.* breathe on ‹*mirror, glasses*›; blow on ‹*fingers, hands*›

an|häufen *tr. V.* accumulate

Anhäufung *die* accumulation

an|heben *unr. tr. V.* **1** lift [up]
2 (erhöhen) raise ‹*prices, wages, etc.*›

an|heften *tr. V.* attach ‹*label, list*›; put up ‹*sign, notice*›

anheim (geh.) **[es] jmdm.** ~ **stellen, etw. zu tun** leave it to sb to do sth
***anheim|stellen** ▶ anheim

An·hieb *der* **auf** ~ (ugs.) straight off

an|himmeln *tr. V.* worship

An·höhe *die* rise

an|hören **A** *tr. V.* listen to; **sich** (*Dat.*) **jmdn./ etw.** ~ listen to sb/sth
B *refl. V.* sound

animieren *tr. V.* encourage

Anis *der*; ~es aniseed

Ank. *Abk.* = **Ankunft** arr.

An·kauf *der* purchase

an|kaufen *tr. V.* purchase; buy

Anker *der*; ~s, ~; anchor; **vor** ~ **gehen/ liegen** drop anchor/lie at anchor; ~ **werfen** drop anchor

ankern *itr. V.* **1** anchor
2 (vor Anker liegen) be anchored

Anker·platz *der* anchorage

An·klage *die* **1** charge; **unter** ~ **stehen** have been charged (**wegen** with)
2 (~vertretung) prosecution

Anklage·bank *die*; *Pl.* ~bänke dock; **auf der** ~ **sitzen** (auch fig.) be in the dock

an|klagen *tr. V.* **1** (Rechtsw.) charge (*Gen.*, **wegen** with); accuse
2 (geh.) (beschuldigen) accuse

An·kläger *der*, **An·klägerin** *die* prosecutor

an|klammern **A** *tr. V.* peg (BrE) *or* pin (AmE) ‹*clothes, washing*› up; clip ‹*sheet etc.*›; (mit Heftklammern) staple ‹*sheet etc.*›
B *refl. V.* **sich an jmdn./etw.** ~ cling to sb/sth

An·klang *der* **[bei jmdm.]** ~ **finden** meet with [sb's] approval

an|kleben **A** *tr. V.* stick up ‹*poster, etc.*›
B *itr. V.*; *mit sein* stick

an|kleiden *tr. V.* (geh.) dress; **sich** ~ dress

an|klicken *tr. V.* (DV) click on

an|klopfen *itr. V.* knock

an|knüpfen **A** *tr. V.* **1** tie on (**an** + *Akk.* to)
2 (beginnen) start up ‹*conversation*›; establish ‹*relations, business links*›; form ‹*relationship*›
B *itr. V.* **an etw.** (*Akk.*) ~ take sth up; **ich knüpfe dort an, wo ...** I'll pick up where ...

a

an|kommen *unr. itr. V.; mit sein* **1** (eintreffen) arrive; **seid ihr gut angekommen?** did you arrive safely?
2 [bei jmdm.] [gut] ~ (fig. ugs.) go down [very] well [with sb]
3 **gegen jmdn./etw.** ~ be able to deal with sb/fight sth
4 *unpers.* **es kommt auf jmdn./etw. an** (jmd./ etw. ist ausschlaggebend) it depends on sb/sth; **es kommt auf etw.** (*Akk.*) **an** (etw. ist wichtig) sth matters (*Dat.* to); **es kommt [ganz] darauf** *od.* **drauf an** (ugs.) it [all] depends
5 *unpers.* **es darauf** *od.* **drauf** ~ **lassen** (ugs.) chance it; **es auf etw.** (*Akk.*) ~ **lassen** [be prepared to] risk sth

an|koppeln 🅐 *tr. V.* couple ‹*carriage*› up; hitch ‹*trailer*› up; dock ‹*spacecraft*›
🅑 *itr. V.* ‹*spacecraft*› dock

an|kreuzen *tr. V.* mark with a cross

an|kündigen 🅐 *tr. V.* announce
🅑 *refl. V.* announce itself

An·kündigung *die* announcement

Ankunft *die*; ~, **Ankünfte** arrival; „~" 'arrivals'

Ankunfts-: ~**halle** *die* arrival[s] hall; ~**tafel** *die* arrivals board

an|kuppeln *tr. V.* ▸ ankoppeln A

an|kurbeln *tr. V.* **1** crank [up]
2 (fig.) boost ‹*economy, production, etc.*›

Anl. *Abk.* = **Anlage** encl.

an|lächeln *tr. V.* smile at

an|lachen 🅐 *tr. V.* smile at
🅑 *refl. V.* **sich** (*Dat.*) **jmdn.** ~ (ugs.) get off with sb (BrE infml); pick sb up

An·lage *die* **1** (das Anlegen) (einer Kartei) establishment; (eines Parks, Gartens usw.) laying out; (eines Parkplatzes, Stausees) construction
2 (Grünanlage) park; (um ein Schloss usw. herum) grounds *pl.*
3 (Einrichtung) facilities *pl.*; **militärische** ~**n** military installations
4 (Werk) plant
5 (Musikanlage usw.) system
6 (Geldanlage) investment
7 (Konzeption) conception; (Struktur) structure
8 (Veranlagung) aptitude; (Neigung) tendency
9 (Beilage zu einem Brief) enclosure

Anlage-: ~**berater** *der*, ~**beraterin** *die* investment advisor; ~**kapital** *das* investment capital

Anlass, **Anlaß* *der*; **Anlasses, Anlässe**
1 cause (for); **etw. zum** ~ **nehmen, etw. zu tun** take sth as an opportunity to do sth; **aus aktuellem** ~ because of current events
2 (Gelegenheit) occasion

an|lassen 🅐 *unr. tr. V.* **1** leave ‹*light, radio, heating, etc.*› on; leave ‹*engine*› running; leave ‹*candle*› burning
2 keep ‹*coat, gloves, etc.*› on
3 (in Gang setzen) start [up]

🅑 *unr. refl. V.* **sich gut/schlecht** ~ get off to a good/bad start

Anlasser *der*; ~**s**, ~; starter

an·lässlich, **an·läßlich Präp.; mit Gen.* on the occasion of

An·lauf *der* **1** run-up; [mehr] ~ **nehmen** take [more of] a run-up
2 (Versuch) attempt; **beim** *od.* **im ersten/dritten** ~ at the first/third attempt

an|laufen 🅐 *unr. itr. V.; mit sein*
1 **angelaufen kommen** come running along; (auf einen zu) come running up
2 **gegen jmdn./etw.** ~ run at sb/sth
3 (Anlauf nehmen) take a run-up
4 (zu laufen beginnen) ‹*engine*› start [up]; (fig.) ‹*film*› open; ‹*production, campaign, search*› start
5 **rot/dunkel usw.** ~ go *or* turn red/dark *etc.*
6 (beschlagen) mist up
🅑 *unr. tr. V.* put in at ‹*port*›

an|legen 🅐 *tr. V.* **1** put *or* lay ‹*domino, card*› [down] (**an** + *Akk.* next to); place, position ‹*ruler, protractor*› (**an** + *Akk.* on); put ‹*ladder*› up (**an** + *Akk.* against)
2 **die Flügel/Ohren** ~ close its wings/lay its ears back; **die Arme** ~ put one's arms to one's sides
3 (geh.) (anziehen, umlegen) don
4 (schaffen, erstellen) lay out ‹*town, garden, plantation, street*›; start ‹*file, album*›; compile ‹*statistics, index*›
5 (investieren) invest
6 (ausgeben) spend (**für** on)
7 **es darauf** ~, **etw. zu tun** be determined to do sth
🅑 *itr. V.* **1** (landen) moor
2 (Kartenspiele) lay a card/cards
3 (Domino) play [a domino/dominoes]
4 (zielen) aim (**auf** + *Akk.* at)
🅒 *refl. V.* **sich mit jmdm.** ~ pick an argument with sb

Anlege-: ~**platz** *der* berth; ~**steg** *der* jetty

an|lehnen 🅐 *tr. V.* **1** lean (**an** + *Akk. od. Dat.* against)
2 leave ‹*door, window*› slightly open
🅑 *refl. V.* **sich [an jmdn.** *od.* **jmdm./etw.]** ~ lean [on sb/against sth]

Anlehnung *die* **in** ~ **an** (+ *Akk.*) in imitation of; following

Anleihe *die*; ~, ~**n** (Finanzw.) bond

an|leiten *tr. V.* instruct

An·leitung *die* instructions *pl.*

an|lernen *tr. V.* train

An·liegen *das*; ~**s**, ~ (Bitte) request; (Angelegenheit) matter

an|liegen *unr. itr. V.* **1** ‹*pullover etc.*› fit tightly
2 (ugs.) (vorliegen) be on

anliegend *Adj.* **1** (angrenzend) adjacent
2 (beiliegend) enclosed

Anlieger *der*; ~**s**, ~, **Anliegerin** *die*; ~, ~**nen** resident; „~ **frei**" 'access only'

---

an|locken *tr. V.* attract ‹*customers, tourists, etc.*›; lure ‹*bird, animal*›

an|lügen *tr. V.* lie to

an|machen *tr. V.* **1** put ‹*light, radio, heating*› on; light ‹*fire*›

2 mix ‹*cement, plaster, paint, etc.*›; dress ‹*salad*›

3 (ugs.) (ansprechen) ‹*woman, girl*› give ‹*man, boy*› the come-on (infml); ‹*man, boy*› chat ‹*woman, girl*› up (BrE infml)

4 (ugs.) (begeistern, erregen) get ‹*audience etc.*› going; **das macht mich ungeheuer/nicht an** it really turns me on (infml) /does nothing for me (infml)

5 (provozieren) **mach mich nicht an!** leave me alone!

an|malen *tr. V.* paint

an|maßen *refl. V.* **sich** (*Dat.*) **etw.** ~ claim sth [for oneself]

an·maßend **A** *Adj.* presumptuous; (arrogant) arrogant

B *adv.* presumptuously; (arrogant) arrogantly

Anmaßung *die*; ~, ~**en** presumption; (Arroganz) arrogance

Anmelde·formular *das* **1** application form

2 (einer Meldebehörde) registration form

☞ **an|melden** *tr. V.* **A 1** (als Teilnehmer) enrol (**zu** for); **sich** ~ enrol (**zu** for)

2 (melden, anzeigen) license ‹*radio, television*›; apply for ‹*patent*›; register ‹*domicile, change of address, car, trademark*›; **sich** ~ register one's new address

3 (ankündigen) announce; **sind Sie angemeldet?** do you have an appointment?; **sich beim Arzt** ~ make an appointment to see the doctor

4 (geltend machen) express ‹*reservation, doubt, wish*›; put forward ‹*demand*›

B *refl. V.* (DV) log on

☞ **An·meldung** *die* **1** (zur Teilnahme) enrolment

2 ▶ **anmelden A2** licensing; application (*Gen.* for); registration

3 (Ankündigung) announcement; (beim Arzt, Rechtsanwalt usw.) making an appointment

an|merken *tr. V.* **1** jmdm. seinen Ärger/ seine Verlegenheit *usw.* ~ notice that sb is annoyed/embarrassed *etc.*; **man merkt ihm [nicht] an, dass er krank ist** you can[not] tell that he is ill; **sich nichts** ~ **lassen** not let it show

2 (geh.) (bemerken) note

Anmerkung *die*; ~, ~**en 1** (Fußnote) note

2 (geh.) (Bemerkung) comment

an|motzen *tr. V.* (ugs.) swear at

Anmut *die*; ~ (geh.) grace

an·mutig (geh.) **A** *Adj.* graceful ‹*girl, movement, dance*›; charming, delightful ‹*girl, smile, picture, landscape*›

B *adv.* ‹*move, dance*› gracefully; ‹*smile, greet*› charmingly

an|nähen *tr. V.* sew on

an|nähern **A** *refl. V.* get closer (*Dat.* to sth)

B *tr. V.* bring closer (*Dat.* to)

annähernd **A** *Adv.* almost; (ungefähr) approximately

B *adj.* approximate

Annahme *die*; ~, ~**n 1** (das Annehmen) acceptance

2 (Vermutung) assumption; **in der** ~, **dass** ... on the assumption that ...

annehmbar **A** *Adj.* **1** acceptable

2 (recht gut) reasonable

B *adv.* reasonably [well]

☞ **an|nehmen** **A** *unr. tr. V.* **1** accept; take; accept ‹*alms, invitation, condition, help*›; take ‹*food, telephone call*›; accept, take up ‹*offer, challenge*›

2 (Sport) take ‹*ball, pass, etc.*›

3 (billigen) approve

4 (aufnehmen) take on ‹*worker, patient, pupil*›

5 (hinnehmen) accept ‹*fate, verdict, punishment*›

6 (adoptieren) adopt

7 (haften lassen) take ‹*dye, ink*›

8 (sich aneignen) adopt ‹*habit, mannerism, name, attitude*›

9 (bekommen) take on ‹*look, appearance, form, dimension*›

10 (vermuten, voraussetzen) assume; **angenommen, [dass]** ... assuming [that] ...

B *unr. refl. V.* (geh.) **sich jmds./einer Sache** ~ look after sb/sth

Annehmlichkeit *die*; ~, ~**en** comfort; (Vorteil) advantage

annektieren *tr. V.* annex

Annektierung *die*; ~, ~**en**, **Annexion** *die*; ~, ~**en** annexation

Annonce /aˈnõːsə/ *die*; ~, ~**n** advertisement; advert (BrE infml)

annoncieren *itr. V.* advertise

annullieren *tr. V.* annul

Annullierung *die*; ~, ~**en** annulment

anonym **A** *Adj.* anonymous

B *adv.* anonymously

Anonymität *die*; ~ anonymity

Anorak *der*; ~**s**, ~**s** anorak

an|ordnen *tr. V.* **1** (arrangieren) arrange

2 (befehlen) order

An·ordnung *die* ▶ **anordnen 1** arrangement

2 order

anorektisch /an|oˈrɛktɪʃ/ *Adj.* anorexic

Anorexie /an|orɛˈksiː/ *die*; ~ (Med.) anorexia

an·organisch *Adj.* inorganic

an|packen **A** *tr. V.* **1** (ugs.) (anfassen) grab hold of

2 (angehen) tackle

B *itr. V.* [**mit**] ~ (ugs.) (mithelfen) lend a hand

☞ **an|passen** **A** *tr. V.* **1** (passend machen) fit

2 (abstimmen) suit (*Dat.* to)

B *refl. V.* adapt [oneself] (*Dat.* to); ‹*animal*› adapt

Anpassung *die*; ~, ~**en** adaptation (**an** + *Akk.* to)

anpassungs·fähig *Adj.* adaptable

an|pfeifen Ⓐ *unr. tr. V.* das Spiel/die zweite Halbzeit ~ blow the whistle to start the game/the second half
Ⓑ *unr. itr. V.* blow the whistle

An·pfiff *der* **1** (Sport) whistle for the start of play
2 (salopp) (Zurechtweisung) bawling-out (infml)

an|pflanzen *tr. V.* **1** plant
2 (anbauen) grow

an|pöbeln *tr. V.* (ugs.) abuse

an|prangern *tr. V.* denounce (als as)

an|preisen *unr. tr. V.* extol

An·probe *die* fitting

an|probieren *tr. V.* try on

an|rechnen *tr. V.* **1** count
2 jmdm. etw. ~ (in Rechnung stellen) charge sb for sth

An·recht *das* right; ein ~ auf etw. (*Akk.*) haben be entitled to sth

An·rede *die* form of address

an|reden *tr. V.* address

an|regen *tr. V.* **1** stimulate <*imagination, digestion*>; whet <*appetite*>
2 (ermuntern) prompt; (vorschlagen) propose

anregend *Adj.* stimulating

An·regung *die* **1** ▸ anregen **1** stimulation; whetting
2 (Denkanstoß) stimulus
3 (Vorschlag) proposal

an|reichern Ⓐ *tr. V.* enrich
Ⓑ *refl. V.* accumulate

An·reise *die* journey [there/here]

an|reisen *itr. V.*; *mit sein* travel there/here; mit der Bahn ~ go/come by train

An·reiz *der* incentive

an|rempeln *tr. V.* barge into; (absichtlich) jostle

Anrichte *die*; ~, ~n sideboard

an|richten *tr. V.* **1** arrange <*food*>; (servieren) serve
2 cause <*disaster, confusion, devastation, etc.*>

anrüchig *Adj.* **1** disreputable
2 (unanständig) indecent

an|rücken *itr. V.*; *mit sein* <*troops*> advance; <*firemen, police*> move in

An·ruf *der* call

Anruf·beantworter *der*; ~s, ~; [telephone] answering machine

ↄ **an|rufen** *unr. tr. V.* **1** call *or* shout to <*friend, passer-by*>; call <*sleeping person*>
2 (geh.) (angehen, bitten) appeal to <*person, court*> (um for); call upon <*God*>
3 *auch itr.* (telefonisch ~) call

Anrufer *der*; ~s, ~, **Anruferin** *die*; ~, ~nen caller

an|rühren *tr. V.* **1** touch
2 (bereiten) mix

ↄ **key word**

* alte Schreibung—vgl. Hinweis auf S. x

ↄ **ans** *Präp.*; + *Art.* **1** = an das
2 sich ~ Arbeiten machen set to work

An·sage *die* announcement

an|sagen *tr. V.* **1** announce
2 (Kartenspiele) bid

Ansager *der*; ~s, ~, **Ansagerin** *die*; ~, ~nen (Radio, Fernsehen) announcer

an|sammeln Ⓐ *tr. V.* accumulate; amass <*riches, treasure*>
Ⓑ *refl. V.* accumulate; (fig.) <*anger, excitement*> build up

An·sammlung *die* **1** collection
2 (Auflauf) crowd

ansässig *Adj.* resident

ↄ **An·satz** *der* (erstes Zeichen, Beginn) beginnings *pl.*

an|schaffen *tr. V.* [sich (*Dat.*)] etw. ~ get [oneself] sth

An·schaffung *die* purchase

an|schalten *tr. V.* switch on

ↄ **an|schauen** *tr. V.* (bes. südd., österr., schweiz.)
▸ ansehen

anschaulich Ⓐ *Adj.* vivid
Ⓑ *adv.* vividly

Anschauung *die*; ~, ~en **1** (Wahrnehmung) experience
2 (Auffassung) view

An·schein *der* appearance; allem *od.* dem ~ nach to all appearances

an·scheinend *Adv.* apparently

an|schieben *unr. tr. V.* push <*vehicle*>

an|schießen *unr. tr. V.* shoot and wound

An·schlag *der* **1** (Bekanntmachung) notice; (Plakat) poster
2 (Attentat) assassination attempt; (auf ein Gebäude, einen Zug usw.) attack
3 (Texterfassung) keystroke
4 mit dem Gewehr im ~ with rifle/rifles levelled

an|schlagen *unr. tr. V.* **1** put up <*notice, announcement, message*> (an + *Akk.* on)
2 (beschädigen) chip

ↄ **an|schließen** Ⓐ *unr. tr. V.* **1** connect (an + *Akk. od. Dat.* to); connect up <*electrical device*>
2 (festschließen) lock, secure (an + *Dat. od. Akk.* to)
Ⓑ *unr. refl. V.* sich jmdm./einer Sache ~ join sb/sth

an|schließend Ⓐ *Adv.* afterwards; ~ an etw. (*Akk.*) after sth
Ⓑ *adj.* subsequent; ein Vortrag mit ~em Theaterbesuch a lecture followed by a visit to the theatre

ↄ **An·schluss**, ***An·schluß** *der* connection; kein ~ unter dieser Nummer number unobtainable

Anschluss, ***Anschluß: ~kabel** *das* connecting cable *or* (esp. BrE) lead; ~**zug** *der* connecting train

an|schnallen *tr. V.* put on <*skis, skates*>; sich ~ (im Auto) put on one's seat belt; (im

Flugzeug) fasten one's seat belt
an|schrauben *tr. V.* screw on (**an** + *Akk.* to)
An·schreiben *das* covering letter
an|schreien *unr. tr. V.* shout at
An·schrift *die* address
An·schub *der*; ~[e]s, ~e impetus, stimulus (**zu** for)
Anschuldigung *die*; ~, ~en accusation
an|schwärzen *tr. V.* (ugs.) jmdn. ~ (in Misskredit bringen) blacken sb's name; (schlecht machen) run sb down (**bei** to); (denunzieren) inform *or* (BrE sl.) grass on sb (**bei** to)
an|schwellen *unr. itr. V.*; *mit sein* 1 swell [up]; (fig.) swell; <*water, river*> rise 2 (lauter werden) grow louder; <*noise*> rise
an|schwemmen *tr. V.* wash ashore
♂ **an|sehen** *unr. tr. V.* 1 look at; watch <*television programme*>; see <*play, film*>; jmdn. groß/böse ~ stare at sb/give sb an angry look; hübsch *usw.* anzusehen sein be pretty *etc.* to look at; **sieh [mal] [einer] an!** (ugs.) well, I never! (infml) 2 (erkennen) **man sieht ihm sein Alter nicht an** he does not look his age; **man sieht ihr die Strapazen an** she's showing the strain 3 (zusehen bei) **etw. [mit] ~ watch sth**; **das kann man doch nicht [mit] ~** I/you can't just stand by and watch that
Ansehen *das*; ~s [high] standing
an·sehnlich *Adj.* 1 (beträchtlich) considerable 2 (gut aussehend, stattlich) handsome
****an|sein** ▸ an C2
an|setzen *tr. V.* 1 (in die richtige Stellung bringen) position <*ladder, jack, drill, saw*> 2 (anfügen) attach, put on (**an** + *Akk. od. Dat.* to) 3 (festlegen) fix <*meeting etc.*> (**für, auf** + *Akk.* for); fix, set <*deadline, date, price*> 4 (veranschlagen) estimate 5 (anrühren) mix
♂ **An·sicht** *die* 1 (Meinung) opinion; view; **meiner ~ nach** in my opinion *or* view 2 (Bild) view
Ansichts·karte *die* picture postcard
an·sonsten *Adv.* (ugs.) 1 (außerdem) in addition, apart from that, otherwise 2 (andernfalls) otherwise
an|spannen *tr. V.* 1 harness <*horse etc.*> (**an** + *Akk.* to); yoke up <*oxen*> (**an** + *Akk.* to); hitch up <*carriage, cart, etc.*> (**an** + *Akk.* to) 2 (anstrengen) strain
An·spannung *die* strain
an|spielen *itr. V.* **auf jmdn./etw. ~** allude to sb/sth
Anspielung *die*; ~, ~en allusion (**auf** + *Akk.* to); (verächtlich, böse) insinuation (**auf** + *Akk.* about)
Ansporn *der*; ~[e]s, ~e incentive
an|spornen *tr. V.* spur on
An·sprache *die* speech; address
♂ **an|sprechen** A *unr. tr. V.* 1 speak to 2 (gefallen) appeal to

B *unr. itr. V.* (reagieren) respond (**auf** + *Akk.* to)
ansprechend A *Adj.* attractive; attractive, appealing <*personality*>
B *adv.* attractively
Ansprech·partner *der*, **Ansprech·partnerin** *die* contact
an|springen A *unr. itr. V.*; *mit sein* <*car, engine*> start
B *unr. tr. V.* jump up at
♂ **An·spruch** *der* 1 claim; (Forderung) demand; **[keine] Ansprüche stellen** make [no] demands; **in ~ nehmen** take advantage of <*offer*>; exercise <*right*>; take up <*time*>; **[einen] ~/keinen ~ auf etw.** (*Akk.*) **haben** be/not be entitled to sth 2 (Anrecht) right
an·spruchs-: ~**los** A *Adj.* 1 (genügsam) undemanding 2 (schlicht) unpretentious
B *adv.* 1 (genügsam) undemandingly; <*live*> modestly 2 (schlicht) unpretentiously; ~**voll** *Adj.* discriminating <*reader, audience, gourmet*>; (schwierig) demanding; ambitious <*subject*>
an|spucken *tr. V.* spit at
Anstalt *die*; ~, ~en institution
An·stand *der* decency
anständig A *Adj.* decent; (ehrbar) respectable
B *adv.* decently; (ordentlich) properly
an|starren *tr. V.* stare at
an·statt *Konj.* **~ zu arbeiten/~, dass er arbeitet** instead of working
an|stecken A *tr. V.* 1 pin on <*badge, brooch*>; put on <*ring*> 2 (infizieren) (auch fig.) infect
B *itr. V.* be infectious
ansteckend *Adj.* infectious; (durch Berührung) contagious
Ansteckung *die*; ~, ~en infection; (durch Berührung) contagion
Ansteckungs·gefahr *die* risk *or* danger of infection
an|stehen *unr. itr. V.* (Schlange stehen) queue [up], stand in line (AmE) (**nach** for)
an·stelle A *Präp.*; *mit Gen.* instead of
B *Adv.* **~ von** instead of
an|stellen A *refl. V.* queue [up], stand in line (AmE) (**nach** for)
B *tr. V.* 1 (aufdrehen) turn on 2 (einschalten) switch on 3 (einstellen) employ
An·stellung *die* 1 employment 2 (Stellung) job
Anstieg *der*; ~[e]s rise, increase (*Gen.* in)
an|stiften *tr. V.* incite
An·stifter *der*, **An·stifterin** *die* instigator
An·stiftung *die* incitement
an|stimmen *tr. V.* start singing <*song*>; start playing <*piece of music*>; **ein Geschrei ~** start shouting

a

Ạn·stoß *der* 1 stimulus (**zu** for); **den** [**ersten**] ~ **zu etw. geben** initiate sth
2 ~ **erregen** cause offence (**bei** to); [**keinen**] ~ **an etw.** (*Dat.*) **nehmen** [not] object to sth
ạn|stoßen **A** *unr. itr. V.* 1 *mit sein* **an etw.** (*Akk.*) ~ bump into sth
2 [**mit den Gläsern**] ~ clink glasses; **auf jmdn./etw.** ~ drink to sb/sth
B *unr. tr. V.* **jmdn./etw.** ~ give sb/sth a push; **jmdn. aus Versehen** ~ knock into sb inadvertently
ạnstößig **A** *Adj.* offensive
B *adv.* offensively
ạn|strahlen *tr. V.* 1 illuminate; (mit Scheinwerfer) floodlight
2 (anblicken) beam at
ạn|streben *tr. V.* (geh.) aspire to; (mit großer Anstrengung) strive for
ạn|streichen *unr. tr. V.* 1 paint
2 (markieren) mark
ạn|strengen **A** *refl. V.* make an effort; **sich mehr/sehr** ~ make more of an effort/a great effort
B *tr. V.* strain <*eyes, ears, voice*>; be a strain on <*person*>; **seine Fantasie** ~ exercise one's imagination
ạnstrengend *Adj.* (körperlich) strenuous; (geistig) demanding
Ạnstrengung *die*; ~, ~**en** 1 effort; **große** ~**en machen, etw. zu tun** make every effort to do sth
2 (Strapaze) strain
Ạn·strich *der* paint
Ạn·sturm *der* rush (**auf** + *Akk.* to); (auf Banken, Waren) run (**auf** + *Akk.* on)
Antạrktika (*das*); ~**s** Antarctica
Antạrktis *die* ~ Antarctic
antạrktisch *Adj.* Antarctic
◊ **Ạn·teil** *der* share (**an** + *Dat.* of); ~ **an etw.** (*Dat.*) **nehmen** take an interest in sth
Ạn·teilnahme *die*; ~ 1 interest (**an** + *Dat.* in)
2 (Mitgefühl) sympathy (**an** + *Dat.* with)
Antẹnne *die*; ~, ~**n** aerial; antenna (AmE)
Ạnthrax /'antraks/ *der*; ~ (Med.) anthrax
anthrazịt *Adj.* anthracite[-grey]
anthrazịt·grau *Adj.* anthracite-grey
ạnti-, Ạnti- anti-
Ạnti·alkohọliker *der*,
Ạnti·alkohọlikerin *die* teetotaller
Antibiọtikum *das*; ~**s, Antibiọtika** (Med.) antibiotic
anti-, Ạnti-: ~**blockịer·system** *das* (Kfz-W.) anti-lock braking system; ~**faschịst** *der*, ~**faschịstin** *die* anti-fascist; ~**faschịstisch** *Adj.* anti-fascist
antịk *Adj.* 1 classical
2 (aus vergangenen Zeiten) antique <*furniture, fittings, etc.*>
Antịke *die*; ~; classical antiquity *no art.*

Antilope *die*; ~, ~**n** antelope
Antipathie *die*; ~, ~**n** antipathy
Antiquariat antiquarian bookshop/department; (mit neueren gebrauchten Büchern) second-hand bookshop/department
Antiquität *die*; ~, ~**en** antique
Antivịren·software *die* (DV) anti-virus software
Ạntlitz *das*; ~**es**, ~**e** (dichter., geh.) countenance (literary); face
Ạntrag *der*; ~[**e**]**s, Ạnträge** 1 application (**auf** + *Akk.* for); **einen** ~ **stellen** make an application
2 (Formular) application form
Ạntrags·formular *das* application form
ạn|treffen *unr. tr. V.* find; (zufällig) come across
ạn|treiben *unr. tr. V.* 1 drive <*animals, column of prisoners*> on *or* along; (fig.) urge
2 (in Bewegung setzen) drive; power <*ship, aircraft*>
ạn|treten **A** *unr. itr. V.*; *mit sein* 1 form up; (in Linie) line up; (Milit.) fall in
2 (sich stellen) meet one's opponent; (als Mannschaft) line up; **gegen jmdn.** ~ meet sb/line up against sb
B *unr. tr. V.* start <*job, apprenticeship*>; take up <*position, appointment*>; set out on <*journey*>; begin <*prison sentence*>; come into <*inheritance*>
Ạn·trieb *der* drive
Ạn·tritt *der* **vor** ~ **Ihres Urlaubs** before you go on holiday (BrE) *or* (AmE) vacation; **vor** ~ **der Reise** before setting out on the journey
ạn|tun *unr. tr. V.* 1 **jmdm. ein Leid** ~ hurt sb; **jmdm. etwas Böses/ein Unrecht** ~ do sb harm/an injustice
2 **jmd./etw. hat es jmdm. angetan** sb was taken with sb/sth; *s. auch* angetan
◊ **Ạntwort** *die*; ~, ~**en** 1 answer; reply; **er gab mir keine** ~ he didn't answer [me] *or* reply
2 (Reaktion) response
◊ **ạntworten** *itr. V.* 1 answer; reply; **auf etw.** (*Akk.*) ~ answer sth; reply to sth; **jmdm.** ~ answer sb; reply to sb
2 (reagieren) respond (**auf** + *Akk.* to)
Ạntwort·schein *der* **internationaler** ~ (Postw.) international reply coupon
ạn|vertrauen **A** *tr. V.* **jmdm. etw.** ~ entrust sb with sth; (fig.) confide sth to sb
B *refl. V.* **sich jmdm./einer Sache** ~ put one's trust in sb/sth; **sich jmdm.** ~ (fig.) (sich jmdm. mitteilen) confide in sb
ạn|wachsen *unr. itr. V.*; *mit sein* 1 grow on
2 (Wurzeln schlagen) take root
3 (zunehmen) grow
Ạnwalt *der*; ~[**e**]**s, Ạnwälte, Ạnwältin** *die*; ~, ~**nen** 1 (Rechtsanwalt, -anwältin) lawyer; solicitor (BrE); attorney (AmE); (vor Gericht) barrister (BrE); attorney[-at-law] (AmE); advocate (Scot.)

◊ key word
* old spelling—see note on page x

2 (Fürsprecher) advocate
An·wärter *der*, **An·wärterin** *die*
candidate (**auf** + *Akk.* for); (Sport) contender
(**auf** + *Akk.* for)
an|weisen *unr. tr. V.* instruct
An·weisung *die* instruction
✧ **an|wenden** *unr. (auch regelm.) tr. V.* use,
employ <*process, trick, method, violence,
force*>; use <*medicine, money, time*>; apply
<*rule, paragraph, proverb, etc.*> (**auf** + *Akk.* to)
Anwender *der*; ~s, ~ (DV) user
anwender·freundlich *Adj.* (bes. DV)
user-friendly
Anwenderin *die*; ~, ~nen (DV) user
✧ **An·wendung** *die* **1** ▸ anwenden use;
employment; application
2 (DV) application
An·wesen *das* property
anwesend *Adj.* present (**bei** at); **die
Anwesenden** those present
Anwesenheit *die*; ~; presence
an|widern *tr. V.* nauseate
Anwohner *der*; ~s, ~, **Anwohnerin**
die; ~, ~nen resident; **Parken nur für** ~
residents-only parking
✧ **An·zahl** *die*; ~; number; **eine ganze** ~ a
whole lot
an|zahlen *tr. V.* put down <*sum*> as a deposit
(**auf** + *Akk.* on); (bei Ratenzahlung) make a
down payment of <*sum*> (**auf** + *Akk.* on)
An·zahlung *die* deposit; (bei Ratenzahlung)
down payment
An·zeichen *das* sign; indication
Anzeige *die*; ~, ~n **1** (Straf~) report
2 (Inserat) advertisement
3 (eines Instruments) display
✧ **an|zeigen** *tr. V.* **1** (Strafanzeige erstatten) **jmdn./
etw.** ~ report sb/sth to the police/the
authorities
2 (zeigen) show; indicate; show <*time, date*>
3 (DV) display
Anzeigen-: ~**blatt** *das* advertiser; ~**teil**
der advertisement section *or* pages *pl.*
an|ziehen *unr. tr. V.* **1** (auch fig.) attract
2 draw up <*knees, feet, etc.*>
3 tighten <*rope, wire, screw, knot, belt, etc.*>;
put on <*handbrake*>
4 (ankleiden) dress; **sich** ~ get dressed
5 (anlegen) put on <*clothes*>
anziehend *Adj.* attractive
An·ziehung *die* attraction
Anziehungs·kraft *die* attractive force;
(fig.) attraction
An·zug *der* **1** suit
2 im ~ **sein** <*storm*> be approaching; <*fever,
illness*> be coming on; <*enemy*> be advancing
anzüglich Ⓐ *Adj.* insinuating <*remark,
question*>
Ⓑ *adv.* in an insinuating way
Anzüglichkeit *die*; ~, ~en **1** (Art)
insinuating nature

2 (Bemerkung) insinuating remark
an|zünden *tr. V.* light; set fire to <*building
etc.*>
an|zweifeln *tr. V.* doubt; question
apart Ⓐ *Adj.* individual *attrib.*
Ⓑ *adv.* in an individual style
Apartheid *die*; ~; apartheid *no art.*
Apartheit *die*; ~; individuality
Apartment *das*; ~s, ~s studio flat (BrE);
studio apartment (AmE)
Apartment·haus *das* block of studio flats
(BrE) *or* (AmE) studio apartments
Apathie *die*; ~, ~n apathy
apathisch Ⓐ *Adj.* apathetic
Ⓑ *adv.* apathetically
Aperitif /aperi'ti:f/ *der*; ~s, ~s aperitif
✧ **Apfel** *der*; ~s, **Äpfel** apple
Apfel-: ~**baum** *der* apple tree; ~**kuchen**
der apple cake; (mit Äpfeln belegt) apple flan;
~**mus** *das* apple purée; ~**saft** *der* apple
juice; ~**saft·schorle** *die* apple juice with
mineral water
Apfelsine *die*; ~, ~n orange
Apfel-: ~**strudel** *der* apfelstrudel; ~**wein**
der cider
Apostel *der*; ~s, ~; apostle
Apotheke *die*; ~, ~n **1** chemist's [shop]
(BrE); drugstore (AmE)
2 (Hausapotheke) medicine cabinet; (Reise-,
Bordapotheke) first-aid kit
Apotheker *der*; ~s, ~, **Apothekerin**
die; ~, ~nen [dispensing] chemist (BrE);
druggist
App *die*; ~, ~s (DV) app
App. *Abk.* = **Apparat** ext.
Apparat *der*; ~[e]s, ~e **1** apparatus *no pl.*;
(Haushaltsgerät) appliance; (kleiner) gadget
2 (Radio) radio; (Fernseher) television; (kamera)
camera
3 (Telefon) telephone; (Nebenstelle) extension;
am ~**!** speaking!
4 (Personen und Hilfsmittel) organization;
(Verwaltungsapparat) system
Apparate·medizin *die* (oft abwertend) high-
technology medicine
Appartement /aparta'mã:/, schweiz. auch
-'mɛnt/ *das*; ~s, ~s (schweiz. auch ~e)
1 ▸ Apartment
2 (Hotelsuite) suite
Appell *der*; ~s, ~e **1** appeal (**zu** for; **an** +
Akk. to)
2 (Milit.) muster; (Anwesenheits~) roll-call
appellieren *itr. V.* appeal (**an** + *Akk.* to)
Appetit *der*; ~[e]s, ~e appetite (**auf** + *Akk.*
for); **guten** ~**!** enjoy your meal!
appetitlich *Adj.* **1** appetizing
2 (sauber, ansprechend) attractive and hygienic
Appetit·losigkeit *die*; ~; lack of appetite
applaudieren *itr. V.* applaud
Applaus *der*; ~es, ~e applause
Aprikose *die*; ~, ~n apricot

a

a

◌ **Apríl** *der*; ~[s], ~e April; der ~ April

apropos /apro'po:/ *Adv.* apropos; by the way; incidentally

Aquädukt *der od. das*; ~[e]s, ~e aqueduct

Aquaplaning *das*; ~s aquaplaning

Aquarell *das*; ~s, ~e watercolour [painting]

Aquarium *das*; ~s, **Aquarien** aquarium

Äquator *der*; ~s equator

Ar *das od. der*; ~s, ~e are

Ära *die*; ~, **Ären** era

Araber *der*; ~s, ~, **Araberin** *die*; ~, ~nen Arab

Arabien /a'ra:bi̯ən/ *(das)*; ~s Arabia

arabisch *Adj.* Arabian; Arabic ‹*language, numeral, literature, etc.*›

◌ **Arbeit** *die*; ~, ~en 1 work *no indef. art.*; **vor/nach der** ~ (ugs.) before/after work **2** (Produkt, Werk) work **3** (Aufgabe) job **4** (Klassenarbeit) test

◌ **arbeiten** **A** *itr. V.* work **B** *tr. V.* (herstellen) make

◌ **Arbeiter** *der*; ~s, ~, **Arbeiterin** *die*; ~, ~nen worker; (Bau~, Land~) labourer

Arbeiter-: ~**kind** *das* working-class child; ~**klasse** *die* working class[es pl.]

Arbeiterschaft *die*; ~; workers *pl.*

◌ **Arbeit·geber** *der*; ~s, ~; employer

Arbeitgeber·anteil *der* employer's contribution

Arbeit·geberin *die*; ~, ~nen employer

Arbeitgeber·verband *der* employers' association *or* organization

◌ **Arbeitnehmer** *der*; ~s, ~; employee

Arbeitnehmer·anteil *der* employee's contribution

Arbeitnehmerin *die*; ~, ~nen employee

arbeits-, Arbeits-: ~**amt** *das* job centre (BrE); ~**anfang** *der* starting time [at work]; ~**bedingungen** *Pl.* working conditions; ~**beginn** *der* ▸ Arbeitsanfang; ~**belastung** *die* workload; ~**beschaffungs·maßnahme** *die* job-creation measure; ~**erlaubnis** *die* work permit; ~**fähig** *Adj.* fit for work *postpos.*; (grundsätzlich) able to work *postpos.*; ~**gang** *der* operation; ~**genehmigung** *die* work permit; ~**gericht** *das* industrial tribunal; ~**kollege** *der*, ~**kollegin** *die* (bei Arbeitern) workmate (BrE); fellow worker; (bei Angestellten, Beamten) colleague; ~**kraft** *die* **1** capacity for work **2** (Mensch) worker; ~**last** *die* burden of work; ~**leben** *das* **1** (Berufstätigkeit) working life **2** (Arbeitswelt) world of work; working life *no art.*

◌ **arbeits·los** *Adj.* unemployed; **sich** ~ **melden**

◌ key word

* alte Schreibung—vgl. Hinweis auf S. x

---

sign on [for the dole] (infml)

arbeits-, Arbeits-: ~**lose** *der/die adj. Dekl.* unemployed person/man/woman *etc.*; **die** ~**losen** the unemployed; ~**losengeld** *das* (full-rate) earnings-related unemployment benefit; ~**losenhilfe** *die* **1** (Geld) reduced-rate unemployment benefit **2** (Institution) reduced-rate unemployment benefit system; ~**losigkeit** *die*; ~~; unemployment *no indef. art.*; ~**mangel** *der* lack of work; ~**markt** *der* labour market

◌ **Arbeits·platz** *der* **1** (Platz im Betrieb) workplace; **am** ~ at one's workplace **2** (~stätte) place of work; **den** ~ **wechseln** change one's place of work **3** (~verhältnis) job

arbeits-, Arbeits-: ~**platz·abbau** *der* reduction in the number of jobs; ~**scheu** *Adj.* work-shy; ~**tag** *der* working day; ~**teilung** *die* division of labour; ~**suchende** *der/die adj. Dekl.* person/man/woman looking for work; **die** ~**suchenden** those looking for work; ~**unfähig** *Adj.* unfit for work *postpos.*; (grundsätzlich) unable to work *postpos.*; ~**unfähigkeit** *die* ▸ arbeitsunfähig inability to work; unfitness for work; ~**unfall** *der* industrial accident; **er hatte einen** ~**unfall** he had an accident at work; ~**vermittlung** *die* **1** (Tätigkeit) arranging employment **2** (Stelle) employment exchange; job centre (BrE); (Firma) employment agency; ~**vertrag** *der* contract of employment; ~**zeit** *die* working hours *pl.*; **die tägliche** ~**zeit** the working day; ~**zeit·konto** *das* flexitime work record; ~**zimmer** *das* study

Archäologe *der*; ~n, ~n archaeologist

Archäologie *die*; ~; archaeology *no art.*

Archäologin *die*; ~, ~nen archaeologist

archäologisch *Adj.* archaeological

Arche *die*; ~, ~n ark; **die** ~ **Noah** Noah's Ark

Architekt *der*; ~en, ~en, **Architektin** *die*; ~, ~nen architect

Architektur *die*; ~; architecture

Archiv *das*; ~s, ~e archives *pl.*; archive

Ären ▸ Ära

Arena *die*; ~, **Arenen** arena; (Stierkampf~, Manege) ring

arg, ärger, ärgst… (geh., landsch.) **A** *Adj.* **1** (schlimm) bad; **im Argen liegen** be in a sorry state **2** (unangenehm groß, stark) severe ‹*pain, hunger, shock, disappointment*›; serious ‹*error, dilemma*›; extreme ‹*embarrassment*›; gross ‹*exaggeration, injustice*› **B** *adv.* (äußerst, sehr) extremely

Ärger *der*; ~s **1** annoyance **2** (Unannehmlichkeiten) trouble; ~ **bekommen** get into trouble

ärgerlich **A** *Adj.* **1** annoyed

2 (Ärger erregend) annoying
B *adv.* **1** with annoyance
2 (Ärger erregend) annoyingly
ärgern **A** *tr. V.* **1** annoy
2 (reizen) tease
B *refl. V.* **sich [über jmdn./etw.]** ~ be/get annoyed [at sb/about sth]
Ärgernis *das*; ~**ses**, ~**se** annoyance; (etw. Anstößiges) nuisance
arg-, Arg-: ~**list** *die* deceit; (Heimtücke) malice; ~**listig** *Adj.* deceitful; (heimtückisch) malicious; ~**los** **A** *Adj.* unsuspecting
B *adv.* unsuspectingly; ~**losigkeit** *die*; ~~; unsuspecting nature
ärgst... ▸ arg
⚬ **Argument** *das*; ~**[e]s**, ~**e** argument
Argumentation *die*; ~, ~**en** argumentation
argumentieren *itr. V.* argue
Argwohn *der*; ~**[e]s** suspicion
argwöhnisch (geh.) **A** *Adj.* suspicious
B *adv.* suspiciously
Arie /'aːriə/ *die*; ~, ~**n** aria
arisch *Adj.* (Völkerk., Sprachw., ns.) Aryan
Aristokrat *der*; ~**en**, ~**en** aristocrat
Aristokratie *die*; ~, ~**n** aristocracy
Aristokratin *die*; ~, ~**nen** aristocrat
aristokratisch **A** *Adj.* aristocratic
B *adv.* aristocratically
arithmetisch **A** *Adj.* arithmetical
B *adv.* arithmetically
Arkade *die*; ~, ~**n** arcade
Arktis *die*; ~; Arctic
arktisch *Adj.* Arctic; (fig.) arctic
⚬ **arm, ärmer, ärmst...** *Adj.* poor; Arm und Reich (veralt.) rich and poor [alike]; ~ an Nährstoffen poor in nutrients; **der/die Ärmste** Arme the poor man/boy/woman/girl
⚬ **Arm** *der*; ~**[e]s**, ~**e** arm; jmdm. [mit etw.] unter die ~**e** greifen help sb out [with sth]; **ein Hemd mit halbem** ~ a short-sleeved shirt
Armaturen·brett *das* instrument panel; (im Kfz) dashboard
Arm-: ~**band** *das* bracelet; (Uhr~) strap; ~**band·uhr** *die* wristwatch
⚬ **Armee** *die*; ~, ~**n** (auch fig.) army
Ärmel *der*; ~**s**, ~; sleeve; [sich (Dat.)] etw. aus dem ~ schütteln (ugs.) produce sth just like that
Ärmel·kanal *der*; ~**s** [English] Channel
ärmer ▸ arm
ärmlich **A** *Adj.* cheap ‹clothing›; shabby ‹flat, office›; meagre ‹meal›
B *adv.* cheaply ‹furnished, dressed›
Arm·reif *der* armlet
arm·selig *Adj.* **1** miserable; pathetic ‹result, figure›; meagre ‹meal, food›; paltry ‹return, salary, sum, fee›
2 (abwertend) (erbärmlich) miserable
ärmst... ▸ arm

Armut *die*; ~; poverty
Armuts-: ~**falle** *die* poverty trap; ~**grenze** *die* (Soziol.) poverty line
Aroma *das*; ~**s**, **Aromen** (Duft) aroma; (Geschmack) flavour
aromatisch *Adj.* aromatic; distinctive ‹taste›; ~ duften give off an aromatic fragrance
arrangieren /araˈʒiːrən/ **A** *tr. V.* (geh., Musik) arrange
B *refl. V.* sich ~ adapt; sich mit jmdm. ~ come to an accommodation with sb
Arrest *der*; ~**[e]s**, ~**e** detention
arrogant **A** *Adj.* arrogant
B *adv.* arrogantly
Arroganz *die*; ~; arrogance
Arsch *der*; ~**[e]s**, **Ärsche** (derb) **1** arse (BrE coarse); ass (AmE sl.); **leck mich am** ~! (fig.) piss off (sl.); **im** ~ **sein** (fig.) be buggered (coarse)
2 (widerlicher Mensch) arsehole (BrE coarse); asshole (AmE coarse)
Arsch·loch *das* (derb) ▸ Arsch 2
⚬ **Art** *die*; ~, ~**en 1** kind; sort; Bücher aller ~ all kinds *or* sorts of books; [so] eine ~ ... a sort of ...; aus der ~ schlagen not be true to type; (in einer Familie) be different from all the rest of the family
2 (Biol.) species
3 (Wesen) nature; (Verhaltensweise) way; (gutes Benehmen) behaviour; **die feine englische** ~ (ugs.) the proper way to behave
4 (Weise) way; **auf diese** ~ in this way; ~ **und Weise** way; (Kochk.) nach ~ des Hauses à la maison; **nach Schweizer** ~ Swiss style
arten-, Arten-: ~**barriere** *die*, ~**grenze** *die* (Biol.) species barrier; ~**reich** *Adj.* (Biol.) species-rich; ~**reichtum** *der* (Biol.) species-richness; ~**schutz** *der* protection of species; species protection
Arterie /arˈteːriə/ *die*; ~, ~**n** artery
artig *Adj.* well-behaved; **sei** ~ be a good boy/girl/dog *etc.*
⚬ **Artikel** *der*; ~**s**, ~ **1** article
2 (Ware) item
Artillerie *die*; ~, ~**n** artillery
Artischocke *die*; ~, ~**n** artichoke
Artist *der*; ~**en**, ~**en**, **Artistin** *die*; ~, ~**nen** [variety/circus] performer
Arznei *die*; ~, ~**en** (veralt.), **Arznei·mittel** *das* medicine
⚬ **Arzt** *der*; ~**es**, **Ärzte**, **Ärztin** *die*; ~, ~**nen** doctor
Arzthelferin *die* doctor's receptionist
ärztlich **A** *Adj.* medical; **auf** ~**e Verordnung** on doctor's orders
B *adv.* **sich** ~ **behandeln lassen** have medical treatment
*As ▸ Ass
Asbest *der*; ~**[e]s**, ~**e** asbestos
Asche *die*; ~, ~**n** ash[es *pl.*]; (sterbliche Reste) ashes *pl.*

a

Aschen-: ~**becher** der ashtray; ~**brödel** das; ~~s, ~~ (auch fig.) Cinderella
Ascher·mittwoch der Ash Wednesday
Äser ▶ Aas
Asi /'asi/ der; ~s, ~s (Jugendspr.) poorly educated, loutish young person ≈ chav (Brit.) (ugs., abwertend)
Asiat der; ~en, ~en, **Asiatin** die; ~, ~nen Asian
asiatisch Adj. Asian
Asien /'a:zjən/ (das); ~s Asia
Askese die; ~; asceticism
Asket der; ~en, ~en, **Asketin** die; ~, ~nen ascetic
asketisch A Adj. ascetic
  B adv. ascetically
asozial A Adj. asocial; (gegen die Gesellschaft gerichtet) antisocial
  B adv. asocially
⚬ **Aspekt** der; ~[e]s, ~e aspect
Asphalt der; ~[e]s, ~e asphalt
Aspik der; (österr. auch das); ~s, ~e aspic
Ass das; ~es, ~e ace
aß 1. u. 3. Pers. Sg. Prät. v. essen
Assistent der; ~en, ~en, **Assistentin** die; ~, ~nen assistant
Ast der; ~[e]s, Äste branch; sich (Dat.) einen ~ lachen (ugs.) split one's sides [with laughter]
Aster die; ~, ~n aster; (Herbstaster) Michaelmas daisy
ästhetisch A Adj. aesthetic
  B adv. aesthetically
Asthma das; ~s asthma
ast·rein A Adj. (ugs.) (in Ordnung) on the level (infml); (echt) genuine; (salopp) (prima, toll) fantastic (infml); great (infml)
  B adv. (salopp) (prima) fantastically (infml)
Astrologe der; ~n, ~n astrologer
Astrologie die; ~; astrology no art.
Astrologin die; ~, ~nen astrologer
Astronaut der; ~en, ~en, **Astronautin** die; ~, ~nen astronaut
Astronom der; ~en, ~en astronomer
Astronomie die; ~; astronomy no art.
Astronomin die; ~, ~nen astronomer
astronomisch Adj. astronomical
Asyl das; ~s, ~e 1 asylum
  2 (Obdachlosenheim) hostel
Asylant der; ~en, ~en, **Asylantin** die; ~, ~nen asylum seeker
Asylanten·heim das asylum seekers' hostel
Asyl-: ~**antrag** der application for asylum; ~**bewerber** der, ~**bewerberin** die person seeking [political] asylum; ~**bewerber·heim** das ▶ Asylantenheim; ~**gesetz** das asylum law[s pl.];

~**missbrauch**, *~**mißbrauch** der misuse of asylum; ~**recht** das (Rechtsw.) 1 right of [political] asylum 2 (eines Staates) right to grant [political] asylum; ~**werber** der; ~~s, ~~, ~**werberin** die; ~~, ~~**nen** (österr.) ▶ Asylbewerber
Atelier /atə'lje:/ das; ~s, ~s studio
Atem der; ~s breath; außer ~ sein/geraten be/get out of breath
atem-, Atem-: ~**beraubend** A Adj. breathtaking B adv. breathtakingly; ~**los** A Adj. breathless B adv. breathlessly; ~**pause** die breathing space; ~**zug** der breath
Atheismus der; ~; atheism no art.
Atheist der; ~en, ~en, **Atheistin** die; ~, ~nen atheist
atheistisch A Adj. atheistic
  B adv. atheistically
Athen (das); ~s Athens
Äther der; ~s, ~; ether
Äthiopien /ɛ'tjo:pjən/ (das); ~s Ethiopia
Athlet der; ~en, ~en 1 (Sportler) athlete 2 (ugs.) (kräftiger Mann) muscleman
Athletin die; ~, ~nen athlete
athletisch Adj. athletic
Atlanten ▶ Atlas
Atlantik der; ~s Atlantic
atlantisch Adj. Atlantic; der Atlantische Ozean the Atlantic Ocean
Atlas der; ~ od. ~ses, **Atlanten** od. ~se atlas
atmen itr., tr. V. breathe
⚬ **Atmosphäre** /atmo'sfɛ:rə/ die; ~, ~n (auch fig.) atmosphere
Atmung die; ~; breathing
Atom das; ~s, ~e atom
atomar Adj. atomic; (Atomwaffen betreffend) nuclear
atom-, Atom-: ~**ausstieg** der abandonment of nuclear power; ~**bombe** die atom bomb; ~**energie** die nuclear energy no indef. art.; ~**kern** der atomic nucleus; ~**kraft** die nuclear power no indef. art.; ~**kraftwerk** das nuclear power station; ~**krieg** der nuclear war; ~**müll** der nuclear waste; ~**physik** die nuclear physics sing., no art.; ~**pilz** der mushroom cloud; ~**reaktor** der nuclear reactor; ~**strom** der (ugs.) electricity generated by nuclear power; ~**waffe** die nuclear weapon; ~**waffen-frei** Adj. nuclear-free; ~**waffen-test** der nuclear [weapons] test; ~**zeit·alter** das nuclear age
Attacke die; ~, ~n (auch Med.) attack (auf + Akk. on)
Attentat das; ~[e]s, ~e assassination attempt; (erfolgreich) assassination
Attentäter der; ~s, ~, **Attentäterin** die; ~, ~nen would-be assassin; (erfolgreich)

⚬ key word
* old spelling—see note on page x

assassin

Attest *das*; ~[e]s, ~e medical certificate

Attraktion *die*; ~, ~en attraction

◆ **attraktiv** **A** *Adj.* attractive
  B *adv.* attractively

Attraktivität *die*; ~; attractiveness

Attrappe *die*; ~, ~n dummy

Attribut *das*; ~[e]s, ~e attribute

At-Zeichen /'ɛt-/ *das* (DV) at sign

ätzen **A** *tr. V.* etch
  B *itr. V.* corrode

ätzend **A** *Adj.* corrosive; (fig.) caustic <*wit, remark, criticism*>; pungent <*smell*>
  B *adv.* caustically <*ironic, critical*>

au *Interj.* **1** (bei Schmerz) ouch
  2 (bei Überraschung, Begeisterung) oh

Aubergine /oˈbɛrˈʒiːnə/ *die*; ~, ~n aubergine (BrE); eggplant

◆ **auch** **A** *Adv.* **1** as well; too; also; **Klaus war** ~ **dabei** Klaus was there as well *or* too; **Klaus was also there; Ich gehe jetzt. – Ich** ~ I'm going now – So am I; **Mir ist warm. – Mir** ~ I feel warm – So do I; **das weiß ich** ~ **nicht** I don't know either
  2 (sogar, selbst) even; ~ **wenn, wenn** ~ even if
  B *Partikel* **1** etwas anderes habe ich ~ nicht erwartet I never expected anything else; **nun hör aber** ~ **zu!** now listen!
  2 bist du dir ~ im Klaren, was das bedeutet? are you sure you understand what that means?; **bist du** ~ **glücklich?** are you truly happy?; **lügst du** ~ **nicht?** you're not lying, are you?
  3 wo .../wer .../was ... *usw.* ~ wherever/whoever/whatever *etc.* ...; **wie dem** ~ **sei** however that may be
  4 mag er ~ noch so klug sein no matter how clever he is

Audienz *die*; ~, ~en audience

Auditorium *das*; ~s, **Auditorien**
  1 (Hörsaal) auditorium
  2 (Zuhörerschaft) audience

◆ **auf** **A** *Präp.; mit Dat.* **1** on; ~ **See** at sea; ~ **dem Baum** in the tree; ~ **der Erde** on earth; ~ **der Welt** in the world; ~ **der Straße** in the street
  2 at <*post office, town hall, police station*>; ~ **seinem Zimmer** (ugs.) in his room; **Geld** ~ **der Bank haben** have money in the bank; ~ **der Schule/Uni** at school/university
  3 at <*party, wedding*>; on <*course, trip, walk, holiday, tour*>
  B *Präp.; mit Akk.* **1** on; ~ **einen Berg steigen** climb up a mountain; ~ **die Straße gehen** go [out] into the street
  2 ~ **die Schule/Uni gehen** go to school/university; ~ **einen Lehrgang gehen** go on a course
  3 ~ **10 km [Entfernung]** for [a distance of] 10 km; **wir näherten uns der Hütte [bis]** ~ **30 m** we approached to within 30m of the hut
  4 ~ **Jahre [hinaus]** for years [to come]; **etw.**

~ **nächsten Mittwoch verschieben** postpone sth until next Wednesday; **die Nacht von Sonntag** ~ **Montag** Sunday night; **das fällt** ~ **einen Montag** it falls on a Monday
  5 ~ **diese Art und Weise** in this way; ~ **Deutsch** in German; ~ **das Sorgfältigste** (geh.) most carefully
  6 ~ **Wunsch** on request; ~ **meine Bitte** at my request; ~ **Befehl** on command
  7 **ein Teelöffel** ~ **einen Liter Wasser** one teaspoon to one litre of water; ~ **die Sekunde/den Millimeter [genau]** [precise] to the second/millimetre; ~ **deine Gesundheit!** your health; ~ **bald/morgen!** (bes. südd.) see you soon/tomorrow
  C *Adv.* **1** (aufgerichtet, aufgestanden) up; ~! (steh/steht auf!) up you get!
  2 sie waren längst ~ und davon they had made off long before
  3 ~! (bes. südd.) (los) come on; ~ **gehts** off we go; ~ **ins Schwimmbad!** come on, off to the swimming pool!
  4 ~ **und ab** (hin und her) up and down; to and fro
  5 **Helm/Hut/Brille** ~! helmet/hat/glasses on!
  6 (ugs.) (geöffnet, offen) open; **Fenster/Mund** ~! open the window/your mouth!

auf|atmen *itr. V.* breathe a sigh of relief

auf|bahren *tr. V.* lay out; **aufgebahrt sein** lie in state

◆ **Auf·bau** *der*; ~[e]s, ~ten **1** building
  2 (Struktur) structure
  3 *Pl.* (Schiffbau) superstructure *sing.*

◆ **auf|bauen** *tr. V.* **1** erect <*hut, kiosk, podium*>; set up <*equipment, train set*>; build <*house, bridge*>; put up <*tent*>
  2 (hinstellen, arrangieren) lay *or* set out <*food, presents, etc.*>
  3 (fig.) (schaffen) build <*state, economy, etc.*>; build up <*business, organization, army, spy network*>
  4 (fig.) (strukturieren) structure

auf|bäumen *refl. V.* rear up; **sich gegen jmdn./etw.** ~ (fig.) rise up against sb/sth

auf|bessern *tr. V.* improve; increase <*pension, wages, etc.*>

auf|bewahren *tr. V.* keep; **etw. kühl** ~ store sth in a cool place

Auf·bewahrung *die* keeping

auf|bieten *unr. tr. V.* exert <*strength, energy, will power, influence, authority*>; call on <*skill, wit, powers of persuasion or eloquence*>

auf|blasen *unr. tr. V.* blow up; inflate

auf|bleiben *unr. itr. V.; mit sein* **1** (geöffnet bleiben) stay open
  2 (nicht zu Bett gehen) stay up

auf|blenden *itr. V.* switch to full beam

auf|blicken *itr. V.* **1** look up; (kurz) glance up
  2 zu jmdm. ~ (fig.) look up to sb

auf|blühen *itr. V.; mit sein* **1** come into bloom; <*bud*> open
  2 (fig.) (aufleben) blossom [out]

a

auf|brauchen *tr. V.* use up

auf|brechen ▲ *unr. tr. V.* break open ‹*lock, safe, box, crate, etc.*›; break into ‹*car*›; force [open] ‹*door*›

▣ *unr. itr. V.*; *mit sein* 1 ‹*bud*› open; ‹*ice [sheet], surface, ground*› break up; ‹*wound*› open
2 (losgehen, -fahren) set off

auf|bringen *unr. tr. V.* 1 find; raise ‹*money*›; (fig.) summon [up] ‹*strength, energy, courage*›; find ‹*patience*›
2 (kreieren) start ‹*fashion, custom, rumour*›; introduce ‹*slogan, theory*›
3 jmdn. ~ make sb angry
4 jmdn. gegen jmdn./etw. ~ set sb against sb/sth

Auf·bruch *der* departure

auf|brühen *tr. V.* brew [up]

auf|decken *tr. V.* 1 uncover
2 (Kartenspiele) show
3 (fig.) reveal; uncover; (enthüllen) expose

auf|drängen ▲ *tr. V.* jmdm. etw. ~ force sth on sb
▣ *refl. V.* sich jmdm. ~ force oneself on sb

auf|drehen *tr. V.* 1 unscrew ‹*bottle cap, nut*›; undo ‹*screw*›; turn on ‹*tap, gas, water*›; open ‹*valve, bottle, vice*›
2 (ugs.) turn up ‹*radio, record player, etc.*›

auf·dringlich ▲ *Adj.* pushy (infml) ‹*person*›; (fig.) insistent ‹*music, advertisement*›; pungent ‹*perfume, smell*›; loud ‹*colour, wallpaper*›
▣ *adv.* ‹*behave*› pushily (infml)

Aufdringlichkeit *die*; ~ ▶ aufdringlich pushiness (infml); insistent manner; pungency

auf·einander *Adv.* 1 on top of one another; ~ prallen crash into one another; collide; (fig.) ‹*opinions*› clash; ~ treffen (fig.) meet
2 ~ folgen follow one another; ~folgend successive

Aufeinander·folge *die* sequence; in rascher ~ in rapid *or* quick succession

*aufeinander|folgen *usw.* ▶ aufeinander

Aufenthalt *der*; ~[e]s, ~e 1 stay
2 (Fahrtunterbrechung) stop

Aufenthalts-: ~erlaubnis *die* residence permit; ~raum *der* (in einer Schule o. Ä.) common room (BrE); (in einer Jugendherberge) day room; (in einem Betrieb o. Ä.) recreation room

auf|essen *unr. tr. (auch itr.) V.* eat up

auf|fahren ▲ *unr. itr. V.*; *mit sein* 1 auf ein anderes Fahrzeug ~ (aufprallen) drive into the back of another vehicle
2 auf den Vordermann zu dicht ~ drive too close to the car in front
3 (vorfahren) drive up
4 (in Stellung gehen) move up [into position]
▣ *unr. tr. V.* 1 (in Stellung bringen) move up
2 (ugs.) (auftischen) serve up

♂ key word
* alte Schreibung—vgl. Hinweis auf S. x

Auf·fahrt *die* 1 drive up
2 (Weg) drive
3 (Autobahnauffahrt) slip road (BrE); access road (AmE)
4 (schweiz.) ▶ Himmelfahrt

Auffahr·unfall *der* rear-end collision

auf|fallen *unr. itr. V.*; *mit sein* stand out; jmdm. fällt etw. auf sb notices sth

auffallend ▲ *Adj.* conspicuous; (eindrucksvoll, bemerkenswert) striking
▣ *adv.* conspicuously; (eindrucksvoll, bemerkenswert) strikingly

auf·fällig ▲ *Adj.* conspicuous; garish ‹*colour*›
▣ *adv.* conspicuously

auf|fangen *unr. tr. V.* 1 catch
2 (aufnehmen, sammeln) collect

Auffang·lager *das* reception camp

auf|fassen *tr. V.* grasp; etw. als etw. ~ regard sth as sth; etw. persönlich/falsch ~ take sth personally/misunderstand sth

♂ **Auf·fassung** *die* (Ansicht) view; (Begriff) conception; der ~ sein, dass ... take the view that ...

auffindbar *Adj.* findable

auf|finden *unr. tr. V.* find

auf|fordern *tr. V.* jmdn. ~, etw. zu tun call upon sb to do sth; (einladen, ermuntern) ask sb to do sth; jmdn. [zum Tanz] ~ ask sb to dance

Auf·forderung *die* request; (nachdrücklicher) demand; (Einladung, Ermunterung) invitation

auf|forsten ▲ *tr. V.* afforest; (wieder ~) reforest; einen Wald ~ restock a forest
▣ *itr. V.* establish woods; (wieder ~) reestablish the woods

Aufforstung *die*; ~, ~en afforestation; (Wieder~) reforestation; die ~ der Wälder restocking the forests

auf|fressen *unr. tr. V.* (auch fig.) eat up

auf|frischen ▲ *tr. V.* freshen up; brighten up ‹*colour, paintwork*›; renovate ‹*polish, furniture*›; (restaurieren) restore ‹*tapestry, fresco, etc.*›; (fig.) revive ‹*old memories*›; renew ‹*acquaintance, friendship*›; seine Englischkenntnisse ~ brush up one's [knowledge of] English
▣ *itr. V.*; *auch mit sein* ‹*wind*› freshen

auf|führen ▲ *tr. V.* 1 put on ‹*film*›; stage ‹*play, ballet, opera*›; perform ‹*piece of music*›
2 (auflisten) list
▣ *refl. V.* behave

Auf·führung *die* performance

♂ **Auf·gabe** *die* 1 task
2 (fig.) (Zweck, Funktion) function
3 (Schulw.) (Übung) exercise; (Prüfungs~) question; (Haus~) ▶ Hausaufgabe
4 (Rechen~, Mathematik~) problem
5 (Kapitulation) retirement; (im Schach) resignation; jmdn. zur ~ zwingen force sb to retire/resign

6 (das Aufgeben a) giving up
7 (einer Postsendung) posting (BrE); mailing
(AmE); (eines Telegramms) handing in; (einer
Bestellung, einer Annonce) placing
8 (von Gepäck) checking in
Aufgaben·bereich der,
  Aufgaben·gebiet das area of
responsibility
Auf·gang der **1** (eines Gestirns) rising
2 (Treppe) stairs pl.; staircase; stairway; (in
einem Bahnhof, zu einer Galerie, einer Tribüne) steps
pl.
auf|geben A unr. tr. V. **1** give up; (Sport)
retire from ‹race, competition›
2 (übergeben, übermitteln) post (BrE), mail ‹letter,
parcel›; hand in ‹telegram›; (telefonisch)
phone in ‹telegram›; place ‹advertisement,
order›; check ‹luggage, baggage› in
3 (Schulw.) (als Hausaufgabe) set (BrE), assign
(AmE)
4 jmdm. ein Rätsel ∼ set (BrE) or (AmE) assign
sb a puzzle
B unr. itr. V. give up; (im Sport) retire; (im
Schach) resign
Auf·gebot das **1** contingent; ein gewaltiges
∼ an Polizisten/Fahrzeugen/Material a huge
force of police/array of vehicles/materials
2 (zur Heirat) notice of an/the intended
marriage; (kirchlich) banns pl.
auf|gehen unr. itr. V.; mit sein **1** rise
2 (sich öffnen [lassen]) ‹door, parachute, wound›
open; ‹stage curtain› go up; ‹knot, button,
zip, bandage, shoelace, stitching› come
undone; ‹boil, pimple, blister› burst; ‹flower,
bud› open [up]
3 (keimen) come up
4 (aufgetrieben werden) ‹dough, cake› rise
5 (Math.) ‹calculation› work out; ‹equation›
come out
6 etw. geht jmdm. auf sb realizes sth
auf|geilen tr. V. (salopp) jmdn. [mit/durch
etw.] ∼ get sb randy [with sth]; sich [an
etw. (Dat.)] ∼ get randy [with sth]; (fig.) get
worked up [about sth]
aufgeklärt Adj. enlightened; ∼ sein
(sexualkundlich) know the facts of life
auf·gelegt Adj. gut/schlecht usw. ∼ sein be
in a good/bad etc. mood; zu etw. ∼ sein be
in the mood for sth
auf·gelöst Adj. distraught ‹person›
aufgeregt A Adj. excited; (nervös, beunruhigt)
agitated
B adv. excitedly; (nervös, beunruhigt) agitatedly
auf·geschlossen Adj. open-minded
(gegenüber as regards, about); (interessiert,
empfänglich) receptive (Dat., für to);
(zugänglich) approachable
Auf·geschlossenheit die ▶ aufgeschlossen
open-mindedness; receptiveness;
approachableness
aufgeweckt Adj. bright
Aufgewecktheit die; ∼; brightness
auf|gießen unr. tr. V. make ‹coffee, tea›

auf|gliedern tr. V. subdivide, break down
(in + Akk. into)
Auf·gliederung die subdivision;
breakdown
auf|greifen unr. tr. V. pick up
aufgrund Präp.; mit Gen. on the basis or
strength of; (wegen) because of
auf|haben (ugs.) **A** unr. tr. V. **1** (aufgesetzt
haben) have on
2 (geöffnet haben) have ‹zip› undone; have
‹door, window, jacket, blouse› open
B unr. itr. V. ‹shop, office› be open
auf|halsen tr. V. (ugs.) jmdm./sich etw. ∼
saddle sb/oneself with sth; sich (Dat.) etw.
∼ lassen get oneself saddled with sth
auf|halten A unr. tr. V. **1** halt
2 (stören) hold up
3 (ugs.) (geöffnet halten) hold ‹sack, door, etc.›
open; die Augen [und Ohren] ∼ keep one's
eyes [and ears] open
B unr. refl. V. **1** stay
2 sich mit jmdm./etw. ∼ spend [a long] time
on sb/sth
auf|hängen A tr. V. **1** hang up; hang
‹picture, curtains›
2 (erhängen) hang
B refl. V. hang oneself
Aufhänger der; ∼s, ∼; loop
auf|heben unr. tr. V. **1** pick up
2 (aufbewahren) keep
3 (abschaffen) abolish; repeal ‹law›; rescind
‹order, instruction›; cancel ‹contract›; lift
‹ban, prohibition›
4 (ausgleichen) cancel out; neutralize ‹effect›
Aufheben das; ∼s; viel ∼[s]/kein ∼ von
jmdm./etw. machen make a great fuss/not
make any fuss about sb/sth
Aufhebungs·vertrag der agreement to
terminate a/the contract
auf|heitern A tr. V. cheer up
B refl. V. ‹weather› brighten up
Aufheiterung die; ∼, ∼en **1** (des Wetters)
bright period
2 (Erheiterung) cheering up
auf|hetzen tr. V. incite
auf|holen A tr. V. make up ‹time, delay›;
pull back ‹lead›
B itr. V. catch up; ‹athlete, competitor›
make up ground
auf|horchen itr. V. prick up one's ears
auf|hören itr. V. stop; [damit] ∼, etw. zu tun
stop doing sth
auf|kaufen tr. V. buy up
auf|klappen tr. V. open, fold open ‹chair,
table›; open [up] ‹suitcase, trunk›; open
‹book, knife›
auf|klären A tr. V. **1** clear up ‹matter,
mystery, question, misunderstanding,
error, confusion›; solve ‹crime, problem›;
explain ‹event, incident, cause›; resolve
‹contradiction, disagreement›
2 (unterrichten) enlighten; ein Kind ∼

a

(sexualkundlich) tell a child the facts of life

B *refl. V.* **1** *‹misunderstanding, mystery›* be cleared up

2 *‹weather›* brighten [up]; *‹sky›* brighten

Auf·klärung *die* ▶ aufklären A1 **1** clearing up; solution; explanation; resolution

2 enlightenment; **die ∼ der Kinder** (über Sexualität) telling the children the facts of life

auf|kleben *tr. V.* stick on; (mit Kleister) paste on

Auf·kleber *der* sticker

auf|knöpfen *tr. V.* unbutton; undo

auf|kochen **A** *tr. V.* bring to the boil

B *itr. V.; mit sein* come to the boil

auf|kommen *unr. itr. V.; mit sein* **1** *‹wind›* spring up; *‹storm, gale›* blow up; *‹fog›* come down; *‹rumour›* start; *‹suspicion, doubt, feeling›* arise; *‹fashion, style, invention›* come in; *‹boredom›* set in; *‹mood, atmosphere›* develop

2 ∼ für (bezahlen) bear *‹costs›*; pay for *‹damage›*; pay *‹expenses›*; be liable for *‹debts›*; stand *‹loss›*

3 ∼ für (Verantwortung tragen für) be responsible for

auf|krempeln *tr. V.* roll up

Auflade·karte *die* top-up card

auf|laden **A** *unr. tr. V.* **1** load (**auf** + *Akk.* on [to])

2 jmdm. etw. ∼ (ugs.) load sb with sth; (fig.) saddle sb with sth

3 charge [up] *‹battery›*

B *unr. refl. V.* *‹battery›* charge

Auf·lage *die* **1** (Buchw.) edition

2 (Verpflichtung) condition

auflagen·stark *Adj.* high-circulation *‹newspaper, magazine›*

auf|lassen *unr. tr. V.* (ugs.)**1** leave *‹door, window, jacket, etc.›* open

2 keep on *‹hat, glasses, etc.›*

auf|lauern *itr. V.* **jmdm. ∼** lie in wait for sb

Auf·lauf *der* **1** (Menschen∼) crowd

2 (Speise) soufflé

auf|leben *itr. V.; mit sein* revive; (fig.) (wieder munter werden) come to life

auf|legen **A** *tr. V.* **1** put on; **den Hörer ∼** put down the receiver

2 (Buchw.) publish

B *itr. V.* (den Hörer auflegen) hang up

auf|lehnen *refl. V.* rebel

Auflehnung *die; ∼, ∼en* rebellion

auf|leuchten *itr. V.; auch mit sein* light up; (für kurze Zeit) flash

auf|lockern *tr. V.* **1** loosen; break up *‹soil›*

2 (fig.) introduce some variety into *‹landscape, lesson, lecture›*; relieve *‹pattern, facade›*; make *‹mood, atmosphere, evening›* more relaxed

Auf·lockerung *die* **1** ▶ auflockern 1 loosening; breaking up

2 zur ∼ der Stimmung/des Abends to make the mood/evening more relaxed

auf|lösen **A** *tr. V.* dissolve; resolve *‹difficulty, contradiction›*; solve *‹puzzle, equation›*; break off *‹engagement›*; cancel *‹arrangement, contract, agreement›*; dissolve *‹organization›*

B *refl. V.* dissolve (**in** + *Akk.* into); *‹parliament›* dissolve itself; *‹crowd, demonstration›* break up; *‹fog, mist›* lift; (fig.) *‹empire, social order›* disintegrate

Auf·lösung *die* **1** ▶ auflösen A dissolving; resolution; solution; breaking off; cancellation; dissolution

2 ▶ auflösen B dissolving; breaking up lifting; disintegration

auf|machen **A** *tr. V.* **1** open; undo *‹button, knot›*

2 (ugs.) (eröffnen) open [up] *‹shop, business, etc.›*

B *itr. V.* **1** *‹shop, office, etc.›* open

2 (ugs.) (die Tür öffnen) open the door; **jmdm. ∼** open the door to sb

3 (ugs.) (eröffnet werden) *‹shop, business›* open [up]

Aufmachung *die; ∼, ∼en* presentation; (Kleidung) get-up

Aufmarsch·gebiet *das* (Milit.) deployment area

auf|marschieren *itr. V.; mit sein* assemble; (heranmarschieren) march up; **Truppen sind an der Grenze aufmarschiert** troops were deployed along the border

♂ **aufmerksam** **A** *Adj.* **1** attentive; sharp *‹eyes›*; **jmdn. auf jmdn./etw. ∼ machen** draw sb's attention to sb/sth; **auf jmdn./etw. ∼ werden** become aware of sb/sth; **∼ werden** notice

2 (höflich) attentive

B *adv.* attentively

♂ **Aufmerksamkeit** *die; ∼, ∼en* **1** attention

2 (Höflichkeit) attentiveness

3 (Geschenk) small gift

Aufmerksamkeits·defizit- und Hyperaktivitäts·syndrom *das* (Med.) attention deficit hyperactivity disorder

auf|motzen *tr. V.* (ugs.) tart up (BrE infml); doll up (infml)

auf|muntern *tr. V.* **1** cheer up

2 (beleben) liven up

3 (ermutigen) encourage

Aufmunterung *die; ∼* ▶ aufmuntern cheering up; livening up; encouragement

♂ **Aufnahme** *die; ∼, ∼n* **1** ▶ aufnehmen 2 opening; establishment; taking up

2 (Empfang) reception

3 ▶ aufnehmen 4 admission (**in** + *Akk.* into)

4 (Einschließung) inclusion

5 (Finanzw.) raising

6 (Aufzeichnung) taking down; (von Personalien, eines Diktats) taking [down]

♂ key word

* old spelling—see note on page x

7 ▶ aufnehmen 11 taking: photographing; filming
8 (Bild) shot
9 (das Aufnehmen auf Tonträger, das Aufgenommene) recording
10 (Anklang) reception; response (Gen. to)
11 (Einverleibung, Absorption) absorption

aufnahme-, Aufnahme-: ~antrag der application for membership; **~fähig** Adj. receptive (**für** to); **ich bin nicht mehr ~fähig** I can't take any more in; **~fähigkeit** die receptivity (**für** to); ability to take things in; **~land** das host country

◆ **auf|nehmen** unr. tr. V. **1** (aufheben) pick up; (fig.) take up ‹idea, theme, etc.›; **es mit jmdm./etw. ~/nicht ~ können** (fig.) be a/no match for sb/sth
2 (beginnen mit) open ‹negotiations, talks›; establish ‹relations, contacts›; take up ‹studies, activity, occupation›; start ‹production, investigation›
3 (empfangen) receive; (beherbergen) take in
4 (beitreten lassen) admit (**in** + Akk. to)
5 (einschließen, verzeichnen) include
6 (erfassen) take in ‹impressions, information, etc.›
7 (absorbieren) absorb
8 (Finanzw.) raise ‹mortgage, money, loan›
9 (reagieren auf) receive
10 (aufschreiben) take down; take [down] ‹dictation, particulars›
11 (fotografieren) take ‹picture›; photograph, take a photograph of ‹scene, subject›; (filmen) film
12 (auf Tonträger) record
13 (auf Videoband) videotape; video

auf|opfern refl. V. devote oneself sacrificingly (**für** to)
aufopfernd 🅐 Adj. self-sacrificing
🅑 adv. self-sacrificingly

◆ **auf|passen** itr. V. **1** watch out; (konzentriert sein) pay attention; **pass mal auf!** (ugs.) (hör mal zu!) now listen
2 auf jmdn./etw. ~ keep an eye on sb/sth
auf|platzen itr. V.; mit sein burst open; ‹seam, cushion› split open; ‹wound› open up
Auf·prall der; ~[e]s, ~e impact
auf|prallen itr. V.; mit sein **auf etw.** (Akk.) ~ hit sth
Auf·preis der additional charge
auf|pumpen tr. V. pump up
auf|putschen tr. V. stimulate; arouse ‹passions, urge›
Aufputsch·mittel das stimulant
auf|räumen tr., itr. V. clear up
Aufräumungs·arbeiten Pl. clearance work sing.
auf·recht 🅐 Adj. (auch fig.) upright
🅑 adv. ‹walk, sit, hold oneself› straight
aufrecht|erhalten unr. tr. V. maintain; keep up ‹deception, fiction, contact, custom›
auf|regen 🅐 tr. V. excite; (ärgern) annoy; irritate; (beunruhigen) agitate

🅑 refl. V. get worked up (**über** + Akk. about)
Auf·regung die excitement no pl.; (Beunruhigung) agitation no pl.; **jmdn. in ~ versetzen** make sb excited/agitated
auf|reißen 🅐 unr. tr. V. **1** (öffnen) tear open; wrench open ‹drawer›; fling open ‹door, window›; **die Augen/den Mund ~** open one's eyes/mouth wide
2 (beschädigen) tear open; tear ‹clothes›; break up ‹road, soil›
🅑 itr. V.; mit sein ‹clothes› tear; ‹seam› split; ‹wound› open; ‹cloud› break up
auf|reizen tr. V. excite
auf·reizend 🅐 Adj. provocative
🅑 adv. provocatively
auf|richten 🅐 tr. V. erect; put up; **den Oberkörper ~** raise one's upper body; **jmdn. [wieder] ~** (fig.) give fresh heart to sb
🅑 refl. V. stand up [straight]; **sich an jmdm./etw. [wieder] ~** (fig.) take heart from sb/sth
auf·richtig 🅐 Adj. sincere
🅑 adv. sincerely
Auf·richtigkeit die sincerity
auf|rücken itr. V.; mit sein move up
Auf·ruf der **1** call
2 (Appell) appeal (**an** + Akk. to)
auf|rufen unr. tr. V. **1** call
2 jmdn. ~, etw. zu tun call upon sb to do sth
3 (Rechtsw.) appeal for ‹witnesses›
Aufruhr der; ~s, ~e **1** (Widerstand) rebellion
2 (Erregung) turmoil
aufrührerisch Adj. inflammatory
auf|rüsten tr., itr. V. **1** arm; **wieder ~** rearm
2 (DV) upgrade
Auf·rüstung die armament
◆ **aufs** Präp.; + Art. = auf das
auf|sagen tr. V. recite
auf|sammeln tr. V. gather up
aufsässig 🅐 Adj. recalcitrant
🅑 adv. recalcitrantly
Aufsässigkeit die; ~, ~en **1** recalcitrance
2 (Handlung) piece of recalcitrance
Auf·satz der (Text) essay
auf|saugen unr. (auch regelm.) tr. V. soak up; (fig.) absorb
auf|schieben unr. tr. V. postpone
Auf·schlag der **1** (Aufprall) impact
2 (Preis~) surcharge
3 (Ärmel~) cuff; (Hosen~) turn-up; (Revers) lapel
4 (Tennis usw.) serve
auf|schlagen 🅐 unr. itr. V. **1** mit sein **auf etw.** (Dat. od. Akk.) ~ hit sth
2 (teurer werden) ‹price, rent, costs› go up
3 (Tennis usw.) serve
🅑 unr. tr. V. **1** (öffnen) crack ‹nut, egg› [open]; knock a hole in ‹ice›; **sich** (Dat.) **das Knie/den Kopf ~** cut one's knee/head
2 open ‹book, newspaper, one's eyes›; **schlagt Seite 15 auf!** turn to page 15
3 turn up ‹collar, sleeve, trouser leg›
4 (aufbauen) set up ‹camp›; pitch ‹tent›;

a

put up <*bed, hut, scaffolding*>
5 5 % auf etw. (*Akk.*) ∼ put 5% on sth
auf|schließen Ⓐ *unr. tr. V.* unlock
 Ⓑ *unr. itr. V.* [jmdm.] ∼ unlock the door/
 gate etc. [for sb]
Auf·schluss, ***Auf·schluß** *der* information
 no pl.
auf|schneiden Ⓐ *unr. tr. V.* **1** cut open
 2 (zerteilen) cut
 Ⓑ *unr. itr. V.* (ugs.) (prahlen) boast (**mit** about)
Auf·schneider *der*, **Auf·schneiderin**
 die (ugs. abwertend) boaster; braggart
Auf·schnitt *der* [assorted] cold meats *pl.*
 /cheeses *pl.*
auf|schnüren *tr. V.* undo
auf|schrauben *tr. V.* unscrew; unscrew the
 top of <*bottle, jar, etc.*>
Auf·schrei *der* cry; (stärker) yell; (schriller)
 scream; **ein** ∼ **der Empörung** *od.* **Entrüstung**
 (fig.) an outcry
auf|schreiben *unr. tr. V.* write down; [**sich**
 (*Dat.*)] **etw.** ∼ make a note of sth
auf|schreien *unr. itr. V.* cry out; (stärker) yell
 out; (schrill) scream
Auf·schrift *die* inscription
Auf·schub *der* postponement; **die Sache**
 duldet keinen ∼ the matter brooks no delay
Auf·schwung *der* upturn (*Gen.* in)
Aufsehen *das*; ∼**s** stir; [**großes**] ∼ **erregen**
 cause a [great] stir
Auf·seher *der*, **Auf·seherin** *die*; ∼,
 ∼**nen** (im Gefängnis) warder (BrE); [prison]
 guard (AmE); (im Park) park-keeper; (im
 Museum, auf dem Parkplatz) attendant; (auf einem
 Gut, Sklavenaufseher) overseer
***auf|sein** ▸ auf C1, C6
auf|setzen Ⓐ *tr. V.* **1** put on
 2 (verfassen) draw up <*text*>
 Ⓑ *refl. V.* sit up
Auf·sicht *die* supervision; (bei Prüfungen)
 invigilation (BrE); proctoring (AmE)
auf|spielen Ⓐ *refl. V.* (ugs. abwertend)
 (angeben) put on airs; **sich vor jmdm.** ∼ show
 off in front of sb
 Ⓑ *itr. V.* **1** (musizieren) play; **zum Tanz** ∼ play
 dance music
 2 (Sport) **groß/eindrucksvoll** ∼ give a fine/
 impressive display
auf|springen *unr. itr. V.*; *mit sein* **1** jump up
 2 (hinaufspringen) jump on (**auf** + *Akk.* to)
 3 (rissig werden) crack
auf|stacheln *tr. V.* incite
Auf·stand *der* rebellion
auf·ständisch *Adj.* rebellious
auf|stehen *unr. itr. V.*; *mit sein* stand up;
 (aus dem Liegen) get up
auf|steigen *unr. itr. V.*; *mit sein* **1** (auf ein
 Fahrzeug) get on; **auf etw.** (*Akk.*) ∼ get on
 [to] sth

2 (bergan steigen) climb
3 (hochsteigen) <*sap, smoke, mist*> rise
4 (beruflich, gesellschaftlich) rise (**zu** to); **zum**
 Direktor ∼ rise to be manager
auf|stellen Ⓐ *tr. V.* **1** put up (**auf** + *Akk.* on);
 set up <*skittles*>; (postieren) post
 2 (aufrecht hinstellen) stand up
 3 (Sport) select, pick <*team, player*>
 4 (bilden) put together <*team of experts*>;
 raise <*army*>
 5 (nominieren) nominate; put up
 Ⓑ *refl. V.* position oneself
Auf·stellung *die* **1** ▸ **aufstellen A1** putting
 up; setting up; posting
 2 ▸ **aufstellen A2** standing up
 3 ▸ **aufstellen A3** selection; picking
 4 ▸ **aufstellen A4** putting together; raising
 5 (Nominierung) nomination
Aufstieg *der*; ∼**[e]s**, ∼**e 1** climb
 2 ▸ **aufsteigen 4** rise
auf|stoßen Ⓐ *unr. tr. V.* push open
 Ⓑ *unr. itr. V.* belch; <*baby*> bring up wind
Auf·strich *der* spread
auf|stützen Ⓐ *tr. V.* rest <*one's arms etc.*>
 Ⓑ *refl. V.* support oneself; **die Arme auf etw.**
 (*Akk. od. Dat.*) ∼ rest one's arms on sth
auf|suchen *tr. V.* call on; go to <*doctor*>
Auf·takt *der* **1** (fig.) start
 2 (Musik) upbeat
auf|tauchen *itr. V.*; *mit sein* **1** surface
 2 (sichtbar werden) appear
auf|tauen Ⓐ *tr. V.* thaw
 Ⓑ *itr. V.*; *mit sein* (auch fig.) thaw
auf|teilen *tr. V.* **1** divide [up]
 2 (verteilen) share out
✎ **Auftrag** *der*; ∼**[e]s**, **Aufträge 1** instructions
 pl.; **in jmds.** ∼ (*Dat.*) on sb's instructions;
 (für jmdn.) on behalf of sb
 2 (Bestellung) order; (bei Künstlern, Architekten
 usw.) commission
 3 (Mission) task; (Aufgabe) job
auf|tragen *unr. tr. V.* **1** **jmdm.** ∼, **etw. zu tun**
 instruct sb to do sth
 2 (aufstreichen) put on <*paint, make-up, etc.*>
Auftrag·geber *der*; ∼**s**, ∼,
 Auftrag·geberin *die*; ∼, ∼**nen** client
auftrags-, Auftrags-: ∼**buch** *das*
 (Kaufmannsspr.) order book; ∼**killer** *der*,
 ∼**killerin** *die* contract killer
✎ **auf|treten** *unr. itr. V.*; *mit sein* **1** tread
 2 (sich benehmen) behave
 3 (eine Vorstellung geben) appear; **als Zeuge/**
 Kläger ∼ appear as a witness/a plaintiff
 4 (auftauchen) <*problem, difficulty, difference*
 of opinion> arise; <*symptom, danger, pest*>
 appear
Auftreten *das*; ∼**s** (Benehmen) manner
Auf·trieb *der* **1** (Physik) (statischer ∼)
 (dynamischer ∼) buoyancy; lift
 2 (fig.) impetus; **das hat ihm** ∼**/neuen** ∼
 gegeben that has given him a lift/given him
 new impetus

✎ key word
* alte Schreibung—vgl. Hinweis auf S. x

🔹 **Auf·tritt** *der* 1 (Vorstellung) appearance 2 (Theater) (das Auftreten) entrance; (Szene) scene

auf|tun *unr. refl. V.* (geh.) open; (fig.) open up

auf|wachen *itr. V.*; *mit sein* wake up, awaken (**aus** from); (aus Ohnmacht, Narkose) come round (**aus** from)

auf|wachsen *unr. itr. V.*; *mit sein* grow up

Auf·wand *der*, ~[e]s cost; expense

aufwändig ▸ aufwendig

Aufwands·entschädigung *die* expense allowance

auf|wärmen **A** *tr. V.* heat *or* warm up ‹food›
　B *refl. V.* warm oneself up

aufwärts *Adv.* upwards

Aufwärts·trend *der* upward trend

auf|wecken *tr. V.* wake [up]; waken

auf|weichen **A** *tr. V.* soften
　B *itr. V.*; *mit sein* become soft; soften up

auf|wenden *unr. (auch regelm.) tr. V.* use ‹skill, influence›; expend ‹energy, resources›; spend ‹money, time›; **viel Geld/seine ganze Freizeit für etw.** ~ spend a great deal of money/all one's spare time on sth

auf·wendig **A** *Adj.* lavish; (kostspielig) costly; expensive
　B *adv.* lavishly; (kostspielig) expensively

Auf·wendung *die* 1 ▸ aufwenden using; expenditure; spending; **unter** ~ **von etw.** by using/expending/spending sth 2 *Pl.* (Kosten) expenditure *sing.*

auf|wiegeln *tr. V.* incite; stir up

auf|wirbeln *tr. V.* swirl up

auf|wischen *tr. V.* 1 wipe *or* mop up 2 (säubern) wipe ‹floor›; (mit Wasser) wash ‹floor›

auf|zählen *tr. V.* list

Auf·zählung *die* 1 listing 2 (Liste) list

auf|zeichnen *tr. V.* 1 record 2 (zeichnen) draw

Auf·zeichnung *die* record; (Film-, Tonaufzeichnung) recording; ~en (Notizen) notes

auf|ziehen **A** *unr. tr. V.* 1 pull open ‹drawer›; open, draw [back] ‹curtains›; undo ‹zip› 2 wind up ‹clock, toy, etc.›
　B *unr. itr. V.*; *mit sein* come up; ‹clouds, storm› gather

Auf·zucht *die* raising; rearing

Aufzucht·station *die* animal rescue centre

Auf·zug *der* 1 (Lift) lift (BrE); elevator (AmE) 2 (abwertend) (Aufmachung) get-up 3 (Theater) (Akt) act

Aug·apfel *der* eyeball

🔹 **Auge** *das*; ~s, ~n eye; **gute/schlechte** ~n **haben** have good/poor eyesight; **auf einem** ~ **blind** blind in one eye; **da wird er** ~n **machen** (fig. ugs.) his eyes will pop out of his head; **ich traute meinen** ~n **nicht** (ugs.) I couldn't believe my eyes; **ein** ~ *od.* **beide** ~n **zudrücken** (fig.) turn a blind eye; **jmdn./ etw. nicht aus den** ~n **lassen** not take one's eyes off sb/sth; **ins** ~ **gehen** (fig. ugs.) end in disaster; **unter vier** ~n (fig.) in private

Augen·arzt *der*, **Augen·ärztin** *die* eye specialist

🔹 **Augen·blick** /*auch* --'--/ *der* ▸ Moment[1]

augen·blicklich /*auch* --'--/ **A** *Adj.* 1 (sofortig) immediate 2 (gegenwärtig) present
　B *adv.* 1 (sofort) at once 2 (zurzeit) at the moment

Augen-: ~**braue** *die* eyebrow; ~**farbe** *die* colour of one's eyes; ~**klinik** *die* eye hospital; ~**kontakt** *der* eye contact; ~**lid** *das* eyelid; ~**maß** *das* **ein gutes/schlechtes** ~**maß haben** have a good eye/no eye for distances; ~**merk** *das* sein ~merk auf jmdn./ etw. richten *od.* lenken give one's attention to sb/sth; ~**optiker** *der*, ~**optikerin** *die* ophthalmic optician

Augen·schein *der* (geh.) 1 (Eindruck) appearance; **dem** ~ **nach** by all appearances 2 (Betrachtung) inspection; **jmdn./etw. in** ~ **nehmen** have a close look at sb/sth; give sb/ sth a close inspection

augen·scheinlich (geh.) **A** *Adj.* (scheinbar) apparent; evident; (sichtbar) obvious; evident
　B *adv.* (scheinbar) apparently; evidently; (sichtbar) obviously; evidently

augen-, Augen-: ~**weide** *die* feast for the eyes; ~**zeuge** *der*, ~**zeugin** *die* eyewitness; ~**zwinkernd** **A** *Adj.* tacit ‹agreement›
　B *adv.* with a wink

🔹 **August** *der*; ~[e]s *od.* ~, ~e August

Auktion *die*; ~, ~en auction

Aula *die*; ~, **Aulen** *od.* ~s hall

Aupair /o'pɛːr/ *das*; ~s, ~s au pair

🔹 **aus** **A** *Präp.*; *mit Dat.* 1 (aus dem Inneren von) out of 2 (Herkunft, Quelle, Ausgangspunkt angebend, auch zeitlich) from; ~ **Spanien/Köln** *usw.* from Spain/Cologne *etc.* 3 ~ **der Mode/Übung sein** be out of fashion/ training 4 (Grund, Ursache angebend) out of; **etw.** ~ **Erfahrung wissen** know sth from experience; ~ **Versehen** by mistake 5 (bestehend ~) of; (hergestellt ~) made of; ~ **etw. bestehen** consist of sth 6 ~ **ihm ist ein guter Arzt geworden** he made a good doctor
　B *Adv.* 1 (ugs.) (vorbei) over; **wann ist die Vorstellung** ~? what time does the performance end?; **die Schule ist** ~ school is out; ~ **jetzt!** that's enough 2 (ausgeschaltet) off; (erloschen) out 3 **vom Fenster/obersten Stockwerk** ~ from the window/top storey; **von mir** ~ (ugs.) if you like; **von sich** (*Dat.*) ~ of one's own accord

aus|atmen *itr., tr. V.* breathe out

aus|baden *tr. V.* (ugs.) carry *or* take the can for (BrE infml); take the rap for (infml)

a

Aus·bau *der*; ~[e]s **1** (Erweiterung) extension **2** (Ausgestaltung) conversion (**zu** into)

aus|bauen *tr. V.* **1** (demontieren) remove (**aus** from) **2** (erweitern) extend

Aus·beute *die* yield

aus|beuten *tr. V.* exploit

Ausbeutung *die*; ~, ~en exploitation

aus|bilden *tr. V.* **1** train **2** (entwickeln) develop

◆ **Aus·bildung** *die* **1** training **2** (Entwicklung) development

Aus·blick *der* view (**auf** + *Akk.* of)

aus|brechen *unr. itr. V.; mit sein* **1** break out (**aus** out of); (fig.) break free (**aus** out of) **2** jmdm. **bricht der Schweiß aus** sb breaks into a sweat **3** ‹*volcano*› erupt **4** (beginnen) break out; ‹*crisis*› break **5** in Gelächter/Weinen ~ burst out laughing/crying; **in Beifall/Tränen** ~ burst into applause/tears

aus|breiten ⓐ *tr. V.* spread; spread [out] ‹*map, cloth, sheet, etc.*›; open out ‹*fan, newspaper*›; (nebeneinander legen) spread out ⓑ *refl. V.* spread

Aus·bruch *der* **1** (Flucht) escape (**aus** out of) **2** (Beginn) outbreak **3** (Gefühlsausbruch) outburst **4** (eines Vulkans) eruption

aus|brüten *tr. V.* hatch out; (im Brutkasten) incubate

aus|bürsten *tr. V.* brush out ‹*dust, dirt*› (**aus** of); brush ‹*clothes, upholstery, etc.*›

aus|chillen *itr. V.* (salopp) chill out (infml)

Aus·dauer *die* stamina

aus·dauernd *Adj.* with stamina *postpos.*

Ausdauer·training *das* stamina training

aus|dehnen ⓐ *tr. V.* **1** stretch; (fig.) extend (**aus** + *Akk.* to) **2** (zeitlich) prolong ⓑ *refl. V.* expand; (zeitlich) go on

Aus·dehnung *die* expansion; (fig.) extension; (zeitlich) prolongation

aus|denken *unr. refl. V.* sich (*Dat.*) etw. ~ think sth up

aus|diskutieren *tr. V.* etw. ~ discuss sth fully *or* thoroughly

◆ **Aus·druck** *der*; *Pl.* **Ausdrücke** expression; (Terminus) term; **etw. zum** ~ **bringen** express sth

aus|drucken *tr. V.* (Nachrichtenw., DV) print out

aus|drücken ⓐ *tr. V.* **1** (auspressen) squeeze ‹*juice*› out; squeeze [out] ‹*lemon, grape, orange, etc.*›; squeeze out ‹*sponge*›; squeeze ‹*boil, pimple*› **2** stub out ‹*cigarette*› **3** (mitteilen) express

ⓑ *refl. V.* **1** express oneself **2** (offenbar werden) be expressed

◆ **ausdrücklich** /*od. -'--*/ ⓐ *Adj.* express *attrib.* ‹*command, wish, etc.*›; explicit ‹*reservation*› ⓑ *adv.* expressly; ‹*mention*› explicitly

ausdrucks-: ~**los** ⓐ *Adj.* expressionless ⓑ *adv.* expressionlessly; ~**voll** ⓐ *Adj.* expressive ⓑ *adv.* expressively

aus·einander *Adv.* **1** (voneinander getrennt) apart; **etw.** ~ **schreiben** write sth as separate words; ~ **brechen** break up; **etw.** ~ **brechen** break sth up; ~ **gehen** part; ‹*crowd*› disperse; ‹*opinions, views*› differ; **zwei Dinge** ~ **halten** (unterscheiden) distinguish between two things; **ich kann die beiden Brüder nicht** ~ **halten** I cannot tell the two brothers apart; **etw.** ~ **nehmen** take sth apart **2** jmdm. etw. ~ **setzen** explain sth to sb; **sich mit jmdm.** ~ **setzen** have it out with sb; **sich mit etw.** ~ **setzen** concern oneself with sth

*****auseinander|brechen** *usw.* ▶ auseinander

◆ **Auseinandersetzung** *die*; ~, ~en **1** (Streit) argument **2** (Kampfhandlung) clash

Aus·fahrt *die* exit

Aus·fall *der* **1** (das Nichtstattfinden) cancellation **2** (Einbuße, Verlust) loss **3** (eines Motors) failure; (einer Maschine, eines Autos) breakdown

aus|fallen *unr. itr. V.; mit sein* **1** fall out **2** (nicht stattfinden) be cancelled; **etw.** ~ **lassen** cancel sth **3** (ausscheiden) drop out **4** (nicht mehr funktionieren) ‹*engine, brakes, signal*› fail; ‹*machine, car*› break down **5** (ein bestimmtes Ergebnis zeigen) turn out

ausfallend *Adj.* **[gegen jmdn.]** ~ **sein**/**werden** be/become abusive [towards sb]

Ausfall·straße *die* main road out of the/a town/city

aus·findig *Adv.* jmdn./etw. ~ **machen** find sb/sth

Aus·flug *der* outing

Ausflügler *der*; ~s, ~, **Ausflüglerin** *die*; ~, ~nen day tripper; excursionist (AmE)

Ausflugs-: ~**dampfer** *der* pleasure steamer; ~**lokal** *das* restaurant/cafe catering for [day] trippers; ~**verkehr** *der* (am Wochenende) weekend holiday traffic; (an Feiertagen) holiday traffic

aus|fragen *tr. V.* jmdn. ~ question sb, ask sb questions (**nach, über** + *Akk.* about)

aus|fransen *itr. V.; mit sein* fray

Aus·fuhr *die*; ~, ~en ▶ Export[1]

◆ **aus|führen** *tr. V.* **1** (ausgehen mit) take ‹*person*› out **2** (spazieren führen) take ‹*person, animal*› for a walk **3** (exportieren) export **4** (durchführen) carry out; (Sport) take ‹*penalty, free kick, corner*›

◆ key word
* old spelling—see note on page x

⚭ ausführlich /auch -'--/ **A** Adj. detailed; full
B adv. in detail
Ausfuhr·sperre die ▸ Ausfuhrverbot
Aus·führung die (Durchführung) carrying out;
(Sport) taking
Ausfuhr·verbot das (Wirtsch.) export
embargo
aus|füllen tr. V. **1** fill; fill in ‹form, crossword
puzzle›
2 (beanspruchen, einnehmen) take up ‹space›
⚭ Aus·gabe die **1** giving out; (von Essen)
serving
2 (Geldausgabe) item of expenditure; ‹n
expenditure sing. (für on)
3 (Edition) edition
4 (DV) output
Ausgabe·gerät das (DV) output device
⚭ Aus·gang der **1** (Erlaubnis zum Ausgehen) time
off; (von Soldaten) leave
2 (Tür ins Freie) exit (Gen. from)
3 (Anat.) outlet
4 (Ende) end; (eines Romans, Films usw.) ending
5 (Ergebnis) outcome; (eines Wettbewerbs) result;
ein Unfall mit tödlichem ‹ an accident with
fatal consequences
Ausgangs-: ‹punkt der starting point;
‹sperre die (bes. Milit.) (für Zivilisten) curfew;
(für Soldaten) confinement to barracks; [eine]
‹sperre verhängen impose a curfew/confine
the soldiers/regiment etc. to barracks
⚭ aus|geben unr. tr. V. **1** give out; serve ‹food,
drinks›
2 (verbrauchen) spend ‹money› (für on)
ausgebucht Adj. booked up
ausgedehnt Adj. extensive
aus·gefallen Adj. unusual
Ausgeflippte der/die adj. Dekl. (salopp)
dropout (infml)
ausgeglichen Adj. balanced; well-balanced
‹person›; equable ‹climate›
⚭ aus|gehen unr. itr. V.; mit sein **1** go out
2 (fast aufgebraucht sein) run out
3 (enden) end; gut/schlecht ‹ turn out well/
badly; ‹story, film› end happily/unhappily
4 von jmdm./etw. ‹ come from sb/sth
5 von etw. ‹ (etw. zugrunde legen) take sth as
one's starting point; (etw. annehmen) assume
sth
aus·gelassen **A** Adj. exuberant ‹mood,
person›; lively ‹party, celebration›; (wild)
boisterous
B adv. exuberantly; (wild) boisterously
aus·gemacht Adj. **1** (beschlossen) agreed; es
ist [eine] ‹e Sache, dass ... it is an accepted
fact that ...
2 (vollkommen) complete; complete, utter
‹nonsense›; eine ‹e Dummheit downright
stupidity
aus·genommen Konj. except
ausgeprägt Adj. marked
ausgerechnet Adv. (ugs.) ‹ heute/morgen
today/tomorrow of all days; ‹ hier here of

all places; ‹ Sie you of all people
aus·geschlossen Adj. das ist ‹ that is out
of the question
aus·geschnitten Adj. low-cut ‹dress,
blouse, etc.›
aus·gesprochen **A** Adj. definite, marked
‹preference, inclination, resemblance›;
pronounced ‹dislike›; marked ‹contrast›;
‹es Pech/Glück haben be decidedly
unlucky/lucky; ein ‹es Talent für etw. a
definite talent for sth; ein ‹er Gegner von
etw. sein be a strong opponent of sth
B adv. (besonders) decidedly; downright
‹stupid, ridiculous, ugly›
aus·gestorben Adj. [wie] ‹ deserted
aus·gewogen Adj. (ausgeglichen) balanced;
[well-]balanced ‹personality›
Aus·gewogenheit die; ‹; balance
⚭ ausgezeichnet /od. '--'--/ **A** Adj. excellent;
outstanding ‹expert›
B adv. excellently
ausgiebig **A** Adj. substantial ‹meal›
B adv. ‹profit› handsomely; ‹read›
extensively; von etw. ‹ Gebrauch machen
make full use of sth
aus|gießen unr. tr. V. **1** pour out (aus of)
2 (leeren) empty
Ausgleich der; ‹[e]s, ‹e **1** ▸ ausgleichen 1;
evening out; reconciliation
2 (Schadensersatz) compensation; als od. zum
‹ für etw. to make up for sth
aus|gleichen unr. tr. V. **1** even out; reconcile
‹differences of opinions, contradictions›
2 compensate for ‹damage›; make up for
‹misfortune, lack›; etw. durch etw. ‹ make
up for sth with sth; sich ‹ balance out; (sich
gegenseitig aufheben) cancel each other out
aus|graben unr. tr. V. dig up; (Archäol.)
excavate
Aus·grabung die (Archäol.) excavation
Aus·guss, *Aus·guß der sink
aus|halten unr. tr. V. stand; bear; endure;
withstand ‹attack, load, pressure, test, wear
and tear›; er konnte es zu Hause nicht mehr
‹ he couldn't stand it at home any more; es
ist nicht zum Aushalten it is unbearable
aus|handeln tr. V. negotiate
aus|händigen tr. V. hand over
Aus·hang der notice; einen ‹ machen put
up a notice
aus|heben unr. tr. V. dig out ‹earth etc.›; dig
‹trench, grave, etc.›
aus|helfen unr. itr. V. help out; jmdm. ‹
help sb out (mit, bei with)
Aus·hilfe die **1** (das Aushelfen) help
2 ▸ Aushilfskraft
aushilfs-, Aushilfs-: ‹kraft die temporary
worker; (in Läden, Gaststätten) temporary
assistant; (Sekretärin) temporary secretary;
temp (infml); ‹lehrer der, ‹lehrerin die
supply teacher; ‹weise adv. on a temporary
basis

aus|holen itr. V. [mit dem Arm] ~ draw back one's arm; (zum Schlag) raise one's arm

aus|kennen unr. refl. V. (an einem Ort usw.) know one's way around; (in einem Fach, einer Angelegenheit usw.) know what's what; **sie kennt sich in dieser Stadt aus** she knows her way around the town; **sich [gut] mit/in etw.** (Dat.) ~ know [a lot] about sth

Aus·klang der (geh.) end; **zum ~ des Festes** to end or close the festival

aus|kleiden tr. V. (geh.) undress; **sich ~** undress

aus|klingen unr. itr. V.; mit sein end

aus|klopfen tr. V. **1** beat out (aus + Dat. of) **2** (säubern) beat <carpet>; knock <pipe> out

aus|kochen tr. V. boil; (keimfrei machen) sterilize <instruments etc.> [in boiling water]

aus|kommen unr. itr. V.; mit sein **1** manage (mit on) **2** mit jmdm. [gut] ~ get on [well] with sb

Auskommen das; ~s livelihood

Auskunft die; ~, **Auskünfte 1** piece of information; **Auskünfte** information sing.; [jmdm. über etw. (Akk.)] ~ geben give [sb] information [about sth] **2** (Stelle) information desk/counter/office/centre etc.; (Fernspr.) directory enquiries no art. (BrE); directory information no art. (AmE)

Auskunftei die; ~, **~en** private detective agency; (Kredit~) credit reference agency

Auskunfts-: **~büro** das information office; enquiry office (BrE); **~schalter** der information counter; **~stelle** die information office

aus|kungeln tr. V. (ugs.) reach by wheeling and dealing

aus|kurieren tr. V. heal <wound> [completely]

aus|lachen tr. V. laugh at

aus|laden unr. tr. V. unload <goods etc.>

Aus·lage die **1** Pl. (Unkosten) expenses **2** (ausgestellte Ware) item on display; **~n** goods on display

aus|lagern tr. V. **1** remove <art treasures> for safe-keeping **2** relocate <firm, activity> (nach to); (an einen externen Dienstleister) outsource <function, activity>

♂ **Aus·land** das foreign countries pl.; **im/ins ~** abroad; **aus dem ~** from abroad

♂ **Ausländer** der; ~s, ~, **Ausländerin** die; ~, **~nen** foreigner

ausländer·feindlich Adj. hostile to foreigners postpos.

♂ **ausländisch** Adj. foreign

Auslands-: **~aufenthalt** der stay abroad; **~einsatz** der (Milit.) overseas deployment; **~gespräch** das (Fernspr.) international call; **~korrespondent** der, **~korrespondentin** die foreign

correspondent; **~reise** die trip abroad

aus|lassen unr. tr. V. **1** (weglassen) leave out **2** (versäumen) miss <opportunity, chance, etc.>

Auslauf der **1** keinen/zu wenig ~ haben have no/too little chance to run around outside **2** (Raum) space to run around in

aus|laufen unr. itr. V.; mit sein **1** run out (aus of) **2** (leer laufen) empty; <egg> run out **3** (in See stechen) sail (nach for) **4** (erlöschen) <contract, agreement, etc.> run out

Aus·läufer der **1** (Geogr.) foothill usu. in pl. **2** (Met.) (eines Hochs) ridge; (eines Tiefs) trough

aus|legen tr. V. **1** (hinlegen) lay out; display <goods, exhibits> **2** etw. mit Fliesen/Teppichboden ~ tile/carpet sth **3** (leihen) lend **4** (interpretieren) interpret; **etw. falsch ~** misinterpret sth

Auslegung die; ~, **~en** interpretation

aus|leihen unr. tr. V. ▶ leihen

aus|liefern tr. V. **1** jmdm. etw. od. etw. an jmdn. ~ hand sth over to sb **2** auch itr. (Kaufmannsspr.) (liefern) deliver

Aus·lieferung die **1** (Übergabe) handing over; (an ein Land) extradition; **jmds. ~ fordern** demand that sb be handed over/extradited **2** (Kaufmannsspr.) (Lieferung) delivery

Auslieferungs-: **~antrag** der application for extradition; **~lager** das (Wirtsch.) distribution centre

aus|loggen refl. V. (DV) log off or out

aus|löschen tr. V. **1** extinguish **2** (beseitigen) erase <drawing, writing>

aus|losen tr. V. etw. ~ draw lots for sth

aus|lösen tr. V. **1** trigger <mechanism, device, alarm, etc.>; release <camera shutter> **2** provoke <discussion, anger, laughter, reaction, outrage, heart attack>; cause <sorrow, horror, surprise, disappointment, panic, war>; excite, arouse <interest, enthusiasm>

Auslöser der; ~s, ~ (Fot.) shutter release

aus|machen tr. V. **1** (ugs.) put out <light, fire, cigarette, candle>; switch off <television, radio, hi-fi>; turn off <gas> **2** (vereinbaren) agree [on]; **~, dass ...** agree that ... **3** (auszeichnen, kennzeichnen) make up **4** wenig/nichts/viel ~ make little/no/a great difference **5** das macht mir nichts aus I don't mind

Aus·maß das **1** (Größe) size **2** (Grad) extent

aus|messen unr. tr. V. measure up

♂ **Aus·nahme** die; ~, **~n** exception; **mit ~ von** with the exception of; **bei jmdm. eine ~ machen** make an exception in sb's case

---

♂ key word

* alte Schreibung—vgl. Hinweis auf S. x

Ausnahme-: ~**erscheinung** *die* exceptional phenomenon; ~**zustand** *der* state of emergency

ausnahms-: ~**los** A *Adj.* unanimous ‹*approval, agreement*› B *adv.* without exception; ~**weise** *Adv.* by way of an exception; **Dürfen wir mitkommen? – Ausnahmsweise [ja]** May we come too? – Yes, just this once

aus|nehmen *unr. tr. V.* **1** gut ‹*fish, rabbit, chicken*› **2** (ausschließen von) exclude; (gesondert behandeln) make an exception of

aus|nüchtern *tr., itr., refl. V.* sober up

Ausnüchterung *die*; ~, ~**en** sobering up; jmdn. zur ~ auf die Wache bringen take sb to the [police] station to sober up

Ausnüchterungs·zelle *die* drying-out cell

aus|nutzen, (bes. südd., österr.) **aus|nützen** *tr. V.* **1** take advantage of **2** (ausbeuten) exploit

Aus·nutzung *die*, (bes. südd., österr.) **Ausnützung** *die*; ~ use; (Ausbeutung) exploitation; **unter voller ~ einer Sache** (*Gen.*) making full use of sth

aus|packen A *tr., itr. V.* unpack; (auswickeln) unwrap B *itr. V.* (ugs.) (Geheimnisse verraten) talk (infml); squeal (sl.)

aus|pressen *tr. V.* squeeze out ‹*juice*›; squeeze ‹*orange, lemon*›; (keltern) press ‹*grapes etc.*›

aus|probieren *tr. V.* try out

Aus·puff *der* exhaust

Auspuffgase *Pl.* exhaust fumes *pl.*

aus|radieren *tr. V.* rub out; erase

aus|rangieren *tr. V.* (ugs.) throw out; discard; scrap ‹*vehicle, machine*›; **ausrangierte Fahrzeuge** scrap vehicles

aus|rasten *itr. V.*; *mit sein* (Technik) disengage; **er rastete aus, es rastete bei ihm aus** (fig. salopp) something snapped in him

aus|rauben *tr. V.* rob

aus|räuchern *tr. V.* (auch fig.) smoke out; fumigate ‹*room*›

aus|räumen A *tr. V.* **1** clear out (aus of) **2** (fig.) clear up; dispel ‹*prejudice, suspicion, misgivings*› B *itr. V.* clear everything out

aus|rechnen *tr. V.* work out; **das kannst du dir leicht ~** (ugs.) you can easily work that out [for yourself]

Aus·rede *die* excuse

aus|reden A *itr. V.* finish [speaking] B *tr. V.* jmdm. etw. ~ talk sb out of sth

aus|reichen *itr. V.* be enough *or* sufficient (zu for)

⚘ **ausreichend** A *Adj.* sufficient; enough; (als Note) fair B *adv.* sufficiently

Aus·reise *die* jmdm. die ~ verweigern refuse sb permission to leave [the/a

country]; **vor/bei der ~** before/when leaving the country

Ausreise·antrag *der* application to leave the country; application for an exit visa

aus|reißen A *unr. tr. V.* tear out; pull out ‹*plants, weeds*› B *unr. itr. V.*; *mit sein* **1** (sich lösen) come off **2** (ugs.) (weglaufen) run away (*Dat.* from)

aus|renken *tr. V.* dislocate

aus|richten *tr. V.* **1** jmdm. etw. ~ tell sb sth **2** (einheitlich anordnen) line up **3** (erreichen) achieve

aus|rollen *tr. V.* roll out

aus|rotten *tr. V.* eradicate

Aus·ruf *der* cry

aus|rufen *unr. tr. V.* **1** call out; „**Schön!" rief er aus** 'Lovely', he exclaimed **2** (offiziell verkünden) proclaim; declare ‹*state of emergency*› **3** (zum Kauf anbieten) cry

Ausrufe·zeichen *das* exclamation mark

aus|ruhen *refl., itr. V.* have a rest; **[sich] ein wenig/richtig ~** rest a little/have a good rest; **ausgeruht sein** be rested

aus|rüsten *tr. V.* equip

Aus·rüstung *die* **1** equipping **2** (Gegenstände) equipment *no pl.*

Ausrüstungs·gegenstand *der* item of equipment

aus|rutschen *itr. V.*; *mit sein* slip

aus|säen *tr. (auch itr.) V.* (auch fig.) sow

⚘ **Aus·sage** *die* statement

aussage-, Aussage-: ~**kraft** *die* meaningfulness; (Ausdruckskraft) expressiveness; ~**kräftig** *Adj.* meaningful; (ausdruckskräftig) expressive

aus|sagen A *tr. V.* **1** say **2** (vor Gericht, vor der Polizei) state; (unter Eid) testify B *itr. V.* make a statement; (unter Eid) testify

aus|saugen *regelm. (geh. auch unr.) tr. V.* **1** suck out (aus of); (leer saugen) suck dry **2** (fig.) (ausbeuten) jmdn./etw. ~ bleed sb/sth [white]; **jmdn. bis aufs Blut** *od.* **Mark ~** bleed sb white

aus|schaben *tr. V.* **1** scrape out **2** (Med.) remove; (mit der Kürette) curette

aus|schalten *tr. V.* **1** switch *or* turn off **2** (fig.) eliminate; exclude ‹*emotion, influence*›; dismiss ‹*doubt, objection*›; shut out ‹*feeling, thought*›

Aus·schank *der*; ~**[e]s** serving

Aus·schau *die* nach jmdm./etw. ~ halten keep a lookout for sb/sth

aus|schauen *itr. V.* nach jmdm./etw. ~ look out for sb/sth

aus|scheiden A *unr. itr. V.*; *mit sein* **1** aus etw. ~ leave sth; **aus dem Amt ~** leave office **2** (Sport) be eliminated **3** diese Möglichkeit/dieser Kandidat scheidet aus this possibility/candidate has to be ruled out

a

B *unr. tr. V.* (Physiol.) excrete *<waste>*; eliminate, expel *<poison>*; exude *<sweat>*

Aus·scheidung *die* **1** (Physiol.) ▸ ausscheiden B excretion; elimination; expulsion; exudation; **~en** (Ausgeschiedenes) excreta **2** (Sport) qualifier

aus|schenken *tr. V.* serve

aus|scheren *itr. V.*; *mit sein* pull out

aus|schildern *tr. V.* signpost

aus|schimpfen *tr. V.* jmdn. **~** tell sb off

aus|schlachten *tr. V.* **1** (ugs.) (brauchbare Teile ausbauen aus) cannibalize *<machine, vehicle>*; break *<vehicle>* for spares **2** (ugs. abwertend) (ausnutzen) exploit; **etw. politisch ~** make political capital out of sth

aus|schlafen **A** *unr. itr., refl. V.* have a good sleep **B** *unr. tr. V.* seinen Rausch **~** sleep off the effects of alcohol

Aus·schlag *der* **1** (Hautausschlag) rash **2** (eines Zeigers, einer Waage) deflection; (eines Pendels) swing; **den ~ geben** (fig.) tip the scales (fig.)

aus|schlagen **A** *unr. tr. V.* **1** knock out **2** (ablehnen) turn down **B** *unr. itr. V.* **1** *<horse>* kick **2** *<needle, pointer>* be deflected, swing **3** (sprießen) come out [in bud]

ausschlag·gebend *Adj.* decisive

ꝏ **aus|schließen** *unr. tr. V.* **1** (ausstoßen) expel (aus from) **2** (nicht teilnehmen lassen) exclude (aus from) **3** (fig.) rule out *<possibility>*; jeden Irrtum **~** rule out all possibility of error **4** (aussperren) lock out

ꝏ **aus·schließlich** /od. '-'--, --'-/ **A** *Adj.* exclusive **B** *Adv.* exclusively **C** *Präp.*; *mit Gen.* excluding

Ausschließlichkeit *die*; **~**; exclusiveness

Aus·schluss, *****Aus·schluß** *der* exclusion (von from); (aus einer Gemeinschaft) expulsion (aus from); **unter ~ der Öffentlichkeit** with the public excluded; (Rechtsw.) in camera

aus|schmücken *tr. V.* deck out

aus|schneiden *unr. tr. V.* cut out; (DV) cut

Aus·schnitt *der* **1** (Zeitungsausschnitt) cutting; clipping **2** (Halsausschnitt) neck; **ein tiefer ~** a plunging neckline **3** (Teil) part; (eines Textes) excerpt; (eines Films) clip; (Bildausschnitt) detail

aus|schreiben *unr. tr. V.* **1** (nicht abgekürzt schreiben) etw. **~** write sth out in full **2** (ausstellen) make out *<cheque, invoice, receipt>* **3** (bekannt geben) call *<election, meeting>*; advertise *<flat, job>*; put *<supply order etc.>* out to tender

---

ꝏ key word

* old spelling—see note on page x

Aus·schreibung *die* ▸ ausschreiben 3 calling; advertisement; invitation to tender

Ausschreitungen *Pl.* acts of violence

Aus·schuss, *****Aus·schuß** *der* committee

aus|schütten *tr. V.* tip out *<water, sand, coal, etc.>*; (ausleeren) empty *<bucket, bowl, container>*

ausschweifend **A** *Adj.* wild *<imagination, emotion, hope, desire, orgy>*; extravagant *<idea>*; riotous, wild *<enjoyment>*; dissolute *<life, person>* **B** *adv.* **~ leben** lead a dissolute life

Ausschweifung *die*; **~**, **~en** (im Genießen) dissolution

ꝏ **aus|sehen** *unr. itr. V.* look (wie like); **so siehst du aus!** (ugs.) that's what you think!

Aussehen *das*; **~s** appearance

***aus|sein** *unr. itr. V.*; *mit sein, nur im Inf. und Part. zusammengeschrieben* **1** *<play, film, war>* be over; **wann ist die Vorstellung aus?** what time does the performance end?; **die Schule ist aus** school is out **2** *<fire, candle, etc.>* be out **3** *<radio, light, etc.>* be off

ꝏ **außen** *Adv.* outside; **die Vase ist ~ bemalt** the vase is painted on the outside; **das Fenster geht nach ~ auf** the window opens outwards; **von ~** from the outside

außen-, Außen-: **~dienst** *der* im **~dienst** sein od. arbeiten, **~dienst** machen od. haben be working out of the office; *<salesman>* be on the road; **~handel** *der* foreign trade no art.; **~handels·bilanz** *die* balance of trade; **~minister** *der*, **~ministerin** *die* Foreign Minister; **~ministerium** *das* Foreign Ministry; **~politik** *die* foreign politics *sing.*; **~politisch** **A** *Adj. <question>* relating to foreign policy **B** *adv.* as regards foreign policy; **~seite** *die* outside

Außenseiter *der*; **~s**, **~**, **Außenseiterin** *die*; **~**, **~nen** outsider

Außen: **~spiegel** *der* exterior mirror; **~stände** *Pl.* outstanding debts or accounts; **~wand** *die* external or outside wall; **~welt** *die* outside world

ꝏ **außer** **A** *Präp.*; *mit Dat.* **1** (abgesehen von) apart from; aside from (AmE) **2** (außerhalb von) out of; **~ sich sein** be beside oneself (vor + Dat. with) **3** (zusätzlich zu) in addition to **B** *Präp.*; *mit Akk.* **~ sich geraten** become beside oneself (vor + Dat. with) **C** *Konj.* except

äußer... *Adj.* outer; outside *<pocket>*; outlying *<district, area>*; external *<injury, form, circumstances, cause, force>*; outward *<appearance, similarity, effect, etc.>*; foreign *<affairs>*

ꝏ **außer·dem** /auch --'-/ *Adv.* as well; (überdies) besides

Äußere *das adj. Dekl.* [outward] appearance

außer-: ~**ehelich** 🅐 *Adj.* extra-marital; illegitimate <*child, birth*> 🅑 *adv.* outside marriage; ~**gewöhnlich** 🅐 *Adj.*
1 unusual 2 (das Gewohnte übertreffend) exceptional 🅑 *adv.* 1 unusually 2 (sehr) exceptionally

ˢ **außer·halb** *Präp.*; *mit Gen.* outside

äußerlich 🅐 *Adj.* external <*use, injury*>; outward <*appearance, calm, similarity, etc.*> 🅑 *adv.; s. Adj.* externally; outwardly

Äußerlichkeit *die*; ~, ~**en** formality; (Unwesentliches) minor point

ˢ **äußern** 🅐 *tr. V.* express, voice <*opinion, view, criticism, reservations, disapproval, doubt*>; express <*wish*>; voice <*suspicion*> 🅑 *refl. V.* 1 sich über etw. (*Akk.*) ~ give one's view on sth
2 <*illness*> manifest itself (**in** + *Dat.*, **durch** in)

außer-: ~**ordentlich** 🅐 *Adj.* 1 extraordinary
2 (das Gewohnte übertreffend) exceptional 🅑 *adv.* (sehr) exceptionally; extremely <*pleased, relieved*>; ~**schulisch** *Adj.* outside the school *postpos.*

ˢ **äußerst** *Adv.* extremely

äußerst... *Adj.* 1 extreme
2 (letztmöglich) latest possible <*date, deadline*>; (höchst...) highest <*price*>; (niedrigst...) lowest <*price*>
3 (schlimmst...) worst

außerstande *Adv.* ~ sein, etw. zu tun (nicht befähigt) be unable to do sth; (nicht in der Lage) not be in a position to do sth

Äußerung *die*; ~, ~**en** comment

aus|setzen 🅐 *tr. V.* 1 expose (*Dat.* to); Belastungen ausgesetzt sein be subject to strains
2 (sich selbst überlassen) abandon <*baby, animal*>; (auf einer einsamen Insel) maroon
3 an jmdm./etw. etwas auszusetzen haben find fault with sb/sth
🅑 *itr. V.* 1 (aufhören) stop; <*engine, machine*> cut out
2 (pausieren) <*player*> miss a turn; **mit der Arbeit/dem Training [ein paar Wochen]** ~ stop work/training [for a few weeks]

Aus·sicht *die* 1 view (**auf** + *Akk.* of)
2 (fig.) prospect; ~ **auf etw.** (*Akk.*) haben, etw. in ~ haben have the prospect of sth

aussichts-, Aussichts-: ~**los** 🅐 *Adj.* hopeless 🅑 *adv.* hopelessly; ~**losigkeit** *die*; ~~; hopelessness; ~**punkt** *der* vantage point; ~**reich** *Adj.* promising; ~**turm** *der* lookout tower

Aus·siedler *der* (Auswanderer) emigrant; (Evakuierter) evacuee; (Umsiedler) resettled person

Aussiedler·heim *das* resettlement hostel (*for German nationals and ethnic Germans from Eastern Europe*)

Aussiedlerin *die* ▶ Aussiedler

aus|sortieren *tr. V.* sort out

aus|spannen *itr. V.* take *or* have a break

aus|sparen *tr. V.* leave <*line etc.*> blank; (fig.) leave out; omit

Aussparung *die*; ~, ~**en** 1 (das Aussparen) leaving blank
2 (Stelle) gap

aus|sperren 🅐 *tr. V.* lock out; shut <*animal*> out
🅑 *itr. V.* lock the workforce out

Aus·sperrung *die* lockout

aus|spielen *tr. V.* 1 auch *itr.* (Kartenspiel) lead
2 jmdn./etw. gegen jmdn./etw. ~ play sb/sth off against sb/sth

Aus·sprache *die* 1 pronunciation
2 (Gespräch) discussion

aus|sprechen 🅐 *unr. tr. V.* 1 pronounce
2 (ausdrücken) express; voice <*suspicion, request*>
🅑 *unr. refl. V.* 1 sich lobend/missbilligend usw. über jmdn./etw. ~ speak highly/disapprovingly of *etc.* sb/sth
2 (offen sprechen) say what's on one's mind; sich bei jmdm. ~ have a heart-to-heart talk with sb
3 (Strittiges klären) talk things out (**mit** with)
🅒 *unr. itr. V.* (zu Ende sprechen) finish [speaking]

Aus·spruch *der* remark

aus|spucken 🅐 *itr. V.* spit
🅑 *tr. V.* spit out

aus|spülen *tr. V.* rinse out

Aus·stand *der* strike

ˢ **aus|statten** /ˈaʊsʃtatn̩/ *tr. V.* provide (mit with); (mit Gerät) equip; (mit Möbeln, Teppichen, Gardinen usw.) furnish

Ausstattung *die*; ~, ~**en** 1 ▶ ausstatten provision; equipping; furnishing
2 (Ausrüstung) equipment; (Innenausstattung eines Autos) trim
3 (Einrichtung) furnishings *pl.*

aus|stehen 🅐 *unr. itr. V.* noch ~ <*debt*> be outstanding; <*decision*> be still to be taken; <*solution*> be still to be found
🅑 *unr. tr. V.* ich kann ihn/das nicht ~ I can't stand him/it

aus|steigen *unr. itr. V.* 1 mit sein get out; (aus einem Zug, Bus) get off
2 (ugs.) (sich nicht mehr beteiligen) ~ aus opt out of; give up <*show business, job*>; leave <*project*>
3 (ugs.) (der Gesellschaft den Rücken kehren) drop out

Aussteiger *der*; ~**s**, ~, **Aussteigerin** *die*; ~, ~**nen** (ugs.) dropout (infml)

aus|stellen *tr. V.* 1 put on display; display; (im Museum, auf einer Messe) exhibit
2 (ausfertigen) make out <*cheque, prescription, receipt, bill*>; issue <*visa, passport, certificate*>; einen Scheck auf jmdn. ~ make out a cheque to sb
3 (ugs.) (ausschalten) switch off <*cooker, radio, heating, engine*>

ˢ **Aus·stellung** *die* 1 exhibition
2 ▶ ausstellen 2 making out; issuing

Ausstellungs-: ~**gelände** *das* exhibition

site; ~**katalog** der exhibition catalogue

aus|sterben unr. itr. V.; mit sein die out; <species> become extinct; **vom Aussterben bedroht sein** be threatened with extinction

Aus·steuer die trousseau (consisting mainly of household linen)

Ausstieg der; ~[e]s, ~e **1** exit **2** (ugs.) opting out (**aus** of); **der ~ aus einem Projekt/aus der Atomenergie** leaving a project/abandoning nuclear energy

aus|stopfen tr. V. stuff

Aus·stoß der (Wirtsch.) output

aus|stoßen unr. tr. V. **1** expel; give off, emit <gas, fumes, smoke> **2** give <cry, whistle, laugh, sigh, etc.>; let out <cry, scream, yell>; utter <curse, threat, etc.>

aus|strahlen ◨ tr. V. **1** (auch fig.) radiate; <lamp> give out <light> **2** (Rundf., Ferns.) broadcast ◨ itr. V. **1** radiate; <light> be given out; (fig.) <pain> spread **2 auf jmdn./etw. ~** (fig.) communicate itself to sb/influence sth

Aus·strahlung die (fig.) charisma

aus|strecken ◨ tr. V. stretch out; put out <feelers> ◨ refl. V. stretch out

aus|streichen unr. tr. V. cross out

aus|strömen itr. V.; mit sein pour out; <gas, steam> escape

aus|suchen tr. V. choose; pick

Aus·tausch der **1** exchange; **im ~ für** od. **gegen** in exchange for **2** (das Ersetzen) replacement (**gegen** with)

aus|tauschen tr. V. **1** exchange (**gegen** with) **2** (ersetzen) replace (**gegen** with)

Austausch-: ~**motor** der replacement engine; ~**schüler** der, ~**schülerin** die exchange pupil or student

aus|teilen tr. V. distribute (**an** + Akk. to); (aushändigen) hand out <books, post, etc.> (**an** + Akk. to); give <orders>; deal [out] <cards>; give out <marks, grades>; serve <food etc.>

Auster die; ~, ~n oyster

aus|tragen unr. tr. V. **1** deliver <newspapers, post> **2** <pregnant woman> carry <child> to full term; (nicht abtreiben) have <child> **3** (ausfechten) settle <conflict, differences>; fight out <battle>

Australien /aʊsˈtraːli̯ən/ (das); ~s Australia

Australier der; ~s, ~, **Australierin** die; ~, ~nen Australian

australisch Adj. Australian

aus|treiben unr. tr. V. **1** exorcize, cast out <evil spirit, demon> **2 jmdm. etw. ~** cure sb of sth

aus|treten ◨ unr. tr. V. **1** tread out <spark, cigarette end>; trample out <fire>

◆ key word
* alte Schreibung—vgl. Hinweis auf S. x

2 (bahnen) tread out <path> **3** wear out <shoes> ◨ unr. itr. V.; mit sein **1** (ugs.) (zur Toilette gehen) pay a call (infml) **2 aus etw. ~** (ausscheiden) leave sth

aus|trinken tr. V. drink up <drink>; finish <glass, cup, etc.>

Aus·tritt der leaving

aus|trocknen ◨ tr. V. dry out; dry up <river bed, marsh> ◨ itr. V.; mit sein dry out; <river bed, pond, etc.> dry up; <skin, hair> become dry

aus|üben tr. V. practise <art, craft>; follow <profession>; carry on <trade>; do <job>; hold <office>; wield <power, right, control>

Aus·verkauf der sale

ausverkauft Adj. sold out

◆ **Aus·wahl** die **1** choice **2** (Sortiment) range; **viel/wenig ~ haben** have a wide/limited selection (**an** + Dat. von, of)

◆ **aus|wählen** tr. V. choose (**aus** from)

Aus·wanderer der, **Aus·wanderin** die emigrant

aus|wandern itr. V.; mit sein emigrate

Aus·wanderung die emigration

auswärtig Adj. **1** non-local **2** (das Ausland betreffend) foreign

auswärts Adv. **1** (nach außen) outwards **2** (nicht zu Hause) <sleep> away from home; ~ **essen** eat out **3** (nicht am Ort) in another town; (Sport) away

Auswärts·spiel das (Sport) away match

aus|waschen unr. tr. V. wash out

aus|wechseln tr. V. **1** change (**gegen** + Akk. for) **2** (ersetzen) replace (**gegen** with); (Sport) substitute <player>

Aus·weg der way out (**aus** of)

ausweg·los ◨ Adj. hopeless ◨ adv. hopelessly

Ausweglosigkeit die; ~; hopelessness

aus|weichen unr. itr. V.; mit sein get out of the way (Dat. of); (Platz machen) make way (Dat. for); **einem Schlag/Angriff ~** dodge a blow/evade an attack; **dem Feind ~** avoid [contact with] the enemy; **einer Frage ~** evade a question; **eine ~de Antwort** an evasive answer

Ausweich·manöver das evasive manoeuvre

aus|weinen refl. V. have a good cry; **sie hat sich bei mir darüber ausgeweint** (ugs.) she had a good cry on my shoulder about it

Ausweis der; ~es, ~e card; (Personalausweis) identity card

aus|weisen ◨ unr. tr. V. **1** expel (**aus** from) **2 jmdn. als etw. ~** show that sb is/was sth ◨ unr. refl. V. prove or establish one's identity [by showing one's papers]; **können Sie sich ~?** do you have any means of identification?

Ausweis·papiere Pl. identity papers

Aus·weisung *die* expulsion (**aus** from)
aus|weiten *tr. V.* stretch
aus·wendig *Adv.* etw. ~ können/lernen know/learn sth [off] by heart
aus|werfen *unr. tr. V.* **1** cast <*net, anchor, rope, line, etc.*>
　　2 (herausschleudern) throw out <*sparks*>; <*volcano*> eject, spew out <*lava, ash, etc.*>; eject <*cartridge case*>
aus|werten *tr. V.* analyse and evaluate
Aus·wertung *die* analysis and evaluation
aus|wildern *tr. V.* (bes. Jägerspr.) return <*animal*> to the wild
aus|wirken *refl. V.* have an effect (**auf** + *Akk.* on); sich günstig ~ have a favourable effect
✎ **Aus·wirkung** *die* effect (**auf** + *Akk.* on)
Aus·wuchs *der* **1** (Wucherung) growth; excrescence (Med., Bot.)
　　2 (fig.) unhealthy product; (Exzess) excess
aus|wuchten *tr. V.* (Technik) die Räder ~ balance the wheels
aus|zahlen **A** *tr. V.* **1** pay out <*money*>
　　2 pay off <*employee, worker*>; buy out <*business partner*>
　　B *refl. V.* pay
aus|zählen *tr. V.* **1** count [up] <*votes etc.*>
　　2 (Boxen) count out
aus|zeichnen *tr. V.* **1** (mit einem Preisschild) mark
　　2 (ehren) honour
Aus·zeichnung *die* **1** (von Waren) marking
　　2 (Ehrung) honouring; (Orden) decoration; (Preis) award
Auszieh·couch *die* sofa bed
aus|ziehen **A** *unr. tr. V.* **1** pull out <*couch*>; extend <*table, tripod, etc.*>
　　2 (ablegen) take off <*clothes*>
　　3 (entkleiden) undress; sich ~ get undressed
　　B *unr. itr. V.; mit sein* move out (**aus** of)
Auszubildende *der/die adj. Dekl.* (bes. Amtsspr.) trainee; (im Handwerk) apprentice
Aus·zug *der* **1** (das Ausziehen) move
　　2 (Bankw.) statement
　　3 (Textpassage) extract
auszugs·weise *Adv.* in extracts *or* excerpts; etw. ~ lesen read extracts from sth
authentisch *Adj.* authentic
Autismus /au̯ˈtɪsmʊs/ *der;* ~ (Med.) autism
Autist *der;* ~en, ~en, **Autistin** *die;* ~, ~nen autistic
autistisch *Adj.* (Med.) autistic
✎ **Auto** *das;* ~s, ~s car; automobile (AmE); ~ fahren drive; (mitfahren) go in the car
✎ **Auto·bahn** *die* motorway (BrE); expressway (AmE)
auto-, Auto-: ~**biografie** /---ˈ--/ *die* autobiography; ~**biografisch** /----ˈ--/ *Adj.*

autobiographical; ~**bombe** *die* car bomb; ~**bus** *der* ▶ Bus; ~**dieb** *der,* ~**diebin** *die* car thief; ~**fähre** *die* car ferry; ~**fahren** *das;* ~~s driving; motoring; ~**fahrer** *der,* ~**fahrerin** *die* [car] driver; ~**fahrt** *die* drive; ~**gramm** /--ˈ-/ *das;* ~~s, ~~e autograph; ~**händler** *der,* ~**händlerin** *die* car dealer; ~**immun·erkrankung** *die* autoimmune disease; ~**kino** *das* drive-in cinema
Automat *der;* ~en, ~en **1** (Verkaufs~) [vending] machine; (Spiel~) slot machine
　　2 (in der Produktion) robot
Automatik *die;* ~, ~en automatic control mechanism; (Getriebeautomatik) automatic transmission
✎ **automatisch** (auch fig.) **A** *Adj.* automatic
　　B *adv.* automatically
automatisieren *tr. V.* automate
Automatisierung *die;* ~, ~en automation
auto-, Auto-: ~**mobil** /---ˈ-/ *das;* ~~s, ~~e (geh.) motor car; automobile (AmE); ~**nom** /--ˈ-/ **A** *Adj.* autonomous
　　B *adv.* autonomously; ~**nomie** /---ˈ-/ *die;* ~~, ~~n autonomy; ~**nummer** *die* [car] registration number; ~**pilot** *der* (Flugw.) autopilot
Autopsie /au̯toˈpsiː/ *die;* ~, ~n post mortem [examination]
✎ **Autor** *der;* ~s, ~en author
Auto-: ~**radio** *das* car radio; ~**reifen** *der* car tyre; ~**reise·zug** *der* Motorail train (BrE); auto train (AmE); ~**reparatur** *die* car repair; repair to the/a car
Autorin *die;* ~, ~nen authoress; author
autoritär *Adj.* authoritarian
Autoritarismus /au̯toritaˈrɪsmʊs/ *der;* ~; authoritarianism
Autorität *die;* ~, ~en authority
Auto-: ~**schalter** *der* drive-in counter; ~**schlange** *die* queue of cars; ~**schlüssel** *der* car key; ~**skooter** /-skuːtɐ/ *der;* ~~s, ~~; dodgem; bumper car; ~**stopp** *der* hitch-hiking; per ~stopp fahren, ~stopp machen hitch-hike; ~**telefon** *das* car telephone; ~**tür** *die* car door; ~**unfall** *der* car accident; ~**vermietung** *die* car rental firm; ~**verwerter** *der,* ~**verwerterin** *die* car breaker; ~**verwertung** *die* car breaker's [yard]; ~**wäsche** *die* car wash; ~**werkstatt** *die* garage
Avocado /avoˈkaːdo/ *die;* ~, ~s avocado [pear]
Axt *die;* ~, **Äxte** axe
Azalee /atsaˈleːə/ *die;* ~, ~n azalea
Azubi *der;* ~s, ~s *od.* die ~, ~s (ugs.)
　　▶ Auszubildende

b

Bb

b, B /beː/ *das*; ~, ~ **1** (Buchstabe) b/B
2 (Musik) [key of] B flat

B *Abk.* = **Bundesstraße** ≈ A (BrE)

⚬ **Baby** /'beːbi/ *das*; ~s, ~s baby

Baby·sitter /'beːbɪsɪtɐ/ *der*; ~s, ~,
Baby·sitterin *die*; ~, ~ babysitter

Bach *der*; ~[e]s, **Bäche** **1** stream; brook
2 (Rinnsal) stream [of water]

Back·blech *das* baking sheet

Back·bord *das* (Seew., Luftf.) port [side]

Backe *die*; ~, ~n cheek

backen Ⓐ *unr. itr. V.* bake
Ⓑ *unr. tr. V.* **1** bake
2 (bes. südd.) ▶ braten

Backen·zahn *der* molar

Bäcker *der*; ~s, ~; baker; **er ist** ~ he is a
baker; **zum/beim** ~ to the/at the baker's

Bäckerei *die*; ~, ~en baker's [shop]

Bäckerin *die*; ~, ~nen baker

Back-: ~**fisch** *der*; fried fish (*in breadcrumbs*);
~**form** *die* baking tin (BrE); baking pan
(AmE); ~**hähnchen** *das*, ~**hendl** *das*
(österr.), ~**huhn** *das*; fried chicken (*in
breadcrumbs*); ~**ofen** *der* oven; ~**pulver**
das baking powder; ~**stein** *der* brick;
~**waren** *Pl.* bread, cakes, and pastries

⚬ **Bad** *das*; ~[e]s, **Bäder** **1** bath; (das Schwimmen)
swim; (im Meer usw.) bathe; **ein** ~ **nehmen**
(geh.) take a bath; (schwimmen) go for a swim;
(im Meer usw.) bathe
2 (Badezimmer) bathroom; **ein Zimmer mit** ~ a
room with [private] bath
3 (Schwimm~) [swimming] pool
4 (Heil~) spa; (See~) [seaside] resort

Bade-: ~**anzug** *der* bathing costume;
~**hose** *die* bathing trunks (pl); ~**mantel**
der dressing gown; bathrobe; ~**meister**
der, ~**meisterin** *die* swimming-pool
attendant; ~**mütze** *die* bathing cap

baden Ⓐ *itr. V.* **1** have a bath
2 (schwimmen) ~ **gehen** go for a bathe
Ⓑ *tr. V.* bath <child, patient, etc.>; bathe
<wound, eye, etc.>

⚬ **Baden-Württemberg** (*das*); ~s Baden-
Württemberg

Bäder ▶ Bad

Bade-: ~**strand** *der* bathing beach; ~**tuch**
das; *Pl.* ~**tücher** bath towel; ~**wanne**
die bath[tub]; ~**wasser** *das* bath water;
~**zimmer** *das* bathroom

⚬ key word
* old spelling—see note on page x

Badminton *das*; ~s badminton

Bagatelle *die*; ~, ~n trifle

Bagger *der*; ~s, ~; excavator; (Schwimmbagger)
dredger

Bagger·see *der* flooded gravel pit

⚬ **Bahn** *die*; ~, ~en **1** (Weg) path
2 (Route) path; (eines Geschosses) trajectory
3 (Sport) track; (für Pferderennen) course (BrE);
track (AmE); (für einzelne Teilnehmer) lane;
(Kegel~) alley; (Bowling~) lane
4 (Eisen~) railways *pl.*; railroad (AmE); (Zug)
train; **jmdn. zur** ~ **bringen** take sb to the
station; **[mit der]** ~ **fahren** go by train
5 (Straßen~) tram; streetcar (AmE)

bahn-, Bahn-: ~**beamte** *der*, ~**beamtin**
die railway *or* (AmE) railroad official;
~**brechend** *Adj.* pioneering; ~**brecher**
der, ~**brecherin** *die*, ~~**nen**
pioneer; ~**bus** *der* railway bus; ~**damm**
der railway embankment

bahnen *tr. V.* clear <way, path>; **jmdm./einer
Sache einen Weg** ~ (fig.) pave the way for
sb/sth

Bahn·fahrt *die* train journey

⚬ **Bahn·hof** *der* [railway *or* (AmE) railroad]
station

Bahn-: ~**reise** *die* train journey; ~**schranke**
die level crossing (BrE) *or* (AmE) grade
crossing barrier/gate; ~**steig** *der*; ~~[e]s,
~~e [station] platform; ~**übergang** *der*
level crossing (BrE); grade crossing (AmE);
~**verbindung** *die* train connection

Bahre *die*; ~, ~n **1** (Trage) stretcher
2 (Totenbahre) bier

Baiser /bɛ'zeː/ *das*; ~s, ~s meringue

Bajonett *das*; ~[e]s, ~e bayonet

Bakterie /bak'teːri̯ə/ *die*; ~, ~n bacterium

Balance /ba'laŋsə/ *die*; ~, ~n balance

balancieren *itr., tr. V.*; *itr. mit sein* balance

⚬ **bald** *Adv.* **1** soon; (leicht, rasch) quickly; easily;
wirds ~**?** get a move on, will you; **bis** ~**!** see
you soon
2 (ugs.) (fast) almost

Baldrian /'baldriaːn/ *der*; ~s, ~e valerian

Balkan /'balkaːn/ *der*; ~s; **der** ~ the Balkans
pl.; (Gebirge) the Balkan Mountains *pl.*; **auf
dem** ~ in the Balkans

Balken *der*; ~s, ~; beam

Balken·diagramm *das* (DV) bar chart

Balkon /bal'kɔŋ, bal'koːn/ *der*; ~s, ~s
/bal'kɔŋs/; *od.* ~e /bal'koːnə/ **1** balcony
2 (im Theater, Kino) circle

⚬ **Ball** *der*; ~[e]s, **Bälle 1** ball; ~ **spielen**

play ball
2 (Fest) ball
Ball<u>a</u>de die; ~, ~n ballad
Ball<u>a</u>st der; ~[e]s, ~e ballast
Ball<u>a</u>st·stoffe Pl. (Med.) roughage sing.
b<u>a</u>llen **A** tr. V. clench <fist>
B refl. V. <fist> clench
B<u>a</u>llen der; ~s, ~ **1** (Packen) bale
2 (Hand-, Fußballen) ball
Baller<u>i</u>na die; ~, **Baller<u>i</u>nen** ballerina
Ball<u>e</u>tt das; ~[e]s, ~e ballet
Ball<u>e</u>tt-: ~**schuh** der ballet shoe; ~**schule** die ballet school; ~**tänzer** der, ~**tänzerin** die ballet dancer
Ball-: ~**junge** der ballboy; ~**kleid** das ball gown
Ballon /ba'lɔŋ/ der; ~s, ~s balloon
Ball-: ~**saal** der ballroom; ~**spiel** das ball game; ~**spielen** das; ~~s playing ball no art.
B<u>a</u>llungs·gebiet das conurbation
B<u>a</u>lsam der; ~s, ~e balsam; (fig.) balm
B<u>a</u>lte der; ~n, ~n, **B<u>a</u>ltin** die; ~, ~nen Balt
B<u>a</u>ltikum das; ~s Baltic States pl.
b<u>a</u>ltisch Adj. Baltic
B<u>a</u>mbus der; ~ od. ~**ses**, ~**se** bamboo
ban<u>a</u>l Adj. **1** banal
2 (gewöhnlich) commonplace
Ban<u>a</u>ne die; ~, ~n banana
Ban<u>au</u>se der; ~n, ~n, **Ban<u>au</u>sin** die; ~, ~nen (abwertend) philistine
b<u>a</u>nd 1. u. 3. Pers. Sg. Prät. v. binden
Band¹ das; ~[e]s, **Bänder 1** ribbon; (Haar~, Hut~) band; (Schürzen~) string
2 (Klebe~, Isolier~, Ton~ usw.) tape; etw. auf ~ (Akk.) aufnehmen tape[-record] sth
3 ▶ Fließband
4 am laufenden ~ (ugs.) non-stop
5 (Anat.) ligament
Band² der; ~[e]s, **Bände** /'bɛndə/ volume
✔ **Band³** /bɛnt/ die; ~, ~s band; (Beat~, Rock~ usw.) group
B<u>a</u>nde¹ die; ~, ~n **1** gang
2 (ugs.) (Gruppe) mob (infml)
B<u>a</u>nde² die; ~, ~n (Sport) [perimeter] barrier; (mit Reklame) billboards pl.; (Billard) cushion
B<u>a</u>nden-: ~**krieg** der gang war; ~**werbung** die; advertising on hoardings around the perimeter of a football pitch etc.
Bänder ▶ Band¹
Bänder-: ~**riss**, *~**riß** der (Med.) torn ligament; ~**zerrung** die (Med.) pulled ligament
b<u>ä</u>ndigen tr. V. tame <animal>; control <person, anger, urge>
Band<u>i</u>t der; ~en, ~en bandit
B<u>a</u>nd·scheibe die [intervertebral] disc
b<u>a</u>ng, b<u>a</u>nge; b<u>a</u>nger, b<u>a</u>ngst... od. bänger, bängst... **A** Adj. afraid; scared; (besorgt) anxious; mir ist/wurde ~ [zumute]

I am/became scared
B adv. anxiously
b<u>a</u>ngen itr. V. be anxious
✔ **Bank¹** die; ~, **Bänke** bench; (mit Lehne) bench seat; (Kirchen~) pew; etw. auf die lange ~ schieben (ugs.) put sth off
✔ **Bank²** die; ~, ~en bank
Bank<u>e</u>tt¹ das; ~[e]s, ~e banquet
Bank<u>e</u>tt² das; ~[e]s, ~e (an Straßen) shoulder; (unbefestigt) verge
B<u>a</u>nk·geheimnis das (Wirtsch.) bankers' duty to maintain confidentiality
Bank<u>ie</u>r /baŋ'kie:/ der; ~s, ~s banker
Bank-: ~**kauffrau** die, ~**kaufmann** der [qualified] bank/building society/stock market clerk; ~**konto** das bank account; ~**leit·zahl** die [bank] sort code; ~**note** die banknote; bill (AmE); ~**raub** der bank robbery; ~**räuber** der, ~**räuberin** die bank robber
bankr<u>o</u>tt Adj. bankrupt; Bankrott od. *~ gehen go bankrupt
Bankr<u>o</u>tt der; ~[e]s, ~e bankruptcy; ~ machen go bankrupt; s. auch bankrott
Bankr<u>o</u>tt·erklärung die declaration of bankruptcy; (fig.) declaration of [one's own] failure
Bank-: ~**überfall** der bank raid; ~**verbindung** die particulars of one's bank account; ~**wesen** das banking system
Bann der; ~[e]s (fig. geh.) spell
bar **A** Adj. cash
B adv. in cash; etw. [in] ~ bezahlen pay for sth in cash; pay cash for sth
Bar die; ~, ~s bar
Bär der; ~en, ~en bear
Bar<u>a</u>cke die; ~, ~n hut
Barb<u>a</u>r der; ~en, ~en barbarian
Barbar<u>ei</u> die; ~, ~en **1** (Rohheit) barbarity
2 (Kulturlosigkeit) barbarism no indef. art.
Barb<u>a</u>rin die; ~, ~nen barbarian
barb<u>a</u>risch **A** Adj. **1** (roh) barbarous
2 (unzivilisiert) barbaric
B adv. **1** (roh) barbarously
2 (unzivilisiert) barbarically
B<u>a</u>r·code der bar code
B<u>a</u>r·dame die barmaid
b<u>ä</u>ren-, B<u>ä</u>ren-: ~**dienst** der jmdm. einen ~dienst erweisen do sb a disservice; ~**hunger** der (ugs.) einen ~hunger haben/kriegen be famished (infml) or starving (infml) /get famished (infml) or ravenous (infml); ~**markt** der (Börsenw.) bear market; ~**stark** Adj. as strong as an ox postpos.
Bar<u>e</u>tt das; ~[e]s, ~e (eines Geistlichen) biretta; (eines Richters, Professors) cap; (Baskenmütze) beret
bar·f<u>u</u>ß indekl. Adj.; nicht attr. barefooted; ~ herumlaufen/gehen run about/go barefoot
b<u>a</u>rg 1. u. 3. Pers. Sg. Prät. v. bergen
b<u>a</u>r-, B<u>a</u>r-: ~**geld** das cash; ~**geld·los** Adj. cashless; ~**hocker** der bar stool

Bariton /'ba(:)ritɔn/ *der*; ~s, ~e baritone
Barkasse *die*; ~, ~n launch
barmherzig (geh.) **A** *Adj.* merciful
  B *adv.* mercifully
Barmherzigkeit *die*; ~ (geh.) mercy
Barock *das od. der*; ~[s] **1** baroque
  2 (Zeit) baroque age
Baro·meter *das* barometer
Baron *der*; ~s, ~e baron; (als Anrede) [Herr]
  ~ ≈ my lord
Baronin *die*; ~, ~nen baroness; (als Anrede)
  [Frau] ~ ≈ my lady
Barren *der*; ~s, ~ **1** (Gold~, Silber~ usw.) bar
  2 (Turngerät) parallel bars *pl.*
Barriere /ba'rie:rə/ *die*; ~, ~n (auch fig.)
  barrier
Barrikade *die*; ~, ~n barricade
barsch **A** *Adj.* curt
  B *adv.* curtly
Barsch *der*; ~[e]s, ~e perch
barst *1. u. 3. Pers. Sg. Prät. v.* bersten
Bart *der*; ~[e]s, Bärte **1** beard; (Oberlippen~,
  Schnurr~) moustache
  2 (von Katzen, Mäusen, Robben) whiskers *pl.*
  3 (am Schlüssel) bit
Barten·wal *der* (Zool.) whalebone whale
bärtig *Adj.* bearded
Bart·wuchs *der* growth of beard
Bar-: ~**zahlung** *die* cash payment;
  ~**zahlungs·rabatt** *der* cash discount
Basalt *der*; ~[e]s, ~e basalt
Basar *der*; ~s, ~e bazaar
ᛒ **Basis** *die*; ~, Basen **1** (Grundlage) basis
  2 (Math., Archit., Milit.) base
Baske *der*; ~n, ~n Basque
Basken-: ~**land** *das* Basque region;
  ~**mütze** *die* beret
Basket·ball /'ba(:)skət-/ *der* basketball
Baskin *die*; ~, ~nen Basque
Bass, *Baß *der*; Basses, Bässe (Musik)
  1 bass
  2 (Instrument) double bass
Bassin /ba'sɛ̃:/ *das*; ~s, ~s (Schwimmbecken)
  pool; (im Garten) pond
Bassist *der*; ~en, ~en (Musik) **1** (Sänger)
  bass
  2 (Instrumentalist) double-bass player; bassist;
  (in einer Rockband) bass guitarist
Bassistin *die*; ~, ~nen ▶ Bassist 2
Bast *der*; ~[e]s, ~e bast; (Raffia~) raffia
basta *Interj.* (ugs.) that's enough; und damit
  ~! and that's that!
Bastelei *die*; ~, ~en **1** (Gegenstand) piece of
  handicraft work
  2 (ugs.) (das Basteln) handicraft work
basteln **A** *tr. V.* make
  B *itr. V.* make things [with one's hands]
Bastion *die*; ~, ~en bastion

ᛒ key word
* alte Schreibung—vgl. Hinweis auf S. x

bat *1. u. 3. Pers. Sg. Prät. v.* bitten
Bataillon /batal'jo:n/ *das*; ~s, ~e (Milit.)
  battalion
Batik *der*; ~s, ~en *od. die*; ~, ~en batik
Batist *der*; ~[e]s, ~e batiste
Batterie *die*; ~, ~n battery
batterie-, Batterie-: ~**betrieb** *der* battery
  operation; ~**betrieben** *Adj.* battery-
  operated; ~**huhn** *das* battery chicken;
  (Henne) battery hen
Batzen *der*; ~s, ~ (ugs.) **1** (Klumpen) lump
  2 (Menge) pile (infml)
ᛒ **Bau¹** *der*; ~[e]s, ~ten **1** (Errichtung) building;
  im ~ sein be under construction
  2 (Gebäude) building
  3 auf dem ~ arbeiten (Bauarbeiter sein) be in
  the building trade
  4 (Struktur) structure
Bau² *der*; ~[e]s, ~e (Kaninchenbau) burrow;
  hole; (Fuchsbau) earth
Bau·arbeiten *Pl.* building work *sing.*
ᛒ **Bauch** *der*; ~[e]s, Bäuche (auch fig.) (von
  Schiffen, Flugzeugen) belly
bauchig *Adj.* bulbous
Bauch-: ~**laden** *der* vendor's tray;
  ~**landung** *die* belly landing;
  ~**nabel** *der* (ugs.) belly button (infml);
  ~**nabel·piercing** *das* belly-button
  piercing; (Schmuck) belly button stud; navel
  stud; ~**redner** *der*, ~**rednerin** *die*
  ventriloquist; ~**schmerzen** *Pl.* stomach
  ache *sing.*; ~**speichel·drüse** *die* pancreas;
  ~**tanz** *der* belly dance; ~**tänzerin** *die*
  belly dancer; ~**weh** *das* (ugs.) tummy ache
  (infml); stomach ache
Bau·denkmal *das* architectural monument
ᛒ **bauen** **A** *tr. V.* build
  B *itr. V.* **1** build; wir wollen ~ we want to
  build a house; (bauen lassen) we want to have
  a house built
  2 auf jmdn./etw. ~ (fig.) rely on sb/sth
ᛒ **Bauer¹** *der*; ~n, ~n **1** farmer; (mit niedrigem
  sozialem Status) peasant
  2 (Schachfigur) pawn
  3 (Kartenspiele) ▶ Bube
Bauer² *das od. der*; ~s, ~; [bird]cage
Bäuerin *die*; ~, ~nen **1** ▶ Bauer¹ 1 [lady]
  farmer; peasant [woman]
  2 (Frau eines Bauern) farmer's wife
bäuerlich *Adj.* farming *attrib.*; (ländlich) rural
Bauern-: ~**haus** *das* farmhouse; ~**hof** *der*
  farm; ~**markt** *der* farmer's market
bau-, Bau-: ~**fällig** *Adj.* ramshackle; unsafe
  <roof, ceiling>; ~**fälligkeit** *die* bad state
  of dilapidation; badly dilapidated state;
  ~**herr** *der*, ~**herrin** *die*; client (*for whom
  a house etc. is being built*); ~**jahr** *das* year of
  construction; (bei Autos) year of manufacture;
  ~**kasten** *der* construction set; (mit Holzklötzen)
  box of bricks; ~**kasten·system** *das* unit
  construction system; ~**klotz** *der* building
  brick; ~**kran** *der* construction crane
baulich *Adj.* structural

b

Baum *der;* ∼**[e]s, Bäume** tree
Bau-: ∼**markt** *der* (Kaufhaus) DIY hypermarket;
　∼**maschine** *die* piece of construction plant
　or machinery; ∼**maschinen** construction plant
　sing. or machinery
Bäumchen *das;* ∼**s, ∼**; small tree
Bau·meister *der* (hist.) [architect and]
　master builder
baumeln *itr. V.* (ugs.) dangle (**an** + *Dat.* from)
Baum-: ∼**schule** *die* tree nursery; ∼**stamm**
　der tree trunk; ∼**sterben** *das;* ∼∼**s, ∼∼**;
　dying-off of trees; ∼**stumpf** *der* tree stump;
　∼**wolle** *die* cotton
Bau·platz *der* site for building
bäurisch (abwertend) **A** *Adj.* boorish
　B *adv.* boorishly
Bau·satz *der* kit
Bausch *der;* ∼**[e]s, ∼e** *od.* **Bäusche**
　1 (Watte∼) a wad
　2 etw. in ∼ und Bogen verwerfen/
　verdammen reject/condemn sth wholesale
bauschen **A** *tr. V.* billow ⟨*sail, curtains, etc.*⟩
　B *refl. V.* ⟨*dress, sleeve*⟩ puff out; (ungewollt)
　bunch up; (im Wind) ⟨*curtain, flag, etc.*⟩
　billow [out]
bauschig *Adj.* puffed ⟨*dress*⟩; baggy
　⟨*trousers*⟩
bau-, Bau-: ∼**sparen** *itr. V.; nur Inf. gebr.* save
　with a building society; ∼**sparkasse** *die* ≈
　building society; ∼**stein** *der* **1** building stone
　2 (Bestandteil) element; (Elektronik, DV) module
　3 (∼klotz) building brick; ∼**stelle** *die*
　building site; (beim Straßenbau) roadworks *pl.*;
　∼**stoff** *der* building material; ∼**teil** *das*
　component
Bauten *Pl.* ▶ **Bau¹**
Bau-: ∼**unternehmer** *der,*
　∼**unternehmerin** *die* building contractor;
　∼**weise** *die* method of construction;
　∼**werk** *das* building; (Brücke, Staudamm)
　structure; ∼**wirtschaft** *die* building *or*
　construction industry
Bayer *der;* ∼**n, ∼n, Bayerin** *die;* ∼**, ∼nen**
　Bavarian
bayerisch, bayrisch *Adj.* Bavarian
Bayern (*das*); ∼**s** Bavaria
Bazille *die;* ∼**, ∼n** (ugs.) ▶ **Bazillus**
Bazillus *der;* ∼**, Bazillen 1** bacillus
　2 (fig.) cancer
Bd. *Abk.* = **Band** Vol.
beabsichtigen *tr. V.* intend
beachen /'biːtʃən/ *itr. V.* (ugs.) play beach
　volleyball
beachten *tr. V.* **1** follow ⟨*rule, regulations,
　instruction*⟩; heed, follow ⟨*advice*⟩; obey
　⟨*traffic signs*⟩; observe ⟨*formalities*⟩
　2 (berücksichtigen) take account of; (achten auf)
　pay attention to
beachtlich **A** *Adj.* considerable
　B *adv.* considerably
Beachtung *die;* ∼ **1** ▶ **beachten 1** following;
　heeding; obeying

2 (Berücksichtigung) consideration
　3 (Aufmerksamkeit) attention
Beach·volleyball /'biːtʃ-/ *der* beach
　volleyball
Beamte *der adj. Dekl.* official; (Staats∼)
　[permanent] civil servant; (Kommunal∼)
　[established] local government officer;
　(Polizei∼) [police] officer
Beamtin *die;* ∼**, ∼nen** ▶ **Beamte**
beängstigend *Adj.* worrying
beanspruchen *tr. V.* **1** claim; etw. ∼
　können be entitled to expect sth
　2 (ausnutzen) make use of ⟨*person, equipment*⟩;
　take advantage of ⟨*hospitality, services*⟩
　3 (erfordern) demand ⟨*energy, attention,
　stamina*⟩; take up ⟨*time, space, etc.*⟩
Beanspruchung *die;* ∼**, ∼en** demands
　pl. (Gen. on); die ∼ durch den Beruf the
　demands of his/her job
beanstanden *tr. V.* take exception to; (sich
　beklagen über) complain about
Beanstandung *die;* ∼**, ∼en** complaint
beantragen *tr. V.* apply for
beantworten *tr. V.* answer; reply to
　⟨*letter*⟩; return ⟨*greeting*⟩
bearbeiten *tr. V.* **1** deal with; handle ⟨*case*⟩
　2 edit ⟨*text, document*⟩
　3 (adaptieren) adapt (**für** for)
Bearbeitung *die;* ∼**, ∼en 1** die ∼ eines
　Antrags/eines Falles *usw.* dealing with an
　application/handling a case *etc.*
　2 (Adaption) adaptation
beaufsichtigen *tr. V.* supervise; look after
　⟨*child*⟩
beauftragen *tr. V.* entrust
bebauen *tr. V.* build on; develop
bebaut *Adj.* ein [dicht] ∼es Gebiet a densely
　built-up area; ein ∼es Gelände a developed
　site
Bebauung *die;* ∼**, ∼en 1** development
　2 (Gebäude) buildings *pl.*
beben *itr. V.* shake
Beben *das;* ∼**s, ∼** ▶ **Erdbeben**
bebildern *tr. V.* illustrate
Bebilderung *die;* ∼**, ∼en** illustrations *pl.*
Becher *der;* ∼**s, ∼** (Glas∼, Porzellan∼) glass;
　tumbler; (Plastik∼) beaker; cup; (Eis∼) (aus
　Glas, Metall) sundae dish; (aus Pappe) tub;
　(Joghurt∼) carton
Becken *das;* ∼**s, ∼ 1** (Wasch∼) basin;
　(Abwasch∼) sink; (Toiletten∼) pan
　2 (Anat.) pelvis
　3 *Pl.* (Musik) cymbals
bedacht *Adj.* auf etw. (*Akk.*) ∼ sein be
　intent on sth
bedächtig **A** *Adj.* **1** deliberate; measured
　⟨*steps, stride, speech*⟩
　2 (besonnen) thoughtful; well-considered
　⟨*words*⟩
　B *adv.* **1** deliberately
　2 (besonnen) thoughtfully

bedạnken *refl. V.* say thank you; **sich bei jmdm. [für etw.]** ~ thank sb [for sth]

✔ **Bedạrf** *der*; ~**[e]s** need (**an** + *Dat.* of); requirement (**an** + *Dat.* of); (Bedarfsmenge) needs *pl.*; requirements *pl.*; **bei** ~ if required

bedạuerlich *Adj.* regrettable

bedạuerlicher·weise *Adv.* regrettably

bedạuern *tr., itr. V.* **1** feel sorry for; **sie lässt sich gerne** ~ she likes being pitied **2** (schade finden) regret; **ich bedaure sehr, dass ...** I am very sorry that ...

Bedạuern *das*; ~**s** regret; **zu meinem** ~ to my regret

bedạuerns·wert *Adj.* (geh.) unfortunate <*person*>

bedẹcken *tr. V.* cover

bedẹckt *Adj.* overcast <*sky*>

bedẹnken *unr. tr. V.* **1** consider **2** (beachten) take into consideration

Bedẹnken *das*; ~**s**, ~; reservation (**gegen** about); **ohne** ~ without hesitation

bedẹnken·los Ⓐ *Adj.* unhesitating; (skrupellos) unscrupulous Ⓑ *adv.* without hesitation; (skrupellos) unscrupulously

bedẹnklich Ⓐ *Adj.* **1** dubious <*methods, transactions, etc.*> **2** (bedrohlich) alarming Ⓑ *adv.* alarmingly

Bedẹnk·zeit *die* time for reflection

✔ **bedẹuten** *tr. V.* **1** mean; **was soll das** ~? what does that mean? **2** (sein) represent; **das bedeutet ein Wagnis** that is being really daring

✔ **bedẹutend** Ⓐ *Adj.* **1** significant; important **2** (groß) substantial; considerable <*success*> Ⓑ *adv.* considerably

✔ **Bedẹutung** *die*; ~, ~**en** **1** meaning **2** (Wichtigkeit) importance

bedẹutungs-: ~**los** *Adj.* insignificant; ~**voll** Ⓐ *Adj.* **1** significant **2** (viel sagend) meaningful; meaning <*look*> Ⓑ *adv.* meaningfully

✔ **bediẹnen** Ⓐ *tr. V.* **1** serve; **werden Sie schon bedient?** are you being served? **2** (handhaben) operate <*machine*> Ⓑ *itr. V.* serve Ⓒ *refl. V.* help oneself; **sich selbst** ~ (im Geschäft, Restaurant usw.) serve oneself

Bediẹnstete *der/die adj. Dekl.* (Amtsspr.) employee

Bediẹnung *die*; ~, ~**en 1** (das Bedienen) service; ~ **inbegriffen** service included **2** (das Handhaben) operation **3** (Servierer[in]) waiter/waitress

Bediẹnungs·anleitung *die* operating instructions *pl.*

bedịngen *tr. V.* cause

✔ **Bedịngung** *die*; ~, ~**en** condition; **unter**

der ~, **dass ...** on condition that ...

bedịngungs·los *Adj.* unconditional

bedrạ̈ngen *tr. V.* **1** besiege <*town, fortress, person*>; put <*opposing player*> under pressure **2** (belästigen) pester

Bedrạ̈ngnis *die*; ~, ~**se** (geh.) (innere Not) distress; (wirtschaftliche Not) [great] difficulties *pl.*; **in** ~ **geraten/sein** get into/be in great difficulties *pl.*

bedrohen *tr. V.* threaten; **bedrohte Arten** endangered species

bedrohlich Ⓐ *Adj.* (Unheil verkündend) ominous; (gefährlich) dangerous Ⓑ *adv.* (Unheil verkündend) ominously; (gefährlich) dangerously

Bedrohlichkeit *die*; ~; dangerousness; (einer Krankheit usw.) dangerous nature

Bedrohung *die* threat (*Gen.* to)

bedrụcken *tr. V.* print

bedrụ̈cken *tr. V.* depress

Beduịne *der*; ~**n**, ~**n**, **Beduịnin** *die*; ~, ~**nen** Bed[o]uin

bedụ̈rfen *unr. itr. V.* **jmds./einer Sache** ~ (geh.) require *or* need sb/sth

Bedụ̈rfnis *das*; ~**ses**, ~**se** need (**nach** for); **das** ~ **haben, etw. zu tun** feel a need to do sth

bedụ̈rfnislos *Adj.* <*person*> with few [material] needs; modest, simple <*life*>; ~ **sein** have few [material] needs

Bedụ̈rfnislosigkeit *die*; ~; lack of [material] needs

bedụ̈rftig *Adj.* needy

Beef·steak /ˈbiːfˌ-/ *das* [beef]steak; **deutsches** ~ ≈ beefburger

beehren *tr. V.* (geh.) honour

beeiden *tr. V.* ~, **dass ...** swear [on oath] that ...; **eine Aussage** ~ swear to the truth of a statement

beeilen *refl. V.* hurry [up (infml)]

beeindrucken *tr. V.* impress

beeindruckend *Adj.* impressive

✔ **beeinflussen** *tr. V.* influence

Beeinflussung *die*; ~, ~**en** influencing

beeinträchtigen *tr. V.* restrict <*sights, freedom*>; detract from <*pleasure, enjoyment, value*>; spoil <*appetite, good humour*>; impair <*quality, reactions, efficiency, vision, hearing*>; damage, harm <*sales, reputation*>

Beeinträchtigung *die*; ~, ~**en** ▸ beeinträchtigen restriction; detracting (+ *Gen.* from); spoiling; impairment; damage (*Gen.* to)

✔ **beẹnden, beẹndigen** *tr. V.* **1** end; finish <*piece of work etc.*>; complete <*studies*> **2** (DV) quit <*program*>

beẹngen *tr. V.* hinder, restrict <*movements*>; (fig.) restrict <*freedom [of action]*>; **beengt wohnen** live in cramped surroundings *or* conditions; **sich beengt fühlen** feel cramped

beerben *tr. V.* jmdn. ~ inherit sb's estate

beerdigen *tr. V.* bury

Beerdigung *die*; ~, ~en burial; (Trauerfeier) funeral

Beerdigungs·institut *das* [firm *sing.* of] undertakers *pl.*

Beere *die*; ~, ~n berry

Beet *das*; ~[e]s, ~e (Blumenbeet) bed; (Gemüsebeet) plot

befahrbar *Adj.* passable

befahren *unr. tr. V.* **1** drive on ‹*road*›; drive across ‹*bridge*›; use ‹*railway line*›; **die Straße ist stark/wenig** ~ the road is heavily/little used; **eine stark** ~**e Straße** a busy road **2** sail ‹*sea*›; navigate, sail up/down ‹*river, canal*›

befallen *unr. tr. V.* **1** overcome; ‹*misfortune*› befall; **von Panik/Angst** ~ **werden** be seized with panic/fear **2** ‹*pests*› attack

befangen A *Adj.* **1** self-conscious ‹*person*› **2** (voreingenommen) biased B *adv.* self-consciously

Befangenheit *die*; ~ **1** self-consciousness **2** (Voreingenommenheit) bias

befassen *refl. V.* **sich mit etw.** ~ occupy oneself with sth; ‹*article, book*› deal with sth; (etw. studieren) study sth

Befehl *der*; ~[e]s, ~e **1** order **2 den** ~ **über jmdn./etw. haben** be in command of sb/sth

befehlen A *unr. tr., itr. V.* order; (Milit.) order; **man befahl ihm zu warten** he was told to wait B *unr. itr. V.* **über jmdn./etw.** ~ have command of *or* be in command of sb/sth

Befehls·haber *der*; ~s, ~ (Milit.) commander

befestigen *tr. V.* **1** fix; **etw. an der Wand** ~ fix sth to the wall **2** (haltbar machen) stabilize ‹*bank, embankment*›; make up ‹*road, path, etc.*› **3** (sichern) fortify ‹*town etc.*›; strengthen ‹*border*›

Befestigung *die*; ~, ~en **1** fixing **2** (Milit.) fortification

befeuchten *tr. V.* moisten; damp ‹*hair, cloth*›

befiehlst, befiehlt *2., 3. Pers. Sg. Präsens v.* befehlen

⚐ **befinden** *unr. refl. V.* be

Befinden *das*; ~s health; (eines Patienten) condition

befindlich *Adj.* **1** to be found *postpos.*; **das in der Kasse** ~**e Geld** the money in the till **2** (in einem Zustand) **die im Bau** ~**en Häuser** the houses [which are/were] under construction

Befindlichkeit *die*; ~, ~en (geh.) state

beflecken *tr. V.* stain

befohlen *2. Part. v.* befehlen

befolgen *tr. V.* follow, obey ‹*instruction, grammatical rule*›; obey, comply with ‹*law,*

regulation›; follow ‹*advice, suggestion*›

Befolgung *die*; ~ ▶ befolgen following; obedience (*Gen.* to); compliance (*Gen.* with)

befördern *tr. V.* **1** carry; transport **2** (aufrücken lassen) promote

Beförderung *die*; ~, ~en **1** carriage; transport; (von Personen) transport **2** (das Aufrückenlassen) promotion

befragen *tr. V.* **1** question (über + *Akk.* about) **2** (konsultieren) ask

Befragung *die*; ~, ~en **1** questioning **2** (Konsultation) consultation **3** (Umfrage) opinion poll

befreien A *tr. V.* **1** free; liberate ‹*country, people*› (von from) **2** (freistellen) exempt (von from) **3** jmdn. von Schmerzen ~ free sb of pain B *refl. V.* free oneself (von from)

Befreier *der*, **Befreierin** *die*; ~, ~nen liberator

Befreiung *die*; ~ **1** ▶ befreien A1 freeing; liberation **2** (Freistellung) exemption **3 die** ~ **von Schmerzen** release from pain

befremden *tr. V.* jmdn. ~ put sb off

Befremden *das*; ~s surprise and displeasure

befremdlich (geh.) A *Adj.* strange; odd B *adv.* strangely

befreunden *refl. V.* ▶ anfreunden; [gut *od.* eng] befreundet sein be [good *or* close] friends (mit with)

befriedigen *tr. V.* **1** satisfy; gratify ‹*lust*› **2** (ausfüllen) ‹*job, occupation, etc.*› fulfil **3** (sexuell) satisfy; **sich [selbst]** ~ masturbate

befriedigend A *Adj.* satisfactory B *adv.* satisfactorily

Befriedigung *die*; ~ **1** ▶ befriedigen 1; satisfaction; gratification **2** (Genugtuung) satisfaction

befristet *Adj.* temporary ‹*visa*›; fixed-term ‹*ban, contract*›

befruchten *tr. V.* fertilize ‹*egg*›; pollinate ‹*flower*›; impregnate ‹*female*›; **ein Tier künstlich** ~ artificially inseminate an animal

Befruchtung *die*; ~, ~en ▶ befruchten fertilization; pollination; impregnation; **künstliche** ~ artificial insemination

Befugnis *die*; ~, ~se authority

befühlen *tr. V.* feel

Befund *der* (bes. Med.) result[s *pl.*]

befürchten *tr. V.* fear; **ich befürchte, dass ...** I am afraid that ...

befürworten *tr. V.* support

begabt *Adj.* talented; gifted; **hoch** ~ highly talented *or* gifted

Begabung *die*; ~, ~en talent; gift

begann *1. u. 3. Pers. Sg. Prät. v.* beginnen

begatten *tr. V.* mate with; ‹*man*› copulate with; **sich** ~ mate; ‹*persons*› copulate

Begattung *die*; ~, ~en mating; (bei Menschen) copulation

b

begeben *unr. refl. V.* (geh.) proceed; make one's way; go; **sich zu Bett** ~ retire to bed; **sich an die Arbeit** ~ commence work

Begebenheit *die;* ~, ~**en** (geh.) event; occurrence

⚹ **begegnen** *itr. V.;* *mit sein* jmdm. ~ meet sb; **sich** (*Dat.*) ~ meet [each other]

Begegnung *die;* ~, ~**en 1** meeting **2** (Sport) match

begehen *unr. tr. V.* **1** commit <*crime, adultery, indiscretion, sin, suicide, faux pas, etc.*>; make <*mistake*>; **eine [furchtbare] Dummheit** ~ do something [really] stupid **2** (geh.) (feiern) celebrate

begehren *tr. V.* desire

begehrens·wert *Adj.* desirable

begehrlich A *Adj.* greedy **B** *adv.* greedily

begehrt *Adj.* much sought-after

begeistern A *tr. V.* jmdn. [für etw.] ~ fire sb with enthusiasm [for sth] **B** *refl. V.* get enthusiastic (**für** about)

begeisternd *Adj.* rousing

⚹ **begeistert A** *Adj.* enthusiastic (**von** about) **B** *adv.* enthusiastically

Begeisterung *die;* ~; enthusiasm

begeisterungs-, Begeisterungs-: ~**fähig** *Adj.* <*children, people, etc.*> who are able to get enthusiastic *or* are capable of enthusiasm; ~**fähigkeit** *die* capacity for enthusiasm; ~**sturm** *der* storm of enthusiastic applause

Begierde *die;* ~, ~**n** desire (**nach** for)

begierig A *Adj.* eager **B** *adv.* eagerly

begießen *unr. tr. V.* water <*plants*>

⚹ **Beginn** *der;* ~[e]s beginning; [gleich] **zu** ~ [right] at the beginning

⚹ **beginnen A** *unr. itr. V.* start; begin; **mit dem Bau** ~ start *or* begin building; **dort beginnt der Wald** the forest starts there **B** *unr. tr. V.* start; begin; start <*argument*>; ~, **etw. zu tun** start to do sth

beglaubigen *tr. V.* certify

Beglaubigung *die;* ~, ~**en** certification

begleichen *unr. tr. V.* settle <*bill, debt*>; pay <*sum*>

Begleit·brief *der* covering *or* accompanying letter

⚹ **begleiten** *tr. V.* accompany; jmdn. **nach Hause** ~ see sb home

Begleiter *der;* ~**s**, ~, **Begleiterin** *die;* ~, ~**nen** companion; (zum Schutz) escort; (Führer[in]) guide

Begleitung *die;* ~, ~**en 1** **er bot uns seine** ~ **an** he offered to accompany us; **in** ~ **eines Erwachsenen** accompanied by an adult **2** (Musik) accompaniment

---

⚹ key word

* alte Schreibung—vgl. Hinweis auf S. x

beglückwünschen *tr. V.* congratulate (**zu** on)

begnadet *Adj.* (geh.) divinely gifted

begnadigen *tr. V.* pardon; reprieve

Begnadigung *die;* ~, ~**en** reprieving; (Straferlass) pardon; reprieve

begnügen *refl. V.* content oneself

Begonie /be'goːnjə/ *die;* ~, ~**n** begonia

begonnen 2. *Part. v.* beginnen

begraben *unr. tr. V.* bury

Begräbnis *das;* ~ses, ~se burial; (~feier) funeral

begreifen A *unr. tr. V.* understand; **er konnte nicht** ~, **was geschehen war** he could not grasp what had happened **B** *itr. V.* understand; **schnell** *od.* **leicht/ langsam** *od.* **schwer** ~ be quick/slow on the uptake

begreiflich *Adj.* understandable

begrenzen *tr. V.* limit, restrict (**auf** + Akk. to)

⚹ **Begriff** *der* **1** concept; (Terminus) term **2** (Auffassung) idea; **sich** (*Dat.*) **keinen** ~ **von etw. machen können** not be able to imagine sth; **ein/kein** ~ **sein** be/not be well known **3** **im** ~ **sein** *od.* **stehen, etw. zu tun** be about to do sth

begriffs·stutzig *Adj.* (abwertend) obtuse

Begriffsstutzigkeit *die;* ~ (abwertend) obtuseness

⚹ **begründen** *tr. V.* **1** give reasons for **2** (gründen) found; establish <*fame, reputation*>

Begründer *der;* ~**s**, ~, **Begründerin** *die;* ~, ~**nen** founder

begründet *Adj.* well-founded; reasonable <*demand, objection, complaint*>

⚹ **Begründung** *die;* ~, ~**en** reason[s]; **mit der** ~, **dass …** on the grounds that …

⚹ **begrüßen** *tr. V.* **1** greet; <*hostess, host*> welcome **2** (fig.) welcome

Begrüßung *die;* ~, ~**en** greeting; (von Gästen) welcoming; (Zeremonie) welcome (*Gen.* for)

begünstigen *tr. V.* favour

Begünstigung *die;* ~; favouring

begutachten *tr. V.* **1** examine and report on **2** (ugs.) have a look at

Begutachtung *die;* ~, ~**en** examination

begütert *Adj.* wealthy

begütigen *tr. V.* placate

behaart *Adj.* hairy; **stark** ~ **sein** be covered with hair; **stark** ~**e Beine** very hairy legs

behäbig A *Adj.* slow and ponderous **B** *adv.* slowly and ponderously

behagen *itr. V.* **etw. behagt** jmdm. sb likes sth

Behagen *das;* ~**s** pleasure

behaglich A *Adj.* comfortable **B** *adv.* comfortably

Behaglichkeit *die;* ~; comfortableness

◆ **behalten** *unr. tr. V.* **1** keep; **etw. für sich ∼** keep sth to oneself
2 (zurück∼) be left with *‹scar, defect, etc.›*
3 (sich merken) remember

Behälter *der;* ∼**s**, ∼; container; (für Abfälle) receptacle

behämmert *Adj.* (salopp) ▸ **bekloppt**

behänd, behände **A** *Adj.* (geschickt) deft; (flink) nimble
B *adv.; s. Adj.* deftly; nimbly

◆ **behandeln** *tr. V.* (auch Med.) treat; handle *‹matter, machine, device›*; deal with *‹subject, question etc.›*

◆ **Behandlung** *die;* ∼, ∼**en** treatment

behängen *tr. V.* hang

beharren *itr. V.* **auf etw.** (*Dat.*) ∼ (etw. nicht aufgeben) persist in sth; (auf etw. bestehen) insist on sth

beharrlich **A** *Adj.* dogged
B *adv.* doggedly

Beharrlichkeit *die;* ∼; doggedness

behauen *unr. tr. V.* hew

◆ **behaupten** **A** *tr. V.* **1** maintain; assert; ∼, **jmd. zu sein/etw. zu wissen** claim to be sb/know sth; **man behauptet** *od.* **es wird behauptet, dass …** it is said *or* claimed that …
2 (verteidigen) maintain *‹position›*; retain *‹record›*
B *refl. V.* **1** assert oneself; (nicht untergehen) hold one's ground; (dableiben) survive
2 (Sport) win through

Behauptung *die;* ∼, ∼**en** assertion

Behausung *die;* ∼, ∼**en** dwelling

beheben *unr. tr. V.* remove *‹danger, difficulty›*; repair *‹damage›*; remedy *‹abuse, defect›*

Behebung *die;* ∼, ∼**en** ▸ **beheben** removal; repair; remedying

beheimatet *Adj.* **an einem Ort/in einem Land** *usw.* ∼ **sein** be native to a place/to a country *etc.*

beheizbar *Adj.* heatable; **eine** ∼**e Heckscheibe** a heated rear window

beheizen *tr. V.* heat

behelfen *unr. refl. V.* make do

behelfs·mäßig **A** *Adj.* makeshift
B *adv.* in a makeshift way

behelligen *tr. V.* bother; (zudringlich werden gegen) pester

*****behend,** *****behende** ▸ **behänd**

beherbergen *tr. V.* accommodate

beherrschen **A** *tr. V.* **1** control; rule *‹country, people›*
2 (meistern) control *‹vehicle, animal›*; be in control of *‹situation›*
3 (bestimmen, dominieren) dominate *‹townscape, landscape, discussions›*
4 (zügeln) control *‹feelings›*; control, curb *‹impatience›*
5 (gut können) have mastered *‹instrument, trade›*; have a good command of *‹language›*

B *refl. V.* control oneself

beherrscht **A** *Adj.* self-controlled
B with self-control

Beherrschung *die;* ∼ **1** control; (eines Volks, Landes usw.) rule
2 (das Meistern) control
3 (Beherrschtheit) self-control
4 (das Können) mastery

beherzigen *tr. V.* take *‹sth›* to heart

beherzt **A** *Adj.* spirited
B *adv.* spiritedly

behilflich *Adj.* [jmdm.] ∼ **sein** help [sb] (**bei** with)

behindern *tr. V.* **1** hinder; impede *‹movement›*; hold up *‹traffic›*
2 (Sport, Verkehrsw.) obstruct

behindert *Adj.* disabled

Behinderte *der/die adj. Dekl.* disabled person; **die** ∼**n** disabled people; **WC für** ∼ toilet for disabled persons

Behinderten-: ∼**sport** *der* disabled sport; ∼**sportler** *der* disabled sportsman; ∼**sportlerin** *die* disabled sportswoman

Behinderung *die;* ∼, ∼**en 1** hindrance
2 (Sport, Verkehrsw.) obstruction
3 (Gebrechen) handicap

◆ **Behörde** *die;* ∼, ∼**n** authority; (Amt, Abteilung) department

behördlich **A** *Adj.* official
B *adv.* officially

behüten *tr. V.* protect (**vor** + *Dat.* from); (bewachen) guard

behutsam **A** *Adj.* careful
B *adv.* carefully

◆ **bei** *Präp.; mit Dat.* **1** (nahe) near; (dicht an, neben) by; **wer steht da** ∼ **ihm?** who is standing there with him?; **etw.** ∼ **sich haben** have sth with *or* on one; **sich** ∼ **jmdm. entschuldigen** apologize to sb
2 (unter) among; **war heute ein Brief für mich** ∼ **der Post?** was there a letter for me in the post today?
3 (an) by; **jmdn.** ∼ **der Hand nehmen** take sb by the hand
4 (im Wohn-/Lebens-/Arbeitsbereich von) ∼ **uns tut man das nicht** we don't do that; ∼ **mir [zu Hause]** at my house; ∼ **uns um die Ecke/ gegenüber** round the corner from us/ opposite us; ∼ **seinen Eltern leben** live with one's parents; **wir sind** ∼ **ihr eingeladen** we have been invited to her house; **wir treffen uns** ∼ **uns/Peter** we'll meet at our/Peter's place; ∼ **uns in der Firma** in our company; ∼ **Schmidt** (auf Briefen) c/o Schmidt; ∼ **einer Firma sein** be with a company; ∼ **jmdn./einem Verlag arbeiten** work for sb/a publishing house
5 (im Bereich eines Vorgangs) at; ∼ **einer Hochzeit/einem Empfang** *usw.* be at a wedding/reception *etc.*; ∼ **einem Unfall** in an accident
6 (im Werk von) ∼ **Goethe** in Goethe
7 (im Falle von) in the case of; **wie** ∼ **den**

b

b

Römern as with the Romans; ~ der **Hauskatze** in the domestic cat
8 (modal) ~ **Tag/Nacht** by day/night; ~ **Tageslicht** by daylight; ~ **Nebel** in fog
9 (im Falle des Auftretens von) „~ **Nässe Schleudergefahr"** 'slippery when wet'
10 (angesichts) with; ~ **dieser Hitze** in this heat; ~ **deinen guten Augen/ihrem Talent** with your good eyesight/her talent
11 (trotz) ~ **all seinem Engagement/seinen Bemühungen** in spite of or despite or for all his commitment/efforts

bei|behalten unr. tr. V. keep; retain; keep up ‹custom, habit›; keep to ‹course, method›; preserve, maintain ‹way of life, attitude›

bei|bringen unr. tr. V. **1** jmdm. etw. ~ teach sb sth
2 (ugs.) (mitteilen) jmdm. ~, dass … break it to sb that …
3 (zufügen) jmdm./sich etw. ~ inflict sth on sb/oneself

Beichte die; ~, ~n confession no def. art.

beichten 🅐 itr. V. confess
🅑 tr. V. (auch fig.) confess

Beicht-: ~**stuhl** der confessional; ~**vater** der father confessor

♂ **beid…** Indefinitpron. u. Zahlw. 🅐 Pl. ~**e** both; (der/die/das eine oder der/die/das andere) either sing.; **die** ~**en** the two; **die/seine** ~**en Brüder** the/his two brothers; **die** ~**en ersten Strophen** the first two verses; **kennst du die** ~**en?** do you know those two?; **alle** ~**e** both of us/you/them; **ihr/euch** ~**e** you two; **ihr/ euch** ~**e nicht** neither of you; **wir/uns** ~**e** the two of us/both of us; **er hat** ~**e Eltern verloren** he has lost both [his] parents; **mit** ~**en Händen** with both hands; **ich habe** ~**e gekannt** I knew both of them; **einer/eins von** ~**en** one of the two; **keiner/keins von** ~**en** neither [of them]
🅑 Neutr. Sg. ~**es** both pl.; (das eine oder das andere) either; ~**es ist möglich** either is possible; **ich glaube** ~**es/**~**es nicht** I believe both things/neither thing; **das ist** ~**es nicht richtig** neither of those is correct

beiderlei indekl. Adj. ~ **Geschlechts** of both sexes

beider·seits 🅐 Präp.; mit Gen. on both sides of
🅑 Adv. on both sides

bei·einander Adv. together; ~ **Trost suchen** seek comfort from each other

Bei·fahrer der, **Bei·fahrerin** die
1 passenger
2 (berufsmäßig) co-driver; (im LKW) driver's mate

Beifahrer·sitz der passenger seat; (eines Motorrads) pillion

Bei·fall der **1** applause
2 (Zustimmung) approval

bei·fällig 🅐 Adj. approving

♂ key word
* old spelling—see note on page x

🅑 adv. approvingly

Bei·fang der (Fischerei) by-catch

beige /beːʃ/ Adj. beige

Beige /beːʃ/ das; ~, ~ od. (ugs.) ~**s** beige

Bei·geschmack der einen bitteren usw. ~ **haben** have a slightly bitter etc. taste [to it]

Bei·hilfe die **1** aid; (Zuschuss) allowance
2 (Rechtsw.) (Mithilfe) aiding and abetting

bei|kommen unr. itr. V.; mit sein **1** (gewachsen sein) jmdm. ~ get the better of sb
2 (bewältigen) **den Schwierigkeiten/der Unruhe/jmds. Sturheit** ~ overcome the difficulties/deal with the unrest/cope with sb's obstinacy

Beil das; ~[e]s, ~e axe; (kleiner) hatchet

Bei·lage die **1** (Zeitungs~) supplement
2 (zu Speisen) side dish; (Gemüse) vegetables pl.

bei·läufig 🅐 Adj. casual
🅑 adv. casually

bei|legen tr. V. **1** enclose
2 (schlichten) settle ‹dispute etc.›

Bei·leid das sympathy; **[mein] herzliches** od. **aufrichtiges** ~**!** please accept my sincere condolences

bei|liegen unr. itr. V. **einem Brief** ~ be enclosed with a letter

bei·liegend Adj. enclosed; ~ **senden wir …** please find enclosed …

♂ **beim** Präp.; + Art. **1** = bei dem
2 ~ **Film sein** be in films
3 **er will** ~ **Arbeiten nicht gestört werden** he doesn't want to be disturbed when working; ~ **Duschen sein** be taking a shower

bei|messen unr. tr. V. attach

♂ **Bein** das; ~[e]s, ~e leg; jmdm. **ein** ~ **stellen** trip sb; (fig.) put or throw a spanner or (AmE) a monkey wrench in sb's works; **wieder auf den** ~ **en sein** be back on one's feet again

♂ **bei·nahe**, **bei·nah** Adv. almost

Bei·name der epithet

Bein·bruch der **das ist [doch] kein** ~ (ugs.) it's not the end of the world

♂ **bei|nhalten** tr. V. (Papierdt.) involve

-beinig adj. -legged

bei|pflichten itr. V. agree (Dat. with)

bei|rren tr. V. **sich durch nichts/von niemandem** ~ **lassen** not be deterred by anything/ anybody

beisammen Adv. together

beisammen|haben unr. tr. V. **1** have got together
2 **er hat [sie] nicht alle beisammen** (ugs.) he's not all there (infml)

Beisammen·sein das get-together

Bei·schlaf der sexual intercourse

Bei·sein das **in jmds.** ~ in the presence of sb or in sb's presence

bei·seite Adv. aside

Beisel, Beisl das; ~**s**, ~ od. ~**n** (österr.) pub (BrE); bar (AmE)

bei|setzen tr. V. lay to rest; inter ‹ashes›

Bei·setzung *die*; ~, ~**en** funeral; burial

✓ **Bei·spiel** *das* example (**für** of); **zum** ~ for example; **mit gutem** ~ **vorangehen** set a good example

beispielhaft *Adj.* exemplary

beispiel·los *Adj.* unparalleled

✓ **beispiels·weise** *Adv.* for example

beißen **A** *unr. tr., itr. V.* (auch fig.) bite
  B *unr. refl. V.* (ugs.) <*colours, clothes*> clash

beißend *Adj.* biting <*cold*>; acrid <*smoke, fumes*>; sharp <*frost*>

Beiß·zange *die* ▸ Kneifzange

Bei·stand *der* (geh.) (Hilfe) aid

bei|stehen *unr. itr. V.* jmdm. ~ aid sb

bei|steuern *tr. V.* contribute

✓ **Bei·trag** *der*; ~[e]s, **Beiträge** contribution; (Versicherungsbeitrag) premium; (Mitgliedsbeitrag) subscription

✓ **bei|tragen** *unr. tr., itr. V.* contribute (**zu** to)

bei|treten *unr. itr. V.*; *mit sein* join <*union, club, etc.*>; **einem Abkommen/Pakt** accede to <*pact, agreement*>

Bei·tritt *der* **1** joining
  2 (zur EU) accession (**zu** to)

Bei·wagen *der* sidecar

Bei·werk *das* accessories *pl.*

bei|wohnen *itr. V.* **einer Sache** (*Dat.*) ~ (geh.) be present at sth

Beize *die*; ~, ~**n** (Holzbearb.) [wood]stain

beizeiten *Adv.* in good time

beizen *tr. V.* (Holzbearb.) stain

bejahen /bə'jaːən/ *tr. V.* **1** *auch itr.* answer <*sth*> in the affirmative
  2 (gutheißen) approve of; **das Leben** ~ have a positive *or* an affirmative attitude to life

Bejahung *die*; ~, ~**en** **1** affirmative reply
  2 (das Gutheißen) approval

bejammern *tr. V.* lament

bejubeln *tr. V.* cheer; acclaim

bekämpfen *tr. V.* **1** fight against
  2 combat <*disease, epidemic, pest, unemployment, crime, etc.*>

Bekämpfung *die*; ~ **1** fight (*Gen.* against)
  2 ▸ bekämpfen 2 combating

✓ **bekannt** *Adj.* **1** well-known; **etw.** ~ **geben** announce sth; **etw.** ~ **machen** announce sth; (der Öffentlichkeit) make sth public; ~ **werden** become known; **es ist nichts davon** ~ nothing is known concerning it
  2 jmd./etw. ist jmdm. ~ sb knows sb/sth; **Darf ich** ~ **machen? Meine Eltern** may I introduce my parents?

Bekannte *der/die adj. Dekl.* acquaintance

Bekannt·gabe *die*; ~; announcement

*bekannt|geben ▸ bekannt 1

bekanntlich *Adv.* as is well known; **etw. ist** ~ **der Fall** sth is known to be the case

*bekannt|machen ▸ bekannt 1

Bekannt·machung *die*; ~, ~**en** announcement

Bekanntschaft *die*; ~, ~**en** acquaintance

*bekannt|werden ▸ bekannt 1

bekehren **A** *tr. V.* convert
  B *refl. V.* become converted

Bekehrung *die*; ~, ~**en** (auch fig.) conversion (**zu** to)

✓ **bekennen** **A** *unr. tr. V.* **1** confess; ~, **dass** ... admit that ...
  2 (Rel.) profess
  B *refl. V.* **sich zum Islam** ~ profess Islam; **sich zu Buddha** ~ profess one's faith in Buddha; **sich zu seiner Schuld** ~ confess one's guilt; **sich schuldig/nicht schuldig** ~ confess/not confess one's guilt; (vor Gericht) plead guilty/not guilty

Bekenntnis *das*; ~**ses**, ~**se 1** confession
  2 (Eintreten) **ein** ~ **zum Frieden** a declaration for peace
  3 (Konfession) denomination

bekiffen *refl. V.* (ugs.) get stoned (sl.)

bekifft *Adj.* (ugs.) stoned

beklagen **A** *tr. V.* (geh.) **1** (betrauern) mourn
  2 (bedauern) lament
  B *refl. V.* complain

bekleckern *tr. V.* (ugs.) **etw./sich [mit Soße usw.]** ~ drop *or* spill sauce *etc.* down sth/oneself

bekleiden *tr. V.* **1** clothe; **mit etw. bekleidet sein** be wearing sth
  2 (geh.) (innehaben) occupy <*office, position*>

Bekleidung *die*; ~, ~**en** clothing; clothes *pl.*

beklemmend *Adj.* oppressive

Beklemmung *die*; ~, ~**en** oppressive feeling

beklommen *Adj.* uneasy; (stärker) apprehensive

bekloppt *Adj.* (salopp) barmy (BrE infml); loony (infml)

beknackt *Adj.* (salopp) lousy (infml); **ein** ~**er Typ** a berk (BrE infml); a jerk (infml)

beknien *tr. V.* (ugs.) beg

✓ **bekommen** **A** *unr. tr. V.* **1** get; get, receive <*money, letter, reply, news, orders*>; (erreichen) catch <*train, bus, flight*>; **was** ~ **Sie?** (im Geschäft) can I help you?; (im Lokal, Restaurant) what would you like?; **was** ~ **Sie [dafür]?** how much is that?; **Hunger/Durst** ~ get hungry/thirsty; **Angst/Mut** ~ become frightened/take heart; **er bekommt einen Bart** he's growing a beard; **sie bekommt eine Brust** her breasts are developing; **Zähne** ~ <*baby*> teethe; **sie bekommt ein Kind** she's expecting a baby
  2 etw. durch die Tür/ins Auto ~ get sth through the door/into the car
  B *unr. V.* (in der Funktion eines Hilfsverbs zur Umschreibung des Passivs) get; **etw. geschenkt** ~ get [given] sth *or* be given sth as a present
  C *unr. itr. V.*; *mit sein* **jmdm. gut** ~ do sb good; **jmdm. [gut]** ~ <*food, medicine*> agree with sb; **wohl bekomms!** your [very good] health!

b

b

bekömmlich *Adj.* easily digestible
beköstigen *tr. V.* cater for
bekräftigen *tr. V.* reinforce ‹*statement*›; reaffirm ‹*promise*›
bekreuzigen *refl. V.* (kath. Kirche) cross oneself
bekriegen *tr. V.* wage war on; (fig.) fight; sich ~ be at war; (fig.) fight
bekümmern *tr. V.* jmdn. ~ cause sb worry
bekümmert *Adj.* worried; (stärker) distressed
bekunden *tr. V.* express
belächeln *tr. V.* smile [pityingly/tolerantly etc.] at
beladen *unr. tr. V.* load ‹*ship*›; load [up] ‹*car, wagon*›; load up ‹*horse, donkey*›
Belag *der*, ~[e]s, **Beläge 1** coating
2 (Fußbodenbelag) covering; (Straßenbelag) surface; (Bremsbelag) lining
3 (von Kuchen, Scheibe Brot usw.) topping; (von Sandwiches) filling
belagern *tr. V.* (auch fig.) besiege
Belagerung *die*, ~, ~en siege; (fig.) besieging
Belang *der*, ~[e]s, ~e **1** von/ohne ~ sein be of importance/of no importance
2 *Pl.* (Interessen) interests
belangen *tr. V.* (Rechtsw.) sue; (strafrechtlich) prosecute
belang·los *Adj.* (trivial) trivial; (unerheblich) of no importance (**für** for)
Belanglosigkeit *die*, ~, ~en unimportance; (Trivialität) triviality
belassen *unr. tr. V.* leave
belastbar *Adj.* tough, resilient ‹*person*›; seelisch/körperlich ~ sein be emotionally/physically tough *or* resilient; be able to stand emotional/physical stress; **ein ~er Mitarbeiter** an employee who can work under pressure
Belastbarkeit *die*, ~, ~n toughness; resilience; (von Mitarbeitern) ability to work under pressure
belasten *tr. V.* **1** etw. ~ put sth under strain; (durch Gewicht) put weight on sth
2 (beeinträchtigen) pollute ‹*atmosphere*›; put pressure on ‹*environment*›
3 (in Anspruch nehmen) burden (**mit** with)
4 jmdn. ~ ‹*responsibility, guilt*› weigh upon sb; ‹*thought*› weigh upon sb's mind
5 (Rechtsw.) incriminate
6 (Geldw.) jmds. Konto mit 100 Euro ~ debit sb's account with 100 euros
belästigen *tr. V.* bother; (sehr aufdringlich) pester; (sexuell) molest
Belästigung *die* ▶ belästigen bothering; pestering; molestation
✔ **Belastung** *die*, ~, ~en **1** strain; (das Belasten) straining; (durch Gewicht) loading; (Last) load
2 die ~ der Atmosphäre/Umwelt durch

Schadstoffe the pollution of the atmosphere by harmful substances/the pressure on the environment caused by harmful substances
3 (Bürde, Sorge) burden
Belastungs-: ~**-EKG** *das* (Med.) electrocardiogram after effort; ~**zeuge** *der*, ~**zeugin** *die* (Rechtsw.) witness for the prosecution
belaufen *unr. refl. V.* sich auf ... (*Akk.*) ~ come to ...
belauschen *tr. V.* eavesdrop on
beleben **A** *tr. V.* enliven; stimulate ‹*economy*›
B *refl. V.* ‹*market, economic activity*› revive, pick up
belebend **A** *Adj.* invigorating
B *adv.* ~ wirken have an invigorating effect
belebt *Adj.* busy ‹*street, crossing, town, etc.*›
Beleg *der*, ~[e]s, ~e (Beweisstück) piece of [supporting] documentary evidence; (Quittung) receipt
✔ **belegen** *tr. V.* **1** (Milit.) (beschießen) bombard; (mit Bomben) attack
2 (mit Belag versehen) cover ‹*floor*› (mit with); fill ‹*flan base, sandwich*›; top ‹*open sandwich*›; **eine Scheibe Brot mit Käse ~** put some cheese on a slice of bread
3 (in Besitz nehmen) occupy ‹*seat, room, etc.*›
4 (Hochschulw.) enrol for ‹*seminar, lecture course*›
5 den ersten/letzten Platz ~ (Sport) take first place/come last
6 (nachweisen) prove; give a reference for ‹*quotation*›
Belegschaft *die*, ~, ~en staff
belegt *Adj.* **1** ein ~es Brot an open *or* (AmE) open-face sandwich; (zugeklappt) a sandwich; ein ~es Brötchen a roll with topping; an open-face roll (AmE); (zugeklappt) a filled roll; a sandwich roll (AmE)
2 (mit Belag bedeckt) furred ‹*tongue, tonsils*›
3 (heiser) husky ‹*voice*›
4 (nicht mehr frei) ‹*room, flat*› occupied
belehren *tr. V.* teach; instruct; (aufklären) enlighten; (informieren) inform; **ich lasse micht gern ~** I'm quite willing to believe otherwise
Belehrung *die*, ~, ~en instruction; (Zurechtweisung) lecture
beleibt *Adj.* (geh.) portly
beleidigen *tr. V.* insult
beleidigt *Adj.* insulted; (gekränkt) offended
Beleidigung *die*, ~, ~en **1** insult
2 (Rechtsw.) (schriftlich) libel; (mündlich) slander
belesen *Adj.* well-read
beleuchten *tr. V.* light up; light ‹*stairs, room, street, etc.*›
Beleuchtung *die*, ~, ~en lighting; (Anstrahlung) illumination
beleumdet *Adj.* übel/gut ~ sein have a bad/good reputation
Belgien /ˈbɛlɡiən/ (*das*); ~**s** Belgium

✔ key word
* alte Schreibung—vgl. Hinweis auf S. x

Belgier *der*; ~s, ~, **Belgierin** *die*; ~, ~nen Belgian

belgisch *Adj.* Belgian

belichten *tr. V.* (Fot.) expose; *itr.* richtig/falsch/kurz ~ use the right/wrong exposure/a short exposure time

Belichtung *die* (Fot.) exposure

Belieben *das*; ~s; nach ~ just as you/they *etc.* like

beliebig **A** *Adj.* any
  B *adv.* as you like/he likes *etc.*; ~ lange/viele as long/many as you like/he likes *etc.*

⸱ **beliebt** *Adj.* popular; favourite *attrib.*

Beliebtheit *die*; ~; popularity

beliefern *tr. V.* supply

bellen *itr. V.* bark

Belletristik /bɛle'trɪstɪk/ *die*; ~; belles-lettres *pl.*

belohnen *tr. V.* reward ‹*person, thing*›

Belohnung *die*; ~, ~en reward

belüften *tr. V.* ventilate

Belüftung *die* ventilation

belügen *unr. tr. V.* lie to

belustigen *tr. V.* amuse

Belustigung *die*; ~, ~en amusement

bemächtigen *refl. V.* sich jmds./einer Sache ~ (geh.) seize sb/sth

bemalen *tr. V.* paint; (verzieren) decorate

bemängeln *tr. V.* find fault with

bemerkbar *Adj.* sich ~ machen attract attention [to oneself]; (erkennbar werden) become apparent; (spürbar werden) make itself felt

bemerken *tr. V.* **1** (wahrnehmen) notice; ich wurde nicht bemerkt I was unobserved **2** (äußern) remark

bemerkenswert **A** *Adj.* remarkable
  B *adv.* remarkably

Bemerkung *die*; ~, ~en **1** (Äußerung) remark; comment **2** (Notiz) note; (Anmerkung) comment

bemitleiden *tr. V.* pity; feel sorry for

bemitleidens·wert *Adj.* pitiable

bemogeln *tr. V.* (ugs.) cheat; diddle (BrE infml)

bemühen *refl. V.* make an effort; sich ~, etw. zu tun endeavour to do sth; sich um etw. ~ try to obtain sth; sich um eine Stelle ~ try to get a job; sich um jmdn. ~ (kümmern) seek to help sb

Bemühung *die*; ~, ~en effort

benachbart *Adj.* neighbouring *attrib.*

benachrichtigen *tr. V.* notify (von of)

Benachrichtigung *die*; ~, ~en notification

benachteiligen *tr. V.* put at a disadvantage; (diskriminieren) discriminate against; die sozial benachteiligten Schichten the underprivileged classes

Benachteiligte *der/die adj. Dekl.* disadvantaged person; die ~n the

disadvantaged; those at a disadvantage; die sozial ~n the underprivileged; the socially deprived

benehmen *unr. refl. V.* behave

Benehmen *das*; ~s behaviour; kein ~ haben have no manners *pl.*

beneiden *tr. V.* envy; jmdn. um etw. ~ envy sb sth

beneidens·wert *Adj.* enviable

Benelux-länder *Pl.* Benelux countries

benennen *unr. tr. V.* name

Bengel *der*; ~s, ~ *od.* (nordd.) ~s
  1 (abwertend) (junger Bursche) young rascal
  2 (fam.) (kleiner Junge) little lad

benommen *Adj.* dazed; (durch Fieber, Alkohol) muzzy

benoten *tr. V.* mark (BrE); grade (AmE); einen Test mit „gut" ~ mark a test 'good' (BrE); assign a grade of 'good' to a test (AmE)

⸱ **benötigen** *tr. V.* need; require

⸱ **benutzen** *tr. V.* use

⸱ **Benutzer** *der*; ~s, ~; user

benutzer·freundlich *Adj.* user-friendly

Benutzerin *die*; ~, ~nen user

Benutzer·name *der* (DV) user name

Benutzung *die*; ~; use

Benzin *das*; ~s petrol (BrE); gasoline (AmE); gas (AmE infml); (Wasch~) benzine

Benzol *das*; ~s, ~e (Chemie) benzene

⸱ **beobachten** *tr. V.* observe; watch

Beobachter *der*; ~s, ~, **Beobachterin** *die*; ~, ~nen observer

Beobachtung *die*; ~, ~en observation

bepacken *tr. V.* load

bepfänden *tr. V.* charge a deposit on ‹*bottle etc.*›

bepflanzen *tr. V.* plant

⸱ **bequem** **A** *Adj.* **1** comfortable **2** (abwertend) (träge) idle
  B *adv.* **1** comfortably **2** (leicht) easily

bequemen *refl. V.* sich dazu ~, etw. zu tun (geh.) condescend to do sth

Bequemlichkeit *die*; ~ **1** comfort **2** (Trägheit) idleness

berappen *tr., itr. V.* (ugs.) ▸ blechen

⸱ **beraten** **A** *unr. tr. V.* **1** advise; jmdn. gut/schlecht ~ give sb good/bad advice **2** (besprechen) discuss ‹*plan, matter*›
  B *unr. itr. V.* über etw. (Akk.) ~ discuss sth
  C *unr. refl. V.* sich mit jmdm. ~, ob … discuss with sb whether …

Berater *der*; ~s, ~, **Beraterin** *die*; ~, ~nen adviser

beratschlagen **A** *tr. V.* discuss
  B *itr. V.* über etw. (Akk.) ~ discuss sth

⸱ **Beratung** *die*; ~, ~en **1** advice *no indef. art.*; (durch Arzt, Rechtsanwalt) consultation **2** (Besprechung) discussion

berauben *tr. V.* (auch fig.) rob (Gen. of)

b

berauschen (geh.) **A** *tr. V.* (auch fig.)
intoxicate
B *refl. V.* become intoxicated (**an** + *Dat.* with)

Berber *der*; ∼**s**, ∼ **1** Berber
2 (Teppich) Berber carpet/rug
3 (Nichtsesshafter) tramp

Berberin *die*; ∼, ∼**nen** ▶ Berber 1, 3

berechenbar *Adj.* calculable; predictable
‹*behaviour*›

Berechenbarkeit *die*; ∼; calculability; (des
Verhaltens) predictability

berechnen *tr. V.* **1** (auch fig.) calculate;
predict ‹*behaviour, consequences*›
2 (anrechnen) charge; **jmdm. 10 Euro für etw. od.**
jmdm. etw. mit 10 Euro ∼ charge sb 10 euros
for sth; **jmdm. zu viel** ∼ overcharge sb

Berechnung *die*; ∼, ∼**en 1** calculation
2 (Eigennutz) [calculating] self-interest

berechtigen *tr. V.* entitle; *itr.* **die Karte**
berechtigt zum Eintritt the ticket entitles the
bearer to admission

berechtigt *Adj.* **1** (gerechtfertigt) justified
2 (befugt) authorized

Berechtigung *die*; ∼, ∼**en 1** (Befugnis)
entitlement; (Recht) right
2 (Rechtmäßigkeit) legitimacy

bereden *tr. V.* **1** (besprechen) discuss
2 jmdn. ∼**, etw. zu tun** talk sb into doing sth

beredsam *Adj.* eloquent

Beredsamkeit *die*; ∼; eloquence

beredt *Adj.* (auch fig.) eloquent

◆ **Bereich** *der*; ∼**[e]s**, ∼**e** area; **im privaten/**
staatlichen ∼ in the private/public sector

bereichern *refl. V.* get rich

Bereicherung *die*; ∼, ∼**en 1** money-making
2 (Nutzen) valuable acquisition

bereifen *tr. V.* put tyres on ‹*car*›; put a tyre
on ‹*wheel*›

Bereifung *die*; ∼, ∼**en** [set *sing.* of] tyres *pl.*

bereinigen *tr. V.* clear up ‹*misunderstanding*›;
settle, resolve ‹*dispute*›

bereisen *tr. V.* travel around *or* about; travel
through ‹*towns*›; (beruflich) ‹*representative*
etc.› cover ‹*area*›; **fremde Länder** ∼ travel in
foreign countries

◆ **bereit** *Adj.* ready; ∼ **sein, etw. zu tun** be
ready *or* willing to do sth

bereiten *tr. V.* **1** prepare; make ‹*tea, coffee*›
2 (verursachen) cause ‹*trouble, sorrow,*
difficulty, etc.›

bereit-: ∼|**halten** *unr. tr. V.* have ready;
∼|**legen** *tr. V.* lay out ready; ∼|**liegen** *unr.*
itr. V. be ready

◆ **bereits** *Adv.* already

Bereitschaft *die*; ∼; readiness; willingness

Bereitschafts·dienst *der* ∼ **haben**
‹*doctor, nurse*› be on call; ‹*policeman,*
fireman› be on standby duty; ‹*chemist's*› be

on rota duty (*for dispensing outside normal*
hours)

bereit-: ∼|**stehen** *unr. itr. V.* be ready;
∼|**stellen** *tr. V.* place ready; get ready ‹*food,*
drinks›; ready, make ‹*money, funds*› available;
∼**willig A** *Adj.* willing **B** *adv.* readily

Bereitwilligkeit *die*; ∼; willingness

bereuen A *tr. V.* regret
B *itr. V.* be sorry; (Rel.) repent

◆ **Berg** *der*; ∼**[e]s**, ∼**e 1** hill; (im Hochgebirge)
mountain
2 (Haufen) huge pile; (von Akten, Abfall auch)
mountain

berg-, Berg-: ∼**ab** /-'-/ *Adv.* downhill; ∼**auf**
/-'-/ *Adv.* uphill; ∼**bahn** *die* mountain
railway; (Seilbahn) mountain cableway; ∼**bau**
der mining

bergen *unr. tr. V.* **1** rescue, save ‹*person*›;
salvage ‹*ship, cargo, belongings*›
2 (geh.) (enthalten) hold

Berg-: ∼**führer** *der*, ∼**führerin** *die*; ∼∼,
∼∼**nen** mountain guide; ∼**hütte** *die*
mountain hut

bergig *Adj.* hilly; (mit hohen Bergen)
mountainous

Berg-: ∼**kette** *die* range *or* chain of
mountains; mountain range *or* chain;
∼**kristall** *der* rock crystal; ∼**land** *das*
hilly country *no indef. art.*; (mit hohen
Bergen) mountainous country *no indef. art.*;
∼**mann** *der*; *Pl.* ∼**leute** miner; ∼**station**
die top station; ∼**steigen** *das*; ∼∼**s**
mountaineering *no art.*; ∼**steiger** *der*,
∼**steigerin** *die*; ∼∼, ∼∼**nen** mountaineer

Bergung *die*; ∼, ∼**en 1** rescue
2 (von Schiffen, Gut) salvaging

Berg-: ∼**wacht** *die* mountain rescue service;
∼**werk** *das* mine

◆ **Bericht** *der*; ∼**[e]s**, ∼**e** report

◆ **berichten** *tr., itr. V.* report

Bericht-: ∼**erstatter** *der*; ∼∼**s**, ∼∼,
∼**erstatterin** *die*; ∼∼, ∼∼**nen** reporter;
∼**erstattung** *die* reporting *no indef. art.*

berichtigen *tr. V.* correct

Berichtigung *die*; ∼, ∼**en** correction

berieseln *tr. V.* **1** (bewässern) irrigate
2 sich ständig mit Musik ∼ **lassen** (ugs.
abwertend) constantly have music on in the
background

Berlin (*das*); ∼**s** Berlin

Berliner A *indekl. Adj.* Berlin
B *der* ∼**s**, ∼ **1** Berliner
2 (Gebäck) [jam (BrE) *or* (AmE) jelly] doughnut

Berlinerin *die*; ∼, ∼**nen** Berliner

berlinisch *Adj.* Berlin *attrib.*

Bern (*das*); ∼**s** Bern[e]

Bernhardiner *der*; ∼**s**, ∼; St. Bernard [dog]

Bern·stein *der* amber

bersten *unr. itr. V.*; *mit sein* (geh.) ‹*ice*›
break up; ‹*glass*› shatter [into pieces];
‹*wall*› crack up

◆ key word
* old spelling—see note on page x

berüchtigt *Adj.* notorious (**wegen** for); (verrufen) disreputable

✓ **berücksichtigen** *tr. V.* take into account; consider ‹*applicant, application, suggestion*›

Berücksichtigung *die*; ~; **bei** ~ **aller Umstände** taking all the circumstances into account

✓ **Beruf** *der*; ~**[e]s**, ~**e** occupation; (akademischer) profession; (handwerklicher) trade; **was sind Sie von** ~**?** what do you do for a living?

berufen¹ **A** *unr. tr. V.* **1** (einsetzen) appoint **2 berufe es nicht!** (ugs.) don't speak too soon! **B** *unr. refl. V.* **sich auf etw.** (*Akk.*) ~ refer to sth; **sich auf jmdn.** ~ quote *or* mention sb's name

berufen² *Adj.* **1** competent; **aus** ~**em Munde** from somebody qualified to speak **2 sich dazu** ~ **fühlen, etw. zu tun** feel called to do sth

✓ **beruflich** **A** *Adj.* vocational ‹*training etc.*›; (bei akademischen Berufen) professional ‹*training etc.*› **B** *adv.* ~ **erfolgreich sein** be successful in one's career; **sich** ~ **weiterbilden** undertake further job training

berufs-, Berufs-: ~**akademie** *die* vocational college; ~**ausbildung** *die* vocational training; ~**aussichten** *Pl.* job prospects (*in a particular profession etc.*); ~**berater** *der*, ~**beraterin** *die* vocational adviser; ~**beratung** *die* vocational guidance; ~**bild** *das* outline of a/the profession/trade as a career; ~**erfahrung** *die* [professional] experience; ~**geheimnis** *das* professional secret; (Schweigepflicht) professional secrecy; ~**krankheit** *die* occupational disease; ~**leben** *das* working life; ~**schule** *die* vocational school; ~**soldat** *der*, ~**soldatin** *die* regular soldier; ~**sportler** *der* professional sportsman; ~**sportlerin** *die* professional sportswoman; ~**tätig** *Adj.* working *attrib.*; ~**tätige** *der/die adj. Dekl.* working person; ~**tätige** *Pl.* working people; ~**verkehr** *der* rush hour traffic

Berufung *die*; ~, ~**en 1** (für ein Amt) offer of an appointment (**auf, in, an** + *Akk.* to) **2** (innerer Auftrag) vocation **3** (das Sichberufen) **unter** ~ (*Dat.*) **auf jmdn./ etw.** referring *or* with reference to sb/sth **4** (Rechtsw.) (Einspruch) appeal; ~ **einlegen** lodge an appeal

beruhen *itr. V.* **auf etw.** (*Dat.*) ~ be based on sth; **etw. auf sich** ~ **lassen** let sth rest

beruhigen /bə'ruːɪɡn/ **A** *tr. V.* calm [down]; pacify ‹*child, baby*›; salve ‹*conscience*›; (trösten) soothe; (von einer Sorge befreien) reassure **B** *refl. V.* ‹*person*› calm down; ‹*sea*› become calm

Beruhigung *die*; ~ ▶ **beruhigen** A calming [down]; pacifying; salving; soothing;

reassurance

Beruhigungs·mittel *das* tranquillizer

✓ **berühmt** *Adj.* famous

berühmt-berüchtigt *Adj.* notorious

Berühmtheit *die*; ~, ~**en 1** (Ruhm) fame **2** (Mensch) celebrity

berühren *tr. V.* **1** touch; (fig.) touch on ‹*topic, issue. etc.*›; **sich** ~ touch **2** (beeindrucken) affect; **das berührt mich nicht** it's a matter of indifference to me

Berührung *die*; ~, ~**en** touch; **mit jmdm./ etw. in** ~ (*Akk.*) **kommen** (auch fig.) come into contact with sb/sth

besagen *tr. V.* say; (bedeuten) mean

besänftigen *tr. V.* calm [down]; pacify; calm, soothe ‹*temper*›

Besatz *der*; ~**es**, **Besätze** (Borte) trimming *no indef. art.*

Besatzung *die*; ~, ~**en 1** (Mannschaft) crew **2** (Milit.) (Verteidigungstruppe) garrison **3** (Milit.) (Okkupationstruppen) occupying forces *pl.*

Besatzungs-: ~**macht** *die* occupying power; ~**zone** *die* occupied zone

besaufen *unr. refl. V.* (salopp) get canned (BrE sl.) *or* bombed (AmE sl.)

Besäufnis *das*; ~**ses**, ~**se** (salopp) booze-up (BrE infml); blast (AmE infml)

beschädigen *tr. V.* damage

Beschädigung *die*; ~, ~**en 1** damaging **2** (Schaden) damage

beschaffen¹ *tr. V.* obtain, get (*Dat.* for)

beschaffen² *Adj.* **so** ~ **sein, dass ...** be such that ...

Beschaffenheit *die*; ~; properties *pl.*

Beschaffung *die*; ~ ▶ **beschaffen¹** obtaining; getting

✓ **beschäftigen** **A** *refl. V.* occupy oneself; **sich viel mit Musik/den Kindern** ~ devote a great deal of one's time to music/the children; **sehr beschäftigt sein** be very busy **B** *tr. V.* **1** (geistig in Anspruch nehmen) **jmdn.** ~ preoccupy sb **2** (angestellt haben) employ ‹*workers, staff*› **3** (zu tun geben) occupy; **jmdn. mit etw.** ~ give sb sth to occupy him/her

✓ **Beschäftigte** *der/die adj. Dekl.* employee

Beschäftigung *die*; ~, ~**en 1** (Tätigkeit) activity **2** (Anstellung, Stelle) job **3** (mit einer Frage, einem Problem) consideration (**mit** of); (Studium) study (**mit** of) **4** (von Arbeitskräften) employment

beschämen *tr. V.* shame

beschämend **A** *Adj.* **1** (schändlich) shameful **2** (demütigend) humiliating **B** *adv.* shamefully

beschämt *Adj.* ashamed

Beschämung *die*; ~; shame

beschatten *tr. V.* **1** (geh.) shade **2** (überwachen) shadow

b

beschaulich A *Adj.* peaceful ⟨*life, manner, etc.*⟩
B *adv.* peacefully

Beschaulichkeit *die*; ~; peacefulness

Bescheid *der*; ~[e]s, ~e 1 (Auskunft) information; (Antwort) answer; reply; jmdm. ~ geben *od.* sagen[, ob ...] let sb know *or* tell sb [whether ...]; **sage bitte im Hotel ~, dass ...** please let the hotel know that ...; [über etw. (*Akk.*)] ~ wissen know [about sth] 2 (Entscheidung) decision

bescheiden¹ *unr. tr. V.* jmdn./etw. abschlägig ~ turn sb/sth down
B *unr. refl. V.* (geh.) be content

bescheiden² A *Adj.* modest
B *adv.* modestly

Bescheidenheit *die*; ~; modesty

bescheinigen *tr. V.* confirm ⟨*sth*⟩ in writing

Bescheinigung *die*; ~, ~en written confirmation *no indef. art.*; (Schein, Attest) certificate

bescheißen *unr. tr. V.* (derb) jmdn. ~ rip sb off (infml); screw sb (coarse)

beschenken *tr. V.* give ⟨*sb*⟩ a present/presents

bescheren *tr. V.* jmdn. [mit etw.] ~ give sb [sth as] a Christmas present/Christmas presents

Bescherung *die*; ~, ~en 1 (zu Weihnachten) giving out of the Christmas presents 2 **das ist ja eine schöne ~** (ugs.) this is a pretty kettle of fish

bescheuert *Adj.* (salopp) 1 (verrückt) barmy (BrE infml); nuts (infml) 2 (unangenehm) stupid ⟨*task, party, etc.*⟩

beschichten *tr. V.* (Technik) coat

Beschichtung *die*; ~, ~en (Technik) coating

beschießen *unr. tr. V.* fire at; (mit Artillerie) bombard

beschimpfen *tr. V.* abuse; swear at

Beschimpfung *die*; ~, ~en insult; ~en abuse *sing.*; insults

beschissen *Adj.* (derb) lousy (infml); shitty (coarse)

Beschlag *der*; ~[e]s, Beschläge 1 fitting 2 jmdn./etw. mit ~ belegen *od.* in ~ nehmen monopolize sb/sth

beschlagen¹ A *unr. tr. V.* shoe ⟨*horse*⟩
B *unr. itr. V.*; mit sein ⟨*window*⟩ mist up (BrE), fog up (AmE); (durch Dampf) steam up

beschlagen² *Adj.* knowledgeable

Beschlagnahme *die*; ~, ~n confiscation

beschlagnahmen *tr. V.* confiscate

Beschlagnahmung *die*; ~, ~en
▶ Beschlagnahme

beschleunigen A *tr. V.* accelerate; speed up ⟨*work, delivery*⟩; quicken ⟨*pace, step[s], pulse*⟩

B *refl. V.* ⟨*heart rate*⟩ increase; ⟨*pulse*⟩ quicken
C *itr. V.* ⟨*driver, car, etc.*⟩ accelerate

Beschleunigung *die*; ~, ~en
▶ beschleunigen A acceleration; speeding up; quickening

✧ **beschließen** *unr. tr. V.* 1 decide; pass ⟨*law*⟩; ~, etw. zu tun decide *or* resolve to do sth 2 (beenden) end

✧ **Beschluss**, *Beschluß *der*; Beschlusses, Beschlüsse decision; (gemeinsam gefasst) resolution; einen ~ fassen come to a decision/pass a resolution

beschluss·fähig, *beschluß·fähig *Adj.* quorate

Beschluss·fähigkeit, *Beschluß·fähigkeit *die* presence of a quorum

beschmieren *tr. V.* etw./sich ~ get sth/oneself in a mess

beschmutzen *tr. V.* make ⟨*sth*⟩ dirty

beschneiden *unr. tr. V.* 1 cut ⟨*hedge*⟩; prune ⟨*bush*⟩; cut back ⟨*tree*⟩; einem Vogel die Flügel ~ clip a bird's wings 2 (Med., Rel.) circumcise

Beschneidung *die*; ~, ~en 1 ▶ beschneiden cutting; pruning; cutting back 2 (Med., Rel.) circumcision

beschnüffeln *tr. V.* sniff at

beschönigen *tr. V.* gloss over

✧ **beschränken** A *tr. V.* restrict (auf + *Akk.* to)
B *refl. V.* sich auf etw. (*Akk.*) ~ restrict oneself to sth

beschränkt A *Adj.* 1 (dumm) dull-witted 2 (engstirnig) narrow-minded
B *adv.* narrow-mindedly

Beschränktheit *die*; ~ 1 (Dummheit) lack of intelligence 2 (Engstirnigkeit) narrow-mindedness

Beschränkung *die*; ~, ~en restriction

✧ **beschreiben** *unr. tr. V.* 1 write on; (voll schreiben) write ⟨*page, side, etc.*⟩ 2 (darstellen) describe

✧ **Beschreibung** *die*; ~, ~en description

beschriften *tr. V.* label; inscribe ⟨*stone*⟩; letter ⟨*sign, label, etc.*⟩; (mit Adresse) address

beschuldigen *tr. V.* accuse (*Gen.* of)

Beschuldigte *der/die adj. Dekl.* accused

Beschuldigung *die*; ~, ~en accusation

beschummeln *tr. V.* (ugs.) cheat; diddle (BrE infml)

Beschuss, *Beschuß *der*; Beschusses fire; [heftig *od.* stark] unter ~ geraten/stehen *od.* liegen (auch fig.) come/be under [heavy] fire

beschützen *tr. V.* protect (vor + *Dat.* from)

Beschützer *der*; ~s, ~, Beschützerin *die*; ~, ~nen protector

✧ **Beschwerde** *die*; ~, ~n 1 complaint (gegen, über + *Akk.* about) 2 *Pl.* (Schmerz) pain *sing.*; (Leiden) trouble *sing.*

✧ key word

beschweren **A** *refl. V.* complain (über + *Akk.*, wegen about); **sich bei jmdm.** ~ complain to sb
B *tr. V.* weight down
beschwerlich *Adj.* arduous; (ermüdend) exhausting
beschwichtigen *tr. V.* pacify; mollify ‹*anger etc.*›
Beschwichtigung *die*; ~, ~**en** pacification; (des Zorns usw.) mollification
beschwingt *Adj.* lively
beschwipst *Adj.* (ugs.) tipsy
beschwören *unr. tr. V.* **1** swear to; ~, **dass ...** swear that ...; **eine Aussage** ~ swear a statement on oath
2 charm ‹*snake*›
3 (erscheinen lassen) invoke ‹*spirit*›
4 (bitten) implore
Beschwörung *die*; ~, ~**en 1** (Zauberspruch) spell; incantation
2 ▶ beschwören 3 invoking
3 (Bitte) entreaty
beseitigen *tr. V.* remove; eliminate ‹*error, difficulty*›; dispose of ‹*rubbish*›
Beseitigung *die*; ~ ▶ beseitigen removal; elimination; disposal
Besen *der*; ~s, ~; broom; **ich fress einen** ~, **wenn das stimmt** (salopp) I'll eat my hat if that's right (infml)
besessen *Adj.* **1** possessed
2 (fig.) obsessive ‹*gambler*›; **von einer Idee** ~ **sein** be obsessed with an idea
Besessenheit *die*; ~ **1** possession
2 obsessiveness
besetzen *tr. V.* **1** (mit Pelz, Spitzen) edge; trim; **mit Perlen besetzt** set with pearls
2 (belegen; auch Milit.) (erobern) occupy
3 (vergeben) fill ‹*post, position, role, etc.*›
besetzt *Adj.* occupied; ‹*table, seat*› taken *pred.*; (gefüllt) full; (Fernspr.) engaged; busy (AmE)
Besetzung *die*; ~, ~**en 1** (einer Stellung) filling
2 (Film, Theater usw.) cast
3 (Eroberung) occupation
besichtigen *tr. V.* see ‹*sights*›; see the sights of ‹*town*›; view ‹*house etc. for sale*›
Besichtigung *die*; ~, ~**en**; **zur** ~ **der Stadt/ des Schlosses/der Wohnung** to see the sights of the town/to see the castle/to view the flat
besiedeln *tr. V.* settle
besiedelt *Adj.* **dicht/dünn** ~ densely/thinly populated
besiegen *tr. V.* defeat
besinnen *unr. refl. V.* **1** think it over
2 sich [auf jmdn./etw.] ~ remember [sb/sth]
Besinnung *die*; ~; consciousness; **die** ~ **verlieren/[wieder] zur** ~ **kommen** faint; regain consciousness
besinnungs·los **A** *Adj.* unconscious
B *adv.* mindlessly

Besinnungslosigkeit *die*; ~; unconsciousness *no art.*
Besitz *der* **1** property
2 (das Besitzen) possession; **im** ~ **einer Sache** (*Gen.*) **sein** be in possession of sth
Besitz·anspruch *der* claim to ownership
⚹ **besitzen** *unr. tr. V.* own; have ‹*quality, talent, etc.*›; (nachdrücklicher) possess
Besitzer *der*; ~s, ~, **Besitzerin** *die*; ~, ~**nen** owner
besoffen *Adj.* (salopp) canned (BrE sl.); bombed (AmE sl.)
Besoffene *der/die adj. Dekl.* (salopp) drunk
besohlen *tr. V.* sole; **neu** ~ resole
⚹ **besonder...** *Adj.* special; **ein** ~**es Ereignis** an unusual *or* a special event; **keine** ~**e Leistung** no great achievement
Besonderheit *die*; ~, ~**en** special feature; (Eigenart) peculiarity
⚹ **besonders** **A** *Adv.* particularly
B *Adj.*; *nicht attr., nur verneint* (ugs.) **nicht** ~ **sein** be nothing special
besonnen **A** *Adj.* prudent
B *adv.* prudently
Besonnenheit *die*; ~; prudence
besorgen *tr. V.* **1** get; (kaufen) buy
2 (erledigen) take care of
Besorgnis *die*; ~, ~**se** concern
besorgt **A** *Adj.* concerned (**um** about)
B *adv.* with concern
Besorgung *die*; ~, ~**en** purchase
bespitzeln *tr. V.* spy on
besprechen *unr. tr. V.* discuss; (rezensieren) review
Besprechung *die*; ~, ~**en** discussion; (Konferenz) meeting; (Rezension) review
bespritzen *tr. V.* **1** splash; (mit einem Wasserstrahl) spray
2 (beschmutzen) bespatter
besprühen *tr. V.* spray
besser **A** *Adj.* **1** better; **umso** ~ so much the better
2 (sozial höher gestellt) superior
B *adv.* [**immer**] **alles** ~ **wissen** always know better; **es** ~ **haben** be better off; **es geht ihr** ~ she feels better; ~ **gesagt** to be [more] precise
C *Adv.* (lieber) **das lässt du** ~ **sein** *od.* (ugs.) **bleiben** you'd better not do that
*besser|gehen ▶ besser B
bessern **A** *refl. V.* improve; ‹*person*› mend one's ways
B *tr. V.* improve; reform ‹*criminal*›
Besserung *die*; ~, ~**en** recovery; **gute** ~! get well soon
best... *Adj.* **1** best; **bei** ~**er Gesundheit/Laune sein** be in the best of health/spirits *pl.*; **im** ~**en Falle** at best; **in den** ~**en Jahren, im** ~**en Alter** in one's prime; ~**e Grüße an ...** (*Akk.*) best wishes to ...; **mit den** ~**en Grüßen** *od.* **Wünschen** with best wishes; (als Briefschluss)

b

≈ yours sincerely
2 es ist od. **wäre das Beste, wenn ...** it would be best if ...; **der/die/das nächste Beste ...** the first ... one comes across; **einen Witz zum Besten geben** entertain [those present] with a joke; **das Beste vom Besten** the very best; **sein Bestes tun** do one's best; **zu deinem Besten** for your benefit; **am ~en** best; **am ~en fährst du mit dem Zug** it would be best for you to go by train

Bestạnd der; ~, **Bestände 1** existence; (Fort~) continued existence
2 (Vorrat) stock (**an** + Dat. of)

bestạnden Adj. **von** od. **mit etw. ~ sein** have sth growing on it; **mit Tannen ~e Hügel** fir-covered hills

bestạ̈ndig Ⓐ Adj. **1** constant
2 (gleich bleibend) constant; steadfast <person>; settled <weather>
3 (widerstandsfähig) resistant (**gegen** to)
Ⓑ adv. constantly

Bestạ̈ndigkeit die; ~ **1** steadfastness
2 (Widerstandsfähigkeit) resistance (**gegen** to)

✓ **Bestạnd·teil** der component

bestạ̈rken tr. V. confirm

✓ **bestạ̈tigen** Ⓐ tr. V. confirm; endorse <document>; acknowledge <receipt>
Ⓑ refl. V. be confirmed; <rumour> prove to be true

Bestạ̈tigung die; ~, ~en confirmation; (des Empfangs) acknowledgement; (schriftlich) letter of confirmation

bestạtten tr. V. (geh.) inter (formal); bury

Bestạttung die; ~, ~en (geh.) interment (formal); burial; (Feierlichkeit) funeral

Bestạttungs·institut das, **Bestạttungs·unternehmen** das [firm of] undertakers pl. or funeral directors pl.; funeral parlor (AmE)

bestạ̈uben tr. V. **1** dust
2 (Biol.) pollinate

bestạunen tr. V. marvel at

bestẹchen unr. tr. V. bribe

bestẹchlich Adj. corruptible; open to bribery postpos.

Bestẹchung die; ~, ~en bribery no indef. art.

Bestẹchungs-: ~geld das bribe; **~versuch** der attempted bribery

Bestẹck das; ~[e]s, ~e cutlery setting; (ugs.) (Gesamtheit der Bestecke) cutlery

✓ **bestehen** Ⓑ unr. itr. V. **1** exist; **es besteht [die] Aussicht/Gefahr, dass ...** there is a prospect/danger that ...; **noch besteht die Hoffnung, dass ...** there is still hope that ...; **~ bleiben** remain; <regulation> remain in force
2 (fortdauern) survive; last
3 aus etw. ~ consist of sth; (hergestellt sein) be made of sth

_____

✓ key word
* old spelling—see note on page x

4 auf etw. (Dat.) **~** insist on sth
Ⓑ unr. tr. V. pass <test, examination>

Bestehen das; ~s existence; **die Firma feiert ihr 10 jähriges ~** the firm is celebrating its tenth anniversary

***bestehen|bleiben** ▸ bestehen A1

✓ **bestehend** Adj. existing; current <conditions>

bestehlen unr. tr. V. rob

besteigen unr. tr. V. **1** climb; mount <horse, bicycle>; ascend <throne>
2 board <ship, aircraft>; get on <bus, train>

Besteigung die; ~, ~en ascent

✓ **bestellen** tr. V. **1** auch itr. order (**bei** from); **würden Sie mir bitte ein Taxi ~?** would you order me a taxi?
2 (reservieren lassen) reserve <tickets, table>
3 jmdn. **[für 10 Uhr] zu sich ~** ask sb to go/come to see one [at 10 o'clock]
4 (ausrichten) jmdn. etw. **~** tell sb sth; **bestell deinem Mann schöne Grüße von mir** give your husband my regards

Bestellung die; ~, ~en **1** order
2 (Reservierung) reservation

besten·falls Adv. at best

bestens Adv. extremely well

besteuern tr. V. tax

bestialisch Ⓐ Adj. **1** bestial
2 (ugs.) (schrecklich) ghastly (infml)
Ⓑ adv. **1** in a bestial manner
2 (ugs.) (schrecklich) awfully (infml)

Bestialität die; ~; bestiality

besticken tr. V. embroider

Bestie /'bɛstjə/ die; ~, ~n beast

✓ **bestimmen** Ⓐ tr. V. **1** (festsetzen) decide on; fix <price, time, etc.>
2 (vorsehen) intend; **das ist für dich bestimmt** that is meant for you
3 (identifizieren) identify; determine <age, position>; define <meaning>
4 (prägen) determine the character of
Ⓑ itr. V. **1** make the decisions
2 über jmdn. ~ tell sb what to do; **[frei] über etw.** (Akk.) **~** do as one wishes with sth

bestimmend Ⓐ Adj. decisive
Ⓑ adv. decisively

✓ **bestimmt** Ⓐ Adj. **1** (speziell) particular; (gewiss) certain; (genau) definite
2 (festgelegt) fixed; given <quantity>
3 (Sprachw.) definite <article etc.>
4 (entschieden) firm
Ⓑ adv. **1** (deutlich) clearly; (genau) precisely
2 (entschieden) firmly
Ⓒ Adv. for certain; **du weißt es doch [ganz] ~ noch** I'm sure you must remember it; **ich habe das ~ liegen gelassen** I must have left it behind

Bestimmtheit die; ~; firmness; (im Auftreten) decisiveness

✓ **Bestimmung** die; ~, ~en **1** (das Festsetzen) fixing
2 (Vorschrift) regulation

3 (Zweck) purpose
4 ▸ bestimmen A3 identification; determination; definition
5 (Sprachw.) modifier; **adverbiale** ~ adverbial qualification

best·möglich *Adj.* best possible

bestrafen *tr. V.* punish (**für, wegen** for); **es wird mit Gefängnis bestraft** it is punishable by imprisonment

Bestrafung *die*; ~, ~**en** punishment

bestrahlen *tr. V.* **1** illuminate; floodlight ‹*building*›
2 (Med.) treat ‹*tumour, part of body*› using radiotherapy

Bestrahlung *die*; ~, ~**en** (Med.) radiation [treatment] *no indef. art.*

Bestreben *das*; ~**s** endeavour[s *pl.*]

bestrebt *Adj.* ~ **sein, etw. zu tun** endeavour to do sth

Bestrebung *die*; ~, ~**en** effort; (Versuch) attempt

bestreichen *unr. tr. V.* **A mit B** ~ spread B on A

bestreiten *unr. tr. V.* **1** dispute; (leugnen) deny
2 (finanzieren) finance ‹*studies*›; pay for ‹*studies, sb's keep*›; meet ‹*costs, expenses*›
3 (gestalten) carry ‹*programme, conversation, etc.*›

bestreuen *tr. V.* sprinkle

Bestseller /ˈbɛstzɛlɐ/ *der*; ~**s**, ~; best seller

bestürzend *Adj.* disturbing; (erschreckend) alarming

bestürzt Ⓐ *Adj.* dismayed
   Ⓑ *adv.* with dismay

Bestürzung *die*; ~; dismay

◆ **Besuch** *der*; ~**[e]s**, ~**e 1** visit (*Gen.*, **bei** to); **ein** ~ **bei jmdm.** a visit to sb; (kurz) a call on sb
2 (Teilnahme) attendance (*Gen.* at)
3 (Gast) visitor; (Gäste) visitors *pl.*; ~ **haben** have visitors/a visitor

◆ **besuchen** *tr. V.* **1** visit; (weniger formell) go to see ‹*person*›; go to ‹*exhibition, theatre, museum, etc.*›; (zur Besichtigung) go to see ‹*church, exhibition, etc.*›
2 die Schule/Universität ~ go to school/university

◆ **Besucher** *der*; ~**s**, ~, **Besucherin** *die*; ~, ~**nen** visitor

Besuchs-: ~**erlaubnis** *die* visiting permit; ~**zeit** *die* visiting time *or* hours *pl.*; **es ist keine** ~**zeit** it is not visiting time

besucht *Adj.* **gut/schlecht** ~ well/poorly attended ‹*lecture, performance, etc.*›; much/little frequented ‹*restaurant etc.*›

Beta·blocker /-blɔkɐ/ *der*; ~**s**, ~ (Med.) beta blocker

betagt *Adj.* (geh.) elderly

betasten *tr. V.* feel [with one's fingers]

betätigen Ⓐ *refl. V.* occupy oneself; **sich politisch/körperlich** ~ engage in political/physical activity
   Ⓑ *tr. V.* operate ‹*lever, switch, flush, etc.*›; apply ‹*brake*›

Betätigung *die*; ~, ~**en 1** activity
2 ▸ betätigen B operation; application

betäuben *tr. V.* **1** (Med.) anaesthetize; deaden ‹*nerve*›; **jmdn. örtlich** ~ give sb a local anaesthetic
2 (unterdrücken) deaden ‹*pain*›; still ‹*unease, fear*›
3 (benommen machen) daze; (mit einem Schlag) stun

Betäubung *die*; ~, ~**en 1** (Med.) anaesthetization; (Narkose) anaesthesia
2 (Benommenheit) daze

Betäubungs·mittel *das* narcotic; (Med.) anaesthetic

◆ **beteiligen** Ⓐ *refl. V.* take part (**an** + *Dat.* in)
   Ⓑ *tr. V.* **jmdn. [mit 10%] an etw.** (*Dat.*) ~ give sb a [10%] share of sth

beteiligt *Adj.* **1** involved (**an** + *Dat.* in)
2 (finanziell) **an einem Unternehmen/am Gewinn** ~ **sein** have a share in a business/in the profit

Beteiligte *der/die adj. Dekl.* person involved

◆ **Beteiligung** *die*; ~, ~**en 1** participation (**an** + *Dat.* in)
2 (Anteil) share (**an** + *Dat.* in)

beten Ⓐ *itr. V.* pray (**für, um** for)
   Ⓑ *tr. V.* say ‹*prayer*›

beteuern *tr. V.* affirm; protest ‹*one's innocence*›

Beteuerung *die*; ~, ~**en** ▸ beteuern affirmation; protestation

Beton /beˈtɔŋ, (bes. österr.) beˈtoːn/ *der*; ~**s**, ~**s** /-ɔŋs/; *od.* (bes. österr.) ~**e** /-oːnə/ concrete

Beton·burg *die* (ugs., meist abwertend) concrete monstrosity (derog.)

◆ **betonen** *tr. V.* **1** stress ‹*word, syllable*›
2 (hervorheben) emphasize

betonieren *tr. V.* concrete; surface ‹*road etc.*› with concrete

betont Ⓐ *Adj.* **1** stressed
2 (bewusst) studied
   Ⓑ *adv.* studiedly

Betonung *die*; ~, ~**en 1** stressing
2 (Akzent) stress; (Intonation) intonation
3 (Hervorhebung) emphasis

betören *tr. V.* (geh.) captivate

betr. *Abk.* = **betreffs, betrifft** re

Betr. *Abk.* = **Betreff** re

Betracht **jmdn./etw. in** ~ **ziehen** consider sb/sth; **jmdn./etw. außer** ~ **lassen** disregard sb/sth

◆ **betrachten** *tr. V.* **1** look at
2 jmdn./etw. als etw. ~ regard sb/sth as sth
3 (beurteilen) consider

Betrachter *der*; ~**s**, ~, **Betrachterin** *die*; ~, ~**nen** observer

beträchtlich Ⓐ *Adj.* considerable
   Ⓑ *adv.* considerably

b

b

Betrachtung *die;* ~, ~**en 1** contemplation; (Untersuchung) examination **2** (Überlegung) reflection

Betrachtungs·weise *die* way of looking at things; (Standpunkt) point of view

◊ **Betrag** *der;* ~[e]s, **Beträge** amount; „~ dankend erhalten" 'received with thanks'

◊ **betragen** Ⓐ *unr. itr. V.* be; (bei Geldsummen) come to; amount to
Ⓑ *unr. refl. V.* behave

Betragen *das;* ~s behaviour

Betreff *der;* ~[e]s, ~e (im Brief) heading

◊ **betreffen** *unr. tr. V.* concern; <new rule, change, etc.> affect

betreffend *Adj.* concerning; **der** ~**e Sachbearbeiter** the person dealing with this matter; **in dem** ~**en Fall** in the case in question

betreffs *Präp.; mit Gen.* (Amtsspr., Kaufmannsspr.) concerning

◊ **betreiben** *unr. tr. V.* **1** proceed with <task, case, etc.>; (energisch) press ahead with <task, case, etc.>; pursue <policy, studies>; carry on <trade>; go in for <sport> **2** run <business, shop> **3** (in Betrieb halten) operate

betreten[1] *unr. tr. V.* (hineintreten in) enter; (treten auf) step on to; (begehen) walk on <carpet, grass, etc.>; „**Betreten verboten**" 'Keep off'; (kein Eintritt) 'Keep out'

betreten[2] Ⓐ *Adj.* embarrassed
Ⓑ *adv.* with embarrassment

betreuen *tr. V.* look after; care for <invalid>; supervise <youth group>; see to the needs of <tourists, sportsmen>

◊ **Betreuung** *die;* ~; care *no indef. art.*

◊ **Betrieb** *der;* ~[e]s, ~e **1** business; (Firma) firm **2** (das In-Funktion-Sein) operation; **außer** ~ **sein** not operate; (wegen Störung) be out of order; **in/außer** ~ **setzen** start up/stop <machine etc.> **3** (ugs.) (Treiben) bustle; (Verkehr) traffic; **es herrscht großer** ~, **es ist viel** ~ it's very busy

betrieblich *Adj.* firm's; company

Betriebs-: ~**angehörige** *der/die* employee; ~**anleitung** *die,* ~**anweisung** *die* operating instructions *pl.;* ~**ausflug** *der* staff outing; ~**ferien** *Pl.* firm's annual close-down *sing.;* „**Wegen** ~**ferien geschlossen**" 'closed for annual holidays'; ~**klima** *das* working atmosphere; ~**prüfer** *der,* ~**prüferin** *die* auditor; ~**rat** *der* **1** works committee **2** (Person) member of a/the works committee; ~**rätin** *die* ▶ Betriebsrat 2; ~**system** *das* (DV) operating system; ~**versammlung** *die* meeting of the workforce; ~**wirt** *der,* ~**wirtin** *die* graduate in business management; ~**wirtschaft** *die* business management

betrinken *unr. refl. V.* get drunk

◊ **betroffen** Ⓐ *Adj.* upset; (bestürzt) dismayed
Ⓑ *adv.* in dismay

Betroffenheit *die;* ~; dismay

betrüblich *Adj.* gloomy

betrübt Ⓐ *Adj.* sad; gloomy <face etc.>
Ⓑ sadly; (schwermütig) gloomily

Betrug *der;* ~[e]s deception; (Delikt) fraud

betrügen Ⓐ *unr. tr. V.* deceive; be unfaithful to <husband, wife>; (Rechtsw.) defraud; (beim Spielen) cheat; **jmdn. um 100 Euro** ~ cheat *or* (infml) do sb out of 100 euros; (arglistig) swindle sb out of 100 euros
Ⓑ *unr. itr. V.* cheat; (bei Geschäften) swindle people

Betrüger *der;* ~s, ~; swindler; (Hochstapler) conman (infml); (beim Spielen) cheat

Betrügerei *die;* ~, ~**en** deception; (beim Spielen usw.) cheating; (bei Geschäften) swindling

Betrügerin *die;* ~, ~**nen** swindler; (beim Spielen) cheat

betrunken *Adj.* drunken *attrib.;* drunk *pred.*

Betrunkene *der/die adj. Dekl.* drunk

◊ **Bett** *das;* ~[e]s, ~**en 1** bed; **ins** *od.* **zu** ~ **gehen** go to bed; **die Kinder ins** ~ **bringen** put the children to bed **2** (Feder~) duvet

Bett-: ~**bezug** *der* duvet cover; ~**decke** *die* blanket; (gesteppt) quilt

Bettelei *die;* ~, ~**en** begging *no art.*

betteln *itr. V.* beg (um for)

bett·lägerig *Adj.* bedridden

Bett·laken *das* sheet

Bett·lektüre *die* bedtime reading *no indef. art.*

Bettler *der;* ~s, ~, **Bettlerin** *die;* ~, ~**nen** beggar

bett-, Bett-: ~**reif** *Adj.* (ugs.) ready for bed *pred.;* ~**ruhe** *die* bed rest; ~**schwere** *die* **die nötige** *od.* **notwendige** ~**schwere haben** (ugs.) be ready for one's bed; ~**tuch** *das; Pl.* ~**tücher** sheet; ~**wäsche** *die* bed linen; ~**zeug** *das* (ugs.) bedclothes *pl.*

betucht *Adj.* (ugs.) well-heeled (infml); well-off

betupfen *tr. V.* dab

Beuge *die;* ~, ~**n** (Turnen) bend

beugen Ⓐ *tr. V.* **1** bend; bow <head> **2** (Sprachw.) (flektieren) inflect <word>
Ⓑ *refl. V.* **1** bend over; **sich nach vorn/hinten** ~ bend forwards/bend over backwards; **sich aus dem Fenster** ~ lean out of the window **2** (sich fügen) give way

Beugung *die;* ~, ~**en** (Sprachw.) inflexion

Beule *die;* ~, ~**n** bump; (Vertiefung) dent

beulen *itr. V.* bulge

beunruhigen *tr., refl. V.* worry

beurlauben *tr. V.* **1** jmdn. [für zwei Tage] ~ give sb [two days'] leave of absence

---

◊ key word

* alte Schreibung—vgl. Hinweis auf S. x

2 (suspendieren) suspend

beurteilen tr. V. judge; assess ‹situation etc.›

Beurteilung die; ~, ~en **1** judgement; (einer Lage usw.) assessment **2** (Gutachten) assessment

Beute die; ~, ~n **1** (Gestohlenes) haul; loot no indef. art. **2** (von Raubtieren) prey; (eines Jägers) bag

Beute·kunst die looted art

Beutel der; ~s, ~; bag; (kleiner, für Tabak usw.) pouch

bevölkern tr. V. populate

⚬ **Bevölkerung** die; ~, ~en population; (Volk) people

Bevölkerungs-: ~dichte die population density; ~explosion die population explosion; ~zunahme die, ~zuwachs der increase in population

bevollmächtigen tr. V. authorize

Bevollmächtigte der/die adj. Dekl. authorized representative

⚬ **bevor** Konj. before; ~ du nicht unterschrieben hast until you have signed

bevor·munden tr. V. jmdn. ~ impose one's will on sb; **sie wollen sich nicht länger ~ lassen** they do not want to be dictated to any longer

bevor|stehen unr. itr. V. be near; **unmittelbar ~** be imminent; **jmdm. steht etw. bevor** sth is in store for sb

bevorstehend Adj. forthcoming; **unmittelbar ~** imminent

bevorzugen tr. V. **1** (vorziehen) prefer (**vor** + Dat. to) **2** (begünstigen) favour; give preference or preferential treatment to (**vor** + Dat. over)

bevorzugt Ⓐ Adj. favoured; (privilegiert) privileged; preferential ‹treatment› Ⓑ adv. jmdn. ~ **behandeln** give sb preferential treatment

Bevorzugung die; ~, ~en (Begünstigung) preferential treatment

bewachen tr. V. guard; **bewachter Parkplatz** car park with an attendant

Bewacher der; ~s, ~, **Bewacherin** die; ~, ~nen guard

Bewachung die; ~, ~en guarding

bewaffnen Ⓐ tr. V. arm Ⓑ refl. V. (auch fig.) arm oneself (**mit** with)

bewaffnet Adj. armed; **bis an die Zähne ~** armed to the teeth

Bewaffnung die; ~, ~en **1** arming **2** (Waffen) weapons pl.

bewahren tr. V. **1** protect (**vor** + Dat. from) **2** (erhalten) **seine Fassung ~** retain one's composure; **Stillschweigen ~** remain silent

bewähren refl. V. prove oneself/itself

bewährt Adj. proven ‹method, design, etc.›; well-tried ‹recipe, cure›; reliable ‹worker›

Bewährung die; ~, ~en (Rechtsw.) probation

Bewährungs-: ~frist die (Rechtsw.) period of probation; ~helfer der, ~helferin die probation officer; ~zeit die (Rechtsw.) probation period

bewaldet Adj. wooded

bewältigen tr. V. cope with; overcome ‹difficulty, problem›; cover ‹distance›

Bewältigung die; ~, ~en ▸ bewältigen coping with; overcoming; covering

bewandert Adj. well-versed

Bewandtnis die; ~, ~se; **mit etw. hat es [s]eine eigene/besondere ~** there's a [special] story behind sth

bewässern tr. V. irrigate

Bewässerung die; ~, ~en irrigation

⚬ **bewegen¹** Ⓐ tr. V. **1** move **2** (ergreifen) move **3** (innerlich beschäftigen) preoccupy Ⓑ refl. V. move

bewegen² unr. tr. V. jmdn. **dazu ~**, etw. **zu tun** ‹thing› induce sb to do sth; ‹person› prevail upon sb to do sth

Beweg·grund der motive

beweglich Adj. **1** movable; moving ‹target› **2** (rege) agile ‹mind›

bewegt Adj. eventful; (unruhig) turbulent

⚬ **Bewegung** die; ~, ~en **1** movement; (bes. Technik, Physik) motion **2** (körperliche ~) exercise **3** (Ergriffenheit) emotion **4** (Bestreben, Gruppe) movement

Bewegungs·freiheit die freedom of movement

bewegungslos Adj. motionless

Bewegungslosigkeit die; ~; motionlessness

beweiden tr. V. (Landw.) **1** graze the grass in ‹garden etc.› **2** (als Weide nutzen) use ‹meadow etc.› as pasture

Beweis der; ~es, ~e proof (Gen., **für** of); **belastende ~e** incriminating evidence

beweisbar Adj. provable

⚬ **beweisen** unr. tr. V. prove

Beweis-: ~material das evidence; ~mittel das (Rechtsw.) form of evidence; ~stück das piece of evidence; ~stücke evidence sing.

bewenden unr. V. **es bei** od. **mit etw. ~ lassen** content oneself with sth

bewerben unr. refl. V. apply (**bei** to; **um** for)

Bewerber der; ~s, ~, **Bewerberin** die; ~, ~nen applicant

Bewerbung die application

Bewerbungs-: ~bogen der application form; ~schreiben das letter of application; ~mappe die job application portfolio; ~unterlagen Pl. documents in support of an/the application

bewerfen unr. tr. V. jmdn./etw. **mit etw. ~** throw sth at sb/sth

b

bewẹrkstelligen *tr. V.* pull off, manage <*deal, sale, etc.*>; **es ~, etw. zu tun** contrive *or* manage to do sth

✓ **bewerten** *tr. V.* assess; rate; (dem Geldwert nach) value (**mit** at)

✓ **Bewertung** *die*; **~, ~en** assessment; (dem Geldwert nach) valuation

bewịlligen *tr. V.* grant

Bewịlligung *die*; **~, ~en** granting

bewịrken *tr. V.* bring about; cause

bewịrten *tr. V.* feed; **jmdn. mit etw. ~** serve sb sth

bewịrtschaften *tr. V.* **1** manage <*estate, farm, restaurant, business, etc.*> **2** farm <*fields, land*>

Bewịrtung *die*; **~, ~en** provision of food and drink

bewọg *1. u. 3. Pers. Sg. Prät. v.* bewegen²

bewọhnbar *Adj.* habitable

bewọhnen *tr. V.* inhabit, live in <*house, area*>; live in <*room, flat*>

Bewọhner *der*; **~s, ~, Bewọhnerin** *die*; **~, ~nen** (eines Hauses, einer Wohnung) occupant; (einer Stadt, eines Gebietes) inhabitant

bewọhnt *Adj.* occupied <*house etc.*>; inhabited <*area*>

bewọ̈lken *refl. V.* cloud over; become overcast

bewọ̈lkt *Adj.* cloudy; overcast

Bewọ̈lkung *die*; **~, ~en** cloud [cover]

Bewụnderer *der*; **~s, ~, Bewụnderin** *die*; **~, ~nen** admirer

bewụndern *tr. V.* admire (**wegen, für** for)

bewụnderns·wert **A** *Adj.* admirable **B** *adv.* admirably

Bewụnderung *die*; **~**; admiration

✓ **bewụsst, *bewụßt** **A** *Adj.* conscious <*reaction, behaviour, etc.*>; (absichtlich) deliberate <*lie, deception, attack, etc.*>; **etw. ist/wird jmdm. ~** sb is/becomes aware of sth; **sb realizes sth; sich** (*Dat.*) **einer Sache** (*Gen.*) **~ sein/werden** be/become aware of something **B** *adv.* consciously; (absichtlich) deliberately

bewụsst·los, *bewụßt·los *Adj.* unconscious

Bewụsstlosigkeit, *Bewụßtlosigkeit *die*; **~** unconsciousness

Bewụsst·sein, *Bewụßt·sein *das* **1** consciousness; **das ~ verlieren/ wiedererlangen** lose/regain consciousness; **bei vollem ~ sein** be fully conscious **2** (deutliches Wissen) awareness

bewụsstseins-, *bewụßtseins-, Bewụsstseins-, *Bewụßtseins-: ~erweiternd *Adj.* mind-expanding; psychedelic; **~erweiterung** *die* expansion of consciousness; **~trübung** *die* clouding *or* dimming of consciousness;

~veränderung *die* change of awareness *or* outlook

bezahlbar *Adj.* affordable

✓ **bezahlen** **A** *tr. V.* pay <*person, bill, taxes, rent, amount*>; pay for <*goods etc.*>; **das macht sich bezahlt** it pays off **B** *itr. V.* pay; **Herr Ober, ich möchte ~ od. bitte ~** waiter, the bill *or* (AmE) check please

Bezạhl·fernsehen *das* pay television; pay TV

Bezạhlung *die*; **~, ~en** payment; (Lohn, Gehalt) pay

bezạubernd **A** *Adj.* enchanting **B** *adv.* enchantingly

bezẹichnen *tr. V.* **1** jmdn./sich/etw. als etw. **~** call sb/oneself/sth sth **2** (Name, Wort sein für) denote

bezẹichnend *Adj.* characteristic (**für** of)

Bezẹichnung *die*; **~, ~en 1** marking; (Angabe durch Zeichen) indication **2** (Name) name

bezẹugen *tr. V.* testify to

bezịchtigen *tr. V.* accuse

✓ **bezịehen** **A** *unr. tr. V.* **1** cover <*seat, cushion, etc.*>; **die Betten frisch ~** put clean sheets on the beds **2** (einziehen in) move into <*house, office*> **3** (Milit.) take up <*position, post*> **4** (erhalten) obtain <*goods*>; take <*newspaper*>; draw <*pension, salary*> **5** (in Beziehung setzen) apply (**auf** + *Akk.* to) **B** *unr. refl. V.* **1** **es/der Himmel bezieht sich** it/the sky is clouding over *or* becoming overcast **2** **sich auf jmdn./etw. ~** (sich berufen auf) <*person, letter, etc.*> refer to sb/sth; (betreffen) <*question, statement, etc.*> relate to sb/sth; **wir ~ uns auf Ihr Schreiben vom 28. 8.** with reference to your letter of 28 August

✓ **Bezịehung** *die*; **~, ~en 1** relation; (Zusammenhang) connection (**zu** with); **zwischen A und B besteht keine/eine ~** there is no/a connection between A and B **2** (Freundschaft, Liebes**~**) relationship **3** (Hinsicht) respect; **in mancher ~** in many respects

bezịehungs·weise *Konj.* and ... respectively; (oder) or

bezịffern *tr. V.* estimate (**auf** + *Akk.* at); **den Schaden auf 3 000 Euro ~** estimate the damage at 3,000 euros

Bezịrk *der*; **~[e]s, ~e** district

*bezug ▶ Bezug 4

✓ **Bezug** *der* **1** (für Kissen usw.) cover; (für Polstermöbel) loose cover; slip cover (AmE); (für Betten) duvet cover; (für Kopfkissen) pillowcase **2** (Erwerb) obtaining; (Kauf) purchase; **~ einer Zeitung** taking a newspaper **3** *Pl.* salary *sing.* **4** (Papierdt.) **mit** *od.* **unter ~ auf etw.** (*Akk.*) with reference to sth; **in ~ auf jmdn./etw.** regarding sb/sth; **~ nehmend auf unser Telex** with reference to our telex

---

✓ key word

* old spelling—see note on page x

b

bezüglich *Präp.; mit Gen.* regarding
bezwęcken *tr. V.* aim to achieve
bezweifeln *tr. V.* doubt
bezwingen *unr. tr. V.* conquer ‹*enemy, mountain, pain, etc.*›; defeat ‹*opponent*›; capture ‹*fortress*›
BH /beːˈhaː/ *der;* ~**[s]**, ~**[s]** *Abk.*
= **Büstenhalter** bra; ~-**Träger** bra strap
Biathlon /ˈbiːatlɔn/ *das;* ~**s**, ~**s** (Sport) biathlon
Bibel *die;* ~, ~**n** (auch fig.) Bible
Biber *der;* ~**s**, ~; beaver
Bibliographie *die;* ~, ~**n** bibliography
bibliographisch *Adj.* bibliographical
✰ **Bibliothek** *die;* ~, ~**en** library
Bibliothekar *der;* ~**s**, ~**e**,
Bibliothekarin *die;* ~, ~**nen** librarian
biblisch *Adj.* biblical
Bidet /biˈdeː/ *das;* ~**s**, ~**s** bidet
bieder *Adj.* unsophisticated; (langweilig) stolid; (treuherzig) trusting
biegen Ⓐ *unr. tr. V.* bend
Ⓑ *unr. refl. V.* bend; (nachgeben) give
Ⓒ *unr. itr. V.; mit sein* turn
biegsam *Adj.* flexible; pliable ‹*material*›
Biegsamkeit *die;* ~ ▸ biegsam flexibility; pliability
Biegung *die;* ~, ~**en** bend
Biene *die;* ~, ~**n** bee
Bienen-: ~**honig** *der* bees' honey; ~**königin** *die* queen bee; ~**korb** *der* straw hive; ~**stock** *der* beehive
✰ **Bier** *das;* ~**[e]s**, ~**e** beer
Bier-: ~**bauch** *der* (ugs. spött.) beer belly; ~**brauerei** *die* brewery; ~**deckel** *der* beer mat; ~**dose** *die* beer can; ~**fass**, ***~**faß** *das* beer barrel; ~**flasche** *die* beer bottle; ~**garten** *der* beer garden; ~**glas** *das* beer glass; ~**kasten** *der* beer crate; ~**trinker** *der*, ~**trinkerin** *die* beer drinker; ~**zelt** *das* beer tent
Biest *das;* ~**[e]s**, ~**er** (ugs. abwertend) **1** (Tier, Gegenstand) wretched thing
2 (Mensch) wretch
✰ **bieten** Ⓐ *unr. tr. V.* **1** offer; put on ‹*programme etc.*›; provide ‹*shelter, guarantee, etc.*›
2 ein schreckliches Bild ~ present a terrible picture; einen prächtigen Anblick ~ be a splendid sight
Ⓑ *unr. refl. V.* sich jmdm. ~ present itself to sb
Ⓒ *unr. itr. V.* bid
Bigamie *die;* ~; bigamy *no def. art.*
Bigamist *der;* ~**en**, ~**en**, **Bigamistin** *die;* ~, ~**nen** bigamist
biken /ˈbaɪkn̩/ *itr. V.; mit sein* (Jargon) cycle
Biker /ˈbaɪkɐ/ *der;* ~**s**, ~**s** (Jargon) biker
Bikerin *die;* ~, ~**nen** (Jargon) [female] cyclist
Bikini *der;* ~**s**, ~**s** bikini
Bikini-: ~**höschen** *das* bikini bottom;

~**oberteil** *das* bikini top
Bilanz *die;* ~, ~**en** **1** balance sheet
2 (Ergebnis) outcome; ~ ziehen take stock
✰ **Bild** *das;* ~**[e]s**, ~**er** **1** picture
2 (Anblick) sight
3 (Metapher) image
✰ **bilden** Ⓐ *tr. V.* **1** form (aus from); (modellieren) mould (aus from); eine Gasse ~ make a path; sich (*Dat.*) ein Urteil ~ form an opinion
2 (ansammeln) build up ‹*fund, capital*›
3 (darstellen) be ‹*exception etc.*›
4 (erziehen) educate
Ⓑ *refl. V.* **1** form
2 (lernen) educate oneself
bildend *Adj.* **1** die ~e Kunst, die ~en Künste the plastic arts *pl.* (*including painting and architecture*)
2 (belehrend) educational
Bilder-: ~**buch** *das;* picture book (*for children*); ~**geschichte** *die* picture story; ~**rahmen** *der* picture frame; ~**rätsel** *das* picture puzzle; (Rebus) rebus
bild-, Bild-: ~**hauer** *der* sculptor; ~**hauerin** *die;* ~~, ~~**nen** sculptress; ~**hübsch** *Adj.* really lovely; stunningly beautiful ‹*girl*›
bildlich Ⓐ *Adj.* pictorial; (übertragen) figurative
Ⓑ *adv.* pictorially; (übertragen) figuratively
Bildnis /ˈbɪltnɪs/ *das;* ~**ses**, ~**se** portrait
Bild-: ~**punkt** *der* (DV) picture element; pixel; ~**qualität** *die* picture quality; ~**redakteur** *der*, ~**redakteurin** *die* picture editor; ~**röhre** *die* (Ferns.) picture tube
Bild·schirm *der* (Ferns., Informationst.) screen
Bildschirm-: ~**gerät** *das* VDU; visual display unit; ~**schoner** *der;* ~~**s**, ~~ (DV) screen saver
bild-, Bild-: ~**schön** *Adj.* really lovely; stunningly beautiful ‹*girl, woman*›; ~**telefon** *das* video telephone
✰ **Bildung** *die;* ~, ~**en** **1** (Erziehung) education; (Kultur) culture
2 (das Formen) formation
Bildungs-: ~**lücke** *die* gap in one's education; ~**minister** *der*, ~**ministerin** *die* minister of education; ≈ Secretary of State for Education (BrE); ~**wesen** *das* education system; das ~**wesen** education
Bild·unterschrift *die* caption
Billard /ˈbɪljart, (österr.) biˈjaːɐ̯/ *das;* ~**s**, ~**e** billiards
Billard-: ~**kugel** *die* billiard ball; ~**stock** *der* billiard cue; ~**tisch** *der* billiard table
Billett /bɪlˈjet/ *das;* ~**[e]s**, ~**e** *od.* ~**s** (schweiz., veralt.) ticket
Billiarde *die;* ~, ~**n** thousand million million; quadrillion (AmE)
✰ **billig** Ⓐ *Adj.* **1** cheap
2 (abwertend) (primitiv) cheap ‹*trick*›; feeble ‹*excuse*›
Ⓑ *adv.* cheaply

b

Billig·angebot das special or cut-price offer

billigen tr. V. approve

Billig-: ~**flieger** der (ugs.) budget airline; ~**flug** der cheap flight; ~**flug·linie** die budget airline; ~**lohn·land** das low-wage country

Billigung die; ~; approval

Billion die; ~, ~**en** trillion; million million

bimmeln itr. V. (ugs.) ring

bin 1. Pers. Sg. Präsens v. **sein**[1]

binär Adj. binary

Binde die; ~, ~**n 1** (Verband) bandage; (Augenbinde) blindfold
2 (Armbinde) armband

Binde-: ~**gewebe** das (Anat.) connective tissue; ~**haut** die (Anat.) conjunctiva

binden A unr. tr. V. **1** (auch fig.) tie; knot <tie>; make up <wreath, bouquet>; jmdn. an sich (Akk.) ~ (fig.) make sb dependent on one
2 (fesseln, festhalten, zusammenhalten, fig.) (verpflichten) (Buchw.) bind
3 (Kochk.) (legieren) thicken <sauce>
B unr. refl. V. tie oneself down

Binder der; ~**s**, ~; tie

Binde·strich der hyphen

Bind·faden der string

Bindung die; ~, ~**en 1** (Beziehung) relationship (**an** + Akk. to)
2 (Verbundenheit) attachment (**an** + Akk. to)
3 (Ski~) binding

binnen Präp.; mit Dat. od. (geh.) Gen. within

Binnenmarkt der (Wirtsch.) domestic or home market; **europäischer** ~ internal European market

Binsen·weisheit die truism

Bio- (ugs.) organic <farmer, garden, vegetables, etc.>

bio-, Bio-: ~**abfall** der biowaste; ~**brennstoff** der biofuel; ~**chemie** die biochemistry; ~**graf** der; ~~**en**, ~~**en** biographer; ~**grafie** die; ~~, ~~**n** biography; ~**grafin** die; ~~, ~~**nen** biographer; ~**grafisch** Adj. biographical; ~**kraftstoff** der (Kfz.-W.) biofuel; ~**loge** der; ~~**n**, ~~**n** biologist; ~**logie** die; ~~; biology no art.; ~**login** der; ~~, ~~**nen** biologist; ~**logisch** Adj. **1** biological
2 (natürlich) natural <medicine, cosmetic, etc.>; ~**masse** die biomass; ~**metrisch** A Adj. biometric B adv. biometrically; ~**müll** der biowaste; ~**sprit** der (ugs.) (Benzin) biofuel; ~**technologie** die biotechnology; ~**terrorismus** der bioterrorism; ~**top** der od. das; ~~**s**, ~~**e** (Biol.) biotope; ~**treibstoff** das biofuel; ~**waffe** die biological weapon

⸔ key word
* alte Schreibung—vgl. Hinweis auf S. x

bipolar /bipo'la:ɐ̯/ Adj. ~**e Störung** (Psych.) bipolar disorder

Birke die; ~, ~**n** birch [tree]; (Holz) birch[wood]

Birma (das); ~**s** Burma

Birn·baum der pear tree

Birne die; ~, ~**n 1** pear
2 (Glühlampe) [light]bulb
3 (salopp) (Kopf) nut (infml)

⸔ **bis** A Präp.; mit Akk. **1** (zeitlich) until; till; (die ganze Zeit über und bis zu einem bestimmten Zeitpunkt) up until; up till; (nicht später als) by
2 (räumlich) to; **dieser Zug fährt nur** ~ **Offenburg** this train only goes as far as Offenburg; ~ **5 000 Euro** up to 5,000 euros
3 ~ **auf** (einschließlich) down to; (mit Ausnahme von) except for
B Adv. ~ **zu 6 Personen** up to six people
C Konj. **1** (nebenordnend) to
2 (unterordnend) until; till; (österr.) (sobald) when

Bisam·ratte die muskrat

Bischof der; ~**s**, **Bischöfe**, **Bischöfin** die; ~, ~**nen** bishop

bischöflich Adj. episcopal

bi·sexuell A Adj. bisexual
B adv. bisexually

⸔ **bis·her** Adv. up to now; (aber jetzt nicht mehr) until now; till now

⸔ **bisherig** Adj. (vorherig) previous; (momentan) present

Biskaya /bɪsˈkaːja/ die; ~; the Bay of Biscay

Biskuit /bɪsˈkviːt/ das od. der; ~**[e]s**, ~**s** od. ~**e 1** sponge biscuit
2 (~teig) sponge

⸔ **bis·lang** Adv. ▶ bisher

Bison der; ~**s**, ~**s** bison

Biss, ***Biß** der; **Bisses**, **Bisse** bite

⸔ **bisschen**, ***bißchen** indekl. Indefinitpron.
1 adj. **ein** ~ **Geld/Wasser** a bit of or a little money/a drop of or a little water; **ein/kein** ~ **Angst haben** be a bit/not a bit frightened
2 adv. **ein/kein** ~ a bit or a little/not a or one bit
3 subst. **ein** ~ a bit; a little; (bei Flüssigkeiten) a drop; a little; **das/kein** ~ the little [bit]/not a or one bit

Bissen der; ~**s**, ~; mouthful

bissig A Adj. **1** ~ **sein** <dog> bite; **ein** ~**er Hund** a dog that bites; „**Vorsicht**, ~**er Hund**" 'beware of the dog'
2 cutting <remark, tone, etc.>
B adv. <say> cuttingly

Biss·wunde, ***Biß·wunde** die bite

bist 2. Pers. Sg. Präsens v. **sein**[1]

Bistum /'bɪstuːm/ das; ~**s**, **Bistümer** bishopric; diocese

bis·weilen Adv. (geh.) from time to time

Bit /bɪt/ das; ~**s**, ~**[s]** (DV) bit

⸔ **bitte** A Adv. please
B Interj. **1** (Bitte, Aufforderung) please; **zwei**

b

Tassen Tee, ~ two cups of tea, please;
~**[, nehmen Sie doch Platz]!** do take a seat;
Noch eine Tasse Tee? – [Ja] ~**!** Another cup
of tea? – Yes, please
2 (Aufforderung, etw. entgegenzunehmen) ~ **[schön**
od. sehr]! there you are!
3 (Ausdruck des Einverständnisses) ~ **[gern]!**
certainly; of course; **Entschuldigung! – Bitte!**
[I'm] sorry! – That's all right!
4 ~ **[schön od. sehr]!** (im Laden, Lokal) yes,
please?
5 [wie] ~**?** (Nachfrage) sorry
6 Vielen Dank! – Bitte [schön od. sehr] Many
thanks! – Not at all or you're welcome
Bitte die; ~, ~**n** request; (inständig) plea
✐ **bitten** unr. tr. V. **1** auch itr. ask (um for); **darf**
ich Sie um Feuer/ein Glas Wasser ~**?** could I
ask you for a light/a glass of water, please?
2 (einladen) ask
bitter A Adj. **1** bitter; plain ‹chocolate›
2 (fig.) (verbittert) bitter
3 (schmerzlich) bitter, painful, hard ‹loss›;
hard ‹time, fate, etc.›; dire ‹need›; desperate
‹poverty›; grievous ‹injustice, harm›
    B adv. (sehr stark) desperately; ‹regret›
bitterly
bitter-: ~**böse** A Adj. furious
    B adv. furiously; ~**kalt** Adj. bitterly cold
bitterlich A Adj. slightly bitter ‹taste›
    B adv. (heftig) ‹cry, complain, etc.› bitterly
bitter-süß Adj. (auch fig.) bitter-sweet
Bitt·steller der; ~**s**, ~, **Bitt·stellerin** die;
~, ~**nen** petitioner
Biwak das; ~**s**, ~**s** (bes. Milit., Bergsteigen)
bivouac
bizarr A Adj. bizarre
    B adv. bizarrely
Bizeps der; ~**[es]**, ~**e** biceps
Blähung die; ~, ~**en** flatulence no art.,
no pl.
Blamage /bla'maːʒə/ die; ~, ~**n** disgrace
blamieren A tr. V. disgrace
    B refl. V. disgrace oneself; (sich lächerlich
machen) make a fool of oneself
blank Adj. shiny
Blanko-: ~**scheck** der (auch fig.) blank
cheque; ~**vollmacht** die (auch fig.) carte
blanche
Bläschen /'blɛːsçən/ das; ~**s**, ~ **1** [small]
bubble
2 (in der Haut) [small] blister
Blase die; ~, ~**n 1** bubble
• **2** (in der Haut) blister
3 (Harn~) bladder
Blasebalg der; ~**s**, **Blasebälge** bellows pl.
blasen A unr. itr. V. blow
    B unr. tr. V. **1** blow
2 (spielen) play ‹musical instrument, tune,
melody, etc.›
Bläser der; ~**s**, ~, **Bläserin** die; ~, ~**nen**
(Musik) wind player
blasiert (abwertend) A Adj. blasé

    B adv. in a blasé way
Blas-: ~**instrument** das wind instrument;
~**kapelle** die brass band; ~**musik** die
brass band music
Blasphemie /blasfe'miː/ die; ~, ~**n**
blasphemy
Blas·rohr das blowpipe
blass, *blaß A Adj. pale
    B adv. palely
Blässe die; ~; paleness
Blatt das; ~**[e]s**, **Blätter 1** (von Pflanzen) leaf
2 (Papier) sheet
3 (Buchseite usw.) page; **etw. vom** ~ **spielen**
sight-read sth
4 (Zeitung) paper
5 (Spielkarten) hand
6 (am Werkzeug, Ruder) blade
Blättchen das; ~**s**, ~ **1** (von Pflanzen) [small]
leaf
2 (Papier) [small] sheet
blättern itr. V. **in einem Buch** ~ leaf through
a book
Blätter·teig der puff pastry
Blatt-: ~**gold** das gold leaf; ~**grün** das
chlorophyll; ~**laus** die aphid; ~**salat** der
green salad; ~**spinat** der leaf spinach
✐ **blau** Adj. blue; **ein** ~**er Fleck** a bruise; ~
sein (fig. ugs.) be tight (infml); **das Blaue**
vom Himmel herunterlügen (ugs.) lie like
anything
Blau das; ~**s**, ~ od. (ugs.:) ~**s** blue
blau-, Blau-: ~**äugig** Adj. **1** blue-eyed
2 (naiv) naive; ~**beere** die bilberry; ~**grau**
Adj. blue-grey; ~**grün** Adj. blue-green
bläulich Adj. bluish
blau-, Blau-: ~**licht** das flashing blue light;
~**|machen** itr. V. (ugs.) skip work; ~**mann**
der; Pl. ~**männer** (ugs.) boiler suit; ~**säure**
die (Chemie) prussic acid; ~**stichig** Adj. (Fot.)
with a blue cast postpos., not pred.; ~**stichig**
sein have a blue cast
Blazer /'blɛːzɐ/ der; ~**s**, ~; blazer
Blech das; ~**[e]s**, ~**e 1** sheet metal; (Stück
Blech) metal sheet
2 (Back~) [baking] tray
Blech-: ~**bläser** der, ~**bläserin** die brass
player; **die** ~**bläser** (im Orchester) the brass
[section] (sing); ~**büchse** die, ~**dose** die tin
blechen tr., itr. V. (ugs.) cough up (infml)
blechern A Adj. (metallisch klingend) tinny
‹sound, voice›
    B adv. tinnily
Blech-: ~**musik** die (abwertend) brass band
music; ~**napf** der metal bowl
Blechner der; ~**s**, ~, **Blechnerin** die; ~,
~**nen** (südd.) ▶ Klempner
Blech-: ~**schaden** der (Kfz-W.) damage no
indef. art. to the bodywork; ~**trommel** die
tin drum
blecken tr. V. **die Zähne** ~ bare one's/its
teeth
Blei das; ~**[e]s**, ~**e** lead

Bleibe *die*; ~, ~n place to stay

bleiben *unr. itr. V.; mit* sein **1** stay; remain;
~ Sie bitte am Apparat hold the line please;
wo bleibt er so lange? where has he got to?;
auf dem Weg ~ keep to the path; **sitzen** ~
stay *or* remain sitting down *or* seated; **bei
etw.** ~ (fig.) (an etw. festhalten) keep to sth
2 (übrig bleiben) be left; remain
3 etw. ~ **lassen** give sth a miss

bleibend *Adj.* lasting; permanent *‹damage›*

*****bleiben‖lassen** ▸ bleiben 3

bleich *Adj.* pale

bleichen[1] *tr. V.* bleach

bleichen[2] *regelm., veralt. auch unr. itr. V.*
become bleached

blei-, Blei-: ~**frei** *Adj.* unleaded *‹fuel›*;
~**kristall** *das* lead crystal; ~**kugel** *die* lead
ball; (Geschoss) lead bullet; ~**schwer** *Adj.*
heavy as lead *postpos.*; ~**stift** *der* pencil; **mit**
~**stift** in pencil; ~**stift·spitzer** *der* pencil
sharpener

Blende *die*; ~, ~n **1** (Lichtschutz) shade; (am
Fenster) blind
2 (Optik, Film, Fot.) diaphragm; (Blendenzahl)
aperture setting

blenden Ⓐ *tr. V.* **1** (auch fig.) dazzle
2 (blind machen) blind
Ⓑ *itr. V. ‹light›* be dazzling

blendend Ⓐ *Adj.* es geht mir ~ I feel
wonderfully well
Ⓑ *adv.* wir haben uns ~ amüsiert we had a
marvellous time

blich *1. u. 3. Pers. Sg. Prät. v.* bleichen[1]

Blick *der*; ~[e]s, ~e **1** look; (flüchtig) glance
2 (Ausdruck) look in one's eyes; **mit
misstrauischem** ~ with a suspicious look in
one's eye
3 (Aussicht) view; **ein Zimmer mit** ~ **aufs Meer**
a room with a sea view
4 (Urteil[skraft]) eye

blicken Ⓐ *itr. V.* look; (flüchtig) glance
Ⓑ *tr. V.* sich ~ lassen put in an appearance

Blick-: ~**fang** *der* eye-catcher; **als** ~**fang
dienen** serve to catch the eye; ~**feld** *das*
field of vision; ~**kontakt** *der* eye contact;
~**punkt** *der* view; ~**winkel** *der* **1** angle
of vision **2** (fig.) point of view; viewpoint

blieb *1. u. 3. Pers. Sg. Prät. v.* bleiben

blies *1. u. 3. Pers. Sg. Prät. v.* blasen

blind Ⓐ *Adj.* **1** (auch fig.) blind; ~ **werden**
go blind
2 (trübe) clouded *‹glass›*
3 ein ~**er Passagier** a stowaway
4 ~**er Alarm** a false alarm
Ⓑ *adv.* **1** (ohne hinzuzuschen) without looking;
(wahllos) blindly
2 (unkritisch) *‹trust›* implicitly; *‹obey›* blindly

Blind-: ~**bewerbung** *die* unsolicited
application; ~**darm** *der* **1** caecum

2 (volkst.) (Wurmfortsatz) appendix

Blinde *der/die adj. Dekl.* blind person; blind
man/woman; **die** ~**n** the blind

Blinde-kuh ~ **spielen** play blind man's buff

Blinden-: ~**hund** *der* guide dog; ~**schrift**
die Braille

Blindheit *die*; ~ (auch fig.) blindness

blindlings *Adv.* blindly; *‹trust›* implicitly

blind-, Blind-: ~**probe** *die* blind tasting;
~**schleiche** *die*; ~, ~**n** slow-worm;
~**wütig** Ⓐ *Adj.* raging *‹anger, hatred, fury,
etc.›*; wild *‹rage›* Ⓑ *adv.* in a blind rage

blinken Ⓐ *itr. V.* **1** *‹light, glass, crystal›*
flash; *‹star›* twinkle; *‹metal, fish›* gleam
2 (Verkehrsw.) indicate
Ⓑ *tr. V.* flash

Blinker *der*; ~**s**, ~; indicator [light]

Blink-: ~**licht** *das* **1** flashing light
2 ▸ Blinker; ~**zeichen** *das* flashlight signal

blinzeln *itr. V.* blink; (mit einem Auge, um ein
Zeichen zu geben) wink

Blitz *der*; ~**es**, ~**e 1** lightning *no indef. art.*;
ein ~ a flash of lightning; **[schnell] wie der**
~ like lightning
2 (Blitzlicht) flash

blitz-, Blitz-: ~**ab·leiter** *der* lightning
conductor; ~**artig** Ⓐ *Adj.* lightning
Ⓑ *adv.* like lightning; *‹disappear›* in a
flash; ~**blank** *Adj.* (ugs.) ~**blank [geputzt]**
sparkling clean; brightly polished *‹shoes›*

blitzeblank ▸ blitzblank

blitzen *itr. V.* **1** *unpers.* es blitzte (einmal)
there was a flash of lightning; (mehrmals)
there was lightning
2 (glänzen) *‹light, glass, crystal›* flash; *‹metal›*
gleam

blitz-, Blitz-: ~**gerät** *das* flash [unit]; ~**licht**
das flash[light]; ~**schnell** Ⓐ *Adj.* lightning
attrib.; ~**schnell sein** be like lightning
Ⓑ *adv.* like lightning; *‹disappear›* in a flash;
~**start** *der* lightning start

Block *der*; ~[e]s, **Blöcke** *od.* ~**s 1** *Pl. nur*
Blöcke (Brocken) block
2 (Wohnblock) block
3 *Pl. nur* **Blöcke** (Gruppierung von politischen
Kräften, Staaten) bloc
4 (Schreibblock) pad

Blockade *die*; ~, ~**n** blockade

Block-: ~**flöte** *die* recorder; ~**haus** *das*,
~**hütte** *die* log cabin

blockieren *tr. V.* block; jam *‹telephone line›*;
halt *‹traffic›*; lock *‹wheel, machine, etc.›*

Block·schrift *die* block capitals *pl.*

blöde, blöd (ugs.) Ⓐ *Adj.* **1** (dumm) stupid;
idiotic (infml)
2 (unangenehm) stupid
Ⓑ *adv.* stupidly; idiotically (infml)

Blödelei *die*; ~, ~**en** silly joke

blödeln *itr. V.* make silly jokes

Blödheit *die*; ~, ~**en** stupidity

blöd-, Blöd-: ~**mann** *der*; *Pl.* ~**männer**

(salopp) stupid idiot (infml); ~**sinn** der (ugs.) nonsense; **mach doch keinen** ~**sinn!** don't be stupid; ~**sinnig** (ugs.) **A** Adj. idiotic (infml) **B** adv. idiotically (infml)

Blo**g** das od. der; ~**s**, ~**s** blog

Blo**gger** der; ~**s**, ~, **Bl**o**ggerin** die; ~, ~**nen** blogger

blö**ken** itr. V. <sheep> bleat; <cattle> low

blo**nd** Adj. fair-haired, blond <man, race>; blonde <woman>; blond/blonde, fair <hair>

Blo**ndchen** das; ~**s**, ~ (ugs. abwertend) blonde bimbo (infml)

Blo**nd**i**ne** die; ~, ~**n** blonde

◦' **bl**o**ß A** Adj. **1** (nackt) naked
2 (nichts als) mere <words, promises, triviality, suspicion, etc.>; **der** ~**e Gedanke daran** the mere thought of it
B Adv. (ugs.) (nur) only
C Partikel **was hast du dir** ~ **dabei gedacht?** what on earth were you thinking of?

Blö**ße** die; ~; **sich** (Dat.) **eine/keine** ~ **geben** show a/not show any weakness

blo**ß|stellen** tr. V. show up; expose <swindler, criminal, etc.>

Blouson /blu'zõ:/ das od. der; ~**s**, ~**s** blouson

blu**bbern** itr. V. (ugs.) bubble

Bluejeans /'blu:dʒi:ns/; Pl.od. die ~, ~; [blue] jeans pl.

Blues /blu:s/ der; ~, ~; blues pl.

Blu**ff** der; ~**s**, ~**s** bluff

blu**ffen** tr., itr. V. bluff

blü**hen** itr. V. **1** <plant> flower, be in flower or bloom; <flower> be in bloom, be out; <tree> be in blossom; ~**de Gärten** gardens full of flowers
2 (florieren) thrive
3 (ugs.) (bevorstehen) **jmdm.** ~ be in store for sb; **das kann dir auch noch** ~ the same could happen to you

blü**hend** Adj. **1** (frisch, gesund) glowing <colour, complexion, etc.>; radiant <health>
2 (übertrieben) vivid <imagination>

Blü**mchen** das; ~**s**, ~; [little] flower

◦' **Bl**u**me** die; ~, ~**n 1** flower
2 (des Weines) bouquet
3 (des Biers) head

blumen-, Blumen-: ~**beet** das flower bed; ~**erde** die potting compost; ~**geschäft** das florist's; ~**geschmückt** Adj. flowerbedecked; adorned with flowers postpos.; ~**kasten** der flower box; (vor einem Fenster) window box; ~**kohl** der cauliflower; ~**strauß** der; Pl. ~**sträuße** bunch of flowers; (Bukett) bouquet of flowers; ~**topf** der flowerpot; ~**vase** die [flower] vase; ~**zwiebel** die bulb

Blu**se** die; ~, ~**n** blouse

◦' **Blut** das; ~**[e]s** blood

blut-, Blut-: ~**arm** Adj. (Med.) anaemic; ~**armut** die (Med.) anaemia; ~**bad** das bloodbath; ~**bahn** die bloodstream;

~**bank** die; Pl. ~~**en** (Med.) blood bank; ~**befleckt** Adj. bloodstained; ~**beschmiert** Adj. smeared with blood postpos.; ~**buche** die copper beech; ~**druck** der; Pl. ~**drücke** blood pressure

Blü**te** die; ~, ~, ~**n 1** flower; bloom; (eines Baums) blossom; ~**n treiben** flower; <tree> blossom
2 (das Blühen) flowering; (Baumblüte) blossoming

Blut·egel der; ~**s**, ~; leech

blu**ten** itr. V. bleed (aus from)

blüten-, Blüten-: ~**blatt** das petal; ~**honig** der blossom honey; ~**staub** der pollen; ~**weiß** Adj. sparkling white

Bluter der; ~**s**, ~, **Bluterin** die; ~, ~**nen** (Med.) haemophiliac

Blut·erguss, *Blut·erguß der haematoma; (blauer Fleck) bruise

Bluter·krankheit die haemophilia no art.

Blut-: ~**fleck**, ~**flecken** der bloodstain; ~**gefäß** das (Anat.) blood vessel; ~**gerinnsel** das; ~~**s**, ~~; blood clot; ~**gruppe** die blood group; ~**hochdruck** der high blood pressure; ~**hund** der bloodhound

blu**tig 1** bloody; **jmdn.** ~ **schlagen** beat sb to a pulp
2 (fig. ugs.) (völlig) complete <beginner, layman, etc.>

blut-, Blut-: ~**jung** Adj. very young; ~**konserve** die container of stored blood; ~**konserven** stored blood; ~**körperchen** das; ~~**s**, ~~; blood corpuscle; **rote/weiße** ~**körperchen** red/white corpuscles; ~**krebs** der leukaemia; ~**kreislauf** der blood circulation; ~**lache** die pool of blood; ~**leer** Adj. bloodless; ~**leere** die restricted blood supply; ~**orange** die blood orange; ~**plasma** das (Physiol.) blood plasma; ~**probe** die **1** (~entnahme, ~untersuchung) blood test **2** (kleine ~menge) blood sample; ~**rache** die blood revenge; ~**rot** Adj. blood-red; ~**rünstig A** Adj. bloodthirsty **B** adv. bloodthirstily; ~**schande** die incest; ~**spende** die (das Spenden) giving no indef. art. of blood; (~menge) blood donation; ~**spender** der, ~**spenderin** die blood donor; ~**spur** die trail of blood; ~**stillend** Adj. styptic

bluts-, Bluts-: ~**tropfen** der drop of blood; ~**verwandt** Adj. related by blood postpos.; ~**verwandtschaft** die blood relationship

Blut-: ~**tat** die (geh.) bloody deed; ~**transfusion** die blood transfusion; ~**übertragung** die blood transfusion

Blu**tung** die; ~, ~**en 1** bleeding no indef. art., no pl.
2 (Regelblutung) period

blut-, Blut-: ~**unterlaufen** Adj. suffused with blood postpos.; bloodshot <eyes>; ~**vergießen** das; ~~**s** bloodshed; ~**vergiftung** die blood poisoning no indef.

b

art., no pl.; ~**wurst** *die* black pudding;
~**zucker·spiegel** *der* (Physiol.) blood-sugar
level

Bö *die;* ~, ~**en** gust [of wind]

boarden /'bɔːdn̩/ ◢ *itr. V.* **1** (Flugw.) board
2 *mit sein* (snowboarden) snowboard
◼ᴮ *tr. V.* (Seew. Jargon) board [and inspect]
‹*vessel*›

Bob *der;* ~, ~**s** bob[sleigh]

Bob-: ~**bahn** *die* bob[sleigh] run; ~**fahrer**
der, ~**fahrerin** *die* bobber

Bock¹ *der;* ~[e]**s, Böcke 1** (Reh~, Kaninchen~)
buck; (Ziegen~) billy goat; he-goat; (Schafs~)
ram; **einen/keinen** ~ **auf etw.** (*Akk.*) **haben**
(ugs.) fancy/not fancy sth; **einen/keinen** ~
haben, etw. zu tun (ugs.) fancy/not fancy
doing sth
2 (Gestell) trestle
3 (Turngerät) buck

Bock² *das;* ~**s** (Bier) bock [beer]

Bock·bier *das* bock [beer]

bocken *itr. V.* refuse to go on; (vor einer Hürde)
refuse; (sich aufbäumen) buck

bockig ◢ *Adj.* stubborn and awkward
◼ᴮ *adv.* stubbornly [and awkwardly]

Bocks·horn *das* **sich ins** ~ **jagen lassen** (ugs.)
let oneself be browbeaten

Bock-: ~**springen** *das;* ~~**s** (Turnen)
vaulting [over the buck]; ~**wurst** *die*
bockwurst

✧ **Boden** *der;* ~**s, Böden 1** (Erd~) ground;
(Fuß~) floor; **am** ~ **zerstört [sein]** (ugs.) [be]
shattered (infml); **bleiben wir doch auf dem**
~ **der Tatsachen** (fig.) let's stick to the facts
2 (unterste Fläche) bottom; (Torten~) base
3 (Dach~, Heu~) loft

boden-, Boden-: ~**belag** *der* floor covering;
~**ertrag** *der* crop yield; ~**fläche** *die* land
area; ~**frost** *der* ground frost; ~**kammer**
die attic; ~**los** *Adj.* **1** bottomless
2 (ugs.) (unerhört) incredible ‹*foolishness,
meanness, etc.*›; ~**nebel** *der* ground fog/
mist; ~**satz** *der* sediment; ~**schätze** *Pl.*
mineral resources

Boden·see *der;* ~**s** Lake Constance

boden-, Boden-: ~**ständig** *Adj.* indigenous
‹*culture, population, etc.*›; ~**turnen** *das* floor
exercises *pl.;* ~**welle** *die* bump

Bodybuilding /'bɔdibɪldɪŋ/ *das;* ~**s**
bodybuilding *no art.*

Böe *die;* ~, ~**n** ▶ Bö

bog *1. u. 3. Pers. Sg. Prät. v.* biegen

Bogen *der;* ~**s,** ~ (südd., österr.) **Bögen**
1 curve; (Math.) arc
2 (Archit.) arch
3 (Waffe, Musik) (Geigen~ usw.) bow
4 (Papier~) sheet

bogen-, Bogen-: ~**fenster** *das*
arched window; ~**förmig** *Adj.* arched;
~**schießen** *das;* ~~**s** archery *no art.*

✧ key word
* alte Schreibung—vgl. Hinweis auf S. x

Boheme /bo'eːm/ *die;* ~; bohemian society

Bohemien /boe'mjɛ̃ː/ *der;* ~**s,** ~**s** bohemian

Bohle *die;* ~, ~**n** [thick] plank

Böhnchen *das;* ~**s,** ~; [small] bean

Bohne *die;* ~, ~**n** bean; **nicht die** ~ (ugs.) not
one little bit

Bohnen-: ~**eintopf** *der* bean stew;
~**kaffee** *der* real coffee; ~**kraut** *das*
savory; ~**stange** *die* (auch ugs.) (Mensch)
beanpole; ~**stroh** *das* **dumm wie** ~**stroh**
(ugs.) as thick as two short planks (infml);
~**suppe** *die* bean soup

bohnern *tr., itr. V.* polish

Bohner·wachs *das* floor polish

bohren ◢ *tr. V.* **1** bore; (mit Bohrer, Bohrmaschine)
drill, bore ‹*hole*›; sink ‹*well, shaft, pole, post
etc.*› (in + *Akk.* into)
2 (bearbeiten) drill ‹*wood, concrete, etc.*›
3 (drücken in) poke (in + *Akk.* in[to])
◼ᴮ *itr. V.* **1** drill; **in der Nase** ~ pick one's
nose; **nach Öl/Wasser** *usw.* ~ drill for oil/
water *etc.*
2 (ugs.) (drängen, fragen) keep on
◼ᶜ *refl. V.* bore its way

bohrend *Adj.* **1** gnawing ‹*pain, hunger,
remorse*›
2 (hartnäckig) piercing ‹*look etc.*›; probing
‹*question*›

Bohrer *der;* ~**s,** ~; drill

Bohr-: ~**hammer** *der* hammer drill; ~**insel**
die drilling rig; ~**maschine** *die* drill;
~**schrauber** *der* power drill/screwdriver;
~**turm** *der* derrick

Bohrung *die;* ~, ~**en** drill hole

böig *Adj.* gusty

Boiler /'bɔylɐ/ *der;* ~**s,** ~; water heater

Boje *die;* ~, ~**n** buoy

Bolivien /bo'liːvi̯ən/ (*das*); ~**s** Bolivia

Böller·schuss, ***Böller·schuß** *der* gun
salute

Boll·werk *das* bulwark; (fig.) bulwark;
bastion; stronghold

Bolschewik *der;* ~**en,** ~**i,** (abwertend:) ~**en,**
Bolschewikin *die;* ~, ~**nen** Bolshevik

Bolschewismus *der;* ~; Bolshevism *no art.*

Bolschewist *der;* ~**en,** ~**en,**
Bolschewistin *die;* ~, ~**nen** Bolshevist

bolschewistisch *Adj.* Bolshevik

bolzen *itr. V.* (ugs.) kick the ball about

Bolzen *der;* ~**s,** ~; bolt

bombardieren *tr. V.* **1** bomb
2 (fig. ugs.) bombard

Bombardierung *die;* ~, ~**en 1** (Milit.)
bombing
2 (fig. ugs.) bombardment

bombastisch ◢ *Adj.* bombastic
◼ᴮ *adv.* bombastically

Bombe *die;* ~, ~**n** bomb

bomben-, Bomben-: ~**angriff** *der*
bomb attack; ~**anschlag** *der* bomb attack;
~**attentat** *das* bomb attack; ~**drohung**

die bomb threat; ~**erfolg** *der* (ugs.) smash hit (infml); ~**fest** *Adj.* (ugs.) (unveränderbar) dead certain; ~**fest stehen** be dead certain; be a dead cert (BrE infml); ~**form** *die* (ugs.) top form; ~**sicher** *Adj.* (ugs.) (gewiss) dead certain; **das ist eine** ~**sichere Sache** that's dead certain; that's a dead cert (BrE infml) *or* a sure thing (AmE); ~**stimmung** *die* (ugs.) tremendous *or* fantastic atmosphere (infml); ~**trichter** *der* bomb crater

Bomber *der*; ~**s**, ~; bomber

Bon /bɔŋ/ *der*; ~**s**, ~**s** **1** voucher; coupon
2 (Kassenzettel) receipt

Bonbon /bɔŋ'bɔŋ/ *der*; (österr. nur) *das*; ~**s**, ~**s** sweet (BrE); candy (AmE); (fig.) treat

bongen *tr. V.* (ugs.) ring up; **gebongt sein** (ugs.) be fine; **ist gebongt!** (ugs.) fine!

Bongo /'bɔŋgo:/ *das*; ~**[s]**, ~**s** *od.* *die*; ~, ~**s** bongo [drum]

Bonmot /bõ'mo:/ *das*; ~**s**, ~**s** bon mot

Bonze *der*; ~**n**, ~**n** bigwig (infml)

boolesch /'bu:lɪʃ/ *Adj.* (Math., DV) Boolean

Boom /bu:m/ *der*; ~**s**, ~**s** boom

♂ **Boot** *das*; ~**[e]s**, ~**e** boat
Boots-: ~**fahrt** *die* boat trip; ~**haus** *das* boathouse; ~**steg** *der* landing stage; ~**verleih** *der* boat hire

Bord¹ *das*; ~**[e]s**, ~**e** shelf

Bord² *der*; ~**[e]s**, ~**e** (eines Schiffes) side; **an ~** on board; **über ~** overboard

Bordell *das*; ~**s**, ~**e** brothel

Bord·stein *der* kerb

Bordüre *die*; ~, ~**n** edging

borgen *tr. V.* ▶ leihen

Borke *die*; ~, ~**n** bark

Borken·käfer *der* bark beetle

borniert **A** *Adj.* bigoted
B *adv.* in a bigoted way

Börse *die*; ~, ~**n** stock market; (Gebäude) stock exchange

Börsen-: ~**krach** *der* stock market crash; ~**makler** *der* stockbroker

Borste *die*; ~, ~**n** bristle

borstig *Adj.* bristly

Borte *die*; ~, ~**n** braiding *no indef. art.*; edging *no indef. art.*

bös ▶ böse

bös·artig **A** *Adj.* **1** (heimtückisch) malicious <*person, remark, etc.*>; vicious <*animal*>
2 (Med.) malignant
B *adv.* maliciously

Bös·artigkeit *die*; ~ **1** maliciousness; (von Tieren) viciousness
2 (Med.) malignancy

Böschung *die*; ~, ~**en** embankment

♂ **böse** **A** *Adj.* **1** wicked; evil
2 (übel) bad <*times, illness, dream, etc.*>; nasty <*experience, affair, situation, trick, surprise, etc.*>
3 (ugs.) (wütend) mad (infml); (verärgert) cross (infml)

4 (fam.) (ungezogen) naughty
5 (ugs.) (arg) terrible (infml) <*pain, fall, shock, disappointment, storm, etc.*>
B *adv.* **1** (übel) <*end*> badly; **es war doch nicht ~ gemeint** I didn't mean it nastily
2 (ugs.) (wütend) angrily; (verärgert) crossly (infml)
3 (ugs.) (sehr) terribly (infml)

boshaft **A** *Adj.* malicious
B *adv.* maliciously

Boshaftigkeit *die*; ~, ~**en** **1** maliciousness
2 (Bemerkung) malicious remark

Bosheit *die*; ~, ~**en** **1** malice
2 (Bemerkung) malicious remark

Boss, *Boß *der*; **Bosses**, **Bosse** (ugs.) boss (infml)

bös·willig **A** *Adj.* malicious; wilful <*desertion*>
B *adv.* maliciously; wilfully <*desert*>

Bös·willigkeit *die*; ~; malice; maliciousness

bot *1. u. 3. Pers. Sg. Prät. v.* bieten

Botanik *die*; ~; botany *no art.*

botanisch **A** *Adj.* botanical
B *adv.* botanically

Bötchen *das*; ~**s**, ~; little boat

Bote *der*; ~**n**, ~**n** **1** messenger
2 (Laufbursche) errand boy

Botin *die*; ~, ~**nen** ▶ Bote 1 messenger
2 errand girl

Botschaft *die*; ~, ~**en** **1** message
2 (diplomatische Vertretung) embassy

Botschafter *der*; ~**s**, ~, **Botschafterin** *die*; ~, ~**nen** ambassador

Böttcher *der*; ~**s**, ~, **Böttcherin** *die*; ~, ~**nen** cooper

Bottich *der*; ~**s**, ~**e** tub

Bouillon /bul'jɔŋ/ *die*; ~, ~**s** bouillon

Boulevard /bulə'va:ɐ̯/ *der*; ~**s**, ~**s** boulevard

Boulevard-: ~**blatt** *das* ▶ Boulevardzeitung; ~**presse** *die* (abwertend) popular press; ~**stück** *das* (Theater) boulevard drama; ~**zeitung** *die* (abwertend) popular rag (derog.); tabloid

Bourgeoisie /bʊrʒoa'zi:/ *die*; ~, ~**n** bourgeoisie

Boutique /bu'ti:k/ *die*; ~, ~**s** *od.* ~**n** boutique

Bowle /'bo:lə/ *die*; ~, ~**n** punch (*made of wine, champagne, sugar, and fruit or spices*)

bowlen /'boʊlən/ *itr. V.* bowl

Bowling /'boʊlɪŋ/ *das*; ~**s**, ~**s** [tenpin] bowling

Bowling·bahn *die* bowling alley

Box *die*; ~, ~**en** **1** box
2 (Lautsprecher) speaker
3 (Pferdebox) [loose] box
4 (Motorsport) pit

boxen **A** *itr. V.* box; **gegen jmdn. ~** fight sb; box [against] sb
B *tr. V.* punch

Boxen·stopp *der* (Motorsport) pit stop

b

b

Boxer *der*; ~**s**, ~ (Sportler, Hund) boxer
Boxerin *die*; ~, ~**nen** boxer
Box-: ~**handschuh** *der* boxing glove;
~**kampf** *der* boxing match; (im Streit) fist
fight; ~**ring** *der* boxing ring; ~**sport** *der*
boxing *no art.*
Boy /bɔy/ *der*; ~**s**, ~**s** servant; (im Hotel)
pageboy
Boykott /bɔy'kɔt/ *der*; ~**[e]s**, ~**s** boycott
boykottieren *tr. V.* boycott
brach¹ *1. u. 3. Pers. Sg. Prät. v.* brechen
brach² *Adj.* fallow; (auf Dauer) uncultivated
Brachial·gewalt *die* brute force
Brach·land *das* fallow [land]; (auf Dauer)
uncultivated land
brach|liegen *unr. itr. V.* (auch fig.) lie fallow;
(auf Dauer) lie waste
brachte *1. u. 3. Pers. Sg. Prät. v.* bringen
✓ **Branche** /'brãːʃə/ *die*; ~, ~**n** [branch of]
industry
Branchen-: ~**führer** *der*, ~**führerin**
die (Wirtsch.) market[-sector] leader; (einer
Industrie) industry leader; ~**verzeichnis**
das classified directory; (Telefonbuch) Yellow
Pages® *pl.*
Brand *der*; ~**[e]s**, **Brände** fire; beim ~ der
Scheune when the barn caught fire; etw. in
~ stecken set fire to sth
Brand·anschlag *der* arson attack (auf +
Akk. on)
branden *itr. V.* (geh.) break
Branden·burg (*das*); ~**s** Brandenburg
brand-, Brand-: ~**fall** *der* fire; im ~fall/
für den ~fall in case of fire; ~**marken** *tr.*
V. brand <*person*>; denounce <*thing*>; ~**neu**
Adj. (ugs.) brand-new; ~**salbe** *die* ointment
for burns; ~**schaden** *der* fire damage *no pl.*,
no indef. art.; ~**stelle** *die* burn; ~**stifter**
der, ~**stifterin** *die* arsonist; ~**stiftung**
die arson
Brandung *die*; ~, ~**en** surf
Brand·wunde *die* burn
brannte *1. u. 3. Pers. Sg. Prät. v.* brennen
Brannt·wein *der* spirits *pl.*; (Sorte) spirit
Brasilianer *der*; ~**s**, ~, **Brasilianerin** *die*;
~, ~**nen** Brazilian
brasilianisch *Adj.* Brazilian
Brasilien /bra'ziːliən/ (*das*); ~**s** Brazil
brät *3. Pers. Sg. Präsens v.* braten
Brat·apfel *der* baked apple
braten *unr. tr. itr. V.* fry; (im Backofen) roast
Braten *der*; ~**s**, ~ **1** joint
2 roast [meat] *no indef. art.*
Braten-: ~**saft** *der* meat juice[s *pl.*]; ~**soße**
die gravy
Brat-: ~**fett** *das* [cooking] fat; ~**fisch** *der*
fried fish; ~**hähnchen** *das*, (südd., österr.)
~**hendl** *das* roast chicken; (gegrillt) broiled

chicken; ~**hering** *der* fried herring;
~**kartoffeln** *Pl.* fried potatoes; home fries
(AmE); ~**pfanne** *die* frying pan; ~**spieß**
der spit; ~**wurst** *die* [fried/grilled] sausage
Brauch *der*; ~**[e]s**, **Bräuche** custom
brauchbar *Adj.* useful; (benutzbar) usable;
wearable <*clothes*>
✓ **brauchen** **A** *tr. V.* **1** (benötigen) need
2 (aufwenden müssen) **mit dem Auto braucht er
zehn Minuten** it takes him ten minutes by
car; **wie lange brauchst du dafür?** how long
will it take you?; (im Allgemeinen) how long
does it take you?
3 (benutzen, gebrauchen) use; **ich könnte es gut
~** I could do with it
B *mod. V.* **2.** *Part* **brauchen** need; **du
brauchst nicht zu helfen** there is no need [for
you] to help; **du brauchst doch nicht gleich zu
weinen** there's no need to start crying
Brauchtum /'brauxtuːm/ *das*; ~**s**,
Brauchtümer custom
Braue *die*; ~, ~**n** [eye]brow
brauen *tr. V.* brew
Brauerei *die*; ~, ~**en** brewery
✓ **braun** *Adj.* brown; ~ **werden** (sonnengebräunt)
get a tan; ~ **gebrannt** [sun]-tanned
Braun *das*; ~**s**, ~ (ugs.) ~**s** brown
Braun·bär *der* brown bear
Bräune *die*; ~; [sun]tan
bräunen *tr. V.* **1** tan; sich ~ get a tan
2 (Kochk.) brown
braun-, Braun-: *~**gebrannt** ▶ braun;
~**kohle** *die* brown coal; lignite
bräunlich *Adj.* brownish
Bräunung *die*; ~, ~**en** browning
Braus ▶ Saus
Brause *die*; ~, ~**n 1** fizzy drink; (~pulver)
sherbet
2 (veralt.) (Dusche) shower
brausen *itr. V.* **1** <*wind, water, etc.*> roar
2 (sich schnell bewegen) race
3 *auch refl.* ▶ duschen
Brause-: ~**pulver** *das* sherbet; ~**tablette**
die effervescent tablet
Braut *die*; ~, **Bräute** bride
Bräutigam *der*; ~**s**, ~**e** [bride]groom
Braut-: ~**jungfer** *die* bridesmaid; ~**kleid**
das wedding dress; ~**paar** *das* bride and
groom
brav **A** *Adj.* **1** (artig) good
2 (redlich) honest
B *adv.* **nun iss schön ~ deine Suppe** be a
good boy/girl and eat up your soup
bravo /'braːvo/ *Interj.* bravo
Bravo *das*; ~**s**, ~**s** cheer
Bravo·ruf *der* cheer
BRD *Abk.* = **Bundesrepublik
Deutschland** FRG
Brech-: ~**bohne** *die* green bean; ~**eisen**
das crowbar
✓ **brechen** **A** *unr. tr. V.* **1** break; sich (*Dat.*) den

---

b

Arm/das Genick ~ break one's arm/neck
2 (ablenken) break ‹waves›; refract ‹light›
3 (bezwingen) overcome ‹resistance›; break ‹will, silence, record, blockade, etc.›
4 (nicht einhalten) break ‹agreement, contract, promise, the law, etc.›
5 (ugs.) (erbrechen) bring up
B unr. itr. V. **1** mit sein break; **brechend voll sein** be full to bursting
2 mit jmdm. ~ break with sb
3 mit sein **durch etw.** ~ break through sth
4 (ugs.) (sich erbrechen) throw up
C unr. refl. V. ‹waves etc.› break; ‹rays etc.› be refracted
Brecher der; ~s, ~; breaker
Brech-: ~**mittel** das emetic; ~**reiz** der nausea; ~**stange** die crowbar
Bredouille /breˈdʊljə/ die; ~, ~**n** (ugs.) **in der** ~ **sein** od. **sitzen** be in real trouble; **in die** ~ **kommen** get into real trouble
Brei der; ~[e]s, ~e (Hafer~) porridge (BrE), oatmeal (AmE) no indef. art.; (Reis~) rice pudding; (Grieß~) semolina no indef. art.
breiig Adj. mushy
breit **A** Adj. **1** wide; broad, wide ‹hips, face, shoulders, forehead, etc.›; **etw.** ~**er machen** widen sth; **die Beine** ~ **machen** open one's legs; **ein 5 cm** ~**er Saum** a hem 5 cm wide
2 (groß) **die** ~**e Masse** the general public
3 sich ~ **machen** take up room; (sich ausbreiten) be spreading
B adv. ~ **gebaut** sturdily built
Breit-: ~**band** das (DV) broadband; ~**band·anschluss** der (DV) broadband connection
breit·beinig **A** Adj. rolling ‹gait›
B adv. with one's legs apart
Breite die; ~, ~**n 1** ▶ breit A1 width; breadth
2 (Geogr.) latitude
breiten (geh.) tr., refl. V. spread
Breiten-: ~**grad** der degree of latitude; parallel (~kreis); ~**kreis** der parallel
breit-, Breit-: *~|**machen** ▶ breit A3; ~**schulterig** od. ~**schultrig** Adj. broad-shouldered; ~**seite** die long side; (eines Schiffes) side; ~|**treten** unr. tr. V. (ugs. abwertend) go on about; ~**wand** die (Kino) big screen
Bremen (das); ~s Bremen
Brems-: ~**backe** die brake shoe; ~**belag** der brake lining
Bremse¹ die; ~, ~**n** brake
Bremse² die; ~, ~**n** (Insekt) horsefly
bremsen tr. V. **1** auch itr. brake
2 (fig.) slow down ‹rate, development, production, etc.›; restrict ‹imports etc.›
Brems-: ~**klotz** der brake pad; ~**licht** das brake light; ~**pedal** das brake pedal; ~**spur** die skid mark; ~**weg** der braking distance; ~**zug** der brake cable
brenn·bar Adj. combustible
brennen **A** unr. itr. V. **1** burn; ‹house etc.› be on fire; **schnell/leicht** ~ catch fire

quickly/easily; **es brennt!** fire!
2 (glühen) be alight
3 (leuchten) be on; **das Licht** ~ **lassen** leave the light on
4 die Sonne brannte the sun was burning down
5 (schmerzen) ‹wound etc.› sting; ‹feet etc.› be sore
6 darauf ~, **etw. zu tun** be dying to do sth
B unr. tr. V. **1** burn ‹hole, pattern, etc.›; **einem Tier ein Zeichen ins Fell** ~ brand an animal
2 (mit Hitze behandeln) fire ‹porcelain etc.›; distil ‹spirits›
3 (rösten) roast ‹coffee beans, almonds, etc.›
brennend **A** Adj. (auch fig.) burning; lighted ‹cigarette›; urgent ‹topic›
B adv. **es interessiert mich** ~, **ob** … I'm dying to know whether …
Brenner der; ~s, ~; burner
Brennerei die; ~, ~**en** distillery
****Brennessel** die; ~, ~**n** ▶ Brennnessel
Brenn-: ~**glas** das burning glass; ~**holz** das firewood; ~**material** das fuel; ~**nessel** die stinging nettle; ~**ofen** der kiln; ~**punkt** der focus; ~**spiritus** der methylated spirits pl.; ~**stoff** der fuel; ~**stoff·zelle** die fuel cell; ~**weite** die (Optik) focal length
brenzlig Adj. **1** ‹smell, taste, etc.› of burning not pred.
2 (ugs.) (gefährlich) dicey (infml)
Bresche die; ~, ~**n** gap; breach; [**für jmdn.**] **in die** ~ **springen** stand in [for sb]
Brett das; ~[e]s, ~**er 1** board; (lang und dick) plank; (Diele) floorboard; **schwarzes** ~ noticeboard; **ein** ~ **vor dem Kopf haben** (fig. ugs.) be thick
2 Pl. (Ski) skis
Bretter-: ~**wand** die wooden partition; ~**zaun** der wooden fence
Brett·spiel das board game
Brezel die; ~, ~**n** pretzel
Bridge /brɪtʃ/ das; ~; bridge
Brief der; ~[e]s, ~**e** letter
Brief-: ~**beschwerer** der; ~~s, ~~; paperweight; ~**block** der, Pl. ~~s od. ~~**blöcke** writing pad; ~**bogen** der sheet of writing paper; ~**freund** der, ~**freundin** die penfriend; pen pal (infml); ~**freundschaft** die penfriendship; ~**geheimnis** das privacy of the post; ~**karte** die correspondence card; ~**kasten** der **1** postbox **2** (privat) letter box; ~**kopf** der **1** letter heading **2** (aufgedruckt) letterhead; ~**kuvert** das (veralt.)
▶ Briefumschlag
brieflich **A** Adj. written
B adv. by letter
Brief·marke die [postage] stamp
Briefmarken-: ~**album** das stamp album; ~**sammler** der, ~**sammlerin** die stamp collector; ~**sammlung** die stamp collection

b

Brief-: ~**öffner** der letter opener; ~**papier** das writing paper; ~**partner** der, ~**partnerin** die penfriend; ~**schreiber** der, ~**schreiberin** die [letter] writer; ~**tasche** die wallet; ~**taube** die carrier pigeon; ~**träger** der postman; letter carrier (AmE); ~**trägerin** die postwoman; [female] letter carrier (AmE); ~**umschlag** der envelope; ~**waage** die letter scales pl.; ~**wahl** die postal vote; ~**wechsel** der correspondence

Bries das; ~**es**, ~**e** (Kochk.) sweetbreads pl.

briet 1. u. 3. Pers. Sg. Prät. v. braten

Brigade die; ~, ~**n** (Milit.) brigade

Brikett das; ~**s**, ~**s** briquette

brillant /brɪl'jant/ **A** Adj. brilliant
B adv. brilliantly

Brillant der; ~**en**, ~**en** brilliant

Brillant-: ~**ring** der (brilliant-cut) diamond ring; ~**schmuck** der (brilliant-cut) diamond jewellery

Brillanz /brɪl'jants/ die; ~; brilliance

Brille die; ~, ~**n** 1 glasses pl.; spectacles pl.; eine ~ a pair of glasses or spectacles; eine ~ tragen wear glasses or spectacles
2 (ugs.) (Klosettbrille) [lavatory] seat

Brillen-: ~**etui** das, ~**futteral** das glasses case; spectacle case; ~**glas** das [spectacle] lens; ~**schlange** die spectacled cobra; ~**träger** der, ~**trägerin** die person who wears glasses; ~**träger/-trägerin sein** wear glasses

Brimborium das; ~**s** (ugs. abwertend) hoo-ha (infml)

♂ **bringen** unr. tr. V. **1** (her~) bring; (hin~) take; jmdm. Glück/Unglück ~ bring sb [good] luck/bad luck; jmdm. eine Nachricht ~ bring sb news
2 (begleiten) take; jmdn. nach Hause/zum Bahnhof ~ take sb home/to the station
3 es zu etwas/nichts ~ get somewhere/get nowhere
4 jmdn. ins Gefängnis ~ <crime, misdeed> land sb in gaol; jmdn. wieder auf den rechten Weg ~ (fig.) get sb back on the straight and narrow; jmdn. zum Lachen/zur Verzweiflung ~ make sb laugh/drive sb to despair; jmdn. dazu ~, etw. zu tun get sb to do sth; etw. hinter sich ~ (ugs.) get sth over and done with
5 jmdn. um seinen Besitz ~ do sb out of his property
6 (präsentieren) present; (veröffentlichen) publish; (senden) broadcast
7 ein Opfer ~ make a sacrifice
8 einen großen Gewinn/hohe Zinsen ~ make a large profit/earn high interest
9 das bringt es mit sich, dass ... that means that ...
10 (verursachen) cause

brisant Adj. explosive

♂ key word
* alte Schreibung—vgl. Hinweis auf S. x

Brisanz die; ~; explosiveness

Brise die; ~, ~**n** breeze

Britannien (das); ~**s** Britain; (hist.) Britannia

Brite der; ~**n**, ~**n** Briton; die ~**n** the British; er ist [kein] ~ he is [not] British

Britin die; ~, ~**nen** Briton; British girl/woman

♂ **britisch** Adj. British; die Britischen Inseln the British Isles

bröckelig Adj. crumbly

bröckeln **A** itr. V. **1** crumble
2 mit sein von der Wand ~ crumble away from the wall
B tr. V. crumble

Brocken der; ~**s**, ~ (von Brot) hunk; (von Fleisch) chunk; (von Lehm, Kohle, Erde) lump; ein paar ~ Englisch (fig.) a smattering of English

brodeln itr. V. bubble

Broiler /'brɔylɐ/ der; ~**s**, ~ (regional)
▶ Brathähnchen

Brokat der; ~**[e]s**, ~**e** brocade

Brokkoli der; ~**s**, ~**[s]** broccoli

Brom·beere die blackberry

Bronchie /'brɔnçjə/ die; ~, ~**n** bronchial tube

Bronchitis die; ~; bronchitis

Bronze /'brõːsə/ die; ~; bronze

Bronze-: ~**medaille** die bronze medal; ~**zeit** die Bronze Age

Brosche die; ~, ~**n** brooch

Broschüre die; ~, ~**n** booklet

Brösel der; ~**s**, ~; breadcrumb

bröselig Adj. crumbly

bröseln itr. V. crumble

♂ **Brot** das; ~**[e]s**, ~**e** bread no pl., no indef. art.; (Laib) loaf [of bread]; (Scheibe) slice [of bread]

Brot-: ~**aufstrich** der spread; ~**belag** der topping; (im zusammengeklappten Brot) filling

Brötchen das; ~**s**, ~; roll

Brot-: ~**erwerb** der way to earn a living; ~**korb** der bread basket; ~**laib** der loaf [of bread]; ~**messer** das bread knife; ~**rinde** die [bread] crust; ~**zeit** die (südd.) **1** (Pause) [tea/coffee/lunch] break **2** (Vesper) snack; (Vesperbrot) sandwiches pl.

Browser /'braʊzɐ/ der; ~**s**, ~ (DV) browser

Bruch der; ~**[e]s**, Brüche **1** break; in die Brüche gehen (zerbrechen) get broken; (fig.) break up
2 (Med.) (Knochen~) fracture; break
3 (Med.) (Eingeweide~) hernia
4 (fig.) (eines Versprechens) breaking; (eines Abkommens, Gesetzes) violation
5 (Math.) fraction

brüchig Adj. **1** brittle <rock, brickwork>
2 (fig.) crumbling <relationship, marriage, etc.>

Bruch-: ~**landung** die crash-landing;

~**rechnen** *das* fractions *pl.*; ~**strich** *der* fraction line; ~**stück** *das* fragment; ~**teil** *der* fraction; **im** ~**teil einer Sekunde** in a split second

♂ **Brücke** *die*; ~, ~**n 1** (auch Kommandobrücke, Zahnmed., Bodenturnen, Ringen) bridge
2 (Landungsbrücke) gangway
3 (Teppich) rug

Brücken-: ~**bogen** *der* arch [of a/the bridge]; ~**geländer** *das* parapet; ~**kopf** *der* (Milit., auch fig.) bridgehead

♂ **Bruder** *der*; ~**s**, **Brüder** brother

Brüderchen *das*; ~**s**, ~; little brother

brüderlich **A** *Adj.* brotherly
B *adv.* in a brotherly way

Brüderlichkeit *die*; ~; brotherliness

Brüderschaft *die*; ~; [mit jmdm.] ~ **trinken** drink to close friendship [with sb] (*agreeing to use the familiar 'du' form*)

Brühe *die*; ~, ~**n 1** stock; (als Suppe) clear soup
2 (ugs. abwertend) (Getränk) muck; (verschmutztes Wasser) filthy water

brühen *tr. V.* **1** blanch
2 (auf~) brew, make <*tea*>; make <*coffee*>

brüh-, Brüh-: ~**warm** *Adj.* etw. ~**warm weitererzählen** (ugs.) pass sth on straight away; ~**würfel** *der* stock cube

brüllen **A** *itr. V.* **1** <*bull, cow, etc.*> bellow; <*lion, tiger, etc.*> roar
2 (ugs.) (schreien) roar; (weinen) howl
B *tr. V.* yell

Brüller *der*; ~**s**, ~ (ugs.) **1** (etw. sehr Komisches) scream (infml)
2 (Erfolg) hit

brummen *tr., itr. V.* **1** <*insect*> buzz; <*bear*> growl; <*engine etc.*> drone
2 (unmelodisch singen) drone
3 (mürrisch sprechen) mumble

Brummer *der*; ~**s**, ~ (ugs.) **1** (Fliege) bluebottle
2 (LKW) heavy lorry (BrE) *or* truck

brummig *Adj.* (ugs.) grumpy

Brumm-: ~**kreisel** *der* humming top; ~**schädel** *der* (ugs.) thick head

brünett *Adj.* dark-haired <*person*>; dark <*hair*>

Brünette *die*; ~, ~**n** brunette

Brunnen *der*; ~**s**, ~ **1** well
2 (Springbrunnen) fountain

Brunnen·kresse *die* watercress

Brunst *die*; ~, **Brünste** (von männlichen Tieren) rut; (von weiblichen Tieren) heat

Brunst·zeit *die* (bei männlichen Tieren) rutting season; (bei weiblichen Tieren) [season of] heat

brüsk **A** *Adj.* brusque
B *adv.* brusquely

brüskieren *tr. V.* offend; (stärker) insult; (schneiden) snub

Brüssel (*das*); ~**s** Brussels

Brust *die*; ~, **Brüste 1** chest

2 (der Frau) breast
3 (Hähnchen~) breast; (Rinder~) brisket
4 (Brustschwimmen) breaststroke

brüsten *refl. V.* sich mit etw. ~ boast about sth

Brust-, Brüst-: ~**kasten** (ugs.) chest; ~**korb** *der* (Anat.) thorax (Anat.); ~**krebs** *der* breast cancer; ~**schwimmen** *unr. itr. V.*; *nur im Inf.* do [the] breaststroke; ~**schwimmen** *das* breaststroke; ~**tasche** *die* breast pocket

Brüstung *die*; ~, ~**en** parapet; (Balkon~) balustrade

Brust·warze *die* nipple

Brut *die*; ~, ~**en 1** brooding
2 (Jungtiere) (auch fig. scherzh.) (Kinder) brood

brutal **A** *Adj.* brutal; violent <*attack, programme, etc.*>; brute <*force, strength*>
B *adv.* brutally

Brutalität *die*; ~, ~**en 1** brutality
2 (Handlung) act of brutality

Brut *die*; ~ brood

brüten *itr. V.* **1** brood
2 (grübeln) ponder (**über** + *Dat.* over); ~**d heiß** (ugs.) boiling hot

Brüter *der*; ~**s**, ~ (Kernphysik) breeder

Brut-: ~**kasten** *der* incubator; ~**reaktor** *der* (Kernphysik) breeder reactor; ~**stätte** *die* (auch fig.) breeding ground

brutto *Adv.* gross

Brutto-: ~**einkommen** *das* gross income; ~**gehalt** *das* gross salary; ~**lohn** *der* gross wage; ~**sozialprodukt** *das* (Wirtsch.) gross national product

brutzeln **A** *itr. V.* sizzle
B *tr. V.* (ugs.) fry [up]

BSE /beːˈɛsˈeː/ *die*; ~; BSE

Bub *der*; ~**en**, ~**en** (südd., österr., schweiz.) boy; lad

Bube *der*; ~**n**, ~**n** (Kartenspiele) jack; knave

Bubi *der*; ~**s**, ~**s 1** [little] boy *or* lad
2 (salopp) (Schnösel) young lad

♂ **Buch** *das*; ~[**e**]**s**, **Bücher** book; (Dreh~) script; **über etw.** (*Akk.*) ~ **führen** keep a record of sth

Buch-: ~**besprechung** *die* book review; ~**binder** *der*, ~**binderin** *die*; ~~, ~~**nen** bookbinder; ~**druck** *der* letterpress printing

Buche *die*; ~, ~**n 1** beech [tree]
2 (Holz) beech[wood]

Buch·ecker *die*; ~, ~**n** beech nut

buchen *tr. V.* **1** enter
2 (vorbestellen) book

Bücher·brett *das* bookshelf

Bücherei *die*; ~, ~**en** library

Bücher-: ~**regal** *das* bookshelves *pl.*; ~**schrank** *der* bookcase; ~**wurm** *der* (scherzh.) bookworm; ~**verbrennung** *die* burning of books

Buch-: ~**fink** *der* chaffinch; ~**führung** *die* bookkeeping; ~**halter** *der*, ~**halterin** *die* bookkeeper; ~**haltung** *die* **1** accountancy

b

b

2 (Abteilung) accounts department;
~**händler** der, ~**händlerin** die
bookseller; ~**handlung** die bookshop;
~**klub** der book club; ~**laden** der; Pl.
~**läden** ▸ Buchhandlung; ~**messe** die
book fair; ~**rücken** der spine

Buchs·baum /'buks-/ der box [tree]

Buchse /'buksə/ die; ~, ~**n 1** (Elektrot.) socket
2 (Technik) bush

Büchse /'byksə/ die; ~, ~**n 1** tin
2 (ugs.) (Sammel~) [collecting] box
3 (Gewehr) rifle; (Schrot~) shotgun

Büchsenbier usw. ▸ **Dosenbier** usw.

ơˇ **Buchstabe** der; ~**ns**, ~**n** letter; (Druckw.)
character; **ein großer/kleiner** ~ a capital
[letter]/small letter

buchstabieren tr. V. spell

buchstäblich Adv. literally

Bucht die; ~, ~**en** bay

Buchung die; ~, ~**en 1** entry
2 (Vorbestellung) booking

Buckel der; ~**s**, ~ **1** hump; **einen** ~ **machen**
‹cat› arch its back; ‹person› hunch one's
shoulders
2 (ugs.) (Rücken) back; **rutsch mir den** ~
runter! (salopp) get lost! (infml)

buckeln itr. V. (ugs.) bow and scrape; **vor**
jmdm. ~ kowtow to sb

bücken refl. V. bend down

bucklig Adj. hunchbacked

Bucklige der/die adj. Dekl. hunchback (often
offensive)

Bückling¹ der; ~**s**, ~**e** (ugs. scherzh.)
(Verbeugung) bow

Bückling² der; ~**s**, ~**e** (Hering) bloater

buddeln itr., tr. V. (ugs.) dig

Buddha /'buda/ der; ~**s**, ~**s** Buddha

Buddhismus der; ~; Buddhism no art.

Buddhist der; ~**en**, ~**en**, **Buddhistin**
die; ~, ~**nen** Buddhist

buddhistisch Adj. Buddhist attrib.

Bude die; ~, ~**n 1** kiosk; (Markt~) stall;
(Jahrmarkts~) booth
2 (Bau~) hut
3 (ugs.) (Haus) dump (infml); (Zimmer) room;
digs pl. (BrE infml)

Budget /by'dʒeː/ das; ~**s**, ~**s** budget

Bufdi (ugs.) **1** Bundesfreiwilligendienst
2 Bundesfreiwilligendienstleistende

Büfett das; ~**[e]s**, ~**s** od. ~**e 1** sideboard
2 (Schanktisch) bar
3 (Verkaufstisch) counter
4 kaltes ~ cold buffet

Büffel der; ~**s**, ~; buffalo

büffeln (ugs.) **Ａ** itr. V. swot (BrE infml); cram
Ｂ tr. V. swot up (BrE infml); cram

Buffet /by'feː/ das; ~**s**, ~**s** ▸ Büfett

Bug der; ~**[e]s**, ~**e** u. **Büge** bow

Bügel der; ~**s**, ~ **1** (Kleider~) hanger
2 (Brillen~) earpiece
3 (an einer Tasche, Geldbörse) frame

bügel-, Bügel-: ~**brett** das ironing board;
~**eisen** das iron; ~**falte** die [trouser]
crease; ~**frei** Adj. non-iron

bügeln tr., itr. V. iron

bugsieren /bʊ'ksiːrən/ tr. V. (ugs.) shift;
manoeuvre; steer ‹person›

buh Interj. boo

Buh das; ~**s**, ~**s** (ugs.) boo

buhen itr. V. (ugs.) boo

buhlen itr. V. (geh. abwertend) **um jmds. Gunst**
~ court sb's favour

Buh·mann der whipping boy

Buhne /'buːnə/ die; ~, ~**n** groyne

ơˇ **Bühne** die; ~, ~**n 1** stage; **ein Stück auf die**
~ **bringen** put on or stage a play
2 (Theater) theatre

bühnen-, Bühnen-: ~**arbeiter**
der, ~**arbeiterin** die stagehand;
~**ausstattung** die stage set; ~**bild**
das [stage] set; ~**bildner** der; ~**s**, ~, ~,
~**bildnerin** die; ~, ~, ~~**nen** stage
designer; ~**reif** Adj. ‹play etc.› ready for the
stage; ‹imitation etc.› worthy of the stage;
dramatic ‹entrance etc.›

Buh·ruf der boo

buk 1. u. 3. Pers. Sg. Prät. v. backen

Bukett das; ~**s**, ~**s** od. ~**e** (geh.) bouquet

Bulette die; ~, ~**n** (bes. berl.) rissole

Bulgare der; ~**n**, ~**n** Bulgarian

Bulgarien /bʊl'gaːriən/ (das); ~**s** Bulgaria

Bulgarin die; ~, ~**nen** Bulgarian

bulgarisch Adj. Bulgarian

Bull-: ~**auge** das circular porthole;
~**dogge** die bulldog; ~**dozer** /-doːzɐ/ der;
~~**s**, ~~; bulldozer

Bulle der; ~**n**, ~**n 1** bull
2 (salopp) (Polizist) cop (infml)

Bullen·hitze die (ugs.) sweltering or boiling
heat

Bullen·markt der (Börsenw.) bull market

Bulletin /byl'tɛː/ das; ~**s**, ~**s** bulletin

bullig **Ａ** Adj. **1** beefy ‹person, appearance,
etc.›; chunky ‹car›
2 (drückend) sweltering ‹heat›
Ｂ adv. ~ **heiß** boiling hot

Bull·terrier der bull terrier

bum Interj. bang

Bumerang der; ~**s**, ~**e** od. ~**s** boomerang

Bummel der; ~**s**, ~ **1** stroll (**durch** around)
2 (durch Lokale) pub crawl (infml)

Bummelei die; ~, ~**en** (ugs.) **1** dawdling
2 (Faulenzerei) loafing about

bummelig (ugs.) **Ａ** Adj. **1** slow
2 (nachlässig) slipshod
Ｂ adv. **1** slowly
2 (nachlässig) in a slipshod way

bummeln itr. V. **1** mit sein stroll (**durch**
around); **durch die Kneipen** ~ go on a pub

ơˇ key word
* old spelling—see note on page x

crawl (BrE infml)
2 (trödeln) dawdle
3 (faulenzen) laze about

bums *Interj.* bang

Bums *der*; ~**es**, ~**e** (ugs.) bang; (dumpfer) thud

bumsen *itr. V.* (ugs.) **1** bang; (dumpfer) thump; *unpers.* **es bumste ganz furchtbar** there was a terrible bang/thud
2 *mit sein* (stoßen) bang

⚜ **Bund¹** *der*; ~**[e]s**, **Bünde 1** (Vereinigung) association; (Bündnis, Pakt) alliance
2 (föderativer Staat) federation
3 (an Röcken, Hosen) waistband

Bund² *das*; ~**[e]s**, ~**e** bunch

Bündchen *das*; ~**s**, ~; band

Bündel *das*; ~**s**, ~; bundle

bündeln *tr. V.* bundle up ‹*newspapers, old clothes, rags, etc.*›; tie ‹*banknotes etc.*› into bundles/a bundle; tie ‹*flowers, radishes, carrots, etc.*› into bunches/a bunch; sheave ‹*straw, hay, etc.*›

Bundes- federal; (in Namen, Titeln) Federal

bundes-, Bundes-: ~**bürger** *der*, ~**bürgerin** *die* (veralt.) West German citizen; ~**deutsch** *Adj.* (veralt.) West German; ~**ebene** *die* auf ~**ebene** at federal *or* national level; ~**freiwilligendienst** *der* Federal Voluntary Service; ~**freiwilligendienstleistende** *der/ die* adj. Dekl.; volunteer working in the Federal Voluntary Service; ~**gerichtshof** *der* Federal Supreme Court; ~**kabinett** *das* Federal Cabinet; ~**kanzler** *der*, ~**kanzlerin**, *die* **1** Federal Chancellor **2** (schweiz.) Chancellor of the Confederation

⚜ **Bundes·land** *das* [federal] state; (österr.) province

bundes-, Bundes-: ~**liga** *die* national division; ~**minister** *der*, ~**ministerin** *die* Federal Minister; ~**ministerium** *das* Federal Ministry; ~**politisch** 🅰 *Adj.* relating to Federal politics *postpos.*; ‹key figure› in Federal politics 🅱 *adv.* in Federal politics; ~**präsident** *der*, ~**präsidentin** *die* **1** [Federal] President **2** (schweiz.) President of the Confederation; ~**rat** *der* Bundesrat

⚜ **Bundes·regierung** *die* Federal Government

⚜ **Bundes·republik** *die* federal republic; **die ~ Deutschland** The Federal Republic of Germany

Bundes·straße *die* federal highway; ≈ A road (BrE)

⚜ **Bundes·tag** *der* Bundestag

Bundestags-: ~**abgeordnete** *der/ die* member of parliament; member of the Bundestag; ~**präsident** *der*, ~**präsidentin** *die* President of the Bundestag; ~**wahl** *die* parliamentary *or* general election

Bundes-: ~**trainer** *der*, ~**trainerin** *die* national team manager; ~**verfassungs·gericht** *das* Federal Constitutional Court; ~**verwaltungs·gericht** *das* Supreme Administrative Court

⚜ **Bundes·wehr** [Federal] Armed Forces *pl.*

⚜ **bundes·weit** *Adj., adv.* nationwide

Bund-: ~**falten** *Pl.* pleats; ~**falten·hose** *die* pleat[ed]-front trousers *pl.*; ~**hose** *die* knee breeches

bündig 🅰 *Adj.* **1** succinct
2 (schlüssig) conclusive
🅱 *adv.* **1** succinctly
2 (schlüssig) conclusively

Bündnis *das*; ~**ses**, ~**se** alliance

Bungalow /'bʊŋɡalo/ *der*; ~**s**, ~**s** bungalow

Bunker *der*; ~**s**, ~ **1** bunker
2 (Luftschutzbunker) air-raid shelter

⚜ **bunt** 🅰 *Adj.* **1** colourful; (farbig) coloured; ~**e Farben/Kleidung** bright colours/brightly coloured clothes
2 (fig.) varied ‹*programme etc.*›
🅱 *adv.* **1** colourfully; ~ **bemalt** brightly painted
2 (fig.) **ein ~ gemischtes Programm** a varied programme

bunt-, Bunt-: **~**bemalt** ▸ bunt B1; ~**papier** *das* coloured paper; ~**specht** *der* spotted woodpecker; ~**stift** *der* coloured pencil/crayon

Bürde *die*; ~, ~**n** (geh.) weight; load

Burg *die*; ~, ~**en 1** castle
2 (Strand~) wall of sand

Bürge *der*; ~**n**, ~**n** guarantor

bürgen *itr. V.* **1 für jmdn./etw.** ~ vouch for sb/sth
2 (fig.) guarantee

⚜ **Bürger** *der*; ~**s**, ~, **Bürgerin** *die*; ~, ~**nen** citizen

Bürger-: ~**initiative** *die* citizens' action group; ~**krieg** *der* civil war

bürgerlich *Adj.* **1** (staats~) civil ‹*rights, marriage, etc.*›; civic ‹*duties*›
2 (dem Bürgertum zugehörig) middle-class; **die ~e Küche** good plain cooking
3 (Polit.) non-socialist; (nicht marxistisch) non-Marxist

⚜ **Bürger·meister** *der*, ~**meisterin** *die* mayor

bürger-, Bürger-: ~**nah** *Adj.* which/ who reflects the general public's interests *postpos., not pred.*; ~**pflicht** *die* duty as a citizen; ~**steig** *der*; ~**s**, ~**e** pavement (BrE); sidewalk (AmE)

Bürgertum /'--tuːm/ *das*; ~**s 1** middle class
2 (Großbürgertum) bourgeoisie

Bürgin *die*; ~, ~**nen** ▸ Bürge

Bürgschaft *die*; ~, ~**en 1** guarantee
2 (Betrag) penalty

burgunder·farben *Adj.* burgundy [red]

Burka /'bʊrka/ *die*; ~, ~**s** burka

b
c

Büro *das*; ~s, ~s office
Büro-: ~**angestellte** *der/die* office worker;
~**artikel** *der* item of office equipment;
~**haus** *das* office block; ~**klammer** *die*
paper clip; ~**kraft** *die* clerical worker
Bürokrat *der*; ~en, ~en bureaucrat
Bürokratie *die*; ~, ~n bureaucracy
Bürokratin *die*; ~, ~nen bureaucrat
bürokratisch **A** *Adj.* bureaucratic
B *adv.* bureaucratically
Büro-: ~**stunden** *Pl.* office hours;
~**technik** *die* office technology
Bürschchen /'bʏrʃçən/ *das*; ~, ~; little fellow
Bursche *der*; ~n, ~n 1 boy; lad
2 (abwertend) (Kerl) guy (infml)
burschikos **A** *Adj.* 1 sporty <look, clothes>;
[tom]boyish <behaviour, girl, haircut>
2 (ungezwungen) casual <comment, behaviour,
etc.>
B *adv.* 1 [tom]boyishly
2 (ungezwungen) in a colloquial way
Bürste *die*; ~, ~n brush
bürsten *tr. V.* brush
Bus *der*; ~ses, ~se bus
Bus·bahnhof *der* bus station
Busch *der*; ~[e]s, **Büsche** bush; auf den ~
klopfen (fig. ugs.) sound things out
Büschel *das*; ~s, ~; tuft; (von Heu, Stroh)
handful
Busen *der*; ~s, ~; bust
Bus-: ~**fahrer** *der*, ~**fahrerin** *die* bus
driver; ~**haltestelle** *die* bus stop; ~**linie**
die bus route

Business /'bɪznɪs/ *das*; ~ 1 (abwertend) (vom
Profitdenken bestimmtes Geschäft) business;
(Handel) trade
2 (Geschäftsleben) business
Bussard *der*; ~s, ~e buzzard
Buße *die*; ~, ~n (Rel.) penance *no art.*
büßen **A** *tr. V.* 1 atone for
2 (fig.) pay for
B *itr. V.* 1 für etw. ~ atone for sth
2 (fig.) pay
Buß·geld *das* (Rechtsw.) fine
Buß- und Bettag *der* (ev. Kirche) Day of
Prayer and Repentance (*Wednesday eleven
days before the first Sunday in Advent*)
Büsten·halter *der* bra; brassiere (formal)
Butan·gas *das* butane gas
Butt *der*; ~[e]s, ~e flounder; butt
Bütten·papier *das* handmade paper (*with
deckle edge*)
Butter *die*; ~; butter; es ist alles in ~ (ugs.)
everything's fine
butter-, Butter-: ~**berg** *der* (ugs.) butter
mountain; ~**blume** *die* (Sumpfdotterblume)
marsh marigold; (Hahnenfuß) buttercup;
~**brot** *das* slice of bread and butter;
(zugeklappt) sandwich; ~**creme** *die*
buttercream; ~**milch** *die* buttermilk;
~**weich** *Adj.* beautifully soft
b. w. *Abk.* = **bitte wenden** PTO
Bypass /'baɪpɑs/ *der*; ~es, **Bypässe** (Med.)
bypass
Byte /baɪt/ *das*; ~s, ~[s] (DV) byte
bzw. *Abk.* = **beziehungsweise**

Cc

c, C /tse:/ *das*; ~, ~ 1 (Buchstabe) c/C
2 (Musik) [key of] C
C *Abk.* = **Celsius** C
ca. *Abk.* = **cirka** c.
Cache /kɛʃ/ *der*; ~, ~s (DV) cache
Café *das*; ~s, ~s cafe
Cafeteria *die*; ~, ~s cafeteria
cal *Abk.* = **[Gramm]kalorie** cal.
Callboy /'kɔːlbɔɪ/ *der*; ~s, ~s call-boy
Callgirl /'kɔːlgəːl/ *das*; ~s, ~s call girl
Camp /kɛmp/ *das*; ~s, ~s camp
campen *itr. V.* camp
Camping *das*; ~s camping

Camping-: ~**bus** *der* motor caravan;
camper; ~**kocher** *der* camping stove;
~**platz** *der* campsite; campground (AmE)
Canasta *das*; ~s canasta
Cannabis /'kanabɪs/ *der*; ~; cannabis
Cantilever·bremse /'kæntɪliːvə-/ *die*
cantilever brake
Caravan /'ka(ː)ravan/ *der*; ~s, ~s
(Wohnwagen) caravan; trailer (AmE)
carven /'kaːvn/ *itr. V.*; *mit sein* (Skifahren)
carve
Carving·ski *der* carving ski
Cashflow /kæʃ'floʊ/ *der*; ~s (Wirtsch.) [gross]
cash flow
Castor-: ~**behälter** *der* Castor container;
Castor cask; ~**transport** *der* Castor
transport

🔑 key word
* alte Schreibung—vgl. Hinweis auf S. x

Catcher /ˈkɛtʃɐ/ der; ~s, ~, **Catcherin** die; ~, ~nen all-in wrestler

Cayenne·pfeffer /kaˈjɛn-/ der cayenne [pepper]

CD /tseːˈdeː/ die; ~, ~s CD

CD-Brenner der; ~s, ~ (DV) CD burner; CD writer

CD-ROM /tsedeˈrɔm/ die; ~, ~[s] (DV) CD-ROM

CD-ROM-Laufwerk das (DV) CD-ROM drive

CD-Spieler /tseːˈdeː-/ der compact disc player

CDU Abk. = **Christlich-Demokratische Union [Deutschlands]** [German] Christian Democratic Party

C-Dur /ˈtseː-/ das C major

Cellist /tʃɛˈlɪst/ der; ~en, ~en, **Cellistin** die; ~, ~nen cellist

Cello /ˈtʃɛlo/ das; ~s, ~s od. **Celli** cello

Celsius 20 Grad ~ 20 degrees Celsius or centigrade

Cembalo /ˈtʃɛmbalo/ das; ~s, ~s od. **Cembali** harpsichord

⚜ **Cent** der; ~[s], ~[s] cent; 50 ~ 50 cents

Champagner /ʃamˈpanjɐ/ der; ~s, ~; champagne (from Champagne)

Champignon /ˈʃampɪnjɔn/ der; ~s, ~s mushroom

⚜ **Chance** /ˈʃãːsə/ die; ~, ~n **1** chance **2** Pl. (Aussichten) prospects; [bei jmdm] ~n haben stand a chance [with sb]

Chancen·gleichheit die (Soziol.) equality no art. of opportunity

chancen·los Adj. with no chance postpos.; ~ sein have no chance

Chaos /ˈkːˈ.../ das; ~; chaos no art.

Chaot /kaˈoːt/ der; ~en, ~en, **Chaotin** die; ~, ~nen **1** (Politik) anarchist (trying to undermine society) **2** (salopp) (unordentlicher Mensch) ein [furchtbarer] ~ sein be [terribly] disorganized

chaotisch Ⓐ Adj. chaotic Ⓑ adv. chaotically; **es geht ~ zu** there is chaos

⚜ **Charakter** /kaˈ.../ der; ~s, ~e /...ˈteːrə/ character

charakterisieren tr. V. characterize

charakteristisch Adj. characteristic (für of)

charakterlich Ⓐ Adj. character attrib. Ⓑ adv. in [respect of] character

charakter·los Adj. unprincipled; (niederträchtig) despicable; (labil) spineless

Charisma /ˈçaːrɪsma/ das; ~s, **Charismen** charisma

charismatisch /çarɪsˈmaːtɪʃ/ Adj. charismatic

charmant /ʃarˈmant/ Ⓐ Adj. charming Ⓑ adv. charmingly

Charme /ʃarm/ der; ~s charm

Charter- /ˈtʃartɐ-/: ~**flug** der charter flight; ~**maschine** die chartered aircraft

Charts /tʃarts/; Pl. charts

Chassis /ʃaˈsiː/ das; ~ /ʃaˈsiː(s)/ ~ /ʃaˈsiːs/ chassis

Chat /tʃɛt/ der (DV Jargon) chat

Chatroom /ˈtʃɛtruːm/ der; ~s, ~s (DV) chatroom

chatten /ˈtʃɛtn̩/ itr. V. (DV Jargon) chat

Chauffeur /ʃɔˈføːɐ/ der; ~s, ~e, **Chauffeurin** /ʃɔˈføːrɪn/ die; ~, ~nen driver; (privat angestellt) chauffeur

checken /ˈtʃɛkn̩/ tr. V. **1** (bes. Technik) (kontrollieren) check; examine **2** (salopp) (begreifen) twig (infml); (bemerken) spot; **ich habe das noch nicht gecheckt** I haven't got it yet

Check·liste die checklist; (Passagierliste) passenger list

Check-up /tʃɛkˈlap/ der od. das; ~[s], ~s check-up

⚜ **Chef** /ʃɛf/ der; ~s, ~s, **Chefin** /ˈʃɛfɪn/ die; ~, ~nen (Leiter[in]) head; (der Polizei, des Generalstabs) chief; (einer Partei, Bande) leader; (Vorgesetzte[r]) superior; boss (infml)

Chef-: ~**koch** der, ~**köchin** die chef; head cook; ~**sekretärin** die director's secretary

Chemie die; ~ **1** chemistry no art. **2** (ugs.) (Chemikalien) chemicals pl.

Chemikalie /çemiˈkaːli̯ə/ die; ~, ~n chemical

Chemiker der; ~s, ~, **Chemikerin** die; ~, ~nen (graduate) chemist

chemisch Ⓐ Adj. chemical Ⓑ adv. chemically

Chemo·therapie die (Med.) chemotherapy

Chicorée /ˈʃikore/ der; ~s od. die; ~; chicory

Chiffon /ˈʃɪfõ/ der; ~s, ~s chiffon

Chiffre /ˈʃɪfrə/ die; ~, ~n **1** (Zeichen) symbol **2** (Geheimzeichen) cipher **3** (in Annoncen) box number

Chile /ˈtʃiːle, ˈçiːlə/ (das); ~s Chile

Chilene /tʃiˈleːnə, çiˈleːnə/ der; ~n, ~n, **Chilenin** die; ~, ~nen Chilean

chilenisch Adj. Chilean

Chili /ˈtʃiːli/ der; ~s, ~es **1** Pl. (Schoten) chillies **2** (Gewürz) chilli [powder]

chillen /ˈtʃɪlən/ itr. V. (Jugendspr.) chill out (infml)

China (das); ~s China

Chinese der; ~n, ~n, **Chinesin** die; ~, ~nen Chinese

⚜ **chinesisch** Adj. Chinese

Chip /tʃɪp/ der; ~s, ~s **1** (Spielmarke) chip **2** (Kartoffel~) [potato] crisp (BrE) or (AmE) chip **3** (Elektronik) [micro]chip

Chip·karte die smart card

Chirurg /çiˈrʊrk/ der; ~en, ~en surgeon

Chirurgie die; ~, ~n **1** surgery no art. **2** (Abteilung) surgical department; (Station) surgical ward

Chirurgin die; ~, ~nen surgeon

chirurgisch **A** *Adj.* surgical
B *adv.* surgically; by surgery

Chlor /k.../ *das*; ~s chlorine

Chloroform /k.../ *das*; ~s chloroform

Chlorophyll /k.../ *das*; ~s chlorophyll

Cholera *die*; ~; cholera

cholerisch *Adj.* irascible; choleric
<temperament>

Cholesterin *das*; ~s cholesterol

Chor *der*; ~[e]s, **Chöre** /'kø:rə/ (auch Archit.) choir; (in Oper, Sinfonie, Theater; Komposition) chorus; im ~ rufen shout in chorus

Choral *der*; ~s, **Choräle** (Kirchenlied) chorale

Choreograph /koreo'gra:f/ *der*; ~en, ~en choreographer

Choreographie *die*; ~, ~n choreography

Choreographin *die*; ~, ~nen choreographer

choreographisch *Adj.* choreographic

Chose /'ʃo:zə/ *die*; ~, ~n (ugs.) stuff; **die ganze** ~ the whole lot (infml) *or* (infml) shoot

Chow-Chow /tʃau 'tʃau/ *der*; ~s, ~s chow

Christ /k.../ *der*; ~en, ~en Christian

Christ-: ~**baum** *der* (bes. südd.) Christmas tree; ~**demokrat** *der*, ~**demokratin** *die* (Politik) Christian Democrat

Christenheit *die*; ~; Christendom *no art.*

Christentum *das*; ~s Christianity *no art.*; (Glaube) Christian faith

Christin *die*; ~, ~nen Christian

Christ·kind *das* Christ-child (*as bringer of Christmas gifts*)

ℐ **christlich** **A** *Adj.* Christian
B *adv.* in a [truly] Christian spirit

Christ-: ~**messe** *die* (kath. Rel.) Christmas Mass; ~**mette** *die* ~~, ~~n (kath. Rel.) Christmas Mass; (ev. Rel.) midnight service [on Christmas Eve]; ~**rose** *die* Christmas rose; ~**stollen** *der* stollen; [German] Christmas loaf (*with candied fruit, almonds, etc.*)

Christus (*der*); ~ *od.* **Christi** Christ

Chrom /k.../ *das*; ~s chromium

Chromosom /k.../ *das*; ~s, ~en (Biol.) chromosome

Chromosomen·satz *der* (Biol.) chromosome set

Chronik /k.../ *die*; ~, ~en chronicle

chronisch *Adj.* chronic

Chrysantheme /k.../ *die*; ~, ~n chrysanthemum

City /'sɪti/ *die*; ~, ~s city centre

clean /kli:n/ *Adj.* (ugs.) clean (infml); ~ **werden** come off drugs

clever /'klɛvɐ/ **A** *Adj.* (raffiniert) shrewd; (intelligent, geschickt) clever
B *adv.*; s. *Adj.* shrewdly; cleverly

Clique /'klɪkə/ *die*; ~, ~n **1** (abwertend) clique

2 (Freundeskreis) set; (größere Gruppe) crowd (infml)

Clown /klaun/ *der*; ~s, ~s, **Clownin** /'klaunɪn/ *die*; ~, ~nen clown

ℐ **Club** /klap/ *der*; ~s, ~s (Diskothek) club; disco

Clubber /'klabɐ/ *der* clubber; disco-goer

Clubbing /'klabɪŋ/ *das* (Besuch von Discos) clubbing; **clubbing gehen** go clubbing

ℐ **cm** *Abk.* = **Zentimeter** cm.

Co. *Abk.* = **Compagnie** Co.

CO₂: ~**-Ausgleich** *der* carbon offsetting; ~**-Bilanz** *die* carbon footprint; ~**-Handel** *der* carbon trading; ~**-neutral** **A** *Adj.* carbon-neutral **B** *adv.* in a carbon-neutral way; ~**-Steuer** *der* carbon tax

Coach /koʊtʃ/ *der*; ~s, ~s (Sport) coach; (bes. Fußball) (Trainer) manager

coachen /'koʊtʃn̩/ *tr., itr. V.* (Sport) coach; (Trainer sein) manage

Cockpit *das*; ~s, ~s cockpit

Cocktail /'kɔkteɪl/ *der*; ~s, ~s cocktail

Cognac® /'kɔnjak/ *der*; ~s, ~s Cognac

Cola /'ko:la/ *das*; ~s, ~s *od.* *die*; ~, ~s (ugs.) Coke®

Color- (Fot.) colour <film, slide, etc.>

Colt® *der*; ~s, ~s Colt® [revolver]

Comeback /kam'bɛk/ *das*; ~s, ~s comeback; **ein** ~ **feiern** stage a comeback

Comic·heft *das* comic

ℐ **Computer** /kɔm'pju:tɐ/ *der*; ~s, ~; computer

computer·gestützt *Adj.* computer-aided; computer-assisted

computerisieren *tr. V.* computerize <data, system>; (aufbereiten) make <data> computer-compatible

computer-, Computer-: ~**raum** *der* computer room; ~**spiel** *das* computer game; ~**unterstützt** *Adj.* computer-aided; computer-assisted

Container /kɔn'te:nɐ/ *der*; ~s, ~; container; (für Müll) [refuse] skip

cool /ku:l/ (ugs.) **A** *Adj.* cool; ~ **bleiben** keep one's cool (infml)
B *adv.* coolly (infml)

Cord *der*; ~[e]s, ~e *od.* ~s cord; (~samt) corduroy

Corned Beef /'kɔ:nd'bi:f/ *das*; ~s corned beef

Couch /kautʃ/ *die*; (schweiz. auch:) *der*; ~, ~es sofa

Coup /ku:/ *der*; ~s, ~s coup

Coupon /ku'pō/ *der*; ~s, ~s coupon; voucher

Courage /ku'ra:ʒə/ *die*; ~ (ugs.) courage

Cousin /ku'zɛ̃/ *der*; ~s, ~s, **Cousine** *die*; ~, ~n cousin

Cover /'kavɐ/ *das*; ~s, ~s **1** (von Illustrierten) cover
2 (von Schallplatten) sleeve

covern /'kavɐn/ *tr. V.* cover <song, record>

Cowboy /'kaʊbɔy/ *der*; ~s, ~s cowboy
Creme /kreːm/ *die*; ~, ~s (schweiz.) ~n cream
CSU *Abk.* = **Christlich-Soziale Union** CSU
CT (Med.) *Abk.* = **Computertomographie** CT
Curry /'kœri/ *das*; ~s, ~s curry powder

Curry·wurst *die:* sliced fried sausage sprinkled with curry powder and served with ketchup
Cursor /'kɜːsə/ *der*; ~s, ~s (DV) cursor
Cyberspace /'saɪbəspeːs/ *der*; ~ (DV) cyberspace

c

d

Dd

d, D /deː/ *das*; ~, ~ **1** (Buchstabe) d/D
2 (Musik) [key of] D
D *Abk.* = **Damen**
◊ **da** **A** *Adv.* **1** (dort) there; **da draußen/drinnen/drüben/unten** out/in/over/down there; **da, wo** where
2 (hier) here
3 (zeitlich) then; (in dem Augenblick) at that moment
4 (deshalb) **der Zug war schon weg, da habe ich den Bus genommen** the train had already gone, so I took the bus
5 (ugs.) (in diesem Fall) **da kann man nichts machen** there's nothing one can do about it
6 da sein (existieren) exist; (übrig sein) be left; (anwesend sein) be about *or* around; (im Haus, zu Hause sein) be in; (zu sprechen sein) be available; (angekommen, eingetroffen sein) have arrived; (fig.) <*case*> have occurred; <*moment*> have arrived; <*situation*> have arisen; **ich bin gleich wieder da** I'll be right *or* straight back
B *Konj.* (weil) as; since
◊ **da·bei** *Adv.* **1** with it/him/her/them; **nahe ~** close by; **~ sein** (anwesend sein) be there; be present (**bei** at); (teilnehmen) take part (**bei** in)
2 (währenddessen) at the same time; (bei diesem Anlass) then; on that occasion; **die ~ entstehenden Kosten** the expense involved; **[gerade] ~ sein, etw. zu tun** be just doing sth
3 (außerdem) **~ [auch]** what is more
4 (hinsichtlich dessen) about it/them; **was hast du dir denn ~ gedacht?** what 'were you thinking of?
dabei-: **~|bleiben** *unr. itr. V.; mit sein* stay there; be there; **~|haben** *unr. tr. V.* have with one; *~|**sein** ▶ dabei 1, 2; **~|stehen** *unr. itr. V.* stand there
da|bleiben *unr. itr. V.; mit sein* stay there; (hier bleiben) stay here
◊ **Dach** *das*; ~[e]s, **Dächer** roof
Dach-: **~antenne** *die* roof aerial; **~boden** *der* loft; **auf dem ~boden** in the loft; **~decker** /-dɛkɐ/ *der*; ~~s, ~~, **~deckerin** *die*; ~~, ~~nen

roofer; **~fenster** *das* skylight; (~gaube) dormer window; **~garten** *der* roof garden; **~gaube** *die* dormer window; **~gepäckträger** *der* (Kfz-W.) roof rack; **~geschoss**, *~**geschoß** *das* attic [storey]; **~kammer** *die* attic [room]; **~luke** *die* skylight; **~pappe** *die* roofing felt; **~rinne** *die* gutter
Dachs /daks/ *der*; ~es, ~e badger
Dach·stuhl *der* roof truss
dachte *1. u. 3. Pers. Sg. Prät. v.* denken
Dach-: **~terrasse** *die* roof terrace; **~wohnung** *die* attic flat (BrE) *or* (AmE) apartment; **~ziegel** *der* roof tile; **~zimmer** *das* attic room
Dackel *der*; ~s, ~; dachshund
◊ **da·durch** *Adv.* **1** through it/them
2 (durch diesen Umstand) as a result; (durch dieses Mittel) by this [means]
◊ **da·für** *Adv.* **1** for it/them; **~, dass ...** (wenn man berücksichtigt, dass) considering that ...; (damit) so that ...; **~ sorgen [, dass ...]** see to it [that ...]
2 ~ sein be in favour [of it]; **ein Beispiel ~ ist ...** an example of this is ...
3 (als Gegenleistung) in return [for it]; (beim Tausch) in exchange; (stattdessen) instead
4 etwas/nichts ~ können be/not be responsible
***dafür|können** ▶ dafür 4
◊ **dagegen** *Adv.* **1** against it/them; **etwas ~ haben** have sth against it; **ich habe nichts ~** I've no objection; **~ sein** be against it
2 (im Vergleich dazu) by *or* in comparison
da·heim *Adv.* (bes. südd., österr., schweiz.) **1** (zu Hause) at home; (*nach Hause.*) home
2 (in der Heimat) [back] home
◊ **da·her** *Adv.* **1** from there
2 (durch diesen Umstand) hence
3 (deshalb) therefore; so
daher|kommen *unr. itr. V.* come along
da·hin 1 there
2 (fig.) **~ musste es kommen** it had to come to that

3 bis ~ to there; (zeitlich) until then
4 ~ sein be or have gone
5 (in diesem Sinne) ~ **[gehend], dass ...** to the effect that ...

da·hịnten *Adv.* over there

✗ **da·hịnter** *Adv.* behind it/them; (folgend) after it/them

Dahlie /'da:liə/ *die*; ~, ~n dahlia

dạ-: ~**|lassen** *unr. tr. V.* (ugs.) leave [there]; (hier lassen) leave here; ~**|liegen** *unr. itr. V.* lie there

dạlli *Adv.* (ugs.) [~] ~! get a move on!

✗ **damalig** *Adj.* at that or the time *postpos.*

✗ **damals** *Adv.* at that time

Damạst *der*; ~**[e]s**, ~**e** damask

✗ **Dame** *die*; ~, ~n **1** (Frau) lady
2 (Schach, Kartenspiele) queen
3 (Spiel) draughts (BrE); checkers (AmE)

Damen-: ~**binde** *die* sanitary towel (BrE) or (AmE) napkin; ~**friseur** *der*, ~**friseurin** *die* ladies' hairdresser; ~**rad** *das* lady's bicycle; ~**toilette** *die* ladies' toilet

✗ **da·mịt** **A** *Adv.* **1** with it/them
2 (gleichzeitig) with that
3 (daher) thus
B *Konj.* so that

dämlich (ugs. abwertend) **A** *Adj.* stupid
B *adv.* stupidly

Dạmm *der*; ~**[e]s**, **Dämme** embankment; levee (AmE); (Deich) dike; (Stau~) dam

dämmern *itr. V.* es dämmert (morgens) it is getting light; (abends) it is getting dark

Dämmerung *die*; ~, ~**en** (Abend~) twilight; dusk
2 (Morgen~) dawn

Dämon *der*; ~**s**, ~**en** /dɛ'mo:nən/ demon

dämonisch *Adj.* demonic

dämonisieren *tr. V.* demonize; portray as a demon/demons

Dạmpf *der*; ~**[e]s**, **Dämpfe** steam *no pl.*, *no indef. art.*

Dạmpf·bügel·eisen *das* steam iron

dạmpfen *itr. V.* steam (vor + *Dat.* with)

dämpfen *tr. V.* **1** (garen) steam ‹*fish*, *vegetables, potatoes*›
2 (mildern) muffle ‹*sound*›; cushion, absorb ‹*blow, impact, shock*›

Dạmpfer *der*; ~**s**, ~; steamer

Dạmpf-: ~**kochtopf** *der* pressure cooker; ~**maschine** *die* steam engine; ~**nudel** *die* (südd., Kochk.) steamed yeast dumpling; ~**walze** *die* steamroller

✗ **da·nạch** *Adv.* **1** (zeitlich) after it/that; then
2 (räumlich) after it/them
3 (entsprechend) in accordance with it/them

Däne *der*; ~**n**, ~**n** Dane

✗ **da·nẹben** *Adv.* **1** beside him/her/it/them etc.
2 (im Vergleich dazu) in comparison

daneben-: ~**|benehmen** *unr. refl. V.* (ugs.) blot one's copybook (infml); ~**|gehen** *unr. itr. V.; mit sein* miss [the target]; ~**|schießen** *unr. itr. V.* miss [the target]

Dänemark *(das)*; ~**s** Denmark

Dänin *die*; ~, ~**nen** Dane; Danish woman/girl

dänisch *Adj.* Danish

✗ **dạnk** *Präp.; mit Dat. u. Gen.* thanks to

✗ **Dạnk** *der*; ~**[e]s** thanks *pl.*; mit [vielem od. bestem] ~ zurück thanks for the loan; (bes. geschrieben) returned with thanks!; vielen/besten/herzlichen ~! thank you very much

dạnkbar **A** *Adj.* grateful; (anerkennend) appreciative ‹*child, audience, etc.*›; [jmdm.] für etw. ~ sein be grateful [to sb] for sth
B *adv.* gratefully

Dạnkbarkeit *die*; ~; gratitude

dạnke (Höflichkeitsformel) thank you; (ablehnend) no, thank you; ~ schön/sehr/vielmals thank you very much

✗ **dạnken** **A** *itr. V.* (Dank aussprechen) thank; ich danke Ihnen vielmals thank you very much; na, ich danke! (ugs.) no, 'thank you!
B *tr. V.* [aber bitte,] nichts zu ~ don't mention it

Dạnke·schön *das*; ~**s** thank-you

✗ **dạnn** *Adv.* **1** then; was ~? what happens then?; noch drei Tage, ~ ist Ostern another three days and it will be Easter; bis ~ see you then; ~ und wann now and then
2 (in diesem Falle) then; in that case; ~ will ich nicht weiter stören in that case I won't disturb you any further; [na,] ~ eben nicht! in that case, forget it!; nur ~, wenn ... only if ...

✗ **daran** /da'ran/ *Adv.* **1** (an dieser/diese Stelle, an diesem/diesen Gegenstand) on it/them; dicht ~ close to it/them; nahe ~ sein, etw. zu tun be on the point of doing sth
2 (hinsichtlich dieser Sache) about it/them; ~ ist nichts zu machen there's nothing one can do about it; kein Wort ~ ist wahr not a word of it is true; mir liegt viel ~ it means a lot to me
3 ich wäre beinahe ~ erstickt I almost choked on it; er ist ~ gestorben he died of it

darạn|setzen *tr. V.* devote ‹*energy etc.*› to it; summon up ‹*ambition*› for it; (aufs Spiel setzen) risk ‹*one's life, one's honour*› for it

✗ **darauf** *Adv.* **1** on it/them; (oben ~) on top of it/them
2 er hat ~ geschossen he shot at it/them
3 (danach) after that; ein Jahr ~/kurz ~ starb er he died a year later/shortly afterwards; ~ folgend following

darauf-: *** ~**folgend** ▸ darauf 3; ~**hin** /-'-'-/ *Adv.* **1** thereupon **2** (unter diesem Gesichtspunkt) with a view to this/that

✗ **daraus** *Adv.* **1** from it/them; out of it/them
2 mach dir nichts ~ don't worry about it; was ist ~ geworden? what has become of it?

✗ key word
*** alte Schreibung—vgl. Hinweis auf S. x

dar|bieten (geh.) *unr. tr. V.* (aufführen, vortragen) perform; **es wurden Gedichte und Lieder dargeboten** a recital of poems and songs was presented

Darbietung *die*; ~, ~**en** (geh.) **1** presentation **2** (Aufführung) performance; (beim Varieté usw.) act

darf *1. u. 3. Pers. Sg. Präsens v.* **dürfen**

darfst *2. Pers. Sg. Präsens v.* **dürfen**

↗ **darin** *Adv.* **1** in it/them **2** (in dieser Hinsicht) in that respect

dar|legen *tr. V.* explain; set forth ‹*reasons, facts*›

Darlehen *das*; ~**s**, ~; loan; **ein ~ aufnehmen** get *or* raise a loan; **jmdm. ein ~ gewähren** give *or* grant sb a loan

Darm *der*; ~**[e]s**, **Därme** intestines *pl.*; bowels *pl.*

↗ **dar|stellen** *tr. V.* **1** depict; portray; **etw. grafisch ~** present sth graphically **2** (verkörpern) play; act **3** (schildern) describe ‹*person, incident, etc.*›; present ‹*matter, argument*› **4** (sein, bedeuten) represent

Darsteller *der*; ~**s**, ~; actor

Darstellerin *die*; ~, ~**nen** actress

↗ **Darstellung** *die* **1** representation; (Schilderung) portrayal; (Bild) picture; **grafische/ schematische ~** diagram; (Graph) graph **2** (Beschreibung, Bericht) description; account **3** (einer Theaterrolle) interpretation; **seine ~ des Mephisto** his portrayal *or* interpretation of Mephisto

↗ **darüber** *Adv.* **1** over it/them; ~ **stehen** (fig.) be above such things **2** ~ **hinaus** in addition [to that]; (noch obendrein) what is more **3** (über dieser/diese Angelegenheit) about it/them **4** (über diese Grenze, dieses Maß hinaus) over [that]

****darüber|stehen** ▶ **darüber** 1

↗ **darum** *Adv.* **1** [a]round it/them **2** (diesbezüglich) **ich sorge mich ~** I worry about it **3** /'--/ (deswegen) for that reason

↗ **darunter** *Adv.* **1** (unter dem Genannten/das Genannte) under it/them **2** (unter dieser Grenze, diesem Maß) less; **Bewerber im Alter von 40 Jahren und ~** applicants aged 40 and under

↗ **das** Ⓐ *best. Art.; Nom. u. Akk.* the Ⓑ *Demonstrativpron.* **1** *attr.* **das Kind war es** it was 'that child **2** (allein stehend) **das [da]** that one; **das [hier]** this one [here] Ⓒ *Relativpron.* (Mensch) who; that; (Sache, Tier) which; that

Da·sein *das* existence

****da|sein** ▶ **da** A6

Daseins·berechtigung *die* right to exist; **das findet darin** *od.* **dadurch seine ~** this justifies its existence

da|sitzen *unr. itr. V.* sit there

dasjenige ▶ **derjenige**

↗ **dass**, *****daß** *Konj.* **1** that; **entschuldigen Sie bitte, ~ ich mich verspätet habe** please forgive me for being late; **ich verstehe nicht, ~ sie ihn geheiratet hat** I don't understand why she married him **2** (nach Pronominaladverbien o. Ä.) [the fact] that; **das liegt daran, ~ du nicht aufgepasst hast** that comes from your not paying attention **3** (im Konsekutivsatz) that; **[so]~** so that **4** (im Finalsatz) so that **5** (im Ausruf) ~ **mir das passieren musste!** why did it have to [go and] happen to me!

dasselbe ▶ **derselbe**

da|stehen *unr. itr. V.* **1** stand there **2** (fig.) **gut ~** be in a good position; **[ganz] allein ~** be [all] alone in the world

↗ **Datei** /daˈtai/ *die*; ~, ~**en** data file

Datei·name (DV) *der* file name

Daten Ⓐ ▶ **Datum** Ⓑ *Pl.* data

Daten-: ~**autobahn** *die* (DV) data highway; ~**bank** *die*; *Pl.* ~~**en** data bank; ~**diebstahl** *der* data theft; ~**erfassung** *die* data collection *or* capture; ~**schutz** *der* data protection *no def. art.*; ~**träger** *der* data carrier; ~**verarbeitung** *die* data processing *no def. art.*

datieren *tr. V.* date

Dativ *der*; ~**s**, ~**e** (Sprachw.) dative [case]

Dativ·objekt *das* (Sprachw.) indirect object

Dattel *die*; ~, ~**n** date

Dattel·palme *die* date palm

↗ **Datum** *das*; ~**s**, **Daten** date

↗ **Dauer** *die*; ~ **1** length; **für die ~ eines Jahres** *od.* **von einem Jahr** for a period of one year **2** (Fortbestehen) **von ~ sein** last [long]; **auf die ~** in the long run; **auf ~** permanently

↗ **Dauer·auftrag** *der* (Bankw.) standing order

↗ **dauerhaft** *Adj.* **1** [long-]lasting ‹*peace, friendship, etc.*› **2** (haltbar) durable

Dauer-: ~**karte** *die* season ticket; ~**lauf** *der* jogging *no art.*; **ein ~lauf** a jog

↗ **dauern** *itr. V.* last; ‹*job etc.*› take; **einen Moment, es dauert nicht lange** just a minute, it won't take long

dauernd Ⓐ *Adj.* constant ‹*noise, interruptions, etc.*›; permanent ‹*institution*› Ⓑ *adv.* constantly; **er kommt ~ zu spät** he keeps on arriving late

Dauer-: ~**regen** *der* continuous rain; ~**stellung** *die* permanent position; ~**welle** *die* perm; ~**wurst** *die* smoked sausage (*with good keeping properties, esp. salami*); ~**zustand** *der* permanent state [of affairs]; **zum ~zustand werden** become permanent *or* a permanent state

Daumen *der*; ~**s**, ~; thumb

Daune *die*; ~, ~**n** down [feather]; ~**n** down *sing.*

davon *Adv.* **1** (von dieser Stelle entfernt, weg) from it/them; (von dort) from there; (mit Entfernungsangabe) away [from it/them] **2** (hinsichtlich dieser Sache) about it/them **3** (durch diese Angelegenheit verursacht) by it/them; **das kommt ~!** (ugs.) [there you are,] that's what happens **4 ich hätte gern ein halbes Pfund ~** I would like half a pound of that/those **5 ~ kann man nicht leben** you can't live on that

davon-: **~|fahren** *unr. itr. V.*; *mit sein* leave; (mit dem Auto) drive off; (mit dem Fahrrad, Motorrad) ride off; **~|kommen** *unr. itr. V.*; *mit sein* get away; **~|laufen** *unr. itr. V.*; *mit sein* run away; **~|tragen** *unr. tr. V.* **1** carry away; take away ‹*rubbish*› **2** (geh.) (erringen) gain ‹*a victory, fame*› **3** (geh.) (sich zuziehen) receive ‹*injuries*›

da·vor *Adv.* **1** in front of it/them; **~ liegen/stehen** *usw.* lie/stand *etc.* in front of it/them **2** (zeitlich) before [it/them]

*davor|liegen *usw.* ▸ davor 1

Dax *der*; **~**; Dax [index]

da·zu *Adv.* **1** (zusätzlich zu dieser Sache) with it/them; (gleichzeitig) at the same time; (außerdem) what is more **2** (diesbezüglich) about it/them **3** (zu diesem Zweck) for it **4** (zu diesem Ergebnis) to it; **~ reicht unser Geld nicht** we haven't enough money for that

dazu-: **~|geben** *unr. tr. V.* add; **~|gehören** *tr. V.* belong to it/them; **~|kommen** *unr. itr. V.*; *mit sein* **1** (hinkommen) arrive **2** (hinzukommen) **kommt noch etwas dazu?** is there anything else [you would like]?; **~ kommt, dass ...** (fig.) what's more, ...; on top of that ...; **~|rechnen** *tr. V.* add on; **~|tun** *unr. tr. V.* (ugs.) add

da·zwischen *Adv.* in between; between them; (darunter) among them

dazwischen-: **~|kommen** *unr. itr. V.*; *mit sein* **1 mit dem Finger ~kommen** get one's finger caught [in it] **2** (es verhindern) prevent it; **es ist mir etwas ~gekommen** I had problems; **~|reden** *itr. V.* interrupt

DDR *Abk.* = **Deutsche Demokratische Republik** GDR; East Germany

Deal /di:l/ *der od. das*; **~s, ~s** (salopp) deal

dealen /'di:lən/ *itr. V.* (ugs.) push drugs; **mit LSD ~** push LSD

Dealer *der*; **~s, ~**, **Dealerin** *die*; **~, ~nen** (ugs.) pusher

Debatte *die*; **~, ~n** debate (über + *Akk.* on); **zur ~ stehen** be under discussion

Debit·karte /'de:bɪt-/ *die* (Finanzw.) debit card

Debüt /de'by:/ *das*; **~s, ~s** debut

Deck *das*; **~[e]s, ~s** deck

Decke *die*; **~, ~n 1** (Tisch~) tablecloth **2** (Woll~, Pferde~, fig.) blanket; (Reise~) rug **3** (Zimmer~) ceiling

Deckel *der*; **~s, ~ 1** lid; (auf Flaschen, Gläsern usw.) top; (Schacht~, Uhr~, Buch~ usw.) cover **2** (Bier~) beer mat

decken ⬛ *tr. V.* **1** etw. über etw. (*Akk.*) **~** spread sth over sth **2** roof ‹*house*›; cover ‹*roof*› **3 den Tisch ~** lay the table **4** (schützen; Finanzw., Versicherungsw.) cover **5** (befriedigen) meet ‹*need, demand*› ⬛ *itr. V.* (den Tisch decken) lay the table

Deck·mantel *der* cover

Deckung *die*; **~, ~en 1** (Schutz) (auch fig.) cover (esp. Mil.); (Boxen) guard; (bes. Fußball) defence; **in ~ gehen** take cover **2** (Befriedigung) meeting **3** (Finanzw., Versicherungsw.) cover[ing]

deckungs·gleich *Adj.* (Geom.) congruent

defekt *Adj.* defective; faulty; **~ sein** have a defect; be faulty; (nicht funktionieren) not be working

Defekt *der*; **~[e]s, ~e** defect, fault (an + *Dat.* in)

defensiv ⬛ *Adj.* defensive ⬛ *adv.* defensively

Defensive *die*; **~, ~n** defensive; **in der ~** on the defensive; **die ~** (Sport) defensive play

definieren *tr. V.* define

Definition *die*; **~, ~en** definition

definitiv ⬛ *Adj.* definitive ⬛ *adv.* finally

Defizit *das*; **~s, ~e 1** deficit **2** (Mangel) deficiency

deformieren *tr. V.* **1** (verformen) distort **2** (entstellen) deform (also fig.)

deftig *Adj.* (ugs.) **1** [good] solid *attrib.* ‹*meal etc.*›; [nice] solid ‹*sausage etc.*› **2** (derb) crude, coarse ‹*joke, speech, etc.*›

Degen *der*; **~s, ~ 1** (Waffe) [light] sword **2** (Fechtsport) épée

degradieren *tr. V.* demote

Degradierung *die*; **~, ~en 1** (im Rang) demotion **2** (Herabwürdigung) degradation; reduction (**zu** to the level of)

dehnbar *Adj.* **1** (elastisch) ‹*material etc.*› that stretches *not pred.*; elastic ‹*waistband etc.*› **2** (fig.) (vage) elastic; **das ist ein ~er Begriff** it's a loose concept

Dehnbarkeit *die*; **~**; elasticity

dehnen *tr., refl. V.* stretch

Deich *der*; **~[e]s, ~e** dike

Deichsel /'daɪks̩l/ *die*; **~, ~n** shaft

deichseln *tr. V.* (ugs.) fix

dein *Possessivpron.* your; **viele Grüße von ~em Emil** with best wishes, yours Emil; **das Buch dort, ist das ~[e]s?** that book over there, is it yours?; **du und die Deinen** (geh.)

♂ key word
* old spelling—see note on page x

you and yours

deiner *Gen. des Personalpronomens* **du** (geh.) of you

deiner·seits *Adv.* (von deiner Seite) on your part; (auf deiner Seite) for your part

deinet·wegen *Adv.* because of you; (für dich) on your behalf; (dir zuliebe) for your sake

Dekade /de'ka:də/ *die*; ~, ~n decade

dekadent *Adj.* decadent

Dekadenz *die*; ~; decadence

deklamieren *tr., itr. V.* recite

Deklination *die*; ~, ~en (Sprachw.) declension

deklinieren *tr. V.* (Sprachw.) decline

dekodieren *tr. V.* (fachspr.) decode

Dekolleté /dekɔl'te:/ *das*; ~s, ~s low[-cut] neckline; décolletage

Dekor *das*; ~s, ~s *od.* ~e decoration; (Muster) pattern

Dekorateur /dekora'tø:ɐ̯/ *der*; ~s, ~e, **Dekorateurin** *die*; ~, ~nen (Schaufenster~) window dresser; (von Innenräumen) interior designer

Dekoration *die*; ~, ~en decorations *pl.*; (Schaufenster~) window display

dekorativ Ⓐ *Adj.* decorative
　Ⓑ *adv.* decoratively

dekorieren *tr. V.* decorate ‹room etc.›; dress ‹shop window›

Deko·stoff *der* furnishing fabric

Dekret *das*; ~[e]s, ~e decree

Delegation *die*; ~, ~en delegation

delegieren *tr. V.* **1** send as a delegate/as delegates
　2 delegate ‹task etc.› (**an** + Akk. to)

Delegierte *der/die adj. Dekl.* delegate

Delfin ▶ Delphin

delikat *Adj.* **1** delicious; (fein) delicate ‹bouquet, aroma›
　2 (heikel) delicate

Delikatesse *die*; ~, ~n delicacy

Delikt *das*; ~[e]s, ~e offence

Delinquent *der*; ~en, ~en, **Delinquentin** *die*; ~, ~nen offender

Delirium *das*; ~s, **Delirien** delirium

Delle *die*; ~, ~n (ugs.) dent

Delphin *der*; ~s, ~e dolphin

⚹ **dem** Ⓐ *best. Art. Dat. Sg. v.* der¹ A *u.* das A to the; (nach Präp.) the
　Ⓑ *Demonstrativpron. Dat. Sg. v.* der¹ B *u.* das B **1** *attr.* that; **gib es dem Mann** give it to 'that man
　2 (allein stehend) **gib es nicht dem, sondern dem da!** don't give it to him, give it to that man/child *etc.*
　Ⓒ *Relativpron. Dat. Sg. v.* der¹ C *u.* das C (Person) that/whom; (Sache) that/which; **der Mann/das Kind, dem ich das Geld gab** the man/the child I gave the money to

Demagoge *der*; ~n, ~n, **Demagogin** *die*; ~, ~nen demagogue

demagogisch *Adj.* demagogic

dement /de'mɛnt/ *Adj.* (Med.) demenzkrank

Dementi *das*; ~s, ~s denial

dementieren Ⓐ *tr. V.* deny
　Ⓑ *itr. V.* deny it

dem-: ~**entsprechend** Ⓐ *Adj.* appropriate
　Ⓑ *adv.* accordingly; (vor Adjektiven) correspondingly; ~**gemäß** *Adv.*
　1 (infolgedessen) consequently
　2 (entsprechend) accordingly; ~**jenigen**
　▶ derjenige; ~**nach** *Adv.* therefore; ~**nächst** *Adv.* shortly

demenz·krank *Adj.* (Med.) suffering from dementia *postpos.*; ~ **sein** suffer from dementia

Demo *die*; ~, ~s (ugs.) demo; **auf der** ~ at the demo

Demokrat *der*; ~en, ~en democrat; (Parteimitglied) Democrat

⚹ **Demokratie** *die*; ~, ~n democracy

Demokratin *die*; ~, ~nen ▶ Demokrat

⚹ **demokratisch** Ⓐ *Adj.* democratic
　Ⓑ *adv.* democratically

demokratisieren *tr. V.* democratize

demolieren *tr. V.* wreck; smash up ‹furniture›

Demonstrant *der*; ~en, ~en, **Demonstrantin** *die*; ~, ~nen demonstrator

Demonstration *die*; ~, ~en demonstration (**für** in support of; **gegen** against)

demonstrativ Ⓐ *Adj.* **1** pointed
　2 (Sprachw.) demonstrative
　Ⓑ *adv.* pointedly

Demonstrativ·pronomen *das* (Sprachw.) demonstrative pronoun

demonstrieren Ⓐ *itr. V.* demonstrate (**für** in support of; **gegen** against)
　Ⓑ *tr. V.* demonstrate

dem·selben ▶ derselbe

Demut *die*; ~; humility

demütig Ⓐ *Adj.* humble
　Ⓑ *adv.* humbly

demütigen Ⓐ *tr. V.* humiliate
　Ⓑ *refl. V.* humble oneself

Demütigung *die*; ~, ~en humiliation

dem·zufolge *Adv.* consequently

⚹ **den¹** Ⓐ *best. Art. Akk. Sg. v.* der¹ A the
　Ⓑ *Demonstrativpron. Akk. Sg. v.* der¹ B
　1 *attr.* that; **ich meine den Mann** I mean 'that man
　2 (allein stehend) **ich meine den [da]** I mean 'that one
　Ⓒ *Relativpron. Akk. Sg. v.* der¹ C (Person) that/whom; (Sache) that/which; **der Mann, den ich gesehen habe** the man that I saw

⚹ **den²** Ⓐ *best. Art. Dat. Pl. v.* der¹ A, die¹ A, das A the
　Ⓑ *Demonstrativpron. Dat. Pl. v.* der¹ B1, die¹ B1, das B1 those.

d

denen **A** *Demonstrativpron. Dat. Pl. v.* der¹ B2, die¹ B2, das B2 them; gib es ∼, nicht den anderen give it to 'them, not to the others **B** *Relativpron. Dat. Pl. v.* der¹ C, die¹ C, das C (Personen) that/whom; (Sachen) that/which; die Menschen, ∼ wir Geld gegeben haben the people to whom we gave money; die Tiere, ∼ er geholfen hat the animals that he helped

denjenigen ▶ derjenige

denkbar **A** *Adj.* conceivable **B** *adv.* (sehr, äußerst) extremely

Denke *die*; ∼, ∼n (ugs.) way of thinking

✔ **denken** **A** *unr. itr. V.* think (**an** + *Akk.* of; **über** + *Akk.* about); wie denkst du darüber? what do you think about it?; what's your opinion of it?; schlecht von jmdm. ∼ think badly of sb; denk daran, dass .../zu ... don't forget that .../to ...; ich denke nicht daran! no way!; not on your life!; ich denke nicht daran, das zu tun I've no intention of doing that **B** *unr. tr. V.* think; wer hätte das gedacht? who would have thought it?; eine gedachte Linie an imaginary line **C** *unr. refl. V.* **1** (sich vorstellen) imagine **2** sich (*Dat.*) bei etw. etwas ∼ mean something by sth; ich habe mir nichts [Böses] dabei gedacht I didn't mean any harm [by it]

Denken *das*; ∼s thinking; (Denkweise) thought

Denker *der*; ∼s, ∼, **Denkerin** *die*; ∼, ∼nen thinker

denk-, **Denk-:** ∼**fabrik** *die* think tank; ∼**faul** *Adj.* mentally lazy

Denk-: ∼**fehler** *der* flaw in one's reasoning; ∼**mal** *das*; *Pl.* ∼**mäler** *od.* ∼**e** monument; memorial; jmdm. ein ∼ errichten *od.* setzen erect *or* put up a memorial to sb

Denkmal·schutz, **Denkmals·schutz** *der* protection of historic monuments; unter ∼ stehen/stellen be/put under a preservation order

denk-, **Denk-:** ∼**pause** *die* pause for thought; ∼**sport·aufgabe** *die* brain teaser; ∼**vermögen** *das* ability to think [creatively]; ∼**würdig** *Adj.* memorable; ∼**zettel** *der* lesson

✔ **denn** **A** *Konj.* **1** (kausal) for; because **2** (geh.) (als) than **B** *Adv.* es sei ∼, ... unless ... **C** *Partikel* (in Fragesätzen) wie geht es dir ∼? tell me, how are you?; wie heißt du ∼? tell me your name; warum ∼ nicht? why ever not?

✔ **dennoch** *Adv.* nevertheless

denselben ▶ derselbe

Denunziant *der*; ∼en, ∼en, **Denunziantin** *die*; ∼, ∼nen informer; grass (sl.)

denunzieren *tr. V.* denounce; (bei der Polizei) inform against; grass on (sl.) (bei to)

✔ key word
* alte Schreibung—vgl. Hinweis auf S. x

Deo *das*; ∼s, ∼s, **Deodorant** *das*; ∼s, ∼s (auch) ∼e deodorant

Deo·spray *das* deodorant spray

Deponie *die*; ∼, ∼n tip (BrE); dump

deponieren *tr. V.* put; (im Safe o. Ä.) deposit

Deportation *die*; ∼, ∼en transportation; (ins Ausland) deportation

deportieren *tr. V.* transport; (ins Ausland) deport

Deportierte *der/die adj. Dekl.* transportee; (ins Ausland) deportee

Depot /de'po:/ *das*; ∼s, ∼s **1** depot; (Lagerhaus) warehouse; (für Möbel usw.) depository; (im Freien, für Munition o. Ä.) dump; (in einer Bank) strongroom; safe deposit **2** (hinterlegte Wertgegenstände) deposits *pl.*

Depp *der*; ∼en (auch:) ∼s, ∼en (auch:) ∼e ▶ Dummkopf

Depression *die*; ∼, ∼en depression

depressiv **A** *Adj.* depressive **B** *adv.* ∼ veranlagt sein have a tendency towards depression

deprimieren *tr. V.* depress

deprimierend *Adj.* depressing

deprimiert **A** *Adj.* depressed **B** *adv.* dejectedly

✔ **der¹** **A** *best. Art.*; *Nom.* the; der Tod death; der „Faust" 'Faust'; der Bodensee/Mount Everest Lake Constance/Mount Everest; der Iran/Sudan Iran/the Sudan; der Mensch/Mann ist ... man is .../men are ... **B** *Demonstrativpron.* **1** *attr.* that; der Mann war es it was 'that man **2** (allein stehend) he; der war es it was 'him; der [da] (Person) that man/boy; (Sache) that one; der [hier] (Person) this man/boy; (Sache) this one **C** *Relativpron.* (Person) who/that; (Sache) which/that; der Mann, der da drüben entlanggeht the man walking along over there **D** *Relativ- u. Demonstrativpron.* the one who

✔ **der²** **A** *best. Art.* **1** *Gen. Sg. v.* die¹ A; ∼ Hut ∼ Frau the woman's hat; ∼ Henkel ∼ Tasse the handle of the cup **2** *Dat. Sg. v.* die¹ A to the; (nach Präp.) the **3** *Gen. Pl. v.* der¹ A, die¹ A, das A; das Haus ∼ Freunde our/their *etc.* friends' house; das Bellen ∼ Hunde the barking of the dogs **B** *Demonstrativpron.* **1** *Gen. Sg. v.* die¹ B of the; of that **2** *Dat. Sg. v.* die¹ B; *attr.* der Frau [da/hier] gehört es it belongs to that woman there/this woman here **3** *Gen. Pl. v.* der¹ B1, die¹ B1, das B1 of those **C** *Relativpron. Dat. Sg. v.* die¹ C; die Frau, ∼ ich es gegeben habe the woman I gave it to; die Katze, ∼ er einen Tritt gab the cat [that] he kicked

der·art *Adv.* so; es hat lange nicht mehr ∼ geregnet it hasn't rained as hard as that for a long time; sie hat ∼ geschrien, dass ... she screamed so much that ...

der·artig **A** *Adj.* such
  B *adv.* ▸ derart

derb **A** *Adj.* **1** tough <*material*>; stout <*shoes*>
2 (kraftvoll, deftig) earthy <*scenes, humour*>
  B *adv.* **1** strongly <*made, woven, etc.*>
2 (kraftvoll, deftig) earthily

deren **A** *Relativpron.* **1** *Gen. Sg. v.* die¹ C
(Personen) whose; (Sachen) of which
2 *Gen. Pl. v.* der¹ C, die¹ C, das C (Personen)
whose; (Sachen) **Maßnahmen, ~ Folgen
wir noch nicht absehen können** measures,
the consequences of which we cannot yet
foresee
  B *Demonstrativpron.* **1** *Gen. Sg. v.* die¹ B;
meine Tante, ihre Freundin und ~ Hund my
aunt, her friend and her dog
2 *Gen. Pl. v.* der¹ B, die¹ B, das B; **meine
Verwandten und ~ Kinder** my relatives and
their children

derent-: **~wegen** *Adv.* **A** *relativ* (Personen)
because of whom; (Sachen) because of which
  B (demonstrativ) because of them; **~willen**
Adv. **um ~willen** (Personen) for whose sake;
(Sachen) for the sake of which

derer *Demonstrativpron. Gen. Pl. v.* der¹ B,
die¹ B, das B of those

der·gleichen *indekl. Demonstrativpron.*
1 *attr.* such; like that *postpos., not pred.*
2 (allein stehend) that sort of thing

Derivat *das*; ~[e]s, ~e derivative

der·jenige, die·jenige, das·jenige
Demonstrativpron. **1** *attr.* that; *Pl.* those
2 (allein stehend) that one; *Pl.* those

derlei *indekl. Demonstrativpron.* ▸ dergleichen

der·maßen *Adv.* **~ schön** *usw.*, **dass ...** so
beautiful *etc.* that ...

⚡ **derselbe, dieselbe, dasselbe**
Demonstrativpron. **1** *attr.* the same
2 (allein stehend) the same one; *Pl.* the same
people; **er sagt immer dasselbe** he always
says the same thing; **noch einmal dasselbe,
bitte** (ugs.) [the] same again please

⚡ **der·zeit** *Adv.* at present

der·zeitig *Adj.* present; current

⚡ **des** **A** *best. Art. Gen. Sg. v.* der¹ A, das A; **die
Mütze des Jungen** the boy's cap; **das Klingeln
des Telefons** the ringing of the telephone
  B *Demonstrativpron. Gen. Sg. v.* der¹ B, das
B; **er ist der Sohn des Mannes, der ...** he's the
son of the man who ...

Deserteur /dezɛrˈtøːɐ̯/ *der*; ~s, ~e,
Deserteurin /dezɛrˈtøːrɪn/ *die*; ~, ~nen
deserter

desertieren *itr. V.; mit sein* desert

des·gleichen *Adv.* likewise; **er ist Arzt, ~
sein Sohn** he is a doctor, as is his son

⚡ **des·halb** *Adv.* for that reason; **~ bin ich zu
dir gekommen** that is why I came to you

⚡ **Design** /diˈzaɪn/ *das*; ~s, ~s design

Designer /diˈzaɪnɐ/ *der*; ~s, ~,
Designerin *die*; ~, ~nen designer

Designer·droge /-ˈ----/ *die*; ~, ~n designer
drug

Desinfektion *die*; ~, ~nen disinfection

Desinfektions·mittel *das* disinfectant

desinfizieren *tr. V.* disinfect

Desinteresse *das*; ~s lack of interest

Desktop /ˈdɛsktɔp/ *der*; ~s, ~s (DV) desktop

Despot /dɛsˈpoːt/ *der*; ~en, ~en, **Despotin**
die; ~, ~nen despot; (fig. abwertend) tyrant

despotisch **A** *Adj.* despotic
  B *adv.* despotically

des·selben ▸ derselbe

dessen **A** *Relativpron. Gen. Sg. v.* der¹ C, das
C *attr.* (Person) whose; (Sache) of which
  B *Demonstrativpron. Gen. Sg. v.* der¹ B, das
B; **mein Onkel, sein Sohn und ~ Hund** my
uncle, his son, and 'his dog

Dessert /dɛˈseːɐ̯/ *das*; ~s, ~s dessert

Destille *die*; ~, ~n distillery

destillieren *tr. V.* (Chemie) distil

desto *Konj.* (vor Komp.) **je eher, ~ besser** the
sooner the better

⚡ **des·wegen** *Adv.* ▸ deshalb

⚡ **Detail** /deˈtaɪ/ *das*; ~s, ~s detail

detailliert **A** *Adj.* detailed
  B *adv.* in detail; **sehr ~** in great detail

Detektiv *der*; ~s, ~e, **Detektivin** *die*; ~,
~nen [private] detective

Detonation *die*; ~, ~en detonation;
explosion

detonieren *itr. V.; mit sein* detonate;
explode

Deut **keinen ~** not one bit

deuten **A** *itr. V.* point; [mit dem Finger] auf
jmdn./etw. ~ point [one's finger] at sb/sth
  B *tr. V.* interpret

⚡ **deutlich** **A** *Adj.* clear
  B *adv.* clearly

Deutlichkeit *die*; ~ **1** clarity
2 (Eindeutigkeit) clearness

⚡ **deutsch** **A** *Adj.* German; **Deutsche Mark**
Deutschmark; German mark
  B *adv.* **Deutsch sprechen/schreiben** speak/
write German

Deutsch *das*; ~[s] German; **gutes/fließend
~ sprechen** speak good/fluent German; **auf
od. in ~** in German; **auf [gut] ~** (ugs.) in
plain English

⚡ **Deutsche¹** *der/die adj. Dekl.* German; **er ist
~r** he is German

⚡ **Deutsche²** *das adj. Dekl.* **das ~** German; **aus
dem ~n/ins ~** übersetzen translate from/
into German

Deutschland *(das)*; ~s Germany

deutsch-, Deutsch-: **~lehrer** *der*,
~lehrerin *die* German teacher; **~sprachig**
Adj. **1** German-speaking **2** German-language
attrib.; **~unterricht** *der* German
teaching; (Unterrichtsstunde) German lesson

Deutung *die*; ~, ~en interpretation

d

d

Devise *die;* ~, ~n motto
Devisen *Pl.* foreign currency *sing.*
Devisen-: ~**börse** *die* foreign exchange market; ~**kurs** *der* exchange rate; rate of exchange
⚘ **Dezember** *der;* ~s, ~; December
dezent **A** *Adj.* quiet ‹*colour, pattern, suit*›; subdued ‹*lighting, music*›
  B *adv.* discreetly; ‹*dress*› unostentatiously
dezimal *Adj.* decimal
Dezimal-: ~**system** *das* decimal system; ~**zahl** *die* decimal [number]
dezimieren *tr. V.* decimate
DG *Abk.* = **Dachgeschoss**
dgl. *Abk.* = **dergleichen, desgleichen**
d. h. *Abk.* = **das heißt** i.e.
Di. *Abk.* = **Dienstag** Tue[s].
Dia *das;* ~s, ~s slide
Diabetes *der;* ~; diabetes
Diabetiker *der;* ~s, ~, **Diabetikerin** *die;* ~, ~**nen** diabetic
Diagnose /dia'gnoːzə/ *die;* ~, ~n diagnosis
diagonal **A** *Adj.* diagonal
  B *adv.* diagonally
Diagonale *die;* ~, ~n diagonal
Diagramm *das* graph; ‹von Gegenständen› diagram
Dialekt *der;* ~[e]s, ~e dialect
⚘ **Dialog** *der;* ~[e]s, ~e dialogue
Dialog·fenster *das* (DV) dialogue box
Dialyse /dia'lyːzə/ *die;* ~, ~n (Physik, Chemie, Med.) dialysis
Diamant *der;* ~en, ~en diamond
***diät** ▸ Diät
Diät *die;* ~, ~en diet; eine ~ einhalten keep to a diet; ~ essen be on a diet; ~ kochen cook according to a/one's diet
Diäten *Pl.* [parliamentary] allowance *sing.*
dich **A** *Akk. von* du you
  B *Akk. des Reflexivpron. der 2. Pers. Sg.* yourself
dicht **A** *Adj.* 1 thick; dense ‹*forest, hedge, crowd*›; heavy, dense ‹*traffic*›
  2 (undurchlässig) (für Luft) airtight; (für Wasser) watertight
  B *adv.* 1 densely ‹*populated, wooded*›; ~ bebaut heavily built up
  2 (undurchlässig) tightly
  3 *mit Präp.* (nahe) ~ neben right next to
***dicht·bebaut** ▸ dicht B1
Dichte *die;* ~ (Physik, fig.) density
dichten **A** *itr. V.* write poetry
  B *tr. V.* (verfassen) write; compose
Dichter *der;* ~s, ~; poet; (Schriftsteller) writer; author
Dichterin *die;* ~, ~**nen** poet[ess]; (Schriftstellerin) writer; author[ess]

⚘ key word
* old spelling—see note on page x

dichterisch *Adj.* poetic; (schriftstellerisch) literary
dicht|machen *tr., itr. V.* (ugs.) shut; (endgültig) shut down
Dichtung¹ *die;* ~, ~en seal; (am Hahn usw.) washer; (am Vergaser, Zylinder usw.) gasket
Dichtung² *die;* ~, ~en 1 work of literature; (in Versform) poetic work; poem
  2 (Dichtkunst) literature; (in Versform) poetry
⚘ **dick** **A** *Adj.* 1 thick; stout ‹*tree*›; fat ‹*person, legs, etc.*›; swollen ‹*cheek, ankle, tonsils, etc.*›; ~ werden get fat; 5 cm ~ sein be 5 cm thick
  2 (ugs.) (groß) big ‹*mistake*›; hefty, (infml) fat ‹*salary*›
  B *adv.* thickly; etw. ~ unterstreichen underline sth heavily; sich ~ anziehen wrap up warm[ly]; etw. 5 cm ~ schneiden cut sth 5 cm. thick; ~ geschwollen (ugs.) badly swollen
Dicke¹ *die;* ~; thickness; (von Menschen, Körperteilen) fatness
Dicke² *der/die adj. Dekl.* (ugs.) fatty (infml)
dick·fellig *Adj.* (ugs.) thick-skinned
Dickfelligkeit *die;* ~ (ugs.) insensitivity
Dickicht /'dɪkɪçt/ *das;* ~[e]s, ~e thicket
dick-, Dick-: ~**kopf** *der* (ugs.) mule (infml); ein ~kopf sein be stubborn as a mule; einen ~kopf haben be pig-headed; ~**köpfig** *Adj.* (ugs.) pig-headed; ~**macher** *der* (ugs.) fattening food; ~**milch** *die* sour milk
⚘ **die¹** **A** *best. Art.;* *Nom.* the; die Helga (ugs.) Helga; die Frau/Menschheit women *pl.* /mankind
  B *Demonstrativpron.* 1 *attr.* die Frau war es it was 'that woman
  2 (allein stehend) she; die war es it was 'her; die [da] (Person) that woman/girl; (Sache) that one
  C *Relativpron.;* *Nom.* (Person) who; that; (Sache, Tier) which; that
  D *Relativ- u. Demonstrativpron.* the one who
⚘ **die²** **A** *best. Art.* 1 *Akk. Sg. v.* die¹ A the; ich sah ~ Frau I saw the women
  2 *Nom. u. Akk. Pl. v.* der¹ A, die¹ A, das A the
  B *Demonstrativpron. Nom. u. Akk. Pl.* v. der¹ A, die¹ A, das A; *attr.* ich meine die Männer, ~ ... I mean those men who ...; (allein stehend) ich meine die [da] I mean 'them
  C *Relativpron.* 1 *Akk. Sg. v.* die¹ C (Person) who; (Sache) that
  2 *Nom. u. Akk. Pl. v.* der¹ C, die¹ C, das C (Personen) whom; (Sachen) which; ~ Männer, ~ ich gesehen habe the men I saw
Dieb *der;* ~[e]s, ~e thief
Diebin *die;* ~, ~**nen** [woman] thief
diebisch **A** *Adj.* 1 thieving
  2 (verstohlen) mischievous
  B *adv.* mischievously
Diebstahl *der;* ~[e]s, Diebstähle theft
die·jenige ▸ derjenige
Diele *die;* ~, ~n hall[way]

dienen *itr. V.* serve; womit kann ich ~? what can I do for you?

Diener *der*; ~s, ~; servant; einen ~ machen (ugs.) bow; make a bow

Dienerin *die*; ~, ~nen maid; servant

dienlich *Adj.* helpful

Dienst *der*; ~[e]s, ~e 1 (Tätigkeit) work; (von Soldaten, Polizeibeamten, Krankenhauspersonal usw.) duty; **seinen ~ antreten** start work/go on duty; **~ haben** be at work/on duty; *<doctor>* be on call; *<chemist>* be open 2 (Arbeitsverhältnis) post; **Major außer ~** retired major 3 (Tätigkeitsbereich) service; *s. auch* **öffentlich** A 4 (Hilfe) service

Diens·tag *der* Tuesday; **am ~** on Tuesday; **~, der 1. Juni** Tuesday, 1 June; **er kommt ~** he is coming on Tuesday; **ab nächsten ~** from next Tuesday [onwards]; **~ in einer Woche** a week on Tuesday; **~ vor einer Woche** a week last Tuesday

diens·tags *Adv.* on Tuesday[s]

dienst-, Dienst-: **~bereit** *Adj.* *<chemist>* open *pred.*; *<doctor>* on call; *<dentist>* on duty; **~bote** *der*, **~botin** *die* servant; **~eifrig** *Adj.* zealous; **~frei** *Adj.* free *<time>*; **~geheimnis** *das* 1 professional secret; (im Staatsdienst) official secret 2 professional secrecy; (im Staatsdienst) official secrecy; **~grad** *der* (Milit.) rank; **~leister** *der*; ~~s, ~~, **~leisterin** *die*; ~~, ~~nen (Firma, auch DV) service provider; **~leistung** *die* (auch Wirtsch.) service

Dienstleistungs-: **~branche** *die* (Wirtsch.) 1 service industry 2 ▶ Dienstleistungssektor; **~sektor** *der* (Wirtsch.) service sector

dienstlich A *Adj.* business *<call>*; (im Staatsdienst) official *<letter, call, etc.>* B *adv.* on business; (im Staatsdienst) on official business

Dienst-: **~reise** *die* business trip; **~stelle** *die* office; **~wagen** *der* official car; (Geschäftswagen) company car; **~weg** *der* official channels *pl.*; **~zeit** *die* 1 period of service 2 (tägliche Arbeitszeit) working hours *pl.*

dies ▶ dieser

dies·bezüglich *adv.* regarding this

diese ▶ dieser

Diesel *der*; ~s, ~; diesel

die·selbe ▶ derselbe

Diesel·motor *der* diesel engine

dieser, diese, dieses, dies *Demonstrativpron.* 1 *attr.* this; *Pl.* these 2 (allein stehend) this one; *Pl.* these; **dies alles** all this; **dies und das**, (geh.) **dieses und jenes** this and that

diesig *Adj.* hazy

dies·mal *Adv.* this time

dies·seits A *Präp.; mit Gen.* on this side of B *Adv.* ~ von on this side of

Dietrich *der*; ~s, ~e picklock

diffamieren *tr. V.* defame

Diffamierung *die*; ~, ~en defamation

Differential *usw.* ▶ Differenzial *usw.*

Differenz *die*; ~, ~en difference; (Meinungsverschiedenheit) difference [of opinion]

Differenzial /dɪfərɛn'tsi̯aːl/ *das*; ~s, ~e 1 (Math.) differential 2 (Technik) differential [gear]

Differenzial·rechnung *die* (Math.) differential calculus

differenziert *Adj.* complex; subtly differentiated *<methods, colours>*; sophisticated *<taste>*

diffus A *Adj.* 1 (Physik, Chemie) diffuse 2 (geh.) vague; vague and confused *<idea, statement, etc.>* B *adv.* in a vague and confused way

digital (DV) A *Adj.* digital B *adv.* digitally

Digital- digital *<clock, display, etc.>*

Digital·fernsehen *das* digital television

digitalisieren *tr. V.* (DV) digitalize

Digital-: **~kamera** *die* digital camera; **~radio** *das* digital radio

Diktat *das*; ~[e]s, ~e dictation

Diktator *der*; ~s, ~en, **Diktatorin** *die*; ~, ~nen dictator

diktatorisch A *Adj.* dictatorial B *adv.* dictatorially

Diktatur *die*; ~, ~en dictatorship

diktieren *tr. V.* dictate

Diktier·gerät *das* dictating machine

Dilemma *das*; ~s, ~s dilemma

Dilettant /dile'tant/ *der*; ~en, ~en, **Dilettantin** *die*; ~, ~nen dilettante

dilettantisch A *Adj.* dilettante; amateurish B *adv.* amateurishly

Dill *der*; ~[e]s, ~e dill

Dimension *die*; ~, ~en (Physik, fig.) dimension

DIN /diːn/ *Abk.* = **Deutsche Industrie-Norm[en]** (German Industrial Standard[s]) DIN; **~-A4-Format** A4

Ding¹ *das*; ~[e]s, ~e 1 thing 2 **nach Lage der ~e** the way things are; **persönliche/private ~e** personal/private matters; **ein ~ der Unmöglichkeit sein** be quite impossible; **vor allen ~en** above all 3 **guter ~e sein** (geh.) be in good spirits

Ding² *das*; ~[e]s, ~er (ugs.) thing; **das ist ja ein ~!** that's really something

Dinkel *der*; ~s, ~ (Landw.) spelt

Dino *der*; ~s, ~s (ugs.) dinosaur

Dino·saurier *der*; ~s, ~; dinosaur

Diode *die*; ~, ~n (Elektrot.) diode

Dioden·rücklicht *das* LED rear light

Dioxin *das*; ~s (Chemie) dioxin

Diözese *die*; ~, ~n diocese

d

Dipl.-Ing. *Abk.* = **Diplomingenieur**
academically qualified engineer

Diplom *das*; ~s, ~e ≈ [first] degree (*in
a scientific or technical subject*); (für einen
Handwerksberuf) diploma

Diplom- qualified

Diplomat *der*; ~en, ~en, **Diplomatin**
die; ~, ~**nen** diplomat

diplomatisch **A** *Adj.* diplomatic
B *adv.* diplomatically

dir **A** *Dat. von* **du** to you; (nach Präp.) you;
Freunde von ~ friends of yours
B *Dat. des Reflexivpron. der 2. Pers. Sg.*
yourself

ᵈ **direkt** **A** *Adj.* direct
B *adv.* straight; directly; etw. ~ übertragen
broadcast sth live

Direkt·flug *der* direct flight

Direktion *die*; ~, ~**en** management;
(Büroräume) managers' offices *pl.*

Direktor *der*; ~s, ~en, **Direktorin** *die*; ~,
~**nen** director; (einer Schule) headmaster/
headmistress; (einer Strafanstalt) governor;
(einer Abteilung) manager

Direkt·übertragung *die* live broadcast

Dirigent *der*; ~en, ~en, **Dirigentin** *die*;
~, ~**nen** conductor

dirigieren *tr. V.* **1** *auch itr.* conduct
2 (führen) steer

Disc·jockey /'dıskdʒɔke/ *der* disc jockey

Disco /'dısko:/ *die*; ~, ~**s** disco

Disk /dısk/ *die*; ~, ~**s** disc

Diskette *die*; ~, ~**n** (DV) floppy disk

Disketten·laufwerk *das* (DV)
[floppy-]disk drive

Diskont·satz *der* (Finanzw.) discount rate

Diskothek *die*; ~, ~**en** discotheque

Diskrepanz *die*; ~, ~**en** discrepancy

diskret **A** *Adj.* (vertraulich) confidential;
(taktvoll) discreet; tactful
B *adv.* (vertraulich) confidentially; (taktvoll)
discreetly; tactfully

Diskretion *die*; ~ **1** (Verschwiegenheit, Takt)
discretion
2 (Unaufdringlichkeit) discreetness

diskriminieren *tr. V.* discriminate against

Diskriminierung *die*; ~, ~**en**
discrimination

ᵈ **Diskussion** *die*; ~, ~**en** discussion; zur ~
stehen be under discussion

Diskussions-: ~**beitrag** *der* contribution
to a/the discussion; ~**leiter** *der* chair[man]
[of the discussion]; ~**leiterin** *die*
chair[woman] [of the discussion]

ᵈ **diskutieren** **A** *itr. V.* über etw. (*Akk.*) ~
discuss sth
B *tr. V.* discuss

Disqualifikation *die*; ~, ~**en** (auch Sport)
disqualification

disqualifizieren *tr. V.* disqualify

Distanz *die*; ~, ~**en** (auch fig.) distance

distanzieren *refl. V.* sich von jmdm./etw. ~
(fig.) dissociate oneself from sb/sth

distanziert *Adj.* reserved

Distel *die*; ~, ~**n** thistle

Distel·fink *der* goldfinch

Disziplin *die*; ~, ~**en** discipline;
(Selbstbeherrschung) [self-]discipline

disziplinieren **A** *tr. V.* discipline
B *refl. V.* discipline oneself

diszipliniert **A** *Adj.* well-disciplined;
(beherrscht) disciplined
B *adv.* in a well-disciplined way; (beherrscht)
in a disciplined way

ᵈ **divers...** /di'vers.../ *Adj.* various; (mehrer...)
several

Dividende /divi'dɛndə/ *die*; ~, ~**n** (Wirtsch.)
dividend

dividieren *tr. V.* divide

Division *die*; ~, ~**en** (auch Milit.) division

DM *Abk.* = **Deutsche Mark** DM

D-Mark /'de:-/ *die* Deutschmark

DNA *die*; ~, ~[s] DNA

DNS *Abk.* (Chemie)
= **Desoxyribonukleinsäure** DNA

Do. *Abk.* = **Donnerstag** Thur[s].

ᵈ **doch** **A** *Konj.* but
B *Adv.* **1** (jedoch) but
2 (dennoch) all the same; still
3 (geh.) (nämlich) wusste er ~, dass ...
because he knew that ...
4 (entgegen allen gegenteiligen Behauptungen,
Annahmen) er war also ~ der Mörder! so he
'was the murderer!
5 (ohnehin) in any case
C *Interj.* Das stimmt nicht. – Doch! That's
not right. – [Oh] yes it is!; Hast du keinen
Hunger? – Doch! Aren't you hungry? – Yes
[I am]!
D *Partikel* **1** (Ungeduld ausdrückend) pass ~
auf! [oh] do be careful!; das ist ~ nicht zu
glauben that's just incredible
2 (Zweifel ausdrückend) du hast ~ meinen Brief
erhalten? you did get my letter, didn't you?
3 (Überraschung ausdrückend) das ist ~ Karl!
there's Karl!
4 (verstärkt Bejahung/Verneinung ausdrückend)
gewiss/sicher ~ [why] certainly; of course;
ja ~ [yes,] all right; nicht ~! (abwehrend) [no,]
don't!
5 (Wunsch verstärkend) wäre es ~ ... if only it
were ...

Docht *der*; ~[e]s, ~e wick

Dock *das*; ~s, ~s dock

Dogge *die*; ~, ~**n**; [deutsche] ~ Great Dane

Dogma *das*; ~s, **Dogmen** (auch fig.) dogma

dogmatisch *Adj.* (Theol., auch fig.) dogmatic

Dohle *die*; ~, ~**n** jackdaw

ᵈ key word
* alte Schreibung—vgl. Hinweis auf S. x

Doktor *der;* ~**s,** ~**en** (auch ugs.) (Arzt) doctor; (Titel) Doctor

Doktor·arbeit *die* doctoral thesis

Doktor·grad *der* doctorate; doctor's degree

Doktorin *die;* ~, ~**nen** ▶ Doktor

Doktor·titel *der* title of doctor

Doktrin *die;* ~, ~**en** doctrine

✦ **Dokument** *das;* ~**[e]s,** ~**e** document

Dokumentar-: ~**bericht** *der* documentary report; ~**film** *der* documentary [film]

Dokumentation *die;* ~, ~**en**
  1 documentation
  2 (Bericht) documentary report

dokumentieren *tr. V.* 1 document; (fig.) demonstrate
  2 (festhalten) record

Dolch *der;* ~**[e]s,** ~**e** dagger

Dolde *die;* ~, ~**n** (Bot.) umbel

doll (bes. nordd., salopp) **A** *Adj.* 1 (ungewöhnlich) incredible
  2 (großartig) great (infml)
  B *adv.* 1 (großartig) fantastically [well] (infml)
  2 (sehr) <hurt> dreadfully (infml), like mad

Dollar *der;* ~**s,** ~**s** dollar; zwei ~ two dollars

dolmetschen *itr. V.* act as interpreter

Dolmetscher *der;* ~**s,** ~,
Dolmetscherin *die;* ~, ~**nen**
interpreter

Dom *der;* ~**[e]s,** ~**e** cathedral

dominieren *itr. V.* dominate

dominikanisch *Adj.* Dominican; die Dominikanische Republik the Dominican Republic

Domino *das;* ~**s,** ~**s** (Spiel) dominoes *sing.*

Domizil *das;* ~**s,** ~**e** (geh.) domicile; residence

Dom·pfaff *der;* ~**en** od. ~**s,** ~**en** (Zool.) bullfinch

Dompteur /dɔmp'tøː/ *der;* ~**s,** ~**e,**
Dompteurin /dɔmp'tøːrɪn/ *die;* ~, ~**nen,**
Dompteuse /dɔmp'tøːzə/ *die;* ~, ~**n**
tamer

Donau *die;* ~; Danube

Donner *der;* ~**s,** ~; thunder

donnern *itr. V.* 1 *unpers.* thunder
  2 (fig.) thunder; <engine> roar

✦ **Donners·tag** *der* Thursday; *s. auch* Dienstag

donnerstags *Adv.* on Thursday[s]

Donner·wetter *das* (ugs.) 1 (Krach) row
  2 /'--'--/ zum ~ [noch einmal]! damn it!; ~! my word

doof (ugs.) **A** *Adj.* stupid; dumb (infml)
  B *adv.* stupidly

Doping /'doːpɪŋ/ *das;* ~**s** (Sport) taking drugs

Doping·kontrolle *die* (Sport) drug[s] test

Doppel *das;* ~**s,** ~ 1 (Kopie) duplicate; copy
  2 (Sport) doubles *sing. or pl.*

doppel-, Doppel-: ~**bett** *das* double bed; ~**bock** *das* extra-strong bock beer; ~**decker** *der;* ~~**s,** ~~; biplane; ~**deutig**

/-dɔytɪç/ **A** *Adj.* 1 ambiguous
  2 (anzüglich) suggestive
  B *adv.* 1 ambiguously
  2 (anzüglich) suggestively; ~**fenster** *das* double-glazed window; ~**gänger** *der;* ~~**s,** ~~, ~**gängerin** *die;* ~**gängerin,** ~**gängerinnen** double; ~**haus** *das* pair of semi-detached houses; ~**haus·hälfte** *die* semi[-detached house]; ~**kinn** *das* double chin; ~**klick** *der;* ~~**s,** ~~**s** (DV) double click; ~**moral** *die* double standards *pl.*; ~**pass** *der* (ugs.) ~ *der* pass dual nationality *no art.*; ~**punkt** *der* colon; ~**stunde** *die* double period

✦ **doppelt** **A** *Adj.* double; die ~**e** Menge twice the quantity; mit ~**er** Kraft arbeiten work with twice as much energy
  B *adv.* ~ so groß/alt wie … twice as large/old as …; sich ~ anstrengen try twice as hard

Doppelte *das adj. Dekl.* das ~ bezahlen pay twice as much; pay double

Doppel-: ~**tür** *die* double door; ~**zentner** *der* 100 kilograms; ~**zimmer** *das* double room

✦ **Dorf** *das;* ~**[e]s,** **Dörfer** village; auf dem ~ in the country

Dorf-: ~**bewohner** *der,* ~**bewohnerin** *die* villager; ~**depp** *der* (bes. südd., österr.) village idiot; ~**trottel** *der* village idiot

Dorn *der;* ~**[e]s,** ~**en** thorn; jmdm. ein ~ im Auge sein annoy sb intensely

dornig *Adj.* thorny

Dorn·röschen (das) the Sleeping Beauty

dörren *tr. V.* dry

Dörr-: ~**fleisch** *das* (südd.) lean bacon; ~**obst** *das* dried fruit

Dorsch *der;* ~**[e]s,** ~**e** cod

✦ **dort** *Adv.* there; ~ bleiben stay there; *s. auch* da A1

dort-: ***~**|bleiben** ▶ dort; ~**her** *Adv.* [von] ~her from there; ~**hin** *Adv.* there

dortig *Adj.* there

Dose *die;* ~, ~**n** 1 (Blech~) tin; (Pillen~) box; (Zucker~) bowl
  2 (Konserven~) can; tin (BrE); (Bier~) can

dösen *itr. V.* (ugs.) doze

Dosen-: ~**bier** *das* canned beer; ~**milch** *die* canned *or* (BrE) tinned milk; ~**öffner** *der* can opener; tin opener (BrE); ~**pfand** *das* deposit on [drinks] cans

dosieren *tr. V.* etw. ~ measure out the required dose of sth

Dosierung *die;* ~, ~**en** 1 measuring out; (das Zuführen) administering; (fig.) dispensing
  2 ▶ Dosis

Dosis *die;* ~, **Dosen** dose

Dossier /dɔ'sjeː/ *das;* (veraltet) *der;* ~**s,** ~**s** dossier

Dotcom /'dɔtkɔm/ *das;* ~**s,** ~**s** dot-com [company]

Dotter *der* od. *das;* ~**s,** ~; yolk

Dotter·blume *die* marsh marigold

d

d

doubeln /'du:bln/ *tr. V.* stand in for ‹*actor*›; use a stand-in for ‹*scene*›; **sich ~ lassen** use *or* have a stand-in

Dozẹnt *der*; **~en**, **~en**, **Dozẹntin** *die*; **~**, **~nen** lecturer (für in)

dpa *Abk.* = **Deutsche Presse-Agentur** German Press Agency

Dr. *Abk.* = **Doktor** Dr

Drạche *der*; **~n**, **~n** (Myth.) dragon

Drạchen *der*; **~s**, **~ 1** kite **2** (Fluggerät) hang-glider

Dragee, Dragée /dra'ʒe:/ *das*; **~s**, **~s** dragée

Drạht *der*; **~[e]s**, **Drähte 1** wire **2** (Leitung) wire; (Telefonleitung) line; wire **3** (Telefonverbindung) line

drạht-, Drạht-: **~los** (Nachrichtenw.) **A** *Adj.* wireless **B** *adv.* etw. **~los** telegrafieren/ übermitteln radio sth; **~seil** *das* [steel] cable; **~seil·bahn** *die* cable railway; **~zieher** *der*; **~~s**, **~~**, **~zieherin** *die*; **~~**, **~~nen** (fig.) wire puller

drạll *Adj.* strapping ‹*girl*›; full, rounded ‹*cheeks, face, bottom*›

Drạma *das*; **~s**, **Drạmen** drama; (fig., ugs.) disaster

Dramạtiker *der*; **~s**, **~**, **Dramạtikerin** *die*; **~**, **~nen** dramatist

dramạtisch **A** *Adj.* dramatic **B** *adv.* dramatically

dramatisịeren *tr. V.* dramatize

dramatụrgisch *adj.* dramaturgical

drạn *Adv.* (ugs.) **1** häng das Schild **~**! put the sign up!
2 arm **~** sein be in a bad way; gut/schlecht **~** sein be well off/badly off; früh/spät **~** sein be early/late; ich bin **~** it's my turn

drạn|bleiben *unr. itr. V.*; *mit sein* (ugs.) (am Telefon) hang on (infml)

drạng *1. u. 3. Pers. Sg. Prät. v.* dringen

Drạng *der*; **~[e]s**, **Dränge** urge

drạnge *1. u. 3. Pers. Sg. Konjunktiv II v.* dringen

drạngeln (ugs.) **A** *itr. V.* **1** push [and shove]
2 (auf jmdn. einreden) go on (infml)
B *tr. V.* **1** push; shove
2 (einreden auf) go on at (infml)
C *refl. V.* **sich nach vorn ~** push one's way to the front

drạngen **A** *itr. V.* **1** push
2 die Zeit drängt time is pressing
B *tr. V.* **1** push
2 (antreiben) press; urge
C *refl. V.* crowd

drangsalịeren *tr. V.* (quälen) torment; (plagen) plague

drạn-: **~|halten** *unr. refl. V.* (ugs.) get a move

♂ key word
* old spelling—see note on page x

on (infml); **~|kommen** *unr. itr. V.*; *mit sein* (ugs.) have one's turn; **~|nehmen** *unr. tr. V.* (ugs.) (beim Friseur usw.) see to; (beim Arzt) see

drạstisch **A** *Adj.* drastic ‹*measure, means*› **B** *adv.* drastically; ‹*punish*› severely

drauf *Adv.* (ugs.) on it

drauf-, Drauf-: **~gänger** *der*; **~~s**, **~~**, **~gängerin** *die*; **~~**, **~~nen** daredevil; **~gängerisch** *Adj.* daring; **~|gehen** *unr. itr. V*; *mit sein* (ugs.) **1** (umkommen) kick the bucket (infml) **2** (verbraucht werden) go (für on); **~|zahlen** (ugs.) **A** *tr. V.* noch etwas/50 Euro **~zahlen** fork out (infml) *or* pay a bit more/ an extra 50 euros **B** *itr. V.* (Unkosten haben) ich zahle dabei noch **~** it's costing me money

draußen *Adv.* outside; **hier/da ~** out here/ there; **von/nach ~** from outside/outside

Drẹck *der*; **~[e]s 1** (ugs.) dirt; (sehr viel) filth; (Schlamm) mud
2 (salopp abwertend) (Angelegenheit) **mach deinen ~ allein** do it yourself; **das geht dich einen [feuchten] ~ an** (salopp) none of your damned business (infml)
3 (salopp abwertend) (Zeug) junk *no indef. art.*

Drẹck·arbeit *die* (auch fig.) dirty work *no indef. art., no pl.*, dirty job

drẹckig **A** *Adj.* **1** (ugs., auch fig.) dirty; (sehr schmutzig) filthy
2 (salopp) (unverschämt) cheeky
B *adv.* **1** es geht ihm **~** (ugs.) he's in a bad way
2 (salopp) (unverschämt) cheekily

Drẹck·sau *die*, **Drẹck·schwein** *das* (derb) filthy swine

Drẹh *der*; **~s**, **~s** (ugs.) **1** den **~** heraushaben have [got] the knack
2 [so] um den **~** about that

Drẹh-: **~arbeiten** *Pl.* (Film) shooting *sing.* (zu of); **~bank** *die*; *Pl.* **~bänke** lathe; **~buch** *das* screenplay; [film] script

♂ **drehen** **A** *tr. V.* **1** turn
2 (formen) twist ‹*rope, thread*›; roll ‹*cigarette*›
3 (Film) shoot ‹*scene*›; film ‹*report*›; make ‹*film*›
B *itr. V.* **1** ‹*car*› turn; ‹*wind*› change
2 an etw. (*Dat.*) **~** turn sth
3 (Film) shoot; film
C *refl. V.* **1** turn
2 (ugs.) (zum Gegenstand haben) **sich um etw. ~** be about sth

Drẹh-: **~kreuz** *das* turnstile; (Flugw.) hub; **~orgel** *die* barrel organ; **~ort** *der* (Film) location; **~restaurant** *das* revolving restaurant; **~stuhl** *der* swivel chair; **~tür** *die* revolving door

Drẹhung *die*; **~**, **~en** turn; (um einen Mittelpunkt) revolution

Drẹh-: **~zahl** *die*; revolutions *or* (infml) revs (*esp. per minute*); **~zahl·messer** *der*; **~~s**, **~~**; revolution counter; rev counter (infml); tachometer

⚜ **drei** *Kardinalz.* three

Drei *die*; ~, ~**en** three; **eine** ~ **schreiben** (Schulw.) get a C

drei-, Drei-: ~**eck** *das* (Geom.) triangle; ~**eckig** *Adj.* triangular; ~**ein·halb** *Bruchz.* three and a half

Dreier *der*; ~**s**, ~ (ugs.) three

dreierlei *indekl. Adj.* **1** *attr.* three kinds *or* sorts of; three different **2** *subst.* three [different] things

drei-, Drei-: ~**fach** *Vervielfältigungsz.* triple; **die** ~**fache Menge** three times the amount; ~**fache** *das adj. Dekl.* **das** ~**fache kosten** cost three times as much; **das** ~**fache von 3 ist 9** three times three is nine; ~**faltigkeit** *die*; ~~ (christl. Rel.) Trinity; ~**hundert** *Kardinalz.* three hundred; ~**jährig** *Adj.* (3 Jahre alt) three-year-old *attrib.*; (3 Jahre dauernd) three-year *attrib.*; ~**kampf** *der* (Sport) triathlon; ~**klang** *der* triad; ~**köpfig** *Adj.* ‹family, crew› of three; ~**mal** *Adv.* three times; ~**malig** *Adj.* **eine** ~**malige Wiederholung** three repeats

drein|blicken, drein|schauen *itr. V.* look

drei-, Drei-: ~**rad** *das* tricycle; ~**satz** *der* rule of three; ~**seitig** *Adj.* three-sided ‹figure›; three-page ‹letter, leaflet, etc.›

dreißig *Kardinalz.* thirty; *s. auch* achtzig

dreißigjährig *Adj.* (30 Jahre alt) thirty-year-old *attrib.*; (30 Jahre dauernd) thirty-year *attrib.*

dreißigst... *Ordinalz.* thirtieth

Dreißigstel *das*; ~**s**, ~; thirtieth

dreist 🅰 *Adj.* brazen; barefaced ‹lie› 🅱 *adv.* brazenly

drei·stellig *Adj.* three-figure *attrib.*

Dreistigkeit *die*; ~, ~**en 1** brazenness **2** (Handlung) brazen act

drei-, Drei-: ~**tausend** *Kardinalz.* three thousand; ~**teilig** *Adj.* three-part *attrib.*; three-piece *attrib.* ‹suit›; ***~**viertel** ▸ viertel; ~**viertel·stunde** /---'--/ *die* three-quarters of an hour; ~**viertel·takt** /-'---/ *der* three-four time; ~**zehn** *Kardinalz.* thirteen; *s. auch* achtzehn

Dresche *die*; ~ (salopp) walloping (infml); thrashing

dreschen 🅰 *unr. tr. V.* **1** thresh **2** (salopp) (schlagen) wallop (infml); thrash 🅱 *unr. itr. V.* thresh

dressieren *tr. V.* train ‹animal›

Dressur *die*; ~, ~**en** training

Drill *der*; ~**[e]s** drilling; (Milit.) drill

drillen *tr. V.* (auch Milit.) drill

Drilling *der*; ~**s**, ~**e** triplet

⚜ **drin** *Adv.* (ugs.) **1** in it **2** ▸ drinnen

dringen *unr. itr. V.* **1** *mit sein* **durch/in etw.** ~ penetrate sth **2** *mit sein* **in jmdn.** ~ (geh.) press sb **3** **auf etw.** (*Akk.*) ~ insist upon sth

⚜ **dringend** 🅰 *Adj.* urgent; strong ‹suspicion, advice›
🅱 *adv.* urgently; ‹advise, suspect› strongly; ~ **erforderlich** essential

dringlich 🅰 *Adj.* urgent 🅱 *adv.* urgently

Dringlichkeit *die*; ~; urgency

drinnen *Adv.* inside; (im Haus) indoors; inside

dritt *in* **wir waren zu** ~ there were three of us

⚜ **dritt...** *Ordinalz.* third

⚜ **Drittel** *das* (schweiz. meist der) ~**s**, ~; third

dritteln *tr. V.* split *or* divide three ways

drittens *Adv.* thirdly

DRK *Abk.* = **Deutsches Rotes Kreuz** German Red Cross

Dr. med. *Abk.* = **doctor medicinae** MD

droben *Adv.* (südd., österr., sonst geh.) up there

Droge *die*; ~, ~**n** drug

drogen-, Drogen-: ~**abhängig** *Adj.* addicted to drugs *postpos.*; ~**abhängige** *der/die adj. Dekl.* drug addict; ~**abhängigkeit** *die* drug addiction; ~**beratungs·stelle** *die* drug advice centre; ~**gefährdet** *Adj.* at risk from drugs *postpos.*; ~**handel** *der* drug trafficking; ~**konsum** *der* drug-taking; ~**konsument** *der*, ~**konsumentin** *die* drug user; ~**missbrauch**, *~**mißbrauch** *der* drug abuse; ~**rausch** *der* [state of] drug intoxication; **etw. im** ~**rausch tun** do sth while under the influence of drugs *or* while [high (infml)] on drugs; ~**süchtig** *Adj.* ▸ drogenabhängig; ~**szene** *die* drug scene

Drogerie *die*; ~, ~**n** chemist's [shop] (BrE); drugstore (AmE)

Drogist *der*; ~**en**, ~**en**, **Drogistin** *die*; ~, ~**nen** chemist (BrE); druggist (AmE)

drohen *itr., mod. V.* threaten; (bevorstehen) be threatening; **jmdm. droht etw.** sb is threatened with sth

drohend *Adj.* threatening; (bevorstehend) impending

Drohne *die*; ~, ~**n** drone

dröhnen *itr. V.* boom; ‹machine› roar

Drohung *die*; ~, ~**en** threat

drollig 🅰 *Adj.* funny; comical; (niedlich) sweet; cute (AmE) 🅱 *adv.*; *s.* Adj. comically; sweetly; cutely (AmE)

Dromedar *das*; ~**s**, ~**e** dromedary

Drops *der od. das*; ~, ~; fruit *or* (BrE) acid drop

drosch *1. u. 3. Pers. Sg. Prät. v.* dreschen

Drossel *die*; ~, ~**n** thrush

drosseln *tr. V.* **1** turn down ‹heating, air conditioning›; throttle back ‹engine› **2** (herabsetzen) reduce

Dr. phil. *Abk.* = **doctor philosophiae** Dr

drüben *Adv.* dort od. da ~ over there; ~ **auf der anderen Seite** over on the other side

⚜ **Druck¹** *der*; ~**[e]s**, **Drücke 1** (auch fig.)

pressure
2 ein ~ auf den Knopf a touch of the button
Druck² *der*; ~**[e]s**, ~**e 1** printing; **in ~ gehen** go to press
2 (Produkt) print
Druck·buchstabe *der* printed letter
drucken *tr., itr. V.* print

d ✓ **drücken** **A** *tr. V.* **1** press; press, push
‹*button*›; squeeze ‹*juice, pus*› (**aus** out of); **jmdm. die Hand ~** squeeze sb's hand
2 (liebkosen) **jmdn. ~** hug [and squeeze] sb
3 ‹*shoe etc.*› pinch
4 (herabsetzen) push down ‹*price, rate*›; depress ‹*sales*›; bring down ‹*standard*›
B *itr. V.* **1** press; **auf den Knopf ~** press *or* push the button; „**bitte ~**" 'push'
2 (Druck verursachen) ‹*shoe etc.*› pinch
C *refl. V.* (ugs.) (sich entziehen) shirk; **sich vor etw.** (*Dat.*) ~ get out of sth

drückend *Adj.* **1** heavy ‹*debt, taxes*›; serious ‹*worries*›; grinding ‹*poverty*›
2 (schwül) oppressive
Drucker *der*; ~**s**, ~; printer
Druckerei *die*; ~, ~**en** printing works; (Firma) printing house; printer's
Druckerin *die*; ~, ~**nen** printer
druck-, Druck-: ~**fehler** *der* misprint; printer's error; ~**knopf** *der* press stud (BrE); snap fastener; ~**luft** *die* compressed air; ~**mittel** *das* means of bringing pressure to bear (**gegenüber** on); ~**reif** **A** *Adj.* ready for publication; (~**fertig**) ready for press **B** *adv.* ‹*speak*› in a polished manner; ~**sache** *die* (Postw.) printed matter; ~**schrift** *die* **1** printed writing
2 (Schriftart) type[face] **3** (Schriftwerk) pamphlet
drum *Adv.* (ugs.) **1** ▶ **darum**
2 [a]round; **alles** *od.* **das [ganze] Drum und Dran** (bei einer Mahlzeit) all the trimmings; (bei einer Feierlichkeit) all the palaver that goes with it (infml)
Drum·herum *das*; ~**s** everything that goes/went with it
drunter *Adv.* (ugs.) underneath; **es** *od.* **alles geht ~ und drüber** everything is topsy-turvy
Drüse *die*; ~, ~**n** gland
Dschihad /dʒi'ha:t/ *der*; ~**[s]** jihad; ~**-Kämpfer** *der* jihadi
Dschungel /'dʒʊŋl/ *der*; ~**s**, ~ (auch fig.) jungle
dt. *Abk.* = **deutsch** G.
Dtzd. *Abk.* = **Dutzend** doz.
✓ **du** *Personalpron.*; 2. Pers. Sg. Nom. you; **Du zueinander sagen** use the familiar form in addressing one another; *s. auch* (*Gen.*) **deiner**, (*Dat.*) **dir**, (*Akk.*) **dich**
Dübel *der*; ~**s**, ~; plug
ducken **A** *refl. V.* duck

B *itr. V.* (fig. abwertend) humble oneself (**vor** + *Dat.* before)
Duckmäuser *der*; ~**s**, ~, **Duckmäuserin** *die*; ~, ~**nen** (abwertend) moral coward
Duckmäusertum *das*; ~**s** (abwertend) moral cowardice
Dudel·sack *der* bagpipes *pl.*
Duell *das*; ~**s**, ~**e** duel
duellieren *refl. V.* fight a duel
Duett *das*; ~**[e]s**, ~**e** (Musik) duet; **im ~ singen** sing a duet
Duft *der*; ~**[e]s**, **Düfte** scent; (von Parfüm, Blumen) scent; fragrance; (von Kaffee usw.) aroma
duften *itr. V.* smell (**nach** of)
dulden *tr. V.* tolerate; put up with
duldsam **A** *Adj.* tolerant (**gegen** towards)
B *adv.* tolerantly
Duma *die* **die ~** the Duma
✓ **dumm, dümmer, dümmst...** **A** *Adj.*
1 stupid
2 (unvernünftig) foolish
3 (ugs.) (töricht, albern) idiotic; silly
4 (ugs.) (unangenehm) nasty ‹*feeling*›; annoying ‹*habit*›; **das wird mir jetzt zu ~** (ugs.) I've had enough of it
B *adv.* (ugs.) idiotically
Dumme *der/die adj. Dekl.* fool; **der/die ~ sein** (ugs.) be the loser
dummer·weise *Adv.* **1** unfortunately; (ärgerlicherweise) annoyingly
2 (törichterweise) foolishly
Dummheit *die*; ~, ~**en 1** stupidity
2 (unkluge Handlung) stupid thing
Dumm·kopf *der* (ugs.) nitwit (infml)
dumpf **A** *Adj.* **1** dull ‹*thud, rumble of thunder*›; muffled ‹*sound, thump*›
2 (muffig) musty
3 (stumpfsinnig) dull
B *adv.* **1** ‹*echo*› hollowly
2 (stumpfsinnig) apathetically
Dumping /'dampɪŋ/ *das*; ~**s** (Wirtsch.) dumping
Dumping·preis *der* dumping price
Düne *die*; ~, ~**n** dune
düngen **A** *tr. V.* fertilize ‹*soil, lawn*›; spread fertilizer on ‹*field*›; scatter fertilizer around ‹*plants*›
B *itr. V.* **gut ~** ‹*substance*› be a good fertilizer
Dünger *der*; ~**s**, ~; fertilizer
✓ **dunkel** **A** *Adj.* (auch fig.) dark; (tief) deep ‹*voice, note*›; (undeutlich) vague
B *adv.* **1** (tief) ‹*speak*› in a deep voice
2 (undeutlich) vaguely
Dünkel *der*; ~**s** (geh.) arrogance; (Einbildung) conceit[edness]
dunkel-: ~**blond** *Adj.* light brown ‹*hair*›; ‹*person*› with light brown hair; ~**häutig** *Adj.* dark-skinned

Dunkelheit *die*; ~; darkness
Dunkel·kammer *die* darkroom
dunkeln *itr. V.*; (*unpers.*) **es dunkelt** (geh.)
it is growing dark
Dunkel·ziffer *die* number of unrecorded
cases
dünn **A** *Adj.* thin; slim <*book*>; fine
<*stocking*>; watery <*coffee, tea, beer*>
B *adv.* thinly <*sliced, populated*>; lightly
<*dressed*>
Dunst *der*; ~[e]s, **Dünste 1** haze; (Nebel)
mist
2 (Geruch) smell
dünsten *tr. V.* steam <*fish, vegetables*>; braise
<*meat*>; stew <*fruit*>
dunstig *Adj.* hazy
Duo *das*; ~s, ~s (Musik) duet; (fig. scherzh.)
duo; pair
Duplikat *das*; ~[e]s, ~e duplicate
duplizieren *tr. V.* duplicate
Dur *das*; ~ (Musik) major [key]
✓ **durch** **A** *Präp.*; *mit Akk.* **1** (räumlich) through
2 (modal) by; ~ **Boten** by courier; **zehn**
[geteilt] ~ **zwei** ten divided by two
B *Adv.* **1** (hin~) **das ganze Jahr** ~
throughout the whole year
2 (ugs.) (vorbei) **es war 3 Uhr** ~ it was gone
3 o'clock
3 ~ **und** ~ **nass/überzeugt** wet through [and
through]/completely *or* totally convinced
4 [**durch etw.**] ~ **sein** be through [sth]
5 ~ **sein** (abgefahren sein) <*train, bus, etc.*>
have gone
6 ~ **sein** (fertig sein) have finished; **durch etw.**
~ **sein** have got through sth
7 ~ **sein** <*cheese*> be ripe; <*meat*> be well
done
durch|arbeiten **A** *tr. V.* work through
B *itr. V.* work through; **die Nacht** ~ work
through the night
✓ **durch·aus** *Adv.* absolutely; perfectly, quite
<*correct, possible, understandable*>; **das ist**
~ **richtig** that is entirely right; ~ **nicht** by
no means
durch|beißen *unr. tr. V.* bite through
durch|blättern *tr. V.* leaf through
Durch·blick *der* (ugs.) **den [absoluten]** ~
haben know [exactly] what's going on
durch|blicken *itr. V.* **1** look through; **durch**
etw. ~ look through sth
2 ~ **lassen, dass .../wie ...** hint that .../at
how ...
Durch·blutung *die* flow of blood (+ *Gen.*
to); [blood] circulation
Durchblutungs·störung *die* disturbance
of the blood supply
durch|bohren¹ *tr. V.* drill through <*wall,*
plank>; drill <*hole*>
durch·bohren² *tr. V.* pierce
durch|brechen¹ **A** *unr. tr. V.* **etw.** ~ break
sth in two
B *unr. itr. V.*; *mit sein* **1** break in two

2 (hervorkommen) <*sun*> break through
3 (einbrechen) fall through <*ice, floor, etc.*>
durch·brechen² *unr. tr. V.* break through
durch|brennen *unr. itr. V.*; *mit sein*
1 <*heating coil, light bulb*> burn out; <*fuse*>
blow
2 (ugs.) (weglaufen) (von zu Hause) run away;
(mit der Kasse, mit dem Geliebten/der Geliebten)
run off
durch|bringen *unr. tr. V.* get through; (bei
Wahlen) **jmdn.** ~ get sb elected; **seine Familie/**
sich ~ support one's family/oneself
Durch·bruch *der* (fig.) breakthrough
durch·dacht *Adj.* **ein wenig/gut** ~**er**
Plan a badly/well thought-out plan; **nicht**
[genügend] ~ **sein** not be sufficiently well
thought-out
durch|drehen **A** *tr. V.* put <*meat*> through
the mincer *or* (AmE) grinder
B *itr. V.*; *auch mit sein* (ugs.) crack up (infml)
durch|dringen¹ *unr. itr. V.*; *mit sein* <*rain,*
sun> come through
durch·dringen² *unr. tr. V.* penetrate; **jmdn.**
~ <*idea*> take hold of sb [completely]
durch·einander *Adv.* ~ **bringen** (+ *Akk.*)
(in Unordnung bringen) get <*room, flat*> into
a mess; get <*papers, file*> into a muddle;
muddle up <*papers, file*>; (verwirren) confuse;
(verwechseln) confuse <*names, etc.*>; get
<*names etc.*> mixed up; ~ **sein** <*papers,*
desk, etc.> be in a muddle; (verwirrt sein) be
confused; (aufgeregt sein) be flustered
Durcheinander *das*; ~s **1** muddle; mess
2 (Wirrwarr) confusion
*****durcheinander|bringen**
▶ **durcheinander**
durch|exerzieren *tr. V.* (ugs.) go through,
practise <*rules, multiplication tables*>;
rehearse <*situation*>
durch|fahren *unr. itr. V.*; *mit sein* **1** [**durch**
etw.] ~ drive through [sth]
2 (nicht anhalten) go straight through; (mit dem
Auto) drive straight through; **der Zug fährt**
[in H.] durch the train doesn't stop [at H.]
Durch·fahrt *die* **1** „~ **verboten**" 'no entry
except for access'; **auf der** ~ **sein** be passing
through
2 (Weg) thoroughfare; „**bitte [die]** ~
freihalten" 'please do not obstruct'
Durch·fall *der* diarrhoea *no art.*
durch|fallen *unr. itr. V.*; *mit sein* **1** fall
through
2 (ugs.) (nicht bestehen) fail
durch|finden *unr. refl. V.* find one's way
through
durchführbar *Adj.* practicable
Durchführbarkeit *die*; ~; practicability
durch|führen **A** *tr. V.* carry out; put into
effect <*decision, programme*>; perform
<*operation*>; hold <*meeting, election,*
examination>
B *itr. V.* **durch etw./unter etw.** (*Dat.*) ~

d

‹*track, road*› go through/under sth

✔ **Durch·führung** *die* carrying out; (einer Operation) performing; (einer Versammlung, Wahl, Prüfung) holding; (eines Wettbewerbs) staging

Durch·gang *der* 1 passage[way]; „**kein ~**", „**~ verboten**" 'no thoroughfare' 2 (Phase) stage; (einer Versuchsreihe) run; (Sport, Wahlen) round

Durchgangs-: ~**straße** *die* through road; ~**verkehr** *der* through traffic

durch|geben *unr. tr. V.* announce ‹*news*›; give ‹*results, weather report*›; **eine Meldung im Radio/Fernsehen ~** make an announcement on the radio/on television

durch·gefroren *Adj.* frozen stiff; chilled to the bone

durch|gehen Ⓐ *unr. itr. V.; mit sein* 1 [durch etw.] ~ go *or* walk through [sth] 2 (hindurchdringen) [durch etw.] ~ ‹*rain, water*› come through [sth] 3 (direkt zum Ziel führen) ‹*train etc.*› go [right] through (**bis** to); ‹*flight*› go direct 4 (andauern) go on (**bis zu** until) 5 (hingenommen werden) ‹*discrepancy*› be tolerated; ‹*mistake, discourtesy*› be allowed to pass; **jmdm. etw. ~ lassen** let sb get away with sth 6 ‹*horse*› bolt Ⓑ *unr. tr. V.; mit sein* go through ‹*newspaper, text*›

durch·gehend Ⓐ *Adj.* 1 continuous ‹*line, pattern, etc.*›; constantly recurring ‹*motif*› 2 (direkt) through *attrib.* ‹*train, carriage*›; direct ‹*flight, connection*› Ⓑ *adv.* ~ **geöffnet haben/bleiben** be/stay open all day

durchgeknallt *Adj.* (ugs.) crazy

durch·geschwitzt *Adj.* ‹*person*› soaked *or* bathed in sweat; ‹*clothes*› soaked with sweat; sweat-soaked *attrib.* ‹*clothes*›

durch|greifen *unr. itr. V.* [hart] ~ take drastic measures *or* steps

durch|halten Ⓐ *unr. itr. V.* hold out; (bei einer schwierigen Aufgabe) see it through Ⓑ *unr. tr. V.* stand

durch|hängen *unr. itr. V.* sag

durch|kämmen *tr. V.* 1 comb ‹*hair*› through 2 (durchsuchen) comb ‹*area etc.*›

durch|kommen *unr. itr. V.; mit sein* 1 come through; (mit Mühe) get through 2 (ugs.) (beim Telefonieren) get through 3 (durchgehen, -fahren usw.) **durch etw. ~** come through sth 4 (ugs.) (überleben) pull through

durch|kreuzen¹ *tr. V.* cross out

durch·kreuzen² *tr. V.* (vereiteln) frustrate

durch|lassen *unr. tr. V.* 1 jmdn. [durch etw.] ~ let sb through [sth] 2 (durchlässig sein) let ‹*light, water, etc.*› through

---

✔ key word
* old spelling—see note on page x

durch|lässig *Adj.* permeable; (porös) porous; (undicht) leaky; ‹*raincoat, shoe*› that lets in water

Durch·lauf *der* (Sport, DV) run

durch|laufen¹ Ⓐ *unr. itr. V.; mit sein* 1 [durch etw.] ~ run through [sth]; (durchrinnen) trickle through [sth] 2 (passieren) ‹*runners*› run *or* pass through 3 (ohne Pause laufen) run without stopping Ⓑ *unr. tr. V.* go through ‹*soles*›

durch·laufen² *unr. tr. V.* go through ‹*phase, stage*›

durchlaufend Ⓐ *Adj.* continuous Ⓑ *adv.* ‹*numbered, marked*› in sequence

durch|lesen *unr. tr. V.* **etw.** [ganz] ~ read sth [all the way] through

durch·leuchten *tr. V.* X-ray; (fig.) investigate ‹*case, matter, problem, etc.*› thoroughly

durch·löchern *tr. V.* make holes in

durch·machen (ugs.) Ⓐ *tr. V.* 1 undergo ‹*change*›; complete ‹*training course*›; go through ‹*stage, phase*›; serve ‹*apprenticeship*› 2 (erleiden) go through 3 (durcharbeiten) work through ‹*lunch break etc.*› Ⓑ *itr. V.* (durcharbeiten) work [right] through; (durchfeiern) celebrate all night/day etc.; keep going all night/day etc.

Durchmesser *der*; ~**s**, ~; diameter

durch|nehmen *unr. tr. V.* (Schulw.) (behandeln) do

durch|pauken *tr. V.* (ugs.) force through ‹*law, regulation, etc.*›

durch|peitschen *tr. V.* (ugs. abwertend) railroad ‹*law, application, etc.*› through

durch|probieren *tr. V.* taste ‹*wines, cakes, etc.*› one after another

durch·queren *tr. V.* cross; travel across ‹*country*›; ‹*train*› go through ‹*country*›

durch|rechnen *tr. V.* calculate ‹*costs etc.*› [down to the last penny]; check ‹*bill*› thoroughly

Durch·reise *die* journey through

durch|reisen *itr. V.; mit sein* travel through

Durchreise·visum *das* transit visa

durch|reißen Ⓐ *unr. tr. V.* **etw.** ~ tear sth in two *or* in half Ⓑ *unr. itr. V.; mit sein* ‹*fabric, garment*› rip, tear; ‹*thread, rope*› snap [in two]

durch|rosten *itr. V.; mit sein* rust through

durchs *Präp.; + Art.* = durch das

Durch·sage *die* announcement; (an eine bestimmte Person) message

durchschaubar *Adj.* transparent; **leicht ~** easy to see through

durch·schauen *tr. V.* see through ‹*person, plan, etc.*›; see ‹*situation*› clearly

durch|schlafen *unr. itr. V.* sleep [right] through

Durch·schlag *der* 1 (Kopie) carbon [copy]

2 (Küchengerät) strainer

durch|schlagen *unr. tr. V.* etw. ∼ chop sth in two

durchschlagend *Adj.* resounding ‹*success*›; decisive ‹*effect, measures*›; conclusive ‹*evidence*›

durch|schneiden *unr. tr. V.* cut through ‹*thread, cable*›; cut ‹*ribbon, sheet of paper*› in two; cut ‹*throat, umbilical cord*›; etw. in der Mitte ∼ cut sth in half

⚬ **Durch·schnitt** *der* average; im ∼ on average; über/unter dem ∼ liegen be above/below average

durchschnittlich Ⓐ *Adj.* **1** *nicht präd.* average ‹*growth, performance, output*› **2** (ugs.) (nicht außergewöhnlich) ordinary ‹*life, person, etc.*› **3** (mittelmäßig) modest; ordinary ‹*appearance*› Ⓑ *adv.* ‹*earn etc.*› on [an] average; ∼ groß of average height

Durchschnitts-: ∼**alter** *das* average age; ∼**geschwindigkeit** *die* average speed; ∼**mensch** *der* average person; (Alltagsmensch) ordinary person; ∼**temperatur** *die* average temperature; ∼**wert** *der* average *or* mean value

Durch·schrift *die* carbon [copy]

durch|sehen Ⓐ *unr. itr. V.* [durch etw.] ∼ look through [sth] Ⓑ *unr. tr. V.* look through

*****durch|sein** ▸ durch B4, B5, B6, B7

durch|setzen Ⓐ *tr. V.* carry through; achieve ‹*objective*›; enforce ‹*demand, claim*› Ⓑ *refl. V.* assert oneself; ‹*idea etc.*› find *or* gain acceptance

Durch·sicht *die* nach ∼ der Unterlagen after looking *or* checking through the documents

durchsichtig *Adj.* (auch fig.) transparent

durch|sprechen *unr. tr. V.* talk ‹*matter etc.*› over; discuss ‹*matter etc.*› thoroughly

durch|stehen *unr. tr. V.* stand ‹*pace, boring job*›; come through ‹*difficult situation*›; get over ‹*illness*›

durch|stellen *tr. V.* put ‹*call*› through (in + Akk., auf + Akk. to)

durch|streichen *unr. tr. V.* cross out; (in Formularen) delete

durch·suchen *tr. V.* search (nach for); search, scour ‹*area*› (nach for)

Durchsuchung *die*; ∼, ∼en search

durch|treten *unr. tr. V.* press ‹*clutch pedal, brake pedal*› right down

durchtrieben (abwertend) Ⓐ *Adj.* crafty; sly Ⓑ *adv.* craftily; slyly

durch·wachsen *Adj.* ∼er Speck streaky bacon

Durch·wahl *die* **1** direct dialling; mein Apparat hat keine ∼ I don't have an outside line **2** ▸ Durchwahlnummer

durch|wählen *itr. V.* **1** dial direct **2** (bei Nebenstellenanlagen) dial straight through

Durchwahl·nummer *die* number of the/one's direct line

durch|zählen *tr. V.* count; count up

durch|ziehen Ⓐ *unr. tr. V.* jmdn./etw. [durch etw.] ∼ pull sb/sth through [sth]; ein Gummiband [durch etw.] ∼ draw an elastic through [sth] Ⓑ *unr. itr. V.*; *mit sein* pass through; ‹*soldiers*› march through

Durch·zug *der* draught

⚬ **dürfen** Ⓐ *unr. Modalverb 2. Part.* dürfen **1** etw. tun ∼ be allowed to do sth; darf ich rauchen? may I smoke?; was darf es sein? can I help you? **2** *Konjunktiv II + Inf.* das dürfte der Grund sein that is probably the reason Ⓑ *unr. tr., itr. V.* er hat nicht gedurft he was not allowed to

durfte *1. u. 3. Pers. Sg. Prät. v.* dürfen

dürfte *1. u. 3. Pers. Sg. Konjunktiv II v.* dürfen

dürr *Adj.* **1** withered; arid, barren ‹*ground, earth*› **2** (mager) scrawny

Dürre *die*; ∼, ∼n drought

⚬ **Durst** *der*; ∼[e]s thirst; ∼ haben be thirsty; ich habe ∼ auf ein Bier I could just drink a beer

durstig *Adj.* thirsty

durst-, Durst-: ∼**löscher** *der* thirst-quencher; ∼**stillend** *Adj.* thirst-quenching; ∼**strecke** *die* lean period *or* time

⚬ **Dusche** *die*; ∼, ∼n shower

duschen *itr., refl. V.* have a shower

Dusch·gel /'dʊʃgeːl/ *das* shower gel

Düse *die*; ∼, ∼n (Technik) nozzle; (eines Vergasers) jet

Düsen-: ∼**flugzeug** *das* jet aircraft; ∼**motor** *der* jet engine

düster Ⓐ *Adj.* **1** dark; gloomy; dim ‹*light*› **2** (fig.) gloomy; sombre ‹*colour, music*› Ⓑ *adv.* (fig.) gloomily

Dutzend *das*; ∼s, ∼e dozen; zwei ∼ two dozen

dutzend·weise *Adv.* in [their] dozens (infml)

duzen *tr. V.* call ‹*sb*› 'du' (*the familiar form of address*)

Duz·freund *der*, **Duz·freundin** *die* good friend (*whom one addresses with 'du'*)

DV *Abk.* = **Datenverarbeitung** DP

⚬ **DVD** *die*; ∼, ∼s DVD

DVD-: ∼**-Brenner** *der* (DV) DVD burner; DVD writer; ∼**-Laufwerk** *das* (DV) DVD drive; ∼**-Recorder**, **DVD-Rekorder** *der* DVD recorder; ∼**-Spieler** *der* DVD player

dynamisch Ⓐ *Adj.* (auch fig.) dynamic Ⓑ *adv.* dynamically

Dynamit *das*; ∼s dynamite

Dynamo *der*; ∼s, ∼s dynamo

Dynastie *die*; ∼, ∼n dynasty

D-Zug /'deː-/ *der* express train

e

Ee

e

e, E /e:/ *das*; ~, ~ **1** (Buchstabe) e/E
2 (Musik) [key of] E
Ebbe *die*; ~, ~n ebb tide; (Zustand) low tide;
es ist ~ the tide is out
⚬ **eben** **A** *Adj.* **1** flat
2 (glatt) level
B *adv.* **1** (gerade jetzt) just
2 (kurz) [for] a moment
⚬ **Ebene** *die*; ~, ~n **1** plain; in der ~ on the
plain
2 (Geom., Physik) plane
3 (fig.) level
⚬ **eben·falls** *Adv.* likewise; as well; danke, ~
thank you, [and] [the] same to you
Eben·holz *das* ebony
⚬ **eben·so** *Adv.* **1** *mit Adjektiven, Adverbien* just
as; ich mag Erdbeeren ~ gern [wie...] I like
strawberries just as much [as ...]; ~ gern
würde ich an den Strand gehen I would just
as soon go to the beach; ~ gut just as well
2 *mit Verben* in exactly the same way
ebenso·gern *usw.* ▶ ebenso 1
Eber *der*; ~s, ~; boar
Eber·esche *die* rowan; mountain ash
ebnen *tr. V.* level <*ground*>
Echo *das*; ~s, ~s echo
⚬ **echt** **A** *Adj.* **1** genuine; real <*love, friendship*>
2 (typisch) real, typical
B *adv.* **1** (ugs. verstärkend) really
2 (typisch) typically
Eck *das*; ~s, ~e corner
Eck-: ~**ball** *der* (Sport) corner [kick/hit/
throw]; einen ~**ball** treten take a corner;
~**bank** *die*; *Pl.* ~**bänke** corner seat
⚬ **Ecke** *die*; ~, ~n corner; an der ~ on *or* at the
corner; um die ~ round the corner
eckig *Adj.* square; angular
Eck·zahn *der* canine tooth
edel *Adj.* **1** thoroughbred <*horse*>; species
<*rose*>
2 (großmütig) noble[-minded], high-minded
<*person*>; noble <*thought, gesture, feelings,
deed*>; honourable <*motive*>
Edel-: ~**metall** *das* precious metal; ~**nutte**
die (salopp) high-class tart (sl.); ~**pilz·käse**
der blue[-veined] cheese; ~**stahl** *der* stainless
steel; ~**stein** *der* precious stone; gem[stone]
Edition *die*; ~, ~en edition
Edutainment /ɛdjuˈteɪnmənt/ *das*; ~s
edutainment

EDV *Abk.* = **elektronische
Datenverarbeitung** EDP
EEG *Abk.* = **Elektroenzephalogramm**
EEG; ein ~ machen lassen have an EEG
Efeu *der*; ~s ivy
⚬ **Effekt** *der*; ~[e]s, ~e effect
effektiv **A** *Adj.* **1** (wirksam) effective
2 (tatsächlich) effective <*profit, price, benefit*>
B *adv.* **1** effectively
2 (ugs.) (ganz bestimmt) really
effekt·voll *Adj.* effective; dramatic <*pause,
gesture, entrance*>
EG *Abk.* **1** (EU) = **Europäische
Gemeinschaft[en]** EC
2 = **Erdgeschoss**
⚬ **egal** *Adj.* (ugs.) (einerlei) es ist jmdm. ~ it's all
the same to sb; [ganz] ~, wie/wer *usw.* ... no
matter how/who *etc.* ...
Egge *die*; ~, ~n harrow
E-Gitarre *die* electric guitar
Egoist *der*; ~en, ~en, **Egoistin** *die*; ~,
~nen egoist
egoistisch **A** *Adj.* egoistic[al]
B *adv.* egoistically
Egomane /egoˈmaːnə/ *der*; ~n, ~n,
Egomanin *die*; ~, ~nen egomaniac
⚬ **ehe** *Konj.* before
⚬ **Ehe** *die*; ~, ~n marriage
Ehe-: ~**bett** *das* marriage bed; (Doppelbett)
double bed; ~**bruch** *der* adultery; ~**frau**
die wife; (verheiratete Frau) married woman;
~**krach** *der* (ugs.) row; ~**leute** *Pl.* married
couple
ehelich *Adj.* marital; matrimonial; conjugal
<*rights, duties*>; legitimate <*child*>
⚬ **ehemalig** *Adj.* former
ehe-, Ehe-: ~**mann** *der*; *Pl.* ~**männer**
husband; (verheirateter Mann) married man;
~**mündig** *Adj.* (Rechtsspr.) of marriageable
age postpos.; ~**mündig sein** be of marriageable
age *or* of an age to marry; ~**mündigkeit** *die*
(Rechtsspr.) being of marriageable age; ~**paar**
das married couple
⚬ **eher** *Adv.* **1** (früher) earlier; sooner
2 (lieber) rather; sooner
Ehe-: ~**ring** *der* wedding ring; ~**scheidung**
die divorce; ~**vertrag** *der* (Rechtsw.) marriage
contract
Ehre *die*; ~, ~n honour; jmdm. ~ antun pay
tribute to sb
ehren *tr. V.* **1** honour; Sehr geehrter Herr
Müller!/Sehr geehrte Frau Müller! Dear Herr
Müller/Dear Frau Müller

⚬ key word
* alte Schreibung—vgl. Hinweis auf S. x

2 (Ehre machen) deine Hilfsbereitschaft ehrt dich your willingness to help does you credit

ehren-, Ehren-: ~**amt** das honorary position or post; ~**amtlich** Ⓐ Adj. honorary ‹position, membership›; voluntary ‹help, worker› Ⓑ adv. in an honorary capacity; (freiwillig) on a voluntary basis

ehrenhaft Adj. honourable

ehren-, Ehren-: ~**rührig** Adj. defamatory ‹allegations›; ~**sache** die das ist ~**sache** that is a point of honour; ~**sache!** you can count on me!; ~**voll** Adj. honourable; ~**wert** Adj. (geh.) worthy; ~**wort** das; Pl. ~~**e**; ~**wort** [!/?] word of honour [!/?]

ehrerbietig Adj. (geh.) respectful

Ehr·furcht die reverence (vor + Dat. for)

ehrfürchtig Adj. reverent

ehr-, Ehr-: ~**gefühl** das sense of honour; ~**geiz** der ambition; ~**geizig** Adj. ambitious

✧ **ehrlich** Adj. honest; genuine ‹concern, desire, admiration›; upright ‹character›

Ehrlichkeit die; ~ ▸ ehrlich honesty; genuineness; uprightness

ehr·los Adj. dishonourable

Ehrung die; ~, ~en; die ~ der Preisträger the prize-giving (BrE) or (AmE) awards ceremony; bei der ~ der Sieger when the winners were awarded their medals/ trophies

ehr·würdig Adj. venerable

✧ **Ei** das; ~[e]s, ~er egg

Eiche die; ~, ~n oak [tree]; (Holz) oak [wood]

Eichel die; ~, ~n acorn

eichen tr. V. calibrate ‹measuring instrument, thermometer›; standardize ‹weights, measures, containers, products›; adjust ‹weighing scales›

Eich·hörnchen das squirrel

Eid der; ~[e]s, ~e oath

Eidechse /'aidɛksə/ die; ~, ~n lizard

eides·stattlich Adj. (Rechtsw.) eine ~e Erklärung a statutory declaration

Ei·dotter der od. das egg yolk

Eier-: ~**becher** der egg cup; ~**kuchen** der pancake; (Omelett) omelette; ~**likör** der egg flip; ~**stock** der (Physiol., Zool.) ovary; ~**uhr** die egg timer

Eifer der; ~s eagerness

Eifer·sucht die jealousy (auf + Akk. of)

eifer·süchtig Adj. jealous (auf + Akk. of)

eifrig Adj. eager

Ei·gelb das; ~[e]s, ~e egg yolk

✧ **eigen** Adj. own; (selbstständig) separate

eigen-, Eigen-: ~**art** die (Wesensart) particular nature; (Zug) peculiarity; eine ~art dieser Stadt one of the characteristic features of this city; ~**artig** Adj. peculiar; strange; odd; ~**artigerweise** Adv. strangely [enough]; oddly [enough]; ~**artigkeit** die peculiarity;

strangeness; oddness; ~**brötelei** die; ~~, ~~**en** taking an [unduly] independent line; ~**brötler** der; ~~s, ~~, ~**brötlerin** die; ~~, ~~**nen** loner; lone wolf; ~**dynamik** die inherent dynamism; ~**händig** Ⓐ Adj. personal ‹signature›; holographic ‹will, document› Ⓑ adv. ‹present, sign› personally; ~**heim** das house of one's own

Eigenheit die; ~, ~en peculiarity

eigen-, Eigen-: ~**initiative** die initiative of one's own; ~**lob** das self-praise; ~**mächtig** Adj. unauthorized; ~**name** der proper name; ~**nützig** Adj. self-seeking; selfish ‹motive›

eigens Adv. specially

✧ **Eigenschaft** die; ~, ~en quality; characteristic; (von Sachen, Stoffen) property

Eigenschafts·wort das; Pl. **Eigenschaftswörter** adjective

eigen-, Eigen-: ~**sinn** der obstinacy; ~**sinnig** Adj. obstinate; ~**ständig** Adj. independent; ~**ständigkeit** die; ~~; independence

✧ **eigentlich** Ⓐ Adj. (wirklich) actual; real; (wahr) true; (ursprünglich) original Ⓑ Adv. actually Ⓒ Partikel wie spät ist es ~? tell me, what time is it?; was willst du ~? what exactly do you want?

Eigen·tor das (Ballspiele, fig.) own goal

Eigentum das; ~s property; (einschließlich Geld usw.) assets pl.

Eigentümer der; ~s, ~; owner; (Hotel~, Geschäfts~) proprietor

Eigentümerin die; ~, ~nen owner; (Hotel~, Geschäfts~) proprietress; proprietor

Eigentums·wohnung die owner-occupied flat (BrE); condominium apartment (AmE)

eigen-, Eigen-: ~**vorsorge** private [pension] provision; ~**willig** Adj. self-willed

eignen refl. V. be suitable

Eigner der; ~s, ~, **Eignerin** die; ~, ~nen owner

Eignung die; ~; suitability; seine ~ zum Fliegen his aptitude for flying

Eignungs·prüfung die, **Eignungs·test** der aptitude test

Eil-: ~**bote** der, ~**botin** die special messenger; „durch od. per ~boten" (veralt.) 'express'; ~**brief** der express letter

✧ **Eile** die; ~; hurry; in ~ sein be in a hurry

eilen itr. V. **1** mit sein hurry; (besonders schnell) rush **2** (dringend sein) be urgent; „eilt!" 'urgent'

eilig Ⓐ Adj. **1** hurried; es ~ haben be in a hurry **2** (dringend) urgent Ⓑ adv. hurriedly

Eil·zug der semi-fast train

Eimer der; ~s, ~; bucket; (Milch~) pail; (Abfall~) bin; ein ~ [voll] Wasser a bucket of water; im ~ sein (salopp) be up the spout (infml)

ꞏ **ein¹** **A** *Kardinalz.* one; ~ **für alle Mal,** *ꞏ* ~ **für allemal** once and for all
B *unbest. Art.* a/an
C *Indefinitpron.* ▶ **irgendein 1,** *s. auch* **einer**

ein² (elliptisch) ~ – **aus** (an Schaltern) on – off

Einakter *der*; ~**s**, ~; one-act play

einander *reziprokes Pron., Dat. u. Akk.* (geh.) each other; one another

ein·arbeiten *tr. V.* train ‹*employee*›

ein·armig *Adj.* one-armed

ein·äschern *tr. V.* cremate

ein·atmen *tr., itr. V.* breathe in

ein·äugig *Adj.* one-eyed

Ein·bahn·straße *die* one-way street

Ein·band *der*; *Pl.* **Einbände** binding

Ein·bau *der*; *Pl.* ~**ten** fitting; (eines Motors) installation

ein·bauen *tr. V.* build in, fit; install ‹*engine, motor*›

Einbau·küche *die* fitted kitchen

ein·beinig *Adj.* one-legged

ein·berufen *unr. tr. V.* summon; call

Ein·berufung *die* **1** (das Einberufen) calling
2 (zur Wehrpflicht) call-up; conscription; draft (AmE)

Einbett·zimmer *das* single room

ein·beziehen *unr. tr. V.* include

ein·biegen *unr. itr. V.*; *mit sein* turn

ein·bilden *refl. V.* **1** sich (*Dat.*) etw. ~ imagine sth
2 (ugs.) sich (*Dat.*) etwas ~ be conceited (**auf** + *Akk.* about)

Ein·bildung *die* **1** imagination
2 (falsche Vorstellung) fantasy
3 (Hochmut) conceitedness

ein·binden *unr. tr. V.* bind ‹*book*›; etw. neu ~ rebind sth

ein·blenden *tr. V.* (Rundf., Ferns., Film) insert

Ein·blick *der* **1** view; ~ **in etw.** (*Akk.*) **haben** be able to see into sth
2 (Durchsicht) jmdm. ~ **in etw.** (*Akk.*) **gewähren** allow sb to look at *or* examine sth
3 (Kenntnis) insight

ein·brechen *unr. itr. V.* **1** *mit haben od. sein* break in; **in eine Bank** ~ break into a bank; **bei jmdm.** ~ burgle sb
2 *mit sein* (einstürzen) ‹*roof, ceiling*› cave in
3 *mit sein* (durchbrechen) fall through

Einbrecher *der*; ~**s**, ~, **Einbrecherin** *die*; ~, ~**nen** burglar

ein·bringen *unr. tr. V.* **1** bring in ‹*harvest*›
2 (verschaffen) **Gewinn/Zinsen** ~ yield a profit/bring in interest; **jmdm. Ruhm** ~ bring sb fame
3 (Parl.) (vorlegen) introduce ‹*bill*›
4 invest ‹*capital, money*›

Ein·bruch *der* **1** burglary; **ein** ~ **in eine Bank** a break-in at a bank

---

ꞏ key word
ꞏ old spelling—see note on page x

2 (das Einstürzen) collapse

einbürgern **A** *tr. V.* naturalize
B *refl. V.* ‹*custom, practice*› become established; ‹*person, plant, animal*› become naturalized

Einbürgerung *die*; ~, ~**en** naturalization

Einbürgerungs·test *der* citizenship test

Ein·buße *die* loss

ein·büßen *tr. V.* lose; (durch eigene Schuld) forfeit

ein·checken *tr., itr. V.* (Flugw.) check in

ein·cremen *tr. V.* put cream on ‹*hands etc.*›; **sich** ~ put cream on

ein·dämmen *tr. V.* (fig.) check; stem

ein·decken **A** *refl. V.* stock up
B *tr. V.* (ugs.) (überhäufen) **jmdn. mit Arbeit** ~ swamp sb with work

Eindecker *der*; ~**s**, ~ (Flugw.) monoplane

ꞏ **eindeutig** *Adj.* clear

Eindeutigkeit *die*; ~, ~**en** clarity

ein·dringen *unr. itr. V.*; *mit sein* **in etw.** (*Akk.*) ~ penetrate into sth; ‹*bullet*› pierce sth; (allmählich) ‹*water, sand, etc.*› seep into sth

ein·dringlich *Adj.* urgent; impressive ‹*voice*›; forceful, powerful ‹*words*›

Eindringling *der*; ~**s**, ~**e** intruder

ꞏ **Ein·druck** *der*; *Pl.* **Eindrücke** impression

ein·drücken *tr. V.* smash in ‹*mudguard, bumper*›; stave in ‹*side of ship*›; smash ‹*pier, column, support*›; break ‹*window*›; crush ‹*ribs*›; flatten ‹*nose*›

eindrucks·voll **A** *Adj.* impressive
B *adv.* impressively

eine ▶ **ein¹**

ein·ebnen *tr. V.* level

eineiig /ˈainˌaiɪç/ *Adj.* identical ‹*twins*›

ein·ein·halb *Bruchz.* one and a half; ~ **Stunden** an hour and a half

Eineltern·familie *die* single-parent family

ein·engen *tr. V.* **1** jmdn. ~ restrict sb's movement[s]
2 (fig.) restrict

ꞏ **einer, eine, eines, eins** *Indefinitpron.* (man) one; (jemand) someone; somebody; (fragend, verneint) anyone; anybody; **kaum einer** hardly anybody; **ein[e]s ist sicher** one thing is for sure

Einer *der*; ~**s**, ~ **1** (Math.) unit
2 (Sport) single sculler; **im** ~ in the single sculls

einerlei *Adj.* ~, **ob/wo/wer** *usw.* no matter whether/where/who *etc.*; **es ist** ~ it makes no difference

Einerlei *das*; ~**s** monotony

ꞏ **einerseits** *Adv.* on the one hand

ꞏ **ein·fach** **A** *Adj.* **1** simple
2 (nicht mehrfach) single ‹*knot, ticket, journey*›
B *Partikel* simply; just

Einfachheit *die*; ~; simplicity

ein·fädeln **A** *tr. V.* thread (**in** + *Akk.* into)

B *refl. V.* (Verkehrsw.) filter in

ein|fahren **A** *unr. itr. V.*; *mit sein* come in; ‹*train*› pull in; **in den Bahnhof** ~ pull into the station

B *unr. tr. V.* **1** bring in ‹*harvest*›
2 (beschädigen) knock down ‹*wall*›; smash in ‹*mudguard*›

Ein·fahrt *die* **1** (das Hineinfahren) entry; **Vorsicht bei der** ~ **des Zuges!** stand clear [of the edge of the platform], the train is approaching
2 (Zufahrt) entrance; (Autobahn~) slip road; „**keine** ~" 'no entry'

Ein·fall *der* **1** (Idee) idea
2 (Licht~) incidence (Optics)

ein|fallen *unr. itr. V.*; *mit sein* **1** jmdm. ~ occur to sb; **was fällt dir denn ein!** what do you think you're doing?
2 (in Erinnerung kommen) **ihr Name fällt mir nicht ein** I cannot think of her name; **plötzlich fiel ihr ein, dass ...** suddenly she remembered that ...
3 (von Licht) come in

einfalls-, Einfalls-: ~**los** *Adj.* unimaginative; lacking in ideas; ~**losigkeit** *die*; ~~; unimaginativeness; lack of ideas; ~**reich** *Adj.* imaginative; full of ideas; ~**reichtum** *der* imaginativeness; wealth of ideas; ~**tor** *das* gateway

Einfalt *die*; ~; simpleness; simple-mindedness

einfältig *Adj.* simple; naive; naive ‹*remarks*›

Ein·familien·haus *das* house (*as opposed to block of flats etc.*)

ein|fangen *unr. tr. V.* catch

ein|fassen *tr. V.* border; edge; frame ‹*picture*›; set ‹*gem*›; edge ‹*grave, lawn, etc.*›

Ein·fassung *die* ▸ einfassen border; edging; frame; setting

ein|fetten *tr. V.* grease; dubbin ‹*leather*›; **sich** (*Dat.*) **die Haut/Hände** ~ rub cream into one's skin/hands

ein|finden *unr. refl. V.* arrive; (sich treffen) meet; ‹*crowd*› gather

ein|fliegen *unr. itr. V.* fly in

ein|flößen *tr. V.* **1** jmdm. Tee ~ pour tea into sb's mouth
2 (fig.) jmdm. Angst ~ put fear into sb

ⵛ **Ein·fluss**, *Ein·fluß der* influence

einfluss-, *einfluß-, Einfluss-, *Einfluß-: ~**bereich** *der* sphere of influence; ~**nahme** *die*; ~~; exertion of influence (auf + Akk. on); ~**reich** *Adj.* influential

ein·förmig *Adj.* monotonous

ein|frieren **A** *unr. itr. V.*; *mit sein* freeze; ‹*pipes*› freeze up
B *unr. tr. V.* **1** deep-freeze ‹*food*›
2 (fig.) freeze

ein|fügen *tr. V.* **1** fit in; **etw. in etw.** (*Akk.*) ~ fit sth into sth
2 (DV) insert; paste

ein|fühlen *refl. V.* **sich in jmdn.** ~ empathize with sb

einfühlsam *Adj.* understanding

Ein·fühlung *die*; ~; empathy (**in** + *Akk.* with)

Ein·fuhr *die*; ~, ~**en** ▸ Import

ⵛ **ein|führen** *tr. V.* **1** (als Neuerung) introduce ‹*fashion, method, technology*›
2 (importieren) import

Einfuhr·sperre *die*, **Einfuhr·stopp** *der* embargo *or* ban on imports

ⵛ **Ein·führung** *die* introduction

Einfuhr·verbot *das* ▸ Einfuhrsperre

Ein·gabe *die* **1** (Gesuch) petition; (Beschwerde) complaint
2 (DV) input

Eingabe-: ~**gerät** *das* (DV) input device; ~**taste** *die* (DV) enter key

ⵛ **Ein·gang** *der* entrance; „**kein** ~" 'no entry'

ein·gängig *Adj.* catchy

eingangs *Adv.* at the beginning *or* start

Eingangs-: ~**halle** *die* entrance hall; (eines Hotels, Theaters) foyer; ~**tür** *die* (von Kaufhaus, Hotel usw.) [entrance] door; (von Wohnung, Haus usw.) front door

ein|geben *unr. tr. V.* (DV) feed in; **etw. in den Computer** ~ feed sth into the computer

ein·gebildet *Adj.* **1** imaginary ‹*illness*›
2 (arrogant) conceited

Eingeborene *der/die adj. Dekl.* (veralt.) native

ein·gefahren *Adj.* long-established; deep-rooted ‹*prejudice*›; **sich auf** *od.* **in** ~**en Bahnen** *od.* **Gleisen bewegen** go on in the same old way

ⵛ **ein|gehen** **A** *unr. itr. V.*; *mit sein* **1** arrive
2 (fig.) **in die Geschichte** ~ go down in history
3 (schrumpfen) shrink
4 auf eine Frage ~/nicht ~ go into *or* deal with/ignore a question; **auf jmdn.** ~ be responsive to sb; **auf jmdn. nicht** ~ ignore sb's wishes
B *unr. tr. V.* enter into ‹*contract, matrimony*›; take ‹*risk*›; accept ‹*obligation*›

eingehend *Adj.* detailed

Ein·gemachte *das adj. Dekl.* preserved fruit/vegetables

ein|gemeinden *tr. V.* incorporate ‹*village*› (in + Akk., nach into)

ein·gemeindet *Adj.* (ugs.) huffy

ein·geschnappt *Adj.* (ugs.) huffy

Ein·geständnis *das* confession; admission

ein|gestehen *unr. tr. V.* admit

Eingeweide *das*; ~s, ~; entrails *pl.*; innards *pl.*

ein|gewöhnen *refl. V.* get used to one's new surroundings

ein|gießen *unr. tr., itr. V.* pour in

ein|gliedern *tr. V.* integrate (in + Akk. into); incorporate ‹*village, company*› (in + Akk. into); (einordnen) include (in + Akk. in)

Ein·gliederung *die* ▸ eingliedern integration; incorporation; inclusion

    e

ein|graben *unr. tr. V.* bury (in + *Akk.* in); sink ‹*pile, pipe*› (in + *Akk.* into)

ein|gravieren *tr. V.* engrave (in + *Akk.* on)

ein|greifen *unr. itr. V.* intervene (in + *Akk.* in)

Ein·griff *der* **1** intervention (in + *Akk.* in) **2** (Med.) operation

ein|haken **A** *tr. V.* **1** (mit Haken befestigen) fasten **2** sich ∼ link arms **B** *refl. V.* sich bei jmdm. ∼ link arms with sb

Ein·halt *der* jmdm./einer Sache ∼ gebieten *od.* tun (geh.) halt sb/sth

ein|halten **A** *unr. tr. V.* keep ‹*appointment*›; meet ‹*deadline, commitments*›; keep to ‹*diet, speed limit, agreement*›; observe ‹*regulation*› **B** *unr. itr. V.* (geh.) stop

ein·heimisch *Adj.* native; home *attrib.* ‹*team*›

Einheimische *der/die adj. Dekl.* local

✓ **Einheit** *die*; ∼, ∼en unity

einheitlich **A** *Adj.* unified; (unterschiedslos) uniform ‹*dress*›; standard ‹*procedure, practice*› **B** *adv.* ∼ gekleidet sein be dressed the same

einhellig **A** *Adj.* unanimous **B** *adv.* unanimously

ein|holen **A** *tr. V.* **1** catch up with ‹*person, vehicle*› **2** make up ‹*arrears, time*› **B** *itr. V.* (ugs.) ▸ einkaufen A

ein·hundert *Kardinalz.* ▸ hundert

einig *Adj.* sich (*Dat.*) ∼ sein be agreed; sich (*Dat.*) ∼ werden reach agreement

✓ **einig...** *Indefinitpron. u. unbest. Zahlwort* some; ∼e wenige a few; ∼e Hundert several hundred

einigen **A** *tr. V.* unite **B** *refl. V.* reach an agreement

einigermaßen *Adv.* somewhat

Einigkeit *die*; ∼ **1** unity **2** (Übereinstimmung) agreement

ein·jährig *Adj.* (ein Jahr alt) one-year-old *attrib.*; one year old *pred.*; (ein Jahr dauernd) one-year *attrib.*

Ein·kauf *der* **1** Einkäufe machen do some shopping **2** (eingekaufte Ware) purchase **3** (Abteilung) purchasing department

ein|kaufen **A** *itr. V.* shop; ∼ gehen go shopping **B** *tr. V.* buy; purchase

Ein·käufer *der*, **Ein·käuferin** *die* buyer; purchaser

Einkaufs-: ∼**bummel** *der* [leisurely] shopping expedition; ∼**liste** *die* shopping list; ∼**preis** *der* (Kaufmannsspr.) wholesale price; ∼**tasche** *die* shopping bag; ∼**tüte**

die shopping bag; ∼**zentrum** *das* shopping centre; ∼**zettel** *der* shopping list

ein|kehren *itr. V.*; mit sein stop; in einem Wirtshaus ∼ stop at an inn

ein|klammern *tr. V.* etw. ∼ put sth in brackets; bracket sth

Ein·klang *der* harmony; in *od.* im ∼ stehen accord

ein|kleben *tr. V.* stick in

ein|kleiden *tr. V.* clothe

ein|klemmen *tr. V.* **1** (quetschen) catch **2** (fest einfügen) clamp

ein|kochen *tr. V.* preserve ‹*fruit etc.*›

Einkommen *das*; ∼s, ∼; income

Einkommen·steuer *die* income tax

ein|kreisen *tr. V.* **1** etw. ∼ put a circle round sth **2** (umzingeln) surround

Einkünfte *Pl.* income *sing.*; feste ∼ a regular income

ein|laden¹ *unr. tr. V.* load ‹*goods*›

✓ **ein|laden**² *unr. tr. V.* invite ‹*person*› (zu for)

einladend *Adj.* inviting

Ein·ladung *die* invitation

Ein·lage *die* **1** (in Brief) enclosure **2** (Kochk.) *vegetables, dumplings, etc. added to a clear soup* **3** (Schuh∼) arch support **4** (Programm∼) interlude

ein|lagern *tr. V.* store; lay in ‹*stores*›

Einlass, *Einlaß *der* Einlasses, Einlässe admission

ein|lassen *unr. tr. V.* **1** (hereinlassen) admit; let in **2** (einfüllen) run ‹*water*›

Ein·lauf *der* (Med.) enema

ein|laufen **A** *unr. itr. V.*; mit sein **1** ‹*ship*› come in **2** (kleiner werden) shrink **B** *unr. tr. V.* wear in ‹*shoes*›

ein|leben *refl. V.* settle down

ein|legen *tr. V.* **1** load ‹*film*›; engage ‹*gear*› **2** (Kochk.) pickle

ein|leiten *tr. V.* **1** introduce **2** induce ‹*birth*› **3** lead in; etw. in etw. (*Akk.*) ∼ lead sth into sth

Ein·leitung *die* **1** introduction **2** (einer Geburt) induction

ein|leuchten *itr. V.* jmdm. ∼ be clear to sb

einleuchtend *Adj.* plausible

ein|liefern *tr. V.* take ‹*letter, person*› (bei, in + *Akk.* to)

Einlieger·wohnung *die* ≈ granny flat

ein|lösen *tr. V.* cash ‹*cheque*›

ein|machen *tr. V.* preserve ‹*fruit etc.*›; (in Gläser) bottle

✓ **einmal** **A** *Adv.* **1** once; noch ∼ so groß [wie] twice as big [as]; etw. noch ∼ tun do sth again **2** /'-'-/ (später) one day; (früher) once; es war

~ ... once upon a time there was ...
B *Partikel* **nicht** ~ not even; **wieder** ~ yet
again

Einmal·eins *das*; ~; [multiplication] tables
pl.

einmalig A *Adj.* **1** unique; one-off
<*payment, purchase*>
2 (ugs.) fantastic (infml)
B *adv.* (ugs.) really fantastically (infml)

Ein·marsch *der* **1** entry
2 (Besetzung) invasion (**in** + *Akk.* of)

ein|marschieren *itr. V.*; *mit sein* march in

ein|massieren *tr. V.* massage *or* rub in

ein|mauern *tr. V.* **1** immure <*prisoner,
traitor*>; wall in <*relic, treasure*>
2 (ins Mauerwerk einfügen) **etw. in die Wand
usw.** ~ set sth into the wall *etc.*

ein|mischen *refl. V.* interfere (**in** + *Akk.* in)

ein|motten *tr. V.* **etw.** ~ put sth into
mothballs; (fig.) mothball

Ein·mündung *die* (von Straßen) junction

einmütig A *Adj.* unanimous
B *adv.* unanimously

ein|nähen *tr. V.* sew in

Einnahme *die*; ~, ~**n 1** income; (Staats~)
revenue; (Kassen~) takings *pl.*
2 (von Arzneimitteln) taking
3 (einer Stadt, Burg) taking

Einnahme·quelle *die* source of income;
(des Staates) source of revenue

ein|nehmen *unr. tr. V.* **1** take; (verdienen)
earn
2 (ausfüllen) take up <*amount of room*>
3 (beeinflussen) **jmdn. für sich** ~ win sb over

einnehmend *Adj.* winning <*manner*>; **ein
~es Wesen haben** (scherzh.) take everything
one can get

Ein·öde *die* barren waste

ein|ölen *tr. V.* **1** (mit Öl einreiben) **sich/jmdn.** ~
put *or* rub oil on oneself/sb
2 (ölen) oil

ein|ordnen A *tr. V.* arrange; put in order
B *refl. V.* **1** (Verkehrsw.) get into the correct
lane; „~" 'get in lane'
2 (sich einfügen) fit in

ein|packen A *tr. V.* pack (**in** + *Akk.* in);
(einwickeln) wrap [up]
B *itr. V.* (ugs.) **er kann** ~ he's had it (infml)

ein|parken *tr., itr. V.* park

ein|pflanzen *tr. V.* **1** plant
2 (Med., fig.) implant

ein|prägen *tr. V.* **1** stamp (**in** + *Akk.* into, on)
2 (fig.) **sich** (*Dat.*) **etw.** ~ memorize sth;
jmdm. etw. ~ impress sth on sb

einprägsam *Adj.* easily remembered

ein|pudern *tr. V.* powder; **sich** (*Dat.*) **das
Gesicht** ~ powder one's face

ein|rahmen *tr. V.* frame

ein|räumen *tr. V.* **1** put away
2 (füllen) **seinen Schrank** ~ put one's things
away in one's cupboard; **ein Zimmer** ~ put

the furniture into a room
3 (zugestehen) admit

ein|reden A *tr. V.* **jmdm. etw.** ~ talk sb
into believing sth; **sich** (*Dat.*) ~, **dass** ...
persuade oneself that ...
B *itr. V.* **auf jmdn.** ~ talk insistently to sb

ein|regnen *refl. V.*; (*unpers.*) **es hat sich
eingeregnet** it's begun to rain steadily

ein|reiben *unr. tr. V.* rub <*substance*> in; **etw.
mit Öl** ~ rub oil into sth

ein|reichen *tr. V.* submit; lodge <*complaint*>;
tender <*resignation*>

ein|reihen A *refl. V.* **sich in etw.** (*Akk.*) ~
join sth
B *tr. V.* **jmdn. in eine Kategorie** ~ place sb
in a category

Einreiher *der*; ~**s**, ~; single-breasted suit/
jacket

Ein·reise *die* entry

Einreise·erlaubnis *die* entry permit

ein|reisen *itr. V.*; *mit sein* enter; **nach
Schweden** ~ enter Sweden

ein|reißen A *unr. tr. V.* **1** pull down
<*building*>
2 (einen Riss machen in) tear; rip
B *unr. itr. V.*; *mit sein* tear; rip

ein|renken *tr. V.* **1** (Med.) set
2 (ugs.) (bereinigen) sort out

♂ **ein|richten A** *refl. V.* **sich schön** ~ furnish
one's home beautifully; **sich häuslich** ~
make oneself at home
B *tr. V.* furnish <*flat, house*>; fit out <*shop*>;
equip <*laboratory*>

♂ **Ein·richtung** *die* **1** furnishing
2 (Mobiliar) furnishings *pl.*

ein|rollen A *tr. V.* roll up <*carpet etc.*>; put
<*hair*> in curlers
B *itr. V.*; *mit sein* roll in

ein|rosten *itr. V.*; *mit sein* go rusty

ein|rücken A *itr. V.*; *mit sein* (einmarschieren)
move in
B *tr. V.* indent <*line, heading, etc.*>

♂ **eins A** *Kardinalz.* one; **es ist** ~ it is one
o'clock; ~ **zu null** one-nil; ~ **zu** ~ one all;
„~, **zwei, drei!**" 'ready, steady, go'
B *Adj.* **mir ist alles** ~ it's all the same to me
C *Indefinitpron.* ▸ **irgendein 1**

Eins *die*; ~, ~**en 1** one
2 (Schulnote) one; A

einsam *Adj.* **1** lonely <*person, decision*>
2 (einzeln) solitary <*tree, wanderer*>
3 (abgelegen) isolated
4 (menschenleer) deserted

Einsamkeit *die*; ~ **1** loneliness
2 (Alleinsein) solitude
3 (Abgeschiedenheit) isolation

ein|sammeln *tr. V.* **1** (auflesen) pick up;
gather up
2 (sich aushändigen lassen) collect in; collect
<*tickets*>

♂ **Ein·satz** *der* **1** (aus Stoff) inset; (in Kochtopf,

Nähkasten usw.) compartment
2 (Betrag) stake
3 (Gebrauch) use; (von Truppen) deployment
Einsatz-: ~**befehl** *der* order to go into
action; **den** ~**befehl haben** have operational
command; ~**leiter** *der*, ~**leiterin** *die*
head of operations; ~**wagen** *der* (der
Polizei) police car; (der Feuerwehr) fire engine;
(Notarztwagen) ambulance
ein|saugen *unr. (auch regelm.) tr. V.* suck in;
breathe [in] *‹fresh air›*
ein|schalten **A** *tr. V.* **1** switch on *‹radio, TV,
electricity, etc.›*
2 (fig.) call in *‹press, police, expert, etc.›*
B *refl. V.* **1** switch [itself] on
2 (eingreifen) intervene (in + *Akk.* in)
Einschalt·quote *die* (Rundf.) listening
figures *pl.*; (Ferns.) viewing figures *pl.*
ein|schärfen *tr. V.* jmdm. etw. ~ impress
sth [up]on sb
ein|schätzen *tr. V.* judge *‹person›*; assess
‹situation, income, damages›; (schätzen)
estimate
Ein·schätzung *die* ▶ einschätzen judging;
assessment; estimation
ein|schenken *tr., itr. V.* **1** (eingießen) pour
[out]; jmdm. etw. ~ pour out sth for sb
2 (füllen) fill [up] *‹glass, cup›*
ein|scheren *itr. V.*; *mit sein* auf eine
Fahrspur ~ get *or* move into a lane
ein|schicken *tr. V.* send in
ein|schieben *unr. tr. V.* **1** push in
2 (einfügen) insert; put on *‹trains, buses›*
ein|schiffen *tr., refl. V.* embark
einschl. *Abk.* = **einschließlich** incl.
ein|schlafen *unr. itr. V.*; *mit sein* **1** fall
asleep
2 (verhüll.) (sterben) pass away
3 (gefühllos werden) go to sleep
ein|schläfern *tr. V.* **1** jmdn. ~ send sb to
sleep; (betäuben) put sb to sleep
2 (schmerzlos töten) **ein Tier** ~ put an animal
to sleep
einschläfernd **A** *Adj.* soporific
B *adv.* ~ **wirken** have a soporific effect
ein|schlagen **A** *unr. tr. V.* **1** knock in
2 (zertrümmern) smash [in]
3 (einwickeln) wrap up *‹present›*; cover *‹book›*
B *unr. itr. V.* **1** *‹bomb›* land; *‹lightning›*
strike
2 auf jmdn./etw. ~ rain blows on sb/sth
einschlägig **A** *Adj.* specialist *‹journal,
shop›*; relevant *‹literature, passage›*
B *adv.* **er ist** ~ **vorbestraft** he has previous
convictions for a similar offence/similar
offences
ein|schleichen *unr. refl. V.* steal in
ein|schließen *unr. tr. V.* **1** etw. in etw.
(*Dat.*) ~ lock sth up [in sth]; jmdn./sich ~

lock sb/oneself in
2 (umgeben) surround
✓ **einschließlich** **A** *Präp.*; *mit Gen.* including;
~ **der Unkosten** including expenses
B *adv.* **bis** ~ **30. Juni** up to and including
30 June
ein|schmeicheln *refl. V.* **sich bei jmdm.** ~
ingratiate oneself with sb
ein|schmuggeln *tr. V.* smuggle in
ein|schneiden *unr. tr. V.* **1** make a cut in
2 (einritzen) carve
einschneidend *Adj.* drastic
ein|schneien *itr. V.*; *mit sein* get snowed in
Ein·schnitt *der* cut
ein|schränken **A** *tr. V.* **1** reduce, curb
‹expenditure, consumption›
2 (einengen) limit; restrict; **jmdn. in seinen
Rechten** ~ limit *or* restrict sb's rights
B *refl. V.* economize
Einschränkung *die*; ~, ~**en** **1** restriction;
limitation
2 (Vorbehalt) reservation
ein|schrauben *tr. V.* screw in
Ein·schreiben *das* (Postw.) registered
letter; **per** ~ by registered mail
ein|schreiben *unr. tr. V.* **1** (Postw.) register
‹letter›
2 (eintragen) sich/jmdn. ~ enter one's/sb's
name
ein|schreiten *unr. itr. V.* intervene
ein|schrumpfen *itr. V.*; *mit sein* shrivel up;
(fig.) dwindle
ein|schüchtern *tr. V.* intimidate
ein|schulen *tr. V.* **eingeschult werden** start
school
ein|sehen *unr. tr. V.* **1** (überblicken) see into
2 (prüfend lesen) look at
3 (erkennen) realize
4 (begreifen) see
ein|seifen *tr. V.* lather
ein·seitig **A** *Adj.* **1** on one side *postpos.*
2 (tendenziös) one-sided
B *adv.* **1** on one side
2 (tendenziös) one-sidedly
ein|senden *unr. (auch regelm.) tr. V.* send
[in]
Ein·sender *der*, **Ein·senderin** *die*; ~,
~**nen** sender; (bei einem Preisausschreiben)
entrant
Einsende·schluss, *****Einsende·schluß**
der closing date
✓ **ein|setzen** **A** *tr. V.* **1** (hineinsetzen) put in
2 put on *‹special train etc.›*
3 (ernennen) appoint
4 (in Aktion treten lassen) use
5 (aufs Spiel setzen) stake *‹money›*
6 (riskieren) risk
B *itr. V.* begin; *‹storm›* break
C *refl. V.* (sich engagieren) **ich werde mich
dafür** ~**, dass ...** I shall do what I can to
see that ...; **sich nicht genug** ~ *‹pupil›* be
lacking application; *‹minister›* be lacking in

commitment

Ein·sicht *die* **1** view (in + *Akk.* into)
2 (Einblick) ~ in die Akten nehmen take *or* have a look at the files
3 (Erkenntnis) insight

einsichtig *Adj.* **1** (verständnisvoll) understanding
2 (verständlich) comprehensible

Ein·siedler *der*, **Ein·siedlerin** *die* hermit

ein·silbig *Adj.* **1** monosyllabic ‹*word*›
2 (fig.) taciturn ‹*person*›

Einsilbigkeit *die*; ~ (fig.) taciturnity

ein|sinken *unr. itr. V.* sink in

ein|sitzen *unr. itr. V.* (Rechtsw.) serve a prison sentence; er sitzt für drei Jahre ein he is serving three years *or* a three-year sentence

Einsitzer *der*; ~s, ~; single-seater

einsitzig *Adj.* single-seater *attrib.*

ein|spannen *tr. V.* harness ‹*horse*›; put in; ‹*paper*›: fix ‹*fabric*›; clamp ‹*work*›

ein|sparen *tr. V.* save

Einsparung *die*; ~, ~en saving (an + *Dat.* in); ~en an Kosten/Energie/Material savings *or* economies in costs/energy/materials

ein|speichern *tr. V.* (DV) feed in; input

ein|speisen *tr. V.* (Technik, DV) feed in

Einspeise·tarif *der* (Elektrot.) feed-in tariff

ein|sperren *tr. V.* lock up

einsprachig *Adj.* monolingual

ein|springen *unr. itr. V.*; mit sein stand in; (aushelfen) step in and help out

ein|spritzen *tr. V.* inject; jmdm. etw. ~ inject sb with sth

Einspritz·motor *der* fuel-injection engine

Ein·spruch *der* objection (gegen to)

einspurig **A** *Adj.* single-track ‹*road*›
B *adv.* die Autobahn ist nur ~ befahrbar only one lane of the motorway is open

einst *Adv.* (geh.) once

ein|stampfen *tr. V.* pulp ‹*books*›

Ein·stand *der* seinen ~ geben celebrate starting a new job

ein|stecken *tr. V.* **1** put in
2 (mitnehmen) put ‹*sth*› in one's pocket/bag etc.

ein|stehen *unr. itr. V.* für jmdn. ~ vouch for sb; für etw. ~ take responsibility for sth

ein|steigen *unr. itr. V.*; mit sein **1** (in ein Fahrzeug) get in; in ein Auto ~ get into a car; in den Bus ~ get on the bus
2 (eindringen) climb in

einstellbar *Adj.* adjustable

🔹 **ein|stellen** **A** *tr. V.* **1** (einordnen) put away ‹*books etc.*›
2 (unterstellen) put in ‹*car, bicycle*›
3 (beschäftigen) take on ‹*workers*›
4 (regulieren) adjust
5 (beenden) stop; call off ‹*search, strike*›
6 (Sport) equal ‹*record*›
B *refl. V.* **1** arrive

2 ‹*pain, worry*› begin; ‹*success*› come; ‹*symptoms, consequences*› appear
3 sich auf etw. (*Akk.*) ~ prepare oneself for sth; sich schnell auf neue Situationen ~ adjust quickly to new situations

ein·stellig *Adj.* single-figure *attrib.*

Ein·stellung *die* **1** (von Arbeitskräften) employment
2 (Regulierung) adjustment
3 (Beendigung) stopping
4 (Sport) die ~ eines Rekordes the equalling of a record
5 (Ansicht) attitude; ihre politische/religiöse ~ her political/religious views *pl.*
6 (Film) take

Ein·stich *der* **1** insertion
2 (~stelle) puncture; prick

Ein·stieg *der*; ~[e]s, ~e (Eingang) entrance; (Tür) door/doors; „kein ~" 'exit only'

Einstiegs·droge *die* come-on drug

ein|stimmen **A** *itr. V.* join in
B *tr. V.* jmdn. auf etw. (*Akk.*) ~ get sb in the [right] mood for sth

einstimmig **A** *Adj.* **1** (Musik) for one voice
2 (einmütig) unanimous ‹*decision, vote*›
B *adv.* **1** (Musik) in unison
2 (einmütig) unanimously

ein·stöckig *Adj.* single-storey *attrib.*

ein|stöpseln *tr. V.* plug in ‹*telephone, electrical device*›

Ein·strahlung *die* irradiation; (Sonnen~) insolation

ein|streichen *unr. tr. V.* (ugs.) (für sich behalten) pocket ‹*money, winnings, etc.*›; (ugs. abwertend) rake in (infml) ‹*money, profits, etc.*›

ein|studieren *tr. V.* rehearse

ein|stufen *tr. V.* classify; categorize

ein·stündig *Adj.* one-hour *attrib.*

ein|stürmen *itr. V.* mit Fragen auf jmdn. ~ besiege sb with questions

Ein·sturz *der* collapse

ein|stürzen *itr. V.*; mit sein collapse

einst·weilen *Adv.* for the time being

eintägig *Adj.* one-day *attrib.*

Eintags·fliege *die* (Zool.) mayfly; (fig. ugs.) seven-day wonder

ein|tauchen **A** *tr. V.* dip; (untertauchen) immerse
B *itr. V.*; mit sein dive in; ‹*submarine*› dive

ein|tauschen *tr. V.* exchange (gegen for)

ein·tausend *Kardinalz.* ▸ tausend

ein|teilen *tr. V.* **1** divide up; classify ‹*plants, species*›
2 (disponieren, verplanen) organize

einteilig *Adj.* one-piece

ein|tippen *tr. V.* (in die Kasse) register; (in einen Rechner) key in

eintönig **A** *Adj.* monotonous
B *adv.* monotonously

Eintönigkeit *die*; ~; monotony

Ein·topf *der* stew

e

e

Ein·tracht *die* harmony
ein·trächtig *Adj.* harmonious
Eintrag *der;* ~[e]s, **Einträge** entry
ein|tragen *unr. tr. V.* **1** enter
2 (Amtsspr.) register
einträglich *Adj.* lucrative
ein|treffen *unr. itr. V.; mit sein* **1** arrive
2 (verwirklicht werden) come true
ein|treiben *unr. tr. V.* collect ‹*taxes, debts*›;
(durch Gerichtsverfahren) recover ‹*debts, money*›
Eintreibung *die;* ~, ~en (von Steuern,
Schulden) collection; (durch Gerichtsverfahren)
recovery
ein|treten **A** *unr. itr. V.; mit sein* **1** enter;
bitte, treten Sie ein! please come in
2 (Mitglied werden) **in einen Verein/einen Orden**
~ join a club/enter a religious order
3 (Raumfahrt) enter
B *unr. tr. V.* kick in ‹*door, window, etc.*›
ein|trichtern *tr. V.* (salopp) jmdm. etw. ~
drum sth into sb
✍ **Ein·tritt** *der* **1** entry; entrance; **vor dem** ~ **in
die Verhandlungen** (fig.) before entering into
negotiations
2 (Beitritt) **der** ~ **in einen Verein/einen Orden**
joining a club/entering a religious order
3 (von Raketen) entry
4 (Zugang, Eintrittsgeld) admission
5 (Beginn) onset; ~ **der Dunkelheit** nightfall
Eintritts-: ~**geld** *das* admission fee;
~**karte** *die* admission ticket; ~**preis** *der*
admission charge
ein|trocknen *itr. V.; mit sein* dry; ‹*water,
toothpaste*› dry up; ‹*leather*› dry out; ‹*berry,
fruit*› shrivel
ein|üben *tr. V.* practise
Ein·vernehmen *das;* ~s harmony;
(Übereinstimmung) agreement
ein·vernehmlich (Amtsspr.) **A** *Adv.*
conjointly
B *adj.* conjoint
einverstanden *Adj.* ~ sein agree; mit
jmdm./etw. ~ sein approve of sb/sth
Ein·verständnis *das* consent (zu to)
Ein·waage *die* (Kaufmannsspr.) contents *pl.*
ein|wachsen *unr. itr. V.; mit sein* grow into
the flesh; eingewachsen ingrown ‹*toenail*›
Einwand *der;* ~[e]s, **Einwände** objection
(gegen to)
Ein·wanderer *der,* **Ein·wanderin** *die*
immigrant
ein|wandern *itr. V.; mit sein* immigrate (in
+ *Akk.* into)
Ein·wanderung *die* immigration
Einwanderungs-: ~**behörde** *die*
immigration authorities *pl.*; ~**land** *das*
country of immigration
einwand·frei **A** *Adj.* flawless; impeccable
‹*behaviour*›; indisputable ‹*proof*›

B *adv.* flawlessly; ‹*behave*› impeccably;
‹*prove*› beyond question
ein|wechseln *tr. V.* **1** change ‹*money*›
2 (Sport) substitute ‹*player*›
ein|wecken *tr. V.* preserve; bottle
Ein·weg-: ~**flasche** *die* non-returnable
bottle; ~**pfand** *das* deposit on a/
the disposable container; ~**spritze**
die disposable [hypodermic] syringe;
~**verpackung** *die* disposable container
ein|weichen *tr. V.* soak
ein|weihen *tr. V.* open [officially] ‹*bridge,
road*›; dedicate ‹*monument*›
Einweihung *die;* ~, ~en ▶ einweihen
[official] opening; dedication
ein|weisen *unr. tr. V.* **1** (in eine Tätigkeit)
introduce
2 (in ein Amt) install
ein|wenden *unr. (auch regelm.) tr. V.*
dagegen lässt sich vieles ~ there is a lot to
be said against that
ein|werfen *unr. tr. V.* **1** mail ‹*letter*›; insert
‹*coin*›
2 smash ‹*window*›
3 throw in ‹*ball*›
4 (bemerken, sagen) throw in ‹*remark*›
ein|wickeln *tr. V.* wrap [up]
ein|willigen *itr. V.* agree (in + *Akk.* to)
Einwilligung *die;* ~, ~en agreement
ein|winken *tr. V.* (Verkehrsw.) guide in
‹*aircraft, car*›
ein|wirken **1** (beeinflussen) **auf jmdn.** ~
influence sb
2 (eine Wirkung ausüben) have an effect (**auf** +
Akk. on)
Ein·wirkung *die* (Einfluss) influence;
(Wirkung) effect
✍ **Einwohner** *der;* ~s, ~, **Einwohnerin**
die; ~, ~nen inhabitant
Einwohner·zahl *die* population
Ein·wurf *der* **1** insertion; (von Briefen) mailing
2 (Ballspiele) throw-in
3 (Bemerkung) interjection
Ein·zahl *die* singular
ein|zahlen *tr. V.* pay in; Geld auf ein Konto
~ pay money into an account
Ein·zahlung *die* payment
ein|zäunen *tr. V.* fence in; enclose
Einzäunung *die;* ~, ~en fencing-in
ein|zeichnen *tr. V.* draw *or* mark in
einzeilig *Adj.* one-line *attrib.*
Einzel *das;* ~s, ~ (Sport) singles *pl.*
Einzel-: ~**bett** *das* single bed; ~**fall** *der*
1 particular case **2** (Ausnahme) isolated case;
~**gänger** *der;* ~s, ~, ~**gängerin**
die; ~, ~nen loner; ~**haft** *die* solitary
confinement
Einzel·handel *der* retail trade
Einzelhandels·preis *der* retail price
Einzel·händler *der,* **Einzel·händlerin**
die retailer

✍ key word
* alte Schreibung—vgl. Hinweis auf S. x

Einzelheit *die*; ~, ~**en 1** detail
2 (einzelner Umstand) particular
Einzel·kind *das* only child
Einzeller *der*; ~**s**, ~ (Biol.) unicellular organism
✔ **einzeln** *Adj.* **1** (für sich allein) individual
2 (allein stehend) solitary ‹*building, tree*›; single ‹*lady, gentleman*›
3 ~**e** (wenige) a few; (einige) some
4 *substantivisch* der/jeder Einzelne the/each individual; Einzelnes (manches) some things *pl.*; das Einzelne the particular
Einzel-: ~**preis** *der* individual price; ~**teil** *das* individual part; ~**zelle** *die* single cell; ~**zimmer** *das* single room
ein|ziehen *unr. tr. V.* **1** put in; thread in ‹*tape, elastic*›
2 (einholen) haul in ‹*net*›
3 (einatmen) breathe in ‹*scent, fresh air*›; inhale ‹*smoke*›
4 (einberufen) call up ‹*recruits*›
5 (beitreiben) collect
B *unr. itr. V.*; *mit sein* **1** ‹*liquid*› soak in
2 (einkehren) enter
3 (in eine Wohnung) move in
✔ **einzig** **A** *Adj.* only; kein ~es Wort not a single word
B *adv.* **1** (intensivierend bei Adj.) extraordinarily
2 (ausschließlich) only; das ~ Wahre the only thing
einzig·artig **A** *Adj.* unique
B *adv.* uniquely
Einzigartigkeit *die*, **Einzigkeit** *die* uniqueness
Ein·zug *der* **1** entry (in + Akk. into)
2 (in eine Wohnung) move
Einzugs·bereich *der* catchment area
✔ **Eis** *das*; ~**es 1** ice; ~ laufen ice-skate
2 (Speise~) ice cream; ein ~ am Stiel an ice lolly (BrE) or (AmE) ice pop
Eis-: ~**bahn** *die* ice rink; ~**bär** *der* polar bear; ~**becher** *der* ice cream sundae; ~**bein** *das* (Kochk.) knuckle of pork; ~**berg** *der* iceberg; ~**beutel** *der* ice bag; ~**blume** *die* frost flower; ~**bombe** *die* (Gastr.) bombe glacée; ~**brecher** *der* ice-breaker; ~**café** *das* ice cream parlour
Ei·schnee *der* stiffly beaten egg white
Eis·diele *die* ice cream parlour
Eisen *das*; ~**s**, ~; iron
Eisen·bahn *die* **1** railway; railroad (AmE); mit der ~ fahren go by train
2 (Bahnstrecke) railway line; railroad track (AmE)
Eisenbahn·abteil *das* railway or (AmE) railroad compartment
Eisenbahner *der*; ~**s**, ~; railwayman; railway worker; railroader (AmE)
Eisenbahnerin *die*; ~, ~**nen** railway worker
Eisenbahn·unglück *das* train crash
Eisen-: ~**erz** *das* iron ore; ~**kette** *die* iron chain; ~**ring** *der* iron ring; ~**stange** *die* iron bar; ~**waren** *Pl.* ironmongery *sing.*; ~**zeit** *die* Iron Age
eisern **A** *Adj.* (auch fig.) iron
B *adv.* resolutely; ‹*save, train*› with iron determination; ~ durchgreifen take drastic measures
eis-, Eis-: ~**fach** *das* freezing compartment; ~**frei** *Adj.* ice-free; ~**gekühlt** *Adj.* iced; ~**glatt** *Adj.* **1** icy ‹*road*›
2 /ˈ-ˈ-ˈ/ (ugs.) ‹*floor, steps*› as slippery as ice; ~**glätte** *die* black ice; ~**hockey** *das* ice hockey
eisig **A** *Adj.* **1** icy ‹*wind, cold*›; icy [cold] ‹*water*›
2 (fig.) frosty
B *adv.* **1** ~ kalt sein be icy cold
2 (fig.) ‹*smile*› frostily
*****eisig·kalt** *Adj.* ▶ eiskalt A1
eis-, Eis-: ~**kaffee** *der* iced coffee; ~**kalt** **A** *Adj.* **1** ice-cold ‹*drink*›; freezing cold ‹*weather*› **2** (gefühllos) icy; ice-cold ‹*look*›
B *adv.* es lief mir ~kalt über den Rücken a cold shiver went down my spine; ~**kunst·lauf** *der* figure skating; ~**kunst·läufer** *der*, ~**kunst·läuferin** *die* figure skater; ~**lauf** *der* ice skating; ~**laufen** ▶ Eis 1; *****laufen** *das*; ~~**s** ice skating; ~**läufer** *der*, ~**läuferin** *die* ice skater
Ei·sprung *der* (Physiol.) ovulation
Eis-: ~**regen** *der* sleet; ~**schrank** *der* refrigerator; ~**sport** *der* ice sports *pl.*; ~**tanz** *der* (Sport) ice dancing; ~**tee** *der* iced tea; ~**waffel** *die* [ice cream] wafer; ~**wein** *der; wine made from grapes frozen on the vine*; ~**würfel** *der* ice cube; ~**zapfen** *der* icicle; ~**zeit** *die* ice age
eitel *Adj.* vain
Eitelkeit *die*; ~, ~**en** vanity
Eiter *der*; ~**s** pus
eitern *itr. V.* suppurate
eitrig *Adj.* suppurating
Ei·weiß *das*; ~**es**, ~**e 1** egg white
2 (Protein) protein
eiweiß-: ~**arm** *Adj.* low-protein *attrib.*; low in protein *postpos.*; ~**reich** *Adj.* high-protein *attrib.*; rich in protein *postpos.*
Ejakulation *die*; ~, ~**en** (Physiol.) ejaculation
Ekel¹ *der*; ~**s** revulsion; [einen] ~ vor etw. (*Dat.*) haben have a revulsion for sth
Ekel² *das*; ~**s**, ~ (ugs. abwertend) horror; er ist ein [altes] ~ he is quite obnoxious
ekelhaft *Adj.* revolting ‹*sight*›; horrible ‹*weather, person*›
ekeln **A** *refl. V.* be disgusted; sich vor etw. (*Dat.*) ~ find sth repulsive
B *tr., itr. V.*; (*unpers.*) es ekelt mich *od.* mir ekelt davor I find it revolting
eklig *Adj.* **1** ▶ ekelhaft
2 (ugs.) (gemein) nasty

e

Ekstase /ɛkˈstaːzə/ *die*; ~, ~n ecstasy
Ekzem *das*; ~s, ~e (Med.) eczema
Elan *der*; ~s zest; vigour
elastisch *Adj.* elasticated ‹material›;
springy ‹surface›; supple ‹person, body›
Elastizität *die*; ~; elasticity; (Federkraft)
springiness; (Geschmeidigkeit) suppleness
Elch *der*; ~[e]s, ~e elk; (in Nordamerika) moose
Elefant *der*; ~en, ~en elephant
elegant **A** *Adj.* elegant
B *adv.* elegantly
Eleganz *die*; ~; elegance
elektrifizieren *tr. V.* electrify
Elektrifizierung *die*; ~, ~en
electrification
Elektriker *der*; ~s, ~, **Elektrikerin** *die*;
~, ~nen electrician
elektrisch **A** *Adj.* electric; electrical
‹resistance, wiring, system›
B *adv.* ~ kochen cook with electricity; ~
geladen sein be electrically charged
elektrisieren **A** *tr. V.* (Med.) treat using
electricity
B *refl. V.* get an electric shock
Elektrizität *die*; ~; electricity
Elektrizitäts·werk *das* power station
elektro-, Elektro-: ~**artikel** *der* electrical
appliance; ~**auto** *das* electric car; ~**gerät**
das electrical appliance; ~**geschäft** *das*
electrical shop *or* (AmE) store; ~**herd**
der electric cooker; ~**magnet** *der*
electromagnet; ~**magnetisch** **A** *Adj.*
electromagnetic **B** *adv.* electromagnetically;
~**mobil** *das*; ~s, ~e electric car;
~**motor** *der* electric motor
Elektron *das*; ~s, ~en /-ˈtroːnən/ electron
Elektronen-: ~**gehirn**, ~**hirn** *das* (ugs.)
electronic brain (infml); ~**hülle** *die* electron
shell; ~**rechner** *der* electronic computer
Elektronik *die*; ~ **1** electronics *sing., no art.*
2 (Teile) electronics *pl.*
Elektronik·schrott *der* scrapped electrical
appliances *pl.*
✧ **elektronisch** **A** *Adj.* electronic
B *adv.* electronically
elektro-, Elektro-: ~**rasierer** *der* electric
shaver; ~**smog** *der* (Jargon) electronic smog;
~**statisch** **A** *Adj.* electrostatic
B *adv.* electrostatically; ~**technik** *die*
electrical engineering *no art.*; ~**techniker**
der, ~**technikerin** *die* **1** electronics
engineer **2** (Elektriker) electrician
✧ **Element** *das*; ~[e]s, ~e element
elementar *Adj.* **1** (grundlegend) fundamental
2 (einfach) elementary ‹knowledge›
3 (naturhaft) elemental ‹force›
Elementar·teilchen *das* (Physik)
elementary particle

✧ key word
* old spelling—see note on page x

elend *Adj.* wretched; miserable
Elend *das*; ~s misery
Elends-: ~**quartier** *das* slum [dwelling];
~**viertel** *das* slum area
✧ **elf** *Kardinalz.* eleven
Elf *die*; ~, ~en **1** eleven
2 (Sport) team; side
Elfe *die*; ~, ~n fairy
Elfen·bein *das* ivory
Elfenbein-: ~**schnitzerei** *die* ivory
carving; ~**turm** *der* (fig.) ivory tower
Elf·meter *der* (Fußball) penalty; einen ~
schießen take a penalty
Elfmeter·schießen *das*; ~s (Fußball) durch
~ by *or* on penalties
eliminieren *tr. V.* eliminate
elitär *adj.* elitist; ein ~es Bewusstsein an
elite-awareness
Elite *die*; ~, ~n elite
Elite·truppe *die* (Milit.) elite *or* crack force
Ell·bogen *der*; *Pl.* ~; elbow
Elle *die*; ~, ~n **1** (Anat.) ulna
2 (frühere Längeneinheit) cubit
3 (veralt.) (Maßstock) ≈ yardstick
Ellen·bogen *der*; *Pl.* ~ ▶ Ellbogen
Ellipse *die*; ~, ~n ellipse
Elsass, *****Elsaß** *das*; ~ *od.* **Elsasses** Alsace
Elster *die*; ~, ~n magpie
elterlich *Adj.* parental
✧ **Eltern** *Pl.* parents *pl.*
eltern-, Eltern-: ~**abend** *der* (Schulw.)
parents' evening; ~**bei·rat** *der* (Schulw.)
parents' association; ~**haus** *das* home;
~**los** *Adj.* orphaned; ~**teil** *der* parent;
~**zeit** *die* [period of] parental leave
✧ **Email** /eˈmaɪ̯/ *das*; ~s, ~s, **Emaille** /eˈmaljə/
die; ~, ~n enamel
✧ **E-Mail** /ˈiːmeɪl/ *die*; ~, ~s (DV) email
Emanzipation *die*; ~, ~en emancipation
emanzipieren *refl. V.* emancipate
emanzipiert *Adj.* emancipated;
emancipated, liberated ‹woman›
Embargo *das*; ~s, ~s embargo
Emblem *das*; ~s, ~e emblem
Embryo *der*; ~s, ~nen /-ˈyoːnən/; *od.* ~s
embryo
Embryonenforschung *die* embryo
research
Emigrant *der*; ~en, ~en, **Emigrantin**
die; ~, ~nen emigrant; (Flüchtling) emigré
Emigration *die*; ~, ~en (das Emigrieren)
emigration
emigrieren *itr. V.*; *mit sein* emigrate
Emission 1 (Physik, Ökologie) emission
2 (Ausgabe [von Briefmarken, Wertpapieren]) issue
emissions-, Emissions-: ~**arm** *Adj.*
low-emission; ~ sein be low in emissions;
~**handel** *der* emissions trading
Emotion *die*; ~, ~en emotion

emotional **A** *Adj.* emotional; emotive
<*topic, question*>
B *adv.* emotionally

Empfang *der;* ~[e]s, **Empfänge**
reception; (Entgegennahme) receipt

empfangen *unr. tr. V.* receive

Empfänger *der;* ~s, ~ **1** recipient; (eines
Briefs) addressee
2 (Empfangsgerät) receiver

Empfängerin *die;* ~, ~nen ▶ Empfänger 1

empfänglich *Adj.* **1** receptive (**für** to)
2 (beeinflussbar) susceptible

Empfänglichkeit *die;* ~ **1** (Zugänglichkeit)
receptivity, receptiveness (**für** to)
2 (Beeinflussbarkeit) susceptibility (**für** to)

Empfängnis *die;* ~; conception

Empfängnis·verhütung *die*
contraception

empfangs-, Empfangs-: ~**berechtigt**
Adj. authorized to receive payment/goods
postpos.; ~**chef** *der* head receptionist;
~**dame** *die* receptionist; ~**halle** *die*
reception lobby

empfehlen **A** *unr. tr. V.* recommend
B *unr. refl. V.* **1** take one's leave
2 *unpers.* es empfiehlt sich, ... zu ... it's
advisable to ...

empfehlens·wert *Adj.* **1** to be
recommended *postpos.;* recommendable
2 (ratsam) advisable

Empfehlung *die;* ~, ~en
1 recommendation
2 (Empfehlungsschreiben) letter of
recommendation

empfiehl *Imperativ Sg. v.* empfehlen

empfiehlst *2. Pers. Sg. Präsens v.* empfehlen

empfiehlt *3. Pers. Sg. Präsens v.* empfehlen

empfinden *unr. tr. V.* **1** (wahrnehmen) feel
2 (auffassen) etw. als Beleidigung ~ feel sth
to be an insult

Empfinden *das;* ~s feeling; **für mein** *od.*
nach meinem ~ to my mind

empfindlich **A** *Adj.* **1** sensitive; fast <*film*>
2 (leicht beleidigt) sensitive
3 (anfällig) zart und ~ delicate
4 (spürbar) severe <*punishment, shortage*>
B *adv.* ~ auf etw. (*Akk.*) reagieren (sensibel)
be susceptible to sth; (beleidigt) react
oversensitively to sth

Empfindlichkeit *die;* ~, ~en
▶ empfindlich A sensitivity; severity; (eines
Films) speed

empfindsam *Adj.* sensitive <*nature*>

Empfindung *die;* ~, ~en (Gefühl) feeling

empfing *1. u. 3. Pers. Sg. Prät. v.* empfangen

empfohlen **A** *2. Part. v.* empfehlen
B *Adj.* recommended

empirisch **A** *Adj.* empirical
B *adv.* empirically

empor *Adv.* (geh.) upwards

Empore *die;* ~, ~n gallery

empören **A** *tr. V.* fill with indignation;
outrage
B *refl. V.* become indignant *or* outraged

empörend *Adj.* outrageous

empört *Adj.* outraged

Empörung *die;* ~, ~en outrage

emsig **A** *Adj.* industrious <*person*>; bustling
<*activity*>
B *adv.* industriously

Emu *der;* ~s, ~s (Zool.) emu

✓ **Ende** *das;* ~s, ~n end; **am** ~ **der Straße/Stadt**
at the end of the road/town; **am/bis/gegen**
~ **des Monats** at/by/towards the end of the
month; ~ **April** at the end of April; **zu** ~
sein <*patience, war*> be at an end; <*school*> be
over; <*film, game*> have finished; ~ **gut, alles**
gut all's well that ends well (prov.)

End·effekt *der* **im** ~ in the end; in the final
analysis

✓ **enden** *itr. V.* **1** end; <*programme*> finish
2 **in der Gosse** ~ end up in the gutter; (dort
sterben) die in the gutter

End·ergebnis *das* final result

✓ **end·gültig** **A** *Adj.* final <*consent, decision*>;
conclusive <*evidence*>
B *adv.* das ist ~ vorbei that's all over and
done with; sich ~ trennen separate for good

End-: ~**haltestelle** *die* terminus; ~**kampf**
der (Sport) final; (Milit.) final battle; ~**kunde**
der, ~**kundin** *die* consumer; ~**lauf** *der*
(Sport) final

✓ **endlich** **A** *Adv.* **1** (nach langer Zeit) at last
2 (schließlich) in the end
B *Adj.* finite

end-, End-: ~**los** **A** *Adj.* **1** (ohne Ende)
infinite; (ringförmig) continuous
2 (nicht enden wollend) endless; interminable
<*speech*> **B** *adv.* ~**los lange dauern** be
interminably long; ~**lösung** *die;* (ns.
verhüll.) Final Solution (*to the Jewish*
question); ~**resultat** *das* final result;
~**runde** *die* (Sport) final; ~**spiel** *das*
(Sport) final; ~**spurt** *der* (bes. Leichtathletik)
final spurt; ~**stadium** *das* final stage;
(Med.) terminal stage; ~**station** *die*
terminus; ~**summe** *die* [sum] total

Endung *die;* ~, ~en (Sprachw.) ending

End-: ~**verbraucher** *der,* ~**verbraucherin**
die (Wirtsch.) consumer; ~**ziffer** *die* final
number; **das Los mit der** ~**ziffer 4** the coupon
with a number ending in 4

✓ **Energie** *die;* ~, ~n energy

energie-, Energie-: ~**bewusst,**
*~**bewußt** *Adj.* energy-conscious; ~**mix**
der mix of energy sources; ~**politik** *die*
energy policy; ~**quelle** *die* energy source;
~**spar·lampe** *die* energy-saving lamp;
~**verbrauch** *der* energy consumption;
~**versorgung** *die* energy supply;
~**wirtschaft** *die* energy sector

energisch **A** *Adj.* **1** energetic <*person*>; firm
<*action*>

2 forceful ‹*voice, words*›
B *adv.* **1** energetically; ~ **durchgreifen** take drastic action
2 ‹*reject, say*› forcefully; ‹*stress*› emphatically; ‹*deny*› strenuously

✓ **eng** /ɛŋ/ **A** *Adj.* **1** (schmal) narrow
2 (dicht) close ‹*writing*›
3 (fest anliegend) close-fitting
4 (beschränkt) narrow
5 (nahe) close ‹*friend*›
B *adv.* **1** (dicht) ~ **[zusammen] sitzen/stehen** sit/stand close together
2 (fest anliegend) ~ **anliegen/sitzen** fit closely
3 (beschränkt) **etw. zu** ~ **auslegen** interpret sth too narrowly
4 (nahe) closely

Engagement /ãgaʒə'mãː/ *das*; ~**s**, ~**s**
1 (Einsatz) involvement; **sein** ~ **für etw.** his commitment to sth; **sein** ~ **gegen etw.** his committed stand against sth
2 (eines Künstlers) engagement

engagiert *Adj.* committed ‹*literature, film, director*›; **politisch/sozial** ~ **sein** be politically/socially committed *or* involved

Engagiertheit *die*; ~; commitment; involvement

Enge *die*; ~, ~**n** confinement

Engel *der*; ~**s**, ~; angel

eng·herzig *Adj.* petty

England (*das*); ~**s** England

✓ **Engländer** *der*; ~**s**, ~; Englishman/English boy; **er ist** ~ he is English; **die** ~ the English

Engländerin *die*; ~, ~**nen** Englishwoman/English girl; **sie ist** ~ she is English

✓ **englisch** **A** *Adj.* English; **die** ~**e Sprache/Literatur** the English language/English literature
B *adv.* ~ **sprechen** speak English

Englisch *das*; ~**[s]** English

englisch-, Englisch-: ~**lehrer** *der*, ~**lehrerin** *die* English teacher; ~**sprachig** *Adj.* English-language ‹*book, magazine*›
2 (Englisch sprechend) English-speaking ‹*population, country*›; ~**unterricht** *der* English teaching; (Unterrichtsstunde) English lesson

Eng·pass, ***Eng·paß** *der* **1** defile
2 (fig.) bottleneck

eng·stirnig *Adj.* narrow-minded

Enkel *der*; ~**s**, ~; grandson

Enkelin *die*; ~, ~**nen** granddaughter

Enkel·kind *das* grandchild

✓ **enorm** **A** *Adj.* enormous ‹*sum, costs*›; tremendous (infml) ‹*effort*›; immense ‹*strain*›
B *adv.* tremendously (infml)

Ensemble /ã'sãːbl/ *das*; ~, ~**s** ensemble; (Theater~) company

entarten *itr. V.*; *mit sein* degenerate

entbehren *tr. V.* (verzichten auf) do without

entbehrlich *Adj.* dispensable

Entbehrung *die*; ~, ~**en** privation

entbinden **A** *unr. tr. V.* **1** **jmdn. von einem Versprechen** ~ release sb from a promise; **seines Amtes** *od.* **von seinem Amt entbunden werden** be relieved of [one's] office
2 **jmdn.** ~ (Med.) deliver sb's baby
B *unr. itr. V.* give birth

Entbindung *die* (Med.) delivery

Entbindungs·station *die* maternity ward

entblößen **A** *refl. V.* take one's clothes off; ‹*exhibitionist*› expose oneself
B *tr. V.* uncover ‹*one's arm etc.*›

✓ **entdecken** *tr. V.* **1** discover
2 (ausfindig machen) **jmdn.** ~ find sb; **etw.** ~ find *or* discover sth

Entdecker *der*; ~**s**, ~, **Entdeckerin** *die*; ~, ~**nen** discoverer

Entdeckung *die*; ~, ~**en** discovery

Ente *die*; ~, ~**n** duck

entehren *tr. V.* dishonour; ~**d** degrading

enteignen *tr. V.* expropriate

Enteignung *die*; ~, ~**en** expropriation

enterben *tr. V.* disinherit

entern *tr., itr. V.* board ‹*ship*›

Enter·taste /'ɛntə-/ *die* (DV) enter key

entfachen *tr. V.* (geh.) **1** kindle, light ‹*fire*›
2 (fig.) provoke ‹*quarrel, argument*›; arouse ‹*passion, enthusiasm*›

entfallen *unr. itr. V.*; *mit sein* **1** (aus dem Gedächtnis) **es ist mir** ~ it escapes me
2 (zugeteilt werden) **auf jmdn./etw.** ~ be allotted to sb/sth
3 (wegfallen) lapse

entfalten **A** *tr. V.* **1** open [up]; unfold ‹*map etc.*›
2 (fig.) display ‹*ability, talent*›
B *refl. V.* **1** open [up]
2 (fig.) ‹*personality, talent, etc.*› develop

Entfaltung *die*; ~, ~**en** (fig.) **1** (Entwicklung) development
2 ▸ **entfalten A2** display

✓ **entfernen** **A** *tr. V.* remove; take out ‹*tonsils etc.*›
B *refl. V.* go away

✓ **entfernt** **A** *Adj.* **1** (fern) remote; **das ist** *od.* **liegt weit** ~ **von der Stadt** it is a long way from the town; **10 km/zwei Stunden** ~ 10 km/two hours away
2 slight ‹*acquaintance*›; distant ‹*relation*›; slight ‹*resemblance*›
B *adv.* **1** (fern) remotely
2 slightly ‹*acquainted*›; distantly ‹*related*›

Entfernung *die*; ~, ~**en 1** (Abstand) distance
2 (das Beseitigen) removal

entfesseln *tr. V.* unleash

entflammen **A** *tr. V.* arouse ‹*enthusiasm etc.*›
B *itr. V.*; *mit sein* flare up

✓ key word
* alte Schreibung—vgl. Hinweis auf S. x

entfliehen *unr. itr. V.; mit sein* escape;
jmdm. ~ escape from sb

entfremden ◼A *tr. V.* **1 etw. seinem Zweck**
~ use sth for a different purpose
2 (Philos., Soziol.) **entfremdet** alienated
◼B *refl. V.* sich jmdm./einer Sache ~ become
estranged from sb/unfamiliar with sth

Entfremdung *die;* ~, ~en alienation;
estrangement

entführen *tr. V.* kidnap *<child etc.>*; hijack
<plane, lorry, etc.>

Entführer *der,* **Entführerin** *die*
▸ entführen kidnapper; hijacker

Entführung *die* ▸ entführen kidnapping;
hijacking

◆ **entgegen** ◼A *Adv.* towards
◼B *Präp.; mit Dat.* ~ meinem Wunsch against
my wishes; ~ dem Befehl contrary to orders

entgegen-, Entgegen-: ~|**bringen**
unr. tr. V. (fig.) show *<love, understanding>*;
~|**fahren** *unr. itr. V.; mit sein* jmdm.
~fahren come/go to meet sb; ~|**gehen** *unr.
itr. V.; mit sein* **1** jmdm. ~gehen go to meet sb
2 (fig.) be heading for *<catastrophe, hard
times>*; ~**gesetzt** ◼A *Adj.* **1** (umgekehrt)
opposite *<end, direction>*
2 (gegensätzlich) opposing ◼B *adv.* genau
~gesetzt handeln/denken do/think exactly
the opposite; ~|**kommen** *unr. itr. V.; mit
sein* jmdm. ~kommen come to meet sb;
(Zugeständnisse machen) be accommodating
towards sb; ~**kommen** *das;* ~~s
cooperation; (Zugeständnis) concession;
~**kommend** *Adj.* obliging; ~|**nehmen**
unr. itr. V. receive; ~|**treten** *unr. itr. V.;
mit sein* go/come up to; (fig.) stand up to
<difficulties>

entgegnen *tr. V.* retort; reply

entgehen *unr. itr. V.; mit sein* **1** (entkommen)
escape
2 jmdm. entgeht etw. sb misses sth

entgeistert *Adj.* dumbfounded

Entgelt *das;* ~[e]s, ~e payment; fee

entgiften *tr. V.* decontaminate *<substance
etc.>*; detoxicate *<body etc.>*

entgleisen *itr. V.; mit sein* **1** be derailed
2 (fig.) make a/some faux pas

entgräten *tr. V.* fillet

enthaaren *tr. V.* remove hair from

Enthaarungs·mittel *das* hair remover

◆ **enthalten**[1] ◼A *unr. tr. V.* contain
◼B *unr. refl. V.* sich einer Sache (*Gen.*) ~
abstain from sth; sich der Stimme ~ abstain

enthalten[2] *Adj.* in etw. (*Dat.*) ~ sein be
contained in sth; das ist im Preis ~ that is
included in the price

enthaltsam ◼A *Adj.* abstemious; (sexuell)
abstinent
◼B *adv.* ~ leben live in abstinence

Enthaltsamkeit *die;* ~; abstinence

Enthaltung *die;* ~, ~en abstention

enthaupten *tr. V.* (geh.) behead

enthäuten *tr. V.* skin

entheben *unr. tr. V.* (geh.) relieve

enthemmt *Adj.* uninhibited

enthüllen *tr. V.* unveil *<monument etc.>*;
reveal *<face, truth, secret>*

Enthüllung *die;* ~, ~en ▸ enthüllen
unveiling; revelation

Enthusiasmus /ɛntuˈzi̯asmʊs/ *der;* ~;
enthusiasm

Enthusiast *der;* ~en, ~en,
Enthusiastin *die;* ~, ~nen enthusiast

enthusiastisch ◼A *Adj.* enthusiastic
◼B *adv.* enthusiastically

entkalken *tr. V.* decalcify

entkleiden *tr. V.* (geh.) **1** undress
2 (berauben) strip

entkommen *unr. itr. V.; mit sein* escape

entkoppeln *tr. V.* **1** decouple *<systems>*
2 (isolieren) isolate (acoustically)

entkorken *tr. V.* uncork *<bottle>*

entkräften *tr. V.* **1** weaken; völlig ~ exhaust
2 (fig.) refute *<argument etc.>*

Entkräftung *die;* ~, ~en **1** debility; völlige
~ exhaustion
2 (fig.) refutation

entladen ◼A *unr. tr. V.* unload
◼B *unr. refl. V.* **1** *<storm>* break
2 (fig.) *<anger etc.>* erupt; *<aggression etc.>*
be released

entlang ◼A *Präp.; mit Akk. u. Dat.* along
◼B *Adv.* along; hier/dort ~, bitte! this/that
way please!

entlang-: ~|**fahren** *unr. itr. V.; mit sein*
1 drive along **2** (streichen) go along; ~|**gehen**
unr. itr. V.; mit sein *<person>* go or walk along;
~|**laufen** *unr. itr. V.; mit sein* **1** walk/run
along **2** (verlaufen) go or run along

entlarven *tr. V.* expose

entlassen *unr. tr. V.* **1** (aus dem Gefängnis)
release; (aus dem Krankenhaus, der Armee)
discharge
2 (aus einem Arbeitsverhältnis) dismiss; (wegen
Arbeitsmangels) make redundant (BrE); lay off

Entlassung *die;* ~, ~en ▸ entlassen
release; discharge; dismissal; redundancy
(BrE); laying off

entlasten *tr. V.* **1** relieve
2 (Rechtsw.) exonerate *<defendant>*

Entlastung *die;* ~, ~en **1** relief
2 (Rechtsw.) exoneration; defence

entlaufen *unr. itr. V.; mit sein* run away; ein
~er Sträfling/Sklave an escaped convict/a
runaway slave

entlausen *tr. V.* delouse

entledigen *refl. V.* sich jmds./einer Sache
(*Gen.*) ~ (geh.) rid oneself of sb/sth

entleeren *tr. V.* empty; evacuate *<bowels,
bladder>*

entlegen *Adj.* remote

entleihen *unr. tr. V.* borrow

entlocken *tr. V.* (geh.) jmdm. etw. ~ elicit sth from sb

entlohnen *tr. V.* pay

Entlohnung *die*; ~, ~en payment; (Lohn) pay

entlüften *tr. V.* ventilate

Entlüfter *der*; ~s, ~; ventilator

entmachten *tr. V.* deprive of power

entmilitarisieren *tr. V.* demilitarize

entmündigen *tr. V.* incapacitate

Entmündigung *die*; ~, ~en incapacitation

entmutigen *tr. V.* discourage

Entnahme *die*; ~, ~n (von Wasser) drawing; (von Blut) extraction

Entnazifizierung *die*; ~, ~en denazification

entnehmen *unr. tr. V.* **1** etw. [einer Sache (*Dat.*)] ~ take sth [from sth] **2** (ersehen aus) gather (*Dat.* from)

entnervend *Adj.* nerve-racking

entnervt *Adj.* ~ sein be worn down; have reached *or* be at the end of one's tether; **er gab ~ auf** he had reached the end of his tether and gave up

entpuppen *refl. V.* sich als etw./jmd. ~ turn out to be sth/sb

entrahmen *tr. V.* skim ‹milk›

entreißen *unr. tr. V.* jmdm. etw. ~ snatch sth from sb

entrichten *tr. V.* (Amtsspr.) pay ‹fee›

entrümpeln *tr. V.* clear out

Entrümpelung *die*; ~, ~en clear-out

entrüsten **A** *refl. V.* sich [über etw. (*Akk.*)] ~ be indignant [at *or* about sth] **B** *tr. V.* (empören) jmdn. ~ make sb indignant

Entrüstung *die*; ~, ~en indignation (über + *Akk.* at, about)

Entsafter *der*; ~s, ~; juice extractor

entsagen *itr. V.* einer Sache (*Dat.*) ~ (geh.) renounce sth

Entsagung *die*; ~, ~en (geh.) renunciation

entschädigen *tr. V.* compensate (**für** for); jmdn. für etw. ~ (fig.) make up for sth

Entschädigung *die*; ~, ~en compensation

entschärfen *tr. V.* defuse; tone down ‹discussion, criticism›

entscheiden **A** *unr. refl. V.* **1** decide **2** *unpers.* morgen entscheidet es sich, ob ... I/we/you will know tomorrow whether ... **B** *unr. itr. V.* über etw. (*Akk.*) ~ settle sth **C** *unr. tr. V.* decide on ‹dispute›; decide ‹outcome, result›

entscheidend **A** *Adj.* crucial; decisive ‹action› **B** *adv.* jmdn./etw. ~ beeinflussen have a decisive influence on sb/sth

Entscheidung *die*; ~, ~en decision

entschieden **A** *Adj.* **1** (entschlossen) determined; resolute **2** (eindeutig) definite **B** *adv.* resolutely; **das geht ~ zu weit** that is going much too far

Entschiedenheit *die*; ~; decisiveness; **etw. mit ~ behaupten/verneinen** state/deny sth categorically; **etw. mit ~ fordern** demand sth emphatically

entschlafen *unr. itr. V.*; mit sein pass away

entschließen *unr. refl. V.* decide

Entschließung *die*; ~, ~en resolution

entschlossen *Adj.* determined

Entschlossenheit *die*; ~; determination

Entschluss, *Entschluß der*; Entschlusses, Entschlüsse decision

entschlüsseln *tr. V.* decipher

entschuldigen **A** *refl. V.* apologize **B** *tr.* (auch itr.) V. excuse ‹person›; sich ~ lassen ask to be excused; ~ Sie [bitte]! (bei Fragen, Bitten) excuse me; (bedauernd) I'm sorry

Entschuldigung *die*; ~, ~en **1** apology **2** (Grund) excuse **3** (Höflichkeitsformel) ~! (bei Fragen, Bitten) excuse me; (bedauernd) [I'm] sorry

entschwinden *unr. itr. V.*; mit sein (geh.) disappear; vanish

entsetzen **A** *refl. V.* be horrified **B** *tr. V.* horrify; über etw. (*Akk.*) entsetzt sein be horrified by sth

Entsetzen *das*; ~s horror

entsetzlich **A** *Adj.* **1** horrible ‹accident, crime, etc.› **2** (ugs.) (stark) terrible ‹thirst, hunger› **B** *adv.* terribly (infml)

entsinnen *unr. refl. V.* sich jmds./einer Sache ~ remember sb/sth

entsorgen *tr. V.* (Amtsspr., Wirtsch.) dispose of ‹waste etc.›

Entsorgung *die*; ~, ~en (Amtsspr., Wirtsch.) waste disposal

entspannen **A** *tr. V.* relax **B** *refl. V.* **1** ‹person› relax **2** (fig.) ‹situation, tension› ease

Entspannung *die*; ~ **1** relaxation **2** (politisch) easing of tension; détente

Entspannungs·politik *die* policy of détente

entsprechen *unr. itr. V.* **1** (übereinstimmen mit) einer Sache (*Dat.*) ~ correspond to sth; **der Wahrheit/den Tatsachen ~** be in accordance with the truth/the facts **2** (nachkommen) **einem Wunsch ~** comply with a request; **den Anforderungen ~** meet the requirements

entsprechend **A** *Adj.* **1** corresponding; (angemessen) appropriate **2** (dem~) in accordance *postpos.* **B** *adv.* **1** (angemessen) appropriately **2** (dem~) accordingly **C** *Präp.*; mit *Dat.* in accordance with

entspringen *unr. itr. V.; mit sein* **1** ‹*river*› rise
2 (entstehen aus) **einer Sache** (*Dat.*) ~ spring from sth

✔ **entstehen** *unr. itr. V.; mit sein* **1** originate; ‹*quarrel, friendship, etc.*› arise
2 (gebildet werden) be formed (**aus** from; **durch bei**)
3 (sich ergeben) occur; (als Folge) result

Entstehung *die*; ~; origin

entsteinen *tr. V.* stone

entstellen *tr. V.* **1** disfigure
2 (verfälschen) distort ‹*text, facts*›

Entstellung *die*; ~, ~**en 1** disfigurement
2 (Verfälschung) distortion

entstören *tr. V.* (Elektrot.) suppress ‹*engine, electrical appliance*›

Entstörungs·stelle *die* fault repair service

enttarnen *tr. V.* uncover

enttäuschen *tr. V.* disappoint

enttäuschend *Adj.* disappointing

enttäuscht *Adj.* disappointed; dashed ‹*hopes*›

Enttäuschung *die*; ~, ~**en** disappointment

entwachsen *unr. itr. V.; mit sein* **einer Sache** (*Dat.*) ~ grow out of sth

entwaffnen *tr. V.* (auch fig.) disarm

entwaffnend *Adj.* disarming

entwarnen *itr. V.* sound the all-clear

Entwarnung *die*; ~, ~**en** all-clear

entwässern *tr. V.* drain

Entwässerung *die*; ~, ~**en** drainage

✔ **entweder** *Konj.* ~ ... **oder** either ... or

entweichen *unr. itr. V.; mit sein* escape

entwenden *tr. V.* (geh.) purloin

entwerfen *unr. tr. V.* design ‹*furniture, dress*›; draft ‹*novel etc.*›; draw up ‹*plans etc.*›

entwerten *tr. V.* **1** cancel ‹*ticket, postage stamp*›
2 devalue ‹*currency*›

Entwerter *der*; ~**s**, ~; ticket-cancelling machine

✔ **entwickeln** 🅐 *refl. V.* develop
🅑 *tr. V.* produce ‹*vapour, smell*›; display ‹*ability, characteristic*›; develop ‹*equipment, photograph, film*›; elaborate ‹*theory, ideas*›

✔ **Entwicklung** *die*; ~, ~**en 1** development; (von Dämpfen usw.) production; **in der** ~ **sein** ‹*young person*› be adolescent
2 (Darlegung) elaboration
3 (Fot.) developing

Entwicklungs-: ~**helfer** *der*, ~**helferin** *die* development aid worker; ~**hilfe** *die* [development] aid; ~**land** *das* developing country; ~**politik** *die* development aid policy

entwirren *tr. V.* disentangle

entwischen *itr. V.; mit sein* (ugs.) get away

entwöhnen *tr. V.* wean

entwürdigend *Adj.* degrading

✔ **Entwurf** *der*; ~, **Entwürfe 1** design
2 (Konzept) draft

entwurzeln *tr. V.* uproot

entziehen 🅐 *unr. tr. V.* **1** take away
2 (nicht zugestehen) withdraw
🅑 *unr. refl. V.* **sich seinen Pflichten** (*Dat.*) ~ evade one's duty; **das entzieht sich meiner Kontrolle** that is beyond my control

Entziehung *die*; ~, ~**en 1** withdrawal
2 (Entziehungskur) withdrawal treatment *no indef. art.*

entziffern *tr. V.* decipher

entzückend *Adj.* delightful

entzückt *Adj.* delighted

Entzug *der*; ~**[e]s** withdrawal

Entzugs·erscheinung *die* withdrawal symptom

entzündbar *Adj.* [in]flammable

entzünden 🅐 *tr. V.* light ‹*fire*›; strike ‹*match*›
🅑 *refl. V.* **1** ignite
2 (anschwellen) become inflamed

entzündlich *Adj.* **1** [in]flammable ‹*substance*›
2 (Med.) inflammatory

Entzündung *die*; ~, ~**en** inflammation

entzwei *Adj.* (geh.) in pieces

entzweien *refl. V.* fall out

entzwei|gehen *unr. itr. V.; mit sein* (geh.) break

Enzian *der*; ~**s**, ~**e** gentian

Enzyklika *die*; ~, **Enzykliken** encyclical

Enzyklopädie *die*; ~, ~**n** encyclopaedia

enzyklopädisch *Adj.* encyclopaedic

Epen ▸ Epos

Epidemie *die*; ~, ~**n** epidemic

epigonal *Adj.* (geh.) ▸ epigonenhaft

Epigone *der*; ~**n**, ~**n** (geh.) imitator

epigonenhaft *Adj.* (geh.) imitative; unoriginal

Epigonin *die*; ~, ~**nen** ▸ Epigone

Epik /'e:pɪk/ *die*; ~ (Literaturw.) epic poetry

Epilepsie *die*; ~, ~**n** (Med.) epilepsy *no art.*

Epileptiker *der*; ~**s**, ~, **Epileptikerin** *die*; ~, ~**nen** epileptic

epileptisch *Adj.* epileptic

episch *Adj.* epic

Episode *die*; ~, ~**n** episode

Epoche *die*; ~, ~**n** epoch

Epos /'e:pɔs/ *das*; ~, **Epen** epic [poem]; epos

✔ **er** *Personalpron.; 3. Pers. Sg. Nom. Mask.* he; (betont) him; (bei Dingen/Tieren) it; *s. auch* **ihm, ihn, seiner**

erachten *tr. V.* (geh.) consider; **etw. als** od. **für seine Pflicht** ~ consider sth [to be] one's duty

erarbeiten *tr. V.* work for

Erb·anlage *die* hereditary disposition

erbarmen *refl. V.* (geh.) take pity (*Gen.* on)

Erbarmen *das*; ~**s** pity

e

erbärmlich ◨ *Adj.* **1** (elend) wretched **2** (unzulänglich) pathetic **3** (abwertend) (gemein) mean; wretched **4** (sehr groß) terrible ‹*hunger, fear, etc.*› ◧ *adv.* terribly

erbauen ◨ *tr. V.* **1** build **2** (geh.) (erheben) uplift ◧ *refl. V.* **sich an etw.** (*Dat.*) ~ be uplifted by sth

Erbauer *der*; ~s, ~, **Erbauerin** *die*; ~, ~**nen** architect

Erbe¹ *das*; ~s **1** inheritance **2** (Vermächtnis) legacy

Erbe² *der*; ~n, ~n heir

erben *tr. (auch itr.) V.* inherit

erbetteln *tr. V.* get by begging

erbeuten *tr. V.* carry off, get away with ‹*valuables, prey, etc.*›; capture ‹*enemy plane, tank, etc.*›

Erb-: ~**faktor** *der* hereditary factor; ~**folge** *die* succession; ~**gut** *das* (Biol.) genetic make-up

Erbin *die*; ~, ~**nen** heiress

erbitten *unr. tr. V.* (geh.) request

erbittern *tr. V.* enrage

erbittert ◨ *Adj.* bitter ◧ *adv.* ~ **kämpfen** wage a bitter struggle

Erb·krankheit *die* hereditary disease

erblassen *itr. V.;* *mit sein* (geh.) turn pale; blanch (literary)

erbleichen *itr. V.;* *mit sein* (geh.) ▶ erblassen

erblich *Adj.* hereditary ‹*title, disease*›

erblicken *tr. V.* (geh.) catch sight of; (fig.) see

erblinden *itr. V.;* *mit sein* lose one's sight

erblühen *itr. V.;* *mit sein* (geh.) bloom; blossom

Erb·masse *die* (Biol.) genetic make-up

erbost *Adj.* furious

erbrechen ◨ *unr. tr. V.* bring up ‹*food*› ◧ *unr. itr., refl. V.* vomit

Erbrechen *das*; ~s vomiting

erbringen *unr. tr. V.* produce

Erbschaft *die*; ~, ~**en** inheritance

Erbschafts·steuer, Erbschaft·steuer *die* estate *or* death duties *pl.*

Erb-: ~**schleicher** *der*; ~~s, ~~ (abwertend) legacy hunter; ~**schleicherei** *die*; ~~, ~~**en** (abwertend) legacy hunting; ~**schleicherin** *die*; ~~, ~~**nen** ▶ Erbschleicher

Erbse *die*; ~, ~**n** pea

Erb-: ~**stück** *das* heirloom; ~**sünde** *die* original sin; ~**teil** *das* share of an/the inheritance

Erd-: ~**achse** *die* earth's axis; ~**anziehung** *die* earth's gravitational pull; ~**apfel** *der* (bes. österr.) ▶ Kartoffel; ~**atmosphäre** *die* earth's atmosphere; ~**beben** *das*

◦⃗ key word
* alte Schreibung—vgl. Hinweis auf S. x

earthquake; ~**beere** *die* strawberry; ~**boden** *der* ground; earth; **etw. dem** ~**boden gleichmachen** raze sth to the ground

◦⃗ **Erde** *die*; ~, ~**n** **1** (Erdreich) soil; earth **2** (fester Boden) ground **3** (Welt) earth; world **4** (Planet) Earth

erdenklich *Adj.* conceivable

Erd-: ~**gas** *das* natural gas; ~**geschoss**, *~**geschoß** *das* ground floor; first floor (AmE); ~**kugel** *die* terrestrial globe; earth; ~**kunde** *die* geography; ~**magnetismus** *der* terrestrial magnetism; ~**nuss**, *~**nuß** *die* peanut; ~**oberfläche** *die* earth's surface; ~**öl** *das* oil; ~**öl exportierende Länder** oil-exporting countries

erdöl-, Erdöl-: *~**exportierend** ▶ Erdöl; ~**gewinnung** *die* oil production; ~**leitung** *die* oil pipeline

erdrosseln *tr. V.* strangle

erdrücken *tr. V.* **1** crush **2** (fig.) (belasten) overwhelm

erdrückend *Adj.* overwhelming; oppressive ‹*heat, silence*›

Erd-: ~**rutsch** *der* landslide; ~**rutsch·sieg** *der* (Politik) landslide victory; ~**teil** *der* continent

erdulden *tr. V.* endure ‹*sorrow, misfortune*›; tolerate ‹*insults*›; (über sich ergehen lassen) undergo

Erd-: ~**umdrehung** *die* rotation of the earth; ~**umlauf·bahn** *die* orbit [of the earth]

ereifern *refl. V.* get excited

ereignen *refl. V.* happen; ‹*accident, mishap*› occur

◦⃗ **Ereignis** *das*; ~ses, ~se event; occurrence

ereignis·reich *Adj.* eventful

Eremit *der*; ~en, ~en, **Eremitin** *die*; ~, ~**nen** hermit

ererbt *Adj.* inherited

◦⃗ **erfahren**¹ *unr. tr. V.* **1** find out; learn; (hören) hear **2** (geh.) (erleben) experience; (erleiden) suffer

erfahren² *Adj.* experienced

◦⃗ **Erfahrung** *die*; ~, ~**en** experience; ~**en sammeln** gain experience *sing.*; **etw. in** ~ **bringen** discover sth

erfahrungs·gemäß *Adv.* in our/my experience

◦⃗ **erfassen** *tr. V.* **1** (mitreißen) catch **2** (begreifen) grasp ‹*situation, etc.*› **3** (registrieren) record

Erfassung *die*; ~, ~**en** registration

erfinden *unr. tr. V.* invent; **das ist alles erfunden** it is pure fabrication

Erfinder *der*; ~s, ~, **Erfinderin** *die*; ~, ~**nen** **1** inventor **2** (Urheber) creator

erfinderisch *Adj.* inventive; (schlau) resourceful

Erfindung *die*; ~, ~**en** invention

erflehen tr. V. (geh.) beg

✔ **Erfolg** der; ~[e]s, ~e success; **keinen** ~ **haben** be unsuccessful

✔ **erfolgen** itr. V.; mit sein take place; occur; **es erfolgte keine Reaktion** there was no reaction

erfolg-, Erfolg-: ~**los** A Adj. unsuccessful
B adv. unsuccessfully; ~**losigkeit** die; ~~; lack of success

✔ **erfolg·reich** A Adj. successful
B adv. successfully

Erfolgs·erlebnis das feeling of achievement

erfolg·versprechend Adj. promising

✔ **erforderlich** Adj. required; necessary

erfordern tr. V. require; demand

erforschen tr. V. discover ‹facts, causes, etc.›; explore ‹country›

Erforschung die; ~; research (+ Gen. into); (eines Landes usw.) exploration

erfreuen A tr. V. please
B refl. V. **sich an etw.** (Dat.) ~ take pleasure in sth

erfreulich Adj. pleasant

erfreulicherweise Adv. happily

erfrieren A unr. itr. V.; mit sein freeze to death; ‹plant, harvest, etc.› be damaged by frost
B unr. rcfl. V. **sich** (Dat.) **die Finger** ~ get frostbite in one's fingers

Erfrierung die; ~, ~en frostbite no pl.; ~en an den Händen/Füßen frostbitten hands/feet

erfrischen A tr. (auch itr.) V. refresh
B refl. V. freshen oneself up

erfrischend Adj. (auch fig.) refreshing

Erfrischung die; ~, ~en (auch fig.) refreshment

Erfrischungs-: ~**getränk** das soft drink; ~**raum** der refreshment room; ~**tuch** das; Pl. ~**tücher** tissue wipe; towelette

✔ **erfüllen** A tr. V. grant ‹wish, request›; fulfil ‹contract›; carry out ‹duty›; meet ‹condition›
B refl. V. ‹wish› come true

Erfüllung die **in** ~ **gehen** come true

erfunden Adj. fictional ‹story›

✔ **ergänzen** tr. V. **1** (vervollständigen) complete; (erweitern) add to
2 (hinzufügen) add ‹remark›

Ergänzung die; ~, ~en **1** (Vervollständigung) completion; (Erweiterung) enlargement
2 (Zusatz) addition; (zu einem Gesetz) amendment

ergattern tr. V. (ugs.) manage to grab

ergaunern tr. V. get by underhand means

✔ **ergeben¹** A unr. refl. V. **1 sich in etw.** (Akk.) ~ submit to sth
2 (kapitulieren) surrender (Dat. to)
3 (folgen, entstehen) arise (aus from)
B unr. tr. V. result in

ergeben² Adj. **1** (zugeneigt) devoted
2 (resignierend) **mit** ~**er Miene** with an expression of resignation

✔ **Ergebnis** das; ~ses, ~se result

ergebnis·los Adj. fruitless

ergehen unr. refl. V. **sich in etw.** (Dat.) ~ indulge in sth

ergiebig Adj. rich ‹deposits, resources›; fertile ‹topic›

Ergiebigkeit die; ~ ▸ ergiebig richness; fertility

ergonomisch A Adj. ergonomic
B adv. ergonomically

ergötzen (geh.) A tr. V. enthral
B refl. V. **sich an etw.** (Dat.) ~ be delighted by sth

ergrauen itr. V.; mit sein go grey

ergreifen unr. tr. V. **1** (greifen) grab
2 (festnehmen) catch ‹thief etc.›
3 (fig.) (erfassen) seize
4 (fig.) (aufnehmen) take up ‹career›; take ‹initiative, opportunity›
5 (fig.) (bewegen) move

ergreifend Adj. moving

ergriffen Adj. moved

Ergriffenheit die; ~; **voller** ~ deeply moved

ergründen tr. V. ascertain; discover ‹cause›

Erguss, *Erguß der (geh. abwertend) outburst; **ein poetischer** ~ a poetic outpouring

erhaben Adj. solemn ‹moment›; awe-inspiring ‹sight›; sublime ‹beauty›; **über etw.** (Akk.) ~ **sein** be above sth

Erhalt der; ~ (Amtsdt.) receipt

✔ **erhalten** unr. tr. V. **1** receive ‹letter, news, gift›; be given ‹order›; get ‹good mark, impression›
2 (bewahren) preserve ‹town, building›

✔ **erhältlich** Adj. obtainable

Erhaltung die; ~; preservation; (des Friedens) maintenance

erhängen tr. V. hang

erhärten tr. V. strengthen ‹suspicion, assumption›; substantiate ‹claim›

✔ **erheben** A unr. tr. V. **1** raise
2 (verlangen) levy ‹tax›; charge ‹fee›
B unr. refl. V. **1** rise
2 (rebellieren) rise up (**gegen** against)

erhebend Adj. uplifting

✔ **erheblich** A Adj. considerable
B adv. considerably

Erhebung die; ~, ~en **1** (Anhöhe) elevation
2 (Aufstand) uprising
3 (Umfrage) survey
4 (Einziehen) (von Steuern) levying; (von Gebühren) charging

erheitern tr. V. **jmdn.** ~ cheer sb up

Erheiterung die; ~, ~en amusement

erhellen tr. V. light up

erhitzen A tr. V. heat ‹liquid›; **jmdn.** ~ make sb hot
B refl. V. heat up; ‹person› become hot

e

erhoffen *tr. V.* sich (*Dat.*) viel/wenig von etw. ~ expect a lot/little from sth

✓ **erhöhen** Ⓐ *tr. V.* increase <*prices, productivity, etc.*>
Ⓑ *refl. V.* <*rent, prices*> rise

Erhöhung *die*; ~, ~en increase (*Gen.* in)

erholen *refl. V.* (auch fig.) recover (**von** from); (sich ausruhen) have a rest

erholsam *Adj.* restful

Erholung *die*; ~ ▶ erholen recovery; rest; ~ brauchen need a rest

erholungs·bedürftig *Adj.* in need of a rest *postpos.*

Erholungs·urlaub *der* holiday for convalescence

erhören *tr. V.* (geh.) hear

Erika *die*; ~, ~s *od.* **Eriken** (Bot.) erica

✓ **erinnern** Ⓐ *refl. V.* sich an jmdn./etw. ~ remember sb/sth; sich [daran] ~, dass ... remember *or* recall that ...
Ⓑ *tr. V.* jmdn. an etw./jmdn. ~ remind sb of sth/sb

✓ **Erinnerung** *die*; ~, ~en memory (**an** + *Akk.* of); etw. [noch gut] in ~ haben [still] remember sth [well]; **zur** ~ an jmdn./etw. in memory of sb/sth

Erinnerungs·lücke *die* gap in one's memory

erjagen *tr. V.* **1** catch
2 (gewinnen) win <*fame*>; make <*money, fortune*>

erkalten *tr. V.*; *mit sein* cool

erkälten *refl. V.* catch cold

Erkältung *die*; ~, ~en cold

Erkältungs·krankheit *die* cold

erkämpfen *tr. V.* win; den Sieg ~ gain a victory

erkaufen *tr. V.* **1** (durch Opfer) win
2 (durch Geld) buy

erkennbar *Adj.* recognizable; (sichtbar) visible

✓ **erkennen** *unr. tr. V.* **1** recognize
2 (deutlich sehen) make out

erkenntlich *Adj.* **1** sich [für etw.] ~ zeigen show one's appreciation for sth
2 ▶ erkennbar

✓ **Erkenntnis** *die*; ~, ~se discovery; zu der ~ kommen, dass ... come to the realization that ...

Erkennungs-: ~melodie *die* (einer Sendung) theme music; (eines Senders) signature tune; ~zeichen *das* sign [to recognize sb by]

Erker *der*; ~s, ~; bay window

Erker·fenster *das* bay window

erklärbar *Adj.* explicable

✓ **erklären** Ⓐ *tr. V.* **1** explain
2 (mitteilen) state; declare
3 jmdn. für tot ~ pronounce someone dead;

jmdn. zu etw. ~ name sb as sth
Ⓑ *refl. V.* sich einverstanden/bereit ~ declare oneself [to be] in agreement/willing

erklärlich *Adj.* understandable

erklärt *Adj.* declared

✓ **Erklärung** *die*; ~, ~en **1** (Darlegung) explanation
2 (Mitteilung) statement

erklimmen *unr. tr. V.* (geh.) climb

erklingen *unr. itr. V.*; *mit sein* ring out

erkranken *itr. V.*; *mit sein* become ill (**an** + *Dat.* with); schwer erkrankt sein be seriously ill

✓ **Erkrankung** *die*; ~, ~en illness; (eines Körperteils) disease

erkunden *tr. V.* reconnoitre <*terrain*>

erkundigen *refl. V.* sich nach jmdm./etw. ~ ask after sb/enquire about sth

Erkundigung *die*; ~, ~en enquiry

Erkundung *die*; ~, ~en (meist Milit.) reconnaissance

Erkundungs-: ~fahrt *die* exploratory trip; ~flug *der* reconnaissance flight

erlahmen *itr. V.*; *mit sein* tire; <*strength*> flag

erlangen *tr. V.* gain; obtain <*credit, visa*>; reach <*age*>

Erlass, *** **Erlaß** *der*; **Erlasses**, **Erlasse** decree

erlassen *unr. tr. V.* **1** enact <*law*>; declare <*amnesty*>; issue <*warrant*>
2 (verzichten auf) remit <*sentence*>

✓ **erlauben** Ⓐ *tr. V.* **1** allow
2 (ermöglichen) permit
Ⓑ *refl. V.* sich (*Dat.*) etw. ~ permit oneself sth

Erlaubnis *die*; ~, ~se permission; (Schriftstück) permit

✓ **erläutern** *tr. V.* explain; comment on <*picture etc.*>; annotate <*text*>

Erläuterung *die* explanation

Erle *die*; ~, ~n alder

✓ **erleben** *tr. V.* experience; etwas Schreckliches ~ have a terrible experience; er wird das nächste Jahr nicht mehr ~ he won't see next year; du kannst was ~! (ugs.) you won't know what's hit you!

Erlebnis *das*; ~ses, ~se experience

erledigen Ⓐ *tr. V.* deal with <*task*>; settle <*matter*>; ich muss noch einige Dinge erledigen I must see to a few things; sie hat alles pünktlich erledigt she got everything done on time
Ⓑ *refl. V.* <*matter, problem*> resolve itself; vieles erledigt sich von selbst a lot of things sort them'selves out

erledigt *Adj.* closed <*case*>; (ugs.) worn out <*person*>

erlegen *tr. V.* shoot <*animal*>

erleichtern *tr. V.* **1** make easier
2 (befreien) relieve

e

Erleichterung *die*; ~, ~**en 1** zur ~ der Arbeit to make the work easier
2 (Befreiung) relief
3 (Verbesserung, Milderung) alleviation
erleiden *unr. tr. V.* suffer
erlernbar *Adj.* learnable
erlernen *tr. V.* learn
erlesen *Adj.* superior ‹wine›; choice ‹dish›
erleuchten *tr. V.* **1** light
2 (geh.) (mit Klarheit erfüllen) inspire
Erleuchtung *die*; ~, ~**en** inspiration
erliegen *unr. itr. V.*; *mit sein* succumb (*Dat.* to); einem Irrtum ~ be misled; einer Krankheit (*Dat.*) ~ die from an illness
erlogen *Adj.* made up
Erlös *der*; ~**es**, ~**e** proceeds *pl.*
erlöschen *unr. itr. V.*; *mit sein* ‹fire› go out; ein erloschener Vulkan an extinct volcano
erlösen *tr. V.* save, rescue (von from)
Erlöser *der*; ~**s**, ~ **1** saviour
2 (christl. Rel.) redeemer
Erlöserin *die*; ~, ~**nen** ▶ Erlöser 1
Erlösung *die*; ~, ~**en** release (von from)
ermächtigen *tr. V.* authorize
Ermächtigung *die*; ~, ~**en** authorization
ermahnen *tr. V.* admonish; tell (infml); (warnen) warn
Ermahnung *die*; ~, ~**en** admonition; (Warnung) warning
Ermangelung, Ermanglung *die* ~; in ~ (+ *Gen.*) (geh.) in the absence of
ermäßigen *tr. V.* reduce
Ermäßigung *die*; ~, ~**en** reduction
ermatten (geh.) **A** *itr. V.*; *mit sein* become exhausted
B *tr. V.* exhaust, tire
ermessen *unr. tr. V.* estimate, gauge
Ermessen *das*; ~**s** estimation
ermitteln **A** *tr. V.* ascertain ‹facts›; discover ‹culprit, address›; establish ‹identity, origin›; decide ‹winner›; calculate ‹quota, rates, data›
B *itr. V.* (Rechtsw.) investigate
Ermittlung *die*; ~, ~**en 1** (das Ermitteln) ▶ ermitteln A ascertainment; discovery; establishment
2 (Untersuchung) investigation
ermöglichen *tr. V.* enable
ermorden *tr. V.* murder
Ermordung *die*; ~, ~**en** murder
ermüden **A** *itr. V.*; *mit sein* tire
B *tr. V.* tire; make tired
ermüdend *Adj.* tiring
Ermüdung *die*; ~, ~**en** tiredness
ermuntern *tr. V.* encourage
ermunternd *Adj.* encouraging
ermutigen *tr. V.* encourage
Ermutigung *die*; ~, ~**en** encouragement
ernähren **A** *tr. V.* **1** feed ‹young, child›
2 (unterhalten) keep ‹family, wife›
B *refl. V.* feed oneself

Ernährer *der*; ~**s**, ~, **Ernährerin** *die*; ~, ~**nen** breadwinner
Ernährung *die*; ~; feeding; (Nahrung) diet
Ernährungs·wissenschaft *die* dietetics *sing., no art.*
ernennen *unr. tr. V.* appoint
Ernennung *die* appointment (zu as)
erneuerbar *Adj.* renewable; ~e Energien renewable sources of energy
erneuern *tr. V.* **1** replace
2 (wiederherstellen) renovate ‹roof, building›; (fig.) thoroughly reform ‹system›
Erneuerung *die*; ~, ~**en 1** replacement
2 (Wiederherstellung) renovation
erneut **A** *Adj.* renewed
B *adv.* once again
erniedrigen *tr. V.* humiliate
Erniedrigung *die*; ~, ~**en** humiliation
ernst **A** *Adj.* **1** serious
2 (aufrichtig) genuine ‹intention, offer›
3 (gefahrvoll) serious ‹injury›; grave ‹situation›
B *adv.* seriously; jmdn./etw. ~ nehmen take sb/sth seriously; ~ gemeint serious; sincere ‹wish›
Ernst *der*; ~**[e]s 1** seriousness; das ist mein [voller] ~ I mean that [quite] seriously; etw. im ~ meinen mean sth seriously
2 (Wirklichkeit) daraus wurde [blutiger/bitterer] ~ it became [deadly] serious; der ~ des Lebens the serious side of life
ernst-, Ernst-: ~**fall** *der* im ~fall when the real thing happens; *~gemeint ▶ ernst B; ~haft **A** *Adj.* serious **B** *adv.* seriously; ~haftigkeit *die*; ~~; seriousness
ernstlich **A** *Adj.* **1** serious
2 (aufrichtig) genuine ‹wish›
B *adv.* **1** seriously
2 (aufrichtig) genuinely ‹sorry, repentant›
Ernte *die*; ~, ~**n 1** harvest
2 (Ertrag) crop; die ~ einbringen bring in the harvest
Ernte·dank·fest *das* harvest festival
ernten *tr. V.* harvest
ernüchtern *tr. V.* sober up; (fig.) bring down to earth; ~d sobering
Ernüchterung *die*; ~, ~**en** (fig.) disillusionment
Eroberer *der*; ~**s**, ~, **Eroberin** *die*; ~, ~**nen** conqueror
erobern *tr. V.* **1** conquer; take ‹town, fortress›
2 seize ‹power›
Eroberung *die*; ~, ~**en** conquest; (einer Stadt, Festung) taking
eröffnen *tr. V.* **1** open; start ‹business, practice›
2 (mitteilen) jmdm. etw. ~ reveal sth to sb
3 ein Testament ~ read a will
Eröffnung *die*; ~, ~**en 1** opening; (einer Sitzung) start

2 (Mitteilung) revelation
3 (Testaments~) reading
erogen *Adj.* erogenous ‹zone›
erörtern *tr. V.* discuss
Erörterung *die*; ~, ~en discussion
Eros·Center *das* [licensed] brothel; eros centre
Erosion *die*; ~, ~en erosion
Erotik *die*; ~; eroticism
erotisch *Adj.* erotic
Erpel *der*; ~s, ~; drake
erpicht *Adj.* (in) auf etw. (*Akk.*) ~ sein be keen on sth
erpressbar, *erpreßbar** *Adj.* blackmailable; susceptible to blackmail *postpos.*
Erpressbarkeit, *Erpreßbarkeit** *die*; ~; susceptibility to blackmail
erpressen *tr. V.* **1** (nötigen) blackmail
2 (erlangen) extort ‹money etc.›
Erpresser *der*; ~s, ~, **Erpresserin** *die*; ~, ~nen blackmailer
Erpressung *die*; ~, ~en blackmail *no indef. art.*; (von Geld, Geständnis) extortion
Erpressungs·versuch *der* blackmail attempt
erproben *tr. V.* test ‹medicine› (an + *Akk.* on)
Erprobung *die*; ~, ~en testing
erquicken *Adj.* (geh.) refreshing
erraten *unr. tr. V.* guess
errechnen *tr. V.* calculate
erregen Ⓐ *tr. V.* **1** annoy
2 (sexuell) arouse
3 (verursachen) arouse
Ⓑ *refl. V.* get excited
erregend *Adj.* exciting; (sexuell) arousing
Erreger *der*; ~s, ~ (Med.) pathogen
erregt *Adj.* excited; (sexuell) aroused
Erregung *die*; ~, ~en excitement
erreichbar *Adj.* **1** within reach *postpos.*
2 der Ort ist mit dem Zug ~ the place can be reached by train
ↈ **erreichen** *tr. V.* **1** reach; den Zug ~ catch the train; er ist telefonisch zu ~ he can be contacted by telephone
2 (durchsetzen) achieve ‹goal, aim›
errichten *tr. V.* **1** build ‹house, bridge, etc.›
2 (aufstellen) erect
erringen *unr. tr. V.* gain ‹victory›; reach ‹first etc. place›
erröten *itr. V.*; *mit sein* blush
Errungenschaft *die*; ~, ~en achievement
Ersatz *der*; ~es **1** replacement
2 (Entschädigung) compensation
Ersatz-: ~**dienst** *der; community service as an alternative to military service*; ~**frau** *die* replacement; (Sport) substitute; ~**kasse** *die* private health insurance company; ~**mann** *der*; *Pl.* ~**männer** *od.* ~**leute**

ↈ key word
* alte Schreibung—vgl. Hinweis auf S. x

die replacement; (Sport) substitute; ~**rad** *das* spare wheel; ~**reifen** *der* spare tyre; ~**spieler** *der*, ~**spielerin** *die* (Sport) substitute [player]; ~**teil** *das* (bes. Technik) spare part; spare (BrE)
ersaufen *unr. itr. V.*; *mit sein* (salopp) drown
ersäufen *tr. V.* drown
erschaffen *unr. tr. V.* create
Erschaffung *die* creation
erschaudern *itr. V.*; *mit sein* (geh.) shudder (bei at)
ↈ **erscheinen** *unr. itr. V.*; *mit sein* ‹book› be published
Erscheinung *die*; ~, ~en **1** (Vorgang) phenomenon
2 (äußere Gestalt) appearance
3 (Vision) apparition; eine ~ haben see a vision
Erscheinungs-: ~**bild** *das* appearance; ~**form** *die* manifestation; ~**weise** *die* die ~weise einer Zeitung the frequency of publication of a newspaper; wöchentliche/monatliche ~weise weekly/monthly publication
erschießen *unr. tr. V.* shoot dead
Erschießung *die*; ~, ~en shooting
erschlaffen *itr. V.*; *mit sein* ‹muscle, limb› become limp; ‹skin› grow slack
erschlagen¹ *unr. tr. V.* strike dead; kill
erschlagen² *Adj.* (ugs.) **1** (erschöpft) worn out
2 (verblüfft) wie ~ sein be flabbergasted (infml) *or* thunderstruck
erschließen *unr. tr. V.* develop ‹area, building land›; tap ‹resources›
erschöpfen *tr. V.* exhaust
erschöpfend *Adj.* exhaustive
erschöpft *Adj.* exhausted
Erschöpfung *die*; ~, ~en exhaustion
Erschöpfungs·zustand *der* state of exhaustion
erschrecken¹ *unr. itr. V.*; *mit sein* be startled; vor etw. (*Dat.*) *od.* über etw. (*Akk.*) ~ be startled by sth
erschrecken² *tr. V.* frighten; scare
erschrecken³ *unr. od. regelm. refl. V.* get a fright
erschreckend *Adj.* alarming
erschrocken Ⓐ **2. Part. v.** erschrecken¹
Ⓑ *Adj.* frightened
erschüttern *tr. V.* (auch fig.) shake
erschütternd *Adj.* deeply distressing; deeply shocking ‹conditions›
Erschütterung *die*; ~, ~en **1** vibration; (der Erde) tremor
2 (Ergriffenheit) shock; (Trauer) distress
erschweren *tr. V.* etw. ~ make sth more difficult
erschwerend Ⓐ *Adj.* complicating ‹factor›
Ⓑ *adv.* es kommt ~ hinzu, dass er ... to make matters worse he ...
Erschwernis *die*; ~, ~se difficulty

erschwinglich *Adj.* reasonable

ersehen *unr. tr. V.* see; **aus etw. zu ~ sein** be evident from sth

⚬ **ersetzen** *tr. V.* **1** replace (**durch** by) **2** (erstatten) reimburse <*expenses*>; **jmdm. einen Schaden ~** compensate sb for damages

Ersetzung *die*; **~, ~en** (von Kosten usw.) reimbursement; **die ~ von Schäden** compensation for damage

ersichtlich *Adj.* apparent

ersinnen *unr. tr. V.* (geh.) devise

erspähen *tr. V.* (geh.) espy (literary); catch sight of

ersparen *tr. V.* save

Ersparnis *die*; **~, ~se** saving

ersprießlich *Adj.* (geh.) fruitful <*contacts, collaboration*>

⚬ **erst** **A** *Adv.* **1** (zu~) first; **~ einmal** first [of all] **2** (nicht eher als) **eben ~** only just; **~ nächste Woche** not until next week; **er war ~ zufrieden, als ...** he was not satisfied until ... **3** (nicht mehr als) only **B** *Partikel* **so was lese ich gar nicht ~** I don't even start reading that sort of stuff

⚬ **erst...** *Ordinalz.* **1** first; **etw. das ~e Mal tun** do sth for the first time; **am Ersten [des Monats]** on the first [of the month]; **als Erster/Erste etw. tun** be the first to do sth **2** (best...) **das ~e Hotel** the best hotel; **der/ die Erste [der Klasse]** the top boy/girl [of the class]

erstarren *itr. V.*; *mit sein* <*jelly, plaster*> set; <*limbs, fingers*> grow stiff

erstatten *tr. V.* **1** reimburse <*expenses*> **2 Anzeige gegen jmdn. ~** report sb [to the police]

Erstattung *die*; **~, ~en** (von Kosten) reimbursement

Erst·aufführung *die* premiere

erstaunen *tr. V.* astonish

Erstaunen *das*; **~s** astonishment

erstaunlich **A** *Adj.* astonishing **B** *adv.* astonishingly

erstaunlicher·weise *Adv.* astonishingly *or* amazingly [enough]

erstaunt *Adj.* astonished; amazed

Erst·ausgabe *die* first edition

erstechen *unr. tr. V.* stab [to death]

erstehen (geh.) **A** *unr. tr. V.* (kaufen) purchase **B** *unr. itr. V.*; *mit sein* <*difficulties, problems*> arise

ersteigen *unr. tr. V.* climb

ersteigern *tr. V.* buy [at an auction]

⚬ **erstellen** *tr. V.* (Papierdt.) **1** (bauen) build **2** (anfertigen) make <*assessment*>; draw up <*plan, report, list*>

***erste·mal** ▶ Mal¹

***ersten·mal** ▶ Mal¹

⚬ **erstens** *Adv.* firstly; in the first place

erster... *Adj.* the former

erst·geboren *Adj.* first-born

ersticken **A** *itr. V.*; *mit sein* suffocate; (sich verschlucken) choke **B** *tr. V.* **1** (töten) suffocate **2** smother <*flames*>

erstklassig **A** *Adj.* first-class **B** *adv.* superbly

⚬ **erstmals** *Adv.* for the first time

erstrangig *Adj.* **1** first-class **2** (vordringlich) of top priority *postpos.*

erstreben *tr. V.* strive for

erstrebens·wert *Adj.* <*ideals etc.*> worth striving for; desirable <*situation*>

erstrecken *refl. V.* **1** (sich ausdehnen) stretch **2** (dauern) **sich über 10 Jahre ~** carry on for 10 years

Erst·stimme *die* first vote

erstürmen *tr. V.* take by storm

ersuchen *tr. V.* (geh.) ask; **jmdn. ~, etw. zu tun** request sb to do sth

ertappen *tr. V.* catch <*thief, burglar*>

erteilen *tr. V.* give <*advice, information*>; give, grant <*permission*>

Erteilung *die*; **~, ~en** giving; (einer Genehmigung) granting

ertönen *itr. V.*; *mit sein* sound

Ertrag *der*; **~[e]s, Erträge** **1** yield **2** (Gewinn) return

ertragen *unr. tr. V.* bear

erträglich *Adj.* tolerable; bearable <*pain*>

ertrag·reich *Adj.* lucrative <*business*>; productive <*land, soil*>

ertränken *tr. V.* drown

ertrinken *unr. itr. V.*; *mit sein* be drowned; drown

erübrigen **A** *tr. V.* spare <*money, time*> **B** *refl. V.* be unnecessary

erwachen *itr. V.*; *mit sein* (geh.) awake

Erwachen *das*; **~s** (auch fig.) awakening

erwachsen¹ *unr. itr. V.*; *mit sein* **1** grow (**aus** out of); <*rumour*> spread **2** (sich ergeben) <*difficulties, tasks*> arise

erwachsen² *Adj.* grown-up *attrib.*; **~ sein** be grown up

⚬ **Erwachsene** *der/die adj. Dekl.* adult; grown-up

erwägen *unr. tr. V.* consider

Erwägung *die*; **~, ~en** consideration; **etw. in ~ ziehen** take sth into consideration

erwählen *tr. V.* (geh.) choose

⚬ **erwähnen** *tr. V.* mention

erwähnens·wert *Adj.* worth mentioning *postpos.*

Erwähnung *die*; **~, ~en** mention

erwärmen **A** *tr. V.* heat **B** *refl. V.* (warm werden) <*air, water*> warm up

Erwärmung *die*; **~;** **eine ~ der Luft/ des Wassers** an increase in air/water temperature; **bei ~ der Flüssigkeit** when the liquid is heated

e

erwarten *tr. V.* expect; jmdn. am Bahnhof ∼ wait for sb at the station

Erwartung *die*; ∼, ∼en expectation

erwartungs-: ∼**gemäß** *Adv.* as expected; ∼**voll** *Adj.* expectant

erwecken *tr. V.* **1** (auf∼) wake **2** (erregen) arouse <*longing, pity*>

erweichen *tr. V.* soften

erweisen **A** *unr. tr. V.* **1** prove **2** (bezeigen) jmdm. Achtung ∼ show respect to sb **B** *unr. refl. V.* sich als etw. ∼ prove to be sth

erweitern **A** *tr. V.* widen <*river, road*>; expand <*library, business*>; enlarge <*collection*>; dilate <*pupil, blood vessel*> **B** *refl. V.* <*road, river*> widen; <*pupil, blood vessel*> dilate

Erweiterung *die*; ∼, ∼en ▶ erweitern widening; expansion; enlargement; dilation

Erwerb *der*; ∼[e]s **1** (Aneignung) acquisition **2** (Kauf) purchase

erwerben *unr. tr. V.* **1** (verdienen) earn **2** (sich aneignen) gain **3** (kaufen) acquire

erwerbs-, Erwerbs-: ∼**fähig** *Adj.* capable of gainful employment *postpos.*; able to work *postpos.*; ∼**fähigkeit** *die* ability to work; ∼**los** *Adj.* ▶ arbeitslos; ∼**lose** *der/die adj. Dekl.* ▶ Arbeitslose; ∼**tätig** *Adj.* gainfully employed; ∼**unfähig** *Adj.* incapable of gainful employment *postpos.*; unable to work *postpos.*

Erwerbung *die* acquisition; (Gekauftes) purchase

erwidern *tr. V.* **1** reply **2** (reagieren auf) return <*greeting, visit*>; reciprocate <*sb's feelings*>

Erwiderung *die*; ∼, ∼en **1** reply (auf + Akk. to) **2** ▶ erwidern 2 return; reciprocation

erwiesen *Adj.* proved; proven <*fact*>

erwiesener·maßen *Adv.* as has been proved

erwirken *tr. V.* obtain

erwirtschaften *tr. V.* etw. ∼ obtain sth by careful management

erwischen *tr. V.* (ugs.) **1** catch <*culprit, train, bus*> **2** (greifen) grab **3** (bekommen) manage to get **4** *unpers.* es hat ihn erwischt (ugs.) (er ist tot) he's bought it (sl.); (er ist krank) he's got it; (er ist verletzt) he's been hurt; (scherzh.) (er ist verliebt) he's got it bad (infml)

erwünscht *Adj.* wanted

erwürgen *tr. V.* strangle

Erz /ɛrts od. eːrts/ *das*; ∼es, ∼e ore

erzählen *tr. V. (auch itr.) V.* tell <*joke, story*>;

jmdm. etw. ∼ tell sb sth

Erzähler *der*, **Erzählerin** *die* storyteller; (Autor[in]) writer [of stories]; narrative writer

Erzählung *die*; ∼, ∼en narration; (Bericht) account; (Literaturw.) story

Erz-: ∼**bischof** *der* archbishop; ∼**bistum** *das*, ∼**diözese** *die* archbishopric; archdiocese; ∼**engel** *der* archangel

erzeugen *tr. V.* produce; generate <*electricity*>

Erzeuger *der*; ∼s, ∼ (Vater) father

Erzeugnis *das*; ∼ses, ∼se product

Erzeugung *die*; ∼, ∼en (von Lebensmitteln usw.) production; (von Industriewaren) manufacture; (Strom∼) generation

Erz·feind *der*, **Erz·feindin** *die* arch enemy

erziehen *unr. tr. V.* bring up; (in der Schule) educate; ein Kind zu Sauberkeit und Ordnung ∼ bring a child up to be clean and tidy

Erzieher *der*; ∼s, ∼, **Erzieherin** *die*; ∼, ∼nen educator; (Pädagoge) educationalist; (Lehrer) teacher

Erziehung *die*; ∼, ∼en upbringing; (Schul∼) education

Erziehungs-: ∼**berechtigte** *der/die adj. Dekl.* parent or [legal] guardian; ∼**urlaub** *der* child-rearing leave

erzielen *tr. V.* reach <*agreement, compromise, speed*>; achieve <*result, effect*>; make <*profit*>; obtain <*price*>

erzürnen (geh.) *tr. V.* anger; (stärker) incense

erzwingen *unr. tr. V.* force

es *Personalpron.*; 3. Pers. Sg. Nom. u. Akk. Neutr. **1** s. auch Gen. seiner, Dat. ihm (Sache) it; (weibliche Person) she/her; (männliche Person) he/him **2** (ohne Bezug auf ein bestimmtes Subst., mit unpers. konstruierten Verben, als formales Satzglied) it; ich bin es it's me; wir sind traurig, ihr seid es auch we are sad, and so are you; es sei denn, [dass] ... unless ...; es ist genug! that's enough; es hat geklopft there was a knock; es klingelt someone is ringing; es wird schöner the weather is improving; es geht ihm gut/schlecht he is well/unwell; es wird gelacht there is laughter; es lässt sich aushalten it is bearable; er hat es gut he has it good; er meinte es gut he meant well

Esche *die*; ∼, ∼n (Bot.) ash

Esel *der*; ∼s, ∼ **1** donkey; ass **2** (ugs.) (Dummkopf) ass (infml)

Esels-: ∼**brücke** *die* (ugs.) mnemonic; ∼**ohr** *das* (ugs.) (umgeknickte Stelle) dog-ear

Eskalation *die*; ∼, ∼en escalation

eskalieren *tr. V., itr. V.* escalate

Eskapade /ɛska'paːdə/ *die*; ∼, ∼n escapade; (Seitensprung) amorous adventure

Eskimo *der*; ∼[s], ∼[s] Eskimo

Eskimo·frau *die* Eskimo woman

Eskorte *die*; ∼, ∼n escort

eskortieren *tr. V.* escort

Espe *die*; ∼, ∼n aspen

Essay /'ɛse/ *der od. das*; ~s, ~s essay

essbar, **eßbar *Adj.* edible; **nicht** ~ inedible

ℰ **essen** *unr. tr., itr. V.* eat; **etw. gern** ~ like sth; **sich satt** ~ eat one's fill; **gut** ~ have a good meal; (immer) eat well; ~ **gehen** go out for a meal

ℰ **Essen** *das*; ~s, ~ (Mahlzeit) meal; (Speise) food; **[das]** ~ **machen/kochen** get/cook the meal

Essen-, **Essens-**: ~**marke** *die* meal ticket; ~**zeit** *die* mealtime

Essenz *die*; ~, ~**en** essence

Esser *der*; ~s, ~, **Esserin** *die*; ~, ~**nen** er ist ein schlechter Esser he has a poor appetite

Essig *der*; ~s, ~e vinegar

Essig·gurke *die* pickled gherkin

Ess-, **Eß-*: ~**kastanie** *die* sweet chestnut; ~**löffel** *der* (Suppenlöffel) soup spoon; (für Nach-, Vorspeise) dessert spoon; ~**stäbchen** *das* chopstick; ~**teller** *der* dinner plate; ~**tisch** *der* dining table; ~**waren** *Pl.* food *sing.*; ~**zimmer** *das* dining room

Establishment /ɪs'tɛblɪʃmənt/ *das*; ~s, ~s Establishment

Este *der*; ~n, ~n, **Estin** *die*; ~, ~**nen** Estonian

Est·land *(das)*; ~s Estonia

Estragon /'ɛstragɔn/ *der*; ~s tarragon

Estrich /'ɛstrɪç/ *der*; ~s, ~e composition floor

Eszett /ɛs'tsɛt/ *das*; ~, ~; [the letter] ß

etablieren *tr. V.* establish; set up

etabliert *Adj.* established

Etablissement /etablɪs(ə)'mãː/ *das*; ~s, ~s establishment

Etage /e'taːʒə/ *die*; ~, ~n floor; storey

Etappe *die*; ~, ~n stage

Etat /e'taː/ *der*; ~s, ~s budget

etepetete /eːtəpe'teːtə/ *Adj.* (ugs.) fussy; finicky

Ethik *die*; ~, ~**en 1** ethics *sing.* **2** (sittliche Normen) ethics *pl.*

ethisch *Adj.* ethical

ethnisch **A** *Adj.* ethnic; ~e Säuberung ethnic cleansing **B** *adv.* ethnically

Etikett *das*; ~**[e]s**, ~**en** *od.* ~e *od.* ~s label

Etikette *die*; ~, ~n etiquette

Etiketten·schwindel *der* (abwertend) playing with names

etikettieren *tr. V.* label

etlich... *Indefinitpron.; u. unbest. Zahlwort:* *Sg.* quite a lot of; *Pl.* quite a few

Etüde *die*; ~, ~n (Musik) étude

Etui /et'viː/ *das*; ~s, ~s case

ℰ **etwa** **A** *Adv.* **1** (ungefähr) about; ~ **so groß wie ...** about as large as ...; ~ **so** roughly like this **2** (beispielsweise) for example **B** *Partikel* **störe ich** ~**?** am I disturbing you at all?

etwaig... /'ɛtva(ː)ɪg.../ *Adj.* possible

ℰ **etwas** *Indefinitpron.* **1** something; (fragend, verneinend) anything; **irgend~** something **2** (Bedeutsames) **aus ihm wird** ~ he'll make something of himself **3** (ein Teil) some; (fragend, verneinend) any; ~ **von dem Geld** some of the money **4** (ein wenig) a little; ~ **lauter/besser** a little louder/better

Etymologie *die*; ~, ~**n** etymology

EU *Abk.* = **Europäische Union** EU

euch **A** *Dat. u. Akk. Pl. des Personalpron.* **ihr** you **B** *Dat. u. Akk. Pl. des Reflexivpron. der 2. Pers. Pl.* yourselves

ℰ **euer¹** *Possessivpron.* your; **Grüße von eu[e]rer Helga/eu[e]rem Hans** Best wishes, Yours, Helga/Hans

euer² *Gen. des Personalpron.* **ihr** (geh.) **wir werden** ~ **gedenken** we will remember you

Eule *die*; ~, ~**n** owl; ~**n nach Athen tragen** carry coals to Newcastle

Eunuch *der*; ~**en**, ~**en** eunuch

Euphorie *die*; ~, ~**n** (bes. Med., Psych.) euphoria

euphorisch (bes. Med., Psych.) **A** *Adj.* euphoric **B** *adv.* euphorically

eure ▶ **euer¹**

eurer·seits ▶ **deinerseits**

euret·wegen *Adv.* ▶ **deinetwegen**

ℰ **Euro** *der*; ~**[s]**, ~**[s]** euro; 50 ~ 50 euros

Eurocheque /'ɔyroʃɛk/ *der*; ~s, ~s Eurocheque

Europa *(das)*; ~s Europe

Europäer *der*; ~s, ~, **Europäerin** *die*; ~, ~**nen** European

ℰ **europäisch** *Adj.* European; **die Europäische Union** the European Union

Europa-: ~**meister** *der*, ~**meisterin** *die* (Sport) European champion; ~**meisterschaft** *die* (Sport) **1** (Wettbewerb) European Championship **2** (Sieg) European title; ~**parlament** *das* European Parliament; ~**pokal** *der* (Sport) European cup; ~**rat** *der* Council of Europe; ~**straße** *die* European long-distance road

Euro-: ~**scheck** *der* ▶ Eurocheque; ~**zone** *die* eurozone

euro·skeptisch *Adj.* Eurosceptic

Euter *das od. der*; ~s, ~; udder

ev. *Abk.* = **evangelisch** ev.

e.V., E.V. *Abk.* = **eingetragener Verein**

evakuieren /evaku'iːrən/ *tr. V.* evacuate

Evakuierung *die*; ~, ~**en** evacuation

ℰ **evangelisch** /evaŋ'geːlɪʃ/ *Adj.* Protestant

Evangelium *das*; ~s, **Evangelien 1** (auch fig.) gospel **2** (christl. Rel.) Gospel

Event /i'vɛnt/ *der od. das*; ~s, ~s event

Eventualität /eventuali'tɛːt/ *die*; ~, ~**en** eventuality; contingency

ⅾ **eventuell** **A** *Adj.* possible
B *adv.* possibly; perhaps
Evolution /evolu'tsi̯oːn/ *die*; ∼, ∼**en**
evolution
evtl. *Abk.* = **eventuell**
EWG *Abk.* = **Europäische**
Wirtschaftsgemeinschaft EEC
ewig **A** *Adj.* eternal; (abwertend) never-ending
B *adv.* eternally; for ever
Ewig·gestrige *der/die adj. Dekl.* (abwertend)
ein ∼r sein be an old reactionary
Ewigkeit *die*; ∼, ∼**en** **1** eternity
2 (ugs.) es dauert eine ∼ it takes ages (infml)
ex *Adv.* (ugs.) etw. ex trinken drink sth down
in one (infml)
Ex- (vor Personenbez.) (vormalig) ex-
exakt *Adj.* exact; precise
Exaktheit *die*; ∼; precision; exactness
Examen *das*; ∼**s**, ∼ *od.* **Examina**
examination
exekutieren *tr. V.* **1** execute
2 (österr.) ▶ **pfänden**
Exekution *die*; ∼, ∼**en** **1** execution
2 (österr.) ▶ **Pfändung**
Exekutive *die*; ∼, ∼**n** (Rechtsw., Politik)
executive
Exempel *das*; ∼**s**, ∼; example
Exemplar *das*; ∼**s**, ∼**e** specimen; (Buch,
Zeitung usw.) copy
exemplarisch *Adj.* exemplary
exerzieren *tr., itr. V.* drill
Exhibitionist *der*; ∼**en**, ∼**en**,
Exhibitionistin *die*; ∼, ∼**nen** (Psych.,
fig.) exhibitionist
exhibitionistisch (Psych.) **A** *Adj.*
exhibitionist
B *adv.* er ist ∼ veranlagt he has exhibitionist
tendencies
Exil *das*; ∼**s**, ∼**e** exile
exiliert *Adj.* exiled
Exil·regierung *die* government in exile
existentiell ▶ **existenziell**
Existenz *die*; ∼, ∼**en** **1** existence
2 (Lebensgrundlage) livelihood
3 (Mensch) character
Existenz·grundlage *die* basis of one's
livelihood
existenziell *Adj.* existential; in etw. (*Dat.*)
eine ∼e Bedrohung sehen see in sth a threat
to one's existence
Existenz-: ∼**kampf** *der* struggle for
existence; ∼**minimum** *das* subsistence
level
ⅾ **existieren** *itr. V.* exist
Exitus *der*; ∼ (Med.) death
exkl. *Abk.* = **exklusiv[e]** excl.
exklusiv **A** *Adj.* exclusive
B *adv.* exclusively

exklusive *Präp.*; + *Gen.* exclusive of
Exklusiv·vertrag *der* exclusive contract
Exkommunikation *die*; ∼, ∼**en**
excommunication
Exkursion *die*; ∼, ∼**en** study trip
exotisch **A** *Adj.* exotic
B *adv.* exotically
expandieren *tr., itr. V.* expand
Expansion *die*; ∼, ∼**en** expansion
Expedition *die*; ∼, ∼**en** expedition
Experiment *das*; ∼**[e]s**, ∼**e** experiment
experimentell **A** *Adj.* experimental
B *adv.* experimentally
experimentieren *itr. V.* experiment
ⅾ **Experte** *der*; ∼**n**, ∼**n**, **Expertin** *die*; ∼,
∼**nen** expert (für in)
Experten·system *das* (DV) expert system
explizit **A** *Adj.* explicit
B *adv.* ‹describe, define› explicitly
explodieren *itr. V.*; *mit sein* (auch fig.)
explode; ‹costs› rocket
Explosion *die*; ∼, ∼**en** explosion
explosiv **A** *Adj.* (auch fig.) explosive
B *adv.* explosively
Exponent *der*; ∼**en**, ∼**en** (Math.) exponent
exponiert *Adj.* exposed
Export¹ *der*; ∼**[e]s**, ∼**e** export
Export² *das*; ∼**s**, ∼**e** (Bier) export; zwei ∼
two export
Export-: ∼**artikel** *der* export; ∼**bier** *das*
export beer
Exporteur /ɛkspɔr'tøːɐ̯/ *der*; ∼**s**, ∼**e**,
Exporteurin *die*; ∼, ∼**nen** (Wirtsch.)
exporter
Export-: ∼**firma** *die* exporter; ∼**handel**
der export trade
exportieren *tr., itr. V.* export
Express·gut, *∗***Expreß·gut** *das* express
freight
Expressionismus *der*; ∼; expressionism
no art.
expressionistisch *Adj.* expressionist
exquisit **A** *Adj.* exquisite
B *adv.* exquisitely
extern *Adj.* external
extra *Adv.* **1** (gesondert) ‹pay› separately
2 (zusätzlich, besonders) extra
3 (eigens) especially
Extra *das*; ∼**s**, ∼**s** extra
Extra·blatt *das* special edition
Extrakt *der*; ∼**[e]s**, ∼**e** extract
extra·terrestrisch *Adj.* (Astron.)
extraterrestrial
extravagant /-va'gant/ *Adj.* flamboyant;
flamboyantly furnished ‹flat›
Extravaganz /-va'gants/ *die*; ∼, ∼**en**
1 flamboyance
2 *Pl.* seine ∼**en** his flamboyance *sing.*
extravertiert /-vɛr'tiːɐ̯t/ *Adj.* (Psych.)
extrovert[ed]

Extravertiertheit *die*; ~ (Psych.)
extroversion
Extra·wurst *die* (fig. ugs.) **eine** ~ **bekommen**
get special treatment *or* special favours
extrem *Adj.* extreme
Extrem *das*; ~**s**, ~**e** extreme
Extrem·fall *der* extreme case
Extremismus *der*; ~; extremism
Extremist *der*; ~**en**, ~**en**, **Extremistin**
die; ~, ~**nen** extremist
extremistisch *Adj.* extremist
Extremität /ɛkstremi'tɛːt/ *die*; ~, ~**en**
1 extremity

2 (das Extremsein) extremeness
Extrem-: ~**sportart** *die* extreme sport;
~**wert** *der* (Math.) extremum
Exzellenz *die*; ~, ~**en** Excellency
Exzentriker *der*; ~**s**, ~, **Exzentrikerin**
die; ~, ~**nen** eccentric
exzentrisch **A** *Adj.* eccentric
B *adv.* eccentrically
Exzess, *** Exzeß** *der*; **Exzesses**, **Exzesse**
excess
exzessiv /ɛkstse'siːf/ **A** *Adj.* excessive
B *adv.* excessively
E-Zigarette *die* electronic cigarette,
e-cigarette

e

f

Ff

f, **F** /ɛf/ *das*; ~, ~ 1 (Buchstabe) f/F
2 (Musik) [key of] F
f. *Abk.* = **folgend** f.
Fa. *Abk.* = **Firma**
Fabel *die*; ~, ~**n** fable; (Kern einer Handlung)
plot
fabelhaft **A** *Adj.* (ugs.) (großartig) fantastic
(infml)
B *adv.* (ugs.) fantastically (infml)
Fabrik *die*; ~, ~**en** factory
Fabrikant *der*; ~**en**, ~**en** manufacturer
Fabrikat *das*; ~**[e]s**, ~**e** product; (Marke)
make
Fabrikation *die*; ~; production
Fabrikations·fehler *der* manufacturing
fault; factory fault
Fabrik-: ~**besitzer** *der*, ~**besitzerin**
die factory owner; ~**direktor** *der*,
~**direktorin** *die* works manager
fabrizieren *tr. V.* (ugs. abwertend) knock
together (infml)
fabulieren *itr. V.* invent stories; spin yarns
⚡ **Fach** *das*; ~**[e]s**, **Fächer** 1 compartment; (für
Post) pigeonhole
2 (Studien~, Unterrichts~) subject;
(Wissensgebiet) field; (Berufszweig) trade; **ein**
Mann vom ~ an expert
Fach-: ~**arbeiter** *der*, ~**arbeiterin**
die skilled worker; ~**arzt** *der*, ~**ärztin**
die specialist (für in); ~**bereich** *der*
(Hochschulw.) faculty; school; (in der Schule)
department
fächer·übergreifend *Adj.*
▶ fachübergreifend
Fach-: ~**frau** *die* expert; ~**geschäft** *das*
specialist shop; ~**hochschule** *die*; college

(*offering courses in a special subject*)
fachlich *Adj.* specialist ‹knowledge, work›;
technical ‹problem, explanation, experience›
fach-, Fach-: ~**mann** *der*; *Pl.* ~**männer** *od.*
~**leute** expert; ~**terminus** *der* specialist/
technical term; ~**übergreifend**
A *Adj.* inter-disciplinary ‹teaching›
B *adv.* ‹think, argue› along interdisciplinary
lines; ‹teach› using interdisciplinary
methods; ~**werk** *das* (Bauweise) half-
timbered construction; ~**werk·haus** *das*
half-timbered house; ~**zeitschrift** *die*
specialist/technical journal
Fackel *die*; ~, ~**n** torch
fade *Adj.* insipid; **ein** ~**r Beigeschmack** (fig.) a
flat aftertaste
Faden *der*; ~**s**, **Fäden** thread; **ein** ~ a piece
of thread
faden·scheinig *Adj.* threadbare; flimsy
‹excuse›
Fagott *das*; ~**[e]s**, ~**e** bassoon
fähig *Adj.* 1 (begabt) able; capable
2 **zu etw.** ~ **sein** be capable of sth
⚡ **Fähigkeit** *die*; ~, ~**en** 1 ability; capability;
geistige ~**en** intellectual faculties
2 (Imstandesein) ability (zu to)
fahl *Adj.* pale; pallid; wan ‹light›
fahnden *itr. V.* search (nach for)
Fahndung *die*; ~, ~**en** search
Fahne *die*; ~, ~**n** flag
Fahr·bahn *die* carriageway
Fähr·betrieb *der* ferry service; (von mehreren
Fähren) ferry services *pl.*
Fähre *die*; ~, ~**n** ferry
⚡ **fahren** **A** *unr. itr. V.*; *mit sein* 1 (als
Fahrzeuglenker) drive; (mit dem Fahrrad, Motorrad

usw.) ride

2 (als Mitfahrer; mit öffentlichem Verkehrsmittel) go (**mit** by); (mit dem Aufzug/der Rolltreppe/der Seilbahn) take the lift (BrE) *or* (AmE) elevator/escalator/cable car; (per Anhalter) hitch-hike **3** (reisen) go; **in Urlaub** ~ go on holiday **4** (los~) go; leave **5** <*motor vehicle, train, lift, cable car*> go; <*ship*> sail; **mein Auto fährt nicht** my car won't go **6** (verkehren) <*train etc.*> run **7** etw. ~ **lassen** (loslassen) let sth go; (fig.) (aufgeben) abandon sth
🅑 *unr. tr. V.* **1** (fortbewegen) drive <*car, lorry, train, etc.*>; ride <*bicycle, motor cycle*> **2** 50/80 km/h ~ do 50/80 kph; **hier muss man 50 km/h** ~ you've got to keep to 50 kph here; sail <*boat*>; **Auto** ~ drive [a car]; **Kahn** *od.* **Boot/Kanu** ~ go boating/canoeing; **Ski** ~ ski; **U-Bahn** ~ ride on the underground (BrE) *or* (AmE) subway **3** (befördern) take

Fahrenheit 70 Grad ~ 70 degrees Fahrenheit

***fahren|lassen** ▸ fahren A7

⚬ **Fahrer** *der*; ~**s**, ~; driver

Fahrerflucht *die* wegen ~ for failing to stop after [being involved in] an accident; ~ **begehen** fail to stop after [being involved in] an accident

Fahrerin *die*; ~, ~**nen** driver

Fahr-: ~**gast** *der* passenger; ~**geld** *das* fare

fahrig *Adj.* nervous

fahr-, Fahr-: ~**karte** *die* ticket; ~**karten·automat** *der* ticket machine; ~**karten·schalter** *der* ticket window; ~**lässig** 🄰 *Adj.* negligent <*behaviour*>; ~**lässige Tötung/Körperverletzung** (Rechtsw.) causing death/injury through [culpable] negligence 🄱 *adv.* negligently; ~**lehrer** *der*, ~**lehrerin** *die* driving instructor

Fähr·mann *der*; *Pl.* **Fährmänner** *od.* **Fährleute** ferryman

fahr-, Fahr-: ~**plan** *der* timetable; schedule (AmE); ~**plan·mäßig** 🄰 *Adj.* scheduled <*departure, arrival*> 🄱 *adv.* <*depart, arrive*> according to schedule, on time; ~**preis** *der* fare; ~**prüfung** *die* driving test

⚬ **Fahr·rad** *das* bicycle; cycle; **mit dem** ~ **fahren** cycle; ride a bicycle

Fahr-: ~**rad·kurier** *der*, ~**rad·kurierin** *die* bicycle *or* bike messenger; bicycle *or* bike courier; ~**rad·ständer** *der* bicycle rack; ~**schein** *der* ticket; ~**schein·automat** *der* ticket machine; ~**schein·entwerter** *der* ticket cancelling machine; ~**schule** *die* driving school; ~**spur** *die* traffic lane

fährst 2. *Pers. Sg. Präsens v.* **fahren**

Fahr-: ~**stuhl** *der* lift (BrE); elevator (AmE); (für Lasten) hoist; ~**stunde** *die* driving lesson

⚬ **Fahrt** *die*; ~, ~**en 1** journey; **freie** ~ **haben** have a clear run; (Schiffsreise) voyage; (kurze Reise, Ausflug) trip **2** (Geschwindigkeit) **in voller** ~ at full speed

fährt 3. *Pers. Sg. Präsens v.* **fahren**

Fährte *die* trail; **jmds.** ~ **verfolgen** track sb

Fahrt·kosten *Pl.* (für öffentliche Verkehrsmittel) fare/fares; (für Autoreisen) travel costs

Fahr·treppe *die* escalator

Fahrt·richtung *die* direction; **in** ~ **parken** park in the direction of the traffic; **die** ~ **ändern** change direction

fahr·tüchtig *Adj.* <*driver*> fit to drive; <*vehicle*> roadworthy

Fahrt-: ~**wind** *der* airflow; ~**ziel** *das* destination

Fahr-: ~**wasser** *das* shipping channel; fairway; **in ein gefährliches** ~**wasser geraten** (fig.) get on to dangerous ground; ~**werk** *das* (Flugw.) undercarriage; ~**zeit** *die* travelling time

⚬ **Fahr·zeug** *das* vehicle; (Luft~) aircraft; (Wasser~) vessel

Fahrzeug·papiere *Pl.* vehicle documents *pl.*

fair /fɛːɐ̯/ 🄰 *Adj.* fair (**gegen** to) 🄱 *adv.* fairly

Fäkalien /fɛˈkaːli̯ən/; *Pl.* faeces *pl.*

Fakten ▸ **Faktum**

faktisch 🄰 *Adj.* real; actual 🄱 *adv.* **das bedeutet** ~ ... it means in effect ...

⚬ **Faktor** *der*; ~**s**, ~**en** (auch Math.) factor

Faktum *das*; ~**s**, **Fakten** fact

Fakultät *die*; ~, ~**en** (Hochschulw.) faculty

Falke *der*; ~**n**, ~**n** (auch Politik fig.) hawk

⚬ **Fall** *der*; ~**[e]s**, **Fälle 1** (Sturz) fall; **zu** ~ **kommen** have a fall; **jmdn. zu** ~ **bringen** (fig.) bring about sb's downfall **2** (das Fallen) descent; **der freie** ~ free fall **3** (Ereignis; Rechtsw., Med., Grammatik) case; (zu erwartender Umstand) eventuality; **es ist [nicht] der** ~ it is [not] the case; **gesetzt den** ~ assuming; **auf jeden** ~, **in jedem** ~, **auf alle Fälle** in any case; **auf keinen** ~ on no account

⚬ **Falle** *die*; ~, ~**n** (auch fig.) trap

⚬ **fallen** *unr. itr. V.*; *mit sein* **1** fall; **jmdn./etw.** ~ **lassen** drop sb/sth **2** (hin~, stürzen) fall [over]; **über einen Stein** ~ trip over a stone **3** <*prices, light, glance, choice*> fall; <*temperature, water level*> fall, drop; <*fever*> subside; <*shot*> be fired **4** (im Kampf sterben) die; fall (literary)

⚬ **fällen** *tr. V.* **1** fell <*tree, timber*> **2** **ein Urteil** ~ <*judge*> pass sentence; <*jury*> return a verdict

***fallen|lassen** ▸ **fallen 1**

fällig *Adj.* due

Fall·obst *das* windfalls *pl.*

Fallout /fɔːˈlaʊt/ *der*; ~s, ~s (Kernphysik) fallout

ˢ **falls** *Konj.* **1** (wenn) if
2 (für den Fall, dass) in case

Fall·schirm *der* parachute; **mit dem** ~ **abspringen** (im Notfall) parachute out; (als Sport) make a [parachute] jump

ˢ **falsch** **A** *Adj.* **1** (unecht, imitiert) false <*teeth, plait*>; imitation <*jewellery*>
2 (gefälscht) forged; assumed <*name*>
3 (irrig, fehlerhaft) wrong
B *adv.* wrongly; **die Uhr geht** ~ the clock is wrong

fälschen *tr. V.* forge

Fälscher *der*; ~s, ~, **Fälscherin** *die*; ~, ~nen forger

Falschgeld *das* counterfeit money

fälschlich **A** *Adj.* false
B *adv.* falsely

Falsch·meldung *die* false report

Fälschung *die*; ~, ~en fake

Falt·blatt *das* leaflet; (in Zeitungen, Zeitschriften, Büchern) insert

Falte *die*; ~, ~n **1** crease
2 (im Stoff) fold; (mit scharfer Kante) pleat
3 (Haut~) wrinkle

falten **A** *tr. V.* fold; **die Hände** ~ fold one's hands
B *refl. V.* (auch Geol.) fold; <*skin*> become wrinkled

Falten·rock *der* pleated skirt

Falter *der*; ~s, ~ (Nacht~) moth; (Tag~) butterfly

faltig **1** *Adj.* <*clothes*> gathered [in folds]; wrinkled <*skin, hands*>
2 (zerknittert) creased

-fältig *Adj., adv.* -fold

Falt·rad *das* folding bicycle

Falz *der*; ~es, ~e fold

falzen *tr. V.* fold; seam

familiär *Adj.* **1** family <*problems, worries*>
2 (zwanglos) familiar; informal

ˢ **Familie** /faˈmiːli̯ə/ *die*; ~, ~n family; ~ **Meyer** the Meyer family

familien-, Familien-: ~angehörige *der/die* member of the family; **~feier** *die* family party; **~freundlich** **A** *Adj.* family-friendly
B *adv.* in a family-friendly way; **~grab** *das* family grave; **~leben** *das* family life; **~name** *der* surname; **~planung** *die* family planning *no art.*; **~stand** *der* marital status; **~vater** *der* ~vater sein be the father of a family; **ein guter ~vater** a good husband and father

ˢ **Fan** /fɛn/ *der*; ~s, ~s fan

Fanatiker *der*; ~s, ~, **Fanatikerin** *die*; ~, ~nen fanatic; (religiös) fanatic; zealot

fanatisch **A** *Adj.* fanatical
B *adv.* fanatically

fanatisieren *tr. V.* rouse to fanaticism; **der fanatisierte Mob** the fanatically excited mob

fand *1. u. 3. Pers. Sg. Prät. v.* finden

Fanfare *die*; ~, ~n (Signal) fanfare

Fang *der*; ~[e]s, **Fänge 1** (Tier~) trapping; (von Fischen) catching
2 (Beute) bag; (von Fischen) catch

ˢ **fangen** **A** *unr. tr. V.* catch; capture <*fugitive etc.*>; **jmdn./ein Tier gefangen halten** hold sb prisoner/keep an animal in captivity; **jmdn. gefangen nehmen** take sb prisoner
B *unr. refl. V.* **1** (in eine Falle geraten) be caught
2 (wieder in die normale Lage kommen) **sich [gerade] noch** ~ [just] manage to steady oneself

Fang·frage *die* catch question

Fantasie *die*; ~, ~n **1** imagination
2 (Produkt der ~) fantasy

fantasie·los **A** *Adj.* unimaginative
B *adv.* unimaginatively

Fantasielosigkeit *die*; ~; lack of imagination; (Eintönigkeit) dullness

fantasieren *itr. V.* **1** indulge in fantasies, fantasize (von about)
2 (Med.) (irrereden) talk deliriously

fantasievoll **A** *Adj.* imaginative
B *adv.* imaginatively

fantastisch **A** *Adj.* **1** fantastic; <*idea*> divorced from reality
2 (ugs.) (großartig) fantastic (infml)
B *adv.* (ugs.) fantastically (infml)

Farb-: ~bild *das* (Foto) colour photo; **~dia** *das* colour slide; **~drucker** *der* (DV) colour printer

Farb·drucker *der* (DV) colour printer

ˢ **Farbe** *die*; ~, ~n **1** colour
2 (für Textilien) dye; (zum Malen, Anstreichen) paint; **~n mischen/auftragen** mix/apply paint

farb·echt *Adj.* colour-fast

färben **A** *tr. V.* dye
B *refl. V.* change colour; **sich schwarz/rot usw.** ~ turn black/red *etc.*
C *itr. V.* (ugs.) (ab~) <*material, blouse etc.*> run

-farben *Adj.* -coloured

farben-, Farben-: ~blind *Adj.* colour-blind; **~froh** *Adj.* colourful; **~pracht** *die* colourful splendour; **~prächtig** *Adj.* vibrant with colour *postpos.*

Farb-: ~fernsehen *das* colour television; **~fernseher** *der* (ugs.) colour telly (infml) *or* television; **~film** *der* colour film; **~foto** *das* colour photo

farbig **A** *Adj.* **1** coloured
2 (bunt) (auch fig.) colourful
B *adv.* colourfully

-farbig *Adj.* -coloured

Farbige *der/die adj. Dekl.* coloured man/woman; *Pl.* coloured people

farblich **A** *Adj.* in colour *postpos.*; as regards colour *postpos*
B *adv.* etw. ~ **abstimmen** match sth in colour

f

farb-, Farb-: ∼**los** *Adj.* (auch fig.)
colourless; clear <*varnish*>; neutral <*shoe
polish*>; ∼**losigkeit** *die*; ∼∼ (auch fig.)
colourlessness; ∼**stift** *der* coloured pencil;
∼**stoff** *der* **1** (Med., Biol.) pigment
2 (für Textilien) dye **3** (für Lebensmittel) colouring;
∼**ton** *der*; *Pl.* ∼**töne** shade; ∼**tupfen**,
∼**tupfer** *der* spot of colour

Färbung *die*; ∼, ∼**en** colouring

Farn *der*; ∼[e]s, ∼e, **Farn·kraut** *das* fern

Fasan *der*; ∼[e]s, ∼e[n] pheasant

Fasching *der*; ∼s, ∼e *od.* ∼s [pre-Lent]
carnival

Faschismus *der*; ∼; fascism *no art.*

Faschist *der*; ∼en, ∼en, **Faschistin** *die*;
∼, ∼**nen** fascist

faschistisch *Adj.* fascist

faseln *itr. V.* (ugs. abwertend) drivel

Faser *die*; ∼, ∼**n** fibre

fasern *itr. V.* fray

Fass, *Faß *das*; **Fasses, Fässer** barrel;
(Öl∼) drum; (kleines Bier∼) keg; (kleines
Sherry∼ usw.) cask; **Bier vom** ∼ draught beer;
ein ∼ **ohne Boden** an endless drain on sb's
resources

Fassade *die*; ∼, ∼**n** facade

fassbar, *faßbar *Adj.* **1** tangible <*results*>
2 (verständlich) comprehensible

Fass·bier, *Faß·bier *das* draught beer;
beer on draught

⚬ **fassen** Ⓐ *tr. V.* **1** (greifen) grasp; take hold of
2 (festnehmen) catch <*thief, culprit*>
3 (aufnehmen können) <*hall, tank*> hold
4 (begreifen) **ich kann es nicht** ∼ I cannot
take it in
5 einen Entschluss ∼ make *or* take a decision
Ⓑ *itr. V.* (greifen) **nach etw.** ∼ reach for sth;
in etw. (*Akk.*) ∼ put one's hand in sth

fasslich, *faßlich *Adj.* comprehensible

Fasson /fa'sõ:/ *die*; ∼, ∼s style; shape

Fassung *die*; ∼, ∼**en 1** (Form) version
2 (Selbstbeherrschung) composure; **die** ∼
bewahren keep one's composure; **die** ∼
verlieren lose one's self-control; **jmdn. aus
der** ∼ **bringen** upset sb
3 (für Glühlampen) holder

fassungs·los *Adj.* stunned

⚬ **fast** *Adv.* almost; nearly; ∼ **nie** hardly ever

fasten *itr. V.* fast

Fast·nacht *die* carnival; ∼ **feiern** celebrate
Shrovetide *or* the carnival

Fastnachts-: ∼**brauch** *der* Shrovetide
custom; ∼**dienstag** *der* Shrove Tuesday;
∼**zug** *der* carnival procession

faszinieren *tr. V.* fascinate

faszinierend Ⓐ *Adj.* fascinating
Ⓑ *adv.* fascinatingly

⚬ key word
* alte Schreibung—vgl. Hinweis auf S. x

fatal *Adj.* **1** (peinlich, misslich) awkward
2 (verhängnisvoll) fatal

fauchen *itr. V.* <*cat*> hiss; <*tiger, person*> snarl

faul *Adj.* **1** (verdorben) rotten; bad <*food,
tooth*>; foul <*water, air*>
2 (träge) lazy

Fäule *die*; ∼; foulness

faulen *itr. V.*; *meist mit sein* rot; <*water*> go
foul; <*meat, fish*> go off

faulenzen *itr. V.* laze about; loaf about
(derog.)

Faulenzer *der*; ∼s, ∼, **Faulenzerin** *die*;
∼, ∼**nen** idler; lazybones *sing.* (infml)

Faulheit *die*; ∼; laziness

faulig *Adj.* stagnating <*water*>; ∼ **schmecken/
riechen** taste/smell off

Fäulnis *die*; ∼; rottenness

Faul-: ∼**pelz** *der* (fam.) lazybones *sing.* (infml);
∼**tier** *das* **1** (Zool.) sloth
2 (ugs.) (Faulenzer[in]) ▶ **Faulpelz**

Fauna *die*; ∼, **Faunen** (Zool.) fauna

Faust *die*; ∼, **Fäuste** fist; **eine** ∼ **machen**
clench one's fist; **das passt wie die** ∼ **aufs
Auge** (ugs.) (passt nicht) that clashes horribly;
(passt) that matches perfectly; **auf eigene** ∼
on one's own initiative

Fäustchen *das*; ∼s; **sich** *Dat.* **ins** ∼ **lachen**
laugh up one's sleeve

faust·dick *Adj.* as thick as a man's fist
postpos.; (fig.) barefaced <*lie*>

Fäustling *der*; ∼s, ∼e mitten

Faust·regel *die* rule of thumb

Favorit /favo'ri:t/ *der*; ∼en, ∼en,
Favoritin *die*; ∼, ∼**nen** favourite

Fax *das*; ∼, ∼[e] fax

Fax·anschluss, *Fax·anschluß *der* fax
line

faxen *tr. V.* fax

Faxen *Pl.* (ugs.) fooling around

Fax-: ∼**gerät** *das* fax machine; ∼**nachricht**
der fax message; ∼**nummer** *die* fax number

⚬ **Fazit** *das*; ∼s, ∼s *od.* ∼e result

FCKW *Abk.* = **Fluorchlorkohlenwasserstoff**
CFC

FCKW-frei *Adj.* CFC-free

FDP, F.D.P. *Abk.* = **Freie Demokratische
Partei**

Feature /'fi:tʃe/ *das*; ∼s, ∼s (Rundf., Ferns.,
Zeitungsw.) feature

⚬ **Februar** *der*; ∼[s], ∼e February

fechten *unr. itr., tr. V.* fence

Fechter *der*; ∼s, ∼, **Fechterin** *die*; ∼,
∼**nen** fencer

Feder *die*; ∼, ∼**n 1** (Vogel∼) feather
2 (zum Schreiben) nib
3 (Technik) spring

feder-, Feder-: ∼**ball** *der* **1** (Spiel) badminton
2 (Ball) shuttlecock; ∼**bett** *das* duvet (BrE);
stuffed quilt (AmE); ∼**führend** *Adj.* in
charge *postpos.*; ∼**gabel** *die* (am Fahrrad)
suspension forks *pl.*; ∼**halter** *der* fountain

federleicht | Felge

pen; ~**leicht** *Adj.* ‹*person*› as light as a feather; featherweight ‹*object*›; ~**lesen** *das* nicht viel ~lesen[s] mit jmdm./etw. machen give sb/sth short shrift

federn 🅐 *itr. V.* ‹*springboard, floor, etc.*› be springy
🅑 *tr. V.* (mit einer Federung versehen) spring; **das Bett ist gut gefedert** the bed is well-sprung

Federung *die*; ~, ~**en** (Kfz-W.) suspension

Fee *die*; ~, ~**n** fairy

Feedback /ˈfiːdbæk/ *das*; ~**s**, ~**s** feedback

Fege·feuer *das* purgatory

fegen 🅐 *tr. V.* **1** (bes. nordd.) (säubern) sweep
2 (schnell entfernen) brush
🅑 *itr. V.* sweep up

Fehde *die*; ~, ~**n** feud

Fehde·hand·schuh *der* jmdm. den ~ hinwerfen throw down the gauntlet to sb

fehl *Adv.* ~ am Platz[e] sein be out of place

Fehl·anzeige *die* ~! (ugs.) no chance! (infml)

✍ **fehlen** *itr. V.* **1** (nicht vorhanden sein) **ihm fehlt das Geld** he has no money
2 (ausbleiben) be absent
3 (verschwunden sein) be missing; **in der Kasse fehlt Geld** money is missing from the till
4 (vermisst werden) **er/das wird mir** ~ I shall miss him/that
5 (erforderlich sein) be needed; **ihm** ~ **noch zwei Punkte zum Sieg** he needs only two points to win; **es fehlte nicht viel, und ich wäre eingeschlafen** I all but fell asleep
6 *unpers.* (mangeln) **es fehlt an Lehrern** there is a lack of teachers
7 (krank sein) **was fehlt Ihnen?** what seems to be the matter?; **fehlt dir etwas?** is there something wrong?

Fehl-: ~**entscheidung** *die* wrong decision; ~**entwicklung** *die* abortive development

✍ **Fehler** *der*; ~**s**, ~ **1** (Irrtum) mistake; error; (Sport) fault
2 (schlechte Eigenschaft) fault

fehler·frei *Adj.* faultless

fehlerhaft *Adj.* faulty; defective; imperfect ‹*pronunciation*›

Fehler·quelle *die* source of error

fehl-, Fehl-: ~**geburt** *die* miscarriage; ~**investition** *die* (bes. Wirtsch.) bad investment; ~**planung** *die* [piece of] bad planning *no art.*; ~**schlag** *der* failure; ~**schlagen** *unr. itr. V.; mit sein* fail; ~**start** *der* (Leichtathletik) false start; ~**tritt** *der* (fig. geh.) slip; ~**urteil** *das* **1** (Rechtsw.) ein ~urteil fällen ‹*jury*› return a wrong verdict; ‹*judge*› pass a wrong judgement
2 (falsche Beurteilung) error of judgement; ~**verhalten** *das* (fehlerhaftes Verhalten) incorrect conduct; ~**zündung** *die* (Technik) misfire

Feier *die*; ~, ~**n 1** (Veranstaltung) party; (aus festlichem Anlass) celebration
2 (Zeremonie) ceremony

Feier·abend *der* (Arbeitsschluss) finishing time; **nach** ~ after work; ~ **machen** finish work

feierlich 🅐 *Adj.* ceremonial ‹*act etc.*›; solemn ‹*silence*›
🅑 *adv.* solemnly; ceremoniously

Feierlichkeit *die*; ~, ~**en 1** solemnity
2 (Veranstaltung) celebration

✍ **feiern** 🅐 *tr. V.* **1** celebrate ‹*birthday, wedding, etc.*›
2 acclaim ‹*artist, sportsman, etc.*›
🅑 *itr. V.* celebrate

Feier·tag *der* holiday; **ein gesetzlicher/kirchlicher** ~ a public holiday/religious festival

feig, feige 🅐 *Adj.* cowardly
🅑 *adv.* in a cowardly way

Feige *die*; ~, ~**n** fig

Feigheit *die*; ~; cowardice

Feigling *der*; ~**s**, ~**e** coward

Feile *die*; ~, ~**n** file

feilen *tr., itr. V.* file

feilschen *itr. V.* haggle (um over)

✍ **fein** 🅐 *Adj.* **1** fine; finely-ground ‹*flour*›; finely-granulated ‹*sugar*›
2 (hochwertig) high-quality ‹*fruit, soap, etc.*›; fine ‹*silver, gold, etc.*›; fancy ‹*cakes, pastries, etc.*›
3 (ugs.) (erfreulich) great (infml)
4 sich ~ machen (ugs.) dress up
🅑 *adv.* ~ [he]raus sein (ugs.) be sitting pretty (infml)

✍ **Feind** *der*; ~**[e]s**, ~**e**, **Feindin** *die*; ~, ~**nen** enemy

feindlich 🅐 *Adj.* **1** hostile
2 (Milit.) enemy ‹*attack, activity*›
🅑 *adv.* in a hostile manner

Feindschaft *die*; ~, ~**en** enmity

feind·selig *Adj.* hostile

Feind·seligkeit *die*; ~, ~**en** hostility; ~**en** (Milit.) hostilities

Feinheit *die*; ~, ~**en 1** fineness; delicacy
2 (Nuance) subtlety

fein-, Fein-: ~**kost·geschäft** *das* delicatessen; *~**machen** ▸ fein A4; ~**schmecker** *der*; ~**s**, ~, ~**schmeckerin** *die*; ~, ~**nen** gourmet; ~**sinnig** *Adj.* sensitive and subtle; ~**staub** *der* particulates *pl.*; ~**waschmittel** *das* mild detergent

feist *Adj.* (meist abwertend) fat

✍ **Feld** *das*; ~**[e]s**, ~**er 1** field
2 (Sport) (Spiel~) pitch; field
3 (auf Formularen) box; space; (auf Brettspielen) space; (auf dem Schachbrett) square
4 (Tätigkeitsbereich) field; sphere

Feld-: ~**herr** *der* (veralt.) commander; ~**marschall** *der* Field Marshal; ~**salat** *der* corn salad; ~**stecher** *der*; ~**s**, ~; binoculars *pl.*; ~**versuch** *der* (Wissensch.) field experiment; ~**webel** *der*; ~**s**, ~ (Milit.) sergeant; ~**weg** *der* path; track; ~**zug** *der* (Milit., fig.) campaign

Felge *die*; ~, ~**n** [wheel] rim

Fell *das*; ~[e]s, ~e **1** (Haarkleid) fur; (Pferde~, Hunde~, Katzen~) coat; (Schaf~) fleece **2** (Material) fur **3** (abgezogen) hide; **ein dickes ~ haben** (ugs.) be thick-skinned

Fels *der*; ~en, ~en rock

Felsen *der*; ~s, ~; rock; (an der Steilküste) cliff

felsen-, Felsen-: ~**fest** *Adj.* firm; unshakeable ‹opinion, belief›; ~**küste** *die* rocky coast *or* coastline

felsig *Adj.* rocky

Fels-: ~**spalte** *die* crevice [in the rock]; ~**wand** *die* rock face

feminin *Adj.* feminine

Feminismus *der*; ~; feminism *no art.*

Feminist *der*; ~en, ~en, **Feministin** *die*; ~, ~**nen** feminist

Fenchel *der*; ~s fennel

ᛐ **Fenster** *das*; ~s, ~; window

Fenster-: ~**bank** *die*; *Pl.* ~**bänke** window sill; ~**laden** *der* [window] shutter; ~**leder** *das* wash leather; ~**platz** *der* window seat; ~**putzer** *der*; ~~s, ~~, ~**putzerin** *die*; ~~, ~~**nen** window cleaner; ~**rahmen** *der* window frame; ~**scheibe** *die* window pane

Ferien /'fe:rjən/; *Pl.* holiday[s *pl.*] (BrE); vacation (AmE); **in die ~ fahren** go on holiday/vacation; ~ **haben** have a *or* be on holiday/vacation

Ferien-: ~**arbeit** *die* vacation work; **eine** ~**arbeit** a vacation job; ~**haus** *das* holiday house (BrE); vacation house (AmE); ~**job** *der* vacation job; ~**ort** *der* holiday resort (BrE); vacation resort (AmE); ~**paradies** *das* holiday[maker's] paradise (BrE); vacationer['s] paradise (AmE); ~**wohnung** *die* holiday flat *or* apartment (BrE); vacation apartment (AmE)

Ferkel *das*; ~s, ~; piglet

ᛐ **fern** Ⓐ *Adj.* distant; **jmdn./etw. ~ halten** keep sb/sth away
Ⓑ *adv.* ~ **von der Heimat** far from home
Ⓒ *Präp.*; *mit Dat.* (geh.) far [away] from

fern-, Fern-: ~**bedienung** *die* remote control; ~|**bleiben** *unr. itr. V.*; *mit sein* (geh.) stay away

Ferne *die*; ~, ~n distance

ferner *Adv.* furthermore

fern-, Fern-: ~**fahrer** *der*, ~**fahrerin** *die* long-distance lorry driver (BrE) *or* (AmE) trucker; ~**flug** *der* long-distance *or* long-haul flight; ~**gelenkt** *Adj.* remote-controlled; ~**gespräch** *das* long-distance call; ~**gesteuert** *Adj.* ▸ ferngelenkt; ~**glas** *das* binoculars *pl.*; ***~|**halten** ▸ fern A; ~**heizung** *die* district heating system; ~**lenkung** *die* remote control; ~**licht** *das* (Kfz-W.) full beam; ~**melde-amt** *das* telephone exchange; ~**ost** in/aus/nach ~**ost** in/from/to the Far East; ~**rohr** *das*

telescope; ~**ruf** *der* telephone number; ~**schreiben** *das* telex [message]; ~**schreiber** *der* telex [machine]

Fernseh-: ~**ansprache** *die* television address; ~**antenne** *die* television aerial (BrE) *or* (AmE) antenna; ~**apparat** *der* television [set]; ~**bericht** *der* television report

ᛐ **Fern·sehen** *das*; ~s television; **im ~** on television

fern|sehen *unr. itr. V.* watch television

Fern·seher *der*; ~s, ~ (ugs.) telly (BrE infml); TV

Fernseh-: ~**gebühren** *Pl.* television licence fee; ~**gerät** *das* television [set]; ~**journalist** *der*, ~**journalistin** *die* television reporter; ~**kanal** *der* television channel; ~**nachrichten** *Pl.* television news; ~**programm** *das* **1** (Sendungen) television programmes *pl.* **2** (Kanal) television channel **3** (Blatt, Programmheft) television [programme] guide; ~**publikum** *das* viewing public; ~**sender** *der* television transmitter; ~**sendung** *die* television programme; ~**serie** *die* television series; ~**spiel** *das* television play; ~**star** *der* television star; ~**studio** *das* television studio; ~**zuschauer** *der*, ~**zuschauerin** *die* television viewer

Fern·sicht *die* (Aussicht) view; (gute Sicht) visibility

Fern·sprecher *der* telephone

Fernsprech-: ~**gebühren** *Pl.* telephone charges; ~**teilnehmer** *der*, ~**teilnehmerin** *die* telephone subscriber; telephone customer (AmE)

Fern-: ~**steuerung** *die* (Technik) remote control; ~**straße** *die* major road; ~**studium** *das* correspondence course; ≈ Open University course (BrE); ~**unterricht** *der* correspondence courses *pl.*; ~**verkehr** *der* long-distance traffic; ~**zug** *der* long-distance train

Ferse *die*; ~, ~n heel

ᛐ **fertig** *Adj.* **1** finished ‹manuscript, picture, etc.›; **das Essen ist ~** lunch/dinner *etc.* is ready; **[mit etw.] ~ sein/werden** have finished/finish [sth]; **etw. ~ machen** finish sth **2** (bereit, verfügbar) ready (**zu, für** for) **3** (ugs.) (erschöpft) shattered (infml); **jmdn. ~ machen** (erschöpfen) wear sb out; (schikanieren) wear sb down; (deprimieren) get sb down **4** **etw. ~ bekommen** *od.* **bringen** *od.* (ugs.) **kriegen** manage sth; **etw. ~ stellen** complete sth

fertig-, Fertig-: ~**bau** *der*; *Pl.* ~~**ten** prefabricated building; ~**bauweise** *die* prefabricated construction; prefabrication; *~|**bringen** ▸ fertig 4

fertigen *tr. V.* make

Fertig-: ~**gericht** *das* ready-to-serve meal; ~**haus** *das* prefabricated house; prefab (infml)

Fertigkeit *die*; ~, ~**en** skill

fertig-, Fertig-: *~|**machen** ▶ fertig 1, 3; *~|**stellen** ▶ fertig 4; ~**stellung** *die* completion

Fertigung *die*; ~; production; manufacture

Fessel *die*; ~, ~**n** fetter; shackle; (Kette) chain

fesseln *tr. V.* **1** tie up; **ans Bett/ans Haus/an den Rollstuhl gefesselt sein** (fig.) be confined to [one's] bed/tied to the house/confined to a wheelchair
2 (faszinieren) <*book*> grip; <*work, person*> fascinate

fesselnd **A** *Adj.* compelling
B *adv.* compellingly

✔ **fest** **A** *Adj.* **1** (nicht flüssig od. gasförmig) solid
2 firm <*bandage*>; sound <*sleep*>; sturdy <*shoes*>; strong <*fabric*>; solid <*house, shell*>; steady <*voice*>; **der ~en Überzeugung sein, dass ...** be of the firm opinion that ...
3 (dauernd) permanent <*address*>; fixed <*income*>
B *adv.* **1** <*tie, grip*> tight[ly]
2 (ugs. auch) ~**e** <*work*> with a will; <*eat*> heartily; <*sleep*> soundly
3 <*believe, be convinced*> firmly; **sich auf jmdn./etw. ~ verlassen** rely one hundred per cent on sb/sth
4 (endgültig) firmly; **etw. ~ vereinbaren** come to a firm arrangement about sth
5 (auf Dauer) permanently; ~ **befreundet sein** be close friends; (als Paar) be going steady

Fest *das*; ~[e]s, ~e **1** celebration; (Party) party
2 (Feiertag) festival; **frohes ~!** happy Christmas/Easter!

fest-, Fest-: ~**akt** *der* ceremony; ~|**binden** *unr. tr. V.* tie [up]; ~|**bleiben** *unr. itr. V.*; *mit sein* stand firm; ~**essen** *das* banquet; ~|**fahren** *unr. itr., refl. V.* (itr. V. mit sein) get stuck; (fig.) get bogged down; ~|**halten** **A** *unr. tr. V.* **1** (halten, packen) hold on to
2 (nicht weiterleiten) withhold <*letter, parcel, etc.*> **3** (verhaftet haben) hold, detain <*suspect*>
B *unr. refl. V.* **sich an jmdn./etw. ~halten** hold on to sb/sth

festigen **A** *tr. V.* strengthen; consolidate <*position*>
B *refl. V.* <*friendship, ties*> become stronger

Festival /ˈfɛstivəl/ *das*; ~**s**, ~**s** festival

fest-, Fest-: ~|**kleben** *tr., itr. V.*; *mit sein* stick (an + *Dat.* to); ~**land** *das* (Kontinent) continent; (im Gegensatz zu den Inseln) mainland

✔ **fest|legen** *tr. V.* **1** fix <*time, deadline, price*>; arrange <*programme*>
2 (verpflichten) **sich [auf etw. (*Akk.*)] ~ [lassen]** commit oneself [to sth]; **jmdn. [auf etw. (*Akk.*)] ~** tie sb down [to sth]

festlich **A** *Adj.* festive <*atmosphere*>; formal <*dress*>

B *adv.* festively; formally

fest-, Fest-: ~|**machen** *tr. V.* **1** (befestigen) fix
2 (fest vereinbaren) arrange <*meeting etc.*>; ~|**nageln** *tr. V.* **1** (befestigen) nail (an + *Dat.* to) **2** (ugs.) (festlegen) **jmdn. [auf etw. (*Akk.*)] ~nageln** tie sb down [to sth]; ~**nahme** *die*; ~~, ~~**n** arrest; **bei seiner ~nahme** when he was/is arrested; ~|**nehmen** *unr. tr. V.* arrest; ~**platte** *die* (DV) fixed disk; ~**rede** *die* speech; ~|**schnallen** *tr. V.* tie (an + *Dat.* to); ~|**sitzen** *unr. itr. V.* be stuck; ~|**stehen** *unr. itr. V.* <*order, appointment, etc.*> have been fixed; <*decision*> be definite; <*fact*> be certain

✔ **fest|stellen** *tr. V.* **1** establish <*identity, age, facts*>
2 (wahrnehmen) detect; diagnose <*illness*>

Fest-stellung *die* **1** establishment
2 (Wahrnehmung) realization; **die ~ machen, dass ...** realize that ...

Fest·tag *der* holiday; (Ehrentag) special day

Festung *die*; ~, ~**en** fortress

fest-, Fest-: ~**zeit** *die* holiday (BrE) *or* (AmE) vacation [period]; ~**zelt** *das* marquee; ~|**ziehen** *unr. tr. V.* pull tight

Fete *die*; ~, ~**n** (ugs.) party

fett **A** *Adj.* **1** fatty <*food*>; ~**er Speck** fat bacon
2 (sehr dick) fat
3 (Druckw.) bold
B *adv.* **1** ~ **essen** eat fatty foods
2 ~ **gedruckt** bold

Fett *das*; ~[e]s, ~e fat; ~ **ansetzen** <*animal*> fatten up; <*person*> put on weight

fett-, Fett-: ~**absaugung** *die* liposuction; ~**arm** *Adj.* low-fat <*food*>; low in fat *pred.*; ~**auge** *das* speck of fat; ~**creme** *die* enriched [skim] cream; ~**druck** *der* bold type; ~**fleck**, ~**flecken** *der* grease mark; *~**gedruckt** ▶ fett B2; ~**gehalt** *der* fat content

fett-, Fett-: ~**leibig** *Adj.* obese; ~**leibigkeit** *die*; ~~; obesity; ~**näpfchen** *das* **ins ~näpfchen treten** (scherzh.) put one's foot in it; ~**polster** *das* subcutaneous fat *no indef. art.*; fat pad; ~**reich** *Adj.* high-fat; ~**säure** *die* (Chemie) fatty acid; ~**wanst** *der* (salopp abwertend) fatso (infml)

Fetus *der*; ~ *od.* ~**ses**, ~**se** *od.* **Feten** (Med.) foetus

Fetzen *der*; ~**s**, ~; scrap

feucht *Adj.* damp; humid <*climate*>

feucht·fröhlich *Adj.* (ugs. scherzh.) merry <*company*>; boozy (infml) <*evening*>

Feuchtigkeit *die* moisture

Feuchtigkeits·creme *die* (Kosmetik) moisturizing cream; moisturizer

feucht-: ~**kalt** *Adj.* cold and damp; ~**warm**
Adj. muggy

feudal *Adj.* **1** feudal ‹*system*›
2 aristocratic ‹*regiment etc.*›
3 (ugs.) (vornehm) plush ‹*hotel etc.*›

◊ **Feuer** *das*; ~**s**, ~ **1** fire; jmdm. ~ geben give
sb a light
2 (Brand) fire; blaze; ~**!** fire!
3 (Milit.) das ~ einstellen cease fire

feuer-, Feuer-: ~**alarm** *der* fire alarm;
~**eifer** *der* enthusiasm; zest; ~**fest**
Adj. heat-resistant ‹*dish, plate*›; fireproof
‹*material*›; ~**gefährlich** *Adj.* [in]flammable;
~**holz** *das* firewood; ~**leiter** *die* (bei Häusern)
fire escape; (beim ~wehrauto) [fireman's] ladder;
~**löscher** *der*; ~~**s**, ~~; fire extinguisher;
~**melder** *der*; ~~**s**, ~~; fire alarm

feuern Ⓐ *tr. V.* **1** (ugs.) (entlassen) fire (infml);
sack (infml)
2 (ugs.) (schleudern, werfen) fling
Ⓑ *itr. V.* (Milit.) fire (**auf** + *Akk.* at)

feuer-, Feuer-: ~**rot** *Adj.* fiery red;
~**schlucker** *der*, ~**schluckerin** *die*; ~~,
~~**nen** fire-eater; ~**sirene** *die* fire siren;
~**stein** *der* flint; ~**versicherung** *die* fire
insurance; ~**waffe** *die* firearm

◊ **Feuer·wehr** *die*; ~, ~**en** fire service

Feuerwehr-: ~**auto** *das* fire engine;
~**mann** *der*; *Pl.* ~**männer** od. ~**leute**
fireman; ~**wagen** *der* fire engine

Feuer-: ~**werk** *das* firework display;
(~werkskörper) fireworks *pl.*; ~**werks·körper**
der firework; ~**zeug** *das* lighter

Feuilleton /fœjə'tõ:/ *das*; ~**s**, ~**s** arts section

feurig *Adj.* fiery

ff. *Abk.* = **folgende [Seiten]** ff.

Ffm. *Abk.* = **Frankfurt am Main**

Fiaker /'fiakɐ/ *der*; ~**s**, ~ (österr.) cab

Fiasko *das*; ~**s**, ~**s** fiasco

Fibel *die*; ~, ~**n** reader; primer

ficht /fiçt/ *Imperativ Sg. u. 3. Pers. Sg. Präsens
v.* **fechten**

Fichte *die*; ~, ~**n** spruce

ficken *tr., itr. V.* (vulg.) fuck (coarse)

fickerig, fickrig *Adj.* (landsch.) (nervös)
nervous

fidel *Adj.* (ugs.) jolly

Fieber *das*; ~**s** [high] temperature; (über 38°C)
fever; ~ haben have a [high] temperature/a
fever; bei jmdm. ~ messen take sb's
temperature

fieber·frei *Adj.* ‹*person*› free from fever

fieberhaft *Adj.* feverish

fieberig *Adj.* feverish

fiebern *itr. V.* have a temperature

Fieber·thermometer *das* [clinical]
thermometer

fiebrig *Adj.* feverish

◊ key word
* alte Schreibung—vgl. Hinweis auf S. x

Fiedel *die*; ~, ~**n** (veralt., scherzh.) fiddle

fiel *1. u. 3. Pers. Sg. Prät. v.* **fallen**

fiepen *itr. V.* ‹*dog*› whimper; ‹*bird*› cheep

fies Ⓐ *Adj.* (ugs.) nasty ‹*person, character*›
Ⓑ *adv.* in a nasty way

◊ **Figur** *die*; ~, ~**en 1** (einer Frau) figure; (eines
Mannes) physique
2 (Bildwerk) figure
3 (geometrisches Gebilde) shape
4 (Spielstein) piece
5 (Persönlichkeit) figure
6 (literarische Gestalt) character

fiktiv *Adj.* fictitious

Filet /fi'le:/ *das*; ~**s**, ~**s** fillet

Filiale *die*; ~, ~**n** branch

Filigran *das*; ~**s**, ~**e** filigree

◊ **Film** *der*; ~**[e]s**, ~**e 1** (Fot.) film
2 (Kino~) film; movie (AmE infml)

Filme·macher *der*, **Filme·macherin** *die*
film-maker

filmen *tr., itr. V.* film

Film-: ~**festival** *das* film festival;
~**festspiele** *Pl.* film festival *sing.*;
~**industrie** *die* film industry; ~**kamera**
die film camera; (Schmalfilmkamera) cine camera;
~**kunst** *die* cinematic art; ~**musik** *die*
film music; (eines einzelnen ~s) theme music;
~**plakat** *das* film poster; ~**produzent**
der, ~**produzentin** *die* film producer;
~**regisseur** *der*, ~**regisseurin** *die*
film director; ~**schauspieler** *der*,
~**schauspielerin** *die* film actor; ~**star**
der film star

Filter *der*; ~**s**, ~; filter

filtern *tr. V.* filter

Filter-: ~**papier** *das* filter paper;
~**zigarette** *die* [filter-]tipped cigarette

Filz *der*; ~**es**, ~**e** felt

filzen *tr. V.* (ugs.) (durchsuchen) search ‹*room,
car, etc.*›; frisk ‹*person*›

Filz·stift *der* felt-tip pen

Fimmel *der*; ~**s**, ~; einen ~ für etw. haben
(ugs. abwertend) have a thing about sth (infml)

Finale *das*; ~**s**, ~**[s] 1** (Sport) final
2 finale

Finalist *der*; ~**en**, ~**en**, **Finalistin** *die*; ~,
~**nen** (Sport) finalist

Finanz *die*; ~; finance *no art.*

Finanz-: ~**amt** *das* **1** (Behörde) ≈ Inland
Revenue **2** (Gebäude) tax office; ~**beamte**
der, ~**beamtin** *die* tax officer

Finanzen *Pl.* finances

finanziell /finan'tsi̯ɛl/ *Adj.* financial

finanzieren *tr. V.* finance

Finanzierung *die*; ~, ~**en** financing

finanz-, Finanz-: ~**kraft** *die* financial
strength; ~**kräftig** *Adj.* financially
powerful; ~**lage** *die* financial situation;
~**minister** *der*, ~**ministerin** *die* minister
of finance; ~**politik** *die* (des Staates, eines
Unternehmens) financial policy; (allgemeine)

politics of finance

Findel·kind *das* foundling

✓ **finden** *unr. tr. V.* **1** find
2 Freunde ~ make friends
3 (einschätzen, beurteilen) etw. gut/richtig ~ think sth is good/right; **wie** ~ **Sie dieses Bild?** what do you think of this painting?

Finder *der;* ~**s,** ~; finder

Finder·lohn *der* reward [for finding sth]

findig *Adj.* resourceful

Findling *der;* ~**s,** ~**e 1** (Findelkind) foundling
2 (Geol.) erratic block

fing *1. u. 3. Pers. Sg. Prät. v.* fangen

✓ **Finger** *der;* ~**s,** ~; finger; **lange** ~ **machen** (ugs.) get itchy fingers

Finger-: ~**abdruck** *der* fingerprint; ~**fertigkeit** *die* dexterity; ~**handschuh** *der* glove [with fingers]; ~**hut** *der* thimble; ~**kuppe** *die* fingertip

fingern *itr. V.* fiddle; **an etw.** (*Dat.*) ~ fiddle with sth; **nach etw.** ~ fumble [around] for sth

Finger-: ~**nagel** *der* fingernail; ~**spitze** *die* fingertip; ~**spitzen·gefühl** *das* feeling

fingieren *tr. V.* fake; **ein fingierter Name** a false name

Fink *der;* ~**en,** ~**en** finch

Finne *der;* ~**n,** ~**n, Finnin** *die;* ~, ~**nen** Finn

finnisch *Adj.* Finnish

Finnland *(das);* ~**s** Finland

finster **A** *Adj.* dark; dimly-lit *<pub, district>*
B *adv.* **jmdn.** ~ **ansehen** give sb a black look

Finsternis *die;* ~, ~**se** darkness; (auch bibl., fig.) dark

Finte *die;* ~, ~**n** trick; **jmdn. durch eine** ~ **täuschen** deceive sb by trickery

Firlefanz *der;* ~**es** (ugs. abwertend) frippery; trumpery

firm *Adj.* **in etw.** (*Dat.*) ~ **sein** be well up in sth

✓ **Firma** *die;* ~, **Firmen** firm; company

Firmen-: ~**inhaber** *der,* ~**inhaberin** *die* owner of the/a company; ~**schild** *das* company's name plate; ~**zeichen** *das* trademark

Firmung *die;* ~, ~**en** confirmation

First *der;* ~[**e**]**s,** ~**e** ridge

✓ **Fisch** *der;* ~[**e**]**s,** ~**e 1** fish; [**fünf**] ~**e fangen** catch [five] fish; **kleine** ~**e** (fig.) small fry
2 (Astrol.) **die** ~**e** Pisces; **er ist [ein]** ~ he is a Piscean

fischen **A** *tr. V.* **1** fish for
2 (ugs.) etw. aus etw. ~ fish sth out of sth
B *itr. V.* fish; **nach etw.** ~ fish for sth

Fischer *der;* ~**s,** ~; fisherman

Fischer-: ~**boot** *das* fishing boat; ~**dorf** *das* fishing village

Fischerei *die;* ~; fishing

Fischerin *die;* ~, ~**nen** fisherwoman

Fisch-: ~**fang** *der* **vom** ~**fang leben** make a/

one's living by fishing; **auf** ~**fang gehen** go fishing; ~**geschäft** *das* fishmonger's [shop] (BrE); fish store (AmE); ~**gräten·muster**, ~**grät·muster** *das* (Textilw.) herringbone pattern; ~**industrie** *die* fishing industry; ~**konserve** *die* canned fish; ~**kutter** *der* fishing trawler; ~**stäbchen** *das* (Kochk.) fish finger; ~**sterben** *das* death of the fish

Fiskus *der;* ~, **Fisken** *od.* ~**se** Government (*as managing the State finances*)

Fitness·zentrum *das* fitness centre

Fittich *der;* ~[**e**]**s,** ~**e** (dichter.) wing

fix **A** *Adj.* (ugs.) quick; **ein** ~**er Bursche** a bright lad; ~ **und fertig** quite finished; (völlig erschöpft) completely shattered (infml)
B *adv.* (ugs.) quickly; **mach** ~! hurry up!

fixen *itr. V.* (Drogenjargon) fix (sl.)

Fixer *der;* ~**s,** ~, **Fixerin** *die;* ~, ~**nen** (Drogenjargon) fixer

fixieren *tr. V.* **1** fix one's gaze on; **jmdn. scharf** ~ gaze sharply at sb
2 (geh.) (schriftlich niederlegen) take down

Fix·stern *der* (Astron.) fixed star

Fjord /fjɔrt/ *der;* ~[**e**]**s,** ~**e** fiord

FKK /ɛf ka:'ka:/ *Abk.* = **Freikörperkultur** nudism *no art.;* naturism *no art.*

FKK-Strand *der* nudist beach

flach *Adj.* **1** flat
2 (niedrig) low
3 (nicht tief) shallow *<water, dish>*

✓ **Fläche** *die;* ~, ~**n 1** area
2 (Ober~) surface
3 (Geom.) area; (einer dreidimensionalen Figur) side

Flächen-: ~**inhalt** *der* area; ~**maß** *das* unit of square measure; ~**staat** *der* territorial state

flach-, Flach-: ~**fallen** *itr. V.;* mit sein (ugs.) *<trip>* fall through; *<event>* be cancelled; ~**land** *das* lowland

Flachs *der;* ~**es** flax

flachsen *itr. V.* mit jmdm. ~ (ugs.) joke with sb

Flach·zange *die* flat tongs *pl.*

flackern *itr. V.* flicker

Fladen *der;* ~**s,** ~; *flat, round unleavened cake made with oat or barley flour*

Flagge *die;* ~, ~**n** flag

flaggen *itr. V.* put out the flags

flambieren *tr. V.* (Kochk.) flambé

Flamme *die;* ~, ~**n 1** flame
2 (Brennstelle) burner

Flanell *der;* ~**s,** ~**e** flannel

flanieren *itr. V.;* mit Richtungsangabe mit sein stroll

Flanke *die;* ~, ~**n 1** (Weiche) flank
2 (Ballspiele) (Vorlage) centre
3 (Teil des Spielfeldes) wing

✓ **Flasche** *die;* ~, ~**n** bottle; **eine** ~ **Wein** a bottle of wine; **dem Kind die** ~ **geben** feed the baby

Flaschen-: ~**bier** *das* bottled beer; ~**öffner**

der bottle opener; ~**post** *die* message in a/ the bottle; ~**zug** *der* block and tackle

flatterhaft *Adj.* fickle

flattern *itr. V.; mit Richtungsangabe mit sein* flutter

flau *Adj.* **1** slack ‹*breeze*› **2** (leicht übel) queasy ‹*feeling*›

Flaum *der*; ~**[e]s** fuzz

Flausch *der*; ~**[e]s**, ~**e** brushed wool

flauschig *Adj.* fluffy

Flause *die*; ~, ~**n** *meist Pl.* (ugs.) **er hat nur** ~**n im Kopf** he can never think of anything sensible

Flaute *die*; ~, ~**n 1** (Seemannsspr.) calm **2** (Kaufmannsspr.) fall[-off] in trade

Flechte *die*; ~, ~**n 1** (Bot.) lichen **2** (Med.) eczema

flechten *unr. tr. V.* plait ‹*hair*›; weave ‹*basket, mat*›

Fleck *der*; ~**[e]s**, ~**e 1** stain **2** (andersfarbige Stelle) patch

flecken *itr. V.* stain

flecken·los **A** *Adj.* spotless **B** *adv.* spotlessly

Fleck·entferner *der* stain *or* spot remover

fleckig *Adj.* stained; blotchy ‹*face, skin*›

Fleder·maus *die* bat

Flegel *der*; ~**s**, ~ (abwertend) lout

Flegelei *die*; ~, ~**en** (abwertend) loutish behaviour

flegelhaft *Adj.* (abwertend) loutish

flegeln *refl. V.* (abwertend) **sich auf ein Sofa/ in einen Sessel** ~ flop on to a sofa/into an armchair

flehen /'fle:ən/ *itr. V.* plead (**um** for)

⚜ **Fleisch** *das*; ~**[e]s 1** flesh; ~ **fressend** (Biol.) carnivorous **2** (Nahrungsmittel) meat

Fleisch·brühe *die* bouillon; consommé

Fleischer *der*; ~**s**, ~; butcher

Fleischerei *die*; ~, ~**en** butcher's shop

fleisch·fressend *Adj.* carnivorous

Fleisch·fresser *der* (Biol.) carnivore

fleischig *Adj.* plump ‹*hands, face*›; fleshy ‹*leaf, fruit*›

Fleisch-: ~**käse** *der*; ~~**s**, ~~; meat loaf; ~**klößchen** *das*; ~~**s**, ~~; small meat ball; ~**pastete** *die* (Kochk.) pâté; ~**salat** *der* (Kochk.) meat salad; ~**vergiftung** *die* food poisoning [from meat]; ~**waren** *Pl.* meat products; ~**wolf** *der* mincer; ~**wunde** *die* flesh wound; ~**wurst** *die* pork sausage

Fleiß *der*; ~**es** hard work; (Eigenschaft) diligence

fleißig **A** *Adj.* hard-working **B** *adv.* hard; ~ **lernen** learn as much as one can

---

flennen *itr. V.* (ugs.) blubber

fletschen *tr., itr. V.* **die Zähne** *od.* **mit den Zähnen** ~ bare one's teeth

flexibel **A** *Adj.* flexible **B** *adv.* flexibly

flicht *Imperativ Sg. u. 3. Pers. Sg. Präsens v.* flechten

flicken *tr. V.* mend; repair ‹*engine, cable*›

Flicken *der*; ~**s**, ~; patch

Flick-: ~**werk** *das* (abwertend) botched-up job; ~**zeug** *das* repair kit

Flieder *der*; ~**s**, ~; lilac

Fliege *die*; ~, ~**n 1** fly **2** (Schleife) bow tie

⚜ **fliegen** **A** *unr. itr. V.; mit sein* **1** fly **2** (ugs.) (fallen) **vom Pferd/Fahrrad** ~ fall off a/the horse/bicycle **3** (ugs.) (entlassen werden) get the sack (infml); **von der Schule** ~ be chucked out [of the school] (infml) **B** *unr. tr. V.* fly

Fliegen-: ~**draht** *der* fly screen; ~**fenster** *das* wire-mesh window; ~**gewicht** *das* (Schwerathletik) flyweight; ~**pilz** *der* fly agaric

Flieger *der*; ~**s**, ~; pilot

Flieger·alarm *der* air-raid warning

Fliegerin *die*; ~, ~**nen** pilot

fliegerisch *Adj.* aeronautical

fliehen /'fli:ən/ *unr. itr. V.; mit sein* flee (**vor** + *Dat.* from); (aus dem Gefängnis usw.) escape (**aus** from); **ins Ausland/über die Grenze** ~ flee the country/escape over the border

Flieh·kraft *die* (Physik) centrifugal force

Fliese *die*; ~, ~**n** tile

Fließ·band *das* conveyor belt; **am** ~ **arbeiten** *od.* (ugs.) **stehen** work on the assembly line

fließen *unr. itr. V.; mit sein* flow; ~**des Wasser** running water; **eine Sprache** ~**d sprechen** speak a language fluently

Flimmer·kasten *der*, **Flimmer·kiste** *die* (ugs.) telly (infml); box (infml)

flimmern *itr. V.* shimmer

flink **A** *Adj.* nimble ‹*fingers*›; sharp ‹*eyes*›; quick ‹*hands*› **B** *adv.* quickly

Flinkheit *die*; ~ ▶ flink A nimbleness; sharpness; quickness

Flinte *die*; ~, ~**n** shotgun; **die** ~ **ins Korn werfen** (fig.) throw in the towel

Flirt *der*; ~**s**, ~**s** flirtation

flirten *itr. V.* flirt

Flittchen *das*; ~**s**, ~ (ugs. abwertend) floozy

Flitter *der*; ~**s** frippery; trumpery

Flitter·wochen *Pl.* honeymoon *sing.*

flitzen *itr. V.; mit sein* (ugs.) shoot; dart

Flitzer *der*; ~**s**, ~ (ugs.) sporty job (infml)

floaten /'floutn̩/ *tr., itr. V.* (Wirtsch.) float

flocht *1. u. 3. Pers. Sg. Prät. v.* flechten

⚜ key word

* old spelling—see note on page x

Flocke *die*; ~, ~**n 1** flake
  2 (Staub~) piece of fluff
flockig *Adj.* fluffy
flog *1. u. 3. Pers. Sg. Prät. v.* fliegen
floh *1. u. 3. Pers. Sg. Prät. v.* fliehen
Floh *der*; ~[e]s, **Flöhe** flea
Floh-: ~**markt** *der* flea market; ~**zirkus** *der* flea circus
Flora *die*; ~, **Floren** flora
Florett *das*; ~[e]s, ~e foil
florieren *itr. V.* flourish
Florist *der*; ~en, ~en, **Floristin** *die*; ~, ~**nen** [qualified] flower arranger
Floskel *die*; ~, ~n cliché
floss *1. u. 3. Pers. Sg. Prät. v.* fließen
Floß *das*; ~es, **Flöße** raft
Flosse *die*; ~, ~**n 1** (Zool., Flugw.) fin
  2 (zum Tauchen) flipper
flößen *tr., itr. V.* float
Flößer *der*; ~s, ~; raftsman
Flößerin *die*; ~, ~**nen** raftswoman
Flöte *die*; ~, ~**n** flute; (Block~) recorder
flöten Ⓐ *itr. V.* <bird> flute; ~ gehen (ugs.) <money> go down the drain; <time> be wasted
  Ⓑ *tr. V.* whistle
*****flöten|gehen** ▸ flöten A
flott Ⓐ *Adj.* **1** (schwungvoll) lively
  2 (schick) smart
  Ⓑ *adv.* <work> quickly; <dance, write> in a lively manner; <be dressed> smartly
Flotte *die*; ~, ~**n** fleet
flott|machen *tr. V.* refloat <ship>; get <car> back on the road
Flöz *das*; ~es, ~e (Bergbau) seam
Fluch *der*; ~[e]s, **Flüche** curse; oath
fluchen *itr. V.* curse; swear
Flucht *die*; ~; flight
flucht·artig Ⓐ *Adj.* hurried; hasty
  Ⓑ *adv.* hurriedly; hastily
flüchten Ⓐ *itr. V.; mit sein vor jmdm./etw.* ~ flee from sb/sth; vor der Polizei ~ run away from the police
  Ⓑ *refl. V.* take refuge
Flucht-: ~**fahrzeug** *das* getaway vehicle; ~**helfer** *der*, ~**helferin** *die* person who aids/aided an/the escape; ~**hilfe** *die* aiding an escape
flüchtig Ⓐ *Adj.* **1** fugitive
  2 cursory; superficial <insight>
  Ⓑ *adv.* **1** (oberflächlich) cursorily
  2 (eilig) hurriedly
Flüchtigkeit *die*; ~, ~**en** cursoriness
Flüchtigkeits·fehler *der* slip
Flüchtling *der*; ~s, ~e refugee
Flüchtlings-: ~**elend** *das* hardship among refugees; ~**hilfe** *die* refugee relief; (Organisation) refugee relief agency; ~**lager** *das* refugee camp; ~**treck** *der* long stream of refugees
Flucht·weg *der* escape route

✔ **Flug** *der*; ~[e]s, **Flüge** flight
Flug-: ~**bahn** *die* trajectory; ~**blatt** *das* pamphlet; leaflet
Flügel *der*; ~s, ~ **1** wing
  2 (Klavier) grand piano
Flügel·mutter *die*; *Pl.* ~**n** wing nut
Flug·gast *der* [air] passenger
flügge *Adj.* fully-fledged
Flug·gesellschaft *die* airline
✔ **Flug·hafen** *der* airport
Flug-: ~**hafen·steuer** *die* airport tax; ~**linie** *die* **1** (Strecke) air route
  2 (Gesellschaft) airline; ~**lotse** *der*, ~**lotsin** *die* air traffic controller; ~**platz** *der* airfield; ~**schein** *der* air ticket; ~**schreiber** *der* flight recorder; ~**verbindung** *die* air connection; ~**verkehr** *der* air traffic
✔ **Flug·zeug** *das* aeroplane (BrE); airplane (AmE); aircraft
Flugzeug-: ~**absturz** *der* plane crash; ~**entführer** *der*, ~**entführerin** *die* [aircraft] hijacker; ~**entführung** *die* [aircraft] hijack[ing]; ~**katastrophe** *die* air disaster; ~**träger** *der* aircraft carrier
Flunder *die*; ~, ~**n** flounder
flunkern *itr. V.* tell stories
Fluor *das*; ~s (Chemie) fluorine
Fluor·chlor·kohlen·wasserstoff *der* (Chemie) chlorofluorocarbon
Flur¹ *der*; ~[e]s, ~e (Korridor) corridor; (Diele) [entrance] hall; im/auf dem ~ in the corridor/hall
Flur² *die*; ~, ~**en** farmland *no indef. art.*
✔ **Fluss**, *****Fluß** *der*; **Flusses**, **Flüsse** river; (fließende Bewegung) flow
fluss-, *****fluß-**, **Fluss-**, *****Fluß-:** ~**ab**, ~**abwärts** *Adv.* downstream; ~**auf**, ~**aufwärts** *Adv.* upstream; ~**bett** *das* river bed
Flüsschen, *****Flüßchen** *das*; ~s, ~ small river
Fluss·diagramm *das* (DV, Arbeitswiss.) flow chart
flüssig Ⓐ *Adj.* **1** liquid
  2 (fließend, geläufig) fluent
  3 einen Betrag ~ machen make a sum of money available
  Ⓑ *adv.* <write, speak> fluently
Flüssig·gas *das* liquid gas
Flüssigkeit *die*; ~, ~**en 1** liquid; (auch Gas) fluid
  2 (Geläufigkeit) fluency
Flüssig·kristall·anzeige *die* (Technik) liquid crystal display
*****flüssig|machen** ▸ flüssig A3
Fluss·pferd, *****Fluß·pferd** *das* hippopotamus
flüstern *itr., tr. V.* whisper
Flut *die*; ~, ~**en 1** tide
  2 (geh.) (Wassermasse) flood

fluten *itr. V.; mit sein* (geh.) flood
Flut·licht *das* floodlight
focht *1. u. 3. Pers. Sg. Prät. v.* fechten
Föderalismus *der*; ∼; federalism *no art.*
föderalistisch *Adj.* federalist
Fohlen *das*; ∼s, ∼; foal
Föhn *der*; ∼[e]s, ∼e **1** föhn
  2 (Haartrockner) hair-drier
föhnen *tr. V.* blow-dry
✓ **Folge** *die*; ∼, ∼n **1** (Auswirkung) consequence; (Ergebnis) consequence; result
  2 (Aufeinander∼) succession; (zusammengehörend) sequence
  3 (Fortsetzung) (einer Sendung) episode; (eines Romans) instalment
Folge·erscheinung *die* consequence
✓ **folgen** *itr. V.; mit sein* follow; jmdm. im Amt/ in der Regierung ∼ succeed sb in office/in government; auf etw. (*Akk.*) ∼ follow sth; aus etw. ∼ follow from sth
✓ **folgend** *Adj.* following; der/die/das Folgende the next in order; im Folgenden *od.* in Folgendem in [the course of] the following discussion/passage *etc.*
folgendermaßen *Adv.* as follows; (so) in the following way
folge·richtig Ⓐ *Adj.* logical; consistent ‹*behaviour, action*›
  Ⓑ *adv.* logically; ‹*act, behave*› consistently
Folge·richtigkeit *die* (einer Entscheidung, Schlussfolgerung) logicality; (eines Verhaltens, einer Handlung) consistency
folgern Ⓐ *tr. V.* etw. aus etw. ∼ infer sth from sth
  Ⓑ *itr. V.* richtig ∼ draw a/the correct conclusion
Folgerung *die*; ∼, ∼en conclusion
Folge·schaden *der* **1** damaging after-effects
  2 (Versicherungsw.) consequential damage
folglich *Adv.* consequently
folgsam Ⓐ *Adj.* obedient
  Ⓑ *adv.* obediently
Folgsamkeit *die*; ∼; obedience
Folie /ˈfoːli̯ə/ *die*; ∼, ∼n (Metall∼) foil; (Plastik∼) film
Folklore *die*; ∼ **1** folklore
  2 (Musik) folk music
folkloristisch Ⓐ *Adj.* folkloric
  Ⓑ *adv.* in a folkloric way
Folter *die*; ∼, ∼n torture; jmdn. auf die ∼ spannen (fig.) keep sb in an agony of suspense
Folterer *der*; ∼s, ∼, **Folterin** *die*; ∼, ∼nen torturer
foltern *tr. V.* torture; (fig.) torment
Folterung *die*; ∼, ∼en torture
Fön® *der*; ∼[e]s, ∼e hairdrier

✓ key word
* alte Schreibung—vgl. Hinweis auf S. x

Fond /fõː/ *der*; ∼s, ∼s (geh.) back
Fonds /fõː/ *der*; ∼ /fõː(s)/ ∼ /fõːs/ fund
Fondue /fõˈdyː/ *die*; ∼, ∼s *od. das*; ∼s, ∼s (Kochk.) fondue
***fönen** ▶ föhnen
Fontäne *die*; ∼, ∼n jet; (Springbrunnen) fountain
forcieren /fɔrˈsiːrən/ *tr. V.* step up ‹*production*›; intensify ‹*efforts*›; push forward ‹*developments*›
Förderer *der*; ∼s, ∼; patron
Förderin *die*; ∼, ∼nen patroness
✓ **fordern** *tr. V.* **1** demand
  2 (in Anspruch nehmen) make demands on
✓ **fördern** *tr. V.* **1** promote; patronize, support ‹*artist, art*›; further ‹*investigation*›; foster ‹*talent, tendency*›; improve ‹*appetite*›; aid ‹*digestion, sleep*›
  2 (Bergbau, Technik) mine ‹*coal, ore*›; extract ‹*oil*›
✓ **Forderung** *die*; ∼, ∼en **1** demand
  2 (Kaufmannsspr.) claim (an + *Akk.* against)
✓ **Förderung** *die*; ∼, ∼en **1** ▶ fördern 1 promotion; patronage; support; furthering; fostering; improvement; aiding
  2 (Bergbau, Technik) output; (das Fördern) mining; (von Erdöl) extraction
Forelle *die*; ∼, ∼n trout
Forensik /foˈrɛnzɪk/ *die*; ∼; forensic science; forensics *sing.*
✓ **Form** *die*; ∼, ∼en **1** shape; in ∼ von Tabletten in the form of tablets
  2 (bes. Sport) (Verfassung) form; in ∼ sein be on form
  3 (vorgeformtes Modell) mould; (Back∼) baking tin
  4 (Darstellungs∼, Umgangs∼) form
formal Ⓐ *Adj.* formal
  Ⓑ *adv.* formally
formalisieren *tr. V.* formalize
Formalität *die*; ∼, ∼en formality
Format *das*; ∼[e]s, ∼e **1** size; (Buch∼, Papier∼, Bild∼) format
  2 (Persönlichkeit) stature
formatieren *tr. V.* (DV) format
formbar *Adj.* malleable
Form-: ∼blatt *das* form; ∼brief *der* form letter
Formel *die*; ∼, ∼n formula
formell *Adj.* formal
formen *tr. V.* **1** (gestalten) form; shape
  2 (bilden, prägen) mould, form ‹*character, personality*›
Form·fehler *der* irregularity
formieren *tr., refl. V.* form
förmlich Ⓐ *Adj.* **1** formal
  2 (regelrecht) positive
  Ⓑ *adv.* **1** formally
  2 (geradezu) sich ∼ fürchten be really afraid
form·los *Adj.* **1** informal
  2 (gestaltlos) shapeless

Form·sache *die* formality

Formular *das*; ~s, ~e form

formulieren *tr. V.* formulate

Formulierung *die*; ~, ~en **1** (das Formulieren) formulation; (eines Entwurfes, Gesetzes) drafting **2** (formulierter Text) formulation

form·vollendet **A** *Adj.* perfectly executed <pirouette, bow, etc.>; <poem> perfect in form **B** *adv.* faultlessly

forsch *Adj.* forceful

forschen *itr. V.* **1** nach jmdm./etw. ~ search or look for sb/sth **2** (als Wissenschaftler) research

ᵍ **Forscher** *der*; ~s, **Forscherin** *die*; ~, ~nen researcher

ᵍ **Forschung** *die*; ~, ~en research

Forschungs-: ~**reaktor** *der* research reactor; ~**reisende** *der/die* explorer

Forst *der*; ~[e]s, ~e[n] forest

Förster *der*; ~s, **Försterin** *die*; ~, ~nen forest warden

Forst·wirtschaft *die* forestry

Forsythie /fɔr'zy:tsiə/ *die*; ~, ~n forsythia

fort *Adv.* **1** ▸ weg **2** (weiter) und so ~ and so on

fort-, Fort-: ~**an** /-'-/ *Adv.* from now/then on; ~**bestand** *der* continuation; (eines Staates) continued existence; ~|**bewegen** **A** *tr. V.* move; shift **B** *refl. V.* move [along]; ~|**bilden** *tr. V.* sich/jmdn. ~bilden continue one's/sb's education; ~**bildung** *die* further education; (beruflich) further training; ~**bildungs·kurs** *der* further education course; (beruflich) training course; ~|**bleiben** *unr. itr. V.*; mit sein fail to come; ~|**bringen** *unr. tr. V.* ▸ wegbringen; ~**dauer** *die* continuation; ~|**dauern** *itr. V.* continue; ~|**fahren** **A** *unr. itr. V.* **1** mit sein leave **2** auch mit sein (weitermachen) continue; go on **B** *unr. tr. V.* drive away; ~|**führen** *tr. V.* **1** lead away **2** (fortsetzen) continue; ~**gang** *der* **1** departure (aus from) **2** (Weiterentwicklung) progress; ~**gehen** *unr. itr. V.*; mit sein leave; geh ~! go away!; ~**geschritten** *Adj.* advanced; ~**geschrittene** *der/die adj. Dekl.* advanced student/player; ~|**kommen** *unr. itr. V.*; mit sein ▸ wegkommen 1, 2; ~|**laufen** *unr. itr. V.*; mit sein **1** ▸ weglaufen **2** (sich ~setzen) continue; ~**laufend** **A** *Adj.* continuous **B** *adv.* continuously; ~|**pflanzen** *refl. V.* **1** reproduce [oneself/itself] **2** (sich verbreiten) <idea, mood> spread; <sound, light> travel; ~**pflanzung** *die*; ~~; reproduction; ~|**schaffen** *tr. V.* take away; ~|**schreiben** *unr. tr. V.* update; (in die Zukunft) project forward; ~**schreibung** *die* updating; (in die Zukunft) forward projection;

~|**schreiten** *unr. itr. V.*; mit sein <process> continue; <time> move on

ᵍ **Fort·schritt** *der* progress; ~e progress *sing.*; ein ~ a step forward

fort-, Fort-: ~**schrittlich** **A** *Adj.* progressive **B** *adv.* progressively; ~**schrittlichkeit** *die*; ~~; progressiveness; ~|**setzen** **A** *tr. V.* continue **B** *refl. V.* continue; ~**setzung** *die*; ~~, ~~en **1** (das ~setzen) continuation **2** (anschließender Teil) instalment; ~**setzungs·roman** *der* serial; serialized novel; ~|**während** **A** *Adj.*; nicht präd. continual **B** *adv.* continually; ~|**werfen** *unr. tr. V.* ▸ wegwerfen

fossil *Adj.* fossilized; fossil *attrib.*

ᵍ **Foto** *das*; ~s, ~s photo; ~s machen take photos

Foto-: ~**album** *das* photo album; ~**apparat** *der* camera

fotogen *Adj.* photogenic

Foto·graf *der*; ~en, ~en photographer

Fotografie *die*; ~, ~n **1** photography no art. **2** (Lichtbild) photograph

fotografieren *tr. V.* photograph; take a photograph/photographs of

Fotografin *die*; ~, ~nen photographer

foto-, Foto-: ~**kopie** *die* photocopy; ~**kopieren** *tr., itr. V.* photocopy; ~**kopierer** *der* photocopier

Foto: ~**labor** *das* photographic laboratory; ~**modell** *das* photographic model

Foul /faul/ *das*; ~s, ~s (Sport) foul (an + Dat. on)

Foul·spiel /'faul-/ *das* foul

Foyer /foa'je:/ *das*; ~s, ~s foyer

FPÖ *Abk.* = **Freiheitliche Partei Österreichs**

Fr. *Abk.* **1** = **Franken** SFr.
2 = **Frau**
3 = **Freitag** Fri.

Fracht *die*; ~, ~en (Schiffs~, Luft~) cargo; freight; (Bahn~, LKW-~) goods *pl.*; freight

Fracht·brief *der* consignment note; waybill

Frachter *der*; ~s, ~ freighter

Fracht-: ~**gut** *das* slow freight; slow goods *pl.*; ~**schiff** *das* cargo ship

Frack *der*; ~[e]s, **Fräcke** tails *pl.*; evening dress

ᵍ **Frage** *die*; ~, ~n question; (Angelegenheit) issue; in ~ ▸ infrage

Fragebogen *der* questionnaire; (Formular) form

ᵍ **fragen** **A** *tr., itr. V.* **1** ask **2** (sich erkundigen) nach etw. ~ ask or inquire about sth **3** (nachfragen) ask for **B** *refl. V.* sich ~, ob ... wonder whether ...

f

Frage·zeichen *das* question mark

fraglich *Adj.* **1** doubtful

2 (betreffend) in question *postpos.*; relevant

Fragment *das*; ~[e]s, ~e fragment

frag·würdig *Adj.* **1** questionable

2 (zwielichtig) dubious

Fragwürdigkeit *die*; ~, ~en
1 questionableness
2 (Zwielichtigkeit) dubiousness

♂ **Fraktion** *die*; ~, ~en parliamentary party;
(mit zwei Parteien) parliamentary coalition

Fraktions- (Parl.): ~**führer** *der*, ~**führerin**
die leader of the parliamentary party/
coalition; ~**zwang** *der* obligation to vote in
accordance with party policy

frank *Adv.* ~ **und frei** frankly and openly;
openly and honestly

Franken *der*; ~s, ~; [Swiss] franc

Frankfurter *die*; ~, ~ (Wurst) frankfurter

frankieren *tr. V.* frank

Frank·reich *(das)*; ~s France

Franse *die*; ~, ~n strand [of a/the fringe]

Franzose *der*; ~n, ~n Frenchman; **er ist** ~
he is French; **die** ~**n** the French

Französin *die*; ~, ~**nen** Frenchwoman

♂ **französisch** *Adj.* French

Französisch *das*; ~[s] French

Fräse *die*; ~, ~n (für Holz) moulding machine;
(für Metall) milling machine

fraß *1. u. 3. Pers. Sg. Prät. v.* fressen

Fraß *der*; ~es (derb) muck

Fratze *die*; ~, ~n **1** hideous face
2 (ugs.) (Grimasse) grimace

♂ **Frau** *die*; ~, ~en **1** woman
2 (Ehe~) wife
3 (Titel, Anrede) ~ **Schulze** Mrs Schulze; (in
Briefen) **Sehr geehrte** ~ **Schulze** Dear Madam;
(bei persönlicher Bekanntschaft) Dear Mrs/Miss/
Ms Schulze

Frauen-: ~**arzt** *der*, ~**ärztin** *die*
gynaecologist; ~**bewegung** *die* women's
movement; ~**emanzipation** *die* female
emancipation; women's emancipation;
~**gefängnis** *das* women's prison;
~**gruppe** *die* women's group; ~**haus**
das battered wives' refuge; ~**klinik**
die gynaecological hospital *or* clinic;
~**misshandlung**, *~**mißhandlung** *die*
abuse of women; ~**recht** *das* women's right;
~**rechtlerin** *die*; ~~, ~~**nen** feminist;
Women's Libber (infml); ~**zeitschrift**
die women's magazine; ~**zimmer** *das*
(abwertend) female

Fräulein *das*; ~s, ~ (ugs.) ~s **1** (junges ~)
young lady; (ältliches ~) spinster
2 (Titel, Anrede) ~ **Mayer/Schulte** Miss Mayer/
Schulte

fraulich *Adj.* feminine
B *adv.* in a feminine way

♂ key word

* old spelling—see note on page x

Frauschaft *die*; ~, ~en (bes. Sport) women's
team

frech **A** *Adj.* **1** impertinent; cheeky;
barefaced ‹lie›
2 (keck, kess) saucy
B *adv.* impertinently; cheekily

Frech·dachs *der* (ugs., meist scherzh.) cheeky
little thing

Frechheit *die*; ~, ~en **1** impertinence;
cheek
2 (Äußerung) impertinent *or* cheeky remark

♂ **frei** **A** *Adj.* **1** (unabhängig) free
2 (nicht angestellt) freelance
3 (ungezwungen) free and easy
4 (nicht mehr in Haft) free
5 (offen) open; **im Freien sitzen/übernachten**
sit out of doors/spend the night in the open;
ständig im Freien übernachten sleep rough
6 (unbesetzt) vacant; free
7 (kostenlos) free ‹food, admission›
8 (verfügbar) spare; free ‹time›
B *adv.* freely

frei-, Frei-: ~**bad** *das* open-air swimming
pool; ~|**bekommen** **A** *unr. itr. V.*
(ugs.) get time off **B** *unr. tr. V.* jmdn./
etw. ~**bekommen** get sb/sth released;
~**beruflich** **A** *Adj.* self-employed;
freelance; ‹doctor, lawyer› in private
practice **B** *adv.* ~**beruflich tätig sein/
arbeiten** work freelance/practise privately;
~**betrag** *der* (Steuerw.) [tax] allowance;
~**bier** *das* free beer

Freier *der*; ~s, ~ (veralt.) suitor

frei-, Frei-: ~**exemplar** *das* (Buch) free
copy; (Zeitung) free issue; ~**frau** *die*
baroness; ~**gabe** *die* release; ~|**geben**
unr. tr. V. release; ~**gebig** *Adj.* generous;
open-handed; ~**gebigkeit** *die*; ~~;
generosity; open-handedness; ~**gehege**
das outdoor enclosure; ~**gepäck** *das*
baggage allowance; ~**hafen** *der* free port;
~|**halten** *unr. tr. V.* **1** treat **2** (offen halten)
keep ‹entrance, roadway› clear; **Einfahrt**
~**halten!** no parking in front of entrance;
~**handels·zone** *die* free-trade zone;
~**händig** *adv.* ‹cycle› without holding on

♂ **Freiheit** *die*; ~, ~en **1** freedom; ~,
Gleichheit, Brüderlichkeit Liberty, Equality,
Fraternity
2 (Vorrecht) freedom; privilege

freiheitlich **A** *Adj.* liberal ‹philosophy,
conscience›; ~ **und demokratisch** free and
democratic
B *adv.* liberally

Freiheits-: ~**beraubung** *die* (jur.) wrongful
detention; ~**strafe** *die* (Rechtsw.) term of
imprisonment; prison sentence

frei-, Frei-: ~**herr** *der* baron; ~**karte** *die*
complimentary ticket; ~|**kaufen** *tr. V.*
ransom ‹hostage›; buy the freedom of
‹slave›; ~|**kommen** *unr. itr. V.* **aus dem
Gefängnis** ~**kommen** be released from

prison; ~**körper·kultur** *die* nudism *no art.*; naturism *no art.*; ~**land** *das* open ground; ~**lassen** *unr. tr. V.* set free; release; ~**legen** *tr. V.* uncover

freilich *Adv.* of course

Freilicht·bühne *die*, **Freilicht·theater** *das* open-air theatre

frei-, Frei-: ~**machen** **A** *refl. V.* (ugs.) (frei nehmen) take time off **B** *tr. V.* (Postw.) frank; etw. mit 0,56 Euro ~**machen** put a 56-cent stamp on sth; ~**marke** *die* postage stamp; ~**mütig** **A** *Adj.* candid; frank **B** *adv.* candidly; frankly; ~**mütigkeit** *die*; ~~; candidness; frankness; ~**schaffend** *Adj.* freelance; ~**schärler** *der*; ~~**s**, ~~, ~**schärlerin** *die*; ~~, ~~**nen** irregular [soldier]; ~**schwimmen** *unr. refl. V.* sich ~**schwimmen** pass the 15-minute swimming test; ~**sprech·anlage**, ~**sprech·einrichtung** *die* hands-free kit; ~**sprechen** *unr. tr. V.* 1 (Rechtsw.) acquit 2 (für unschuldig erklären) exonerate (von from); ~**spruch** *der* (Rechtsw.) acquittal; ~**stellen** *tr. V.* 1 jmdm. etw. ~**stellen** leave sth up to sb 2 (befreien) release <*person*>; jmdn. vom Wehrdienst ~**stellen** exempt sb from military service; ~**stoß** *der* (Fußball) free kick

🔹 **Frei·tag** *der* Friday; *s. auch* Dienstag *usw.*

freitags *Adv.* on Friday[s]

Frei-: ~**tod** *der* (verhüll.) suicide *no art.*; ~**treppe** *die* [flight of] steps; ~**übung** *die* meist Pl. (Sport) keep-fit exercise; ~**wild** *das* fair game

🔹 **frei·willig** **A** *Adj.* voluntary <*decision*>; optional <*subject*> **B** *adv.* voluntarily; sich ~ melden volunteer

Frei-: ~**willige** *der/die adj. Dekl.* volunteer; ~**zeichen** *das* ringing tone

Frei·zeit *die* spare time

Freizeit-: ~**beschäftigung** *die* hobby; leisure pursuit; ~**gestaltung** *die* (Soziol., Päd.) leisure activity; ~**park** *der* amusement park

frei-, Frei-: ~**zügig** *Adj.* 1 generous 2 (gewagt, unmoralisch) risqué <*remark, film, dress*>; ~**zügigkeit** *die*; ~~ 1 generosity 2 (freie Wahl des Wohnsitzes) freedom of domicile

🔹 **fremd** *Adj.* 1 foreign 2 (nicht eigen) other people's; of others *postpos.* 3 (unbekannt) strange

fremd-, Fremd-: ~**arbeiter** *der*, ~**arbeiterin** *die* (veralt., schweiz.) foreign worker; ~**artig** *Adj.* strange

Fremde[1] *der/die adj. Dekl.* 1 stranger 2 (Ausländer) foreigner

Fremde[2] *die*; ~ (geh.) die ~ foreign parts *pl.*

fremden-, Fremden-: ~**feindlich** *Adj.* xenophobic; hostile to strangers/foreigners *postpos.*; ~**feindlichkeit** *die*

xenophobia; hostility towards foreigners; ~**führer** *der*; ~**führerin** *die* tourist guide; ~**hass**, ***~**haß** *der* xenophobia; hatred of foreigners; ~**verkehr** *der* tourism *no art.*; ~**zimmer** *das* room

fremd-, Fremd-: ~**gehen** *unr. itr. V.*; mit sein (ugs.) be unfaithful; ~**herrschaft** *die* foreign domination; ~**ländisch** *Adj.* foreign; (exotisch) exotic

Fremdling *der*; ~**s**, ~**e** (veralt.) stranger

fremd-, Fremd-: ~**sprache** *die* foreign language; ~**sprachen·assistent** *der*, ~**sprachen·assistentin** *die* foreign-language assistant; ~**sprachig** *Adj.* bilingual/multilingual <*staff, secretary*>; foreign <*literature*>; foreign-language <*edition, teaching*>; ~**sprachlich** *Adj.* foreign-language <*teaching*>; foreign <*word*>; ~**wort** *das*; Pl. ~**wörter** foreign word

frenetisch **A** *Adj.* frenetic **B** *adv.* frenetically

Frequenz *die*; ~, ~**en** (Physik) frequency; (Med.) (Puls~) rate

Fressalien /frɛˈsaːlịən/; Pl. (ugs. scherzh.) grub (infml)

Fresse *die*; ~, ~**n** (derb) 1 (Mund) gob (sl.) 2 (Gesicht) mug (infml)

fressen **A** *unr. tr. V.* 1 <*animal*> eat; (sich ernähren von) feed on 2 (ugs.) (verschlingen) swallow up <*money, time, distance*>; drink <*petrol*> 3 (zerstören) eat away 4 (derb) (von Menschen) guzzle **B** *unr. itr. V.* (von Tieren) feed; (derb) (von Menschen) stuff one's face (sl.)

Fressen *das*; ~**s** 1 (für Hunde, Katzen usw.) food; (für Vieh) feed 2 (derb) (Essen) grub (infml)

Fresserei *die*; ~, ~**en** (derb) guzzling

🔹 **Freude** *die*; ~, ~**n** joy; (Vergnügen) pleasure; ~ an etw. (Dat.) haben take pleasure in sth

Freuden-: ~**fest** *das* celebration; ein ~**fest** feiern hold a celebration; ~**haus** *das* house of pleasure; ~**tag** *der* happy day

freudestrahlend *Adj.* beaming with joy

freudig *Adj.* joyful; joyous <*heart*>; delightful <*surprise*>

freud·los *Adj.* joyless

🔹 **freuen** **A** *refl. V.* be glad (über + Akk. about); (froh sein) be happy; sich auf etw. (Akk.) ~ look forward to sth **B** *tr. V.* please; es freut mich, dass ... I am pleased *or* glad that ...; das hat ihn sehr gefreut he was very pleased about it

🔹 **Freund** *der*; ~**es**, ~**e** 1 friend 2 (Verehrer, Geliebter) boyfriend

Freundes·kreis *der* circle of friends; im engen ~ among close friends

🔹 **Freundin** *die*; ~, ~**nen** 1 friend 2 (Geliebte) girlfriend; (älter) lady friend

🔹 **freundlich** **A** *Adj.* 1 kind <*face*>; friendly

f

f

‹*reception*›
2 (angenehm) pleasant
3 (freundschaftlich) friendly
B *adv.* jmdm. ~ **danken** thank sb kindly
Freundlichkeit *die*; ~; kindness
Freundschaft *die*; ~, ~**en** friendship; mit jmdm. ~ **schließen** make friends with sb
freundschaftlich **A** *Adj.* friendly
B *adv.* in a friendly way
Frevel /'fre:fl/ *der*; ~**s**, ~ (geh., veralt.) crime; outrage
frevelhaft (geh.) **A** *Adj.* wicked ‹*deed, rebellion, person*›; criminal ‹*stupidity*›
B *adv.* wickedly
Friede *der*; ~**ns**, ~**n** (älter, geh.) ▶ **Frieden**
◌ **Frieden** *der*; ~**s**, ~; peace
Friedens-: ~**abkommen** *das* peace agreement; (Friedensvertrag) peace treaty; ~**bewegung** *die* peace movement; ~**bruch** *der* violation of the peace; ~**forschung** *die* peace studies *pl., no art.*; ~**konferenz** *die* peace conference; ~**nobelpreis** *der* Nobel Peace Prize; ~**pfeife** *die* pipe of peace; ~**richter** *der*, ~**richterin** *die* (lay magistrate dealing with minor offences) ≈ Justice of the Peace; ~**taube** *die* dove of peace; ~**verhandlungen** *Pl.* peace negotiations; ~**vertrag** *der* peace treaty; ~**zeiten** *Pl.* peacetime *sing.*
fried·fertig *Adj.* peaceable ‹*person, character*›
Fried·fertigkeit *die*; ~; peaceableness
Fried·hof *der* cemetery; (Kirchhof) graveyard
friedlich **A** *Adj.* peaceful
B *adv.* peacefully
Friedlichkeit *die*; ~; peacefulness
fried·liebend *Adj.* peace-loving
frieren *unr. itr. V.* **1** be *or* feel cold
2 *mit sein* (gefrieren) freeze
Frikadelle *die*; ~, ~**n** rissole
◌ **frisch** **A** *Adj.* fresh; new-laid ‹*egg*›; clean ‹*linen, underwear*›; wet ‹*paint*›
B *adv.* freshly
Frische *die*; ~; freshness; geistige ~ mental alertness; körperliche ~ physical fitness
Frisch-: ~**fleisch** *das* fresh meat; ~**halte·beutel** *der* airtight bag; ~**luft** *die* fresh air; ~**milch** *die* fresh milk
Friseur /fri'zø:ɐ̯/ *der*; ~**s**, ~**e**, **Friseuse** /fri'zø:zə/ *die*; ~, ~**n** hairdresser
frisieren *tr. V.* jmdn./sich ~ do sb's/one's hair; sich ~ lassen have one's hair done
friss, *****friß** *Imperativ Sg. v.* fressen
frisst, *****frißt** *2. u. 3. Pers. Sg. Präsens v.* fressen
Frist *die*; ~, ~**en** **1** time; period; die ~ verlängern extend the deadline
2 (begrenzter Aufschub) extension

―――――――――
◌ key word
* alte Schreibung—vgl. Hinweis auf S. x

frist-: ~**gemäß**, ~**gerecht** *Adj., adv.* within the specified time *postpos.*; (bei Anmeldung usw.) before the closing date *postpos.*; ~**los** **A** *Adj.* instant **B** *adv.* without notice
Frisur *die*; ~, ~**en** hairstyle
fritieren *tr. V.* deep-fry
frivol /fri'vo:l/ *Adj.* **1** (schamlos) suggestive ‹*remark, picture, etc.*›; risqué ‹*joke*›; earthy ‹*man*›; flighty ‹*woman*›
2 (leichtfertig) frivolous
◌ **froh** *Adj.* **1** happy; cheerful ‹*person, mood*›; good ‹*news*›
2 (ugs.) (erleichtert) pleased, glad (über + *Akk.* about)
fröhlich *Adj.* cheerful; happy
Fröhlichkeit *die*; ~; cheerfulness; (eines Festes, einer Feier) gaiety
Froh-: ~**natur** *die* cheerful person; ~**sinn** *der* cheerfulness; gaiety
fromm; ~**er** *od.* **frömmer,** ~**st...** *od.* **frömmst...** **A** *Adj.* pious, devout ‹*person*›; devout ‹*Christian*›
B *adv.* piously
Frömmigkeit *die*; ~; piety; devoutness
Fron·leichnam /fro:n-/ (*das*); ~**s** [the feast of] Corpus Christi
Front *die*; ~, ~**en 1** (Gebäude~) front; facade
2 (Kampfgebiet) front [line]
frontal **A** *Adj.* head-on ‹*collision*›; frontal ‹*attack*›
B *adv.* ‹*collide*› head-on; ‹*attack*› from the front
Front·antrieb *der* (Kfz-W.) front-wheel drive
fror *1. u. 3. Pers. Sg. Prät. v.* frieren
Frosch *der*; ~**[e]s**, **Frösche** frog
Frosch-: ~**mann** *der*; *Pl.* ~**männer** frogman; ~**perspektive** *die* worm's-eye view; ~**schenkel** *der* frog's leg
Frost *der*; ~**[e]s**, **Fröste** frost
Frostbeule *die* chilblain
frösteln *itr. V.* feel chilly
Frost·grenze *die* (Met.) 0° C isotherm; (Geol.) frost line
frostig **A** *Adj.* (auch fig.) frosty
B *adv.* frostily
Frostigkeit *die*; ~; frostiness
Frost-: ~**schaden** *der* frost damage; ~**schutz·mittel** *das* **1** frost protection agent **2** (Kfz-W.) antifreeze
Frottee *das u. der*; ~**s**, ~**s** terry towelling
Frottee·handtuch *das* terry towel
frottieren *tr. V.* rub; towel
frotzeln **A** *tr. V.* tease
B *itr. V.* über jmdn./etw. ~ make fun of sb/sth
Frucht *die*; ~, **Früchte** fruit
frucht·bar *Adj.* fertile; fruitful ‹*work, idea, etc.*›
Fruchtbarkeit *die*; ~; fertility; fruitfulness

Frucht·becher *der* fruit sundae
fruchten *tr. V.* nichts ~ be no use
fruchtig *Adj.* fruity
frucht·los *Adj.* fruitless, vain *‹efforts›*
Frucht·losigkeit *die*; ~~; fruitlessness
Frucht-: ~**saft** *der* fruit juice; ~**wasser**
das; Pl. ~**wässer** (Anat.) amniotic fluid;
waters *pl.* (infml)
◦ **früh** Ⓐ *Adj.* **1** early
2 (vorzeitig) premature
Ⓑ *adv.* early; **heute** ~ this morning
früh·auf von ~ from early childhood
on[wards]
Frühaufsteher *der*; ~**s**, ~,
Frühaufsteherin *die*; ~, ~**nen**
early riser
Frühe *die*; ~; **in aller** ~ at the crack of dawn
◦ **früher** Ⓐ *Adj.*; *nicht präd.* **1** (vergangen)
earlier; former
2 (ehemalig) former *‹owner, occupant, friend›*
Ⓑ *adv.* formerly; ~ **war er ganz anders** he
used to be quite different
Früh·erkennung *die* (Med.) early
recognition
frühestens *Adv.* at the earliest
Früh·geburt *die* **1** premature birth
2 (Kind) premature baby
Früh·jahr *das* spring
Frühjahrsmüdigkeit *die* springtime
tiredness
◦ **Frühling** *der*; ~**s**, ~**e** spring
Frühlings·anfang *der* first day of spring
früh-, Früh-: ~**reif** *Adj.* precocious *‹child›*;
~**schoppen** *der* morning drink; (um Mittag)
lunchtime drink; ~**sport** *der* early-morning
exercise
◦ **Früh·stück** *das*; ~**s**, ~**e** breakfast
frühstücken *itr. V.* have breakfast
Frühstücks-: ~**fernsehen** *das* breakfast
television; ~**pause** *die* morning break;
coffee break
früh-, Früh-: ~**warn·system** *das* early
warning system; ~**zeitig** Ⓐ *Adj.* early;
(vorzeitig) premature Ⓑ *adv.* early; (vorzeitig)
prematurely
Frustration *die*; ~, ~**en** (Psych.) frustration
frustrieren *tr. V.* frustrate
Fuchs *der*; ~**es**, **Füchse** fox
fuchsen *tr. V.* annoy; vex
fuchs·teufels·wild *Adj.* (ugs.) livid (infml)
Fuchtel *die*; ~; **unter jmds.** ~ (ugs.) under
sb's thumb
fuchteln *itr. V.* (ugs.) **mit etw.** ~ wave sth
about
Fuder *das*; ~**s**, ~; cartload
Fuge¹ *die*; ~, ~**n** joint; (Zwischenraum) gap
Fuge² *die*; ~, ~**n** (Musik) fugue
fügen Ⓐ *tr. V.* place; set; **etw. zu etw.** ~ (fig.)
add sth to sth
Ⓑ *refl. V.* **1** (sich ein~) **sich in etw.** (*Akk.*) ~
fit into sth

2 (gehorchen) **sich** ~ fall into line
fügsam *Adj.* obedient
fühlbar *Adj.* noticeable
◦ **fühlen** Ⓐ *tr., itr. V.* feel
Ⓑ *refl. V.* **sich krank** ~ feel sick
Fühler *der*; ~**s**, ~; feeler; antenna
Fühlungnahme *die*; ~; initial contact
fuhr *1. u. 3. Pers. Sg. Prät. v.* fahren
Fuhre *die*; ~, ~**n** load
◦ **führen** Ⓐ *tr. V.* **1** lead; **jmdn. durch ein Haus/**
eine Stadt ~ show sb around a house/town;
durch das Programm führt [Sie] Klaus Frank
Klaus Frank will present the programme
2 (verkaufen) stock, sell *‹goods›*
3 (durch~) **Gespräche/Verhandlungen** ~ hold
conversations/negotiations; **eine glückliche**
Ehe ~ be happily married
4 (leiten) manage, run *‹company, business,*
pub, etc.›; lead *‹party, country›*; command
‹regiment›
5 (Amtsspr.) drive *‹train, motor, vehicle›*
6 (als Kennzeichnung, Bezeichnung haben) bear;
einen Titel/Künstlernamen ~ have a title/use
a stage name
7 (angelegt haben) keep *‹diary, list, file›*
8 (registrieren) **jmdn. in einer Liste/Kartei** ~
have sb on a list/on file
9 (tragen) **etw. bei** *od.* **mit sich** ~ have sth on
one; **eine Waffe/einen Ausweis bei sich** ~
carry a weapon/a pass
Ⓑ *itr. V.* **1** lead
2 (an der Spitze liegen) lead; be ahead
◦ **führend** *Adj.* leading; high-ranking
‹official›; prominent *‹position›*
Führer *der*; ~**s**, ~ **1** (Leiter) leader
2 (Fremdenführer, Buch) guide
Führerin *die*; ~, ~**nen** ▶ Führer
führer-, Führer-: ~**los** Ⓐ *Adj.* leaderless;
(ohne Lenker) driverless *‹car›*
Ⓑ *adv.* ▶ A without a leader; without a
driver; ~**schein** *der* driving licence (BrE);
driver's license (AmE); ~**schein·entzug**
der disqualification from driving; driving
ban
◦ **Führung** *die*; ~, ~**en 1** ▶ führen A4
management; running; leadership;
command
2 (Fremdenführung) guided tour
3 (führende Position) lead
Führungs-: ~**kraft** *die* manager; ~**spitze**
die (Politik) top leadership; (im Betrieb) top
management; ~**zeugnis** *das; document*
issued by police certifying that holder has no
criminal record
Fuhr-: ~**unternehmer** *der*,
~**unternehmerin** *die* haulage contractor;
~**werk** *das* cart
Fülle *die*; ~ **1** wealth; abundance
2 (Körper~) corpulence
◦ **füllen** Ⓐ *tr. V.* **1** fill; (Kochk.) stuff
2 (fig.) fill in *‹gap, time›*
Ⓑ *refl. V.* (voll werden) fill [up]
Füller *der*; ~**s**, ~ (ugs.) [fountain] pen

Füll·federhalter *der* fountain pen

füllig *Adj.* corpulent, portly ‹*person*›; ample ‹*figure, bosom*›

Füllung *die*; ~, ~en stuffing; (Kochk., Zahnmed.) filling; (in Schokolade) centre

fummeln *itr. V.* (ugs.) **1** (fingern) fiddle **2** (erotisch) pet

Fund *der*; ~[e]s, ~e (auch Archäol.) find

Fundament *das*; ~[e]s, ~e **1** (Bauw.) foundations *pl.*
2 (Basis) base; basis

fundamental *Adj.* fundamental

Fundamentalismus *der*; ~; fundamentalism

Fundamentalist *der*; ~en, ~en, **Fundamentalistin** *die*; ~, ~nen fundamentalist

Fund-: ~**büro** *das* lost property office (BrE); lost and found office (AmE); ~**grube** *die* treasure house

fundieren *tr. V.* underpin

fündig *Adj.* ~ sein yield something; ~ werden make a find; (bei Bohrungen) make a strike

Fund·ort *der* place *or* site where sth is/was found

⚹ **fünf** *Kardinalz.* five

Fünf *die*; ~, ~en five; (Schulnote) E

fünf-, Fünf-: ~**eck** *das* pentagon; ~**fach** *Vervielfältigungsz.* fivefold; ~**fache** *das adj. Dekl.* five times as much; ~**hundert** *Kardinalz.* five hundred; ~**kampf** *der* (Sport) pentathlon

Fünfling *der*; ~s, ~e quintuplet; quin (infml)

fünf-: ~**mal** *Adv.* five times; ~**stellig** *Adj.* five-figure

fünft... *Ordinalz.* fifth

Fünf·tagewoche *die* five-day [working] week

fünf·tausend *Kardinalz.* five thousand

fünftel *Bruchz.* fifth

Fünftel *das* (*schweiz. meist der*) ~s, ~; fifth

fünftens *Adv.* fifthly

fünf·zehn *Kardinalz.* fifteen

fünfzig *Kardinalz.* fifty

Fünfzig *die*; ~; fifty

Fünfzigcent·stück *das* fifty-cent piece

fünfziger *indekl. Adj.* die Fünfzigerjahre the fifties

Fünfziger *der*; ~s, ~ **1** (ugs.) fifty-cent piece/fifty-euro note (etc.)
2 (50-Jähriger) fifty-year-old

Fünfzigeuro·schein *der* fifty-euro note

fünfzigst... *Ordinalz.* fiftieth

fungieren *itr. V.* als etw. ~ ‹*person*› act as sth; ‹*word etc.*› function as sth

⚹ key word
* old spelling—see note on page x

Funk *der*; ~s radio

Funk·ausstellung *die* radio and television exhibition

Funke *der*; ~ns, ~n (auch fig.) spark

funkeln *itr. V.* ‹*light, star*› twinkle; ‹*gold, diamonds*› glitter; ‹*eyes*› blaze

funken *tr. V.* radio; ‹*transmitter*› broadcast

Funker *der*; ~s, ~, **Funkerin** *die*; ~, ~nen radio operator

Funk-: ~**gerät** *das* radio set; (tragbar) walkie-talkie; ~**haus** *das* broadcasting centre; ~**kolleg** *das* radio-based [adult education] course; ~**sprech·gerät** *das* radio-telephone; (tragbar) walkie-talkie; ~**spruch** *der* radio signal; (Nachricht) radio message; ~**station** *die*, ~**stelle** *die* radio station; ~**stille** *die* radio silence; ~**streife** *die* [police] radio patrol; ~**taxi** *das* radio taxi; ~**telefon** *das* radio-telephone

⚹ **Funktion** *die*; ~, ~en function

Funktionär *der*; ~s, ~e official; functionary

⚹ **funktionieren** *itr. V.* work; function

funktions·tüchtig *Adj.* working; sound ‹*organ*›

Funk-: ~**turm** *der* radio tower; ~**verbindung** *die* radio contact

Funzel *die*; ~, ~n (ugs.) useless light

⚹ **für** *Präp.*; *mit Akk.* for; etw. ~ ungültig erklären declare sth invalid; *s. auch* was A

Furche *die*; ~, ~n **1** furrow
2 (Wagenspur) rut

Furcht *die*; ~; fear; ~ vor jmdm./etw. haben fear sb/sth

furchtbar A *Adj.* **1** dreadful
2 (ugs.) (unangenehm) terrible (infml)
B *adv.* (ugs.) terribly (infml)

fürchten A *refl. V.* sich [vor jmdm./etw.] ~ be afraid *or* frightened [of sb/sth]
B *tr. V.* be afraid of; ich fürchte, [dass] ... I'm afraid [that] ...

fürchterlich *Adj., adv.* ▶ furchtbar

furcht·los A *Adj.* fearless
B *adv.* fearlessly

furchtsam A *Adj.* timid
B *adv.* timidly

für·einander *Adv.* for one another; for each other

Furie /'fuːriə/ *die*; ~, ~n Fury

Furnier *das*; ~s, ~e veneer

Für·sorge *die*; ~ **1** care
2 (veralt.) (Sozialhilfe) welfare
3 (veralt.) (Sozialamt) social services *pl.*

für·sorglich A *Adj.* considerate
B *adv.* considerately

Für·sprache *die* support

Für·sprecher *der*, **Für·sprecherin** *die* advocate

Fürst *der*; ~en, ~en prince

Fürstentum *das*; ~s, **Fürstentümer** principality

Fürstin *die*; ~, ~nen princess

fürstlich A *Adj.* **1** royal
2 (fig.) (üppig) lavish
B *adv.* lavishly

Furt *die*; ~, ~**en** ford

Furunkel *der od. das*; ~**s**, ~; boil; furuncle

Für·wort *das*; *Pl.* -**wörter** pronoun

Furz *der*; ~**es**, **Fürze** (derb) fart (coarse);
einen ~ lassen let off a fart; **jeder** ~ (fig.) the
slightest thing

furzen *itr. V.* (derb) fart (coarse)

Fusion *die*; ~, ~**en** amalgamation; (von
Konzernen) merger

fusionieren *itr. V.* merge

ℱ **Fuß** *der*; ~**es**, **Füße** foot; (einer Lampe, Säule)
base; (von Möbeln) leg; **zu** ~ **gehen** go on
foot; walk; **bei** ~! heel!; (fig.) **auf freiem** ~
sein be at large; **auf großem** ~ **leben** live in
great style

Fuß·ball *der* **1** (Ballspiel) [Association]
football
2 (Ball) football

Fußballer *der*; ~**s**, ~, **Fußballerin** *die*; ~,
~**nen** footballer

Fußball-: ~**platz** *der* football ground;
(Spielfeld) football pitch; ~**spiel** *das*
1 football match **2** (Sportart) football *no art.*;
~**spieler** *der*, ~**spielerin** *die* football
player

Fuß·boden *der* floor

Fußboden·heizung *die* underfloor heating

fußen *itr. V.* auf etw. (*Dat.*) ~ be based on sth

Fuß·ende *das* foot

Fußgänger *der*; ~**s**, ~, **Fußgängerin**
die; ~, ~**nen** pedestrian

Fußgänger-: ~**brücke** *die* footbridge;
~**übergang** *der*, ~**überweg** *der*
pedestrian crossing; ~**unterführung** *die*
pedestrian subway; ~**zone** *die* pedestrian
precinct

Fuß-: ~**nagel** *der* toenail; ~**note** *die*
footnote; ~**stapfen** *der*; ~~**s**, ~~;
footprint; ~**tritt** *der* kick; ~**volk**
das **1** (hist.) footmen *pl.* **2** (abwertend)
(Untergeordnete) lower ranks *pl.*; ~**weg**
der footpath

futsch *Adj.* (salopp) ~ **sein** have gone for a
burton (BrE infml)

Futter¹ *das*; ~**s** (Tiernahrung) feed; (für Pferde,
Kühe) fodder

Futter² *das*; ~**s**, ~ (von Kleidungsstücken usw.)
lining

Futteral *das*; ~**s**, ~**e** case

Futter·mittel *das* animal food

füttern¹ *tr. V.* feed

füttern² *tr. V.* (mit Futter² ausstatten) line

Futter·pflanze *die* fodder plant; forage
plant

Fütterung *die*; ~, ~**en** feeding

Futur *das*; ~**s**, ~**e** (Sprachw.) future [tense]

Fuzzi *der*; ~**s**, ~**s** (salopp) bozo (sl.)

f

g

Gg

g¹, **G** /geː/ *das*; ~, ~ **1** (Buchstabe) g/G
2 (Musik) [key of] G

g² *Abk.* **1** = **Gramm** g
2 = **Groschen**

gab *1. u. 3. Pers. Sg. Prät. v.* geben

Gabe *die*; ~, ~**n 1** (geh.) (Geschenk, Talent) gift
2 (Almosen, Spende) alms *pl.*

Gabel *die*; ~, ~**n** fork; (Telefon~) cradle

gabeln *refl. V.* fork

Gabel-: ~**schlüssel** *der* flat spanner;
~**stapler** *der*; ~~**s**, ~~; forklift truck

Gabelung *die*; ~, ~**en** fork

Gaben·tisch *der* gift table

gackern *itr. V.* **1** cluck
2 (ugs.) (lachen) cackle

gaffen *itr. V.* (abwertend) gape; gawp (infml)

Gaffer *der*; ~**s**, ~, **Gafferin** *die*; ~, ~**nen**
gaper; starer

Gag /gɛk/ *der*; ~**s**, ~**s 1** (Theater, Film) gag
2 (Besonderheit) gimmick

Gage /ˈgaːʒə/ *die*; ~, ~**n** salary; (für einzelnen
Auftritt) fee

gähnen *itr. V.* (auch fig.) yawn

Gala /ˈgaːla, *auch* ˈgala/ *die*; ~; formal dress

galant A *Adj.* gallant; (amourös) amorous
B *adv.* gallantly

Gala·vorstellung *die* gala performance

Galeere *die*; ~, ~**n** galley

Galerie *die*; ~, ~**n** gallery

Galgen *der* gallows *sing.*

Galgen-: ~**frist** *die* reprieve; ~**humor** *der*
gallows humour

Galle *die*; ~, ~**n 1** (Gallenblase) gall [bladder]
2 (Sekret) (bei Tieren) gall; (bei Menschen) bile

Galopp *der*; ~**s**, ~**s** *od.* ~**e** gallop

galoppieren *itr. V.*; *meist mit sein* gallop

galt *1. u. 3. Pers. Sg. Prät. v.* **gelten**

galvanisch /gal'va:nɪʃ/ *Adj.* galvanic

Gamasche *die*; ~, ~n gaiter; (bis zum Knöchel reichend) spat

Gambe *die*; ~, ~n (Musik) viola da gamba

Gamma·strahlen *Pl.* (Physik, Med.) gamma rays

gammelig *Adj.* (ugs.) **1** bad; rotten
2 (unordentlich) scruffy

gammeln *itr. V.* **1** (ugs.) go off
2 (nichts tun) loaf around; bum around (AmE infml)

Gammler *der*; ~s, ~, **Gammlerin** *die*; ~, ~nen (ugs.) dropout (infml)

Gämse *die*; ~, ~n chamois

gang ~ und gäbe sein be quite usual

ᴔ **Gang** *der*; ~[e]s, **Gänge 1** walk; gait
2 (Besorgung) errand
3 (Verlauf) course
4 (Technik) gear
5 (Flur) (in Zügen, Gebäuden usw.) corridor; (Verbindungs~) passage[way]; (im Theater, Kino, Flugzeug) aisle
6 (Kochk.) course

gangbar *Adj.* passable; (fig.) practicable

Gängel·band *das* jmdn. am ~ führen keep sb in leading reins

gängeln *tr. V.* (ugs.) jmdn. ~ boss sb around

gang·genau *Adj.* accurate

Gang·genauigkeit *die* accuracy

gängig *Adj.* **1** (üblich) common; (aktuell) current
2 (leicht verkäuflich) popular

Gang·schaltung *die* (Technik) gear system; (Art) gear change

Gangway /'gæŋweɪ/ *die*; ~, ~s gangway

Ganove /ga'no:və/ *der*; ~n, ~n (ugs. abwertend) crook (infml)

Gans *die*; ~, **Gänse** goose

Gänse-: ~, **blümchen** *das* daisy; ~**braten** *der* roast goose; ~**füßchen** *das*; ~~s, ~~ (ugs.) ▶ Anführungsstrich; ~**haut** *die* (fig.) gooseflesh; goose pimples *pl.*; ~**marsch** im ~marsch in single *or* Indian file

Gänserich *der*; ~s, ~e gander

ᴔ **ganz** Ⓐ *Adj.* **1** (gesamt) whole; entire; den ~en Tag/das ~e Jahr all day/year
2 (ugs.) (alle) die ~en Kinder/Leute/Gläser usw. all the children/people/glasses *etc.*
3 (vollständig) whole
4 (ugs.) (ziemlich [groß]) eine ~e Menge/ein ~er Haufen quite a lot/quite a pile
5 (ugs.) (unversehrt) intact; etw. wieder ~ machen mend sth
Ⓑ *adv.* quite

ᴔ **Ganze** *das adj. Dekl.* **1** whole
2 (alles) das ~ the whole thing

gänzlich *Adv.* entirely

ganz-: ~**tägig** Ⓐ *Adj.* all-day; eine ~tägige

Arbeit a full-time job Ⓑ *adv.* all day; ~**tags** *Adv.* ~ arbeiten work full-time

Ganztags-: ~**schule** *die* all-day school; (System) all-day schooling *no art.*; ~**stelle** *die* full-time job

gar¹ *Adj.* cooked; done *pred.*

ᴔ **gar²** *Partikel* **1** (überhaupt) ~ nicht [wahr] not [true] at all; ~ nichts nothing at all; ~ niemand *od.* keiner nobody at all; ~ keines not a single one; ~ kein Geld no money at all
2 (südd., österr., schweiz.) (verstärkend) ~ zu only too
3 (geh.) (sogar) even

Garage /ga'ra:ʒə/ *die*; ~, ~n garage

Garagen-: ~**firma** *die* garage start-up; ~**wagen** *der* garaged car

Garant *der*; ~en, ~en guarantor

Garantie *die*; ~, ~n guarantee

Garantie·frist *die* guarantee period

garantieren Ⓐ *tr. V.* guarantee
Ⓑ *itr. V.* für etw. ~ guarantee sth

garantiert *Adv.* (ugs.) wir kommen ~ zu spät we're dead certain to arrive late (infml)

Garantie·schein *der* guarantee [certificate]

Garantin *die*; ~, ~nen guarantor

Garaus /'ga:ɡlaus/ jmdm. den ~ machen do sb in (infml)

Garbe *die*; ~, ~n **1** sheaf
2 (Geschoss~) burst of fire

Garde *die*; ~, ~n guard

Garderobe *die*; ~, ~n **1** wardrobe; clothes *pl.*
2 (Flur~) coat rack
3 (im Theater usw.) cloakroom; checkroom (AmE)

Garderoben·frau *die* cloakroom *or* (AmE) checkroom attendant

Gardine *die*; ~, ~n **1** net curtain
2 (landsch., veralt.) curtain

Gardinen-: ~**predigt** *die* (ugs.) telling-off (infml); (einer Ehefrau zu ihrem Mann) curtain lecture; ~**stange** *die* curtain rail

garen *tr., itr. V.* cook

gären *regelm.* (*auch unr.*) *itr. V.* ferment; (fig.) seethe

Garn *das*; ~[e]s, ~e **1** thread; (Näh~) cotton
2 (Seew.) yarn

Garnele *die*; ~, ~n shrimp

garnieren *tr. V.* **1** decorate
2 (Gastr.) garnish

Garnison *die*; ~, ~en garrison

Garnitur *die*; ~, ~en **1** set; (Wäsche) set of [matching] underwear; (Möbel) suite
2 (ugs.) die erste/zweite ~ the first/second-rate people *pl.*

garstig *Adj.* nasty; bad ‹behaviour›

Garstigkeit *die*; ~, ~en **1** nastiness
2 (Handlung) piece of nastiness

Gärtchen *das*; ~s, ~; little garden

ᴔ **Garten** *der*; ~s, **Gärten** garden

Garten-: ~**abfall** *der* garden waste;

ᴔ key word
* alte Schreibung—vgl. Hinweis auf S. x

~abfälle garden waste; ~**arbeit** *die* gardening; ~**bau** *der* horticulture; ~**fest** *das* garden party; ~**haus** *das* summer house; ~**laube** *die* summer house; garden house; ~**lokal** *das* beer garden; (Restaurant) open-air cafe; ~**schau** *die* horticultural show; ~**wirtschaft** *die* ▶ Gartenlokal; ~**zwerg** *der* **1** garden gnome **2** (salopp abwertend) little runt

Gärtner *der*; ~s, ~; gardener

Gärtnerei *die*; ~, ~en nursery

Gärtnerin *die*; ~, ~nen gardener

Gärung *die*; ~, ~en fermentation

✓ **Gas** *das*; ~es, ~e **1** gas
2 (Treibstoff) petrol (BrE); gasoline (AmE); gas (AmE infml); ~ **wegnehmen** take one's foot off the accelerator; ~ **geben** accelerate; put one's foot down (infml)

gas-, Gas-: ~**flasche** *die* gas cylinder; (für einen Herd, Ofen) gas bottle; ~**förmig** *Adj.* gaseous; ~**hahn** *der* gas tap; ~**herd** *der* gas cooker; ~**kammer** *die* gas chamber; ~**leitung** *die* gas pipe; (Hauptrohr) gas main; ~**maske** *die* gas mask; ~**pedal** *das* accelerator [pedal]; gas pedal (AmE); ~**pistole** *die* pistol that fires gas cartridges

Gasse *die*; ~, ~n lane; (österr.) street

Gassen·junge *der* (abwertend) street urchin

✓ **Gast** *der*; ~[e]s, Gäste **1** guest
2 (Besucher eines Lokals) patron
3 (Besucher) visitor

Gast-: ~**arbeiter** *der*, ~**arbeiterin** *die* immigrant or guest worker; ~**dozent** *der*, ~**dozentin** *die* (Hochschulw.) visiting lecturer

Gäste-: ~**buch** *das* guest book; ~**haus** *das* guest house; ~**zimmer** *das* (privat) guest room; spare room; (im Hotel) room

gast-, Gast-: ~**freundlich** *Adj.* hospitable; ~**freundlichkeit** *die*, ~**freundschaft** *die* hospitality; ~**geber** *der* host; ~**geberin** *die* hostess; ~**haus** *das*, ~**hof** *der* inn

gastieren *itr. V.* give a guest performance

gastlich *Adj.* hospitable

Gastlichkeit *die*; ~; hospitality

Gast·professor *der*, **Gast·professorin** *die* visiting professor

Gastronom *der*; ~en, ~en restaurateur

Gastronomie *die*; ~; catering *no art.*; (Gaststättengewerbe) restaurant trade

Gastronomin *die*; ~, ~nen restaurateur

Gast-: ~**spiel** *das* guest performance; ~**stätte** *die* public house; (Speiselokal) restaurant; ~**wirt** *der* publican; landlord; (eines Restaurants) [restaurant] proprietor; (Pächter) restaurant manager; ~**wirtin** *die* ▶ Gastwirt publican; landlady; [restaurant] proprietress or owner; restaurant manageress; ~**wirtschaft** *die* ▶ Gaststätte

Gas-: ~**vergiftung** *die* gas poisoning *no indef. art.*; ~**versorgung** *die* gas supply; ~**werk** *das* gasworks *sing.*; ~**zähler** *der* gas meter

Gatte *der*; ~n, ~n husband

Gatter *das*; ~s, ~ **1** (Zaun) fence; (Lattenzaun) fence; paling
2 (Tor) gate

Gattin *die*; ~, ~nen (geh.) wife

Gattung *die*; ~, ~en **1** kind; sort; (Kunst~) genre; form
2 (Biol.) genus

GAU *der*; ~s, ~s *Abk.* = **größter anzunehmender Unfall** MCA; maximum credible accident

Gaudi *das*; ~s (bayr., österr. *die*; ~) (ugs.) bit of fun

Gaukler *der*; ~s, ~, **Gauklerin** *die*; ~, ~nen **1** (veralt.) (Taschenspieler[in]) itinerant entertainer
2 (geh.) (Betrüger[in]) charlatan

Gaul *der*; ~[e]s, **Gäule** nag (derog.)

Gaumen *der*; ~s, ~; palate

Gauner *der*; ~s, ~ (abwertend) crook (infml); rogue

Gaunerei *die*; ~, ~en swindle

Gaunerin *die*; ~, ~nen ▶ Gauner

Gauner·sprache *die* thieves' cant or Latin

Gaze /'gaːzə/ *die*; ~, ~n gauze

geachtet *Adj.* respected

Geäst *das*; ~[e]s branches *pl.*

geb. *Abk.* **1** = **geboren**
2 = **geborene**

Gebäck *das*; ~[e]s, ~e cakes and pastries *pl.*; (Kekse) biscuits *pl.*; (Törtchen) tarts *pl.*

gebacken 2. Part. v. backen

Gebälk *das*; ~[e]s, ~e beams *pl.*; (Dach~) rafters *pl.*

gebar 1. u. 3. Pers. Sg. Prät. v. gebären

Gebärde *die*; ~, ~n gesture

gebärden refl. V. behave

✓ **gebären** *unr. tr. V.* bear; give birth to; s. auch geboren

gebär·fähig *Adj.* Frauen im ~en Alter women of child-bearing age

Gebär·mutter *die*; *Pl.* **Gebär·mütter** womb

✓ **Gebäude** *das*; ~s, ~ **1** building
2 (Gefüge) structure

gebaut *Adj.* gut ~ sein have a good figure

Gebein *das*; ~[e]s, ~e *Pl.* (geh.) bones *pl.*; (sterbliche Reste) [mortal] remains

Gebell *das*; ~[e]s barking; (der Jagdhunde) baying

✓ **geben A** *unr. tr. V.* give; jmdm. die Hand ~ shake sb's hand; ~ Sie mir bitte Herrn N. please put me through to Mr N.; Unterricht ~ teach; eins plus eins gibt zwei one and one is or makes two; etw. von sich ~ utter sth **B** *unr. tr. V.;* (unpers.) es gibt there is/are; heute gibts Fisch we're having fish today; morgen gibt es Schnee it'll snow tomorrow **C** *unr. itr. V.* **1** (Karten austeilen) deal
2 (Sport) (aufschlagen) serve

g

D *unr. refl. V.* **1** sich [natürlich/steif] ~ act *or* behave [naturally/stiffly] **2** das gibt sich noch it will get better

Gebet *das;* ~**[e]s**, ~**e** prayer

gebeten 2. *Part. v.* **bitten**

Gebets-: ~**mühle** *die* prayer wheel; ~**teppich** *der* (islam. Rel.) prayer mat

gebiert 3. *Pers. Sg. Präsens v.* **gebären**

♂ **Gebiet** *das;* ~**[e]s**, ~**e** region; area; (Staats~) territory; (Bereich, Fach) field

gebieten (geh.) **1** command; order **2** (erfordern) demand

Gebieter *der;* ~**s**, ~ (veralt.) master

Gebieterin *die;* ~, ~**nen** (veralt.) mistress

gebieterisch (geh.) *Adj.* imperious; (herrisch) domineering; peremptory <tone>

Gebiets·anspruch *der* territorial claim

Gebilde *das;* ~**s**, ~; object; (Bauwerk) structure

gebildet *Adj.* educated

Gebimmel *das;* ~**s** (ugs.) ringing; (von kleinen Glocken) tinkling

Gebirge *das;* ~**s**, ~; mountain range; im ~ in the mountains

gebirgig *Adj.* mountainous

Gebiss, *Gebiß *das;* **Gebisses**, **Gebisse** **1** set of teeth; teeth *pl.* **2** (Zahnersatz) denture; plate (infml); (für beide Kiefer) dentures *pl.*

gebissen 2. *Part. v.* **beißen**

geblasen 2. *Part. v.* **blasen**

geblichen 2. *Part. v.* **bleichen**[1]

geblümt *Adj.* flowered

Geblüt *das;* ~**[e]s** (geh.) blood

gebogen 2. *Part. v.* **biegen**

geboren **A** 2. *Part. v.* **gebären** **B** *Adj.* blind/taub ~ sein be born blind/deaf; Frau Anna Schmitz ~e Meyer Mrs Anna Schmitz née Meyer

geborgen **A** 2. *Part. v.* **bergen** **B** *Adj.* safe; secure

Geborgenheit *die;* ~; security

geborsten 2. *Part. v.* **bersten**

gebot *1. u. 3. Pers. Sg. Prät. v.* **gebieten**

Gebot *das;* ~**[e]s**, ~**e 1** (Grundsatz) precept; die Zehn ~e (Rel.) the Ten Commandments **2** (Vorschrift) regulation

geboten **A** 2. *Part. v.* **bieten**, **gebieten** **B** *Adj.* (ratsam) advisable; (notwendig) necessary

Gebr. *Abk.* = **Gebrüder** Bros.

gebracht 2. *Part. v.* **bringen**

gebrannt 2. *Part. v.* **brennen**

gebraten 2. *Part. v.* **braten**

Gebrauch *der* **1** use **2** (Brauch) custom

gebrauchen *tr. V.* use

gebräuchlich *Adj.* **1** normal; customary **2** (häufig) common

gebrauchs-, Gebrauchs-: ~**anweisung** *die* instructions *pl.* [for use]; ~**fertig** *Adj.* ready for use *pred.;* ~**gegenstand** *der* item of practical use; ~**wert** *der* utility value

gebraucht *Adj.* second-hand; used <car>

Gebraucht·wagen *der* used car

Gebrechen *das;* ~**s**, ~ (geh.) affliction

gebrechlich *Adj.* infirm

Gebrechlichkeit *die;* ~; infirmity

gebrochen **A** 2. *Part. v.* **brechen** **B** *Adj.* ~es Englisch/Deutsch broken English/German **C** *adv.* ~ Deutsch sprechen speak broken German

Gebrüder *Pl.* die ~ Meyer Meyer Brothers

Gebrüll *das;* ~**[e]s** roaring

Gebrumm *das;* ~**[e]s** (von Bären) growling; (von Flugzeugen, Bienen) droning; (von Insekten) buzz[ing]

gebückt *Adj.* in ~er Haltung bending forward

♂ **Gebühr** *die;* ~, ~**en** charge; (Maut) toll; (Anwalts~) fee

gebühren (geh.) *itr. V.* jmdm. gebührt Achtung *usw.* sb deserves respect *etc.*

Gebühren·anzeiger *der* (Fernspr.) telephone meter

gebührend **A** *Adj.* fitting **B** *adv.* fittingly

gebühren-, Gebühren-: ~**ermäßigung** *die* reduction of charges/fees; ~**frei** **A** *Adj.* free of charge *pred.* **B** *adv.* free of charge; ~**pflichtig** *Adj.* eine ~pflichtige Verwarnung a fine and a caution; ~**vignette** *die* [Swiss] motorway fee sticker

gebunden **A** 2. *Part. v.* **binden** **B** *Adj.* (verpflichtet) bound

♂ **Geburt** *die;* ~, ~**en** birth

Geburten-: ~**kontrolle** *die* birth control; ~**rate** *die* birth rate; ~**ziffer** *die* birth rate

gebürtig *Adj.* ein ~er Schwabe a Swabian by birth

Geburts-: ~**anzeige** *die* birth announcement; ~**datum** *das* date of birth; ~**haus** *das* das ~haus Beethovens the house where Beethoven was born; Beethoven's birthplace; ~**helfer** *der*, ~**helferin** *die* (Arzt, Ärztin) obstetrician; ~**hilfe** *die* (Med.) obstetrics *sing.;* (von einer Hebamme) midwifery; ~**ort** *der* place of birth; ~**stadt** *die* native town/city

♂ **Geburts·tag** *der* birthday; jmdm. zum ~ gratulieren wish sb many happy returns of the day

Geburts·urkunde *die* birth certificate

Gebüsch *das;* ~**[e]s**, ~**e** bushes *pl.*

gedacht 2. *Part. v.* **denken, gedenken**

Gedächtnis *das;* ~**ses**, ~**se 1** memory

♂ key word

* old spelling—see note on page x

g

2 (Andenken) memory
Gedächtnis-: ~**lücke** die gap in one's memory; ~**schwund** der loss of memory
gedämpft Adj. subdued ‹mood›; subdued, soft ‹light›; muffled ‹sound›
✶ **Gedanke** der; ~**ns**, ~**n 1** thought; der ~ an etw. (Akk.) the thought of sth
2 Pl. (Meinung) ideas
3 (Einfall) idea
gedanken-, Gedanken-: ~**gang** der train of thought; ~**gut** das thought; christliches ~gut Christian thought; staatszersetzendes ~gut subversive ideas pl.; ~**los** Ⓐ Adj. unconsidered; (zerstreut) absent-minded Ⓑ adv. without thinking; (zerstreut) absent-mindedly; ~**losigkeit** die; ~~ (Zerstreutheit) absent-mindedness; (Unüberlegtheit) lack of thought; ~**strich** der dash; ~**verloren** Adv. lost in thought; ~**voll** Ⓐ Adj. pensive Ⓑ adv. pensively
gedanklich Ⓐ Adj. intellectual Ⓑ adv. intellectually
Gedärm das; ~**[e]s**, ~**e** intestines pl.; bowels pl., (eines Tieres) entrails pl.
Gedeck das; ~**[e]s**, ~**e 1** place setting; cover
2 (Menü) set meal
3 (Getränk) drink [with a cover charge]
gedeihen unr. itr. V.; mit sein **1** thrive; (wirtschaftlich) flourish; prosper
2 (fortschreiten) progress
✶ **gedenken** unr. itr. V. **1** jmds./einer Sache ~ (geh.) remember sb/sth; (in einer Feier) commemorate sb/sth
2 etw. zu tun ~ intend to do or doing sth
Gedenk·stätte die memorial
Gedicht das; ~**[e]s**, ~**e** poem
gediegen Ⓐ Adj. solid ‹furniture›; sound ‹piece of work›
Ⓑ adv. ~ gebaut/verarbeitet solidly built/made
gedieh 1. u. 3. Pers. Sg. Prät. v. gedeihen
gediehen 2. Part. v. gedeihen
Gedränge das; ~**s 1** pushing and shoving; (Menge) crush; crowd
2 ins ~ kommen od. geraten get into difficulties
gedroschen 2. Part. v. dreschen
gedrungen Ⓑ 2. Part. v. dringen
Ⓑ Adj. stocky; thickset
Geduld die; ~; patience
gedulden refl. V. be patient; ~ Sie sich bitte ein paar Minuten please be so good as to wait a few minutes
geduldig Ⓐ Adj. patient Ⓑ adv. patiently
Gedulds-: ~**probe** die trial of one's patience; ~**spiel** das puzzle
gedurft 2. Part. v. dürfen
✶ **geeignet** Adj. suitable; (richtig) right
✶ **Gefahr** die; ~, ~**en 1** danger; (Bedrohung) danger; threat (für to); bei ~ in case of

emergency
2 (Risiko) risk; auf eigene ~ at one's own risk
gefährden tr. V. endanger; jeopardize ‹enterprise, success, position, etc.›
gefährdet Adj. ‹people, adolescents, etc.› at risk postpos.
Gefährdung die; ~, ~**en 1** endangering; (eines Unternehmens, einer Position usw.) jeopardizing
2 (Gefahr) threat (+ Gen. to)
gefahren 2. Part. v. fahren
✶ **gefährlich** Ⓐ Adj. dangerous; (gewagt) risky Ⓑ adv. dangerously
gefahr·los Ⓐ Adj. safe Ⓑ adv. safely
Gefährt das; ~**[e]s**, ~**e** (geh.) vehicle
Gefährte der; ~**n**, ~**n**, **Gefährtin** die; ~, ~**nen** (geh.) companion; (Ehemann/Ehefrau) partner in life
Gefälle das; ~**s**, ~; slope; incline; (einer Straße) gradient
✶ **gefallen¹** unr. itr. V. **1** das gefällt mir [gut] I like it [a lot]
2 sich (Dat.) etw. ~ lassen put up with sth
gefallen² 2. Part. v. fallen, gefallen¹
Gefallen¹ der; ~**s**, ~; favour
Gefallen² das; ~**s** pleasure
Gefallene der adj. Dekl. soldier killed in action; die ~**n** the fallen
Gefälle·strecke die incline
gefällig Ⓐ Adj. **1** obliging; helpful
2 (anziehend) pleasing; agreeable ‹programme, behaviour›
Ⓑ adv. pleasingly; agreeably
Gefälligkeit die; ~, ~**en** favour
gefälligst Adv. (ugs.) kindly
gefangen 2. Part. v. fangen
Gefangene der/die adj. Dekl. prisoner
gefangen|halten, gefangen|nehmen
▶ fangen A
Gefangenschaft die; ~, ~**en** captivity
Gefängnis das; ~**ses**, ~**se 1** prison; gaol
2 (Strafe) imprisonment
Gefängnis-: ~**strafe** die prison sentence; ~**wärter** der, ~**wärterin** die [prison] warder
Gefasel das; ~**s** (ugs. abwertend) twaddle (infml); drivel (derog.)
Gefäß das; ~**es**, ~**e 1** vessel; container
2 (Anat.) vessel
gefasst, ***gefaßt** Adj. **1** calm; composed
2 (in) auf etw. (Akk.) [nicht] ~ sein [not] be prepared for sth
Gefecht das; ~**[e]s**, ~**e** battle
Gefieder das; ~**s**, ~; plumage; feathers pl.
gefiedert Adj. feathered
geflissentlich Ⓐ Adj. deliberate Ⓑ adv. deliberately
geflochten 2. Part. v. flechten
geflogen 2. Part. v. fliegen

g

geflohen 2. *Part. v.* fliehen
geflossen 2. *Part. v.* fließen
Geflügel *das*; ~s poultry
Geflügel·schere *die* poultry shears *pl.*
geflügelt *Adj.* winged ‹*insect, seed*›; ein ~es
Wort (fig.) a standard *or* familiar quotation
gefochten 2. *Part. v.* fechten
Gefolge *das*; ~s, ~; entourage
Gefolgschaft *die*; ~, ~en; jmdm. ~ leisten
obey *or* follow sb; give one's allegiance
to sb; jmdm. die ~ verweigern refuse to
obey *or* follow sb; refuse to give sb one's
allegiance
gefragt *Adj.* in great demand *postpos.*;
sought-after
gefräßig *Adj.* (abwertend) greedy
Gefreite *der adj. Dekl.* (Milit.) lance corporal
(BrE); private first class (AmE); (Marine) able
seaman; (Luftw.) aircraftman first class (BrE);
airman third class (AmE)
gefressen 2. *Part. v.* fressen
gefrieren *unr. itr. V.*; *mit sein* freeze
gefrier-, Gefrier-: ~**fach** *das* freezing
compartment; ~**punkt** *der* freezing point;
~**schrank** *der* freezer; ~|**trocknen** *tr. V.*;
meist im Inf. u. 2. Part. freeze-dry; ~**truhe**
die [chest] freezer
gefroren 2. *Part. v.* frieren, gefrieren
gefrustet *Adj.* (ugs.) frustrated
Gefüge *das*; ~s, ~; structure
gefügig *Adj.* compliant; docile ‹*animal*›
  ✔️ **Gefühl** *das*; ~s, ~e **1** sensation; feeling
2 (Gemütsverfassung) feeling
gefühl·los *Adj.* **1** numb
2 (herzlos, kalt) unfeeling
gefühls-, Gefühls-: ~**betont** *Adj.*
emotional; ~**duselei** *die*; ~~ (ugs. abwertend)
mawkishness; ~**mäßig** *Adj.* emotional
‹*reaction*›; ‹*action*› based on emotion;
~**regung** *die* emotion
gefühl·voll **A** *Adj.* sensitive; (ausdrucksvoll)
expressive
  B *adv.* sensitively; expressively
gefüllt 2. *Part. v.* füllen
gefunden 2. *Part. v.* finden
Gegacker *das*; ~s **1** (dauerndes Gackern)
cackling
2 (ugs.) (Kichern) giggling
gegangen 2. *Part. v.* gehen
gegeben 2. *Part. v.* geben
gegebenen·falls *Adv.* should the occasion
arise
  ✔️ **gegen** *Präp.*; *mit Akk.* **1** against; ~ etw.
stoßen knock into sth; ein Mittel ~ Krebs a
cure for cancer; ~ die Abmachung contrary
to the agreement
2 ~ Abend/Morgen towards evening/dawn;
~ vier Uhr around 4 o'clock

  ✔️ key word
  * alte Schreibung—vgl. Hinweis auf S. x

3 (im Vergleich zu) compared with
4 (im Ausgleich für) for; ~ Quittung against a
receipt
Gegen-: ~**angriff** *der* counter-attack;
~**argument** *das* counter-argument;
~**besuch** *der* return visit
Gegend *die*; ~, ~en **1** area
2 (Körperregion) region
Gegen-: ~**darstellung** *die* eine
~darstellung [der Sache] an account [of the
matter] from an opposing point of view;
~**druck** *der* counter pressure
gegendert /ɡəˈɡɛndɐt/ *Adj.* gender-neutral,
non-gender-specific
gegen·einander *Adv.* against each other
or one another
gegen-, Gegen-: ~**gewicht** *das*
counterweight; ein ~gewicht zu *od.* gegen
etw. bilden (fig.) counterbalance sth;
~**gift** *das* antidote; ~**kandidat** *der*,
~**kandidatin** *die* opposing candidate; rival
candidate; ~**leistung** *die* service in return;
~**mittel** *das* (gegen Gift) antidote; (gegen
Krankheit) remedy; ~**partei** *die* opposing
side; other side; (Sport) opposing side *or*
team; ~**probe** *die* cross-check
  ✔️ **Gegen·satz** *der* **1** (Gegenteil) opposite; im ~
zu in contrast to *or* with; unlike
2 (Widerspruch) conflict
gegen-, Gegen-: ~**sätzlich** *Adj.*
conflicting; ~**schlag** *der* counterstroke;
zum ~schlag ausholen prepare to counter-
attack *or* strike back; ~**seite** *die* **1** (einer
Straße, eines Flusses usw.) other side; far side
2 ▶ Gegenpartei
  ✔️ **gegen·seitig** **A** *Adj.* (wechselseitig) mutual
  B *adv.* sich ~ helfen/überbieten help/outdo
each other *or* one another
Gegen-: ~**seitigkeit** *die*; ~**seitigkeit**
reciprocity; auf ~seitigkeit (*Dat.*) beruhen
be mutual; ~**spieler** *der*, ~**spielerin** *die*
opponent; (Sport) opposite number
  ✔️ **Gegen·stand** *der* object; (Thema) subject;
topic
gegenständlich *Adj.* (Kunst)
representational; (Philos.) objective
gegenstands·los *Adj.* **1** (hinfällig) invalid
2 (grundlos, unbegründet) unfounded ‹*accusation,
complaint, jealousy*›; baseless ‹*fear*›
gegen-, Gegen-: ~**stimme** *die* vote
against; ohne ~stimme unanimously;
~**stück** *das* companion piece; (fig.)
counterpart
  ✔️ **Gegen·teil** *das* opposite; im ~ on the
contrary
gegen-, Gegen-: ~**teilig** *Adj.* opposite;
contrary; ~**tor** *das* (Sport) goal for the other
side
  ✔️ **gegen·über** *Präp.*; *mit Dat.* **1** opposite
2 (in Bezug auf) ~ jmdm. *od.* jmdm. ~
freundlich sein be kind to sb
3 (im Vergleich zu) compared with
gegenüber-, Gegenüber-: ~|**stehen**
unr. itr. V. **1** jmdm./einer Sache ~stehen stand

facing sb/sth; (fig.) face sb/sth
2 jmdm./einer Sache feindlich/wohlwollend
~stehen be ill/well disposed towards sb/sth;
~|**stellen** *tr. V.* confront; ~**stellung** *die*
1 confrontation **2** (Vergleich) comparison
3 (zur Identifizierung) identification parade;
~|**treten** *unr. itr. V.; mit sein* jmdm./einer
Sache ~treten (auch fig.) face sb/sth
Gegen·verkehr *der* oncoming traffic
Gegenwart *die;* ~ **1** present
2 (Anwesenheit) presence
3 (Grammatik) present [tense]
✓ **gegenwärtig** ◪ *Adj.* present
◪ *adv.* at present; at the moment
Gegen-: ~**wehr** *die* resistance; ~**wert** *der*
equivalent; ~**wind** *der* head wind; ~**zug**
der (Brettspiele, fig.) countermove
gegessen *2. Part. v.* essen
geglichen *2. Part. v.* gleichen
geglitten *2. Part. v.* gleiten
✓ **Gegner** *der;* ~**s,** ~**, Gegnerin** *die;* ~**,**
~**nen 1** adversary; opponent
2 (Sport) opponent
gegnerisch *Adj.* opposing; opponents' ⟨goal⟩
Gegnerschaft *die;* ~ (Einstellung) hostility;
antagonism
gegolten *2. Part. v.* gelten
gegoren *2. Part. v.* gären
gegossen *2. Part. v.* gießen
gegriffen *2. Part. v.* greifen
Gehabe *das;* ~**s** (abwertend) affected
behaviour; **ihr wichtigtuerisches** ~ her
pompous behaviour
gehabt *Adj.* (ugs.) (schon da gewesen) same old
(infml); usual; **wie** ~ as before
Gehalt¹ *der;* ~**[e]s,** ~**e 1** meaning
2 (Anteil) content
Gehalt² *das;* österr. auch *der;* ~**[e]s, Gehälter**
salary
gehalten *2. Part. v.* halten
Gehalts-: ~**abrechnung** *die* salary
statement; payslip; ~**empfänger** *der,*
~**empfängerin** *die* salary earner;
~**erhöhung** *die* salary increase; ~**zettel**
der salary slip
gehalt·voll *Adj.* nutritious ⟨food⟩; ⟨novel,
speech⟩ rich in substance
gehässig *Adj.* (abwertend) spiteful
Gehässigkeit *die;* ~**,** ~**en 1** (Wesen)
spitefulness
2 (Äußerung) spiteful remark
gehauen *2. Part. v.* hauen
gehäuft *Adj.* **ein** ~**er Teelöffel/Esslöffel** a
heaped teaspoon/tablespoon
Gehäuse *das;* ~**s,** ~ (einer Maschine) casing;
housing; (einer Kamera, Uhr) case
geh·behindert *Adj.* able to walk only with
difficulty *postpos.;* disabled
Gehege *das;* ~**s,** ~ **1** (Jägerspr.) preserve;
jmdm. ins ~ kommen (fig.) poach on sb's

preserve; sich (*Dat.*) [gegenseitig] ins ~
kommen (fig.) encroach on each other's
territory
2 (im Zoo) enclosure
geheim ◪ *Adj.* **1** secret; **etw.** ~ **halten** keep
sth secret
2 (mysteriös) mysterious
◪ *adv.* ~ **abstimmen** vote by secret ballot
geheim-, Geheim-: ~**agent** *der,*
~**agentin** *die* secret agent; ~**dienst** *der*
secret service; **~|**halten** ▸ geheim A1
Geheimnis *das;* ~**ses,** ~**se** secret
Geheimnis·tuerei *die;* ~ (ugs.)
secretiveness
geheimnis·voll *Adj.* mysterious
Geheim·nummer *die* **1** (Bankw.) personal
identification number; PIN
2 (Telefonnummer) ex-directory number;
unlisted number (AmE)
Geheim·zahl *die* ▸ Geheimnummer 1
Geheiß *das* auf jmds. ~ (geh.) at sb's behest
✓ **gehen** ◪ *unr. itr. V.; mit sein* **1** walk; go;
über die Straße ~ cross the street
2 (sich irgendwohin begeben) go
3 (regelmäßig besuchen) attend
4 (weg~) go; leave
5 (in Funktion sein) work; **meine Uhr geht falsch**
my watch is wrong
6 (möglich sein) **ja, das geht** yes, I/we can
manage that; **das geht nicht** that can't be
done
7 (ugs.) (gerade noch angehen) **Hast du gut
geschlafen? – Es geht** Did you sleep well? –
Not too bad
8 (sich entwickeln) **der Laden/das Geschäft
geht gut/gar nicht** the shop/business is
doing well/not doing well at all; **es ist gut
gegangen** it turned out well
9 *unpers.* **wie geht es dir?** How are you?;
jmdm. **geht es gut/schlecht** (gesundheitlich)
sb is well/not well; (geschäftlich) sb is doing
well/badly
10 *unpers.* (sich um etw. handeln) **worum geht
es hier?** what is this all about?
11 sich ~ **lassen** (sich nicht beherrschen) lose
control of oneself; (sich vernachlässigen) let
oneself go
12 (ein Liebespaar sein) **mit jmdm.** ~ go out
with sb
◪ *unr. tr. V.* (zurücklegen) **10 km** ~ walk 10 km
****gehen|lassen** ▸ gehen A11
geheuer *Adj.* **1 in diesem Gebäude ist es
nicht** ~ this building is eerie
2 ihr war doch nicht [ganz] ~ she felt
[a little] uneasy
3 die Sache ist [mir] nicht ganz ~ [I feel]
there's something odd about this business
Gehilfe *der;* ~**n,** ~**n, Gehilfin** *die;* ~**,**
~**nen** assistant
✓ **Gehirn** *das;* ~**[e]s,** ~**e** brain
Gehirn-: ~**erschütterung** *die* concussion;
~**schlag** *der* stroke; ~**wäsche** *die*
brainwashing *no indef. art.*

g

gehoben A 2. *Part. v.* heben
B *Adj.* **1** higher; senior <*position*>
2 (gewählt) elevated, refined

geholfen 2. *Part. v.* helfen

Gehör *das*; ~[e]s [sense of] hearing; [etw.] nach dem ~ singen/spielen sing/play [sth] by ear; **das absolute ~** (Musik) absolute pitch

gehorchen *itr. V.* jmdm. ~ obey sb

✓ **gehören** A *itr. V.* **1** jmdm. ~ belong to sb
2 (Teil eines Ganzen sein) **zu** jmds. Freunden/ Aufgaben ~ be one of sb's friends/part of sb's duties
3 (passend sein) **dein Roller gehört nicht in die Küche!** your scooter does not belong in the kitchen!
4 (nötig sein) **es hat viel Fleiß dazu gehört** it took a lot of hard work; **dazu gehört sehr viel** that takes a lot
B *refl. V.* (sich schicken) be fitting; **es gehört sich [nicht], ... zu ...** it is [not] good manners to ...

gehörig A *Adj.* **1** proper
2 (ugs.) (beträchtlich) **ein ~er Schrecken/eine ~e Portion Mut** a good fright/a good deal of courage
B *adv.* (ugs.) (beträchtlich) ~ **essen/trinken** eat/drink heartily

gehorsam *Adj.* obedient

Gehorsam *der*; ~s obedience

Geh·steig *der*; ~[e]s, ~e pavement (BrE); sidewalk (AmE)

Geht·nicht·mehr *das* **bis zum ~** (salopp) ad nauseam

Gehupe *das*; ~s honking; hooting

Geier *der*; ~s, ~; vulture

Geige *die*; ~, ~n violin

Geiger *der*; ~s, ~, **Geigerin** *die*; ~, ~nen violin player; violinist

Geiger·zähler *der* (Physik) Geiger counter

geil *Adj.* **1** (oft abwertend) (sexuell erregt) randy; horny (sl.); (lüstern) lecherous
2 (Jugendspr.) great (infml); fabulous (infml)

Geilheit *die*; ~ ▸ **geil 1** randiness; horniness (sl.); lecherousness

Geisel *die*; ~, ~n hostage

Geisel-: ~**nahme** *die*; ~~, ~~n taking of hostages; ~**nehmer** *der*; ~~s, ~~, ~**nehmerin** *die*; ~~, ~~nen terrorist/ guerrilla *etc.* holding the hostages

Geißel *die*; ~, ~n (hist., auch fig.) scourge

✓ **Geist** *der*; ~[e]s, ~er **1** (Verstand) mind
2 (Scharfsinn) wit
3 (innere Einstellung) spirit
4 (denkender Mensch) mind; intellect; **ein großer/kleiner ~** a great mind/a person of limited intellect
5 (überirdisches Wesen) spirit; **der Heilige ~** (christl. Rel.) the Holy Ghost *or* Spirit
6 (Gespenst) ghost

✓ key word
* old spelling—see note on page x

Geister-: ~**bahn** *die* ghost train; ~**fahrer** *der*, ~**fahrerin** *die*; *person driving on the wrong side of the road or the wrong carriageway*

geisterhaft *Adj.* ghostly; eerie <*atmosphere*>

Geister·hand *die* **wie von** *od.* **durch ~** as if by an invisible hand

geistes-, Geistes-: ~**abwesend**
A *Adj.* absent-minded B *adv.* absent-mindedly; ~**blitz** *der* (ugs.) brainwave; ~**gegenwart** *die* presence of mind; ~**gegenwärtig** A *Adj.* quick-witted B *adv.* with great presence of mind; ~**krank** *Adj.* mentally ill; ~**krankheit** *die* mental illness; ~**wissenschaften** *Pl.* arts; humanities; ~**wissenschaftler** *der*, ~**wissenschaftlerin** *die* arts scholar; scholar in the humanities; ~**zustand** *der* mental state

✓ **geistig** A *Adj.* **1** intellectual; (Psych.) mental
2 alcoholic <*drinks*>
B *adv.* intellectually; (Psych.) mentally

geistlich *Adj.* sacred <*song, music*>; religious <*order, book, writings*>

Geistliche *der adj. Dekl.* clergyman

geist-, Geist-: ~**los** *Adj.* dim-witted; (trivial) trivial; ~**losigkeit** *die*; ~~; dim-wittedness; (Trivialität) triviality; ~**reich** A *Adj.* witty; (klug) clever
B *adv.* wittily; cleverly; ~**tötend** *Adj.* soul-destroying <*work, job*>; stupefyingly boring <*chatter, drivel*>

Geiz *der*; ~es meanness; (Knauserigkeit) miserliness

geizen *itr. V.* be mean

Geiz·hals *der* (abwertend) skinflint

geizig *Adj.* mean; (knauserig) miserly

gekannt 2. *Part. v.* kennen

Gekicher *das*; ~s giggling

geklungen 2. *Part. v.* klingen

geknickt *Adj.* (ugs.) dejected

gekniffen 2. *Part. v.* kneifen

gekommen 2. *Part. v.* kommen

gekonnt A 2. *Part. v.* können
B *Adj.* accomplished; (hervorragend ausgeführt) masterly

gekrochen 2. *Part. v.* kriechen

gekünstelt A *Adj.* artificial
B *adv.* **er lächelte ~** he gave a forced smile

Gelächter *das*; ~s, ~; laughter

geladen 2. *Part. v.* laden¹, laden²

Gelände *das*; ~s, ~ **1** (Landschaft) ground; terrain
2 (Grundstück) site; (von Schule, Krankenhaus usw.) grounds *pl.*

Geländer *das*; ~s, ~; banisters *pl.*; handrail; (am Balkon, an einer Brücke) railing[s *pl.*]; (aus Stein) parapet

gelang 3. *Pers. Sg. Prät. v.* gelingen

✓ **gelangen** *itr. V.*; *mit sein* **an etw.** (*Akk.*)/ **zu etw.** ~ reach sth; (fig.) **zu Ansehen ~**

gain esteem

gelassen **A** 2. *Part. v.* lassen
B *Adj.* calm; (gefasst) composed

Gelassenheit *die*; ~; calmness; (Gefasstheit) composure

Gelatine /ʒela'tiːnə/ *die*; ~; gelatine

gelaufen 2. *Part. v.* laufen

geläufig *Adj.* (vertraut) common <*expression, concept*>

gelaunt *Adj.* gut ~ cheerful; **schlecht** ~ bad-tempered; **gut/schlecht** ~ **sein** be in a good/bad mood

✓ **gelb** *Adj.* yellow

Gelb *das*; ~s, ~ *od.* (ugs.) ~s yellow

gelblich *Adj.* yellowish; yellowed <*paper*>; sallow <*skin*>

Gelb·sucht *die* (Med.) jaundice

✓ **Geld** *das*; ~es, ~er money; **großes** ~ large denominations *pl.*; **kleines/bares** ~ change/cash

geld-, Geld-: ~**automat** *der* cash dispenser; ~**beutel** *der* (bes. südd.) purse; ~**börse** *die* purse; ~**buße** *die* fine; ~**gier** *die* avarice; ~**gierig** *Adj.* avaricious; ~**haus** *das*, ~**institut** *das* financial institution; ~**karte** *die* cash card; ~**mangel** *der* lack of money; ~**mittel** *Pl.* financial resources; ~**preis** *der* cash prize; ~**rück·gabe** *die* **1** ~rückgabe verlangen ask for one's money back; **Anspruch auf** ~rückgabe **haben** be entitled to one's money back **2** (eines Automaten) coin return; ~**schein** *der* banknote; bill (AmE); ~**schrank** *der* safe; ~**schwierigkeiten** *Pl.* financial difficulties *or* straits; ~**spende** *die* donation; contribution; ~**strafe** *die* fine; ~**stück** *das* coin; ~**wäsche** *die* (ugs.) money laundering; ~**wechsel** *der* exchanging of money; „~**wechsel**" 'bureau de change'

Gelee /ʒe'leː/ *der od. das*; ~s, ~s jelly

gelegen **A** 2. *Part. v.* liegen
B *Adj.* (passend) convenient

✓ **Gelegenheit** *die*; ~, ~en opportunity; (Anlass) occasion

Gelegenheits-: ~**arbeit** *die* casual work; ~**kauf** *der* bargain

gelegentlich **A** *Adj.* occasional
B *adv.* occasionally

gelehrig *Adj.* <*child*> who is quick to learn; <*animal*> that is quick to learn

gelehrt *Adj.* learned

Gelehrte *der/die adj. Dekl.* scholar

Geleit *das*; ~[e]s, ~e (geh.) **sie bot uns ihr** ~ **an** she offered to accompany us

geleiten *tr. V.* (geh.) escort

Geleit·schutz *der* (Milit.) escort

Gelenk *das*; ~[e]s, ~e joint

gelenkig **A** *Adj.* agile <*person*>; supple <*limb*>
B *adv.* agilely

Gelenkigkeit *die*; ~; agility; (von Gliedmaßen) suppleness

gelernt *Adj.* qualified

gelesen 2. *Part. v.* lesen¹, lesen²

Geliebte *der/die adj. Dekl.* lover/mistress

geliefert *Adj.* ~ **sein** (salopp) have had it (infml)

geliehen 2. *Part. v.* leihen

gelind, gelinde **A** *Adj.* mild
B *adv.* mildly; ~**e gesagt** to put it mildly

✓ **gelingen** *unr. itr. V.; mit sein* succeed

Gelingen *das*; ~s success

gelitten 2. *Part. v.* leiden

gellen *itr. V.* **1** (hell schallen) ring out **2** (nachhallen) ring

geloben *tr. V.* (geh.) vow; **das Gelobte Land** the Promised Land

gelogen 2. *Part. v.* lügen

gelöst *Adj.* relaxed

✓ **gelten** **A** *unr. itr. V.* **1** (gültig sein) be valid; <*banknote, coin*> be legal tender; <*law etc.*> be in force **2** (angesehen werden) **als etw.** ~ be regarded as sth **3** (+ *Dat.*) (bestimmt sein für) be directed at
B *unr. tr. V.* **1** (wert sein) **sein Wort gilt viel/wenig** his word carries a lot of/little weight **2** *unpers.* **es gilt, etw. zu tun** it is essential to do sth

geltend **etw.** ~ **machen** assert sth

Geltung *die*; ~ **1** validity; **für jmdn.** ~ **haben** apply to sb **2** (Wirkung) recognition; **zur** ~ **kommen** show to [its best] advantage

Geltungs·bedürfnis *das* need for recognition

gelungen **A** 2. *Part. v.* gelingen
B *Adj.* **1** (ugs.) (spaßig) priceless **2** (ansprechend) inspired

gemächlich /ɡə'mɛ(ː)çlɪç/ **A** *Adj.* leisurely
B *adv.* in a leisurely manner

Gemächlichkeit *die*; ~; leisureliness

gemacht **ein** ~**er Mann sein** (ugs.) be a made man

Gemahl *der*; ~s, ~e (geh.) consort; husband

Gemahlin *die*; ~, ~nen (geh.) consort; wife

Gemälde *das*; ~s, ~; painting

✓ **gemäß** *Präp.; + Dat.* in accordance with

gemäßigt *Adj.* moderate; qualified <*optimism*>; temperate <*climate*>

Gemecker, Gemeckere *das* ~s **1** (von Schafen, Ziegen) bleating **2** (ugs. abwertend) (Nörgelei) griping (infml); grousing (infml); moaning

gemein **A** *Adj.* **1** vulgar <*joke, expression*>; nasty <*person*> **2** (niederträchtig) mean; dirty <*lie*>; mean <*trick*>
B *adv.* in a mean *or* nasty way

✓ **Gemeinde** *die*; ~, ~n **1** municipality;

g

(Bewohner) community
2 (Pfarr∼) parish
3 (versammelte Gottesdienstteilnehmer) congregation

Gemeinde-: ∼**rat** *der* **1** (Gremium) local council **2** (Mitglied) local councillor; ∼**rätin** *die* local councillor; ∼**schwester** *die* district nurse; ∼**verwaltung** *die* local administration

gemein·gefährlich *Adj.* dangerous to the public

Gemein·gut *das* (geh.) common property

Gemeinheit *die*; ∼, ∼**en 1** meanness **2** (Handlung) mean trick

gemein·nützig *Adj.* serving the public good *postpos., not pred.*; (wohltätig) charitable

♂ **gemeinsam** **A** *Adj.* **1** common ‹*interests, characteristics*›; mutual ‹*acquaintance, friend*›; joint ‹*property, account*›; shared ‹*experience*›; ∼**e** Interessen/Merkmale haben have interests/characteristics in common **2** (miteinander unternommen) joint; **viel Gemeinsames haben** have a lot in common **B** *adv.* together

Gemeinsamkeit *die*; ∼, ∼**en** common feature

♂ **Gemeinschaft** *die*; ∼, ∼**en 1** community **2** (Verbundenheit) coexistence

gemeinschaftlich ▸ gemeinsam

gemein·verständlich *Adj.* generally comprehensible

Gemein·wohl *das* public good

gemessen **A** *2. Part. v.* messen **B** *Adj.* (würdevoll) measured ‹*steps, tones, language*›; deliberate ‹*words, manner of speaking*›

Gemetzel *das*; ∼**s**, ∼; massacre

gemieden *2. Part. v.* meiden

Gemisch *das*; ∼**[e]s**, ∼**e** mixture (**aus, von** of)

gemocht *2. Part. v.* mögen

gemolken *2. Part. v.* melken

Gemse ▸ Gämse

Gemurmel *das*; ∼**s** murmuring

Gemüse *das*; ∼**s**, ∼; vegetables *pl.*

gemusst, *gemußt* *2. Part. v.* müssen

Gemüt *das*; ∼**[e]s**, ∼**er 1** nature **2** (Empfindungsvermögen) heart **3** (Mensch) soul

gemütlich **A** *Adj.* snug; cosy; (bequem) comfortable; (ungezwungen) informal **B** *adv.* cosily; (bequem) comfortably; ∼ **beisammensitzen** sit pleasantly together

Gemütlichkeit *die*; ∼; snugness; (Zwanglosigkeit) informality

gemüts-, Gemüts-: ∼**krank** *Adj.* (Med., Psych.) emotionally disturbed; ∼**mensch** *der* (ugs.) even-tempered person

gemüt·voll *Adj.* warm-hearted; (empfindsam) sentimental

Gen *das*; ∼**s**, ∼**e** (Biol.) gene

Gen- GM ‹*maize, rape etc.*›

genannt *2. Part. v.* nennen

genas *1. u. 3. Pers. Sg. Prät. v.* genesen

♂ **genau** **A** *Adj.* **1** (exakt) exact; precise **2** (sorgfältig, gründlich) meticulous ‹*person*›; careful ‹*study*› **B** *adv.* **1** exactly; precisely; ∼ **um 8 Uhr** at 8 o'clock precisely **2** (gerade, eben) just **3** (als Verstärkung) just **4** (als Zustimmung) exactly; precisely **5** (sorgfältig) ∼ **arbeiten/etw.** ∼ **durchdenken** work/think sth out meticulously; ∼ **genommen** strictly speaking

*genau·genommen ▸ genau B5

Genauigkeit *die*; ∼ **1** (Exaktheit) exactness; precision; (einer Waage) accuracy **2** (Sorgfalt) meticulousness

♂ **genau·so** *Adv.* **1** *mit Adjektiven* just as **2** *mit Verben* in exactly the same way; (in demselben Maße) just as much

genaustens *Adv.* etw. ∼ **durchdenken/ beachten** think sth out/observe sth most meticulously

Gendarm /ʒanˈdarm/ *der*; ∼**en**, ∼**en** (österr., sonst veralt.) village *or* local policeman *or* constable

Gendarmerie /ʒandarməˈriː/ *die*; ∼, ∼**n** (österr., sonst veralt.) village *or* local constabulary

genehm *Adj.* jmdm. ∼ **sein** (geh.) (jmdm. passen) be convenient to sb; (jmdm. angenehm sein) be acceptable to sb

genehmigen *tr. V.* approve ‹*plan, alterations, application*›; authorize ‹*stay*›; grant ‹*request*›; give permission for ‹*demonstration*›; **sich** (*Dat.*) **etw.** ∼ (ugs.) treat oneself to sth

Genehmigung *die*; ∼, ∼**en 1** ▸ genehmigen approval; authorization; granting; permission (*Gen.* for) **2** (Schriftstück) permit; (Lizenz) licence

geneigt *Adj.* (in) ∼ **sein, etw. zu tun** be inclined to do sth

General *der*; ∼**s**, ∼**e** *od.* **Generäle** general

General-: ∼**direktor** *der* chairman; president (AmE); ∼**direktorin** *die* chairwoman; president (AmE)

generalisieren *tr., itr. V.* generalize

Generalisierung *die*; ∼, ∼**en** generalization

general-, General-: ∼**probe** *die* (auch fig.) dress rehearsal; ∼**streik** *der* general strike; ∼**überholen** *tr. V.; nur im Inf. und 2. Part. gebr.* (bes. Technik) etw. ∼überholen give sth a general overhaul; ∼**vertreter** *der*, ∼**vertreterin** *die* general representative; ∼**vollmacht** *die* (Rechtsw.) full *or* unlimited power of attorney

---

♂ key word
* alte Schreibung—vgl. Hinweis auf S. x

ᵍ **Generation** *die*; ~, ~en generation
Generations·konflikt *der* generation gap
Generator *der*; ~s, ~en generator
ᵍ **generell** **A** *Adj.* general
  B *adv.* generally
genervt *Adj.* annoyed
genesen *unr. itr. V.*; *mit sein* (geh.) recover
Genesung *die*; ~, ~en (geh.) recovery
genetisch (Biol.) *Adj.* genetic
Genf *(das)*; ~s Geneva
Genfer **A** *der*; ~s, ~; Genevese
  B *Adj.* Genevese; **der ~** See Lake Geneva
Genferin *die*; ~, ~nen Genevese
Gen·forschung *die* (Biol.) genetic research
genial *Adj.* brilliant
Genialität *die*; ~; genius
Genick *das*; ~[e]s, ~e back *or* nape of the
  neck
Genie /ʒeˈniː/ *das*; ~s, ~s genius
genieren /ʒeˈniːrən/ *refl. V.* be embarrassed
genießbar *Adj.* (essbar) edible; (trinkbar)
  drinkable; **er ist heute nicht ~** (fig. ugs.) he is
  unbearable today
ᵍ **genießen** *unr. tr. V.* enjoy
Genießer *der*; ~s, ~, **Genießerin** *die*;
  ~, ~nen **er ist ein richtiger Genießer** he
  is a regular 'bon viveur'; **sie ist eine stille**
  Genießerin she enjoys life [to the full] in her
  own quiet way
genießerisch **A** *Adj.* appreciative
  B *adv.* appreciatively; <*drink, eat*> with
  relish
Genitale *das*; ~s, **Genitalien** /geniˈtaːli̯ən/,
  Genital·organ *das* genital organ
Genitiv *der*; ~s, ~e (Sprachw.) genitive [case]
Gen·manipulation *die* genetic
  manipulation
gen·manipuliert *Adj.* genetically
  engineered; genetically manipulated
Genom /geˈnoːm/ *das*; ~s, ~e (Biol.) genome
genommen *2. Part. v.* nehmen
genoss, *genoß* *1. u. 3. Pers. Sg. Prät. v.*
  genießen
Genosse *der*; ~n, ~n comrade
genossen *2. Part. v.* genießen
Genossenschaft *die*; ~, ~en cooperative
Genossin *die*; ~, ~nen comrade
gen-, Gen-: ~**technik** *die* genetic
  engineering *no art.*; ~**technisch** **A** *Adj.*
  genetic engineering <*techniques, research*
  etc.>; <*research, developments etc.*> in genetic
  engineering **B** *adv.* by genetic engineering;
  ~**technisch verändert** genetically altered *or*
  modified; altered *or* modified by genetic
  engineering; ~**technologie** *die* genetic
  engineering *no art.*; ~**test** *der* genetic test;
  genetic testing *no art.*
ᵍ **genug** *Adv.* enough
genügen *itr. V.* **1** be enough

  2 einer Sache (*Dat.*) **~** satisfy sth
genügend **A** *Adj.* **1** enough
  2 (befriedigend) satisfactory
  B *adv.* enough
genügsam *Adj.* modest
Genugtuung /-tuːʊŋ/ *die*; ~, ~en
  satisfaction
Genus *das*; ~, **Genera** (Sprachw.) gender
Genuss, *Genuß der*; **Genusses**,
  Genüsse **1** consumption
  2 (Wohlbehagen) **etw. mit ~ essen/lesen** eat
  sth with relish/enjoy reading sth
genüsslich, *genüßlich Adv.* <*eat, drink*>
  with relish
gen·verändert *Adj.* genetically modified
Geograph *der*; ~en, ~en geographer
Geographie *die*; ~; geography *no art.*
Geographin *die*; ~, ~nen geographer
geographisch *Adj.* geographic[al]
Geologe *der*; ~n, ~n geologist
Geologie *die*; ~; geology *no art.*
Geologin *die*; ~, ~nen geologist
geologisch *Adj.* geological
Geometrie *die*; ~; geometry *no art.*
geometrisch *Adj.* geometric[al]
Gepäck *das*; ~[e]s luggage (BrE); baggage
  (AmE); (am Flughafen) baggage
Gepäck-: ~**annahme** *die* **1** checking in the
  luggage/baggage **2** (Schalter) [in-counter of
  the] luggage office (BrE) *or* baggage office
  (AmE); (zur Aufbewahrung) [in-counter of the]
  left-luggage office (BrE) *or* checkroom
  (AmE); (am Flughafen) baggage check-in;
  ~**aufbewahrung** *die* left-luggage
  office (BrE); checkroom (AmE); (Schließfächer)
  luggage lockers (BrE); baggage lockers
  (AmE); ~**ausgabe** *die* [out-counter of
  the] luggage office (BrE) *or* (AmE) baggage
  office; (zur Aufbewahrung) [out-counter of the]
  left-luggage office (BrE) *or* (AmE) checkroom;
  (am Flughafen) baggage reclaim; ~**kontrolle**
  die baggage check; ~**netz** *das* luggage rack
  (BrE); baggage rack (AmE); ~**schalter** *der*
  ▸ Gepäckannahme 2; ~**schein** *der* luggage
  ticket (BrE); baggage check (AmE); ~**träger**
  der **1** porter **2** (am Fahrrad) carrier; rack
Gepard *der*; ~s, ~e cheetah; hunting
  leopard
gepfeffert *Adj.* (ugs.) steep (infml) <*price,*
  rent, etc.>
Gepfeife *das*; ~s (ugs. abwertend)
  [continuous, tuneless] whistling
gepfiffen *2. Part. v.* pfeifen
gepflegt *Adj.* **1** well-groomed; spruce
  <*appearance*>; neat <*clothing*>
  2 (hochwertig) choice <*food, drink*>
Gepflogenheit *die*; ~, ~en (geh.) custom;
  (Gewohnheit) habit
Geplapper *das*; ~s (ugs., oft abwertend)
  prattling

g

geplättet *Adj.* (salopp) flabbergasted
Gepolter *das*; ~**s** clatter
gepriesen 2. *Part. v.* preisen
Gequake *das*; ~**s** (ugs.) croaking; (von Enten) quacking
Gequäke *das*; ~**s** (ugs.) bawling
gequält *Adj.* forced <*smile, gaiety*>; pained <*expression*>
gequollen 2. *Part. v.* quellen
⚲ **gerade** Ⓐ *Adj.* **1** straight; etw. ~ biegen bend sth straight; straighten sth [out]; ~ stehen stand up straight **2** (nicht schief) upright **3** (aufrichtig) forthright; direct **4** (Math.) even <*number*> Ⓑ *Adv.* just; (direkt) right
Gerade *die*; ~, ~**n** auch adj. Dekl. (Geom.) straight line
gerade-: ~**aus** *Adv.* straight ahead; ~**|biegen** *unr. tr. V.* (ugs.) (bereinigen) straighten out; ~**heraus** /----/ *Adv.* (ugs.) etw. ~heraus sagen say sth straight out; ~**so** *Adv.* ~so groß/lang wie ... just as big/long as ...; ~**|stehen** *unr. itr. V.* (fig.) (einstehen) für etw. ~stehen accept responsibility for sth; ~**zu** *Adv.* really; (beinahe) almost
gerad-, Gerad-: ~**linig** Ⓐ *Adj.* **1** straight; direct, lineal <*descent, descendant*> **2** (aufrichtig) straightforward Ⓑ *adv.* **1** ~linig verlaufen run in a straight line **2** (aufrichtig) ~linig handeln/denken be straightforward; ~**linigkeit** *die*; ~~ **1** straightness **2** (Aufrichtigkeit) straightforwardness
gerammelt *Adv.* ~ voll (ugs.) [jam-]packed (infml); packed out (infml)
Geranie /geˈraːni̯ə/ *die*; ~, ~**n** geranium
gerann 3. *Pers. Sg. Prät. v.* gerinnen
gerannt 2. *Part. v.* rennen
gerät 3. *Pers. Sg. Präsens v.* geraten[1]
⚲ **Gerät** *das*; ~**[e]s**, ~**e 1** piece of equipment; (Fernseher, Radio) set; (Garten~) tool **2** (Turnen) piece of apparatus
⚲ **geraten[1]** *unr. itr. V.*; mit sein **1** (gelangen) get **2** (werden) turn out; (gut ~) turn out well
geraten[2] Ⓐ 2. *Part. v.* raten, geraten[1] Ⓑ *Adj.* advisable
Geratewohl aufs ~ (ugs.) <*select*> at random; wir fuhren aufs ~ los (ugs.) we went for a drive just to see where we ended up
geraum *Adj.* (geh.) considerable
geräumig *Adj.* spacious <*room*>; roomy <*cupboard etc.*>
Geräusch *das*; ~**[e]s**, ~**e** sound; (unerwünscht) noise
geräusch-, Geräusch-: ~**arm** Ⓐ *Adj.* quiet Ⓑ *adv.* quietly; ~**los** Ⓐ *Adj.* silent Ⓑ *adv.* **1** silently **2** (fig. ugs.) without [any]

fuss; ~**pegel** *der* noise level; ~**voll** *Adj.* noisy
gerben *tr. V.* tan <*hides, skins*>
gerecht Ⓐ *Adj.* just; (unparteiisch) fair Ⓑ *adv.* justly
gerechtfertigt *Adj.* justified
Gerechtigkeit *die*; ~; justice
Gerechtigkeits·sinn *der* sense of justice
Gerede *das*; ~**s** (abwertend) **1** (ugs.) talk **2** (Klatsch) gossip
geregelt *Adj.* regular, steady <*job*>
gereizt *Adj.* irritable
Gericht[1] *das*; ~**[e]s**, ~**e** court; (Richter) bench; (Gebäude) court [house]; das Jüngste ~ (Rel.) the Last Judgement
⚲ **Gericht[2]** *das*; ~**[e]s**, ~**e** dish
gerichtlich Ⓐ *Adj.* judicial; legal <*proceedings*> Ⓑ *adv.* jmdn. ~ verfolgen take sb to court
Gerichts-: ~**hof** *der* Court of Justice; ~**kosten** *Pl.* legal costs; ~**saal** *der* courtroom; ~**verfahren** *das* legal proceedings *pl.*; ein ~verfahren einleiten institute legal *or* court proceedings; ohne ~verfahren without trial; ~**vollzieher** *der*; ~~**s**, ~~, ~**vollzieherin** *die*; ~~, ~~**nen** bailiff
gerieben 2. *Part. v.* reiben
geriffelt *Adj.* corrugated <*surface, sheet metal*>; fluted <*column*>; ribbed <*glass*>
⚲ **gering** *Adj.* **1** low; little <*value*>; small <*quantity, amount*>; short <*distance, time*> **2** (unbedeutend) slight; minor <*role*>; nicht im Geringsten not in the slightest *or* least; jmdn./etw. ~ achten *od.* schätzen have a low opinion of *or* think very little of sb/sth; den Erfolg/Reichtümer ~ achten *od.* schätzen set little store by success/riches
geringfügig Ⓐ *Adj.* slight; minor <*alteration, injury*>; trivial <*amount, detail*> Ⓑ *adv.* slightly
Geringfügigkeit *die*; ~, ~**en** triviality
*****gering|schätzen** ▶ gering 2
geringschätzig *Adj.* disdainful; disparaging <*remark*>
gerinnen *unr. itr. V.*; mit sein <*blood*> clot; <*milk*> curdle
Gerippe *das*; ~**s**, ~; skeleton
gerippt *Adj.* ribbed; fluted <*glass, column*>
gerissen Ⓐ 2. *Part. v.* reißen Ⓑ *Adj.* (ugs.) crafty
geritten 2. *Part. v.* reiten
geritzt *Adj.* (salopp) etw. ist ~ sth is [all] settled; ist ~! will do! (infml)
Germane *der*; ~**n**, ~**n**, **Germanin** *die*; ~, ~**nen** (hist.) ancient German; Teuton
germanisch *Adj.* (auch fig.) Germanic; Teutonic
Germanistik *die*; ~; German studies *pl.*, no art.
⚲ **gern, gerne; lieber, am liebsten** *Adv.*

⚲ key word
* old spelling—see note on page x

1 etw. ~ **tun** like *or* enjoy doing sth; **er spielt lieber Tennis als Golf** he prefers playing tennis to golf; **etw.** ~**/am liebsten essen** like sth/like sth best; **ja,** ~**/aber** ~ yes, of course; certainly!
2 (durchaus) **das glaube ich** ~ I can well believe that

gerọchen 2. *Part. v.* riechen

Gerọ̈ll *das*; ~**s,** ~**e** debris; (größer) boulders *pl.*

gerọnnen 2. *Part. v.* rinnen, gerinnen

Gẹrste *die*; ~; barley

Gẹrsten·korn *das* (Med.) sty

Gẹrte *die*; ~, ~**n** switch

Gerụch *der*; ~**[e]s, Gerüche** smell; (von Blumen) scent

Gerụ̈cht *das*; ~**[e]s,** ~**e** rumour

gerụfen 2. *Part. v.* rufen

gerụhsam A *Adj.* peaceful; leisurely ‹*stroll*› **B** *adv.* leisurely; quietly

Gerụhsamkeit *die*; ~; peacefulness; (eines Spaziergangs) leisureliness

Gerụ̈mpel *das*; ~**s** junk

gerụngen 2. *Part. v.* ringen

Gerụ̈st *das*; ~**[e]s,** ~**e** scaffolding *no pl., no indef. art.*

⚔ **gesạmt** *Adj.* whole; entire

gesạmt-, Gesạmt-: ~**deutsch** *Adj.* all-German; ~**eindruck** *der* general impression

Gesạmtheit *die* **die** ~ **der Bevölkerung** the entire population

Gesạmt-: ~**schule** *die* comprehensive [school]; ~**werk** *das* oeuvre; (Bücher) complete works *pl.*

gesạndt 2. *Part. v.* senden¹, senden²

Gesạndte *der/die adj. Dekl.* envoy

Gesạndtschaft *die*; ~, ~**en** legation

Gesạng *der*; ~**[e]s, Gesänge 1** singing
2 (Lied) song

Gesạng-: ~**buch** *das* hymn book; ~**verein** *der* choral society

Gesạ̈ß *das*; ~**es,** ~**e** backside; buttocks *pl.*

geschạffen 2. *Part. v.* schaffen A

⚔ **Geschạ̈ft** *das*; ~**[e]s,** ~**e 1** business; (Transaktion) [business] deal; **mit jmdm.** ~**e/ ein** ~ **machen** do business with sb/strike a bargain *or* do a deal with sb; **ein gutes** ~ **machen** make a good profit
2 (Laden) shop; store (AmE)

Geschạ̈fte·macher *der*, **Geschạ̈fte·macherin** *die* (abwertend) profit-seeker

geschạ̈ftig *Adj.* bustling

geschạ̈ftlich A *Adj.* business *attrib.* **B** *adv.* on business

Geschạ̈fts-: ~**bedingungen** *Pl.* terms [and conditions] of trade; ~**brief** *der* business letter; ~**frau** *die* businesswoman; ~**freund** *der*, ~**freundin** *die* business associate

⚔ **Geschạ̈fts·führer** *der* manager; (Vereinswesen) secretary

geschạ̈fts-, Geschạ̈fts-: ~**führerin** *die* ▸ Geschäftsführer manageress; secretary; ~**führung** *die* management; ~**gebaren** *das* business *no art.*; business practices *pl.*; ~**inhaber** *der*, ~**inhaberin** *die* owner of the/a business; ~**jahr** *das* financial year; ~**kosten** *Pl.* auf ~kosten on expenses; ~**lage** *die* [business] position; ~**leitung** *die* ▸ Geschäftsführung; ~**leute** ▸ Geschäftsmann; ~**mann** *der*; *Pl.* ~**leute** businessman; ~**ordnung** *die* standing orders *pl.*; (im Parlament) [rules *pl.* of] procedure; ~**partner** *der*, ~**partnerin** *die* business partner; ~**reise** *die* business trip; ~**schluss** *der* closing time; ~**stelle** *die* branch; (einer Partei, eines Vereins) office; ~**straße** *die* shopping street; ~**tüchtig** *Adj.* able ‹*businessman, landlord, etc.*›; ~**viertel** *das* business quarter; (Einkaufszentrum) shopping district; ~**wagen** *der* company car; ~**zeit** *die* business hours *pl.*; (im Büro) office hours *pl.*

geschạh 3. *Pers. Sg. Prät. v.* geschehen

⚔ **geschẹhen** *unr. itr. V.; mit sein* happen; occur; (ausgeführt werden) be done; **jmdm. geschieht etw.** sth happens to sb

geschẹit *Adj.* **1** (Intelligent) clever
2 (ugs.) (vernünftig) sensible

Geschẹitheit *die*; ~; cleverness

⚔ **Geschẹnk** *das*; ~**[e]s,** ~**e** present; gift

Geschẹnk-: ~**artikel** *der* gift; ~**packung** *die* gift pack

⚔ **Geschịchte** *die*; ~, ~**n 1** history
2 (Erzählung) story

geschịchtlich *Adj.* **1** historical
2 (bedeutungsvoll) historic

Geschịchts-: ~**atlas** *der* historical atlas; ~**buch** *das* history book

Geschịck¹ *das*; ~**[e]s,** ~**e** (geh.) fate

Geschịck² *das*; ~**[e]s** skill

Geschịcklichkeit *die*; ~; skilfulness; skill

geschịckt A *Adj.* **1** skilful
2 (klug) clever; adroit **B** *adv.* **1** (gewandt) skilfully
2 (klug) cleverly; adroitly

geschịeden 2. *Part. v.* scheiden

geschịenen 2. *Part. v.* scheinen

Geschịrr *das*; ~**[e]s,** ~**e 1** crockery; (benutzt) dishes *pl.*
2 (für Zugtier) harness

Geschịrr-: ~**spül·maschine** *die* dishwasher; ~**spülmittel** *das* washing-up liquid; ~**tuch** *das*; *Pl.* ~**tücher** tea towel; dish towel (AmE)

geschịssen 2. *Part. v.* scheißen

geschlạfen 2. *Part. v.* schlafen

geschlạgen 2. *Part. v.* schlagen

Geschlẹcht *das*; ~**[e]s,** ~**er 1** sex
2 (Generation) generation
3 (Sippe) family
4 (Sprachw.) gender

geschlẹchtlich Adj. sexual
geschlẹchts-, Geschlẹchts-: ~**akt** der
sex[ual] act; ~**chromosom** das (Biol.) sex
chromosome; ~**krank** Adj. <person> suffering
from VD; ~**krankheit** die venereal disease;
~**organ** das sex[ual] organ; genital organ;
~**teil** das genitals pl.; ~**verkehr** der sexual
intercourse; ~**wort** das ▸ Artikel 1
geschlịchen 2. Part. v. schleichen
geschlịffen Ⓐ 2. Part. v. schleifen¹
  Ⓑ Adj. polished
geschlọssen Ⓐ 2. Part. v. schließen
  Ⓑ Adj. united <action, front>; unified
  <procedure>; eine ~e Ortschaft a built-up
  area
Geschlọssenheit die; ~; unity
geschlụngen 2. Part. v. schlingen
Geschmạck der; ~[e]s, **Geschmặcke**
taste
geschmạcklos Ⓐ Adj. tasteless
  Ⓑ adv. tastelessly
Geschmạcklosigkeit die; ~, ~en lack of
[good] taste; bad taste; (Äußerung) tasteless
remark
Geschmạcks·sache, Geschmạck·sache
die das ist ~ that is a question or matter of
taste
geschmạck·voll Ⓐ Adj. tasteful
  Ⓑ adv. tastefully
Geschmạtze das; ~s (ugs. abwertend)
smacking one's lips no art.; (beim Essen) noisy
eating no art.
Geschmeide das; ~s, ~ (geh.) jewellery
no pl.
geschmeidig Ⓐ Adj. 1 sleek <hair, fur>;
soft <leather, boots, skin>
  2 (gelenkig) supple <fingers>; lithe <body,
  movement, person>
  Ⓑ adv. (gelenkig) agilely
Geschmeidigkeit die; ~ ▸ geschmeidig A
sleekness; suppleness; softness; litheness
geschmịssen 2. Part. v. schmeißen
geschmọlzen 2. Part. v. schmelzen
Geschmụse das; ~s (ugs.) cuddling; (eines
Pärchens) kissing and cuddling
Geschnẹtzelte das adj. Dekl.: small, thin
slices of meat [cooked in sauce]
geschnịtten 2. Part. v. schneiden
geschoben 2. Part. v. schieben
geschọllen 2. Part. v. schallen
geschọlten 2. Part. v. schelten
Geschöpf das; ~[e]s, ~e creature
geschoren 2. Part. v. scheren¹
Geschọss¹, *Geschọß das; **Geschọsses,**
Geschọsse projectile; (Kugel) bullet;
(Rakete) missile
Geschọss², *Geschọß das; **Geschọsses,**
Geschọsse floor; storey

geschọssen 2. Part. v. schießen
geschraubt Adj. (ugs.) stilted
Geschrei das; ~**s 1** shouting; (von Verletzten,
Tieren) screaming; screams pl.
  2 (ugs. fig) fuss
geschrieben 2. Part. v. schreiben
geschrieen, geschrien 2. Part. v. schreien
geschrịtten 2. Part. v. schreiten
geschụnden 2. Part. v. schinden
Geschütz das; ~**es,** ~**e** [big] gun
Geschütz·feuer das artillery fire; shell fire
geschützt Adj. **1** sheltered
  2 (unter Naturschutz) protected
  3 ~er Geschlechtsverkehr sex with a condom
Geschwạder das; ~**s,** ~ (Marine) squadron;
(Luftwaffe) wing (BrE); group (AmE)
Geschwätz das; ~**es** (ugs. abwertend)
prattling; (Klatsch) gossip
geschwätzig Adj. (abwertend) talkative
geschweige Konj. ~ [denn] let alone; never
mind
geschwiegen 2. Part. v. schweigen
geschwịnd (bes. südd.) Ⓐ Adj. swift; quick
  Ⓑ adv. swiftly; quickly
♂ **Geschwịndigkeit** die; ~, ~en speed
Geschwịndigkeits·begrenzung die,
  Geschwịndigkeits·beschränkung
die speed limit
Geschwịster Pl. brothers and sisters
geschwọllen Ⓐ 2. Part. v. schwellen
  Ⓑ Adj. **1** swollen
  2 (fig. abwertend) pompous
  Ⓒ adv. pompously
geschwọmmen 2. Part. v. schwimmen
geschwọren 2. Part. v. schwören
Geschworene der/die adj. Dekl. juror
Geschwụlst die; ~, **Geschwülste** tumour
geschwụnden 2. Part. v. schwinden
geschwụngen Ⓐ 2. Part. v. schwingen
  Ⓑ Adj. curved
Geschwür das; ~**s,** ~**e** ulcer; (Furunkel) boil
gesehen 2. Part v. sehen
Geseire das; ~**s** (ugs.) drivel
Gesẹlle der; ~**n,** ~**n** journeyman; (Kerl)
fellow
gesẹllen refl. V. sich zu jmdm. ~ join sb
gesẹllig Adj. sociable; ein ~er Abend/~es
Beisammensein a convivial evening/a
friendly get-together
Gesẹlligkeit die; ~; die ~ lieben enjoy
[good] company
Gesẹllin die; ~, ~**nen** journeyman;
journeywoman (rare)
♂ **Gesẹllschaft** die; ~, ~**en 1** society
  2 (Veranstaltung) party
  3 (Kreis von Menschen) group of people
  4 (Wirtschaft) company
Gesẹllschafter der; ~**s,** ~ **1** ein guter ~
sein be good company
  2 (Wirtsch.) partner; (Teilhaber) shareholder

Gesellschafterin *die*; ～, ～**nen 1** [lady] companion
2 (Wirtsch.) partner; (Teilhaberin) shareholder
⚬ **gesellschaftlich** *Adj.* social
gesellschafts-, Gesellschafts-: ～**fähig** *Adj.* (auch fig.) socially acceptable; ～**ordnung** *die* social order; ～**reise** *die* group tour; ～**schicht** *die* stratum of society; ～**spiel** *das* party game
gesessen *2. Part. v.* sitzen
⚬ **Gesetz** *das*; ～**es**, ～**e 1** law; (geschrieben) statute
2 (Regel) rule
gesetz-, Gesetz-: ～**buch** *das* statute book; ～**gebend** *Adj.* legislative; ～**geber** *der* legislator; (Organ) legislature; ～**gebung** *die*; ～; legislation
⚬ **gesetzlich** Ⓐ *Adj.* legal; statutory ‹*holiday*›; lawful ‹*heir, claim*›
Ⓑ *adv.* legally
gesetz-, Gesetz-: ～**los** *Adj.* lawless; ～**losigkeit** *die*; ～～; lawlessness; ～**mäßig** Ⓐ *Adj.* **1** law-governed; ～**mäßig sein** be governed by *or* obey a [natural] law/[natural] laws **2** (gesetzlich) legal; (rechtmäßig) lawful Ⓑ *adv.* in accordance with a [natural] law/[natural] laws; ～**mäßigkeit** *die* **1** conformity to a [natural] law/[natural] laws **2** (Gesetzlichkeit) legality; (Rechtmäßigkeit) lawfulness
gesetzt *Adj.* staid
Gesetztheit *die*; ～; staidness
gesetz·widrig *Adj.* illegal; unlawful
Gesetz·widrigkeit *die* illegality; unlawfulness
⚬ **Gesicht** *das*; ～**[e]s**, ～**er** face; (fig.) **das** ～ **einer Stadt** the appearance of a town
Gesichts-: ～**ausdruck** *der* expression; look; ～**creme** *die* face cream; ～**punkt** *der* point of view; ～**wasser** *das* face lotion; ～**züge** *Pl.* features
Gesindel *das*; ～**s** (abwertend) rabble
gesinnt *Adj.* christlich/sozial ～ [sein] [be] Christian-minded/public-spirited; **jmdm. freundlich** ～ **sein** be well-disposed towards sb
Gesinnung *die*; ～, ～**en** [basic] convictions *pl.*; [fundamental] beliefs *pl.*
gesinnungs-, Gesinnungs-: ～**los** *Adj.* (abwertend) unprincipled; ～**wandel** *der* change of attitude
gesittet *Adj.* well-behaved; well-mannered
gesogen *2. Part. v.* saugen
gesondert Ⓐ *Adj.* separate
Ⓑ *adv.* separately
gesonnen *Adj.* ～ **sein, etw. zu tun** feel disposed to do sth
gesotten *2. Part. v.* sieden
Gespann *das*; ～**[e]s**, ～**e 1** (Zugtiere) team
2 (Wagen) horse and carriage
3 (Menschen) couple; pair

gespannt *Adj.* **1** eager; rapt ‹*attention*›; ～ **zuhören** listen with rapt attention
2 tense ‹*situation, atmosphere*›; strained ‹*relationships*›
Gespenst *das*; ～**[e]s**, ～**er 1** ghost
2 (geh.) (Gefahr) spectre
gespenstig, gespenstisch *Adj.* ghostly; eerie ‹*building, atmosphere*›
gespieen, gespien *2. Part. v.* speien
gesponnen *2. Part. v.* spinnen
Gespött *das*; ～**[e]s** mockery; ridicule
⚬ **Gespräch** *das*; ～**[e]s**, ～**e** conversation; (Diskussion) discussion; (Telefon～) call (mit to)
gesprächig *Adj.* talkative
Gesprächs-: ～**partner** *der*, ～**partnerin** *die* **wer war dein** ～**partner/deine** ～**partnerin?** who were you talking to?; ～**stoff** *der* topics *pl.* of conversation; ～**thema** *das* topic of conversation
gesprochen *2. Part. v.* sprechen
gesprossen *2. Part. v.* sprießen
gesprungen *2. Part. v.* springen
Gespür *das*; ～**s** feel
gest. *Abk.* = gestorben d.
Gestalt *die*; ～, ～**en 1** build
2 (Mensch, Persönlichkeit) figure
3 (in der Dichtung) character
4 (Form) form
⚬ **gestalten** *tr. V.* fashion; lay out ‹*public gardens*›; shape ‹*character, personality*›; arrange ‹*party, conference, etc.*›
⚬ **Gestaltung** *die*; ～, ～**en** ▸ gestalten fashioning; laying out; arranging
gestand *1. u. 3. Pers. Sg. Prät. v.* gestehen
gestanden Ⓐ *2. Part. v.* stehen, gestehen
Ⓑ *Adj.* **ein** ～**er Mann** a grown man; **ein** ～**er Parlamentarier** an experienced *or* seasoned parliamentarian
geständig *Adj.* ～ **sein** have confessed
Geständnis *das*; ～**ses**, ～**se** confession
Gestank *der*; ～**[e]s** (abwertend) stench; stink
Gestapo *die*; ～ (ns.) Gestapo
gestatten Ⓐ *tr., itr. V.* permit; allow; ～ **Sie, dass ich ...** may I ...?
Ⓑ *refl. V.* sich (Dat.) etw. ～ allow oneself sth
Geste /'ɡɛstə, 'ɡeːstə/ *die*; ～, ～**n** (auch fig.) gesture
Gesteck *das*; ～**[e]s**, ～**e** flower arrangement
gestehen *tr. V., itr. V.* confess
Gestein *das*; ～**[e]s**, ～**e** rock
Gestell *das*; ～**[e]s**, ～**e 1** (für Weinflaschen) rack; (zum Wäschetrocknen) horse
2 (Unterbau) frame
⚬ **gestern** *Adv.* yesterday
gestiegen *2. Part. v.* steigen
gestikulieren *itr. V.* gesticulate
Gestirn *das*; ～**[e]s**, ～**e** star
gestochen Ⓐ *2. Part. v.* stechen
Ⓑ *Adj.* extremely neat ‹*handwriting*›

g

gestohlen 2. *Part. v.* stehlen

Gestöhne *das*; ~s groaning

gestorben 2. *Part. v.* sterben

gestoßen 2. *Part. v.* stoßen

Gestrampel *das*; ~s (ugs.) kicking about; (beim Radfahren) pedalling

Gesträuch *das*; ~[e]s, ~e shrubbery; bushes *pl.*

gestreift *Adj.* striped

gestrichen **A** 2. *Part. v.* streichen
B *Adj.* level ‹*measure*›

gestrig *Adj.* yesterday's

gestritten 2. *Part. v.* streiten

Gestrüpp *das*; ~[e]s, ~e undergrowth

gestunken 2. *Part. v.* stinken

Gestüt *das*; ~[e]s, ~e stud [farm]

Gesuch *das*; ~[e]s, ~e request (**um** for); (Antrag) application (**um** for)

gesucht *Adj.* **1** [much] sought-after **2** (gekünstelt) laboured

✐ **gesund; gesünder** *seltener*: ~er, **gesündest...** *seltener*: ~est... *Adj.* healthy; **wieder** ~ **werden** get better; **bleib** ~! look after yourself!

gesunden *itr. V.; mit sein* ‹*person*› recover, get well, regain one's health

✐ **Gesundheit** *die*; ~; health; ~! (ugs.) bless you!

gesundheitlich **A** *Adj.; nicht präd.* ~e **Betreuung** health care; **sein** ~er **Zustand** [the state of] his health
B *adv.* **wie geht es Ihnen** ~? how are you?

gesundheits-, Gesundheits-: ~amt *das* [local] public health department; ~**gefährdend** *Adj.* ~gefährdend **sein** be a danger to health; ~**gefährdende Bakterien/Produkte** bacteria that are a danger to health/products that are a health risk; ~**gefährdung** *die* risk to health; ~**minister** *der*, ~**ministerin** *die* minister of health; Health Secretary (BrE); ~**schädlich** *Adj.* detrimental to [one's] health *postpos.*; ~**system** *das* health-care system; ~**vorsorge** *die* health care; ~**zeugnis** *das* certificate of health; ~**zustand** *der* state of health

gesungen 2. *Part. v.* singen

gesunken 2. *Part. v.* sinken

getan 2. *Part. v.* tun

Getier *das*; ~[e]s (geh.) animals *pl.*

Getöse *das*; ~s [thunderous] roar; (von vielen Menschen) din

getragen 2. *Part. v.* tragen

✐ **Getränk** *das*; ~[e]s, ~e drink; beverage (formal)

getrauen *refl. V.* dare

Getreide *das*; ~s grain

Getreide-: ~anbau *der* growing of cereals;

~**handel** *der* corn trade

getrennt **A** *Adj.* separate
B *adv.* ‹*pay*› separately; ‹*sleep*› in separate rooms

getreten 2. *Part. v.* treten

getreu **A** *Adj.* (geh.) exact; faithful ‹*image*›
B *adv.* (geh.) ‹*report, describe*› faithfully

Getriebe *das*; ~s, ~; gears *pl.*; (in einer Maschine) gear system

getrieben 2. *Part. v.* treiben

getroffen 2. *Part. v.* treffen, triefen

getrogen 2. *Part. v.* trügen

getrost **A** *Adj.* confident
B *adv.* confidently; **du kannst es mir** ~ **glauben** you can take my word for it

getrunken 2. *Part. v.* trinken

Getto *das*; ~s, ~s ghetto

Getue *das*; ~s (ugs. abwertend) fuss (**um** about)

Getümmel *das*; ~s tumult

geübt *Adj.* accomplished; practised ‹*eye, ear*›

Gewächs *das*; ~es, ~e plant

gewachsen **A** 2. *Part. v.* wachsen[1]
B (in) **jmdm./einer Sache** ~ **sein** be a match for sb/be equal to sth

gewagt *Adj.* daring; (gefährlich) risky; (fast anstößig) risqué ‹*joke etc.*›

gewählt **A** *Adj.* refined
B *adv.* in a refined manner

Gewähr *die*; ~; guarantee; **keine** ~ **übernehmen** be unable to guarantee sth

gewähren *tr. V.* grant; give ‹*pleasure, joy*›

✐ **gewähr·leisten** *tr. V.* guarantee

Gewahrsam *der*; ~s **1** (Obhut) safe-keeping **2** (Haft) custody

Gewährs·mann *der*; *Pl.* ~männer *od.* ~leute, **Gewährs·person** *die* informant; source

✐ **Gewalt** *die*; ~, ~en **1** power **2** (Willkür) force **3** (körperliche Kraft) force; violence

gewalt-, Gewalt-: ~akt *der* act of violence; ~**anwendung** *die* use of force *or* violence; ~**bereit** *Adj.* ‹*person*› prone to violence; ‹*group, organization*› prepared to resort to *or* use violence; ~**bereitschaft** *die* ▶ gewaltbereit propensity to violence; willingness to resort to *or* use violence

Gewalten·teilung *die* separation of powers

gewaltig **A** *Adj.* **1** (immens) huge **2** (imponierend) mighty, huge, massive ‹*building etc*›; monumental ‹*literary work etc.*›
B *adv.* (ugs.) very much

gewalt·los **A** *Adj.* non-violent
B *adv.* without violence

Gewalt·losigkeit *die*; ~; non-violence

gewaltsam **A** *Adj.* forcible ‹*expulsion*›; enforced ‹*separation*›; violent ‹*death*›
B *adv.* forcibly

gewalt·tätig *Adj.* violent

✐ key word

* old spelling—see note on page x

g

Gewalt·tätigkeit *die* 1 (gewalttätige Art) violence

2 ▸ Gewaltakt

Gewand *das; ~[e]s,* **Gewänder** (geh.) robe; gown

gewandt **A** 2. *Part. v.* wenden²

B *Adj.* skilful; (körperlich) agile

C *adv.* skilfully; (körperlich) agilely

Gewandtheit *die; ~* ▸ gewandt B skill; skilfulness; agility

gewann *1. u. 3. Pers. Sg. Prät. v.* gewinnen

gewaschen 2. *Part. v.* waschen

Gewässer *das; ~s, ~;* stretch of water

Gewebe *das; ~s, ~* 1 (Stoff) fabric

2 (Med., Biol.) tissue

Gewehr *das; ~[e]s, ~e* rifle; (Schrot~) shotgun

Geweih *das; ~[e]s, ~e* antlers *pl.*

Gewerbe *das; ~s, ~;* business; (Handel, Handwerk) trade

Gewerbe-: ~**freiheit** *die* right to carry on a business *or* trade; ~**ordnung** *die* laws *pl.* governing trade and industry; ~**schein** *der* licence to carry on a business *or* trade; ~**treibende** *der/die adj. Dekl.* tradesman/tradeswoman; ~**zweig** *der* branch of trade

gewerblich **A** *Adj.* commercial; business *attrib.;* (industriell) industrial

B *adv.* ~ tätig sein work

gewerbs·mäßig *Adj.* professional

Gewerkschaft *die; ~, ~en* trade union

Gewerkschafter, **Gewerkschaftler** *der ~s, ~,* **Gewerkschafterin,** **Gewerkschaftlerin** *die; ~, ~nen* trade unionist

gewerkschaftlich **A** *Adj.* [trade] union *attrib.*

B *adv.* ~ organisiert sein belong to a [trade] union

Gewerkschafts·funktionär *der,* **Gewerkschafts·funktionärin** *die* [trade] union official

gewesen 2. *Part. v.* sein¹

gewichen 2. *Part. v.* weichen

◆ **Gewicht** *das; ~[e]s, ~e* (auch fig.) weight; [nicht] ins ~ fallen be of [no] consequence

Gewicht·heben *das; ~s* weightlifting

gewichtig *Adj.* weighty

Gewichts·klasse *die* (Sport) weight [division *or* class]

gewieft *Adj.* (ugs.) cunning

gewiesen 2. *Part. v.* weisen

gewillt *Adj.* (in) [nicht] ~ sein, etw. zu tun be [un]willing to do sth

Gewimmel *das; ~s* throng; (von Insekten) teeming mass

Gewinde *das; ~s, ~* (Technik) thread

◆ **Gewinn** *der; ~[e]s, ~e* 1 profit

2 (Preis einer Lotterie) prize; (beim Spiel) winnings *pl.*

3 (Sieg) win

Gewinn·beteiligung *die* (Wirtsch.) profit sharing; (Betrag) profit-sharing bonus

gewinn·bringend *Adj.* lucrative

◆ **gewinnen** **A** *unr. tr. V.* win; gain ‹*time, influence, validity, etc.*›

B *unr. itr. V.* win (bei at)

gewinnend *Adj.* winning

Gewinner *der; ~s, ~,* **Gewinnerin** *die; ~, ~nen* winner

Gewinn-: ~**quote** *die* share of prize money; ~**spanne** *die* profit margin; ~**sucht** *die* greed for profit

Gewinnung *die; ~* 1 (von Kohle, Erz usw.) mining; extraction; (von Öl) recovery; (von Metall aus Erz) extraction

2 (Erzeugung) production

Gewinn·zahl *die* winning number

Gewirr *das; ~[e]s* 1 tangle

2 (Durcheinander) ein ~ von Ästen a maze of branches

◆ **gewiss,** **gewiß **A** *Adj.* certain

B *adv.* certainly

Gewissen *das; ~s, ~;* conscience

gewissenhaft **A** *Adj.* conscientious

B *adv.* conscientiously

gewissen·los *Adj.* unscrupulous

Gewissens·bisse *Pl.* pangs of conscience

gewissermaßen *Adv.* (sozusagen) as it were; (in gewissem Sinne) to a certain extent

Gewissheit, **Gewißheit *die; ~, ~en* certainty

Gewitter *das; ~s, ~;* thunderstorm

Gewitter·wolke *die* thundercloud

gewittrig *Adj.* thundery

gewitzt *Adj.* shrewd

gewoben 2. *Part. v.* weben

gewogen **A** 2. *Part. v.* wiegen¹

B *Adj.* (geh.) well disposed (+ *Dat.* towards)

gewöhnen **A** *tr. V.* jmdn. an jmdn./etw. ~ get sb used to sb/sth; accustom sb to sb/sth

B *refl. V.* sich an jmdn./etw. ~ get used *or* become accustomed to sb/sth; accustom oneself to sb/sth

Gewohnheit *die; ~, ~en* habit

gewohnheits-, **Gewohnheits-:** ~**mäßig** **A** *Adj.* habitual ‹*drinker etc.*›; automatic ‹*reaction etc.*›

B *adv.* (regelmäßig) habitually; ~**mensch** *der* creature of habit; ~**tier** *das* (scherzh.) creature of habit; ~**trinker** *der,* ~**trinkerin** *die* habitual drinker; ~**verbrecher** *der,* ~**verbrecherin** *die* (Rechtsw.) habitual criminal

◆ **gewöhnlich** **A** *Adj.* 1 normal; ordinary

2 (gewohnt, üblich) usual

3 (abwertend) (ordinär) common

B *adv.* 1 [für] ~ usually; wie ~ as usual

2 (abwertend) (ordinär) in a common way

gewohnt *Adj.* 1 usual

2 etw. (*Akk.*) ~ sein be used to sth

Gewölbe *das; ~s, ~;* vault

g

gewonnen 2. *Part. v.* gewinnen
geworben 2. *Part. v.* werben
geworfen 2. *Part. v.* werfen
gewrungen 2. *Part. v.* wringen
Gewühl *das;* ~[e]s milling crowd
gewunden 2. *Part. v.* winden
Gewürz *das;* ~es, ~e spice; (würzende Zutat) seasoning
Gewürz-: ~gurke *die* pickled gherkin; ~nelke *die* clove
gewusst, **gewußt* 2. *Part. v.* wissen
gez. *Abk.* = gezeichnet sgd.
Gezeit *die;* ~, ~en tide
Gezerre *das;* ~s wrangling

g   ✔ **gezielt** **A** *Adj.* specific <*questions, measures, etc.*>; deliberate <*insult, indiscretion*>; well-directed <*advertising campaign*>
  B *adv.* <*proceed, act*> purposefully
geziemen (geh. veralt.) **A** *itr. V.* jmdm. [nicht] ~ [ill] befit sb
  B *refl. V.* be proper; sich für jmdn. ~ befit sb
geziert **A** *Adj.* (abwertend) affected
  B *adv.* (abwertend) affectedly
gezogen 2. *Part. v.* ziehen
Gezwitscher *das;* ~s twittering
gezwungen **A** 2. *Part. v.* zwingen
  B *Adj.* forced
gezwungenermaßen *Adv.* of necessity
gib *Imperativ Sg. Präsens v.* geben
gibst 2. *Pers. Sg. Präsens v.* geben
gibt 3. *Pers. Sg. Präsens v.* geben
Gicht *die;* ~; gout
Giebel *der;* ~s, ~; gable
Gier *die;* ~; greed (nach for)
gierig **A** *Adj.* greedy
  B *adv.* greedily
gießen **A** *unr. tr. V.* **1** pour (in + Akk. into; über + Akk. over)
  2 (verschütten) spill (über + Akk. over)
  3 (begießen) water
  B *unpers.* (ugs.) pour [with rain]
Gießer *der;* ~s, ~; caster
Gießerei *die;* ~, ~en foundry
Gießerin *die;* ~, ~nen caster
Gift *das;* ~[e]s, ~e poison; (Schlangen~) venom
gift-grün *Adj.* garish green
giftig *Adj.* poisonous; venomous <*snake*>; toxic, poisonous <*substance, gas, chemical*>; (fig.) venomous
Gift-: ~mord *der* [murder by] poisoning; ~mörder *der,* ~mörderin *die* poisoner; ~müll *der* toxic waste; ~pilz *der* poisonous mushroom; [poisonous] toadstool; ~schlange *die* venomous snake; ~schrank *der* poison cabinet *or* cupboard; ~stachel *der* poisonous sting; ~zahn *der* poison fang

Gigant *der;* ~en, ~en giant
gigantisch *Adj.* gigantic
Gilde *die;* ~, ~n (hist.) guild
gilt 3. *Pers. Sg. Präsens v.* gelten
Gimpel *der;* ~s, ~; bullfinch
Gin /dʒɪn/ *der;* ~s, ~s gin
ging 1. u. 3. *Pers. Sg. Prät. v.* gehen
Ginster *der;* ~s, ~; broom
Gipfel *der;* ~s, ~; peak; (höchster Punkt des Berges) summit; (fig.) height
Gipfel·konferenz *die* summit conference
gipfeln *itr. V.* in etw. (*Dat.*) ~ culminate in sth
Gipfel·treffen *das* summit meeting
Gips *der;* ~es, ~e plaster; gypsum (Chem.)
Gips-abdruck *der* plaster cast
gipsen *tr. V.* plaster; put <*leg, arm, etc.*> in plaster
Gips·verband *der* plaster cast
Giraffe *die;* ~, ~n giraffe
Girlande *die;* ~, ~n festoon
Giro /ˈʒiːro/ *das;* ~s, ~s, österr. auch **Giri** (Finanzw.) giro
Giro·konto *das* (Finanzw.) current account
gis, Gis *das;* ~, ~ (Musik) G sharp
Gischt *der;* ~[e]s, ~e od. die; ~, ~en spray
Gitarre *die;* ~, ~n guitar
Gitarrist *der;* ~en, ~en, **Gitarristin** *die;* ~, ~nen guitarist
Gitter *das;* ~s, ~; bars *pl.*; (vor Fenster-, Türöffnungen) grille; (in der Straßendecke, im Fußboden) grating; (Geländer) railing[s *pl.*]
Gitter·fenster *das* barred window
Glacé·hand·schuh /gla'seː.../ *der* kid glove
Gladiole *die;* ~, ~n gladiolus
Glanz *der;* ~es **1** (von Licht, Sternen, Augen) brightness; (von Haar, Metall, Perlen, Leder usw.) lustre; sheen
  2 (der Jugend, Schönheit) radiance; (des Adels usw.) splendour
glänzen *itr. V.* **1** (Glanz ausstrahlen) shine; <*hair, metal, etc.*> gleam; <*elbows, trousers, etc.*> be shiny
  2 (Bewunderung erregen) shine (bei at)
glänzend (ugs.) **A** *Adj.* **1** shining; gleaming <*hair, metal, etc.*>; shiny <*elbows, trousers, etc.*>
  2 (bewundernswert) brilliant; splendid <*references, marks, results, etc.*>
  B *adv.* ~ mit jmdm. auskommen get on very well with sb; es geht mir/uns ~ I am/we are very well
glanz-, Glanz-: ~leistung *die* (auch iron.) brilliant performance; ~los *Adj.* dull; lacklustre; ~nummer *die* star turn; ~voll
  A *Adj.* brilliant; sparkling <*variety number*>
  B *adv.* brilliantly
✔ **Glas** *das;* ~es, ~es, **Gläser 1** glass
  2 (Trinkgefäß) glass; zwei ~ od. Gläser Wein two glasses of wine
  3 (Behälter) jar

✔   key word
*   alte Schreibung—vgl. Hinweis auf S. x

Glas: ∼**bläser** *der,* ∼**bläserin** *die* glass-blower; ∼**container** *der* bottle bank

Gläschen *das;* ∼**s,** ∼ **1** [little] glass
2 (kleines Gefäß) [little] [glass] jar

Glaser *der;* ∼**s,** ∼, **Glaserin** *die;* ∼, ∼**nen** glazier

gläsern *Adj.* glass

Glas·faser *die* glass fibre

glasieren *tr. V.* **1** glaze
2 (Kochk.) ice; glaze ‹*meat*›

glasig *Adj.* **1** glassy
2 (Kochk.) transparent

Glas·malerei *die* stained glass

Glasur *die;* ∼, ∼**en 1** glaze
2 (Kochk.) icing; (auf Fleisch) glaze

glatt **A** *Adj.* **1** smooth; (rutschig) slippery
2 (ugs.) (offensichtlich) downright ‹*lie*›; outright ‹*deception, fraud*›; flat ‹*refusal*›
B *adv.* **1** smoothly; ∼ **gehen** (ugs.) go smoothly
2 (ugs.) (rückhaltlos) **jmdm. etw.** ∼ **ins Gesicht sagen** tell sb sth straight to his/her face; ‹*reject, deny*› flatly

Glätte *die;* ∼; smoothness; (Rutschigkeit) slipperiness

Glatt·eis *das* glaze; ice; (auf der Straße) black ice

glätten *tr. V.* smooth out ‹*piece of paper, etc.*›; smooth [down] ‹*feathers, fur, etc.*›; plane ‹*wood etc.*›

glatt-: *∗*∼|**gehen** ▸ glatt B1; ∼**weg** *Adv.* (ugs.) etw. ∼**weg** ablehnen/ignorieren turn sth down flat/simply ignore sth; **das ist** ∼**weg erlogen/erfunden** that's a downright lie/that's pure invention

Glatze *die;* ∼, ∼**n** bald head; **eine** ∼ **haben/bekommen** be/go bald

✎ **Glaube** *der;* ∼**ns** faith (an + Akk. in); (Überzeugung, Meinung) belief (an + Akk. in)

✎ **glauben** **A** *tr. V.* **1** (meinen) think
2 (für wahr halten) believe; **das glaube ich dir nicht** I don't believe you; **das glaubst du doch selbst nicht!** [surely] you can't be serious; **sie glaubt ihm jedes Wort** she believes every word he says; **ob du es glaubst oder nicht** … believe it or not …; **das ist doch kaum zu** ∼ (ugs.) it's incredible
B *itr. V.* believe (an + Akk. in)

Glaubens-: ∼**bekenntnis** *das* creed; ∼**freiheit** *die* religious freedom; ∼**krieg** *der* religious war; ∼**sache** *die* (ugs.) matter of faith or belief

glaubhaft **A** *Adj.* credible
B *adv.* convincingly

gläubig **A** *Adj.* devout; (vertrauensvoll) trusting
B *adv.* devoutly; (vertrauensvoll) trustingly

Gläubige *der/die adj. Dekl.* believer

Gläubiger *der;* ∼**s,** ∼; creditor

glaub·würdig **A** *Adj.* credible
B *adv.* convincingly

Glaubwürdigkeit *die;* ∼; credibility

✎ **gleich** **A** *Adj.* **1** (identisch, von derselben Art) same; ∼ **bleiben** remain the same; ‹*speed, temperature, etc.*› remain constant; ∼ **bleibend** constant, steady ‹*temperature, speed, etc.*› (∼**berechtigt,** ∼**wertig, Math.**) equal
2 (ugs.) (gleichgültig) **es ist mir völlig** *od.* **ganz** ∼ I couldn't care less (infml); **ganz** ∼, **wer anruft,** … no matter who calls, …
B *adv.* **1** (übereinstimmend) ∼ **groß/alt** *usw.* **sein** be the same height/age *etc.;* ∼ **gut/ schlecht** *usw.* equally good/bad *etc.*
2 (in derselben Weise) ∼ **aufgebaut/gekleidet** having the same structure/wearing identical clothes
3 (sofort) at once; straight away; (bald) in a moment
4 (räumlich) right; just; ∼ **rechts/links** immediately on the right/left

gleich-, Gleich-: ∼**alterig,** ∼**altrig** /-alt(ə)rıç/ *Adj.* of the same age (mit as); ∼**artig** **A** *Adj.* of the same kind *postpos.* (+ *Dat.* as); (sehr ähnlich) very similar (+ *Dat.* to)
B *adv.* in the same way; ∼**berechtigt** *Adj.* having equal rights *postpos.;* ∼**berechtigte Partner** equal partners; ∼**berechtigung** *die* equal rights *pl.;* *∗*∼|**bleiben,** ∼**bleibend** ▸ gleich A1

gleichen *unr. itr. V.* jmdm./einer Sache ∼ be like *or* resemble sb/sth

gleichermaßen *Adv.* equally

gleich-, Gleich-: ∼**falls** *Adv.* (auch) also; (ebenfalls) likewise; **danke** ∼**falls!** thank you, [and] the same to you; ∼**förmig** **A** *Adj.* **1** (einheitlich) uniform **2** (monoton) monotonous
B *adv.* **1** (einheitlich) uniformly **2** (monoton) monotonously; ∼**geschlechtlich** *Adj.* homosexual; ∼**gewicht** *das* balance; ∼**gewichts·störung** *die* disturbance of one's sense of balance; ∼**gültig** **A** *Adj.* indifferent (gegenüber towards); (belanglos) trivial; **das ist mir** ∼**gültig** it's a matter of indifference to me **B** *adv.* indifferently; ∼**gültigkeit** *die* indifference (gegenüber towards)

Gleichheit *die;* ∼, ∼**en 1** identity; (Ähnlichkeit) similarity
2 (gleiche Rechte) equality

Gleichheits·zeichen *das* equals sign

gleich-, Gleich-: *∗*∼|**kommen** *unr. itr. V.;* mit sein **1** (entsprechen) be tantamount to **2** (die gleiche Leistung erreichen) jmdm./ einer Sache [an etw. (*Dat.*)] ∼**kommen** equal sb/sth [in sth]; ∼|**machen** *tr. V.* make equal; ∼**macherei** *die;* ∼∼, ∼∼**en** (abwertend) levelling down (derog.); egalitarianism; ∼**mäßig** **A** *Adj.* regular ‹*interval, rhythm*›; uniform ‹*acceleration, distribution*›; even ‹*heat*› **B** *adv.* ‹*breathe*› regularly; **etw.** ∼**mäßig verteilen/auftragen** distribute sth equally/apply sth evenly; ∼**mut** *der* equanimity; ∼**mütig** **A** *Adj.* calm; composed **B** *adv.* with equanimity;

g

calmly; ~**namig** *Adj.* **1** of the same
name *postpos.* **2** (Math.) ~**namige Brüche**
fractions with a common denominator;
Brüche ~**namig machen** reduce fractions to
a common denominator

Gleichnis *das*; ~**ses**, ~**se** (Allegorie)
allegory; (Parabel) parable

gleichsam *Adv.* (geh.) as it were

gleich-, Gleich-: ~|**schalten** *tr. V.* force
into line; ~**schenkelig**, ~**schenklig** *Adj.*
(Math.) isosceles; ~**schritt** *der* marching
in step; ~**seitig** *Adj.* (Math.) equilateral;
~|**setzen** *tr. V.* equate; ~|**stellen** *tr. V.*
equate; ~**strom** *der* (Elektrot.) direct current

Gleichung *die*; ~, ~**en** equation

gleich-: ~**wertig** *Adj.* of the same value
postpos.; ~**wohl** /-'-/ *od.* '--/ *Adv.* nevertheless

◆ **gleich·zeitig** ▣ *Adj.* simultaneous
▣ *adv.* at the same time

Gleis *das*; ~**es**, ~**e** track; (Bahnsteig)
platform; (einzelne Schiene) rail

gleiten *unr. itr. V.*; *mit sein* glide; ‹*hand*› slide

Gleit-: ~**flug** *der* glide; ~**schirm** *der*
paraglider; ~**zeit** *die* flexitime; flexible
working hours *Pl.*

Gletscher *der*; ~**s**, ~; glacier

Gletscher·spalte *die* crevasse

glich *1. u. 3. Pers. Sg. Prät. v.* **gleichen**

Glied *das*; ~**[e]s**, ~**er 1** limb; (Finger~,
Zehen~) joint
2 (Ketten~, auch fig.) link
3 (Teil eines Ganzen) section; (Mitglied) member

gliedern ▣ *tr. V.* structure; organize
‹*thoughts*›
▣ *refl. V.* **sich in Gruppen/Abschnitte** *usw.* ~
be divided into groups/sections *etc.*

Gliederung *die*; ~, ~**en** structure

Glied-: ~**maße** /-ma:sə/ *die*; ~, ~**n** limb;
~**satz** *der* (Sprachw.) subordinate clause

glimmen *unr. od. regelm. itr. V.* glow

Glimm·stängel, ***Glimm·stengel** *der*
(ugs. scherzh.) fag (infml); ciggy (infml)

glimpflich ▣ *Adj.* **1 der Unfall nahm ein**
~**es Ende** the accident turned out not to be
too serious
2 (mild) lenient ‹*sentence, punishment*›
▣ *adv.* **1** (ohne Schaden) ~ **davonkommen** get
off lightly
2 (mild) leniently

glitschig *Adj.* (ugs.) slippery

glitt *1. u. 3. Pers. Sg. Prät. v.* **gleiten**

glitzern *itr. V.* ‹*star*› twinkle; ‹*diamond,
decorations*› sparkle; ‹*snow, eyes, tears*›
glisten

◆ **global** ▣ *Adj.* **1** global; worldwide
2 (umfassend) all-round ‹*education*›; overall
‹*control, planning, etc.*›
3 (allgemein) general

◆ key word
* old spelling—see note on page x

▣ *adv.* **1** worldwide
2 (umfassend) in overall terms
3 (allgemein) in general terms

globalisieren *tr. V.* globalize

Globalisierung *die*; ~, ~**en** globalization

Globen ▸ **Globus**

Globetrotter *der*; ~**s**, ~; globetrotter

Globus *der*; ~ *od.* ~**ses**, **Globen** globe

Glöckchen *das*; ~**s**, ~; [little] bell

Glocke *die*; ~, ~**n** bell

Glocken-: ~**blume** *die* (Bot.) campanula;
~**rock** *der* widely flared skirt; ~**spiel** *das*
1 carillon; (mit einer Uhr gekoppelt auch) chimes *pl.*
2 (Instrument) glockenspiel

glomm *1. u. 3. Pers. Sg. Prät. v.* **glimmen**

Glorien·schein /'glo:rjən-/ *der* glory; (um
den Kopf) (fig.) halo

glorifizieren *tr. V.* glorify

Glorifizierung *die*; ~, ~**en** glorification

glor·reich ▣ *Adj.* glorious
▣ *adv.* gloriously

Glossar *das*; ~**s**, ~**e** glossary

Glosse *die*; ~, ~**n** commentary; (spöttische
Bemerkung) sneering comment

Glotze *die*; ~, ~**n** (salopp) box (infml); goggle-
box (BrE infml)

glotzen *itr. V.* (abwertend) goggle; gawp (infml)

Glotz·kiste *die* (salopp) box (infml); goggle-
box (BrE infml)

◆ **Glück** *das*; ~**[e]s 1** luck; [es ist] ein ~,
dass ... it's lucky that ...; [kein] ~ **haben** be
[un]lucky; **viel** ~! [the] best of luck!; **zum**
~ *od.* **zu meinem/seinem** *usw.* ~ luckily *or*
fortunately [for me/him *etc.*]
2 happiness

Glucke *die*; ~, ~**n** brood hen

glücken *itr. V.*; *mit sein* succeed; **etw. glückt**
jmdm. sb is successful with sth

gluckern *itr. V.* gurgle; glug

◆ **glücklich** ▣ *Adj.* **1** happy (über + Akk.
about)
2 (erfolgreich) lucky ‹*winner*›; successful
‹*outcome*›; safe ‹*journey*›
3 (vorteilhaft) fortunate
▣ *adv.* **1** (erfolgreich) successfully
2 (vorteilhaft, zufrieden) happily ‹*chosen,
married*›

glücklicher·weise *Adv.* fortunately;
luckily

Glück·sache *die* ▸ **Glückssache**

glück·selig ▣ *Adj.* blissfully happy
▣ *adv.* blissfully

Glück·seligkeit *die*; ~; bliss

glucksen *itr. V.* **1** ▸ **gluckern**
2 (lachen) chuckle

Glücks-: ~**klee** *der* four-leaf clover;
~**pfennig** *der* lucky penny; ~**pilz** *der*
(ugs.) lucky devil (infml); ~**sache** *die* **das
ist** ~**sache** it's a matter of luck; ~**spiel** *das*
game of chance

glück·strahlend *Adj.* radiantly happy

Glücks·zahl *die* lucky number
Glück·wunsch *der* congratulations *pl.*;
  herzlichen ~ zum Geburtstag! happy
  birthday!
Glüh·birne *die* light bulb
glühen *itr. V.* glow
glühend **A** *Adj.* red-hot ‹*metal etc.*›; blazing
  ‹*heat*›; ardent ‹*admirer etc.*›; passionate
  ‹*words, letter, etc.*›
  B *adv.* ‹*love*› passionately; ‹*admire*›
  ardently; ~ heiß blazing hot
Glüh-: ~**wein** *der* mulled wine;
  ~**würmchen** *das*; ~~s, ~~ (ugs.) (weiblich)
  glow-worm; (männlich) firefly
Glut *die*; ~, ~**en** **1** embers *pl.*
  2 (geh.) (Leidenschaft) passion
glut·rot *Adj.* fiery red
Glyzerin *das*; ~**s** glycerine
✏ **GmbH** *Abk.* = **Gesellschaft mit
  beschränkter Haftung** ≈ plc, PLC
Gnade *die*; ~, ~**n** (Gunst) favour; (Rel.) grace;
  (Milde) mercy
gnaden-, Gnaden-: ~**brot** *das* jmdm./
  einem Tier das ~brot geben keep sb/an
  animal in his/her/its old age; ~**frist** *die*
  reprieve; ~**gesuch** *das* plea for clemency;
  ~**los** (auch fig.) **A** *Adj.* merciless
  B *adv.* mercilessly; ~**losigkeit** *die*; ~~;
  mercilessness; ~**schuss**, *~**schuß** *der*
  coup de grâce (*by shooting*)
gnädig *Adj.* gracious; (glimpflich) lenient
  ‹*sentence etc.*›
Gnom *der*; ~**en**, ~**en** gnome
Gockel *der*; ~**s**, ~ (bes. südd.) (sonst ugs.
  scherzh.) cock
✏ **Gold** *das*; ~**[e]s** gold
Gold·barren *der* gold bar
golden **A** *Adj.* (aus Gold) gold; (herrlich)
  golden ‹*days, memories, etc.*›
  B *adv.* like gold
Gold-: ~**fisch** *der* goldfish; ~**füllung** *die*
  gold filling; ~**grube** *die* (auch fig.) gold mine;
  ~**hamster** *der* golden hamster
goldig *Adj.* sweet
gold-, Gold-: ~**richtig** *Adj.* (ugs.) absolutely
  right; ~**schmied** *der*, ~**schmiedin** *die*
  goldsmith; ~**schnitt** *der* gilt; ~**währung**
  die (Wirtsch.) currency tied to the gold
  standard
Golf[1] *der*; ~**[e]s**, ~**e** gulf
Golf[2] *das*; ~**s** (Sport) golf
Golf-: ~**platz** *der* golf course; ~**schläger**
  der golf club; ~**spieler** *der*, ~**spielerin**
  die golfer; ~**strom** *der* Gulf Stream
Gondel *die*; ~, ~**n** gondola
gondeln *itr. V.*; mit sein (ugs.) **1** (mit einem
  Boot) cruise
  2 (reisen) travel around
  3 (herumfahren) cruise around
Gong *der*; ~**s**, ~**s** gong
gongen *itr. V.* es hat gegongt the gong has
  sounded

gönnen *tr. V.* jmdm. etw. ~ not begrudge sb
  sth; sich/jmdm. etw. ~ allow oneself/sb sth
Gönner *der*; ~**s**, ~; patron
gönnerhaft *Adj.* (abwertend) patronizing
Gönnerin *die*; ~, ~**nen** patroness
gor **3. Pers. Sg. Prät. v. gären**
Göre *die*; ~, ~**n** (nordd., oft abwertend) kid (infml)
Gorilla *der*; ~**s**, ~**s** gorilla
goss, ***goß** **1. u. 3. Pers. Sg. Prät. v. gießen**
Gosse *die*; ~, ~**n** gutter
Gotik *die*; ~ (Stil) Gothic [style]; (Epoche)
  Gothic period
gotisch *Adj.* Gothic
✏ **Gott** *der*; ~**es**, **Götter 1** God; grüß [dich]
  ~! (landsch.) hello!; um ~es Willen (bei
  Erschrecken) for God's sake; (bei einer Bitte) for
  heaven's sake
  2 (übermenschliches Wesen) god
Gottes-: ~**dienst** *der* service; ~**haus**
  das (geh.) house of God; ~**lästerung** *die*
  blasphemy
Gottheit *die*; ~, ~**en** deity
Göttin *die*; ~, ~**nen** goddess
göttlich **A** *Adj.* (auch fig.) divine
  B *adv.* divinely
gott-, Gott-: ~**lob** *adv.* thank goodness;
  ~**los** **A** *Adj.* **1** ungodly ‹*life etc.*›; impious
  ‹*words, speech, etc.*› **2** (Gott leugnend) godless
  ‹*theory etc.*› **B** *adv.* (verwerflich) irreverently;
  ~**vater** *der* God the Father; ~**verlassen**
  Adj. (ugs.) (abseits) godforsaken;
  ~**vertrauen** *das* trust in God
Götze *der*; ~**n**, ~**n** (auch fig.) idol
Götzen-: ~**bild** *das* idol; ~**diener** *der*
  idolater; ~**dienerin** *die* idolatress
Gouverneur /guvɛr'nøːɐ̯/ *der*; ~**s**, ~**e**
  governor
Grab *das*; ~**[e]s**, **Gräber** grave; das
  Heilige ~ the Holy Sepulchre; **das** ~ **des
  Unbekannten Soldaten** the tomb of the
  Unknown Warrior
graben *unr. tr., itr. V.* dig
Graben *der*; ~**s**, **Gräben** ditch; (Schützen~)
  trench; (Festungs~) moat
Grab-: ~**hügel** *der* grave mound;
  ~**kammer** *die* burial chamber; ~**mal**
  das; *Pl.* ~**mäler** geh. ~**male** monument;
  ~**schändung** *die* desecration of a/the
  grave/of [the] graves
grabschen **A** *tr. V.* grab; snatch
  B *itr. V.* nach etw. ~ grab at sth
gräbst **2. Pers. Sg. Präsens v. graben**
Grab·stein *der* gravestone
gräbt **3. Pers. Sg. Präsens v. graben**
Grabung *die*; ~, ~**en** (bes. Archäol.)
  excavation
Gracht *die*; ~, ~**en** canal
✏ **Grad** *der*; ~**[e]s**, ~**e** degree; (Milit.) rank
grade (ugs.) ▶ **gerade**
Grad·messer *der* gauge, yardstick (für of)

graduẹll **A** *Adj.* gradual; slight ‹*difference etc.*›
B *adv.* gradually; ‹*different*› in degree
graduiẹrt *Adj.* graduate; **ein ~er Ingenieur** an engineering graduate
Graf *der*; **~en, ~en** count; (britischer **~**) earl
Graffito *der od. das*; **~[s], Graffiti** **1** (Kunst) graffito
2 *Pl.* (Kritzelei) graffiti
✓ **Grafik** *die*; **~, ~en** graphic art[s *pl.*]; (Kunstwerk) graphic; (Druck) print
Grafiker *der*; **~s, ~, Grafikerin** *die*; **~, ~nen** [graphic] designer; (Künstler[in]) graphic artist
Gräfin *die*; **~, ~nen** countess
grafisch **A** *Adj.* graphic
B *adv.* graphically
Grafschaft *die*; **~, ~en** **1** count's land; (in Großbritannien) earldom
2 (Verwaltungsbezirk) county
Gram *der*; **~[e]s** (geh.) grief; sorrow
grämen **A** *tr. V.* grieve
B *refl. V.* grieve (über + Akk., um over)
Grạmm *das*; **~s, ~e** gram
Grammạtik *die*; **~, ~en** grammar
grammạtisch **A** *Adj.* grammatical
B *adv.* grammatically
Grammophon® *das*; **~s, ~e** gramophone; phonograph (AmE)
Granạt *der*; **~[e]s, ~e** (Schmuckstein) garnet
Granạt·apfel *der* pomegranate
Granạte *die*; **~, ~n** shell; (Hand~) grenade
Granạt·feuer *das* shellfire *no pl., no indef. art.*
grandiọs **A** *Adj.* magnificent
B *adv.* magnificently
Granịt *der*; **~s, ~e** granite
grạntig (südd., österr.) (ugs.) **A** *Adj.* bad-tempered
B *adv.* bad-temperedly
Grapefruit /'greːpfruːt/ *die*; **~, ~s** grapefruit
Graph *der*; **~en, ~en** (Math., Naturw.) graph
Graphik *usw.* ▶ Grafik *usw.*
Graphịt *der*; **~s, ~e** graphite
Gras *das*; **~es, Gräser** **1** grass; **über etw. (Akk.) ~ wachsen lassen** (ugs.) let the dust settle on sth
2 (Drogenjargon) grass (sl.)
grasen *itr. V.* graze
Gras-: **~halm** *der* blade of grass; **~land** *das* grassland; **~narbe** *die* turf
grässlich, *gräßlich* **A** *Adj.* **1** (abscheulich) horrible; terrible ‹*accident*›
2 (ugs.) (unangenehm) dreadful (infml)
3 (ugs.) (sehr stark) terrible (infml)
B *adv.* **1** (abscheulich) horribly; terribly
2 (ugs.) (unangenehm) terribly (infml)
3 (ugs.) (sehr) terribly (infml)

✓ key word
* alte Schreibung—vgl. Hinweis auf S. x

Grässlichkeit, *Gräßlichkeit* *die*; **~, ~en** **1** (Abscheulichkeit) horribleness; (eines Unfalls) terribleness
2 (unangenehme Art) dreadfulness (infml)
Grat *der*; **~[e]s, ~e** ridge
Gräte *die*; **~, ~n** [fish] bone
Gratifikatiọn *die*; **~, ~en** bonus
gratiniẹren *tr. V.* (Gastr.) brown [the top of]; **gratinierter Blumenkohl** cauliflower au gratin
gratis *Adv.* free [of charge]; gratis
Gratis-: **~aktie** *die* (Börsenw.) bonus share; **~muster** *das*, **~probe** *die* free sample
Grätsche *die*; **~, ~n** (Turnen) straddle; (Sprung) straddle vault
Gratulạnt *der*; **~en, ~en, Gratulạntin** *die*; **~, ~nen** well-wisher
Gratulatiọn *die*; **~, ~en** congratulations *pl.*
gratuliẹren *itr. V.* **jmdm. ~** congratulate sb; **jmdm. zum Geburtstag ~** wish sb many happy returns [of the day]
Grat·wanderung *die* ridge walk; (fig.) balancing act
grau *Adj.* grey; (trostlos) dreary; drab; **~ meliert** greying ‹*hair*›
Gräuel *der*; **~s, ~** **1** **etw./jmd. ist jmdm. ein ~** sb loathes *or* detests sth/sb
2 (geh.) (~tat) atrocity
Gräuel·tat *die* atrocity
grauen[1] *itr. V.* (geh.) **der Morgen/der Tag graut** morning/day is breaking
grauen[2] *itr. V.*; (unpers.) **ihm graut [es] davor/vor ihr** he dreads [the thought of] it/he's terrified of her
Grauen *das*; **~s, ~**; horror (vor + Dat. of)
grauen·haft **A** *Adj.* horrifying; (ugs.) (sehr unangenehm) terrible (infml)
B *adv.* horrifyingly; (ugs.) (sehr unangenehm) terribly (infml)
grauhaarig *Adj.* grey-haired
gräulich **A** *Adj.* **1** horrifying
2 (unangenehm) awful
B *adv.* **1** horrifyingly
2 (unangenehm) terribly
***grau·meliert** ▶ grau
Graupe *die*; **~, ~n** **1** grain of pearl barley
2 *Pl.* (Gericht) pearl barley *sing.*
Graupel *die*; **~, ~n** soft hail pellet; **~n** soft hail; graupel
graupeln *itr. V.*; (unpers.) **es graupelt** there's soft hail falling
grausam **A** *Adj.* **1** cruel
2 (furchtbar) terrible; dreadful
B *adv.* **1** cruelly
2 (furchtbar) terribly, dreadfully
Grausamkeit *die*; **~, ~en** **1** cruelty
2 (Handlung) act of cruelty
grausen **A** *tr., itr. V.*; (unpers.) **es grauste ihm od. ihn davor/vor ihr** he dreaded it/he was terrified of her
B *refl. V.* **sich vor etw./jmdm. ~** dread sth/

be terrified of sb

Grausen *das*; ~s horror

grausig *Adj., adv.* ▶ **grauenhaft**

gravieren *tr. V.* engrave

gravierend *Adj.* serious, grave

Gravierung *die*; ~, ~en engraving

Gravitation *die*; ~ (Physik, Astron.) gravitation

Gravur /graˈvuːɐ̯/ *die*; ~, ~en engraving

Grazie /ˈɡraːtsiə/ *die*; ~, ~n **1** (Anmut) gracefulness **2** (Myth.) Grace

greif·bar Ⓐ *Adj.* **1** in ~er Nähe (fig.) within reach; der Urlaub ist in ~e Nähe gerückt (fig.) the holiday is just coming up [now] **2** (deutlich) tangible; concrete **3** (ugs.) (verfügbar) available
Ⓑ *adv.* ~ nahe (fig.) within reach

✧ **greifen** Ⓐ *unr. tr. V.* **1** (ergreifen) take hold of; grasp; (rasch ~) seize **2** (fangen) catch
Ⓑ *unr. itr. V.* **1** in/unter/hinter etw./sich (*Akk.*) ~ reach into/under/behind sth/one; **nach etw.** ~ reach for sth; (hastig) make a grab for sth **2** (Technik) grip

Greis *der*; ~es, ~e old man

Greisin *die*; ~, ~nen old woman

grell Ⓐ *Adj.* **1** (hell) glaring <light, sun, etc.> **2** (auffallend) garish <colour etc.>; loud <dress, pattern, etc.> **3** (schrill) shrill <cry, voice, etc.>
Ⓑ *adv.* **1** (hell) with glaring brightness **2** (auffallend) **gegen** *od.* **von etw.** ~ abstechen contrast sharply with sth **3** (schrill) shrilly

Gremium *das*; ~s, **Gremien** committee

✧ **Grenze** *die*; ~, ~n **1** boundary; (Staats~) border; (gedachte Trennungslinie) borderline **2** (fig.) limit

grenzen *itr. V.* **an etw.** (*Akk.*) ~ border [on] sth

grenzen·los Ⓐ *Adj.* boundless; (fig.) boundless, unbounded <joy, wonder, jealousy, grief, etc.>; unlimited <wealth, power>; limitless <patience, ambition>; extreme <tiredness, anger, foolishness>
Ⓑ *adv.* endlessly; (fig.) beyond all measure

Grenzen·losigkeit *die*; ~; boundlessness

Grenz-: ~**gänger** *der*; ~~s, ~~, ~**gängerin** *die*; ~~, ~~nen [regular] commuter across the border *or* frontier; ~**konflikt** *der* border *or* frontier conflict; ~**land** *das* border *or* frontier area; ~**posten** *der* border *or* frontier guard; ~**stein** *der* boundary stone; ~**übergang** *der* border crossing-point; ~**übertritt** *der* crossing of the border; der ungesetzliche ~**übertritt** crossing the border illegally; ~**verkehr** *der* [cross-]border traffic

Gretchen·frage *die* crucial question; sixty-four-thousand-dollar question (infml)

*Greuel ▶ **Gräuel**

*Greueltat ▶ **Gräueltat**

*greulich ▶ **gräulich**

Grieche *der*; ~n, ~n Greek

Griechen·land (*das*); ~s Greece

Griechin *die*; ~, ~nen Greek

griechisch Ⓐ *Adj.* Greek
Ⓑ *adv.* <speak, write> in Greek

Griechisch *das*; ~[s] Greek *no art.*

griesgrämig Ⓐ *Adj.* grumpy
Ⓑ *adv.* in a grumpy manner

Grieß *der*; ~es, ~e semolina

Grieß·brei *der* semolina

griff *1. u. 3. Pers. Sg. Prät. v.* **greifen**

Griff *der*; ~[e]s, ~e **1** grip; grasp **2** (Knauf, Henkel) handle

griff·bereit *Adj.* ready to hand *postpos.*

Griffel *der*; ~s, ~; slate pencil

griffig *Adj.* **1** (handlich) handy **2** (gut greifend) that grips well *postpos., not pred.*; non-slip <surface, floor>

Grill *der*; ~s, ~s grill; (Rost) barbecue

Grille *die*; ~, ~n **1** cricket **2** (sonderbarer Einfall) whim

grillen Ⓐ *tr. V.* grill
Ⓑ *itr. V.* im Garten ~ have a barbecue in the garden

Grill·platz *der* barbecue area

Grimasse *die*; ~, ~n grimace

grimmig Ⓐ *Adj.* furious <person>; grim <expression>
Ⓑ *adv.* grimly

grinsen *itr. V.* grin; (höhnisch) smirk

Grippe *die*; ~, ~n **1** influenza; flu (infml) **2** (volkst.) (Erkältung) cold

Grips *der*; ~es brains *pl.*

grob Ⓐ *Adj.* **1** coarse; thick <wire>; rough <work> **2** (ungefähr) rough **3** (schwerwiegend) gross; flagrant <lie> **4** (barsch) rude
Ⓑ *adv.* **1** coarsely **2** (ungefähr) roughly **3** (schwerwiegend) grossly **4** (barsch) rudely

Grobheit *die*; ~, ~en **1** rudeness **2** (Äußerung) rude remark

Grobian *der*; ~[e]s, ~e lout

Grog *der*; ~s, ~s grog

groggy *Adj.* **1** (Boxen) groggy **2** (ugs.) (erschöpft) whacked [out] (infml); all in (infml)

grölen Ⓐ *tr. V.* (ugs. abwertend) bawl [out]; roar, howl <approval>
Ⓑ *itr. V.* bawl

Groll *der*; ~[e]s (geh.) rancour

grollen *itr. V.* (geh.) **1** [mit] jmdm. ~ bear a grudge against sb **2** <thunder> rumble

Grönland (*das*); ~s Greenland

g

Gros /groː/ *das*; ~ /groːs/ ~ /groːs/ bulk

Groschen *der*; ~**s**, ~ **1** (österreichische Münze) groschen

2 (ugs.) (Zehnpfennigstück) ten-pfennig piece; (fig.) penny; cent (AmE)

✧ **groß; größer, größt...** **A** *Adj.* **1** big, large; great <*length, width, height*>; tall <*person*>; wide <*selection*>; 1m² ~ 1m² in area; im Großen und Ganzen by and large

2 (älter) big <*brother, sister*>; (erwachsen) grown-up

3 (lange dauernd) long, lengthy

4 intense <*heat, cold*>; high <*speed*>; great, major <*event, artist, work*>

B *adv.* (ugs.) (besonders) greatly; ~ geschrieben werden (ugs.) be stressed; *s. auch* großschreiben

groß-, Groß-: ~**abnehmer** *der*, ~**abnehmerin** *die* bulk buyer or purchaser; ~**aktionär** *der*, ~**aktionärin** *die* (Wirtsch.) principal or major shareholder; ~**artig** **A** *Adj.* magnificent; splendid **B** *adv.* magnificently; splendidly; ~**auftrag** *der* (Wirtsch.) large order

Großbritannien *(das)*; ~**s** the United Kingdom; [Great] Britain

Groß·buchstabe *der* capital [letter]

✧ **Größe** *die*; ~, ~**n** size; (Höhe, Körper~) height; (fig.) greatness; **die** ~ **der Katastrophe** the [full] extent of the catastrophe

Groß·eltern *Pl.* grandparents

Größen·ordnung *die* order [of magnitude]; **in einer** ~ **von einer Milliarde Euro** in the order of a thousand million or a billion euros

großen·teils *Adv.* largely; for the most part

Größen·wahn *der* delusions *pl.* of grandeur

größer ▸ groß

Groß-: ~**fahndung** *die* large-scale search; ~**familie** *die* (Soziol.) extended family; (mehrere Kleinfamilien) composite family; ~**handel** *der* wholesale trade; ~**händler** *der*, ~**händlerin** *die* wholesaler; ~**industrielle** *der/die* adj. Dekl. big industrialist

Grossist *der*; ~**en**, ~**en**, **Grossistin** *die*; ~, ~**nen** (Kaufmannsspr.) wholesaler

groß-, Groß-: ~**macht** *die* great power; ~**maul** *das* (ugs. abwertend) bigmouth (infml); ~**mut** *die*; ~~; generosity; ~**mütig** *Adj.* generous; ~**mutter** *die*; *Pl.* ~**mütter** grandmother; ~**rechner** *der* (DV) mainframe [computer]; ~**reinemachen** *das*; ~~**s** (ugs.) thorough cleaning; ~|**schreiben** *unr. tr. V.* write <*word*> with a capital; *s. auch* groß B; ~**spurig** (abwertend) **A** *Adj.* boastful; (hochtrabend) pretentious **B** *adv.* boastfully; (hochtrabend) pretentiously; ~**stadt** *die* city; large

town; ~**städter** *der*, ~**städterin** *die* city-dweller

größt... ▸ groß

Groß·teil *der* **1** (Hauptteil) major part

2 (nicht unerheblicher Teil) large part

größten·teils *Adv.* for the most part

größt·möglich *Adj.* greatest possible

groß-, Groß-: ~|**tun** *unr. itr. V.* boast; ~**unternehmen** *das* (Wirtsch.) large-scale enterprise; big concern; ~**vater** *der* grandfather; ~**verbraucher** *der*, ~**verbraucherin** *die* bulk or large consumer; ~|**ziehen** *unr. tr. V.* bring up; raise; rear <*animal*>; ~**zügig** *Adj.* generous; grand and spacious <*building, garden, etc.*> **B** *adv.* generously; ~**zügigkeit** *die*; ~~; generosity

grotesk **A** *Adj.* grotesque **B** *adv.* grotesquely

Grotte *die*; ~, ~**n** grotto

grub *1. u. 3. Pers. Sg. Prät. v.* graben

Grübchen *das*; ~**s**, ~; dimple

Grube *die*; ~, ~**n** pit; (Bergbau) mine

grübeln *itr. V.* ponder (**über** + *Dat.* on, over)

Gruben·arbeiter *der*, **Gruben·arbeiterin** *die* miner; mineworker

grüezi *Interj.* (schweiz.) hallo

Gruft *die*; ~, **Grüfte** vault; (in einer Kirche) crypt

✧ **grün** *Adj.* green

Grün *das*; ~**s**, ~ od. (ugs.) ~**s** **1** green

2 (Pflanzen) greenery

Grün·anlage *die* green space; (Park) park

✧ **Grund** *der*; ~[**e**]**s**, **Gründe** **1** ground; (eines Gewässers) bottom; im ~**e** [**genommen**] basically

2 (Ursache, Veranlassung) reason; **auf** ~ ▸ aufgrund

Grund-: ~**besitz** *der* **1** (Eigentum an Land) ownership of land **2** (Land) land; ~**buch** *das* land register

✧ **gründen** **A** *tr. V.* **1** found; set up, establish <*business*>; start [up] <*club*>

2 (aufbauen) base <*plan, theory, etc.*> (**auf** + *Akk.* on)

B *itr. V.* **auf** od. **in etw.** (*Dat.*) ~ be based on sth

C *refl. V.* **sich auf etw.** (*Akk.*) ~ be based on sth

Gründer *der*; ~**s**, ~, **Gründerin** *die*; ~, ~**nen** founder

Grund·erwerbs·steuer, **Grund·erwerb·steuer** *die* (Steuerw.) land transfer tax

Grund·gesetz *das* Basic Law

grundieren *tr. V.* prime

Grundierung *die*; ~, ~**en 1** (das Grundieren) priming

2 (erster Anstrich) priming coat

---

g

Grund·kenntnis die basic knowledge no pl. (in + Dat. of)

✓ **Grund·lage** die basis; foundation

Grundlagen·forschung die basic research

✓ **grund·legend** A Adj. fundamental, basic (für to); seminal ‹idea, work›
B adv. fundamentally

gründlich A Adj. thorough
B adv. thoroughly

Gründlichkeit die; ~; thoroughness

grund·los A Adj. groundless
B adv. sich ~ aufregen/ängstigen be needlessly agitated/alarmed

Grund·nahrungsmittel das basic food[stuff]

Grün·donnerstag der Maundy Thursday

Grund-: ~ordnung die basic fundamental [constitutional] order; ~prinzip das fundamental principle; ~recht das basic or constitutional right; ~riss, *~riß der 1 (Bauw.) [ground] plan 2 (Leitfaden) outline

✓ **Grund·satz** der principle

✓ **grund·sätzlich** A Adj. 1 fundamental ‹difference, question, etc.›
2 (aus Prinzip) ‹opponent etc.› on principle
3 (allgemein) ‹agreement etc.› in principle
B adv. 1 fundamentally
2 (aus Prinzip) on principle
3 (allgemein) in principle

Grund-: ~schule die primary school; ~stein der foundation stone; ~stein·legung die; ~~, ~~en laying of the foundation stone; ~stück das plot [of land]

Gründung die; ~, ~en ▸ gründen A1 foundation; setting up; establishing; starting [up]

Grund-: ~wasser das (Geol.) ground water; ~wortschatz der (Sprachw.) basic vocabulary; ~zug der essential feature

Grüne¹ das adj. Dekl. green; im ~n/ins ~ [out] in/into the country

Grüne² der/die adj. Dekl. (Politik) member of the Green Party; die ~n the Greens

Grün-: ~fläche die green space; (im Park) lawn; ~gürtel der green belt; ~land das (Landw.) (Wiese) meadow land; (Weide) pastureland; ~pflanze die foliage plant; ~schnabel der (abwertend) [young] whippersnapper; (Neuling) greenhorn; ~span der verdigris; ~streifen der; central reservation (grassed and often with trees and bushes)

grunzen tr., itr. V. grunt

✓ **Gruppe** die; ~, ~n 1 group
2 (Klassifizierung) class; category

Gruppen-: ~druck der group pressure; ~dynamik die (Sozialpsych.) group dynamics sing., no art.; ~leiter der, ~leiterin die group leader; ~reise die (Touristik) group travel no pl., no art.; eine ~reise nach London machen travel to London

with a group; ~sieg der (Sport) top place in the group

gruppieren A tr. V. arrange
B refl. V. form a group/groups

Gruppierung die; ~, ~en grouping

Grusel der; ~s horror

gruselig Adj. eerie; creepy

gruseln A tr., itr. V.; (unpers.) es gruselt jmdn. od. jmdm. sb's flesh creeps
B refl. V. be frightened

✓ **Gruß** der; ~es, Grüße 1 greeting; (Milit.) salute
2 (im Brief) mit herzlichen Grüßen [with] best wishes; mit bestem ~/freundlichen Grüßen yours sincerely

✓ **grüßen** A tr. V. 1 greet; (Milit.) salute
2 (Grüße senden) grüße deine Eltern [ganz herzlich] von mir please give your parents my [kindest] regards; grüß dich! (ugs.) hello or (infml) hi [there]!
B itr. V. say hello; (Milit.) salute

Grütze die; ~, ~n groats pl.; rote ~ red fruit pudding (made with fruit juice, fruit and cornflour, etc.)

Guave /ˈguaːvə/ die; ~, ~n guava

gucken itr. V. (ugs.) 1 look; (heimlich) peep
2 (hervorsehen) stick out
3 (dreinschauen) look

Guck·loch das spyhole

Guerilla /geˈrɪlja/ die; ~, ~s guerrilla war; (Einheit) guerrilla unit

Gulasch /ˈgʊlaʃ, ˈguːlaʃ/ das od. der; ~[e]s, ~e od. ~s goulash

Gulden der; ~s, ~; guilder

gültig Adj. valid; current ‹note, coin›

Gültigkeit die; ~; validity; ~ haben/ erlangen be/become valid

Gummi der od. das; ~s, ~[s] rubber

Gummi-: ~band das rubber or elastic band; (in Kleidung) elastic no indef. art.; ~bärchen das; ~~s, ~~; jelly baby; ~baum der rubber plant

gummieren tr. V. gum

Gummi-: ~handschuh der rubber glove; ~knüppel der [rubber] truncheon; ~sohle die rubber sole; ~stiefel der rubber boot; (für Regenwetter) wellington [boot] (BrE)

Gunst die; ~ 1 favour; goodwill
2 zu ~en ▸ zugunsten

✓ **günstig** A Adj. favourable; propitious ‹sign›; auspicious ‹moment›; beneficial ‹influence›; good
B adv. favourably; etw. ~ beeinflussen have or exert a beneficial influence on sth

günstigen·falls, günstigsten·falls Adv. at best

Gurgel die; ~, ~n throat; jmdm. die ~ zudrücken throttle sb

gurgeln itr. V. gargle

Gurke die; ~, ~n cucumber; (eingelegt) gherkin

g

gurren *itr. V.* (auch fig.) coo

Gurt *der;* ~[e]s, ~e strap; (im Auto, Flugzeug) [seat] belt

Gürtel *der;* ~s, ~; belt

Gürtel-: ~**linie** *die* waist[line]; **das war ein Schlag unter die** ~**linie** (fig. ugs.) that was hitting below the belt (fig. infml); ~**reifen** *der* radial[-ply] tyre

Gurt·straffer *der;* ~s, ~ (Kfz.-W.) [seat-]belt tensioner

Guru *der;* ~s, ~s guru

GUS *Abk.* = **Gemeinschaft Unabhängiger Staaten** CIS

Guss, *Guß *der;* **Gusses, Güsse 1** (das Gießen) casting

2 (ugs.) (Regenschauer) downpour

Guss·eisen, *Guß·eisen *das* cast iron

guss·eisern, *guß·eisern *Adj.* cast iron

◆ **gut; besser, best... A** *Adj.* good; fine <wine>; **ein** ~**es neues Jahr** a happy new year; ~ **tun** do good; **mir ist nicht** ~ I'm not feeling well; ~ **aussehend** good-looking; ~**en Appetit!** enjoy your lunch/dinner *etc.*!; **eine** ~**e Stunde [von hier]** a good hour [from here]

B *adv.* **1** well; ~ **gemeint** well-meant; **so** ~ **wie nichts** next to nothing

2 (mühelos) easily; *s. auch* **besser, best...**

Gut *das;* ~[e]s, **Güter 1** property; (Besitztum) (auch fig.) possession

2 (landwirtschaftlicher Grundbesitz) estate

3 (Fracht~, Ware) item; **Güter** goods (Fracht~) freight *sing.*; goods (BrE)

gut-, Gut-: ~**achten** *das;* ~~s, ~~; [expert's] report; ~**artig** *Adj.* **1** good-natured **2** (nicht gefährlich) benign; ~**artigkeit** *die* **1** good nature; good-naturedness **2** (Ungefährlichkeit) benignity; *~**aussehend** ▸ **gut A;** ~**bürgerlich** *Adj.* good middle-class; ~**bürgerliche Küche** good plain cooking; ~**dünken** *das;* ~~s discretion

Güte *die;* ~; goodness; kindness; (Qualität) quality

Gute·nacht·kuss, *Gute·nacht·kuß *der* goodnight kiss

Güter-: ~**abfertigung** *die* **1** (Abfertigung von Waren) dispatch of freight *or* (BrE) goods **2** (Annahmestelle) freight *or* (BrE) goods office; ~**bahnhof** *der* freight depot; goods station (BrE); ~**wagen** *der* goods wagon (BrE); freight car (AmE); ~**zug** *der* goods train (BrE); freight train (AmE)

gut-, Gut-: *~**gehen** ▸ **gehen A8, A9;** *~**gelaunt** ▸ **gelaunt;** *~**gemeint** ▸ **gut B1;** ~**gläubig** *Adj.* innocently trusting; ~**haben** *das;* ~~s, ~~; credit balance; ~**|heißen** *unr. tr. V.* approve of; ~**herzig** *Adj.* kind-hearted

gütig A *Adj.* kindly

B *adv.* ~ **lächeln** give a kindly smile

gütlich *Adj.* amicable

gut-, Gut-: ~**|machen** *tr. V.* make good <damage>; put right <omission, mistake, *etc.*>; ~**mütig** *Adj.* good-natured; ~**mütigkeit** *die;* ~~; good nature

Guts·besitzer *der,* **Guts·besitzerin** *die* owner of a/the estate; landowner

gut-, Gut-: ~**schein** *der* voucher, coupon (für, auf + *Akk.* for); ~**|schreiben** *unr. tr. V.* credit; ~**schrift** *die* credit

Guts·hof *der* estate; manor

gut-, Gut-: *~**|tun** ▸ **gut A;** ~**willig A** *Adj.* willing; (entgegenkommend) obliging

B *adv.* **etw.** ~**willig herausgeben/ versprechen** hand sth over voluntarily/ promise sth willingly

Gymnasium *das;* ~s, **Gymnasien** ≈ grammar school

Gymnastik *die;* ~; physical exercises *pl.*; (Turnen) gymnastics *sing.*

Gynäkologe *der;* ~n, ~n, **Gynäkologin** *die;* ~, ~**nen** gynaecologist

Hh

h¹, H /ha:/ *das;* ~, ~ **1** (Buchstabe) h/H

2 (Musik) [key of] B

h² *Abk.* **1** = **Uhr** hrs

2 = **Stunde** hr[s]

H *Abk.* **1** = **Herren**

2 = **Haltestelle**

ha¹ /ha(:)/ *Interj.* **1** (Überraschung) ah

2 (Triumph) aha

ha² *Abk.* = **Hektar** ha

◆ **Haar** *das;* ~[e]s, ~e hair; **blonde** ~e *od.* **blondes** ~ **haben** have fair hair; (fig.) ~e **auf den Zähnen haben** (ugs. scherzh.) be a tough customer; **um ein** ~ (ugs.) very nearly

Haar-: ~**ausfall** *der* hair loss; ~**bürste** *die* hairbrush; ~**büschel** *das* tuft of hair

haaren *itr. V.* moult

Haares·breite *die* **um** ~ by a hair's breadth

haar-, Haar-: ~**festiger** der; ~s, ~; setting lotion; ~**genau** (ugs.) **A** Adj. exact **B** adv. exactly

haarig Adj. hairy

haar-, Haar-: ~**klemme** die hairgrip; ~**nadel** die hairpin; ~**nadel·kurve** die hairpin bend; ~**schnitt** der haircut; (modisch) hairstyle; ~**spalterei** die; ~~, ~~**en** (abwertend) hair-splitting; **das ist doch** ~spalterei that's splitting hairs; ~**spange** die hairslide; ~**sträubend** Adj. **1** (grauenhaft) hair-raising **2** (empörend) outrageous; shocking; ~**teil** das hairpiece; ~**waschmittel** das shampoo; ~**wasser** das hair lotion

Habe die; ~ (geh.) possessions pl.

✔ **haben A** unr. tr. V. have; have got; **heute** ~ **wir schönes Wetter** the weather is fine today; **es gut/schlecht/schwer** ~ have it good (infml) /have a bad time [of it]/have a difficult time; **du hast zu gehorchen** you must obey; **das Jahr hat 12 Monate** there are 12 months in a year **B** refl. V. (ugs.) (sich aufregen) make a fuss **C** Hilfsverb have; **ich habe/hatte ihn eben gesehen** I've/I'd just seen him; **er hat es gewusst** he knew it **D** mod. V. **du hast zu gehorchen** you must obey; **er hat sich nicht einzumischen** he's not to interfere

Haben das; ~s, ~ (Kaufmannsspr.) credit

Habe·nichts der; ~, ~e pauper

Haben-: ~**seite** die (Kaufmannsspr.) credit side; ~**zinsen** Pl. interest sing. on deposits

Hab·gier die (abwertend) greed

hab·gierig A Adj. (abwertend) greedy **B** adv. greedily

Habicht der; ~s, ~e hawk

Hab-: ~**seligkeiten** Pl. [meagre] belongings; ~**sucht** die (abwertend) greed; avarice

Hachse die; ~, ~n (südd.) knuckle

Hack das; ~s (ugs. bes. nordd.) mince

Hacke[1] die; ~, ~n hoe; (Pickel) pick[axe]

Hacke[2] die; ~, ~n (bes. nordd. u. md.) heel

hacken A itr. V. **1** hoe **2** (picken) peck **B** tr. V. **1** hoe ‹garden, flower bed, etc.› **2** (zerkleinern) chop; chop [up] ‹meat, vegetables, etc.›

Hacker der; ~s, ~, **Hackerin** die; ~, ~nen (DV-Jargon) hacker

hacke·zu Adj. (salopp) paralytic [drunk] (infml)

Hack·fleisch das minced meat; mince

Häcksel der od. das; ~s (Landw.) chaff

hadern itr. V. (geh.) **mit etw.** ~ be at odds with sth

Hafen der; ~s, **Häfen** harbour; port

Hafen-: ~**arbeiter** der, ~**arbeiterin** die dock worker; docker; ~**kneipe** die dockland pub (BrE) or (AmE) bar; ~**rundfahrt** die

trip round the harbour; ~**stadt** die port; ~**viertel** das dock area

Hafer der; ~s oats pl.

Hafer-: ~**brei** der porridge; ~**flocken** Pl. porridge oats

Haff das; ~[e]s, ~s od. ~e lagoon

Haft die; ~ **1** (Gewahrsam) custody; (aus politischen Gründen) detention **2** (Freiheitsstrafe) imprisonment

-haft Adj., adv. -like

haftbar Adj. (bes. Rechtsspr.) **für etw.** ~ **sein** be liable for sth

Haft·befehl der (Rechtsw.) warrant [of arrest]

haften[1] itr. V. (sich festsetzen) ‹smell, dirt, etc.› stick, cling (**an** + Dat. to); ~ **bleiben** stick (**an/auf** + Dat. to); ‹smell, smoke› cling (**an/auf** + Dat. to); (ugs.) (im Gedächtnis bleiben) stick

haften[2] itr. V. **für jmdn./etw.** ~ be responsible for sb/liable for sth; (Rechtsw., Wirtsch.) be liable

*****haften|bleiben** ▶ haften[1]

Häftling der; ~s, ~e prisoner

Haft·pflicht die liability (**für** for)

Haftpflicht·versicherung die personal liability insurance; (für Autofahrer) third party insurance

Haft-: ~**prüfung** die (Rechtsw.) review of a/ the remand in custody; ~**schale** die contact lens; ~**strafe** die (Rechtsspr. veralt.) prison sentence

Haftung die; ~, ~**en** liability; **Gesellschaft mit [un]beschränkter** ~ [un]limited [liability] company

Hagebutte die; ~, ~**n 1** (Frucht) rose hip **2** (ugs.) (Heckenrose) dog rose

Hagel der; ~s, ~ (auch fig.) hail

hageln itr., tr. V. (unpers.) hail

Hagel-: ~**schaden** der damage no pl. caused by hail; ~**schauer** der [short] hailstorm; ~**schlag** der hail

hager Adj. gaunt

haha /ha'ha(:)/ Interj. ha ha

Häher der; ~s, ~; jay

Hahn[1] der; ~[e]s, **Hähne** cock; (Wetter~) weathercock

Hahn[2] der; ~[e]s, **Hähne** (fachspr.) ~**en 1** tap; faucet (AmE) **2** (bei Waffen) hammer

Hähnchen das; ~s, ~; chicken

Hahnen·fuß der buttercup

Hai der; ~s, ~e shark

Häkchen das; ~s, ~ **1** [small] hook **2** (Zeichen) mark; (beim Abhaken) tick

häkeln tr., itr. V. crochet

Häkel·nadel die crochet hook

haken A tr. V. hook (**an** + Akk. on to) **B** itr. V. (klemmen) be stuck

Haken der; ~s, ~ **1** hook **2** (Zeichen) tick **3** (ugs.) (Schwierigkeit) catch

h

4 (Boxen) hook

haken-, Haken-: ~**förmig** 🅰 *Adj.* hooked; hook-shaped 🅱 *adv.* ~**förmig gebogen** hooked; hook-shaped; ~**kreuz** *das* swastika; ~**nase** *die* hooked nose; hook nose

ℴ **halb** 🅰 *Adj.; u. Bruchz.* half; eine ~**e Stunde/ ein ~er Meter** half an hour/a metre; **zum ~en Preis** [at] half price; **~ Europa/die ~e Welt** half of Europe/half the world; **es ist ~ eins** it's half past twelve; **die ~e Wahrheit** half [of] the truth; **[noch] ein ~es Kind sein** be hardly more than a child 🅱 *adv.* ~ **voll/leer** half-full/-empty; ~ **offen** half-open; ~ **angezogen** half dressed; ~ **links/rechts** (Fußball) ⟨*play*⟩ [at] inside left/ right

Halb·dunkel *das* semi-darkness

Halbe *der od. die od. das adj. Dekl.* (ugs.) half litre (*of beer etc.*)

Halb·edelstein *der* (veralt.) semi-precious stone

halber *Präp.; mit Gen.* (nachgestellt) (wegen) on account of; (um … willen) for the sake of

halb-, Halb-: ~**finale** *das* (Sport) semi-final; ~**gar** *Adj.* half-cooked; ~**gefrorene,** ~**gefrorne** *das adj. Dekl.* soft ice cream

Halbheit *die;* ~**, ~en** (abwertend) half measure

halbieren *tr. V.* cut/tear ⟨*object*⟩ in half; halve ⟨*amount, number*⟩

halb-, Halb-: ~**insel** *die* peninsula; ~**jahr** *das* six months *pl.*; half year; ~**jährlich** 🅰 *Adj.* six-monthly 🅱 *adv.* every six months; ~**kreis** *der* semicircle; ~**kugel** *die* hemisphere; ~**lang** *Adj.* mid-length ⟨*hair*⟩; mid-calf length ⟨*coat, dress, etc.*⟩; ~**links** /-'-/ *Adv.* (Fußball) ⟨*play*⟩ [at] inside left; ~**mast** *Adv.* at half-mast; ~**mond** *der* **1** (Mond) half-moon **2** (Figur) crescent; ***~**offen** *Adj.* ▶ halb B; ~**pension** *die* half-board; ~**rechts** /-'-/ *Adv.* (Fußball) ⟨*play*⟩ [at] inside right; ~**schlaf** *der* light sleep; **im ~schlaf liegen** be half asleep; doze; ~**schuh** *der* shoe; ~**starke** *der adj. Dekl.* (ugs. abwertend) [young] hooligan

halb·tags *Adv.* ⟨*work*⟩ part-time; (morgens/ nachmittags) ⟨*work*⟩ [in the] mornings/ afternoons

Halbtags-: ~**arbeit** *die,* ~**beschäftigung** *die* part-time job; (morgens/nachmittags) morning/ afternoon job; ~**schule** *die* half-day school; ~**stelle** *die* part-time job; (morgens/nachmittags) morning/afternoon job

halb-, Halb-: ***~**voll** *Adj.* ▶ halb B; ~**wegs** *Adv.* to some extent; ~**wüchsig** /-vy:ksɪç/ *Adj.* adolescent; ~**wüchsige** *der/die adj. Dekl.* adolescent; ~**zeit** *die* (bes. Fußball) **1** half **2** (Pause) half-time; ~**zeit·pause** *die*

(Sport) half-time

Halde *die;* ~**, ~n** (Bergbau) slag heap

half *1. u. 3. Pers. Sg. Prät. v.* helfen

ℴ **Hälfte** *die;* ~**, ~n 1** half **2** (ugs.) (Teil) part

Halfter[1] *der od. das;* ~**s,** ~; halter

Halfter[2] *die;* ~**, ~n;** *auch das;* ~**s,** ~; holster

Hall *der;* ~**[e]s,** ~**e 1** (geh.) reverberation **2** (Echo) echo

ℴ **Halle** *die;* ~**, ~n** hall; (Fabrik~) shed; (Hotel~, Theater~) foyer

hallen *itr. V.* **1** reverberate; ⟨*shot, bell, cry*⟩ ring out **2** (widerhallen) echo

Hallen- indoor ⟨*swimming pool, handball*⟩

Hallig *die;* ~**, ~en** small low island (*particularly one of those off Schleswig-Holstein*)

ℴ **hallo** *Interj.* hello

Hallo *das;* ~**s,** ~**s** cheering

Halluzination *die;* ~**, ~en** hallucination

Halm *der;* ~**[e]s,** ~**e** stalk; stem

ℴ **Hals** *der;* ~**es, Hälse** neck; (Kehle) throat; ~ **über Kopf** (ugs.) in a rush

hals-, Hals-: ~**ab·schneider** *der,* ~**ab·schneiderin** *die* (ugs. abwertend) shark; ~**band** *das* (für Tiere) collar; ~**bruch** *der* ▶ hals- und Beinbruch; ~**entzündung** *die* inflammation of the throat; ~**kette** *die* necklace; ~-**Nasen-Ohren-Arzt** *der,* ~-**Nasen-Ohren-Ärztin** *die* ear, nose, and throat specialist; ~**schlagader** *die* carotid [artery]; ~**schmerzen** *Pl.* sore throat *sing.*; ~**starrig** *Adj.* (abwertend) stubborn; obstinate; ~**tuch** *das; Pl.* ~**tücher** cravat; (des Cowboys) neckerchief; ~- **und Beinbruch** *Interj.* (scherzh.) good luck; ~**weh** *das* (ugs.) ▶ halsschmerzen

ℴ **halt** *Interj.* stop

ℴ **Halt** *der;* ~**[e]s,** ~**e 1** hold **2** (Stopp) stop; ~ **machen** stop

haltbar *Adj.* **1** ~ **sein** ⟨*food*⟩ keep [well]; ~ **bis 5. 3.** use by 5 March **2** (nicht verschleißend) hard-wearing ⟨*material, clothes*⟩ **3** (aufrechtzuerhalten) tenable ⟨*hypothesis etc.*⟩

Haltbarkeit *die;* ~ (Strapazierfähigkeit) durability

Halte·bucht *die* (Verkehrsw.) lay-by (BrE); turnout (AmE)

ℴ **halten** 🅰 *unr. tr. V.* **1** (auch Milit.) hold; **die Hand vor den Mund ~** put one's hand in front of one's mouth **2** (Ballspiele) save ⟨*shot, penalty, etc.*⟩ **3** (bewahren) keep; (beibehalten, aufrechterhalten) keep up ⟨*speed etc.*⟩; maintain ⟨*temperature, equilibrium*⟩ **4** (erfüllen) keep; **sein Wort/ein Versprechen ~** keep one's word/a promise **5** (besitzen, beschäftigen, beziehen) keep ⟨*chickens etc.*⟩; take ⟨*newspaper, magazine, etc.*⟩

ℴ key word
* old spelling—see note on page x

6 (einschätzen) **jmdn. für reich/ehrlich** ~ think sb is rich/honest; **viel von jmdm.** ~ think a lot of sb
7 (ab~, veranstalten) give ‹*speech, lecture*›
B *unr. itr. V.* **1** (stehen bleiben) stop **2** (unverändert, an seinem Platz bleiben) last **3** (Sport) save **4** (beistehen) **zu jmdm.** ~ stand by sb
C *unr. refl. V.* **1** (sich durchsetzen, behaupten) **wir werden uns/die Stadt wird sich nicht länger** ~ **können** we/the town won't be able to hold out much longer **2** (sich bewähren) **sich gut** ~ do well **3** (unverändert bleiben) ‹*weather, flowers, etc.*› last; ‹*milk, meat, etc.*› keep **4** (Körperhaltung haben) **sich schlecht/gerade** ~ hold oneself badly/straight **5** (bleiben) **sich auf den Beinen/im Sattel** ~ stay on one's feet/in the saddle; **sich links/ rechts** ~ keep [to the] left/right; **sich an etw.** (*Akk.*) ~ keep to sth
Halte·punkt *der* stop
Halter *der*; ~**s,** ~ **1** (Fahrzeug~) keeper **2** (Tier~) owner **3** (Vorrichtung) holder
Halterin *die*; ~, ~**nen 1** ▶ Halter 1 keeper **2** ▶ Halter 2 owner
Halterung *die*; ~, ~**en** support
Halte-: ~**stelle** *die* stop; ~**verbot** *da‹* **1** „~verbot" 'no stopping'; **hier ist** ~**verbot** this is a no-stopping zone **2** (Stelle) no-stopping zone; ~**verbots·schild** *das* no-stopping sign
-haltig, (österr.) **-hältig** vitamin~/silber~ *usw.* containing vitamins/silver *etc. postpos., not pred.*; **vitamin**~ **sein** contain vitamins
halt-, Halt-: ~**los** *Adj.* **1** (labil) ~**los sein** be a weak character; **ein** ~**loser Mensch** a weak character **2** (unbegründet) unfounded; ~**losigkeit** *die*; ~~ **1** (Labilität) weakness of character **2** (mangelnde Begründung) unfoundedness; ***~**|machen** ▶ Halt 2
Haltung *die*; ~, ~**en 1** (Körper~) posture **2** (Pose) manner **3** (Einstellung) attitude **4** (Fassung) composure
Halunke *der*; ~**n,** ~**n** scoundrel; villain
Hamburger *der*; ~**s,** ~ (Frikadelle) hamburger
hämisch **A** *Adj.* malicious
  B *adv.* maliciously
Hammel *der*; ~**s,** ~ **1** wether **2** (Fleisch) mutton
Hammel·fleisch *das* mutton
Hammer *der*; ~**s, Hämmer 1** hammer; (Holz~) mallet; ~ **und Sichel** hammer and sickle **2** (Technik) ram
hammer·mäßig (Jugendspr.) **A** *Adj.* fantastic (infml); awesome (infml) ‹*music, film*›
  B *adv.* ‹*play etc.*› fantastically well (infml)

hämmern *itr., tr. V.* hammer
Hämorrhoiden /hɛmɔroˈiːdn̩/; *Pl.* (Med.) haemorrhoids; piles
Hampel·mann *der* **1** jumping jack **2** (ugs. abwertend) puppet
hampeln *itr. V.* (ugs.) jump about
Hamster *der*; ~**s,** ~; hamster
hamstern *tr., itr. V.* **1** (horten) hoard **2** (Lebensmittel tauschen) barter goods for [food]
⚡ **Hand** *die*; ~, **Hände** hand; **eine** ~ **voll** a handful; **jmdm. die** ~ **geben** shake sb's hand; ~ **und Fuß/weder** ~ **noch Fuß haben** (ugs.) make sense/no sense; **alle** *od.* **beide Hände damit voll haben, etw. zu tun** (ugs.) have one's hands full doing sth; **die Hände in den Schoß legen** sit back and do nothing; **etw. aus der** ~ **geben** let sth out of one's hands; ~ **in** ~ **arbeiten** work hand in hand; **etw. zur** ~ **haben** have sth handy; **zu Händen [von] Herrn Müller** attention Herr Müller; **unter der** ~ (fig.) on the quiet
Hand-: ~**arbeit** *die* **1** handicraft; **etw. in** ~**arbeit herstellen** make sth by hand **2** (Gegenstand) handmade article **3** (Nadelarbeit) [piece of] needlework; ~**ball** *der* handball; ~**besen** *der* brush; ~**betrieb** *der* manual operation; ~**bewegung** *die* **1** movement of the hand **2** (Geste) gesture; ~**bremse** *die* handbrake; ~**buch** *das* handbook; (technisches ~**buch**) manual
Händchen *das*; ~**s,** ~; [little] hand
Hände ▶ Hand
Hände-: ~**druck** *der*; *Pl.* ~**drücke** handshake; ~**klatschen** *das*; ~**s** clapping
⚡ **Handel** *der*; ~**s** trade; ~ **treiben** trade; ~ **treibend** trading ‹*nation*›
⚡ **handeln** **A** *itr. V.* **1** trade; deal **2** (feilschen) haggle **3** (agieren) act **4** (sich verhalten) behave **5 von etw.** *od.* **über etw.** (*Akk.*) ~ ‹*book, film, etc.*› be about *or* deal with sth
B *refl. V.*; (*unpers.*) **es handelt sich um ...** it is a matter of ...; (es dreht sich um) it's about ...
Handeln *das*; ~**s 1** (das Feilschen) haggling; bargaining **2** (das Eingreifen) action **3** (Verhalten) action[s *pl.*]
handels-, Handels-: ~**abkommen** *das* trade agreement; ~**bank** *die*; *Pl.* ~~**en** merchant bank; ~**bilanz** *die* **1** (eines Betriebes) balance sheet **2** (eines Staates) balance of trade; ~**einig,** ~**eins mit** jmdm. ~**einig** *od.* ~**eins werden/sein** agree/ have agreed terms with sb; ~**flotte** *die* merchant fleet; ~**gesellschaft** *die* company; ~**kammer** *die* ▶ Industrie- und Handelskammer; ~**klasse** *die* grade; ~**marine** *die* merchant navy; ~**partner** *der*, ~**partnerin** *die* trading partner; ~**register** *das* register of companies;

h

~**schiff** *das* merchant ship; ~**schule** *die* commercial college; ~**straße** *die* (hist.) trade route; ~**üblich** *Adj.* ~übliche Praktiken/Größen standard business practices/standard [commercial] sizes; ~**unternehmen** *das* trading concern; ~**vertreter** *der*, ~**vertreterin** *die* [sales] representative; travelling salesman/saleswoman; ~**vertretung** *die* trade mission; ~**zentrum** *das* trading centre

hände·ringend *Adv.* (ugs.) (dringend) ‹*need*› urgently; ‹*search for sb/sth*› desperately

hand-, Hand-: ~**feger** *der* brush; ~**fest** *Adj.* **1** robust; sturdy **2** substantial ‹*meal etc.*› **3** solid ‹*proof*›; concrete ‹*suggestion*›; complete ‹*lie*›; well-founded ‹*argument*›; ~**fläche** *die* palm [of one's/the hand]; flat of one's/the hand; ~**gas** *das* (Kfz-W.) hand throttle; ~**gearbeitet** *Adj.* handmade; ~**gelenk** *das* wrist; ~**gemenge** *das* fight; ~**gepäck** *das* hand baggage; ~**geschrieben** *Adj.* handwritten; ~**granate** *die* hand grenade; ~**greiflich** *Adj.* **1** (tätlich) ~greiflich werden start using one's fists **2** tangible ‹*success, advantage, proof, etc.*›; palpable ‹*contradiction, error*›; obvious ‹*fact*›; ~**griff** *der* **1** mit einem ~griff/wenigen ~griffen in one movement/without much trouble; (schnell) in no time at all/next to no time **2** (am Koffer, an einem Werkzeug) handle; ~**habe** *die*; ~~, ~~**n**; eine [rechtliche] ~habe [gegen jmdn.] a legal handle [against sb]; ~**haben** *tr. V.* **1** handle; operate ‹*device, machine*› **2** (praktizieren) implement ‹*law etc.*›; ~**habung** *die*; ~~, ~~**en 1** handling; (eines Gerätes, einer Maschine) operation **2** (Durchführung) implementation

Handheld /'hɛnthɛlt/ *das*; ~**s**, ~**s** (DV) handheld [device]

Handikap /'hɛndikɛp/ *das*; ~**s**, ~**s** (auch Sport) handicap

handikapen /'hɛndikɛpn/ *tr. V.* handicap

Hand-: ~**käse** *der*; (landsch.) *small, hand-formed curd cheese*; ~**koffer** *der* [small] suitcase; ~**kuss**, ***~**kuß** *der* kiss on sb's hand; ~**langer** *der*; ~~**s**, ~~, ~**langerin** *die*; ~~, ~~**nen** (ungelernter Arbeiter) labourer; (abwertend) lackey; ~**lauf** *der* handrail

Händler *der*; ~**s**, ~, **Händlerin** *die*; ~, ~**nen** trader

handlich *Adj.* handy; easily carried ‹*parcel, suitcase*›; easily portable ‹*television, camera*›

 Handlung *die*; ~, ~**en 1** (Vorgehen) action; (Tat) act **2** (Fabel) plot

handlungs-, Handlungs-: ~**arm** *Adj.* short on action *pred.*; ~**fähig** *Adj.* able to act *pred.*; working *attrib.* ‹*majority*›; ~**freiheit** *die* freedom of action;

---

 key word

* alte Schreibung—vgl. Hinweis auf S. x

~**reisende** *der/die* ▸ Handelsvertreter; ~**weise** *die* conduct

hand-, Hand-: ~**puppe** *die* glove *or* hand puppet; ~**schelle** *die* handcuff; ~**schlag** *der* handshake; ~**schrift** *die* handwriting; ~**schriftlich** **A** *Adj.* handwritten **B** *adv.* by hand; ~**schuh** *der* glove; ~**schuh·fach** *das* glove compartment; ~**signiert** *Adj.* signed; ~**spiegel** *der* hand mirror; ~**stand** *der* (Turnen) handstand; ~**tasche** *die* handbag; ~**tuch** *das*; *Pl.* -**tücher** towel; ~**umdrehen** im ~umdrehen in no time at all; ~**verlesen** *Adj.* hand-picked; ***~**voll** ▸ Hand; ~**wäsche** *die* washing by hand

Hand·werk *das* craft; (als Beruf) trade; sein ~ kennen *od.* verstehen/beherrschen know one's job

Handwerker *der*; ~**s**, ~; tradesman

Handwerkerin *die*; ~, ~**nen** tradeswoman

handwerklich *Adj.* ein ~er Beruf a [skilled] trade

Handwerks·zeug *das* tools *pl.*

 Handy /'hɛndi/ *das*; ~**s**, ~**s** mobile [phone]

Handy·nummer *die* mobile number

Hand·zeichen *das* sign [with one's hand]; (eines Autofahrers) hand signal; (Abstimmung) show of hands

Hanf *der*; ~**[e]s** hemp

Hang *der*; ~**[e]s**, **Hänge** slope; (Neigung) tendency

Hänge-: ~**brücke** *die* suspension bridge; ~**lampe** *die* pendant light; ~**matte** *die* hammock

 hängen[1] *unr. itr. V.* (südd., österr., schweiz. mit sein) hang (an + *Dat.* from); (an einem Fahrzeug) be hitched (an + *Dat.* to); [mit der Ärmel *usw.* an/in etw. (*Dat.*) ~ bleiben get one's sleeve *etc.* caught on/in sth; ~ bleiben (ugs.) (haften) stick (an/auf + *Dat.* to); (ugs.) (verweilen) get stuck (infml)

 hängen[2] **A** *tr. V.* **1** hang (in/über + *Akk.* in/over; an/auf + *Akk.* on) **2** (befestigen) hitch up (an + *Akk.* to); couple on ‹*railway carriage, etc.*› (an + *Akk.* to) **B** *refl. V.* **1** sich an etw. (*Akk.*) ~ hang on to sth **2** (sich festsetzen) cling (an + *Akk.* to)

***hängen|bleiben** ▸ hängen[1]

hängend *Adj.* hanging

Hänge·schrank *der* wall cupboard

Hang·lage *die* hillside location

Hansaplast® *das*; ~**[e]s** sticking plaster; Elastoplast®

hänseln *tr. V.* tease

Hanse·stadt *die* Hanseatic city

Hantel *die*; ~, ~**n** (Sport) (kurz) dumb-bell; (lang) barbell

hantieren *itr. V.* be busy

Häppchen *das*; ~**s**, ~ **1** [small] morsel

2 (Appetithappen) canapé
Happen *der*; ~**s**, ~; morsel
happig *Adj.* (ugs.) ~**e Preise** fancy prices (infml)
Happyend, Happy-End /'hεpi'|εnt/ *das*; ~**[s]**, ~**s** happy ending
Hardware /'haːdwεə/ *die*; ~, ~**s** (DV) hardware
Harfe *die*; ~, ~**n** harp
Harke *die*; ~, ~**n** rake
harken *tr. V.* rake
harm·los **A** *Adj.* **1** (ungefährlich) harmless; slight ‹*injury, cold, etc.*›; mild ‹*illness*›; safe ‹*medicine, bend, road, etc.*›
2 (arglos) innocent; harmless ‹*fun, pastime, etc.*›
B *adv.* **1** (ungefährlich) harmlessly
2 (arglos) innocently
Harmlosigkeit *die*; ~ **1** (Ungefährlichkeit) harmlessness; (einer Krankheit) mildness; (eines Medikamentes) safety
2 (Arglosigkeit, harmloses Verhalten) innocence
Harmonie *die*; ~, ~**n** (auch fig.) harmony
harmonieren *itr. V.* **1** harmonize
2 (miteinander auskommen) get on well
Harmonika *die*; ~, ~**s** *od.* **Harmoniken** harmonica
harmonisch **A** *Adj.* harmonious; (Musik) harmonic
B *adv.* harmoniously; (Musik) harmonically
harmonisieren *tr. V.* coordinate; **etw. mit etw.** ~ (Wirtsch.) bring sth into line with sth
Harmonisierung *die*; ~, ~**en** (Wirtsch.) harmonization
Harmonium *das*; ~**s**, **Harmonien** harmonium
Harn *der*; ~**[e]s**, ~**e** (Med.) urine
Harn·blase *die* bladder
Harnisch *der*; ~**s**, ~**e** armour
Harpune *die*; ~, ~**n** harpoon
harpunieren *tr. V.* harpoon
harren *itr. V.* (geh.) **jmds./einer Sache** *od.* **auf jmdn./etw.** ~ await sb/sth
harsch **A** *Adj.* **1** (vereist) crusted
2 (barsch) harsh
B *adv.* harshly
Harsch *der*; ~**[e]s** crusted snow
⚡ **hart**; **härter**, **härtest...** **A** *Adj.* **1** hard; ~ **gekocht** hard-boiled ‹*egg*›
2 tough ‹*situation, job*›; harsh ‹*reality, truth*›
3 (streng) harsh ‹*penalty, punishment, judgement*›; tough ‹*measure, law, course*›
4 (rau) rough ‹*game, opponent*›
B *adv.* **1** ~ **sitzen** sit on a hard chair
2 (mühevoll) ‹*work*› hard
3 (streng) harshly
4 (nahe) close (**an** + *Dat.* to)
Härte *die*; ~, ~**n** **1** (auch Physik) hardness
2 (Widerstandsfähigkeit) toughness
3 (schwere Belastung) hardship

4 (Strenge) harshness
5 (Heftigkeit) (eines Aufpralls usw.) force; (eines Streits) violence
6 (Rauheit) roughness
Härte·fall *der* **1** case of hardship
2 (ugs.) (Person) hardship case
härten *tr., itr. V.* harden
härter ▸ **hart**
härtest... ▸ **hart**
hart-, Hart-: *~**gekocht** ▸ **hart** A1; ~**geld** *das* coins *pl.*; ~**gummi** *das* hard rubber; ~**herzig** **A** *Adj.* hard-hearted
B *adv.* hard-heartedly; ~**herzigkeit** *die*; ~~; hard-heartedness; ~**käse** *der* hard cheese; ~**näckig** **A** *Adj.* **1** (eigensinnig) obstinate; stubborn **2** (ausdauernd) dogged
B *adv.* **1** (eigensinnig) obstinately; stubbornly **2** (ausdauernd) doggedly; ~**näckigkeit** *die*; ~~ **1** (Eigensinn) obstinacy; stubbornness **2** (Ausdauer) doggedness
Härtung *die*; ~, ~**en** hardening; (von Stahl auch) tempering
Hart·wurst *die* dry sausage
Hartz IV /ˌhaːɐ̯ts'fiːɐ̯/ *das* (ugs.) ≈ unemployment benefit
Hartz-IV-Empfänger *der*, **Hartz-IV-Empfängerin** *die* (ugs.) ≈ person on unemployment benefit
Harz *das*; ~**es**, ~**e** resin
Harzer Käse *der*; ~ ~**s**, ~ ~; Harz [Mountain] cheese
Haschee (Kochk.) *das*; ~**s**, ~**s** hash
haschen[1] *tr. V.* (veralt.) catch
haschen[2] *itr. V.* (ugs.) smoke [hash] (infml)
Häschen /'hεːsçən/ *das*; ~, ~**s** bunny
Haschisch *das od. der*; ~**[s]** hashish
Haschisch·rausch *der* [state of] hashish intoxication; **etw. im** *od.* **bei einem** ~ **tun** do sth while under the effects of hashish *or* while [high (infml)] on hashish
Hase *der*; ~**n**, ~**n** **1** hare
2 (landsch.) ▸ **Kaninchen**
Hasel·nuss, ***Hasel·nuß** *die* hazelnut
Hasen-: ~**fuß** *der* (spöttisch abwertend) coward; chicken (infml); ~**scharte** *die* (Med.) harelip
Haspel *die*; ~, ~**n** (Technik) (für Garn) reel; (für ein Seil, Kabel) drum
Hass, ***Haß** *der*; **Hasses** hatred (**auf** + *Akk.*, **gegen** of, for)
hassen *tr., itr. V.* hate
hass·erfüllt, ***haß·erfüllt** *Adj.* filled with hatred *postpos.*
hässlich, ***häßlich** **A** *Adj.* **1** ugly
2 (gemein) nasty
3 (unangenehm) awful ‹*weather, cold, situation, etc.*›
B *adv.* **1** ‹*dress*› unattractively
2 (gemein) nastily
***Hässlichkeit**, ***Häßlichkeit** *die*; ~, ~**en**
1 (Aussehen) ugliness
2 (Gesinnung) nastiness

h

h

hast 2. *Pers. Sg. Präsens v.* haben
Hast *die*; ~; haste
hasten *itr. V.; mit sein* hurry
hastig **A** *Adj.* hasty; hurried
  B *adv.* hastily; hurriedly
hat 3. *Pers. Sg. Präsens v.* haben
hätscheln *tr. V.* caress
hatschi *Interj.* atishoo
hatte 1. *u.* 3. *Pers. Sg. Prät. v.* haben
hätte 1. *u.* 3. *Pers. Sg. Konjunktiv II v.* haben
Haube *die*; ~, ~n **1** bonnet; (einer
  Krankenschwester) cap
  2 (Kfz-W.) bonnet (BrE); hood (AmE)
Hauch *der*; ~[e]s, ~e (geh.) **1** (Atem) (auch
  fig.) breath
  2 (Luftzug) breath of wind
  3 (leichter Duft) delicate smell
  4 (dünne Schicht) [gossamer-]thin layer
hauch·dünn *Adj.* gossamer-thin ‹material,
  dress›; wafer-thin ‹layer, slice, majority›
hauchen *itr. V.* breathe (**gegen, auf** + *Akk.* on)
Haue *die*; ~, ~n **1** (südd., österr.) (Hacke) hoe
  2 (ugs.) (Prügel) a hiding (infml)
hauen **A** *unr. tr. V.* **1** (ugs.) (schlagen) belt;
  clobber (infml)
  2 (ugs.) (auf einen Körperteil) belt (infml); hit
  3 (herstellen) carve ‹figure, statue, etc.› (in +
  Akk. in)
  B *unr. itr. V.* **1** (ugs.) (prügeln) er haut immer
  gleich he's quick to hit out
  2 (auf einen Körperteil) belt (infml); hit
  3 (ugs.) (auf/gegen etw. schlagen) thump
  C *unr. refl. V.* (ugs.) (sich prügeln) have a
  punch-up (infml)
Hauer *der*; ~s, ~ (Jägerspr.) tusk; (fig.) fang
Haufen *der*; ~s, ~; heap; pile; (Gruppe)
  bunch (infml)
häufen **A** *tr. V.* heap, pile (**auf** + *Akk.* on to);
  (aufheben) hoard ‹money, supplies›
  B *refl. V.* (sich mehren) pile up
✎ **häufig** **A** *Adj.* frequent
  B *adv.* frequently; often
Häufigkeit *die*; ~, ~en frequency
Häufung *die*; ~, ~en increasing frequency
Haupt *das*; ~[e]s, **Häupter** (geh., auch fig.)
  head
haupt-, Haupt-: ~**bahnhof** *der* main
  station; ~**beruflich** **A** *Adj.* seine
  ~berufliche Tätigkeit his main occupation
  B *adv.* er ist ~beruflich als Elektriker tätig
  his main occupation is that of electrician;
  ~**darsteller** *der* (Theater, Film) male lead;
  ~**darstellerin** *die* (Theater, Film) female
  lead; ~**eingang** *der* main entrance;
  ~**einschalt·zeit** *die* peak *or* prime
  viewing time; ~**fach** *das* major; ~**figur**
  die main character; ~**film** *der* main
  feature; ~**gang** *der* **1** main corridor
  2 ▸ Hauptgericht; ~**gebäude** *das* main

building; ~**gericht** *das* main course;
  ~**gewinn** *der* first prize
Häuptling *der*; ~s, ~e chief[tain]
Haupt-: ~**mahlzeit** *die* main meal;
  ~**mann** *der*; *Pl.* ~leute (Milit.) captain;
  ~**person** *die* central figure; ~**postamt**
  das main post office; ~**quartier** *das*
  (Milit., auch fig.) headquarters *sing. or pl.*;
  ~**reise·zeit** *die* high season; peak [holiday]
  season; ~**rolle** *die* main role; lead; die ~rolle
  spielen (fig.) play the leading role
✎ **hauptsächlich** **A** *Adv.* mainly; principally
  B *Adj.; nicht präd.* main; principal
Haupt-: ~**saison** *die* high season;
  ~**satz** *der* main clause; (allein stehend)
  sentence; ~**schalter** *der* (Elektrot.)
  mains switch; ~**schlagader** *die* aorta;
  ~**schul·abschluss**, *~**schul·abschluß**
  der ≈ secondary school leaving certificate;
  ~**schule** *die* ≈ secondary modern school;
  ~**schüler** *der*, ~**schülerin** *die* ≈
  secondary modern school pupil; ~**sitz** *der*
  head office; headquarters *pl.*
✎ **Haupt·stadt** *die* capital [city]
haupt-, Haupt-: ~**städtisch** *Adj.*
  metropolitan; ~**straße** *die* main street;
  ~**thema** *das* main topic *or* theme; (Musik)
  main theme; ~**verkehr** *der* bulk of the
  traffic
Hauptverkehrs-: ~**straße** *die* main road;
  ~**zeit** *die* rush hour
Haupt-: ~**versammlung** *die* (Wirtsch.)
  shareholders' meeting; ~**wache** *die* main
  police station; ~**wort** *das* (Sprachw.) noun
hau ruck *Interj.* heave[-ho]
✎ **Haus** *das*; ~es, **Häuser 1** house; (Amts-,
  Firmengebäude usw.) building; (Heim) home;
  nach ~e home; zu ~e at home; das erste ~
  am Platze the best hotel in the town
  2 ~ halten be economical
haus-, Haus-: ~**angestellte** *der/die*
  domestic servant; ~**apotheke** *die* medicine
  cabinet; ~**arbeit** *die* housework; (Schulw.)
  homework; ~**arrest** *der* house arrest;
  ~**arzt** *der*, ~**ärztin** *die* family doctor;
  ~**aufgabe** *die* homework; ~**backen**
  A *Adj.* plain; unadventurous ‹clothes›
  B *adv.* ‹dress› unadventurously;
  ~**besetzer** *der*; ~~s, ~~, ~~**besetzerin**
  die; ~~, ~~**nen** squatter; ~**besitzer**
  der houseowner; (Vermieter) landlord;
  ~**besitzerin** *die* houseowner; (Vermieterin)
  landlady; ~**besuch** *der* house call; ~**boot**
  das houseboat
Häuschen /'hɔysçən/ *das*; ~s, ~; small
  house; aus dem ~ sein (ugs.) be over the
  moon (infml)
hausen *itr. V.* **1** (ugs. abwertend) live
  2 (Verwüstungen anrichten) [furchtbar] ~ wreak
  havoc
Häuser·block *der* block [of houses]
haus-, Haus-: ~**flur** *der* hall[way]; (im
  Obergeschoss) landing; ~**frau** *die* housewife;
  ~**freund** *der* **1** friend of the family

✎ key word
* old spelling—see note on page x

2 (verhüll.) (Liebhaber) man friend (euphem.);
~**freundin** die friend of the family;
~**friedens·bruch** der (Rechtsw.) trespass;
~**gebrauch** der domestic use; **das reicht
für den** ~gebrauch (ugs.) it's good enough
to get by (infml); ~**geburt** die home birth;
~**gehilfin** die [home] help; ~**gemacht**
Adj. home-made

✿ **Haus·halt** der **1** household
2 (Arbeit im ~) housekeeping; **jmdm. den** ~
führen keep house for sb
3 (Politik) budget ▶

***haus|halten** ▶ Haus 2

Haushälterin die; ~, ~**nen** housekeeper

Haushalts-: ~**artikel** der household article;
~**debatte** die (Politik) budget debate;
~**geld** das housekeeping money; ~**jahr** das
financial year; ~**kasse** die housekeeping
money; ~**plan** der budget; ~**waren** Pl.
household goods

haus-, Haus-: ~**herr** der **1** (Familienoberhaupt)
head of the household **2** (als Gastgeber) host
3 (Rechtsspr.) (Eigentümer) owner; (Mieter)
occupier; ~**herrin** die ▶ Hausherr 1, 2;
~**hoch** ⏹ Adj. as high as a house; (fig.)
overwhelming ⏹ adv. (fig.) ~hoch gewinnen
win hands down

hausieren itr. V. [mit etw.] ~ hawk [sth];
peddle [sth]; „Hausieren verboten" 'no
hawkers'

Hausierer der; ~s, ~, **Hausiererin** die; ~,
~**nen** pedlar; hawker

häuslich Adj. **1** domestic
2 (das Zuhause liebend) home-loving

Hausmacher·art die nach ~ home-made-
style attrib.

Haus·mann der; man who stays at home and
does the housework; (Ehemann) househusband

Hausmanns·kost die plain cooking

Haus-: ~**marke** die **1** house wine
2 (ugs.) (bevorzugtes Getränk) favourite tipple
(infml); ~**meister** der, ~**meisterin** die
caretaker; ~**mittel** das household remedy;
~**musik** die music at home; ~**nummer**
die house number; ~**ordnung** die
house rules pl.; ~**putz** der spring-clean;
(regelmäßig) clean-out

Haus·rat der household goods pl.

Hausrat·versicherung die [household or
home] contents insurance

Haus-: ~**schlüssel** der front-door key;
house key; ~**schuh** der slipper; ~**segen**
der bei ihnen hängt der ~segen schief (ugs.
scherzh.) they've been having a row

Haussuchung die; ~, ~**en** house search

Haussuchungs·befehl der search
warrant

Haus-: ~**telefon** das internal telephone;
~**tier** das **1** pet **2** (Nutztier) domestic animal;
~**tür** die front door; ~**verbot** das ban
on entering the house/pub/restaurant etc.;

~**verwalter** der, ~**verwalterin** die
manager [of the block]; ~**wirt** der landlord;
~**wirtin** die landlady; ~**wirtschaft** die
domestic science and home economics;
~**zelt** das ridge tent

✿ **Haut** die; ~, **Häute** skin; aus der ~ fahren
(ugs.) go up the wall (infml)

Haut-: ~**arzt** der, ~**ärztin** die skin
specialist; ~**ausschlag** der [skin] rash

häuten ⏹ tr. V. skin; flay
⏹ refl. V. shed its skin/their skins

haut-, Haut-: ~**eng** Adj. skintight; ~**farbe**
die [skin] colour; ~**krankheit** die skin
disease; ~**krebs** der skin cancer

Häutung die; ~, ~**en 1** ▶ häuten A
skinning; flaying
2 (das Sichhäuten) **eine Eidechse bei der** ~ a
lizard shedding its skin

Haxe die; ~, ~**n** ▶ Hachse

he Interj. (ugs.) hey

Heb·amme die midwife

Hebel der; ~**s**, ~; lever

heben unr. tr. V. **1** lift; raise ‹baton, camera,
glass›
2 (verbessern) raise ‹standard, level›; increase
‹turnover, self-confidence›; improve ‹mood›;
enhance ‹standing›; boost ‹morale›

hecheln[1] itr. V. (ugs. abwertend) gossip

hecheln[2] itr. V. pant [for breath]

Hecht der; ~**[e]s**, ~**e** pike

Hecht·sprung der **1** (Turnen) Hecht vault
2 (Schwimmen) racing dive; (vom Sprungturm)
pike-dive

Heck das; ~**[e]s**, ~**e** od. ~**s** stern;
(Flugzeug~) tail; (Auto~) rear

Heck·antrieb der (Kfz-W.) rear-wheel drive

Hecke die; ~, ~**n 1** hedge
2 (wild wachsend) thicket

Hecken-: ~**rose** die dog rose; ~**schütze**
der, ~**schützin** die sniper

Heck·scheibe die rear window

Heer das; ~**[e]s**, ~**e** armed forces pl.; (für den
Landkrieg) (fig.) army

Hefe die; ~, ~**n** yeast

Hefe·teig der yeast dough

Heft[1] das; ~**[e]s**, ~**e** (geh.) haft; handle

✿ **Heft**[2] das; ~**[e]s**, ~**e 1** (bes. Schule) exercise
book
2 (Nummer einer Zeitschrift) issue

Heftchen das; ~**s**, ~; book ‹of tickets/
stamps etc.›

heften ⏹ tr. V. **1** (mit einer Nadel) pin; (mit einer
Klammer) clip; (mit Klebstoff) stick
2 (Schneiderei) tack
3 (Buchbinderei) stitch; (mit Klammern) staple
⏹ refl. V. **sich an jmds. Fersen** (Akk.) ~ stick
hard on sb's heels

Hefter der; ~**s**, ~; [loose-leaf] file

✿ **heftig** ⏹ Adj. violent; heavy ‹rain, shower,
blow›; severe ‹pain›; ‹person› with a

h

violent temper
B *adv.* ‹*rain, snow, breathe*› heavily; ‹*hit*› hard; ‹*quarrel*› violently

Heftigkeit *die*; ~ ▸ **heftig A** violence; heaviness; severity

Heft-: ~**klammer** staple; ~**pflaster** *das* sticking plaster; ~**zwecke** *die* ▸ Reißzwecke

hegen *tr. V.* **1** (bes. Forstw., Jagdw.) look after, tend
2 (geh.) (umsorgen) look after
3 (fig.) feel ‹*contempt, hatred, mistrust*›; cherish ‹*hope, wish, desire*›; harbour ‹*grudge, suspicion*›

Hehl *der od. das* kein[en] ~ aus etw. machen make no secret of sth

Hehler *der*; ~**s**, ~; receiver [of stolen goods]

Hehlerei *die*; ~, ~**en** (Rechtsw.) receiving [stolen goods] *no art.*

Hehlerin *die*; ~, ~**nen** ▸ Hehler

Heide[1] *der*; ~**n**, ~**n** heathen

Heide[2] *die*; ~, ~**n** heath; (Landschaft) heathland

Heide-: ~**kraut** *das* heather; ~**land** *das* moorland; heathland

Heidel·beere *die* bilberry

Heidin *die*; ~, ~**nen** heathen

heidnisch *Adj.* heathen

heikel *Adj.* **1** (schwierig) delicate, ticklish ‹*matter, subject*›; ticklish, tricky ‹*problem, question, situation*›
2 (wählerisch) fussy (**in Bezug auf** + *Akk.* about)

heil *Adj.* (nicht entzwei) in one piece; **wieder** ~ **sein** ‹*injured part*› have healed [up]

Heil *das*; ~**s** **1** (Wohlergehen) benefit
2 (Rel.) salvation

Heiland *der*; ~**[e]s**, ~**e** Saviour

Heil·anstalt *die* (Anstalt für Kranke od. Süchtige) sanatorium; (psychiatrische Klinik) mental hospital

heilbar *Adj.* curable

Heil·butt *der* halibut

heilen A *tr. V.* cure; heal ‹*wound*›
B *itr. V.*; mit sein ‹*wound*› heal [up]; ‹*fracture*› mend

heil·froh *Adj.* very glad

ɟ **heilig** *Adj.* **1** holy; **die Heiligen Drei Könige** the Three Kings *or* Wise Men; the Magi; **die Heilige Schrift** the Holy Scriptures *pl.*; **der Heilige Abend** Christmas Eve
2 (geh.) (unantastbar) sacred ‹*right, tradition, cause, etc.*›

Heilig·abend *der* Christmas Eve

Heilige *der/die adj. Dekl.* saint

heiligen *tr. V.* keep ‹*tradition, Sabbath, etc.*›; **der Zweck heiligt die Mittel** the end justifies the means

Heiligen·schein *der* gloriole; (um den Kopf) halo

ɟ key word
* alte Schreibung—vgl. Hinweis auf S. x

Heiligkeit *die*; ~; holiness

Heiligtum *das*; ~**s**, **Heiligtümer** shrine

Heil-: ~**kraut** *das* medicinal herb; ~**mittel** *das* (auch fig.) remedy (**gegen** for); (Medikament) medicament; ~**praktiker** *der*, ~**praktikerin** *die* non-medical practitioner

heilsam *Adj.* salutary

Heils·armee *die* Salvation Army

Heilung *die*; ~, ~**en** (einer Wunde) healing; (von Krankheit, Kranken) curing

Heim *das*; ~**[e]s**, ~**e** **1** (Zuhause) home
2 (Anstalt, Alters~) home; (für Obdachlose) hostel

Heim·arbeit *die* outwork

ɟ **Heimat** *die*; ~, ~**en** **1** (Ort) home; home town/village; (Land) home; homeland
2 (Ursprungsland) natural habitat

Heimat-: ~**kunde** *die* local history, geography, and natural history; ~**land** *das* native land; (fig.) home

heimatlich *Adj.* native ‹*dialect*›; nostalgic ‹*emotions*›

heimat-, Heimat-: ~**los** *Adj.* homeless; ~**museum** *das* museum of local history; ~**ort** *der* home town/village; ~**stadt** *die* home town; ~**vertriebene** *der/die adj. Dekl.* expellee [from his/her homeland]

heim-, Heim-: ~**bringen** *unr. tr. V.* **1** jmdn. ~ take *or* see sb home **2** bring home; ~**computer** *der* home computer; ~**fahren A** *unr. itr. V.*; mit sein drive home **B** *unr. tr. V.* drive home; ~**fahrt** *die* journey home; (mit dem Auto) drive home; ~**gehen** *unr. itr. V.*; mit sein go home

heimisch *Adj.* (einheimisch) indigenous, native ‹*plants, animals, etc.*› (**in** + *Dat.* to); domestic ‹*industry*›; **sich** ~ **fühlen** feel at home; ~ **werden** [**in** (+ *Dat.*)] settle in[to]

heim-, Heim-: ~**kehr** *die*; ~; return home; homecoming; ~**kehren** *itr. V.*; mit sein return home (**aus** from); ~**kommen** *unr. itr. V.*; mit sein come home

heimlich A *Adj.* secret
B *adv.* secretly

Heimlichkeit *die*; ~, ~**en** secret

heim-, Heim-: ~**reise** *die* journey home; ~**spiel** *das* (Sport) home match *or* game; ~**suchen** *tr. V.* ‹*storm, earthquake, epidemic*› strike; ‹*disease*› afflict; ‹*nightmares, doubts*› plague; ~**suchung** *die*; ~, ~~**en** affliction; visitation; ~**tückisch A** *Adj.* (bösartig) malicious; (fig.) insidious ‹*disease*› **B** *adv.* maliciously; ~**wärts** *Adv.* (nach Hause zu) home; (in Richtung Heimat) homeward[s]; ~**weg** *der* way home; ~**weh** *das* homesickness; ~**weh haben** be homesick (**nach** for); ~**zahlen** *tr. V.* jmdm. etw. ~zahlen pay sb back for sth

Heinzel·männchen *das* brownie

Heirat *die*; ~, ~**en** marriage

ɟ **heiraten A** *itr. V.* get married
B *tr. V.* marry

Heirats-: ~**antrag** *der* jmdm. einen ~antrag

machen propose to sb; **~anzeige** *die*
announcement of a/the forthcoming marriage;
~schwindler *der,* **~schwindlerin**
*die; person who makes a spurious offer of
marriage for purposes of fraud*

heiser **A** *Adj.* hoarse
　B *adv.* in a hoarse voice

Heiserkeit *die;* **~**; hoarseness

⚡ **heiß** **A** *Adj.* hot; jmdm. ist **~** sb feels hot;
etw. **~** machen heat sth up; heated *‹debate,
argument›*; fierce *‹fight, battle›*; ardent
‹wish, love›; ein **~**es Thema a controversial
subject
　B *adv.* *‹fight›* fiercely; *‹love›* dearly; *‹long›*
fervently

⚡ **heißen** *unr. itr. V.* (den Namen tragen) be
called; (bedeuten) mean; (lauten) *‹saying›* go;
unpers. es heißt, dass ... they say that ...; in
dem Artikel heißt es ... in the article it says
that ...

Heiß·luft *die* hot air

Heißluft·backofen *der* fan oven

heiter *Adj.* cheerful, happy *‹person, nature›*;
happy, merry *‹laughter›*; fine *‹weather, day›*

Heiterkeit *die;* **~** **1** (Frohsinn) cheerfulness
　2 (Belustigung) merriment

heizbar *Adj.* heated

Heiz·decke *die* electric blanket

heizen **A** *itr. V.* have the heating on
　B *tr. V.* heat *‹room etc.›*

Heizer *der;* **~**s, **~**, **Heizerin** *die;* **~**, **~nen**
stoker

Heiz-: **~kissen** *das* heating pad; **~körper**
der radiator; **~ofen** *der* stove; heater;
~platte *die* hotplate

Heizung *die;* **~**, **~en** **1** [central] heating *no
pl., no indef. art.*
　2 (ugs.) (Heizkörper) radiator

Hektar *das; od.* **der**, **~**s, **~e** hectare

Hektik *die;* **~**; hectic rush; (des Lebens) hectic
pace

hektisch *Adj.* hectic

Held *der;* **~en**, **~en** hero

heldenhaft **A** *Adj.* heroic
　B *adv.* heroically

Heldentum *das;* **~s** heroism

Heldin *die;* **~**, **~nen** heroine

⚡ **helfen** *unr. itr. V.* help; jmdm. [bei etw.] **~**
help sb [with sth]; *unpers.* es hilft nichts it's
no use *or* good

Helfer *der;* **~**s, **~**, **Helferin** *die;* **~**, **~nen**
helper; (Mitarbeiter[in]) assistant; (eines
Verbrechens) accomplice

Helikopter *der;* **~**s, **~**; helicopter

hell **A** *Adj.* **1** (von Licht erfüllt) light; well-lit
‹stairs›
　2 (klar) bright *‹day, sky, etc.›*
　3 (viel Licht spendend) bright *‹light, lamp, star,
etc.›*
　4 (blass) light *‹colour›*; fair *‹skin, hair›*; light-
coloured *‹clothes›*
　5 (akustisch) high, clear *‹sound, voice›*;

ringing *‹laugh›*
　6 (klug) bright
　7 (ugs.) (absolut) sheer, utter *‹madness,
foolishness, despair›*
　B *adv.* brightly

hell-: **~blau** *Adj.* light blue; **~blond** *Adj.*
very fair; light blonde

Helle *das; adj. Dekl.* ≈ lager

Heller *der;* **~**s, **~**; heller; bis auf den letzten
~/bis auf ~ und Pfennig (ugs.) down to the
last penny *or* (AmE) cent

hell-: **~grün** *Adj.* light green; **~häutig** *Adj.*
fair-skinned

Helligkeit *die;* **~**, **~en** (auch Physik)
brightness

hell-, Hell-: **~rot** *Adj.* light red; **~sehen**
unr. itr. V.; nur im Inf. **~sehen können** have
second sight; **~seher** *der,* **~seherin** *die*
clairvoyant; **~wach** *Adj.* wide awake

Helm *der;* **~[e]s**, **~e** helmet

Hemd *das;* **~[e]s**, **~en** shirt; (Unterhemd)
[under]vest; undershirt

Hemds·ärmel *der* shirtsleeve

hemmen *tr. V.* **1** (verlangsamen) slow [down]
　2 (aufhalten) check; stem *‹flow›*
　3 (beeinträchtigen) hinder

Hemmung *die;* **~**, **~en** **1** (Gehemmtheit)
inhibition
　2 (Bedenken) scruple

hemmungs·los **A** *Adj.* unrestrained
　B *adv.* unrestrainedly

Hendl *das;* **~**s, **~[n]** (bayr., österr.) chicken;
(Brathähnchen) [roast] chicken

Hengst *der;* **~[e]s**, **~e** (Pferd) stallion

Henkel *der;* **~**s, **~**; handle

Henker *der;* **~**s, **~**; hangman; (Scharfrichter)
(auch fig.) executioner

Henne *die;* **~**, **~n** hen

⚡ **her** /heːɐ̯/ *Adv.* **~** damit give it to me; give
it here (infml); vom Fenster **~** from the
window; wo ist er **~**? where is he from?;
von ihrer Kindheit **~** since childhood; von
der Konzeption **~** as far as the basic design
is concerned; hinter jmdm. (ugs.) /etw. **~** sein
be after sb/sth; einen Monat/lange **~** sein be
a month/a long time ago; es ist lange **~**, dass
wir... it is a long time since we...

herab *Adv.* down; von oben **~** (fig.)
condescendingly

herab-: **~|hängen** *unr. itr. V.* hang [down]
(von from); **~hängende Schultern** drooping
shoulders; **~|lassen** **A** *unr. tr. V.* let down;
lower **B** *unr. refl. V.* (iron.) (bereit sein) **sich
~lassen, etw. zu tun** condescend to do
sth; **~lassend** **A** *Adj.* condescending;
patronizing (zu towards) **B** *adv.*
condescendingly; patronizingly; **~|sehen**
unr. itr. V. auf jmdn. **~sehen** look down on
sb; **~|setzen** *tr. V.* **1** reduce **2** (abwerten)
belittle

heran *Adv.* an etw. (Akk.) **~** right up to sth

h

heran-, Heran-: ~|**bilden** tr. V. train [up];
(auf der Schule, Universität) educate; ~|**bringen**
unr. tr. V. **1** bring [up] (an + Akk., zu to)
2 (vertraut machen) jmdn. an etw. (Akk.)
~**bringen** introduce sb to sth; ~|**fahren**
unr. itr. V.; mit sein drive up (an + Akk.
to); ~|**kommen** unr. itr. V.; mit sein an
etw. (Akk.) ~**kommen** come near to sth;
(erreichen) reach sth; (erwerben) obtain sth;
~|**reifen** itr. V.; mit sein <fruit, crops>
ripen; zur Frau ~reifen mature into a
woman; ~|**treten** unr. itr. V.; mit sein
(sich wenden) an jmdn. ~treten approach sb;
~|**wachsen** unr. itr. V.; mit sein grow up;
~**wachsende** der/die adj. Dekl. young
person; ~|**ziehen** unr. tr. V. pull over; pull
up <chair>; etw. zu sich ~ziehen pull sth
towards one

herauf Adv. up

herauf-: ~|**beschwören** tr. V. **1** (verursachen)
cause <disaster, war, crisis> **2** (erinnern) evoke
<memories etc.>; ~|**kommen** unr. itr. V.;
mit sein (nach oben kommen) come up;
~|**setzen** tr. V. increase, put up <prices,
rents, interest rates, etc.>

⚲ **heraus** Adv. ~ aus den Federn!/dem Bett!
rise and shine!/out of bed!

heraus-: ~|**bekommen** unr. tr. V. **1** (entfernen)
get out (aus of) **2** (ugs.) (lösen) work out
<problem, answer, etc.>; solve <puzzle>
3 (ermitteln) find out **4** (als Wechselgeld bekommen)
5 Euro ~bekommen get back 5 euros change;
ich bekomme noch 5 Euro ~ I still have 5 euros
[change] to come; ~|**bringen** unr. tr. V.
1 (nach außen bringen) bring out (aus of) **2** (nach
draußen begleiten) show out **3** (veröffentlichen)
bring out; (aufführen) put on, stage <play>;
screen <film> **4** (auf den Markt bringen) bring
out **5** (populär machen) make widely known;
~|**fahren** A unr. tr. V.; mit sein **1** (nach
außen fahren) aus etw. ~fahren drive/ride out
of sth **2** (fahrend herauskommen) come out
B unr. tr. V. den Wagen [aus dem Hof]
~fahren drive the car out [of the yard];
jmdn. ~fahren drive sb out (zu to);
~|**finden** A unr. tr. V. find out; trace
<fault> B unr. itr. V. find one's way out
(aus of); ~|**fordern** A tr. V. **1** (auch Sport)
challenge **2** (heraufbeschwören) provoke
<person, resistance, etc.>; invite <criticism>;
court <danger> B itr. V. zu etw. ~fordern
provoke sth

⚲ **Heraus·forderung** die (auch Sport)
challenge; (Provokation) provocation

heraus-, Heraus-: ~|**geben** A unr.
tr. V. **1** (aushändigen) hand over <property,
person, hostage, etc.>; (zurückgeben) give back
2 (als Wechselgeld zurückgeben) 5 Euro/zu viel
~geben give 5 euros/too much change
3 (veröffentlichen) publish **4** issue <stamp,

coin, etc.>
B unr. itr. V. give change; ~**geber**
der; ~~s, ~~, ~**geberin** die; ~~,
~~**nen** publisher; (Redakteur[in]) editor;
~|**gehen** unr. itr. V.; mit sein **1** go out
(aus of) **2** (sich entfernen lassen) <stain etc.>
come out; ~|**halten** unr. refl. V. keep
out; ~|**hängen** tr. V. hang out (aus of);
~|**helfen** unr. itr. V. jmdm. ~helfen
(auch fig.) help sb out (aus of); ~|**holen**
tr. V. **1** (nach außen holen) bring out **2** (ugs.)
(erwirken) win <wage increase, advantage,
etc.>; ~|**kommen** unr. itr. V.; mit sein
1 come out (aus of) **2** (erscheinen) (ugs.) (auf
den Markt kommen) (bekannt werden) come out;
~|**nehmen** unr. tr. V. **1** take out (aus of)
2 (ugs.) (entfernen) take out <appendix, tonsils,
tooth, etc.>; ~|**reden** refl. V. (ugs.) talk
one's way out (aus of); ~|**reißen** unr. tr. V.
1 tear out (aus of); pull up <plant> **2** (aus der
Umgebung, der Arbeit) tear away (aus from); die
Krankheit hat ihn aus der Arbeit ~gerissen
the illness has interrupted his work
3 (Mängel ausgleichen) den zunächst etwas
langweiligen Abend ~reißen rescue what
had been rather a boring evening; die Eins
im Aufsatz reißt die Drei im Diktat heraus the
A for the essay makes up for the C in the
dictation; ~|**rutschen** itr. V.; mit sein (ugs.)
<remark etc.> slip out; ~|**stellen** refl. V. es
stellte sich ~, dass … it turned out that …;
~|**suchen** tr. V. pick out; look out <file>

herb Adj. [slightly] sharp <taste>; dry <wine>;
[slightly] sharp <smell, perfume>; bitter
<disappointment>; severe <face, features>;
austere <beauty>; harsh <words, criticism>

herbei-: ~|**eilen** itr. V.; mit sein hurry over;
~|**laufen** unr. itr. V.; mit sein come running
up

Herberge die; ~, ~n (veralt.) (Gasthaus) inn

Herbergs·mutter die; Pl. ~mütter,
Herbergs·vater der warden [of the/a
youth hostel]

her|bringen unr. tr. V. etw. ~ bring sth
[here]

⚲ **Herbst** der; ~[e]s, ~e autumn; fall (AmE);
s. auch Frühling

Herbst·anfang der beginning of autumn

herbstlich Adj. autumn attrib.; autumnal

Herd der; ~[e]s, ~e cooker; (fig.) centre (of
disturbance/rebellion)

Herde die; ~, ~n herd

Herd·platte die hot-plate

herein-: ~|**bitten** unr. tr. V. jmdn. ~ bitten
ask or invite sb in; ~|**brechen** unr. itr.
V.; mit sein (geh.) <night, evening, dusk>
fall; <winter> set in; <storm> strike, break;
~|**bringen** unr. tr. V. bring in; ~|**fallen**
unr. itr. V.; mit sein (ugs.) be taken for a ride
(infml); be done (infml); ~|**kommen** unr. itr.
V.; mit sein come in; ~|**lassen** unr. tr. V. let

in; ~|**legen** *tr. V.* (ugs.) jmdn. ~**legen** take sb for a ride (infml) (**mit, bei** with); ~|**platzen** *itr. V.*; *mit sein* (ugs.) burst in; ~|**schneien** *unr. itr. V.*; *mit sein* (ugs.) turn up out of the blue (infml)

her-, Her-: ~**fahrt** *die* journey here; ~|**fallen** *unr. itr. V.*; *mit sein* **über jmdn.** ~**fallen** attack sb; (gierig zu essen beginnen) **über etw.** (*Akk.*) ~**fallen** fall upon sth; ~**gang** *der* der ~**gang** der Ereignisse the sequence of events; ~|**geben** *unr. tr. V.* hand over; (weggeben) give away; ~|**gehen** *unr. itr. V.*; *mit sein* **neben/vor/hinter jmdm.** ~**gehen** walk along beside/in front of/behind sb; ~|**haben** *unr. tr. V.* (ugs.) **wo hat er/sie das ~?** where did he/she get that from?; ~|**halten** *unr. itr. V.* ~**halten müssen [für jmdn./etw.]** be the one to suffer [for sb/sth]; ~|**hören** *itr. V.* listen

Hering *der*; ~s, ~e **1** herring **2** (Zeltpflock) peg

her-: ~|**kommen** *unr. itr. V.*; *mit sein* come here; ~**kömmlich** *Adj.* conventional; traditional <*custom*>

Herkunft *die*; ~, **Herkünfte** origin

Herkunfts·land *das* country of origin

her-: ~|**laufen** *unr. itr. V.*; *mit sein* **vor/hinter/ neben jmdm.** ~**laufen** run [along] in front of/behind/alongside sb; (nachlaufen) **hinter jmdm.** ~**laufen** run after sb; (fig.) chase sb up; ~|**leiten** *tr., refl. V.* derive (**aus, von** from); ~|**machen** *refl. V.* (ugs.) **sich über etw.** (*Akk.*) ~**machen** get stuck into sth (infml)

Hermelin *der*; ~s, ~e (Pelz) ermine

hermetisch **A** *Adj.* hermetic
B *adv.* hermetically

Heroin *das*; ~s heroin

Heroin·sucht *die* heroin addiction

heroin·süchtig *Adj.* addicted to heroin postpos.

◆ **Herr** *der*; ~n, ~en **1** (Mann) gentleman **2** (Titel, Anrede) ~ **Schulze** Mr Schulze; **Sehr geehrter ~ Schulze!** Dear Sir; (bei persönlicher Bekanntschaft) Dear Mr Schulze; **meine ~en** gentlemen **3** (Gebieter) master

herren-, Herren-: ~**ausstatter** *der* (gentle]men's outfitter; ~**los** *Adj.* abandoned <*car, luggage*>; stray <*dog, cat*>; ~**salon** *der* men's hairdressing salon; ~**schuh** *der* man's shoe; ~**schuhe** men's shoes; ~**toilette** *die* (gentle]men's toilet

Herr·gott *der*; ~s; **der [liebe]/unser ~** the Lord [God]; God

Herrgotts·frühe *die* **in aller ~** at the crack of dawn

her|richten *tr. V.* (bereitmachen) get <*room, refreshments, etc.*> ready; arrange <*table*>; (in Ordnung bringen) renovate

Herrin *die*; ~, ~en mistress

herrisch **A** *Adj.* overbearing; imperious
B *adv.* imperiously

herrlich **A** *Adj.* marvellous; magnificent <*view, clothes*>
B *adv.* marvellously

Herrlichkeit *die*; ~, ~en **1** (Schönheit) magnificence; splendour **2** (herrliche Sache) marvellous thing

Herrschaft *die*; ~, ~en **1** rule; (Macht) power **2** Pl. (Damen u. Herren) ladies and gentlemen

◆ **herrschen** *itr. V.* rule; <*monarch*> reign, rule; **draußen ~ 30° Kälte** it's 30° below outside

Herrscher *der*; ~s, ~, **Herrscherin** *die*; ~, ~**nen** ruler

herrsch-, Herrsch-: ~**sucht** *die* thirst for power; (herrisches Wesen) domineering nature; ~**süchtig** *Adj.* domineering

her-: ~|**rühren** *itr. V.* **von jmdm./etw.** ~**rühren** come from sb/stem from sth; *°*~|**sein** ▶ **her**

◆ **her|stellen** *tr. V.* produce; manufacture; make

◆ **Hersteller** *der*; ~s, ~, **Herstellerin** *die*; ~, ~**nen** producer

Her·stellung *die* production; manufacture

herüber *Adv.* over

◆ **herum** *Adv.* **um ... ~** (Richtung) round; (Anordnung) around; **um Weihnachten ~** around Christmas; **~ sein** (ugs.) (vergangen sein, vorüber sein) have passed

herum-: ~|**ärgern** *refl. V.* (ugs.) **sich mit jmdm./etw.** ~**ärgern** keep getting annoyed with sb/sth; ~|**drehen** **A** *tr. V.* (ugs.) turn <*key*>; turn over <*coin, mattress, head, etc.*> **B** *refl. V.* turn [a]round; ~|**fahren** (ugs.) **A** *unr. itr. V.*; *mit sein* (sich plötzlich herumdrehen) spin round **B** *unr. tr. V.* jmdn. **[in der Stadt]** ~**fahren** drive sb around the town; ~|**führen** **A** *tr. V.* jmdn. **[in der Stadt]** ~**führen** show sb around the town **B** *itr. V.* **um etw.** ~**führen** <*road etc.*> go round sth; ~|**gehen** *unr. itr. V.*; *mit sein* (vergehen) pass; **um etw.** ~**gehen** go round sth; **etw.** ~**gehen lassen** circulate sth; pass; ~|**kommandieren** (ugs.) **A** *tr. V.* jmdn. ~**kommandieren** boss (infml) *or* order sb around *or* about **B** *itr. V.* boss (infml) *or* order people around *or* about; ~|**kommen** *unr. itr. V.*; *mit sein* (ugs.) **1** (vermeiden können) **um etw. [nicht]** ~**kommen** [not] be able to get out of sth **2** (viel reisen) get around *or* about; **in der Welt** ~**kommen** see a lot of the world; ~|**laufen** *unr. itr. V.*; *mit sein* **1** walk around *or* about; (schneller) run around *or* about; **um etw.** ~**laufen** go round sth **2** (gekleidet sein) **wie ein Hippie** ~**laufen** go about looking like a hippie; ~|**lungern** *itr. V.* (salopp) loaf around; ~|**schlagen** *unr. refl. V.* (ugs.) **sich mit Problemen/Einwänden** ~**schlagen** grapple with problems/battle against objections; *°*~|**sein** ▶ **herum**; ~|**sitzen** *unr. itr. V.* (ugs.) sit around *or* about; ~|**sprechen** *unr. refl. V.* get around

h

or about; ~|**stöbern** *itr. V.* (ugs.) keep
rummaging around *or* about (in + *Dat.* in);
~|**treiben** *unr. refl. V.* (ugs. abwertend) **sich
auf die Straßen/in Discos** ~**treiben** hang
around the streets/in discos; **sich in der Welt**
~**treiben** roam about the world
herunter *Adv.* **1** (nach unten) down;
[körperlich] ~ sein be in poor health
2 (fort) off; ~ **vom Sofa!** [get] off the sofa!
herunter-: ~|**bringen** *unr. tr. V.* bring
down; ~|**fallen** *unr. itr. V.*; *mit sein* fall
down; **vom Tisch/Stuhl** ~**fallen** fall off
the table/chair; ~|**gehen** *unr. itr. V.*;
mit sein **1** come down **2** (niedriger werden)
<*temperature*> drop; <*prices*> come
down, fall; ~**gekommen** Ⓐ *2. Part.*
v. **herunterkommen** Ⓑ *Adj.* poor <*health*>;
dilapidated <*building*>; run-down <*area*>;
down and out <*person*>; ~|**handeln** *tr. V.*
(ugs.) **einen Preis** ~**handeln** beat down a price;
~|**hängen** *unr. itr. V.* hang down; ~|**hauen**
unr. tr. V. (ugs.) **jmdm. eine** ~**hauen** give sb a
clout round the ear (infml); ~|**kommen** *unr.
itr. V.*; *mit sein* **1** come down **2** (ugs.) (verfallen)
go to the dogs (infml); ~|**laden** *unr. tr. V.*
(DV) download; ~|**lassen** *unr. tr. V.* lower;
~|**schlucken** *tr. V.* swallow; *~|**sein**
▸ herunter 1; ~|**spielen** *tr. V.* (ugs.) play
down

⚔ **hervor** *Adv.* **aus … ~** out of
hervor|heben *unr. tr. V.* stress
⚔ **hervorragend** Ⓐ *Adj.* outstanding[ly good]
Ⓑ *adv.* ~ **geschult** outstandingly well
trained; ~ **spielen/arbeiten** play/work
outstandingly well
hervor|tun *unr. refl. V.* distinguish oneself;
(wichtig tun) show off

⚔ **Herz** *das*; ~**ens**, ~**en** heart; (Kartenspiel)
hearts *pl.*; **von** ~**en kommen** come from the
heart; **ein** ~ **für die Armen haben** feel for
the poor; **ein** ~ **für Kinder haben** have a love
of children; **schweren** ~**ens** with a heavy
heart; **etw. auf dem** ~**en haben** have sth on
one's mind; **es nicht übers** ~ **bringen, etw. zu
tun** not have the heart to do sth; **sich** (*Dat.*)
etw. zu ~**en nehmen** take sth to heart
Herz-: ~**an·fall** *der* heart attack;
~**beschwerden** *Pl.* heart trouble *sing.*
herzens-, Herzens-: ~**gut** /'--'/ *Adj.*
kind-hearted; ~**lust** *die* **nach** ~**lust** to one's
heart's content
herzhaft Ⓐ *Adj.* hearty; (nahrhaft) hearty
<*meal*>; (von kräftigem Geschmack) tasty
Ⓑ *adv.* heartily; (nahrhaft) **er isst gern** ~ he
likes to have a hearty meal
her|ziehen *unr. itr. V.*; *mit sein od. haben*
(ugs.) **über jmdn./etw.** ~ run sb/sth down
herzig Ⓐ *Adj.* sweet; delightful
Ⓑ *adv.* sweetly; delightfully
herz-, Herz-: ~**infarkt** *der* heart attack;

~**klappen·fehler** *der* (Med.) valvular
defect *or* insufficiency; ~**klopfen** *das*;
~~**s**; **jmd. hat** ~**klopfen** sb's heart is
pounding; ~**krank** *Adj.* <*person*> with
a heart condition; ~**kranz·gefäß** *das*
coronary vessel
⚔ **herzlich** Ⓐ *Adj.* warm <*smile, reception*>;
kind <*words, regards*>; (ehrlich gemeint)
sincere; ~**en Dank** many thanks
Ⓑ *adv.* warmly; (ehrlich gemeint) sincerely;
<*congratulate*> heartily; ~ **wenig** very *or*
(infml) precious little
Herzlichkeit *die*; ~; warmth; kindness;
(Aufrichtigkeit) sincerity
herz·los Ⓐ *Adj.* heartless
Ⓑ *adv.* heartlessly
Herzog *der*; ~**s**, **Herzöge** duke
Herzogin *die*; ~, ~**nen** duchess
Herz·rhythmus·störung *die* (Med.)
disturbance of the heart *or* cardiac rhythm
herz-, Herz-: ~**schlag** *der* heartbeat;
(Herzversagen) heart failure; ~**schmerz**
der pain in the region of the heart;
~**schrittmacher** *der* (Anat., Med.) [cardiac]
pacemaker; ~**transplantation** *die* (Med.)
heart transplantation; ~**zerreißend**
Ⓐ *Adj.* heart-rending Ⓑ *adv.* heart-rendingly
Hessen (*das*); ~**s** Hesse
hetero·sexuell *Adj.* heterosexual
Hetze *die*; ~ **1** [mad] rush
2 (abwertend) smear campaign
hetzen Ⓐ *tr. V.* **1** hunt
2 (antreiben) rush
Ⓑ *itr. V.* **1** (in großer Eile sein) rush
2 *mit sein* (hasten) rush; (rennen) dash; race
Hetz-: ~**kampagne** *die* (abwertend) smear
campaign; (gegen eine Minderheit) hate campaign;
~**rede** *die* (abwertend) inflammatory speech
Heu *das*; ~[**e**]**s** hay
Heuchelei *die*; ~; hypocrisy
heucheln Ⓐ *itr. V.* be a hypocrite
Ⓑ *tr. V.* feign
Heuchler *der*; ~**s**, ~, **Heuchlerin** *die*; ~,
~**nen** hypocrite
heuchlerisch Ⓐ *Adj.* hypocritical
Ⓑ *adv.* hypocritically
heuer *Adv.* (südd., österr., schweiz.) this year
Heuer *die*; ~, ~**n** (Seemannsspr.) pay; wages
pl.
Heu·ernte *die* **1** hay harvest
2 (Ertrag) hay crop
heulen *itr. V.* **1** howl; <*siren etc.*> wail
2 (ugs.) (weinen) howl; bawl
Heurige *der adj. Dekl.* (bes. österr.) **1** (Wein)
new wine
2 (Weinlokal) inn with new wine on tap
Heu-: ~**schnupfen** *der* hay fever;
~**schrecke** *die* grasshopper
⚔ **heute** *Adv.* today; ~ **früh** early this morning;
~ **Morgen/Abend** this morning/evening; ~
Mittag [at] midday today; ~ **Nacht** tonight;

(letzte Nacht) last night; ~ **in einer Woche** a week [from] today; today week; ~ **vor einer Woche** a week ago today

ℐ **heutig** *Adj.* **1** (von diesem Tag) today's; **der** ~**e Tag** today **2** (gegenwärtig) today's; of today *postpos.*; **in der** ~**en Zeit** nowadays

heut·zu·tage *Adv.* nowadays

Hexe *die*; ~, ~**n** witch

hexen *itr. V.* work magic

Hexen·schuss, *Hexen·schuß *der* lumbago *no indef. art.*

Hexerei *die*; ~, ~**en** witchcraft; (von Kunststücken usw.) magic

Hickhack *das od. der*; ~**s**, ~**s** (ugs.) squabbling; bickering

hieb *1. u. 3. Pers. Sg. Prät. v.* hauen

Hieb *der*; ~**[e]s**, ~**e 1** (Schlag) blow; (mit der Peitsche) lash **2** *Pl.* (ugs.) (Prügel) hiding *sing.*

hieb·fest *Adj.* hieb- und stichfest watertight; cast-iron

hielt *1. u. 3. Pers. Sg. Prät. v.* halten

ℐ **hier** *Adv.* **1** here; [von] ~ **oben/unten** [from] up/down here **2** (jetzt) now; **von** ~ **an** from now on

hieran *Adv.* here; **sich** ~ **festhalten** hold on to this; (fig.) **im Anschluss** ~ immediately after this

Hierarchie /hierar'çi:/ *die*; ~, ~**n** hierarchy

hierauf *Adv.* **1** on here; (darauf) on this; **wir werden** ~ **zurückkommen** we'll come back to this **2** (danach) after that; then **3** (infolgedessen) whereupon

hieraus *Adv.* out of here; (aus dieser Tatsache, Quelle) from this

hier·behalten *unr. tr. V.* jmdn./etw. ~ keep sb/sth here

ℐ **hier·bei** *Adv.* **1** (bei dieser Gelegenheit) **Diese Übung ist sehr schwierig. Man kann sich** ~ **leicht verletzen.** This exercise is very difficult. You can easily injure yourself doing it **2** (bei der erwähnten Sache) here

hier-: ~**|bleiben** *unr. itr. V.*; *mit sein* stay here; ~**durch** *Adv.* through here; (aufgrund dieser Sache) because of this; ~**für** *Adv.* for this

hier·her *Adv.* here; **ich gehe bis** ~ **und nicht weiter** I'm going this far and no further; ~**gehören** belong here; (hierfür wichtig sein) be relevant [here]; ~**kommen** *mit sein* come here

hier·hin *Adv.* here; **bis** ~ up to here

hier-: ~**in** *Adv.* **1** (räumlich) in here **2** in this; ~**mit** *Adv.* with this/these; ~**mit ist der Fall erledigt** that puts an end to the matter; ~**nach** *Adv.* (anschließend) after that

Hieroglyphe /hiero.../ *die*; ~, ~**n** hieroglyph

hier-: *~**sein** ▸ hier **1**; ~**über** *Adv.* **1** (über dem Erwähnten) above here; (über das Erwähnte)

over here **2** (das Erwähnte betreffend) about this/these; ~**von** *Adv.* of this/these

ℐ **hier·zu** *Adv.* with this; (hinsichtlich dieser Sache) about this; ~ **gehört/gehören ...** this includes/these include; ~ **reicht mein Geld nicht** I haven't got enough money for that

hierzu·lande *Adv.* [here] in this country

hiesig *Adj.* local

hieß *1. u. 3. Pers. Sg. Prät. v.* heißen

Hi-Fi-Anlage /'haifi-/ *die* hi-fi system

high /hai/ *Adj.* (ugs.) high (infml)

Hightech-, High-Tech- /'hai'tɛk-/ high-tech

Hijab *der* hijab

ℐ **Hilfe** *die*; ~, ~**n 1** help; (für Notleidende) aid; relief; **zu** ~! help! **2** (Hilfskraft) help; (im Geschäft) assistant

Hilfe-: ~**leistung** *die* help; ~**ruf** *der* cry for help; ~**stellung** *die* (Turnen) jmdm. ~**stellung geben** act as spotter for sb

hilf-, Hilf-: ~**los** *Adj.* helpless; ~**losigkeit** *die* helplessness; ~**reich** (geh.) *Adj.* helpful

hilfs-, Hilfs-: ~**bedürftig** *Adj.* **1** (schwach) in need of help *postpos.* **2** (notleidend) in need; needy; ~**bereit** *Adj.* helpful; ~**bereitschaft** *die* helpfulness; ~**gelder** *Pl.* aid money *sing.*; ~**kraft** *die* assistant; ~**mittel** *das* aid; ~**organisation** *die* aid *or* relief organization; ~**programm** *das* aid *or* relief programme; ~**verb** *das* (Sprachw.) auxiliary [verb]; ~**werk** *das* aid agency

Himalaja *der*; ~**[s]**; *der/im* ~ the/in the Himalayas *pl.*

Him·beere *die* raspberry

ℐ **Himmel** *der*; ~**s**, ~; sky; (Rel.) heaven; ~ **noch [ein]mal!** for Heaven's sake!

himmel-, Himmel-: ~**bett** *das* four-poster bed; ~**blau** *Adj.* sky-blue; clear blue ‹eyes›; ~**fahrt** *die* (Rel.) **1 Christi/Mariä** ~**fahrt** the Ascension of Christ/the Assumption of the Virgin Mary **2** (Festtag) **[Christi]** ~ Ascension Day *no art.*

Himmels-: ~**richtung** *die* point of the compass; ~**schlüsselchen** *das*; ~~**s**, ~~; cowslip

himmel·weit *Adj.* enormous, vast ‹*difference*›

himmlisch *Adj.* (auch fig.) heavenly

ℐ **hin** *Adv.* **1** (räumlich) **zur Straße** ~ **liegen** face the road **2** (zeitlich) **gegen Mittag** ~ towards midday **3** (in Verbindungen) **nach außen** ~ outwardly; **auf meinen Rat** ~ on my advice; **auf seine Bitte** ~ at his request **4** (in Wortpaaren) ~ **und zurück** there and back; **einmal Köln** ~ **und zurück** a return [ticket] to Cologne; ~ **und her** to and fro; back and forth; ~ **und wieder** [every] now and then **5** ~ **sein** (ugs.) (verloren sein) be gone; (ugs.) (nicht mehr brauchbar sein) have had it (infml); ‹*car*› be a write-off; (salopp) (tot sein) have snuffed it (sl.); **von jmdm./etw. ganz** ~

h

sein (ugs.) (hingerissen sein) be mad about sb/ bowled over by sth

hin<u>a</u>b *Adv.* ▸ hinunter

hin<u>a</u>b|**fahren** *etc.* ▸ hinunterfahren *usw.*

hin<u>auf</u> *Adv.* up; **bis** ~ **zu** up to

hin<u>auf</u>-: ~|**fahren** *unr. itr. V.*; *mit sein* go up; (im Auto) drive up; (mit einem Motorrad) ride up; ~|**gehen** *unr. itr. V.*; *mit sein* **1** (nach oben gehen) go up **2** (nach oben führen) lead up **3** (ugs.) (steigen) <*prices, taxes, etc.*> go up; rise; ~|**klettern** *itr. V.*; *mit sein* climb up; ~|**steigen** *unr. itr. V.*; *mit sein* climb up; ~|**ziehen** **A** *unr. tr. V.* pull up **B** *unr. itr. V.*; *mit sein* move up **C** *unr. refl. V.* (sich erstrecken) stretch up

◆ **hin<u>aus</u>** *Adv.* **1** (räumlich) out **2** (zeitlich) **auf Jahre** ~ for years to come **3** (etw. überschreitend) **über etw.** (*Akk.*) ~ in addition to sth **4** **über etw.** (*Akk.*) ~ **sein** be past sth

hin<u>aus</u>-: ~|**bringen** *unr. tr. V.* **jmdn./etw.** ~bringen see sb out/take sth out (aus of); ~|**fahren** **A** *unr. itr. V.*; *mit sein* aus etw. ~fahren (mit dem Auto) drive out of sth; (mit dem Zweirad) ride out of sth; <*car, bus*> go out of sth; <*train*> pull out of sth; **zum Flugplatz** ~fahren drive out to the airport **B** *unr. tr. V.* **jmdn./etw.** ~fahren drive sb/ take sth out; ~|**fallen** *unr. itr. V.*; *mit sein* fall out (aus of); ~|**finden** *unr. itr. V.* find one's way out (aus of); ~|**gehen** *unr. itr. V.*; *mit sein* **1** go out (aus of) **2** (gerichtet sein) **das Zimmer geht zum Garten/nach Westen** ~ the room looks out on to the garden/ faces west; ~|**kommen** *unr. itr. V.*; *mit sein* come out (aus of); ~|**laufen** *unr. itr. V.*; *mit sein* **1** run out (aus of) **2** (als Ergebnis haben) **auf etw.** (*Akk.*) ~laufen lead to sth; ~|**sehen** *unr. itr. V.* look out; **zum Fenster** ~sehen look out of the window; ***~|**sein** ▸ hinaus 4; ~|**tragen** *unr. tr. V.* **jmdn./ etw.** ~tragen carry sb/sth out; ~|**werfen** *unr. tr. V.* (auch ugs. fig.) throw out (aus of); ~|**ziehen** **A** *unr. tr. V.* **1** (nach draußen ziehen) **jmdn./etw.** ~ziehen pull sb/sth out (aus of); tow <*ship*> out **2** (verzögern) put off; delay **B** *unr. refl. V.* be delayed; ~|**zögern** **A** *tr. V.* delay **B** *refl. V.* be delayed

◆ **Hin·blick** *der* **im** *od.* **in** ~ **auf etw.** (*Akk.*) (wegen) in view of; (hinsichtlich) with regard to

hin-: ~|**bringen** *unr. tr. V.* **jmdn./etw.** ~bringen take sb/sth [there]; ~|**denken** *unr. itr. V.* **wo denkst du hin?** (ugs.) whatever are you thinking of?

hinderlich *Adj.* ~ **sein** get in the way

hindern *tr. V.* **1** (abhalten) **jmdn.** ~ stop sb (an + *Dat.* from) **2** (behindern) hinder

Hindernis *das*; ~ses, ~se obstacle

hin|**deuten** *itr. V.* **1 auf jmdn./etw.** *od.* **zu jmdm./etw.** ~ point to sb/sth **2 auf etw.** (*Akk.*) ~ (fig.) point to sth

Hindu *der*; ~[s], ~[s] Hindu

Hinduismus *der*; ~; Hinduism *no art.*

hin·durch *Adv.* **1** (räumlich) **durch den Wald** ~ through the wood **2** (zeitlich) **das ganze Jahr** ~ throughout the year

◆ **hin<u>ein</u>** *Adv.* **1** (räumlich) in; **in etw.** (*Akk.*) ~ into sth **2** (zeitlich) **bis in den Morgen/tief in die Nacht** ~ till morning/far into the night

hin<u>ein</u>-: ~|**bringen** *unr. tr. V.* take in; ~|**fahren** (mit dem Auto) drive in; (mit dem Zweirad) ride in; **in etw.** (*Akk.*) ~fahren drive/ ride into sth; ~|**fallen** *unr. itr. V.*; *mit sein* fall in; **in etw.** (*Akk.*) ~fallen fall into sth; ~|**gehen** *unr. itr. V.*; *mit sein* go in; **in etw.** (*Akk.*) ~gehen go into sth; ~|**gucken** *itr. V.* (ugs.) look in; **in etw.** (*Akk.*) ~gucken look in[to] sth; ~|**kommen** *unr. itr. V.*; *mit sein* **1** come in; **in etw.** (*Akk.*) ~kommen come into sth **2** (gelangen) (auch fig.) get in; **in etw.** (*Akk.*) ~kommen get into sth; ~|**reden** *itr. V.* **jmdm. in seine Angelegenheiten/ Entscheidungen** *usw.* ~reden interfere in sb's affairs/decisions *etc.*; ~|**sehen** *unr. itr. V.* look in; **in etw.** (*Akk.*) ~sehen look into sth; ~|**versetzen** *refl. V.* **sich in jmdn.** *od.* **jmds. Lage** ~versetzen put oneself in sb's position; ~|**ziehen** *unr. tr. V.* **1** pull or draw in; **etw./jmdn. in etw.** (*Akk.*) ~ziehen pull *or* draw sth/sb into sth **2** (verwickeln) **jmdn. in eine Angelegenheit/einen Streit/Skandal** ~ziehen drag sb into an affair/a dispute/ scandal

hin-, Hin-: ~|**fahren** **A** *unr. itr. V.*; *mit sein* go there **B** *unr. tr. V.* **jmdn.** ~fahren drive sb there; ~**fahrt** *die* journey there; (Seereise) voyage out; ~|**fallen** *unr. itr. V.*; *mit sein* **1** fall over **2 jmdm. fällt etw.** ~ sb drops sth; **etw.** ~fallen lassen drop sth; ~**fällig** *Adj.* **1** infirm; frail **2** (ungültig) invalid; ~|**fliegen** *unr. itr. V.*; *mit sein* fly there; ~**flug** *der* outward flight

hing *1. u. 3. Pers. Sg. Prät. v.* hängen[1]

Hin·gabe *die*; ~; devotion; (Eifer) dedication

Hingebung *die*; ~; devotion

hingebungs·voll **A** *Adj.* devoted **B** *adv.* devotedly; with devotion; <*listen*> with rapt attention; <*dance, play*> with abandon

◆ **hin·gegen** *Konj., Adv.* (jedoch) however; (andererseits) on the other hand

hin-, Hin-: ~|**gehen** *unr. itr. V.*; *mit sein* **1** go [there]; **zu jmdm./etw.** ~gehen go to sb/sth **2** (verstreichen) <*time*> go by; ~|**halten** *unr. tr. V.* **1** hold out **2** (warten lassen) **jmdn.**

~halten keep sb waiting; ~**halte·taktik** *die* delaying tactics *pl.*; ~|**hören** *itr. V.* listen

hinken /'hɪŋkn̩/ *itr. V.* **1** walk with a limp **2** *mit sein* (hinkend gehen) limp

hin-, Hin-: ~|**kommen** *unr. itr. V.*; *mit sein* **1** get there **2** (an einen Ort gehören) go; belong **3** (ugs.) (stimmen) be right; ~**länglich** Ⓐ *Adj.* sufficient; (angemessen) adequate Ⓑ *adv.* sufficiently; (angemessen) adequately; ~|**legen** Ⓐ *tr. V.* put; (weglegen) put down Ⓑ *refl. V.* lie down; ~**reichend** Ⓐ *Adj.* sufficient; (angemessen) adequate Ⓑ *adv.* sufficiently; (angemessen) adequately; ~**reise** *die* journey there; (mit dem Schiff) voyage out; ~**reißend** *Adj.* enchanting ‹person, picture, view›; captivating ‹speaker, play›; ~|**richten** *tr. V.* execute; ~**richtung** *die* execution

Hinrichtungs·kommando *das* firing squad

hin-: ~|**sehen** *unr. itr. V.* look; ***~|**sein** ▸ hin 5; ~|**setzen** Ⓐ *tr. V.* put Ⓑ *refl. V.* sit down; ~**sicht** *die* in gewisser ~**sicht** in a way/in some respects *or* ways; in jeder ~**sicht** in every respect; in finanzieller ~**sicht** financially

↙ **hin·sichtlich** *Präp.*; *mit Gen.* (Amtsspr.) with regard to; (in Anbetracht) in view of

hin|stellen Ⓐ *tr. V.* put; put up ‹building›; (absetzen) put down Ⓑ *refl. V.* stand

↙ **hinten** *Adv.* at the back; sich ~ anstellen join the back of the queue (BrE) *or* (AmE) line; **weiter** ~ further back; (in einem Buch) further on; **die Adresse steht** ~ **auf dem Brief** the address is on the back of the envelope; **nach** ~ **hinaus liegen/gehen** be at the back; **die anderen sind ganz weit** ~ the others are a long way back

↙ **hinter** Ⓐ *Präp.*; *mit Dat.* behind; (nach) after; **3 km** ~ **der Grenze** 3 km beyond the frontier; **eine Prüfung** ~ **sich haben** (fig.) have got an examination over [and done] with; **viele Enttäuschungen/eine Krankheit** ~ **sich haben** have experienced many disappointments/have got over an illness Ⓑ *Präp.*; *mit Akk.* behind

hinter... *Adj.*; *nicht präd.* back

hinter-, Hinter-: ~**einander** *Adv.* **1** (räumlich) one behind the other **2** (zeitlich) one after another *or* the other; ~**gedanke** *der* ulterior motive; ~**gehen** /-'--/ *unr. V.* deceive

↙ **Hinter·grund** *der* background

hinter-, Hinter-: ~**grund·bericht** *der* background report; ~**gründig** Ⓐ *Adj.* enigmatic Ⓑ *adv.* enigmatically; ~**grund·information** *die* item *or* piece of background information; ~**grund·informationen** [items *or* pieces of] background information *sing.*; ~**halt** *der*

ambush; ~**hältig** Ⓐ *Adj.* underhand Ⓑ *adv.* in an underhand manner; ~**her** *Adv.* (räumlich) behind; (nachher) afterwards; ~**hof** *der* courtyard; ~**land** *das* hinterland; (Milit.) back area; ~**lassen** /--'--/ *unr. tr. V.* leave; ~**legen** /--'--/ *tr. V.* deposit (bei with); ~**list** *die* guile; deceit; ~**listig** *Adj.* deceitful; ~**mann** *der* **1** person behind **2** (Gewährsmann) [secret] informant

Hintern *der*; ~**s**, ~ (ugs.) backside; bottom

hinter-, Hinter-: ~**rad** *das* rear wheel; ~**sinn** *der* deeper meaning; ~**sinnig** *Adj.* ‹remark, story, etc.› with a deeper meaning; ~**teil** *das* backside; behind; ~**treffen** *das* (ugs.) ins ~**treffen** geraten *od.* kommen fall behind; ~**treiben** /--'--/ *unr. tr. V.* foil ‹plan›; prevent ‹marriage, promotion›; block ‹law, investigation, reform›; ~**treppe** *die* back stairs *pl.*; ~**tür** *die* back door; ~**wäldler** *der*; ~**s**, ~ (spött.) backwoodsman; ~**wäldlerin** *die*; ~~, ~~**nen** backwoodswoman; ~**wäldlerisch** *Adj.* (spött.) backwoods *attrib.* ‹views, attitudes, manners, etc.›

hinüber *Adv.* over; across

Hin- und Rück·fahrt *die* journey there and back; round trip (AmE)

hinunter *Adv.* down

hinunter-: ~|**fahren** Ⓐ *unr. itr. V.*; *mit sein* go down; (mit dem Auto) drive down; (mit dem Fahrrad) ride down Ⓑ *unr. tr. V.* jmdn./ein Auto/eine Ladung ~**fahren** drive sb down/drive a car down/take a load down; ~|**gehen** *unr. itr. V.*; *mit sein* go down; ‹aircraft› descend; ~|**klettern** *itr. V.*; *mit sein* climb down; ~|**reichen** Ⓐ *tr. V.* hand down Ⓑ *itr. V.* (sich bis hinunter erstrecken) reach down (bis auf + Akk. to)

hin·weg *Adv.* **1** (geh.) ~ mit dir! away with you! **2** über etw. ~ over sth

Hin·weg *der* way there

hinweg-: ~|**gehen** *unr. itr. V.*; *mit sein* über etw. (Akk.) ~**gehen** pass over sth; ~|**kommen** *unr. itr. V.*; *mit sein* über etw. (Akk.) ~**kommen** get over sth; ~|**setzen** *refl. V.* sich über etw. (Akk.) ~**setzen** ignore sth

↙ **Hinweis** /'hɪnvai̯s/ *der*; ~**es**, ~**e** hint; unter ~ auf (+ Akk.) with reference to

↙ **hin|weisen** Ⓐ *unr. itr. V.* auf jmdn./etw. ~ point to sb/sth Ⓑ *unr. tr. V.* jmdn. auf etw. (Akk.) ~ point sth out to sb

hin-: ~**weisend** *Adj.* (Grammatik) demonstrative; ~|**werfen** *unr. tr. V.* throw down; ~|**ziehen** Ⓐ *unr. tr. V.* pull, draw (zu to, towards) Ⓑ *unr. itr. V.*; *mit sein* (umziehen) move there; wo ist sie ~**gezogen?** where did she move to? Ⓒ *unr. refl. V.* **1** (sich erstrecken) drag on (über + Akk. for) **2** (sich verzögern) be delayed

hinzu-: ~|**fügen** *tr. V.* add; ~|**kommen**

h

unr. itr. V.; *mit sein* **1** come along
2 (hinzugefügt werden) **zu etw.** ~**kommen** be
added to sth; **es kommt noch** ~, **dass** ... (fig.)
there is also the fact that ...; ~|**tun** *unr. tr.
V.* (ugs.) add

Hiobs·botschaft *die* bad news

Hirn *das*; ~**[e]s,** ~**e 1** brain
2 (Speise) (ugs.) (Verstand) brains *pl.*

hirn·tot *Adj.* brain-dead

Hirsch *der*; ~**[e]s,** ~**e** deer; (Rothirsch)
red deer; (männlicher Rothirsch) stag; (Speise)
venison

Hirse *die*; ~, ~**n** millet

Hirt *der*; ~**en,** ~**en, Hirte** *der*; ~**n,** ~**n**
herdsman; (Schaf~) shepherd

Hirtin *die*; ~, ~**nen** shepherdess

hissen *tr. V.* hoist

h ✛ **historisch** *Adj.* **1** historical
2 (geschichtlich bedeutungsvoll) historic

Hit *der*; ~**[s],** ~**s** (ugs.) hit

Hitler·jugend *die* Hitler Youth

Hit·parade *die* hit parade

Hitze *die*; ~; heat

hitze-, Hitze-: ~**beständig** *Adj.* heat-
resistant; ~**frei** *Adj.* ~**frei haben** have the
rest of the day off [school/work] because of
excessively hot weather; ~**periode** *die*
hot spell; spell *or* period of hot weather;
~**welle** *die* heat wave

hitzig *Adj.* **1** hot-tempered
2 (erregt) heated ‹discussion etc.›

hitz-, Hitze-: ~**kopf** *der* hothead; ~**köpfig**
Adj. hot-headed; ~**schlag** *der* heatstroke

HIV-: ~**Anti·körper** *der* HIV antibody;
~**Infektion** *die* HIV infection; ~**infiziert**
Adj. HIV-infected; ~**kontaminiert** *Adj.*
HIV-contaminated; ~**positiv** *Adj.* HIV-
positive; ~**Test** *der* HIV test; ~**verseucht**
Adj. HIV-contaminated

hl *Abk.* = **Hektoliter** hl

H-Milch *die*; ~; long-life *or* UHT milk

HNO-Arzt *der*, **HNO-Ärztin** *die* ENT
specialist

hob *1. u. 3. Pers. Sg. Prät. v.* heben

Hobby *das*; ~**s,** ~**s** hobby

Hobel *der*; ~**s,** ~ **1** plane
2 (Küchengerät) [vegetable] slicer

Hobel·bank *die*, *Pl.* **Hobel·bänke**
woodworker's bench

hobeln *tr., itr. V.* **1** plane
2 (schneiden) slice

✛ **hoch; höher, höchst...** **A** *Adj.* high;
tall ‹tree, mast›; long ‹grass›; deep ‹snow,
water›; heavy ‹fine›; large ‹sum, amount›;
severe, extensive ‹damage›; senior ‹official,
officer, post›; high-level ‹diplomacy,
politics›; höchste Gefahr extreme danger;

✛ key word
* alte Schreibung—vgl. Hinweis auf S. x

es ist höchste Zeit, dass ... it is high time
that ...; **das hohe C** top C; **vier** ~ **zwei** (Math.)
four to the power [of] two; four squared
B *adv.* (in großer Höhe) high; (nach oben)
up; (zahlenmäßig viel, sehr) highly; ~ **begabt**
highly gifted; ~ **empfindlich** highly
sensitive ‹instrument, device, material, etc.›;
fast ‹film›; extremely delicate ‹fabric›;
~ **gestellt** ‹person› in a high position;
important ‹person›; ~ **verschuldet/versichert**
heavily in debt/insured for a large sum
[of money]; **etw.** ~ **und heilig versprechen**
promise sth faithfully

Hoch *das*; ~**s,** ~**s 1** (Hochruf) **ein [dreifaches]**
~ **auf jmdn. ausbringen** give three cheers
for sb
2 (Met.) high

Hoch·achtung *die* great respect

hochachtungs·voll *Adv.* (Briefschluss) yours
faithfully

hoch-, Hoch-: ~**aktuell** *Adj.* highly
topical; ~**amt** *das* (kath. Rel.) high mass;
~|**arbeiten** *refl. V.* work one's way up;
~**begabt** *Adj.* highly gifted; ~**betagt**
Adj. aged; ~**betrieb** *der* (ugs.) **es herrschte**
~**betrieb im Geschäft** the shop was at its
busiest; ~**blüte** *die* golden age; ~**burg** *die*
stronghold; ~**deutsch** *Adj.* High German;
~**deutsch** *das*, ~**deutsche** *das* High
German; ~**druck** *der*, *Pl.* ~**drücke** (Physik,
Met.) high pressure; *~**empfindlich**
▶ hoch B; ~|**fahren** *unr. itr. V.*; *mit sein*
1 (ugs.) go up; (mit dem Auto) drive up; (mit dem
Fahrrad, Motorrad) ride up **2** (auffahren) start up;
aus dem Sessel ~**fahren** start [up] from one's
chair **3** (aufbrausen) flare up **4** (DV) start [up];
boot [up]; ~**finanz** *die*; ~~; high finance;
~**fliegend** *Adj.* ambitious; ~**form** *die*
top form; ~**gebirge** *das* [high] mountains
pl.; ~**gefühl** *das* [feeling of] elation;
~|**gehen** *unr. itr. V.*; *mit sein* (ugs.) go up;
(zornig werden) blow one's top (infml); explode;
(explodieren) ‹bomb, mine› go off; ~**genuss,**
*~**genuß** *der* **ein** ~**genuss sein** be a real
delight; ~**geschlossen** *Adj.* high-necked
‹dress›; *~**gestellt** ▶ hoch B; ~**glanz**
der **etw. auf** ~**glanz bringen** give sth a
high polish; (fig.) make sth spick and
span; ~**gradig** **A** *Adj.* extreme **B** *adv.*
extremely; ~|**halten** *unr. tr. V.* hold
up; ~**haus** *das* high-rise building;
~|**heben** *unr. tr. V.* lift up; raise ‹arm,
leg, hand›; ~**interessant** *Adj.* extremely
interesting; ~**kant** *Adv.* (ugs.) jmdn. ~**kant**
hinauswerfen chuck sb out (infml); throw
sb out on his/her ear (infml); ~|**kommen**
unr. itr. V.; *mit sein* (ugs.) come up; (vorwärts
kommen) get on; ~**konjunktur** *die*
(Wirtsch.) boom; **auf dem Automarkt herrscht**
~**konjunktur** the car market is booming;
~|**krempeln** *tr. V.* roll up; ~|**laden** *unr.
tr. V.* (DV) upload; ~**land** *das* highlands *Pl.*;
~|**leben** *itr. V.* jmdn./etw. ~**leben lassen**
cheer sb/sth; **er lebe** ~! three cheers for him;

~**leistungs·sport** *der* top-level sport;
~**modern** *Adj.* ultra-modern; ~**mut**
der arrogance; ~**mütig** *Adj.* arrogant;
~**näsig** *Adj.* (abwertend) stuck-up;
~**nehmen** *unr. tr. V.* (ugs.) (verspotten)
jmdn. ~nehmen pull sb's leg; ~**ofen**
der blast furnace; ~**prozentig** *Adj.*
high-proof ‹*spirits*›; ~|**rechnen** project;
~**rechnung** *die* (Statistik) projection;
~**ruf** *der* cheer; ~**saison** *die* high season;
~|**schlagen** Ⓐ *unr. tr. V.* turn up ‹*collar,
brim*› Ⓑ *unr. itr. V.*; *mit sein* ‹*water, waves*›
surge up; ‹*flames*› leap up

ℐ **Hoch·schule** *die* college; (Universität)
university

hoch|scrollen *itr. u. tr. V.* (DV) scroll up

Hochsee·fischerei *die* deep-sea fishing
no art.

hoch-, Hoch-: ~**sitz** *der* (Jägerspr.) raised
hide; ~**sommer** *der* high summer;
~**spannung** *die* (Elektrot.) high voltage;
~|**spielen** *tr. V.* blow up

höchst *Adv.* extremely; most

höchst… ▸ hoch

Hoch·stapler /-ʃtaːplɐ/ *der*; ~**s**, ~;
confidence trickster; conman (infml);
(Aufschneider) fraud

höchsten·falls *Adv.* at [the] most *or* the
outside; at the very most

höchstens *Adv.* at most; (bestenfalls) at best

Höchst-: ~**fall** *der* im ~fall at [the]
most; ~**form** *die* (bes. Sport) peak form;
~**geschwindigkeit** *die* top speed;
(Geschwindigkeitsbegrenzung) speed limit

Hoch·stimmung *die* high spirits *pl.*

höchst-, Höchst-: ~**leistung** *die* supreme
performance; (Ergebnis) supreme achievement;
~**maß** *das* ein ~maß an etw. (*Dat.*) a very
high degree of sth; ~**persönlich** Ⓐ *Adj.*
personal Ⓑ *adv.* in person; ~**temperatur**
die maximum *or* highest temperature;
~**wahrscheinlich** *Adv.* very probably;
~**wert** *der* maximum value

hoch-, Hoch-: ~**tour** *die* auf ~touren laufen
run at full speed; (intensiv betrieben werden) be
in full swing; ~**trabend** (abwertend) Ⓐ *Adj.*
high-flown Ⓑ *adv.* in a high-flown manner;
~|**treiben** *unr. tr. V.* force up ‹*prices etc.*›;
~**verrat** *der* high treason; ~**wasser**
das (Flut) high tide; (Überschwemmung) flood;
~**wertig** *Adj.* high-quality ‹*goods*›; highly
nutritious ‹*food*›; ~**würden** *der* ~~[s]
(veralt.) Reverend Father

ℐ **Hoch·zeit** *die*; ~, ~**en** wedding

Hochzeits-: ~**feier** *die* wedding; ~**nacht**
die wedding night; ~**reise** *die* honeymoon
[trip]

Hocke *die*; ~, ~**n** 1 (Körperhaltung) squat;
crouch
2 (Turnen) squat vault

hocken Ⓐ *itr. V.* 1 *mit haben od.* (*südd.*) *sein*
squat; crouch

2 *mit haben od.* (*südd.*) *sein* (ugs.) (sich
aufhalten) sit around
Ⓑ *refl. V.* crouch down

Hocker *der*; ~**s**, ~; stool

Höcker *der*; ~**s**, ~; hump; (auf der Nase)
bump; (auf dem Schnabel) knob

Hockey /'hɔki/ *das*; ~**s** hockey

Hoden *der*; ~**s**, ~; testicle

Hoden·bruch *der* (Med.) scrotal hernia

Hof *der*; ~**[e]s, Höfe** 1 courtyard; (Schul~)
playground; (Gefängnis~) [prison] yard
2 (Bauern~) farm
3 (Herrscher, Hofstaat) court

Hof·dame *die* lady of the court; (Begleiterin
der Königin) lady-in-waiting

hof·fähig *Adj.* presentable at court *pred.*

ℐ **hoffen** Ⓐ *tr. V.* hope
Ⓑ *itr. V.* hope; auf etw. (*Akk.*) ~ hope for
sth; (Vertrauen setzen auf) auf jmdn./etw. ~ put
one's faith in sb/sth

ℐ **hoffentlich** *Adv.* hopefully; ~! let's hope so

ℐ **Hoffnung** *die*; ~, ~**en** hope

hoffnungs-, Hoffnungs-: ~**los** Ⓐ *Adj.*
hopeless; despairing ‹*person*›
Ⓑ *adv.* hopelessly; ~**losigkeit** *die*; ~~;
despair; (der Lage) hopelessness; ~**voll**
Ⓐ *Adj.* **1** hopeful; full of hope *pred.*
2 (erfolgversprechend) promising
Ⓑ *adv.* **1** full of hope **2** (erfolgversprechend)
promisingly

höflich Ⓐ *Adj.* polite
Ⓑ *adv.* politely

Höflichkeit *die*; ~; politeness

hoh… ▸ hoch

ℐ **Höhe** /'høːə/ *die*; ~, ~**n** height; etw. in die ~
heben lift sth up; das ist ja die ~! (fig. ugs.)
that's the limit!

Hoheit *die*; ~, ~**en** sovereignty (über + *Akk.*
over); Seine/Ihre ~ His/Your Highness

Hoheits-: ~**gebiet** *das* [sovereign] territory;
~**gewässer** *das* territorial waters

Höhen-: ~**angst** *die* fear of heights;
~**flug** *der* (fig.) flight; ~**lage** *die* altitude;
~**luft** *die* mountain air; ~**messer** *der*
altimeter; ~**sonne** *die* (Med.) sun lamp;
~**unterschied** *der* difference in altitude;
~**zug** *der* (Geogr.) range of hills; (Bergkette)
range of mountains; mountain range

Höhe·punkt *der* high point; (einer
Veranstaltung) high spot; highlight; (einer
Laufbahn, des Ruhms) peak; pinnacle; (Orgasmus;
eines Stückes) climax

höher /'høːɐ/ ▸ hoch

hohl *Adj.* hollow

Höhle *die*; ~, ~**n** 1 cave; (größer) cavern
2 (Tierbau) lair

Hohl-: ~**maß** *das* measure of capacity;
~**raum** *der* cavity; [hollow] space;
~**spiegel** *der* concave mirror

Hohn *der*; ~**[e]s** scorn; derision

höhnen (geh.) *itr. V.* jeer
höhnisch **A** *Adj.* scornful
　B *adv.* scornfully
Hokuspokus *der*; ~; hocus-pocus; (abwertend) (Drum und Dran) fuss
hold *Adj.* (dichter. veralt.) fair; lovely; lovely <*sight, smile*>
ℐ **holen** **A** *tr. V.* **1** fetch; get
　2 (ab~) fetch
　3 (ugs.) (erlangen) get <*prize etc.*>; carry off <*medal, trophy, etc.*>
　B *refl. V.* (ugs.) (sich zuziehen) catch; **sich** (*Dat.*) **[beim Baden] einen Schnupfen ~** catch a cold [swimming]
Holland (*das*); ~s Holland
Holländer *der*; ~s, ~; Dutchman
Holländerin *die*; ~, ~nen Dutchwoman
holländisch *Adj.* Dutch
Hölle *die*; ~, ~n hell *no art.*
Höllen·lärm *der* (ugs.) diabolical noise *or* row (infml)
höllisch **A** *Adj.* **1** infernal; <*spirits, torments*> of hell
　2 (ugs.) (sehr groß) tremendous (infml)
　B *adv.* (ugs.) (sehr) hellishly (infml)
Holm *der*; ~[e]s, ~e (Turnen) bar
Holocaust *der*; ~[s] Holocaust
holpern *itr. V.*; *mit sein* (fahren) jolt; bump
holprig *Adj.* **1** bumpy; rough
　2 (stockend) halting <*speech*>; clumsy <*verses, style, language, etc.*>
Holunder *der*; ~s, ~; elder
ℐ **Holz** *das*; ~es, **Hölzer** wood; (Bau~, Tischler~) timber; wood
Holz-: ~**bein** *das* wooden leg; ~**bläser** *der*, ~**bläserin** *die* woodwind player
hölzern *Adj.* (auch fig.) wooden
holz-, Holz-: ~**fäller** *der*; ~~s, ~~; woodcutter; lumberjack (AmE); ~**frei** *Adj.* wood-free <*paper*>
holzig *Adj.* woody
Holz-: ~**klotz** *der* block of wood; (als Spielzeug) wooden block; ~**kohle** *die* charcoal; ~**kopf** *der* (salopp abwertend) blockhead; ~**pantoffel** *der* clog; ~**scheit** *das* piece of wood; (Brenn~) piece of firewood; ~**schnitt** *der* **1** (Technik) woodcutting *no art.* **2** (Blatt) woodcut; ~**schuh** *der* clog; ~**stoß** *der* pile of wood; ~**weg** *der* **auf dem ~weg sein** be on the wrong track (fig.); ~**wolle** *die* wood wool; ~**wurm** *der* woodworm
Homebanking /ˈhoʊmbɛŋkɪŋ/ *das*; ~~s home banking
ℐ **Homepage** /ˈhoʊmpeɪdʒ/ *die*; ~~, ~~s (DV) home page
homogen *Adj.* homogeneous
homöopathisch *Adj.* homoeopathic
Homo·sexualität *die*; ~; homosexuality

ℐ key word
* old spelling—see note on page x

homo·sexuell **A** *Adj.* homosexual
　B *adv.* ~ **veranlagt sein** have homosexual tendencies
Honig *der*; ~s, ~e honey
Honig·kuchen *der* honey cake
Honig·wabe *die* honeycomb
Honorar *das*; ~s, ~e fee; (Autoren~) royalty
Honoratioren /honoraˈtsi̯oːrən/; *Pl.* notabilities
honorieren *tr. V.* **1** jmdn. ~ pay sb [a/his/her fee]
　2 (würdigen) appreciate; (belohnen) reward
Hopfen *der*; ~s, ~; hop; **bei ihm ist ~ und Malz verloren** (ugs.) he's a hopeless case
hopp *Interj.* quick; look sharp
hoppeln *itr. V.*; *mit sein* hop (über + *Akk.* across, over)
hoppla *Interj.* oops; whoops
hopsen *itr. V.*; *mit sein* (ugs.) (springen) jump; (hüpfen) <*animal*> hop; <*child*> skip; <*ball*> bounce
Hopser *der*; ~s, ~ (ugs.) [little] jump
Hör·apparat *der* hearing aid
hörbar **A** *Adj.* audible
　B *adv.* audibly; (geräuschvoll) noisily
Hör·buch *das* audiobook
horchen *itr. V.* listen (auf + *Akk.* to); (heimlich zuhören) eavesdrop
Horde *die*; ~, ~n horde; (von Halbstarken) mob
ℐ **hören** **A** *tr. V.* hear; (anhören) listen to
　B *itr. V.* hear; (zuhören) listen; **auf jmdn./ jmds. Rat ~** listen to sb/sb's advice
Hören·sagen *das* **vom ~** from hearsay
Hörer *der*; ~s, ~ **1** listener
　2 (Telefon~) receiver
Hörerin *die*; ~, ~nen listener
Hörerschaft *die*; ~, ~en audience
Hör-: ~**fehler** *der* **1 das war ein ~fehler** he/she *etc.* misheard **2** (Schwerhörigkeit) hearing defect; ~**funk** *der* radio; **im ~funk** on the radio; ~**funk·sendung** *die* radio programme; ~**gerät** *das* hearing aid
hörig *Adj.* **jmdm. ~ sein** be submissively dependent on sb; (sexuell) be sexually enslaved to sb
Horizont *der*; ~[e]s, ~e (auch Geol., fig.) horizon
horizontal **A** *Adj.* horizontal
　B *adv.* horizontally
Horizontale *die*; ~, ~n **1** (Linie) horizontal line
　2 (Lage) **die ~** the horizontal
Hormon *das*; ~s, ~e hormone
Horn *das*; ~[e]s, **Hörner** horn
Hörnchen *das*; ~s, ~ (Gebäck) croissant
Horn·haut *die* **1** callus; hard skin *no indef. art.*
　2 (am Auge) cornea
Hornisse *die*; ~, ~n hornet
Horoskop *das*; ~s, ~e horoscope

horrend *Adj.* shocking (infml), horrendous (infml) <*price*>; colossal (infml) <*sum, amount, rent*>

Hör·rohr *das* stethoscope

Horror *der*; ~s horror

Horror-: ~**film** *der* horror film; ~**roman** *der* horror novel

Hör-: ~**saal** *der* lecture theatre *or* hall; ~**spiel** *das* radio play

Horst *der*; ~[e]s, ~e eyrie

Hort *der*; ~[e]s, ~e ▶ Kinderhort

horten *tr. V.* hoard; stockpile <*raw materials*>

Hortensie /hɔr'tɛnziə/ *die*; ~, ~n hydrangea

Hör·weite *die* in/außer ~weite in/out of earshot

Höschen /'høːsçən/ *das*; ~s, ~; trousers *pl.*; pair of trousers; (kurzes ~) shorts *pl.*; pair of shorts

Hose *die*; ~, ~n **1** trousers *pl.*; pants *pl.* (AmE); (Unter~) pants *pl.*; (Freizeit~) slacks *pl.*; (Bund~) breeches *pl.*; (Reit~) riding breeches *pl.*; **eine** ~ a pair of trousers/pants/slacks *etc.*
2 (fig.) **die** ~**n anhaben** (ugs.) wear the trousers; **die** ~**n runterlassen** (salopp) come clean (infml); **in die** ~**[n] gehen** (salopp) be a [complete] flop (infml); **es ist tote** ~ (Jugendspr.) there's nothing doing (infml)

Hosen-: ~**anzug** *der* trouser suit (BrE); pant suit; ~**matz** *der*; ~~**es**, ~~**e** *od.* ~**mätze** (ugs. scherzh.) toddler; ~**rock** *der* culottes *pl.*; ~**tasche** *die* trouser pocket; pants pocket (AmE); ~**träger** *Pl.* braces; suspenders (AmE); pair of braces/suspenders

Hospital *das*; ~s, ~e *od.* **Hospitäler** hospital

Hospiz *das*; ~es, ~e hospice

Hostie /'hɔstjə/ *die*; ~, ~n (christl. Rel.) host

✍ **Hotel** *das*; ~s, ~s hotel

Hotel·bar *die* hotel bar

Hotel garni /- gar'niː/ *das*; ~ ~, **Hotels garnis** /- gar'niː/ bed-and-breakfast hotel

Hotelier /hoteˈlie:/ *der*; ~s, ~s hotelier

Hotline /'hɔtlaɪn/ *die*; ~, ~s hotline

hüben *Adv.* over here

hübsch **A** *Adj.* pretty; nice <*area, flat, voice, tune, etc.*>; nice-looking <*boy, person*>; **ein** ~**es Sümmchen** (ugs.) a tidy sum (infml); a nice little sum; **das ist eine** ~**e Geschichte** (ugs. iron.) this is a fine *or* pretty kettle of fish (infml)
B *adv.* prettily; (ugs.) (sehr) ~ **kalt** perishing cold

Hub·schrauber *der*; ~s, ~; helicopter

Hubschrauber·lande·platz *der* heliport; (kleiner) helicopter pad; landing pad

huckepack *Adv.* jmdn. ~ **tragen** (ugs.) give sb a piggyback

hudeln *itr. V.* (bes. südd., österr.) be sloppy (bei in)

Huf *der*; ~[e]s, ~e hoof

huf-, Huf-: ~**eisen** *das* horseshoe; ~**eisen·förmig** **A** *Adj.* horseshoe-shaped

B *adv.* in [the shape of] a horseshoe; ~**schmied** *der* farrier

Hüfte *die*; ~, ~n hip

Hüft-: ~**gelenk** *das* (Anat.) hip joint; ~**gürtel** *der* girdle

Hügel *der*; ~s, ~; hill

hügelig *Adj.* hilly

Huhn *das*; ~[e]s, **Hühner** chicken; (Henne) chicken; hen

Hühnchen *das*; ~s, ~; small chicken; **mit jmdm. [noch] ein** ~ **zu rupfen haben** (ugs.) [still] have a bone to pick with sb

Hühner-: ~**auge** *das* (am Fuß) corn; ~**brühe** *die* chicken broth

hui /hui/ *Interj.* whoosh

huldigen *itr. V.* jmdm. ~ pay tribute to sb

Huldigung *die*; ~, ~en tribute

Hülle *die*; ~, ~n cover

hüllen *tr. V.* (geh.) wrap

Hülse *die*; ~, ~n **1** case
2 (Bot.) pod

Hülsen·frucht *die* **1** (Frucht) fruit of a leguminous plant; **Hülsenfrüchte** pulse *sing.*
2 (Pflanze) legume; leguminous plant

human *Adj.* humane

Humanismus *der*; ~; humanism; (Epoche) Humanism *no art.*

humanitär *Adj.* humanitarian

Humbug *der*; ~s (ugs.) humbug

Hummel *die*; ~, ~n bumble-bee

Hummer *der*; ~s, ~; lobster

✍ **Humor** *der*; ~s humour; (Sinn für ~) sense of humour; **den** ~ **nicht verlieren** remain good-humoured

Humorist *der*; ~en, ~en, **Humoristin** *die*; ~, ~nen **1** (Autor[in]) humorist
2 (Vortragskünstler[in]) comedian

humoristisch *Adj.* humorous

humor-: ~**los** *Adj.* humourless; ~**losigkeit** *die*; ~~; humourlessness; lack of humour; ~**voll** *Adj.* humorous

humpeln *itr. V.* **1** *auch mit sein* walk with a limp
2 *mit sein* (sich ~d fortbewegen) limp

✍ **Hund** *der*; ~es, ~e **1** dog; **auf den** ~ **kommen** (ugs.) go to the dogs (infml); **vor die** ~**e gehen** (ugs.) go to the dogs (infml); (sterben) kick the bucket (infml)
2 (abwertend) bastard (sl.)

hunde-, Hunde-: ~**elend** *Adj.* (ugs.) [really] wretched *or* awful; ~**hütte** *die* [dog] kennel; ~**kuchen** *der* dog biscuit; ~**müde** *Adj.* (ugs.) dog-tired; ~**rasse** *die* breed of dog

✍ **hundert** *Kardinalz.* **1** a *or* one hundred
2 (ugs.) (viele) hundreds of

Hundert¹ *das*; ~s, ~e hundred

Hundert² *die*; ~, ~en hundred

Hunderter *der*; ~s, ~ (ugs.) hundred-euro/-dollar *etc.* note

Hunderteuro·schein *der* hundred-euro note

h

hundert·mal *Adv.* a hundred times; **auch wenn du dich ~ beschwerst** (ugs.) however much you complain

Hundertmeter·lauf *der* (Leichtathletik) hundred metres *sing.*

hundert·prozentig 🅐 *Adj.* **1** [one-]hundred per cent *attrib.*
2 (ugs.) (völlig) a hundred per cent
3 (ugs.) (ganz sicher) absolutely reliable
🅑 *adv.* (ugs.) **ich bin nicht ~ sicher** I'm not a hundred per cent sure

hundertst... /'hʊndɐtst.../ *Ordinalz.* hundredth

hundertstel /'hʊndɐtstl̩/ *Bruchz.* hundredth
Hundertstel *das* schweiz. *meist der* ~s, ~ hundredth

hundert·tausend *Kardinalz.* a *or* one hundred thousand

Hunde-: ~**scheiße** *die* (derb) dog shit (coarse); ~**steuer** *die* dog licence fee; ~**zwinger** *der* dog run

Hündin *die*; ~, ~**nen** bitch

Hüne *der*; ~**n**, ~**n** giant

Hünen·grab *das* megalithic tomb; (Hügelgrab) barrow

✧ **Hunger** *der*; ~**s 1** ~ **bekommen/haben** get/be hungry
2 (geh.) (Verlangen) hunger; (nach Ruhm, Macht) craving

Hunger·kur *die* starvation diet

hungern *itr. V.* go hungry; starve; **nach etw. ~** (fig.) hunger for sth

Hungers·not *die* famine

Hunger-: ~**streik** *der* hunger strike; ~**tuch** *das* **am ~tuch nagen** (ugs. scherzh.) be on the breadline

hungrig *Adj.* (auch geh. fig.) hungry (**nach** for)

Hupe *die*; ~, ~**n** horn

hupen *itr. V.* sound one's horn; **dreimal ~** hoot three times

hüpfen *itr. V.*; *mit sein* hop; <*ball*> bounce

Hürde *die*; ~, ~**n** hurdle

Hürden·lauf *der* (Leichtathletik) hurdling; (Wettbewerb) hurdles *pl.*

Hure *die*; ~, ~**n** (abwertend) whore

huren *itr. V.* (abwertend) whore

hurra *Interj.* hurray; hurrah; ~/**Hurra schreien** cheer

Hurra *das*; ~**s**, ~**s** cheer

hurtig 🅐 *Adj.* rapid
🅑 *adv.* quickly

huschen *itr. V.*; *mit sein* (lautlos u. leichtfüßig) <*person*> steal; (lautlos u. schnell) dart; <*mouse, lizard, etc.*> dart; <*smile*> flit; <*light*> flash; <*shadow*> slide quickly

hüsteln *itr. V.* give a slight cough

husten 🅐 *itr. V.* cough; (Husten haben) have a cough

🅑 *tr. V.* cough up <*blood, phlegm*>

Husten *der*; ~**s**, ~; cough

Husten-: ~**anfall** *der* coughing fit; fit of coughing; ~**bonbon** *das* cough drop; ~**reiz** *der* tickling in the throat; ~**saft** *der* cough syrup; cough mixture; ~**tropfen** *Pl.* cough drops

✧ **Hut**[1] *der*; ~**es**, **Hüte** hat; (fig.) **da geht einem/mir der ~ hoch** (ugs.) it makes you/me mad (infml); **das kann er sich** (*Dat.*) **an den ~ stecken** (ugs. abwertend) he can keep it (infml)

Hut[2] *die*; ~ (geh.) keeping; care; **auf der ~ sein** be on one's guard

hüten 🅐 *tr. V.* look after; tend <*sheep, cattle, etc.*>
🅑 *refl. V.* be on one's guard

Hut·schnur *die* **das geht mir über die ~** (ugs.) that's going too far

Hütte *die*; ~, ~**n 1** hut; (ärmliches Haus) shack; hut
2 (Eisen~) iron [and steel] works *sing. or pl.*
3 (Jagd~) [hunting] lodge

Hütten-: ~**käse** *der* cottage cheese; ~**schuh** *der* slipper sock

Hyäne *die*; ~, ~**n** hyena

Hyazinthe *die*; ~, ~**n** hyacinth

hybrid /hy'bri:t/ *Adj.* (bes. Biol.) hybrid

Hybridauto *das* hybrid car

Hydrant *der*; ~**en**, ~**en** hydrant

Hydrat *das*; ~[**e**]**s**, ~**e** (Chemie) hydrate

Hydraulik *die*; ~ (Technik) **1** (Theorie) hydraulics *sing., no art.*
2 (Vorrichtungen) hydraulics *pl.*

hydraulisch (Technik) 🅐 *Adj.* hydraulic
🅑 *adv.* hydraulically

Hydro·kultur *die* (Gartenbau) hydroponics *sing.*

Hygiene *die*; ~ **1** (Gesundheitspflege) health care
2 (Sauberkeit) hygiene

hygienisch 🅐 *Adj.* hygienic
🅑 *adv.* hygienically

Hymne /'hʏmnə/ *die*; ~, ~**n** hymn; (National~) national anthem

hyper·aktiv /'hy:pɐ-/ 🅐 *Adj.* hyperactive
🅑 *adv.* hyperactively

Hypnose *die*; ~, ~**n** hypnosis

hypnotisieren *tr. V.* hypnotize

Hypochonder /hypo'xɔndɐ/ *der*; ~**s**, ~, **Hypochonderin** *die*; ~, ~**nen** hypochondriac

hypochondrisch *Adj.* hypochondriac

Hypotenuse *die*; ~, ~**n** (Math.) hypotenuse

Hypothek *die*; ~, ~**en** (Bankw.) mortgage; (fig.) burden

Hypothese *die*; ~, ~**n** hypothesis

hypothetisch 🅐 *Adj.* hypothetical
🅑 *adv.* hypothetically

Hysterie *die*; ~, ~**n** hysteria

hysterisch 🅐 *Adj.* hysterical
🅑 *adv.* hysterically

h

Ii

i¹, I /iː/ *das*; ~, ~; i/I; das Tüpfelchen *od.* der Punkt auf dem ~ (fig.) the final touch

i² *Interj.* ugh; **i bewahre, i wo** (ugs.) [good] heavens, no!

i.A. *Abk.* = **im Auftrag[e]** p.p.

IC *Abk.* = **Intercity** IC

ICE *Abk.* = **Intercityexpress[zug]** ICE

◆ **ich** *Personalpron.*; *1. Pers. Sg. Nom.* I; **immer ~** (ugs.) [it's] always me; ~ **nicht** not me; **Menschen wie du und ~** people like you and me; *s. auch* (*Gen.*) **meiner**, (*Dat.*) **mir**, (*Akk.*) **mich**

Ich *das*; ~[s], ~[s] **1** self **2** (Psych.) ego

Ichform *die* first person

Icon /'aikən/ *das*; ~s, ~s (DV) icon

◆ **ideal** A *Adj.* ideal
  B *adv.* ideally

Ideal *das*; ~s, ~e ideal

Ideal-: ~**bild** *das* ideal; ~**fall** *der* ideal case; ~**gewicht** *das* ideal weight

idealisieren *tr. V.* idealize

Idealismus *der*; ~ (auch Philos.) idealism

Idealist *der*; ~en, ~en, **Idealistin** *die*; ~, ~**nen** idealist

idealistisch (auch Philos.) A *Adj.* idealistic
  B *adv.* idealistically

◆ **Idee** *die*; ~, ~n **1** idea
  2 (ein bisschen) **eine ~** a shade; **eine ~ [Salz/ Pfeffer]** a touch [of salt/pepper]

ideell *Adj.* non-material; (geistig-seelisch) spiritual

ideen-los *Adj.* [completely] lacking in ideas *postpos.*

Identifikation /identifika'tsjoːn/ *die*; ~, ~en (auch Psych.) identification

identifizieren A *tr. V.* identify
  B *refl. V.* (auch Psych.) **sich mit jmdm./etw. ~** identify with sb/sth

identisch *Adj.* identical

Identität *die*; ~; identity

Identitäts-: ~**krise** *die* identity crisis; ~**diebstahl** *der* identity theft

Ideologe *der*; ~n, ~n ideologue

Ideologie *die*; ~, ~n /-iːən/ ideology

Ideologin *die*; ~, ~**nen** ideologue

ideologisch A *Adj.* ideological
  B *adv.* ideologically

Idiot *der*; ~en, ~en (auch ugs. abwertend) idiot

idioten-, Idioten-: ~**hügel** *der* (ugs. scherzh.) nursery slope; ~**sicher** *Adj.* (ugs. scherzh.) foolproof

Idiotie *die*; ~, ~n /-iːən/ **1** idiocy
  2 (ugs. abwertend) (Dummheit) madness

Idiotin *die*; ~, ~**nen** (auch ugs. abwertend) idiot

idiotisch A *Adj.* **1** (Psych.) severely subnormal
  2 (ugs. abwertend) idiotic
  B *adv.* (auch ugs. abwertend) idiotically

Idol *das*; ~s, ~e (auch bild. Kunst) idol

Idyll *das*; ~s, ~e idyll

Idylle *die*; ~, ~n idyll

idyllisch *Adj.* idyllic

Igel *der*; ~s, ~; hedgehog

Iglu *der od. das*; ~s, ~s igloo

Ignoranz /ɪɡnoˈrants/ *die*; ~; ignorance

ignorieren *tr. V.* ignore

ihm *Dat. von* **er, es** (bei männlichen Personen) him; (bei weiblichen Personen) her; (bei Dingen, Tieren) it; **gib es ~** give it to him; give him it; **Freunde von ~** friends of his

ihn *Akk. von* **er** (bei männlichen Personen) him; (bei Dingen, Tieren) it

ihnen *Dat. von* **sie**, *Pl.* them; **gib es ~** give it to them; give them it; **Freunde von ~** friends of theirs

Ihnen *Dat. von* **Sie** you; **ich habe es ~ gegeben** I gave it to you; **Freunde von ~** friends of yours

ihr¹ /iːɐ̯/ *Dat. von* **sie**, *Sg.* (bei Personen) her; (bei Dingen, Tieren) it

◆ **ihr²** *Personalpron.*; *2. Pers. Pl. Nom.* you

◆ **ihr³** *Possessivpron.* **1** *Sg.* (einer Person) her; (eines Tieres, einer Sache) its
  2 *Pl.* their

◆ **Ihr** *Possessivpron.* (Anrede) your; ~ **Hans Meier** (Briefschluss) yours, Hans Meier; **welcher Mantel ist ~er?** which coat is yours?

ihrer **1** *Gen. von* **sie**, *Sg.*; (geh.) **wir gedachten ~** we remembered her
  2 *Gen. von* **sie**, *Pl.*; (geh.) **wir werden ~ gedenken** we will remember them; **es waren ~ zwölf** there were twelve of them

Ihrer *Gen. von* **Sie**; (geh.) **wir werden ~ gedenken** we will remember you

ihrerseits *Adv.* for her/their part; (von ihr/ ihnen) on her/their part

Ihrerseits *Adv.* ▸ **deinerseits**

ihres·gleichen *indekl. Pron.* people *pl.* like her/them; (abwertend) the likes of her/them

Ihres·gleichen *indekl. Pron.* people *pl.* like you; (abwertend) the likes of you

ihret·wegen *Adv.* ▸ **meinetwegen** because of her/them; for her/their sake; about her/ them; as far as she is/they are concerned

Ihret·wegen *Adv.* ▶ deinetwegen

Ikone *die*; ~, ~n icon

illegal **A** *Adj.* illegal
B *adv.* illegally

Illegalität *die*; ~, ~en illegality

illegitim *Adj.* (geh.) illegitimate

illuminieren *tr. V.* illuminate

Illusion *die*; ~, ~en illusion

illusorisch *Adj.* illusory; (zwecklos) pointless

Illustration *die*; ~, ~en illustration

illustrieren *tr. V.* illustrate

Illustrierte *die adj. Dekl.* magazine

Iltis *der*; ~ses, ~se polecat; (Pelz) fitch

◆ **im** *Präp.; + Art.* **1** = in dem
2 (räumlich) in the; **im Theater** at the theatre;
im Fernsehen on television; **im Bett** in bed
3 (zeitlich) **im Mai** in May; **im letzten Jahr** last
year; **im Alter von ...** at the age of ...
4 (Verlauf) **etw. im Sitzen tun** do sth [while]
sitting down; **im Gehen sein** be going

Image /'ɪmɪtʃ/ *das*; ~[s], ~s image

imaginär *Adj.* (geh., Math.) imaginary

Imbiss, ***Imbiß** *der*; **Imbisses**, **Imbisse**
1 (kleine Mahlzeit) snack
2 ▶ Imbissstube

Imbiss·stube, ***Imbiß·stube** *die* cafe

Imitation *die*; ~, ~en imitation

imitieren *tr. V.* imitate

Imker *der*; ~s, ~, **Imkerin** *die*; ~, ~nen
bee-keeper

Immatrikulation *die*; ~, ~en (Hochschulw.)
registration

immatrikulieren *tr., refl. V.* (Hochschulw.)
register

◆ **immer** *Adv.* **1** always; **schon** ~ always; ~
wieder time and time again; ~, **wenn** every
time that
2 (*immer + Komp.*) ~ **dunkler** darker and
darker; ~ **mehr** more and more
3 (ugs.) (jeweils) ~ **drei Stufen auf einmal**
three steps at a time
4 (auch) **wo/wer/wann/wie [auch]** ~
wherever/whoever/whenever/however
5 (verstärkend) ~ **noch, noch** ~ still
6 (ugs.) (bei Aufforderung) ~ **geradeaus!** keep
[going] straight on

immer-, **Immer-**: ~**fort** *Adv.* all the
time; ~**grün** *Adj.* evergreen; ~**grün** *das*
periwinkle

◆ **immer·hin** *Adv.* **1** (wenigstens) at any rate
2 (trotz allem) all the same
3 (schließlich) after all

immer·zu *Adv.* (ugs.) the whole time

Immigrant *der*; ~en, ~en, **Immigrantin**
die; ~, ~nen immigrant

Immigration *die*; ~, ~en immigration

immigrieren *itr. V.*; *mit sein* immigrate

◆ key word
* old spelling—see note on page x

Immobilien *Pl.* property *sing.*; real estate
sing.

immun 1 (Med., fig.) immune (**gegen** to)
2 (Rechtsspr.) ~ **sein** have immunity

Immunität *die*; ~, ~en **1** (Med.) immunity
(**gegen** to)
2 (Rechtsspr.) immunity (**gegen** from)

Immun-: ~**schwäche** *die* (Med.)
immunodeficiency; immune deficiency;
~**therapie** *die* (Med.) immunotherapy;
immune therapy

Imperativ *der*; ~s, ~e **1** (Sprachw.)
imperative
2 (Philos.) **[kategorischer]** ~ [categorical]
imperative

Imperfekt *das*; ~s, ~e (Sprachw.) imperfect
[tense]

Imperialismus *der*; ~; imperialism *no art.*

imperialistisch *Adj.* imperialistic

Imperium *das*; ~s, **Imperien** (hist., fig.)
empire

impfen *tr. V.* vaccinate; inoculate

Impf-: ~**pass**, *~**paß** *der* vaccination
certificate; ~**stoff** *der* vaccine

Impfung *die*; ~, ~en vaccination

implantieren *tr. V.* (Med.) implant

imponieren *itr. V.* impress

imponierend **A** *Adj.* impressive
B *adv.* impressively

Imponier·gehabe *das* (Verhaltensf.) display;
(fig.) showing off

Import *der*; ~[e]s, ~e import

Importeur /ɪmpɔr'tøːɐ̯/ *der*; ~s, ~e,
Importeurin *die*; ~, ~nen importer

importieren *tr., itr. V.* import

imposant **A** *Adj.* imposing; impressive
<*achievement*>
B *adv.* imposingly

impotent *Adj.* impotent

Impotenz *die*; ~; impotence

imprägnieren *tr. V.* impregnate; (wasserdicht
machen) waterproof

Improvisation *die*; ~, ~en improvisation

improvisieren *tr., itr. V.* improvise

Impuls *der*; ~es, ~e stimulus; (innere Regung)
impulse

impulsiv **A** *Adj.* impulsive
B *adv.* impulsively

imstande *Adv.* ~ **sein, etw. zu tun** be able
to do sth

◆ **in¹** **A** *Präp.; mit Dat.* (auf die Frage) (wo?/wann?/
wie?) in; **er hat** ~ **Tübingen studiert** he
studied at Tübingen; *s. auch* **im**
B *Präp.; mit Akk.* (auf die Frage) (wohin?) into;
s. auch **ins**

in² *Adj.* ~ **sein** (ugs.) be in

In-anspruchnahme *die*; ~, ~n (starke
Belastung) demands *pl.*

In-begriff *der* quintessence

inbegriffen *Adj.* included

In·betrieb·nahme *die*; ~, ~n,
In·betrieb·setzung *die*; ~, ~en
bringing into service

In·brunst *die*; ~ (geh.) fervour; (der Liebe)
ardour

in·brünstig (geh.) **A** *Adj.* fervent; ardent
‹*love*›
B *adv.* fervently; ‹*love*› ardently

✓ **in·dem** *Konj.* **1** (während) while; (gerade als) as
2 (dadurch, dass) ~ man etw. tut by doing sth

Inder *der*; ~s, ~, **Inderin** *die*; ~, ~nen
Indian

in·dessen A *Konj.* (geh.) **1** (während) while
2 (wohingegen) whereas
B *Adv.* **1** (inzwischen) meanwhile; in the
mean time
2 (jedoch) however

Index *der*; ~ od. ~es, ~e od. **Indizes 1** *Pl.*
~e od. **Indizes** (Register) index
2 *Pl.* ~e (kath. Kirche) Index

Indianer *der*; ~s, ~; [American] Indian

Indianer·häuptling *der* Indian chief

Indianerin *die*; ~, ~nen [American] Indian

indianisch *Adj.* Indian

Indien /'ɪndi̯ən/ (*das*); ~s India

in·different *Adj.* indifferent

Indikativ *der*; ~s, ~e /-iːvə/ (Sprachw.)
indicative [mood]

Indikator *der*; ~s, ~en (auch Chemie, Technik)
indicator

in·direkt A *Adj.* indirect
B *adv.* indirectly

indisch *Adj.* Indian

in·diskret *Adj.* indiscreet

In·diskretion *die*; ~, ~en indiscretion

Individualist *der*; ~en, ~en,
Individualistin *die*; ~, ~nen (geh.)
individualist

Individualität *die*; ~, ~en (geh.)
1 individuality
2 (Persönlichkeit) personality

✓ **individuell A** *Adj.* individual; private
‹*property, vehicle, etc.*›
B *adv.* individually

Individuum *das*; ~s, **Individuen** (auch
Chemie, Biol.) individual

Indiz *das*; ~es, ~ien **1** (Rechtsw.) piece
of circumstantial evidence; ~ien
circumstantial evidence *sing.*
2 (Anzeichen) sign (**für** of)

Indizes ► Index

Indizien·beweis *der* (Rechtsw.) piece of
circumstantial evidence; ~e circumstantial
evidence *sing.*

indoktrinieren *tr. V.* indoctrinate

Indonesien /ɪndo'neːzi̯ən/ (*das*); ~s
Indonesia

Indonesier *der*; ~s, ~, **Indonesierin** *die*;
~, ~nen Indonesian

indonesisch *Adj.* Indonesian

industrialisieren *tr. V.* industrialize

Industrialisierung *die*; ~; industrialization

✓ **Industrie** *die*; ~, ~n industry

Industrie-: ~**betrieb** *der* industrial firm;
~**gebiet** *das* industrial area; ~**kauffrau**
die, ~**kaufmann** *der; person with three
years' business training employed on the
business side of an industrial company*

industriell A *Adj.* industrial
B *adv.* industrially

Industrielle *der/die adj. Dekl.* industrialist

Industrie-: ~**staat** *der* industrial nation;
~**stadt** *die* industrial town

Industrie- und Handels·kammer *die*
Chamber of Industry and Commerce

Industriezweig *der* branch of industry

in·einander *Adv.* ~ greifen mesh together
(lit. or fig); ~ verliebt sein be in love with
each other *or* one another; ~ verschlungene
Ornamente intertwined decorations

*ineinander|greifen ► ineinander

infam A *Adj.* disgraceful
B *adv.* disgracefully

Infanterie *die*; ~, ~n (Milit.) infantry

infantil (Psych., Med.) (sonst abwertend) **A** *Adj.*
infantile
B *adv.* in an infantile way

Infarkt *der*; ~[e]s, ~e (Med.) infarction

Infekt *der*; ~[e]s, ~e (Med.) infection

Infektion *die*; ~, ~en (Med.) **1** (Ansteckung)
infection
2 (ugs.) (Entzündung) inflammation

Infektions-: ~**gefahr** *die* (Med.) risk of
infection; ~**herd** *der* (Med.) seat of the/
an infection; ~**krankheit** *die* (Med.)
infectious disease

Inferno *das*; ~s (geh.) inferno

Infinitiv *der*; ~s, ~e (Sprachw.) infinitive

infizieren A *tr. V.* infect
B *refl. V.* become infected; sich bei jmdm. ~
be infected by sb

in flagranti *Adv.* (geh.) in flagrante [delicto]

Inflation *die*; ~, ~en (Wirtsch.) (Zeit der ~)
inflation; period of inflation

inflationär *Adj.* inflationary

Inflations·rate *die* inflation rate; rate of
inflation

✓ **Info** *das*; ~s, ~s **1** (ugs.) handout
2 ~s *Pl.* (ugs.) information *no pl., no indef.
art.*; info *no pl., no indef. art.* (infml)

in·folge A *Präp.*; + *Gen.* as a result of
B *Adv.* ~ von etw. (*Dat.*) as a result of sth

infolge·dessen *Adv.* consequently

Informatik *die*; ~; computer science *no art.*

Informatiker *der*; ~s, ~, **Informatikerin**
die; ~, ~nen computer scientist

✓ **Information** *die*; ~, ~en **1** information
no pl., no indef. art. (über + *Akk.* about, on);
eine ~ [a piece of] information
2 (Büro) information bureau; (Stand)
information desk

Informations-: ~**büro** *das* information

bureau or office; ~**freiheit** die freedom of information; ~**material** das informational literature; ~**quelle** die source of information; ~**vielfalt** die variety of information

informativ Adj. informative

✓ **informieren** Ⓑ tr. V. inform (über + Akk. about)

   Ⓑ refl. V. inform oneself, find out (über + Akk. about)

in·frage ~ kommen be possible; das kommt nicht ~ (ugs.) that is out of the question

Infra·rot das (Physik) infra-red radiation

Infra·struktur die infrastructure

Infusion die; ~, ~en (Med.) infusion

Ing. Abk. = **Ingenieur**

In·gebrauch·nahme die; ~, ~n; vor ~ des Geräts before operating the appliance

Ingenieur /ɪnʒeˈnjøːɐ̯/ der; ~s, ~e, **Ingenieurin** die; ~, ~nen [qualified] engineer

Ingwer der; ~s, ~; ginger

Inhaber der; ~s, ~, **Inhaberin** die; ~, ~nen **1** holder **2** (Besitzer) owner

inhaftieren tr. V. take into custody; detain

Inhaftierung die; ~, ~en detention

inhalieren tr. V. inhale

✓ **Inhalt** der; ~[e]s, ~e **1** contents pl. **2** (einer Geschichte usw.) content **3** (bes. Math.) (Flächen~) area; (Raum~) volume

✓ **inhaltlich** Ⓐ Adj. an ~en Gesichtspunkten gemessen from the point of view of content

   Ⓑ adv. ~ ist der Aufsatz gut the essay is good as regards content; ~ übereinstimmen be the same in content

Inhalts-: ~**angabe** die summary [of contents]; synopsis; (eines Films, Dramas) synopsis; ~**verzeichnis** das table of contents; (auf einem Paket) list of contents

in·human Adj. **1** (unmenschlich) inhuman **2** (rücksichtslos) inhumane

Initiale die; ~, ~n initial [letter]

✓ **Initiative** die; ~, ~n initiative

Initiator der; ~s, ~en, **Initiatorin** die; ~, ~nen initiator; (einer Organisation) founder

Injektion die; ~, ~en (Med.) injection

injizieren tr. V. (Med.) inject

Inkarnation die; ~, ~en incarnation

inkl. Abk. = **inklusive** incl.

inklusive /ɪnkluˈziːvə/ Ⓐ Präp.; + Gen. (bes. Kaufmannsspr.) including

   Ⓑ Adv. inclusive

inkognito Adv. (geh.) incognito

in·kompetent Adj. incompetent

in·kompetenz die incompetence

in·konsequent Ⓐ Adj. inconsistent

   Ⓑ adv. inconsistently

In·konsequenz die inconsistency

in·korrekt Ⓐ Adj. incorrect

   Ⓑ adv. incorrectly

In·korrektheit die; ~, ~en **1** (Fehlerhaftigkeit) incorrectness **2** (Fehler) mistake

In·kraft·treten das; ~s: mit [dem] ~ des Gesetzes when the law comes/came into force

Inkubations·zeit die; ~, ~en (Med.) incubation period

In·land das **1** im ~ at home **2** (Binnenland) interior; inland; im/ins ~ inland

inländisch Adj. domestic; home-produced ‹goods›

Inlands-: ~**markt** der domestic market; ~**porto** das inland postage

in·mitten Ⓐ Präp.; + Gen. (geh.) in the midst of

   Ⓑ Adv. ~ von in the midst of

inne|haben unr. tr. V. hold, occupy ‹position›; hold ‹office›

✓ **innen** Adv. inside; (auf/an der Innenseite) on the inside

innen-, Innen-: ~**architekt** der, ~**architektin** die interior designer; ~**aufnahme** die (Fot.) indoor photo[graph]; (Film) interior shot; ~**einrichtung** die furnishings pl.; ~**hof** der inner courtyard; ~**leben** das **1** [inner] thoughts and feelings pl. **2** (oft scherzh.) inside; ~**minister** der, ~**ministerin** die Minister of the Interior; ≈ Home Secretary (BrE); ≈ Secretary of the Interior (AmE); ~**ministerium** das Ministry of the Interior; ≈ Home Office (BrE); ≈ Department of the Interior (AmE); ~**politik** die (eines Staates) home affairs pl.; (einer Regierung) domestic policy/policies pl.; ~**politisch** ▸ Innenpolitik Ⓐ Adj. ~politische Fragen matters of domestic policy Ⓑ adv. as regards home affairs/domestic policy; ~**stadt** die town centre; downtown (AmE); (einer Großstadt) city centre

✓ **inner...** Adj. inner; (inländisch; Med.) internal; inside ‹pocket, lane›

Innere das adj. Dekl. inside; (eines Gebäudes, Wagens, Schiffes) interior; inside; (eines Landes) interior

Innereien Pl. entrails; (Kochk.) offal sing.

✓ **inner·halb** Ⓐ Präp.; + Gen. **1** within; ~ der Familie/Partei (fig.) within the family/party **2** (binnen) within; ~ einer Woche within a week

   Ⓑ Adv. **1** ~ von within **2** (im Verlauf) ~ von zwei Jahren within two years

innerlich Ⓐ Adj. inner

   Ⓑ adv. inwardly

innerst... Adj. innermost

✓ key word

* alte Schreibung—vgl. Hinweis auf S. x

Innerste *das adj. Dekl.* innermost being
inne|wohnen *itr. V.* (geh.) etw. wohnt
jmdm./einer Sache ~ sb/sth possesses sth
innig **A** *Adj.* deep ‹*affection, sympathy*›;
fervent ‹*wish*›; intimate ‹*friendship*›; **mein**
~ster Dank my sincerest thanks
  B *adv.* ‹*love*› with all one's heart
Innigkeit *die*; ~; depth; (einer Beziehung)
intimacy
♦ **innovativ** *Adj.* innovative
Innung /'ɪnʊŋ/ *die*; ~, ~en [trade] guild
in-offiziell **A** *Adj.* unofficial
  B *adv.* unofficially
in puncto as regards
♦ **ins** *Präp.; + Art.* **1** = in das
2 (räumlich) to the; ~ **Bett gehen** go to bed
3 ~ **Schlendern geraten** go into a skid
Insasse *der*; ~n, ~n, **Insassin** *die*; ~,
~**nen 1** (Fahrgast) passenger
2 (Bewohner[in]) inmate
♦ **ins·besondere, ins·besondre** *Adv.*
particularly; in particular
In·schrift *die* inscription
Insekt /ɪn'zɛkt/ *das*; ~s, ~en insect
♦ **Insel** *die*; ~, ~n island
Insel-: ~**bewohner** *der*, ~**bewohnerin**
die islander; ~**gruppe** *die* group of islands;
~**staat** *die* island state; ~**welt** *die* islands
pl.
Inserat *das*; ~[e]s, ~e advertisement (*in a*
newspaper)
Inserent *der*; ~en, ~en, **Inserentin** *die*;
~, ~**nen** advertiser
inserieren *itr. V.* advertise
ins·geheim *Adv.* secretly
♦ **ins·gesamt** *Adv.* in all; altogether; (alles in
allem) all in all
insofern **A** *Adv.* /ɪn'zo:fɛrn/ (in dieser Hinsicht)
to this extent; ~ **als** in so far as
  B *Konj.* /ɪnzo'fɛrn/ (falls) provided [that]
Insolvenz·verfahren *das* insolvency
proceedings *pl.*
insoweit **A** *adv.* /ɪn'zo:vaɪt/ ▸ insofern A
  B *Konj.* /ɪnzo'vaɪt/ ▸ insofern B
in spe /ɪn 'spe:/ future *attrib.*; **mein**
Schwiegersohn ~ ~ my future son-in-law
Inspektion *die*; ~, ~en inspection; (Kfz-W.)
service
Inspiration *die*; ~, ~en inspiration
inspirieren *tr. V.* inspire
inspizieren *tr. V.* inspect
Installateur /ɪnstala'tø:ɐ̯/ *der*; ~s, ~e,
Installateurin *die*; ~, ~nen plumber;
(Gas~) [gas] fitter; (Heizungs~) heating
engineer; (Elektro~) electrician
Installation *die*; ~, ~en installation;
(Rohre) plumbing *no pl.*
♦ **installieren** *tr. V.* install
in·stand *Adv.* etw. ist gut/schlecht ~ sth is in
good/poor condition; etw. ~ halten keep sth
in good condition; etw. ~ setzen/bringen

repair sth
Instand·haltung *die* maintenance
in·ständig **A** *Adj.* urgent
  B *adv.* urgently
Instand·setzung *die*; ~, ~en repair;
(Renovierung) renovation
Instanz /ɪn'stants/ *die*; ~, ~en **1** authority
2 (Rechtsw.) **[die] erste/zweite/dritte ~** the
court of original jurisdiction/the appeal
court/the court of final appeal; **durch alle**
~**en gehen** go through all the courts
Instinkt /ɪn'stɪŋkt/ *der*; ~**[e]s**, ~**e** instinct
instinktiv **A** *Adj.* instinctive
  B *adv.* instinctively
♦ **Institut** /ɪnstɪ'tu:t/ *das*; ~**[e]s**, ~**e** institute
♦ **Institution** *die*; ~, ~en (auch fig.) institution
Instruktion /ɪnstrʊk'tsjo:n/ *die*; ~, ~en
instruction
♦ **Instrument** /ɪnstru'mɛnt/ *das*; ~**[e]s**, ~**e**
instrument
instrumental (Musik) **A** *Adj.* instrumental
  B *adv.* instrumentally
Insulin *das*; ~s insulin
inszenieren *tr. V.* stage; put on; (Regie
führen bei) direct; (fig.) (einfädeln) engineer;
(organisieren) stage
Inszenierung *die*; ~, ~en staging; (Regie)
direction; (Aufführung) production
intakt *Adj.* **1** (unbeschädigt) intact
2 (funktionsfähig) in [proper] working order
postpos.; healthy ‹*economy*›
integer *Adj.* eine integre Persönlichkeit a
person of integrity; ~ **sein** be a person of
integrity
Integral *das*; ~s, ~e (Math.) integral
♦ **Integration** *die*; ~, ~en (auch Math.)
integration
♦ **integrieren** *tr. V.* integrate
Intellekt *der*; ~**[e]s** intellect
intellektuell *Adj.* intellectual
Intellektuelle *der/die adj. Dekl.* intellectual
intelligent **A** *Adj.* intelligent
  B *adv.* intelligently
Intelligenz *die*; ~, ~en **1** intelligence
2 (Gesamtheit der Intellektuellen) intelligentsia
Intelligenz·quotient *der* intelligence
quotient
Intendant *der*; ~en, ~en, **Intendantin**
die; ~, ~**nen** (Theater) manager and artistic
director; (Fernseh~, Rundfunk~) director
general
Intensität *die*; ~; intensity
♦ **intensiv** **A** *Adj.* (gründlich) intensive; (kräftig)
intense
  B *adv.* intensively
intensivieren *tr. V.* intensify; increase
‹*exports*›; strengthen ‹*connections*›
Intensiv·station *die* intensive-care unit
interaktiv *Adj.* interactive
Intercityzug *der* inter-city train

i

◌⃝ **interessant** 🅐 *Adj.* interesting
🅑 *adv.* ~ **schreiben** write in an interesting way

interessanterweise *Adv.* interestingly enough

◌⃝ **Interesse** *das*; ~**s**, ~**n** interest; ~ **an jmdm./ etw. haben** be interested in sb/sth

interesse·halber *Adv.* out of interest

Interessen·gebiet *das* field of interest

Interessent *der*; ~**en**, ~**en**, **Interessentin** *die*; ~, ~**nen** interested person; (möglicher Käufer/mögliche Käuferin) potential buyer

Interessen·verband *der* [organized] interest group

Interessen·vertretung *die*
1 representation
2 (Vertreter von Interessen) representative body

◌⃝ **interessieren** 🅐 *refl. V.* **sich für jmdn./etw.** ~ be interested in sb/sth
🅑 *tr. V.* interest; **das interessiert mich nicht** I'm not interested [in it]

interessiert *Adj.* interested (**an** + *Dat.* in)

Interjektion *die*; ~, ~**en** (Sprachw.) interjection

Inter-: ~**kontinental·rakete** *die* (Milit.) intercontinental ballistic missile; ~**mezzo** *das*; ~~**s**, ~~**s** od. ~**mezzi** (Theat., Musik) intermezzo; (fig.) interlude; intermezzo

◌⃝ **intern** 🅐 *Adj.* internal
🅑 *adv.* internally

Internat *das*; ~**[e]s**, ~**e** boarding school

◌⃝ **international** 🅐 *Adj.* international
🅑 *adv.* internationally

Internationale ~, ~**n 1** International; Internationale
2 (Lied) Internationale

Internats-: ~**schule** *die* boarding school; ~**schüler** *der*, ~**schülerin** *die* boarding school pupil; boarder

◌⃝ **Internet** /'ɪntənɛt/ *das*; ~**s** Internet; **im** ~ **on** the Internet

internet-, **Internet-:** ~**anbieter** *der*, ~**anbieterin** *die* (DV) Internet provider; ~**anschluss**, *~**anschluß** *der* (DV) Internet connection; connection to the Internet; **einen** ~**anschluss haben** be connected to the Internet; ~**fähig** *Adj.* (DV) Internet-capable; Internet-enabled; ~**forum** *das* (DV) Internet forum; ~**seite** *die* (DV) Internet page; Web page

internieren *tr. V.* (Milit.) intern

Internierung *die*; ~, ~**en** internment

Internist *der*; ~**en**, ~**en**, **Internistin** *die*; ~, ~**nen** (Med.) internist

Interpol *die*; ~; Interpol *no art.*

Interpret *der*; ~**en**, ~**en** interpreter (*of music, text, events, etc.*)

Interpretation *die*; ~, ~**en** interpretation (*of music, text, events, etc.*)

interpretieren *tr. V.* interpret ‹*music, texts, events, etc.*›

Interpretin *die*; ~, ~**nen** ▸ Interpret

Interpunktion *die*; ~ (Sprachw.) punctuation

Intervall /ɪntɛ'val/ *das*; ~**s**, ~**e** (Musik, Math.) interval

intervenieren *itr. V.* (geh., Politik) intervene

Intervention *die*; ~, ~**en** (geh., Politik) intervention; (Protest) representations *pl.*

◌⃝ **Interview** /ɪntɛ'vjuː/ *das*; ~**s**, ~**s** interview

interviewen /ɪntɛ'vjuːən/ *tr. V.* interview

Interviewer *der*; ~**s**, ~, **Interviewerin** *die*; ~, ~**nen** interviewer

intialisieren *tr. V.* (DV) initialize

intim 🅐 *Adj.* intimate
🅑 *adv.* ~ **befreundet sein** be intimate friends

Intimität *die*; ~, ~**en** intimacy

Intim-: ~**partner** *der*, ~**partnerin** *die* intimate partner; sexual partner; ~**sphäre** *die* private life

in·tolerant *Adj.* intolerant

In·toleranz *die* intolerance (**gegenüber** of)

Intonation *die*; ~, ~**en** intonation

Intranet *das*; ~**s**, ~**s** (DV) Intranet

in·transitiv 🅐 *Adj.* (Sprachw.) intransitive
🅑 *adv.* intransitively

intravenös (Med.) 🅐 *Adj.* intravenous
🅑 *adv.* intravenously

Intrige *die*; ~, ~**n** intrigue

Intuition *die*; ~, ~**en** intuition

intuitiv 🅐 *Adj.* intuitive
🅑 *adv.* intuitively

intus **etw.** ~ **haben** (ugs.) (begriffen haben) have got sth into one's head; (gegessen od. getrunken haben) have put sth away (infml)

Invalide *der adj. Dekl.* invalid

Invasion *die*; ~, ~**en** invasion

Inventar *das*; ~**s**, ~**e** (einer Firma) fittings and equipment *pl.*; (eines Hauses, Büros) furnishings and fittings *pl.*

inventarisieren *tr. V.* inventory; draw up or make an inventory of

Inventur *die*; ~, ~**en** stock-taking

◌⃝ **investieren** *tr., itr. V.* (auch fig.) invest (**in** + *Akk.* in)

◌⃝ **Investition** *die*; ~, ~**en** investment

Investitions·güter *Pl.* (Wirtsch.) capital goods

Investor *der*; ~**s**, ~**en** /-'toːrən/, **Investorin** *die*; ~, ~**nen** (Wirtsch.) investor

in·wie·fern *Adv.* in what way; (bis zu welchem Grade) to what extent

in·wie·weit *Adv.* to what extent

In·zahlung·nahme *die*; ~, ~**n** part exchange; trade in (AmE)

Inzest *der*; ~**[e]s**, ~**e** incest

In·zucht *die*; ~; inbreeding

◌⃝ **in·zwischen** *Adv.* **1** (seither) in the meantime; since [then]
2 (bis zu einem Zeitpunkt) (in der Gegenwart) by

◌⃝ key word
* old spelling—see note on page x

now; (in der Vergangenheit/Zukunft) by then
3 (währenddessen) meanwhile
IOK *Abk.* Internationales Olympisches Komitee
IOC
Ion /iːn/ *das*; ~s, ~en (Physik, Chemie) ion
ionisieren *tr. V.* (Physik, Chemie) ionize
Iono·sphäre *die* ionosphere
Irak *(das)*; ~s *od. der*; ~[s] Iraq
Iraker *der*; ~s, ~, **Irakerin** *die*; ~, ~nen
Iraqi
irakisch Iraqi
Irak·krieg *der* Iraq War
Iran *(das)*; ~s *od. der*; ~[s] Iran
Iraner *der*; ~s, ~, **Iranerin** *die*; ~, ~nen
Iranian
iranisch *Adj.* Iranian
irden *Adj.* earthen[ware]
irdisch *Adj.* **1** earthly; worldly ‹*goods,
pleasures, possessions*›
2 (zur Erde gehörig) terrestrial; **das** ~e Leben
life on earth
Ire *der*; ~n, ~n Irishman
irgend *Adv.* **1** ~ so ein Politiker (ugs.) some
politician [or other]; ~ so etwas something
like that
2 (irgendwie) wenn ~ möglich if at all
possible
✐ **irgendein** *Indefinitpron.* **1** *attr.* some;
(fragend, verneinend) any
2 *subst.* ~er/~e someone; somebody;
(fragend, verneinend) anyone; anybody; ~es *od.*
(ugs.) ~s any one
irgend-: ~**einmal** *Adv.* sometime; ~**etwas**
something; (fragend, verneinend) anything;
~**jemand** *Indefinitpron.* someone;
somebody; (fragend, verneinend) anyone; anybody
✐ **irgendwann** *Adv.* [at] some time [or other];
(zu jeder beliebigen Zeit) [at] any time
irgendwas *Indefinitpron.* (ugs.) something
[or other]; (fragend, verneinend) anything
✐ **irgendwie** *Adv.* somehow
irgend-: ~**welch** *Indefinitpron.* some;
(fragend, verneinend) any; ~**wer** *Indefinitpron.*
(ugs.) somebody or other (infml); (fragend,
verneinend) anyone; anybody
✐ **irgendwo** *Adv.* somewhere; (fragend,
verneinend) anywhere
irgend-: ~**woher** *Adv.* from somewhere;
(fragend, verneinend) from anywhere; ~**wohin**
Adv. somewhere; (fragend, verneinend) anywhere
Irin *die*; ~, ~nen Irishwoman
Iris *die*; ~, ~ (Bot., Anat.) iris
irisch *Adj.* Irish
Irland *(das)*; ~s Ireland
Ironie *die*; ~, ~n irony
ironisch Ⓐ *Adj.* ironic; ironical
   Ⓑ *adv.* ironically
ir·rational Ⓐ *Adj.* irrational
   Ⓑ *adv.* irrationally
irre Ⓐ *Adj.* **1** insane
2 (salopp) (faszinierend) amazing (infml)

Ⓑ *adv.* (salopp) terribly (infml)
Irre *der/die adj. Dekl.* madman/madwoman;
lunatic; (fig.) lunatic
irre-, Irre-: ~**führen** *tr. V.* mislead; (täuschen)
deceive; ~**führung** *die* eine bewusste
~**führung** a deliberate attempt to mislead;
~**führung der Öffentlichkeit** misleading the
public
ir·relevant *Adj.* irrelevant (für to)
irre|machen *tr. V.* disconcert; put off
irren Ⓐ *refl. V.* be mistaken; **Sie haben sich
in der Nummer geirrt** you've got the wrong
number
   Ⓑ *itr. V.* **1** da ~ **Sie** you are wrong there
2 *mit sein* (ziellos umherstreifen) wander
Irren-: ~**anstalt** *die* (veralt. abwertend) mental
home; ~**haus** *das* (abwertend) [lunatic] asylum
ir·reparabel *Adj.* irreparable
Irr·fahrt *die* wandering
irriger·weise *Adv.* mistakenly
Irritation *die*; ~, ~en irritation
irritieren *tr., itr. V.* **1** (verwirren) put off
2 (stören) disturb
irr-, Irr-: ~**licht** *das* will o' the wisp; ~**sinn**
der **1** insanity; madness
2 (ugs. abwertend) lunacy; ~**sinnig** Ⓐ *Adj.*
1 (geistig gestört) insane; mad; (absurd) idiotic
2 (ugs.) (extrem) terrible (infml); terrific (infml)
‹*speed, heat, cold*›
   Ⓑ *adv.* (ugs.) terribly (infml)
Irrtum *der*; ~s, **Irrtümer** mistake; ~!
wrong!; **im** ~ **sein** be wrong or mistaken
irrtümlich Ⓐ *Adj.* incorrect
   Ⓑ *adv.* by mistake
Irr·weg *der* error; **diese Methode hat sich
als** ~ **erwiesen** this method has proved to
be wrong
Ischias *der od. das od.* (Med.) *die*; ~; sciatica
Islam /ɪsˈlaːm *od.* ˈɪslam/ *der*; ~[s] Islam
✐ **islamisch** *Adj.* Islamic
Islamismus *der*; ~; Islamic fundamentalism;
Islamism
Islamist *der*; ~en, ~en, **Islamistin** *die*;
~, ~nen Islamic fundamentalist; Islamist
islamistisch *Adj.* Islamic fundamentalist;
Islamist
Island *(das)*; ~s Iceland
Isländer *der*; ~s, ~, **Isländerin** *die*; ~,
~nen Icelander
isländisch *Adj.* Icelandic
Isolation *die*; ~, ~en ▸ **Isolierung**
Isolator *der*; ~s, ~en insulator
Isolier·band *das* insulating tape
isolieren *tr. V.* **1** isolate
2 (Technik) insulate ‹*wiring, wall, etc.*›; lag
‹*boilers, pipes, etc.*›
Isolier·station *die* (Med.) isolation ward
Isolierung *die*; ~, ~en **1** isolation
2 (Technik) ▸ **isolieren** insulation; lagging
Isotop *das*; ~s, ~e isotope
Israel /ˈɪsraeːl/ *(das)*; ~s Israel

i

Israeli *der;* ~**[s]**, ~**[s]/** *die;* ~, ~**[s]** Israeli
israelisch *Adj.* Israeli
Israelit *der;* ~**en**, ~**en**, **Israelitin** *die;* ~,
~**nen** Israelite
israelitisch *Adj.* Israelite
iss, *****iß** *Imperativ Sg. v.* essen
isst, *****ißt** *2. u. 3. Pers. Sg. Präsens v.* essen
ist *3. Pers. Sg. Präsens v.* sein¹

Italien /iˈtaːliən/ *(das);* ~**s** Italy
Italiener *der;* ~**s**, ~, **Italienerin** *die;* ~,
~**nen** Italian
italienisch *Adj.* Italian
I-Tüpfelchen, I-Tüpfel *das;* ~**s**, ~; final
touch; **bis aufs [letzte]** ~ down to the last
detail
i.V. *Abk.* = **in Vertretung**

Jj

j, J /jɔt, (österr.) jeː/ *das;* ~, ~; j/J
✔ **ja A** *Interj.* yes; (nachgestellt) (nicht wahr?) won't
you/doesn't it *etc.?*
B *Partikel* **Sie wissen ja, dass ...** you know,
of course, that ...; **da seid ihr ja!** there you
are!
Ja *das;* ~**[s]**, ~**[s]** yes; **mit** ~ **stimmen** vote
yes
Jacht *die;* ~, ~**en** yacht
✔ **Jacke** *die;* ~, ~**n** jacket; (gestrickt) cardigan
Jacken·kleid *das* dress and jacket
combination
Jacket·krone /ˈdʒɛkɪt-/ *die* (Zahnmed.) jacket
crown
Jackett /ʒaˈkɛt/ *das;* ~**s**, ~**s** jacket
Jade *die;* ~; jade
Jagd *die;* ~, ~**en 1 die** ~ shooting; hunting;
auf die ~ **gehen** go hunting/shooting
2 (Veranstaltung) shoot; (Hetzjagd) hunt
3 (Verfolgung) hunt; (Verfolgungsjagd) chase; **auf
jmdn./etw.** ~ **machen** hunt for sb/sth
Jagd-: ~**beute** *die* bag; kill; ~**bomber**
der (Luftwaffe) fighter-bomber; ~**flieger**
der, ~**fliegerin** *die* (Luftwaffe) fighter pilot;
~**flugzeug** *das* (Luftwaffe) fighter aircraft;
~**gewehr** *das* sporting gun; ~**horn** *das*
hunting horn; ~**hund** *der* gun dog; ~**hütte**
die shooting box; ~**revier** *das* preserve;
shoot; ~**schein** *der* game licence; ~**wurst**
die chasseur sausage; ~**zeit** *die* open season
jagen A *tr. V.* **1** hunt <*game, fugitive,
criminal, etc.*>; shoot <*game, game birds*>;
(hetzen) chase <*fugitive, criminal, etc.*>
2 (treiben) drive; **jmdn. aus dem Haus** ~
throw sb out of the house
B *itr. V.* (die Jagd ausüben) go shooting *or*
hunting
Jäger *der;* ~**s**, ~ **1** hunter

2 (Milit.) rifleman
3 (Soldatenspr.) (Jagdflugzeug) fighter
Jäger·hut *der* huntsman's hat
Jägerin *die;* ~, ~**nen** huntress
Jäger-: ~**latein** *das* (scherzh.) [hunter's] tall
story/stories; **das ist das reinste** ~**latein** that's
all wild exaggeration; ~**rock** *der* hunting
jacket; ~**schnitzel** *das* (Kochk.) escalope
chasseur
Jaguar *der;* ~**s**, ~**e** jaguar
jäh A *Adj.* (geh.) **1** sudden; abrupt <*change,
movement, stop*>; sudden, sharp <*pain*>
2 (steil) steep; precipitous
B *adv.* **1** <*change*> abruptly
2 (steil) <*fall, drop*> steeply
jählings *Adv.* (geh.) **1** (plötzlich) <*change, end,
stop*> suddenly, abruptly; <*die*> suddenly
2 (steil) steeply
✔ **Jahr** *das;* ~**[e]s**, ~**e** year; **ein halbes** ~ six
months; **im** ~**[e]** 1908 in [the year] 1908; **er
ist zwanzig** ~**e [alt]** he is twenty years old;
Kinder bis zu zwölf ~**en** children up to the
age of twelve; **zwischen den** ~**en** between
Christmas and the New Year
jahr·aus *Adv.* ~, **jahrein** year in, year out
jahre·lang A *Adj.* [many] years of; long-
standing <*feud, friendship*>
B *adv.* for [many] years
jähren *refl. V.* **heute jährt sich zum zehnten
Mal, dass ...** it is ten years ago today that ...
Jahres-: ~**bilanz** *die* (Wirtsch., Kaufmannsspr.)
annual balance [of accounts]; (Dokument)
annual balance sheet; ~**einkommen** *das*
annual income; ~**ende** *das* end of the year;
~**frist** in *od.* innerhalb *od.* binnen ~**frist**
within [a period of] a *or* one year; ~**hälfte**
die **die erste/zweite** ~**hälfte** the first/second
half *or* six months of the year; ~**karte** *die*
yearly season ticket; ~**tag** *der* anniversary;
~**umsatz** *der* annual turnover; ~**urlaub**
der annual holiday *or* (formal) leave *or* (AmE)

✔ key word
* alte Schreibung—vgl. Hinweis auf S. x

vacation; ~**wechsel** *der* turn of the year;
zum ~wechsel die besten Wünsche best
wishes for the New Year; ~**zahl** *die* date;
~**zeit** *die* season

Jahr·gang *der* 1 (Altersklasse) year; der ~
1900 those born in 1900
2 (eines Weines) vintage
3 (einer Zeitschrift) set [of issues] for a/the year

✓ **Jahr·hundert** *das* century

Jahrhundert·wende *die* turn of the
century

-**jährig** 1 (... Jahre alt) ein elfjähriges Kind an
eleven-year-old child
2 (... Jahre dauernd) ... year's/years'; nach
vierjähriger Vorbereitung after four years'
preparation; mit dreijähriger Verspätung
three years late

✓ **jährlich** A *Adj.* annual; yearly
B *adv.* annually; yearly; zweimal ~ twice
a year

Jahr·: ~**markt** *der* fair; funfair; ~**tausend**
das thousand years; millennium;
~**tausend·wende** *die* turn of the
millennium

✓ **Jahrzehnt** *das* decade

jahrzehnte·lang A *Adj.; nicht präd.*
decades of ‹*practice, experience, etc.*›
B *adv.* for decades

Jäh·zorn *der* violent anger

jäh·zornig A *Adj.* violent-tempered
B *adv.* in a blind rage

ja·ja *Part.* (ugs.) 1 (seufzend) ~[, so ist das
Leben] oh well[, that's life]
2 (ungeduldig) ~[, ich komme schon]! all right,
all right[, I'm coming]!

Jalousie /ʒalu'zi:/ *die*; ~, ~n Venetian blind

Jamaika (das); ~s Jamaica

Jamaikaner *der*; ~s, ~, **Jamaikanerin**
die; ~, ~**nen** Jamaican

Jammer *der*; ~s [mournful] wailing; (Elend)
misery

jämmerlich A *Adj.* 1 pitiful
2 wretched ‹*appearance, existence, etc.*›;
paltry, meagre ‹*quantity*›
B *adv.* pitifully

jammern *itr. V.* wail; (sich beklagen) moan

jammer·schade *Adj.* (ugs.) es ist ~, dass ...
it's a crying shame that ...; es ist ~ um ihn
it's a great pity about him

Janker *der*; ~s, ~ (südd., österr.) Alpine jacket

✓ **Januar** *der*; ~[s], ~e January

Japan (das); ~s Japan

Japaner *der*; ~s, ~, **Japanerin** *die*; ~,
~**nen** Japanese

japanisch *Adj.* Japanese

japsen *itr. V.* (ugs.) pant

Jargon /jar'gõ:/ *der*; ~s, ~s jargon

Jasmin *der*; ~s, ~e jasmine

Ja·stimme *die* yes-vote

jäten *tr., itr. V.* weed; Unkraut ~ weed

Jauche *die*; ~, ~n liquid manure

Jauche·grube *die* liquid-manure reservoir

jauchzen *itr. V.* cheer; vor Freude ~ shout
for joy

Jauchzer *der*; ~s, ~; cry of delight

jaulen *itr. V.* howl

Jause *die*; ~, ~n (österr.) 1 snack; eine ~
machen have a snack
2 (Nachmittagskaffee) [afternoon] tea

ja·wohl *Part.* certainly

Ja·wort *das* consent; jmdm. das ~ geben
consent to marry sb

Jazz /dʒæz od. dʒes od. jats/ *der*; ~; jazz

jazzen /'dʒesn̩ od. 'jatsn̩/ *itr. V.* play jazz

Jazzer /'dʒesɐ od. 'jatsɐ/ *der*; ~s, ~, **Jazzerin**
die; ~, ~**nen** jazz musician

Jazz·: ~**keller** *der* jazz cellar; ~**tanz** *der*
jazz dance

✓ **je¹** A *Adv.* 1 (jemals) ever; mehr/besser denn je
more/better than ever
2 (jeweils) je zehn Personen ten people at a
time; sie kosten je 30 Euro they cost 30 euros
each
3 (entsprechend) je nach Gewicht according
to weight
B *Präp.; mit Akk.* per; for each
C *Konj.* je länger, je lieber the longer the
better; je nachdem it all depends

je² *Interj.* ach je, wie schade! oh dear, what
a shame!

Jeans /dʒi:nz/; *Pl. od. die*; ~, ~; jeans *pl.*;
denims *pl.*

jede ▸ jeder

✓ **jeden·falls** *Adv.* 1 in any case
2 (zumindest) at any rate

✓ **jeder, jede, jedes** *Indefinitpron. u. unbest.
Zahlwort* A *attr.* 1 (alle) every
2 (alle einzeln) each
3 (jeglicher) all
B (allein stehend) 1 (alle) everyone; everybody
2 (alle einzeln) jedes der Kinder each of the
children

jeder·mann *Indefinitpron.* everyone;
everybody

✓ **jeder·zeit** *Adv.* [at] any time

jedes ▸ jeder

*****jedes·mal** ▸ Mal¹

✓ **je·doch** *Konj., Adv.* however

je·her /od. '-'-/ *Adv.* seit od. von ~ always;
since time immemorial

jemals *Adv.* ever

✓ **jemand** *Indefinitpron.* someone; somebody;
(fragend, verneinend) anyone; anybody

Jemen (das); ~s od. der; ~[s] Yemen

✓ **jener, jene, jenes** *Demonstrativpron.* (geh.)
A *attr.* that; (im Pl.) those
B (allein stehend) that one; (im Pl.) those

jenseits A *Präp.; mit Gen.* on the other side
of; (in größerer Entfernung) beyond
B *Adv.* on the other side; ~ von on the
other side of

Jenseits *das*; ~; hereafter; beyond

j

Jersey¹ /'dʒøːɐ̯zi/ *der*; ~[s], ~s (Textilind.) jersey

Jersey² *das*; ~s, ~s (Sport) (Trikot) jersey

Jesus *(der)*; **Jesu** Jesus

Jet /dʒɛt/ *der*; ~[s], ~s jet; **mit einem ~ fliegen/reisen** fly/travel by jet

jetzig *Adj.* current

ᵒ⁺ **jetzt** *Adv.* **1** just now; **bis ~** up to now; **bis ~ noch nicht** not yet; **von ~ an** *od.* **ab** from now on[wards]; **erst ~** *od.* **~ erst** only just; **schon ~** already

2 (heutzutage) now; nowadays

ᵒ⁺ **jeweilig** *Adj.* **1** (in einem bestimmten Fall) particular

2 (zu einer bestimmten Zeit) current; of the time *postpos., not pred.*

3 (zugehörig, zugewiesen) respective

ᵒ⁺ **jeweils** *Adv.* **1 ~ am ersten/letzten Mittwoch des Monats** on the first/last Wednesday of each month

2 (zur Zeit) at the time

Jg. *Abk.* = **Jahrgang**

JH *Abk.* = **Jugendherberge**

Jh. *Abk.* = **Jahrhundert** c.

jiddisch /'jɪdɪʃ/ *Adj.* Yiddish

ᵒ⁺ **Job** /dʒɔp/ *der*; ~s, ~s (ugs.) (auch DV) job

jobben /dʒɔbn̩/ *itr. V.* (ugs.) do a job/jobs

Job-: ~**killer** *der* destroyer of jobs; ~**sharing** /-'ʃeərɪŋ/ *das*; ~~s job-sharing

Joch *das*; ~[e]s, ~e yoke

Jockei, **Jockey** /'dʒɔke *od.* 'dʒɔki/ *der*; ~s, ~s jockey

Jod *das*; ~[e]s iodine

jodeln *itr., tr. V.* yodel

jod·haltig *Adj.* iodiferous

Joga *der od. das*; ~[s] yoga

joggen /'dʒɔgn̩/ *itr. V.*; *mit Richtungsangabe mit sein* jog

Jogging·anzug *der* jogging suit

Joghurt /'joːɡʊrt/ *der od. das*; ~[s], ~[s] yoghurt

Joghurt·becher *der* yoghurt pot (BrE) *or* (AmE) container

Johannis·beere *die* currant; **rote/weiße/ schwarze ~n** redcurrants/white currants/ blackcurrants

johlen *itr. V.* yell; (vor Wut) howl

Joint /dʒɔɪnt/ *der*; ~s, ~s (ugs.) joint (sl.)

Jolle *die*; ~, ~n keel-centreboard yawl

Jongleur /ʒɔŋ'løːɐ̯/ *der*; ~s, ~e, **Jongleurin** *die*; ~, ~nen juggler

jonglieren *tr., itr. V.* juggle

Joppe *die*; ~, ~n heavy jacket

Jordanien *(das)*; ~s Jordan

Jordanier *der*; ~s, ~, **Jordanierin** *die*; ~, ~nen Jordanian

jordanisch *Adj.* Jordanian

ᵒ⁺ key word

* old spelling—see note on page x

Jot *das*; ~, ~; j, J

Journalismus /ʒʊr-/ *der*; ~; journalism *no art.*

ᵒ⁺ **Journalist** *der*; ~en, ~en, **Journalistin** *die*; ~, ~nen journalist

journalistisch **A** *Adj.* journalistic; **eine ~e Ausbildung** a training in journalism

B *adv.* journalistically; **~ tätig sein** be a journalist

Joystick /'dʒɔystik/ *der*; ~s, ~s (DV) joystick

jr. *Abk.* = **junior** Jr.

Jubel *der*; ~s rejoicing; jubilation; (laut) cheering

Jubel·jahr *das* jubilee; **alle ~e [einmal]** once in a blue moon

jubeln *itr. V.* cheer; **über etw.** (*Akk.*) **~** rejoice over sth

Jubilar *der*; ~s, ~e man celebrating his anniversary/birthday

Jubilarin *die*; ~, ~nen woman celebrating her anniversary/birthday

Jubiläum *das*; ~s, **Jubiläen** anniversary; (eines Monarchen) jubilee

jubilieren *itr. V.* (geh.) jubilate (literary); rejoice

juchzen *itr. V.* (ugs.) shout with glee

jucken **A** *tr., itr. V.* **1 mir juckt die Haut** I itch; **es juckt mich hier** I've got an itch here

2 (Juckreiz verursachen) irritate

B *tr. V.* (reizen, verlocken) **es juckt mich, das tun** I am itching to do it

C *refl. V.* (ugs.) (sich kratzen) scratch

Juck·reiz *der* itch

Jude *der*; ~n, ~n Jew

Juden: ~**hass**, *~**haß** *der* anti-Semitism; hatred of [the] Jews; ~**stern** *der* (ns.) Star of David

Judentum *das*; ~s **1** (Volk) Jewry; Jews *pl.*

2 (Kultur u. Religion) Judaism

Juden·verfolgung *die* persecution of [the] Jews

Jüdin *die*; ~, ~nen Jewess

jüdisch *Adj.* Jewish

Judo *das*; ~[s] judo *no art.*

ᵒ⁺ **Jugend** *die*; ~ **1** youth

2 (Jugendliche) young people

jugend-, **Jugend-:** ~**amt** *das*; youth office (*agency responsible for education and welfare of young people*); ~**arbeitslosigkeit** *die* youth unemployment; ~**arrest** *der* detention in a community home; ~**bewegung** *die* (hist.) [German] Youth Movement; ~**buch** *das* book for young people; ~**frei** *Adj.* ‹film, book, etc.› suitable for persons under 18; **nicht ~frei** ‹film› not U-certificate *pred.*; ~**gefährdend** *Adj.* liable to have an undesirable influence on the moral development of young people *postpos.*; ~**heim** *das* youth centre; ~**herberge** *die* youth hostel; ~**klub** *der* youth club; ~**kriminalität** *die* juvenile delinquency; ~**kultur** *die* youth culture

jugendlich *Adj.* **1** young ‹*offender, customer, etc.*›
   2 (für Jugendliche charakteristisch) youthful
ⁿ **Jugendliche** *der/die adj. Dekl.* young person; **die** ∼**n** the young people
Jugend-: ∼**liebe** *die* sweetheart of one's youth; ∼**schutz** *der* protection of young people; ∼**schutz·gesetz** *das* laws *pl.* protecting young people; ∼**sprache** *die* young people's language *no art.*; ∼**stil** *der* art nouveau; (in Deutschland) Jugendstil; ∼**strafe** *die* youth custody sentence; ∼**strafanstalt** *die* detention centre; ∼**sünde** *die* youthful folly; ∼**zeit** *die* youth; ∼**zentrum** *das* youth centre
Jugo·slawe *der* Yugoslav
Jugo·slawien (*das*); ∼**s** Yugoslavia
Jugo·slawin *die* Yugoslav
jugo·slawisch *Adj.* Yugoslav[ian]
Julei *der*; ∼**[s]**, ∼**s** ▸ Juli
ⁿ **Juli** *der*; ∼**[s]**, ∼**s** July; *s. auch* April
ⁿ **jung** *Adj.* **jünger**, **jüngst…** **1** young; new ‹*project, undertaking, sport, marriage, etc.*›
   2 (letzt…) recent; **in jüngster Zeit** recently
ⁿ **Junge¹** *der*; ∼**n**, ∼**n** *od.* (ugs.) **Jung[en]s** boy
Junge² *das adj. Dekl.* **ein** ∼**s** one of the young; ∼ **kriegen** give birth to young
jungen *itr. V.* give birth; ‹*cat*› have kittens; ‹*dog*› have pups
jungenhaft *Adj.* boyish
jünger *Adj.* youngish; **sie ist noch** ∼ she is still quite young; *s. auch* jung
Jünger *der*; ∼**s**, ∼, **Jüngerin** *die*; ∼, ∼**nen** follower
Jungfer *die*; ∼, ∼**n** (abwertend) (ältere ledige Frau) spinster
Jungfern·fahrt *die* maiden voyage
Jungfern·häutchen *das*; ∼**s**, ∼; hymen
Jung·frau *die* **1** virgin
   2 (Astrol.) Virgo
jung·fräulich *Adj.* (geh., auch fig.) virgin
Jung·geselle *der* bachelor
Jung·gesellin *die* bachelor girl

Jüngling *der*; ∼**s**, ∼**e** (geh. spött.) youth; boy
jüngst *Adv.* (geh.) recently
jüngst… ▸ jung
Jüngste *der/die adj. Dekl.* youngest [one]
Jung-: ∼**verheiratete** *der/die adj. Dekl.* young married man/woman; **die** ∼**verheirateten** the newly-weds; ∼**wähler** *der*, ∼**wählerin** *die* first-time voter
ⁿ **Juni** *der*; ∼**[s]**, ∼**s** June; *s. auch* April
junior *indekl. Adj.* (nach Personennamen) junior
Junior *der*; ∼**s**, ∼**en** **1** (oft scherzh.) junior (joc.)
   2 (Kaufmannsspr.) junior partner
Junior-: ∼**chef** *der* owner's *or* (infml) boss's son; ∼**chefin** *die* owner's *or* (infml) boss's daughter
Juno *der*; ∼**[s]**, ∼**s** ▸ Juni
Junta /'xʊnta/ *die*; ∼, **Junten** junta
Jura law *sing.*; ∼ **studieren** read Law
Jurist *der*; ∼**en**, ∼**en**, **Juristin** *die*; ∼, ∼**nen** lawyer; jurist
juristisch *Adj.* legal
Jury /ʒy'riː/ *die*; ∼, ∼**s** **1** (Preisrichter) panel [of judges]; jury
   2 (Sachverständige) panel [of experts]
just *Adv.* (veralt., noch scherzh.) just; ∼ **in diesem Augenblick** just at that moment; at that very moment
justieren *tr. V.* adjust
Justierung *die*; ∼, ∼**en** adjustment
Justiz *die*; ∼; justice; (Behörden) judiciary
Justiz-: ∼**irrtum** *der* miscarriage of justice; ∼**minister** *der*, ∼**ministerin** *die* Minister of Justice; ∼**ministerium** *das* Ministry of Justice; ∼**mord** *der* judicial murder; ∼**vollzugs·anstalt** *die* (Amtsspr.) penal institution (formal); prison
Jute *die*; ∼; jute
Jütland (*das*); ∼**s** Jutland
Juwel *das od. der*; ∼**s**, ∼**en** piece of jewellery; (Edelstein) jewel
Juwelier /juvə'liːɐ/ *der*; ∼**s** jeweller
Juwelier·geschäft *das* jeweller's shop
Jux *der*; ∼**es**, ∼**e** (ugs.) joke

j

k

Kk

k, K /kaː/ *das*; ∼, ∼; k/K
Kabarett *das*; ∼**s**, ∼**s** *od.* ∼**e** **1** satirical revue
   2 (Ensemble) cabaret act
Kabarettist *der*; ∼**en**, ∼**en**, **Kabarettistin** *die*; ∼, ∼**nen** revue performer

kabarettistisch *Adj.* [satirical] revue *attrib.*; ∼**e Szenen** scenes in the style of a [satirical] revue
kabbeln *refl. V.* (ugs.) bicker (**mit** with)
Kabel *das*; ∼**s**, ∼; cable; (für kleineres Gerät) flex
Kabel·fernsehen *das* cable television

Kabeljau der; ~s, ~e od. ~s cod
kabellos A Adj. wireless
  B adv. <communicate> in wireless format;
  <install> without wires
kabeln tr., itr. V. (veralt.) cable
Kabine die; ~, ~n 1 cabin
  2 (Umkleideraum, abgeteilter Raum) cubicle
  3 (einer Seilbahn) [cable] car
Kabinett das; ~s, ~e Cabinet
Kabrio das; ~s, ~s, **Kabriolett** das; ~s,
  ~s convertible
Kachel die; ~, ~n [glazed] tile
kacheln tr. V. tile
Kachel·ofen der tiled stove
Kacke die; ~ (derb; auch fig.) shit (coarse); crap
  (coarse)
kacken itr. V. (derb) shit (coarse); crap (coarse)
Kadaver der; ~s, ~; carcass
Kader der od. (schweiz.) das; ~s, ~ 1 cadre
  2 (Sport) squad
Käfer der; ~s, ~; beetle
Kaff das; ~s, ~s od. **Käffer** (ugs. abwertend)
  dump (infml)

k ♂ **Kaffee** /ˈkafe od. (österr.) kaˈfeː/ der; ~s, ~s
  1 coffee
  2 (Nachmittags~) afternoon coffee; ~ trinken
  have afternoon coffee
Kaffee-: ~**kanne** die coffee pot;
  ~**kränzchen** das (veralt.) 1 (Zusammentreffen)
  coffee afternoon
  2 (Gruppe) coffee circle; ~**maschine** die
  coffee maker; ~**mühle** die coffee grinder;
  ~**satz** der coffee grounds pl.; ~**tante** die
  (ugs. scherzh.) coffee addict
Käfig der; ~s, ~e cage
kahl Adj. 1 (ohne Haare) bald; jmdn. ~ scheren
  shave sb's head
  2 (ohne Grün, schmucklos) bare; etw. ~ fressen
  strip sth bare
kahl-, Kahl-: *~|**fressen** ▶ kahl 2; ~**köpfig**
  Adj. bald[-headed]; ~|**scheren** ▶ kahl 1;
  ~**schlag** der 1 clear-felling no indef. art.
  2 (Waldfläche) clear-felled area
Kahn der; ~[e]s, **Kähne** 1 (Ruder~) rowing
  boat; (Stech~) punt
  2 (Lastschiff) barge
Kai der; ~s, ~s quay
Kaiser der; ~s, ~; emperor
Kaiserin die; ~, ~nen empress
Kaiser-: ~**krone** die imperial crown;
  ~**reich** das empire; ~**schnitt** der
  Caesarean section; ~**wetter** das; (scherzh.)
  glorious, sunny weather (for an event)
Kajüte die; ~, ~n (Seemannsspr.) cabin
Kakao /kaˈkau/ der; ~s, ~s cocoa; jmdn./etw.
  durch den ~ ziehen (ugs.) make fun of sb/sth
Kakerlak der; ~s od. ~en, ~en cockroach
Kaktus der; ~, **Kakteen** cactus

♂ key word
* alte Schreibung—vgl. Hinweis auf S. x

Kalauer der; ~s, ~; corny joke (infml);
  (Wortspiel) atrocious or (infml) corny pun
Kalb das; ~[e]s, **Kälber** 1 calf
  2 (ugs.) (~fleisch) veal
kalben itr. V. calve
Kalb·fleisch das veal
Kalbs-: ~**braten** der (Kochk.) roast veal no
  indef. art.; (Gericht) roast of veal; ~**leder** das
  calfskin; ~**schnitzel** das veal cutlet
Kalender der; ~s, ~; calendar; (Taschen~)
  diary
Kalender-: ~**jahr** das calendar year;
  ~**monat** der calendar month
Kalesche die; ~, ~n (hist.) barouche
Kali das; ~s, ~s potash
Kaliber das; ~s, ~ 1 (Technik, Waffenkunde)
  calibre
  2 (ugs., oft abwertend) sort; kind
Kalifornien /kaliˈfɔrnjən/ (das); ~s California
Kalium das; ~s (Chemie) potassium
Kalk der; ~[e]s, ~e calcium carbonate;
  (Baustoff) lime; quicklime
kalken tr. V. whitewash
Kalk-: ~**mangel** der calcium deficiency;
  ~**stein** der limestone
Kalkül das; od. der; ~s, ~e (geh.) calculation
Kalkulation die; ~, ~en (auch Wirtsch.)
  calculation
kalkulieren tr. V. calculate <cost, price>; cost
  <product, article>
Kalorie die; ~, ~n calorie
kalorien-, Kalorien-: ~**arm** A Adj. low-
  calorie attrib.; ~**arm** sein be low in calories
  B adv. ~**arm kochen** cook low-calorie
  meals; ~**gehalt** der calorie content
♂ **kalt**; **kälter**, **kältest...** A Adj. cold; frosty
  <atmosphere, smile>; ~ bleiben (fig.) remain
  unmoved; jmdn. ~ lassen (ugs.) leave sb
  unmoved; (nicht interessieren) leave sb cold
  (infml)
  B adv. 1 ~ duschen have a cold shower;
  Getränke/Sekt ~ stellen cool drinks/chill
  champagne
  2 (nüchtern) coldly
  3 (abweisend, unfreundlich) frostily
kalt-, Kalt-: *~|**bleiben** ▶ kalt A; ~**blütig**
  A Adj. 1 cool-headed
  2 (abwertend) (skrupellos) cold-blooded
  B adv. 1 coolly
  2 (abwertend) (skrupellos) cold-bloodedly;
  ~**blütigkeit** die; ~~ ▶ kaltblütig cool-
  headedness; cold-bloodedness
Kälte die; ~; cold; (fig.) coldness
Kälte-: ~**einbruch** der (Met.) sudden onset
  of cold weather; ~**grad** der degree of frost
kälter ▶ kalt
kältest... ▶ kalt
Kälte·welle die cold spell
kalt-, Kalt-: ~**gepresst**, *~**gepreßt**
  Adj. cold-pressed; ~**herzig** Adj. cold-
  hearted; *~**lächelnd** Adv. (ugs. abwertend)
  etw. ~**lächelnd** tun take callous pleasure in

doing sth; *~|**lassen** ► kalt A; ~|**machen**
tr. V. (salopp) jmdn. ~**machen** do sb in (sl.);
~**miete** *die* rent exclusive of heating;
~**schale** *die; cold sweet soup made with
fruit, beer, wine, or milk*; ~**schnäuzig** (ugs.)
🅰 *Adj.* cold and insensitive; (frech) insolent
🅱 *adv.* coldly and insensitively; (frech)
insolently; ~|**stellen** *tr. V.* (ugs.) jmdn.
~**stellen** put sb out of the way (infml joc.)
kam *1. u. 3. Pers. Prät. v.* kommen
Kambodscha *(das)*; ~**s** Cambodia
käme *1. u. 3. Pers. Konjunktiv II v.* kommen
Kamel *das*; ~**s**, ~**e** camel
ᵭ **Kamera** *die*; ~, ~**s** camera
Kamerad *der*; ~**en**, ~**en**, **Kameradin**
die; ~, ~**nen** companion; (Freund[in]) friend;
(Mitschüler[in]) mate; (Soldat[in]) comrade;
(Sport) teammate
Kameradschaft *die*; ~; comradeship
kameradschaftlich 🅰 *Adj.* comradely
🅱 *adv.* in a comradely way
Kamera-: ~**frau** *die* camerawoman;
~**mann** *der Pl.* ~**männer** *od.* ~**leute**
cameraman; ~**team** *das* camera crew
Kamerun /'kaməru:n/ *(das)*; ~**s** Cameroon
Kamille *die*; ~, ~**n** camomile
Kamin *der*, (schweiz.) *das*; ~**s**, ~**e** fireplace
Kamin·feger *der*, **Kamin·fegerin** *die*
(bes. südd.) ► Schornsteinfeger
Kamm *der*; ~**[e]s**, **Kämme 1** comb
2 (bei Hühnern usw.) comb
3 (Gebirgs~) ridge
kämmen *tr. V.* comb
Kammer *die*; ~, ~**n 1** storeroom
2 (Biol., Med., Technik, Waffenkunde) chamber
3 (Parl.) chamber
Kammer-: ~**diener** *der* (veralt.) valet;
~**jäger** *der*, ~**jägerin** *die* pest controller;
~**musik** *die* chamber music; ~**sänger** *der*,
~**sängerin** *die; title awarded to singer of
outstanding merit*; ~**zofe** *die* (veralt.) lady's
maid
Kamm·garn *das* worsted
ᵭ **Kampagne** /kam'panjə/ *die*; ~, ~**n** campaign
ᵭ **Kampf** *der*; ~**[e]s**, **Kämpfe 1** (militärisch)
battle (**um** for)
2 (zwischen persönlichen Gegnern) fight; (fig.)
struggle
3 (Wett~) contest; (Boxen) contest; bout
4 (Einsatz aller Mittel) fight (**um**, **für** for; **gegen**
against)
kampf-, Kampf-: ~**abstimmung** *die*
(Politik) crucial vote; ~**bereit** *Adj.* ready to
fight *postpos.*; *<army, troops>* ready for battle
ᵭ **kämpfen** *itr. V.* **1** fight
2 (Sport) (sich messen) *<team>* play; *<wrestler,
boxer>* fight
Kampfer *der*; ~**s** camphor
Kämpfer *der*; ~**s**, ~, **Kämpferin** *die*; ~,
~**nen** fighter
kampf-, Kampf-: ~**fähig** *Adj. <troops>*
fit for action; *<boxer etc.>* fit to fight;

~**handlungen** *Pl.* fighting *sing.*;
~**hubschrauber** *der* (Milit.) helicopter
gunship; ~**preis** *der* (Wirtsch.) cut price;
~**richter** *der*, ~**richterin** *die* (Sport) judge;
~**unfähig** *Adj. <troops>* unfit for action;
<boxer etc.> unfit to fight
kampieren *itr. V.* camp
Kanada *(das)*; ~**s** Canada
Kanadier /ka'na:diɐ/ *der*; ~**s**, ~,
Kanadierin *die*; ~, ~**nen** Canadian
kanadisch *Adj.* Canadian
Kanal *der*; ~**s**, **Kanäle 1** canal
2 (Geogr.) *der* ~ the [English] Channel
3 (für Abwässer) sewer
4 (zur Entwässerung, Bewässerung) channel;
(Graben) ditch
5 (Rundf., Ferns., Weg der Information) channel
Kanalisation *die*; ~, ~**en** sewerage
system; sewers *pl.*
kanalisieren *tr. V.* **1** (lenken) channel
<energies, goods, etc.>
2 (schiffbar machen) canalize
Kanal·tunnel *der* Channel Tunnel
Kanaren *Pl.* Canaries
Kanarien·vogel /ka'na:riən-/ *der* canary
Kanarische Inseln *Pl.* Canary Islands
Kandare *die*; ~, ~**n** curb bit; jmdn. an die ~
nehmen (fig.) take sb in hand
Kandidat *der*; ~**en**, ~**en**, **Kandidatin**
die; ~, ~**nen 1** candidate
2 (beim Quiz usw.) contestant
Kandidatur *die*; ~, ~**en** candidature (**auf**
+ *Akk.* for)
kandidieren *itr. V.* stand [as a candidate]
(**für** for)
kandieren *tr. V.* candy; **kandiert** crystallized
<orange, petal>; glacé *<cherry, pear>*; candied
<peel>
Kandis *der*; ~, **Kandis·zucker** *der* rock
candy
Känguru, ***Känguruh** *das*; ~**s**, ~**s**
kangaroo
Kaninchen *das*; ~**s**, ~; rabbit
Kanister *der*; ~**s**, ~; can; [metal/plastic]
container
kann *1. u. 3. Pers. Sg. Präsens v.* können
Kännchen *das*; ~**s**, ~; [small] pot; (für Milch)
[small] jug
Kanne *die*; ~, ~**n 1** pot; (für Milch, Wein, Wasser)
jug
2 (Henkel~) can; (für Milch) pail; (beim Melken)
churn
kannst *2. Pers. Sg. Präsens v.* können
kannte *1. u. 3. Pers. Sg. Prät. v.* kennen
Kanon *der*; ~**s**, ~**s** canon
Kanone *die*; ~, ~**n** cannon; (fig. ugs.) (Könner)
ace
Kantate *die*; ~, ~**n** (Musik) cantata
Kante *die*; ~, ~**n** edge
kantig *Adj.* square-cut *<timber, stone>*; rough-
edged *<rock>*; angular *<face>*; square *<chin>*

k

Kantine *die*; ~, ~n canteen
Kanton *der*; ~s, ~e canton
kantonal **A** *Adj.* cantonal
  B *adv.* on a cantonal basis
Kantor *der*; ~s, ~en choirmaster and
  organist
Kantorin *die*; ~, ~nen choirmistress and
  organist
Kanu *das*; ~s, ~s canoe
Kanüle *die*; ~, ~n (Med.) cannula
Kanzel *die*; ~, ~n 1 pulpit
  2 (Flugw.) cockpit
Kanzlei *die*; ~, ~en 1 (veralt.) (Büro) office
  2 (Anwalts~) chambers *pl.* (*of barrister*);
  office (*of lawyer*)
Kanzler *der*; ~s, ~, **Kanzlerin** *die* ~,
  ~nen chancellor
Kap *das*; ~s, ~s cape
Kapazität *die*; ~, ~en 1 capacity
  2 (Experte) expert
Kapelle *die*; ~, ~n 1 (Archit.) chapel
  2 (Musik~) band; [light] orchestra
Kapell·meister *der*, **Kapell·meisterin**
  die bandmaster/-mistress; (im Orchester)
  conductor; (im Theater usw.) musical director
Kaper *die*; ~, ~n caper *usu. in pl.*
kapern *tr. V.* 1 (hist.) capture
  2 (ugs.) jmdn. [für etw.] ~ rope sb in[to sth]
kapieren (ugs.) **A** *tr. V.* get (infml)
  B *itr. V.* kapiert? got it? (infml)
Kapital *das*; ~s, ~e *od.* ~ien 1 capital
  2 (fig.) asset
Kapital·anlage *die* (Wirtsch.) capital
  investment
Kapitalismus *der*; ~; capitalism *no art.*
Kapitalist *der*; ~en, ~en, **Kapitalistin**
  die; ~, ~nen capitalist
kapitalistisch *Adj.* capitalistic
Kapital·verbrechen *das* serious offence;
  (mit Todesstrafe bedroht) capital offence
Kapitän *der*; ~s, ~e, **Kapitänin** *die*; ~,
  ~nen captain
♂ **Kapitel** *das*; ~s, ~; chapter
Kapitulation *die*; ~, ~en surrender;
  capitulation; **seine** ~ **erklären** admit defeat
kapitulieren *itr. V.* 1 surrender; capitulate
  2 (fig.) (aufgeben) give up; **vor etw.** (*Dat.*) ~
  give up in the face of sth
Kaplan *der*; ~s, **Kapläne** (kath. Kirche)
  chaplain; (Hilfsgeistlicher) curate
Kappe *die*; ~, ~n cap
kappen *tr. V.* 1 (Seemannsspr.) cut
  2 (beschneiden) cut back ‹*hedge etc.*›;
  (abschneiden) cut off ‹*branches etc.*›
Käppi *das*; ~s, ~s garrison cap
Kapsel *die*; ~, ~n capsule
Kapstadt (*das*); ~s Cape Town

♂ key word
* old spelling—see note on page x

kaputt *Adj.* 1 broken; **das Telefon ist** ~ the
  phone is not working
  2 (ugs.) (erschöpft) shattered (infml)
kaputt-: ~|**gehen** *unr. itr. V.*; *mit sein* (ugs.)
  (entzweigehen) break; ‹*machine*› break down,
  (infml) pack up; ‹*light bulb*› go; (zerbrechen) be
  smashed; ~|**lachen** *refl. V.* (ugs.) kill oneself
  [laughing] (infml); ~|**machen** (ugs.) **A** *tr.*
  V. break; spoil ‹*sth made with effort*›; ruin
  ‹*clothes, furniture, etc.*›; finish ‹*person*› off
  B *refl. V.* wear oneself out
Kapuze *die*; ~, ~n hood; (bei Mönchen) cowl;
  hood
Kapuziner *der*; ~s, ~; Capuchin [friar]
Karabiner *der*; ~s, ~; carbine
Karaffe *die*; ~, ~n carafe; (mit Glasstöpsel)
  decanter
Karambolage /karambo'la:ʒə/ *die*; ~, ~n
  (ugs.) crash; collision
***Karamel** *usw.* ▸ **Karamell** *usw.*
Karamell *der* (schweiz.: *das*) ~s caramel
Karamell·bonbon *der od. das* caramel
  [toffee]
Karaoke *das*; ~[s] karaoke
Karat *das*; ~[e]s, ~e carat
Karate *das*; ~[s] karate
Karawane *die*; ~, ~n caravan
Kardinal *der*; ~s, **Kardinäle** (kath. Kirche)
  cardinal
Kardinal-: ~**fehler** *der* cardinal error;
  ~**tugend** *die* cardinal virtue; ~**zahl** *die*
  cardinal [number]
Karenz *die*; ~, ~en, **Karenz·zeit** *die*
  waiting period
Kar·freitag *der* Good Friday
karg **A** *Adj.* meagre ‹*wages etc.*›; frugal
  ‹*meal etc.*›; poor ‹*light, accommodation*›;
  (wenig fruchtbar) barren
  B *adv.* ~ **bemessen sein** ‹*helping*› be mingy
  (BrE infml); ‹*supply*› be scanty; ~ **leben** live
  frugally
kärglich **A** *Adj.* meagre, poor ‹*wages etc.*›;
  poor ‹*light*›; frugal ‹*meal*›; scanty ‹*supply*›
  B *adv.* poorly ‹*lit, paid, rewarded*›
karibisch *Adj.* Caribbean
kariert *Adj.* check, checked ‹*material,*
  pattern›; check ‹*jacket etc.*›; squared ‹*paper*›
Karies /'ka:ri̯ɛs/ *die*; ~; caries
Karikatur *die*; ~, ~en cartoon; (Porträt)
  caricature
Karikaturist *der*; ~en, ~en,
  Karikaturistin *die*; ~, ~nen cartoonist;
  (Porträtist) caricaturist
karikieren *tr. V.* caricature
kariös *Adj.* (Zahnmed.) carious
karitativ *Adj.* charitable
♂ **Karl** /karl/ (*der*) Charles; ~ **der Große**
  Charlemagne
Karneval /'karnəval/ *der*; ~s, ~e *od.* ~s
  carnival; ~ **feiern** join in the carnival
  festivities

karnevalistisch *Adj.* carnival *attrib.*
Karnevals-: ~**kostüm** *das* carnival costume; ~**verein** *der* carnival society; ~**zug** *der* carnival procession
Karnickel *das*; ~s, ~ (landsch.) rabbit
Kärnten *(das)*; ~s Carinthia
Karo *das*; ~s, ~s 1 square; (auf der Spitze stehend) diamond
2 (Karomuster) check
3 (Kartenspiel) (Farbe) diamonds *pl.*
4 (Kartenspiel) (Karte) diamond
Karosse *die*; ~, ~n [state] coach
Karosserie *die*; ~, ~n bodywork
Karotte *die*; ~, ~n small carrot
Karpaten *Pl.* Carpathians; Carpathian Mountains
Karpfen *der*; ~s, ~; carp
Karre *die*; ~, ~n (bes. nordd.) 1 ▶ Karren
2 (abwertend) (Fahrzeug) [old] heap (infml)
Karree *das*; ~s, ~s ums ~ gehen/fahren walk/drive round the block
karren *tr. V.* 1 cart
2 (salopp) (mit einem Auto) run (infml)
Karren *der*; ~s, ~ (bes. südd., österr.) cart; (zweirädrig) barrow
Karriere /ka'rjeːra/ *die*; ~, ~n career; ~ machen make a [successful] career for oneself
Kärrner·arbeit *die* donkey work
Kar·samstag *der* Easter Saturday
✓ **Karte** *die*; ~, ~n card; (Speise~) menu; (Fahr~, Flug~, Eintritts~) ticket; (Land~) map; alles auf eine ~ setzen stake everything on one chance
Kartei *die*; ~, ~en card file
Kartei-: ~**karte** *die* file card; ~**kasten** *der* file-card box
Kartell *das*; ~s, ~e (Wirtsch., Politik) cartel
Kartell-: ~**amt** *das* (government body concerned with the control and supervision of cartels) ≈ Monopolies and Mergers Commission (BrE); ~**gesetz** *das* law relating to cartels; ≈ monopolies law (BrE)
Karten-: ~**haus** *das* house of cards; ~**spiel** *das* 1 (Spiel mit Karten) card game 2 (Satz Spielkarten) pack *or* (AmE) deck [of cards]; ~**telefon** *das* cardphone; ~**vorverkauf** *der* advance booking
Kartoffel *die*; ~, ~n potato
Kartoffel-: ~**brei** *der* mashed potatoes *pl.*; mash (infml); ~**chips** *Pl.* [potato] crisps (BrE) *or* (AmE) chips; ~**käfer** *der* Colorado beetle; ~**kloß** *der* potato dumpling; ~**puffer** *der*; potato pancake *(made from grated raw potatoes)*; ~**püree** *das* ▶ Kartoffelbrei
Karton /kar'tɔŋ/ *der*; ~s, ~s 1 (Pappe) card[board]
2 (Schachtel) cardboard box
Karussell *das*; ~s, ~s *od.* ~e merry-go-round; carousel (AmE); (kleineres) roundabout
Kar·woche *die* Holy Week
karzinogen *Adj.* (Med.) carcinogenic

Karzinom *das*; ~s, ~e (Med.) carcinoma
kaschieren *tr. V.* conceal; hide; disguise ⟨fault⟩
Kaschmir¹ *(das)*; ~s Kashmir
Kaschmir² *der*; ~s, ~e (Textilw.) cashmere
Käse *der*; ~s, ~; cheese; (ugs. abwertend) (Unsinn) rubbish
Käse-: ~**blatt** *das* (salopp abwertend) rag; ~**glocke** *die* cheese dome
Kaserne *die*; ~, ~n barracks *sing. or pl.*
käse·weiß *Adj.* (ugs.) [as] white as a sheet
käsig *Adj.* (ugs.) pasty; pale
Kasino *das*; ~s, ~s 1 (Spiel~) casino
2 (Offiziers~) [officers'] mess
3 (Speiseraum) canteen
Kasko·versicherung *die* (Voll~) comprehensive insurance; (Teil~) *insurance against theft, fire, or act of God*
Kasper *der*; ~s, ~; ≈ Punch; (fig. ugs.) clown
Kasperl *das*; ~s, ~[n] (österr.), **Kasperle** *das od. der*; ~s, ~ ▶ Kasper
Kasper-: ~**puppe** *die* ≈ Punch and Judy puppet; ~**theater** *das* Punch and Judy show; (Puppenbühne) ≈ Punch and Judy theatre
Kasse *die*; ~, ~n 1 cash box; (Registrier~) till
2 (Ort zum Bezahlen) cash desk; (im Supermarkt) checkout; (in einer Bank) counter
3 (Kassenraum) cashier's office
4 (Theater~, Kino~) box office
Kasseler *das*; ~s smoked loin of pork
Kassen-: ~**arzt** *der*, ~**ärztin** *die*; *doctor who treats members of health insurance schemes*; ~**bon** *der* sales slip; receipt; ~**lage** *die* financial situation; die ~lage der Firma the state of the company's finances; nach ~lage as finances allow/allowed; eine Rentenpolitik nach ~lage a pensions policy dependent on what finances will allow; ~**patient** *der*, ~**patientin** *die*; *patient who is a member of a health insurance scheme*; ~**wart** *der*; ~~s, ~~e, ~**wartin** *die*; ~~, ~~nen treasurer; ~**zettel** *der* ▶ Kassenbon
Kassette *die*; ~, ~n 1 box; case
2 (mit Büchern, Schallplatten) boxed set; (Tonband~, Film~) cassette
Kassetten-: ~**deck** *das* cassette deck; ~**recorder**, ~**rekorder** *der*; ~~s, ~~ cassette recorder
kassieren 🅰 *tr. V.* 1 collect
2 (ugs.) (wegnehmen) confiscate; take away ⟨driving licence⟩
🅱 *itr. V.* bei jmdm. ~ give sb his/her bill *or* (AmE) check; (ohne Rechnung) settle up with sb; darf ich bei Ihnen ~? would you like your bill?/can I settle up with you?
Kassierer *der*; ~s, ~, **Kassiererin** *die*; ~, ~**nen** cashier; (bei einem Verein) treasurer
Kastanie /kas'taːnjə/ *die*; ~, ~n chestnut
kastanien·braun *Adj.* chestnut
Kästchen *das*; ~s, ~ 1 small box
2 (vorgedrucktes Quadrat) square; (auf Fragebögen) box

k

Kaste *die*; ~, ~n caste

kasteien *refl. V.* **1** (als Bußübung) chastise oneself
2 (sich Entbehrungen auferlegen) deny oneself

Kasteiung *die*; ~, ~en **1** (als Bußübung) self-chastisement
2 (Auferlegung von Entbehrungen) self-denial

Kastell *das*; ~s, ~e **1** (hist.) (röm. Lager) fort
2 (Burg) castle

Kasten *der*; ~s, **Kästen 1** box; (für Flaschen) crate
2 (ugs.) (Briefkasten) postbox
3 (ugs. abwertend) (Gebäude) barracks *sing. or pl.*; (Auto) heap (infml); (fig. ugs.) etw. auf dem ~ **haben** have got it up top (infml)

Kasten·brot *das* tin [loaf]

Kastration /kastra'tsio:n/ *die*; ~, ~en castration

kastrieren *tr. V.* castrate

Kat *der*; ~s, ~s (ugs.) ▶ Katalysator 2

Katalog *der*; ~[e]s, ~e (auch fig.) catalogue

katalogisieren *tr. V.* catalogue

Katalysator *der*; ~s, ~en **1** (Chemie, fig.) catalyst
2 (Kfz-W.) catalytic converter

Katamaran *der od. das*; ~s, ~e catamaran

katapultieren *tr. V.* (auch fig.) catapult; eject *‹pilot›*

Katarrh /ka'tar/ *der*; ~s, ~e (Med.) catarrh

katastrophal /katastro'fa:l/ **A** *Adj.* disastrous; (stärker) catastrophic
B *adv.* disastrously; (stärker) catastrophically

Katastrophe /katas'tro:fə/ *die*; ~, ~n (Unglück) disaster; (stärker, auch Literaturw.) catastrophe

Katastrophen-: ~**alarm** *der* disaster alert; ~**gebiet** *das* disaster area; ~**schutz** *der* (Organisation) emergency services *pl.*; (Maßnahmen) disaster procedures *pl.*

✶ **Kategorie** *die*; ~, ~n category

kategorisch **A** *Adj.* categorical
B *adv.* categorically

Kater *der*; ~s, ~ **1** tomcat
2 (ugs.) hangover

Kathedrale *die*; ~, ~n cathedral

Katholik *der*; ~en, ~en, **Katholikin** *die*; ~, ~nen [Roman] Catholic

✶ **katholisch** *Adj.* [Roman] Catholic

Katholizismus *der*; ~; [Roman] Catholicism *no art.*

Katz *die* ~ und Maus [mit jmdm.] spielen (ugs.) play cat and mouse [with sb]; für die ~ **sein** (salopp) be a waste of time

Kätzchen *das*; ~s, ~ **1** little cat; pussy; (junge Katze) kitten
2 *meist Pl.* catkin

✶ **Katze** *die*; ~, ~n cat

katzen-, Katzen-: ~**auge** *das* reflector;

✶ key word
✶ alte Schreibung—vgl. Hinweis auf S. x

Cat's-eye®; ~**jammer** *der* **1** (Kater) hangover
2 (fig.) mood of depression; ~**musik** *die* (ugs. abwertend) terrible row (infml); ~**sprung** *der* stone's throw; ~**wäsche** *die* (ugs.) ~**wäsche machen** have a lick and a promise (infml)

Kauderwelsch *das*; ~[s] gibberish *no indef. art.*

kauen *tr., itr. V.* chew; [die] Nägel ~ bite one's nails

kauern *itr., refl. V.* crouch [down]; (ängstlich) cower

✶ **Kauf** *der*; ~[e]s, **Käufe 1** (das Kaufen) buying; purchasing (formal)
2 (das Gekaufte) purchase

✶ **kaufen** **A** *tr. V.* buy; purchase
B *itr. V.* (einkaufen) shop

Käufer *der*; ~s, ~, **Käuferin** *die*; ~, ~nen buyer; purchaser (formal)

Kauf-: ~**frau** *die* (Geschäftsfrau) businesswoman; (Händlerin) trader; ~**haus** *das* department store; ~**kraft** *die* (Wirtsch.) **1** (Wert des Geldes) purchasing power
2 (Zahlungsfähigkeit) spending power

käuflich **A** *Adj.* **1** for sale *postpos.*
2 (bestechlich) venal; ~ **sein** be easily bought
B *adv.* etw. ~ erwerben/erstehen purchase sth

Kauf·mann *der*; *Pl.* **Kaufleute**
1 (Geschäftsmann) businessman; (Händler) trader
2 (Besitzer) shopkeeper; (eines Lebensmittelladens) grocer

kaufmännisch *Adj.* commercial; business *attrib.*

Kauf-: ~**preis** *der* purchase price; ~**vertrag** *der* contract of sale; (beim Hauskauf) title deed

Kau·gummi *der od. das*; ~s, ~s chewing gum

Kaukasus *der*; ~; the Caucasus

Kaulquappe *die*; ~, ~n tadpole

✶ **kaum** *Adv.* hardly; scarcely; ~ hatte er Platz genommen, als … no sooner had he sat down than …

kausal *Adj.* (geh., Sprachw.) causal

Kau·tabak *der* chewing tobacco

Kaution *die*; ~, ~en **1** (bei Freilassung eines Gefangenen) bail
2 (beim Mieten einer Wohnung) deposit

Kautschuk *der*; ~s, ~e rubber

Kauz *der*; ~es, **Käuze 1** (Wald~) tawny owl; (Stein~) little owl
2 (Sonderling) strange fellow; oddball (infml)

Kavalier /kava'li:ɐ̯/ *der*; ~s, ~e gentleman

Kavaliers·delikt *das* trifling offence

Kavallerie /kavalə'ri:/ *die*; ~, ~n (Milit. hist.) cavalry

Kavallerist *der*; ~en, ~en cavalryman

Kaviar /'ka:vi̯ar/ *der*; ~s, ~e caviare

kcal *Abk.* = **Kilo[gramm]kalorie** kcal

keck **A** *Adj.* **1** cheeky; saucy (BrE)
2 (veralt.) (verwegen) bold
3 (flott) jaunty, pert ‹*hat etc.*›
B *adv.* **1** cheekily; saucily (BrE)
2 (veralt.) (verwegen) boldly
3 (flott) jauntily

Keckheit *die*; ~, ~**en 1** cheek; sauce (BrE)
2 (veralt.) (Kühnheit) boldness

Kegel *der*; ~**s**, ~ **1** cone
2 (Spielfigur) skittle; (beim Bowling) pin

Kegel-: ~**bahn** *die* skittle alley; ~**förmig**
Adj. conical

kegeln **A** *itr. V.* play skittles *or* ninepins
B *tr. V.* **eine Partie** ~ play a game of skittles
or ninepins; **eine Neun** ~ score a nine

Kehle *die*; ~, ~**n** throat

Kehl·kopf *der* (Anat.) larynx

Kehlkopf·krebs *der* (Med.) cancer of the
larynx

Kehre *die*; ~, ~**n** sharp bend

kehren¹ **A** *tr. V.* turn
B *refl. V.* turn

kehren² **A** *itr. V.* (bes. südd.) sweep; do the
sweeping
B *tr. V.* sweep; (mit einem Handfeger) brush

Kehricht *der od. das*; ~**s** (schweiz.) (Müll)
refuse; garbage (AmE)

Kehr·seite *die* **1** back; (einer Münze, Medaille)
reverse; (scherzh.) (Gesäß) backside
2 (nachteiliger Aspekt) drawback; disadvantage

kehrt|machen *itr. V.* (ugs.) turn [round and
go] back

keifen *itr. V.* (abwertend) nag

Keil *der*; ~**[e]s**, ~**e 1** (zum Spalten) wedge
2 (zum Festklemmen) chock; (unter einer Tür)
wedge

keilen *refl. V.* (ugs.) (sich prügeln) fight; scrap

Keiler *der*; ~**s**, ~ (Jägerspr.) wild boar

Keilerei *die*; ~, ~**en** (ugs.) punch-up (infml);
fight

Keil-: ~**riemen** *der* (Technik) V-belt;
~**schrift** *die* cuneiform script

Keim *der*; ~**[e]s**, ~**e** (Bot.) shoot; (Biol.)
embryo

Keim-: ~**bahn** *die* (Biol.) germ line; ~**drüse**
die (Zool., Med.) gonad

keimen *itr. V.* germinate; (fig.) ‹*hope*› stir

keim-, **Keim-:** ~**frei** *Adj.* germ-free; sterile;
~**zelle** *die* nucleus

kein *Indefinitpron.* **1** no
2 (ugs.) (nicht ganz, nicht einmal) less than

✧ **kein...** *Indefinitpron.* ~**er/**~**e** nobody; no
one; ~**s von beiden** neither [of them]

keinerlei *indekl. Adj.* no ... what[so]ever

keines-: ~**falls** *Adv.* on no account; ~**wegs**
Adv. by no means

kein·mal *Adv.* not [even] once

Keks *der*; ~ *od.* ~**es**, ~ *od.* ~**e** biscuit (BrE);
cookie (AmE)

Kelch *der*; ~**[e]s**, ~**e** goblet; (Rel.) chalice

Kelle *die*; ~, ~**n 1** ladle

2 (Signalstab) signalling disc
3 (Maurer~) trowel

Keller *der*; ~**s**, ~; cellar; (~geschoss)
basement

Keller·assel *die*; ~, ~**n** woodlouse

Kellerei *die*; ~, ~**en** winery; (Kellerräume)
[wine] cellars *pl.*

Keller: ~**geschoss**, *⃰*~**geschoß** *das*
basement; ~**wohnung** *die* basement flat
(BrE) *or* (AmE) apartment

Kellner *der*; ~**s**, ~; waiter

Kellnerin *die*; ~, ~**nen** waitress

kellnern *itr. V.* (ugs.) work as a waiter/
waitress

Kelte *der*; ~**n**, ~**n** Celt

Kelter *die*; ~, ~**n** wine press

keltern *tr. V.* press ‹*grapes etc.*›

Keltin *die*; ~, ~**nen** Celt

keltisch *Adj.* Celtic

Kenia *(das)*; ~**s** Kenya

Kenianer *der*; ~**s**, ~, **Kenianerin** *die*; ~,
~**nen** Kenyan

✧ **kennen** *unr. tr. V.* know; jmdn./etw. ~ lernen
get to know sb/sth; jmdn. ~ lernen (jmdm.
erstmals begegnen) meet sb; jmdn. als etw. ~
lernen come to know sb as sth

*⃰***kennen|lernen** ▸ kennen

Kenner *der*; ~**s**, ~; expert (+ *Gen.* on); (von
Wein, Speisen) connoisseur

Kenner·blick *der* expert eye; **mit** ~ with an
expert eye

Kennerin *die*; ~, ~**nen** ▸ Kenner

Kenn·marke *die* [police] identification
badge; ≈ [police] warrant card *or* (AmE) ID
card

kenntlich *Adj.* ~ **sein** be recognizable (an
by); **etw./jmdn.** ~ **machen** mark sth/make sb
[easily] identifiable

✧ **Kenntnis** *die*; ~, ~**se** knowledge

Kenntnisnahme *die*; ~ (Papierdt.) **nach** ~
der Akten after giving the documents my/
his *etc.* attention

kenntnis·reich *Adj.* well-informed;
knowledgeable

kenn-, **Kenn-:** ~**wort** *das*; Pl. ~**wörter**
code word; (Parole) password; code word;
~**zahl** *die* index; ~**zeichen** *das* **1** sign
2 (Erkennungszeichen) badge; (auf einem Behälter,
einer Ware usw.) label; (am Fahrzeug) registration
number; ~**zeichnen** *tr. V.* **1** mark; label;
mark ‹*way*› **2** (charakterisieren) characterize;
~**zeichnend** *Adj.* typical, characteristic
(für of)

kentern *itr. V.*; *mit sein* capsize

Keramik *die*; ~, ~**en** ceramics *pl.*; pottery;
(Gegenstand) piece of pottery

Kerbe *die*; ~, ~**n** notch

Kerbel *der*; ~**s** chervil

Kerb·holz *das* **etwas auf dem** ~ **haben** (ugs.)
have done a job (sl.)

k

Kerker *der;* ~s, ~ (hist.) dungeons *pl.*;
(einzelne Zelle) dungeon

Kerl *der;* ~s, ~e (nordd., md. auch) ~s (ugs.)
fellow (infml); bloke (BrE infml)

Kern *der;* ~[e]s, ~e pip; (von Steinobst) stone;
(von Nüssen usw.) kernel; (Atom~) nucleus;
(fig.) **der** ~ **einer Sache** the heart of a matter;
der harte ~ the hard core

kern-, Kern-: ~**energie** *die* nuclear energy
no art.; ~**gehäuse** *das* core; ~**geschäft**
das core business; ~**gesund** *Adj.* fit as a
fiddle *pred.*

kernig *Adj.* earthy ‹*language*›; forceful
‹*speech*›; pithy ‹*saying*›

kern-, Kern-: ~**kraft** *die* nuclear power;
~**kraftwerk** *das* nuclear power station
or plant; ~**los** *Adj.* seedless; ~**obst** *das*
pomaceous fruit; ~**physik** *die* nuclear
physics *sing., no art.;* ~**reaktor** *der*
nuclear reactor; ~**seife** *die* washing
soap; ~**spaltung** *die* (Physik) nuclear
fission *no art.;* ~**spin·tomographie**
/'kɛrnspɪntomografi:/ *die;* ~~ (Med.) [nuclear]
magnetic resonance imaging; ~**waffe** *die*
nuclear weapon; ~**zeit** *die* core time

Kerze *die;* ~, ~n candle

kerzen-, Kerzen-: ~**gerade**, (ugs.)
~**grade** **A** *Adj.* dead straight
B *adv.* bolt upright; ~**halter** *der* candle
holder; ~**leuchter** *der* candlestick;
~**licht** *das* the light of a candle/of candles;
bei ~**licht** by candlelight

kess, ****keß** **A** *Adj.* **1** pert; jaunty ‹*hat, dress,
etc.*›
2 (frech) cheeky
B *adv.* **1** (flott) jauntily
2 (frech) cheekily

Kessel *der;* ~s, ~ **1** kettle; (zum Kochen) pot;
(Wasch~) copper
2 (Berg~) basin-shaped valley
3 (Milit.) encircled area

Kessel-: ~**stein** *der* scale; ~**treiben** *das*
(Hetzkampagne) witch-hunt

Kette *die;* ~, ~n chain; (Hals~) necklace;
(von Ereignissen) string

ketten *tr. V.* chain (**an** + *Akk.* **to**)

Ketten-: ~**hund** *der;* guard dog (*kept on a
chain*); ~**rauchen** *das;* ~~s chain-smoking
no art.; ~**raucher** *der,* ~**raucherin**
die chain-smoker; ~**säge** *die* chain saw;
~**schaltung** *die* derailleur gears *pl.*

Ketzer *der;* ~s, ~ (auch fig.) heretic

Ketzerei *die;* ~, ~en (auch fig.) heresy

Ketzerin *die;* ~, ~nen ▸ Ketzer

keuchen *itr. V.* gasp for breath

Keuch·husten *der* whooping cough *no art.*

Keule *die;* ~, ~n **1** club
2 (Kochk.) leg

keusch **A** *Adj.* chaste
B *adv.* ~ **leben** lead a chaste life

Keuschheit *die;* ~; chastity

Kfz *Abk.* = **Kraftfahrzeug**

kg *Abk.* = **Kilogramm** kg

KG *Abk.* = **Kommanditgesellschaft**

kichern *itr. V.* giggle

kicken (ugs.) **A** *itr. V.* play football
B *tr. V.* kick

kidnappen /'kɪtnɛpn/ *tr. V.* kidnap

Kidnapper *der;* ~s, ~, **Kidnapperin** *die;*
~, ~nen kidnapper

Kiebitz *der;* ~es, ~e lapwing; peewit

Kiefer¹ *der;* ~s, ~; jaw; (~knochen) jawbone

Kiefer² *die;* ~, ~n pine[tree]

Kiefer·höhle *die* (Anat.) maxillary sinus

Kiefern·holz *das* pine [wood]

Kiel *der;* ~[e]s, ~e keel

kiel·holen *tr. V.* (Seemannsspr.) keelhaul
‹*person*›

Kiel·wasser *das* wake

Kieme *die;* ~, ~n gill

Kien *der;* ~[e]s resinous wood

Kies *der;* ~es, ~e gravel; (auf dem Strand)
shingle

Kiesel *der;* ~s, ~; pebble

Kiesel·stein *der* pebble

Kies-: ~**grube** *die* gravel pit; ~**weg** *der*
gravel path

kiffen *itr. V.* (ugs.) smoke pot (sl.) *or* grass (sl.)

Kiffer *der;* ~s, ~, **Kifferin** *die;* ~, ~nen
(ugs.) pothead (sl.)

kikeriki /kikəri'ki:/ *Interj.* (Kinderspr.) cock-a-
doodle-doo

Killer *der;* ~s, ~, **Killerin** *die;* ~, ~nen
(salopp) killer; (gegen Bezahlung) hit man

Kilo *das;* ~s, ~[s] kilo

Kilo·gramm *das* kilogram

ᗕ **Kilometer** *der;* ~s, ~; kilometre

kilometer-, Kilometer-: ~**lang** **A** *Adj.*
miles long *pred.* **B** *adv.* for miles [and miles];
~**stand** *der* mileage reading

Kilowatt·stunde *die* (Physik; bes. Elektrot.)
kilowatt-hour

Kimme *die;* ~, ~n sighting notch

Kimono *der;* ~s, ~s kimono

ᗕ **Kind** *das;* ~[e]s, ~er **1** child; **ein** ~ **erwarten**
be expecting
2 [~er,] ~er! my goodness!

Kinder-: ~**arzt** *der,* ~**ärztin** *die*
paediatrician; ~**betreuung** *die* child care;
~**bett** *das* cot; (für größeres Kind) child's bed;
~**dorf** *das* children's village

Kinderei *die;* ~, ~en childishness *no indef.
art., no pl.*

kinder-, Kinder-: ~**erziehung** *die* bringing
up of children; ~**feindlich** *Adj.* hostile to
children *pred.*; ~**freibetrag** *der* (Steuerw.)
child [tax] allowance; ~**freundlich** *Adj.* fond
of children *pred.*; ‹*town, resort*› which caters
for children; ‹*planning, policy*› which caters
for the needs of children

ˢ **Kinder·garten** der nursery school
kinder-, Kinder-: ~**gärtnerin** die nursery-
school teacher; ~**geld** das child benefit;
~**heilkunde** die paediatrics sing., no art.;
~**hort** der day home for schoolchildren;
~**krankheit** die **1** (Infektionskrankheit)
children's disease or illness **2** Pl. (fig.)
(Anfangsschwierigkeiten) teething troubles;
~**krippe** die crèche; day nursery;
~**lähmung** die poliomyelitis; ~**leicht**
Adj. (ugs.) childishly simple; dead easy;
das ist ~leicht it's kid's stuff (infml); it's
child's play; ~**lieb** Adj. fond of children
pred.; ~**los** Adj. childless; ~**reich** Adj.
with many children postpos., not pred.;
~**sterblichkeit** die child mortality;
~**stube** die eine gute/schlechte ~stube
gehabt haben have been well/badly brought
up; ~**tages·heim** das, ~**tages·stätte**
die day nursery; crèche; ~**teller** der (auf der
Speisekarte) children's menu; ~**wagen** der
pram (BrE); baby carriage (AmE); (Sportwagen)
pushchair (BrE); stroller (AmE)
Kindes-: ~**alter** das childhood;
~**misshandlung,** *~**mißhandlung** die
(Rechtsw.) child abuse
Kindheit die; ~; childhood
kindisch Ⓐ Adj. childish, infantile; naive
<ideas>
Ⓑ adv. childishly
kindlich Ⓐ Adj. childlike
Ⓑ adv. <behave> in a childlike way
Kinkerlitzchen Pl. (ugs.) trifles
Kinn das; ~[e]s, ~e chin
Kinn-: ~**haken** der hook to the chin; ~**lade**
die jaw
ˢ **Kino** das; ~s, ~s cinema (BrE); movie theater
(AmE)
Kino-: ~**gänger** der; ~~s, ~~,
~**gängerin** die; ~~, ~~**nen** cinema-goer
(BrE); movie-goer (AmE); ~**karte** die cinema
ticket (BrE); movie ticket (AmE)
Kiosk der; ~[e]s, ~e kiosk
Kippe[1] die; ~, ~**n** (ugs.) cigarette end; dog-
end (infml)
Kippe[2] die; ~, ~**n 1** (Bergmannsspr.) slag heap
2 etw. steht auf der ~ (fig.) it's touch and
go with sth; (etw. ist noch nicht entschieden) sth
hangs in the balance
kippen Ⓐ tr. V. **1** tip [up]
2 (ausschütten) tip [out]
3 (ugs.) (trinken) knock back (infml); einen ~
have a quick one (infml) or a drink
Ⓑ itr. V.; mit sein tip over; <top-heavy
object> topple over; <person> topple; <boat>
overturn; <car> roll over
Kipp-: ~**fenster** das horizontally pivoted
window; ~**schalter** der tumbler switch
ˢ **Kirche** die; ~, ~**n** church; in die ~ gehen go
to church
Kirchen-: ~**fest** das church festival; ~**lied**
das hymn; ~**musik** die church music;
~**steuer** die church tax

Kirch-: ~**gänger** der; ~~s, ~~,
~**gängerin** die; ~~, ~~**nen** churchgoer;
~**hof** der (veralt.) churchyard
kirchlich Ⓐ Adj. ecclesiastical; church
attrib. <wedding, funeral>
Ⓑ adv. ~ getraut/begraben werden have a
church wedding/funeral
Kirch-: ~**turm** der [church] steeple; (ohne
Turmspitze) church tower; ~**weih** die;
~~, ~~**en** fair (held on the anniversary of the
consecration of a church)
Kirmes die; ~, **Kirmessen** (bes. md., niederd.)
▶ Kirchweih
Kirsch·baum der cherry [tree]
Kirsche die; ~, ~**n** cherry
Kirsch-: ~**torte** die cherry gateau; (mit
Tortenboden) cherry flan; ~**wasser** das; Pl.
~**wässer** kirsch
Kissen das; ~s, ~; cushion; (Kopf~) pillow
Kiste die; ~, ~**n** box; (Truhe) chest; (Latten~)
crate
Kita die; ~, ~s day nursery; crèche
Kitsch der; ~[e]s kitsch
kitschig Adj. kitschy
Kitt der; ~[e]s, ~e putty; (für Porzellan, Kacheln
usw.) cement
Kittchen das; ~s, ~ (ugs.) clink (sl.)
Kittel der; ~s, ~ **1** overall; (eines Arztes usw.)
white coat
2 (hemdartige Bluse) smock
kitten tr. V. cement [together]
Kitz das; ~es, ~e (Reh~) fawn; (Ziegen~,
Gämsen~) kid
kitzeln tr., itr. V. tickle
kitzlig Adj. (auch fig.) ticklish
KKW Abk. = **Kernkraftwerk**
Klacks der; ~es, ~e (ugs.) dollop (infml); (~
Senf) dab; etw. ist nur ein ~ [für jmdn.] (fig.)
sth is no trouble at all [for sb]
Kladde die; ~, ~**n** rough book
Kladderadatsch der; ~[e]s, ~e (ugs.)
unholy mess (infml)
klaffen itr. V. yawn; <hole, wound> gape
kläffen itr. V. (abwertend) yap
Kläffer der; ~s, ~ (ugs. abwertend) yapping
dog; yapper
Klafter der od. das; ~s, ~ (Raummaß für Holz)
cord
ˢ **Klage** die; ~, ~**n 1** (Äußerung der Trauer) lament
2 (Beschwerde) complaint
3 (Rechtsw.) action; (im Strafrecht) charge
klagen Ⓐ itr. V. **1** (geh.) (jammern) wail;
(stöhnend) moan
2 (sich beschweren) complain (über + Akk.
about)
3 (bei Gericht) take legal action
Ⓑ tr. V. jmdm. sein Leid/seine Not ~ pour
out one's sorrows pl. /troubles pl.
Kläger der; ~s, ~, **Klägerin** die; ~, ~**nen**
(im Zivilrecht) plaintiff; (im Strafrecht) prosecuting
party; (bei einer Scheidung) petitioner

k

kläglich *Adj.* **1** (Mitleid erregend) pitiful **2** (minderwertig) pathetic **3** (erbärmlich) despicable <*behaviour, role, compromise*>; pathetic <*result, defeat*>

Klamauk *der*; ~s (ugs. abwertend) fuss; (Lärm, Krach) row (infml)

klamm *Adj.* **1** (feucht) cold and damp **2** (steif) numb

Klammer *die*; ~, ~n (Wäsche~) peg; (Haar~) [hair]grip; (Zahn~) brace; (Büro~) paper clip; (Heft~) staple; (Schriftzeichen) bracket

klammern **A** *refl. V.* sich an jmdn./etw. ~ (auch fig.) cling to sb/sth **B** *tr. V.* **1** eine Wunde ~ close a wound with a clip/clips **2** (mit einer Büroklammer) clip; (mit einer Heftmaschine) staple; (mit Wäscheklammern) peg

Klamotten *Pl.* (salopp) (Kleidung) gear *sing.* (infml); (Kram) stuff *sing.*

Klampfe *die*; ~, ~n (volkst.) (Gitarre) guitar

klang *1. u. 3. Pers. Sg. Prät. v.* klingen

Klang *der*; ~[e]s, Klänge **1** (Ton) sound **2** (~farbe) tone

Klapp·bett *das* folding bed

Klappe *die*; ~, ~n **1** [hinged] lid; (am LKW) tailgate; (seitlich) side gate; (am Kombiwagen) back; (am Ofen) [drop-]door **2** (an Musikinstrumenten) key; (an einer Trompete) valve **3** (Filmjargon) clapperboard **4** (salopp) (Mund) trap (sl.)

klappen **A** *tr. V.* nach oben/unten ~ turn up/down <*collar, hat brim*>; lift up/put down <*lid*>; nach vorne/hinten ~ tilt forward/back <*seat*> **B** *itr. V.* **1** <*door, shutter*> bang **2** (stoßen) bang **3** (ugs.) (gelingen) work out all right

klapperig *Adj.* rickety

klappern *itr. V.* **1** rattle **2** (ein Klappern erzeugen) make a clatter

Klapper·schlange *die* rattlesnake

Klapp·fahrrad *das* folding bicycle

klapprig *Adj.* rickety

Klapp-: ~sitz *der* tip-up seat; ~stuhl *der* folding chair

Klaps *der*; ~es, ~e (ugs.) smack; slap

Klaps·mühle *die* (salopp) loony bin (sl.)

klar **A** *Adj.* **1** clear; straight <*question, answer*>; sich (*Dat.*) über etw. (*Akk.*) ~ werden realize sth; jmdm. ~ werden become clear to sb; sich (*Dat.*) über etw. (*Akk.*) im Klaren sein realize sth; etw. ~ machen (ugs.) make sth clear **2** (fertig) ready **B** *adv.* clearly; ~ sehen understand the matter

Klär·anlage *die* sewage treatment plant

Klare *der*; ~n, ~n schnapps

klären **A** *tr. V.* **1** settle <*question, issue, matter*>; clarify <*situation*>; clear up <*case, affair, misunderstanding*> **2** (reinigen) purify; treat <*effluent, sewage*> **B** *refl. V.* **1** <*situation*> become clear; <*question, issue, matter*> be settled **2** (rein werden) <*liquid, sky*> clear; <*weather*> clear [up]

klar|gehen *unr. itr. V.*; *mit sein* (ugs.) go OK (infml)

Klarheit *die*; ~; clarity; sich (*Dat.*) über etw. (*Akk.*) ~ verschaffen clarify sth

Klarinette *die*; ~, ~n clarinet

klar|machen *tr. V.* (Seemannsspr.) get ready

klaro *Adj., Interj.* (ugs.) of course; it goes without saying; ~, dass ... it goes without saying that ...

*klar|sehen ▶ klar B

Klarsicht·folie *die* transparent film

klar|stellen *tr. V.* clear up; clarify

Klar·text *der* (auch DV) clear text; im ~ (fig.) in plain language

Klärung *die*; ~, ~en **1** clarification **2** (Reinigung) purification; (von Abwässern) treatment

*klar|werden ▶ klar A1

Klär·werk *das* sewage works *sing. or pl.*

klasse (ugs.) **A** *indekl. Adj.* great (infml) **B** *adv.* marvellously

Klasse *die*; ~, ~n **1** (Schul~) class; (Raum) classroom; (Stufe) year; grade (AmE) **2** (Sport) league; (Boxen) division **3** (Fahrzeug~, Boots~, Qualitätsstufe) class; das ist einsame *od.* ganz große ~! (ugs.) that's [just] great (infml) *or* marvellous!

klassen-, Klassen-: ~arbeit *die* (Schulw.) [written] class test; ~buch *das* (Schulw.) book recording details of pupils' attendance, behaviour, and of topics covered in each lesson; ≈ [class] register; ~fahrt *die* (Schulw.) class outing; ~gesellschaft *die* (Soziol.) class society; ~kampf *der* (marx.) class struggle; ~lehrer *der*, ~lehrerin *die* (Schulw.) class teacher; ~los *Adj.* (Soziol.) classless; ~sprecher *der*, ~sprecherin *die* (Schulw.) class spokesman; ~treffen *das* (Schulw.) class reunion; ~ziel *das*; (Schulw.) required standard (*for pupils in a particular class*); ~zimmer *das* (Schulw.) classroom

klassifizieren *tr. V.* classify (als as)

Klassifizierung *die*; ~, ~en classification

Klassik *die*; ~ **1** (Antike) classical antiquity no art. **2** (Zeit kultureller Höchstleistung) classical period

Klassiker *der*; ~s, ~, Klassikerin *die*; ~, ~nen classical writer/composer

klassisch *Adj.* classical; (vollendet, zeitlos; auch iron.) classic

Klassizismus *der*; ~; classicism

Klatsch *der*; ~[e]s, ~e **1** (ugs. abwertend) gossip **2** (Geräusch) smack

---

k

Klatsch·base *die* (ugs. abwertend) gossip
klatschen *itr. V.* **1** *auch mit sein ‹waves, wet sails›* slap **2** (mit den Händen; applaudieren) clap **3** (schlagen) slap **4** (ugs. abwertend) (reden) gossip (**über** + *Akk.* about)
klatschhaft *Adj.* gossipy; fond of gossip *pred.*
klatsch-, Klatsch-: ~**mohn** *der* corn poppy; ~**nass,** *~**naß** *Adj.* (ugs.) sopping wet; dripping wet *‹hair›*; ~**spalte** *die* (ugs. abwertend) gossip column
Klaue *die;* ~, ~**n 1** claw; (von Raubvögeln) talon; (salopp) (Hand) mitt (infml) **2** (salopp abwertend) (Schrift) scrawl
klauen (ugs.) **A** *tr. V.* pinch (infml); jmdm. etw. ~ pinch sth from sb **B** *itr. V.* pinch (infml) things
Klause *die;* ~, ~**n** hermitage; (Klosterzelle) cell
Klausel *die;* ~, ~**n** clause; (Bedingung) condition; (Vorbehalt) proviso
Klausur *die;* ~, ~**en** [examination] paper; (Examen) examination; **eine** ~ **schreiben** take a[n examination] paper/an examination
Klausur-: ~**arbeit** *die* [examination] paper; ~**tagung** *die* private meeting
Klavier /kla'vi:ɐ̯/ *das;* ~**-s,** ~**e** piano
Klebe·folie *die* adhesive film
kleben A *itr. V.* **1** stick (**an** + *Dat.* to) **2** (ugs.) (klebrig sein) be sticky (**von, vor** + *Dat.* with) **B** *tr. V.* **1** (befestigen) stick; (mit Klebstoff) glue; **jmdm. eine** ~ (salopp) belt sb one (infml) **2** (reparieren) stick *or* glue *‹vase etc.›* back together
Kleber *der;* ~**s,** ~; adhesive; glue
klebrig *Adj.* sticky
Kleb-: ~**stoff** *der* adhesive; glue; ~**streifen** *der* adhesive *or* sticky tape
kleckern *itr. V.* (ugs.) make a mess
Klecks *der;* ~**es,** ~**e 1** stain; (nicht aufgesogen) blob; (Tintenfleck) [ink] blot **2** (ugs.) (kleine Menge) spot; (von Senf, Mayonnaise) dab
klecksen *itr. V.* **1** make a stain/stains; (mit Tinte) make a blot/blots; *‹pen›* blot **2** (ugs. abwertend) (schlecht malen) daub
Klee *der;* ~**s** clover
Klee·blatt *das* cloverleaf
Kleid *das;* ~**es,** ~**er 1** dress **2** *Pl.* (Kleidung) clothes
kleiden A *refl. V.* dress **B** *tr. V.* **1** dress **2** (jmdm. stehen) suit
Kleider-: ~**bügel** *der* clothes hanger; coat hanger; ~**bürste** *die* clothes brush; ~**haken** *der* coat hook; ~**schrank** *der* wardrobe; ~**spende** *die* donation of [second-hand] clothes *or* clothing; ~**ständer** *der* coat stand

kleidsam *Adj.* becoming
Kleidung *die;* ~; clothes *pl.*
Kleidungs·stück *das* garment
klein A *Adj.* **1** little; small; **er ist** ~**er als ich** he is shorter than me; **etw.** ~ **schneiden** cut sth into small pieces; **Zwiebeln** ~ **schneiden/hacken** chop up onions [small] **2** (jung) little; **von** ~ **auf** from an early age **3** (von kurzer Dauer) little, short *‹while›*; short *‹walk, break, holiday›*; brief *‹moment›* **4** (von geringer Menge) small; low *‹price›*; ~**es Geld haben** have some [small] change **5** (von geringem Ausmaß) small *‹party, gift›*; scant *‹attention›*; slight *‹cold, indisposition, mistake, irregularity›*; minor *‹event, error›* **6** (unbedeutend) lowly *‹employee›*; minor *‹official›*; ~ **anfangen** (ugs.) start off in a small way **B** *adv.* **die Heizung** ~/~**er einstellen** turn the heating down low/lower; **ein Wort** ~ **schreiben** write a word with a small initial letter
klein-, Klein-: ~**aktionär** *der,* ~**aktionärin** *die* (Wirtsch.) small shareholder; ~**anzeige** *die* (Zeitungsw.) small *or* classified advertisement; ~**asien** *(das)* Asia Minor; ~**buchstabe** *der* small letter; ~**bürger** *der,* ~**bürgerin** *die* lower middle-class person; (abwertend) (Spießbürger) petit bourgeois; ~**bürgerlich** *Adj.* **1** (das Kleinbürgertum betreffend) lower middle-class **2** (abwertend) (spießbürgerlich) petit bourgeois
Kleine¹ *der adj. Dekl.* **1** (kleiner Junge) little boy **2** (ugs. Anrede) little man
Kleine² *die adj. Dekl.* **1** (kleines Mädchen) little girl **2** (ugs. Anrede) love; (abwertend) little madam
klein-, Klein-: ~**familie** *die* (Soziol.) nuclear family; ~**geld** *das* [small] change; ~**gläubig** *Adj.* sceptical
Kleinigkeit *die;* ~, ~**en** small thing; (Einzelheit) [small] detail; **ich habe noch eine** ~ **zu erledigen** I still have a small matter to attend to; **eine** ~ **essen** have a [small] bite to eat; **eine** ~ **für jmdn. sein** be no trouble for sb
klein-, Klein-: ~**kind** *das* small child; ~**kram** *der* (ugs.) odds and ends *pl.*; (unbedeutende Dinge) trivial matters *pl.*; ~**kredit** *der;* (Bankw.) personal loan *(repayable within two years)*; ~|**kriegen** *tr. V.* (ugs.) **1** (zerkleinern) crush [to pieces] **2** (zerstören) smash; break **3** (aufbrauchen) get through **4** jmdn. ~**kriegen** get sb down (infml); (durch Drohungen) intimidate sb; (gefügig machen) bring sb into line; ~**kunst** *die* cabaret; ~**laut A** *Adj.* subdued; (verlegen) sheepish **B** *adv.* in a subdued fashion; (verlegen) sheepishly
kleinlich (abwertend) **A** *Adj.* pernickety; (ohne Großzügigkeit) mean; (engstirnig) small-minded; petty

k

B *adv.* meticulously

Kleinod *das*; ~[e]s, ~e *od.* ~ien (geh.)
1 (Schmuckstück) piece of jewellery; (Edelstein)
jewel
2 (Kostbarkeit) gem

klein-, Klein-: ~|**rechnen** *tr. V.*
undercalculate; ~|**schneiden** ▸ klein A1;
~**stadt** *die* small town; ~**städter** *der*,
~**städterin** *die* small-town dweller

Kleinste *der/die/das adj. Dekl.* youngest
boy/girl/child

klein|stellen *tr. V.* turn down [low]

Klein·wagen *der* small car

Kleister *der*; ~s, ~; paste

Klementine *die*; ~, ~n clementine

Klemme *die*; ~, ~n clip; in der ~ sein *od.*
sitzen (ugs.) be in a fix (infml)

klemmen **A** *tr. V.* **1** (befestigen) tuck; stick
(infml)
2 (quetschen) sich (*Dat.*) den Fuß/die Hand ~
get one's foot/hand caught *or* trapped
B *refl. V.* sich hinter etw. (*Akk.*) ~ (fig. ugs.)
put some hard work into sth
C *itr. V.* ‹door, drawer, etc.› stick

Klempner *der*; ~s, ~, **Klempnerin** *die*;
~, ~nen tinsmith; (Installateur[in]) plumber

Kleptomanie *die*; ~ (Psych.) kleptomania
no art.

klerikal *Adj.* (auch abwertend) clerical; church
‹property›

Klerus *der*; ~; clergy

Klette *die*; ~, ~n bur; (Pflanze) burdock

klettern *itr. V.*; *mit sein* (auch fig.) climb; **auf**
einen Baum ~ climb a tree

Kletter·pflanze *die* creeper; (Bot.) climbing
plant; climber

Klett·verschluss, *****Klett·verschluß** *der*
Velcro fastening®

⚹ **klicken** *itr. V.* click

Klient *der*; ~en, ~en, **Klientin** *die*; ~,
~nen client

Klima *das*; ~s, ~s *od.* **Klimate** climate

Klima-: ~**an·lage** *die* air conditioning
no indef. art.; ~**erwärmung** *die* global
warming; ~**skeptiker** *der*; ~**skeptikerin**
die climate-change sceptic

klimatisch *Adj.* climatic

klimatisieren *tr. V.* air-condition

Klima-: ~**wandel** *der* climate change;
~**wechsel** *der* climate change; (Med.)
change of climate

Klimm·zug *der* (Turnen) pull-up

klimpern **A** *itr. V.* jingle
B *tr. V.* (ugs. abwertend) plunk out ‹tune etc.›

Klinge *die*; ~, ~n blade

Klingel *die*; ~, ~n bell

Klingel-: ~**beutel** *der* offertory bag;
collection bag; ~**knopf** *der* bell push

klingeln *itr. V.* ring; ‹alarm clock› go off; **es**
klingelt (an der Tür) there is a ring at the door;
(Telefon) the telephone is ringing

Klingel·ton *der* ringtone

⚹ **klingen** *unr. itr. V.* sound; **die Glocken**
klangen the bells were ringing

⚹ **Klinik** *die*; ~, ~en hospital; (spezialisiert)
clinic

Klinke *die*; ~, ~n door handle

Klinker *der*; ~s, ~; [Dutch] clinker

klipp *Adv.* ~ und klar (ugs.) quite plainly

Klippe *die*; ~, ~n rock

klirren *itr. V.* clink; ‹weapons in fight› clash;
‹window pane› rattle; ‹chains, spurs› rattle;
‹harness› jingle

Klischee *das*; ~s, ~s cliché

klitsch·nass, *****klitsch·naß** *Adj.* (ugs.)
sopping wet; (tropfnass) dripping wet

klitze·klein *Adj.* (ugs.) teeny[-weeny] (infml)

Klo *das*; ~s, ~s (ugs.) loo (BrE infml); john
(AmE infml)

Kloake *die*; ~, ~n cesspit; (Kanal) sewer

klobig *Adj.* heavy and clumsy[-looking]
‹shoes, furniture›; bulky ‹figure›; (plump)
clumsy

Klon *der*; ~s, ~e (Biol.) clone

klonen *tr. V.* clone

Klo·papier *das* (ugs.) loo paper (BrE infml);
toilet paper

klopfen **A** *itr. V.* **1** (schlagen) knock
2 (pulsieren) ‹heart› beat; ‹pulse› throb
B *tr. V.* beat ‹carpet›

Klöppel *der*; ~s, ~ (Glocken~) clapper

klöppeln *tr., itr. V.* [etw.] ~ make [sth in]
pillow lace

Klops *der*; ~es, ~e (nordostd.) meat ball

Klosett *das*; ~s, ~s *od.* ~e lavatory

Kloß *der*; ~es, **Klöße** dumpling; (Fleisch~)
meat ball

Kloster *das*; ~s, **Klöster** (Mönchs~)
monastery; (Nonnen~) convent

Klotz *der*; ~es, **Klötze** block [of wood];
(Stück eines Baumstamms) log

Klub *der*; ~s, ~s club

Klub·sessel *der* club chair

Kluft¹ *die*; ~, ~en (ugs.) gear (infml); (Uniform)
garb

Kluft² *die*; ~, **Klüfte** (veralt.) (Spalte) cleft; (im
Gletscher) crevasse; (Abgrund) chasm; (fig.) gulf

⚹ **klug; klüger, klügst...** *Adj.* clever; bright
‹child, pupil›; intelligent ‹eyes›; (vernünftig)
wise; sound ‹advice›; (geschickt) shrewd
‹politician, negotiator, question›; astute
‹businessman›

Klugheit *die*; ~ ▸ klug cleverness;
brightness; intelligence; wisdom;
soundness; shrewdness; astuteness

klumpen *itr. V.* go lumpy

Klumpen *der*; ~s, ~; lump; **ein** ~ **Gold** a
gold nugget

⚹ key word
* old spelling—see note on page x

km *Abk.* = **Kilometer** km.

knabbern **A** *tr. V.* nibble
B *itr. V.* **an etw.** (*Dat.*) ~ nibble [at] sth

Knabe *der*; ~**n**, ~**n** (geh. veralt./südd., österr., schweiz.) boy; (ugs.) (Bursche) chap (infml)

knabenhaft **A** *Adj.* boyish
B *adv.* boyishly

Knäcke·brot *das* crispbread; (Scheibe) slice of crispbread

knacken **A** *itr. V.* **1** <*bed, floor, etc.*> creak
2 *mit sein* (ugs.) (zerbrechen) snap; <*window*> crack
B *tr. V.* **1** crack <*nut, shell*>
2 (salopp) (aufbrechen) crack <*safe*> [open]; break into <*car, bank, etc.*>

knackig *Adj.* **1** crisp
2 (ugs.) (attraktiv) delectable

Knacks *der*; ~**es**, ~**e** (ugs.) crack; (fig.) (Defekt) **einen** ~ **bekommen** <*person*> have a breakdown; <*health*> suffer

Knall *der*; ~**[e]s**, ~**e** bang

knallen **A** *itr. V.* **1** <*shot*> ring out; <*firework*> go bang; <*cork*> pop; <*door*> slam; <*whip, rifle*> crack; **mit der Tür** ~ slam the door
2 (ugs.) (schießen) shoot, fire (**auf** + *Akk.* at)
3 (Ballspiele, ugs.) **aufs Tor** ~ belt the ball/ puck at the goal (infml)
B *tr. V.* **1** (ugs.) slam down; (werfen) sling (infml)
2 (ugs.) (schlagen) **jmdm. eine** ~ (salopp) belt sb one (infml)

knall-: ~**hart** (ugs.) **A** *Adj.* very tough <*demands, measures, etc.*>; <*person*> as hard as nails **B** *adv.* brutally; **gegen etw.** ~**hart vorgehen** take very tough action against sth; ~**rot** *Adj.* bright *or* vivid red; **sie wurde** ~**rot** she turned as red as a beetroot

♂ **knapp** **A** *Adj.* **1** meagre; narrow <*victory, lead*>; narrow, bare <*majority*>; **die Vorräte wurden** ~ supplies ran short; **vor einer** ~**en Stunde** just under an hour ago
2 (eng) tight-fitting <*garment*>; (zu eng) tight <*garment*>
3 (kurz) terse <*reply, greeting*>; succinct <*description, account, report*>
B *adv.* **1** ~ **bemessen sein** be meagre; <*time*> be limited; ~ **gewinnen/verlieren** win/lose narrowly; **er ist** ~ **fünfzig** he is just this side of fifty
2 (eng) ~ **sitzen** fit tightly; (zu eng) be a tight fit
3 (kurz) <*reply*> tersely; <*describe, summarize*> succinctly

Knappheit *die*; ~ **1** (Mangel) shortage (**an** + *Dat.* of)
2 (Kürze) (einer Antwort, eines Grußes) terseness; (einer Beschreibung, eines Berichts) succinctness

Knarre *die*; ~, ~**n** (salopp) (Gewehr) shooting iron (infml)

knarren *itr. V.* creak

Knast *der*; ~**[e]s**, **Knäste** *od.* ~**e** (ugs.)
1 (Strafe) bird (sl.); time
2 (Gefängnis) clink (sl.); prison

Knatsch *der*; ~**[e]s** (ugs.) (Ärger) trouble

knattern *itr. V.* clatter; <*sail*> flap; <*radio*> crackle

Knäuel *der od. das*; ~**s**, ~; ball; (wirres ~) tangle

Knauf *der*; ~**[e]s**, **Knäufe** knob; (eines Schwertes, Dolches) pommel

knauserig *Adj.* (ugs. abwertend) stingy; tight-fisted

knausern *itr. V.* (ugs. abwertend) be stingy; skimp

knautschen (ugs.) **A** *tr. V.* crumple; crease <*dress*>
B *itr. V.* <*dress, material*> crease

Knebel *der*; ~**s**, ~ **1** gag
2 (Griff) toggle

knebeln *tr. V.* gag

Knecht *der*; ~**[e]s**, ~**e** farm labourer

knechten *tr. V.* (geh.) reduce to slavery; enslave; (unterdrücken) oppress

Knechtschaft *die*; ~, ~**en** (geh.) bondage; slavery

kneifen **A** *unr. tr., itr. V.* pinch
B *unr. itr. V.* **1** <*clothes*> be too tight
2 (ugs.) (sich drücken) chicken (infml) out (**vor** + *Dat.* of)

Kneif·zange *die* pincers *pl.*

Kneipe *die*; ~, ~**n** (ugs.) pub (BrE infml); bar (AmE)

Kneipen·tour *die* (ugs.) pub crawl

kneippen *itr. V.* (ugs.) take a Kneipp cure

Kneipp·kur *die* Kneipp cure

kneten *tr. V.* **1** (bearbeiten) knead <*dough, muscles*>; work <*clay*>
2 (formen) model <*figure*>

Knet·masse *die* Plasticine®

Knick *der*; ~**[e]s**, ~**e** sharp bend; (Falz) crease

knicken **A** *tr. V.* **1** (brechen) snap
2 (falten) crease <*page, paper, etc.*>
B *itr. V.*; **mit sein** snap

knickerig, knickrig *Adj.* (ugs. abwertend) stingy

Knickerigkeit, Knickrigkeit *die*; ~ (ugs. abwertend) stinginess

Knicks *der*; ~**es**, ~**e** curtsy

knicksen *itr. V.* curtsy (**vor** + *Dat.* to)

Knie *das*; ~**s**, ~ /'kni:(ə)/ **1** knee
2 (Biegung) sharp bend

knie-, Knie-: ~**beuge** *die* knee bend; ~**bund·hose** *die* knee breeches *pl.*; ~**fall** *der* **einen** ~**fall tun** *od.* **machen** (auch fig.) go down on one's knees (**vor** + *Dat.* before); ~**kehle** *die* hollow of the knee

knien /'kni:(ə)n/ **A** *itr. V.* kneel
B *refl. V.* kneel [down]

Knie-: ~**scheibe** *die* kneecap; ~**strumpf** *der* knee-length sock

Kniff *der*; ~**[e]s**, ~**e** **1** pinch
2 (Falte) crease

k

3 (Kunstgriff) trick
knipsen tr. V. **1** (entwerten) clip; punch
2 (fotografieren) take a snap[shot] of
Knirps der; ~es, ~e **1** (Ⓦ) (Taschenschirm)
telescopic umbrella
2 (ugs.) (Junge) nipper (infml)
knirschen itr. V. crunch; mit den Zähnen ~
grind one's teeth
knistern itr. V. rustle; <wood, fire> crackle
knittern tr., itr. V. crease; crumple
knobeln itr. V. (mit Würfeln) play dice
Knob·lauch der garlic
Knoblauch·zehe die clove of garlic
Knöchel der; ~s, ~; ankle; (am Finger)
knuckle
Knochen der; ~s, ~; bone
knochen-, Knochen-: ~**bau** der bone
structure; ~**bruch** der fracture; ~**hart** Adj.
(ugs.) rock-hard; ~**mark** das bone marrow
knochig Adj. bony
Knödel der; ~s, ~ (bes. südd., österr.) dumpling
Knöllchen das; ~s, ~ (ugs.) (Strafzettel)
[parking] ticket
Knolle die; ~, ~n tuber
Knopf der; ~[e]s, **Knöpfe** button; (Knauf)
knob
knöpfen tr. V. button [up]
Knopf·loch das buttonhole
Knorpel der; ~s, ~ (Anat.) cartilage; (im
Steak o. Ä.) gristle
knorrig Adj. gnarled
Knospe die; ~, ~n bud
knospen itr. V. bud
knoten tr. V. knot
Knoten der; ~s, ~; knot; (Haartracht) bun;
knot; (Med.) lump
Knoten·punkt der junction; intersection
Know-how /noʊˈhaʊ/ das; ~[s] know-how
knuffen tr. V. poke
Knüller der; ~s, ~ (ugs.) sensation; (Angebot,
Verkaufsartikel) sensational offer
knüpfen tr. V. **1** tie (**an** + Akk. to);
Bedingungen an etw. (Akk.) ~ attach
conditions to sth
2 (durch Knoten herstellen) knot; make <net>
Knüppel der; ~s, ~; cudgel; (Polizei~)
truncheon
knüppel-, Knüppel-: ~**dick** Adv. (ugs.) es
kam ~dick it was one disaster after the other;
~**schaltung** die (Kfz-W.) floor[-type] gear
change
knurren itr. V. **1** <animal> growl; (wütend)
snarl; (fig.) <stomach> rumble
2 (murren) grumble (**über** + Akk. about)
knusprig Adj. crisp; crusty <bread, roll>
knutschen (ugs.) Ⓐ tr. V. smooch with
(infml); (sexuell berühren) pet; **sich** ~ smooch
(infml) /pet

⚲ key word
* alte Schreibung—vgl. Hinweis auf S. x

Ⓑ itr. V. smooch (infml); (sich sexuell berühren)
pet
k. o. /kaːˈloː/ Adj. **1** (Boxen) jmdn. ~ schlagen
knock sb out
2 (ugs.) (übermüdet) all in (infml)
koalieren itr. V. (Politik) form a coalition
(**mit** with)
Koalition die; ~, ~en coalition
Koax·kabel das (Technik Jargon) coax [cable];
coaxial cable
Kobalt das; ~s (Chemie) cobalt
Kobold der; ~[e]s, ~e goblin
Kobra die; ~, ~s cobra
⚲ **Koch** der; ~[e]s, **Köche** cook; (Küchenchef)
chef
Koch·buch das cookery book (BrE);
cookbook (AmE)
⚲ **kochen** Ⓐ tr. V. **1** boil; (zubereiten) cook
<meal>; make <purée, jam>; Tee ~ make
some tea
2 (waschen) boil
Ⓑ itr. V. **1** (Speisen zubereiten) cook
2 (sieden) <water, milk, etc.> boil
Kocher der; ~s, ~; [small] stove; (Kochplatte)
hotplate
Köcher der; ~s, ~ (für Pfeile) quiver
Koch·feld das ceramic hob
Köchin die; ~, ~nen cook
Koch-: ~**löffel** der wooden spoon; ~**nische**
die kitchenette; ~**salz** das common salt;
~**topf** der [cooking] pot; ~**wäsche** die
washing that is to be boiled
Köder der; ~s, ~; bait
ködern tr. V. lure
Koffein das; ~s caffeine
koffein·frei Adj. decaffeinated
Koffer der; ~s, ~; [suit]case
Koffer-: ~**kuli** der luggage trolley; ~**radio**
das portable radio; ~**raum** der boot (BrE);
trunk (AmE)
Kognak /ˈkɔnjak/ der; ~s, ~s brandy; s. auch
Cognac
Kohl der; ~[e]s **1** cabbage
2 (ugs. abwertend) (Unsinn) rubbish; rot (infml)
Kohl·dampf der (salopp) ~ haben be
ravenously hungry
Kohle die; ~, ~n **1** coal
2 (salopp) (Geld) dough (infml)
Kohle·hydrat ▸ Kohlenhydrat
kohlen[1] itr. V. smoulder; <wick> smoke
kohlen[2] itr. V. (fam.) (lügen) tell fibs;
(übertreiben) exaggerate
Kohlen-: ~**dioxid**, ~**dioxyd** /--'---/ das
(Chemie) carbon dioxide; ~**grube** die coal
mine; ~**händler** der, ~**händlerin** die
coal merchant; ~**hydrat** das (Chemie)
carbohydrate; ~**monoxid**, ~**monoxyd**
/--'---/ das (Chemie) carbon monoxide;
~**säure** die (Chemie) carbon dioxide;
carbonic acid; ~**stoff** der carbon
Kohle·papier das carbon paper

Köhler *der*; ∼s, ∼; charcoal burner
Kohle·zeichnung *die* charcoal drawing
Kohl-: ∼**kopf** *der* [head of] cabbage; ∼**rübe**
die swede
Koitus *der*; ∼, **Koitus** (geh.) sexual
intercourse; coitus (formal)
Koje *die*; ∼, ∼**n 1** (Seemannsspr.) bunk; berth
2 (Ausstellungsstand) stand
3 (ugs. scherzh.) (Bett) bed
Kokain *das*; ∼s cocaine
kokett **A** *Adj.* coquettish
　B *adv.* coquettishly
kokettieren *itr. V.* **mit etw.** ∼ make much
play with sth
Kokos·nuss, **Kokos·nuß die* coconut
Koks *der*; ∼es coke
Kolben *der*; ∼s, ∼ **1** (Technik) piston
2 (Chemie) (Glas∼) flask
3 (Teil des Gewehrs) butt
Kolchose /kɔl'çoːzə/ *die*; ∼, ∼**n** kolkhoz;
Soviet collective farm
Kolibri *der*; ∼s, ∼s hummingbird
Kolik *die*; ∼, ∼**en** colic
Kollaborateur /kɔlabora'tøːɐ̯/ *der*; ∼s,
∼**e**, **Kollaborateurin** *die*; ∼, ∼**nen**
collaborator
Kollaps *der*; ∼es, ∼**e** collapse
Kolleg *das*; ∼s, ∼s lecture
✧ **Kollege** *der*; ∼**n**, ∼**n** colleague
kollegial **A** *Adj.* helpful and considerate
　B *adv.* <*act etc.*> like a good colleague/good
colleagues
Kollegin *die*; ∼, ∼**nen** colleague
Kollegium *das*; ∼s, **Kollegien 1** (Gruppe)
group; (unmittelbar zusammenarbeitend) team
2 (Lehrkörper) [teaching] staff
Kollekte *die*; ∼, ∼**n** collection
Kollektion *die*; ∼, ∼**en** collection;
(Sortiment) range
kollektiv **A** *Adj.* collective
　B *adv.* collectively
kollidieren *itr. V.* **1** *mit sein* collide
2 (fig.) conflict
Kollier /kɔ'liːe/ *das*; ∼s, ∼s necklace
Kollision *die*; ∼, ∼**en** collision
Köln (*das*); ∼s Cologne
Kölner **A** *indekl. Adj.* Cologne *attrib.*; (in
Köln) in Cologne *postpos., not pred*; <*suburb,
archbishop, mayor, speciality*> of Cologne
　B *der* ∼s, ∼; inhabitant of Cologne; (von
Geburt) native of Cologne
Kölnerin *die*; ∼, ∼**nen** ▸ Kölner B
Kolonialisierung *die*; ∼, ∼**en** colonization
Kolonialismus *der*; ∼; colonialism *no art.*
Kolonie *die*; ∼, ∼**n** colony
kolonisieren *tr. V.* colonize
Kolonisierung *die*; ∼, ∼**en** colonization
Kolonne *die*; ∼, ∼**n** column
Koloss, **Koloß der*; **Kolosses**, **Kolosse**
(auch fig. ugs.) giant

kolossal **A** *Adj.* **1** colossal; gigantic
2 (ugs.) (sehr groß) tremendous (infml);
incredible (infml) <*rubbish, nonsense*>
　B *adv.* (ugs.) tremendously (infml)
Kolumbianer *der*; ∼s, ∼, **Kolumbianerin**
die; ∼, ∼**nen** Colombian
Kolumbien /ko'lʊmbiən/ (*das*); ∼s
Colombia
Koma /'koːma/ *das*; ∼s, ∼s *od.* ∼**ta** (Med.)
coma
Komasaufen *das* binge-drinking
✧ **Kombination** *die*; ∼, ∼**en 1** combination
2 (gedankliche Verknüpfung) deduction; piece of
reasoning
3 (Kleidungsstücke) ensemble; suit; (Herren∼)
suit
kombinieren **A** *tr. V.* combine
　B *itr. V.* deduce; reason
Kombi-: ∼**wagen** *der* estate [car]; station
wagon (AmE); ∼**zange** *die* combination
pliers *pl.*
Komet *der*; ∼**en**, ∼**en** comet
Komfort /kɔm'foːɐ̯/ *der*; ∼s comfort
komfortabel **A** *Adj.* comfortable
　B *adv.* comfortably
Komik *die*; ∼; comic effect; (komisches Element)
comic element
Komiker *der*; ∼s, ∼, **Komikerin** *die*; ∼,
∼**nen 1** (Vortragskünstler[in]) comedian
2 (Darsteller[in]) comic actor
komisch *Adj.* **1** comical; funny
2 (seltsam) funny
Komitee *das*; ∼s, ∼s committee
Komma *das*; ∼s, ∼s *od.* ∼**ta** comma; (Math.)
decimal point; **zwei** ∼ **acht** two point eight
Kommandant *der*; ∼**en**, ∼**en** (Milit.)
commanding officer
Kommandeur /kɔman'døːɐ̯/ *der*; ∼s, ∼**e**
(Milit.) ▸ Kommandant
kommandieren **A** *tr. V.* **1** command; be in
command of; order <*retreat, advance*>
2 (ugs.) jmdn. ∼ boss sb about (infml)
　B *itr. V.* (ugs.) boss people about (infml)
Kommandit·gesellschaft *die* (Wirtsch.)
limited partnership
Kommando *das*; ∼s, ∼s command
Komma·stelle *die* decimal place; **auf die**
∼ **[genau]** [correct] to the last decimal
place; (fig.) <*know, calculate*> with complete
accuracy
✧ **kommen** *unr. itr. V.*; *mit sein* **1** come;
angelaufen ∼ come running along; (auf jmdn.
zu) come running up
2 (gelangen, geraten) get; **unter ein Auto** ∼
be knocked down by a car; **wie kommst du
darauf?** what gives you that idea?
3 ∼ **lassen** (bestellen) order <*taxi*>; **den Arzt/
die Polizei** ∼ **lassen** send for a doctor/the
police
4 (aufgenommen werden) **zur Schule/aufs
Gymnasium** ∼ start school/grammar school
5 (auftauchen) <*seeds, plants*> come up; <*buds,*

flowers> come out; *<teeth>* come through
6 (seinen festen Platz haben) go; belong; **in die Schublade~** go *or* belong in the drawer; (seinen Platz erhalten) **in die Mannschaft ~** get into the team; **auf den ersten Platz ~** go into first place
7 (Gelegenheit haben) **dazu ~,** *etw.* **zu tun** get round to doing sth
8 (sich ereignen) come about; **wie kommt es, dass ...** how is it that ...; how come that ... (infml)
9 (etw. erlangen) **zu Geld ~** become wealthy; **zu Erfolg/Ruhm** *usw.* **~** gain success/fame *etc.*

⚜ **kommend** *Adj.* **1** (folgend) next; **in den ~en Jahren** in years to come
2 (mit großer Zukunft) **der ~e Mann/Meister** the coming man/future champion

⚜ **Kommentar** *der;* **~s, ~e** commentary; (Stellungnahme) comment; **kein ~!** no comment!

Kommentator *der;* **~s, ~en,**
Kommentatorin *die;* **~, ~nen** commentator

kommentieren *tr. V.* **1** (erläutern) furnish with a commentary *<text, work>*
2 (Stellung nehmen zu) comment on

kommerziell 🅰 *Adj.* commercial
🅱 *adv.* commercially

Kommiss, *****Kommiß** *der;* **Kommisses** (Soldatenspr.) army

Kommissar *der;* **~s, ~e, Kommissarin** *die;* **~, ~nen 1** (Beamter/Beamtin der Polizei) detective superintendent
2 (staatlicher Beauftragter/staatliche Beauftragte) commissioner

⚜ **Kommission** *die;* **~, ~en 1** (Gremium) committee; (Prüfungs~)
2 etw. in ~ nehmen/haben/geben (Wirtsch.) take/have sth on commission/give sth to a dealer for sale on commission

Kommode *die;* **~, ~n** chest of drawers

kommunal *Adj.* local; (bei einer städtischen Gemeinde) municipal; local

Kommunal·wahl *die* local [government] elections *pl.*

⚜ **Kommunikation** *die;* **~, ~en** (Sprachw., Soziol.) communication

Kommunion *die;* **~, ~en** (kath. Kirche) [Holy] Communion

Kommuniqué /kɔmyniˈkeː/ *das;* **~s, ~s** communiqué

Kommunismus *der;* **~;** communism

Kommunist *der;* **~en, ~en,**
Kommunistin *die;* **~, ~nen** communist

kommunistisch 🅰 *Adj.* communist
🅱 *adv.* Communist- *<influenced, led, ruled, etc.>*

kommunizieren *itr. V.* **1** (geh.) communicate
2 (kath. Kirche) receive [Holy] Communion

⚜ key word
* old spelling—see note on page x

Komödiant *der;* **~en, ~en, Komödiantin** *die;* **~, ~nen** (veralt.) actor/actress; player; (abwertend) (Heuchler[in]) play-actor

Komödie /koˈmøːdi̯ə/ *die;* **~, ~n** comedy; (Theater) comedy theatre

Kompagnon /kɔmpanˈjõː/ *der;* **~s, ~s** (Wirtsch.) partner; associate

kompakt *Adj.* solid

Kompanie *die;* **~, ~n** company

Komparativ *der;* **~s, ~e** (Sprachw.) comparative

Kompass, *****Kompaß** *der;* **Kompasses, Kompasse** compass

kompatibel *Adj.* (Nachrichtenw., Sprachw.) compatible

Kompatibilität *die;* **~, ~en** compatibility

Kompensation *die;* **~, ~en** (Wirtsch., Physik, geh.) compensation

kompensieren *tr. V.* **etw. mit etw.** *od.* **durch etw. ~** compensate for sth by sth

kompetent *Adj.* competent

⚜ **Kompetenz** *die;* **~, ~en** competence; (bes. Rechtsw.) authority

⚜ **komplett** 🅰 *Adj.* complete
🅱 *adv.* fully *<furnished, equipped>*; (ugs.) (ganz und gar) completely

komplettieren *tr. V.* complete

Komplett·preis *der* all-inclusive price

⚜ **komplex** *Adj.* complex

Komplex *der;* **~es, ~e** (auch Psych.) complex

Komplexität *die;* **~;** complexity

Komplikation *die;* **~, ~en** (auch Med.) complication

Kompliment *das;* **~[e]s, ~e** compliment

Komplize *der;* **~n, ~n** (abwertend) accomplice

komplizieren *tr. V.* complicate

kompliziert 🅰 *Adj.* complicated
🅱 *adv.* **~ aufgebaut sein** have a complicated *or* complex structure

Kompliziertheit *die;* **~;** complexity; complicatedness

Komplizin *die;* **~, ~nen** ▶ Komplize

Komplott *das;* **~[e]s, ~e** plot; conspiracy

komponieren *tr., itr. V.* compose

Komponist *der;* **~en, ~en,**
Komponistin *die;* **~, ~nen** composer

Komposition *die;* **~, ~en** composition

Kompost *der;* **~[e]s, ~e** compost

Kompost·haufen *der* compost heap

kompostierbar *Adj.* compostable

kompostieren *tr. V.* compost

Kompott *das;* **~[e]s, ~e** stewed fruit; compote

Kompresse *die;* **~, ~n** (Med.) **1** (Umschlag) [wet] compress
2 (Mull) [gauze] pad

Kompression *die;* **~, ~en** (Physik, Technik, Med., DV) compression

Kompressor *der;* **~s, ~en** (Technik) compressor

komprimieren *tr. V.* (auch Physik, Technik, DV) compress

Kompromiss, ***Kompromiß** *der*; Kompromisses, Kompromisse compromise

kompromiss-, ***kompromiß-**, Kompromiss-, *Kompromiß-: ~**bereit** *Adj.* willing to compromise *pred.*; ~**los** **A** *Adj.* uncompromising **B** *adv.* uncompromisingly; ~**vorschlag** *der* compromise proposal

kompromittieren *tr. V.* compromise

Kondensation *die*; ~, ~en (Physik, Chemie) condensation

Kondensator *der*; ~s, ~en (Elektrot.) capacitor

kondensieren *tr., itr. V.*; *itr. auch mit sein* (Physik, Chemie) condense

Kondens-: ~**milch** *die* condensed milk; ~**streifen** *der* condensation trail; ~**wasser** *das* condensation

Kondition *die*; ~, ~en condition; **eine gute/schlechte** ~ **haben** be/not be in good condition *or* shape; **keine** ~ **haben** be out of condition; (fig.) have no stamina

Konditional·satz *der* (Sprachw.) conditional clause

Konditions·training *das* fitness training

Konditor *der*; ~s, ~en pastry cook

Konditorei *die*; ~, ~en cake shop; (Lokal) cafe

kondolieren *itr. V.* offer one's condolences; jmdm. **[zu jmds. Tod]** ~ offer one's condolences to sb [on sb's death]

Kondom *das od. der*; ~s, ~e condom

Konfekt *das*; ~[e]s **1** confectionery; sweets *pl.* (BrE); candies *pl.* (AmE) **2** (bes. südd., österr., schweiz.) (Teegebäck) [small] fancy biscuits *pl.* (BrE) *or* (AmE) cookies *pl.*

Konfektion *die*; ~, ~en ready-made garments *pl.*

Konferenz *die*; ~, ~en conference; (Besprechung) meeting

konferieren *itr. V.* confer (**über** + *Akk.* on, about)

Konfession *die*; ~, ~en denomination

konfessionell **A** *Adj.* denominational **B** *adv.* as regards denomination; ~ **[un]gebunden sein** have [no] denominational ties

Konfetti *das*; ~[s] confetti

Konfirmand *der*; ~en, ~en, Konfirmandin *die*; ~, ~nen (ev. Rel.) confirmand

Konfirmation *die*; ~, ~en (ev. Rel.) confirmation

konfirmieren *tr. V.* (ev. Rel.) confirm

konfiszieren *tr. V.* (bes. Rechtsw.) confiscate

Konfitüre *die*; ~, ~n jam

⚹ **Konflikt** *der*; ~[e]s, ~e conflict

Konföderation *die*; ~, ~en confederation

konform *Adj.* concurring *attrib.*; ~ **gehen** be in agreement

Konformismus *der*; ~; conformism

Konformist *der*; ~en, ~en, Konformistin *die*; ~, ~ conformist

konformistisch **A** *Adj.* conformist **B** *adv.* in a conformist way

Konfrontation *die*; ~, ~en confrontation

konfrontieren *tr. V.* confront

konfus **A** *Adj.* confused **B** *adv.* in a confused fashion

Kongo[1] *der*; ~[s] (Fluss) Congo

Kongo[2] *(das)*; ~s *od.* **der**; ~[s] (Staat) the Congo

Kongress, ***Kongreß** *der*; Kongresses, Kongresse congress; conference; **der** ~ (USA): Congress

Kongress·halle, ***Kongreß·halle** *die* conference hall

⚹ **König** *der*; ~s, ~e king

Königin *die*; ~, ~nen queen

königlich **A** *Adj.* **1** royal **2** (vornehm) regal **3** (reichlich) princely <*gift, salary, wage*> **B** *adv.* <*pay*> handsomely; (ugs.) (außerordentlich) <*enjoy oneself*> immensely (infml)

König·reich *das* kingdom

Königs·haus *das* royal house

Königtum *das*; ~s, Königtümer **1** (Monarchie) monarchy **2** (veralt.) (Reich) kingdom

Konjugation *die*; ~, ~en (Sprachw.) conjugation

konjugieren *tr. V.* (Sprachw.) conjugate

Konjunktion *die*; ~, ~en (Sprachw.) conjunction

Konjunktiv *der*; ~s, ~e (Sprachw.) subjunctive

Konjunktur *die*; ~, ~en (Wirtsch.) **1** (wirtschaftliche Lage) [level of] economic activity; economy; (Tendenz) economic trend **2** (Hoch~) boom; (Aufschwung) upturn [in the economy]

konjunkturell *Adj.* economic

Konjunktur·politik *die* (Wirtsch.) measures *pl.* aimed at avoiding violent fluctuations in the economy

konkav (Optik) **A** *Adj.* concave **B** *adv.* concavely

⚹ **konkret** **A** *Adj.* concrete **B** *adv.* in concrete terms

konkretisieren *tr. V.* etw. ~ put sth in concrete terms

Konkurrent *der*; ~en, ~en, Konkurrentin *die*; ~, ~nen (Sport, Wirtsch.) competitor

Konkurrenz *die*; ~, ~en (Sport, Wirtsch.) competition

konkurrenz-, Konkurrenz-: ~**fähig** *Adj.* competitive; ~**kampf** *der* competition;

k

(zwischen zwei Menschen) rivalry
konkurrieren *itr. V.* compete
Konkurs *der*; ~es, ~e **1** (Bankrott)
bankruptcy; ~ machen *od.* in ~ gehen
go bankrupt
2 (gerichtliches Verfahren) bankruptcy
proceedings *pl.*
⚥ **können** **A** *unr. Modalverb; 2. Part.* **können**
1 be able to; er kann gut reden/tanzen he is
a good talker/dancer; ich kann nicht schlafen
I cannot *or* (infml) can't sleep; kann das
explodieren? could it explode?; man kann nie
wissen you never know; es kann sein, dass ...
it could be that ...; kann ich Ihnen helfen?
can I help you?
2 (Grund haben) du kannst ganz ruhig sein you
don't have to worry; das kann man wohl
sagen! you could well say that
3 (dürfen) kann ich gehen? can I go?; ~ wir
mit[kommen]? can we come too?
B *unr. tr. V.* (beherrschen) know <*language*>;
be able to play <*game*>; sie kann das [gut] she
can do that [well]; etw./nichts für etw. ~ be/
not be responsible for sth
C *unr. itr. V.* **1** (fähig sein) er kann nicht
anders there's nothing else he can do; (es ist
seine Art) he can't help it (infml)
2 (Zeit haben) ich kann heute nicht I can't
today (infml)
3 (ugs.) (Kraft haben) kannst du noch [weiter]?
can you go on?
4 (ugs.) (umgehen ~) [gut] mit jmdm. ~ get on
[well] with sb
Können *das*; ~s ability
Könner *der*; ~s, ~, **Könnerin** *die*; ~,
~nen expert
konnte *1. u. 3. Pers. Sg. Prät. v.* können
könnte *1. u. 3. Pers. Sg. Konjunktiv II v.*
können
Konsens·gespräch *das* (Politik) discussion
aimed at reaching a consensus
konsequent **A** *Adj.* consistent; (folgerichtig)
logical
B *adv.* consistently; (folgerichtig) logically
⚥ **Konsequenz** *die*; ~, ~en **1** (Folge)
consequence
2 (Unbeirrbarkeit) determination
konservativ **A** *Adj.* conservative
B *adv.* conservatively
Konservative *der/die adj. Dekl.* conservative
Konservatorium *das*; ~s,
Konservatorien conservatoire;
conservatory (AmE)
Konserve *die*; ~, ~n **1** (Büchse) can; tin (BrE)
2 (konservierte Lebensmittel) preserved food; (in
Dosen) canned *or* (BrE) tinned food
Konserven·büchse *die*,
Konserven·dose *die* can; tin (BrE)
konservieren *tr. V.* preserve; conserve
<*work of art*>

Konservierung *die*; ~, ~en preservation
Konservierungs·mittel *das* preservative
konsolidieren *tr. V.* consolidate
Konsolidierung *die*; ~, ~en (Festigung)
consolidation
Konsonant *der*; ~en, ~en consonant
Konsortium *das*; ~s, **Konsortien** (Wirtsch.)
consortium
konspirativ /kɔnspira'ti:f/ *Adj.* conspiratorial
konstant /kɔn'stant/ **A** *Adj.* **1** constant
2 (beharrlich) persistent
B *adv.* **1** constantly
2 (beharrlich) persistently
Konstellation /kɔnstela'tsi̯o:n/ *die*; ~, ~en
1 (von Parteien usw.) grouping; (von Umständen)
combination
2 (Astron., Astrol.) constellation
konstituieren /kɔnstitu'i:rən/ **A** *tr. V.*
(gründen) constitute; set up
B *refl. V.* be constituted
Konstitution /kɔnstitu'tsi̯o:n/ *die*; ~, ~en
constitution
konstruieren /kɔnstru'i:rən/ *tr. V.*
1 (entwerfen) design
2 (aufbauen, Geom., Sprachw.) construct
3 (abwertend) fabricate
Konstrukteur /kɔnstrʊk'tø:ɐ̯/ *der*; ~s, ~e,
Konstrukteurin *die*; ~, ~nen designer;
design engineer
Konstruktion /kɔnstrʊk'tsi̯o:n/ *die*; ~, ~en
1 (Aufbau, Geom., Sprachw.) construction; (das
Entwerfen) designing
2 (Entwurf) design; (Bau) construction
konstruktiv **A** *Adj.* constructive
B *adv.* constructively
Konsul *der*; ~s, ~n (Dipl., hist.) consul
Konsulat *das*; ~[e]s, ~e (Dipl., hist.)
consulate
Konsulin *die*; ~, ~nen ▶ Konsul
konsultieren *tr. V.* (auch fig.) consult
Konsum *der*; ~s consumption
Konsument *der*; ~en, ~en,
Konsumentin *die*; ~, ~nen consumer
Konsum·gesellschaft *die* consumer
society
konsumieren *tr. V.* consume
⚥ **Kontakt** *der*; ~[e]s, ~e contact; mit *od.* zu
jmdm. ~ haben/halten be/remain in contact
with sb
kontakt-, Kontakt-: ~freudig *Adj.*
sociable; ~linse *die* contact lens; ~los *Adj.*
contactless; ~mann *der Pl.* ~männer *od.*
~leute (Agent) contact; ~person *die* (Med.)
contact
Kontamination *die*; ~, ~en contamination
kontaminieren *tr. V.* contaminate
Konten ▶ Konto
kontern *tr., itr. V.* (Boxen, auch fig.) counter;
(Ballspiele) counter-attack
Konter·revolution *die* counter-revolution
Kontinent *der*; ~[e]s, ~e continent

---

k

⚥ key word
* alte Schreibung—vgl. Hinweis auf S. x

kontinental *Adj.* continental
Kontingent *das;* ~**[e]s,** ~**e** quota
kontinuierlich **A** *Adj.* steady
 B *adv.* steadily
Kontinuität *die;* ~; continuity
⚜ **Konto** *das;* ~**s, Konten** *od.* **Konti** account;
 ein laufendes ~ a current account
Konto-: ~**auszug** *der* (Bankw.) [bank]
 statement; ~**bewegung** *die* transaction;
 ~**nummer** *die* account number
Kontor *das;* ~**s,** ~**e** branch; (einer Reederei)
 office
Konto·stand *der* (Bankw.) balance; state of
 an/one's account
kontra **A** *Präp.; mit Akk.* (Rechtsspr., auch fig.)
 versus
 B *Adv.* against
Kontra *das;* ~**s,** ~**s** (Kartenspiele) double;
 jmdm. ~ **geben** (fig. ugs.) flatly contradict sb
Kontrahent *der;* ~**en,** ~**en,**
 Kontrahentin *die;* ~, ~**nen** adversary;
 opponent
konträr *Adj.* contrary; opposite
Kontrast *der;* ~**[e]s,** ~**e** contrast
Kontroll·abschnitt *der* stub
⚜ **Kontrolle** *die;* ~, ~**n 1** (Überwachung)
 surveillance
 2 (Überprüfung) check; (bei Waren, bei
 Lebensmitteln) inspection
 3 (Herrschaft) control; **die** ~ **über etw.** (Akk.)
 verlieren lose control of sth
Kontrolleur /kɔntrɔ'løːɐ̯/ *der;* ~**s,** ~**e,**
 Kontrolleurin *die;* ~, ~**nen** inspector
Kontroll·gang *der* tour of inspection; (eines
 Nachtwächters) round; (eines Polizisten) patrol
kontrollieren *tr. V.* **1** (überwachen) check;
 monitor
 2 (überprüfen) check; inspect <goods, food>
 3 (beherrschen) control
Kontrollturm *der* control tower
kontrovers **A** *Adj.* conflicting; (strittig)
 controversial
 B *adv.* **sich** ~ **zu etw. äußern** express
 conflicting opinions on sth
Kontroverse /kɔntro'vɛrzə/ *die;* ~, ~**n**
 controversy (um, über + Akk. about)
Kontur *die;* ~, ~**en** contour; outline
Konvention /kɔnvɛn'tsi̯oːn/ *die;* ~, ~**en**
 convention
konventionell **A** *Adj.* **1** conventional
 2 (förmlich) formal
 B *adv.* **1** conventionally
 2 (förmlich) formally
⚜ **Konversation** /kɔnvɛrza'tsi̯oːn/ *die;* ~, ~**en**
 conversation
Konversations·lexikon *das*
 encyclopaedia
konvertieren **A** *itr. V.; auch mit sein* (Rel.)
 be converted
 B *tr. V.* (Wirtsch., DV) convert
konvex /kɔn'vɛks/ (Optik) **A** *Adj.* convex

 B *adv.* convexly
Konvoi /kɔn'vɔy̯/ *der;* ~**s,** ~**s** (bes. Milit.)
 convoy
Konzentration *die;* ~, ~**en** concentration
Konzentrations-: ~**fähigkeit** *die*
 ability to concentrate; ~**lager** *das* (bes. ns.)
 concentration camp
⚜ **konzentrieren** *refl., tr. V.* concentrate; **sich**
 auf etw. (Akk.) ~ concentrate on sth
konzentriert **A** *Adj.* concentrated
 B *adv.* with concentration
⚜ **Konzept** *das;* ~**[e]s,** ~**e 1** [rough] draft
 2 (Programm) programme; (Plan) plan
Konzern *der;* ~**[e]s,** ~**e** (Wirtsch.) group [of
 companies]
⚜ **Konzert** *das;* ~**[e]s,** ~**e 1** (Komposition)
 concerto
 2 (Veranstaltung) concert
Konzert·saal *der* concert hall
Konzession *die;* ~, ~**en 1** (Amtsspr.) licence
 2 (Zugeständnis) concession
Konzil *das;* ~**s,** ~**e** *od.* ~**ien** (kath. Kirche)
 council
konzipieren *tr. V.* draft; design <device,
 car, etc.>
⚜ **Kooperation** *die;* ~, ~**en** cooperation *no
 indef. art.*
kooperativ **A** *Adj.* cooperative
 B *adv.* cooperatively
kooperieren *tr. V.* cooperate
Koordinate *die;* ~, ~**n** coordinate
Koordinaten·system *das* (Math.) system
 of coordinates
koordinieren *tr. V.* coordinate
Kopenhagen (das); ~**s** Copenhagen
⚜ **Kopf** *der;* ~**[e]s, Köpfe 1** head; **ein** ~ **Salat**
 a lettuce; ~ **an** ~ shoulder to shoulder; (im
 Wettlauf) neck and neck; (fig.) ~ **stehen** (ugs.)
 (überrascht sein) be bowled over; **nicht wissen,**
 wo einem der ~ **steht** not know whether
 one is coming or going; ~ **hoch!** chin up!;
 den ~ **hängen lassen** become disheartened
 2 (Person) person; **ein kluger/fähiger** ~ **sein**
 be a clever/able man/woman; **pro** ~ per
 head; **die führenden Köpfe der Wirtschaft** the
 leading minds in the field of economics
 3 (Wille) **seinen** ~ **durchsetzen** make sb do
 what one wants
 4 (Verstand) mind; head; **sich** (Dat.) **den** ~
 zerbrechen (ugs.) rack one's brains (über +
 Akk. over)
Kopf-: ~**bahnhof** *der* terminal station;
 ~**bedeckung** *die* headgear; **ohne**
 ~**bedeckung** without anything on one's head
Köpfchen *das;* ~**s,** ~; brains *pl.;* ~ **muss**
 man haben you've got to have it up here
 (infml)
köpfen *tr. V.* **1** decapitate; (hinrichten) behead
 2 (Fußball) head
kopf-, Kopf-: ~**ende** *das* head end;
 ~**haut** *die* [skin of the] scalp; ~**hörer**
 der headphones *pl.;* ~**kissen** *das* pillow;

k

~lastig *Adj.* down by the head *pred.*; **~los**
A *Adj.* rash; (in Panik) panic-stricken
B *adv.* rashly; **~los davonrennen** flee
in panic; **~rechnen** *itr. V.; nur im Inf.*
gebr. do mental arithmetic; **~rechnen**
das mental arithmetic; **~salat** *der*
head lettuce; **~schmerz** *der* headache;
~schmerzen haben have a headache
sing.; **~sprung** *der* header; **~stand**
der headstand; **~|stehen* ▶ Kopf 1;
~stein·pflaster *das* cobblestones *pl.*;
~tuch *das*; *Pl.* **~tücher** headscarf; **~weh**
das (ugs.) headache; **~weh haben** have a
headache; **~zerbrechen** *das*; **~s**; etw.
bereitet od. macht jmdm. **~zerbrechen** sb has
to rack his/her brains about sth; (etw. macht
jmdm. Sorgen) sth is a worry to sb

Kopie *die*; **~, ~n** copy; (Durchschrift) carbon
copy; (Fotokopie) photocopy; (Fot., Film) print

kopieren *tr. V.* copy; (fotokopieren) photocopy;
(Fot., Film) print

Kopierer *der*; **~s, ~**; [photo]copier

Kopier·gerät *das* photocopier

Kopilot *der*; **~en, ~en, Kopilotin** *die*; **~,**
~nen (Flugw.) co-pilot

Koppel[1] *das*; **~s, ~**; (österr.) *die* **~, ~n**
(Gürtel) [leather] belt (*as part of a uniform*)

Koppel[2] *die*; **~, ~n** paddock

koppeln *tr. V.* couple (**an** + *Akk.* to); dock
<*spacecraft*>

Koppelung ▶ Kopplung

Kopplung *die*; **~, ~en** coupling; (Raumf.)
docking

kopulieren *itr. V.* copulate

Koralle *die*; **~, ~n** coral

Koran *der*; **~s, ~e** Koran

Korb *der*; **~es, Körbe 1** basket
2 jmdm. einen ~ geben turn sb down

Korb·ball *der* netball

Kord *der*; **~[e]s 1** corduroy; cord
2 ▶ Kordsamt

Kordel *die*; **~, ~n** cord

Kord·samt *der* cord velvet

Korea (*das*); **~s** Korea

Koreaner *der*; **~s, ~, Koreanerin** *die*; **~,**
~nen Korean

koreanisch *Adj.* Korean

Korinthe *die*; **~, ~n** currant

Kork *der*; **~s, ~e** cork

Korken *der*; **~s, ~**; cork

Korken·zieher *der*; **~s, ~**; corkscrew

Korn[1] *das*; **~[e]s, Körner 1** (Frucht) grain;
(Getreide~) grain [of corn]; (Pfeffer~) corn
2 *o. Pl.* (Getreide) corn; grain
3 (Salz~, Sand~) grain; (Hagel~) stone

Korn[2] *der*; **~[e]s, ~** (ugs.) corn schnapps;
corn liquor (AmE)

Korn·blume *die* cornflower

Körnchen *das*; **~s, ~**; tiny grain; (von Sand
usw.) [tiny] grain; granule

Körner ▶ Korn[1]

Korn·feld *das* cornfield

körnig *Adj.* granular

Korona *die*; **~, Koronen** crowd (infml)

✧ **Körper** *der*; **~s, ~**; body

körper-, Körper-: ~bau *der* physique;
~behindert *Adj.* physically disabled;
~behinderte *der/die* physically disabled
person; **~behinderte** *Pl.* physically disabled
people; **~geruch** *der* body odour; BO (infml);
~größe *die* height

✧ **körperlich A** *Adj.* physical
B *adv.* physically

Körper·pflege *die* body care *no art.*

Körperschafts·steuer,
Körperschaft·steuer *die* (Steuerw.)
corporation tax

Körper-: ~spray *der od. das* deodorant
spray; **~teil** *der* part of the/one's body;
~verletzung *die* (Rechtsw.) bodily harm *no*
indef. art.

Korps /koːɐ̯/ *das*; **~** /koːɐ̯(s)/ **~** /koːɐ̯s/
1 (Milit.) corps
2 (Studentenverbindung) student duelling
society

korpulent *Adj.* corpulent

korrekt A *Adj.* correct
B *adv.* correctly

korrekter·weise *Adv.* to be [strictly]
correct

Korrektheit *die*; **~**; correctness

Korrektor *der*; **~s, ~en** /-'toːrən/,
Korrektorin *die*; **~, ~nen** proof-reader

Korrektur *die*; **~, ~en** correction

Korrespondent *der*; **~en, ~en,**
Korrespondentin *die*; **~, ~nen**
correspondent

Korrespondenz *die*; **~, ~en**
correspondence

korrespondieren *itr. V.* correspond (**mit**
with)

Korridor *der*; **~s, ~e** corridor

korrigieren *tr. V.* correct; revise <*opinion,*
view>

korrodieren *tr., itr. V.*; (*itr. mit sein*) (bes.
Chemie, Geol.) corrode

Korrosion *die*; **~, ~en** (auch Geol., Med.)
corrosion

korrosions-, Korrosions-: ~beständig
Adj., **~fest** *Adj.* corrosion-resistant;
~schutz *der* protection against corrosion

korrupt *Adj.* corrupt

Korruption *die*; **~, ~en** corruption

Korsett *das*; **~s, ~s od. ~e** corset

Korsika (*das*); **~s** Corsica

Kortison *das*; **~s** (Med.) cortisone

koscher *Adj.* kosher

Kose-: ~form *die* familiar form; **~name**
der pet name

✧ key word
* old spelling—see note on page x

k

Kosinus *der*; ~, ~ *od.* ~**se** (Math.) cosine
Kosmetik *die*; ~ **1** beauty culture *no art.*
  2 (fig.) cosmetic procedures *pl.*
Kosmetikerin *die*; ~, ~**nen** cosmetician;
  beautician
Kosmetikum *das*; ~**s**, **Kosmetika**
  cosmetic
kosmetisch **A** *Adj.* (auch fig.) cosmetic
  B *adv.* jmdn. ~ beraten give sb advice on
  beauty care; **sich** ~ **behandeln lassen** have
  beauty treatment
kosmisch *Adj.* cosmic ‹*ray, dust, etc.*›; space
  ‹*age, station, research, etc.*›; meteoric ‹*iron*›
Kosmos *der*; ~; cosmos
Kost *die*; ~; food; ~ **und Logis** board and
  lodging
kostbar **A** *Adj.* valuable; precious ‹*time*›
  B *adv.* expensively ‹*dressed*›; luxuriously
  ‹*decorated*›
Kostbarkeit *die*; ~, ~**en 1** (Sache) treasure
  2 (Eigenschaft) value
✓ **kosten¹** **A** *tr. V.* taste; try
  B *itr. V.* (probieren) have a taste
✓ **kosten²** *tr. V.* **1** cost
  2 (erfordern) take; cost ‹*lives*›
✓ **Kosten** *Pl.* cost *sing.*; costs; (Auslagen)
  expenses; (Rechtsw.) costs; **auf jmds.** ~ at
  sb's expense
kosten-, Kosten-: ~**deckend** *Adj.* that
  covers/cover [one's] costs *postpos., not pred.*;
  ~**erstattung** *die* reimbursement of costs
✓ **kosten·los** **A** *Adj.* free
  B *adv.* free of charge
kosten-, Kosten-: ~**pflichtig** (Rechtsw.)
  A *Adj.* eine ~pflichtige Verwarnung a fine
  and a caution **B** *adv.* eine Klage ~pflichtig
  abweisen dismiss a case with costs; **ein**
  Auto ~**pflichtig abschleppen** tow a car
  away at the owner's expense; ~**punkt** *der*
  (ugs.) ~**punkt?** how much is it/are they?;
  ~**punkt 25 Euro** it costs/they cost 25 euros;
  ~**schub** *der* cost inflation; price increases
  pl.; ~**stelle** *die* (Wirtsch.) cost centre;
  ~**vor·anschlag** *der* estimate
Kost·gänger *der*; ~**s**, ~, **Kost·gängerin**
  die; ~, ~**nen** (veralt.) boarder
köstlich **A** *Adj.* delicious; (unterhaltsam)
  delightful
  B *adv.* ‹*taste*› delicious; **sich** ~ **amüsieren/**
  unterhalten enjoy oneself enormously (infml)
Köstlichkeit *die*; ~, ~**en** (Sache) delicacy
Kost·probe *die*; ~, ~**n** taste
kost·spielig *Adj.* costly
Kostüm *das*; ~**s**, ~**e 1** suit
  2 (Theater~, Verkleidung) costume
kostümieren *tr. V.* dress up
Kot *der*; ~**[e]s**, ~**e** excrement
Kotangens *der*; ~, ~ (Math.) cotangent
Kotelett /kɔtˈlɛt/ *das*; ~**s**, ~**s** chop; (vom
  Nacken) cutlet
Koteletten *Pl.* side whiskers

Köter *der*; ~**s**, ~ (abwertend) cur
Kot·flügel *der* (Kfz-W.) wing
kotzen *itr. V.* (derb) puke (coarse)
KP *Abk.* = **Kommunistische Partei** CP
Krabbe *die*; ~, ~**n 1** (Zool.) crab
  2 (ugs.) (Garnele) shrimp; (größer) prawn
krabbeln **A** *itr. V.*; *mit sein* crawl
  B *tr. V.* (ugs.) (kraulen) tickle
Krach *der*; ~**[e]s**, **Kräche 1** (Lärm) noise; row
  2 (lautes Geräusch) crash
  3 (ugs.) (Streit) row
krachen **A** *itr. V.* **1** (Krach auslösen) ‹*thunder*›
  crash; ‹*shot*› ring out
  2 *mit sein* (ugs.) (bersten) ‹*ice*› crack; ‹*bed*›
  collapse
  3 *mit sein* (ugs.) (mit Krach auftreffen) crash
  B *refl. V.* (ugs.) row (infml)
krächzen *itr. V.* ‹*raven, crow*› caw; ‹*parrot*›
  squawk; ‹*person*› croak
kraft *Präp.* + *Gen.* (Amtsspr.) ~ **[meines]**
  Amtes by virtue of my office; ~ **Gesetzes**
  by law
✓ **Kraft** *die*; ~, **Kräfte** strength; (Wirksamkeit)
  power; (Physik) force; (Arbeits~) employee;
  mit letzter ~ with one's last ounce of
  strength; **aus eigener** ~ by one's own
  efforts; **mit vereinten Kräften werden wir ...**
  if we join forces *or* combine our efforts
  we will ...; **außer** ~ **setzen** repeal ‹*law*›;
  countermand ‹*order*›; **außer** ~ **sein/treten**
  no longer be/cease to be in force; **in** ~
  treten/sein/bleiben come into/be in/remain
  in force
Kraft-: ~**aufwand** *der* effort; ~**brühe**
  die strong meat broth; ~**fahrer** *der*,
  ~**fahrerin** *die* driver; motorist
Kraft·fahrzeug *das* motor vehicle
Kraftfahrzeug-: ~**brief** *der* vehicle
  registration document; logbook (BrE);
  ~**schein** *der* vehicle registration document;
  ~**steuer** *die* vehicle tax
✓ **kräftig** **A** *Adj.* strong; vigorous ‹*plant,*
  shoot›; powerful, hefty ‹*blow, kick, etc.*›;
  nourishing ‹*soup, bread, meal, etc.*›
  B *adv.* powerfully ‹*built*›; ‹*rain, snow*›
  heavily; ‹*eat*› heartily
kräftigen *tr. V.* ‹*holiday, air, etc.*› invigorate;
  ‹*food etc.*› fortify
kraft-, Kraft-: ~**meier** *der*; ~~**s**, ~~
  (ugs.) (abwertend) muscleman; ~**probe**
  die trial of strength; ~**rad** *das* (Amtsspr.)
  motorcycle; ~**stoff** *der* (Kfz-W.) fuel;
  ~**stoff·verbrauch** *der* fuel consumption;
  ~**voll** **A** *Adj.* powerful **B** *adv.* powerfully;
  ~**wagen** *der* motor vehicle; ~**werk** *das*
  power station
Kragen *der*; ~**s**, ~, südd., österr. u. schweiz. auch
  Krägen collar
Kragen·weite *die* collar size
Krähe /ˈkrɛːə/ *die*; ~, ~**n** crow
krähen *itr. V.* (auch fig.) crow
Krähen·füße *Pl.* (ugs.) crow's feet

k

krakeelen *itr. V.* (ugs.) kick up a row (infml)

krakeln *tr., itr. V.* (ugs.) scrawl

kraklig *Adj.* (ugs. abwertend) scrawly

Kralle *die;* ~, ~n claw

krallen **A** *refl. V.* **sich an etw.** (*Akk.*) ~ <*cat*> dig its claws into sth; <*person*> clutch sth [tightly]
B *tr. V.* (fest greifen) **die Finger in/um etw.** (*Akk.*) ~ dig one's fingers into sth/clutch sth [tightly] with one's fingers

Kram *der;* ~[e]s (ugs.) **1** stuff; (Gerümpel) junk **2** (Angelegenheit) affair

kramen **A** *itr. V.* **in etw.** (*Dat.*) ~ rummage about in sth
B *tr. V.* (ugs.) **etw. aus etw.** ~ fish (infml) sth out of sth

Krämer *der;* ~s, ~, **Krämerin** *die;* ~, ~nen grocer

Kram·laden *der* (ugs. abwertend) junk shop

Krampf *der;* ~[e]s, **Krämpfe 1** cramp; (Zuckung) spasm **2** painful strain; (sinnloses Tun) senseless waste of effort

Krampf·ader *die* varicose vein

krampfhaft **A** *Adj.* convulsive; (verbissen) desperate
B *adv.* convulsively; (verbissen) desperately

Kran *der;* ~[e]s, **Kräne 1** crane **2** (südwestd.) (Wasserhahn) tap; faucet (AmE)

Kranich *der;* ~s, ~e crane

✶ **krank; kränker, kränkst...** *Adj.* ill *usu. pred.*; sick; bad <*leg, tooth*>; diseased <*plant, organ*>; (fig.) ailing <*economy, business*>; ~ werden be taken ill

Kranke *der/die adj. Dekl.* sick man/woman; (Patient) patient

kränkeln *itr. V.* be in poor health

kränken *tr. V.* jmdn. ~ hurt sb *or* sb's feelings

Kranken-: ~**geld** *das* sickness benefit; ~**gymnastik** *die* remedial *or* medical gymnastics *sing.*; physiotherapy; ~**gymnastin** *die;* ~~, ~~nen remedial gymnast; medical gymnast; physiotherapist

✶ **Kranken·haus** *das* hospital

Kranken-: ~**kasse** *die* health insurance scheme; (Körperschaft) health insurance institution; (privat) health insurance company; ~**pfleger** *der* male nurse; ~**schein** *der* health insurance certificate; ~**schwester** *die* nurse; ~**versicherung** *die* **1** (Versicherung) health insurance **2** (Unternehmen) health insurance company; ~**wagen** *der* ambulance

kränker ▸ krank

krank|feiern *itr. V.* (ugs.) skive off work (infml) [pretending to be ill]

krankhaft **A** *Adj.* pathological; morbid <*growth, state, swelling, etc.*>

✶ key word

✶ alte Schreibung—vgl. Hinweis auf S. x

B *adv.* pathologically; morbidly <*swollen, sensitive*>

✶ **Krankheit** *die;* ~, ~en **1** illness; (bestimmte Art, von Pflanzen, Organen) disease **2** (Zeit des Krankseins) illness

Krankheits·erreger *der* pathogen

kränklich *Adj.* ailing

krank|schreiben *tr. V.* give <*person*> a medical certificate

kränkst... ▸ krank

Kränkung *die;* ~, ~en; eine ~ an injury to one's/sb's feelings

Kranz *der;* ~es, **Kränze** wreath; garland; (auf einem Grab usw.) wreath

Kränzchen *das;* ~s, ~; coffee circle; coffee klatch (AmE)

Krapfen *der;* ~s, ~; doughnut

krass, ✶**kraß** **A** *Adj.* blatant <*case*>; flagrant <*injustice*>; stark <*contrast*>; complete <*contradiction*>; sharp <*difference*>; out-and-out <*egoist*>
B *adv.* **sich** ~ **ausdrücken** put sth bluntly; **sich von etw.** ~ **unterscheiden** be in stark contrast to sth

Krater *der;* ~s, ~; crater

Kratz·bürste *die* (ugs. scherzh.) prickly so-and-so

kratzen **A** *tr. V.* scratch; (entfernen) scrape
B *itr. V.* **1** scratch **2** (jucken) itch

Krätzer *der;* ~s, ~ (ugs.) scratch

krätzig *Adj.* itchy <*material*>

Kraul *das;* ~s (Sport) crawl

kraulen¹ **A** *itr. V.* do the crawl
B *tr. V.; auch mit sein* **eine Strecke** ~ cover a distance using the crawl

kraulen² *tr. V.* jmdm. das Kinn ~ tickle sb under the chin; jmdn. in den Haaren ~ run one's fingers through sb's hair

kraus *Adj.* creased <*skirt etc.*>; frizzy <*hair*>

Krause *die;* ~, ~n (Kragen) ruff; (am Ärmel) ruffle

kräuseln **A** *tr. V.* ruffle <*water, surface*>; gather <*material etc.*>; frizz <*hair*>
B *refl. V.* <*hair*> go frizzy; <*water*> ripple; <*smoke*> curl up

Kraut *das;* ~[e]s, **Kräuter 1** herb **2** (bes. südd., österr.) (Kohl) cabbage

Kraut·salat *der* coleslaw

Krawall *der;* ~s, ~e **1** riot **2** (ugs.) (Lärm) row (infml)

Krawatte *die;* ~, ~n tie

kraxeln *itr. V.; mit sein* (bes. südd., österr.) (ugs.) climb; (mit Mühe) clamber

kreativ **A** *Adj.* creative
B *adv.* ~ **veranlagt sein** have a creative bent

Kreativität *die;* ~; creativity

Kreatur *die;* ~, ~en creature

Krebs *der;* ~es, ~e **1** crustacean; (Fluss~) crayfish; (Krabbe) crab **2** (Krankheit) cancer

3 (Astrol.) Cancer; the Crab

krebs-, Krebs-: ~**erregend,**
~**erzeugend** *Adj.* carcinogenic;
~**forschung** *die* cancer research;
~**geschwulst** *die* cancerous growth *or*
tumour; ~**geschwür** *das* (volkst.) cancerous
ulcer; (fig. geh.) cancer; ~**krank** *Adj.* ~**krank**
sein have cancer; ~**rot** *Adj.* as red as a
lobster *postpos.*

Kredit *der;* ~**[e]s,** ~**e** credit; (Darlehen) loan

kredit-, Kredit-: ~**institut** *das* credit
institution; ~**karte** *die* credit card;
mit ~**karte bezahlen** pay by credit card;
~**klemme** *die* credit crunch; ~**nehmer**
der; ~~**s,** ~~, ~**nehmerin** *die;* ~~,
~~**nen** borrower; ~**würdig** *Adj.* (Finanzw.)
creditworthy

Kreide *die;* ~, ~**n** chalk

kreide·bleich *Adj.* as white as a sheet
postpos.

Kreide·felsen *der* chalk cliff

kreieren /kreˈiːrən/ *tr. V.* create

♂ **Kreis** *der;* ~**es,** ~**e** circle; (Verwaltungsbezirk)
district; (Wahl~) ward

Kreis·bahn *die* orbit

kreischen *itr. V.* screech; ‹door› creak

Kreisel *der;* ~**s,** ~ (Kinderspielzeug) top; (ugs.)
(Kreisverkehr) roundabout

kreisen *itr. V.;* auch mit sein ‹planet› revolve
(um around); ‹satellite etc.› orbit; ‹aircraft,
bird› circle

kreis-, Kreis-: ~**förmig** *Adj.* circular;
~**lauf** *der* (Physiol.) circulation; (der Natur, des
Lebens usw.) cycle; ~**lauf·störungen** *Pl.*
(Med.) circulatory trouble *sing.;* ~**rund** *Adj.*
[perfectly] round; ~**säge** *die* circular saw

Kreiß·saal *der* (Med.) delivery room

Kreis-: ~**stadt** *die* chief town of a/the
district; ~**verkehr** *der* roundabout

Krem *die;* ~, ~**s** ▶ Creme

Krematorium *das;* ~**s, Krematorien**
crematorium

Krempe *die;* ~, ~**n** brim

Krempel *der;* ~**s** (ugs. abwertend) stuff;
(Gerümpel) junk

krepieren *itr. V.;* mit sein (salopp) ‹person›
snuff it (sl.)

Krepp *der;* ~**s,** ~**s** od. ~**e** crêpe

*****Krepppapier** *das,* **Krepp·papier** *das*
crêpe paper

Kresse *die;* ~, ~**n** (Bot.) cress

Kreta (das); ~**s** Crete

♂ **Kreuz** *das;* ~**es,** ~**e 1** cross; (Kreuzzeichen)
sign of the cross

2 (Teil des Rückens) small of the back; **jmdn.**
aufs ~ **legen** (salopp) take sb for a ride (infml)

3 (Kartenspiel) (Farbe) clubs *pl.;* (Karte) club

4 (Autobahn) interchange

5 (Musik) sharp

kreuzen **A** *tr. V.* (auch Biol.) cross
B *refl. V.* **1** (überschneiden) cross
2 (zuwiderlaufen) clash (**mit** with)

C *itr. V.;* mit haben od. sein (fahren) cruise

Kreuz-: ~**fahrer** *der* (hist.) crusader; ~**fahrt**
die cruise; ~**feuer** *das* (Milit., auch fig.)
crossfire; ~**gang** *der* cloister

kreuzigen *tr. V.* crucify

Kreuzigung *die;* ~, ~**en** crucifixion

Kreuz-: ~**otter** *die* adder; [common]
viper; ~**ritter** *der* (hist.) crusader;
~**schlitz·schraube** *die* Phillips screw®;
~**schmerzen** *Pl.* pain *sing.* in the small of
the back; ~**spinne** *die* cross spider; garden
spider

Kreuzung *die;* ~, ~**en 1** crossroads *sing.*
2 (Biol.) crossing; cross-breeding; (Ergebnis)
cross

kreuz-, Kreuz-: ~**verhör** *das* cross-
examination; ~**weise** *adv.* crosswise;
~**wort·rätsel** *das* crossword [puzzle];
~**zug** *der* (hist., fig.) crusade

kribbelig *Adj.* (ugs.) (vor Ungeduld) fidgety;
(nervös) edgy

kribbeln *itr. V.* (jucken) tickle; (prickeln) tingle

kriechen *unr. itr. V.* **1** mit sein ‹insect, baby›
crawl; ‹plant› creep; ‹person, animal› creep,
crawl
2 auch mit sein (fig. abwertend) crawl (**vor** +
Dat. to)

Kriecher *der;* ~**s,** ~, **Kriecherin** *die;* ~,
~**nen** (abwertend) crawler

Kriech·spur *die* (Verkehrsw.) crawler lane

♂ **Krieg** *der;* ~**[e]s,** ~**e** war; ~ **führend**
warring; belligerent

♂ **kriegen** *tr. V.* (ugs.) get; (erreichen) catch
‹train, bus, etc.›

Krieger *der;* ~**s,** ~, **Kriegerin** *die;* ~,
~**nen** warrior

kriegerisch *Adj.* **1** (kampflustig) warlike
2 (militärisch) military; **eine** ~**e**
Auseinandersetzung an armed conflict

*****krieg·führend** ▶ Krieg

kriegs-, Kriegs-: ~**beil** *das* tomahawk;
das ~**beil begraben** (scherzh.) bury the
hatchet; ~**bemalung** *die* (Völkerk.)
warpaint; ~**beschädigt** *Adj.* war-disabled;
~**beschädigte** *der/die adj. Dekl.* war
invalid; ~**dienst** *der* **1** (im Krieg) active
service **2** (Wehrdienst) military service;
den ~**dienst verweigern** be a conscientious
objector; ~**dienst·verweigerer** *der*
conscientious objector; ~**ende** *das* end of
the war; **bei/vor** ~**ende** at/before the end
of the war; ~**erklärung** *die* declaration
of war; ~**gefangene** *der* prisoner
of war; POW; ~**gefangenschaft**
die captivity; ~**opfer** *das* war victim;
~**schiff** *das* warship; ~**verbrechen**
das (Rechtsw.) war crime; ~**verbrecher**
der, ~**verbrecherin** *die* war criminal;
~**waise** *die* war orphan

Krimi *der;* ~**[s],** ~**[s]** (ugs.) crime thriller

Kriminal·beamte *der,* **Kriminal·beamtin**
die [plain-clothes] detective

k

kriminalisieren *tr. V.* jmdn. ~ make sb turn to crime

kriminalistisch **A** *Adj.* ‹*methods, practice*› of criminalistics; ‹*abilities*› in the field of criminalistics
B *adv.* ‹*proceed etc.*› using the methods of criminalistics

Kriminalität *die*; ~; crime *no art.*

Kriminal-: ~**polizei** *die* criminal investigation department; ~**roman** *der* crime novel; (mit Detektiv als Held) detective novel

kriminell **A** *Adj.* criminal
B *adv.* ~ veranlagt sein have criminal tendencies; ~ handeln act illegally

Kriminelle *der/die adj. Dekl.* criminal

Krimskrams *der*; ~[es] (ugs.) stuff

Kringel *der*; ~s, ~ (Kreis) [small] ring; (Kritzelei) round squiggle; (Gebäck) [ring-shaped] biscuit

kringeln *refl. V.* curl [up]; ‹*hair*› go curly; sich ~ [vor Lachen] (ugs.) kill oneself [laughing] (infml)

Kripo *die*; ~ (ugs.) die ~ ≈ the CID

Krippe *die*; ~, ~n **1** (Futtertrog) manger; crib
2 (Weihnachts~) model of a nativity scene
3 (Kinder~) crèche

◆ **Krise** *die*; ~, ~n (auch Med.) crisis

kriseln *itr. V.*; (unpers.) es kriselt in ihrer Ehe/in der Partei their marriage is in trouble/the party is in a state of crisis

Krisen-: ~**gebiet** *das* crisis area; ~**herd** *der* trouble spot

Kristall¹ /krɪsˈtal/ *der*; ~s, ~e crystal

Kristall² *das*; ~s crystal *no indef. art.*

Kristallisation *die*; ~, ~en (bes. Chemie) crystallization

kristallisieren *itr. V.* (bes. Chemie) crystallize

◆ **Kriterium** *das*; ~s, **Kriterien** criterion

◆ **Kritik** *die*; ~, ~en **1** criticism *no indef. art.* (an + *Dat.* of); an jmdm./etw. ~ üben criticize sb/sth
2 (Besprechung) review

Kritiker *der*; ~s, ~, **Kritikerin** *die*; ~, ~nen critic

kritik·los **A** *Adj.* uncritical
B *adv.* uncritically

◆ **kritisch** **A** *Adj.* critical
B *adv.* critically

◆ **kritisieren** *tr. V.* criticize; review ‹*book, play, etc.*›

kritzeln **A** *itr. V.* (schreiben) scribble; (zeichnen) doodle
B *tr. V.* scribble

Kroatien /kroˈaːtsjən/ *(das)*; ~s Croatia

kroatisch *Adj.* Croatian

kroch *1. u. 3. Pers. Sg. Prät. v.* kriechen

Krokant *der*; ~s praline

◆ key word
* old spelling—see note on page x

Krokette *die*; ~, ~n (Kochk.) croquette

Krokodil *das*; ~s, ~e crocodile

Krokodils·tränen *Pl.* (ugs.) crocodile tears

Krokus *der*; ~, ~ *od.* ~se crocus

Krone *die*; ~, ~n crown; (eines Baumes) top; crown; (einer Welle) crest; die ~ der Schöpfung the pride of creation

krönen *tr. V.* (auch fig.) crown

Kronen·korken *der* crown cork

Kron-: ~**juwelen** *Pl.* the crown jewels; ~**leuchter** *der* chandelier; ~**prinz** *der* crown prince; ~**prinzessin** *die* crown princess

Krönung *die*; ~, ~en coronation; (fig.) culmination

Kron·zeuge *der*, **Kron·zeugin** *die* (Rechtsw.) person who turns Queen's/King's evidence; als ~ auftreten turn Queen's/King's evidence

Kropf *der*; ~[e]s, **Kröpfe** (Med.) goitre

Kröte *die*; ~, ~n **1** toad
2 *Pl.* (salopp) (Geld) ein paar/eine ganze Menge ~n verdienen earn a few bob (BrE infml) /a fair old whack (infml)

Krücke *die*; ~, ~n crutch

Krück·stock *der* walking stick

Krug *der*; ~[e]s, **Krüge** jug; (größer) pitcher; (Bier~) mug

Krume *die*; ~, ~n crumb

Krümel *der*; ~s, ~; crumb

krümeln *itr. V.* **1** crumble
2 (Krümel machen) make crumbs

krumm **A** *Adj.* **1** bent ‹*nail, back*›; crooked ‹*stick, branch, etc.*›; bandy ‹*legs*›; sich über etw. (*Akk.*) ~ lachen (ugs.) fall about laughing over sth
2 (ugs.) (unrechtmäßig) crooked
3 etw. ~ nehmen (ugs.) take sth the wrong way
B *adv.* crookedly

krümmen **A** *tr. V.* bend
B *refl. V.* **1** (sich winden) writhe
2 (krumm verlaufen) ‹*road, path, river*› bend

krumm-: ***~**|lachen** ▸ krumm A1; ~**|nehmen** ▸ krumm A3

Krümmung *die*; ~, ~en bend

Krüppel *der*; ~s, ~; cripple

Kruste *die*; ~, ~n crust; (vom Braten) crisp

Kruzifix *das*; ~es, ~e crucifix

Krypta *die*; ~, **Krypten** (Archit.) crypt

Kuba *(das)*; ~s Cuba

Kubaner *der*; ~s, ~, **Kubanerin** *die*; ~, ~nen Cuban

Kübel *der*; ~s, ~; pail

Kubik- cubic ‹*metre, foot, etc.*›

◆ **Küche** *die*; ~, ~n kitchen; (Einrichtung) kitchen furniture *no indef. art.*; (Kochk.) cooking; cuisine; kalte/warme ~ cold/hot food

Kuchen *der*; ~s, ~; cake; (Obst~) flan; (Torte) gateau

Küchen-: ~**abfälle** *Pl.* kitchen scraps;

~**chef** *der*, ~**chefin** *die* chef
Kuchen-: ~**form** *die* cake tin; ~**gabel** *die* pastry fork
Küchen-: ~**gerät** *das* kitchen utensil; (als Kollektivum) kitchen utensils *pl.*; ~**maschine** *die* food processor; ~**meister** *der*, ~**meisterin** *die* chef; ~**messer** *das* kitchen knife; ~**schabe** *die* cockroach; ~**schrank** *der* kitchen cupboard; ~**tisch** *der* kitchen table
Kuckuck *der*; ~**s**, ~**e 1** cuckoo; zum ~ [noch mal]! (salopp) for crying out loud! (infml) **2** (scherzh.) (Pfandsiegel) bailiff's seal (*placed on distrained goods*)
Kuckucks·uhr *die* cuckoo clock
Kufe *die*; ~, ~**n** runner; (von Flugzeugen, Hubschraubern) skid
Kugel *die*; ~, ~**n 1** ball; (Geom.) sphere; (Kegeln) bowl; (beim Kugelstoßen) shot **2** (ugs.) (Geschoss) bullet
Kugel·lager *das* (Technik) ball bearing
kugeln A *tr. V.* roll
B *refl. V.* sich [vor Lachen] ~ (ugs.) double *or* roll up [laughing]
kugel-, Kugel-: ~**rund** /--'-/ *Adj.* round as a ball *postpos.*; (scherzh.) (dick) rotund; tubby; ~**schreiber** *der* ball pen; Biro®; ~**sicher** *Adj.* bulletproof; ~**stoßen** *das*; ~~**s** shot[-put]; (Diszplin) putting the shot *no art.*
Kuh *die*; ~, **Kühe** cow
Kuh-: ~**fladen** *der* cowpat; ~**handel** *der* (ugs. abwertend) shady horse-trading *no indef. art.*; ein ~**handel** a bit of shady horse-trading; ~**haut** *die* das geht auf keine ~**haut** (fig. salopp) it's absolutely staggering
~**kühl** A *Adj.* cool; etw. ~ lagern keep sth in a cool place
B *adv.* coolly
Kuhle *die*; ~, ~**n** (ugs.) hollow
Kühle *die*; ~; coolness
kühlen A *tr. V.* cool; chill ‹wine›; refrigerate ‹food›
B *itr. V.* ‹cold compress, ointment, breeze, etc.› have a cooling effect
Kühler *der*; ~**s**, ~ **1** (am Auto) radiator; (Kühlerhaube) bonnet (BrE); hood (AmE) **2** (Sekt~) ice bucket
Kühler·haube *die* bonnet (BrE); hood (AmE)
Kühl-: ~**fach** *das* frozen food compartment; ~**haus** *das* cold store; ~**raum** *der* cold store; cold-storage room; ~**schrank** *der* refrigerator; fridge (BrE infml); icebox (AmE); ~**truhe** *die* [chest] freezer; (im Lebensmittelgeschäft) freezer [cabinet]
Kühlung *die*; ~, ~**en** cooling; (Vorrichtung) cooling system; (für Lebensmittel) refrigeration system
Kühl·wasser *das* cooling water
kühn A *Adj.* bold; (dreist) audacious
B *adv.* boldly; (gewagt) daringly; (dreist) audaciously
Kühnheit *die*; ~; boldness; (Gewagtheit) daring; (Dreistigkeit) audacity

Kuh·stall *der* cowshed
Küken *das*; ~**s**, ~; chick
kulant *Adj.* obliging; fair ‹terms›
Kulanz *die*; ~; willingness to oblige
Kuli *der*; ~**s**, ~**s 1** coolie **2** (ugs.) ballpoint; Biro®
kulinarisch *Adj.* culinary
Kulisse *die*; ~, ~**n** piece of scenery; flat; (Hintergrund) backdrop; die ~**n** the scenery *sing.*; hinter den ~**n** (fig.) behind the scenes
kullern *itr. V.*; *mit sein* (ugs.) roll
Kult *der*; ~**[e]s**, ~**e** (auch fig.) cult
Kult·film *der* cult film
kultivieren *tr. V.* (auch fig.) cultivate
kultiviert A *Adj.* cultured; (vornehm) refined
B *adv.* in a cultured manner; (vornehm) in a refined manner
~**Kultur** *die*; ~, ~**en 1** culture; (kultivierte Lebensart) refinement; ein Mensch von ~ a cultured person **2** (Zivilisation, Lebensform) civilization
Kultur-: ~**abkommen** *das* cultural agreement; ~**austausch** *der* cultural exchange; ~**beutel** *der* sponge bag (BrE); toilet bag
~**kulturell** A *Adj.* cultural
B *adv.* culturally
Kultur-: ~**film** *der* documentary film; ~**geschichte** *die* history of civilization; (einer bestimmten Kultur) cultural history; ~**politik** *die* cultural and educational policy
Kultus·minister *der*, **Kultus·ministerin** *die* minister for education and cultural affairs
Kümmel *der*; ~**s**, ~; caraway [seed]; (Branntwein) kümmel
Kummer *der*; ~**s** sorrow; grief; (Ärger, Sorgen) trouble; ~ um *od.* über jmdn. grief for sb; jmdm. ~ machen give sb trouble
kümmerlich *Adj.* **1** (schwächlich) puny; stunted ‹vegetation, plants› **2** (ärmlich) wretched; miserable **3** (abwertend) (gering) miserable; meagre ‹knowledge, leftovers›
~**kümmern** A *refl. V.* **1** sich um jmdn./etw. ~ take care of sb/sth **2** (sich befassen mit) sich nicht um Politik ~ not be interested in politics
B *tr. V.* concern
Kumpan *der*; ~**s**, ~**e**, **Kumpanin** *die*; ~, ~**nen** (ugs.) **1** pal (infml); buddy (infml) **2** (abwertend) (Mittäter[in]) accomplice
Kumpel *der*; ~**s**, ~ **1** (Bergmannsspr.) miner **2** (salopp) (Kamerad) pal (infml); buddy (infml)
Kumulus·wolke *die* (Met.) cumulus cloud
kündbar *Adj.* terminable ‹contract›; redeemable ‹loan, mortgage›
~**Kunde¹** *der*; ~**n**, ~**n** customer; (eines Architekten-, Anwaltbüros, einer Versicherung usw.) client
Kunde² *die*; ~ (geh.) tidings *pl.* (literary)

k

Kunden·dienst *der* service to customers; (Wartung) after-sales service

Kundgebung *die*; ~, ~en rally

kundig *Adj.* (kenntnisreich) knowledgeable; (sachverständig) expert

✍ **kündigen A** *tr. V.* cancel ‹*subscription, membership*›; terminate ‹*contract, agreement*›; **seine Stellung** ~ hand in one's notice (**bei** to)
B *unr. itr. V.* **1** (ein Mietverhältnis beenden) ‹*tenant*› give notice; jmdm. ~ ‹*landlord*› give sb notice to quit; **zum 1. Juli** ~ give notice for 1 July
2 (ein Arbeitsverhältnis beenden) ‹*employee*› hand in one's notice (**bei** to); jmdm. ~ ‹*employer*› give sb his/her notice

Kündigung *die*; ~, ~en **1** (der Mitgliedschaft, eines Abonnements) cancellation; (eines Vertrags) termination
2 (eines Arbeitsverhältnisses) **jmdm. die** ~ **aussprechen** give sb his/her notice

Kündigungs-: ~**frist** *die* period of notice; ~**schutz** *der* protection against wrongful dismissal

Kundin *die*; ~, ~nen customer/client

Kundschaft *die*; ~, ~en ▶ Kunde¹ customers *pl.*; clientele

Kundschafter *der*; ~s, ~, **Kundschafterin** *die*; ~, ~nen scout

kund|tun (geh.) *unr. tr. V.* announce

✍ **künftig A** *Adj.* future
B *adv.* in future

✍ **Kunst** *die*; ~, **Künste 1** art; **die bildende** ~, **die bildenden Künste** the plastic arts *pl.*; **die schönen Künste** [the] fine arts
2 (das Können) skill; **die ärztliche** ~ medical skill; **das ist keine** ~! (ugs.) there's nothing 'to it

kunst-, Kunst-: ~**ausstellung** *die* art exhibition; ~**buch** *das* art book; ~**druck** *der*; *Pl.* ~~**e 1** [fine] art print **2** (Druckw.) fine-art printing; ~**erzieher** *der*, ~**erzieherin** *die* art teacher; ~**faser** *die* synthetic fibre; ~**führer** *der* guide to cultural and artistic monuments [of an/the area]; ~**genuss**, ***~**genuß** *der* enjoyment of art; (Ereignis) artistic treat; ~**gerecht A** *Adj.* expert **B** *adv.* expertly; ~**geschichte** *die* art history; ~**geschichtlich A** *Adj.* art historical ‹*studies, evidence, expertise*›; ‹*work*› on art history **B** *adv.* ~ **geschichtlich interessiert/versiert** interested/well versed in art history; ~**gewerbe** *das* arts and crafts *pl.*; ~**griff** *der* trick; dodge; ~**halle** *die* art gallery; ~**händler** *der*, ~**händlerin** *die* [fine-]art dealer; ~**handwerk** *das* craftwork; ~**kritiker** *der*, ~**kritikerin** *die* art critic; ~**leder** imitation leather

✍ **Künstler** *der*; ~s, ~, **Künstlerin** *die*; ~, ~nen **1** artist; (Zirkus~, Varieté~) artiste **2** (Könner) genius (**in** + *Dat.* at)

künstlerisch A *Adj.* artistic
B *adv.* artistically

Künstler·name *der* stage name

künstlich A *Adj.* **1** artificial
2 (gezwungen) forced ‹*laugh, cheerfulness, etc.*›
B *adv.* artificially

kunst-, Kunst-: ~**licht** *das* artificial light; ~**los** *Adj.* plain; ~**postkarte** *die* art postcard; ~**saal** *der* art room; ~**sammler** *der*, ~**sammlerin** *die* art collector; ~**sammlung** *die* art collection; ~**schatz** *der* art treasure; ~**stoff** *der* synthetic material; plastic; ~**stück** *das* trick; **das ist kein** ~**stück** (ugs.) it's no great feat; ~**turnen** *das* gymnastics *sing.*; ~**voll A** *Adj.* ornate and artistic; (kompliziert) elaborate **B** *adv.* **1** ornately *or* elaborately and artistically **2** (geschickt) skilfully; ~**werk** *das* work of art

kunter·bunt A *Adj.* multicoloured; (abwechslungsreich) varied; (ungeordnet) jumbled ‹*confusion, muddle, etc.*›
B *adv.* ‹*painted, printed*› in many colours; ~ **durcheinander sein** be higgledy-piggledy

Kupfer *das*; ~s **1** copper
2 (~geschirr) copperware; (~geld) coppers *pl.*

Kupfer-: ~**geld** *das* coppers *pl.*; ~**stich** *der* **1** copperplate engraving *no art.* **2** (Blatt) copperplate print *or* engraving

Kuppe *die*; ~, ~n **1** [rounded] hilltop
2 (Finger~) tip; end

Kuppel *die*; ~, ~n dome; (kleiner) cupola

Kuppelei *die*; ~; procuring

kuppeln *itr. V.* operate the clutch

Kuppelung ▶ Kupplung

Kuppler *der*; ~s, ~; procurer

Kupplerin *die*; ~, ~nen procuress

Kupplung *die*; ~, ~en **1** (Kfz-W.) clutch
2 (Technik) (Vorrichtung zum Verbinden) coupling

Kur *die*; ~, ~en [health] cure; (ohne Aufenthalt im Badeort) course of treatment

Kür *die*; ~, ~en (Eiskunstlauf) free programme; (Turnen) optional exercises *pl.*

Kurbel *die*; ~, ~n crank [handle]; (an Spieldosen, Grammophonen) winder; (an einem Brunnen) [winding] handle

kurbeln *tr. V.* etw. nach oben/unten ~ wind sth up/down

Kurbel·welle *die* (Technik) crankshaft

Kürbis *der*; ~ses, ~se pumpkin

Kurde *der*; ~n, ~n, **Kurdin** *die*; ~, ~nen Kurd

kurdisch *Adj.* Kurdish

Kur-: ~**fürst** *der* (hist.) Elector; ~**gast** *der* visitor to a/the spa; (Patient) patient at a/the spa

Kurier *der*; ~s, ~e courier

✍ key word

* alte Schreibung—vgl. Hinweis auf S. x

kurieren *tr. V.* (auch fig.) cure (**von** of)
Kurierin *die*; ~, ~**nen** ▶ Kurier
kurios **A** *Adj.* curious
    B *adv.* curiously; strangely; oddly
Kuriosität *die*; ~, ~**en** **1** strangeness
    2 (Gegenstand) curiosity; curio
Kur-: ~**konzert** *das* concert [at a spa]; ~**ort**
    der spa; ~**pfuscher** *der*, ~**pfuscherin** *die*
    (ugs. abwertend) quack
✔ **Kurs** *der*; ~**es**, ~**e 1** (Richtung) course; **ein**
    harter/weicher ~ (fig.) a hard/soft line
    2 (von Wertpapieren) price; (von Devisen) exchange
    rate; **der** ~ **des Dollars** the dollar rate
    3 (Lehrgang) course; (Teilnehmer) class
Kürschner *der*; ~**s**, ~, **Kürschnerin** *die*;
    ~, ~**nen** furrier
kursieren *itr. V.; auch mit sein* circulate
Kurs·teilnehmer *der*, **Kurs·teilnehmerin**
    die course participant
Kursus *der*; ~, **Kurse** ▶ Kurs
Kurs·wagen *der* (Eisenb.) through carriage
Kur·taxe *die* visitors' tax (*at a spa*)
Kurve *die*; ~, ~**n 1** (einer Straße) bend
    2 (Geom.) curve
    3 (in der Statistik, Temperatur~ usw.) graph
kurven *itr. V.; mit sein* **1** <*aircraft*> circle;
    <*tanks etc.*> circle [round]
    2 (ugs.) (fahren) drive around
kurven·reich *Adj.* winding; twisting
✔ **kurz; kürzer, kürzest...** **A** *Adj.* short;
    (zeitlich; knapp) short, brief; quick <*look*>
    B *adv.* **1** (zeitlich) briefly; (knapp) ~ **gesagt**
    in a word
    2 (wenig) just; ~ **vor/hinter der Kreuzung**
    just before/past the crossroads; ~ **vor/nach**
    Pfingsten just before/after Whitsun
kurz-, Kurz-: ~**arbeit** *die* short-time
    working; ~**ärmelig, ~ärmlig** *Adj.* short-
    sleeved
Kürze *die*; ~ **1** shortness
    2 (geringe Dauer) shortness; brevity; **in** ~
    shortly
    3 (Knappheit) brevity
Kürzel *das*; ~**s**, ~; shorthand symbol
kürzen *tr. V.* shorten; abridge <*article, book*>;
    cut <*pension, budget*>
kürzer ▶ kurz
kürzest... ▶ kurz
kurz-, Kurz-: ~**fristig** **A** *Adj.* <*refusal,
    resignation, etc.*> at short notice **2** (für
    kurze Zeit) short-term **B** *adv.* **1** at short
    notice **2** (für kurze Zeit) for a short time; (auf
    kurze Sicht) in the short term; (in kurzer Zeit)
    without delay; ~**geschichte** *die* short
    story; ~**haar·frisur** *die* bob; bobbed

hairstyle; ~**lebig** *Adj.* (auch fig.) short-lived;
    ~**lebigkeit** *die*; ~~; short-livedness
kürzlich *Adv.* recently; not long ago
kurz-, Kurz-: ~**meldung** *die* brief report;
    (während einer anderen Sendung) news flash;
    ~**parker** *der*; ~~**s**, ~~, ~**parkerin** *die*;
    ~~, ~~**nen** short-stay (BrE) *or* short-term
    parker; ~**schluss,** ***~**schluß** *der* (Elektrot.)
    short circuit; ~**sichtig** (auch fig.) **A** *Adj.*
    short-sighted **B** *adv.* short-sightedly;
    ~**sichtigkeit** *die*; ~~ (auch fig.) short-
    sightedness
Kurzstrecken·rakete *die* short-range
    missile
Kürzung *die*; ~, ~**en** cut
kurz-, Kurz-: ~**waren** *Pl.* haberdashery
    sing. (BrE); notions (AmE); ~**weilig** *Adj.*
    entertaining; ~**welle** *die* (Physik, Rundf.)
    short wave; ~**zeitig** **A** *Adj.* brief
    B *adv.* briefly
kuschelig *Adj.* cosy
kuscheln *refl. V.* sich an jmdn. ~ snuggle
    up to sb
Kuschel·tier *das* cuddly toy
kuschen *itr. V.* knuckle under (**vor** + *Dat.* to)
Kusine *die*; ~, ~**n** ▶ Cousine
Kuss, ***Kuß *der*; **Kusses, Küsse** kiss
kuss·echt, ***kuß·echt *Adj.* kiss-proof
küssen *tr., itr. V.* kiss
Kuss·hand, ***Kuß·hand *die* jmdm. eine ~
    zuwerfen blow sb a kiss; **mit** ~ (ugs.) gladly
Küste *die*; ~, ~**n** coast
Küsten-: ~**linie** *die* coastline; ~**wache** *die*
    coastguard [service]
Küster *der*; ~**s**, ~, **Küsterin** *die*; ~, ~**nen**
    sexton
Kutsche *die*; ~, ~**n** coach
Kutscher *der*; ~**s**, ~, **Kutscherin** *die*; ~,
    ~**nen** coach driver
kutschieren **A** *itr. V.; mit sein* drive, ride
    [in a coach]
    B *tr. V.* jmdn. ~ drive sb [in a coach]
Kutte *die*; ~, ~**n** [monk's/nun's] habit
Kutter *der*; ~**s**, ~; cutter
Kuvert /ku've:ɐ̯/ *das*; ~**s**, ~**s** envelope; (geh.)
    (Gedeck) cover
Kuwait /ku'vait/ *(das)*; ~**s** Kuwait
Kybernetik *die*; ~; cybernetics *sing.*
Kybernetiker *der*; ~**s**, ~,
    Kybernetikerin *die*; ~, ~**nen**
    cybernetician; cyberneticist
kybernetisch *Adj.* cybernetic
KZ *Abk.* = **Konzentrationslager**
KZ-Häftling *der*, **KZler** *der*; ~**s**, ~ ,
    KZlerin *die*; ~, ~**nen** concentration-
    camp prisoner

k

LI

I¹, L /ɛl/ *das*; ~, ~; l/L
I² *Abk.* = **Liter** l.
Lab *das*; ~[e]s, ~e rennet
labberig *Adj.* (ugs. abwertend) **1** (fade) wishy-
washy; ~ **schmecken** taste of nothing
2 (weich) floppy, limp ‹*material*›; floppy
‹*trousers, dress, etc.*›
laben (geh.) **A** *tr. V.* jmdn. ~ give sb
refreshment
B *refl. V.* refresh oneself (**an** + *Dat.*, **mit** with)
labern *itr. V.* (ugs. abwertend) rabbit (BrE infml)
or babble on
labil *Adj.* **1** (Med.) delicate ‹*constitution,
health*›; poor ‹*circulation*›
2 (auch Psych.) unstable ‹*person, character,
situation, etc.*›
Labor *das*; ~s, ~s *auch* ~e laboratory
Laboratorium *das*; ~s, **Laboratorien**
laboratory
Labor·test *der* laboratory test (**an** + *Dat.* of;
auf + *Akk.* for)
Labyrinth *das*; ~[e]s, ~e maze; labyrinth
Lache¹ *die*; ~, ~n (ugs.) laugh
Lache² /ˈla(ː)xə/ *die*; ~, ~n puddle; (von Blut,
Öl) pool
lächeln *itr. V.* smile (**über** + *Akk.* at)
Lächeln *das*; ~s smile
◆ **lachen** **A** *itr. V.* laugh (**über** + *Akk.* at)
B *tr. V.* was gibt es denn zu ~? what's so
funny?
Lachen *das*; ~s laughter; ein lautes ~ a loud
laugh
lächerlich **A** *Adj.* ridiculous; ludicrous
‹*argument, statement*›
B *adv.* ridiculously
Lächerlichkeit *die*; ~; ridiculousness; (von
Argumenten, Behauptungen usw.) ludicrousness
lachhaft *Adj.* ridiculous
Lachs *der*; ~es, ~e salmon
Lack *der*; ~[e]s, ~e varnish; (für Metall,
Lackarbeiten) lacquer
lackieren *tr. V.* varnish; spray ‹*car*›
Lack·leder *das* patent leather
Lade *die*; ~, ~n (landsch.) drawer
Lade·hemmung *die* jam
◆ **laden¹** **A** *unr. tr. V.* load; (Physik) charge
B *unr. itr. V.* load [up]
laden² *unr. tr. V.* **1** (Rechtsspr.) summon
2 (geh.) (einladen) invite

◆ key word
* old spelling—see note on page x

◆ **Laden** *der*; ~s, **Läden 1** shop; store (AmE);
der ~ läuft (ugs.) business is good
2 (Fensterladen) shutter
Laden-: ~**dieb** *der*, ~**diebin** *die* shoplifter;
~**diebstahl** *der* shoplifting; ~**schluss**,
*~**schluß** *der* shop *or* (AmE) store closing
time; ~**tisch** *der* [shop] counter
Lade-: ~**rampe** *die* loading ramp; ~**raum**
der (beim Auto) luggage space; (beim Flugzeug,
Schiff) hold; (bei LKWs) payload space;
~**station** *die* (Elektrot.) charging unit;
charger; charging station
lädieren *tr. V.* damage
lädst 2. Pers. Sg. Präsens v. **laden¹**, **laden²**
lädt 3. Pers. Sg. Präsens v. **laden¹**, **laden²**
Ladung *die*; ~, ~en **1** (Schiffs~, Flugzeug~)
cargo; (eines LKW) load
2 (beim Sprengen, Schießen; Physik) charge
3 (Rechtsspr.) (Vor~) summons *sing.*
lag 1. u. 3. Pers. Sg. Prät. v. **liegen**
◆ **Lage** *die*; ~, ~n **1** situation; eine gute ~
haben be well situated
2 (Art des Liegens) position
3 (Situation) situation
Lage·plan *der* map of the area
Lager *das*; ~s, ~ **1** camp
2 storeroom; (in Geschäften, Betrieben) stockroom
3 (Warenbestand) stock
Lager-: ~**bestand** *der* (Wirtsch.) stock; den
~**bestand** aufnehmen do a stocktake; ~**feuer**
das campfire; ~**halle** *die* warehouse
lagern **A** *tr. V.* **1** store
2 (hinlegen) lay down
B *itr. V.* **1** camp
2 (liegen) lie; ‹*foodstuffs, medicines, etc.*› be
kept
Lager-: ~**platz** *der* campsite; ~**raum**
storeroom; (im Geschäft, Betrieb) stockroom
Lagerung *die*; ~, ~en storage
Lagune *die*; ~, ~n lagoon
lahm *Adj.* **1** (gelähmt) lame; (ugs.) (unbeweglich)
stiff
2 (ugs.) (unzureichend) lame ‹*excuse,
explanation, etc.*›
3 (ugs. abwertend) (matt) dreary
lahmen *itr. V.* be lame
lähmen *tr. V.* paralyse; (fig.) paralyse
‹*economy, industry*›; bring ‹*traffic*› to a
standstill
Lähmung *die*; ~, ~en paralysis; (fig.) (der
Wirtschaft, Industrie) paralysis; zu einer ~ des
Verkehrs führen bring traffic to a standstill
Laib *der*; ~[e]s, ~e loaf; ein [halber] ~ Brot
[half] a loaf of bread

Laich *der*; ~[e]s, ~e spawn

laichen *itr. V.* spawn

Laie *der*; ~n, ~n (Mann) layman; (Frau) laywoman

Lakai *der*; ~en, ~en lackey; liveried footman

Lake *die*; ~, ~n brine

Laken *das*; ~s, ~ (bes. nordd.) sheet

Lakritze *die*; ~, ~n liquorice

lallen *tr., itr. V.* <baby> babble; <drunk/drowsy person> mumble

Lamelle *die*; ~, ~n (einer Jalousie) slat; (eines Heizkörpers) rib

lamentieren *itr. V.* (ugs.) moan (über + Akk. about)

Lametta *das*; ~s lametta

Lamm *das*; ~[e]s, **Lämmer** lamb

lamm-, Lamm-: ~fell *das* lambskin; ~fleisch *das* lamb; ~fromm **A** *Adj.* <person> as meek as a [little] lamb **B** *adv.* <answer> like a lamb

Lämpchen *das*; ~s, ~; small *or* little light; ein rotes ~ a little red light

Lampe *die*; ~, ~n light; (Tisch~, Öl~, Signal~) lamp

Lampen-: ~fieber *das* stage fright; ~schirm *der* [lamp]shade

Lampion /lam'pioɳ/ *der*; ~s, ~s Chinese lantern

⚜ **Land** *das*; ~es, **Länder** *od.* (veralt.) ~e **1** land *no indef. art.*; (dörfliche Gegend) country *no indef. art.*; an ~ ashore; auf dem ~ wohnen live in the country **2** (Staat) country; hier zu ~e [here] in this country **3** (Bundesland) Land; state; (österr.) province

Land-: ~arbeiter *der*, ~arbeiterin *die* agricultural worker; farm worker; ~bevölkerung *die* rural population

Lande-: ~anflug *der* (Flugw.) [landing] approach; ~bahn *die* (Flugw.) [landing] runway; ~erlaubnis *die* (Flugw.) permission to land *no art.*

⚜ **landen** **A** *itr. V.*; *mit sein* **1** land; (ankommen) arrive **2** (ugs.) (gelangen) land up **B** *tr. V.* **1** land <aircraft, troops, passengers, fish, etc.> **2** (ugs.) (zustande bringen) pull off <victory, coup>; have <smash hit>

Ländereien *Pl.* estates

Länder-: ~kampf *der* (Sport) international match; ~spiel *das* (Sport) international [match]

Landes-: ~innere *das* interior [of the country]; ~kunde *die* regional studies *pl., no art.*; ~regierung *die* government of a/the Land/province; ~sprache *die* language of the country

Lande-steg *der* landing stage; jetty

Landes-: ~tracht *die* national costume *or* dress; ~verrat *der* (Rechtsw.) treason; ~währung *die* currency of a/the country

Land-: ~flucht *die* migration from the land *or* countryside [to the towns]; ~friedens·bruch *der* (Rechtsw.) breach of the peace; ~gewinnung *die* reclamation of land; ~haus *das* country house; ~karte *die* map

⚜ **Land·kreis** *der* district

land·läufig *Adj.* widely accepted

ländlich *Adj.* rural; country *attrib.* <life>

Land-: ~luft *die* country air; ~mine *die* land mine; ~plage *die* (fig.) pest; nuisance; ~ratte *die* (ugs.) landlubber

⚜ **Landschaft** *die*; ~, ~en landscape; (ländliche Gegend) countryside

landschaftlich **A** *Adj.* regional **B** *adv.* ~ herrlich gelegen sein be in a glorious natural setting; die Umgebung der Stadt ist ~ sehr schön the town is in *or* has a beautiful natural setting

Land·schul·heim *das* ▸ Schullandheim

Lands-: ~mann *der*; *Pl.* ~leute fellow countryman; compatriot; ~männin *die*; ~~, ~~nen fellow countrywoman; compatriot

Land-: ~straße *die* country road; (im Gegensatz zur Autobahn) ordinary road; ~streicher *der*; ~~s, ~~, ~streicherin *die*; ~~, ~~nen tramp; ~strich *der* area; ~tag *der* Landtag; state parliament; (österr.) provincial parliament

Landung *die*; ~, ~en landing

Landungs·brücke *die* [floating] landing stage

land-, Land-: ~weg *der* overland route; auf dem ~weg overland; ~wirt *der*, ~wirtin *die* farmer; ~wirtschaft *die* agriculture *no art.*; ~wirtschaftlich **A** *Adj.* agricultural **B** *adv.* ~wirtschaftlich genutzt werden be used for agricultural purposes; ~zunge *die* (Geogr.) tongue of land

⚜ **lang; länger, längst…** **A** *Adj.* long; (ugs.) (groß) tall **B** *adv.* [for] a long time; eine Sekunde/mehrere Stunden ~ for a second/several hours

lang-: ~ärmelig, ~ärmlig *Adj.* long-sleeved; ~atmig **A** *Adj.* long-winded **B** *adv.* long-windedly; <relate> at great length

⚜ **lange; länger, am längsten** *Adv.* **1** a long time; bist du schon ~ hier? have you been here long? **2** (bei weitem) ich bin noch ~ nicht fertig I'm nowhere near finished; hier is es ~ nicht so schön it isn't nearly as nice here

Länge *die*; ~, ~n length; (Geogr.) longitude

langen **A** *itr. V.* (ugs.) **1** be enough **2** (greifen) reach (in + Akk. into; auf + Akk. on to; nach for) **B** *tr. V.* jmdm. eine ~ (ugs.) give sb a clout [around the ear] (infml)

Längen·grad *der* (Geogr.) degree of longitude

länger **A** ▶ lang, lange
  B *Adj.* seit ~er Zeit for quite some time
Lạnge·weile *die*, **Lạngen·weile**, *die*
boredom; ~ haben be bored
⌀ **langfristig** **A** *Adj.* long-term; long-dated
  <*loan*>
  B *adv.* on a long-term basis
lạng-, Lạng-: ~**jährig** *Adj.* <*customer,
friend*> of many years' standing; long-
standing <*friendship*>; ~**jährige Erfahrung**
many years of experience; ~**lauf** *der*
(Skisport) cross-country; ~**lebig** *Adj.* long-
lived <*animals, organisms*>; durable <*goods,
materials*>
lạnglich *Adj.* oblong
lạng-, Lạng-: ~**mut** *die*; ~~; forbearance;
~**mütig** *Adj.* forbearing; ~**mütigkeit** *die*;
~~; forbearance
lạngs **A** *Präp.* + *Gen. od.* (*selten*) *Dat.* along
  B *Adv.* lengthways
Lạngs·achse *die* longitudinal axis
⌀ **langsam** **A** *Adj.* slow
  B *adv.* **1** slowly; ~, aber sicher (ugs.) slowly
but surely
  2 (allmählich) gradually
Lạng-: ~**schläfer** *der*, ~**schläferin** *die*
late riser; ~**spiel·platte** *die* long-playing
record; LP
Lạngs·schnitt *der* longitudinal section
⌀ **längst** *Adv.* **1** (schon lange) a long time ago
  2 (bei weitem) **hier ist es** ~ **nicht so schön** it
isn't nearly as nice here
längst... ▶ lang
längstens *Adv.* (ugs.) (höchstens) at [the]
most; (spätestens) at the latest
Langụste *die*; ~, ~n spiny lobster
lạngweilen **A** *tr. V.* bore
  B *refl. V.* be bored
⌀ **langweilig** **A** *Adj.* boring; dull <*place*>
  B *adv.* boringly
lạng-, Lạng-: ~**welle** *die* (Physik, Rundf.)
long wave; ~**wierig** *Adj.* lengthy; prolonged
<*search*>
Lạnze *die*; ~, ~n lance; (zum Werfen) spear
Laos (*das*); **Laos'** Laos
Laọte *der*; ~n, ~n, **Laọtin** *die*; ~, ~nen
Laotian
lapidar **A** *Adj.* (kurz, aber wirkungsvoll) succinct;
(knapp) terse
  B *adv.* succinctly/tersely
Lappalie /la'pa:liə/ *die*; ~, ~n trifle
Lạppe *der*; ~n, ~n Lapp
Lạppen *der*; ~s, ~; cloth; (Fetzen) rag;
(Wasch~) flannel
Lạppin *die*; ~, ~nen Lapp
lạppisch *Adj.* silly
Lạpp·land (*das*); ~s Lapland
Laptop *der*; ~s, ~s (DV) laptop

Lạrche *die*; ~, ~n larch
Lärm *der*; ~[e]s noise; (Krach) din; row (infml)
Lärm·belästigung *die* disturbance caused
by noise
lärmen *itr. V.* make a noise *or* (infml) row
Lärm-: ~**pegel** *der* noise level; ~**schutz**
der **1** protection against noise
  2 (Vorrichtung) noise barrier; noise *or* sound
insulation *no indef. art.*; ~**schutz·wand**
die sound-insulating wall
Lạrve *die*; ~, ~n grub; larva
las *1. u. 3. Pers. Sg. Prät. v.* lesen¹, lesen²
lạsch **A** *Adj.* limp <*handshake*>; feeble
<*action, measure*>; lax <*upbringing*>
  B *adv.*; *s. Adj.* limply; feebly; laxly
Lạsche *die*; ~, ~n (Gürtel~) loop; (eines
Briefumschlags) flap; (Schuh~) tongue
Laser /'leizɐ/ *der*; ~s, ~ (Physik) laser
Lạser-: ~**drucker** *der* (DV) laser printer;
~**pointer** ~~s, ~~ *der* (DV) laser pointer
lạss, *****laß** *Imperativ Sg. v.* lassen
⌀ **lạssen** **A** *unr. tr. V.* **1** *mit Inf.* + *Akk.* **2.** *Part.*
lassen (veranlassen) etw. tun/machen/bauen/
waschen ~ have *or* get sth done/made/
built/washed; jmdn. warten ~ keep sb
waiting; jmdn. grüßen ~ send one's regards
to sb; jmdn. kommen/rufen ~ send for sb
  2 *mit Inf.* + *Akk.* **2.** *Part.* **lassen** (erlauben)
jmdn. etw. tun ~ let sb do sth; allow sb to
do sth
  3 (belassen) jmdn. in Frieden ~ leave sb in
peace
  4 (hinein~/heraus~) let *or* allow (in + *Akk.*
into; **aus** out of)
  5 (unterlassen) stop
  6 (zurück~; bleiben ~) leave
  7 (überlassen) jmdm. etw. ~ let sb have sth
  8 (als Aufforderung) **lass/lasst uns gehen/fahren!**
let's go!
  9 (verlieren) lose; (ausgeben) spend
  B *unr. refl. V.* **die Tür lässt sich leicht öffnen**
the door opens easily; **das lässt sich nicht
beweisen** it can't be proved
  C *unr. itr. V.* **1** (ugs.) **Lass mal. Ich mache das
schon** Leave it. I'll do it
  2 (veranlassen) **ich lasse bitten** would you ask
him/her/them to come in
lässig **A** *Adj.* casual
  B *adv.* casually
lässt, *****läßt** *3. Pers. Sg. Präsens v.* lassen
Lạst *die*; ~, ~en load; (Gewicht) weight;
(Bürde) burden
lạsten *itr. V.* be a burden; **auf jmdm./etw.** ~
weigh heavily [up]on sb/sth
Lạster¹ *der*; ~s, ~ (ugs.) (Lkw) truck; lorry
(BrE)
Lạster² *das*; ~s, ~; vice
lạsterhaft *Adj.* (abwertend) depraved
lästern **A** *itr. V.* (abwertend) **über jmdn./etw.**
~ make malicious remarks about sb/sth
  B *tr. V.* (veralt.) blaspheme against

⌀ key word
* alte Schreibung—vgl. Hinweis auf S. x

lästig *Adj.* tiresome; troublesome ‹*illness, cough, etc.*›

Last-: ~**schrift** *die* debit; ~**wagen** *der* truck; lorry (BrE)

Lasur *die*; ~, ~**en** varnish; (farbig) glaze

Latein *das*; ~**s** Latin

Latein·amerika *(das)* Latin America

lateinisch *Adj.* Latin

latent *Adj.* latent

Laterne *die*; ~, ~**n 1** (Leuchte) lamp; lantern (Naut.)
2 (Straßen~) street light

Laternen·pfahl *der* lamp post

Latrine *die*; ~, ~**n** latrine

latschen *itr. V.*; *mit sein* (salopp) trudge; (schlurfend) slouch

Latschen *der*; ~**s**, ~ (ugs.) old worn-out shoe/slipper

Latte *die*; ~, ~**n 1** lath; (Zaun~) pale
2 (Sport) (Quer~ des Tores) [cross]bar
3 (Leichtathletik) bar

Latten-: ~**rost** *der* (auf dem Boden) duckboards *pl.*; (eines Bettes) slatted frame; ~**zaun** *der* paling fence

Latz *der*; ~**es**, **Lätze** bib

Lätzchen *das*; ~**s**, ~; bib

lau *Adj.* tepid, lukewarm ‹*water etc.*›; mild ‹*wind, air, evening, etc.*›

Laub *das*; ~**[e]s** leaves *pl.*; **dichtes** ~ thick foliage

Laub·baum *der* broad-leaved tree

Laube *die*; ~, ~**n** summer house; (überdeckter Sitzplatz) bower; arbour

Laub-: ~**frosch** *der* tree frog; ~**säge** *die* fretsaw; ~**wald** *der* deciduous wood/forest

Lauch *der*; ~**[e]s** (Porree) leek

Lauer *die*; ~; **auf der** ~ **liegen** *od.* **sein** (ugs.) (jmdm. auflauern) lie in wait

lauern *itr. V.* (auch fig.) lurk

✔ **Lauf** *der*; ~**[e]s**, **Läufe 1** running
2 (Sport) (Wettrennen) heat
3 (Ver~) course; **im** ~**[e] der Zeit** in the course of time; **im** ~**[e] der Jahre/des Tages** over the years/during the day
4 (von Schusswaffen) barrel

Lauf·bahn *die* **1** (Werdegang) career
2 (Leichtathletik) running track

Lauf·band *das* conveyer belt; (für Personen) moving pavement; travelator; moving sidewalk (AmE); (im Fitnesscenter) treadmill

✔ **laufen** 🅐 *unr. itr. V.*; *mit sein* **1** run; (beim Eislauf) skate; (beim Ski~) ski; (gehen) go; (zu Fuß gehen) walk; **in** (*Akk.*) /**gegen etw.** ~ walk into sth; **dauernd zum Arzt** ~ (ugs.) keep running to the doctor
2 (im Gang sein) ‹*machine*› be running; ‹*radio, television, etc.*› be on; (funktionieren) ‹*machine*› run; ‹*radio, television, etc.*› work
3 (gelten) ‹*contract, agreement, engagement, etc.*› run
4 (gespielt werden) ‹*programme, play, etc.*› be on
🅑 *unr. tr. u. itr. V.* **1** *mit sein* (zurücklegen)

(zu Fuß) walk; (rennen) run
2 *mit sein* (erzielen) **einen Rekord** ~ set up a record
3 *mit haben od. sein* **Ski/Schlittschuh/ Rollschuh** ~ ski/skate/roller-skate

✔ **laufend** 🅐 *Adj.* **1** (ständig) regular ‹*interest, income*›; recurring ‹*costs*›
2 (gegenwärtig) current ‹*issue, year, month, etc.*›
🅑 *adv.* constantly; ‹*increase*› steadily

Läufer *der*; ~**s**, ~ **1** (Sport) runner; (Handball; Fußball veralt.) halfback
2 (Teppich) (long narrow) carpet

Läuferin *die*; ~, ~**nen** ▸ Läufer 1

Lauf·feuer *das* brush fire; **wie ein** ~ like wildfire

Lauf-: ~**masche** *die* ladder; ~**pass**, *der* **er hat seiner Freundin den** ~**pass gegeben** (ugs.) he finished with his girlfriend (infml); ~**schritt** *der* **im** ~**schritt, marsch, marsch!** at the double, quick march!

läufst *2. Pers. Sg. Präsens v.* laufen

Lauf·stall *der* playpen

läuft *3. Pers. Sg. Präsens v.* laufen

Laufwerk *das* (Technik) mechanism; (DV) drive

Lauge *die*; ~, ~**n 1** soapy water
2 (Chemie) alkaline solution

Laugen·brezel *die* (südd.) pretzel

Laune *die*; ~, ~**n** mood

launenhaft *Adj.* temperamental; (unberechenbar) capricious

launig witty

launisch *Adj.* ▸ launenhaft

Laus *die*; ~, **Läuse** louse

Laus·bub *der* little rascal

Lausch·aktion *die*, **Lausch·angriff** *der* bugging operation (infml)

lauschen *itr. V.* **1** (horchen) listen
2 (zuhören) listen [attentively]

Lauscher *der*; ~**s**, ~, **Lauscherin** *die*; ~, ~**nen** eavesdropper

lauschig *Adj.* cosy, snug ‹*corner*›

lausig 🅐 *Adj.* (ugs.) **1** (abwertend) (unangenehm, schäbig) lousy (infml); rotten (infml)
2 (sehr groß) perishing (BrE infml), freezing ‹*cold*›; terrible (infml) ‹*heat*›
🅑 *adv.* terribly (infml)

✔ **laut¹** 🅐 *Adj.* loud; (geräuschvoll) noisy
🅑 *adv.* loudly; (geräuschvoll) noisily

laut² *Präp. + Gen. od. Dat.* (Amtsspr.) according to

Laut *der*; ~**[e]s**, ~**e** sound

Laute *die*; ~, ~**n** lute

✔ **lauten** *itr. V.* ‹*answer, instruction, slogan*› be, run; ‹*letter, passage, etc.*› read, go; ‹*law*› state

läuten 🅐 *tr., itr. V.* ‹*alarm clock*› go off
🅑 *itr. V.* (bes. südd.) (klingeln) ring; **es läutete** the bell rang *or* went (**zu vor**)

lauter¹ *Adj.* (geh.) honourable ‹*person, intentions, etc.*›; honest ‹*truth*›

lauter² *indekl. Adj.* nothing but; sheer ‹*nonsense, joy, etc.*›

läutern *tr. V.* (geh.) reform ‹*character*›; purify ‹*soul*›

Läuterung *die*; ~, ~en (geh.) reformation; (der Seele) purification

laut·hals *Adv.* at the top of one's voice; ~ lachen roar with laughter

lautlich **A** *Adj.* phonetic
B *adv.* phonetically

laut-, Laut-: ~**los** **A** *Adj.* silent; soundless; (wortlos) silent **B** *adv.* silently; soundlessly; ~**schrift** *die* (Phon.) phonetic alphabet; (Umschrift) phonetic transcription; ~**sprecher** *der* loudspeaker; (einer Stereoanlage usw.) speaker; ~**stark** **A** *Adj.* loud; vociferous, loud ‹*protest*› **B** *adv.* loudly; ‹*protest*› vociferously; ~**stärke** *die* volume

lau·warm *Adj.* lukewarm

Lava *die*; ~, **Laven** (Geol.) lava

Lavendel *der*; ~s, ~; lavender

Lawine *die*; ~, ~n (auch fig.) avalanche; **eine** ~ **von Protesten** (fig.) a storm of protest

Lawinen·gefahr *die* danger of avalanches

lax **A** *Adj.* lax
B *adv.* laxly

Laxheit *die*; ~; laxness; laxity

Layout /leˈaʊt/ *das*; ~s, ~s (Druckw., Elektronik) layout

Lazarett *das*; ~[e]s, ~e military hospital

Lead·sänger /ˈliːt-/ *der*, **Lead·sängerin** *die* lead singer

leasen /ˈliːzn̩/ *tr. V.* rent; (für längere Zeit mieten) lease ‹*car etc.*›

✔ **leben** *itr. V.* live; (lebendig sein) be alive; **leb[e] wohl!** farewell!; **von seiner Rente/seinem Gehalt** ~ live on one's pension/salary

✔ **Leben** *das*; ~s, ~ **1** life; **das** ~ life; **sich** (*Dat.*) **das** ~ **nehmen** take one's [own] life; **am** ~ **sein/bleiben** be/stay alive; **ums** ~ **kommen** lose one's life
2 (Betriebsamkeit) **auf dem Markt herrschte ein reges** ~ the market was bustling with activity; **das** ~ **auf der Straße** the comings and goings in the street

lebend *Adj.* living; live ‹*animal*›

lebendig **A** *Adj.* living; (lebhaft) lively
B *adv.* (lebhaft) in a lively way

Lebendigkeit *die*; ~; liveliness

lebens-, Lebens-: ~**abend** *der* (geh.) evening of one's life (literary); ~**art** *die* **1** way of life **2** (Umgangsformen) manners *pl.*; ~**aufgabe** *die* life's work; ~**bejahend** *Adj.* ‹*person*› with a positive attitude to life; ~**bereich** *der* area of life; ~**dauer** *die* lifespan; ~**ende** *das* end [of one's life];

~**erinnerungen** *Pl.* memories of one's life; (aufgezeichnet) memoirs; ~**erwartung** *die* life expectancy; ~**fähig** *Adj.* (auch fig.) viable; ~**freude** *die* zest for life; ~**froh** *Adj.* full of zest for life *postpos.*; ~**gefahr** *die* mortal danger; „**Achtung,** ~**gefahr!**“ 'danger'; ~**gefährlich** **A** *Adj.* highly dangerous; critical ‹*injury*› **B** *adv.* critically ‹*injured, ill*›; ~**gefährte** *der*, ~**gefährtin** *die* (geh.) companion through life (literary); ~**geister** *Pl.* jmds. ~geister [wieder] wecken put new life into sb; ~**groß** *Adj.* life-size; ~**größe** *die* **eine Statue in** ~größe a life-size statue

Lebens·haltung *die* cost of living

Lebenshaltungs-: ~**index** *der* (Wirtsch.) cost-of-living index; ~**kosten** *Pl.* cost of living *sing.*

lebens-, Lebens-: ~**jahr** *das* year of [one's] life; ~**kraft** *die* vitality; ~**künstler** *der*, ~**künstlerin** *die* ein [echter/wahrer] ~künstler a person who always knows how to make the best of things; ~**lage** *die* situation [in life]; ~**lang** **A** *Adj.* lifelong **B** *adv.* all one's life; ~**länglich** **A** *Adj.* ~länglicher Freiheitsentzug life imprisonment **B** *adv.* jmdn. ~länglich gefangen halten keep sb imprisoned for life; ~**lauf** *der* curriculum vitae; CV; ~**licht** *das* (geh.) flame of life (literary); jmdm. das ~licht ausblasen *od.* auspusten (ugs.) send sb to kingdom come (infml); ~**lustig** *Adj.* ‹*person*› full of the joys of life

✔ **Lebens·mittel** *das* food[stuff]; ~ *Pl.* food *sing.*

Lebensmittel-: ~**abteilung** *die* food department; ~**geschäft** *das* food shop; ~**vergiftung** *die* food poisoning

lebens-, Lebens-: ~**müde** *Adj.* weary of life *pred.*; ~**notwendig** *Adj.* essential; ~**raum** *der* **1** (Umkreis) lebensraum **2** (Biol.) ▸ Biotop; ~**retter** *der*, ~**retterin** *die* rescuer; ~**standard** *der* standard of living; ~**unterhalt** *der* seinen ~unterhalt verdienen/bestreiten earn one's living/ support oneself; ~**versicherung** *die* life insurance; ~**wandel** *der* way of life; ~**weg** *der* [journey through] life; ~**weise** *die* way of life; ~**zeichen** *das* sign of life; ~**zeit** *die* life[span]; auf ~zeit for life

Leber *die*; ~, ~n liver

Leber-: ~**fleck** *der* liver spot; ~**käse** *der*; *meat loaf made with mincemeat, [minced liver,] eggs, and spices*; ~**tran** *der* fish-liver oil; (des Kabeljaus) cod-liver oil; ~**wurst** *die* liver sausage; ~**zirrhose** *die* (Med.) cirrhosis of the liver

Lebe-: ~**wesen** *das* living being; ~**wohl** /-'-'/ *das*; ~~[e]s, ~~ *od.* ~~e (geh.) farewell

lebhaft **A** *Adj.* **1** lively; busy ‹*traffic*›; brisk ‹*business*›
2 (deutlich) vivid ‹*idea, picture, etc.*›
3 (kräftig) bright ‹*colour*›; vigorous ‹*applause,*

✔ key word
* old spelling—see note on page x

opposition›
B *adv.* **1** in a lively way
2 (deutlich) vividly
3 (kräftig) brightly ‹*coloured*›
leb-, Leb-: ~**kuchen** *der* ≈ gingerbread;
~**los** *Adj.* lifeless; ~**zeiten** *Pl.* bei *od.* zu
jmds. ~zeiten during sb's lifetime
lechzen *itr. V.* (geh.) nach einem Trunk ~ long
for a drink; nach Rache *usw.* ~ thirst for
revenge *etc.*
leck *Adj.* leaky; ~ sein leak
Leck *das*; ~[e]s, ~s leak
lecken¹ **A** *tr. V.* lick
     B *itr. V.* an etw. (*Dat.*) ~ lick sth
lecken² *itr. V.* (leck sein) leak
✧ **lecker** *Adj.* tasty ‹*meal*›; delicious ‹*cake etc.*›;
good ‹*smell, taste*›
Lecker·bissen *der* delicacy; ein musikalischer
~ (fig.) a musical treat
Leckerei *die*; ~, ~**en** (ugs.) dainty; (Süßigkeit)
sweet [meat]
led. *Abk.* = **ledig**
Leder *das*; ~**s**, ~; leather
Leder-: ~**handschuh** *der* leather glove;
~**hose** *die* leather shorts *pl.*; lederhosen
pl.; (lang) leather trousers; ~**jacke** *die*
leather jacket; ~**riemen** *der* [leather] strap;
~**waren** *Pl.* leather goods
ledig *Adj.* single; eine ~e Mutter an
unmarried mother
Ledige *der/die Dekl.* single person
✧ **lediglich** *Adj.* merely
✧ **leer** *Adj.* empty; clean ‹*sheet of paper*›; ~
stehend empty, unoccupied
Leere *die*; ~ (auch fig.) emptiness
leeren *tr., refl. V.* empty
leer-, Leer-: ~**gefegt** *Adj.* deserted ‹*street,
town*›; wie ~gefegt deserted; ~**lauf** *der* im
~lauf den Berg hinunterfahren ‹*driver*› coast
down the hill in neutral; ‹*cyclist*› freewheel
down the hill; **~**stehend** ▶ leer; ~**taste**
die space bar
Leerung *die*; ~, ~**en** emptying; (von
Briefkästen) collection
Lefze *die*; ~, ~**n** lip
legal **A** *Adj.* legal
     B *adv.* legally
legalisieren *tr. V.* legalize
Legalisierung *die*; ~, ~**en** legalization
Legalität *die*; ~; legality
✧ **legen** **A** *tr. V.* **1** lay [down]
2 (verlegen) lay ‹*pipe, cable, carpet, tiles, etc.*›
     B *tr., itr. V.* ‹*hen*› lay
     C *refl. V.* **1** lie down
2 (nachlassen) die down; abate; ‹*enthusiasm*›
wear off, subside
legendär *Adj.* legendary
Legende *die*; ~, ~**n** legend
leger /leˈʒeːɐ̯/ **A** *Adj.* casual
     B *adv.* casually
legieren *tr. V.* alloy

Legierung *die*; ~, ~**en** alloy
Legislative *die*; ~, ~**n** (Politik) legislature
Legislatur·periode *die* legislative period
legitim *Adj.* legitimate
Legitimation *die*; ~, ~**en** **1** legitimation
2 (Ausweis) proof of identity
legitimieren **A** *tr. V.* **1** (rechtfertigen) justify
2 (bevollmächtigen) authorize
3 (für legitim erklären) legitimize ‹*child,
relationship*›
     B *refl. V.* show proof of one's identity
Legitimität *die*; ~; legitimacy
Lehm *der*; ~**s** loam; (Ton) clay
Lehne *die*; ~, ~**n** (Rücken~) back; (Arm~)
arm
lehnen **A** *tr., refl. V.* lean (an + *Akk.*, gegen
against)
     B *itr. V.* be leaning (an + *Dat.* against)
Lehn-: ~**stuhl** *der* armchair; ~**wort** *das*; *Pl.*
~**wörter** loanword
Lehr-: ~**auftrag** *der* lectureship; ~**buch**
das textbook
Lehre *die*; ~, ~**n** **1** apprenticeship
2 (Weltanschauung) doctrine
3 (Theorie, Wissenschaft) theory
4 (Erfahrung) lesson
lehren *tr., itr. V.* teach
✧ **Lehrer** *der*; ~**s**, ~ (auch fig.) teacher;
(Ausbilder) instructor
Lehrer-: ~**ausbildung** *die* teacher training
no art.; ~**ausflug** *die* staff outing
Lehrerin *die*; ~, ~**nen** teacher
Lehrer-: ~**kollegium** *das* teaching staff;
faculty (AmE); ~**konferenz** *das* staff
meeting; ~**zimmer** *das* staffroom
Lehr-: ~**gang** *der* course (für, in + *Dat.* in);
~**jahr** *das* year as an apprentice; ~**körper**
der (Amtsspr.) teaching staff; faculty (AmE)
Lehrling *der*; ~**s**, ~**e** apprentice; (in
kaufmännischen Berufen) trainee
lehr-, Lehr-: ~**plan** *der* (Schulw.) syllabus;
(Gesamtlehrgang) curriculum; ~**reich** *Adj.*
informative; ~**stelle** *die* apprenticeship;
(in kaufmännischen Berufen) trainee post; ~**stoff**
der (Schulw.) syllabus
Leib *der*; ~[e]s, ~**er** (geh.) body; mit ~ und
Seele Arzt/Krankenschwester *usw.* sein be a
dedicated doctor/nurse *etc.*; mit ~ und Seele
dabei sein put one's whole heart into it
Leibes-: ~**übungen** *Pl.* (Schulw.) physical
education *sing.*; PE; ~**visitation** *die*; ~~,
~~**en** body search
Leib·gericht *das* favourite dish
leibhaftig *Adj.* in person *postpos.*; (echt) real
leiblich *Adj.* physical ‹*well-being*›;
(blutsverwandt) real
Leib-: ~**schmerzen** *Pl.* abdominal pain
sing.; ~**wächter** *der*, ~**wächterin** *die*
bodyguard
Leiche *die*; ~, ~**n** [dead] body; corpse
Leichen *der* hearse
leichen-, Leichen-: ~**blass**, **~**blaß** *Adj.*

I

deathly pale; ~**schau·haus** das morgue;
~**wagen** der hearse

Leichnam der; ~s, ~e (geh.) body

⚜ **leicht** △ Adj. light; lightweight ‹suit,
material›; easy ‹task, question, job, etc.›;
slight ‹accent, illness, wound, doubt, etc.›;
mild ‹cigar, cigarette›; ~ fallen be easy; das
fällt mir ~ it's easy for me; jmdm./sich etw.
~ machen make sth easy for sb/oneself;
etw. ~ nehmen make light of sth
Ⓑ adv. lightly ‹built›; (einfach, schnell, spielend)
easily; (geringfügig) slightly; ~ verletzt
slightly injured

leicht-, Leicht-: ~**athletik** die [track and
field] athletics sing.; *~**fallen** ▶ leicht A;
~**fertig** △ Adj. careless ‹behaviour, person›;
rash ‹promise›; ill-considered, slapdash ‹plan›
Ⓑ adv. carelessly; ~**gläubig** Adj. gullible

Leichtigkeit die; ~ (geringes Gewicht)
lightness; (Mühelosigkeit) ease

leicht-, Leicht-: *~|**machen** ▶ leicht A;
*~|**nehmen** ▶ leicht A; ~**sinn** der
carelessness no indef. art.; (mit Gefahr verbunden)
recklessness no indef. art.; ~**sinnig** △ Adj.
careless; (sich, andere gefährdend) reckless;
(fahrlässig) negligent Ⓑ adv. carelessly;
(gefährlich) recklessly; ‹promise› rashly;
~**sinniger·weise** Adv. carelessly;
(gefährlicherweise) recklessly; ‹promise› rashly;
*~**verletzt** ▶ leicht B

leid Adj. etw./jmdn. ~ sein/werden (ugs.)
be/get fed up with sth/sb (infml); s. auch
Leid²

Leid¹ das; ~[e]s 1 (Schmerz) suffering;
(Kummer) grief; sorrow
2 (Unrecht) wrong; (Böses) harm

Leid² es tut mir ~, [dass]... I'm sorry [that]...;
er tut mir ~ I feel sorry for him

⚜ **leiden** △ unr. itr. V. suffer (an, unter + Dat.
from)
Ⓑ unr. tr. V. 1 jmdn. [gut] ~ können od.
mögen like sb
2 (geh.) (ertragen müssen) suffer ‹hunger,
thirst, etc.›

Leiden das; ~s, ~ 1 (Krankheit) illness;
(Gebrechen) complaint
2 (Qual) suffering

leidend Adj. 1 (krank) ailing
2 (schmerzvoll) strained ‹voice›; martyred
‹expression›

Leidenschaft die; ~, ~en passion (zu,
für for)

leidenschaftlich △ Adj. passionate;
vehement ‹protest›
Ⓑ adv. passionately; (eifrig) dedicatedly; etw.
~ gern tun adore doing sth

Leidens·genosse der, **Leidens·genossin**
die fellow sufferer

⚜ **leider** Adv. unfortunately

leidig Adj. tiresome

leidlich Adj. reasonable

Leid·tragende der/die adj. Dekl. victim

Leier die; ~, ~n lyre

leihen unr. tr. V. 1 jmdm. etw. ~ lend sb sth
2 (entleihen) borrow

Leih-: ~**gabe** die loan (Gen. from); ~**gebühr**
die hire or (AmE) rental charge; (bei Büchern)
borrowing fee; ~**haus** das pawnbroker's;
pawnshop; ~**mutter** die; Pl. ~**mütter**
surrogate mother; ~**wagen** der hire or
(AmE) rental car

Leim der; ~[e]s glue

leimen tr. V. glue (an + Akk. to)

Leine die; ~, ~n rope; (Wäsche~, Angel~)
line; (Hunde~) lead (esp. BrE); leash; ~ ziehen
(ugs.) clear off

leinen Adj. linen ‹tablecloth, sheet, etc.›

Leinen das; ~s 1 (Gewebe) linen
2 (Buchw.) cloth

Leinen·band der cloth-bound volume

Lein·wand die 1 linen; (grob) canvas
2 (des Malers) canvas
3 (für Filme und Dias) screen

leise △ Adj. 1 quiet; soft ‹steps, music, etc.›
2 (leicht) faint; slight; slight, gentle ‹touch›
Ⓑ adv. 1 quietly
2 (leicht; kaum merklich) slightly; ‹touch, rain›
gently

Leiste die; ~, ~n strip; (Holz~) batten;
(profiliert) moulding

⚜ **leisten** △ tr. V. do ‹work›; (schaffen) achieve
‹a lot, nothing›; jmdm. Hilfe ~ help sb
Ⓑ refl. V. (ugs.) sich (Dat.) etw. ~ treat
oneself to sth; sich (Dat.) etw. [nicht] ~
können [not] be able to afford sth

Leisten·bruch der rupture

⚜ **Leistung** die; ~, ~en 1 (Qualität bzw. Quantität
der Arbeit) performance
2 (Errungenschaft) achievement; (im Sport)
performance
3 (Leistungsvermögen; Physik) (Arbeits~) power
4 (Zahlung, Zuwendung) payment;
(Versicherungsw.) benefit
5 (Dienst~) service

leistungs-, Leistungs-: ~**druck** der
(bei Arbeitnehmern) pressure to work harder;
(bei Sportlern, Schülern) pressure to achieve or
to do well; ~**fähig** Adj. capable ‹person›;
(körperlich) able-bodied; ~**gesellschaft**
die competitive society; ~**prinzip** das
competitive principle; ~**sport** der
competitive sport no art.

Leit·artikel der (Zeitungsw.) leading article;
leader

⚜ **leiten** tr. V. 1 (anführen) lead; head; be head of
‹school›; (verantwortlich sein für) be in charge of
‹project, expedition, etc.›; manage ‹factory,
enterprise›; (den Vorsitz führen bei) chair;
conduct ‹orchestra, choir›; ~**der Angestellter**
manager
2 (begleiten, führen) lead
3 (lenken) direct; route ‹traffic›; (um~) divert

⚜ key word
* alte Schreibung—vgl. Hinweis auf S. x

Leiter¹ *der*; ~s, ~; leader; (einer Abteilung)
head; (eines Instituts) director; (einer Schule)
head teacher; headmaster (BrE); principal
(esp. AmE); (Vorsitzender) chair[man]

Leiter² *die*; ~, ~n ladder

Leiterin *die*; ~, ~nen ▶ Leiter¹ (einer Schule)
head teacher; headmistress (BrE); principal
(esp. AmE)

Leit-: ~**motiv** *das* **1** (Musik, Literaturw., fig.)
leitmotiv **2** (Leitgedanke) dominant *or*
central theme; ~**planke** *die* crash barrier;
guardrail (AmE)

✓ **Leitung** *die*; ~, ~en **1** ▶ leiten 1 leading;
heading; being in charge; management;
chairing
2 (einer Expedition usw.) leadership;
(Verantwortung) responsibility (*Gen.* for);
(eines Betriebes, Unternehmens) management;
(einer Sitzung, Diskussion) chairmanship
3 (leitende Personen) management; (einer Schule)
head and senior staff
4 (Rohr~) pipe; (Haupt~) main
5 (Draht, Kabel) cable; (für ein Gerät) lead
6 (Telefon~) line

Leitungs·wasser *das* tap water

Leit-zins, **Leit-zinssatz** *der* (Finanzw.)
discount rate; ≈ base rate

Lektion /lɛkˈtsi̯oːn/ *die*; ~, ~en lesson

Lektor *der*; ~s, ~en **1** (Hochschulw.) *junior
university teacher in charge of practical or
supplementary classes etc.*
2 (im Verlag) [publisher's] editor

Lektüre *die*; ~, ~n **1** reading
2 (Lesestoff) reading [matter]

Lende *die*; ~, ~n loin

Lenden-: ~**gegend** *die* loins *pl.*; lumbar
region (Anat.); ~**schurz** *der* loincloth;
~**wirbel** *der* (Anat.) lumbar vertebra

lenken *tr. V.* **1** *auch itr.* steer; be at the
controls of ‹aircraft›; guide ‹missile›;
(fahren) drive ‹car etc.›
2 direct ‹thoughts etc.› (**auf** + *Akk.* to); turn
‹attention› (**auf** + *Akk.* to)
3 (kontrollieren) control ‹person, press,
economy›; govern ‹state›

Lenker *der*; ~s, ~ **1** handlebars *pl.*
2 (Fahrer) driver

Lenkerin *die*; ~, ~nen ▶ Lenker 2

Lenk-: ~**rad** *das* steering wheel;
~**rad·schloss**, ***~**rad·schloß** *das*
(Kfz-W.) steering [wheel] lock; ~**stange**
die handlebars *pl.*

Lenz *der*; ~es, ~e (dichter. veralt.) spring

Leopard *der*; ~en, ~en leopard

Lepra *die*; ~; leprosy *no art.*

Lerche *die*; ~, ~n lark

✓ **lernen** **A** *itr. V.* study; (als Lehrling) train
B *tr. V.* learn (**aus** from)

lesbar *Adj.* legible; (klar) lucid ‹style›;
(verständlich) comprehensible

Lesbe *die*; ~, ~n (ugs.) lesbian

Lesbierin /ˈlɛsbi̯ərɪn/ *die*; ~, ~nen lesbian

lesbisch *Adj.* lesbian

Lese-: ~**brille** *die* reading glasses *pl.*;
~**buch** *das* reader

✓ **lesen¹** *unr. tr., itr. V.* read

lesen² *unr. tr. V.* **1** pick ‹grapes, berries,
fruit›; gather ‹firewood›; Ähren ~ glean
[ears of corn]
2 (aussondern) pick over

✓ **Leser** *der*; ~s, ~; reader

Leserbrief *der* reader's letter; ~e readers'
letters; „~e" (Zeitungsrubrik) 'Letters to the
editor'

Leserin *die*; ~, ~nen reader

Leserkreis *der* readership

leserlich **A** *Adj.* legible
B *adv.* legibly

Lese·zeichen *das* bookmark

Lesung *die*; ~, ~en reading

Lette *der*; ~n, ~n, **Lettin** *die*; ~, ~nen
Latvian

lettisch *Adj.* Latvian; Lettish ‹language›

Lett·land *(das)*; ~s Latvia

Letzt zu guter ~ in the end

✓ **letzt...** *Adj.* last; ~en Endes in the end;
(äußerst...) ultimate; (neuest...) latest ‹news›

*****letzte·mal** ▶ Mal¹

*****letzten·mal** ▶ Mal¹

letzter... *Adj.* latter

✓ **letztlich** *Adv.* ultimately; in the end

Leucht·diode *die* light-emitting diode; LED

Leuchte *die*; ~, ~n light

leuchten *itr. V.* **1** ‹moon, sun, star, etc.› be
shining; ‹fire, face› glow
2 shine a/the light; jmdm. ~ light the way
for sb

leuchtend *Adj.* **1** shining ‹eyes›; brilliant
‹colours›; bright ‹blue, red, etc.›
2 (großartig) shining ‹example›

Leuchter *der*; ~s, ~; candelabrum; (für eine
Kerze) candlestick

Leucht-: ~**farbe** *die* luminous paint;
~**kugel** *die* flare; ~**reklame** *die* neon
sign; ~**stoff·lampe** *die* fluorescent
light *or* lamp; ~**turm** *der* lighthouse;
~**ziffer·blatt** *das* luminous dial

leugnen **A** *tr. V.* deny
B *itr. V.* deny it

Leukämie *die*; ~, ~n (Med.) leukaemia

Leumund *der*; ~[e]s (geh.) reputation

✓ **Leute** *Pl.* people; die reichen/alten ~ the
rich/the old

Leutnant *der*; ~s, ~s second lieutenant

leut·selig **A** *Adj.* affable
B *adv.* affably

Lexikon *das*; ~s, **Lexika** *od.* **Lexiken**
encyclopaedia (*Gen.*, für of)

Libanese *der*; ~n, ~n, **Libanesin** *die*; ~,
~nen Lebanese

Libanon *(das)* od. *der*; ~s Lebanon

Libelle *die*; ~, ~n dragonfly

I

liberal A *Adj.* liberal
  B *adv.* liberally
Liberale *der/die adj. Dekl.* liberal
liberalisieren *tr. V.* liberalize; relax ⟨*import controls*⟩
Libero *der;* ~s, ~s (Fußball) sweeper
Libyen *(das);* ~s Libya
libysch *Adj.* Libyan
licht *Adj.* **1** light
  2 (dünn bewachsen) sparse; thin
◊ **Licht** *das;* ~[e]s, ~er **1** light
  2 (elektrisches) light
  3 *Pl. auch* ~e (Kerze) candle
licht-, Licht-: ~**bild** *das;* [small] photograph
  (*for passport etc.*); ~**empfindlich** *Adj.*
  sensitive to light
lichten¹ A *tr. V.* thin out ⟨*trees etc.*⟩
  B *refl. V.* ⟨*trees*⟩ thin out; ⟨*hair*⟩ grow thin;
  ⟨*fog, mist*⟩ lift
lichten² *tr. V.* (Seemannsspr.) **den/die Anker** ~
  weigh anchor
lichterloh A *Adj.* blazing ⟨*fire*⟩; leaping
  ⟨*flames*⟩
  B *adv.* ~ **brennen** be blazing fiercely
Lichter·meer *das* sea of lights
Licht-: ~**hupe** *die* headlight flasher; ~**jahr**
  das (Astron.) light year; ~**kegel** *der* beam;
  ~**maschine** *die* (Kfz-W.) (mit Gleichstrom)
  dynamo; (mit Wechselstrom) alternator; generator
  (esp. AmE); ~**reklame** *die* neon sign;
  ~**schalter** *der* light switch; ~**schranke**
  die photoelectric beam; ~**schutz·faktor**
  der protection factor (*against sunburn*)
Lichtung *die;* ~, ~en clearing
Lid *das;* ~[e]s, ~er eyelid
◊ **lieb** A *Adj.* **1** (liebevoll) kind ⟨*words, gesture*⟩
  2 (liebenswert) likeable; nice; (stärker) lovable
  ⟨*child, girl, pet*⟩; ~ **aussehen** look sweet *or*
  (AmE) cute
  3 (artig) good ⟨*child, dog*⟩
  4 (geschätzt) dear; **sein liebstes Spielzeug**
  his favourite toy; ~**er Hans/**~**e Else!** (am
  Briefanfang) dear Hans/Else
  5 (angenehm) welcome; **es wäre mir** ~**/**~**er,
  wenn ...** I should be glad/should prefer it
  if ...
  6 jmdn. ~ **haben** love sb; (gern haben) be fond
  of sb
  B *adv.* **1** (liebenswert) kindly
  2 (artig) nicely
◊ **Liebe** *die;* ~, ~n **1** love; ~ **zu jmdm./zu etw.**
  love for sb/of sth; **aus** ~ **[zu jmdm.]** for love
  [of sb]; **tu mir die** ~ **und ...** do me a favour
  and ...; **mit** ~ lovingly; with loving care
  2 (ugs.) (geliebter Mensch) love
Liebelei *die;* ~, ~en flirtation
◊ **lieben** A *tr. V.* **1 jmdn.** ~ love sb; (sexuell)
  make love to sb; **sich** ~ be in love; (sexuell)
  make love
  2 etw. ~ be fond of sth; (stärker) love sth

  B *itr. V.* be in love
liebend *Adv.* **etw.** ~ **gern tun** [simply] love
  doing sth
liebens·würdig *Adj.* kind; charming
  ⟨*smile*⟩
lieber *Adv.* **1** ▸ **gern**
  2 better; **lass das** ~ better not to do that
Liebes-: ~**brief** *der* love letter; ~**paar** *das*
  courting couple; ~**roman** *der* romantic
  novel
liebe·voll A *Adj.* loving *attrib.* ⟨*care*⟩;
  affectionate ⟨*embrace, gesture, person*⟩
  B *adv.* lovingly; affectionately; (mit Sorgfalt)
  lovingly
****lieb|haben** ▸ **lieb A6**
Liebhaber *der;* ~s, ~ **1** lover
  2 (Interessierter, Anhänger) enthusiast (*Gen.* for);
  (Sammler) collector
Liebhaberei *die;* ~, ~; hobby
Liebhaberin *die;* ~, ~nen ▸ **Liebhaber**
lieblich A *Adj.* charming; (angenehm) sweet
  ⟨*scent, sound*⟩
  B *adv.* sweetly; (angenehm) pleasingly
Liebling *der;* ~s, ~e (bes. als Anrede) darling;
  (bevorzugte Person) favourite
Lieblings- favourite
lieb·los A *Adj.* loveless
  B *adv.* **1** without affection
  2 (ohne Sorgfalt) without proper care
liebsten am ~ ▸ **gern**
Liechtenstein *(das);* ~s Liechtenstein
◊ **Lied** *das;* ~[e]s, ~er song
liederlich *Adj.* slovenly; messy ⟨*hairstyle,
  person*⟩
Lieder·macher *der;* ~~s, ~~,
  Lieder·macherin *die;* ~~, ~~**nen**
  singer-songwriter
lief *1. u. 3. Pers. Sg. Prät. v.* **laufen**
Lieferant *der;* ~en, ~en, **Lieferantin**
  die; ~, ~nen supplier
lieferbar *Adj.* available; (vorrätig) in stock
Liefer·bedingungen *Pl.* terms of delivery
◊ **liefern** *tr. V.* **1** (bringen) deliver (**an** + *Akk.* to);
  (zur Verfügung stellen) supply
  2 (hervorbringen) produce; provide ⟨*eggs,
  honey, examples, raw material, etc.*⟩
Liefer-: ~**schein** *der* delivery note;
  ~**termin** *der* delivery date
Lieferung *die;* ~, ~en delivery
Liefer-: ~**wagen** *der* [delivery] van; ~**zeit**
  die delivery time
Liege *die;* ~, ~n daybed; (zum Ausklappen) bed
  settee; (als Gartenmöbel) sunlounger
◊ **liegen** *unr. itr. V.* lie; ⟨*person*⟩ be lying down;
  (sich befinden) be; ⟨*object*⟩ be [lying]; ⟨*town,
  house, etc.*⟩ be [situated]; **im Bett** ~ lie in
  bed; ~ **bleiben** (liegen gelassen werden) stay;
  be left; (vergessen werden) be left behind;
  (unerledigt bleiben) be left undone; (nicht
  aufstehen) stay [lying]; **[im Bett]** ~ **bleiben** stay
  in bed; **etw.** ~ **lassen** leave sth; (vergessen)
  leave sth [behind]; (unerledigt lassen) leave sth

◊ key word
* old spelling—see note on page x

undone; **einen Brief** ~ **lassen** (nicht abschicken) leave a letter unposted; (nicht öffnen) leave a letter unopened; **das liegt an ihm** *od.* **bei ihm** it is up to him; (ist seine Schuld) it is his fault; **es liegt mir nicht** it doesn't suit me; (es spricht mich nicht an) it doesn't appeal to me; (ich mag es nicht) I don't like it; **daran liegt ihm viel/ wenig/nichts** he sets great/little/no store by that

liegen-: *~|**bleiben** ▸ liegen; *~|**lassen** ▸ liegen

Liege-: ~**stuhl** *der* deckchair; ~**stütz** *der*; ~~**es**, ~~**e** press-up; ~**wagen** *der* couchette car; ~**wiese** *die* sunbathing lawn

lieh *1. u. 3. Pers. Sg. Prät. v.* leihen

lies *Imperativ Sg. v.* lesen¹, lesen²

ließ *1. u. 3. Pers. Sg. Prät. v.* lassen

liest *3. Pers. Sg. Präsens v.* lesen¹, lesen²

Lift *der*; ~**[e]s**, ~**e** *od.* ~**s 1** lift (BrE); elevator (AmE)
2 *Pl.* ~**e** (Ski~, Sessel~) lift

Liga *die*; ~, **Ligen** league; (Sport) division

Likör *der*; ~**s**, ~**e** liqueur

lila *indekl. Adj.* mauve; (dunkel~) purple

Lila *das*; ~**s** *od.* (ugs.) ~**s** mauve; (Dunkel~) purple

Lilie /ˈliːli̯ə/ *die*; ~, ~**n** lily

Liliputaner *der*; ~**s**, ~, **Liliputanerin** *die*; ~, ~**nen** dwarf

Limit *das*; ~**s**, ~**s** limit

Limo *die, auch: das*; ~, ~**[s]** (ugs.) fizzy drink

Limonade *die*; ~, ~**n** fizzy drink; (Zitronen~) lemonade

Limousine *die*; ~, ~**n** [large] saloon (BrE) *or* (AmE) sedan

Linde *die*; ~, ~**n** lime [tree]

lindern *tr. V.* relieve ‹suffering, pain›; slake ‹thirst›

Lineal *das*; ~**s**, ~**e** ruler

✔ **Linie** /ˈliːni̯ə/ *die*; ~, ~**n** line; (Verkehrsstrecke) route; **die** ~ **12** (Verkehrsw.) the number 12; **auf die [schlanke]** ~ **achten** (ugs. scherzh.) watch one's figure; **auf der ganzen** ~ (fig.) all along the line

linien-, Linien-: ~**bus** *der* regular bus; ~**flug** *der* scheduled flight; ~**richter** *der*, ~**richterin** *die* (Fußball usw.) linesman; (Tennis) line judge; (Rugby) touch judge; ~**treu** **A** *Adj.* loyal to the party line *postpos.* **B** *adv.* ‹act› in accordance with the party line

linieren, liniieren *tr. V.* rule

✔ **link...** *Adj.* **1** left
2 (innen, nicht sichtbar) wrong, reverse ‹side›
3 (in der Politik) left-wing

linkisch **A** *Adj.* awkward
B *adv.* awkwardly

✔ **links** *Adv.* on the left; (Politik) on the left wing

links-, Links-: ~**abbieger** *der*, ~**abbiegerin** *die* (Verkehrsw.) motorist/ cyclist/car *etc.* turning left; ~**außen** *der*; ~~, ~~ (Ballspiele) left wing; outside left;

~**extremist** *der*, ~**extremistin** *die* (Politik) left-wing extremist; ~**händer** *der*; ~~**s**, ~~, ~**händerin** *die*; ~~, ~~**nen** left-hander; ~**kurve** *die* left-hand bend; ~**radikal** (Politik) **A** *Adj.* radical left-wing **B** *adv.* eine ~**radikal orientierte Gruppe** a group with a radical left-wing orientation; ~**radikale** *der/die* left-wing radical; ~**radikalismus** *der* left-wing radicalism; ~**verkehr** *der* driving *no art.* on the left

Linoleum *das*; ~**s** linoleum; lino

Linse *die*; ~, ~**n 1** (Bot., Kochk.) lentil
2 (Med., Optik) lens

Lippe *die*; ~, ~**n** lip

Lippen·stift *der* lipstick

liquid *Adj.* (Wirtsch.) liquid ‹funds, resources›; solvent ‹business›

liquidieren (verhüll.) (töten) (Wirtsch.) liquidate

lispeln *itr. V.* lisp

Lissabon *(das)*; ~**s** Lisbon

List *die*; ~, ~**en 1** [cunning] trick
2 (listige Art) cunning

✔ **Liste** *die*; ~, ~**n** list; **schwarze** ~ blacklist

listig **A** *Adj.* cunning; crafty
B *adv.* cunningly; craftily

Litauen *(das)*; ~**s** Lithuania

Litauer *der*; ~**s**, ~, **Litauerin** *die*; ~, ~**nen** Lithuanian

litauisch *Adj.* Lithuanian

✔ **Liter** *der, auch das* ~**s**, ~; litre

✔ **literarisch** *Adj.* literary

✔ **Literatur** *die*; ~, ~**en** literature

Literatur-: ~**geschichte** *die* literary history; history of literature; ~**verzeichnis** *das* list of references

liter·weise *Adv.* by the litre; in litres

Litfaß·säule *die* advertising column

Lithografie, Lithographie *die*; ~, ~**n** (Druck) lithograph

litt *1. u. 3. Pers. Sg. Prät. v.* leiden

Litze *die*; ~, ~**n** braid

live /laɪf/ (Rundf., Ferns.) **A** *Adj.* live
B *adv.* live; **in dieser Sendung wird nur** ~ **gesungen** in this programme all the singing is live

Live-: ~**sendung**, *~~-**Sendung** *die* (Rundf., Ferns.) live programme; ~**übertragung** *die* live transmission

Lizenz *die*; ~, ~**en** licence

Lizenz·gebühr *die* licence fee; (Verlagsw.) royalty

Lkw, LKW /ɛlkaːˈveː/ *der*; ~**[s]**, ~**[s]** *Abk.* = **Lastkraftwagen** truck; lorry (BrE)

Lob *das*; ~**[e]s**, ~**e** praise *no indef. art.*

Lobby /ˈlɔbi/ *die*; ~, ~**s** *od.* **Lobbies** lobby

loben *tr. V.* praise

lobens·wert **A** *Adj.* praiseworthy; laudable; commendable
B *adv.* laudably; commendably

löblich *Adj.* commendable

Lob·lied *das* song of praise

✔ **Loch** *das*; ∼[e]s, **Löcher** hole
lochen *tr. V.* punch holes/a hole in; punch
‹*ticket*›
Locher *der*; ∼s, ∼; punch
löcherig *Adj.* full of holes *pred.*
Locke *die*; ∼, ∼n curl
locken *tr. V.* **1** lure
2 (reizen) tempt
Locken·wickler *der* [hair] curler
locker **A** *Adj.* loose; (entspannt) relaxed
‹*position, muscles*›; slack ‹*rope, rein*›
B *adv.* ∼ sitzen ‹*tooth, screw, nail*› be loose;
(entspannt, ungezwungen) loosely
locker|lassen *unr. itr. V.* (ugs.) **nicht** ∼ not
give up
lockern **A** *tr. V.* loosen; slacken [off] ‹*rope
etc.*›; relax ‹*muscles, limbs*›; (fig.) relax
‹*regulation, law, etc.*›
B *refl. V.* ‹*brick, tooth, etc.*› work itself
loose; ‹*person*› loosen up
Lockerung *die*; ∼, ∼en **1** loosening; (fig.)
(von Bestimmung, Gesetz usw.) relaxation
2 (Entspannung) loosening up; relaxation
lockig *Adj.* curly
Lock·vogel *der* decoy
Loden·mantel *der* loden coat
Löffel *der*; ∼s, ∼; spoon; (als Maßangabe)
spoonful; (Jägerspr.) ear
löffeln *tr. V.* spoon [up]
log *1. u. 3. Pers. Sg. Prät. v.* lügen
Logarithmus *der*; ∼, **Logarithmen**
(Math.) logarithm; log
Loge /'loːʒə/ *die*; ∼, ∼n box
logieren *itr. V.* (veralt.) stay
Logik *die*; ∼; logic
Log·in /lɔkˈɪn/ *das*; ∼s, ∼s (DV) login
logisch **A** *Adj.* logical
B *adv.* logically
logischer·weise *Adv.* logically;
(selbstverständlich) naturally
logo *Adj.* (salopp) [ist doch] ∼! you bet! (infml);
of course!
Lohn *der*; ∼[e]s, **Löhne 1** wage[s *pl.*]; pay
no indef. art., no pl.
2 (Belohnung) reward
Lohn·büro *das* payroll office
✔ **lohnen** **A** *refl., itr. V.* be worth it
B *tr. V.* be worth
lohnend *Adj.* rewarding
Lohn·steuer *die* income tax
Lohn-: ∼steuer·karte *die* income-tax card;
∼streifen *der* payslip; ∼tüte *die* pay
packet (BrE); wage packet
✔ **lokal** *Adj.* local
Lokal *das*; ∼s, ∼e pub (BrE infml); bar (AmE);
(Speise∼) restaurant
Lokalblatt *das* local paper
Lokalität *die*; ∼, ∼en locality

✔ key word
* alte Schreibung—vgl. Hinweis auf S. x

Lokal-: ∼patriotismus *der* local patriotism;
∼teil *der* (Zeitungsw.) local section; ∼termin
der (Rechtsspr.) visit to the scene [of the crime]
Lok·führer *der*, **Lok·führerin** *die*
▶ Lokomotivführer
Lokomotive /lokomoˈtiːvə/ *die*; ∼, ∼n
locomotive
Lokomotiv·führer *der*,
Lokomotiv·führerin *die* engine driver
(BrE); engineer (AmE)
Lokus *der*; ∼ *od.* ∼ses, ∼ *od.* ∼se (salopp)
loo (BrE infml); john (AmE infml)
✔ **London** *(das)*; ∼s London
Londoner **A** *indekl. Adj.* London
B *der* ∼s, ∼; Londoner
Londonerin *die*; ∼, ∼nen Londoner
Lorbeer *der*; ∼s, ∼en **1** laurel
2 (Gewürz) bay leaf
Lore *die*; ∼, ∼n car; (kleiner) tub
✔ **los** **A** *Adj.* **1** (gelöst, ab) off
2 es ist etwas ∼ there is something going on
3 jmdn./etw. ∼ sein be rid of sb/sth
B *Adv.* (als Aufforderung) come on!
Los *das*; ∼es, ∼e **1** lot
2 (Lotterie∼) ticket
Lösch·blatt *das* piece of blotting paper
✔ **löschen** *tr. V.* **1** put out; extinguish; **seinen**
Durst ∼ (fig.) quench one's thirst
2 (tilgen) delete ‹*entry*›; erase ‹*recording,
memory, etc.*›
Lösch-: ∼fahrzeug *das* fire engine;
∼papier *das* blotting paper
lose **A** *Adj.* loose
B *adv.* loosely
Löse·geld *das* ransom
losen *itr. V.* draw lots (um for)
✔ **lösen** **A** *tr. V.* **1** remove ‹*stamp, wallpaper*›;
etw. von etw. ∼ remove sth from sth
2 (lockern) undo ‹*screw, belt, tie*›
3 (klären) solve; resolve ‹*contradiction,
conflict*›
4 (annullieren) break off ‹*engagement*›; cancel
‹*contract*›; sever ‹*relationship*›
5 (kaufen) buy, obtain ‹*ticket*›
B *refl. V.* **1** (lose werden) come off; (sich lockern)
‹*wallpaper, plaster*› come off; ‹*packing,
screw*› come loose
2 (sich klären) ‹*puzzle, problem*› be solved
3 (sich auflösen) dissolve
los-: ∼fahren *unr. itr. V.*; *mit sein* set off;
(wegfahren) move off; ∼gehen *unr. itr. V.*;
mit sein **1** (aufbrechen) set off **2** (ugs.) (beginnen)
start **3** (ugs.) (abgehen) ‹*button, handle, etc.*›
come off; ∼kommen *unr. itr. V.*; *mit
sein* (ugs.) **1** get away **2** (freikommen) get free;
∼lassen *unr. tr. V.* **1** (nicht festhalten) let
go of **2** (freilassen) let ‹*person, animal*› go;
∼legen *itr. V.* (ugs.) get going
löslich *Adj.* soluble
Löslichkeit *die*; ∼; solubility

los|machen tr. V. (ugs.) let <animal> loose; untie <string, line, rope>; unhitch <trailer>

Los·nummer die [lottery-]ticket number

los-: ~|**reißen** unr. refl. V. break free or loose; ~|**sagen** refl. V. sich von jmdm./etw. ~sagen break with sb/sth; ~|**schlagen** unr. itr. V. (bes. Milit.) attack; launch one's attack

Löss, *Löß der; Lösses, Lösse (Geol.) loess

Losung die; ~, ~en slogan; (Milit.) (Kennwort) password

 Lösung die; ~, ~en **1** solution (Gen., für to) **2** ▶ lösen A4 breaking off; cancellation; severing

los|werden unr. tr. V.; mit sein get rid of

Lot das; ~[e]s, ~e plumb [bob]; [nicht] im ~ sein be [out of] plumb

löten tr. V. solder

Lotion die; ~, ~en lotion

Löt·kolben der soldering iron

lot·recht A Adj. perpendicular; vertical
 B adv. perpendicularly; vertically

Lotse der; ~n, ~n (Seew.) pilot

lotsen tr. V. guide

Lotsin die ▶ Lotse

Lotterie die; ~, ~n lottery

Lotto das; ~s, ~s national lottery

Lotto-: ~**schein** der national lottery ticket; ~**zahlen** Pl. winning national lottery numbers

Löt·zinn das [tin-lead] solder

Löwe der; ~n, ~n **1** lion **2** (Astrol.) Leo; the Lion

Löwen-: ~**anteil** der lion's share; ~**mäulchen** das; ~~s, ~~; snapdragon; ~**zahn** der dandelion

Löwin die; ~, ~nen lioness

loyal /lo̯aˈjaːl/ A Adj. loyal
 B adv. loyally

Loyalität die; ~; loyalty

LP /ɛlˈpeː/ die; ~, ~[s] Abk.
= **Langspielplatte** LP

LSD /ɛlɛsˈdeː/ das; ~[s] LSD

Luchs der; ~es, ~e lynx

Lücke die; ~, ~n gap

lücken-, Lücken-: ~**büßer** der; ~~s, ~~, ~**büßerin** die; ~~, ~~nen (ugs.) stopgap; ~**haft** Adj. sketchy; ~**los** Adj. complete

lud 1. u. 3. Pers. Sg. Prät. v. laden¹, laden²

Luder das; ~s, ~ (salopp) so-and-so (infml)

 Luft die; ~, Lüfte air; an die frische ~ gehen get out in[to] the fresh air; die ~ anhalten hold one's breath; tief ~ holen take a deep breath; in die ~ gehen (fig. ugs.) blow one's top (infml)

luft-, Luft-: ~**angriff** der (Milit.) air raid; ~**ballon** der balloon; ~**brücke** die airlift; ~**dicht** Adj. airtight; ~**druck** der **1** (Physik) air pressure **2** (Druckwelle) blast

lüften A tr. V. **1** air <room, clothes, etc.> **2** raise <hat>

3 disclose <secret>
 B itr. V. air the room/house etc.

luft-, Luft-: ~**fahrt** die aviation no art.; ~**feuchtigkeit** die [atmospheric] humidity; ~**gekühlt** Adj. air-cooled; ~**getrocknet** Adj. air-dried; ~**gewehr** das air rifle; airgun

luftig Adj. airy <room, building, etc.>; light <clothes>

Luft·kissen·boot das hovercraft

luft-, Luft-: ~**leer** Adj. ein ~leerer Raum a vacuum; ~**linie** die 1000 km ~linie 1,000 km. as the crow flies; ~**loch** das air hole; ~**matratze** die airbed; air mattress; Lilo®; ~**pirat** der, ~**piratin** die [aircraft] hijacker; ~**post** die airmail; etw. per od. mit ~post schicken send sth [by] airmail; ~**pumpe** die air pump; (für Fahrrad) [bicycle] pump; ~**qualität** die air quality; ~**röhre** die (Anat.) windpipe; ~**schiff** das airship; ~**schloss, *schloß** das castle in the air; ~**schutz** der air-raid protection no art.; ~**schutz·bunker**, ~**schutz·keller**, ~**schutz·raum** der air-raid shelter; ~**verschmutzung** die air pollution; ~**waffe** die air force; ~**zug** der [gentle] breeze; (in Zimmern, Gebäuden) draught

Lüge die; ~, ~n lie

lügen itr., tr. V. lie; **das ist gelogen!** that's a lie!

Lügner der; ~s, ~, **Lügnerin** die; ~, ~nen liar

Luke die; ~, ~n (Dach~) skylight; (bei Schiffen) hatch; (Keller~) trapdoor

lukrativ A Adj. lucrative
 B adv. lucratively

Lümmel der; ~s, ~; lout; (ugs., fam.) (Bengel) rascal

Lump der; ~en, ~en scoundrel

lumpen tr. V. (ugs.) sich nicht ~ lassen splash out (infml)

Lumpen der; ~s, ~; rag

Lumpen-: ~**sammler** die rag-and-bone man; ~**sammlerin** die rag-and-bone woman

Lunge die; ~, ~n lungs pl.

Lungen-: ~**entzündung** die pneumonia no indef. art.; ~**krebs** der lung cancer; ~**zug** der inhalation

Lunte die; ~, ~n fuse; match

Lupe die; ~, ~n magnifying glass

Lurch der; ~[e]s, ~e amphibian

 Lust die; ~ **1** ~ haben, etw. zu tun feel like doing sth **2** (Vergnügen) pleasure; joy

 lustig A Adj. **1** merry; jolly; enjoyable <time> **2** (komisch) funny
 B adv. **1** merrily **2** (komisch) funnily

lust-, Lust-: ~**los** A Adj. listless
 B adv. listlessly; ~**spiel** das comedy

lutherisch Adj. Lutheran

lutschen **A** *tr. V.* suck
  B *itr. V.* suck; **an etw.** (*Dat.*) ~ suck sth
Luxemburg (*das*); ~s Luxembourg
luxuriös **A** *Adj.* luxurious
  B *adv.* luxuriously
Luxus *der*; ~; luxury
Lymphe *die*; ~, ~n lymph

Lymph·knoten *der* lymph node
lynchen *tr. V.* lynch
Lyrik *die*; ~; lyric poetry
Lyriker *der*; ~s, ~, **Lyrikerin** *die*; ~,
  ~nen lyric poet; lyricist
lyrisch *Adj.* lyrical; lyric <*poetry*>
Lyzeum *das*; ~s, **Lyzeen** girls' high school

Mm

m¹, M /ɛm/ *das*; ~, ~; m/M
m² *Abk.* = **Meter** m
Mach·art *die* style; (Schnitt) cut
machbar *Adj.* feasible
Machbarkeits·studie *die* feasibility study
✓ **machen** **A** *tr. V.* **1** make; **aus Plastik/Holz**
  usw. gemacht made of plastic/wood *etc.*; **sich**
  (*Dat.*) **etw.** ~ **lassen** have sth made; **etw.**
  aus jmdm. ~ make sb into sth; **jmdn. zum**
  Präsidenten *usw.* ~ make sb president *etc.*;
  jmdm./sich [einen] Kaffee ~ make [some]
  coffee for sb/oneself
  2 (verursachen) **jmdm. Arbeit** ~ make [extra]
  work for sb; **das macht das Wetter** that's
  [because of] the weather
  3 (ausführen) do <*job, repair, etc.*>; **einen**
  Spaziergang ~ go for a walk; **eine Reise** ~
  go on a journey; **einen Besuch [bei jmdm.]** ~
  pay [sb] a visit
  4 (tun) do; **was machst du da?** what are you
  doing?; **so etwas macht man nicht** that [just]
  isn't done
  5 was macht ...? (wie ist es um ... bestellt?) how
  is ...?; **was macht die Gesundheit/Arbeit?** how
  are you keeping/how is the job [getting on]?
  6 (ergeben) (beim Rechnen) be; (bei Geldbeträgen)
  come to; **zwei mal zwei macht vier** two
  times two is four; **das macht 12 Euro** that is
  12 euros; (Endsumme) that comes to 12 euros
  7 (schaden) **was macht das schon?** what does
  it matter?; **macht nichts!** (ugs.) it doesn't
  matter
  8 (teilnehmen an) **einen Kursus** *od.* **Lehrgang** ~
  take a course
  9 mach's gut! (ugs.) look after yourself!; (auf
  Wiedersehen) so long!
  B *refl. V.* **1 sich an etw.** (*Akk.*) ~ get down
  to sth
  2 (ugs.) (sich entwickeln) do well
  3 mach dir nichts daraus! (ugs.) don't let it
  bother you

  C *itr. V.* **1 mach schon!** (ugs.) get a move on!
  (infml)
  2 das macht hungrig/durstig it makes you
  hungry/thirsty; **das macht dick** it's fattening
Machenschaften *Pl.* (abwertend) wheeling
  and dealing *sing.*
Macher *der*; ~s, ~, **Macherin** *die*; ~,
  ~nen (ugs.) doer; **der Typ des Machers** the
  dynamic type who just gets on with things
Macho /'matʃo/ *der*; ~s, ~s (abwertend) macho
✓ **Macht** *die*; ~, **Mächte** power; **an die** ~
  kommen come to power
Macht-: ~**bereich** *der* sphere of influence;
  ~**haber** *der*; ~~s, ~~, ~**haberin** *die*;
  ~~, ~~nen ruler
mächtig **A** *Adj.* **1** powerful
  2 (beeindruckend groß) mighty
  B *adv.* (ugs.) terribly (infml)
macht-, Macht-: ~**kampf** *der* power
  struggle; ~**los** *Adj.* powerless; **gegen etw.**
  ~**los sein** be powerless in the face of sth;
  ~**probe** *die* trial of strength
Mach·werk *das* (abwertend) shoddy effort
Macke *die*; ~, ~n **1** (salopp) (Tick) fad
  2 (ugs.) (Defekt) defect
✓ **Mädchen** *das*; ~s, ~ **1** girl
  2 (Haus~) maid
mädchenhaft *Adj.* girlish
Mädchen·name *der* **1** girl's name
  2 (Name vor der Ehe) maiden name
Made *die*; ~, ~n maggot
madig *Adj.* maggoty; **jmdn./etw.** ~ **machen**
  (ugs.) run sb/sth down
Madonna *die*; ~, **Madonnen** madonna
mag *1. u. 3. Pers. Sg. Präsens v.* **mögen**
Magazin *das*; ~s, ~e **1** (Lager) store; (für
  Waren) stockroom
  2 (für Patronen, Dias, Film usw.; Zeitschrift) magazine
Magazin·sendung *die* magazine
  programme
Magen *der*; ~s, **Mägen** *od.* ~; stomach
magen-, Magen-: ~**bitter** *der*; ~~s,
  ~~; bitters *pl.*; ~**geschwür** *das* stomach

✓ key word
* old spelling—see note on page x

ulcer; ~**krebs** der cancer of the stomach; ~**schmerzen** Pl. stomach ache sing.

mager Adj. **1** thin
2 (fettarm) low-fat; low in fat pred.; lean <meat>
3 (fig.) poor <soil, harvest>; meagre <profit, increase, success, report, etc.>; thin <programme>

Mager-: ~**milch** die skim[med] milk; ~**quark** der low-fat curd cheese; ~**sucht** die (Med.) wasting disease; (Anorexie) anorexia

Magie die; ~; magic

Magier /'maːgiɐ/ der; ~s, ~, **Magierin** die; ~, ~**nen** (auch fig.) magician

magisch Adj. magic <powers>; (geheimnisvoll) magical

Magistrat der; ~[e]s, ~e City Council

Magnat der; ~en, ~en magnate

Magnet der; ~en od. ~[e]s, ~e magnet

Magnet·band das; Pl. **Magnet·bänder** magnetic tape

magnetisch 🅐 Adj. magnetic
🅑 adv. magnetically

magnetisieren tr. V. magnetize

Magnetismus der; ~; magnetism

Magnet-: ~**nadel** die [compass] needle; ~**schwebebahn** die maglev [system]

Mahagoni das; ~s mahogany

✒ **Mäh·drescher** der combine harvester

mähen 🅐 tr. V. mow; cut <corn>
🅑 itr. V. mow; (Getreide ~) reap

Mahl das; ~[e]s, **Mähler** (geh.) meal; repast (formal)

mahlen unr. tr., itr. V. grind

Mahl·zeit die meal

Mähne die; ~, ~n mane

mahnen tr. V. urge; remind <debtor>

Mahn-: ~**mal** das; Pl. ~~e od. ~**mäler** memorial (erected as a warning to future generations); ~**schreiben** das reminder

Mahnung die; ~, ~**en 1** exhortation; (Warnung) admonition
2 ▶ Mahnschreiben

✒ **Mai** der; ~[e]s od. ~; May

Mai-: ~**baum** der maypole; ~**feiertag** der May Day no def. art.; ~**glöckchen** das lily of the valley; ~**käfer** der May bug

Mais der; ~es maize; corn (esp. AmE); (als Gericht) sweet corn

Mais·kolben der corn cob; (als Gericht) corn on the cob

Majestät die; ~, ~**en 1** (Titel) Majesty; **Eure** ~ Your Majesty
2 (geh.) majesty

majestätisch 🅐 Adj. majestic
🅑 adv. majestically

Majonäse die; ~, ~n mayonnaise

Major der; ~s, ~e (Milit.) major

Majoran der; ~s, ~e marjoram

makaber Adj. macabre

Makedonien /makeˈdoːni̯ən/ (das); ~s Macedonia

Makel der; ~s, ~ (geh.) **1** (Schmach) stigma
2 (Fehler) blemish

makel·los 🅐 Adj. flawless; spotless <white, cleanness>
🅑 adv. immaculately; spotlessly <clean>

Make-up /meːkˈʔap/ das; ~s, ~s make-up

Makkaroni Pl. macaroni sing.

Makler der; ~s, ~, **Maklerin** die; ~, ~**nen 1** (Häusermakler) estate agent (BrE); realtor® (AmE)
2 (Börsenmakler) broker

Makrele die; ~, ~n mackerel

Makro der od. das; ~s, ~s (DV) macro

Makrone die; ~, ~n macaroon

✒ **mal** 🅐 Adv. times; (bei Flächen) by
🅑 Partikel komm ~ her! come here!

✒ **Mal¹** das; ~[e]s, ~e time; das erste/zweite ~, zum ersten/zweiten ~ for the first/ second time; beim ersten/zweiten ~ the first/second time; das letzte, zum letzten ~ for the last time; letztes, beim letzten ~ last time; jedes ~ every time; mit einem ~[e] all at once

Mal² das; ~[e]s, ~e od. **Mäler** mark; (Muttermal) birthmark; (braun) mole

Malaie der; ~n, ~n, **Malaiin** die; ~, ~**nen** Malay

Malaria die; ~; malaria

Malaysia (das); ~s Malaysia

Mal·buch das colouring book

malen tr., itr. V. paint; decorate <flat, room, walls>

Maler der; ~s, ~; painter

Malerei die; ~, ~**en** painting

Malerin der; ~, ~**nen** painter

malerisch 🅐 Adj. picturesque
🅑 adv. picturesquely

mal|nehmen unr. tr., itr. V. multiply (mit by)

malträtieren tr. V. maltreat; ill-treat

Malz·bier das malt beer

Mama die; ~, ~s (fam.) mamma

Mami die; ~, ~s (fam.) mummy (BrE infml); mommy (AmE infml)

Mammut das; ~s, ~e od. ~s mammoth

mampfen tr., itr. V. (salopp) munch; nosh (infml)

✒ **man** Indefinitpron. im Nom. one; you 2nd person; (irgendjemand) somebody; (die Behörden; die Leute dort) they pl.; (die Menschen im Allgemeinen) people (pl) ~ hat mir gesagt ... I was told ...

✒ **Management** /ˈmɛnɪdʒmənt/ das; ~s, ~s management

managen /ˈmɛnɪdʒn̩/ tr. V. **1** (ugs.) fix; organize
2 (betreuen) manage <singer, artist, player>

✒ **Manager** /ˈmɛnɪdʒɐ/ der; ~s, ~, **Managerin** die; ~, ~**nen** manager;

m

(eines Fußballvereins) club secretary

ᵈ **manch** *Indefinitpron.* **1** *attr.* many a; **in [so]**
∼er Beziehung in many respects
2 (allein stehend) **∼er** many a person/man; **∼e**
Pl. some; (viele) many; **[so] ∼es** a number
of things; (allerhand Verschiedenes) all kinds of
things

mancherlei *indekl. Adj.* **1** *attr.* various; a
number of
2 (allein stehend) various things

ᵈ **manch·mal** *Adv.* sometimes

Mandant *der*; **∼en**, **∼en**, **Mandantin**
die; **∼**, **∼nen** client

Mandarine *die*; **∼**, **∼n** mandarin [orange]

Mandel *die*; **∼**, **∼n** **1** almond
2 (Anat.) tonsil

Mandel·entzündung *die* tonsillitis *no
indef. art.*

Manege /ma'neːʒə/ *die*; **∼**, **∼n** (im Zirkus)
ring; (in der Reitschule) arena

Mangel¹ *der*; **∼s**, **Mängel 1** (Fehlen) lack
(**an** + *Dat.* of); (Knappheit) shortage, lack (**an**
+ *Dat.* of)
2 (Fehler) defect

Mangel² *die*; **∼**, **∼n** [large] mangle

mangelhaft Ⓐ *Adj.* faulty ‹goods, German,
English, etc.›; (unzulänglich) inadequate
‹knowledge, lighting›; (Schulw.) **die Note „∼"**
the mark 'unsatisfactory'; (bei Prüfungen) the
fail mark
Ⓑ *adv.* faultily; (unzulänglich) inadequately

mangeln¹ *itr. V.; unpers.* **es mangelt an etw.**
(*Dat.*) (etw. fehlt) there is a lack of sth; (etw.
ist unzureichend vorhanden) there is a shortage
of sth; **jmdm./einer Sache mangelt es an etw.**
(*Dat.*) sb/sth lacks sth

mangeln² *tr. V.* mangle

mangels *Präp.; mit Gen.* in the absence of

Mango *die*; **∼**, **∼s** mango

Mangold *der*; **∼[e]s** [Swiss] chard

Manie *die*; **∼**, **∼n** mania

Manier *die*; **∼**, **∼en** **1** manner
2 *Pl.* (Umgangsformen) manners

manierlich Ⓐ *Adj.* **1** (fam.) well-mannered;
well-behaved ‹child›
2 (ugs.) (einigermaßen gut) decent
Ⓑ *adv.* **1** (fam.) nicely
2 (ugs.) (einigermaßen gut) **ganz/recht ∼** quite/
really nicely

Manifest *das*; **∼[e]s**, **∼e** manifesto

Maniküre *die*; **∼**; manicure

maniküren *tr. V.* manicure

Manipulation *die*; **∼**, **∼en** (geh.)
manipulation

manipulieren *tr. V.* manipulate; rig
‹election result etc.›

Manko *das*; **∼s**, **∼s** shortcoming; deficiency

ᵈ key word
* alte Schreibung—vgl. Hinweis auf S. x

m

ᵈ **Mann** *der*; **∼[e]s**, **Männer 1** man
2 (Ehemann) husband

Männchen *das*; **∼s**, **∼ 1** little man
2 (Tier∼) male; **∼ machen** ‹animal› sit up
and beg

Mannequin /'manəkɛ̃/ *das*; **∼s**, **∼s**
mannequin; [fashion] model

männer-, **Männer-:** **∼beruf** *der* all-male
profession; (überwiegend von Männern ausgeübt)
male-dominated profession; **∼mordend**
Adj. (ugs. scherzh.) man-eating (fig.); **∼sache**
die **das ist ∼sache** that's men's business;
∼überschuss, *∼überschuß *der* surplus
of men

mannig·fach *Adj.* multifarious

männlich Ⓐ *Adj.* **1** male
2 ▸ maskulin A
Ⓑ *adv.* in a masculine way

ᵈ **Mannschaft** *die*; **∼**, **∼en** (Sport, auch fig.)
team; (Schiffs-, Flugzeugbesatzung) crew; (Milit.)
unit

Mannschafts-: **∼führer** *der*, **∼führerin**
die (Sport) team captain; **∼kapitän** *der*,
∼kapitänin *die* (Sport) team captain;
∼spiel *das* (Sport) team game

Manöver *das*; **∼s**, **∼ 1** (Milit.) exercise; **∼** *Pl.*
manoeuvres
2 (Bewegung) (fig. abwertend) (Trick) manoeuvre

manövrieren *itr., tr. V.* manoeuvre

Mansarde *die*; **∼**, **∼n** attic; (Zimmer) attic
room

Manschette *die*; **∼**, **∼n** cuff

Manschetten·knopf *der* cuff link

Mantel *der*; **∼s**, **Mäntel** coat

Manteltarif·vertrag *der* (Wirtsch.)
framework collective agreement [on
working conditions]

Manuskript *das*; **∼[e]s**, **∼e 1** manuscript;
(Typoskript) typescript
2 (Notizen) notes *pl.*

Mappe *die*; **∼**, **∼n 1** folder
2 (Aktentasche) briefcase; (Schul∼) school bag

Marathon·lauf /...tɔn.../ *der* marathon

Märchen *das*; **∼s**, **∼**; fairy story; fairy tale;
(ugs.) (Lüge) [tall] story (infml)

Märchen·buch *das* book of fairy stories

märchenhaft Ⓐ *Adj.* magical
Ⓑ *adv.* magically; (ugs.) fantastically (infml)

Margarine *die*; **∼**; margarine

Margerite *die*; **∼**, **∼n** ox-eye daisy

Maria *(die)*; **∼s** *od.* (Rel.) **Mariä** Mary

Marien·käfer *der* ladybird

Marihuana *das*; **∼s** marijuana

Marinade *die*; **∼**, **∼n** (Kochk.) marinade;
(Salatsoße) [marinade] dressing

Marine *die*; **∼**, **∼n** fleet; (Kriegs∼) navy

marinieren *tr. V.* marinate; **marinierte**
Heringe soused herrings

Marionette *die*; **∼**, **∼n** puppet; marionette

Marionetten·theater *das* puppet theatre

ᵈ **Mark¹** *die*; **∼**, **∼**; mark; **Deutsche ∼**

Deutschmark

Mark² *das*; ~[e]s **1** (Knochen~) marrow **2** (Frucht~) pulp

markant *Adj.* striking; prominent ‹*figure, nose, chin*›; clear-cut ‹*features, profile*›

ℱ **Marke** *die*; ~, ~n **1** (Waren~) brand; (Fabrikat) make
2 (Brief~, Rabatt~, Beitrags~) stamp
3 (Essen~) meal ticket
4 (Erkennungs~) [identification] disc; (Dienst~) [police] identification badge; ≈ warrant card (BrE) *or* (AmE) ID card

Marken-: ~**artikel** *der* proprietary *or* (BrE) branded article; ~**zeichen** *das* trademark

Marketing *das*; ~s (Wirtsch.) marketing

markieren Ⓐ *tr. V.* **1** mark
2 (ugs.) (vortäuschen) sham ‹*illness, breakdown, etc.*›
Ⓑ *itr. V.* (ugs.) (simulieren) put it on (infml)

Markierung *die*; ~, ~en marking

ℱ **Markt** *der*; ~[e]s, **Märkte** market; (~platz) market place *or* square; **freitags ist** ~ Friday is market day

markt-, Markt-: ~**anteil** *der* share of the market; ~**beherrschend** *Adj.* market-dominating *attrib.*; ~**einführung** *die* launch; ~**forschung** *die* market research *no def. art.*; ~**frau** *die* market woman; ~**führer** *der*, ~**führerin** *die* market leader; ~**halle** *die* covered market; ~**lücke** *die* gap in the market; ~**platz** *der* market place; ~**stand** *der* market stall; ~**wirtschaft** *die* market economy

Marmelade *die*; ~, ~n jam; (Orangen~) marmalade

Marmor *der*; ~s marble

Marokkaner *der*; ~s, ~, **Marokkanerin** *die*; ~, ~**nen** Moroccan

marokkanisch *Adj.* Moroccan

Marokko (*das*); ~s Morocco

Marone *die*; ~, ~n [sweet] chestnut

Mars *der*; ~; Mars *no def. art.*

Marsch¹ *der*; ~[e]s, **Märsche** march; (Wanderung) [long] walk

Marsch² *die*; ~, ~en fertile marshland

Marsch·flug·körper *der* cruise missile

marschieren *itr. V.*; *mit sein* march; (wandern) walk

Marsch-: ~**musik** *die* march music; ~**verpflegung** *die* (Milit.) marching rations *pl.*

Mars-: ~**mensch** *der* Martian; ~**sonde** *die* (Raumfahrt) Mars probe

Marter *die*; ~, ~n (geh.) torture; (seelisch) torment

martern *tr. V.* (geh.) torture

Märtyrer *der*; ~s, ~, **Märtyrerin** *die*; ~, ~**nen** martyr

Martyrium *das*; ~s, **Martyrien** martyrdom

Marxismus *der*; ~; Marxism *no art.*

Marxist *der*; ~en, ~en, **Marxistin** *die*; ~, ~**nen** Marxist

marxistisch *Adj.* Marxist

ℱ **März** *der*; ~[es] March

Marzipan *das*; ~s marzipan

Masche *die*; ~, ~n stitch; (Lauf~) run; ladder (BrE); (beim Netz) mesh

Maschen·draht *der* wire netting

ℱ **Maschine** *die*; ~, ~n **1** (auch ugs.) (Motorrad) machine
2 (ugs.) (Automotor) engine
3 (Flugzeug) [aero]plane
4 (Schreib~) typewriter; ~ **schreiben** type

maschine·geschrieben *Adj.* typewritten

maschinell Ⓐ *Adj.* machine *attrib.*; by machine *postpos.*
Ⓑ *adv.* by machine; ~ **hergestellt** machine-made

Maschinen-: ~**gewehr** *das* machine gun; ~**pistole** *die* sub-machine gun; ~**schlosser** *der*, ~**schlosserin** *die* fitter

*****maschine|schreiben ▶ Maschine 4**

Masern *Pl.* measles *sing. or pl.*

Maserung *die*; ~, ~en [wavy] grain

Maske *die*; ~, ~n mask

Masken-: ~**ball** *der* masked ball; ~**bildner** *der*; ~~s, ~~, ~**bildnerin** *die*; ~~, ~~**nen** make-up artist

Maskerade *die*; ~, ~n [fancy-dress] costume

maskieren Ⓐ *tr. V.* mask
Ⓑ *refl. V.* put on a mask/masks

Maskottchen *das*; ~s, ~ [lucky] mascot

maskulin /*auch* '---/ Ⓐ *Adj.* (auch Sprachw.) masculine
Ⓑ *adv.* in a masculine way

Masochismus *der*; ~ (Psych.) masochism *no art.*

Masochist *der*; ~en, ~en, **Masochistin** *die*; ~, ~**nen** (Psych.) masochist

masochistisch (Psych.) Ⓐ *Adj.* masochistic
Ⓑ *adv.* masochistically; ~ **veranlagt sein** have masochistic tendencies

maß *1. u. 3. Pers. Sg. Prät. v.* messen

Maß¹ *das*; ~es, ~e **1** measure (für of); (fig.) **das** ~ **ist voll** enough is enough
2 (Größe) measurement
3 (Grad) degree (**an** + *Dat.* of); **in großem/gewissem** ~**e** to a great/certain extent
4 ~ **halten** exercise moderation

Maß² *die*; ~, ~[e] (bayr., österr.) litre [of beer]

Massage /ma'saːʒə/ *die*; ~, ~n massage

Massaker *das*; ~s, ~; massacre

Maß-: ~**anzug** *der* made-to-measure suit; ~**arbeit** *die* **1** custom-made item; (Kleidungsstück) made-to-measure item
2 (genaue Arbeit) neat work

Masse *die*; ~, ~n **1** mass
2 (Gemisch) mixture

Maß·einheit *die* unit of measurement

Massen-: ~**arbeitslosigkeit** *die* mass unemployment; ~**entlassungen** *Pl.* mass redundancies *pl.*; ~**grab** *das* mass grave

massenhaft A *Adj.* in huge numbers *postpos.*
B *adv.* on a huge scale

massen-, Massen-: ~**karambolage** *die* multiple crash; ~**kommunikations·mittel** *das* medium of mass communication; mass medium; ~**medium** *das* mass medium; ~**mörder** *der*, ~**mörderin** *die* mass murderer; ~**produktion** *die* mass production; ~**tierhaltung** *die* intensive farming; factory farming; ~**vernichtung** *die* mass extermination; ~**vernichtungs·waffen** *Pl.* weapons of mass destruction; ~**weise** *Adv.* in huge numbers

Masseur /ma'søːɐ̯/ *der*; ~**s**, ~**e** masseur

Masseurin *die*; ~, ~**nen**, **Masseuse** /ma'søːzə/ *die*; ~, ~**n** masseuse

maß·gebend, maß·geblich A *Adj.* authoritative <*book, expert, opinion*>; definitive <*text*>; influential <*person, circles, etc.*>; decisive <*factor, influence, etc.*>
B *adv.* <*influence*> to a considerable extent; (entscheidend) decisively

***maß|halten** ▶ Maß[1] 4

massieren *tr. V.* massage

mäßig A *Adj.* moderate; (mittel~) mediocre
B *adv.* in moderation; moderately <*gifted, talented*>; (mittel~) indifferently

mäßigen *refl. V.* (geh.) **1** practise *or* exercise moderation
2 (sich beherrschen) control *or* restrain oneself

Mäßigkeit *die*; ~; moderation

Mäßigung *die*; ~; moderation

✔ **massiv** A *Adj.* **1** solid
2 (heftig) massive <*demand*>; crude <*accusation, threat*>; strong <*attack, criticism, pressure*>
B *adv.* <*attack*> strongly; <*accuse, threaten*> crudely

maß-, Maß-: ~**krug** *der* (südd., österr.) litre beer mug; (aus Steingut) stein; ~**los** A *Adj.* extreme; gross <*exaggeration, insult*>; excessive <*demand, claim*>; boundless <*ambition, greed, sorrow, joy*>
B *adv.* extremely; <*exaggerate*> grossly

✔ **Maßnahme** *die*; ~, ~**n** measure

maß-, Maß-: ~**regel** *die* regulation; (Maßnahme) measure; ~**regeln** *tr. V.* (zurechtweisen) reprimand; (bestrafen) discipline; ~**stab** *der* **1** standard **2** (einer Karte, eines Modells usw.) scale; ~**voll** A *Adj.* moderate
B *adv.* in moderation

Mast *der*; ~[e]s, ~en *auch* ~e (Schiffs~, Antennen~) mast; (Stange, Fahnen~) pole; (Hochspannungs~) pylon

mästen *tr. V.* fatten

Masturbation *die*; ~, ~**en** masturbation

masturbieren *itr., tr. V.* masturbate

Match /mɛtʃ/ *das*; *od.* **der**, ~**[e]s**, ~**s** *od.* ~**e** match

✔ **Material** *das*; ~**s**, ~**ien** material; (Bau~; Hilfsmittel) materials *pl.*

Materialismus *der*; ~; materialism

Materialist *der*; ~**en**, ~**en**, **Materialistin** *die*; ~, ~**nen** materialist

materialistisch A *Adj.* materialistic
B *adv.* materialistically

Materie *die*; ~, ~**n** **1** matter
2 (geh.) (Thema, Gegenstand) subject matter

materiell A *Adj.* (finanziell) financial
B *adv.* materially; (finanziell) financially

Mathe *die*; ~ (ugs.) maths *sing.* (BrE infml); math (AmE infml)

Mathematik *die*; ~; mathematics *sing.*, no art.

mathematisch A *Adj.* mathematical
B *adv.* mathematically

Matjes *der*; ~, ~; matie [herring]

Matratze *die*; ~, ~**n** mattress

Matrose *der*; ~**n**, ~**n** sailor; seaman

Matsch *der*; ~**[e]s** (ugs.) mud; (breiiger Schmutz) sludge; (Schnee~) slush

matschig *Adj.* (ugs.) **1** muddy; slushy <*snow*>
2 (weich) mushy; squashy <*fruit*>

matt A *Adj.* **1** weak; feeble <*applause, reaction*>
2 (glanzlos) matt; dull <*metal, mirror, etc.*>
3 (undurchsichtig) frosted <*glass*>; pearl <*light bulb*>
4 subdued; (Schach) checkmated; ~! checkmate!
B *adv.* **1** (kraftlos) weakly
2 (mäßig) <*protest, contradict*> feebly

Matte *die*; ~, ~**n** mat

Matt·scheibe *die* (ugs.) telly (BrE infml); box (infml)

Matur *die*; ~ (schweiz.), **Matura** *die*; ~ (österr., schweiz.) ▶ Abitur

Mätzchen *das*; ~**s**, ~: ~ machen (ugs.) fool about *or* around

✔ **Mauer** *die*; ~, ~**n** wall

mauern A *tr. V.* build
B *itr. V.* lay bricks

Mauer-: ~**segler** *der* swift; ~**werk** *das* **1** masonry; (aus Ziegeln) brickwork
2 (Mauern) walls *pl.*

Maul *das*; ~**[e]s**, **Mäuler** (von Tieren) mouth; (derb) (Mund) gob (sl.)

Maul-: ~**esel** *der* mule; ~**korb** *der* (auch fig.) muzzle; ~**tier** *das* mule

Maul·wurf *der* mole

Maulwurfs·haufen *der*, **Maulwurfs·hügel** *der* molehill

Maurer *der*; ~**s**, ~, **Maurerin** *die*; ~, ~**nen** bricklayer

Maus *die*; ~, **Mäuse** mouse

Mauschelei *die*; ~, ~**en** (ugs. abwertend) shady wheeling and dealing *no indef. art.*

✔ key word
* old spelling—see note on page x

mauscheln *itr. V.* (ugs. abwertend) engage in shady wheeling and dealing

Mäuschen *das*; ~s, ~; little mouse

mäuschen·still *Adj.* ~ sein be as quiet as a mouse

Mause·falle *die* mousetrap

mausern *refl. V.* moult

Maus-: ~**klick** *der*; ~~s, ~~s (DV) mouse click; ~**pad** /-pet/ *das*; ~~s, ~~s (DV) mouse mat; ~**taste** *die* (DV) mouse button; ~**zeiger** *der* (DV) mouse pointer

Maut *die*; ~, ~en toll

⚬ **maximal** **A** *Adj.* maximum
   B *adv.* ~ zulässige Geschwindigkeit maximum permitted speed

Maxime *die*; ~, ~n maxim

maximieren *tr. V.* maximize

Maximum *das*, ~s, **Maxima** maximum (an + *Dat.* of)

Maxi·single *die* maxi-single

Mayonnaise /majɔ'nɛːzə/ *die*; ~, ~n mayonnaise

Mäzen *der*; ~s, ~e (geh.) patron

Mäzenin *die*; ~, ~nen patroness

MdB, M.d.B. *Abk.* = **Mitglied des Bundestages** Member of the Bundestag

m. E. *Abk.* = **meines Erachtens** in my opinion *or* view

Mechanik *die*; ~; mechanics *sing., no art.*

Mechaniker *der*; ~s, ~, **Mechanikerin** *die*; ~, ~nen mechanic

mechanisch **A** *Adj.* mechanical; power *attrib.* ‹loom, press›
   B *adv.* mechanically

Mechanismus *der*; ~, **Mechanismen** mechanism

meckern *itr. V.* **1** (auch fig.) bleat
   2 (ugs.) (nörgeln) grumble; moan

Mecklenburg-Vorpommern *(das)*; ~s Mecklenburg-Western Pomerania

Medaille /me'daljə/ *die*; ~, ~n medal

Medaillen·gewinner *der*, **Medaillen·gewinnerin** *die* medallist; medal winner

Medaillon /medal'jõː/ *das*; ~s, ~s **1** locket
   2 (Kochk., bild. Kunst) medallion

medial *Adj.* (in den Medien) in the media *postpos.*; (von den Medien) by the media *postpos.*; eine ~e Präsenz a media presence; ein ~es Spektakel a media spectacle

Medien-: ~**angebot** *das* range of media; ~**konzern** *der* media concern; ~**landschaft** *die* media scene; ~**politik** *die* media policy; ~**präsenz** *die* media presence

⚬ **Medikament** *das*; ~[e]s, ~e medicine; (Droge) drug

Meditation *die*; ~, ~en meditation

meditieren *itr. V.* meditate (über + *Akk.* [up]on)

Medium *das*; ~s, **Medien** medium

⚬ **Medizin** *die*; ~, ~en medicine

Mediziner *der*; ~s, ~, **Medizinerin** *die*; ~, ~nen doctor; (Student[in]) medical student

⚬ **medizinisch** **A** *Adj.* medical; medicinal ‹bath etc.›; medicated ‹toothpaste, soap, etc.›
   B *adv.* medically

⚬ **Meer** *das*; ~[e]s, ~e (auch fig.) sea; am ~ by the sea

Meer·enge *die* straits *pl.*; strait

Meeres-: ~**boden** *der* sea bed *or* bottom *or* floor; ~**bucht** *die* bay; ~**früchte** *Pl.* (Kochk.) seafood *sing.*; ~**kunde** *die* oceanography *no art.*; ~**spiegel** *der* sea level

Meer-: ~**jungfrau** *die* mermaid; ~**katze** *die* guenon; ~**rettich** *der* horseradish; ~**schweinchen** *das*; ~~s, ~~; guinea pig; ~**wasser** *das* sea water

Meeting /'miːtɪŋ/ *das*; ~s, ~s meeting

mega-, Mega- mega-

Mega·byte *das* (DV) megabyte

Megaphon *das*; ~s, ~e megaphone; loud hailer

Mehl *das*; ~[e]s flour

mehlig *Adj.* **1** floury
   2 mealy ‹potato, apple, etc.›

Mehl-: ~**sack** *der* flour sack; (Sack voll Mehl) sack of flour; ~**tau** *der* mildew; ~**wurm** *der* mealworm

⚬ **mehr** **A** *Indefinitpron.* more
   B *Adv.* **1** more
   2 nicht ~ not ... any more; no longer; es war niemand ~ da there was no one left; das wird nie ~ vorkommen it will never happen again; da ist nichts ~ zu machen there is nothing more to be done

mehr-, Mehr-: ~**bändig** *Adj.* in several volumes *postpos.*; ~**bereichs·öl** *das* (Technik) multi-purpose oil; ~**deutig** **A** *Adj.* ambiguous **B** *adv.* ambiguously

mehren (geh.) *refl. V.* increase

⚬ **mehrer...** *Indefinitpron. u. unbest. Zahlwort*
   1 *attr.* several
   2 (allein stehend) ~e several people; ~es several things *pl.*

⚬ **mehr·fach** **A** *Adj.* multiple; (wiederholt) repeated
   B *adv.* several times; (wiederholt) repeatedly

⚬ **Mehrheit** *die*; ~, ~en majority

Mehrheits·beschluss, ***~**beschluß** *der*, ~**entscheidung** *die* majority decision

mehr-, Mehr-: ~**jährig** *Adj.* lasting several years *postpos.*; ~**malig** *Adj.*; nicht präd. repeated; ~**mals** *Adv.* several times; (wiederholt) repeatedly; ~**parteien·system** *das* multi-party system; ~**sprachig** *Adj.* multilingual; ~**spurig** *Adj.* multi-lane ‹highway, motorway›; ~**stimmig** (Musik)
   A *Adj.* for several voices *postpos.*; ein ~stimmiges Lied a part-song
   B *adv.* ~stimmig singen sing in harmony;

m

~teilig *Adj.* in several parts *postpos.*

Mehrweg-: **~flasche** *die* returnable *or* reusable bottle; **~verpackung** *die* reusable packaging

Mehr-: **~wert** *der* (Wirtsch.) surplus value; **~wert·steuer** *die* (Wirtsch.) value added tax (BrE); VAT (BrE); sales tax (AmE); **~zahl** *die* **1** (Sprachw.) plural **2** (Mehrheit) majority

meiden *unr. tr. V.* (geh.) avoid

Meile *die*; **~, ~n** mile

✓ **mein** *Possessivpron.* my; **~e** Damen und Herren ladies and gentlemen; **das** Buch dort, ist das **~[e]s**? that book over there, is it mine?

Mein·eid *der* perjury *no indef. art.*; **einen ~** schwören commit perjury

✓ **meinen** Ⓐ *itr. V.* think
   Ⓑ *tr. V.* **1** think
   2 (sagen wollen, im Sinn haben) mean
   3 (beabsichtigen) mean; intend; **es gut mit jmdm. ~** mean well by sb
   4 (sagen) say

meiner *Gen. von* **ich**; (geh.) **gedenkt ~** remember me; **erbarme dich ~** have mercy upon me

meinerseits *Adv.* for my part; **ganz ~ the** pleasure is [all] mine

meinetwegen *Adv.* **1** because of me; (mir zuliebe) for my sake; (um mich) about me
   2 /auch --'--/ (von mir aus) as far as I'm concerned; **~!** if you like

✓ **Meinung** *die*; **~, ~en** opinion (**zu** on; **über** + *Akk.* about); **er ist der ~, dass ...** he is of the opinion *or* takes the view that ...; **meiner ~ nach** in my opinion; **ganz meine ~** I agree entirely; **einer ~ sein** be of the same opinion

Meinungs-: **~forschung** *die* opinion research; **~freiheit** *die* freedom to form and express one's own opinions; (Redefreiheit) freedom of speech; **~umfrage** *die* [public] opinion poll; **~verschiedenheit** *die* difference of opinion

Meise *die*; **~, ~n** tit[mouse]

Meißel *der*; **~s, ~;** chisel

meißeln *tr. V.* chisel; carve <*statue, sculpture*> with a chisel

✓ **meist** *Adv.* mostly

✓ **meist...** *Indefinitpron. u. unbest. Zahlw.* most; **die ~en** Leute ... most people ...; **am ~en** most

✓ **meistens** *Adv.* ▶ **meist**

Meister *der*; **~s, ~ 1** master
   2 (Werk~, Polier) foreman
   3 (Sport) champion

Meister·brief *der* master craftsman's diploma *or* certificate

meisterhaft Ⓐ *Adj.* masterly

   Ⓑ *adv.* in a masterly manner

Meisterin *die*; **~, ~nen** ▶ **Meister**

meistern *tr. V.* master

Meister·prüfung *die* examination for the/one's master craftsman's diploma *or* certificate

Meisterschaft *die*; **~, ~en 1** mastery
   2 (Sport) championship

Meister-: **~stück** *das* masterpiece (**an** + *Dat.* of); **~titel** *der* (Sport) championship [title]; **~werk** *das* masterpiece (**an** + *Dat.* of)

Melancholie /melaŋkoˈliː/ *die*; **~** (Gemütszustand) melancholy; (Psych.) melancholia

melancholisch Ⓐ *Adj.* melancholy; melancholy, melancholic <*person, temperament*>
   Ⓑ *adv.* melancholically

✓ **melden** Ⓐ *tr. V.* report; (registrieren lassen) register <*birth, death, etc.*> (*Dat.* with)
   Ⓑ *refl. V.* **1** report
   2 (am Telefon) answer
   3 (ums Wort bitten) put one's hand up
   4 (von sich hören lassen) get in touch (**bei** with)

✓ **Meldung** *die*; **~, ~en 1** report; (Nachricht) piece of news
   2 (Wort~) request to speak

meliert *Adj.* mottled; **[grau] ~es** Haar hair streaked with grey

melken *regelm.* (*auch unr.*) *tr. V.* milk

Melodie *die*; **~, ~n** melody; (Weise) tune

melodisch Ⓐ *Adj.* melodic
   Ⓑ *adv.* melodically

Melone *die*; **~, ~n 1** melon
   2 (ugs.) (Hut) bowler [hat]

Membran *die*; **~, ~en 1** (Technik) diaphragm
   2 (Biol., Chemie) membrane

Memoiren /meˈmo̯aːrən/; *Pl.* memoirs

✓ **Menge** *die*; **~, ~n 1** quantity; amount
   2 (große) lot (infml); **eine ~** (ugs.) lots [of it/them] (infml)
   3 (Menschen~) crowd
   4 (Math.) set

Mengen-: **~lehre** *die* set theory *no art.*; **~rabatt** *der* bulk discount

Meniskus *der*; **~, Menisken** (Anat., Optik) meniscus

Menopause *die*; **~, ~n** (Physiol.) menopause

Mensa *die*; **~, ~s** *od.* **Mensen** refectory; canteen (*of university, college*)

✓ **Mensch** *der*; **~en, ~en 1** (Gattung) **der ~** man; **die ~en** man *sing.*; human beings; mankind *sing.*
   2 (Person) person; man/woman; **~en** people

menschen-, Menschen-: **~affe** *der* anthropoid [ape]; **~auflauf** *der* crowd [of people]; **~feind** *der*, **~feindin** *die* misanthropist; **~fresser** *der* (ugs.) cannibal; **~freund** *der*, **~freundin** *die* philanthropist; **~handel** *der* trade *or* traffic in human beings; **~kenner** *der*, **~kennerin** *die* judge of human nature;

m

~**kenntnis** die ability to judge human nature; ~**leben** das life; ~**leer** Adj. deserted; ~**menge** die crowd [of people]; ~**recht** das human right; ~**rechtler** der; ~~**s**, ~~, ~**rechtlerin** die; ~~, ~~**nen** human rights campaigner; ~**schlag** der breed [of people]; ~**seele** die keine ~seele not a [living] soul

Menschens·kind ~! (salopp) (erstaunt) good heavens; good grief; (vorwurfsvoll) for heaven's sake

menschen-, Menschen-: ~**unwürdig**
A Adj. ‹accommodation› unfit for human habitation; ‹conditions› unfit for human beings; ‹behaviour› unworthy of a human being **B** adv. ‹treat› in a degrading and inhumane way; ‹live, he housed› in conditions unfit for human beings; ~**verstand** der human intellect; ~**würde** die human dignity no art.

Menschheit die; ~; mankind no art.; humanity no art.; human race

✓ **menschlich** **A** Adj. **1** human
2 (annehmbar) civilized
3 (human) humane ‹person, treatment, etc.›
B adv. **1** er ist mir ~ sympathisch I like him as a person
2 (human) humanely

Menschlichkeit die; ~; humanity no art.

Mensen ▶ Mensa

Menstruation die; ~, ~**en** (Physiol.) menstruation; (Periode) [menstrual] period

Mentalität die; ~, ~**en** mentality

Menü das; ~**s**, ~**s** (auch DV) menu

Menü·leiste die (DV) menu bar

merkbar **A** Adj. noticeable
B adv. noticeably

Merk·blatt leaflet

✓ **merken** **A** tr. V. notice
B refl. V. sich (Dat.) etw. ~ remember sth

merklich ▶ merkbar

Merkmal das; ~**s**, ~**e** feature

Merkur der; ~**s** Mercury

merkwürdig **A** Adj. strange; odd
B adv. strangely; oddly

messbar, *meßbar Adj. measurable

Messe¹ die; ~, ~**n** (Gottesdienst, Musik) mass

Messe² die; ~, ~**n** (Ausstellung) [trade] fair

messen **A** unr. tr. V. **1** auch itr. measure
2 (beurteilen) judge (nach by)
B unr. refl. V. (geh.) compete (mit with)

Messer das; ~**s**, ~; knife

messer-, Messer-: ~**scharf** **A** Adj. razor-sharp; (fig.) incisive ‹logic›; razor-sharp ‹wit, intellect› **B** adv. (fig. ugs.) ‹argue› incisively; ~**stecherei** die; ~~, ~~**en** knife fight; fight with knives; ~**stich** der knife thrust; (Wunde) knife wound

Mess·gerät, *Meß·gerät das measuring device; (Zähler) meter

Messias der; ~, ~**se** Messiah

Messing das; ~**s** brass

Mess·instrument, *Meß·instrument das measuring instrument

Messung die; ~, ~**en** measurement

✓ **Metall** das; ~**s**, ~**e** metal

metallic indekl. Adj. metallic [grey/blue/etc.]

Metall·industrie die metal-processing and metal-working industries pl.

metallisch Adj. metallic; metal attrib., metallic ‹conductor›

Metapher die; ~, ~**n** metaphor

metaphorisch (Stilk.) **A** Adj. metaphorical
B adv. metaphorically

Meta·physik die; ~; metaphysics sing., no art.

Metastase die; ~, ~**n** (Med.) metastasis

Meteor der; ~**s**, ~**e** meteor

Meteorit der; ~**en** od. ~**s**, ~**e[n]** meteorite

Meteorologe der; ~**n**, ~**n** meteorologist

Meteorologie die; ~; meteorology no art.

Meteorologin die; ~, ~**nen** meteorologist

meteorologisch **A** Adj. meteorological
B adv. meteorologically

✓ **Meter** der od. das; ~**s**, ~; metre

meter-, Meter-: ~**dick** Adj. (selır dick) metres thick postpos.; ~**hoch** Adj. metres high postpos.; ‹snow› metres deep; ~**maß** das tape measure; (Stab) [metre] rule

Methan das; ~**s** methane

✓ **Methode** die; ~, ~**n** method

methodisch **A** Adj. methodological; (nach einer Methode vorgehend) methodical
B adv. methodologically; (nach einer Methode) methodically

Metier /me'tje:/ das; ~**s**, ~**s** profession

Metrik die; ~, ~**en** metrics

metrisch **A** Adj. **1** (Verslehre, Musik) metrical
2 (auf den Meter bezogen) metric
B adv. metrically

Metropole die; ~, ~**n** metropolis

Mett·wurst die: soft smoked sausage made of minced pork and beef

Metzger der; ~**s**, ~ (bes. westmd., südd., schweiz.) butcher

Metzgerei die; ~, ~**en** (bes. westmd., südd., schweiz.) butcher's [shop]

Meute die; ~, ~**n** **1** (Jägerspr.) pack
2 (ugs. abwertend) mob

Meuterei die; ~, ~**en** mutiny

meutern itr. V. **1** mutiny; ‹prisoners› riot
2 (ugs.) (Unwillen äußern) moan

Mexikaner der; ~**s**, ~, **Mexikanerin** die; ~, ~**nen** Mexican

mexikanisch Adj. Mexican

Mexiko (das); ~**s** Mexico

MEZ Abk. = **mitteleuropäische Zeit** CET

mg Abk. = **Milligramm** mg

MG /ɛm'ge:/ das; ~**s**, ~**s** Abk. = **Maschinengewehr**

m

m

Mi. *Abk.* = **Mittwoch** Wed.

miau *Interj.* miaow

miauen *itr. V.* miaow

mich **A** *Akk. von* ich me
   B *Akk. des Reflexivpron. der 1.Pers. Sg.*
   myself

mickerig, mickrig *Adj.* (ugs.) miserable;
   measly (infml); puny ‹person›

mied *1. u. 3. Pers. Sg. Prät. v.* meiden

Mieder·waren *Pl.* corsetry *sing.*

Miene *die*; ~, ~n expression

mies (ugs.) **A** *Adj.* lousy (infml)
   B *adv.* lousily (infml)

Mies-: ~**macher** *der*, ~**macherin** *die* (ugs.
   abwertend) carping critic; (Spielverderber) killjoy;
   ~**muschel** *die* [common] mussel

✧ **Miete** *die*; ~, ~n rent; (für ein Auto, Boot)
   hire charge; **zur** ~ **wohnen** live in rented
   accommodation

mieten *tr. V.* rent; (für kürzere Zeit) hire

Mieter *der*; ~**s**, ~ tenant

Mieterhöhung *die* rent increase

Mieterin *die*; ~, ~**nen** tenant

Miet-: ~**vertrag** *der* tenancy agreement;
   ~**wagen** *der* hire car

Miets·haus *das* block of rented flats (BrE) *or*
   (AmE) apartments

Migräne *die*; ~, ~n migraine

Migrant *der*; ~**en**, ~**en**, **Migrantin** *die*;
   ~, ~**nen** migrant

Migration *die* migration

mikro-, Mikro- micro-

Mikrobe *die*; ~, ~n microbe

mikro-, Mikro-: ~**film** *der* microfilm;
   ~**phon** /-'-/ *das*; ~~**s**, ~~**e** microphone;
   ~**skop** /-'-/ *das*; ~~**s**, ~~**e** microscope;
   ~**skopisch** /-'-/ **A** *Adj.* microscopic
   B *adv.* microscopically; ~**welle** *die* (ugs.)
   microwave [oven]

Milbe *die*; ~, ~n mite

✧ **Milch** *die*; ~; milk

Milch·flasche *die* milk bottle

milchig **A** *Adj.* milky
   B *adv.* ~ **weiß** milky-white

Milch-: ~**kaffee** *der* coffee with plenty of
   milk; ~**kännchen** *das*; ~~**s**, ~~; milk jug;
   ~**reis** *der* rice pudding; ~**straße** *die* Milky
   Way; Galaxy; ~**zahn** *der* milk tooth

mild, milde **A** *Adj.* mild; lenient ‹judge,
   judgement›; soft ‹light›; smooth ‹brandy›
   B *adv.* (gütig) leniently; (gelinde) mildly

Milde *die*; ~; mildness; (Güte) leniency

mildern *tr. V.* moderate; mitigate
   ‹punishment›

Milderung *die*; ~ ▸ mildern moderation;
   mitigation

Milieu /mi'liø:/ *das*; ~~**s**, ~~**s** environment

militant *Adj.* militant

✧ key word
* old spelling—see note on page x

Militär¹ *das*; ~~**s** armed forces *pl.*; military;
   (Soldaten) soldiers *pl.*

Militär² *der*; ~~**s**, ~~**s** [high-ranking military]
   officer

Militär-: ~**dienst** *der* military service;
   ~**diktatur** *die* military dictatorship

✧ **militärisch** *Adj.* military

militarisieren *tr. V.* militarize

Militarismus *der*; ~ (abwertend) militarism

Militarist *der*; ~**en**, ~**en** (abwertend)
   militarist

Militär-: ~**macht** *die* military power;
   ~**putsch** *der* military putsch

Military /'mɪlɪtərɪ/ *die*; ~, ~**s** (Reiten) three-
   day event

Miliz *die*; ~, ~**en** militia; (Polizei) police

Mill. *Abk.* = **Million** m.

milli-, Milli- milli-

✧ **Milliarde** *die*; ~, ~**n** billion

Milli-: ~**gramm** *das* milligram; ~**meter**
   der od. das millimetre; ~**meter·papier** *das*
   [graph] paper ruled in millimetre squares

✧ **Million** *die*; ~, ~**en** million

Millionär *der*; ~**s**, ~**e** millionaire

Millionen-: ~**schaden** *der* damage *no pl.*,
   no indef. art. running into millions; ~**stadt**
   die town with over a million inhabitants

millionst... *Ordinalz.* millionth

Milz *die*; ~; spleen

Mimik *die*; ~; gestures and facial
   expressions *pl.*

Mimose *die*; ~, ~**n** **1** mimosa
   2 (fig.) oversensitive person

mimosenhaft **A** *Adj.* oversensitive
   B *adv.* oversensitively

minder *Adv.* (geh.) less

minder... *Adj.* inferior ‹goods, brand›

minder·bemittelt *Adj.* without much
   money *postpos., not pred.*; ~ **sein** not have
   much money; **geistig** ~ (fig. salopp abwertend)
   not all that bright (infml)

Minderheit *die*; ~, ~**en** minority

minder·jährig *Adj.* ‹child etc.› who is/was
   a minor

Minder·jährige *der/die adj. Dekl.* minor

mindern *tr. V.* (geh.) reduce

Minderung *die*; ~, ~**en** reduction (Gen. in)

minder·wertig *Adj.* inferior

mindest... *Adj.* least; (geringst...) slightest;
   das ist das Mindeste *od.* ~**e, was du tun
   kannst** it is the least you can do

✧ **mindestens** *Adv.* at least

Mindest·haltbarkeits·datum *das* best-
   before date

Mine *die*; ~, ~**n 1** (Bergwerk, Sprengkörper) mine
   2 (Bleistift~) lead; (Kugelschreiber~,
   Filzschreiber~) refill

Mineral *das*; ~**s**, ~**e** *od.* **Mineralien**
   mineral

Mineralogie *die*; ~; mineralogy *no art.*

Mineral-: ~**öl** *das* mineral oil; ~**wasser**

das mineral water

Mini *das*; ~s, ~s (Mode) mini

Mini- mini-

Miniatur *die*; ~, ~en miniature

minimal **A** *Adj.* minimal; marginal ‹*advantage, lead*›; very slight ‹*benefit, profit*›

B *adv.* minimally

minimieren *tr. V.* (bes. Math.) minimize

Minimum *das*; ~s, **Minima** minimum (an + *Dat.* of)

Minister *der*; ~s, ~, **Ministerin** *die*; ~, ~nen minister (**für** for); (eines britischen Hauptministeriums) Secretary of State (**für** for); (eines amerikanischen Hauptministeriums) Secretary (**für** for)

Ministerium *das*; ~s, **Ministerien** Ministry; Department (AmE)

✧ **Minister·präsident** *der*, **Minister·präsidentin** *die* **1** (eines deutschen Bundeslandes) minister-president **2** (Premierminister[in]) Prime Minister

Minister·rat *der* Council of Ministers

Ministrant *der*; ~en, ~en, **Ministrantin** *die*; ~, ~nen (kath. Kirche) server

Minorität *die*; ~, ~en ▸ Minderheit

minus *Konj., Adv.* (bes. Math.) minus

Minus *das*; ~; deficit

Minus·zeichen *das* minus sign

✧ **Minute** *die*; ~, ~n minute

minuten·lang **A** *Adj.* lasting [for] several minutes *postpos.*

B *adv.* for several minutes

Minuten·zeiger *der* minute hand

Mio. *Abk.* = **Million[en]** m.

mir **A** *Dat. von* **ich** to me; (nach Präpositionen) me; **Freunde von** ~ friends of mine; **gehen wir zu** ~ let's got to my place; **von** ~ **aus** as far as I'm concerned

B *Dat. des Reflexivpron. der 1. Pers. Sg.* myself

Mirabelle *die*; ~, ~n mirabelle

Misch-: ~**brot** *das* bread made from wheat and rye flour; ~**ehe** *die* mixed marriage

mischen **A** *tr. V.* mix

B *refl. V.* **1** (sich ver~) mix (**mit** with); ‹*smell, scent*› blend (**mit** with) **2** (sich ein~) **sich in etw.** (Akk.) ~ interfere in sth

Misch·farbe *die* non-primary colour

Mischling *der*; ~s, ~e half-caste

Mischmasch *der*; ~[e]s, ~e (ugs., meist abwertend) hotchpotch; mishmash

Misch·pult *das* (Film, Rundf., Ferns.) mixing desk *or* console

Mischung *die*; ~, ~en mixture; (Tee~, Kaffee~, Tabak~) blend; (Pralinen~) assortment

Misch·wald *der* mixed [deciduous and coniferous] forest

miserabel (ugs.) **A** *Adj.* dreadful (infml)

B *adv.* dreadfully (infml); **ihm geht es**

gesundheitlich ~ he's in a bad way

Misere *die*; ~, ~n (geh.) wretched *or* dreadful state; (Elend) misery; (Not) distress

miss, *miß *Imperativ Sg. v.* messen

miss·achten, *miß·achten *tr. V.* **1** (ignorieren) disregard; ignore **2** (geringschätzen) be contemptuous of

miss·billigen, *miß·billigen *tr. V.* disapprove of

Miss·billigung, *Miß·billigung *die* disapproval

Miss·brauch, *Miß·brauch *der* ▸ missbrauchen abuse; misuse

miss·brauchen, *miß·brauchen *tr. V.* abuse; misuse; abuse ‹*trust*›

missen *tr. V.* (geh.) **jmdn./etw. nicht** ~ **mögen** not want to be without sb/sth

Miss·erfolg, *Miß·erfolg *der* failure

Misse·tat *die* (geh. veralt.) misdeed

miss·fallen, *miß·fallen *unr. itr. V.* etw. missfällt jmdm. sb dislikes sth

Missfallen, *Mißfallen *das*; ~s displeasure; (Missbilligung) disapproval

Miss·geschick, *Miß·geschick *das* mishap

miss·glücken, *miß·glücken *itr. V.; mit sein* fail

miss·gönnen, *miß·gönnen *tr. V.* jmdm. etw. ~ begrudge sb sth

Miss·griff, *Miß·griff *der* error of judgement

miss·handeln, *miß·handeln *tr. V.* maltreat

Miss·handlung, *Miß·handlung *die* maltreatment

Mission *die*; ~, ~en mission

Missionar *der*; ~s, ~e, **Missionarin** *die*; ~, ~nen missionary

Miss·kredit, *Miß·kredit *der* jmdn./etw. in ~ bringen bring sb/sth into discredit

misslang, *mißlang *1. u. 3. Pers. Sg. Prät. v.* misslingen

missliebig, *mißliebig *Adj.* unpopular

misslingen, *mißlingen *unr. itr. V.; mit sein* fail

Misslingen, *Mißlingen *das*; ~s failure

misslungen, *mißlungen *2. Part. v.* misslingen

Miss·mut, *Miß·mut *der* ill humour *no indef. art.*

miss·mutig, *miß·mutig **A** *Adj.* bad-tempered; sullen ‹*face*›

B *adv.* bad-temperedly

Miss·stand, *Miß·stand *der* deplorable state of affairs *no pl.*

misst, *mißt *2. u. 3. Pers. Sg. Präsens v.* messen

miss·trauen, *miß·trauen *itr. V.* jmdm./ einer Sache ~ mistrust *or* distrust sb/sth

Miss·trauen, *Miß·trauen *das*; ~s mistrust, distrust (**gegen** of)

m

misstrauisch, *miß·trauisch** **A** *Adj.*
mistrustful; distrustful
B *adv.* mistrustfully; distrustfully

miss·verständlich, *miß·verständlich**
A *Adj.* unclear; <*formulation, concept, etc.*>
that could be misunderstood
B *adv.* <*express oneself, describe*> in a way
that could be misunderstood

Miss·verständnis, *Miß·verständnis**
das misunderstanding

miss·verstehen, *miß·verstehen** *unr. tr.*
V. **ich missverstehe, missverstanden,**
misszuverstehen misunderstand

Miss·wirtschaft, *Miß·wirtschaft** *die*
mismanagement

Mist *der*; ~[e]s **1** dung; (Dünger) manure; (mit
Stroh usw. gemischt) muck
2 (Misthaufen) dung/manure/muck heap
3 (ugs. abwertend) (Unsinn) rubbish *no indef.*
art.; (Minderwertiges) junk *no indef. art.*

Mistel *die*; ~, ~n mistletoe

Mist·haufen *der* dung/manure/muck heap

✓ **mit** **A** *Präp.; mit Dat.* with; ein Zimmer ~
Frühstück a room with breakfast included;
~ 50 [km/h] fahren drive at 50 [kph]; ~ der
Bahn/dem Auto fahren go by train/car; ~
20 [Jahren] at [the age of] twenty
B *adv.* **1** too; as well
2 seine Arbeit war ~ am besten (ugs.) his
work was among the best

Mit·arbeit *die* collaboration (**bei/an** + *Dat.*
on); (Mithilfe) assistance (**bei, in** + *Dat.* in);
(Beteiligung) participation (**in** + *Dat.* in)

mit|arbeiten *itr. V.* collaborate (**bei/an** + *Dat.*
on); (sich beteiligen) participate (**in** + *Dat.* in)

✓ **Mit·arbeiter** *der*, **Mit·arbeiterin** *die*
1 collaborator; freier ~ freelance worker
2 (Angestellter) employee

mit|bekommen *unr. tr. V.* **1** etw. ~ be
given sth to take with one
2 (wahrnehmen) be aware of; (durch Hören, Sehen)
hear/see

mit|bestimmen **A** *itr. V.* have a say
B *tr. V.* have an influence on

Mit·bestimmung *die* participation (**bei**
in); (der Arbeitnehmer) co-determination

mit|bringen *unr. tr. V.* **1** etw. ~ bring sth
with one; jmdm./sich etw. ~ bring sth with
one for sb/bring sth back for oneself
2 (haben) have <*ability, gift, etc.*>

Mitbringsel *das*; ~s, ~; [small] present;
(Andenken) [small] souvenir

Mit·bürger *der*, **Mit·bürgerin** *die* fellow
citizen; ältere Mitbürger (Amtsspr.) senior
citizens

✓ **mit·einander** *Adv.* **1** with each other *or*
one another; ~ sprechen talk to each other
or one another
2 (gemeinsam) together

mit|erleben *tr. V.* **1** witness <*events etc.*>
2 (mitmachen) be alive during

mit|fahren *unr. itr. V.; mit sein* bei jmdm.
[im Auto] ~ go/travel with sb [in his/her
car]; (mitgenommen werden) get a lift with sb [in
his/her car]

Mitfahr·zentrale *die: office for putting*
those wanting lifts in touch with those who
can offer them

mit·fühlend **A** *Adj.* sympathetic
B *adv.* sympathetically

mit|führen *tr. V.* **1** (Amtsspr.) (bei sich tragen)
etw. ~ carry sth [with one]
2 (transportieren) <*river, stream*> carry along

mit|geben *unr. tr. V.* jmdm. etw. ~ give sb
sth to take with him/her; (fig.) provide sb
with sth

Mit·gefühl *das* sympathy

mit|gehen *unr. itr. V.; mit sein* **1** go too; mit
jmdm. ~ go with sb
2 (sich mitreißen lassen) begeistert ~ respond
enthusiastically

Mit·gift *die*; ~, ~en (veralt.) dowry

✓ **Mit·glied** *das* member (*Gen.,* **in** + *Dat.* of)

Mitglieder·versammlung *die* general
meeting

Mitglieds-: ~ausweis *der* membership
card; ~beitrag *der* membership
subscription

Mitgliedschaft *die*; ~; membership (*Gen.,*
in + *Dat.* of)

Mitglieds·staat, Mitglied·staat *der*
member state *or* country

mit|halten *unr. itr. V.* keep up (**bei** in; mit
with)

mit|helfen *unr. itr. V.* help (**bei, in** + *Dat.*
with)

mit·hilfe **A** *Präp. mit Gen.* with the help
or aid of
B *Adv.* ~ **von** with the help *or* aid of

Mit·hilfe *die* help; assistance

mit|hören **A** *tr. V.* listen to; (zufällig)
overhear <*conversation, argument, etc.*>;
(abhören) listen in on
B *itr. V.* listen; (zufällig) overhear

mit|kommen *unr. itr. V.; mit sein* **1** come
too; kommst du mit? are you coming [with
me/us]?
2 (Schritt halten) keep up

Mit·läufer *der*, **Mit·läuferin** *die* (abwertend)
[mere] supporter

Mit·laut *der* consonant

Mit·leid *das* pity, compassion (**mit** for);
(Mitgefühl) sympathy (**mit** for)

Mit·leidenschaft *die* jmdn./etw. in ~
ziehen affect sb/sth

mit·leidig **A** *Adj.* compassionate; (mitfühlend)
sympathetic
B *adv.* compassionately; (mitfühlend)
sympathetically

mit|machen **A** *tr. V.* **1** (teilnehmen an) go on
<*trip*>; join in <*joke*>; follow <*fashion*>; fight

✓ key word
* alte Schreibung—vgl. Hinweis auf S. x

m

in <*war*>; do <*course, seminar*>; **das mache ich nicht mit** (ugs.) I can't go along with it
2 (ugs.) (erleiden) **zwei Weltkriege/viele Bombenangriffe mitgemacht haben** have been through two world wars/many bomb attacks
B *itr. V.* **1** (sich beteiligen) join in
2 (ugs.) (funktionieren) **mein Herz/Kreislauf macht nicht mit** my heart/circulation can't take it

Mịt·mensch *der* fellow human being
♂ **mịt|nehmen** *unr. tr. V.* **1** jmdn. ∼ take sb with one; etw. ∼ take sth with one; (verhüll.) (stehlen) walk off with sth (infml); (kaufen) take sth; **Essen/Getränke zum Mitnehmen** food/drinks to take away *or* (AmE) to go
2 (in Mitleidenschaft ziehen) **jmdn.** ∼ take it out of sb

mịt|reden *itr. V.* **1** join in the conversation
2 (mitbestimmen) have a say

Mịt·reisende *der/die* fellow passenger
mịt|reißen *unr. tr. V.* **die Begeisterung/ seine Rede hat alle Zuhörer mitgerissen** the audience was carried away with enthusiasm/by his speech

mit·sạmt *Präp. mit Dat.* together with
mịt|schneiden *unr. tr. V.* (Rundf., Ferns.) record [live]

Mịt·schuld *die* share of the blame *or* responsibility (**an** + *Dat.* for)
Mịt·schüler *der,* **Mịt·schülerin** *die* schoolfellow

mịt|spielen *itr. V.* **1** join in the game
2 in einem Film ∼ be in a film; in einem Orchester/in *od.* bei einem Fußballverein ∼ play in an orchestra/for a football club

Mịt·spieler *der,* **Mịt·spielerin** *die* player; (in derselben Mannschaft) teammate
*****mịttag** ▸ Mittag
Mịttag *der;* ∼s, ∼e **1** midday *no art.*; **gegen** ∼ around midday; **zu** ∼ **essen** have lunch; **heute/Montag** ∼ at midday today/ on Monday
2 (ugs.) (Mittagspause) lunch hour

♂ **Mịttag·essen** *das* lunch
mịttags *Adv.* at midday; **12 Uhr** ∼ 12 noon
Mịttags-: ∼**pause** *die* lunch hour; ∼**ruhe** *die* period of quiet after lunch; ∼**zeit** *die* **1** (Zeit gegen 12 Uhr) lunchtime *no art.*
2 (Mittagspause) lunch hour

♂ **Mịtte** *die;* ∼, ∼**n** middle; (eines Kreises, einer Kugel, Stadt) centre; ∼ **des Monats/Jahres** in the middle of the month/year
♂ **mịt|teilen** *tr. V.* jmdm. etw. ∼ tell sb sth; (informieren) inform sb of sth
mịtteilsam *Adj.* communicative; (gesprächig) talkative
Mịt·teilung *die* communication; (Bekanntgabe) announcement
♂ **Mịttel** *das;* ∼s, ∼ **1** means; (Methode) way; method; (Werbe∼, Propaganda∼ usw.) device (*Gen.* for); **mit allen** ∼**n versuchen, etw. zu**

tun try by every means to do sth
2 (Arznei) **ein** ∼ **gegen Husten** *usw.* a cure for coughs *etc.*
3 *Pl.* (Geldmittel) funds; [financial] resources; (Privatmittel) means
Mịttel·alter *das* Middle Ages *pl.*
mịttel·alterlich *Adj.* medieval
mịttelbar A *Adj.* indirect
B *adv.* indirectly
mịttel-, Mịttel-: ∼**ding** *das* **ein** ∼**ding sein** be something in between; ∼**europa** (*das*) Central Europe; ∼**finger** *der* middle finger; ∼**gebirge** *das* low mountains *pl.*; ∼**groß** *Adj.* medium-sized; <*person*> of medium height; ∼**klasse·wagen** *der* medium-sized car; ∼**linie** *die* centre line; (Fußball) half-way line; ∼**los** *Adj.* without means *postpos.*; ∼**mäßig** *Adj.* mediocre; ∼**meer** *das* Mediterranean [Sea]
♂ **Mịttel·punkt** *der* **1** (Geom.) centre; (einer Strecke) midpoint
2 (Mensch/Sache im Zentrum) centre of attention
Mịttel-: ∼**scheitel** *der* centre parting; ∼**schule** *die* ▸ Realschule; ∼**stand** *der* middle class; ∼**strecken·rakete** *die* medium-range missile; ∼**streifen** *der* central reservation; median strip (AmE); ∼**weg** *der* middle course; ∼**welle** *die* (Physik, Rundf.) medium wave
mịtten *Adv.* ∼ **an/auf etw.** (*Akk./Dat.*) in the middle of sth; ∼ **durch die Stadt** right through the town
mịtten-: ∼**drịn** *Adv.* [right] in the middle; ∼**dụrch** *Adv.* [right] through the middle
Mịtter·nacht *die* midnight *no art.*
Mịtternachts·sonne *die* midnight sun
Mịttler *der;* ∼**s**, ∼; mediator
♂ **mịttler...** *Adj.* middle; moderate <*speed*>; medium-sized <*company, town*>; medium <*quality, size*>; (durchschnittlich) average; **die** ∼**e Reife** (Schulw.) *standard of achievement for school-leaving certificate at a Realschule or for entry to the sixth form in a Gymnasium*
Mịttlerin *die;* ∼, ∼**nen** mediator
Mịttler·rolle *die* mediating role
♂ **mịttler·weile** *Adv.* since then; (bis jetzt) by now; (unterdessen) in the meantime
♂ **Mịttwoch** *der;* ∼**[e]s**, ∼**e** Wednesday; *s. auch* Dienstag
mịttwochs *Adv.* on Wednesday[s]
mit·ụnter *Adv.* from time to time
mịt·wirken *itr. V.* **an etw.** (*Dat.*) /**bei etw.** ∼ collaborate on/be involved in sth; **in einem Orchester/Theaterstück** ∼ play in an orchestra/act *or* appear in a play
Mịtwirkende *der/die adj. Dekl.* (an einer Sendung) participant; (in einer Show) performer; (in einem Theaterstück) actor
Mịt·wisser *der;* ∼**s**, ∼, **Mịt·wisserin** *die;* ∼, ∼**nen** ∼ **einer Sache** (*Gen.*) **sein** be an accessory to sth

m

mixen tr. V. mix; sich (Dat.) einen Drink ~ fix oneself a drink

Mixer der; ~s, ~ 1 (Bar~) barman; bartender (AmE) 2 (Gerät) blender and liquidizer

Mixerin die; ~, ~nen barmaid

mm Abk. = **Millimeter** mm.

Mo. Abk. = **Montag** Mon.

Mob der; ~s (abwertend) mob

Möbel das; ~s, ~ 1 Pl. furniture sing., no indef. art. 2 piece of furniture

Möbel·wagen der furniture van; removal van

◆ **mobil** Adj. 1 mobile; s. auch mobilmachen 2 (ugs.) (lebendig) lively

Mobiliar das; ~s furnishings pl.

mobilisieren tr. V. 1 (Milit., fig.) mobilize 2 (aktivieren) activate

mobil∥machen itr. V. mobilize

Mobilmachung die; ~, ~en mobilization

Mobil·telefon das mobile phone

möblieren tr. V. furnish

mochte 1. u. 3. Pers. Sg. Prät. v. mögen

möchte 1. u. 3. Pers. Sg. Konjunktiv II v. mögen

Mode die; ~, ~n fashion

Mode·farbe die fashionable colour

◆ **Modell** das; ~s, ~e (auch fig.) model; jmdm. ~ sitzen od. stehen sit for sb

modellieren tr. V. model, mould <figures, objects>; mould <clay, wax>

Modell·kleid das model dress

Modem der od. das; ~s, ~s (DV) modem

Moden·schau die fashion show

Moder der; ~s mould; (~geruch) mustiness

Moderation die; ~, ~en (Rundf., Ferns.) presentation

Moderator der; ~s, ~en, **Moderatorin** die; ~, ~nen (Rundf., Ferns.) presenter

moderieren tr. V. (Rundf., Ferns.) present <programme>

modern¹ itr. V.; auch mit sein go mouldy

◆ **modern²** A Adj. modern; (modisch) fashionable B adv. in a modern manner; (modisch) fashionably

modernisieren tr. V. modernize

Mode-: ~**schöpfer** der couturier; ~**schöpferin** die couturière; ~**wort** das; Pl. ~**wörter** vogue word; ~**zeitschrift** die fashion magazine

modifizieren tr. V. (geh.) modify

modisch A Adj. fashionable B adv. fashionably

Mofa das; ~s, ~s [low-powered] moped

Mogelei die; ~, ~en (ugs.) cheating no pl.

mogeln itr. V. cheat

Mogel·packung die (abwertend) deceptive packaging

◆ **mögen** A unr. Modalverb 2.Part. **mögen** 1 (wollen) want to; das hätte ich sehen ~ I would have liked to see that 2 (geh.) (sollen) das mag genügen that should be enough 3 (Vermutung, Möglichkeit) sie mag/mochte vierzig sein she must be/must have been [about] forty; [das] mag sein maybe 4 Konjunktiv II (den Wunsch haben) ich/sie möchte gern wissen ... I would/she would like to know ... B unr. tr. V. like; sie mag keine Rosen she does not like roses; sie ~ sich they're fond of one another; möchten Sie ein Glas Wein? would you like a glass of wine?; ich möchte lieber Tee I would prefer tea C unr. itr. V. 1 (es wollen) like to 2 ich möchte nach Hause I want to go home; er möchte zu Herrn A he would like to see Mr A

◆ **möglich** Adj. possible; es war ihm nicht ~ [zu kommen] he was unable [to come]; alles Mögliche (ugs.) all sorts of things; [das ist doch] nicht ~! impossible!; sein Möglichstes tun do one's utmost

◆ **möglicher·weise** Adv. possibly

◆ **Möglichkeit** die; ~, ~en 1 possibility; (Methode) way; es besteht die ~, dass ... there is a possibility that ... 2 (Gelegenheit) opportunity; chance

◆ **möglichst** Adv. 1 if [at all] possible 2 ~ schnell as fast as possible

Mohammed (der) Muhammad

Mohammedaner der; ~s, ~, **Mohammedanerin** die; ~, ~nen Muslim; Muhammadan

mohammedanisch Adj. Muslim; Muhammadan

Mohn der; ~s poppy; (Samen) poppy seed; (auf Brot, Kuchen) poppy seeds pl.

Mohn-: ~**blume** die poppy; ~**brötchen** das poppy-seed roll; ~**kuchen** der poppy-seed cake

Möhre die; ~, ~n carrot

Mohren·kopf der chocolate marshmallow

Mohr·rübe die carrot

mokieren refl. V. (geh.) sich über etw. (Akk.) ~ scoff at sth; sich über jmdn. ~ mock sb

Mokka der; ~s strong black coffee

Molch der; ~[e]s, ~e newt

Mole die; ~, ~n [harbour] mole

Molekül das; ~s, ~e molecule

molekular Adj. molecular

molk 1. u. 3. Pers. Sg. Prät. v. melken

Molkerei die; ~, ~en dairy

Moll das; ~ (Musik) minor [key]

◆ **mollig** A Adj. 1 (rundlich) plump 2 (warm) snug B adv. snugly; ~ warm warm and snug

---

◆ key word
* old spelling—see note on page x

✓ **Moment¹** *der*; ~[e]s, ~e moment; **jeden** ~ (ugs.) [at] any moment; **im** ~ at the moment

Moment² *das*; ~[e]s, ~e factor, element (**für** in)

✓ **momentan** **A** *Adj.* **1** present
2 (vorübergehend) temporary; (flüchtig) momentary
B *adv.* **1** at present
2 (vorübergehend) temporarily

Monaco (*das*); ~s Monaco

Monarch *der*; ~en, ~en monarch

Monarchie *die*; ~, ~n monarchy

Monarchin *die*; ~, ~nen monarch

✓ **Monat** *der*; ~s, ~e month; **im** ~ **April** in the month of April

monatelang **A** *Adj.* lasting for months *postpos., not pred.*
B *adv.* for months [on end]

✓ **monatlich** **A** *Adj.* monthly
B *adv.* every month; (pro Monat) per month

Monats-: ~**ende** *das* end of the month; ~**erste** *der adj. Dekl.* first [day] of the month; ~**hälfte** *die* half of the month; ~**karte** *die* monthly season ticket; ~**letzte** *der adj. Dekl.* last day of the month

✓ **Mönch** *der*; ~[e]s, ~e monk

✓ **Mond** *der*; ~[e]s, ~e moon; **auf** *od.* **hinter dem** ~ **leben** (fig. ugs.) be a bit behind the times; **nach dem** ~ **gehen** (ugs.) <*clock, watch*> be hopelessly wrong

Mond-: ~**fähre** *die* (Raumf.) lunar module; ~**finsternis** *die* eclipse of the moon; ~**landung** *die* moon landing; ~**licht** *das* moonlight; ~**phase** *die* moon's phase

Mongole *der*; ~n, ~n **1** Mongol
2 (Bewohner der Mongolei) Mongolian

Mongolei *die*; ~; Mongolia

Mongolin *die*; ~, ~nen ▶ Mongole

Monitor *der*; ~s, ~en monitor

mono-, Mono- mono-

Mono·gramm *das*; ~s, ~e monogram

Monographie *die*; ~, ~n monograph

Monolog *der*; ~s, ~e monologue

Monopol *das*; ~s, ~e monopoly (**auf** + Akk., **für** in, of)

monoton **A** *Adj.* monotonous
B *adv.* monotonously

Monotonie *die*; ~, ~n monotony

Monster *das*; ~s, ~; monster; (hässlich) [hideous] brute

Monstren ▶ Monstrum

monströs *Adj.* monstrous

Monstrum *das*; ~s, **Monstren 1** monster
2 (Sache) hulking great thing (infml)

Monsun *der*; ~s, ~e (Geogr.) monsoon

✓ **Mon·tag** *der* Monday; *s. auch* Dienstag

Montage /mɔnˈtaːʒə/ *die*; ~, ~n
1 (Zusammenbau) assembly; (Einbau) installation; (Aufstellen) erection; (Anbringen) fitting (**an** + Akk. *od.* Dat. to); mounting (**auf** + Akk. *od.* Dat. on)

2 (Film, bild. Kunst, Literaturw.) montage

montags *Adv.* on Monday[s]

montieren *tr. V.* **1** (zusammenbauen) assemble (**aus** from); erect <*building*>
2 (anbringen) fit (**an** + Akk. *od.* Dat. to; **auf** + Akk. *od.* Dat. on); (einbauen) install (**in** + Akk. in); (befestigen) fix (**an** + Akk. *od.* Dat. to)

Monument *das*; ~[e]s, ~e monument

monumental *Adj.* monumental

Moor *das*; ~[e]s, ~e bog; (Bruch) marsh

Moos *das*; ~es, ~e moss

Moped /ˈmoːpɛt/ *das*; ~s, ~s moped

Mops *der*; ~es, **Möpse** pug [dog]; (salopp) (dicke Person) podge (infml)

Moral *die*; ~ **1** (Norm) morality
2 (Sittlichkeit) morals *pl.*
3 (Selbstvertrauen) morale
4 (Lehre) moral

moralisch **A** *Adj.* **1** moral
2 (tugendhaft) virtuous
B *adv.* **1** morally
2 (tugendhaft) virtuously

moralisieren *itr. V.* (geh.) moralize

Moralist *der*; ~en, ~en, **Moralistin** *die*; ~, ~nen moralist

Moral·predigt *die* (abwertend) [moralizing] lecture; homily

Morast *der*; ~[e]s, ~e *od.* **Moräste 1** bog; swamp
2 (Schlamm) mud

Mord *der*; ~[e]s, ~e murder (**an** + Dat. of); (durch ein Attentat) assassination; **einen** ~ **begehen** commit murder

Mord-: ~**anschlag** *der* attempted murder (**auf** + Akk. of); (Attentat) assassination attempt (**auf** + Akk. on); ~**drohung** *die* murder threat

morden *tr., itr. V.* murder

Mörder *der*; ~s, ~; murderer (esp. Law); killer; (politischer) assassin

Mörderin *die*; ~, ~nen murderer; murderess; (politische) assassin

mörderisch **A** *Adj.* murderous
B *adv.* (ugs.) dreadfully (infml)

Mord·fall *der* murder case

mords-, Mords- (ugs.) terrific (infml)

mords·mäßig *Adj.* terrific (infml); tremendous (infml); (entsetzlich) terrible (infml)

Mord-: ~**verdacht** *der* suspicion of murder; ~**versuch** *der* attempted murder; (Attentat) assassination attempt; ~**waffe** *die* murder weapon

✓ **morgen** *Adv.* tomorrow; ~ **in einer Woche** tomorrow week; ~ **eine Woche** tomorrow week; ~ **um diese Zeit** this time tomorrow; **bis** ~! until tomorrow!; see you tomorrow!

✓ **Morgen** *der*; ~s, ~; morning; **am** ~ in the morning; **am folgenden** *od.* **nächsten** ~ next morning; **früh am** ~, **am frühen** ~ early in the morning; **heute** ~ this morning; **guten** ~! good morning!

morgendlich *Adj.* morning

Morgen-: ~grauen *das* daybreak; **~mantel** *der* dressing gown; **~rot** *das* (geh.) rosy dawn

morgens *Adv.* in the morning; (jeden Morgen) every morning; **Dienstag** *od.* **dienstags ~** on Tuesday morning[s]; **von ~ bis abends** from morning to evening

morgig *Adj.* tomorrow's

Morphium *das*; **~s** morphine

morphium·süchtig *Adj.* addicted to morphine *pred.*

morsch *Adj.* (auch fig.) rotten

Mörser *der*; **~s**, **~** (Gefäß, Geschütz) mortar

Mörtel *der*; **~s** mortar

Mosaik *das*; **~s**, **~en** *od.* **~e** mosaic

Mosambik *(das)*; **~s** Mozambique

Moschee *die*; **~**, **~n** mosque

Moschus *der*; **~**; musk

Mosel *die*; **~**; Moselle

Mosel·wein *der* Moselle [wine]

mosern *itr. V.* (ugs.) gripe (infml) (**über** + *Akk.* about)

Moskau *(das)*; **~s** Moscow

Moskauer **A** *indekl. Adj.* Moscow *attrib.* **B** *der* **~s**, **~**; Muscovite

Moskauerin *die*; **~**, **~nen** Muscovite

Moskito *der*; **~s**, **~s** mosquito

Moslem *der*; **~s**, **~s** ▸ **Muslim**

Moslemin *die*; **~**, **~nen** ▸ **Muslimin**

moslemisch ▸ **muslimisch**

Most *der*; **~[e]s**, **~e** **1** [cloudy fermented] fruit juice
2 (landsch.) (neuer Wein) new wine

Mostrich *der*; **~s** (nordostd.) mustard

Motel *das*; **~s**, **~s** motel

Motherboard /ˈmaðɐbɔːd/ *das*; **~s**, **~s** (DV) motherboard

Motiv *das*; **~s**, **~e** **1** motive
2 (fachspr.) (Thema) motif; theme; (Kunst) subject

⚷ **Motor** *der*; **~s**, **~en** engine; (Elektro~) motor

Motor·haube *die* (Kfz-W.) bonnet (BrE); hood (AmE)

motorisieren *tr. V.* motorize

Motor-: ~rad *das* motor cycle; **~rad·fahrer** *der*, **~rad·fahrerin** *die* motorcyclist; **~roller** *der* motor scooter; **~schaden** *der* engine trouble *no indef. art.*

Motte *die*; **~**, **~n** moth

Motten·kugel *die* mothball

Motto *das*; **~s**, **~s** motto; (Schlagwort) slogan

Möwe *die*; **~**, **~n** gull

Mrd. *Abk.* = **Milliarde** bn.

Mücke *die*; **~**, **~n** midge; (größer) mosquito

Mücken·stich *der* midge/mosquito bite

Mucks *der*; **~es**, **~e** (ugs.) murmur [of protest]; **keinen ~ sagen** not utter a [single] word

müde **A** *Adj.* tired; (ermattet) weary; (schläfrig) sleepy; **jmdn./etw.** *od.* **jmds./einer Sache ~ sein** (geh.) be tired of sb/sth
B *adv.* wearily; (schläfrig) sleepily

Müdigkeit *die*; **~**; tiredness

muffelig (ugs.) **A** *Adj.* grumpy
B *adv.* grumpily

muffig *Adj.* musty

Mühe *die*; **~**, **~n** trouble; **sich** *(Dat.)* **mit jmdm./etw. ~ geben** take [great] pains over sb/sth; **mit Müh und Not** with great difficulty

mühelos **A** *Adj.* effortless
B *adv.* effortlessly

mühe·voll *Adj.* laborious; painstaking ‹*work*›

Mühle *die*; **~**, **~n** **1** mill; (Kaffee~) [coffee] grinder
2 (Spiel) nine men's morris

Mühsal *die*; **~**, **~e** (geh.) tribulation; (Strapaze) hardship

mühsam **A** *Adj.* laborious
B *adv.* laboriously

müh·selig (geh.) **A** *Adj.* laborious; arduous ‹*journey, life*›
B *adv.* with [great] difficulty

Mulde *die*; **~**, **~n** hollow

Mull *der*; **~[e]s** (Stoff) mull; (Verband~) gauze

Müll *der*; **~s** refuse; rubbish; garbage (AmE); trash (AmE); (Industrie~) [industrial] waste

Müll-: ~abfuhr *die* refuse *or* (AmE) garbage collection; **~ablade·platz** *der* [refuse] dump *or* (BrE) tip

Mull·binde *die* gauze bandage

Müll·deponie *die* (Amtsspr.) refuse disposal site

Müller *der*; **~s**, **~**; miller

Müll-: ~halde *die* refuse dump; **~kippe** *die* ▸ **Müllabladeplatz**; **~mann** *der* (ugs.) dustman (BrE); garbage man (AmE); **~sack** *der* refuse bag; **~schlucker** *der* rubbish *or* (AmE) garbage chute; **~tonne** *die* dustbin (BrE); garbage *or* trash can (AmE); **~tüte** *die* bin bag; **~wagen** *der* dustcart (BrE); garbage truck (AmE)

mulmig *Adj.* (ugs.) uneasy

Multimedia·technik *die* (DV) multimedia technology

Multiplex *das*; **~es**, **~e** multiplex

Multiplikation *die*; **~**, **~en** (Math.) multiplication

multiplizieren *tr. V.* multiply (**mit** by)

Mumie /ˈmuːmi̯ə/ *die*; **~**, **~n** mummy

Mumm *der*; **~s** (ugs.) (Mut) guts *pl.* (infml); (Tatkraft) drive; zap (infml); (Kraft) muscle power

Mumps *der od. die*; **~**; mumps *sing.*

München *(das)*; **~s** Munich

⚷ key word
* alte Schreibung—vgl. Hinweis auf S. x

Münchener, Münchner A *indekl. Adj.* Munich *attrib*
 B *der* ~s, ~; inhabitant/native of Munich
Münchenerin, Münchnerin *die*; ~, ~nen ▸ Münchener B
✓ **Mund** *der*; ~[e]s, **Münder** mouth; **er küsste sie auf den** ~ he kissed her on the lips; **mit vollem** ~ **sprechen** speak with one's mouth full; **den** ~ **nicht aufmachen** (fig. ugs.) not say anything; **den** *od.* **seinen** ~ **halten** (ugs.) (zu sprechen aufhören) shut up (infml); (nichts sagen) not say anything; (nichts verraten) keep quiet (über + Akk. about); **sie ist nicht auf den** ~ **gefallen** (fig. ugs.) she's never at a loss for words
Mund·art *die* dialect
münden *itr. V.; mit sein in etw. (Akk.)* ~ *‹river›* flow into sth; *‹corridor, street›* lead into sth
mund-, Mund-: ~**faul** *Adj.* (ugs.) uncommunicative; ~**gerecht** *Adj.* bite-sized; ~**geruch** *der* bad breath *no indef. art.*; ~**harmonika** *die* mouth organ
mündig *Adj.* of age *pred.*; ~ **werden** come of age
mündlich A *Adj.* oral
 B *adv.* orally
Mund·stück *das* mouthpiece; (bei Zigaretten) tip
mund·tot *Adj.* **jmdn.** ~ **machen** silence sb
Mündung *die*; ~, ~**en** 1 mouth; (größere Trichter~) estuary
 2 (bei Feuerwaffen) muzzle
Mund·wasser *das; Pl.* ~**wässer** mouthwash
Mund-zu-Mund-Beatmung *die* mouth-to-mouth resuscitation
Munition *die*; ~; ammunition
munkeln *tr., itr. V.* (ugs.) **man munkelt, dass ...** there is a rumour that ...
Münster *das*; ~s, ~; minster; (Dom) cathedral
munter A *Adj.* 1 cheerful; (lebhaft) lively *‹eyes, game›*
 2 (wach) awake
 B *adv.* cheerfully
Munterkeit *die*; ~; cheerfulness
Münz·automat *der* slot machine
Münze *die*; ~, ~**n** coin
Münz-: ~**fernsprecher** *der* payphone; pay station (AmE); ~**tankstelle** *die* coin-in-the-slot petrol (BrE) *or* (AmE) gas station; ~**wechsler** *der* change machine
mürbe *Adj.* crumbly *‹biscuit, cake, etc.›*; tender *‹meat›*; soft *‹fruit›*; **jmdn.** ~ **machen** (fig.) wear sb down
Murmel *die*; ~, ~**n** marble
murmeln *tr., itr. V.* mumble; mutter; (sehr leise) murmur
Murmel·tier *das* marmot
murren *itr. V.* grumble
mürrisch A *Adj.* grumpy

 B *adv.* grumpily
Mus *das od. der*; ~**es**, ~**e** purée
Muschel *die*; ~, ~**n** 1 mussel; (Schale) [mussel] shell
 2 (am Telefon) (Hör~) earpiece; (Sprech~) mouthpiece
Muse *die*; ~, ~**n** muse
✓ **Museum** *das*; ~s, **Museen** museum
✓ **Musik** *die*; ~, ~**en** music
✓ **musikalisch** A *Adj.* musical
 B *adv.* musically
Musikant *der*; ~**en**, ~**en**, **Musikantin** *die*; ~, ~**nen** musician
Musik·box *die* jukebox
Musiker *der*; ~s, ~, **Musikerin** *die*; ~, ~**nen** musician
Musik-: ~**hochschule** *die* college of music; ~**instrument** *das* musical instrument; ~**saal** *der* (in der Schule) music room; ~**sender** *der* music station; ~**stück** *das* piece of music; **ein** ~**stück Chopins/von Chopin** a piece by Chopin; ~**stunde** *die* music lesson; ~**szene** *die* music scene
musisch A *Adj.* artistic; *‹education›* in the arts
 B *adv.* artistically
musizieren *itr. V.* play music; (bes. unter Laien) make music
Muskat *der*; ~[e]s, ~**e** nutmeg
Muskat·nuss, *Muskat·nuß *die* nutmeg
Muskel *der*; ~s, ~**n** muscle
Muskel-: ~**kater** *der* stiff muscles *pl.*; ~**kraft** *die* muscle power; ~**krampf** *der* cramp; ~**pille** *die* (scherz.) muscle-building pill; muscle builder; ~**protz** *der* (ugs.) muscleman; ~**zerrung** *die* (Med.) pulled muscle; **sich** *(Dat.)* **eine** ~**zerrung zuziehen** pull a muscle
Muskulatur *die*; ~, ~**en** musculature; muscular system
muskulös *Adj.* muscular
Müsli *das*; ~s, ~s muesli
Muslim *der*; ~s, ~**e** *od.* ~**s** Muslim
Muslimin *die*; ~, ~**nen** Muslim [woman]
muslimisch A *Adj.* Muslim
 B *adv.* on Muslim principles; ~ **erzogen werden** be brought up in the Muslim faith
muss, *muß *1. u. 3.Pers. Sg. Präsens v.* müssen
Muss, *Muß *das*; ~ necessity; must (infml)
Muße *die*; ~; leisure
✓ **müssen** A *unr. Modalverb 2. Part.* müssen
 1 have to; **er muss es tun** he must do it; he has to *or* (infml) has got to do it; **das muss 1968 gewesen sein** it must have been in 1968; **er muss gleich hier sein** he will be here at any moment
 2 *Konjunktiv II* **es müsste doch möglich sein** it ought to be possible; **reich müsste man sein!** how nice it would be to be rich!
 B *unr. itr. V.* **ich muss nach Hause** I have to *or* must go home; **ich muss mal** (fam.) I need to spend a penny (BrE infml) *or* (AmE infml) go

m

to the john

müßig A *Adj.* idle ‹*person*›; ‹*hours, weeks, life*› of leisure

  B *adv.* idly

Müßig-: ~**gang** *der* leisure; (Untätigkeit) idleness; ~**gänger** *der*; ~~**s**, ~~, ~**gängerin** *die*; ~~, ~~**nen** idler; ~**gänger** *Pl.* people with time on their hands

musste, ****mußte** *1. u. 3. Pers. Sg. Prät. v.* **müssen**

Muster *das*; ~**s**, ~ **1** (Vorlage) pattern

  2 (Vorbild) model (**an** + *Dat.* of)

  3 (Verzierung) pattern

  4 (Warenprobe) sample

muster-, Muster-: ~**beispiel** *das* perfect example; ~**gültig** A *Adj.* exemplary; impeccable ‹*order*› B *adv.* in an exemplary fashion

mustern *tr. V.* **1** eye

  2 (Milit.) (ärztlich untersuchen) **jmdn.** ~ give sb his medical

Musterprozess, ***~**prozeß** *der* test case

Musterung *die*; ~, ~**en 1** scrutiny

  2 (Milit.) (von Wehrpflichtigen) medical examination; medical

Mut *der*; ~**[e]s** courage

mutig A *Adj.* brave

  B *adv.* bravely

mut·los *Adj.* dejected; (entmutigt) disheartened

Mut·losigkeit *die*; ~; dejection

mutmaßen *tr., itr. V.* conjecture

mutmaßlich *Adj.* supposed; suspected ‹*murderer etc.*›

Mutmaßung *die*; ~, ~**en** conjecture

Mut·probe *die* test of courage

◆ **Mutter¹** *die*; ~, **Mütter** mother

Mutter² *die*; ~, ~**n** nut

mütterlich A *Adj.* **1** maternal ‹*line, love, instincts, etc.*›

  2 (fürsorglich) motherly ‹*woman, care*›

  B *adv.* in a motherly way

mütterlicher·seits *Adv.* on the/his/her *etc.* mother's side

Mütterlichkeit *die*; ~; motherliness; (mütterliche Gefühle) motherly feeling

Mutter-: ~**liebe** *die* motherly love *no art.*; ~**mal** *das*; ~~**e** birthmark

Mutterschaft *die*; ~; motherhood

Mutterschafts·urlaub *der* maternity leave

mutter-, Mutter-: ~**seelen·allein** *Adj.* all alone; ~**söhnchen** *das* mummy's *or* (AmE) mama's boy; ~**sprache** *die* mother tongue; ~**tag** *der* Mother's Day *no def. art.*

Mutti *die*; ~, ~**s** mummy (BrE infml); mum (BrE infml); mommy (AmE infml); mom (AmE infml)

mut·willig A *Adj.* wilful; wanton ‹*destruction*›

  B *adv.* wilfully

Mütze *die*; ~, ~**n** cap

MW *Abk.* (Rundf.) = **Mittelwelle** MW

Mw.-St., MwSt. *Abk.* = **Mehrwertsteuer** VAT

mysteriös A *Adj.* mysterious

  B *adv.* mysteriously

Mystery- /ˈmɪstəri/ mystery *attrib.*

Mystik *die*; ~; mysticism

Mythologie *die*; ~, ~**n** mythology

mythologisch *Adj.* mythological

Mythos *der*; ~, **Mythen** myth

Nn

n, N /ɛn/ *das*; ~, ~; n/N

N *Abk.* = **Nord[en]** N

◆ **na** *Interj.* (ugs.) well; na so [et]was! well I never!; na und? (wennschon) so what?; (beschwichtigend) na, na, na! now, now, come along; (triumphierend) na also! there you are!; (unsicher) na, ich weiß nicht hmm, I'm not sure; (ärgerlich) na, was soll das denn? now what's all this about?; (drohend) na warte! just [you] wait!

Nabe *die*; ~, ~**n** hub

Nabel *der*; ~**s**, ~; navel

Nabel-: ~**bruch** *der* (Med.) umbilical hernia; ~**frei** *Adj.* ein ~freies Top a crop top; ~**frei gehen** wear a crop top; ~**schnur** *die* umbilical cord

Naben·schaltung *die* hub gear

◆ **nach** A *Präp.; mit Dat.* **1** (räumlich) to; der Zug ~ **München** the train for Munich *or* the Munich train; ~ **Hause gehen** go home; ~ **Osten [zu]** eastwards; [towards the] east

  2 (zeitlich) after; **zehn [Minuten]** ~ **zwei** ten [minutes] past two

  3 (mit bestimmten Verben, bezeichnet das Ziel der Handlung) for

4 (bezeichnet [räumliche und zeitliche] Reihenfolge) after; ~ **Ihnen/dir!** after you
5 (gemäß) according to; ~ **meiner Ansicht** od. **Meinung, meiner Ansicht** od. **Meinung** ~ in my view or opinion; ~ **der neusten Mode gekleidet** dressed in [accordance with] the latest fashion; **dem Gesetz** ~ in accordance with the law; by law; ~ **etw. schmecken/ riechen** taste/smell of sth
B *Adv.* **1** (räumlich) **[alle] mir** ~! [everybody] follow me!
2 (zeitlich) ~ **und** ~ little by little; gradually; ~ **wie vor** still

nach|ahmen *tr. V.* imitate

Nachahmung *die*; ~, ~**en** imitation

Nachbar *der*; ~**n**, ~**n** neighbour

Nachbar·haus *das* house next door

Nachbarin *die*; ~, ~**nen** neighbour

Nachbar·land *das* neighbouring country

Nachbarschaft *die*; ~, ~**en** **1** the whole neighbourhood
2 (Beziehungen) **gute** ~ good neighbourliness
3 (Gegend) neighbourhood; (Nähe) vicinity

Nach·beben *das* aftershock

nach|bestellen *tr. V.* **[noch] etw.** ~ order more of sth; <*shop*> reorder sth

Nach·bildung *die* **1** copying
2 (Gegenstand) copy

nach|blicken *tr. V.* (geh.) **jmdm./einer Sache** ~ gaze after sb/sth

nach|datieren *tr. V.* backdate

✓ **nach·dem** *Konj.* **1** after
2 ▸ **je**¹ **C**

Nach·denken *das* thought

nach|denken *unr. itr. V.* think; **denk mal [gut** od. **scharf] nach** have a [good] think

nachdenklich **A** *Adj.* thoughtful
B *adv.* thoughtfully

Nach·druck *der*; *Pl.* ~**e 1 mit** ~ emphatically
2 (Druckw.) reprint

nachdrücklich **A** *Adj.* emphatic
B *adv.* emphatically

Nachdrücklichkeit *die*; ~; emphatic nature

nach|dunkeln *itr. V.*; *mit sein* get darker

Nach·durst *der* morning-after thirst

nach|eifern *itr. V.* **jmdm.** ~ emulate sb

nach·einander *Adv.* one after the other

nach|empfinden *unr. tr. V.* empathize with <*feeling*>; share <*delight, sorrow*>

Nach·erzählung *die* retelling [of a story]; (Schulw.) reproduction

Nachfahr *der*; ~**en**, ~**en**, **Nachfahrin** *die*; ~, ~**nen** (geh.) descendant

nach|fahren *unr. itr. V.*; *mit sein* follow [on]; **jmdm.** ~ follow sb

Nach·folge *die* succession

Nachfolger *der*; ~**s**, ~, **Nachfolgerin** *die*; ~, ~**nen** successor

Nach·forschung *die* investigation

✓ **Nach·frage** *die* demand (nach for)

nach|fragen *itr. V.* ask; inquire; **bei jmdm.** ~ ask sb; **ob ich mal** ~ **soll?** should I ask about it or make inquiries?

nach|fühlen *tr. V.* empathize with; **das kann ich dir** ~! I know how you feel!

nach|füllen *tr. V.* top up; **Salz/Wein** ~ put [some] more salt/wine in

nach|geben *unr. itr. V.* give way

Nach·gebühr *die* excess postage

nach|gehen *unr. itr. V.*; *mit sein* **1 jmdm./ einer Sache** ~ follow sb/sth; **einer Sache** ~ (fig.) look into a matter; **einem Beruf** ~ practise a profession
2 (nicht aus dem Kopf gehen) **jmdm.** ~ remain on sb's mind
3 <*clock, watch*> be slow; **[um] eine Stunde** ~ be an hour slow

Nach·geschmack *der* aftertaste

nach·giebig *Adj.* indulgent

Nachgiebigkeit *die*; ~; indulgence

✓ **nach·haltig** **A** *Adj.* **1** lasting
2 (Ökologie) sustainable
B *adv.* **1** (auf längere Zeit) for a long time
2 (Ökologie) sustainably

Nach·haltigkeit *die* sustainability

Nach·hause·weg *der* way home

nach|helfen *unr. itr. V.* help

nach·her /auch '--/ *Adv.* afterwards; (später) later [on]; **bis** ~! see you later!

Nach·hilfe *die* coaching

Nachhilfe·unterricht *der* coaching

nach·hinein, *Nach·hinein **im** ~ (nachträglich) afterwards; later; (zurückblickend) with hindsight

nach|holen *tr. V.* (nachträglich erledigen) catch up on <*work, sleep*>; make up for <*working hours missed*>

nach|jagen *itr. V.*; *mit sein* **jmdm./einer Sache** ~ chase after sb/sth

Nachkomme *der*; ~**n**, ~**n** descendant

nach|kommen *unr. itr. V.*; *mit sein* follow [later]; come [on] later

Nachkommenschaft *die*; ~; descendants *pl.*

Nachkömmling *der*; ~**s**, ~**e** much younger child (*than the rest*)

Nach·kriegs- post-war <*generation, period, etc.*>

Nach·lass, *Nach·laß *der*; **Nachlasses, Nachlasse** od. **Nachlässe 1** estate
2 (Kaufmannsspr.) (Rabatt) discount

nach|lassen **A** *unr. itr. V.* let up; <*pain, stress, pressure*> ease; <*effect*> wear off; <*interest, enthusiasm, strength, courage*> wane; <*health, hearing, memory*> deteriorate; <*business*> drop off
B *unr. tr. V.* (Kaufmannsspr.) give a discount of

nach·lässig **A** *Adj.* careless
B *adv.* carelessly

Nach·lässigkeit *die*; ~, ~**en** carelessness

n

Nachlass·verwalter *der,*
Nachlass·verwalterin *die* (Rechtsw.)
executor

nach|laufen *unr. itr. V.; mit sein* jmdm./
einer Sache ~ run after sb/sth

nach|lesen *unr. tr. V.* look up

nach|lösen **A** *tr. V.* eine Fahrkarte ~ buy a
ticket <*on the train, bus, etc.*>
B *itr. V.* pay the excess [fare]

nach|machen *tr. V.* (auch tun) copy; (imitieren)
imitate; (genauso herstellen) reproduce <*period
furniture etc.*>; forge <*signature*>

*****nach·mittag** ▶ Nachmittag

⚹ **Nach·mittag** *der* afternoon; am ~ in
the afternoon; am späten ~ late in the
afternoon; heute ~ this afternoon

nach·mittags *Adv.* in the afternoon;
dienstags *od.* Dienstag ~ on Tuesday
afternoons; um vier Uhr ~ at four in the
afternoon; at 4 p.m.

Nachnahme *die*; ~, ~n; per ~ cash on
delivery; COD

Nach·name *der* surname

Nach·porto *das* excess postage

nachprüfbar *Adj.* verifiable

nach|prüfen *tr., itr. V.* check

nach|rechnen *tr. V.* check <*figures*>

Nach·rede *die* üble ~ malicious gossip;
(Rechtsw.) defamation [of character]

nach|rennen *unr. itr. V.* ▶ nachlaufen

⚹ **Nachricht** *die*; ~, ~en **1** news *no pl.*; das ist
eine gute ~ that is [a piece of] good news;
eine ~ hinterlassen leave a message
2 *Pl.* (Rundf., Ferns.) news *sing.*; ~en hören
listen to the news

Nachrichten·sprecher *der,*
Nachrichten·sprecherin *die*
newsreader

nach|rücken *itr. V.; mit sein* move up

Nach·ruf *der* obituary (auf + Akk. of)

nach|rufen *unr. tr., itr. V.* jmdm. [etw.] ~
call [sth] after sb

nach|rüsten **A** *itr. V.* counter-arm
B *tr. V.* (Technik) (zusätzlich ausstatten) mit etw.
~ (+ Akk.) equip additionally with sth;
upgrade <*television, hi-fi, etc.*> with sth

nach|sagen *tr. V.* **1** (wiederholen) repeat
2 man sagt ihm nach, er sei … he is said to
be …; jmdm. Schlechtes ~ speak ill of sb

Nach·saison *die* late season

nach|schicken *tr. V.* **1** (durch die Post o. Ä.)
forward
2 jmdm. jmdn. ~ send sb after sb

Nach·schlag *der* (ugs.) (zusätzliche Portion)
second helping; seconds *pl.*

nach|schlagen **A** *unr. tr. V.* look up
B *unr. itr. V.* im Lexikon/Wörterbuch ~
consult the encyclopaedia/dictionary

Nachschlage·werk *das* work of reference

Nach·schlüssel *der* duplicate key

nach|schmeißen *unr. tr. V.* (ugs.) man
kriegt sie nachgeschmissen you get them for
next to nothing

Nach·schub *der* (Milit.) **1** supply (an + Dat. of)
2 (~material) supplies *pl.* (an + Dat. of)

Nach·sehen *das* das ~ haben not get a
look-in; (nichts abbekommen) be left with
nothing

nach|sehen **A** *unr. itr. V.* **1** jmdm./einer
Sache ~ gaze after sb/sth
2 (kontrollieren) check
3 (nachschlagen) have a look
B *unr. tr. V.* **1** (nachlesen) look up
2 (überprüfen) check [over]

nach|senden *unr. od. regelm. tr. V.* forward

Nach·sicht *die* leniency

nachsichtig **A** *Adj.* lenient (gegen, mit
towards)
B *adv.* leniently

Nachsichtigkeit *die*; ~; leniency

Nach·silbe *die* (Sprachw.) suffix

nach|sitzen *unr. itr. V.* be in detention;
[eine Stunde] ~ müssen have [an hour's]
detention

Nach·spann *der*; ~[e]s, ~e (Film, Ferns.)
[final] credits *pl.*

Nach·speise *die* dessert; sweet

Nach·spiel *das* die Sache wird noch ein ~
haben this affair will have repercussions;
ein gerichtliches ~ haben result in court
proceedings

nach|spionieren *itr. V.* jmdm. ~ spy on sb

nach|sprechen *unr. tr. V.* [jmdm.] etw. ~
repeat sth [after sb]

nächst… *Sup.* zu nah *Adj.* next; (kürzest)
shortest <*way*>; am ~en Tag the next day;
beim ~en Mal, das ~e Mal the next time;
der ~e bitte! next [one], please; wer kommt
als ~er dran? whose turn is it next?

Nächste *der adj. Dekl.* (geh.) neighbour

nach|stehen *unr. itr. V.* jmdm. an etw.
(Dat.) nicht ~ be sb's match in sth; jmdm./
einer Sache in nichts ~ be in no way inferior
to sb/sth

nach·stehend **A** *Adj.* following
B *adv.* below

Nächsten·liebe *die* charity [to one's
neighbour]

nächstens *Adv.* **1** shortly
2 (ugs.) (wenn es so weitergeht) if it goes on
like this

nächst-: ~liegend *Adj.* first, immediate
<*problem*>; [most] obvious <*explanation etc.*>;
~möglich *Adj.* earliest possible

nach|suchen *itr. V.* (geh.) um etw. ~ request
sth; (bes. schriftlich) apply for sth

*****nacht** ▶ Nacht

⚹ **Nacht** *die*; ~, Nächte night; gestern/
morgen/Dienstag ~ last night/tomorrow

⚹ key word
***** alte Schreibung—vgl. Hinweis auf S. x

n

night/on Tuesday night; **heute** ~ tonight;
bei ~, in der ~ at night[-time]; **über ~
bleiben** stay overnight; **gute ~!** good night!
nacht-, Nacht-: ~**arbeit** *die* night work *no
art.*; ~**blind** *Adj.* night-blind; ~**blindheit**
die night blindness; ~**creme** *die* night
cream; ~**dienst** *der* night duty; ~**dienst
haben** be on night duty; *<chemist's shop>* be
open late
⚬ **Nach·teil** *der* disadvantage
nachteilig Ⓐ *Adj.* detrimental; harmful
　Ⓑ *adv.* detrimentally; harmfully
Nacht-: ~**essen** *das* (bes. südd., schweiz.)
　▸ Abendessen; ~**hemd** *das* nightshirt
Nachtigall *die* ~, ~**en** nightingale
nächtigen *itr. V.* (österr., sonst geh.) spend the
night
Nach·tisch *der* dessert; sweet
nächtlich *Adj.* nocturnal; night *<sky>*;
<darkness, stillness> of the night
Nacht·lokal *das* night spot (infml)
nach|tragen *unr. tr. V.* (schriftlich ergänzen)
insert; add
nach·tragend *Adj.* unforgiving; (rachsüchtig)
vindictive
nachträglich Ⓐ *Adj.* later; subsequent
<apology>; (verspätet) belated *<greetings,
apology>*
　Ⓑ *adv.* afterwards; subsequently; (verspätet)
belatedly
nach|trauern *itr. V.* jmdm./einer Sache ~
bemoan the passing of sb/sth
Nacht·ruhe *die* night's sleep
nachts *Adv.* at night; **Montag** *od.* **montags** ~
on Monday nights; **um 3 Uhr** ~ at 3 o'clock
in the morning
Nacht-: ~**schicht** *die* night shift;
~**schwester** *die* night nurse; ~**tisch** *der*
bedside table; ~**tisch·lampe** *die* bedside
light; ~**topf** *der* chamber pot; ~**wächter**
der, ~**wächterin** *die* nightwatchman
Nach·untersuchung *die* follow-up
examination; check-up
nach|vollziehen *unr. tr. V.* reconstruct;
(begreifen) comprehend
nach|wachsen *unr. itr. V.*; mit sein [wieder]
~ grow again
Nach·wehen *Pl.* (Med.) afterpains; (fig. geh.)
unpleasant after-effects
Nachweis *der*; ~**es**, ~**e** proof *no indef. art.*
(Gen., über + Akk. of); (Zeugnis) certificate
(über + Akk. of)
nachweisbar Ⓐ *Adj.* demonstrable *<fact,
truth, error, defect, guilt>*; detectable
<substance, chemical>
　Ⓑ *adv.* demonstrably
⚬ **nach|weisen** *unr. tr. V.* prove
nachweislich *Adv.* as can be proved
Nach·welt *die* posterity *no art.*; future
generations *pl., no art.*
nach|winken *itr. V.* jmdm./einer Sache ~
wave after sb/sth

Nach·wirkung *die* after-effect
Nach·wort *das*; Pl. ~**e** afterword
Nach·wuchs *der* 1 (fam.) (Kind[er]) offspring
2 (junge Kräfte) new blood; (für eine Branche usw.)
new recruits *pl.*; (in der Ausbildung) trainees *pl.*
nach|zahlen *tr., itr. V.* 1 pay later
2 (zusätzlich zahlen) **25 Euro** ~ pay another
25 euros
nach|zählen *tr., itr. V.* [re]count
Nach·zahlung *die* additional payment
nach|ziehen *unr. itr. V.* 1 (ugs.) (ebenso
handeln) do likewise; follow suit
2 *mit sein* (nachträglich übersiedeln) **jmdm.** ~
[go to] join sb
Nachzügler *der*; ~**s**, ~, **Nachzüglerin**
die; ~, ~**nen** straggler; (spät Ankommende[r])
latecomer
Nackedei *der*; ~**s**, ~**s** (fam. scherzh.) **[kleiner]**
~ naked little thing
Nacken *der*; ~**s**, ~; back *or* nape of the
neck; (Hals) neck
nackt *Adj.* naked; bare *<feet, legs, arms,
skin, fists>*; (fig.) plain *<truth, fact>*; bare
<existence>
Nackt·bade·strand *der* nudist beach
Nackte *der/die adj. Dekl.* naked man/woman
Nackt·foto *das* nude photo
Nadel *die*; ~, ~**n** needle; (Steck~, Hut~,
Haar~) pin; **an der** ~ **hängen** (fig. ugs.) be on
the needle (sl.)
Nadel·baum *der* conifer
Nadeldrucker *der* (DV) dot-matrix printer
nadeln *itr. V.* *<tree>* shed its needles
Nadel·wald *der* coniferous forest
Nagel *der*; ~**s**, **Nägel** nail; **den** ~ **auf den
Kopf treffen** (fig. ugs.) hit the nail on the head
Nagel-: ~**bürste** *die* nail brush; ~**feile** *die*
nail file; ~**lack** *der* nail varnish (BrE); nail
polish
nageln *tr. V.* nail (**an** + Akk. to; **auf** + Akk. on);
(Med.) pin
nagel·neu *Adj.* (ugs.) brand-new
Nagel·schere *die* nail scissors *pl.*
nagen Ⓐ *itr. V.* gnaw; **an etw.** (Dat.) ~ gnaw
[at] sth
　Ⓑ *tr. V.* gnaw off; **ein Loch ins Holz** ~ gnaw a
hole in the wood
Nage·tier *das* rodent
nah ▸ nahe
Nah·aufnahme *die* (Fot.) close-up
[photograph]
⚬ **nahe** /'naːə/; **näher** /'nɛːɐ/, **nächst...** Ⓐ *Adj.*
1 (räumlich) near *pred.*; close *pred.*; nearby
attrib.
2 (zeitlich) imminent; near *pred.*
3 (eng) close *<relationship etc.>*
　Ⓑ *adv.* 1 (räumlich) ~ (+ Dat./Akk.), ~
bei close to; ~ **gelegen** nearby; **von** ~**m** *od.*
Nahem from close up; **jmdm.** ~ **gehen** affect
sb deeply; **eine Sache** (Dat.) ~ **kommen**
come close to sth; *<amount>* approximate

to sth; jmdm/sich [menschlich] ~ kommen get to know sb/one another well; jmdm/ sich [menschlich] näher kommen get on closer terms with sb; jmdm. ~ stehen be on intimate terms with sb; jmdm. etw. ~ legen (fig.) suggest sth to sb; einen Verdacht/ einen Gedanken usw. ~ legen give rise to a suspicion/thought etc.; ~ liegen (fig.) ‹thought› suggest itself; ‹suspicion, question› arise
2 (zeitlich) ~ an die achtzig (ugs.) pushing eighty (infml)
3 (eng) closely
C Präp.; mit Dat. (geh.) near; close to

⚔ **Nähe** die; ~; closeness

nahe-: ~**bei** Adv. nearby; close by; ~|**gehen** usw. ▶ nahe B1; ~**liegend** Adj. obvious ‹reason, solution›

nahen itr. V.; mit sein (geh.) draw near; sein/ ihr usw. Ende nahte the end was near

nähen **A** itr. V. sew; (Kleider machen) make clothes
B tr. V. **1** sew ‹seam, hem›; make ‹dress etc.›
2 (Med.) stitch

näher **A** Komp. zu nahe
B Adj. **1** (kürzer) shorter ‹way, road›
2 (genauer) more precise ‹information›; closer ‹investigation, inspection›
C adv. **1** bitte treten Sie ~! please come in/ nearer/this way
2 (genauer) more closely; (im Einzelnen) in [more] detail

***näher|kommen** ▶ nahe B1

nähern refl. V. approach; sich jmdm./einer Sache ~ approach sb/sth

***nahe|stehen** ▶ nahe B1

⚔ **nahe·zu** Adv. almost; nearly; (mit Zahlenangabe) close on

Näh-: ~**garn** das [sewing] cotton; ~**kasten** der sewing box

nahm 1. u. 3. Pers. Sg. Prät. v. nehmen

Näh-: ~**maschine** die sewing machine; ~**nadel** die sewing needle

nah·östlich Adj. Middle Eastern

Nähr·boden der culture medium; (fig.) breeding ground

nähren **A** tr. V. feed (mit on)
B refl. V. (geh.) sich von etw. ~ live on sth; ‹animal› feed on sth

nahrhaft Adj. nourishing

Nahrung die; ~; food

Nahrungs·mittel das food [item]; ~ Pl. foodstuffs

Nähr·wert der nutritional value

Näh·seide die sewing silk

Naht die; ~, Nähte seam

naht·los **A** Adj. seamless; (fig.) perfectly smooth ‹transition›
B adv. Studium und Beruf gehen nicht ~

ineinander über there is not a perfectly smooth transition from study to work

Nah-: ~**verkehr** der local traffic; ~**verkehrs·zug** der local train

Näh·zeug das sewing things pl.

naiv **A** Adj. naive
B adv. naively

Naivität die; ~; naivety

⚔ **Name** der; ~ns, ~n name

namens Adv. by the name of

Namens-: ~**schild** das **1** (an Türen usw.) nameplate
2 (zum Anstecken) name badge; ~**tag** der name day

namentlich **A** Adj. by name postpos.
B adv. by name
C adv. (besonders) particularly

namhaft Adj. **1** (berühmt) noted
2 (ansehnlich) noteworthy ‹sum, difference›; notable ‹contribution, opportunity›

⚔ **nämlich** Adv. **1** er kann nicht kommen, er ist ~ krank he cannot come, as he is ill
2 (und zwar) namely

nannte 1. u. 3. Pers. Sg. Prät. v. nennen

nanu Interj. ~, was machst du denn hier? hello, what are you doing here?; ~, Sie gehen schon? what, you're going already?

Napf der; ~[e]s, Näpfe bowl (esp. for animal's food)

Narbe die; ~, ~n scar

narbig Adj. scarred

Narkose die; ~, ~n (Med.) narcosis

narkotisieren tr. V. (Med.) anaesthetize ‹patient›; put ‹patient› under a general anaesthetic

Narr der; ~en, ~en fool

Narren·freiheit die freedom to do as one pleases

Närrin die; ~, ~nen fool

närrisch **A** Adj. crazy; carnival-crazy ‹season›
B adv. crazily

Narzisse die; ~, ~n narcissus

naschen **A** itr. V. (Süßes essen) eat sweet things; (heimlich essen) have a nibble
B tr. V. eat ‹sweets, chocolate, etc.›; er hat Milch genascht he has been at the milk

Nascherei die; ~, ~en **1** [continually] eating sweet things; hör auf mit der ~! don't keep eating sweet things all the time!
2 (Süßigkeit) ~en sweets

naschhaft Adj. sweet-toothed; ~ sein have a sweet tooth

⚔ **Nase** die; ~, ~n nose; die ~ voll haben (ugs.) have had enough

Nasen-: ~**bluten** das; ~~s bleeding from the nose; ~**loch** das nostril; ~**spitze** die tip of the/one's nose; jmdm. etw. an der ~**spitze** ansehen (fig. ugs.) tell sth by sb's face; ~**tropfen** Pl. nose drops; ~**wurzel** die root of the nose

nase-: ~**rümpfend** **A** Adj. disapproving

⚔ key word
* old spelling—see note on page x

B *adv.* disdainfully; ~**weis** **A** *Adj.* precocious; pert ‹*remark, reply*› **B** *adv.* precociously

Nas·horn *das* rhinoceros

nass, ***naß; nasser** *od.* **nässer, nassest...** *od.* **nässest...** *Adj.* wet; sich/das Bett ~ machen wet oneself/one's bed

Nässe *die;* ~; wetness

nass·kalt, ***naß·kalt** *Adj.* cold and wet

Nass·rasur, ***Naß·rasur** *die* wet shaving *no art.*

✓ **Nation** *die;* ~, ~**en** nation

✓ **national** **A** *Adj.* national **B** *adv.* nationally

National-: ~**elf** *die* (Fußball) national side; ~**hymne** *die* national anthem

Nationalisierung *die;* ~, ~**en** nationalization

Nationalismus *der;* ~; nationalism *usu. no art.*

nationalistisch **A** *Adj.* nationalist; nationalistic **B** *adv.* nationalistically

Nationalität *die;* ~, ~**en** nationality

national-, National-: ~**mannschaft** *die* national team; ~**sozialismus** *der* National Socialism; ~**sozialist** *der*, ~**sozialistin** *die* National Socialist; ~**sozialistisch** *Adj.* National Socialist; ~**spieler** *der*, ~**spielerin** *die* (Sport) national player; international; ~**staat** *der* nation state; ~**stolz** *der* national pride; ~**versammlung** *die* National Assembly

NATO, Nato *die;* ~; NATO, Nato *no art.*

Natron *das;* ~**s**; [doppeltkohlensaures] ~ sodium bicarbonate; [kohlensaures] ~ sodium carbonate

Natter *die;* ~, ~**n** colubrid

✓ **Natur** *die;* ~, ~**en** nature; **die freie** ~ [the] open countryside

Naturalien /natuˈraːli̯ən/ *Pl.* natural produce *sing.* (*used as payment*); **in** ~ (*Dat.*) **bezahlen** pay in kind

Naturalismus *der;* ~; naturalism

naturalistisch **A** *Adj.* naturalistic **B** *adv.* naturalistically

Naturell *das;* ~**s**, ~**e** temperament

natur-, Natur-: ~**erscheinung** *die* natural phenomenon; ~**farben** *Adj.* natural-coloured; ~**freund** *der*, ~**freundin** *die* nature lover; ~**gemäß** *Adv.* naturally; ~**geschichte** *die* natural history; ~**gesetz** *das* law of nature; ~**getreu** **A** *Adj.* lifelike ‹*portrait, imitation*›; faithful ‹*reproduction*› **B** *adv.* ‹*draw*› true to life; ‹*reproduce*› faithfully; ~**heilkunde** *die* naturopathy *no art.*; ~**katastrophe** *die* natural disaster

✓ **natürlich** **A** *Adj.* natural **B** *adv.* ‹*laugh, behave*› naturally **C** *Adv.* **1** (selbstverständlich, wie erwartet) naturally; of course

2 (zwar) of course

Natürlichkeit *die;* ~; naturalness

Natur-, Natur-: ~**park** *der* ≈ national park; ~**produkt** *das* natural product; ~**schutz** *der* [nature] conservation; **unter** ~**schutz** (*Dat.*) **stehen** be protected by law; be a protected species/variety/area *etc.*; ~**schutz·gebiet** *das* nature reserve; ~**talent** *das* [great] natural talent *or* gift; (begabter Mensch) naturally talented *or* gifted person; ~**verbunden** *Adj.* ‹*person*› in tune with nature; ~**volk** *das* primitive people; ~**wissenschaft** *die* natural science *no art.*; ~**wissenschaftler** *der*, ~**wissenschaftlerin** *die* [natural] scientist; ~**wissenschaftlich** **A** *Adj.* scientific **B** *adv.* scientifically; ~**wunder** *das* miracle *or* wonder of nature

Navi *das;* ~**s**, ~**s** (ugs.) satnav

Navigation *die;* ~; navigation *no art.*

Navigations·gerät *das* satnav [unit]

navigieren *tr., itr. V.* navigate

n. Chr. *Abk.* = **nach Christus** AD

Neandertaler *der;* ~**s**, ~; Neanderthal man

Nebel *der;* ~**s**, ~; fog; (weniger dicht) mist

nebelig ▸ neblig

Nebel-: ~**scheinwerfer** *der* fog lamp; ~**schluss·leuchte,** *~**schluß·leuchte** *die* rear fog lamp; ~**schwaden** *Pl.* swathes of mist; ~**wand** *die* wall of fog

✓ **neben** **A** *Präp.; mit Dat.* **1** (Lage) next to; beside **2** (außer) apart from; aside from (AmE) **3** (verglichen mit) beside **B** *Präp.; mit Akk.* (Richtung) next to; beside

neben-, Neben-: ~**an** *Adv.* next door; ~**bei** *Adv.* **1** ‹*work*› on the side; (zusätzlich) as well **2** (beiläufig) ‹*remark, ask*› by the way; ‹*mention*› in passing; ~**beruf** *der* second job; sideline; ~**beruflich** **A** *Adj.* eine ~berufliche Tätigkeit a second job **B** *adv.* on the side; **er arbeitet** ~**beruflich als Übersetzer** he translates as a sideline; ~**beschäftigung** *die* second job; sideline; ~**buhler** *der*, ~**buhlerin** *die* rival

neben·einander *Adv.* **1** next to each other; ‹*be sitting, standing*› next to one another, side by side; (fig.) ‹*live, exist*› side by side; ~ **wohnen** live next door to each other; ~ **legen** (+ *Akk.*) lay *or* place ‹*objects*› next to each other *or* side by side **2** (gleichzeitig) together

***nebeneinander|legen** *usw.* ▸ nebeneinander 1

Neben-: ~**erwerb** *der* secondary occupation; ~**fach** *das* subsidiary subject; minor (AmE); ~**fluss,** *~**fluß** *der* tributary; ~**gebäude** *das* **1** annexe; outbuilding **2** (Nachbargebäude) neighbouring building; ~**geräusch** *das* background noise; ~**haus** *das* house next door

neben·her *Adv.* ▸ nebenbei

nebenher-: ~|**fahren** *unr. itr. V.; mit sein*

drive/ride alongside; ~|**gehen** unr. itr. V.; mit sein walk alongside

neben-, Neben-: ~**höhle** die (Anat.) paranasal sinus; ~**kläger** der, ~**klägerin** die (Rechtsw.) accessory prosecutor; ~**kosten** Pl. **1** additional costs **2** (bei Mieten) heating, lighting, and services; ~**produkt** das by-product; ~**rolle** die supporting role; ~**sache** die minor matter; ~sachen inessentials; ~**sächlich** Adj. of minor importance postpos.; unimportant; minor <detail>; ~**sächlichkeit** die; ~~, ~~**en** (Unwichtiges) matter of minor importance; unimportant matter; ~**satz** der (Sprachw.) subordinate clause; ~**stelle** die extension; ~**straße** die side street; ~**tätigkeit** die second job; sideline; ~**tisch** der next table; ~**verdienst** der additional income; ~**wirkung** die side effect; ~**zimmer** das next room

neblig Adj. foggy; (weniger dicht) misty

Necessaire /nesɛˈsɛːɐ̯/ das; ~s, ~s sponge bag (BrE); toilet bag (AmE)

necken tr. V. tease

Neckerei die; ~; teasing

nee (ugs.) no; nope (AmE infml)

Neffe der; ~n, ~n nephew

◆ **negativ** A Adj. negative
   B adv. <answer> in the negative

Negativ das; ~s, ~e (Fot.) negative

Neger der; ~s, ~ (dated/offensive) Negro

Negerin die; ~, ~nen (dated/offensive) Negress

◆ **nehmen** unr. tr. V. take; sich (Dat.) etw. ~ take sth; (sich bedienen) help oneself to sth; auf sich (Akk.) ~ take on <responsibility, burden>; jmdm./einer Sache etw. ~ deprive sb/sth of sth; was nehmen Sie dafür? how much do you charge for it?

Neid der; ~[e]s envy; jealousy

neiden tr. V. (geh.) jmdm. etw. ~ envy sb [for] sth

Neid·hammel der (salopp abwertend) envious sod (sl.)

neidisch A Adj. envious
   B adv. enviously

neigen A tr. V. tip; tilt; incline <head, upper part of body>
   B refl. V. <person> lean; <ship> heel over, list; <scales> tip
   C itr. V. **1** zu Erkältungen/Krankheiten ~ be prone to colds/illnesses
   2 (tendieren) tend

Neigung die; ~, ~en **1** (Vorliebe) inclination **2** (Tendenz) tendency

◆ **nein** Interj. no

Nein das; ~[s], ~[s] no

Nein·stimme die no-vote

Nektar der; ~s, ~e (Bot.) nectar

Nektarine die; ~, ~n nectarine

Nelke die; ~, ~n **1** pink; (Dianthus caryophyllus) carnation **2** (Gewürz) clove

◆ **nennen** A unr. tr. V. **1** call **2** (angeben) give <name, date of birth, address, reason, price, etc.> **3** (anführen) give <example>; (erwähnen) mention <person, name>
   B unr. refl. V. <person, thing> be called

nennens·wert Adj. considerable <influence, changes, delays, damage>; kaum ~e Veränderungen changes scarcely worth mentioning

Nenner der; ~s, ~ (Math.) denominator

neo-, Neo- neo-

neo-: ~**konservativ** Adj. neoconservative; neocon (infml); ~**liberal** Adj. neo-liberal

Neon das; ~s neon

Neo·nazi der neo-Nazi

Neon-: ~**licht** das neon light; ~**röhre** die neon tube

Nepal (das); ~s Nepal

Nepp der; ~s (ugs. abwertend) daylight robbery no art.; rip-off (infml)

neppen tr. V. (ugs. abwertend) rook; rip <tourist, customer, etc.> off (sl.)

Nepper der; ~s, ~, **Nepperin** die; ~, ~nen (ugs. abwertend) shark; rip-off merchant (infml)

Nepp·lokal das (ugs. abwertend) clip joint (infml)

Nerv der; ~s, ~en nerve; die ~en verlieren lose control [of oneself]; jmdm. auf die ~en gehen od. fallen get on sb's nerves

nerven (salopp) A tr. V. jmdn. ~ get on sb's nerves
   B itr. V. be wearing on the nerves

nerven-, Nerven-: ~**aufreibend** Adj. nerve-racking; ~**bündel** das (ugs.) bundle of nerves (infml); ~**gift** das neurotoxin; ~**heil·anstalt** die (veralt.) psychiatric hospital; ~**krank** Adj. <person> suffering from a nervous disease; ~**probe** die mental trial; ~**säge** die (salopp) pain in the neck (infml); ~**zusammen·bruch** der nervous breakdown

nervig Adj. (auch fig.) sinewy

nervlich Adj. nervous <strain>

nervös A Adj. (auch Med.) nervous; jittery <person>
   B adv. nervously

Nervosität die; ~; nervousness

nerv·tötend Adj. nerve-racking <wait>; soul-destroying <activity, work>

Nerz der; ~es, ~e mink

Nerz·mantel der mink coat

Nessel die; ~, ~n nettle

Nest das; ~[e]s, ~er **1** nest **2** (fam.) (Bett) bed **3** (ugs. abwertend) (kleiner Ort) little place

---

◆ key word
* alte Schreibung—vgl. Hinweis auf S. x

n

✔ **nett** **A** *Adj.* nice; (freundlich) kind
  B *adv.* nicely; (freundlich) nicely; kindly
netter·weise *Adv.* kindly
netto *Adv.* <weigh, earn, etc.> net
Netto-: ∼**einkommen** *das* net income;
  ∼**gehalt** *das* net salary; ∼**preis** *der* net
  price
✔ **Netz** *das*; ∼**es**, ∼**e 1** net; (Einkaufs∼) string
  bag; (Gepäck∼) [luggage] rack
  2 (Spinnen∼) web
  3 (Netzwerk) network; (für Strom, Wasser, Gas)
  mains *pl.*; **das** ∼ (Internet) the Net
Netz-: ∼**haut** *die* (Anat.) retina; ∼**werk** *das*
  (auch Elektrot.) network; **soziales** ∼**werk** social
  networking site
✔ **neu** **A** *Adj.* new; **die** ∼**este Mode** the latest
  fashion; **das ist mir** ∼ that is news to me;
  der/die Neue the new man/woman/boy/girl
  B *adv.* **1** ∼ **tapeziert/gestrichen** repapered/
  repainted; **sich** ∼ **einrichten** refurnish one's
  home
  2 (gerade erst) **diese Ware ist** ∼ **eingetroffen**
  this item has just come in; ∼ **eröffnet**
  newly-opened; (wieder eröffnet) reopened
neu·artig *Adj.* new; ∼**e Lebensmittel** novel
  foods
Neu·artigkeit *die*; ∼∼; novelty
neu-, Neu-: ∼**bau** *der*; *Pl.* ∼∼**ten** new
  house/building/build; ∼**bau·wohnung**
  die flat (BrE) *or* (AmE) apartment in a new
  block/house/build; ∼**beginn** *der* new
  beginning
neuerdings *Adv.* **er trägt** ∼ **eine Brille** he
  has recently started wearing glasses
*****neu·eröffnet** ▸ neu B2
Neu·eröffnung *die* **1** opening
  2 (Wiedereröffnung) reopening
Neuerung *die*; ∼, ∼**en** innovation
neu·geboren *Adj.* newborn
Neu·gier, Neugierde *die*; ∼; curiosity;
  (Wissbegierde) inquisitiveness
neu·gierig **A** *Adj.* curious; inquisitive;
  nosy (infml derog.) <person>; **ich bin** ∼, **was er**
  dazu sagt I'm curious to know what he'll
  say about it
  B *adv.* <ask> inquisitively; <peer> nosily
  (infml derog.)
Neuheit *die*; ∼, ∼**en 1** novelty
  2 (Neues) new product/gadget/article *etc.*
Neuigkeit *die*; ∼, ∼**en** piece of news; ∼**en**
  news *sing.*
Neu: ∼**jahr** *das* New Year's Day; ∼**land** *das*
  (fig.) new ground
neulich *Adv.* recently; ∼ **morgens** the other
  morning
Neuling *der*; ∼**s**, ∼**e** newcomer; (auf einem
  Gebiet) novice
Neu·mond *der* new moon
✔ **neun** *Kardinalz.* nine
Neun *die*; ∼, ∼**en** nine
neun-: ∼**hundert** *Kardinalz.* nine hundred;
  ∼**jährig** *Adj.* (9 Jahre alt) nine-year-old

attrib.; (9 Jahre dauernd) nine-year *attrib.*;
  ∼**mal** *Adv.* nine times
neunt... *Ordinalz.* ninth
neun·tausend *Kardinalz.* nine thousand
Neuntel *das* (schweiz. meist der) ∼**s**, ∼; ninth
neuntens *Adv.* ninthly
neun·zehn *Kardinalz.* nineteen
neunzig *Kardinalz.* ninety
neunziger *indekl. Adj.* **die** ∼ **Jahre** the
  nineties
neunzigst... *Ordinalz.* ninetieth
neuralgisch *Adj.* **1** (Med.) neuralgic
  2 (empfindlich) **das ist mein** ∼**er Punkt** it's a
  sore *or* touchy point with me.
neu·reich *Adj.* nouveau riche
Neurodermitis *die*; ∼, **Neurodermitiden**
  (Med.) neurodermatitis
Neurologe *der*; ∼**n**, ∼**n** neurologist
Neurologie *die*; ∼; neurology
Neurologin *die*; ∼, ∼**nen** neurologist
neurologisch *Adj.* neurological
Neurose *die*; ∼, ∼**n** (Med., Psych.) neurosis
Neurotiker *der*; ∼**s**, ∼, **Neurotikerin** *die*;
  ∼, ∼**nen** (Med., Psych., auch ugs.) neurotic
neurotisch *Adj.* (Med., Psych., auch ugs.)
  neurotic
Neu·see·land (*das*); ∼**s** New Zealand
Neuseeländer *der*; ∼**s**, ∼,
  Neuseeländerin *die*; ∼, ∼**nen**
  New Zealander
neutral **A** *Adj.* neutral
  B *adv.* **sich** ∼ **verhalten** remain neutral
Neutralität *die*; ∼, ∼**en** neutrality
Neutron *das*; ∼**s**, ∼**en** neutron
Neutrum *das*; ∼**s**, **Neutra** (österr. nur so) *od.*
  Neutren (Sprachw.) neuter
neu-, Neu-: ∼**wert** *der* value when new;
  ∼**wertig** *Adj.* as new; ∼**zeit** *die* modern
  age; ∼**zeitlich** *Adj.* modern
✔ **nicht** *Adv.* not; ∼**!** [no,] don't!; ∼ **rostend** non-
  rusting <blade>; stainless <steel>; ∼ [**wahr**]?
  isn't it/he/she *etc.*; don't you/we/they *etc.*;
  du magst das, ∼ [**wahr**]? you like that, don't
  you?; **was du** ∼ **sagst!** you don't say!
nicht-, Nicht- non-
Nicht·angriffs·pakt *der* nonaggression
  pact
Nichte *die*; ∼, ∼**n** niece
nichtig *Adj.* **1** (geh.) vain <things, pleasures,
  etc.>; trivial <reason>
  2 (Rechtsspr.) void
Nicht·raucher *der* non-smoker; „∼**raucher**"
  'no smoking'
*****nicht·rostend** ▸ nicht
✔ **nichts** *Indefinitpron.* nothing; **ich möchte** ∼ I
  don't want anything; ∼ **sagend** (fig.) empty;
  (ausdruckslos) expressionless <face>
nichts·desto·weniger *Adv.* nevertheless;
  none the less
nichts-, Nichts-: ∼**nutz** *der*; ∼∼**es**, ∼∼**e**

n

(veralt.) good-for-nothing; **~nutzig** *Adj.*
(veralt.) good-for-nothing *attrib.*; worthless
‹*existence*›; *~sagend* ▶ nichts; **~tun** *das*
idleness *no art.*

Nicht·wähler *der*, **Nicht·wählerin** *die*
non-voter; abstainer

Nickel *das*; **~s** nickel

nicken *itr. V.* nod

✶ **nie** *Adv.* never

nieder **A** *Adj.*; *nicht präd.* lower ‹*class,
intelligence*›; minor ‹*official*›; lowly ‹*family,
origins, birth*›; menial ‹*task*›
B *Adv.* down

nieder-, **Nieder-:** **~gang** *der* fall; decline;
~|gehen *unr. itr. V.*; *mit sein* ‹*plane etc.,
rain, avalanche*› come down; **~geschlagen**
Adj. dejected; **~geschlagenheit** *die*; **~**;
dejection; **~lage** *die* defeat

Nieder·lande *Pl.* die **~** the Netherlands

Niederländer *der*; **~s**, **~**; Dutchman

Niederländerin *die*; **~**, **~nen** Dutchwoman

niederländisch *Adj.* Dutch; Netherlands
attrib. ‹*government, embassy, etc.*›

nieder-, **Nieder-:** **~|lassen** *unr. refl. V.*
1 set up in business; ‹*doctor, lawyer*› set up
in practice **2** ‹*seinen Wohnsitz nehmen*› settle;
~lassung *die*; **~~**, **~~en** (Wirtsch.)
branch; **~|legen** *tr. V.* **1** (geh.) (hinlegen)
lay *or* put down; lay ‹*wreath*› **2** (fig.) resign
[from] ‹*office*›; relinquish ‹*command*›

n

nieder-, **Nieder-:** **~schlag** *der*
precipitation; **~|schlagen** *unr. tr. V.*
1 jmdn. **~schlagen** knock sb down
2 (beenden) suppress, put down ‹*revolt,
uprising, etc.*› **3** (senken) lower ‹*eyes,
eyelids*›; **~schmetternd** *Adj.*
shattering ‹*experience, news*›; devastating
‹*result, review*›; **~trächtig** **A** *Adj.*
malicious ‹*person, slander, lie, etc.*›;
(verachtenswert) despicable ‹*person*›; base
‹*misrepresentation, slander, lie*› **B** *adv.*
‹*betray, lie, treat*› in a despicable way;
~trächtigkeit *die*; **~~**, **~~en**
1 ▶ niederträchtig maliciousness;
despicableness; baseness **2** (gemeine Handlung)
despicable act

Niederung *die*; **~**, **~en** low-lying area;
(an Flussläufen, Küsten) flats *pl.*; (Tal) valley

niedlich **A** *Adj.* sweet; cute (AmE infml)
B *adv.* sweetly

✶ **niedrig** **A** *Adj.* low; lowly ‹*origins, birth*›;
base ‹*instinct, desire, emotion*›; vile ‹*motive*›
B *adv.* ‹*hang, fly*› low

Niedrig-: **~lohn·land** *das* country with a
low-wage country; **~wasser** *das* **1** (von Seen/
Flüssen) **bei ~wasser** when the [level of the]
lake/river is low **2** (bei Ebbe) low tide; low

water; **bei ~wasser** at low tide *or* low water

✶ **niemals** *Adv.* never

✶ **niemand** *Indefinitpron.* nobody; no one

Niemands·land *das* (auch fig.) no man's land

Niere *die*; **~**, **~n** kidney

Nieren-: **~entzündung** *die* nephritis;
~stein *der* kidney stone

nieseln *itr. V.*; (unpers.) drizzle

Niesel·regen *der* drizzle

niesen *itr. V.* sneeze

Niete¹ *die*; **~**, **~n** **1** (Los) blank
2 (ugs.) (Mensch) dead loss (infml) (**in** + *Dat.* at)

Niete² *die*; **~**, **~n** rivet

nieten *tr. V.* rivet

niet- und nagelfest [alles] was nicht **~**
ist (ugs.) [everything] that's not nailed *or*
screwed down

Nikab /nɪˈkaːb/ *der* = Niqab

Nikolaus /ˈnɪkolaus/ *der*; **~**, **~e** (ugs.)
Nikoläuse 1 St Nicholas
2 (Tag) St Nicholas' Day

Nikotin *das*; **~s** nicotine

nikotin·arm *Adj.* low-nicotine *attrib.*; low
in nicotine *pred.*

Nikotin·sucht *die* nicotine addiction

Nil *der*; **~[s]** Nile

Nil·pferd *das* hippopotamus

nimm *Imperativ Sg. v.* nehmen

nippen *itr. V.* sip

Niqab /nɪˈkaːb/ *der* niqab

nirgends, **nirgend·wo** *Adv.* nowhere

Nische *die*; **~**, **~n** niche; (Erweiterung eines
Raumes) recess

nisten *itr. V.* nest

Nitrat *das*; **~[e]s**, **~e** nitrate

✶ **Niveau** /niˈvoː/ *das*; **~s**, **~s** level; (Qualitäts~)
standard

nix *Indefinitpron.* (ugs.) ▶ nichts

Nixe *die*; **~**, **~n** nixie; (mit Fischschwanz)
mermaid

nobel *Adj.* **1** (geh.) noble; noble[-minded]
‹*person*›
2 (oft spött.) (luxuriös) elegant; posh (infml)

Nobel·preis *der* Nobel prize

✶ **noch** **A** *Adv.* **1** ([wie] bisher) still; **~ nicht** not
yet; **sie sind immer ~ nicht da** they're still
not here; **ich habe Großvater ~ gekannt** I'm
old enough to have known grandfather; **er
hat ~ Glück gehabt** he was lucky; **das geht
~** that's [still] all right
2 (als Rest einer Menge) **ich habe [nur] ~ zehn
Euro** I've [only] ten euros left; **es sind ~
10 km bis zur Grenze** it's another 10 km. to
the border
3 (bevor etw. anderes geschieht) just; **ich will
~ [schnell] duschen** I just want to have a
[quick] shower
4 (irgendwann einmal) some time; one day;
er wird ~ anrufen/kommen he will still

call/come
5 (womöglich) if you're/he's *etc.* not careful;
du kommst ~ zu spät! you'll be late if you're
not careful
6 (drückt eine geringe zeitliche Distanz aus) only;
gestern habe ich ihn ~ gesehen I saw him
only yesterday
7 (nicht später als) **~ am selben Abend** the
[very] same evening
8 (außerdem, zusätzlich) **wer war ~ da?** who
else was there?; **~ etwas Kaffee?** [would you
like] some more coffee?; **Geld/Kleider** *usw.*
~ und ~ heaps and heaps of money/clothes
etc. (infml)
9 **er ist ~ größer [als Karl]** he is even taller
[than Karl]; **er will ~ mehr haben** he wants
even more; **jeder ~ so dumme Mensch**
versteht das anyone, however stupid, can
understand that
10 wie heißt sie [doch] ~? [now] what's her
name again?
B *Partikel* **das ist ~ Qualität!** that's what I
call quality; **der wird sich ~ wundern** (ugs.)
he's in for a surprise; **er kann ~ nicht einmal
lesen** he can't even read
C *Konj.* (und auch nicht) nor; **weder ... noch**
neither ... nor
noch·mal, noch·mals *Adv.* again
Nominativ *der*; **~s, ~e** (Sprachw.)
nominative [case]
nominieren *tr. V.* nominate
Nominierung *die*; **~, ~en** nomination
Nonne *die*; **~, ~n** nun
Nord (bes. Seemannsspr., Met.) ▶ **Norden**
nord-, Nord-: **~afrika** *(das)* North
Africa; **~amerika** *(das)* North America;
~deutsch *Adj.* North German
✓ **Norden** *der*; **~s** north; **der ~** the North;
nach ~ northwards
Nord·irland *(das)* Northern Ireland
nordisch *Adj.* Nordic
Nord·kap *das* North Cape
nördlich **A** *Adj.* **1** (im Norden gelegen) northern
2 (nach, aus dem Norden) northerly
3 (aus dem Norden kommend, für den Norden typisch)
Northern
B *adv.* northwards; **~ von ... [to the]** north
of ...
C *Präp.; mit Gen.* [to the] north of
Nord-: **~licht** *das* northern lights *pl.*; aurora
borealis; **ein ~licht/~lichter** the northern
lights; **~pol** *der* North Pole
Nordrhein-Westfalen *(das)*; **~s** North
Rhine-Westphalia
Nord·see *die*; **~**; North Sea
nord·wärts *Adv.* northwards
Nord·wind *der* northerly wind
Nörgelei *die*; **~** (abwertend) grumbling
nörgeln *itr. V.* (abwertend) moan, grumble
(an + *Dat.* about)
Norm *die*; **~, ~en** **1** norm
2 (geforderte Arbeitsleistung) quota

3 (Sport) qualifying standard
4 (technische, industrielle **~**) standard
✓ **normal** **A** *Adj.* normal
B *adv.* normally
Normal·benzin *das* ≈ two-star petrol (BrE);
regular (AmE)
normalerweise *Adv.* normally
normalisieren **A** *tr. V.* normalize
B *refl. V.* return to normal
Normalität *die*; **~**; normality *no def. art.*
Normal·zustand *der* normal state
Normandie *die*; **~**; Normandy
normen *tr. V.*, **normieren** *tr. V.* standardize
Norwegen *(das)*; **~s** Norway
Norweger *der*; **~s, ~, Norwegerin** *die*;
~, ~nen Norwegian
norwegisch *Adj.* Norwegian
Nostalgie *die*; **~**; nostalgia
Not *die*; **~, Nöte** **1** (Gefahr) **in ~ sein** be in
desperate straits
2 (Mangel, Armut) need; poverty [and hardship];
~ leiden suffer poverty [and hardship]; **in
~ geraten/sein** encounter hard times/be
suffering want [and deprivation]
3 (Verzweiflung) distress
4 (Sorge, Mühe) trouble; **mit knapper ~** by the
skin of one's teeth
5 (veralt.) (Notwendigkeit) necessity; **zur ~** if
need be
Notar *der*; **~s, ~e** notary
Notariat *das*; **~[e]s, ~e** **1** (Amt) notaryship
2 (Kanzlei) notary's office
not-, Not-: **~arzt** *der* doctor on [emergency]
call; **~aufnahme** *die* casualty department;
casualty *no art.*; **~ausgang** *der* emergency
exit; **~bremse** *die* emergency brake;
~dienst *der* ▶ Bereitschaftsdienst; **~durft**
die; **~** (geh.) **seine [große/kleine] ~durft
verrichten** relieve oneself; **~dürftig** **A** *Adj.*
makeshift ‹*shelter, repair*›; scanty ‹*cover,
clothing*› **B** *adv.* scantily ‹*clothed*›
✓ **Note** *die*; **~, ~n 1** (Zeichen) note
2 *Pl.* (Text) music *sing.*
3 (Schul~) mark
4 (Eislauf, Turnen) score
Notebook /'noʊtbʊk/ *das*; **~s, ~s** (DV)
notebook [computer]
not-, Not-: **~fall** *der* **1** emergency
2 im ~fall (nötigenfalls) if need be; **~falls**
Adv. if need be; **~gedrungen** *Adv.* of
necessity
notieren **A** *tr. V.* [sich *(Dat.)*] etw. **~** make
a note of sth
B *itr. V.* (Börsenw., Wirtsch.) be quoted (**mit** at)
Notierung *die*; **~, ~en** (Börsenw., Wirtsch.)
quotation; (Preis) quoted [price] (**für** of);
(von Devisen) rate (**für** of)
✓ **nötig** **A** *Adj.* necessary; **etw./jmdn. ~ haben**
need sth/sb
B *adv.* **er braucht ~ Hilfe** he is in urgent
need of help

n

nötigen tr. V. compel; force; (Rechtsspr.) coerce
Nötigung die; ~, ~en (bes. Rechtsspr.) intimidation; coercion
Notiz die; ~, ~en note; (Zeitungs~) brief report; **von jmdm./etw. [keine] ~ nehmen** take [no] notice of sb/sth
Notiz-: ~**block** der; Pl. ~**blocks**, (schweiz.) ~**blöcke** notepad; ~**buch** das notebook
not-, Not-: ~**lage** die serious difficulties pl.; ~**landen** itr. V.; mit sein **ich notlande, notgelandet, notzulanden** make an emergency landing; ~**landung** die emergency landing; ~**leidend** Adj. needy; ~**lösung** die stopgap; ~**lüge** die evasive lie; (aus Rücksichtnahme) white lie
notorisch Ⓐ Adj. notorious
Ⓑ adv. notoriously
Not-: ~**ruf** der **1** (Hilferuf) emergency call; (eines Schiffes) Mayday call
2 (Nummer) emergency number; ~**ruf·nummer** die emergency number; ~**ruf·säule** die emergency telephone (mounted in a pillar); ~**stand** der crisis; (Staatsrecht) state of emergency; ~**unterkunft** die emergency accommodation no pl., no indef. art.; ~**wehr** die self-defence
✓ **not·wendig** Adj. necessary
Notwendigkeit die; ~, ~en necessity
Not·zucht die (Rechtsw. veralt.) rape; ~ **[an jmdm.] begehen** od. **verüben** commit rape [on sb]
Novelle die; ~, ~n (Literaturw.) novella
✓ **November** der; ~**[s]**, ~; November
Novität die; ~, ~en novelty; (neue Erfindung) innovation; (neue Schallplatte) new release; (neues Buch) new publication
Nr. Abk. = **Nummer** No
Nu der im Nu in no time
Nuance /'nÿ̃ãːsə/ die; ~, ~n nuance; (Grad) shade
nüchtern Ⓐ Adj. (nicht betrunken; realistisch) sober; (ungeschminkt) bare, plain ‹fact›; **der Patient muss ~ sein** the patient's stomach must be empty
Ⓑ adv. soberly
Nüchternheit die; ~; sobriety
nuckeln itr. V. (ugs.) suck (**an** + Dat. at)
Nudel die; ~, ~n piece of spaghetti/vermicelli/tortellini etc.; (als Suppeneinlage) noodle; ~**n** (Teigwaren) pasta sing.; (als Suppeneinlage) noodles
Nugat /'nuːgat/ der; auch das; ~**s** nougat
nuklear Ⓐ Adj. nuclear
Ⓑ adv. ~ **angetrieben** nuclear-powered
Nuklear-: ~**medizin** die nuclear medicine no art.; ~**waffe** die nuclear weapon
null Kardinalz. nought; ~ **Komma sechs** [nought] point six; **gegen ~ Uhr** around

twelve midnight
Null die; ~, ~en **1** nought; zero; **in ~ Komma nichts** (ugs.) in less than no time; **gleich ~ sein** (fig.) be practically zero; **auf ~ stehen** ‹indicator, needle, etc.› be at zero
2 (ugs.) (Versager) failure; dead loss (infml)
Null-: ~**punkt** der zero; ~**summen·spiel** das zero-sum game
**numerieren ▸ nummerieren
**Numerierung ▸ Nummerierung
Numerus clausus der; ~ (fixed number of students admissible to a university to study a particular subject) numerus clausus
✓ **Nummer** die; ~, ~n **1** number; **ein Wagen mit [einer] Münchner ~** a car with a Munich registration; **ich bin unter der ~ 242679 zu erreichen** I can be reached on 242679
2 (Ausgabe) issue
3 (Größe) size
nummerieren tr. V. number
Nummerierung die; ~, ~en numbering
Nummern·schild das number plate; license plate (AmE)
✓ **nun** Ⓐ Adv. now
Ⓑ Partikel now; **das hast du ~ davon!** it serves you right!; **kommst du ~ mit oder nicht?** now are you coming or not?; ~ **gut** [well,] all right; ~, ~**!** now, come on; ~ **ja ...** well, yes ...
✓ **nur** Ⓐ adv. **1** (nicht mehr als) only; just
2 (ausschließlich) only; **nicht ~ ..., sondern auch ...** not only ..., but also ...; ~ **so zum Spaß** just for fun
Ⓑ Konj. but; **ich kann dir das Buch leihen, ~ nicht heute** I can lend you the book, only not today
Ⓒ Partikel **wenn er ~ hier wäre** if only he were here; ~ **zu!** go ahead; **lass dich ~ nicht erwischen** just don't let me/them etc. catch you; **was sollen wir ~ tun?** what on earth are we going to do?; **so schnell er ~ konnte** just as fast as he could
Nürnberg (das); ~**s** Nuremberg
nuscheln tr., itr. V. (ugs.) mumble
Nuss, *Nuß die; ~, **Nüsse** nut
Nuss-, *Nuß-: ~**baum** der walnut tree; ~**knacker** der nutcrackers pl.; ~**schale** die nutshell
Nüster die; ~, ~n nostril
Nut die; ~, ~en (Technik) groove
Nutte die; ~, ~n (derb) tart (sl.); hooker (AmE sl.)
nutz-: ~**bar** Adj. usable; exploitable, utilizable ‹mineral resources, invention›; cultivatable ‹land, soil›; ~**bringend** Ⓐ Adj. useful; (gewinnbringend) profitable
Ⓑ adv. profitably
✓ **nutzen** Ⓐ tr. V. **1** use; exploit, utilize ‹natural resources›; cultivate ‹land, soil›; harness ‹energy source›; exploit ‹advantage›
2 (be-, ausnutzen) use; make use of
Ⓑ itr. V. ▸ nützen A

n

Nutzen *der*; ~s **1** benefit; [jmdm.] von ~ sein
be of use [to sb]
2 (Profit) profit

nützen **A** *itr. V.* be of use (*Dat.* to); **nichts**
~ be no use
B *tr. V.* ▶ nutzen A

Nutzer *der*; ~s, ~ (Amtsspr.) user

nützlich *Adj.* useful

Nützlichkeit *die*; ~; usefulness

nutzlos **A** *Adj.* useless; (vergeblich) vain
attrib.; in vain *pred.*
B *adv.* uselessly; (vergeblich) in vain

Nutz·losigkeit *die*; ~; uselessness;
(Vergeblichkeit) futility

Nutznießer *der*; ~s, ~, **Nutznießerin**
die; ~, ~nen beneficiary

Nutzung *die*; ~, ~en use; (des Landes,
des Bodens) cultivation; (von Bodenschätzen)
exploitation; utilization; (einer Energiequelle)
harnessing

Nylon® /ˈnailɔn/ *das*; ~s nylon

Nymphe *die*; ~, ~n (Myth., Zool.) nymph

Nymphomanin *die*; ~, ~nen (Psych.)
nymphomaniac

Oo

o, O *das*; ~, ~; o/O

O *Abk.* = **Ost[en]** E

ö, Ö *das*; ~, ~; o/O umlaut

Oase *die*; ~, ~n (auch fig.) oasis

◈ **ob** *Konj.* **1** whether
2 und ob! of course!

OB *Abk.* = **Oberbürgermeister[in]**

Obacht *die*; ~ (bes. südd.) caution; ~ auf
jmdn./etw. geben take care of sb/sth;
(aufmerksam sein) pay attention to sb/sth

Obdach *das*; ~[e]s (geh.) shelter

obdach·los *Adj.* homeless

Obdachlose *der/die adj. Dekl.* homeless
person/man/woman; **die** ~n the homeless

Obdachlosen-: ~**heim** *das* hostel for the
homeless; ~**siedlung** *die* estate of houses
for the homeless

Obdachlosigkeit *die*; ~; homelessness

Obduktion *die*; ~, ~en (Med., Rechtsw.)
post-mortem [examination]; autopsy

obduzieren *tr. V.* carry out *or* perform a/the
post-mortem [examination] *or* autopsy on

O-Beine *Pl.* bandy legs; bow legs

◈ **oben** *Adv.* **1** hier/dort ~ up here/there;
weiter ~ further up; **nach** ~ upwards;
von ~ from above; von ~ herab (fig.)
condescendingly
2 (im Gebäude) upstairs; **nach** ~ upstairs
3 (am oberen Ende, zum oberen Ende hin) at the top;
nach ~ **[hin]** towards the top; von ~ from
the top; ~ **ohne** topless
4 (an der Oberseite) on top
5 (in einer Hierarchie, Rangfolge) at the top
6 ([weiter] vorn im Text) above; ~ **genannt**
above-mentioned

****oben·genannt** ▶ oben 6

Ober *der*; ~s, ~; waiter; Herr ~! waiter!

◈ **ober...** *Adj.* upper *attrib.*; top *attrib.*

ober-, Ober-: ~**arm** *der* upper arm;
~**bekleidung** *die* outer clothing;
~**bürgermeister** *der* mayor; ~**cool** *Adj.*
(ugs.) **1** (sehr gelassen) ultra-cool **2** (fabelhaft)
really cool (infml); ~**fläche** *die* surface;
(Flächeninhalt) surface area

oberflächlich **A** *Adj.* superficial
B *adv.* superficially

Ober·geschoss, ****Ober·geschoß** *das*
upper storey; **im fünften** ~ on the fifth floor
(BrE) *or* (AmE) the sixth floor

ober·halb **A** *Adv.* above; ~ von above
B *Präp.*; mit Gen. above

Ober-: ~**hand** *die* **die** ~hand [über jmdn./
etw.] haben have the upper hand [over sb/
sth]; **die** ~hand [über jmdn./etw.] gewinnen/
bekommen gain *or* get the upper hand [over
sb/sth]; ~**haupt** *das* head; (einer Verschwörung)
leader; ~**hemd** *das* shirt; ~**kiefer** *der*
upper jaw; ~**körper** *der* upper part of
the body; ~**lippen·bart** *der* moustache;
~**schenkel** *der* thigh; ~**schicht** *die*
(Soziol.) upper class; ~**schule** *die* secondary
school; ~**seite** *die* top

oberst... ▶ ober...

Ober-: ~**stufe** *die* (Schulw.) upper school;
~**teil** *das*; *od. der* top [part]; (eines Bikinis,
Anzugs, Kleids usw.) top [half]; ~**wasser** *das*
headwater; (fig.) ~wasser haben feel in a
strong position; ~wasser bekommen/kriegen
have one's hand strengthened

ob·gleich *Konj.* ▶ obwohl

obig *Adj.* above

◈ **Objekt** *das*; ~s, ~e object; (Kaufmannsspr.)
(Immobilie) property

objektiv **A** *Adj.* objective
B *adv.* objectively

Objektiv *das*; ~s, ~e lens

Objektivität die; ~; objectivity

Obrigkeit die; ~, ~en authorities pl.

ob·schon Konj. (geh.) although

ꙭ **Obst** das; ~[e]s fruit

Obst-: ~**baum** der fruit tree; ~**garten** der orchard; ~**kuchen** der fruit flan

Obstler der; ~s, ~ (bes. südd.) fruit brandy

Obst-: ~**saft** der fruit juice; ~**salat** der fruit salad; ~**wein** der fruit wine

obszön A Adj. obscene

B adv. obscenely

Obszönität die; ~, ~en obscenity

ꙭ **ob·wohl** Konj. although; though

Ochse /'ɔksə/ der; ~n, ~n 1 ox; bullock

2 (salopp) numskull (infml)

Ochsen·schwanz·suppe die oxtail soup

od. Abk. = oder

öde Adj. 1 deserted; desolate ‹area, landscape›

2 (unfruchtbar) barren

3 (langweilig) tedious; dreary ‹life, time, existence›

Öde die; ~ ▸ öde desertedness; desolateness; barrenness; tediousness; dreariness

ꙭ **oder** Konj. or; (in Fragen) er ist doch hier, ~? he is here, isn't he?; (zweifelnd) he is here – or isn't he?

Öd·land das uncultivated land

Œuvre /'ø:vrə/ das; ~, ~s (geh.) oeuvre

OEZ Abk. = osteuropäische Zeit EET

Ofen der; ~s, **Öfen** heater; (Kohle~) stove; (Back~) oven; (Brenn~, Trocken~) kiln

Ofen·rohr das [stove] flue

ꙭ **offen** A Adj. 1 open; open-necked ‹shirt›; ~ bleiben stay open; etw. ~ lassen leave sth open; ~ stehen be open; ~ haben od. sein be open; ~es Licht a naked light

2 (frei) vacant ‹job, post›

3 (ungewiss, ungeklärt) open ‹question›; uncertain ‹result›; ~ bleiben remain open; ‹decision› be left open

4 (noch nicht bezahlt) outstanding ‹bill›

5 (freimütig, aufrichtig) frank [and open] ‹person›; frank, candid ‹look, opinion, reply›

B adv. openly; ~ gesagt frankly; to be frank

ꙭ **offen·bar** A Adj. obvious

B adv. obviously

Offenbarung die; ~, ~en revelation

*****offen|bleiben** ▸ offen A1, A3

Offen·heit die; ~ ▸ offen A5 frankness [and openness]; candour

offen-: ~**kundig** A Adj. obvious

B adv. obviously; *~|**lassen** ▸ offen A1

ꙭ **offen·sichtlich** A Adj. obvious

B adv. obviously

offensiv A Adj. 1 offensive

2 (Sport) attacking

B adv. 1 offensively

ꙭ key word

* old spelling—see note on page x

---

2 (Sport) ~ spielen play an attacking game

Offensive die; ~, ~n (auch Sport) offensive

*****offen|stehen** ▸ offen A1

ꙭ **öffentlich** A Adj. public; state attrib., [state-]maintained ‹school›; der ~e Dienst the civil service

B adv. publicly; ‹perform, appear› in public

ꙭ **Öffentlichkeit** die; ~; public

ꙭ **offiziell** A Adj. official

B adv. officially

Offizier der; ~s, ~e, **Offizierin** die; ~, ~nen officer

ꙭ **öffnen** A tr. V. open; turn on ‹tap›; undo ‹coat, blouse, button, zip›

B itr. V. 1 [jmdm.] ~ open the door [to sb]

2 (geöffnet werden) ‹shop, bank, etc.› open

C refl. V. open

Öffner der; ~s, ~; opener

Öffnung die; ~, ~en opening

Öffnungs·zeiten Pl. opening times

Offroader /ˈɔfrəʊdə/ der; ~s, ~; off-roader

ꙭ **oft**; **öfter**, **am öftesten** Adv. often; wie oft soll ich dir noch sagen, dass …? how many [more] times do I have to tell you that …?

öfter Adv. now and then

oftmals Adv. often; frequently

OG Abk. = Obergeschoss

ꙭ **ohne** A Präp.; mit Akk. without; ~ mich! [you can] count me out!; ~ weiteres od. Weiteres (leicht, einfach) easily; (ohne Einwand) readily

B Konj. ~ zu zögern without hesitation

ꙭ **ohne·hin** Adv. anyway

Ohnmacht die; ~, ~en 1 faint; in ~ fallen faint

2 (Machtlosigkeit) powerlessness; impotence

ohnmächtig A Adj. 1 unconscious; ~ werden faint; ~ sein have fainted

2 (machtlos) powerless; impotent

B adv. impotently; ~ zusehen watch helplessly

ꙭ **Ohr** das; ~[e]s, ~en ear; gute/schlechte ~en haben have good/poor hearing sing.; jmdm. übers ~ hauen (fig. ugs.) put one over on sb (infml)

Öhr das; ~[e]s, ~e eye

ohren-, Ohren-: ~**arzt** der, ~**ärztin** die otologist; ear specialist; ~**betäubend** A Adj. ear-splitting; deafening; deafening ‹applause› B adv. deafeningly; ~**sausen** das; ~~s ringing in the or one's ears; tinnitus (Med.); ~**schmerz** der earache; ~**schmerzen haben** have [an] earache sing.

ohr-, Ohr-: ~**feige** die box on the ears; ~**feigen** tr. V. jmdn. ~feigen box sb's ears; ich könnte mich ~feigen! (ugs.) I could kick myself!; ~**läppchen** das ear lobe; ~**ring** der earring; ~**wurm** der 1 earwig 2 (ugs.) (Melodie) catchy tune; ein ~wurm sein be really catchy

okay /oˈkeɪ/ Interj., Adj., adv. (ugs.) OK (infml); okay (infml)

öko-, Öko- eco-
Ökologie *die;* ~; ecology
↙ **ökologisch** **A** *Adj.* ecological
 B *adv.* ecologically
ökonomisch **A** *Adj.* **1** economic
 2 (sparsam) economical
 B *adv.* economically
Öko-: ~**produkt** *das* eco-product;
 environmentally friendly *or* safe product;
 ~**steuer** *die* eco-tax; ~**system** *das*
 ecosystem; ~**tourismus** *der* ecotourism
↙ **Oktober** *der;* ~[s], ~; October
ökumenisch *Adj.* (christl. Rel.) ecumenical
↙ **Öl** *das;* ~[e]s, ~e oil; in Öl malen paint in oils
Ölembargo *das* oil embargo
ölen *tr. V.* oil
Öl-: ~**farbe** *die* **1** oil-based paint **2** (zum Malen)
 oil paint; ~**gemälde** *das* oil painting
ölig *Adj.* oily
Olive *die;* ~, ~n olive
Oliven-: ~**baum** *der* olive tree; ~**öl** *das*
 olive oil
Öl-: ~**ofen** *der* oil heater; ~**pest** *die* oil
 pollution *no indef. art.;* ~**quelle** *die* oil
 well; ~**sardine** *die* sardine in oil; eine Dose
 ~**sardinen** a tin of sardines; ~**teppich** *der*
 oil slick; ~**wechsel** *der* (bes. Kfz-W.) oil
 change
Olympiade *die;* ~, ~n Olympic Games *pl.;*
 Olympics *pl.*
Olympia-: ~**sieger** *der,* ~**siegerin** *die*
 Olympic champion; ~**stadion** *das* Olympic
 stadium
olympisch *Adj.* Olympic; die Olympischen
 Spiele the Olympic Games; the Olympics
Oma *die;* ~, ~s (fam.) granny (infml/child lang.)
Omelett /ɔm(ə)'lɛt/ *das;* ~[e]s, ~e *od.* ~s
 omelette
Omi *die;* ~, ~s ▶ Oma
Omnibus *der;* ~ses, ~se omnibus (formal);
 (Privat- und Reisebus auch) coach
Onanie *die;* ~; onanism *no art.;*
 masturbation *no art.*
onanieren *itr. V.* masturbate
Onkel *der;* ~s, ~ *od.* (ugs.) ~s uncle
↙ **online** /'ɔnlaɪn/ **A** *Adj.* online; ~ gehen go
 online
 B *Adv.* online
Online-: ~**banking** /-bɛŋkɪŋ/ *das;* ~~s (DV)
 online banking; ~**shopping** *das* online
 shopping
OP /o:'pe:/ *der;* ~[s], ~[s] *Abk.*
 = **Operationssaal**
Opa *der;* ~s, ~s (fam.) grandad (infml/child
 lang.)
Opal *der;* ~s, ~e opal
OPEC /'o:pɛk/ *die;* ~ *Abk.* OPEC
Oper *die;* ~, ~n opera; (Opernhaus) Opera;
 opera house
Operation *die;* ~, ~en operation

Operations·saal *der* operating theatre
 (BrE) *or* room
operativ **A** *Adj.* (Med.) operative
 B *adv.* (Med.) by operative surgery; etw. ~
 entfernen operate to remove sth
Operette *die;* ~, ~n operetta
operieren **A** *tr. V.* operate on ‹patient›
 B *itr. V.* operate
Opern·glas *das* opera glass[es *pl.*]
↙ **Opfer** *das;* ~s, ~ **1** sacrifice
 2 (Geschädigter) victim
opfern *tr. V.* (auch fig.) sacrifice; offer up
 ‹fruit, produce, etc.›
Opi *der;* ~s, ~s ▶ Opa
Opium *das;* ~s opium
opponieren *itr. V.* gegen jmdn./etw. ~
 oppose sb/sth
Opposition *die;* ~, ~en opposition
oppositionell *Adj.* opposition *attrib.*
 ‹group, movement, etc.›; ‹newspaper, writer,
 artist, etc.› opposed to the government
Optik *die;* ~; optics *sing., no art.*
Optiker *der;* ~s, ~, **Optikerin** *die;* ~,
 ~nen optician
↙ **optimal** **A** *Adj.* optimal; optimum *attrib.*
 B *adv.* jmdn. ~ beraten give sb the best
 possible advice
optimieren *tr. V.* optimize
Optimierung *die;* ~, ~en optimization
Optimismus *der;* ~; optimism
Optimist *der;* ~en, ~en, **Optimistin** *die;*
 ~, ~nen optimist
optimistisch **A** *Adj.* optimistic
 B *adv.* optimistically
↙ **optisch** **A** *Adj.* optical; visual ‹impression›;
 eine ~e Täuschung an optical illusion
 B *adv.* optically; visually ‹impressive,
 effective›
orange /o'rã:ʒ(ə)/ *indekl. Adj.* orange
Orange *die;* ~, ~n orange
Orangen-: ~**marmelade** *die* orange
 marmalade; ~**saft** *der* orange juice
Orchester /ɔr'kɛstɐ/ *das;* ~s, ~; orchestra
Orden *der;* ~s, ~ **1** order
 2 (Ehrenzeichen) decoration
↙ **ordentlich** **A** *Adj.* **1** [neat and] tidy; neat
 ‹handwriting, clothes›
 2 (anständig) respectable; proper ‹manners›
 3 (planmäßig) ordinary ‹meeting›; ~es
 Mitglied full member
 4 (ugs.) (richtig) proper; real; ein ~es Stück
 Kuchen a nice big piece of cake
 5 (ugs.) (recht gut) decent ‹wine, flat, marks,
 etc.›; ganz ~ pretty good
 B *adv.* **1** tidily; neatly; ‹write› neatly
 2 (anständig) properly
 3 (ugs.) (gehörig) ~ feiern have a real good
 celebration (infml)
 4 (ugs.) (recht gut) ‹ski, speak, etc.› really well
ordern *tr., itr. V.* (Kaufmannsspr.) order
Ordinal·zahl *die* ordinal [number]

o

ordinär **A** *Adj.* vulgar
B *adv.* vulgarly

Ordinate *die*; ~, ~**n** (Math.) ordinate

ordnen *tr. V.* arrange; **sein Leben/seine Finanzen** ~ straighten out one's life/put one's finances in order

Ordner *der*; ~**s**, ~ (Hefter) file

🔑 **Ordnung** *die*; ~, ~**en** order; (geregelter Ablauf) routine; ~ **halten** keep things tidy; **in** ~ **sein** (ugs.) be OK (infml) *or* all right; **hier ist etw. nicht in** ~ there's something wrong here; **sie ist in** ~ (ugs.) she's OK (infml); **in** ~! (ugs.) OK! (infml); all right!

ordnungs-, Ordnungs-: ~**gemäß** **A** *Adj.* ‹*conduct etc.*› in accordance with the regulations **B** *adv.* in accordance with the regulations; ~**halber** *Adv.* as a matter of form; ~**widrig** (Rechtsw.) **A** *Adj.* ‹*actions, behaviour, etc.*› contravening the regulations; illegal ‹*parking*› **B** *adv.* ~**widrig parken** park illegally; ~**widrigkeit** *die* (Rechtsw.) infringement of the regulations; ~**zahl** *die* ordinal [number]

Organ *das*; ~**s**, ~**e** organ; (ugs.) (Stimme) voice

🔑 **Organisation** *die*; ~, ~**en** organization

Organisator *der*; ~**s**, ~**en**, **Organisatorin** *die*; ~, ~**nen** organizer

organisatorisch *Adj.* organizational

organisch **A** *Adj.* organic
B *adv.* organically

🔑 **organisieren** **A** *tr. V.* organize
B *itr. V.* **gut** ~ **können** be a good organizer
C *refl. V.* organize

O

Organismus *der*; ~, **Organismen** organism

Organist *der*; ~**en**, ~**en**, **Organistin** *die*; ~, ~**nen** organist

Organ·spender *der*, **Organ·spenderin** *die* organ donor

Orgasmus *der*; ~, **Orgasmen** orgasm

Orgel *die*; ~, ~**n** organ

Orgie /ˈɔrgi̯ə/ *die*; ~, ~**n** (auch fig.) orgy

Orient /ˈoːri̯ɛnt/ *der*; ~**s** Middle East and south-western Asia (*including Afghanistan and Nepal*); **der Vordere** ~ the Middle East

orientalisch *Adj.* oriental

orientieren **A** *refl. V.* **1** get one's bearings
2 sich über etw. (*Akk.*) ~ (fig.) inform oneself about sth
3 sich an etw. (*Dat.*) ~ (fig.) be oriented towards sth; ‹*policy, advertising*› be geared towards sth
B *tr. V.* (unterrichten) inform (**über** + *Akk.* about)

Orientierung *die*; ~ **1 die** ~ **verlieren** lose one's bearings
2 (Unterrichtung) **zu Ihrer** ~ for your information

Orientierungs·sinn *der* sense of direction

original **A** *Adj.* original
B *adv.* ~ **italienischer Espresso** genuine Italian espresso coffee; **etw.** ~ **übertragen** broadcast sth live

Original *das*; ~**s**, ~**e** original

Original-: ~**fassung** *die* original version; ~**gemälde** *das* original painting

Originalität *die*; ~; originality

Original·ton *der*; *Pl.* **Original·töne** (Film, Ferns.) direct sound; original sound

originell **A** *Adj.* original
B *adv.* with originality

Orkan *der*; ~**[e]s**, ~**e** hurricane

Ornament *das*; ~**[e]s**, ~**e** ornament

🔑 **Ort**[1] /ɔrt/ *der*; ~**[e]s**, ~**e** place; (Dorf) village; (Stadt) town; **an** ~ **und Stelle** there and then

Ort[2] **vor** ~ (fig.) on the spot

orthodox *Adj.* orthodox

Orthographie *die*; ~, ~**n** orthography

orthographisch **A** *Adj.* orthographic; ~**e Fehler** spelling mistakes
B *adv.* orthographically

Orthopäde *der*; ~**n**, ~**n** orthopaedic specialist

orthopädisch **A** *Adj.* orthopaedic
B *adv.* orthopaedically

örtlich **A** *Adj.* (auch Med.) local
B *adv.* (auch Med.) locally; ~ **betäubt werden** be given a local anaesthetic

Ortschaft *die*; ~, ~**en** (Dorf) village; (Stadt) town

Orts-: ~**gespräch** *das* (Fernspr.) local call; ~**name** *der* place name; ~**netz·kennzahl** *die* (Fernspr.) dialling code; area code (AmE)

Öse *die*; ~, ~**n** eye

Ossi *der*; ~**s**, ~**s** (salopp) East German

Ost (bes. Seemannsspr., Met.) ▶ **Osten**

ost-, Ost-: ~**block** *der* Eastern bloc; ~**deutsch** *Adj.* Eastern German; (hist.) (auf die DDR bezogen) East German; ~**deutschland** *(das)* Eastern Germany; (hist.) (DDR) East Germany

🔑 **Osten** *der*; ~**s** east; **der** ~ the East; **der Ferne** ~ the Far East; **der Nahe** ~ the Middle East

Oster-: ~**ei** *das* Easter egg; ~**glocke** *die* daffodil; ~**hase** *der;* Easter hare (*said to bring children their Easter eggs*); ~**montag** *der* Easter Monday *no def. art.*

Ostern *das*; ~, ~; Easter; **Frohe** *od.* **Fröhliche** ~ Happy Easter!; **zu** ~ at Easter

Österreich *(das)*; ~**s** Austria

Österreicher *der*; ~**s**, ~, **Österreicherin** *die*; ~, ~**nen** Austrian

österreichisch *Adj.* Austrian

Oster·sonntag *der* Easter Sunday *no def. art.*

Ost·europa *(das)* Eastern Europe

🔑 key word
* alte Schreibung—vgl. Hinweis auf S. x

Ostler der; ~s, ~, **Ostlerin** die; ~, ~nen (ugs.) East German

östlich Ⓐ Adj. **1** (im Osten gelegen) eastern **2** (nach, aus dem Osten) easterly **3** (aus dem Osten kommend, für den Osten typisch; Politik) Eastern; <influence, policies> of the East

Ⓑ adv. eastwards; ~ von ... [to the] east of ... Ⓒ Präp.; mit Gen. [to the] east of

Ost·see die; ~; Baltic [Sea]

ost·wärts Adv. eastwards

Ost·wind der easterly wind

Otter¹ der; ~s, ~ (Fisch~) otter

Otter² die; ~, ~n (Viper) adder; viper

Otto·motor der Otto engine

out /aut/ Adj. ~ sein (ugs.) be out

Outfit /'autfɪt/ das; ~[s], ~s outfit

Ouvertüre /uverˈtyːrə/ die; ~, ~n (auch fig.) overture (Gen. to)

oval Adj. oval

Ovation die; ~, ~en ovation; jmdm. ~en darbringen give sb an ovation

Ozean der; ~s, ~e ocean

Ozean·dampfer der ocean liner

Ozon der od. das; ~s ozone

Ozon-: ~alarm der ozone alert; ~loch das hole in the ozone layer; ~schicht die ozone layer; ~zerstörung die ozone destruction

Pp

p, P /peː/ das; ~, ~; p/P

♂ **paar** indekl. Indefinitpron. ein ~ ... a few ...; (zwei od. drei) a couple of ...

♂ **Paar** das; ~[e]s, ~e pair; (Mann und Frau) couple; ein ~ Würstchen two sausages

paaren refl. V. <animals> mate; <people> copulate

Paar·lauf der pairs pl.

paar·mal Adv. ein ~ a few times; (zwei- oder dreimal) a couple of times

Paarung die; ~, ~en (Zool.) mating

paar·weise Adv. in pairs

Pacht die; ~, ~en lease; etw. in ~ nehmen lease sth; etw. in ~ haben have sth on lease; etw. in ~ geben lease sth

pachten tr. V. lease

Pächter der; ~s, ~, **Pächterin** die; ~, ~nen leaseholder; (eines Hofes) tenant

Pacht-: ~vertrag der lease; ~zins der; Pl. ~~e rent

Pack¹ der; ~[e]s, ~e od. **Päcke 1** pack **2** ▸ Packen

Pack² das; ~[e]s (ugs. abwertend) rabble

Päckchen das; ~s, ~ **1** package; (auch Postw.) small parcel; (Bündel) packet **2** ▸ Packung 1

packen Ⓐ tr. V. **1** pack **2** (fassen) grab [hold of]; (fig.) **Furcht packte ihn/er wurde von Furcht gepackt** he was seized with fear Ⓑ itr. V. (Koffer usw. ~) pack

Packen der; ~s, ~; pile; (zusammengeschnürt) bundle; (von Geldscheinen) wad

packend Ⓐ Adj. gripping

Ⓑ adv. grippingly

Pack·papier das [stout] wrapping paper

Packung die; ~, ~en **1** packet; pack (esp. AmE) **2** (Med., Kosmetik) pack

Pädagoge der; ~n, ~n (Erzieher, Lehrer) teacher; (Wissenschaftler) educationalist

Pädagogik die; ~; [theory and methodology of] education

Pädagogin die; ~, ~nen ▸ Pädagoge

pädagogisch Ⓐ Adj. educational; **seine ~en Fähigkeiten** his teaching ability sing. Ⓑ adv. educationally <sound, wrong>

Paddel das; ~s, ~; paddle

Paddel·boot das canoe

paddeln itr. V.; mit sein paddle; (als Sport) canoe

Päderast der; ~en, ~en pederast

pädophil Adj. paedophile

Pädophile der adj. Dekl. paedophile

paffen Ⓐ tr. V. puff at <pipe etc.> Ⓑ itr. V. puff away

Page /'paːʒə/ der; ~n, ~n bellboy

Paket das; ~[e]s, ~e pile; (zusammengeschnürt) bundle; (Eingepacktes, Post~) parcel; (Packung) packet; pack (esp. AmE)

Paket-: ~karte die parcel dispatch form; ~schalter der parcels counter

Pakistan (das); ~s Pakistan

Pakistaner der; ~s, ~, **Pakistanerin** die; ~, ~nen , **Pakistani** der; ~[s], ~[s] Pakistani

pakistanisch Adj. Pakistani

Pakt der; ~[e]s, ~e pact

paktieren itr. V. make or do a deal/deals

o

p

Palast *der*; ~[e]s, **Paläste** palace
Palästina *(das)*; ~s Palestine
Palästinenser *der*; ~s, ~,
Palästinenserin *die*; ~, ~nen
Palestinian
palästinensisch *Adj.* Palestinian
Palaver /pa'la:vɐ/ *das*; ~s, ~ (ugs. abwertend)
palaver
palavern *itr. V.* (ugs. abwertend) palaver
Palette *die*; ~, ~n **1** palette
2 (bes. Werbespr.) (Vielfalt) diverse range; **die
ganze** ~ the whole range
3 (Technik, Wirtsch.) (Untersatz) pallet
paletti *Adj.* **alles** ~ (ugs.) everything's OK
(infml) *or* all right
Palme *die*; ~, ~n palm [tree]
PalmtopⓌ /'pa:mtɔp/ *der*; ~s, ~s palmtop
Pampelmuse *die*; ~, ~n grapefruit
Panade *die*; ~, ~n (Kochk.) breadcrumb
coating
Panama *(das)*; ~s Panama
Panama-kanal *der*; ~s Panama Canal
Panel /'pɛnl/ *das*; ~s, ~s panel
Pan-flöte *die* pan pipes *pl.*
panieren *tr. V.* bread; coat ‹*sth*› with
breadcrumbs
Panier-mehl *das* breadcrumbs *pl.*
Panik *die*; ~, ~en panic
Panik-: ~**mache** *die*; ~~ (abwertend) panic-
mongering; ~**macher** *der*, ~**macherin**
die (abwertend) panic-monger
Panne *die*; ~, ~n **1** breakdown; (Reifen~)
puncture; flat [tyre]
2 (Missgeschick) mishap
Pannen-dienst *der* breakdown service
Panorama *das*; ~s, **Panoramen** panorama
Panter, **Panther der*; ~s, ~ panther
Pantoffel *der*; ~s, ~n backless slipper
Pantomime *die*; ~, ~n mime
Panzer *der*; ~s, ~ **1** (Milit.) tank
2 (Zool.) armour *no indef. art.*; (von Schildkröten,
Krebsen) shell
Panzer-glas *das* bulletproof glass
panzern *tr. V.* armour[-plate]
Panzer-schrank *der* safe
Papa *der*; ~s, ~s (ugs.) daddy (infml)
Papagei *der*; ~en *od.* ~s, ~e[n] parrot
Paparazzo *der*; ~s, **Paparazzi** paparazzo
Paperback /'peɪpəbæk/ *das*; ~s, ~s
paperback
Papi *der*; ~s, ~s (ugs.) daddy (infml)
✔ **Papier** *das*; ~s, ~e **1** paper
2 *Pl.* (Ausweis[e]) [identity] papers
3 (Finanzw.) (Wert~) security
Papier-: ~**geld** *das* paper money; ~**korb**
der waste-paper basket
Pappe *die*; ~, ~n cardboard

Pappel *die*; ~, ~n poplar
päppeln *tr. V.* feed up
Papp-karton *der* cardboard box
Paprika *der*; ~s, ~[s] **1** pepper
2 (Gewürz) paprika
Papst *der*; ~[e]s, **Päpste**, **Päpstin** *die*; ~,
~nen pope
päpstlich *Adj.* papal
Para *der*; ~s, ~s para (infml)
Parabel *die*; ~, ~n **1** (bes. Literaturw.) parable
2 (Math.) parabola
Parade *die*; ~, ~n parade
Parade-beispiel *das* perfect example
Paradeiser *der*; ~s, ~ (österr.) tomato
Paradies *das*; ~es, ~e paradise
paradiesisch *Adj.* paradisical; (herrlich)
heavenly
Paradigma *das*; ~s, **Paradigmen** paradigm
paradox *Adj.* paradoxical
Para-gleiten *das*; ~s, **Para-gliding**
/'pæraglaɪdɪn/ *das*; ~s paragliding
Paragraph *der*; ~en, ~en section; (in
Vertrag) clause
parallel Ⓐ *Adj.* parallel
Ⓑ *adv.* ~ verlaufen run parallel (**mit, zu** to)
Parallele *die*; ~, ~n parallel
Parallelogramm *das*; ~s, ~e
parallelogram
Parallel-straße *die* street running parallel
(*Gen.* to)
Paralympiker *der*; ~s, ~,
Paralympikerin *die*; ~, ~nen
Paralympian
paralympisch *Adj.* Paralympic; **die
Paralympischen Spiele** the Paralympic
Games; the Paralympics
Para-nuss, **Para-nuß die* Brazil nut
Parasit *der*; ~en, ~en (auch fig.) parasite
parat *Adj.* ready
Pardon /par'dõ/ *der od. das*; ~s pardon; ~!
I beg your pardon
Parfum /par'fœ̃:/, **Parfüm** *das*; ~s, ~s
perfume
Parfümerie *die*; ~, ~en perfumery
parfümieren *tr. V.* perfume
Pariser Ⓐ *indekl. Adj.* Parisian; Paris *attrib.*
Ⓑ *der* ~s, ~ **1** (Einwohner) Parisian
2 (ugs.) (Kondom) French letter (infml)
Pariserin *die*; ~, ~nen Parisian
Parität *die*; ~, ~en parity
Park /park/ *der*; ~s, ~s park; (Schloss~ usw.)
grounds *pl.*
Parka *der*; ~s, ~s parka
parken *tr., itr. V.* park; „Parken verboten!"
'No Parking'
Parkett *das*; ~[e]s, ~e **1** parquet floor
2 (Theater) [front] stalls *pl.*; parquet (AmE)
Parkett-: ~**boden**, ~**fußboden** *der*
parquet floor; ~**handel** *der* (Börsenw.) floor
trading

Park-: ~**gebühr** die parking fee; ~**haus** das multistorey car park

parkieren tr., itr. V. (schweiz.) ▶ **parken**

Park-: ~**lücke** die parking space; ~**platz** der car park; parking lot (AmE); (für ein einzelnes Fahrzeug) parking space; ~**scheibe** die parking disc; ~**schein** der car park ticket; ~**uhr** die parking meter; ~**verbot** das ban on parking; **im** ~**verbot stehen** be parked illegally; ~**verbots·schild** das no-parking sign

ℐ **Parlament** das; ~**[e]s,** ~**e** parliament

Parlamentarier der; ~**s,** ~, **Parlamentarierin** die; ~, ~**nen** member of parliament

parlamentarisch Adj. parliamentary

Parodie die; ~, ~**n** parody (**auf** + Akk. of)

Parole die; ~, ~**n 1** (Wahlspruch) motto; (Schlagwort) slogan
2 (bes. Milit.) (Kennwort) password

ℐ **Partei** die; ~, ~**en 1** (Politik, Rechtsw.) party
2 (Gruppe, Mannschaft) side; **für jmdn.** ~ **ergreifen** od. **nehmen** side with sb

Partei·gänger der; ~~**s,** ~~, **Partei·gängerin** die; ~~, ~~**nen** (oft abwertend) [loyal] party supporter

parteiisch A Adj. biased
B adv. in a biased manner

parteilich A adj. (parteiisch) biased
B Adv. in a biased manner

Parteilichkeit die; ~ (einseitige Parteinahme) bias; partiality

partei-, Partei-: ~**los** Adj. (Politik) independent ‹MP›; ~**lose** der/die adj. Dekl. (Politik) independent; person not attached to a party; ~**nahme** die; ~, ~**n** partisanship; taking sides no art.; ~**politik** die party politics sing.; ~**politisch** A Adj. party political B adv. from a party political point of view; ~**tag** der party conference or (AmE) convention

Parterre das; ~**s,** ~**s** ground floor; first floor (AmE)

Partie die; ~, ~**n 1** part
2 (Spiel, Sport) (Runde) game; (Golf) round
3 eine gute ~ **[für jmdn.] sein** be a good match [for sb]

Partisan der; ~**s** od. ~**en,** ~**en, Partisanin** die; ~, ~**nen** guerrilla; (gegen Besatzungstruppen im Krieg) partisan

Partitur die; ~, ~**en** (Musik) score

Partizip das; ~**s,** ~**ien** /-'tsi:piən/ (Sprachw.) participle

ℐ **Partner** der; ~**s,** ~, **Partnerin** die; ~, ~**nen** partner

Partnerschaft die; ~, ~**en** partnership

partnerschaftlich A Adj. ‹cooperation etc.› on a partnership basis
B adv. in a spirit of partnership

Partner-: ~**schule** die partner school; ~**stadt** die twin town (BrE); sister city or town

(AmE); ~**vermittlung** die **1** matchmaking
2 (Agentur) [introduction and] matchmaking agency; ~**vermittlungs·büro** das
▶ **Partnervermittlung**

Party /'pa:ɐ̯ti/ die; ~, ~**s** party

Parzelle die; ~, ~**n** [small] plot [of land]

Pass, *****Paß** der; **Passes, Pässe 1** (Reisepass) passport
2 (Gebirgspass; Ballspiele) pass

passabel A Adj. reasonable; presentable ‹appearance›
B adv. reasonably well

Passage /pa'sa:ʒə/ die; ~, ~**n 1** [shopping] arcade
2 (Abschnitt) passage

Passagier /pasa'ʒiːɐ̯/ der; ~**s,** ~**e** passenger; **blinder** ~ stowaway

Passagier-: ~**dampfer** der passenger steamer; ~**flugzeug** das passenger aircraft

Passagierin die; ~, ~**nen** passenger

Passagier·liste die passenger list

Pass·amt, *****Paß·amt** das passport office

Passant der; ~**en,** ~**en, Passantin** die; ~, ~**nen** passer-by

Pass·bild, *****Paß·bild** das passport photograph

Pässe ▶ **Pass**

ℐ **passen** itr. V. **1** (die richtige Größe/Form haben) fit
2 (geeignet sein) be suitable (**auf** + Akk., **zu** for); (harmonieren) ‹colour etc.› match; **zu etw./jmdm.** ~ go well with sth/be well suited to sb; **zueinander** ~ ‹things› go well together; ‹two people› be suited to each other
3 (genehm sein) **jmdm.** ~ ‹time› suit sb
4 (Kartenspiel) pass

ℐ **passend** Adj. **1** (geeignet) suitable ‹dress, present, etc.›; right ‹words, expression, moment›
2 (harmonierend) matching ‹shoes etc.›

Pass·foto, *****Paß·foto** das ▶ **Passbild**

passierbar Adj. passable ‹road›; navigable ‹river›; negotiable ‹path›

ℐ **passieren** A tr. V. pass; **die Grenze** ~ cross the border
B itr. V.; mit sein happen

Passion die; ~, ~**en 1** passion
2 (christl. Rel.) Passion

passioniert Adj. passionate ‹collector, card player, huntsman›

passiv A Adj. passive
B adv. passively

Passiv das; ~**s,** ~**e** (Sprachw.) passive

Passivität die; ~; passivity

Passivraucher der, **Passivraucherin** die passive smoker

pass-, *****paß-, Pass-,** *****Paß-:** ~**kontrolle** die passport check; ~**straße** die [mountain] pass road; ~**wort** das; Pl. ~**wörter** (DV) password; ~**wort·geschützt** (DV)
A Adj. password-protected B adv. with

p

password protection; **~zwang** *der* obligation to carry a passport

Paste *die*; **~**, **~n** paste

Pastell *das*; **~[e]s**, **~e 1** (Farbton) pastel shade
2 (Maltechnik) pastel *no art.*

Pastell-: ~farbe *die* pastel colour; **~ton** *der* pastel shade

Pastete *die*; **~**, **~n 1** (gefüllte) vol-au-vent
2 (in einer Schüssel o. Ä. gegart) pâté; (in einer Hülle aus Teig gebacken) pie

pasteurisieren *tr. V.* pasteurize

Pastille *die*; **~**, **~n** pastille

Pastor *der*; **~s**, **~en**, **Pastorin** *die*; **~**, **~nen** pastor

Pate *der*; **~n**, **~n** godfather; (männlich od. weiblich) godparent

Paten-: ~kind *das* godchild; **~onkel** *der* godfather; **~stadt** *die* ▸ Partnerstadt

patent (ugs.) **A** *Adj.* **1** (tüchtig) capable
2 (zweckmäßig) ingenious
B *adv.* ingeniously; neatly ‹*solved*›

Patent *das*; **~[e]s**, **~e 1** (Schutz) patent; **etw. zum** *od.* **als ~ anmelden** apply for a patent for sth
2 (Erfindung) [patented] invention

Patent·amt *das* Patent Office

Paten·tante *die* godmother

patentieren *tr. V.* patent

Patent-: ~lösung *die* patent remedy (**für**, **zu** for); **~rezept** *das* patent remedy (**gegen**, **für** for)

Pater *der*; **~s**, **~** *od.* **Patres** (kath. Kirche) Father

Paternoster *der*; **~s**, **~** (Aufzug) paternoster [lift]

pathetisch **A** *Adj.* emotional ‹*speech, manner*›; melodramatic ‹*gesture*›; pompous ‹*voice*›
B *adv.* emotionally; (dramatisch) [melo]dramatically

Pathos *das*; **~**; emotionalism

Patience /pa'si̯ã:s/ *die*; **~**, **~n** [game of] patience; **~n/eine ~ legen** play patience/a game of patience

☞ **Patient** /pa'tsi̯ɛnt/ *der*; **~en**, **~en**, **Patientin** *die*; **~**, **~nen** patient

Patin *die*; **~**, **~nen** godmother

Patres ▸ Pater

Patriot *der*; **~en**, **~en**, **Patriotin** *die*; **~**, **~nen** patriot

patriotisch **A** *Adj.* patriotic
B *adv.* patriotically

Patriotismus *der*; **~**; patriotism

Patrone *die*; **~**, **~n** cartridge

Patrouille /pa'trʊljə/ *die*; **~**, **~n** patrol

patrouillieren /patrʊl'ji:rən/ *itr. V.*; *auch mit sein* be on patrol

---

☞ key word
* alte Schreibung—vgl. Hinweis auf S. x

Patsche *die*; **~**, **~n** (ugs.) ▸ Klemme

patschen *itr. V., mit sein* (ugs.) splash

patsch·nass, ***patsch·naß** *Adj.* (ugs.) sopping wet

patt *Adj.* (Schach) stalemated

Patt *das*; **~s**, **~s** (Schach, auch fig.) stalemate

Patt·situation *die* [position of] stalemate

Patzer *der*; **~s**, **~** (ugs.) slip (infml); boob (infml)

patzig (ugs.) **A** *Adj.* snotty (infml); (frech) cheeky
B *adv.* snottily (infml); (frech) cheekily

Pauke *die*; **~**, **~n** kettledrum; **auf die ~ hauen** (ugs.) (feiern) paint the town red (infml); (sich lautstark äußern) come right out with it

pauken (ugs.) **A** *tr. V.* swot up (BrE sl.), bone up on (AmE infml) ‹*facts, figures, etc.*›; **Latein/ Mathe ~** swot up one's Latin/maths
B *itr. V.* swot (BrE sl.); (fürs Examen) cram (infml)

pausbäckig *Adj.* chubby-faced; chubby ‹*face*›

pauschal **A** *Adj.* **1** all-inclusive ‹*price, settlement*›
2 (verallgemeinernd) sweeping ‹*judgement, criticism, statement*›; indiscriminate ‹*prejudice*›; wholesale ‹*discrimination*›
B *adv.* **1** ‹*cost*› all in all; ‹*pay*› in a lump sum
2 (ohne zu differenzieren) wholesale

Pauschale *die*; **~**, **~n** flat-rate payment

Pauschal-: ~preis *der* flat rate; (Inklusivpreis) all-in price; **~reise** *die* package holiday; (mit mehreren Reisezielen) package tour

☞ **Pause** *die*; **~**, **~n** break; (Ruhe**~**) rest; (Theater) interval (BrE); intermission (AmE)

pausen *tr. V.* trace; (eine Lichtpause machen) Photostat (Brit. ®)

pausen-, **Pausen-: ~brot** *das;* sandwich (eaten during break); **~hof** *der* school yard; **~los** **A** *Adj.* incessant ‹*noise, moaning, questioning*›; continuous ‹*work, operation*›
B *adv.* incessantly; ‹*work*› non-stop

Pavian /'pa:vi̯a:n/ *der*; **~s**, **~e** baboon

Pavillon /'pavɪljɔn/ *der*; **~s**, **~s** pavilion

Pazifik *der*; **~s** Pacific

pazifisch *Adj.* Pacific ‹*area*›; **der Pazifische Ozean** the Pacific Ocean

Pazifismus *der*; **~**; pacifism *no art.*

Pazifist *der*; **~en**, **~en**, **Pazifistin** *die*; **~**, **~nen** pacifist

pazifistisch **A** *Adj.* pacifist
B *adv.* in a pacifist way

PC *der*; **~[s]**, **~[s]** (DV) PC

PDS *Abk.* = **Partei des Demokratischen Sozialismus** Party of Democratic Socialism

Peanuts /'pi:nʌts/; *Pl.* peanuts (infml)

Pech *das*; **~[e]s**, **~e 1** pitch
2 (Missgeschick) bad luck

pech·schwarz *Adj.* (ugs.) jet-black

Pedal *das*; **~s**, **~e 1** pedal

Pedant der; ~en, ~en, **Pedantin** die; ~, ~nen pedant
pedantisch Ⓐ Adj. pedantic
  Ⓑ adv. pedantically
Pediküre die; ~, ~n pedicure
pediküren tr. V. pedicure
Pegel der; ~s, ~ 1 water level indicator; (Tide~) tide gauge
  2 (Wasserstand) water level
peilen tr. V. take a bearing on <transmitter, fixed point>
Pein die; ~ (geh.) torment
peinigen tr. V. (geh.) torment; (foltern) torture
peinlich Ⓐ Adj. 1 embarrassing; awkward <question, position, pause>; **es ist mir sehr ~** I feel very bad (infml) or embarrassed about it
  2 (äußerst genau) meticulous
  Ⓑ adv. 1 unpleasantly <surprised>
  2 (überaus [genau]) meticulously
Peinlichkeit die; ~, ~en 1 embarrassment; **die ~ der Situation** the awkwardness of the situation
  2 (Genauigkeit) meticulousness
  3 (peinliche Situation) embarrassing situation
Peitsche die; ~, ~n whip
peitschen tr. V. whip; (fig.) <storm, waves, rain> lash
Pelikan der; ~s, ~e pelican
Pelle die; ~, ~n (bes. nordd.) skin; (abgeschält) peel
pellen (bes. nordd.) tr., refl. V. peel
Pell·kartoffel die potato boiled in its skin
Pelz der; ~es, ~e 1 fur; coat; (des toten Tieres) skin; pelt
  2 (Material) fur; (~mantel) fur coat
Pelz·mantel der fur coat
Pendel das; ~s, ~; pendulum
pendeln itr. V. 1 swing [to and fro]; (mit weniger Bewegung) dangle
  2 mit sein <bus, ferry, etc.> operate a shuttle service; <person> commute
Pendler der; ~s, ~, **Pendlerin** die; ~, ~nen commuter
penetrant Ⓐ Adj. 1 penetrating <smell, taste>; overpowering <stink, perfume>
  2 (aufdringlich) pushing, (infml) pushy <person>; overbearing <tone, manner>; aggressive <question>
  Ⓑ adv. 1 overpoweringly
  2 (aufdringlich) overbearingly
penibel Ⓐ Adj. over-meticulous <person>; (pedantisch) pedantic
  Ⓑ adv. painstakingly; over-meticulously <dressed>
Penis der; ~, ~se penis
pennen itr. V. (salopp) 1 (schlafen) kip (infml)
  2 (fig.) (nicht aufpassen) be half asleep
  3 (koitieren) mit jmdm. ~ sleep with sb
Penner der; ~s, ~, **Pennerin** die; ~, ~nen (salopp) tramp (BrE); hobo (AmE)
Pensen ▸ Pensum

Pension /pãˈzi̯oːn/ die; ~, ~en 1 (Ruhestand) **in ~ gehen** retire; **in ~ sein** be retired
  2 (Ruhegehalt) [retirement] pension
  3 (Haus für [Ferien]gäste) guest house
  4 (Unterkunft u. Verpflegung) board
Pensionär /pãzi̯oˈnɛːɐ̯/ der; ~s, ~e, **Pensionärin** die; ~, ~nen retired civil servant
pensionieren tr. V. pension off; retire; **sich [vorzeitig] ~ lassen** take [early] retirement; **ein pensionierter Schulmeister/Politiker** a retired schoolmaster/politician
Pensionierung die; ~, ~en retirement
Pensions-: ~alter das retirement age; ~anspruch der pension entitlement
Pensum das; ~s, **Pensen** work quota
⚡ **per** Präp.; mit Akk. 1 (mittels) by; ~ **Adresse X** care of X; c/o X
  2 (Kaufmannsspr.) ([bis] zum) by; (am) on
  3 (Kaufmannsspr.) (pro) per
⚡ **perfekt** Ⓐ Adj. 1 perfect <crime, host>; faultless <English, French, etc.>
  2 ~ **sein** (ugs.) (abgeschlossen, fertig sein) be finalized
  Ⓑ adv. perfectly
Perfekt das; ~s (Sprachw.) perfect
Perfektion die; ~; perfection
perfektionieren tr. V. perfect
Perfektionismus der; ~; perfectionism
Perfektionist der; ~en, ~en, **Perfektionistin** die; ~, ~nen perfectionist
perfektionistisch Ⓐ Adj. perfectionist <standards etc.>
  Ⓑ adv. in a perfectionist manner
Pergament·papier das greaseproof paper
Periode die; ~, ~n period
Perle die; ~, ~n 1 (auch fig.) pearl
  2 (aus Holz, Glas o. Ä.) bead
Perlmutt das; ~s mother-of-pearl
Perlon⒲ das; ~s ≈ nylon
Perser der; ~s, ~ 1 Persian
  2 ▸ Perserteppich
Perserin die; ~, ~nen Persian
Perser·teppich der Persian carpet
Persianer der; ~s, ~ (Mantel) Persian lamb coat
Persien (das); ~s Persia
persisch Adj. Persian
⚡ **Person** die; ~, ~en person; (in der Dichtung, im Film) character
Personal das; ~s (in einem Betrieb o. Ä.) staff; (im Haushalt) domestic staff pl.
Personal-: ~abbau der reduction in staff; (in mehreren Abteilungen/Betrieben) staff cuts pl.; ~abteilung die HR department; ~ausweis der identity card; ~büro das personnel office; ~chef der, ~chefin die personnel manager
Personalien Pl. personal particulars
Personal-: ~kosten Pl. (Wirtsch., Verwaltung)

p

staff costs; ~**mangel** der staff shortage;
~**pronomen** das (Sprachw.) personal
pronoun; ~**rat** der; **1** (Ausschuss) staff council
(for civil servants) **2** (Mitglied) staff council
representative; ~**rätin** die ▶ Personalrat 2
Personen-: ~**kraftwagen** der (bes.
Amtsspr.) private car or (AmE) automobile;
~**nahverkehr** der local public transport;
~**name** der personal name; ~**wagen** der
(Auto) [private] car; automobile (AmE); (im
Unterschied zum Lastwagen) passenger car or (AmE)
automobile; ~**zug** der stopping train
Personifikation die; ~, ~en
personification
personifizieren tr. V. personify
Personifizierung die; ~, ~en
personification
✶ **persönlich** Ⓐ Adj. personal; ~ werden get
personal
Ⓑ adv. personally; (auf Briefen) 'private [and
confidential]'
Persönlichkeit die; ~, ~en **1** personality
2 (Mensch) person of character; eine ~
sein have a strong personality; ~en des
öffentlichen Lebens public figures
✶ **Perspektive** die; ~, ~n perspective;
(Blickwinkel) angle; (Zukunftsaussicht) prospect
Peru (das); ~s Peru
Peruaner der; ~s, ~, **Peruanerin** die; ~,
~nen Peruvian
peruanisch Adj. Peruvian
Perücke die; ~, ~n wig
pervers Adj. perverted
Perversion die; ~, ~en perversion
Pessimismus der; ~; pessimism
Pessimist der; ~en, ~en, **Pessimistin**
die; ~, ~nen pessimist
pessimistisch Ⓐ Adj. pessimistic
Ⓑ adv. pessimistically
Pest die; ~; plague
Pestizid das; ~s, ~e pesticide
Petersilie /pɛtɐˈziːliə/ die; ~; parsley
Petition die; ~, ~en (Amtsspr.) petition
Petroleum /peˈtroːleʊm/ das; ~s paraffin
(BrE); kerosene (AmE)
Petrus (der); **Petri** (christl. Rel.) (Apostel)
St Peter
petzen (Schülerspr.) Ⓐ itr. V. tell tales; sneak
(BrE school infml)
Ⓑ tr. V. ~, dass ... tell teacher/sb's parents
that ...
Pf Abk. = Pfennig
Pfad der; ~[e]s, ~e path
Pfad-: ~**finder** der Scout; ~**finderin** die;
~, ~nen Guide (BrE); girl scout (AmE)
Pfaffe der; ~n, ~n (abwertend) cleric; Holy
Joe (derog.)

✶ key word
* old spelling—see note on page x

Pfahl der; ~[e]s, **Pfähle** post; stake
Pfand das; ~[e]s, **Pfänder 1** security;
pledge (esp. fig.)
2 (für Flaschen usw.) deposit (auf + Dat. on)
pfänden tr. V. seize [under distress] (Law)
<goods, chattels>; attach <wages etc.> (Law)
pfand-, Pfand-: ~**flasche** die; returnable
bottle (on which a deposit is payable);
~**pflichtig** Adj. <container> on which a
deposit is payable
Pfändung die; ~, ~en seizure; distraint
(Law); (von Geldsummen, Vermögensrechten)
attachment (Law)
Pfanne die; ~, ~n [frying] pan
Pfann·kuchen der **1** pancake
2 (Berliner) doughnut
Pfarrei die; ~, ~en **1** (Bezirk) parish
2 (Dienststelle) parish office
3 ▶ Pfarrhaus
Pfarrer der; ~s, ~; pastor; (anglikanisch) vicar;
(von Freikirchen) minister
Pfarrerin die; ~, ~nen [woman] pastor;
(in Freikirchen) [woman] minister
Pfarr·haus das vicarage; (katholisch)
presbytery; (in Schottland) manse
Pfau der; ~[e]s, ~en peacock
Pfauen·auge das peacock butterfly
Pfd. Abk. = Pfund lb.
Pfeffer der; ~s, ~; pepper
Pfeffer-: ~**kuchen** der ≈ gingerbread;
~**minze** die peppermint [plant]; ~**minz·tee**
der peppermint tea; ~**mühle** die pepper mill
pfeffern tr. V. season with pepper
Pfeffer·streuer der; ~s, ~; pepper pot
Pfeife die; ~, ~n pipe; (Triller~) whistle
pfeifen Ⓐ unr. itr. V. whistle; <bird> sing;
(auf einer Trillerpfeife o. Ä.) <policeman, referee,
etc.> blow one's whistle; auf jmdn./etw. ~
(ugs.) not give a damn about sb/sth
Ⓑ unr. tr. V. whistle <tune etc.>; <bird> sing
<song>; (auf einer Pfeife) pipe, play <tune etc.>
Pfeil der; ~[e]s, ~e arrow
Pfeiler der; ~s, ~; pillar; (Brücken~) pier
Pfennig der; ~s, ~e pfennig; es kostete
damals 20 ~ it cost 20 pfennig[s] at that time
pferchen tr. V. cram; pack
✶ **Pferd** das; ~[e]s, ~e horse; (Schachfigur)
knight; mit ihr kann man ~e stehlen (ugs.)
she's game for anything
Pferde-: ~**rennen** das horse race; (Sportart)
horse racing; ~**schwanz** der (Frisur)
ponytail; ~**stall** der stable
pfiff 1. u. 3. Pers. Sg. Prät. v. pfeifen
Pfiff der; ~[e]s, ~e **1** whistle
2 (ugs.) (besonderer Reiz) style
Pfifferling der; ~s, ~e chanterelle; keinen
od. nicht einen ~ wert sein (ugs.) be not
worth a bean (infml)
✶ **pfiffig** Ⓐ Adj. smart; bright <idea>; artful
<smile, expression>
Ⓑ adv. artfully

Pfingsten das; ~, ~; Whitsun
Pfingst-: ~**montag** der Whit Monday no def.
art.; ~**sonntag** der Whit Sunday no def. art.
Pfirsich der; ~s, ~e peach
♂ **Pflanze** die; ~, ~n plant
pflanzen tr. V. plant
Pflanzen·öl das vegetable oil
pflanzlich Adj. plant attrib. <life, motif>;
vegetable <dye, fat>
Pflaster das; ~s, ~ **1** (Straßen~) road
surface; (auf dem Gehsteig) pavement; ein
teures/gefährliches ~ (ugs.) an expensive/
dangerous place or spot to be
2 (Wund~) sticking plaster
pflastern tr. (auch itr.) V. surface; (mit
Kopfsteinpflaster, Steinplatten) pave
Pflaster·stein der paving stone; (Kopfstein)
cobblestone
Pflaume die; ~, ~n plum; getrocknete ~n
[dried] prunes
♂ **Pflege** die; ~; care; (Maschinen~, Fahrzeug~)
maintenance; (fig.) (von Beziehungen, Kunst,
Sprache) cultivation; jmdn./etw. in ~ (Akk.)
nehmen look after sb/sth
pflege-, Pflege-: ~**bedürftig** Adj.
needing care or attention postpos.; <person>
in need of care; ~**bedürftig sein** need
looking after; need attention; ~**eltern** Pl.
foster-parents; ~**fall** der ein ~**fall sein** be in
[permanent] need of nursing; ~**heim** das
nursing home (esp. BrE); ~**kind** das foster-
child; ~**leicht** Adj. easy-care attrib. <textiles,
flooring>
pflegen Ⓐ tr. V. look after; care for; take
care of <skin, teeth, floor>; look after
<bicycle, car, machine>; look after, tend
<garden, plants>; cultivate <relations, arts,
interests>; foster <contacts, cooperation>;
pursue <hobby>
Ⓑ mod. V. etw. zu tun ~ usually do sth
Pflege·personal das nursing staff
Pfleger der; ~s, ~ **1** (Krankenpfleger) [male]
nurse
2 (Tierpfleger) keeper
Pflegerin die; ~, ~nen **1** (Krankenpflegerin)
nurse
2 (Tierpflegerin) keeper
Pflege·versicherung die: (long-term)
[nursing-]care insurance
♂ **Pflicht** die; ~, ~en duty
pflicht-, Pflicht-: ~**bewusst,** *~**bewußt**
Ⓐ Adj. conscientious Ⓑ adv. with a sense of
duty; ~**bewusstsein,** *~**bewußtsein**
das sense of duty; ~**fach** das compulsory
subject; ~**gefühl** das sense of duty;
~**übung** die (fig.) ritual exercise;
~**verteidiger** der, ~**verteidigerin** die
(Rechtsw.) (defence counsel appointed by the court)
assigned counsel
Pflock der; ~[e]s, Pflöcke peg
pflücken tr. V. pick

Pflug der; ~[e]s, Pflüge plough
pflügen tr., itr. V. plough
Pforte die; ~, ~n (Tor) gate; (Tür) door;
(Eingang) entrance
Pförtner der; ~s, ~, **Pförtnerin** die;
~, ~nen porter; (eines Wohnblocks, Büros)
doorkeeper; (am Tor) gatekeeper
Pförtner·loge die porter's lodge
Pfosten der; ~s, ~; post
Pfote die; ~, ~n paw
Pfropf der; ~[e]s, ~e blockage
pfropfen tr. V. (ugs.) cram; stuff; gepfropft
voll crammed [full]; packed
Pfropfen der; ~s, ~; stopper; (Korken) cork;
(für Fässer) bung
pfui Interj. ugh; ~ rufen boo
Pfund das; ~[e]s, ~e pound
Pfusch der; ~[e]s **1** (ugs. abwertend) das ist ~
it's a botch-up
2 (österr.) (Schwarzarbeit) work done on
the side (and not declared for tax); (nach
Feierabend) moonlighting (infml)
pfuschen itr. V. **1** (ugs. abwertend) botch it; do
a botched-up job
2 (österr.) (schwarzarbeiten) do work on the
side (not declared for tax); (nach Feierabend)
moonlight (infml)
Pfütze die; ~, ~n puddle
Phänomen das; ~s, ~e phenomenon
Phantasie usw. ▸ Fantasie usw.
Pharma-: ~**berater** der, ~**beraterin**
die ▸ Pharmareferent; ~**industrie** die
pharmaceutical industry
Pharmakologie die; ~; pharmacology
no art.
Pharma·referent der,
Pharma·referentin die pharmaceutical
representative
pharmazeutisch Adj. pharmaceutical
♂ **Phase** die; ~, ~n phase
Philosoph der; ~en, ~en philosopher
Philosophie die; ~, ~n philosophy
philosophieren itr. (auch tr.) V.
philosophize
Philosophin die; ~, ~nen philosopher
philosophisch Ⓐ Adj. philosophical;
<dictionary, principles> of philosophy
Ⓑ adv. philosophically
Phosphat das; ~[e]s, ~e (Chemie)
phosphate
Photo das; ~s, ~s ▸ Foto
photo-, Photo-: ~**voltaik·anlage**
/-vɔlˈtaːɪk-/ die photovoltaic array;
~**voltaisch** /-vɔlˈtaːɪʃ/ Ⓐ Adj. photovoltaic
Ⓑ adv. photovoltaically
Phrase die; ~, ~n (abwertend) [empty] phrase;
cliché
Physik die; ~; physics sing., no art.
physikalisch Adj. physics attrib.
<experiment, formula, research, institute>;
physical <map, process>

p

Physiker *der*; ~s, ~, **Physikerin** *die*; ~, ~nen physicist

physisch **A** *Adj.* physical
B *adv.* physically

Pianist *der*; ~en, ~en, **Pianistin** *die*; ~, ~nen pianist

Pickel *der*; ~s, ~; pimple

picken **A** *itr. V.* peck (**nach** at; **an** + *Akk.*, **gegen** on, against)
B *tr. V.* <*bird*> peck; (ugs.) <*person*> pick

Picknick *das*; ~s, ~e *od.* ~s picnic

piek·fein (ugs.) **A** *Adj.* posh (infml)
B *adv.* poshly (infml)

piepe, piep·egal *Adj.* [jmdm.] ~ **sein** (ugs.) not matter at all [to sb]; **es ist mir** ~ (ugs.) I don't give a damn

piepen *itr. V.* (ugs.) squeak; <*small bird*> cheep; **bei dir piept's wohl!** (salopp) you must be off your rocker (infml); **zum Piepen sein** (ugs.) be a hoot *or* a scream (infml)

Piepen *Pl.* (salopp) (Geld) dough *sing.* (infml)

piepsen *itr. V.* ▶ piepen

Pietät /piˈtɛːt/ *die*; ~; respect; (Ehrfurcht) reverence

Pik *das*; ~[s], ~[s] (Kartenspiel) **1** (Farbe) spades *pl.*
2 (Karte) spade

pikant **A** *Adj.* **1** piquant
2 (fig.) (witzig) ironical
3 (verhüll.) (schlüpfrig) racy <*joke, story*>
B *adv.* piquantly <*seasoned*>

pikiert **A** *Adj.* piqued
B *adv.* <*reply, say*> in an aggrieved tone

Pilger *der*; ~s, ~, **Pilgerin** *die*; ~, ~nen pilgrim

pilgern *itr. V.*; *mit sein* go on a pilgrimage

Pille *die*; ~, ~n pill

Pilot *der*; ~en, ~en, **Pilotin** *die*; ~, ~nen pilot

Pils *das*; ~, ~; Pils

Pilz *der*; ~es, ~e fungus; (Speise~, auch fig.) mushroom

PIN /pɪn/ *die*; ~, ~s PIN

Pinguin *der*; ~s, ~e penguin

Pinie /ˈpiːnjə/ *die*; ~, ~n [stone *or* umbrella] pine

pinkeln *itr. V.* (salopp) pee (infml)

Pinsel *der*; ~s, ~; brush; (Mal~) paintbrush

Pinzette *die*; ~, ~n tweezers *pl.*

Pionier *der*; ~s, ~e (Milit.) sapper; (fig.) (Wegbereiter) pioneer

Pionier·arbeit *die* pioneering work

Pionierin *die*; ~, ~nen pioneer

Pipi *das*; ~s (Kinderspr.) ~ **machen** do wee-wees (sl.); ~ **müssen** have to do wee-wees *or* have a wee (sl.)

Pirat *der*; ~en, ~en, **Piratin** *die*; ~, ~nen pirate

pissen *itr. V.* (derb) piss (coarse)

Pistazie /pɪsˈtaːtsjə/ *die*; ~, ~n pistachio

Piste *die*; ~, ~n (Ski~) piste; (Renn~) course; (Flugw.) runway

Pistole *die*; ~, ~n pistol

Pixel *das*; ~[s], ~ pixel

Pizza *die*; ~, ~s *od.* **Pizzen** pizza

Pkw, PKW /ˈpeːkaːveː/ *der*; ~[s], ~[s] [private] car; automobile (AmE)

plädieren *itr. V.* (Rechtsw.) plead (**auf** + *Akk.* for); (fig.) argue

Plädoyer /plɛdoaˈjeː/ *das*; ~s, ~s (Rechtsw.) summing up (*for the defence/prosecution*); (fig.) plea

Plage *die*; ~, ~n **1** nuisance
2 (ugs.) (Mühe) bother; trouble

plagen **A** *tr. V.* **1** torment
2 (ugs.) (bedrängen) harass; (mit Bitten, Fragen) pester
B *refl. V.* **1** (sich abmühen) slave away
2 (leiden) **sich mit etw.** ~ be bothered by sth

Plagiat *das*; ~[e]s, ~e plagiarism *no art.*

Plakat *das*; ~[e]s, ~e poster

Plakette *die*; ~, ~n badge

☞ **Plan** *der*; ~[e]s, **Pläne 1** plan
2 (Karte) map; plan

Plane *die*; ~, ~n tarpaulin

☞ **planen** *tr., itr. V.* plan

Planet *der*; ~en, ~en planet

planieren *tr. V.* level; grade

Planier·raupe *die* bulldozer

Planke *die*; ~, ~n plank

plan-: ~los **A** *Adj.* aimless; (ohne System) unsystematic
B *adv.* ▶ **A** aimlessly; unsystematically; **~mäßig** **A** *Adj.* **1** scheduled <*service, steamer*>; **~mäßige Ankunft/Abfahrt** scheduled time of arrival/departure
2 (systematisch) systematic **B** *adv.* **1** (wie geplant) according to plan; (pünktlich) on schedule **2** (systematisch) systematically

Plansch·becken *das* paddling pool

planschen *itr. V.* splash [about]

Plantage /planˈtaːʒə/ *die*; ~, ~n plantation

☞ **Planung** *die*; ~, ~en planning

Plan·wirtschaft *die* planned economy

Plastik¹ *die*; ~, ~en sculpture

Plastik² *das*; ~s (ugs.) plastic

Plastik·beutel *der*, **Plastik·tüte** *die* plastic bag

Platane *die*; ~, ~n plane tree

Platin *das*; ~s platinum

plätschern *itr. V.* **1** splash
2 *mit sein* (~d auftreffen) splash (**an** + *Akk.*, **gegen** against)

plätschern *itr. V.* **1** splash; <*rain*> patter; <*stream*> burble
2 *mit sein* <*stream*> burble along

platt *Adj.* flat; **ein Platter** (ugs.) a flat (infml); **etw.** ~ **machen** (salopp abwertend) close sth down

---

☞ key word
* alte Schreibung—vgl. Hinweis auf S. x

p

Platt *das*; ~**[s]** [local] Low German dialect
Plättchen *das*; ~**s**, ~; small plate *or* disc
platt·deutsch *Adj.* Low German
Platte *die*; ~, ~**n 1** (Stein~) slab; (Metall~) plate; sheet; (Span~, Hartfaser~ usw.) board; (Tisch~) [table] top; (Grab~) [memorial] slab **2** (Koch~) hotplate **3** (Schall~) [gramophone] record **4** (Teller) plate; (zum Servieren, aus Metall) dish; kalte ~ selection of cold meats [and cheese]
Platten·spieler *der* record player
Platt·fuß *der* **1** flat foot **2** (ugs.) (Reifenpanne) flat (infml)
ϑ Platz *der*; ~**es**, **Plätze 1** square **2** (Sport~) ground; (Spielfeld) field; (Tennis~, Volleyball~ usw.) court; (Golf~) course **3** (Stelle, wo jmd., etw. hingehört) place; **nicht** *od.* **fehl am** ~**[e] sein** (fig.) be out of place **4** (Sitz~) seat; (am Tisch, Steh~ usw.) place; ~ **nehmen** sit down **5** (bes. Sport) (Platzierung) place **6** (Ort) place; **am** ~ in the town/village **7** (Raum) space; room; ~ **machen** make room (*Dat.* for)
Platz·angst *die* (volkst.) (Klaustrophobie) claustrophobia
Plätzchen *das*; ~**s**, ~ **1** little place **2** (Keks) biscuit (BrE); cookie (AmE)
platzen *itr. V.*; *mit sein* **1** burst; (explodieren) explode **2** (ugs.) (scheitern) fall through; **der Wechsel/ das Treffen ist geplatzt** the bill has bounced (infml) /the meeting is off **3 in eine Versammlung** ~ (ugs.) burst into a meeting
Platz·: ~**karte** *die* reserved-seat ticket; ~**konzert** *das;* open-air concert (*by a military or brass band*); ~**mangel** *der* lack of space; ~**not** *die* [acute] lack of space; ~**regen** *der* cloudburst; ~**wunde** *die* lacerated wound
Plauderei *die*; ~, ~**en** chat
plaudern *itr. V.* chat
plausibel *Adj.* plausible
Play·boy /'pleɪbɔɪ/ *der* playboy
Player /'pleɪɐ/ *der*; ~, ~; player
pleite (ugs.) ~ **sein** <*person*> be broke (infml); <*company*> have gone bust (infml); *s. auch* **Pleite 1**
Pleite *die*; ~, ~**n** (ugs.) **1** (Bankrott) bankruptcy *no def. art.*; ~ **gehen/machen** go bust (infml) **2** (Misserfolg) washout (infml)
Pleite·: ~**geier** *der* (ugs.) spectre of bankruptcy; ~**wirtschaft** *die* (ugs.) bankrupt economy
Plissee *das*; ~**s**, ~**s** accordion pleats *pl.*
Plombe *die*; ~, ~**n 1** (Siegel) [lead] seal **2** (veralt.) (Zahnfüllung) filling
plombieren *tr. V.* **1** (versiegeln) seal **2** (veralt.) fill <*tooth*>
ϑ plötzlich **A** *Adj.* sudden **B** *adv.* suddenly

Plötzlichkeit *die*; ~; suddenness
plump **A** *Adj.* **1** (dick) plump; (unförmig) ungainly <*shape*>; (rundlich) bulbous **2** (schwerfällig) clumsy <*movements, style*> **3** (fig.) (dreist) crude <*lie, deception, trick*>; (leicht durchschaubar) blatantly obvious; (unbeholfen) clumsy <*excuse, advances*>; crude <*joke, forgery*> **B** *adv.* **1** (schwerfällig) clumsily **2** (fig.) in a blatantly obvious manner
Plumpheit *die*; ~ **1** (Dicke) plumpness; (Unförmigkeit) ungainliness; (Rundlichkeit) bulbousness **2** (Schwerfälligkeit) clumsiness **3** (abwertend) (Dreistigkeit) blatant nature
plumps *Interj.* bump; thud; (ins Wasser) splash; ~ **machen** go bump
Plumps *der*; ~**es**, ~**e** (ugs.) bump; thud; (ins Wasser) splash
plumpsen *itr. V.* fall with a bump; thud; (ins Wasser) splash
Plünderer *der*; ~**s**, ~, **Plünderin** *die*; ~, ~**nen** looter
plündern *itr., tr. V.* **1** loot; plunder <*town*> **2** (scherzh.) raid <*larder, fridge, account*>
Plünderung *die*; ~, ~**en** looting; (einer Stadt) plundering; ~**en** cases of looting/ plundering
Plural *der*; ~**s**, ~**e** plural
Pluralismus *der*; ~; pluralism
pluralistisch **A** *Adj.* pluralistic **B** *adv.* pluralistically; along pluralistic lines
plus *Konj., Adv.* plus
Plus *das*; ~; surplus; (Vorteil) advantage
Plüsch *der*; ~**[e]s**, ~**e** plush
Plusquam·perfekt *das* pluperfect [tense]
PLZ *Abk.* = **Postleitzahl**
Po *der*; ~**s**, ~**s** (ugs.) bottom
Pöbel *der*; ~**s** rabble
pöbeln *itr. V.* make rude *or* coarse remarks
pochen *itr. V.* (klopfen) knock (**gegen/an** + *Akk.* at, on); (geh.) (pulsieren) <*heart*> pound
Pocken *Pl.* smallpox *sing.*
Podest *das od. der*; ~**[e]s**, ~**e** rostrum
Podium *das*; ~**s**, **Podien** (Plattform) platform; (Bühne) stage; (trittartige Erhöhung) rostrum
Poesie *die*; ~; poetry
Poet *der*; ~**en**, ~**en** (veralt.) poet; bard (literary)
poetisch **A** *Adj.* poetic[al] **B** *adv.* poetically
Pogrom *das od. der*; ~**s**, ~**e** pogrom
Pointe /'poɛ̃:tə/ *die*; ~, ~**n** (eines Witzes) punch line; (einer Geschichte) point; (eines Sketches) curtain line
pointiert /poɛ̃'ti:ɐt/ **A** *Adj.* pointed <*remark*> **B** *adv.* pointedly
Pokal *der*; ~**s**, ~**e 1** (Trinkgefäß) goblet **2** (Siegestrophäe, ~wettbewerb) cup
Pökel·fleisch *das* salt meat

p

pökeln *tr. V.* salt

Poker *das od. der;* ~s poker

Poker·gesicht *das* poker face

pokern *itr. V.* play poker

Pol *der;* ~s, ~e pole

Polar·licht *das* aurora; polar lights *pl.*

Polaroid·kamera® *die* Polaroid camera®

Pole *der;* ~n, ~n Pole

polemisch **A** *Adj.* polemic[al]
 B *adv.* polemically

Polen *das;* ~s Poland

Polente *die;* ~ (salopp) cops *pl.* (infml)

Police /po'li:sə/ *die;* ~, ~n (Versicherungsw.)
 policy

polieren *tr. V.* polish

Poli·klinik *die* outpatients' clinic

Polin *die;* ~n, ~nen Pole

Polit·büro *das* politburo

⚹ **Politik** *die;* ~, ~en **1** politics *sing., no art.*
 2 (eine spezielle ~) policy

⚹ **Politiker** *der;* ~s, ~, **Politikerin** *die;* ~,
 ~nen politician

⚹ **politisch** **A** *Adj.* political
 B *adv.* politically

politisieren **A** *itr. V.* talk politics
 B *tr. V.* make politically active

Politur *die;* ~, ~en polish

⚹ **Polizei** *die;* ~, ~en police *pl.*

Polizei-: ~**auto** *das* police car; ~**beamte**
 der police officer; ~**kontrolle** *die* police
 check

polizeilich **A** *Adj.* police; ~e Meldepflicht
 obligation to register with the police
 B *adv.* by the police

Polizei-: ~**präsidium** *das* police
 headquarters *sing. or pl.;* ~**revier** *das*
 police station; ~**streife** *die* police patrol;
 ~**stunde** *die* closing time; ~**wache** *die*
 police station

Polizist *der;* ~en, ~en policeman

Polizistin *die;* ~, ~nen policewoman

Pollen *der;* ~s, ~ (Bot.) pollen

Poller *der;* ~s, ~; bollard

polnisch *Adj.* Polish

Polster *das;* ~s, ~; upholstery *no pl., no*
 indef. art.

Polster·möbel *Pl.* upholstered furniture
 sing.

polstern *tr. V.* upholster ⟨*furniture*⟩

poltern *itr. V.* **1** crash about
 2 *mit sein* der Karren polterte über das
 Pflaster the cart clattered over the
 cobblestones

Polyp *der;* ~en, ~en (Zool., Med.) polyp

Pommern (*das*); ~s Pomerania

Pommes frites /pɔm'frit/; *Pl.* chips (BrE);
 French fries (AmE)

⚹ key word

* old spelling—see note on page x

pompös **A** *Adj.* grandiose
 B *adv.* grandiosely

Pony¹ /'pɔni/ *das;* ~s, ~s pony

Pony² *der;* ~s, ~s (Frisur) fringe

Popel *der;* ~s, ~ (ugs.) bogy (sl.)

popelig (ugs. abwertend) **A** *Adj.* crummy (infml);
 lousy (infml); (durchschnittlich) second-rate
 B *adv.* crummily (sl.)

Popeline·mantel *der* poplin coat

popeln *itr. V.* (ugs.) [in der Nase] ~ pick one's
 nose

Pop-: ~**musik** *die* pop music; ~**star** *der*
 pop star

populär **A** *Adj.* popular (bei with)
 B *adv.* popularly

popularisieren *tr. V.* popularize

Popularität *die;* ~; popularity

Pore *die;* ~, ~n pore

Porno *der;* ~s, ~s (ugs.) porn[o] film/
 magazine *etc.*

Pornographie *die;* ~; pornography

pornographisch **A** *Adj.* pornographic
 B *adv.* pornographically

Porree *der;* ~s leek

Portal *das;* ~s, ~e portal

Portemonnaie /pɔrtmɔ'ne:/ *das;* ~s, ~s
 purse

Porti *Pl.* ▶ **Porto**

Portier /pɔr'tje:/ *der;* ~s, ~s (österr.) /pɔr'ti:ɐ̯/
 der; ~s, ~e porter

Portion /pɔr'tsjo:n/ *die;* ~, ~en **1** (beim Essen)
 portion; helping
 2 (ugs.) (Anteil) amount

Porto *das;* ~s, ~s od. **Porti** postage (für
 on, for)

Portugal (*das*); ~s Portugal

Portugiese *der;* ~n, ~n, **Portugiesin**
 die; ~, ~nen Portuguese

portugiesisch *Adj.* Portuguese

Portwein *der* port

Porzellan *das;* ~s porcelain; china

Posaune *die;* ~, ~n trombone

⚹ **Position** /pozi'tsjo:n/ *die;* ~, ~en position

⚹ **positiv** **A** *Adj.* positive
 B *adv.* positively

Positiv *das;* ~s, ~e (Fot.) positive

Possessiv·pronomen *das* (Sprachw.)
 possessive pronoun

⚹ **Post** *die;* ~, ~en **1** post (BrE); mail; etw.
 mit der od. per ~ schicken send sth by
 post or mail; die ~ geht ab (fig. ugs.) it's all
 happening; ab 20 Uhr geht die ~ ab (fig. ugs.)
 it'll all be happening from 8 o'clock; auch
 beim Publikum geht die ~ ab (fig. ugs.) the
 audience is having a ball too (infml)
 2 (Postamt) post office

Post-: ~**amt** *das* post office; ~**anweisung**
 die postal remittance form; ~**auto** *das*
 mail van; ~**bote** *der* (ugs.) postman
 (BrE); mailman (AmE); ~**botin** *die* (ugs.)
 postwoman (BrE); mailwoman (AmE)

Posten *der*; ~s, ~ **1** post
2 (bes. Milit.) (Wachmann) sentry
post-, Post-: ~**fach** *das* post office *or* PO box; (im Büro, Hotel usw.) pigeonhole; ~**karte** *die* postcard; ~**lagernd** *Adj., adv.* poste restante; general delivery (AmE); ~**leit·zahl** *die* postcode; Zip code (AmE); ~**stempel** *der* (Abdruck) postmark; ~**wendend** *Adv.* by return [of post]
potent *Adj.* potent
Potenz *die*; ~, ~**en 1** potency
2 (Math.) power
potenzieren *tr. V.* (Math.) **mit 5** ~ raise to the power [of] 5
Pracht *die*; ~; splendour
prächtig, pracht·voll 🅰 *Adj.* splendid
🅱 *adv.* splendidly
prädestiniert *Adj.* predestined
Prädikat *das*; ~[e]s, ~e **1** (Auszeichnung) rating
2 (Sprachw.) predicate
Prag (*das*); ~s Prague
✔ **prägen** *tr. V.* **1** emboss
2 mint <*coin*>
3 (fig.) (beeinflussen) shape
prägnant 🅰 *Adj.* concise; succinct
🅱 *adv.* concisely; succinctly
Prägung *die*; ~, ~**en** embossing; (von Münzen) minting
prahlen *itr. V.* boast, brag (**mit** about)
Prahler *der*; ~s, ~; boaster; braggart
Prahlerei *die*; ~, ~**en** (abwertend) boasting; bragging; ~**en** boasts
Prahlerin *die*; ~, ~**nen** boaster; braggart
Praktik *die*; ~, ~**en** practice
Praktika ▶ Praktikum
praktikabel *Adj.* practicable; practical
Praktikant *der*; ~**en**, ~**en**, **Praktikantin** *die*; ~, ~**nen 1** (in einem Betrieb) student trainee
2 (an der Hochschule) physics/chemistry student (*doing a period of practical training*)
Praktikum *das*; ~s, **Praktika** period of practical training
✔ **praktisch** 🅰 *Adj.* practical; ~**er** Arzt general practitioner
🅱 *adv.* practically; (auf die Praxis bezogen; wirklich) in practice
praktizieren *tr. V.* practise
Praline *die*; ~, ~**n** [filled] chocolate
prall *Adj.* **1** hard <*ball*>; bulging <*sack, wallet, bag*>; big strong *attrib.* <*thighs, muscles, calves*>; well-rounded <*breasts*>
2 (intensiv) blazing <*sun*>
prallen *itr. V.*; mit sein crash (**gegen/auf/an** + *Akk.* into); collide (**gegen/auf/an** + *Akk.* with)
Prämie /ˈprɛːmjə/ *die*; ~, ~**n 1** (Leistungs~; Wirtschaft) bonus; (Belohnung) reward; (Spar~, Versicherungs~) premium

2 (einer Lotterie) [extra] prize
prämieren *tr. V.* award a prize to <*person, film*>; give an award for <*best essay etc.*>
Pranger *der*; ~s, ~ (hist.) pillory
Pranke *die*; ~, ~**n** paw
Präparat *das*; ~[e]s, ~**e** preparation
präparieren 🅰 *tr. V.* prepare
🅱 *refl. V.* (geh.) (sich vorbereiten) prepare oneself
Präposition *die*; ~, ~**en** (Sprachw.) preposition
Prärie *die*; ~, ~**n** prairie
Präsens /ˈprɛːzɛns/ *das*; ~ (Sprachw.) present [tense]
✔ **präsentieren** *tr. V.* present
Präservativ *das*; ~s, ~**e** condom
✔ **Präsident** *der*; ~**en**, ~**en**, **Präsidentin** *die*; ~, ~**nen** president
Präsidium *das*; ~s, **Präsidien 1** committee
2 (Vorsitz) chairmanship
3 (Polizei~) police headquarters *sing. or pl.*
prasseln *itr. V.* pelt down; <*shots*> clatter; <*fire*> crackle
prassen *itr. V.* live extravagantly; (schlemmen) feast
Präteritum *das*; ~s (Sprachw.) preterite [tense]
Prävention *die*; ~, ~**en** prevention
✔ **Praxis** *die*; ~, **Praxen 1** (im Unterschied zur Theorie) practice *no art.*; (Erfahrung) [practical] experience
2 (eines Arztes, Anwalts usw.) practice; (Räume) (eines Arztes) surgery (BrE); office (AmE); (eines Anwalts usw.) office
präzise 🅰 *Adj.* precise
🅱 *adv.* precisely
Präzision *die*; ~; precision
predigen 🅰 *itr. V.* deliver a/the sermon
🅱 *tr. V.* preach
Prediger *der*; ~s, ~, **Predigerin** *die*; ~, ~**nen** preacher
Predigt *die*; ~, ~**en** sermon
✔ **Preis** *der*; ~**es**, ~**e 1** (Kaufpreis) price (**für** of)
2 (Belohnung) prize
Preis-: ~**anstieg** *der* rise *or* increase in prices; ~**aus·schreiben** *das* [prize] competition; ~**bindung** *die* (Wirtsch.) price-fixing
Preisel·beere *die* cranberry
preisen *unr. tr. V.* (geh.) praise
preis-, Preis-: ~**erhöhung** *die* price increase *or* rise; ~**geld** *das* prize money; ~**günstig** 🅰 *Adj.* <*goods*> available at unusually low prices; <*purchases*> at favourable prices; inexpensive <*holiday*>; **das** ~**günstigste Angebot** the best bargain *or* value; **das ist [sehr]** ~**günstig** that is [very] good value 🅱 *adv.* at a low price; **etw.** ~**günstig herstellen/verkaufen/bekommen** produce/sell/get sth at a low price; ~**kampf** *der* price war; ~**liste** *die* price

p

list; **~nachlass**, ***~nachlaß** der price reduction; **~richter** der, **~richterin** die judge; **~schild** das price tag; **~senkung** die price reduction or cut; **~steigerung** die rise or increase in prices; **~tafel** die price list; **~träger** der, **~trägerin** die prizewinner; **~verleihung** die presentation [of prizes/awards]; **~wert** **A** Adj. good value pred. **B** adv. <eat> at a reasonable price; **dort kann man ~wert einkaufen** you get good value for money there

prellen tr. V. **1** (betrügen) cheat (um out of); **die Zeche ~** avoid paying the bill **2** (verletzen) bash; bruise

Prellung die; **~, ~en** bruise

Premiere /prə'mi̯e:rə/ die; **~, ~n** opening night

Premierminister /prə'mie-/ der, **Premierministerin**, die prime minister

Presse die; **~, ~n 1** press; (Zitronen**~**) squeezer **2** (Zeitungen) press

Presse-: **~erklärung** die press statement; **~freiheit** die freedom of the press; **~information** die press release; **~konferenz** die press conference; **~meldung** die press report

pressen tr. V. press

Presse·sprecher der, **Presse·sprecherin** die spokesman/spokeswoman; press officer

Preß·luft-, ***Preß·luft-**: **~bohrer** der pneumatic drill; **~hammer** der pneumatic hammer

Prestige /prɛs'ti:ʒə/ das; **~s** prestige

prickeln itr. V. tingle

pries 1. u. 3. Pers. Sg. Prät. v. **preisen**

Priester der; **~s, ~**; priest

Priesterin die; **~, ~nen** priestess

prima (ugs.) **A** indekl. Adj. great (infml) **B** adv. <taste> great (infml); <sleep> fantastically well (infml)

primär **A** Adj. primary **B** adv. primarily

Primel die; **~, ~n** primula; (Schlüsselblume) cowslip

primitiv **A** Adj. primitive; (einfach, schlicht) simple **B** adv. primitively; (einfach, schlicht) in a simple manner

Prim·zahl die (Math.) prime [number]

Prinz der; **~en, ~en** prince

Prinzessin die; **~, ~nen** princess

⚹ **Prinzip** das; **~s, ~ien** /-'tsi:pi̯ən/ principle; **aus ~** on principle; **im ~** in principle

prinzipiell **A** Adj. in principle postpos., not pred.; <rejection> on principle **B** adv. (im Prinzip) in principle; (aus Prinzip) on principle

---

⚹ key word
* alte Schreibung—vgl. Hinweis auf S. x

Prion das; **~s, ~en** (Biol.) prion

Prise die; **~, ~n** pinch

⚹ **privat** **A** Adj. private; (persönlich) personal **B** adv. privately

Privat-: **~adresse** die private or home address; **~angelegenheit** die private matter; **~besitz** der private property; **~eigentum** das private property

privatisieren tr. V. (Wirtsch.) privatize; transfer into private ownership

Privatisierung die; **~, ~en** (Wirtsch.) privatization; transfer into private ownership

Privat-: **~leben** das private life; **~lehrer** der, **~lehrerin** die private tutor; **~patient** der, **~patientin** die private patient; **~schule** die private school; (Eliteschule in Großbritannien) public school; **~unterricht** der private tuition; **~vermögen** das private fortune; **~versicherung** die private insurance; **~weg** der private way; **~wirtschaftlich** Adj. private-sector attrib.

privilegiert Adj. privileged

⚹ **pro** Präp.; mit Akk. per; **~ Stück** each; a piece

pro- pro-; **~westlich/~kommunistisch** pro-western/pro-communist

Probe die; **~, ~n 1** test **2** (Muster, Teststück) sample **3** (Theater**~**, Orchester**~**) rehearsal

Probe-: **~fahrt** die trial run; (vor dem Kauf, nach einer Reparatur) test drive; **~jahr** das probationary year

proben tr., itr. V. rehearse

probe·weise Adv. <employ> on a trial basis

Probe·zeit die probationary period

probieren **A** tr. V. **1** try; have a go at **2** (kosten) taste; try **3** (aus**~**) try out; (an**~**) try on <clothes, shoes> **B** itr. V. **1** (versuchen) try **2** (kosten) have a taste

⚹ **Problem** das; **~s, ~e** problem

problematisch Adj. problematic[al]

problematisieren tr. V. etw. **~** expound the problems of sth

problem·los **A** Adj. problem-free **B** adv. without any problems

Product Placement /'prɔdaktpleɪsmənt/ das; **~s, ~s** product placement

⚹ **Produkt** das; **~[e]s, ~e** (auch Math., fig.) product

⚹ **Produktion** die; **~, ~en** production

produktiv **A** productive; prolific <writer, artist, etc.> **B** adv. <work, cooperate> productively

Produktivität die; **~**; productivity

Produzent der; **~en, ~en**, **Produzentin** die; **~, ~nen** producer

⚹ **produzieren** tr. V. produce

Prof. Abk. = **Professor** Prof.

⚹ **professionell** **A** Adj. professional **B** adv. professionally

p

◦ **Professor** *der*; ~s, ~en, **Professorin** *die*; ~, ~nen professor

Professur *die*; ~, ~en professorship, chair (für in)

Profi *der*; ~s, ~s (ugs.) pro (infml)

◦ **Profil** *das*; ~s, ~e 1 (Seitenansicht) profile; **im** ~ in profile
2 (von Reifen, Schuhsohlen) tread

Profit *der*; ~[e]s, ~e profit

◦ **profitieren** *itr. V.* profit (**von**, **bei** by)

profund *Adj.* (geh.) profound; deep

Prognose *die*; ~, ~n prognosis; (Wetter~, Wirtschafts~) forecast

prognostizieren *tr. V.* (geh.) forecast; predict

◦ **Programm** *das*; ~s, ~e programme; program (AmE, Comp.); (Ferns.) (Sender) channel

Programm-: ~**fehler** *der* (DV) program error; error in the/a program; ~**heft** *das* programme; ~**hinweis** *der* programme announcement

programmieren *tr. V.* 1 (DV) program
2 (auf etw. festlegen) programme

Programmierer *der*; ~s, ~, **Programmiererin** *die*; ~, ~nen (DV) programmer

Programm-: ~**vorschau** *die* (im Fernsehen) preview [of the week's/evening's etc. viewing]; (im Kino) trailers *pl.*; ~**zeitschrift** *die* radio and television magazine

progressiv A *Adj.* progressive
B *adv.* progressively

◦ **Projekt** *das*; ~[e]s, ~e project

Projekt·management *das* project management

Projektor /proˈjɛktɔr/ *der*; ~s, ~en /-ˈtoːrən/ projector

Projekt·tage *Pl.* (Schulw.) project[-work] days

projizieren /projiˈtsiːrən/ *tr. V.* (Optik) project

proklamieren *tr. V.* proclaim

Prolet *der*; ~en, ~en (abwertend) peasant

Proletariat *das*; ~[e]s proletariat

Proletarier /proleˈtaːri̯ɐ/ *der*; ~s, ~; proletarian

proletarisch *Adj.* proletarian

prollig *Adj.* (salopp) boorish

Promenade *die*; ~, ~n promenade

Promille *das*; ~s, ~; [part] per thousand; **er fährt nur ohne** ~ (ugs.) he never drinks and drives; **er hatte 1,8** ~ he had a blood alcohol level of 1.8 per thousand

Promille·grenze *die* (ugs.) legal [alcohol] limit

prominent *Adj.* prominent

Prominente *der/die adj. Dekl.* prominent figure

Prominenz *die*; ~; prominent figures *pl.*

Promotion /promoˈtsi̯oːn/ *die*; ~ (Wirtsch.) promotion; **für etw.** ~ **machen** promote sth

promovieren A *itr. V.* 1 (die Doktorwürde erlangen) gain *or* obtain a/one's doctorate
2 (eine Dissertation schreiben) do a doctorate (**über** + *Akk.* on)
B *tr. V.* confer a doctorate *or* the degree of doctor on

prompt A *Adj.* prompt
B *adv.* 1 promptly
2 (ugs., meist iron.) (wie erwartet) [and] sure enough

Promptheit *die*; ~; promptness

Pronomen *das*; ~s, ~ *od.* **Pronomina** (Sprachw.) pronoun

Propaganda *die*; ~; propaganda

propagieren *tr. V.* propagate

Propan·gas *das* propane

Propeller *der*; ~s, ~; propeller

Prophet *der*; ~en, ~en, **Prophetin** *die*; ~, ~nen prophet

prophezeien *tr. V.* prophesy (*Dat.* for); predict ‹result, weather›

Proportion *die*; ~, ~en proportion

Prosa *die*; ~; prose

Prosa·literatur *die* prose writing

prosit *Interj.* your [very good] health; ~ **Neujahr!** happy New Year!

Prospekt *der od.* (bes. österr.) *das*; ~[e]s, ~e (Werbeschrift) brochure; (Werbezettel) leaflet

prost *Interj.* (ugs.) cheers (BrE infml)

Prostituierte *die/der adj. Dekl.* prostitute

Prostitution *die*; ~; prostitution *no art.*

Protagonist *der*; ~en, ~en, **Protagonistin** *die*; ~, ~nen (geh.) protagonist

Protest *der*; ~[e]s, ~e protest

Protestant *der*; ~en, ~en, **Protestantin** *die*; ~, ~nen Protestant

protestantisch *Adj.* Protestant

Protestantismus *der*; ~; Protestantism *no art.*

protestieren *itr. V.* protest, make a protest (**gegen** against, about)

Protest·kundgebung *die* protest rally

Prothese *die*; ~, ~n artificial limb; prosthesis (Med.); (Zahn~) set of dentures; dentures *pl.*

Protokoll *das*; ~s, ~e 1 (wörtlich mitgeschrieben) transcript; (Ergebnis~) minutes *pl.*; (bei Gericht) record; **etw. zu** ~ **geben** make a statement about sth
2 (diplomatisches Zeremoniell) protocol

protokollieren A *tr. V.* take down; take the minutes of ‹meeting›; minute ‹remark›
B *itr. V.* take the minutes; (bei Gericht) keep the record

protzen *itr. V.* (ugs.) swank (infml); show off; **mit etw.** ~ show sth off

protzig (ugs. abwertend) A *Adj.* swanky (infml); showy
B *adv.* swankily (infml)

Proviant *der*; ~s, ~e provisions *pl.*

p

Provinz *die*; ∼, ∼**en** province
provinziell **A** *Adj.* provincial
  B *adv.* provincially
Provision *die*; ∼, ∼**en** (Kaufmannsspr.) commission
provisorisch **A** *Adj.* provisional; temporary
  B *adv.* temporarily
Pro·vitamin *das* provitamin
Provokation *die*; ∼, ∼**en** provocation
provozieren *tr. V.* provoke
Prozedur *die*; ∼, ∼**en** procedure
✱ **Prozent** *das*; ∼**[e]s**, ∼**e 1** (nach Zahlenangaben Pl. ungebeugt) per cent *sing.*; **fünf** ∼ five per cent
  2 *Pl.* (ugs.) (Gewinnanteil) share *sing.* of the profits; (Rabatt) discount *sing.*; **auf etw.** (*Akk.*) ∼**e bekommen** get a discount on sth
-prozentig *adj.* -per-cent
Prozent-: ∼**punkt** *der* percentage point; ∼**rechnung** *die* percentage calculation; ∼**satz** *der* percentage
prozentual **A** *Adj.* percentage
  B *adv.* ∼ **am Gewinn beteiligt sein** have a percentage share in the profits
✱ **Prozess**, *✱**Prozeß** der*; **Prozesses**, **Prozesse 1** trial; (Fall) [court] case; **einen** ∼ **gewinnen/verlieren** win/lose a case
  2 (Vorgang) process
prozessieren *itr. V.* go to court; **gegen jmdn.** ∼ bring an action against sb
Prozess·kosten, *✱**Prozeß·kosten** Pl.* legal costs
Prozessor *der*; ∼**s**, ∼**en** (DV) [central] processor
prüde (abwertend) **A** *Adj.* prudish
  B *adv.* prudishly
✱ **Prüderie** *die*; ∼ (abwertend) prudery; prudishness
✱ **prüfen** *tr. V.* **1** *auch itr.* examine <*pupil, student, etc.*>; mündlich/schriftlich geprüft werden have an oral/a written examination
  2 (untersuchen) examine (**auf** + *Akk.* for); check <*device, machine, calculation*> (**auf** + *Akk.* for); investigate <*complaint*>; (testen) test (**auf** + *Akk.* for)
  3 (kontrollieren) check; examine <*accounts, books*>
  4 (vor einer Entscheidung) check <*price*>; examine <*offer*>; consider <*application*>
Prüfer *der*; ∼**s**, ∼, **Prüferin** *die*; ∼, ∼**nen 1** inspector; (Buch∼) auditor
  2 (im Examen) examiner
Prüfling *der*; ∼**s**, ∼**e** examinee; [examination] candidate
✱ **Prüfung** *die*; ∼, ∼**en 1** examination; exam (infml); **eine** ∼ **machen** *od.* **ablegen** take an examination
  2 ▶ prüfen 2, 3, 4 examination; check; investigation; test; consideration

✱ key word
* old spelling—see note on page x

Prügel *Pl.* (Schläge) beating *sing.*; (als Strafe für Kinder) hiding (infml)
Prügelei *die*; ∼, ∼**en** (ugs.) punch-up (infml); fight
Prügel·knabe *der* whipping boy
prügeln **A** *tr. (auch itr.) V.* beat
  B *refl. V.* **sich** ∼ fight; **sich mit jmdm.** [**um etw.**] ∼ fight sb [over *or* for sth]
Prunk *der*; ∼**[e]s** splendour; magnificence
Prunk-: ∼**bau** *der*; *Pl.* ∼**ten** magnificent building; ∼**stück** *das* showpiece
PS /peːˈ|ɛs/ *das*; ∼, ∼ *Abk.* = **Pferdestärke** h.p.
Psalm *der*; ∼**s**, ∼**en** psalm
Psychiater *der*; ∼**s**, ∼, **Psychiaterin** *die*; ∼, ∼**nen** psychiatrist
Psychiatrie *die*; ∼; psychiatry *no art.*
psychisch **A** *Adj.* psychological; mental <*process, illness*>
  B *adv.* psychologically; ∼ **gesund/krank sein** be mentally fit/ill
psycho-, Psycho- /psyˈço-/: ∼**loge** *der*; ∼∼**n**, ∼∼**n** psychologist; ∼**logie** *die*; ∼∼; psychology; ∼**login** *die*; ∼∼, ∼∼**nen** psychologist; ∼**logisch** **A** *Adj.* psychological
  B *adv.* psychologically; ∼**path** *der*; ∼∼**en**, ∼∼**en**, ∼**pathin** *die*; ∼∼, ∼∼**nen** psychopath
Psychose *die*; ∼, ∼**n** psychosis
psychotisch *Adj.* psychotic
pubertär *Adj.* pubertal
Pubertät *die*; ∼; puberty
pubertieren *itr. V.* reach puberty; ∼**d** pubescent
publik *Adj.* ∼ **sein/werden** be/become public knowledge
✱ **Publikum** *das*; ∼**s 1** (Zuschauer, Zuhörer) audience; (bei Sportveranstaltungen) crowd
  2 (Kreis von Interessierten) public; (eines Schriftstellers) readership
  3 (Besucher) clientele
Publikums-: ∼**erfolg** *der* success with the public; ∼**liebling** *der* idol of the public; ∼**sport** *der* spectator sport
publizieren *tr. (auch itr.) V.* publish
Publizität *die*; ∼; publicity
Pudding *der*; ∼**s**, ∼**e** *od.* ∼**s** thick, usually flavoured, milk-based dessert; ≈ blancmange
Pudel *der*; ∼**s**, ∼; poodle
Puder *der*; ∼**s**, ∼; powder
Puder·dose *die* powder compact
pudern *tr. V.* powder
Puder·zucker *der* icing sugar (BrE); confectioners' sugar (AmE)
Puff¹ *der*; ∼**[e]s**, **Püffe** (ugs.) **1** (Stoß) thump; (leichter/kräftiger Stoß mit dem Ellenbogen) nudge/dig
  2 (Knall) bang
Puff² *der od. das*; ∼**s**, ∼**s** (salopp) (Bordell) knocking shop (BrE sl.); brothel
puffen *tr. V.* (ugs.) ▶ Puff¹ 1 thump; nudge; dig
Puff·reis *der* puffed rice

p

Pulli *der*; ∼s, ∼s (ugs.) **Pullover** *der*; ∼s, ∼
pullover; sweater
Pullunder *der*; ∼s, ∼; slipover
Puls *der*; ∼es, ∼e pulse
Puls·ader *die* artery
Pult *das*; ∼[e]s, ∼e desk; (Lese∼) lectern
Pulver *das*; ∼s, ∼; powder
pulverisieren *tr. V.* pulverize; powder
Pulver·kaffee *der* instant coffee
pummelig, pummlig *Adj.* (ugs.) chubby
Pumpe *die*; ∼, ∼n pump
pumpen *tr., itr. V.* **1** (auch fig.) pump
2 (salopp) ▶ leihen
Pump-: ∼**spray** *das* pump spray;
∼**zerstäuber** *der* pump-action atomizer
ˢ **Punkt** *der*; ∼[e]s, ∼e **1** (Tupfen) dot; (größer)
spot
2 (Satzzeichen) full stop
3 (I-Punkt) dot
4 (Stelle) point; **ein schwacher/wunder** ∼
(fig.) a weak/sore point
5 (Gegenstand, Thema, Abschnitt) point; (einer
Tagesordnung) item
6 (Bewertungs∼) point; (bei einer Prüfung) mark
7 ∼ **12 Uhr** at 12 o'clock on the dot
ˢ **pünktlich** **A** *Adj.* punctual
B *adv.* punctually; on time
Pünktlichkeit *die*; ∼; punctuality
Punsch *der*; ∼[e]s, ∼e *od.* **Pünsche** punch
Pupille *die*; ∼, ∼n pupil
Puppe *die*; ∼, ∼n **1** doll[y]
2 (Marionette) puppet; marionette
Puppen-: ∼**stube** *die* doll's house;
dollhouse (AmE); ∼**wagen** *der* doll's pram
pur *Adj.* **1** (rein) pure
2 (unvermischt) neat ‹*whisky etc.*›; straight
Püree *das*; ∼s, ∼s **1** purée
2 ▶ Kartoffelbrei
pürieren *tr. V.* (Kochk.) purée ‹*potatoes,
apples, etc.*›; (zerstampfen) mash
Purpur *der*; ∼s crimson

purzeln *itr. V.*; *mit sein* (fam.) tumble
pushen *tr. V.* **1** (Drogenjargon) push
2 (Journalistenjargon) push
Puste *die*; ∼ (salopp) puff; breath
Pustel *die*; ∼, ∼n pimple; pustule (Med.)
pusten *tr., itr. V.* (ugs.) blow
Pute *die*; ∼, ∼n turkey hen; (als Braten) turkey
Puter *der*; ∼s, ∼; turkeycock; (als Braten)
turkey
Putsch *der*; ∼[e]s, ∼e putsch; coup [d'état]
putschen *itr. V.* organize a putsch *or* coup
Putsch·versuch *der* attempted putsch *or*
coup
Putz *der*; ∼es plaster; (für Außenmauern)
rendering
putzen *tr. V.* **1** (blank reiben) polish
2 (säubern) clean; groom ‹*horse*›; [**sich** (*Dat.*)]
die Zähne/die Nase ∼ clean *or* brush one's
teeth/blow one's nose
3 *auch itr.* (sauber machen) clean ‹*room, shop,
etc.*›; ∼ **gehen** work as a cleaner
4 (vorbereiten) wash and prepare ‹*vegetables*›
Putz-: ∼**fimmel** *der* (ugs. abwertend) mania for
cleaning; ∼**frau** *die* cleaner
putzig *Adj.* (ugs.) (entzückend) sweet; cute
(AmE); (possierlich) funny; comical
Putz-: ∼**lappen** *der* |cleaning| rag; cloth;
∼**leute** *Pl.* cleaners; ∼**mann** *der* cleaner;
∼**mittel** *das* cleaning agent; ∼**tuch** *das*; *Pl.*
∼**tücher** cloth; (Lappen) |cleaning| rag
puzzeln /'puzln/ *itr. V.* do jigsaw puzzles/a
jigsaw [puzzle]
Puzzle /'puzl/ *das*; ∼s, ∼s, **Puzzlespiel** *das*
jigsaw [puzzle]
Pyjama /py'dʒaːma/ *der*, (österr., schweiz. auch:
das) ∼s, ∼s pyjamas *pl.*
Pyramide *die*; ∼, ∼n pyramid
pyramiden·förmig *Adj.* pyramidal;
pyramid-shaped
Python *der*; ∼s, ∼s *od.* ∼en,
Python·schlange *die* python

p

q

Qq

q, Q /kuː/ *das*; ∼, ∼; q/Q
Quacksalber *der*; ∼s, ∼, **Quacksalberin**
die; ∼, ∼**nen** (abwertend) quack [doctor]
Quader *der*; ∼s, ∼ *od.* (österr.) ∼**n**
1 (Steinblock) ashlar block; [rectangular] block
of stone
2 (Geom.) rectangular parallelepiped; cuboid

Quadrat *das*; ∼[e]s, ∼e square
quadratisch *Adj.* square
Quadrat-: ∼**meter** *der od. das* square metre;
∼**wurzel** *die* (Math.) square root (**aus** of);
∼**zahl** *die* square number
quaken *itr. V.* ‹*duck*› quack; ‹*frog*› croak
Qual *die*; ∼, ∼**en 1** torment

2 (Schmerzen) agony; ∼**en** pain *sing.*; agony *sing.*; (seelisch) torment *sing.*

quälen *tr. V.* **1** torment ‹*person, animal*›; be cruel to ‹*animal*›; (foltern) torture **2** (plagen) ‹*cough etc.*› plague; (belästigen) pester

Quälerei *die*; ∼, ∼**en 1** torment; (Folter) torture; (Grausamkeit) cruelty **2** (das Belästigen) pestering

Qualifikation *die*; ∼, ∼**en 1** (Ausbildung) qualifications *pl.* **2** (Sport) qualification

qualifizieren *refl. V.* **1** gain qualifications **2** (Sport) qualify

qualifiziert *Adj.* **1** ‹*work, post*› requiring particular qualifications **2** (sachkundig) competent; skilled ‹*work*›

⚜ **Qualität** *die*; ∼, ∼**en** quality

qualitativ A *Adj.* qualitative; ‹*difference, change*› in quality **B** *adv.* with regard to quality

Qualitäts·erzeugnis *das* quality product

Qualle *die*; ∼, ∼**n** jellyfish

Qualm *der*; ∼[e]s [thick] smoke

qualmen *itr. V.* **1** give off clouds of [thick] smoke **2** (ugs.) (rauchen) puff away

qualmig *Adj.* (ugs.) thick with smoke *postpos.*; smoke-filled

qual·voll A *Adj.* agonizing **B** *adv.* agonizingly

Quantität *die*; ∼, ∼**en** quantity

quantitativ A *Adj.* quantitative **B** *adv.* quantitatively

Quantum *das*; ∼s, **Quanten** quota (an + *Dat.* of); (Dosis) dose

Quarantäne /karan'tɛ:nə/ *die*; ∼, ∼**n** quarantine

Quark *der*; ∼s quark

Quark·speise *die* quark dish

Quartal *das*; ∼s, ∼**e** quarter [of the year]

Quartett *das*; ∼[e]s, ∼**e 1** quartet **2** (Spiel) ≈ Happy Families; (Satz von vier Karten) set [of four]

Quartier *das*; ∼s, ∼**e** accommodation *no indef. art.*; accommodations *pl.* (AmE); place to stay; (Mil.) quarters *pl.*

Quarz *der*; ∼es, ∼**e** quartz

Quarz·uhr *die* quartz clock; (Armbanduhr) quartz watch

quasi *Adv.* [so] ∼ more or less; (so gut wie) as good as

quasseln (ugs.) **A** *itr. V.* chatter; rabbit on (BrE infml) (von about) **B** *tr. V.* spout, babble ‹*nonsense*›

Quaste *die*; ∼, ∼**n** tassel

Quatsch *der*; ∼[e]s (ugs.) **1** (Äußerung) rubbish

⚜ key word

* alte Schreibung—vgl. Hinweis auf S. x

q

2 (Handlung) nonsense; (Unfug) messing about; **lass den** ∼ stop that nonsense

quatschen (ugs.) **A** *itr. V.* **1** (dumm reden) rabbit on (BrE infml) **2** (klatschen) gossip; **es wird so viel gequatscht** there is so much gossip **3** (sich unterhalten) [have a] chat *or* (infml) natter **B** *tr. V.* (äußern) spout ‹*nonsense, rubbish*›

Quatsch·kopf *der* (salopp) stupid chatterbox; (Schwätzer, Schwafler) windbag

Queck·silber *das* mercury

Quell·bewölkung *die* (Met.) cumulus clouds *pl.*

⚜ **Quelle** *die*; ∼, ∼**n** spring; (eines Flusses) (fig.) source

quellen *unr. itr. V.*; *mit sein* **1** ‹*liquid*› gush, stream; (aus der Erde) well up; ‹*smoke*› billow **2** (sich ausdehnen) swell [up]

Quell·wasser *das*; *Pl.* ∼ *od.* **Quell·wässer** spring water

quengeln *itr. (auch tr.) V.* (ugs.) **1** (weinen) ‹*baby*› whimper; (infml) grizzle **2** (drängen) nag **3** (nörgeln) carp

quer *Adv.* sideways; (schräg) diagonally; (rechtwinklig) at right angles; ∼ **durch/über** + *Akk.* straight through/across

Quer-: ∼**achse** *die* transverse axis; ∼**denker** *der*, ∼**denkerin** *die* lateral thinker

Quere *die* jmdm. in die ∼ kommen bump into sb (infml); (fig.) (jmdn. behindern) get in sb's way (infml)

quer-, Quer-: ∼**flöte** *die* transverse flute; ∼**format** *das* landscape format; ∼**kopf** *der* (ugs.) awkward cuss (infml); (komischer Kauz) oddball (infml); ∼**köpfig** *Adj.* awkward; perverse; ∼**schläger** *der* deflected shot; ricochet; ∼**schnitt** *der* (auch fig.) cross section; ∼**schnitt·gelähmt**, ∼**schnitts·gelähmt** *Adj.* (Med.) paraplegic; ∼**straße** *die* intersecting road; ∼**treiber** *der*, ∼∼**s**, ∼∼, ∼**treiberin** *die*; ∼∼, ∼∼**nen** (ugs. abwertend) troublemaker

Querulant *der*; ∼**en**, ∼**en**, **Querulantin** *die*; ∼, ∼**nen** (abwertend) malcontent

quetschen *tr. V.* crush; sich (*Dat.*) die Hand ∼ get one's hand caught

Quetschung *die*; ∼, ∼**en** bruise; contusion (Med.)

quietschen *itr. V.* squeak; ‹*brakes, tyres*› squeal, screech; (ugs.) ‹*person*› squeal, shriek

Quirl *der*; ∼[e]s, ∼**e** *long-handled blender with a star-shaped head*

quirlig *Adj.* lively; (flink) nimble

quitt *Adj.* (ugs.) quits

Quitte *die*; ∼, ∼**n** quince

quittieren *tr. V.* **1** *auch itr.* acknowledge, confirm ‹*receipt, condition*›; give a receipt for ‹*sum, invoice*› **2** etw. mit etw. ∼ react *or* respond to sth

Quittung *die;* ~, ~**en 1** receipt
  2 (fig.) comeuppance (infml)
Quiz /kvɪs/ *das;* ~, ~; quiz
Quiz-: ~**sendung** *die* quiz programme;
  ~**show** *die* quiz show

quoll *1. u. 3. Pers. Sg. Prät. v.* quellen
Quote *die;* ~, ~**n** proportion
Quoten·regelung *die: requirement that
  women should be adequately represented*
Quotient *der;* ~**en**, ~**en** (Math.) quotient
  (aus of)

Rr

r, R /ɛr/ *das;* ~, ~; r/R
Rabatt *der;* ~**[e]s**, ~**e** discount
Rabatte *die;* ~, ~**n** border
Rabbi *der;* ~**[s]**, ~**nen** *od.* ~**s 1** (Titel) Rabbi
  2 (Person) rabbi
Rabbiner *der;* ~**s**, ~; rabbi
Rabe *der;* ~**n**, ~**n** raven
Rabenmutter *die; Pl.* **Rabenmütter**
  (abwertend) uncaring [brute of a] mother
rabiat **A** *Adj.* violent; brutal; ruthless
  ‹*methods*›
  B *adv.* (gewalttätig) violently; brutally
Rache *die;* ~; revenge; **[an jmdm.]** ~ **nehmen**
  take revenge [on sb]
Rache·akt *der* (geh.) act of revenge, reprisal
  (*Gen.* by, on the part of)
Rachen *der;* ~**s**, ~ **1** (Schlund) pharynx (Anat.)
  2 (Maul) mouth; maw (literary); (fig.) jaws *pl.*
rächen **A** *tr. V.* avenge ‹*person, crime*›; take
  revenge for ‹*insult, crime*›
  B *refl. V.* **1** take one's revenge
  2 ‹*mistake etc.*› take its/their toll
Rachitis *die;* ~ (Med.) rickets *sing.*
Rach·sucht *die* (geh.) lust for revenge
rach·süchtig (geh.) **A** *Adj.* vengeful
  B *adv.* vengefully
⚜ **Rad** *das;* ~**es**, **Räder 1** wheel; **das fünfte**
  ~ **am Wagen sein** (fig. ugs.) be superfluous;
  ein ~ **abhaben** (fig. ugs.) have a screw loose
  (infml)
  2 (Fahrrad) bicycle; bike (infml); ~ **fahren**
  cycle; ride a bicycle *or* (infml) bike
Radar *der od. das;* ~**s** radar
Radar-: ~**falle** *die* (ugs.) [radar] speed
  trap; ~**kontrolle** *die* [radar] speed check;
  ~**schirm** *der* radar screen
Rad·dampfer *der* paddle steamer
radeln *itr. V.; mit sein* (ugs., bes. südd.) cycle
Rädels·führer *der,* **Rädels·führerin** *die*
  (abwertend) ringleader
***rad-, Rad-:** ~|**fahren** ▸ Rad 2; ~**fahrer** *der,*
  ~**fahrerin** *die* cyclist; ~**fahr·streifen**
  der bicycle lane; ~**fahr·weg** *der* cycle path;
  cycle track

Radien ▸ Radius
radieren *tr.* (auch itr.) V. erase
Radier·gummi *der* rubber [eraser]
Radierung *die;* ~, ~**en** (Grafik) etching
Radieschen *das;* ~**s**, ~; radish
radikal **A** *Adj.* radical; drastic ‹*measure,
  method, cure*›
  B *adv.* radically; (vollständig) totally
Radikalismus *der;* ~; radicalism
Radikalität *die;* ~; radicalness; radical
  nature
⚜ **Radio** *das,* (südd., schweiz. auch: *der*) ~**s**, ~**s**
  radio; ~ **hören** listen to the radio
radio-, Radio-: ~**aktiv** /----'-/ **A** *Adj.*
  radioactive **B** *adv.* radioactively;
  ~**aktivität** /------'-/ *die* radioactivity;
  ~**sender** *der* radio station; ~**wecker**
  der radio alarm clock
Radius *der;* ~, **Radien** radius
Rad-: ~**kappe** *die* hubcap; ~**lager** *das*
  wheel bearing
Radler *der;* ~**s**, ~ **1** cyclist
  2 (bes. südd.) (Getränk) shandy
Radlerin *die;* ~, ~**nen** cyclist
Rad-: ~**rennbahn** *die* cycle racing track;
  ~**rennen** *das* cycle race; (Sport) cycle racing;
  ~**sport** *der* cycling *no def. art.;* ~**tour** *die*
  cycling tour; ~**weg** *der* cycle path *or* track
raffen *tr. V.* **1** snatch; rake in (infml) ‹*money*›;
  etw. [an sich] ~ seize sth; (eilig) snatch sth
  2 gather ‹*material, curtain*›
Raffinerie *die;* ~, ~**n** refinery
Raffinesse *die;* ~, ~**n 1** (Schlauheit) guile;
  ingenuity
  2 (Finesse) refinement
raffiniert **A** *Adj.* **1** ingenious ‹*plan, design*›;
  (verfeinert) refined, subtle ‹*colour, scheme,
  effect*›; sophisticated ‹*dish, cut (of clothes)*›
  2 (gerissen) cunning ‹*person, trick*›
  B *adv.* **1** ingeniously; (verfeinert) with great
  refinement/sophistication
  2 (gerissen) cunningly
Raffiniertheit *die;* ~ **1** (Klugheit) ingenuity;
  (Verfeinerung) refinement; sophistication

2 (Gerissenheit) cunning

Raft *das*; ~s, ~s raft

raften *itr. V.* raft

Rafting *das*; ~s rafting

Rage /'ra:ʒə/ *die*; ~ (ugs.) fury

ragen *itr. V.* **1** (vertikal) rise [up]; <*mountains*> tower up
2 (horizontal) project, stick out (**in** + *Akk.* into; **über** + *Akk.* over)

Ragout /ra'gu:/ *das*; ~s, ~s ragout

Rahm *der*; ~[e]s cream

rahmen *tr. V.* frame

ơ **Rahmen** *der*; ~s, ~ **1** frame; (Fahrgestell) chassis
2 (fig.) framework

Rakete *die*; ~, ~n rocket; (Lenkflugkörper) missile

rammen *tr. V.* ram

Rampe *die*; ~, ~n **1** (Lade~) [loading] platform
2 (schiefe Fläche) ramp

Rampen·licht *das* im ~ [der Öffentlichkeit] stehen be in the limelight

Ramsch *der*; ~[e]s, ~e (ugs.) **1** (Ware) trashy goods *pl.*
2 (Kram) junk

ran *Adv.* (ugs.) **1** ▶ heran
2 (fang[t] an) off you go; (fangen wir an) let's go
3 (greif[t] an) go at him/them!

ơ **Rand** *der*; ~[e]s, **Ränder 1** edge; (Einfassung) border; (Hut~) brim; (Brillen~, Gefäß~, Krater~) rim; (eines Abgrunds) brink; (auf einem Schriftstück) margin; (Weg~) verge; (Stadt~) outskirts *pl.*
2 (Schmutz~) mark; (rund) ring

randalieren *itr. V.* riot

Randalierer *der*; ~s, ~, **Randaliererin** *die*; ~, ~nen hooligan

rand-, Rand-: ~**bemerkung** *die* marginal note *or* comment; ~**gruppe** *die* (Soziol.) fringe *or* marginal group; ~**stein** *der* kerb; ~**voll** *Adj.* <*glass etc.*> full to the brim

rang *1. u. 3. Pers. Sg. Prät. v.* ringen

Rang *der*; ~[e]s, **Ränge 1** rank; (in der Gesellschaft) status
2 (im Theater) circle; **erster** ~ dress circle; **zweiter** ~ upper circle; **dritter** ~ gallery

rangieren /raŋ'ʒi:rən/ *tr. V.* shunt <*trucks etc.*>; switch <*cars*> (AmE)

Rang-: ~**liste** *die* ranking list; **Nummer eins der internationalen** ~**liste** number one in the world rankings; ~**ordnung** *die* order of precedence; (Verhaltensf.) pecking order

Ranke *die*; ~, ~n (Bot.) tendril

ranken *refl. V.* climb, grow (**an** + *Dat.* up; **über** + *Akk.* over)

Ranking /'ræŋkɪŋ/ *das*; ~s ranking

rann *1. u. 3. Pers. Sg. Prät. v.* rinnen

ơ key word
* old spelling—see note on page x

rannte *1. u. 3. Pers. Sg. Prät. v.* rennen

Ranzen *der*; ~s, ~; satchel

ranzig *Adj.* rancid

Rap /ræp/ *der*; ~[s], ~s rap

Rappe *der*; ~n, ~n black horse

rappen /'ræpn̩/ *itr. V.* rap

Rappen *der*; ~s, ~; [Swiss] centime

Rapper /'ræpɐ/ *der*; ~s, ~, **Rapperin** *die*; ~, ~nen rapper

Raps *der*; ~es (Bot.) rape

rar *Adj.* scarce; (selten) rare

Rarität *die*; ~, ~en rarity

rasant (ugs.) **A** *Adj.* tremendously fast (infml) <*car, horse, etc.*>
B *adv.* at terrific speed (infml)

rasch A *Adj.* quick; speedy, swift <*end, action, decision, progress*>
B *adv.* quickly; <*decide, end, proceed*> swiftly, rapidly

rascheln *itr. V.* rustle; <*mouse etc.*> make a rustling noise

rasen *itr. V.* **1** *mit sein* (ugs.) (eilen) dash *or* rush [along]; (fahren) tear *or* race along; (fig.) <*pulse*> race
2 (toben) <*person*> rage

Rasen *der*; ~s, ~; grass *no indef. art.*; (gepflegte Rasenfläche) lawn

rasend A *Adj.* **1** (sehr schnell) breakneck *attrib.* <*speed*>
2 (tobend) raging
3 (heftig) violent
B *adv.* (ugs.) incredibly (infml)

Rasen·mäher *der*; ~s, ~; lawn-mower

Raser *der*; ~s, ~ (ugs. abwertend) speed merchant (infml); (rücksichtslos) road hog

Raserei *die*; ~, ~en (ugs.) tearing along *no art.*

Raserin *die*; ~, ~nen ▶ Raser

Rasier·apparat *der* [safety] razor; (elektrisch) electric shaver

rasieren *tr. V.* shave; **sich** ~ shave; **sich nass/ trocken/elektrisch** ~ have a wet shave/have a dry shave/use an electric shaver

Rasierer *der*; ~s, ~ (ugs.) [electric] shaver

Rasier-: ~**klinge** *die* razor blade; ~**messer** *das* cut-throat razor; ~**pinsel** *der* shaving brush; ~**schaum** *der* shaving foam; ~**seife** *die* shaving soap; ~**wasser** *das* aftershave; (vor der Rasur) pre-shave lotion

Räson /rɛ'zɔŋ/ *die* **zur** ~ **kommen** come to one's senses; **jmdn. zur** ~ **bringen** make sb see reason

Rasse *die*; ~, ~n **1** breed
2 (Menschen~) race

Rassel *die*; ~, ~n rattle

rasseln *itr. V.* rattle

Rassen-: ~**hass**, *~**haß** *der* racial hatred *no art.*; ~**krawall** *der* race riot; ~**trennung** *die* racial segregation *no art.*

Rassismus *der*; ~; racism; racialism

Rassist *der;* ~**en,** ~**en, Rassistin** *die;* ~, ~**nen** racist; racialist
rassistisch *Adj.* racist; racialist
Rast *die;* ~, ~**en** rest; ~ **machen** stop for a break
rasten *itr. V.* rest; take a rest *or* break
Raster *der;* ~**s,** ~ **1** (Druckw.) screen
   2 (fig.) [conceptual] framework; set pattern
Rast-: ~**haus** *das* roadside cafe; (an der Autobahn) motorway restaurant; ~**hof** *der* [motorway] motel [and service area]; ~**platz** *der* **1** place to rest **2** (an Autobahnen) parking place (*with benches and toilets*); picnic area; ~**stätte** *die* service area
Rasur *die;* ~, ~**en** shave
⚬⃥ **Rat** *der;* ~**[e]s, Räte 1** advice; **ein** ~ a word of advice
   2 (Gremium) council
rät *3. Pers. Sg. Präsens v.* raten
Rate *die;* ~, ~**n 1** (Teilbetrag) instalment; **etw. auf** ~**n kaufen** buy sth by instalments *or* (BrE) on hire purchase *or* (AmE) on the installment plan
   2 (Statistik) rate
raten **A** *unr. itr. V.* **1** jmdm. ~ advise sb
   2 (schätzen) guess
   B *tr. V.* **1** jmdm. ~, **etw. zu tun** advise sb to do sth
   2 (erraten) guess
Raten-zahlung *die* payment by instalments
Rat-haus *das* town hall
Ratifizierung *die;* ~, ~**en** ratification
Rätin *die;* ~, ~**nen** councillor
Ration *die;* ~, ~**en** ration
rational *Adj.* rational
rationalisieren *tr., itr. V.* rationalize
rationell **A** *Adj.* efficient; (wirtschaftlich) economic
   B *adv.* efficiently; (wirtschaftlich) economically
rationieren *tr. V.* ration
rat-los **A** *Adj.* baffled; helpless ⟨look⟩
   B *adv.* helplessly
Rat-losigkeit *die;* ~; helplessness
ratsam *Adj.* advisable
Ratschlag *der* [piece of] advice
Rätsel *das;* ~**s,** ~ **1** riddle; (Bilder~, Kreuzwort~ usw.) puzzle
   2 (Geheimnis) mystery
rätselhaft **A** *Adj.* mysterious; (unergründlich) enigmatic
   B *adv.* mysteriously; (unergründlich) enigmatically
rätseln *itr. V.* puzzle, rack one's brains (über + *Akk.* over); ~, **wer ...**/**ob** ... try to work out who .../whether ...
Ratte *die;* ~, ~**n** (auch fig.) rat
rau **A** *Adj.* **1** (nicht glatt) rough
   2 (nicht mild) harsh, raw ⟨*climate, winter*⟩; raw ⟨*wind*⟩

   3 (kratzig) husky, hoarse ⟨*voice*⟩
   4 (entzündet) sore ⟨*throat*⟩
   5 (grob, nicht feinfühlig) rough; harsh ⟨*words, tone*⟩
   B *adv.* **1** (kratzig) ⟨*speak etc.*⟩ huskily, hoarsely
   2 (grob, nicht feinfühlig) roughly
Raub *der;* ~**[e]s 1** robbery
   2 (Beute) stolen goods *pl.*
Raub-bau *der* over-exploitation (an + *Dat.* of); ~ **an etw.** (*Dat.*) **treiben** over-exploit sth
rauben *tr. V.* steal; kidnap ⟨*person*⟩; jmdm. **etw.** ~ rob sb of sth; (geh.) (wegnehmen) deprive sb of sth
Räuber *der;* ~**s,** ~, **Räuberin** *die;* ~, ~**nen** robber
Raub-: ~**fisch** *der* predatory fish; ~**kopie** *die* pirated copy; ~**mord** *der;* (Rechtsw.) murder (an + *Dat.* of) in the course of a robbery *or* with robbery as motive; ~**tier** *das* predator; ~**überfall** *der* robbery (auf + *Akk.* of); ~**vogel** *der* bird of prey
Rauch *der;* ~**[e]s** smoke
rauchen **A** *itr. V.* smoke
   B *tr.* (auch itr.) *V.* smoke ⟨*cigarette, pipe, etc.*⟩; „**Rauchen verboten"** 'No smoking'
Raucher *der;* ~**s,** ~; smoker
Raucher-: ~**abteil** *das* smoking compartment; smoker; ~**husten** *der* smoker's cough
Raucherin *die;* ~, ~**nen** smoker
räuchern *tr. V.* smoke ⟨*meat, fish*⟩
rauch-frei *Adj.* smoke-free
rauchig *Adj.* smoky; husky ⟨*voice*⟩
Rauch-: ~**melder** *der* smoke detector; ~**schwaden** *der* cloud of smoke; ~**verbot** *das* ban on smoking; ~**wolke** *die* cloud of smoke
räudig *Adj.* mangy
rauf *Adv.* (ugs.) up; ~ **mit euch!** up you go!; *s. auch* herauf, hinauf
Rau·faser·tapete *die* woodchip wallpaper
raufen **A** *itr., refl. V.* fight
   B *tr. V.* **sich** (*Dat.*) **die Haare/den Bart** ~ tear one's hair/at one's beard
Rauferei *die;* ~, ~**en** fight
***rauh** *usw.* ▶ rau *usw.*
⚬⃥ **Raum** *der;* ~**[e]s, Räume 1** (Wohn~, Nutz~) room
   2 (Gebiet) area; region
   3 (Platz) room; space
räumen *tr. V.* **1** clear [away]; clear ⟨*snow*⟩
   2 (an einen Ort) clear; move
   3 (frei machen) clear ⟨*street, building, warehouse, stocks, etc.*⟩
   4 (verlassen) vacate
Raum·fahrt *die;* ~; space travel
räumlich **A** *Adj.* spatial; **aus** ~**en Gründen** for reasons of space
   2 (dreidimensional) three-dimensional; stereoscopic ⟨*vision*⟩

r

B *adv.* **1** spatially
2 (dreidimensional) three-dimensionally
Räumlichkeit *die*; ~, ~**en 1** *Pl.* rooms
2 (räumliche Wirkung) three-dimensionality
Raum-: ~**schiff** *das* spaceship; ~**sonde** *die*
space probe
Räumung *die*; ~, ~**en 1** clearing
2 (das Verlassen) vacation; vacating
3 (wegen Gefahr) evacuation
4 (eines Lagers) clearance
Räumungs·verkauf *der* (Kaufmannsspr.)
clearance sale
raunen *tr., itr. V.* (geh.) whisper
Raupe *die*; ~, ~**n** caterpillar
Rau·reif *der* hoar frost
✓ **raus** *Adv.* (ugs.) out; ~ mit euch! out you go!;
s. auch **heraus, hinaus**
Rausch *der*; ~**[e]s, Räusche 1** state of
drunkenness
2 (starkes Gefühl) transport; **der** ~ **der
Geschwindigkeit** the exhilaration *or* thrill
of speed
rauschen *itr. V.* ‹water, wind, torrent› rush;
‹trees, leaves› rustle; ‹skirt, curtains, silk›
swish; ‹waterfall, strong wind› roar; ‹rain›
pour down
Rausch·gift *das* drug; narcotic; ~ **nehmen**
take drugs; be on drugs
Rauschgift-: ~**händler** *der*, ~**händlerin**
die drug trafficker; ~**sucht** *die* drug
addiction
raus|fliegen *unr. itr. V.*; *mit sein* (ugs.) be
fired (infml)
räuspern *refl. V.* clear one's throat
raus|schmeißen *unr. tr. V.* (ugs.) chuck
(infml) ‹objects› out *or* away; give ‹employee›
the push (infml) *or* sack (infml); chuck (infml)
or throw ‹customer, drunk, tenant› out
(aus of)
Raute *die*; ~, ~**n** (Geom.) rhombus
Rave /reɪv/ *der*; ~**s**, ~**s** rave
Raver /ˈreɪvɐ/ *der*; ~**s**, ~, **Raverin** *die*; ~,
~**nen** raver
Razzia *die*; ~, **Razzien** raid
✓ **reagieren** *itr. V.* react (**auf** + *Akk.* to)
✓ **Reaktion** *die*; ~, ~**en** reaction (**auf** +
Akk. to)
reaktionär *Adj.* reactionary
Reaktionär *der*; ~**s**, ~**e** reactionary
Reaktor *der*; ~**s**, ~**en** /-ˈtoːrən/ reactor
real A *Adj.* real
B *adv.* actually
realisieren *tr. V.* (geh.) realize
Realismus *der*; ~; realism
Realist *der*; ~**en**, ~**en**, **Realistin** *die*; ~,
~**nen** realist
realistisch A *Adj.* realistic
B *adv.* realistically

✓ **Realität** *die*; ~, ~**en** reality
Real·schule *die* ≈ secondary modern
school (BrE) (Hist.)
Rebe *die*; ~, ~**n 1** vine shoot
2 (Weinstock) [grape] vine
Rebell *der*; ~**en**, ~**en** rebel
rebellieren *itr. V.* rebel (**gegen** against)
Rebellin *die*; ~, ~**nen** rebel
Rebellion *die*; ~, ~**en** rebellion
rebellisch *Adj.* rebellious
Reb-: ~**huhn** *das* partridge; ~**stock** *der* vine
rechen *tr. V.* (bes. südd.) rake
Rechen *der*; ~**s**, ~ (bes. südd.) rake
Rechen-: ~**fehler** *der* arithmetical error;
~**maschine** *die* calculator
Rechenschaft *die*; ~; account; **jmdn. für
etw. zur** ~ **ziehen** call *or* bring sb to account
for sth
Rechenschafts·bericht *der* report
Recherche /reˈʃɛrʃə/ *die*; ~, ~**n 1** (geh.)
investigation; enquiry
2 (DV) search
recherchieren *itr., tr. V.* (geh.) investigate
✓ **rechnen A** *tr. V.* **1 eine Aufgabe** ~ work out
a problem
2 (veranschlagen) reckon; estimate; **gut/rund
gerechnet** at a generous/rough estimate
3 (berücksichtigen) take into account
4 (einbeziehen) count
B *itr. V.* **1** do *or* make a calculation/
calculations; **gut/schlecht** ~ **können** be
good/bad at figures
2 (zählen) reckon
3 (ugs.) (berechnen) calculate; estimate
4 (wirtschaften) budget carefully
5 auf jmdn./etw. *od.* **mit jmdm./etw.** ~ count
on sb/sth
6 mit etw. ~ (etw. einkalkulieren) reckon with
sth; (etw. erwarten) expect sth
Rechnen *das*; ~**s** arithmetic
✓ **Rechner** *der*; ~**s**, ~; calculator; (Computer)
computer
rechnerisch *Adj.* arithmetical
✓ **Rechnung** *die*; ~, ~**en 1** calculation
2 (schriftliche Kosten~) bill; invoice (Commerc.);
[jmdm.] etw. in ~ **stellen** charge [sb] for sth
✓ **recht A** *Adj.* **1** (geeignet, richtig) right
2 (gesetzmäßig, anständig) right; proper; ~ **und
billig** right and proper
3 (wunschgemäß) **jmdm.** ~ **sein** be all right
with sb
4 (wirklich, echt) real
B *adv.* **1** (geeignet) **du kommst gerade** ~ you
are just in time
2 (richtig) correctly
3 (gesetzmäßig, anständig) properly
4 (wunschgemäß) **es jmdm.** ~ **machen** please sb
5 (wirklich, echt) really
6 (ziemlich) quite; rather; *s. auch* **Recht 4**
✓ **Recht** *das*; ~**[e]s**, ~**e 1** (Rechtsordnung) law
2 (Rechtsanspruch) right; **sein** ~ **fordern** *od.*
verlangen demand one's rights

3 (Berechtigung) right (**auf** + *Akk.* to); **gleiches** ~ **für alle!** equal rights for all!; **im** ~ **sein** be in the right; **zu** ~ rightly **4** ~ **haben** be right; **jmdm.** ~ **geben** admit that sb is right

ℐ **recht...** *Adj.* **1** right; right[-hand] <*edge*> **2** (außen, sichtbar) right <*side*> **3** (in der Politik) right-wing

recht·fertigen *tr. V.* justify (**vor** + *Dat.* to) **Recht·fertigung** *die* justification

ℐ **rechtlich** **A** *Adj.* legal
  B *adv.* legally

Rechtlichkeit *die;* ~ ▶ Rechtmäßigkeit **recht·los** *Adj.* without rights *postpos.* **Rechtlosigkeit** *die;* ~; lack of rights **rechtmäßig** **A** *Adj.* lawful; rightful; legitimate <*claim*>
  B *adv.* lawfully; rightfully

Rechtmäßigkeit *die;* ~; legality; (eines Anspruchs) legitimacy

ℐ **rechts** *Adv.* **1** on the right; **von** ~ from the right
  2 (Politik) on the right wing

Rechts-: ~**abbieger** *der,* ~**abbiegerin** *die* (Verkehrsw.) motorist/cyclist/car *etc.* turning right; ~**anwalt** *der,* ~**anwältin** *die* lawyer; solicitor (BrE); attorney (AmE); (vor Gericht) barrister (BrE); attorney[-at-law] (AmE); advocate (Scot.); ~**außen** /-'--/ *der;* ~, ~ (Ballspiele) right wing; outside right

recht-, Recht-: ~**schaffen** **A** *Adj.* honest
  B *adv.* honestly; ~**schreib·fehler** *der* spelling mistake; ~**schreibung** *die* orthography

rechts-, Rechts-: ~**empfinden** *das* sense of [what is] right and wrong; ~**extremist** *der,* ~**extremistin** *die* (Politik) right-wing extremist; ~**händer** *der;* ~~**s,** ~~, ~**händerin** *die;* ~~, ~~**nen** right-hander; ~**kräftig** (Rechtsw.) **A** *Adj.* final [and absolute] <*decision, verdict, etc.*>
  B *adv.* jmdn. ~**kräftig verurteilen** pass a final sentence on sb; ~**kurve** *die* right-hand bend

Recht·sprechung *die;* ~, ~**en** administration of justice; (eines Gerichts) jurisdiction

rechts-, Rechts-: ~**radikal** (Politik) **A** *Adj.* radical right-wing **B** *adv.* **eine** ~**radikal orientierte Gruppe** a group with a radical right-wing orientation; ~**radikale** *der/ die* right-wing radical; ~**radikalismus** *der* right-wing radicalism; ~**staat** *der* [constitutional] state founded on the rule of law; ~**staatlich** *Adj.* founded on the rule of law *postpos.*; ~**verkehr** *der* driving *no art.* on the right; ~**verletzung** *die* (Rechtsw.) infringement *or* violation of the law; ~**widrig** **A** *Adj.* unlawful
  B *adv.* unlawfully; ~**widrigkeit** *die* **1** unlawfulness **2** (Handlung) unlawful act

recht-: ~**winkelig,** ~**winklig** *Adj.* right-angled; ~**zeitig** **A** *Adj.* timely; (pünktlich) punctual **B** *adv.* in time; (pünktlich) on time

Reck *das;* ~[e]s, ~**e** *od.* ~**s** horizontal bar **recken** **A** *tr. V.* stretch
  B *refl. V.* stretch oneself

recycelbar /ri'saiklba:ɐ̯/ *Adj.* recyclable **recyceln** /ri'saikln/ *tr. V.* **2.** *Part.* **recycelt** recycle

Recycling /ri'saikliŋ/ *das;* ~**s** recycling **recycling·fähig** /ri'saikliŋ-/ *Adj.* recyclable **Recycling·papier** /ri'saikliŋ-/ *das* recycled paper

Redakteur /redak'tø:ɐ̯/ *der;* ~**s,** ~**e,** **Redakteurin** *die;* ~, ~**nen** editor **Redaktion** *die;* ~, ~**en 1** (Redakteure) editorial staff
  2 (Büro) editorial department *or* office/ offices *pl.*

redaktionell **A** *Adj.* editorial
  B *adv.* editorially

ℐ **Rede** *die;* ~, ~**n 1** (Ansprache) address; speech; **eine** ~ **halten** give *or* make a speech **2** (Vortrag) rhetoric **3** (Äußerung, Ansicht) **nicht der** ~ **wert sein** be not worth mentioning; **jmdn. zur** ~ **stellen** make someone explain himself/herself; **von jmdm./etw. ist die** ~ there is some talk about sb/sth; **es ist die** ~ **davon, dass ...** it is being said *or* people are saying that ...; **davon kann keine** ~ **sein** it's out of the question

ℐ **reden** **A** *tr. V.* talk; **Unsinn** ~ talk nonsense; **kein Wort** ~ not say *or* speak a word
  B *itr. V.* **1** (sprechen) talk; speak; **viel/wenig** ~ talk a lot (infml) /not talk much
  2 (sich äußern, eine Rede halten) speak; **gut** ~ **können** be a good speaker
  3 (sich unterhalten) talk; **mit jmdm./über jmdn.** ~ talk to/about sb

Redens·art *die* **1** expression; (Sprichwort) saying
  2 *Pl.* (Phrase) empty *or* meaningless words

Rede·wendung *die* (Sprachw.) idiom **redlich** **A** *Adj.* honest
  B *adv.* honestly

Redlichkeit *die;* ~; honesty **Redner** *der;* ~**s,** ~, **Rednerin** *die;* ~, ~**nen 1** speaker
  2 (Rhetoriker) orator

red·selig *Adj.* talkative

ℐ **reduzieren** **A** *tr. V.* reduce (**auf** + *Akk.* to)
  B *refl. V.* decrease; diminish

Reeder *der;* ~**s,** ~; shipowner **Reederei** *die;* ~, ~**en** shipping firm **Reederin** *die;* ~, ~**nen** shipowner **reell** **A** *Adj.* honest, straight <*person, deal, etc.*>; sound, solid <*business, firm, etc.*>; straight <*offer*>
  B *adv.* honestly

Reet *das;* ~**s** (nordd.) reeds *pl.*

r

Refer<u>a</u>t *das*; ~[e]s, ~e **1** paper
2 (kurzer schriftlicher Bericht) report

Referend<u>a</u>r *der*; ~s, ~e, **Referend<u>a</u>rin**
die; ~, ~**nen** *candidate for a higher civil-service post who has passed the first state examination and is undergoing in-service training*

Refer<u>e</u>nz *die*; ~, ~en (Person, Stelle) referee;
jmdn. als ~ angeben give sb's name *or* give sb as a reference

referi<u>e</u>ren *itr. V.* über etw. (*Akk.*) ~ present a paper on sth; (zusammenfassend) give a report on sth

reflekti<u>e</u>ren *tr. V.* reflect

Refl<u>e</u>x *der*; ~es, ~e reflex

Reflexi<u>o</u>n *die*; ~, ~en reflection

Refl<u>e</u>xiv·pronomen *das* (Sprachw.) reflexive pronoun

✓ **Ref<u>o</u>rm** *die*; ~, ~en reform

Reformati<u>o</u>n *die*; ~ (hist.) Reformation

Reformati<u>o</u>ns·fest *das* Reformation Day

Ref<u>o</u>rm·haus *das* health food shop

reformi<u>e</u>ren *tr. V.* reform

Refr<u>a</u>in /rə'frɛ̃:/ *der*; ~s, ~s chorus

Reg<u>a</u>l *das*; ~s, ~e [set *sing.* of] shelves *pl.*

r<u>e</u>ge **A** *Adj.* **1** (betriebsam) busy ‹*traffic*›; brisk ‹*demand, trade, business, etc.*›
2 (lebhaft) lively; keen ‹*interest*›
B *adv.* **1** (betriebsam) actively
2 (lebhaft) actively

✓ **R<u>e</u>gel** *die*; ~, ~n **1** rule; nach allen ~n der Kunst (fig.) well and truly
2 rule; custom; die ~ sein be the rule; in der *od.* aller ~ as a rule
3 (Menstruation) period

✓ **r<u>e</u>gel·mäßig** **A** *Adj.* regular
B *adv.* regularly

R<u>e</u>gel·mäßigkeit *die* regularity

✓ **r<u>e</u>geln** **A** *tr. V.* **1** settle ‹*matter, question, etc.*›; put ‹*finances, affairs, etc.*› in order
2 (einstellen, regulieren) regulate; (steuern) control
B *refl. V.* take care of itself

r<u>e</u>gelrecht **A** *Adj.* (ugs.) (richtiggehend) proper (infml); real; real ‹*shock*›; real, absolute ‹*scandal*›; complete, utter ‹*flop, disaster*›; ich hatte ~e Angst I was really afraid
B *adv.* (ugs.) (richtiggehend) really

✓ **Reg<u>e</u>lung** *die*; ~, ~en **1** ▶ regeln A settlement; putting in order; regulation; control
2 (Vorschrift) regulation

r<u>e</u>gen **A** *tr. V.* (geh.) move
B *refl. V.* **1** (sich bewegen) move
2 (geh.) ‹hope, doubt, desire, conscience› stir

✓ **R<u>e</u>gen** *der*; ~s, ~ **1** rain; vom *od.* aus dem ~ in die Traufe kommen (fig.) jump out of the frying pan into the fire
2 (fig.) shower

R<u>e</u>gen-: ~**bogen** *der* rainbow; ~**mantel** *der* raincoat; mackintosh; ~**schirm** *der* umbrella; ~**tag** *der* rainy day; ~**wald** *der* (Geogr.) rainforest; ~**wasser** *das* rainwater; ~**wetter** *das* wet weather; ~**wolke** *die* rain cloud; ~**wurm** *der* earthworm; ~**zeit** *die* rainy season

Reg<u>i</u>e /re'ʒi:/ *die*; ~ **1** (Theater, Film, Ferns., Rundf.) direction; die ~ bei etw. haben *od.* führen direct sth
2 (Leitung, Verwaltung) management

regi<u>e</u>ren **A** *itr. V.* rule (über + *Akk.* over);
‹*party, administration*› govern
B *tr. V.* rule; govern; ‹*monarch*› reign over

✓ **Regi<u>e</u>rung** *die*; ~, ~en **1** (Herrschaft) rule; (eines Monarchen) reign
2 (Kabinett) government

Regi<u>e</u>rungs·sitz *der* seat of government

Reg<u>i</u>me /re'ʒi:m/ *das*; ~s, ~ /re'ʒi:mə/ (abwertend) regime

Regim<u>e</u>nt *das*; ~[e]s, ~e *od.* ~er **1** *Pl.* ~e (Herrschaft) rule
2 *Pl.* ~er (Milit.) regiment

Reg<u>i</u>me·wechsel *der* regime change

✓ **Regi<u>o</u>n** *die*; ~, ~en region

✓ **regi<u>o</u>nal** **A** *Adj.* regional
B *adv.* regionally

✓ **Regiss<u>eu</u>r** /reʒɪ'søːɐ̯/ *der*; ~s, ~e, **Regiss<u>eu</u>rin** *die*; ~, ~**nen** director

Reg<u>i</u>ster *das*; ~s, ~ **1** index
2 (amtliche Liste) register
3 (Musik) (bei Instrumenten) register; (Orgel~) stop

registri<u>e</u>ren *tr. V.* **1** register
2 (bewusst wahrnehmen) note; register

R<u>e</u>gler *der*; ~s, ~ (Technik) regulator; (Kybernetik) control

r<u>e</u>g·los *Adj.* motionless

r<u>e</u>gnen **A** *itr., tr. V.*; (*unpers.*) rain; es regnet it is raining
B *itr. V.*; mit sein (fig.) rain down

r<u>e</u>gnerisch *Adj.* rainy

regul<u>ä</u>r *Adj.* **1** proper; normal ‹*working hours*›
2 (normal, üblich) normal

reguli<u>e</u>ren *tr. V.* regulate

Reguli<u>e</u>rung *die*; ~, ~en regulation

R<u>e</u>gung *die*; ~, ~en (geh.) (Gefühl) stirring

r<u>e</u>gungs·los *Adj.* motionless

R<u>e</u>h *das*; ~[e]s, ~e roe deer

R<u>e</u>ha /'re:ha/ *die*; ~, ~s rehab; in ~ sein/ gehen be in/go into rehab

Rehabilitati<u>o</u>n *die*; ~, ~en rehabilitation

rehabiliti<u>e</u>ren *tr. V.* rehabilitate

R<u>e</u>h-: ~**bock** *der* roebuck; ~**kitz** *das* fawn [of a/the roe deer]

R<u>ei</u>bach *der*; ~s (ugs.) profits *pl.*; einen [kräftigen] ~ machen make a killing (infml)

R<u>ei</u>be *die*; ~, ~n, **R<u>ei</u>b·eisen** *das* grater

reiben **A** *unr. tr. V.* **1** rub
2 (zerkleinern) grate
B *unr. itr. V.* rub (an + *Dat.* on)
Reib·fläche *die* striking surface
(*of matchbox*)
Reibung *die*; ~, ~en (Physik, fig.) friction
reibungs·los **A** *Adj.* smooth
B *adv.* smoothly
♂ **reich** **A** *Adj.* **1** (vermögend) rich
2 (prächtig) costly <*goods, gifts*>; rich <*décor,
finery*>
3 (üppig) rich; abundant <*harvest*>; abundant
<*mineral resources*>; ~ an etw. (*Dat.*) sein
be rich in sth
4 (vielfältig) rich <*collection, possibilities*>;
wide, large <*selection, choice*>; wide
<*knowledge, experience*>
B *adv.* richly
♂ **Reich** *das*; ~[e]s, ~e **1** empire; (König~)
kingdom; realm; das [Deutsche] ~ (hist.) the
German Reich *or* Empire; das Dritte ~ (hist.)
the Third Reich
2 (fig.) realm
♂ **reichen** **A** *itr. V.* **1** (ausreichen) be enough;
das Geld reicht nicht I/we *etc.* haven't got
enough money; jetzt reichts mir aber! now
I've had enough!; danke, es reicht that's
enough, thank you
2 (sich erstrecken) reach; <*forest, fields, etc.*>
extend
B *tr. V.* **1** pass; hand; jmdm. die Hand ~ hold
out one's hand to sb; sich (*Dat.*) die Hand ~
shake hands
2 (servieren) serve <*food, drink*>
reich·haltig *Adj.* extensive; varied
<*programme*>; substantial <*meal*>
Reich·haltigkeit *die*; ~~; extensiveness;
(eines Programms) varied content; (einer
Mahlzeit) substantiality
reichlich **A** *Adj.* large; ample <*space, time*>;
good <*hour, year*>
B *adv.* **1** amply
2 (mehr als) over; more than
3 (ugs.) (ziemlich, sehr) a bit too <*cheeky, dear,
late*>
Reichtum *der*; ~s, **Reichtümer** **1** wealth
(an + *Dat.* of)
2 *Pl.* (Vermögenswerte) riches
Reich·weite *die* reach; (eines Geschützes,
Senders, Flugzeugs) range
♂ **reif** *Adj.* **1** ripe <*fruit, grain, cheese*>; mature
<*brandy, cheese*>; ~ für etw. sein (ugs.) be
ready for sth
2 (erwachsen, ausgewogen) mature
Reif¹ *der*; ~[e]s hoar frost
Reif² *der*; ~[e]s, ~e (geh.) ring; (Arm~)
bracelet; (Diadem) circlet
Reife *die*; ~ **1** ripeness; (von Menschen,
Gedanken, Produkten) maturity
2 (Reifung) ripening
3 mittlere ~ (Schulw.) school-leaving
certificate usually taken after the fifth year
of secondary school

reifen **A** *itr. V.*; mit sein **1** <*fruit, cereal,
cheese*> ripen
2 (geh.) (älter, reifer werden) mature (zu into)
3 <*idea, plan, decision*> mature
B *tr. V.* ripen <*fruit, cereal*>
Reifen *der*; ~s, ~ **1** hoop
2 (Gummi~) tyre
3 ▶ Reif²
Reifen-: ~**druck** *der*; *Pl.* ~drücke
tyre pressure; ~**panne** *die* puncture;
~**wechsel** *der* tyre change
Reif·glätte *die* ice on the roads
reiflich **A** *Adj.* [very] careful
B *adv.* [very] carefully
Reifung *die*; ~ ▶ reifen A ripening; maturing;
maturation
Reigen *der*; ~s, ~ **1** round dance
2 (fig.) den ~ eröffnen start off
♂ **Reihe** *die*; ~, ~n **1** row; in Reih und Glied
(Milit.) in rank and file; aus der ~ tanzen
(fig. ugs.) be different
2 (Reihenfolge) series; er/sie *usw.* ist an der ~
it's his/her *etc.* turn; der ~ nach, nach der
~ in turn
3 (größere Anzahl) number
reihen (geh.) *tr. V.* string; thread
Reihen-: ~**folge** *die* order; ~**haus** *das*
terraced house
Reiher *der*; ~s, ~; heron
Reim *der*; ~[e]s, ~e rhyme
reimen **A** *itr. V.* make up rhymes
B *tr., refl. V.* rhyme (auf + *Akk.* with)
rein¹ *Adv.* (ugs.) ~ mit dir! in you go/come!
♂ **rein²** **A** *Adj.* **1** (unvermischt) pure
2 (nichts anderes als) pure; sheer; plain,
unvarnished <*truth*>
3 (frisch, sauber) clean; fresh <*clothes, sheet of
paper, etc.*>; pure, clean <*water, air*>; clear
<*complexion*>; etw. ins Reine schreiben make
a fair copy of sth; etw. ins Reine bringen
clear sth up
B *Adv.* purely; ~ gar nichts (ugs.) absolutely
nothing
Rein·fall *der* (ugs.) let-down
rein|fallen *unr. itr. V.*; mit sein (ugs.)
▶ hereinfallen
Rein·gewinn *der* net profit
Reinheit *die*; ~ **1** purity
2 (Sauberkeit) cleanness; (des Wassers, der Luft)
purity; (der Haut) clearness
reinigen *tr. V.* clean; purify <*effluents, air,
water, etc.*>; Kleider [chemisch] ~ lassen have
clothes [dry-]cleaned
Reinigung *die*; ~, ~en **1** ▶ reinigen
cleaning; purification; dry-cleaning
2 (Betrieb) [dry-]cleaner's
reinlich *Adj.* cleanly
Reinlichkeit *die*; ~; cleanliness
rein-, Rein-: ~**rassig** *Adj.* thoroughbred
<*animal*>; ~|**reiten** *tr. V.* (ugs.) jmdn. ~reiten
drag sb in (fig.); ~**schrift** *die* fair copy;
~**ziehen** *unr. tr. V.* **1** ▶ hineinziehen

r

2 sich (*Dat.*) etw. ~ziehen (salopp) take ‹*drug*›; watch ‹*film, show, video*›

⚜ **Reis** *der*; ~es rice

Reis·brei *der* rice pudding

⚜ **Reise** *die*; ~, ~n journey; (kürzere Fahrt, Geschäfts~) trip; (Ausflug) outing; trip; (Schiffs~) voyage; **eine** ~ **machen** go on a trip/an outing; **auf** ~**n sein** travel; (nicht zu Hause sein) be away; **glückliche** *od.* **gute** ~! have a good journey

reise-, Reise-: ~**andenken** *das* souvenir; ~**boom** *das* tourist boom; ~**büro** *das* travel agent's; travel agency; ~**bus** *der* coach; ~**freiheit** *die* freedom of travel; ~**führer** *der* **1** (Reiseleiter) courier **2** (Buch) guidebook; ~**führerin** *die* courier; ~**gepäck** *das* luggage (BrE); baggage (AmE); (am Flughafen) baggage; ~**gesellschaft** *die* **1** (Reisegruppe) party of tourists **2** (ugs.) (Reiseveranstalter) tour operator; ~**kosten** *Pl.* travel expenses; ~**krank** *Adj.* travel-sick; ~**krankheit** *die* travel sickness *no pl.*; ~**leiter** *der*, ~**leiterin** *die* courier

reisen *itr. V.; mit sein* **1** travel **2** (abreisen) leave; set off

Reisende *der/die adj. Dekl.* traveller; (Fahrgast) passenger

Reise-: ~**pass**, *~**paß** *der* passport; ~**planung** *die* travel planning; **die** ~**planung umstellen** change one's travel plans; ~**prospekt** *der* travel brochure; ~**route** *die* route; ~**scheck** *der* traveller's cheque; ~**tasche** *die* holdall; ~**verkehr** *der* holiday traffic; ~**wetterbericht** *der* holiday weather forecast; ~**ziel** *das* destination

Reisig *das*; ~s brushwood

Reiß·brett *das* drawing board

reißen **A** *unr. tr. V.* **1** tear; (in Stücke) tear up **2** (ziehen an) pull; (heftig) yank (infml) **3** (werfen, ziehen) **jmdn. zu Boden/in die Tiefe** ~ knock sb to the ground/drag sb down into the depths **4** (töten) ‹*wolf, lion, etc.*› kill ‹*prey*› **5** etw. **an sich** ~ (fig.) seize sth **B** *unr. itr. V.* **1** mit sein ‹*paper, fabric*› tear, rip; ‹*rope, thread*› break, snap; ‹*film*› break; ‹*muscle*› tear **2** (ziehen) **an etw.** (*Dat.*) ~ pull at sth **C** *unr. refl. V.* (ugs.) (sich bemühen um) **sie** ~ **sich um die Eintrittskarten** they are fighting each other to get tickets

reißend *Adj.* rapacious ‹*animal*›; raging ‹*torrent*›; ~**en Absatz finden** sell like hot cakes

reißerisch (abwertend) **A** *Adj.* sensational; lurid ‹*headline*›; garish, lurid ‹*colour*› **B** *adv.* sensationally

Reiß-: ~**leine** *die* (Flugw.) ripcord; ~**nagel** *der* ▸ Reißzwecke; ~**verschluss**,

---

*~**verschluß** *der* zip [fastener]; ~**zwecke** *die* drawing pin (BrE); thumbtack (AmE)

reiten **A** *unr. itr. V.; meist mit sein* ride **B** *unr. tr. V.; auch mit sein* ride; **Schritt/Trab/Galopp** ~ ride at a walk/trot/gallop

Reiten *das*; ~s riding *no art.*

Reiter *der*; ~s, ~, **Reiterin** *die*; ~, ~nen rider

Reit-: ~**hose** *die* riding breeches *pl.*; ~**pferd** *das* saddle horse; ~**stiefel** *der* riding boot

Reiz *der*; ~es, ~e **1** (Physiol.) stimulus **2** (Anziehungskraft) attraction; appeal *no pl.*; (des Verbotenen, der Ferne usw.) lure **3** (Zauber) charm

reizbar *Adj.* irritable

Reizbarkeit *die*; ~; irritability

reizen **A** *tr. V.* **1** annoy; tease ‹*animal*›; (herausfordern, provozieren) provoke; *s. auch* gereizt **2** (Physiol.) irritate **3** (Interesse erregen bei) **jmdn.** ~ attract sb; appeal to sb **4** (Kartenspiele) bid **B** *itr. V.* (Kartenspiele) bid

reizend **A** *Adj.* charming; delightful, lovely ‹*child*› **B** *adv.* charmingly

reizlos *Adj.* unattractive; ‹*landscape, scenery*› lacking in charm

reizvoll *Adj.* **1** (hübsch) charming **2** (interessant) attractive

rekeln *refl. V.* (ugs.) stretch

Reklamation /reklama'tsi̯oːn/ *die*; ~, ~en complaint (wegen about)

Reklame *die*; ~, ~n **1** advertising *no indef. art.*; ~ **für jmdn./etw. machen** promote sb/advertise *or* promote sth **2** (ugs.) (Werbemittel) advert (BrE infml); ad (infml); (im Fernsehen, Radio auch) commercial

Reklame-: ~**schild** *das* advertising sign; ~**tafel** *die* advertising hoarding; (klein) advertising board

reklamieren **A** *itr. V.* complain **B** *tr. V.* **1** complain about (**bei** to; **wegen** on account of) **2** (beanspruchen) claim

rekonstruieren *tr. V.* reconstruct

Rekord *der*; ~[e]s, ~e record

Rekord·halter *der*, **Rekord·halterin** *die*, **Rekord·inhaber** *der*, **Rekord·inhaberin** *die* record holder

Rekrut *der*; ~en, ~en (Milit.) recruit

Rektor *der*; ~s, ~en **1** (einer Schule) head[master] **2** (Universitäts~) Rector; ≈ Vice-Chancellor (BrE); (einer Fachhochschule) principal

Rektorin *die*; ~, ~nen **1** (einer Schule) head[mistress] **2** ▸ Rektor 2

Relation *die*; ~, ~en relation

⚜ **relativ** **A** *Adj.* relative **B** *adv.* relatively

---

relativieren *tr. V.* relativize

Relativierung *die*; ∼, ∼**en** relativization

Relativ-: ∼**pronomen** *das* (Sprachw.)
relative pronoun; ∼**satz** *der* (Sprachw.)
relative clause

relaxed /ri'lekst/ *Adj.* (salopp) laid-back (infml)

ℰ **relevant** /rele'vant/ *Adj.* relevant (**für** to)

Relevanz *die*; ∼; relevance (**für** to)

Relief *das*; ∼**s**, ∼**s** *od.* ∼**e** relief

ℰ **Religion** *die*; ∼, ∼**en** religion

ℰ **religiös** **A** *Adj.* religious
   B *adv.* in a religious manner

Religiosität *die*; ∼; religiousness

Relikt *das*; ∼**[e]**, ∼**e** relic

Reling *die*; ∼, ∼**s** *od.* ∼**e** [deck] rail

Reliquie /re'li:kvjə/ *die*; ∼, ∼**n** relic

Remis *das*; ∼ /rə'mi:(s)/ ∼ /rə'mi:s/ (bes.
Schach) draw

Ren *das*; ∼**s**, ∼**s** *od.* ∼**e** reindeer

Renaissance /rənɛ'sã:s/ *die*; ∼, ∼**n**
   1 Renaissance
   2 (Wiederaufleben) revival

Rendezvous /rãde'vu:/ *das*; ∼ /...'vu:(s)/ ∼
/'rãde'vu:s/ rendezvous

Renn·bahn *die* (Sport) racetrack; (für Pferde)
racecourse

rennen *unr. itr. V.*; *mit sein* run; **an/gegen**
jmdn./etw. ∼ run *or* bang into sb/sth

Rennen *das*; ∼**s**, ∼; running; (Pferde∼,
Auto∼) racing; (Wettbewerb) race

Renner *der*; ∼**s**, ∼ (ugs.) (Verkaufserfolg) big
seller

Renn-: ∼**fahrer** *der*, ∼**fahrerin** *die* racing
driver; ∼**pferd** *das* racehorse; ∼**rad** *das*
racing cycle; ∼**wagen** *der* racing car

renommiert *Adj.* renowned

renovieren *tr. V.* renovate; redecorate
‹*room, flat*›

Renovierung *die*; ∼, ∼**en** renovation;
(eines Zimmers, einer Wohnung) redecoration

rentabel **A** *Adj.* profitable
   B *adv.* profitably

Rentabilität *die*; ∼ (bes. Wirtsch.)
profitability

Rente *die*; ∼, ∼**n 1** pension
   2 (Kapitalertrag) annuity

Renten-: ∼**alter** *das* pensionable age *no art.*;
∼**empfänger** *der*, ∼**empfängerin** *die*
pensioner; ∼**versicherung** *die* pension
scheme

Ren·tier *das* reindeer

rentieren *refl. V.* be profitable; ‹*equipment,
machinery*› pay its way

Rentner *der*; ∼**s**, ∼, **Rentnerin** *die*; ∼,
∼**nen** pensioner

Reparatur *die*; ∼, ∼**en** repair (**an** + *Dat.* to)

Reparatur·werkstatt *die* repair
[work]shop; (für Autos) garage

reparieren *tr. V.* repair; mend

Repertoire /repɛ'toːaɐ̯/ *das*; ∼**s**, ∼**s**
repertoire

Report *der*; ∼**[e]s**, ∼**e**, **Reportage**
/repɔr'taːʒə/ *die*; ∼, ∼**n** report

Reporter *der*; ∼**s**, ∼, **Reporterin** *die*; ∼,
∼**nen** reporter

Repräsentant *der*; ∼**en**, ∼**en**,
Repräsentantin *die*; ∼, ∼**nen**
representative

repräsentativ *Adj.* representative

repräsentieren *tr. V.* represent

Repressalie /reprɛ'saːljə/ *die*; ∼, ∼**n**
repressive measure

Reproduktion *die* reproduction

reproduzieren *tr. V.* reproduce

Reptil *das*; ∼**s**, ∼**ien** reptile

ℰ **Republik** *die*; ∼, ∼**en** republic

republikanisch *Adj.* republican

Reservat *das*; ∼**[e]s**, ∼**e 1** reservation
   2 (Naturschutzgebiet) reserve

Reserve *die*; ∼, ∼**n** reserve

Reserve-: ∼**rad** *das* spare wheel; ∼**reifen**
der spare tyre

reservieren *tr. V.* reserve

reserviert **A** *Adj.* reserved
   B *adv.* in a reserved way

Reserviertheit *die*; ∼; reserve

Reservierung *die*; ∼, ∼**en** reservation

Reservoir /rezɛr'voaːɐ̯/ *das*; ∼**s**, ∼**e** (auch fig.)
reservoir (**an** + *Dat.* of)

Residenz *die*; ∼, ∼**en 1** residence
   2 (Hauptstadt) [royal] capital

Resignation *die*; ∼, ∼**en** resignation

resignieren *itr. V.* give up

resigniert **A** *Adj.* resigned
   B *adv.* resignedly

resolut **A** *Adj.* resolute
   B *adv.* resolutely

Resolution *die*; ∼, ∼**en** resolution

Resonanz *die*; ∼, ∼**en** resonance

resozialisieren *tr. V.* (bes. Rechtsspr.)
reintegrate into society

Resozialisierung *die*; ∼, ∼**en** (bes.
Rechtsspr.) reintegration into society

Respekt *der*; ∼**[e]s 1** (Achtung) respect (**vor**
+ *Dat.* for)
   2 (Furcht) jmdm. ∼ **einflößen** intimidate sb

respektabel **A** *Adj.* respectable
   B *adv.* respectably

respektieren *tr. V.* respect

respekt·los **A** *Adj.* disrespectful
   B *adv.* disrespectfully

Respekt·losigkeit *die*; ∼; disrespect

respekt·voll **A** *Adj.* respectful
   B *adv.* respectfully

Ressort /rɛ'soːɐ̯/ *das*; ∼**s**, ∼**s** area of
responsibility; (Abteilung) department

Ressource /rɛ'sʊrsə/ *die*; ∼, ∼**n** resource

ℰ **Rest** *der*; ∼**[e]s**, ∼**e 1** rest; **ein** ∼ **von** a little
bit of
   2 (Endstück) remnant

r

3 (Math.) remainder
Rẹst·alkohol *der* residual alcohol
✒ **Restaurant** /rɛstoˈrãː/ *das*; ∼**s**, ∼**s** restaurant
restaurieren *tr. V.* restore
rẹstlich *Adj.* remaining
rẹst·los **A** *Adj.* complete
   B *adv.* completely
Rẹst·müll *der* general waste; non-recyclable waste
Resultat *das*; ∼**[e]s**, ∼**e** result
resultieren *itr. V.* result
Retọrte *die*; ∼, ∼**n** retort
Retọrten·baby *das* (ugs.) test-tube baby
Retrospektive *die*; ∼, ∼**n 1** (Rückblick) retrospective view; **in der** ∼ in retrospect
   2 (Ausstellung) retrospective
✒ **rẹtten** **A** *tr. V.* save; (vor Gefahr) save; rescue; (befreien) rescue; **jmdm. das Leben** ∼ save sb's life
   B *refl. V.* (fliehen) escape (**aus** from)
Rẹtter *der*; ∼**s**, ∼, **Rẹtterin** *die*; ∼, ∼**nen** rescuer
Rẹttich *der*; ∼**s**, ∼**e** radish
Rẹttung *die* rescue; (vor Zerstörung) saving
rẹttungs-, Rẹttungs-: ∼**aktion** *die* rescue operation; ∼**boot** *das* lifeboat; ∼**hubschrauber** *der* rescue helicopter; ∼**los** **A** *Adj.* hopeless; inevitable ‹*disaster*›
   B *adv.* hopelessly; ∼**ring** *der* lifebelt
Return·taste /riˈtɜːn-/ *die* (DV) return key
Reue *die*; ∼; remorse (**über** + *Akk.* for); (Rel.) repentance
reuen *tr. V.* **etw. reut jmdn.** sb regrets sth
reu·mütig *Adj.* remorseful; repentant ‹*sinner*›
Reuse *die*; ∼, ∼**n** fish trap
Revanche /reˈvãːʃ(ə)/ *die*; ∼, ∼**n** revenge; (Sport) return match/fight/game
revanchieren *refl. V.* **1** get one's revenge, (infml) get one's own back (**bei** on)
   2 sich bei jmdm. für eine Einladung ∼ (ugs.) return sb's invitation
Revers /rəˈveːɐ̯/ *das od.* (österr.) *der*; ∼ /rəˈveːɐ̯(s)/ ∼ /rəˈveːɐ̯s/ lapel
reversibel /reverˈziːbl̩/ *Adj.* (Technik, Med.) reversible
revidieren /reviˈdiːrən/ *tr. V.* (abändern) revise; amend ‹*law, contract*›
Revier /reˈviːɐ̯/ *das*; ∼**s**, ∼**e 1** (Aufgabenbereich) province
   2 (Zool.) territory
   3 (Polizei∼) (Dienststelle) [police] station; (Bereich) district; (des einzelnen Polizisten) beat
Revision /reviˈzi̯oːn/ *die*; ∼, ∼**en 1** revision; (Änderung) amendment
   2 (Rechtsw.) appeal [on a point/points of law]; ∼ **einlegen, in die** ∼ **gehen** lodge an appeal [on a point/points of law]

✒ key word
* old spelling—see note on page x

Revọlte /reˈvɔltə/ *die*; ∼, ∼**n** revolt
revoltieren /revɔlˈtiːrən/ *itr. V.* revolt, rebel (**gegen** against); (fig.) ‹*stomach*› rebel
Revolution /revoluˈt̯si̯oːn/ *die*; ∼, ∼**en** (auch fig.) revolution
revolutionär **A** *Adj.* revolutionary
   B *adv.* in a revolutionary way
Revolutionär *der*; ∼**s**, ∼**e**, **Revolutionärin** *die*; ∼, ∼**nen** revolutionary
Revọlver /reˈvɔlvɐ/ *der*; ∼**s**, ∼; revolver
rezensieren **A** *tr. V.* review
   B *itr. V.* write reviews
Rezension *die*; ∼, ∼**en** review
Rezẹpt *das*; ∼**[e]s**, ∼**e 1** (Med.) prescription
   2 (Anleitung) recipe
rezẹpt·frei **A** *Adj.* ∼**e Mittel** medicines obtainable without a prescription
   B *adv.* **etw.** ∼ **verkaufen/erhalten** sell/obtain sth without a prescription *or* over the counter
Rezeption *die*; ∼, ∼**en** reception *no art.*
rezẹpt·pflichtig *Adj.* ‹*drug etc.*› obtainable only on prescription
Rezession *die*; ∼, ∼**en** (Wirtsch.) recession
R-Gespräch /ˈɛr-/ *das* (Fernspr.) reverse-charge call (BrE); collect call (AmE)
Rhabạrber *der*; ∼**s** rhubarb
Rhein *der*; ∼**[e]s** Rhine
rheinisch *Adj.* Rhenish; ‹*speciality etc.*› of the Rhine region
Rhein·land *das*; ∼**[e]s** Rhineland
Rheinland-Pfạlz *(das)*; ∼; the Rhineland-Palatinate
Rhetorik *die*; ∼, ∼**en** rhetoric
Rheuma *das*; ∼**s** (ugs.) rheumatism
rheumatisch *Med.* **A** *Adj.* rheumatic
   B *adv.* rheumatically
Rheumatịsmus *der*; ∼, **Rheumatịsmen** (Med.) rheumatism
Rhinozeros *das*; ∼**[ses]**, ∼**se** rhinoceros; rhino (infml)
Rhododẹndron *der od. das*; ∼**s**, **Rhododẹndren** rhododendron
rhythmisch **A** *Adj.* rhythmical; rhythmic
   B *adv.* rhythmically
Rhỵthmus *der*; ∼, **Rhỵthmen** (auch fig.) rhythm
✒ **rịchten** **A** *tr. V.* **1** direct ‹*gaze*› (**auf** + *Akk.* at, towards); turn ‹*eyes, gaze*› (**auf** + *Akk.* towards); point ‹*torch, telescope, gun*› (**auf** + *Akk.* at); aim ‹*gun, missile, telescope, searchlight*› (**auf** + *Akk.* on); (fig.) direct ‹*activity, attention*› (**auf** + *Akk.* towards); address ‹*letter, remarks, words*› (**an** + *Akk.* to); level ‹*criticism*› (**an** + *Akk.* at)
   2 (gerade richten) straighten
   3 (aburteilen) judge; (verurteilen) condemn; *s. auch* zugrunde 1
   B *refl. V.* **1** (sich hinwenden) **sich auf jmdn./etw.** ∼ (auch fig.) be directed towards sb/sth

2 sich an jmdn./etw. ∼ ‹*person*› turn on sb/sth; ‹*appeal, explanation*› be directed at sb/sth; **sich gegen jmdn./etw.** ∼ ‹*person*› criticize sb/sth; ‹*criticism, accusations, etc.*› be aimed *or* levelled at sb/sth
3 (sich orientieren) **sich nach jmdm./jmds. Wünschen** ∼ fit in with sb/sb's wishes
4 (abhängen) **sich nach jmdm./etw.** ∼ depend on sb/sth
C *itr. V.* (urteilen) judge

ℰ **Richter** *der*; ∼s, ∼, **Richterin** *die*; ∼, ∼nen judge

Richt·geschwindigkeit *die* recommended maximum speed

ℰ **richtig** **A** *Adj.* **1** right; (zutreffend) right; correct; accurate ‹*prophecy, premonition*›; **etw.** ∼ **stellen** correct sth
2 (ordentlich) proper
3 (wirklich, echt) real
B *adv.* **1** right; correctly
2 (ordentlich) properly
3 (richtiggehend) really

richtig·gehend **A** *Adj.* real; proper (infml)
B *adv.* really

Richtigkeit *die*; ∼; correctness; **etw. hat seine** ∼**, mit etw. hat es seine** ∼ sth is right; **das wird schon seine** ∼ **haben** I'm sure it's all right *or* (infml) OK

***richtig|stellen** ▸ richtig A1

ℰ **Richt·linie** *die* guideline

Richt·schnur *die*; *Pl.* ∼en (fig.) guiding principle

ℰ **Richtung** *die*; ∼, ∼en **1** direction; **in** ∼ **Ulm** in the direction of Ulm
2 (fig.) (Tendenz) movement; trend

richtung·weisend *Adj.* ‹*idea, resolution, paper, speech*› that points the way ahead

rieb *1. u. 3. Pers. Sg. Prät. v.* reiben

riechen **A** *unr. tr. V.* **1** smell
2 (wittern) ‹*dog etc.*› pick up the scent of
B *unr. itr. V.* **1** smell; **an jmdm./etw.** ∼ smell sb/sth
2 (einen Geruch haben) smell (**nach** of)

rief *1. u. 3. Pers. Sg. Prät. v.* rufen

Riegel *der*; ∼s, ∼ **1** bolt
2 ein ∼ **Schokolade** a bar of chocolate

Riemen *der*; ∼s, ∼ **1** strap; (Treib∼, Gürtel) belt; **sich am** ∼ **reißen** (ugs.) pull oneself together; get a grip on oneself
2 (Ruder) [long] oar

Riese *der*; ∼n, ∼n giant

rieseln *itr. V.*; *mit Richtungsangabe mit sein* trickle [down]; ‹*snow*› fall gently

Riesen- giant; enormous ‹*selection, profit, portion*›; tremendous (infml) ‹*effort, rejoicing, success*›; terrific (infml), terrible (infml) ‹*stupidity, scandal, fuss*›

riesen-, Riesen-: ∼**groß** *Adj.* enormous; huge; terrific (infml) ‹*surprise*›; ∼**schritt** *der* giant stride; ∼**welle** *die* giant wave

ℰ **riesig** **A** *Adj.* enormous; huge; vast

‹*country*›; tremendous ‹*effort, progress*›
B *adv.* (ugs.) tremendously (infml); terribly (infml)

Riesin *die*; ∼, ∼nen giantess

Riesling *der*; ∼s, ∼e Riesling

Riester-Rente *die: state-supported private pension*

riet *1. u. 3. Pers. Sg. Prät. v.* raten

Riff *das*; ∼[e]s, ∼e reef

rigoros **A** *Adj.* rigorous
B *adv.* rigorously

Rille *die*; ∼, ∼n groove

Rind *das*; ∼[e]s, ∼er **1** cow; (Stier) bull; ∼er cattle *pl.*
2 (∼fleisch) beef

Rinde *die*; ∼, ∼n **1** (Baum∼) bark
2 (Brot∼) crust; (Käse∼) rind

Rinder·braten *der* roast beef *no indef. art.*; (roh) roasting beef *no indef. art.*

Rinder·wahnsinn *der* mad cow disease

Rind-: ∼**fleisch** *das* beef; ∼**vieh** *das*
1 cattle *pl.*
2 (ugs. abwertend) ass; [stupid] fool

Ring *der*; ∼[e]s, ∼e ring

Ringel·natter *die* ring snake

ringen **A** *unr. tr. V.* (Sport, fig.) wrestle; (fig.) (kämpfen) struggle, fight (**um** for; **gegen, mit** with); **nach Luft** ∼ struggle for breath
B *unr. tr. V.* **die Hände** ∼ wring one's hands

Ringen *das*; ∼s (Sport) wrestling *no art.*

Ring-: ∼**finger** *der* ring finger; ∼**kampf** *der* **1** [stand-up] fight
2 (Sport) wrestling bout

rings *Adv.* all around

rings·herum *Adv.* all around ‹*it/them etc.*›

Ring·straße *die* ring road

rings·um, rings·umher *Adv.* all around

Rinne *die*; ∼, ∼n channel; (Dach∼, Rinnstein) gutter; (Abfluss) drainpipe

rinnen *unr. itr. V.*; *mit sein* run

Rinn·stein *der* gutter

Rippchen *das*; ∼s, ∼ (Kochk. südd.) rib [of pork]

Rippe *die*; ∼, ∼n rib

Rippen·bruch *der* (Med.) rib fracture

ℰ **Risiko** *das*; ∼s, Risiken risk

Risiko-: ∼**faktor** *der* risk factor; ∼**gruppe** *die* risk group

riskant **A** *Adj.* risky
B *adv.* riskily

riskieren *tr. V.* risk

riss, *riß *1. u. 3. Pers. Sg. Prät. v.* reißen

Riss, *Riß *der*; ∼sses, ∼sse tear; (Spalt, Sprung) crack

rissig *Adj.* cracked; chapped ‹*lips*›

ritt *1. u. 3. Pers. Sg. Prät. v.* reiten

Ritt *der*; ∼[e]s, ∼e ride

Ritter *der*; ∼s, ∼; knight

Ritter·sporn *der* delphinium

rittlings *Adv.* astride

Ritze *die*; ∼, ∼n crack; [narrow] gap

r

ritzen *tr. V.* scratch

Rivale *der;* ~n, ~n, **Rivalin** *die;* ~, ~nen rival

Rivalität *die;* ~, ~en rivalry *no indef. art.*

Roastbeef /'roːstbiːf/ *das;* ~s, ~s roast [sirloin (BrE) of] beef

Robbe *die;* ~, ~n seal

Robe *die;* ~, ~n robe; (schwarz) gown

Roboter *der;* ~s, ~; robot

robust *Adj.* robust

roch *1. u. 3. Pers. Sg. Prät. v.* riechen

Rochade *die;* ~, ~n (Schach) castling

röcheln *itr. V.* <*dying person*> give the death rattle

✧ **Rock¹** *der;* ~[e]s, **Röcke** skirt

Rock² *der;* ~[s] (Musik) rock [music]

Rock and Roll /'rɔk ɛnt 'rɔl/ *der;* ~[s], ~[s] rock and roll *no pl.*

Rock·band *die* rock band

rocken *itr. V.* rock

Rocker *der;* ~s, ~; rocker

rockig *Adj.* rock <*music*>; rock-like <*jazz etc.*>

Rock·musik *die* rock music

Rodel·bahn *die* toboggan run; (Sport) luge run

rodeln *itr. V.; mit sein* sledge; toboggan

roden *tr. V.* clear <*wood, land*>; (ausgraben) grub up <*tree*>

Rogen *der;* ~s, ~; roe

Roggen *der;* ~s rye

Roggen-: ~**brot** *das* rye bread; **ein** ~**brot** a loaf of rye bread; ~**brötchen** *das* rye-bread roll

roh **A** *Adj.* **1** raw <*food*>; unboiled <*milk*>; unfinished <*wood*>
2 (ungenau) rough
3 (brutal) brutish; brute *attrib.* <*force*>
B *adv.* **1** (ungenau) roughly
2 (brutal) brutishly; (grausam) callously; (grob) coarsely

Roh-: ~**bau** *der* shell [of a/the building]; ~**kost** *die* raw fruit and vegetables *pl.*; ~**material** *das* raw material; ~**öl** *das* crude oil

Rohr *das;* ~[e]s, ~e **1** (Leitungs~) pipe; (als Bauteil) tube
2 *o. Pl.* (Röhricht) reeds *pl.*
3 *o. Pl.* (Werkstoff) reed

Röhre *die;* ~, ~n tube; (Elektronen~) valve (BrE); tube (AmE)

Roh·stoff *der* raw material

Rokoko *das;* ~[s] rococo

*****Rolladen** ▸ Rollladen

Roll·bahn *die* (Flugw.) taxiway

✧ **Rolle** *die;* ~, ~n **1** (Spule) reel
2 (zylindrischer [Hohl]körper; Zusammengerolltes) roll
3 (Walze) roller
4 (Rad) [small] wheel; (an Möbeln usw.) castor;

✧ key word
***** alte Schreibung—vgl. Hinweis auf S. x

(für Gardine, Schiebetür usw.) runner
5 (Turnen, Kunstflug) roll
6 (Theater, Film usw., fig.) role; part; (Soziol.) role; **es spielt keine** ~ it is of no importance; (es macht nichts aus) it doesn't matter

rollen **A** *tr. V.* roll
B *itr. V.; mit sein* <*ball, wheel, etc.*> roll; <*vehicle*> move; <*aircraft*> taxi

Roller *der;* ~s, ~; scooter

Roll-: ~**feld** *das* runway[s] and taxiway[s]; ~**kragen** *der* polo neck; ~**laden** *der* [roller] shutter; ~**mops** *der* rollmops; ~**schuh** *der* roller skate; ~**schuh laufen** roller-skate; ~**splitt** *der* loose chippings *pl.*; ~**stuhl** *der* wheelchair; ~**treppe** *die* escalator

Rom (*das*); ~s Rome

✧ **Roman** *der;* ~s, ~e novel

Romantik *die;* ~; romanticism; **die** ~ Romanticism

romantisch **A** *Adj.* romantic
B *adv.* romantically

Romanze *die;* ~, ~n romance

Römer *der;* ~s, ~, **Römerin** *die;* ~, ~nen Roman

römisch-katholisch *Adj.* Roman Catholic

röntgen *tr. V.* X-ray

Röntgen-: ~**aufnahme** *die*, ~**bild** *das* X-ray [image/photograph *or* picture]; ~**strahlen** *Pl.* X-rays

rosa **A** *indekl. Adj.* pink
B *adv.* pink

Rosa *das;* ~s, ~ *od.* ~s pink

Rose *die;* ~, ~n rose

rosé *indekl. Adj.* pale pink

Rosé *der;* ~s, ~s rosé [wine]

Rosen-: ~**kohl** *der* [Brussels] sprouts *pl.*; ~**kranz** *der* (kath. Kirche) rosary; **einen** ~**kranz beten** say a rosary; ~**montag** *der* the day before Shrove Tuesday

rosig *Adj.* **1** rosy; pink <*piglet etc.*>
2 (fig.) rosy; optimistic <*mood*>

Rosine *die;* ~, ~n raisin

Rosmarin *der;* ~s rosemary

Ross, *****Roß** *das;* **Rosses; Rosse** *od.* **Rösser** horse; steed (poet./joc.); **hoch zu** ~ on horseback; **auf dem** *od.* **seinem hohen** ~ **sitzen** (fig.) be on one's high horse

Ross-, *****Roß-:** ~**haar** *das* horsehair; ~**kastanie** *die* horse chestnut

Rost¹ *der;* ~[e]s, ~e **1** (Gitter) grating; (eines Ofens, einer Feuerstelle) grate; (Brat~) grill
2 (Bett~) base

Rost² *der;* ~[e]s rust

Rost-: ~**braten** *der* grilled steak; ~**bratwurst** *die* grilled sausage

rosten *itr. V.; auch mit sein* rust

rösten /'rœstn̩, 'røːstn̩/ *tr. V.* roast; toast <*bread*>

rost·frei *Adj.* stainless <*steel*>

Rösti *die;* ~ (schweiz. Kochk.) thinly sliced fried potatoes *pl.*

rostig *Adj.* rusty

ꝫ **rot A** *Adj.* red; ~ **werden** turn red; <*person*> blush; <*traffic light*> change to red
B *adv.* red

Rot *das*; ~**s**, ~ *od.* ~**s** red

Rot·barsch *der* rosefish

Röte *die*; ~; red[ness]

röten A *tr. V.* redden
B *refl. V.* go *or* turn red

rot-, Rot-: ~**grün** *Adj.* (Politik) <*coalition*> of Greens and Socialists; red-green <*coalition*>; ~**haarig** *Adj.* red-haired; ~**hirsch** *der* red deer

rotieren *itr. V.* **1** rotate
2 (ugs.) (hektisch sein) get into a flap (infml)

Rot-: ~**käppchen** *das*; ~~**s** Little Red Riding Hood; ~**kehlchen** *das*; ~~**s**, ~~; robin [redbreast]; ~**kohl** *der*, (bes. südd., österr.) ~**kraut** *das* red cabbage

rötlich *Adj.* reddish

Rot-: ~**licht** *das* red light; **bei** ~**licht** under a red light; ~**stift** *der* red pencil

Rötung *die*; ~, ~**en** reddening

Rot·wein *der* red wine

Rotz *der*; ~**es** (salopp) snot (sl.)

rotzen (derb) **A** *itr. V.* **1** blow one's nose loudly
2 (Schleim in den Mund ziehen) sniff back one's snot (sl.)
3 (ausspucken) gob (sl.)
B *tr. V.* spit

rotz·frech (salopp) **A** *Adj.* insolent; snotty (sl.)
B *adv.* insolently; snottily (sl.)

Rouge /ruːʒ/ *das*; ~**s**, ~**s** rouge

Roulade /ruːˈlaːdə/ *die*; ~, ~**n** (Kochk.) [beef/veal/pork] olive

Route /ˈruːtə/ *die*; ~, ~**n** route

Router /ˈruːtɐ/ *der*; ~**s**, ~ (DV) router

Routine /ruˈtiːnə/ *die*; ~ **1** (Erfahrung) experience; (Übung) practice
2 (Gewohnheit) routine *no def. art.*

routiniert /rutiˈniːɐ̯t/ **A** *Adj.* (gewandt) expert; skilled; (erfahren) experienced
B *adv.* expertly; skilfully

Rowdy /ˈraudi/ *der*; ~**s**, ~**s** (abwertend) hooligan

Rübe *die*; ~, ~**n** turnip; **rote** ~ beetroot; **gelbe** ~ (südd.) carrot

rüber *Adv.* (ugs.) over

Rubin *der*; ~**s**, ~**e** ruby

Rubrik *die*; ~, ~**en** column; (fig.) (Kategorie) category

Ruck *der*; ~**[e]s**, ~**e** jerk

Rück·blick *der* look back (**auf** + *Akk.* at); retrospective view (**auf** + *Akk.* of)

rücken *itr., tr. V.* move

Rücken *der*; ~**s**, ~; back; (Buch~) spine

Rücken-: ~**deckung** *die* **1** (bes. Milit.) rear cover **2** (fig.) backing; ~**lehne** *die* [chair/

seat] back; ~**mark** *das* (Anat.) spinal cord; ~**schmerzen** *Pl.* backache *sing.*; ~**schwimmen** *das* backstroke; ~**wind** *der* tail wind

rück-, Rück-: ~|**erstatten** *tr. V.; nur im Inf. u. 2. Part.* repay; ~**erstattung** *die* repayment; ~**fahr·karte** *die*, ~**fahr·schein** *der* return [ticket]; ~**fahrt** *die* return journey; ~**fall** *der* (Med., auch fig.) relapse; ~**fällig** *Adj.* (Med., auch fig.) relapsed <*patient, alcoholic, etc.*>; ~**fällig werden** have a relapse; <*alcoholic etc.*> go back to one's old ways; <*criminal*> commit a second offence; ~**flug** *der* return flight; ~**frage** *die* query; ~**gabe** *die* return; ~**gang** *der* drop, fall (*Gen.* in); ~**gängig** *Adj.* ~**gängig machen** cancel <*agreement, decision, etc.*>; ~**grat** *das*; ~~**[e]s**, ~~**e** spine; (bes. fig.) backbone; ~**halt** *der* support; backing; ~**halt·los A** *Adj.* unreserved, unqualified <*support*>
B *adv.* unreservedly; ~**kehr** *die*; ~~; return; ~**koppelung**, ~**kopplung** *die* (Elektrot.) feedback; ~**lage** *die* savings *pl.*; ~**läufig** *Adj.* decreasing <*number*>; declining <*economic growth etc.*>; falling <*rate, production, etc.*>; ~**licht** *das* rear *or* tail light

rücklings *Adv.* on one's back

Rück-: ~**nahme** *die*; ~~; taking back; ~**reise** *die* return journey; ~**ruf** *der* (Fernspr.) return call

Ruck·sack *der* rucksack; (Touren~) backpack

Rucksack·urlaub *der* backpacking holiday

rück-, Rück-: ~**schlag** *der* setback; ~**schritt** *der* retrograde step; ~**seite** *die* back; (einer Münze usw.) reverse; far side; ~**sicht** *die* consideration; ~**sicht auf jmdn. nehmen** show consideration for *or* towards sb; ~**sicht·nahme** *die*; ~~; consideration; ~**sichts·los A** *Adj.* inconsiderate; thoughtless; (verantwortungslos) reckless <*driver*>; (schonungslos) ruthless
B *adv.; s. Adj* inconsiderately; recklessly; ruthlessly; ~**sichtslosigkeit** *die*; ~~, ~~**en** ▸ rücksichtslos lack of consideration; recklessness; ruthlessness; ~**sichts·voll A** *Adj.* considerate **B** *adv.* considerately; ~**sitz** *der* back seat; ~**spiegel** *der* rear-view mirror; ~**sprache** *die* consultation; ~**stand** *der* **1** (Rest) residue **2** (ausstehende Zahlung) arrears *pl.* **3** (Zurückbleiben hinter dem gesetzten Ziel) backlog; (bes. Sport) (hinter dem Gegner) deficit; [mit etw.] im ~**stand sein/ in** ~**stand** (*Akk.*) geraten be/get behind [with sth]; ~**ständig** *Adj.* **1** backward **2** (schon länger fällig) outstanding <*payment, amount*>; <*wages*> still owing; ~**strahler** *der* reflector; ~**tritt** *der* resignation (**von** from); (von einer Kandidatur, einem Vertrag usw.) withdrawal (**von** from)

rückwärts *Adv.* backwards

Rückwärts·gang *der* (Kfz-W.) reverse [gear]

rück-, Rück-: ~**weg** *der* return journey;

r

~wirkend A *Adj.* retrospective; backdated ‹*pay increase*› B retrospectively; **~zahlung** *die* repayment; **~zug** *der* retreat

Rüde *der*; ~n, ~n [male] dog

Rudel *das*; ~s, ~; herd; (von Wölfen, Hunden) pack

Ruder *das*; ~s, ~ **1** (Riemen) oar **2** (Steuer~) rudder

Ruder·boot *das* rowboat; rowing boat (BrE)

Ruder·gänger *der*; ~gängers, ~gänger, **Ruder·gast** *der* (Seemannsspr.) helmsman

rudern A *itr. V.*; *mit* sein row B *tr. V.* row

Ruder·regatta *die* rowing regatta

Ruf *der*; ~[e]s, ~e **1** call; (Schrei) shout; cry; (Tierlaut) call **2** (fig.) (Forderung) call (nach for) **3** (Telefonnummer) telephone [number] **4** (Leumund) reputation

♂ **rufen** A *unr. itr. V.* call (nach for); (schreien) shout (nach for); ‹*animal*› call B *unr. tr. V.* **1** (ausrufen) call; (schreien) shout **2** (herbeirufen, anrufen) jmdn. ~ call sb; jmdn. zu Hilfe ~ call to sb to help

Ruf-: ~**mord** *der* character assassination; ~**mord·kampagne** *die* smear campaign; ~**name** *der*; first name (by which one is generally known); ~**nummer** *die* telephone number

Rüge *die*; ~, ~n reprimand

rügen *tr. V.* reprimand ‹*person*› (wegen for); censure ‹*carelessness etc.*›

♂ **Ruhe** *die*; ~ **1** (Stille) silence; ~ [bitte]! quiet or silence [please]! **2** (Ungestörtheit) peace; jmdn. mit etw. in ~ lassen stop bothering sb with sth **3** (Unbewegtheit) rest **4** (Erholung) rest *no def. art.* **5** (Gelassenheit) calm[ness]; composure; [die] ~ bewahren/die ~ verlieren keep calm/lose one's composure; in [aller] ~ [really] calmly

ruhe·los A *Adj.* restless B *adv.* restlessly

ruhen *itr. V.* **1** (ausruhen) rest **2** (geh.) (schlafen) sleep **3** (stillstehen) ‹*work, business*› have stopped; ‹*production, firm*› be at a standstill

Ruhe-: ~**pause** *die* break; ~**stand** *der* retirement; in den ~**stand gehen/versetzt werden** go into retirement/be retired; ~**störung** *die* disturbance; (Rechtsw.) disturbance of the peace; ~**tag** *der* closing day; „Dienstag ~tag" 'closed on Tuesdays'

♂ **ruhig** A *Adj.* **1** (still, leise) quiet **2** (friedlich, ungestört) peaceful ‹*times, life, valley, etc.*›; quiet ‹*talk, reflection, life*› **3** (unbewegt) calm ‹*sea, weather*›; still ‹*air*›; (fig.) peaceful ‹*melody*›; (gleichmäßig) steady ‹*breathing, hand, steps*›; smooth ‹*flight, crossing*› **4** (gelassen) calm ‹*voice etc.*›; quiet, calm ‹*person*› B *adv.* **1** (still, leise) quietly; sich ~ verhalten keep quiet **2** (friedlich, ohne Störungen) peacefully; (ohne Zwischenfälle) uneventfully; ‹*work, think*› in peace **3** (unbewegt) ‹*sit, lie, stand*› still; (gleichmäßig) ‹*burn, breathe*› steadily; ‹*run, fly*› smoothly **4** (gelassen) ‹*speak, watch, sit*› calmly C *adv.* by all means

Ruhm *der*; ~[e]s fame

rühmen A *tr. V.* praise B *refl. V.* boast (Gen. about)

ruhm·reich *Adj.* glorious ‹*victory, history*›; celebrated ‹*general, army, victory*›

Ruhr *die*; ~, ~en dysentery *no art.*

Rühr·ei *das* scrambled egg[s *pl.*]

rühren A *tr. V.* **1** (umrühren) stir; (einrühren) stir ‹*egg, powder, etc.*› (an, in + Akk. into) **2** (bewegen) move ‹*limb, fingers, etc.*› **3** (fig.) move; touch B *itr. V.* **1** (umrühren) stir **2** (geh.) (herrühren) das rührt daher, dass ... that stems from the fact that ... C *refl. V.* **1** (sich bewegen) move **2** (Milit.) rührt euch! at ease!

rührend A *Adj.* touching B *adv.* touchingly

rühr·selig A *Adj.* **1** emotional ‹*person*› **2** (allzu gefühlvoll) over-sentimental ‹*manner, mood, etc.*›; maudlin, (infml) tear-jerking ‹*play, song, etc.*› B *adv.* (allzu gefühlvoll) in an over-sentimental manner

Rühr·seligkeit *die* sentimentality

Rührung *die*; ~; emotion

Ruine *die*; ~, ~n ruin

ruinieren *tr. V.* ruin

rülpsen *itr. V.* (ugs.) burp

rum *Adv.* (ugs.) ▶ herum

Rum *der*; ~s, ~s rum

Rumäne *der*; ~n, ~n Romanian

Rumänien *(das)*; ~s Romania

Rumänin *die*; ~, ~nen Romanian

rumänisch *Adj.* Romanian

Rummel *der*; ~s (ugs.) **1** commotion; (Aufhebens) fuss (um about) **2** (Jahrmarkt) fair

Rummel·platz *der* (bes. nordd.) fairground

Rumpel·kammer *die* (ugs.) box room (BrE); junk room

rumpeln *itr. V.* (ugs.) bump and bang about

Rumpf *der*; ~[e]s, Rümpfe **1** trunk [of the body] **2** (beim Schiff) hull **3** (beim Flugzeug) fuselage

rümpfen *tr. V.* die Nase [bei etw.] ~ wrinkle one's nose [at sth]; über jmdn./etw. die Nase rümpfen (fig.) look down one's nose at sb/turn up one's nose at sth

---

♂ key word
* old spelling—see note on page x

r

Rumpsteak /'rʊmpsteːk/ *das*; ~s, ~s rump steak

rum|treiben *unr. refl. V.* (ugs.) ▸ herumtreiben

✔ **rund A** *Adj.* **1** round
 2 (dicklich) plump ‹*arms etc.*›; chubby ‹*cheeks*›; fat ‹*stomach*›
 3 (ugs.) (ganz) round ‹*dozen, number, etc.*›
 B *Adv.* **1** (ugs.) (etwa) about
 2 ~ um jmdn./etw. [all] around sb/sth

Rund-: ~**blick** *der* panorama; view in all directions; ~**brief** *der* circular [letter]

✔ **Runde** *die*; ~, ~n **1** (Sport) (Strecke) lap
 2 (Sport) (Durchgang usw.) round; über die ~n kommen (fig. ugs.) get by; manage
 3 (Personenkreis) circle; (Gesellschaft) company
 4 (Rundgang) round
 5 (Lage) round

rund-, Rund-: ~**erneuern** *tr. V.* ich **runderneuere, runderneuert, rundzuerneuern** (Kfz-W.) remould; ~**fahrt** *die* tour (durch of); ~**funk** *der* **1** radio **2** (Einrichtung, Gebäude) radio station

Rundfunk-: ~**anstalt** *die* broadcasting corporation; ~**gebühren** *Pl.* radio licence fees; ~**gerät** *das* radio set; ~**sendung** *die* radio programme; ~**sprecher** *der*, ~**sprecherin** *die* radio announcer

rund-, Rund-: ~**gang** *der* round (durch of); ~**herum** *Adv.* **1** (ringsum) all around
 2 (völlig) completely

rundlich *Adj.* **1** roundish
 2 (mollig) plump

Rund-: ~**reise** *die* [circular] tour (durch of); ~**schreiben** *das* ▸ Rundbrief; ~**weg** *der* circular path *or* walk

runter *Adv.* (ugs.) ~ [da]! get off [there]; *s. auch* herunter, hinunter

runter|scrollen *tr. auch itr. V.* (DV) scroll down

Runzel *die*; ~, ~n wrinkle

runzelig *Adj.* wrinkled

runzeln *tr. V.* die Stirn/die Brauen ~ wrinkle one's brow/knit one's brows; (ärgerlich) frown

runzlig *Adj.* ▸ runzelig

rupfen *tr. V.* **1** pluck ‹*goose, hen, etc.*›
 2 (abreißen) pull up ‹*weeds, grass*›; pull off ‹*leaves etc.*›

ruppig *Adj.* (abwertend) gruff ‹*person, behaviour*›; sharp ‹*tone*›; **er war** ~ **zu ihr** he was short with her; he snapped at her

Rüsche *die*; ~, ~n ruche; frill

Ruß *der*; ~**es** soot

Russe *der*; ~**n**, ~**n** Russian

Rüssel *der*; ~**s**, ~ (des Elefanten) trunk; (des Schweins) snout; (bei Insekten u. Ä.) proboscis

rußen *itr. V.* give off sooty smoke

Russin *die*; ~, ~**nen** Russian

russisch A *Adj.* Russian
 B *adv.* (auf ~) in Russian

Russisch *das*; ~[s] Russian

Russ·land, ******Ruß·land*** *(das)*; ~s Russia

rüsten *itr. V.* arm

rüstig *Adj.* sprightly; active

rustikal A *Adj.* country-style ‹*food, inn, clothes, etc.*›; rustic ‹*furniture*›
 B *adv.* in [a] country style

Rüstung *die*; ~, ~**en 1** armament *no art.*; (Waffen) arms *pl.*; weapons *pl.*
 2 (hist.) suit of armour

Rüstungs-: ~**industrie** *die* armaments *or* arms industry; ~**kontrolle** *die* arms control; ~**stopp** *der* arms freeze; ~**wettlauf** *der* arms race

Rute *die*; ~, ~**n** switch; (Birken~, Angel~, Wünschel~) rod

Rutsch *der* guten ~ [ins neue Jahr]! (ugs.) happy New Year!

Rutsch·bahn *die* slide

Rutsche *die*; ~, ~**n** chute

rutschen *itr. V.*; mit sein slide; ‹*clutch, carpet*› slip

rutschig *Adj.* slippery

rütteln *tr., itr. V.* shake

r

s

Ss

s¹, S /ɛs/ *das*; ~, ~; s/S

s² *Abk.* = **Sekunde** sec.; s.

s. *Abk.* = **siehe**

S *Abk.* **1** = **Süden** S.
 2 (österr.) = **Schilling** Sch.

S. *Abk.* = **Seite** p.

Sa. *Abk.* = **Samstag** Sat.

Saal *der*; ~**[e]s**, **Säle 1** hall; (Ballsaal) ballroom
 2 (Publikum) audience

Saar·land *das*; ~**[e]s** Saarland; Saar (esp. hist.)

Saat *die*; ~, ~**en 1** (das Gesäte) [young] crops *pl.*
 2 (das Säen) sowing
 3 (Samenkörner) seed[s *pl.*]

Säbel *der*; ~**s**, ~; sabre

Sabotage /zabo'taːʒə/ *die*; ~, ~n sabotage *no art.*
Sabotage·akt *der* act of sabotage
sabotieren *tr. V.* sabotage
Sach-: ~**bearbeiter** *der*, ~**bearbeiterin** *die* person responsible (für for); (Experte) specialist, expert (für on); ~**beschädigung** *die* (Rechtsw.) wilful damage to property; ~**buch** *das* [popular] non-fiction book; ~**bücher lesen** read non-fiction *sing.*
sach·dienlich *Adj.* useful
◆ **Sache** *die*; ~, ~n **1** things
　2 (Angelegenheit) matter; business (esp. derog.); **zur** ~ **kommen** come to the point
　3 (Rechtssache) case
　4 (Anliegen) cause
sach-, Sach-: ~**gebiet** *das* subject [area]; field; ~**gemäß**, ~**gerecht** **A** *Adj.* proper; correct **B** *adv.* properly; correctly; ~**kenntnis** *die* expertise; knowledge of the subject; ~**kundig** **A** *Adj.* with a knowledge of the subject *postpos., not pred.* **B** *adv.* expertly
sachlich **A** *Adj.* **1** (objektiv) objective; (nüchtern) functional ⟨*building, style, etc.*⟩; matter-of-fact ⟨*letter etc.*⟩
　2 (sachbezogen) factual ⟨*error*⟩
　B *adv.* **1** (objektiv) objectively; ⟨*state*⟩ as a matter of fact; (nüchtern) ⟨*furnished*⟩ in a functional style; ⟨*written*⟩ in a matter-of-fact way
　2 (sachbezogen) factually ⟨*wrong*⟩
sächlich *Adj.* (Sprachw.) neuter
Sachlichkeit *die*; ~; objectivity; (Nüchternheit) functionalism
Sach-: ~**register** *das* [subject] index; ~**schaden** *der* damage [to property] *no indef. art.*
Sachse *der*; ~n, ~n Saxon
Sachsen *(das)*; ~s Saxony
Sachsen-Anhalt *(das)*; ~s Saxony-Anhalt
Sächsin *die*; ~, ~nen Saxon
sacht, sachte **A** *Adj.* **1** (behutsam) gentle
　2 (leise) quiet
　B *adv.* **1** gently
　2 (leise) quietly
Sach-: ~**verhalt** *der*; ~~[e]s, ~~e facts *pl.* [of the matter]; ~**verstand** *der* expertise; grasp of the subject; ~**verständige** *der/die adj. Dekl.* expert
Sack *der*; ~[e]s, **Säcke** sack; (aus Papier, Kunststoff) bag
Sack-: ~**gasse** *die* cul-de-sac; ~**hüpfen** *das*; ~~~s sack race
Sadismus *der*; ~; sadism *no art.*
Sadist *der*; ~en, ~en, **Sadistin** *die*; ~, ~nen sadist
sadistisch **A** *Adj.* sadistic
　B *adv.* sadistically

säen *tr. (auch itr.) V.* sow
Saft *der*; ~[e]s, **Säfte** **1** juice
　2 (in Pflanzen) sap
saftig *Adj.* **1** juicy; sappy ⟨*stem*⟩; lush ⟨*meadow, green*⟩
　2 (ugs.) hefty ⟨*slap, blow*⟩; steep (infml) ⟨*prices, bill*⟩; crude ⟨*joke, song, etc.*⟩; strongly-worded ⟨*letter etc.*⟩
saft-, Saft-: ~**laden** *der* (salopp abwertend) lousy outfit (infml); ~**los** *Adj.* **1** juiceless
　2 (fig.) feeble, anodyne ⟨*language*⟩; ~- **und kraftlos** feeble; wishy-washy; (*adv.*) without any zest; ~**sack** *der* (derb abwertend) bastard (infml)
Sage *die*; ~, ~n legend; (bes. nordische) saga
Säge *die*; ~, ~n saw
Säge-: ~**blatt** *das* saw blade; ~**mehl** sawdust
◆ **sagen** **A** *tr. V.* **1** say; **was ich noch** ~ **wollte** [oh] by the way; **unter uns gesagt** between you and me
　2 (mitteilen) jmdm. etw. ~ say sth to sb; (zur Information) tell sb sth
　3 (nennen) **zu jmdm./etw. X** ~ call sb/sth X
　4 (anordnen, befehlen) tell
　B *refl. V.* **sich** *(Dat.)* **etw.** ~ say sth to oneself
sägen *tr., itr. V.* saw
Säge-: ~**späne** *Pl.* wood shavings; ~**werk** *das* sawmill
sah *1. u. 3. Pers. Sg. Prät. v.* **sehen**
Sahne *die*; ~; cream
◆ **Saison** /zɛˈzõː/ *die*; ~, ~s season
saisonal /zɛzoˈnaːl/ **A** *Adj.* seasonal
　B *adv.* ⟨*fluctuate*⟩ according to the season
Saite *die*; ~, ~n string
Saiten·instrument *das* stringed instrument
Sakko *der od. das*; ~s, ~s jacket
Sakrament *das*; ~[e]s, ~e sacrament
Sakristei *die*; ~, ~en sacristy
säkularisieren *tr. V.* secularize ⟨*property, art, etc.*⟩; deconsecrate ⟨*church*⟩
Salami *die*; ~, ~[s] salami
Salami·taktik *die* step-by-step policy
Salat *der*; ~[e]s, ~e **1** salad
　2 [grüner] ~ lettuce; **ein Kopf** ~ a [head of] lettuce
Salat-: ~**besteck** *das* salad servers *pl.*; ~**soße** *die* salad dressing
Salbe *die*; ~, ~n ointment
Salbei *der od. die*; ~; sage
Saldo *der*; ~s, ~s *od.* **Saldi** (Buchf., Finanzw.) balance
Säle ▸ **Saal**
Salmiak *der od. das*; ~; sal ammoniac
Salmonelle *die*; ~, ~n salmonella
Salon /zaˈlõː/ *der*; ~s, ~s **1** (Raum) drawing room
　2 (Geschäft) [hair *etc.*] salon
salopp **A** *Adj.* casual ⟨*clothes*⟩; informal ⟨*behaviour*⟩

◆ key word
* alte Schreibung—vgl. Hinweis auf S. x

S

B *adv.* ‹*dress*› casually

Salto *der*; ~s, ~s *od.* **Salti** somersault; (beim Turnen auch) salto

Salut *der*; ~[e]s, ~e (Milit.) salute; ~ schießen fire a salute

salutieren *itr. V.* (bes. Milit.) salute

Salut·schuss, ***Salut·schuß** *der* (Milit.) gun salute

Salve *die*; ~, ~n (Milit.) salvo; (aus Gewehren) volley

ℰ **Salz** *das*; ~es, ~e salt

salzen *tr. V.* salt

salzig *Adj.* salty

Salz-: ~**kartoffel** *die* boiled potato; ~**säure** *die* (Chemie) hydrochloric acid; ~**stange** *die* salt stick; ~**streuer** *der*; ~~s, ~~; salt sprinkler; salt shaker (AmE); ~**wasser** *das* **1** (zum Kochen) salted water **2** (Meerwasser) salt water

Sambia (*das*); ~s Zambia

Samen *der*; ~s, ~ **1** (Samenkorn) seed **2** (Samenkörner) seed[s *pl.*] **3** (Sperma) sperm; semen

Samen-: ~**bank** *die*; *Pl.* ~~en (Med., Tiermed.) sperm bank; ~**erguss**, *~**erguß** *der* ejaculation; ~**korn** *das* seed; ~**spender** *der* (Med.) sperm donor

Sammel-: ~**büchse** *die* collecting box; ~**mappe** *die* folder; file

ℰ **sammeln** **A** *tr. (auch itr.) V.* **1** collect; gather ‹*honey, firewood, fig.: experiences, impressions, etc.*›; gather, pick ‹*berries etc.*› **2** (zusammenkommen lassen) gather ‹*people*› [together]; assemble ‹*people*›; cause ‹*light rays*› to converge **B** *refl. V.* gather [together]

Sammler *der*; ~s, ~; collector

ℰ **Sammlung** *die*; ~, ~en **1** collection **2** [innere] ~ composure

ℰ **Samstag** *der*; ~[e]s, ~e Saturday; *s. auch* **Dienstag**

samstags *Adv.* on Saturdays

samt **A** *Präp.*; *mit Dat.* together with **B** *Adv.* ~ und sonders one and all

Samt *der*; ~[e]s, ~e velvet

samten *Adj.* velvet

Samt·handschuh *der* velvet glove; jmdn. mit ~en anfassen (fig.) handle sb with kid gloves

samtig *Adj.* velvety

ℰ **sämtlich** *Indefinitpron. u. unbest. Zahlwort* all the

Sand *der*; ~[e]s sand

Sandale *die*; ~, ~n sandal

Sand-: ~**bank** *die*; *Pl.* ~**bänke** sandbank; ~**dorn** *der*; *Pl.* ~~e (Bot.) hippophaë; [Echter] ~**dorn** sea buckthorn; ~**düne** *die* sand dune

sandig *Adj.* sandy

sand-, Sand-: ~**kasten** *der* [child's] sandpit; sandbox (AmE); ~**kuchen** *der* Madeira cake; ~**mann** *der*, ~**männchen** *das* sandman;

~**stein** *der* sandstone; ~**strahlen** *tr. V.* (Technik) sandblast; ~**strand** *der* sandy beach

sandte *1. u. 3. Pers. Sg. Prät. v.* **senden**[1], **senden**[2]

sanft **A** *Adj.* gentle; (leise) soft; (friedlich) peaceful **B** *adv.* gently; (leise) softly; (friedlich) peacefully

Sänfte *die*; ~, ~n litter; (geschlossen) sedan chair

Sanftheit *die*; ~; gentleness; (von Klängen, Licht, Farben) softness

Sanftmut *die*; ~; gentleness; mit ~ gently; (nachsichtig) leniently

sanftmütig **A** *Adj.* gentle; docile ‹*horse*› **B** *adv.* gently

Sanftmütigkeit *die*; ~; gentleness; (Fügsamkeit) docility

sang *1. u. 3. Pers. Sg. Prät. v.* **singen**

Sänger *der*; ~s, ~, **Sängerin** *die*; ~, ~**nen** singer

sanieren **A** *tr. V.* **1** redevelop ‹*area*›; rehabilitate ‹*building*›; (renovieren) renovate [and improve] ‹*flat etc.*› **2** (Wirtsch.) restore ‹*firm*› to profitability **B** *refl. V.* ‹*company etc.*› restore itself to profitability; ‹*person*› get oneself out of the red

Sanierung *die*; ~, ~en **1** ▸ sanieren **A1** redevelopment; rehabilitation; renovation **2** ▸ sanieren **A2** restoration to profitability

sanitär *Adj.* sanitary

Sanitäter *der*; ~s, ~, **Sanitäterin** *die*; ~, ~**nen** first-aid worker; (im Krankenwagen) ambulance worker

sank *1. u. 3. Pers. Sg. Prät. v.* **sinken**

Sanktion *die*; ~, ~en sanction

sanktionieren *tr. V.* sanction

Sanktionierung *die*; ~, ~en sanctioning *no indef. art.*

Saphir *der*; ~s, ~e sapphire

Sardelle *die*; ~, ~n anchovy

Sardine *die*; ~, ~n sardine

Sarg *der*; ~[e]s, **Särge** coffin

Sarkasmus *der*; ~; sarcasm

sarkastisch **A** *Adj.* sarcastic **B** *adv.* sarcastically

SARS, Sars /zars/ *das*; ~ SARS

saß *1. u. 3. Pers. Sg. Prät. v.* **sitzen**

Satan *der* (bibl.) Satan *no def. art.*

Satellit *der*; ~en, ~en satellite

Satelliten-: ~**aufnahme** *die* satellite photograph; ~**fernsehen** *das* satellite television; ~**navigation** *die* satellite navigation; ~**schüssel** *die* (ugs.) satellite dish; ~**technologie** *die* satellite technology

Satire *die*; ~, ~n satire

satirisch **A** *Adj.* satirical

B *adv.* satirically; with a satirical touch

satt *Adj.* **1** full [up] *pred.*; well-fed; **sich ~ essen/trinken** eat/drink as much as one wants; eat/drink one's fill
2 jmdn./etw. **~ haben** (ugs.) be fed up with sb/sth (infml)

Sattel *der*; **~s**, **Sättel** saddle

satteln A *tr. V.* saddle
B *itr. V.* saddle the/one's horse

sättigen *itr. V.* be filling

Sattler *der*; **~s**, **~**, **Sattlerin** *die*; **~**, **~nen** saddler; (allgemein) leather worker

◆ **Satz** *der*; **~es**, **Sätze 1** (sprachliche Einheit) sentence
2 (Musik) movement
3 (Tennis, Volleyball) set; (Tischtennis, Badminton) game
4 (Sprung) leap; jump
5 (Amtsspr.) (Tarif) rate
6 (Set) set
7 (Bodensatz) sediment; (von Kaffee) grounds *pl.*

Satz·glied *das*, **Satz·teil** *der* (Sprachw.) component part [of a/the sentence]

Satzung *die*; **~**, **~en** articles of association *pl.*; statutes *pl.*

Satz·zeichen *das* punctuation mark

Sau *die*; **~**, **Säue 1** (weibliches Schwein) sow
2 (bes. südd.) (Schwein) pig
3 die **~ rauslassen** (fig. ugs.) let one's hair down

sau-, **Sau-** (salopp) bloody ... (BrE sl.); damn ... (infml)

◆ **sauber A** *Adj.* **1** clean; etw. **~ machen** clean sth; **~ machen** (putzen) clean; do the cleaning
2 (sorgfältig) neat
B *adv.* **1** (sorgfältig) neatly
2 (fehlerlos) [sehr] **~** [quite] perfectly

Sauberkeit *die*; **~**; cleanness

säuberlich A *Adj.* neat
B *adv.* neatly; fein **~ geordnet/verpackt** usw. neatly arranged/packed etc.

*sauber|machen ▶ sauber A1

säubern *tr. V.* **1** clean
2 (befreien) clear, rid (von of); purge ‹party, government, etc.› (von of)

Säuberung *die*; **~**, **~en 1** cleaning
2 (Entfernung) purging
3 (Politik) purge; **ethnische ~** (verhüll.) ethnic cleansing

Säuberungs·aktion *die* (Politik) purge; clean-up operation

Sauce ▶ Soße

Saudi *der*; **~s**, **~s** Saudi

Saudi-Arabien *(das)* Saudi Arabia

sauer A *Adj.* **1** sour; pickled ‹herring, gherkin, etc.›; acid[ic] ‹wine, vinegar›; **saurer Regen** acid rain
2 (ugs.) (verärgert) cross, annoyed (auf + Akk. with)

B *adv.* in vinegar

Sauer·braten *der*: braised beef marinated in vinegar and herbs; sauerbraten (AmE)

Sauerei *die*; **~**, **~en** (salopp abwertend)
1 (Unflätigkeit) obscenity
2 (Gemeinheit) bloody scandal (infml)

Sauer-: **~kirsche** *die* sour cherry; **~kraut** *das* sauerkraut

säuerlich *Adj.* [leicht] **~** slightly sour; slightly sharp ‹sauce›

Sauer-: **~stoff** *der* oxygen; **~stoff·gerät** *das* oxygen apparatus; **~stoff·mangel** *der* lack of oxygen; **~teig** *der* leaven

saufen A *unr. itr. V.* (salopp) (trinken) drink; swig (infml); (Alkohol trinken) drink; booze (infml)
B *unr. tr. V.* (salopp) (trinken) drink

Säufer *der*; **~s**, **~** (salopp) boozer (infml)

säuft *3. Pers. Sg. Präsens v.* **saufen**

◆ **saugen A** *tr. V.* **1** *auch unr.* suck
2 *auch itr.* (staubsaugen) vacuum; hoover (infml)
B *regelm.* (auch unr.) *itr. V.* an etw. (Dat.) **~** suck [at] sth
C *unr.* (auch regelm.) *refl. V.* **sich voll etw. ~** become soaked with sth

säugen *tr. V.* suckle

Säuge·tier *das* (Zool.) mammal

Säugling *der*; **~s**, **~e** baby

Säuglings-: **~alter** *das* infancy; babyhood; **~pflege** *die* baby care

Säule *die*; **~**, **~n** column; (nur als Stütze) (auch fig.) pillar

Saum *der*; **~[e]s**, **Säume** hem

säumen *tr. V.* hem; (fig. geh.) line

säumig (geh.) *Adj.* tardy

Sauna *die*; **~**, **~s** *od.* **Saunen** sauna

Säure *die*; **~**, **~n 1** (von Früchten) sourness; (von Wein, Essig) acidity; (von Soßen) sharpness
2 (Chemie) acid

säure-: **~beständig** *Adj.* acid-resistant; **~frei** *Adj.* acid-free

Saure-gurken·zeit, Saure-Gurken-Zeit *die* (ugs.) silly season (BrE)

Saurier /'zaurɪɐ/ *der*; **~s**, **~**; large prehistoric reptile

Saus in **~ und Braus leben** live the high life

säuseln A *itr. V.* ‹leaves, branches, etc.› rustle; ‹wind› murmur
B *tr. V.* (iron.) (sagen) whisper

sausen *itr. V.* **1** ‹wind› whistle; ‹storm› roar; ‹head, ears› buzz
2 mit sein ‹person› rush; ‹vehicle› roar
3 mit sein ‹whip, bullet, etc.› whistle

sau-, **Sau-**: **~stall** *der* (fig. salopp abwertend) hole (infml); dump (infml); **~stark** *Adj.* (salopp) bloody brilliant (sl.); **~wetter** *das* (salopp abwertend) lousy weather (infml); **~wohl** *Adj.* **sich ~wohl fühlen** (salopp) feel bloody (BrE sl.) or (infml) damn good or great

Savanne /za'vanə/ *die*; **~**, **~n** savannah

Saxophon *das*; **~s**, **~e** saxophone

◆ key word
* old spelling—see note on page x

S

SB- /ɛsˈbeː-/ self-service *attrib.*

S-Bahn /ˈɛs-/ *die* city and suburban railway

Scanner /ˈskænɐ/ *der*; ~**s**, ~ (DV, Med., graf. Technik) scanner

Schabe *die*; ~, ~**n** cockroach

schaben *tr., itr. V.* scrape

Schaber *der*; ~**s**, ~; scraper

schäbig **A** *Adj.* **1** (abgenutzt) shabby **2** (jämmerlich, gering) pathetic **3** (gemein) shabby
  B *adv.* **1** (abgenutzt) shabbily **2** (jämmerlich) miserably **3** (gemein) meanly

Schablone *die*; ~, ~**n** pattern

Schach *das*; ~**s**, ~**s** **1** (Spiel) chess **2** (Stellung) check; jmdn./etw. in ~ halten (ugs. fig.) keep sb/sth in check

Schach-: ~**brett** *das* chessboard; ~**figur** *die* chess piece; ~**spiel** *das* **1** (Spiel) chess; (das Spielen) chess-playing **2** (Brett und Figuren) chess set

Schacht *der*; ~[e]s, **Schächte** shaft

Schachtel *die*; ~, ~**n** **1** box; eine ~ Zigaretten a packet *or* (AmE) pack of cigarettes **2** alte ~ (salopp abwertend) old bag (sl.)

✧ **schade** *Adj.* [ach, wie] ~! [what a] pity *or* shame; [es ist] ~ um jmdn./etw. it's a pity *or* shame about sb/sth; für jmdn./für *od.* zu etw. zu ~ sein be too good for sb/sth

Schädel *der*; ~**s**, ~; skull; (Kopf) head

Schädel·basis·bruch *der* (Med.) basal skull fracture

Schädel·bruch *der* (Med.) skull fracture

schaden *itr. V.* jmdn./einer Sache ~ damage *or* harm sb/sth

✧ **Schaden** *der*; ~**s**, **Schäden 1** damage *no pl., no indef. art.*; ein kleiner/großer ~ little/ major damage **2** (Nachteil) disadvantage

schaden-, Schaden-: ~**ersatz** *der* (Rechtsw.) damages *pl.*; ~**freude** *die* malicious pleasure; ~**froh** **A** *Adj.* gloating; ~**froh sein** gloat **B** *adv.* with malicious pleasure

schadhaft *Adj.* defective

Schadhaftigkeit *die*; ~; defectiveness

schädigen *tr. V.* damage <health, reputation, interests>; harm, hurt <person>; cause losses to <firm, industry, etc.>

Schädigung *die*; ~, ~**en** damage *no pl., no indef. art.* (Gen. to)

schädlich *Adj.* harmful

Schädling *der*; ~**s**, ~**e** pest

Schad·programm *das* (DV) malware *no art.*, malicious software *no art.*

Schad·stoff *der* harmful chemical

schadstoff·arm *Adj.* (bes. Kfz-W.) low in harmful substances *postpos.*; clean-exhaust *attrib.* <vehicle>

Schaf *das*; ~[e]s, ~**e 1** sheep **2** (ugs.) (Dummkopf) twit (BrE infml)

Schaf·bock *der* ram

Schäfchen *das*; ~**s**, ~; [little] sheep; (Lamm) lamb

Schäfchen·wolke *die* fleecy cloud

Schäfer *der*; ~**s**, ~; shepherd

Schäfer·hund *der* sheepdog; [deutscher] ~ Alsatian

Schäferin *die*; ~, ~**nen** shepherdess

Schaf·fell *das* sheepskin

✧ **schaffen** **A** *unr. tr. V.* **1** create **2** *auch regelm.* (herstellen) create <conditions, jobs, situation, etc.>; make <room, space, fortune>
  B *tr. V.* **1** (bewältigen) manage; es ~, etw. zu tun manage to do sth **2** (ugs.) (erschöpfen) wear out **3** etw. aus etw./in etw. (Akk.) ~ get sth out of/into sth
  C *itr. V.* **1** (südd.) (arbeiten) work **2** sich (Dat.) zu ~ machen busy oneself; jmdm. zu ~ machen cause sb trouble

Schaffner *der*; ~**s**, ~ (im Bus) conductor; (im Zug) guard (BrE); conductor (AmE)

Schaffnerin *die*; ~, ~**nen** (im Bus) conductress (BrE); (im Zug) guard (BrE); conductress (AmE)

Schaffung *die*; ~; creation

Schafott *das*; ~[e]s, ~**e** scaffold

Schafs·käse *der* sheep's milk cheese

Schaf·wolle *die* sheep's wool

Schakal *der*; ~**s**, ~**e** jackal

schal *Adj.* stale <drink, taste, smell, joke>; empty <words, feeling>

Schal *der*; ~**s**, ~**s** *od.* ~**e** scarf

Schale *die*; ~, ~**n 1** (Obstschale) skin; (abgeschälte ~) peel *no pl.* **2** (Nussschale, Eierschale) shell **3** (Schüssel) bowl; (flacher) dish **4** sich in ~ werfen *od.* schmeißen (ugs.) get dressed [up] to the nines

schälen **A** *tr. V.* peel <fruit, vegetable>; shell <egg, nut, pea>
  B *refl. V.* peel

Schall *der*; ~[e]s, ~**e** *od.* **Schälle** sound

Schall·dämpfer *der* **1** silencer **2** (Musik) mute

schall·dicht *Adj.* soundproof

schallen *regelm.* (auch unr.) *itr. V.* ring out; ~des Gelächter ringing laughter

Schall-: ~**geschwindigkeit** *die* speed *or* velocity of sound; ~**mauer** *die* sound *or* sonic barrier; ~**platte** *die* record

Schalotte *die*; ~, ~**n** shallot

schalt *1. u. 3. Pers. Sg. Prät. v.* schelten

schalten **A** *tr. V.* switch
  B *itr. V.* **1** (Schalter betätigen) switch, turn (auf + Akk. to) **2** <machine> switch (auf + Akk. to) **3** (im Auto) change [gear] **4** ~ und walten manage one's affairs **5** (ugs.) (begreifen) twig (infml); catch on (infml)

S

Schalter *der*; ~s, ~ **1** switch
2 (Post-, Bankschalter usw.) counter
Schalter-: ~**beamte** *der*, ~**beamtin**
die counter clerk; (im Bahnhof) ticket clerk;
~**halle** *die* hall; (im Bahnhof) booking hall
(BrE); ticket office
Schalt·jahr *das* leap year
Schaltung *die*; ~, ~en (Elektrot.) circuit;
wiring system
Scham *die*; ~; shame
schämen *refl. V.* be ashamed (*Gen.*, für, wegen of)
Scham·gefühl *das* sense of shame
schamhaft **A** *Adj.* bashful
B *adv.* bashfully
scham·los **A** *Adj.* **1** (skrupellos, dreist) shameless
2 (unanständig) indecent; shameless <*person*>
B *adv.* **1** (skrupellos, dreist) shamelessly
2 (unanständig) indecently
Schampon *das*; ~s, ~s ▶ Shampoo
schamponieren *tr. V.* shampoo
Schande *die*; ~; disgrace
schändlich **A** *Adj.* disgraceful
B *adv.* disgracefully
Schändlichkeit *die*; ~; disgrace
Schar *die*; ~, ~en crowd; horde
scharen·weise *Adv.* in swarms *or* hordes
✐ **scharf; schärfer, schärfst...** **A** *Adj.*
1 sharp
2 (stark gewürzt, brennend, stechend) hot; strong
<*drink, vinegar, etc.*>; caustic <*chemical*>;
pungent <*smell*>
3 (durchdringend) shrill; (hell) harsh; (kalt)
biting <*cold, wind, etc.*>; sharp <*frost*>
4 (deutlich wahrnehmend) keen
5 (schnell) fast; hard <*ride, gallop, etc.*>
6 (explosiv) live; (Ballspiele) powerful <*shot*>
7 das ~e **S** (bes. österr.) the letter 'ß'
8 ~ auf jmdn./etw. sein (ugs.) really fancy sb
(infml) /be really keen on sth
B *adv.* **1** ~ würzen/abschmecken season/
flavour highly; ~ riechen smell pungent
2 (durchdringend) shrilly; (hell) harshly; (kalt)
bitingly
3 (deutlich wahrnehmend) <*listen, watch, etc.*>
closely, intently; <*think, consider, etc.*> hard
4 (deutlich hervortretend) sharply
5 (schonungslos) <*attack, criticize, etc.*> sharply,
strongly; <*watch, observe, etc.*> closely
6 (schnell) fast; ~ bremsen brake hard *or*
sharply
Schärfe *die*; ~ **1** sharpness
2 (von Geschmack) hotness; (von Chemikalien)
causticity; (von Geruch) pungency
3 (Intensität) shrillness; (des Frostes) sharpness
schärfen **A** *tr. V.* (auch fig.) sharpen
B *refl. V.* become sharper *or* keener
scharf-, Scharf-: ~**kantig** *Adj.* sharp-
edged; ~**macher** *der* (ugs.) rabble-rouser;

~**macherei** *die*; ~~, ~~en (ugs.) rabble-
rousing; ~**macherin** *die* ▶ Scharfmacher;
~**sichtig** *Adj.* sharp-sighted; perspicacious;
~**sinn** *der* astuteness; ~**sinnig** **A** *Adj.*
astute **B** *adv.* astutely
Scharlach *der*; ~s (Med.) scarlet fever
Scharlatan *der*; ~s, ~e (abwertend)
charlatan
Scharnier *das*; ~s, ~e hinge
scharren **A** *itr. V.* **1** scrape
2 (wühlen) scratch
B *tr. V.* scrape, scratch out <*hole, hollow,
etc.*>
Schaschlik *der od. das*; ~s, ~s (Kochk.)
shashlik
Schatten *der*; ~s, ~ **1** shadow
2 (schattiger Bereich) shade
Schatten-: ~**kabinett** *das* (Politik) shadow
cabinet; ~**riss**, ***~**riß** *der* silhouette;
~**seite** *die* shady side; die ~seiten des
Lebens kennen lernen (fig.) get to know the
dark side of life
schattig *Adj.* shady
Schatz *der*; ~es, **Schätze** treasure *no indef.
art.*
✐ **schätzen** **A** *tr. V.* **1** estimate; sich glücklich
~ deem oneself lucky
2 (ugs.) (annehmen) reckon
3 (würdigen, hoch achten) jmdn. ~ hold sb in
high esteem
B *itr. V.* guess
Schätzung *die*; ~, ~en estimate
Schätz·wert *der* estimated value
Schau *die*; ~, ~en **1** (Ausstellung) exhibition
2 (Vorführung) show
3 zur ~ stellen (ausstellen) exhibit; display;
(offen zeigen) display
Schauder *der*; ~s, ~; shiver
schauderhaft **A** *Adj.* terrible
B *adv.* terribly
schaudern *itr. V.* **1** (vor Kälte) shiver
2 (vor Angst) shudder
✐ **schauen** (bes. südd., österr., schweiz.) **A** *itr. V.*
1 look
2 (sich kümmern um) nach jmdm./etw. ~ take *or*
have a look at sb/sth
3 (achten) auf etw. (*Akk.*) ~ set store by sth
4 (ugs.) (sich bemühen) schau, dass du ... see *or*
mind that you ...
5 (nachsehen) have a look
B *tr. V.* Fernsehen ~ watch television
Schauer *der*; ~s, ~; shower
Schauer·geschichte *die* horror story
schauerlich **A** *Adj.* **1** horrifying
2 (ugs.) (fürchterlich) terrible (infml)
B (ugs.) (fürchterlich) terribly (infml)
Schaufel *die*; ~, ~n shovel; (Kehr~) dustpan
schaufeln *tr. V.* shovel; (graben) dig
Schau·fenster *das* shop window
Schaufenster-: ~**bummel** *der* einen
~bummel machen go window shopping;

✐ key word
* alte Schreibung—vgl. Hinweis auf S. x

S

~**einbruch** *der* raid on a shop window

Schaukel *die*; ~, ~**n 1** swing
2 (Wippe) see-saw

schaukeln A *itr. V.* **1** swing; (im Schaukelstuhl) rock
2 (sich hin und her bewegen) sway [to and fro]; (sich auf und ab bewegen) <*ship, boat*> pitch and toss; <*vehicle*> bump [up and down]
B *tr. V.* rock

Schaukel-: ~**pferd** *das* rocking horse; ~**stuhl** *der* rocking chair

Schau·lustige *der/die adj. Dekl.* curious onlooker

Schaum *der*; ~**s**, **Schäume 1** foam; (von Seife usw.) lather; (von Getränken, Suppen usw.) froth
2 (Geifer) foam; froth

schäumen *itr. V.* foam; froth; <*soap etc.*> lather; <*beer, fizzy drink, etc.*> froth [up]

Schaum·gummi *der* foam rubber

schaumig *Adj.* frothy; **Butter und Zucker** ~ **rühren** beat butter and sugar until fluffy

Schaum-: ~**schläger** *der* (abwertend) boaster; ~**schlägerei** *die* (abwertend) boasting; ~**schlägerin** *die*
▸ Schaumschläger; ~**stoff** *der* [plastic] foam; ~**wein** *der* sparkling wine

Schau·platz *der* scene

schaurig *Adj.* (furchtbar) dreadful; frightful; (unheimlich) eerie

Schau-: ~**spiel** *das* **1** (Drama) drama *no art.*
2 (ernstes Stück) play **3** (geh.) (Anblick) spectacle; ~**spieler** *der* actor; ~**spielerin** *die* actress; ~**steller** *der*; ~~**s**, ~~; showman; ~**stellerin** *die*; ~~, ~~**nen** show-woman

Scheck *der*; ~**s**, ~**s** cheque

Scheck-: ~**heft** *das* chequebook; ~**karte** *die* cheque card

scheel (ugs.) A *Adj.* disapproving; (neidisch) envious; jealous
B *adv.* disapprovingly; (neidisch) enviously; jealously

scheffeln *tr. V.* (ugs.) rake in (infml)

Scheibe *die*; ~, ~**n 1** disc
2 (abgeschnittene ~) slice
3 (Glasscheibe) pane [of glass]; (Fensterscheibe) [window] pane

Scheiben-: ~**bremse** *die* disc brake; ~**wasch·anlage** *die* (Kfz-W.) windscreen washer system *or* unit; ~**wischer** *der* windscreen wiper

Scheide *die*; ~, ~**n 1** sheath
2 (Anat.) vagina

scheiden *unr. tr. V.* dissolve <*marriage*>; divorce <*married couple*>; **sich** ~ **lassen** get divorced *or* get a divorce

Scheidung *die*; ~, ~**en** divorce

Schein *der*; ~**[e]s**, ~**e 1** (Lichtschein) light
2 (Anschein) appearances *pl.*, *no art.*; (Täuschung) pretence; **etw. nur zum** ~ **tun** [only] pretend to do sth; make a show of doing sth

3 (Geldschein) note

scheinbar A *Adj.* apparent; seeming
B *adv.* seemingly

⚜ **scheinen** *unr. itr. V.* **1** shine
2 (den Eindruck erwecken) seem; appear; **mir scheint, [dass]** ... it seems *or* appears to me that ...

schein-, Schein-: ~**heilig** A *Adj.* hypocritical B *adv.* hypocritically; ~**heiligkeit** *die* hypocrisy; ~**tot** *Adj.*
1 (Med.) apparently *or* seemingly dead
2 (salopp) (sehr alt) with one foot in the grave *postpos.*; ~**werfer** *der* floodlight; (am Auto) headlight; ~**werfer·licht** *das* floodlight; (des Autos) headlights *pl.*; (im Theater, Museum usw.) spotlight [beam]

Scheiße *die*; ~ (derb) shit (coarse); crap (coarse)

scheiß·egal *Adj.* (derb) ~ **sein** not matter a damn (sl.); **das ist mir** ~ I don't give a damn (sl.) *or* (coarse) shit

scheißen *unr. itr. V.* (derb) [have *or* (AmE) take a] shit (coarse); crap (coarse); have a crap (coarse)

Scheiß·kerl *der* (derb) bastard (infml)

Scheitel *der*; ~**s**, ~; parting

scheiteln *tr. V.* part <*hair*>

⚜ **scheitern** *itr. V.*; *mit sein* fail; <*talks, marriage*> break down; <*plan, project*> fail, fall through

Schelle *die*; ~, ~**n** bell

schellen *itr. V.* (westd.) ▸ klingeln

Schell·fisch *der* haddock

Schelm *der*; ~**[e]s**, ~**e** rascal; rogue

schelmisch A *Adj.* roguish
B *adv.* roguishly

Schelte *die*; ~, ~**n** (geh.) scolding

schelten (südd., geh.) A *unr. itr. V.* **auf** *od.* **über jmdn./etw.** ~ moan about sb/sth
B *unr. tr. V.* scold

Schema *das*; ~**s**, ~**s** *od.* ~**ta** *od.* **Schemen** pattern

schematisch A *Adj.* **1** diagrammatic
2 (mechanisch) mechanical
B *adv.* **1** in diagram form
2 (mechanisch) mechanically

Schemel *der*; ~**s**, ~ **1** stool
2 (südd.) (Fußbank) footstool

Schenkel *der*; ~**s**, ~; thigh

schenken *tr. V.* **1** give; **jmdm. etw. [zum Geburtstag]** ~ give sb sth *or* sth to sb [as a birthday present *or* for his/her birthday]
2 (ugs.) (erlassen) **jmdm./sich etw.** ~ spare sb/oneself sth

scheppern *itr. V.* (ugs.) clank

Scherbe *die*; ~, ~**n** fragment

Schere *die*; ~, ~**n 1** scissors *pl.*; **eine** ~ a pair of scissors
2 (Zool.) claw

scheren¹ *unr. tr. V.* crop; (von Haar befreien) shear, clip <*sheep*>

S

scheren² *tr., refl. V.* **sich um jmdn./etw. nicht** ~ not care about sb/sth

Scherereien *Pl.* (ugs.) trouble *no pl.*

Scherz *der*; ~es, ~e joke

scherzen *itr. V.* joke

scherzhaft **A** *Adj.* jocular
B *adv.* jocularly

scheu **A** *Adj.* shy; timid <*animal*>; (ehrfürchtig) awed
B *adv.* shyly; (von Tieren) timidly

Scheu *die*; ~ **1** shyness; (Ehrfurcht) awe
2 (von Tieren) timidity

scheuchen *tr. V.* shoo; drive

scheuen **A** *tr. V.* shrink from; shun <*people, light, company, etc.*>
B *refl. V.* **sich vor etw.** (*Dat.*) ~ be afraid of *or* shrink from sth
C *itr. V.* <*horse*> shy (**vor** + *Dat.* at)

scheuern **A** *tr., itr. V.* **1** (reinigen) scour; scrub
2 (reiben) rub; chafe
B *tr. V.* (reiben an) rub

Scheuer-: ~**pulver** *das* scouring powder; ~**tuch** *das*; *Pl.* ~**tücher** scouring cloth

Scheune *die*; ~, ~n barn

Scheusal *das*; ~s, ~e monster

scheußlich **A** *Adj.* **1** dreadful
2 (ugs.) (äußerst unangenehm) dreadful (infml); ghastly (infml) <*weather, taste, smell*>
B *adv.* **1** dreadfully
2 (ugs.) (sehr) dreadfully (infml)

Scheußlichkeit *die*; ~, ~en
1 dreadfulness
2 (etw. Scheußliches) dreadful thing

Schi *usw.* ▸ **Ski** *usw.*

Schicht *die*; ~, ~en **1** (Lage) layer; (Geol.) stratum; (von Farbe) coat; (sehr dünn) film
2 (Gesellschaftsschicht) stratum
3 (Arbeitsschicht) shift; ~ **arbeiten** work shifts; be on shift work

Schicht·arbeit *die* shift work

schichten *tr. V.* stack

schick **A** *Adj.* **1** stylish; chic <*clothes, fashions*>; smart <*woman, girl, man*>
2 (ugs.) (großartig, toll) great (infml); fantastic (infml)
B *adv.* stylishly; smartly <*furnished, decorated*>

⚬ **schicken** **A** *tr. V.* send; **jmdm. etw.** ~, **etw. an jmdn.** ~ send sth to sb; send sb sth
B *itr. V.* **nach jmdm.** ~ send for sb
C *refl. V.* (veralt.) (sich ziemen) be proper *or* fitting

Schickeria *die*; ~ (ugs.) smart set

Schicksal *das*; ~s, ~e; [das] ~ fate; destiny; (schweres Los) fate

Schicksals·schlag *der* stroke of fate

Schiebe·dach *das* sunroof

⚬ **schieben** **A** *unr. tr. V.* **1** push
2 (stecken) put
3 etw. auf jmdn./etw. ~ blame sb/sth for sth
B *unr. refl. V.* **sich durch die Menge** ~ push one's way through the crowd
C *unr. itr. V.* push; (heftig) shove

Schiebe·tür *die* sliding door

Schiebung *die*; ~, ~en (ugs.) **1** shady deal
2 (Begünstigung) pulling strings

schied *1. u. 3. Pers. Sg. Prät. v.* **scheiden**

Schieds·richter *der*, **Schieds·richterin** *die* referee; (Tennis, Hockey, Kricket) umpire

schief **A** *Adj.* **1** (schräg) leaning <*wall, fence, post*>; (nicht parallel) crooked; sloping <*surface*>; worn[-down] <*heels*>
2 (fig.) (verzerrt) distorted <*picture, presentation, view, impression*>; false <*comparison*>
B *adv.* **1** (schräg) **das Bild hängt/der Teppich liegt** ~ the picture/carpet is crooked; **der Tisch steht** ~ the table isn't level
2 (fig.) (verzerrt) **etw.** ~ **darstellen** give a distorted account of sth
3 ~ **gehen** *od.* **laufen** (ugs.) go wrong

Schiefer *der*; ~s (Gestein) slate

****schief|gehen**, ****schief|laufen** ▸ schief B3

schielen *itr. V.* **1** squint; **auf dem rechten Auge** ~ have a squint in one's right eye
2 (ugs.) (blicken) look out of the corner of one's eye

schien *1. u. 3. Pers. Sg. Prät. v.* **scheinen**

Schien·bein *das* shin bone

Schiene *die*; ~, ~n **1** rail
2 (Gleitschiene) runner
3 (Med.) (Stütze) splint

schienen *tr. V.* **jmds. Arm/Bein** ~ put sb's arm/leg in a splint/splints

⚬ **schießen** **A** *unr. itr. V.* **1** shoot; **auf jmdn./etw.** ~ shoot/fire at sb/sth
2 mit sein (strömen) gush; (spritzen) spurt
3 mit sein (schnell wachsen) shoot up
B *unr. tr. V.* **1** shoot; fire <*bullet, missile, rocket*>
2 (Fußball) score <*goal*>
3 (ugs.) (fotografieren) **einige Aufnahmen** ~ take a few snaps

Schießerei *die*; ~, ~en **1** shooting *no indef. art., no pl.*
2 (Schusswechsel) gun battle

⚬ **Schiff** *das*; ~[e]s, ~e **1** ship; **mit dem** ~ by ship *or* sea
2 (Archit.) (Mittelschiff) nave; (Querschiff) transept; (Seitenschiff) aisle

****Schiffahrt** ▸ Schifffahrt

schiffbar *Adj.* navigable

Schiff-: ~**bau** *der* shipbuilding *no art.*; ~**bruch** *der* (veralt.) shipwreck; [mit etw.] ~**bruch erleiden** (fig.) fail [in sth]; ~**brüchige** *der/die adj. Dekl.* shipwrecked man/woman

Schiffer *der*; ~s, ~, **Schifferin** *die*; ~, ~**nen** boatman/boatwoman; (eines Lastkahns)

⚬ key word
* old spelling—see note on page x

bargee; (Kapitän[in]) skipper
Schiff·fahrt die shipping no indef. art.;
(Schifffahrtskunde) navigation
Schiffs-: ~**arzt** der ship's doctor; ~**brücke**
die pontoon bridge; ~**junge** der ship's boy;
~**reise** die voyage; (Vergnügungsreise) cruise;
~**verkehr** der shipping traffic
Schikane die; ~, ~**n 1** harassment no indef.
art.
2 mit allen ~**n** (ugs.) <kitchen, house> with
all mod cons (BrE infml); <car, bicycle, stereo>
with all the extras
schikanieren tr. V. harass
Schild¹ der; ~[e]s, ~e shield
Schild² das; ~[e]s, ~er sign; (Nummernschild)
number plate; (Namensschild) nameplate; (auf
Denkmälern, Gebäuden usw.) plaque; (Etikett) label
Schild·drüse die (Med.) thyroid [gland]
schildern tr. V. describe
Schild·kröte die tortoise; (Meeresschildkröte)
turtle
Schilf das; ~[e]s **1** reed
2 (Röhricht) reeds pl.
schillern itr. V. shimmer
Schilling der; ~**s**, ~**e** schilling
schilt 3. Pers. Sg. Präsens v. **schelten**
Schimmel der; ~**s**, ~ **1** mould; (auf Leder,
Papier) mildew
2 (Pferd) white horse
schimmelig Adj. mouldy; mildewy <paper,
leather>
schimmeln itr. V.; auch mit sein go mouldy;
<leather, paper> get covered with mildew
Schimmel·pilz der mould
Schimmer der; ~**s** (Schein) gleam; (von Seide)
shimmer; sheen; **keinen** ~ **[von etw.] haben**
(ugs.) not have the faintest idea [about sth]
(infml)
schimmern itr. V. gleam; <water, sea>
glisten; shimmer; <metal> glint, gleam; <silk
etc.> shimmer
schimmlig ▸ schimmelig
Schimpanse der; ~**n**, ~**n** chimpanzee
schimpfen ▪ itr. V. **1** carry on (infml) (auf,
über + Akk. about); (meckern) grumble, moan
(auf, über + Akk. at)
2 mit jmdm. ~ tell sb off; scold sb
▪ tr. V. jmdn. ~ tell sb off
Schimpf·wort das; Pl. **Schimpf·wörter**
(Beleidigung) insult; (derbes Wort) swear word
schinden unr. tr. V. maltreat; ill-treat; **Zeit** ~
(ugs.) play for time
Schinderei die; ~, ~**en** (Strapaze, Qual)
struggle; (Arbeit) toil
Schinken der; ~**s**, ~; ham
Schinken·speck der bacon
Schippe die; ~, ~**n** (Schaufel) shovel
Schirm der; ~[e]s, ~**e** umbrella; brolly
(BrE infml); (Sonnenschirm) sunshade
Schirm-: ~**herr** der patron; ~**herrin** die
patroness; ~**herrschaft** die patronage;

~**ständer** der umbrella stand
schiss, *schiß 1. u. 3. Pers. Sg. Prät. v.
scheißen
Schlacht die; ~, ~**en** battle
schlachten tr. (auch itr.) V. slaughter; kill
<rabbit, chicken, etc.>
Schlachter der; ~**s**, ~ (nordd.) butcher
Schlachterei die; ~, ~**en** (nordd.) butcher's
[shop]
Schlacht-: ~**feld** das battlefield; ~**hof** der
abattoir; ~**tier** das animal kept for meat;
(kurz vor der Schlachtung) animal for slaughter
Schlachtung die; ~, ~**en** slaughter[ing]
Schlacht·vieh das animals pl. kept for
meat; (kurz vor der Schlachtung) animals pl. for
slaughter
Schlacke die; ~, ~**n** cinders pl.; (Hochofen~)
slag
Schlaf der; ~[e]s sleep; **einen leichten/
festen/gesunden** ~ **haben** be a light/heavy/
good sleeper
Schlaf·anzug der pyjamas pl.
Schläfchen das; ~**s**, ~; nap; snooze (infml)
Schläfe die; ~, ~**n** temple
🔹 **schlafen** unr. itr. V. **1** (auch fig.) sleep; **tief** od.
fest ~ be sound asleep; **lange** ~ sleep for
a long time; (am Morgen) sleep in; ~ **gehen**
go to bed
2 (ugs.) (nicht aufpassen) be asleep
Schläfer der; ~**s**, ~, **Schläferin** die; ~,
~**nen** sleeper
schlaff ▪ Adj. **1** slack; flabby <stomach,
muscles>
2 (schlapp, matt) limp <body, hand, handshake>;
shaky <knees>
▪ adv. **1** slackly
2 (schlapp, matt) limply
Schlaf-: ~**gelegenheit** die place to sleep;
~**mittel** das sleep-inducing drug
schläfrig ▪ Adj. sleepy
▪ adv. sleepily
Schläfrigkeit die; ~; sleepiness
Schlaf-: ~**saal** der dormitory; ~**sack**
sleeping bag
schläft 3. Pers. Sg. Präsens v. **schlafen**
Schlaf-: ~**tablette** die sleeping pill;
~**wagen** der sleeping car; sleeper
🔹 **Schlaf·zimmer** das bedroom
Schlag der; ~[e]s, **Schläge 1** blow; (Faust~)
punch; (Klaps) slap; (Tennis, Golf) stroke; shot;
~ **auf** ~ (fig.) in quick succession
2 (Aufprall) bang; (dumpf) thud; (Klopfen) knock
3 (des Herzens, Pulses) beating; (eines Pendels)
swinging
4 (einzelne rhythmische Bewegung) beat; (eines
Pendels) swing
5 (Töne) (einer Uhr) striking; (einer Glocke)
ringing
6 (einzelner Ton) (Stundenschlag) stroke;
(Glockenschlag) ring; ~ **acht Uhr** on the stroke
of eight
schlag-, Schlag-: ~**ader** die artery;

S

~**anfall** *der* stroke; ~**artig** Ⓐ *Adj.*
very sudden Ⓑ *adv.* quite suddenly;
~**baum** *der* barrier; ~**bohrer** *der*,
~**bohr·maschine** *die* percussion drill;
hammer drill

⚡ **schlagen** Ⓐ *unr. tr. V.* **1** hit; beat; strike; (mit
der Faust) punch; hit; (mit der flachen Hand) slap
2 (mit Richtungsangabe) hit ‹*ball*›; **einen Nagel
in etw.** (*Akk.*) ~ knock a nail into sth
3 (rühren) beat ‹*mixture*›; whip ‹*cream*›; (mit
einem Schneebesen) whisk
4 (läuten) ‹*clock*› strike; ‹*bell*› ring
5 (legen) throw
6 (einwickeln) wrap (**in** + *Akk.* in)
7 (besiegen, übertreffen) beat
Ⓑ *unr. itr. V.* **1 er schlug mit der Faust auf
den Tisch** he beat the table with his fist
2 mit den Flügeln ~ ‹*bird*› beat or flap its
wings
3 *mit sein* (prallen) bang; **mit dem Kopf auf
etw.** (*Akk.*) /**gegen etw.** ~ bang one's head
on/against sth
4 *mit sein* jmdm. **auf den Magen** ~ affect
sb's stomach
5 (pulsieren) ‹*heart, pulse*› beat; (heftig)
‹*heart*› pound; ‹*pulse*› throb
6 (läuten) ‹*clock*› strike; ‹*bell*› ring
Ⓒ *unr. refl. V.* fight; **sich mit jmdm.** ~ fight
with sb

Schlager *der*; ~**s**, ~ **1** pop song
2 (Erfolg) (Buch) best seller; (Ware) best-
selling line; (Film, Stück, Lied) hit

Schläger *der*; ~**s**, ~ **1** (Raufbold) tough; thug
2 (Tennis, Federball, Squash) racket; (Tischtennis,
Kricket) bat; ([Eis]hockey, Polo) stick; (Golf) club

Schlägerei *die*; ~, ~**en** brawl; fight

Schlägerin *die*; ~, ~**nen** ▸ Schläger 1

Schlager·sänger *der*, **Schlager·sängerin**
die pop singer

schlag-, Schlag-: ~**fertig** *Adj.* quick-
witted ‹*reply*›; ‹*person*› who is quick at
repartee; ~**fertigkeit** *die* quickness at
repartee; ~**licht** *das* (Kunst, Fot.) shaft of
light; **ein** ~**licht auf etw. werfen** highlight
sth; ~**loch** *das* pothole; ~**obers** *das*; ~~
(österr.), ~**rahm** *der* (bes. südd., österr., schweiz.),
~**sahne** *die* whipping cream; (geschlagen)
whipped cream; ~**seite** *die* list; [**starke** *od.*
schwere] ~**seite haben/bekommen** be listing
[heavily] *or* have a [heavy] list/develop a
[heavy] list; ~**stock** *der* cudgel; (für Polizei)
truncheon; ~**wort** *das* **1** *Pl.* meist ~~**e**
(Parole) slogan; catchphrase **2** *Pl.* ~**wörter**
(Buchw.) (Stichwort) headword; ~**zeile** *die*
headline; ~**zeug** *das* drums *pl.*

schlaksig *Adj.* (ugs.) gangling; lanky

Schlamassel *der od. das*; ~**s** (ugs.) mess

Schlamm *der*; ~[**e**]**s**, ~**e** *od.* **Schlämme**
1 mud
2 (Schlick) sludge

⚡ key word
* alte Schreibung—vgl. Hinweis auf S. x

schlammig *Adj.* **1** muddy
2 (schlickig) sludgy; muddy

Schlamperei *die*; ~, ~**en** (ugs. abwertend)
sloppiness

schlampig (ugs. abwertend) Ⓐ *Adj.* **1** (liederlich)
slovenly
2 (nachlässig) sloppy, slipshod ‹*work*›
Ⓑ *adv.* **1** (liederlich) in a slovenly way
2 (nachlässig) sloppily

schlang *1. u. 3. Pers. Sg. Prät. v.* schlingen

Schlange *die*; ~, ~**n 1** snake
2 (Warteschlange) queue; line (AmE); ~ **stehen**
queue; stand in line (AmE)
3 (Autoschlange) tailback (BrE); backup (AmE)

schlängeln *refl. V.* ‹*snake*› wind [its way];
‹*road*› wind, snake [its way]

Schlangen·linie *die* wavy line

schlank *Adj.* slim ‹*person*›; slim, slender
‹*build, figure*›

Schlankheit *die*; ~ ▸ schlank slimness;
slenderness

Schlankheits·kur *die* slimming diet

schlapp *Adj.* **1** worn out; tired out; (wegen
Schwüle) listless; (wegen Krankheit) run-down
2 (ugs.) (ohne Schwung) wet (infml); feeble
3 slack ‹*rope, cable*›; loose ‹*skin*›; flabby
‹*stomach, muscles*›

Schlappe *die*; ~, ~**n** setback

schlapp|machen *itr. V.* (ugs.) flag;
(zusammenbrechen) flake out (infml); (aufgeben)
give up

Schlaraffen·land *das*; ~[**e**]**s** Cockaigne

schlau Ⓐ *Adj.* **1** shrewd; astute; (gerissen)
wily; crafty; cunning
2 (ugs.) (gescheit) clever; bright; smart; **aus
jmdm. nicht** ~ **werden** (ugs.) not be able to
make sb out
Ⓑ *adv.* shrewdly; astutely; (gerissen) craftily;
cunningly

Schlauch *der*; ~[**e**]**s**, **Schläuche 1** hose
2 (im Reifen) tube

Schlauch·boot *das* rubber dinghy;
inflatable [dinghy]

schlauchen *tr. V., auch itr. V.* (ugs.) jmdn. ~
take it out of sb

schlauch·los *Adj.* tubeless ‹*tyre*›

Schläue *die*; ~; shrewdness; astuteness;
(Gerissenheit) wiliness; craftiness; cunning

Schlaufe *die*; ~, ~**n** loop

⚡ **schlecht** Ⓐ *Adj.* **1** bad; poor, bad ‹*food,
quality, style, harvest, health, circulation*›;
poor ‹*salary, eater, appetite*›; poor-quality
‹*goods*›; bad, weak ‹*eyes*›; **um jmdn./mit etw.
steht es** ~ sb/sth is in a bad way; **jmdn.** ~
machen run sb down; disparage sb
2 (böse) bad; wicked
3 (ungenießbar) off; **das Fleisch ist** ~ **geworden**
the meat has gone off
Ⓑ *adv.* **1** badly; **er sieht/hört** ~ his sight is
poor/he has poor hearing; **über jmdn.** *od.*
von jmdm. ~ **sprechen** speak ill of sb; ~
bezahlt badly *or* poorly paid

2 (schwer) **heute geht es ~** today is difficult
3 **~ und recht, mehr ~ als recht** after a fashion
schlecht-: ***~bezahlt** ▶ schlecht B1; *~**|gehen** ▶ gehen A9; *~**gelaunt** ▶ gelaunt
Schlechtigkeit *die;* ~; badness; wickedness
***schlecht|machen** ▶ schlecht A1
schlecken (bes. südd., österr.) *tr. V.* lap up
schleichen Ⓐ *unr. itr. V.; mit sein* creep; (heimlich) creep; sneak; ‹*cat*› slink, creep; (langsam fahren) crawl along
Ⓑ *unr. refl. V.* creep; sneak; ‹*cat*› slink, creep
schleichend *Adj.* insidious ‹*disease*›; slow[-acting] ‹*poison*›; creeping ‹*inflation*›; gradual ‹*crisis*›
Schleich·werbung *die* surreptitious advertising
Schleier *der;* ~s, ~; veil
schleier·haft *Adj.* jmdm. ~ **sein/bleiben** be/remain a mystery to sb
Schleife *die;* ~, ~n **1** bow; (Fliege) bow tie
2 (starke Biegung) loop
schleifen¹ *unr. tr. V.* grind; cut ‹*diamond, glass*›; sand; (schärfen) sharpen
schleifen² Ⓐ *tr. V.* **1** (auch fig.) drag
2 (niederreißen) raze ‹*sth*› [to the ground]
Ⓑ *itr. V.; auch mit sein* drag; **die Kupplung ~ lassen** (Kfz-W.) slip the clutch
Schleim *der;* ~[e]s, ~e mucus; (im Hals) phlegm; (von Schnecken) slime
schleimig *Adj.* (auch fig.) slimy; (Physiol., Zool.) mucous
schlemmen *itr. V.* have a feast
Schlemmer *der;* ~s, ~; gourmet
schlendern *itr. V.; mit sein* stroll
Schlenker *der;* ~s, ~ (ugs.) swerve; **einen ~ machen** swerve
schlenkern *tr., itr. V.* swing; **mit den Armen ~** swing one's arms
Schleppe *die;* ~, ~n train
schleppen Ⓐ *tr. V.* **1** (ziehen) tow ‹*vehicle, ship*›
2 (tragen) carry; lug
3 (ugs.) (mitnehmen) drag
Ⓑ *refl. V.* drag *or* haul oneself
schleppend *Adj.* (nicht zügig) slow
Schlepper *der;* ~s, ~ **1** (Schiff) tug
2 (Traktor) tractor
Schlepper·organisation *die: organization smuggling illegal immigrants and emigrants*
Schlepp-: ~**lift** *der* T-bar [lift]; ~**tau** *das* towline; **in jmds.** ~**tau** (fig.) in sb's wake
Schleswig-Holstein *(das);* ~s Schleswig-Holstein
Schleuder *die;* ~, ~n sling; (mit Gummiband) catapult (BrE); slingshot (AmE)
schleudern Ⓐ *tr. V.* hurl
Ⓑ *itr. V.; mit sein* ‹*vehicle*› skid

schleunigst *Adv.* **1** (auf der Stelle) at once; immediately; straight away
2 (eilends) hastily; with all haste
Schleuse *die;* ~, ~n lock
schlich *1. u. 3. Pers. Sg. Prät. v.* schleichen
schlicht Ⓐ *Adj.* **1** simple; plain ‹*pattern, furniture*›
2 (unkompliziert) simple, unsophisticated ‹*person, view, etc.*›
Ⓑ *adv.* simply; simply, plainly ‹*dressed, furnished*›
schlichten Ⓐ *tr. V.* settle ‹*argument etc.*›; settle ‹*industrial dispute etc.*› by mediation
Ⓑ *itr. V.* mediate
Schlichtheit *die;* ~ ▶ schlicht A simplicity; plainness; unsophisticatedness
Schlick *der;* ~[e]s, ~e silt
schlief *1. u. 3. Pers. Sg. Prät. v.* schlafen
Schließe *die;* ~, ~n clasp; (Schnalle) buckle
♐ **schließen** Ⓐ *unr. tr. V.* **1** close; shut; turn off ‹*tap*›; fasten ‹*belt, bracelet*›; do up ‹*button, zip*›; close ‹*street, route, border, electrical circuit*›; fill, close ‹*gap*›
2 (außer Betrieb setzen) close [down] ‹*shop, school*›
3 **etw./jmdn./sich in etw.** (*Akk.*) ~ lock sth/sb/oneself in sth
4 (beenden) close ‹*meeting, proceedings, debate*›; end, conclude ‹*letter, speech, lecture*›
5 (eingehen, vereinbaren) conclude ‹*treaty, pact, ceasefire, agreement*›; reach ‹*settlement, compromise*›; enter into ‹*contract*›
6 (folgern) infer (**aus** from)
Ⓑ *unr. itr. V.* **1** close, shut
2 (enden) end; conclude
3 **[aus etw.] auf etw.** (*Akk.*) ~ infer sth [from sth]
Ⓒ *unr. refl. V.* ‹*door, window*› close, shut; ‹*wound, circle*› close
Schließ·fach *das* locker; (bei der Post) PO box; (bei der Bank) safe-deposit box
♐ **schließlich** *Adv.* **1** finally; in the end
2 (immerhin, doch) after all
schliff *1. u. 3. Pers. Sg. Prät. v.* schleifen¹
Schliff *der;* ~[e]s, ~e **1** cutting; (von Messern, Sensen usw.) sharpening
2 (Art, wie etw. geschliffen wird) cut; (von Messern, Scheren usw.) edge
3 **einem Brief/Text** *usw.* **den letzten ~ geben** put the finishing touches *pl.* to a letter/text *etc.*
♐ **schlimm** Ⓐ *Adj.* **1** grave, serious ‹*error, mistake, accusation, offence*›; bad, serious ‹*error, mistake*›
2 (übel) bad; nasty, bad ‹*experience*›; **[das ist alles] halb so ~** it's not as bad as all that; **ist nicht ~!** [it] doesn't matter
Ⓑ *adv.* ~ **dran sein** be in a bad way; (in einer Notlage) be in dire straits
schlimmsten·falls *Adv.* if the worst comes to the worst

S

Schlinge die; ~, ~n 1 loop; (für den Arm) sling; (zum Erhängen) noose
2 (Fanggerät) snare
Schlingel der; ~s, ~; rascal; rogue
schlingen A unr. tr. V. etw. um etw. ~ loop sth round sth
B unr. refl. V. sich um etw. ~ wind itself round sth
C unr. itr. V. bolt one's food
schlingern itr. V.; mit sein ‹ship, boat› roll; ‹train, vehicle› lurch from side to side
Schlips der; ~es, ~e tie
Schlitten der; ~s, ~; sledge; sled; (Pferdeschlitten) sleigh; (Rodelschlitten) toboggan; ~ fahren go tobogganing
schlittern itr. V. slide
Schlitt-: ~schuh der [ice] skate; ~schuh laufen od. fahren [ice-]skate; ~schuh·laufen das [ice] skating no art.; ~schuh·läufer der, ~schuh·läuferin die [ice] skater
Schlitz der; ~es, ~e 1 slit; (am Briefkasten, Automaten) slot
2 (Hosenschlitz) flies pl.; fly
schlitz-, Schlitz-: ~auge das slit eye; ~äugig Adj. slit-eyed; ~ohr das (ugs.) wily or crafty devil; ~ohrig (ugs.) A Adj. wily; crafty
B adv. craftily
schloss, *schloß 1. u. 3. Pers. Sg. Prät. v. schließen
☞ **Schloss, *Schloß** das; Schlosses, Schlösser 1 lock; (Vorhänge~) padlock; hinter ~ und Riegel (ugs.) behind bars
2 (Verschluss) clasp
3 (Wohngebäude) castle; (Palast) palace; (Herrschaftshaus) mansion
Schlosser der; ~s, ~, Schlosserin die; ~, ~nen metalworker; (Maschinenschlosser) fitter; (für Schlösser) locksmith
Schlot der; ~[e]s, ~e od. Schlöte chimney [stack]; (eines Schiffes) funnel
schlottern itr. V. 1 shake
2 ‹clothes› hang loose
Schlucht die; ~, ~en ravine
schluchzen itr. V. sob
Schluck der; ~[e]s, ~e od. Schlücke swallow; mouthful; (großer ~) gulp; (kleiner ~) sip
Schluck·auf der; ~s hiccups pl.
Schlückchen das; ~s, ~; sip
schlucken A tr. V. swallow; etw. hastig ~ gulp sth down
B itr. V. swallow
Schlucker der; ~s, ~; armer ~ (ugs.) poor devil or (BrE infml) blighter
schluderig ▶ schludrig
schludern itr. V. (ugs.) work sloppily
schludrig (ugs.) A Adj. 1 slipshod ‹work, examination›; botched ‹job›; slapdash

---

‹person, work›
2 (schlampig [aussehend]) scruffy
B adv. 1 in a slipshod or slapdash way
2 (schlampig) scruffily
schlug 1. u. 3. Pers. Sg. Prät. v. schlagen
Schlummer der; ~s (geh.) slumber (poet./rhet.)
schlummern itr. V. (geh.) slumber (poet./rhet.)
Schlund der; ~[e]s, Schlünde [back of the] throat; pharynx (Anat.)
schlüpfen itr. V.; mit sein slip; [aus dem Ei] ~ ‹chick› hatch out
Schlüpfer der; ~s, ~ (für Damen) knickers pl. (BrE); panties pl.; (für Herren) [under]pants pl. or trunks pl.
schlüpfrig Adj. 1 slippery
2 (anstößig) lewd
Schlüpfrigkeit die; ~, ~en 1 (feuchte Glätte) slipperiness
2 (Anstößigkeit) lewdness
schlurfen itr. V.; mit sein shuffle
schlürfen A tr. V. slurp [up] (infml)
B itr. V. slurp (infml)
☞ **Schluss, *Schluß** der; Schlusses, Schlüsse 1 end; (eines Vortrags o. Ä.) conclusion; (eines Buchs, Schauspiels usw.) ending; am od. zum ~ at the end; (schließlich) in the end
2 (Folgerung) conclusion
Schlüssel der; ~s, ~; key
Schlüssel-: ~bein das collarbone; clavicle (Anat.); ~blume die cowslip; (Primel) primula; ~bund der od. das bunch of keys; ~figur die key figure; ~loch das keyhole; ~stellung die key position
schluss·folgern, *schluß·folgern tr. V. conclude (aus from)
Schluss·folgerung, *Schluß·folgerung die conclusion, inference (aus from); ~en ziehen draw conclusions
schlüssig A Adj. 1 conclusive ‹proof, evidence›; convincing, logical ‹argument, conclusion›
2 sich (Dat.) ~ werden make up one's mind
B adv. conclusively
Schlüssigkeit die; ~; conclusiveness
Schluss-, *Schluß-: ~licht das tail or rear light; ~strich der [bottom] line; ~verkauf der [end-of-season] sale[s pl.]
schmächtig Adj. slight
schmackhaft Adj. tasty
Schmähung die; ~, ~en diatribe; ~en abuse sing.; invective sing.
schmal; ~er od. schmäler, ~st... od. schmälst... Adj. narrow; slim, slender ‹hips, hands, figure, etc.›; thin ‹lips, face, nose, etc.›
schmälern tr. V. diminish; restrict ‹rights›
Schmalz¹ das; ~es dripping; (Schweineschmalz) lard
Schmalz² der; ~es (abwertend) schmaltz (infml)
Schmalz·brot das slice of bread and dripping

S

schmalzig (abwertend) **A** *Adj.* schmaltzy (infml)
  B *adv.* with slushy sentimentality

schmarotzen *itr. V.* (fig.) sponge; freeload (infml)

Schmarren *der;* ~**s,** ~ (österr., auch südd.) *pancake broken up with a fork after frying*

schmatzen *itr. V.* smack one's lips; (geräuschvoll essen) eat noisily

Schmaus *der;* ~**es, Schmäuse** (veralt., scherzh.) [good] spread (infml)

⚜ **schmecken A** *itr. V.* taste (**nach** of); [**gut**] ~ taste good; **schmeckt es** [**dir**]? are you enjoying it *or* your meal?
  B *tr. V.* taste; (kosten) sample

schmeicheln *itr. V.* jmdm. ~ flatter sb

Schmeichler *der;* ~**s,** ~**, Schmeichlerin** *die;* ~**,** ~**nen** flatterer

schmeißen (ugs.) **A** *unr. tr. V.* chuck (infml); sling (infml); (schleudern) fling; hurl
  B *unr. refl. V.* throw oneself; (mit Wucht) hurl oneself
  C *unr. itr. V.* **mit etw.** [**nach jmdm.**] ~ chuck sth [at sb] (infml)

Schmeiß·fliege *die* blowfly; (blaue) bluebottle

schmelzen A *unr. itr. V.; mit sein* melt; (fig.) <*doubts, apprehension, etc.*> dissolve, fade away
  B *unr. tr. V.* melt; smelt <*ore*>; render <*fat*>

Schmelz-: ~**käse** *der* processed cheese; ~**wasser** *das* melted snow and ice; meltwater (Geol.)

⚜ **Schmerz** *der;* ~**es,** ~**en 1** (physisch) pain; (dumpf u. anhaltend) ache; **wo haben Sie** ~**en?** where does it hurt?; ~**en haben** be in pain **2** (psychisch) pain; (Kummer) grief

schmerz·empfindlich *Adj.* sensitive to pain *pred.*

Schmerz·empfindlichkeit *die;* ~; sensitivity to pain

schmerzen A *tr. V.* jmdm. ~ hurt sb; (jmdm. Kummer bereiten) grieve sb; cause sb sorrow
  B *itr. V.* hurt

schmerz·frei *Adj.* free of pain *pred.*; painless <*operation*>

Schmerz·grenze *die* (fig.) **jetzt/dann ist die** ~ **erreicht** this/that is the absolute limit

schmerzhaft *Adj.* painful

schmerzlich A *Adj.* painful; distressing
  B *adv.* painfully

schmerz-, Schmerz-: ~**lindernd** *Adj.* pain-relieving; ~**los A** *Adj.* painless
  B *adv.* painlessly; ~**stillend** *Adj.* pain-killing; ~**tablette** *die* pain-killing tablet

Schmetterling *der;* ~**s,** ~**e** butterfly

schmettern A *tr. V.* **1** hurl (**an** + *Akk.* at; **gegen** against)
  2 (laut spielen, singen usw.) blare out <*march, music*>; <*person*> sing lustily <*song*>
  3 (Tennis usw.) smash <*ball*>
  B *itr. V.* <*trumpet, music, etc.*> blare out

Schmied *der;* ~[**e**]**s,** ~**e** blacksmith

Schmiede *die;* ~**,** ~**n** smithy; forge

schmieden *tr. V.* (auch fig.) forge

Schmiedin *die;* ~**,** ~**nen** ▶ Schmied

schmiegen A *refl. V.* snuggle, nestle (**in** + *Akk.* in); **sich an jmdn.** ~ snuggle [close] up to sb
  B *tr. V.* press (**an** + *Akk.* against)

schmieren A *tr. V.* **1** lubricate
  2 (streichen) spread <*butter, jam, etc.*> (**auf** + *Akk.* on); **Brote** ~ spread slices of bread
  B *itr. V.* **1** <*oil, grease*> lubricate
  2 (ugs.) (unsauber schreiben) <*person*> scrawl, scribble; <*pen, ink*> smudge, make smudges

schmierig *Adj.* greasy

Schmier-: ~**mittel** *das* lubricant; ~**seife** *die* soft soap

schmilzt *2. u. 3. Pers. Sg. Präsens v.* schmelzen

Schminke *die;* ~**,** ~**n** make-up

schminken A *tr. V.* make up <*face, eyes*>
  B *refl. V.* make oneself up

schmirgeln *tr. V.* rub down; (bes. mit Sandpapier) sand

Schmirgel·papier *das* emery paper; (Sandpapier) sandpaper

schmiss, *schmiß *1. u. 3. Pers. Sg. Prät. v.* schmeißen

Schmöker *der;* ~**s,** ~ (ugs.) lightweight adventure story/romance

schmökern (ugs.) **A** *itr. V.* bury oneself in a book
  B *tr. V.* bury oneself in <*book*>

schmollen *itr. V.* sulk

Schmoll·mund *der* pouting mouth

schmolz *1. u. 3. Pers. Sg. Prät. v.* schmelzen

Schmor·braten *der* braised beef

schmoren A *tr. V.* braise
  B *itr. V.* **1** braise
  2 (ugs.) (schwitzen) swelter

schmuck *Adj.* attractive

Schmuck *der;* ~[**e**]**s 1** jewelry; jewellery (esp. BrE)
  2 ▶ Schmuckstück
  3 (Zierde) decoration

schmücken *tr. V.* decorate; embellish <*writings, speech*>

schmuck-, Schmuck-: ~**kästchen** *das,* ~**kasten** *der* jewelry or (esp. BrE) jewellery box; ~**los** *Adj.* plain; bare <*room*>; ~**losigkeit** *die;* ~~; plainness; (eines Zimmers) bareness; ~**stück** *das* piece of jewelry or (esp. BrE) jewellery

schmuddelig *Adj.* (ugs.) grubby; mucky (infml); (schmutzig u. unordentlich) messy; grotty (BrE infml)

Schmuggel *der;* ~**s** smuggling *no art.*

schmuggeln *tr., itr. V.* smuggle (**in** + *Akk.* into; **aus** out of)

Schmuggler *der;* ~**s,** ~**, Schmugglerin** *die;* ~**,** ~**nen** smuggler

schmunzeln *itr. V.* smile to oneself

s

schmusen itr. V. (ugs.) cuddle; <couple> kiss and cuddle

Schmutz der; ~es dirt; (Schlamm) mud

schmutzen itr. V. get dirty

schmutzig Adj. dirty

Schmutz·wasser das dirty water; (Abwasser) sewage

Schnabel der; ~s, **Schnäbel 1** beak
2 (ugs.) (Mund) gob (sl.)

Schnake die; ~, ~n **1** daddy-long-legs
2 (bes. südd.) (Stechmücke) mosquito

Schnalle die; ~, ~n buckle

schnallen tr. V. **1** (mit einer Schnalle festziehen) buckle <shoe, belt>; fasten <strap>
2 (mit Riemen/Gurten befestigen) strap (**auf** + Akk. on to)

schnalzen itr. V. [mit der Zunge/den Fingern] ~ click one's tongue/snap one's fingers

Schnäppchen das; ~s, ~ (ugs.) snip (BrE infml); [real] bargain; **ein** ~ **machen** get a [real] bargain

schnappen **A** itr. V. nach jmdm./etw. ~ <animal> snap at sb/sth; nach Luft ~ gasp for breath
B tr. V. <dog, bird, etc.> snatch; [sich (Dat.)] jmdn./etw. ~ (ugs.) <person> grab sb/sth; (mit raschem Zugriff) snatch sb/sth

Schnapp·schuss, *Schnapp·schuß der snapshot

Schnaps der; ~es, **Schnäpse 1** spirit; (Klarer) schnapps
2 (Spirituosen) spirits pl.

schnarchen itr. V. snore

schnattern itr. V. **1** <goose etc.> cackle, gaggle
2 (ugs.) (eifrig schwatzen) jabber [away]; chatter

schnauben itr. V. snort (**vor** with)

schnaufen itr. V. puff (**vor** with)

Schnauze die; ~, ~n **1** (von Tieren) muzzle; (der Maus usw.) snout; (Maul) mouth
2 (derb) (Mund) gob (sl.); [**halt die**] ~! shut your trap! (sl.)

schnauzen tr., itr. V. (ugs.) bark; (ärgerlich) snap; snarl

Schnecke die snail; (Nacktschnecke) slug

Schnecken·haus das snail shell

⚔ **Schnee** der; ~s snow

schnee-, Schnee-: ~**ball** der snowball; ~**besen** der whisk; ~**flocke** die snowflake; ~**gestöber** das snow flurry; ~**glöckchen** das snowdrop; ~**kette** die snow chain; ~**matsch** der slush; ~**pflug** der snowplough; ~**schmelze** die; ~~, ~~**n** melting of the snow; thaw; ~**sturm** der snowstorm; ~**treiben** das driving snow; ~**wehe** die snowdrift; ~**weiß** Adj. snow-white; as white as snow postpos.

Schneewittchen das; ~s Snow White

Schneid·brenner der (Technik) cutting torch; oxyacetylene cutter

---

⚔ key word
* alte Schreibung—vgl. Hinweis auf S. x

Schneide die; ~, ~n [cutting] edge

⚔ **schneiden** **A** unr. itr. V. cut (**in** + Akk. into)
B unr. tr. V. **1** cut; (in Scheiben) slice <bread, sausage, etc.>; (klein ~) cut up, chop <wood, vegetables>; (stutzen) prune <tree, bush>; trim <beard>; cut, mow <grass>; **sich** (Dat.) **die Haare** ~ **lassen** have one's hair cut
2 eine Kurve ~ cut a corner

Schneider der; ~s, ~; tailor; (Damenschneider) dressmaker

Schneiderei die; ~, ~en tailor's shop; (Damenschneider) dressmaker's shop

Schneiderin die; ~, ~nen ▶ Schneider

schneidern tr. V. make; make, tailor <suit>

Schneide·zahn der incisor

schneien **A** itr., tr. V. (unpers.) snow; **es schneit** it is snowing
B itr. V.; mit sein (fig.) rain down; fall like snow

Schneise die; ~, ~n (Wald~) aisle; (als Feuerschutz) firebreak

⚔ **schnell** **A** Adj. quick <journey, decision, service, etc.>; fast <car, skis, road, track, etc.>; quick, swift <progress, movement, blow, action>
B adv. quickly; <drive, move, etc.> fast, quickly; <spread> quickly, rapidly; (bald) soon <sold, past, etc.>; **mach** ~! (ugs.) move it! (infml)

schnellen itr. V.; mit sein shoot (**aus** + Dat. out of; **in** + Akk. into)

Schnelligkeit die; ~, ~en speed

Schnell-: ~**imbiss, *~imbiß** der snack bar; ~**koch·topf** der pressure cooker

schnellstens Adv. as quickly as possible

Schnell-: ~**straße** die expressway; ~**zug** der express [train]

Schnepfe die; ~, ~n snipe

schneuzen **A** tr. V. sich/einem Kind die Nase ~ blow one's/a child's nose
B refl. V. blow one's nose

schnippeln (ugs.) **A** itr. V. snip [away] (**an** + Dat. at)
B tr. V. shred <vegetables>; chop <beans etc.> [finely]

schnippen **A** itr. V. snap one's fingers (**nach** at)
B tr. V. flick (**von** off, from)

schnippisch **A** Adj. pert <reply, tone, etc.>
B adv. pertly

Schnipsel der od. das; ~s, ~; scrap; (aus Papier, Stoff) snippet; shred

schnipseln ▶ schnippeln

schnitt 1. u. 3. Pers. Sg. Prät. v. schneiden

Schnitt der; ~[e]s, ~e **1** cut
2 (das Mähen) (von Gras) mowing; (von Getreide) harvest

Schnitt-: ~**blume** die cut flower; ~**bohne** die French bean

Schnittchen das; ~s, ~; canapé; [small] open sandwich

Schnitte *die*; ~, ~**n** slice; **eine** ~ **[Brot]** a slice of bread

Schnitt·fläche *die* cut surface

schnittig **A** *Adj.* stylish, smart ‹*suit, appearance, etc.*›; (sportlich) racy ‹*car, yacht, etc.*›

B *adv.* stylishly; (sportlich) racily

Schnitt-: ~**lauch** *der* chives *pl.*; ~**menge** *die* (Math.) intersection; ~**punkt** *der* intersection; (Geom.) point of intersection; ~**stelle** *die* (DV) interface; ~**wunde** *die* cut; (lang u. tief) gash

Schnitzel *das*; ~**s**, ~ **1** (Fleisch) [veal/pork] escalope

2 (von Papier) scrap; (von Holz) shaving

schnitzeln *tr. V.* chop up ‹*vegetables*› [into small pieces]; shred ‹*cabbage*›

schnitzen *tr., itr. V.* carve

schnodderig (ugs.) **A** *Adj.* brash

B *adv.* brashly

schnöde (geh.) **A** *Adj.* **1** (verachtenswert) contemptible

2 (gemein) contemptuous, scornful ‹*glance, reply, etc.*›

B *adv.* (gemein) contemptuously; ‹*exploit, misuse*› flagrantly

Schnorchel *der*; ~**s**, ~; snorkel

Schnörkel *der*; ~**s**, ~; scroll; (der Handschrift, in der Rede) flourish

schnorren *tr., itr. V.* (ugs.) scrounge (infml) (**bei, von** + *Dat.* off)

Schnorrer *der*; ~**s**, ~, **Schnorrerin** *die*; ~, ~**nen** (ugs.) scrounger (infml)

Schnösel *der*; ~**s**, ~ (ugs. abwertend) young whippersnapper

schnüffeln *itr. V.* **1** sniff

2 (ugs.) (spionieren) snoop [about] (infml)

3 (Drogenjargon) (Dämpfe ~) sniff [glue/paint etc.]

Schnüffler *der*; ~**s**, ~, **Schnüfflerin** *die*; ~, ~**nen** **1** (ugs.) Nosy Parker; (Spion) snooper (infml)

2 (Drogenjargon) [glue-, paint-, *etc.*]sniffer

Schnulze *die*; ~, ~**n** (ugs. abwertend) (Lied/Melodie) slushy song/tune; (Theaterstück, Film, Fernsehspiel) tear jerker (infml); slushy play

schnupfen **A** *tr. V.* sniff; **Tabak** ~ take snuff

B *itr. V.* take snuff

Schnupfen *der*; ~**s**, ~; [head] cold; [**den** *od.* **einen**] ~ **haben** have a [head] cold

Schnupf·tabak *der* snuff

schnuppe **das/er ist mir** ~**/mir völlig** ~ (ugs.) I don't care/I couldn't care less about it/him (infml)

schnuppern *itr. V.* sniff; **an etw.** (*Dat.*) ~ sniff sth

Schnur *die*; ~, **Schnüre 1** (Bindfaden) piece of string; (Kordel) piece of cord

2 (Kabel) flex (BrE); lead; cord (AmE)

schnüren *tr. V.* tie ‹*bundle, string, etc.*›; tie, lace up ‹*shoe, corset, etc.*›

schnur·los *Adj.* cordless

Schnurr·bart *der* moustache

schnurren *itr. V.* ‹*cat*› purr; ‹*machine*› hum

Schnür-: ~**schuh** *der* lace-up shoe; ~**senkel** *der*; ~**s**, ~ (bes. nordd.) [shoe]lace; (für Stiefel) bootlace

schnur·stracks *Adv.* (ugs.) straight

schob *1. u. 3. Pers. Prät. v.* schieben

Schock *der*; ~**[e]s**, ~**s** shock

schockieren *tr. V.* shock; **über etw.** (*Akk.*) schockiert sein be shocked at sth

Schöffe *der*; ~**n**, ~**n** lay judge (*acting together with another lay judge and a professional judge*)

Schöffen·gericht *das*: court presided over by a professional judge and two lay judges

Schöffin *die*; ~, ~**nen** ▸ Schöffe

Schoko /'ʃoːko/ *die*; ~, ~**[s]** (ugs.) choccy (infml)

Schokolade *die*; ~, ~**n 1** chocolate

2 (Getränk) [drinking] chocolate

Schokolade-, Schokoladen-: ~**eis** *das* chocolate ice cream; ~**guss**, ***~**guß** *der* chocolate icing; ~**pudding** *der* chocolate blancmange; ~**torte** *die* chocolate cake *or* gateau

scholl *1. u. 3. Pers. Sg. Prät. v.* schallen

Scholle *die*; ~, ~**n 1** (Erdscholle) clod [of earth]

2 (Eisscholle) [ice] floe

3 (Fisch) plaice

✔ **schon** **A** *Adv.* **1** (bereits) (oft nicht übersetzt) already; (in Fragen) yet; **wie lange bist du** ~ **hier?** how long have you been here?

2 (fast gleichzeitig) there and then

3 (jetzt) ~ [**mal**] now; (inzwischen) meanwhile

4 (selbst, sogar) even; (nur) only

5 (ohne Ergänzung, ohne weiteren Zusatz) on its own; [**allein**] ~ **der Gedanke daran** the mere thought of it; ~ **deshalb** for this reason alone

6 (wohl) really; **Lust hätte ich** ~, **aber ...** I'd certainly like to, but ...

B *Partikel* **1** (ugs.) (ungeduldig: endlich) **nun komm** ~**!** come on!; hurry up!

2 (beruhigend) (bestimmt) all right

3 (durchaus) **das ist** ~ **möglich** that is quite possible

✔ **schön** **A** *Adj.* **1** beautiful; handsome ‹*youth, man*›

2 (angenehm) pleasant, nice ‹*day, holiday, dream, relaxation, etc.*›; fine ‹*weather*›; (nett) nice; **das war eine** ~**e Zeit** those were wonderful days

3 (gut) good

4 (in Höflichkeitsformeln) ~**e Grüße** best wishes; **recht** ~**en Dank für ...** thank you very much for ...

5 ~**!** (ugs.) (einverstanden) OK (infml); all right

6 (iron.) (leer) ~**e Worte** fine[-sounding] words; (schmeichlerisch) honeyed words

7 (ugs.) (beträchtlich) handsome, (infml) tidy ‹*sum, fortune, profit*›; considerable ‹*quantity, distance*›; pretty good ‹*pension*›

S

8 (iron.) (unerfreulich) nice (infml iron.); **das sind ja ~e Aussichten!** this is a fine lookout *sing.* (iron.)
9 sich ~ machen smarten oneself up
B *adv.* **1** beautifully
2 (angenehm, erfreulich) nicely; **~ warm/weich/ langsam** nice and warm/soft/slow
3 (gut) well
4 (in Höflichkeitsformeln) **bitte ~, können Sie mir sagen, ...** excuse me, could you tell me ...
5 (iron.) **wie es so ~ heißt, wie man so ~ sagt** as they say
6 (ugs.) (beträchtlich) really; (vor einem Adjektiv) pretty; **ganz ~ arbeiten müssen** have to work jolly hard (BrE infml)
C *Partikel* (ugs.) **bleib ~ liegen!** lie there and be good

schonen A *tr. V.* treat *‹clothes, books, furniture, etc.›* with care; (schützen) protect *‹hands, furniture›*; (nicht strapazieren) spare *‹voice, eyes, etc.›*; conserve *‹strength›*
B *refl. V.* take things easy

Schönheit *die*; ~, ~en beauty
Schönheits-: ~chirurgie *die* cosmetic surgery *no art.*; **~pflege** *die* beauty care *no art.*

Schon·kost *die* light food
***schön|machen** (ugs.) ▶ schön A9

Schonung *die*; ~, ~en **1** (Nachsicht) consideration; (nachsichtige Behandlung) considerate treatment; (nach Krankheit/ Operation) [period of] rest; (von Gegenständen) careful treatment
2 (Jungwald) [young] plantation

schonungs·los A *Adj.* unsparing, ruthless *‹criticism etc.›*; blunt *‹frankness›*
B *adv.* unsparingly; *‹say›* without mincing one's words

Schonungslosigkeit *die*; ~; ruthlessness; (Strenge) rigour

Schopf *der*; ~[e]s, **Schöpfe** shock of hair
schöpfen *tr. V.* **1** scoop [up] *‹water, liquid›*; (mit einer Kelle) ladle *‹soup›*
2 (geh.) (einatmen) draw, take *‹breath›*

Schöpfer *der*; ~s, ~; creator; (Gott) Creator
Schöpferin *die*; ~, ~nen creator
schöpferisch A *Adj.* creative
B *adv.* creatively

Schöpf·kelle *die*, **Schöpf·löffel** *der* ladle
Schöpfung *die*; ~, ~en (geh.) creation; **die ~** (die Welt) Creation

Schoppen *der*; ~s, ~; [quarter-litre/half-litre] glass of wine/beer

schor *1. u. 3. Pers. Sg. Prät. v.* scheren¹
Schorf *der*; ~[e]s, ~e scab
Schorle *die*; ~, ~n wine with mineral water; ≈ spritzer
Schorn·stein *der* chimney; (Lokomotive, Schiff usw.) funnel

⚲ key word
* old spelling—see note on page x

Schornstein·feger *der*; ~s, ~, **Schornstein·fegerin** *die*; ~, ~nen chimney sweep
schoss, *schoß *1. u. 3. Pers. Sg. Prät. v.* schießen
Schoß *der*; ~es, **Schöße** lap
Schote *die*; ~, ~n pod
Schotte *der*; ~n, ~n Scot; Scotsman; **die ~n** the Scots; the Scottish
Schotten·rock *der* tartan skirt; (Kilt) kilt
Schottin *die*; ~, ~nen Scot; Scotswoman
schottisch *Adj.* Scottish; **~er Whisky** Scotch whisky
Schottland (das); ~s Scotland
schräg A *Adj.* diagonal *‹line, beam, cut, etc.›*; sloping *‹surface, roof, wall, side, etc.›*; slanting, slanted *‹writing, eyes, etc.›*; tilted *‹position of the head etc., axis›*
B *adv.* at an angle; (diagonal) diagonally
Schräge *die*; ~, ~n **1** (schräge Fläche) sloping surface
2 (Neigung) slope
Schräg·strich *der* oblique stroke; slash
schrak *1. u. 3. Pers. Sg. Prät. v.* schrecken
Schramme *die*; ~, ~n scratch
schrammen *tr. V.* scratch
Schrank *der*; ~[e]s, **Schränke** cupboard; closet (AmE); (Glas~; kleiner Wand~) cabinet; (Kleiderschrank) wardrobe; (Bücher~) bookcase
Schränkchen *das*; ~s, ~; cabinet
Schranke *die*; ~, ~n **1** (auch fig.) barrier
2 (fig.) (Grenze) limit
Schraube *die*; ~, ~n bolt; (Holz-, Blechschraube) screw
schrauben *tr. V.* **1** ▶ **Schraube** bolt/screw (an, auf + Akk. on to)
2 (drehen) screw *‹nut, hook, light bulb, etc.›* (auf + Akk. on to; in + Akk. into)
Schrauben-: ~schlüssel *der* spanner; **~zieher** *der*; ~s, ~; screwdriver
Schraub·verschluss, *Schraub·verschluß *der* screw top
Schreber·garten *der* ≈ allotment (cultivated primarily as a garden)
Schreck *der*; ~[e]s, ~e fright; scare; (Schock) shock; **jmdm. einen ~ einjagen** give sb a fright
schrecken regelm. (auch unr.) *itr. V.* start [up]; **aus dem Schlaf ~** awake with a start; start from one's sleep
Schrecken *der*; ~s, ~; fright; scare; (Entsetzen) horror; (große Angst) terror; **jmdm. einen ~ einjagen** give sb a fright
schreckhaft *Adj.* easily scared
Schreckhaftigkeit *die*; ~; easily scared nature; tendency to take fright
⚲ **schrecklich A** *Adj.* terrible
B *adv.* terribly
Schredder *der*; ~s, ~; shredder
schreddern *tr. V.* shred

S

Schrei *der*; ∼[e]s, ∼e cry; (lauter Ruf) shout; (durchdringend) yell; (gellend) scream; (kreischend) shriek

Schreib·block *der*; *Pl.* ∼s *od.*
Schreib·blöcke writing pad

✔ **schreiben** **A** *unr. itr. V.* write; (mit der Schreibmaschine) type; **an einem Roman** *usw.* ∼ be writing a novel *etc.*; **jmdm.** *od.* **an jmdn.** ∼ write to sb
B *unr. tr. V.* write; (mit der Schreibmaschine) type; **wie schreibt man dieses Wort?** how is this word spelt?
C *unr. refl. V.* be spelt

✔ **Schreiben** *das*; ∼s, ∼ **1** writing *no def. art.*
2 (Brief) letter

Schreiber *der*; ∼s, ∼; writer; (Verfasser) author

Schreiberin *die*; ∼, ∼en writer; (Verfasserin) authoress

Schreib-: ∼**marke** *die* (DV) cursor; ∼**maschine** *die* typewriter; ∼**maschinen·papier** *das* typing paper; ∼**papier** *das* writing paper; ∼**schutz** *der* (DV) write protection; ∼**tisch** *der* desk

Schreibung *die*; ∼, ∼en spelling

Schreib-: ∼**waren** *Pl.* stationery *sing.*; ∼**waren·geschäft** *das* stationer's

✔ **schreien** *unr. itr. V.* <person> cry [out]; (laut rufen/sprechen) shout; (durchdringend) yell; (gellend) scream; <baby> yell, bawl; **zum Schreien sein** (ugs.) be a scream (infml)

Schrei·hals *der* (ugs.) **1** (Kind) bawler
2 (abwertend) (Randalierer) rowdy

Schreiner *der*; ∼s, ∼ (bes. südd.) ▶ Tischler

Schreinerei *die*; ∼, ∼en (bes. südd.)
▶ Tischlerei

Schreinerin *die*; ∼, ∼nen (bes. südd.)
▶ Tischlerin

schreiten *unr. itr. V.*; *mit sein* (geh.) walk; (mit großen Schritten) stride

schrickst *2. Pers. Sg. Präsens v.* schrecken

schrickt *3. Pers. Sg. Präsens v.* schrecken

schrie *1. u. 3. Pers. Sg. Prät. v.* schreien

schrieb *1. u. 3. Pers. Sg. Prät. v.* schreiben

Schrieb *der*; ∼[e]s, ∼e (ugs.) missive (infml)

✔ **Schrift** *die*; ∼, ∼en **1** (System) script; (Alphabet) alphabet
2 (Handschrift) [hand]writing
3 (Werk) work

Schrift·art *die* (Druckw.) [type]face

✔ **schriftlich** **A** *Adj.* written
B *adv.* in writing

Schrift-: ∼**steller** *der*; ∼∼s, ∼∼, ∼**stellerin** *die*; ∼∼, ∼∼**nen** writer; ∼**stück** *das* [official] document; ∼**wechsel** *der* correspondence; ∼**zeichen** *das* character; ∼**zug** *der* (Namenszug) lettering; (als Firmenzeichen) logo

schrill **A** *Adj.* shrill
B *adv.* shrilly

schrillen *itr. V.* shrill; sound shrilly

schritt *1. u. 3. Pers. Sg. Prät. v.* schreiten

✔ **Schritt** *der*; ∼[e]s, ∼e **1** step; **einen** ∼ **machen** *od.* **tun** take a step
2 *Pl.* (Geräusch) footsteps
3 (Entfernung) pace
4 (Gleich∼) **aus dem** ∼ **kommen** get out of step
5 (Gangart) walk; **seinen** ∼ **verlangsamen/beschleunigen** slow/quicken one's pace; [**mit jmdm./etw.**] ∼ **halten** (auch fig.) keep up *or* keep pace [with sb/sth]
6 (Schrittgeschwindigkeit) walking pace; „∼ **fahren**" 'dead slow'
7 (fig.) (Maßnahme) step; measure

Schritt-: ∼**geschwindigkeit** *die* walking pace; ∼**macher** *der*, ∼**macherin** *die* pacemaker

schroff **A** *Adj.* **1** precipitous <rock etc.>
2 (plötzlich) sudden <transition, change>; (krass) stark <contrast>
3 (barsch) curt <refusal, manner>; brusque <manner, behaviour, tone>
B *adv.* **1** <rise, drop> sheer; <fall away> precipitously
2 (plötzlich, unvermittelt) suddenly
3 (barsch) curtly; <interrupt> abruptly; <treat> brusquely

schröpfen *tr. V.* (ugs.) fleece

Schrot *der od. das*; ∼[e]s, ∼e **1** coarse meal; (aus Getreide) whole meal (BrE); whole grain
2 (Munition) shot

schroten *tr. V.* grind <grain etc.> [coarsely]; crush <malt> [coarsely]

Schrot-: ∼**flinte** *die* shotgun; ∼**kugel** *die* pellet

Schrott *der*; ∼[e]s, ∼e **1** scrap [metal]; **ein Auto zu** ∼ **fahren** (ugs.) write a car off
2 (salopp fig.) rubbish

schrott·reif *Adj.* ready for the scrap heap *postpos.*

schrubben *tr.* (auch itr.) *V.* scrub

Schrubber *der*; ∼s, ∼; [long-handled] scrubbing brush

Schrulle *die*; ∼, ∼n cranky idea; (Marotte) quirk

schrumpelig *Adj.* (ugs.) wrinkly

schrumpeln *itr. V.*; *mit sein* (ugs.) <skin> go wrinkled; <apple etc.> shrivel

schrumpfen *itr. V.*; *mit sein* <metal, rock> contract; <apple etc.> shrivel; <skin> go wrinkled; (abnehmen) decrease; <supplies, capital, hopes> dwindle

Schrumpf-: ∼**leber** *die* cirrhotic liver; ∼**niere** *die* cirrhotic kidney

Schub *der*; ∼[e]s, **Schübe 1** (Physik) thrust
2 (Med.) (Phase) phase; stage
3 (Gruppe, Anzahl) batch

Schuber *der*; ∼s, ∼; slip case

Schub-: ∼**fach** *das* drawer; ∼**karre** *die*, ∼**karren** *der* wheelbarrow; ∼**lade** *die* drawer

Schubs *der*; ∼es, ∼e (ugs.) shove

schubsen *tr.* (auch itr.) *V.* (ugs.) push; shove

schub·weise *Adv.* (Med.) in phases *or* stages

S

schüchtern **A** *Adj.* **1** shy *<person, smile, etc.>*; shy, timid *<voice, knock, etc.>* **2** (*fig.*) (zaghaft) tentative, cautious *<attempt, beginnings, etc.>* **B** *adv.* shyly; *<knock, ask, etc.>* timidly

Schüchternheit *die*; ~; shyness

Schuft *der*; ~[e]s, ~e scoundrel

schuften *itr. V.* (ugs.) slave away

Schufterei *die*; ~ (ugs.) slaving away *no indef. art.*

ꝰ **Schuh** *der*; ~[e]s, ~e shoe; (hoher ~, Stiefel) boot; jmdm. etw. in die ~e schieben (fig. ugs.) pin the blame for sth on sb

Schuh-: ~**anzieher** *der*; ~~s, ~~; shoehorn; ~**band** *das*; *Pl.* ~**bänder** (bes. südd.) shoelace; ~**creme** *die* shoe polish; ~**größe** *die* shoe size; welche ~**größe** hast du? what size shoe[s] do you take?; ~**löffel** *der* shoehorn; ~**macher** *der*, ~**macherin** *die* shoemaker; ~**sohle** *die* sole [of a/one's shoe]

Schul-: ~**abschluss**, *ꝰ*~**abschluß** *der* school-leaving qualification; ~**arbeit** *die* **1** ▸ Schulaufgabe **2** (österr.) (Klassenarbeit) [written] class test; ~**aufgabe** *die* item of homework; ~**aufgaben** homework *sing.*; ~**beirat** *der* school advisory board; ~**buch** *das* school book; ~**bus** *der* school bus

schuld ▸ Schuld 2

ꝰ **Schuld** *die*; ~, ~en **1** guilt; er ist sich (*Dat.*) keiner ~ bewusst he is not conscious of having done any wrong **2** (Verantwortlichkeit) blame; es ist [nicht] seine ~ it is [not] his fault; [an etw. (*Dat.*)] ~ haben od. schuld sein be to blame [for sth] **3** (Verpflichtung zur Rückzahlung) debt; 5000 Euro ~en haben have debts of 5,000 euros; owe 5,000 euros

schuld·bewusst, *ꝰ***schuld·bewußt** **A** *Adj.* guilty *<look, face, etc.>* **B** *adv.* guiltily

schulden *tr. V.* owe; was schulde ich Ihnen? how much do I owe you?

Schuld·gefühl *das* feeling of guilt

schuldig *Adj.* **1** guilty; der [an dem Unfall] ~e Autofahrer the driver to blame [for the accident] **2** jmdm. etw. ~ sein/bleiben owe sb sth **3** (gebührend) due; proper

Schuldige *der/die adj. Dekl.* guilty person; (im Strafprozess) guilty party

Schuldigkeit *die*; ~, ~en duty; meine [verdammte] Pflicht und ~ my bounden duty; seine ~ getan haben (fig.) have served its/his purpose

Schul·direktor *der*, **Schul·direktorin** *die* head teacher; headmaster/headmistress

schuld-, Schuld-: ~**los** *Adj.* innocent (an + *Dat.* of); ~**spruch** *der* verdict of guilty

ꝰ **Schule** *die*; ~, ~n school; zur od. in die ~ gehen, die ~ besuchen go to school; auf od. in der ~ at school

schulen *tr. V.* train

ꝰ **Schüler** *der*; ~s, ~; pupil; (Schuljunge) schoolboy

Schüler·austausch *der* school exchange

ꝰ **Schülerin** *die*; ~, ~nen pupil; (Schulmädchen) schoolgirl

Schüler·mit·verwaltung *die* pupil participation *no art.* in school administration

schul-, Schul-: ~**ferien** *Pl.* school holidays or (AmE) vacation *sing.*; ~**fernsehen** *das* educational television; television for schools; ~**fest** *das* school open day; ~**frei** *Adj.* *<day>* off school; morgen ist/haben wir ~frei there is/we have no school tomorrow; ~frei bekommen be let off school; ~**hof** *der* school yard; ~**jahr** *das* **1** school year **2** (Klasse) year; ~**junge** *der* schoolboy; ~**kind** *das* schoolchild; ~**klasse** *die* [school] class; ~**land·heim** *das*; [school's] country hostel (*visited by school classes*); ~**mädchen** *das* schoolgirl; ~**ordnung** *die* school rules *pl.*; ~**pflicht** *die* obligation to attend school; die Einführung der [allgemeinen] ~pflicht the introduction of compulsory school attendance [for all children]; ~**pflichtig** *Adj.* required to attend school *postpos.*; ~pflichtig sein have to attend school; im ~pflichtigen Alter of school age; ~**ranzen** *der* [school] satchel; ~**sportfest** *das* inter-school sports day; ~**sprecher** *der* pupils' representative; ≈ head boy; ~**sprecherin** *die* pupils' representative; ≈ head girl; ~**tag** *der* school day; ~**tasche** *die* school bag; (Ranzen) [school] satchel

Schulter *die*; ~, ~n shoulder; jmdm. auf die ~ klopfen pat sb on the shoulder or (fig.) back

Schulter·blatt *das* (Anat.) shoulder blade

schultern *tr. V.* shoulder; das Gewehr ~ shoulder arms

Schul-: ~**uniform** *die* school uniform; ~**weg** *der* way to school; ~**zeit** *die* schooldays *pl.*

Schummelei *die*; ~, ~en (ugs.) ▸ Mogelei

schummeln *itr., tr., refl. V.* (ugs.) ▸ mogeln

schummerig *Adj.* dim *<light etc.>*; dimly lit *<room etc.>*

Schummler *der*; ~s, ~, **Schummlerin** *die*; ~, ~nen (ugs.) cheat

Schund *der*; ~[e]s trash

Schuppe *die*; ~, ~n **1** scale **2** *Pl.* (auf dem Kopf) dandruff *sing.*; (auf der Haut) flaking skin *sing.*

schuppen **A** *tr. V.* scale *<fish>* **B** *refl. V.* *<skin>* flake; *<person>* have flaking skin

Schuppen *der*; ~s, ~ **1** shed **2** (ugs.) (Lokal) joint (infml)

schüren *tr. V.* **1** poke *<fire>*

ꝰ key word
ꝰ alte Schreibung—vgl. Hinweis auf S. x

S

2 (fig.) stir up ‹*hatred, envy, etc.*›
schürfen Ⓐ *itr. V.* scrape
Ⓑ *tr. V.* **1** sich (*Dat.*) **das Knie** *usw.* ∼ graze one's knee *etc.*
2 (Bergbau) mine ‹*ore etc.*› open-cast *or* (AmE) opencut

Schürf·wunde *die* graze; abrasion
Schurke *der*; ∼n, ∼n rogue
Schurken·staat *der* (abwertend) rogue state
Schurkin *die*; ∼, ∼nen rogue
Schur·wolle *die* new wool
Schürze *die*; ∼, ∼n apron; (Latzschürze) pinafore
Schuss, ****Schuß** *der*; **Schusses**, **Schüsse**
1 shot (**auf** + *Akk.* at); **weit** *od.* **weitab vom** ∼ (fig. ugs.) well away from the action
2 (Menge Munition/Schießpulver) round; **drei** ∼ **Munition** three rounds of ammunition
3 (Schusswunde) gunshot wound
4 (kleine Menge) dash
5 (Drogenjargon) shot; fix (sl.)
6 (Skisport) schuss; ∼ **fahren** schuss
7 (ugs.) **etw. in** ∼ **bringen/halten** get sth into/keep sth in [good] shape

Schüssel *die*; ∼, ∼n bowl; (flacher) dish
schusselig (ugs.) Ⓐ *Adj.* scatterbrained
Ⓑ *adv.* in a scatterbrained way
Schusseligkeit *die*; ∼ (ugs.) scatterbrained way
Schuss-, ****Schuß-:** ∼**linie** *die* line of fire; **in die/jmds.** ∼**linie geraten** *od.* **kommen** (auch fig.) come under fire/come under fire from sb; ∼**verletzung** *die* gunshot wound; ∼**waffe** *die;* weapon (*firing a projectile*); (Gewehr usw.) firearm; ∼**wechsel** *der* exchange of shots

Schuster *der*; ∼s, ∼, **Schusterin** *die*; ∼, ∼nen (ugs.) shoemaker; (jmd., der Schuhe repariert) shoe repairer
Schutt *der*; ∼[e]s rubble; „∼ **abladen verboten"** 'no tipping'; 'no dumping'
Schüttel·frost *der* [violent] shivering fit
schütteln Ⓐ *tr. V.* **1** shake; **den Kopf [über etw. (Akk.)]** ∼ shake one's head [over sth]; **jmdm. die Hand** ∼ shake sb's hand; shake sb by the hand
2 *unpers.* **es schüttelte ihn [vor Kälte]** he was shaking [with *or* from cold]
Ⓑ *refl. V.* shake oneself/itself
Ⓒ *itr. V.* **mit dem Kopf** ∼ shake one's head
schütten Ⓐ *tr. V.* pour ‹*liquid, flour, etc.*›; (unabsichtlich) spill ‹*liquid, flour, etc.*›; tip ‹*rubbish, coal, etc.*›
Ⓑ *itr. V.*; (*unpers.*) (ugs.) (regnen) pour [down]
schütter *Adj.* sparse; thin
Schutt-: ∼**halde** *die* pile *or* heap of rubble; ∼**haufen** *der* pile of rubble; (Abfallhaufen) rubbish heap

✓ **Schutz** *der*; ∼es protection (**vor** + *Dat.*, **gegen** against); (Zuflucht) refuge; ∼ **suchend** seeking protection *postpos.*
schutz-, Schutz-: ∼**bedürftig** *Adj.* in need

of protection *postpos.*; ∼**behauptung** *die* (bes. Rechtsw.) attempt to justify one's behaviour; ∼**blech** *das* mudguard; ∼**brief** *der* (Kfz-W.) travel insurance; (Dokument) travel insurance certificate

Schütze *der*; ∼n, ∼n **1** marksman
2 (Fußball usw.) scorer
3 (Milit.) (einfacher Soldat) private
4 (Astrol.) Sagittarius
✓ **schützen** Ⓐ *tr. V.* protect (**vor** + *Dat.* from; **gegen** against); safeguard ‹*interest, property, etc.*› (**vor** + *Dat.* from); **gesetzlich geschützt** registered [as a trademark]
Ⓑ *itr. V.* provide *or* give protection (**vor** + *Dat.* from; **gegen** against); (vor Wind, Regen) give shelter (**vor** + *Dat.* from)

Schützen·fest *das: shooting competition with fair*
Schutz·engel *der* guardian angel
Schützen-: ∼**graben** *der* trench; ∼**panzer** *der* armoured personnel carrier; ∼**verein** *der* rifle club
Schutz-: ∼**helm** *der* helmet; (bei Motorradfahrern usw.) crash helmet; (bei Bauarbeitern usw.) safety helmet; ∼**hütte** *die* **1** (Unterstand) shelter **2** (Berghütte) mountain hut; ∼**impfung** *die* vaccination
Schützin *die*; ∼, ∼nen **1** markswoman
2 (Fußball usw.) scorer
Schützling *der*; ∼s, ∼e protégé; (Anvertrauter) charge
schutz-, Schutz-: ∼**los** *Adj.* defenceless; ∼**mann** *der; Pl.* ∼**männer** *od.* ∼**leute** (ugs. veralt.) [police] constable; copper (BrE infml); ∼**patron** *der*, ∼**patronin** *die* patron saint; ∼**schicht** *die* protective layer (**aus** of); (flüssig aufgetragen) protective coating; ***∼**suchend** ▶ Schutz; ∼**umschlag** *der* dust jacket

schwabbelig *Adj.* flabby ‹*stomach, person, etc.*›; wobbly ‹*jelly etc.*›
schwabbeln *itr. V.* (ugs.) wobble
Schwabe *der*; ∼n, ∼n Swabian
Schwaben (*das*); ∼s Swabia
Schwäbin *die*; ∼, ∼nen Swabian
schwäbisch *Adj.* Swabian
✓ **schwach; schwächer, schwächst…**
Ⓐ *Adj.* **1** weak; weak, delicate ‹*child, woman*›; frail ‹*invalid, old person*›; low-powered ‹*engine, bulb, amplifier, etc.*›; weak, poor ‹*eyesight, memory, etc.*›; poor ‹*hearing*›; delicate ‹*health, constitution*›; ∼ **werden** grow weak; (fig.) (schwanken) weaken; (fig.) (nachgeben) give in
2 (nicht gut) poor ‹*pupil, player, performance, result, etc.*›; weak ‹*argument, opponent, play, film, etc.*›
3 (gering, niedrig) poor, low ‹*attendance etc.*›; slight ‹*effect, resistance, gradient, etc.*›; light ‹*wind, rain, current*›; faint ‹*voice, pressure, hope, smile, smell*›; weak, faint ‹*pulse*›; faint, dim ‹*light*›; pale ‹*colour*›
4 (wenig konzentriert) weak ‹*solution, coffee,*

S

poison, etc.>
5 (Sprachw.) weak
B *adv.* **1** weakly
2 (nicht gut) poorly
3 (in geringem Maße) poorly *<attended, developed>*; slightly *<poisonous, sweetened, inclined>*; *<rain>* slightly; *<remember, glow, smile>* faintly
4 (Sprachw.) ~ **gebeugt** weak
Schwäche *die*; ~, ~**n** weakness; **eine ~ für jmdn./etw. haben** have a soft spot for sb/a weakness for sth
Schwäche·anfall *der* sudden feeling of faintness
schwächen *tr. V.* weaken
schwächlich *Adj.* weakly *<person>*; frail *<old person, constitution>*
Schwächling *der*; ~**s**, ~**e** weakling
schwäch-, Schwäch-: ~**punkt** *der* weak point; ~**sinn** *der* **1** (Med.) mental deficiency **2** (ugs.) [idiotic (infml)] rubbish; ~**sinnig A** *Adj.* **1** (Med.) mentally deficient **2** (ugs.) idiotic (infml), nonsensical *<measure, policy, etc.>*; rubbishy *<film etc.>* **B** *adv.* (ugs.) idiotically (infml); stupidly
Schwächung *die*; ~, ~**en** weakening
Schwaden *der*; ~**s**, ~; [thick] cloud
schwafeln (ugs.) **A** *itr. V.* rabbit on (BrE infml), waffle (von about) **B** *tr. V.* blether *<nonsense>*
Schwager *der*; ~**s**, **Schwäger** brother-in-law
Schwägerin *die*; ~, ~**nen** sister-in-law
Schwalbe *die*; ~, ~**n** swallow
Schwall *der*; ~**[e]s**, ~**e** torrent
schwamm *1. u. 3. Pers. Sg. Prät. v.* schwimmen
Schwamm *der*; ~**[e]s**, **Schwämme** **1** sponge; ~ **drüber!** (ugs.) [let's] forget it **2** (südd., österr.) (Pilz) mushroom
Schwammerl *das*; ~**s**, ~**[n]** (bayr., österr.) mushroom
schwammig A *Adj.* **1** spongy **2** (aufgedunsen) flabby, bloated *<face, body, etc.>* **3** (abwertend) (unpräzise) woolly *<concept, manner of expression, etc.>* **B** *adv.* (unpräzise) vaguely
Schwammigkeit *die*; ~ **1** sponginess **2** (abwertend) (Aufgedunsenheit) flabbiness; bloated appearance **3** (abwertend) (Vagheit) woolliness
Schwan *der*; ~**[e]s**, **Schwäne** swan
schwand *1. u. 3. Pers. Sg. Prät. v.* schwinden
schwang *1. u. 3. Pers. Sg. Prät. v.* schwingen
schwanger *Adj.* pregnant (von by)
Schwangere *die adj. Dekl.* expectant mother; pregnant woman
schwängern *tr. V.* make *<woman>* pregnant
Schwangerschaft *die*; ~, ~**en** pregnancy

Schwangerschafts-: ~**abbruch** *der* termination of pregnancy; abortion; ~**verhütung** *die* contraception; ~**vertretung** *die* **1** maternity[-leave] cover; **die ~vertretung für jmdn. machen** cover for sb while she is on maternity leave **2** (Person) person covering [a period of] maternity leave
Schwank *der*; ~**[e]s**, **Schwänke** comic tale; (auf der Bühne) farce
schwanken *itr. V.*; *mit Richtungsangabe mit sein* **1** sway; *<boat>* rock; (heftiger) roll; *<ground, floor>* shake **2** (fig.) (unbeständig sein) *<prices, temperature, etc.>* fluctuate; *<number, usage, etc.>* vary **3** (fig.) (unentschieden sein) waver; (zögern) hesitate
Schwankung *die*; ~, ~**en** variation; (der Kurse usw.) fluctuation
Schwanz *der*; ~**es**, **Schwänze** **1** tail **2** (salopp) (Penis) prick (coarse); cock (coarse)
Schwänzchen *das*; ~**s**, ~ **1** [little] tail **2** (fam.) (Penis) willy (infml)
schwänzeln *itr. V.* wag its tail/their tails
schwänzen *tr., itr. V.* (ugs.) skip, cut *<lesson etc.>*; **[die Schule]** ~ play truant *or* (AmE) hookey
schwappen *itr. V.* slosh
Schwarm *der*; ~**[e]s**, **Schwärme** **1** swarm **2** (fam.) (Angebetete[r]) idol; heart-throb
schwärmen *itr. V.* **1** *mit Richtungsangabe mit sein* swarm **2** (begeistert sein) **für jmdn./etw. ~** be mad about *or* really keen on sb/sth; **von etw. ~** go into raptures about sth
schwärmerisch A *Adj.* rapturous **B** *adv.* rapturously
Schwarte *die*; ~, ~**n 1** rind **2** (ugs.) (dickes Buch) tome
♂ schwarz; schwärzer, schwärzest... **A** *Adj.* **1** black; Black *<person>*; filthy[-black] *<hands, fingernails, etc.>*; **mir wurde ~ vor den Augen** everything went black; **der Schwarze Erdteil** *od.* **Kontinent** the Dark Continent; **das Schwarze Meer** the Black Sea; **ins Schwarze treffen** (fig.) hit the nail on the head **2** (illegal) illicit *<deal, exchange, etc.>*; **der ~e Markt** the black market **3** ~ **sehen** look on the black side; be pessimistic (**für** about) **B** *adv.* (illegal) illegally
Schwarz *das*; ~**[es]**, ~; black
Schwarz·brot *das* black bread
Schwarze *der/die adj. Dekl.* Black
schwärzen *tr. V.* blacken
schwarz-, Schwarz-: ~**|fahren** *unr. itr. V.*; *mit sein* dodge paying the fare; ~**fahrer** *der*, ~**fahrerin** *die* fare dodger; ~**haarig** *Adj.* black-haired; ~**handel** *der* black market (**mit in**); (Tätigkeit) black marketeering (**mit in**); ~**markt** *der* black market; ~**|sehen**

♂ key word
* old spelling—see note on page x

unr. itr. V. watch television without a licence; *s. auch* schwarz A3; ~**seher** *der,* ~**seherin** *die* **1** (ugs.) pessimist **2** (jmd, der schwarz fernsieht) [television] licence dodger

Schwärzung *die;* ~, ~**en** blackening

schwarz-, Schwarz-: ~**wald** *der;* ~**[e]s** Black Forest; ~**weiß** *Adj.* black and white; ~**weiß·film** *der* black and white film; ~**weiß·foto** *das* black and white photo; ~**wurzel** *die* black salsify

schwatzen, (bes. südd.) **schwätzen** **A** *itr. V.* chat; (über belanglose Dinge) chatter; natter (infml) **B** *tr. V.* say; talk <*nonsense, rubbish*>

Schwätzer *der;* ~**s,** ~, **Schwätzerin** *die;* ~, ~**nen** chatterbox; (klatschhafter Mensch) gossip

schwatzhaft *Adj.* talkative; (klatschhaft) gossipy

Schwatzhaftigkeit *die;* ~; talkativeness; (Klatschsucht) tendency to gossip

Schwebe *die* in der ~ sein/bleiben (fig.) be/remain in the balance

Schwebe-: ~**bahn** *die* cableway; ~**balken** *der* (Turnen) [balance] beam

schweben *itr. V.* **1** <*bird, balloon, etc.*> hover; <*cloud, balloon, mist*> hang; in Gefahr ~ (fig.) be in danger **2** *mit sein* (durch die Luft) float

Schwede *der;* ~**n,** ~**n** Swede

Schweden (*das*); ~**s** Sweden

Schwedin *die;* ~, ~**nen** Swede

schwedisch *Adj.* Swedish

Schwefel *der;* ~**s** sulphur

Schwefel-: ~**dioxid,** ~**dioxyd** *das* (Chemie) sulphur dioxide; ~**säure** *die* (Chemie) sulphuric acid; ~**wasserstoff** *der* (Chemie) hydrogen sulphide

Schweif *der;* ~**[e]s,** ~**e** tail

schweifen *itr. V.;* *mit sein* (geh.; auch fig.) wander

Schweige·geld *das* hush money

schweigen *unr. itr. V.* remain *or* stay silent; say nothing; ganz zu ~ von ... not to mention ...

Schweigen *das;* ~**s** silence

schweigsam *Adj.* silent; quiet

Schweigsamkeit *die;* ~; silence; quietness

Schwein *das;* ~**[e]s,** ~**e 1** pig **2** (Fleisch) pork **3** (salopp) (gemeiner Mensch) swine; (Schmutzfink) mucky devil (infml); mucky pig (infml) **4** (salopp) (Mensch) ein armes ~ a poor devil; kein ~ war da there wasn't a bloody (BrE sl.) *or* (infml) damn soul there **5** (ugs.) (Glück) [großes] ~ haben have a [big] stroke of luck; (davonkommen) get away with it (infml)

Schweine-: ~**braten** *der* roast pork *no indef. art.;* ~**fleisch** *das* pork; ~**kotelett** *das* (Kochk.) pork chop

Schweinerei *die;* ~, ~**en** (ugs.) **1** (Schmutz) mess **2** (Gemeinheit) mean *or* dirty trick

Schweine-: ~**schnitzel** *das* escalope of pork; ~**stall** *der* (auch fig.) pigsty; pigpen (AmE); ~**steak** *das* pork steak

schweinisch (ugs.) *Adj.* **1** (schmutzig) filthy **2** (unanständig) dirty; smutty

Schweins·leder *das* pigskin

Schweiß *der;* ~**es** sweat; mir brach der ~ aus I broke out in a sweat

Schweiß-: ~**ausbruch** *der* sweat; ~**brenner** *der* welding torch; ~**drüse** *die* (Anat.) sweat gland

schweißen *tr., itr. V.* weld

Schweißer *der;* ~**s,** ~, **Schweißerin** *die;* ~, ~**nen** welder

schweiß-, Schweiß-: ~**fuß** sweaty foot; ~**gebadet** *Adj.* bathed in sweat *postpos.;* ~**nass,** ***~**naß** *Adj.* sweaty; damp with sweat *pred.;* ~**perle** *die* bead of sweat

Schweiz *die;* ~; Switzerland *no art.*

Schweizer *der;* ~**s,** ~; Swiss

schweizer·deutsch *Adj.* Swiss German

Schweizerin *die;* ~, ~**nen** Swiss

schweizerisch *Adj.* Swiss

schwelen (auch fig.) smoulder

schwelgen *itr. V.* feast

Schwelle *die;* ~, ~**n 1** threshold **2** (Eisenbahnschwelle) sleeper (BrE); [cross] tie (AmE)

schwellen *unr. itr. V.;* *mit sein* swell; <*limb, face, cheek, etc.*> swell [up]

Schwellen·land *das: country at the stage of economic take-off*

Schwellung *die;* ~, ~**en** (Med.) swelling

Schwemme *die;* ~, ~**n** glut (an + *Dat.* of)

Schwemm·land *das* alluvial land

Schwengel *der;* ~**s,** ~ **1** (der Glocke) clapper **2** (der Pumpe) handle

Schwenk *der;* ~**s,** ~**s 1** (Drehung) swing **2** (Film, Ferns.) pan

schwenken **A** *tr. V.* **1** swing; wave <*flag, handkerchief*> **2** (spülen) rinse **B** *itr. V.;* *mit sein* <*marching column*> swing, wheel; <*camera*> pan; <*path, road, car*> swing

schwer **A** *Adj.* **1** heavy; 2 Kilo ~ sein weigh two kilos **2** (mühevoll) heavy <*work*>; hard, tough <*job*>; hard <*day*>; difficult <*birth*>; es ~/nicht ~ haben have it hard/easy; sich mit *od.* bei etw. ~ tun (ugs.) have trouble with sth; jmdm. fällt etw. ~ sb finds sth difficult; jmdm./sich etw. ~ machen make sth difficult for sb/oneself **3** (schlimm) severe <*shock, disappointment, strain, storm*>; serious, grave <*wrong, injustice, error, illness, blow, reservation*>; serious <*accident, injury*>; heavy <*punishment, strain, loss, blow*>; etw. ~ nehmen take sth seriously

s

B *adv.* **1** heavily ‹built, laden, armed›; ~ **tragen** be carrying sth heavy [with difficulty]
2 ‹work› hard; ‹breathe› heavily; ~ **hören** be hard of hearing
3 (schwierig) with difficulty; ~ **verdaulich** (auch fig.) hard to digest *pred.*
4 (sehr) seriously ‹injured, ill›; greatly, deeply ‹disappointed›; ‹punish› severely, heavily; ~ **verunglücken** have a serious accident

Schwer-: ~**arbeiter** *der* worker engaged in heavy physical work; ~**behinderte** *der/die* severely disabled person; **die** ~**behinderten** severely disabled people; ~**beschädigte** *der/die adj. Dekl.* severely disabled person

Schwere *die*; ~ **1** weight
2 (Schwerkraft) gravity
3 ▶ schwer A3 severity; seriousness; gravity; heaviness

schwere·los *Adj.* weightless

Schwerelosigkeit *die*; ~; weightlessness

schwer-, Schwer-: *** ~**fallen** ▶ schwer A2; ~**fällig** **A** *Adj.* (auch fig.) ponderous; cumbersome ‹bureaucracy, procedure›
B *adv.* ponderously; ~**fälligkeit** *die* ▶ schwerfällig ponderousness; cumbersomeness; ~**gewicht** *das* **1** (Sport) heavyweight **2** (Schwerpunkt) main focus; ~**hörig** *Adj.* hard of hearing *pred.*; ~**hörigkeit** *die*; ~~; hardness of hearing; ~**industrie** *die* heavy industry; ~**kraft** *die* gravity; ~**krank** ▶ schwer B4

schwerlich *Adv.* hardly

schwer-, Schwer-: *** ~**machen** ▶ schwer A2; ~**metall** *das* heavy metal; ~**mütig** **A** *Adj.* melancholic **B** *adv.* melancholically; *** ~**nehmen** ▶ schwer A3

⚷ **Schwer·punkt** *der* centre of gravity; (fig.) main focus; (Hauptgewicht) main stress

Schwert *das*; ~[e]s, ~er sword

Schwert-: ~**fisch** *der* swordfish; ~**lilie** *die* iris

***schwer|tun ▶ schwer A2

Schwert·wal *der* (Orka) killer whale

schwer-, Schwer-: *** ~**verbrecher** *der*, ~**verbrecherin** *die* serious offender; *** ~**verdaulich** ▶ schwer B3; *** ~**verletzt** ▶ schwer B4; ~**wiegend** *Adj.* serious; momentous ‹decision›

⚷ **Schwester** *die*; ~, ~n **1** sister
2 (Krankenschwester) nurse

schwesterlich **A** *Adj.* sisterly
B *adv.* ~ handeln act in a sisterly way

schwieg *1. u. 3. Pers. Prät. v. schweigen*

Schwieger-: ~**eltern** *Pl.* parents-in-law; ~**mutter** *die*; *Pl.* ~**mütter** mother-in-law; ~**sohn** *der* son-in-law; ~**tochter** *die* daughter-in-law; ~**vater** *der* father-in-law

---

⚷ key word
* alte Schreibung—vgl. Hinweis auf S. x

S

Schwiele *die*; ~, ~n callus; ~n an den Händen horny hands

schwielig *Adj.* callused; ~e Hände horny hands

⚷ **schwierig** *Adj.* difficult

⚷ **Schwierigkeit** *die*; ~, ~en difficulty

Schwierigkeits·grad *der* degree of difficulty; (von Lehrmaterial usw.) level of difficulty

Schwimm-: ~**bad** *das* swimming baths *pl.* (BrE); swimming pool; ~**becken** *das* swimming pool

schwimmen **A** *unr. itr. V.* **1** meist mit sein swim
2 meist mit sein (treiben, nicht untergehen) float
3 (ugs.) (unsicher sein) be all at sea; **ins Schwimmen geraten** start to flounder
B *unr. tr. V.; auch mit sein* swim

Schwimmen *das*; ~s swimming *no art.*

Schwimmer *der*; ~s, ~ **1** swimmer
2 (Technik) float

Schwimmerin *die*; ~, ~nen swimmer

Schwimm-: ~**flosse** *die* flipper; ~**lehrer** *der*, ~**lehrerin** *die* swimming instructor; ~**weste** *die* life jacket

Schwindel *der*; ~s **1** dizziness; giddiness
2 (Betrug) swindle; (Lüge) lie

schwindel·frei *Adj.* ~ sein have a head for heights

schwindelig ▶ schwindlig

schwindeln *itr. V.* **1** unpers. mich od. mir schwindelt I feel dizzy or giddy
2 (lügen) tell fibs

schwinden *unr. itr. V.; mit sein* fade; ‹supplies, money› run out; ‹effect› wear off; ‹fear, mistrust› lessen; ‹powers, influence› wane

Schwindler *der*; ~s, ~, **Schwindlerin** *die*; ~, ~nen (Lügner[in]) liar; (Betrüger[in]) swindler; (Hochstapler[in]) confidence trickster

schwindlig *Adj.* dizzy; giddy; jmdm. wird es ~ sb gets dizzy or giddy

schwingen **A** *unr. itr. V.* **1** mit sein swing
2 (vibrieren) vibrate
B *unr. tr. V.* swing; wave ‹flag, wand›; brandish ‹sword, axe, etc.›
C *unr. refl. V.* sich aufs Pferd/Fahrrad ~ leap on to one's horse/bicycle

Schwingung *die*; ~, ~en **1** swinging; (Vibration) vibration
2 (Physik) oscillation

Schwips *der*; ~es, ~e (ugs.) einen ~ haben be tipsy

schwirren *itr. V.; mit sein* ‹arrow, bullet, etc.› whiz; ‹bird› whir; ‹insect› buzz

schwitzen *itr. V.* (auch fig.) sweat

schwor *1. u. 3. Pers. Sg. Prät. v. schwören*

schwören **A** *unr. tr., itr. V.* swear ‹fidelity, friendship›; swear, take ‹oath›
B *unr. itr. V.* swear an/the oath

Schwuchtel *die*; ~, ~n (salopp) queen (sl.)

schwul Adj. (ugs.) gay (infml)
schwül Adj. sultry; close
Schwule der adj. Dekl. (ugs.) gay (infml); (abwertend) queer (sl.)
Schwüle die; ~; sultriness
schwülstig Ⓐ Adj. bombastic; pompous; over-ornate ‹art, architecture›
Ⓑ adv. bombastically; pompously
Schwund der; ~[e]s decrease, drop (Gen. in); (an Interesse) waning; falling off
Schwung der; ~[e]s, **Schwünge**
1 (Bewegung) swing
2 (Linie) sweep
3 (Geschwindigkeit) momentum; ~ holen build or get up momentum
4 (Antrieb) drive; energy
5 (mitreißende Wirkung) sparkle
schwung·haft Adj. thriving; brisk, flourishing ‹trade, business›
schwung·voll Ⓐ Adj. 1 lively
2 (kraftvoll) vigorous; sweeping ‹movement, gesture›; bold ‹handwriting, line, stroke›
Ⓑ adv. spiritedly; (kraftvoll) with great vigour
Schwur der; ~[e]s, **Schwüre** 1 (Gelöbnis) vow
2 (Eid) oath
Schwur·gericht das: court with a jury
scrollen /'skrolən/ itr., tr. V. (DV) scroll
sechs Kardinalz. six
Sechs die; ~, ~en six
sechs-, Sechs-: ~**eck** das hexagon; ~**eckig** Adj. hexagonal; ~**fach** Vervielfältigungsz. sixfold; ~**hundert** Kardinalz. six hundred; ~**mal** Adv. six times
sechst... Ordinalz. sixth
sechs·tausend Kardinalz., six thousand
sechstel Bruchz. sixth
Sechstel das (schweiz. meist der) ~s, ~; sixth
sechstens Adv. sixthly
sechzehn Kardinalz. sixteen
sechzig Kardinalz. sixty
sechzigst... Ordinalz. sixtieth
SED Abk. (DDR) = **Sozialistische Einheitspartei Deutschlands** Socialist Unity Party of Germany (state party of the former GDR)
See¹ der; ~s, ~n lake
See² die; ~; die ~ the sea; an die ~ fahren go to the seaside; auf hoher ~ on the high seas
see-, See-: ~**bad** das seaside health resort; ~**fahrt** die seafaring no art.; sea travel no art.; ~**gang** der leichter/starker od. hoher od. schwerer ~gang light/heavy or rough sea; ~**hund** der [common] seal; (Pelz) seal[skin]; ~**igel** der sea urchin; ~**krank** Adj. seasick; ~**krankheit** die seasickness; ~**lachs** der pollack
Seele die; ~, ~n soul; (Psyche) mind
Seelen·leben das (geh.) inner life
seelen·ruhig Ⓐ Adj. calm; unruffled
Ⓑ adv. calmly

seelisch Ⓐ Adj. psychological ‹cause, damage, tension›; mental ‹equilibrium, breakdown, illness, health›
Ⓑ adv. ~ bedingt sein have psychological causes; ~ krank mentally ill
Seel·sorge die pastoral care
Seelsorger der; ~s, ~, **Seelsorgerin** die; ~, ~nen pastoral worker; (Geistliche[r]) pastor
see-, See-: ~**macht** die sea power; ~**mann** der; Pl. ~leute seaman; sailor; ~**meile** die nautical mile; ~**not** die distress [at sea]; in ~not geraten get into difficulties pl.; ~**pferd**, ~**pferdchen** das sea horse; ~**räuber** der, ~**räuberin** die pirate; ~**reise** die voyage; (Kreuzfahrt) cruise; ~**rose** die water lily; ~**stern** der starfish; ~**tüchtig** Adj. seaworthy; ~**zunge** die sole
Segel das; ~s, ~; sail
Segel-: ~**boot** das sailing boat; ~**flieger** der, ~**fliegerin** die glider pilot; ~**flugzeug** das glider
segeln itr. V.; mit sein sail
Segel-: ~**schiff** das sailing ship; ~**tuch** das; Pl. ~~e sailcloth
Segen der; ~s, ~; blessing; (Gebet in der Messe) benediction
Segler der; ~s, ~; yachtsman
Seglerin die; ~, ~nen yachtswoman
segnen tr. V. bless
seh·behindert Adj. partially sighted; visually impaired
sehen Ⓐ unr. itr. V. 1 see; schlecht/gut ~ have bad/good eyesight; mal ~, wir wollen od. werden ~ (ugs.) we'll see; siehste! (ugs.) there, you see!
2 (hinsehen) look (auf + Akk. at); sieh mal od. doch! look!; siehe da! lo and behold!
Ⓑ unr. tr. V. 1 (auch fig.) see; jmdn./etw. [nicht] zu ~ bekommen [not] get to see sb/ sth; ich habe ihn kommen [ge]~ I saw him coming
2 (ansehen) watch ‹television programme›
sehens·wert Adj. worth seeing postpos.
Sehens·würdigkeit die; ~, ~en sight
Seher der; ~s, ~, **Seherin** die; ~, ~nen seer; prophet/prophetess
Seh-: ~**fehler** der sight defect; defect of vision; ~**kraft** die sight
Sehne die; ~, ~n 1 tendon
2 (Bogen~) string
sehnen refl. V. sich nach jmdm./etw. ~ long or yearn for sb/sth
sehnig Adj. 1 stringy ‹meat›
2 (kräftig) sinewy ‹figure, legs, etc.›
sehnlichst Ⓐ Adj. das ist mein ~es Verlangen/mein ~er Wunsch that's what I long for most/that's my dearest wish
Ⓑ adv. etw. ~ herbeiwünschen look forward longingly to sth

S

Sehn·sucht *die* longing; ~ **nach jmdm.**
haben long to see sb

sehn·süchtig *Adj.* longing *attrib.*, yearning
attrib. <*desire, look, gaze, etc.*>

◆ **sehr** *Adv.* **1** *mit Adj. u. Adv.* very; ~ **viel** a
great deal; **jmdn.** ~ **gern haben** like sb a lot
(*infml*) *or* a great deal
2 *mit Verben* very much; greatly; **danke** ~**!**
thank you *or* thanks [very much]; **bitte** ~,
Ihr Steak! here's your steak, sir/madam

Seh-: ~**schärfe** *die* visual acuity; ~**test** *der*
eye test; ~**vermögen** *das* sight

sei *1. u. 3. Pers. Sg. Präsens Konjunktiv u.*
Imperativ Sg. v. **sein¹**

seicht **A** *Adj.* (*auch fig.*) shallow
B *adv.* (*fig.*) shallowly

Seichtheit *die*; ~ (*auch fig.*) shallowness

seid *2. Pers. Pl. Präsens u. Imperativ Pl. v.* **sein¹**

Seide *die*; ~, ~**n** silk

Seidel *das*; ~**s**, ~; beer mug

seiden *Adj.* silk

Seiden·papier *das* tissue paper

seidig **A** *Adj.* silky
B *adv.* silkily

Seife *die*; ~, ~**n** soap

Seifen-: ~**blase** *die* soap bubble; ~**oper**
die (*ugs.*) soap opera; ~**schale** *die* soap dish;
~**schaum** *der* lather

Seil *das*; ~**s**, ~**e** rope; (*Drahtseil*) cable

Seil·bahn *die* cableway

seil‖hüpfen *itr. V.; nur im Inf. u. 2. Part., mit*
sein ▸ seilspringen

Seilschaft *die*; ~, ~**en** (*Bergsteigen*) rope;
(*fig.*) followers *pl.*

seil-, Seil-: ~‖**springen** *unr. itr. V.; nur im*
Inf. u. 2. Part., mit sein skip; ~**tänzer** *der*,
~**tänzerin** *die* tightrope walker; ~**winde**
die cable winch

◆ **sein¹** **A** *unr. itr. V.* be; (*existieren*) be; exist;
(*sich ereignen*) be; happen; **wie dem auch sei**
be that as it may; **er ist Schwede/Lehrer** he
is Swedish *or* a Swede/a teacher; **bist du es?**
is that you?; **mir ist kalt/besser** I am *or* feel
cold/better; **mir ist schlecht** I feel sick; **drei**
und vier ist *od.* (*ugs.*) **sind sieben** three and
four is *or* makes seven; **es ist drei Uhr/Mai/**
Winter it is three o'clock/May/winter; **er ist**
aus Berlin he is *or* comes from Berlin; **was**
darf es ~**?** (*im Geschäft*) what can I get you?;
es war einmal ein Prinz once upon a time
there was a prince
B *mod. V.* (*in der Funktion von können/müssen*) +
Passiv **es ist niemand zu sehen** there's no
one to be seen; **das war zu erwarten** that was
to be expected; **die Schmerzen sind kaum**
zu ertragen the pain is hardly bearable; **die**
Richtlinien sind strengstens zu beachten the
guidelines are to be strictly followed
C *Hilfsverb* **1** (*zur Perfektumschreibung*) have; **er**
ist gestorben he has died

2 (*zur Bildung des Zustandspassivs*) be; **wir sind**
gerettet worden/wir waren gerettet we were
saved

◆ **sein²** *Possessivpron.* (*einer männlichen Person*)
his; (*einer weiblichen Person*) her; (*einer Sache, eines*
Tiers) its; (*nach man*) one's; his (*AmE*)

Sein *das*; ~**s** (*Philos.*) being; (*Dasein*) existence;
~ **und Schein** appearance and reality

seiner (*geh.*) *Gen. von* **er**; **sich** ~ **erbarmen**
have pity on him; ~ **gedenken** remember
him

seiner-: ~**seits** *Adv.* for his part; (*von ihm*) on
his part; ~**zeit** *Adv.* at that time

seines·gleichen *indekl. Pron.* his own kind

seinet·wegen *Adv.* ▸ meinetwegen
because of him; for his sake; about him; as
far as he is concerned

seismo-, Seismo-: ~**graph** *der*, ~~**en**,
~~**en** seismograph; ~**loge** *der*, ~~**n**, ~~**n**
seismologist; ~**logie** *die*; ~~; seismology *no*
art.; ~**login** *die*; ~~, ~~**nen** seismologist;
~**logisch** **A** *Adj.* seismological
B *adv.* seismologically

◆ **seit** **A** *Präp.; mit Dat.* (*Zeitpunkt*) since;
(*Zeitspanne*) for; **ich bin** ~ **zwei Wochen hier**
I've been here [for] two weeks
B *Konj.* since; ~ **du hier wohnst** since you
have been living here

seit·dem **A** *Adv.* since then
B *Konj.* ▸ seit B

◆ **Seite** *die*; ~, ~**n 1** side; **zur** *od.* **auf die** ~
gehen move aside *or* to one side; ~ **an** ~ side
by side; **jmdm. zur** ~ **stehen** stand by sb; **von**
allen ~**n** (*auch fig.*) from all sides; **nach allen**
~**n** in all directions; (*fig.*) on all sides
2 (*Buch-, Zeitungsseite*) page

Seiten-: ~**airbag** *der* (*Kfz.-W.*) side airbag;
~**ansicht** *die* side view; ~**aufprall·schutz**
der side impact protection; ~**hieb** *der* (*fig.*)
sideswipe (**auf** + *Akk.* at); ~**ruder** *das* (*Flugw.*)
rudder

seitens *Präp.; mit Gen.* (*Papierdt.*) on the
part of

Seiten-: ~**sprung** *der* infidelity; ~**straße**
die side street; ~**wind** *der* side wind;
crosswind; ~**zahl** *die* **1** page number
2 (*Anzahl der Seiten*) number of pages

seit·her *Adv.* since then

seitlich **A** *Adj.* at the side (*postpos.*)
B *adv.* (*an der Seite*) at the side; (*von der Seite*)
from the side; (*nach der Seite*) to the side

seit·wärts *Adv.* sideways

Sekretär *der*; ~**s**, ~**e 1** secretary
2 (*Schreibschrank*) bureau (*BrE*)

Sekretariat *das*; ~**[e]s**, ~**e** [secretary's/
secretaries'] office

Sekretärin *die*; ~, ~**nen** secretary

Sekt *der*; ~**[e]s**, ~**e** high-quality sparkling
wine; ≈ champagne

Sekte *die*; ~, ~**n** sect

Sektor *der*; ~**s**, ~**en 1** (*Fachgebiet*) field;
sphere; **industrieller/wirtschaftlicher** ~

s

industrial/economic sector
2 (Geom.; Besatzungszone) sector
sekundär A *Adj.* secondary
B *adv.* secondarily
Sekundar-: ~**schule** *die* (schweiz.) secondary
school; ~**stufe** *die;* secondary stage (*of education*)
⚬ **Sekunde** *die;* ~, ~**n** 1 (auch Math., Musik)
second
2 (ugs.) (Augenblick) second; moment
Sekunden·zeiger *der* second hand
selb... *Demonstrativpron.* same
⚬ **selber** *indekl. Demonstrativpron.* ▸ selbst A
⚬ **selbst** A *indekl. Demonstrativpron.*
myself/yourself/himself/herself/itself/
ourselves/yourselves/themselves; **von** ~
automatically; ~ **gemacht** home-made
B *Adv.* even
Selbst·achtung *die* self-respect; self-esteem
⚬ **selb·ständig** A *Adj.* independent; self-
employed ‹*business man, tradesman, etc.*›;
sich ~ **machen** set up on one's own
B *adv.* independently; ~ **denken** think for
oneself
Selbständigkeit *die;* ~; independence
selbst-, Selbst-: ~**auslöser** *der*
(Fot.) delayed-action shutter release;
~**bedienung** *die* self-service *no art.*;
~**befriedigung** *die* masturbation *no
art.*; ~**beherrschung** *die* self-control
no art.; ~**bestätigung** *die* (Psych.)
self-affirmation *no art.*; ~**bewusst**,
*~**bewußt** A *Adj.* self-confident
B *adv.* self-confidently; ~**bewusstsein**,
*~**bewußtsein** *das* self-confidence *no
art.*; ~**erkenntnis** *die* self-knowledge *no
art.*; ~**gefällig** A *Adj.* self-satisfied; smug
B *adv.* smugly; ~**gefälligkeit** *die*
self-satisfaction; smugness; *~**gemacht**
▸ selbst A; ~**gespräch** *das* conversation
with oneself; ~**hilfe** *die* self-help *no art.*;
Hilfe zur ~**hilfe leisten** help people to help
themselves; ~**hilfe·gruppe** *die* self-help
group; ~**los** A *Adj.* selfless
B *adv.* selflessly; unselfishly; ~**mord**
der suicide *no art.*; ~**mord·anschlag**
der suicide attack; ~**mörder** *der*,
~**mörderin** *die* suicide; ~**sicher** A *Adj.*
self-confident B *adv.* in a self-confident
manner; ~**ständig** *usw.* ▸ selbständig
usw.; ~**süchtig** A *Adj.* selfish B *adv.*
selfishly; ~**tätig** A *Adj.* automatic B *adv.*
automatically
⚬ **selbst·verständlich** *Adj.* natural; etw. für
~ **halten** regard sth as a matter of course;
(für gegeben hinnehmen) take sth for granted
Selbst-: ~**verständlichkeit** *die* matter of
course; etw. mit der größten ~**verständlichkeit**
tun do sth as if it were the most natural
thing in the world; ~**vertrauen** *das*
self-confidence; ~**verwaltung** *die* self-
government *no art.*; ~**zweck** *der* end in
itself

selektieren *tr. V.* select; pick out
Selektion *die;* ~, ~**en** selection
selektiv A *Adj.* selective
B *adv.* selectively
selig A *Adj.* 1 (Rel.) blessed
2 (tot) late [lamented]
3 (glücklich) blissful ‹*idleness, slumber, etc.*›;
blissfully happy ‹*person*›
B *adv.* blissfully
Seligkeit *die;* ~, ~**en** bliss *no pl.*; [blissful]
happiness *no pl.*
Sellerie *der;* ~s, ~[s] *od. die*~, ~; celeriac;
(Stangen~) celery
⚬ **selten** A *Adj.* rare; infrequent ‹*visit, visitor*›
B *adv.* 1 rarely
2 (sehr) exceptionally; uncommonly
Seltenheit *die;* ~, ~**en** rarity
Seltenheits·wert *der;* ~[es] rarity value
Selters·wasser *das* seltzer [water]
seltsam A *Adj.* strange; odd
B *adv.* strangely
⚬ **Semester** *das;* ~s, ~; semester
Semester·ferien *Pl.* [university] vacation
sing.
Semi·finale *das* (Sport) semi-final
Semi·kolon *das;* ~s, ~s semicolon
⚬ **Seminar** *das;* ~s, ~**e** 1 seminar (über +
Akk. on)
2 (Institut) department
Semit *der;* ~**en**, ~**en**, **Semitin** *die;* ~,
~**nen** Semite
semitisch *Adj.* Semitic
Semmel *die;* ~, ~**n** (bes. österr., bayr., ostmd.)
[bread] roll
Semmel·knödel *der* (bayr., österr.) bread
dumpling
⚬ **Senat** *der;* ~[e]s, ~**e** senate
Senator *der;* ~s, ~**en**, **Senatorin** *die;* ~,
~**nen** senator
⚬ **senden**[1] *unr. (auch regelm.) tr. V.* (geh.) send
senden[2] *regelm. (schweiz. unr.) tr., itr. V.*
broadcast ‹*programme, play, etc.*›; transmit
‹*signals, Morse, etc.*›
Sender *der;* ~s, ~; [broadcasting] station;
(Anlage) transmitter
Sende·reihe *die* series [of programmes]
Sender·such·lauf *der* (Rundf., Ferns.)
[automatic] station search
Sende·schluss, *Sende·schluß** *der* close
down
Sende·zeit *die* (Rundf., Ferns.) broadcasting
time; die ~ um zehn Minuten überschreiten
overrun by ten minutes
⚬ **Sendung** *die;* ~, ~**en** 1 consignment
2 (Rundf., Ferns.) programme
Senf *der;* ~[e]s, ~**e** mustard
senil A *Adj.* (Med., auch abwertend) senile
B *adv.* in a senile manner
senior (nach Personennamen) senior

S

Senior der; ~s, ~en 1 (Kaufmannsspr.) senior partner
2 (Sport) senior [player]
3 (Rentner) senior citizen
Senioren·heim das home for the elderly
Seniorin die; ~, ~nen ▸ Senior
Senke die; ~, ~n hollow
✧ **senken** Ⓐ tr. V. lower
　Ⓑ refl. V. ‹curtain, barrier, etc.› fall, come down; ‹ground, building, road› subside, sink; ‹water level› fall, sink
senk-, Senk-: ~**fuß** der flat foot; ~**recht**
　Ⓐ Adj. vertical; ~**recht zu etw.** perpendicular to sth Ⓑ adv. vertically; ~**rechte** die; ~~, ~~n auch adj. Dekl. vertical; (Geom.) (Gerade) perpendicular
Sensation die; ~, ~en sensation
sensationell Ⓐ Adj. sensational
　Ⓑ adv. sensationally
Sense die; ~, ~n scythe
sensibel Ⓐ Adj. sensitive
　Ⓑ adv. sensitively
sensibilisieren tr. V. (geh.) make ‹person› more sensitive (für to)
Sensibilität die; ~; sensitivity
sentimental Ⓐ Adj. sentimental
　Ⓑ adv. sentimentally
Sentimentalität die; ~, ~en sentimentality
separat Ⓐ Adj. separate; self-contained ‹flat etc.›
　Ⓑ adv. separately
✧ **September** der; ~[s], ~; September
Serbe der; ~n, ~n Serb; Serbian
Serbien (das); ~s Serbia
Serbin die; ~, ~nen ▸ Serbe
serbisch Adj. Serbian
Serenade die; ~, ~n serenade
✧ **Serie** /'ze:rɪə/ die; ~, ~n series
serien·mäßig Ⓐ Adj. standard ‹product, model, etc.›
　Ⓑ adv. 1 ~ gefertigt od. gebaut produced in series
2 (nicht als Sonderausstattung) ‹fitted, supplied, etc.› as standard
seriös Adj. respectable ‹person, hotel, etc.›; trustworthy ‹firm, partner, etc.›; serious ‹offer, applicant, artist, etc.›
Seriosität die; ~ (geh.) 1 (Solidität) respectability; (Vertrauenswürdigkeit) trustworthiness
2 (Ernsthaftigkeit) seriousness
Serotonin /zeroto'ni:n/ das; ~s, ~e (Biol.) serotonin
Serpentine die; ~, ~n hairpin bend
Serum das; ~s, Seren serum
Server /'sɜːvɐ/ der; ~s, ~ (DV) server

Service¹ /zɛr'viːs/ das; ~, ~; [dinner etc.] service
✧ **Service²** /'zøːɐ̯vɪs/ der; ~, ~s /'zøːɐ̯vɪsɪs/ (Bedienung, Kundendienst) service
servieren tr. V. serve
Serviererin die; ~, ~nen waitress
Serviette /zɛr'vi̯ɛtə/ die; ~, ~n napkin; serviette (BrE)
Servo-: ~**bremse** die servo[-assisted] brake; ~**lenkung** die power[-assisted] steering no indef. art.
Servus /'zɛrvʊs/ Interj. (bes. südd., österr.) (beim Abschied) goodbye; so long (infml); (zur Begrüßung) hello
Sesam der; ~s sesame seeds pl.
Sessel der; ~s, ~ 1 armchair
2 (österr.) (Stuhl) chair
Sessel·lift der chairlift
sesshaft, *seßhaft Adj. settled; ~ **werden** settle down
Sesshaftigkeit, *Seßhaftigkeit die; ~ settled way of life
Set das od. der; ~[s], ~s 1 set, combination (aus of)
2 (Deckchen) table- or place mat
✧ **setzen** Ⓐ refl. V. 1 sit [down]; **setzen Sie sich** sit down; take a seat; **sich aufs Sofa usw.** ~ sit on the sofa etc.
2 ‹coffee, froth, etc.› settle; ‹sediment› sink to the bottom
　Ⓑ tr. V. 1 put
2 (einpflanzen) plant ‹tomatoes, potatoes, etc.›
3 (aufziehen) hoist ‹flag etc.›; set ‹sails, navigation lights›
4 (Druckw.) set ‹manuscript etc.›
　Ⓒ itr. V. 1 meist mit sein (springen) leap; jump
2 **über einen Fluss** ~ (mit einer Fähre o. Ä.) cross a river
3 (beim Wetten) bet; **auf ein Pferd/auf Rot** ~ back a horse/put one's money on red
Setzer der; ~s, ~, **Setzerin** die; ~, ~nen (Druckw.) [type]setter
Setzling der; ~s, ~e seedling
Seuche die; ~, ~n epidemic
Seuchen·gefahr die danger of an epidemic
seufzen itr., tr. V. sigh
Seufzer der; ~s, ~; sigh
Sex der; ~[es] sex no art.
Sexismus der; ~; sexism no art.
sexistisch Ⓐ Adj. sexist
　Ⓑ adv. ‹behave, think, etc.› in a sexist manner
Sexualität die; ~; sexuality no art.
Sexual-: ~**kunde** die (Schulw.) sex education no art.; ~**leben** das sex life; ~**partner** der, ~**partnerin** die sexual partner; ~**trieb** der sex[ual] drive or urge; ~**verbrechen** das sex crime; ~**verbrecher** der sex offender
sexuell Ⓐ Adj. sexual
　Ⓑ adv. sexually
sezieren tr. V. dissect ‹corpse›

✧ key word
* alte Schreibung—vgl. Hinweis auf S. x

s

sfr., sFr. *Abk.* = **Schweizer Franken**

Shampoo /ʃamˈpuː/, **Shampoon** /ʃamˈpoːn/ *das*; ~s, ~s shampoo

Shareholdervalue /ˈʃeəhoʊldəvæljuː/ *der*; ~s, ~s shareholder value

Sherry /ˈʃɛrɪ/ *der*; ~s, ~s sherry

Show /ʃoʊ/ *die*; ~, ~s show

siamesisch *Adj.* Siamese

Siam·katze *die* Siamese cat

Sibirien *(das)*; ~s Siberia

sich *Reflexivpron.*; *der 3. Pers. Sg. und Pl. Akk. und Dat.* **1** himself/herself/itself/ themselves; *(auf man bezogen)* oneself; *(auf das Anredepronomen Sie bezogen)* yourself/ yourselves; ~ **freuen/wundern/schämen/ täuschen** be pleased/surprised/ashamed/ mistaken; ~ **sorgen** worry **2** *(reziprok)* one another, each other

Sichel *die*; ~, ~n sickle

ⵚ **sicher** Ⓐ *Adj.* **1** safe ⟨*road, procedure, etc.*⟩; secure ⟨*job, investment, etc.*⟩ **2** reliable ⟨*evidence, source*⟩; certain ⟨*proof*⟩; reliable, sure ⟨*judgement, taste, etc.*⟩ **3** (selbstbewusst) [self-]assured ⟨*person, manner*⟩ **4** (gewiss) certain; sure Ⓑ *adv.* **1** safely **2** (zuverlässig) reliably; ~ **[Auto] fahren** be a safe driver **3** (selbstbewusst) [self-]confidently Ⓒ *Adv.* certainly

sicher|gehen *unr. itr. V.*; *mit sein* play safe

ⵚ **Sicherheit** *die*; ~, ~en **1** safety; (der Öffentlichkeit) security; jmdn./etw. in ~ [vor etw. (*Dat.*)] bringen save *or* rescue sb/sth [from sth] **2** (Gewissheit) certainty **3** (Wirtsch.) (Bürgschaft) security

sicherheits-, Sicherheits-: ~**abstand** *der* (Verkehrsw.) safe distance between vehicles; ~**gurt** *der* seat belt; ~**halber** *Adv.* to be on the safe side; ~**nadel** *die* safety pin; ~**schloss**, *~**schloß** *das* safety lock

ⵚ **sicherlich** *Adv.* certainly

ⵚ **sichern** *tr. V.* **1** make ⟨*door etc.*⟩ secure; (garantieren) safeguard ⟨*rights, peace*⟩; (schützen) protect ⟨*rights etc.*⟩; sich (*Dat.*) etw. ~ secure sth **2** (DV) back up

sicher|stellen *tr. V.* **1** impound ⟨*goods, vehicle*⟩ **2** guarantee ⟨*supply, freedom, etc.*⟩

Sicher·stellung *die* **1** ▸ sicherstellen 1 impounding **2** (Gewährleistung) guarantee

Sicherung *die*; ~, ~en **1** safeguarding; (das Schützen) protection **2** (Elektrot.) fuse **3** (techn. Vorrichtung) safety catch

Sicherungs·kopie *die* (DV) back-up [copy]

ⵚ **Sicht** *die*; ~; view (auf + *Akk.*, in + *Akk.* of);

gute *od.* klare/schlechte ~ good/poor visibility; in ~ kommen come into sight; außer ~ sein be out of sight

ⵚ **sichtbar** Ⓐ *Adj.* visible; (fig.) apparent ⟨*reason*⟩ Ⓑ *adv.* visibly

sichten *tr. V.* sight

sichtlich Ⓐ *Adj.* obvious; evident Ⓑ *adv.* obviously; evidently; visibly ⟨*impressed*⟩

Sichtung *die*; ~, ~en sighting

Sicht-: ~**verhältnisse** *Pl.* visibility *sing.*; ~**vermerk** *der* visa; ~**weite** *die* visibility *no art.*; außer/in ~weite sein be out of/in sight

sickern *itr. V.*; *mit sein* seep; (spärlich fließen) trickle

ⵚ **sie** Ⓐ *Personalpron.*; *3. Pers. Sg. Nom. Fem.* she; (betont) her; (bei Dingen, Tieren) it; *s. auch* ihr[1], ihrer 1 Ⓑ *Personalpron.*; *3. Pers. Pl. Nom.* they; (betont) them; *s. auch* ihnen, ihrer 2 Ⓒ *Akk. von* Ⓐ her; (bei Dingen, Tieren) it Ⓓ *Akk. von* Ⓑ them

ⵚ **Sie** *Personalpron.*; *3. Pers. Pl. Nom. u. Akk* (Anrede an eine *od.* mehrere Personen) you; *s. auch* Ihnen, Ihrer

Sieb *das*; ~[e]s, ~e sieve; (für Tee) strainer

sieben[1] *tr. V.* **1** sieve ⟨*flour etc.*⟩; riddle ⟨*sand, gravel, etc.*⟩ **2** (auswählen) screen ⟨*candidates*⟩

ⵚ **sieben**[2] *Kardinalz.* seven

Sieben *die*; ~, ~en seven

sieben-, Sieben-: ~**fach** *Vervielfältigungsz.* sevenfold; ~**mal** *Adj.* seven times; ~**sachen** *Pl.* (ugs.) meine/deine *usw.* ~sachen my/your *etc.* belongings *or* (infml) bits and pieces

siebt... *Ordinalz.* seventh

siebtel *Bruchz.* seventh

Siebtel *das*, (schweiz. meist) *der*; ~s, ~; seventh

siebtens *Adv.* seventhly

sieb·zehn *Kardinalz.* seventeen

siebzig *Kardinalz.* seventy

siebzigst... *Ordinalz.* seventieth

siedeln *itr. V.* settle

sieden *unr. od. regelm. itr. V.* boil

Siede·punkt *der* (auch fig.) boiling point

Siedler *der*; ~s, ~; settler

Siedlung *die*; ~, ~en **1** (Wohngebiet) [housing] estate **2** (Niederlassung) settlement

ⵚ **Sieg** *der*; ~[e]s, ~e victory/(bes. Sport) win (über + *Akk.* over)

Siegel *das*; ~s, ~; seal; (von Behörden) stamp

siegen *itr. V.* win; über jmdn. ~ gain *or* win a victory over sb; (bes. Sport) win against sb, beat sb

Sieger *der*; ~s, ~; winner; (Mannschaft) winners *pl.*; (einer Schlacht) victor

S

Sieger·ehrung *die* presentation ceremony; awards ceremony

Siegerin *die*; ~, ~**nen** winner

sieges·sicher *Adj., adv.* confident of victory

sieg·gewohnt *Adj.* <*army*> accustomed to victory; <*team*> used to winning

sieh, siehe *Imperativ Sg. v.* sehen

siehst *2. Pers. Sg. Präsens v.* sehen

sieht *3. Pers. Sg. Präsens v.* sehen

siezen *tr. V.* call <*sb*> 'Sie' (*the polite form of address*)

Signal *das*; ~**s**, ~**e** signal

signalisieren *tr. V.* indicate <*danger, change, etc.*>

Signatur *die*; ~, ~**en** 1 initials *pl.*; (Kürzel) abbreviated signature
2 (Unterschrift) signature; autograph
3 (in einer Bibliothek) shelf mark

signieren *tr. V.* sign; autograph <*one's own work*>

Silbe *die*; ~, ~**n** syllable

Silber *das*; ~**s** 1 silver
2 (silbernes Gerät) silver[ware]

Silber·medaille *die* silver medal

silbern Ⓐ *Adj.* silver; silvery <*moonlight, shade, gleam, etc.*>
Ⓑ *adv.* <*shine, shimmer, etc.*> with a silvery lustre

Silber·papier *das* silver paper

Silhouette /zi'lu̯ɛta/ *die*; ~, ~**n** silhouette

Silicium *das*; ~**s** silicon

Silikon *das*; ~**s**, ~**e** (Chemie) silicone

Silo *der od. das*; ~**s**, ~**s** silo

Silvester *der od. das*; ~**s**, ~; New Year's Eve

Silvester·nacht *die* night of New Year's Eve

Simbabwe (*das*); ~**s** Zimbabwe

Sim-Karte, SIM-Karte /'zɪm-/ *die* SIM card

simpel Ⓐ *Adj.* 1 simple <*question, task*>
2 (beschränkt) simple-minded <*person*>; simple <*mind*>
Ⓑ *adv.* 1 simply
2 (beschränkt) in a simple-minded manner

Simpel *der*; ~**s**, ~ (bes. südd.) (ugs.) simpleton; fool

Sims *der od. das*; ~**es**, ~**e** ledge; sill; (Kamin~) mantelpiece

simsen /'zɪmzn̩/ *itr. V.* (ugs.) send a text message/text messages

Simulant *der*; ~**en**, ~**en**, **Simulantin** *die*; ~, ~**nen** malingerer

Simulation *die*; ~, ~**en** simulation

simulieren Ⓐ *tr. V.* feign, sham <*illness, emotion, etc.*>; simulate <*situation, condition, etc.*>
Ⓑ *itr. V.* feign illness

simultan Ⓐ *Adj.* simultaneous
Ⓑ *adv.* simultaneously

ⅆ key word

* old spelling—see note on page x

sind *1. u. 3. Pers. Pl. Präsens v.* sein[1]

Sinfonie *die*; ~, ~**n** symphony

Sinfonie·orchester *das* symphony orchestra

ⅆ **singen** *unr. tr., itr. V.* sing

Single[1] /'zɪŋl/ *die*; ~, ~**s** (Schallplatte) single

Single[2] *der*; ~**s**, ~**s** single person; ~**s** single people *no art.*

Single[3] *das*; ~**s**, ~**s** (Badminton, Tennis) singles *sing. or pl.*

Singular *der*; ~**s** singular

Sing·vogel *der* songbird

ⅆ **sinken** *unr. itr. V.*; *mit sein* 1 <*ship, sun*> sink, go down; <*plane, balloon*> descend, go down
2 (niedersinken) fall
3 (niedriger werden) <*temperature, level*> fall, drop
4 (an Wert verlieren; nachlassen; abnehmen) fall, go down

ⅆ **Sinn** *der*; ~**[e]s**, ~**e** 1 sense
2 *Pl.* (geh.) (Bewusstsein) senses; mind *sing.*; nicht bei ~**en** sein be out of one's senses *or* mind
3 (Gefühl, Verständnis) feeling
4 (Bedeutung) meaning
5 (Ziel u. Zweck) point

Sinn·bild *das* symbol

Sinnes-: ~**organ** *das* sense organ; sensory organ; ~**täuschung** *die* trick of the senses

sinn·gemäß Ⓐ *Adj.* eine ~**e** Übersetzung a translation which conveys the general sense
Ⓑ *adv.* etw. ~ übersetzen/wiedergeben translate the general sense of sth/give the gist of sth

sinnlich *Adj.* sensory <*impression, perception, stimulus*>; sensual <*love, mouth*>; sensuous <*pleasure, passion*>

Sinnlichkeit *die*; ~; sensuality

sinn·los Ⓐ *Adj.* 1 senseless
2 (zwecklos) pointless
Ⓑ *adv.* 1 senselessly
2 (zwecklos) pointlessly

Sinnlosigkeit *die*; ~ 1 senselessness
2 (Zwecklosigkeit) pointlessness

ⅆ **sinn·voll** Ⓐ *Adj.* 1 (vernünftig) sensible
2 (einen Sinn ergebend) meaningful
Ⓑ *adv.* 1 (vernünftig) sensibly
2 (einen Sinn ergebend) meaningfully

Sint·flut *die* Flood; Deluge

sintflut·artig Ⓐ *Adj.* torrential
Ⓑ *adv.* in torrents

Sinto *der*; ~, **Sinti** Sinte

Sippe *die*; ~, ~**n** 1 (Völkerk.) sib
2 (ugs.) (Verwandtschaft) clan

Sippschaft *die*; ~, ~**en** (ugs.) ▶ Sippe

Sirene *die*; ~, ~**n** siren

Sirup *der*; ~**s**, ~**e** syrup

Sitte *die*; ~, ~**n** 1 (Brauch) custom; tradition
2 (moralische Norm) common decency
3 *Pl.* (Benehmen) manners

sitten·widrig *Adj.* **1** (Rechtsw.) illegal
‹*methods, advertising, etc.*›
2 (unmoralisch) immoral ‹*behaviour*›
sittlich 🅰 *Adj.* moral
🅱 *adv.* morally
Sittlichkeit *die*; ~; morality
Sittlichkeits-: ~**verbrechen** *das*
sexual crime; ~**verbrecher** *der*,
~**verbrecherin** *die* sex offender
✓ **Situation** *die*; ~, ~en situation
situiert *Adj.* gut/schlechter *usw.* ~ well off/
worse off *etc.*
✓ **Sitz** *der*; ~es, ~e **1** seat
2 (Verwaltungssitz) headquarters *sing. or pl.*
3 (von Kleidungsstücken) fit
Sitz·bank *die*; *Pl.* **Sitzbänke** bench
✓ **sitzen** *unr. itr. V.* (südd., österr., schweiz. mit sein)
1 sit
2 (sein) be
3 ([gut] passen) fit
4 ~ **bleiben** (nicht versetzt werden) stay down
[a year]; (unverheiratet bleiben) be left on the
shelf; **auf etw.** (*Dat.*) ~ **bleiben** (für etw. keinen
Käufer finden) be left *or* (infml) stuck with sth;
jmdn. ~ **lassen** (ugs.) (nicht heiraten) jilt sb; (im
Stich lassen) leave sb in the lurch; **etw. nicht
auf sich** (*Dat.*) ~**lassen** not take sth
sitzen-: **~|**bleiben** ▶ sitzen 4; **~|**lassen**
▶ sitzen 4
Sitz·platz *der* seat
Sitzplatz·stadion *das* all-seater stadium
✓ **Sitzung** *die*; ~, ~en meeting; (eines
Parlaments) sitting; session
Sitzungs·saal *der* conference hall
Skala *die*; ~, **Skalen** scale
Skalp *der*; ~s, ~e scalp
Skalpell *das*; ~s, ~e scalpel
skalpieren *tr. V.* scalp
Skandal *der*; ~s, ~e scandal
skandalös *Adj.* scandalous
Skandinavien (*das*); ~s Scandinavia
Skandinavier *der*; ~s, ~; Scandinavian
skandinavisch *Adj.* Scandinavian
Skat *der*; ~[e]s, ~e *od.* ~s skat
Skateboard /'skeɪtbɔːd/ *das*; ~s, ~s
skateboard
Skateboarder /'skeɪtbɔːdɐ/ *der*; ~s,
~, **Skateboarderin** *die*; ~, ~nen
skateboarder
Skelett *das*; ~[e]s, ~e skeleton
Skepsis *die*; ~; scepticism
skeptisch 🅰 *Adj.* sceptical
🅱 *adv.* sceptically
Ski /ʃiː/ *der*; ~s, ~er *od.* ~; ski; ~ **laufen** *od.*
fahren ski
Ski-: ~**läufer** *der*, ~**läuferin** *die* skier;
~**lehrer** *der*, ~**lehrerin** *die* ski instructor;
~**lift** *der* ski lift
Skinhead /'skɪnhɛd/ *der*; ~s, ~s skinhead
Skispringen *das*; ~~s ski jumping *no art.*
Skizze *die*; ~, ~n sketch

Skizzen·block *der* sketch pad
skizzieren *tr. V.* sketch
Sklave *der*; ~n, ~n slave
Sklaven·händler *der*,
Sklaven·händlerin *die* slave trader
Sklaverei *die*; ~; slavery *no art.*
Sklavin *die*; ~, ~nen slave
sklavisch 🅰 *Adj.* slavish
🅱 *adv.* slavishly
Skonto *der od. das*; ~s, ~s (Kaufmannsspr.)
[cash] discount
Skorbut *der*; ~[e]s scurvy *no art.*
Skorpion *der*; ~s, ~e scorpion; (Astrol.)
Scorpio
Skrupel *der*; ~s, ~; scruple
skrupel·los 🅰 *Adj.* unscrupulous
🅱 *adv.* unscrupulously
Skrupellosigkeit *die*; ~; unscrupulousness
Skulptur *die*; ~, ~en sculpture
skurril 🅰 *Adj.* absurd; droll ‹*person*›
🅱 *adv.* absurdly
Skurrilität *die*; ~, ~en absurdity
Slalom *der*; ~s, ~s slalom
Slash /slɛʃ/ *der*; ~s, ~s [forward] slash
Slawe *der*; ~n, ~n, **Slawin** *die*; ~, ~nen
Slav
slawisch *Adj.* Slav[ic]; Slavonic
Slip *der*; ~s, ~s briefs *pl.*
Slogan /'sloːgn/ *der*; ~s, ~s slogan
Slowake *der*; ~n, ~n Slovak
Slowakei *die*; ~; Slovakia *no art.*
Slowakin *die*; ~, ~nen Slovak
Slowene *der*; ~n, ~n Slovene; Slovenian
Slowenien /sloˈveːnjən/ (*das*); ~s Slovenia
Slowenin *die*; ~, ~nen Slovene; Slovenian
Slum /slam/ *der*; ~s, ~s slum
Smaragd *der*; ~[e]s, ~e emerald
Smog *der*; ~[s], ~s smog
Smoking *der*; ~s, ~s dinner jacket *or* (AmE)
tuxedo and dark trousers
SMS *die*; ~, ~; SMS (message)
Snowboard /'snoʊbɔːd/ *das*; ~s, ~s
snowboard
Snowboarder /'snoʊbɔːdɐ/ *der*; ~s,
~, **Snowboarderin** *die*; ~, ~nen
snowboarder
✓ **so** 🅰 *Adv.* **1** (auf diese Weise; in, von dieser Art) like
this/that; this/that way; **weiter so!** carry on
in the same way!; **so genannt** so-called
2 (dermaßen, überaus) so
3 (genauso) as; **so wenig/viel wie** *od.* **als** as
little/much as; **halb/doppelt so viel** half/
twice as much; **so weit wie möglich** as far
as possible; **so weit** (im großen Ganzen) by and
large; (bis jetzt) up to now; **so weit sein** (ugs.)
be ready; **so gut ich konnte** as best I could
4 (ugs.) (solch) such; **so ein Idiot!** what an
idiot!; **so einer/eine/eins** one like that
5 (betont) (eine Zäsur ausdrückend) right; OK
(infml)

s

6 (ugs.) (schätzungsweise) about
B *Partikel* **1** just; ach, das hab' ich nur so gesagt oh, I didn't mean anything by that **2** (in Aufforderungssätzen verstärkend) so komm doch come on now

So. *Abk.* = **Sonntag** Sun.

s. o. *Abk.* = **siehe oben** see above

Soap /soʊp/ *die*; ∼, ∼s soap [opera]

✓ **sobald** *Konj.* as soon as

Socke *die*; ∼, ∼n sock

Sockel *der*; ∼s, ∼ **1** (einer Säule, Statue) plinth **2** (unterer Teil eines Hauses, Schrankes) base

so·dass, **sodaß Konj.* **1** (damit) so that **2** (und deshalb) and so

Soda·wasser *das* soda; soda water

Sod·brennen *das*; ∼s heartburn

so·eben *Adv.* just

Sofa *das*; ∼s, ∼s sofa; settee

so·fern *Konj.* provided [that]

soff *1. u. 3. Pers. Sg. Prät. v.* **saufen**

✓ **so·fort** *Adv.* immediately; at once

sofortig *Adj.* (unmittelbar) immediate

Sofort·maßnahme *die* immediate measure

✓ **Software** /'sɔftveːɐ̯/ *die*; ∼, ∼s (DV) software

sog *1. u. 3. Pers. Sg. Prät. v.* **saugen**

Sog *der*; ∼[e]s, ∼e suction; (bei Schiffen) wake; (bei Fahr-, Flugzeugen) slipstream; (von Wasser) (auch fig.) current

✓ **so·gar** *Adv.* even

*so·genannt ▶ so A1

so·gleich *Adv.* immediately; at once

Sohle *die*; ∼, ∼n **1** (Schuh∼) sole; (Einlege∼) insole **2** (Fuß∼) sole [of the foot]

✓ **Sohn** *der*; ∼es, **Söhne** son

Soja-: ∼**bohne** *die* soy[a] bean; ∼**soße** *die* soy[a] sauce

✓ **so·lang, so·lange** *Konj.* so or as long as

solar *Adj.* solar

Solar·energie *die* (Physik.) solar energy

Solarium *das*; ∼s, **Solarien** solarium

Solar-: ∼**kraftwerk** *das* ▶ Sonnenkraftwerk; ∼**strom** *der* (Elektrot.) solar power *no art.*; ∼**technik** *die* (Energietechnik) solar technology *no art.*; ∼**zelle** *die* (Physik, Elektrot.) solar cell

✓ **solch** *Demonstrativpron.* **1** *attr.* such; das macht ∼en Spaß! it's so much fun! **2** (allein stehend) ∼e wie die people like that

Sold *der*; ∼[e]s, ∼e [military] pay

✓ **Soldat** *der*; ∼en, ∼en soldier

Soldaten·friedhof *der* military *or* war cemetery

Soldatin *die*; ∼, ∼nen [female *or* woman] soldier

soldatisch **A** *Adj.* military <*discipline, expression, etc.*>; soldierly <*figure, virtue*> **B** *adv.* in a military manner

---

✓ key word

** alte Schreibung—vgl. Hinweis auf S. x

Söldner *der*; ∼s, ∼, **Söldnerin** *die*; ∼, ∼nen mercenary

solidarisch **A** *Adj.* ∼es Verhalten zeigen show one's solidarity **B** *adv.* ∼ handeln/sich ∼ verhalten act in/show solidarity

solidarisieren *refl. V.* show [one's] solidarity

Solidarität *die*; ∼; solidarity

solide **A** *Adj.* **1** solid; sturdy <*shoes, material*>; [good-]quality <*goods*> **2** (gut fundiert) sound <*work, education, knowledge*>; solid <*firm*> **3** (anständig) respectable <*person, life, profession*> **B** *adv.* **1** solidly <*built*>; sturdily <*made*> **2** (gut fundiert) soundly <*educated, constructed*> **3** (anständig) <*live*> respectably, steadily

Solidität *die*; ∼ ▶ solide solidness; sturdiness; soundness; respectability

Solist *der*; ∼en, ∼en, **Solistin** *die*; ∼, ∼nen soloist

Soll *das*; ∼[s], ∼[s] **1** (Bankw.) debit **2** (Arbeits∼) quota; sein ∼ erfüllen *od.* erreichen achieve one's target

✓ **sollen** **A** *unr. Modalverb* **2.** *Part.* **sollen** **1** (bei Aufforderung, Anweisung, Auftrag) was soll ich als Nächstes tun? what should I do next?; [sagen Sie ihm,] er soll hereinkommen tell him to come in **2** (bei Wunsch, Absicht, Vorhaben) das sollte ein Witz sein that was meant to be a joke; was soll denn das heißen? what is that supposed to mean? **3** (bei Ratlosigkeit) was soll ich nur machen? what am I to do? **4** (Notwendigkeit ausdrückend) man soll so etwas nicht unterschätzen it shouldn't be taken so lightly **5** *häufig im Konjunktiv II* (Erwartung, Wünschenswertes ausdrückend) du solltest dich schämen you ought to be ashamed of yourself; das hättest du besser nicht tun ∼ it would have been better if you hadn't done it **6** (jmdm. beschieden sein) er sollte seine Heimat nicht wieder sehen he was never to see his homeland again **7** *im Konjunktiv II* (eine Möglichkeit ausdrückend) wenn du ihn sehen solltest, sage ihm bitte ... if you should see him, please tell him ... **8** *im Präsens* (sich für die Wahrheit verbürgend) das Restaurant soll sehr teuer sein the restaurant is supposed *or* said to be very expensive **9** *im Konjunktiv II* (Zweifel ausdrückend) sollte das sein Ernst sein? is he really being serious? **10** (können) mir soll es gleich sein it's all the same to me **B** *tr., itr. V.* was soll das? what's the idea?; was soll ich dort? what would I do there?

Solo *das*; ∼s, ∼s *od.* **Soli** solo

so·mit /auch '--/ Adv. consequently; therefore

✧ **Sommer** der; ~s, ~; summer

Sommer·ferien Pl. summer holidays

sommerlich **A** Adj. summer; summery <warmth, weather>; summer's attrib. <day, evening>
B adv. es war ~ warm it was as warm as summer

sommer-, Sommer-: ~**reifen** der standard tyre; ~**schluss·verkauf**, *~**schluß·verkauf** der summer sale/sales; ~**sprosse** die freckle; ~**sprossig** Adj. freckled; ~**zeit** die (Uhrzeit) summer time

Sonate die; ~, ~n (Musik) sonata

Sonde die; ~, ~n probe; (zur Ernährung) tube

Sonder-: ~**angebot** das special offer; ~**ausgabe** die **1** special edition **2** (Steuerw.) (private Aufwendungen) tax-deductible expenditure **3** (Extraausgabe) extra expense

sonderbar **A** Adj. strange; odd
B adv. strangely; oddly

sonderbarer·weise Adv. strangely or oddly enough

Sonder-: ~**fall** der special case; ~**genehmigung** die special permit

sonder·gleichen Adv. (nachgestellt) eine Frechheit/Unverschämtheit ~ the height of cheek/impudence

sonderlich Adv. particularly

Sonderling der; ~s, ~e strange or odd person

Sonder-: ~**marke** die special issue [stamp]; ~**müll** der hazardous waste

sondern[1] tr. V. (geh.) separate (von from)

✧ **sondern**[2] Konj. but; nicht nur ..., ~ [auch] ... not only ... but also ...

Sonder-: ~**nummer** die special edition or issue; ~**preis** der special or reduced price; ~**schule** die special school; ~**schul·lehrer** der, ~**schul·lehrerin** die teacher at a special school; ~**wunsch** der special request or wish; ~**zug** der special train

sondieren tr. V. sound out

Sonett das; ~[e]s, ~e sonnet

Sonn·abend der (bes. nordd.) Saturday; s. auch Dienstag

sonn·abends Adv. on Saturday[s]

✧ **Sonne** die; ~, ~n sun; (Licht der ~) sun[light]

sonnen refl. V. sun oneself

sonnen-, Sonnen-: ~**aufgang** der sunrise; ~**baden** itr. V. sunbathe; ~**blume** die sunflower; ~**brand** der sunburn no indef. art.; ~**brille** die sunglasses pl.; ~**energie** die solar energy; ~**finsternis** die solar eclipse; ~**hut** der sun hat; ~**kollektor** der (Energietechnik) solar collector; ~**kraftwerk** das solar power station; ~**licht** das sunlight; ~**milch** die suntan lotion; ~**öl** das sun oil; ~**schein**

der sunshine; ~**schirm** der sunshade; ~**schutz·creme** die suntan lotion; ~**stich** der sunstroke no indef. art.; ~**strahl** der ray of sun[shine]; ~**uhr** die sundial; ~**untergang** der sunset

sonnig Adj. sunny

✧ **Sonn·tag** der Sunday; s. auch Dienstag

sonn·täglich **A** Adj. Sunday attrib.
B adv. ~ gekleidet dressed in one's Sunday best

sonntags Adv. on Sunday[s]

✧ **sonst** Adv. **1** der ~ so freundliche Mann ... the man, who is/was usually so friendly, ...; alles war wie ~ everything was [the same] as usual; ~ was (ugs.) something else; (fragend, verneint) anything else; ~ wer (ugs.) somebody else; (fragend, verneint) anybody else; ~ wo (ugs.) somewhere else; (fragend, verneint) anywhere else; ~ noch was? (ugs., auch iron.) anything else?; wer/was/wie/wo [denn] ~? who/what/how/where else? **2** (andernfalls) otherwise; or

✧ **sonstig...** Adj. other; further

*~**sonst·was** usw. ▶ sonst 1

so·oft Konj. whenever

sophistisch **A** Adj. sophistic[al]
B adv. sophistically

Sopran der; ~s, ~e (Musik) soprano; (im Chor) sopranos pl.

Sopranistin die; ~, ~nen soprano

✧ **Sorge** die; ~, ~n worry; keine ~! don't [you] worry!

✧ **sorgen** **A** refl. V. worry (um about)
B itr. V. für jmdn./etw. ~ take care of sb/sth

sorgen-, Sorgen-: ~**frei** **A** Adj. carefree
B adv. ~**frei** leben live in a carefree manner; ~**kind** das (auch fig.) problem child; ~**voll** **A** Adj. worried
B adv. worriedly

Sorg·falt die; ~; care

sorg·fältig **A** Adj. careful
B adv. carefully

sorg·los **A** Adj. **1** (ohne Sorgfalt) careless **2** (unbekümmert) carefree
B adv. ~ mit etw. umgehen treat sth carelessly

Sorglosigkeit die; ~ **1** (Mangel an Sorgfalt) carelessness **2** (Unbekümmertheit) carefreeness

sorgsam **A** Adj. careful
B adv. carefully

Sorte die; ~, ~n **1** sort; type; kind **2** Pl. (Devisen) foreign currency sing.

Sorten·kurs der (Bankw.) exchange rate

sortieren tr. V. sort [out] <pictures, letters, washing, etc.>; grade <goods etc.>

Sortiment das; ~[e]s, ~e range (an + Dat. of)

so·sehr Konj. however much

Soße die; ~, ~n sauce; (Bratensoße) gravy, sauce; (Salatsoße) dressing

S

sott *1. u. 3. Pers. Sg. Prät. v.* sieden
Souffleur /zuˈfløːɐ̯/ *der*; ~s, ~e,
 Souffleuse /zuˈfløːzə/ *die*; ~, ~n
 prompter
soufflieren /zuˈfliːrən/ *tr. V.* prompt
Sound-: ~**check** /ˈsaʊndtʃɛk/ *der*; ~~s, ~~s
 sound check; ~**karte** *die* (DV) sound card
Souvenir /suvəˈniːɐ̯/ *das*; ~s, ~s souvenir
souverän /suvəˈrɛːn/ *Adj.* sovereign
Souveränität *die*; ~; sovereignty
✅ **so·viel** *Konj.* as *or* so far as; *s. auch* so A2
✅ **so·weit** *Konj.* **1** as *or* so far as; *s. auch* so A2
 2 (in dem Maße, wie) [in] so far as; *s. auch* so A2
 *so·wenig ▶ so A2
✅ **so·wie** *Konj.* **1** (und) as well as
 2 (sobald) as soon as
✅ **so·wie·so** *Adv.* anyway
sowjetisch *Adj.* Soviet
Sowjet·union *die* (1922–1991) Soviet Union
✅ **so·wohl** *Konj.* ~ ... als *od.* wie [auch] ...
 both ... and ...; ... as well as ...
✅ **sozial** Ⓐ *Adj.* social; ~es Netzwerk social
 networking site
 Ⓑ *adv.* socially
sozial-, Sozial-: ~**abgaben** *Pl.* social
 welfare contributions; ~**arbeiter**
 der, ~**arbeiterin** *die* social worker;
 ~**demokrat** *der*, ~**demokratin** *die*
 Social Democrat; ~**demokratisch**
 Adj. social democratic; ~**dienst** *der*
 community services department; ~**hilfe**
 die social welfare; ~**hilfe·empfänger**
 der, ~**hilfe·empfängerin** *die* welfare
 recipient
Sozialismus *der*; ~; socialism *no art.*
Sozialist *der*; ~en, ~en, **Sozialistin** *die*;
 ~, ~nen socialist
sozialistisch Ⓐ *Adj.* socialist
 Ⓑ ~ regierte Länder countries with socialist
 governments
Sozial-: ~**kunde** *die* social studies *sing., no*
 art.; ~**politik** *die* social policy; ~**produkt**
 das (Wirtsch.) national product; ~**staat** *der*
 welfare state
Soziologe *der*; ~n, ~n sociologist
Soziologie *die*; ~; sociology
Soziologin *die*; ~, ~nen sociologist
soziologisch Ⓐ *Adj.* sociological
 Ⓑ *adv.* sociologically
Sozius *der*; ~, ~se **1** *Pl. auch* **Sozii** (Wirtsch.)
 (Teilhaber) partner
 2 (beim Motorrad) pillion
so·zu·sagen *Adv.* as it were
Spachtel *der*; ~s, ~ *od. die*~, ~n putty
 knife; (zum Malen) palette knife
Spachtel·masse *die* filler
spachteln *tr. V.* **1** stop, fill ‹hole, crack, etc.›;
 smooth over ‹wall, panel, surface, etc.›

✅ key word
* old spelling—see note on page x

 2 (ugs.) (essen) put away (infml) ‹food, meal›
Spagat *der od. das*; ~[e]s, ~e splits *pl.*;
 [einen] ~ machen do the splits
Spaghetti *Pl.* spaghetti *sing.*
spähen *itr. V.* peer; (durch ein Loch, eine Ritze
 usw.) peep
Späher *der*; ~s, ~, **Späherin** *die*; ~,
 ~**nen** (Milit.) scout; (Posten) lookout;
 (Spitzel) informer
Spalier *das*; ~s, ~e **1** trellis
 2 (Ehren~) guard of honour; ~ stehen line
 the route; ‹soldiers› form a guard of honour
Spalt *der*; ~[e]s, ~e opening; (im Fels)
 fissure; crevice; (zwischen Vorhängen) chink;
 gap; (langer Riss) crack
Spalte *die*; ~, ~n **1** crack; (Felsspalte) crevice
 2 (Druckw.) column
spalten *unr.* (auch regelm.) *tr., refl. V.* split
Spaltung *die*; ~, ~en (auch fig.) splitting;
 (fig.) (das Gespaltensein) split
Spam /spɛm/ *das*; ~s, ~s (DV) spam
Span *der*; ~[e]s, **Späne** (Hobelspan) shaving
Span·ferkel *das* suckling pig
Spange *die*; ~, ~n clasp; (Haarspange)
 hairslide (BrE); barrette (AmE); (Armspange)
 bracelet; bangle
Spaniel /ˈʃpaːnjəl/ *der*; ~s, ~s spaniel
Spanien /ˈʃpaːnjən/ *(das)*; ~s Spain
Spanier /ˈʃpaːnjɐ/ *der*; ~s, ~, **Spanierin**
 die; ~, ~**nen** Spaniard
spanisch *Adj.* Spanish
Span·korb *der* chip basket; chip
spann *1. u. 3. P. Sing. Prät. v.* spinnen
spannen Ⓐ *tr. V.* **1** tighten ‹violin string,
 violin bow, etc.›; draw ‹bow›; tension
 ‹spring, tennis net, drumhead, saw blade›;
 stretch ‹fabric, shoe, etc.›; draw *or* pull
 ‹line› tight *or* taut; flex ‹muscle›; cock ‹gun,
 camera shutter›
 2 (befestigen) put up ‹washing line›; stretch
 ‹net, wire, tarpaulin, etc.› (über + Akk. over)
 3 (schirren) harness ‹vor, an + Akk. to›
 Ⓑ *refl. V.* **1** become *or* go taut; ‹muscles›
 tense
 2 (geh.) (sich wölben) sich über etw. (Akk.) ~
 span sth
 Ⓒ *itr. V.* ‹clothing› be [too] tight; ‹skin› be
 taut
✅ **spannend** Ⓐ *Adj.* exciting; (stärker) thrilling
 Ⓑ *adv.* excitingly; (stärker) thrillingly
Spannung *die*; ~, ~en **1** excitement;
 (Neugier) suspense
 2 ‹eines Romans, Films usw.) suspense
 3 (Zwistigkeit, Nervosität) tension
 4 (Elektrot.) voltage
Spannungs·gebiet *das* (Politik.) area of
 tension
Spann·weite *die* [wing]span
Span·platte *die* chipboard
Spar-: ~**buch** *das* savings book; ~**büchse**
 die money box

sparen A *tr. V.* save
  B *itr. V.* **1** save; **für** *od.* **auf etw.** (*Akk.*) ~
save up for sth
  2 (sparsam wirtschaften) economize (**mit** on);
an etw. (*Dat.*) ~ be sparing with sth; (beim
Einkauf) economize on sth
Sparer *der*; ~**s**, ~, **Sparerin** *die*; ~, ~**nen**
saver
Spargel *der*; ~**s**, ~; (schweiz. auch) *die* ~, ~**n**
asparagus *no pl., no indef. art.*
Spar-: ~**groschen** *der* (ugs.) nest egg;
savings *pl.*; ~**kasse** *die* savings bank;
~**konto** *das* savings *or* deposit account
spärlich A *Adj.* sparse <*vegetation, beard,
growth*>; thin <*hair, applause*>; scanty
<*leftovers, knowledge, news, evidence,
clothing*>; poor <*lighting*>
  B *adv.* sparsely, thinly <*populated, covered*>;
poorly <*lit, attended*>; scantily <*dressed*>
sparsam A *Adj.* thrifty <*person*>;
(wirtschaftlich) economical; **mit etw.** ~ **sein** be
economical with sth
  B *adv.* ~ **mit der Butter/dem Papier
umgehen** use butter/paper sparingly;
economize on butter/paper
Sparsamkeit *die*; ~; thrift[iness];
(Wirtschaftlichkeit) economy
Sparte *die*; ~, ~**n 1** (Teilbereich) area; (eines
Geschäfts) line [of business]
  2 (Rubrik) section
Sparten·kanal *der* special-interest channel
Spar-: ~**vertrag** *der* savings agreement;
~**zins** *der*; *Pl.* ~~**en** interest *no pl.* on a
savings account
Spaß *der*; ~**es**, **Späße 1** (Vergnügen) fun; ~
an etw. (*Dat.*) **haben** enjoy sth; **[jmdm.]** ~
machen be fun [for sb]; **viel** ~! have a good
time!
  2 (Scherz) joke; (Streich) prank; **er macht nur**
~ he's only joking; ~ **beiseite!** joking aside;
~ **muss sein!** there's no harm in a joke; ~
verstehen be able to take a joke; **im** *od.* **zum**
od. **aus** ~ **as a joke**; for fun
spaßen *itr. V.* **1** (Spaß machen) joke
  2 er lässt nicht mit sich ~ he won't stand for
any nonsense; **mit ihm/damit ist nicht zu** ~
he/it is not to be trifled with
spaßes·halber *Adv.* for the fun of it; for
fun
spaßig *Adj.* funny; comical; amusing
Spaß·macher *der*, **Spaß·macherin** *die*
joker
spät A *Adj.* late; **wie** ~ **ist es?** what time
is it?
  B *adv.* late; ~ **am Abend** late in the evening
Spaten *der*; ~**s**, ~; spade
später A *Adj.* **1** later <*years, generations,
etc.*>
  2 (zukünftig) future <*owner, wife, etc.*>
  B *Adv.* later; **bis** ~! see you later!
spätestens *Adv.* at the latest
Spatz *der*; ~**en**, ~**en 1** sparrow
  2 (fam.) (Liebling) pet

Spätzle *Pl.* spaetzle; *kind of noodles*
spazieren *itr. V.*; *mit sein* stroll; ~ **gehen** go
for a walk; ~ **fahren** go for a ride; **ein Kind
[im Kinderwagen]** ~ **fahren** take a baby for a
walk [in a pram]
*spazieren|fahren usw. ▸ spazieren
Spazier-: ~**gang** *der* walk; ~**gänger** *der*;
~~**s**, ~~, ~**gängerin** *die*; ~~, ~~**nen**
person out for a walk
SPD ~ *Abk.* = **Sozialdemokratische
Partei Deutschlands** SPD
Specht *der*; ~**[e]s**, ~**e** woodpecker
Speck *der*; ~**[e]s**, ~**e 1** bacon fat;
(Schinkenspeck) bacon
  2 (ugs. scherzh.) (Fettpolster) fat; flab (infml)
speckig *Adj.* greasy
Spediteur /ʃpediˈtøːɐ̯/ *der*; ~**s**, ~**e**,
Spediteurin *die*; ~, ~**nen** carrier;
haulage contractor; (Möbelspediteur) furniture
remover
Spedition *die*; ~, ~**en** ▸ Speditionsfirma
Speditions·firma *die* forwarding
agency; (per Schiff) shipping agency;
(Transportunternehmen) haulage firm; firm
of hauliers; (per Schiff) firm of carriers;
(Möbelspedition) removal firm
Speer *der*; ~**[e]s**, ~**e 1** spear
  2 (Sportgerät) javelin
Speichel *der*; ~**s** saliva
Speicher *der*; ~**s**, ~ **1** storehouse;
(Lagerhaus) warehouse
  2 (südd.) (Dachboden) loft
  3 (Elektronik) memory
Speicher·kapazität *die* storage capacity;
(DV) memory *or* storage capacity
speichern *tr. V.* store; (DV) save
speien (geh.) *unr. tr., itr. V.* spit
Speise *die*; ~, ~**n 1** (Gericht) dish
  2 (geh.) (Nahrung) food
Speise-: ~**eis** *das* ice cream; ~**fisch** *der*
food fish; ~**gaststätte** *die* restaurant;
~**kammer** *die* larder; ~**karte** *die* menu;
~**lokal** *das* restaurant
speisen (geh.) A *itr. V.* eat; (dinieren) dine
  B *tr. V.* eat; (dinieren) dine on
Speise-: ~**saal** *der* dining hall; (im Hotel, in
einer Villa usw.) dining room; ~**wagen** *der*
restaurant car (BrE); ~**zettel** *der* menu
Spektakel *der*; ~**s**, ~ (ugs.) (Lärm) row
(infml); rumpus (infml)
spektakulär A *Adj.* spectacular
  B *adv.* spectacularly
Spekulation *die*; ~, ~**en** speculation
spekulieren *itr. V.* **1** (ugs.) **darauf** ~, **etw.
tun zu können** count on being able to do sth
  2 (Wirtsch.) speculate (**mit** in)
Spelunke *die*; ~, ~**n** (ugs. abwertend) dive
(infml)
Spelze *die*; ~, ~**n** husk
Spende *die*; ~, ~**n** donation; contribution
spenden *tr., itr. V.* **1** donate; give

S

2 (fig. geh.) give *‹light›*; afford, give *‹shade›*; give off *‹heat›*

Spenden·aktion *die* campaign for donations

Spender *der*; ∼s, ∼, **Spenderin** *die*; ∼, ∼nen donor; donator; (Organspender, Blutspender) donor

Spender·organ *das* donor organ

spendieren *tr. V.* (ugs.) get, buy *‹drink, meal, etc.›*; stand *‹round›*

Spengler *der*; ∼s, ∼, **Spenglerin** *die*; ∼, ∼nen (südd., österr., schweiz.) ▶ **Klempner**

Sperling *der*; ∼s, ∼e sparrow

Sperma *das*; ∼s, **Spermen** sperm; semen

Sperma·bank *die*; *Pl.* ∼en sperm bank

sperr-, Sperr-: ∼angel·weit *Adv.* (ugs.) ∼angel·weit offen *od.* geöffnet wide open; ∼bezirk *der* **1** restricted *or* prohibited area **2** (für Prostituierte) *area in which prostitution is prohibited* **3** (Gesundheitswesen) infected area

Sperre *die*; ∼, ∼n **1** barrier; (Straßensperre) roadblock; (Milit.) obstacle **2** (fig.) ban; (Handelssperre) embargo; (Import-, Exportsperre) blockade; (Nachrichten∼) [news] blackout

sperren 🅰 *tr. V.* **1** close; close off *‹area›*; block *‹entrance, access, etc.›*; lock *‹mechanism etc.›* **2** cut off *‹water, gas, electricity, etc.›* **3** (Bankw.) stop *‹cheque, overdraft facility›*; freeze *‹bank account›* **4** (einsperren) ein Tier/jmdn. in etw. (*Akk.*) ∼ shut an animal/sb in sth **5** (Sport) (von der Teilnahme ausschließen) ban **6** (Druckw.) (spationieren) print *‹word, text›* with the letters spaced 🅱 *refl. V.* sich [gegen etw.] ∼ balk [at sth]

Sperr·holz *das* plywood

sperrig *Adj.* unwieldy

Sperr-: ∼müll *der;* bulky refuse (*for which there is a separate collection service*); ∼sitz *der* (im Kino) seat in the back stalls; (im Zirkus) front seat; (im Theater) seat in the front stalls; ∼stunde *die* closing time

Sperrung *die*; ∼, ∼en ▶ sperren closing; closing off; cutting off; stopping; freezing; banning

Spesen *Pl.* expenses; auf ∼ on expenses

Spezi *der*; ∼s, ∼[s] (südd., österr., schweiz.) (ugs.) [bosom] pal (infml); chum (infml)

spezialisieren *refl. V.* specialize (auf + *Akk.* in)

Spezialist *der*; ∼en, ∼en, **Spezialistin** *die*; ∼, ∼nen specialist

Spezialität *die*; ∼, ∼en speciality

♂ **speziell** 🅰 *Adj.* special; specific *‹question, problem, etc.›* 🅱 *Adv.* especially; (eigens) specially

spezifisch 🅰 *Adj.* specific; characteristic *‹smell, style›* 🅱 *adv.* specifically

Sphäre *die*; ∼, ∼n (auch fig.) sphere

spicken *tr. V.* lard

spie *1. u. 3. Pers. Sg. Prät. v.* speien

Spiegel *der*; ∼s, ∼ **1** mirror **2** (Wasserspiegel) (fig.) (Konzentration) level

spiegel-, Spiegel-: ∼bild *das* reflection; ∼blank *Adj.* shining; ∼ei *das* fried egg; ∼glatt *Adj.* like glass *postpos.*; as smooth as glass *postpos.*

spiegeln 🅰 *itr. V.* **1** (glänzen) shine; gleam **2** (als Spiegel wirken) reflect the light 🅱 *tr. V.* reflect; mirror 🅲 *refl. V.* be mirrored *or* reflected

Spiegel·reflex·kamera *die* reflex camera

Spiegelung *die*; ∼, ∼en **1** (auch fig., Math.) reflection **2** (Med.) speculum examination

spiegel·verkehrt 🅰 *Adj.* back-to-front *‹lettering›*; eine ∼e Abbildung a mirror image 🅱 *adv.* etw. ∼ abbilden reproduce sth as a *or* in mirror image

♂ **Spiel** *das*; ∼[e]s, ∼e **1** play **2** (Glücks, Gesellschaftsspiel) game; (Wettspiel) game; match; auf dem ∼ stehen be at stake; etw. aufs ∼ setzen put sth at stake; risk sth

Spiel·bank *die*; *Pl.* ∼en casino

♂ **spielen** 🅰 *itr. V.* **1** play; auf der Gitarre ∼ play the guitar; um Geld ∼ play for money **2** (als Schauspieler) act; perform **3** der Roman/Film spielt im 17. Jahrhundert/in Berlin the novel/film is set in the 17th century/in Berlin **4** (fig.) das Blau spielt ins Violette the blue is tinged with purple 🅱 *tr. V.* **1** play; Cowboy ∼ play at being a cowboy; Geige *usw.* ∼ play the violin *etc.* **2** (aufführen, vorführen) put on *‹play›*; show *‹film›*; perform *‹piece of music›*; play *‹record›*; den Beleidigten/Unschuldigen ∼ (fig.) act offended/play the innocent

spielend *Adv.* easily

♂ **Spieler** *der*; ∼s, ∼; player; (Glücksspieler) gambler

Spielerei *die*; ∼, ∼en **1** playing *no art.*; (im Glücksspiel) gambling *no art.* **2** eine ∼ mit Worten/Zahlen playing [around] with words/numbers

Spiel·ergebnis *das* match result

Spielerin *die*; ∼, ∼nen ▶ Spieler

spielerisch *Adj.* playful

Spiel-: ∼feld *das* field; pitch (BrE); (Tennis, Squash, Volleyball usw.) court; ∼film *der* feature film; ∼kamerad *der* playmate; ∼karte *die* playing card; ∼leitung *die* **1** (Sport) control of the match **2** ▶ Regie; ∼plan *der* programme; ∼platz *der* playground; ∼raum *der* room to move (fig.); scope; latitude; ∼regel *die* (auch fig.) rule of the game; gegen die ∼regeln

---

♂ key word
* alte Schreibung—vgl. Hinweis auf S. x

S

verstoßen (auch fig.) break the rules;
~sachen *Pl.* toys; **~verderber** *der*;
~~s, **~~**, **~verderberin** *die*; **~~**,
~~nen spoilsport; **~waren** *Pl.* toys;
~zeit die **1** (Theater) (Saison) season
2 (Sport) playing time; **die normale ~zeit**
normal time; **~zeug** *das* **1** toy; (fig.) toy;
plaything **2** (Gesamtheit) toys *pl.*
Spieß *der*; **~es**, **~e 1** (Waffe) spear; **den
~ umdrehen** *od.* **umkehren** (ugs.) turn the
tables
2 (Bratspieß) spit
3 (Fleischspieß) kebab
4 (Soldatenspr.) [company] sergeant major
Spieß·bürger *der*, **Spießbürgerin** *die*
(abwertend) [petit] bourgeois
Spießer *der*; **~s**, **~**, **Spießerin** *die*; **~**,
~nen (abwertend) [petit] bourgeois
spießig (abwertend) **A** *Adj.* [petit] bourgeois
B *adv.* <*think, behave, etc.*> in a [petit]
bourgeois way
Spinat *der*; **~[e]s**, **~e** spinach
Spind *der od. das*; **~[e]s**, **~e** locker
Spindel *die*; **~**, **~n** spindle
Spinne *die*; **~**, **~n** spider
spinnen **A** *unr. tr. V.* spin (fig.); plot
<*intrigue*>; think up <*idea*>; hatch <*plot*>
B *unr. itr. V.* **1** spin
2 (ugs.) (verrückt sein) be crazy *or* (infml) nuts
Spinnen·netz *das* spider's web
Spinner *der*; **~s**, **~ 1** (Beruf) spinner
2 (ugs. abwertend) nutcase (infml); idiot
Spinnerei *die*; **~**, **~en** spinning mill
Spinnerin *die*; **~**, **~nen** ▸ Spinner
Spinn-: **~rad** *das* spinning wheel; **~webe**
die; **~~**, **~~n** cobweb
Spion *der*; **~s**, **~e 1** spy
2 (Guckloch) spyhole
Spionage /ʃpioˈnaːʒə/ *die*; **~**; spying;
espionage
spionieren *itr. V.* spy
Spionin *die*; **~**, **~nen** spy
Spirale *die*; **~**, **~n** spiral
Spiral·feder *die* coil spring
Spirituose *die*; **~**, **~n** spirit *usu. in pl.*
Spiritus *der*; **~**, **~se** spirit; ethyl alcohol
Spiritus·kocher *der* spirit stove
Spital *das*; **~s**, **Spitäler** (bes. österr., schweiz.)
hospital
spitz **A** *Adj.* **1** pointed; sharp <*pencil, needle,
stone, etc.*>; fine <*pen nib*>; (Geom.) acute
<*angle*>
2 (schrill) shrill <*cry etc.*>
3 (boshaft) cutting <*remark etc.*>
B *adv.* **1 ~ zulaufen** taper to a point; **~
zulaufend** pointed
2 (boshaft) cuttingly
Spitz *der*; **~es**, **~e** spitz
spitz-, **Spitz-**: **~bart** *der* goatee; **~bube**
der (scherzh.) (Schlingel) rascal; **~bübisch**
A *Adj.* mischievous

B *adv.* mischievously
spitze *indekl. Adj.* (ugs.) ▸ **klasse**
Spitze *die*; **~**, **~n 1** point; (Pfeil~, Horn~
usw.) tip
2 (oberes Ende) top; (eines Berges) summit
3 (Zigarren-, Haar-, Zweigspitze) end; (Schuhspitze)
toe; (Finger-, Nasenspitze) tip
4 (vorderes Ende) front; **an der ~ liegen** (Sport)
be in the lead *or* in front
5 (führende Position) top
6 (einer Firma, Organisation usw.) head; (einer
Hierarchie) top; (leitende Gruppe) management
7 (Höchstwert) maximum; peak
8 [absolute/einsame] **~ sein** (ugs.) be
[absolutely] great (infml)
9 (fig.) (Angriff) dig (**gegen** at)
10 (Textilwesen) lace
Spitzel *der*; **~s**, **~**; informer
spitzen *tr. V.* sharpen <*pencil*>; purse <*lips,
mouth*>; prick up <*ears*>
Spitzen-: **~erzeugnis** *das* top-quality
product; **~kandidat** *der*, **~kandidatin**
die leading *or* top candidate; **~klasse**
die top class; **~qualität** *die* top quality;
~reiter *der* **1** top rider; (fig.) leader
2 (Mannschaft) top team **3** (Ware) top *or* best
seller; **~reiterin** *die* ▸ Spitzenreiter 1;
~sportler *der* top sportsman;
~sportlerin *die* top sportswoman
Spitzer *der*; **~s**, **~**; [pencil] sharpener
spitz-, **Spitz-**: **~findig** *Adj.* hair-splitting;
~findigkeit *die*; **~~**, **~~en 1** hair-
splitting
2 (etwas Spitzfindiges) nicety; **~hacke** *die*
pick; **~|kriegen** *tr. V.* (ugs.) tumble to
(infml); **~maus** *die* shrew; **~name** *der*
nickname
Spleen /ʃpliːn/ *der*; **~s**, **~e** *od.* **~s** strange
habit; eccentricity
Splitt *der*; **~[e]s**, **~e** [stone] chippings *pl.*;
(zum Streuen) grit
Splitter *der*; **~s**, **~**; splinter; (Granat-,
Bombensplitter) splinter
splitter·faser·nackt *Adj.* (ugs.) absolutely
stark naked; completely starkers *pred.* (BrE
infml)
splittern *itr. V.* **1** (Splitter bilden) splinter
2 *mit sein* (in Splitter zerbrechen) <*glass,
windscreen, etc.*> shatter
splitter·nackt *Adj.* (ugs.) stark naked;
starkers *pred.* (BrE infml)
Splitter·partei *die* splinter party
SPÖ *Abk.* = **Sozialistische Partei
Österreichs** Austrian Socialist Party
sponsern *tr. V.* sponsor
Sponsor *der*; **~s**, **~en** sponsor
spontan **A** *Adj.* spontaneous
B *adv.* spontaneously
Spontaneität /ʃpɔntaneiˈtɛːt/ *die*; **~**;
spontaneity
sporadisch **A** *Adj.* sporadic
B *adv.* sporadically

S

Spore *die*; ~, ~n spore
Sporn *der*; ~[e]s, **Sporen** (des Reiters) spur;
einem Pferd die Sporen geben spur a horse
✓ **Sport** *der*; ~[e]s **1** sport; (als Unterrichtsfach)
sport; PE; ~ treiben do sport
2 (Hobby, Zeitvertreib) hobby; pastime
Sport-: ~**art** *die* [form of] sport; ~**fest**
das sports festival; (einer Schule) sports day;
~**flugzeug** *das* sports plane; ~**geist**
der sportsmanship; ~**halle** *die* sports hall;
~**journalist** *der*, ~**journalistin** *die* sports
journalist; ~**kleidung** *die* sportswear
Sportler *der*; ~s, ~; sportsman
Sportlerin *die*; ~, ~**nen** sportswoman
✓ **sportlich** **A** *Adj.* **1** sporting *attrib.*
2 (fair) sportsmanlike; sporting
3 (fig.) (flott, rasant) sporty <*car, driving, etc.*>
4 (zu sportlicher Leistung fähig) sporty, athletic
<*person*>
5 (jugendlich wirkend) sporty, smart but casual
<*clothes*>; smart but practical <*hairstyle*>
B *adv.* **1** as far as sport is concerned
2 (fair) sportingly
3 (fig.) (flott, rasant) in a sporty manner
Sport-: ~**platz** *der* sports field; (einer Schule)
playing field/fields *pl.*; ~**schuh** *der* sports
shoe; ~**stadion** *das* [sports] stadium; ~**teil**
der sport[s] section; ~**verein** *der* sports
club; ~**wagen** *der* **1** (Auto) sports car
2 (Kinderwagen) pushchair (BrE); stroller
(AmE); ~**zentrum** *das* sports centre
Spot /spɔt/ *der*; ~s, ~s **1** (Werbespot)
commercial; advertisement; ad (infml)
2 (Leuchte) spotlight; spotlamp
Spott *der*; ~[e]s mockery; (höhnischer)
ridicule; derision
spott·billig *Adj., adv.* (ugs.) dirt cheap
spötteln *itr. V.* mock [gently]; poke *or* make
[gentle] fun
spotten *itr. V.* **1** mock; poke *or* make fun;
(höhnischer) ridicule; be derisive
2 einer Sache (*Gen.*) ~ be contemptuous of
or scorn sth
Spötter *der*; ~s, ~, **Spötterin** *die*; ~,
~**nen** mocker
spöttisch **A** *Adj.* mocking; (höhnischer)
derisive
B *adv.* mockingly
Spott·preis *der* (ugs.) ridiculously low price
sprach *1. u. 3. Pers. Sg. Prät. v.* **sprechen**
✓ **Sprache** *die*; ~, ~n **1** language; in englischer
~ in English
2 (Sprechweise) way of speaking; speech; (Stil)
style
3 etw. zur ~ bringen bring sth up; raise sth;
heraus mit der ~! come on, out with it!
Sprachen·schule *die* language school
Sprach-: ~**fehler** *der* speech impediment *or*
defect; ~**führer** *der* phrase book; ~**grenze**
die language boundary; ~**kenntnisse** *Pl.*

✓ key word
* old spelling—see note on page x

knowledge *sing.* of a language/languages;
~**kurs** *der* language course; ~**labor** *das*
language laboratory *or* (infml) lab
sprachlich **A** *Adj.* linguistic
B *adv.* linguistically
sprach-, Sprach-: ~**los** *Adj.* (überrascht)
speechless; ~**problem** *das* language
problem; ~**rohr** *das* (Repräsentant)
spokesman; (Propagandist) mouthpiece;
~**schule** *die* language school;
~**unterricht** *der* language teaching
sprang *1. u. 3. Pers. Sg. Prät. v.* **springen**
Spray /ʃpreː/ *das od. der*; ~s, ~s spray
Spray·dose *die* aerosol [can]
sprayen *tr., itr. V.* spray
Sprech-: ~**anlage** *die* intercom (infml);
~**chor** *der* chorus
✓ **sprechen** **A** *unr. itr. V.* speak (über + *Akk.*
about; von about, of); (sich unterhalten, sich
besprechen auch) talk (über + *Akk.*, von about);
<*parrot etc.*> talk; deutsch/flüsternd ~ speak
German/in a whisper; für/gegen etw. ~
speak in favour of/against sth; mit jmdm. ~
speak *or* talk with *or* to sb; mit wem spreche
ich? who is speaking please?
B *unr. tr. V.* **1** speak <*language, dialect*>; say
<*word, sentence*>; „Hier spricht man Deutsch"
'German spoken'
2 (rezitieren) say, recite <*poem, text*>; say
<*prayer*>
3 jmdn. ~ speak to sb
4 (aussprechen) pronounce <*name, word, etc.*>
✓ **Sprecher** *der*; ~s, ~s, **Sprecherin** *die*; ~,
~**nen 1** spokesman/spokeswoman
2 (Ansager[in]) announcer;
(Nachrichtensprecher[in]) newscaster;
newsreader
3 (Kommentator[in], Erzähler[in]) narrator
Sprech-: ~**funk·gerät** *das* radio-telephone;
(Walkie-talkie) walkie-talkie; ~**stunde**
die consultation hours *pl.*; (eines Arztes)
surgery; ~**stunden·hilfe** *die* (eines Arztes)
receptionist; (eines Zahnarztes) assistant;
~**zimmer** *das* consulting room
spreizen *tr. V.* spread <*fingers, toes, etc.*>;
die Beine ~ spread one's legs apart; open
one's legs
Spreiz·fuß *der* (Med.) spread foot
sprengen *tr. V.* **1** blow up; blast <*rock*>; etw.
in die Luft ~ blow sth up
2 (gewaltsam öffnen, aufbrechen) force
[open] <*door*>; force <*lock*>; burst, break
<*bonds, chains*>; (fig.) break up <*meeting,
demonstration*>
3 (besprengen) water <*flower bed, lawn*>;
sprinkle <*street, washing*> with water;
(verspritzen) sprinkle; (mit dem Schlauch) spray
Spreng-: ~**stoff** *der* explosive;
~**stoff·anschlag** *der* bomb attack
Sprenkel *der*; ~s, ~; spot; dot; speckle
sprenkeln *tr. V.* sprinkle spots of <*colour*>;
sprinkle <*water*>
Spreu *die*; ~; chaff

S

sprich *Imperativ Sg. v.* **sprechen**
sprichst *2. Pers. Sg. Präsens v.* **sprechen**
spricht *3. Pers. Sg. Präsens v.* **sprechen**
Sprich·wort *das; Pl.* **Sprichwörter**
proverb
sprießen *unr. itr. V.;* *mit sein* ‹*leaf, bud*›
shoot, sprout; ‹*seedlings*› come *or* spring up;
‹*beard*› sprout
Spring·brunnen *der* fountain
✍ **springen** **A** *unr. itr. V.* **1** *mit sein* (auch
Sport) jump; (mit Schwung) leap; spring;
jump; ‹*frog, flea*› hop, jump; (sich in Sprüngen
fortbewegen) bound
  2 *mit sein* (fig.) ‹*pointer, milometer, etc.*›
jump (**auf** + *Akk.* to); ‹*traffic lights*› change
(**auf** + *Akk.* to); ‹*spark*› leap; ‹*ball*› bounce
  3 *mit sein* ‹*string, glass, porcelain, etc.*›
break; (Risse, Sprünge bekommen) crack
B *unr. tr. V.;* *auch mit sein* (Sport) perform
‹*somersault, twist dive, etc.*›
Springer *der;* ~**s,** ~ **1** (Sport) jumper
  2 (Schachfigur) knight
Springerin *die;* ~, ~**nen** (Sport) jumper
spring·lebendig *Adj.* extremely lively; full
of beans *pred.* (infml)
Spring·reiten *das* showjumping *no art.*
Sprinkler *der;* ~**s,** ~; sprinkler
sprinten *itr. (auch tr.) V.;* *mit sein* sprint
Sprinter *der;* ~**s,** ~, **Sprinterin** *die;* ~,
~**nen** (Sport) sprinter
Sprit *der;* ~**[e]s,** ~**e 1** (ugs.) (Treibstoff) gas
(AmE infml); juice (sl.); petrol (BrE)
  2 (ugs.) (Schnaps) shorts *pl.*
Spritze *die;* ~, ~**n 1** syringe
  2 (Injektion) injection
  3 (der Feuerwehr) hose; (Löschfahrzeug) fire engine
spritzen **A** *tr. V.* **1** (versprühen) spray;
(verspritzen) splash; (in Form eines Strahls) spray,
squirt ‹*water, foam, etc.*›; pipe ‹*cream etc.*›
  2 (besprühen, besprühen) water ‹*lawn, tennis
court*›; water, spray ‹*street, yard*›; spray
‹*plants, crops, etc.*›; (mit Lack) spray ‹*car
etc.*›; **jmdn. nass** ~ splash sb; (mit Wasserpistole,
Schlauch) spray sb
  3 (injizieren) inject ‹*drug etc.*›; (ugs.) (einer
Injektion unterziehen) **jmdn./sich** ~ give sb an
injection/inject oneself
B *itr. V.;* *mit Richtungsangabe mit sein* ‹*hot
fat*› spit; ‹*mud etc.*› spatter, splash; ‹*blood,
water*› spurt
Spritzer *der;* ~**s,** ~ (kleiner Tropfen) splash;
(von Farbe) splash; spot
spritzig **A** *Adj.* **1** sparkling ‹*wine*›; tangy
‹*fragrance, perfume*›
  2 lively ‹*show, music, article*›; sparkling
‹*performance*›; racy ‹*style*›; nippy (infml);
zippy ‹*car, engine*›; agile ‹*person*›
B *adv.* sparklingly ‹*produced, performed,
etc.*›; racily ‹*written*›
Spritz·tour *die* (ugs.) spin
spröd, spröde *Adj.* **1** brittle ‹*glass, plastic,
etc.*›; dry ‹*hair, lips, etc.*›; (rissig) chapped

‹*lips, skin*›; (rauh) rough ‹*skin*›
  2 (fig.) (abweisend) aloof ‹*person, manner,
nature*›
Sprödheit, Sprödigkeit *die;* ~ **1** ▸ **spröd**
brittleness; dryness; roughness
  2 (fig.) (abweisendes Wesen) aloofness
spross, *sproß *1. u. 3. Pers. Sg. Prät. v.*
sprießen
Spross, *Sproß *der;* **Sprosses, Sprosse**
(Bot.) shoot
Sprosse *die;* ~, ~**n 1** (auch fig.) rung
  2 (eines Fensters) glazing bar
Sprössling, *Sprößling *der;* ~**s,** ~**e** (ugs.
scherzh.) offspring; **seine** ~**e** his offspring *pl.*
Sprotte *die;* ~, ~**n** sprat
Spruch *der;* ~**[e]s, Sprüche** (Wahlspruch)
motto; (Sinnspruch) maxim; (Ausspruch) saying;
aphorism; (Zitat) quotation
spruch·reif *Adj.* **das ist noch nicht** ~ that's
not definite, so people mustn't start talking
about it yet
Sprudel *der;* ~**s,** ~ **1** sparkling mineral
water
  2 (österr.) fizzy drink
sprudeln *itr. V.;* *mit sein* bubble; ‹*lemonade,
champagne, etc.*› fizz, effervesce
Sprudel·wasser *das* sparkling mineral
water
Sprüh·dose *die* aerosol [can]
sprühen **A** *tr. V.* spray
B *itr. V.;* *mit Richtungsangabe mit sein*
‹*sparks, spray*› fly; (fig.) ‹*eyes*› sparkle (**vor** +
Dat. with); ‹*intellect, wit*› sparkle
Sprüh·regen *der* drizzle; fine rain
Sprung *der;* ~**[e]s, Sprünge 1** (auch Sport)
jump; (schwungvoll) leap; (Satz) bound; (fig.)
leap; **keine großen Sprünge machen können**
(fig. ugs.) not be able to afford many luxuries;
auf dem ~**[e] sein** (fig. ugs.) be in a rush
  2 (ugs.) (kurze Entfernung) stone's throw
  3 (Riss) crack
Sprung·brett *das* (auch fig.) springboard
sprunghaft **A** *Adj.* **1** erratic ‹*person,
character, manner*›; disjointed
‹*conversation, thoughts*›
  2 (unvermittelt) sudden
  3 (ruckartig) rapid ‹*change*›; sharp ‹*increase*›
B *adv.* ▸ **A** disjointedly; suddenly; rapidly;
sharply
Sprunghaftigkeit *die;* ~; ▸ **sprunghaft A1**
erraticness; disjointedness
Sprung·tuch *das; Pl.* **Sprungtücher**
safety blanket
Spucke *die;* ~; spit
spucken **A** *itr. V.* spit; **in die Hände** ~ (fig.)
(an die Arbeit gehen) go to work with a will
B *tr. V.* spit; cough up ‹*blood, phlegm*›
Spuk *der;* ~**[e]s,** ~**e** [ghostly *or*
supernatural] manifestation
spuken *itr. V.;* (unpers.) **hier/in dem Haus
spukt es** this place/the house is haunted
Spül·bürste *die* washing-up brush

S

Spule *die*; ~, ~n spool; (für Tonband, Film) spool; reel

Spüle *die*; ~, ~n sink unit; (Becken) sink

spulen *tr., itr. V.* spool; (am Tonbandgerät) wind

spülen **A** *tr. V.* **1** rinse; bathe ‹*wound*› **2** (landsch.) (abwaschen) wash up ‹*dishes, glasses, etc.*›; Geschirr ~ wash up **B** *itr. V.* **1** (beim WC) flush [the toilet] **2** (den Mund ausspülen) rinse out [one's mouth] **3** (landsch.) ▸ **abwaschen B**

Spül-: ~**maschine** *die* dishwasher; ~**mittel** *das* washing-up liquid; ~**tuch** *das*; *Pl.* ~**tücher** dish cloth; ~**wasser** *das* **1** rinse water **2** (Abwaschwasser) dishwater

Spund *der*; ~[e]s, ~e/Spünde **1** *Pl.* Spünde (Zapfen) bung **2** *Pl.* ~e (ugs.) [junger *od.* grüner] ~ young greenhorn *or* tyro

⚹ **Spur** *die*; ~, ~en **1** (Abdruck im Boden) track; (Folge von Abdrücken) tracks *pl.*; eine heiße ~ (fig.) a hot trail; jmdm./einer Sache auf der ~ sein be on to the track *or* trail of sb/sth **2** (Anzeichen) trace; (eines Verbrechens) clue (*Gen.* to) **3** (sehr kleine Menge) (auch fig.) trace **4** (Verkehrsw.) (Fahrspur) lane; die ~ wechseln change lanes

spürbar **A** *Adj.* noticeable; distinct, perceptible ‹*improvement*›; evident ‹*relief, embarrassment*› **B** *adv.* noticeably; perceptibly; (sichtlich) clearly ‹*relieved, on edge*›

⚹ **spüren** *tr. V.* feel; (instinktiv) sense

spur·los **A** *Adj.* total, complete ‹*disappearance*› **B** *adv.* ‹*disappear*› completely *or* without trace

Spür·sinn *der* (feiner Instinkt) intuition

Spurt *der*; ~[e]s, ~s *od.* ~e spurt

spurten *itr. V.* **1** mit Richtungsangabe mit *sein* spurt **2** *mit sein* (ugs.) (schnell laufen) sprint

sputen *refl. V.* (veralt.) make haste

St. *Abk.* **1** = **Sankt** St **2** = **Stück**

⚹ **Staat** *der*; ~[e]s, ~en state

⚹ **staatlich** **A** *Adj.* state *attrib.*; ‹*power, unity, etc.*› of the state; state-owned ‹*factory etc.*› **B** *adv.* by the state; ~ anerkannt/geprüft state-approved/-certified

staats-, Staats-: ~**angehörige** *der/die* national; ~**angehörigkeit** *die* nationality; ~**anwalt** *der*, ~**anwältin** *die* public prosecutor; ~**bürger** *der*, ~**bürgerin** *die* citizen; er ist deutscher ~**bürger** he is a German citizen *or* national; ~**bürgerlich** *Adj.* civil ‹*rights*›; civic ‹*duties, loyalty*›; ‹*education, attitude*› as a citizen; ~**bürgerschaft** *die* ▸ **Staatsangehörigkeit;**

~**gewalt** *die* authority of the state; (Exekutive) executive power; ~**grenze** *die* state frontier *or* border; ~**mann** *der*; *Pl.* ~**männer** statesman; ~**oberhaupt** *das* head of state; ~**präsident** *der*, ~**präsidentin** *die* [state] president; ~**sicherheit** *die* **1** state security **2** (DDR) (ugs.) ▸ **Staatssicherheitsdienst;** ~**sicherheits·dienst** *der* (DDR) State Security Service

Stab *der*; ~[e]s, Stäbe **1** rod; (länger) pole; (eines Käfigs, Gitters, Geländers) bar **2** (Milit.) staff **3** (Team) team

Stäbchen *das*; ~s, ~ **1** (kleiner Stab) little rod; [small] stick **2** (Essstäbchen) chopstick

stabil **A** *Adj.* sturdy ‹*chair, cupboard*›; robust, sound ‹*health*›; stable ‹*prices, government, economy, etc.*› **B** *adv.* ~ gebaut solidly built

stabilisieren **A** *tr. V.* stabilize **B** *refl. V.* **1** stabilize **2** ‹*health, circulation, etc.*› become stronger

Stabilität *die*; ~ **1** (einer Konstruktion) sturdiness; (von Gesundheit, Konstitution usw.) robustness; soundness **2** (das Beständigsein) stability

Stab·lampe *die* torch (BrE); flashlight (AmE)

Stabs·arzt *der*, **Stabs·ärztin** *die* (Milit.) medical officer, MO (*with the rank of captain*)

stach *1. u. 3. Pers. Sg. Prät. v.* **stechen**

Stachel *der*; ~s, ~n **1** spine; (Dorn) thorn **2** (Giftstachel) sting **3** (Spitze) spike; (an Stacheldraht) barb

Stachel-: ~**beere** *die* gooseberry; ~**draht** *der* barbed wire

stachelig *Adj.* prickly

Stadion *das*; ~s, Stadien stadium

Stadium *das*; ~s, Stadien stage

⚹ **Stadt** *die*; ~, Städte **1** town; (Großstadt) city; die ~ Basel the city of Basel; in die ~ gehen go into town; go downtown (AmE) **2** (Verwaltung) town council; (in der Großstadt) city council; city hall *no art.* (AmE)

Stadt-: ~**bahn** *die* urban railway; ~**bummel** *der* (ugs.) einen ~**bummel** machen take a stroll through the town/city centre

Städter *der*; ~s, ~, **Städterin** *die*; ~, ~**nen 1** town-dweller; (Großstädter, -städterin) city-dweller **2** (Stadtmensch) townie (infml)

Städte·tour *die* city tour

Stadt-: ~**führer** *der* town/city guidebook; ~**führung** *die* guided tour of the town/city; ~**gespräch** *das* ~**gespräch** sein be the talk of the town

städtisch **A** *Adj.* **1** (kommunal) municipal **2** (urban) urban ‹*life, way of life, etc.*› **B** *adv.* (kommunal) municipally

Stadt-: ~**mauer** *die* town/city wall;

S

⚹ key word
* alte Schreibung—vgl. Hinweis auf S. x

~**mitte** *die* town centre; (einer Großstadt) city centre; downtown area (AmE); ~**park** *der* municipal park; ~**plan** *der* [town/city] street plan *or* map; ~**rand** *der* outskirts *pl.* of the town/city; am ~**rand** on the outskirts of the town/city; ~**rundfahrt** *die* sightseeing tour round a/the town/city; ~**teil** *der* district; part [of a/the town]; ~**tor** *das* town/city gate; ~**viertel** *das* district

Staffel *die*; ~, ~**n 1** (Sport) (Mannschaft) relay team
2 (Sport) (Staffellauf) relay race
3 (Luftwaffe) (Einheit) flight
4 (Eskorte) escort formation

Staffelei *die*; ~, ~**en** easel

staffeln *tr. V.* **1** (aufstellen, formieren) arrange in a stagger *or* in an echelon
2 (einteilen, abstufen) grade ‹*salaries, fees, prices*›; stagger ‹*times, arrivals, starting places*›

stahl *1. u. 3. Pers. Sg. Prät. v.* stehlen

Stahl *der*; ~[e]s, **Stähle** *od.* ~e steel

Stahl-: ~**beton** *der* reinforced concrete; ~**blech** *das* sheet steel

stählern *Adj.* steel

stak *1. u. 3. Pers. Sg. Prät. v.* stecken

Stall *der*; ~[e]s, **Ställe** (Pferde-, Rennstall) stable; (Kuhstall) cowshed; (Hühnerstall) [chicken] coop; (Schweinestall) [pig]sty; (für Kaninchen, Kleintiere) hutch; (für Schafe) pen

Stallung *die*; ~, ~**en** (Pferdestall) stable; (Kuhstall) cowshed; (Schweinestall) [pig]sty

Stamm *der*; ~[e]s, **Stämme 1** (Baumstamm) trunk
2 (Volksstamm) tribe

Stamm-: ~**aktie** *die* (Wirtsch.) ordinary share; ~**baum** *der* family tree; (eines Tieres) pedigree

stammeln *tr., itr. V.* stammer

✓ **stammen** *itr. V.* come (aus, von from); (datieren) date (aus, von from)

Stamm-: ~**gast** *der* (im Lokal/Hotel) regular customer/visitor; regular (infml); ~**tisch** *der* **1** (Tisch) regulars' table (infml) **2** (Runde) group of regulars (infml) **3** (Treffen) get-together with the regulars (infml); ~**zelle** *die* (Biol.) stem cell

stampfen 🅰 *itr. V.* **1** (laut auftreten) stamp
2 *mit sein* (sich fortbewegen) tramp; (mit schweren Schritten) trudge
🅱 *tr. V.* **1** mit den Füßen den Rhythmus ~ tap the rhythm with one's feet
2 (feststampfen) compress
3 (zerkleinern) mash ‹*potatoes*›

stand *1. u. 3. Pers. Sg. Prät. v.* stehen

✓ **Stand** *der*; ~[e]s, **Stände 1** (das Stehen) standing position; [bei jmdm. *od.* gegen jmdn.] einen schweren ~ haben (fig.) have a tough time [of it] [with sb]
2 (Standort) position
3 (Verkaufsstand; Box für ein Pferd) stall; (Messestand, Informationsstand) stand; (Zeitungsstand) [newspaper] kiosk

4 (erreichte Stufe; Zustand) state; etw. auf den neu[e]sten ~ bringen bring sth up to date; außer ~[e] ▸ außerstande; im ~[e] ▸ imstande
5 (des Wassers, Flusses) level; (des Thermometers, Zählers, Barometers) reading; (der Kasse, Finanzen) state; (eines Himmelskörpers) position
6 (Familienstand) status
7 (Gesellschaftsschicht) class; (Berufsstand) trade; (Ärzte, Rechtsanwälte) [professional] group

✓ **Standard** *der*; ~**s**, ~**s** standard

standardisieren *tr. V.* standardize

Standardisierung *die*; ~, ~**en** standardization

Ständchen *das*; ~**s**, ~; serenade; jmdm. ein ~ bringen serenade sb

Ständer *der*; ~**s**, ~; stand; (Kleider~) coat stand; (Wäsche~) clothes horse

standes-, Standes-: ~**amt** *das* registry office; ~**amtlich** 🅰 *Adj.* registry office ‹*wedding, document*› 🅱 *adv.* ~amtlich heiraten get married in a registry office; ~**beamte** *der*, ~**beamtin** *die* registrar

✓ **ständig** 🅰 *Adj.* constant ‹*noise, worry, pressure, etc.*›; permanent ‹*residence, correspondent, staff, member, etc.*›; standing ‹*committee*›; regular ‹*income*›
🅱 *adv.* constantly

Stand·licht *das* (Kfz-W.) sidelights *pl.*

✓ **Stand·ort** *der* **1** position; (eines Betriebes usw.) location; site
2 (Milit.) (Garnison) garrison; base

Stand-: ~**punkt** *der* (fig.) point of view; viewpoint; auf dem ~punkt stehen, dass ... take the view that ...; ~**spur** *die* (Verkehrsw.) hard shoulder; ~**uhr** *die* grandfather clock

Stange *die*; ~, ~**n** pole; (aus Metall) bar; (dünner) rod; (Kleiderstange) rail; (Vogelstange) perch; ein Anzug von der ~ (ugs.) an off-the-peg-suit

Stängel *der*; ~**s**, ~; stem; stalk

Stangen-: ~**brot** *das* French bread; ~**spargel** *der* asparagus spears *pl.*

stank *1. u. 3. Pers. Sg. Prät. v.* stinken

Stapel *der*; ~**s**, ~; pile; ein ~ Holz a pile *or* stack of wood

stapeln 🅰 *tr. V.* pile up; stack
🅱 *refl. V.* pile up

stapfen *itr. V.*; *mit sein* tramp

Star¹ *der*; ~[e]s, ~**e** *od.* (schweiz.) ~**en** (Vogel) starling

Star² *der*; ~**s**, ~**s** (berühmte Persönlichkeit) star

Star³ *der*; ~[e]s *Med.* grauer ~ cataract; grüner ~ glaucoma

starb *1. u. 3. Pers. Sg. Prät. v.* sterben

S

⚹ **stark; stärker, stärkst...** Ⓐ *Adj.* **1** strong;
potent <*drink, medicine, etc.*>; powerful
<*engine, lens, voice, etc.*>; (ausgezeichnet)
excellent; *s. auch* **Stück 3**
2 (dick) thick; stout <*rope, string*>; (verhüll.)
(korpulent) well-built (euphem.)
3 (zahlenmäßig groß, umfangreich) sizeable, large;
big <*demand*>; **eine 100 Mann ~e Truppe** a
100-strong unit
4 (heftig, intensiv) heavy; severe <*frost, pain*>;
strong <*impression, current, resistance,
dislike*>; grave <*doubt, reservations*>; great
<*exaggeration, interest*>; loud <*applause*>
5 (Jugendspr.) (großartig) great (infml); fantastic
(infml)
Ⓑ *adv.* **1** (sehr, überaus, intensiv) (mit Adj.)
very; heavily <*indebted, stressed*>; greatly
<*increased, reduced, enlarged*>; strongly
<*emphasized, characterized*>; badly
<*damaged, worn, affected*>; (mit Verb) heavily;
<*exaggerate, impress*> greatly; <*enlarge,
reduce, increase*> considerably; <*support,
oppose, suspect*> strongly; <*remind*> very
much; **~ erkältet sein** have a heavy *or* bad
cold
2 (Jugendspr.) (großartig) fantastically (infml)
Stark·bier *das* strong beer
Stärke *die*; **~, ~n 1** strength; (eines Motors)
power; (einer Glühbirne) wattage
2 (Dicke) thickness; (Technik) gauge
3 (zahlenmäßige Größe) strength
4 (besondere Fähigkeit, Vorteil) strength; **jmds. ~/
nicht jmds. ~ sein** be sb's forte/not be sb's
strong point
5 (Intensität) strength; (von Sturm, Schmerzen,
Abneigung) intensity; (von Frost) severity; (von
Lärm, Verkehr) volume
6 (organischer Stoff) starch
⚹ **stärken** Ⓐ *tr. V.* **1** strengthen; boost <*power,
prestige*>; <*drink, food, etc.*> fortify <*person*>
2 (steif machen) starch <*washing etc.*>
Ⓑ *refl. V.* refresh oneself
Stärkung *die*; **~, ~en 1** strengthening
2 (Erfrischung) refreshment
starr Ⓐ *Adj.* **1** rigid; (steif) stiff (**vor** + *Dat.*
with); fixed <*expression, smile, stare*>
2 (nicht abwandelbar) inflexible, rigid <*law,
rule, principle*>
3 (unnachgiebig) inflexible <*person, attitude,
etc.*>
Ⓑ *adv.* rigidly; (steif) stiffly
starren *itr. V.* **1** stare (**in** + *Akk.* into; **auf, an,
gegen** + *Akk.* at); **jmdm. ins Gesicht ~** stare
sb in the face
2 vor/von Schmutz ~ be filthy
starr-, Starr-: ~sinn *der* pig-headedness;
~sinnig *Adj.* pig-headed; **~sinnigkeit** *die*
pig-headedness
⚹ **Start** *der*; **~[e]s, ~s** start; (eines Flugzeugs)
take-off; (einer Rakete) launch
Start·bahn *die* [take-off] runway

start·bereit *Adj.* ready to start *postpos.*;
<*aircraft*> ready for take-off
⚹ **starten** Ⓐ *itr. V.*; *mit sein* **1** start; <*aircraft*>
take off; <*rocket*> blast off, be launched
2 (den Motor anlassen) start the engine
Ⓑ *tr. V.* start; launch <*rocket, satellite,
attack*>; start [up] <*engine, machine, car*>
Stasi *die*; **~** *Abk.* (DDR) (ugs.)
= **Staatssicherheit**
Stasi·akte *die* Stasi file
Station *die*; **~, ~en 1** station
2 (Haltestelle) stop
3 (Zwischenhalt, Aufenthalt) stopover; **~ machen**
stop over *or* off
4 (im Krankenhaus) ward
stationär Ⓐ *Adj.* (Med.) <*treatment*> in
hospital, as an inpatient
Ⓑ *adv.* (Med.) in hospital; **jmdn. ~
behandeln** treat sb as an inpatient
stationieren *tr. V.* station <*troops*>; deploy
<*weapons, bombers, etc.*>
Stationierung *die*; **~, ~en** stationing; (von
Waffen, Raketen usw.) deployment
Stations-: ~arzt *der*, **~ärztin** *die* ward
doctor; **~schwester** *die* ward sister;
~taste *die* (Rundf.) preset [tuning] button;
preset
statisch *Adj.* static
Statistik *die*; **~;** statistics *sing., no art.*
statistisch Ⓐ *Adj.* statistical
Ⓑ *adv.* statistically
⚹ **statt** Ⓐ *Präp.*; *mit Gen.* instead of; *s. auch*
stattdessen
Ⓑ *Konj.* ▶ **anstatt**
statt·dessen *Adv.* instead [of this]
⚹ **statt|finden** *unr. itr. V.* take place; <*process,
development*> occur
statthaft *Adj.* permissible
stattlich Ⓐ *Adj.* **1** well-built; imposing
<*figure, stature, building, etc.*>; fine <*farm,
estate*>; impressive <*trousseau, collection*>
2 (beträchtlich) considerable
Ⓑ *adv.* impressively
Statue *die*; **~, ~n** statue
Statur *die*; **~, ~en** build
Status *der*; **~, ~** /ˈʃtaːtuːs/ status
Status quo *der*; **~** (geh.) status quo
Statut *das*; **~[e]s, ~en** statute
Stau *der*; **~[e]s, ~s** *od.* **~e 1** build-up
2 (von Fahrzeugen) tailback (BrE); backup (AmE)
Staub *der*; **~[e]s** dust; **~ wischen** dust; **~
saugen** vacuum *or* (BrE infml) hoover; **sich
aus dem ~[e] machen** (fig. ugs.) make oneself
scarce (infml)
stauben *itr. V.* cause dust
staubig *Adj.* dusty
staub-, Staub-: ~saugen *itr., tr. V.*
**ich staubsauge, staubgesaugt,
staubzusaugen** vacuum; (BrE infml) hoover;
~sauger *der* vacuum cleaner; Hoover
(BrE®); **~tuch** *das*; *Pl.* **~tücher** duster

Stau·damm der dam
Staude die; ~, ~n (Bot.) herbaceous perennial
stauen **A** tr. V. dam [up] <stream, river>; staunch <blood>
B refl. V. <water, blood, etc.> accumulate, build up; <people> form a crowd; <traffic> form a tailback/tailbacks (BrE) or (AmE) backup/backups
staunen itr. V. be amazed or astonished (über + Akk. at); (beeindruckt sein) marvel (über + Akk. at); ~d with or in amazement
Staunen das; ~s amazement (über + Akk. at); (Bewunderung) wonderment
Stau-: ~see der reservoir; ~stufe die barrage
Stauung die; ~, ~en 1 (eines Bachs, Flusses) damming; (des Blutes, Wassers) stemming the flow; (das Sichstauen) build-up
2 (Verkehrsstau) tailback (BrE); backup (AmE); jam
Std. Abk. = Stunde hr.
Steak /steːk/ das; ~s, ~s steak
stechen **A** unr. itr. V. 1 prick; <wasp, bee> sting; <mosquito> bite
2 (hineinstechen) **mit etw. in etw.** (Akk.) ~ stick or jab sth into sth
B unr. tr. V. (mit dem Messer, Schwert) stab; (mit der Nadel, mit einem Dorn usw.) prick; <bee, wasp> sting; <mosquito> bite; **sich in den Finger** ~ prick one's finger
stechend Adj. penetrating, pungent <smell>; penetrating <glance, eyes>
Stech-: ~mücke die mosquito; gnat; ~uhr die time clock
Steck-: ~brief der description [of a/the wanted person]; (Plakat) 'wanted' poster; ~dose die socket; power point
✧ **stecken** **A** tr. V. 1 put
2 (mit Nadeln) pin <hem, lining, etc.>; pin [on] <badge>; pin up <hair>
B itr. V. be; ~ **bleiben** get stuck; **den Schlüssel [im Schloss]** ~ **lassen** leave the key in the lock; **wo steckt meine Brille?** (ugs.) where have my glasses got to or gone?; **hinter etw.** (Dat.) ~ (fig. ugs.) be behind sth
stecken-, Stecken-: *~bleiben ► stecken B; *~lassen ► stecken B; ~pferd das
1 (Spielzeug) hobby horse 2 (Liebhaberei) hobby
Stecker der; ~s, ~; plug
Steck·nadel die pin
Steg der; ~[e]s, ~e (Brücke) [narrow] bridge; (Laufbrett) gangplank; (Boots~) landing stage
Steg·reif der aus dem ~ impromptu
Steh·auf·männchen das tumbling figure; tumbler
✧ **stehen** unr. itr. V. (südd., österr., schweiz. mit sein)
1 stand
2 (sich befinden) be; <upright object, building> stand
3 (einen bestimmten Stand haben) **auf etw.** (Dat.) ~ <needle, hand> point to sth; **das Barometer**

steht tief/auf Regen the barometer is reading low/indicating rain; **das Spiel/ es steht 1:1** (Sport) the score is one all; **die Sache steht gut/schlecht** things are going well/badly
4 (einen bestimmten Kurs, Wert haben) <currency> stand (bei at); **wie steht das Pfund?** what is the rate for the pound?
5 (nicht in Bewegung sein) be stationary; <machine etc.> be at a standstill; **meine Uhr steht** my watch has stopped; ~ **bleiben** (anhalten) stop; <traffic> come to a standstill; (stehen gelassen werden) stay; be left; (zurückgelassen werden) be left behind; (der Zerstörung entgehen) <building> be left standing; **etw.** ~ **lassen** (nicht entfernen) leave sth; (vergessen) leave sth [behind]
6 (geschrieben, gedruckt sein) be; **in der Zeitung steht, dass …** it says in the paper that …
7 (Sprachw.) (gebraucht werden) <subjunctive etc.> occur; be found
8 **jmdm. [gut]** ~ <dress etc.> suit sb [well]
9 **auf etw.** (Akk.) ~ (ugs., bes. Jugendspr.) (mögen) be into sth (infml); **sie steht total auf ihn** she's nuts about him
***stehen|bleiben**, ***stehen|lassen** ► stehen 5
Steh·lampe die standard lamp (BrE); floor lamp (AmE)
stehlen unr. tr., itr. V. steal; s. auch **gestohlen**
Steh·platz der (im Theater usw.) standing place; (im Bus) space to stand
Steiermark die; ~; Styria no art.
steif **A** Adj. 1 stiff; (ugs.) (erigiert) erect <penis>
2 (Seemannsspr.) (stark) stiff <wind, breeze>
3 (förmlich) stiff; formal
B adv. stiffly
Steifheit die 1 ~ stiffness
2 (Förmlichkeit) formality; stiffness
✧ **steigen** **A** unr. itr. V.; mit sein 1 climb; <mist, smoke, sun> rise; <balloon> climb, rise; **auf die Leiter** ~ get on to the ladder; **in den/ aus dem Bus/Zug** ~ board or get on/get off or out of the bus/train
2 (ansteigen, zunehmen) rise; <price, cost, salary, output> increase, rise; <debts, tension> increase, mount; <chances> improve
B unr. tr. V.; mit sein climb <stairs, steps>
Steiger der; ~s, ~ (Bergbau) overman
✧ **steigern** **A** tr. V. 1 increase <speed, value, sales, consumption, etc.> (auf + Akk. to); step up <demands, production, etc.>; raise <standards, requirements>; (verstärken) intensify <fear, tension>; heighten <effect>
2 (Sprachw.) compare <adjective>
B refl. V. <confusion, speed, profit, etc.> increase; <pain, excitement, tension, etc.> become more intense; <costs> escalate; <effect> be heightened
Steigerung die; ~, ~en 1 increase (Gen. in); (Verstärkung) intensification; (einer Wirkung) heightening; (Verbesserung) improvement

S

(*Gen.* in); (bes. Sport) (Leistungssteigerung) improvement [in performance] **2** (Sprachw.) comparison

Steigung *die*; ~, ~**en** gradient

steil **A** *Adj.* steep; meteoric *‹career›*; rapid *‹rise›*
B *adv.* steeply

Steil-: ~**hang** *der* steep escarpment; ~**küste** *die* (Geogr.) cliffs *pl.*

⚬ **Stein** *der*; ~**[e]s**, ~**e** stone; (Fels) rock; (Baustein) [stone]block; **mir fällt ein** ~ **vom Herzen** that's a weight off my mind

Stein-: ~**bock** *der* **1** ibex **2** (Astrol.) Capricorn; the Goat; ~**bruch** *der* quarry

steinern *Adj.* stone

Stein·gut *das* earthenware

stein·hart *Adj.* rock-hard

steinig *Adj.* stony

steinigen *tr. V.* stone *‹person›*

Stein-: ~**kohle** *die* [hard] coal; ~**metz** *der*; ~~**en**, ~~~**en**, ~~**metzin** *die*; ~~, ~~**nen** stonemason; ~**obst** *das* stone fruit; ~**pilz** *der* cep; ~**schlag** *der* rock fall; „**Achtung** ~**schlag**" 'beware falling rocks'; ~**zeit** *die* Stone Age; (fig.) stone age

Steiß·bein *das* (Anat.) coccyx

⚬ **Stelle** *die*; ~, ~**n 1** place; **an jmds.** ~ **treten** take sb's place; **ich an deiner** ~ ... ... if I were you; **an achter** ~ **liegen** be in eighth place; **die erste** ~ **hinter** *od.* **nach dem Komma** (Math.) the first decimal place; **an** ~ (+ *Gen.*) instead of; **auf der** ~ immediately **2** (begrenzter Bereich) patch; (am Körper) spot **3** (Passage) passage; (Punkt im Ablauf einer Rede usw.) point **4** (Arbeitsstelle) job; post; **eine freie** ~ **a** vacancy **5** (Dienststelle) office; (Behörde) authority

⚬ **stellen** **A** *tr. V.* **1** put; (mit Sorgfalt) place; (aufrecht hin~) stand **2** (ein~) set *‹points, clock, scales›*; **den Wecker auf 6 Uhr** ~ set the alarm for 6 o'clock; **die Heizung höher/niedriger** ~ turn the heating up/down **3** (bereitstellen) provide **4** **jmdn. besser** ~ *‹firm›* improve sb's pay; **gut/schlecht/besser gestellt** comfortably/badly/better off **5** (verblasst) put *‹question›*; set *‹task, topic, condition›*; make *‹application, demand, request›*; **jmdm. eine Frage** ~ ask sb a question **B** *refl. V.* **1** place oneself; **sich auf die Zehenspitzen** ~ stand on tiptoe **2 sich schlafend/taub/tot** *usw.* ~ feign sleep/deafness/death *etc.*; pretend to be asleep/deaf/dead *etc.*

stellen-, Stellen-: ~**angebot** *das* offer of a job; (Inserat) job advertisement;

„~**angebote**" 'situations vacant'; ~**anzeige** *die* job advertisement; ~**gesuch** *das* 'situation wanted' advertisement; ~**markt** *der* job market; ~**profil** *das* job profile; ~**suche** *die* job-hunting *no art.*; search for a job; ~**weise** *Adv.* in places; ~**wert** *der* **1** (Math.) place value **2** (fig.) (Bedeutung) standing; status

Stellung *die*; ~, ~**en** position; **zu etw.** ~ **nehmen** express one's opinion on sth

Stellungnahme *die*; ~, ~**n** opinion; (kurze Äußerung) statement

stell-, Stell-: ~**vertretend** **A** *Adj.* acting; (von Amts wegen) deputy *‹minister, director, etc.›* **B** *adv.* as a deputy; ~**vertreter** *der*, ~**vertreterin** *die* deputy

Stelze *die*; ~, ~**n** stilt

stelzen *itr. V.; mit sein* strut; stalk

stemmen **A** *tr. V.* **1** (hochstemmen) lift [above one's head] **2** (drücken) brace *‹feet, knees›* (gegen against) **B** *refl. V.* **sich gegen etw.** ~ brace oneself against sth

Stempel *der*; ~**s**, ~; stamp; (Poststempel) postmark

stempeln *tr. V.* stamp *‹passport, form›*; postmark *‹letter›*; cancel *‹postage stamp›*

*****Stengel** ▸ Stängel

steno-, Steno-: ~**gramm** *das* shorthand text; ~**graph** *der*; ~~**en**, ~~**en** stenographer; ~**graphie** *die*; ~~, ~~**n** stenography *no art.*; shorthand *no art.*; ~**graphieren** *itr. V.* do shorthand; ~**graphin** *die*; ~~, ~~**nen** stenographer; ~**typistin** *die*; ~~, ~~**nen** shorthand typist

Stepp·decke *die* quilt

Steppe *die*; ~, ~**n** steppe

steppen¹ *tr. V. (auch itr.) V.* backstitch

steppen² *itr. V.* (tanzen) tap dance

Steppke *der*; ~**s**, ~**s** (ugs. (bes. berlin.) lad; nipper (infml)

⚬ **sterben** *unr. itr. V.; mit sein* die; **im Sterben liegen** lie dying

sterbens·krank *Adj.* mortally ill

sterblich *Adj.* mortal

Sterbliche *der/die adj. Dekl.* mortal; **ein gewöhnlicher** ~**r** an ordinary mortal *or* person

Sterblichkeit *die*; ~; mortality

stereo *Adv.* in stereo

Stereo *das*; ~**s** stereo

Stereo-: ~**anlage** *die* stereo [system]; ~**aufnahme** *die* stereo recording

steril *Adj.* sterile

Sterling /'stɛːlɪŋ/ **Pfund** ~ pound/pounds sterling

⚬ **Stern** *der*; ~**[e]s**, ~**e** star

Sternchen *das*; ~**s**, ~ (Druckw.) asterisk

Stern·schnuppe *die*; ~, ~**n** shooting star

⚬ key word
* alte Schreibung—vgl. Hinweis auf S. x

S

Stethoskop *das*; ~s, ~e (Med.) stethoscope
stets *Adv.* always
✓ **Steuer¹** *das*; ~s, ~; [steering] wheel;
(von Schiffen) helm
✓ **Steuer²** *die*; ~, ~n tax
steuer-, Steuer-: ~**belastung** *die* tax
burden; ~**berater** *der*, ~**beraterin** *die* tax
consultant *or* adviser; ~**bord** *das od.* (österr.)
der (Seew., Flugw.) starboard; ~**erhöhung**
die tax increase; ~**erklärung** *die* tax return;
~**ermäßigung** *die* tax relief; ~**frau** *die*
(Rudersport) cox; ~**frei** *Adj.* tax-free
steuerlich **A** *Adj.* tax ‹*advantages, benefits,*
etc.›
B *adv.* ~ absetzbar tax-deductible
Steuer·mann *der*; *Pl.* ~**leute** *od.*
~**männer** (Rudersport) cox
steuern **A** *tr. V.* (fahren) steer; (fliegen) pilot,
fly ‹*aircraft*›; fly ‹*course*›
B *itr. V.* **1** be at the wheel; (auf dem Schiff) be
at the helm
2 *mit sein* (Kurs nehmen) (ugs.) (sich hinbewegen)
(auch fig.) head
Steuer-: ~**oase** *die* (ugs.) tax haven;
~**senkung** *die* (Steuerw.) tax cut; reduction
in taxation
Steuerung *die*; ~, ~**en 1** (System) controls *pl.*
2 ▸ steuern A steering; piloting; flying
Steward /'stjuːɐt/ *der*; ~s, ~s steward
Stewardess, *Stewardeß /'stjuːɛdes/ *die*;
~, **Stewardessen** stewardess
stich *Imper. Sg. v.* stechen
Stich *der*; ~[e]s, ~e **1** (mit einer Waffe) stab
2 (mit einem Dorn, einer Nadel) prick; (von Wespe,
Biene usw.) sting; (Mückenstich usw.) bite
3 (Stichwunde) stab wound
4 (beim Nähen) stitch
5 (Schmerz) stabbing *or* shooting pain
6 (Kartenspiel) trick
7 jmdn./etw. im ~ lassen leave sb in the
lurch/abandon sth
Stichelei *die*; ~, ~**en** (ugs. abwertend)
1 (Bemerkung) dig; gibe
2 hör auf mit deiner ~ stop getting at me/
him *etc.* (infml)
sticheln *itr. V.* make snide remarks (infml)
(**gegen** about)
stich-, Stich-: ~**flamme** *die* tongue of flame;
~**haltig** *Adj.* sound ‹*argument, reason*›;
valid ‹*assertion, reply*›; conclusive ‹*evidence*›;
~**haltigkeit** *die*; ~~ ▸ stichhaltig soundness;
validity; conclusiveness
Stichling *der*; ~s, ~e stickleback
Stich·probe *die* [random] sample; (bei
Kontrollen) spot check
stichst *2. Pers. Sg. Präsens v.* stechen
sticht *3. Pers. Sg. Präsens v.* stechen
Stich-: ~**tag** *der* set date; deadline; ~**wunde**
die stab wound
sticken **A** *itr. V.* do embroidery
B *tr. V.* embroider

Stickerei *die*; ~, ~**en** embroidery *no pl.*;
(gestickte Arbeit) piece of embroidery
Stick·garn *das* embroidery thread
stickig *Adj.* stuffy; stale ‹*air*›
Stick-: ~**oxid**, ~**oxyd** *das* nitrogen oxide;
~**oxid·emission**, ~**oxyd·emission**
die nitrogen oxide emission; ~**stoff** *der*
nitrogen; ~**stoff·oxid**, ~**stoff·oxyd** *das*
nitrogen oxide
Stief- step ‹*brother, child, mother, etc.*›
Stiefel *der*; ~s, ~; boot
stief-, Stief-: ~**mutter** *die*; *Pl.* ~**mütter**
stepmother; ~**mütterchen** *das*; ~s, ~~
(Bot.) pansy; ~**mütterlich** **A** *Adj.* poor,
shabby ‹*treatment*› **B** *adv.* ~mütterlich
behandeln treat ‹*person*› poorly *or* shabbily;
neglect ‹*pet, flowers, doll, problem*›;
~**vater** *der* stepfather
stieg *1. u. 3. Pers. Sg. Prät. v.* steigen
Stieglitz *der*; ~es, ~e goldfinch
stiehl *Imp. Sg. v.* stehlen
stiehlst *2. Pers. Sg. Präsens v.* stehlen
stiehlt *3. Pers. Sg. Präsens v.* stehlen
Stiel *der*; ~[e]s, ~e (Griff) handle; (Besenstiel)
[broom]stick; (für Süßigkeiten) stick; (bei Gläsern)
stem; (bei Blumen) stem; (an Obst usw.) stalk
Stier *der*; ~[e]s, ~e bull; (Astrol.) Taurus;
the Bull
stieren *itr. V.* stare [vacantly] (auf + *Akk.* at)
Stier·kampf *der* bullfight
stieß *1. u. 3. Pers. Sg. Prät. v.* stoßen
Stift-: *der*; ~[e]s, ~e **1** (aus Metall) pin; (aus
Holz) peg
2 (Bleistift) pencil; (Malstift) crayon; (Schreibstift)
pen
stiften *tr. V.* **1** found, establish ‹*monastery,*
hospital, etc.›; endow ‹*prize, scholarship*›;
(als Spende) donate, give (**für** to)
2 (herbeiführen) cause, create ‹*unrest,*
confusion, strife, etc.›; bring about ‹*peace,*
order, etc.›; arrange ‹*marriage*›
Stifter *der*; ~s, ~, **Stifterin** *die*; ~, ~**nen**
founder; (Spender) donor
✓ **Stiftung** *die*; ~, ~**en** (Rechtsspr.)
foundation; endowment
Stift·zahn *der* (Zahnmed.) post crown
stigmatisieren *tr. V.* stigmatize
✓ **Stil** *der*; ~[e]s, ~e style
Stil·bruch *der* inconsistency of style
stilistisch **A** *Adj.* stylistic
B *adv.* stylistically
still **A** *Adj.* quiet; (ohne Geräusche) silent; still;
(reglos) still; (wortlos) silent; (heimlich) secret;
der Stille Ozean the Pacific [Ocean]
B *adv.* quietly; (geräuschlos) silently; (wortlos)
in silence
Stille *die*; ~; quiet; (Geräuschlosigkeit) silence;
stillness
***stillegen** ▸ stilllegen
stillen **A** *tr. V.* **1** ein Kind ~ breastfeed a baby
2 (befriedigen) satisfy; quench ‹*thirst*›

S

3 (eindämmen) stop ‹*bleeding, tears, pain*›
B *itr. V.* breastfeed

still-, Still-: ∼|**halten** *unr. itr. V.* keep *or* stay
still; ∼|**legen** *tr. V.* close *or* shut down; close
‹*railway line*›; ∼**schweigen** *das* silence;
∼**schweigen bewahren** maintain silence; keep
silent; ∼**schweigend A** *Adj.* silent; (ohne
Abmachung) tacit ‹*assumption, agreement*›
B *adv.* in silence; (ohne Abmachung) tacitly;
∼|**sitzen** *unr. itr. V.* sit still; ∼**stand** *der*
standstill; ∼|**stehen** *unr. itr. V.* **1** ‹*factory,
machine*› stand idle; ‹*traffic*› be at a
standstill; ‹*heart etc.*› stop **2** (Milit.) stand
to attention

Stimm·bruch *der* **er ist im** ∼ his voice is
breaking

♂ **Stimme** *die*; ∼, ∼**n 1** voice
2 (bei Wahlen) vote

♂ **stimmen A** *itr. V.* **1** be right *or* correct;
stimmt es, dass ...? is it true that ...?
2 (seine Stimme geben) vote; **mit Ja** ∼ vote yes
or in favour
B *tr. V.* **1** (in eine Stimmung versetzen) make
2 (Musik) tune ‹*instrument*›

Stimm-: ∼**enthaltung** *die* abstention;
∼**gabel** *die* (Musik) tuning fork

stimmig *Adj.* harmonious; **die
Argumentation ist [in sich (***Dat.***)]** ∼ the
argument is consistent

Stimm-: ∼**lage** *die* **1** voice **2** (Musik) voice;
register; ∼**recht** *das* right to vote

♂ **Stimmung** *die*; ∼, ∼**en 1** mood
2 (Atmosphäre) atmosphere

stimmungs·voll A *Adj.* atmospheric
B *adv.* ‹*describe, light*› atmospherically;
‹*sing, recite*› with great feeling

Stimm·zettel *der* ballot paper

stimulieren *tr. V.* stimulate

Stink·bombe *die* stink bomb

stinken *unr. itr. V.* stink (**nach** of)

stink·faul *Adj.* (salopp abwertend) bone idle
(infml)

stinkig *Adj.* (salopp abwertend) stinking; smelly

stink-: ∼**normal** (salopp) **A** *Adj.* dead
(infml) *or* boringly ordinary **B** *adv.* in a dead
ordinary way (infml); ∼**reich** *Adj.* (salopp)
stinking rich (infml)

Stipendium *das*; ∼**s, Stipendien** (als
Auszeichnung) scholarship; (als finanzielle
Unterstützung) grant

stirb *Imp. Sg. v.* **sterben**

stirbst *2. Pers. Sg. Präsens v.* **sterben**

stirbt *3. Pers. Sg. Präsens v.* **sterben**

Stirn *die*; ∼, ∼**en** forehead; brow

Stirn-: ∼**höhle** *die* (Anat.) frontal sinus;
∼**runzeln** *das*; ∼∼**s** frown; ∼**seite** *die*
front [side]

stöbern *itr. V.* (ugs.) rummage

stochern *itr. V.* poke

Stock¹ *der*; ∼**[e]s, Stöcke 1** stick;
(Zeigestock) pointer; stick; (Taktstock) baton;
(Skistock) pole; stick
2 (Pflanze) (Rosenstock) [rose] bush; (Rebstock)
vine

♂ **Stock²** *der*; ∼**[e]s,** ∼ (Etage) floor; storey; **in
welchem** ∼**?** on which floor?

stock·dunkel *Adj.* (ugs.) pitch-dark

Stöckel·schuhe *Pl.* high heels

stocken *itr. V.* **1** ‹*traffic*› be held up;
‹*conversation, production*› stop; ‹*business*›
slacken; ‹*journey*› be interrupted
2 (innehalten) falter

stock·finster *Adj.* (ugs.) pitch-dark

-stöckig -storey *attr.*; -storeyed

stock·nüchtern *Adj.* (ugs.) stone-cold sober

Stockung *die*; ∼, ∼**en** hold-up (*Gen.* in)

Stockwerk *das* floor; storey

♂ **Stoff** *der*; ∼**[e]s,** ∼**e 1** material; fabric
2 (Materie) substance
3 (Philos.) matter
4 (Thema) subject [matter]; (Gesprächsthema)
topic
5 (salopp) (Rauschgift) stuff (sl.); dope (sl.)

stofflich *Adj.* material

Stofflichkeit *die*; ∼; materiality

Stoff·wechsel *der* metabolism

stöhnen *itr. V.* moan; (vor Schmerz) groan

Stola *die*; ∼, **Stolen** shawl; (Pelzstola) stole

Stollen *der*; ∼**s,** ∼ **1** (Kuchen) Stollen
2 (Bergbau) gallery
3 (bei Sportschuhen) stud

stolpern *itr. V.*; *mit sein* stumble; trip

♂ **stolz A** *Adj.* proud (**auf** + *Akk.* of); **eine** ∼**e
Summe** (ugs.) a tidy sum
B *adv.* proudly

Stolz *der*; ∼**es** pride (**auf** + *Akk.* in)

stolzieren *itr. V.*; *mit sein* strut

stop /stɔp/ *Interj.* stop; (Verkehrsw.) halt

stopfen *tr. V.* darn
2 (hineintun) stuff
3 (füllen) stuff ‹*cushion, quilt, etc.*›; fill
‹*pipe*›; plug, stop [up] ‹*hole, leak*›

Stopf-: ∼**garn** *das* darning cotton; ∼**nadel**
die darning needle

Stopp *der*; ∼**s,** ∼**s** stop; (Einstellung) freeze
(*Gen.* on)

Stoppel *die*; ∼, ∼**n** stubble *no pl.*

stoppelig *Adj.* stubbly

stoppen *tr., itr. V.* stop

Stopp-: ∼**licht** *das* stop light; ∼**schild** *das*
stop sign; ∼**uhr** *die* stopwatch

Stöpsel *der*; ∼, ∼; plug

Stör *der*; ∼**s,** ∼**e** sturgeon

Storch *der*; ∼**[e]s, Störche** stork

♂ **stören A** *tr. V.* **1** disturb; disrupt ‹*court
proceedings, lecture, church service, etc.*›;
interfere with ‹*transmitter, reception*›
2 (missfallen) bother
B *itr. V.* **1** disturb

♂ key word
* old spelling—see note on page x

S

2 (Unruhe stiften) make *or* cause trouble
C *refl. V.* sich an jmdm./etw. ~ take
exception to sb/sth
Störenfried *der*; ~[e]s, ~e troublemaker
Stör·fall *der* (Technik) fault
störrisch A *Adj.* stubborn
　B *adv.* stubbornly
Störung *die*; ~, ~en **1** disturbance; (einer
Gerichtsverhandlung, Vorlesung, eines Gottesdienstes
usw.) disruption; **bitte entschuldigen Sie die**
~, **aber … I**'m sorry to bother you, but …
2 eine technische ~ a technical fault
Stoß *der*; ~es, **Stöße 1** (mit der Faust) punch;
(mit dem Fuß) kick; (mit dem Kopf, den Hörnern)
butt; (mit dem Ellbogen) dig
2 (mit einer Waffe) (Stich) thrust; (Schlag) blow
3 (beim Schwimmen, Rudern) stroke
4 (Stapel) pile; stack
🗝 **stoßen A** *unr. tr. V.* **1** *auch itr.* (mit der Faust)
punch; (mit dem Fuß) kick; (mit dem Kopf, den
Hörnern) butt; (mit dem Ellbogen) dig
2 (hineintreiben) plunge, thrust ‹*dagger, knife*›;
push ‹*stick, pole*›
3 (schleudern) push; **die Kugel** ~ put the shot
　B *unr. itr. V.* **1** *mit sein* (auftreffen) bump
(**gegen** into); **mit dem Kopf gegen etw.** ~
bump one's head on sth
2 *mit sein* (fig.) **auf etw.** (*Akk.*) ~ (etw.
entdecken) come upon sth; **auf Ablehnung** ~
(abgelehnt werden) meet with disapproval
3 (grenzen) **an etw.** (*Akk.*) ~ ‹*room, property,
etc.*› be [right] next to sth
　C *unr. refl. V.* bump *or* knock oneself; **sich
an etw.** (*Dat.*) ~ (fig.) object to sth
Stoß-: ~**seufzer** *der* heartfelt groan;
~**stange** *die* bumper
stößt *3. Pers. Sg. Präsens v.* stoßen
stoß-, Stoß-: ~**weise** *Adv.* **1** spasmodically
2 (in Stapeln) by the pile; in piles; ~**zahn** *der*
tusk; ~**zeit** *die* peak time; (Hauptverkehrszeit)
rush hour
Stotterer *der*; ~s, ~, **Stotterin** *die*; ~,
~**nen** stutterer
stottern A *itr. V.* stutter
　B *tr. V.* stutter [out]
Str. *Abk.* = **Straße** St./Rd.
stracks *Adv.* **1** (direkt) straight
2 (sofort) straight away
straf·bar *Adj.* punishable
🗝 **Strafe** *die*; ~, ~**n** punishment; (Rechtsspr.)
penalty; (Freiheitsstrafe) sentence; (Geldstrafe)
fine
strafen *tr. V.* punish
straff A *Adj.* **1** tight, taut ‹*rope, lines, etc.*›;
firm ‹*breasts, skin*›
2 (energisch) tight ‹*organization, planning,
etc.*›; strict ‹*discipline, leadership, etc.*›
　B *adv.* **1** [**zu**] ~ **sitzen** ‹*clothes*› be [too] tight
2 (energisch) tightly, strictly
straf·fällig *Adj.* ~ **werden** commit a
criminal offence
straffen *tr. V.* **1** tighten; firm ‹*skin*›
2 (fig.) tighten up ‹*text, procedure,*

organization, etc.›
straf-, Straf-: ~**frei** *Adj.* ~**frei ausgehen**
go unpunished; ~**freiheit** *die* exemption
from punishment; ~**gefangene** *der/die*
prisoner; ~**gericht** *das* (fig.) judgement;
ein ~**gericht des Himmels** divine judgement;
~**gesetz·buch** *das* penal code
sträflich A *Adj.* criminal
　B *adv.* criminally
Sträfling *der*; ~s, ~e prisoner
straf-, Straf-: ~**los** *Adj.* unpunished;
~**rechtlich A** *Adj.* criminal *attrib.* ‹*case,
investigation, responsibility*› **B** *adv.* under
criminal law; **etw.** ~**rechtlich verfolgen**
prosecute sth; ~**tat** *die* criminal offence;
~**täter** *der*, ~**täterin** *die* offender;
~**verfahren** *das* criminal proceedings
pl.; ~**vollzug** *der* (System) penal system;
~**zettel** *der* (ugs.) [*parking, speeding, etc.*]
ticket
Strahl *der*; ~[e]s, ~en (auch Phys., Math., fig.)
ray; (von Scheinwerfern, Taschenlampen) beam; (von
Flüssigkeit) jet
Strahle·mann *der* (ugs.) man/boy with the
smiling face
strahlen *itr. V.* **1** shine; **bei** ~**dem Wetter/
Sonnenschein** in glorious weather/in
glorious sunshine; ~**d weiß** sparkling white
2 (glänzen) sparkle
3 (lächeln) beam (**vor** + *Dat.* with)
Strahler *der*; ~s, ~ **1** radiator
2 (Heizstrahler) radiant heater
Strahlung *die*; ~, ~**en** radiation
Strähne *die*; ~, ~**n** strand; **eine graue** ~ a
grey streak
strähnig A *Adj.* straggly ‹*hair*›
　B *adv.* in strands
stramm A *Adj.* **1** (straff) tight, taut ‹*rope,
line, etc.*›; tight ‹*clothes*›
2 (kräftig) strapping ‹*girl, boy*›; sturdy ‹*legs,
body*›
3 (gerade) upright, erect ‹*posture, etc.*›
　B *adv.* **1** (straff) tightly
2 (kräftig) sturdily ‹*built*›
strampeln *itr. V.* ‹*baby*› kick [his/her feet]
🗝 **Strand** *der*; ~[e]s, **Strände** beach; **am** ~
on the beach
Strand-: ~**bad** *das*; bathing beach (*on
river, lake*); ~**burg** *die*; sand den (*built as a
windbreak*)
stranden *itr. V.*; *mit sein* ‹*ship*› run aground
Strand-: ~**korb** *der* basket chair; ~**urlaub**
der beach holiday; beach vacation (AmE)
Strang *der*; ~[e]s, **Stränge** rope
Strapaze *die*; ~, ~**n** strain *no pl.*
strapazieren *tr. V.* be a strain on ‹*person,
nerves*›
strapazier·fähig *Adj.* hard-wearing
‹*clothes, shoes*›; durable ‹*material*›
🗝 **Straße** *die*; ~, ~**n** (in Ortschaften) street; road;
(außerhalb) road
Straßen-: ~**bahn** *die* tram (BrE); streetcar

S

(AmE); ~**bahn·haltestelle** die tram stop
(BrE); ~**bau·arbeiten** Pl. roadworks;
~**café** das pavement cafe; street cafe;
~**ecke** die street corner; ~**feger** der,
~**fegerin** die; ~~, ~~**nen** (bes. nordd.)
road sweeper; ~**graben** der ditch [at the
side of the road]; ~**karte** die road map;
~**kehrer** der; ~~**s**, ~~, ~**kehrerin**
die; ~~, ~~**nen** (bes. südd.) road sweeper;
~**kriminalität** die street crime;
~**musikant** der, ~**musikantin** die
street musician; busker; ~**raub** der street
robbery; (gewalttätig) mugging; ~**räuber** der,
~**räuberin** die street robber; (gewalttätig)
mugger; ~**schild** das street name sign;
~**sperre** die roadblock; ~**verkehr** der
traffic

♂ **Strategie** die; ~, ~**n** strategy

strategisch ⬛ Adj. strategic
   ⬛ adv. strategically

Strato·sphäre die stratosphere

sträuben ⬛ tr. V. ruffle [up] ‹feathers›;
bristle ‹fur, hair›
   ⬛ refl. V. **1** ‹hair, fur› bristle, stand on end;
   ‹feathers› become ruffled
   2 (sich widersetzen) resist

Strauch der; ~**[e]s, Sträucher** shrub

straucheln itr. V.; mit sein (geh.) stumble

Strauß¹ der; ~**es, Sträuße** bunch of
flowers; bouquet [of flowers]

Strauß² der; ~**es, ~e** (Vogel) ostrich

Sträußchen das; ~**s, ~**; posy

streben itr. V. **1** mit sein make one's way
briskly
   2 (trachten) strive (nach vor)

Streber der; ~**s, ~** (abwertend) pushy person
(infml); (in der Schule) swot (BrE infml); grind
(AmE infml)

strebsam Adj. ambitious and industrious

♂ **Strecke** die; ~, ~**n** distance; (Abschnitt, Route)
route; (Eisenbahn~) line

strecken ⬛ tr. V. (gerade machen) stretch
‹arms, legs›; (dehnen) stretch [out] ‹arms, legs,
etc.›; **den Kopf aus dem Fenster** ~ stick one's
head out of the window (infml)
   ⬛ refl. V. stretch out

strecken·weise Adv. in places; (fig.)
(zeitweise) at times

Streich der; ~**[e]s, ~e** trick; prank; jmdm.
einen ~ **spielen** play a trick on sb

streicheln tr. V. stroke

streichen ⬛ unr. tr. V. **1** stroke
   2 (anstreichen) paint; „frisch gestrichen" 'wet
   paint'
   3 (auftragen) spread ‹butter, jam, ointment,
   etc.›; (bestreichen) **ein Brötchen mit Butter/mit
   Honig** ~ butter a roll/spread honey on a roll
   4 (tilgen) delete; cancel ‹train, flight›
   ⬛ unr. itr. V. **1** stroke; jmdm. über den Kopf

~ stroke sb's head
   2 (anstreichen) paint

Streicher der; ~**s**, ~, **Streicherin** die; ~,
~**nen** (Musik) string player; **die Streicher**
the strings

Streich-: ~**holz** das match; ~**instrument**
das string[ed] instrument; ~**käse** der cheese
spread; ~**wurst** die [soft] sausage for
spreading; ≈ meat spread

Streife die; ~, ~**n 1** (Personen) patrol
   2 (Streifengang) patrol

streifen ⬛ tr. V. **1** (leicht berühren) touch;
‹shot› graze
   2 (kurz behandeln) touch [up]on ‹problem,
   subject, etc.›
   3 den Ring vom Finger ~ slip the ring off
   one's finger; **die Ärmel nach oben** ~ pull/
   push up one's sleeves
   ⬛ itr. V.; mit sein roam

Streifen der; ~**s**, ~ **1** stripe
   2 (Stück, Abschnitt) strip

Streifen·wagen der patrol car

streifig Adj. streaky

Streif·licht das streak of light; **ein** ~**licht
auf etw.** (Akk.) **werfen** (fig.) highlight sth

Streik der; ~**[e]s, ~s** strike; **in den** ~ **treten**
come out or go on strike

Streik·brecher der, **Streik·brecherin** die;
~, ~**nen** strike-breaker; blackleg (derog.)

streiken itr. V. **1** strike; be on strike; (in den
Streik treten) come out or go on strike; strike
   2 (ugs.) (nicht mitmachen) go on strike
   3 (ugs.) (nicht funktionieren) pack up (infml)

Streikende der/die adj. Dekl. striker

Streik·posten der picket

Streit der; ~**[e]s, ~e** (Zank) quarrel;
(Auseinandersetzung) dispute; argument

streiten unr. itr., refl. V. quarrel; argue;
(sich zanken) quarrel

Streiterei die; ~, ~**en** arguing no pl., no
indef. art.; (Gezänk) quarrelling no pl.

Streitigkeit die; ~, ~**en** meist Pl. **1** quarrel;
argument
   2 (Streitfall) dispute

Streit·kräfte Pl. armed forces

♂ **streng** ⬛ Adj. **1** strict; severe ‹punishment›;
stringent, strict ‹rule, regulation, etc.›;
stringent ‹measure›; rigorous ‹examination,
check, test, etc.›; stern ‹reprimand, look›;
absolute ‹discretion›; complete ‹rest›
   2 (schmucklos, herb) austere, severe ‹cut, collar,
   style, etc.›; severe ‹face, features, hairstyle,
   etc.›
   3 (durchdringend) pungent, sharp ‹taste, smell›
   4 (rau) severe ‹winter›; sharp, severe ‹frost›
   ⬛ adv. ‹mark, judge, etc.› strictly, severely;
   ‹punish› severely; ‹look, reprimand› sternly;
   ‹smell› strongly

Strenge die; ~ **1** ▶ **streng A1** strictness;
severity; stringency; rigour; sternness
   2 (von [Gesichts]zügen) severity
   3 (von Geruch, Geschmack) pungency; sharpness

♂ key word
* alte Schreibung—vgl. Hinweis auf S. x

S

4 ▸ streng A4 severity; sharpness
strengstens *Adv.* [most] strictly
Stress, *Streß *der*; **Stresses** stress
stressen (ugs.) **A** *tr. V.* jmdn. ~ put sb
under stress; **vollkommen gestresst sein**
be under an enormous amount of stress;
die gestressten Großstädter the stressed
city-dwellers
B *itr. V.* be stressful
Streu *die*; ~, ~en straw
Streubombe *die* cluster bomb
streuen *tr. V.* **1** spread <*manure, sand, grit*>;
sprinkle <*salt, herbs, etc.*>; strew, scatter
<*flowers*>
2 *auch itr.* **die Straßen [mit Sand/Salz]** ~ grit/
salt the roads
streunen *itr. V.*; *meist mit sein* wander *or*
roam about *or* around; ~de Katzen/Hunde
stray cats/dogs
Streusel·kuchen *der* streusel cake
strich *1. u. 3. Pers. Sg. Prät. v.* **streichen**
Strich *der*; ~[e]s, ~e (Linie) line;
(Gedankenstrich) dash; (Schrägstrich) diagonal;
(Binde-, Trennungsstrich) hyphen; **auf den** ~
gehen (salopp) walk the streets
stricheln *tr. V.* **1** sketch in [with short lines]
2 (schraffieren) hatch
Strich-: ~**junge** *der* (salopp) [young] male
prostitute; ~**mädchen** *das* (salopp)
streetwalker; hooker (AmE sl.); ~**punkt** *der*
semicolon
Strick *der*; ~[e]s, ~e cord; (Seil) rope;
jmdm. aus etw. einen ~ **drehen** (fig.) use sth
against sb
stricken *tr., itr. V.* knit
Strick-: ~**jacke** *die* cardigan; ~**nadel** *die*
knitting needle; ~**zeug** *das* knitting
striegeln *tr. V.* groom <*horse*>
strikt **A** *Adj.* strict
B *adv.* strictly
Strip *der*; ~s, ~s strip[tease]
Strippe *die*; ~, ~n (ugs.) string; **an der**
~ **hängen** (fig.) be on the phone (infml);
(dauernd) hog the phone (infml)
Stripper *der*; ~s, ~, **Stripperin** *die*; ~,
~**nen** (ugs.) stripper
Striptease /ˈʃtrɪptiːs/ *der od. das*; ~;
striptease
stritt *1. u. 3. Pers. Sg. Prät. v.* **streiten**
strittig *Adj.* contentious <*point, problem*>;
disputed <*territory*>; <*question*> in dispute,
at issue
Stroh *das*; ~[e]s straw
Stroh-: ~**blume** *die* **1** (Immortelle) immortelle
2 (Korbblütler) strawflower; ~**halm** *der*
straw; ~**witwe** *die* (ugs. scherzh.) grass
widow; ~**witwer** *der* (ugs. scherzh.) grass
widower
Strolch *der*; ~[e]s, ~e (fam. scherzh.) (Junge)
rascal
🖋 **Strom** *der*; ~[e]s, **Ströme** river; (fig.)
stream; (Strömung; Elektrizität) current;

(~versorgung) electricity; **unter** ~ **stehen**
be live
strom-: ~**abwärts** *Adv.* downstream;
~**auf**, ~**aufwärts** *Adv.* upstream
strömen *itr. V.*; *mit sein* stream
Strömung *die*; ~, ~en current; (Met.)
airstream; (fig.) trend
Strophe *die*; ~, ~n verse; (einer Ode) strophe
strotzen *itr. V.* **von** *od.* **vor etw.** (*Dat.*) ~
be full of sth; **von** *od.* **vor Gesundheit** ~ he
bursting with health
strubbelig *Adj.* tousled
Strudel *der*; ~s, ~ **1** whirlpool
2 (bes. südd., österr.) (Gebäck) strudel
🖋 **Struktur** *die*; ~, ~en structure
strukturieren *tr. V.* structure; **neu** ~
restructure
Strumpf *der*; ~[e]s, **Strümpfe** stocking;
(Socke, Knie~) sock
Strumpf-: ~**band** *das* garter; (Straps)
suspender (BrE); garter (AmE); ~**hose** *die*
tights *pl.* (BrE); pantyhose (esp. AmE)
Strunk *der*; ~[e]s, **Strünke** stem; stalk;
(Baumstrunk) stump
struppig *Adj.* shaggy; tangled, tousled <*hair*>
Stube *die*; ~, ~n **1** (veralt.) (Wohnraum) [living]
room; parlour; (dated)
2 (Milit.) [barrack] room
Stuben·fliege *die* [common] housefly
🖋 **Stück** *das*; ~[e]s, ~e **1** piece; (kleines) bit;
(Teil, Abschnitt) part; **ein** ~ **Kuchen** a piece *or*
slice of cake; **ein** ~ **Zucker/Seife** a lump of
sugar/a piece *or* bar of soap; **im** *od.* **am** ~
unsliced <*sausage, cheese, etc.*>
2 (Einzelstück) item; (Exemplar) specimen; **ich**
nehme 5 ~ I'll take five [of them]; **30 Cent**
das ~ thirty cents each; ~ **für** ~ piece by
piece; (eins nach dem andern) one by one; **das**
ist [ja] ein starkes ~ (ugs.) that's a bit much;
ein faules/freches ~ (salopp) a lazy/cheeky
thing *or* devil
3 (Bühnenstück) play; (Musikstück) piece
Stückchen *das*; ~s, ~; [little] piece; bit
stückeln *tr. V.* put together <*sleeve, curtain*>
with patches
🖋 **Student** *der*; ~en, ~en **1** student
2 (österr.) (Schüler) [secondary-school] pupil
Studenten·wohnheim *das* student
hostel; hall of residence
Studentin *die*; ~, ~**nen** ▸ Student
Studie /ˈʃtuːdiə/ *die*; ~, ~n study
Studien-: ~**aufenthalt** *der* study visit
(in + *Dat.* to); ~**dauer** *die* length of study;
eine neunsemestrige ~**dauer** nine semesters
of study; ~**freund** *der*, ~**freundin** *die*
university/college friend; ~**gebühr** *die*
tuition fee; ~**platz** *der* university/college
place; ~**reise** *die* study trip
🖋 **studieren** *tr., itr. V.* study
🖋 **Studierende** *der/die adj. Dekl.* student
Studio *das*; ~s, ~s studio
🖋 **Studium** *das*; ~s, **Studien** study;

S

(Studiengang) course of study

Stufe *die*; ~, ~n **1** step; (einer Treppe) stair; „Vorsicht, ~!" 'mind the step' **2** (Raketenstufe) (Geol., fig.) (Stadion) stage; (Niveau) level; (Grad) degree; (Rang) grade

♂ **Stuhl** *der*; ~[e]s, **Stühle** chair

Stuhl-: ~**gang** *der* bowel movement[s]; (Kot) stool; ~**lehne** *die* (Rückenlehne) chair back; (Armlehne) chair arm

stülpen *tr. V.* etw. auf *od.* über etw. (*Akk.*) ~ pull/put sth on to *or* over sth

stumm *Adj.* dumb <*person*>; (schweigsam) silent; (wortlos) wordless; mute <*glance, gesture*>

Stumme *der/die adj. Dekl.* mute; **die** ~**n** the dumb

Stummel *der*; ~**s**, ~; stump; (Bleistiftstummel) stub; (Zigaretten-/Zigarrenstummel) [cigarette/cigar] butt

Stumm·film *der* silent film

Stümper *der*; ~**s**, ~; botcher; bungler

stümperhaft 🅰 *Adj.* incompetent; botched <*job*>; (laienhaft) amateurish <*attempt, drawing*>
🅱 *adv.* incompetently; (laienhaft) amateurishly

Stümperin *die*; ~, ~**nen** botcher; bungler

stümpern *itr. V.* work incompetently; (pfuschen) bungle

stumpf *Adj.* **1** blunt <*pin, needle, knife, etc.*> **2** (glanzlos, matt) dull <*paint, hair, metal, colour, etc.*>

Stumpf *der*; ~[e]s, **Stümpfe** stump

Stumpf·sinn *der* **1** apathy **2** (Monotonie) monotony; tedium

stumpf·sinnig 🅰 *Adj.* **1** apathetic; vacant <*look*> **2** (monoton) tedious; soul-destroying <*job, work*>
🅱 *adv.* **1** apathetically; <*stare*> vacantly **2** (monoton) tediously

♂ **Stunde** *die*; ~, ~n hour; (Unterrichts~) lesson; **eine** ~ **Aufenthalt/Pause** an hour's stop/break; **a stop/break of an hour**

stünde *1. u. 3. Pers. Sg. Konjunktiv II v.* stehen

stunden *tr. V.* jmdm. einen Betrag *usw.* ~ allow sb to defer payment of a sum *etc.*

stunden-, Stunden-: ~**kilometer** *der* kilometre per hour; kph; ~**lang** 🅰 *Adj.* lasting hours postpos. 🅱 *adv.* for hours; ~**lohn** *der* hourly wage; ~**plan** *der* timetable; ~**zeiger** *der* hour hand

-stündig *adj.* -hour

stündlich *Adj., adv.* hourly

-stündlich *adj.* -hourly; **zwei~/halb~** two-hourly/half-hourly; *adv.*, every two hours/half an hour

Stundung *die*; ~, ~**en** deferment of payment

Stups *der*; ~**es**, ~**e** (ugs.) push; shove; (leicht) nudge

stupsen *tr. V.* (ugs.) push; shove; (leicht) nudge

Stups·nase *die* snub nose

stur (ugs.) 🅰 *Adj.* **1** obstinate; dogged <*insistence*>; (phlegmatisch) dour **2** (unbeirrbar) dogged; persistent **3** (stumpfsinnig) tedious
🅱 *adv.* **1** obstinately **2** (unbeirrbar) doggedly **3** (stumpfsinnig) tediously; <*learn, copy*> mechanically

stürbe *1. u. 3. Pers. Sg. Konjunktiv II v.* sterben

Sturheit *die*; ~ (ugs.) **1** obstinacy; pig-headedness; (phlegmatisches Wesen) dourness **2** (Stumpfsinnigkeit) deadly monotony

Sturm *der*; ~[e]s, **Stürme 1** storm; (heftiger Wind) gale **2** (Milit.) assault (auf + *Akk.* on); ~ **klingeln** ring the [door]bell like mad

stürmen 🅰 *itr. V.* **1** unpers. es stürmt [heftig] it's blowing a gale **2** *mit sein* (rennen) rush; (verärgert) storm
🅱 *tr. V.* (Milit.) storm <*town, position, etc.*>; (fig.) besiege <*booking office, shop, etc.*>

Stürmer *der*; ~**s**, ~ (Sport) striker; forward

stürmisch 🅰 *Adj.* **1** stormy; (fig.) tempestuous, turbulent **2** (ungestüm) tumultuous <*applause, welcome, reception*>; wild <*enthusiasm*>; passionate <*lover, embrace, temperament*>; vehement <*protest*>
🅱 *adv.* <*protest*> vehemently; <*embrace*> impetuously, passionately; <*demand*> clamorously; <*applaud*> wildly

Sturz *der*; -es, **Stürze 1** fall; (Unfall) accident **2** (fig.) (von Preis, Temperatur usw.) [sharp] fall, drop (*Gen.* in) **3** (Verlust des Amtes, der Macht) fall; (Absetzung) overthrow; (Amtsenthebung) removal from office

Sturz·bach *der* [mountain] torrent; (fig.) (von Fragen usw.) torrent

sturz·besoffen *Adj.* (ugs.) paralytic [drunk] (infml)

♂ **stürzen** 🅰 *itr. V.*; *mit sein* **1** fall; (fig.) <*temperature, exchange rate, etc.*> drop [sharply]; <*prices*> tumble; <*government*> fall, collapse **2** (laufen) rush; dash **3** (fließen) stream; pour
🅱 *refl. V.* sich auf jmdn./etw. ~ (auch fig.) pounce on sb/sth; **sich in etw.** (*Akk.*) ~ throw oneself into sth
🅲 *tr. V.* **1** throw; (mit Wucht) hurl **2** (umdrehen) upturn <*mould*>; turn out <*pudding, cake, etc.*> **3** (des Amtes entheben) oust <*person*> [from office]; (gewaltsam) overthrow <*leader, government*>

Sturz-: ~**flug** *der* (Flugw.) [nose]dive; **im** ~**flug** in a [nose]dive; ~**helm** *der* crash helmet

Stuss, *Stuß der; **Stusses** (ugs. abwertend) rubbish; twaddle (infml)

Stute die; ~, ~n mare

Stütze die; ~, ~n (auch fig.) support

stutzen¹ itr. V. stop short

stutzen² tr. V. trim; dock ‹*tail*›; clip ‹*ear, hedge, wing*›; prune ‹*tree, bush*›

stützen A tr. V. support; (mit Pfosten o. Ä.) prop up; (aufstützen) rest ‹*head, hands, arms, etc.*› B refl. V. sich auf jmdn./etw. ~ lean or support oneself on sb/sth

stutzig Adj. ~ werden begin to wonder; jmdn. ~ machen make sb wonder

Styropor® das; ~s polystyrene [foam]

s. u. Abk. = **siehe unten** see below

Subjekt das; ~[e]s, ~e **1** subject **2** (abwertend) (Mensch) creature

subjektiv A Adj. subjective B adv. subjectively

Subjektivität die; ~; subjectivity

***substantiell** ▶ substanziell

Substantiv das; ~s, ~e (Sprachw.) noun

Substanz die; ~, ~en **1** (auch fig.) substance **2** (Grundbestand) die ~ the reserves pl.

substanziell A Adj. substantial B adv. substantially

subtil A Adj. subtle B adv. subtly

Subtilität die; ~, ~en subtlety

sub·tropisch Adj. subtropical

Subvention die; ~, ~en (Wirtsch.) subsidy

Such-: ~**aktion** die search [operation]; ~**anfrage** die (DV) search

⚲ **Suche** die; ~, ~n search (nach for); auf der ~ [nach jmdm./etw.] sein be looking [for sb/sth]; (intensiver) be searching [for sb/sth]

⚲ **suchen** A tr. V. **1** look for; (intensiver) search for; „Leerzimmer gesucht" 'unfurnished room wanted' **2** (bedacht sein auf, sich wünschen) seek ‹*protection, advice, company, warmth, etc.*›; look for ‹*adventure*› B itr. V. search; nach jmdm./etw. ~ look/search for sb/sth

Sucherei die; ~, ~en (ugs., oft abwertend) [endless] searching no pl.

Such·maschine die (DV) search engine

Sucht die; ~, **Süchte** od. ~**en 1** addiction (nach to); [bei jmdm.] zur ~ werden (auch fig.) become addictive [in sb's case] **2** Pl. **Süchte** (übermäßiges Verlangen) craving (nach for)

süchtig Adj. **1** addicted **2** (fig.) nach etw. ~ sein be obsessed with sth

Sucht·kranke die/der addict

Süd (bes. Seemannsspr., Met.) ▶ Süden

Süd-: ~**afrika** (das) South Africa; ~**amerika** (das) South America

Sudan (das); ~s od. der ~s Sudan

⚲ **Süden** der; ~s south; der ~ the South

Süd·frucht die tropical [or sub-tropical] fruit

Südländer der; ~s, ~, **Südländerin** die; ~, ~**nen** Southern European

südländisch Adj. Southern [European]; Latin ‹*temperament*›; ~ aussehen have Latin looks

südlich A Adj. **1** southern **2** (nach, von Süden) southerly **3** (aus dem Süden) Southern B adv. southwards C Präp.; mit Gen. [to the] south of

süd-, Süd-: ~**licht** das‹ southern lights pl.; (einzelne Erscheinung) display of the southern lights; ~**pol** der South Pole; ~**see** die; die ~**see** the South Seas pl.; ~**see·insel** die South Sea island; ~**tirol** (das) South Tyrol; ~**wärts** Adv. southwards; ~**wind** der south or southerly wind

Sues·kanal der; ~s Suez Canal

Sühne die; ~, ~n (geh.) atonement; expiation

sühnen tr., itr. V. [für] etw. ~ atone for or pay the penalty for sth

Sultanine die; ~, ~n sultana

Sülze die; ~, ~n **1** diced meat/fish in aspic; (vom Schweinskopf) brawn **2** (Aspik) aspic

sülzen tr., itr. V. (salopp) ▶ quatschen

Summe die; ~, ~n sum

summen A itr. V. hum; (lauter, heller) buzz B tr. V. hum ‹*tune, song, etc.*›

summieren refl. V. add up (auf + Akk. to)

Sumpf der; ~[e]s, **Sümpfe** marsh; (bes. in den Tropen) swamp

sumpfig Adj. marshy

Sund der; ~[e]s, ~e (Geogr.) sound

Sünde die; ~, ~n sin; (fig.) misdeed; transgression

Sünden·bock der (ugs.) scapegoat

Sünder der; ~s, ~, **Sünderin** die; ~, ~**nen** sinner

sündigen itr. V. sin

super (ugs.) A indekl. Adj. super (infml); fantastic (infml) B adv. fantastically (infml)

Super das; ~s, ~; four star (BrE); premium (AmE)

super- ultra- ‹*long, high, fast, modern, masculine, etc.*›

Super- super ‹*hero, car, group, etc.*›; terrific (infml), tremendous (infml) ‹*success, offer, chance, idea, etc.*›

Super·benzin das four-star petrol (BrE); premium (AmE)

Superlativ der; ~s, ~e (Sprachw.) superlative

Super·macht die super power

⚲ **Super·markt** der supermarket

Suppe die; ~; ~n soup

Suppen·löffel der soup spoon

Surf·brett /'sə:f-/ das surfboard

surfen /'sə:fn̩/ itr. V. surf

s

Surfer /'sə:fɐ/ *der*; ~**s**, ~, **Surferin** *die*; ~, ~**nen** surfer

surren *itr. V.* **1** (summen) hum; ‹*camera, fan*› whirr
2 *mit sein* (schwirren) whirr

suspekt A *Adj.* suspicious; jmdm. ~ sein arouse sb's suspicions
B *adv.* suspiciously

⚜ **süß A** *Adj.* sweet
B *adv.* sweetly

süßen *tr. V.* sweeten

Süßigkeit *die*; ~, ~**en** sweet (BrE); candy (AmE); ~**en** sweets (BrE); candy *sing.* (AmE); (als Ware) confectionery *sing.*

süßlich A *Adj.* **1** [slightly] sweet; on the sweet side *pred.*
2 (sentimental) mawkish
B *adv.* ‹*write, paint*› mawkishly

süß-, Süß-: ~most *der* unfermented fruit juice; ~**-sauer A** *Adj.* sweet-and-sour; (fig.) wry ‹*smile, face*› **B** *adv.* **1** etw. ~**-sauer** zubereiten give sth a sweet-and-sour flavour **2** (fig.) ‹*smile*› wryly; ~**speise** *die* sweet; dessert; ~**stoff** *der* sweetener; ~**wasser** *das* fresh water

Symbol *das*; ~**s**, ~**e** symbol

symbolisch A *Adj.* symbolic
B *adv.* symbolically

Sympathie *die*; ~, ~**n** sympathy (für with)

sympathisch A *Adj.* congenial, likeable ‹*person, manner*›; appealing ‹*voice, appearance, material*›
B *adv.* in an appealing way; (angenehm) agreeably

Symphonie *usw.* ▶ Sinfonie *usw.*

Symptom *das*; ~**s**, ~**e** (Med., geh.) symptom (für, von, *Gen.*, of)

symptomatisch (Med., geh.) *Adj.* symptomatic (für of)

Synagoge *die*; ~, ~**n** synagogue

synchron A *Adj.* **1** synchronous
2 (Sprachw.) synchronic
B *adv.* **1** synchronously
2 (Sprachw.) synchronically

Synchronisation *die*; ~, ~**en**
▶ Synchronisierung

synchronisieren *tr. V.* **1** (Film) dub ‹*film*›
2 (Technik, fig.) synchronize ‹*watches, operations, etc.*›; **synchronisiertes Getriebe** synchromesh [gearbox]

Synchronisierung *die*; ~, ~**en 1** (Film) dubbing
2 (Technik, fig.) synchronization

Synthese *die*; ~, ~**n** synthesis (*Gen.*, von, aus of)

Synthesizer /'sɪntəsaɪzɐ/ *der*; ~**s**, ~ (Musik) synthesizer

synthetisch A *Adj.* synthetic
B *adv.* synthetically

Syrer *der*; ~**s**, ~, **Syrerin** *die*; ~, ~**nen** Syrian

Syrien /'zy:riən/ (*das*); ~**s** Syria

syrisch *Adj.* Syrian

⚜ **System** *das*; ~**s**, ~**e** system

systematisch A *Adj.* systematic
B *adv.* systematically

System·fehler *der* fault in the system

Szenario *das*; ~**s**, ~**s** scenario

⚜ **Szene** /'stse:nə/ *die*; ~, ~**n** (auch fig.) scene

Szenen·wechsel *der* (Theater) scene change

Tt

t¹, T /te:/ *das*; ~, ~; t/T

t² *Abk.* = **Tonne** t

Tab. *Abk.* = **Tabelle**

Tabak *der*; ~**s**, ~**e** tobacco

Tabaks·pfeife *die* [tobacco] pipe

tabellarisch *Adj.* tabular; ein ~**er** Lebenslauf a curriculum vitae in tabular form

Tabelle *die*; ~, ~**n** table

Tabellen·kalkulation *die* (DV) performing calculations using a spreadsheet; (Program) spreadsheet program

Tabernakel *das od. der*, ~**s**, ~; tabernacle

Tablet-Computer /'tɛblɪt-/ *der*, **Tablet-PC** *der* (DV) tablet PC

Tablett *das*; ~**[e]s**, ~**s** *od.* ~**e** tray

Tablette *die*; ~, ~**n** tablet

tabletten·süchtig *Adj.* addicted to pills *postpos.*

tabu *Adj.* taboo

Tabu *das*; ~**s**, ~**s** taboo

tabuisieren *tr. V.* etw. ~ taboo sth; make sth taboo

Ta·cheles [mit jmdm.] ~ **reden** (ugs.) do some straight talking [to sb]

Tacho *der*; ~**s**, ~**s** (ugs.) speedo (infml)

⚜ key word
* alte Schreibung—vgl. Hinweis auf S. x

Tacho-: ~**meter** *der od. das* speedometer; ~**stand** *der* (ugs.) (Kilometerstand) mileometer *or* odometer reading

Tadel *der*; ~**s**, ~ **1** censure **2** (im Klassenbuch) black mark

tadel·los **A** *Adj.* impeccable; immaculate ‹hair, clothing, suit, etc.›; perfect ‹condition, teeth, pronunciation, German, etc.› **B** *adv.* ‹dress› impeccably; ‹fit, speak, etc.› perfectly; ‹live, behave, etc.› irreproachably

tadeln *tr. V.* jmdn. [für *od.* wegen etw.] ~ rebuke sb [for sth]

Tafel *die*; ~, ~**n 1** (Schiefertafel) slate; (Wandtafel) blackboard **2** (plattenförmiges Stück) slab; **eine** ~ **Schokolade** a bar of chocolate **3** (Gedenktafel) plaque **4** (geh.) (festlicher Tisch) table

Täfelchen *das*; ~**s**, ~ ▶ Tafel 2 [small] slab; [small] bar

tafeln *itr. V.* (geh.) feast

täfeln *tr. V.* panel

Tafel-: ~**spitz** *der* (österr.) boiled fillet of beef; ~**wasser** *das* [bottled] mineral water; ~**wein** *der* table wine

taff *Adj.* (ugs.) tough

Taft *der*; ~**[e]s**, ~**e** taffeta

⚹ **Tag** *der*; ~**[e]s**, ~**e** day; **am** ~**[e]** during the day[time]; **guten** ~**!** hello; (bei Vorstellung) how do you do?; **an diesem** ~ on this day; **dreimal am** ~ three times a day; **am folgenden** ~ the next day; **eines** ~**es** one day; **some day**

tag·aus *Adv.* ~, **tagein** day in, day out; day after day

Tage·buch *das* diary

tag·ein *Adv.* ▶ tagaus

tage·lang **A** *Adj.* lasting for days *postpos.*; **nach** ~**em Regen** after days of rain **B** *adv.* for days [on end]

tagen *itr. V.* meet; **das Gericht/Parlament tagt** the court/parliament is in session

tages-, Tages-: ~**aktuell** *Adj.* **die** ~**aktuellen Nachrichten** the [current] news of the day; **die** ~**aktuellen Kurse** the rates of exchange current on the day; ~**anbruch** *der* daybreak; dawn; ~**ausflug** *der* day's outing; ~**geld·konto** *das* (Bankw.) no-notice account; ~**karte** *die* (Gastron.) menu of the day **2** (Fahr-, Eintrittskarte) day ticket; ~**kasse** *die*; **1** box office (*open during the day*) **2** (Tageseinnahme) day's takings *pl.*; ~**licht** *das* daylight; ~**licht·projektor** *der* overhead projector; ~**zeit** *die* time of day; ~**zeitung** *die* daily newspaper; daily

-tägig 1 (… Tage alt) **ein sechstägiges Küken** a six-day-old chick **2** (… Tage dauernd) **nach dreitägiger Vorbereitung** after three days' preparation

⚹ **täglich** **A** *Adj.* daily **B** *adv.* every day; **zweimal** ~ twice a day; ~ **drei Tabletten einnehmen** take three

tablets daily

tags *Adv.* **1** by day; in the daytime **2** ~ **zuvor/davor** the day before; ~ **darauf** the next *or* following day; the day after

tags·über *Adv.* during the day

tag·täglich *intensivierend* **A** *Adj.* day-to-day; daily **B** *adv.* every single day

Tagung *die*; ~, ~**en** conference

Taifun *der*; ~**s**, ~**e** typhoon

Taille /ˈtaljə/ *die*; ~, ~**n** waist

Taiwan (*das*); ~**s** Taiwan

Takt *der*; ~**[e]s**, ~**e 1** (Musik) time; (Einheit) bar; measure (AmE); **aus dem** ~ **kommen** lose the beat **2** (rhythmischer Bewegungsablauf) rhythm **3** (Feingefühl) tact

Takt·gefühl *das* sense of tact

taktieren *itr. V.* proceed tactically; **vorsichtig/klug** ~ use caution/clever tactics

Taktik *die*; ~, ~**en**; [eine] ~; tactics *pl.*

taktisch **A** *Adj.* tactical **B** *adv.* tactically

taktlos **A** *Adj.* tactless **B** *adv.* tactlessly

Taktlosigkeit *die*; ~, ~**en 1** (taktlose Art) tactlessness **2** (taktlose Handlung) piece of tactlessness

Takt·verkehr *der* regular service; **im** ~ at regular intervals

taktvoll **A** *Adj.* tactful **B** *adv.* tactfully

⚹ **Tal** *das*; ~**[e]s**, **Täler** valley

Talent *das*; ~**[e]s**, ~**e** talent (**zu, für** for); (Mensch) talented person

talentiert *Adj.* talented

Talg *der*; ~**[e]s**, ~**e** suet; (zur Herstellung von Seife, Kerzen usw.) tallow

Talisman *der*; ~**s**, ~**e** talisman

Tampon *der*; ~**s**, ~**s** tampon

Tamtam *das*; ~**s** (ugs. abwertend) **[großes]** ~ [a big] fuss

Tang *der*; ~**[e]s**, ~**e** seaweed

Tangente *die*; ~, ~**n** (Math.) tangent

Tank *der*; ~**s**, ~**s** tank

tanken *tr., itr. V.* fill up; **Öl** ~ fill up with oil

Tanker *der*; ~**s**, ~; tanker

Tank-: ~**säule** *die* petrol pump (BrE); gasoline pump (AmE); ~**stelle** *die* petrol station (BrE); gas station (AmE); ~**wagen** *der* tanker; ~**wart** *der*; ~~**s**, ~~**e**, ~**wartin** *die*; ~~, ~~**nen** petrol pump attendant (BrE); gas station attendant (AmE)

Tanne *die*; ~, ~**n** fir [tree]

Tannen-: ~**baum** *der* (ugs.) fir tree; (Weihnachtsbaum) Christmas tree; ~**grün** *das* fir sprigs *pl.*; ~**zapfen** *der* fir cone; ~**zweig** *der* fir branch

Tansania (*das*); ~**s** Tanzania

Tante *die*; ~, ~**n 1** aunt **2** (Kindderspr.) (Frau) lady

3 (ugs.) (Frau) woman
Tanz der; ~es, **Tänze** dance
Tanz-: ~**abend** der evening dance; ~**bar** die
night spot (infml) with dancing; ~**café** das
coffee house with dancing
ⅆ **tanzen** itr., tr. V. dance
Tänzer der; ~s, ~, **Tänzerin** die; ~, ~**nen**
dancer; (Balletttänzer[in]) ballet dancer
Tanz-: ~**fläche** die dance floor; ~**lokal** das
cafe/restaurant with dancing; ~**orchester**
das dance band; ~**stunde** die **1** (~kurs)
dancing class **2** (einzelne Stunde) dancing
lesson
Tapete die; ~, ~**n** wallpaper
Tapeten·wechsel der (ugs.) change of scene
tapezieren tr. V. [wall]paper
tapfer 🅐 Adj. brave
  🅑 adv. bravely
Tapferkeit die; ~; courage; bravery
tappen itr. V. **1** mit sein patter
  2 (tastend greifen) grope (nach for)
Taps der; ~es, ~e (ugs. abwertend) clumsy oaf
Tarif der; ~s, ~e charge; (Post-, Wassertarif)
rate; (Verkehrstarif) fares pl.; (Zolltarif) tariff;
(Lohntarif) [wage] rate; (Gehaltstarif) [salary]
scale
tarnen 🅐 tr., itr. V. camouflage
  🅑 refl. V. camouflage oneself
ⅆ **Tasche** die; ~, ~**n** bag; (in Kleidung, Rucksack
usw.) pocket; jmdm. auf der ~ liegen (fig. ugs.)
live off sb
Taschen-: ~**buch** das paperback; ~**dieb**
der, ~**diebin** die pickpocket; ~**geld** das
pocket money; ~**lampe** die [pocket] torch
(BrE) or (AmE) flashlight; ~**messer** das
penknife; ~**rechner** der pocket calculator;
~**tuch** das; Pl. ~**tücher** handkerchief;
~**uhr** die pocket watch
Tasse die; ~, ~**n** cup
Tastatur die; ~, ~**en** keyboard
Taste die; ~, ~**n** **1** (eines Musikinstruments, einer
Schreibmaschine) key
  2 (Pedal) pedal [key]
  3 (am Telefon, Radio, Fernsehgerät, Taschenrechner
usw.) button
tasten 🅐 itr. V. (fühlend suchen) grope, feel
(nach for)
  🅑 refl. V. (sich tastend bewegen) grope or feel
one's way
Tasten-: ~**feld** das (Elektrot.) keypad;
~**telefon** das push-button telephone
tat 1. u. 3. Pers. Sg. Prät. v. tun
ⅆ **Tat** die; ~, ~**en** act; (das Tun) action; **eine gute**
~ a good deed; **in der** ~ (verstärkend) actually;
(zustimmend) indeed
Tatar das; ~[s] steak tartare
Tat·bestand der **1** facts pl. [of the matter
or case]
  2 (Rechtsw.) elements pl. of an offence

Täter der; ~s, ~, **Täterin** die; ~, ~**nen**
culprit
ⅆ **tätig** Adj. **1** ~ sein work
  2 (rührig, aktiv) active
tätigen tr. V. (Kaufmannsspr., Papierdt.) transact
  ‹business, deal, etc.›
ⅆ **Tätigkeit** die; ~, ~**en** activity; (Arbeit) job
tat-, Tat-: ~**kraft** die energy; drive;
~**kräftig** 🅐 Adj. energetic ‹person›
  🅑 adv. energetically
tätlich 🅐 Adj. physical ‹clash, attack,
resistance, etc.›; **gegen jmdn.** ~ **werden**
become violent towards sb
  🅑 adv. physically; **jmdn.** ~ **angreifen** attack
sb physically; assault sb
Tat·ort der scene of a/the crime
tätowieren tr. V. tattoo
Tätowierung die; ~, ~**en** tattoo
ⅆ **Tat·sache** die fact
ⅆ **tatsächlich** 🅐 Adj. actual; real
  🅑 adv. actually; really
tätscheln tr. V. pat
Tattoo /tɛ'tuː/ das; ~s, ~s tattoo
tat·verdächtig Adj. suspected
Tat·waffe die weapon [used in the crime]
Tatze die; ~, ~**n** paw
Tat·zeit die time of the crime
Tau¹ der; ~[e]s dew
Tau² das; ~[e]s, ~e (Seil) rope
taub Adj. **1** deaf
  2 (wie abgestorben) numb
  3 empty ‹nut›
Taube¹ die; ~, ~**n** pigeon; (Turteltaube)
(auch Politik fig.) dove
Taube² der/die adj. Dekl. deaf person; deaf
man/woman; **die** ~**n** the deaf
Taubheit die; ~; deafness
taub·stumm Adj. deaf and dumb
Taub·stumme der/die adj. Dekl. deaf mute
tauchen 🅐 itr. V. **1** auch mit sein dive (nach
for)
  2 mit sein (eintauchen) dive; (auftauchen) rise;
emerge
  🅑 tr. V. **1** (eintauchen) dip
  2 (untertauchen) duck
Taucher der; ~s, ~; diver; (mit Flossen und
Atemgerät) skin diver
Taucher-: ~**anzug** der diving suit; ~**brille**
die diving goggles pl.
Taucherin die; ~, ~**nen** ▶ Taucher
Tauch·sieder der; ~s, ~; portable
immersion heater
tauen 🅐 itr. V. **1** unpers. **es taut** it's thawing
  2 mit sein (schmelzen) melt
  🅑 tr. V. melt; thaw
Taufe die; ~, ~**n** (christl. Rel.) **1** (Sakrament)
baptism
  2 (Zeremonie) christening; baptism
taufen tr. V. **1** baptize
  2 (einen Namen geben) christen

ⅆ key word
* old spelling—see note on page x

taugen *itr. V.* nichts/nicht viel/etwas ~ be no/not much/some good *or* use

tauglich *Adj.* [nicht] ~ [un]suitable; (für Militärdienst) fit [for service]

Taumel *der*; ~s **1** [feeling of] dizziness **2** (Rausch) frenzy; fever

taumelig *Adj.* dizzy; giddy

taumeln *itr. V.* **1** *auch mit sein* (wanken) reel, sway (**vor** + *Dat.* with) **2** *mit sein* (taumelnd gehen) stagger

Tausch *der*; ~[e]s, ~e exchange; ein guter/ schlechter ~ a good/bad deal

tauschen **A** *tr. V.* exchange (**gegen** for); sie tauschten die Plätze they changed places **B** *itr. V.* mit jmdm. ~ (fig.) change places with sb

täuschen **A** *tr. V.* deceive; wenn mich nicht alles täuscht unless I'm completely mistaken **B** *itr. V.* be deceptive **C** *refl. V.* be wrong *or* mistaken (**in** + *Dat.* about)

täuschend **A** *Adj.* remarkable, striking <similarity, imitation> **B** *adv.* remarkably

Täuschung *die*; ~, ~en deception; (Selbst~) delusion

ℱ **tausend** *Kardinalz.* **1** a *or* one thousand **2** (ugs.) (sehr viele) thousands of; ~ Dank/ Küsse a thousand thanks/kisses

Tausend *das*; ~s, ~e thousand

tausend·ein, tausend·eins *Kardinalz.* a *or* one thousand and one

Tausender *der*; ~s, ~ (ugs.) (Geldschein) thousand-franc/-dollar *etc.* note; (Betrag) thousand francs/dollars *etc.*

tausenderlei *indekl. Adj.* (ugs.) a thousand and one different <answers, kinds, etc.>

tausend·mal *Adv.* a thousand times

Tausend·mark·schein *der* thousand-mark note

tausendst... *Ordinalz.* thousandth; *s. auch* acht...

tausendstel *Bruchz.* thousandth

Tausendstel *das*, (schweiz. meist) *der*; ~s, ~; thousandth

Tau-: ~wasser *das* meltwater; ~wetter *das* thaw; ~ziehen *das*; ~~s (auch fig.) tug-of-war

Taxe *die*; ~, ~n **1** (Taxi) taxi **2** (Gebühr) charge

Taxi *das*; ~s, ~s taxi

taxieren *tr. V.* estimate

Taxi-: ~fahrer *der*, ~fahrerin *die* taxi driver; ~stand *der* taxi rank (BrE); taxi stand

Tb /te:'be:/, **Tbc** /te:be:'tse:/ *die*; ~ *Abk.* = **Tuberkulose** TB

ℱ **Team** /ti:m/ *das*; ~s, ~s team

Team·arbeit *die* teamwork

ℱ **Technik** *die*; ~, ~en **1** technology; (Studienfach) engineering *no art.* **2** (technische Ausrüstung) equipment

3 (Arbeitsweise, Verfahren) technique

Techniker *der*; ~s, ~, **Technikerin** *die*; ~, ~nen technical expert

ℱ **technisch** **A** *Adj.* technical; technological <progress, age> **B** *adv.* technically; technologically <advanced>

Techno /'tɛkno/ *das od. der*; ~s techno

ℱ **Technologie** *die*; ~, ~n technology

technologisch **A** *Adj.* technological **B** *adv.* technologically

Techno·party *die* techno party

ℱ **Tee** *der*; ~s, ~s tea

TEE /te:|e:'|e:/ *der*; ~[s], ~[s] *Abk.* = **Trans-Europ-Express** TEE

Tee-: ~beutel *der* tea bag; ~kanne *die* teapot; ~löffel *der* teaspoon

Teenie /'ti:ni/ *der*; ~s, ~s (ugs.) young teenager

Tee-: ~sieb *das* tea strainer; ~tasse *die* teacup

Teich *der*; ~[e]s, ~e pond

Teig *der*; ~[e]s, ~e dough; (Kuchen-, Biskuitteig) pastry; (Pfannkuchen-, Waffelteig) batter

Teig·waren *Pl.* pasta *sing.*

ℱ **Teil 1** *der* ~[e]s, ~e part; fünfter ~ fifth **2** *der, das* ~[e]s, ~e (Anteil; Beitrag) share **3** *der* ~[e]s, ~e (beteiligte Person[en]; Rechtsw.: Partei) party **4** *das* ~[e]s, ~e (Einzelteil) part

teil·bar *Adj.* divisible (**durch** by)

Teilbarkeit *die*; ~; divisibility

Teilchen *das*; ~s, ~ **1** (kleines Stück) [small] part **2** (Partikel) particle

ℱ **teilen** **A** *tr. V.* **1** divide (**durch** by) **2** (aufteilen) share (**unter** + *Dat.* among) **B** *refl. V.* sich (*Dat.*) etw. [mit jmdm.] ~ share sth [with sb]

Teiler *der*; ~s, ~ (Math.) factor

teil‖haben *unr. itr. V.* share (**an** + *Dat.* in)

Teilhaber *der*; ~s, ~, **Teilhaberin** *die*; ~, ~nen partner

Teil·kasko·versicherung *die: insurance giving limited cover*

ℱ **Teilnahme** *die*; ~, ~n **1** participation (**an** + *Dat.* in); ~ an einem Kurs attendance at a course **2** (Interesse) interest (**an** + *Dat.* in) **3** (geh.) (Mitgefühl) sympathy

teilnahms·los *Adj.* indifferent

Teilnahmslosigkeit *die*; ~; indifference

teilnahms·voll **A** *Adj.* compassionate **B** *adv.* compassionately

ℱ **teil‖nehmen** *unr. itr. V.* [an etw. (*Dat.*)] ~ take part [in sth]; [an einem Lehrgang] ~ attend [a course]

ℱ **Teilnehmer** *der*; ~s, ~, **Teilnehmerin** *die*; ~, ~nen **1** participant (*Gen.*, an + *Dat.* in); (bei Wettbewerb auch) competitor, contestant (**an** + *Dat.* in) **2** (Fernspr.) subscriber

t

teils *Adv.* partly
Teilung *die;* ~, ~en division
⚬ **teil·weise** **A** *Adv.* partly
  B *adj.* partial
teilzeit-, Teilzeit-: ~**arbeit** *die* part-time
  work *no indef. art.;* ~**beschäftigt** *Adj.*
  <*person*> in part-time work; ~**beschäftigt**
  sein work part-time; ~**beschäftigte** *der/*
  die adj. Dekl. part-time employee; ~**job** *der*
  part-time job
Teint /tɛ̃:/ *der;* ~s, ~s complexion
Tektonik /tɛk'to:nɪk/ *die;* ~ (Geol.) tectonics
  sing., no art.
  tektonisch *Adj.* tectonic
⚬ **Telefon** /'te:lefo:n, *auch* tele'fo:n/ *das;* ~s,
  ~e telephone; phone; **ans** ~ **gehen** answer
  the [tele]phone
Telefon-: ~**anruf** *der* [tele]phone call;
  ~**anschluss**, ***~**anschluß** *der* telephone;
  line; ~**apparat** *der* telephone
Telefonat *das;* ~[e]s, ~e telephone call
Telefon-: ~**buch** *das* [tele]phone book
  or directory; ~**gespräch** *das* telephone
  conversation
⚬ **telefonieren** *itr. V.* make a [tele]phone call;
  mit jmdm. ~ talk to sb [on the telephone]
telefonisch **A** *Adj.* telephone *attrib.*
  B *adv.* by telephone
Telefonist *der;* ~en, ~en, **Telefonistin**
  die; ~, ~nen telephonist; (in einer Firma)
  switchboard operator
Telefon-: ~**karte** *die* phonecard;
  ~**nummer** *die* [tele]phone number;
  ~**rechnung** *die* [tele]phone bill; ~**verzeichnis** *das* [tele]phone list; ~**zelle**
  die [tele]phone booth *or* (BrE) box; call box
  (BrE); ~**zentrale** *die* telephone exchange
Telegraf *der;* ~en, ~en telegraph
Telegrafie *die;* ~; telegraphy *no art.*
telegrafieren *itr., tr. V.* telegraph
telegrafisch **A** *Adj.* telegraphic
  B *adv.* by telegraph *or* telegram
Telegramm *das* telegram
Tele·objektiv *das* (Fot.) telephoto lens
Tele·text *der* teletext *no art.*
Teller *der;* ~s, ~; plate
Tempel *der;* ~s, ~; temple
Temperament *das;* ~[e]s, ~e **1** (Wesensart)
  temperament
  2 (Schwung) **eine Frau mit** ~ a woman with
  spirit; **das** ~ **geht oft mit mir durch** I often
  lose my temper
temperament·voll *Adj.* spirited <*person,*
  speech, dance, etc.>
⚬ **Temperatur** *die;* ~, ~en temperature
Temperatur-: ~**anstieg** *der* rise in
  temperature; ~**rückgang** *der* drop *or* fall
  in temperature
Tempo *das;* ~s, ~s *od.* **Tempi 1** *Pl.* ~s speed

  2 (Musik) tempo; time
Tempo·limit *das* (Verkehrsw.) speed limit
Tempus *das;* ~, **Tempora** (Sprachw.) tense
Tendenz *die;* ~, ~en trend
tendieren *itr. V.* tend (**zu** towards)
Teneriffa *(das;)* ~s Tenerife
Tennis *das;* ~; tennis *no art.*
Tennis-: ~**ball** *der* tennis ball; ~**platz** *der*
  tennis court; ~**schläger** *der* tennis racket;
  ~**schuh** *der* tennis shoe; ~**schule** *die*
  tennis school; ~**spieler** *der,* ~**spielerin**
  die tennis player
Tenor *der;* ~s, **Tenöre** (österr. auch) ~e (Musik)
  tenor; (im Chor) tenors *pl.;* tenor voices *pl.*
Teppich *der;* ~s, ~e carpet; (kleiner) rug
Teppich·boden *der* fitted carpet
⚬ **Termin** *der;* ~s, ~e date; (Anmeldung)
  appointment; (Verabredung) engagement;
  (Rechtsw.) hearing
Terminal /'tø:ɐminəl/ *das;* ~s, ~s terminal
Termin-: ~**geschäft** *das* (Börsenw.) forward
  transaction *or* operation; ~**kalender** *der*
  appointments book
Terminus *der;* ~, **Termini** term
Terpentin *das,* (österr. meist) *der* ~**s 1** (Harz)
  turpentine
  2 (ugs.) (Terpentinöl) turps *sing.* (infml)
Terpentin·öl *das* oil of turpentine
Terrain /tɛ'rɛ̃:/ *das;* ~s, ~s terrain
Terrasse *die;* ~, ~n terrace
Terrier /'tɛriɐ/ *der;* ~s, ~; terrier
Terrine *die;* ~, ~n tureen
Territorium *das;* ~s, **Territorien** territory
Terror *der;* ~s terrorism *no art.*
Terror-: ~**angriff** *der* terrorist attack;
  ~**anschlag** *der* terrorist attack; ~**gruppe**
  die terrorist group
terrorisieren *tr. V.* **1** terrorize
  2 (ugs.) (belästigen) pester
Terrorismus *der;* ~; terrorism *no art.*
Terrorist *der;* ~en, ~en, **Terroristin** *die;*
  ~, ~nen terrorist
Terror-: ~**netz** *das* terrorist network;
  ~**verdächtige** *der/die* terrorist suspect;
  ~**zelle** *die* terrorist cell
Terz *die;* ~, ~en (Musik) third
⚬ **Test** *der;* ~[e]s, ~s *od.* ~e test
Testament *das;* ~[e]s, ~e **1** will
  2 (christl. Rel.) Testament
Test·bogen *der* test paper
⚬ **testen** *tr. V.* test (**auf** + *Akk.* for)
⚬ **teuer** **A** *Adj.* expensive; dear *usu. pred.;* **wie**
  ~ **war das?** how much did that cost?
  B *adv.* expensively; dearly; **etw.** ~ **kaufen/**
  verkaufen pay a great deal for sth/sell sth at
  a high price
Teuerung *die;* ~, ~en rise in prices
Teuerungs·rate *die* rate of price increases
Teufel *der;* ~s, ~; devil
Teufels·zeug *das* (ugs.) terrible stuff (infml)

⚬ key word
* alte Schreibung—vgl. Hinweis auf S. x

t

teuflisch **A** *Adj.* **1** devilish, fiendish *‹plan, trick, etc.›*; diabolical *‹laughter, pleasure, etc.›*
2 (ugs.) (groß, intensiv) terrible (infml); dreadful (infml)
B *adv.* **1** diabolically
2 (ugs.) terribly (infml)

⚬ **Text** *der*; ~[e]s, ~e text; (Wortlaut) wording; (eines Theaterstücks) script; (einer Oper) libretto; (eines Liedes, Chansons usw.) words *pl.*; (eines Schlagers) words *pl.*; lyrics *pl.*; (zu einer Abbildung) caption

texten *tr. V.* write *‹song, advertisement, etc.›*

Textilien *Pl.* **1** textiles
2 (Fertigwaren) textile goods

Textil·industrie *die* textile industry

Text·verarbeitung *die* text processing; word processing

Thailand *(das)*; ~s Thailand

⚬ **Theater** *das*; ~s, ~ **1** theatre; ins ~ gehen go to the theatre; im ~ at the theatre; ~ spielen act; (fig.) play-act; pretend
2 (fig. ugs.) fuss

Theater-: ~**abonnement** *das* theatre subscription [ticket]; ~**stück** *das* [stage] play

Theke *die*; ~, ~n **1** (Schanktisch) bar
2 (Ladentisch) counter

⚬ **Thema** *das*; ~s, **Themen** subject; topic; (einer Abhandlung) subject; theme; (Leitgedanke) theme

Themse *die*; ~; Thames

Theologe *der*; ~n, ~n theologian

Theologie *die*; ~, ~n theology *no art.*

Theologin *die*; ~, ~; theologian

theologisch **A** *Adj.* theological
B *adv.* theologically

⚬ **theoretisch** **A** *Adj.* theoretical
B *adv.* theoretically

⚬ **Theorie** *die*; ~, ~n theory

Therapeut *der*; ~en, ~en, **Therapeutin** *die*; ~, ~nen therapist; therapeutist

therapeutisch **A** *Adj.* therapeutic
B *adv.* therapeutically

⚬ **Therapie** *die*; ~, ~n therapy (gegen for)

therapieren *tr. V.* treat

Thermo·meter *das* ((österr. u. schweiz.) *der od. das*) thermometer

Thermos·flasche® *die* Thermos flask®; vacuum flask

Thermostat *der*; ~[e]s *od.* ~en, ~e *od.* ~en thermostat

These *die*; ~, ~n thesis

Thron *der*; ~[e]s, ~e throne

Thun·fisch *der* tuna

Thüringen *(das)*; ~s Thuringia

Thüringer Wald *der*; ~ ~[e]s Thuringian Forest

Thymian *der*; ~s, ~e thyme

Tick *der*; ~[e]s, ~s **1** (ugs.) (Schrulle) quirk; thing (infml)
2 (ugs.) (Nuance) tiny bit; shade

ticken *itr. V.* tick; du tickst wohl nicht richtig (salopp) you must be off your rocker (infml)

Ticket *das*; ~s, ~s ticket

⚬ **tief** **A** *Adj.* (auch fig.) deep; (niedrig) low; low *‹neckline, bow›*; deep; intense *‹pain, suffering›*
B *adv.* deep; (niedrig) low; (intensiv) deeply; *‹stoop, bow›* low; *‹breathe, inhale›* deeply

Tief *das*; ~s, ~s (Met.) low

tief·blau *Adj.* deep blue

Tief·druck *der* (Met.) low pressure

Tiefe *die*; ~, ~n depth; in die ~ stürzen plunge into the depths

tief-, Tief-: ~**garage** *die* underground car park; ~**greifend** **A** *Adj.* profound; profound, deep *‹crisis›*; far-reaching *‹improvement›* **B** *adv.* profoundly; ~**gründig** *Adj.* profound; ~|**kühlen** *tr. V.* [deep-]freeze

Tief·kühl-: ~**fach** *das* freezer [compartment]; ~**kost** *die* frozen food

tief-, Tief-: ~**punkt** *der* low [point]; ~**schlag** *der* (Boxen) low punch; punch below the belt (lit. or fig.); ~**see** *die* (Geogr.) deep sea; ~**sinnig** **A** *Adj.* profound
B *adv.* profoundly

Tiefst·temperatur *die* minimum *or* lowest temperature

Tiegel *der*; ~s, ~ (zum Kochen) pan; (Schmelztiegel) crucible; (Behälter) pot

⚬ **Tier** *das*; ~[e]s, ~e animal

Tier-: ~**arzt** *der*, ~**ärztin** *die* veterinary surgeon; vet; ~**garten** *der* zoo; zoological garden; ~**heim** *das* animal home

tierisch **A** *Adj.* **1** animal *attrib.*; savage *‹cruelty, crime›*
2 (ugs.) (unerträglich groß) terrible (infml); ~er Ernst deadly seriousness
B *adv.* **1** *‹roar›* like an animal; savagely *‹cruel›*
2 (ugs.) (unerträglich) terribly (infml)

tier-, Tier-: ~**kreis** *der* (Astron., Astrol.) zodiac; ~**kreis·zeichen** *das* (Astron., Astrol.) sign of the zodiac; ~**lieb** *Adj.* animal-loving *attrib.*; fond of animals *postpos.*; ~**park** *der* zoo; ~**pfleger** *der*, ~**pflegerin** *die* animal keeper; ~**quälerei** /----'-/ *die* cruelty to animals; ~**rechtler** *der*; ~~s, ~~, ~**rechtlerin** *die*; ~~, ~~nen animal rights campaigner; ~**reich** *das* animal kingdom

Tiger *der*; ~s, ~; tiger

tilgen *tr. V.* **1** (geh.) delete *‹word, letter, error›*; erase *‹record, endorsement›*; (fig.) wipe out *‹shame, guilt, traces›*
2 (Wirtsch., Bankw.) repay; pay off

Tilgung *die*; ~, ~en **1** (geh.) ▸ tilgen 1 deletion; erasure; wiping out
2 (Wirtsch., Bankw.) repayment

Tilsiter *der*; ~s, ~; Tilsit [cheese]

Tinte *die*; ~, ~n ink; in der ~ sitzen (ugs.) be in the soup (infml)

Tinten-: ~**fisch** *der* cuttlefish; (Krake)

t

octopus; ~**strahl·drucker** der (DV) ink-jet printer

✓ **Tip**, ***Tipp** der; ~s, ~s **1** (ugs.) tip
2 (bei Toto, Lotto usw.) [row of] numbers

tippen Ⓐ itr. V. **1** an/gegen etw. (Akk.) ~ tap sth
2 (ugs.) (Maschine schreiben) type
3 (wetten) do the pools/lottery etc.; im Lotto ~ do the lottery
Ⓑ tr. V. **1** tap
2 (ugs.) (mit der Maschine schreiben) type
3 (setzen auf) choose; sechs Richtige ~ make six correct selections

Tipp-: ~**fehler** der typing error or mistake; ~**gemeinschaft** die pools/lottery etc. syndicate

tipp·topp (ugs.) Ⓐ Adj. (tadellos) immaculate; (erstklassig) tip-top
Ⓑ adv. immaculately

Tirol (das); ~s [the] Tyrol

Tiroler der; ~s, ~, **Tirolerin** die; ~, ~nen Tyrolese; Tyrolean

✓ **Tisch** der; ~[e]s, ~e table; reinen ~ machen (ugs.) sort things out

Tisch-: ~**dame** die dinner partner; ~**decke** die tablecloth; ~**gebet** das grace no pl.; ~**herr** der dinner partner; ~**lampe** die table lamp

Tischler der; ~s, ~; joiner; (bes. Kunst~) cabinetmaker

Tischlerei die; ~, ~en ▶ Tischler **1** (Werkstatt) joiner's/cabinetmaker's [workshop]
2 (Handwerk) joinery/cabinetmaking

Tischlerin die; ~, ~nen ▶ Tischler

Tisch-: ~**nachbar** der person next to one [at table]; ~**platte** die table top; ~**tennis** das table tennis; ~**tuch** das; Pl. ~**tücher** tablecloth; ~**wäsche** die table linen; ~**wein** der table wine; ~**zeit** die lunchtime

✓ **Titel** der; ~s, ~ **1** title
2 (ugs.) (Musikstück, Song usw.) number

Titel-: ~**bild** das cover picture; ~**blatt** das title page; ~**rolle** die title role; ~**seite** die **1** (einer Zeitung, Zeitschrift) [front] cover
2 (eines Buchs) title page

Titte die; ~, ~n (derb) tit (coarse)

titulieren tr. V. call

tja /tjaː/ Interj. [yes] well; (Resignation ausdrückend) oh, well

Toast /toːst/ der; ~[e]s, ~e od. ~s toast

Toast·brot das [sliced white] bread for toasting

toasten tr. V. toast

Toaster der; ~s, ~; toaster

toben itr. V. **1** go wild (vor + Dat. with); (fig.) <storm, sea, battle> rage
2 (tollen) romp or charge about
3 mit sein (laufen) charge

✓ key word
* old spelling—see note on page x

✓ **Tochter** die; ~, **Töchter 1** daughter
2 (Wirtsch.) subsidiary

Tochter·gesellschaft die (Wirtsch.) subsidiary [company]

✓ **Tod** der; ~[e]s, ~e death; eines natürlichen/ gewaltsamen ~es sterben die a natural/ violent death; jmdn. zum ~e verurteilen sentence sb to death

tod·ernst Ⓐ Adj. deadly serious
Ⓑ adv. deadly seriously

Todes-: ~**anzeige** die **1** (in einer Zeitung) death notice **2** (Karte) card announcing a person's death; ~**fall** der death; (in der Familie) bereavement; ~**nachricht** die news of his/her/their etc. death; ~**opfer** das death; fatality; ~**strafe** die death penalty; ~**ursache** die cause of death; ~**urteil** das death sentence; ~**verachtung** die [utter] fearlessness in the face of death; etw. mit ~verachtung essen/trinken (ugs.) force sth down [without showing one's distaste]

Tod·feind der; **Tod·feindin** die deadly enemy

tod·krank Adj. critically ill

tödlich Ⓐ Adj. **1** fatal <accident, illness, outcome, etc.>; lethal, deadly <poison, bite, shot, trap, etc.>; lethal <dose>
2 (sehr groß, ausgeprägt) deadly <hatred, seriousness, certainty, boredom>
Ⓑ adv. **1** fatally
2 (sehr) terribly (infml)

tod-, Tod-: ~**müde** Adj. dead tired; ~**schick** (ugs.) Ⓐ Adj. dead smart (infml)
Ⓑ adv. dead smartly (infml); ~**sicher** (ugs.) Ⓐ Adj. sure-fire (infml) Ⓑ adv. for certain or sure; ~**sünde** die (auch fig.) deadly or mortal sin; ~**unglücklich** Adj. (ugs.) extremely or desperately unhappy

Toilette /tŏaˈlɛtə/ die; ~, ~n toilet

Toiletten·papier das toilet paper

toi, toi, toi /ˈtɔy ˈtɔy ˈtɔy/ Interj. good luck!; (unberufen!) touch wood!

Tokio (das); ~s Tokyo

tolerant Ⓐ Adj. tolerant (gegen of)
Ⓑ adv. tolerantly

Toleranz die; ~; tolerance

tolerierbar Adj. tolerable

tolerieren tr. V. tolerate

✓ **toll** Ⓐ Adj. **1** (ugs.) (großartig) great (infml); fantastic (infml); (erstaunlich) amazing; (heftig, groß) enormous <respect>; terrific (infml) <noise, storm>
2 (wild) wild
Ⓑ adv. **1** (ugs.) (großartig) terrifically well (infml)
2 (ugs.) (heftig) <rain, snow> like billy-o (infml)
3 (wild) bei dem Fest ging es ~ zu it was a wild party

Tolle die; ~, ~n quiff

tollen itr. V. **1** romp about
2 mit sein romp

tollkühn A *Adj.* daredevil *attrib.*; daring
  B *adv.* daringly
Tollpatsch *der*; ~[e]s, ~e (ugs.) clumsy *or*
  awkward creature
tollpatschig (ugs.) A *Adj.* clumsy; awkward
  B *adv.* clumsily; awkwardly
toll-, Toll- ~wut *die* rabies *sing.*; ~wütig
  Adj. rabid
*Tolpatsch *usw.* ▶ Tollpatsch *usw.*
Tölpel *der*; ~s, ~; fool
tölpelhaft A *Adj.* foolish
  B *adv.* foolishly
Tomate *die*; ~, ~n tomato
Tomaten·mark *das* tomato purée
Tombola *die*; ~, ~s raffle
Ton¹ *der*; ~[e]s, ~e clay
♂ **Ton²** *der*; ~[e]s, **Töne** 1 (auch Physik, Musik;
  beim Telefon) tone; (Klang) note
  2 (Film, Ferns. usw., Tonwiedergabe) sound
  3 (ugs.) (Äußerung) word
  4 (Farb~) shade
  5 (Akzent) stress
ton-, Ton-: ~angebend *Adj.* predominant;
  ~art *die* 1 (Musik) key 2 (fig.) tone; ~band
  das; *Pl.* ~bänder tape; ~band·gerät *das*
  tape recorder; ~effekt *der* sound effect
tönen A *itr. V.* (geh.) sound; <*bell*> sound,
  ring; (schallen, widerhallen) resound
  B *tr. V.* (färben) tint
Ton-: ~fall *der* tone; (Intonation) intonation;
  ~höhe *die* pitch; ~leiter *die* (Musik) scale
Tonne *die*; ~, ~n 1 (Behälter) drum;
  (Mülltonne) bin; (Regentonne) water butt
  2 (Gewicht) tonne
tonnen·weise *Adv., adj.* by the ton
Ton·qualität *die* sound quality
Tönung *die*; ~, ~en tint; shade
Tool /tuːl/ *das*; ~s, ~s (DV) tool
Topf *der*; ~es, **Töpfe** 1 pot; (Braten~,
  Schmor~) casserole; (Stielkasserolle) saucepan
  2 (zur Aufbewahrung) pot
  3 (Krug) jug
  4 (Nachttopf) chamber pot; (für Kinder) potty
  (BrE infml)
  5 (Blumentopf) [flower]pot
Topf·blume *die* [flowering] pot plant
Töpfchen *das*; ~s, ~; potty (BrE infml)
Töpfer *der*; ~s, ~; potter
Töpferei *die*; ~, ~en 1 (Handwerk) pottery
  no art.
  2 (Werkstatt) pottery; potter's workshop
  3 (Erzeugnis) piece of pottery; ~en pottery
  sing.
Töpferin *die*; ~, ~nen ▶ Töpfer
Topf-: ~lappen *der* oven cloth; ~pflanze
  die pot plant
♂ **Tor¹** *das*; ~[e]s, ~e 1 gate; (einer Garage,
  Scheune) door; (fig.) gateway
  2 (Ballspiele) goal
  3 (Ski) gate
Tor² *der*; ~en, ~en (geh.) (Narr) fool

Torf *der*; ~[e]s, ~e peat
Torheit *die*; ~, ~en (geh.) 1 foolishness
  2 (Handlung) foolish act
Tor·hüter *der*, **Tor·hüterin** *die* (Ballspiele)
  goalkeeper
töricht (geh.) A *Adj.* foolish
  B *adv.* foolishly
torkeln *itr. V.; mit sein* stagger
Tor·mann *der*; *Pl.* **Tormänner** *od.* **Torleute**
  (Ballspiele) goalkeeper
Tornister /tɔrˈnɪstɐ/ *der*; ~s, ~; knapsack;
  (Schulranzen) satchel
torpedieren *tr. V.* (Milit., fig.) torpedo
Torpedo *der*; ~s, ~s torpedo
Törtchen *das*; ~s, ~; tartlet
Torte *die*; ~, ~n (Creme-, Sahnetorte) gateau;
  (Obsttorte) [fruit] flan
Torten-: ~boden *der* flan case; (ohne Rand)
  flan base; ~guss, *~guß der* glaze;
  ~heber *der*; ~s, ~; cake slice
Tortur *die*; ~, ~en 1 ordeal
  2 (veralt.) (Folter) torture
Tor-: ~wart *der*; ~~[e]s, ~~e, ~wartin
  die; ~~, ~~nen (Ballspiele) goalkeeper;
  ~weg *der* gateway
tosen *itr. V.* roar; <*storm*> rage
♂ **tot** *Adj.* dead; ~ umfallen drop dead; sich ~
  stellen pretend to be dead; play dead; ~
  geboren stillborn
♂ **total** A *Adj.* total
  B *adv.* totally
Total·ausverkauf *der* clearance sale
totalitär (Politik) A *Adj.* totalitarian
  B *adv.* in a totalitarian way; <*organized,
  run*> along totalitarian lines
Total·schaden *der Versicherungsw.* an
  beiden Fahrzeugen entstand ~ both vehicles
  were a write-off
tot|ärgern *refl. V.* (ugs.) get livid (infml)
Tote *der/die adj. Dekl.* dead person; die ~n
  the dead
♂ **töten** *tr., itr. V.* kill; deaden <*nerve etc.*>
toten-, Toten-: ~blass, *~blaß*,
  ~bleich *Adj.* deathly pale; ~gräber
  der; ~~s, ~~, ~gräberin *die*; ~~,
  ~~nen gravedigger; ~kopf *der* 1 skull
  2 (als Symbol) death's head; (mit gekreuzten
  Knochen) skull and crossbones; ~schädel
  der skull; ~sonntag *der;* (ev. Kirche)
  *Sunday before Advent on which the dead are
  commemorated*; ~still *Adj.* deathly quiet;
  ~stille *die* deathly silence; ~wache *die*
  vigil by the body
tot-, Tot-: ~|fahren *unr. tr. V.* [run over and]
  kill; *~geboren* ▶ tot; ~geburt *die* still
  birth; ~|lachen *refl. V.* (ugs.) kill oneself
  laughing; zum Totlachen sein be killing (infml)
Toto *das od. der*; ~s, ~s (Pferdetoto) Tote®
  (infml); im ~ on the Tote®
  2 (Fußballtoto) [football] pools *pl.*; [im] ~
  spielen do the pools

t

Toto·schein *der* ▶ Toto pools coupon /(infml) Tote® ticket

tot-, Tot-: ~|**schießen** *unr. tr. V.* (ugs.) jmdn. ~schießen shoot sb dead; ~**schlag** *der* (Rechtsw.) manslaughter *no indef. art.*; ~|**schlagen** *unr. tr. V.* beat to death; **~|***stellen** ▶ tot; ~|**treten** *unr. tr. V.* trample <*person*> to death; step on and kill <*insect*>

Tötung *die*; ~, ~en killing; fahrlässige ~ (Rechtsspr.) manslaughter by culpable negligence

Touch /tatʃ/ *der*; ~s, ~s (ugs.) touch

tough /taf/ *Adj.* (ugs.) tough

Toupet /tu'pe:/ *das*; ~s, ~s toupee

toupieren /tu'pi:rən/ *tr. V.* backcomb

◆ **Tour** /tu:ɐ̯/ *die*; ~, ~en tour (durch of); (kürzere Fahrt, Ausflug) trip; (mit dem Auto) drive; (mit dem Fahrrad) ride; (feste Strecke) route; in einer ~ (ugs.) the whole time

touren /'tu:rən/ *itr. V.*; *mit sein* tour

Tourismus /tu'rɪsmus/ *der*; ~; tourism *no art.*

Tourismus·branche *die* tourism industry; tourist industry

Tourist *der*; ~en, ~en tourist

Touristen-: ~**klasse** *die* tourist class; ~**paradies** *das* tourist paradise; ~**zentrum** *das* tourist centre

Touristin *die*; ~, ~nen tourist

Tournee /tur'ne:/ *die*; ~, ~s *od.* ~n tour; auf ~ sein/gehen be/go on tour

Trab *der*; ~[e]s trot; im ~ at a trot; im ~ reiten trot

traben *itr. V.*; *mit sein* (auch ugs.) (laufen) trot

Tracht *die*; ~, ~en 1 (Volkstracht) national costume; (Berufstracht) uniform 2 eine ~ Prügel a thrashing; (als Strafe) a hiding

trachten *itr. V.* (geh.) strive (nach for, after)

◆ **Tradition** *die*; ~, ~en tradition

◆ **traditionell** Ⓐ *Adj.* traditional Ⓑ *adv.* traditionally

traf *1. u. 3. Pers. Sg. Prät. v.* **treffen**

träfe *1. u. 3. Pers. Sg. Konjunktiv II v.* **treffen**

Trafik *die*; ~, ~en (österr.) tobacconist's [shop]

Trag·bahre *die* stretcher

tragbar *Adj.* 1 portable 2 wearable <*clothes*> 3 (finanziell) supportable <*cost, debt, etc.*> 4 (erträglich) bearable; tolerable

Trage *die*; ~, ~n 1 (Bahre) stretcher 2 (Traggestell) pannier

träge Ⓐ *Adj.* sluggish Ⓑ *adv.* sluggishly

◆ **tragen** Ⓐ *unr. tr. V.* 1 carry 2 (bringen) take 3 (ertragen) bear <*fate, destiny*>; bear, endure <*suffering*>

◆ key word
* alte Schreibung—vgl. Hinweis auf S. x

t

4 (halten) hold; einen/den linken Arm in der Schlinge ~ have one's arm/one's left arm in a sling 5 (von unten stützen) support 6 (belastbar sein durch) be able to carry *or* take <*weight*> 7 (übernehmen, aufkommen für) bear, carry <*costs etc.*>; take <*blame, responsibility, consequences*> 8 (am Körper) wear <*clothes, wig, glasses, jewellery, etc.*> 9 have <*false teeth, beard, etc.*> 10 (hervorbringen) <*tree*> bear <*fruit*>; <*field*> produce <*crops*> Ⓑ *unr. itr. V.* 1 carry 2 (am Körper) man trägt [wieder] kurz/lang short/long skirts are in fashion [again] 3 der Baum trägt gut the tree produces a good crop

tragend *Adj.* (Stabilität gebend) load-bearing; supporting <*wall, column, function, etc.*>

Träger *der*; ~s, ~ 1 porter 2 (Austräger) paper boy/girl; delivery boy/girl 3 (Bauw.) girder; [supporting] beam 4 (an Kleidung) strap; (Hosenträger) braces *pl.* 5 (Inhaber) (eines Amts) holder; (eines Namens, Titels) bearer; (eines Preises) winner

Trägerin *die*; ~, ~nen ▶ Träger 1, 2, 5

Trage·tasche *die* carrier bag

Trag-: ~**fähigkeit** *die* load-bearing capacity; ~**fläche** *die* wing; ~**flügel·boot** *das* hydrofoil

Trägheit *die*; ~, ~en sluggishness

Tragik *die*; ~; tragedy

tragi·komisch Ⓐ *Adj.* tragicomic Ⓑ *adv.* tragicomically

tragisch Ⓐ *Adj.* tragic; das ist nicht [so] ~ (ugs.) it's not the end of the world (infml) Ⓑ *adv.* tragically

Tragödie /tra'gø:djə/ *die*; ~, ~n tragedy

Trag·weite *die* consequences *pl.*

◆ **Trainer** /'trɛ:nɐ/ *der*; ~s, ~, **Trainerin** *die*; ~, ~nen coach; trainer; (einer Fußballmannschaft) manager

trainieren Ⓐ *tr. V.* 1 train; coach <*swimmer, tennis player*>; manage <*football team*>; exercise <*muscles etc.*> 2 (üben, einüben) practise <*exercise, jump, etc.*>; Fußball ~ do football training Ⓑ *itr. V.* train

◆ **Training** /'trɛ:nɪŋ/ *das*; ~s, ~s training *no indef. art.*

Trainings-: ~**anzug** *der* track suit; ~**hose** *die* track-suit bottoms *pl.*; ~**lager** *das* training camp

Trakt *der*; ~[e]s, ~e section; (Flügel) wing

Traktor *der*; ~s, ~en tractor

trällern *itr., tr. V.* warble

trampeln Ⓐ *itr. V.* 1 [mit den Füßen] ~ stamp one's feet 2 *mit sein* (treten) trample (auf + *Akk.* on) Ⓑ *tr. V.* trample

Trampel·pfad *der* [beaten] path

trampen /'trɛmpn̩/ *itr. V.; mit sein* hitch-hike

Tramper *der; ~s, ~,* **Tramperin** *die; ~, ~nen* hitch-hiker

Trampolin *das; ~s, ~e* trampoline

Tramway /'tramve/ *die; ~, ~s* (österr.) tram (BrE); streetcar (AmE)

Tran *der; ~[e]s* train-oil

Trance /'trãːs(ə)/ *die; ~, ~n* trance; **in ~** in a trance

tranchieren /trã'ʃiːrən/ *tr. V.* carve

Träne *die; ~, ~n* tear; **~n lachen** laugh till one cries

tränen *itr. V.* <eyes> water

tranig *Adj.* (ugs. abwertend) (langsam) sluggish; slow

trank *1. u. 3. Pers. Sg. Prät. v.* trinken

Tränke *die; ~, ~n* watering place

tränken *tr. V.* **1** water **2** (sich voll saugen lassen) soak

Transfer *der; ~s, ~s* (bes. Wirtsch., Sport) transfer

Transfer·summe *die* transfer fee

Trans·formator *der; ~s, ~en* transformer

Transistor *der; ~s, ~en* transistor

Transit /tran'ziːt, *auch* 'tranzɪt/ *das; ~s, ~s* transit visa

transitiv (Sprachw.) **A** *Adj.* transitive **B** *adv.* transitively

Transit·verkehr *der* transit traffic

transparent *Adj.* transparent; (Licht durchlassend) translucent

Transparent *das; ~[e]s, ~e* (Spruchband) banner; (Bild) transparency

Transparenz *die; ~;* transparency

Transport *der; ~[e]s, ~e* **1** transportation **2** (beförderte Lebewesen od. Sachen) (mit dem Zug) trainload; (mit mehreren Fahrzeugen) convoy; (Fracht) consignment

transportabel *Adj.* transportable; (tragbar) portable

Transporteur /...'tøːɐ̯/ *der; ~s, ~e,* **Transporteurin** *die; ~, ~nen* carrier

transport·fähig *Adj.* moveable

transportieren *tr. V.* transport <goods, people>; move <patient>

Transport·kosten *Pl.* carriage *sing.;* transport costs

Transvestit *der; ~en, ~en* transvestite

Trapez *das; ~es, ~e* **1** (Geom.) trapezium (BrE); trapezoid (AmE) **2** (im Zirkus) trapeze

trappeln *itr. V.; mit sein* patter [along]; <feet> patter; <hoofs> go clip-clop

Trara *das; ~s* (ugs.) razzmatazz (infml)

Trasse *die; ~, ~n* (Verkehrsweg) [marked-out] route *or* line

trat *1. u. 3. Pers. Sg. Prät. v.* treten

Tratsch *der; ~[e]s* (ugs.) gossip; tittle-tattle

tratschen *itr. V.* (ugs.) gossip; (schwatzen) chatter

Traube *die; ~, ~n* **1** bunch; (von Johannisbeeren usw.) cluster **2** (Weinbeere~) grape **3** (Menschenmenge) bunch; cluster

trauen A *itr. V.* jmdm./einer Sache **~** trust sb/sth **B** *refl. V.* dare **C** *tr. V.* (verheiraten) <vicar, registrar, etc.> marry

Trauer *die; ~* **1** grief (über + Akk. over); (um einen Toten) mourning (um + Akk. for) **2** (Trauerzeit) [period of] mourning **3 ~ tragen** be in mourning

Trauer-: **~fall** *der* bereavement; **~feier** *die* memorial ceremony; (beim Begräbnis) funeral ceremony; **~karte** *die* [pre-printed] card of condolence; **~kleidung** *die* mourning clothes *pl.*

trauern *itr. V.* mourn; um jmdn. **~** mourn for sb

Trauer-: **~spiel** *das* tragedy; (fig. ugs.) deplorable business; **~weide** *die* weeping willow

träufeln *tr. V.* [let] trickle (in + Akk. into); drip <ear drops etc.>

✿ **Traum** *der; ~[e]s,* **Träume** /'trɔymə/ dream

Trauma *das; ~s,* **Traumen** *od.* **~ta** (Psych., Med.) trauma

traumatisch (Psych., Med.) **A** *Adj.* traumatic **B** *adv.* traumatically

traumatisieren (Psych., Med.) **A** *tr. V.* traumatize **B** *itr. V.* have a traumatizing effect

träumen A *itr. V.* dream (von of, about); (unaufmerksam sein) [day]dream **B** *tr. V.* dream

Träumer *der; ~s, ~,* **Träumerin** *die; ~, ~nen* dreamer

träumerisch A *Adj.* dreamy **B** *adv.* dreamily

traumhaft (ugs.) **A** *Adj.* marvellous; fabulous (infml) **B** *adv.* fabulously (infml)

Traum·urlaub *der* dream holiday

traurig A *Adj.* **1** sad; unhappy <childhood, youth>; painful <duty> **2** (kümmerlich) sorry <state etc.>; miserable <result> **B** *adv.* sadly

Traurigkeit *die; ~;* sadness; sorrow

Trau-: **~ring** *der* wedding ring; **~schein** *der* marriage certificate

Trauung *die; ~, ~en* wedding [ceremony]

Trau·zeuge *der,* **Trau·zeugin** *die* witness (at wedding ceremony)

Trecker *der; ~s, ~;* tractor

Treff *der; ~s, ~s* (ugs.) rendezvous; (Ort) meeting place

✿ **treffen A** *unr. tr. V.* **1** hit; <punch, blow, object> strike; **ihn trifft keine Schuld** he is in

t

no way to blame
2 (erschüttern) affect [deeply]; (verletzen) hurt
3 (begegnen) meet
4 (vorfinden) come upon, find ‹*anomalies etc.*›; **es gut/schlecht ~** be *or* strike lucky/be unlucky
5 (als Funktionsverb) make ‹*arrangements, choice, preparations, decision, etc.*›
B *unr. itr. V.* **1** ‹*person, shot, etc.*› hit the target; **nicht ~** miss [the target]
2 *mit sein* **auf etw.** (*Akk.*) **~** come upon sth; **auf Widerstand/Ablehnung/Schwierigkeiten ~** meet with resistance/rejection/difficulties
C *unr. refl. V.* **1 sich mit jmdm. ~** meet sb
2 *unpers.* **es trifft sich gut/schlecht** it is convenient/inconvenient

◆ **Treffen** *das*; **~s, ~**; meeting

treffend A *Adj.* apt
B *adv.* aptly

Treffer *der*; **~s, ~ 1** (Milit., Boxen, Fechten usw.) hit; (Schlag) blow; (Ballspiele) goal
2 (Gewinn) win; (Los) winner

trefflich (geh.) **A** *Adj.* excellent; splendid ‹*person*›
B *adv.* excellently; splendidly

treff-, Treff-: ~punkt *der* meeting place; **~sicher A** *Adj.* accurate ‹*language, mode of expression*›; unerring ‹*judgement*›
B *adv.* accurately; **~sicherheit** *die* accuracy

Treib·eis *das* drift-ice

◆ **treiben A** *unr. tr. V.* **1** drive
2 (sich beschäftigen mit) go in for ‹*farming, cattle breeding, etc.*›; study ‹*French etc.*›; carry on, pursue ‹*studies, trade, craft*›; **viel Sport ~** do a lot of sport; **es wüst/übel/toll ~** (ugs.) lead a dissolute/bad life/live it up
B *unr. itr. V.*; *meist, mit Richtungsangabe nur, mit sein* drift

Treiben *das*; **~s 1** (Durcheinander) bustle
2 (Tun) activities *pl.*; doings *pl.*

Treiber *der*; **~s, ~** (DV) driver

Treib-: ~gas *das* propellant; **~haus** *das* hothouse; **~haus·effekt** *der* greenhouse effect; **~haus·gas** *das* greenhouse gas; **~stoff** *der* fuel

trekken /'trɛkn̩/ *itr. V.*; *mit sein* trek
Trekking *das*; **~s** trekking
Trenchcoat /'trɛntʃkoʊt/ *der*; **~s, ~s** trench coat

◆ **Trend** *der*; **~s, ~s** trend (**zu** + *Dat.* towards); (Mode) vogue

trendig *Adj.* (ugs.) modern and fashionable

◆ **trennen A** *tr. V.* **1** separate (**von** from); sever ‹*head, arm*›
2 (auftrennen) unpick ‹*dress, seam*›
3 (teilen) divide ‹*word, parts of a room, etc., fig.: people*›
B *refl. V.* **1** (voneinander weggehen) part

◆ key word
* old spelling—see note on page x

[company]
2 (eine Partnerschaft auflösen) ‹*couple, partners*› split up
3 sich von etw. ~ part with sth

Trennung *die*; **~, ~en** (von Menschen) separation (**von** from); (von Gegenständen) parting; (von Wörtern) division

trepp-: ~ab *Adv.* down the stairs; **~auf** *Adv.* up the stairs

Treppe *die*; **~, ~n** staircase; [flight *sing.* of] stairs *pl.*; (im Freien, auf der Bühne) [flight *sing.* of] steps *pl.*

Treppen-: ~absatz *der* half-landing; **~geländer** *das* banisters *pl.*; **~haus** *das* stairwell; **~stufe** *die* stair; (im Freien) step

Tresen *der*; **~s, ~** (bes. nordd.) bar; (Ladentisch) counter

Tresor *der*; **~s, ~e** safe

Tret·boot *das* pedalo

◆ **treten A** *unr. itr. V.* **1** *mit sein* step (**in** + *Akk.* into; **auf** + *Akk.* on to)
2 (seinen Fuß setzen) **auf etw.** (*Akk.*) **~** tread on sth
3 (ausschlagen) kick
B *unr. tr. V.* **1** (Tritt versetzen) kick ‹*person, ball, etc.*›
2 (trampeln) trample ‹*path*›
3 (mit dem Fuß niederdrücken) step on ‹*brake, pedal*›; operate ‹*bellows, clutch*›

treu A *Adj.* faithful; loyal; faithful ‹*husband, wife*›; loyal ‹*ally, subject*›; **jmdm. ~ sein** be true to sb; **sich selbst** (*Dat.*) **/seinem Glauben ~ bleiben** be true to oneself/one's faith
B *adv.* faithfully; loyally

Treue *die*; **~ 1** loyalty; (von [Ehe]partnern) fidelity
2 (Genauigkeit) accuracy

treu-, Treu-: ~hand, ~handanstalt *die* (Wirtschaft) German privatization agency; **~herzig A** *Adj.* ingenuous; (naiv) naive; (unschuldig) innocent **B** *adv.* ingenuously; (naiv) naively; (unschuldig) innocently; **~herzigkeit** *die*; **~~**; ingenuousness; (Naivität) naivety; (Unschuld) innocence; **~los A** *Adj.* disloyal, faithless ‹*friend, person*›; unfaithful ‹*husband, wife, lover*› **B** *adv.* faithlessly

Tribunal *das*; **~s, ~e** tribunal
Tribüne *die*; **~, ~n** [grand]stand
Tribut *der*; **~[e]s, ~e** (fig.) due; **einer Sache** (*Dat.*) **~ zollen** pay the price for sth

Trichter *der*; **~s, ~**; funnel
Trick *der*; **~s, ~s** trick; (fig.) (List) ploy
Trick·film *der* animated cartoon [film]
trieb *1. u. 3. Pers. Sg. Prät. v.* **treiben**
Trieb *der*; **~[e]s, ~e 1** (innerer Antrieb) impulse; (Drang) urge; (Verlangen) [compulsive] desire
2 (Spross) shoot

trieb-, Trieb-: ~feder *die* mainspring; (fig.) driving *or* motivating force; **~haft A** *Adj.* compulsive; carnal ‹*sensuality*›
B *adv.* compulsively; **~täter** *der*,

~täterin *die,* **~verbrecher** *der,*
~verbrecherin *die; offender committing
a crime in gratifying a compulsive desire;*
(Sexualtäter) sexual offender; **~wagen** *der*
(Eisenb.) railcar; **~werk** *das* engine

triefen *unr. od. regelm. itr. V.* **1** *mit sein*
(fließen) (in Tropfen) drip; (in kleinen Rinnsalen)
trickle
2 (nass sein) be dripping wet; *<nose>* run

triff *Imperativ Sg. v.* treffen

trifft *3. Pers. Sg. Präsens v.* treffen

triftig *Adj.* good *<reason, excuse>*; valid,
convincing *<motive, argument>*

Trikot¹ /tri'ko:/ *der od. das;* ~s, ~s (Stoff)
cotton jersey

Trikot² /tri'ko:/ *das;* ~s, ~ (ärmellos) singlet;
(eines Tänzers) leotard; (eines Fußballspielers) shirt

Triller *der;* ~s, ~; trill

trillern Ⓐ *itr. V.* trill
Ⓑ *tr. V.* warble *<song>*

Triller·pfeife *die* police/referee's whistle

Trillion *die;* ~, ~en quintillion

Trimm-dich-Pfad *der* keep-fit trail

trimmen *tr. V.* (durch Sport) get *<person>* into
shape

✔ **trinken** Ⓐ *unr. itr. V.* drink; **auf jmdn./etw.**
~ drink to sb/sth
Ⓑ *unr. tr. V.* drink; **einen Kaffee/ein Bier** ~
have a coffee/beer

Trinker *der;* ~s, ~; alcoholic

Trinkerei *die;* ~, ~en drinking *no art.*

Trinkerin *die;* ~, ~nen alcoholic

Trink-: ~**geld** *das* tip; ~**halle** *die* **1** (in einem
Heilbad) pump room **2** (Kiosk) refreshment
kiosk; (größer) refreshment stall; ~**wasser**
das drinking water; „**kein** ~**wasser**" 'not for
drinking'

Trio *das;* ~s, ~s (Musik, fig.) trio

Trip *der;* ~s, ~s **1** (ugs.) (Ausflug) trip; jaunt
2 (Drogenjargon) (Rausch) trip (infml)
3 (Drogenjargon) (Dosis) fix (sl.)

trippeln *itr. V.; mit sein* trip; *<child>* patter

trist *Adj.* dreary; dismal

tritt *Imperativ Sg. u. 3. Pers. Sg. Präsens v.*
treten

Tritt *der;* ~[e]s, ~e (Schritt; Trittbrett) step;
(Fußtritt) kick

Tritt-: ~**brett** *das* step; ~**brett·fahrer** *der,*
~**brett·fahrerin** *die* (fig. abwertend) ≈ free
rider (AmE); *person who profits from another's
work*

Triumph *der;* ~[e]s, ~e triumph

triumphieren *itr. V.* **1** exult
2 (siegen) be triumphant; triumph (lit. or fig.)
(über + Akk. over)

trivial Ⓐ *Adj.* **1** platt banal; trite;
(unbedeutend) trivial
2 (alltäglich) humdrum *<life, career>*
Ⓑ *adv.; platt* banally; *<say etc.>* tritely

✔ **trocken** Ⓐ *Adj.* (auch fig.) dry
Ⓑ *adv.* drily

Trocken·haube *die* [hood-type] hairdrier

Trockenheit *die;* ~, ~en **1** dryness
2 (Dürreperiode) drought

trocken-, Trocken-: ~**legen** *tr. V.* **1** ein
Baby ~legen change a baby's nappy (BrE)
or (AmE) diaper **2** (entwässern) drain *<marsh,
pond, etc.>*; ~**milch** *die* dried milk;
~**reiben** *unr. tr. V.* rub *<hair, child, etc.>*
dry; wipe *<crockery, window, etc.>* dry

trocknen Ⓐ *itr. V.; meist mit sein* dry
Ⓑ *tr. V.* dry

Troddel *die;* ~, ~n tassel

Trödel *der;* ~s (ugs.) junk; (für den Flohmarkt)
jumble

trödeln *itr. V.* **1** (ugs.) dawdle (mit over)
2 *mit sein* (ugs.) (schlendern) saunter

Trödler *der;* ~s, ~, **Trödlerin** *die;* ~,
~nen (ugs.) junk dealer

troff *1. u. 3. Pers. Sg. Prät. v.* triefen

trog *1. u. 3. Pers. Sg. Prät. v.* trügen

Trog *der;* ~[e]s, **Tröge** trough

trollen *refl. V.* (ugs.) push off (infml)

Trommel *die;* ~, ~n drum

Trommel·bremse *die* drum brake

trommeln *itr. V.* **1** beat the drum; (als Beruf,
Hobby usw.) play the drums
2 [auf etw.] schlagen, auftreffen) drum (**auf +**
Akk. on; **an + Akk.** against)

Trommel·wirbel *der* drum roll

Trommler *der;* ~s, ~; drummer

Trompete *die;* ~, ~n trumpet

trompeten Ⓐ *itr. V.* play the trumpet; (fig.)
<elephant> trumpet
Ⓑ *tr. V.* play *<piece>* on the trumpet

Trompeter *der;* ~s, ~, **Trompeterin** *die;*
~, ~nen trumpeter

Tropen *Pl.* tropics

Tropen- tropical

Tropen·helm *der* sun helmet

Tropf *der;* ~[e]s, ~e (Med.) drip

Tröpfchen *das;* ~s, ~; droplet; (kleine Menge)
drop

tröpfeln Ⓐ *itr. V.* **1** *mit sein* drip (**auf + Akk.**
on to; **aus, von** from)
2 *unpers.* (ugs.) (leicht regnen) es tröpfelt it's
spitting [with rain]
Ⓑ *tr. V.* let *<sth>* drip (**in + Akk.** into; **auf +**
Akk. on to)

tropfen Ⓐ *itr. V.; mit Richtungsangabe mit*
sein drip; *<tears>* fall; *unpers.* es tropft [vom
Dach usw.] water is dripping from the roof
etc.
Ⓑ *tr. V.* let *<sth>* drip (**in + Akk.** into; **auf +**
Akk. on to)

Tropfen *der;* ~s, ~; drop; **ein guter/edler** ~
a good/fine vintage

Tropf·stein·höhle *die* limestone cave with
stalactites and/or stalagmites

Trophäe *die;* ~, ~n (hist., Jagd, Sport) trophy

tropisch *Adj.* tropical

Tross, ***Troß** der; **Trosses, Trosse 1** (Milit.) baggage train

2 (Gefolge) retinue; (fig.) (Zug) procession [of hangers-on]

Trost der; ~**[e]s** consolation; (bes. geistlich) comfort; **nicht [ganz od. recht] bei** ~ **sein** (ugs.) be out of one's mind

trösten **A** tr. V. comfort, console (**mit** with) **B** refl. V. console oneself

tröstlich Adj. comforting

trost·los Adj. **1** hopeless; (verzweifelt) in despair postpos.

2 (deprimierend, öde) miserable; dreary; hopeless ‹situation›

Trostlosigkeit die; ~ **1** (einer Person, der Lage usw.) hopelessness; (Verzweiflung) despair

2 (Öde) dreariness

Trost·preis der consolation prize

Tröstung die; ~, ~**en** comfort no indef. art.

Trott der; ~**[e]s**, ~**e** trot; (fig.) routine

Trottel der; ~**s**, ~ (ugs.) fool

trottelig (ugs.) **A** Adj. doddery **B** adv. in a feeble-minded way

trotten itr. V.; mit sein trot [along]

☞ **trotz** Präp.; mit Gen., seltener mit Dat. in spite of; despite

Trotz der; ~**es** defiance

☞ **trotz·dem** /auch '-'-/ Adv. nevertheless

trotzen itr. V. **1** (geh.) (widerstehen) **jmdm./ einer Sache** ~ (auch fig.) defy sb/sth

2 (trotzig sein) be contrary

trotzig **A** Adj. defiant; (widerspenstig) contrary; difficult ‹child› **B** adv. defiantly

trüb, trübe **A** Adj. **1** (nicht klar) murky ‹stream, water›; cloudy ‹liquid, wine, juice›; (schlammig) muddy ‹puddle›; (schmutzig) dirty ‹glass, window pane›; dull ‹eyes›

2 (nicht hell) dim ‹light›; dull, dismal ‹day, weather›; grey, overcast ‹sky› **B** adv. ‹shine, light› dimly

Trubel der; ~**s** [hustle and] bustle; **sie stürzten sich in den dicksten** ~ they plunged into the thick of the hurly-burly

trüben **A** tr. V.**1** make ‹liquid› cloudy; cloud ‹liquid›

2 (beeinträchtigen) dampen ‹mood›; mar ‹relationship›; cloud ‹judgement› **B** refl. V. ‹liquid› become cloudy; ‹eyes› become dull; ‹sky› darken

Trübsal die; ~, ~**e** (geh.) **1** (Leiden) affliction

2 (Kummer) grief; ~ **blasen** (ugs.) mope (**wegen** over, about)

trüb-, Trüb-: ~selig **A** Adj. **1** (öde) dreary, depressing ‹place, area, colour›

2 (traurig) gloomy **B** adv. (traurig) gloomily; ~**seligkeit** die **1** (Ödheit) dreariness

2 (Traurigkeit) gloom; ~**sinn** der melancholy;

~**sinnig** **A** Adj. melancholy **B** adv. gloomily

Trübung die; ~, ~**en 1** clouding; (des Auges) dimming

2 (Beeinträchtigung) deterioration; (der Stimmung) dampening

trudeln itr. V.; mit sein roll

Trüffel die; ~, ~**n** truffle

trug 1. u. 3. Pers. Prät. v. **tragen**

trüge 1. u. 3. Pers. Sg. Konjunktiv II v. **tragen**

trügen **A** unr. tr. V. deceive **B** unr. itr. V. be deceptive; ‹feeling, deception› be a delusion

trügerisch **A** Adj. deceptive; false ‹hope, sign, etc.›; treacherous ‹ice› **B** adv. deceptively

Truhe die; ~, ~**n** chest

Trümmer Pl. (eines Gebäudes) rubble sing.; (Ruinen) ruins; (eines Flugzeugs usw.) wreckage sing.; (kleinere Teile) debris sing.

Trümmer·haufen der pile or heap of rubble

Trumpf der; ~**[e]s**, **Trümpfe** (auch fig.) trump [card]; (Farbe) trumps pl.; ~ **sein** (fig.) (Mode sein) be the in thing

trumpfen itr. V. play a trump

Trunk der; ~**[e]s**, **Trünke** (geh.) (Getränk) drink; beverage (formal)

Trunkenheit die; ~; drunkenness; ~ **am Steuer** drink-driving

Trunk·sucht die alcoholism no art.

trunk·süchtig Adj. alcoholic; ~ **sein** be an alcoholic

Trupp der; ~**s**, ~**s** troop; (von Arbeitern, Gefangenen) gang; (von Soldaten, Polizisten) squad

Truppe die; ~, ~**n 1** (Einheit der Streitkräfte) unit

2 Pl. (Soldaten) troops

3 (Streitkräfte) [armed] forces pl.; (Heer) army

4 (Gruppe von Schauspielern, Artisten) troupe; (von Sportlern) squad

Trut·hahn der turkey [cock]

tschau Interj. (ugs.) ciao (infml)

Tscheche der; ~**n**, ~**n** Czech

Tschechien (das); ~**s** Czech Republic

Tschechin die; ~, ~**nen** Czech

tschechisch Adj. Czech

Tschechoslowakei die; ~ (hist.) Czechoslovakia no art.

tschechoslowakisch Adj. (hist.) Czechoslovak[ian]

Tschetschene /tʃɛˈtʃeːnə/ der; ~**n**, ~**n** Chechen; **die** ~**n** the Chechen[s]

Tschetschenien /tʃɛˈtʃeːnjən/ das; ~**s** Chechenia; Chechnya

Tschetschenin /tʃɛˈtʃeːnɪn/ die; ~, ~**nen** Chechen

tschetschenisch Adj. Chechen

tschüs Interj. (ugs.) bye (infml)

Tsd. Abk. = **Tausend**

T-Shirt /ˈtiːʃəːt/ das; ~**s**, ~**s** T-shirt

---

* alte Schreibung—vgl. Hinweis auf S. x

t

Tsunami /tsuˈnaːmi/ *der*; ~[s], ~s tsunami
Tube *die*; ~, ~n tube
Tuberkulose *die*; ~, ~n (Med.) tuberculosis *no art.*
Tuch *das*; ~[e]s, **Tücher** *od.* ~e **1** *Pl.* **Tücher** cloth; (Kopf-, Halstuch) scarf **2** *Pl.* ~e (Gewebe) cloth
Tuch·fühlung *die* (scherzh.) physical contact
tüchtig **A** *Adj.* **1** efficient; (fähig) capable, competent (**in** + *Dat.* at)
2 (ugs.) (beträchtlich) sizeable <*piece, portion*>; big <*gulp*>; hearty <*eater, appetite*>
B *adv.* **1** efficiently; (fähig) competently
2 (ugs.) (sehr) really <*cold, warm*>; <*snow, rain*> good and proper (infml); <*eat*> heartily
Tüchtigkeit *die*; ~; efficiency; (Fähigkeit) ability; competence; (Fleiß) industry
Tücke *die*; ~, ~n **1** (Hinterhältigkeit) deceit[fulness]; (List) guile
2 ([verborgene] Gefahr/Schwierigkeit) [hidden] danger/difficulty
tuckern *itr. V.*; mit Richtungsangabe mit sein chug
tückisch **A** *Adj.* **1** (hinterhältig) wily; (betrügerisch) deceitful
2 (gefährlich) treacherous <*bend, slope, spot, etc.*>
B *adv.* craftily
tüfteln *itr. V.* (ugs.) fiddle (**an** + *Dat.* with); do finicky work (**an** + *Dat.* on); (geistig) rack one's brains (**an** + *Dat.* over)
Tugend *die*; ~, ~en virtue
tugendhaft **A** *Adj.* virtuous
B *adv.* virtuously
Tüll *der*; ~s, ~e tulle
Tülle *die*; ~, ~n (bes. nordd.) spout
Tulpe *die*; ~, ~n tulip
tummeln *refl. V.* romp [about]
Tummel·platz *der* (auch fig.) playground
Tumor *der*; ~s, ~en (Med.) tumour
Tümpel *der*; ~s, ~; pond
Tumult *der*; ~[e]s, ~e tumult; commotion; (Protest) uproar
⚬ **tun** **A** *unr. tr. V.* **1** do; **so etwas tut man nicht** that is just not done; **[etwas] mit etw./jmdm. zu ~ haben** be concerned with sth/have dealings with sb
2 (als Funktionsverb) make <*remark, catch, etc.*>; take <*step, jump*>; do <*deed*>
3 (bewirken) work, perform <*miracle*>
4 (antun) **jmdm. etw.** ~ do sth to sb
5 es ~ (ugs.) (genügen) be good enough
6 (ugs.) (irgendwohin bringen) put
B *unr. itr. V.* **1** (ugs.) (funktionieren) work
2 freundlich/geheimnisvoll ~ pretend to be or (infml) act friendly/act mysteriously
C *unr. refl. V.*; (unpers.) **es hat sich einiges getan** quite a bit has happened
Tünche *die*; ~, ~n distemper; wash; [weiße] ~ whitewash
tünchen *tr. (auch itr.) V.* distemper; **weiß** ~ whitewash

Tunell *das*; ~s, ~s (südd., österr., schweiz.)
▸ **Tunnel**
tunen /ˈtjuːnən/ *tr. V.* (Kfz-W.) tune
Tuner /ˈtjuːnɐ/ *der*; ~s, ~ **1** (Elektronik) tuner **2** (Kfz-W.) tuner; tuning expert
Tunesien /tuˈneːzjən/ (das); ~s Tunisia
tunesisch *Adj.* Tunisian
Tunke *die*; ~, ~n (bes. ostmd.) sauce; (Bratensoße) gravy
tunken *tr. V.* (bes. ostmd.) dip
tunlichst *Adv.* (geh.) **1** (möglichst) as far as possible
2 (unbedingt) at all costs
Tunnel *der*; ~s, ~ *od.* ~s tunnel
tupfen *tr. V.* **1** dab
2 (mit Tupfen versehen) dot
Tupfen *der*; ~s, ~; dot; (größer) spot
Tupfer *der*; ~s, ~ (Med.) swab
⚬ **Tür** *die*; ~, ~en door; (Garten~) gate; **an die ~ gehen** (öffnen) [go and] answer the door; **vor die ~ gehen** go outside
Turban *der*; ~s, ~e turban
Turbine *die*; ~, ~n turbine
turbulent **A** *Adj.* (auch fachspr.) turbulent
B *adv.* (auch fachspr.) turbulently
Turbulenz *die*; ~, ~en (auch Physik, Astron., Met.) turbulence *no pl.*
Tür·griff *der* door handle
Türke *der*; ~n, ~n Turk
Türkei *die*; ~; Turkey *no art.*
türken *tr. V.* (ugs.) fake <*scene, letter, document, etc.*>; make up <*story, report*>
Türkin *die*; ~, ~nen Turk
türkis *indekl. Adj.* turquoise
Türkis *der*; ~es, ~e turquoise
türkisch *Adj.* Turkish
Tür·klinke *die* door handle
Turm *der*; ~[e]s, **Türme** **1** tower; (spitzer Kirchturm) spire; steeple
2 (Schach) rook
3 (Sprungturm) diving platform
Türmchen *das*; ~s, ~; turret
türmen[1] **A** *tr. V.* (stapeln) stack up; (häufen) pile up
B *refl. V.* be piled up; <*clouds*> gather
türmen[2] *itr. V.*; mit sein (salopp) scarper (BrE infml)
Turm·falke *der* kestrel
turnen **A** *itr. V.* do gymnastics; (Schulw.) do gym
B *tr. V.* do, perform <*exercise, routine*>
Turnen *das*; ~s gymnastics *sing., no art.*; (Schulw.) gym *no art.*; PE *no art.*
Turner *der*; ~s, ~, **Turnerin** *die*; ~, ~nen gymnast
Turn-: ~**halle** *die* gymnasium; ~**hemd** *das* [gym] singlet; ~**hose** *die* gym shorts *pl.*
Turnier *das*; ~s, ~e (auch hist.) tournament; (Reitturnier) show; (Tanzturnier) competition
Turn·schuh *der* gym shoe

t

Turnus der; ∼, ∼se regular cycle
Turn·verein der gymnastics club
Tür-: ∼**öffner** der door-opener; ∼**rahmen**
der door frame
turteln itr. V. (scherzh.) (zärtlich sein) bill and coo
Tusch der; ∼[e]s, ∼e fanfare
Tusche die; ∼, ∼n Indian (BrE) or (AmE)
India ink
Tuschelei die; ∼, ∼en 1 (das Tuscheln)
whispering
2 (Äußerung) whisper
tuscheln itr., tr. V. whisper
Tussi die; ∼, ∼s (salopp) female (derog.)
Tüte die; ∼, ∼n bag
tuten itr. V. hoot; ‹siren,[fog]horn› sound
Tutor der; ∼s, ∼en, **Tutorin** die; ∼, ∼nen
(Päd.) tutor
TV /teˈfau̯/ der (Fernsehen, Fernseher) TV
tweeten /ˈtviːtn̩/ tr., itr. V. (Jargon) tweet

Tycoon /taiˈkuːn/ der; ∼s, ∼s tycoon
ơ **Typ** der; ∼s, ∼en 1 type
2 Gen. auch ∼en (ugs.) (Mann) bloke (BrE infml)
Type die; ∼, ∼n (Druck-, Schreibmaschinentype)
type
Typhus der; ∼; typhoid [fever]
ơ **typisch** Ａ Adj. typical (für of)
Ｂ adv. typically
Typographie die; ∼, ∼n (Druckw.)
typography
typographisch (Druckw.) Ａ Adj.
typographical
Ｂ adv. typographically
Tyrann der; ∼en, ∼en (auch fig.) tyrant
Tyrannei die; ∼, ∼en (auch fig.) tyranny
Tyrannin die; ∼, ∼nen ▸ Tyrann
tyrannisch Ａ Adj. tyrannical
Ｂ adv. tyrannically
tyrannisieren tr. V. tyrannize

Uu

u, U /uː/ das; ∼, ∼; u/U
u. Abk. = **und**
ü, Ü /yː/ das; ∼, ∼; u umlaut
U-Bahn die underground (BrE); subway
(AmE); (bes. in London) tube
U-Bahnhof der; **U-Bahn-Station** die
underground station (BrE); subway station
(AmE); (bes. in London) tube station
übel Adj. 1 foul, nasty ‹smell, weather›;
bad, nasty ‹headache, cold, taste›; nasty
‹consequences, situation›; sorry ‹state,
affair›; foul, (infml) filthy ‹mood›; **nicht** ∼
(ugs.) not bad at all
2 (unwohl) **jmdm. ist/wird** ∼ sb feels sick
3 (verwerflich) bad; wicked; nasty, dirty ‹trick›
4 **jmdm. etw.** ∼ **nehmen** hold sth against sb;
etw. ∼ **nehmen** take offence at sth
Übel das; ∼s, ∼; evil
Übelkeit die; ∼, ∼en nausea
**übel|nehmen ▸ übel 4
Übel·täter der, **Übel·täterin** die
wrongdoer
üben tr. V. 1 (auch itr.) practise; rehearse
‹scene, play›; practise on ‹musical instrument›
2 (trainieren, schulen) exercise ‹fingers›; train
‹memory›
ơ **über** Ａ Präp.; mit Dat. 1 (Lage, Standort) over;

above; (in einer Rangfolge) above; ∼ jmdm.
wohnen live above sb; **zehn Grad** ∼ **Null** ten
degrees above zero; **sie trug eine Jacke** ∼
dem Kleid she wore a jacket over her dress
2 (während) during; ∼ **dem Lesen/der Arbeit
einschlafen** fall asleep over one's book/
magazine etc./ over one's work
Ｂ Präp.; mit Akk. 1 (Richtung) over; (quer
hinüber) across; ∼ **Ulm nach Stuttgart** via Ulm
to Stuttgart
2 (während) over; (für die Dauer von) for
3 (betreffend) about; ∼ **etw. reden/schreiben**
talk/write about sth; **ein Scheck/eine Rechnung**
∼ **100 Euro** a cheque/bill for 100 euros
4 **Kinder** ∼ **10 Jahre** children over ten [years
of age]
Ｃ Adv. 1 (mehr als) over
2 ∼ **und** ∼ all over
ơ **über·all** /od. --ˈ-/ Adv. 1 everywhere
2 (bei jeder Gelegenheit) always
überall-: ∼**her** Adv. from all over the place;
∼**hin** Adv. everywhere
Über·angebot das surplus (an + Dat. of);
(Schwemme) glut (an + Dat. of)
über·anstrengen tr. V. ich
**überanstrenge, überanstrengt, zu
überanstrengen** overtax ‹person, energy›;
strain ‹eyes, nerves, heart›; **sich** ∼ overexert
oneself
über·arbeiten Ａ tr. V. rework; revise ‹text,
edition›

ơ key word
* old spelling—see note on page x

B *refl. V.* overwork

über·aus *Adv.* (geh.) extremely

über·backen *unr. tr. V.* etw. mit Käse *usw.* ~ top sth with cheese *etc.* and brown it lightly [under the grill/in a hot oven]

Über·bein *das* (Med.) ganglion

überbelichten *tr. V.* ich überbelichte, überbelichtet, überzubelichten (Fot.) overexpose

über·bieten *unr. tr. V.* **1** outbid (**um** by) **2** (übertreffen) surpass; outdo ‹*rival*›; break ‹*record*› (**um** by); exceed ‹*target*› (**um** by)

✏ **Über·blick** *der* **1** view; einen guten ~ über etw. (*Akk.*) haben have a good view over sth **2** (Abriss) survey **3** (Einblick) overall view

über·blicken *tr. V.* ▶ übersehen

über·bringen *unr. tr. V.* deliver; convey ‹*greetings, congratulations*›

über·brücken *tr. V.* bridge ‹*gap, gulf*›; reconcile ‹*difference*›

Überbrückung *die*; ~, ~en (fig.) bridging; (von Gegensätzen) reconciliation

über·buchen *tr. V.* overbook

überdacht *Adj.* covered ‹*terrace, station platform, etc.*›

über·dauern *tr. V.* survive ‹*war, separation, hardship*›

über·dehnen *tr. V.* overstretch; strain ‹*muscle*›

über·dies *Adv.* moreover

Über·dosis *die* overdose

Über·druck *der*; *Pl.* **Überdrücke** excess pressure

Überdruss, *Überdruß der*; **Überdrusses** surfeit (**an** + *Dat.* of)

überdrüssig *Adj.* jmds./einer Sache ~ sein/ werden be/grow tired of sb/sth

über·eignen *tr. V.* jmdm. etw. ~ transfer sth *or* make sth over to sb

Über·eignung *die* transfer (**an** + *Akk.* to)

über·eilen *tr. V.* rush; übereilt overhasty

über·einander *Adv.* **1** one on top of the other; Holzscheite *usw.*: ~ legen lay pieces of wood *etc.* one on top of the other; Arme/ Beine ~ schlagen fold one's arms/cross one's legs **2** ‹*talk etc.*› about each other

*übereinander|legen *usw.* ▶ übereinander 1

Überein·kommen *das*; ~s, ~, **Übereinkunft** *die*; ~, **Übereinkünfte** agreement

überein|kommen *unr. itr. V.*; *mit sein* agree; come to an agreement

überein|stimmen *itr. V.* **1** (einer Meinung sein) agree (**in** + *Dat.* on) **2** (sich gleichen) ‹*colours, styles*› match; ‹*figures, statements, reports, results*› tally, agree; ‹*views, opinions*› coincide

Überein·stimmung *die* agreement (**in** + *Dat.* on (*Gen.* between)

über·empfindlich **A** *Adj.* oversensitive (**gegen** to); (Med.) hypersensitive (**gegen** to) **B** *adv.* oversensitively; (Med.) hypersensitively

Über·empfindlichkeit *die* oversensitivity (**gegen** to); (Med.) hypersensitivity (**gegen** to)

über|fahren¹ **A** *unr. tr. V.* jmdn. ~ ferry *or* take sb over **B** *unr. itr. V.*; *mit sein* cross over

über·fahren² *unr. tr. V.* **1** run over **2** (hinwegfahren über) cross; go over ‹*crossroads*›

Über·fahrt *die* crossing (**über** + *Akk.* of)

Über·fall *der* attack (**auf** + *Akk.* on); (aus dem Hinterhalt) ambush (**auf** + *Akk.* on); (mit vorgehaltener Waffe) hold-up; (auf eine Bank o. Ä.) raid (**auf** + *Akk.* on)

über·fallen *unr. tr. V.* **1** attack; raid ‹*bank, enemy position, village, etc.*›; (hinterrücks) ambush; (mit vorgehaltener Waffe) hold up **2** (überkommen) ‹*tiredness, homesickness, fear*› come over

über·fällig *Adj.* overdue

über·fischen *tr. V.* overfish

über·fliegen *unr. tr. V.* **1** fly over; overfly (formal) **2** (flüchtig lesen) skim [through]

über·flügeln *tr. V.* outshine; outstrip

Über·fluss, *Über·fluß der* abundance (**an** + *Dat.* of); (Wohlstand) affluence

über·flüssig *Adj.* superfluous; unnecessary ‹*purchase, words, work*›

über·fluten *tr. V.* (auch fig.) flood

Über|flutung *die*; ~, ~en (auch fig.) flooding

über·fordern *tr. V.* jmdn. [mit etw.] ~ overtax sb [with sth]; ask *or* demand too much of sb [with sth]

über·fragen *tr. V.* da bin ich überfragt I don't know the answer to that

über·fremden *tr. V.* überfremdet werden/ sein ‹*country*› be dominated [by foreign influences]

Über·fremdung *die*; ~, ~en domination [by foreign influences]

über·frieren *unr. itr. V.*; *mit sein* freeze over; ~de Nässe black ice

über|führen¹ *tr. V.* transfer

über·führen² *tr. V.* **1** ▶ überführen¹ **2** jmdn. [eines Verbrechens] ~ find sb guilty [of a crime]; convict sb [of a crime]

Über·führung *die* **1** transfer **2** (eines Verdächtigen) conviction **3** (Brücke) bridge; (Hochstraße) overpass; (für Fußgänger) [foot]bridge

über·füllt *Adj.* crammed full (**von** with); (mit Menschen) overcrowded (**von** with); oversubscribed ‹*course*›

Über·gabe *die* **1** handing over (**an** + *Akk.* to); (von Macht) handing over **2** (Auslieferung an den Gegner) surrender (**an** + *Akk.* to)

u

Über·gang *der* **1** crossing
2 (Stelle zum Überqueren) crossing;
(Bahnübergang) level crossing (BrE); grade
crossing (AmE); (Grenzübergang) crossing point
3 (Wechsel, Überleitung) transition (**zu, auf**
+ *Akk.* to)
über·geben A *unr. tr. V.* **1** hand over; pass
<*baton*>
2 (übereignen) transfer, make over (*Dat.* to)
3 (ausliefern) surrender (*Dat., an* + *Akk.* to
4 eine Straße dem Verkehr ~ open a road
to traffic
B *unr. refl. V.* (sich erbrechen) vomit
über|gehen¹ *unr. itr. V.; mit sein* **1** pass
2 zu etw. ~ go over to sth
3 in etw. (*Akk.*) ~ (zu etw. werden) turn into
sth
über·gehen² *unr. tr. V.* **1** (nicht beachten)
ignore
2 (auslassen, überspringen) skip [over]
3 (nicht berücksichtigen) pass over
über·geordnet *Adj.* higher <*court,
authority, position*>; greater <*significance*>;
superordinate <*concept*>
Über·gewicht *das* **1** excess weight
2 (fig.) predominance
über·gewichtig *Adj.* overweight
über·glücklich *Adj.* blissfully happy;
(hocherfreut) overjoyed
über|greifen *unr. itr. V.* auf etw. (*Akk.*) ~
spread to sth
Über·griff *der* (unrechtmäßiger Eingriff)
encroachment (**auf** + *Akk.* on); infringement
(**auf** + *Akk.* of); (Angriff) attack (**auf** + *Akk.* on)
Über·größe *die* outsize
überhand ~ **nehmen** get out of hand;
<*attacks, muggings, etc.*> increase alarmingly;
<*weeds*> run riot
über|hängen *tr. V.* sich (*Dat.*) eine Jacke
~ put a jacket round one's shoulders; sich
(*Dat.*) das Gewehr/die Tasche ~ hang the
rifle/bag over one's shoulder
über·häufen *tr. V.* jmdn. mit etw. ~ heap *or*
shower sth on sb
⚡ **überhaupt** *Adv.* **1** in general
2 ~ **nicht** not at all; ~ **keine Zeit haben** have
no time at all; ~ **nichts** nothing at all
überheblich A *Adj.* arrogant; supercilious
<*grin*>
B *adv.* arrogantly; <*grin*> superciliously
Überheblichkeit *die;* ~; arrogance
über·holen A *tr. V.* **1** overtake (esp. BrE);
pass (esp. AmE)
2 (übertreffen) outstrip
3 (wieder instand setzen) overhaul
B *itr. V.* overtake (esp. BrE); pass (esp. AmE)
Überholspur *die* overtaking lane (esp. BrE);
pass lane (esp. AmE)
überholt *Adj.* (veraltet) outdated

Überholung *die;* ~, ~en overhaul
Überhol·verbot *das* ban on overtaking
über·hören *tr. V.* not hear
über·irdisch A *Adj.* celestial; heavenly;
(übernatürlich) supernatural
B *adv.* celestially; (übernatürlich)
supernaturally
über|kochen *itr. V.; mit sein* (auch fig. ugs.)
boil over
über·kommen *unr. tr. V.* **Mitleid/Ekel/
Furcht überkam mich** I was overcome by
pity/revulsion/fear
über·laden *unr. tr. V.* (auch fig.) overload
über·lassen *unr. tr. V.* **1** jmdm. etw. ~ let
sb have sth
2 sich (*Dat.*) **selbst** ~ **sein** be left to one's
own devices
3 etw. jmdm. ~ (etw. jmdn. entscheiden/tun lassen)
leave sth to sb
über·lasten *tr. V.* overload; overtax
<*person*>; (mit Arbeit) overwork <*person*>
Über·lauf *der* overflow
über|laufen¹ *unr. itr. V.; mit sein* **1** overflow
2 (auf die gegnerische Seite überwechseln) defect;
<*partisan*> go over to the other side
über·laufen² *unr. tr. V.* seize; **ein Frösteln/
Schauer überlief mich, es überlief mich
[eis]kalt** a cold shiver ran down my spine
überlaufen³ *Adj.* overcrowded
Über·läufer *der,* **Über·läuferin** *die*
(auch fig.) defector
über·leben *tr. V.* survive
Über·lebende *der/die adj. Dekl.* survivor
über|legen¹ *tr. V.* jmdm. etw. ~ put sth
over sb
⚡ **über·legen²** A *tr. V.* consider; think about;
es sich anders ~ change one's mind
B *itr. V.* think
überlegen³ A *Adj.* **1** superior; clear,
convincing <*win, victory*>; **jmdm.** ~ **sein** be
superior to sb (**an** + *Dat.* in)
2 (herablassend) supercilious
B *adv.* **1** in a superior manner; <*play*> much
the better; <*win, argue*> convincingly
2 (herablassend) superciliously
Überlegenheit *die;* ~; superiority
überlegt A *Adj.* carefully considered
B *adv.* in a carefully considered way
Überlegung *die;* ~, ~en **1** thought
2 (Gedanke) idea; ~en (Gedankengang)
thoughts
über·liefern *tr. V.* hand down
Über·lieferung *die* tradition
überlisten *tr. V.* outwit
überm *Präp.;* + *Art.* = über dem
Über·macht *die* superior strength;
(zahlenmäßig) superior numbers *pl.*
über·mannen *tr. V.* overcome
Über·maß *das* excessive amount, excess
(**an** + *Dat.* of)
über·mäßig A *Adj.* excessive

B *adv.* excessively
über·menschlich *Adj.* superhuman
über·mitteln *tr. V.* send; (als Mittler weitergeben) pass on, convey ‹*greetings, regards, etc.*›
über·morgen *Adv.* the day after tomorrow
über·müden *tr. V.* overtire; **übermüdet** overtired, exhausted
Übermüdung *die*; ~; overtiredness; exhaustion
Über·mut *der* high spirits *pl.*
übermütig **A** *Adj.* high-spirited
   B *adv.* high-spiritedly
über·nächst... *Adj.* im ~en Jahr, ~es Jahr the year after next; am ~en Tag two days later
über·nachten *itr. V.* stay overnight
übernächtigt *Adj.* ‹*person*› tired *or* worn out [through lack of sleep]; tired ‹*face, look, etc.*›
Übernachtung *die*; ~, ~en overnight stay; ~ und Frühstück bed and breakfast
Übernahme *die*; ~ (von Waren *or* einer Sendung) taking delivery *no art.*; (einer Idee usw.) adoption, taking over *no indef. art.*; (der Macht, einer Praxis usw.) takeover
über·natürlich *Adj.* supernatural
⓯ **über·nehmen** **A** *unr. tr. V.* **1** take delivery of ‹*goods, consignment*›; take over ‹*power, practice, business, etc.*›; take on ‹*job, position, etc.*›; undertake to pay ‹*costs*›
   2 (sich zu Eigen machen) adopt ‹*ideas, methods, subject, etc.*› (von from); borrow ‹*word, phrase*› (von from)
   B *unr. refl. V.* overdo things *or* it; **sich mit etw.** ~ take on too much with sth
Über·produktion *die* (Wirtsch., Med.) overproduction
⓯ **über·prüfen** *tr. V.* check (auf + *Akk.* for); review ‹*issue, situation, results*›
Über·prüfung *die* **1** checking *no indef. art.* (auf + *Akk.* for)
   2 (Kontrolle) check; (einer Lage, Frage usw.) review
über·queren *tr. V.* cross
über·ragen *tr. V.* **1** jmdn./etw. ~ tower above sb/sth
   2 (übertreffen) jmdn. an etw. (*Dat.*) ~ be head and shoulders above sb in sth
überragend **A** *Adj.* outstanding
   B *adv.* outstandingly
über·raschen *tr. V.* surprise
Überraschung *die*; ~, ~en surprise
über·reden *tr. V.* persuade
Überredung *die*; ~; persuasion
über·regional **A** *Adj.* national ‹*newspaper, radio station*›
   B *adv.* nationally
über·reichen *tr. V.* [jmdm.] etw. ~ present sth [to sb]
Überreichung *die*; ~; presentation
über·reif *Adj.* over-ripe

über·rumpeln *tr. V.* jmdn. ~ take sb by surprise
über·runden *tr. V.* **1** (Sport) lap
   2 (übertreffen) outstrip
übers *Präp.*; + *Art.* = über das
über·sättigen *tr. V.* supersaturate ‹*solution*›; glut ‹*market*›; satiate ‹*public*›
Überschall-: ~**flugzeug** *das* supersonic aircraft; ~**geschwindigkeit** *die* supersonic speed
über·schatten *tr. V.* overshadow; cast its/their shadow over; (fig.) cast a shadow over
über·schätzen *tr. V.* overestimate; overrate ‹*artist, talent, etc.*›
Über·schätzung *die* ▶ überschätzen overestimation; overrating
überschaubar *Adj.* eine ~e Menge/Zahl a manageable quantity/number
über·schauen *tr. V.* ▶ übersehen
Über·schlag *der* **1** rough calculation *or* estimate
   2 (Turnen) handspring
über|schlagen¹ **A** *unr. tr. V.* die Beine ~ cross one's legs
   B *unr. itr. V.*; mit sein ‹*wave*› break
über·schlagen² **A** *unr. tr. V.* **1** skip ‹*chapter, page, etc.*›
   2 (ungefähr berechnen) calculate *or* estimate roughly
   B *unr. refl. V.* go head over heels; ‹*car*› turn over
über|schnappen *itr. V.*; mit sein (ugs.) go crazy
über·schneiden *unr. refl. V.* cross, intersect; (fig.) overlap
über·schreiben *unr. tr. V.* **1** entitle; head ‹*chapter, section*›
   2 etw. jmdm. *od.* auf jmdn. ~ transfer sth to sb
   3 (DV) overwrite
über·schreiten *unr. itr. V.* cross; (fig.) exceed
Über·schrift *die* heading; (in einer Zeitung) headline; (Titel) title
Über·schuss, ***Über·schuß** *der* surplus (an + *Dat.* of)
überschüssig *Adj.* surplus
über·schütten *tr. V.* cover
Überschwang *der*; ~[e]s exuberance
über·schwänglich **A** *Adj.* effusive ‹*words etc.*›; wild ‹*joy, enthusiasm*›
   B *adv.* effusively
über·schwemmen *tr. V.* (auch fig.) flood
Überschwemmung *die*; ~, ~en flood; (das Überschwemmen) flooding *no pl.*
***über·schwenglich** ▶ überschwänglich
Über·see aus *od.* von ~ from overseas; in/nach ~ overseas
über·sehen *unr. tr. V.* **1** look out over
   2 (abschätzen) assess ‹*damage, situation, consequences, etc.*›

u

3 (nicht sehen) overlook; miss; miss <*turning, signpost*>
4 (ignorieren) ignore
über·senden *unr. (auch regelm.) tr. V.* send
über|setzen[1] **A** *tr. V.* ferry over
B *itr. V.; auch mit sein* cross [over]
♂ **über·setzen**[2] *tr., itr. V.* (auch fig.) translate
Über·setzer *der*, **Übersetzerin** *die*; ~,
~nen translator
♂ **Übersetzung** *die*; ~, ~en translation
Über·sicht *die* **1** overall view, overview
(**über** + *Akk.* of)
2 (Darstellung) survey; (Tabelle) summary
über·sichtlich A *Adj.* clear; <*crossroads*>
which allows a clear view
B *adv.* clearly
Übersichtlichkeit *die*; ~; clarity; (einer
Kreuzung) clear layout
über|siedeln, **über·siedeln** *itr. V.; mit
sein* move (**nach** to)
Über·siedler *der*, **Über·siedlerin** *die*
migrant
überspannt *Adj.* exaggerated <*ideas,
behaviour, gestures*>; extreme <*views*>;
inflated <*demands, expectations*>
über·spielen *tr. V.* **1** (hinweggehen über) cover
up; smooth over <*difficult situation*>
2 (aufnehmen) [auf ein Tonband] ~ transfer
<*record*> to tape; put <*record*> on tape
über·spitzen *tr. V.* etw. ~ push *or* carry
sth too far
über·springen *unr. tr. V.* **1** jump <*obstacle*>
2 (auslassen) miss out
über|stehen[1] *unr. itr. V.* (südd., österr., schweiz.
mit sein) jut out
über·stehen[2] *unr. tr. V.* come through
<*danger, war, operation*>; get over <*illness*>
über·steigen *unr. tr. V.* **1** climb over
2 (fig.) exceed
über·stimmen *tr. V.* outvote
über|streifen *tr. V.* [sich (*Dat.*)] etw. ~ slip
sth on
über|stülpen *tr. V.* pull on <*hat etc.*>
Über·stunde *die* ~n machen do overtime
über·stürzen A *tr. V.* rush
B *refl. V.* rush; (rasch aufeinander folgen)
<*events, news, etc.*> come thick and fast
überstürzt A *Adj.* hurried <*escape,
departure*>; overhasty <*decision*>
B *adv.* <*decide, act*> overhastily; <*depart*>
hurriedly
Über·titel *der* surtitle
über·tölpeln *tr. V.* dupe; con (infml)
über·tönen *tr. V.* drown out
Übertrag *der*; ~[e]s, **Überträge** (bes.
Buchf.) carry-over
über·tragbar *Adj.* transferable (**auf** + *Akk.*
to); (auf etw. anderes anwendbar) applicable

(**auf** + *Akk.* to); (übersetzbar) translatable;
(ansteckend) infectious <*disease*>
♂ **über·tragen** *unr. tr. V.* **1** transfer (**auf** +
Akk. to); transmit <*power, torque, etc.*> (**auf**
+ *Akk.* to); communicate <*disease, illness*>
(**auf** + *Akk.* to); carry over <*subtotal*>; (auf
etw. anderes anwenden) apply (**auf** + *Akk.* to);
(übersetzen) translate
2 (senden) broadcast <*concert, event, match,
etc.*>; (im Fernsehen) televise
3 (geben) jmdm. Aufgaben/Pflichten *usw.* ~
hand over tasks/duties *etc.* to sb; (anvertrauen)
entrust sb with tasks/duties *etc.*
Übertragung *die*; ~, ~en **1** ▶ übertragen 1
transference; transmission; communication;
carrying over; application; translation
2 (das Senden) broadcasting; (Sendung)
broadcast; (im Fernsehen) televising/television
broadcast
über·treffen *unr. tr. V.* **1** surpass, outdo
(**an** + *Dat.* in); break <*record*>
2 (übersteigen) exceed
über·treiben *unr. tr. V.* **1** auch itr. exaggerate
2 (zu weit treiben) overdo
Übertreibung *die*; ~, ~en exaggeration
über|treten[1] *unr. itr. V.; mit sein* change
sides; **zum Katholizismus/Islam** ~ convert to
Catholicism/Islam
über·treten[2] *unr. tr. V.* contravene <*law*>;
violate <*regulation, prohibition*>
Übertretung *die*; ~, ~en **1** ▶ übertreten[2]
contravention; violation
2 (Vergehen) misdemeanour
übertrieben *Adj.* **A** exaggerated; (übermäßig)
excessive <*care, thrift, etc.*>
B *adv.* excessively
Über·tritt *der* change of allegiance, switch
(**zu** to); (Rel.) conversion (**zu** to)
über·trumpfen *tr. V.* outdo
über·tünchen *tr. V.* cover with whitewash;
(fig.) cover up
über·vorteilen *tr. V.* cheat
über·wachen *tr. V.* keep under surveillance
<*suspect, agent, area, etc.*>; supervise
<*factory, workers, process*>; control <*traffic*>;
monitor <*progress, production process,
experiment, patient*>
Überwachung *die*; ~, ~en ▶ überwachen
surveillance; supervision; controlling;
monitoring
über·wältigen *tr. V.* **1** overpower
2 (fig.) <*sleep, emotion, fear, etc.*> overcome;
<*sight, impressions, beauty, etc.*> overwhelm
überwältigend A *Adj.* overwhelming
<*sight, impression, victory, majority, etc.*>;
overpowering <*smell*>; stunning <*beauty*>
B *adv.* stunningly <*beautiful*>
über·weisen *unr. tr. V.* **1** transfer <*money*>
(**an, auf** + *Akk.* to)
2 refer <*patient*> (**an** + *Akk.* to)
Über·weisung *die* **1** transfer (**an, auf** +
Akk. to)

♂ key word
* old spelling—see note on page x

u

2 (Summe) remittance
3 (eines Patienten) referral (**an** + *Akk.* to)

✓ **über·wiegend** Ⓐ /*auch* --'--/ *Adj.*
overwhelming
Ⓑ *adv.* mainly

über·winden Ⓐ *unr. tr. V.* overcome; get
past *‹stage›*
Ⓑ *unr. refl. V.* overcome one's reluctance;
sich [dazu] ∼, etw. zu tun bring oneself to
do sth

Über·windung *die* **1** ▸ überwinden A
overcoming; getting past
2 (das Sichüberwinden) es war eine große ∼ für
ihn it cost him a great effort

über·wuchern *tr. V.* overgrow

Über·zahl *die* majority

überzählig *Adj.* surplus

✓ **über·zeugen** Ⓐ *tr. V.* convince
Ⓑ *itr. V.* be convincing

überzeugend Ⓐ *Adj.* convincing
Ⓑ *adv.* convincingly

✓ **überzeugt** *Adj.* convinced

Über·zeugung *die* (feste Meinung) conviction

über|ziehen¹ *unr. tr. V.* pull on

über·ziehen² *unr. tr. V.* **1** etw. mit etw. ∼
cover sth with sth
2 overdraw *‹account›* (um by)

Überziehungs·kredit *der* (Finanzw.)
overdraft facility

überzüchtet *Adj.* overbred; over-
sophisticated *‹engines, systems›*

Überzug *der* **1** (Beschichtung) coating
2 (Bezug) cover

✓ **üblich** *Adj.* usual; (normal) normal;
(gebräuchlich) customary

üblicher·weise *Adv.* usually

U-Boot *das* submarine; sub (infml)

✓ **übrig** *Adj.* remaining *attrib.*; (ander…) other;
alle ∼en Gäste … all the other guests …;
im Übrigen besides; es ist etwas ∼ there is
some left; ∼ bleiben be left; *‹food, drink›*
be left over; ∼ lassen (+ *Akk.*) leave; leave
‹food, drink› over

***übrig|bleiben** ▸ übrig

✓ **übrigens** *Adv.* by the way

***übrig|lassen** ▸ übrig

✓ **Übung** *die*; ∼, ∼en **1** exercise
2 (das Üben, Geübtsein) practice

UdSSR *Abk.*; *die* ∼ (1922–1991) = **Union der
Sozialistischen Sowjetrepubliken**
USSR

Ufer *das*; ∼s, ∼; bank; (des Meers) shore

UG *Abk.* = **Untergeschoss**

Uganda (*das*); ∼s Uganda

✓ **Uhr** *die*; ∼, ∼en **1** clock; (Armband-,
Taschenuhr) watch; (Wasser-, Gasuhr) meter;
(an Messinstrumenten) dial; gauge; **auf die** od.
nach der ∼ sehen look at the time; **rund
um die** ∼ (ugs.) round the clock
2 acht ∼ eight o'clock; wie viel ∼ ist es?
what's the time?; what time is it?

Uhr-: ∼**armband** *das* watch strap;
∼**kette** *die* watch chain; ∼**macher**
der, ∼**macherin** *die* watchmaker/
clockmaker; ∼**werk** *das* clock/watch
mechanism; ∼**zeiger** *der* clock/watch
hand; ∼**zeiger·sinn** *der* im/entgegen dem
∼zeigersinn clockwise/anticlockwise; ∼**zeit**
die time; jmdn. nach der ∼zeit fragen ask sb
the time

Uhu *der;* ∼s, ∼s eagle owl

Ukraine *die*; ∼; Ukraine

Ukrainer *der;* ∼s, ∼, **Ukrainerin** *die;* ∼,
∼**nen** Ukrainian

UKW *Abk.* = **Ultrakurzwelle** VHF

UKW-Sender *der* VHF station; ≈ FM
station

Ulk *der;* ∼s, ∼e lark (infml); (Streich) trick;
[practical] joke

ulkig (ugs.) Ⓐ *Adj.* funny
Ⓑ *adv.* in a funny way

Ulme *die*; ∼, ∼n elm

Ultimatum *das*; ∼s, **Ultimaten** ultimatum

Ultra·kurz·welle *die* ultra-short wave;
(Rundf.) (Wellenbereich) very high frequency;
VHF

Ultra·schall *der* (Physik, Med.) ultrasound

Ultraschall·untersuchung *die* (Med.)
ultrasound examination

ultra·violett *Adj.* ultraviolet

✓ **um** Ⓐ *Präp.; mit Akk.* **1** (räumlich) [a]round; um
die Ecke round the corner
2 (zeitlich) (genau) at; (etwa) around [about]
3 Tag um Tag/Stunde um Stunde day after
day/hour after hour
4 (bei Maß- u. Mengenangaben) by
Ⓑ *Adv.* around; about; um [die]
10 Euro/50 Personen [herum] around *or*
about ten euros/50 people
Ⓒ *Konj.* **1** (final) um … zu [in order] to
2 (konsekutiv) er ist groß genug/ist noch zu
klein, um … zu … he is big enough/is still
too young to …

um|ändern *tr. V.* change; revise *‹text, novel›*;
alter *‹garment›*

um·armen *tr. V.* embrace; (an sich drücken)
hug

Umarmung *die*; ∼, ∼en embrace; hug

Um·bau *der;* ∼[e]s, ∼ten ▸ umbauen
rebuilding; alteration; conversion; (fig.)
reorganization

um|bauen *tr. V., auch itr. V.* rebuild; (leicht
ändern) alter; (zu etw. anderem) convert
(**zu** into); (fig.) reorganize *‹system,
administration, etc.›*

um|benennen *unr. tr. V.* change the name
of; rename

um|biegen Ⓐ *unr. tr. V.* bend
Ⓑ *unr. itr. V.; mit sein* turn

um|binden *unr. tr. V.* put on

um|blättern Ⓐ *tr. V.* turn [over]
Ⓑ *itr. V.* turn the page/pages

um|blicken *refl. V.* **1** look around

u

2 (zurückblicken) [turn to] look back (**nach** at)

um|bringen *unr. tr. V.* kill

Um·bruch *der* **1** radical change; (Umwälzung) upheaval

2 (Druckw.) make-up; (Ergebnis) page proofs *pl.*

um|buchen **A** *tr. V.* change (**auf** + *Akk.* to)
B *itr. V.* change one's booking (**auf** + *Akk.* to)

Um·buchung *die* change of booking

um|datieren *tr. V.* change the date of; redate <*contract, letter, etc.*>

um|denken *unr. itr. V.* revise one's thinking; rethink; **ein Prozess des Umdenkens** a process of rethinking

um|drehen **A** *tr. V.* turn round; turn over <*coin, hand, etc.*>; turn <*key*>
B *refl. V.* turn round; (den Kopf wenden) turn one's head
C *itr. V.; auch mit sein* (ugs.) (umkehren) turn back; (ugs.) (wenden) turn round

Um·drehung *die* turn; (eines Motors usw.) revolution; rev (infml)

um·einander *Adv.* sich ~ kümmern/sorgen take care of/worry about each other *or* one another

um|fahren¹ *unr. tr. V.* knock down

um·fahren² *unr. tr. V.* go round; make a detour round <*obstruction etc.*>; (im Auto) drive round; (im Schiff) sail round; (auf einer Umgehungsstraße) bypass <*town, village, etc.*>

um|fallen *unr. itr. V.; mit sein* **1** fall over
2 (zusammenbrechen) collapse; **tot** ~ fall down dead

⚬ **Um·fang** *der* **1** circumference; (eines Quadrats usw.) perimeter; (eines Baums, Menschen usw.) girth
2 (Größe) size
3 (Ausmaß) extent

⚬ **umfang·reich** *Adj.* extensive; substantial <*book*>

⚬ **um·fassen** *tr. V.* **1** grasp; (umarmen) embrace
2 (enthalten) contain; (einschließen) include; span, cover <*period*>

⚬ **umfassend** **A** *Adj.* full <*reply, information, survey, confession*>; extensive, wide <*knowledge, powers*>
B *adv.* <*inform*> fully

Um·feld *das* (Psych., Soziol.) milieu

um|formen *tr. V.* reshape; revise <*poem, novel*>; transform <*person*>

Um·frage *die* survey; (Politik) opinion poll

um|füllen *tr. V.* **etw. in etw.** (*Akk.*) ~ transfer sth into sth

um|funktionieren *tr. V.* change the function of; **etw. zu etw.** ~ turn sth into sth

⚬ **Um·gang** *der* **1** (gesellschaftlicher Verkehr) contact
2 (das Umgehen) **den** ~ **mit Pferden lernen** learn how to handle horses

umgänglich *Adj.* affable; (gesellig) sociable

⚬ key word
* alte Schreibung—vgl. Hinweis auf S. x

Umgangs-: ~**form** *die* gute/schlechte/keine ~**formen haben** have good/bad/no manners; ~**sprache** *die* colloquial language

um·garnen *tr. V.* beguile

um·geben *unr. tr. V.* **1** surround; <*hedge, fence, wall, etc.*> enclose
2 etw. mit etw. ~ surround sth with sth; (einfrieden) enclose sth with sth

⚬ **Umgebung** *die*; ~, ~**en** surroundings *pl.*; (Nachbarschaft) neighbourhood; (eines Ortes) surrounding area

um|gehen¹ *unr. itr. V.; mit sein* **1** (im Umlauf sein) <*list, rumour, etc.*> go round, circulate; <*illness, infection*> go round
2 (spuken) **hier geht ein Gespenst um** this place is haunted
3 (behandeln) **mit jmdm. freundlich/liebevoll** usw. ~ treat sb kindly/lovingly etc.; **er kann mit Geld nicht** ~ he can't handle money

um·gehen² *unr. tr. V.* **1** go round; make a detour round; (auf einer Umgehungsstraße) bypass <*town etc.*>
2 (vermeiden) avoid; evade <*question, issue*>
3 (nicht befolgen) circumvent <*law, restriction, etc.*>; evade <*obligation, duty*>

umgehend **A** *Adj.* immediate
B *adv.* immediately

Umgehung *die*; ~, ~**en** **1** durch ~ der **Innenstadt** by bypassing *or* avoiding the town centre
2 ▸ umgehen² 3 circumvention; evasion

Umgehungs·straße *die* bypass

umgekehrt **A** *Adj.* inverse <*ratio, proportion*>; reverse <*order*>; opposite <*sign*>
B *adv.* inversely <*proportional*>; **vom Englischen ins Deutsche und** ~ **übersetzen** translate from English into German and vice versa

um|gestalten *tr. V.* reshape; remodel; redesign <*square, park, room, etc.*>

um|graben *unr. tr. V.* dig over

Um·hang *der* cape

um|hängen *tr. V.* **1** etw. ~ hang sth somewhere else
2 jmdm./sich einen Mantel/eine Decke ~ drape a coat/blanket round sb's/one's shoulders

um|hauen *unr. tr. V.* fell; (fig.) knock down

um·her *Adv.* around

umher|ärgern usw. ▸ herumärgern usw.

um|hören *refl. V.* keep one's ears open; (direkt fragen) ask around

um·jubeln *tr. V.* cheer

um|kehren **A** *itr. V.; mit sein* turn back
B *tr. V.* turn upside down; turn over <*sheet of paper*>; (nach links drehen) turn <*garment etc.*> inside out; (nach rechts drehen) turn <*garment etc.*> right side out

um|kippen **A** *itr. V.* fall over; <*boat*> capsize, turn over; <*vehicle*> overturn
2 (ugs.) (ohnmächtig werden) keel over
3 (Ökologie) <*river, lake*> reach the stage of

biological collapse
B *tr. V.* tip over; knock over ‹*lamp, vase, glass, cup*›; capsize ‹*boat*›; turn ‹*boat*› over; overturn ‹*vehicle*›

um|klappen *tr. V.* fold down

Umkleide·kabine *die* changing cubicle

um|knicken *itr. V.; mit sein* **1** [mit dem Fuß] ∼ go over on one's ankle **2** bend; ‹*branch*› bend and snap

um|kommen *unr. itr. V.; mit sein* die; (bei einem Unglück, durch Gewalt) get killed; die; ‹*food*› go off

Um·kreis *der* surrounding area; **im** ∼ **von 5 km** within a radius of 5 km

um·kreisen *tr. V.* circle; ‹*spacecraft, satellite*› orbit; ‹*planet*› revolve [a]round

Um·lauf *der* **1** (von Planeten) revolution **2** (Zirkulation) circulation; **in** *od.* **im** ∼ **sein** be circulating; ‹*coin, banknote*› be in circulation; **in** ∼ **bringen** circulate; bring ‹*coin, banknote*› into circulation

Umlauf·bahn *die* (Astron., Raumf.) orbit

Um·laut *der* (Sprachw.) umlaut

um|legen *tr. V.* **1** (um einen Körperteil) put on **2** (verlegen) transfer ‹*patient, telephone call*› **3** (salopp) (ermorden) **jmdn.** ∼ bump sb off (infml)

um|leiten divert

Um·leitung *die* diversion

umliegend *Adj.* surrounding ‹*area*›; (nahe) nearby ‹*building*›

Umluft·backofen *der,* **Umluft·herd** *der,* **Umluft·ofen** *der* fan-assisted oven

um|modeln *tr. V.* (ugs.) change ‹*house, flat*› round; refashion, alter ‹*jacket etc.*›

um·nachtet *Adj.* (geh.) deranged

Umnachtung *die;* ∼, ∼**en** (geh.) derangement

um|pflanzen *tr. V.* transplant

um|pflügen *tr. V.* plough up

um|räumen **A** *tr. V.* rearrange **B** *itr. V.* rearrange things

um|rechnen *tr. V.* convert (**in** + *Akk.* into)

Um·rechnung *die* conversion (**in** + *Akk.* into)

um|reißen[1] *unr. tr. V.* pull ‹*mast, tree*› down; knock ‹*person*› down; ‹*wind*› tear ‹*tent etc.*› down

um·reißen[2] *unr. tr. V.* outline; summarize ‹*subject, problem, situation*›

um|rennen *unr. tr. V.* [run into and] knock down

um·ringen *tr. V.* surround

Um·riss, ***Um·riß** *der* (auch fig.) outline

um|rühren *tr. (auch itr.) V.* stir

um|rüsten *tr. V.* (Technik) convert (**auf** + *Akk.* to; **zu** into)

ums /ʊms/ *Präp.; + Art.* **1** = um das **2** ∼ **Leben kommen** lose one's life

um|satteln *itr. V.* (ugs.) change jobs; ‹*student*› change courses

✓ **Um·satz** *der* turnover; (Verkauf) sales *pl.* (**an** + *Dat.* of); ∼ **machen** (ugs.) make money

um|säumen *tr. V.* hem

um|schalten **A** *tr. V.* (auch fig.) switch [over] (**auf** + *Akk.* to); move ‹*lever*› **B** *itr. V.* switch *or* change over (**auf** + *Akk.* to)

Umschalt·taste *die* shift key

Um·schlag *der* **1** cover **2** (Briefumschlag) envelope **3** (Schutzumschlag) jacket; (einer Broschüre, eines Heftes) cover **4** (Med.) (Wickel) compress; (warm) poultice

um|schlagen **A** *unr. tr. V.* **1** turn up ‹*sleeve, collar, trousers*›; turn over ‹*page*› **2** (umladen, verladen) turn round, trans-ship ‹*goods*› **B** *unr. itr. V.; mit sein* change (**in** + *Akk.* into); ‹*wind*› veer [round]

um|schreiben[1] *unr. tr. V.* rewrite

um·schreiben[2] *unr. tr. V.* **1** (in Worte fassen) describe; (definieren) define ‹*meaning, sb's task, etc.*›; (paraphrasieren) paraphrase ‹*word, expression*› **2** (Sprachw.) construct (**mit** with)

Um·schreibung *die* description; (Definition) definition; (Verhüllung) circumlocution (*Gen.* for)

Um·schrift *die* (Sprachw.) transcription

um|schulen **A** *tr. V.* (beruflich) retrain **B** *itr. V.* retrain (**auf** + *Akk.* as)

Umschulung *die;* ∼; retraining (**auf** + *Akk.* as)

um|schütten *tr. V.* **1** pour [into another container]; decant ‹*liquid*› **2** (verschütten) spill

Um·schweif *der* circumlocution; **ohne** ∼**e** without beating about the bush

Um·schwung *der* complete change; (in der Politik usw.) U-turn

um|sehen *unr. refl. V.* **1** look; **sich im Zimmer** ∼ look [a]round the room **2** (zurücksehen) look round *or* back

umseitig *Adj., adv.* overleaf

✓ **um|setzen** *tr. V.* **1** move; (auf anderen Posten usw.) move, transfer (**in** + *Akk.* to); (umpflanzen) transplant; (in anderen Topf) repot **2** (verwirklichen) implement ‹*plan*›; translate ‹*plan, intention, etc.*› into action *or* reality; realize ‹*ideas*› **3** (Wirtsch.) turn over, have a turnover of ‹*x euros etc.*›; sell ‹*shares, goods*›

Umsetzung *die;* ∼, ∼**en 1** move; (auf anderen Posten usw.) move, transfer (**in** + *Akk.* to); (Umpflanzung) transplant[ing]; (in anderen Topf) repotting **2** (Verwirklichung) realization; (eines Plans) implementation **3** (Wirtsch.) (Verkauf) turnover; sale

Um·sicht *die* circumspection

um·sichtig **A** *Adj.* circumspect **B** *adv.* circumspectly

u

um|siedeln A *tr. V.* resettle
 B *itr. V.; mit sein* move (in + *Akk.,* nach to)
um·so *Konj.* je ... ~ the ..., the; ~ besser/
 schlimmer! all the better/worse!
um·sonst *Adv.* 1 (unentgeltlich) free; for
 nothing
 2 (vergebens) in vain
⚐ **Um·stand** *der* 1 (Gegebenheit) circumstance;
 (Tatsache) fact; **unter Umständen** possibly
 2 (Aufwand) business; **macht keine [großen]
 Umstände** please don't go to any bother
umstände·halber *Adv.* owing to
 circumstances; „~ **zu verkaufen"** 'forced
 to sell'
umständlich A *Adj.* involved, elaborate
 <*procedure, method, description, explanation,
 etc.*>; elaborate, laborious <*preparation,
 check, etc.*>; awkward, difficult <*journey, job*>;
 (weitschweifig) long-winded; (Umstände machend)
 awkward <*person*>
 B *adv.* in an involved *or* roundabout way;
 (weitschweifig) at great length
Umstands·kleid *das* maternity dress
umstehend *Adj.* standing round *postpos.*
um|steigen *unr. itr. V.* change (in + *Akk.*
 [on] to)
um|stellen¹ A *tr. V.* 1 rearrange, change
 round <*furniture, books, etc.*>; reorder
 <*words etc.*>; transpose <*two words*>
 2 (anders einstellen) reset <*lever, switch, points,
 clock*>
 3 (ändern) change *or* switch over (auf +
 Akk. to)
 B *refl. V.* adjust (auf + *Akk.* to)
um·stellen² *tr. V.* surround
um|stimmen *tr. V.* win <*person*> round
um|stoßen *unr. tr. V.* 1 knock over
 2 (rückgängig machen) change <*plan, decision*>;
 (zunichte machen) upset, wreck <*plan, theory*>
umstritten *Adj.* disputed; controversial
 <*book, author, policy, etc.*>
Um·sturz *der* coup
um|stürzen A *tr. V.* overturn; (fig.) topple,
 overthrow <*political system, government*>
 B *itr. V.* overturn; <*wall, building, chimney*>
 fall down
umstürzlerisch *Adj.* subversive
Umsturz·versuch *der* attempted coup
Um·tausch *der* exchange
um|tauschen *tr. V.* exchange <*goods, article*>
 (gegen for); change <*dollars, pounds, etc.*>
 (in + *Akk.* into)
um|topfen *tr. V.* repot <*plant*>
Um·trunk *der* communal drink
um|tun *unr. refl. V.* (ugs.) look [a]round; **sich
 nach etw. ~** be on the lookout for sth
Umwälzung *die;* ~, ~en (fig.) revolution
um|wandeln *tr. V.* convert <*substance,
 building, etc.*> (in + *Akk.* into); (ändern)

⚐ key word
* old spelling—see note on page x

 change; alter
Um·weg *der* detour
⚐ **Um·welt** *die* 1 environment
 2 (Menschen) people *pl.* around sb
umwelt-, Umwelt-: ~**bedingt** *Adj.*
 caused by the *or* one's environment
 postpos.; ~**belastung** *die* environmental
 pollution *no indef. art.;* ~**bewusst**,
 *~**bewußt** *Adj.* environmentally conscious
 or aware; ~**feindlich** A *Adj.* inimical
 to the environment *postpos.;* ecologically
 undesirable B *adv.* in an ecologically
 undesirable way; <*drive, behave*> without
 regard for the environment; ~**freundlich**
 A *Adj.* environmentally-friendly B *adv.*
 in an environmentally friendly way;
 ~**katastrophe** *die* environmental
 disaster; ~**schädlich** A *Adj.* harmful
 to the environment *postpos.;* ecologically
 harmful B *adv.* in an ecologically harmful
 way; ~**schutz** *der* environmental
 protection *no art.;* ~**schützer** *der;* ~~**s**,
 ~~, ~**schützerin** *die;* ~~, ~~**nen**
 environmentalist; conservationist;
 ~**verschmutzung** *die* pollution [of the
 environment]
um|wenden *regelm. (auch unr.) tr. V.* 1 turn
 over <*page, joint, etc.*>
 2 turn round <*vehicle, horse*>
um·werben *unr. tr. V.* court; woo; **viel
 umworben** much-courted
um|werfen *unr. tr. V.* 1 knock over; knock
 <*person*> down *or* over; (fig. ugs.) (aus der
 Fassung bringen) bowl <*person*> over; stun
 <*person*>
 2 (fig. ugs.) (umstoßen) knock <*plan*> on the
 head (infml)
umwerfend (ugs.) A *Adj.* fantastic (infml);
 stunning (infml)
 B *adv.* fantastically [well] (infml); brilliantly
um·wickeln *tr. V.* wrap; bind; (mit einem
 Verband) bandage
Umzäunung *die;* ~, ~**en** fence, fencing
 (*Gen.* round)
um|ziehen A *unr. itr. V.; mit sein* move
 (an + *Akk.,* in + *Akk.,* nach to)
 B *unr. tr. V.* jmdn. ~ change sb *or* get sb
 changed; **sich ~** change *or* get changed
um·zingeln *tr. V.* surround; encircle
Umzingelung *die;* ~; encirclement
⚐ **Um·zug** *der* 1 move; (von Möbeln) removal
 2 (Festzug) procession
UN *Pl.* UN *sing.*
unabänderlich A *Adj.* unalterable;
 irrevocable <*decision*>
 B *adv.* irrevocably
⚐ **unabhängig** A *Adj.* independent (von of);
 (unbeeinflusst) unaffected (von by)
 B *adv.* independently (von of); ~ **davon,
 ob .../was .../wo ...** *usw.* irrespective *or*
 regardless of whether .../what .../where ... *etc.*

u

Unabhängigkeit *die*; ~; independence
unabkömmlich *Adj.* indispensable; **sie ist im Moment** ~ she is otherwise engaged
unablässig **A** *Adj.* incessant
 B *adv.* incessantly
unabsichtlich **A** *Adj.* unintentional
 B *adv.* unintentionally
unabwendbar *Adj.* inevitable
unachtsam **A** *Adj.* **1** inattentive
 2 (nicht sorgfältig) careless
 B *adv.* (ohne Sorgfalt) carelessly
Unachtsamkeit *die*; ~ **1** inattentiveness
 2 (mangelnde Sorgfalt) carelessness
unangebracht *Adj.* inappropriate
unangefochten *Adj.* unchallenged; (Rechtsw.) uncontested <*verdict, will, etc.*>
unangenehm **A** *Adj.* unpleasant (*Dat.* for); (peinlich) embarrassing <*question, situation*>
 B *adv.* unpleasantly
unannehmbar *Adj.* unacceptable
Unannehmlichkeit *die*; ~, ~en trouble
unansehnlich *Adj.* unprepossessing; plain <*girl*>
unanständig **A** *Adj.* improper; (anstößig) indecent; dirty <*joke*>; rude <*word, song*>
 B *adv.* improperly
Unanständigkeit *die*; ~, ~en impropriety; indecency; (Obszönität) obscenity
unappetitlich **A** *Adj.* unappetizing; (fig.) unsavoury <*joke*>; disgusting <*washbasin, nails, etc.*>
 B *adv.* unappetizingly
Unart *die*; ~, ~en bad habit
unartig *Adj.* naughty
unästhetisch *Adj.* unpleasant <*sight etc.*>; ugly <*building etc.*>
unauffällig **A** *Adj.* inconspicuous; unobtrusive <*scar, defect, skill, behaviour, surveillance, etc.*>; discreet <*signal, elegance*>
 B *adv.* inconspicuously; unobtrusively
unauffindbar *Adj.* untraceable; ~ **sein** *od.* **bleiben** be nowhere to be found
unaufgefordert *Adv.* without being asked
unaufhaltsam **A** *Adj.* inexorable
 B *adv.* inexorably
unaufmerksam *Adj.* inattentive (**gegenüber** to); careless <*driver*>
unaufrichtig *Adj.* insincere
Unaufrichtigkeit *die*; ~, ~en insincerity
unausbleiblich *Adj.* inevitable
unausgegoren *Adj.* (abwertend) immature
unausstehlich *Adj.* unbearable <*person, noise, smell, etc.*>; insufferable <*person*>; intolerable <*noise, smell*>
unausweichlich *Adj.* unavoidable; inevitable
unbändig **A** *Adj.* **1** boisterous
 2 (überaus groß/stark) unbridled
 B *adv.* **1** wildly
 2 (sehr, äußerst) unrestrainedly; tremendously (infml)

unbarmherzig *Adj.* merciless
unbeabsichtigt **A** *Adj.* unintentional
 B *adv.* unintentionally
unbeachtet *Adj.* unnoticed
unbedacht **A** *Adj.* rash; thoughtless
 B *adv.* rashly; thoughtlessly
unbedenklich *adv.* without second thoughts
unbedeutend **A** *Adj.* insignificant; minor <*artist, poet*>; slight, minor <*improvement, change, error*>
 B *adv.* slightly
✓ **unbedingt** **A** *Adj.* absolute
 B *adv.* absolutely
 C *Adv.* (auf jeden Fall) whatever happens
unbefangen *Adj.* **1** (ungehemmt) uninhibited
 2 (unvoreingenommen) impartial
Unbefangenheit *die* ► unbefangen uninhibitedness; impartiality
unbefriedigend *Adj.* unsatisfactory
unbefristet **A** *Adj.* for an indefinite period *postpos.*; indefinite <*strike*>; unlimited <*visa*>
 B *adv.* for an indefinite period
unbefugt **A** *Adj.* unauthorized
 B *adv.* without authorization
unbegreiflich *Adj.* incomprehensible (*Dat.*, **für** to); incredible <*love, goodness, stupidity, carelessness, etc.*>
unbegrenzt **A** *Adj.* unlimited
 B *adv.* <*stay, keep, etc.*> indefinitely
Unbehagen *das*; ~s uneasiness, disquiet; (Sorge) concern (**an** + *Dat.* about)
unbehaglich **A** *Adj.* uneasy <*feeling, atmosphere*>; uncomfortable <*thought, room*>
 B *adv.* uneasily
unbeherrscht *Adj.* uncontrolled; **er ist** ~ he has no self-control
Unbeherrschtheit *die*; ~; lack of self-control
unbeholfen **A** *Adj.* clumsy
 B *adv.* clumsily
✓ **unbekannt** *Adj.* **1** unknown; (nicht vertraut) unfamiliar; unidentified <*caller, donor*>; „**Empfänger** ~" 'not known at this address'
 2 (nicht vielen bekannt) little known; obscure <*poet, painter, etc.*>
Unbekannte¹ *der/die adj. Dekl.* unknown *or* unidentified man/woman; (Fremde[r]) stranger
Unbekannte² *die adj. Dekl.* (Math., auch fig.) unknown
unbekleidet *Adj.* without any clothes on *postpos.*; bare <*torso etc.*>; naked <*corpse*>
unbekümmert **A** *Adj.* carefree; (ohne Bedenken, lässig) casual
 B *adv.* **1** in a carefree way
 2 (ohne Bedenken) without caring *or* worrying
unbeleuchtet *Adj.* unlit <*street, corridor, etc.*>; <*vehicle*> without [any] lights
unbeliebt *Adj.* unpopular (**bei** with)
unbemannt *Adj.* unmanned
unbemerkt *Adj., adv.* unnoticed
unbenutzt *Adj.* unused

u

unbequem A *Adj.* **1** uncomfortable
2 (lästig) awkward, embarrassing *‹question, opinion›*; troublesome *‹politician etc.›*; unpleasant *‹criticism, truth, etc.›*
B *adv.* uncomfortably

unberechenbar A *Adj.* unpredictable
B *adv.* unpredictably

unberechtigt *Adj.* **1** (ungerechtfertigt) unjustified
2 (unbefugt) unauthorized

unberührt *Adj.* untouched; **sie ist noch ~** she is still a virgin

unbescheiden *Adj.* presumptuous

unbeschrankt *Adj.* *‹crossing›* without gates, with no gates

unbeschreiblich A *Adj.* indescribable; unimaginable *‹fear, beauty›*; *‹fear, beauty›* beyond description
B *adv.* indescribably *‹beautiful›*; unbelievably *‹busy›*

unbesorgt *Adj.* unconcerned; **seien Sie ~** don't [you] worry

unbeständig *Adj.* changeable *‹weather›*; fickle *‹lover etc.›*

unbestimmt A *Adj.* **1** indefinite; indeterminate *‹age, number›*; (ungewiss) uncertain
2 (ungenau) vague
3 (Sprachw.) indefinite *‹article, pronoun›*
B *adv.* (ungenau) vaguely

unbestreitbar *Adj.* indisputable; unquestionable

unbestritten A *Adj.* undisputed; **~ ist, dass ...** it is undisputed that ...; there is no disputing that ...
B *adv.* indisputably

unbewacht *Adj.* unsupervised; unattended *‹car park›*

unbewaffnet *Adj.* unarmed

unbeweglich *Adj.* motionless; still *‹air, water›*; fixed *‹gaze, expression›*

unbewegt *Adj.* motionless; fixed *‹expression›*

unbewohnbar *Adj.* uninhabitable

unbewohnt *Adj.* uninhabited *‹area›*; unoccupied *‹house, flat›*

unbewusst, *unbewußt *Adj.* unconscious

unbrauchbar *Adj.* unusable; (untauglich) useless *‹method, person›*

ⓢ **und** *Konj.* and; (folglich) [and] so; **ich ~ tanzen?** what, me dance?; **sei so gut ~ mach das Fenster zu** be so good as to shut the window

Undank *der;* **~[e]s** ingratitude

undankbar *Adj.* ungrateful *‹person, behaviour›*

undenkbar *Adj.* unthinkable; inconceivable

undeutlich A *Adj.* unclear; indistinct; (ungenau) vague *‹idea, memory, etc.›*

ⓢ key word
* alte Schreibung—vgl. Hinweis auf S. x

B *adv.* indistinctly; (ungenau) vaguely

undicht *Adj.* leaky; leaking; **~e Fenster** windows which do not fit tightly

Unding *das* **ein ~ sein** be preposterous *or* ridiculous

undurchführbar *Adj.* impracticable

undurchlässig *Adj.* impermeable; (wasserdicht) watertight; waterproof; (luftdicht) airtight

uneben *Adj.* uneven

Unebenheit *die;* **~, ~en 1** unevenness
2 (unebene Stelle) lumpy *or* uneven patch

unehelich *Adj.* illegitimate *‹child›*; unmarried *‹mother›*

unehrlich A *Adj.* dishonest
B *adv.* dishonestly; by dishonest means

uneigennützig *Adj.* unselfish

Uneigennützigkeit *die;* **~;** unselfishness

uneinig *Adj.* *‹party›* divided by disagreement; **[sich (*Dat.*)] ~ sein** disagree

Uneinigkeit *die;* **~;** disagreement (in + *Dat.* on)

uneins *Adj.* **~ sein** be divided (in + *Dat.* on); *‹persons›* be at variance *or* at cross purposes (in + *Dat.* over)

unempfindlich *Adj.* **1** insensitive (**gegen** to)
2 (immun) immune (**gegen** to, against)
3 (strapazierfähig) hard-wearing

unendlich A *Adj.* infinite; boundless; (zeitlich) endless; (Math.) infinite
B *adv.* infinitely *‹lovable, sad›*; immeasurably *‹happy›*; *‹happy›* beyond measure

unentbehrlich *Adj.* indispensable (*Dat.*, **für** to)

unentgeltlich /*od.* '----/ A *Adj.* free
B *adv.* free of charge; *‹work›* for nothing, without pay

unentschieden A *Adj.* unsettled; undecided *‹question›*; (Sport, Schach) drawn
B *adv.* **~ spielen** draw

Unentschieden *das;* **~s, ~** (Sport, Schach) draw

unentwegt /*od.* --'-/ A *Adj.* **1** (beharrlich) persistent *‹fighter, champion, efforts›*
2 (unaufhörlich) constant; incessant
B *adv.* **1** (beharrlich) persistently
2 (unaufhörlich) constantly; incessantly

unerbittlich A *Adj.* (auch fig.) inexorable; unsparing *‹critic›*; relentless *‹battle, struggle›*; implacable *‹hate, enemy›*
B *adv.* (auch fig.) inexorably

unerfahren *Adj.* inexperienced

unerfreulich A *Adj.* unpleasant; bad *‹news›*
B *adv.* unpleasantly

unerheblich *Adj.* insignificant

unerhört A *Adj.* (empörend) outrageous
B *adv.* outrageously

unerlaubt A *Adj.* unauthorized
B *adv.* without authorization

unerledigt *Adj.* not dealt with *postpos.*

u

unermüdlich Ⓐ *Adj.* tireless, untiring
(**bei, in** + *Dat.* in)
  Ⓑ *adv.* tirelessly
unerreichbar *Adj.* inaccessible; (fig.)
unattainable
unerreicht *Adj.* unequalled
unersättlich *Adj.* insatiable
unerschöpflich *Adj.* inexhaustible
unersetzlich *Adj.* irreplaceable
unerträglich /*od.* '----/ *Adj.* unbearable;
intolerable <*situation, conditions, etc.*>
unerwartet Ⓐ *Adj.* unexpected; **es kam für
alle** ~ it came as a surprise to everybody
  Ⓑ *adv.* unexpectedly
unerwünscht *Adj.* unwanted; unwelcome
<*interruption, visit, visitor*>; undesirable
<*side effects*>
unethisch Ⓐ *Adj.* unethical
  Ⓑ *adv.* unethically
unfähig *Adj.* **1** ~ **sein, etw. zu tun** (ständig)
be incapable of doing sth; (momentan) be
unable to do sth
  2 (inkompetent) incompetent
Unfähigkeit *die* **1** inability
  2 (Inkompetenz) incompetence
unfair Ⓐ *Adj.* unfair (**gegen** to)
  Ⓑ *adv.* unfairly
Un·fall *der*; ~**[e]s, Unfälle** accident
Unfall-: ~**arzt** *der*, ~**ärztin** *die* casualty
doctor; ~**flucht** *die* (Rechtsspr.) ~**flucht
begehen** fail to stop after [being involved in]
an accident; ~**opfer** *das* accident victim;
~**stelle** *die* scene of an/the accident;
~**versicherung** *die* accident insurance
unfehlbar *Adj.* infallible
Unfehlbarkeit *die*; ~; infallibility
unförmig *Adj.* shapeless; huge <*legs, hands,
body*>; bulky, ungainly <*shape, shoes, etc.*>
unfrei *Adj.* not free *pred.*; subject,
dependent <*people*>; <*life*> of bondage
unfreiwillig Ⓐ *Adj.* involuntary; (erzwungen)
enforced <*stay*>; (nicht beabsichtigt) unintended
<*publicity, joke, humour*>
  Ⓑ *adv.* involuntarily; without wanting to;
(unbeabsichtigt) unintentionally
unfreundlich Ⓐ *Adj.* unfriendly (**zu, gegen**
to); unkind <*words, remark*>
  Ⓑ *adv.* in an unfriendly way
Unfreundlichkeit *die*; ~; unfriendliness
unfrisiert *Adj.* ungroomed <*hair*>
unfruchtbar *Adj.* infertile; (fig.)
unproductive
Unfruchtbarkeit *die*; ~; infertility; (fig.)
unproductiveness
Unfug *der*; ~**[e]s 1** [piece of] mischief;
grober ~ public nuisance
  2 (Unsinn) nonsense
Ungar *der*; ~**n**, ~**n**, **Ungarin** *die*; ~, ~**nen**
Hungarian
ungarisch *Adj.* Hungarian
Ungarn (*das*); ~**s** Hungary

ungeachtet *Präp.*; *mit Gen.* (geh.)
notwithstanding; despite
ungebildet *Adj.* uneducated
ungeboren *Adj.* unborn
ungebräuchlich *Adj.* uncommon; rare;
rarely used <*method, process*>
ungebrochen *Adj.* (fig.) unbroken <*will,
person*>; undiminished <*strength, courage*>
ungedeckt *Adj.* uncovered <*cheque*>
Ungeduld *die*; ~; impatience
ungeduldig Ⓐ *Adj.* impatient
  Ⓑ *adv.* impatiently
ungeeignet *Adj.* unsuitable; (für eine
Aufgabe) unsuited (**für, zu** to, for)
ungefähr Ⓐ *Adj.* approximate; rough <*idea,
outline*>
  Ⓑ *adv.* approximately; roughly
ungefährlich *Adj.* safe; harmless <*animal,
person, illness, etc.*>
ungeheizt *Adj.* unheated
ungeheuer Ⓐ *Adj.* enormous; tremendous
<*strength, energy, effort, enthusiasm, fear,
success, pressure, etc.*>; vast, immense
<*fortune, knowledge*>; (schrecklich) terrible
(infml), terrific (infml) <*pain, rage*>
  Ⓑ *adv.* tremendously; terribly (infml)
<*difficult, clever*>
Ungeheuer *das*; ~**s**, ~ (auch fig.) monster
ungeheuerlich *Adj.* monstrous;
outrageous
Ungeheuerlichkeit *die*; ~, ~**en**
  1 monstrous nature; outrageousness
  2 (Vorgang) monstrous *or* outrageous thing
ungehindert *Adj.* unimpeded
ungehörig Ⓐ *Adj.* improper; (frech)
impertinent
  Ⓑ *adv.* improperly; (frech) impertinently
ungehorsam *Adj.* disobedient
(**gegenüber** to)
Ungehorsam *der*; ~**s** disobedience
(**gegenüber** to)
ungekürzt *Adj.* unabridged <*edition, book*>;
uncut <*film, speech*>
ungelegen Ⓐ *Adj.* **das kommt mir sehr**
~**/nicht** ~ that is very inconvenient *or*
awkward/quite convenient for me
  Ⓑ *adv.* inconveniently
ungelernt *Adj.* unskilled
ungemütlich Ⓐ *Adj.* uninviting, cheerless
<*room, flat*>; uncomfortable, unfriendly
<*atmosphere*>
  Ⓑ *adv.* uncomfortably <*furnished*>
ungenau Ⓐ *Adj.* inaccurate; imprecise,
inexact <*definition, formulation, etc.*>;
(undeutlich) vague <*memory, idea, impression*>
  Ⓑ *adv.* inaccurately; <*define*> imprecisely,
inexactly; <*remember*> vaguely
ungeniert /'ʊnʒeniːɐ̯t/ Ⓐ *Adj.* free and easy;
uninhibited
  Ⓑ *adv.* openly; <*yawn*> unconcernedly;
<*undress etc.*> without any embarrassment

u

ungenießbar *Adj.* (nicht essbar) inedible; (nicht trinkbar) undrinkable; (fig. ugs.) unbearable

ungenügend 🅐 *Adj.* inadequate; **die Note „~"/ein Ungenügend** (Schulw.) the/an 'unsatisfactory' [mark]
🅑 *adv.* inadequately

ungepflegt *Adj.* neglected <*garden, park, car, etc.*>; unkempt <*person, appearance, hair*>; uncared-for <*hands*>

ungerade *Adj.* odd <*number*>

ungerecht 🅐 *Adj.* unjust, unfair (gegen, zu, gegenüber to)
🅑 *adv.* unjustly; unfairly

Ungerechtigkeit *die*; ~, ~en injustice

ungern *Adv.* reluctantly; **etw. ~ tun** not like *or* dislike doing sth

ungerührt *Adj.* unmoved

ungeschält *Adj.* unpeeled <*fruit*>

ungeschehen *Adj.* **etw. ~ machen** undo sth

Ungeschicklichkeit *die*; ~, ~en
1 clumsiness
2 (etwas Ungeschicktes) piece of clumsiness

ungeschickt 🅐 *Adj.* clumsy; awkward
🅑 *adv.* clumsily; awkwardly

ungesetzlich 🅐 *Adj.* unlawful; illegal
🅑 *adv.* unlawfully; illegally

ungestempelt *Adj.* uncancelled <*stamp*>

ungestört *Adj.* undisturbed; uninterrupted <*development*>

ungesund *Adj.* (auch fig.) unhealthy

Ungetüm *das*; ~s, ~e monster

ungewiss, **ungewiß* *Adj.* uncertain; **über etw.** (Akk.) **im Ungewissen sein** be uncertain *or* unsure about sth

Ungewissheit, **Ungewißheit* *die*; ~, ~en uncertainty

ungewöhnlich 🅐 *Adj.* 1 unusual
2 (sehr groß) exceptional <*strength, beauty, ability, etc.*>; outstanding <*achievement, success*>
🅑 *adv.* 1 <*behave*> abnormally, strangely
2 (enorm) exceptionally

ungewohnt 🅐 *Adj.* unaccustomed; (nicht vertraut) unfamiliar <*method, work, surroundings, etc.*>
🅑 *adv.* unusually

ungewollt 🅐 *Adj.* unwanted; (unbeabsichtigt) unintentional; inadvertent
🅑 *adv.* unintentionally; inadvertently

Ungeziefer *das*; ~s vermin *pl.*

ungezogen 🅐 *Adj.* naughty; badly behaved; bad <*behaviour*>; (frech) cheeky
🅑 *adv.* naughtily; <*behave*> badly

ungezwungen *Adj.* natural, unaffected <*person, behaviour, cheerfulness*>; (nicht förmlich) informal, free and easy <*tone, conversation, etc.*>

u

♂ key word
* old spelling—see note on page x

ungläubig 🅐 *Adj.* 1 disbelieving
2 (Rel.) unbelieving
🅑 *adv.* in disbelief

unglaublich 🅐 *Adj.* incredible
🅑 *adv.* (ugs.) (äußerst) incredibly (infml)

unglaubwürdig *Adj.* implausible; untrustworthy, unreliable <*witness etc.*>

ungleich 🅐 *Adj.* unequal; odd, non-matching <*socks, gloves, etc.*>; (unähnlich) dissimilar
🅑 *adv.* 1 unequally
2 (ungleichmäßig) unevenly

ungleichmäßig 🅐 *Adj.* uneven
🅑 *adv.* unevenly

Unglück *das*; ~[e]s, ~e (Unfall) accident; (Flugzeugunglück, Zugunglück) crash; accident
2 (Not) misfortune; (Leid) suffering
3 (Pech) bad luck; **~ haben** be unlucky; **das bringt ~** that's unlucky
4 (Schicksalsschlag) misfortune

unglücklich 🅐 *Adj.* 1 unhappy
2 (nicht vom Glück begünstigt) unfortunate <*person*>; (bedauernswert, arm) hapless <*person, animal*>
3 (ungünstig, ungeschickt) unfortunate <*moment, combination, meeting, etc.*>; unhappy <*end, choice, solution*>
🅑 *adv.* 1 unhappily
2 (ungünstig) unfortunately; (ungeschickt) unhappily, clumsily <*translated, expressed*>

unglücklicher·weise *Adv.* unfortunately

Unglücks·fall *der* accident

Ungnade *die* [bei jmdm.] in ~ (Akk.) fallen/in ~ (Dat.) sein fall/be out of favour [with sb]

ungnädig *Adj.* bad-tempered; grumpy

ungültig *Adj.* invalid; void (esp. Law); spoilt <*vote, ballot paper*>; disallowed <*goal*>

Ungunst *die* **zu jmds. ~en** to sb's disadvantage

ungünstig 🅐 *Adj.* 1 unfavourable; unfortunate, bad <*shape, layout*>
2 (unpassend) inconvenient <*time*>; (ungeeignet) inappropriate, inconvenient <*time, place*>
🅑 *adv.* 1 unfavourably; badly <*designed, laid out*>
2 (unpassend) inconveniently

ungut *Adj.* **nichts für ~!** no offence [meant]! (infml)

unhandlich *Adj.* unwieldy

Unheil *das*; ~s disaster

unheilbar 🅐 *Adj.* incurable
🅑 *adv.* incurably

unheil·voll *Adj.* disastrous; (verhängnisvoll) fateful

unheimlich 🅐 *Adj.* 1 eerie
2 (ugs.) (schrecklich) terrible (infml) <*hunger, headache, etc.*> terrific (infml) <*fun etc.*>
🅑 *adv.* 1 eerily
2 (ugs.) (äußerst) terribly (infml); incredibly (infml) <*quick, long*>

unhöflich 🅐 *Adj.* impolite
🅑 *adv.* impolitely

Unhöflichkeit *die*; ~, ~**en** impoliteness
unhygienisch **A** *Adj.* unhygienic
   B *adv.* unhygienically
Uni *die*; ~, ~**s** (ugs.) university
Uniform *die*; ~, ~**en** uniform
uninteressant *Adj.* uninteresting; (nicht von Belang) of no interest *postpos.*; unimportant
⚬ **Union** *die*; ~, ~**en** union
⚬ **Universität** *die*; ~, ~**en** university
Universum *das*; ~**s** universe
unkenntlich *Adj.* unrecognizable ‹*person, face*›; indecipherable ‹*writing, stamp*›
Unkenntnis *die*; ~; ignorance
unklar *Adj.* unclear; **sich** (*Dat.*) **über etw.** (*Akk.*) **im Unklaren sein** be unclear *or* unsure about sth
unkonventionell **A** *Adj.* unconventional
   B *adv.* unconventionally
Unkosten *Pl.* **1** [extra] expense *sing.*; expenses **2** (ugs.) (Ausgaben) costs; expenditure *sing.*
Unkosten·beitrag *der* contribution towards expenses
Unkraut *das*; ~**[e]s**, **Unkräuter** weeds *pl.*
unkultiviert *Adj.* uncultivated
unlauter *Adj.* (geh.) dishonest; ~**er Wettbewerb** (Rechtsspr.) unfair competition
unleserlich **A** *Adj.* illegible
   B *adv.* illegibly
unmäßig **A** *Adj.* immoderate; excessive
   B *adv.* excessively; ‹*eat, drink*› to excess
Unmenge *die* mass; enormous number/amount
Unmensch *der*; ~**en**, ~**en** brute
unmenschlich **A** *Adj.* **1** inhuman; brutal; appalling ‹*conditions*›
   2 (entsetzlich) appalling
   B *adv.* **1** in an inhuman way
   2 (entsetzlich) appallingly (infml)
unmissverständlich,
   *****unmißverständlich** **A** *Adj.* **1** (eindeutig) unambiguous
   2 (offen, direkt) blunt ‹*answer, refusal*›; unequivocal ‹*language*›
   B *adv.* **1** (eindeutig) unambiguously
   2 (offen, direkt) bluntly; unequivocally
⚬ **unmittelbar** **A** *Adj.* immediate; direct ‹*contact, connection, influence, etc.*›
   B *adv.* immediately; directly
unmöbliert *Adj.* unfurnished
unmodern **A** *Adj.* old-fashioned; (nicht modisch) unfashionable
   B *adv.* in an old-fashioned way; (nicht modisch) unfashionably
⚬ **unmöglich** **A** *Adj.* impossible; (ugs.) (seltsam) incredible
   B *adv.* (ugs.) ‹*behave*› impossibly; ‹*dress*› ridiculously
   C *Adv.* (ugs.) **ich/es** *usw.* **kann** ~ ... I/it *etc.* can't possibly ...
unmoralisch **A** *Adj.* immoral
   B *adv.* immorally

unmündig *Adj.* under-age
Unmut *der*; ~**[e]s** (geh.) displeasure; annoyance
unnachsichtig **A** *Adj.* merciless; unmerciful
   B *adv.* mercilessly; ‹*punish*› unmercifully
unnahbar *Adj.* unapproachable
unnatürlich **A** *Adj.* unnatural; forced ‹*laugh*›
   B *adv.* unnaturally; ‹*laugh*› in a forced way; ‹*speak*› affectedly
unnötig **A** *Adj.* unnecessary
   B *adv.* unnecessarily
unnütz *Adj.* useless
UNO *die*; ~; UN
unordentlich **A** *Adj.* **1** untidy
   2 (ungeregelt) disorderly ‹*life*›
   B *adv.* untidily; ‹*tie, treat, etc.*› carelessly
Unordnung *die*; ~; disorder; mess
unparteiisch **A** *Adj.* impartial
   B *adv.* impartially
unpassend **A** *Adj.* inappropriate; unsuitable ‹*dress etc.*›
   B *adv.* inappropriately; unsuitably ‹*dressed etc.*›
unpersönlich **A** *Adj.* impersonal; distant, aloof ‹*person*›
   B *adv.* impersonally; ‹*answer, write*› in impersonal terms
unpraktisch **A** *Adj.* unpractical
   B *adv.* in an unpractical way
unproblematisch *Adj.* unproblematic
unproduktiv *Adj.* unproductive
unpünktlich **A** *Adj.* unpunctual ‹*person*›; late, unpunctual ‹*payment*›
   B *adv.* late
Unpünktlichkeit *die*; ~; lack of punctuality
Unrecht *das*; ~**[e]s** wrong; **zu** ~ wrongly; ~ **haben** be wrong; **jmdm.** ~ **tun** do sb an injustice
unrechtmäßig **A** *Adj.* unlawful
   B *adv.* unlawfully
unredlich (geh.) **A** *Adj.* dishonest
   B *adv.* dishonestly
Unredlichkeit *die*; ~, ~**en 1** dishonesty **2** (Handlung) dishonest act
unregelmäßig **A** *Adj.* irregular
   B *adv.* irregularly
Unregelmäßigkeit *die*; ~, ~**en** irregularity
unreif *Adj.* **1** unripe
   2 (nicht erwachsen) immature
unrentabel *Adj.* unprofitable
Unruhe *die*; ~, ~**n** (auch fig.) unrest; (Lärm) noise; (Unrast) restlessness; (Besorgnis) anxiety
unruhig **A** *Adj.* **1** restless; (besorgt) anxious; unsettled, troubled ‹*time*›
   2 (laut) noisy
   3 (ungleichmäßig) uneven ‹*breathing, pulse, etc.*›; fitful ‹*sleep*›; disturbed ‹*night*›
   B *adv.* **1** restlessly; (besorgt) anxiously

u

2 (ungleichmäßig) unevenly; ‹*sleep*› fitfully

uns **A** **1** *Akk. von* wir us
2 *Dat. von* wir; gib es ~ give it to us; bei ~ at our home *or* (infml) place
B *Reflexivpron.; der 1. Pers. Pl.* **1** *refl.* ourselves
2 *reziprok* one another

unsachlich **A** *Adj.* non-objective
B *adv.* without objectivity

unsauber **A** *Adj.* **1** dirty
2 (nachlässig) untidy; sloppy
B *adv.* (nachlässig) untidily

unschädlich *Adj.* harmless

unscharf *Adj.* blurred ‹*photo, picture*›

unscheinbar *Adj.* inconspicuous

unschlagbar *Adj.* unbeatable

Unschuld *die;* ~; innocence; (Jungfräulichkeit) virginity

unschuldig **A** *Adj.* innocent
B *adv.* innocently

unselbständig, unselbstständig *Adj.* dependent [on other people]

✓ **unser¹** *Possessivpron.; der 1. Pers. Pl.* our; **das ist** ~s that is ours

unser² *Gen. von* wir (geh.) of us; **in** ~ **aller/ beider Interesse** in the interest of all/both of us

unser·einer, unsereins *Indefinitpron.* (ugs.) the likes of us *pl.;* our sort (infml)

unserer·seits *Adv.* for our part; (von uns) on our part

unseres·gleichen, unsers·gleichen *indekl. Indefinitpron.* people *pl.* like us

unsert·wegen *Adv.* ▶ meinetwegen because of us; for our sake; about us; as far as we are concerned

unsicher **A** *Adj.* uncertain; (nicht selbstsicher) insecure
B *adv.* ‹*walk, stand, etc.*› unsteadily; (nicht selbstsicher) ‹*smile, look*› diffidently

Unsicherheit *die;* ~; uncertainty; (fehlende Selbstsicherheit) insecurity

unsichtbar *Adj.* invisible (**für** to)

Unsinn *der;* ~[e]s nonsense; ~ **machen** mess *or* fool about

unsinnig *Adj.* nonsensical ‹*statement, talk, etc.*›; absurd, ridiculous ‹*demand etc.*›

Unsitte *die;* ~, ~n bad habit

unsittlich **A** *Adj.* indecent
B *adv.* indecently

unsr... ▶ unser¹

unsterblich *Adj.* immortal

Unsterblichkeit *die;* ~; immortality

unstreitig **A** *Adj.* indisputable
B *adv.* indisputably

unsympathisch *Adj.* uncongenial, disagreeable ‹*person*›; unpleasant ‹*characteristic, nature, voice*›

✓ key word
* alte Schreibung—vgl. Hinweis auf S. x

Untat *die;* ~, ~en misdeed; evil deed

untätig *Adj.* idle; ~ **herumsitzen/zusehen** sit around doing nothing/stand idly by

untauglich *Adj.* unsuitable; (für Militärdienst) unfit [for service] *postpos.*

✓ **unten** *Adv.* **1** down; **hier/da** ~ down here/ there; **von** ~ from below
2 (in Gebäuden) downstairs; **nach** ~ downstairs
3 (am unteren Ende, zum unteren Ende hin) at the bottom; ~ **[links] auf der Seite/im Schrank** at the bottom [left] of the page/cupboard
4 (an der Unterseite) underneath
5 (im Text) below; ~ **genannt** undermentioned (BrE); mentioned below *postpos.*

***unten·genannt** ▶ unten 5

✓ **unter** **A** *Präp.; mit Dat.* (Lage, Standort) under; (zwischen) among[st]; **Mengen** ~ **100 Stück** quantities of less than 100; ~ **Angst/Tränen** in *or* out of fear/in tears
B *Präp.; mit Akk.* under; (zwischen) among[st]; ~ **Null sinken** drop below zero
C *Adv.* less than; ~ **30 [Jahre alt] sein** be under 30 [years of age]

✓ **unter...** *Adj.* lower; bottom; (ganz unten) bottom; (in der Rangfolge o. Ä.) lower

Unter·arm *der* forearm

unterbelichten *tr. V.* **ich unterbelichte, unterbelichtet, unterzubelichten** (Fot.) underexpose

Unter·bewusstsein,
***Unter·bewußtsein** *das* subconscious

unter·bleiben *unr. itr. V.; mit sein* etw. unterbleibt sth does not occur *or* happen

unter·brechen *unr. tr. V.* interrupt; break ‹*journey, silence*›

Unter·brechung *die* ▶ unterbrechen interruption; break (*Gen.* in)

unter|bringen *unr. tr. V.* **1** put
2 (beherbergen) put up

Unterbringung *die;* ~, ~en accommodation *no indef. art.*

unter|buttern *tr. V.* (ugs.) push aside (fig.)

***unter·der·hand** ▶ Hand

unter·dessen ▶ inzwischen

unter·drücken *tr. V.* suppress; hold back ‹*comment, question, answer, criticism, etc.*›; oppress ‹*minority etc.*›

Unterdrückung *die;* ~, ~en **1** (das Unterdrücken) suppression
2 (das Unterdrücktwerden, -sein) oppression

unter·einander *Adv.* **1** (räumlich) one below the other
2 (miteinander) among[st] ourselves/ themselves *etc.*

unter·ernährt *Adj.* undernourished

Unter·ernährung *die* malnutrition

Unter·finanzierung *die* underfunding *no art.*

Unter·führung *die* underpass; (für Fußgänger) subway (BrE); [pedestrian] underpass (AmE)

u

unter-, Unter-: ~**gang** *der* **1** (Sonnenuntergang, Monduntergang usw.) setting **2** (von Schiffen) sinking **3** (das Zugrundegehen) decline; ~|**gehen** *unr. itr. V.; mit sein* **1** <*sun, star, etc.*> set; <*ship*> sink, go down; <*person*> drown, go under **2** (zugrunde gehen) come to an end; ~**geordnet** *Adj.* secondary <*role, importance, etc.*>; subordinate <*position, post, etc.*>; ~**geschoss**, *~**geschoß** *das* basement; ~**gewicht** *das* underweight; ~**grund** *der* (bes. Politik) underground; ~**grund·bahn** *die* underground [railway] (BrE); subway (AmE); ~|**haken** *tr. V.* (ugs.) jmdn. ~**haken** take sb's arm; ~**halb** Ⓐ *Adv.* below; ~**halb** von below Ⓑ *Präp.; mit Gen.* below; ~**halt** *der* **1** living **2** (Zahlung) maintenance **3** (Instandhaltung[skosten]) upkeep

unter-, Unter-: ~**halten** Ⓐ *unr. tr. V.* **1** support **2** (instand halten) maintain <*building*> **3** (betreiben) run, keep <*car, hotel*> **4** (pflegen) maintain, keep up <*contact, correspondence*> **5** entertain <*guest, audience*> Ⓑ *unr. refl. V.* **1** talk; converse **2** (sich vergnügen) enjoy oneself; ~**haltsam** *Adj.* entertaining; ~**haltung** *die* **1** (Versorgung) support **2** (Instandhaltung) maintenance **3** (Gespräch) conversation **4** (Zeitvertreib) entertainment

unter-, Unter-: ~**händler** *der*, ~**händlerin** *die* (bes. Politik) negotiator; ~**hemd** *das* vest (BrE); undershirt (AmE); ~**holz** *das* underwood; undergrowth; ~**hose** *die* (für Männer) briefs *pl.*; [under]pants *pl.*; (für Frauen) panties *pl.*; knickers *pl.* (BrE); ~**irdisch** Ⓐ *Adj.* underground Ⓑ *adv.* underground; ~|**jubeln** *tr. V.* (ugs.) jmdm. etw. ~**jubeln** palm sth off on sb; ~**kiefer** *der* lower jaw; ~|**kommen** *unr. itr. V.; mit sein* find accommodation; ~**kühlt** *Adj.* ~**kühlt sein** be suffering from hypothermia *or* exposure

Unterkunft *die*; ~, **Unterkünfte** accommodation *no indef. art.*; lodging *no indef. art.*; ~ **und Frühstück** bed and breakfast; ~ **und Verpflegung** board and lodging

Unter·lage *die* **1** (Schreibunterlage) pad; (für eine Schreibmaschine usw.) mat **2** *Pl.* documents; papers

unter·liegen *unr. itr. V.* **1** *mit sein* (besiegt werden) lose; be beaten *or* defeated **2** (unterworfen sein) be subject to

Unter·lippe *die* lower lip

unter-, Unter-: ~**lassen** *unr. tr. V.* refrain from [doing]; ~**lassung** *die*; ~, ~**en** omission; failure; ~**lassungs·sünde** *die* (ugs.) sin of omission; ~**laufen** *unr. itr. V.; mit sein* jmdm. ist ein Fehler/Irrtum ~**laufen** sb made a mistake; ~**legen** *Adj.* inferior; jmdm. ~**legen sein** be inferior to sb (an + Dat. in)

Unterleib *der* lower abdomen

unterm *Präp.; + Art.* = unter dem

unter·malen *tr. V.* accompany

Unter·malung *die*; ~, ~**en** accompaniment (*Gen.* to)

unter·mauern *tr. V.* (mit Argumenten, Fakten absichern) back up

Unter-: ~**miete** *die* subtenancy; sublease; ~**mieter** *der*, ~**mieterin** *die* subtenant; lodger

untern *Präp.; + Art.* (ugs.) = unter den

✦ **unter·nehmen** *unr. tr. V.* **1** (durchführen) undertake; make; take <*steps*> **2** etwas ~ do something

Unter·nehmen *das*; ~~s, ~~ **1** (Vorhaben) enterprise **2** (Firma) concern

Unter·nehmer *der*; ~~s, ~~, ~**in** *die*; ~~, ~~**nen** employer

unternehmerisch Ⓐ *Adj.* entrepreneurial Ⓑ *adv.* <*think*> in an entrepreneurial *or* businesslike way

unter·nehmungs·lustig *Adj.* active; **sie ist sehr ~** she is always out doing things

Unter·offizier *der* **1** non-commissioned officer **2** (Dienstgrad) corporal

unter|ordnen Ⓐ *tr. V.* subordinate Ⓑ *refl. V.* accept a subordinate role

Unterredung *die*; ~, ~**en** discussion

✦ **Unterricht** *der*; ~**[e]s**, ~**e** instruction; (Schulunterricht) teaching; (Schulstunden) classes *pl.*

✦ **unterrichten** Ⓐ *tr. V.* **1** teach **2** (informieren) inform (über + *Akk.* of, about) Ⓑ *itr. V.* (Unterricht geben) teach Ⓒ *refl. V.* (sich informieren) inform oneself (über + *Akk.* about)

Unterrichts·stunde *die* lesson; period

Unter·rock *der* [half] slip

unter|rühren *tr. V.* stir in

unters *Präp.; + Art.* = unter das

unter·sagen *tr. V.* forbid; prohibit

Unter·satz *der* ▶ Untersetzer

unter·schätzen *tr. V.* underestimate <*amount, effect, etc.*>; underrate <*talent, ability, etc.*>

✦ **unterscheiden** Ⓐ *unr. tr. V.* distinguish Ⓑ *unr. refl. V.* differ (durch in; von from)

✦ **Unterscheidung** *die* (Vorgang) differentiation; (Resultat) distinction

Unter-: ~**schenkel** *der* shank; lower leg; ~**schicht** *die* (Soziol.) lower class

✦ **Unter·schied** *der*; ~**[e]s**, ~**e** difference

✦ **unterschiedlich** Ⓐ *Adj.* different; (uneinheitlich) variable; varying Ⓑ *adv.* **[sehr/ganz]** ~ in [very/quite] different ways

unterschieds·los Ⓐ *Adj.* uniform; equal <*treatment*>

u

B *adv.* ‹*treat*› equally; (ohne Benachteiligung) without discrimination

unter·schlagen *unr. tr. V.* embezzle ‹*money, funds, etc.*›; (unterdrücken) intercept ‹*letter*›; withhold ‹*fact, news, information, etc.*›

Unter·schlupf *der;* ~[e]s, ~e shelter; (Versteck) hiding place; hideout

unter|schlüpfen *itr. V.; mit sein* (ugs.) hide out

unter·schreiben *unr. itr., tr. V.* sign

Unter-: ~**·schrift** *die* signature; (Bild~) caption; ~**·see·boot** *das* submarine; ~**·setzer** *der* mat; (für Gläser) coaster

untersetzt *Adj.* stocky

Unter·stand *der* (Schutzbunker) dugout; (Unterschlupf) shelter

unter|stehen **A** *unr. itr. V.* jmdm. ~ be subordinate *or* answerable to sb
B *unr. refl. V.* dare

unter|stellen¹ **A** *tr. V.* (zur Aufbewahrung) keep; store ‹*furniture*›
B *refl. V.* take shelter

unter·stellen² *tr. V.* **1** jmdm. eine Abteilung ~ put sb in charge of a department; **die Behörde ist dem Ministerium unterstellt** the office is under the ministry **2** (unterschieben) jmdm. böse Absichten *usw.* ~ insinuate that sb's intentions *etc.* are bad

Unter·stellung *die* (falsche Behauptung) insinuation

unter·streichen *unr. tr. V.* **1** underline **2** (hervorheben) emphasize

Unter·streichung *die;* ~, ~en **1** underlining **2** (das Betonen) emphasizing

◆ **unter·stützen** *tr. V.* support

◆ **Unter·stützung** *die;* ~, ~en **1** support **2** (finanzielle Hilfe) allowance; (für Arbeitslose) [unemployment] benefit *no art.*

◆ **unter·suchen** *tr. V.* examine; (überprüfen) test (**auf** + *Akk.* for); (aufzuklären suchen) investigate; (durchsuchen) search (**auf** + *Akk.*, **nach** for)

◆ **Untersuchung** *die;* ~, ~en **1** ▶ untersuchen examination; test; investigation; search **2** (wissenschaftliche Arbeit) study

Untersuchungs·haft *die* imprisonment *or* detention while awaiting trial

Unter·tasse *die* saucer

unter|tauchen **A** *itr. V.; mit sein* **1** (im Wasser) dive [under] **2** (verschwinden) disappear
B *tr. V.* duck

Unter·teil *das od. der* bottom part

unter·teilen *tr. V.* divide; (gliedern) subdivide

Unter·titel *der* subtitle

unter·treiben *unr. itr. V.* play things down

Untertreibung *die;* ~, ~en understatement

unter·vermieten *tr., itr. V.* sublet

◆ key word
* old spelling—see note on page x

u

unter·wandern *tr. V.* infiltrate

Unter·wanderung *die* infiltration *no indef. art.*

Unter·wäsche *die* underwear

◆ **unterwegs** *Adv.* on the way; (nicht zu Hause) out [and about]

unter·weisen *unr. tr. V.* (geh.) instruct

Unter·welt *die;* ~; underworld

unter·werfen **A** *unr. tr. V.* **1** subjugate ‹*people, country*› **2** (unterziehen) subject (*Dat.* to)
B *unr. refl. V.* sich [jmdm./einer Sache] ~ submit [to sb/sth]

Unterwerfung *die;* ~, ~en **1** (das Unterwerfen) subjugation (**unter** + *Akk.* to) **2** (das Sichunterwerfen) submission (**unter** + *Akk.* to)

unterwürfig **A** *Adj.* obsequious
B *adv.* obsequiously

unter·zeichnen *tr. V.* sign

unter·ziehen **A** *unr. tr. V.* etw. einer Untersuchung/Überprüfung (*Dat.*) ~ examine/check sth
B *unr. refl. V.* sich einer Operation (*Dat.*) ~ undergo *or* have an operation

untragbar *Adj.* unbearable

untreu *Adj.* disloyal; (in der Ehe, Liebe) unfaithful

Untreue *die;* ~; disloyalty; (in der Ehe, Liebe) unfaithfulness

untröstlich *Adj.* inconsolable

Untugend *die;* ~, ~en bad habit

unüberlegt **A** *Adj.* rash
B *adv.* rashly

unübersehbar **A** *Adj.* **1** (offenkundig) conspicuous **2** (sehr groß) enormous
B *adv.* (sehr) extremely

unübersichtlich **A** *Adj.* unclear; confusing ‹*arrangement*›; blind ‹*bend*›; broken ‹*country etc.*›
B *adv.* unclearly; confusingly ‹*arranged*›

unübertrefflich **A** *Adj.* superb
B *adv.* superbly

unübertroffen *Adj.* unsurpassed

unumgänglich *Adj.* [absolutely] necessary

Unumgänglichkeit *die;* ~; absolute necessity

unumwunden **A** *Adj.* frank
B *adv.* frankly; openly

ununterbrochen **A** *Adj.* incessant
B *adv.* incessantly

unveränderlich *Adj.* unchangeable

unverantwortlich **A** *Adj.* irresponsible
B *adv.* irresponsibly

unverbesserlich *Adj.* incorrigible

unverbindlich **A** *Adj.* **1** not binding *pred.*; without obligation *postpos.* **2** (reserviert) non-committal ‹*answer, words*›; impersonal ‹*attitude, person*›
B *adv.* ‹*send, reserve*› without obligation

unverbleit *Adj.* unleaded
unverblümt **A** *Adj.* blunt
B *adv.* bluntly
unverbraucht *Adj.* untouched; unspent
‹*energy*›; fresh ‹*air*›
unverdaut *Adj.* undigested
unverdorben *Adj.* unspoilt
unverdrossen *Adj.* undeterred; (unverzagt)
undaunted
unvereinbar *Adj.* incompatible (mit with)
Unvereinbarkeit *die*; ~; incompatibility
(mit with)
unverfänglich *Adj.* harmless
unverfroren *Adj.* insolent; impudent
unvergänglich *Adj.* immortal ‹*fame*›;
unchanging ‹*beauty*›; abiding ‹*recollection*›
unvergesslich, **unvergeßlich** *Adj.*
unforgettable
unvergleichlich **A** *Adj.* incomparable
B *adv.* incomparably
unverheiratet *Adj.* unmarried
unverhofft **A** *Adj.* unexpected
B *adv.* unexpectedly
unverhohlen **A** *Adj.* unconcealed
B *adv.* openly
unverkäuflich *Adj.* diese Vase ist ~ this vase
is not for sale /(nicht absetzbar) unsaleable
unvermeidlich *Adj.* unavoidable; (sich als
Folge ergebend) inevitable
Unvermögen *das*; ~s lack of ability
unvermutet **A** *Adj.* unexpected
B *adv.* unexpectedly
unvernünftig *Adj.* stupid; foolish
unverrichtet *Adj.* ~er Dinge without
having achieved anything
unverschämt **A** *Adj.* **1** impertinent ‹*person,
manner, words, etc.*›; barefaced ‹*lie*›
2 (ugs.) (sehr groß) outrageous ‹*price, luck, etc.*›
B *adv.* impertinently; ‹*lie*› barefacedly;
blatantly
Unverschämtheit *die*; ~, ~en
impertinence
unversehens *Adv.* suddenly
unversehrt *Adj.* unscathed; (unbeschädigt)
undamaged
unverständlich *Adj.* incomprehensible
Unverständnis *das*; ~ses lack of
understanding
unverträglich *Adj.* **1** quarrelsome
2 incompatible ‹*blood groups, medicines,
transplant tissue*›
unverwechselbar *Adj.* unmistakable;
distinctive
unverwüstlich *Adj.* indestructible
unverzeihlich *Adj.* unforgivable
unverzüglich **A** *Adj.* prompt
B *adv.* promptly
unvollkommen **A** *Adj.* **1** imperfect
2 (unvollständig) incomplete
B *adv.* **1** imperfectly

2 (unvollständig) incompletely
Unvollkommenheit *die*; ~ **1** imperfection
2 (Unvollständigkeit) incompleteness
unvollständig *Adj.* incomplete
Unvollständigkeit *die*; ~; incompleteness
unvorhergesehen *Adj.* unforeseen;
unexpected ‹*visit*›
unvorhersehbar *Adj.* unforeseeable
unvorsichtig **A** *Adj.* careless; (unüberlegt)
rash
B *adv.* carelessly; (unüberlegt) rashly
Unvorsichtigkeit *die*; ~ ▶ unvorsichtig A
carelessness; rashness
unvorstellbar **A** *Adj.* inconceivable
B *adv.* unimaginably
unvorteilhaft *Adj.* **1** unattractive ‹*figure,
appearance*›
2 (ohne Vorteil) unfavourable, poor ‹*purchase,
exchange*›; unprofitable ‹*business*›
unwahr *Adj.* untrue
Unwahrheit *die*; ~, ~en **1** untruthfulness
2 (Äußerung) untruth
unwahrscheinlich **A** *Adj.* **1** improbable;
unlikely
2 (ugs.) (sehr viel) incredible (infml)
B *adv.* (ugs.) (sehr) incredibly (infml)
Unwahrscheinlichkeit *die*; ~;
improbability
unwegsam *Adj.* [almost] impassable
unweiblich *Adj.* unfeminine
unweigerlich **A** *Adj.* inevitable
B *adv.* inevitably
Unwesen *das* sein ~ treiben (abwertend) be
up to one's mischief *or* one's tricks
Unwetter *das*; ~s, ~; [thunder]storm
unwichtig *Adj.* unimportant
Unwichtigkeit *die*; ~, ~en **1** unimportance
2 (etw. Unwichtiges) unimportant thing
unwiderruflich **A** *Adj.* irrevocable
B *adv.* irrevocably
unwiderstehlich *Adj.* irresistible
unwiederbringlich (geh.) **A** *Adj.*
irretrievable
B *adv.* irretrievably
Unwille, Unwillen *der*; Unwillens
displeasure
unwillig **A** *Adj.* indignant; (widerwillig)
unwilling
B *adv.* indignantly; (widerwillig) unwillingly
unwillkürlich **A** *Adj.* **1** spontaneous ‹*cry,
sigh*›; instinctive ‹*reaction, movement, etc.*›
2 (Physiol.) involuntary ‹*movement etc.*›
B *adv.* **1** ‹*shout etc.*› spontaneously; ‹*react,
move, etc.*› instinctively
2 (Physiol.) ‹*move etc.*› involuntarily
unwirklich (geh.) *Adj.* unreal
Unwirklichkeit *die*; ~, ~en unreality
unwirksam *Adj.* ineffective
Unwirksamkeit *die*; ~; ineffectiveness
unwirsch **A** *Adj.* surly; ill-natured
B *adv.* ill-naturedly

u

unwirtschaftlich **A** *Adj.* uneconomic *‹procedure etc.›*; (nicht sparsam) uneconomical *‹driving etc.›*
B *adv.* *‹work, drive, etc.›* uneconomically
Unwissenheit *die*; ~; ignorance
unwissentlich **A** *Adj.* unconscious
B *adv.* unknowingly; unwittingly
unwohl *Adv.* unwell; **mir ist** ~ I don't feel well
Unwohlsein *das*; ~s indisposition
unwürdig *Adj.* **1** undignified *‹person, behaviour›*; degrading *‹treatment›* **2** (unangemessen) unworthy
unzählig *Adj.* innumerable; countless
Unze *die*; ~, ~n ounce
unzeitgemäß *Adj.* anachronistic
unzerbrechlich *Adj.* unbreakable
unzertrennlich *Adj.* inseparable
Unzucht *die* ~ treiben fornicate; **gewerbsmäßige** ~ prostitution
unzüchtig **A** *Adj.* obscene *‹letter, gesture›*
B *adv.* *‹touch, approach, etc.›* indecently; *‹speak›* obscenely
unzufrieden *Adj.* dissatisfied; (stärker) unhappy
Unzufriedenheit *die*; ~; dissatisfaction; (stärker) unhappiness
unzugänglich *Adj.* inaccessible *‹area, building, etc.›*; unapproachable *‹character, person, etc.›*
unzulänglich (geh.) **A** *Adj.* insufficient
B *adv.* insufficiently
unzumutbar *Adj.* unreasonable
unzurechnungsfähig *Adj.* not responsible for one's actions *pred.*; (geistesgestört) of unsound mind *postpos.*
unzustellbar *Adj. Postw.* „~" 'not known [at this address]'
unzutreffend *Adj.* inappropriate; (falsch) incorrect
unzuverlässig *Adj.* unreliable
Unzuverlässigkeit *die*; ~; unreliability
unzweckmäßig **A** *Adj.* unsuitable; (unpraktisch) impractical
B *adv.* unsuitably; (unpraktisch) impractically
Update /'apdeit/ *das*; ~s, ~s (DV) update
üppig **A** *Adj.* lush *‹vegetation›*; thick *‹hair, beard›*; full *‹bosom, lips›*; voluptuous *‹figure, woman›*; (fig.) sumptuous, opulent *‹meal›*
B *adv.* luxuriantly; (fig.) sumptuously
Ur·abstimmung *die* [esp. strike] ballot
Ural *der*; ~[s] Urals *pl.*; Ural Mountains *pl.*
ur·alt *Adj.* very old; ancient
Uran *das*; ~s uranium
Ur·aufführung *die* premiere; first night *or* performance; (eines Films) premiere; first showing

urbar *Adj.* **ein Stück Land** ~ **machen** cultivate a piece of land
Ur·einwohner *der*, **Ur·einwohnerin** *die* native inhabitant
Ur·enkel *der* great-grandson
Urgroß-: ~**eltern** *Pl.* great-grandparents; ~**mutter** *die*; *Pl.* ~**mütter** great-grandmother; ~**vater** *der* great-grandfather
Ur·heber *der*; ~s, ~; originator; initiator; (bes. Rechtsspr.) (Verfasser, Autor) author
Urheber·recht *das* copyright
urig *Adj.* natural *‹person›*; real *‹beer›*; cosy *‹pub›*
Urin *der*; ~s, ~e (Med.) urine
urinieren *itr. V.* urinate
Ur·knall *der* big bang
Ur·kunde *die*; ~, ~n document; (Bescheinigung, Siegerurkunde, Diplom usw.) certificate
⚜ **Urlaub** *der*; ~[e]s, ~e holiday[s] (BrE); vacation (esp. AmE) (bes. Milit.) leave
urlaubs-, Urlaubs-: ~**geld** *das* holiday pay *or* money; (gespartes Geld) holiday money; ~**ort** *der* holiday resort; ~**reif** *Adj.* ~**reif sein** (ugs.) be ready for a holiday; ~**reise** *die* holiday [trip]; ~**zeit** *die* holiday period *or* season
Urne *die*; ~, ~n urn; (Wahlurne) [ballot] box
Ur·oma *die* (fam.) great-granny (infml/child lang.)
Ur·opa *der* (fam.) great-grandpa (infml/child lang.)
⚜ **Ur·sache** *die* cause
Ur·sprung *der* origin
⚜ **ur·sprünglich** **A** *Adj.* **1** original *‹plan, price, form, material, etc.›* **2** (natürlich) natural
B *adv.* **1** originally **2** (natürlich) naturally
⚜ **Urteil** *das*; ~s, ~e judgement; (Strafe) sentence; (Gerichtsurteil) verdict
urteilen *itr. V.* form an opinion; judge; **über etw./jmdn.** ~ judge sth/sb
urteils-, Urteils-: ~**fähig** *Adj.* competent *or* able to judge *postpos.*; ~**fähigkeit** *die* competence *or* ability to judge; ~**vermögen** *das* competence to judge
Ur·wald *der* primeval forest; (tropisch) jungle
ur·wüchsig *Adj.* natural *‹landscape, power›*; earthy *‹language, humour›*
Urwüchsigkeit *die*; ~ ▸ urwüchsig naturalness; earthiness
USA *Pl.* USA
User /'juːzɐ/ *der*; ~s, ~, **Userin** *die*; ~, ~**nen** (bes. DV, Drogenjargon) user
usw. *Abk.* = **und so weiter** etc.
Utensil *das*; ~s, ~ien /...iən/ piece of equipment; ~**ien** equipment *sing.*
Utopie *die*; ~, ~n utopian dream
utopisch *Adj.* utopian
UV *Abk.* = **Ultraviolett** UV

⚜ key word
* alte Schreibung—vgl. Hinweis auf S. x

u

Vv

v, V /vaʊ/ *das*; ~, ~; v/V
v. *Abk.* = **von**
vage /'vaːgə/ **A** *Adj.* vague
 B *adv.* vaguely
Vagina /va'giːna/ *die*; ~, **Vaginen** (Anat.)
 vagina
vaginal *Adj.* (Anat.) vaginal
vakant /va'kant/ *Adj.* vacant
Vakuum *das*; ~s, **Vakuen** vacuum
vakuum·verpackt *Adj.* vacuum-packed
Valentins·tag /'vaːlɛntiːns-/ *der* [St]
 Valentine's Day
Van /væn/ *der*; ~s, ~s (Kfz.-W.) multi-
 purpose vehicle; MPV
Vandale /van'daːla/ *usw.* ▶ **Wandale**
Vanille /va'nɪljə/ *die*; ~; vanilla
Vanille-: ~**eis** *das* vanilla ice cream;
 ~**pudding** *der* vanilla pudding; ~**zucker**
 der vanilla sugar
variabel /va'riaːbl̩/ **A** *Adj.* variable
 B *adv.* variably
✓ **Variante** /va'riantə/ *die*; ~, ~**n** (geh.) variant;
 variation
variieren *tr., itr. V.* vary
Vase /'vaːzə/ *die*; ~, ~**n** vase
Vaseline /vaze'liːnə/ *die*; ~; Vaseline®
✓ **Vater** *der*; ~s, **Väter** father; **Gott** ~ God
 the Father
Vater·land *das* fatherland
väterlich **A** *Adj.* **1** paternal <*line, love,
 instincts, etc.*>
 2 (fürsorglich) fatherly
 B *adv.* in a fatherly way
väterlicherseits *Adv.* on the/his/her *etc.*
 father's side
Vaterschaft *die*; ~, ~**en** fatherhood
Vater-: ~**tag** *der* Father's Day *no def. art.*;
 ~**unser** *das*; ~~s, ~~; Lord's Prayer
Vati *der*; ~s, ~s (fam.) dad[dy] (infml)
Vatikan /vati'kaːn/ *der*; ~s Vatican
v. Chr. *Abk.* = **vor Christus** BC
Vegetarier /vege'taːriɐ/ *der*; ~s, ~,
 Vegetarierin *die*; ~, ~**nen** vegetarian
vegetarisch **A** *Adj.* vegetarian
 B *adv.* er isst *od.* lebt ~ he is a vegetarian
Vegetation *die*; ~, ~**en** vegetation *no
 indef. art.*
vegetieren *itr. V.* vegetate
Veilchen *das*; ~s, ~; violet
Vene /'veːnə/ *die*; ~, ~**n** vein
Venedig /ve'neːdɪç/ *(das)*; ~s Venice

Venezolaner /venetso'laːnɐ/ *der*; ~s,
 ~, **Venezolanerin** *die*; ~, ~**nen**
 Venezuelan
venezolanisch *Adj.* Venezuelan
Venezuela *(das)*; ~s Venezuela
Ventil /vɛn'tiːl/ *das*; ~s, ~**e** valve
Ventilator /vɛnti'laːtɔr/ *der*; ~s, ~**en**
 ventilator
Venus /'veːnʊs/ *die*; ~; Venus *no def. art.*
verabreden **A** *tr. V.* arrange
 B *refl. V.* sich im Park/zum Tennis/für den
 folgenden Abend ~ arrange to meet in the
 park/for tennis/next evening
Verabredung *die*; ~, ~**en** **1** arrangement
 2 (verabredete Zusammenkunft) appointment;
 eine ~ absagen call off a meeting
verabscheuen *tr. V.* detest; loathe
✓ **verabschieden** **A** *tr. V.* **1** say goodbye to
 2 (aus dem Dienst) retire <*general, civil servant,
 etc.*>
 B *refl. V.* sich [von jmdm.] ~ say goodbye
 [to sb]
Verabschiedung *die*; ~, ~**en** **1** leave-
 taking
 2 (aus dem Dienst) retirement
verachten *tr. V.* despise
verächtlich **A** *Adj.* **1** contemptuous
 2 (verachtenswürdig) contemptible
 B *adv.* contemptuously
Verächtlichkeit *die*; ~; contempt;
 contemptuousness
Verachtung *die*; ~; contempt
verallgemeinern *tr., itr. V.* generalize
Verallgemeinerung *die*; ~, ~**en**
 generalization
veralten *itr. V.*; mit sein become obsolete
Veranda /ve'randa/ *die*; ~, **Veranden**
 veranda; porch
veränderlich *Adj.* changeable
✓ **verändern** *tr., refl. V.* change
✓ **Veränderung** *die*; ~, ~**en** change (*Gen.* in)
verängstigen *tr. V.* frighten; scare
verankern *tr. V.* fix <*tent, mast, pole, etc.*>;
 (mit einem Anker) anchor
veranlagen *tr. V.* (Steuerw.) assess (**mit** at)
veranlagt *Adj.* künstlerisch/praktisch ~ sein
 have an artistic bent/be practically minded
Veranlagung *die*; ~, ~**en** [pre]disposition
veranlassen *tr. V.* cause; induce; ~, **dass** ...
 see to it that ...
Veranlassung *die*; ~, ~**en** reason
veranschaulichen *tr. V.* illustrate

veranschlagen tr. V. estimate (**mit** at)

veranstalten tr. V. organize; hold, give <*party*>; hold <*auction*>; do <*survey*>

Veranstalter der; ~s, ~, **Veranstalterin** die; ~, ~**nen** organizer

꙳ **Veranstaltung** die; ~, ~**en 1** (das Veranstalten) organizing; organization
2 (etw., was veranstaltet wird) event

verantworten **A** tr. V. etw. ~ take responsibility for sth
B refl. V. sich für etw. ~ answer for sth; sich vor jmdm. ~ answer to sb

꙳ **verantwortlich** Adj. responsible

꙳ **Verantwortung** die; ~, ~**en** responsibility (**für** for)

verantwortungs-: ~**bewusst**, ꙳~**bewußt** Adj. responsible; ~**los** Adj. irresponsible; ~**voll** Adj. responsible

verarbeiten tr. V. use; etw. zu etw. ~ make sth into sth; (geistig bewältigen) assimilate <*film, experience, impressions*>

Verarbeitung die; ~, ~**en 1** (das Verarbeiten) use
2 (Art der Fertigung) finish; **Schuhe in erstklassiger** ~ shoes with a first-class finish

verärgern tr. V. annoy

verarzten tr. V. (ugs.) patch up (infml) <*person*>; fix (infml) <*wound etc.*>

verausgaben refl. V. wear oneself out; **sie hat sich total verausgabt** (finanziell) she has completely spent out

veräußern tr. V. dispose of <*property*>

Verb /vɛrp/ das; ~s, ~**en** verb

verbal /vɛrˈbaːl/ Adj. **A** (auch Sprachw.) verbal
B adv. verbally

Verband der **1** (Binde) bandage; dressing
2 (Vereinigung) association

verbandeln tr. V. link closely

Verband-, Verbands-: ~**kasten** der first-aid box; ~**material** das dressing materials pl.

Verband·zeug das first-aid things pl.

Verbannung die; ~, ~**en** banishment

verbeamten tr. V. make <*person*> a civil servant

verbergen unr. tr. V. hide; conceal

꙳ **verbessern** **A** tr. V. **1** improve
2 (korrigieren) correct
B refl. V. **1** improve
2 ([beruflich] aufsteigen) better oneself

꙳ **Verbesserung** die **1** improvement
2 (Korrektur) correction

Verbesserungs·vorschlag der suggestion for improvement

verbeugen refl. V. bow (**vor** + Dat. to)

Verbeugung die; ~, ~**en** bow

verbeulen tr. V. dent

꙳ **verbieten** unr. tr. V. **1** forbid; **jmdm. etw.** ~

forbid sb sth; „**Betreten des Rasens/Rauchen verboten**" 'keep off the grass'/'no smoking'
2 (für unzulässig erklären) ban

verbinden **A** unr. tr. V. **1** (bandagieren) bandage; dress
2 (zubinden) bind; **jmdm. die Augen** ~ blindfold sb
3 (zusammenfügen) join
4 (in Beziehung bringen) connect (**durch** by); link <*towns, lakes, etc.*> (**durch** by)
5 (verknüpfen) combine <*abilities, qualities, etc.*>
6 auch itr. (telefonisch) jmdn. [**mit jmdm.**] ~ put sb through [to sb]
B unr. refl. V. **1** (auch Chemie) combine (**mit** with)
2 (sich zusammentun) join [together]; join forces

verbindlich **A** Adj. **1** friendly
2 (bindend) obligatory; compulsory; binding <*agreement, decision, etc.*>
B adv. **1** (freundlich) in a friendly manner
2 ~ zusagen definitely agree; **jmdm. etw.** ~ zusagen make sb a firm offer of sth

꙳ **Verbindung** die; ~, ~**en 1** (das Verknüpfen) linking
2 (Zusammenhalt) join; connection
3 (verknüpfende Strecke) link
4 (durch Telefon, Funk, Verkehrsmittel) connection (**nach** to)
5 (Kombination) combination; **in** ~ **mit etw.** in conjunction with sth
6 (Kontakt) contact; **sich mit jmdm. in** ~ **setzen** get in touch or contact with sb
7 (Zusammenhang) connection

verbissen **A** Adj. dogged; doggedly determined
B adv. doggedly

verbitten unr. refl. V. sich (Dat.) etw. ~ refuse to tolerate sth

verbittern tr. V. embitter

Verbitterung die; ~, ~**en** bitterness; embitterment

verblassen itr. V.; mit sein (auch fig. geh.) fade

Verbleib der; ~[e]s (geh.) whereabouts pl.

verbleiben unr. itr. V.; mit sein remain; **wie seid ihr verblieben?** what did you arrange?

verbleien tr. V. (Technik) lead <*petrol*>

Verblendung die; ~, ~**en** blindness

verblüffen tr. V. (auch itr.) V. amaze

verblüffend **A** Adj. amazing
B adv. amazingly

Verblüffung die; ~, ~**en** amazement

verblühen itr. V.; mit sein (auch fig.) fade

verbluten itr. (auch refl.) V.; mit sein bleed to death

verbohrt Adj. pig-headed

verborgen Adj. (abgelegen) secluded; (nicht sichtbar) hidden

Verbot das; ~[e]s, ~e ban (Gen., **von** on)

Verbots·schild das; Pl. ~er sign (prohibiting sth); (Verkehrsw.) prohibitive sign

V

꙳ key word
꙳ old spelling—see note on page x

Verbrauch *der*; ~[e]s consumption (**von, an** + *Dat.* of)

verbrauchen *tr. V.* use; consume ⟨*food, drink*⟩; use up ⟨*provisions*⟩; spend ⟨*money*⟩; consume, use ⟨*fuel*⟩; (fig.) use up ⟨*strength, energy*⟩

⚥ **Verbraucher** *der*; ~s, ~; consumer

verbraucher-: ~**feindlich** ▲ *Adj.* not in the interests of consumers *postpos.*
■ *adv.* against the interests of consumers; ~**freundlich** ▲ *Adj.* consumer-friendly
■ *adv.* in a consumer-friendly way

Verbraucherin *die*; ~, ~**nen** consumer

Verbraucher·schutz *der* consumer protection

⚥ **Verbrechen** *das*; ~s, ~; crime (**an** + *Dat.*, **gegen** against)

Verbrechens-: ~**rate** *die* crime rate; ~**verhütung** *die* crime prevention

Verbrecher *der*; ~s, ~, **Verbrecherin** *die*; ~, ~**nen** criminal

verbrecherisch *Adj.* criminal

⚥ **verbreiten** ▲ *tr. V.* spread; radiate ⟨*optimism, calm, etc.*⟩
■ *refl. V.* spread

Verbreitung *die*; ~, ~**en** 1 ▶ verbreiten A spreading; radiation
2 (Ausbreitung) spread

verbrennen ▲ *unr. itr. V.*; *mit sein* burn
■ *tr. V.* burn; cremate ⟨*dead person*⟩; sich (*Dat.*) den Mund ~ (fig.) say too much

Verbrennung *die*; ~, ~**en** 1 ▶ verbrennen B burning; cremation
2 (Wunde) burn

Verbrennungs·anlage *die* incineration plant; incinerator

verbringen *unr. tr. V.* spend

verbummeln *tr. V.* (ugs.) 1 waste ⟨*time*⟩
2 (vergessen) forget [all] about; clean forget; (verlieren) lose

verbünden *refl. V.* form an alliance

Verbündete *der/die adj. Dekl.* ally

verbüßen *tr. V.* serve ⟨*sentence*⟩

Verdacht *der*; ~[e]s, ~e *od.* **Verdächte** suspicion; **wen hast du in** ~? who do you suspect?

verdächtig ▲ *Adj.* suspicious
■ *adv.* suspiciously

Verdächtige *der/die adj. Dekl.* suspect

verdächtigen *tr. V.* suspect

Verdächtigung *die*; ~, ~**en** suspicion

verdammen *tr. V.* condemn; (Rel.) damn ⟨*sinner*⟩

verdampfen ▲ *itr. V.*; *mit sein* evaporate
■ *tr. V.* evaporate

verdanken *tr. V.* jmdm./einer Sache etw. ~ owe sth to sb/sth

verdarb *1. u. 3. Pers. Sg. Prät. v.* verderben

verdattert *Adj.* (ugs.) flabbergasted; (verwirrt) dazed; stunned

verdauen ▲ *tr. V.* (auch fig.) digest
■ *itr. V.* digest [one's food]

verdaulich *Adj.* digestible

Verdauung *die*; ~; digestion

Verdeck *das*; ~[e]s, ~**e** top; hood (BrE); (bei Kinderwagen) hood

verdecken *tr. V.* hide; cover

verderben ▲ *unr. itr. V.*; *mit sein* go bad *or* off; spoil
■ *unr. tr. V.* spoil; (stärker) ruin; spoil ⟨*appetite, enjoyment, fun, etc.*⟩
■ *unr. refl. V.* sich (*Dat.*) den Magen/die Augen ~ give oneself an upset stomach/ruin one's eyesight

Verderben *das*; ~s ruin

verderblich *Adj.* perishable ⟨*food*⟩; pernicious ⟨*influence, effect, etc.*⟩

verdeutlichen *tr. V.* etw. ~ make sth clear; (erklären) explain sth

verdichten *refl. V.* ⟨*fog, smoke*⟩ thicken, become thicker; (fig.) ⟨*suspicion, rumour*⟩ grow; ⟨*feeling*⟩ intensify

⚥ **verdienen** ▲ *tr. V.* 1 earn
2 (wert sein) deserve
■ *itr. V.* beide Eheleute ~ husband and wife are both earning

Verdiener *der*; ~s, ~, **Verdienerin** *die*; ~, ~**nen** wage earner

Verdienst¹ *der*; ~[e]s, ~**e** income; earnings *pl.*

Verdienst² *das*; ~[e]s, ~**e** merit

verdienst-voll ▲ *Adj.* commendable; ⟨*person*⟩ of outstanding merit
■ *adv.* commendably

verdient ▲ *Adj.* 1 ⟨*person*⟩ of outstanding merit; sich um etw. ~ machen render outstanding services to sth
2 (gerecht, zustehend) well-deserved
■ *adv.* deservedly

verdientermaßen *Adv.* deservedly

verdoppeln ▲ *tr. V.* double; (fig.) double, redouble ⟨*efforts etc.*⟩
■ *refl. V.* double

verdorben *2. Part. v.* verderben

verdorren *itr. V.*; *mit sein* wither [and die]; ⟨*meadow*⟩ scorch

verdrängen *tr. V.* 1 drive out ⟨*inhabitants*⟩; (fig.) (ersetzen) displace
2 (Psych.) repress; (bewusst) suppress

verdrehen *tr. V.* 1 twist ⟨*joint*⟩; roll ⟨*eyes*⟩
2 (ugs. abwertend) (entstellen) twist ⟨*words, facts, etc.*⟩

verdrießen *unr. tr. V.* (geh.) irritate; annoy

verdrießlich ▲ *Adj.* morose
■ *adv.* morosely

verdross, *verdroß *1. u. 3. Pers. Sg. Prät. v.* verdrießen

verdrossen ▲ *Adj.* (missmutig) morose; (missmutig und lustlos) sullen
■ *adv.* (missmutig) morosely; (missmutig und lustlos) sullenly

V

Verdruss, *Verdruß der; Verdrusses, Verdrusse* annoyance
verdunkeln *tr. V.* darken; (vollständig) black out ‹*room, house, etc.*›
Verdunkelung, **Verdunklung** *die;* ~, ~**en** darkening; (vollständig) blackout
verdünnen *tr. V.* dilute
verdunsten *itr. V.; mit sein* evaporate
Verdunstung *die;* ~; evaporation
verdursten *itr. V.; mit sein* die of thirst
verdutzt *Adj.* taken aback *pred.*; nonplussed; (verwirrt) baffled
Verdutztheit *die;* ~; bafflement
verehren *tr. V.* **1** venerate
  2 (geh.) (bewundern) admire; (ehrerbietig lieben) worship
Verehrer *der;* ~s, ~, **Verehrerin** *die;* ~, ~**nen** admirer
Verehrung *die;* ~ **1** veneration
  2 (Bewunderung) admiration
vereidigen *tr. V.* swear in
Vereidigung *die;* ~, ~**en** swearing in
⚲ **Verein** *der;* ~s, ~e organization; (der Kunstfreunde usw.) association; society; (Sportverein) club
vereinbar *Adj.* compatible
vereinbaren *tr. V.* agree; arrange ‹*meeting etc.*›
Vereinbarung *die;* ~, ~**en 1** agreeing; (eines Termins usw.) arranging
  2 (Abmachung) agreement
vereinfachen *tr. V.* simplify
Vereinfachung *die;* ~, ~**en** simplification
vereinheitlichen *tr. V.* standardize
Vereinheitlichung *die;* ~, ~**en** standardization
vereinigen *tr., refl. V.* unite; (in der Wirtschaft) merge
vereinigt *Adj.* united
Vereinigung *die;* ~, ~**en 1** organization
  2 (das Vereinigen) uniting; (von Unternehmen) merging
vereinsamen *itr. V.; mit sein* become [increasingly] lonely *or* isolated
Vereinsamung *die;* ~; loneliness; isolation
vereinzelt **A** *Adj.* occasional
  B *adv.* (zeitlich) occasionally; (örtlich) here and there
Vereinzelung *die;* ~, ~**en** isolation
vereisen *itr. V.; mit sein* freeze *or* ice over; ‹*wing*› ice up; ‹*lock*› freeze up
vereiteln *tr. V.* thwart
Vereitelung *die;* ~; thwarting
vereitern *itr. V.; mit sein* go septic
verenden *itr. V.; mit sein* perish; die
verengen *refl. V.* narrow; ‹*pupils*› contract

⚲ key word
* alte Schreibung—vgl. Hinweis auf S. x

vererben *tr. V.* leave, bequeath ‹*property*› (*Dat.*, an + *Akk.* to)
Vererbung *die;* ~, ~**en** heredity *no art.*
verewigen **A** *tr. V.* immortalize
  B *refl. V.* (ugs.) (Spuren hinterlassen) leave one's mark
verfahren **A** *unr. refl. V.* lose one's way
  B *unr. itr. V.; mit sein* proceed
Verfahren *das;* ~s, ~ **1** procedure; (Technik) process; (Methode) method
  2 (Rechtsw.) proceedings *pl.*
Verfall *der;* ~[e]s **1** decay; (fig.) (der Preise, einer Währung) collapse
  2 (Auflösung) decline
verfallen *unr. itr. V.; mit sein* **1** (baufällig werden) fall into disrepair
  2 (körperlich) ‹*strength*› decline
  3 (untergehen) ‹*empire*› decline; ‹*morals, morale*› deteriorate
  4 (ungültig werden) expire
Verfalls·datum *das* use-by date; (ugs.) (Mindesthaltbarkeitsdatum) best-before date
verfälschen *tr. V.* distort, misrepresent ‹*statement, message*›; falsify, misrepresent ‹*facts, history, truth*›; falsify ‹*painting, banknote*›; adulterate ‹*wine, milk, etc.*›
Verfälschung *die* ▸ **verfälschen** distortion; misrepresentation; falsification; adulteration
verfassen *tr. V.* write; draw up ‹*resolution*›
Verfasser *der;* ~s, ~, **Verfasserin** *die;* ~, ~**nen** writer; (eines Buchs, Artikels usw.) author; writer
Verfassung *die;* ~, ~**en 1** (Politik) constitution
  2 (Zustand) state [of health/mind]; **in guter/ schlechter** ~ **sein** be in good/poor shape
verfassungs·gemäß **A** *Adj.* constitutional; in accordance with the constitution *postpos.*
  B *adv.* constitutionally; in accordance with the constitution
verfaulen *itr. V.; mit sein* rot
verfehlen *tr. V.* miss
Verfehlung *die;* ~, ~**en** misdemeanour; (Rel.) (Sünde) transgression
verfeinden *refl. V. sich* ~ **mit** make an enemy of
verfeinern *tr. V.* improve; refine ‹*method, procedure*›
Verfeinerung *die;* ~, ~**en** ▸ **verfeinern** improvement; refinement
verfertigen *tr. V.* produce
verfilmen *tr. V.* film; make a film of
Verfilmung *die;* ~, ~**en 1** (das Verfilmen) filming
  2 (Film) film [version]
verfinstern **A** *tr. V.* obscure ‹*sun etc.*›
  B *refl. V.* (auch fig.) darken
Verfinsterung *die;* ~, ~**en** darkening
verflixt (ugs.) **A** *Adj.* **1** (ärgerlich) awkward, unpleasant ‹*situation, business, etc.*›
  2 (verdammt) blasted (BrE); blessed;

confounded; ~ **[noch mal]**! [damn and] blast! (BrE infml)

3 (sehr groß) **er hat ~es Glück gehabt** he was damned lucky (infml)

B adv. (sehr) damned (infml)

verflossen Adj. (ugs.) former

verfluchen tr. V. curse

verflucht A Adj. (salopp) damned (infml); bloody (BrE sl.); ~ **[noch mal]**! damn [it]! (infml)

B adv. (sehr) damned (infml)

⚓ verfolgen tr. V. pursue; hunt, track <animal>; etw. [strafrechtlich] ~ prosecute sth

Verfolgte der/die adj. Dekl. victim of persecution

Verfolgung die; ~, ~en **1** pursuit; (eines Ziels, Plans usw.) pursuance

2 [strafrechtliche] ~ prosecution

Verfolgungs-: ~**jagd** die pursuit; chase; ~**wahn** der (Psych.) persecution mania

verfressen Adj. (salopp) greedy

verfügbar Adj. available; **nicht ~** unavailable

⚓ verfügen A tr. V. (anordnen) order; (dekretieren) decree

B itr. V. **über etw.** (Akk.) **[frei] ~ können** be free to decide what to do with sth; **über etw.** (Akk.) ~ (etw. haben) have sth at one's disposal

⚓ Verfügung die; ~, ~en **1** (Anordnung) order; (Dekret) decree

2 (Disposition) **etw. zur ~ haben** have sth at one's disposal; **jmdm. etw. zur ~ stellen** put sth at sb's disposal

verführen tr. V. **1** (verleiten) tempt

2 (sexuell) seduce

Verführer der; ~s, ~; seducer

Verführerin der; ~, ~nen seductress

verführerisch A Adj. **1** (verlockend) tempting

2 (aufreizend) seductive

B adv. **1** (verlockend) temptingly

2 (aufreizend) seductively

Verführung die; ~, ~en **1** temptation

2 (sexuell) seduction

vergangen Adj. **1** (vorüber, vorbei) bygone, former <times, years, etc.>

2 (letzt…) last <year, week, etc.>

⚓ Vergangenheit die; ~ **1** past

2 (Grammatik) (Präteritum) past tense

vergänglich Adj. transient; transitory; ephemeral

Vergänglichkeit die; ~; transience

Vergaser der; ~s, ~; carburettor

vergaß 1. u. 3. Pers. Sg. Prät. v. **vergessen**

Vergasung die; ~, ~en **1** (von Kohle) gasification

2 (Tötung) gassing

3 bis zur ~ (ugs.) ad nauseam

⚓ vergeben unr. tr. V. **1** auch itr. (geh.) (verzeihen) forgive; **jmdm. etw. ~** forgive sb [for] sth

2 throw away <chance, goal, etc.>

3 (geben) place <order> (**an** + Akk. with);

award <grant, prize> (**an** + Akk. to)

vergebens A Adv. in vain; vainly

B adj. **es war ~** it was of or to no avail

vergeblich A Adj. futile; vain, futile <attempt, efforts>

B adv. in vain

Vergebung die; ~ (geh.) forgiveness

vergegenwärtigen /od. ---'---/ refl. V. **sich** (Dat.) **etw. ~** imagine sth; (erinnern) recall sth

vergehen unr. itr. V.; mit sein <time> pass [by], go by; <pain> wear off, pass; <pleasure> fade

Vergehen das; ~s, ~; crime; (Rechtsspr.) offence

vergeigen tr. V. (ugs.) botch up <test, performance, etc.>; lose <game, match>

vergelten unr. tr. V. repay

Vergeltung die **1** repayment

2 (Rache) revenge; ~ **an jmdm./etw. üben** take revenge on sb/sth

⚓ vergessen unr. tr. (auch itr.) V. forget

Vergessenheit die; ~; oblivion

vergesslich, *vergeßlich Adj. forgetful

vergeuden tr. V. waste

Vergeudung die; ~, ~en waste

vergewaltigen tr. V. rape

Vergewaltigung die; ~, ~en rape

vergewissern refl. V. make sure (Gen. of)

vergießen unr. tr. V. spill; **Tränen ~** shed tears

vergiften tr. V. (auch fig.) poison

Vergiftung die; ~, ~en poisoning

vergiss, *vergiß Imper. Sg. v. **vergessen**

Vergiss·mein·nicht, *Vergiß·mein·nicht das; ~[e]s, ~[e] forget-me-not

vergisst, *vergißt 2. u. 3. Pers. Sg. Präs. v. **vergessen**

⚓ Vergleich der; ~[e]s, ~e **1** comparison; **im ~ zu** od. **mit etw.** in comparison with sth; compared with or to sth

2 (Rechtsw.) settlement

⚓ vergleichbar Adj. comparable

⚓ vergleichen unr. tr. V. compare

Vergleichs·form die (Sprachw.) comparative/superlative form

verglühen itr. V.; mit sein <log, wick, fire, etc.> smoulder and go out; <satellite, rocket, wire, etc.> burn out

vergnügen refl. V. enjoy oneself; have a good time

Vergnügen das; ~s, ~; pleasure; (Spaß) fun; **viel ~**! (auch iron.) have fun!

vergnüglich Adj. amusing; entertaining

vergnügt A Adj. cheerful

B adv. cheerfully

Vergnügungs·viertel das pleasure district

vergolden tr. V. gold-plate <jewellery etc.>; (mit Blattgold) gild

V

vergraben *unr. tr. V.* bury
vergrämt *Adj.* careworn
vergraulen *tr. V.* (ugs.) put off
vergreifen *unr. refl. V.* sich an jmdm. ~ assault sb
vergriffen *Adj.* out of print *pred.*
vergrößern **A** *tr. V.* **1** (erweitern) extend <*room, area, building, etc.*>
2 (vermehren) increase
3 (größer reproduzieren) enlarge <*photograph etc.*>
B *refl. V.* **1** (größer werden) <*firm, business, etc.*> expand
2 (zunehmen) increase
C *itr. V.* <*lens etc.*> magnify
Vergrößerung *die*; ~, ~en **1** ▶ vergrößern A, B extension; increase; enlargement; expansion
2 (Foto) enlargement
Vergrößerungs·glas *das* magnifying glass
Vergünstigung *die*; ~, ~en privilege
vergüten *tr. V.* **1** (erstatten) jmdm. etw. ~ reimburse sb for sth
2 (bes. Papierdt.) (bezahlen) remunerate, pay for <*work, services*>
Vergütung *die*; ~, ~en **1** (Rückerstattung) reimbursement
2 (Geldsumme) remuneration
verhaften *tr. V.* arrest; Sie sind verhaftet you are under arrest
Verhaftung *die*; ~, ~en arrest
verhalten *unr. refl. V.* **1** behave; (reagieren) react
2 (beschaffen sein) be
✔ **Verhalten** *das*; ~s behaviour
Verhaltens·weise *die* behaviour
✔ **Verhältnis** *das*; ~ses, ~se **1** ein ~ von drei zu eins a ratio of three to one
2 (persönliche Beziehung) relationship (zu with); mit jmdm. ein ~ haben (ugs.) have an affair with sb
3 *Pl.* (Umstände) conditions
verhältnis·mäßig *Adv.* relatively; comparatively
Verhältnis·wort *das*; *Pl.* ~wörter (Sprachw.) preposition
verhandeln **A** *itr. V.* **1** negotiate (über + *Akk.* about)
2 (strafrechtlich) try a case; (zivilrechtlich) hear a case
B *tr. V.* **1** etw. ~ negotiate over sth
2 (strafrechtlich) try <*case*>; (zivilrechtlich) hear <*case*>
✔ **Verhandlung** *die*; ~, ~en **1** ~en negotiations
2 (strafrechtlich) trial; (zivilrechtlich) hearing; die ~ gegen X the trial of X
verhängen *tr. V.* impose <*fine, punishment*> (über + *Akk.* on); declare <*state of emergency,*

state of siege>; (Sport) award, give <*penalty etc.*>
Verhängnis *das*; ~ses, ~se undoing
verhängnis·voll *Adj.* disastrous
verharmlosen *tr. V.* play down
Verharmlosung *die*; ~, ~en playing down
verhärmt *Adj.* careworn
verharren *itr. V.* (geh.) remain
verhärten **A** *tr. V.* harden; make <*person*> hard
B *refl. V.* <*tissue*> become hardened
verhasst, *verhaßt Adj.* hated; detested
verhätscheln *tr. V.* (ugs.) pamper
verhauen *unr. tr. V.* (ugs.) beat up; (als Strafe) beat
verheben *unr. refl. V.* do oneself an injury [while lifting sth]
verheeren *tr. V.* devastate; lay waste [to]
verheerend *Adj.* **1** devastating
2 (ugs.) (scheußlich) ghastly (infml)
verhehlen *tr. V.* (geh.) conceal (*Dat.* from)
verheilen *itr. V.*; *mit sein* <*wound*> heal [up]
verheimlichen *tr. V.* [jmdm.] etw. ~ keep sth secret [from sb]
Verheimlichung *die*; ~, ~en concealment
verheiraten *refl. V.* get married; sich mit jmdm. ~ marry sb; get married to sb
Verheiratete *der/die adj. Dekl.* married person; married man/woman
Verheiratung *die*; ~, ~en marriage
verheizen *tr. V.* **1** burn; use as fuel
2 (abwertend) (rücksichtslos einsetzen) burn out <*athlete, skier, etc.*>; use <*troops*> as cannon fodder
verhelfen *unr. itr. V.* jmdm./einer Sache zu etw. ~ help sb/sth to get/achieve sth
verherrlichen *tr. V.* glorify
Verherrlichung *die*; ~, ~en glorification
verheult *Adj.* (ugs.) <*eyes*> red from crying; <*face*> puffy *or* swollen from crying
verhexen *tr. V.* (auch fig.) bewitch
✔ **verhindern** *tr. V.* prevent
Verhinderung *die*; ~, ~en prevention
verhöhnen *tr. V.* mock
Verhöhnung *die*; ~, ~en mockery
Verhör *das*; ~[e]s, ~e interrogation; questioning; (bei Gericht) examination
verhören **A** *tr. V.* interrogate; question; (bei Gericht) examine
B *refl. V.* mishear
verhüllen *tr. V.* cover; (fig.) disguise
verhüllend *Adj.* (Literaturw.) euphemistic
Verhüllung *die*; ~, ~en covering; (fig.) disguising
verhungern *itr. V.*; *mit sein* die of starvation; starve [to death]
verhunzen *tr. V.* (ugs. abwertend) ruin; mess up; ruin <*landscape, townscape, etc.*>
verhüten *tr. V.* prevent
Verhütung *die*; ~, ~en prevention; (Empfängnisverhütung) contraception

---

✔ key word
* old spelling—see note on page x

v

Verhütungs·mittel *das* contraceptive
verirren *refl. V.* **1** get lost; lose one's way;
⟨*animal*⟩ stray
2 (irgendwohin gelangen) stray (**in, an** + *Akk.*
into)
verjagen *tr. V.* chase away
verjüngen A *tr. V.* rejuvenate
B *refl. V.* (schmaler werden) taper; become
narrower; narrow
verkalken *itr. V.*; *mit sein* **1** ⟨*tissue*⟩ calcify;
⟨*arteries*⟩ become hardened
2 (ugs.) (senil werden) become senile
⚡ **Verkauf** *der*; ~[e]s, **Verkäufe** sale
⚡ **verkaufen** *tr. V.* (auch fig.) sell (*Dat.*, an +
Akk. to); „**zu** ~" 'for sale'
Verkäufer *der*; ~s, ~, **Verkäuferin** *die*;
~, ~nen **1** seller; vendor (formal)
2 (Berufsbez.) sales *or* shop assistant;
(im Außendienst) salesman/saleswoman
verkäuflich *Adj.* (zum Verkauf geeignet)
saleable; (zum Verkauf bestimmt) for sale
postpos.
verkaufs·offen *Adj.* **der** ~**e Samstag**
Saturday on which the shops are open
all day
Verkaufs·preis *der* retail price
⚡ **Verkehr** *der*; ~**s 1** traffic
2 (Kontakt) contact; communication
3 (Geschlechtsverkehr) intercourse
verkehren *itr. V.* **1** *auch mit sein* (fahren)
run; ⟨*aircraft*⟩ fly
2 (in Kontakt stehen) **mit jmdm.** ~ associate
with sb
3 (zu Gast sein) **bei jmdm.** ~ visit sb regularly
verkehrs-, Verkehrs-: ~**ampel** *die* traffic
lights *pl.*; ~**amt** *das* tourist information
office; ~**aufkommen** *das* volume of
traffic; ~**hindernis** *das* obstruction
to traffic; ~**knotenpunkt** *der* [traffic]
junction; ~**kontrolle** *die* traffic check;
~**meldung** *die* traffic announcement *or*
flash; ~**mittel** *das* means of transport;
die öffentlichen ~**mittel** public transport
sing.; ~**polizist** *der* traffic policeman;
~**polizistin** *die* traffic policewoman;
~**schild** *das*; *Pl.* ~**er** traffic sign;
road sign; ~**sicher** *Adj.* roadworthy;
~**teilnehmer** *der*, ~**teilnehmerin**
die road user; ~**unfall** *der* road accident;
~**weg** *der* traffic route; ~**zeichen** *das*
traffic sign; road sign
verkehrt A *Adj.* wrong
B *adv.* wrongly; **alles** ~ **machen** do
everything wrong
verkennen *unr. tr. V.* fail to recognize;
misjudge ⟨*situation*⟩
verklagen *tr. V.* sue; take to court; **eine
Firma auf Schadenersatz** ~ sue a company
for damages
verkleben A *itr. V.*; *mit sein* stick together
B *tr. V.* (zukleben) seal up ⟨*hole*⟩; (festkleben)
stick [down] ⟨*floor covering etc.*⟩

verkleiden *tr. V.* disguise; (kostümieren) dress
up; **sich** ~ disguise oneself/dress [oneself] up
Verkleidung *die*; ~, ~**en 1** disguising;
(das Kostümieren) dressing up
2 (Kleidung) disguise; (bei einer Party) fancy
dress
verkleinern A *tr. V.* **1** make smaller
2 (verringern) reduce ⟨*size, number, etc.*⟩
3 (kleiner reproduzieren) reduce ⟨*photograph
etc.*⟩
B *refl. V.* become smaller; ⟨*number*⟩
decrease
Verkleinerungs·form *die* (Sprachw.)
diminutive form
verknallen *refl. V.* (ugs.) (sich verlieben) fall
head over heels in love (**in** + *Akk.* with); **in
jmdn. verknallt sein** be crazy about sb (infml)
verknittern *tr. V.* crumple
verknoten *tr. V.* tie; knot
verknüpfen *tr. V.* **1** (knoten) tie; knot
2 (in Beziehung setzen) link
verkochen *itr. V.*; *mit sein* **1** boil away
2 (breiig werden, zerfallen) boil down to a pulp
verkohlen *itr. V.* char
verkommen[1] *unr. itr. V.*; *mit sein* go to the
dogs; (moralisch, sittlich) go to the bad
verkommen[2] *Adj.* depraved
verköstigen *tr. V.* feed; provide with meals
verkraften *tr. V.* cope with
verkrampfen *refl. V.* ⟨*muscle*⟩ become
cramped; ⟨*person*⟩ tense up
Verkrampfung *die*; ~, ~**en** tenseness;
tension
verkriechen *unr. refl. V.* ⟨*animal*⟩ creep
[away]; ⟨*person*⟩ hide [oneself away]
verkrümeln *refl. V.* (ugs.) (sich entfernen) slip
off *or* away
verkrümmt *Adj.* bent ⟨*person*⟩; crooked
⟨*finger*⟩; curved ⟨*spine*⟩
Verkrümmung *die*; ~, ~**en** crookedness
verkrüppeln *tr. V.* cripple
verkümmern *itr. V.*; *mit sein* ⟨*person,
animal*⟩ go into a decline; ⟨*plant etc.*⟩
become stunted; ⟨*talent, emotional life, etc.*⟩
wither away
verkünden *tr. V.* announce; pronounce
⟨*judgement*⟩; promulgate ⟨*law, decree*⟩
verkündigen *tr. V.* (geh.) announce;
proclaim
Verkündigung *die*; ~, ~**en** announcement;
proclamation
Verkündung *die*; ~, ~**en** announcement;
(von Urteilen) pronouncement; (von Gesetzen,
Verordnungen) promulgation
verkürzen *tr. V.* **1** (verringern) reduce;
(abkürzen) shorten
2 (abbrechen) cut short ⟨*stay, life*⟩; put an end
to, end ⟨*suffering*⟩
verladen *unr. tr. V.* load
⚡ **Verlag** *der*; ~[e]s, ~**e** publishing house *or*

v

firm; publisher's

verlagern tr. V. shift; (an einen anderen Ort) move; (fig.) transfer; shift *‹emphasis›*

Verlagerung die moving; eine ~ des Schwergewichts (fig.) a shift in emphasis

verlanden itr. V.; *mit sein* silt up

Verlandung die; ~, ~en silting up

♂ **verlangen** tr. V. demand; (nötig haben) *‹task etc.›* require, call for *‹patience, knowledge, experience, skill, etc.›*; (berechnen) charge; (sehen/sprechen wollen) ask for; **du wirst am Telefon verlangt** you're wanted on the phone (infml)

Verlangen das; ~s, ~ **1** desire (nach for) **2 auf** ~ on request

verlängern tr. V. extend; lengthen, make longer *‹skirt, sleeve, etc.›*; renew *‹passport, driving licence, etc.›*

Verlängerung die; ~, ~en ▶ verlängern extension; lengthening; renewal

Verlängerungs·schnur die extension lead or (AmE) cord

verlangsamen tr. V. **das Tempo/seine Schritte** ~ reduce speed/slacken one's pace; slow down

♂ **verlassen¹** 🅰 unr. refl. V. rely, depend (**auf** + Akk. on)
🅱 unr. tr. V. **1** leave **2** (sich trennen von) desert; abandon; forsake; leave, desert *‹wife, family, etc.›*

verlassen² Adj. deserted *‹street etc.›*; empty *‹house›*; (öde) desolate *‹region etc.›*

verlässlich, ***verläßlich** 🅰 Adj. reliable
🅱 adv. reliably

Verlauf der; ~[e]s, Verläufe course

verlaufen 🅰 unr. itr. V.; *mit sein* **1** (sich erstrecken) run **2** (ablaufen) *‹test, rehearsal, etc.›* go; *‹party etc.›* go off
🅱 unr. refl. V. get lost; lose one's way

Verlaufs·form die (Sprachw.) progressive or continuous form

verlautbaren tr. V. announce [officially]

Verlautbarung die; ~, ~en announcement

verlauten itr. V.; *mit sein* be reported; **wie verlautet** according to reports

verleben tr. V. spend

verlebt Adj. dissipated

verlegen¹ tr. V. **1** mislay **2** (verschieben) postpone (**auf** + Akk. until); (vor~) bring forward (**auf** + Akk. to); **einen Termin** ~ alter an appointment **3** (verlagern) move; transfer *‹patient›* **4** (legen) lay *‹cable, pipe, carpet, etc.›*

verlegen² 🅰 Adj. embarrassed
🅱 adv. in embarrassment

Verlegenheit die; ~, ~en **1** (Befangenheit) embarrassment; **jmdn. in** ~ **bringen** embarrass sb

---

2 (Unannehmlichkeit) embarrassing situation

Verleger der; ~s, ~, **Verlegerin** die; ~, ~nen publisher

Verleih der; ~[e]s, ~e **1** hiring out; (von Autos) renting or hiring out **2** (Unternehmen) hire firm; (Filmverleih) distribution company; (Videoverleih) video library; (Autoverleih) rental or hire firm

verleihen unr. tr. V. **1** hire out; rent or hire out *‹car›*; (umsonst) lend [out] **2** (überreichen) award; confer *‹award, honour›*

Verleihung die; ~, ~en **1** ▶ verleihen 1 hiring out; renting out; lending [out] **2** ▶ verleihen 2 awarding; conferring; (Zeremonie) award; conferment

verleiten tr. V. jmdn. dazu ~, etw. zu tun lead or induce sb to do sth

verlernen tr. V. forget

verlesen 🅰 unr. tr. V. read out
🅱 unr. refl. V. (falsch lesen) make a mistake/mistakes in reading

♂ **verletzen** tr. V. **1** injure; (durch Schuss, Stich) wound **2** (kränken) hurt *‹person, feelings›* **3** (verstoßen gegen) violate; infringe *‹regulation›*; break *‹agreement, law›*

verletzlich Adj. vulnerable

Verletzlichkeit die; ~; vulnerability

Verletzte der/die adj. Dekl. casualty; (durch Schuss, Stich) wounded person

♂ **Verletzung** die; ~, ~en **1** (Wunde) injury **2** (Kränkung) hurting **3** ▶ verletzen 3 violation; infringement; breaking

verleugnen tr. V. deny; disown *‹friend, relation›*

Verleugnung die; ~, ~en denial; (eines Freundes, Verwandten) disownment

verleumden tr. V. slander; (schriftlich) libel

verleumderisch Adj. slanderous; (in Schriftform) libellous

Verleumdung die; ~, ~en slander; (in Schriftform) libel

verlieben refl. V. fall in love (**in** + Akk. with)

Verliebte der/die adj. Dekl. lover

♂ **verlieren** unr. tr., itr. V. lose

Verlierer der; ~s, ~, **Verliererin** die; ~, ~nen loser

verloben refl. V. get engaged; **verlobt sein** be engaged

Verlobte der/die adj. Dekl. fiancé/fiancée

verlockend Adj. tempting

Verlockung die; ~, ~en temptation

verlogen Adj. lying, mendacious *‹person›*; false *‹morality etc.›*

verlor 1. u. 3. Pers. Sg. Prät. v. **verlieren**

verloren 🅰 2. Part. v. **verlieren**
🅱 Adj. lost; wasted *‹effort›*; ~ **gehen** get lost

***verloren|gehen** ▶ verloren B

verlosen tr. V. raffle

Verlosung die; ~, ~en raffle; draw

verlottern *itr. V.*; *mit sein* ‹*person*› go to seed

✓ **Verlust** *der*; ~[e]s, ~e loss (**an** + *Dat.* of)

vermachen *tr. V.* jmdm. etw. ~ leave *or* bequeath sth to sb; (fig.) (schenken, überlassen) give sth to sb

vermählen *refl. V.* (geh.) sich [jmdm. *od.* mit jmdm.] ~ marry *or* wed [sb]

Vermählung *die*; ~, ~en (geh.) **1** marriage
2 (Fest) wedding ceremony

vermarkten *tr. V.* market ‹*goods etc.*›

Vermarktung *die*; ~, ~en marketing

vermehren **A** *tr. V.* increase (**um** by)
B *refl. V.* **1** increase
2 (sich fortpflanzen) reproduce

Vermehrung *die*; ~, ~en **1** increase (*Gen.* in)
2 (Fortpflanzung) reproduction

✓ **vermeiden** *unr. tr. V.* avoid

Vermeidung *die*; ~, ~en avoidance

vermeintlich *Adj.* supposed

vermengen *tr. V.* mix (**miteinander** together)

Vermerk *der*; ~[e]s, ~e note; (amtlich) remark

vermerken *tr. V.* make a note of; note [down]; (in Akten, Wachbuch usw.) record

vermessen¹ *unr. tr. V.* measure; survey ‹*land, site*›

vermessen² *Adj.* (geh.) presumptuous

vermieten *tr. (auch itr.) V.* rent [out], let [out] (**an** + *Akk.* to); hire [out] ‹*boat, car, etc.*›; „Zimmer zu ~" 'room to let'

Vermieter *der*; ~s, ~; landlord

Vermieterin *die*; ~, ~nen landlady

Vermietung *die*; ~, ~en ▸ vermieten renting [out]; letting [out]; hiring [out]

vermindern **A** *tr. V.* reduce; decrease; reduce, lessen ‹*danger, stress*›; lower ‹*resistance*›; reduce ‹*debt*›
B *refl. V.* decrease; ‹*resistance*› diminish

Verminderung *die* ▸ vermindern **A** reduction; decreasing; lessening; lowering; eine ~ der Einnahmen a decrease in revenues

verminen *tr. V.* mine

vermischen **A** *tr. V.* mix (**miteinander** together); blend ‹*teas, tobaccos, etc.*›
B *refl. V.* mix; (fig.) mingle; ‹*races, animals*› interbreed

Vermischung *die*; ~ ▸ vermischen mixing; blending; (fig.) mingling

vermissen *tr. V.* **1** miss
2 (nicht haben) ich vermisse meinen Ausweis my identity card is missing

Vermisste, ***Vermißte** *der/die adj. Dekl.* missing person

✓ **vermitteln** **A** *itr. V.* mediate, act as [a] mediator (**in** + *Dat.* in)
B *tr. V.* **1** (herbeiführen) arrange; negotiate ‹*transaction, ceasefire, compromise*›

2 (besorgen) jmdm. eine Stelle ~ find sb a job
3 (weitergeben) impart ‹*knowledge, insight, values, etc.*›; communicate ‹*message, information, etc.*›; convey ‹*feeling*›; pass on ‹*experience*›

Vermittler *der*; ~s, ~, **Vermittlerin** *die*; ~, ~nen **1** (Mittler) mediator
2 ▸ vermitteln B3 communicator; conveyer
3 (von Berufs wegen) agent

Vermittlung *die*; ~, ~en **1** (Schlichtung) mediation
2 ▸ vermitteln B1 arrangement; negotiation
3 ▸ vermitteln B3 imparting; communicating; conveying
4 (Telefonzentrale) exchange; (in einer Firma) switchboard

vermöbeln *tr. V.* (ugs.) beat up; (als Strafe) thrash

vermögen (geh.) *unr. tr. V.* etw. zu tun ~ be able to do sth; be capable of doing sth

Vermögen *das*; ~s, ~ **1** (geh.) (Fähigkeit) ability
2 (Besitz) fortune; er hat ~ he has money

vermögend *Adj.* wealthy; well-off

Vermögens·steuer, **Vermögen·steuer** *die* wealth tax

vermummen *tr. V.* wrap up [warmly]; (verbergen) disguise

vermurksen *tr. V.* (ugs.) mess up; muck up (BrE sl.)

✓ **vermuten** *tr. V.* suspect; das ist zu ~ that is what one would suppose *or* expect; we may assume that

✓ **vermutlich** **A** *Adj.* probable
B *Adv.* presumably; (wahrscheinlich) probably

Vermutung *die*; ~, ~en supposition

vernachlässigen *tr. V.* neglect; (unberücksichtigt lassen) ignore; disregard

Vernachlässigung *die*; ~, ~en neglect

vernarben *itr. V.*; *mit sein* [form a] scar; heal (lit. or fig.)

vernehmbar *Adj.* (geh.) audible

vernehmen *unr. tr. V.* **1** (geh.) (hören, erfahren) hear
2 (verhören) question

vernehmlich **A** *Adj.* [clearly] audible
B *adv.* audibly

Vernehmung *die*; ~, ~en questioning

verneigen *refl. V.* (geh.) bow (**vor** + *Dat.* to, (literary) before)

verneinen *tr. V.* (auch itr.) V. **1** say 'no' to ‹*question*›; answer ‹*question*› in the negative
2 (Sprachw.) negate

Verneinung *die*; ~, ~en (Sprachw.) negation

vernetzen *tr. V.* **1** (Chemie, Technik) interlink
2 (DV) network

Vernetzung *die* (DV) networking

vernichten *tr. V.* destroy; exterminate ‹*pests, vermin*›

vernichtend **A** *Adj.* crushing ‹*defeat*›; shattering ‹*blow*›; (fig.) devastating

v

‹*criticism*›; devastating, withering ‹*glance*›
B *adv.* den Feind ~ schlagen inflict a crushing defeat on the enemy

Vernichtung *die*; ~, ~**en** destruction; (von Schädlingen) extermination

Vernichtungs-: ~**lager** *das* extermination camp; ~**waffe** *die* weapon of annihilation

Vernunft *die*; ~; reason

vernünftig **A** *Adj.* **1** sensible
2 (ugs.) (ordentlich, richtig) decent
B *adv.* **1** sensibly
2 (ugs.) (ordentlich, richtig) ‹*talk, eat*› properly; ‹*dress*› sensibly

🔑 **veröffentlichen** *tr. V.* publish

🔑 **Veröffentlichung** *die*; ~, ~**en** publication

verordnen *tr. V.* [jmdm. etw.] ~ prescribe [sth for sb]

🔑 **Verordnung** *die*; ~, ~**en** prescribing

verpachten *tr. V.* lease

verpacken *tr. V.* pack; wrap up ‹*present, parcel*›

Verpackung *die* **1** packing
2 (Umhüllung) packaging *no pl.*; wrapping

🔑 **verpassen** *tr. V.* miss

verpennen (salopp) **A** *itr. V.* oversleep
B *tr. V.* **1** (vergessen) forget
2 (verschlafen) sleep through ‹*morning etc.*›

verpesten *tr. V.* (abwertend) pollute

Verpestung *die*; ~, ~**en** (abwertend) pollution

verpflanzen *tr. V.* (auch Med.) transplant; graft ‹*skin*›

Verpflanzung *die*; ~, ~**en** (Med.) transplant[ing]; (von Haut) graft

verpflegen *tr. V.* cater for; feed

Verpflegung *die*; ~, ~**en** **1** catering *no indef. art.* (Gen. for)
2 (Nahrung) food; Unterkunft und ~ board and lodging

🔑 **verpflichten** **A** *tr. V.* **1** oblige; commit; (festlegen, binden) bind
2 (einstellen, engagieren) engage ‹*manager, actor, etc.*›
B *refl. V.* undertake; promise; sich vertraglich ~ sign a contract

Verpflichtung *die*; ~, ~**en 1** obligation; commitment
2 (Engagement) engaging; engagement

verpfuschen *tr. V.* (ugs.) make a mess of; muck up (BrE sl.)

verpissen *refl. V.* (salopp) piss off (BrE sl.); beat it (infml)

verpönt *Adj.* scorned; (tabu) taboo

verprügeln *tr. V.* beat up; (zur Strafe) thrash

Verputz *der*; ~**es** plaster; (auf Außenwänden) rendering

verputzen *tr. V.* plaster; render ‹*outside wall*›

🔑 key word
* old spelling—see note on page x

verquer *Adj.* (absonderlich) weird, outlandish ‹*idea*›

verquirlen *tr. V.* mix [with a whisk]; whisk

verquollen *Adj.* swollen

verrammeln *tr. V.* barricade

Verrat *der*; ~**[e]s** betrayal (**an** + *Dat.* of)

🔑 **verraten** *unr. tr. V.* **1** betray (**an** + *Akk.* to)
2 (ugs.) (mitteilen) jmdm. den Grund *usw.* ~ tell sb the reason *etc.*
3 (erkennen lassen) show, betray ‹*feelings, surprise, fear, etc.*›; show ‹*influence, talent*›

Verräter *der*; ~**s**, ~; traitor

Verräterin *die*; ~, ~**nen** traitress

verräterisch *Adj.* treacherous ‹*plan, purpose, act, etc.*›

verraucht *Adj.* smoke-filled; smoky

verrechnen **A** *tr. V.* include ‹*amount etc.*›; (gutschreiben) credit ‹*cheque etc.*› to another account
B *refl. V.* miscalculate

Verrechnungs·scheck *der* crossed cheque

verregnen *itr. V.*; *mit sein* be spoilt *or* ruined by rain

verreiben *unr. tr. V.* rub in

verreisen *itr. V.*; *mit sein* go away

verrenken *tr. V.* dislocate

Verrenkung *die*; ~, ~**en** dislocation

verrichten *tr. V.* perform

verriegeln *tr. V.* bolt

verringern **A** *tr. V.* reduce
B *refl. V.* decrease

Verringerung *die*; ~; reduction; decrease (Gen., von in)

Verriss, *Verriß *der* (ugs.) damning review *or* criticism (**über** + *Akk.* of)

verrosten *itr. V.*; *mit sein* rust; verrostet rusty

verrückt (ugs.) **A** *Adj.* **1** mad; ~ werden go mad *or* insane
2 (überspannt, ausgefallen) crazy ‹*idea, fashion, prank, day, etc.*›
B *adv.* crazily; ‹*behave*› crazily *or* like a madman; ‹*dress etc.*› in a mad *or* crazy way

Verrückte *der/die adj. Dekl.* (ugs.) madman/ madwoman; lunatic

verrufen *Adj.* disreputable

verrühren *tr. V.* stir together; mix

verrutschen *itr. V.* slip

Vers *der*; ~**es**, ~**e** verse

versagen *itr. V.* fail; ‹*machine, engine*› stop [working]; menschliches Versagen human error

Versager *der*; ~**s**, ~, **Versagerin** *die*; ~, ~**nen** failure

versalzen *unr. tr. V.* put too much salt in/on; (fig. ugs.) spoil

versammeln *tr., refl. V.* assemble

🔑 **Versammlung** *die*; ~, ~**en 1** meeting
2 (Gremium) assembly

Versand *der*; ~**[e]s 1** dispatch

2 (ugs.) (Versandhaus) mail order firm

Versand-: ~**handel** der mail order business; ~**haus** das mail order firm

versauen tr. V. (salopp) **1** (verschmutzen) mess up; make mucky (infml) **2** (verderben) foul up (infml)

versäumen tr. V. **1** (verpassen) miss; lose <time, sleep> **2** (vernachlässigen, unterlassen) neglect <duty, task>

verschaffen tr. V. jmdm. etw. ~ provide sb with sth; get sb sth; **sich** (Dat.) **etw.** ~ get hold of sth; obtain sth

verschämt A Adj. bashful B adv. bashfully

verschandeln tr. V. (ugs.) spoil; ruin

verschenken tr. V. give away

verscheuchen tr. V. chase away

verscheuern tr. V. (ugs.) flog (BrE sl.) (Dat., an + Akk. to)

verschicken tr. V. ▶ versenden

verschieben A unr. tr. V. **1** shift; move **2** (aufschieben) put off, postpone (**auf** + Akk. till) B unr. refl. V. be postponed (**um** for); <start> be put back or delayed (**um** by)

Verschiebung die; ~, ~**en** postponement

◆ **verschieden** A Adj. **1** different (**von** from) **2** (vielfältig) various; **die** ~**sten** ... all sorts of ...; **die** ~**en** ... the various ... **3 Verschiedenes** various things pl. B adv. differently

verschieden·artig A Adj. different in kind pred.; (mehr als zwei) diverse B adv. diversely

Verschiedenheit die; ~, ~**en** difference; (unter mehreren) diversity

verschiedentlich Adv. on various occasions

verschimmeln itr. V.; mit sein go mouldy; **verschimmelt** mouldy

verschlafen[1] A unr. itr. (auch refl.) V. oversleep B unr. tr. V. **1** (schlafend verbringen) sleep through <morning, journey, etc.> **2** (versäumen) not wake up in time for <appointment>; not wake up in time to catch <train, bus> **3** (ugs.) (vergessen) forget about <appointment etc.>

verschlafen[2] Adj. half asleep; (fig.) sleepy <town>

Verschlag der; ~[e]s, **Verschläge** shed

verschlagen[1] unr. tr. V. **die Seite** ~ lose one's place or page; **jmdm. die Sprache** ~ leave sb speechless

verschlagen[2] A Adj. sly; shifty B adv. slyly; shiftily

verschlechtern A tr. V. make worse B refl. V. get worse; deteriorate

Verschlechterung die; ~, ~**en** worsening, deterioration (Gen. in)

Verschleiß der; ~**es**, ~**e 1** wear no indef. art. **2** (Verbrauch) consumption (**an** + Dat. of)

verschleißen A unr. itr. V.; mit sein wear out B unr. tr. V. wear out; (fig.) run down, ruin <one's nerves, one's health>; use up <energy, ability, etc.>

verschleppen tr. V. **1** carry off; take away <person> **2** (weiterverbreiten) carry, spread <disease, bacteria, mud, etc.> **3** (verzögern) delay; (in die Länge ziehen) draw out; let <illness> drag on [and get worse]

verschleudern tr. V. **1** sell dirt cheap (infml); (mit Verlust) sell at a loss **2** (verschwenden) squander

verschließbar Adj. closable; lockable <suitcase, drawer, etc.>; **[luftdicht]** ~ sealable <container etc.>

verschließen unr. tr. V. **1** close; stop; (mit einem Korken) cork <bottle> **2** (abschließen) lock; lock up <house etc.> **3** (wegschließen) lock away (**in** + Dat. od. Akk. in)

verschlimmern A tr. V. make worse B refl. V. get worse; <position, conditions> deteriorate, worsen

Verschlimmerung die; ~, ~**en** worsening

verschlingen unr. tr. V. **1** [inter]twine <threads etc.> (**zu** into) **2** (essen, fressen) devour <food>; (fig.) devour <novel, money, etc.>

verschlissen 2. Part. v. verschleißen

verschlossen Adj. (wortkarg) taciturn; (zurückhaltend) reserved

Verschlossenheit die; ~; taciturnity; (Zurückhaltung) reserve

verschlucken A tr. V. swallow B refl. V. choke

Verschluss, *** Verschluß** der (am BH, an Schmuck usw.) fastener; fastening; (an Taschen, Schmuck) clasp; (an Schuhen, Gürteln) buckle; (am Schrank, Fenster, Koffer usw.) catch; (an Flaschen) top; (Stöpsel) stopper

verschmähen tr. V. (geh.) spurn

verschmerzen tr. V. get over

verschmieren tr. V. smear <window etc.>; (beim Schreiben) mess up <paper>; scrawl all over <page>; smudge <ink>

verschmitzt A Adj. mischievous B adv. mischievously

verschmutzen A itr. V.; mit sein get dirty; <river etc.> become polluted B tr. V. dirty; soil; pollute <air, water, etc.>

Verschmutzung die; ~, ~**en** (der Umwelt) pollution; (von Stoffen, Teppichen usw.) soiling

verschnaufen itr. V. (auch refl.) V. have or take a breather

verschneit Adj. snow-covered attrib.; covered with snow postpos.

verschnörkelt Adj. ornate

v

verschnüren *tr. V.* tie up

verschollen *Adj.* missing

verschonen *tr. V.* spare; **jmdn. mit etw.** ~ spare sb sth

verschönern *tr. V.* brighten up

verschränken *tr. V.* fold *‹arms›*; cross *‹legs›*; clasp *‹hands›*

verschrecken *tr. V.* frighten *or* scare [off *or* away]

verschreiben **A** *unr. tr. V.* (Med.) (verordnen) prescribe
B *unr. refl. V.* **1** make a slip of the pen
2 sich einer Sache (*Dat.*) ~ devote oneself to sth

verschreibungs·pflichtig *Adj.* available only on prescription *postpos.*

verschrieen, **verschrien** *Adj.* notorious (**wegen** vor)

verschroben *Adj.* eccentric, cranky *‹person›*; cranky, weird *‹ideas›*

verschrotten *tr. V.* scrap

Verschrottung *die*; ~, ~en scrapping

verschulden **A** *tr. V.* be to blame for *‹accident, death, etc.›*
B *refl. V.* get into debt

Verschulden *das*; ~s guilt; **durch eigenes** ~ through one's own fault

verschuldet *Adj.* in debt *postpos.* (**bei** to); **hoch** ~ deeply in debt

verschütt ~ **gehen** (ugs.) do a vanishing trick *or* disappearing act (infml)

verschütten *tr. V.* **1** spill
2 (begraben) bury *‹person›* [alive]

****verschütt|gehen** ▶ verschütt

verschwägert *Adj.* related by marriage *postpos.*

verschweigen *unr. tr. V.* conceal (*Dat.* from)

verschwenden *tr. V.* waste (**an** + *Akk.* on)

Verschwender *der*; ~s, ~,
Verschwenderin *die*; ~, ~nen (von Geld) spendthrift; (von Dingen) wasteful person

verschwenderisch **A** *Adj.* wasteful *‹person›*; *‹life›* of extravagance
B *adv.* wastefully

Verschwendung *die*; ~, ~en wastefulness; extravagance

verschwiegen *Adj.* discreet; (still, einsam) secluded

Verschwiegenheit *die*; ~; secrecy; (Diskretion) discretion

verschwimmen *unr. itr. V.*; *mit sein* blur

♂ **verschwinden** *unr. itr. V.*; *mit sein* disappear; vanish; **verschwinde [hier]!** off with you!; go away!; hop it! (infml); **ich muss mal** ~ (ugs. verhüll.) I have to pay a visit (infml)

or (BrE infml) spend a penny

verschwindend **A** *Adj.* tiny
B *adv.* ~ **klein** tiny; minute; ~ **wenig** a tiny amount

verschwommen **A** *Adj.* blurred *‹photograph, vision›*; blurred, hazy *‹outline›*; vague, woolly *‹idea, concept, formulation, etc.›*
B *adv.* vaguely; *‹remember›* hazily

versehen **A** *unr. tr. V.* **1** (ausstatten) provide; equip *‹car, factory, machine, etc.›*
2 (ausüben, besorgen) perform *‹duty etc.›*
B *unr. refl. V.* make a slip; slip up

Versehen *das*; ~s, ~; oversight; slip; **aus** ~ by mistake; inadvertently

versehentlich **A** *Adv.* by mistake; inadvertently
B *adj.* inadvertent

Versehrte *der/die adj. Dekl.* disabled person; **die** ~n the disabled

versenden *unr.* (*auch regelm.*) *tr. V.* send *‹letter, parcel›*; send out *‹invitations›*; dispatch *‹goods›*

versetzen **A** *tr. V.* **1** move; transfer, move *‹employee›*; (in die nächsthöhere Klasse) move *‹pupil›* up, (AmE) promote *‹pupil›* (**in** + *Akk.* to); (umpflanzen) transplant, move *‹plant›*; (fig.) transport (**in** + *Akk.* to)
2 (nicht geradlinig anordnen) stagger
3 (verpfänden) pawn
4 (verkaufen) sell
5 (ugs.) (vergeblich warten lassen) stand *‹person›* up (infml)
6 (vermischen) mix
7 (erwidern) retort
8 etw. in Bewegung/Tätigkeit ~ set sth in motion/operation; **jmdn. in die Lage** ~, **etw. zu tun** put sb in a position to do sth; **jmdm. einen Stoß/Fußtritt/Schlag** *usw.* ~ give sb a push/kick/deal sb a blow *etc.*
B *refl. V.* **sich in jmds. Lage** (*Akk.*) ~ put oneself in sb's position *or* place

Versetzung *die*; ~, ~en (eines Schülers) moving up, promotion (AmE) (**in** + *Akk.* to); (eines Angestellten) transfer

verseuchen *tr. V.* (auch fig.) contaminate; **radioaktiv** ~ contaminate with radioactivity

Verseuchung *die*; ~, ~en (auch fig.) contamination

Versicherer *der*; ~s, ~, **Versicherin** *die*; ~, ~nen insurer

versichern *tr. V.* **1** assert *‹sth›*
2 (vertraglich schützen) insure (**bei** with)

Versicherte *der/die adj. Dekl.* insured [person]

♂ **Versicherung** *die* **1** (Beteuerung) assurance
2 (Schutz durch Vertrag) insurance; (Vertrag) insurance [policy] (**über** + *Akk.* for); (Gesellschaft) insurance [company]

Versicherungs-: ~**beitrag** *der* insurance premium; ~**betrug** *der* insurance fraud; ~**gesellschaft** *die* insurance company; ~**nehmer** *der*; ~~s, ~~, ~**nehmerin**

♂ key word

* alte Schreibung—vgl. Hinweis auf S. x

die; ~~, ~~**nen** policy holder; ~**police** *die* insurance policy

versickern *itr. V.*; *mit sein* <*river etc.*> drain *or* seep away

versiegeln *tr. V.* seal

versiegen *itr. V.*; *mit sein* (geh.) dry up; run dry

versinken *unr. itr. V.*; *mit sein* sink; **im Schlamm** ~ sink into the mud

verslumen/...'slamən/ *itr. V.*; *mit sein* turn into a slum; **ein verslumter Stadtteil** a slum district

versoffen *Adj.* (salopp abwertend) boozy (infml)

versöhnen 🅰 *refl. V.* **sich [miteinander]** ~ become reconciled; **sich mit jmdm.** ~ make it up with sb
🅱 *tr. V.* reconcile

Versöhnung *die*; ~~, ~~**en** reconciliation

versonnen 🅰 *Adj.* dreamy
🅱 *adv.* dreamily

versorgen *tr. V.* **1** supply
2 (unterhalten, ernähren) provide for <*children, family*>
3 (sorgen für) look after; **jmdn. ärztlich** ~ give sb medical care; (kurzzeitig) give sb medical attention

Versorger *der*; ~~s, ~~, **Versorgerin** *die*; ~~, ~~**nen** breadwinner

Versorgung *die*; ~~, ~~**en 1** supply[ing]
2 (Unterhaltung, Ernährung) support[ing]
3 (Bedienung, Pflege) care; **ärztliche** ~ medical care *or* treatment; (kurzzeitig) medical attention

Verspannung *die* (Med.) (der Muskulatur) tension

verspäten *refl. V.* be late

verspätet *Adj.* late <*arrival etc.*>; belated <*greetings, thanks*>; ~ **eintreffen** arrive late

Verspätung *die*; ~~, ~~**en** lateness; (verspätetes Eintreffen) late arrival; **[fünf Minuten]** ~ **haben** be [five minutes] late

versperren *tr. V.* block; obstruct <*view*>

verspielen *tr. V.* gamble away; (fig.) squander, throw away <*opportunity, chance*>; forfeit <*right, credibility, etc.*>

verspielt 🅰 *Adj.* (auch fig.) playful; fanciful; fantastic <*form, design, etc.*>
🅱 *adv.* playfully (lit. or fig.); <*dress, designed*> fancifully, fantastically

verspotten *tr. V.* mock; ridicule

Verspottung *die*; ~~, ~~**en** mocking; ridiculing

◆ **versprechen** 🅰 *unr. tr. V.* promise; **sich** (*Dat.*) **etw. von etw./jmdm.** ~ hope for sth *or* to get sth from sth/sb
🅱 *unr. refl. V.* make a slip/slips of the tongue

Versprechen *das*; ~~s, ~~, **Versprechung** *die*; ~~, ~~**en** promise

versprühen *tr. V.* spray

verspüren *tr. V.* feel

verstaatlichen *tr. V.* nationalize

Verstaatlichung *die*; ~~, ~~**en** nationalization

Verstand *der*; ~**[e]s** (Fähigkeit zu denken) reason *no art.*; (Fähigkeit, Begriffe zu bilden) mind; (Vernunft) [common] sense *no art.*; **hast du denn den** ~ **verloren?** (ugs.) have you taken leave of your senses?

verständig 🅰 *Adj.* sensible
🅱 *adv.* sensibly

verständigen 🅰 *tr. V.* notify, inform (**von, über** + *Akk.* of)
🅱 *refl. V.* **1** make oneself understood; **sich mit jmdm.** ~ communicate with sb
2 (sich einigen) **sich [mit jmdm.] über/auf etw.** (*Akk.*) ~ come to an understanding [with sb] about *or* on sth

Verständigkeit *die*; ~; understanding; intelligence

Verständigung *die*; ~~, ~~**en 1** notification
2 (das Sichverständlichmachen) communication *no art.*
3 (Einigung) understanding

Verständigungs·schwierigkeit *die* difficulty of communication

◆ **verständlich** 🅰 *Adj.* **1** comprehensible; (deutlich) clear <*pronunciation, presentation, etc.*>; **sich** ~ **machen** make oneself understood; **jmdm. etw.** ~ **machen** make sth clear to sb
2 (begreiflich, verzeihlich) understandable
🅱 *adv.* comprehensibly; (deutlich) <*speak, express oneself, present*> clearly

verständlicher·weise *Adv.* understandably

Verständlichkeit *die*; ~; comprehensibility; clarity

◆ **Verständnis** *das*; ~**ses**, ~**se** understanding; **ich habe volles** ~ **dafür, dass …** I fully understand that …; **für die Unannehmlichkeiten bitten wir um [Ihr]** ~ we apologize for the inconvenience caused

verständnis-: ~**los** 🅰 *Adj.* uncomprehending
🅱 *adv.* uncomprehendingly; ~**voll** 🅰 *Adj.* understanding 🅱 *adv.* understandingly

verstärken 🅰 *tr. V.* **1** strengthen
2 (zahlenmäßig) reinforce <*troops etc.*> (**um** by); enlarge <*orchestra, choir*> (**um** by)
3 (intensiver machen) intensify, increase <*effort, contrast*>; strengthen, increase <*impression, suspicion*>; (größer machen) increase <*pressure, voltage, effect, etc.*>; (lauter machen) amplify <*signal, sound, guitar, etc.*>
🅱 *refl. V.* increase

Verstärker *der*; ~**s**, ~; amplifier

Verstärkung *die*; ~~, ~~**en 1** strengthening
2 (zahlenmäßig) reinforcement (esp. Mil.)
3 (Zunahme) increase (*Gen.* in); (der Lautstärke) amplification
4 (zusätzliche Person[en]) reinforcements *pl.*

verstauben *itr. V.*; *mit sein* get dusty; gather dust (lit. or fig.)

V

verstaubt *Adj.* (fig. abwertend) old-fashioned; outmoded

verstauchen *tr. V.* sprain; **sich** (*Dat.*) **den Fuß/die Hand** ~ sprain one's ankle/wrist

Verstauchung *die*; ~, ~**en** sprain

verstauen *tr. V.* pack (**in** + *Dat. od. Akk.* in[to]); (bes. im Boot/Auto) stow (**in** + *Dat. od. Akk.* in)

Versteck *das*; ~**[e]s**, ~**e** hiding place; ~ **spielen** play hide-and-seek

verstecken **A** *tr. V.* hide (**vor** + *Dat.* from) **B** *refl. V.* **sich** [**vor jmdm./etw.**] ~ hide [from sb/sth]

versteckt *Adj.* hidden; (heimlich) secret ‹*malice, activity, etc.*›; disguised ‹*foul*›

⚬ **verstehen** **A** *unr. tr. V.* understand; **wie soll ich das** ~? how am I to interpret that?; **jmdn./etw. falsch** ~ misunderstand sb/sth **B** *unr. refl. V.* **sich mit jmdm.** ~ get on with sb; **das versteht sich [von selbst]** that goes without saying

versteigern *tr. V.* auction; **etw.** ~ **lassen** put sth up for auction

Versteigerung *die*; ~, ~**en** auction

versteinern *itr. V.*; *mit sein* ‹*plant, animal*› fossilize, become fossilized; ‹*wood etc.*› petrify, become petrified

Versteinerung *die*; ~, ~**en 1** (das Versteinern) fossilization; (von Holz) petrification **2** (Fossil) fossil

verstellbar *Adj.* adjustable

verstellen **A** *tr. V.* **1** (falsch platzieren) misplace **2** (anders einstellen) adjust ‹*seat etc.*›; alter [the adjustment of] ‹*mirror etc.*›; reset ‹*alarm clock, points, etc.*› **3** (versperren) block, obstruct **4** (zur Täuschung verändern) disguise ‹*voice, handwriting*› **B** *refl. V.* pretend

Verstellung *die*; ~, ~**en** pretence; (der Stimme, Schrift) disguising

versteuern *tr. V.* pay tax on

verstimmen *tr. V.* put ‹*person*› in a bad mood; (verärgern) annoy

verstimmt *Adj.* **1** (Musik) out of tune *pred.* **2** (verärgert) put out, peeved, disgruntled (**über** + *Akk.* by, about); **ein** ~**er Magen** an upset stomach

Verstimmung *die*; ~, ~**en** bad mood

verstockt *Adj.* obdurate; stubborn

Verstocktheit *die*; ~; obduracy; stubbornness

verstohlen **A** *Adj.* furtive **B** *adv.* furtively

verstopfen **A** *tr. V.* block; **verstopft sein** ‹*pipe, drain, jet, nose, etc.*› be blocked [up] (**durch, von** with) **B** *itr. V.*; *mit sein* become blocked

Verstopfung *die*; ~, ~**en** (Med.) constipation

verstorben *Adj.* late (deceased)

Verstorbene *der/die adj. Dekl.* (geh.) deceased

verstören *tr. V.* distress

verstört *Adj.* distraught

Verstoß *der*; ~**es**, **Verstöße** violation (**gegen** of)

verstoßen **A** *unr. tr. V.* disown **B** *unr. itr. V.* **gegen etw.** ~ infringe sth

verstreichen **A** *unr. tr. V.* apply; spread ‹*butter etc.*› **B** *unr. itr. V.*; *mit sein* (geh.) ‹*time*› pass [by]

verstreuen *tr. V.* scatter; put down ‹*bird food, salt*›; (versehentlich) spill

verstricken **A** *tr. V.* **jmdn. in etw.** (*Akk.*) ~ involve sb in sth; draw sb into sth **B** *refl. V.* **sich in etw.** (*Akk.*) ~ become entangled *or* caught up in sth

verstümmeln *tr. V.* mutilate; (fig.) garble ‹*report*›; chop, mutilate ‹*text*›

verstummen *itr. V.*; *mit sein* (geh.) fall silent; ‹*music, noise, conversation*› cease

⚬ **Versuch** *der*; ~**[e]s**, ~**e** attempt; (Experiment) experiment (**an** + *Dat.* on); (Probe) test

⚬ **versuchen** *tr. V.* **1** try; attempt **2** (probieren) try ‹*cake etc.*›

versündigen *refl. V.* **sich an jmdm./etw.** ~ sin against sb/sth

versüßen *tr. V.* **jmdm./sich etw.** ~ (fig.) make sth more pleasant for sb/oneself

vertauschen *tr. V.* exchange; switch; reverse ‹*roles, poles*›; **etw. mit** *od.* **gegen etw.** ~ exchange sth for sth

⚬ **verteidigen** *tr. V.* defend

Verteidiger *der*; ~**s**, ~, **Verteidigerin** *die*; ~, ~**nen** (auch Sport) defender; (Rechtsw.) defence counsel

⚬ **Verteidigung** *die*; ~, ~**en** defence

Verteidigungs·minister *der*, **Verteidigungs·ministerin** *die* minister of defence

⚬ **verteilen** *tr. V.* distribute, hand out ‹*leaflets, prizes, etc.*› (**an** + *Akk.* to; **unter** + *Akk.* among); share [out], distribute ‹*money, food*› (**an** + *Akk.* to; **unter** + *Akk.* among); allocate ‹*work*›; distribute ‹*weight etc.*› (**auf** + *Akk.* over); spread ‹*cost*› (**auf** + *Akk.* among); distribute, spread ‹*butter, seed, dirt, etc.*›

Verteilung *die*; ~, ~**en** distribution; (der Rollen, der Arbeit) allocation

verteuern **A** *tr. V.* make ‹*goods*› more expensive **B** *refl. V.* become more expensive

verteufeln *tr. V.* condemn; denigrate

Verteufelung *die*; ~, ~**en** condemnation; denigration

vertiefen **A** *tr. V.* (auch fig.) deepen (**um** by) **B** *refl. V.* **sich** ~ **in** (+ *Akk.*) bury oneself in

---

⚬ key word

* old spelling—see note on page x

V

‹*book, work, etc.*›; **in etw.** (*Akk.*) **vertieft sein** be engrossed in sth

Vertiefung *die*; ~, ~en (Mulde) depression; hollow

vertikal **A** *Adj.* vertical
B *adv.* vertically

Vertikale *die*; ~, ~n ▶ Senkrechte

vertilgen *tr. V.* **1** (vernichten) exterminate ‹*vermin*›; kill off ‹*weeds*›
2 (ugs.) (verzehren) devour, (joc.) demolish ‹*food*›

vertonen *tr. V.* set ‹*text, poem*› to music

Vertonung *die*; ~, ~en setting

� **Vertrag** *der*; ~[e]s, **Verträge** contract; (zwischen Staaten) treaty

vertragen **A** *unr. tr. V.* endure; tolerate (esp. Med.); (aushalten, leiden können) stand; bear; **ich vertrage keinen Kaffee** coffee disagrees with me
B *unr. refl. V.* **sich mit jmdm.** ~ get on *or* along with sb; (passen) **sich mit etw.** ~ go with sth

vertraglich **A** *Adj.* contractual
B *adv.* contractually; by contract

verträglich *Adj.* **1** digestible ‹*food*›
2 (umgänglich) good-natured; easy to get on with *pred.*

vertrauen *itr. V.* **jmdm./einer Sache** ~ trust sb/sth; **auf etw.** (*Akk.*) ~ [put one's] trust in sth

� **Vertrauen** *das*; ~s trust; confidence; **jmdn. ins** ~ **ziehen** take sb into one's confidence

vertrauen·erweckend *Adj.* inspiring

vertrauens-, Vertrauens-: ~**bruch** *der* breach of trust; ~**lehrer** *der*, ~**lehrerin** *die* (Schulw.) liaison teacher (liaising between staff and pupils); ~**person** *die* person in a position of trust; ~**sache** *die* matter *or* question of trust; ~**selig** *Adj.* all too trusting; ~**voll** **A** *Adj.* trusting ‹*relationship*›; ‹*collaboration, cooperation*› based on trust; (zuversichtlich) confident **B** *adv.* trustingly; (zuversichtlich) confidently; ~**würdig** *Adj.* trustworthy

vertraulich **A** *Adj.* **1** confidential
2 (freundschaftlich, intim) familiar ‹*manner, tone, etc.*›; intimate ‹*conversation*›
B *adv.* **1** confidentially
2 (freundschaftlich, intim) in a familiar way

Vertraulichkeit *die*; ~, ~en
1 confidentiality
2 (vertrauliche Information) confidence
3 (distanzloses Verhalten) familiarity; (Intimität) intimacy

vertraut *Adj.* **1** close ‹*friend etc.*›; intimate ‹*circle, conversation, etc.*›
2 (bekannt) familiar; **jmdn./sich mit etw.** ~ **machen** familiarize sb/oneself with sth

Vertraute *der/die adj. Dekl.* close friend

vertreiben *unr. tr. V.* **1** drive out (**aus** of); drive away ‹*animal, smoke, clouds*› (**aus** from); fight off ‹*tiredness, troubles*›

2 (verkaufen) sell

✓ **vertreten** **A** *unr. tr. V.* **1** stand in *or* deputize for ‹*colleague etc.*›; ‹*teacher*› cover for ‹*colleague*›
2 (eintreten für, repräsentieren) represent ‹*person, firm, interests, constituency, country, etc.*›; (Rechtsw.) act for ‹*person, prosecution, etc.*›; ~ **sein** be represented
3 (einstehen für, verfechten) support ‹*point of view, principle*›; hold ‹*opinion*›; advocate ‹*thesis etc.*›
B *unr. refl. V.* **sich** (*Dat.*) **die Füße** *od.* **Beine** ~ (ugs.) stretch one's legs

✓ **Vertreter** *der*; ~s, ~, **Vertreterin** *die*; ~, ~nen **1** (Stellvertreter[in]) deputy; stand-in
2 (Repräsentant[in]) representative; (Handelsvertreter[in]) sales representative; commercial traveller
3 (Verfechter[in], Anhänger[in]) supporter; advocate

Vertretung *die*; ~, ~en deputy; (Delegierte[r]) representative; (Delegation) delegation; (Handelsvertretung) [sales] agency; **eine diplomatische** ~ a diplomatic mission

Vertriebene *der/die adj. Dekl.* expellee [from his/her homeland]

vertrocknen *itr. V.; mit sein* dry up

vertrödeln *tr. V.* (ugs. abwertend) dawdle away, waste ‹*time*›

vertrösten *tr. V.* put ‹*person*› off (**auf** + *Akk.* until)

vertun **A** *unr. tr. V.* waste
B *unr. refl. V.* (ugs.) make a slip

vertuschen *tr. V.* hush up ‹*scandal etc.*›; keep ‹*truth etc.*› secret

Vertuschung *die*; ~, ~en hushing up; **eine** ~ a hush-up *or* cover-up

verübeln *tr. V.* **jmdm. eine Äußerung** *usw.* ~ take sb's remark *etc.* amiss

verüben *tr. V.* commit ‹*crime etc.*›

verunglücken *itr. V.; mit sein* have an accident; ‹*car etc.*› be involved in an accident; **mit dem Auto/Flugzeug** ~ be in a car/an air accident *or* crash

Verunglückte *der/die adj. Dekl.* accident victim; casualty

verunreinigen *tr. V.* pollute; contaminate ‹*water, milk, flour, oil*›

verunsichern *tr. V.* **jmdn.** ~ make sb feel unsure *or* uncertain

verunstalten *tr. V.* disfigure

Verunstaltung *die*; ~, ~en disfigurement

veruntreuen *tr. V.* embezzle

Veruntreuung *die*; ~, ~en embezzlement

verunzieren *tr. V.* spoil the look of

✓ **verursachen** *tr. V.* cause

✓ **verurteilen** *tr. V.* pass sentence on; sentence; (fig.) condemn ‹*behaviour, action*›; **jmdn. zum Tode** ~ sentence *or* condemn sb to death

Verurteilte *der/die adj. Dekl.* convicted man/woman

V

Verurteilung die; ~, ~en sentencing; (fig.) condemnation

vervollkommnen tr. V. perfect

vervollständigen tr. V. complete

verwachsen Adj. deformed

verwählen refl. V. misdial

verwahren A tr. V. keep [safe]
B refl. V. protest

verwahrlosen itr. V.; mit sein get in a bad state; <house, building> fall into disrepair; <garden, hedge> become overgrown; <person> let oneself go; **verwahrlost** neglected; overgrown <hedge, garden>; dilapidated <house, building>; unkempt <person, appearance, etc.>; (in der Kleidung) ragged <person>

Verwahrlosung die; ~ (eines Gebäudes) dilapidation; (einer Person) advancing decrepitude

verwaisen itr. V. be orphaned

verwalten tr. V. 1 administer <estate, property>; run <house>; hold <money> in trust 2 (leiten) run, manage <hostel, kindergarten, etc.>; (regieren) administer <area, colony, etc.>; govern <country>

Verwalter der; ~s, ~, **Verwalterin** die; ~, ~nen administrator; (eines Amts usw.) manager; (eines Nachlasses) trustee

◆ **Verwaltung** die; ~, ~en 1 administration; (eines Landes) government; (eines Amtes) tenure; (einer Aufgabe) performance 2 (Organ) administration

verwandeln A tr. V. convert (in + Akk., zu into); (völlig verändern) transform (in + Akk., zu into)
B refl. V. sich in etw. (Akk.) od. zu etw. ~ turn or change into sth; (bei chemischen Vorgängen usw.) be converted into sth

Verwandlung die; ~, ~en conversion (in + Akk., zu into); (völlige Veränderung, das Sichverwandeln) transformation (in + Akk., zu into)

verwandt¹ 2. Part. v. verwenden

◆ **verwandt²** Adj. related (mit to); (fig.) similar <views, ideas, forms>

◆ **Verwandte** der/die adj. Dekl. relative; relation

Verwandtschaft die; ~, ~en 1 relationship (mit to); (fig.) affinity 2 (Verwandte) relatives pl.; relations pl.; die ganze ~ all one's relatives

verwandtschaftlich Adj. family <ties, relationships, etc.>

verwarnen tr. V. warn, caution (wegen for)

Verwarnung die; ~, ~en warning; caution

verwechseln tr. V. 1 [miteinander] ~ confuse <two things/people>; etw. mit etw./ jmdn. mit jmdm. ~ mistake sth for sth/sb for sb; confuse sth with sth/sb with sb

2 (vertauschen) mix up

Verwechslung die; ~, ~en 1 [case of] confusion 2 (Vertauschung) mixing up; eine ~ a mix-up

verwegen A Adj. daring; (auch fig.) audacious
B adv. (auch fig.) audaciously

Verwegenheit die; ~; daring; (auch fig.) audacity

verwehren tr. V. jmdm. etw. ~ refuse or deny sb sth

Verwehung die; ~, ~en [snow]drift

◆ **verweigern** tr. V. refuse

Verweigerung die; ~, ~en refusal

Verweis der; ~es, ~e 1 reference (auf + Akk. to); (Querverweis) cross reference 2 (Tadel) reprimand

◆ **verweisen** unr. tr. V. 1 jmdn./einen Fall usw. an jmdn./etw. ~ (auch Rechtsspr.) refer sb/a case etc. to sb/sth
2 (wegschicken) jmdn. von der Schule/aus dem Saal ~ expel sb from the school/send sb out of the room; einen Spieler vom Platz ~ send a player off [the field] 3 auch itr. (hinweisen) [jmdn.] auf etw. (Akk.) ~ refer [sb] to sth

verwelken itr. V.; mit sein wilt

verwendbar Adj. usable

Verwendbarkeit die; ~; usability

◆ **verwenden** unr. od. regelm. tr. V. 1 use (zu, für for) 2 (aufwenden) spend <time> (auf + Akk. on)

◆ **Verwendung** die; ~, ~en use

verwerfen unr. tr. V. reject; dismiss <thought>

verwerflich (geh.) A Adj. reprehensible
B adv. reprehensibly

verwertbar Adj. utilizable; usable

verwerten tr. V. utilize, use (zu for); make use of <suggestion, experience, knowledge, etc.>

verwesen itr. V.; mit sein decompose

verwestlichen itr. V.; mit sein become westernized

Verwesung die; ~; decomposition

verwickeln A refl. V. get tangled up or entangled; sich in etw. (Akk. od. Dat.) ~ get caught [up] in sth
B tr. V. involve

Verwicklung die; ~, ~en complication

verwildern itr. V. <garden> become overgrown; <domestic animal> return to the wild

verwirklichen A tr. V. realize <dream>; realize, put into practice <plan, proposal, idea, etc.>; carry out <project, intention>
B 1 refl. V. <hope, dream> be realized 2 (sich voll entfalten) sich [selbst] ~ realize one's [full] potential; fulfil oneself

Verwirklichung die; ~, ~en realization; (eines Wunsches, einer Hoffnung) fulfilment

---

◆ key word
* alte Schreibung—vgl. Hinweis auf S. x

V

verwirren *tr. (auch itr.) V.* confuse; **verwirrt** confused; **~d** bewildering

Verwirrung *die;* ~, ~en confusion

verwischen *tr. V.* smudge *‹signature, writing, etc.›*; smear *‹paint›*; (fig.) cover up *‹tracks›*

verwittern *itr. V.; mit sein* weather

Verwitterung *die;* ~, ~en weathering

verwitwet *Adj.* widowed

verwöhnen *tr. V.* spoil

verwöhnt *Adj.* spoilt; (anspruchsvoll) discriminating; *‹taste, palate›* of a gourmet

verworren *Adj.* confused, muddled *‹ideas, situation, etc.›*

verwunden *tr. V.* wound; injure

Verwundete *der/die adj. Dekl.* casualty; **die ~n** the wounded

Verwundung *die;* ~, ~en wound

verwünschen *tr. V.* curse

verwüsten *tr. V.* devastate

Verwüstung *die;* ~, ~en devastation

verzagen *itr. V.; mit sein od. haben* despair; lose heart; **verzagt sein** be despondent

Verzagtheit *die;* ~; despondency; despair

verzählen *refl. V.* miscount

verzanken *refl. V.* (ugs.) **sich [mit jmdm. wegen etw.]** ~ fall out [with sb over sth]

verzaubern *tr. V.* cast a spell on; bewitch; (fig.) enchant; **jmdn. in etw.** *(Akk.)* ~ transform sb into sth

Verzehr *der;* ~[e]s consumption

verzehren *tr. V.* consume

Verzeichnis *das;* ~ses, ~se list; (Register) index

verzeihen *unr. tr., itr. V.* forgive; (entschuldigen) excuse *‹behaviour, remark, etc.›*; ~ **Sie [bitte], können Sie mir sagen ...?** excuse me, could you tell me ...?

Verzeihung *die;* ~; forgiveness; ~! sorry!; **jmdn. um** ~ **bitten** apologize to sb

verzerren *tr. V.* **1** contort *‹face etc.›* (**zu** into) **2** (akustisch, optisch) distort *‹sound, image›*; **etw. verzerrt darstellen** (fig.) present a distorted account *or* picture of sth

Verzicht *der;* ~[e]s, ~e **1** renunciation (**auf** + *Akk.* of) **2** (auf Reichtum, ein Amt usw.) relinquishment (**auf** + *Akk.* of)

◆ **verzichten** *itr. V.* do without; ~ **auf** (+ *Akk.*) do without; (sich enthalten) refrain from; (aufgeben) give up *‹share, smoking, job, etc.›*; renounce *‹inheritance›*; relinquish *‹right, privilege›*; (opfern) sacrifice *‹holiday, salary›*

verziehen[1] 2. *Part. v.* **verzeihen**

verziehen[2] *A unr. tr. V.* **1** screw up *‹face, mouth, etc.›* **2** (schlecht erziehen) spoil
B *unr. refl. V.* **1** (aus der Form geraten) go out of shape; *‹wood›* warp **2** (wegziehen) *‹clouds, storm›* move away, pass over; *‹fog, mist›* disperse

3 (ugs.) (weggehen) take oneself off
C *unr. itr. V.; mit sein* move [away]; „Empfänger [unbekannt] verzogen" ‘no longer at this address’

verzieren *tr. V.* decorate

Verzierung *die;* ~, ~en decoration

verzögern *A tr. V.* **1** delay (**um** by) **2** (verlangsamen) slow down
B *refl. V.* be delayed (**um** by)

Verzögerung *die;* ~, ~en delay (*Gen.* in); (Verlangsamung) slowing down

verzollen *tr. V.* pay duty on

Verzug *der;* ~[e]s delay; **im** ~ **sein/in** ~ **kommen** be/fall behind

verzweifeln *itr. V.; mit sein* despair; **über etw./jmdn.** ~ despair at sth/of sb

verzweifelt *A Adj.* despairing *‹person›*; desperate *‹situation, attempt, effort, struggle, etc.›*; ~ **sein** be in despair
B *adv.* desperately

Verzweiflung *die;* ~; despair

verzweigen *refl. V.* branch [out]

Veteran /vete'raːn/ *der;* ~en, ~en,
Veteranin *die;* ~, ~nen (auch fig.) veteran

Vetter *der;* ~s, ~n cousin

vgl. *Abk.* = **vergleiche** cf.

v. H. *Abk.* = **vom Hundert** per cent

via /'viːa/ *Präp.* via

Viadukt /via'dʊkt/ *das od. der,* ~[e]s, ~e viaduct

Viagra® /'viagra/ *das;* ~s Viagra®

vibrieren /vi'briːrən/ *itr. V.* vibrate

◆ **Video** *das;* ~s, ~s (ugs.) video

video-, Video- /'viːdeo-/ video

Video-: ~**clip** *der;* ~s, ~s video; ~**gerät** *das* video machine; ~**kassette** *die* video cassette; ~**konferenz** *die* videoconference; ~**recorder,** ~**rekorder** *der* video recorder; ~**text** *der* videotex[t]

Videothek *die;* ~, ~en video library

Vieh *das;* ~[e]s **1** (Nutztiere) livestock *sing. or pl.* **2** (Rinder) cattle *pl.*

Vieh-zucht *die* [live]stock/cattle breeding *no art.*

◆ **viel** *A Indefinitpron. u. unbest. Zahlw.* **1** *Sg.* a great deal of; a lot of (infml); **wie/nicht/zu** ~ how/not/too much; ~**[es]** (vielerlei) much; **der** ~**e Regen** all the rain; **um** ~**es jünger** a great deal younger
2 *Pl.* many; **gleich** ~**[e]** the same number of; **die** ~**en Menschen** all the people
B *Adv.* **1** (oft, lange) a great deal; a lot (infml) **2** (wesentlich) much; a great deal; a lot (infml); ~ **zu klein** much too small

vielerlei *indekl. Adj.* **1** *attr.* many different; all kinds *or* sorts of **2** (allein stehend) all kinds of things

viel-, Viel-: ~**fach** *A Adj.* **1** multiple; **die** ~**fache Menge** many times the amount **2** (vielfältig) many kinds of **B** *adv.* many times; ~**falt** *die*; ~~; diversity

✓ **viel·fältig** **A** *Adj.* many and diverse
   B *adv.* in many different ways

✓ **vielleicht** *Adv.* perhaps; maybe

viel-, Viel-: ~**mals** *Adv.* ich bitte ~mals um
   Entschuldigung I'm very sorry; danke ~mals
   thank you very much; ~**mehr** /*od. -'-*/ *Konj.
   u. Adv.* rather; ~**sagend** **A** *Adj.* meaningful
   B *adv.* meaningfully; ~**seitig** *Adj.*
   versatile <*person*>; ~**versprechend**
   A *Adj.* [very] promising **B** *adv.* [very]
   promisingly; ~**zahl** *die* large number;
   multitude

✓ **vier** *Kardinalz.* four

Vier *die*; ~, ~**en** four; eine ~ schreiben/
   bekommen (Schulw.) ≈ get a D

vier-, Vier-: ~**beiner** *der*; ~~s, ~~ (ugs.)
   four-legged friend; ~**beinig** *Adj.* four-
   legged; ~**eck** *das* quadrilateral; (Rechteck)
   rectangle; (Quadrat) square; ~**eckig** *Adj.*
   quadrilateral; (rechteckig) rectangular;
   ~**fach** *Vervielfältigungsz.* fourfold;
   quadruple; ~**fache** *das adj. Dekl.* um das
   ~fache fourfold; by four times the amount;
   ~**hundert** *Kardinalz.* four hundred

Vierling *der*; ~s, ~e quadruplet

vier-, Vier-: ~**mal** *Adv.* four times;
   ~**spurig** *Adj.* four-lane <*road, motorway*>;
   ~spurig sein have four lanes; ~**stellig** *Adj.*
   four-figure *attrib.*; ~**sterne·hotel** /-'----/
   das four-star hotel

viert *in* wir waren zu ~ there were four of us

✓ **viert...** *Ordinalz.* fourth

vier·tausend *Kardinalz.* four thousand

viertel /'fɪrtl/ *Bruchz.* quarter; ein ~ Pfund
   a quarter of a pound; drei ~ Liter three
   quarters of a litre

✓ **Viertel** /'fɪrtl/ *das* (schweiz. meist *der*) ~s, ~
   1 quarter; ~ vor/nach eins [a] quarter to/past
   one; drei ~ three-quarters
   2 (Stadtteil) quarter; district

viertel-, Viertel-: ~**finale** *das* (Sport)
   quarter-final; ~**jahr** *das* three months *pl.*;
   ~**jährlich** **A** *Adj.* quarterly
   B *adv.* quarterly; ~**liter** *der* quarter of
   a litre; ~**note** *die* (Musik) crotchet (BrE);
   quarter note (AmE); ~**pfund** *das* quarter
   [of a] pound; ~**stunde** *die* quarter of an
   hour; ~**stündig** *Adj.* quarter-of-an-hour;
   ~**stündlich** *Adj., adv.* every quarter of
   an hour

viertens *Adv.* fourthly

viertürig *Adj.* four-door *attrib.*; ~ sein have
   four doors

Vierwaldstätter See, (schweiz.)
Vierwaldstättersee *der* Lake Lucerne

vier-: ~**zehn** *Kardinalz.* fourteen; für
   vierzehn Tage for a fortnight; ~**zehn·tägig**
   Adj. two-week; ~**zehn·täglich** **A** *Adj.*
   fortnightly **B** *adv.* fortnightly

✓ key word
* old spelling—see note on page x

vierzig /'fɪrtsɪç/ *Kardinalz.* forty; *s. auch*
   achtzig

vierzigst... *Ordinalz.* fortieth; *s. auch*
   acht...

Vikar /vi'kaːɐ̯/ *der*; ~s, ~e, **Vikarin** *die*; ~,
   ~**nen** **1** (kath. Kirche) locum tenens
   2 (ev. Kirche) ≈ [trainee] curate

Villa /'vɪla/ *die*; ~, **Villen** villa

Villen·viertel *das* exclusive residential
   district

violett /vio'lɛt/ purple; violet

Violett *das*; ~s, ~e *od. ugs.* ~s purple;
   violet; (im Spektrum) violet

Violine /vio'liːnə/ *die*; ~, ~**n** (Musik) violin

Viper /'viːpɐ/ *die*; ~, ~**n** viper; adder

Viren ▸ Virus

Viren: ~**schutz** *der* (DV, Med.) virus
   protection; ~**schutzprogramm** *das* (DV)
   antivirus software *no art.*

✓ **virtuell** /vɪr'tu̯ɛl/ **A** *Adj.* **1** potential
   2 (DV, Optik) virtual <*memory, image*>; ~e
   Wirklichkeit virtual reality
   B *adv.* virtually

virtuos /vɪr'tu̯oːs/ **A** *Adj.* virtuoso
   <*performance etc.*>
   B *adv.* in a virtuoso manner

Virtuose *der*; ~**n**, ~**n**, **Virtuosin** *die*; ~,
   ~**nen** virtuoso

Virtuosität *die*; ~; virtuosity

Virus /'viːrʊs/ *das*; ~, **Viren** virus

Visa ▸ Visum

Visage /vi'zaːʒə/ *die*; ~, ~**n** (salopp abwertend)
   mug (infml); (Miene) expression

Visen ▸ Visum

Visier /vi'ziːɐ̯/ *das*; ~**s**, ~**e** (am Helm) visor;
   (an der Waffe) backsight

Vision /vi'zjoːn/ *die*; ~, ~**en** vision

Visite /vi'ziːtə/ *die*; ~, ~**n** round; ~ machen
   do one's round

Visiten·karte *die* visiting card

Visum /'viːzʊm/ *das*; ~s, **Visa** *od.* **Visen** visa

vital *Adj.* vital

Vitalität *die*; ~; vitality

Vitamin /vita'miːn/ *das*; ~s, ~**e** vitamin

vitamin-, Vitamin-: ~**arm** *Adj.* low in
   vitamins *postpos.*; ~**mangel** *der* vitamin
   deficiency; ~**reich** *Adj.* rich in vitamins
   postpos.

Vitrine /vi'triːnə/ *die*; ~, ~**n** display case;
   (Möbel) display cabinet

Vize- vice-

✓ **Vogel** *der*; ~s, **Vögel** bird; einen ~ haben
   (salopp) be off one's rocker (infml)

Vogel-: ~**grippe** *die* bird flu; ~**käfig**
   der birdcage; ~**nest** *das* bird's nest;
   ~**perspektive** *die* bird's-eye view;
   ~**scheuche** *die*; ~, ~~**n** scarecrow

Voicemail /'vɔɪsmeɪl/ *die*; ~, ~**s** voicemail

Vokabel /vo'kaːbl/ *die*; ~, ~**n** word; ~**n**
   vocabulary *sing.*

Vokal /vo'ka:l/ *der*; ~**s**, ~**e** (Sprachw.) vowel

♂ **Volk** *das*; ~**[e]s**, **Völker** people

volks-, Volks-: ~**abstimmung** *die* plebiscite; ~**eigen** *Adj.* (DDR) publicly *or* nationally owned; ~**entscheid** *der* (Politik) referendum; ~**fest** *das* public festival; (Jahrmarkt) fair; ~**hochschule** *die* adult education centre; ~**kammer** *die* (DDR) Volkskammer; People's Chamber; ~**kunde** *die* folklore; ~**lied** *das* folk song; ~**musik** *die* folk music; ~**polizei** *die* (DDR) People's Police; ~**republik** *die* People's Republic; ~**stamm** *der* tribe; ~**tanz** *der* folk dance; ~**tracht** *die* traditional costume; (eines Landes) national costume; ~**trauer·tag** *der* (Bundesrepublik Deutschland) national remembrance day

volkstümlich 🅐 *Adj.* popular

🅑 *adv.* ~ **schreiben** write in terms readily comprehensible to the layman

volks-, Volks-: ~**verhetzung** *die*; ~~; incitement of the people; ~**vertreter** *der*, ~**vertreterin** *die* representative of the people; ~**wirt** *der*, ~**wirtin** *die* economist; ~**wirtschaft** *die* national economy; (Fach) economics *sing., no art.*; ~**wirtschaftlich** 🅐 *Adj.* economic 🅑 *adv.* economically; ~**zählung** *die* [national] census; ~**zorn** *der* public anger

♂ **voll** 🅐 *Adj.* full; ample ‹bosom›; (salopp) (betrunken) plastered (sl.); ~ **von** *od.* mit etw. sein be full of sth; ~ **laufen** fill up; etw. ~ **laufen lassen** fill sth [up]; etw. ~ **füllen** fill sth up; etw. ~ **gießen** fill sth [up]; etw. ~ **tanken** fill sth up; **bitte** ~ **tanken** fill it up, please; etw. ~ **machen** fill sth up; [sich (*Dat.*)] **die Hosen/Windeln** ~ **machen** (ugs.) mess one's pants/nappy; **jmdn. nicht für** ~ **nehmen** not take sb seriously

🅑 *adv.* fully; ~ **und ganz** completely

***voll·abern** ▸ volllabern

voll·auf /od. '--/ *Adv.* completely

***vollaufen** ▸ voll A

voll-, Voll-: ~**automatisch** 🅐 *Adj.* fully automatic 🅑 *adv.* fully automatically; ~**bad** *das* bath; ~**bart** *der* full beard; ~**bringen** /-'--/ *unr. tr. V.* (geh.) accomplish; achieve

Völle·gefühl *das* feeling of fullness

voll·enden *tr. V.* complete

vollendet 🅐 *Adj.* accomplished ‹performance›; perfect ‹gentleman, host, manners, reproduction›

🅑 *adv.* ‹play› in an accomplished manner

vollends *Adv.* completely

Voll·endung *die* completion

voller *indekl. Adj.* full of; ~ **Flecken** covered with stains

Volley·ball /'vɔlibal/ *der* volleyball

voll-, Voll-: ~**führen** /-'--/ *tr. V.* perform; ***~**füllen** ▸ voll A; ~**gas** *das* ~gas geben put one's foot down; **mit** ~**gas** at full throttle; ***~**gießen** ▸ voll A

♂ **völlig** 🅐 *Adj.* complete; total

🅑 *adv.* completely; totally; **du hast** ~ **Recht** you are absolutely right

voll-, Voll-: ~**jährig** *Adj.* of age *pred.*; ~**jährig werden** come of age; ~**jährigkeit** *die*; ~; majority *no art.*; ~**kasko·versicherung** *die* fully comprehensive insurance

voll·kommen 🅐 *Adj.* **1** /-'-- *od.* '---/ (vollendet) perfect

2 /'---/ (vollständig) complete; total

🅑 /'---/ *adv.* completely; totally

voll-, Voll-: ~**korn·brot** *das* wholemeal (BrE) *or* (AmE) wholewheat bread; ~**labern** *tr. V.* (ugs.) jmdn. ~labern rabbit on at sb (BrE infml); ***~**laufen** ▸ voll A; ~**machen** ▸ voll A; ~**macht** *die*; ~~, ~**en 1** authority

2 (Urkunde) power of attorney; ~**milch** *die* full-cream milk; ~**milch·schokolade** *die* full-cream milk chocolate; ~**mond** *der* full moon; ~**pension** *die* full board *no art.*

♂ **voll·ständig** 🅐 *Adj.* complete; full ‹text, address, etc.›

🅑 *adv.* completely; ‹list› in full

voll-, Voll-: ~**ständigkeit** *die*; ~; completeness; ~**strecken** /-'--/ *tr. V.* enforce ‹penalty, fine, law›; carry out ‹sentence› (an + *Dat.* on); ***~**tanken** ▸ voll A; ~**treffer** *der* direct hit; **ein** ~**treffer sein** (fig.) hit the bull's eye; ~**versammlung** *die* general meeting; (der UNO) General Assembly; ~**zählig** *Adj.* complete; ~**zeit·beschäftigt** *Adj.* employed full-time *postpos.*; ~**zeit·beschäftigte** *der/die* full-time employee

voll·ziehen *unr. tr. V.* carry out (an + *Dat.* on); execute, carry out ‹order›; perform ‹sacrifice, ceremony, sexual intercourse›

Voll·zug *der* ▸ vollziehen carrying out; execution; performance

Volt /vɔlt/ *das*; ~ *od.* ~**[e]s**, ~ (Physik, Elektrot.) volt

Volumen /vo'lu:mən/ *das*; ~**s**, ~; volume

♂ **vom** *Präp.*; + *Art.* **1** = von dem

2 (räumlich) from the; **links/rechts** ~ **Eingang** to the left/right of the entrance; ~ **Stuhl aufspringen** jump up out of one's chair

3 (zeitlich) ~ **Morgen bis zum Abend** from morning till night; ~ **ersten Januar an** [as] from the first of January

4 (zur Angabe der Ursache) **das kommt** ~ **Rauchen/Alkohol** that comes from smoking/ drinking alcohol; **jmdn.** ~ **Sehen kennen** know sb by sight

♂ **von** *Präp.*; *mit Dat.* **1** (räumlich) from; **nördlich/ südlich** ~ **Mannheim** to the north/south of Mannheim; **rechts/links** ~ **mir** on my right/left; ~ **hier an** *od.* (ugs.) ab from here on[ward]; ~ **Mannheim aus** from Mannheim

2 (zeitlich) from; ~ **jetzt an** *od.* (ugs.) ab from now on; ~ **heute/morgen an** [as] from today/ tomorrow; starting today/tomorrow; **in der Nacht** ~ **Freitag auf** *od.* **zu Samstag** during Friday night; **das Brot ist** ~ **gestern** it's

v

yesterday's bread
3 (anstelle eines Genitivs) of; **acht ~ hundert/zehn** eight out of a hundred/ten
4 (zur Angabe des Urhebers, der Ursache, beim Passiv) by; **der Roman ist ~ Fontane** the novel is by Fontane; **müde ~ der Arbeit sein** be tired from work[ing]; **sie hat ein Kind ~ ihm** she has a child by him
5 (zur Angabe von Eigenschaften) of; **eine Fahrt ~ drei Stunden** a three-hour drive

von·einạnder *Adv.* from each other *or* one another

vonstạtten *Adv.* **~ gehen** proceed

♂ **vor** **A** *Präp.*; *mit Dat.* **1** (räumlich) in front of; (weiter vorn) ahead of; in front of; (nicht ganz so weit wie) before; (außerhalb) outside; **kurz ~ der Abzweigung** just before the turn-off; **~ der Stadt** outside the town; **etw. ~ sich haben** (fig.) have sth before one; **das liegt noch ~ mir** (fig.) I still have that to come *or* have that ahead of me
2 (zeitlich) before; **es ist fünf [Minuten] ~ sieben** it is five [minutes] to seven
3 (bei Reihenfolge, Rangordnung) before; **knapp ~ jmdm. siegen** win just ahead *or* in front of sb
4 (aufgrund von) with; **~ Freude strahlen** beam with joy; **~ Hunger/Durst umkommen** (ugs.) die of hunger/thirst
5 ~ fünf Minuten/10 Jahren/Wochen *usw.* five minutes/ten years/weeks *etc.* ago; **heute ~ einer Woche** a week ago today
B *Präp.*; *mit Akk.* in front of; **~ sich hin** to oneself

Vor·abend *der* **1** evening before; (fig.) eve **2** (Ferns.) early evening

Vor·ahnung *die* premonition; presentiment; **dunkle/schlimme ~en** dark forebodings

vor·ạn *Adv.* forward[s]; ahead; first

vorạn-: **~|gehen** *unr. itr. V.; mit sein* **1** go first **2** (Fortschritte machen) make progress; **~|kommen** *unr. itr. V.; mit sein* **1** make headway **2** (Fortschritte machen) make progress; **~|treiben** *unr. tr. V.* push ahead

Vor·arbeiter *der* foreman

Vor·arbeiterin *die* forewoman

vor·aus **A** /-'-/ *Präp.*; *mit Dat., nachgestellt* in front; **jmdm./seiner Zeit ~ sein** (fig.) be ahead of sb/one's time
B *Adv.* **im Voraus** /'--/ in advance

voraus-, Voraus-: **~|gehen** *unr. itr. V.; mit sein* **1** go [on] ahead **2** (zeitlich) **einem Ereignis ~gehen** precede an event; **~sage** *die* ▸ **Vorhersage**; **~|sagen** *tr. V.* predict; **~|sehen** *unr. tr. V.* foresee; **~|setzen** *tr. V.* **1** (als gegeben ansehen) assume; **~gesetzt, [dass] ...** provided [that] ... **2** (erfordern) require <*skill, experience, etc.*>; presuppose

<good organization, planning, etc.>

♂ **Voraus·setzung** *die*; **~, ~en 1** (Annahme) assumption; (Prämisse) premiss **2** (Vorbedingung) prerequisite; **unter der ~, dass ...** on condition *or* on the precondition that ...

voraus·sichtlich **A** *Adj.* anticipated
B *adv.* probably

Vor·bau *der*; *Pl.* **~ten** porch

Vor·behalt *der*; **~[e]s, ~e** reservation; **unter dem ~, dass ...** with the reservation that ...

vor|behalten *unr. tr. V.* **sich** (*Dat.*) **etw. ~** reserve oneself sth; „**Änderungen ~**" 'subject to alterations'

vorbehalt·los **A** *Adj.* unreserved; unconditional
B *adv.* unreservedly; without reservation[s]

♂ **vor·bei** *Adv.* **1** (räumlich) past; by; **an etw.** (*Dat.*) **~** past sth
2 (zeitlich) past; over; (beendet) finished; over; **es ist acht Uhr ~** (ugs.) it is past *or* gone eight o'clock

vorbei-: **~|fahren** *unr. itr. V.; mit sein* **1** drive/ride past; pass; **an jmdm. ~fahren** drive/ride past *or* pass sb **2** (ugs.) (einen kurzen Besuch machen) **[bei jmdm./der Post] ~fahren** drop in (infml) [at sb's/at the post office]; **~|gehen** *unr. itr. V.; mit sein* **1** pass; go past; **an jmdm./etw. ~gehen** pass *or* go past sb/sth; **der Schuss ist ~gegangen** the shot missed **2** (ugs.) (einen kurzen Besuch machen) **[bei jmdm./der Post] ~gehen** drop in (infml) [at sb's/at the post office] **3** (vergehen) pass; **~|kommen** *unr. itr. V.; mit sein* pass; **an etw.** (*Dat.*) **~kommen** pass sth; **~|reden** *itr. V.* **an etw.** (*Dat.*) **~reden** talk round sth without getting to the point; **aneinander ~reden** talk at cross purposes; **~|schießen** *unr. itr. V.* miss

vor·belastet *Adj.* handicapped (**durch** by); **erblich ~ sein** have an inherited defect

♂ **vor|bereiten** *tr. V.* prepare; **jmdn./sich auf** *od.* **für etw. ~** prepare sb/oneself for sth

♂ **Vor·bereitung** *die*; **~, ~en** preparation; **~en [für etw.] treffen** make preparations for sth

vor|bestellen *tr. V.* order in advance

Vor·bestellung *die* advance order

vor·bestraft *Adj.* with a previous conviction/previous convictions *postpos., not pred.*

vor|beugen **A** *tr. V.* bend <*head, upper body*> forward; **sich ~** lean forward
B *itr. V.* **einer Sache** (*Dat.*) *od.* **gegen etw. ~** prevent sth

Vor·beugung *die* prevention (**gegen** of); **zur ~** as a preventive

Vor·bild *das* model; **jmdm. ein gutes ~ sein** be a good example to sb

---

vor·bildlich **A** *Adj.* exemplary
  B *adv.* in an exemplary way

vor|bringen *unr. tr. V.* say; **eine Forderung/
ein Anliegen** ~ make a demand/express a
desire; **Argumente** ~ present arguments

vor·christlich *Adj.* pre-Christian

vor|datieren *tr. V.* post-date

vorder... *Adj.* front; **der Vordere Orient** the
Middle East

Vorder-: ~**grund** *der* foreground; **im
~grund stehen** (fig.) be prominent *or* to the
fore; ~**mann** *der*, *Pl.* ~**männer** person in
front; **jmdn. auf** ~**mann bringen** (ugs.) lick sb
into shape

vor|drängen *refl. V.* push [one's way]
forward *or* to the front; (fig.) push oneself
forward

vor|dringen *unr. itr. V.*; *mit sein* push
forward; advance

vor·dringlich **A** *Adj.* **1** priority *attrib.*
  <*treatment*>
  2 (dringlich) urgent
  B *adv.* **1** as a matter of priority
  2 (dringlich) as a matter of urgency

Vor·druck *der*; *Pl.* ~**e** form

vor·eilig **A** *Adj.* rash
  B *adv.* rashly

vor·einander *Adv.* **1** one in front of the
other
  2 (einer dem anderen gegenüber) opposite each
other; face to face
  3 Angst ~ **haben** be afraid of each other

vor·eingenommen *Adj.* prejudiced;
biased; **für/gegen jmdn.** ~ **sein** be
prejudiced in sb's favour/against sb

Vor·eingenommenheit *die*; ~, ~**en**
prejudice; bias

vor|enthalten *unr. tr. V.* **ich enthalte
vor** (*od. seltener*: **vorenthalte**),
vorenthalten, vorzuenthalten; **jmdm.
etw.** ~ withhold sth from sb

vor·erst /*od.* -'-/ *Adv.* for the present

Vorfahr *der*; ~**en**, ~**en** forefather

vor|fahren *unr. itr. V.*; *mit sein* **1** (ankommen)
drive/ride up
  2 (weiter nach vorn fahren) <*person*> drive *or*
move forward; <*car*> move forward
  3 (vorausfahren) drive *or* go on ahead

Vor·fahrt *die* right of way; „~ **beachten/
gewähren** 'give way'

Vorfahrt-, Vorfahrts-: ~**schild** *das*; *Pl.*
~**schilder** right-of-way sign; ~**straße** *die*
main road

Vor·fall *der* incident; occurrence

vor|fallen *unr. itr. V.*; *mit sein* **1** (sich ereignen)
happen; occur
  2 (nach vorn fallen) fall forward

Vor·film *der* supporting film

vor|finden *unr. tr. V.* find

Vor·freude *die* anticipation

vor|führen *tr. V.* show <*film, slides, etc.*>;
present <*circus act, programme*>; perform

<*play, trick, routine*>; (demonstrieren)
demonstrate; **jmdn. dem Richter** ~ bring sb
before the judge

Vor·führung *die* show; (eines Theaterstücks)
performance

Vor·gang *der* occurrence; (Amtsspr.) file

Vorgänger *der*; ~**s**, ~, **Vorgängerin** *die*;
~, ~**nen** predecessor

Vor·garten *der* front garden

vor|geben *unr. tr. V.* pretend

Vor·gebirge *das* promontory

vor·gefasst, *vor·gefaßt** *Adj.*
preconceived

vor|gehen *unr. itr. V.*; *mit sein* **1** (ugs.)
(nach vorn gehen) go forward
  2 (vorausgehen) go on ahead; **jmdn.** ~ **lassen**
let sb go first
  3 <*clock*> be fast
  4 (einschreiten) **gegen jmdn./etw.** ~ take
action against sb/sth
  5 (verfahren) proceed
  6 (sich abspielen) happen; go on
  7 (Vorrang haben) have priority; come first

Vor·geschmack *der* foretaste

Vor·gesetzte *der/die adj. Dekl.* superior

vor·gestern *Adv.* the day before yesterday

vor|greifen *unr. itr. V.* **jmdm.** ~ anticipate
sb; jump in ahead of sb

vor|haben *unr. tr. V.* intend; (geplant haben)
plan

Vor·haben *das*; ~**s**, ~; plan; (Projekt) project

Vor·halle *die* entrance hall; (eines Theaters,
Hotels) foyer

vor|halten *unr. tr. V.* **1** hold up; **mit
vorgehaltener Schusswaffe** at gunpoint
  2 (zum Vorwurf machen) **jmdm. etw.** ~ reproach
sb for sth

Vor·haltungen *Pl.* **jmdm. [wegen etw.]** ~
machen reproach sb [for sth]

✏ **vorhanden** *Adj.* existing; (verfügbar) available;
~ **sein** exist *or* be in existence/be available

Vor·hang *der* (auch Theater) curtain

Vorhänge·schloss, *Vorhänge·schloß**
das padlock

Vor·haut *die* foreskin

vor·her /*od.* -'-/ beforehand; (davor) before

vorher|gehen *unr. itr. V.*; *mit sein* **in den
~den Wochen** in the preceding weeks

Vor·herrschaft *die* supremacy

vor|herrschen *itr. V.* predominate

vorher-, Vorher-: ~**sage** *die* prediction;
(des Wetters) forecast; ~|**sagen** *tr. V.* predict;
forecast <*weather*>; ~|**sehen** *unr. tr. V.*
▶ **voraussehen**

vor·hin /*od.* -'-/ *Adv.* a short time *or* while ago

vorig... *Adj.* last

Vor·jahr *das* previous year

vor·jährig *Adj.* of the previous year

Vor·kämpfer *der*, **Vor·kämpferin** *die*
pioneer

Vorkehrungen *Pl.* precautions

V

Vor·kenntnis die background knowledge

vor|kommen unr. itr. V.; mit sein **1** (sich ereignen) happen
2 (vorhanden sein) occur
3 (erscheinen) seem; **das Lied kommt mir bekannt vor** I seem to know the song

Vorkommnis das; ~ses, ~se incident; occurrence

vor|laden unr. tr. V. summon

Vor·ladung die summons

Vor·lage die **1** ▶ vorlegen presentation; showing; production; submission; tabling
2 (Entwurf) draft
3 (Muster) pattern; (Modell) model

Vor·lauf der (eines Bandgeräts) fast forward

Vor·läufer der, **Vor·läuferin** die precursor; forerunner

vor·läufig **A** Adj. temporary; provisional; interim <order, agreement>
B adv. for the time being

vor·laut **A** Adj. forward
B adv. forwardly

✦ **vor|legen** tr. V. present; show, produce <certificate, identity card, etc.>; show <sample>; submit <evidence>; table <parliamentary bill>

vor|lesen unr. tr., itr. V. read aloud or out; read <story, poem, etc.> aloud; **jmdm. [etw.]** ~ read [sth] to sb

Vor·lesung die lecture; (Vorlesungsreihe) series or course of lectures

vor·letzt... Adj. last but one; penultimate <page, episode, etc.>

vorlieb **mit jmdm./etw.** ~ **nehmen** put up with sb/sth; (sich begnügen) make do with sb/sth

Vor·liebe die preference

*****vorlieb|nehmen** ▶ vorlieb

✦ **vor|liegen** unr. itr. V. **jmdm.** ~ be with sb; **die Ergebnisse liegen uns noch nicht vor** we do not have the results yet; **im** ~**den Fall** in the present case

vor|lügen unr. tr. V. (ugs.) **jmdm. etwas** ~ lie to sb

vorm Präp.; + Art. **1** = vor dem
2 (räumlich) in front of the
3 (zeitlich, bei Reihenfolge) before the

vor|machen tr. V. (ugs.) **jmdm. etw.** ~ show sb sth; (vortäuschen) kid (infml) or fool sb

vormalig Adj. former

vormals Adv. formerly

Vor·marsch der (auch fig.) advance

vor|merken tr. V. make a note of; **ich habe Sie für den Kurs vorgemerkt** I've put you down for the course

*****vor·mittag** ▶ Vormittag

Vor·mittag der morning; **heute/morgen/ gestern** ~ this/tomorrow/yesterday morning

vor·mittags Adv. in the morning

Vor·mund der; Pl. ~e od. **Vormünder** guardian

✦ **vorn** Adv. at the front; **nach** ~ to the front; **von** ~ from the front; **noch einmal von** ~ **anfangen** start afresh; **von** ~ **bis hinten** (ugs.) from beginning to end

Vor·name der first or Christian name

vorne Adv. ▶ vorn

vornehm **A** Adj. (nobel; adelig) noble; (kultiviert) distinguished; (elegant) exclusive <district, hotel, restaurant, resort>; elegant <villa, clothes>
B adv. nobly; (elegant) elegantly

✦ **vor|nehmen** unr. refl. V. **sich** (Dat.) **etw.** ~ plan sth; **sich** (Dat.) ~, **mit dem Rauchen aufzuhören** resolve to give up smoking

vorn-: ~**herein** von ~**herein** from the outset; ~**über** Adv. forwards

Vor·ort der suburb

vor|programmieren tr. V. (auch fig.) pre-programme

Vor·rang der **1** priority (vor + Dat. over)
2 (bes. österr.) (Vorfahrt) right of way

Vor·rat der supply, stock (an + Dat. of)

vorrätig Adj. in stock postpos.

Vor·raum der anteroom

vor|rechnen tr. V. **jmdm. etw.** ~ work sth out or calculate sth for sb; **jmdm. seine Fehler** ~ (fig.) enumerate sb's mistakes

Vor·recht das privilege

Vor·redner der, **Vor·rednerin** die previous speaker; **mein Vorredner** the previous speaker

Vor·richtung die device

vor|rücken **A** tr. V. move forward; advance <chess piece>
B itr. V.; mit sein move forward; **auf den 5. Platz** ~ move up to fifth place

Vor·ruhestand der early retirement

vors Präp.; + Art. = **vor das**

vor|sagen tr. V. **1** auch itr. **jmdm. [die Antwort]** ~ tell sb the answer; (flüsternd) whisper the answer to sb
2 (aufsagen) recite

Vor·saison die start of the season; early [part of the] season

Vor·satz der intention

vorsätzlich **A** Adj. intentional; wilful <murder, arson, etc.>
B adv. intentionally

Vor·schau die preview

Vor·schein der **zum** ~ **kommen** appear; (entdeckt werden) come to light

vor|schieben unr. tr. V. **1** push <bolt> across
2 (nach vorn schieben) push forward

vor|schießen unr. tr. V. **jmdm. Geld** ~ advance sb money

✦ **Vorschlag** der suggestion; proposal

vor|schlagen unr. tr. V. **[jmdm.] etw.** ~ suggest or propose sth [to sb]

✦ key word

* old spelling—see note on page x

v

vor·schreiben *unr. tr. V.* stipulate, set ‹*conditions*›; lay down ‹*rules*›; prescribe ‹*dose*›

ᵇ **Vor·schrift** *die* instruction; order; (gesetzliche od. amtliche Bestimmung) regulation

vorschrifts·mäßig **A** *Adj.* correct; proper
   B *adv.* correctly; properly

Vor·schub *der* jmdm./einer Sache ∼ leisten encourage sb/encourage *or* promote *or* foster sth

Vorschul·alter *das* preschool age

Vor·schuss, *Vor·schuß der* advance

vor|schwärmen *itr. V.* jmdm. von jmdm./etw. ∼ rave about sb/sth to sb (infml)

vor|schweben *itr. V.* jmdm. schwebt etw. vor sb has sth in mind

ᵇ **vor|sehen** **A** *unr. tr. V.* **1** plan; etw. für/als etw. ∼ intend sth for/as sth
   2 ‹*law, plan, contract, etc.*› provide for
   B *unr. refl. V.* sich [vor jmdm./etw.] ∼ be careful [of sb/sth]

vor|setzen *tr. V.* jmdm. etw. ∼ serve sb sth; (fig.) serve *or* dish sb up sth

ᵇ **Vor·sicht** *die* care; (bei Risiko, Gefahr) caution, care; zur ∼ as a precaution; ∼! be careful!; „∼, Stufe!" 'mind the step!'

ᵇ **vorsichtig** **A** *Adj.* careful; (bei Risiko, Gefahr) cautious; sei ∼! be careful!; take care!
   B *adv.* carefully; with care

vorsichts·halber *Adv.* as a precaution; to be on the safe side

Vorsichts·maßnahme *die* precautionary measure; precaution

Vor·silbe *die* [monosyllabic] prefix

vor|singen *unr. tr. V.* [jmdm.] etw. ∼ sing sth [to sb]

Vor·sitz *der* chairmanship

ᵇ **Vorsitzende** *der/die adj. Dekl.* chair[person]; (bes. Mann) chairman; (Frau auch) chairwoman

Vor·sorge *die* precautions *pl.*; (für den Todesfall, Krankheit, Alter) provisions *pl.*

vor|sorgen *itr. V.* für etw. ∼ make provisions for sth; provide for sth

Vorsorge·untersuchung *die* (Med.) medical check-up

vorsorglich *adv.* as a precaution

Vor·spann *der* (Film, Ferns.) opening credits *pl.*

Vor·speise *die* starter; hors d'oeuvre

Vor·spiel *das* (Theater) prologue; (Musik) prelude

vor|spielen *tr. V.* **1** play ‹*piece of music*› (Dat. to, for); act out, perform ‹*scene*› (Dat. for, in front of)
   2 (vorspiegeln) jmdm. etw. ∼ feign sth to sb

vor|sprechen **A** *unr. tr. V.* **1** (zum Nachsprechen) jmdm. etw. ∼ pronounce *or* say sth first for sb
   2 (zur Prüfung) recite
   B *unr. itr. V.* audition

Vor·sprung *der* lead (vor + *Dat.* over)

Vor·stadt *die* suburb

ᵇ **Vor·stand** *der* (einer Firma) board [of directors]; (eines Vereins, einer Gesellschaft) executive committee; (einer Partei) executive

vor|stehen *unr. itr. V.* **1** project; jut out; ‹*teeth, chin*› stick out; ∼de Zähne buck teeth; projecting teeth
   2 (geh.) (leiten) einer Institution ∼ be the head of an institution

vorstell·bar *Adj.* conceivable; imaginable; es ist durchaus/[nur] schwer ∼, dass … it is quite/scarcely conceivable that …

ᵇ **vor|stellen** **A** *tr. V.* jmdn./sich jmdm. ∼ introduce sb/oneself to sb; (bei Bewerbung) sich ∼ come/go for [an] interview; die Uhr [um eine Stunde] ∼ put the clock forward [one hour]
   B *refl. V.* sich (*Dat.*) etw. ∼ imagine sth

ᵇ **Vor·stellung** *die* **1** (Begriff) idea
   2 (Fantasie) imagination
   3 (Aufführung) performance; (im Kino) showing

Vorstellungs·gespräch *das* interview

Vor·stoß *der* advance

vor|stoßen *unr. itr. V.*; mit sein advance; push forward

Vor·strafe *die* previous conviction

vor|strecken *tr. V.* stretch ‹*arm, hand*› out; advance ‹*money, sum*›

Vor·tag *der* day before

vor|täuschen *tr. V.* feign; simulate ‹*reality etc.*›; fake ‹*crime*›

ᵇ **Vor·teil** /*od.* ˈfɔrtaɪl/ *der* advantage

vorteilhaft **A** *Adj.* advantageous
   B *adv.* advantageously

ᵇ **Vortrag** *der*; ∼[e]s, Vorträge talk; (wissenschaftlich) lecture; einen ∼ halten give a talk/lecture

vor|tragen *unr. tr. V.* **1** sing ‹*song*›; perform, play ‹*piece of music*›; recite ‹*poem*›
   2 (darlegen) present ‹*case, matter, request, demands*›; lodge, make ‹*complaint*›; express ‹*wish, desire*›

vor·trefflich **A** *Adj.* excellent
   B *adv.* excellently

Vortrefflichkeit *die*; ∼; excellence

vorüber *Adv.* over; (räumlich) past

vorüber|gehen *unr. itr. V.*; mit sein **1** go *or* walk past; pass by; an jmdm./etw. ∼ go past sb/sth; pass sb/sth; (achtlos) pass sb/sth by
   2 (vergehen) pass; ‹*pain*› go

vorübergehend **A** *Adj.* temporary; passing ‹*interest, infatuation*›; brief ‹*illness, stay*›
   B *adv.* temporarily; (für kurze Zeit) for a short time; briefly

Vor·urteil *das* bias; (voreilige Schlussfolgerung) prejudice

Vor·vergangenheit *die* (Sprachw.) pluperfect

Vor·verkauf *der* advance sale of tickets

V

vor|verlegen *tr. V.* (zeitlich) bring forward (auf + *Akk.* to; um by)

Vor·wahl *die*, **Vorwähl·nummer** *die* (Fernspr.) dialling code

Vorwand *der*; ~[e]s, **Vorwände** pretext; (Ausrede) excuse

vor|warnen *tr. V.* jmdn. ~ give sb advance warning; warn sb [in advance]; **vorgewarnt sein** be forewarned

Vor·warnung *die* [advance] warning

vor·wärts *Adv.* forwards; (weiter) onwards; ~ kommen make progress; (im Beruf, Leben) get on; get ahead

*****vorwärts|kommen** ▶ vorwärts

vor·weg *Adv.* beforehand

vorweg|nehmen *unr. tr. V.* anticipate

vor|weisen *unr. tr. V.* produce

vor|werfen *unr. tr. V.* jmdm. etw. ~ reproach sb with sth; (beschuldigen) accuse sb of sth

vor·wiegend *Adv.* mainly

vor·witzig *Adj.* bumptious; pert <*child*>

Vor·wort *das*; *Pl.* ~e foreword

Vor·wurf *der* reproach; (Beschuldigung) accusation

vorwurfs·voll **A** *Adj.* reproachful
   B *adv.* reproachfully

Vor·zeichen *das* **1** (Omen) omen **2** (Math.) [algebraic] sign

vor|zeigen *tr. V.* produce; show

Vor·zeit *die* prehistory

vorzeitig **A** *Adj.* premature; early <*retirement*>
   B *adv.* prematurely

vor|ziehen *unr. tr. V.* prefer

Vor·zimmer *das* outer office

Vor·zug *der* **1** preference (gegenüber over) **2** (gute Eigenschaft) good quality; merit

vorzüglich **A** *Adj.* excellent; first-rate
   B *adv.* excellently

vulgär /vʊlˈgɛːɐ̯/ **A** *Adj.* vulgar
   B *adv.* in a vulgar way

Vulgarität /vʊlgariˈtɛːt/ *die*; ~, ~en vulgarity

Vulkan /vʊlˈkaːn/ *der*; ~s, ~e volcano

vulkanisch *Adj.* volcanic

vulkanisieren *tr. V.* vulcanize

v. u. Z. *Abk.* = **vor unserer Zeit[rechnung]** BC

Ww

w, W /veː/ *das*; ~s, ~; w, W

W *Abk.* **1** = **West, Westen** W.
   2 = **Watt** W.

Waage *die*; ~, ~n **1** [pair *sing.* of] scales *pl.* **2** (Astrol.) [die] ~ Libra; **er ist [eine]** ~ he is a Libra *or* Libran

waage·recht **A** *Adj.* horizontal
   B *adv.* horizontally

Waage·rechte *die*; ~, ~n; *also adj. Dekl.* horizontal

Waag·schale *die* scale pan

Wabe *die*; ~, ~n honeycomb

wach **A** *Adj.* awake
   B *adv.* alertly; attentively

Wache *die*; ~, ~n **1** (Milit.) guard *or* sentry duty; (Seew.) watch [duty] **2** (Wächter, Milit.) guard; (Seew.) watch **3** (Polizei~) police station

wachen *itr. V.* (geh.) be awake; **bei jmdm.** ~ stay up at sb's bedside; sit up with sb

Wachheit *die*; ~; alertness

Wach·hund *der* guard dog

Wacholder *der*; ~s, ~; juniper

Wach·posten *der* (Milit.) guard

Wachs *das*; ~es, ~e wax

wachsam *Adj.* watchful; vigilant

Wachsamkeit *die*; ~; vigilance

◢ **wachsen**[1] *unr. itr. V.*; *mit sein* grow

wachsen[2] *tr. V.* wax

Wachs-: ~**figur** *die* waxwork; ~**figuren·kabinett** *das* waxworks *sing. or pl.*; waxworks museum

wächst *2. u. 3. Pers. Sg. Präsens v.* wachsen[1]

Wachs·tuch *das*; *Pl.* **Wachstücher** (Tischtuch) oilcloth tablecloth

◢ **Wachstum** *das*; ~s growth

Wachtel *die*; ~, ~n quail

Wächter *der*; ~s, ~; guard; (Nacht-, Turmwächter) watchman; (Parkwächter) [park-]keeper

Wächterin *die*; ~, ~nen ▶ Wächter

Wacht·turm, Wach·turm *der* watchtower

wackelig *Adj.* **1** wobbly <*chair, table, etc.*>; loose <*tooth*> **2** (ugs.) (kraftlos, schwach) frail

Wackel·kontakt *der* (Elektrot.) loose connection

◢ key word

***** alte Schreibung—vgl. Hinweis auf S. x

V

W

wackeln *itr. V.* wobble; ‹*tooth etc.*› be loose; ‹*house, window, etc.*› shake; **mit dem Kopf/ den Ohren** ~ waggle one's head/ears

wacker (veralt.) **A** *Adj.* upright
B *adv.* valiantly; **sich** ~ **halten** put up a good show

Wade *die*; ~, ~**n** (Anat.) calf

Waden·krampf *der* cramp in one's calf

⚘ **Waffe** *die*; ~, ~**n** weapon

Waffel *die*; ~, ~**n** waffle; (dünne Waffel, Eiswaffel) wafer; (Eistüte) cone

Waffen-: ~**gewalt** *die* **mit** ~**gewalt** by force of arms; ~**handel** *der* arms trade; ~**händler** *der*, ~**händlerin** *die* arms dealer; ~**schein** *der* firearms licence; ~**stillstand** *der* armistice

Wage·mut *der* daring

wage·mutig *Adj.* daring

wagen A *tr. V.* risk; **[es]** ~, **etw. zu tun** dare to do sth
B *refl. V.* **sich irgendwohin/nicht irgendwohin** ~ venture somewhere/not dare to go somewhere

⚘ **Wagen** *der*; ~**s**, ~ (PKW) car; (Pferdewagen) cart; (Eisenb.) (Personenwagen) coach; (Eisenb.) (Güterwagen) truck; (Straßenbahnwagen) car; (Kinder-, Puppenwagen) pram (BrE); baby carriage (AmE); (Sportwagen) pushchair (BrE); stroller (AmE)

Wagen·heber *der* jack

Waggon /va'gɔŋ, (südd., österr.) va'goːn/ *der*; ~**s**, ~**s**, (südd., österr.) ~**s**, ~**e** wagon; truck (BrE); car (AmE)

waghalsig A *Adj.* daring; (leichtsinnig) reckless
B *adv.* daringly; ‹*speculate*› riskily; (leichtsinnig) recklessly

Wagnis *das*; ~**ses**, ~**se** daring exploit *or* feat; (Risiko) risk

⚘ **Wahl** *die*; ~, ~**en 1** choice; **eine/seine** ~ **treffen** make a/one's choice
2 (in ein Gremium, Amt usw.) election; **geheime** ~ secret ballot

wahl·berechtigt *Adj.* eligible *or* entitled to vote *postpos.*

Wahl·beteiligung *die* turn-out

⚘ **wählen A** *tr. V.* **1** choose; (aus~) select
2 (Fernspr.) dial ‹*number*›
3 (durch Stimmabgabe) elect
4 (stimmen für) vote for ‹*party, candidate*›
B *itr. V.* **1** choose
2 (Fernspr.) dial
3 (stimmen) vote

Wähler *der*; ~**s**, ~; voter

Wahl·ergebnis *das* election result

Wählerin *die*; ~, ~**nen** voter

wählerisch *Adj.* choosy; particular (**in** + Dat. about)

Wählerschaft *die*; ~, ~**en** electorate; **die** ~ **der SPD** the SPD's voters *pl.*; those who vote for the SPD

wahl-, Wahl-: ~**fach** *das* (Schulw.) optional

subject; ~**gang** *der* ballot; ~**geheimnis** *das* secrecy of the ballot; ~**geschenk** *das* pre-election bonus; ~**kabine** *die* polling booth; ~**kampf** *der* election campaign; ~**kreis** *der* constituency; ~**lokal** *das* polling station; ~**los A** *Adj.* indiscriminate
B *adv.* indiscriminately; ~**niederlage** *die* election defeat; ~**recht** *das* right to vote

Wähl·scheibe *die* (Fernspr.) dial

Wahl-: ~**sieg** *der* election victory; ~**spruch** *der* motto; ~**system** *das* electoral system; ~**urne** *die* ballot box

Wahn *der*; ~**[e]s** mania; delusion

Wahn·sinn *der* **1** insanity; madness
2 (ugs.) (Unvernunft) madness; lunacy

wahnsinnig A *Adj.* **1** (geistesgestört) insane; mad
2 (ugs.) (ganz unvernünftig) mad; crazy
3 (ugs.) (groß, heftig, intensiv) terrific (infml) ‹*effort, speed, etc.*›; terrible (infml) ‹*fright, job, pain*›
B *adv.* (ugs.) incredibly (infml); terribly (infml)

⚘ **wahr** *Adj.* **1** true; **nicht** ~? *translation depends on preceding verb form*; **du hast Hunger, nicht** ~? you're hungry, aren't you?; **nicht** ~, **er weiß es doch?** he does know, doesn't he?
2 (wirklich) real ‹*reason, motive, feelings, joy, etc.*›; actual ‹*culprit*›; (echt) true, real ‹*friend, friendship, love, art*›

wahren *tr. V.* (geh.) preserve ‹*balance, equality, neutrality, etc.*›; maintain ‹*authority, right*›; (verteidigen) defend

währen *itr. V.* (geh.) last

⚘ **während A** *Konj.* **1** (zeitlich) while
2 (adversativ) whereas
B *Präp.*; *mit Gen.* during; (über einen Zeitraum von) for

wahr|haben *unr. tr. V.* **etw. nicht** ~ **wollen** not want to admit sth

wahrhaft (geh.) **A** *Adj.* true
B *adv.* truly

wahrhaftig A *Adj.* (geh.) truthful ‹*person*›
B *adv.* really; genuinely

⚘ **Wahrheit** *die*; ~, ~**en** truth

wahrheits·getreu A *Adj.* truthful; faithful ‹*account*›
B *adv.* truthfully; ‹*portray*› faithfully

⚘ **wahr|nehmen** *unr. tr. V.* **1** (mit den Sinnen erfassen) perceive; (spüren) feel; detect ‹*sound, smell*›; (bemerken) notice; (erkennen, ausmachen) make out
2 (nutzen) take advantage of ‹*opportunity*›; exploit ‹*advantage*›; exercise ‹*right*›
3 (vertreten) look after ‹*sb's interests, affairs*›
4 (erfüllen, ausführen) carry out, perform ‹*function, task, duty*›; fulfil ‹*responsibility*›

Wahrnehmung *die*; ~, ~**en 1** perception; (eines Sachverhalts) awareness; (eines Geruchs, eines Tons) detection
2 (Nutzung) (eines Rechts) exercise; (einer Gelegenheit, eines Vorteils) exploitation
3 (Vertretung) representation

w

4 (einer Funktion, Aufgabe, Pflicht) performance; execution; (einer Verantwortung) fulfilment

wahr·sagen 2. *Part.* **gewahrsagt** **A** *itr. V.* tell fortunes

B *tr. V.* predict, foretell ⟨*future*⟩

Wahrsager *der*; ~s, ~, **Wahrsagerin** *die*; ~, ~**nen** fortune-teller

⚘ **wahrscheinlich** **A** *Adj.* probable; likely

B *adv.* probably

Wahrscheinlichkeit *die*; ~, ~**en** probability; likelihood

Währung *die*; ~, ~**en** currency

Währungs-: ~**reform** *die* currency reform; ~**union** *die* currency union; ~, Wirtschafts- und Sozialunion social, economic, and currency union

Wahr·zeichen *das* symbol; (einer Stadt, einer Landschaft) [most famous] landmark

Waise *die*; ~, ~**n** orphan

Waisen·haus *das* orphanage

Wal *der*; ~[e]s, ~e whale

⚘ **Wald** *der*; ~[e]s, **Wälder** wood; (größer) forest

Wald·brand *der* forest fire

Wäldchen *das*; ~s, ~; copse

Wald-: ~**meister** *der* (Bot.) woodruff; ~**sterben** *das*; ~~s death of the forest [as a result of pollution]

Wal·fang *der* whaling *no def. art.*; **auf** ~ **gehen/sein** go/be whaling

Waliser *der*; ~s, ~; Welshman

Waliserin *die*; ~, ~**nen** Welshwoman

walisisch *Adj.* Welsh

Walkman® /'wɔkmən/ *der*; ~s, **Walkmen** /'wɔkmən/ Walkman®; personal stereo

Wall *der*; ~[e]s, **Wälle** earthwork; embankment; rampart (esp. Mil.)

Wall-: ~**fahrer** *der* pilgrim; ~**fahrt** *die* pilgrimage; ~**fahrts·ort** *der* place of pilgrimage

Wal·nuss, ** **Wal·nuß** *die* walnut

Wal·ross, ** **Wal·roß** *das*; *Pl.* **-rosse** walrus

walten *itr. V.* (geh.) ⟨*good sense, good spirit*⟩ prevail; ⟨*peace, silence, harmony, etc.*⟩ reign

Walze *die*; ~, ~**n** roller; (Straßen~) [road] roller; (Schreib~) platen

walzen *tr. V.* roll ⟨*field, road, steel, etc.*⟩

wälzen **A** *tr. V.* roll; heave ⟨*heavy object*⟩; (fig.) shove ⟨*blame, responsibility*⟩ (**auf +** *Akk.* on); **etw. in Mehl** *usw.* ~ (Kochk.) toss sth in flour *etc.*; **Probleme** ~ (fig. ugs.) mull over problems

B *refl. V.* roll; (auf der Stelle) roll about *or* around; (im Krampf, vor Schmerzen) writhe around

Walzer *der*; ~s, ~; waltz

wand 1. *u.* 3. *Pers. Sg. Prät. v.* winden

⚘ **Wand** *die*; ~, **Wände** wall; (Trennwand) partition; (bewegliche Trennwand) screen; (eines Behälters, Schiffs) side

Wandale *der*; ~n, ~n, **Wandalin** *die*; ~, ~**nen** vandal

Wandalismus *der*; ~; vandalism

Wandel *der*; ~s change

wandeln *refl., tr. V.* change (**in +** *Akk.* into)

Wanderer *der*; ~s, ~, **Wanderin** *die*; ~, ~**nen** rambler; hiker

Wander·karte *die* rambler's [path] map

wandern *itr. V.*; *mit sein* **1** hike; ramble **2** (ugs.) (gehen) (fig.) wander (lit. or fig.) **3** (ziehen, reisen) travel; (ziellos) roam; ⟨*exhibition, circus, theatre*⟩ tour, travel; ⟨*animal, people, tribe*⟩ migrate

Wander·tag *der* day's hike (*for a class or school*)

Wanderung *die*; ~, ~**en 1** hike; walking tour; **eine** ~ **machen** go on a hike/tour/trek **2** (Zool., Soziol.) migration

Wander-: ~**urlaub** *der* walking holiday; ~**weg** *der*; footpath (*constructed for ramblers*)

Wand-: ~**gemälde** *das* mural; ~**lampe** *die* wall light

Wandlung *die*; ~, ~**en** change; (grundlegend) transformation

Wand-: ~**malerei** *die* (Bild) mural; ~**schrank** *der* wall cupboard *or* (AmE) closet

wandte 1. *u.* 3. *Pers. Prät. v.* wenden²

Wange *die*; ~, ~**n** (geh.) cheek

wankel-, Wankel-: ~**mut** *der* (geh.) vacillation; ~**mütig** *Adj.* (geh.) vacillating

wanken *itr. V.* **1** sway; ⟨*person*⟩ totter; (unter einer Last) stagger **2** *mit sein* (unsicher gehen) stagger; totter

⚘ **wann** *Adv.* when; **seit** ~ **wohnst du dort?** how long have you been living there?

Wanne *die*; ~, ~**n** bath[tub]

Wanze *die*; ~, ~**n** bug (infml)

Wappen *das*; ~s, ~; coat of arms

wappnen *refl. V.* (geh.) forearm oneself

war 1. *u.* 3. *Pers. Sg. Prät. v.* sein¹

warb 1. *u.* 3. *Pers. Sg. Prät. v.* werben

ward (geh.) 1. *u.* 3. *Pers. Sg. Prät. v.* werden

⚘ **Ware** *die*; ~, ~**n 1** ~[n] goods *pl.* **2** (Artikel) article; commodity (Econ., fig.); (Erzeugnis) product

Waren-: ~**angebot** *das* supply [of goods]; (Sortiment) range of goods; ~**haus** *das* department store; ~**korb** *der* (Statistik) basket of goods; ~**lager** *das* (einer Fabrik o. Ä.) stores *pl.*; (eines Geschäftes) stockroom; (größer) warehouse; ~**muster** *das*, ~**probe** *die* sample; ~**zeichen** *das* trademark

warf 1. *u.* 3. *Pers. Sg. Prät. v.* werfen

⚘ **warm; wärmer, wärmst** ... **A** *Adj.* (auch fig.) warm; hot ⟨*meal, food, bath, spring*⟩; keen, lively ⟨*interest*⟩; **das Essen** ~ **machen** heat up the food; „~" (auf Wasserhahn) 'hot'

B *adv.* warmly; ~ **essen/duschen** have a hot

⚘ key word

* old spelling—see note on page x

w

meal/shower

Wärme *die*; ~; warmth; (Hitze; auch Physik) heat

Wärme·dämmung *die* (heat) insulation

wärmen **A** *tr. V.* warm; (aufwärmen) warm up ‹*food, drink*›
B *itr. V.* be warm; (warm halten) keep one warm

Wärme·pumpe *die* (Technik) heat pump

Warm·front *die* (Met.) warm front

warm|halten *unr. tr. V.* (ugs.) sich (*Dat.*) jmdn. ~ keep on the right side of sb

Warm·wasser-: ~**bereiter** *der*; ~s, ~; water heater; ~**heizung** *die* hot-water heating

Warn-: ~**blinkanlage** *die* (Kfz-W.) hazard warning lights *pl.*; ~**dreieck** *das* (Kfz-W.) hazard warning triangle

ℐ **warnen** *tr. (auch itr.) V.* warn (**vor** + *Dat.* of, about); jmdn. [**davor**] ~, etw. zu tun warn sb against doing sth

Warn-: ~**schild** *das*; *Pl.* ~~**er** warning sign; ~**schuss**, *·*~**schuß** *der* warning shot; ~**signal** *das* warning signal; ~**streik** *der* token strike

Warnung *die*; ~, ~**en** warning (**vor** + *Dat.* of, about)

Warn·weste *die* (reflective) safety vest

Warschau (*das*); ~s Warsaw

Warte-: ~**halle** *die* waiting room; (Flugw.) departure lounge; ~**liste** *die* waiting list

ℐ **warten** **A** *itr. V.* wait (**auf** + *Akk.* for)
B *tr. V.* service ‹*car etc.*›

Wärter *der*; ~s, ~, **Wärterin** *die*; ~, ~**nen** attendant; (Tier-, Zoo-, Leuchtturmwärter[in]) keeper; (Krankenwärter[in]) orderly; (Gefängniswärter[in]) warder

Warte-: ~**saal** *der* waiting room; ~**zimmer** *das* waiting room

Wartung *die*; ~, ~**en** service; (das Warten) servicing; (Instandhaltung) maintenance

ℐ **warum** *Adv.* why

Warze *die*; ~, ~**n** wart; (Brust~) nipple

ℐ **was** **A** *Interrogativpron.*; *Nom. u. Akk. u.* (*nach Präp.*) *Dat. Neutr.* ~ **kostet das?** what *or* how much does that cost?; **ach** ~**!** (ugs.) oh, come on!; ~ **für ein** .../~ **für** ... what sort *or* kind of ...
B *Relativpron.*; *Nom. u. Akk. u.* (*nach Präp.*) *Dat. Neutr.* [**das,**] ~ what; **alles,** ~ ... everything *or* all that ...; **vieles/nichts/ etwas,** ~ ... much/nothing/something that ...; ~ **mich betrifft,** [**so**] ... as far as I'm concerned, ...
C *Indefinitpron.*; *Nom. u. Akk. u.* (*nach Präp.*) *Dat. Neutr.* (ugs.) ▶ **etwas**
D *Adv.* (ugs.) (warum, wozu) why; what ... for

Wasch-: ~**anlage** *die* car wash; ~**automat** *der* washing machine; ~**becken** *das* washbasin

Wäsche *die*; ~, ~**n 1** (zu waschende Textilien) washing; (für die Wäscherei) laundry
2 (Unterwäsche) underwear
3 (das Waschen) washing *no pl.*; (einmalig) wash;

in der ~ sein be in the wash

wasch·echt *Adj.* **1** colour-fast ‹*textile, clothes*›; fast ‹*colour*›
2 (fig.) genuine

Wäsche-: ~**klammer** *die* clothes peg (BrE); clothespin (AmE); ~**korb** *der* laundry basket; ~**leine** *die* clothes line

ℐ **waschen** **A** *unr. tr. V.* wash; **sich** ~ wash [oneself]; have a wash; **Wäsche** ~ do the/ some washing
B *unr. itr. V.* do the washing

Wäscherei *die*; ~, ~**en** laundry

Wäsche-: ~**schleuder** *die* spin drier; ~**trockner** *der* **1** (Maschine) tumble drier
2 (Gestell) clothes airer

wasch-, Wasch-: ~**gelegenheit** *die* washing facilities *pl.*; ~**küche** *die* laundry room; ~**lappen** *der* [face] flannel; washcloth (AmE); ~**maschine** *die* washing machine; ~**maschinen·fest** *Adj.* machine washable; ~**mittel** *das* detergent; ~**pulver** *das* washing powder; ~**raum** *der* washing room; ~**schüssel** *die* washing bowl; ~**straße** *die* [automatic] car wash

wäscht *3. Pers. Sg. Präsens v.* **waschen**

Wasch·wasser *das* washing water

ℐ **Wasser** *das*; ~s, ~/**Wässer 1** water
2 *Pl.* **Wässer** (Mineral-, Tafelwasser) mineral water; (Heilwasser) water
3 (Gewässer) **ein fließendes/stehendes** ~ a moving/stagnant stretch of water
4 ~ **lassen** pass water

wasser-, Wasser-: ~**bad** *das* (Kochk.) bain-marie; ~**ball** *der* **1** beach ball
2 (Spiel) water polo; ~**dampf** *der* steam; ~**dicht** *Adj.* waterproof ‹*clothing, watch, etc.*›; watertight ‹*container, seal, etc.*›; ~**fall** *der* waterfall; ~**farbe** *die* watercolour; ~**hahn** *der* water tap; faucet (AmE)

wässerig ▶ **wässrig**

Wasser-: ~**kessel** *der* kettle; ~**leitung** *die* water pipe; (Hauptleitung) water main; ~**mann** *der* (Astrol.) [der] ~**mann** Aquarius; **er/sie ist [ein]** ~~ he/she is an Aquarian

wassern *itr. V.*; *mit sein* land [on the water]

wässern *tr. V.* soak; (Fot.) wash ‹*negative, print*›

wasser-, Wasser-: ~**pflanze** *die* aquatic plant; ~**qualität** *die* water quality; ~**rohr** *das* water pipe; ~**scheu** *Adj.* scared of water; ~**schlauch** *der* [water] hose; ~**schutz·polizei** *die* river/lake police

Wasser·ski¹ *der* waterski; ~ **fahren** waterski

Wasser·ski² *das*; ~s waterskiing *no art.*

Wasser-: ~**spiegel** *der* **1** (Oberfläche) surface [of the water] **2** (Niveau) water level; ~**sport** *der* water sport *no art.*; ~**spülung** *die* flush

Wasser·stoff *der* hydrogen

Wasser·stoff-: ~**bombe** *die* hydrogen bomb; ~**per·oxid**, ~**per·oxyd**, ~**super·oxid**, ~**super·oxyd** *das* (Chemie)

W

hydrogen peroxide

Wasser-: ~**strahl** der jet of water; ~**straße** die waterway; ~**temperatur** die water temperature; ~**tiefe** die depth of the water; ~**tropfen** der drop of water; ~**turm** der water tower; ~**werfer** der water cannon; ~**werk** das waterworks sing.; ~**zeichen** das watermark

wässrig, *****wäßrig** Adj. watery

waten itr. V.; mit sein wade

Waterloo das; ~s, ~s Waterloo no art.; **sein** ~ **erleben** meet one's Waterloo

watscheln itr. V.; mit sein waddle

Watt¹ das; ~[e]s, ~en mudflats pl.

Watt² das; ~s, ~ (Technik, Physik) watt

Watte die; ~, ~n cotton wool

Watte·bausch der wad of cotton wool

Watten·meer das tidal shallows pl.

wattiert Adj. quilted; padded ‹shoulder etc., envelope›

WC das; ~[s], ~[s] toilet; WC

Web /wɛp/ das; ~s (DV) web; **im** ~ **surfen** surf the web

Web·cam /'wɛpkæm/ die; ~~, ~~s (DV) webcam®

weben tr., itr. V. weave

Weber der; ~s, ~, **Weberin** die; ~, ~**nen** weaver

♂ **Webseite** /'wɛp-/ die (DV) web page

♂ **Website** /'wɛpsait/ die; ~, ~**s** (DV) website

Web·stuhl der loom

Wechsel der; ~s, ~ **1** (das Auswechseln) change; (Geldwechsel) exchange **2** (Aufeinanderfolge) alternation; **im** ~ alternately; (bei mehr als zwei) in rotation **3** (das Überwechseln) move; (Sport) transfer **4** (Bankw.) bill of exchange (**über** + Akk. for)

wechsel-, Wechsel-: ~**geld** das change; ~**haft** Adj. changeable; ~**jahre** Pl. change of life sing.; menopause sing.; ~**kurs** der exchange rate

♂ **wechseln A** tr. V. **1** change; **das Hemd** ~ change one's shirt; **die Wohnung** ~ move home **2** ([aus]tauschen) exchange ‹letters, glances, etc.› **3** (umwechseln) change ‹money, note, etc.› (**in** + Akk. into) **B** itr. V. change

wechsel-, Wechsel-: ~**seitig A** Adj. mutual **B** adv. mutually; ~**strom** der (Elektrot.) alternating current; ~**stube** die bureau de change; ~**wähler** der, ~**wählerin** die (Politik) floating voter; · ~**wirkung** die interaction

wecken tr. V. jmdn. [aus dem Schlaf] ~ wake sb [up]; (fig.) (hervorrufen) arouse ‹interest, curiosity, anger›

Wecker der; ~s, ~; alarm clock

wedeln itr. V. ‹tail› wag; [mit dem Schwanz] ~ ‹dog› wag its tail

♂ **weder** Konj. ~ A noch B neither A nor B

♂ **weg** Adv. away; (verschwunden, weggegangen) gone; **er ist schon seit einer Stunde** ~ he left an hour ago; **weit** ~ far away; **a long way away**

♂ **Weg** der; ~[e]s, ~e **1** (Fußweg) path; (Feldweg) track **2** (Zugang) way; (Passage, Durchgang) passage; **sich** (Dat.) **einen** ~ **durch etw. bahnen** clear a path or way through sth **3** (Route, Verbindung) way; route **4** (Strecke, Entfernung) distance; (Gang) walk; (Reise) journey; **auf dem kürzesten** ~ by the shortest route; **auf halbem** ~[e] (auch fig.) half-way; **sich auf den** ~ **machen** set off; **etw. in die** ~e **leiten** get sth under way **5** (ugs.) (Besorgung) errand **6** (Methode) way; (Mittel) means

weg-: ~|**bleiben** unr. itr. V.; mit sein (nicht kommen) stay away; (nicht nach Hause kommen) stay out; ~|**bringen** unr. tr. V. take away; (zur Reparatur, Wartung usw.) take in

Wegelagerei die; ~; highway robbery

Wegelagerer der; ~s, ~; highwayman

Wegelagerin die; ~, ~**nen** highwaywoman

♂ **wegen** Präp.; mit Gen. **1** because of; ~ **Umbau[s] geschlossen** closed for alterations **2** (um ... willen) for the sake of; ~ **der Kinder/** (ugs.) **dir** for the children's/your sake **3** (bezüglich) about; regarding

weg-: ~|**fahren A** unr. itr. V.; mit sein **1** leave; (im Auto) drive off; (losfahren) set off **2** (irgendwohin fahren) go away **B** unr. tr. V. drive away; (mit dem Handwagen usw.) take away; ~|**fallen** unr. itr. V.; mit sein be discontinued; (nicht mehr zutreffen) no longer apply; ~|**fliegen** unr. itr. V.; mit sein fly away; (weggeblasen werden) fly off; ~|**gehen** unr. itr. V. **1** leave; (ugs.) (ausgehen) go out; (ugs.) (wegziehen) move away **2** (verschwinden) ‹spot, fog, etc.› go away **3** (sich entfernen lassen) ‹stain› come out; ~|**jagen** tr. V. chase away; ~|**kommen** unr. itr. V.; mit sein **1** get away **2** (abhanden kommen) go missing **3 gut/schlecht** usw. **[bei etw.]** ~**kommen** (ugs.) come off well/badly etc. [in sth]; ~|**kriegen** tr. V. get rid of ‹cold, pain, etc.›; get out, get rid of ‹stain›; ~|**lassen** unr. tr. V. **1** jmdn. ~**lassen** let sb go; (ausgehen lassen) let sb out **2** (auslassen) leave out; omit; ~|**laufen** unr. itr. V.; mit sein run away (**von, vor** + Dat. from); ~|**legen** tr. V. put aside; (an seinen Platz legen) put away; ~|**nehmen** unr. tr. V. **1** take away; move ‹head, arm› **2** jmdm. etw. ~**nehmen** take sth away from sb; ~|**schicken** tr. V. **1** send off ‹letter, parcel› **2** send ‹person› away; ~|**schmeißen** unr. tr. V. (ugs.) chuck away

♂ key word
***** alte Schreibung—vgl. Hinweis auf S. x

w

(infml); ~|**schnappen** *tr. V.* (ugs.) jmdm. etw. ~schnappen/vor der Nase ~schnappen snatch sth away from sb/from under sb's nose; ~|**schütten** *tr. V.* pour away; ~|**sehen** *unr. itr. V.* look away; ~|**stellen** *tr. V.* put away; (beiseite stellen) put aside; ~|**stoßen** *unr. tr. V.* push *or* shove away; ~|**tragen** *unr. tr. V.* carry away

Weg·weiser *der*; ~s, ~; signpost

weg-: ~|**werfen** *unr. tr. V.* (auch fig.) throw away; ~**werfend** *Adj.* dismissive ‹*gesture, remark*›; ~|**wischen** *tr. V.* wipe away; ~|**zappen** (ugs.) **A** *tr. V.* etw. ~zappen switch sth off [by changing channels] **B** *itr. V.* switch to another channel; ~|**ziehen** **A** *unr. tr. V.* pull away; draw back ‹*curtain*›; pull off ‹*blanket*› **B** *unr. itr. V.*; mit sein **1** (umziehen) move away **2** (wandern) ‹*animals, nomads, etc.*› leave [on their migration]

weh *Adj.* (ugs.) sore; *s. auch* wehtun

Wehe *die*; ~, ~n ~n haben have contractions; in den ~n liegen be in labour

wehen *itr. V.* **1** (blasen) blow **2** (flattern) flutter

weh-, Weh-: ~**leidig** (abwertend) **A** *Adj.* (überempfindlich) soft; (weinerlich) whining *attrib.* **B** *adv.* self-pityingly; (weinerlich) whiningly; ~**mut** *die*; ~ (geh.) wistful nostalgia; ~**mütig** *Adj.* wistfully nostalgic

Wehr[1] *die*; ~, ~en; sich [gegen jmdn./etw.] zur ~ setzen make a stand [against sb/sth]; resist [sb/sth]

Wehr[2] *das*; ~[e]s, ~e weir

Wehrdienst (der) military service *no art.*; seinen ~ ableisten do one's military service

Wehr·dienst-: ~**verweigerer** *der*; ~s, ~; conscientious objector; ~**verweigerung** *die* conscientious objection

wehren *refl. V.* defend oneself

wehr-, Wehr-: ~**los** *Adj.* defenceless; ~**losigkeit** *die*; ~~; defencelessness; ~**pflicht** *die* military service; die allgemeine ~pflicht compulsory military service; ~**pflichtig** *Adj.* liable for military service *postpos.*; ~**sold** *der* military pay; ~**übung** *die* reserve duty [re]training exercise

weh|tun *unr. itr. V.* (ugs.) hurt; mir tut der Magen/Kopf/Rücken weh my stomach/head/back is aching *or* hurts; jmdm./sich ~ hurt sb/oneself

Weib *das*; ~[e]s, ~er (veralt., ugs.) woman; female (derog.)

Weibchen *das*; ~s, ~; female

Weiber·held *der* (ugs.) ladykiller

weiblich **A** *Adj.* **1** female **2** (für die Frau typisch; Sprachw.) feminine **B** *adv.* femininely

Weiblichkeit *die*; ~; femininity

Weibs·bild *das* **1** (ugs.) woman **2** (salopp abwertend) female

weich **A** *Adj.* (auch fig.) soft; ein ~es *od.* ~ gekochtes Ei a soft-boiled egg **B** *adv.* softly

Weiche[1] *die*; ~, ~n (Flanke) flank

Weiche[2] *die*; ~, ~n points *pl.* (BrE); switch (AmE)

weichen *unr. itr. V.*; mit sein move; vor jmdm./einer Sache ~ give way to sb/sth

*weich·gekocht ▸ weich A

weichlich **A** *Adj.* soft; (ohne innere Festigkeit) weak **B** *adv.* softly

Weich·macher *der* (Chemie, Technik) plasticizer

Weide[1] *die*; ~, ~n willow

Weide[2] *die*; ~, ~n pasture

weiden *itr., tr. V.* graze

Weiden·kätzchen *das* willow catkin

weigern *refl. V.* refuse

Weigerung *die*; ~, ~en refusal

Weih·bischof *der* (kath. Kirche) suffragan bishop

Weihe *die*; ~, ~n (Rel.) consecration; (kath. Kirche) (Priester-, Bischofsweihe) ordination

weihen *tr. V.* **1** (Rel.) consecrate; (zueignen) dedicate (*Dat.* to) **2** (kath. Kirche) (ordinieren) ordain

Weiher *der*; ~s, ~; [small] pond

⚡ **Weihnachten** *das*; ~, ~; Christmas; frohe *od.* fröhliche *od.* gesegnete ~! Merry *or* Happy Christmas!

weihnachtlich *Adj.* Christmassy

Weihnachts-: ~**baum** *der* Christmas tree; ~**feiertag** *der* der erste/zweite ~feiertag Christmas Day/Boxing Day; ~**fest** *das* Christmas; ~**geld** *das* Christmas bonus; ~**geschenk** *das* Christmas present *or* gift; ~**lied** *das* Christmas carol; ~**mann** *der*; Pl. ~**männer** Father Christmas; Santa Claus; ~**markt** *der* Christmas fair; ~**tag** *der* ▸ Weihnachtsfeiertag; ~**zeit** *die* Christmas time

Weih-: ~**rauch** *der* incense; ~**wasser** *das* (kath. Kirche) holy water

⚡ **weil** *Konj.* because

Weile *die*; ~; while

weilen *itr. V.* (geh.) stay; (sein) be

⚡ **Wein** *der*; ~[e]s, ~e wine

Wein-: ~**berg** *der* vineyard; ~**berg·schnecke** *die* [edible] snail; ~**brand** *der* brandy

⚡ **weinen** *itr. V.* cry (über + *Akk.* over, about); (aus Trauer, Kummer) cry, weep (um for)

weinerlich **A** *Adj.* tearful; weepy **B** *adv.* tearfully

wein-, Wein-: ~**essig** *der* wine vinegar; ~**flasche** wine bottle; ~**glas** *das* wine glass; ~**handlung** *die* wine merchant's; ~**karte**

w

die wine list; ~**krampf** *der* crying fit; fit of crying; ~**lokal** *das* wine bar; ~**probe** *die* wine-tasting [session]; ~**rebe** *die* grapevine; ~**rot** *Adj.* wine-red; ~**schaum·creme** *die* (Kochk.) zabaglione; ~**stock** *der*; *Pl.* ~**stöcke** [grape]vine; ~**stube** *die* wine bar; ~**traube** *die* grape

  ✓ **weise** Ⓐ *Adj.* wise
  Ⓑ *adv.* wisely

✓ **Weise** *die*; ~, ~**n 1** (Art, Verfahren) way
  2 (Melodie) tune; melody

✓ **weisen** Ⓐ *unr. tr. V.* (geh.) (zeigen) show; jmdn. aus dem Zimmer ~ send sb out of the room
  Ⓑ *unr. itr. V.* (irgendwohin zeigen) point

Weisheit *die*; ~, ~**en 1** wisdom
  2 (Erkenntnis) wise insight; (Spruch) wise saying

Weisheits·zahn *der* wisdom tooth

weis|machen *tr. V.* (ugs.) das kannst du mir nicht ~! you can't expect me to swallow that!

weiß¹ 1. u. 3. Pers. Sg. Präsens v. wissen

✓ **weiß²** *Adj.* white

Weiß *das*; ~**[e]s**, ~; white

weis·sagen *tr. V.* prophesy

Weissagung *die*; ~, ~**en** prophecy

Weiß-: ~**bier** *das* wheat beer; white beer; ~**brot** *das* white bread; ~**dorn** *der*; ~~**s**, ~~**e** hawthorn

Weiße *der/die adj. Dekl.* white; white man/woman

weißen *tr. V.* paint white; (tünchen) whitewash

weiß-, Weiß-: ~**gold** *das* white gold; ~**haarig** *Adj.* white-haired; ~**haarig sein** have white hair; ~**herbst** *der* ≈ rosé wine; ~**kohl** *der*, (bes. südd., österr.) ~**kraut** *das* white cabbage

weißlich *Adj.* whitish

Weiß·macher *der* whitener

weißt 2. Pers. Sg. Präsens v. wissen

Weiß-: ~**wein** *der* white wine; ~**wurst** *die* veal sausage

Weisung *die*; ~, ~**en** (geh., sonst Amtsspr.) instruction; (Direktive) directive

Weisungs·befugnis *die* authority to issue instructions/directives

✓ **weit** Ⓐ *Adj.* wide; long ‹*way*›; jmdm. zu ~ sein ‹*clothes*› be too loose on sb
  Ⓑ *adv.* **1** (räumlich ausgedehnt) ~ geöffnet wide open; ~ und breit war niemand zu sehen there was no one to be seen anywhere; ~ verbreitet widespread; common; common ‹*plant, animal*›; ~ gereist widely travelled
  2 (lang) far; ~**er** further; farther; am ~**esten** [the] furthest or farthest; ~ [entfernt od. weg] wohnen live a long way away or off;

live far away; ~ reichend long-range; (fig.) far-reaching ‹*importance, consequences*›; sweeping ‹*changes, powers*›; extensive ‹*relations, influence*›; von ~**em** od. Weitem from a distance; das geht zu ~ (fig.) that is going too far
  3 (zeitlich entfernt) ~ nach Mitternacht well past midnight
  4 (in der Entwicklung) far

Weit·blick *der* far-sightedness

Weite *die*; ~, ~**n 1** (räumliche Ausdehnung) expanse
  2 (bes. Sport) (Entfernung) distance
  3 (eines Kleidungsstückes) width

weiten Ⓐ *tr. V.* widen
  Ⓑ *refl. V.* widen; ‹*pupil*› dilate

✓ **weiter** *Adv.* **1** ▶ weit Ⓑ
  2 und so ~ and so on
  3 (weithin, anschließend) then
  4 (außerdem, sonst) ~ nichts nothing more or else

weiter... *Adj.* further; bis auf ~**es** od. Weiteres for the time being; s. *auch* ohne

weiter-, Weiter-: ~**bilden** *tr. V.* ▶ fortbilden; ~**bildung** *die* ▶ Fortbildung; ~**bringen** *unr. tr. V.* die Diskussion brachte uns nicht ~ the discussion did not get us any further [forward]; ~**erzählen** *tr. V.* **1** continue telling; *itr.* erzähl weiter! do carry or go on **2** (~sagen) pass on; ~**fahren** *unr. itr. V.*; *mit sein* continue [on one's way]; (weiterreisen) travel on; ~**führen** *tr., itr. V.* continue; ~**geben** *unr. tr. V.* pass on; ~**gehen** *unr. itr. V.*; *mit sein* go on; bitte ~gehen! please move along or keep moving!

✓ **weiter·hin** *Adv.* **1** (immer noch) still
  2 (künftig) in future
  3 (außerdem) in addition

weiter-: ~**kommen** *unr. itr. V.*; *mit sein* **1** get further **2** (Fortschritte machen) make progress; im Beruf ~kommen get on in one's career; ~**machen** *itr. V.* (ugs.) carry on; go on; ~**reichen** *tr. V.* pass on; ~**sagen** *tr. V.* pass on; ~**sehen** *unr. itr. V.* see

Weiterungen *Pl.* complications; difficulties

weiter-, Weiter-: ~**verarbeiten** *tr. V.* process; ~**verarbeitung** *die* processing

✓ **weit·gehend** Ⓐ *Adj.* extensive, wide, sweeping ‹*powers*›; far-reaching ‹*support, concessions, etc.*›; wide ‹*support, agreement, etc.*›; general ‹*renunciation*›
  Ⓑ *adv.* to a large or great extent

weit-, Weit-: *~**gereist** ▶ weit Ⓑ**1**; ~**hin** *Adv.* for miles around; ~**läufig** Ⓐ *Adj.* **1** (ausgedehnt) extensive; (geräumig) spacious **2** (entfernt) distant Ⓑ *adv.* **1** (ausgedehnt) spaciously **2** (entfernt) distantly; ~**räumig** Ⓐ *Adj.* spacious ‹*room, area, etc.*›; wide ‹*gap, space*› Ⓑ *adv.* spaciously; *~**reichend** ▶ weit Ⓑ**2**; ~**sichtig** *Adj.* long-sighted; ~**sichtigkeit** *die*; ~~; long-sightedness; ~**sprung** *der* (Sport) long jump (BrE); broad

---

✓ key word
* old spelling—see note on page x

w

jump (AmE); *~**verbreitet** ▸ weit B1;
~**winkel·objektiv** das wide-angle lens

Weizen der; ~s wheat

Weizen·bier das ▸ Weißbier

✿ **welch A** Interrogativpron. (bei Wahl aus einer
unbegrenzten Menge) what; (bei Wahl aus einer
begrenzten Menge) (adj.) which; (subst.)
which one
B Relativpron. (bei Menschen) who; (bei
Sachen) which
C Indefinitpron. some; (in Fragen) any

welk Adj. withered <skin, hands, etc.>; wilted
<leaves, flower>; limp <lettuce>

welken itr. V.; mit sein <plant, flower> wilt

Well·blech das corrugated iron

Welle die; ~, ~n **1** (auch fig.) wave; (Rundf.)
(Wellenlänge) wavelength
2 (Technik) shaft

wellen-, Wellen-: ~**bad** das artificial wave
pool; ~**bereich** der (Rundf.) waveband;
~**brecher** der breakwater; ~**gang** der
swell; bei starkem ~gang in heavy seas;
~**kraftwerk** das wave farm; ~**länge** die
wavelength; ~**sittich** der budgerigar

Well·fleisch das boiled belly pork

wellig Adj. wavy <hair>; undulating <scenery,
hills, etc.>; uneven <surface, track, etc.>

Wellness /'welnes/ die fitness, health, well-
being

Wellness·hotel das fitness hotel, spa

Well·pappe die corrugated cardboard

Wels der; ~es, ~e catfish

✿ **Welt** die; ~, ~en **1** world; auf der ~ in the
world; die Alte/Neue ~ the Old/New World;
die Dritte/Vierte ~ the Third/Fourth World;
auf die od. zur ~ kommen be born; alle ~
(fig. ugs.) the whole world; everybody
2 (Weltall) universe

welt-, Welt-: ~**all** das universe;
~**anschauung** die world view;
~**ausstellung** die world fair; ~**berühmt**
Adj. world-famous; ~**bevölkerung** die
world population; population of the world

Welten·bummler der; ~s, ~,
Welten·bummlerin die; ~, ~nen
globetrotter

welt-, Welt-: ~**erfolg** der worldwide
success; ~**fremd A** Adj. unworldly
B adv. unrealistically; ~**frieden** der
world peace; ~**karte** die map of the world;
~**klima** das world climate

✿ **Welt·krieg** der world war; der Erste/Zweite
~ the First/Second World War

weltlich Adj. **1** worldly
2 (nicht geistlich) secular

welt-, Welt-: ~**literatur** die world literature
no art.; ~**macht** die world power; ~**markt**
der (Wirtsch.) world market; ~**meister**
der, ~**meisterin** die world champion;
~**meisterschaft** die world championship;
~**musik** die world music; ~**politik** die
world politics pl.; ~**rangliste** die world

ranking list; world rankings pl.; ~**raum**
der space no art.; ~**reise** die world tour;
~**rekord** der world record; ~**religion**
die world religion; ~**sicherheits·rat** der
(Pol.) [United Nations] Security Council;
~**sprache** die world language; ~**stadt** die
cosmopolitan city

✿ **welt·weit A** Adj. worldwide
B adv. throughout the world

Welt-: ~**wirtschaft** die world economy;
~**wunder** das die sieben ~wunder the
Seven Wonders of the World

wem Dat. von wer **A** Interrogativpron. to
whom; who ... to; mit/von/zu ~ with/from/
to whom; who ... with/from/to
B Relativpron. the person to whom ...; the
person who ... to
C Indefinitpron. (ugs.) (jemandem) to
somebody or someone; (fragend od. verneint) to
anybody or anyone

wen Akk. von wer **A** Interrogativpron.
whom; who (infml); an/für ~ to/for whom ...;
who ... to/for
B Relativpron. the person whom
C Indefinitpron. (ugs.) (jemanden) somebody;
someone; (fragend od. verneint) anybody;
anyone

Wende die; ~, ~n change (zu for)

Wende·kreis der **1** (Geogr.) tropic
2 (Kfz-W.) turning circle

Wendel·treppe die spiral staircase

✿ **wenden¹ A** tr., auch itr. V. (auf die andere
Seite) turn [over]; (in die entgegengesetzte
Richtung) turn [round]; bitte ~! please turn
over
B itr. V. turn [round]
C refl. V. sich zum Besseren/Schlechteren ~
take a turn for the better/worse

wenden² A unr. (auch regelm.) tr. V. turn
B unr. (auch regelm.) refl. V. **1** <person> turn
2 (sich richten) sich an jmdn. [um Rat] ~
turn to sb [for advice]

Wende-: ~**platz** der turning area; ~**punkt**
der turning point

wendig A Adj. **1** agile; manoeuvrable
<vehicle, boat, etc.>
2 (gewandt) astute
B adv. **1** (beweglich) agilely
2 (gewandt) astutely

Wendigkeit die; ~ **1** agility; (eines Flugzeugs)
manoeuvrability
2 (Gewandtheit) astuteness

Wendung die; ~, ~en **1** (Änderung der
Richtung) turn
2 (Veränderung) change

✿ **wenig A** Indefinitpron. u. unbest. Zahlw.
1 Sing. little; das ist ~ that isn't much; zu
~ Zeit/Geld haben not have enough time/
money; ein Exemplar/50 Euro zu ~ one copy
too few/50 euros too little
2 Pl. a few; mit ~en Worten in a few words
B Adv. little; ~ mehr not much more

✿ **weniger A** Komp. von wenig Indefinitpron.

w

u. unbest. Zahlw. (+ *Sg.*) less; (+ *Pl.*) fewer;
immer ~ less and less
B *Komp. von* **wenig** *Adv.* less; **das ist ~**
angenehm/erfreulich/schön that is not very
pleasant/pleasing/nice; *s. auch* **mehr A**
C *Konj.* less; **fünf ~ drei** five, take away
three
wenigst... A *Sup. von* **wenig** least; **am**
~en least
B *Sup. von* **wenig am ~en** the least
✓ **wenigstens** *Adv.* at least
✓ **wenn** *Konj.* **1** (konditional) if; **außer ~** unless;
~ es nicht anders geht if there's no other
way
2 (temporal) when; **jedes Mal** *od.* **immer, ~**
whenever
3 (konzessiv) **wenn ... auch** even though
4 (in Wunschsätzen) if only
wenn·gleich *Konj.* (geh.) even though;
although
✓ **wer** *Nom. Mask. u. Fem.; s. auch* (*Gen.*)
wessen, (*Dat.*) **wem,** (*Akk.*) **wen A**
Interrogativpron. who; **~ von ...** which of ...
B *Relativpron.* the person who; (jeder, der)
anyone *or* anybody who
C *Indefinitpron.* (ugs.) (jemand) someone;
(in Fragen, Konditionalsätzen) anyone; anybody
Werbe-: **~abteilung** *die* advertising
or publicity department; **~agentur**
die advertising agency; **~aktion** *die*
advertising campaign; **~block** *der; pl.*
~blöcke commercial break; **~fernsehen**
das television commercials *pl.*; **~funk** *der*
radio commercials *pl.*; **~geschenk** *das*
[promotional] free gift
werben A *unr. itr. V.* advertise; **für etw. ~**
advertise sth
B *unr. tr. V.* attract ‹*readers, customers,*
etc.›; recruit ‹*soldiers, members, etc.*›
Werbe-: **~pause** *die* commercial break;
~spot *der* commercial; advertisement; ad
(infml); **~spruch** *der* advertising slogan
✓ **Werbung** *die;* **~;** advertising; **für etw. ~**
machen advertise sth
Werde·gang *der* career
✓ **werden A** *unr. itr. V.; mit sein* become;
get; **älter ~** get *or* grow old[er]; **wahnsinnig**
od. **verrückt ~** go mad; **das muss anders ~**
things have to change; **wach ~** wake up; **rot**
~ go *or* turn red; **Arzt/Professor ~** become a
doctor/professor; **zu etw. ~** become sth; **es**
wird [höchste] Zeit it is [high] time; **es wird**
10 Uhr it is nearly 10 o'clock; **es wird Herbst**
autumn is coming; **sind die Fotos [etwas]**
geworden? (ugs.) have the photos turned
out [well]?
B *Hilfsverb 2. Part.* **worden 1** (zur Bildung
des Futurs) **wir ~ uns um ihn kümmern** we
will take care of him; **es wird gleich regnen**
it is going to rain any minute; **es wird um**
die 80 Euro kosten (ich vermute, es kostet um die

80 Euro) it will cost around 80 euros
2 (zur Bildung des Passivs) **du wirst gerufen** you
are being called; **er wurde gebeten** he was
asked
✓ **werfen A** *unr. tr. V.* throw; drop ‹*bombs*›
B *unr. itr. V.* **1** throw; **mit etw. ~** throw sth
2 (Junge kriegen) give birth; ‹*dog, cat*› litter
C *unr. refl. V.* throw oneself; **sich vor einen**
Zug ~ throw oneself under a train
Werft *die;* **~, ~en** shipyard
✓ **Werk** *das;* **~[e]s, ~e 1** work
2 (Betrieb, Fabrik) factory; works *sing. or pl.*; **ab**
~ ex works
Werk-, Werks-: **~angehörige** *der/die*
factory *or* works employee; **~arzt** *der,*
~ärztin *die* factory *or* works doctor
Werk·bank *die; Pl.* **Werkbänke**
workbench
werken *itr. V.* work
Werken *das;* **~s** (Schulw.) handicraft
werk-, Werk-: **~statt** *die;* **~~, ~stätten**
workshop; (Kfz-W.) garage; **~stoff** *der*
material; **~tag** *der* working day; workday;
~tags *Adv.* on weekdays; **~tätig** *Adj.*
working; **~tätige** *der/die adj. Dekl.* worker
✓ **Werk·zeug** *das* (auch fig.) tool; (Gesamtheit von
Werkzeugen) tools *pl.*
Werkzeug-: **~kasten** *der* toolbox;
~macher *der,* **~macherin** *die* tool maker
Wermut *der;* **~[e]s, ~s 1** (Pflanze)
wormwood
2 (Wein) vermouth
✓ **wert** *Adj.* (geh.) esteemed; (als Anrede) my
dear ...; **etw./nichts ~ sein** be worth sth/be
worthless
✓ **Wert** *der;* **~[e]s, ~e** value; **im ~[e] von ...**
worth ...; **~ auf etw.** (*Akk.*) **legen** set great
store by *or* on sth
wert·beständig *Adj.* of lasting value
postpos.
werten *tr., itr. V.* judge; assess
wert-, Wert-: **~gegenstand** *der* valuable
object; **~gegenstände** valuables; **~los** *Adj.*
worthless; valueless; **~papier** *das* (Wirtsch.)
security; **~sache** *die* valuable item;
~sachen valuables; **~sendung** *die* (Postw.)
registered item; **~stoff** *der* recyclable
material
Wertung *die;* **~, ~en** judgement
Wert·urteil *das* value judgement
✓ **wert·voll** *Adj.* valuable; (moralisch) estimable
Wesen *das;* **~s** nature
✓ **wesentlich A** *Adj.* fundamental (**für** to); **im**
Wesentlichen essentially
B *adv.* (erheblich) considerably; much
wes·halb *Adv.* ▸ **warum**
Wespe *die;* **~, ~n** wasp
Wespen·nest *das* wasp's nest; **in ein ~**
stechen (fig. ugs.) stir up a hornets' nest
wessen *Interrogativpron.* **1** *Gen. von* **wer**
whose

W

✓ key word
* alte Schreibung—vgl. Hinweis auf S. x

2 Gen. von **was**; ~ **wird er beschuldigt?** what is he accused of?

Wessi der; ~**s**, ~**s** (salopp) West German

West (bes. Seemannsspr., Met.) ▶ **Westen**

west·deutsch Adj. Western German; (hist.) (auf die alte BRD bezogen) West German

West·deutschland (das) Western Germany; (hist.) (alte BRD) West Germany

⚜ **Weste** die; ~, ~**n** waistcoat (BrE); vest (AmE)

⚜ **Westen** der; ~**s** west; **der** ~ the West

Western der; ~**[s]**, ~; western

West·europa (das) Western Europe

Westfalen (das); ~**s** Westphalia

westfälisch Adj. Westphalian

West·indien (das) the West Indies pl.

⚜ **westlich** 🅰 Adj. **1** western
2 (nach Westen) westerly
3 (aus dem Westen) Western
🅱 adv. westwards
🅲 Präp.; mit Gen. [to the] west of

west·wärts Adv. [to the] west

West·wind der west[erly] wind

wes·wegen Adv. ▶ **warum**

⚜ **Wett·bewerb** der; ~**[e]s**, ~**e 1** competition
2 (Wirtsch.) competition no indef. art.

Wette die; ~, ~**n** bet; **eine** ~ [mit jmdm.] **abschließen** make a bet [with sb]; **mit jmdm. um die** ~ **laufen** race sb

wett·eifern itr. V. 2. Part. **gewetteifert**; **mit jmdm. [um etw.]** ~ compete with sb [for sth]

wetten itr. V. bet; **mit jmdm.** ~ have a bet with sb; **mit jmdm. um etw.** ~ bet sb sth

⚜ **Wetter** das; ~**s** weather

wetter-, Wetter-: ~**aussichten** Pl. weather outlook sing.; ~**bedingungen** die Pl. weather conditions; ~**bericht** der weather report; (Vorhersage) weather forecast; ~**dienst** der weather or meteorological service; ~**fühlig** Adj. sensitive to [changes in] the weather postpos.; ~**fühligkeit** die; ~~; sensitivity to [changes in] the weather; ~**karte** die weather chart; weather map; ~**lage** die weather situation; ~**satellit** der weather satellite; ~**vorhersage** die weather forecast; ~**warte** die weather station

wett-, Wett-: ~**kampf** der competition; ~**lauf** der race; ~**machen** tr. V. make up for (**durch** with); ~**rennen** das race; ~**rüsten** das; ~~**s** arms race; ~**streit** der contest

wetzen tr. V. sharpen; whet

WEZ Abk. = **Westeuropäische Zeit** GMT

Whirlpool /ˈwəːlpuːl/ der; ~**s**, ~**s** whirlpool [bath]

Whiskey /ˈvɪski/ der; ~**s**, ~**s** whiskey

Whisky /ˈvɪski/ der; ~**s**, ~**s** whisky

wich 1. u. 3. Pers. Sg. Prät. v. **weichen**

⚜ **wichtig** Adj. important

Wichtigkeit die; ~; importance

Wicke die; ~, ~**n** vetch; (im Garten) sweet pea

Wickel der; ~**s**, ~; compress

wickeln tr. V. wind; (einwickeln) wrap (**in** + Akk. in); (auswickeln) unwrap (**aus** + Dat. from); (abwickeln) unwind (**von** from); **ein Kind** ~ change a baby's nappy

Widder der; ~**s**, ~ **1** ram
2 (Astrol.) Aries

wider Präp.; mit Akk. (geh.) against

wider-: ~**fahren** unr. itr. V.; mit sein (geh.) etw. ~**fährt jmdm.** sth happens to sb; ~**legen** tr. V. etw. ~**legen** refute sth; **jmdn.** ~**legen** prove sb wrong

widerlich 🅰 Adj. revolting; repulsive ‹person, behaviour, etc.›; awful ‹headache etc.›
🅱 adv. revoltingly; ‹behave› in a repugnant or repulsive manner; awfully ‹cold, sweet, etc.›

Widerlichkeit die; ~, ~**en** (abwertend)
1 repulsiveness
2 (Äußerung/Handlung) revolting remark/action

wider-, Wider-: ~**rede** die keine ~**rede!** don't argue!; ~**ruf** der retraction; [bis] auf ~**ruf** until revoked; ~**rufen** /-'--/ unr. tr., auch itr. V. retract ‹statement, claim, confession, etc.›; ~**setzen** /-'--/ refl. V. sich **jmdm./einer Sache** ~**setzen** oppose sb/sth; ~**spenstig** 🅰 Adj. unruly; stubborn ‹horse, mule, etc.› 🅱 adv. wilfully; ~|**spiegeln**, ~**spiegeln** /-'--/ 🅰 tr. V. mirror; (fig.) reflect 🅱 refl. V. be mirrored; (fig.) be reflected; ~**sprechen** /-'--/ unr. itr. V. contradict; ~**spruch** der **1** (Widerrede, Protest) opposition; protest **2** (etw. Unvereinbares) contradiction; **in** ~**spruch zu** od. **mit etw. stehen** contradict sth; be contradictory to sth; ~**sprüchlich** Adj. contradictory ‹news, statements, etc.›; inconsistent ‹behaviour, attitude, etc.›

⚜ **Wider·stand** der **1** resistance (**gegen** to)
2 (Hindernis) opposition

widerstands-, Widerstands-: ~**fähig** Adj. robust; resistant ‹material etc.›; hardy ‹animal, plant›; ~**fähigkeit** die robustness; (von Material usw.) resistance; (von Tier, Pflanze) hardiness; ~**los** Adj., adv. without resistance postpos.

wider-, Wider-: ~**stehen** /-'--/ unr. itr. V. **1** (nicht nachgeben) [jmdm./einer Sache] ~**stehen** resist [sb/sth] **2** (standhalten) **jmdm./einer Sache** ~**stehen** withstand sb/sth; ~**streben** /-'--/ itr. V. **etw.** ~**strebt jmdm.** sb dislikes or detests sth; ~**wärtig** 🅰 Adj. revolting, repugnant ‹smell, taste, etc.›; offensive ‹person, behaviour, etc.› 🅱 adv. ‹behave etc.› in an offensive manner; ~**wille** der aversion (**gegen** to); ~**willig** 🅰 Adj. reluctant; unwilling 🅱 adv. reluctantly; unwillingly

⚜ **widmen** 🅰 tr. V. **1** dedicate
2 (verwenden für/auf) devote

w

B *refl. V.* **sich** jmdm./einer Sache ~ attend to sb/sth; (ausschließlich) devote oneself to sb/sth

Wịdmung *die*; ~, ~**en** dedication (**an** + *Akk.* to)

wịdrig *Adj.* unfavourable; adverse

Wịdrigkeit *die*; ~, ~**en** adversity

⌀ **wie A** *Interrogativadv.* how; ~ **viel/viele** how much/many; ~ **[bitte]?** [I beg your] pardon?; ~ **spät ist es?** what time is it?

B *Relativadv.* ~ **er es tut** the way *or* manner in which he does it

C *Konj.* **1** (Vergleichspartikel) as; **[so]** ... ~ ... as ... as ...; **ich fühlte mich** ~ ... I felt as if I were ...; **„N"** ~ **„Nordpol"** N for November **2** (zum Beispiel) like; such as **3** (und, sowie) as well as; both

⌀ **wieder** *Adv.* again; **alles ist** ~ **beim Alten** everything is back as it was before; **ich bin gleich** ~ **da** I'll be right back (infml); **etw.** ~ **finden** find sth again; **etw.** ~ **gutmachen** make sth good; put sth right; **den Schaden** ~ **gutmachen** pay for the damage; **jmdn.** ~ **wählen** re-elect sb; **jmdn.** ~ **beleben** revive *or* resuscitate sb; **jmdn./etw.** ~ **erkennen** recognize sb/sth

wieder-, Wieder-: ~**aufbau** /--'--/ *der* reconstruction; rebuilding; **der wirtschaftliche** ~**aufbau** economic recovery; ~|**bekommen** *unr. tr. V.* get back; ***~|**beleben** ▶ wieder; ~**belebungs·versuch** *der* attempt at resuscitation; ~**eingliederung** *die* reintegration (**in** + *Akk.* in); ***~|**erkennen** ▶ wieder; ***~|**finden** ▶ wieder; ~**gabe** *die* (Bericht) report; (Übersetzung) rendering; (Reproduktion) reproduction; ~|**geben** *unr. tr. V.* **1** (zurückgeben) give back **2** (berichten) report; (wiederholen) repeat; ~**geburt** *die* (christl. Rel., fig. geh.) rebirth

*****wieder·gut·machen** ▶ wieder

wieder|haben *unr. tr. V.* (auch fig.) have back

wieder-: ~**her|stellen** *tr. V.* **1** re-establish <contact, peace> **2** (reparieren) restore <building>; ~**holen A** *tr. V.* repeat; (repetieren) revise <lesson, vocabulary, etc.> **B** *refl. V.* **1** (wieder dasselbe sagen) repeat oneself **2** (erneut geschehen) happen again **3** (wiederkehren) be repeated; recur

⌀ **wieder|holen** *tr. V.* fetch *or* get back

wiederholt A *Adj.* repeated **B** *adv.* repeatedly

Wiederholung *die*; ~, ~**en** repetition; (eines Fußballspiels usw.) replay; (einer Sendung) repeat; (einer Aufführung) repeat performance; (von Lernstoff) revision

Wiederholungs·täter *der*, **Wiederholungs·täterin** *die* habitual offender

Wieder·hören *das* [auf *od.* Auf] ~! goodbye! (*at end of telephone call*)

⌀ key word
* old spelling—see note on page x

wieder-, Wieder-: ~**kehr** *die*; ~~ (geh.) return; ~|**kehren** *itr. V.*; *mit sein* (geh.) return; ~|**kommen** *unr. itr. V.*; *mit sein* **1** (zurückkommen) return; come back **2** (noch einmal kommen) come back *or* again **3** (sich noch einmal ereignen) <opportunity, past> come again; ~|**kriegen** *tr. V.* (ugs.) get back; ~**schauen** *das* [auf] ~schauen! (südd., österr.) goodbye!; ~|**sehen** *unr. tr. V.* see again; ~**sehen** *das*; ~**s**, ~; reunion; [auf] ~sehen! goodbye!

⌀ **wieder·um** *Adv.* **1** (erneut) again **2** (andererseits) on the other hand

wieder-, Wieder-: ~**verwendung** *die* reuse; ~**verwertung** *die* recycling; ~**wahl** *die* re-election; ***~|**wählen** *tr. V.* ▶ wieder

Wiege *die*; ~, ~**n** (auch fig.) cradle

wiegen¹ *unr. itr., tr. V.* weigh

wiegen² *tr. V.* rock; shake <head>

Wiegen·lied *das* lullaby; cradle song

wiehern *itr. V.* whinny; (lauter) neigh

Wien (*das*); ~**s** Vienna

Wiener¹ *der*; ~**s**, ~; Viennese

Wiener² *Adj.* Viennese; *s. auch* Würstchen

Wienerin *die*; ~, ~**nen** Viennese

wienerisch *Adj.* Viennese

wies *1. u. 3. Pers. Sg. Prät. v.* weisen

Wiese *die*; ~, ~**n** meadow; (Rasen) lawn

⌀ **wie·so** *Interrogativadv.* why

*****wie·viel** /od. '--/ ▶ viel A, wie A, Uhr 2

wie·viel·mal /od. '---/ *Interrogativadv.* how many times

wievielt... /od. '--/ *Interrogativadj.* **der** ~**e Band?** which number volume?; **der Wievielte ist heute?** what is the date today?

wie·weit *Interrogativadv.* to what extent; how far

Wiki /'wɪki/ *das*; ~**s**, ~**s** (DV) wiki

wịld A *Adj.* (auch fig.) wild; (wütend) furious <cursing, shouting, etc.>; ~**es Parken** illegal parking; ~**er Streik** wildcat strike; ~ **auf etw./jmdn. sein** (ugs.) be mad *or* crazy about sth/sb (infml); ~ **werden** get furious; **jmdn.** ~ **machen** infuriate sb **B** *adv.* **1** wildly; **wie** ~ (ugs.) like mad (infml) **2** (ordnungswidrig) illegally

Wịld *das*; ~**[e]s 1** (Tiere, Fleisch) game **2** (einzelnes Tier) [wild] animal

Wịld·bret /-brɛt/ *das*; ~**s** (geh.) game

Wịlde *der/die adj. Dekl.* savage

Wilderei *die*; ~, ~**en** poaching *no pl., no art.*

Wịlderer *der*; ~**s**, ~, **Wịlderin** *die*; ~, ~**nen** poacher

wild·fremd *Adj.* completely strange

Wịld·gans *die* wild goose

Wịldheit *die*; ~; wildness

Wịld-: ~**katze** *die* wild cat; ~**leder** *das* suede

Wịldnis *die*; ~, ~**se** wilderness

Wild-: ~**pferd** das wild horse; ~**schwein** das wild boar; ~**wasser** das; Pl. ~~; mountain torrent; ~**wechsel** der game crossing; ~**west·film** der western

will 1. u. 3. Pers. Sg. Präsens v. wollen²

✓ **Wille** der; ~**ns** will; (Wunsch) wish

willen Präp.; mit Gen. um jmds./einer Sache ~ for sb's/sth's sake

Willen der; ~**s** ▶ Wille

willen·los Ⓐ Adj. weak-willed
　Ⓑ adv. in a weak-willed fashion

willens Adj. ~ sein, etw. zu tun (geh.) be willing to do sth

willens-, Willens-: ~**schwach** Adj. weak-willed; ~**schwäche** die weakness of will; ~**stark** Adj. strong-willed; ~**stärke** die strength of will

willentlich Ⓐ Adj. deliberate
　Ⓑ adv. deliberately; on purpose

willig Ⓐ Adj. willing
　Ⓑ adv. willingly

will·kommen Adj. welcome; jmdn. ~ heißen welcome sb

Will·kür die; ~; arbitrary use of power; (Handlung o. Ä.) arbitrariness

willkürlich Ⓐ Adj. arbitrary; (vom Willen gesteuert) voluntary ‹muscle, movement, etc.›
　Ⓑ adv. arbitrarily; (vom Willen gesteuert) voluntarily

wimmeln itr. V. von Fischen/Fehlern ~ be teeming with fish/mistakes

wimmern itr. V. whimper

Wimpel der; ~**s**, ~; pennant

Wimper die; ~, ~**n** [eye]lash

Wimpern·tusche die mascara

✓ **Wind** der; ~**[e]s**, ~**e** wind

Wind·beutel der cream puff

Winde die; ~, ~**n** winch

Windel die; ~, ~**n** nappy (BrE); diaper (AmE)

Windel·höschen das nappy pants pl.

winden Ⓐ unr. tr. V. (geh.) make ‹wreath, garland›; etw. um etw. ~ wind sth around sth
　Ⓑ unr. refl. V. ‹plant, tendrils› wind (um around); ‹snake› coil [itself], wind itself (um around); sich vor Schmerzen ~ writhe in pain

Windes·eile die in ~ in next to no time

Wind-: ~**hose** die (Met.) whirlwind; ~**hund** der greyhound

windig Adj. windy

Wind-: ~**kanal** der (Technik) wind tunnel; ~**mühle** die windmill; ~**park** der wind farm; ~**pocken** Pl. chickenpox sing.; ~**schatten** der lee; ~**schutz·scheibe** die windscreen (BrE); windshield (AmE); ~**stärke** die ~**stärke** 7, 8 usw. wind force 7, 8, etc.; ~**still** Adj. windless; still; ~**stoß** der gust of wind; ~**surfer** der, ~**surferin** die windsurfer; ~**surfing** das; ~~**s** windsurfing no art.

Windung die; ~, ~**en** 1 bend
　2 (spiralförmiger Verlauf) spiral; (einer Spule usw.) winding

Wink der; ~**[e]s**, ~**e** sign; (Hinweis) hint; (Ratschlag) tip; hint

Winkel der; ~**s**, ~ 1 (Math.) angle; toter ~ blind spot
　2 (Ecke) (auch fig.) corner

winkelig Adj. twisty ‹streets›

winken Ⓐ itr. V. 1 wave; mit etw. ~ wave sth
　2 (auffordern heranzukommen) jmdm. ~ beckon sb over; einem Taxi ~ hail a taxi
　Ⓑ tr. V. beckon; jmdn. zu sich ~ beckon sb over [to one]

winklig Adj. ▶ winkelig

winseln itr. V. ‹dog› whimper

✓ **Winter** der; ~**s**, ~; winter

Winter-: ~**anfang** der beginning of winter; ~**garten** der conservatory

winterlich Ⓐ Adj. wintry; winter attrib. ‹clothing, break›
　Ⓑ adv. ~ kalt cold and wintry

Winter-: ~**reifen** der winter tyre; ~**schlussverkauf**, *~**schlußverkauf** der winter sale[s pl.]; ~**sport** der winter sports pl.; ~**urlaub** der winter holiday; ~**zeit** die wintertime

Winzer der; ~**s**, ~, **Winzerin** die; ~, ~**nen** winegrower

winzig Ⓐ Adj. tiny
　Ⓑ adv. ~ klein tiny; minute

Winzigkeit die; ~, ~**en** 1 tininess; minuteness
　2 (Kleinigkeit) tiny thing; triviality

Wipfel der; ~**s**, ~; treetop

Wippe die; ~, ~**n** see-saw

wippen itr. V. bob up and down; (hin und her) bob about; (auf einer Wippe) see-saw

✓ **wir** Personalpron.; 1. Pers. Pl. Nom. we; s. auch (Gen.) unser², (Dat.) uns, (Akk.) uns

wirb Imperativ Sg. v. werben

Wirbel der; ~**s**, ~ 1 (kreisende Bewegung) (im Wasser) whirlpool; (in der Luft) whirlwind; (kleiner) eddy; (von Rauch, beim Tanz) whirl
　2 (Trubel) hurly-burly
　3 (Aufsehen) fuss
　4 (Anat.) vertebra

wirbeln Ⓐ itr. V.; mit sein whirl; ‹water, snowflakes› swirl
　Ⓑ tr. V. swirl ‹leaves, dust›; whirl ‹dancer›

Wirbel-: ~**säule** die spinal column; ~**sturm** der cyclone

wirbt 3. Pers. Sg. Präsens v. werben

wird 3. Pers. Sg. Präsens v. werden

wirf Imperativ Sg. v. werfen

wirft 3. Pers. Sg. Präsens v. werfen

✓ **wirken** itr. V. 1 (eine Wirkung haben) have an effect; gegen etw. ~ be effective against sth
　2 (erscheinen) seem; appear

✓ **wirklich** Ⓐ Adj. real
　Ⓑ Adv. really

w

Wirklichkeit *die*; ~, ~**en** reality; **in** ~ in reality

✓ **wirksam** **A** *Adj.* effective
B *adv.* effectively

Wirksamkeit *die*; ~; effectiveness

Wirk·stoff *der* active agent

✓ **Wirkung** *die*; ~, ~**en** effect (**auf** + *Akk.* on); **mit** ~ **vom 1. Juli** (Amtsspr.) with effect from 1 July

wirkungs-, Wirkungs-: ~**grad** *der* (Technik) efficiency; ~**los** **A** *Adj.* ineffective
B *adv.* ineffectively; ~**losigkeit** *die*; ~~; ineffectiveness; ~**voll** **A** *Adj.* effective
B *adv.* effectively

wirr *Adj.* (unordentlich) tousled ‹*hair, beard*›; tangled ‹*ropes, roots*›; (unklar, verwirrt) confused

Wirren *Pl.* turmoil *sing.*

Wirrwarr *der*; ~**s** chaos; (von Stimmen) clamour

Wirsing *der*; ~**s**, **Wirsing·kohl** *der* savoy [cabbage]

Wirt *der*; ~[**e**]**s**, ~**e** landlord

Wirtin *die*; ~, ~**nen** landlady

✓ **Wirtschaft** *die*; ~, ~**en** **1** economy; (Geschäftsleben) commerce and industry **2** (Gaststätte) public house; pub (BrE infml); bar (AmE) **3** (Haushalt) household **4** (ugs. abwertend) (Unordnung) mess; shambles *sing.*

wirtschaften *itr. V.* **mit dem Geld gut** ~ manage one's money well; **mit Verlust/ Gewinn** ~ run at a loss/profit

✓ **wirtschaftlich** **A** *Adj.* **1** economic **2** (finanziell) financial **3** (sparsam, rentabel) economical
B *adv.; s. Adj.* economically; financially

Wirtschaftlichkeit *die*; ~; economic viability

Wirtschafts-: ~**hilfe** *die* economic aid *no indef. art.*; ~**krieg** *der* economic war; (Kriegsführung) economic warfare; ~**kriminalität** *die* economic crime *no art.*; ~**krise** *die* economic crisis; ~**lehre** *die* economics *sing.*; ~**minister** *der*, ~**ministerin** *die* minister for economic affairs; ~**politik** *die* economic policy; ~**union** *die* economic union; *s. auch* Währungsunion; ~**wunder** *das* (ugs.) economic miracle

Wirts-: ~**haus** *das* pub (BrE infml); ~**leute** *Pl.* landlord and landlady

Wisch *der*; ~[**e**]**s**, ~**e** (salopp) piece *or* bit of paper

wischen *itr., tr. V.* wipe; **Staub** ~ do the dusting; dust

wispern *itr., tr. V.* whisper

wiss-, *wiß-, Wiss-, *Wiß-: ~**begier**, ~**begierde** *die* thirst for knowledge;

✓ key word

* alte Schreibung—vgl. Hinweis auf S. x

~**begierig** *Adj.* eager for knowledge; ‹*child*› eager to learn

✓ **wissen** **A** *unr. tr. V.* know; **von jmdm./etw. nichts [mehr]** ~ **wollen** want to have nothing [more] to do with sb/sth
B *unr. itr. V.* **von etw./um etw.** ~ know about sth

✓ **Wissen** *das*; ~**s** knowledge; **meines/unseres** ~**s** to my/our knowledge

✓ **Wissenschaft** *die*; ~, ~**en** science

✓ **Wissenschaftler** *der*; ~**s**, ~, **Wissenschaftlerin** *die*; ~, ~**nen** academic; (Naturwissenschaft) scientist

✓ **wissenschaftlich** **A** *Adj.* scholarly; (naturwissenschaftlich) scientific
B *adv.* in a scholarly manner; (naturwissenschaftlich) scientifically

wissens·wert *Adj.* ~ **sein** be worth knowing

wissentlich **A** *Adj.* deliberate
B *adv.* knowingly; deliberately

wittern **A** *itr. V.* sniff the air
B *tr. V.* get wind of; (fig.) (ahnen) sense

Witterung *die*; ~, ~**en** **1** (Wetter) weather *no indef. art* **2** (Jägerspr.) (Geruchssinn) sense of smell; (Geruch) scent

Witwe *die*; ~, ~**n** widow; ~ **werden** be widowed

Witwen·rente *die* widow's pension

Witwer *der*; ~**s**, ~; widower; ~ **werden** be widowed

✓ **Witz** *der*; ~**es**, ~**e** joke

Witz-: ~**blatt** *das* humorous magazine; ~**bold** *der*; ~~**es**, ~~**e** joker

Witzelei *die*; ~, ~**en** **1** teasing **2** (witzelnde Bemerkung) joke

witzeln *itr. V.* joke (**über** + *Akk.* about)

Witz·figur *die* **1** (in Witzen) joke character **2** (ugs. abwertend) figure of fun

witzig **A** *Adj.* funny
B *adv.* amusingly

witz·los *Adj.* **1** dull **2** (ugs.) (sinnlos) pointless

✓ **wo** **A** *Adv.* where
B *Konj.* **1** (da, weil) seeing that **2** (obwohl) although; when

wo·anders *Adv.* somewhere else

✓ **wo·bei** *Adv.* **1** (interrogativ) ~ **hast du sie ertappt?** what did you catch her doing? **2** (relativisch) **er gab sechs Schüsse ab,** ~ **einer der Täter getötet wurde** he fired six shots – one of the criminals was killed

✓ **Woche** *die*; ~, ~**n** week; **in dieser/der nächsten/der letzten** ~ this/next/last week; **heute in/vor einer** ~ a week today/a week ago today

Wochen·bett *das* **im** ~ **liegen** be lying in

✓ **Wochen·ende** *die* weekend

wochen-, Wochen-: ~**lang** **A** *Adj.* lasting weeks *postpos* **B** *adv.* for weeks [on end]; ~**stunde** *die* (Schulw.) period per week;

~**tag** *der;* weekday (*including Saturday*);
~**tags** *Adv.* on weekdays [and Saturdays]
wöchentlich *Adj., adv.* weekly
Wochen·zeitung *die* weekly newspaper
-wöchig 1 (... Wochen alt) ... -week-old
2 (... Wochen dauernd) ... week's/weeks'; ...-week
Wöchnerin *die;* ~, ~**nen** woman who has just given birth
Wodka *der;* ~**s,** ~**s** vodka
wo·durch *Adv.* **1** (interrogativ) how
2 (relativisch) as a result of which
wo·für *Adv.* **1** (interrogativ) for what
2 (relativisch) for which
wog *1. u. 3. Pers. Sg. Prät. v.* **wiegen**[1]
Woge *die;* ~, ~**n** wave
wo·gegen A *Adv.* **1** (interrogativ) against what; what ... against
2 (relativisch) against which; which ... against
B *Konj.* whereas
wogen *itr. V.* (geh.) <*sea*> surge; (fig.) <*corn*> wave
✓ **wo·her** *Adv.* **1** (interrogativ) where ... from; ~ weißt du das? how do you know that?
2 (relativisch) where ... from
✓ **wo·hin** *Adv.* **1** (interrogativ) where [... to]
2 (relativisch) where
wo·hingegen *Konj.* whereas
✓ **wohl A** *Adv.* **1** well; jmdm. ist nicht ~, jmd. fühlt sich nicht ~ sb does not feel well
2 (behaglich) at ease; happy; leb ~!/leben Sie ~! farewell!
3 (durchaus) well
4 (ungefähr) about
5 etw. tut jmdm. ~ sth does sb good
B *Partikel* probably; ~ kaum hardly
Wohl *das;* ~**[e]s** welfare; auf jmds. ~ trinken drink sb's health; zum ~! cheers!
wohl-, Wohl-: ~**auf** /-'-/ *Adj.* (geh.) ~auf sein be well; ~**befinden** *das* well-being;
~**behagen** *das* sense of well-being;
~**behalten** *Adj.* safe and well <*person*>; undamaged <*thing*>; ~**fahrts·staat** *der* welfare state; ~**gefallen** *das;* ~~**s** pleasure; ~**gemerkt** *Adv.* please note;
~**habend** *Adj.* prosperous; ~**habenheit** *die;* ~~; prosperity
wohlig A *Adj.* pleasant; agreeable
B *adv.* <*sigh, purr, etc.*> with pleasure
wohl-, Wohl-: ~**klang** *der* (geh.) melodious sound; ~**schmeckend** *Adj.* (geh.) delicious; ~**stand** *der* prosperity;
~**stands·gesellschaft** *die* affluent society; ~**tat** *die* **1** (gute Tat) good deed;
(Gefallen) favour **2** (Genuss) blissful relief;
~**tätig** *Adj.* charitable; ~**tuend** *Adj.* agreeable; **~|**tun** ▶ wohl A5; ~**verdient** *Adj.* well-earned; ~**weislich** *Adv.* deliberately; ~**wollen** *das;* ~~**s** goodwill;
~**wollend A** *Adj.* benevolent; favourable <*judgement, opinion*> **B** *adv.* benevolently; <*judge, consider*> favourably

Wohn-: ~**anhänger** *der* caravan; trailer (AmE); ~**block** *der;* Pl. ~~**s** od. ~**blöcke** residential block
✓ **wohnen** *itr. V.* live; (kurzfristig) stay
wohn-, Wohn-: ~**gemeinschaft** *die* group sharing a flat (BrE) *or* (AmE) apartment/house; ~**haft** *Adj.* resident (in + *Dat.* in);
~**heim** *das* (für Alte, Behinderte) home; (für Obdachlose, Lehrlinge) hostel; (für Studenten) hall of residence
wohnlich *Adj.* homely
Wohn-: ~**mobil** *das;* ~~**s,** ~~**e** motor home;
~**ort** *der* place of residence; ~**siedlung** *die* residential estate; (mit gleichartigen Häusern) housing estate; ~**sitz** *der* place of residence;
ohne festen ~sitz of no fixed abode
✓ **Wohnung** *die;* ~, ~**en 1** flat (BrE);
apartment (AmE)
2 (Unterkunft) lodging
Wohnungs-: ~**not** *die* housing crisis;
serious housing shortage; ~**schlüssel** *der* key to the flat (BrE) *or* (AmE) apartment;
~**suche** *die* search for a flat (BrE) *or* (AmE) apartment; auf ~suche sein be flat-hunting;
~**tür** *die* door of the flat (BrE) *or* (AmE) apartment; ~**verlust** *der* loss of one's home
Wohn-: ~**verhältnisse** Pl. living conditions;
~**wagen** *der* caravan; trailer (AmE)
✓ **Wohn·zimmer** *das* living room
wölben A *tr. V.* curve; vault, arch <*roof, ceiling*>
B *refl. V.* curve; <*bridge, ceiling*> arch
Wölbung *die;* ~, ~**en** curve; (einer Decke) arch; vault
Wolf *der;* ~**[e]s, Wölfe** wolf
Wolke *die;* ~, ~**n** cloud
wolken-, Wolken-: ~**bruch** *der* cloudburst;
~**bruch·artig** *Adj.* torrential; ~**decke** *die* [unbroken] cloud *no indef. art.;* die ~decke riss auf the clouds broke; ~**kratzer** *der* skyscraper; ~**los** *Adj.* cloudless
wolkig *Adj.* cloudy
Wolle *die;* ~, ~**n** wool
wollen[1] *Adj.* woollen
✓ **wollen**[2] **A** *unr. Modalverb;* 2. Part. **wollen** etw. tun ~ (den Wunsch haben, etw. zu tun) want to do sth; (die Absicht haben, etw. zu tun) be going to do sth; die Wunde will nicht heilen the wound [just] won't heal
B *unr. itr. V.* du musst nur ~, dann ... you only have to want to enough, then ...; ganz wie du willst just as you like; ich will nach Hause (ugs.) I want to go home; zu wem ~ Sie? whom do you want to see?
C *unr. tr. V.* want; das habe ich nicht gewollt I never meant that to happen
✓ **wo·mit** *Adv.* **1** (interrogativ) ~ schreibst du? what do you write with?
2 (relativisch) ~ du schreibst which *or* that you write with; (more formal) with which you write

w

wo·möglich *Adv.* possibly

wo·nach *Adv.* **1** (interrogativ) after what; what ... after; ~ **suchst du?** what are you looking for?
2 (relativisch) after which; which ... after

Wonne *die*; ~, ~**n** (geh.) bliss *no pl.*; ecstasy; (etw., was Freude macht) joy

wonnig *Adj.* sweet

woran *Adv.* **1** (interrogativ) ~ **denkst du?** what are you thinking of?
2 (relativisch) **nichts,** ~ **man sich anlehnen könnte** nothing one could lean against

worauf 1 (interrogativ) ~ **wartest du?** what are you waiting for?
2 (relativisch) **etwas,** ~ **man sich verlassen kann** something one can rely on
3 (relativisch) (woraufhin) whereupon

woraus *Adv.* **1** (interrogativ) ~ **schließt du das?** what do you infer that from?
2 (relativisch) **es gab nichts,** ~ **wir den Wein hätten trinken können** there was nothing for us to drink the wine out of

worden **2.** *Part. v.* werden **B**

worin *Adv.* **1** (interrogativ) in what; what ... in
2 (relativisch) in which; which ... in

Workaholic /wɔːkəˈhɔlɪk/ *der*; ~**s**, ~**s** workaholic

ௐ **Wort** *das*; ~**[e]s**, **Wörter/**~**e 1** *Pl.* **Wörter** (auch) ~**e** für ~ word for word; **€1000 (in** ~**en: tausend)** €1,000 (in words: one thousand)
2 *Pl.* ~**e** (Äußerung) word; **mir fehlen die** ~**e** I'm lost for words; **Dr. Meyer hat das** ~ it's Dr Meyer's turn to speak
3 *Pl.* ~**e** (Spruch) saying; (Zitat) quotation
4 *Pl.* ~**e** (geh.) (Text) words *pl.*; **in** ~ **und Bild** in words and pictures
5 *Pl.* ~**e** (Versprechen) word; **[sein]** ~ **halten** keep one's word

Wort·bruch *der* breaking one's word *no art.*

wort·brüchig *Adj.* ~ **werden** break one's word

Wörter·buch *das* dictionary

wort-, Wort-: ~**getreu** *Adj.* word-for-word; ~**karg A** *Adj.* taciturn <*person*> **B** *adv.* taciturnly; ~**kargheit** *die* taciturnity; ~**laut** *der* wording; **im [vollen]** ~**laut** verbatim

wörtlich A *Adj.* **1** word-for-word
2 (der eigentlichen Bedeutung entsprechend) literal **B** *adv.*; *s. Adj.* word for word; literally

wort-, Wort-: ~**los A** *Adj.* silent; wordless **B** *adv.* without saying a word; ~**meldung** *die* **gibt es noch** ~**meldungen?** does anyone else wish to speak?; ~**spiel** *das* play on words; pun; ~**wechsel** *der* exchange of words; ~**wörtlich** *Adj.* word-for-word

worüber *Adv.* **1** (interrogativ) over what ...; what ... over
2 (relativisch) over which; which ... over

worum *Adv.* **1** (interrogativ) around what; what ... around
2 (relativisch) around which; which ... around

worunter *Adv.* **1** (interrogativ) under what; what ... under
2 (relativisch) under which; which ... under

wo·von *Adv.* **1** (interrogativ) from where; where ... from
2 (relativisch) from which; which ... from

wo·vor *Adv.* **1** (interrogativ) in front of what; what ... in front of
2 (relativisch) in front of which; which ... in front of

ௐ **wo·zu** *Adv.* **1** (interrogativ) to what; what ... to; (wofür) what ... for
2 (relativisch) ~ **du dich auch entschließt** whatever you decide on

Wrack *das*; ~**[e]s**, ~**s** *od.* ~**e** wreck

wrang **1. und 3. Pers. Sg. Prät. v.** wringen

wringen *unr. tr. V.* (bes. nordd.) wring

Wucher *der*; ~**s** profiteering; (beim Verleihen von Geld) usury

wuchern *itr. V.* **1** auch mit sein <*plants, weeds, etc.*> proliferate, run wild
2 (Wucher treiben) **[mit etw.]** ~ profiteer **[on sth]**; (beim Verleihen von Geld) lend **[sth]** at extortionate interest rates

Wucherung *die*; ~, ~**en** growth

wuchs **1. u. 3. Pers. Sg. Prät. v.** wachsen¹

Wuchs *der*; ~**es** (Gestalt) stature

Wucht *die*; ~; force; (von Schlägen) power; weight

wuchtig A *Adj.* **1** (voller Wucht) powerful; mighty
2 (schwer, massig) massive **B** *adv.* powerfully

wühlen A *itr. V.* **1** dig; (mit der Schnauze, dem Schnabel) root (**nach** for); <*mole*> tunnel, burrow
2 (ugs.) (suchen) rummage [around] (**nach** for) **B** *tr. V.* burrow; tunnel out <*burrow*>

wulstig *Adj.* bulging

wund *Adj.* sore; **sich** ~ **liegen** get bed sores

Wunde *die*; ~, ~**n** wound

Wunder¹, *wunder (ugs.) **er denkt, er sei** ~ **wer** he thinks he's really something; **sie bildet sich** ~ **was darauf ein** she's terribly pleased with herself about it (infml)

Wunder² *das*; ~**s**, ~ **1** miracle; ~ **wirken** (fig. ugs.) work wonders; **ein/kein** ~ **sein** (ugs.) be a/no wonder
2 (etw. Erstaunliches) wonder

ௐ **wunderbar A** *Adj.* **1** miraculous
2 (sehr schön, herrlich) wonderful; marvellous **B** *adv.* **1** (sehr schön, herrlich) wonderfully; marvellously
2 (ugs.) (sehr) wonderfully

Wunder-: ~**kerze** *die* sparkler; ~**kind** *das* child prodigy

wunderlich A *Adj.* strange; odd **B** *adv.* strangely; oddly

W

wundern A *tr. V.* surprise; **mich wundert od. es wundert mich, dass …** I'm surprised that …
B *refl. V.* **sich über jmdn./etw.** ~ be surprised at sb/sth

wunder-: ~**schön** A *Adj.* simply beautiful; (herrlich) simply wonderful B *adv.* quite beautifully; ~**voll** A *Adj.* wonderful B *adv.* wonderfully

****wund|liegen** ► wund

Wund·starr·krampf *der* (Med.) tetanus

✓ **Wunsch** *der*; ~[e]s, **Wünsche** wish (nach to have); (Sehnen) desire (nach for); **haben Sie [sonst] noch einen** ~? will there be anything else?; **auf jmds.** ~ at sb's wish; **mit den besten/herzlichsten Wünschen** with best/warmest wishes

wünschbar *Adj.* (bes. schweiz.) desirable

Wünschel-: ~**rute** *die* divining rod; ~**ruten·gänger** *der*; ~~**s**, ~~, ~**ruten·gängerin** *die*; ~~, ~~**nen** diviner

✓ **wünschen** *tr. V.* **1** sich (*Dat.*) etw. ~ want sth; (im Stillen) wish for sth
2 (in formelhaften Wünschen) wish; **jmdm. alles Gute/frohe Ostern** ~ wish sb all the best/a happy Easter
3 *auch itr. V.* (begehren) want; **was** ~ **Sie?, Sie** ~? (im Lokal) what would you like?; (in einem Geschäft) can I help you?

Wunsch-: ~**kind** *das* wanted child; ~**konzert** *das* request concert; (im Rundfunk) request programme; ~**zettel** *der* (zum Geburtstag usw.) list of presents one would like

wurde *1. u. 3. Pers. Sg. Prät. v.* **werden**

würde *1. u. 3. Pers. Sg. Konjunktiv II v.* **werden**

Würde *die*; ~; dignity

würde·los A *Adj.* undignified; (schimpflich) disgraceful
B *adv.* in an undignified way; (schimpflich) disgracefully

Würdelosigkeit *die*; ~ ► würdelos lack of dignity; disgrace

Würden·träger *der*, **Würden·trägerin** *die* dignitary

würde·voll A *Adj.* dignified
B *adv.* with dignity

würdig A *Adj.* **1** dignified
2 (wert) worthy
B *adv.* **1** with dignity
2 (angemessen) worthily

würdigen *tr. V.* **1** (anerkennen, beachten) recognize; (schätzen) appreciate; (lobend hervorheben) acknowledge
2 (für wert halten) **jmdn. keines Blickes/keiner Antwort** ~ not deign to look at/answer sb

Wurf *der*; ~[e]s, **Würfe 1** throw; (beim Kegeln) bowl
2 *o. Pl.* (das Werfen) throwing/pitching/bowling
3 (Zool.) litter

Würfel *der*; ~**s**, ~; cube; (Spielwürfel) dice; die (formal)

Würfel·becher *der* dice cup

würfeln A *itr. V.* throw the dice; **um etw.** ~ play dice for sth
B *tr. V.* **1** throw
2 (in Würfel schneiden) dice

Würfel-: ~**spiel** *das* dice; (Brettspiel) dice game; ~**zucker** *der* cube sugar

Wurf·geschoss, *****Wurf·geschoß** *das* missile

würgen A *tr. V.* strangle; throttle
B *itr. V.* (Brechreiz haben) retch

Wurm *der*; ~[e]s, **Würmer** worm; (Made) maggot

wurmig, **wurm·stichig** *Adj.* worm-eaten; (madig) maggoty

Wurst *die*; ~, **Würste** sausage; **es geht um die** ~ (fig. ugs.) the crunch has come; **jmdm. ist jmd./etw.** ~ (ugs.) sb doesn't care about sb/sth

Wurst·bude *die* ► Würstchenbude

Würstchen *das*; ~**s**, ~ **1** [small] sausage; **Frankfurter/Wiener** ~ frankfurter/wienerwurst
2 (fig. ugs.) nobody; (hilfloser Mensch) poor soul

Würstchen·bude *die* sausage stand

Wurstelei *die*; ~, ~**en** (ugs. abwertend) pottering about *no pl.*

wursteln *itr. V.* (ugs.) potter

Wurst·salat *der: piquant salad with pieces of sausage, onion rings, boiled eggs, and/or cheese*

Würze *die*; ~, ~**n** spice; seasoning

Wurzel *die*; ~, ~**n** (auch fig.) root

wurzeln *itr. V.* take root

würzen *tr. V.* season

würzig *Adj.* tasty; full-flavoured <*beer, wine*>; aromatic <*fragrance*>; tangy <*air*>

Würzigkeit *die*; ~ ► würzig tastiness; full flavour; aromatic fragrance; tanginess

wusch *1. u. 3. Pers. Sg. Prät. v.* **waschen**

wusste, *****wußte** *1. und 3. Pers. Sg. Prät. v.* **wissen**

wüsste, *****wüßte** *1. und 3. Pers. Sg. Konjunktiv II v.* **wissen**

Wust *der*; ~[e]s (abwertend) jumble; (fig.) welter; **ein** ~ **von Daten/Vorschriften** a mass of data/regulations

wüst A *Adj.* **1** (öde) desolate
2 (unordentlich) chaotic
3 (ungezügelt) wild; (unanständig) rude
B *adv.* **1** (unordentlich) chaotically
2 (ungezügelt) wildly

Wüste *die*; ~, ~**n** desert

Wüsten·bildung *die* desertification

Wut *die*; ~; rage; fury

wüten *itr. V.* (auch fig.) rage; (zerstören) wreak havoc

wütend A *Adj.* furious; angry <*voice, mob*>
B *adv.* furiously; in a fury

W

x¹, X /ɪks/ *das*; ~, ~; x/X
x² *unbest. Zahlwort* (ugs.) umpteen (infml)
x-Achse *die* (Math.) x-axis
X-Beine *Pl.* knock knees
x-beinig *Adj.* knock-kneed
x-beliebig *Adj.* (ugs.) [irgend]ein ~er/ [irgend]eine ~e/[irgend]ein ~es any old (infml attrib.); jeder ~e Ort any old place (infml)

X-Chromosom *das* (Biol.) X-chromosome
x-fach **A** *Vervielfältigungsz.* die ~e Menge (Math.) x times the amount; (ugs.) umpteen times the amount (infml)
 B *adv.* (ugs.) ~ erprobt sein ‹tested etc.› umpteen times (infml)
x-mal *Adv.* (ugs.) umpteen times (infml)
x-t... *Ordinalz.* (ugs.) umpteenth (infml)
Xylophon *das*; ~s, ~e xylophone

y, Y /ˈʏpsilɔn/ *das*; ~, ~; y/Y
y-Achse *die* (Math.) y-axis
Yacht ▶ Jacht

Y-Chromosom *das* (Biol.) Y-chromosome
Yoga ▶ Joga
Ypsilon *das*; ~[s], ~s y, Y; (im griechischen Alphabet) upsilon

Zz

z, Z /t͡sɛt/ *das*; ~, ~; z/Z
Zack auf ~ sein (ugs.) (tüchtig sein) be on the ball (infml) *or* one's toes; jmdn. auf ~ bringen (ugs.) knock sb into shape (infml)
Zacke *die*; ~, ~n point; peak; (einer Säge, eines Kamms) tooth; (einer Gabel, Harke) prong
Zacken *der*; ~s ▶ Zacke
zackig **A** *Adj.* **1** (gezackt) jagged; (mit kleinen, regelmäßigen Zacken) serrated
 2 (schneidig) dashing; smart; rousing ‹music›; brisk ‹orders, tempo›; lively ‹organization›
 B *adv.* **1** (gezackt) jaggedly
 2 (schneidig) smartly; ‹play music› rousingly

zaghaft **A** *Adj.* timid; (zögernd) hesitant
 B *adv.* timidly; (zögernd) hesitantly
Zaghaftigkeit *die*; ~; timidity; (Zögern) hesitancy
zäh **A** *Adj.* **1** tough; heavy ‹dough, soil›; (dickflüssig) glutinous; viscous ‹oil›
 2 (widerstandsfähig) tough ‹person›
 3 (beharrlich) tenacious; tough ‹negotiations›; dogged ‹resistance›
 B *adv.* (beharrlich) tenaciously; ‹resist› doggedly
Zähheit *die*; ~ **1** (Festigkeit) toughness; (des Teigs, Bodens) heaviness; (Dickflüssigkeit) glutinousness; (von Öl) viscosity
 2 (Widerstandsfähigkeit) toughness
 3 (Beharrlichkeit) tenacity; (des Widerstands)

---

x
y
z

♂ key word
* alte Schreibung—vgl. Hinweis auf S. x

doggedness
Zähigkeit die; ~ 1 (Widerstandsfähigkeit)
toughness
2 (Beharrlichkeit) tenacity; mit ~ tenaciously
ℱ **Zahl** die; ~, ~en number; (Ziffer) numeral;
(Zahlenangabe, Geldmenge) figure; in den roten/
schwarzen ~en in the red/black
zahlbar Adj. (Kaufmannsspr.) payable
ℱ **zahlen** A tr. V. pay (an + Akk. to)
B itr. V. pay; [ich möchte] bitte ~ (im Lokal)
[can I have] the bill, please!
ℱ **zählen** A itr. V. 1 count; zu einer Gruppe
usw. ~ be one of or belong to a group etc.
2 auf jmdn./etw. ~ count on sb/sth
B tr. V. count; jmdn. zu seinen Freunden ~
count sb among one's friends
zahl-, Zahl-: ~karte die (Postw.) paying-in
slip; ~los Adj. countless
ℱ **zahl·reich** Adj. numerous
Zahlung die; ~, ~en payment
Zählung die; ~, ~en counting; eine ~ a
count
zahlungs-, Zahlungs-: ~bilanz die
(Wirtsch.) balance of payments; ~fähig Adj.
solvent; ~fähigkeit die solvency; ~mittel
das means of payment; ~unfähig Adj.
insolvent; ~unfähigkeit die insolvency
Zahl·wort das; Pl. **Zahl·wörter** (Sprachw.)
numeral
zahm A Adj. tame
B adv. tamely
zähmen tr. V. (auch fig.) tame
ℱ **Zahn** der; ~[e]s, **Zähne** tooth; (Reißzahn)
fang; (an einer Briefmarke usw.) serration
Zahn-: ~arzt der, ~ärztin die dentist;
(mit chirurgischer Ausbildung) dental surgeon;
~bürste die toothbrush
zahnen itr. V. <baby> be teething
zahn-, Zahn-: ~ersatz der denture;
~fleisch das gum; (als Ganzes) gums pl.;
~fleisch·bluten das; ~~s bleeding
gums pl.; ~los Adj. toothless; ~lücke
die gap in one's teeth; ~pasta die; ~~,
~pasten toothpaste; ~pflege die dental
care; ~prothese die dentures pl.; [set sing.
of] false teeth pl.; ~rad das gearwheel;
(für Ketten) sprocket; ~schmerzen Pl.
toothache sing.; ~seide die dental floss;
~spange die [tooth] brace; ~stein der
tartar; ~stocher der; ~~s, ~~; toothpick;
~weh das (ugs.) toothache
Zange die; ~, ~n 1 (Werkzeug) pliers pl.;
(Eiswürfel-, Zuckerzange) tongs pl.; (Geburtszange)
forceps pl.; (Kneifzange) pincers pl.; eine ~ a
pair of pliers/tongs/forceps/pincers
2 (bei Tieren) pincer
Zank der; ~[e]s squabble; row
zanken refl. (auch itr.) V. squabble, bicker
(um od. über + Akk. over)
zänkisch Adj. quarrelsome
Zäpfchen das; ~s, ~; suppository
zapfen tr. V. tap, draw <beer, wine>

Zapfen der; ~s, ~ 1 (Bot.) cone
2 (Stöpsel) bung
Zapf·säule die petrol pump (BrE); gasoline
pump (AmE)
zappeln itr. V. wriggle; <child> fidget
zappen /'zɛpṇ/ itr. V. (ugs.) zap (infml)
Zar der; ~en, ~en (hist.) Tsar
Zarin die; ~, ~nen (hist.) Tsarina
zart A Adj. (auch fig.) delicate; soft <skin>;
tender <bud, shoot; meat, vegetables>; fine
<biscuits>; gentle <kiss, touch>; soft <pastel
colours>
B adv. (empfindlich) delicately; <kiss, touch>
gently
Zartheit die; ~; delicacy; (der Haut) softness;
(von Fleisch, Gemüse) tenderness; (eines Kusses,
einer Berührung) gentleness
zärtlich A Adj. tender
B adv. tenderly
Zärtlichkeit die; ~, ~en 1 (Zuneigung)
tenderness; affection
2 (Liebkosung) caress
Zauber der; ~s, ~ 1 (auch fig.) magic; (Bann)
[magic] spell
2 (ugs. abwertend) (Aufheben) fuss
Zauberei die; ~, ~en 1 (das Zaubern) magic
2 (Zaubertrick) magic trick
Zauberer der; ~s, ~; magician
zauber·haft A Adj. enchanting
B adv. enchantingly
Zauberin die; ~, ~nen 1 sorceress
2 (Zauberkünstlerin) conjurer
Zauber·künstler der, **Zauberkünstlerin**
die conjurer; magician
zaubern A itr. V. 1 do magic
2 (Zaubertricks ausführen) do conjuring tricks
B tr. V. (auch fig.) conjure
zaudern itr. V. (geh.) delay
Zaum der; ~[e]s, **Zäume** bridle
zäumen tr. V. bridle
Zaum·zeug das bridle
Zaun der; ~[e]s, **Zäune** fence
Zaun·könig der wren
z. B. Abk. = **zum Beispiel** e.g.
ZDF das; ~ Abk. = **Zweites Deutsches
Fernsehen** Second German Television
Channel
Zebra das; ~s, ~s zebra
Zebra·streifen der zebra crossing (BrE);
pedestrian crossing
Zeche die; ~, ~n 1 (Rechnung) bill (BrE); check
(AmE)
2 (Bergwerk) pit; mine
zechen itr. V. (veralt., scherzh.) tipple
Zecke die; ~, ~n (Zool.) tick
Zeder die; ~, ~n cedar
Zedern·holz das cedarwood
Zeh der; ~s, ~en, **Zehe** die; ~, ~n 1 toe
2 (Knoblauchzehe) clove
Zehen·spitze die auf ~n on tiptoe

z

◆ **zehn** *Kardinalz.* ten

Zehn *die;* ~, ~**en** ten

Zehncent·stück *das* ten-cent piece

Zehner *der;* ~**s,** ~ **1** (ugs.) (Geldschein, Münze) ten

2 (ugs.) (Autobus) number ten

3 (Math.) ten

Zehneuro·schein *der* ten-euro note

zehn·fach *Vervielfältigungsz.* tenfold

Zehnfache *das adj. Dekl.* **das** ~ ten times as much

zehn-, Zehn-: ~**kampf** *der* (Sport) decathlon; ~**mal** *Adv.* ten times

zehnt... *Ordinalz.* tenth

zehn·tausend *Kardinalz.* ten thousand

zehntel *Bruchz.* tenth

Zehntel *das schweiz. meist der* ~**s,** ~; tenth

zehntens *Adv.* tenthly

zehren *itr. V. von etw.* ~ live on *or* off sth

◆ **Zeichen** *das;* ~**s,** ~; sign; (Markierung) mark; (Chemie, Math., auf Landkarten usw.) symbol; (Schrift~) character; **jmdm. ein** ~ **geben** signal to sb

Zeichen-: ~**setzung** *die;* ~~; punctuation; ~**sprache** *die* sign language

◆ **zeichnen** **A** *tr. V.* draw; (fig.) portray ‹*character*›
B *itr. V.* draw

Zeichner *der;* ~**s,** ~, **Zeichnerin** *die;* ~, ~**nen** graphic artist; (Technik) draughtsman/-woman

Zeichnung *die;* ~, ~**en** drawing

zeichnungs·berechtigt *Adj.* with signatory powers *postpos.;* ~ **sein** have signatory powers

Zeige·finger *der* index finger; forefinger

◆ **zeigen** **A** *itr. V.* point
B *tr. V.* show
C *refl. V.* **1** (sich sehen lassen) appear
2 (sich erweisen) prove to be; **es wird sich** ~, ... time will tell ...

Zeiger *der;* ~**s,** ~; pointer; (Uhrzeiger) hand

Zeile *die;* ~, ~**n** line; (Reihe) row

zeit *Präp.; mit Gen.* ~ **meines** *usw.* /**unseres** *usw.* **Lebens** all my *etc.* life/our *etc.* lives

◆ **Zeit** *die;* ~, ~**en** **1** time *no art.;* **mit der** ~ with *or* in time; (allmählich) gradually; **eine** ~ **lang** for a while
2 (Zeitpunkt) time; **alles zu seiner** ~ all in good time; **zur** ~ at the moment
3 (Zeit-, Lebensabschnitt) time; period; (Geschichtsabschnitt) age; period
4 (Sprachw.) tense

zeit-, Zeit-: ~**alter** *das* age; era; ~**arbeit** *die* (Wirtsch.) temporary work; work as a temp (infml); ~**druck** *der* pressure of time; **unter** ~**druck** under pressure; **unter** ~**druck stehen**

be pressed for time; ~**geist** *der* spirit of the age; ~**gemäß** *Adj.* (modern) up-to-date; (aktuell) topical ‹*theme*›; contemporary ‹*views*›; ~**genosse** *der,* ~**genossin** *die* contemporary; ~**genössisch** *Adj.* contemporary; ~**geschehen** *das* das [aktuelle] ~geschehen current events *pl.;* ~**geschichte** *die* contemporary history *no art.*

zeitig *Adj., adv.* early

zeit-, Zeit-: ~**karte** *die* (Verkehrsw.) season ticket; *~**lang** ▸ Zeit 1; ~**lebens** *Adv.* all my/his/her *etc.* life

zeitlich **A** *Adj.* ‹*length, interval*› in time; chronological ‹*order, sequence*›
B *adv.* with regard to time

zeit-, Zeit-: ~**los** **A** *Adj.* timeless; classic ‹*fashion, shape*› **B** *adv.* timelessly; ~**lupe** *die* slow motion; ~**mangel** *der* lack of time

◆ **Zeit·punkt** *der* moment

zeitraubend *Adj.* time-consuming

◆ **Zeit·raum** *der* period

◆ **Zeit·schrift** *die* magazine; (bes. wissenschaftlich) journal; periodical

Zeit·spanne *die* period

◆ **Zeitung** *die;* ~, ~**en** [news]paper

Zeitungs-: ~**ausschnitt** *der* newspaper cutting; ~**bericht** *der* newspaper report; ~**notiz** *die* newspaper item

zeit-, Zeit-: ~**unterschied** *der* time difference; ~**verschwendung** *die* waste of time; ~**vertreib** *der;* ~~[**e**]**s,** ~~**e** pastime; **zum** ~**vertreib** to pass the time; ~**weilig** **A** *Adj.* temporary **B** *adv.* temporarily; ~**weise** *Adv.* (gelegentlich) occasionally; (von Zeit zu Zeit) from time to time; ~**wort** *das; Pl.* ~**wörter** (Sprachw.) verb; ~**zünder** *der* time fuse

Zelle *die;* ~, ~**n** cell

Zelluloid /tsɛluˈlɔyt/ *das;* ~[**e**]**s** celluloid

Zelt *das;* ~[**e**]**s,** ~**e** tent; (Festzelt) marquee; (Zirkuszelt) big top

zelten *itr. V.* camp

Zelt-: ~**lager** *das* camp; ~**plane** *die* tarpaulin

Zement *der;* ~[**e**]**s,** ~**e** cement

Zensur *die;* ~, ~**en** **1** (Schulw.) (Note) mark; grade (AmE)
2 (Kontrolle) censorship
3 (Behörde) censors *pl.*

Zenti-: ~**meter** *der auch, das* centimetre; ~**meter·maß** *das* [centimetre] measuring tape

Zentner *der;* ~**s,** ~ **1** metric hundredweight
2 (österr., schweiz.) ▸ **Doppelzentner**

◆ **zentral** **A** *Adj.* central
B *adv.* centrally

Zentral·bank *die; Pl.* ~**en** (Finanzw.) central bank

Zentrale *die;* ~, ~**n 1** (zentrale Stelle) head *or* central office; (der Polizei, einer Partei)

headquarters *sing. or pl.*; (Funkzentrale) control centre
2 (Telefonzentrale) [telephone] exchange; (eines Hotels, einer Firma o. Ä.) switchboard
Zentral-: ~**figur** *die* central figure; ~**heizung** *die* central heating; ~**speicher** *der* (DV) main memory
Zentren ▸ Zentrum
Zentrifugal·kraft *die* (Physik) centrifugal force
Zentrifuge *die*; ~, ~**n** centrifuge
⚡ **Zentrum** *das*; ~**s**, **Zentren** centre; im ~ at the centre; (im Stadtzentrum) in the town/city centre
Zeppelin *der*; ~**s**, ~**e** Zeppelin
Zepter *das auch, der* ~**s**, ~; sceptre
zerbeißen *unr. tr. V.* bite in two
zerbersten *unr. itr. V.*; *mit sein* burst apart
zerbrechen 🅰 *unr. itr. V.*; *mit sein* break [into pieces]; smash [to pieces]; ‹*glass*› shatter; (fig.) ‹*marriage, relationship*› break up
  🅱 *unr. tr. V.* break; smash, shatter ‹*dishes, glass*›
zerbrechlich *Adj.* fragile; (fig.) frail
Zerbrechlichkeit *die*; ~; fragility; (fig.) frailty
zerbröckeln 🅰 *itr. V.*; *mit sein* crumble away
  🅱 *tr. V.* break into small pieces
zerdrücken *tr. V.* mash
Zeremonie *die*; ~, ~**n** ceremony; (fig.) ritual
Zeremoniell *das*; ~**s**, ~**e** ceremonial
zerfallen *unr. itr. V.*; *mit sein* (auch fig.) disintegrate (**in** + *Akk.*, **zu** into); ‹*building*› fall into ruin, decay; ‹*corpse*› decompose, decay
zerfetzen *tr. V.* rip *or* tear to pieces; (fig.) tear apart ‹*body, limb*›
zerfleischen *tr. V.* tear ‹*person, animal*› limb from limb
zerfressen *unr. tr. V.* **1** eat away; ‹*moth etc.*› eat holes in
2 (zersetzen) corrode ‹*metal*›; eat away ‹*bone*›
zergehen *unr. itr. V.*; *mit sein* melt; (in Wasser, im Mund) ‹*tablet etc.*› dissolve
zerhacken *tr. V.* chop up (**zu** into)
zerhauen *unr. tr. V.* chop up
zerkleinern *tr. V.* chop up; (zermahlen) crush ‹*rock etc.*›
zerknautschen *tr. V.* (ugs.) crumple
zerknirscht 🅰 *Adj.* remorseful
  🅱 *adv.* remorsefully
zerknittern *tr. V.* crease; crumple
zerknüllen *tr. V.* crumple up [into a ball]
zerkratzen *tr. V.* scratch
zerkrümeln *tr. V.* crumble up
zerlegen *tr. V.* **1** dismantle; take to pieces
2 (zerschneiden) cut up ‹*animal, meat*›; carve ‹*joint*›

zerlumpt *Adj.* ragged ‹*clothes, person*›
zerplatzen *itr. V.*; *mit sein* burst
Zerr·bild *das* distorted image
zerreiben *unr. tr. V.* crush
zerreißen 🅰 *unr. tr. V.* **1** tear up; (in kleine Stücke) tear to pieces; break ‹*thread*›
2 (beschädigen) tear ‹*stocking, trousers, etc.*› (**an** + *Dat.* on)
  🅱 *unr. itr. V.*; *mit sein* ‹*thread, string, rope*› break; ‹*paper, cloth, etc.*› tear
Zerreiß·probe *die* acid test
zerren 🅰 *tr. V.* **1** drag
2 sich (*Dat.*) einen Muskel/eine Sehne ~ pull a muscle/tendon
  🅱 *itr. V.* an etw. (*Dat.*) ~ tug *or* pull at sth
Zerrung *die*; ~, ~**en** pulled muscle/tendon
zerrütten *tr. V.* ruin; shatter ‹*nerves*›
zerschellen *itr. V.*; *mit sein* be dashed *or* smashed to pieces
zerschlagen 🅰 *unr. tr. V.* smash ‹*plate, windscreen, etc.*›; smash up ‹*furniture*›; (fig.) smash ‹*spy ring etc.*›
  🅱 *unr. refl. V.* ‹*plan, deal*› fall through
zerschmettern *tr. V.* smash; shatter ‹*glass, leg, bone*›
zerschneiden *unr. tr. V.* cut; (in Stücke) cut up; (in zwei Teile) cut in two
zersetzen *tr. V.* corrode ‹*metal*›; decompose ‹*organism*›
zersplittern *itr. V.*; *mit sein* ‹*wood, bone*› splinter; ‹*glass*› shatter
zerspringen *unr. itr. V.*; *mit sein* shatter; (Sprünge bekommen) crack
zerstäuben *tr. V.* spray
⚡ **zerstören** *tr. V.* destroy; ‹*hooligan*› smash up, vandalize; (fig.) ruin ‹*health, life*›
Zerstörung *die*; ~, ~**en** ▸ zerstören destruction; smashing up; vandalizing; (fig.) ruin[ation]
Zerstörungs·wut *die* destructive frenzy
zerstreuen 🅰 *tr. V.* scatter; disperse ‹*crowd*›; jmdn./sich ~ (ablenken) take sb's/one's mind off things
  🅱 *refl. V.* disperse; (schneller) scatter
zerstreut 🅰 *Adj.* distracted; (vergesslich) absent-minded
  🅱 *adv.* absent-mindedly
Zerstreuung *die*; ~, ~**en** (Ablenkung) diversion
zerstückeln *tr. V.* break ‹*sth*› up into small pieces; (zerschneiden) cut *or* chop ‹*sth*› up into small pieces; dismember ‹*corpse*›
zerteilen *tr. V.* divide into pieces; (zerschneiden) cut into pieces; cut up
Zertifikat *das*; ~[e]s, ~e certificate
zertrampeln *tr. V.* trample all over ‹*flower bed etc.*›; trample ‹*child etc.*› underfoot
zertreten *unr. tr. V.* stamp on; stamp out ‹*cigarette, match*›
zertrümmern *tr. V.* smash; smash, shatter ‹*glass*›; smash up ‹*furniture*›; wreck ‹*car,*

z

boat>; reduce <*building*> to ruins

Zerwürfnis *das*; ~ses, ~se (geh.) quarrel; dispute; (Bruch) rift

zerzausen *tr. V.* ruffle; **zerzaust aussehen** look dishevelled

zetern *itr. V.* scold [shrilly]; (sich beklagen) moan (**über** + *Akk.* about)

Zettel *der*; ~s, ~; slip *or* piece of paper; (mit einigen Zeilen) note; (Bekanntmachung) notice; (Formular) form; (Kassenzettel) receipt; (Handzettel) leaflet

ℰ **Zeug** *das*; ~[e]s, ~e **1** (ugs.) stuff; **dummes** ~ nonsense; rubbish
2 (Kleidung) things *pl.*

Zeuge *der*; ~n, ~n witness

zeugen *tr. V.* procreate; <*man*> father <*child*>

Zeugen·aussage *die* testimony

Zeugin *die*; ~, ~nen witness

Zeugnis *das*; ~ses, ~se **1** (Schulw.) report
2 (Arbeitszeugnis) reference; testimonial
3 (Gutachten) certificate

Zeugung *die*; ~, ~en procreation; (eines Kindes) fathering

zeugungs·fähig *Adj.* fertile

z.Hd. *Abk.* = **zu Händen** attn.

Zicke *die*; ~, ~n **1** ▶ Ziege
2 *Pl.* (ugs.) (Dummheiten) stupid tricks; monkey business *sing.* (infml); ~n **machen** mess about; (Schwierigkeiten machen) make trouble

Zickzack *der*; ~[e]s, ~e zigzag

Ziege *die*; ~, ~n goat; (Schimpfwort) (Frau) cow (sl. derog.)

Ziegel *der*; ~s, ~; brick; (Dachziegel) tile

Ziegelei *die*; ~, ~en brickworks *sing.*

Ziegel·stein *der* brick

Ziegen-: ~**bock** *der* he- *or* billy goat; ~**käse** *der* goat's cheese

ℰ **ziehen** 🅰 *unr. tr. V.* **1** pull; (sanfter) draw; (zerren) tug; (schleppen) drag; **etw. nach sich** ~ (fig.) result in sth; entail sth
2 (herausziehen) extract <*tooth*>; take out, remove <*stitches*>; draw <*cord, sword, pistol*>; **den Hut** ~ raise one's hat; **die [Quadrat]wurzel** ~ (Math.) extract the square root
3 (dehnen) stretch <*elastic etc.*>; stretch out <*sheets etc.*>
4 (Gesichtspartien bewegen) make <*face, grimace*>
5 (bei Brettspielen) move <*chessman etc.*>
6 (zeichnen) draw <*line etc.*>
7 (anlegen) dig <*trench*>; build <*wall*>; erect <*fence*>; put up <*washing line*>; run, lay <*cable, wires*>; draw <*frontier*>
8 (aufziehen) grow <*plants, flowers*>; breed <*animals*>
🅱 *unr. itr. V.* **1** (reißen) pull; **an etw.** (*Dat.*) ~ pull on sth

ℰ key word

* alte Schreibung—vgl. Hinweis auf S. x

2 (funktionieren) <*stove, pipe, chimney*> draw
3 *mit sein* (umziehen) move (**nach, in** + *Akk.* to)
4 *mit sein* (gehen) go; (marschieren) march; (umherstreifen) roam; (weggehen) go away; leave; <*fog, clouds*> drift
5 (saugen) draw; **an einer Zigarette/Pfeife** ~ draw on a cigarette/pipe
6 <*tea, coffee*> draw
7 (Kochk.) simmer
8 *unpers.* **es zieht** there's a draught
🅲 *unr. refl. V.* <*road*> run, stretch; <*frontier*> run

Zieh·harmonika *die* piano accordion

Ziehung *die*; ~, ~en draw

ℰ **Ziel** *das*; ~[e]s, ~e **1** destination
2 (Sport) finish; (Ziellinie) finishing line; (Pferderennen) finishing post
3 (Zielscheibe; auch Milit.) target
4 (Zweck) aim; goal; **sein** ~ **erreichen** achieve one's objective *or* aim

ziel·bewusst, ***ziel·bewußt** 🅰 *Adj.* determined
🅱 *adv.* determinedly

zielen *itr. V.* aim (**auf** + *Akk.* at); (fig.) **auf jmdn./etw.** ~ <*reproach, efforts, etc.*> be aimed at sb/sth

ziel-, Ziel-: ~**gruppe** *die* target group; ~**los** 🅰 *Adj.* aimless 🅱 *adv.* aimlessly; ~**losigkeit** *die*; ~~; aimlessness; ~**scheibe** *die* (auch fig.) target (*Gen.* for); ~**strebig** 🅰 *Adj.* **1** purposeful **2** (energisch) single-minded <*person*> 🅱 *adv.* **1** purposefully **2** (energisch) single-mindedly; ~**strebigkeit** *die*; ~~ ▶ zielstrebig **1** purposefulness **2** single-mindedness; ~**wahl** *die* (Fernspr.) one-touch dialling

ℰ **ziemlich** 🅰 *Adj.* (ugs.) fair, sizeable <*quantity, number*>
🅱 *adv.* **1** quite; fairly
2 (ugs.) (fast) pretty well

Zierde *die*; ~, ~n (auch fig.) ornament

zieren *refl. V.* be coy

zierlich 🅰 *Adj.* dainty; petite, dainty <*woman, figure*>
🅱 *adv.* daintily

Zierlichkeit *die*; ~; daintiness; (einer Frau, Gestalt) petiteness; daintiness

Zier·pflanze *die* ornamental plant

Ziffer *die*; ~, ~n numeral; (in einer mehrstelligen Zahl) digit; figure

Ziffer·blatt *das* dial; face

zig *unbest. Zahlwort* (ugs.) umpteen (infml)

Zigarette *die*; ~, ~n cigarette

Zigaretten·werbung *die* cigarette advertising

Zigarillo *der od. das*; ~s, ~s cigarillo; small cigar

Zigarre *die*; ~, ~n cigar

Zigeuner *der*; ~s, ~, **Zigeunerin** *die*; ~, ~nen gypsy

Z

zig·mal *Adv.* (ugs.) umpteen times (infml)
zig·tausend *unbest. Zahlwort* (ugs.)
umpteen thousand (infml)
⚊ **Zimmer** *das*; ~s, ~; room
Zimmer·mädchen *das* chambermaid
zimmern *tr. V.* make ‹*shelves etc.*›
Zimmer-: ~**suche** *die* room-hunt;
~**vermittlung** *die* accommodation office
zimperlich **A** *Adj.* timid; (leicht angeekelt)
squeamish; (prüde) prissy
  B *adv.; s. Adj.* timidly; squeamishly; prissily
Zimperlichkeit *die*; ~, ~en (abwertend)
timidity; (Neigung zum Ekel) squeamishness;
(Prüderie) prissiness
Zimt *der*; ~[e]s, ~e cinnamon
Zink *das*; ~[e]s zinc
Zinke *die*; ~, ~n prong; (eines Kamms) tooth
Zinn *das*; ~[e]s tin; (Gegenstände)
pewter[ware]
Zins *der*; ~es, ~en interest
Zinses·zins *der* compound interest
zins·los **A** *Adj.* interest-free
  B *adv.* free of interest
Zins·satz *der* interest rate
Zipfel *der*; ~s, ~ (einer Decke, eines Tisch-,
Handtuchs usw.) corner; (Wurstzipfel, eines
Halstuchs) [tail] end
Zipfel·mütze *die* [long-]pointed cap
zirka *Adv.* about; approximately
Zirkulation *die*; ~, ~en circulation
zirkulieren *itr. V.*; auch mit sein circulate
Zirkus *der*; ~, ~se 1 circus
  2 (ugs.) (Trubel) hustle and bustle; (Krach) to-do
zirpen *itr. V.* chirp
zischeln *tr. V.* whisper angrily
zischen *itr. V.* 1 hiss; ‹*hot fat*› sizzle
  2 *mit sein* hiss
⚊ **Zitat** *das*; ~[e]s, ~e quotation (aus from)
zitieren *tr., itr. V.* 1 quote; (Rechtsspr.) cite
  2 (rufen) summon
Zitronat *das*; ~[e]s candied lemon peel
Zitrone *die*; ~, ~n lemon
Zitronen-: ~**limonade** *die* lemonade;
~**presse** *die* lemon squeezer; ~**saft** *der*
lemon juice
Zitrus·frucht *die* citrus fruit
zittern *itr. V.* tremble (vor + *Dat.* with); (vor
Kälte) shiver; (beben) ‹*walls, windows*› shake;
vor jmdm./etw. ~ be terrified of sb/sth
Zitter·partie *die* nail-biting affair
zittrig *Adj.* shaky; doddery ‹*old man*›
Zitze *die*; ~, ~n teat
zivil **A** *Adj.* 1 civilian; non-military
‹*purposes*›; civil ‹*aviation, marriage, law,
defence*›
  2 (annehmbar) decent
  B *adv.* (annehmbar) decently
Zivil *das*; ~s civilian clothes *pl.*
Zivil: ~**bevölkerung** civilian population;
~**dienst** *der* ▶ Ersatzdienst

Zivilisation /tsiviliza'tsio:n/ *die*; ~, ~en
civilization
zivilisieren *tr. V.* civilize
zivilisiert **A** *Adj.* civilized
  B *adv.* in a civilized way
Zivilist *der*; ~en, ~en, **Zivilistin** *die*; ~,
~nen civilian
Zivil·kleidung *die* civilian clothes *pl.*
Zofe *die*; ~, ~n (hist.) lady's maid
zoffen *refl. V.* (ugs.) quarrel (mit with)
zog 1. u. 3. Pers. Sg. Prät. v. ziehen
zögerlich **A** *Adj.* hesitant; tentative
  B *adv.* hesitantly; tentatively
zögern *itr. V.* hesitate; ohne zu ~ without
hesitation
Zoll *der*; ~[e]s, Zölle 1 [customs] duty
  2 (Behörde) customs *pl.*
zoll-, Zoll-: ~**amt** *das* customs house or
office; ~**beamte** *der*, ~**beamtin** *die*
customs officer; ~**erklärung** *die* customs
declaration; ~**frei** **A** *Adj.* duty-free;
free of duty *pred.* **B** *adv.* free of duty;
~**kontrolle** *die* customs examination or
check; ~**stock** *der* folding rule
Zone *die*; ~, ~n zone
Zoo *der*; ~s, ~s zoo
Zoologe *der*; ~n, ~n zoologist
Zoologie *die*; ~; zoology no art.
Zoologin *die*; ~, ~nen zoologist
zoologisch *Adj.* zoological; ~er Garten
zoological gardens *pl.*
Zoom *das*; ~s, ~s (Film, Fot.) zoom
Zoom·objektiv *das* (Film, Fot.) zoom lens
Zopf *der*; ~[e]s, Zöpfe plait; (am Hinterkopf)
pigtail
Zorn *der*; ~[e]s anger; (stärker) wrath; fury
zornig **A** *Adj.* furious
  B *adv.* furiously
Zote *die*; ~, ~n dirty joke
zotig **A** *Adj.* smutty; dirty ‹*joke*›
  B *adv.* smuttily
zottig *Adj.* shaggy
⚊ **zu** **A** *Präp.; mit Dat.* 1 (Richtung) to; zu ... hin
towards ...
  2 (zusammen mit) with; zu dem Käse gab es
Wein there was wine with the cheese
  3 (Lage) at; zu beiden Seiten on both sides
  4 (zeitlich) at; zu Weihnachten at Christmas
  5 (Art u. Weise) zu meiner Zufriedenheit/
Überraschung to my satisfaction/surprise;
(bei Mengenangaben) zu Dutzenden/zweien by
the dozen/in twos
  6 (ein Zahlenverhältnis ausdrückend) ein Verhältnis
von 3 zu 1 a ratio of 3 to 1
  7 (einen Preis zuordnend) at; for
  8 (Zweck) for
  9 (Ziel, Ergebnis) into; zu etw. werden turn
into sth
  10 (über) about; on; sich zu etw. äußern
comment on sth

11 (gegenüber) freundlich/hässlich zu jmdm.
sein be friendly/nasty to sb; *s. auch* zum, zur
B *Adv.* **1** (allzu) too; **zu sehr/viel** too much; **zu wenig** too little
2 (nachgestellt) (Richtung) towards
C *Konj.* **1** *mit Infinitiv* to; **was gibts da zu lachen?** what is there to laugh about?
2 *mit 1. Part.* **die zu erledigende Post** the letters *pl.* to be dealt with
Zubehör *das;* ~[e]s, ~e *od.* (schweiz.) ~den
accessories *pl.*; (eines Staubsaugers, Mixers usw.)
attachments *pl.*; (Ausstattung) equipment
zu|bereiten *tr. V.* prepare <*meal etc.*>; make
up <*medicine, ointment*>; (kochen) cook <*fish, meat, etc.*>
zu|billigen *tr. V.* jmdm. etw. ~ grant *or*
allow sb sth
zu|binden *unr. tr. V.* tie [up]
zu|blinzeln *itr. V.* jmdm. ~ wink at sb
zu|bringen *unr. tr. V.* spend
Zu·bringer *der;* ~s, ~ **1** (Straße) access road
2 (Verkehrsmittel) shuttle
Zucht *die;* ~, ~en **1** breeding; (von Pflanzen)
cultivation; **ein Pferd aus deutscher** ~ a
German-bred horse
2 (geh.) (Disziplin) discipline
züchten *tr. V.* (auch fig.) breed; cultivate
<*plants*>; culture <*bacteria, pearls*>
Züchter *der;* ~s, ~, **Züchterin** *die;* ~,
~nen breeder; (von Pflanzen) grower [of new
varieties]
züchtigen *tr. V.* (geh.) beat; thrash; (fig.)
(bestrafen) castigate
Züchtigung *die;* ~, ~en (geh.) beating;
thrashing; (fig.) (Bestrafung) castigation
Züchtung *die;* ~, ~en **1** breeding; (von
Pflanzen) cultivation
2 (Zuchtergebnis) strain
zucken *itr. V.;* mit Richtungsangabe mit sein
twitch; <*body, arm, leg, etc.*> jerk; (vor Schreck)
start; <*flames*> flicker; **mit den Achseln/
Schultern** ~ shrug one's shoulders
zücken *tr. V.* draw <*sword, dagger, knife*>
Zucker *der;* ~s, ~ **1** sugar
2 (ugs.) (Diabetes) diabetes; ~ **haben** be a
diabetic
zucker-, Zucker-: ~**dose** *die* sugar bowl;
~**hut** *der* sugar loaf; ~**krank** *Adj.* diabetic
zuckern *tr. V.* sugar
Zucker·wasser *das* sugar water
Zuckung *die;* ~, ~en twitch
zu|decken *tr. V.* cover up; cover [over] <*well,
ditch*>; jmdn./sich ~ tuck sb/oneself up
zu·dem *Adv.* (geh.) moreover; furthermore
zu|drehen *tr. V.* **1** (abdrehen) turn off
2 (zuwenden) jmdm. den Rücken ~ turn one's
back on sb
zu·dringlich **A** *Adj.* pushy (infml), pushing
<*person, manner*>; (sexuell) importunate

<*person, manner*>; prying <*glance*>
B *adv.* importunately
Zu·dringlichkeit *die;* ~, ~en **1** pushiness
(infml); (in sexueller Hinsicht) importunate
manner
2 (Handlung) ~en insistent advances *or*
attentions
zu|drücken *tr. V.* press shut; push <*door*>
shut; jmdm. die Kehle ~ choke *or* throttle sb
zu·einander *Adv.* to one another
♂ **zu·erst** *Adv.* **1** first
2 (anfangs) at first; to start with
3 (erstmals) first
Zu·fahrt *die* **1** access [for vehicles]
2 (Straße, Weg) access road; (zum Haus) driveway
Zufahrts·straße *die* access road
Zu·fall *der* chance; (zufälliges Zusammentreffen von
Ereignissen) coincidence; **durch** ~ by chance
zu|fallen *unr. itr. V.;* mit sein **1** <*door etc.*>
slam shut; <*eyes*> close
2 (zukommen) jmdm. ~ <*task*> fall to sb;
<*prize, inheritance*> go to sb
♂ **zu·fällig** **A** *Adj.* accidental; chance *attrib.*
<*meeting, acquaintance*>; random <*selection*>
B *adv.* by chance; **wissen Sie** ~, **wie spät es
ist?** (ugs.) do you by any chance know the
time?
Zufalls·treffer *der* fluke
zu|fassen *itr. V.* make a snatch *or* grab
zu|faxen *tr. V.* jmdm. etw. ~ fax sth to sb;
fax sb sth
zu|fliegen *unr. itr. V.;* mit sein (ugs.) <*door,
window, etc.*> slam shut
Zu·flucht *die* refuge (**vor** + *Dat.* from);
(vor Unwetter o. Ä.) shelter (**vor** + *Dat.* from)
Zuflucht·sort *der* place of refuge; sanctuary
Zu·fluss, *Zu·fluß *der* **1** (das Zufließen)
inflow; supply; (fig.) influx
2 (Gewässer) feeder stream/river
zu|flüstern *tr. V.* jmdm. etw. ~ whisper sth
to sb
zu·folge *Präp.;* mit Dat. (nachgestellt)
according to
♂ **zu·frieden** **A** *Adj.* contented; (befriedigt)
satisfied; **mit etw.** ~ **sein** be satisfied with
sth; **sich** ~ **geben** be satisfied; jmdn. ~
stellen satisfy sb
B *adv.* contentedly
*zufrieden|geben ▸ zufrieden A
Zufriedenheit *die;* ~; contentment;
(Befriedigung) satisfaction
*zufrieden|stellen ▸ zufrieden A
zufriedenstellend **A** *Adj.* satisfactory
B *adv.* satisfactorily
zu|frieren *unr. itr. V.;* mit sein freeze over
zu|fügen *tr. V.* jmdm. etw. ~ inflict sth on
sb; jmdm. Schaden/[ein] Unrecht ~ do sb
harm/an injustice
Zufuhr *die;* ~; supply; (Material) supplies *pl.*
zu|führen **A** *itr. V.* auf etw. (Akk.) ~ lead
towards sth

♂ key word
* old spelling—see note on page x

B *tr. V.* **1** (zuleiten) **einer Sache** (*Dat.*) **etw.** ∼ supply sth to sth

2 (bringen) **einer Partei Mitglieder** ∼ bring new members to a party

◆ **Zug** *der;* ∼**[e]s, Züge 1** (Bahn) train

2 (Kolonne) column; (Umzug) procession; (Demonstrationszug) march

3 (das Ziehen) pull; traction (Phys.)

4 (Vorrichtung) pull

5 (Wanderung) migration

6 (beim Brettspiel) move

7 (Schluck) swig (infml); mouthful; (großer Schluck) gulp; **das Glas auf einen** *od.* **in einem** ∼ **leeren** empty the glass at one go

8 (beim Rauchen) pull; drag (infml)

9 (Atemzug) breath

10 (Zugluft; beim Ofen) draught

11 (Gesichtszug) feature; (Wesenszug) characteristic; trait

Zu·gabe *die* **1** (Geschenk) [free] gift

2 (im Konzert, Theater) encore

◆ **Zu·gang** *der* **1** (Weg) (auch fig.) access; (Eingang) entrance

2 (das Hinzukommen) (von Personen) intake; (von Patienten) admission

3 (Zuwachs) increase (**von** in)

zu·gange ∼ **sein** (ugs.) be busy *or* occupied

zugänglich *Adj.* **1** accessible; (geöffnet) open

2 (zur Verfügung stehend) available (*Dat.,* **für** to); (verständlich) accessible (*Dat.,* **für** to)

3 (aufgeschlossen) approachable ⟨*person*⟩

◆ **zu|geben** *unr. tr. V.* admit; admit to ⟨*deed, crime*⟩

zu·gegen *Adj.* ∼ **sein** be present

zu|gehen *unr. itr. V.; mit sein* **1 auf jmdn./ etw.** ∼ approach sb/sth

2 jmdm. ∼ (zugeschickt werden) be sent to sb

3 (ugs.) (sich schließen) close; shut; **die Tür geht nicht zu** the door will not shut

zu·gehörig *Adj.* belonging to it/them *postpos., not pred.*

Zugehörigkeit *die;* ∼; belonging (**zu** to)

Zügel *der;* ∼**s,** ∼; rein

zügel·los (fig.) **A** *Adj.* unrestrained; unbridled ⟨*rage, passion*⟩

B *adv.* without restraint

Zügellosigkeit *die;* ∼, ∼**en** lack of restraint; (Unzüchtigkeit) licentiousness

zügeln *tr. V.* rein [in] ⟨*horse*⟩; (fig.) curb, restrain ⟨*desire etc.*⟩

zu|gesellen *refl. V.* **sich jmdm./einer Sache** ∼ join sb/sth

Zu·geständnis *das* concession

zu|gestehen *unr. tr. V.* admit; concede

zu·getan *Adj.* **jmdm. [herzlich]** ∼ **sein** (geh.) be [very] attached to sb

zugig *Adj.* draughty; (im Freien) windy ⟨*corner etc.*⟩

zügig **A** *Adj.* speedy; rapid

B *adv.* speedily; rapidly

Zügigkeit *die;* ∼; speediness; rapidity

◆ **zu·gleich** *Adv.* at the same time

Zug-: ∼**luft** *die* draught; ∼**maschine** *die* tractor; (von Sattelzug) tractor [unit]

zu|greifen *unr. itr. V.* **1** take hold

2 (sich bedienen) help oneself

3 (fleißig arbeiten) **[hart** *od.* **kräftig]** ∼ [really] knuckle down to it

Zu·griff *der* (Zugang) access (**auf** + *Akk.* to)

zu·grunde *Adv.* **1** ∼ **gehen** (sterben) die (**an** + *Dat.* of); (zerstört werden) be destroyed (**an** + *Dat.* by); ∼ **richten** destroy; (finanziell) ruin ⟨*company, person*⟩

2 etw. einer Sache (*Dat.*) ∼ **legen** base sth on sth; **etw. liegt einer Sache** ∼ sth is based on sth

zu|gucken *itr. V.* (ugs.) ▶ zusehen

zu|gunsten **A** *Präp.; mit Gen.* in favour of

B *Adv.* ∼ **von** in favour of

zu·gute *Adv.* **jmdm. seine Unerfahrenheit** *usw.* ∼ **halten** (geh.) make allowances for sb's inexperience *etc.*; **sich** (*Dat.*) **etwas/viel auf etw.** (*Akk.*) ∼ **tun** *od.* **halten** (geh.) be proud/very proud of sth; **jmdm./einer Sache** ∼ **kommen** stand sb/sth in good stead

zu|haben *unr. itr. V.* (ugs.) ⟨*shop, office*⟩ be shut *or* closed

zu|halten *unr. tr. V.* hold closed; (nicht öffnen) keep closed

zu|hängen *tr. V.* cover ⟨*window, cage*⟩

zu|hauen (ugs.) **A** *unr. itr. V.* bang *or* slam ⟨*door, window*⟩ shut

B *unr. itr. V.* hit *or* strike out

Zu·hause *das;* ∼**s** home

Zuhilfenahme *die;* ∼; utilization; **ohne/ unter** ∼ **einer Sache** (*Gen.*) **/von etw.** without/with the aid of sth

zu|hören *itr. V.* **jmdm./einer Sache** ∼ listen to sb/sth

Zu·hörer *der,* **Zu·hörerin** *die* listener

zu|kleben *tr. V.* seal ⟨*letter, envelope*⟩

zu|knallen (ugs.) **A** *tr. V.* slam

B *itr. V.; mit sein* slam

zu|knöpfen *tr. V.* button up

zu|kommen *itr. V.; mit sein* **auf jmdn.** ∼ approach sb

◆ **Zukunft** *die;* ∼; future

zu·künftig **A** *Adj.* future

B *Adv.* in future

Zukunfts·technologie *die* technology of the future

Zu·lage *die* extra pay *no indef. art.*; additional allowance *no indef. art.*

◆ **zu|lassen** *unr. tr. V.* **1** allow; permit

2 (teilnehmen lassen) admit

3 (mit einer Lizenz usw. versehen) **jmdn. als Arzt** ∼ register sb as a doctor

4 (Kfz-W.) register ⟨*vehicle*⟩

5 (geschlossen lassen) leave closed *or* shut ⟨*door, window, etc.*⟩

zu·lässig *Adj.* permissible; admissible ⟨*appeal*⟩

z

Zulassung *die*; ~, ~en registration

Zu·lauf *der* [viel] ~ haben ‹*shop, restaurant, etc.*› enjoy a large clientele; ‹*doctor, lawyer*› have a large practice

zu|laufen *unr. itr. V.*; *mit sein* **1** auf jmdn./ etw. ~ (auch fig.) run towards sb/sth **2** jmdm. ~ ‹*cat, dog, etc.*› adopt sb as a new owner

zu|legen *refl. V.* sich (*Dat.*) etw. ~ get oneself sth

◆ **zu·letzt** *Adv.* **1** last [of all] **2** (als letzter/letzte/letztes) last **3** (fig.) (am wenigsten) least of all **4** (schließlich, am Ende) in the end; **bis** ~ [right up] to *or* until the end

zu·liebe *Adv.* jmdm./einer Sache ~ for sb's sake/for the sake of sth

Zulieferer *der*; ~s, ~, **Zulieferin** *die*; ~, ~nen supplier

◆ **zum** *Präp.*; + *Art.* **1** = zu dem **2** (räumlich) (Richtung) to the **3** (räumlich) (Lage) etw. ~ Fenster hinauswerfen throw sth out of the window **4** (Hinzufügung) Milch ~ Tee nehmen take milk with [one's] tea **5** (zeitlich) at the; **spätestens** ~ **15. April** by 15 April at the latest **6** (Zweck) ~ Spaß/Vergnügen for fun/ pleasure **7** (Folge) ~ Ärger seines Vaters to the annoyance of his father

zu|machen *tr. V.* close; fasten, do up ‹*dress*›; seal ‹*envelope, letter*›; turn off ‹*tap*›; put the top on ‹*bottle*›; (stilllegen) close *or* shut down ‹*factory, mine, etc.*›

zu·mal **A** *Adv.* especially; particularly **B** *Konj.* especially *or* particularly since

◆ **zumindest** *Adv.* at least

zu|müllen *tr. V.* (ugs.) etw. ~ bury sth under rubbish; **mit etw. zugemüllt werden** be buried under sth; **von etw. zugemüllt werden** (fig.) be buried under sth

zu·mute *Adj.* jmdm. ist unbehaglich *usw.* ~ sb feels uncomfortable *etc.*; **mir war nicht danach** ~ I didn't feel like it *or* in the mood

zu|muten *tr. V.* jmdm. etw. ~ (abverlangen) expect *or* ask sth of sb; (antun) expect sb to put up with sth

Zumutung *die*; ~, ~en unreasonable demand; **eine** ~ **sein** be unreasonable

◆ **zu·nächst** *Adv.* **1** (als erstes) first; (anfangs) at first **2** (im Moment, vorläufig) for the moment

Zunahme *die*; ~, ~n increase (*Gen.*, an + *Dat.* in)

Zu·name *der* surname; last name

zünden **A** *tr. V.* ignite ‹*gas, fuel, etc.*›; detonate ‹*bomb, explosive device, etc.*›; let off ‹*fireworks*›; fire ‹*rocket*›

B *itr. V.* ‹*rocket, engine*› fire; ‹*lighter, match*› light; ‹*gas, fuel, explosive*› ignite

Zünd-: ~holz *das* (bes. südd., österr.) match; ~schlüssel *der* (Kfz-W.) ignition key

Zündung *die*; ~, ~en **1** ▸ zünden A ignition; detonation; letting off; firing **2** (Kfz-W.) (Anlage) ignition

zu|nehmen *unr. itr. V.* **1** increase (an + *Dat.* in); ‹*moon*› wax **2** (schwerer werden) put on *or* gain weight

zunehmend *Adv.* increasingly

Zu·neigung *die* affection

Zunge *die*; ~, ~n tongue; **[jmdm.] die** ~ **herausstrecken** put one's tongue out [at sb]

Zungen·piercing *das* **1** tongue-piercing **2** (Schmuck) tongue stud

zu·nichte *Adj.* etw. ~ machen ruin sth

zu·oberst *Adv.* [right] on [the] top

zu·pass, *zu·paß: jmdm. ~ kommen come [to sb] at just the right time *or* moment

zupfen **A** *itr. V.* an etw. (*Dat.*) ~ pluck *or* pull at sth **B** *tr. V.* **1** etw. aus/von *usw.* etw. ~ pull sth out of/from *etc.* sth **2** (auszupfen) pull out; pluck ‹*eyebrows*› **3** pluck ‹*string, guitar, tune*› **4** jmdn. am Ärmel ~ pull *or* tug [at] sb's sleeve

◆ **zur** *Präp.*; + *Art.* **1** = zu der **2** (räumlich) (fig.) (Richtung) to the; ~ Schule/ Arbeit gehen go to school/work **3** (räumlich) (Lage) ~ Tür hereinkommen come [in] through the door **4** (Zusammengehörigkeit, Hinzufügung) with the **5** (zeitlich) at the; ~ Stunde at the moment; at present; ~ Zeit ▸ zurzeit **6** (Zweck) ~ Entschuldigung by way of [an] excuse **7** (Folge) ~ vollen Zufriedenheit ihres Chefs to the complete satisfaction of her boss

zurechnungs·fähig *Adj.* sound of mind *pred.*

zurecht-: ~|finden *unr. refl. V.* find one's way [around]; ~|kommen *unr. itr. V.*; *mit sein* get on (mit with); ~|legen *tr. V.* lay out [ready]; jmdm. etw. ~|legen lay sth out ready for sb; ~|machen *tr. V.* (ugs.) **1** (vorbereiten) get ready **2** (herrichten) do up **3** jmdn./sich ~machen get sb ready/get [oneself] ready; (schminken) make sb up/put on one's make-up; ~|weisen *unr. tr. V.* rebuke; reprimand ‹*pupil, subordinate, etc.*›

zu|reden *itr. V.* jmdm. ~ persuade sb; (ermutigen) encourage sb

Zürich (*das*); ~s Zurich

◆ **zu·rück** *Adv.* back; (weiter hinten) behind; **einen Schritt** ~ a step backwards; ~! get *or* go back!

zurück-, Zurück-: ~|behalten *unr. tr. V.* **1** keep [back]; retain **2** be left with ‹*scar, heart defect, etc.*›; ~|bekommen *unr.*

◆ key word
* alte Schreibung—vgl. Hinweis auf S. x

tr. V. get back; **Sie bekommen 10 Euro** ~
you get 10 euros change; ~|**bleiben** unr.
itr. V.; mit sein **1** remain **2** (nicht mithalten) lag
behind; (fig.) fall behind **3** (bleiben) remain;
~|**blicken** itr. V. look back; ~|**erstatten**
tr. V. refund; **jmdm. etw.** ~**erstatten** refund
sth to sb; ~|**fahren** unr. itr. V.; mit sein
1 go back; return **2** (nach hinten fahren) go
back[wards]; ~|**fallen** unr. itr. V.; mit
sein **1** (in Rückstand geraten) fall behind **2** (auf
einen niedrigeren Rang) drop (**auf** + Akk. to)
3 an jmdn. ~**fallen** revert to sb
4 auf jmdn. ~**fallen** <actions, behaviour>
reflect [up]on sb; ~|**fliegen** unr. itr. V.;
mit sein fly back; ~|**führen** tr. V. etw. auf
etw. (Akk.) ~**führen** attribute sth to sth;
~|**geben** unr. tr. V. give back; return;
take back <defective goods>; ~|**gehen** unr.
itr. V.; mit sein **1** go back; return **2** (nach
hinten) go back **3** (verschwinden) disappear;
<swelling, inflammation> go down; <pain>
subside **4** (sich verringern) decrease; <fever>
abate; <flood> subside; <business> fall off
5 (zurückgeschickt werden) be returned or sent
back; ~|**greifen** unr. itr. V. auf jmdn./etw.
~**greifen** fall back on sb/sth; ~|**halten**
A unr. tr. V. **1** jmdn. ~**halten** hold sb back;
(von etw. abhalten) stop sb **2** (am Vordringen
hindern) keep back <crowd, mob, etc.>
3 (behalten) withhold <news, letter, etc.>
4 (nicht austreten lassen) hold back <tears etc.>
B unr. refl. V. restrain or control oneself;
sich in einer Diskussion ~**halten** keep in the
background in a discussion; ~**haltend**
A Adj. **1** reserved **2** (kühl, reserviert) cool,
restrained <reception, response> **3** (Wirtsch.)
(schwach) slack <demand> **B** adv. <behave>
with reserve or restraint; (kühl, reserviert)
coolly; ~**haltung** die reserve; (Kühle,
Reserviertheit) coolness; (Wirtsch.) caution;
~|**kehren** itr. V.; mit sein return; come
back; ~|**kommen** unr. itr. V.; mit sein
come back; return; (zurückgelangen) get
back; ~**kommen auf** + Akk. come back to
<subject, question, point, etc.>; ~|**kriegen**
tr. V. (ugs.) ▶ zurückbekommen; ~|**lassen**
unr. tr. V. leave; ~|**legen** tr. V. **1** put back
2 (reservieren) put aside, keep (Dat., für for)
3 (sparen) put away **4** (hinter sich bringen) cover
<distance>; ~|**lehnen** refl. V. lean back;
~|**nehmen** unr. tr. V. (auch fig. widerrufen)
take back; ~|**rufen** unr. tr. V. **1** call back;
recall <ambassador> **2** auch itr. V. (telefonisch)
call or (BrE) ring back; ~|**schauen** itr. V.
(bes. südd., österr., schweiz.) ▶ zurückblicken;
~|**schicken** tr. V. send back; ~|**schlagen**
A unr. tr. V. **1** (nach hinten schlagen) fold
back <cover, hood, etc.>; turn down <collar>
2 (durch einen Schlag zurückbefördern) hit back;
(mit dem Fuß) kick back **3** (zum Rückzug zwingen,
abwehren) beat off, repulse <enemy, attack>
B unr. itr. V. **1** hit back; <enemy> strike
back, retaliate **2** mit sein <pendulum> swing
back; ~|**schrecken** regelm. (veralt.) unr.
itr. V.; mit sein vor etw. (Dat.) ~**schrecken**

(fig.) shrink from sth; **er schreckt vor nichts**
~ he will stop at nothing; ~|**senden** unr.
od. regelm. tr. V. (geh.) ▶ zurückschicken;
~|**treten** unr. itr. V.; mit sein step
back; (von einem Amt) resign; step down;
<government> resign; (von einem Vertrag usw.)
withdraw (**von** from); back out (**von** of);
(fig.) (in den Hintergrund treten) become less
important; ~|**weisen** unr. tr. V. reject
<proposal, question, demand, application,
etc.>; turn down, refuse <offer, request, help,
etc.>; turn away <petitioner, unwelcome
guest>; repudiate <accusation, claim, etc.>;
~|**werfen** unr. tr. V. throw back; reflect
<light, sound>; repulse <enemy>; (fig.) (in einer
Entwicklung) set back; ~|**zahlen** tr. V. pay
back; ~|**ziehen** **A** unr. tr. V. **1** pull back;
draw back <bolt, curtains, one's hand, etc.>
2 (abziehen, zurückbeordern) withdraw <troops>;
recall <ambassador> **3** (rückgängig machen)
withdraw; cancel <order, instruction> **B** unr.
refl. V. withdraw

Zu·ruf der shout

zu|rufen unr. tr. V. **jmdm. etw.** ~ shout sth
to sb

zur·zeit Adv. at the moment

Zu·sage die **1** (auf eine Einladung hin)
acceptance; (auf eine Stellenbewerbung hin) offer
2 (Versprechen) promise; undertaking

zu|sagen **A** itr. V. **1** accept
2 jmdm. ~ (gefallen) appeal to sb
B tr. V. promise

⚬ **zusammen** Adv. together; ~ **sein**
(zusammenleben) be or live together

⚬ **Zusammen·arbeit** die cooperation no
indef. art.

zusammen-, Zusammen-: ~|**arbeiten**
itr. V. cooperate; ~|**binden** unr. tr. V. tie
together; ~|**brechen** unr. itr. V.; mit sein
collapse; (fig.) <order, communications, system,
telephone network> break down; <traffic>
come to a standstill; ~**bruch** der collapse;
(fig.) (auch psychisch, nervlich) breakdown;
~|**drücken** tr. V. press together; ~|**fahren**
unr. itr. V.; mit sein (zusammenzucken) start;
jump; ~|**fallen** unr. itr. V.; mit sein **1** collapse
2 [zeitlich] ~**fallen** coincide; ~|**fassen** tr.
V. summarize; ~**fassung** die summary;
~|**fegen** tr. V. (bes. nordd.) sweep together;
~|**fließen** unr. itr. V.; mit sein <rivers,
streams> flow into each other; ~**fluss**,
*~**fluß** der confluence; ~|**fügen** tr.
V. fit together; ~|**führen** tr. V. bring
together; ~|**gehören** itr. V. belong
together; ~**gehörig** Adj. [closely] related
or connected <subjects, problems, etc.>;
matching attrib. <pieces of tea service,
cutlery, etc.>; ~**gehörigkeit** die; ~~;
ein starkes Gefühl der ~**gehörigkeit** a
strong sense of belonging together;
~**gehörigkeits·gefühl** das sense or
feeling of belonging together

z

⚡ **Zusạmmen·hang** *der* connection; (einer Geschichte, Rede) coherence; (Kontext) context

zusạmmen-, Zusạmmen-: ~|**hängen** *unr. itr. V.* **1** be joined [together] **2** mit etw. ~**hängen** (fig.) be related to sth; (durch etw. [mit] verursacht sein) be the result of sth; ~|**kehren** *tr. V.* (bes. südd.) sweep together; ~**klappbar** *Adj.* folding; ~|**klappen** *tr. V.* fold up; ~|**kommen** *unr. itr. V.*; *mit sein* **1** meet; mit jmdm. ~kommen meet sb **2** (zueinanderkommen) (auch fig.) get together; (gleichzeitig auftreten) occur *or* happen together; ~**kunft** *die*; ~~, ~**künfte** meeting; ~|**laufen** *unr. itr. V.*; *mit sein* **1** <*people, crowd*> gather, congregate **2** <*rivers, streams*> flow into each other, join up; ~|**leben** *itr. V.* live together; ~**leben** *das* living together *no art.*; ~|**legen** Ⓐ *tr. V.* **1** put *or* gather together **2** (zusammenfalten) fold [up] **3** (miteinander verbinden) amalgamate, merge <*classes, departments, etc.*>; combine <*events*> **4** put <*patients, guests, etc.*> together [in the same room] Ⓑ *itr. V.* club together; ~|**nehmen** Ⓐ *unr. tr. V.* summon up <*courage, strength, understanding*> Ⓑ *unr. refl. V.* get *or* take a grip on oneself; nimm dich ~! pull yourself together!; ~|**passen** *itr. V.* go together; <*persons*> be suited to each other; ~**prall** *der*; ~~[e]s, ~~e collision; ~|**prallen** *itr. V.*; *mit sein* collide (mit with); ~|**schlagen** *unr. itr. V.* (verprügeln) beat up; ***~|**sein** ▸ zusammen; ~|**setzen** Ⓐ *tr. V.* put together Ⓑ *refl. V.* **1** sich aus etw. ~setzen be made up *or* composed of sth **2** (sich zueinander setzen) sit together; (zu einem Gespräch) get together; ~**setzung** *die*; ~~, ~~**en 1** (Aufbau) composition; „~setzung: ...“ (als Aufschrift auf Medikamentenpackung) 'ingredients: ...' **3** (Sprachw.) compound; ~**spiel** *das* **1** (von Musikern) ensemble playing; (von Darstellern) ensemble acting; (einer Mannschaft) teamwork **2** (fig.) interplay; ~|**stehen** *unr. itr. V.* stand together; ~|**stellen** *tr. V.* put together; draw up <*list*>; ~**stoß** *der* collision; (fig.) clash (mit with); ~|**stoßen** *unr. itr. V.*; *mit sein* collide (mit with); ~|**treffen** *unr. itr. V.*; *mit sein* **1** meet; mit jmdm. ~treffen meet sb **2** (zeitlich) coincide; ~|**wachsen** *unr. itr. V.*; *mit sein* grow together; join [up]; <*bones*> knit together; (fig.) <*towns*> merge into one; ~|**zählen** *tr. V.* add up; ~|**ziehen** *unr. itr. V.*; *mit sein* move in together; mit jmdm. ~ziehen move in with sb; ~|**zucken** *itr. V.*; *mit sein* start; jump

Zu·satz *der* addition; (Zugesetztes, Additiv) additive

⚡ **zusätzlich** Ⓐ *Adj.* additional Ⓑ *adv.* in addition

zu|schauen *itr. V.* (südd., österr., schweiz.) ▸ zusehen

⚡ **Zu·schauer** *der*, **Zu·schauerin** *die*; ~, ~**nen** spectator; (im Theater, Kino) member of the audience; (an einer Unfallstelle) onlooker; (Fernsehzuschauer) viewer; die Zuschauer (im Theater, Kino) the audience *sing.*

Zuschauerzahl *die* (bes. Ferns.) audience [numbers]; (Sport) attendance

zu|schicken *tr. V.* send; jmdm. etw. ~ send sth to sb

zu|schieben *unr. tr. V.* **1** push <*drawer, door*> shut **2** (fig.) jmdm. die Schuld ~ lay the blame on sb

Zu·schlag *der* **1** additional *or* extra charge; (für Nacht-, Feiertagsarbeit usw.) additional *or* extra payment **2** (Eisenb.) supplement

zu|schlagen Ⓐ *unr. tr. V.* bang *or* slam <*door, window, etc.*> shut; close <*book*>; (heftig) slam <*book*> shut Ⓑ *unr. itr. V.* **1** mit sein <*door, trap*> slam *or* bang shut **2** (einen Schlag/Schläge führen) throw a blow/blows; (losschlagen) hit *or* strike out; (fig.) <*army, police, murderer*> strike

zu|schließen Ⓐ *unr. tr. V.* lock Ⓑ *unr. itr. V.* lock up

zu|schnüren *tr. V.* tie up

zu|schrauben *tr. V.* screw the lid *or* top on <*jar, flask*>; screw <*lid, top*> on

Zu·schrift *die* letter; (auf eine Anzeige) reply

Zu·schuss, *****Zu·schuß** *der* contribution (zu towards)

zu|sehen *unr. itr. V.* **1** watch; jmdm. [beim Arbeiten *usw.*] ~ watch sb <*working etc.*> **2** (dafür sorgen) make sure; see to it

zu|senden *unr. od. regelm. tr. V.* ▸ zuschicken

Zu·sendung *die* sending

zu|spitzen *refl. V.* become aggravated

zu|sprechen Ⓐ *unr. tr. V.* **1** er sprach ihr Trost/Mut zu his words gave her comfort/courage **2** jmdm. ein Erbe *usw.* ~ award sb an inheritance *etc.* Ⓑ *unr. itr. V.* jmdm. ermutigend/tröstend *usw.* ~ speak encouragingly/comfortingly to sb

⚡ **Zu·stand** *der* **1** condition; (bes. abwertend) state **2** (Stand der Dinge) state of affairs

zu·stande *Adv.* etw. ~ bringen [manage to] bring about sth; ~ kommen come into being; (geschehen) take place

⚡ **zu·ständig** *Adj.* appropriate relevant <*authority, office, etc.*>; [für etw.] ~ sein

---

z ⚡ key word
  * old spelling—see note on page x

(verantwortlich) be responsible [for sth]

Zuständigkeit *die*; ~, ~en
(Verantwortlichkeit) responsibility; (Kompetenz) competence

zu|stehen *unr. itr. V.* etw. steht jmdm. zu sb is entitled to sth

zu|steigen *unr. itr. V.*; *mit sein* get on; **ist noch jemand zugestiegen?** (im Bus) ≈ any more fares, please?; (im Zug) ≈ tickets, please!

zu|stellen *tr. V.* deliver <letter, parcel, etc.>

zu|stimmen *itr. V.* agree; jmdm. [in einem Punkt] ~ agree with sb [on a point]; **einer Sache** (*Dat.*) ~ agree to sth

✓ **Zu·stimmung** *die* (Billigung) approval (**zu** of); (Einverständnis) agreement (**zu** to, with)

zu|stoßen *unr. itr. V.*; *mit sein* jmdm. ~ happen to sb

Zu·tat *die* ingredient

zu·teil *Adv.* jmdm./einer Sache ~ werden (geh.) be granted to sb/sth

zu|teilen *tr. V.* jmdm. jmdn./etw. ~ allot *or* assign sb/sth to sb; **jmdm. seine Portion** ~ mete out his/her share to sb

zu|tragen *unr. refl. V.* (geh.) occur

zuträglich *Adj.* healthy <climate>; jmdm./einer Sache ~ sein be good for sb/sth; be beneficial to sb/sth

zu|trauen *tr. V.* jmdm. etw. ~ believe sb [is] capable of [doing] sth; sich (*Dat.*) etw. ~ think one can do *or* is capable of doing sth

Zutrauen *das*; ~s confidence, trust (**zu** in)

zutraulich A *Adj.* trusting
  B *adv.* trustingly

Zutraulichkeit *die*; ~; trust[fulness]

zu|treffen *unr. itr. V.* **1** be correct
  2 auf *od.* **für** jmdn./etw. ~ apply to sb/sth

zutreffend A *Adj.* **1** correct; (treffend) accurate
  2 (geltend) applicable; relevant
  B *adv.* correctly

zu|trinken *unr. itr. V.* jmdm. ~ raise one's glass and drink to sb

Zu·tritt *der* entry; admittance; „**kein** ~", „~ **verboten**" 'no entry'; 'no admittance'; ~ [**zu etw.**] **haben** have access [to sth]

Zu·tun *das*; ~s; **ohne** jmds. ~ without sb's being involved

zu·unterst *Adv.* right at the bottom

zuverlässig A *Adj.* reliable; (verlässlich) dependable <person>
  B *adv.* reliably

Zuverlässigkeit *die*; ~; reliability; (Verlässlichkeit) dependability

Zuversicht *die*; ~; confidence

zuversichtlich A *Adj.* confident
  B *adv.* confidently

*zuviel ▸ zu B1

✓ **zu·vor** *Adv.* before

zuvor|kommen *unr. itr. V.*; *mit sein*
  1 jmdm. ~ beat sb to it
  2 einer Sache (*Dat.*) ~ anticipate sth

zuvorkommend A *Adj.* obliging; (höflich) courteous
  B *adv.* obligingly; (höflich) courteously

Zuvorkommenheit *die*; ~; courteousness; courtesy

Zuwachs *der*; ~es, **Zuwächse** increase (*Gen.*, an + Dat. in)

Zuwachs·rate *die* (bes. Wirtsch.) growth rate

Zu·wanderer *der*, **Zu·wanderin** *die* immigrant

Zu·wanderung *die* immigration

zu·weilen *Adv.* (geh.) now and again

zu|weisen *unr. tr. V.* jmdm. etw. ~ allocate *or* allot sb sth

zu|wenden *unr. od. regelm. refl. V.* sich jmdm./einer Sache ~ (auch fig.) turn to sb/sth

*zu·wenig ▸ zu B1

zuwider *Adj.* jmdm. ~ sein be repugnant to sb

zu|winken *itr. V.* jmdm./einander ~ wave to sb/one another

zu|zahlen *tr. V.* pay <five euros etc.> extra

zu|ziehen A *unr. tr. V.* pull <door> shut; draw <curtain>; do up <zip>
  B *unr. refl. V.* sich (*Dat.*) eine Krankheit ~ catch an illness
  C *unr. itr. V.*; *mit sein* move into the area

Zu·zug *der* influx

zuzüglich *Präp.*; *mit Gen.* plus

zwang *1. u. 3. Pers. Sg. Prät. v.* zwingen

Zwang *der*; ~[e]s, **Zwänge 1** compulsion
  2 (unwiderstehlicher Drang) irresistible urge

zwängen A *tr. V.* squeeze
  B *refl. V.* squeeze [oneself]

zwanghaft *Adj.* obsessive

zwanglos A *Adj.* **1** informal; casual <behaviour>
  2 (unregelmäßig) haphazard <arrangement>
  B *adv.* **1** informally
  2 (unregelmäßig) haphazardly <arranged>

Zwanglosigkeit *die*; ~ **1** informality
  2 (Unregelmäßigkeit) haphazard *or* casual manner

Zwangs·lage *die* predicament

zwangs·läufig A *Adj.* inevitable
  B *adv.* inevitably

zwanzig *Kardinalz.* twenty; *s. auch* achtzig

zwanziger *indekl. Adj.* die ~ Jahre the twenties

Zwanzig·euro·schein *der* twenty-euro note

zwanzigst... *Ordinalz.* twentieth

✓ **zwar** *Adv.* **1** admittedly
  2 und ~ to be precise

✓ **Zweck** *der*; ~[e]s, ~e purpose; (Sinn) point;

Z

es hat keinen ~ it's pointless; **es hat keinen ~, das zu tun** there is no point in doing that
zweck-, Zweck-: ~entfremden tr. V. use for another purpose; **~los** Adj. pointless; **~losigkeit** die; ~~; pointlessness; **~mäßig** 🅰 Adj. appropriate; expedient ‹*behaviour, action*›; functional ‹*building, fittings, furniture*› 🅱 adv. appropriately ‹*arranged, clothed*›; ‹*act*› expediently; ‹*equip, furnish*› functionally; **~mäßigkeit** die appropriateness; (einer Handlung) expediency; (eines Gebäudes) functionalism
zwecks Präp.; mit Gen. (Papierdt.) for the purpose of
🔹 **zwei** Kardinalz. two; s. auch **acht**[1]
Zwei die; ~, ~en 1 (Zahl) two
2 (Schulnote) B
zwei-, Zwei-: ~bettzimmer das twin-bedded room; **~cent·stück** das two-cent piece; **~deutig** 🅰 Adj. ambiguous; (fig.) (schlüpfrig) suggestive ‹*remark, joke*› 🅱 adv. ambiguously; (fig.) suggestively; **~deutigkeit** die; ~~, ~~en ambiguity; (fig.) suggestiveness; **~dimensional** 🅰 Adj. two-dimensional 🅱 adv. two-dimensionally; **~ein·halb** Bruchz. two and a half
zweierlei indekl. Adj.; attr. 1 two sorts or kinds of; two different ‹*sizes, kinds, etc.*›; odd ‹*socks, gloves*›
2 (allein stehend) two [different] things
Zweieuro·stück das two-euro piece
zwei·fach Vervielfältigungsz. double; (zweimal) twice
Zwei·fache das adj. Dekl. das ~ twice as much
🔹 **Zweifel** der; ~s, ~; doubt (**an** + Dat. about); **etw. in ~ ziehen** question sth
zweifelhaft Adj. 1 doubtful
2 (fragwürdig) dubious; (suspekt) suspicious
zweifel·los Adv. undoubtedly
zweifeln itr. V. doubt; **an jmdm./etw. ~** doubt sb/sth; have doubts about sb/sth
zweifels-, Zweifels-: ~fall der case of doubt; doubtful or problematic case; **im ~fall[e]** in case of doubt; if in doubt; **~ohne** Adv. undoubtedly; without doubt
Zweig der; ~[e]s, ~e [small] branch; (meist ohne Blätter) twig
zwei·hundert Kardinalz. two hundred
🔹 **zweimal** Adv. twice
zwei-, Zwei-: ~reiher der double-breasted suit/coat/jacket; **~schneidig** Adj. double-edged; **~sprachig** 🅰 Adj. bilingual; ‹*sign*› in two languages 🅱 adv. bilingually; ‹*written*› in two languages; ‹*published*› in a bilingual edition; **~spurig** Adj. 1 two-lane ‹*road*› 2 two-track ‹*vehicle*› 3 two- or twin-track ‹*recording*›; **~stellig** Adj. two-figure

attrib. ‹*number, sum*›; **~stöckig** Adj. two-storey attrib.; **~stöckig sein** have two storeys
zweit in **wir waren zu ~** there were two of us
🔹 **zweit...** Ordinalz. second; **jeder Zweite** every other one; s. auch **erst...**
zwei·tägig Adj. (2 Tage alt) two-day-old attrib.; (2 Tage dauernd) two-day attrib.
zweit·ältest... Adj. second oldest
zwei·tausend Kardinalz. two thousand
zweit·best... Adj. second best
Zweite-Klasse-Abteil das second-class compartment
*****zweite·mal** ▶ **Mal**[1]
*****zweiten·mal** ▶ **Mal**[1]
🔹 **zweitens** Adv. secondly; in the second place
Zweiter-Klasse-Abteil das second-class compartment
zweit·rangig Adj. of secondary importance postpos.; (zweitklassig) second-rate
Zweit·stimme die second vote
zwei·türig Adj. two-door ‹*car*›
Zweit-: ~wagen der second car; **~wohnung** die second home
Zwei·zimmer·wohnung die two-room flat (BrE) or (AmE) apartment
Zwerch·fell das (Anat.) diaphragm
Zwerg der; ~[e]s, ~e dwarf; (Gartenzwerg) gnome
Zwetsche die; ~, ~n damson plum
Zwieback der; ~[e]s, ~e od. **Zwiebäcke** rusk; (unzählbar) rusks pl.
Zwiebel die; ~, ~n onion; (Blumenzwiebel) bulb
zwie-, Zwie-: ~gespräch das (geh.) dialogue; **~spalt** der; ~~[e]s, ~~e od. **~~spälte** [inner] conflict; **~spältig** Adj. conflicting ‹*mood, feelings*›; discordant ‹*impression*›; (widersprüchlich) contradictory ‹*nature, attitude, person, etc.*›
Zwilling der; ~s, ~e 1 twin
2 Pl. (Astrol.) Gemini; the Twins; **er/sie ist [ein] ~** he/she is a Gemini
Zwillings-: ~bruder der twin brother; **~paar** das pair of twins; **~schwester** die twin sister
🔹 **zwingen** unr. tr. V. force; **jmdn. [dazu] ~, etw. zu tun** force or compel sb to do sth
zwingend Adj. compelling ‹*reason, logic*›; conclusive ‹*proof, argument*›; imperative ‹*necessity*›
zwinkern itr. V. [mit den Augen] ~ blink; (als Zeichen) wink
Zwirn der; ~[e]s, ~e [strong] thread or yarn
🔹 **zwischen** Präp.; mit Dat./Akk. between; (mitten unter) among[st]
zwischen-, Zwischen-: ~durch /-'-/ Adv. (zeitlich) between times; (zwischen zwei Zeitpunkten) in between; (von Zeit zu Zeit)

🔹 key word
***** alte Schreibung—vgl. Hinweis auf S. x

from time to time; ~**fall** *der* incident;
~**kriegszeit** *die* period between the wars;
inter-war years *pl.*; ~|**landen** *itr. V.*; *mit
sein* in X ~landen land in X on the way;
~**mahlzeit** *die* snack [between meals];
~**menschlich** **A** *Adj.* interpersonal
<relations>; *<contacts>* between people
B *adv.* on a personal level; ~**raum**
der space; gap; (Lücke) gap; ~**ruf** *der*
interruption; viele ~rufe a great deal of
heckling *sing.*; ~**wand** *die* dividing wall;
partition; ~**zeit** *die* interim

Zwist *der*; ~[e]s, ~e (geh.) strife *no indef.
art.*; (Fehde) feud; dispute

Zwistigkeit *die*; ~, ~**en** (geh.) dispute

zwitschern *itr. (auch tr.) V.* chirp

Zwitter *der*; ~s, ~ (Biol.) hermaphrodite

zwo *Kardinalz.* (ugs.; bes. zur Verdeutlichung) two

✐ **zwölf** *Kardinalz.* twelve; ~ **Uhr mittags/
nachts** [twelve o'clock] midday/midnight;
s. auch acht¹

zwölft... *Ordinalz.* twelfth; *s. auch* acht...

zwölftel *Bruchz.* twelfth; *s. auch* achtel

Zwölftel *das schweiz. meist der* ~s, ~;
twelfth

zwot... *Ordinalz.* (ugs.; bes. zur Verdeutlichung)
second

zwotens *Adv.* (ugs.; bes. zur Verdeutlichung)
secondly

Zylinder /t͡si'lɪndɐ/ *der*; ~**s**, ~ **1** cylinder
2 (Hut) top hat

zylindrisch **A** *Adj.* cylindrical
B *adv.* cylindrically

Zyniker *der*; ~**s**, ~, **Zynikerin** *die*; ~,
~**nen** cynic

zynisch **A** *Adj.* cynical
B *adv.* cynically

Zynismus *der*; ~; cynicism

Zypern (*das*); ~**s** Cyprus

Zyprer *der*; ~**s**, ~, **Zyprerin** *die*; ~, ~**nen**
Cypriot

Zypresse *die*; ~, ~**n** cypress

Zypriot *der*; ~**en**, ~**en**, **Zypriotin** *die*; ~,
~**nen** Cypriot

zypriotisch, **zyprisch** *Adj.* Cypriot

Zyste *die*; ~, ~**n** (Med.) cyst

Contents

Festivals and holidays in German-speaking countries

1 January

Neujahr (New Year's Day) is always a public holiday and tends to be a quiet day when people are recovering from the *Silvester* celebrations.

6 January

Heilige Drei Könige Epiphany or Twelfth Night is a public holiday in Austria and some parts of southern Germany. In some areas, children dress up as the Three Kings and go from house to house to bless homes for the coming year and collect money for charity.

2 February

Mariä Lichtmess Candlemas is celebrated in the Catholic Church but is not a public holiday.

1 April

Erster April April Fool's Day is the time to make an April fool of your family and friends (*jmdn. in den April schicken*) or to play an April fool trick (*Aprilscherz*).

1 May

Erster Mai May Day is a public holiday in Germany, Austria, and Switzerland. It is celebrated by trade unions as Labour Day, often with rallies and demonstrations. Many people go on a family outing; in rural areas maypoles are put up in the villages.

3 October

Tag der deutschen Einheit Germany's national holiday, the Day of German Unity, commemorates German reunification on 3 October 1990.

26 October

Nationalfeiertag Austria's national holiday.

31 October

Reformationstag Reformation Day is a public holiday in some mainly Protestant parts of Germany and commemorates the Reformation.

1 November

Allerheiligen All Saints' Day is a public holiday in Catholic parts of Germany and Austria.

2 November

Allerseelen All Souls' Day is the day when Catholics remember their dead by visiting the cemeteries to pray and place wreaths, flowers, and candles on the graves. This is often done on 1 November as *Allerseelen* is not a public holiday.

11 November

Martinstag (St Martin's Day) is not a public holiday, but in Catholic areas the charitable saint is commemorated with processions where children carry lanterns and sing songs. Traditional food includes the *Martinsgans* (roast goose) and *Martinsbrezel* (a soft pretzel).

6 December

Nikolaustag On the eve of St Nicholas' Day, children put out their boots in the hope of finding presents and fruit, nuts, and sweets in the morning. St Nicholas is always depicted as looking much like Santa Claus or Father Christmas.

25 December

Weihnachten (Christmas) is a family event in Germany, and preparations begin with the *Adventskranz*, an Advent wreath with four candles. On each Sunday of Advent one more candle is lit. Christmas decorations are generally very traditional, with fir branches, candles and wooden Christmas figurines, which can be bought at the *Weihnachtsmarkt* (Christmas market). Typical Christmas baking includes *Stollen* or *Christstollen* (a rich fruit bread), *Lebkuchen* (spicy honey biscuits), and lots of biscuits in the shape of stars, bells, etc. The decorated Christmas tree should only be seen by the children on *Heiligabend* (Christmas Eve), when presents are given out. The *erster Weihnachtstag* (Christmas Day) is a public holiday in Germany, Austria, and Switzerland.

It tends to be a quiet day for family gatherings, often with a traditional lunch of goose or carp. The *zweiter Weihnachtstag* (Boxing Day) is also a public holiday; in Austria and Switzerland it is called *Stephanstag* (St Stephen's Day).

31 December

Silvester New Year's Eve is not a bank holiday, but firms and shops tend to close early. Many people celebrate with a party, or a meal with friends, toasting in the new year at midnight with *Sekt* (German sparkling wine), and watching fireworks.

Movable feasts

Rosenmontag The day before Shrove Tuesday is not an official holiday but many people, especially in the Rhineland, get the day off to take part in the *Karneval* celebrations, including masked balls, fancy-dress parties, and parades. Almost every town has its own carnival prince and princess. The street parades in Düsseldorf, Cologne, Mainz, and other cities are attended by thousands of revellers wearing fancy dress and shown live on television.

Faschingsdienstag Shrove Tuesday is the final day of *Fasching* (Carnival) in southern Germany, with processions and fancy-dress parties similar to *Rosenmontag* in the northwest. In the far south, ancient customs to drive out the winter with bells and drums survive.

Aschermittwoch Ash Wednesday marks the end of the carnival season and the beginning of Lent. It is celebrated in the Catholic Church but it is not a pubic holiday.

Karfreitag Good Friday is a public holiday and generally quiet. Catholics and many Protestants traditionally eat fish on this day.

Ostern Easter traditions include hiding Easter eggs (often dyed hardboiled eggs, or the chocolate variety) in the garden for the children, supposedly left by the *Osterhase* (Easter bunny). *Ostermontag* (Easter Monday) is also a public holiday.

Weißer Sonntag (Sunday after Easter) In the Catholic Church, first communion is traditionally taken on this Sunday.

Muttertag (second Sunday in May). On Mother's Day, children of all ages give their mothers small gifts, cards, or flowers.

Christi Himmelfahrt (40 days after Easter). Ascension Day is a public holiday in Germany, Austria, and Switzerland. This is also Father's Day, when fathers traditionally go out on day trips or pub crawls.

Pfingsten (Whitsun – seventh Sunday after Easter). As *Pfingstmontag* (Whit Monday) is a public holiday in Germany, Austria, and Switzerland, Whitsun is a popular time to have a long weekend away.

Fronleichnam (second Thursday after Whitsun). Corpus Christi is a public holiday in Austria and in parts of Germany and Switzerland. In Catholic areas, processions and open-air masses are held.

Erntedankfest Harvest festival is not a legal holiday in Germany, but is celebrated with church services on the first Sunday in October in many rural areas. In Switzerland there is a harvest thanksgiving holiday in mid-September.

Buß- und Bettag (third Wednesday in November). This day of 'repentance and prayer' is a public holiday only in the German Land of Sachsen.

Volkstrauertag (second Sunday before the beginning of Advent). In Germany, this is a national day of mourning to commemorate the dead of both world wars, and the victims of the Nazis.

Totensonntag (last Sunday before the beginning of Advent). Protestants remember their dead on this day.

Advent The four weeks leading up to Christmas, beginning with the *1. Adventssonntag* (first Sunday in Advent), still have a special significance in Germany, even for people who are not religious.

Life and culture in German-speaking countries

Abendbrot, Abendessen For most Germans, **Mittagessen** is still the main meal of the day. *Abendbrot* or *Abendessen* normally consists of bread, cheese, meats, perhaps a salad, and a hot drink. It is eaten by the whole family at about 6 or 7 p.m. *Abendessen* can also refer to a cooked meal, especially for people who are out at work all day.

Abitur The *Abitur*, or *Matura* in Austria, is the final exam taken by pupils at a **Gymnasium**, usually when they are aged about 18. The result is based on continuous assessment during the last two years before the *Abitur*, plus examinations in four subjects. On passing the *Abitur*, a *Zeugnis der allgemeinen Hochschulreife* is issued. This certificate is the obligatory qualification for university entrance.

Adventskranz A garland made of fir springs, traditionally decorated with ribbons and four candles. The wreath is either suspended from the ceiling or put on a table. One candle is lit on the first Sunday in Advent, two on the next, and so on until the fourth Sunday.

Allerheiligen see the **Festivals** section.

Allerseelen see the **Festivals** section.

Amerikahaus In Germany and Austria, *Amerikahäuser* are US information centres. They have reference libraries and offer language courses and lectures.

Ampelkoalition A term describing any coalition between the **SPD** (the party colour is red), the **FDP** (yellow), and the Green Party (*see* **Bündnis 90**). Coalitions of this type have held power in a number of **Länder**.

Amtsgericht *Amtsgerichte* (local or district courts) are the lowest level of ordinary courts in Germany. They work in a two-tier system with the *Landgerichte* (regional courts) and deal with minor cases. There are four levels of ordinary courts hearing both civil and criminal cases: beside the *Amtsgericht* and *Landgericht* there are the *Oberlandesgericht* (higher regional court) and the *Bundesgerichtshof* (federal supreme court). Most legal proceedings at the local court are handled by magistrates. The regional courts, which handle more serious cases and deal with local court appeals, are presided over by a panel of lay judges and a professional judge.

Arbeitsagentur The local employment office to be found in every German town (formerly called *Arbeitsamt*). It provides career guidance, helps the unemployed find new jobs, and processes all claims for **Arbeitslosengeld I** and related benefits. Unemployed people have to report to the *Arbeitsagentur* once every three months to prove that they are still looking for work.

Arbeitsgericht   Industrial tribunals are held at administrative courts (local, higher, and federal), which handle all proceedings under administrative law. They deal with disputes between employers and employees or between employers and trade unions, and matters connected with the *Betriebsverfassungsgesetz* (industrial relations law).

Arbeitslosengeld I, or earnings-related unemployment benefit, is paid to all unemployed people who are looking for a new job and have already made a minimum contribution to the **Arbeitslosenversicherung**. The benefit is a proportion of the person's previous pay, and is higher for people supporting children. It is generally paid for up to one year. People unemployed for longer than twelve months, or those who are not entitled to *Arbeitslosengeld I*, can apply for the so-called *Arbeitslosengeld II* (unemployment benefit II), which has replaced *Arbeitslosenhilfe* and is a reduced-rate benefit.

Arbeitsamt ▶ Arbeitsagentur

Arbeitslosenversicherung   This is the compulsory state-run insurance against unemployment. All employees have to pay into this scheme and in return are entitled to **Arbeitslosengeld I** and related benefits. Employees and employers each pay half of the contributions. This area has been subject to wide-ranging reforms in recent years.

Archiv der Jugendkulturen   Since 1998 the Archive of Youth Culture in Berlin has been collecting and cataloguing books, magazines, CDs, and other materials of special interest to young people. The Archive is open to the public and publishes a magazine called *Journal der Jugendkulturen* (Journal of Youth Culture).

ARD – Arbeitsgemeinschaft der öffentlich-rechtlichen Rundfunkanstalten der Bundesrepublik Deutschland   An umbrella organization for the regional broadcasting stations of the various German **Länder**, financed by licence fees plus a certain amount of advertising. The ARD broadcasts das **Erste**.

Aschermittwoch   see the **Festivals** section.

AStA – Allgemeiner Studentenausschuss   A students' union which consists of twelve student boards elected by a student parliament that is voted in annually. AStA deals with all student issues, including financial, cultural, and social concerns, offering advice and support.

Ausbildungsplatz   Over 500,000 firms in all sectors of the economy, including the independent professions and the public sector, provide trainee posts for **Azubis**. Young people can only apply for these in state-recognized occupations for which vocational training is required. Large firms have their own training workshops, but smaller firms train their apprentices on the job.

Autobahn Germany's motorway network is very extensive and not subject to a general speed limit, other than a recommended limit of about 80 mph (130 km/h). But increasingly speed limits are in force on long stretches of the *Autobahn*. Many motorways have only two lanes. To ease congestion, lorries are not allowed to use the *Autobahn* on Sundays. German motorways are free for passenger traffic. Lorries over twelve tonnes pay a toll known as *Autobahngebühren*. On Austrian and Swiss motorways, all vehicles must display a **Vignette**.

Azubi Trainees and apprentices are known as *Azubis* or *Auszubildende*. They are trained within the German dual system (*das duale Ausbildungssystem*), which combines practical on-the-job training in recognized occupations with theoretical instruction at a **Berufsschule**. During the training period, *Azubis* receive a small wage from their employer. In order to gain professional qualifications, *Azubis* take an examination at the end of their two- or three-year apprenticeship; this is conducted by a board of examiners such as the chamber of industry and commerce, the chamber of crafts, or representatives of employers and vocational schoolteachers.

Bachfest This ten-day music festival is held annually in honour of the great German composer Johann Sebastian Bach (1685–1750), and takes place in Leipzig, where Bach spent many years of his life. The *Bachfest* is one of more than a hundred important music festivals in Germany.

BAföG – Bundesausbildungsförderungsgesetz
Federal education and training assistance, which about a quarter of German students receive from the state. Whether they are entitled to a *BAföG* grant or loan, and how much they get, depends on the students' and their parents' financial circumstances. Half of this assistance is awarded in the form of a grant, and the rest as an interest-free loan which usually has to be repaid within five years of the end of the maximum entitlement period. The payments are made by the **Studentenwerke** (student welfare services).

BahnCard A rail pass for frequent rail travellers within Germany. *BahnCard 25/BahnCard 50/BahnCard 100* entitle the holder to 25 per cent, 50 per cent, or 100 per cent discount respectively. There are a number of other passes and saver tickets offering reductions throughout Germany, Austria, Switzerland, and neighbouring countries.

Bauhaus A school of architecture and the applied arts founded in 1919 in Weimar and later housed at Dessau. Under the leadership of Walter Gropius (1883–1969) and Ludwig Mies van der Rohe (1886–1969), it became the centre of modern design in the 1920s and played a key role in establishing a relationship between architecture, technology, and functionality. The *Bauhaus* was closed down by the Nazis in 1933.

Bausparen German building societies expect people to have saved up a sizeable sum towards the purchase of a house before they will give them a mortgage. For this reason, many Germans have a *Bausparvertrag* (a tax-efficient savings contract for an agreed sum) with a building society, even if they are not planning to buy their **Eigenheim** for some time.

Bayern Bayern, or Bavaria, the largest and most southerly of Germany's **Länder**, is known for its beautiful scenery (the Alps and their foothills, as well as forests, rivers, and lakes, picturesque towns and villages), its excellent **Bier** (beer) and food, and its lively cosmopolitan capital, München (Munich). The Bavarians are said to be warm and hospitable, but also fiercely independent and very conservative.

Bayreuth The Franconian city of Bayreuth in Bavaria is a magnet for opera fans. The German composer Richard Wagner (1813–83) lived there from 1872. In most years since 1876 the Richard Wagner Festival has been staged in the Festspielhaus, the festival theatre built between 1872 and 1876 with funding from the Bavarian King Ludwig II, one of Wagner's greatest admirers.

Beamte This term, meaning 'official', covers civil servants and other local government officers, but also teachers and lecturers. *Beamte* are legally obliged to support the democratic system in Germany and are not allowed to go on strike. In return, they enjoy many privileges, such as total job security, private health insurance, and exemption from social security contributions.

Berlin After **Wiedervereinigung**, Berlin took over from Bonn as the capital of Germany, though the German government did not start moving there until 1998. This vibrant city lies on the River Spree. It has about 3.5 million inhabitants and is a major cultural and commercial centre.

Berlinale This is the short name for the Internationale Filmfestspiele Berlin, an annual film festival that was first held in 1951. A *Goldener Bär* (Golden Bear) statuette is awarded for the best film, and a *Gläserner Bär* (Glass Bear) for the best children's film. The bear is Berlin's symbol.

Berliner Theatertreffen Founded in 1964, the Berlin Theatre Encounter presents the best German-language plays. Some dramatic productions are broadcast on **3SAT**, which also presents one of the *Theatertreffen* prizes, awarded for innovative drama.

Berufsfachschule A full-time vocational college that offers preparation courses for a period of one to three years. Only pupils with a *Haupt-* or *Realschulabschluss* (school-leaving certificates) can attend a *Berufsfachschule*. The courses count as part of an apprenticeship, or can even replace it. *See also* **Schule**.

Culture

Berufsschule A college for young people who are doing a **Lehre**. They attend *Berufsschule* one or two days a week (or sometimes in blocks of several weeks) to continue their general education and receive formal training in their chosen type of job.

Besenwirtschaft An inn set up temporarily by a local winegrower for a few weeks after the new wine has been made. A blown-up pig's bladder hung outside the door indicates that the new vintage may be sampled here. This is mainly found in southern Germany and is similar to the Austrian **Heuriger**. *See also* **Strausswirtschaft**.

Betriebsrat The staff in any German company with at least five employees are entitled to have a *Betriebsrat*. This is a committee elected by the workers to represent their interests, as opposed to those of management. It allows workers to participate in decisions on pay and other benefits, redundancies, and even some business matters.

Bier Germany and Austria rank among the world's top beer producers and consumers, with a vast range of beer varieties (*Bock, Alt, Dunkel, Export, Hell, Kölsch, Lager, Malzbier, Pils, Märzen, Weizenbier* or *Weißbier*, and *Berliner Weiße*) to choose from. The standard everyday pale beer most people order is a *Helles*. Germans brew more than 5,000 varieties, and each beer tastes different depending on the ratio of ingredients, brewing temperature and technique, alcoholic content, ageing time, and colour. Although there are now some big brewing conglomerates, the local brews from small independent breweries (there are about 1,300 in Germany) are still the best and most popular. German beer is brewed according to the *Reinheitsgebot* (beer purity regulation) of 1516, which stipulates that no ingredients other than hops, malted barley, yeast, and water can be used. Dortmund and Munich are among the top beer-producing cities in the world. Drinking beer is a vital part of everyday life for many people; they regularly meet up at their **Stammtisch** in a *Kneipe* (pub) or **Biergarten**.

Biergarten A rustic open-air pub, or beer garden, which is traditional in Bavaria and Austria but can now also be found throughout Germany. It is usually set up for the summer in the yard of a pub or restaurant and serves beer and simple meals. In Munich beer gardens, the drink comes in a litre-sized glass, called a *Maß*.

Bild Zeitung Germany's largest-selling daily newspaper, *Bild* is a typical tabloid with huge headlines, lots of photos, scandal stories, gossip, and nude models. It is known for its right-wing views. *Bild* sells about 2.7 million copies every day. Its Sunday edition is called *Bild am Sonntag*.

Bioladen A health-food shop which sells only organically grown products.

Biotonne ▶ Recycling

BKJ ▶ DBJR

Blauer Brief A letter sent by a school to inform parents that their son or daughter is in danger of having to repeat the year, a concept colloquially known as **sitzen bleiben**.

Blauer Engel The Blue Angel label on goods for sale shows consumers that the product is environmentally friendly.

Bodensee This is the German name for Lake Constance, Germany's biggest lake, bordered by Germany, Switzerland, and Austria. The River Rhine flows through it. This popular recreation area enjoys a particularly mild climate, especially on the three islands, Lindau, Mainau, and Reichenau.

Bonn Bonn was the capital of the Federal Republic of Germany (*see* **Bundesrepublik Deutschland**) from 1949 until Berlin was made the capital of reunified Germany in 1991. It is still home to a number of government institutions. This relatively small city of about 300,000 inhabitants enjoys a picturesque location on the River Rhine.

Brandenburger Tor Once a symbol of divided Berlin, the Brandenburg Gate triumphal arch has become a symbol of reunited Germany. It was designed in the neoclassical style by Karl Gotthard Langhans (1732–1808) and opened in 1791 as an entrance to the boulevard Unter den Linden. Topped by the goddess of peace, the monument was part of the closed border between East and West Berlin from 1961 to 1989.

Brothers Grimm ▶ Kinder- und Hausmärchen

Bund This term refers to the federal state as the top level of government, as opposed to the individual **Länder** which make up the **Bundesrepublik**. *Bund* and *Länder* have different responsibilities, with the *Bund* in charge of foreign policy, defence, transport, health, employment, etc.

Bundesbank Properly called the *Deutsche Bundesbank*, Germany's central bank is an autonomous non-governmental institution located in Frankfurt am Main. With the introduction of the **Euro** in 1999, some of the bank's functions passed to the European Central Bank (also in Frankfurt).

Bundesfreiwilligendienst A German volunteer service established in 2011 on the suspension of (compulsory) **Wehrdienst** and **Zivildienst**, carrying out work for the public good. Volunteers are called *Bundesfreiwilligendienstleistende*, or *Bufdis* for short.

Bundesheer The *Bundesheer* is the Austrian federal army, which ensures the country's neutrality. All 18-year-old Austrian males must serve for a compulsory six months, plus two further months reserve duty at later dates. Conscientious objectors do public service. No foreign military bases are allowed on Austrian territory. *See also* **Wehrdienst**, **Zivildienst**.

Bundeskanzler(in) The chancellor is the head of government in Germany and Austria. The German chancellor is normally elected for four years by the members of the **Bundestag** after being proposed by the **Bundespräsident**. The *Bundeskanzler(in)* chooses the ministers and decides on government policies.

Bundesländer ▸ Länder

Bundesliga The German national soccer league is split into two divisions of eighteen teams: the *Bundesliga* and the 2. (or *Zweite*) *Bundesliga*. League games attract hundreds of thousands of spectators every week during the regular season.

Bundesminister The Federal Government consists of the **Bundeskanzler** and the *Bundesminister* (federal ministers). The chancellor appoints ministers and determines their number and responsibilities in the Cabinet. Ministers run their ministries independently but within the framework of the guidelines of the chancellor's policy.

Bundespräsident The president is the head of state in Germany and Austria. The German president is elected for five years by the members of the **Bundestag** and delegates from the **Länder**. The *Bundespräsident* acts mainly as a figurehead, representing Germany abroad, and does not get involved in party politics, although he often takes a moral lead in major issues and can exercise personal authority through his neutral mediating function. The *Bundespräsident* can only be re-elected once.

Bundesrat This is the upper house of the German parliamentary system. The *Bundesrat* members are appointed by the **Länder** governments and represent them. The *Bundesrat* has to approve laws affecting the *Länder*, and also any changes to the **Grundgesetz**. The opposition parties can sometimes hold a majority in the *Bundesrat*, which allows them to influence German legislation.

Bundesrepublik Deutschland, or Bundesrepublik for short, is the official name of the German state (the Federal Republic of Germany, or FRG). During the period when Germany was divided, it was the official name of West Germany. The short form was then used particularly to distinguish West Germany from East Germany (see **GDR**). Established on 23 May 1949, the republic became fully independent from British, French, and US control in May 1955. In October 1990 the Federal Republic merged with the **GDR** to form a single, unified Germany. *See also* **Wiedervereinigung**.

Bundestag The lower house of the German parliament, which is elected every four years by the German people. The Bundestag is responsible for federal legislation, the federal budget, and electing the **Bundeskanzler**. Half of the members are elected directly and half by proportional representation, in a system in which each voter has two votes. *See also* **Nationalrat**.

Bundesverfassungsgericht As the supreme court in Germany, the federal constitutional court in Karlsruhe is the guardian of the **Grundgesetz** and the final arbiter in any German legal appeal. It passes judgement on constitutional complaints and has the power to order a party's dissolution if it is unconstitutional and may pose a threat to democracy. The Federal Government has to accept the judges' ruling, however controversial the case may be. The *Bundesverfassungsgericht* consists of two panels, each with eight judges, who are elected for a single twelve-year term. Half of the panel is elected by the **Bundestag** and half by the **Bundesrat**.

Bundeswappen The German coat of arms is the eagle. This heraldic bird – emblem of the Roman emperors – was adopted by Charlemagne and became the coat of arms of the German Empire when it was founded in 1871. The Weimar Republic adopted it in its present form in 1919, and since 1950 it has been used by the **Bundesrepublik Deutschland**.

Bundeswehr This is the name for the German armed forces, which are under the control of the defence minister. The *Bundeswehr* consists of professional soldiers and of volunteers serving their *freiwilliger* **Wehrdienst**; conscription was suspended in July 2011. Until 1994, the **Grundgesetz** did not allow German forces to be deployed abroad, but they now take part in certain operations, notably UN peacekeeping missions.

Bündnis 90/Die Grünen This party came into being in 1993 as a result of the merger of the West German Green party and civil-rights movements of the former East Germany (**GDR**). It is an important force in the German parliament, committed to environmental and social issues.

Burschenschaft A students' duelling society, like a fraternity, which was founded in Jena in 1815 to strengthen patriotic feeling. The tradition was abolished in 1935, but a decade later male students formed a new fraternity, the *Deutsche Burschenschaft*. Most of these generally right-wing social organizations for students are now called *studentische Verbindungen* (*Verbindung* means 'link' or 'connection'). There are now also Verbindungen for women.

CDU – Christlich-Demokratische Union One of the main German political parties, it was founded in 1945 and is committed to Christian and conservative values. Led by Angela Merkel, the CDU and its sister party, the CSU, gained 33.8 per cent of the votes in the 2009 general election. They won 239 seats in the **Bundestag**, while the SPD won only 146. A coalition was formed between the CDU/CSU and the **FDP** (who had won 14.6 per cent of the votes, and 93 seats), with Merkel as *Bundeskanzlerin* (see **Bundeskanzler**).

Christkind Traditionally, it is *das Christkind* (the Christ child) who brings Christmas presents to children on Christmas Eve. The concept of *der Weihnachtsmann* (Father Christmas or Santa Claus) is relatively new in Germany and confined mainly to the protestant North.

Culture

Christopher Street Day Gay Pride festivals and parades in Germany and Switzerland are called Christopher Street Days (or CSDs), after the New York street in which the gay protests known as the Stonewall Rebellion took place in 1969. Pride parades are held in most German cities, and the most famous are in Berlin and Cologne. In Austria, the parade is called the *Regenbogenparade* (Rainbow Parade).

CSU – Christlich-Soziale Union The Bavarian sister party of the **CDU** was founded in 1946 and has enjoyed an absolute majority in Bavaria for over 30 years. It now forms part of the governing coalition in Germany.

DAAD – Deutscher Akademischer Austauschdienst The German Academic Exchange Service is a joint organization of universities and other institutions of higher education for the promotion of academic exchange. The DAAD is the central source of information on study and research opportunities in Germany and abroad. It awards scholarships to students and academics and acts as a national agency for grants from the European Union.

DBJR – Deutscher Bundesjugendring The German Federal Youth Association, based in Berlin, is made up of twenty-four national youth organizations and sixteen regional youth councils. The *Bundesjugendring* aims to represent young people in their everyday lives. The *Bundesvereinigung Kulturelle Jugendbildung* (BKJ), a separate Federation of Youth Cultural Associations based in Remscheid, specializes in cultural activities that are followed by more than 12 million young people.

Deutsche Bibliothek The German Library in Frankfurt am Main is the central archive of all German-language writing, and the national bibliographical information centre of the **Bundesrepublik**. The first national library bringing together all German-language literature under one roof was set up in Leipzig in 1912. The division of Germany after the Second World War resulted in a new national library, established in 1947 in Frankfurt. After reunification in 1990, the German library in Leipzig was merged with the Frankfurt library.

Deutsche Post The previously state-run German postal system has undergone wide-ranging reforms in recent years, which has effectively removed the Deutsche Post monopoly. The number of post offices has been reduced, but small post-office agencies can now be found in shops, newsagents, and petrol stations. German letter boxes are yellow. Postal charges are relatively high, but the service is very reliable.

Deutsche Telekom The previously state-run German telecommunications service is now a public limited company and Europe's largest telecommunications provider, having undergone extensive reforms and gradual privatization. Since 1998, when the market was opened up to competition, it has had no monopoly.

Deutsche Welle Aimed at listeners abroad, this radio station is financed and controlled by the German government and broadcasts programmes on German politics, business, arts, and culture.

Deutscher Kulturrat The German Arts Council was founded in 1981 as a non-governmental commission representing cultural associations and institutions. The Arts Council comprises eight independent organizations, among them the Sociocultural Council (**Soziokultur**). The function of the *Kulturrat* is to coordinate, advise, and inform on matters concerning cultural affairs, make recommendations on cultural policy, and further international cultural relations.

Deutscher Sportbund (DSB) Around 27 million people are members of a sports club in Germany, while another 12 million take part in sport. The German Sports Federation (DSB) has 16 regional sports federations and many individual sports associations. There are more than 2.5 million volunteer coaches and officials working for the Sports Federation. The DSB also promotes programmes such as *Trimm dich* (Get fit), a programme aimed at physical fitness, and *Sport für alle* (Sport for all), a programme encouraging people to run, swim, cycle, ski, and hike. About 750,000 people a year pass DSB tests and qualify for a gold, silver, or bronze sports medal.

Deutschlandlied This has been the German national anthem since 1922, when it was chosen by the first president of the Weimar Republic. The song entitled *Lied der Deutschen* (Song of the Germans) was written by Hoffmann von Fallersleben in 1841 and set to a melody composed by Joseph Haydn (1732–1809). Only the third stanza of the song is now used as the national anthem.

Diplomprüfung Final (degree) examination at a university or equivalent higher education institution in a technical or scientific subject, especially in engineering, business administration, design, agriculture, and social work. Those passing the exam are awarded a degree or diploma.

Duales System This waste-disposal and recycling system was introduced in Germany in 1993 and is operated by the private company DSD. All packaging materials marked with the **Grüner Punkt** symbol are collected separately, and sorted into plastics, glass, paper, and metal for recycling. All other waste is still collected by the local refuse collection service. *See also* **Recycling**.

Eigenheim Germany and Switzerland have the lowest levels of home ownership in Europe, while Austria has among the highest. In Germany, many people happily live in rented flats or houses, but most dream of buying or building their *Eigenheim* (own home) one day, and save up towards it through the system of **Bausparen**. First-time buyers are usually middle-aged and expect to stay in their home for the rest of their lives.

Culture

Einwohnermeldeamt (residents' registration office) Anybody who moves to Germany or relocates within Germany is legally obliged to register their address with the *Einwohnermeldeamt* within a week.

Eisschießen, Eisstockschießen Ice-stick shooting or Bavarian curling is a popular sport in Bavaria and Austria. There are two kinds of *Eisschießen*: in one, the aim is to slide the ice stick, a heavy metal plate with a handle, as far as possible across the ice; in the other, players slide a metal-plated wooden ice stick as close as possible to the *Daube*, a wooden tee.

Elterngeld (formerly called *Erziehungsgeld)* A state benefit paid for up to 14 months to any mother or father who stays at home after the birth of a child to look after it. In 2009, about 96 per cent of mothers and 23 per cent of fathers claimed it. In addition to this, parents receive *Kindergeld* (child benefit) for each child.

Elternzeit A German mother or father who looks after a child at home is entitled to up to three years' extended maternity or paternity leave. At the end of this *Elternzeit* – formerly called *Erziehungsurlaub* ('child-raising leave') – they are entitled to return to their old job. Around 95 per cent of German mothers take time out of work for at least one year after the birth.

Entwerter In many German cities, *Entwerter* (ticket-cancelling machines) are located on U-Bahn and S-Bahn platforms, or on trains, trams, or buses. When travelling on public transport in Germany, it is important to remember to cancel (*entwerten*) the ticket in one of the machines. Even if just bought from the driver, your ticket may not be valid without this stamp.

Erntedankfest see the Festivals section.

Erste, Das Also called *Erstes Programm*, this is the first German public TV channel, broadcast by **ARD**. Programming includes news, information, films, and entertainment. There is a limited amount of advertising, which is concentrated in blocks at certain times of day and not after 8 p.m.

Erziehungsgeld ▶ Elterngeld

Erziehungsurlaub ▶ Elternzeit

Euro The *Euro* was introduced as a *gemeinsame Währung* (common currency) in most states of the European Union in 2002. It replaced the *Mark* in Germany and the *Schilling* in Austria. Switzerland is not a member of the EU and retains the *Franken*.

Eurocheque The *Eurocheque* is the standard cheque issued by banks in Germany. It is backed up by the *Eurochequekarte*, which can also be used at cash machines and for payments in shops. Plastic cards are still not quite as widely accepted in Germany as in many other countries.

Fachhochschule This type of college provides shorter, more vocational and practical courses than those available at a **Hochschule**. A third of new students now enrol at a *Fachhochschule* to take the **Diplomprüfung**.

Fachhochschulreife ► Fachoberschule

Fachoberschule This vocationally orientated college takes students with an intermediate school certificate and leads to the *Fachhochschulreife*, a certificate qualifying students for the **Fachhochschule**. Courses last for two to three years and cover theoretical instruction as well as on-the-job training.

Fasching, Fastnachtszeit This is the carnival season, which begins in November and ends on Aschermittwoch for Lent. Depending on the region it is called *Karneval*, *Fastnacht*, *Fasnet*, or *Fasching*, and is celebrated in Germany, Austria, and Switzerland. Every town and village has its own carnival customs. Whether it is the Kölner Karneval or the Münchner Fasching, celebrations reach a climax in the last week, especially on Rosenmontag and Faschingsdienstag. On Ash Wednesday everything returns to normal. *See also* **Aschermittwoch**, **Faschingsdienstag**, **Rosenmontag** in the **Festivals** section.

Faschingsdienstag see the **Festivals** section.

FDP – Freie Demokratische Partei The German Liberal party, founded in 1948. This relatively small party has held the balance of power in coalitions in the past, even though it tends to gain only 5 to 10 per cent of the vote at general elections (14.6 per cent in 2009). It supports a free-market economy and the freedom of the individual.

Flohmarkt There is a *Flohmarkt* (flea market) on Sundays in most big cities. Stalls are set up in a main street, park, or central square to sell knick-knacks, second-hand clothes, furniture, and other bargains.

Focus A relatively new weekly news and current affairs magazine published in Munich. It was set up in 1993 and is aimed at a centre-right, professional readership. *Focus* has become a serious competitor of **Der Spiegel**, with shorter, easier-to-read articles, and a more modern presentation.

Formel 1 Formula 1 motor racing enjoys a large following in Germany, particularly since local hero Michael Schumacher won the drivers' world championship a record seven times between 1994 and 2004. The German Grand Prix, which was won three times by Michael and once by his brother Ralf, takes place each year at Hockenheim near Mannheim. The European Grand Prix was held at the Nürburgring in Rheinland-Pfalz from 1999 to 2007.

FPÖ – Freiheitliche Partei Österreichs The Austrian Freedom Party, also known as *Die Freiheitlichen*, was founded in 1955. It is right-wing and is the third largest party. It advocates a minimum monthly wage and stricter asylum policies.

Freistaat The official designation (meaning 'free state') of three German *Länder*—Bayern, Sachsen, and Thüringen. It originated in the 19th century and was used in the titles of several of the former states not ruled by a monarch that became modern Germany.

Frankfurter Allgemeine Zeitung (FAZ) One of Germany's most serious and widely respected daily newspapers. It tends to have a centre-right (*bürgerlich-konservativ*) outlook.

Frankfurter Buchmesse The annual Book Fair was first held in Frankfurt in 1964. Since then it has become the most important publishing trade fair in the world. Held every October, it includes the award of the *Friedenspreis des deutschen Buchhandels* (Peace Prize of the German Book Trade). Leipzig also stages an important annual book fair.

Die Freiheitlichen ▶ FPÖ

FRG – Federal Republic of Germany ▶ Bundesrepublik Deutschland

Frühstück Breakfast in Germany typically consists of strong coffee, slices of bread or fresh rolls with butter, jam, honey, sliced cheese and meat, and maybe a boiled egg. For working people and schoolchildren, who have little time for breakfast first thing in the morning, a *zweites Frühstück* is common at around 10 a.m.

Fünfprozentklausel The 5 per cent clause, introduced in 1953, stipulates that only parties gaining at least 5 per cent of the valid second votes, or at least three constituency seats, can be represented in parliament.

Fußballweltmeisterschaft The Football World Cup took place in Germany in 2006, with matches spread across twelve cities, including the opening match in Munich and the final in Berlin. The German team won in 1954, 1974, and 1990 and has been runner-up four times. Women's football is also strong in Germany; the German team won the Women's World Cup in 2003 and 2007.

Gastarbeiter The term used for workers from foreign countries, mainly Turkey, former Yugoslavia, and Italy, many of whom came to Germany in the 1960s and 1970s. Despite the time that they have lived in Germany, and the fact that their children have grown up there, the issue of integration is still widely discussed.

GDR – German Democratic Republic The communist state, established in the Soviet-occupied zone of Germany after the Second World War. Also known as East Germany, or the *Deutsche Demokratische Republik* (*DDR*), it lasted from 1949 to 1990. *See also* **Bundesrepublik Deutschland**, **Mauer**, **Wiedervereinigung**.

Gemeinde The lowest level of local government, run by a local council chaired by the *Bürgermeister* (mayor). *Gemeinden* have their own budget, with income from local taxes. They pass local legislation and administer local affairs.

Gemeinschaftsschule A kind of comprehensive school for pupils in years 1 to 10. Its aim is to avoid early commitment to a particular type of secondary school (*see Grundschule*)—and to facilitate the integration of migrants.

Gesamthochschule A type of higher-education institution that existed in some **Länder** from the 1960s until 2003, combining **Hochschule** and **Fachhochschule** under one roof. Most have since become universities.

Gesamtschule A comprehensive secondary school introduced in the 1970s and designed to replace the traditional division into **Gymnasium**, **Realschule**, and **Hauptschule**. Pupils are taught different subjects at their own level and may take any of the school-leaving exams, including the **Abitur**.

Glascontainer ► Recycling

Goethe-Institut An organization promoting German language and culture abroad. It is based in Munich and runs about 140 institutes in over seventy countries, offering German language classes, cultural events such as exhibitions, films, and seminars, and a library, which is open to the public, of German books and magazines and other documentation.

Goldener Bär ► Berlinale

Grundgesetz The written German constitution which came into force in May 1949. It lays down the basic rights of German citizens, the relationship between **Bund** and **Länder**, and the legal framework of the German state.

Grundschule The primary school which all German children attend for four years from the age of six (some children do not start until they are seven). Lessons are intense but pupils only attend school for about four hours a day. At the end of the *Grundschule*, teachers and parents decide together which type of secondary school – **Hauptschule**, **Realschule**, **Gesamtschule**, or **Gymnasium** – the child should attend. Parents usually accept the *Lehrerempfehlung* (teacher's recommendation), which is binding in some Länder.

Grünen, Die ► Bündnis 90

Grüner Punkt A symbol used to mark packaging materials that can be recycled. Any packaging carrying this logo is collected separately under the **Duales System** recycling scheme. Manufacturers have to buy a licence from the recycling company DSD (Duales System Deutschland) to entitle them to use this symbol.

Gruppe 47 This German literary group was founded (in 1947, hence its name) by the writer Hans Werner Richter (1908–93), who organized regular meetings to encourage young German-language authors in the postwar era. The group's two most famous representatives both won Nobel Prizes in Literature: Heinrich Böll in 1972, for his 'renewal of German literature', and Günter Grass, in 1999, for portraying 'the forgotten face of history'.

Gymnasium The secondary school which prepares pupils for the **Abitur**. The **Gymnasium** is attended after the **Grundschule** by the most academically inclined pupils. They spend nine years at this school (to be reduced to eight by 2012), and during the last three years they have some choice as to which subjects they study. *See also* **Schule**.

Hansestadt *Hansestädte* (Hanseatic cities), such as Bremen and Hamburg, were once part of an association of trading cities along the North Sea and Baltic coasts. The *Hanse* (Hanseatic League or Hansa) was formed in the 13th century to protect the economic interests of its members. Meetings were held at Lübeck, where members developed a system of commercial laws. The *Hanse* remained a powerful force until the late sixteenth century, after which it declined.

Hartz IV A basic social benefit paid to people who are not entitled to Arbeitslosengeld I (unemployment benefit) to cover their basic needs. It replaced both *Arbeitslosenhilfe* and *Sozialhilfe*.

Hauptschule The secondary school which prepares pupils for the *Hauptschulabschluss* (school-leaving certificate). The *Hauptschule* aims to give less academically inclined pupils a sound educational grounding. Pupils stay at the *Hauptschule* for five or six years after the **Grundschule**. *See also* **Lehre**, **Schule**.

Hausordnung These 'house rules' are what a tenant has to adhere to in order to maintain a harmonious relationship with neighbours. They might cover the maintenance of common areas and the appearance of the house or apartment block; for example, forbidding a tenant from hanging washing from a front window. But usually the *Hausordnung*, whether written or unwritten, includes restrictions on noise, possibly even from running a late-night bath. *See also* **Ruhezeit**.

Heiligabend see the **Festivals** section.

Heilige Drei Könige see the **Festivals** section.

Heuriger This is an Austrian term for both a new wine and an inn with new wine on tap, especially an inn with its own vineyard in the environs of Vienna. On warm, late summer evenings Viennese wine devotees sit on wooden benches and sample the new wine of the year. A garland of pine twigs outside the gates of the *Heuriger* shows that the barrel has been breached. *See also* **Besenwirtschaft** and **Strausswirtschaft**.

Hochdeutsch There are many regional variations and dialects in Germany, Austria, and Switzerland (64 per cent of Swiss people speak *Schwyzerdütsch*). *Hochdeutsch* is the standard German that can be understood by all German speakers. It is probably the only way for a Bavarian, Austrian, or Swiss to communicate with a North German. Newspapers and other publications are generally printed in *Hochdeutsch*, which is regarded as 'proper' German.

Hochschule German *Hochschulen* (universities and colleges) have generally not charged fees, but some **Länder** recently introduced fees of 500 euros per semester. Anybody who has passed the **Abitur** is entitled to go to university (except for some subjects which have a restriction on numbers, or **Numerus clausus**). They tend to be very large and impersonal institutions. Students may receive a **BAföG** grant and often take more than the minimum eight semesters (four years) to complete their course.

Hochzeit Church weddings are not legally recognized in Germany, Austria, or Switzerland, and all couples must be married in a civil ceremony. The civil ceremony is held in a *Standesamt* (registry office, called a *Zivilstandsamt* in Switzerland). The civil marriage tends to be a private family affair; if the couple also has a church ceremony afterwards, that is usually a more public event. Various traditions are associated with weddings: often a car procession takes place (where the wedding party and guests drive around honking their horns, and well-wishers honk back), or children strew flowers in front of the couple for good luck. The bachelor party or stag night is known as *Junggesellenabschied*, and there is often also an informal party held before the wedding known as **Polterabend**. Since 2001, same-sex couples have been able to register a civil union called a *Lebenspartnerschaft*.

ICE – Intercityexpresszug This high-speed train runs at one- or two-hour intervals on a number of main routes in Germany, offering shorter journey times and better facilities than ordinary trains.

IM – inoffizieller Mitarbeiter This term refers to 'unofficial collaborators' of the **Stasi**. These informers were often ordinary people in the former **GDR** who had been recruited or pressurized by the *Stasi* to spy on neighbours, family, and friends. However, some were prominent figures in the West.

Jüdisches Museum The new Jewish Museum in Berlin opened in 1999, a stunning, angular silver building designed by the American architect Daniel Libeskind. It stands in dramatic contrast to its Baroque neighbour, a former appeal court built in 1734–35. The collection covers two millennia of German Jewish history, and includes a Holocaust Tower memorial.

Kaffee This refers not only to coffee as a drink but also to the small meal taken at about four in the afternoon, consisting of coffee and cakes or biscuits. It is often a social occasion, as it is common to invite family or friends for *Kaffee* *und Kuchen* (rather than for tea or dinner), especially on birthdays and other family occasions.

Kanton The name for the individual autonomous states that make up Switzerland. There are 26 *Kantone*, each with its own government and constitution.

Karneval ▶ Fasching, Fastnachtszeit

Kfz-Kennzeichen This is the number plate on German motor vehicles, which have to be licensed by the *Zulassungsstelle* (vehicle registration office) for the owner's registered place of residence. The first letter or group of letters indicate the town or district that the vehicle comes from.

KI.KA – Kinderkanal This publicly funded children's TV channel was set up in 1997 by **ARD** and **ZDF**. Based in Erfurt, the channel broadcasts German children's favourites, as well as classic programmes from around the world.

Kindergarten Every German pre-school child has the right to attend *Kindergarten* (nursery or play school) between the ages of three and six. *Kindergarten* concentrates on play, crafts, singing, etc., and aims to foster the child's social and emotional development. There is no formal teaching at all, this being reserved for the **Grundschule**.

Kindertagesstätte Often called *Kita* for short, these day nurseries are intended for the children of working parents and usually cater for babies to 6-year-olds, though some *Kitas* also offer after-school care for older children.

Kinder- und Hausmärchen Jakob Grimm (1785–1863) and his brother Wilhelm (1786–1859) collected fairy tales for their book of *Kinder- und Hausmärchen* (Household and Nursery Tales). In 1852 they started compiling a comprehensive German dictionary, but the work was so vast that it was only completed in 1961, a century after their deaths.

Kirchensteuer Any taxpayer who is a member of one of the established churches in Germany (mainly Catholic and Protestant) has to pay *Kirchensteuer* (church tax). It is calculated as a proportion of income tax and is collected at source by the tax office, which then passes on the money to the relevant church.

Kita ▶ Kindertagesstätte

Knecht Ruprecht ▶ Krampus

Krampus – Knecht Ruprecht The legendary figure known as Krampus in Austria and Bavaria, and Knecht Ruprecht in other regions, is St Nicholas's helper. While St Nicholas carries presents, Krampus is a scary – sometimes horned – figure, who carries a sack in which he is supposed to place disobedient children. Other traditions have him carrying a birch and a sack full of coal for

the naughty ones. He visits on St Nicholas' Day (6 December). He is also
believed to help the **Christkind** carry Christmas presents. See also the
Festivals section.

Krankenkasse There are many different health insurance organizations in
Germany. Contributions are high, due to the high standard (and cost) of health
care in Germany. Members of the *Krankenkassen* are given plastic cards
entitling them to treatment by the doctor of their choice.

Kriminalpolizei (Kripo) The criminal investigation department deals
with serious offences, including murder, terrorism, and organized crime.

Kur A health cure in a spa town lasting about three to six weeks and usually
involving a special diet, exercise programmes, physiotherapy, massage, etc.
These are intended for people with minor complaints or recovering from
illness. *Kuren* are paid for by the **Krankenkassen**, with the patient making
a contribution. The *Kur* is not taken as frequently as it once was.

Kuratorium Junger Deutscher Film Young creative
directors are given financial support by the **Länder**. The Young
German Film Board awards prizes for first films (sometimes
also second films) of artistic value. The *Filmförderungsanstalt* –
FFA (German Film Board) – provides financial assistance for
film productions and cinemas.

Ladenschlusszeit Strict regulations governing
Ladenschlusszeit (shop closing time) in Germany were
relaxed in 1996. In many *Länder*, shops are allowed to stay
open 24 hours on weekdays and Saturdays, and bakeries may
open for three hours on Sundays. However, actual opening
times vary, depending on the location and size of the shop.

Länder Germany is a federal republic consisting of sixteen member states
called *Länder* or *Bundesländer*. Five so-called *neue Bundesländer* were added
after reunification in 1990. Each *Land* has a degree of autonomy and is
responsible for educational and cultural affairs, the police, the environment,
and local government. Austria is a federal state consisting of nine *Länder*.
The Swiss equivalent of a German or Austrian *Land* is a **Kanton**.

Landtag The parliament of a *Land*. It is elected every four to five years using
a similar mixed system of voting as for the **Bundestag** elections.

Lebenspartnerschaft ▶ Hochzeit

Lehre This type of apprenticeship is still the normal way to learn a trade or
train for a practical career in Germany. A *Hauptschulabschluss* is the minimum
requirement, although many young people with a *Realschulabschluss* or **Abitur**
opt to train in this way. A *Lehre* takes about two to three years and involves
practical training by a **Meister(in)** backed up by lessons at a **Berufsschule**,
with an exam at the end.

Linkspartei, Die (Left Party) Formerly known as the PDS, this ultra-left-wing party was formed in 1990 from the old East German SED, the Communist party which ruled in the former **GDR**. In the 2005 federal elections, the Left Party joined forces with the newly formed *Arbeit & soziale Gerechtigkeit – Die Wahlalternative*, or WASG (the Labour and Social Justice Party) and won 11.9 per cent of the vote in 2009.

Loveparade An annual summer techno music and dance festival which took place from 1989 to 2010 (in Berlin until 2006), with hundreds of thousands of mainly young people attending. Originally a celebration of youth culture, it became a major tourist attraction, but it was discontinued after 21 people were crushed to death in the crowd when it was held in Duisburg.

Markt Weekly markets are still held in most German cities and towns, usually laid out very attractively in the picturesque market squares. Fresh fruit and vegetables, flowers, eggs, cheese and other dairy products, bread, meat, and fish are available directly from the producer. Many Germans still buy most of their provisions '*auf dem Markt*'.

Matura ▶ Abitur

Mauer *Die Mauer*, or the Berlin Wall, a 42-km (26-mile) structure of concrete blocks, was put up almost overnight in 1961. It was designed to halt the exodus of inhabitants from the Communist-controlled East of the city to the West. Over the following twenty-eight years, numerous people were killed trying to escape East Berlin. On 9 November 1989, an announcement by the East German Government that border checkpoints in the city had been abandoned resulted in a flood of people crossing to the West, the gradual dismantling of the wall, and eventually the **Wiedervereinigung**. Parts of the Berlin Wall were sold to museums and private collectors. A few small sections remain as a memorial and tourist attraction.

Meister(in) A master craftsman or craftswoman who has completed rigorous training in his/her trade or vocation and has passed a final exam after several years' experience in a job. A *Meister(in)* is allowed to set up in business and train young people who are doing their **Lehre**.

Meldepflicht An 'obligation to register' that applies to all German residents, regardless of nationality. Residents must inform the **Einwohnermeldeamt** every time they change their address. The applicant is issued with an *Abmeldebestätigung* (notification of intention to leave) and must then register the new address. The system means that every resident can quickly be traced.

Mitfahrzentrale An agency that puts drivers and passengers in contact with each other (including via the Internet) to save petrol costs and reduce pollution. The Mitfahrzentrale charges a small fee, complies with particular requests (non-smoking, female drivers, etc.), and is popular throughout Germany for long-distance travel.

Mittagessen This is a cooked meal eaten in the middle of the day and is the main meal of the day for most Germans. Schoolchildren come home from school in time for *Mittagessen*, and most large companies have canteens where hot meals are served at lunchtime. On a Sunday, *Mittagessen* might consist of a starter such as clear broth, followed by a roast with gravy, boiled potatoes and vegetables, and a dessert.

Museumsinsel The Museum Island on the River Spree in Berlin is home to the renowned Pergamon Museum of Antiquities, attracting more than 850,000 visitors a year, as well as to the *Altes Museum* and *Neues Museum*. The island was designated a World Heritage Site by UNESCO in 1999.

Namenstag This day is celebrated by many Germans, especially Catholics, in the same way as a birthday. It is the day dedicated to the saint whose name the person carries, so someone called Martin, for example, would celebrate their *Namenstag* on *Martinstag* (11 November). See also the **Festivals** section.

Nationalrat In Austria the *Nationalrat* is the Federal Assembly's lower house, whose 183 members are elected for four years under a system of proportional representation. The **Bundeskanzler** commands the majority in the *Nationalrat*. The **Bundesrat**, the 64-member upper house, is elected by provincial assemblies. In Switzerland, the National Council is made up of 200 representatives, and together with the **Ständerat** forms the Federal Assembly.

Neue Kronen Zeitung An Austrian tabloid that is published in Vienna and is read by around half the population. It is regarded as right-wing, as is the *Kurier*, Austria's other tabloid.

Neue Zürcher Zeitung A Swiss quality daily which is held in high esteem at home and abroad.

Numerus clausus The *Numerus clausus* system is used to limit the number of students studying certain oversubscribed subjects such as medicine at German universities. It means that only those students who have achieved a minimum average mark in their **Abitur** are admitted.

Oktoberfest Germany's most famous beer festival (the Munich October Festival) actually starts each year in September. Over 5 million litres of beer are drunk over a period of sixteen days. The *Oktoberfest* goes back to the year 1810, when the Bavarian crown prince (later King Ludwig I) married Therese of Saxony-Hildburghausen. A horse race was organized in honour of the couple on the *Theresienwiese* (Therese's Meadow, named after the bride), and almost the entire population of Munich joined in the celebrations. The party was such a success that it became an annual event. Today the *Wies'n* (meadow), as the locals call the *Oktoberfest*, looks more like a giant fairground, with huge marquees in which the big breweries set up beer halls for visitors to drink many a *Maß* (a litre of beer) and eat *Weißwurst* (veal sausage), *Schweinshaxe* (pork knuckles), and giant *Brezen* (pretzels) while listening and singing along to Bavarian music.

Orientierungsstufe A two-year orientation stage following **Grundschule**, during which pupils can find out if they are more suited to a **Hauptschule**, **Gesamtschule**, **Gymnasium**, or **Realschule**. Students can transfer to a different school during this phase.

Ossi A colloquial and sometimes derogatory term for someone from the former East Germany (**GDR**), as opposed to a **Wessi** (someone from the former West Germany).

Ostern see the **Festivals** section.

ÖVP – Österreichische Volkspartei The conservative People's Party is Austria's centrist party. It was founded in 1945 and is the second largest party.

Papiertonne ▶ Recycling

Parkscheibe In Germany, some areas only allow limited parking time; here you have to display a *Parkscheibe* (parking disc) on your windscreen, with the hands of its clock set to your arrival time. These blue cardboard or plastic discs are available at newsagents and department stores.

Passionsspiel The famous Passion Play is held every ten years in the small Bavarian mountain village of Oberammergau. It has its origin in a vow sworn by the villagers in 1633 that they would perform the passion of Jesus if God delivered them from the plague.

PDS – Partei des Demokratischen Sozialismus ▶ Linkspartei

Personalausweis The standard German identity card, with the holder's photograph and particulars, should in theory be carried at all times. If you are stopped by the police without any ID, you might be taken to a police station and kept there for up to six hours. The *Personalausweis* acts as a passport for Germans and Austrians travelling within the EU.

Pflegeversicherung Compulsory nursing-care insurance which all employees have to pay into as part of their **Sozialabgaben**. It was introduced in Germany in 1995 and pays for the long-term nursing care of the elderly and the severely disabled. Employers and employees make equal contributions to the scheme.

Pinakothek der Moderne This gallery of modern art, design, graphics, and architecture opened in Munich in 2002. Its collections concentrate on

20th- and 21st-century art, complementing the nearby Neue Pinakothek (exhibiting 19th-century art) and Alte Pinakothek (14th–18th century art).

Piratenpartei Operating mainly at grass-roots level since its founding in September 2006, this political party has followed in the footsteps of civil-rights parties such as *Die Grünen* (*see* **Bündnis 90**), one of its major concerns being the freedom of the Internet. It has won seats in several state parliaments, gaining 7.8 per cent of the vote in North Rhine-Westphalia in 2012.

Polterabend In Germany the *Polterabend* usually takes place a few days before the wedding and takes the form of a large party for the family and friends of both bride and groom. Traditionally, the guests smash some crockery, as this is supposed to bring good luck to the couple. *See also* **Hochzeit**.

Popmusik At the beginning of the 1980s, the *Neue Deutsche Welle* (New German Wave) of popular music brought German pop groups to the fore. Today all the different pop genres are represented by German groups, and in 2005 the German hip-hop band *Die Fantastischen Vier* won an ECHO music award. Some chart-topping German pop groups such as No Angels and Bro'Sis were discovered via the 'Popstars' **Reality-TV** show.

Post ► Deutsche Post

Prater Vienna's largest and most popular amusement park. In 1766 Joseph II, the son of Empress Maria Theresa, decreed that *Der Prater* should be open to everyone. Earlier it had been forbidden to enter forests and meadows reserved for imperial hunts. Now the Prater has old-fashioned swings, skittle alleys, and merry-go-rounds, including the oldest carousel in Europe. A *Riesenrad* (big wheel) with a diameter of 67 m (200 ft) was put up for the World Exhibition of 1897 and is a famous Viennese landmark.

Pro 7 Germany's third largest private television channel, Pro 7 is financed entirely by advertising. It offers documentaries, films, and news programmes.

profil An Austrian news and current affairs magazine, with a circulation of over 100,000. It has a reputation for hard-hitting journalism.

Reality-TV *Reality-Shows* are as popular in the German-speaking world as elsewhere. They include *Big Brother* (shown on RTL II in Germany and TV3 in Switzerland) and a mobile version called *Taxi Orange*, shown on ORF, the public broadcaster in Austria, in which contestants have to run a taxi company in Vienna and live off the profits. So-called *Casting-Shows* such as Popstars have produced chart-topping pop groups. *See also* **Popmusik**.

Realschule The secondary school that prepares pupils for the *Realschulabschluss* (school-leaving certificate). It is in between **Hauptschule** and **Gymnasium**, catering for less academic students who will probably train

Culture

for a practical career. Pupils stay at the *Realschule* for six years after the **Grundschule**. *See also* **Lehre**, **Schule**.

Rechtschreibreform After much controversy, a reform aiming to simplify the rules governing German spelling was implemented in 1998. The old spellings were officially acceptable for a transitional period until 2005, and further modifications to the reform were agreed during that period. The new spellings are still controversial and are only binding for schools and public authorities. Some newspapers have retained or returned to the old spellings, so it remains to be seen whether the changes will gain general acceptance.

Recycling All *Hausmüll* (domestic waste) in Germany is collected in at least three bins, and waste materials are recycled and reused. The *Biotonne* is for biodegradable kitchen waste (vegetable and fruit peel, meat, cheese, nutshells, tea leaves, and coffee filters, etc.). The *Wertstofftonne* can be used for plastic containers, metal objects, cans, aluminium, textiles, etc., and anything with a **Grüner Punkt**. A separate *Papiertonne* is used for paper and cardboard,

although most wrapping is discarded at source or reused – German supermarkets don't hand out a free supply of plastic bags. The *Restmüll* is for sweepings and general household rubbish. Bottles and glass are taken to the *Glascontainer* (bottle bank). A deposit on drinks bottles encourages returning empties to the shop. There are also collection points for fridges, freezers, and bulky items. *See also* **Duales System**.

Regenbogenparade ► Christopher Street Day

Reichstagsgebäude This historic building in the centre of Berlin became the seat of the **Bundestag** in 1999. Its refurbishment, designed by the British architect Norman Foster, included the addition of a glass cupola, with a walkway open to visitors, which provides a spectacular viewing platform and further enhances the Berlin skyline.

Religion In Germany, the Christian community is divided almost equally between Roman Catholics (26.6 million people) and Protestants (26.3 million), who are mostly Lutheran. In April 2005, a German, Cardinal Joseph Ratzinger, was appointed head of the Roman Catholic Church as Papst Benedikt XVI (Pope Benedict XVI). There are also more than 3 million Muslims, mostly from Turkey and former Yugoslavia, living in Germany. Eighty-eight per cent of Austrians are Catholic, while in Switzerland there are slightly more Catholics than Protestants, with Muslims – again mainly from Turkey and former Yugoslavia – making up just over 4 per cent of the population. *See also* **Kirchensteuer**.

Rentenversicherung This is the compulsory state pension insurance in Germany. All employees have to pay into it as part of their **Sozialabgaben**, with employers and the state also making a contribution. The amount of the German state pension depends on the contributions made by the individual, with allowances for years spent as a student or carer.

Restmüll ▶ Recycling

Rosenmontag see the **Festivals** section.

RTL – Radio Télévision Luxembourg Germany's largest privately owned television channel is the market leader in commercial television. It broadcasts films, sport, news, and entertainment, and regularly achieves top viewing figures.

Ruhezeit This is the accepted 'quiet time', usually between one and three o'clock in the afternoon, late evening, and on Sundays. *Ruhezeit* prohibits loud music and any noisy work, including drilling and vacuuming. But many young Germans no longer adhere to the letter of the *Ruhezeit*. *See also* **Hausordnung**.

Salzburger Festspiele Since 1920, this annual festival has been held in Salzburg, the home of Wolfgang Amadeus Mozart (1756–91), as a tribute to the great composer.

SAT 1 Germany's second largest privately owned television channel broadcasts films, news, sport, and entertainment. It was the first commercial channel in the country.

3SAT This satellite TV channel is run jointly by **ARD**, **ZDF**, and Swiss and Austrian TV. It offers programmes that are not broadcast by other TV stations, and almost half of 3SAT's output is devoted to cultural reports.

S-Bahn ▶ U-Bahn

Schnellimbiss Usually a *Schnellimbiss* is just a stand, selling different kinds of *Würstchen* (sausages), rissoles, *Döner* (doner kebab) or *Leberkäse* (meat loaf), depending on which region you are in. You can eat there or take the snack away. *Currywurst* – sausages served with ketchup (or a tomato-based sauce) mixed with curry powder – is a *Schnellimbiss* favourite.

Schrebergarten A *Schrebergarten* is an enclosed mini-garden in a large common garden, usually just outside an urban area. As most German city-dwellers live in blocks of flats, many rent a *Schrebergarten* to provide them with a place where they can grow fruit and flowers and relax. The gardens are named after the Leipzig physician D. G. M. Schreber (1808–61), who had the idea of creating playgrounds for children and small gardens for adults, set within a common plot. By law, the size of each mini-garden is limited to no more than 400 sq. m (4,306 sq. ft). Most *Schrebergärten* have a shed or summer house at one end that often looks like a fairy-tale cottage, and tidy flower beds. The gardeners are members of an association (*Schrebergartenverein*) which represents their interests.

Schule German children have to attend school from the ages of 6 to 18. Full-time schooling is compulsory for nine or ten years, until pupils are at least 15. All children go to a **Grundschule** for four years (six in Berlin) and move on to a

Culture

Hauptschule, Realschule, Gymnasium, or Gesamtschule, depending on their ability. From the age of 15, some pupils attend a Berufsschule, a part-time vocational school. Some students stay at school until they are over 20, due to the system of sitzen bleiben.

Schultüte
The first day at school (*der 1. Schultag*) is a big event for a German child, involving a ceremony at school and sometimes at church. The child is given a *Schultüte*, a large cardboard cone containing pens, small gifts, and sweets, to mark this special occasion.

Schützenfest
An annual festival celebrated in most towns, involving a shooting competition, parade, and fair. The winners of the shooting competition are crowned *Schützenkönig* and *Schützenkönigin* (shooting king and queen) for the year.

Schutzpolizei (Schupo)
Colloquially referred to as the Schupo, the Schutzpolizei is the general police force dealing with public security, order, and traffic offences. Most people know the Schupo only as traffic police.

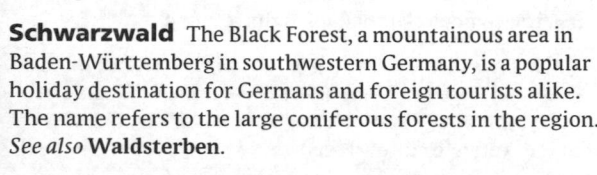

Schwarzwald
The Black Forest, a mountainous area in Baden-Württemberg in southwestern Germany, is a popular holiday destination for Germans and foreign tourists alike. The name refers to the large coniferous forests in the region. *See also* Waldsterben.

Schweizerische Eidgenossenschaft
The Swiss Confederation is the official name for Switzerland. The confederation was established in 1291 when farmers from the mountain cantons of Uri, Schwyz, and Unterwalden swore that they would jointly defend their traditional rights against the House of Habsburg. The unified federal state as it is today, with twenty-six self-governing cantons, was formed in 1848. *See also* Kanton.

Seniorenbüro
There are 170 *Seniorenbüros* (senior citizens' offices) spread throughout Germany. They were set up in the early 1990s to organize events, publicize sources of help and advice, and help older people take part in volunteer work. They are government funded.

siezen/duzen
German has two forms for 'you', the formal *Sie* and the familiar *du*. *Du* is used when speaking to a friend, a child, or a family member. Young people always address each other as *du*. If someone says, *wir duzen uns* (we call each other *du*), it means that they are friends. When speaking to a person you do not know very well, the polite form *Sie* is used. Even though there has been a tendency for less formality in recent years, it is still best to say *Sie*, especially in work situations and when you would normally address someone in English as Mrs or Mr.

sitzen bleiben
If German pupils fail more than one subject in their end-of-year school report, they have to repeat the year. This is colloquially referred to

as *sitzen bleiben*. Some students might even have to repeat two years, not sitting their **Abitur** until they are 20.

Skat A popular card game for three players playing with thirty-two German cards. Keen players even join a *Skat* club.

Sky Deutschland A prominent German pay-TV channel, formerly called Premiere, which can be received by satellite or cable. Subscribers can watch feature films, sports events, documentaries, and so on, uninterrupted by advertising.

Solidaritätszuschlag A tax surcharge introduced to help pay for the cost of German reunification and rebuilding the economy in former East Germany (**GDR**). It is payable by every German taxpayer and firm.

Sozialabgaben This term refers to the contributions every German taxpayer has to make towards the four main state insurance schemes: pension, health, nursing care, and unemployment. This amounts to over 40 per cent of gross income, with employee and employer paying half each.

Soziokultur The sociocultural movement has its origins in the alternative cultural scene which developed in the 1970s in Germany. Groups of artists and performers developed new, independent centres such as theatres, art schools, and women's cultural groups.

SPD – Sozialdemokratische Partei Deutschlands One of the main German political parties. Reformed after the war in 1945, it is a workers' party supporting social-democratic values. In the 2009 federal elections, the SPD gained 23 per cent of the votes, and the Grand Coalition was replaced by a CDU/CSU/FDP coalition, headed by the CDU leader, Angela Merkel.

Der Spiegel One of Germany's best-selling weekly news and current affairs magazines, *Der Spiegel* was founded in 1947 and is published in Hamburg. It has a liberal outlook and has become synonymous with investigative journalism in Germany, as it has brought to light a number of major scandals in German business and politics over the years.

SPÖ – Sozialistische Partei Österreichs The Austrian Social-Democratic Party was founded in 1888 as the Sozialdemokratische Arbeiterpartei Österreichs (Social Democratic Workers' Party of Austria). It was reformed in 1945 and is the largest political party in Austria.

Stadtstaat The official description of the cities of Berlin, Hamburg, and Bremen, which enjoy the status of a *Land*.

Stadtumbau Ost This government programme was set up to regenerate inner-city housing and improve the urban environment between the years 2002 and 2009 in the eastern part of Germany (the former **GDR**).

Stammtisch A large table reserved for regulars in most German pubs. The word is also used to refer to the group of people who meet around the table for a drink and lively discussion.

Der Standard An Austrian daily printed on pink paper and considered to be liberal in its views.

Ständerat The Ständerat (Council of States) is the upper chamber in Switzerland. It is composed of forty-six representatives from the various cantons. *See also* **Kanton**.

Stasi – Staatssicherheitsdienst *Stasi* is the shortened nickname of the State Security Service, the much-despised secret police and their agents in the former **GDR**. With the help of an extensive network of informers, the *Stasi* built up personal files on a third of the East German population. It was disbanded a year before the **Wiedervereinigung**. Since then there have been many charges relating to political crimes committed by *Stasi* agents, as well as enquiries into the number of former **GDR** citizens who cooperated with the *Stasi*. *See also* **IM**.

Straußwirtschaft An inn set up temporarily by a local winegrower for a few weeks after the new wine has been made. A bunch of flowers and vine leaves above the door shows that the new vintage is ready for tasting. *See also* **Besenwirtschaft** and **Heuriger**.

Studentenwerke The *Studentenwerke* (student welfare services) are responsible for the economic, social, cultural, and health care of students at higher educational institutions.

Süddeutsche Zeitung This respected daily national newspaper was founded in 1945 and is published in Munich. It has a liberal outlook and is read mainly in southern Germany.

Tempolimit Speed limits are either compulsory – 50 km/h (30 mph) in towns, 100 km/h (60 mph) on other roads – or recommended when driving in bad weather conditions, on dangerous stretches, and in urban areas. On the *Autobahn* the *Richtgeschwindigkeit* (recommended maximum speed) is 130 km/h (80 mph). In residential areas the limit can be as low as 30 km/h (20 mph); the 30-Zone was introduced to protect children and pedestrians.

Trabant A make of car produced in the former **GDR**. A Trabant, or Trabi, with its two-stroke engine and plastic body, was a prized possession, and people had to wait for years to get one. After reunification, the Trabant came to symbolize the **GDR** era and has achieved cult status in Germany.

U-Bahn Most large cities have a *U-Bahn* (*Untergrundbahn*) (underground railway network) that connects with an *S-Bahn* (*Schnellbahn* or *Stadtbahn*) (city and suburban railway). The same ticket can normally be used for both services.

Umweltschutz (Environmental protection) Most Germans feel a strong sense of responsibility for the environment, especially after seeing so many forests dying (**Waldsterben**). The *Bundesumweltministerium* is the government ministry responsible for all environmental matters. Its policy is based on the 'polluter must pay' principle, by which manufacturers are obliged to collect, sort, and recycle their waste; on the cooperation principle, by which every individual is responsible for the environment; and on the prevention principle, which encourages manufacturers to develop environmentally friendly products. Other focal points are a more efficient use of energy, a clean air and water programme, less road traffic, and cleaner fuels, nature conservation, and soil protection. *See also* **Duales System**, **Grüner Punkt**, **Recycling**.

Verein There are over 300,000 officially registered *Vereine* (clubs or associations) with their own constitution and by-laws. Millions of Germans belong to a club; nearly one in four is a member of a sports club, and there are around 15 million hiking-club members. Stamp collectors, marksmen, dog breeders, music fans – in fact those who follow any kind of activity or hobby – are soon organized into a *Verein*. Membership fees are usually low, and everybody is encouraged to socialize at club level.

Vignette In order to be able to use Austrian or Swiss motorways, all vehicles must display a sticker on the windscreen called a *Vignette*. These stickers are usually valid for one year, but foreign tourists in Austria can buy stickers for a period of ten days or two months. Each sticker can be bought at border crossings and petrol stations.

Volkshochschule (VHS) A local adult education centre that can be found in every German town. The *VHS* offers low-cost day and evening classes in a wide range of subjects, including crafts, languages, music, and exercise.

Waldsterben *Waldsterben* (the death of forests) is due mainly to pollution from factories and cars. By 1996 over half of Germany's trees were damaged. The threat to forests has strengthened support for Germany's ecological political movement, **Bündnis 90/Die Grünen**.

WASG ▶ Linkspartei

Wehrdienst Military service has been voluntary in Germany since 2011, but it is compulsory in both Switzerland (*Rekrutenschule* of 18–21 weeks, as well as 3 weeks annually) and Austria (6 months). See also **Zivildienst**, **Bundesfreiwilligendienst**.

Weihnachten see the **Festivals** section.

Weihnachtsmarkt During the weeks of Advent, Christmas markets take place in most German towns, selling Christmas decorations, handmade toys

Culture

and crib figures, traditional Christmas biscuits, and mulled wine to sustain the shoppers.

Weimar This thousand-year-old city has played an important role in Germany's cultural history. The composer Johann Sebastian Bach (1685–1750) and the artist Lucas Cranach (1472–1553) lived and worked here. Other important writers and poets such as Johann Wolfgang von Goethe (1749–1832), Johann Gottfried von Herder (1744–1803) and Christoph Martin Wieland (1733–1813) – who translated Shakespeare's plays – made the city their home. Friedrich von Schiller (1759–1805) wrote many of his plays in Weimar, while the composer Franz Liszt (1811–86) composed and gave concerts here. In 1919 the Bauhaus was founded in Weimar; in the same year, the constitution of the first German republic – the Weimar Republic – was drafted in the city.

Wein Germany, Switzerland, and Austria are wine-producing countries, best known for their white wines. Germany's main wine regions are Franconia,

the Rhineland-Palatinate, the Moselle area, and Baden-Württemberg. Rhine wine is traditionally sold in tall brown bottles and wine from the Moselle in green bottles; Franconian *Bocksbeutel* comes in wide, bulbous bottles. There are two categories of German wine, the cheap *Tafelwein* (table wine) and the superior *Qualitätswein* (quality wine). The best wines are designated *Qualitätswein mit Prädikat. Sekt* is a champagne-like sparkling wine. In August and September there are festivals in German wine towns and villages. Austria grows red and white wines, mainly in the Burgenland, in Styria, and around the Neusiedler See where the **Heuriger** is celebrated. More than a third of the total area of grape cultivation in Austria is devoted to *Grüner Veltliner*, a full-bodied, fruity white wine. Wines from Switzerland are mostly drunk locally and are produced in the Thurgau region. The Swiss reputation rests with their spirits, such as *Kirsch, Pflümli, Mirabelle*, and *Enzian. See also* **Besenwirtschaft** and **Strausswirtschaft**.

Weinstube A cosy wine bar which offers a wide choice of wines and usually also serves a few dishes that are considered to go well with wine. A *Weinstube* can be more upmarket than an ordinary pub, or else fairly rustic, especially in wine-growing areas.

Die Welt A national daily newspaper published in Hamburg. It has a large business section and is considered right-wing in its views.

Wende This word can refer to any major political or social change or turning point, but it is used especially to refer to the collapse of Communism in 1989, symbolized by the fall of die **Mauer** (the Berlin Wall), which eventually led to the **Wiedervereinigung** in 1990.

Wertstofftonne ▶ Recycling

Wessi A colloquial and sometimes derogatory term for someone from West Germany, as opposed to an **Ossi**. The expression *Besserwessi*, a pun on *Besserwisser* (know-all), is sometimes used to describe overly confident West Germans.

Westdeutsche Allgemeine Zeitung (WAZ) Germany's highest-circulation serious national paper. It is published in Essen, and caters mainly for the densely populated Ruhr area.

Wiedervereinigung The reunification of Germany, which officially took place on 3 October 1990, when the former **GDR** was incorporated into the **Bundesrepublik**. The huge financial and social costs of reunification are still being felt throughout Germany. *See also* **Solidaritätszuschlag**.

Wirtschaftswunder, The German 'economic miracle', which resulted from the country's rapid reconstruction after the Second World War. The economy boomed in the decades after 1950.

ZDF – Zweites Deutsches Fernsehen The second German public TV channel, founded in 1961. It broadcasts the *Zweites Programm* with entertainment, news, information, and a limited amount of advertising.

Die Zeit Germany's 'heaviest' weekly newspaper, published in Hamburg, is considered essential reading for academics and intellectuals. Former **Bundeskanzler** Helmut Schmidt is a joint editor. The paper offers in-depth analysis of current issues in politics, society, culture, and the arts.

Zeugnis der allgemeinen Hochschulreife ▶ Abitur

Zivildienst Community service carried out by conscientious objectors as an alternative to **Wehrdienst**, usually caring for children or elderly, disabled, or sick people. Since compulsory military service was suspended in Germany in 2011, *Zivildienst* has been replaced by **Bundesfreiwilligendienst**.

Culture

Letter-writing / Briefeschreiben

Holiday postcard

■ *Beginnings (informal): 'Lieber' here because it's a man; if it's a woman, use e.g.* Liebe Elke.

To two people, repeat 'Liebe(r)': Lieber Hans, liebe Elke.

To a family: Liebe Schmidts, Liebe Familie Schmidt, *or just* Liebe Leute.

■ *Address: Note that the title (*Herrn, Frau, Fräulein*) stands on the line above the name.* Herr *always has an* n *on the end in addresses.*

The house number comes after the street name.

The postcode comes before the place, and if you're writing from outside the country put a D- *for Germany,* A- *for Austria or* CH- *for Switzerland in front of it.*

Heidelberg, den 6.8. 2013

Lieber Hans!

Einen schönen Gruß aus Alt-Heidelberg! Wir sind erst zwei Tage hier, aber schon sehr angetan von der Stadt und Umgebung, trotz der vielen Touristen. Allerdings ist es ziemlich schwül. Wir waren gestern abend in einem Konzert im Schlosshof, eine wunderbare Stimmung! Und dann die herrliche Aussicht auf Altstadt und Neckar von der Terrasse. Morgen machen wir eine Bootsfahrt, dann geht's am Donnerstag wieder nach Hause. Hoffentlich ist deine Mutter inzwischen wieder gesund.

Bis bald

Max und Sophie

Herrn

Hans Matthäus

Brucknerstr. 26

91052 Erlangen

■ *Endings (informal):* Herzlich *or* Herzlichst, Herzliche Grüße; *more affectionately:* Alles Liebe; Bis bald = *See you soon* .

Letters

Postkarte aus dem Urlaub

- *Anrede: sehr einfach auf Postkarten, immer 'Dear' und der Vorname, der im englischen Sprachraum viel häufiger verwendet wird. Die Anrede kann auch entfallen.*

- *Adresse: Der Titel (Mr, Mrs, Miss, Ms) steht direkt vor dem Namen auf der gleichen Zeile.*

  Das Haus hat oft einen Namen anstelle einer (oder zusätzlich zur) Hausnummer, die übrigens vor dem Straßennamen steht.

  Es folgen (in GB) Ortschaft, meist auch Grafschaft, dann Postleitzahl (postcode), alles jeweils auf einer eigenen Zeile; in den USA Ortschaft und Postleitzahl (zipcode), mit dem auf zwei Buchstaben abgekürzten Namen des Staates davor:

- *Meist keine Ortsangabe, wenn der Ort aus dem Inhalt oder dem Bild auf der Postkarte klar hervorgeht.*
  Datum – in den USA verwendet man die Reihenfolge Monat, Tag, Jahr, wenn ein Datum mit Ziffern angegeben ist – 8.6.2013

  John Splaine Jr.
  1067 Blackwall Avenue
  Studio City
  CA 91604
  USA

6.8.2013

Dear John,

Greetings from old Heidelberg! Got here ❶ a couple of days ago, but already in love with the place (in spite of all the tourists). It's pretty sultry though. Last night we went to a concert in the castle courtyard, very atmospheric. And a terrific view of the river and the old town from the terrace. Tomorrow we're taking a boat trip, and then on Thursday we head for home. Hope ❶ your mother's fully recovered by now.

See you soon,

Mark and Juliet

Mr J. Roberts
The Willows
49 North Terrace
Kings Barton
Nottinghamshire
NG8 4LQ
England

- *Schlussformel:*
  All the best, Best wishes, oder einfach Yours; auch Love (from), wenn man den Addressaten näher steht.

- ❶ *Telegrammstil: die Angabe der Person entfällt auf Postkarten oft.*

Letters

Christmas and New Year wishes

On a card:

Frohe Weihnachten und viel Glück im neuen Jahr

A bit more formal: Ein gesegnetes Weihnachtsfest und die besten Wünsche zum neuen Jahr

A bit less formal: Fröhliche Weihnachten und einen guten Rutsch ins neue Jahr

In a letter:

■ *On most personal letters German speakers don't put their address at the top, but just the name of the place and the date*

··· Würzburg, den 20.12.2013

Liebe Karin, lieber Ferdinand,

euch und euren Kindern wünschen wir von Herzen frohe Weihnachten und ein glückliches neues Jahr. Wir hoffen, es geht euch allen gut, und dass wir uns bald mal wieder sehen werden. Es kommt uns so vor, als hätten wir uns eine Ewigkeit nicht gesehen.

Das vergangene Jahr war für uns sehr ereignisreich. Thomas hatte im Sommer einen Unfall mit dem Fahrrad, und brach sich den Arm und das Schlüsselbein. Sabine hat das Abitur gerade noch bestanden und ist jetzt an der Uni in Erlangen, studiert Sport. Der arme Michael ist im Oktober arbeitslos geworden und sucht immer noch nach einer Stelle.

Ihr müsst unbedingt vorbeikommen, wenn ihr das nächste Mal in der Gegend seid. Ruft doch einfach ein paar Tage vorher an, damit wir etwas ausmachen können.

Mit herzlichen Grüßen

Eure Gabi und Michael

Weihnachts- und Neujahrsgrüße

Auf einer Karte:

[Best wishes for a] Happy ❶ Christmas and a Prosperous New Year

All best wishes for Christmas and the New Year

Wishing you every happiness this Christmas[tide] and in the New Year

❶ *Oder etwas altmodisch:* Merry

In einem Brief:

44 Louis Gardens
London NW6 4GM

December 20th 2013

Dear Peter and Claire,

First of all, a very happy Christmas and all the best for the New Year to you and the children.❶ We hope you're all well❷ and that we'll see you again soon. It seems ages since we last met up.

We've had a very eventful year. Last summer Gavin came off his bike and broke his arm and collarbone. Kathy scraped through her A levels and is now at Sussex doing European Studies. Poor Tony was made redundant in October and is still looking for a job.

Do come and see us next time you are over this way. Just give us a ring a couple of days before so we can fix something.

All best wishes

Tony and Ann

❶ *Oder (vor allem, wenn die Kinder älter sind):* to you and the family.
❷ *Informeller:* flourishing.

Texting (electronic text messaging)

The basic principles governing German text abbreviations are similar to those governing English text. Certain words or syllables are represented by letters or numbers that sound the same. Most punctuation is usually omitted, umlauts are rarely used, and there are no strict rules about upper and lower case. For example 'viele Grüße' can be 'vlg'. Sentences are shortened by leaving out certain letters – 'bist du noch wach?' might read 'bidunowa'. Often just the initial letter of a word is used, as in 'ff' for 'Fortsetzung folgt'. Many English abbreviations have made it into German text messages. For example '4u' (for you) is often used for 'für dich'.

Glossary of German text abbreviations

Abbreviation	Meaning	Abbreviation	Meaning
8ung	Achtung	sms	schreib mir schnell
ads	alles deine Schuld	sz	schreib zurück
akla?	alles klar?	tabu	tausend Bussis
aws	auf Wiedersehen	vegimini	vergiss mich nicht
bb	bis bald	vlg	viele Grüße
bda	bis dann	vv	viel Vergnügen
bidunowa?	bist du noch wach?	wamaduheu?	was machst du heute?
braduhi?	brauchst du Hilfe?	waudi	warte auf dich
bs	bis später	we	Wochenende
dad	denke an dich	zdom?	zu dir oder zu mir?
d	der		
div	danke im Voraus	*Emoticons*	
dubido	du bist doof		
ff	Fortsetzung folgt	:-)	lächeln, glücklich
g	grinsen	:-))	sehr glücklich
g&k	Gruß und Kuss	:-|	Stirnrunzeln
gn8	gute Nacht	:-e	enttäuscht
gngn	geht nicht, gibts nicht	:-(	unglücklich, traurig
hahu	habe Hunger	:-((	sehr unglücklich
hdl	habe dich lieb	:->	sarkastisch
hdos	halt die Ohren steif	%-)	verwirrt
hegl	herzlichen Glückwunsch	:~(or :'-(	weinen
ild	ich liebe dich	;-)	zwinkern
jon	jetzt oder nie	|-o	müde
katze?	kannst du tanzen?	:-\	skeptisch
ko5mispä	komme 5 Minuten später	:-D	lachen
l8er	later = später	:-<>	erstaunt
lg	liebe Grüße	:-p	rausgestreckte Zunge
lidumino	liebst du mich noch?	:-O	schreien
mamima	mail mir mal	O:-)	Engel
mumidire	muss mit dir reden	:-* or :-x	Kuss
n8	Nacht	:-o	Schock
nfd	nur für dich	@}-,-'--	Rose
pg	Pech gehabt		
rumian	ruf mich an		
sfh	Schluss für heute		
siw	soweit ich weiß		

SMS (elektronische Textmitteilungen über das Handy)

SMS ist die englische Abkürzung für "Short Message Service", was sich als "Kurznachrichtendienst" übersetzen lässt. Im Englischen gibt es zahllose Abkürzungen, die es erlauben, viele Informationen mit wenigen Zeichen und Zahlen zu übermitteln. Zum Beispiel: 2L8 = 'too late'. Für die meisten Nachrichten tippt man nur die Anfangsbuchstaben jedes Wortes ein, zum Beispiel: ttyl = 'talk to you later' oder fyi = 'for your information'.

SMS

Verzeichnis von englischen SMS-Abkürzungen

Abkürzung	Bedeutung	Abkürzung	Bedeutung	Abkürzung	Bedeutung
adn	any day now	lol	lots of luck/ laughing out loud	yr	your
afaik	as far as I know			2	to, too
atb	all the best	mob	mobile	2day	today
b	be	msg	message	2l8	too late
b4	before	myob	mind your own business	2moro	tomorrow
b4n	bye for now			2nite	tonight
bbl	be back late(r)	ne	any	3sum	threesome
bcnu	be seeing you	ne1	anyone	4	for
bfn	bye for now	no1	no one		
brb	be right back	oic	oh, I see	*Emoticons*	
btw	by the way	otoh	on the other hand		
bwd	backward	pcm	please call me	:-)	smiling, happy face
c	see	pls	please	:-))	very happy face
cu	see you	ppl	people	:-|	frowning
cul8r	see you later	r	are	:-e	disappointed
f2f	face to face	rofl	rolling on the floor, laughing	:-(	unhappy, sad face
f2t	free to talk			:-((	very unhappy face
fwd	forward	ru	are you	:->	sarcastic
fwiw	for what it's worth	ruok	are you OK?	%-)	confused
fyi	for your information	sit	stay in touch	:~(or :'-(	crying
gal	get a life	som1	someone	;-)	winking happy face
gr8	great	spk	speak	|-o	tired, asleep
h8	hate	thkq	thank you	:-\	sceptical
hand	have a nice day	ttyl	talk to you later	:-D	big smile, laughing face
hak	hugs and kisses	tx	thanks		
hth	hope this helps	u	you	:-<>	amazed
ic	I see	ur	you are	X=	fingers crossed
iluvu	I love you	w/	with	:-p	tongue sticking out
imho	in my humble opinion	wan2	want to	:-O	shouting
imo	in my opinion	wan2 tlk	want to talk?	O:-)	angel
iow	in other words	werv u bin	where have you been?	:-* or :-x	big kiss!
jic	just in case			:-o	shocked face
jk	just kidding	wknd	weekend	@}-,-'—	a rose
kit	keep in touch	wot	what		
kwim	know what I mean?	wu	what's up?		
l8	late	x	kiss		
l8r	later	xlnt	excellent		
		xoxoxo	hugs and kisses		

Phrasefinder

Key phrases / Nützliche Redewendungen

yes, please	ja bitte
no, thank you	nein danke
sorry!	Entschuldigung!
you're welcome	nichts zu danken
I don't understand	ich verstehe das nicht

Meeting people / Wir lernen uns kennen

hello/goodbye	hallo!/auf Wiedersehen!
how are you?	wie geht es Ihnen?/wie geht's?
fine, thank you	danke, gut
see you later!	bis nachher!

Asking questions / Fragen

do you speak English/German?	sprechen Sie/sprichst du Englisch/Deutsch?
what's your name?	wie heißen Sie?/wie heißt du?
where are you from?	woher kommen Sie?/woher kommst du?
how much is it?	wie viel kostet das?
how far is it?	wie weit ist es?

About you	Alles über mich
my name is…	ich heiße…
I'm English	ich bin Engländer/Engländerin
I don't speak German/English very well	ich kann nicht gut Deutsch/Englisch sprechen
I'm here on holiday	ich bin im Urlaub hier
I live near Manchester/Hamburg	ich wohne in der Nähe von Manchester/ Hamburg

Emergencies	Im Notfall
can you help me, please?	können Sie mir bitte helfen?
I'm lost	ich habe mich verlaufen
call an ambulance	rufen Sie einen Krankenwagen
get the police/a doctor	holen Sie die Polizei/einen Arzt
watch out!	Vorsicht!/Achtung!

Going places / Unterwegs

By rail and underground — Mit Bahn und U-Bahn

By rail and underground	Mit Bahn und U-Bahn
where can I buy a ticket?	wo kann ich eine Fahrkarte kaufen?
what time is the next train to Berlin/ New York?	wann geht der nächste Zug nach Berlin/ New York?
do I have to change?	muss ich umsteigen?
can I take my bike on the train?	kann ich mein Rad im Zug mitnehmen?
which platform for the train to Cologne/Bath?	von welchem Bahnsteig fährt der Zug nach Köln/Bath ab?
a single/return (AmE round trip) to Baltimore/Frankfurt, please	einmal einfach/eine Rückfahrkarte nach Baltimore/Frankfurt, bitte
I'd like a cheap day return/ an all-day ticket	ich möchte eine Tagesrückfahrkarte/ Tageskarte
I'd like to reserve a seat	ich möchte einen Platz reservieren
is there a student/senior citizen discount?	gibt es eine Ermäßigung für Studenten/ Senioren?
is this the train for…?	ist dies der Zug nach…?
what time does the train arrive in Cologne/Washington?	wann kommt der Zug in Köln/ Washington an?
have I missed the train?	habe ich den Zug verpasst?
which line do I need to take for the castle?	mit welcher Linie komme ich zum Schloss?

YOU WILL HEAR:	SIE HÖREN:
der Zug fährt auf Gleis 2 ein	the train is arriving at platform 2
um 10 Uhr fährt ein Zug nach Berlin/York	there's a train to Berlin/York at 10 o'clock
der Zug hat Verspätung/ ist pünktlich	the train is delayed/on time
die nächste Haltestelle ist...	the next stop is...
Ihre Fahrkarte ist ungültig	your ticket isn't valid

MORE USEFUL WORDS:	NÜTZLICHE WÖRTER:
underground station, (AmE) subway station	U-Bahnhof, U-Bahn-Station
timetable	Fahrplan
connection	Anschluss
express train	Schnellzug
local train	Nahverkehrszug
seat reservation	Platzreservierung
high-speed train	ICE, Intercity-Express

DID YOU KNOW...?	WUSSTEN SIE SCHON...?
At weekends and during busy times, it is advisable to get a seat reservation when you buy your train ticket. There is a small charge for this service.	Wenn Sie in Großbritannien Zugfahrkarten einige Wochen im Voraus kaufen, können Sie viel Geld sparen.

At the airport — Am Flughafen

when's the next flight to Paris/Rome?	wann geht der nächste Flug nach Paris/Rom?
what time do I have to check in?	um wie viel Uhr muss ich einchecken?
where do I check in?	wo checkt man ein?
I'd like to confirm/cancel my flight	ich möchte meinen Flug bestätigen/ stornieren
I'd like a window seat/an aisle seat	ich möchte einen Fensterplatz/ Platz am Gang
can I change my booking?	kann ich umbuchen?
can I carry this in my hand, (AmE) carry-on luggage?	kann ich das im Handgepäck mitnehmen?
my luggage hasn't arrived	mein Gepäck ist nicht angekommen

Phrasefinder

YOU WILL HEAR:	SIE HÖREN:
Flug BA7057 ist zum Einsteigen bereit/ist verspätet/wurde gestrichen	flight BA7057 is now boarding/delayed/cancelled
gehen Sie bitte zum Flugsteig 29	please go to gate 29
darf ich Ihre Bordkarte sehen?	could I see your boarding card?

MORE USEFUL WORDS:	NÜTZLICHE WÖRTER:
arrivals	Ankunft
departures	Abflug
baggage claim	Gepäckausgabe

Asking how to get there   Nach dem Weg fragen

how do I get to the airport/city centre (*AmE* center)?	wie komme ich zum Flughafen/Stadtzentrum?
how long will it take me to walk there?	wie lange braucht man zu Fuß?
how far is it from here?	wie weit ist das von hier?
which bus do I take for the cathedral?	mit welchem Bus komme ich zum Dom?
where does this bus go?	wohin fährt dieser Bus?
where do I get the bus for…?	wo fährt der Bus nach…ab?
does this bus/train go to…?	fährt dieser Bus/Zug nach…?
which bus goes to…?	welcher Bus fährt nach…?
where do I get off?	wo muss ich aussteigen?
how much is the fare to the town centre (*AmE* center)?	was kostet es ins Stadtzentrum?
what time is the last bus?	wann fährt der letzte Bus?
where's the nearest underground station (*AmE* subway station)?	wo ist die nächste U-Bahn-Station?
is this the turning for…?	ist das die Abzweigung nach…?
can you call me a taxi?	können Sie mir ein Taxi bestellen?

YOU WILL HEAR:	SIE HÖREN:
nehmen Sie die erste Straße rechts	take the first turning (*AmE* turn) on the right
gehen Sie an der Ampel/gleich nach der Kirche links	turn left at the traffic lights/just past the church

Phrasefinder

Disabled travellers / Reisende mit Behinderungen

I'm disabled	ich habe eine Behinderung
is there wheelchair access?	gibt es einen stufenfreien Zugang?
are guide dogs permitted?	sind Blindenhunde zugelassen?

On the road / Auf der Straße

where's the nearest petrol station, (AmE) gas station?	wo ist die nächste Tankstelle?
what's the best way to get there?	wie komme ich am besten dorthin?
I've got a puncture, (AmE) flat tire	ich habe eine Reifenpanne
I'd like to hire, (AmE) rent a bike/car	ich möchte ein Rad/Auto mieten
where can I park around here?	wo kann man hier parken?
there's been an accident	es ist ein Unfall passiert
my car's broken down	mein Auto hat eine Panne
the car won't start	der Wagen springt nicht an
where's the nearest garage?	wo ist die nächste Autowerkstatt?
pump number six, please	Zapfsäule Nummer sechs, bitte
fill it up, please	bitte volltanken
can I wash my car here?	kann ich hier mein Auto waschen?
can I park here?	kann ich hier parken?
there's a problem with the brakes/lights	mit den Bremsen/der Beleuchtung stimmt etwas nicht
the clutch/gearstick isn't working	die Kupplung/Gangschaltung ist kaputt
take the third exit off the roundabout, (AmE traffic circle)	nehmen Sie im Kreisverkehr die dritte Ausfahrt
turn right at the next junction	biegen Sie an der nächsten Kreuzung rechts ab
slow down	fahren Sie langsamer
I can't drink, I'm driving	ich kann leider nichts trinken, ich muss noch fahren
can I buy a road map here?	kann ich hier eine Straßenkarte kaufen?

YOU WILL HEAR:	SIE HÖREN:
darf ich Ihren Führerschein sehen?	can I see your driving licence?
Sie müssen einen Unfallbericht ausfüllen	you need to fill out an accident report
dies ist eine Einbahnstraße	this road is one-way
das Tempolimit ist 50 Stundenkilometer	the speed limit is 50 kilometres per hour
Sie können hier nicht parken	you can't park here

MORE USEFUL WORDS:	NÜTZLICHE WÖRTER:
diesel	Diesel
unleaded	bleifreies Benzin
motorway, (*AmE* expressway)	Autobahn
toll/toll road	Maut/Mautstraße
satnav, (*AmE* GPS)	Satellitennavigationssystem
speed camera	Radarfalle
roundabout	Kreisverkehr
crossroads	Kreuzung
bus lane	Busspur
dual carriageway, (*AmE* divided highway)	vierspurige Schnellstraße
traffic lights	Ampel
driver	Fahrer/-in

DID YOU KNOW...?	WUSSTEN SIE SCHON...?
Heavy goods vehicles over 7.5 tons are not allowed to travel on German motorways on Sundays and Bank Holidays. Exceptions apply to HGVs transporting perishable goods.	Radarfallen (Starenkästen) sind in Großbritannien meist gelb angestrichen und daher von Weitem gut zu erkennen. Oft weist ein Schild mit einem Kamera-Symbol auf Radarkontrollen hin.

COMMON ROAD SIGNS

Achtung Kinder	Careful - children
Anlieger frei	Residents only
Ausfahrt	Exit
Einbahnstraße	One-way street
Fahrradstraße	Priority for cyclists
H	Bus/tram stop
P	Car park, parking
Spielstraße	Home zone
Stop	Stop
Umleitung	Diversion

STRASSENSCHILDER

Get in lane	Einordnen
Give way	Vorfahrt gewähren
Level crossing	Bahnübergang
No overtaking (*AmE* Do not pass)	Überholverbot
No stopping/parking	Halteverbot/Parkverbot
P	Parkplatz
Reduce speed now	Jetzt das Tempo verlangsamen
Slow	Langsam
Stop	Stopp!, Halt!

Keeping in touch / In Verbindung bleiben

On the phone	Am Telefon
where can I buy a phone card?	wo kann man Telefonkarten kaufen?
may I use your phone?	darf ich Ihr Telefon benutzen?
do you have a mobile (*AmE* cell phone?)	haben Sie ein Handy?
what is your phone number?	was ist Ihre Telefonnummer?
what is the area code for Leipzig/Sheffield?	was ist die Vorwahl von Leipzig/Sheffield?
I'd like to make a phone call	ich möchte gern telefonieren
I'd like to reverse the charges (*AmE* call collect)	ich möchte ein R-Gespräch anmelden
the line's engaged/busy	es ist besetzt
there's no answer	es meldet sich niemand
hello, this is Natalie	hallo, hier spricht Natalie
can I speak to Simon, please?	kann ich bitte Simon sprechen?
who's calling?	wer ist am Apparat?
sorry, I must have the wrong number	Entschuldigung, ich habe mich verwählt
just a moment, please	einen Augenblick bitte
please hold the line	bleiben Sie bitte am Apparat
it's a business/personal call	es ist ein geschäftliches/privates Gespräch
I'll put you through	ich verbinde Sie
he cannot come to the phone at the moment	er kann jetzt nicht an den Apparat kommen
please tell him/her I called	richten Sie ihm/ihr bitte aus, dass ich angerufen habe

can I leave a message for Eva?	kann ich eine Nachricht für Eva hinterlassen?
I'll try again later	ich versuche es später noch einmal
please tell her that Danielle called	sagen Sie ihr bitte, dass Danielle angerufen hat
can he/she call me back?	kann er/sie mich zurückrufen?
my home number is…	meine Privatnummer ist…
my business number is…	meine Nummer im Büro ist…
my fax number is…	meine Faxnummer ist…
can I send a fax from here?	kann ich von hier faxen?
we were cut off	wir sind unterbrochen worden
I'll call you later	ich rufe Sie später an
I need to top up my mobile phone (AmE cell phone)	ich muss mein Handy-Guthaben aufladen
the battery's run out	die Batterie ist leer
I'm running low on credit	mein Handy-Guthaben ist fast aufgebraucht
send me a text	schicken Sie mir eine SMS
there's no signal here	hier ist kein Empfang
you're breaking up	ich kann Sie nicht mehr hören
could you speak a little louder?	könnten Sie etwas lauter sprechen?

YOU WILL HEAR:	SIE HÖREN:
hallo	hello
rufen Sie mich auf meinem Handy an	call me on my mobile (AmE cell phone)
der Teilnehmer ist nicht erreichbar	the person you are calling is unavailable
bitte drücken Sie die Rautetaste	please press the hash key
möchten Sie eine Nachricht hinterlassen?	Would you like to leave a message?
Bitte hinterlassen Sie eine Nachricht nach dem Ton	please leave a message after the tone

MORE USEFUL WORDS:	NÜTZLICHE WÖRTER:
text message	SMS
top-up card	Aufladekarte
phone box (AmE phone booth)	Telefonzelle
dial	wählen

Phrasefinder

Writing   Schreiben

can you give me your address?	können Sie mir Ihre/kannst du mir deine Adresse geben?
where is the nearest post office?	wo ist die nächste Post?
two one-euro stamps	zwei Briefmarken zu einem Euro
I'd like a stamp for a letter to Germany/Italy	ich hätte gern eine Briefmarke für einen Brief nach Deutschland/Italien
can I have stamps for two postcards to England/the USA, please?	kann ich bitte Briefmarken für zwei Postkarten nach England/in die USA haben?
I'd like to send a parcel	ich möchte ein Paket abschicken
is there a postbox (*AmE* mailbox) near here?	gibt es hier in der Nähe einen Briefkasten?

dear Isabel/Fred	Liebe Isabel/Lieber Fred
dear Sir or Madam	Sehr geehrte Damen und Herren
yours sincerely	Mit freundlichen Grüßen
yours faithfully	Mit freundlichen Grüßen
best wishes	Viele Grüße

YOU WILL HEAR:	**SIE HÖREN:**
möchten Sie es per Luftpost schicken?	would you like to send it by air mail?
ist es wertvoll?	is it valuable?

MORE USEFUL WORDS:	**NÜTZLICHE WÖRTER:**
postcode (*AmE* ZIP code)	Postleitzahl
airmail	Luftpost
fragile	zerbrechlich
urgent	dringend
registered post (*AmE* mail)	Einschreiben

On line   Online

are you on the Internet?	hast du Zugang zum Internet?
what's your email address?	was ist deine E-Mail-Adresse?
I'll email it to you	ich schicke es Ihnen per E-Mail
I've looked for it on the Internet	ich habe es im Internet gesucht
he found the information surfing the net	er hat die Informationen beim Surfen im Internet gefunden

my e-mail address is jane dot smith at new99 dot com	meine E-Mail-Adresse ist jane Punkt smith at-Zeichen new99 Punkt com
can I check my email here?	kann ich hier meine E-Mails ansehen?
I have broadband/dial-up	ich habe Breitband/eine Einwahlverbindung
do you have wireless Internet access here?	gibt es hier einen drahtlosen Internetzugang?
I spend a lot of time surfing the Net	ich surfe viel im Internet
I'll send you the file as an attachment	ich schicke Ihnen die Datei als Anhang

YOU MAY SEE:	SIE SEHEN:
Suche	search
auf das Symbol doppelklicken	double-click on the icon
Anwendung öffnen	open (up) the application
Datei herunterladen	download file

MORE USEFUL WORDS:	NÜTZLICHE WÖRTER:
subject (of an email)	Betreff
password	Passwort
social networking site	soziales Netzwerk
search engine	Suchmaschine
mouse	Maus
keyboard	Tastatur

Meeting up — Verabredungen

what shall we do this evening?	was machen wir heute Abend?
do you want to go out tonight?	möchten Sie/möchtest du heute Abend ausgehen?
where shall we meet?	wo treffen wir uns?
see you outside the cinema at 6 o'clock	ich treffe Sie/dich um sechs Uhr vor dem Kino
do you fancy joining in?	hast du/haben Sie Lust mitzumachen?
I can't today, I'm busy	ich kann heute nicht, ich habe keine Zeit
shall we go for something to eat?	sollen wir etwas essen gehen?
let's meet for a coffee in town	treffen wir uns in der Stadt zum Kaffeetrinken
would you like to see a show/film (AmE movie)?	möchten Sie/möchtest du eine Show/ einen Film ansehen?
I'm sorry, I've got something planned	es tut mir leid, ich habe schon etwas vor
what about next week instead?	wie wäre es stattdessen nächste Woche?

YOU WILL HEAR:	SIE HÖREN:
freut mich, Sie kennenzulernen	nice to meet you
kann ich Sie zu einem Gläschen einladen?	can I buy you a drink?

MORE USEFUL WORDS:	NÜTZLICHE WÖRTER:
bar	Bar
bar (*serving counter in a bar/pub*)	Theke
meal	Essen
snack	Imbiss
date	Verabredung
cigarette	Zigarette

Food and drink / Essen und trinken

Booking a table — Vorbestellungen

can you recommend a good restaurant?	können Sie uns/mir ein gutes Restaurant empfehlen?
I'd like to reserve a table for four	ich möchte einen Tisch für vier Personen bestellen
I booked a table for two	ich habe einen Tisch für zwei Personen bestellt

Ordering — Wir möchten bestellen

could we see the menu/wine list, please?	können wir bitte die Speisekarte Weinkarte haben?
do you have a vegetarian/children's menu?	haben Sie vegetarische Gerichte/ Kinderportionen?
could we have some more bread?	noch etwas Brot, bitte
what would you recommend?	was würden Sie mir/uns empfehlen?
I'd like a white/black coffee	ich möchte einen Kaffee mit Milch/einen Kaffee ohne Milch
… an espresso	… einen Espresso
… a decaffeinated coffee	… einen entkoffeinierten Kaffee
the bill, (*AmE*) check, please	Rechnung, bitte

YOU WILL HEAR:	SIE HÖREN:
hätten Sie gern einen Aperitif?	would you like an aperitif?
haben Sie schon bestellt?	are you ready to order?
möchten Sie eine Vorspeise?	would you like a starter?
was nehmen Sie als Hauptgericht?	what will you have for the main course?
möchten Sie eine Nachspeise?	would you like a dessert?
haben Sie noch einen Wunsch?	anything else?
guten Appetit!	enjoy your meal!
die Bedienung ist (nicht) inbegriffen	service is (not) included

The menu Die Speisekarte

starters	Vorspeisen	Vorspeisen	starters
canapés	Häppchen	Häppchen	canapés
hors d'oeuvres	Horsd'oeuvres, Vorspeisen	Horsd'oeuvres, Vorspeisen	hors d'oeuvres
omelette	Omelett	Omelett	omelette
soup	Suppe	Suppe	soup

fish	Fisch	Fisch	fish
bass	Barsch	Aal	eel
cod	Kabeljau	Austern	oysters
eel	Aal	Barsch	bass
haddock	Schellfisch	Calamares	squid
hake	Seehecht	Forelle	trout
herring	Hering	Garnelen	prawns
monk fish	Anglerfisch	Hering	herring
mullet	Meeräsche	Kabeljau	cod
mussels	Muscheln	Krabben	shrimps
oysters	Austern	Lachs	salmon
plaice	Scholle	Meeräsche	mullet
prawns	Garnelen	Muscheln	mussels
red mullet	Meerbarbe	Sardinen	sardines
salmon	Lachs	Schellfisch	haddock
sardines	Sardinen	Scholle	plaice
shrimps	Krabben	Seehecht	hake
sole	Seezunge	Seezunge	sole
squid	Calamares	Steinbutt	turbot
trout	Forelle		
tuna	Thunfisch		
turbot	Steinbutt		

meat	Fleisch		Fleisch	meat
chicken	Hühnchen		Ente	duck
duck	Ente		Gans	goose
goose	Gans		Hase	hare
guinea fowl	Perlhuhn		Hühnchen	chicken
hare	Hase		Kalbfleisch	veal
kidneys	Nieren		Kaninchen	rabbit
lamb	Lammfleisch		Lammfleisch	lamb
liver	Leber		Leber	liver
pork	Schweinefleisch		Nieren	kidneys
rabbit	Kaninchen		Sauerbraten	braised beef
veal	Kalbfleisch		Schweinefleisch	pork
wild boar	Wildschwein		Wiener Schnitzel	breaded escalope
			Wildschwein	wild boar

vegetables	Gemüse		Gemüse	vegetables
artichokes	Artischocken		Artischocken	artichokes
asparagus	Spargel		Blaukraut (Aust.)	red cabbage
beans	Bohnen		Blumenkohl	cauliflower
cabbage	Kohl		Bohnen	beans
carrots	Möhren, Karotten		Endivie	endive
cauliflower	Blumenkohl		Erbsen	peas
celery	Sellerie		Kartoffeln	potatoes
endive	Endivie		Kohl	cabbage
mushrooms	Pilze		Möhren, Karotten	carrots
onions	Zwiebeln		Paprikaschoten	peppers
peas	Erbsen		Pilze	mushrooms
peppers	Paprikaschoten		Rotkohl	red cabbage
potatoes	Kartoffeln		Sellerie	celeriac; celery
red cabbage	Rotkohl, Blaukraut (Aust.)		Spargel	asparagus
			Zwiebeln	onions

the way it's cooked	wie es zubereitet wird		wie es zubereitet wird	the way it's cooked
boiled	gekocht		englisch gebraten	rare
fried	gebraten, in der Pfanne gebraten		gebraten, geröstet	roast
			gebraten, in der Pfanne gebraten	fried
grilled	gegrillt			
medium	halb durchgebraten		gegrillt	grilled
puréed	püriert		geschmort	stewed
rare	englisch gebraten, schwach gebraten		durch	well done
			halb durchgebraten	medium
roast	gebraten, geröstet		püriert	puréed
stewed	geschmort		schwach gebraten	rare
well done	durch			

desserts	Nachspeisen
cheese	Käse
cheeseboard	Käseplatte
chocolate gateau	Schokoladen-torte
fruit	Obst
fruit tart	Obsttorte
ice cream	Eis
pie	Obstkuchen

Nachspeisen	desserts
Kaiserschmarren (*Aust.*)	pancake strips sprinkled with sugar and raisins
Kompott	stewed fruit
Kuchen	cake
Nockerln (*Aust.*)	sweet dumplings
rote Grütze	red-berry compote

side dishes/ condiments	Beilagen/ Gewürze
bread	Brot
butter	Butter
herbs	Gewürzkräuter
mayonnaise	Majonäse
mustard	Senf
olive oil	Olivenöl
pepper	Pfeffer
rolls	Brötchen, Semmeln (*Aust.*)
salt	Salz
sauce	Soße
seasoning	Gewürze
vinegar	Essig

Beilagen/ Gewürze	side dishes/ condiments
Brot	bread
Brötchen	rolls
Butter	butter
Essig	vinegar
Gewürze	seasoning
Gewürzkräuter	herbs
Majonäse	mayonnaise
Olivenöl	olive oil
Pfeffer	pepper
Salz	salt
Semmeln (*Aust.*)	rolls
Senf	mustard
Soße	sauce

drinks	Getränke
beer	Bier
bottle	Flasche
carbonated	mit Kohlensäure
draught beer	Bier vom Fass
half-bottle	eine halbe Flasche
liqueur	Likör
red wine	Rotwein
rosé	Rosé
soft drink	alkoholfreies Getränk
spritzer	Schorle
still	ohne Kohlensäure
table wine	Tafelwein
white wine	Weißwein
wine	Wein

Getränke	drinks
alkoholfreies Getränk	soft drink
Bier	beer
Bier vom Fass	draught beer
Flasche	bottle
Likör	liqueur
mit Kohlensäure	carbonated
ohne Kohlensäure	still
Rosé	rosé
Rotwein	red wine
Schoppenwein	wine by the glass
Schorle	spritzer
Tafelwein	table wine
Wein	wine
Weißwein	white wine

Places to stay / Unterkunft

Camping	Camping
we're looking for a campsite	wir suchen einen Campingplatz
can we pitch our tent here?	können wir hier zelten?
can we park our caravan here?	können wir unseren Wohnwagen hier parken?
do you have space for a caravan/tent?	haben Sie Platz für einen Wohnwagen/ein Zelt?
are there shopping facilities?	gibt es Einkaufsmöglichkeiten?
how much is it per night?	was kostet es pro Nacht?

At the hotel	Im Hotel
I'd like a double/single room with bath	ich möchte ein Doppelzimmer/Einzelzimmer mit Bad
we have a reservation in the name of Milnes	wir haben auf den Namen Milnes reservieren lassen
I reserved two rooms	ich habe zwei Zimmer reservieren lassen
for three nights, from Friday to Sunday	für drei Nächte, von Freitag bis Sonntag
how much does the room cost?	was kostet das Zimmer?
I'd like to see the room first, please	ich möchte das Zimmer erst sehen, bitte
what time is breakfast?	wann gibt es Frühstück?
can I leave this in the safe?	kann ich das im Safe lassen?
bed and breakfast	Zimmer mit Frühstück
we'd like to stay another night	wir möchten noch eine Nacht bleiben
please call me at 7:30	bitte wecken Sie mich um 7:30
are there any messages for me?	hat jemand eine Nachricht für mich hinterlassen?

Hostels	Jugendherbergen und Heime
could you tell me where the youth hostel is?	können Sie mir sagen, wo die Jugendherberge ist?
what time does the hostel close?	um wie viel Uhr macht das Heim zu?
I spent the night in a youth hostel	ich habe in einer Jugendherberge übernachtet
the hostel we're staying in is great value	unsere Herberge ist sehr preiswert
I'm staying in a youth hostel	ich wohne in einer Jugendherberge
I know a really good youth hostel in Dublin	ich kenne eine sehr gute Jugendherberge in Dublin
I'd like to go backpacking in Australia	ich würde gern in Australien mit dem Rucksack herum reisen

Rooms to rent — Zimmer zu vermieten

I'm looking for a room with a reasonable rent	ich suche ein preiswertes Zimmer
I'd like to rent an apartment for three weeks	ich möchte eine Wohnung für drei Wochen mieten
where do I find out about rooms to let?	wo kann man sich nach Fremdenzimmern erkundigen?
what's the weekly rent for the apartment?	was kostet die Wohnung pro Woche?
I'm staying with friends at the moment	ich wohne zur Zeit bei Freunden
I rent an apartment on the outskirts of town	ich habe eine Wohnung am Stadtrand gemietet
the room's fine—I'll take it	das Zimmer ist gut—ich nehme es

Money and shopping / Geld und Einkaufen

At the bank — In der Bank

I'd like to change some money	ich möchte gern Geld wechseln
I want to change 100 euros into pounds	ich möchte 100 Euro[s] in Pfund wechseln
do you take Eurocheques?	nehmen Sie Euroschecks?
what's the exchange rate today?	wie steht der Wechselkurs heute?
I prefer traveller's cheques (*AmE* traveler's checks) to cash	mir sind Reiseschecks lieber als Bargeld
I'd like to transfer some money from my account	ich möchte Geld von meinem Konto überweisen
I'll get some money from the cash machine/ATM	ich hole mir Geld vom Automaten
a £50 cheque (*AmE* check)	ein Scheck über 50 Pfund
can I cash this cheque (*AmE* check) here?	kann ich diesen Scheck hier einlösen?
can I get some cash with my credit card?	kann ich auf meine Kreditkarte Bargeld bekommen?

Finding the right shop — Das richtige Geschäft finden

where's the main shopping district?	wo ist das Haupteinkaufsviertel?
is the shopping centre (*AmE* mall) far from here?	ist das Einkaufszentrum weit von hier?
where's a good place to buy shoes/sunglasses?	wo kauft man am besten Schuhe/eine Sonnenbrille?

Phrasefinder

where can I buy batteries/postcards?	wo kann ich Batterien/Postkarten kaufen?
where's the nearest pharmacy (*AmE* drugstore)?	wo ist die nächste Apotheke?
what time do the shops open/close?	um wie viel Uhr machen die Läden auf/zu?
where did you get those?	wo hast du die her?
I'm looking for a present for my mother	ich suche ein Geschenk für meine Mutter

Are you being served? Werden Sie schon bedient?

how much does that cost?	was kostet das?
can I try it on?	kann ich es anprobieren?
can you keep it for me?	können Sie es mir zurücklegen?
could you gift-wrap it for me, please?	können Sie es bitte als Geschenk einpacken?
please wrap it up well	verpacken Sie es bitte gut
can I pay by credit card/cheque (*AmE* check)?	kann ich mit Kreditkarte/Scheck zahlen?
do you have this in another colour?	haben Sie das in einer anderen Farbe?
I'm just looking	ich sehe mich nur um
a receipt, please	eine Quittung bitte
I need a bigger size	ich brauche die nächste Größe
I take a size…	ich habe Größe…
it doesn't suit me	das steht mir nicht

Changing things Umtauschen

can I have a refund?	kann ich mein Geld zurückbekommen?
can you mend it for me?	können Sie es mir reparieren?
can I speak to the manager?	kann ich den Geschäftsführer/ die Geschäftsführerin sprechen?
it doesn't work	es funktioniert nicht
I'd like to change the dress	ich möchte das Kleid umtauschen
I bought this here yesterday	ich habe das gestern hier gekauft

Sport and leisure / Sport und Freizeit

Keeping fit   Wir halten uns fit

where can we play badminton/squash?	wo kann man Badminton/Squash spielen?
is there a local sports centre (*AmE* center)?	gibt es hier ein Sportzentrum?
we want to hire (*AmE* rent) skis/snowboards	wir möchten Skier/Snowboards mieten
what's the charge per day?	was kostet das pro Tag?
is there a reduction for children/ a student discount?	gibt es eine Ermäßigung für Kinder/ Studenten?
where can we go swimming/ play football?	wo kann man schwimmen gehen/ Fußball spielen?
are there any yoga/pilates classes here?	gibt es hier Yogakurse/Pilateskurse?
I want to do aerobics	ich möchte Aerobic machen
is there a hotel gym?	hat das Hotel ein Fitnesscenter?
do you have to be a member?	muss man Mitglied sein?
I would like to go fishing/riding	ich würde gern angeln gehen/reiten
I love playing baseball/tennis	ich spiele gern Baseball/Tennis
I play golf on Mondays	ich spiele jeden Montag Golf
would you like to play tennis/ badminton?	möchten Sie Tennis/Badminton spielen?

Watching sport   Zuschauen

is there a match (*AmE* game) on Saturday?	gibt es am Samstag ein Spiel?
who's playing?	wer spielt?
which teams are playing?	welche Mannschaften spielen?
where can I get tickets?	wo kann man Karten bekommen?
can you get me a ticket?	kannst du mir eine Karte besorgen?
I'd like to see a rugby match	ich würde gern ein Rugbyspiel sehen
let's watch the match on TV	sehen wir uns das Spiel im Fernsehen an
my favourite (*AmE* favorite) team is Bayern	ich bin ein Bayern-Fan
who's winning?	wer gewinnt?
the reds are winning 3-1	die Roten liegen 3 zu 1 in Führung

SPORTS

basketball	Basketball
cricket	Kricket
cycling	Radfahren
football/American football	American Football
football/soccer	Fußball
golf	Golf
hiking	Wandern
horse-riding	Reiten
ice-skating	Eislaufen
roller-blading	Inlineskaten
running	Laufen
skiing	Skifahren
snowboarding	Snowboarden
surfing	Surfen
swimming	Schwimmen

SPORTARTEN

Basketball	basketball
Bergsteigen	climbing
Eislaufen	ice-skating
Fußball	football/soccer
Handball	handball
Inlineskaten	roller-blading
Laufen	running
Leichtathlethik	athletics
Radfahren	cycling
Reiten	horse-riding
Schwimmen	swimming
Skifahren	skiing
Snowboarden	snowboarding
Surfen	surfing
Wandern	hiking

Going to the cinema/theatre/club　Wir gehen ins Kino/Theater/in einen Club

what's on at the cinema/(*AmE*) at the movies?	was läuft im Kino?
what's on at the theatre?	was wird im Theater gespielt?
how long is the performance?	wie lange dauert die Vorstellung?
when does the box office open/close?	wann macht die Kasse auf/zu?
what time does the performance start?	um wie viel Uhr fängt die Aufführung an?
what time does the film (*AmE* movie) finish?	wann ist der Film zu Ende?
are there any tickets left?	gibt es noch Karten?
how much are the tickets?	was kosten die Karten?
where can I get a programme (*AmE* program)?	wo kann man ein Programm kaufen?
I want to book tickets for tonight	ich möchte für heute Abend Karten bestellen
I'd rather have seats in the stalls (*AmE* orchestra)/circle	ich hätte lieber Plätze im Parkett/auf dem Balkon
we'd like to go to a club	wir wollen in einen Club gehen
I go clubbing every weekend	ich gehe am Wochenende immer in Clubs

Hobbies　Hobbys

do you have any hobbies?	hast du irgendwelche Hobbys?
what do you do at (*AmE* on) weekends?	was machst du/machen Sie immer am Wochenende?
I like reading/listening to music/going out	ich lese gerne/höre gerne Musik/gehe gerne aus
do you like watching TV/shopping/travelling?	sehen Sie gerne fern?/gehen Sie gerne einkaufen?/verreisen Sie gerne?
I collect comics	ich sammle Comichefte/Comics

Good timing / Der richtige Zeitpunkt

Telling the time　Uhrzeit

could you tell me the time?	können Sie mir sagen, wie spät es ist?
what time is it?	wie viel Uhr ist es?
it's 2 o'clock	es ist zwei Uhr
at about 8 o'clock	gegen acht Uhr

at 9 o'clock tomorrow	morgen um neun Uhr
from 10 o'clock onwards	ab zehn Uhr
the meeting starts at 8 p.m.	die Besprechung fängt um zwanzig Uhr an/um acht Uhr abends
at 5 o'clock in the morning/afternoon	um fünf Uhr morgens/um fünf Uhr nachmittags (um siebzehn Uhr)
at exactly 1 o'clock	um Punkt eins
it's five past…/quarter past…	es ist fünf nach…/Viertel nach…
it's half past one	es ist halb zwei
it's twenty-five to one	es ist fünf nach halb eins
it's quarter to/five to one	es ist Viertel vor/fünf vor eins
a quarter of an hour	eine Viertelstunde
three quarters of an hour	eine Dreiviertelstunde

Days and dates — Wochentage und Datum

Sunday, Monday, Tuesday, Wednesday, Thursday, Friday, Saturday	Sonntag, Montag, Dienstag, Mittwoch, Donnerstag, Freitag, Samstag/Sonnabend
January, February, March, April, May, June, July, August, September, October, November, December	Januar, Februar, März, April, Mai, Juni, Juli, August, September, Oktober, November, Dezember
what's the date?	der Wievielte ist heute?
it's the second of June	heute ist der zweite Juni
we meet up every Monday	wir treffen uns jeden Montag
she comes on Tuesdays	sie kommt immer dienstags
we're going away in August	wir verreisen im August
I forgot it was the first of April today	ich habe ganz vergessen, dass heute der erste April ist
on November 8th	am achten November
about the 8th of June	um den 8. Juni

Public holidays and special days — Feste und Feiertage

Bank holiday	gesetzlicher Feiertag
New Year's Day (Jan 1)	Neujahr
Epiphany (Jan 6)	Heilige Drei Könige
St Valentine's Day (Feb 14)	Valentinstag
Shrove Tuesday	Fastnachtsdienstag/Faschingsdienstag
Ash Wednesday	Aschermittwoch
Mothering Sunday/Mother's Day	Muttertag

Palm Sunday	Palmsonntag
Maundy Thursday	Gründonnerstag
Good Friday	Karfreitag
Easter Day	Ostersonntag
Easter Monday	Ostermontag
May Day (May 1)	der Erste Mai, Maifeiertag
Father's Day	Vatertag
Day of German Unity (Oct 3)	Tag der Deutschen Einheit
First Sunday in Advent	erster Advent
St Nicholas' Day (Dec 6)	Nikolaus
Christmas Eve	Heiligabend
Christmas Day (Dec 25)	erster Weihnachtstag
Boxing Day (Dec 26)	zweiter Weihnachtstag
New Year's Eve (Dec 31)	Silvester

Health and beauty/ Gesundheit und Schönheit

At the doctor's   Beim Arzt

can I see a doctor?	kann ich einen Arzt sehen?
I don't feel well	ich fühle mich schlecht
it hurts here	es tut hier weh
I have a migraine/headache	ich habe Migräne/Kopfschmerzen
the pain is getting worse	die Schmerzen werden immer schlimmer
I have a sore ankle/wrist/knee	mein Knöchel/Handgelenk/Knie tut weh
are there any side effects?	gibt es Nebenwirkungen?

YOU WILL HEAR:	SIE HÖREN:
Sie müssen sich einen Termin geben lassen	you need to make an appointment
bitte setzen Sie sich	please take a seat
haben Sie eine Europäische Versicherungskarte?	do you have a European Health Insurance Card?
haben Sie Krankenversicherung?	do you have health insurance?
ich muss Ihren Blutdruck messen	I need to take your blood pressure

MORE USEFUL WORDS:	NÜTZLICHE WÖRTER:
nurse	Krankenschwester
antibiotics	Antibiotika
medicine	Medikament
infection	Infektion
treatment	Behandlung
(bed)rest	(Bett)ruhe

At the pharmacy — In der Apotheke

can I have some painkillers?	kann ich ein Schmerzmittel haben?
I have asthma/hay fever/eczema	ich habe Asthma/Heuschnupfen/ein Ekzem
I've been stung by a wasp/bee	mich hat eine Wespe/Biene gestochen
I've got a cold/cough/the flu	ich bin erkältet/ich habe Husten/Grippe
I need something for diarrhoea/stomachache	ich brauche etwas gegen Durchfall/Magenschmerzen
I'm pregnant	ich bin schwanger

YOU WILL HEAR:	SIE HÖREN:
haben Sie diese Tabletten schon einmal eingenommen?	have you taken these tablets before?
tragen Sie diese Salbe dreimal täglich auf	apply this ointment three times a day
zu den Mahlzeiten/auf nüchternen Magen einnehmen	take at mealtimes/on an empty stomach
sind Sie gegen irgendetwas allergisch?	are you allergic to anything?
nehmen Sie andere Medikamente ein?	are you taking any other medication?

MORE USEFUL WORDS:	NÜTZLICHE WÖRTER:
plasters (*AmE* Band-Aid®)	Pflaster
insect repellent	Insektenschutzmittel
contraception	Verhütungsmittel
sun cream	Sonnencreme
aftersun	After-Sun-Produkt
dosage	Dosierung

At the hairdresser's/salon | Beim Friseur

I'd like a cut and blow dry	bitte schneiden und föhnen
just a trim please	bitte nur nachschneiden
a short back and sides	ein kurzer Haarschnitt
I'd like my hair washed first please	bitte waschen Sie mir zuerst die Haare
can I have a manicure/pedicure/facial?	kann ich eine Maniküre/Pediküre/Gesichtsbehandlung haben?
how much is a head/back massage?	was kostet eine Kopfmassage/Rückenmassage?
can I see a price list?	kann ich eine Preisliste sehen?
do you offer reflexology/aromatherapy treatments?	bieten Sie Reflexzonenmassage/Aromatherapie an?

YOU WILL HEAR:	SIE HÖREN:
möchten Sie die Haare geföhnt haben?	would you like your hair blow-dried?
wo tragen Sie den Scheitel?	where is your parting (AmE part)?
möchten Sie die Haare stufig geschnitten haben?	would you like your hair layered?

MORE USEFUL WORDS:	NÜTZLICHE WÖRTER:
dry/greasy/fine/flyaway/frizzy	trocken/fettig/fein/fliegend/kraus
highlights	helle Strähnchen
extensions	Haarverlängerung
sunbed	Sonnenbank
leg/arm/bikini wax	Wachsbehandlung der Beine/Arme/Bikinizone

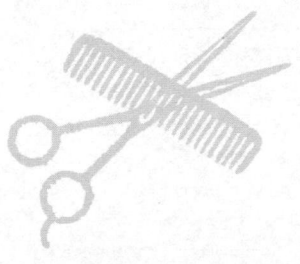

Phrasefinder

At the dentist's — Beim Zahnarzt

I have toothache	ich habe Zahnschmerzen
I'd like an emergency appointment	ich hätte gern einen Notfalltermin
I have cracked a tooth	ich habe mir einen Zahn angebrochen
my gums are bleeding	mein Zahnfleisch blutet

YOU WILL HEAR:	SIE HÖREN:
machen Sie den Mund auf	open your mouth
Sie brauchen eine Füllung	you need a filling
wir müssen eine Röntgenaufnahme machen	we need to take an X-ray
bitte den Mund ausspülen	please rinse

MORE USEFUL WORDS:	NÜTZLICHE WÖRTER:
anaesthetic	Betäubung
root canal treatment	Wurzelkanalbehandlung
injection	Spritze
floss	Zahnseide

Aa

A, a /eɪ/ *n.* A, a, *das*

a /ə, *stressed* eɪ/ *indef. art.* ein/eine/ein; **he is ~ gardener/~ Frenchman** er ist Gärtner/ Franzose; **she did not say ~ word** sie sagte kein Wort

AA *abbr.* (BrE) = **Automobile Association** *britischer Automobilklub*

A & E *abbr.* = **accident and emergency [department]**

aback /əˈbæk/ *adv.* **be taken ~** erstaunt sein

abacus /ˈæbəkəs/ *n., pl.* **~es** *or* **abaci** /ˈæbəsaɪ/ Abakus, *der*

abandon /əˈbændən/ *v.t.* verlassen ‹*Ort, Person*›; aufgeben ‹*Prinzip*›; **~ed** verlassen, ausgesetzt ‹*Kind, Tier*›

abase /əˈbeɪs/ *v.t.* erniedrigen

abashed /əˈbæʃt/ *adj.* beschämt

abate /əˈbeɪt/ *v.i.* nachlassen

abattoir /ˈæbətwɑː(r)/ *n.* Schlachthof, *der*

abbey /ˈæbɪ/ *n.* Abtei, *die*

abbot /ˈæbət/ *n.* Abt, *der*

abbreviate /əˈbriːvɪeɪt/ *v.t.* abkürzen

ab'breviated dialling *n.* (Teleph.) Kurzwahl, *die*

abbreviation /əbriːvɪˈeɪʃn/ *n.* Abkürzung, *die*

abdicate /ˈæbdɪkeɪt/ *v.t.* abdanken

abdication /æbdɪˈkeɪʃn/ *n.* Abdankung, *die*

abdomen /ˈæbdəmən/ *n.* Bauch, *der*

abdominal /æbˈdɒmɪnl/ *adj.* Bauch-

abduct /əbˈdʌkt/ *v.t.* entführen

abduction /əbˈdʌkʃn/ *n.* Entführung, *die*

aberration /æbəˈreɪʃn/ *n.* Abweichung, *die*

abet /əˈbet/ *v.t.*, **-tt-** helfen (+ *Dat.*); **aid and ~** Beihilfe leisten (+ *Dat.*)

abhor /əbˈhɔː(r)/ *v.t.*, **-rr-** verabscheuen

abhorrent /əbˈhɒrənt/ *adj.* abscheulich

abide /əˈbaɪd/ **A** *v.i.* **~ by** befolgen ‹*Gesetz, Vorschrift*›; [ein]halten ‹*Versprechen*›
B *v.t.* ertragen; **I can't ~ dogs** ich kann Hunde nicht ausstehen

ability /əˈbɪlɪtɪ/ *n.* **1** (capacity) Fähigkeit, *die*; **have the ~ to do sth** etw. können
2 (cleverness) Intelligenz, *die*
3 (talent) Begabung, *die*

abject /ˈæbdʒekt/ *adj.* elend; bitter ‹*Armut*›; demütig ‹*Entschuldigung*›

ablaze /əˈbleɪz/ *adj.* **be ~ in Flammen stehen**

able /ˈeɪbl/ *adj.* **1 be ~ to do sth** etw. tun können
2 (competent) fähig

able-bodied /ˈeɪblbɒdɪd/ *adj.* kräftig; tauglich ‹*Soldat, Matrose*›

ably /ˈeɪblɪ/ *adv.* geschickt; gekonnt

abnormal /æbˈnɔːml/ *adj.* abnorm; a[b]normal ‹*Interesse, Verhalten*›

abnormality /æbnɔːˈmælɪtɪ/ *n.* Abnormität, *die*

aboard /əˈbɔːd/ **A** *adv.* an Bord
B *prep.* an Bord (+ *Gen.*); **~ the bus** im Bus; **~ ship** an Bord

abode /əˈbəʊd/ *n.* **of no fixed ~** ohne festen Wohnsitz

abolish /əˈbɒlɪʃ/ *v.t.* abschaffen

abolition /æbəˈlɪʃn/ *n.* Abschaffung, *die*

abominable /əˈbɒmɪnəbl/ *adj.* abscheulich; scheußlich

aborigine /æbəˈrɪdʒɪnɪ/ *n.* Ureinwohner, *der*

abort /əˈbɔːt/ *v.t.* abtreiben ‹*Baby*›

abortion /əˈbɔːʃn/ *n.* Abtreibung, *die*; **back-street ~ illegale Abtreibung** (*durch Engelmacherin*)

a'bortion pill *n.* Abtreibungspille, *die*

abortive /əˈbɔːtɪv/ *adj.* misslungen ‹*Plan*›; fehlgeschlagen ‹*Versuch*›

abound /əˈbaʊnd/ *v.i.* **~ in sth** an etw. (*Dat.*) reich sein

about /əˈbaʊt/ **A** *adv.* **1** (all around) rings[her]um; (here and there) überall; **all ~** ringsumher
2 (near) **be ~** da sein; hier sein
3 be ~ to do sth gerade etw. tun wollen
4 be out and ~ aktiv sein
5 (approximately) ungefähr
B *prep.* **1** (all round) um […] herum]
2 (concerning) über (+ *Akk.*); **know ~ sth** von etw. wissen; **a question ~ sth** eine Frage zu etw.; **what was it ~?** worum ging es?

above /əˈbʌv/ **A** *adv.* **1** (position) oben; (higher up) darüber
2 (direction) nach oben
B *prep.* (position) über (+ *Dat.*); (direction, more than) über (+ *Akk.*); **~ all** vor allem

above 'board *pred. adj.* einwandfrei; korrekt

a'bove-mentioned *adj.* oben erwähnt *od.* genannt

abrasion /əˈbreɪʒn/ *n.* (graze) Hautabschürfung, *die*

abrasive /əˈbreɪsɪv/ **A** *adj.* **1** scheuernd; Scheuer-
2 (fig.) (harsh) aggressiv
B *n.* Scheuermittel, *das*

abreast /əˈbrest/ *adv.* **1** nebeneinander
2 (fig.) **keep ~ of sth** sich über etw. (*Akk.*) auf dem Laufenden halten

abroad /əˈbrɔːd/ *adv.* im Ausland; (direction) ins Ausland

a

abrupt /ə'brʌpt/ *adj.*, **a'bruptly** *adv.*
 1 (sudden[ly]) abrupt; plötzlich
 2 (brusque[ly]) schroff
ABS *abbr.* = **anti-lock braking system** ABS
abscess /'æbsɪs/ *n.* Abszess, *der*
abscond /əb'skɒnd/ *v.t.* sich entfernen
ᵈ **absence** /'æbsəns/ *n.* Abwesenheit, *die*; the
 ~ of sth der Mangel an etw. (*Dat.*)
absent /'æbsənt/ *adj.* abwesend; be ~ from
 school/work in der Schule/am Arbeitsplatz
 fehlen
absentee /æbsən'tiː/ *n* Fehlende, *der/die*;
 Abwesende, *der/die*
absentee 'ballot *n.* (AmE) Briefwahl, *die*
absenteeism /æbsən'tiːɪzm/ *n.* [häufiges]
 Fernbleiben; (without good reason) Krankfeiern,
 das (ugs.)
absentee 'landlord *n.* nicht auf seinem
 Gut lebender Gutsherr
absent-minded /æbsənt'maɪndɪd/ *adj.*
 geistesabwesend; (habitually) zerstreut
absolute /'æbsəluːt/ *adj.* absolut; ausgemacht
 <Lüge, Skandal>
ᵈ **abso'lutely** *adv.* absolut; völlig <verrückt>;
 you're ~ right! du hast völlig Recht; ~ not!
 auf keinen Fall!
absolute ma'jority *n.* absolute Mehrheit
absolve /əb'zɒlv/ *v.t.* ~ from entbinden von
 <Pflichten>; lossprechen von <Schuld>
absorb /əb'sɔːb/ *v.t.* 1 aufsaugen <Flüssigkeit>
 2 abfangen <Schlag, Stoß>
 3 (fig.) (engross) ausfüllen
absorbency /əb'sɔːbənsɪ/ *n.* Saugfähigkeit,
 die
absorbent /əb'sɔːbənt/ *adj.* saugfähig
ab'sorbing *adj.* faszinierend
abstain /əb'steɪn/ *v.i.* ~ from sth sich einer
 Sache (*Gen.*) enthalten; ~ [from voting] sich
 der Stimme enthalten
abstemious /əb'stiːmɪəs/ *adj.* enthaltsam
abstention /əb'stenʃn/ *n.* (from voting)
 Stimmenthaltung, *die*
abstinence /'æbstɪnəns/ *n.* Abstinenz, *die*
abstinent /'æbstɪnənt/ *adj.* abstinent
abstract /'æbstrækt/ ◼ *adj.* abstrakt
 ◼ *n.* Zusammenfassung, *die*
absurd /əb'sɜːd/ *adj.* absurd; (ridiculous)
 lächerlich
absurdity /əb'sɜːdɪtɪ/ *n.* Absurdität, *die*
ab'surdly *adv.* lächerlich
abundance /ə'bʌndəns/ *n.* [an] ~ of sth eine
 Fülle von etw.
abundant /ə'bʌndənt/ *adj.* reich (in an + *Dat.*)
ᵈ **abuse** ◼ /ə'bjuːz/ *v.t.* beschimpfen
 ◼ /ə'bjuːs/ *n.* Beschimpfungen *Pl.*
abusive /ə'bjuːsɪv/ *adj.* beleidigend; become
 ~ ausfallend werden
abysmal /ə'bɪzml/ *adj.* (infml) (bad)
 katastrophal (ugs.)

abyss /ə'bɪs/ *n.* Abgrund, *der*
AC *abbr.* = **alternating current** Ws
ᵈ **academic** /ækə'demɪk/ *adj.* akademisch
academy /ə'kædəmɪ/ *n.* Akademie, *die*
accede /æk'siːd/ *v.i.* 1 zustimmen (to *Dat.*)
 2 ~ [to the throne] den Thron besteigen
accelerate /ək'seləreɪt/ ◼ *v.t.* beschleunigen
 ◼ *v.i.* sich beschleunigen; <Auto, Fahrer:>
 beschleunigen
acceleration /əksélə'reɪʃn/ *n.* Beschleunigung,
 die
accelerator /ək'seləreɪtə(r)/ *n.* ~ [pedal]
 Gas[pedal], *das*
accent /'æksənt/ *n.* Akzent, *der*
accentuate /ək'sentjʊeɪt/ *v.t.* betonen
ᵈ **accept** /ək'sept/ *v.t.* 1 annehmen;
 entgegennehmen <Dank, Spende>;
 übernehmen <Verantwortung>
 2 (acknowledge) akzeptieren
acceptable /ək'septəbl/ *adj.* akzeptabel;
 annehmbar <Preis, Gehalt>
acceptance /ək'septəns/ *n.* 1 Annahme, *die*
 2 (acknowledgement) Anerkennung, *die*
ᵈ **access** /'ækses/ *n.* 1 (admission) gain ~ Einlass
 finden
 2 (opportunity to use or approach) Zugang, *der*
 (to zu)
accessible /ək'sesɪbl/ *adj.* 1 (reachable)
 erreichbar
 2 (available, understandable) zugänglich (to für)
accession /ək'seʃn/ *n.* Amtsantritt, *der*; ~ [to
 the throne] Thronbesteigung, *die*
accessory /ək'sesərɪ/ *n.* 1 **accessories** *pl.*
 Zubehör, *das*
 2 (dress article) Accessoire, *das*
'access road *n.* Zufahrtsstraße, *die*
ᵈ **accident** /'æksɪdənt/ *n.* 1 Unfall, *der*
 2 (chance) Zufall, *der*; by ~ zufällig
 3 (mistake) Versehen, *das*; by ~ versehentlich
accidental /æksɪ'dentl/ *adj.* (chance) zufällig;
 (unintended) unbeabsichtigt
acci'dentally *adv.* (by chance) zufällig; (by
 mistake) versehentlich
accident and e'mergency department
 n. Unfallstation, *die*; Notaufnahme[station],
 die
'accident-prone *adj.* ~ person Unfäller, *der*
 (Psych.); he's such an ~ boy mit dem Jungen
 ist aber auch immer irgendwas (ugs.)
acclaim /ə'kleɪm/ *v.t.* feiern
acclimatization /əklaɪmətaɪ'zeɪʃn/ *n.* (lit. or
 fig.) Akklimatisation, *die*
acclimatize /ə'klaɪmətaɪz/ *v.t.* get *or* become
 ~d sich akklimatisieren
accolade /'ækəleɪd/ *n.* ~[s] (praise) Lob, *das*
accommodate /ə'kɒmədeɪt/ *v.t.*
 1 unterbringen; (hold) Platz bieten (+ *Dat.*)
 2 (oblige) gefällig sein (+ *Dat.*)

accommodating /ə'kɒmədeɪtɪŋ/ *adj.*
zuvorkommend

accommodation /əkɒmə'deɪʃn/ *n.*
Unterkunft, *die*

accommo'dation address *n.*
Gefälligkeitsadresse, *die*

accompaniment /ə'kʌmpənɪmənt/ *n.*
Begleitung, *die*

accompanist /ə'kʌmpənɪst/ *n.* Begleiter,
der/Begleiterin, *die*

✔ **accompany** /ə'kʌmpənɪ/ *v.t.* begleiten

accomplice /ə'kʌmplɪs/ *n.* Komplize, *der*/
Komplizin, *die*

accomplish /ə'kʌmplɪʃ/ *v.t.* vollbringen
‹*Tat*›; erfüllen ‹*Aufgabe*›

accomplished /ə'kʌmplɪʃt/ *adj.* fähig; **he is
an ~ speaker/dancer** er ist ein erfahrener
Redner/vollendeter Tänzer

ac'complishment *n.* **1** (completion)
Vollendung, *die*
2 (achievement) Leistung, *die*; (skill) Fähigkeit,
die

accord /ə'kɔ:d/ **A** *n.* Übereinstimmung, *die*;
of one's own ~ aus eigenem Antrieb; **with
one ~** geschlossen
B *v.t.* **~ sb sth** jmdm. etw. gewähren

accordance /ə'kɔ:dəns/ *n.* **in ~ with** in
Übereinstimmung mit

ac'cording *adv.* **~ to** nach; **~ to him** nach
seiner Aussage

ac'cordingly *adv.* (as appropriate) entsprechend;
(therefore) folglich

accordion /ə'kɔ:dɪən/ *n.* Akkordeon, *das*

accost /ə'kɒst/ *v.t.* ansprechen

✔ **account** /ə'kaʊnt/ *n.* **1** (Finance) Rechnung,
die; (at bank, shop) Konto, *das*
2 (consideration) **take ~ of sth, take sth into ~**
etw. berücksichtigen; **take no ~ of sth/sb**
etw./jmdn. unberücksichtigt lassen; **don't
change your plans on my ~** ändert nicht
meinetwegen eure Pläne; **on ~ of** wegen;
on no ~ auf [gar] keinen Fall
3 (report) Bericht, *der*
4 call sb to ~ jmdn. zur Rechenschaft
ziehen
■ **ac'count for** *v.t.* Rechenschaft ablegen
über; (explain) erklären

accountable /ə'kaʊntəbl/ *adj.* verantwortlich

accountancy /ə'kaʊntənsɪ/ *n.* Buchhaltung,
die

accountant /ə'kaʊntənt/ *n.* [Bilanz]buchhalter,
der/-halterin, *die*

account: ~ holder *n.* Kontoinhaber,
der/-inhaberin, *die*; **~ number** *n.*
Kontonummer, *die*

accredited /ə'kredɪtɪd/ *adj.* anerkannt
‹*Schule, Anstalt, Buch, Regierung*›;
akkreditiert ‹*Botschafter, Diplomat*›;
zugelassen ‹*Journalist*›

accrue /ə'kru:/ *v.i.* ‹*Zinsen:*› auflaufen; **~
to sb** ‹*Reichtümer, Einnahmen:*› jmdm.
zufließen

accumulate /ə'kju:mjʊleɪt/ **A** *v.t.* sammeln
B *v.i.* ‹*Menge, Staub:*› sich ansammeln;
‹*Geld:*› sich anhäufen

accumulation /əkju:mjʊ'leɪʃn/ *n.*
[An]sammeln, *das*; (being accumulated)
Anhäufung, *die*

accuracy /'ækjʊrəsɪ/ *n.* Genauigkeit, *die*

accurate /'ækjʊrət/ *adj.*, '**accurately** *adv.*
genau; (correct[ly]) richtig

accusation /ækju:'zeɪʃn/ *n.* Anschuldigung,
die; (Law) Anklage, *die*

accusative /ə'kju:zətɪv/ *adj. & n.* **~ [case]**
Akkusativ, *der*

✔ **accuse** /ə'kju:z/ *v.t.* beschuldigen; (Law)
anklagen (of wegen + *Gen.*)

accustom /ə'kʌstəm/ *v.t.* gewöhnen (to an +
Akk.); **grow/be ~ed to sth** sich an etw. (*Akk.*)
gewöhnen/an etw. (*Akk.*) gewöhnt sein

accustomed /ə'kʌstəmd/ *attrib. adj.*
gewohnt; üblich

ace /eɪs/ **A** *n.* As, *das*
B *adj.* (infml) klasse (ugs.); spitze (ugs.)

ache /eɪk/ **A** *v.i.* schmerzen; wehtun
B *n.* Schmerz, *der*

✔ **achieve** /ə'tʃi:v/ *v.t.* zustande bringen;
erreichen ‹*Ziel, Standard*›

✔ **a'chievement** *n.* **1** ▸ **achieve**
Zustandebringen, *das*; Erreichen, *das*
2 (thing accomplished) Leistung, *die*

acid /'æsɪd/ **A** *adj.* sauer
B *n.* Säure, *die*

'**acid house** *n* Acidhouse, *das*; **~ music/party**
Acidhousemusik, *die*/Acidhouseparty, *die*

acidic /ə'sɪdɪk/ *adj.* säuerlich

acidity /ə'sɪdɪtɪ/ *n.* Säure, *die*

acid: ~ 'rain *n.* saurer Regen; **~ test** *n.* (fig.)
Feuerprobe, *die*

✔ **acknowledge** /ək'nɒlɪdʒ/ *v.t.* **1** zugeben
‹*Tatsache, Fehler, Schuld*›
2 sich erkenntlich zeigen für ‹*Dienste,
Bemühungen*›; erwidern ‹*Gruß*›
3 bestätigen ‹*Empfang, Bewerbung*›; **~ a
letter** den Empfang eines Briefes bestätigen

acknowledgement, acknowledgment
/ək'nɒlɪdʒmənt/ *n.* **1** (admission) Eingeständnis,
das
2 (thanks) Dank, *der* (of für)
3 (of letter) Bestätigung [des Empfangs]

acne /'æknɪ/ *n.* Akne, *die*

acorn /'eɪkɔ:n/ *n.* Eichel, *die*

acoustic /ə'ku:stɪk/ *adj.* akustisch

a'coustics *n. pl.* Akustik, *die*

acquaint /ə'kweɪnt/ *v.t.* **be ~ed with sb** mit
jmdm. bekannt sein

acquaintance /ə'kweɪntəns/ *n.* **1 ~ with
sb** Bekanntschaft mit jmdm.; **make sb's ~**
jmds. Bekanntschaft machen
2 (person) Bekannte, *der*/*die*

acquiesce /ækwɪ'es/ *v.i.* einwilligen (**in** in
+ *Akk.*)

✔ **acquire** /ə'kwaɪə(r)/ *v.t.* sich (*Dat.*) anschaffen

a

a

‹Gegenstände›; erwerben ‹Besitz, Kenntnisse›

acquisition /ækwɪˈzɪʃn/ n. Erwerb, der; (thing) Anschaffung, die

acquisitive /əˈkwɪzɪtɪv/ adj. raffsüchtig

acquit /əˈkwɪt/ v.t., **-tt-** freisprechen

acquittal /əˈkwɪtl/ n. Freispruch, der

acre /ˈeɪkə(r)/ n. Acre, der

acrid /ˈækrɪd/ adj. beißend ‹Geruch, Rauch›; bitter ‹Geschmack›

acrimonious /ækrɪˈməʊnɪəs/ adj. bitter; erbittert ‹Streit›

acrobat /ˈækrəbæt/ n. Akrobat, der/Akrobatin, die

acrobatic /ækrəˈbætɪk/ adj. akrobatisch

acrobatics /ækrəˈbætɪks/ n. Akrobatik, die

acronym /ˈækrənɪm/ n. Akronym, das

⚬ˣ **across** /əˈkrɒs/ **A** adv. (from one side to the other) darüber; (from here to there) hinüber; **be 9 miles ~** 9 Meilen breit sein

B prep. über (+ Akk.); (on the other side of) auf der anderen Seite (+ Gen.)

a'cross-the-board adj. pauschal; **an ~ pay rise** eine pauschale od. generelle Lohnerhöhung

acrylic /əˈkrɪlɪk/ **A** adj. aus Acryl nachgestellt; Acryl-; **~ paint/fibre** Acrylfarbe, die/-faser, die **B** n. Acryl, das

⚬ˣ **act** /ækt/ **A** n. **1** (deed) Tat, die **2** (Theatre) Akt, der **3** (pretence) Theater, das; **put on an ~** Theater spielen **4** (Law) Gesetz, das **B** v.t. spielen ‹Stück› **C** v.i. **1** (perform actions) handeln **2** (behave) sich verhalten; **~ as** fungieren als **3** (perform play) spielen **4** (have effect) **~ on sth** auf etw. (Akk.) wirken

'acting A n. (Theatre etc.) die Schauspielerei **B** adj. (temporary) stellvertretend

⚬ˣ **action** /ˈækʃn/ n. **1** (doing sth) Handeln, das; **take ~** Schritte od. etwas unternehmen; **put a plan into ~** einen Plan in die Tat umsetzen; **put sth out of ~** etw. außer Betrieb setzen **2** (act) Tat, die **3** (legal process) [Gerichts]verfahren, das **4 die in ~** im Kampf fallen

action: ~ committee, ~ group ns. [Eltern-/Bürger- usw.]initiative, die; **~-packed** adj. spannend ‹Buch, Roman›; **an ~-packed film** ein Film mit viel Aktion; **~ 'replay** n. Wiederholung [in Zeitlupe]

activate /ˈæktɪveɪt/ v.t. **1** in Gang setzen **2** (Chem., Phys.) aktivieren

⚬ˣ **active** /ˈæktɪv/ adj., **'actively** adv. aktiv

activist /ˈæktɪvɪst/ n. Aktivist, der/Aktivistin, die

⚬ˣ **activity** /ækˈtɪvɪtɪ/ n. Aktivität, die; **outdoor activities** Betätigung an der frischen Luft

ac'tivity holiday n. Aktivurlaub, der

⚬ˣ **actor** /ˈæktə(r)/ n. Schauspieler, der

actress /ˈæktrɪs/ n. Schauspielerin, die

⚬ˣ **actual** /ˈæktʃʊəl/ adj. eigentlich; wirklich ‹Name›

⚬ˣ **'actually** adv. (in fact) eigentlich; (by the way) übrigens; (believe it or not) sogar

acumen /ˈækjʊmen/ Scharfsinn, der; **business ~** Geschäftssinn, der

acupressure /ˈækjuːpreʃə(r)/ n. (Med.) Akupressur, die

acupuncture /ˈækjʊpʌŋktʃə(r)/ n. Akupunktur, die

acute /əˈkjuːt/ adj. **1** spitz ‹Winkel› **2** (critical) (Med.) akut

⚬ˣ **ad** /æd/ n. (infml) Annonce, die

AD abbr. = **Anno Domini** n.Chr.

adamant /ˈædəmənt/ adj. unnachgiebig; **be ~ that ...** darauf bestehen, dass ...

adapt /əˈdæpt/ v.t. **1** anpassen (**to** Dat.); **~ oneself to** sich an etw. (Akk.) gewöhnen **2** bearbeiten ‹Text, Theaterstück›

adaptable /əˈdæptəbl/ adj. anpassungsfähig

adaptation /ædəpˈteɪʃn/ n. **1** Anpassung, die **2** (version) Adap[ta]tion, die; (of story, text) Bearbeitung, die

adapter, adaptor /əˈdæptə(r)/ n. Adapter, der

⚬ˣ **add** /æd/ **A** v.t. hinzufügen (**to** Dat.); **~ two and two and two** zwei und zwei zusammenzählen **B** v.i. **~ to** vergrößern ‹Schwierigkeiten, Einkommen› **■ ~ 'up A** v.i. **~ up to sth** (fig.) auf etw. (Akk.) hinauslaufen **B** v.t. zusammenzählen

ADD abbr. **attention deficit disorder**

adder /ˈædə(r)/ n. Viper, die

addict /ˈædɪkt/ v.t. **be ~ed** süchtig sein (**to** nach); **be ~ed to alcohol/smoking/drugs** alkohol-/nikotin-/drogensüchtig sein **B** /ˈædɪkt/ n. Süchtige, der/die

addiction /əˈdɪkʃn/ n. Sucht, die (**to** nach)

addictive /əˈdɪktɪv/ adj. **be ~** süchtig machen

addition /əˈdɪʃn/ n. **1** Hinzufügen, das; (adding up) Addieren, das; (process) Addition, die; **in ~** außerdem; **in ~ to** zusätzlich zu **2** (thing added) Ergänzung, die (**to** zu)

⚬ˣ **additional** /əˈdɪʃənl/ adj. zusätzlich

additionally /əˈdɪʃənəlɪ/ adv. außerdem

additive /ˈædɪtɪv/ n. Zusatz, der

'add-on A n. (accessory) Zubehörteil, das; (for electrical appliance) Zusatzgerät, das; (addition) Zusatz, der **B** adj. **~ accessory** Zubehörteil, das; (for electrical appliance) Zusatzgerät, das

⚬ˣ **address** /əˈdres/ **A** v.t. **1** (mark with address) adressieren (**to an** + Akk.) **2** (speak to) anreden; sprechen zu ‹Zuhörern› **B** n. **1** (on letter) Adresse, die **2** (speech) Ansprache, die

ad'dress book n. Adressenbüchlein, das

addressee /ædre'si:/ *n.* Adressat, *der*/ Adressatin, *die*

ad'dress label *n.* Adressenaufkleber, *der*

adept /'ædept, ə'dept/ *adj.* geschickt (**in, at** in + *Dat.*)

adequate /'ædɪkwət/ *adj.* **1** angemessen (**to** *Dat.*); (suitable) passend **2** (sufficient) ausreichend

'adequately *adv.* **1** (sufficiently) ausreichend **2** (suitably) angemessen <*gekleidet, qualifiziert usw.*>

ADHD *abbr.* **attention deficit hyperactivity disorder**

adhere /əd'hɪə(r)/ *v.i.* haften, (by glue) kleben (**to an** + *Dat.*)

adhesion /əd'hi:ʒn/ *n.* Haften, *das*

adhesive /əd'hi:sɪv/ ▲ *adj.* gummiert <*Briefmarke*>; Klebe<*band*> ᗷ *n.* Klebstoff, *der*

ad'hesive plaster *n.* Heftpflaster, *das*

adjacent /ə'dʒeɪsənt/ *adj.* angrenzend; ~ **to** neben (*position:* + *Dat.; direction:* + *Akk.*)

adjective /'ædʒɪktɪv/ *n.* Adjektiv, *das*

adjoin /ə'dʒɔɪn/ *v.t.* grenzen an (+ *Akk.*)

adjourn /ə'dʒɜ:n/ ▲ *v.t.* (break off) unterbrechen; (put off) aufschieben ᗷ *v.i.* sich vertagen; ~ **for lunch/half an hour** eine Mittagspause/halbstündige Pause einlegen

a'djournment *n.* (of court) Vertagung, *die*; (of meeting) Unterbrechung, *die*

adjudicate /ə'dʒu:dɪkeɪt/ *v.i.* (in court, tribunal) das Urteil fällen; (in contest) entscheiden

adjust /ə'dʒʌst/ ▲ *v.t.* einstellen; ~ **sth [to sth]** etw. [an etw. (*Akk.*)] anpassen ᗷ *v.i.* <*Person:*> sich anpassen (**to an** + *Akk.*)

adjustable /ə'dʒʌstəbl/ *adj.* einstellbar; verstellbar <*Gerät*>

a'djustment *n.* Einstellung, *die*; (to situation etc.) Anpassung, *die*

ad lib /æd'lɪb/ ▲ *adj.* improvisiert ᗷ *v.i.*, **ad-lib**, **-bb-** improvisieren

adman /'ædmæn/ *n.* Werbe-, Reklamefachmann, *der*

admin /'ædmɪn/ *n.* (infml) Verwaltung, *die*; **an ~ problem** ein Verwaltungsproblem

administer /æd'mɪnɪstə(r)/ **1** (manage) verwalten **2** leisten <*Hilfe*>; verabreichen <*Medikamente*>

administration /ədmɪnɪ'streɪʃn/ *n.* Verwaltung, *die*

administrative /əd'mɪnɪstrətɪv/ *adj.* Verwaltungs-; **an ~ job** ein Verwaltungsposten

administrator /əd'mɪnɪstreɪtə(r)/ *n.* Administrator, *der*; Verwalter, *der*

admirable /'ædmərəbl/ *adj.* bewundernswert

admiral /'ædmərəl/ *n.* Admiral, *der*

admiration /ædmə'reɪʃn/ *n.* Bewunderung, *die* (**of, for** für)

admire /əd'maɪə(r)/ *v.t.* bewundern

admirer /əd'maɪərə(r)/ *n.* Bewunderer, *der*/ Bewunderin, *die*

admiring /əd'maɪərɪŋ/ *adj.* bewundernd

admission /əd'mɪʃn/ *n.* **1** (entry) Zutritt, *der* **2** (charge) Eintritt, *der* **3** (confession) Eingeständnis, *das*

admission: ~ **charge**, ~ **fee** *ns.* Eintrittspreis, *der*; ~ **money** *n.* Eintrittsgeld, *das*; ~ **price** *n.* Eintrittspreis, *der*; ~ **ticket** *n.* Eintrittskarte, *die*

admit /əd'mɪt/ *v.t.*, **-tt-** **1** (let in) hinein-/ hereinlassen **2** (acknowledge) zugeben

admittance /əd'mɪtəns/ *n.* Zutritt, *der*

admittedly /əd'mɪtɪdlɪ/ *adv.* zugegeben[ermaßen]

admonish /əd'mɒnɪʃ/ *v.t.* ermahnen

ado /ə'du:/ *n.* **without more ~** ohne weiteres Aufheben

adolescence /ædə'lesns/ *n.* die Zeit des Erwachsenenwerdens

adolescent /ædə'lesnt/ ▲ *n.* Heranwachsende, *der/die* ᗷ *adj.* heranwachsend

adopt /ə'dɒpt/ *v.t.* **1** adoptieren **2** (take over) annehmen <*Glaube, Kultur*> **3** (take up) übernehmen <*Methode*>; einnehmen <*Standpunkt, Haltung*>

adoption /ə'dɒpʃn/ *n.* **1** Adoption, *die* **2** (taking over) Annahme, *die* **3** (taking up) Übernahme, *die*; (of point of view) Einnahme, *die*

a'doption agency *n.* Adoptionsagentur, *die*

adorable /ə'dɔ:rəbl/ *adj.* bezaubernd

adoration /ædə'reɪʃn/ *n.* Verehrung, *die*

adore /ə'dɔ:(r)/ *v.t.* verehren

adorn /ə'dɔ:n/ *v.t.* schmücken

a'dornment *n.* Verzierung, *die*; ~**s** Schmuck, *der*

adrenalin /ə'drenəlɪn/ *n.* Adrenalin, *das*

Adriatic /eɪdrɪ'ætɪk/ *pr. n.* ~ **[Sea]** Adriatisches Meer

adrift /ə'drɪft/ *adj.* **be ~** treiben

adroit /ə'drɔɪt/ *adj.* geschickt

ADSL *abbr.* (Teleph.) = **asymmetric digital subscriber line** ADSL

adulation /ædjʊ'leɪʃn/ *n.* Vergötterung, *die*

adult /'ædʌlt, ə'dʌlt/ ▲ *adj.* erwachsen; **an ~ film/book** *etc.* ein Film/Buch *usw.* [nur] für Erwachsene ᗷ *n.* Erwachsene, *der/die*

adult edu'cation *n.* Erwachsenenbildung, *die*

adulterate /ə'dʌltəreɪt/ *v.t.* verunreinigen

adultery /ə'dʌltərɪ/ *n.* Ehebruch, *der*

advance /əd'vɑ:ns/ ▲ *v.t.* **1** (also Mil.) vorrücken lassen **2** (put forward) vorbringen <*Plan, Meinung*> **3** (further) fördern **4** (pay before due date) vorschießen; <*Bank:*> leihen

a

B *v.i.* **1** (also Mil.) vorrücken; <*Prozession:*> sich vorwärts bewegen
2 (fig.) (make progress) vorankommen
C *n.* **1** Vorrücken, *das*; (fig.) (progress) Fortschritt, *der*
2 *usu. in pl.* (personal approach) Annäherungsversuch, *der*
3 (on salary) Vorschuss, *der*
4 in ~ im Voraus

ad'vance booking *n.* (for a film, play) [vorherige] Kartenreservierung; (of a table in a restaurant) [vorherige] Tischreservierung

advanced /əd'vɑːnst/ *adj.* fortgeschritten

advance: ~ 'notice *n.* a week's ~ notice Benachrichtigung eine Woche [im] Voraus; give sb ~ notice of sth jmdn. im Voraus von etw. in Kenntnis setzen; ~ 'payment *n.* Vorauszahlung, *die*

◆ **advantage** /əd'vɑːntɪdʒ/ *n.* Vorteil, *der*; take ~ of sb jmdn. ausnutzen; be to one's ~ für jmdn. von Vorteil sein; turn sth to [one's] ~ etw. ausnutzen

advantageous /ædvən'teɪdʒəs/ *adj.* vorteilhaft

advent /'ædvent/ *n.* Beginn, *der*; A~ Advent, *der*

adventure /əd'ventʃə(r)/ *n.* Abenteuer, *das*

adventure: ~ **holiday** *n* Abenteuerurlaub, *der*; ~ **playground** *n.* (BrE) Abenteuerspielplatz, *der*

adventurous /əd'ventʃərəs/ *adj.* abenteuerlustig

adverb /'ædvɜːb/ *n.* Adverb, *das*

adversary /'ædvəsəri/ *n.* (enemy) Widersacher, *der*/Widersacherin, *die*; (opponent) Kontrahent, *der*/Kontrahentin, *die*

adverse /'ædvɜːs/ *adj.* **1** (unfavourable) ungünstig
2 (contrary) widrig <*Wind, Umstände*>

adversity /əd'vɜːsɪti/ *n.* **1** *no pl.* Not, *die*
2 *usu. in pl.* Widrigkeit, *die*

advert /'ædvɜːt/ (BrE) (infml) ▸ advertisement

advertise /'ædvətaɪz/ **A** *v.t.* werben für; (by small ad) inserieren; ausschreiben <*Stelle*>
B *v.i.* werben; (in newspaper) inserieren; annoncieren

advertisement /əd'vɜːtɪsmənt/ *n.* Anzeige, *die*; TV ~ Fernsehspot, *der*; classified ~ Kleinanzeige, *die*

advertiser /'ædvətaɪzə(r)/ *n.* (in newspaper) Inserent, *der*/Inserentin, *die*; (on radio, TV) Auftraggeber/Auftraggeberin [der Werbesendung]

advertising /'ædvətaɪzɪŋ/ *n.* Werbung, *die*; *attrib.* Werbe-

advertising: ~ **agency** *n.* Werbeagentur, *die*; ~ **campaign** *n.* Werbekampagne, *die*; ~ **industry** *n.* Werbebranche, *die*

◆ **advice** /əd'vaɪs/ *n.* Rat, *der*; take sb's ~ jmds. Rat (*Dat.*) folgen

advisable /əd'vaɪzəbl/ *adj.* ratsam

◆ **advise** /əd'vaɪz/ *v.t.* beraten; ~ sth zu etw. raten; (inform) unterrichten (of über + *Akk.*); ~ sb to do sth jmdm. raten, etw. zu tun

adviser, advisor /əd'vaɪzə(r)/ *n.* Berater, *der*/Beraterin, *die*

advisory /əd'vaɪzəri/ *adj.* beratend

advocate **A** /'ædvəkət/ *n.* (of a cause) Befürworter, *der*/Befürworterin, *die*; (Law) [Rechts]anwalt, *der*/-anwältin, *die*
B /'ædvəkeɪt/ *v.t.* befürworten

advt. *abbr.* = advertisement

aerial /'eərɪəl/ **A** *adj.* Luft-
B *n.* Antenne, *die*

aerial: ~ **bom'bardment** *n.* Bombardierung [aus der Luft]; ~ 'photograph *n.* Luftaufnahme, *die*; ~ pho'tography *n.* Luftaufnahmen *Pl.*

aero- /eərəʊ/ *in comb.* Aero-

aerobic /eə'rəʊbɪk/ *adj.* (Biol.) aerob

ae'robics *n.* Aerobic, *das*

aerody'namic *adj.* aerodynamisch

aerogenerator /'eərəʊdʒenəreɪtə(r)/ *n.* Windgenerator, *der*

aeronautics /eərə'nɔːtɪks/ *n.* Aeronautik, *die*

aeroplane /'eərəpleɪn/ *n.* (BrE) Flugzeug, *das*

aerosol /'eərəsɒl/ *n.* (spray) Spray, *der od. das*; (container) ~ [spray] Spraydose, *die*

'**aerospace** *n., no art.* Erdatmosphäre und Weltraum; (technology) Luft- und Raumfahrt, *die*

aesthetic /iːs'θetɪk/ *adj.* ästhetisch

afar /ə'fɑː/ *adv.* from ~ aus der Ferne

affable /'æfəbl/ *adj.* freundlich

◆ **affair** /ə'feə(r)/ *n.* **1** (concern) Angelegenheit, *die*
2 *in pl.* (business) Geschäfte *Pl.*
3 (love affair) Affäre, *die*; have an ~ with sb eine Affäre *od.* ein Verhältnis mit jmdm. haben

◆ **affect** /ə'fekt/ *v.t.* **1** sich auswirken auf (+ *Akk.*)
2 (emotionally) betroffen machen

affectation /æfek'teɪʃn/ *n.* (studied display) Verstellung, *die*; (artificiality) Affektiertheit, *die*

affected /ə'fektɪd/ *adj.* affektiert; gekünstelt <*Sprache, Stil*>

affection /ə'fekʃn/ *n.* Zuneigung, *die*

affectionate /ə'fekʃənət/ *adj.* anhänglich; liebevoll <*Umarmung*>

af'fectionately *adv.* liebevoll

affiliate /ə'fɪlieɪt/ *v.t.* be ~d to sth an etw. (*Akk.*) angegliedert sein

affinity /ə'fɪnɪti/ *n.* **1** (relationship) Verwandtschaft, *die* (to mit)
2 (liking) Neigung, *die* (for zu); feel an ~ to or for sb/sth sich zu jmdm./etw. hingezogen fühlen

affirm /ə'fɜːm/ *v.t.* (assert) bekräftigen <*Absicht*>; beteuern <*Unschuld*>; (state as a fact) bestätigen

◆ Schlüsselwort

affirmation /ˌæfəˈmeɪʃn/ *n.* (of intention) Bekräftigung, *die*; (of fact) Bestätigung, *die*

affirmative /əˈfɜːmətɪv/ **A** *adj.* affirmativ; bejahend ‹*Antwort*›
  B *n.* answer in the ∼ bejahend antworten

affirmative 'action *n.* (AmE) positive Diskriminierung (fachspr.); Bevorzugung, *die*

afflict /əˈflɪkt/ *v.t.* (physically) plagen; (mentally) quälen; peinigen; **be** ∼**ed with sth** von etw. befallen sein

affliction /əˈflɪkʃn/ *n.* Leiden, *das*

affluence /ˈæfluəns/ *n.* Reichtum, *der*

affluent /ˈæfluənt/ *adj.* reich; **the** ∼ **society** die Überflussgesellschaft

✔ **afford** /əˈfɔːd/ *v.t.* **1** sich (*Dat.*) leisten
  2 (provide) bieten; gewähren ‹*Schutz*›

affordable /əˈfɔːdəbl/ *adj.* erschwinglich

affray /əˈfreɪ/ *n.* Schlägerei, *die*

affront /əˈfrʌnt/ **A** *v.t.* beleidigen
  B *n.* Beleidigung, *die*

afield /əˈfiːld/ *adv.* far ∼ (direction) weit hinaus; (place) weit draußen

afloat /əˈfləʊt/ *pred. adj.* **1** (floating) über Wasser; flott ‹*Schiff*›
  2 (at sea) auf See; **be** ∼ auf dem Meer treiben

afoot /əˈfʊt/ *pred. adj.* im Gange

aforementioned /əˈfɔːmenʃnd/, **aforesaid** /əˈfɔːsed/ *adjs.* oben erwähnt *od.* genannt

✔ **afraid** /əˈfreɪd/ *adj.* **be** ∼ [**of sb/sth**] [vor jmdm./etw.] Angst haben; **be** ∼ **to do sth** Angst davor haben, etw. zu tun; **I'm** ∼ **so/ not** ich fürchte ja/nein

afresh /əˈfreʃ/ *adv.* von neuem

Africa /ˈæfrɪkə/ *pr. n.* Afrika (*das*)

✔ **African** /ˈæfrɪkən/ **A** *adj.* afrikanisch; **sb is** ∼ jmd. ist Afrikaner/Afrikanerin
  B *n.* Afrikaner, *der*/Afrikanerin, *die*

Afro-Carib'bean **A** *adj.* afrokaribisch
  B *n.* Mensch afrokaribischer Herkunft *od.* Abstammung

✔ **after** /ˈɑːftə(r)/ **A** *adv.* **1** (later) danach
  2 (behind) hinterher
  B *prep.* **1** (in time) nach; **two days** ∼ zwei Tage danach
  2 (behind) hinter (+ *Dat.*)
  3 ask ∼ **sb/sth** nach jmdm./etw. fragen
  4 ∼ **all** schließlich
  C *conj.* nachdem

after: ∼**care** *n.* (Med.) Nachbehandlung, *die*; ∼**-effect** *n.* Nachwirkung, *die*

aftermath /ˈɑːftəmæθ, ˈɑːftəmɑːθ/ *n.* Nachwirkungen *Pl.*

after: ∼**'noon** *n.* Nachmittag, *der*; **this/ tomorrow** ∼**noon** heute/morgen Nachmittag; **in the** ∼**noon** am Nachmittag; (regularly) nachmittags; ∼**-sales service** *n.* Kundendienst, *der*; ∼**shave** *n.* Aftershave, *das*; ∼**taste** *n.* Nachgeschmack, *der*; ∼**thought** *n.* nachträglicher Einfall

afterwards /ˈɑːftəwədz/ *adv.* danach

✔ **again** /əˈɡen, əˈɡeɪn/ *adv.* wieder; (one more time) noch einmal; ∼ **and** ∼, **time and [time]**

∼ **immer wieder**; **back** ∼ **wieder zurück**

✔ **against** /əˈɡenst, əˈɡeɪnst/ *prep.* gegen

✔ **age** /eɪdʒ/ **A** *n.* **1** Alter, *das*; **what** ∼ **are you?** wie alt bist du?; **at the** ∼ **of** im Alter von; **come of** ∼ volljährig werden; **be under** ∼ zu jung sein
  2 (great period) Zeitalter, *das*; ∼**s** (infml) (a long time) eine Ewigkeit
  B *v.t.* altern lassen
  C *v.i.* altern

'age bracket *n.* Altersstufe, *die*

aged *adj.* **1** /eɪdʒd/ **be** ∼ **five** fünf Jahre alt sein; **a boy** ∼ **five** ein fünfjähriger Junge
  2 /ˈeɪdʒɪd/ (elderly) bejahrt

'age group *n.* Altersgruppe, *die*

ageism /ˈeɪdʒɪzm/ *n.* Diskriminierung aufgrund des Alters

ageist /ˈeɪdʒɪst/ *adj.* das Alter diskriminierend

ageless /ˈeɪdʒlɪs/ *adj.* nicht alternd ‹*Person*›; (eternal) zeitlos

'age limit *n.* Altersgrenze, *die*

✔ **agency** /ˈeɪdʒənsɪ/ *n.* (business establishment) Geschäftsstelle, *die*; (news/advertising ∼) Agentur, *die*

agenda /əˈdʒendə/ *n.* Tagesordnung, *die*

✔ **agent** /ˈeɪdʒənt/ *n.* Vertreter, *der*/Vertreterin, *die*; (spy) Agent, *der*/Agentin, *die*

age: ∼**-old** *adj.* uralt; ∼ **range** *n.* Altersstufe, *die*

aggravate /ˈæɡrəveɪt/ *v.t.* **1** (make worse) verschlimmern
  2 (annoy) aufregen; ärgern

aggravating /ˈæɡrəveɪtɪŋ/ *adj.* ärgerlich

aggravation /æɡrəˈveɪʃn/ *n.*
  1 Verschlimmerung, *die*
  2 (annoyance) Ärger, *der*

aggregate /ˈæɡrɪɡət/ **A** *n.* Gesamtmenge, *die*
  B *adj.* gesamt

aggression /əˈɡreʃn/ *n.* Aggression, *die*

aggressive /əˈɡresɪv/ *adj.*, **ag'gressively** *adv.* aggressiv

ag'gressiveness *n.* Aggressivität, *die*

aggressor /əˈɡresə(r)/ *n.* Aggressor, *der*

aggrieved /əˈɡriːvd/ *v.t.* (resentful) verärgert; (offended) gekränkt

aggro /ˈæɡrəʊ/ *n.* (BrE) (sl.) Zoff, *der* (ugs.); Krawall, *der*; **they are looking for** ∼ sie suchen Streit

aghast /əˈɡɑːst/ *pred. adj.* bestürzt (**at** über + *Akk.*)

agile /ˈædʒaɪl/ *adj.* beweglich; flink ‹*Bewegung*›

agility /əˈdʒɪlɪtɪ/ *n.* Beweglichkeit, *die*; (of movement) Flinkheit, *die*

agitate /ˈædʒɪteɪt/ **A** *v.t.* **1** (shake) schütteln
  2 (disturb) erregen
  B *v.i.* agitieren

agitation /ædʒɪˈteɪʃn/ *n.* **1** (shaking) Schütteln, *das*
  2 (emotional) Erregung, *die*

a

agitator /'ædʒɪteɪtə(r)/ n. Agitator, *der*

AGM *abbr.* = **Annual General Meeting**
JHV

agnostic /æg'nɒstɪk/ n. Agnostiker, *der*/
Agnostikerin, *die*

↗ **ago** /ə'gəʊ/ *adv.* ten years ∼ vor zehn Jahren;
[not] long ∼ vor [nicht] langer Zeit

agog /ə'gɒg/ *pred. adj.* gespannt

agonize /'ægənaɪz/ *v.i.* ∼ **over** sth sich (*Dat.*)
den Kopf über etw. (*Akk.*) zermartern

agony /'ægənɪ/ n. Todesqualen *Pl.*

'agony aunt n. (infml) Briefkastentante, *die*
(ugs. scherzh.)

agoraphobia /ægərə'fəʊbɪə/ n. (Psych.)
Agoraphobie, *die*; Platzangst, *die*

agoraphobic /ægərə'fəʊbɪk/ *adj.* (Psych.) an
Agoraphobie *od.* Platzangst leidend; be ∼
an Agoraphobie *od.* Platzangst leiden

↗ **agree** /ə'griː/ Ⓐ *v.i.* **1** (consent) einverstanden
sein (**to, with** mit)
2 (hold similar opinion) einer Meinung sein;
they ∼**d** [**with me**] sie waren derselben
Meinung [wie ich]
3 (reach similar opinion) ∼ **on** sth sich über etw.
(*Akk.*) einigen
4 (harmonize) übereinstimmen
5 ∼ **with sb** (suit) jmdm. bekommen
Ⓑ *v.t.* vereinbaren

agreeable /ə'griːəbl/ *adj.* **1** (pleasing) angenehm
2 be ∼ [**to** sth] [mit etw.] einverstanden sein

agreeably /ə'griːəblɪ/ *adv.* angenehm

agreed /ə'griːd/ *adj.* einig; vereinbart
<*Summe, Zeit*>

↗ **a'greement** n. Übereinstimmung, *die*; be in
∼ [**about** sth] sich (*Dat.*) [über etw. (*Akk.*)]
einig sein

agricultural /ægrɪ'kʌltʃərl/ *adj.*
landwirtschaftlich

agriculture /'ægrɪkʌltʃə(r)/ n.
Landwirtschaft, *die*

aground /ə'graʊnd/ *adj.* go *or* run ∼ auf
Grund laufen

aha /ɑː'hɑː/ *int.* aha

↗ **ahead** /ə'hed/ *adv.* voraus; ∼ **of** vor (+ *Dat.*);
be ∼ **of the others** (fig.) den anderen voraus
sein

AI *abbr.* = **artificial intelligence** KI

↗ **aid** /eɪd/ Ⓐ *v.t.* **1** ∼ sb [**to do** sth] jmdm.
helfen[, etw. zu tun]; ∼**ed by** unterstützt
von
2 (promote) fördern
Ⓑ n. **1** (help) Hilfe, *die*; with the ∼ of sth/
sb mit Hilfe einer Sache (*Gen.*) /mit jmds.
Hilfe; in ∼ of sb/sth zugunsten von jmdm./
etw.
2 (source of help) Hilfsmittel, *das* (to für)

'aid agency n. Hilfsorganisation, *die*;
Hilfswerk, *das*

aide /eɪd/ n. Berater, *der*/Beraterin, *die*

Aids /eɪdz/ n. Aids (*das*)

Aids: ∼**-related** *adj.* ∼**-related** disease/illness
durch Aids hervorgerufene Krankheit; ∼
test n. Aidstest, *der*

'aid worker n. Helfer, *der*/Helferin, *die*; ∼s
Hilfskräfte *Pl.*; Hilfspersonal, *das*

ailment /'eɪlmənt/ n. Gebrechen, *das*

↗ **aim** /eɪm/ Ⓐ *v.t.* ausrichten <*Schusswaffe,
Rakete*>; ∼ **sth at** sb/sth etw. auf jmdn./etw.
richten
Ⓑ *v.i.* **1** zielen (**at** auf + *Akk.*)
2 ∼ **to do** sth beabsichtigen, etw. zu tun; ∼
at *or* **for** sth (fig.) etwas anstreben
Ⓒ n. Ziel, *das*; take ∼ [**at** sth/sb] [auf etw./
jmdn.] zielen

'aimless *adj.*, **'aimlessly** *adv.* ziellos

ain't /eɪnt/ (infml) **1** = **am not, is not, are
not** ▶ be
2 = **has not, have not** ▶ have

↗ **air** /eə(r)/ Ⓐ n. **1** Luft, *die*; be/go on the ∼
senden; <*Programm*:> gesendet werden; by
∼ mit dem Flugzeug
2 (facial expression) Miene, *die*
3 put on ∼s sich aufspielen
Ⓑ *v.t.* (ventilate) lüften; (make public)
[öffentlich] darlegen

air: ∼ **bag** n. (Motor Veh.) Airbag, *der*;
side ∼ **bag** Seitenairbag, *der*; ∼**base**
n. Luftwaffenstützpunkt, *der*; ∼**bed** n.
Luftmatratze, *die*; ∼**borne** *adj.* be ∼borne
sich in der Luft befinden; ∼ **brake** n.
Druckluftbremse, *die*; (flap) Luftbremse,
die; ∼**brush** n. Spritzpistole, *die*; ∼
bubble n. Luftblase, *die*; ∼ **bus** n. Airbus,
der; ∼**-conditioned** *adj.* klimatisiert;
∼ **conditioner** n. Klimaanlage, *die*;
∼ **conditioning** n. Klimaanlage, *die*;
∼**-cooled** *adj.* luftgekühlt

↗ **'aircraft** n., *pl.* same Flugzeug, *das*

air: ∼**craft carrier** n. Flugzeugträger, *der*;
∼ **crew** n. Besatzung, *die*; Flugpersonal,
das; ∼ **cushion** n. Luftkissen, *das*; ∼ **fare**
n. Flugpreis, *der*; ∼**field** n. Flugplatz, *der*;
∼ **force** n. Luftwaffe, *die*; ∼ **freshener**
n. Lufterfrischer, *der*; Luftverbesserer, *der*;
∼**gun** n. Luftgewehr, *das*; ∼ **hostess** n.
Stewardess, *die*

airing /'eərɪŋ/ n. Auslüften, *das*; these clothes
need a good ∼ diese Kleider müssen
gründlich gelüftet werden

airless /'eəlɪs/ *adj.* stickig <*Zimmer, Büro*>;
windstill <*Nacht*>

air: ∼ **letter** n. Aerogramm, *das*; ∼**lift**
n. Luftbrücke, *die* (of für); ∼**line** n.
Fluggesellschaft, *die*; Fluglinie, *die*; ∼**line
pilot** n. [für eine Fluggesellschaft fliegender]
Pilot; ∼ **liner** n. Verkehrsflugzeug, *das*;
∼ **mail** n. Luftpost, *die*; by ∼ mail mit
Luftpost; ∼**man** /'eəmən/ n., *pl.* ∼**men**
/-mən/ Flieger, *der*; ∼ **mile** n. Flugmeile,
die; ∼**plane** n. (AmE) Flugzeug, *das*; ∼ **play**
n. (Radio) *das Spielen einer Platte im Radio*;
the record receives *or* gets no/a great deal of
∼play die Platte wird [überhaupt] nicht/wird

↗ Schlüsselwort

sehr häufig im Radio gespielt; ~ **pocket**
n. (Aeronaut.) Luftloch, das; ~ **pollution** n.
Luftverschmutzung, die

✈ '**airport** n. Flughafen, der
air: ~**port tax** n. Flughafengebühr, die;
~ **pressure** n. Luftdruck, der; ~ **raid** n.
Luftangriff, der; ~**-raid shelter** n.
Luftschutzraum, der; ~ **rifle** n. Luftgewehr,
~**-sea 'rescue** n. Seenotrettungseinsatz
aus der Luft; ~**ship** n. Luftschiff, das; ~
show n. Flugschau, die; ~**sick** adj. luftkrank;
~**stream** n. (Meteorol.) Luftströmung, die;
~ **strike** n. Luftanschlag, der; ~ **terminal**
n. [Air-]Terminal, der od. das; ~**tight** adj.
luftdicht; ~**time** n. Sendezeit, die; ~ **traffic**
n. Flugverkehr, der; ~**-traffic con'trol** n.
Flugsicherung, die; ~**-traffic con'troller**
n. Fluglotse, der; ~ **travel** n. Fliegen, das;
~**waves** n. pl. Äther, der

'**airy** adj. luftig ‹Büro, Zimmer›

aisle /aɪl/ n. Gang, der; (of church) Seitenschiff,
das

ajar /əˈdʒɑː(r)/ adj. be ~ einen Spaltbreit
offen stehen

aka abbr. = **also known as** al.

akin /əˈkɪn/ adj. be ~ to sth einer Sache
(Dat.) ähnlich sein

alarm /əˈlɑːm/ **A** n. **1** Alarm, der; **give** or
raise the ~ Alarm schlagen
2 (fear) Angst, die
B v.t. aufschrecken

alarm: ~ **call** n. Weck[an]ruf, der; ~ **clock**
n. Wecker, der

alas /əˈlæs/ int. ach

Albania /ælˈbeɪnɪə/ pr. n. Albanien (das)

Albanian /ælˈbeɪnɪən/ **A** adj. albanisch; sb is
~ jmd. ist Albaner/Albanerin
B n. **1** (person) Albaner, der/Albanerin, die
2 (language) Albanisch, das; see also **English** B1

albatross /ˈælbətrɒs/ n. Albatros, der

✈ **album** /ˈælbəm/ n. Album, das

✈ **alcohol** /ˈælkəhɒl/ n. Alkohol, der

'**alcohol-free** adj. alkoholfrei

alcoholic /ælkəˈhɒlɪk/ **A** adj. alkoholisch
B n. Alkoholiker, der/Alkoholikerin, die

Alcoholics A'nonymous n. die
Anonymen Alkoholiker

alcoholism /ˈælkəhɒlɪzm/ n. Alkoholismus,
der

alcopop /ˈælkəʊpɒp/ n. Alcopop, der od. das

alcove /ˈælkəʊv/ n. Alkoven, der

ale /eɪl/ n. Ale, das

alert /əˈlɜːt/ **A** adj. wachsam
B n. Alarmbereitschaft, die; **on the** ~ auf
der Hut
C v.t. alarmieren; ~ **sb [to sth]** jmdn. [vor
etw. (Dat.)] warnen

'**A level** n. (BrE) (Sch.) ≈ Abitur, das

algebra /ˈældʒɪbrə/ n. Algebra, die

Algeria /ælˈdʒɪərɪə/ pr. n. Algerien (das)

Algerian /ælˈdʒɪərɪən/ **A** adj. algerisch; sb is
~ jmd. ist Algerier/Algerierin
B n. Algerier, der/Algerierin, die

alias /ˈeɪlɪəs/ **A** adv. alias
B n. **1** angenommener Name
2 (Comp.) Alias, das

alibi /ˈælɪbaɪ/ n. Alibi, das

alien /ˈeɪlɪən/ **A** adj. **1** (strange) fremd
2 (foreign) ausländisch
B n. **1** (from another world) Außerirdische,
der/die
2 (Admin.) (foreigner) Ausländer, der/
Ausländerin, die

alienate /ˈeɪlɪəneɪt/ v.t. befremden

alienation /eɪlɪəˈneɪʃn/ n. Entfremdung, die

alight[1] /əˈlaɪt/ v.i. **1** aussteigen (from aus)
2 ‹Vogel:› sich niedersetzen

alight[2] adj. be/catch ~ brennen; set sth ~
etw. in Brand setzen

align /əˈlaɪn/ v.t. **1** (place in a line) ausrichten
2 (bring into line) in eine Linie bringen

a'lignment n. Ausrichtung, die; out of ~
nicht richtig ausgerichtet

alike /əˈlaɪk/ pred. adj. ähnlich; (indistinguishable)
gleich

alimony /ˈælɪmənɪ/ n. Unterhaltszahlung, die

✈ **alive** /əˈlaɪv/ pred. adj. **1** lebendig
2 (aware) be ~ to sth sich einer Sache
(Gen.) bewusst sein
3 (swarming) be ~ with wimmeln von

alkali /ˈælkəlaɪ/ n., pl. ~**s** or ~**es** Alkali, das

alkaline /ˈælkəlaɪn/ adj. alkalisch

✈ **all** /ɔːl/ **A** attrib. adj. **1** (entire extent or quantity
of) ganz; ~ **day** den ganzen Tag; ~ **my**
money all mein Geld; mein ganzes Geld
2 (entire number of) alle; ~ **the books** alle
Bücher; ~ **my books** all[e] meine Bücher; ~
the others alle anderen
3 (any whatever) jeglicher/jegliche/jegliches
4 (greatest possible) **in** ~ **innocence** in aller
Unschuld
B n. **1** (~ persons) alle; ~ **of us** wir alle; **the**
happiest of ~ der/die Glücklichste unter od.
von allen
2 (every bit) ~ **of it** alles; ~ **of the money** das
ganze Geld
3 ~ **of** (infml) (as much as) **be** ~ **of seven feet**
tall gut sieben Fuß groß sein
4 (~ things) alles; ~ **I need is the money**
ich brauche nur das Geld; **that is** ~ das
ist alles; **the most beautiful of** ~ der/die/
das Schönste von allen; **most of** ~ am
meisten; **it was** ~ **but impossible** es war
fast unmöglich; **it's** ~ **the same to me** es ist
mir ganz egal; **can I help you at** ~? kann ich
Ihnen irgendwie behilflich sein?; **she has no**
talent at ~ sie hat überhaupt kein Talent;
nothing at ~ gar nichts; **not at** ~ **happy/**
well überhaupt nicht glücklich/gesund; **not**
at ~! überhaupt nicht!; (acknowledging thanks)
gern geschehen!; **if at** ~ wenn überhaupt; **in**
~ insgesamt; ~ **in** ~ alles in allem
5 (Sport) **two [goals]** ~ zwei zu zwei; (Tennis)

a

a

thirty ∼ dreißig beide
C *adv.* ganz; ∼ but fast; ∼ **the better/worse**
[for that] um so besser/schlimmer; ∼ **at
once** (suddenly) plötzlich; **be** ∼ **'in** (exhausted)
total erledigt sein (ugs.); **sth is** ∼ **right** etw.
ist in Ordnung; (tolerable) etw. ist ganz gut;
I'm ∼ **right** mir geht es ganz gut; **yes,** ∼ **right**
ja, gut; **it's** ∼ **right by me** das ist mir recht
allay /ə'leɪ/ *v.t.* zerstreuen ‹*Besorgnis,
Befürchtungen*›
all: ∼-'**clear** *n.* Entwarnung, *die*; ∼-**day** *adj.*
ganztägig ‹*Ausflug, Versammlung*›
allegation /ælɪ'geɪʃn/ *n.* Behauptung, *die*;
make ∼s **against sb** Beschuldigungen gegen
jmdn. erheben
◆ **allege** /ə'ledʒ/ *v.t.* behaupten
alleged /ə'ledʒd/ *adj.*, **allegedly** /ə'ledʒɪdlɪ/
adv. angeblich
allegiance /ə'liːdʒəns/ *n.* Loyalität, *die* (**to**
gegenüber)
allegorical /ælɪ'gɒrɪkl/ *adj.* allegorisch
allegory /'ælɪgərɪ/ *n.* Allegorie, *die*
allergic /ə'lɜːdʒɪk/ *adj.* allergisch (**to** gegen)
allergy /'ælədʒɪ/ *n.* Allergie, *die*
alleviate /ə'liːvɪeɪt/ *v.t.* abschwächen
alley /'ælɪ/ *n.* [schmale] Gasse
alliance /ə'laɪəns/ *n.* Bündnis, *das*; (league)
Allianz, *die*
allied /'ælaɪd/ *adj.* **be** ∼ **to** *or* **with sb/sth** mit
jmdm./etw. verbündet sein
alligator /'ælɪgeɪtə(r)/ *n.* Alligator, *der*
all: ∼-**in** *adj.* Pauschal-; ∼-**night** *adj.* die
ganze Nacht dauernd ‹*Sitzung*›; nachts
durchgehend geöffnet ‹*Gaststätte*›
allocate /'æləkeɪt/ *v.t.* zuweisen, zuteilen
(**to** *Dat.*)
allocation /ælə'keɪʃn/ *n.* Zuweisung, *die*;
(ration) Zuteilung, *die*
allot /ə'lɒt/ *v.t.*, **-tt-**; ∼ **sth to sb** jmdm. etw.
zuteilen
al'lotment *n.* (BrE) (plot of land) ≈
Schrebergarten, *der*
all: ∼-**out** *attrib. adj.* mit allen [verfügbaren]
Mitteln *nachgestellt*; ∼-**over 'tan** *n.*
nahtlose Bräune
◆ **allow** /ə'laʊ/ **A** *v.t.* erlauben; zulassen; ∼ **sb
to do sth** jmdm. erlauben, etw. zu tun; **be**
∼**ed to do sth** etw. tun dürfen
B *v.i.* ∼ **for sth** etw. berücksichtigen
allowance /ə'laʊəns/ *n.* **1** Zuteilung, *die*;
(for special expenses) Zuschuss, *der*
2 make ∼s **for sth/sb** etw./jmdn.
berücksichtigen
alloy /'ælɔɪ/ *n.* Legierung, *die*
all: ∼-**purpose** *adj.* Universal-; Allzweck-;
∼-**risks in'surance** *n.* alle gängige Risiken
abdeckende Versicherung; ∼-**round** *adj.*
Allround-; ∼-'**rounder** *n.* Allroundtalent,
das; ∼-**seater** *adj.* voll bestuhlt ‹*Stadion*›;
∼-**time 'record** *n.* absoluter Rekord

allude /ə'luːd/ *v.i.* ∼ **to** sich beziehen auf
(+ *Akk.*); (indirectly) anspielen auf (+ *Akk.*)
allusion /ə'luːʒn/ *n.* Hinweis, *der*; (indirect)
Anspielung, *die*
ally /'ælaɪ/ *n.* Verbündete, *der/die*; **the Allies**
die Alliierten
almighty /ɔːl'maɪtɪ/ *adj.* allmächtig; **the A**∼
der Allmächtige
almond /'ɑːmənd/ *n.* Mandel, *die*
◆ **almost** /'ɔːlməʊst/ *adv.* fast; beinahe
alms /ɑːmz/ *n.* Almosen, *das*
◆ **alone** /ə'ləʊn/ **A** *pred. adj.* allein; alleine (ugs.)
B *adv.* allein
◆ **along** /ə'lɒŋ/ **A** *prep.* entlang (*position:* +
Dat.; direction: + *Akk.*)
B *adv.* weiter; **I'll be** ∼ **shortly** ich komme
gleich; **all** ∼ die ganze Zeit [über]
along'side A *adv.* daneben
B *prep.* neben (*position:* + *Dat.; direction:*
+ *Akk.*)
aloof /ə'luːf/ **A** *adv.* abseits; **hold** ∼ **from sb**
sich von jmdm. fern halten
B *adj.* distanziert
aloud /ə'laʊd/ *adv.* laut; **read [sth]** ∼ [etw.]
vorlesen
alphabet /'ælfəbet/ *n.* Alphabet, *das*
alphabetical /ælfə'betɪkl/ *adj.*,
alpha'betically *adv.* alphabetisch
alpine /'ælpaɪn/ *adj.* alpin
Alps /ælps/ *pr. n. pl.* **the** ∼ die Alpen
◆ **already** /ɔːl'redɪ/ *adv.* schon
Alsatian /æl'seɪʃn/ *n.* [deutscher] Schäferhund
◆ **also** /'ɔːlsəʊ/ *adv.* auch; (moreover) außerdem
altar /'ɔːltə(r), 'ɒltə(r)/ *n.* Altar, *der*
alter /'ɔːltə(r), 'ɒltə(r)/ **A** *v.t.* ändern
B *v.i.* sich verändern
alteration /ɔːltə'reɪʃn, ɒltə'reɪʃn/ *n.* Änderung,
die
alternate A /ɔːl'tɜːnət/ *adj.* sich abwechselnd
B /'ɔːltəneɪt/ *v.t.* abwechseln lassen
C /'ɔːltəneɪt/ *v.i.* sich abwechseln
al'ternately *adv.* abwechselnd
'alternating current *n.* (Electr.)
Wechselstrom, *der*
◆ **alternative** /ɔːl'tɜːnətɪv/ **A** *adj.* alternativ;
Alternativ-
B *n.* **1** (choice) Alternative, *die*
2 (possibility) Möglichkeit, *die*
alternative: ∼ **'energy** *n.* alternative
Energie; ∼ **'fuel** *n.* Alternativkraftstoff, *der*
(*für Verbrennungsmotoren*)
al'ternatively *adv.* oder aber; **or** ∼ oder
aber auch
alternative 'medicine *n.*
Alternativmedizin, *die*
alternative 'vote *n.* Präferenzwahl, *die*
◆ **although** /ɔːl'ðəʊ/ *conj.* obwohl
altimeter /'æltɪmiːtə(r)/ *n.* Höhenmesser, *der*
altitude /'æltɪtjuːd/ *n.* Höhe, *die*
altogether /ɔːltə'geðə(r)/ *adv.* völlig; (on
the whole) im Großen und Ganzen; (in total)

◆ Schlüsselwort

insgesamt; **not ~ [true/convincing]** nicht ganz [wahr/überzeugend]

altruist /'æltrʊɪst/ n. Altruist, der/Altruistin, die (geh.)

altruistic /æltrʊ'ɪstɪk/ adj. altruistisch

aluminium /ælju'mɪnɪəm/ (BrE), **aluminum** /ə'luːmɪnəm/ (AmE) ns. Aluminium, das

♂ **always** /'ɔːlweɪz/ adv. immer; (repeatedly) ständig

Alzheimer's disease /'æltshaɪmez dɪziːz/ n. Alzheimerkrankheit, die

am ▶ be

AM abbr. = **amplitude modulation** AM

a.m. /eɪ'em/ adv. vormittags; [at] **one/four ~** [um] ein/vier Uhr früh

amalgamate /ə'mælgəmeɪt/ **A** v.t. vereinigen **B** v.i. sich vereinigen; <Firmen:> fusionieren

amalgamation /əmælgə'meɪʃn/ n. Vereinigung, die; (of firms) Fusion, die

amass /ə'mæs/ v.t. anhäufen

amateur /'æmətə(r)/ n. Amateur, der; attrib. Amateur-; Laien-

'amateurish adj. laienhaft; amateurhaft

amaze /ə'meɪz/ v.t. verblüffen; verwundern

a'mazement n. Verblüffung, die; Verwunderung, die

♂ **amazing** /ə'meɪzɪŋ/ adj. (remarkable) erstaunlich; (astonishing) verblüffend

Amazon /'æməzən/ pr. n. **the ~** der Amazonas

ambassador /æm'bæsədə(r)/ n. Botschafter, der/Botschafterin, die

amber /'æmbə(r)/ **A** n. **1** Bernstein, der **2** (traffic light) Gelb, das **B** adj. Bernstein-; (colour) bernsteinfarben; gelb <Verkehrslicht>

ambiguity /æmbɪ'gjuːɪtɪ/ n. Zweideutigkeit, die

ambiguous /æm'bɪgjʊəs/ adj. zweideutig

ambition /æm'bɪʃn/ n. Ehrgeiz, der; (aspiration) Ambition, die

ambitious /æm'bɪʃəs/ adj. ehrgeizig

ambivalent /æm'bɪvələnt/ adj. ambivalent

amble /'æmbl/ v.i. schlendern

ambulance /'æmbjʊləns/ n. Krankenwagen, der; Ambulanz, die

ambulance: ~ chaser n. (AmE) Anwalt oder sein Agent, der Unfallopfer dazu überredet, auf Schadenersatz zu klagen; **~ driver** n. Fahrer/Fahrerin eines/des Krankenwagens; **~ man** n. Sanitäter, der; **~ service** n. Rettungsdienst, der

ambush /'æmbʊʃ/ **A** n. Hinterhalt, der; **lie in ~** im Hinterhalt liegen **B** v.t. [aus dem Hinterhalt] überfallen

amen /ɑː'men, eɪ'men/ **A** int. amen **B** n. Amen, das

amenable /ə'miːnəbl/ adj. zugänglich, aufgeschlossen (**to** Dat.)

amend /ə'mend/ v.t. berichtigen; abändern <Gesetzentwurf, Antrag>

a'mendment n. (to motion) Abänderungsantrag, der; (to bill) Änderungsantrag, der

amends /ə'mendz/ n. pl. **make ~ [to sb]** es [bei jmdm.] wieder gutmachen; **make ~ for sth** etw. wieder gutmachen

amenity /ə'miːnɪtɪ/ n., usu. in pl. **amenities** (of town) kulturelle und Freizeiteinrichtungen

America /ə'merɪkə/ pr. n. Amerika (das)

♂ **American** /ə'merɪkən/ **A** adj. amerikanisch; **sb is ~** jmd. ist Amerikaner/Amerikanerin **B** n. (person) Amerikaner, der/Amerikanerin, die

American: ~ 'English n. amerikanisches Englisch; **~ 'football** n. Football, der; **~ 'Indian** n. Indianer, der/Indianerin, die

Americanism /ə'merɪkənɪzm/ n. (Ling.) Amerikanismus, der

Americanization /əmerɪkənaɪ'zeɪʃn/ n. Amerikanisierung, die

Americanize /ə'merɪkənaɪz/ v.t. amerikanisieren

amiable /'eɪmɪəbl/ adj. umgänglich

amicable /'æmɪkəbl/ adj. freundschaftlich; gütlich <Einigung>

amicably /'æmɪkəblɪ/ adv. in [aller] Freundschaft

amid /ə'mɪd/, **amidst** /ə'mɪdst/ prep. inmitten; (fig.) (during) bei

amiss /ə'mɪs/ **A** pred. adj. verkehrt; **is anything ~?** stimmt irgendetwas nicht? **B** adv. **take sth ~** etw. übel nehmen

ammonia /ə'məʊnɪə/ n. Ammoniak, das

ammunition /æmjʊ'nɪʃn/ n. Munition, die

amnesia /æm'niːzɪə/ Amnesie, die

amnesty /'æmnɪstɪ/ n. Amnestie, die

amniocentesis /æmnɪəʊsen'tiːsɪs/ n. (Med.) Fruchtwasserentnahme, die

amok /ə'mɒk/ adv. **run ~** Amok laufen

♂ **among** /ə'mʌŋ/, **amongst** /ə'mʌŋst/ prep. unter (+ Dat.); **~ other things** unter anderem; **they often quarrel ~ themselves** sie streiten oft miteinander

amoral /eɪ'mɒrl/ adj. amoralisch

amorous /'æmərəs/ adj. verliebt; amourös <Abenteuer, Beziehung>

amorphous /ə'mɔːfəs/ adj. formlos; amorph <Masse>

♂ **amount** /ə'maʊnt/ **A** v.i. **~ to sth** sich auf etw. (Akk.) belaufen; (fig.) etw. bedeuten **B** n. **1** (total) Betrag, der; Summe, die **2** (quantity) Menge, die

amp /æmp/ n. Ampere, das

amphetamine /æm'fetəmɪn/ n. (Med.) Amphetamin, das

amphibian /æm'fɪbɪən/ **A** adj. amphibisch **B** n. Amphibie, die

amphibious /æm'fɪbɪəs/ adj. amphibisch

amphitheatre /'æmfɪθɪətə(r)/ n. Amphitheater, das

ample /'æmpl/ *adj.* **1** (spacious) weitläufig
<*Garten, Räume*>; reichhaltig <*Mahl*>
2 (enough) ~ **room/food** reichlich Platz/zu
essen

amplifier /'æmplɪfaɪə(r)/ *n.* Verstärker, *der*

amplify /'æmplɪfaɪ/ *v.t.* verstärken; (enlarge
on) weiter ausführen

amputate /'æmpjʊteɪt/ *v.t.* amputieren

amputation /æmpjʊ'teɪʃn/ *n.* Amputation,
die

amuse /ə'mjuːz/ *v.t.* **1** (interest) unterhalten;
~ **oneself by doing sth** sich (*Dat.*) die Zeit
damit vertreiben, etw. zu tun
2 (make laugh or smile) amüsieren

a'musement *n.* Belustigung, *die*

a'musement arcade *n.* Spielhalle, *die*

amusing /ə'mjuːzɪŋ/ *adj.* amüsant

an /ən, *stressed* æn/ *indef. art. See also* **a** ein/
eine/ein

anaemia /ə'niːmɪə/ *n.* Blutarmut, *die*;
Anämie, *die*

anaemic /ə'niːmɪk/ *adj.* blutarm; anämisch

anaesthetic /ænɪs'θetɪk/ *n.* Anästhetikum,
das; general ~ Narkosemittel, *das*; local ~
Lokalanästhetikum, *das*

anaesthetist /ə'niːsθətɪst/ *n.* Anästhesist,
der/Anästhesistin, *die*; Narkose[fach]arzt,
der/-ärztin, *die*

anagram /'ænəgræm/ *n.* Anagramm, *das*

analgesia /ænæl'dʒiːzɪə/ *n.* (Med.) Analgesie,
die

analgesic /ænæl'dʒiːsɪk/ (Med.) **A** *adj.*
analgetisch
B *n.* Analgetikum, *das*

analog (AmE) ▶ **analogue**

analogue /'ænəlɒg/ *n.* Entsprechung, *die*;
Analogon, *das* (geh.)

analogue: ~ **com'puter** *n.* Analogrechner,
der; ~ '**watch** *n.* Analoguhr, *die*

analogy /ə'nælədʒɪ/ *n.* Analogie, *die*

analyse /'ænəlaɪz/ *v.t.* analysieren

ꝫ **analysis** /ə'nælɪsɪs/ *n., pl.* **analyses**
/ə'nælɪsiːz/ Analyse, *die*

analyst /'ænəlɪst/ *n.* **1** (Psych.) Analytiker,
der/Analytikerin, *die*
2 (Econ., Polit., etc.) Experte, *der*/Expertin, *die*

analytic /ænə'lɪtɪk/, **analytical** /ænə'lɪtɪkl/
adj. analytisch

analyze (AmE) ▶ **analyse**

anarchic /ə'nɑːkɪk/, **anarchical** /ə'nɑːkɪkl/
adj. anarchisch; (anarchistic) anarchistisch

anarchist /'ænəkɪst/ *n.* Anarchist, *der*/
Anarchistin, *die*

anarchy /'ænəkɪ/ *n.* Anarchie, *die*

anatomical /ænə'tɒmɪkl/ *adj.* anatomisch

anatomy /ə'nætəmɪ/ *n.* Anatomie, *die*

ANC *abbr.* = **African National Congress**
ANK

ancestor /'ænsestə(r)/ *n.* Vorfahr, *der*

ancestry /'ænsestrɪ/ *n.* Abstammung, *die*

anchor /'æŋkə(r)/ **A** *n.* Anker, *der*
B *v.t.* verankern
C *v.i.* ankern

anchorage /'æŋkərɪdʒ/ *n.* Ankerplatz, *der*

anchorman /'æŋkəmæn/ *n.* (Telev., Radio)
Moderator, *der*

anchovy /'æntʃəvɪ/ *n.* Sardelle, *die*

ꝫ **ancient** /'eɪnʃənt/ *adj.* alt; historisch
<*Gebäude usw.*>; (of antiquity) antik

ꝫ **and** /ənd, *stressed* ænd/ *conj.* und; for weeks
~ **weeks** wochenlang; **better** ~ **better**
immer besser

androgynous /æn'drɒdʒɪnəs/ *adj.* (Biol.)
zwittrig

anecdote /'ænɪkdəʊt/ *n.* Anekdote, *die*

anemia, anemic (AmE) ▶ **anaemia, anaemic**

angel /'eɪndʒl/ *n.* Engel, *der*

angelic /æn'dʒelɪk/ *adj.* engelhaft

anger /'æŋgə(r)/ **A** *n.* Zorn, *der* (at über +
Akk.); (fury) Wut, *die* (at über + *Akk.*)
B *v.t.* verärgern; (infuriate) wütend machen

angina /æn'dʒaɪnə/, **angina pectoris**
/æn'dʒaɪnə 'pektərɪs/ *n.* (Med.) Angina
pectoris, *die*

angle[1] /'æŋgl/ *n.* **1** (Geom.) Winkel, *der*; at an
~ **of 60°** im Winkel von 60°; at an ~ schief
2 (fig.) Gesichtspunkt, *der*

angle[2] *v.i.* angeln; (fig.) ~ **for sth** sich um
etw. bemühen

angle: ~ **brackets** *n. pl.* spitze Klammern;
~ **grinder** *n.* Winkelschleifer, *der*;
(with cutting disc) Flex, *die*; ~-**parking** *n.*
Schrägparken, *das*

angler /'æŋglə(r)/ *n.* Angler, *der*/Anglerin, *die*

Anglican /'æŋglɪkən/ **A** *adj.* anglikanisch
B *n.* Anglikaner, *der*/Anglikanerin, *die*

Anglo- /æŋgləʊ/ *in comb.* anglo-/Anglo-

Anglo-Saxon /-'sæksn/ **A** *n.* Angelsachse,
der/Angelsächsin, *die*; (language)
Angelsächsisch, *das*
B *adj.* angelsächsisch

angora /æŋ'gɔːrə/, **angora 'wool** *n.*
Angorawolle, *die*; Mohair, *der*

angrily /'æŋgrɪlɪ/ *adv.* verärgert; (stronger)
zornig

ꝫ **angry** /'æŋgrɪ/ *adj.* böse; verärgert <*Person,
Stimme, Geste*>; (stronger) zornig; wütend;
be ~ **at** *or* **about sth** wegen etw. böse sein;
be ~ **with** *or* **at sb** mit jmdm. *od.* auf jmdn.
böse sein; **get** ~ böse werden

anguish /'æŋgwɪʃ/ *n.* Qualen *Pl.*

angular /'æŋgjʊlə(r)/ *adj.* eckig <*Gebäude,
Struktur*>; kantig <*Gesicht*>

ꝫ **animal** /'ænɪməl/ **A** *n.* Tier, *das*
B *adj.* tierisch

animal: A~ Libe'ration Front *n.*
Tierbefreiungsfront, *die*; ~ **lover**
n. Tierfreund, *der*/-freundin, *die*;
~ **pro'tectionist** *n.* Tierschützer,
der/-schützerin, *die*; ~ '**rights** *n. pl.*

ꝫ Schlüsselwort

Tierrechte *Pl.*; ~ '**rights supporter** *n.*
Tierrechtler, *der*/Tierrechtlerin, *die*

animate **A** /'ænɪmeɪt/ *v.t.* beleben
B /'ænɪmət/ *adj.* beseelt ‹*Leben, Körper*›;
belebt ‹*Objekt, Welt*›

animated /'ænɪmeɪtɪd/ *adj.* lebhaft
‹*Diskussion, Gebärde*›

animated car'toon *n.* Zeichentrickfilm,
der

animation /ænɪ'meɪʃn/ *n.* **1** Lebhaftigkeit,
die
2 (Cinemat.) Animation, *die*

animosity /ænɪ'mɒsɪtɪ/ *n.* Feindseligkeit, *die*

aniseed /'ænɪsiːd/ *n.* Anis[samen], *der*

ankle /'æŋkl/ *n.* Fußgelenk, *das*

ankle: ~-**deep** *adj.* knöcheltief; ~ **sock** *n.*
Socke, *die*; (esp. for children) Söckchen, *das*

annex **A** /ə'neks/ *v.t.* annektieren ‹*Land,
Territorium*›
B /'æneks/ *n.* Anbau, *der*

annexation /ænɪk'seɪʃn/ *n.* Annexion, *die*;
Annektierung, *die*

annexe ▶ annex B

annihilate /ə'naɪleɪt/ *v.t.* vernichten

annihilation /ənaɪ'leɪʃn/ *n.* Vernichtung, *die*

anniversary /ænɪ'vɜːsərɪ/ *n.* Jahrestag, *der*;
wedding ~ Hochzeitstag, *der*

annotate /'ænəteɪt/ *v.t.* kommentieren

ℴ **announce** /ə'naʊns/ *v.t.* bekannt geben;
ansagen ‹*Programm*›; (over Tannoy etc.)
durchsagen; (in newspaper) anzeigen ‹*Heirat
usw.*›

an'nouncement *n.* Bekanntgabe, *die*; (over
Tannoy etc.) Durchsage, *die*; (in newspaper)
Anzeige, *die*

an'nouncer *n.* Ansager, *der*/Ansagerin, *die*

annoy /ə'nɔɪ/ *v.t.* **1** ärgern
2 (harass) schikanieren

annoyance /ə'nɔɪəns/ *n.* Verärgerung, *die*;
(nuisance) Plage, *die*

annoyed /ə'nɔɪd/ *adj.* be ~ [at *or* with sb/
sth] ärgerlich [auf *od.* über jmdn./über etw.]
sein; he got very ~ er hat sich darüber sehr
geärgert

an'noying *adj.* ärgerlich; lästig ‹*Gewohnheit,
Person*›

ℴ **annual** /'ænjʊəl/ **A** *adj.* **1** (reckoned by the year)
Jahres-
2 (recurring yearly) [all]jährlich ‹*Ereignis, Feier*›;
Jahres‹*bericht, -hauptversammlung*›
B *n.* **1** Jahrbuch, *das*; (of comic etc.)
Jahresalbum, *das*
2 (plant) einjährige Pflanze

annual: ~ '**income** *n.* Jahreseinkommen,
das; ~ '**leave** *n.* Jahresurlaub, *der*

'**annually** *adv.* jährlich

annual: ~ **pro'duction** *n.* Jahresproduktion,
die; ~ '**rainfall** *n.* jährliche Regenmenge;
~ '**rent** *n.* Jahresmiete, *die*; ~ '**salary** *n.*
Jahresgehalt, *das*; ~ **sub'scription** *n.*
Jahresabonnement, *das*; ~ '**turnover**
n. Jahresumsatz, *der*

annul /ə'nʌl/ *v.t.*, **-ll-** annullieren; auflösen
‹*Vertrag*›

anodyne /'ænədaɪn/ *adj.* (fig.) wohltuend;
(soothing) einlullend

anon. /ə'nɒn/ *abbr.* = **anonymous [author]**
anon.

anonymity /ænə'nɪmɪtɪ/ *n.* Anonymität, *die*

anonymous /ə'nɒnɪməs/ *adj.* anonym

anorak /'ænəræk/ *n.* Anorak, *der*

anorexia /ænə'reksɪə/ *n.* Anorexie, *die*
(Med.); Magersucht, *die*

anorexic /ænə'reksɪk/ *adj.* anorektisch
(fachspr.); magersüchtig; be ~ an Anorexie
(Med.) *od.* Magersucht leiden

ℴ **another** /ə'nʌðə(r)/ **A** *pron.* **1** (an additional
one) noch einer/eine/eins; ein weiterer/eine
weitere/ein weiteres
2 (counterpart) wieder einer/eine/eins
3 (a different one) ein anderer/eine andere/
ein anderes
B *adj.* **1** (additional) noch ein/eine; ein
weiterer/eine weitere/ein weiteres; after ~
six weeks nach weiteren sechs Wochen
2 (different) ein anderer/eine andere/ein
anderes

ℴ **answer** /'ɑːnsə(r)/ **A** *n.* **1** (reply) Antwort, *die*
(to auf + *Akk.*)
2 (to problem) Lösung, *die* (to *Gen.*); (to
calculation) Ergebnis, *das*
B *v.t.* **1** beantworten ‹*Brief, Frage*›;
antworten auf (+ *Akk.*) ‹*Frage, Hilferuf,
Einladung, Inserat*›; eingehen auf (+ *Akk.*)
‹*Angebot, Vorschlag*›; sich stellen zu
‹*Beschuldigung*›; erhören ‹*Gebet*›; erfüllen
‹*Bitte, Wunsch*›; ~ sb jmdm. antworten
2 ~ the door/bell an die Tür gehen
C *v.i.* **1** (reply) antworten; ~ to sth sich zu
etw. äußern
2 (be responsible) ~ for sth für etw. die
Verantwortung übernehmen
3 ~ to a description einer Beschreibung
(*Dat.*) entsprechen

answerable /'ɑːnsərəbl/ *adj.* verantwortlich
(for für; to *Dat.*)

answering: ~ **machine** *n.*
Anrufbeantworter, *der*; ~ **service** *n.*
Fernsprechauftragsdienst, *der*

'**answerphone** (BrE) ▶ answering machine

ant /ænt/ *n.* Ameise, *die*

antagonism /æn'tægənɪzm/ *n.* Feindseligkeit,
die (towards, against gegenüber)

antagonist /æn'tægənɪst/ *n.* Gegner, *der*/
Gegnerin, *die*

antagonistic /æntægə'nɪstɪk/ *adj.* feindlich

antagonize /æn'tægənaɪz/ *v.t.* ~ sb sich
(*Dat.*) jmdn. zum Feind machen

Antarctic /æn't ɑːktɪk/ **A** *adj.* antarktisch
B *pr. n.* the ~ die Antarktis

antelope /'æntɪləʊp/ *n.* Antilope, *die*

antenatal /æntɪ'neɪtl/ *adj.* (concerning
pregnancy) Schwangerschafts-; Schwangeren-

antenatal: ~ '**care** *n.* Schwangerenfürsorge,

a

die; ~ **clinic** *n.* Klinik für werdende Mütter
antenna /æn'tenə/ *n.* **1** *pl.* ~e /æn'teni:/
(Zool.) Fühler, *der*
2 *pl.* ~s (tech.) (AmE) (aerial) Antenne, *die*
anthem /'ænθəm/ *n.* Chorgesang, *der*
anthology /æn'θɒlədʒɪ/ *n.* Anthologie, *die*
anthropologist /ænθrə'pɒlədʒɪst/ *n.*
Anthropologe, *der*/Anthropologin, *die*
anthropology /ænθrə'pɒlədʒɪ/ *n.*
Anthropologie, *die*
anthropomorphism /ænθrəpə'mɔːfɪzm/
n., *no pl.* Anthropomorphismus, *der*
anti /'æntɪ/ A *prep.* gegen
B *adj.* ablehnend
anti- /æntɪ/ *pref.* anti-/Anti-
anti: ~-a'**bortion demonstration**
n. Antiabtreibungsdemonstration, *die*;
~-a'**bortionist** /æntɪə'bɔːʃənɪst/ *n.*
Abtreibungsgegner, *der*/-gegnerin, *die*;
~-a'**bortion law** *n.* Gesetz gegen
Abtreibung; ~-a'**bortion movement**
n. Antiabtreibungsbewegung, *die*;
~-a'**bortion protest** *n.* Protest gegen
Abtreibung; ~-a'**bortion protester**
n. Abtreibungsgegner, *der*/-gegnerin,
die; ~-'**aircraft** *adj.* (Mil.) Flugabwehr-;
~-'**aircraft gun** *n.* (Mil.) Flak, *die*
antibiotic /æntɪbaɪ'ɒtɪk/ *n.* Antibiotikum,
das
'**antibody** *n.* Antikörper, *der*
antic /'æntɪk/ *n.* (trick) Mätzchen, *das* (ugs.);
(of clown) Possen, *der*
anticipate /æn'tɪsɪpeɪt/ *v.t.* **1** (expect)
erwarten; (foresee) voraussehen; ~ **trouble**
mit Ärger rechnen
2 (consider before due time) vorwegnehmen
anticipation /æntɪsɪ'peɪʃn/ *n.* Erwartung, *die*
anti'climax *n.* Abstieg, *der*
anti'clockwise *adv.*, *adj.* gegen den
Uhrzeigersinn
anti'cyclone *n.* Hochdruckgebiet, *das*
antidepressant /æntɪdɪ'presənt/ *n.*
Antidepressivum, *das*
antidote /'æntɪdəʊt/ *n.* Gegenmittel, *das*
(for, against, to gegen)
'**antifreeze** *n.* Frostschutzmittel, *das*
antiglobalization /æntɪgləʊbəlaɪ'zeɪʃn/ *n.*
Antiglobalisierung, *die*
'**anti-hero** *n.* Antiheld, *der*
antihistamine /æntɪ'hɪstəmɪn/ *n.* (Med.)
Antihistamin[ikum], *das*
'**anti-lock** *adj.* Antiblockier-
**anti-lock 'brake, anti-lock 'braking
system** *ns.* Antiblockiersystem, *das*
anti'nuclear *adj.* Anti-Atom[kraft]-
antipathy /æn'tɪpəθɪ/ *n.* Antipathie, *die*;
Abneigung, *die*
anti-person'nel *adj.* gegen Menschen
gerichtet

anti-person'nel mine *n.* Schützenmine,
die
antiperspirant /æntɪ'pɜːspɪrənt/ A *adj.*
schweißhemmend
B *n.* Antitranspirant, *das*
anti'perspirant spray *n.* Deodorantspray,
der od. das
antiquated /'æntɪkweɪtɪd/ *adj.* antiquiert;
veraltet
antique /æn'ti:k/ A *adj.* antik <*Möbel,
Schmuck usw.*>
B *n.* Antiquität, *die*
an'tique shop *n.* Antiquitätenladen, *der*
antiquity /æn'tɪkwɪtɪ/ *n.* Altertum, *das*;
Antike, *die*
anti-Semitic /æntɪsɪ'mɪtɪk/ *adj.*
antisemitisch; judenfeindlich
anti-Semitism /æntɪ'semɪtɪzm/ *n.*
Antisemitismus, *der*; Judenhass, *der*
anti'septic A *adj.* antiseptisch
B *n.* Antiseptikum, *das*
anti'social *adj.* asozial
anti-'terrorism *n.* Terrorabwehr, *die*;
Terrorismusbekämpfung, *die*
anti-'theft *attrib. adj.* Antidiebstahl-
antithesis /æn'tɪθəsɪs/ *n.*, *pl.* **antitheses**
/æn'tɪθəsi:z/ Gegenstück, *das* (of, to zu)
anti-'toxin *n.* (Med.) Antitoxin, *das*;
~'**virus** *attrib. adj.* (Comp.) Antivirus-;
~'**virus software** *n.* (Comp.)
Antivirensoftware, *die*
antivivisectionist /æntɪvɪvɪ'sekʃənɪst/ *n.*
Vivisektionsgegner, *der*/-gegnerin, *die*
antler /'æntlə(r)/ *n.* Geweihsprosse, *die*; [pair
of] ~s Geweih, *das*
anvil /'ænvɪl/ *n.* Amboss, *der*
anxiety /æŋ'zaɪətɪ/ *n.* Angst, *die*; (concern about
future) Sorge, *die* (about wegen)
anxious /'æŋkʃəs/ *adj.* **1** (troubled) besorgt
(about um)
2 (eager) sehnlich; be ~ **for sth** sich nach
etw. sehnen
'**anxiously** *adv.* **1** besorgt
2 (eagerly) sehnsüchtig
⚜ **any** /'enɪ/ A *adj.* **1** (some) [irgend]ein/
[irgend]eine; **not** ~ kein/keine; **have you** ~
wool/wine? haben Sie Wolle/Wein?
2 (one) ein/eine
3 (all, every) jeder/jede/jedes; [at] ~ **time**
jederzeit
4 (whichever) jeder/jede/jedes [beliebige];
choose ~ [one] **book/**~ **books you like**
suchen Sie sich (*Dat.*) irgendein Buch/
irgendwelche Bücher aus
B *pron.* **1** (some) in condit., interrog., or neg.
sentence (replacing sing. n.) einer/eine/ein[e]s;
(replacing collect. n.) welcher/welche/welches;
(replacing pl. n.) welche; **not** ~ keiner/keine/
kein[e]s /Pl., (gen.); **without** ~ ohne
2 (no matter which) irgendeiner/irgendeine/
irgendein[e]s/irgendwelche *Pl.*
C *adv.* **do you feel** ~ **better today?** fühlen

⚜ Schlüsselwort

Sie sich heute [etwas] besser?; **if it gets ~ colder** wenn es noch kälter wird; **I can't wait ~ longer** ich kann nicht [mehr] länger warten

'anybody *n. & pron.* **1** (whoever) jeder **2** (somebody) [irgend]jemand; *after neg.* niemand

'anyhow *adv.* **1** ▶ anyway **2** (haphazardly) irgendwie

✓ **'anyone** ▶ anybody

✓ **'anything** **A** *n. & pron.* **1** (whatever thing) was [immer]; alles, was **2** (something) irgendetwas; *after neg.* nichts **3** (a thing of any kind) alles **B** *adv.* **not ~ like as ... as** keineswegs so ... wie

✓ **'anyway** *adv.* **1** (in any case, besides) sowieso **2** (at any rate) jedenfalls

✓ **'anywhere** *adv.* **1** (in any place) (wherever) überall, wo; wo [immer]; (somewhere) irgendwo; **not ~ near as ... as** (infml) nicht annähernd so ... wie **2** (to any place) (wherever) wohin [auch immer]; (somewhere) irgendwohin

aorta /eɪˈɔːtə/ *n.* (Anat.) Aorta, *die*

✓ **apart** /əˈpɑːt/ *adv.* **1** (separately) getrennt; **~ from ...** außer ... **2** (into pieces) auseinander

apartheid /əˈpɑːteɪt/ *n.* Apartheid, *die*

✓ **apartment** /əˈpɑːtmənt/ *n.* **1** (room) Apartment, *das* **2** (AmE) (flat) Wohnung, *die*

apathetic /æpəˈθetɪk/ *adj.* apathisch (**about** gegenüber)

apathy /ˈæpəθɪ/ *n.* Apathie, *die* (**about** gegenüber)

ape /eɪp/ **A** *n.* [Menschen]affe, *der* **B** *v.t.* nachahmen

aperitif /əperɪˈtiːf/ *n.* Aperitif, *der*

aperture /ˈæpətʃə(r)/ *n.* Öffnung, *die*

apex /ˈeɪpeks/ *n.* Spitze, *die*

aphid /ˈeɪfɪd/ *n.* Blattlaus, *die*

aphrodisiac /æfrəˈdɪzɪæk/ *n.* Aphrodisiakum, *das*

apiece /əˈpiːs/ *adv.* je; **they cost a penny ~** sie kosten einen Penny das Stück

apolitical /eɪpəˈlɪtɪkl/ *adj.* apolitisch; unpolitisch

apologetic /əpɒləˈdʒetɪk/ *adj.* entschuldigend; **be ~** sich entschuldigen

apologize /əˈpɒlədʒaɪz/ *v.i.* sich entschuldigen (**to** bei)

apology /əˈpɒlədʒɪ/ *n.* Entschuldigung, *die*; **make an ~** sich entschuldigen (**to** bei)

apoplectic /æpəˈplektɪk/ *adj.* apoplektisch

apoplectic 'fit *n.* Schlaganfall, *der*

apoplexy /ˈæpəpleksɪ/ *n.* Apoplexie, *die* (fachspr.); Schlaganfall, *der*

apostle /əˈpɒsl/ *n.* Apostel, *der*

apostrophe /əˈpɒstrəfɪ/ *n.* Apostroph, *der*; Auslassungszeichen, *das*

app /æp/ *n.* (Comp.) App, *die*

appal (AmE: **appall**) /əˈpɔːl/ *v.t.*, **-ll-** entsetzen

ap'palling *adj.* entsetzlich

apparatus /æpəˈreɪtəs/ *n.* (equipment) Gerät, *das*; (gymnastic apparatus) Geräte *Pl.*; (machinery, lit. or fig.) Apparat, *der*; **a piece of ~** ein Gerät

apparel /əˈpærəl/ *n.* Kleidung, *die*; Gewänder *Pl.* (geh.)

✓ **apparent** /əˈpærənt/ *adj.* **1** (clear) offensichtlich; offenbar <*Bedeutung, Wahrheit*> **2** (seeming) scheinbar

✓ **ap'parently** *adv.* **1** (clearly) offensichtlich **2** (seemingly) scheinbar

apparition /æpəˈrɪʃn/ *n.* [Geister]erscheinung, *die*

✓ **appeal** /əˈpiːl/ **A** *v.i.* (Law etc.) Einspruch einlegen **2** (make earnest request) **~ to sb for sth/to do sth** jmdn. um etw. ersuchen/jmdn. ersuchen, etw. zu tun **3** (address oneself) **~ to sb/sth** an jmdn./etw. appellieren **4** (be attractive) **~ to sb** jmdm. zusagen **B** *n.* **1** (Law etc.) Einspruch, *der* (**to** bei); (to higher court) Berufung, *die* (**to** bei) **2** (request) Appell, *der*; **an ~ to sb for sth** eine Bitte an jmdn. um etw. **3** (attraction) Reiz, *der*

ap'pealing *adj.* **1** (imploring) flehend **2** (attractive) ansprechend; verlockend <*Idee*>

✓ **appear** /əˈpɪə(r)/ *v.i.* **1** (become visible, arrive) erscheinen; <*Licht, Mond:*> auftauchen; (present oneself) auftreten **2** (occur) vorkommen **3** (seem) **~ [to be] ...** scheinen ... [zu sein]

✓ **appearance** /əˈpɪərəns/ *n.* **1** (becoming visible) Auftauchen, *das*; (arrival) Erscheinen, *das*; (of performer etc.) Auftritt, *der* **2** (look) Äußere, *das*; **to all ~s** allem Anschein nach **3** (semblance) Anschein, *der* **4** (occurrence) Vorkommen, *das*

appease /əˈpiːz/ *v.t.* besänftigen; (Polit.) beschwichtigen

append /əˈpend/ *v.t.* anhängen (**to** an + *Akk.*); (add) anfügen (+ *Dat.*)

appendage /əˈpendɪdʒ/ *n.* Anhängsel, *das*; (addition) Anhang, *der*

appendicitis /əpendɪˈsaɪtɪs/ *n.* Blinddarmentzündung, *die*

appendix /əˈpendɪks/ *n., pl.* **appendices** /əˈpendɪsiːz/ *or* **~es 1** Anhang, *der* (**to** zu) **2** (Anat.) Blinddarm, *der*

appetite /ˈæpɪtaɪt/ *n.* **1** Appetit, *der* (**for** auf + *Akk.*) **2** (fig.) Verlangen, *das* (**for** nach)

appetizer /ˈæpɪtaɪzə(r)/ *n.* Appetitanreger, *der*

appetizing /ˈæpɪtaɪzɪŋ/ *adj.* appetitlich

applaud /əˈplɔːd/ **A** *v.i.* applaudieren; [Beifall] klatschen

a

a

B *v.t.* applaudieren (+ *Dat.*)
applause /ə'plɔːz/ *n.* Beifall, *der*; Applaus, *der*
apple /'æpl/ *n.* Apfel, *der*
apple: ~ **'pie** gedeckte Apfeltorte; ~ **'sauce** *n.* Apfelmus, *das*
applet /'æplɪt/ *n.* (Comp.) Applet, *das*
'apple tree *n.* Apfelbaum, *der*
appliance /ə'plaɪəns/ *n.* Gerät, *das*
applicable /ə'plɪkəbl/ *adj.* **1** anwendbar (to auf + *Akk.*)
2 (appropriate) geeignet; zutreffend <*Fragebogenteil*>
applicant /'æplɪkənt/ *n.* Bewerber, *der*/ Bewerberin, *die* (for um); (claimant) Antragsteller, *der*/-stellerin, *die*
✧ **application** /æplɪ'keɪʃn/ *n.* **1** (request) Bewerbung, *die* (for um); (for passport, licence, etc.) Antrag, *der* (for auf + *Akk.*)
2 (putting) Auftragen, *das* (to auf + *Akk.*)
3 (use) Anwendung, *die*
4 (Comp.) Applikation, *die*
appli'cation form *n.* Antragsformular, *das*
applicator /'æplɪkeɪtə(r)/ *n.* Applikator, *der*
✧ **apply** /ə'plaɪ/ **A** *v.t.* **1** auftragen <*Creme, Farbe*> (to auf + *Akk.*)
2 (make use of) anwenden
B *v.i.* **1** (have relevance) zutreffen (to auf + *Akk.*)
2 ~ **[to sb] for sth** [jmdn.] um etw. bitten; (for passport etc.) [bei jmdm.] etw. beantragen; (for job) sich [bei jmdm.] um etw. bewerben
✧ **appoint** /ə'pɔɪnt/ *v.t.* **1** (fix) bestimmen; festlegen <*Zeitpunkt, Ort*>
2 (to job) einstellen; (to office) ernennen
appointee /əpɔɪn'tiː/ *n.* Ernannte, *der/die*; Berufene, *der/die*
ap'pointment *n.* **1** (to job) Einstellung, *die*; (to office) Ernennung, *die* (as zum/zur)
2 (job) Stelle, *die*
3 (arrangement) Termin, *der*; **make an** ~ **with sb** sich (*Dat.*) von jmdm. einen Termin geben lassen; **by** ~ nach Anmeldung
appraisal /ə'preɪzl/ *n.* (evaluation) Bewertung, *die*
appraise /ə'preɪz/ *v.t.* (evaluate) bewerten
appreciable /ə'priːʃəbl/ *adj.* **1** (perceptible) nennenswert <*Unterschied, Einfluss*>; spürbar <*Veränderung, Wirkung*>; merklich <*Verringerung, Anstieg*>
2 (considerable) beträchtlich
appreciably /ə'priːʃəblɪ/ *adv.* **1** (perceptibly) spürbar <*verändern*>; merklich <*sich unterscheiden*>
2 (considerably) beträchtlich
✧ **appreciate** /ə'priːʃɪeɪt/ **A** *v.t.* **1** ([correctly] estimate) [richtig] einschätzen; (understand) verstehen; (be aware of) sich (*Dat.*) bewusst sein (+ *Gen.*)
2 (be grateful for) schätzen; (enjoy) genießen
B *v.i.* im Wert steigen

appreciation /əpriːʃɪ'eɪʃn/ *n.* **1** ([correct] estimation) [richtige] Einschätzung; (understanding) Verständnis, *das* (of für); (awareness) Bewusstsein, *das*
2 (gratefulness) Dankbarkeit, *die*; (enjoyment) Gefallen, *das* (of an + *Dat.*)
appreciative /ə'priːʃətɪv/ *adj.* (grateful) dankbar (of für); (approving) anerkennend
apprehend /æprɪ'hend/ *v.t.* **1** (arrest) festnehmen
2 (understand) erfassen
apprehension /æprɪ'henʃn/ *n.* Besorgnis, *die*
apprehensive /æprɪ'hensɪv/ *adj.* besorgt
apprentice /ə'prentɪs/ *n.* Lehrling, *der* (to bei)
ap'prenticeship *n.* (training) Lehre, *die*; (learning period) Lehrzeit, *die*
✧ **approach** /ə'prəʊtʃ/ **A** *v.i.* sich nähern; (in time) nahen
B *v.t.* **1** (come near to) sich nähern (+ *Dat.*)
2 (approximate to) nahe kommen (+ *Dat.*)
3 (appeal to) sich wenden an (+ *Akk.*)
C *n.* **1** [Heran]nahen, *das*
2 (approximation) Annäherung, *die* (to an + *Akk.*)
3 (appeal) Herantreten, *das* (to an + *Akk.*)
4 (access) Zugang, *der*; (road) Zufahrtsstraße, *die*
approachable /ə'prəʊtʃəbl/ *adj.* **1** (friendly) umgänglich
2 (accessible) zugänglich
ap'proach road *n.* Zufahrtsstraße, *die*
✧ **appropriate** **A** /ə'prəʊprɪət/ *adj.* geeignet (to, for für)
B /ə'prəʊprɪeɪt/ *v.t.* sich (*Dat.*) aneignen
appropriately /ə'prəʊprɪətlɪ/ *adv.* gebührend; passend <*gekleidet, genannt*>
approval /ə'pruːvl/ *n.* **1** (sanctioning) Genehmigung, *die*; (of proposal) Billigung, *die*; (agreement) Zustimmung, *die*
2 on ~ (Commerc.) zur Probe
✧ **approve** /ə'pruːv/ **A** *v.t.* **1** (sanction) genehmigen <*Plan, Projekt*>; billigen <*Vorschlag*>
2 (find good) gutheißen
B *v.i.* ~ of billigen; zustimmen (+ *Dat.*) <*Plan*>
approving /ə'pruːvɪŋ/ *adj.* zustimmend <*Worte*>; anerkennend <*Blicke*>
approx. /ə'prɒks/ *abbr.* = **approximately** ca.
approximate /ə'prɒksɪmət/ *adj.* ungefähr *attr.*
✧ **ap'proximately** *adv.* ungefähr
approximation /əprɒksɪ'meɪʃn/ *n.*
1 Annäherung, *die* (to an + *Dat.*)
2 (estimate) Annäherungswert, *der*
APR *abbr.* = **annualized percentage rate** Jahreszinssatz, *der*
Apr. *abbr.* = **April** Apr.
après-ski /æpreɪ'skiː/ *n.* Après-Ski, *der*; *attrib.* Après-Ski-
apricot /'eɪprɪkɒt/ *n.* Aprikose, *die*

✧ Schlüsselwort

ⁱ **April** /'eɪprəl/ *n.* April, *der*; *see also* **August**

April 'fool *n.* April[s]narr, *der*

apron /'eɪprən/ *n.* Schürze, *die*

apt /æpt/ *adj.* **1** (suitable) passend; treffend <*Bemerkung*>
2 be ~ to do sth dazu neigen, etw. zu tun

aptitude /'æptɪtjuːd/ *n.* Begabung, *die*

aptly *adv.* passend

aqualung (AmE: **Aqua-Lung**®) /'ækwəlʌŋ/ *n.* Tauchgerät, *das*

aquaplane /'ækwəpleɪn/ *v.i.* <*Reifen:*> aufschwimmen; <*Fahrzeug:*> [durch Aquaplaning] ins Rutschen geraten

aquarium /ə'kweərɪəm/ *n., pl.* ~**s** or **aquaria** /ə'kweərɪə/ Aquarium, *das*

Aquarius /ə'kweərɪəs/ *n.* (Astrol., Astron.) der Wassermann

aquatic /ə'kwætɪk/ *adj.* aquatisch; Wasser-

aquatic 'plant *n.* Wasserpflanze, *die*

aqueduct /'ækwɪdʌkt/ *n.* Aquädukt, *der od. das*

aqueous /'eɪkwɪəs, 'ækwɪəs/ *adj.* wässerig; wässrig

Arab /'ærəb/ Ⓐ *adj.* arabisch
Ⓑ *n.* Araber, *der*/Araberin, *die*

Arabian /ə'reɪbɪən/ Ⓐ *adj.* arabisch
Ⓑ *n.* Araber, *der*/Araberin, *die*

Arabic /'ærəbɪk/ Ⓐ *adj.* arabisch
Ⓑ *n.* Arabisch, *das*; *see also* **English B1**

arable /'ærəbl/ *adj.* bebaubar, landwirtschaftlich nutzbar <*Land*>

arable 'land *n.* (cultivated) Ackerland, *das*

Arab 'Spring *n.* Arabischer Frühling

arbitrary /'ɑːbɪtrəri/ *adj.* willkürlich

arbitrate /'ɑːbɪtreɪt/ Ⓐ *v.t.* schlichten <*Streit*>
Ⓑ *v.i.* ~ **[upon sth]** [in einer Sache] vermitteln

arbitration /ɑːbɪ'treɪʃn/ *n.* Vermittlung, *die*; (in industry) Schlichtung, *die*

arbitrator /'ɑːbɪtreɪtə(r)/ *n.* Vermittler, *der*; (in industry) Schlichter, *der*

arboretum /ɑːbə'riːtəm/ *n., pl.* **arboreta** /ɑːbə'riːtə/ *or* (AmE) ~**s** Arboretum, *das*; Baumgarten, *der*

arbour /'ɑːbə(r)/ *n.* (BrE) Laube, *die*

arc /ɑːk/ *n.* [Kreis]bogen, *der*

arcade /ɑː'keɪd/ *n.* Arkade, *die*

arch /ɑːtʃ/ Ⓐ *n.* Bogen, *der*; (of foot) Wölbung, *die*
Ⓑ *v.t.* beugen <*Rücken*>; ~ **its back** <*Katze:*> einen Buckel machen

arch- *pref.* Erz-

archaeological /ɑːkɪə'lɒdʒɪkl/ *adj.* archäologisch

archaeologist /ɑːkɪ'ɒlədʒɪst/ *n.* Archäologe, *der*/Archäologin, *die*

archaeology /ɑːkɪ'ɒlədʒɪ/ *n.* Archäologie, *die*

archaic /ɑː'keɪɪk/ *adj.* veraltet

arch'bishop *n.* Erzbischof, *der*

arch-'enemy *n.* Erzfeind, *der*/Erzfeindin, *die*

archeology etc. (AmE) ▶ **archaeology** etc.

archer /'ɑːtʃə(r)/ *n.* Bogenschütze, *der*

archery /'ɑːtʃərɪ/ *n.* Bogenschießen, *das*

archetype /'ɑːkɪtaɪp/ *n.* (original) Urfassung, *die*; (typical specimen) Prototyp, *der*

architect /'ɑːkɪtekt/ *n.* Architekt, *der*/Architektin, *die*

architectural /ɑːkɪ'tektʃərl/ *adj.* architektonisch

architecture /'ɑːkɪtektʃə(r)/ *n.* Architektur, *die*

archive /'ɑːkaɪv/ Ⓐ *n.* Archiv, *das*; ~**s** Archiv, *das*
Ⓑ *v.t.* archivieren

arc: ~ lamp *n.* Lichtbogenlampe, *die*; ~ **light** *n.* Lichtbogenlampe, *die*

arctic /'ɑːktɪk/ Ⓐ *adj.* arktisch
Ⓑ *n.* **the A~** die Arktis

Arctic: A~ 'Circle *pr. n.* nördlicher Polarkreis; **A~ 'Ocean** *pr. n.* Nordpolarmeer, *das*

'arc welding *n.* Lichtbogenschweißung, *die*, Elektroschweißung, *die*

ardent /'ɑːdənt/ *adj.* leidenschaftlich; brennend <*Wunsch*>; (eager) begeistert

ardor (AmE), **ardour** (BrE) /'ɑːdə(r)/ *n.* Leidenschaft, *die*

arduous /'ɑːdjʊəs/ *adj.* anstrengend

are ▶ **be**

ⁱ **area** /'eərɪə/ *n.* **1** (surface measure) Fläche, *die*; Flächeninhalt, *der*
2 (region) Gelände, *das*; (of wood, marsh, desert) Gebiet, *das*; (of city, country) Gegend, *die*; **parking/picnic ~** Parkplatz, *der*/Picknickplatz, *der*
3 (subject field) Gebiet, *das*

'area code *n.* (AmE) (Teleph.) Gebietsvorwahl[nummer], *die*

arena /ə'riːnə/ *n.* Arena, *die*; **the political ~** die politische Arena

aren't /ɑːnt/ (infml) = **are not** ▶ **be**

Argentina /ɑːdʒən'tiːnə/ *pr. n.* Argentinien (*das*)

Argentinian /ɑːdʒən'tɪnɪən/ Ⓐ *adj.* argentinisch; **sb is ~** jmd. ist Argentinier/Argentinierin
Ⓑ *n.* Argentinier, *der*/Argentinierin, *die*

arguable /'ɑːgjʊəbl/ *adj.* (questionable) fragwürdig

arguably /'ɑːgjʊəblɪ/ *adv.* möglicherweise

ⁱ **argue** /'ɑːgjuː/ Ⓐ *v.t.* **1** (maintain) ~ **that** ... die Ansicht vertreten, dass ...
2 (with reasoning) darlegen <*Grund, Standpunkt*>
Ⓑ *v.i.* ~ **with sb** sich mit jmdm. streiten; ~ **for/against sth** für/gegen etw. eintreten; ~ **about sth** sich über/um etw. (Akk.) streiten

ⁱ **argument** /'ɑːgjʊmənt/ *n.* **1** (reason) Begründung, *die*; ~**s for/against sth** Argumente für/gegen etw.
2 (reasoning process) Argumentieren, *das*
3 (disagreement, quarrel) Auseinandersetzung, *die*

a

argumentative /ɑːgjʊˈmentətɪv/ *adj.*
widerspruchsfreudig

arid /ˈærɪd/ *adj.* trocken

Aries /ˈeəriːz/ *n.* (Astrol., Astron.) der Widder

♂ **arise** /əˈraɪz/ *v.i.*, **arose** /əˈrəʊz/, **arisen**
/əˈrɪzn/ **1** (originate) entstehen
2 (present itself) auftreten; ‹*Gelegenheit:*› sich
bieten
3 (result) ~ **from** *or* **out of sth** von etw.
herrühren

aristocracy /ærɪˈstɒkrəsɪ/ *n.* Aristokratie, *die*

aristocrat /ˈærɪstəkræt/ *n.* Aristokrat, *der/*
Aristokratin, *die*

aristocratic /ærɪstəˈkrætɪk/ *adj.* aristokratisch

arithmetic /əˈrɪθmətɪk/ *n.* Arithmetik, *die*

♂ **arm¹** /ɑːm/ *n.* Arm, *der*

♂ **arm²** **A** *n.* **1** *usu. in pl.* (weapon) Waffe, *die;*
up in ~s (fig.) in Harnisch (**about** wegen)
2 *in pl.* (heraldic device) Wappen, *das*
B *v.t.* bewaffnen

armada /ɑːˈmɑːdə/ *n.* Armada, *die*

arm: ~**band** *n.* Armbinde, *die;* ~**chair** *n.*
Sessel, *der*

armchair: ~ ˈ**critic** *n.* Hobby- *od.*
Amateurkritiker, *der;* ~ **poliˈtician** *n.*
politischer Amateur, *der;* ~ ˈ**strategist** *n.*
Amateurstratege, *der;* ~ ˈ**travel** *n.* Reisen
Pl. in der Fantasie

armed /ɑːmd/ *adj.* bewaffnet

armed ˈforces *n.* Streitkräfte *Pl.*

armistice /ˈɑːmɪstɪs/ *n.* Waffenstillstand, *der*

armor (AmE), **armour** (BrE) /ˈɑːmə(r)/ *n.*
1 (Hist.) Rüstung, *die*
2 (steel plates) Panzerung, *die*

arm: ~**pit** *n.* Achselhöhle, *die;* ~**rest** *n.*
Armlehne, *die*

arms: ~ **control** *n.* Rüstungskontrolle,
die; attrib. Rüstungskontroll-; ~ **race**
n. Rüstungswettlauf, *der;* ~ **trade** *n.*
Waffenhandel, *der*

♂ **army** /ˈɑːmɪ/ *n.* Heer, *das;* **join the** ~ zum
Militär gehen

ˈ**A road** *n.* Straße 1. Ordnung; ≈
Bundesstraße, *die*

aroma /əˈrəʊmə/ *n.* Duft, *der*

aromatherapy /ərəʊməˈθerəpɪ/ *n.*
Aromatherapie, *die*

aromatic /ærəˈmætɪk/ *adj.* aromatisch

arose ▸ arise

♂ **around** /əˈraʊnd/ **A** *adv.* **1** (on every side) [all]
~ überall
2 (round) herum
3 (in various places) **ask/look** ~ herumfragen/
sich umsehen
B *prep.* **1** um [… herum]
2 (approximately) ~ **3 o'clock** gegen 3 Uhr; **sth**
[costing] ~ **£2** etw. für ungefähr 2 Pfund

arouse /əˈraʊz/ *v.t.* **1** (awake) [auf]wecken
2 (excite) erregen; erwecken ‹*Interesse,*
Begeisterung›; ~ **suspicion** Verdacht erregen

♂ Schlüsselwort

♂ **arrange** /əˈreɪndʒ/ **A** *v.t.* **1** (order) anordnen
2 (settle, agree) ausmachen, vereinbaren
‹*Termin*›; planen ‹*Urlaub*›; **they** ~**d to meet**
the following day sie verabredeten sich für
den nächsten Tag
B *v.i.* (plan) sorgen (**for** für)

♂ **arˈrangement** *n.* **1** (ordering, order)
Anordnung, *die*
2 (settling, agreement) Vereinbarung, *die*
3 *in pl.* (plans) Vorkehrungen *Pl.;* **make** ~**s**
Vorkehrungen treffen

arrears /əˈrɪəz/ *n. pl.* Schulden *Pl.;* **be in** ~
with sth mit etw. im Rückstand sein; **be paid**
in ~ rückwirkend bezahlt werden

♂ **arrest** /əˈrest/ **A** *v.t.* **1** verhaften, (temporarily)
festnehmen ‹*Person*›
2 (stop) aufhalten
B *n.* Verhaftung, *die;* **under** ~ festgenommen

arrival /əˈraɪvl/ *n.* Ankunft, *die;* **new** ~**s**
Neuankömmlinge

♂ **arrive** /əˈraɪv/ *v.i.* **1** ankommen; ~ **at a**
conclusion/an agreement zu einem Schluss/
einer Einigung kommen
2 ‹*Stunde, Tag, Augenblick:*› kommen

arrogance /ˈærəgəns/ *n.* Arroganz, *die*

arrogant /ˈærəgənt/ *adj.* arrogant

arrow /ˈærəʊ/ *n.* Pfeil, *der*

arse /ɑːs/ *n.* (coarse) Arsch, *der* (derb)
■ ~ **aˈbout**, ~ **aˈround** *v. i.* (BrE) (coarse)
herumalbern (ugs.); herumblödeln (ugs.)

ˈ**arsehole** *n.* (coarse) Arschloch, *das* (derb)

arsenal /ˈɑːsənl/ *n.* Waffenlager, *das*

arsenic /ˈɑːsənɪk/ *n.* **1** Arsenik, *das*
2 (element) Arsen, *das*

arson /ˈɑːsn/ *n.* Brandstiftung, *die*

ˈ**arson attack** *n.* Brandanschlag, *der*

arsonist /ˈɑːsənɪst/ *n.* Brandstifter, *der/*
Brandstifterin, *die*

♂ **art** /ɑːt/ *n.* **1** Kunst, *die;* **works of** ~
Kunstwerke *Pl.*
2 *in pl.* (branch of study)
Geisteswissenschaften *Pl.*

ˈ**art college** *n.* Kunsthochschule, *die*

artery /ˈɑːtərɪ/ *n.* (Anat.) Schlagader, *die;*
Arterie, *die* (bes. fachspr.)

artful /ˈɑːtfl/ *adj.* schlau

ˈ**art gallery** *n.* Kunstgalerie, *die*

arthritic /ɑːˈθrɪtɪk/ *adj.* arthritisch

arthritis /ɑːˈθraɪtɪs/ *n.* Arthritis, *die* (fachspr.);
Gelenkentzündung, *die*

artichoke /ˈɑːtɪtʃəʊk/ *n.* [globe] ~
Artischocke, *die*

♂ **article** /ˈɑːtɪkl/ *n.* **1** (in magazine, newspaper)
(Ling.) Artikel, *der*
2 an ~ **of furniture/clothing** ein Möbel-/
Kleidungsstück; **an** ~ **of value** ein
Wertgegenstand

articulate /ɑːˈtɪkjʊlət/ *adj.* redegewandt;
be ~/**not very** ~ sich gut/nicht sehr gut
ausdrücken [können]

articulated ˈlorry *n.* Sattelzug, *der*

artificial /ɑːtɪˈfɪʃl/ *adj.* **1** künstlich; Kunst-; (not real) unecht
2 (affected) gekünstelt
artificial: ~ **insemi'nation** *n.* künstliche Befruchtung; (of animal) künstliche Besamung; ~ **in'telligence** *n.* künstliche Intelligenz; ~ **'language** *n.* Kunstsprache, *die*; ~ **'limb** *n.* Prothese, *die*; ~ **respi'ration** *n.* künstliche Beatmung
artillery /ɑːˈtɪləri/ *n.* Artillerie, *die*
artisan /ˈɑːtɪzn, ɑːtɪˈzæn/ *n.* [Kunst]handwerker, *der*
♂ **artist** /ˈɑːtɪst/ *n.* Künstler, *der*/Künstlerin, *die*
artiste /ɑːˈtiːst/ *n.* Artist, *der*/Artistin, *die*
artistic /ɑːˈtɪstɪk/ *adj.* **1** (of art) Kunst-; künstlerisch
2 (naturally skilled in art) künstlerisch veranlagt
artless *adj.* arglos
art nouveau /ɑː nuːˈvəʊ/ *n.* Jugendstil, *der*
'art room *n.* Zeichensaal, *der*
arts: ~ **and 'crafts** *n.* Kunsthandwerk, *das*; ~ **centre** *n.* Kunstzentrum, *das*
'art school *n.* Kunsthochschule, *die*
'art work *n.* Bildmaterial, *das*
♂ **as** /əz, *stressed* æz/ **A** *adv., conj.* **1** he is ~ tall ~ I am er ist so groß wie ich; ~ quickly ~ you can/~ possible so schnell du kannst/ wie möglich
2 (though) small ~ he was obwohl er klein war
3 (however much) try ~ he might/would, he could not concentrate sosehr er sich auch bemühte, er konnte sich nicht konzentrieren
4 *expr. manner* wie; ~ you may already have heard, ... wie Sie vielleicht schon gehört haben, ...; ~ it were sozusagen
5 *expr. time* als; während; ~ we climbed the stairs als wir die Treppe hinaufgingen; ~ we were talking während wir uns unterhielten
6 *expr. reason* da
B *prep.* **1** (in the function of) als; ~ an artist als Künstler; speaking ~ a mother ... als Mutter ...
2 (like) wie
3 the same ~ ... der-/die-/dasselbe wie ...; such ~ wie zum Beispiel
C ~ **for** ... was ... angeht *od.* betrifft; ~ [it] is wie die Dinge liegen; the place is untidy enough ~ it is es ist hier [so] schon unordentlich genug; ~ of ... (AmE) von ... an; ~ to hinsichtlich (+ *Gen.*); ~ yet bis jetzt; noch
ASAP *abbr.* = as soon as possible
asbestos /æzˈbestɒs/ *n.* Asbest, *der*
asbestosis /æzbesˈtəʊsɪs/ *n.* (Med.) Asbestose, *die*
ASBO /ˈæzbəʊ/ *abbr.* (BrE) = **antisocial behaviour order** Verfügung gegen antisoziales Verhalten
ascend /əˈsend/ **A** *v.i.* **1** (go up) hinaufsteigen; (climb up) hinaufklettern; (by vehicle) hinauffahren

2 (rise) aufsteigen; ⟨*Hubschrauber:*⟩ höhersteigen
3 (slope upwards) ⟨*Hügel, Straße:*⟩ ansteigen
B *v.t.* **1** (go up) hinaufsteigen ⟨*Treppe, Leiter, Berg*⟩
2 ~ the throne den Thron besteigen
Ascension Day /əˈsenʃn/ *n.* Himmelfahrtstag, *der*
ascent /əˈsent/ *n.* Aufstieg, *der*
ascertain /æsəˈteɪn/ *v.t.* feststellen; ermitteln ⟨*Fakten, Daten*⟩
ascribe /əˈskraɪb/ *v.t.* zuschreiben (**to** *Dat.*)
asexual /eɪˈsekʃʊəl/ *adj.* (without sexuality) asexuell
ash[1] /æʃ/ *n.* (tree) Esche, *die*
ash[2] *n.* (from fire etc.) Asche, *die*
ashamed /əˈʃeɪmd/ *adj.* beschämt; be ~ sich schämen (**of** wegen)
ash: ~ **bin** *n.* Mülleimer, *der*; ~ **blonde** **A** *adj.* aschblond **B** *n.* Aschblonde, *der*/*die*; ~**can** (AmE) ▶ ash bin
ashen /ˈæʃn/ *adj.* aschfahl ⟨*Gesicht*⟩
ashore /əˈʃɔː(r)/ *adv.* an Land
'ashtray *n.* Aschenbecher, *der*
Ash 'Wednesday *n.* Aschermittwoch, *der*
Asia /ˈeɪʃə/ *pr. n.* Asien (*das*)
Asian /ˈeɪʃn/ **A** *adj.* asiatisch
B *n.* Asiat, *der*/Asiatin, *die*
♂ **aside** /əˈsaɪd/ *adv.* beiseite; zur Seite
♂ **ask** /ɑːsk/ **A** *v.t.* **1** fragen; ~ sb [sth] jmdn. [nach etw.] fragen
2 (seek to obtain) ~ sth um etw. bitten; how much are you ~ing for that car? wie viel verlangen Sie für das Auto?; ~ sb to do sth jmdn. [darum] bitten, etw. zu tun
3 (invite) einladen
B *v.i.* ~ after sb/sth nach jmdm./etw. fragen; ~ for sth/sb etw./jmdn. verlangen
askance /əˈskæns, əˈskɑːns/ *adv.* look ~ at sb jmdn. befremdet ansehen
askew /əˈskjuː/ *adv., pred. adj.* schief
asleep /əˈsliːp/ *pred. adj.* schlafend; be/lie ~ schlafen; fall ~ einschlafen
asparagus /əˈspærəgəs/ *n.* Spargel, *der*
♂ **aspect** /ˈæspekt/ *n.* Aspekt, *der*
Asperger's syndrome /ˈæspɜːdʒəz/ *n., no pl., no art.* (Med.) Asperger-Syndrom, *das*
aspersion /əˈspɜːʃn/ *n.* cast ~s on sb/sth jmdn./etw. in den Schmutz ziehen
asphalt /ˈæsfælt/ *n.* Asphalt, *der*
asphyxiate /æsˈfɪksɪeɪt/ *v.t. & i.* ersticken
aspiration /æspəˈreɪʃn/ *n.* Streben, *das*
aspire /əˈspaɪə(r)/ *v.i.* ~ to *or* after sth nach etw. streben
aspirin /ˈæspərɪn/ *n.* Aspirin®, *das*; Kopfschmerztablette, *die*
ass[1] /æs/ *n.* Esel, *der*
ass[2] (AmE) ▶ arse
assailant /əˈseɪlənt/ *n.* Angreifer, *der*/ Angreiferin, *die*

a

assassin /əˈsæsɪn/ n. Mörder, der/Mörderin, die

assassinate /əˈsæsɪneɪt/ v.t. ermorden; be ∼d einem Attentat zum Opfer fallen

assassination /əsæsɪˈneɪʃn/ n. Mord, der (of an + Dat.)

assassiˈnation attempt n. Attentat, das (on auf + Akk.)

assault /əˈsɔːlt/ **A** n. Angriff, der; (fig.) Anschlag, der
B v.t. angreifen

assemble /əˈsembl/ **A** v.t. **1** zusammentragen; zusammenrufen ‹Menschen›
2 (fit together) zusammenbauen
B v.i. sich versammeln

assembly /əˈsemblɪ/ n. **1** (meeting) Versammlung, die; (in school) Morgenandacht, die
2 (fitting together) Zusammenbau, der

asˈsembly line n. Fließband, das

assent /əˈsent/ **A** v.i. zustimmen (to Dat.)
B n. Zustimmung, die

assert /əˈsɜːt/ v.t. **1** geltend machen; ∼ oneself sich durchsetzen
2 (declare) behaupten; beteuern ‹Unschuld›

assertion /əˈsɜːʃn/ n. **1** Geltendmachen, das
2 (declaration) Behauptung, die

assertive /əˈsɜːtɪv/ adj. energisch ‹Person›; bestimmt ‹Ton, Verhalten›

assertiveness /əˈsɜːtɪvnɪs/ n. Bestimmtheit, die

◆ **assess** /əˈses/ v.t. einschätzen; festsetzen ‹Steuer› (at auf + Akk.)

◆ **asˈsessment** n. **1** Einschätzung, die
2 (tax to be paid) Steuerbescheid, der

◆ **asset** /ˈæset/ n. **1** Vermögenswert, der
2 (useful quality) Vorzug, der (to für); (person) Stütze, die; (thing) Hilfe, die

ˈasset-stripping n.: Ankauf unrentabler Unternehmen, von denen einzelne Teile Gewinn bringend weiterverkauft werden

assiduous /əˈsɪdjʊəs/ adj. **1** (diligent) eifrig
2 (conscientious) gewissenhaft

assign /əˈsaɪn/ v.t. **1** (allot) zuweisen (to Dat.)
2 (appoint) zuteilen; ∼ sb to do sth jmdn. damit betrauen, etw. zu tun

asˈsignment n. **1** (allotment) Zuweisung, die; (appointment) Zuteilung, die
2 (task) Aufgabe, die

assimilate /əˈsɪmɪleɪt/ v.t. angleichen (to, with an + Akk.)

assimilation /əsɪmɪˈleɪʃn/ n. Angleichung, die (to, with an + Akk.)

◆ **assist** /əˈsɪst/ **A** v.t. helfen (+ Dat.)
B v.i. helfen; ∼ with sth/in doing sth bei etw. helfen/helfen, etw. zu tun

◆ **assistance** /əˈsɪstəns/ n. Hilfe, die

◆ **assistant** /əˈsɪstənt/ n. (helper) Helfer, der/ Helferin, die; (subordinate) Mitarbeiter, der/Mitarbeiterin, die; (of professor, artist)

Assistent, der/Assistentin, die; (in shop) Verkäufer, der/Verkäuferin, die

assistant ˈmanager n. stellvertretender Geschäftsführer

assisted ˈsuicide n. Beihilfe zur Selbsttötung; assistierter Suizid

◆ **associate** **A** /əˈsəʊʃɪət, əˈsəʊsɪət/ n. (partner) Partner, der/Partnerin, die; (colleague) Kollege, der/Kollegin, die
B /əˈsəʊʃɪeɪt, əˈsəʊsɪeɪt/ v.t. in Verbindung bringen; be ∼d in Verbindung stehen
C /əˈsəʊʃɪeɪt, əˈsəʊsɪeɪt/ v.i. ∼ with sb mit jmdm. Umgang haben

◆ **association** /əsəʊsɪˈeɪʃn/ n. **1** (organization) Vereinigung, die
2 (mental connection) Assoziation, die
3 (connection) Verbindung, die

assorted /əˈsɔːtɪd/ adj. gemischt

assortment /əˈsɔːtmənt/ n. Sortiment, das; a good ∼ of hats [to choose from] eine gute Auswahl an Hüten

Asst. abbr. = **Assistant** Ass.

◆ **assume** /əˈsjuːm/ v.t. **1** voraussetzen; assuming that ... vorausgesetzt, dass ...
2 (undertake) übernehmen ‹Amt, Pflichten›
3 (take on) annehmen ‹Namen, Rolle›

assumption /əˈsʌmpʃn/ n. Annahme, die; going on the ∼ that ... vorausgesetzt, dass ...; the A∼ (Relig.) Mariä Himmelfahrt

assurance /əˈʃʊərəns/ n. **1** Zusicherung, die
2 (self-confidence) Selbstsicherheit, die

assure /əˈʃʊə(r)/ v.t. **1** versichern (+ Dat.)
2 (convince) ∼ sb/oneself jmdn./sich überzeugen
3 (make certain or safe) gewährleisten

assured /əˈʃʊəd/ adj. gewährleistet ‹Erfolg›; be ∼ of sth sich (Dat.) einer Sache (Gen.) sicher sein

asterisk /ˈæstərɪsk/ n. Sternchen, das

astern /əˈstɜːn/ adv. (Naut., Aeronaut.) achtern; (towards the rear) achteraus

asteroid /ˈæstərɔɪd/ n. Asteroid, der

asthma /ˈæsmə/ n. Asthma, das

asthmatic /æsˈmætɪk/ **A** adj. asthmatisch
B n. Asthmatiker, der/Asthmatikerin, die

astonish /əˈstɒnɪʃ/ v.t. erstaunen

aˈstonishing adj. erstaunlich

aˈstonishment n. Erstaunen, das

astound /əˈstaʊnd/ v.t. verblüffen

aˈstounding adj. erstaunlich

astray /əˈstreɪ/ adv. sth goes ∼ (is mislaid) etw. wird verlegt; (is lost) etw. geht verloren; go/ lead ∼ (fig.) in die Irre gehen/führen

astride /əˈstraɪd/ **A** adv. rittlings ‹sitzen›
B prep. rittlings auf (+ Dat.)

astringent /əˈstrɪndʒənt/ **A** adj. scharf
B n. Adstringens, das

astrologer /əˈstrɒlədʒə(r)/ n. Astrologe, der/ Astrologin, die

astrological /æstrəˈlɒdʒɪkl/ adj. astrologisch

astrology /əˈstrɒlədʒɪ/ n. Astrologie, die

◆ Schlüsselwort

astronaut /'æstrənɔːt/ *n.* Astronaut, *der*/Astronautin, *die*

astronautics /æstrə'nɔːtɪks/ *n.* Astronautik, *die*; Raumfahrt, *die*

astronomer /ə'strɒnəmə(r)/ *n.* Astronom, *der*/Astronomin, *die*

astronomical /æstrə'nɒmɪkl/ *adj.* astronomisch

astronomy /ə'strɒnəmɪ/ *n.* Astronomie, *die*

astrophysics /æstrəʊ'fɪzɪks/ *n.* Astrophysik, *die*

astute /ə'stjuːt/ *adj.* scharfsinnig

asylee /æsaɪ'liː/ *n* Asylant, *der*/Asylantin, *die*

asylum /ə'saɪləm/ *n.* **1** (Polit.) Asyl, *das*; **grant sb** ~ jmdm. Asyl gewähren
2 ▸ **lunatic asylum**

a'sylum seeker *n.* Asylsuchende, *der*/*die*

asymmetric /æsɪ'metrɪk, eɪsɪ'metrɪk/ *adj.* asymmetrisch; unsymmetrisch

ᵛ **at** /ət, *stressed* æt/ *prep.* **1** *expr. place* an (+ *Dat.*); ~ **the station** am Bahnhof; ~ **the baker's/butcher's/grocer's** beim Bäcker/Fleischer/Kaufmann; ~ **the chemist's** in der Apotheke/Drogerie; ~ **the supermarket** im Supermarkt; ~ **the party** auf der Party; ~ **the office/hotel** im Büro/Hotel; ~ **Dover** in Dover
2 *expr. time* ~ **Christmas** [zu *od.* an] Weihnachten; ~ **six o'clock** um sechs Uhr; ~ **midnight** um Mitternacht; ~ **midday** am Mittag; ~ **[the age of] 40** mit 40; im Alter von 40; ~ **this/the moment** in diesem/im Augenblick *od.* Moment
3 *expr. price* ~ **£2.50 [each]** zu *od.* für [je] 2,50 Pfund
4 *expr. speed* ~ **30 mph** *etc.* mit dreißig Meilen pro Stunde *usw.*
5 ~ **that** (at that point) dabei; (at that provocation) daraufhin; (moreover) noch dazu

ate ▸ **eat**

atheism /'eɪθɪɪzm/ *n.* Atheismus, *der*

atheist /'eɪθɪɪst/ *n.* Atheist, *der*/Atheistin, *die*

Athens /'æθɪnz/ *pr. n.* Athen (*das*)

athlete /'æθliːt/ *n.* Athlet, *der*/Athletin, *die*; (runner, jumper) Leichtathlet, *der*/-athletin, *die*

athletic /æθ'letɪk/ *adj.* sportlich

ath'letics *n.* Leichtathletik, *die*

Atlantic /ət'læntɪk/ 🅐 *adj.* atlantisch
🅑 *pr. n.* Atlantik, *die*

Atlantic 'Ocean *pr. n.* Atlantischer Ozean

atlas /'ætləs/ *n.* Atlas, *der*

ATM *abbr.* = **automated teller machine**

atmosphere /'ætməsfɪə(r)/ *n.* Atmosphäre, *die*

atmospheric /ætməs'ferɪk/ *adj.*
1 atmosphärisch
2 (fig.) (evocative) stimmungsvoll

atom /'ætəm/ *n.* Atom, *das*

'atom bomb *n.* Atombombe, *die*

atomic /ə'tɒmɪk/ *adj.* Atom-

atomizer /'ætəmaɪzə(r)/ *n.* Zerstäuber, *der*

atone /ə'təʊn/ *v.i.* es wieder gutmachen; ~ **for sth** etw. wieder gutmachen

a'tonement *n.* Buße, *die*

atrocious /ə'trəʊʃəs/ *adj.* grauenhaft; scheußlich ‹*Wetter, Benehmen*›

a'trociously *adv.* grauenhaft; scheußlich ‹*sich benehmen*›

atrocity /ə'trɒsɪtɪ/ *n.* **1** (wickedness) Grauenhaftigkeit, *die*
2 (deed) Gräueltat, *die*

'at sign *n.* At-Zeichen, *das*; Klammeraffe, *der* (ugs.)

ᵛ **attach** /ə'tætʃ/ *v.t.* **1** (fasten) befestigen (**to** an + *Dat.*); (Comp.) anhängen ‹*Datei*› (**to** an + *Dat.*); **please find** ~**ed a copy of the letter** beigeheftet ist eine Kopie des Briefes
2 (fig.) ~ **importance to sth** einer Sache (*Dat.*) Gewicht beimessen

attaché /ə'tæʃeɪ/ *n.* Attaché, *der*

at'taché case *n.* Diplomatenkoffer, *der*

attached /ə'tætʃt/ *adj.* (emotionally) **be** ~ **to sb/sth** an jmdm./etw. hängen

at'tachment *n.* **1** (act or means of fastening) Befestigung, *die*
2 (affection) Anhänglichkeit, *die* (**to** an + *Akk.*)
3 (accessory) Zusatzgerät, *das*
4 (Comp.) Attachment, *das*; Anlage, *die*

ᵛ **attack** /ə'tæk/ 🅐 *v.t.* **1** angreifen; (ambush, raid) überfallen; (fig.) (criticize) attackieren
2 (affect) ‹*Krankheit:*› befallen
🅑 *v.i.* angreifen
🅒 *n.* Angriff, *der*; (ambush) Überfall, *der*; (fig.) (criticism) Attacke, *die*; (of illness) Anfall, *der*

at'tacker *n.* Angreifer, *der*/Angreiferin, *die*

at'tack helicopter *n.* Kampfhubschrauber, *der*

attacking /ə'tækɪŋ/ *adj.* offensiv ‹*Spielweise, Spieler*›; angreifend ‹*Truppen*›

attain /ə'teɪn/ *v.t.* erreichen

attainable /ə'teɪnəbl/ *adj.* erreichbar ‹*Ziel*›; realisierbar ‹*Hoffnung, Ziel*›

at'tainment *n.* Verwirklichung, *die*

ᵛ **attempt** /ə'tempt/ 🅐 *v.t.* versuchen
🅑 *n.* Versuch, *der*

ᵛ **attend** /ə'tend/ 🅐 *v.i.* **1** (give care and thought) aufpassen; (apply oneself) ~ **to sth** (deal with sth) sich um etw. kümmern
2 (be present) anwesend sein (**at** bei)
🅑 *v.t.* **1** (be present at) teilnehmen an (+ *Dat.*); (go regularly to) besuchen
2 (wait on) bedienen (+ *Dat.*)
3 ‹*Arzt:*› behandeln

attendance /ə'tendəns/ *n.* Anwesenheit, *die*; (number of people) Teilnehmerzahl, *die*

attendant /ə'tendənt/ *n.* **1** [**lavatory**] Toilettenmann, *der*/-frau, *die*; [**cloakroom**] ~ Garderobenmann, *der*/-frau, *die*; **museum** ~ Museumswärter, *der*/-wärterin, *die*
2 (member of entourage) Begleiter, *der*/Begleiterin, *die*

ᵛ **attention** /ə'tenʃn/ 🅐 *n.* **1** Aufmerksamkeit, *die*; **attract [sb's]** ~ [jmdn.] auf sich (*Akk.*)

a

aufmerksam machen; **pay ⁓ to sb/sth** jmdn./
etw. beachten; **pay ⁓!** gib Acht!; pass auf!;
hold sb's ⁓ jmds. Interesse wach halten;
⁓ Miss Jones (on letter) zu Händen [von]
Miss Jones
2 (Mil.) **stand to ⁓** stillstehen
B *int.* **1** Achtung
2 (Mil.) stillgestanden
attention: **⁓ deficit disorder** *n.*
Aufmerksamkeitsdefizit-Syndrom, *das*;
⁓ deficit hyperac'tivity disorder
n. Aufmerksamkeitsdefizit- und
Hyperaktivitätssyndrom, *das*
attentive /əˈtentɪv/ *adj.* aufmerksam
attic /ˈætɪk/ *n.* (room) Dachboden, *der*;
(habitable) Dachkammer, *die*
attire /əˈtaɪə(r)/ *n.* Kleidung, *die*
✓ **attitude** /ˈætɪtjuːd/ *n.* **1** Haltung, *die*
2 (mental ⁓) Einstellung, *die*
attn. *abbr.* = **for the attention of** z. H[d].
attorney /əˈtɜːnɪ/ *n.* **1** Bevollmächtigte, *der*/
die; **power of ⁓** Vollmacht, *die*
2 (AmE) (lawyer) [Rechts]anwalt,
der/-anwältin, *die*
✓ **attract** /əˈtrækt/ *v.t.* **1** (draw) anziehen; auf
sich (*Akk.*) ziehen <*Interesse, Blick, Kritik*>
2 (arouse pleasure in) anziehend wirken auf
(+ *Akk.*)
3 (arouse interest in) reizen (**about** an + *Dat.*)
attraction /əˈtrækʃn/ *n.* **1** Anziehung, *die*;
(force, lit. or fig.) Anziehung[skraft], *die*
2 (fig.) (thing that attracts) Attraktion, *die*;
(charm) Verlockung, *die*; Reiz, *der*
attractive /əˈtræktɪv/ *adj.* **1** anziehend
2 (fig.) attraktiv; reizvoll <*Vorschlag,
Möglichkeit, Idee*>
attribute **A** /ˈætrɪbjuːt/ *n.* Eigenschaft, *die*
B /əˈtrɪbjuːt/ *v.t.* zuschreiben (**to** *Dat.*)
attributive /əˈtrɪbjʊtɪv/ *adj.* (Ling.) attributiv
atypical /eɪˈtɪpɪkl/ *adj.* atypisch; untypisch
aubergine /ˈəʊbəʒiːn/ *n.* Aubergine, *die*
auburn /ˈɔːbən/ *adj.* rötlich braun
auction /ˈɔːkʃn/ **A** *n.* Versteigerung, *die*
B *v.t.* versteigern
auctioneer /ɔːkʃəˈnɪə(r)/ *n.* Auktionator,
der/Auktionatorin, *die*
audacious /ɔːˈdeɪʃəs/ *adj.* **1** (daring) kühn;
verwegen
2 (impudent) dreist
audacity /ɔːˈdæsɪtɪ/ *n.* **1** (daringness) Kühnheit,
die; Verwegenheit, *die*
2 (impudence) Dreistigkeit, *die*
audible /ˈɔːdɪbl/ *adj.* hörbar
✓ **audience** /ˈɔːdɪəns/ *n.* **1** Publikum, *das*
2 (formal interview) Audienz, *die* (**with** bei)
audio /ˈɔːdɪəʊ/ *adj.* Ton-
audio: **⁓book** *n.* Hörbuch, *das*; **⁓ cassette**
n. Audiokassette, *die*; Tonkassette, *die*;
⁓ equipment *n.* Audioanlage, *die*; **⁓
frequency** *n.* Tonfrequenz, *die*; **⁓ typist**

n. Phonotypist, *der*/-typistin, *die*; **⁓visual**
adj. audiovisuell
audit /ˈɔːdɪt/ **A** *n.* **⁓** [of the accounts]
Rechnungsprüfung, *die*
B *v.t.* prüfen
audition /ɔːˈdɪʃn/ **A** *n.* (singing) Vorsingen,
das; (dancing) Vortanzen, *das*; (acting)
Vorsprechen, *das*
B *v.i.* (sing) vorsingen; (dance) vortanzen;
(act) vorsprechen
C *v.t.* vorsingen/vortanzen/vorsprechen
lassen
auditor /ˈɔːdɪtə(r)/ *n.* Buchprüfer,
der/-prüferin, *die*
auditorium /ɔːdɪˈtɔːrɪəm/ *n.* Zuschauerraum,
der
Aug. *abbr.* = **August** Aug.
augment /ɔːɡˈment/ *v.t.* verbessern
<*Einkommen*>; aufstocken <*Fonds*>
augur /ˈɔːɡə(r)/ **A** *v.t.* bedeuten; versprechen
<*Erfolg*>
B *v.i.* **⁓ well/ill for sth/sb** ein gutes/
schlechtes Zeichen für etw./jmdn. sein
✓ **August** /ˈɔːɡəst/ *n.* August, *der*; **in ⁓** im
August; **last/next ⁓** letzten/nächsten
August; **the first of/on the first of ⁓** der
erste/am ersten August
aunt /ɑːnt/ *n.* Tante, *die*
auntie, aunty /ˈɑːntɪ/ *n.* (infml) Täntchen,
das; (with name) Tante, *die*
au pair /əʊ ˈpeə(r)/ *n.* Aupairmädchen, *das*
aura /ˈɔːrə/ *n.* Aura, *die*
auspices /ˈɔːspɪsɪz/ *n. pl.* **under the ⁓ of sb/sth**
unter jmds./einer Sache Schirmherrschaft
auspicious /ɔːˈspɪʃəs/ *adj.* günstig; viel
versprechend <*Anfang*>
Aussie /ˈɒzɪ/ (infml) **A** *adj.* australisch
B *n.* Australier, *der*/Australierin, *die*
austere /ɒˈstɪə(r)/ *adj.* **1** (strict, stern) streng
2 (severely simple) karg
austerity /ɒˈsterɪtɪ/ *n.* **1** (strictness) Strenge, *die*
2 (severe simplicity) Kargheit, *die*
3 (lack of luxuries) wirtschaftliche
Einschränkung; Austerität, *die*
Australia /ɒˈstreɪlɪə/ *pr. n.* Australien (*das*)
✓ **Australian** /ɒˈstreɪlɪən/ **A** *adj.* australisch;
sb is ⁓ jmd. ist Australier/Australierin
B *n.* Australier, *der*/Australierin, *die*
Austria /ˈɒstrɪə/ *pr. n.* Österreich (*das*)
Austrian /ˈɒstrɪən/ **A** *adj.* österreichisch; **sb
is ⁓** jmd. ist Österreicher/Österreicherin
B *n.* Österreicher, *der*/Österreicherin, *die*
authentic /ɔːˈθentɪk/ *adj.* authentisch
authenticate /ɔːˈθentɪkeɪt/ *v.t.*
authentifizieren; **⁓ sth** die Echtheit einer
Sache (*Gen.*) bestätigen
authentication /ɔːθentɪˈkeɪʃn/ *n.*
Bestätigung der Echtheit; (of information,
report) Bestätigung, *die*
authenticity /ɔːθenˈtɪsɪtɪ/ *n.* Authentizität, *die*
✓ **author** /ˈɔːθə(r)/ *n.* Autor, *der*/Autorin,
die; (profession) Schriftsteller, *der*/

✓ Schlüsselwort

Schriftstellerin, *die*

authoritarian /ɔːˌθɒrɪˈteərɪən/ **A** *adj.* autoritär
B *n.* autoritäre Person

authoritative /ɔːˈθɒrɪtətɪv/ *adj.* maßgebend; zuverlässig ‹*Bericht, Information*›

authority /ɔːˈθɒrɪtɪ/ *n.* **1** Autorität, *die*; in ~ verantwortlich
2 the authorities die Behörde[n]

authorization /ɔːθəraɪˈzeɪʃn/ *n.* Genehmigung, *die*

authorize /ˈɔːθəraɪz/ *v.t.* **1** ermächtigen; bevollmächtigen
2 (sanction) genehmigen

autism /ˈɔːtɪzm/ *n.*, *no pl.* (Psych., Med.) Autismus, *der*

autistic /ɔːˈtɪstɪk/ *adj.* (Psych., Med.) autistisch

auto /ˈɔːtəʊ/ *n.*, *pl.* ~s (AmE) (infml) Auto, *das*

auto- /ɔːtəʊ/ *in comb.* auto-/Auto-

autobio'graphical *adj.* autobiographisch

autobi'ography *n.* Autobiographie, *die*

autocrat /ˈɔːtəkræt/ *n.* Autokrat, *der*/ Autokratin, *die*

autocratic /ɔːtəˈkrætɪk/ *adj.* autokratisch

'autocross *n.* Autocross, *das*

Autocue® /ˈɔːtəʊkjuː/ *n.* Teleprompter®, *der*

'autofocus *n.* (Photog.) Autofokus, *der*

autograph /ˈɔːtəgrɑːf/ **A** *n.* Autogramm, *das*
B *v.t.* signieren

auto-im'mune *adj.* (Med.) autoimmun

auto-immune re'sponse *n.* Autoimmunantwort, *die*

automat /ˈɔːtəmæt/ *n.* (AmE) **1** (slot machine) [Münz]automat, *der*
2 (cafeteria) Automatenrestaurant, *das*

automate /ˈɔːtəmeɪt/ *v.t.* automatisieren

automated 'teller machine *n.* Geldautomat, *der*

automatic /ɔːtəˈmætɪk/ **A** *adj.* automatisch
B *n.* (weapon) automatische Waffe; (vehicle) Fahrzeug mit Automatikgetriebe

automatically /ɔːtəˈmætɪkəlɪ/ *adv.* automatisch

automatic: ~ **'gear system** *n.* Automatikgetriebe, *das*; ~ **trans'mission** *n.* Automatikgetriebe, *das*

automation /ɔːtəˈmeɪʃn/ *n.* Automation, *die*

automaton /ɔːˈtɒmətən/ *n.*, *pl.* ~s or **automata** /ɔːˈtɒmətə/ Automat, *der*

automobile /ˈɔːtəməbiːl/ *n.* (AmE) Auto, *das*

autonomous /ɔːˈtɒnəməs/ *adj.* autonom

autonomy /ɔːˈtɒnəmɪ/ *n.* Autonomie, *die*

'autopilot *n.* Autopilot, *der*; [fly] on ~ mit Autopilot [fliegen]

autopsy /ˈɔːtɒpsɪ/ *n.* Autopsie, *die*

auto: ~**save** (Comp.) **A** *n.* automatisches Speichern **B** *v.t.* automatisch speichern; ~**-suggestion** *n.* Autosuggestion, *die*; ~**timer** *n.* [automatische] Schaltuhr

autumn /ˈɔːtəm/ *n.* Herbst, *der*; in [the] ~ im Herbst

autumnal /ɔːˈtʌmnl/ *adj.* herbstlich

auxiliary /ɔːgˈzɪljərɪ/ **A** *adj.* Hilfs-
B *n.* **1** Hilfskraft, *die*
2 (Ling.) Hilfsverb, *das*

AV *abbr.* = **audiovisual** AV

avail /əˈveɪl/ **A** *n.* be of no ~ nichts nützen; to no ~ vergebens
B *v. refl.* ~ oneself of sth von etw. Gebrauch machen

available /əˈveɪləbl/ *adj.* **1** (at one's disposal) verfügbar
2 (obtainable) erhältlich; lieferbar ‹*Waren*›

avalanche /ˈævəlɑːnʃ/ *n.* Lawine, *die*

avarice /ˈævərɪs/ *n.* Geldgier, *die*; Habsucht, *die*

avaricious /ævəˈrɪʃəs/ *adj.* geldgierig; habsüchtig

avenge /əˈvendʒ/ *v.t.* rächen

avenue /ˈævənjuː/ *n.* Allee, *die*; (fig.) Weg, *der* (to zu)

average /ˈævərɪdʒ/ **A** *n.* Durchschnitt, *der*; on ~ im Durchschnitt; durchschnittlich
B *adj.* durchschnittlich
C *v.t.* **1** (find the ~ of) den Durchschnitt ermitteln von
2 (amount on ~ to) durchschnittlich betragen
D *v.i.* ~ out at im Durchschnitt betragen

averse /əˈvɜːs/ *adj.* be ~ to sth einer Sache (*Dat.*) abgeneigt sein

aversion /əˈvɜːʃn/ *n.* Abneigung, *die* (to gegen)

avert /əˈvɜːt/ *v.t.* abwenden; verhüten ‹*Unfall*›

aviary /ˈeɪvɪərɪ/ *n.* Vogelhaus, *das*

aviation /eɪvɪˈeɪʃn/ *n.* Luftfahrt, *die*

avid /ˈævɪd/ *adj.* (enthusiastic) begeistert; be ~ for sth (eager, greedy) begierig auf etw. (*Akk.*) sein

avocado /ævəˈkɑːdəʊ/ *n.*, *pl.* ~s: ~ [pear] Avocado[birne], *die*

avoid /əˈvɔɪd/ *v.t.* **1** meiden ‹*Ort*›; ~ a cyclist einem Radfahrer ausweichen; ~ the boss when he's in a temper geh dem Chef aus dem Weg, wenn er schlechte Laune hat
2 (refrain from, escape) vermeiden

avoidable /əˈvɔɪdəbl/ *adj.* vermeidbar

avoidance /əˈvɔɪdəns/ *n.* Vermeidung, *die*

await /əˈweɪt/ *v.t.* erwarten

awake /əˈweɪk/ **A** *v.i.*, **awoke** /əˈwəʊk/, **awoken** /əˈwəʊkn/ erwachen
B *v.t.*, **awoke, awoken** wecken
C *pred. adj.* wach; wide ~ hellwach

awaken /əˈweɪkn/ *v.t. & i.* (esp. fig.) ▶ awake A, B

award /əˈwɔːd/ **A** *v.t.* verleihen ‹*Preis, Auszeichnung*›; zusprechen ‹*Sorgerecht, Entschädigung*›; gewähren ‹*Zahlung, Gehaltserhöhung*›
B *n.* (prize) Auszeichnung, *die*

a'ward-winning *adj.* preisgekrönt

a

b

ˢ **aware** /əˈweə(r)/ *adj.* be ～ of sth sich (*Dat.*)
einer Sache (*Gen.*) bewusst sein; be ～
that ... sich (*Dat.*) [dessen] bewusst sein,
dass ...

aˈwareness *n.* Bewusstsein, *das*

awash /əˈwɒʃ/ *adj.* be ～ (flooded) unter
Wasser stehen

ˢ **away** /əˈweɪ/ 🄰 *adv.* **1** (at a distance) entfernt;
play ～ (Sport) auswärts spielen
2 (to a distance) weg; fort
3 (absent) nicht da
🄱 *adj.* (Sport) auswärts *präd.*; Auswärts-
away: ～ **match** *n.* Auswärtsspiel, *das*; ～
team *n.* Gastmannschaft, *die*

awe /ɔː/ *n.* Ehrfurcht, *die* (of vor + *Dat.*)

ˈ**awe-inspiring** *adj.* Ehrfurcht gebietend;
beeindruckend

awesome /ˈɔːsəm/ *adj.* **1** überwältigend;
eindrucksvoll <*Schweigen*>; übergroß

<*Verantwortung*>
2 (infml) (wonderful, excellent) geil (ugs.)

awe: ～**stricken**, ～**struck** *adj.* [von
Ehrfurcht] ergriffen; ehrfurchtsvoll
<*Ausdruck, Staunen*>

awful /ˈɔːfl/ *adj.*, ˈ**awfully** *adv.* furchtbar

awkward /ˈɔːkwəd/ *adj.* **1** (difficult to use)
ungünstig; be ～ to use unhandlich sein
2 (clumsy) unbeholfen
3 (embarrassing) peinlich
4 (difficult) schwierig; ungünstig <*Zeitpunkt*>

awning /ˈɔːnɪŋ/ *n.* (on house) Markise, *die*; (of
tent) Vordach, *das*

awoke, awoken ▶ awake A, B

awry /əˈraɪ/ *adv.* schief; go ～ (fig.) schief
gehen (ugs.); <*Plan:*> fehlschlagen

axe (AmE: **ax**) /æks/ *n.* Axt, *die*; Beil, *das*

axis /ˈæksɪs/ *n., pl.* **axes** /ˈæksiːz/ Achse, *die*

axle /ˈæksl/ *n.* Achse, *die*

Bb

B, b /biː/ *n.* B, b, *das*

BA *abbr.* = **Bachelor of Arts**

babble /ˈbæbl/ *v.i.* **1** (talk incoherently) stammeln
2 (talk foolishly) [dumm] schwatzen
3 <*Bach:*> plätschern

baboon /bəˈbuːn/ *n.* Pavian, *der*

ˢ **baby** /ˈbeɪbɪ/ *n.* **1** Baby, *das*; **have a** ～/**be
going to have a** ～ ein Kind bekommen;
throw out *or* **away the** ～ **with the bathwater**
(fig.) das Kind mit dem Bade ausschütten
2 (childish person) **be a** ～ sich wie ein kleines
Kind benehmen

baby: ～ **boom** *n.* Babyboom, *der*;
～**-bouncer** *n.*: *federnd aufgehängter Sitz
für Kleinkinder, in dem sie durch Wippen
ihre Beine kräftigen sollen*; ～ **buggy**® (BrE),
～ **carriage** (AmE) *ns.* Kinderwagen, *der*; ～
clothes *n. pl.* Babykleidung, *die*; ～ **food** *n.*
Babynahrung, *die*

ˈ**babyish** *adj.* kindlich <*Aussehen*>; kindisch
<*Benehmen, Person*>

baby: ～**-minder** *n.* Tagesmutter, *die*; ～**sit**
v.i. forms as sit A babysitten (ugs.); auf das
Kind/die Kinder aufpassen; ～**sitter** *n.*
Babysitter, *der*/Babysitterin, *die*; ～**sitting**
n. Babysitting, *das*; ～**-snatcher** *n.*
Kindesentführer, *der*/-entführerin, *die*;
～**-talk** *n.* Babysprache, *die*; ～ **walker**
n. Laufstuhl, *der*; ～ **wipe** *n.* feuchtes

Baby[pflege]tuch

bachelor /ˈbætʃələ(r)/ *n.* Junggeselle, *der*

bachelor: B～ **of** ˈ**Arts** *n.* (Univ.)
Bakkalaureus der philosophischen Fakultät;
B～ **of** ˈ**Science** *n.* (Univ.) Bakkalaureus der
Naturwissenschaften

ˢ **back** /bæk/ 🄰 *n.* **1** (of person, animal) Rücken,
der; (of house, cheque) Rückseite, *die*; (of
vehicle) Heck, *das*; (inside car) Rücksitz, *der*;
stand ～ **to** ～ Rücken an Rücken stehen; ～
to front verkehrt rum; **turn one's** ～ **on sb**
jmdm. den Rücken zuwenden; (fig.) jmdn.
im Stich lassen; **turn one's** ～ **on sth** (fig.)
sich um etw. nicht kümmern; **get** *or* **put**
sb's ～ **up** (fig.) jmdn. wütend machen; **be**
glad to see the ～ **of sb/sth** (fig.) froh sein,
jmdn./etw. nicht mehr sehen zu müssen;
have one's ～ **to the wall** (fig.) mit dem
Rücken zur Wand stehen; **put one's** ～ **into**
sth (fig.) sich für etw. mit allen Kräften
einsetzen; **with the** ～ **of one's hand** mit dem
Handrücken; **at the** ～ [**of the book**] hinten
[im Buch]
2 (Sport) (player) Verteidiger, *der*
🄱 *adj.* hinter...
🄲 *adv.* zurück; **two miles** ～ vor zwei
Meilen; ～ **and forth** hin und her; **there and**
～ hin und zurück; **a week/month** ～ vor
einer Woche/vor einem Monat
🄳 *v.t.* **1** (assist) unterstützen
2 (bet on) wetten *od.* setzen auf (+ *Akk.*)

ˢ Schlüsselwort

3 zurücksetzen [mit] ‹*Fahrzeug*›
E *v.i.* zurücksetzen; ~ **into/out of sth**
rückwärts in etw. (*Akk.*) /aus etw. fahren; ~
on to sth hinten an etw. (*Akk.*) grenzen
■ ~ '**down** *v.i.* nachgeben
■ ~ '**out** *v.i.* rückwärts herausfahren; ~ **out of**
sth (fig.) von etw. zurücktreten
■ ~ '**up** *v.t.* **1** unterstützen; untermauern
‹*Anspruch, These*›
2 (Comp.) sichern ‹*Daten, Dokumente*›; ~ **up**
a file on to a CD-ROM von einer Datei eine
Sicherungskopie auf CD-ROM machen
back: ~**ache** *n.* Rückenschmerzen *Pl.*;
~**-bencher** /bæk'bentʃə(r)/ *n.* (BrE) (Parl.)
[einfacher] Abgeordneter/[einfache]
Abgeordnete; ~**bone** *n.* Rückgrat, *das*;
~**chat** *n.* (infml) [freche] Widerrede; ~**date**
v.t. zurückdatieren (**to** auf + *Akk.*); ~ '**door**
n. Hintertür, *die*
'**backer** *n.* Geldgeber, *der*
back: ~'**fire** *v.i.* knallen; (fig.) fehlschlagen; **it**
~**fired on me/him** *etc.* der Schuss ging nach
hinten los (ugs.); ~**gammon** /'bækgæmən/
n. (game) Backgammon, *das*; ≈ Tricktrack,
das; ≈ Puff, *das*
✧ '**background** *n.* Hintergrund, *der*; (social
status) Herkunft, *die*
back: ~**hand** (Tennis etc.) **A** *adj.* Rückhand-
B *n.* Rückhand, *die*; ~'**handed** *adj.*
1 (Tennis etc.) Rückhand- **2** (fig.) indirekt;
zweifelhaft ‹*Kompliment*›; ~'**hander** *n.*
(infml) (bribe) Schmiergeld, *das*
'**backing** *n.* (support) Unterstützung, *die*
back: ~ **issue** ▸ back number; ~**lash** *n.* (fig.)
Gegenreaktion, *die*; ~**log** *n.* Rückstand,
der; ~ **number** *n.* (of periodical, magazine) alte
Nummer; ~**pack** **A** *n.* Rucksack, *der*
B *v.i.* mit dem Rucksack [ver]reisen;
~**packer** *n.* Rucksackreisende, *der/*
die; Rucksacktourist, *der/*-touristin, *die*;
(hiker) Wanderer, *der/*Wanderin, *die*, mit
Rucksack; ~**packing** *n.* das [Ver]reisen
mit dem Rucksack; (hiking) das Wandern mit
dem Rucksack; *attrib.* ‹*Reise usw.*› mit dem
Rucksack; ~ **pay** *n.* ausstehender Lohn/
ausstehendes Gehalt; **he was reinstated**
with ~ **pay** er wurde wieder eingestellt und
erhielt eine Lohn-/Gehaltsnachzahlung;
she was awarded £7,850 in ~ **pay** sie
erhielt eine Nachzahlung von 7 850 Pfund;
~-'**pedal** *v.i.* **1** die Pedale rückwärts treten
2 (fig.) einen Rückzieher machen (ugs.);
~**scratching** *n.* (fig. infml) [mutual]
~**scratching** Klüngelei, *die* (abwertend);
~ '**seat** *n.* Rücksitz, *der*; ~**side** *n.*
Hinterteil, *das* (ugs.); ~**space** *v.i.* die
Rücktaste betätigen; ~'**stage** *adv.*
go ~**stage** hinter die Bühne gehen; ~
street *n.* kleine Seitenstraße; ~**stroke**
n. Rückenschwimmen, *das*; ~**track**
v.i. wieder zurückgehen; (fig.) eine
Kehrtwendung machen; ~-**up** *n.* (support)
Unterstützung, *die*; ~-**up** [copy] (Comp.)
Sicherungskopie, *die*

backward /'bækwəd/ **A** *adj.* **1** rückwärts
gerichtet; Rückwärts-
2 (reluctant, shy) zurückhaltend
3 (underdeveloped) rückständig ‹*Land, Region*›
B *adv.* ▸ backwards
backwards /'bækwədz/ *adv.* **1** nach hinten;
the child fell [over] ~ **into the water** das
Kind fiel rückwärts ins Wasser; **bend** *or* **lean**
over ~ **to do sth** (fig. infml) sich zerreißen,
um etw. zu tun (ugs.)
2 (oppositely to normal direction) rückwärts; ~
and forwards hin und her
back: ~**water** *n.* (fig.) Kaff, *das* (ugs.); ~
'**yard** *n.* Hinterhof, *der*
bacon /'beɪkn/ *n.* [Frühstücks]speck, *der*
bacterial /bæk'tɪərɪəl/ *adj.* bakteriell
bacterium /bæk'tɪərɪəm/ *n.*, *pl.* **bacteria**
/bæk'tɪərɪə/ Bakterie, *die*
✧ **bad** /bæd/ *adj.*, **worse** /wɜːs/, **worst** /wɜːst/
1 schlecht; (rotten) schlecht, verdorben
‹*Fleisch, Fisch, Essen*›; faul ‹*Ei, Apfel*›; **not** ~
(infml) nicht schlecht; nicht übel
2 (naughty) ungezogen, böse ‹*Kind, Hund*›
3 (offensive) [use] ~ **language** Kraftausdrücke
[benutzen]
4 (regretful) **feel** ~ **about sth** etw. bedauern;
I feel ~ **about him** ich habe seinetwegen ein
schlechtes Gewissen
5 (serious) schlimm ‹*Sturz, Krise*›; schwer
‹*Fehler, Krankheit, Unfall*›
6 (Commerc.) **a** ~ **debt** eine uneinbringliche
Schuld
bade ▸ bid A2
badge /bædʒ/ *n.* Abzeichen, *das*
badger /'bædʒə(r)/ *n.* Dachs, *der*
'**badly** *adv.*, **worse** /wɜːs/, **worst** /wɜːst/
1 schlecht
2 schwer ‹*verletzt, beschädigt*›
3 (urgently) dringend
bad-mannered /bæd'mænəd/ *adj.* **be** ~
schlechte Manieren haben
badminton /'bædmɪntən/ *n.* Federball, *der*;
(als Sport) Badminton, *das*
bad-tempered /bæd'tempəd/ *adj.*
griesgrämig
baffle /'bæfl/ *v.t.* ~ **sb** jmdm. unverständlich
sein
baffling /'bæflɪŋ/ *adj.* rätselhaft
✧ **bag** /bæg/ **A** *n.* Tasche, *die*; (sack) Sack, *der*;
(hand~) Handtasche, *die*; (plastic ~) Beutel,
der; (small paper ~) Tüte, *die*; ~**s of** (infml)
(large amount) jede Menge
B *v.t.*, **-gg-** **1** in Säcke/Beutel/Tüten füllen
2 (claim possession of) sich (*Dat.*) schnappen
(ugs.)
baggage /'bægɪdʒ/ *n.* Gepäck, *das*
baggage: ~ **allowance** *n.* Freigepäck,
das; **be over/within one's** ~ **allowance**
Übergepäck/kein Übergepäck haben; ~
handler *n.* Gepäckverlader, *der/*-verladerin,
die; ~ **handling** *n.* Gepäckverladung, *die*; ~
reclaim *n.* Gepäckausgabe, *die*

b

baggy /'bægɪ/ *adj.* weit [geschnitten] <*Kleid, Hose*>; (through long use) ausgebeult <*Hose*>

bagpipe /'bægpaɪp/ *n.*, **'bagpipes** *n. pl.* Dudelsack, *der*

baguette /bæ'get/ *n.* Baguette, *die*; [französisches] Stangenweißbrot

Bahamas /bə'hɑːməz/ *pr. n. pl.* **the** ~ die Bahamas *Pl.*

bail¹ /beɪl/ **A** *n.* Kaution, *die*; **be [out] on** ~ gegen Kaution auf freiem Fuß sein
B *v.t.* ~ **sb out** jmdn. gegen Kaution freibekommen; (fig.) jmdm. aus der Klemme helfen (ugs.)

bail² *v.t.* (scoop) ~ **[out]** ausschöpfen
■ '~ **out** *v.i.* <*Pilot:*> abspringen

bailiff /'beɪlɪf/ *n.* ≈ Gerichtsvollzieher, *der*

'bailout *n.* Rettungsaktion, *die*; Schuldentilgung, *die*

bait /beɪt/ **A** *v.t.* mit einem Köder versehen
B *n.* Köder, *der*

bake /beɪk/ *v.t. & i.* backen; ~d beans gebackene Bohnen [in Tomatensoße]; ~d potato [in der Schale] gebackene Kartoffel

'baker *n.* Bäcker, *der*

bakery /'beɪkərɪ/ *n.* Bäckerei, *die*

baking: ~ **powder** *n.* Backpulver, *das*; ~ **sheet** *n.* Backblech, *das*; ~ **soda** *n.* Natron, *das*; ~ **tin** *n.* Backform, *die*; ~ **tray** *n.* Kuchenblech, *das*

✦ **balance** /'bæləns/ **A** *n.* **1** (instrument) Waage, *die*
2 (fig.) **be** *or* **hang in the** ~ in der Schwebe sein
3 (steady position) Gleichgewicht, *das*; **keep/ lose one's** ~ das Gleichgewicht halten/ verlieren; (fig.) sein Gleichgewicht bewahren/verlieren; **strike a** ~ **between** (fig.) den Mittelweg finden zwischen (+ *Dat.*)
4 (Bookk.) (difference) Bilanz, *die*; (state of bank account) Kontostand, *der*; **on** ~ (fig.) alles in allem
5 (remainder) Rest, *der*
B *v.t.* **1** (weigh up) abwägen
2 (bring into or keep in ~) balancieren; auswuchten <*Rad*>
3 (equal, neutralize) ausgleichen; ~ **each other, be** ~d sich (*Dat.*) die Waage halten

'balanced *adj.* ausgewogen; ausgeglichen <*Person, Team, Gemüt*>

balance: ~ **of 'payments** *n.* (Econ.) Zahlungsbilanz, *die*; ~ **of 'trade** *n.* (Econ.) Handelsbilanz, *die*; ~ **sheet** *n.* Bilanz, *die*

balcony /'bælkənɪ/ *n.* Balkon, *der*

bald /bɔːld/ *adj.* kahl <*Kopf*>; kahlköpfig, glatzköpfig <*Person*>; **be/go** ~ eine Glatze haben/bekommen

bald: ~**head** *n.* kahlköpfiger *od.* glatzköpfiger Mensch; Kahlkopf, *der* (ugs.); Glatzkopf, *der* (ugs.); ~**'headed** *adj.* glatzköpfig; kahlköpfig

'balding *adj.* mit beginnender Glatze *nachgestellt*; **be** ~ kahl werden

'baldness *n.* Kahlheit, *die*

bale /beɪl/ *n.* Ballen, *der*

balk /bɔːlk/ **A** *v.t.* they were ~ed in their plan ihr Plan wurde blockiert
B *v.i.* sich sträuben (at gegen)

Balkan /'bɔːlkn/ **A** *adj.* Balkan-
B *n. pl.* **the** ~s der Balkan

✦ **ball**¹ /bɔːl/ *n.* **1** Ball, *der*; (Billiards etc., Croquet) Kugel, *die*; **be on the** ~ (infml) (be alert) auf Zack sein (ugs.)
2 (of wool, string, fluff, etc.) Knäuel, *das*

ball² *n.* (dance) Ball, *der*

ballad /'bæləd/ *n.* Ballade, *die*

ballast /'bæləst/ *n.* Ballast, *der*

ball: ~ **'bearing** *n.* Kugellager, *das*; ~**boy** *n.* Balljunge, *der*; ~**cock** *n.* Schwimmer[regel]ventil, *das*

ballerina /bælə'riːnə/ *n.* Ballerina, *die*

ballet /'bæleɪ/ *n.* Ballett, *das*

'ballet dancer *n.* Balletttänzer, *der*/-tänzerin, *die*

'ball game *n.* **1** Ballspiel, *das*
2 (AmE) Baseballspiel, *das*; **a whole new** ~ (fig. infml) eine ganz neue Geschichte (ugs.); **a different** ~ (fig. infml) eine andere Sache

ballistic /bə'lɪstɪk/ *adj.* ballistisch; **go** ~ (fig. infml) ausrasten (salopp)

balloon /bə'luːn/ *n.* **1** Ballon, *der*; **hot-air** ~ Heißluftballon, *der*
2 (toy) Luftballon, *der*

ballot /'bælət/ *n.* Abstimmung, *die*; **[secret]** ~ geheime Wahl

ballot: ~ **box** *n.* Wahlurne, *die*; ~ **paper** *n.* Stimmzettel, *der*

ball: ~**park** *n.* (AmE) Baseballfeld, *das*; **your estimate is not in the right** ~**park** (fig.) mit deiner Schätzung liegst du völlig falsch (ugs.); ~ **pen**, ~**point** **'pen** *ns.* Kugelschreiber, *der*; ~**room** *n.* Tanzsaal, *der*

balls-up /'bɔːlzʌp/ *n.* (coarse) Scheiß, *der* (salopp abwertend); **make a** ~ **of sth** bei etw. Scheiße bauen (derb)

balm /bɑːm/ *n.* Balsam, *der*

balmy /'bɑːmɪ/ *adj.* (mild) mild

balsa /'bɔːlsə, 'bɒlsə/ *n.* ~ **[wood]** Balsaholz, *das*

balsamic vinegar /bælsæmɪk 'vɪnɪgə(r)/ *n.* Balsamessig, *der*

Baltic /'bɔːltɪk/ *pr. n.* ~ **[Sea]** Ostsee, *die*

balustrade /bælə'streɪd/ *n.* Balustrade, *die*

bamboo /bæm'buː/ *n.* Bambus, *der*

✦ **ban** /bæn/ **A** *v.t.*, **-nn-** verbieten; ~ **sb from doing sth** jmdm. verbieten, etw. zu tun
B *n.* Verbot, *das*

banal /bə'nɑːl/ *adj.* banal

banality /bə'nælɪtɪ/ *n.* Banalität, *die*

banana /bə'nɑːnə/ *n.* Banane, *die*

ba'nana skin *n.* Bananenschale, *die*

✦ **band** /bænd/ **A** *n.* **1** Band, *das*; **a** ~ **of light/**

✦ Schlüsselwort

colour ein Streifen Licht/Farbe
2 (range of values) Bandbreite, *die*
3 (organized group) Gruppe, *die;* (of robbers, outlaws, etc.) Bande, *die*
4 (Mus.) [Musik]kapelle, *die;* (pop group, jazz ~) Band, *die*
B *v.i.* ~ **together [with sb]** sich [mit jmdm.] zusammenschließen

bandage /ˈbændɪdʒ/ **A** *n.* Verband, *der;* (as support) Bandage, *die*
B *v.t.* verbinden; bandagieren ‹*[verstauchtes] Gelenk usw.*›

b. & b. /ˌbiː ən ˈbiː/ *abbr.* = **bed and breakfast**

bandit /ˈbændɪt/ *n.* Bandit, *der*

band: ~**stand** *n.* Musiktribüne, *die;*
~**wagon** *n.* climb or jump on [to] the ~**wagon** (fig.) auf den fahrenden Zug aufspringen (fig.)

bandy¹ /ˈbændɪ/ *v.t.* they were ~ing words/ insults sie stritten sich/beschimpften sich gegenseitig

bandy² *adj.* krumm; he is ~-legged er hat O-Beine (ugs.)

bang /bæŋ/ **A** *v.t.* knallen (ugs.); schlagen; zuknallen (ugs.) ‹*Tür, Fenster, Deckel*›; ~ one's head on sth mit dem Kopf an etw. (*Akk.*) knallen (ugs.)
B *v.i.* (strike) ~ **[against sth]** [gegen etw.] knallen (ugs.); ~ **shut** ‹*Tür:*› zuknallen (ugs.)
C *n.* **1** (blow) Schlag, *der*
2 (noise) Knall, *der*
D *adv.* go ~ ‹*Gewehr, Feuerwerkskörper:*› krachen

'banger *n.* (infml) **1** (sausage) Würstchen, *das*
2 (firework) Kracher, *der* (ugs.)
3 (car) Klapperkiste, *die* (ugs.)

bangle /ˈbæŋgl/ *n.* Armreif, *der*

banish /ˈbænɪʃ/ *v.t.* verbannen (**from** aus)

banister /ˈbænɪstə(r)/ *n.* [Treppen]geländer, *das*

banjo /ˈbændʒəʊ/ *n., pl.* ~**s** or ~**es** Banjo, *das*

bank¹ /bæŋk/ *n.* **1** (slope) Böschung, *die*
2 (of river) Ufer, *das*

✵ **bank**² **A** *n.* (Finance) Bank, *die*
B *v.i.* ~ **at/with** ... ein Konto haben bei ...; ~ **on sth** (fig.) auf etw. (*Akk.*) zählen
C *v.t.* zur Bank bringen

bank: ~ **account** *n.* Bankkonto, *das;* ~ **balance** *n.* Kontostand, *der;* ~ **book** *n.* Sparbuch, *das;* ~ **card** *n.* Scheckkarte, *die;* ~ **charges** *n. pl.* Kontoführungskosten *Pl.;* ~ **clerk** *n.* Bankangestellte, *der/die;* ~ **draft** *n.* Bankakzept, *das*

'banker *n.* Bankier, *der*

banker's: ~ **card** ▸ **bank card;** ~ **draft** ▸ **bank draft;** ~ **'order** *n.* Bankanweisung, *die*

bank 'holiday *n.* (BrE) Feiertag, *der*

'banking *n.* Bankwesen, *das*

bank: ~ **loan** *n.* Bankdarlehen, *das;* take out a ~ loan bei einer Bank einen Kredit *od.* ein Darlehen aufnehmen; ~ **manager** *n.* Zweigstellenleiter/-leiterin [einer/der Bank];

~**note** *n.* Banknote, *die*

bankrupt /ˈbæŋkrʌpt/ **A** *n.* Bankrotteur, *der*
B *adj.* go ~ Bankrott machen
C *v.t.* Bankrott machen

bankruptcy /ˈbæŋkrʌptsɪ/ *n.* Konkurs, *der;* Bankrott, *der*

'bank statement *n.* Kontoauszug, *der*

banner /ˈbænə(r)/ *n.* Banner, *das;* (on two poles) Spruchband, *das*

banns /bænz/ *n. pl.* Aufgebot, *das*

banquet /ˈbæŋkwɪt/ *n.* Bankett, *das*

bap /bæp/ *n.* ≈ Brötchen, *das*

baptism /ˈbæptɪzm/ *n.* Taufe, *die*

Baptist /ˈbæptɪst/ *n.* Baptist, *der*/Baptistin, *die*

baptize /bæpˈtaɪz/ *v.t.* taufen

✵ **bar** /bɑː(r)/ **A** *n.* **1** Stange, *die;* (shorter, thinner also) Stab, *der;* (of cage, prison) Gitterstab, *der;* a ~ of soap ein Stück Seife; a ~ of chocolate eine Tafel Schokolade
2 (for refreshment) Bar, *die;* (counter) Theke, *die*
B *v.t.,* **-rr- 1** (fasten) verriegeln
2 ~ sb's way jmdm. den Weg versperren
3 (prohibit, hinder) verbieten; ~ **sb from doing** sth jmdn. daran hindern, etw. zu tun
C *prep.* abgesehen von; ~ **none** ohne Einschränkung

barb /bɑːb/ *n.* Widerhaken, *der*

barbarian /bɑːˈbeərɪən/ *n.* Barbar, *der*

barbaric /bɑːˈbærɪk/ *adj.* barbarisch

barbarity /bɑːˈbærɪtɪ/ *n.* Grausamkeit, *die*

barbecue /ˈbɑːbɪkjuː/ **A** *n.* **1** (party) Grillparty, *die*
2 (food) Grillgericht, *das*
B *v.t.* grillen

barbecue 'sauce *n.* Grillsoße, *die;* Barbecuesoße, *die*

barbed wire /bɑːbd ˈwaɪə(r)/ *n.* Stacheldraht, *der*

barber /ˈbɑːbə(r)/ *n.* [Herren]friseur, *der;* ~'s shop (BrE) Friseursalon, *der*

barbie /ˈbɑːbɪ/ *n.* (infml) **1** (grill) Grill, *der*
2 (meal) Barbecue, *das;* (party) Grillfest, *das*

barbiturate /bɑːˈbɪtjʊrət/ *n.* (Chem.) Barbiturat, *das*

bar: ~ **chart** *n.* Stabdiagramm, *das;* ~ **code** *n.* Strichcode, *der*

bare /beə(r)/ **A** *adj.* nackt; (leafless, unfurnished) kahl; (empty) leer; äußerst ‹*Notwendige*›; do sth with one's ~ hands etw. mit den bloßen Händen tun
B *v.t.* entblößen ‹*Kopf, Arm, Bein*›; blecken ‹*Zähne*›

bare: ~**faced** /ˈbeəfeɪst/ *adj.* (fig.) unverhüllt; ~**foot A** *adj.* barfüßig **B** *adv.* barfuß

barely /ˈbeəlɪ/ *adv.* kaum; knapp ‹*vermeiden, entkommen*›

bargain /ˈbɑːgɪn/ **A** *n.* **1** (agreement) Abmachung, *die;* into the ~ darüber hinaus
2 (thing offered cheap) günstiges Angebot; (thing acquired cheaply) guter Kauf
B *v.i.* **1** (discuss) handeln
2 ~ for or on sth (expect sth) mit etw. rechnen

b

bargain: ~ **'basement** n. Untergeschoss mit Sonderangeboten; ~ **hunter** n. Schnäppchenjäger, der/-jägerin, die; ~ **price** n. Sonderpreis, der

barge /bɑːdʒ/ **A** n. Kahn, der
B v.i. ~ **into sb** jmdn. anrempeln; ~ **in** (intrude) hineinplatzen/hereinplatzen (ugs.)

barista /bɑːˈrɪstə/ n. Bedienung, die (in einem Café)

baritone /ˈbærɪtəʊn/ **A** n. Bariton, der
B adj. Bariton-

bark¹ /bɑːk/ n. (of tree) Rinde, die

bark² **A** n. (of dog) Bellen, das
B v.i. bellen; **be ~ing up the wrong tree** auf dem Holzweg sein

barley /ˈbɑːlɪ/ n. Gerste, die

bar: ~**maid** n. (BrE) Bardame, die; ~**man** /ˈbɑːmən/ n., pl. ~**men** /ˈbɑːmən/ Barmann, der

barmy /ˈbɑːmɪ/ adj. (infml) (crazy) bescheuert (salopp)

barn /bɑːn/ n. (BrE) (for grain etc.) Scheune, die; (AmE) (for animals) Stall, der

barnacle /ˈbɑːnəkl/ n. Rankenfüßer, der

barn: ~ **dance** n. ≈ Schottische, der; ~**storming** /ˈbɑːnstɔːmɪŋ/ adj. mitreißend

barometer /bəˈrɒmɪtə(r)/ n. Barometer, das

baron /ˈbærn/ n. Baron, der; Freiherr, der

baroness /ˈbærənɪs/ n. Baronin, die; Freifrau, die

baroque /bəˈrɒk/ **A** n. Barock, das
B adj. barock

barracks /ˈbærəks/ n. pl. Kaserne, die

barrage /ˈbærɑːʒ/ n. (Mil.) Sperrfeuer, das; **a ~ of questions** ein Bombardement von Fragen

barrel /ˈbærl/ n. **1** Fass, das
2 (of gun) Lauf, der

barren /ˈbærn/ adj. unfruchtbar

barricade /ˈbærɪkeɪd/ **A** n. Barrikade, die
B v.t. verbarrikadieren

barrier /ˈbærɪə(r)/ n. Barriere, die; (at level crossing etc.) Schranke, die

barring /ˈbɑːrɪŋ/ prep. außer im Falle (+ Gen.)

barrister /ˈbærɪstə(r)/ n. (BrE) ~**[-at-law]** Barrister, der; ≈ [Rechts]anwalt/-anwältin vor höheren Gerichten

barrow /ˈbærəʊ/ n. **1** Karre, die; Karren, der
2 ▶ wheelbarrow

barter /ˈbɑːtə(r)/ **A** v.t. [ein]tauschen; ~ **sth for sth [else]** etw. für od. gegen etw. [anderes] [ein]tauschen
B v.i. Tauschhandel treiben
C n. Tauschhandel, der

⚜ **base** /beɪs/ **A** n. **1** (of lamp, mountain) Fuß, der; (of cupboard, statue) Sockel, der; (fig.) (support) Basis, die
2 (Mil.) Basis, die; Stützpunkt, der
B v.t. **1 be ~d on sth** sich auf etw. (Akk.)

gründen; ~ **sth on sth** etw. auf etw. (Dat.) aufbauen
2 in pass. **be ~d in Paris** (permanently) in Paris sitzen; (temporarily) in Paris sein

base: ~**ball** n. Baseball, der; ~**line** n. Grundlinie, die

basement /ˈbeɪsmənt/ n. Untergeschoss, das; **a ~ flat** eine Kellerwohnung

'base rate n. (Finance) Eckzins, der

bash /bæʃ/ v.t. [heftig] schlagen

bashful /ˈbæʃfl/ adj. schüchtern

⚜ **basic** /ˈbeɪsɪk/ adj. grundlegend; Grund<prinzip, -bestandteil, -lohn, -gehalt usw.>; Haupt<problem, -grund, -sache>; **be ~ to sth** wesentlich für etw. sein

⚜ **basically** /ˈbeɪsɪkəlɪ/ adv. im Grunde; grundsätzlich <übereinstimmen>; (mainly) hauptsächlich

basil /ˈbæzɪl/ n. Basilikum, das

basin /ˈbeɪsn/ n. **1** Becken, das; (wash~) Waschbecken, das; (bowl) Schüssel, die
2 (of river) Becken, das

⚜ **basis** /ˈbeɪsɪs/ n., pl. **bases** /ˈbeɪsiːz/ Basis, die; Grundlage, die

bask /bɑːsk/ v.i. sich [wohlig] wärmen

basket /ˈbɑːskɪt/ n. Korb, der

'basketball n. Basketball, der

Basle /bɑːl/ pr. n. Basel (das)

bass /beɪs/ **A** n. **1** Bass, der
2 (infml) (double ~) [Kontra]bass, der; (~ guitar) Bass, der
B adj. Bass-

bass gui'tar n. Bassgitarre, die

bassoon /bəˈsuːn/ n. Fagott, das

'bass player n. Bassist, der/Bassistin, die

bastard /ˈbɑːstəd/ **A** adj. unehelich
B n. **1** uneheliches Kind
2 (sl.) (disliked person) Schweinehund, der (derb)

baste /beɪst/ v.t. [mit Fett] begießen

bastion /ˈbæstɪən/ n. Bastei, die

bat¹ /bæt/ n. (Zool.) Fledermaus, die

bat² **A** n. (Sport) Schlagholz, das; (for table tennis) Schläger, der; **do sth off one's own ~** (fig.) etw. auf eigene Faust tun
B v.t., **-tt-** schlagen

bat³ v.t. **not ~ an eyelid** nicht mit der Wimper zucken

batch /bætʃ/ n. **1** (of loaves) Schub, der
2 (of people) Gruppe, die; (of books, papers) Stapel, der

batch: ~ **file** n. (Comp.) Stapeldatei, die; ~ **'processing** n. (Comp.) Schub-, Stapelverarbeitung, die

bated /ˈbeɪtɪd/ v.t. **with ~ breath** mit angehaltenem Atem

bath /bɑːθ/ **A** n., pl. ~**s** /bɑːðz/ **1** Bad, das; **have or take a ~** ein Bad nehmen
2 (tub) Badewanne, die; **room with ~** Zimmer mit Bad
3 usu. in pl. (building) Bad, das
B v.t. & i. baden

⚜ Schlüsselwort

'**bath cubes** *n. pl.* Badesalz, *das*

bathe /beɪð/ *v.t. & i.* baden

bather /'beɪðə(r)/ *n.* Badende, *der/die*

bathing /'beɪðɪŋ/ *n.* Baden, *das*

bathing: ~ **beach** *n.* Badestrand, *der*; ~
　costume, ~ **suit** *ns.* Badeanzug, *der*; ~
　trunks *n. pl.* Badehose, *die*

bath: ~ **mat** *n.* Bademat te, *die*; ~**robe** *n.*
　Bademantel, *der*; ~**room** *n.* Badezimmer,
　das; ~ **salts** *n. pl.* Badesalz, *das*; ~ **towel**
　n. Badetuch, *das*; ~**tub** ▶ bath A2; ~**water**
　n. Badewasser, *das*

baton /'bætn/ *n.* **1** (truncheon) Schlagstock, *der*
　2 (Mus.) Taktstock, *der*

batsman /'bætsmən/ *n.*, *pl.* **batsmen**
　/'bætsmən/ Schlagmann, *der*

battalion /bə'tæljən/ *n.* Bataillon, *das*

batter[1] /'bætə(r)/ *v.t.* (strike) einschlagen auf
　(+ *Akk.*)

batter[2] *n.* (Cookery) [Back]teig, *der*

battery /'bætəri/ *n.* Batterie, *die*

battery: ~ **charger** *n.* Batterieladegerät,
　das; ~ **'chicken** *n.* Batteriehuhn, *das*; ~
　'**farming** *n.* Batteriehaltung, *die*; ~ '**hen**
　n. Batteriehuhn, *das*; ~**-operated** *adj.*
　batteriebetrieben

⚲ **battle** /'bætl/ **A** *n.* Schlacht, *die*; (fig.) Kampf,
　der
　B *v.i.* kämpfen

battle: ~**axe** *n.* (infml) (woman)
　Schreckschraube, *die* (ugs.); ~**field,**
　~**ground** *ns.* Schlachtfeld, *das*

battlements /'bætlmənts/ *n. pl.* Zinnen *Pl.*

'**battleship** *n.* Schlachtschiff, *das*

batty /'bæti/ *adj.* (infml) bekloppt (salopp)

bauble /'bɔ:bl/ *n.* Flitter, *der*

baulk ▶ balk

Bavaria /bə'veəriə/ *pr. n.* Bayern *(das)*

Bavarian /bə'veəriən/ **A** *adj.* bay[e]risch;
　sb is ~ jmd. ist Bayer/Bayerin
　B *n.* Bayer, *der*/Bayerin, *die*

bawdy /'bɔ:di/ *adj.* zweideutig; (stronger)
　obszön

bay[1] /beɪ/ *n.* (of sea) Bucht, *die*

bay[2] *n.* **1** (space in room) Erker, *der*
　2 [parking] ~ Stellplatz, *der*

bay[3] *n.* hold *or* keep sb/sth at ~ sich (*Dat.*)
　jmdn./etw. vom Leib halten

'**bay leaf** *n.* Lorbeerblatt, *das*

bayonet /'beɪənɪt/ *n.* Bajonett, *das*

bayonet: ~ **fitting** *n.* Bajonettfassung, *die*;
　~ **plug** *n.* Stecker mit Bajonettverschluss
　od. -fassung; ~ **socket** *n.* Steckdose mit
　Bajonettfassung

bay 'window *n.* Erkerfenster, *das*

bazaar /bə'zɑ:(r)/ *n.* Basar, *der*

BBC *abbr.* = **British Broadcasting
　Corporation** BBC, *die*

BBQ *abbr.* = **barbecue**

BC *abbr.* = **before Christ** v.Chr.

⚲ **be** /bi:/ *v., pres. t.* **I am** /əm, *stressed* æm/,

he is /ɪz/, **we are** /ə(r), *stressed* ɑ:(r)/; *p.t.*
I was /wəz, *stressed* wɒz/, **we were** /wə(r),
stressed wɜ:(r)/; *pres.p.* ~**ing** /'bi:ɪŋ/; *p.p.*
been /bɪn, *stressed* bi:n/ **A** *copula* **1** sein;
she is a mother/an Italian/a teacher sie ist
Mutter/Italienerin/Lehrerin; ~ **sensible!**
sei vernünftig!; ~ **ill/unwell** krank sein/
sich nicht wohl fühlen; I am well es geht
mir gut; I am hot mir ist heiß; I am freezing
mich friert es; how are you/is she? wie gehts
(ugs.) /geht es ihr?; it is the 5th today heute
haben wir den Fünften; who's that? wer ist
das?; if I were you an deiner Stelle; it's hers
es ist ihrs
2 (cost) kosten; how much are the eggs? was
kosten die Eier?; two times three is six, two
threes are six zweimal drei ist *od.* sind sechs
3 (constitute) bilden
B *v.i.* **1** (exist) [vorhanden] sein; there is/
are … es gibt …; for the time ~ing vorläufig;
~ that as it may wie dem auch sei
2 (remain) bleiben; I shan't ~ a moment ich
komme sofort; let it ~ lass es sein; let him/
her ~ lass ihn/sie in Ruhe
3 (happen) stattfinden; sein
4 (go, come) ~ off with you! geh/geht!; I'm off
home ich gehe jetzt nach Hause; she's from
Australia sie stammt *od.* ist aus Australien
5 (go or come on visit) sein; have you [ever]
been to London? bist du schon einmal in
London gewesen?; has anyone been? ist
jemand da gewesen?
C *v. aux.* **1** *forming passive* werden; the
child was found das Kind wurde gefunden;
German is spoken here hier wird Deutsch
gesprochen
2 *forming continuous tenses, active* he
is reading er liest [gerade]; I am leaving
tomorrow ich reise morgen [ab]; the train
was departing when I got there der Zug fuhr
gerade ab, als ich ankam
3 *forming continuous tenses, passive* the
house is/was ~ing built das Haus wird/
wurde [gerade] gebaut
4 *expr. arrangement, obligation* ~ to sollen; I
am to go/to inform you ich soll gehen/Sie
unterrichten
5 *expr. destiny* they were never to meet
again sie sollten sich nie wieder treffen
6 *expr. condition* if I were to tell you that …
wenn ich dir sagen würde, dass …
D bride-/husband-to-~ zukünftige Braut/
zukünftiger Ehemann

⚲ **beach** /bi:tʃ/ *n.* Strand, *der*; on the
~ am Strand; ~ hat/holiday/shoe
Strandhut/-urlaub/-schuh, *der*

beach: ~**ball** *n.* Wasserball, *der*; ~
'**volleyball** *n.* Beachvolleyball, *der od. das*;
~**wear** *n.* Strandkleidung, *die*

beacon /'bi:kn/ *n.* Leuchtfeuer, *das*; (Naut.)
Leuchtbake, *die*

bead /bi:d/ *n.* Perle, *die*; ~s Perlen *Pl.*;
Perlenkette, *die*; ~s of dew/sweat Tau-/
Schweißtropfen

b

beady /'biːdɪ/ adj. ~ **eyes** Knopfaugen Pl.
beak /biːk/ n. Schnabel, der
beaker /'biːkə(r)/ n. Becher, der
beam /biːm/ **A** n. **1** (timber etc.) Balken, der
2 (ray etc.) [Licht]strahl, der
B v.i. **1** (shine) strahlen; glänzen
2 (smile) strahlen; ~ **at sb** jmdn. anstrahlen
bean /biːn/ n. Bohne, die; **full of ~s** (fig. infml)
putzmunter (ugs.)
bean: ~**bag** n.: **1** mit Bohnen gefülltes
Säckchen zum Spielen **2** (cushion)
Knautschsessel, der; ~ **curd** n.
Soja[bohnen]quark, der; ~**pole** n. (lit.
or fig.) Bohnenstange, die; ~**sprout** n.
Sojabohnenkeim, der
bear¹ /beə(r)/ n. Bär, der
✎ **bear²** **A** v.t., **bore** /bɔː(r)/, **borne** /bɔːn/
1 tragen; aufweisen <Spuren, Ähnlichkeit>;
tragen, führen <Namen, Titel>; ~ **some/little
relation to sth** einen gewissen/wenig Bezug
zu etw. haben
2 (endure, tolerate) ertragen <Schmerz,
Kummer>; with neg. ertragen, aushalten
<Schmerz>; ausstehen <Geruch, Lärm>
3 (be fit for) vertragen; **it will not ~ scrutiny**
es hält einer Überprüfung nicht stand; **it
does not ~ thinking about** daran darf man
gar nicht denken
4 (give birth to) gebären <Kind, Junges>
B v.i., **bore**, **borne**; ~ **left** <Person:> sich
links halten; **the path ~s to the left** der Weg
führt nach links
■ ~ **'out** v.t. (fig.) bestätigen <Bericht,
Erklärung>; ~ **sb out** jmdm. Recht geben
■ ~ **with** v.t. Nachsicht haben mit
bearable /'beərəbl/ adj. erträglich
beard /bɪəd/ n. Bart, der
bearded adj. bärtig.; **be ~** einen Bart haben
bearer n. (carrier) Träger, der/Trägerin,
die; (of message, cheque) Überbringer, der/
Überbringerin, die
bear hug n. kräftige Umarmung
bearing n. **1** (behaviour) Verhalten, das
2 (relation) Bezug, der; **have some/no ~ on
sth** relevant/irrelevant für etw. sein
3 (Mech. Engin.) Lager, das
4 (compass ~) Position, die; **take a compass ~**
den Kompasskurs feststellen; **get one's ~s**
sich orientieren; (fig.) sich zurechtfinden
beast /biːst/ n. Tier, das; (fig.) (brutal person)
Bestie, die
beastly adj., adv. (infml) scheußlich
✎ **beat** /biːt/ **A** v.t., ~, **beaten** /'biːtn/ schlagen;
klopfen <Teppich>; (surpass) brechen <Rekord>;
hard to ~ schwer zu schlagen; **it ~s me how/
why ...** es ist mir ein Rätsel wie/warum ...;
~ **time** den Takt schlagen; ~ **it!** (infml) hau
ab! (ugs.); see also **beaten B**
B v.i., ~, **beaten** schlagen (**on** auf + Akk.);
<Regen, Hagel:> prasseln (**against** gegen)
C n. **1** (stroke, throbbing) Schlagen, das; (Mus.)

(rhythm) Takt, der; (single ~) Schlag, der
2 (of policeman) Runde, die
■ ~ **'off** v.t. abwehren <Angriff>
■ ~ **'up** v.t. zusammenschlagen <Person>
beaten /'biːtn/ **A** ▶ **beat A, B**
B adj. **1** off the ~ **track** weit abgelegen
2 gehämmert <Silber, Gold>
beating n. **1** (punishment) **a** ~ Schläge Pl.;
Prügel Pl.
2 (defeat) Niederlage, die
3 take some/a lot of ~ nicht leicht zu
übertreffen sein
beat-up adj. (infml) ramponiert (ugs.)
beautician /bjuː'tɪʃn/ n. Kosmetiker, der/
Kosmetikerin, die
✎ **beautiful** /'bjuːtɪfl/ adj. schön; wunderschön
<Augen, Aussicht, Morgen>
beautify /'bjuːtɪfaɪ/ v.t. verschönern
✎ **beauty** /'bjuːtɪ/ n. Schönheit, die; (beautiful
feature) Schöne, das; **the ~ of it** das Schöne
daran
beauty: ~ **competition,** ~ **contest**
ns. Schönheitswettbewerb, der; ~
parlour ▶ beauty salon; ~ **queen**
n. Schönheitskönigin, die; ~ **salon**
n. Kosmetiksalon, der; ~ **spot** n.
Schönheitsfleck, der; (place) schönes
Fleckchen [Erde]; ~ **treatment** n.
Schönheitsbehandlung, die
beaver /'biːvə(r)/ n. Biber, der
became ▶ become
✎ **because** /bɪ'kɒz/ **A** conj. weil
B adv. ~ **of** wegen (+ Gen.)
beckon /'bekn/ v.t. & i. winken (**to sb** jmdm.);
(fig.) locken
✎ **become** /bɪ'kʌm/ **A** copula, **became**
/bɪ'keɪm/, ~; werden; ~ **a politician** Politiker
werden; ~ **a nuisance/rule** zu einer Plage/
zur Regel werden
B v.i., **became**, ~; werden; **what has ~ of
him?** was ist aus ihm geworden?
C v.t., **became**, ~ (suit) ~ **sb** jmdm. stehen
becoming /bɪ'kʌmɪŋ/ adj. **1** (fitting) schicklich
(geh.)
2 (flattering) vorteilhaft <Hut, Kleid, Frisur>
✎ **bed** /bed/ n. **1** Bett, das; (without bedstead)
Lager, das; **in** ~ im Bett; **get out of/into** ~
aufstehen/ins Bett gehen; **go to** ~ ins Bett
gehen; **put sb to** ~ jmdn. ins Bett bringen;
make the ~ das Bett machen
2 (flat base) Unterlage, die; (of machine) Bett,
das
3 (in garden) Beet, das
4 (of sea, lake) Grund, der; (of river) Bett, das
bed: ~ **and 'breakfast** n. Zimmer mit
Frühstück; ~**clothes** n. pl. Bettzeug, das
bedding /'bedɪŋ/ n. Matratze und Bettzeug
bedding plant n. Freilandpflanze, die
bedlam /'bedləm/ n., no indef. art. Tumult,
der
bed: ~**linen** n. Bettwäsche, die; ~**pan** n.
Bettpfanne, die

bedraggled /bɪ'drægld/ *adj.* (soaked)
durchnässt; (with mud) verdreckt

bed: ~**ridden** *adj.* bettlägerig; ~**room** *n.*
Schlafzimmer, *das*; ~ **set'tee** *n.* Bettcouch,
die; ~**side** *n.* Seite des Bettes, *die*; ~**side**
'**lamp** *n.* Nachttischlampe, *die*; ~**side**
'**table** *n.* Nachttisch, *der*; ~**sit**, ~'**sitter** *ns.*
(infml) Wohnschlafzimmer, *das*; ~**spread**
n. Tagesdecke, *die*; ~**stead** *n.* Bettgestell,
das; ~**time** *n.* Schlafenszeit, *die*; at ~**time**
vor dem Zubettgehen; a ~**time** story eine
Gutenachtgeschichte; ~-**wetting** *n.*
Bettnässen, *das*

bee /biː/ *n.* Biene, *die*

beech /biːtʃ/ *n.* Buche, *die*

beef /biːf/ **A** *n.* **1** Rindfleisch, *das*
2 (infml) (muscles) Muskeln *Pl.*
B *v.t.* ~ up stärken

beef: ~**burger** *n.* Beefburger, *der*; ~**cake** *n.*
(AmE) (infml) Muskeln *Pl.*; Bizeps, *der* (ugs.)

bee: ~**hive** *n.* Bienenstock, *der*; ~**keeper**
n. Imker, *der*/Imkerin, *die*; ~**keeping** *n.*
Imkerei, *die*; ~**line** *n.* make a ~**line** for sth/
sb schnurstracks auf etw./jmdn. zustürzen

been ▸ be

beep /biːp/ **A** *n.* Piepton, *der*; (of car horn)
Tuten, *das*
B *v.i.* piepen; <*Signalhorn:*> hupen
C *v.t.* (esp. AmE) ▸ bleep C

beeper /'biːpə(r)/ *n.* Piepser, *der*

beer /bɪə(r)/ *n.* Bier, *das*

beer: ~ **barrel** *n.* Bierfass, *das*; ~ **belly**
n. (infml) Bierbauch, *das* (ugs.); ~ **bottle**
n. Bierflasche, *die*; ~ **can** *n.* Bierdose, *die*;
~ **cellar** *n.* Bierkeller, *der*; ~ **drinker** *n.*
Biertrinker, *der*; ~ **garden** *n.* Biergarten,
der; ~ **glass** *n.* Bierglas, *das*; ~ **mat** *n.*
Bierdeckel, *der*; Bieruntersetzer, *der*; ~
mug *n.* Bierkrug, *der*

beet /biːt/ *n.* Rübe, *die*

beetle /'biːtl/ *n.* Käfer, *der*

'**beetroot** *n.* rote Beete *od.* Rübe

before /bɪ'fɔː(r)/ **A** *adv.* **1** (of time) vorher;
(already) schon; the day ~ am Tag zuvor;
never ~ noch nie
2 (ahead in position) vor[aus]
B *prep.* (of time; position) vor (+ *Dat.*);
(direction) vor (+ *Akk.*); the day ~ yesterday
vorgestern; ~ now/then früher/vorher; ~
Christ vor Christus; ~ leaving, he phoned
bevor er wegging, rief er an
C *conj.* bevor

be'forehand *adv.* vorher; (in anticipation) im
Voraus

befriend /bɪ'frend/ *v.t.* **1** (act as a friend to) sich
anfreunden mit
2 (help) sich annehmen (*Gen.*)

beg /beg/ **A** *v.t.* **-gg- 1** betteln um
2 (ask earnestly for) ~ sth um etw. bitten
B *v.i.* **-gg-** betteln (for um)

began ▸ begin

beggar /'begə(r)/ *n.* **1** Bettler, *der*/Bettlerin,
die

2 (infml) poor ~ armer Teufel

begin /bɪ'gɪn/ **A** *v.t.* **-nn-**, **began** /bɪ'gæn/,
begun /bɪ'gʌn/ ~ sth [mit] etw. beginnen;
~ doing *or* to do sth anfangen *od.* beginnen,
etw. zu tun
B *v.i.*, **-nn-**, **began**, **begun** anfangen; ~
[up]on sth etw. anfangen

be'ginner *n.* Anfänger, *der*/Anfängerin, *die*

be'ginning *n.* Anfang, *der*; at *or* in the ~
am Anfang; at the ~ of February/the month
Anfang Februar/des Monats; from the ~
von Anfang an

begrudge /bɪ'grʌdʒ/ *v.t.* ~ sb sth jmdm. etw.
missgönnen; ~ doing sth etw. ungern tun

begun ▸ begin

behalf /bɪ'hɑːf/ *n.* on *or* (AmE) in ~ of sb/sth
für jmdn./etw.; (more formally) im Namen von
jmdm./etw.

behave /bɪ'heɪv/ **A** *v.i.* sich verhalten; sich
benehmen; well-/ill- *or* badly ~d brav/
ungezogen
B *v. refl.* ~ oneself sich benehmen

behaviour /bɪ'heɪvjə(r)/ *n.* Verhalten, *das*

behead /bɪ'hed/ *v.t.* enthaupten

behind /bɪ'haɪnd/ **A** *adv.* hinten; (further back)
be miles ~ kilometerweit zurückliegen;
stay ~ dableiben; leave sb/sth ~ jmdn./
etw. zurücklassen; fall ~ zurückbleiben;
(fig.) in Rückstand geraten; be/get ~ with
one's payments/rent mit seinen Zahlungen/
der Miete im Rückstand sein/in Rückstand
geraten
B *prep.* **1** hinter (+ *Dat.*); one ~ the other
hintereinander
2 (towards rear of) hinter (+ *Akk.*)

beige /beɪʒ/ **A** *n.* Beige, *das*
B *adj.* beige

being /'biːɪŋ/ *n.* **1** (existence) Dasein, *das*; in ~
bestehend; come into ~ entstehen
2 (person etc.) Wesen, *das*

belated /bɪ'leɪtɪd/ *adj.*, **be'latedly** *adv.*
verspätet

belch /beltʃ/ **A** *v.i.* heftig aufstoßen; rülpsen
(ugs.)
B *n.* Rülpser, *der* (ugs.)

beleaguer /bɪ'liːgə(r)/ *v.t.* (lit. or fig.) belagern

belfry /'belfrɪ/ *n.* Glockenturm, *der*

Belgian /'beldʒən/ **A** *adj.* belgisch; sb is ~
jmd. ist Belgier/Belgierin
B *n.* Belgier, *der*/Belgierin, *die*

Belgium /'beldʒəm/ *pr. n.* Belgien (*das*)

belie /bɪ'laɪ/ *v.t.*, **belying** /bɪ'laɪɪŋ/
hinwegtäuschen über <*Tatsachen, wahren
Zustand*>; nicht erfüllen <*Versprechen*>;
nicht entsprechen <*Vorstellung* (*Dat.*)>

belief /bɪ'liːf/ *n.* **1** Glaube, *der* (in an + *Akk.*);
in the ~ that ... in der Überzeugung, dass ...
2 (Relig.) Glaube[n], *der*

believable /bɪ'liːvəbl/ *adj.* glaubhaft

believe /bɪ'liːv/ **A** *v.i.* glauben (in an +
Dat.); (have faith) glauben (in an + *Akk.*)
<*Gott, Himmel usw.*>; I ~ so/not ich glaube

schon/nicht

B v.t. glauben; ~ sb jmdm. glauben; **I don't ~ you** das glaube ich dir nicht; **make ~ that ...** so tun, als ob ...

believer /bɪˈliːvə(r)/ n. **1** Gläubige, der/die **2 be a great** or **firm ~ in sth** viel von etw. halten

Belisha beacon /bəliːʃə ˈbiːkn/ n. (BrE) gelbes Blinklicht an Zebrastreifen

belittle /bɪˈlɪtl/ v.t. herabsetzen

bell /bel/ n. Glocke, die; (door~) Klingel, die

belligerent /bɪˈlɪdʒərənt/ adj. Krieg führend <Nation>; streitlustig <Person>

bellow /ˈbeləʊ/ **A** v.i. brüllen
B v.t. ~ [out] brüllen <Befehl>

bellows /ˈbeləʊz/ n. pl. Blasebalg, der

bell: ~-**ringer** n. Glöckner, der; ~-**ringing** n. Glockenläuten, das

belly /ˈbeli/ n. Bauch, der

belly: ~**ache** n. Bauchschmerzen Pl.; ~ **button** n. (infml) Bauchnabel, der; ~ **dance** n. Bauchtanz, der

✎ **belong** /bɪˈlɒŋ/ v.i. ~ **to sb/sth** jmdm./zu etw. gehören; ~ **to a club** einem Verein angehören; **where does this ~?** wo gehört das hin?

be'longings n. pl. Habe, die; Sachen Pl.; **personal ~** persönlicher Besitz; persönliches Eigentum

beloved /bɪˈlʌvɪd/ **A** adj. geliebt
B n. Geliebte, der/die

✎ **below** /bɪˈləʊ/ **A** adv. **1** (position) unten; (lower down) darunter; **from ~** von unten [herauf] **2** (direction) nach unten; hinunter
B prep. unter (position: + Dat.; direction: + Akk.)

belt /belt/ n. Gürtel, der; (for tools, weapons, ammunition) Gurt, der; (of trees) Streifen, der
■ ~ **along** v.i. (infml) rasen (ugs.)
■ ~ **'up** v.i. (BrE) (infml) die Klappe halten (salopp)

bemused /bɪˈmjuːzd/ adj. verwirrt

bench /bentʃ/ n. Bank, die; (work table) Werkbank, die

bench: ~**mark** n. Höhenmarke, die; (fig.) Maßstab, der; Fixpunkt, der; ~**marking** n. Benchmarking, das (fachspr.); Leistungsvergleich, der

bend /bend/ **A** n. Beuge, die; (in road) Kurve, die
B v.t., **bent** /bent/ biegen; beugen <Arm, Knie>; anwinkeln <Bein>
C v.i., **bent** sich biegen; (bow) sich bücken
■ ~ **'down** v.i. sich bücken
■ ~ **'over** v.i. sich nach vorn beugen

beneath /bɪˈniːθ/ prep. **1** (unworthy of) ~ **sb**, ~ **sb's dignity** unter jmds. Würde (Dat.) **2** (arch./literary) (under) unter (+ Dat.)

benefactor /ˈbenɪfæktə(r)/ n. Wohltäter, der; (patron) Gönner, der

beneficial /benɪˈfɪʃl/ adj. nützlich; vorteilhaft <Einfluss>

✎ **benefit** /ˈbenɪfɪt/ **A** n. **1** Vorteil, der; **be of ~ to sb/sth** jmdm./einer Sache von Nutzen sein; **have the ~ of** den Vorteil (+ Gen.) haben; **with the ~ of** mit Hilfe (+ Gen.); **for sb's ~** in jmds. Interesse (Dat.) **2** (allowance) Beihilfe, die; **unemployment ~** Arbeitslosenunterstützung, die
B v.t. nützen (+ Dat.)
C v.i. ~ **by/from sth** von etw. profitieren

benevolent /bɪˈnevələnt/ adj. **1** gütig **2** wohltätig <Institution, Verein>

benign /bɪˈnaɪn/ adj. gütig; (Med.) gutartig

bent /bent/ **A** ▶ bend B, C
B n. (liking) Neigung, die (for zu)
C 1 (BrE) (sl.) (corrupt) link (salopp)

bequeath /bɪˈkwiːð/ v.t. ~ **sth to sb** jmdm. etw. hinterlassen

bequest /bɪˈkwest/ n. Legat, das (to an + Akk.)

bereaved /bɪˈriːvd/ n. the ~ der/die Hinterbliebene/die Hinterbliebenen

bereavement /bɪˈriːvmənt/ n. Trauerfall, der

beret /ˈbereɪ/ n. Baskenmütze, die

Berlin /bɜːˈlɪn/ pr. n. Berlin (das)

Berne /bɜːn/ pr. n. Bern (das)

berry /ˈberi/ n. Beere, die

berserk /bəˈsɜːk/ adj. rasend; **go ~** durchdrehen (ugs.)

berth /bɜːθ/ n. (for ship) Liegeplatz, der; (sleeping place) (in ship) Koje, die; (in train) Schlafwagenbett, das

beside /bɪˈsaɪd/ prep. **1** neben (+ Dat.); ~ **the sea/lake** am Meer/See **2 be ~ the point** nichts damit zu tun haben **3** ~ **oneself** außer sich

besides /bɪˈsaɪdz/ **A** adv. außerdem
B prep. außer

besiege /bɪˈsiːdʒ/ v.t. belagern

besotted /bɪˈsɒtɪd/ adj. **be ~ by** or **with sb** in jmdn. vernarrt sein

bespectacled /bɪˈspektəkld/ adj. bebrillt

best /best/ **A** adj. best...; **the ~ part of an hour** fast eine ganze Stunde
B adv. am besten
C n. the ~ der/die/das Beste; **do one's ~** sein Bestes tun; **make the ~ of it** das Beste daraus machen; **at ~** bestenfalls.

best: ~-**be'fore date** n. Mindesthaltbarkeitsdatum, das; ~ **'friend** n. bester Freund/beste Freundin; **be ~ friends with sb** sehr gut mit jmdm. befreundet sein; ~ **'man** n. Trauzeuge, der (des Bräutigams); ~**'seller** n. Bestseller, der; (author) Bestsellerautor, der; ~**'selling** attrib. adj. meistverkauft <Schallplatte>; ~**selling 'author** n. Bestsellerautor, der; ~**selling 'book** n. Bestseller, der; ~**selling 'novel** n. Bestseller, der; ~**selling 'novelist** n. Bestsellerautor, der

bet /bet/ **A** v.t. & i., -tt-, ~ or ~ted wetten; I ~ him £10 ich habe mit ihm um 10 Pfund gewettet; ~ on sth auf etw. (Akk.) setzen **B** n. Wette, die; (fig. infml) Tipp, der

beta blocker /'biːtəblɒkə(r)/ n. (Med.) Beta[rezeptoren]blocker, der

betray /bɪ'treɪ/ v.t. verraten (to an + Akk.)

betrayal /bɪ'treɪəl/ n. Verrat, der

better /'betə(r)/ **A** adj. besser; ~ and ~ immer besser; be much ~ (recovered) sich viel besser fühlen; get ~ (recover) besser werden; the ~ part of sth der größte Teil einer Sache (Gen.) **B** adv. besser; ~ 'off (financially) [finanziell] besser gestellt; be ~ off than sb besser als jmd. dran sein (ugs.); be ~ off without sb/sth ohne jmdn./etw. besser dran sein; I'd ~ be off now ich gehe jetzt besser **C** n. get the ~ of sb/sth jmdn./etw. unterkriegen (ugs.); a change for the ~ eine vorteilhafte Veränderung **D** v.t. übertreffen

better-'quality attrib. adj. qualitativ besser

'betting shop n. Wettbüro, das

between /bɪ'twiːn/ **A** prep. 1 [in] ~ zwischen (position: + Dat.; direction: + Akk.) 2 (amongst) unter (+ Dat.); ~ ourselves, ~ you and me unter uns (Dat.) gesagt 3 ~ them/us (by joint action of) gemeinsam; ~ us we had 40p wir hatten zusammen 40 Pence **B** adv. [in] ~ dazwischen; (in time) zwischendurch

beverage /'bevərɪdʒ/ n. Getränk, das

beware /bɪ'weə(r)/ v.t. & i., only in imper. and inf. ~ [of] sb/sth sich vor jmdm./etw. in Acht nehmen; ~ of doing sth sich davor hüten, etw. zu tun; '~ of the dog' „Vorsicht, bissiger Hund!"

bewilder /bɪ'wɪldə(r)/ v.t. verwirren

be'wildering adj. verwirrend

be'wilderment n. Verwirrung, die

bewitch /bɪ'wɪtʃ/ v.t. verzaubern; (fig.) bezaubern

beyond /bɪ'jɒnd/ **A** adv. 1 (in space) jenseits; (on other side of wall, mountain range, etc.) dahinter 2 (in time) darüber hinaus 3 (in addition) außerdem **B** prep. 1 (at far side of) jenseits (+ Gen.) 2 (later than) nach 3 (out of reach or comprehension or range) über ... (+ Akk.) hinaus

bias /'baɪəs/ **A** n. Voreingenommenheit, die **B** v.t., -s- or -ss- beeinflussen; be ~ed in favour of/against sth/sb für etw./ jmdn. eingestellt sein/gegen etw./jmdn. voreingenommen sein

biathlon /baɪ'æθlən/ n. (Sport) Biathlon, das

bib /bɪb/ n. Lätzchen, das

Bible /'baɪbl/ n. Bibel, die

biblical /'bɪblɪkl/ adj. biblisch

bibliography /bɪblɪ'ɒgrəfɪ/ n. Bibliographie, die

biceps /'baɪseps/ n. Bizeps, der

bicker /'bɪkə(r)/ v.i. sich zanken

bicycle /'baɪsɪkl/ **A** n. Fahrrad, das; attrib. Fahrrad- **B** v.i. Rad fahren

bicycle: ~ clip n. Hosenklammer, die; ~ courier n. Fahrradkurier, der/-kurierin, die; ~ lane n. (reserved for cyclists) Radfahrstreifen, der; (with priority for cyclists) Schutzstreifen [für Radfahrer], der; ~ path n. [Fahr]radweg, der

bid /bɪd/ **A** v.t. 1 -dd-, ~ (at auction) bieten 2 -dd-, bade /bæd, beɪd/ or ~, bidden /'bɪdn/ or ~ ~ sb welcome/goodbye jmdn. willkommen heißen/sich von jmdm. verabschieden **B** v.i., -dd-, ~ 1 werben (for um) 2 (at auction) bieten **C** n. 1 (at auction) Gebot, das 2 (attempt) Versuch, der

bidden ▸ bid A2

'bidder n. Bieter, der/Bieterin, die

bide /'baɪd/ v.t. ~ one's time den richtigen Augenblick abwarten

biennial /baɪ'enɪəl/ n. (Bot.) zweijährige Pflanze; Bienne, die (fachspr.)

bifocal /baɪ'fəʊkl/ **A** adj. Bifokal- **B** n., in pl. Bifokalgläser Pl.

big /bɪg/ adj. groß

bigamist /'bɪgəmɪst/ n. Bigamist, der/ Bigamistin, die

bigamy /'bɪgəmɪ/ n. Bigamie, die

big: ~head n. (infml) Fatzke, der (ugs. abwertend); ~-'headed adj. (infml) eingebildet

bigot /'bɪgət/ n. bornierter Mensch; (Relig.) bigotter Mensch

bigoted /'bɪgətɪd/ adj. borniert

big: ~ 'toe n. große Zehe; ~ 'top n. Zirkuszelt, das; ~ 'wheel n. (at fair) Riesenrad, das

bike /baɪk/ (infml) **A** n. (bicycle) Rad, das; (motor cycle) Maschine, die **B** v.i. Rad fahren/[mit dem] Motorrad fahren

bike: ~ courier, ~ messenger ns. (on motorbike) Motorradkurier, der/-kurierin, die; (on bicycle) Fahrradkurier, der/-kurierin, die; ~ path (esp. AmE) ▸ bicycle path

bikini /bɪ'kiːnɪ/ n. Bikini, der

bilingual /baɪ'lɪŋgwəl/ adj. zweisprachig

bilious /'bɪljəs/ adj. (Med.) Gallen-; ~ attack Gallenfall, der

bill¹ /bɪl/ n. (of bird) Schnabel, der

bill² n. 1 (Parl.) Gesetzentwurf, der 2 (note of charges) Rechnung, die; could we have the ~ please? wir möchten zahlen 3 (poster) '[stick] no ~s' „[Plakate] ankleben verboten"

'billboard n. Reklametafel, die

billet /'bɪlɪt/ **A** n. Quartier, das **B** v.t. einquartieren (with, on bei)

'billfold n. (AmE) Brieftasche, die

'billiard ball n. Billardkugel, die

billiards /'bɪljədz/ n. Billard[spiel], das

b

♂ **billion** /'bɪljən/ n. **1** (thousand million) Milliarde, die
2 (esp. BrE) (dated) (million million) Billion, die
billionaire /bɪljə'neə(r)/ n. (AmE) Milliardär, der
billy goat /'bɪlɪɡəʊt/ n. Ziegenbock, der
bimbo /'bɪmbəʊ/ n. (infml derog.) Puppe, die (salopp)
bin /bɪn/ n. Behälter, der; (for bread) Brotkasten, der; (for rubbish) Mülleimer, der
binary /'baɪnərɪ/ adj. binär
'bin bag n. Müllbeutel, der
bind /baɪnd/ v.t., **bound** /baʊnd/ **1** fesseln ‹Person, Tier›; (bandage) wickeln ‹Glied, Baum›; verbinden ‹Wunde› (with mit)
2 (fasten together) zusammenbinden
3 binden ‹Buch›
4 be bound up with sth (fig.) eng mit etw. verbunden sein
5 be bound to do sth (required) verpflichtet sein, etw. zu tun; (certain) etw. ganz bestimmt tun; it is bound to rain es wird bestimmt regnen
'binder n. (for papers) Hefter, der; (for magazines) Mappe, die
'binding ▣ adj. bindend ‹Vertrag, Abkommen› (on für)
▣ n. (of book) Einband, der
binge-drinking /'bɪndʒ-/ Komasaufen, das
bingo /'bɪŋɡəʊ/ n. Bingo, das
'bin liner n. Müllbeutel, der
binoculars /bɪ'nɒkjʊləz/ n. pl. [pair of] ~ Fernglas, das
bio'chemistry n. Biochemie, die
biodegradable /baɪəʊdɪ'ɡreɪdəbl/ adj. biologisch abbaubar
biode'grade v.i. sich biologisch abbauen
biodi'versity n., no pl. biologische Vielfalt
bio'ethics n. Bioethik, die
'biofuel n. Biobrennstoff, der; (for vehicle) Biokraftstoff, der
biographer /baɪ'ɒɡrəfə(r)/ n. Biograph, der/ Biographin, die
biographical /baɪə'ɡræfɪkl/ adj. biographisch
biography /baɪ'ɒɡrəfɪ/ n. Biographie, die
'biohazard n. Biogefahr, die
biological /baɪə'lɒdʒɪkl/ adj. biologisch
biological: ~ **'clock** n. biologische Uhr; ~ **'warfare** n. biologische Kriegführung; Bakterienkrieg, der; ~ **'waste** n. Bio-Abfall, der; Biomüll, der
biologist /baɪ'ɒlədʒɪst/ n. Biologe, der/ Biologin, die
biology /baɪ'ɒlədʒɪ/ n. Biologie, die
biopharma'ceutical ▣ n. Biopharmazeutikum, das
▣ adj. biopharmazeutisch
biopsy /'baɪɒpsɪ/ n. Biopsie, die
'biorhythm n. Biorhythmus, der

♂ Schlüsselwort

biose'curity n., no pl. Biosicherheit, die; biologische Sicherheit
'biosphere n. Biosphäre, die
biotech /'baɪəʊtek/ n., no pl. Biotechnologie, die
biotech'nology n. Biotechnologie, die
bio'terrorism n. Bioterrorismus, der
bipolar disorder /baɪ'pəʊlə/ (Psych.) bipolare Störung
birch /bɜːtʃ/ n. Birke, die
♂ **bird** /bɜːd/ n. Vogel, der
bird: ~ **bath** n. Vogelbad, das; ~ **cage** n. Vogelkäfig, der; ~ **flu** n. Vogelgrippe, die; ~**'s-eye 'view** n. Vogelperspektive, die; ~**'s nest** n. Vogelnest, das; ~ **table** n. Futterstelle für Vögel; ~**watcher** n. Vogelbeobachter, der/-beobachterin, die; ~**watching** n. das Beobachten von Vögeln
Biro® /'baɪrəʊ/ n., pl. ~**s** Kugelschreiber, der; Kuli, der (ugs.)
♂ **birth** /bɜːθ/ n. **1** Geburt, die; give ~ ‹Frau:› entbinden; ‹Tier:› jungen; werfen; give ~ to a child ein Kind zur Welt bringen
2 (of movement, fashion, etc.) Aufkommen, das
birth: ~ **certificate** n. Geburtsurkunde, die; ~ **control** n. Geburtenkontrolle, die
♂ **'birthday** n. Geburtstag, der; attrib. Geburtstags-
'birthing pool n. Gebärwanne, die
birth: ~**mark** n. Muttermal, das; ~**place** n. Geburtsort, der; ~ **rate** n. Geburtenrate, die
biscuit /'bɪskɪt/ n. (BrE) Keks, der
bisect /baɪ'sekt/ v.t. halbieren
bisexual /baɪ'seksjʊəl/ ▣ adj. bisexuell
▣ n. Bisexuelle, der/die
bishop /'bɪʃəp/ n. **1** (Eccl.) Bischof, der
2 (Chess) Läufer, der
bit¹ /bɪt/ n. **1** (for horse) Gebiss, das
2 (of drill) [Bohr]einsatz, der
♂ **bit²** n. (piece) Stück, das; not a or one ~ (not at all) überhaupt nicht; a ~ tired/too early ein bisschen müde/zu früh; be a ~ of a coward/ bully ein ziemlicher Feigling sein/den starken Mann markieren (ugs.)
♂ **bit³** n. (Comp.) Bit, das
bit⁴ ▶ bite A, B
bitch /bɪtʃ/ n. **1** (dog) Hündin, die
2 (sl. derog.) (woman) Miststück, das (derb)
bitchy /'bɪtʃɪ/ adj. (infml) gemein; gehässig
bite /baɪt/ ▣ v.t., **bit** /bɪt/, **bitten** /'bɪtn/ beißen; ‹Moskito usw.:› stechen
▣ v.i., **bit**, **bitten** beißen/stechen; (take bait) anbeißen
▣ n. Biss, der; (piece) Bissen, der; (wound) Bisswunde, die; (by mosquito etc.) Stich, der
■ ~ '**off** v.t. abbeißen
'bite-size adj. mundgerecht
biting /'baɪtɪŋ/ adj. beißend
bitten ▶ bite A, B
bitter /'bɪtə(r)/ adj. bitter

'**bitterly** *adv.* bitterlich <*weinen, sich beschweren*>; ~ **cold** bitterkalt

'**bitterness** *n.* Bitterkeit, *die*

bizarre /bɪ'zɑː(r)/ *adj.* bizarr

✓ **black** /blæk/ **A** *adj.* **1** schwarz; ~ **and blue** (fig.) grün und blau; **in** ~ **and white** (fig.) schwarz auf weiß; ~ **and white film** Schwarzweißfilm, *der*; **in the** ~ (in credit) in den schwarzen Zahlen
  2 B~ (dark-skinned) schwarz
  B *n.* **1** Schwarz, *das*
  2 B~ (person) Schwarze, *der/die*
  C *v.t.* bestreiken <*Betrieb*>; boykottieren <*Arbeit*>
  ■ ~ '**out A** *v.t.* verdunkeln
  B *v.i.* das Bewusstsein verlieren

black: ~**berry** /'blækbərɪ/ *n.* Brombeere, *die*; ~**bird** *n.* Amsel, *die*; ~**board** *n.* [Wand]tafel, *die*; ~ '**box** *n.* (flight recorder) Flugschreiber, *der*; ~'**currant** *n.* schwarze Johannisbeere

blacken /'blækn/ *v.t.* schwärzen; verfinstern <*Himmel*>

black: ~ '**eye** *n.* blaues Auge; **B**~ '**Forest** *pr. n.* Schwarzwald, *der*; ~ '**hole** *n.* (Astron.) schwarzes Loch; ~ '**ice** *n.* Glatteis, *das*; ~**leg** *n.* (BrE) Streikbrecher, *der/*-brecherin, *die*; ~ **list** *n.* schwarze Liste; ~**list** *v.t.* auf die schwarze Liste setzen; ~**mail A** *v.t.* erpressen **B** *n.* Erpressung, *die*; ~ **market** *n.* schwarzer Markt

'**blackness** *n.* Schwärze, *die*; (darkness) Finsternis, *die*

black: ~**out** *n.* **1** Verdunkelung, *die*; (Theatre, Radio) Blackout, *der* **2** (Med.) have a ~**out** das Bewusstsein verlieren; ~ '**pudding** *n.* Blutwurst, *die*; **B**~ '**Sea** *pr. n.* Schwarze Meer, *das*; ~**smith** *n.* Schmied, *der*; ~ **spot** *n.* Gefahrenstelle, *die*

bladder /'blædə(r)/ *n.* Blase, *die*

blade /bleɪd/ *n.* **1** (of sword, knife, razor, etc.) Klinge, *die*; (of saw, oar, propeller) Blatt, *das* **2** (of grass) Spreite, *die*

✓ **blame** /bleɪm/ **A** *v.t.* ~ **sb [for sth]** jmdm. die Schuld [an etw. (*Dat.*)] geben; **be to** ~ **[for sth]** an etw. (*Dat.*) schuld sein; ~ **sth [for sth]** etw. [für etw.] verantwortlich machen **B** *n.* Schuld, *die*

'**blameless** *adj.* untadelig

blancmange /blə'mɒnʒ/ *n.* Flammeri, *der*

bland /blænd/ *adj.* mild; (suave) verbindlich

blank /blæŋk/ **A** *adj.* **1** leer; kahl <*Wand, Fläche*>
  2 (empty) frei
  B *n.* **1** (space) Lücke, *die*
  2 (cartridge) Platzpatrone, *die*
  3 draw a ~ kein Glück haben

blank '**cheque** *n.* Blankoscheck, *der*; (fig.) Blankovollmacht, *die*

blanket /'blæŋkɪt/ *n.* Decke, *die*; **wet** '~ (fig.) Trauerkloß, *der* (ugs.)

blare /'bleə(r)/ **A** *v.i.* <*Lautsprecher:*> plärren; <*Trompete:*> schmettern
  B *v.t.* ~ **[out]** [hinaus]plärren <*Worte*>; [hinaus]schmettern <*Melodie*>

blasé /'blɑːzeɪ/ *adj.* blasiert

blasphemous /'blæsfəməs/ *adj.* lästerlich

blasphemy /'blæsfəmɪ/ *n.* Blasphemie, *die*

blast /blɑːst/ **A** *n.* **1 a** ~ **[of wind]** ein Windstoß
  2 (of horn) Tuten, *das*
  B *v.t.* (blow up) sprengen
  ■ ~ '**off** *v.i.* abheben
  C *int.* verdammt

blasted /'blɑːstɪd/ *adj.* (damned) verdammt (salopp)

'**blast-off** *n.* Abheben, *das*

blatant /'bleɪtənt/ *adj.* **1** (flagrant) eklatant **2** (unashamed) unverhohlen; unverfroren <*Lüge*>

'**blatantly** *adv.* ▸ **blatant** eklatant; unverhohlen

blaze /bleɪz/ **A** *n.* Feuer, *das*
  B *v.i.* brennen; lodern (geh.)

blazer /'bleɪzə(r)/ *n.* Blazer, *der*

bleach /bliːtʃ/ **A** *v.t.* bleichen
  B *n.* Bleichmittel, *das*

bleak /bliːk/ *adj.* **1** öde <*Landschaft usw.*> **2** (unpromising) düster

bleat /bliːt/ *v.i.* <*Schaf:*> blöken; <*Ziege:*> meckern

bled ▸ **bleed**

bleed /bliːd/ *v.i.,* **bled** /bled/ bluten

bleep /bliːp/ **A** *n.* Piepen, *das*
  B *v.i.* <*Geigerzähler, Funksignal:*> piepen
  C *v.t.* ~ **sb** jmdn. über seinen Kleinempfänger *od.* (ugs.) Piepser rufen

bleeper /'bliːpə(r)/ *n.* Kleinempfänger, *der*; Piepser, *der* (ugs.)

blemish /'blemɪʃ/ *n.* Fleck, *der*

blend /blend/ **A** *v.t.* mischen
  B *v.i.* sich mischen lassen
  C *n.* Mischung, *die*

'**blender** *n.* Mixer, *der*

bless /bles/ *v.t.* segnen; ~ **you!** (after sb sneezes) Gesundheit!

blessed /'blesɪd/ *adj.* **1** (revered) heilig **2** (cursed) verdammt (salopp)

'**blessing** *n.* Segen, *der*

blew ▸ **blow**¹

blight /blaɪt/ *n.* (fig.) Fluch, *der*

blind /blaɪnd/ **A** *adj.* blind; ~ **in one eye** auf einem Auge blind
  B *adv.* blindlings
  C *n.* **1** Jalousie, *die*; (made of cloth) Rouleau, *das*; (of shop) Markise, *die*
  2 *pl.* the ~ die Blinden *Pl.*
  D *v.t.* blenden

blind: ~ '**alley** *n.* (lit. or fig.) Sackgasse, *die*; ~ '**corner** *n.* unübersichtliche Ecke; ~ '**date** *n.* Verabredung mit einem/einer Unbekannten; ~**fold A** *v.t.* die Augen

b

b

verbinden (+ *Dat.*)
B *adj.* mit verbundenen Augen *nachgestellt*.

'**blinding** *adj.* blendend; a ~ headache
rasende Kopfschmerzen *Pl.*

'**blindly** *adv.* [wie] blind; (fig.) blindlings

'**blindness** *n.* Blindheit, *die*

'**blind spot** *n.* (Motor Veh.) toter Winkel;
(fig.) (weak spot) schwacher Punkt

bling /blɪŋ/ *n., no pl., no indef. art.* (infml)
Bling-Bling, *das*

blink /blɪŋk/ *v.i.* **1** blinzeln
2 (shine intermittently) blinken

'**blinkers** *n. pl.* Scheuklappen *Pl.*

blip /blɪp/ *n.* **1** (minor deviation from trend) Delle, *die*
2 (Radar) (image) Echozeichen, *das*

bliss /blɪs/ *n.* [Glück]seligkeit, *die*

blissful /'blɪsfl/ *adj.* [glück]selig

blister /'blɪstə(r)/ **A** *n.* Blase, *die*
B *v.i.* <*Haut*:> Blasen bekommen; <*Anstrich*:>
Blasen werfen

'**blister pack** *n.* Klarsichtpackung, *die*

blizzard /'blɪzəd/ *n.* Schneesturm, *der*

bloated /'bləʊtɪd/ *adj.* (having overeaten)
aufgedunsen; **I feel** ~ ich bin voll (ugs.)

blob /blɒb/ *n.* (drop) Tropfen, *der*; (small mass)
Klacks, *der* (ugs.)

☞ **block** /blɒk/ **A** *n.* **1** Klotz, *der*; (for chopping
on) Hackklotz, *der*; (of concrete or stone, building
stone) Block, *der*
2 (building) [Häuser]block, *der*; ~ **of flats/
offices** Wohnblock, *der*/Bürohaus, *das*
B *v.t.* versperren <*Tür, Straße, Durchgang,
Sicht*>; verstopfen <*Pfeife, Abfluss*>;
verhindern <*Fortschritt*>
■ ~ '**out** *v.t.* ausschließen <*Licht, Lärm*>
■ ~ '**up** *v.t.* verstopfen; versperren <*Eingang*>

blockade /blɒ'keɪd/ **A** *n.* Blockade, *die*
B *v.t.* blockieren

blockage /'blɒkɪdʒ/ *n.* Block, *der*; (of pipe,
gutter) Verstopfung, *die*

block: ~ '**booking** *n.* Gruppenbuchung, *die*;
~**buster** *n.* **1** (bomb) [große] Fliegerbombe
2 (fig.) Knüller, *der* (ugs.); ~ '**capital** *n.*
Blockbuchstabe, *der*; ~**head** *n.* Dummkopf,
der; ~ '**letters** *n. pl.* Blockschrift, *die*

☞ **blog** /blɒg/ (Comp.) **A** *n.* Blog, *das* (Jargon)
B *v.i.* ein Weblog unterhalten

blogger /'blɒgə(r)/ *n.* (author of a weblog)
Weblogautor, *der*/-autorin, *die*

bloke /bləʊk/ *n.* (BrE) (infml) Typ, *der* (ugs.)

blonde /blɒnd/ **A** *adj.* blond
B *n.* Blondine, *die*

☞ **blood** /blʌd/ *n.* Blut, *das*

blood: ~ **bank** *n.* Blutbank, *die*; ~**bath** *n.*
Blutbad, *das*; ~ **cell** *n.* Blutkörperchen, *das*;
~ **clot** *n.* Blutgerinnsel, *das*; ~ **donor** *n.*
Blutspender, *der*/-spenderin, *die*; ~ **group** *n.*
Blutgruppe, *die*; ~**hound** *n.* Bluthund, *der*; ~
plasma *n.* Blutplasma, *das*; ~ **poisoning**
n. Blutvergiftung, *die*; ~ **pressure** *n.*

Blutdruck, *der*; ~ **sample** *n.* Blutprobe, *die*;
~**shed** *n.* Blutvergießen, *das*; ~**shot** *adj.*
blutunterlaufen; ~ **sports** *n. pl.* Hetzjagd,
die; ~**stain** *n.* Blutfleck, *der*; ~**stained**
adj. blutbefleckt; ~**stream** *n.* Blutstrom,
der; ~ **sugar** *n.* Blutzucker, *der*; ~ **test** *n.*
Blutprobe, *die*; ~**thirsty** *adj.* blutrünstig;
~ **transfusion** *n.* Bluttransfusion, *die*; ~
vessel *n.* Blutgefäß, *das*

'**bloody** **A** *adj.* **1** blutig; (running with blood)
blutend
2 (sl.) (damned) verdammt (salopp)
B *adv.* (sl.) (damned) verdammt (salopp)

bloom /bluːm/ **A** *n.* Blüte, *die*; **be in** ~ in
Blüte stehen
B *v.i.* blühen

blossom /'blɒsəm/ **A** *n.* (flower) Blüte, *die*;
(mass) Blütenmeer, *das* (geh.)
B *v.i.* blühen; <*Mensch*:> aufblühen

blot /blɒt/ **A** *n.* (of ink) Tintenklecks, *der*;
(stain) Fleck, *der*
B *v.t.*, **-tt-** ablöschen <*Tinte, Papier*>
■ ~ '**out** *v.t.* (fig.) auslöschen

blotchy /'blɒtʃi/ *adj.* fleckig

'**blotting paper** *n.* Löschpapier, *das*

blouse /blaʊz/ *n.* Bluse, *die*

☞ **blow**[1] /bləʊ/ **A** *v.i.*, **blew** /bluː/, **blown**
/bləʊn/ <*Wind*:> wehen; <*Sturm*:> blasen
B *v.t.*, **blew, blown** **1** blasen; <*Wind*:>
wehen; machen <*Seifenblase*>; ~ **sb a kiss**
jmdm. eine Kusshand zuwerfen
2 ~ **one's nose** sich (*Dat.*) die Nase putzen
3 ~ **sth to pieces** etw. in die Luft sprengen
■ ~ '**out** **A** *v.t.* ausblasen
B *v.i.* ausgeblasen werden
■ ~ '**over** **A** *v.i.* umgeblasen werden; <*Streit,
Sturm*:> sich legen
B *v.t.* umblasen
■ ~ '**up** **A** *v.t.* **1** (shatter) [in die Luft] sprengen
2 aufblasen <*Ballon*>; aufpumpen <*Reifen*>
3 (infml) (enlarge) vergrößern <*Foto, Seite*>
4 (infml) (exaggerate) hochspielen
B *v.i.* (explode) explodieren

blow[2] *n.* **1** Schlag, *der*; (with axe) Hieb, *der*;
come to ~**s** handgreiflich werden
2 (disaster) [schwerer] Schlag

blow: ~**-dry** *v.t.* fönen; ~**lamp** *n.* Lötlampe,
die

blown ▸ **blow**[1]

blow torch ▸ **blow lamp**

blubber /'blʌbə(r)/ *n.* Walspeck, *der*

☞ **blue** /bluː/ **A** *adj.* blau
B *n.* **1** Blau, *das*
2 have the ~**s** deprimiert sein
3 (Mus.) the ~**s** der Blues
4 out of the ~ aus heiterem Himmel

blue: ~**bell** *n.* Glockenblume, *die*; ~ '**blood**
n. blaues Blut; ~**bottle** *n.* Schmeißfliege,
die; ~ '**cheese** *n.* Blauschimmelkäse, *der*;
Edelpilzkäse, *der*; ~**-collar worker** *n.*
Arbeiter, *der*/Arbeiterin, *die*; ~**-eyed** *adj.*
blauäugig; **be** ~**-eyed** blaue Augen haben; ~
'**jeans** *n. pl.* Blue Jeans *Pl.*; ~ '**moon** *n.* once

☞ Schlüsselwort

in a ~ **moon** alle Jubeljahre (ugs.); ~**print**
n. (fig.) Entwurf, *der*; ~ **tit** *n.* (Ornith.)
Blaumeise, *die*; ~ '**whale** *n.* Blauwal, *der*

bluff /blʌf/ **A** *n.* Bluff, *der* (ugs.); **call sb's ~**
es darauf ankommen lassen (ugs.)
B *v.i. & t.* bluffen (ugs.)

blunder /'blʌndə(r)/ **A** *n.* [schwerer] Fehler
B *v.i.* **1** (make mistake) einen [schweren]
Fehler machen
2 (move blindly) tappen

blunt /blʌnt/ **A** *adj.* **1** stumpf
2 (outspoken) direkt; glatt (ugs.) ‹Ablehnung›
B *v.t.* ~ [the edge of] stumpf machen

'**bluntly** *adv.* direkt; glatt ‹ablehnen›

blur /blɜː(r)/ **A** *v.t.*, **-rr- 1** verwischen
2 (become indistinct) verschwimmen; **his vision
was ~red** er sah alles verschwommen
B *n.* (smear) Fleck, *der*; (dim image)
verschwommener Fleck

blurt /blɜːt/ *v.t.* ~ **out** herausplatzen mit (ugs.)

blush /blʌʃ/ **A** *v.i.* rot werden
B *n.* Rotwerden, *das*

bluster /'blʌstə(r)/ *v.i.* sich aufplustern (ugs.)

blustery /'blʌstərɪ/ *adj.* stürmisch

BO *abbr.* (infml) = **body odour**

boar /bɔː(r)/ *n.* [wild] ~ Keiler, *der*

✓ **board** /bɔːd/ **A** *n.* **1** Brett, *das*; (black~) Tafel,
die; (notice~) schwarzes Brett; **above** ~ (fig.)
einwandfrei; korrekt
2 (Commerc.) ~ [of directors] Vorstand, *der*;
(supervisory ~) Aufsichtsrat, *der*
3 (Naut., Aeronaut.) **on** ~ an Bord
4 ~ **and lodging** Unterkunft und
Verpflegung; **full** ~ Vollpension, *die*
B *v.t.* ~ **the ship/plane** an Bord des Schiffes/
Flugzeuges gehen; ~ **the train/bus** in den
Zug/Bus einsteigen
■ ~ '**up** *v.t.* mit Brettern vernageln

'**boarder** *n.* (Sch.) Internatsschüler,
der/-schülerin, *die*

'**board game** *n.* Brettspiel, *das*

'**boarding**: ~ **house** *n.* Pension, *die*;
~ **pass** *n.* Bordkarte, *die*; ~ **school** *n.*
Internat, *das*

board: ~ **meeting** *n.* Vorstandssitzung, *die*;
~**room** *n.* Sitzungssaal, *der*

boast /bəʊst/ *v.i.* prahlen

boastful /'bəʊstfl/ *adj.* prahlerisch

✓ **boat** /bəʊt/ *n.* Boot, *das*

boat: ~**house** *n.* Bootshaus, *das*; ~ **trip** *n.*
Bootsfahrt, *die*

bob¹ /bɒb/ *v.i.*, **-bb-**; ~ [up and down] sich
auf und nieder bewegen

bob² *n.* (~sled) Bob, *der*

bobbin /'bɒbɪn/ *n.* Spule, *die*

bob~sled, ~**sleigh** *ns.* Bobschlitten, *der*

bodice /'bɒdɪs/ *n.* Mieder, *das*; (part of dress)
Oberteil, *das*

bodily /'bɒdɪlɪ/ *adj.* körperlich; ~ **needs**
leibliche Bedürfnisse

✓ **body** /'bɒdɪ/ *n.* **1** Körper, *der*
2 (corpse) Leiche, *die*

3 (group) Gruppe, *die*; (with particular function)
Organ, *das*

body: ~ **bag** *n.* Leichensack, *der*; ~**building**
A *n.* Bodybuilding, *das* **B** *adj.* ~**building
food** Aufbaukost, *die*; ~ **clock** ▶ **biological
clock**; ~**guard** *n.* (single) Leibwächter,
der; (group) Leibwache, *die*; ~ **language**
n. Körpersprache, *die*; ~ **odour** *n.*
Körpergeruch, *der*; ~ **part** *n.* Körperteil,
der; ~ **piercing** *n.* Piercing, *das*; ~
weight *n.* Körpergewicht, *das*; ~**work** *n.*
Karosserie, *die*

bog /bɒg/ **A** *n.* Moor, *das*; (marsh, swamp)
Sumpf, *der*
B *v.t.*, **-gg-**; **be/get ~ged down** (fig.) sich
verzettelt haben/sich verzetteln

boggle /'bɒgl/ *v.i.* (infml) **the mind ~s** da
kann man nur [noch] staunen

bogus /'bəʊgəs/ *adj.* falsch

boil¹ /bɔɪl/ **A** *v.i. & t.* kochen
B *n.* **come to/go off the ~** zu kochen
anfangen/aufhören; **bring to the ~** zum
Kochen bringen
■ ~ '**down** *v.i.* ~ **down to sth** (fig.) auf etw.
hinauslaufen
■ ~ '**over** *v.i.* überkochen

boil² *n.* (Med.) Furunkel, *der*

'**boiler** *n.* Kessel, *der*

'**boiler**: ~**room** *n.* Kesselraum, *der*; ~ **suit**
n. Overall, *der*

'**boiling point** *n.* Siedepunkt, *der*

boisterous /'bɔɪstərəs/ *adj.* ausgelassen

bold /bəʊld/ *adj.* **1** (courageous) mutig; (daring)
kühn
2 auffallend ‹Farbe, Muster›

'**boldly** *adv.* (courageously) mutig; (daringly)
kühn

Bolivia /bə'lɪvɪə/ *pr. n.* Bolivien *(das)*

bollard /'bɒlɑːd/ *n.* (BrE) Poller, *der*

bollocks /'bɒlɒks/ (coarse) **A** *n. pl.* Eier (derb)
B *int.* Scheiße

bolster /'bəʊlstə(r)/ **A** *n.* (pillow) Nackenrolle,
die
B *v.t.* (fig.) stärken

bolt /bəʊlt/ **A** *n.* **1** (on door or window) Riegel,
der; (on gun) Kammerverschluss, *der*
2 (metal pin) Schraube, *die*; (without thread)
Bolzen, *der*
B *v.i.* davonlaufen; ‹Pferd:› durchgehen;
‹Fuchs, Kaninchen:› flüchten
C *v.t.* **1** verriegeln ‹Tür, Fenster›
2 (fasten with ~s) verschrauben/mit Bolzen
verbinden
3 ~ [down] hinunterschlingen ‹Essen›
D *adv.* ~ **upright** kerzengerade

✓ **bomb** /bɒm/ **A** *n.* Bombe, *die*
B *v.t.* bombardieren

bombard /bɒm'bɑːd/ *v.t.* beschießen

bom'bardment *n.* Beschuss, *der*

bombastic /bɒm'bæstɪk/ *adj.* bombastisch

bomb: ~ **attack** *n.* Bombenanschlag,
der; ~ **blast** *n.* (blast wave) Druckwelle,

b

die; (explosion) Bombenexplosion,
die; ~ **dis'posal** *n.* Räumung von
Bomben; ~ **dis'posal squad** *n.*
Bombenräumkommando, *das*
bomber /'bɒmə(r)/ *n.* (Air Force) Bomber,
der (ugs.)
bombing /'bɒmɪŋ/ *n.* Bombardierung, *die*
bomb: ~ **scare** *n.* Bombendrohung, *die*;
~**shell** *n.* Bombe, *die*; (fig.) Sensation, *die*
bond /bɒnd/ *n.* **1** Band, *das*; *in pl.* (shackles)
Fesseln *Pl.*
2 (adhesion) Verbindung, *die*
3 (Commerc.) Anleihe, *die*
⚘ **bone** /bəʊn/ **A** *n.* Knochen, *der*; (of fish)
Gräte, *die*
B *v.t.* den/die Knochen herauslösen aus;
entgräten <*Fisch*>
bone: ~ **'china** *n.* Knochenporzellan, *das*;
~ **'dry** *adj.* knochentrocken (ugs.); ~ **'idle**
adj. stinkfaul (salopp); ~ **marrow** *n.* (Anat.)
Knochenmark, *das*; ~**meal** *n.* Knochenmehl,
das
bonfire /'bɒnfaɪə(r)/ *n.* Freudenfeuer, *das*;
(for rubbish) Feuer, *das*
'Bonfire Night *n.* (BrE) [Abend des] Guy
Fawkes Day (*mit Feuerwerk*)
bonnet /'bɒnɪt/ *n.* **1** (woman's) Haube, *die*;
(child's) Häubchen, *das*
2 (BrE) (Motor Veh.) Motorhaube, *die*
bonus /'bəʊnəs/ *n.* zusätzliche Leistung;
(to shareholders) Bonus, *der*; Christmas ~
Weihnachtsgratifikation, *die*
bony /'bəʊnɪ/ *adj.* **1** Knochen-; (like bone)
knochenartig
2 (skinny) knochendürr (ugs.); spindeldürr
boo /buː/ **A** *int.* (to surprise sb) huh; (expr.
disapproval, contempt) buh
B *n.* Buh, *das* (ugs.)
C *v.t.* ausbuhen (ugs.)
D *v.i.* buhen (ugs.)
boob /buːb/ (BrE) (infml) *n.* **1** (mistake) Fehler,
der; Schnitzer, *der* (ugs.)
2 (breast) Titte, *die* (ugs.)
booby /'buːbɪ/ *n.* Trottel, *der* (ugs.)
booby: ~ **prize** *n*: Preis für den schlechtesten
Teilnehmer an einem Wettbewerb; ~ **trap** *n.*:
1 Falle, mit der man jmdm. einen Streich spielen
will **2** (Mil.) versteckte Sprengladung
⚘ **book** /bʊk/ **A** *n.* Buch, *das*; (for accounts)
Rechnungsbuch, *das*; (for exercises)
[Schreib]heft, *das*
B *v.t.* buchen <*Reise, Flug, Platz [im
Flugzeug]*>; [vor]bestellen <*Eintrittskarte,
Tisch, Zimmer, Platz [im Theater]*>
C *v.i.* buchen
■ ~ **'in** **A** *v.i.* sich eintragen
B *v.t.* eintragen
■ ~ **'up** *v.i. & t.* buchen; **be** ~**ed up** <*Hotel
usw.*>: ausgebucht sein
book: ~**case** *n.* Bücherschrank, *der*; ~ **club**

n. Buchklub, *der*; Buchgemeinschaft, *die*;
~**ends** *n. pl.* Buchstützen *Pl.*
bookie /'bʊkɪ/ *n.* (infml) Buchmacher, *der*
'booking office *n.* [Fahrkarten]schalter, *der*
book: ~**keeper** *n.* Buchhalter, *der*/-halterin,
die; ~**keeping** *n.* Buchführung, *die*;
Buchhaltung, *die*
booklet /'bʊklɪt/ *n.* Broschüre, *die*
book: ~**maker** *n.* (in betting) Buchmacher, *der*;
~**mark** *n.* **A** (also Comp.) Lesezeichen, *das*
B *v.t.* (Comp.) mit einem Lesezeichen
versehen; ~**seller** *n.* Buchhändler,
der/-händlerin, *die*; ~**shelf** *n.* Bücherbord,
das; ~**shop** *n.* Buchhandlung, *die*;
~**stall** *n.* Bücherstand, *der*; ~**store**
n. (AmE) Buchhandlung, *die*; ~ **token**
n. Büchergutschein, *der*; ~**worm** *n.*
Bücherwurm, *der*
boom¹ /buːm/ *n.* **1** (for camera or microphone)
Ausleger, *der*
2 (Naut.) Baum, *der*
boom² **A** *v.i.* **1** dröhnen
2 <*Geschäft, Verkauf, Gebiet:*> sich sprunghaft
entwickeln
B *n.* **1** Dröhnen, *das*
2 (in business or economy) Boom, *der*
boomerang /'buːməræŋ/ *n.* Bumerang, *der*
boon /buːn/ *n.* Segen, *der* (to für)
boor /bʊə/ *n.* Rüpel, *der*
boorish /'bʊərɪʃ/ *adj.* rüpelhaft
boost /buːst/ **A** *v.t.* ankurbeln <*Wirtschaft*>;
in die Höhe treiben <*Preis, Wert*>; stärken
<*Selbstvertrauen, Moral*>
B *n.* Auftrieb, *der*
boot /buːt/ **A** *n.* **1** Stiefel, *der*; **give sb the** ~
(fig. infml) jmdn. rausschmeißen (ugs.)
2 (BrE) (of car) Kofferraum, *der*
B *v.t.* **1** (infml) (kick) kicken (ugs.)
2 (Comp.) ~ **[up]** booten
bootable /'buːtəbl/ *adj.* (Comp.) bootbar
<*System*>
bootable 'disk *n.* Bootdiskette, *die*
boot: ~ **camp** *n.* (Mil.) Ausbildungslager,
das; Trainingslager, *das*; ~ **disk** *n.* (Comp.)
Bootdiskette
booth /buːð/ *n.* **1** Bude, *die*
2 (telephone ~) Zelle, *die*
'bootleg *adj.* (illegally sold/distilled) schwarz
verkauft/gebrannt
booze /buːz/ (infml) **A** *v.i.* saufen (derb)
B *n.* Alkohol, *der*
'booze-up *n.* (infml) Besäufnis, *das* (salopp);
have a ~ saufen gehen (salopp/ugs.)
⚘ **border** /'bɔːdə(r)/ **A** *n.* **1** Rand, *der*; (of
tablecloth, handkerchief) Bordüre, *die*
2 (of country) Grenze, *die*
3 (flower bed) Rabatte, *die*
B *attrib. adj.* Grenz<*stadt, -streit*>
C *v.t.* **1** (adjoin) [an]grenzen an (+ *Akk.*)
2 (put a ~ to, act as a ~ to) umranden; einfassen
D *v.i.* **1** ~ **on**
2 ▶ **C1**

3 (resemble) grenzen an (+ *Akk.*)
border: ~ **agency** n. Grenzpolizei, *die*; ~ **crossing** n. Grenzübergang, *der*; ~**line**
A n. Grenzlinie, *die* **B** adj. be ~line auf der Grenze liegen; a ~line case/candidate ein Grenzfall
bore¹ /bɔː(r)/ **A** v.t. bohren
B n. (of firearm) Kaliber, *das*
bore² **A** n. **1** it's a real ~ es ist wirklich ärgerlich; what a ~! wie ärgerlich!
2 (person) Langweiler, *der* (ugs.)
B v.t. langweilen; be ~d sich langweilen
bore³ ▸ bear²
boredom /'bɔːdəm/ n. Langeweile, *die*
borehole n. Bohrloch, *das*
boring /'bɔːrɪŋ/ adj. langweilig
born /bɔːn/ **A** be ~ geboren werden
B adj. geboren; be a ~ orator der geborene Redner sein
borne ▸ bear²
borough /'bʌrə/ n. (town) Stadt, *die*; (village) Gemeinde, *die*
borrow /'bɒrəʊ/ v.t. leihen (from von, bei); (from library) entleihen
borrower n. (from bank) Kreditnehmer, *der*; (from library) Entleiher, *der*
Bosnia /'bɒznɪə/ pr. n. Bosnien (*das*)
Bosnian /'bɒznɪən/ **A** adj. bosnisch; sb is ~ jmd. ist Bosnier/Bosnierin
B n. Bosnier, *der*/Bosnierin, *die*
bosom /'bʊzəm/ n. Busen, *der*
boss /bɒs/ (infml) **A** n. Boss, *der* (ugs.); Chef, *der*
B v.t. ~ [about or around] herumkommandieren (ugs.)
bossy adj. (infml) herrisch
botanical /bə'tænɪkl/ adj. botanisch
botanist /'bɒtənɪst/ n. Botaniker, *der*/Botanikerin, *die*
botany /'bɒtənɪ/ n. Botanik, *die*
botch /bɒtʃ/ **A** v.t. pfuschen bei (ugs.)
B v.i. pfuschen (ugs.)
■ ~ 'up v.t. (bungle) verpfuschen (ugs.)
both /bəʊθ/ **A** adj. beide; ~ [the] brothers beide Brüder
B pron. beide; ~ [of them] are dead beide sind tot; ~ of you/them are ... ihr seid/sie sind beide ...
C adv. ~ A and B sowohl A als [auch] B; he and I were ~ there er und ich waren beide da
bother /'bɒðə(r)/ **A** v.t. **1** I can't be ~ed ich habe keine Lust
2 (annoy) lästig sein (+ *Dat.*); <*Lärm, Licht*:> stören; <*Schmerz, Zahn*:> zu schaffen machen (+ *Dat.*); I'm sorry to ~ you, but ... es tut mir Leid, wenn ich Sie störe, aber ...
3 (worry) Sorgen machen (+ *Dat.*); <*Problem, Frage*:> beschäftigen
B v.i. don't ~ to do it Sie brauchen es nicht zu tun; you needn't/shouldn't have ~ed das

wäre nicht nötig gewesen; don't ~! nicht nötig!
C n. **1** (trouble) Ärger, *der*
2 (effort) Mühe, *die*
D int. (infml) wie ärgerlich!
bottle /'bɒtl/ **A** n. Flasche, *die*; a ~ of beer eine Flasche Bier
B v.t. **1** (put into ~s) in Flaschen [ab]füllen
2 ~d beer Flaschenbier, *das*
3 (preserve in jars) einmachen
■ ~ 'up v.t. **1** (conceal) in sich (*Dat.*) aufstauen
2 (trap) einschließen
bottle: ~ **bank** n. Altglasbehälter, *der*; ~**neck** n. (fig.) Flaschenhals, *der* (ugs.); ~ **opener** n. Flaschenöffner, *der*; ~ **top** n. Flaschenverschluss, *der*
bottom /'bɒtəm/ **A** n. **1** unteres Ende; (of cup, glass, box) Boden, *der*; (of valley, well, shaft) Sohle, *die*; (of hill, cliff, stairs) Fuß, *der*
2 (buttocks) Hinterteil, *das* (ugs.)
3 (of sea, lake) Grund, *der*
4 (farthest point) at the ~ of the garden/street hinten im Garten/am Ende der Straße
5 (underside) Unterseite, *die*
6 (fig.) start at the ~ ganz unten anfangen; be ~ of the class der/die Letzte in der Klasse sein
B adj. **1** (lowest) unterst...; (lower) unter...
2 (fig.) (last) letzt...
bottomless adj. bodenlos; unendlich tief <*Meer, Ozean*>
botulism /'bɒtjuːlɪzm/ n. (Med.) Botulismus, *der*
bough /baʊ/ n. Ast, *der*
bought ▸ buy A
boulder /'bəʊldə(r)/ n. Felsbrocken, *der*
boulevard /'buːləvɑːd/ n. Boulevard, *der*
bounce /baʊns/ **A** v.i. **1** springen
2 (infml) <*Scheck*:> platzen (ugs.)
B v.t. aufspringen lassen <*Ball*>
C n. Aufprall, *der*
bouncer n. (infml) Rausschmeißer, *der* (ugs.)
bouncing /'baʊnsɪŋ/ adj. stramm <*Baby*>
bouncy /'baʊnsɪ/ adj. gut springend <*Ball*>; (fig.) (lively) munter
bouncy 'castle n. Hüpfburg, *die*
bound¹ /baʊnd/ **A** n., usu. in pl. (limit) Grenze, *die*; within the ~s of possibility im Bereich des Möglichen; sth is out of ~s [to sb] der Zutritt zu etw. ist [für jmdn.] verboten
B v.t. be ~ed by sth durch etw. begrenzt werden
bound² **A** v.i. hüpfen
B n. Satz, *der*
bound³ pred. adj. be ~ for home/Frankfurt auf dem Heimweg/nach Frankfurt unterwegs sein; homeward ~ auf dem Weg nach Hause
bound⁴ ▸ bind
boundary /'baʊndərɪ/ n. Grenze, *die*
boundless adj. grenzenlos
bounty /'baʊntɪ/ n. Kopfgeld, *das*

b

b

bouquet /buˈkeɪ/ n. [Blumen]strauß, der
bourgeois /ˈbʊəʒwɑː/ **A** n., pl. same Bürger, der/Bürgerin, die
 B adj. bürgerlich
bout /baʊt/ n. **1** (contest) Wettkampf, der
 2 (fit) Anfall, der
boutique /buːˈtiːk/ n. Boutique, die
bow¹ /bəʊ/ **1** (curve, weapon, Mus.) Bogen, der
 2 (knot, ribbon) Schleife, die
bow² /baʊ/ **A** v.i. **1** ~ [to sb] sich [vor jmdm.] verbeugen
 2 (submit) sich beugen (to Dat.)
 B n. Verbeugung, die
bow³ /baʊ/ n. (Naut.) Bug, der
bowel /ˈbaʊəl/ n., (Anat.) ~s pl. (Med.) ~: Darm, der
bowl¹ /bəʊl/ n. (basin) Schüssel, die; (shallower) Schale, die; (of spoon) Schöpfteil, der; (of pipe) Kopf, der
bowl² **A** n. **1** (ball) Kugel, die
 2 in pl. (game) Bowls, das
 B v.i. **1** (play ~s) Bowls spielen
 2 (Cricket) werfen
bow-legged /bəʊˈlegɪd/ o-beinig (ugs.)
bowler¹ /ˈbəʊlə(r)/ n. (Cricket) Werfer, der
bowler² n. ~ [hat] Bowler, der
'bowling n. [tenpin] ~ Bowling, das; go ~ bowlen gehen
bowling: ~ **alley** n. Bowlingbahn, die; ~ **green** n.: Rasenfläche für Bowls
bow /bəʊ/: ~**string** n. Bogensehne, die;
 ~ **'tie** n. Fliege, die; ~ **window** n. Erkerfenster, das
✛ **box¹** /bɒks/ n. **1** Kasten, der; (bigger) Kiste, die; (of cardboard) Schachtel, die
 2 the ~ (infml) (television) der Kasten (ugs. abwertend); die Flimmerkiste (scherzh.)
✛ **box²** **A** n. he gave him a ~ on the ear[s] er gab ihm eine Ohrfeige
 B v.t. **1** he ~ed his ears or ~ed him round the ears er ohrfeigte ihn
 2 (Sport) ~ sb gegen jmdn. boxen
 C v.i. (Sport) boxen
 ■ ~ **'in** v.t. (enclose tightly) einklemmen
'boxer n. Boxer, der
'boxer shorts n. pl. Boxershorts Pl.
'boxing n. Boxen, das
boxing: B~ **Day** n. zweiter Weihnachtsfeiertag; ~ **glove** n. Boxhandschuh, der; ~ **match** n. Boxkampf, der; ~ **ring** n. Boxring, der
box: ~ **junction** n. (BrE) gelb markierter Kreuzungsbereich, in den man bei Stau nicht einfahren darf; ~ **number** n. (at newspaper office) Chiffre, die; (at post office) Postfach, das; ~ **office** n. Kasse, die; be a ~ office success ein Kassenerfolg sein; ~ **room** n. (BrE) Abstellraum, der
✛ **boy** /bɔɪ/ n. Junge, der
'boy band n. Boyband, die

✛ Schlüsselwort

boycott /ˈbɔɪkɒt/ **A** v.t. boykottieren
 B n. Boykott, der
'boyfriend n. Freund, der
'boyish adj. jungenhaft
boy 'scout ▶ scout A1
bra /brɑː/ n. BH, der (ugs.)
brace /breɪs/ **A** n. **1** (connecting piece) Klammer, die; (strut) Strebe, die; (Dent.) [Zahn]spange, die
 2 in pl. (trouser straps) Hosenträger Pl.
 B v. refl. ~ oneself for sth sich auf etw. (Akk.) vorbereiten
bracelet /ˈbreɪslɪt/ n. Armband, das
bracing /ˈbreɪsɪŋ/ adj. belebend
bracken /ˈbrækn/ n. [Adler]farn, der
bracket /ˈbrækɪt/ **A** n. **1** (support) Konsole, die
 2 (mark) Klammer, die
 B v.t. einklammern
brag /bræɡ/ v.i. & t., **-gg-** prahlen (about mit)
braid /breɪd/ **A** n. **1** (plait) Flechte, die (geh.); Zopf, der
 2 (woven band) Borte, die; (on uniform) Litze, die
 B v.t. flechten
Braille /breɪl/ n. Blindenschrift, die
✛ **brain** /breɪn/ n. Gehirn, das
brain: ~**child** n. (infml) Geistesprodukt, das; ~**dead** adj. **1** (Med.) hirntot **2** (infml derog.) hirnlos <Person>; ~**less** adj. hirnlos;
 ~**storm** n. **1** Anfall geistiger Umnachtung
 2 (AmE) (infml) ▶ brainwave; ~**storming** n. Brainstorming, das; ~**tumour** n. Gehirntumor, der; ~**wash** v.t. einer Gehirnwäsche unterziehen; ~**wave** n. (infml) (inspiration) genialer Einfall
'brainy adj. intelligent
brake /breɪk/ **A** n. Bremse, die
 B v.t. & i. bremsen
brake: ~ **block** n. Bremsklotz, der; ~ **cable** n. Bremszug, der; Bremsseil, das; ~ **fluid** n. Bremsflüssigkeit, die; ~ **light** n. Bremslicht, das; ~ **pad** n. Bremsbelag, der; ~ **shoe** n. Bremsbacke, die
'braking distance n. Bremsweg, der
bramble /ˈbræmbl/ n. Dornenstrauch, der
bran /bræn/ n. Kleie, die
✛ **branch** /brɑːntʃ/ **A** n. **1** (bough) Ast, der; (twig) Zweig, der
 2 (of artery, antlers) Ast, der
 3 (office) Zweigstelle, die; (shop) Filiale, die
 B v.i. sich verzweigen
 ■ ~ **'off** v.i. abzweigen
 ■ ~ **'out** v.i. (fig.) ~ out into sth sich auch mit etw. befassen
branch: ~ **line** n. (Railw.) Nebenstrecke, die;
 ~ **manager** n. Filialleiter, der/-leiterin, die;
 ~ **office** n. Zweigstelle, die
✛ **brand** /brænd/ n. **1** (trade mark) Markenzeichen, das; (goods of particular make) Marke, die
 2 (mark) Brandmal, das
'brand image n. Markenimage, das
brandish /ˈbrændɪʃ/ v.t. schwenken; schwingen <Waffe>

brand: ~ **leader** *n*. (product) marktführendes Produkt; (brand) führende Marke; ~ **name** *n*. Markenname, *der*; ~-**'new** *adj*. nagelneu (ugs.)

brandy /'brændı/ *n*. Weinbrand, *der*; Kognak, *der*

brash /bræʃ/ *adj*. dreist

brass /brɑːs/ *n*. Messing, *das*; *attrib*. Messing-; the ~ (Mus.) das Blech; ~ **player** (Mus.) Blechbläser, *der*; **get down to** ~ **tacks** zur Sache kommen

brass 'band *n*. Blaskapelle, *die*

brassière /'bræzjə(r)/ *n*. Büstenhalter, *der*

'bra strap *n*. BH-Träger, *der*

brat /bræt/ *n*. Balg, *das od. der* (ugs.)

bravado /brə'vɑːdəʊ/ *n*. do sth out of ~ so waghalsig sein, etw. zu tun

brave /breɪv/ **A** *adj*. tapfer
  B *n*. [indianischer] Krieger
  C *v.t.* trotzen (+ *Dat*.)

'bravely *adv*. tapfer

bravery /'breɪvərɪ/ *n*. Tapferkeit, *die*

bravo /brɑː'vəʊ/ *int*. bravo

brawl /brɔːl/ **A** *v.i.* sich schlagen
  B *n*. Schlägerei, *die*

brawny /'brɔːnɪ/ *adj*. muskulös

bray /breɪ/ **A** Iah, *das*
  B *v.i.* <*Esel*:> iahen

brazen /'breɪzn/ **A** *adj*. dreist; (shameless) schamlos
  B *v.t.* ~ **[out]** trotzen (+ *Dat*.); ~ **it out** (deny guilt) es abstreiten; (not admit guilt) es nicht zugeben

brazier /'breɪzɪə(r)/ *n*. Kohlenbecken, *das*

Brazil /brə'zɪl/ *pr. n*. Brasilien *(das)*

Bra'zil nut *n*. Paranuss, *die*

breach /briːtʃ/ **A** *n*. **1** (violation) Verstoß, *der* (of gegen); ~ **of faith/duty** Vertrauensbruch, *der*/Pflichtverletzung, *die*
  2 (of relations) Bruch, *der*
  3 (gap) Bresche, *die*; (fig.) Riss, *der*
  B *v.t.* durchbrechen

bread /bred/ *n*. Brot, *das*; **a piece of** ~ **and butter** ein Butterbrot

bread: ~ **bin** *n*. Brotkasten, *der*; ~**board** *n*. [Brot]brett, *das*; ~**crumb** *n*. Brotkrume, *die*; ~**crumbs** (coating) Paniermehl, *das*; ~ **knife** *n*. Brotmesser, *das*; ~**line** *n*. **be** or **live on/ below the** ~**line** gerade noch/nicht einmal mehr das Notwendigste zum Leben haben; ~ **'roll** *n*. Brötchen, *das*

breadth /bredθ/ *n*. Breite, *die*

'breadwinner *n*. Ernährer, *der*/Ernährerin, *die*

✔ **break** /breɪk/ **A** *v.t.*, **broke** /brəʊk/, **broken** /'brəʊkn/ **1** brechen; (so as to damage) zerbrechen; kaputtmachen (ugs.); zerreißen <*Seil*>; (fig.) (interrupt) unterbrechen; brechen <*Bann, Zauber, Schweigen*>; **the TV/my watch is broken** der Fernseher/meine Uhr ist kaputt (ugs.); ~ **the habit** es sich (*Dat*.)

abgewöhnen
  2 (fracture) sich (*Dat*.) brechen <*Arm, Bein usw*.>
  3 brechen <*Vertrag, Versprechen*>; verstoßen gegen <*Regel, Gesetz*>
  4 (surpass) brechen <*Rekord*>
  5 (cushion) auffangen <*Schlag, jmds. Fall*>
  B *v.i.*, **broke**, **broken 1** kaputtgehen (ugs.); <*Faden, Seil*:> [zer]reißen; <*Glas, Tasse, Teller*:> zerbrechen; <*Eis*:> brechen; ~ **in two/in pieces** durchbrechen/zerbrechen
  2 ~ **into** einbrechen in (+ *Akk*.) <*Haus*>; aufbrechen <*Auto, Safe*>; ~ **into laughter/ tears** in Gelächter/Tränen ausbrechen; ~ **into a trot/run** zu traben/laufen anfangen
  3 (escape) ~ **out of prison** aus dem Gefängnis ausbrechen; ~ **free** or **loose** sich losreißen
  4 <*Welle*:> sich brechen (**on/against** an + *Dat*.)
  5 <*Tag*:> anbrechen; <*Sturm*:> losbrechen
  6 **sb's voice is** ~**ing** jmd. kommt in den Stimmbruch
  C *n*. **1** Bruch, *der*; (of rope) Reißen, *das*; **a** ~ **with sb/sth** ein Bruch mit jmdm./etw.
  2 (gap) Lücke, *die*; (broken place) Sprung, *der*
  3 (dash) **they made a sudden** ~ sie stürmten plötzlich davon
  4 (interruption) Unterbrechung, *die*; (pause, holiday) Pause, *die*; **take** or **have a** ~ Pause machen
  5 (infml) (chance) Chance, *die*
  ■ ~ **'down A** *v.i.* zusammenbrechen; <*Verhandlungen*:> scheitern; <*Auto*:> eine Panne haben
  B *v.t.* **1** aufbrechen <*Tür*>; brechen <*Widerstand*>; niederreißen <*Barriere, Schranke*>
  2 (analyse) aufgliedern
  ■ ~ **'in A** *v.i.* (into building etc.) einbrechen
  B *v.t.* **1** zureiten <*Pferd*>
  2 einlaufen <*Schuhe*>
  3 ~ **the door in** die Tür aufbrechen
  ■ **'~ into ▸ break B**.
  ■ ~ **'off A** *v.t.* abbrechen; abreißen <*Faden*>; auflösen <*Verlobung*>
  B *v.i.* **1** abbrechen
  2 (cease) aufhören
  ■ ~ **'out** *v.i.* ausbrechen; ~ **out in spots/a rash** Pickel/einen Ausschlag bekommen
  ■ ~ **'up A** *v.t.* **1** (~ into pieces) zerkleinern; ausschlachten <*Auto*>; aufbrechen <*Erde*>
  2 (disband) auflösen
  B *v.i.* **1** (~ into pieces) (lit. or fig.) zerbrechen
  2 (disband) sich auflösen; <*Schule*:> schließen; <*Schüler, Lehrer*:> in die Ferien gehen
  3 ~ **up [with sb]** sich [von jmdm.] trennen

breakable /'breɪkəbl/ **A** *adj*. zerbrechlich
  B *n*. ~**s** zerbrechliche Dinge

breakage /'breɪkɪdʒ/ *n*. Zerbrechen, *das*; ~**s must be paid for** zerbrochene Ware muss bezahlt werden

'breakdown *n*. **1** (of vehicle) Panne, *die*; (in machine) Störung, *die*
  2 (Med.) Zusammenbruch, *der*
  3 (analysis) Aufschlüsselung, *die*

b

breakdown: ~ **truck** n. Abschleppwagen, der; ~ **van** n. Abschleppwagen, der

'**breaker** n. **1** (wave) Brecher, der
2 ~'s [yard] Autoverwertung, die

breakfast /'brekfəst/ **A** n. Frühstück, das; for ~ zum Frühstück
B v.i. frühstücken

breakfast: ~ **cereal** n. ≈ Frühstücksflocken Pl.; ~ '**television** n. Frühstücksfernsehen, das

'**break-in** n. Einbruch, der

breaking: ~ **and** '**entering** n. (Law) Einbruch, der; ~ **point** n. be at ~ point (mentally) die Grenze der Belastbarkeit erreicht haben

break: ~**neck** adj. halsbrecherisch; ~**through** n. Durchbruch, der; ~-**up** n. Auflösung, die; (of relationship) Bruch, der; ~**water** n. Wellenbrecher, der

breast /brest/ n. Brust, die

breast: ~**bone** n. Brustbein, das; ~ **cancer** n. Brustkrebs, der; ~**feed** v.t. & i. stillen; ~**stroke** n. Brustschwimmen, das

breath /breθ/ n. **1** Atem, der; get one's ~ back wieder zu Atem kommen; hold one's ~ den Atem anhalten; be out of ~ außer Atem sein; say sth under one's ~ etw. vor sich (Akk.) hin murmeln
2 (one respiration) Atemzug, der

Breathalyser (BrE), **Breathalyzer**® /'breθəlaɪzə(r)/ n. Alcotest-Röhrchen®, das

'**Breathalyser test** n. Alcotest®, der

breathe /briːð/ **A** v.i. atmen; ~ in einatmen; ~ out ausatmen
B v.t. **1** ~ [in/out] ein-/ausatmen
2 (utter) hauchen

'**breather** /'briːðə(r)/ n. Verschnaufpause, die

'**breathing space** n. Zeit zum Luftholen; (fig.) Atempause, die

'**breathless** adj. atemlos (with vor + Dat.)

breath: ~**taking** adj. atemberaubend; ~ **test** n. Alcotest®, der

bred ▸ breed A, B

breeches /'brɪtʃɪz/ n. pl. [pair of] ~ [Knie]bundhose, die; [riding] ~ Reithose, die

breed /briːd/ **A** v.t., **bred** /bred/ **1** (cause) erzeugen
2 züchten <Tiere, Pflanzen>
B v.i., **bred** sich vermehren
C n. (of animals) Rasse, die

'**breeding** n. [good] ~ gute Erziehung

'**breeding ground** n. (lit. or fig.) Brutstätte, die

breeze /briːz/ n. Brise, die

'**breeze block** n. (Building) ≈ Leichtstein, der

'**breezy** /'briːzɪ/ adj. windig

brevity /'brevɪtɪ/ n. Kürze, die

brew /bruː/ **A** v.t. brauen <Bier>; ~ [up] kochen <Kaffee, Tee usw.>
B v.i. **1** <Bier:> gären; <Kaffee, Tee:> ziehen

---

2 <Unwetter:> sich zusammenbrauen
C n. (brewed beer/tea) Bier, das, Tee, der

'**brewer** n. Brauer, der; (firm) Brauerei, die

brewery /'bruːərɪ/ n. Brauerei, die

bribe /braɪb/ **A** n. Bestechung, die
B v.t. bestechen; ~ sb to do/into doing sth jmdn. bestechen, damit er etw. tut

bribery /'braɪbərɪ/ n. Bestechung, die

brick /brɪk/ **A** n. Ziegelstein, der; (toy) Bauklötzchen, das
B adj. Ziegelstein-

brick: ~**layer** n. Maurer, der; ~**laying** n. Mauern, das; ~ '**wall** n. Backsteinmauer, die; bang one's head against a ~ wall (fig.) mit dem Kopf gegen die Wand rennen (fig.)

bridal /'braɪdl/ adj. Braut-

bride /braɪd/ n. Braut, die

'**bridegroom** n. Bräutigam, der

'**bridesmaid** /'braɪdzmeɪd/ n. Brautjungfer, die

✎ **bridge¹** /brɪdʒ/ **A** n. **1** Brücke, die
2 (Naut.) [Kommando]brücke, die
3 (of nose) Nasenbein, das
4 (of spectacles) Steg, der
B v.t. eine Brücke bauen über (+ Akk.)

bridge² n. (Cards) Bridge, das

'**bridging loan** n. (Commerc.) Überbrückungskredit, der

bridle /'braɪdl/ n. Zaum, der

'**bridle path** n. Reitweg, der

brief¹ /briːf/ adj. **1** kurz; gering <Verspätung>
2 (concise) knapp; in ~, to be ~ kurz gesagt

brief² **A** n. (instructions) Instruktionen Pl.; (Law) (case) Mandat, das
B v.t. Instruktionen geben (+ Dat.); (inform) unterrichten

'**briefcase** n. Aktentasche, die

'**briefing** n. Briefing, das; (of reporters) Unterrichtung, die

'**briefly** adv. **1** kurz
2 (concisely) knapp; kurz

briefs /briːfs/ n. pl. [pair of] ~ Slip, der

brigade /brɪ'ɡeɪd/ n. (Mil.) Brigade, die

brigadier /brɪɡə'dɪə(r)/ n. Brigadegeneral, der

✎ **bright** /braɪt/ adj. **1** hell; grell <Scheinwerfer[licht], Sonnenlicht>; strahlend <Sonnenschein, Augen, Tag>; leuchtend <Farbe, Blume>; ~ intervals/periods Aufheiterungen Pl.
2 (cheerful) fröhlich
3 (clever) intelligent

brighten /'braɪtn/ **A** v.t. ~ [up] aufhellen
B v.i. the weather or it is ~ing [up] es klärt sich auf

'**brightly** adv. **1** hell
2 (cheerfully) fröhlich

'**brightness** n. ▸ bright **1** Helligkeit, die; Grelle, die; Strahlen, das; Leuchtkraft, die
2 Fröhlichkeit, die
3 Intelligenz, die

✎ Schlüsselwort

brilliance /ˈbrɪlɪəns/ *n.* ▶ **brilliant 1** Helligkeit, *die*; Leuchten, *das*
2 Genialität, *die*; Glanz, *der*

brilliant /ˈbrɪljənt/ *adj.* **1** hell ‹*Licht*›; leuchtend ‹*Farbe*›
2 genial ‹*Mensch, Gedanke, Leistung*›; glänzend ‹*Verstand, Aufführung, Idee*›

brim /brɪm/ **A** *n.* Rand, *der*; (of hat) [Hut]krempe, *die*
B *v.i.*, **-mm-**; be ∼ming with sth randvoll mit etw. sein

brim-'full *pred. adj.* randvoll (with mit)

brine /braɪn/ *n.* Salzwasser, *das*

✔ **bring** /brɪŋ/ *v.t.*, **brought** /brɔːt/ **1** bringen; (as a present or favour) mitbringen; ∼ sth with one etw. mitbringen
2 ∼ sb to do sth jmdn. dazu bringen, etw. zu tun; **I could not** ∼ **myself to do it** ich konnte es nicht über mich bringen, es zu tun
■ ∼ a'**bout** *v.t.* verursachen
■ ∼ '**back** *v.t.* **1** (return) zurückbringen; (from a journey) mitbringen
2 (recall) in Erinnerung bringen
3 (restore, reintroduce) wieder einführen
■ ∼ '**down** *v.t.* **1** herunterbringen
2 (kill, wound) zur Strecke bringen
3 senken ‹*Preise, Inflationsrate, Fieber*›
■ ∼ '**forward** *v.t.* **1** nach vorne bringen
2 vorbringen ‹*Argument*›; zur Sprache bringen ‹*Fall, Angelegenheit*›
3 vorverlegen ‹*Termin*› (to auf + *Akk.*)
■ ∼ '**in** *v.t.* hereinbringen; einbringen ‹*Gesetzesvorlage, Verdienst, Summe*›
■ ∼ '**off** *v.t.* (conduct successfully) zustande bringen
■ ∼ '**on** *v.t.* **1** (cause) verursachen
2 (Sport) einsetzen
■ ∼ '**out** *v.t.* **1** herausbringen
2 hervorheben ‹*Unterschied*›
3 einführen ‹*Produkt*›; herausbringen ‹*Buch, Zeitschrift*›
■ ∼ '**up** *v.t.* **1** heraufbringen
2 (educate) erziehen; (rear) aufziehen
3 zur Sprache bringen ‹*Angelegenheit, Thema, Problem*›

brink /brɪŋk/ *n.* Rand, *der*; be on the ∼ of doing sth nahe daran sein, etw. zu tun

brisk /brɪsk/ *adj.* flott ‹*Gang*›; forsch ‹*Person, Art*›; frisch ‹*Wind*›; (fig.) rege ‹*Handel, Nachfrage*›; lebhaft ‹*Geschäft*›

'briskly *adv.* flott

bristle /ˈbrɪsl/ **A** *n.* Borste, *die*
B *v.i.* **1** ∼ [up] ‹*Haare:*› sich sträuben
2 ∼ with (fig.) starren vor (+ *Dat.*)

bristly /ˈbrɪslɪ/ *adj.* borstig

Brit /brɪt/ *n.* (infml) Brite, *der*/Britin, *die*; Engländer, *der*/Engländerin, *die* (ugs.)

Britain /ˈbrɪtn/ *pr. n.* Großbritannien *(das)*

✔ **British** /ˈbrɪtɪʃ/ **A** *adj.* britisch; he/she is ∼ er ist Brite/sie ist Britin
B *n. pl.* the ∼ die Briten

British 'Isles *pr. n. pl.* Britische Inseln

Briton /ˈbrɪtn/ *n.* Brite, *der*/Britin, *die*

Brittany /ˈbrɪtənɪ/ *pr. n.* Bretagne, *die*

brittle /ˈbrɪtl/ *adj.* spröde ‹*Material*›

broach /brəʊtʃ/ *v.t.* anschneiden ‹*Thema*›

✔ **broad** /brɔːd/ *adj.* **1** breit; (extensive) weit ‹*Ebene, Land*›; ausgedehnt ‹*Fläche*›
2 (explicit) klar ‹*Hinweis*›; breit ‹*Lächeln*›
3 (main) grob; (generalized) allgemein
4 stark ‹*Akzent*›

'B road *n.* Straße 2. Ordnung; ≈ Landstraße, *die*

broadband *n.* (Comp.) Breitband, *das*; *attrib.* Breitband-

broad 'bean *n.* Saubohne, *die*

broadcast /ˈbrɔːdkɑːst/ **A** *n.* Sendung, *die*; (live) Übertragung, *die*
B *v.t.*, ∼; senden; übertragen ‹*Livesendung*›
C *v.i.*, ∼; senden

'broadcaster *n.* (Radio, Telev.) jmd., der durch häufige Auftritte im Rundfunk und Fernsehen, besonders als Interviewpartner, Diskussionsteilnehmer od. Kommentator, bekannt ist

'broadcasting *n.* Senden, *das*; (live) Übertragen, *das*; work in ∼ beim Funk arbeiten

broaden /ˈbrɔːdn/ **A** *v.t.* **1** verbreitern
2 ausweiten ‹*Diskussion*›
B *v.i.* sich verbreitern; (fig.) sich erweitern

'broadly *adv.* **1** deutlich ‹*hinweisen*›; breit ‹*grinsen, lächeln*›
2 (in general) allgemein ‹*beschreiben*›; ∼ speaking allgemein gesagt

broad: ∼'**minded** *adj.* tolerant; ∼**sheet** *n.*
1 (newspaper) großformatige Zeitung
2 (pamphlet) Flugblatt, *das*; ∼'**shouldered** *adj.* breitschultrig; ∼**side** *n.* Breitseite, *die*

brocade /brəˈkeɪd/ *n.* Brokat, *der*

broccoli /ˈbrɒkəlɪ/ *n.* Brokkoli, *der*

brochure /ˈbrəʊʃə(r)/ *n.* Broschüre, *die*; Prospekt, *der*

broil /brɔɪl/ *v.t.* (esp. AmE) grillen

broke /brəʊk/ **A** ▶ **break A, B**
B *pred. adj.* (infml) pleite (ugs.)

broken /ˈbrəʊkən/ **A** ▶ **break A, B**
B *adj.* **1** zerbrochen; gebrochen ‹*Bein, Hals*›; verletzt ‹*Haut*›; abgebrochen ‹*Zahn*›; gerissen ‹*Seil*›; kaputt (ugs.) ‹*Uhr, Fernsehen, Fenster*›; ∼ glass Glasscherben *Pl.*
2 (imperfect) gebrochen; in ∼ English in gebrochenem Englisch
3 (fig.) ruiniert ‹*Ehe*›; gebrochen ‹*Mensch, Herz*›

broken: ∼-**down** *adj.* baufällig ‹*Gebäude*›; kaputt (ugs.) ‹*Wagen*›; ∼-'**hearted** *adj.* untröstlich

broker /ˈbrəʊkə(r)/ *n.* Makler, *der*

brolly /ˈbrɒlɪ/ *n.* (BrE) (infml) [Regen]schirm, *der*

bronchitis /brɒŋˈkaɪtɪs/ *n.* Bronchitis, *die*

bronze /brɒnz/ **A** *n.* Bronze, *die*
B *attrib. adj.* Bronze-; (coloured like ∼) bronzefarben

brooch /brəʊtʃ/ *n.* Brosche, *die*

b

b

brood /bruːd/ **A** *n.* Brut, *die*
 B *v.i.* [vor sich (*Akk.*) hin] brüten
brook /brʊk/ *n.* Bach, *der*
broom /bruːm/ *n.* **1** Besen, *der*
 2 (Bot.) Ginster, *der*
broom: ~ **cupboard** *n.* Besenschrank, *der*;
 ~**stick** *n.* Besenstiel, *der*
broth /brɒθ/ *n.* Brühe, *die*
brothel /'brɒθl/ *n.* Bordell, *das*
◆ **brother** /'brʌðə(r)/ *n.* Bruder, *der*; **my** ~**s and**
 sisters meine Geschwister
'**brotherhood** *n.* (organization) Bruderschaft,
 die
'**brother-in-law** *n.*, *pl.* **brothers-in-law**
 Schwager, *der*
brought ▸ **bring**
brow /braʊ/ *n.* **1** (eye~) Braue, *die*
 2 (forehead) Stirn, *die*
 3 (of hill) Kuppe, *die*
'**browbeat** *v.t. forms as* beat A
 einschüchtern
brown /braʊn/ **A** *adj.* braun
 B *n.* Braun, *das*
brown: ~ '**bread** *n.* ≈ Mischbrot, *das*;
 ~**-eyed** *adj.* braunäugig; **be** ~**-eyed** braune
 Augen haben
'**brownfield site** *n.* Industriebrache, *die*
Brownie /'braʊnɪ/ *n.* Wichtel, *die*
brown: ~ '**paper** *n.* Packpapier, *das*; ~ '**rice**
 n. Naturreis, *der*
browse /braʊz/ **A** *v.i.* **1** weiden
 2 (in shop) sich umsehen; (read) blättern
 (**through** in + *Dat.*)
 3 (Comp.) suchen; ~ **through sth** etw.
 durchsuchen
 B *v.t.* **1** abgrasen <*Weide*>; abfressen
 <*Blätter*>
 2 (Comp.) ~ **sth** in etw. (*Dat.*) suchen
browser /'braʊzə(r)/ *n.* (Comp.) Browser, *der*
bruise /bruːz/ **A** *n.* **1** (Med.) blauer Fleck
 2 (on fruit) Druckstelle, *die*
 B *v.t.* quetschen <*Obst, Pflanzen*>; ~ **oneself/**
 one's leg sich stoßen/sich am Bein stoßen
brunch /brʌntʃ/ *n.* (infml) Brunch, *der*;
 ausgedehntes, spätes Frühstück
brunette /bruː'net/ **A** *n.* Brünette, *die*
 B *adj.* brünett
brunt /brʌnt/ *n.* **bear the** ~ **of the attack/**
 financial cuts von dem Angriff/von den
 Einsparungen am meisten betroffen sein
brush /brʌʃ/ **A** *n.* **1** Bürste, *die*; (for sweeping)
 Besen, *der*; (with short handle) Handfeger, *der*;
 (for painting or writing) Pinsel, *der*
 2 (skirmish) Zusammenstoß, *der*
 3 (light touch) flüchtige Berührung
 B *v.t.* **1** kehren; fegen; abbürsten <*Kleidung*>;
 ~ **one's teeth/hair** sich (*Dat.*) die Zähne
 putzen/die Haare bürsten
 2 (touch in passing) streifen
 C *v.i.* ~ **past sb/sth** jmdn./etw. streifen

◆ Schlüsselwort

■ ~ '**up** *v.t. & i.* ~ **up** [on] auffrischen
 <*Kenntnisse usw.*>
brusque /brʌsk/ *adj.*, '**brusquely** *adv.*
 schroff
Brussels /'brʌslz/ *pr. n.* Brüssel (*das*)
Brussels '**sprouts** *n. pl.* Rosenkohl, *der*
brutal /'bruːtl/ *adj.* brutal
brutality /bruː'tælɪtɪ/ *n.* Brutalität, *die*
brutally /'bruːtəlɪ/ *adv.* brutal
brute /bruːt/ **A** *n.* **1** (animal) Bestie, *die*
 2 (person) Rohling, *der*
 B *attrib. adj.* **by** ~ **force** mit roher Gewalt
B.Sc. *abbr.* = **Bachelor of Science**
BSE *abbr.* = **bovine spongiform**
 encephalopathy BSE
BST *abbr.* = **British Summer Time**
 Britische Sommerzeit
bubble /'bʌbl/ **A** *n.* Blase, *die*; (small) Perle,
 die
 B *v.i.* <*Wasser, Schlamm, Lava:*> Blasen
 bilden
bubble: ~ **bath** *n.* Schaumbad, *das*; ~
 pack *n.* Klarsichtpackung, *die*; ~ **wrap**,
 BubbleWrap® *n.* Luftpolsterfolie, *die*;
 ~**-wrapped** *adj.* in Luftpolsterfolie verpackt
buck¹ /bʌk/ *n.* (deer, chamois) Bock, *der*; (rabbit,
 hare) Rammler, *der*
buck² *n.* **pass the** ~ **to sb** jmdm. die
 Verantwortung aufhalsen
buck³ (infml) **A** *v.i.* **1** ~ '**up**
 2 (make haste) sich ranhalten (ugs.)
 3 (cheer up) ~ **up!** Kopf hoch!
 B *v.t.* ~ **one's ideas up** (infml) sich
 zusammenreißen
buck⁴ *n.* (AmE) (infml) Dollar, *der*
bucket /'bʌkɪt/ *n.* Eimer, *der*
bucketful /'bʌkɪtfʊl/ *n.* Eimer [voll]
bucket: ~ **seat** *n.* Schalensitz, *der*; ~ **shop**
 n. [nicht ganz seriöses] Maklerbüro; (for air
 tickets) Reisebüro (*das vor allem Billigflüge*
 vermittelt)
buckle /'bʌkl/ **A** *n.* Schnalle, *die*
 B *v.t.* **1** zuschnallen; ~ **sth on/up** etw.
 anschnallen/festschnallen
 2 verbiegen <*Stoßstange, Rad*>
 C *v.i.* <*Rad, Metallplatte:*> [sich] verbiegen
bud /bʌd/ **A** *n.* Knospe, *die*; **come into** ~/**be**
 in ~ Knospen treiben
 B *v.i.*, **-dd-** Knospen treiben
Buddha /'bʊdə/ *n.* Buddha, *der*
Buddhism /'bʊdɪzm/ *n.* Buddhismus, *der*
Buddhist /'bʊdɪst/ **A** *n.* Buddhist, *der*/
 Buddhistin,
 die
 B *adj.* buddhistisch
budge /bʌdʒ/ **A** *v.i.* sich rühren; <*Gegenstand:*>
 sich bewegen
 B *v.t.* bewegen
budgerigar /'bʌdʒərɪgɑː(r)/ *n.* Wellensittich,
 der
◆ **budget** /'bʌdʒɪt/ **A** *n.* Etat, *der*;
 Haushalt[splan], *der*
 B *v.i.* ~ **for sth** etw. [im Etat] einplanen

budget: ~ **account** n. Konto für laufende Zahlungen; ~ **'airline** n. Billigfluglinie, die

budgie /'bʌdʒi/ n. (infml) Wellensittich, der

buff /bʌf/ **A** adj. gelbbraun

B n. (infml) (enthusiast) Fan, der (ugs.)

buffalo /'bʌfələʊ/ n., pl. ~es or same Büffel, der

buffer /'bʌfə(r)/ n. Prellbock, der; (on vehicle; also fig.) Puffer, der

buffet /'bʊfeɪ/ n. Büfett, das

'buffet car n. Büfettwagen, der

bug /bʌg/ n. (infml) **1** (microphone) Wanze, die **2** (defect) Macke, die (salopp)

bugger /'bʌgə(r)/ (coarse) **A** n. (as insult) Scheißkerl, der (derb)

B v.t. (damn) ~ **you/him** du kannst/der kann mich mal (derb); ~ **it!** ach du Scheiße! (derb)

■ ~ **'off** v.i. abhauen (ugs.)

buggy /'bʌgi/ n. (pushchair) Sportwagen, der

bugle /'bju:gl/ n. Bügelhorn, das

✓ **build** /bɪld/ **A** v.t., **built** /bɪlt/ bauen; (fig.) aufbauen <System, Gesellschaft, Zukunft>

B v.i., **built** bauen

C n. Körperbau, der

■ ~ **'in** v.t. einbauen

■ ~ **'on** v.t. aufbauen auf (+ Dat.); bebauen <Gebiet>

■ ~ ~ **'up** **A** v.t. aufhäufen <Reserven, Mittel>; kräftigen <Personen, Körper>; steigern <Produktion, Kapazität>; stärken <[Selbst]vertrauen>; aufbauen <Firma, Geschäft>

B v.i. <Spannung, Druck:> zunehmen; <Schlange, Rückstau:> sich bilden; <Verkehr:> sich verdichten

'builder n. Bauunternehmer, der

✓ **'building** n. **1** Bau, der **2** (structure) Gebäude, das

building: ~ **site** n. Baustelle, die; ~ **society** n. (BrE) Bausparkasse, die

built ▸ build A, B

built: ~**-in** adj. **1** eingebaut; Einbau<schrank, -küche usw.> **2** (fig.) (instinctive) angeboren; ~**-up** adj. bebaut; ~**-up** **'area** n. Wohngebiet, das; (Motor Veh.) geschlossene Ortschaft

bulb /bʌlb/ n. **1** (Bot., Hort.) Zwiebel, die **2** (of lamp) [Glüh]birne, die

Bulgaria /bʌl'geərɪə/ pr. n. Bulgarien (das)

Bulgarian /bʌl'geərɪən/ **A** adj. bulgarisch; **sb is** ~ jmd. ist Bulgare/Bulgarin

B n. **1** (person) Bulgare, der/Bulgarin, die **2** (language) Bulgarisch, das; see also English B1

bulge /bʌldʒ/ **A** n. Ausbeulung, die; ausgebeulte Stelle

B v.i. sich wölben

bulimia /bʊ'li:mɪə/, **bulimia nervosa** /bʊli:mɪə nɜː'vəʊsə/ ns. Bulimie, die; Bulimia nervosa, die (fachspr.)

bulimic /bʊ'lɪmɪk/ **A** n. Bulimiker, der/Bulimikerin, die

B adj. bulimisch

bulk /bʌlk/ n. **1** (large quantity) **in** ~ in großen Mengen

2 (large shape) massige Gestalt

3 (size) Größe, die

4 (greater part) der größte Teil; (of population, votes) Mehrheit, die

bulk 'buying n. Großeinkauf, der

'bulky adj. sperrig <Gegenstand>; massig <Gestalt, Körper>

bull /bʊl/ n. Bulle, der; (esp. for bullfight) Stier, der

bull: ~ **bar** n. Rammschutz, der; Rammbügel, der; ~**dog** n. Bulldogge, die

bulldozer /'bʊldəʊzə(r)/ n. Planierraupe, die

bullet /'bʊlɪt/ n. Kugel, die

'bullet hole n. Einschuss, der; Einschussloch, das

bulletin /'bʊlɪtɪn/ n. Bulletin, das

'bulletin board n. (Comp.) schwarzes Brett

'bulletproof adj. kugelsicher

bull: ~**fight** n. Stierkampf, der; ~**fighter** n. Stierkämpfer, der; ~**fighting** n. Stierkämpfe Pl.

bullion /'bʊljən/ n. gold ~ Goldbarren Pl.

'bull neck n. Stiernacken, der

bullock /'bʊlək/ n. Ochse, der

bull: ~**ring** n. Stierkampfarena, die; ~**seye** n. (of target) Schwarze, das; ~**shit** n. (coarse) Scheiße, die (salopp abwertend)

bully /'bʊli/ **A** n. (at school, work) Mobber, der; (boss) Tyrann, der

B v.t. mobben; (frighten) einschüchtern

bullying /'bʊlɪɪŋ/ n. Schikanieren, das

bum¹ /bʌm/ n. (BrE) (infml) Hintern, der (ugs.)

bum² n. (AmE) (infml) (tramp) Penner, der (salopp)

bumble-bee /'bʌmblbi:/ n. Hummel, die

bumf /bʌmf/ n. (BrE) (infml derog.) (papers) Papierkram, der (ugs.)

bump /bʌmp/ **A** n. **1** (sound) Bums, der; (impact) Stoß, der

2 (swelling) Beule, die

3 (hump) Buckel, der (ugs.)

B adv. bums

C v.t. anstoßen

■ **'~ into** v.t. **1** stoßen an (+ Akk.)

2 (meet by chance) zufällig [wieder]treffen

'bumper **A** n. Stoßstange, die; ~**-to-**~ Stoßstange an Stoßstange

B attrib. adj. Rekord<ernte, -jahr>

'bumpy adj. holp[e]rig <Straße, Fahrt, Fahrzeug>; uneben <Fläche>; unruhig <Flug>

bun /bʌn/ n. süßes Brötchen; (currant ~) Korinthenbrötchen, das

bunch /bʌntʃ/ n. **1** (of flowers) Strauß, der; (of grapes, bananas) Traube, die; (of parsley, radishes) Bund, das; ~ **of flowers/grapes** Blumenstrauß, der/Traube, die; **a** ~ **of keys** ein Schlüsselbund

2 (lot) Anzahl, die; **the best** or **pick of the** ~ der/die/das Beste [von allen]

3 (of people) Haufen, der (ugs.)

b

bundle /'bʌndl/ n. Bündel, das; (of papers) Packen, der

bung /bʌŋ/ Ⓐ n. Spund, der
Ⓑ v.t. (infml) schmeißen (ugs.)
■ ~ 'up v.i. be/get ~ed up verstopft sein/ verstopfen

bungalow /'bʌŋgələʊ/ n. Bungalow, der

'bungee jumping /'bʌndʒɪ/ n. Bungeespringen, das

bungle /'bʌŋgl/ v.t. stümpern bei

bunk /bʌŋk/ n. (in ship, lorry) Koje, die; (in sleeping car) Bett, das; (~ bed) Etagenbett, das

bunker /'bʌŋkə(r)/ n. Bunker, der

bunny /'bʌnɪ/ n. Häschen, das

buoy /bɔɪ/ n. Boje, die

buoyancy /'bɔɪənsɪ/ n. Auftrieb, der

buoyant /'bɔɪənt/ adj. **1** schwimmend; be ~ schwimmen
2 (fig.) rege, lebhaft <Markt>; heiter, munter <Person>; in ~ spirits in Hochstimmung

burden /'bɜːdn/ Ⓐ n. Last, die; become a ~ (fig.) zur Last werden
Ⓑ v.t. belasten (with mit)

bureau /'bjʊərəʊ, bjʊə'rəʊ/ n. **1** (BrE) (writing desk) Sekretär, der
2 (office) Büro, das

bureaucracy /bjʊə'rɒkrəsɪ/ n. Bürokratie, die

bureaucrat /'bjʊərəkræt/ n. Bürokrat, der/ Bürokratin, die

bureaucratic /bjʊərə'krætɪk/ adj. bürokratisch

burger /'bɜːgə(r)/ n. (infml) Hamburger, der

'burger bar n. (infml) Hamburgerlokal, das

burglar /'bɜːglə(r)/ n. Einbrecher, der

burglar: ~ **alarm** n. Alarmanlage, die; ~**proof** adj. einbruch[s]sicher

burglary /'bɜːglərɪ/ n. Einbruch, der

burgle /'bɜːgl/ v.t. einbrechen in + Akk.; the shop/he was ~d in dem Laden/bei ihm wurde eingebrochen

burial /'berɪəl/ n. Begräbnis, das

burka /'bɜːkə/ n. Burka, die

burly /'bɜːlɪ/ adj. stämmig

Burma /'bɜːmə/ pr. n. Birma (das)

Burmese /bɜː'miːz/ Ⓐ adj. birmanisch; sb is ~ jmd. ist Birmane/Birmanin
Ⓑ n., pl. same **1** (person) Birmane, der/ Birmanin, die
2 (language) Birmanisch, das; see also **English** B1

✦ **burn** /bɜːn/ Ⓐ n. (on the skin) Verbrennung, die; (on material) Brandfleck, der
Ⓑ v.t., ~t /bɜːnt/ or ~ed **1** verbrennen; ~ oneself/one's hand sich verbrennen/sich (Dat.) die Hand verbrennen; ~ a hole in sth ein Loch in etw. (Akk.) brennen
2 als Brennstoff verwenden <Gas, Öl usw.>; heizen mit <Kohle, Holz, Torf>
3 (spoil) anbrennen lassen <Fleisch, Kuchen>; be ~t angebrannt sein
4 (Comp.) brennen <CD, CD-ROM>

Ⓒ v.i., ~t or ~ed brennen; ~ to death verbrennen; she ~s easily sie bekommt leicht einen Sonnenbrand
■ ~ 'down v.t. & i. niederbrennen

'burned-out adj. (lit. or fig.) ausgebrannt

'burner n. Brenner, der

'burning adj. glühend <Leidenschaft, Hass, Wunsch>; brennend <Wunsch, Frage, Problem>

'burn-out n. Burn-out, das (Med.); totale Erschöpfung od. Entkräftung; risk ~ Gefahr laufen, sich zu übernehmen

burnt ▸ **burn** B, C

'burnt-out ▸ **burned-out**

burp /bɜːp/ (infml) Ⓐ n. Rülpser, der (ugs.)
Ⓑ v.i. rülpsen (ugs.)

burrow /'bʌrəʊ/ Ⓐ n. Bau, der
Ⓑ v.i. [sich (Dat.)] einen Gang graben

burst /bɜːst/ Ⓐ n. **1** (split) Bruch, der
2 (of firing) Salve, die
3 (fig.) a ~ of applause/cheering ein Beifallsausbruch/Beifallsrufe Pl.
Ⓑ v.t., ~; zum Platzen bringen; platzen lassen <Luftballon>; ~ pipe Rohrbruch, der
Ⓒ v.i., ~ **1** platzen; <Bombe:> explodieren; <Damm:> brechen; <Flussufer:> überschwemmt werden; <Furunkel, Geschwür:> aufgehen
2 be ~ing with sth zum Bersten voll sein mit etw.; be ~ing with pride/impatience/ excitement vor Stolz/Ungeduld platzen/vor Aufregung außer sich sein
■ '~ into v.t. **1** eindringen in
2 ~ into tears/laughter in Tränen/Gelächter ausbrechen; ~ into flames in Brand geraten
■ ~ 'out v.i. **1** herausstürzen
2 (exclaim) losplatzen
3 ~ out laughing/crying in Lachen/Tränen ausbrechen

bury /'berɪ/ v.t. **1** begraben
2 (hide) vergraben; ~ one's face in one's hands das Gesicht in den Händen vergraben
3 ~ one's teeth in sth seine Zähne in etw. (Akk.) graben

✦ **bus** /bʌs/ n. Bus, der

bus: ~ **company** n. ≈ Verkehrsbetrieb, der; ~ **conductor** n. Busschaffner, der/-schaffnerin, die; ~ **depot** ▸ **bus garage**; ~ **driver** n. Busfahrer, der/-fahrerin, die; ~ **fare** n. [Bus]fahrpreis, der; ~ **garage** n. Busdepot, das

bush /bʊʃ/ n. **1** Busch, der
2 (shrubs) Gebüsch, das

'bushy adj. buschig

busily /'bɪzɪlɪ/ adj. eifrig

✦ **business** /'bɪznɪs/ n. **1** (trading operation) Geschäft, das; (company, firm) Betrieb, der; (large) Unternehmen, das; how's ~ with you? (lit. or fig.) was machen die Geschäfte [bei Ihnen]?; ~ is ~ (fig.) Geschäft ist Geschäft; go out of ~ Pleite gehen (ugs.); go into ~ Geschäftsmann/-frau werden
2 (buying and selling) Geschäfte Pl.

✦ Schlüsselwort

3 (task, province) Aufgabe, *die*; **mind your own ~!** kümmere dich um deine [eigenen] Angelegenheiten!
4 (difficult matter) Problem, *das*

business: **~ address** *n.* Geschäftsadresse, *die*; **~ card** *n.* Geschäftskarte, *die*; **~ class** **A** *n., no pl.* Businessklasse, *die*; *attrib.* Businessklasse- **B** *adv.* **fly/travel ~ class** in der Businessklasse fliegen/reisen; **~ correspondence** *n.* Geschäftskorrespondenz, *die*; **~ hours** *n. pl.* Geschäftszeit, *die*; (in office) Dienstzeit, *die*; **~ letter** *n.* Geschäftsbrief, *der*; **~-like** *adj.* geschäftsmäßig ‹*Art*›; geschäftstüchtig ‹*Person*›; **~ lunch** *n.* Arbeitsessen, *das*; **~man** *n.* Geschäftsmann, *der*; **~ park** *n.* Gewerbepark, *der*; **~ plan** *n.* Geschäftsplan, *der*; **~ premises** *n. pl.* Geschäftsräume *Pl.*; **~ school** *n.* kaufmännische Fachschule; **~ studies** *n. pl.* Wirtschaftslehre, *die*; **~ trip** *n.* Geschäftsreise, *die*; **on a ~ trip** auf Geschäftsreise; **~woman** *n.* Geschäftsfrau, *die*

busk /bʌsk/ *v.i.* Straßenmusik machen

busker /ˈbʌskə(r)/ *n.* Straßenmusikant, *der*

bus: **~ lane** *n.* (BrE) Busspur, *die*; **~ ride** *n.* Busfahrt, *die*; **B. is only an hour's ~ ride away** B. ist nur eine Busstunde entfernt; **~ route** *n.* Buslinie, *die*; **~ service** *n.* Omnibusverkehr, *der*; (specific service) Busverbindung, *die*; **~ shelter** *n.* Wartehäuschen, *das*; **~ station** *n.* Omnibusbahnhof, *der*; **~ stop** *n.* Bushaltestelle, *die*

bust¹ /bʌst/ *n.* **1** (sculpture) Büste, *die*
2 **~ [measurement]** Oberweite, *die*

bust² (infml) **A** *adj.* kaputt (ugs.)
B *v.t.* **~ed** *or* **bust** (break) kaputtmachen (ugs.); **~ sth open** etw. aufbrechen
C *v.i.* **~ed** *or* **bust** kaputtgehen (ugs.)

bus: **~ terminal** *n.* Busbahnhof, *der*; **~ ticket** *n.* Busfahrkarte, *die*; Busfahrschein, *der*

bustle /ˈbʌsl/ **A** *v.i.* **~ about** geschäftig hin und her eilen
B *n.* Betrieb, *der*

bustling /ˈbʌslɪŋ/ *adj.* belebt ‹*Straße, Stadt, Markt usw.*›; rege ‹*Tätigkeit*›

busy /ˈbɪzɪ/ **A** *adj.* **1** beschäftigt (at, with mit); arbeitsreich ‹*Leben*›; ziemlich hektisch ‹*Zeit*›; **I'm ~ now** ich habe jetzt zu tun; **he was ~ packing** er war mit Packen beschäftigt
2 (AmE) (Teleph.) besetzt
B *v. refl.* **~ oneself** sich beschäftigen (with mit)

busybody *n.* G[e]schaftlhuber, *der*

but **A** /bət, *stressed* bʌt/ *conj.* aber; *correcting after a negative* sondern; **not that book ~ this one** nicht das Buch, sondern dieses
B /bət/ *prep.* außer (+ *Dat.*); **the next/last ~ one** der/die/das übernächste/vorletzte

butcher /ˈbʊtʃə(r)/ **A** *n.* Fleischer, *der*; Fleischerin, *die*
B *v.t.* (murder) niedermetzeln

butler /ˈbʌtlə(r)/ *n.* Butler, *der*

butt¹ /bʌt/ *n.* **1** (of rifle) Kolben, *der*
2 (of cigarette, cigar) Stummel, *der*

butt² *n.* (object of teasing or ridicule) Zielscheibe, *die*

butt³ **A** *n.* (push) (by person) [Kopf]stoß, *der*; (by animal) Stoß [mit den Hörnern]
B *v.t. & i.* mit dem Kopf/den Hörnern stoßen
■ **~ 'in** *v.i.* dazwischenreden

butter /ˈbʌtə(r)/ **A** *n.* Butter, *die*
B *v.t.* buttern

butter: **~ bean** *n.* Mondbohne, *die*; **~cup** *n.* Butterblume, *die*; **~ dish** *n.* Butterdose, *die*; **~fingers** *n. sing.* Tollpatsch, *der* (*beim Fangen usw.*); **~fly** *n.* **1** Schmetterling, *der*
2 **~fly [stroke]** Delphinstil, *der*; **~ mountain** *n.* Butterberg, *der*

buttock /ˈbʌtək/ *n.* Hinterbacke, *die*; Gesäßhälfte, *die*; **~s** Gesäß, *das*

button /ˈbʌtn/ **A** *n.* Knopf, *der*
B *v.t.* **~ [up]** zuknöpfen

'buttonhole **A** *n.* **1** Knopfloch, *das*
2 (flower) Knopflochblume, *die*
B *v.t.* zu fassen kriegen (ugs.)

buttress /ˈbʌtrɪs/ *n.* (Archit.) Mauerstütze, *die*

buxom /ˈbʌksəm/ *adj.* drall

buy /baɪ/ **A** *v.t.*, **bought** /bɔːt/ kaufen; **~ sb/oneself sth** jmdm./sich etw. kaufen
B *n.* [Ein]kauf, *der*; **be a good ~** preiswert sein
■ **~ 'up** *v.t.* aufkaufen

'buyer *n.* **1** Käufer, *der*/Käuferin, *die*
2 (Commerc.) Einkäufer, *der*/Einkäuferin, *die*

'buying power /ˈbaɪɪŋ/ *n.* Kaufkraft, *die*

'buyout *n.* Aufkauf, *der*; Management-Buy-Out, *das* (Wirtsch.)

buzz /bʌz/ **A** *n.* Summen, *das*
B *v.i.* summen
■ **~ 'off** *v.i.* (infml) abhauen (salopp)

'buzzer *n.* Summer, *der*

by /baɪ/ **A** *prep.* **1** (near, beside) an (+ *Dat.*); bei; (next to) neben; **~ the window/river** am Fenster/Fluss
2 (to position beside) zu
3 (about, in the possession of) bei
4 **[all] ~ herself/himself** *etc.* [ganz] allein[e]
5 (along) entlang; (via) über (+ *Akk.*)
6 (passing) vorbei an (+ *Dat.*)
7 (during) bei; **~ day/night** bei Tag/Nacht
8 (through the agency of) von; **written ~ ...** geschrieben von ...
9 (through the means of) durch; **~ bus/ship** *etc.* mit dem Bus/Schiff *usw.*; **~ air/sea** mit dem Flugzeug/Schiff
10 (not later than) bis; **~ now/this time** inzwischen
11 (indicating unit) pro; **~ the minute/hour** pro Minute/Stunde; **day ~ day/month ~ month** Tag für Tag/Monat für Monat; **10 ft. ~ 20 ft.** 10 [Fuß] mal 20 Fuß
12 (indicating amount) **one ~ one** einzeln; **two ~ two/three ~ three** zu zweit/dritt

b

c

13 (indicating factor) durch; **8 divided ～ 2 is 4**
8 geteilt durch 2 ist 4
14 (indicating extent) um; **wider ～ a foot** um
einen Fuß breiter
15 (according to) nach
B *adv.* **1** (past) vorbei
2 (near) **close/near ～** in der Nähe
3 ～ and large im Großen und Ganzen
bye /'baɪ/, **bye-bye** /'baɪbaɪ/ *int.* (infml)
tschüs (ugs.)
bye-law ▸ by-law
'by-election *n.* Nachwahl, *die*
bygone /'baɪɡɒn/ *adj.* vergangen
'by-law *n.* (esp. BrE) Verordnung, *die*

'bypass **A** *n.* **1** Umgehungsstraße, *die*
2 (Med.) Bypass, *der*
B *v.t.* **1** the road ～es the town die Straße
führt um die Stadt herum
2 (fig.) übergehen
'bypass surgery *n.* (Med.) eine
Bypassoperation/Bypassoperationen *Pl.*
'by-product *n.* Nebenprodukt, *das*
'byroad *n.* Nebenstraße, *die*
bystander /'baɪstændə(r)/ *n.* Zuschauer, *der*/
Zuschauerin, *die*
byte /baɪt/ *n.* (Comp.) Byte, *das*
'byway *n.* Seitenweg, *der*
'byword *n.* Inbegriff, *der* (**for** Gen.)

Cc

C, c /siː/ *n.* C, c, *das*
C. *abbr.* **1** = **Celsius** C
2 = **centigrade** C
cab /kæb/ *n.* **1** (taxi) Taxi, *das*
2 (of lorry, truck) Fahrerhaus, *das*; (of train)
Führerstand, *der*
cabaret /'kæbəreɪ/ *n.* Varieté, *das*; (satirical)
Kabarett, *das*
cabbage /'kæbɪdʒ/ *n.* Kohl, *der*; **red/white ～**
Rot-/Weißkohl, *der*
'cab driver *n.* Taxifahrer, *der*/-fahrerin, *die*
cabin /'kæbɪn/ *n.* **1** (in ship) (for passengers)
Kabine, *die*; (for crew) Kajüte, *die*; (in aircraft)
Kabine, *die*
cabinet /'kæbɪnɪt/ *n.* **1** Schrank, *der*; (in
bathroom, for medicines) Schränkchen, *das*;
[display] ～ Vitrine, *die*
2 the C～ (Polit.) das Kabinett
Cabinet 'Minister *n.* Minister, *der*
cable /'keɪbl/ **A** *n.* **1** (rope) Kabel, *das*; (of ～
car etc.) Seil, *das*
2 (Electr., Teleph.) Kabel, *das*
3 (message) Kabel, *das*
B *v.t.* kabeln ‹Mitteilung, Nachricht›
cable: ～ car *n.* Drahtseilbahn, *die*; **～
'television, ～ 'TV** *ns.* Kabelfernsehen, *das*
'cab rank *n.* (BrE) Taxistand, *der*;
Droschken[halte]platz, *der* (Amtsspr.)
cache /kæʃ/ *n.* **1** (hiding place) geheimes
[Waffen-/Proviant-]lager
2 (Comp.) Cache, *der*
cackle /'kækl/ **A** *n.* **1** (of hen) Gackern, *das*
2 (laughter) [meckerndes] Gelächter
B *v.i.* **1** ‹Henne:› gackern

2 (laugh) meckernd lachen
cactus /'kæktəs/ *n.*, *pl.* **cacti** /'kæktaɪ/ *or* ～es
Kaktus, *der*
CAD *abbr.* = **computer-aided design** CAD
caddie /'kædɪ/ *n.* (Golf) Caddie, *der*
caddy /'kædɪ/ *n.* Dose, *die*
cadet /kə'det/ *n.* Offiziersschüler, *der*; **naval/
police ～** Marinekadett, *der*/Anwärter für
den Polizeidienst
cadge /kædʒ/ *v.t.* [sich (*Dat.*)] erbetteln
cafe /'kæfeɪ/ *n.* Lokal, *das*; (tea room) Café, *das*
cafeteria /kæfɪ'tɪərɪə/ *n.* Cafeteria, *die*
cafetière /kæfə'tjeə/ *n.* Kaffeebereiter, *der*
caffeinated /'kæfɪneɪtɪd/ *adj.* koffeinhaltig
caffeine /'kæfiːn/ *n.* Koffein, *das*
cage /keɪdʒ/ **A** *n.* **1** Käfig, *der*
2 (of lift) Fahrkabine, *die*
B *v.t.* einsperren
cagey /'keɪdʒɪ/ *adj.* (infml) zugeknöpft (ugs.);
be ～ about sth mit etw. hinterm Berg
halten (ugs.)
Cairo /'kaɪərəʊ/ *pr. n.* Kairo *(das)*
cajole /kə'dʒəʊl/ *v.t.* **～ sb into sth/doing sth**
jmdm. etw. einreden/jmdm. einreden, etw.
zu tun
cake /keɪk/ **A** *n.* Kuchen, *der*; **a ～ of soap** ein
Riegel *od.* Stück Seife
B *v.t.* verkrusten; **～d with dirt/blood**
schmutz-/blutverkrustet
cal. *abbr.* = **calorie[s]** cal.
calamity /kə'læmɪtɪ/ *n.* Unheil, *das*
calcium /'kælsɪəm/ *n.* Kalzium, *das*
calculate /'kælkjʊleɪt/ **A** *v.t.* **1** berechnen; (by
estimating) ausrechnen
2 be ～d to do sth darauf abzielen, etw. zu tun

✧ Schlüsselwort

B *v.i.* ~ **on doing sth** damit rechnen, etw. zu tun

'**calculated** *adj.* kalkuliert ⟨*Risiko*⟩; vorsätzlich ⟨*Handlung*⟩

calculation /kælkjʊ'leɪʃn/ *n.* **1** (result) Rechnung, *die*; **he is out in his** ~**s** er hat sich verrechnet
2 (calculating) Berechnung, *die*

calculator /'kælkjʊleɪtə(r)/ *n.* Rechner, *der*

calculus /'kælkjuːləs/ *n.* **differential/integral** ~ Differenzial-/Integralrechnung, *die*

calendar /'kælɪndə(r)/ *n.* Kalender, *der*; *attrib.* Kalender-

calf[1] /kɑːf/ *n.*, *pl.* **calves** Kalb, *das*

calf[2] *n.*, *pl.* **calves** (Anat.) Wade, *die*

calibre (BrE; AmE: **caliber**) /'kælɪbə(r)/ *n.* Kaliber, *das*

calico /'kælɪkəʊ/ *n.* Kattun, *der*

California /kælɪ'fɔːnɪə/ *pr. n.* Kalifornien (*das*)

caliper ► **calliper**

✱ **call** /kɔːl/ **A** *v.i.* **1** rufen; ~ **to sb** jmdm. etwas zurufen; ~ **[out] for help** um Hilfe rufen
2 (pay brief visit) [kurz] besuchen (at *Akk.*); ~ **on sb** jmdn. besuchen; ~ **round** vorbeikommen (ugs.); ~ **at a port/station** einen Hafen anlaufen/an einem Bahnhof halten
3 (Teleph.) **who is** ~**ing, please?** wer spricht da, bitte?; **thank you for** ~**ing** vielen Dank für Ihren Anruf!

B *v.t.* **1** rufen; aufrufen ⟨*Namen, Nummer*⟩
2 (cry to, summon) rufen; (to a duty, to do sth) aufrufen
3 (by radio/telephone) rufen/anrufen; (initially) Kontakt aufnehmen mit
4 (rouse) wecken
5 einberufen ⟨*Konferenz*⟩; ausrufen ⟨*Streik*⟩
6 (name) nennen; **he is** ~**ed Bob** er heißt Bob; **what is it** ~**ed in English?** wie heißt das auf Englisch?

C *n.* **1** Ruf, *der*; **a** ~ **for help** ein Hilferuf; **be on** ~ Bereitschaftsdienst haben
2 (visit) Besuch, *der*; **make** *or* **pay a** ~ **on sb, make** *or* **pay sb a** ~ jmdn. besuchen
3 (telephone ~) Anruf, *der*; **give sb a** ~ jmdn. anrufen; **make a** ~ telefonieren
4 (invitation, summons) Aufruf, *der*
5 (need, occasion) Anlass, *der*

■ ~ '**back A** *v.t.* zurückrufen
B *v.i.* zurückrufen; (come back) zurückkommen

■ '~ **for** *v.t.* **1** (send for, order) bestellen
2 (collect) abholen
3 (require, demand) erfordern; **this** ~**s for a celebration** das muss gefeiert werden

■ ~ '**in A** *v.i.* vorbeikommen (ugs.) (on bei)
B *v.t.* zu Rate ziehen ⟨*Fachmann usw.*⟩

■ ~ '**off** *v.t.* absagen ⟨*Treffen, Verabredung*⟩; rückgängig machen ⟨*Geschäft*⟩; lösen ⟨*Verlobung*⟩; (end) abbrechen ⟨*Streik*⟩

■ '~ **on** *v.t.* **1** ► **call A2**
2 ► **call [up]on**

■ ~ '**out A** *v.t.* alarmieren ⟨*Truppen*⟩; zum Streik aufrufen ⟨*Arbeitnehmer*⟩
B *v.i.* ► **call A1**

■ ~ '**up** *v.t.* **1** (by telephone) anrufen
2 (Mil.) einberufen

■ '~ [up]**on** *v.t.* ~ **upon sb's generosity** an jmds. Großzügigkeit (*Akk.*) appellieren; ~ [up]**on sb to do sth** jmdn. auffordern, etw. zu tun

'**call box** *n.* Telefonzelle, *die*

'**caller** *n.* (visitor) Besucher, *der*/Besucherin, *die*; (on telephone) Anrufer, *der*/Anruferin, *die*

'**call girl** *n.* Callgirl, *das*

'**calling** *n.* Beruf, *der*

calliper /'kælɪpə(r)/ *n.* **1** [a pair of] ~**s** Tasterzirkel, *der*
2 (Med.) Beinschiene, *die*

callous /'kæləs/ *adj.* gefühllos; herzlos ⟨*Handlung, Verhalten*⟩

'**call-up** *n.* (Mil.) Einberufung, *die*

calm /kɑːm/ **A** *n.* (stillness) Stille, *die*; (serenity) Ruhe, *die*
B *adj.* ruhig
C *v.t.* ~ **sb** [**down**] jmdn. beruhigen
D *v.i.* ~ [**down**] sich beruhigen

'**calmly** *adv.* ruhig; gelassen

'**calmness** *n.* Ruhe, *die*; (of water) Stille, *die*

Calor gas® /'kælə gæs/ *n.* Butangas, *das*

calorie /'kælərɪ/ *n.* Kalorie, *die*

calorific '**value** /kælə'rɪfɪk vælju:/ *n.* Heizwert, *der*

calves *pl. of* **calf**[1], **calf**[2]

CAM *abbr.* = **computer-aided manufacturing** CAM

camber /'kæmbə(r)/ *n.* Wölbung, *die*

camcorder /'kæmkɔːdə(r)/ *n.* Camcorder, *der*; Kamerarecorder, *der*

came ► **come**

camel /'kæml/ *n.* Kamel, *das*

✱ **camera** /'kæmərə/ *n.* Kamera, *die*

camera: ~ **case** *n.* Kameratasche, *die*; ~ **crew** *n.* Kamerateam, *das*; ~**man** *n.* Kameramann, *der*; ~**work** *n.*, *no indef. art.* Kameraführung, *die*

camomile /'kæməmaɪl/ *n.* Kamille, *die*

camomile '**tea** *n.* Kamillentee, *der*

camouflage /'kæməflɑːʒ/ **A** *n.* Tarnung, *die*
B *v.t.* tarnen

✱ **camp** /kæmp/ **A** *n.* Lager, *das*
B *v.i.* ~ [**out**] campen; (in tent) zelten; **go** ~**ing** Campen/Zelten fahren/gehen

✱ **campaign** /kæm'peɪn/ **A** *n.* **1** (Mil.) Feldzug, *der*
2 (organized action) Kampagne, *die*; **publicity** ~ Werbekampagne, *die*
B *v.i.* ~ **for/against sth** sich für etw. einsetzen/gegen etw. etwas unternehmen; **be** ~**ing** ⟨*Politiker:*⟩ im Wahlkampf stehen

'**camp bed** *n.* Campingliege, *die*

'**camper** *n.* **1** (person) Camper, *der*/Camperin, *die*
2 (vehicle) ~ [**van**] Wohnmobil, *das*

'**campfire** *n.* Lagerfeuer, *das*

'**camping** *n.* Camping, *das*; (in tent) Zelten, *das*

camping: ~ **ground** ▶ camping site;
~ **holiday** n. Campingurlaub, der; ~
site n. Campingplatz, der; ~ **stove** n.
Campingkocher, der

'campsite n. Campingplatz, der

campus /'kæmpəs/ n. Campus, der

can¹ /kæn/ **A** n. **1** (milk ~, watering ~) Kanne,
die; (for oil, petrol) Kanister, der; (AmE) (for
refuse) Eimer, der
2 (for preserving) [Konserven]dose, die; a ~ of
tomatoes/beer eine Dose Tomaten/Bier
B v.t., **-nn-** konservieren

♂ **can²** /kən, stressed kæn/ v. aux., only in pres.
~ neg. **cannot** /'kænət/ (infml) ~**'t** /kɑːnt/;
past **could** /kʊd/; neg. (infml) **couldn't**
/'kʊdnt/ können; (have right, be permitted)
dürfen; können; I ~**'t do that** das kann ich
nicht; (it would be wrong) das kann ich nicht
tun; **you** ~**'t smoke here** hier dürfen Sie
nicht rauchen; **could you ring me tomorrow?**
könnten Sie mich morgen anrufen?; **I could
have killed him** ich hätte ihn umbringen
können; **[that] could be [so]** das könnte od.
kann sein

Canada /'kænədə/ pr. n. Kanada (das)

Canadian /kə'neɪdɪən/ **A** adj. kanadisch; sb
is ~ jmd. ist Kanadier/Kanadierin
B n. Kanadier, der/Kanadierin, die

canal /kə'næl/ n. Kanal, der

canary /kə'neərɪ/ n. Kanarienvogel, der

Ca'nary Islands pr. n. pl. Kanarische Inseln
Pl.

cancel /'kænsl/ **A** v.t., (BrE) **-ll- 1** absagen
<Besuch, Urlaub, Reise, Sportveranstaltung>;
ausfallen lassen <Veranstaltung, Vorlesung,
Zug, Bus>; fallen lassen <Pläne>; rückgängig
machen <Einladung, Vertrag>; zurücknehmen
<Befehl>; stornieren <Bestellung, Auftrag>;
kündigen <Abonnement>; abbestellen
<Zeitung>
2 (Comp.) abbrechen
B v.i., (BrE) **-ll- 1** ~ [out] sich [gegenseitig]
aufheben
2 (Comp.) abbrechen

cancellation /kænsə'leɪʃn/ n. ▶ cancel A
Absage, die; Ausfall, der; Fallenlassen, das;
Rückgängigmachen, das; Zurücknahme,
die; Stornierung, die; Kündigung, die;
Abbestellung, die

♂ **cancer** /'kænsə(r)/ n. **1** (Med.) Krebs, der; ~
of the liver Leberkrebs, der
2 C~ (Astrol., Astron.) der Krebs

candelabra /kændɪ'lɑːbrə/ n. Leuchter, der

candid /'kændɪd/ adj. offen; ehrlich <Ansicht,
Bericht>

♂ **candidate** /'kændɪdət, 'kændɪdeɪt/ n.
Kandidat, der/Kandidatin, die

candle /'kændl/ n. Kerze, die

candle: ~**light** n. Kerzenlicht, das; ~**stick**
n. Kerzenhalter, der; (elaborate) Leuchter, der;
~**wick** n. (material) Frottierplüsch, der

♂ Schlüsselwort

candour (BrE; AmE: **candor**) /'kændə(r)/ n.
▶ candid Offenheit, die; Ehrlichkeit, die

candy /'kændɪ/ n. (AmE) (sweets) Süßigkeiten
Pl.; (sweet) Bonbon, das od. der

'candyfloss /'kændɪflɒs/ n. Zuckerwatte, die

cane /keɪn/ **A** n. **1** (stem) Rohr, das; (of raspberry,
blackberry) Spross, der
2 (material) Rohr, das
3 (stick) [Rohr]stock, der
B v.t. [mit dem Stock] schlagen

'cane sugar n. Rohrzucker, der

canine /'keɪnaɪn/ adj. (of dog[s]) Hunde-

canine 'tooth n. Eckzahn, der

canister /'kænɪstə(r)/ n. Büchse, die; (for petrol,
oil, etc.) Kanister, der

cannabis /'kænəbɪs/ n. (hashish) Haschisch,
das; (marijuana) Marihuana, das

canned /kænd/ adj. Dosen-; in Dosen
nachgestellt

canned: ~ **'beer** n. Dosenbier; ~
'food n. [Lebensmittel]konserven Pl.;
~ **'fruit** n. Obstkonserven Pl.; ~ **'meat**
n. Fleischkonserven Pl.; ~ **'music** n.
Musikkonserve, die

cannibal /'kænɪbl/ n. Kannibale, der/
Kannibalin, die

cannibalism /'kænɪbəlɪzm/ n.
Kannibalismus, der

cannon /'kænən/ **A** n. Kanone, die
B v.i. (BrE) ~ into sb/sth mit etw./jmdm.
zusammenprallen

'cannon ball n. Kanonenkugel, die

♂ **cannot** ▶ can²

canny /'kænɪ/ adj. (shrewd) schlau

canoe /kə'nuː/ n. Paddelboot, das; (Indian ~)
(Sport) Kanu, das

canoeing /kə'nuːɪŋ/ n. Paddeln, das; (Sport)
Kanufahren, das; Kanusport, der

canoeist /kə'nuːɪst/ n. Paddelbootfahrer,
der/-fahrerin, die

canon /'kænən/ n. **1** (general law, criterion)
Grundregel, die
2 (Eccl.) (person) Kanoniker, der

canonize /'kænənaɪz/ v.t. kanonisieren
<Heiligen>; heilig sprechen <Märtyrer>

'can opener n. Dosenöffner, der

canopy /'kænəpɪ/ n. Baldachin, der; (over
entrance) Vordach, das

can't /kɑːnt/ (infml) = cannot, ▶ can²

cantankerous /kæn'tæŋkərəs/ adj.
streitsüchtig

canteen /kæn'tiːn/ n. Kantine, die

canter /'kæntə(r)/ **A** n. Handgalopp, der
B v.i. leicht galoppieren

canvas /'kænvəs/ n. Leinwand, die

canvass /'kænvəs/ **A** v.t. Wahlwerbung
treiben in <einem Wahlkreis, Gebiet>;
Wahlwerbung treiben bei <Wählern,
Bürgern>
B v.i. werben (on behalf of für); ~ for votes
um Stimmen werben

'canvasser *n.* (for votes) Wahlhelfer, *der*/-helferin, *die*

canyon /'kænjən/ *n.* Cañon, *der*

cap /kæp/ **A** *n.* **1** Mütze, *die*; (nurse's, servant's) Haube, *die*; (with peak) Schirmmütze, *die*; (skull~) Kappe, *die*
2 (of bottle, jar) [Verschluss]kappe, *die*; (petrol ~, radiator ~) Deckel, *der*
B *v.t.*, **-pp-** **1** verschließen ‹*Flasche*›; zudecken ‹*Bohrloch*›; mit einer Schutzkappe versehen ‹*Zahn*›
2 (fig.) überbieten; **to ~ it all** obendrein

CAP *abbr.* = **Common Agricultural Policy** gemeinsame Agrarpolitik

⚹ **capability** /keɪpə'bɪlɪti/ *n.* Fähigkeit, *die*

⚹ **capable** /'keɪpəbl/ *adj.* **1** **be ~ of sth** ‹*Person:*› zu etw. imstande sein
2 (gifted, able) fähig

⚹ **capacity** /kə'pæsɪti/ *n.* **1** Fassungsvermögen, *das*; **the machine is working to ~** die Maschine ist voll ausgelastet; **a seating ~ of 300** 300 Sitzplätze
2 (measure) Rauminhalt, *der*; Volumen, *das*; **measure of ~** Hohlmaß, *das*
3 (position) Eigenschaft, *die*; **in his ~ as … in** seiner Eigenschaft als …

cape¹ /keɪp/ *n.* (garment) Umhang, *der*; Cape, *das*

cape² *n.* (Geog.) Kap, *das*; **the C~** [of Good Hope] das Kap der Guten Hoffnung

caper /'keɪpə(r)/ *v.i.* **~** [about] [herum]tollen

'Cape Town *pr. n.* Kapstadt *(das)*

capful /'kæpfʊl/ *n.* **one ~** der Inhalt einer Verschlusskappe

capillary /kə'pɪləri/ *n.* Kapillare, *die* (fachspr.)

⚹ **capital** /'kæpɪtl/ **A** *attrib. adj.* **1** Todes‹*strafe, -urteil*›; Kapital‹*verbrechen*›
2 groß, Groß‹*buchstabe*›
3 (principal) Haupt‹*stadt*›
B *n.* **1** (letter) Großbuchstabe, *der*
2 (city, town) Hauptstadt, *die*
3 (stock, wealth) Kapital, *das*

capitalism /'kæpɪtəlɪzm/ *n.* Kapitalismus, *der*

capitalist /'kæpɪtəlɪst/ **A** *n.* Kapitalist, *der*/Kapitalistin, *die*
B *adj.* kapitalistisch

capitalize /'kæpɪtəlaɪz/ **A** *v.t.* großschreiben ‹*Buchstaben, Wort*›
B *v.i.* **~ on sth** aus etw. Kapital schlagen (ugs.)

capital 'punishment *n.* Todesstrafe, *die*

capitulate /kə'pɪtjʊleɪt/ *v.i.* kapitulieren

capitulation /kəpɪtjʊ'leɪʃn/ *n.* Kapitulation, *die*

cappuccino /kɑːpʊ'tʃiːnəʊ/ *n., pl.* **~s** Cappuccino, *der*

capricious /kə'prɪʃəs/ *adj.* launisch

Capricorn /'kæprɪkɔːn/ *n.* (Astrol., Astron.) der Steinbock

capsize /kæp'saɪz/ **A** *v.t.* zum Kentern bringen
B *v.i.* kentern

'caps lock *n.* Feststelltaste, *die*

capsule /'kæpsjuːl/ *n.* Kapsel, *die*

Capt. *abbr.* = **Captain** Kapt.; Hptm.

captain /'kæptɪn/ **A** *n.* Kapitän, *der*; (Army) Hauptmann, *der*
B *v.t.* **~ a team** Kapitän einer Mannschaft sein

caption /'kæpʃn/ *n.* (heading) Überschrift, *die*; (under photograph, drawing) Bildunterschrift, *die*; (Cinemat., Telev.) Untertitel, *der*

captivate /'kæptɪveɪt/ *v.t.* fesseln

captivating /'kæptɪveɪtɪŋ/ *adj.* bezaubernd; einnehmend ‹*Lächeln*›

captive /'kæptɪv/ **A** *adj.* gefangen; **be taken ~** gefangen genommen werden
B *n.* Gefangener, *der*/Gefangene, *die*

captive 'audience *n.* unfreiwilliges Publikum

captivity /kæp'tɪvɪti/ *n.* Gefangenschaft, *die*; **be held in ~** gefangen gehalten werden

captor /'kæptə(r)/ *n.* **his ~** der, der/die, die ihn gefangen nahm

⚹ **capture** /'kæptʃə(r)/ **A** *n.* **1** (of thief etc.) Festnahme, *die*; (of town) Einnahme, *die*
2 (thing, person) Fang, *der*
B *v.t.* festnehmen ‹*Person*›; [ein]fangen ‹*Tier*›; einnehmen ‹*Stadt*›; gefangen nehmen ‹*Fantasie*›

⚹ **car** /kɑː(r)/ *n.* Auto, *das*; Wagen, *der*; **by ~** mit dem Auto

carafe /kə'ræf/ *n.* Karaffe, *die*

caramel /'kærəmel/ *n.* Karamell, *der*; (toffee) Karamellbonbon, *das*

carat /'kærət/ *n.* Karat, *das*; **a 22-~ gold ring** ein 22-karätiger Goldring

caravan /'kærəvæn/ *n.* (BrE) Wohnwagen, *der*

'caravan site *n.* Campingplatz für Wohnwagen

carbohydrate /kɑːbəʊ'haɪdreɪt/ *n.* Kohlenhydrat, *das*

'car bomb *n.* Autobombe, *die*

carbon /'kɑːbən/ *n.* Kohlenstoff, *der*

carbon: **~ 'capture** *n., no pl.* CO_2-Verpressung, *die*; **~ capture and 'storage** CO_2-Abscheidung und -Speicherung, *die*; **~ 'copy** *n.* Durchschlag, *der*; **~ cycle** *n.* Kohlenstoffkreislauf, *der*; **~ di'oxide** /-daɪ'ɒksaɪd/ *n.* Kohlendioxid, *das*; **~ 'fibre** *n.* Kohlefaser, *die*; **~ 'footprint** *n.* CO_2-Bilanz, *die*; **~ monoxide** /-mə'nɒksaɪd/ *n.* (Chem.) Kohlenmonoxid, *das*; **~-'neutral** *adj.* CO_2-neutral; **~ 'offsetting** *n.* CO_2-Ausgleich, *der*; **~ paper** *n.* Kohlepapier, *das*; **~ tax** *n.* CO_2-Steuer, *die*; **~ 'trading** *n.* CO_2-Handel, *der*

car 'boot sale *n.*: Trödelmarkt, bei dem die Händler ihre Waren aus dem Kofferraum ihrer Autos heraus verkaufen

carburettor (AmE: **carburetor**) /kɑːbə'retə(r)/ *n.* Vergaser, *der*

carcass (BrE also: **carcase**) /'kɑːkəs/ *n.* Kadaver, *der*

'car crash *n.* Autounfall, *der*

C

c

◇ **card** /kɑːd/ n. Karte, die; play ~s Karten spielen

card: ~**board** n. Pappe, die; ~**board 'box** n. [Papp]karton, der; (smaller) [Papp]schachtel, die; ~ **game** n. Kartenspiel, das; ~**holder** n. Karteninhaber, der/-inhaberin, die

cardiac /'kɑːdɪæk/ adj. (of heart) Herz-

cardiac ar'rest n. Herzstillstand, der

cardigan /'kɑːdɪɡən/ n. Strickjacke, die

cardinal /'kɑːdɪnl/ **A** adj. grundlegend <Frage, Doktrin, Pflicht>; Kardinal<fehler, -problem>; Haupt<punkt, -merkmal> **B** n. (Eccl.) Kardinal, der

cardinal: ~ '**number** n. Kardinalzahl, die; ~ '**sin** n. Todsünde, die

'**cardphone** n. Kartentelefon, das

◇ **care** /keə(r)/ **A** n. **1** (anxiety) Sorge, die **2** (pains) Sorgfalt, die **3** (caution) Vorsicht, die; take ~ aufpassen **4** medical ~ ärztliche Betreuung **5** (charge) Obhut, die (geh.); put sb in ~/take sb into ~ jmdn. in Pflege geben/nehmen; ~ of (on letter) bei; take ~ of sb/sth (ensure safety of) auf jmdn./etw. aufpassen; (attend to) sich um jmdn./etw. kümmern **B** v.i. ~ for sb/sth (look after) sich um jmdn./ etw. kümmern; (like) jmdn./etw. mögen; ~ to do sth etw. tun mögen; I don't ~ [whether/ how/what etc.] es ist mir gleich[, ob/wie/ was usw.]

◇ **career** /kə'rɪə(r)/ **A** n. Beruf, der **B** v.i. rasen; <Pferd, Reiter:> galoppieren

career: ~ '**break** n. Karriereknick, der; ~**s adviser** n. Berufsberater, der/-beraterin, die; ~**s ad'visory service**, ~**s service** ns. Berufsberatung, die; ~ **woman** n. Karrierefrau, die

'**carefree** adj. sorgenfrei

careful /'keəfl/ adj. (thorough) sorgfältig; (cautious) vorsichtig; [be] ~! Vorsicht!; be ~ of sb/sth (be cautious of) sich vor jmdm./etw. in Acht nehmen; be ~ with sb/sth vorsichtig mit jmdm./etw. umgehen

◇ '**carefully** adv. (thoroughly) sorgfältig; (attentively) aufmerksam; (cautiously) vorsichtig

careless /'keəlɪs/ adj. **1** (inattentive) unaufmerksam; (thoughtless) gedankenlos; leichtsinnig <Fahrer>; nachlässig <Arbeiter, Arbeit>; gedankenlos <Bemerkung, Handlung>; unachtsam <Fahren> **2** (nonchalant) ungezwungen

'**carelessly** adv. (without care) nachlässig; (thoughtlessly) gedankenlos

'**carelessness** n. (lack of care) Nachlässigkeit, die; (thoughtlessness) Gedankenlosigkeit, die

carer /'keərə(r)/ n. (for sick person) Pfleger, der/ Pflegerin, die

caress /kə'res/ **A** n. Liebkosung, die **B** v.t. liebkosen

'**caretaker** n. Hausmeister, der/-meisterin, die

'**car ferry** n. Autofähre, die

cargo /'kɑːɡəʊ/ n. Fracht, die

'**cargo boat**, '**cargo ship** ns. Frachter, der

'**car hire** n. Autovermietung, die

Caribbean /kærɪ'biːən/ **A** pr. n. the ~ die Karibik **B** adj. karibisch

caricature /'kærɪkətjʊə(r)/ **A** n. Karikatur, die **B** v.t. karikieren

caring /'keərɪŋ/ adj. sozial <Gesellschaft>; fürsorglich <Person>

carnage /'kɑːnɪdʒ/ n. Gemetzel, das

carnal /'kɑːnl/ adj. sinnlich

carnation /kɑː'neɪʃn/ n. [Garten]nelke, die

carnet /'kɑːneɪ/ n. (of motorist) Triptyk, das; [camping] ~ Ausweis für Camper

carnival /'kɑːnɪvl/ n. Volksfest, das

carnivorous /kɑː'nɪvərəs/ adj. Fleisch fressend

carol /'kærl/ n. [Christmas] ~ Weihnachtslied, das

'**car owner** n. Autobesitzer, der/-besitzerin, die

carp /kɑːp/ n., pl. same Karpfen, der

car: ~ **park** n. Parkplatz, der; (building) Parkhaus, das; ~ **parking** n. Parken, das; ~ **parking facilities are available** Parkplätze [sind] vorhanden

carpenter /'kɑːpɪntə(r)/ n. Zimmermann, der; (for furniture) Tischler, der/Tischlerin, die

carpentry /'kɑːpɪntrɪ/ n. Zimmerhandwerk, das; (in furniture) Tischlerhandwerk, das

carpet /'kɑːpɪt/ n. Teppich, der

carpet: ~ **slipper** n. Hausschuh, der; ~ **sweeper** n. Teppichkehrer, der

car: ~ **phone** n. Autotelefon, das; ~**port** n. Einstellplatz, der; ~ **radio** n. Autoradio, das; ~ **rental** ▶ car hire

carriage /'kærɪdʒ/ n. **1** (horse-drawn) Kutsche, die **2** (Railw.) Wagen, der

'**carriageway** n. Fahrbahn, die

'**car ride** n. Autofahrt, die

carrier /'kærɪə(r)/ n. **1** (bearer) Träger, der **2** (firm) Transportunternehmen, das

carrier: ~ **bag** n. Tragetasche, die; ~ **pigeon** n. Brieftaube, die

carrot /'kærət/ n. Möhre, die

◇ **carry** /'kærɪ/ v.t. **1** tragen; (emphasizing destination) bringen **2** (possess) besitzen <Autorität, Gewicht> ■ ~ a'way v.t. forttragen; be or get carried away sich hinreißen lassen ■ ~ 'on **A** v.t. fortführen; ~ on [doing sth] weiterhin etw. tun **B** v.i. weitermachen ■ ~ 'out v.t. durchführen; ausführen <Anweisung, Auftrag>; vornehmen <Verbesserungen>

carry: ~**cot** n. Babytragetasche, die; ~**-out** n. ~-out [meal] Essen od. Mahlzeit zum

Mitnehmen; get a ~-out sich (*Dat.*) in einem
Restaurant was zu essen holen

'**carsick** *adj.* children are often ~ Kindern
wird beim Autofahren oft schlecht

cart /kɑːt/ **A** *n.* Wagen, *der*
    B *v.t.* (infml) schleppen

'**car thief** *n.* Autodieb, *der*/-diebin, *die*

cartilage /'kɑːtɪlɪdʒ/ *n.* Knorpel, *der*

carton /'kɑːtn/ *n.* [Papp]karton, *der*; (of drink)
Tüte, *die*; (of cream, yoghurt) Becher, *der*

cartoon /kɑːˈtuːn/ *n.* humoristische
Zeichnung; (satirical) Karikatur, *die*; (film)
Zeichentrickfilm, *der*

cartridge /'kɑːtrɪdʒ/ *n.* **1** (for gun) Patrone, *die*
    2 (of film; cassette) Kassette, *die*

'**cartwheel** *n.* (Gymnastics) Rad, *das*; **turn** *or*
do ~**s** Rad schlagen

carve /kɑːv/ **A** *v.t.* **1** tranchieren <*Fleisch,
Braten, Hähnchen*>
    2 (from wood) schnitzen; (from stone) meißeln
    B *v.i.* ~ **in wood/stone** in Holz schnitzen/in
Stein meißeln

carving /'kɑːvɪŋ/ *n.* (in or from wood) Schnitzerei,
die; (in or from stone) Skulptur, *die*

'**carving knife** *n.* Tranchiermesser, *das*

'**car wash** *n.* Waschanlage, *die*

cascade /kæsˈkeɪd/ *n.* Kaskade, *die*

✱ **case¹** /keɪs/ *n.* **1** (instance, matter, set of arguments)
Fall, *der*; **it is [not]** the ~ **that** ... es trifft
[nicht] zu, dass ...; **in** ~ ... falls ...; **[just] in** ~
für alle Fälle; **in** ~ **of emergency** im Notfall;
in any ~ jedenfalls; **in that** ~ in diesem Fall;
in any ~ (regardless of anything else) jedenfalls;
I don't need it in any ~ ich brauche es
sowieso nicht
    2 (Med., Police, Soc. Serv., etc.) Fall, *der*
    3 (Law) Fall, *der*; (action) Verfahren, *das*
    4 (Ling.) Fall, *der*; Kasus, *der* (fachspr.)

case² *n.* **1** Koffer, *der*; (brief~) [Akten]tasche,
die
    2 (for spectacles, cigarettes) Etui, *das*
    3 (crate) Kiste, *die*
    4 [display] ~ Schaukasten, *der*

✱ **cash** /kæʃ/ **A** *n.* Bargeld, *das*; **pay [in]** ~, **pay**
~ **down** bar zahlen
    B *v.t.* einlösen <*Scheck*>

cash: ~ **account** *n.* Kassekonto, *das*;
~ **and** '**carry** *n.* cash and carry; (store)
Cash-and-carry-Laden, *der*; ~**back** *n.*, *no
art.*: Barauszahlung eines Differenzbetrages
bei Kauf mit Geldkarte; ~**card** *n.*
Geldautomatenkarte, *die*; ~ **desk** *n.* (BrE)
Kasse, *die*; ~ **discount** *n.* Skonto, *der od.
das*; Barzahlungsrabatt, *der*; ~ **dispenser**
n. Geldautomat, *der*

cashew nut /'kæʃuː/ *n.* Cashewnuss, *die*

'**cash flow** *n.* Cashflow, *der*

cashier /kæˈʃɪə(r)/ *n.* Kassierer, *der*/
Kassiererin, *die*

'**cashless** *adj.* bargeldlos; **the** ~ **society** die
bargeldlose Gesellschaft

'**cash machine** *n.* Geldautomat, *der*

cashmere /'kæʃmɪə(r)/ *n.* Kaschmir, *der*;
~ **wool/sweater** Kaschmirwolle, *die*/
Kaschmirpullover, *der*

cash: ~ **payment** *n.* Barzahlung, *die*;
make ~ **payment** bar bezahlen; ~**point**®
n. Geldautomat, *der*; ~ **register** *n.*
[Registrier]kasse, *die*

casino /kəˈsiːnəʊ/ *n.* Kasino, *das*

cask /kɑːsk/ *n.* Fass, *das*

casket /'kɑːskɪt/ *n.* **1** Kästchen, *das*
    2 (AmE) (coffin) Sarg, *der*

casserole /'kæsərəʊl/ *n.* Schmortopf, *der*

cassette /kəˈset, kæˈset/ *n.* Kassette, *die*

cassette: ~ **deck** *n.* Kassettendeck, *das*; ~
player *n.* Kassettengerät, *das*; ~ **recorder**
n. Kassettenrekorder, *der*

cast /kɑːst/ **A** *v.t.*, ~ **1** werfen
    2 (shape, form) gießen
    3 abgeben <*Stimme*>
    B *n.* **1** (Med.) Gipsverband, *der*
    2 (actors) Besetzung, *die*
    ■ ~ **a'side** *v.t.* beiseite schieben <*Vorschlag*>;
vergessen <*Sorgen*>; fallen lassen <*Hemmungen*>
    ■ ~ '**off** *v.i. & t.* (Naut.) losmachen

castanets /kæstəˈnets/ *n. pl.* Kastagnetten *Pl.*

'**castaway** *n.* Schiffbrüchige, *der/die*

caste /kɑːst/ *n.* Kaste, *die*

cast 'iron *n.* Gusseisen, *das*

castle /'kɑːsl/ *n.* Burg, *die*; (mansion) Schloss, *das*

'**cast-offs** *n. pl.* abgelegte Sachen *Pl.*

castor /'kɑːstə(r)/ *n.* (wheel) Rolle, *die*

castor: ~ '**oil** *n.* Rizinusöl, *das*; ~ **sugar** *n.*
Raffinade, *die*

castrate /kæˈstreɪt/ *v.t.* kastrieren

castration /kæˈstreɪʃn/ *n.* Kastration, *die*

casual /'kæʒʊəl/ *adj.* ungezwungen;
leger <*Kleidung*>; beiläufig <*Bemerkung*>;
flüchtig <*Bekannter, Bekanntschaft, Blick*>;
unbekümmert <*Haltung, Einstellung*>

casual 'labour *n.* Gelegenheitsarbeit, *die*

'**casually** *adv.* ungezwungen; beiläufig
<*bemerken*>; flüchtig <*anschauen*>; leger
<*sich kleiden*>

casualty /'kæʒjʊəltɪ/ *n.* **1** (injured person)
Verletzte, *der/die*; (in battle) Verwundete,
der/die; (dead person) Tote, *der/die*
    2 (hospital department) Unfallstation, *die*

'**casualty ward** *n.* Unfallstation, *die*

✱ **cat** /kæt/ *n.* Katze, *die*

catalogue (AmE: **catalog**) /'kætəlɒg/
    A *n.* Katalog, *der*
    B *v.t.* katalogisieren

catalyst /'kætəlɪst/ *n.* Katalysator, *der*

catalytic converter /kætəlɪtɪk kənˈvɜːtə(r)/
n. Katalysator, *der*

catamaran /kætəməˈræn/ *n.* Katamaran, *der*

catapult /'kætəpʌlt/ **A** *n.* Katapult, *das*
    B *v.t.* katapultieren

cataract /'kætərækt/ *n.* **1** Katarakt, *der*
    2 (Med.) grauer Star

catarrh /kəˈtɑː(r)/ *n.* Katarrh, *der*

C

catastrophe /kə'tæstrəfɪ/ n. Katastrophe, *die*

catastrophic /kætə'strɒfɪk/ adj. katastrophal

ᶜ **catch** /kætʃ/ **A** v.t., **caught** /kɔːt/ **1** fangen; ~ **hold of sb/sth** jmdn./etw. festhalten; (to stop oneself falling) sich an jmdm./etw. festhalten; **get sth caught** *or* ~ **sth on/in sth** mit etw. an/in etw. (*Dat.*) hängen bleiben; ~ **one's finger in the door** sich (*Dat.*) den Finger in der Tür einklemmen **2** (travel by) nehmen; (be in time for) [noch] erreichen **3** (surprise) ~ **sb doing sth** jmdn. [dabei] erwischen, wie er etw. tut (ugs.) **4** (become infected with) sich (*Dat.*) zuziehen; ~ **sth from sb** sich bei jmdm. mit etw. anstecken; ~ **a cold** sich erkälten; ~ **it** (fig. infml) etwas kriegen (ugs.) **5** ~ **sb's attention/interest** jmds. Aufmerksamkeit erregen/jmds. Interesse wecken **B** v.i., **caught 1** (begin to burn) [anfangen zu] brennen **2** (become hooked up) hängen bleiben; <*Haar, Faden*:> sich verfangen **C** n. **1** (of ball) **make a** ~ fangen **2** (amount caught, lit. or fig.) Fang, *der* **3** (difficulty) Haken, *der* (**in** an + *Dat.*) **4** (of door) Schnapper, *der* ▪ ~ **'on** v.i. (infml) **1** (become popular) [gut] ankommen (ugs.) **2** (understand) kapieren (ugs.) ▪ ~ **'up A** v.t. ~ **sb up**, ~ **up with sb** jmdn. einholen **B** v.i. ~ **up** gleichziehen; ~ **up on sth** etw. nachholen

'catching adj. ansteckend

'catchphrase n. Slogan, *der*

'catchy adj. eingängig

'cat door n. Katzentür, *die*

categorical /kætɪ'gɒrɪkl/ adj. kategorisch

categorize (**categorise**) /'kætɪgəraɪz/ v.t. kategorisieren

ᶜ **category** /'kætɪgərɪ/ n. Kategorie, *die*

cater /'keɪtə(r)/ v.i. ~ **for sb/sth** für jmdn./ etw. [die] Speisen und Getränke liefern; (fig.) auf jmdn./etw. eingestellt sein

'caterer n. Lieferant von Speisen und Getränken

'catering n. **1** (trade) Gastronomie, *die* **2** (service) Lieferung von Speisen und Getränken

caterpillar /'kætəpɪlə(r)/ n. Raupe, *die*

'cat flap ▶ **cat door**

cathedral /kə'θiːdrl/ n. Dom, *der*

Catherine wheel /'kæθrɪn wiːl/ n. Feuerrad, *das*

Catholic /'kæθəlɪk/ **A** adj. katholisch **B** n. Katholik, *der*/Katholikin, *die*

Catholicism /kə'θɒlɪsɪzm/ n. Katholizismus, *der*

ᶜ Schlüsselwort

catkin /'kætkɪn/ n. (Bot.) Kätzchen, *das*

'catseye® n. (BrE) (on road) Bodenrückstrahler, *der*

cattle /'kætl/ n. pl. Rinder Pl.

'cattle market n. Viehmarkt, *der*; (fig.) Fleischbeschau, *die* (ugs. scherzh.)

'catwalk n. Laufsteg, *der*

caught ▶ **catch A, B**

cauldron /'kɔːldrən/ n. Kessel, *der*

cauliflower /'kɒlɪflaʊə(r)/ n. Blumenkohl, *der*

ᶜ **cause** /kɔːz/ **A** n. **1** Ursache, *die* (**of** für od. Gen.); (person) Verursacher, *der*/Verursacherin, *die*; **be the** ~ **of sth** etw. verursachen **2** (reason) Grund, *der*; ~ **for sth** Grund zu etw. **3** (object of support) Sache, *die*; [**in**] **a good** ~ [für] eine gute Sache **B** v.t. verursachen; erregen <*Aufsehen, Ärgernis*>; hervorrufen <*Unruhe, Verwirrung*>; ~ **sb worry/pain** jmdm. Sorge/Schmerzen bereiten; ~ **sb to do sth** jmdn. veranlassen, etw. zu tun

causeway /'kɔːzweɪ/ n. Damm, *der*

caustic /'kɔːstɪk/ adj. ätzend; (fig.) bissig; beißend <*Spott*>

caution /'kɔːʃn/ **A** n. **1** Vorsicht, *die* **2** (warning) Warnung, *die* **B** v.t. (warn) warnen; (warn and reprove) verwarnen (**for** wegen)

cautious /'kɔːʃəs/ adj., **'cautiously** adv. vorsichtig

cavalry /'kævlrɪ/ n. Kavallerie, *die*

cave /keɪv/ n. Höhle, *die* ▪ ~ **'in** v.i. einbrechen

'caveman n. Höhlenbewohner, *der*

cavern /'kævən/ n. Höhle, *die*

cavernous /'kævənəs/ adj. höhlenartig

caviar, caviare /'kævɪɑː(r)/ ns. Kaviar, *der*

cavity /'kævɪtɪ/ n. Hohlraum, *der*; (in tooth) Loch, *das*

'cavity wall n. Hohlmauer, *die*

CB abbr. = **citizen's band** CB

cc /siːˈsiː/ abbr. = **cubic centimetre(s)** cm^3

CCTV abbr. = **closed-circuit television** CCTV

CD abbr. = **compact disc** CD, *die*; ~ **burner** CD-Brenner, *der*; ~ **player** CD-Spieler, *der*

CD-ROM /siːdiːˈrɒm/ n. CD-ROM, *die*

CD-'ROM drive n. CD-ROM-Laufwerk, *das*

cease /siːs/ **A** v.i. aufhören **B** v.t. **1** (stop) aufhören **2** (end) aufhören mit; einstellen <*Bemühungen*>

'ceasefire n. Waffenruhe, *die*

cedar /'siːdə(r)/ n. Zeder, *die*

Ceefax® /'siːfæks/ n. (BrE) (Hist.) Bildschirmtextdienst der BBC

ceiling /'siːlɪŋ/ n. **1** Decke, *die* **2** (upper limit) Maximum, *das*

ᶜ **celebrate** /'selɪbreɪt/ v.t. & i. feiern

'celebrated adj. berühmt

celebration /selɪ'breɪʃn/ n. Feier, die
celebrity /sɪ'lebrɪtɪ/ n. Berühmtheit, die
celery /'selərɪ/ n. Sellerie, der od. die
celibate /'selɪbət/ adj. zölibatär (Rel.); ehelos
✓ **cell** /sel/ n. Zelle, die
cellar /'selə(r)/ n. Keller, der
cellist /'tʃelɪst/ n. Cellist, der/Cellistin, die
cello /'tʃeləʊ/ n., pl. ~**s** Cello, das
Cellophane® /'seləfeɪn/ n. Cellophan®, das
'**cellphone, cellular** '**phone** /'seljʊlə(r)/ ns. Mobiltelefon, das
cellulite /'seljʊlaɪt/ n., no indef. art.: überschüssige Fettdepots an Oberschenkeln und Hüften
Celsius /'selsɪəs/ adj. Celsius
cement /sɪ'ment/ **A** n. Zement, der
  B v.t. zementieren; (stick together) zusammenkleben
ce'**ment mixer** n. Betonmischmaschine, die
cemetery /'semɪtərɪ/ n. Friedhof, der
censor /'sensə(r)/ **A** n. Zensor, der
  B v.t. zensieren
'**censorship** n. Zensur, die
censure /'senʃə(r)/ v.t. tadeln
census /'sensəs/ n. Volkszählung, die
cent /sent/ n. Cent, der
centenary /sen'tiːnərɪ/ adj. & n. ~ [celebrations] Hundertjahrfeier, die
center (AmE) ▶ **centre**
centigrade /'sentɪɡreɪd/ ▶ **Celsius**
centimetre (BrE; AmE: **centimeter**) /'sentɪmiːtə(r)/ n. Zentimeter, der
centipede /'sentɪpiːd/ n. Tausendfüßler, der
✓ **central** /'sentrl/ adj. zentral
Central: ~ **A**'**merica** pr. n. Mittelamerika (das); ~ '**Europe** pr. n. Mitteleuropa (das); ~ **Euro**'**pean** adj. mitteleuropäisch; **c**~ '**heating** n. Zentralheizung, die
centralize /'sentrəlaɪz/ v.t. zentralisieren
central: ~ '**locking** n. (Motor Veh.) Zentralverriegelung, die; ~ '**nervous system** n. Zentralnervensystem, das; ~ '**processing unit** n. (Comp.) Zentraleinheit, die; ~ **reservation** n. (BrE) Mittelstreifen, der
✓ **centre** /'sentə(r)/ (BrE) **A** n. 1 Mitte, die; (of circle) Mittelpunkt, der
  2 (of area, city) Zentrum, das
  B adj. mittler...
  C v.i. ~ **on sth** sich auf etw. (Akk.) konzentrieren; ~ [a]round sth sich um etw. drehen
  D v.t. **1** in der Mitte anbringen
  2 (concentrate) be ~d [a]round sth etw. zum Mittelpunkt haben; ~ sth on sth etw. auf etw. (Akk.) konzentrieren
centre '**forward** n. Mittelstürmer, der
centrifugal '**force** /sentrɪ'fjuːɡl/ n. Zentrifugalkraft, die; Fliehkraft, die

✓ **century** /'sentʃərɪ/ n. (hundred-year period from a year ..00) Jahrhundert, das; (hundred years) hundert Jahre
ceramic /sɪ'ræmɪk/ adj. keramisch
ceramic '**hob** n. [Glas]keramikkochfeld, das
cereal /'sɪərɪəl/ n. Getreide, das; (breakfast dish) Getreideflocken Pl.
cerebral /'serɪbrl/ adj. (intellectual) intellektuell
ceremonial /serɪ'məʊnɪəl/ **A** adj. feierlich; (prescribed for ceremony) zeremoniell
  B n. Zeremoniell, das
✓ **ceremony** /'serɪmənɪ/ n. Feier, die; (formal act) Zeremonie, die
✓ **certain** /'sɜːtn, 'sɜːtɪn/ adj. **1** (settled, definite) bestimmt
  2 be ~ to do sth etw. bestimmt tun
  3 (confident, sure to happen) sicher
  4 (indisputable) unbestreitbar
  5 a ~ **Mr Smith** ein gewisser Herr Smith; **to a ~ extent** in gewisser Weise
✓ '**certainly** adv. **1** (admittedly) sicher[lich]; (definitely) bestimmt
  2 (in answer) [aber] sicher; [most] ~ '**not!** auf [gar] keinen Fall!
certainty /'sɜːtntɪ, 'sɜːtɪntɪ/ n. **1 be a** ~ sicher sein
  2 (absolute conviction) Gewissheit, die
certificate /sə'tɪfɪkət/ n. Urkunde, die; (of action performed) Schein, der
certify /'sɜːtɪfaɪ/ v.t. bescheinigen; bestätigen; **this is to** ~ **that ...** hiermit wird bescheinigt od. bestätigt, dass ...
cf. abbr. = **compare** vgl.
CFC abbr. = **chlorofluorocarbon** FCKW, das; ~-**free** FCKW-frei
chafe /tʃeɪf/ v.t. wund scheuern
chaff /tʃɑːf/ n. Spreu, die
chaffinch /'tʃæfɪntʃ/ n. Buchfink, der
chagrin /'ʃæɡrɪn/ n. Kummer, der
✓ **chain** /tʃeɪn/ **A** n. Kette, die; ~ **of shops/ hotels** Laden-/Hotelkette, die
  B v.t. [an]ketten (**to an** + Akk.)
chain: ~ **re**'**action** n. Kettenreaktion, die; ~**saw** n. Kettensäge, die; ~-**smoke** v.t. & i. Kette rauchen (ugs.); ~-**smoker** n. Kettenraucher, der/-raucherin, die; ~ **store** n. Kettenladen, der
✓ **chair** /tʃeə(r)/ **A** n. **1** Stuhl, der; (arm~, easy ~) Sessel, der
  2 (professorship) Lehrstuhl, der
  3 (at meeting) Vorsitz, der; (~person) Vorsitzende, der/die
  B v.t. den Vorsitz haben bei
chair: ~ **back** n. Rückenlehne, die; ~**lift** n. Sessellift, der
chairman /'tʃeəmən/ n., pl. ~**men** /'tʃeəmən/ Vorsitzende, der/die
chair: ~**person** n. Vorsitzende, der/die; ~**woman** n. Vorsitzende, die
chalet /'ʃæleɪ/ n. Chalet, das
chalk /tʃɔːk/ **A** n. Kreide, die
  B v.t. mit Kreide schreiben/malen usw.

C

✎ **challenge** /'tʃælɪndʒ/ **A** *n.* Herausforderung, *die*
B *v.t.* **1** (to contest etc.) herausfordern
2 (fig.) auffordern; (question) infrage stellen

challenged /'tʃælɪndʒd/ *adj.* (euphem. or joc.) behindert; **mentally** ~ geistig behindert

'**challenger** *n.* Herausforderer, *der*/ Herausforderin, *die*

challenging /'tʃælɪndʒɪŋ/ *adj.* herausfordernd; fesselnd ‹*Problem*›; anspruchsvoll ‹*Arbeit*›

chamber /'tʃeɪmbə(r)/ *n.* Kammer, *die*
chamber: ~**maid** *n.* Zimmermädchen, *das*; ~ **music** *n.* Kammermusik, *die*; **C**~ **of** '**Commerce** *n.* Industrie- und Handelskammer, *die*; ~ **pot** *n.* Nachttopf, *der*

chameleon /kə'miːljən/ *n.* Chamäleon, *das*

chamois /'ʃæmwɑː/ *n.* **1** Gämse, *die*
2 /'ʃæmɪ/ ~ [**leather**] Chamois[leder], *das*

champagne /ʃæm'peɪn/ *n.* Sekt, *der*; (from Champagne) Champagner, *der*

cham'pagne glass *n.* Sektglas, *das*

✎ **champion** /'tʃæmpɪən/ **A** *n.* **1** (defender) Verfechter, *der*/Verfechterin, *die*
2 (Sport) Meister, *der*/Meisterin, *die*
B *v.t.* verfechten ‹*Sache*›; sich einsetzen für ‹*Person*›

'**championship** *n.* Meisterschaft, *die*

✎ **chance** /tʃɑːns/ **A** *n.* **1** (fortune, trick of fate) Zufall, *der*; *attrib.* zufällig; **game of** ~ Glücksspiel, *das*; **by** ~ zufällig; **take a** ~ es riskieren; **the** ~**s are that ...** es ist wahrscheinlich, dass ...; **by [any]** ~, **by some** ~ **or other** zufällig
2 (opportunity, possibility) Chance, *die*; **get a/ the** ~ **to do sth** eine/die Gelegenheit haben, etw. zu tun
B *v.t.* riskieren

chance en'counter *n.* Zufallsbegegnung, *die*

chancellor /'tʃɑːnsələ(r)/ *n.* Kanzler, *der*/ Kanzlerin, *die*

Chancellor of the Ex'chequer *n.* (BrE) Schatzkanzler, *der*

chandelier /ʃændə'lɪə(r)/ *n.* Kronleuchter, *der*

✎ **change** /tʃeɪndʒ/ **A** *n.* **1** Veränderung, *die*; Änderung, *die*; (of job, surroundings, government, etc.) Wechsel, *der*
2 (for the sake of variety) Abwechslung, *die*; **for a** ~ zur Abwechslung
3 (money) Wechselgeld, *das*; [**loose** *or* **small**] ~ Kleingeld, *das*; [**here is**] **£5** ~ 5 Pfund zurück; **keep the** ~ [es] stimmt so
B *v.t.* **1** (switch) wechseln; auswechseln ‹*Glühbirne, Batterie*›; ~ **one's clothes** sich umziehen; ~ **one's address/name** seine Anschrift/seinen Namen ändern; ~ **trains/ buses** umsteigen
2 (transform) verwandeln (**into** in + *Akk.*); (alter) ändern
3 (exchange) eintauschen (**for** für); wechseln ‹*Geld*›

C *v.i.* **1** (alter) sich ändern; ‹*Person, Land:*› sich verändern
2 (into something else) sich verwandeln
3 (put on other clothes) sich umziehen
4 (~ trains, buses, etc.) umsteigen
■ ~ '**over** *v.i.* ~ **over from sth to sth** von etw. zu etw. übergehen

changeable /'tʃeɪndʒəbl/ *adj.* veränderlich

'**change-giving machine**, '**change machine** *n.* Geldwechsler, *der*

'**changeover** *n.* Wechsel, *der*; ~ **from sth to sth** Umstellung von etw. auf etw. (*Akk.*)

'**changing room** *n.* (BrE) Umkleideraum, *der*

✎ **channel** /'tʃænl/ **A** *n.* (also Telev., Radio) Kanal, *der*; **the C**~ (BrE) der [Ärmel]kanal
B *v.t.* (fig.) lenken

Channel: **c**~-**hop** *v.i.* (infml) **1** (Telev.) zappen (ugs.) **2** (cross the English Channel) kurz mal über den Kanal fahren; ~ **Islands** *pr. n. pl.* Kanalinseln *Pl.*; ~ '**Tunnel** *n.* [Ärmel]kanaltunnel, *der*

chant /tʃɑːnt/ **A** *v.t.* skandieren; (Eccl.) singen
B *v.i.* Sprechchöre anstimmen; (Eccl.) singen
C *n.* Sprechchor, *der*; (Eccl.) Gesang, *der*

chaos /'keɪɒs/ *n.* Chaos, *das*

chaotic /keɪ'ɒtɪk/ *adj.* chaotisch

chap[1] /tʃæp/ *n.* (BrE) (infml) Bursche, *der*; Kerl, *der*

chap[2] *v.t.*, -**pp**- aufplatzen lassen

chapel /'tʃæpl/ *n.* Kapelle, *die*

chaperone, **chaperon** /'ʃæpərəʊn/ **A** *n.* Anstandsdame, *die*
B *v.t.* beaufsichtigen

chaplain /'tʃæplɪn/ *n.* Kaplan, *der*

✎ **chapter** /'tʃæptə(r)/ *n.* Kapitel, *das*

char /tʃɑː(r)/ *v.t. & i.*, -**rr**- verkohlen

✎ **character** /'kærɪktə(r)/ *n.* **1** Charakter, *der*
2 (in novel etc.) Figur, *die*
3 (infml) (extraordinary person) Original, *das*
4 (symbol) Zeichen, *das*

characteristic /kærɪktə'rɪstɪk/ **A** *adj.* charakteristisch (**of** für)
B *n.* charakteristisches Merkmal

characterize /'kærɪktəraɪz/ *v.t.* charakterisieren

'**characterless** *adj.* nichts sagend

charade /ʃə'rɑːd/ *n.* Scharade, *die*; (fig.) Farce, *die*

charcoal /'tʃɑːkəʊl/ *n.* Holzkohle, *die*

✎ **charge** /tʃɑːdʒ/ **A** *n.* **1** (price) Preis, *der*; (for services) Gebühr, *die*
2 be in ~ **of sth** für etw. die Verantwortung haben; **take** ~ die Verantwortung übernehmen
3 (Law) (accusation) Anklage, *die*
4 (attack) Angriff, *der*
5 (of explosives, electricity) Ladung, *die*
B *v.t.* **1** ~ **sb sth**, ~ **sth to sb** jmdm. etw. berechnen
2 (Law) (accuse) anklagen (**with** wegen)
3 (Electr.) [auf]laden ‹*Batterie*›

✎ Schlüsselwort

4 (rush at) angreifen
C *v.i.* **1** (attack) angreifen
2 (infml) (hurry) sausen
charge: ~ **account** *n.* (AmE) Kreditkonto,
das; ~ **card** *n.* Kreditkarte, *die*
charisma /kəˈrɪzmə/ *n.* Charisma, *das*
charitable /ˈtʃærɪtəbl/ *adj.* **1** wohltätig
2 (lenient) großzügig
⚜ **charity** /ˈtʃærɪtɪ/ *n.* **1** Wohltätigkeit, *die*
2 (organization) wohltätige Organisation
charity: ~ **concert** *n.* Benefizkonzert,
das; ~ **match** *n.* Benefizspiel, *das*; ~
performance *n.* Benefizvorstellung, *die*;
Wohltätigkeitsvorstellung, *die*; ~ **shop**
n.: Secondhandladen, dessen Erlöse einem
wohltätigen Zweck dienen
charlady /ˈtʃɑːleɪdɪ/ *n.* (BrE) Putzfrau, *die*
charlatan /ˈʃɑːlətən/ *n.* Scharlatan, *der*
charm /tʃɑːm/ **A** *n.* **1** (act) Zauber, *der*
2 (talisman) Talisman, *der*
3 (attractiveness) Reiz, *der*; (of person) Charme,
der
B *v.t.* bezaubern
'**charming** *adj.* bezaubernd
chart /tʃɑːt/ **A** *n.* **1** (map) Karte, *die*
2 (graph etc.) Schaubild, *das*
3 the ~s die Hitliste
B *v.t.* (fig.) (describe) schildern
charter /ˈtʃɑːtə(r)/ **A** *n.* **1** Charta, *die*
2 on ~ gechartert
B *v.t.* chartern <*Schiff, Flugzeug*>
chartered: ~ **ac'countant** *n.* (BrE)
Wirtschaftsprüfer, *der*/-prüferin, *die*;
~ '**aircraft** *n.* Charterflugzeug, *das*;
Chartermaschine, *die*
charter: ~ **flight** *n.* Charterflug, *der*; ~
plane ▸ chartered aircraft
charwoman /ˈtʃɑːwʊmən/ *n.* Putzfrau, *die*
chase /tʃeɪs/ **A** *n.* Verfolgungsjagd, *die*
B *v.t.* (pursue) jagen; ~ **sth** (fig.) einer Sache
(*Dat.*) nachjagen
C *v.i.* ~ **after sb/sth** hinter jmdm./etw.
herjagen
■ ~ '**up** *v.t.* (infml) ausfindig machen
chasm /ˈkæzm/ *n.* Kluft, *die*
chassis /ˈʃæsɪ/ *n.*, *pl. same* /ˈʃæsɪz/ Chassis,
das; Fahrgestell, *das*
chaste /tʃeɪst/ *adj.* keusch
chastening /ˈtʃeɪsənɪŋ/ *adj.* ernüchternd
chastise /tʃæˈstaɪz/ *v.t.* züchtigen
chastity /ˈtʃæstɪtɪ/ *n.* Keuschheit, *die*
chat /tʃæt/ **A** *n.* **1** Schwätzchen, *das*
2 (Comp.) Chat, *der*
B *v.i.*, **-tt-** **1** plaudern; ~ **with** *or* **to sb about**
sth mit jmdm. von etw. plaudern
2 (Comp.) chatten
■ ~ '**up** *v.t.* (BrE) (infml) anmachen (ugs.)
chat: ~ **line** *n.* Chatline, *die*; ~ **room**
n. (Comp.) Chat-Room, *der*; ~ **show** *n.*
Talkshow, *die*
chattels /ˈtʃætlz/ *n. pl.* bewegliche Habe (geh.)
chatter /ˈtʃætə(r)/ **A** *v.i.* **1** schwatzen

2 <*Zähne:*> klappern
B *n.* Schwatzen, *das*
'**chatterbox** *n.* Quasselstrippe, *die* (ugs.)
chatty /ˈtʃætɪ/ *adj.* gesprächig
chauffeur /ˈʃəʊfə(r)/ **A** *n.* Fahrer, *der*;
Chauffeur, *der*
B *v.t.* fahren
chauvinist /ˈʃəʊvɪnɪst/ *n.* Chauvinist, *der*/
Chauvinistin, *die*
chauvinistic /ʃəʊvɪˈnɪstɪk/ *adj.* chauvinistisch
⚜ **cheap** /tʃiːp/ *adj.*, *adv.* billig
cheapen /ˈtʃiːpn/ *v.t.* (fig.) herabsetzen
'**cheaply** *adv.* billig
cheat /tʃiːt/ **A** *n.* Schwindler, *der*/
Schwindlerin, *die*
B *v.t.* & *i.* betrügen
Chechen /ˈtʃetʃn/ **A** *adj.* tschetschenisch;
he/she is ~ er ist Tschetschene/sie ist
Tschetschenin
B *n.* **1** (Person) Tschetschene, *der*/
Tschetschenin, *die*
2 (language) Tschetschenisch, *das*
Chechenia, **Chechnya** /tʃeʃˈnɪɑː/ *pr. ns.*
Tschetschenien (*das*)
Chechen Re'public /tʃetʃn rɪˈpʌblɪk/ *pr. n.*
Tschetschenische Republik
⚜ **check¹** /tʃek/ **A** *n.* **1** Kontrolle, *die*; **make/**
keep a ~ **on** kontrollieren
2 (AmE) (bill) Rechnung, *die*
B *v.t.* **1** (restrain) unter Kontrolle halten
2 (examine) nachprüfen; kontrollieren
<*Fahrkarte*>
3 (stop) aufhalten
C *v.i.* ~ **on sth** etw. überprüfen; ~ **with sb**
bei jmdm. nachfragen
■ ~ '**in** *v.t.* & *i.* (at airport) einchecken
■ ~ '**out** **A** *v.t.* überprüfen
B *v.i.* abreisen
■ ~ '**up** *v.i.* ~ **up [on]** überprüfen
check² *n.* (pattern) Karo, *das*
checkers /ˈtʃekəz/ (AmE) ▸ draughts
check: ~**-in** *n.* Abfertigung, *die*; ~**list** *n.*
Checkliste, *die*; ~**mate** **A** *n.* [Schach]matt,
das **B** *int.* [schach]matt; ~**out**, ~ **out**
desk *n.* Kasse, *die*; ~**point** *n.*
Kontrollpunkt, *der*; ~**-up** *n.* (Med.)
Untersuchung, *die*
cheek /tʃiːk/ *n.* **1** Backe, *die*; Wange, *die* (geh.)
2 (impertinence) Frechheit, *die*
'**cheekbone** *n.* Backenknochen, *der*
'**cheekily** *adv.*, '**cheeky** *adj.* frech
cheep /tʃiːp/ **A** *v.i.* piep[s]en
B *n.* Piep[s]en, *das*
cheer /tʃɪə(r)/ **A** *n.* **1** (applause) Beifallsruf, *der*
2 *in pl.* (BrE) (infml) (as a toast) prost!
3 *in pl.* (BrE) (infml) (thank you) danke
B *v.t.* **1** (applaud) ~ **sth/sb** etw. bejubeln/
jmdm. zujubeln
2 (gladden) aufmuntern
C *v.i.* jubeln
■ ~ '**on** *v.t.* anfeuern <*Sportler*>
■ ~ '**up** **A** *v.t.* aufheitern

C

B *v.i.* bessere Laune bekommen; ~ **up!** Kopf hoch!

cheerful /'tʃɪəfl/ *adj.* (in good spirits) fröhlich; (bright, pleasant) heiter

'**cheerfully** *adv.* vergnügt

'**cheering** **A** *adj.* fröhlich stimmend
B *n.* Jubeln, *das*

cheerio /tʃɪərɪ'əʊ/ *int.* (BrE) (infml) tschüs (ugs.)

'**cheery** *adj.* fröhlich

cheese /tʃiːz/ *n.* Käse, *der*

cheese: ~**board** *n.* Käseplatte, *die*; ~**cake** *n.* Käsetorte, *die*

cheetah /'tʃiːtə/ *n.* Gepard, *der*

chef /ʃef/ *n.* Küchenchef, *der*; (as profession) Koch, *der*

chemical /'kemɪkl/ **A** *adj.* chemisch
B *n.* Chemikalie, *die*

chemical 'warfare *n.* chemische Krieg[s]führung

chemist /'kemɪst/ *n.* **1** (scientist) Chemiker, *der*/Chemikerin, *die*
2 (BrE) (pharmacist) Drogist, *der*/Drogistin, *die*; ~'s [**shop**] Drogerie, *die*

chemistry /'kemɪstrɪ/ *n.* Chemie, *die*

chemotherapy /kiːmə'θerəpɪ/ *n.* Chemotherapie, *die*

cheque /tʃek/ *n.* Scheck, *der*; **pay by** ~ mit [einem] Scheck bezahlen

cheque: ~**book** *n.* Scheckbuch, *das*; ~**book 'journalism** *n.* Scheckbuchjournalismus, *der*; ~ **card** *n.* Scheckkarte, *die*

cherish /'tʃerɪʃ/ *v.t.* hegen ‹*Hoffnung, Gefühl*›; in Ehren halten ‹[*Erinnerungs*]*gegenstand*›

cherry /'tʃerɪ/ *n.* Kirsche, *die*

chess /tʃes/ *n.*, *no art.* das Schach[spiel]

chess: ~**board** *n.* Schachbrett, *das*; ~**man** *n.* Schachfigur, *die*; ~ **player** *n.* Schachspieler, *der*/-spielerin, *die*

chest /tʃest/ *n.* **1** Kiste, *die*
2 (Anat.) Brust, *die*; **get sth off one's** ~ (fig. infml) sich (*Dat.*) etw. von der Seele reden
3 ~ [**measurement**] Brustumfang, *der*

chestnut /'tʃesnʌt/ **A** *n.* **1** Kastanie, *die*
2 (colour) Kastanienbraun, *das*
B *adj.* (colour) ~[-**brown**] kastanienbraun

'**chestnut tree** *n.* Kastanie, *die*

chest of 'drawers *n.* Kommode, *die*

chew /tʃuː/ *v.t. & i.* kauen

'**chewing gum** *n.* Kaugummi, *der od. das*

chic /ʃiːk/ *adj.* schick; elegant

chick /tʃɪk/ *n.* **1** Küken, *das*
2 (sl.) (young woman) Biene, *die* (ugs.)

chicken /'tʃɪkɪn/ **A** *n.* **1** Huhn, *das*; (grilled, roasted) Hähnchen, *das*
2 (infml) (coward) Angsthase, *der*
B *adj.* (infml) feig[e]
C *v.i.* ~ **out** (infml) kneifen

chicken: ~**pox** /-pɒks/ *n.* Windpocken *Pl.*; ~ '**soup** *n.* Hühnersuppe, *die*; ~ **wire** *n.* Maschendraht, *der*

'**chick flick** *n.*: unterhaltsamer, emotionaler Film für Frauen

'**chickpea** *n.* Kichererbse, *die*

chicory /'tʃɪkərɪ/ *n.* (plant) Chicorée, *der od. die*; (for coffee) Zichorie, *die*

✓ **chief** /tʃiːf/ **A** *n.* **1** Oberhaupt, *das*; (of tribe) Häuptling, *der*
2 (of department) Leiter, *der*; ~ **of police** Polizeipräsident, *der*
B *adj., usu. attrib.* **1** Haupt-
2 (leading) führend

chief ex'ecutive, chief executive 'officer *n.* Hauptgeschäftsführer, *der*/-führerin, *die*

'**chiefly** *adv.* hauptsächlich

chieftain /'tʃiːftən/ *n.* Stammesführer, *der*

chilblain /'tʃɪlbleɪn/ *n.* Frostbeule, *die*

✓ **child** /tʃaɪld/ *n., pl.* ~**ren** /'tʃɪldrən/ Kind, *das*

child: ~ **abuse** *n.* (sexual) sexueller Missbrauch von Kindern; (physical) Kindesmisshandlung, *die*; ~**bearing** **A** *n.* Schwangerschaften *Pl.*
B *adj.* ~**bearing age** Gebäralter, *das*; **of** ~**bearing age** im gebärfähigen Alter; ~ **allowance** *n.* (tax allowance) Kinderfreibetrag, *der*; ~**birth** *n.* Geburt, *die*; ~**care** *n.* Kinderbetreuung, *die*

'**childhood** *n.* Kindheit, *die*

childish /'tʃaɪldɪʃ/ *adj.*, '**childishly** *adv.* kindisch

'**childishness** *n.* (behaviour) kindisches Benehmen

child: ~**less** *adj.* kinderlos; ~**like** *adj.* kindlich; ~**minder** /-maɪndə(r)/ *n.* (BrE) Tagesmutter, *die*; ~**proof** *adj.* kindersicher; ~**proof door lock** (in car) Kindersicherung, *die*

children *pl. of* **child**

'**child's play** *n.* (fig.) ein Kinderspiel

Chile /'tʃɪlɪ/ *pr. n.* Chile (*das*)

chill /tʃɪl/ **A** *n.* Kühle, *die*; (illness) Erkältung, *die*
B *v.t.* kühlen
■ ~ **out** *v.i.* (AmE) (infml) (relax) sich entspannen; (calm down) sich abregen (ugs.)

chilli /'tʃɪlɪ/ *n., pl.* ~**es** Chili, *der*

chilling /'tʃɪlɪŋ/ *adj.* (fig.) ernüchternd

'**chilly** *adj.* kühl; **I am rather** ~ mir ist ziemlich kühl

chime /tʃaɪm/ **A** *n.* Geläute, *das*
B *v.i.* läuten; ‹*Turmuhr:*› schlagen

chimney /'tʃɪmnɪ/ *n.* Schornstein, *der*

chimney: ~ **breast** *n.* Kaminmantel, *der*; ~ **pot** *n.* ≈ Schornsteinkopf, *der*; ~ **sweep** *n.* Schornsteinfeger, *der*

chimpanzee /tʃɪmpən'ziː/ *n.* Schimpanse, *der*

chin /tʃɪn/ *n.* Kinn, *das*

china *n.* Porzellan, *das*; (crockery) Geschirr, *das*

China /'tʃaɪnə/ *pr. n.* China (*das*)

✓ **Chinese** /tʃaɪ'niːz/ **A** *adj.* chinesisch; **sb is** ~ jmd. ist Chinese/Chinesin
B *n.* **1** *pl. same* (person) Chinese, *der*/Chinesin, *die*

2 (language) Chinesisch, *das; see also* **English B1**

chink *n.* (gap) Spalt, *der*

chip /tʃɪp/ **A** *n.* **1** Splitter, *der*
2 *in pl.* (BrE) (potato ~s) Pommes frites *Pl.*
3 (Gambling, Comp.) Chip, *der*
B *v.t.*, **-pp-** anschlagen
■ ~ 'in (infml) **A** *v.i.* **1** (interrupt) sich einmischen
2 (contribute money) etwas beisteuern
B *v.t.* (contribute) beisteuern

'**chipboard** *n.* Spanplatte, *die*

chipmunk /'tʃɪpmʌŋk/ *n.* Chipmunk, *das*

chippy /'tʃɪpi/ *n.* (BrE) (infml) Pommes-frites-Bude, *die*; Frittenbude, *die* (ugs.)

'**chip shop** (BrE) ▸ **chippy**

chiropodist /kɪ'rɒpədɪst/ *n.* Fußpfleger, *der*/-pflegerin, *die*

chiropody /kɪ'rɒpədi/ *n.* Fußpflege, *die*

chirp /tʃɜːp/ **A** *v.i.* zwitschern; ‹*Grille:*› zirpen
B *n.* Zwitschern, *das*; Zirpen, *das*

chisel /'tʃɪzl/ **A** *n.* Meißel, *der*; (for wood) Stemmeisen, *das*
B *v.t.*, (BrE) **-ll-** meißeln; (in wood) hauen

chit /tʃɪt/ *n.* Notiz, *die*

chit-chat /'tʃɪttʃæt/ *n.* Plauderei, *die*

chivalrous /'ʃɪvlrəs/ *adj.* ritterlich

chivalry /'ʃɪvlri/ *n.* Ritterlichkeit, *die*

chives /tʃaɪvz/ *n.* Schnittlauch, *der*

chloride /'klɔːraɪd/ *n.* Chlorid, *das*

chlorine /'klɔːriːn/ *n.* Chlor, *das*

chlorofluorocarbon /klɔːrəʊfluərəʊ'kɑːbən/ *n.* Chlorfluorkohlenstoff, *der*

chock /tʃɒk/ *n.* Bremsklotz, *der*

'**chock-a-block** *pred adj.* voll gepfropft

chocoholic /tʃɒkə'hɒlɪk/ *n.* (infml) [absoluter] Schokofan (ugs.); (addict) Schokoladensüchtige, *der*/*die*

chocolate /'tʃɒklət/ *n.* Schokolade, *die*

chocolate 'biscuit *n.* Schokoladenkeks, *der*

✍ **choice** /tʃɔɪs/ **A** *n.* **1** Wahl, *die*; from ~ freiwillig
2 (variety) Auswahl, *die*
B *adj.* ausgewählt

choir /kwaɪə(r)/ *n.* Chor, *der*

'**choirboy** *n.* Chorknabe, *der*

choke /tʃəʊk/ **A** *v.t.* **1** ersticken
2 (block up) verstopfen
B *v.i.* (temporarily) keine Luft [mehr] bekommen; (permanently) ersticken (on an + Dat.)
C *n.* (Motor Veh.) Choke, *der*

cholera /'kɒlərə/ *n.* Cholera, *die*

cholesterol /kə'lestərɒl/ *n.* Cholesterin, *das*

✍ **choose** /tʃuːz/ **A** *v.t.*, **chose** /tʃəʊz/, **chosen** /'tʃəʊzn/ **1** wählen
2 (decide) ~/~ not to do sth sich dafür/dagegen entscheiden, etw. zu tun
B *v.i.*, **chose**, **chosen** wählen (between zwischen); ~ from sth aus etw. /(from several) unter etw. (*Dat.*) [aus]wählen

choosy /'tʃuːzi/ *adj.* wählerisch

chop /tʃɒp/ **A** *n.* **1** Hieb, *der*
2 (of meat) Kotelett, *das*
3 get the ~ (infml) (be dismissed) rausgeworfen werden (ugs.)
B *v.t.*, **-pp-** hacken ‹*Holz*›; klein schneiden ‹*Fleisch, Gemüse*›

'**chopper** *n.* (axe) Beil, *das*; (cleaver) Hackbeil, *das*

'**chopping board** *n.* Hackbrett, *das*

'**choppy** *adj.* bewegt

'**chopstick** *n.* [Ess]stäbchen, *das*

choral /'kɔːrl/ *adj.* Chor-

chord /kɔːd/ *n.* (Mus.) Akkord, *der*

chore /tʃɔː(r)/ *n.* [lästige] Routinearbeit

choreographer /kɒrɪ'ɒɡrəfə(r)/ *n.* Choreograph, *der*/Choreographin, *die*

choreography /kɒrɪ'ɒɡrəfi/ *n.* Choreographie, *die*

chortle /'tʃɔːtl/ **A** *v.i.* vor Lachen glucksen
B *n.* Glucksen, *das*

chorus /'kɔːrəs/ *n.* **1** Chor, *der*
2 (of song) Refrain, *der*; (in jazz) Chorus, *der*

chose, chosen ▸ **choose**

chow /tʃaʊ/ *n.* (AmE) (sl.) (food) Futter, *das* (salopp)

Christ /kraɪst/ *n.* Christus (*der*)

christen /'krɪsn/ *v.t.* taufen

'**christening** *n.* Taufe, *die*

✍ **Christian** /'krɪstjən/ **A** *adj.* christlich
B *n.* Christ, *der*/Christin, *die*

Christianity /krɪstɪ'ænɪti/ *n.* das Christentum

'**Christian name** *n.* Vorname, *der*

✍ **Christmas** /'krɪsməs/ *n.* Weihnachten, *das od. Pl.*; **merry** *or* **happy** ~ frohe *od.* fröhliche Weihnachten; **at** ~ [zu] Weihnachten

Christmas: ~ **cake** *n.* Weihnachtskuchen, *der*; ~ **card** *n.* Weihnachtskarte, *die*; ~ '**carol** *n.* Weihnachtslied, *das*; ~ '**Day** *n.* erster Weihnachtsfeiertag; ~ '**Eve** *n.* Heiligabend, *der*; ~ **present** *n.* Weihnachtsgeschenk, *das*; ~ **tree** *n.* Weihnachtsbaum, *der*

chrome /krəʊm/, **chromium** /'krəʊmɪəm/ *ns.* Chrom, *das*

'**chromium-plated** *adj.* verchromt

chromosome /'krəʊməsəʊm/ *n.* Chromosom, *das*

chronic /'krɒnɪk/ *adj.* chronisch

chronically /'krɒnɪkəli/ *adv.* chronisch

chronic fa'tigue syndrome *n.* chronisches Müdigkeitssyndrom

chronicle /'krɒnɪkl/ *n.* Chronik, *die*

chronological /krɒnə'lɒdʒɪkl/ *adj.* chronologisch

chrysalis /'krɪsəlɪs/ *n., pl.* ~**es** Puppe, *die*

chrysanthemum /krɪ'sænθɪməm/ *n.* Chrysantheme, *die*

chubby /'tʃʌbi/ *adj.* pummelig

chuck /tʃʌk/ *v.t.* (infml) schmeißen (ugs.)
■ ~ '**away**, ~ '**out** *v.t.* (infml) wegschmeißen (ugs.)

C

chuckle /'tʃʌkl/ **A** v.i. leise [vor sich hin]
  lachen (**at** über + *Akk.*)
  B n. leises, glucksendes Lachen
chug /tʃʌg/ v.i., **-gg-** tuckern
chum /tʃʌm/ n. (infml) Kumpel, *der* (salopp)
chunk /tʃʌŋk/ n. dickes Stück
'**chunky** adj. **1** (small and sturdy) stämmig
  2 dick <*Pullover*>
Chunnel /'tʃʌnl/ pr. n. (BrE) (infml)
  [Ärmel]kanaltunnel, *der*
⚘ **church** /tʃɜːtʃ/ n. Kirche, *die*; **go to** ~ in die
  Kirche gehen; **the C**~ **of England** die Kirche
  von England
'**churchyard** n. Friedhof, *der* (*bei einer
  Kirche*); Kirchhof, *der* (veralt.)
churlish /'tʃɜːlɪʃ/ adj. (ill-bred) ungehobelt;
  (surly) griesgrämig
churn /tʃɜːn/ n. (BrE) Butterfass, *das*
churn out v.t. massenweise produzieren
  (ugs.)
chute /ʃuːt/ n. Schütte, *die*; (for persons)
  Rutsche, *die*
chutney /'tʃʌtnɪ/ n. Chutney, *das*
CIA abbr. (AmE) = **Central Intelligence
  Agency** CIA, *der od. die*
cicada /sɪ'kɑːdə/ n. Zikade, *die*
CID abbr. (BrE) = **Criminal Investigation
  Department** C.I.D.; **the** ~ die Kripo
cider /'saɪdə(r)/ n. ≈ Apfelwein, *der*
cigar /sɪ'ɡɑː(r)/ n. Zigarre, *die*
cigarette /sɪɡə'ret/ n. Zigarette, *die*
cigarette: ~ **end** n. Zigarettenstummel, *der*;
  ~ **lighter** n. Feuerzeug, *das*; ~ **packet**
  n. Zigarettenschachtel, *die*; ~ **paper** n.
  Zigarettenpapier, *das*
cinders /'sɪndəz/ n. pl. Asche, *die*
cine /'sɪnɪ/: ~ **camera** n. Filmkamera, *die*; ~
  film n. Schmalfilm, *der*
cinema /'sɪnɪmə/ n. Kino, *das*; **go to the** ~ ins
  Kino gehen
cinema: ~ **complex** n. Kinocenter, *das*;
  ~**-goer** n. (BrE) Kinogänger, *der*/-gängerin,
  die
cinematography /sɪnɪmə'tɒɡrəfɪ/ n.
  Kinematographie, *die*
cinnamon /'sɪnəmən/ n. Zimt, *der*
cipher /'saɪfə(r)/ n. Geheimschrift, *die*; **in** ~
  chiffriert
⚘ **circle** /'sɜːkl/ **A** n. Kreis, *der*
  B v.i. kreisen
  C v.t. umkreisen
circuit /'sɜːkɪt/ n. **1** (Electr.) Schaltung, *die*
  2 (Motor racing) Rundkurs, *der*
circular /'sɜːkjʊlə(r)/ **A** adj. (round)
  kreisförmig
  B n. (letter, notice) Rundbrief, *der*;
  Rundschreiben, *das*; (advertisement)
  Werbeprospekt, *der*
circular: ~ '**letter** ▶ circular B; ~ '**saw** n.

Kreissäge, *die*
circulate /'sɜːkjʊleɪt/ **A** v.i. zirkulieren;
  <*Personen, Wein usw.:*> herumgehen (ugs.)
  B v.t. in Umlauf setzen; herumgehen lassen
  <*Buch, Bericht*> (around in + *Dat.*)
circulation /sɜːkjʊ'leɪʃn/ n. **1** (Physiol.)
  Kreislauf, *der*; **poor** ~ Kreislaufstörungen *Pl.*
  2 (copies sold) verkaufte Auflage
circulatory /sɜːkjʊ'leɪtərɪ, 'sɜːkjʊlətərɪ/ adj.
  (Physiol., Bot.) Kreislauf-
'**circulatory system** n. Kreislauf, *der*
circumcise /'sɜːkəmsaɪz/ v.t. beschneiden
circumcision /sɜːkəm'sɪʒn/ n. Beschneidung,
  die
circumference /sə'kʌmfərəns/ n. Umfang,
  der
⚘ **circumstance** /'sɜːkəmstəns/ n **1** usu. in pl.
  Umstand, *der*; **in** or **under the** ~s unter diesen
  Umständen; **under no** ~s unter keinen
  Umständen
  2 in pl. (financial state) Verhältnisse
circus /'sɜːkəs/ n. Zirkus, *der*
CIS abbr. = **Commonwealth of
  Independent States** GUS
cissy /'sɪsɪ/ ▶ sissy
cistern /'sɪstən/ n. Wasserkasten, *der*; (in roof)
  Wasserbehälter, *der*
citation /saɪ'teɪʃn/ n. Zitat, *das*
cite /saɪt/ v.t. (quote) zitieren; anführen
  <*Beispiel*>
⚘ **citizen** /'sɪtɪzən/ n. **1** (of town, city) Bürger, *der*/
  Bürgerin, *die*
  2 (of state) [Staats]bürger, *der*/-bürgerin, *die*
'**citizenship** n. Staatsbürgerschaft, *die*
citrus /'sɪtrəs/ n. ~ [**fruit**] Zitrusfrucht, *die*
⚘ **city** /'sɪtɪ/ n. [Groß]stadt, *die*
city 'centre n. Stadtzentrum, *das*
civic /'sɪvɪk/ adj. [staats]bürgerlich
civic 'centre n. Verwaltungszentrum der
  Stadt
⚘ **civil** /'sɪvl/ adj. **1** (not military) zivil
  2 (polite, obliging) höflich
  3 (Law) Zivil-
civil: ~ **engi'neer** n. Bauingenieur,
  der/-ingenieurin, *die*; ~ **engi'neering** n.
  Hoch- und Tiefbau, *der*
civilian /sɪ'vɪljən/ **A** n. Zivilist, *der*
  B adj. Zivil-
civility /sɪ'vɪlɪtɪ/ n. Höflichkeit, *die*
civilization /sɪvɪlaɪ'zeɪʃn/ n. Zivilisation, *die*
civilized /'sɪvɪlaɪzd/ adj. zivilisiert
civil: ~ '**law** n. Zivilrecht, *das*; ~
  '**partnership** n. eingetragene
  Lebenspartnerschaft, *die*; ~ '**rights** n.
  pl. Bürgerrechte *Pl.*; ~ '**servant** n. ≈
  Staatsbeamte/-beamtin, *der*/*die*; **C**~
  '**Service** n. öffentlicher Dienst; ~ '**war** n.
  Bürgerkrieg, *der*
CJD abbr. = Creutzfeldt-Jakob disease
clad /klæd/ adj. (arch./literary) gekleidet (**in** in
  + *Akk.*)

⚘ Schlüsselwort

⚬ **claim** /kleɪm/ **A** *v.t.* **1** beanspruchen
‹*Thron, Gebiete*›; fordern ‹*Lohnerhöhung,
Schadensersatz*›; beantragen ‹*Sozialhilfe
usw.*›
2 (assert) behaupten
B *v.i.* (Insurance) Ansprüche geltend machen
C *n.* Anspruch, *der* (**to** auf + *Akk.*); **lay ~ to**
sth auf etw. (*Akk.*) Anspruch erheben
claimant /'kleɪmənt/ *n.* Antragsteller,
der/-stellerin, *die*
'**claim form** *n.* **1** (Insurance) Antragsformular,
das
2 (for expenses) Spesenabrechnungsformular,
das
clairvoyant /kleə'vɔɪənt/ **A** *n.* Hellseher,
der/Hellseherin, *die*
B *adj.* hellseherisch
clam /klæm/ **A** *n.* Klaffmuschel, *die*
B *v.i.*, **-mm-**; **~ up** (infml) den Mund nicht
[mehr] aufmachen
clamber /'klæmbə(r)/ *v.i.* klettern
clammy /'klæmɪ/ *adj.* feucht; kalt und
schweißig ‹*Haut*›; klamm ‹*Kleidung*›
clamour (BrE; AmE: **clamor**) /'klæmə(r)/
A *n.* (noise, shouting) Lärm, *der*; lautes
Geschrei
B *v.i.* **~ for sth** nach etw. schreien
clamp /klæmp/ **A** *n.* Klammer, *die*; (for
holding) Schraubzwinge, *die*
B *v.t.* klemmen; einspannen ‹*Werkstück*›
C *v.i.* (fig.) **~ down** on **sb/sth** gegen jmdn./
etw. rigoros vorgehen
clan /klæn/ *n.* Sippe, *die*; (of Scottish Highlanders)
Clan, *der*
clandestine /klæn'destɪn/ *adj.* heimlich
clang /klæŋ/ **A** *n.* (of bell) Läuten, *das*; (of
hammer) Klingen, *das*
B *v.i.* ‹*Glocke:*› läuten; ‹*Hammer:*› klingen
clap /klæp/ **A** *n.* **1** Klatschen, *das*
2 **~ of thunder** Donnerschlag, *der*
B *v.i.*, **-pp-** klatschen
C *v.t.*, **-pp-**; **~ one's hands** in die Hände
klatschen; **~ sth** etw. beklatschen; **~ sb**
jmdm. Beifall klatschen
'**clapping** *n.* Applaus, *der*
claret /'klærət/ **A** *n.* roter Bordeauxwein
B *adj.* weinrot
clarification /klærɪfɪ'keɪʃn/ *n.* Klarstellung,
die
clarify /'klærɪfaɪ/ *v.t.* klären ‹*Situation
usw.*›; (by explanation) klarstellen; erläutern
‹*Bedeutung, Aussage*›
clarinet /klærɪ'net/ *n.* Klarinette, *die*
clarity /'klærɪtɪ/ *n.* Klarheit, *die*
clash /klæʃ/ **A** *v.i.* **1** scheppern (ugs.)
2 (meet in conflict) zusammenstoßen
3 (disagree) sich streiten
4 ‹*Interesse, Ereignis:*› kollidieren; ‹*Farbe:*›
sich beißen (ugs.) (**with** mit)
B *v.t.* gegeneinander schlagen
C *n.* **1** (of cymbals) Dröhnen, *das*
2 (meeting in conflict) Zusammenstoß, *der*

3 (disagreement) Auseinandersetzung, *die*
4 (of personalities, colours) Unverträglichkeit,
die; (of events) Überschneiden, *das*
clasp /klɑːsp/ **A** *n.* Verschluss, *der*
B *v.t.* umklammern
⚬ **class** /klɑːs/ **A** *n.* Klasse, *die*; (in society)
Gesellschaftsschicht, *die*; (Sch.) (lesson)
Stunde, *die*
B *v.t.* einstufen (**as** als)
'**class-conscious** *adj.* klassenbewusst
classic /'klæsɪk/ **A** *adj.* klassisch
B *n.* Klassiker, *der*
classical /'klæsɪkl/ *adj.* klassisch
Classics /'klæsɪks/ *n.* Altphilologie, *die*
classifiable /'klæsɪfaɪəbl/ *adj.* klassifizierbar
classification /klæsɪfɪ'keɪʃn/ *n.* Klassifikation,
die
classified /'klæsɪfaɪd/ *adj.* (secret) geheim
classified ad'vertisement *n.*
Kleinanzeige, *die*
classify /'klæsɪfaɪ/ *v.t.* klassifizieren
'**classless** *adj.* klassenlos ‹*Gesellschaft*›
class: **~mate** *n.* Klassenkamerad,
der/-kameradin, *die*; **~room** *n.*
Klassenzimmer, *das*; **~room assistant** *n.*
Unterrichtsassistent, *der*/-assistentin, *die*; **~
trip** *n.* Klassenfahrt, *die*; Klassenausflug, *der*
'**classy** *adj.* (infml) klasse
clatter /'klætə(r)/ **A** *n.* Klappern, *das*
B *v.i.* **1** klappern
2 (move or fall with a ~) poltern
clause /klɔːz/ *n.* **1** Klausel, *die*
2 (Ling.) Teilsatz, *der*; [subordinate] **~**
Nebensatz, *der*
claustrophobia /klɒstrə'fəʊbɪə/ *n.*
Klaustrophobie, *die*
claustrophobic /klɒstrə'fəʊbɪk/ *adj.*
beengend ‹*Ort*›
claw /klɔː/ **A** *n.* Kralle, *die*; (of crab etc.) Schere,
die
B *v.t.* kratzen
clay /kleɪ/ *n.* Lehm, *der*; (for pottery) Ton, *der*
⚬ **clean** /kliːn/ **A** *adj.* sauber; frisch ‹*Wäsche,
Hemd*›
B *adv.* glatt
C *v.t.* sauber machen; putzen ‹*Zimmer,
Schuh*›; reinigen ‹*Teppich, Kleidung, Wunde*›;
~ one's teeth sich (*Dat.*) die Zähne putzen
D *n.* give sth a **~** etw. putzen
■ **~ 'out** *v.t.* **1** sauber machen
2 (infml) **~ sb out** (take all sb's money) jmdn.
[total] schröpfen (ugs.)
■ **~ 'up** **A** *v.t.* **1** aufräumen
2 (fig.) säubern
B *v.i.* aufräumen
'**clean-cut** *adj.* klar [umrissen]; **his
~ features** seine klar geschnittenen
Gesichtszüge
'**cleaner** *n.* **1** Raumpfleger, *der*/-pflegerin,
die; (woman also) Putzfrau, *die*
2 *usu.* in *pl.* (dry-**~**) Reinigung, *die*; **take sth
to the ~'s** etw. in die Reinigung bringen

c

cleanliness /'klenlınıs/ *n.* Reinlichkeit, *die*

'clean-living *adj.* von untadeligem Lebenswandel *nachgestellt*

cleanly /'kli:nlı/ *adv.* sauber

cleanse /klenz/ *v.t.* [gründlich] reinigen

'cleanser *n.* Reinigungsmittel, *das*

'clean-shaven *adj.* glatt rasiert

'cleansing cream *n.* Reinigungscreme, *die*

◆ **clear** /klıə(r)/ **A** *adj.* **1** klar; scharf ‹*Bild*›; make oneself ~ sich deutlich [genug] ausdrücken; make it ~ **[to sb] that ...** [jmdm.] klar und deutlich sagen, dass ...
2 (complete) three ~ days volle drei Tage
3 (unobstructed) frei; keep sth ~ (not block) etw. freihalten
B *adv.* keep ~ of sth/sb etw./jmdn. meiden; please stand *or* keep ~ **of the door** bitte von der Tür zurücktreten
C *v.t.* **1** räumen ‹*Straße*›; abräumen ‹*Schreibtisch*›; freimachen ‹*Abfluss, Kanal*›; ~ **a space for sb/sth** für jmdn./etw. Platz machen
2 (empty) räumen; leeren ‹*Briefkasten*›
3 (remove) wegräumen; beheben ‹*Verstopfung*›
4 (show to be innocent) freisprechen
5 (get permission for) ~ **sth with sb** etw. von jmdm. genehmigen lassen
D *v.i.* **1** ‹*Wetter, Himmel:*› sich aufheitern
2 (disperse) sich verziehen
E *n.* we're in the ~ (free of suspicion) auf uns fällt kein Verdacht; (free of trouble) wir haben es geschafft
■ ~ **'off** *v.i.* abhauen (salopp)
■ ~ **'out A** *v.t.* ausräumen
B *v.i.* (infml) verschwinden
■ ~ **'up A** *v.t.* **1** wegräumen ‹*Abfall*›; aufräumen ‹*Platz, Sachen*›
2 (explain) klären
B *v.i.* **1** aufräumen
2 ‹*Wetter:*› sich aufhellen

clearance /'klıərəns/ *n.* **1** (of obstruction) Beseitigung, *die*
2 (clear space) Spielraum, *der*

'clearance sale *n.* Räumungsverkauf, *der*

'clear cut *adj.* klar umrissen; klar ‹*Abgrenzung, Ergebnis*›

'clearing *n.* Lichtung, *die*

'clearing bank *n.* Clearingbank, *die*

◆ **'clearly** *adv.* **1** (distinctly) klar; deutlich ‹*sprechen*›
2 (manifestly, unambiguously) eindeutig; klar ‹*denken*›

'clearway *n.* (BrE) Straße mit Halteverbot

cleavage /'kli:vıdʒ/ *n.* (between breasts) Dekolleté, *das*

cleaver /'kli:və(r)/ *n.* Hackbeil, *das*

clef /klef/ *n.* Notenschlüssel, *der*

cleft /kleft/ *n.* Spalte, *die*

clematis /'klemətıs, klə'meıtıs/ *n.* Klematis, *die*

───────────

clementine /'klemənti:n, 'kleməntaın/ *n.* Klementine, *die*

clench /klentʃ/ *v.t.* zusammenpressen; ~ one's fist *or* fingers die Faust ballen; ~ one's teeth die Zähne zusammenbeißen

clergy /'klɜ:dʒı/ *n. pl.* Geistlichkeit, *die*; Klerus, *der*

clergyman /'klɜ:dʒımən/ *n.*, *pl.* **~men** /'klɜ:dʒımən/ Geistliche, *der*

clerical /'klerıkl/ *adj.* Büro‹*arbeit, -personal*›

clerical 'error *n.* Schreibfehler, *der*

clerk /klɑ:k/ *n.* (in bank) Bankangestellte, *der/die*; (in office) Büroangestellte, *der/die*

clever /'klevə(r)/ *adj.* **1** klug
2 (skilful) geschickt
3 (ingenious) geistreich ‹*Idee, Argument*›
4 (smart, cunning) clever

'cleverly *adv.* **1** klug
2 (skilfully) geschickt

cliché /'kli:ʃeı/ *n.* Klischee, *das*

click /klık/ **A** *n.* Klicken, *das*
B *v.i.* klicken
C *v.t.* (Comp.) drücken ‹*Maustaste*›
■ ~ **on** *v.t.* (Comp.) anklicken

◆ **client** /'klaıənt/ *n.* **1** Klient, *der*/Klientin, *die*
2 (customer) Kunde, *der*/Kundin, *die*

clientele /kli:ɒn'tel/ *n.* (of shop) Kundschaft, *die*

cliff /klıf/ *n.* Kliff, *das*

'cliffhanger *n.* Thriller, *der*

◆ **climate** /'klaımət/ *n.* Klima, *das*

'climate change *n.* Klimawechsel, *der*

climatic /klaı'mætık/ *adj.* klimatisch

climatologist /klaımə'tɒlədʒıst/ *n.* Klimatologe, *der*/Klimatologin, *die*

climax /'klaımæks/ *n.* Höhepunkt, *der*

◆ **climb** /klaım/ **A** *v.t.* hinaufsteigen; klettern auf ‹*Baum*›; ‹*Auto:*› hinaufkommen ‹*Hügel*›
B *v.i.* **1** klettern (up auf + *Akk.*)
2 ‹*Flugzeug, Sonne:*› aufsteigen
C *n.* Aufstieg, *der*
■ ~ **down** *v.i.* **1** hinunterklettern
2 (fig.) nachgeben

'climbdown *n.* Rückzieher, *der* (ugs.)

climber /'klaımə(r)/ *n.* Bergsteiger, *der*/Bergsteigerin, *die*

'climbing frame *n.* Klettergerüst, *das*

clinch /klıntʃ/ **A** *v.t.* zum Abschluss bringen; perfekt machen (ugs.) ‹*Geschäft*›
B *n.* (Boxing) Clinch, *der*

cling /klıŋ/ *v.i.*, **clung** /klʌŋ/ sich klammern (to an + *Akk.*)

'cling film *n.* Klarsichtfolie, *die*

clinic /'klınık/ *n.* Klinik, *die*

◆ **clinical** /'klınıkl/ *adj.* **1** (Med.) klinisch
2 (dispassionate) nüchtern

clink /klıŋk/ **A** *n.* (of glasses) Klirren, *das*; (of coins) Klimpern, *das*
B *v.i.* ‹*Flaschen:*› klirren; ‹*Münzen:*› klimpern
C *v.t.* klirren mit ‹*Glas*›; klimpern mit ‹*Kleingeld*›

clip¹ /klɪp/ **A** n. Klammer, die; (for paper) Büroklammer, die

B v.t., **-pp-** klammern (**[on] to** an + Akk.)

clip² v.t., **-pp-** (cut) schneiden ‹Fingernägel, Haar, Hecke›; stutzen ‹Flügel›

clip: **~board** n. **1** Klemmbrett, das **2** (Comp.) Zwischenablage, die; **~ frame** n. [rahmenloser] Bilderhalter

clipping /'klɪpɪŋ/ n. **1** (piece clipped off) Schnipsel, der od. das **2** (newspaper cutting) Ausschnitt, der

clique /kliːk/ n. Clique, die

clitoris /'klɪtərɪs/ n. Kitzler, der; Klitoris, die (fachspr.)

cloak /kləʊk/ **A** n. Umhang, der

B v.t. [ein]hüllen

'cloakroom n. Garderobe, die; (BrE) (euphem.) (lavatory) Toilette, die

clock /klɒk/ **A** n. **1** Uhr, die; **[work] against the ~** gegen die Zeit [arbeiten]; **round the ~** rund um die Uhr **2** (infml) (speedometer) Tacho, der (ugs.); (milometer) ≈ Kilometerzähler, der

B v.t. **~ [up]** zu verzeichnen haben ‹Erfolg›; erreichen ‹Geschwindigkeit›

■ **~ 'in**, **~ 'on** v.i. [bei Arbeitsantritt] stechen
■ **~ 'off**, **~ 'out** v.i. [bei Arbeitsschluss] stechen

clock 'radio n. Radiowecker, das

'clockwise adv., adj. im Uhrzeigersinn

'clockwork n. Uhrwerk, das; **a ~ car** ein Aufziehauto; **as regular as ~** (fig.) absolut regelmäßig

clod /klɒd/ n. (of earth) Scholle, die

clog /klɒg/ **A** n. Clog, der; (traditional) Holzschuh, der

B v.t., **-gg-**; **~ [up]** verstopfen

cloister /'klɔɪstə(r)/ n. Kreuzgang, der

clone /kləʊn/ **A** n. Klon, der

B v.t. klonen

☞ **close** **A** /kləʊs/ adj. **1** (in space) dicht; nahe; **be ~ to sth** nahe bei od. an etw. (Dat.) sein; **at ~ quarters** aus der Nähe betrachtet **2** (in time) nahe (**to** an + Dat.) **3** eng ‹Freund, Zusammenarbeit›; nahe ‹Verwandte, Bekanntschaft› **4** eingehend ‹Untersuchung, Prüfung usw.› **5** hart ‹Wett[kampf], Spiel›; knapp ‹Ergebnis›; **that was a ~ call** or **shave!** (infml) das war knapp!

B /kləʊs/ adv. nah[e]; **~ by** in der Nähe; **~ to sb/sth** nahe bei jmdm./etw.

C /kləʊz/ v.t. **1** (shut) schließen; zuziehen ‹Vorhang›; schließen ‹Laden, Fabrik›; sperren ‹Straße› **2** (conclude) schließen ‹Diskussion, Versammlung›

D /kləʊz/ v.i. **1** (shut) sich schließen **2** ‹Laden, Fabrik:› schließen, (ugs.) zumachen

E /kləʊz/ n. Ende, das; Schluss, der; **come** or **draw to a ~** zu Ende gehen; **bring** or **draw sth to a ~** etw. zu Ende bringen

■ **~ 'down** /kləʊz/ **A** v.t. schließen; stilllegen ‹Werk›

B v.i. geschlossen werden; ‹Werk:› stillgelegt werden

■ **~ 'in** v.i. ‹Nacht, Dunkelheit:› hereinbrechen; ‹Tage:› kürzer werden; **~ in on** umzingeln

■ **~ 'off** v.t. [ab]sperren

close-cropped /'kləʊskrɒpt/ adj. kurz geschoren

closed /kləʊzd/ adj. geschlossen; **we're ~** wir haben geschlossen

closed-circuit 'television n. interne Fernsehanlage; (for supervision) Videoüberwachungsanlage, die

close-down /'kləʊzdaʊn/ n. (Radio, Telev.) Sendeschluss, der

closed 'shop n. Closed Shop, der

close-knit /kləʊs'nɪt/ adj. fest zusammengewachsen

☞ **closely** /'kləʊslɪ/ adv. **1** dicht **2** (intimately) eng **3** genau ‹befragen, prüfen›; streng ‹bewachen›

close-range /'kləʊsreɪndʒ/ adj. ‹Sicht, Betrachtung› aus nächster Nähe

closet /'klɒzɪt/ n. (AmE) (cupboard) Schrank, der

close-up /'kləʊsʌp/ n. **~ [picture/shot]** Nahaufnahme, die

closing /'kləʊzɪŋ/: **~ date** n. (for competition) Einsendeschluss, der; (to take part) Meldefrist, die; **~ time** n. (of pub) Polizeistunde, die

closure /'kləʊʒe(r)/ n. Schließung, die; (of road) Sperrung, die

clot /klɒt/ **A** n. **1** (blood) Gerinnsel, das **2** (BrE) (infml) (stupid person) Trottel, der

B v.i., **-tt-** ‹Blut:› gerinnen

cloth /klɒθ/ n., pl. **~s** /klɒθs/ **1** Stoff, der; Tuch, das **2** (dish~) Spültuch, das; (table~) [Tisch]decke, die

clothe /kləʊð/ v.t. kleiden

☞ **clothes** /kləʊðz/ n. pl. Kleider Pl.; **put one's ~ on** sich anziehen; **take one's ~ off** sich ausziehen

clothes: **~ brush** n. Kleiderbürste, die; **~ hanger** n. Kleiderbügel, der; **~ horse** n. Wäscheständer, der; **~ line** n. Wäscheleine, die; **~ peg** (BrE), **~pin** (AmE) ns. Wäscheklammer, die

clothing /'kləʊðɪŋ/ n. Kleidung, die

clotted cream /klɒtɪd 'kriːm/ n.: sehr fetter Rahm

cloud /klaʊd/ n. **1** Wolke, die; **every ~ has a silver lining** (prov.) es hat alles sein Gutes **2** **~ of dust/smoke** Staub-/Rauchwolke, die **3** (Comp.) Cloud, die

■ **~ 'over** v.i. sich bewölken

'cloudburst n. Wolkenbruch, der

'cloudless adj. wolkenlos

'cloudy adj. bewölkt ‹Himmel›; trübe ‹Wetter, Flüssigkeit, Glas›

clout /klaʊt/ (infml) **A** n. Schlag, der

B v.t. hauen (ugs.)

clove[1] /kləʊv/ n. ~ **[of garlic]** [Knoblauch]zehe, die

clove[2] n. (spice) [Gewürz]nelke, die

clover /'kləʊvə(r)/ n. Klee, der

'cloverleaf n. Kleeblatt, das

clown /klaʊn/ **A** n. Clown, der
B v.i. ~ **[about** or **around]** den Clown spielen

cloying /'klɔɪɪŋ/ adj. süßlich

club /klʌb/ **A** n. **1** (weapon) Keule, die; (golf ~) Schläger, der
2 (association) Klub, der; Verein, der
3 (disco) Club, der; Disco, die
4 (Cards) Kreuz, das; ~**s are trumps** Kreuz ist Trumpf; **the ace/seven of** ~**s** das Kreuzass/ die Kreuzsieben
B v.t., **-bb-** (beat) prügeln; (with ~) knüppeln
C v.i., **-bb-**; ~ **together** (to buy something) zusammenlegen

clubber /'klʌbə(r)/ n. Nachtklubgänger, der/-gängerin, die; (disco-goer) Clubber, der; Discogänger, der/-gängerin, die

clubbing /'klʌbɪŋ/ n., no pl. Clubbing, das; Besuch von Nachtlokalen/Discos; **go** ~ **clubbing** gehen; Nachtlokale/Discos aufsuchen

club 'sandwich n. (AmE) Club-Sandwich, das; Doppeldecker, der (ugs.)

cluck /klʌk/ **A** n. Gackern, das
B v.i. gackern

clue /kluː/ n. Anhaltspunkt, der; (in criminal investigation) Spur, die; **not have a** ~ keine Ahnung haben

'clueless adj. (infml) unbedarft (ugs.)

clump /klʌmp/ n. Gruppe, die; (of grass) Büschel, das

clumsily /'klʌmzɪlɪ/ adv. ▸ **clumsy** schwerfällig; unbeholfen; plump

clumsiness /'klʌmzɪnɪs/ n. ▸ **clumsy** Schwerfälligkeit, die; Plumpheit, die

clumsy /'klʌmzɪ/ adj. schwerfällig, unbeholfen <Person, Bewegung>; plump <Form, Figur, Nachahmung>

clung ▸ **cling**

cluster /'klʌstə(r)/ **A** n. (of grapes, berries) Traube, die; (of fruit, flowers) Büschel, das; (of stars, huts) Haufen, der
B v.i. ~ **[a]round sb/sth** sich um jmdn./etw. scharen od. drängen

'cluster bomb n. Streubombe, die

clutch /klʌtʃ/ **A** v.t. umklammern
B v.i. ~ **at sth** nach etw. greifen; (fig.) sich an etw. (Akk.) klammern
C n. **1** in pl. (fig.) (control) Klauen
2 (Motor Veh.) Kupplung, die

clutter /'klʌtə(r)/ **A** n. Durcheinander, das
B v.t. ~ **[up]** the table/room überall auf dem Tisch/im Zimmer herumliegen

cm. abbr. = **centimetre[s]** cm

Co. abbr. **1** = **company** Co.
2 = County

c/o abbr. = **care of.** bei; c/o

ď **coach** /kəʊtʃ/ **A** n. **1** (horse-drawn) Kutsche, die
2 (Railw.) Wagen, der
3 (bus) [Reise]bus, der; **by** ~ mit dem Bus
4 (Sport) Trainer, der/Trainerin, die
B v.t. trainieren

coaching /'kəʊtʃɪŋ/ n. **1** (teaching) Privatunterricht, der
2 (Sport) Training, das

coach: ~ **party** n. Reisegesellschaft, die; ~ **station** n. Busbahnhof, der; ~ **tour** n. Rundreise [im Omnibus]

coagulate /kəʊ'ægjʊleɪt/ **A** v.t. gerinnen lassen
B v.i. gerinnen

coal /kəʊl/ n. Kohle, die

coal: ~**field** n. Kohlenrevier, das; ~ **fire** n. Kohlenfeuer, das; ~**-fired** adj. mit Kohle beheizt; kohlebeheizt

coalition /kəʊə'lɪʃn/ n. (Polit.) Koalition, die

coal: ~ **mine** n. [Kohlen]bergwerk, das; ~ **miner** n. [im Kohlenbergbau tätiger] Grubenarbeiter; ~ **mining** n. Kohlenbergbau, der

coarse /kɔːs/ adj. **1** (in texture) grob
2 (unrefined, obscene) derb

coast /kəʊst/ **A** n. Küste, die
B v.i. im Freilauf fahren

coastal /'kəʊstl/ adj. Küsten-

'coaster n. **1** (mat) Untersetzer, der
2 (ship) Küstenmotorschiff, das

coast: ~**guard** n. Küstenwache, -wacht, die; ~**line** n. Küste, die

coat /kəʊt/ **A** n. **1** Mantel, der
2 (layer) Schicht, die; (of paint) Anstrich, der
3 (animal's hair, fur, etc.) Fell, das
B v.t. überziehen; (with paint) streichen

'coat hanger n. Kleiderbügel, der

'coating n. Schicht, die

coat of 'arms n. Wappen, das

coax /kəʊks/ v.t. überreden

cobble /'kɒbl/ n. Kopfstein, der

cobbler /'kɒblə(r)/ n. Schuster, der

'cobblestone ▸ **cobble**

cobra /'kɒbrə/ n. Kobra, die

cobweb /'kɒbweb/ n. Spinnengewebe, das; Spinnennetz, das

cocaine /kə'keɪn/ n. Kokain, das

cock /kɒk/ **A** n. Hahn, der
B v.t. spitzen <Ohren>; ~ **a/the gun** den Hahn spannen

cock-a-hoop /kɒkə'huːp/ adj. überschwänglich

cockatoo /kɒkə'tuː/ n. Kakadu, der

'cockcrow n. **at** ~ beim ersten Hahnenschrei

cockerel /'kɒkərəl/ n. junger Hahn

cock-eyed /'kɒkaɪd/ adj. **1** (crooked) schief
2 (absurd) verrückt

cockle /'kɒkl/ n. Herzmuschel, die

cockney /'kɒknɪ/ **A** adj. Cockney-
B n. Cockney, der

'cockpit n. Cockpit, das
cockroach /'kɒkrəʊtʃ/ n. [Küchen-, Haus-]schabe, die
cocktail /'kɒkteɪl/ n. Cocktail, der
cocktail: ~ **cabinet** n. Hausbar, die; ~ **party** n. Cocktailparty, die
cocoa /'kəʊkəʊ/ n. Kakao, der
coconut /'kəʊkənʌt/ n. Kokosnuss, die
cocoon /kə'kuːn/ n. (Zool.) Kokon, der
cod /kɒd/ n., pl. same Kabeljau, der
COD abbr. = **cash on delivery**, (AmE) **collect on delivery** p. Nachn.
⚟ **code** /kəʊd/ **A** n. **1** (statutes etc.) Gesetzbuch, das; ~s of behaviour Verhaltensnormen
2 (system of signals) Code, der; be in ~ verschlüsselt sein
B v.t. chiffrieren; verschlüsseln
code: ~ **name** n. Deckname, der; ~ **switching** n. (Ling.) Sprachwechsel, der; ~ **word** n. Kennwort, das
cod-liver 'oil n. Lebertran, der
co-driver /'kəʊdraɪvə(r)/ n. Beifahrer, der/-fahrerin, die
coed /'kəʊed/ (esp. AmE) (infml) **A** n. Studentin, die
B adj. ~ school gemischte Schule
coeducational /kəʊedjʊ'keɪʃənl/ adj. koedukativ; Koedukations-
coerce /kəʊ'ɜːs/ v.t. zwingen; ~ sb into sth jmdn. zu etw. zwingen
coercion /kəʊ'ɜːʃn/ n. Zwang, der
coexist /kəʊɪɡ'zɪst/ v.i. koexistieren
coexistence /kəʊɪɡ'zɪstəns/ n. Koexistenz, die
C. of E. /siː əv'iː/ abbr. = **Church of England**
⚟ **coffee** /'kɒfɪ/ n. Kaffee, der; three black/white ~s drei [Tassen] Kaffee ohne/mit Milch
coffee: ~ **bar** n. Café, das; ~ **bean** n. Kaffeebohne, die; ~ **break** n. Kaffeepause, die; ~ **cup** n. Kaffeetasse, die; ~ **machine**, ~ **maker** ns. Kaffeeautomat, der; ~ **pot** n. Kaffeekanne, die; ~ **shop** n. Kaffeestube, die; ~ **table** n. Couchtisch, der
coffin /'kɒfɪn/ n. Sarg, der
cog /kɒɡ/ n. (Mech.) Zahn, der
cogent /'kəʊdʒənt/ adj. überzeugend <Argument>; zwingend <Grund>
cognac /'kɒnjæk/ n. Cognac℠, der
cog: ~ **railway** n. Zahnradbahn, die; ~**wheel** n. Zahnrad, das
cohabit /kəʊ'hæbɪt/ v.i. zusammenleben; in eheähnlicher Gemeinschaft leben (Rechtsspr.)
cohere /kəʊ'hɪə(r)/ v.i. zusammenhalten
coherent /kəʊ'hɪərənt/ adj. zusammenhängend
coherently /kəʊ'hɪərəntlɪ/ adv. zusammenhängend; im Zusammenhang
coil /kɔɪl/ **A** v.t. aufwickeln; (twist) aufdrehen
B v.i. ~ round sth etw. umschlingen
C n. **1** ~s of rope/wire aufgerollte Seile Pl./aufgerollter Draht

2 (single turn) Windung, die
3 (Electr.) Spule, die
'coil spring n. Spiralfeder, die
coin /kɔɪn/ **A** n. Münze, die
B v.t. prägen <Wort, Redewendung>
coincide /kəʊɪn'saɪd/ v.i. **1** (in time) zusammenfallen
2 (agree) übereinstimmen (with mit)
coincidence /kəʊ'ɪnsɪdəns/ n. Zufall, der
coincidental /kəʊɪnsɪ'dentl/ adj. zufällig
coincidentally /kəʊɪnsɪ'dentəlɪ/ adv. gleichzeitig; (by coincidence) zufälligerweise
'coin-operated adj. Münz-
coke /kəʊk/ n. Koks, der
Col. abbr. = **Colonel** Obst.
colander /'kʌləndə(r)/ n. Sieb, das
⚟ **cold** /kəʊld/ **A** adj. **1** kalt; I am/feel ~ mir ist kalt
2 (fig.) [betont] kühl <Person, Aufnahme, Begrüßung>
B adv. kalt
C n. **1** Kälte, die
2 (illness) Erkältung, die; ~ [in the head] Schnupfen, der; have a ~ eine Erkältung/ [einen] Schnupfen haben
cold-blooded /'kəʊldblʌdɪd/ adj.
1 wechselwarm <Tier>
2 kaltblütig <Person, Mord>
'coldly adv. [betont] kühl
cold: ~-'shoulder v.t. schneiden (fig.); ~ **'storage** n. Kühllagerung, die; ~ **'war** n. kalter Krieg
coleslaw /'kəʊlslɔː/ n. Krautsalat, der
collaborate /kə'læbəreɪt/ v.i.
1 zusammenarbeiten; ~ [with sb] on sth zusammen [mit jmdm.] an etw. (Dat.) arbeiten
2 (with enemy) kollaborieren
collaboration /kəlæbə'reɪʃn/ n. Zusammenarbeit, die; (with enemy) Kollaboration, die
collaborator /kə'læbəreɪtə(r)/ n. Mitarbeiter, der/-arbeiterin, die; (with enemy) Kollaborateur, der/Kollaborateurin, die
collage /'kɒlɑːʒ/ n. Collage, die
⚟ **collapse** /kə'læps/ **A** n. **1** (of person) Zusammenbruch, der
2 (of structure) Einsturz, der
3 (of negotiations) Scheitern, das; (of company) Zusammenbruch, der
B v.i. **1** <Person:> zusammenbrechen
2 <Stuhl:> zusammenbrechen; <Gebäude:> einstürzen
3 <Verhandlungen:> scheitern; <Unternehmen:> zusammenbrechen
4 (fold down) <Regenschirm, Fahrrad, Tisch:> sich zusammenklappen lassen
collapsible /kə'læpsɪbl/ adj. Klapp<stuhl, -tisch, -fahrrad>
collar /'kɒlə(r)/ **A** n. **1** Kragen, der
2 (for dog) [Hunde]halsband, das
B v.t. schnappen (ugs.)

'**collarbone** n. Schlüsselbein, das
col'**lateral damage** n., no pl.
Kollateralschäden Pl.

✐ **colleague** /'kɒliːɡ/ n. Kollege, der/Kollegin, die

✐ **collect** /kə'lekt/ ◩ v.i. sich versammeln; <Staub, Müll usw.:> sich ansammeln
◪ v.t. sammeln; aufsammeln <Müll, leere Flaschen usw.>; (fetch) abholen <Menschen, Dinge>; ~ one's wits/thoughts seine Gedanken sammeln

col'**lected** adj. 1 (gathered) gesammelt
2 (calm) gesammelt; gelassen

✐ **collection** /kə'lekʃn/ n. 1 (collecting) Sammeln, das; (of goods, persons) Abholen, das
2 (amount of money collected) Sammlung, die; (in church) Kollekte, die
3 (from postbox) Leerung, die
4 (of stamps etc.) Sammlung, die

collective /kə'lektɪv/ adj. kollektiv nicht präd

collective '**bargaining** n. Tarifverhandlungen Pl.

collector /kə'lektə(r)/ n. 1 (of stamps etc.) Sammler, der/Sammlerin, die
2 (of taxes) Einnehmer, der/Einnehmerin, die

col'**lector's item**, col'**lector's piece** ns. Sammlerstück, das

✐ **college** /'kɒlɪdʒ/ n. 1 (esp. BrE) (Univ.) College, das
2 (place of further education) Fach[hoch]schule, die; go to ~ (esp. AmE) studieren

collide /kə'laɪd/ v.i. zusammenstoßen (with mit)

collie /'kɒlɪ/ n. Collie, der

colliery /'kɒljərɪ/ n. Kohlengrube, die

collision /kə'lɪʒn/ n. Zusammenstoß, der; on a ~ course (lit. or fig.) auf Kollisionskurs

colloquial /kə'ləʊkwɪəl/ adj. umgangssprachlich

collusion /kə'luːʒn/ n. geheime Absprache

cologne ▶ eau de cologne

Cologne /kə'ləʊn/ ◩ pr. n. Köln (das)
◪ attrib. adj. Kölner

Colombia /kə'lɒmbɪə/ pr. n. Kolumbien (das)

colon¹ /'kəʊlən/ n. Doppelpunkt, der

colon² /'kəʊlən, 'kəʊlɒn/ n. (Anat.) Grimmdarm, der

colonel /kɜːnl/ n. Oberst, der

colonial /kə'ləʊnɪəl/ adj. Kolonial-; kolonial

colonize /'kɒlənaɪz/ v.t. kolonisieren

colony /'kɒlənɪ/ n. Kolonie, die

color etc. (AmE) ▶ colour etc.

colossal /kə'lɒsl/ adj. ungeheuer; gewaltig <Bauwerk>

✐ **colour** /'kʌlə(r)/ (BrE) ◩ n. Farbe, die; what ~ is it? welche Farbe hat es?; change ~ die Farbe ändern; he is off ~ ihm ist nicht gut
◪ v.t. 1 (give ~ to) Farbe geben (+ Dat.)
2 (paint) malen

3 (stain, dye) färben
◒ v.i. ~ [up] erröten

'**colour-blind** adj. farbenblind

coloured /'kʌləd/ (BrE) ◩ adj. 1 farbig
2 (dated or offensive) (of non-white descent) farbig; ~ people Farbige Pl.
◪ n. (dated or offensive) Farbige, der/die

colour: ~-**fast** adj. farbecht; ~ **film** n. Farbfilm, der

colourful /'kʌləfl/ adj. (BrE) bunt; anschaulich <Sprache, Stil, Bericht>

'**colouring** n. (BrE) 1 (colours) Farben Pl.
2 ~ [matter] (in food etc.) Farbstoff, der

'**colourless** adj. (BrE) farblos

colour: ~ **photograph** n. Farbaufnahme, die; ~ **printer** n. Farbdrucker, der; ~ **scheme** n. Farb[en]zusammenstellung, die; ~ **supplement** n. Farbbeilage, die; ~ **television** n. Farbfernsehen, das; (set) Farbfernsehgerät, das; ~ **transparency** n. Farbdia, das

colt /kəʊlt/ n. [Hengst]fohlen, das

✐ **column** /'kɒləm/ n. 1 Säule, die
2 (of page) Spalte, die; sports ~ Sportteil, der

columnist /'kɒləmɪst/ n. Kolumnist, der/Kolumnistin, die

coma /'kəʊmə/ n. Koma, das; in a ~ im Koma

comb /kəʊm/ ◩ n. Kamm, der
◪ v.t. 1 kämmen; ~ sb's/one's hair jmdm./sich die Haare kämmen
2 (search) durchkämmen

combat /'kɒmbæt/ ◩ n. Kampf, der
◪ v.t. bekämpfen

combatant /'kɒmbətənt/ n. Kombattant, der

✐ **combination** /kɒmbɪ'neɪʃn/ n. Kombination, die; in ~ zusammen

combi'nation lock n. Kombinationsschloss, das

✐ **combine** ◩ /kəm'baɪn/ v.t. zusammenfügen (into zu); verbinden <Substanzen>
◪ /kəm'baɪn/ v.i. (join together) <Stoffe:> sich verbinden
◒ /'kɒmbaɪn/ n. ~ [harvester] Mähdrescher, der

combustible /kəm'bʌstɪbl/ adj. brennbar

combustion /kəm'bʌstʃn/ n. Verbrennung, die

✐ **come** /kʌm/ v.i., **came** /keɪm/, ~ /kʌm/ kommen; ~ here! komm [mal] her!; [I'm] coming! [ich] komme schon!; the train came into the station der Zug fuhr in den Bahnhof ein; Christmas is coming bald ist Weihnachten; the handle has ~ loose der Griff ist lose; nothing came of it es ist nichts daraus geworden
■ ~ a'bout v.i. passieren
■ ~ across ◩ /--'-/ v.i. (be understood) verstanden werden
◪ /'---/ v.t. begegnen (+ Dat.)
■ ~ a'long v.i. (infml) 1 (hurry up) ~ along! komm/kommt!
2 (make progress) ~ along nicely gute Fortschritte machen

✐ Schlüsselwort

3 (to place) mitkommen (**with** mit)
■ ~ '**back** v.i. zurückkommen
■ ~ **by** **A** /'--/ v.t. (obtain) bekommen
　B /-'-/ v.i. vorbeikommen
■ ~ '**down** v.i. **1** (fall) ‹Schnee, Regen, Preis:› fallen
　2 (~ lower) herunterkommen
　3 (land) [not]landen; (crash) abstürzen
■ ~ '**in** v.i. (enter) hereinkommen; ~ **in!** herein!
■ '~ **into** v.t. **1** (enter) hereinkommen in (+ Akk.)
　2 (inherit) erben
■ ~ **off** **A** /-'-/ v.i. **1** ‹Griff, Knopf:› abgehen;
　(be removable) sich abnehmen lassen
　2 (succeed) ‹Pläne, Versuche:› Erfolg haben
　3 (take place) stattfinden
　B /'--/ v.t. ~ **off a horse/bike** vom Pferd/
　Fahrrad fallen; ~ '**off it!** (infml) nun mach
　mal halblang! (ugs.)
■ ~ **on** **A** /-'-/ v.i. **1** (continue coming, follow)
　kommen; ~ **on!** komm, komm/kommt,
　kommt!; (encouraging) na, komm!
　2 (make progress) ~ **on very well** gute
　Fortschritte machen
　B /'--/ v.t. ▶ come upon
■ ~ '**out** v.i. **1** herauskommen
　2 (fig.) ‹Sonne, Wahrheit, Buch:›
　herauskommen
　3 ~ **out with** herausrücken mit (ugs.)
■ ~ '**over** **A** v.i. herüberkommen
　B v.t. kommen über (+ Akk.)
■ ~ '**round** v.i. **1** (visit) vorbeischauen
　2 (recover) wieder zu sich kommen
■ ~ '**through** **A** v.i. durchkommen
　B v.t. (survive) überleben
■ ~ **to** **A** /'--/ v.t. (amount to) ‹Rechnung,
　Kosten:› sich belaufen auf (+ Akk.), machen
　B /-'-/ v.i. wieder zu sich kommen
■ '~ **under** v.t. **1** (be classed as or among) kommen
　unter (+ Akk.)
　2 (be subject to) kommen unter (+ Akk.)
■ ~ '**up** v.i. **1** (~ higher) hochkommen
　2 ~ **up to sb** (approach for talk) auf jmdn.
　zukommen
　3 (present itself) sich ergeben
　4 ~ **up to** (reach) reichen bis an (+ Akk.);
　entsprechen (+ Dat.) ‹Erwartungen›
　5 ~ **up against sth** (fig.) auf etw. (Akk.)
　stoßen
　6 ~ **up with** vorbringen ‹Vorschlag›; wissen
　‹Lösung, Antwort›
■ '~ **upon** v.t. (meet by chance) begegnen (+ Dat.)
'**comeback** n. (to profession etc.) Come-back,
　das
comedian /kə'miːdɪən/ n. Komiker, der
comedienne /kəmiːdɪ'en/ n. Komikerin, die
'**comedown** n. Abstieg, der
comedy /'kɒmɪdɪ/ **1** n. Lustspiel, das;
　Komödie, die
　2 (humour) Witz, der; Witzigkeit, die
comer /'kʌmə(r)/ n. **the competition is open
　to all** ~**s** an dem Wettbewerb kann sich
　jeder beteiligen; **the first** ~ derjenige, der
　zuerst kommt
comet /'kɒmɪt/ n. Komet, der

comeuppance /kʌm'ʌpəns/ n. **get one's** ~
　die Quittung kriegen (fig.)
comfort /'kʌmfət/ **A** n. **1** (consolation) Trost,
　der
　2 (physical well-being) Behaglichkeit, die
　3 in pl. Komfort, der
　B v.t. trösten
✧ **comfortable** /'kʌmfətəbl/ adj. **1** bequem
　‹Bett, Schuhe›; komfortabel ‹Haus, Zimmer›;
　a ~ **victory** ein leichter Sieg
　2 (at ease) **be/feel** ~ sich wohl fühlen
comfortably /'kʌmfətəblɪ/ adv. bequem;
　leicht ‹gewinnen›
comforting /'kʌmfətɪŋ/ adj. beruhigend
　‹Gedanke›; tröstend ‹Worte›; wohlig
　‹Wärme›
'**comfort station** n. (AmE) öffentliche
　Toilette
comfy /'kʌmfɪ/ adj. (infml) bequem; gemütlich
　‹Haus, Zimmer›
comic /'kɒmɪk/ **A** adj. komisch
　B n. **1** (comedian) Komiker, der/Komikerin,
　die
　2 (periodical) Comicheft, das
comical /'kɒmɪkl/ adj. komisch
coming /'kʌmɪŋ/ **A** adj. **in the** ~ **week**
　kommende Woche
　B n. ~**s and goings** das Kommen und Gehen
comma /'kɒmə/ n. Komma, das
✧ **command** /kə'mɑːnd/ **A** v.t. **1** (order) befehlen
　(sb jmdm.)
　2 (be in ~ of) befehligen ‹Schiff, Armee›
　3 verfügen über (+ Akk.) ‹Gelder, Wortschatz›
　B n. **1** Kommando, das; (in writing) Befehl,
　der; **have/take** ~ **of** das Kommando über
　(+ Akk.) ... haben/übernehmen
　2 (mastery, possession) Beherrschung, die
commandeer /kɒmən'dɪə(r)/ v.t. requirieren
com'mander n. Führer, der
com'manding adj. **1** gebieterisch
　‹Erscheinung, Stimme›; imposant ‹Gestalt›
　2 beherrschend ‹Ausblick, Lage›
commanding 'officer n. Befehlshaber,
　der/Befehlshaberin, die
com'mandment n. Gebot, das
commemorate /kə'meməreɪt/ v.t. gedenken
　(+ Gen.)
commemoration /kəmemə'reɪʃn/ n.
　Gedenken, das; **in** ~ **of** zum Gedenken an
　(+ Akk.)
commemorative /kə'memərətɪv/ adj.
　Gedenk-; ~ **of** zum Gedenken an (Akk.)
commence /kə'mens/ v.t. & i. beginnen
com'mencement n. Beginn, der
commend /kə'mend/ v.t. (praise) loben
commendable /kə'mendəbl/ adj.
　lobenswert; löblich
commendation /kɒmen'deɪʃn/ n. (praise)
　Lob, das; (official) Belobigung, die; (award)
　Auszeichnung, die
✧ **comment** /'kɒment/ **A** n. Bemerkung, die

c

(on über + *Akk.*); (note) Anmerkung, *die* (on über + *Akk.*); no ∼! (infml) kein Kommentar!
B *v.i.* ∼ on sth über etw. (*Akk.*) Bemerkungen machen; he ∼ed that ... er bemerkte, dass ...
commentary /ˈkɒməntəri/ *n.* **1** Kommentar, *der* (on zu)
2 (Radio, Telev.) [live *or* running] ∼ Livereportage, *die*
commentate /ˈkɒmənteɪt/ *v.i.* ∼ on sth etw. kommentieren
commentator /ˈkɒmənteɪtə(r)/ *n.* Kommentator, *der*/Kommentatorin, *die*; (Sport) Reporter, *der*/Reporterin, *die*
commerce /ˈkɒmɜːs/ *n.* Handel, *der*
✶ **commercial** /kəˈmɜːʃl/ **A** *adj.* Handels-; kaufmännisch ‹*Ausbildung*›
B *n.* Werbespot, *der*
commercial: ∼ **ˈbank** *n.* private Geschäftsbank; ∼ **ˈbreak** *n.* Werbepause, *die*
commercialism /kəˈmɜːʃəlɪzm/ *n.* Kommerzialismus, *der*
commercialize /kəˈmɜːʃəlaɪz/ *v.t.* kommerzialisieren
commercial: ∼ **ˈradio** *n.* Werbefunk, *der*; ∼ **ˈtelevision** *n.* Werbefernsehen, *das*; ∼ **ˈtraveller** *n.* Handelsvertreter, *der*/-vertreterin, *die*; ∼ **ˈvehicle** *n.* Nutzfahrzeug, *das*
commiserate /kəˈmɪzəreɪt/ *v.i.* ∼ with sb jmdm. sein Mitgefühl aussprechen (on zu)
✶ **commission** /kəˈmɪʃn/ **A** *n.* **1** (official body) Kommission, *die*
2 (instruction, piece of work) Auftrag, *der*
3 (Mil.) Ernennungsurkunde, *die*
4 (pay of agent) Provision, *die*
5 in/out of ∼ ‹*Auto, Maschine*› in/außer Betrieb
B *v.t.* beauftragen ‹*Künstler*›; in Auftrag geben ‹*Gemälde usw.*›
commissionaire /kəmɪʃəˈneə(r)/ *n.* (esp. BrE) Portier, *der*
commissioner /kəˈmɪʃənə(r)/ *n.* (of police) Präsident, *der*
✶ **commit** /kəˈmɪt/ *v.t.,* **-tt-** **1** begehen ‹*Verbrechen, Fehler, Ehebruch*›
2 (pledge, bind) ∼ oneself/sb to doing sth sich/ jmdn. verpflichten, etw. zu tun
3 (entrust) anvertrauen (**to** *Dat.*)
4 ∼ sb for trial jmdn. dem Gericht überstellen
✶ **comˈmitment** *n.* Verpflichtung (**to** gegenüber)
comˈmitted *adj.* engagiert
✶ **committee** /kəˈmɪti/ *n.* Ausschuss, *der*
commodity /kəˈmɒdɪti/ *n.* **1** household ∼ Haushaltsartikel, *der*
2 (St. Exch.) [vertretbare] Ware; (raw material) Rohstoff, *der*
✶ **common** /ˈkɒmən/ **A** *adj.* **1** (belonging to all)

gemeinsam
2 (public) öffentlich
3 (usual) gewöhnlich; (frequent) häufig; allgemein verbreitet ‹*Sitte, Redensart*›
4 (vulgar) ordinär
B *n.* **1** (land) Gemeindeland, *das*
2 have sth/nothing/a lot in ∼ [with sb] etw./ nichts/viel [mit jmdm.] gemein[sam] haben
common ˈcold *n.* Erkältung, *die*
ˈcommoner *n.* Bürgerliche, *der*/*die*
common: ∼ **ˈground** *n.* gemeinsame Basis; ∼ **ˈknowledge** *n.* it's [a matter of] ∼ knowledge that ... es ist allgemein bekannt, dass ...; ∼**-law** *adj.* she's his ∼-law wife sie lebt mit ihm in eheähnlicher Gemeinschaft
ˈcommonly *adv.* im Allgemeinen
common: C∼ **ˈMarket** *n.* gemeinsamer Markt; ∼**place** **A** *n.* Gemeinplatz, *der*
B *adj.* alltäglich; ∼ room *n.* (BrE) Gemeinschaftsraum, *der*; (for lecturers) Dozentenzimmer, *das*
Commons /ˈkɒmənz/ *n. pl.* the [House of] ∼ das Unterhaus
common: ∼ **ˈsense** *n.* gesunder Menschenverstand; ∼**-sense** *adj.* vernünftig; gesund ‹*Ansicht, Standpunkt*›; ∼**wealth** *n.* the [British] C∼wealth das Commonwealth
commotion /kəˈməʊʃn/ *n.* Tumult, *der*
communal /ˈkɒmjunl/ *adj.* **1** (of or for the community) gemeindlich
2 (for common use) gemeinsam
commune /ˈkɒmjuːn/ *n.* Kommune, *die*
communicate /kəˈmjuːnɪkeɪt/ **A** *v.t.* übertragen ‹*Krankheit*›; übermitteln ‹*Informationen*›; vermitteln ‹*Gefühle, Ideen*›
B *v.i.* ∼ with sb mit jmdm. kommunizieren
✶ **communication** /kəmjuːnɪˈkeɪʃn/ *n.* **1** (of information) Übermittlung, *die*
2 (message) Mitteilung, *die* (**to an** + *Akk.*)
communication: ∼ **cord** *n.* Notbremse, *die*; ∼**s satellite** *n.* Nachrichtensatellit, *der*
communicative /kəˈmjuːnɪkətɪv/ *adj.* gesprächig
Communion /kəˈmjuːnɪən/ *n.* [Holy] ∼ (Protestant Ch.) das [heilige] Abendmahl; (RC Ch.) die [heilige] Kommunion
communiqué /kəˈmjuːnɪkeɪ/ *n.* Kommuniqué, *das*
communism /ˈkɒmjunɪzm/ *n.* Kommunismus, *der*; C∼ der Kommunismus
Communist, communist /ˈkɒmjunɪst/ **A** *n.* Kommunist, *der*/Kommunistin, *die*
B *adj.* kommunistisch
✶ **community** /kəˈmjuːnɪti/ *n.* **1** (organized body) Gemeinwesen, *das*; **the Jewish** ∼ die jüdische Gemeinde
2 *no pl.* (public) Öffentlichkeit, *die*
community: ∼ **ˈcare** *n.* ≈ ambulante Betreuung; ∼ **centre** *n.* Gemeindezentrum, *das*; ∼ **ˈcharge** *n.* (BrE) Gemeindesteuer, *die*; ∼ **ˈservice** *n.* [freiwilliger od. als Strafe auferlegter] sozialer Dienst; ∼ **spirit** *n.* Gemeinschaftsgeist, *der*

commute /kə'mjuːt/ **A** *v.t.* umwandeln ‹*Strafe*› (**to** in + *Akk.*)
B *v.i.* pendeln

commuter /kə'mjuːtə(r)/ *n.* Pendler, *der*/ Pendlerin, *die*

commuter: ~ **belt** *n.* großstädtischer Einzugsbereich; ~ **train** *n.* Pendlerzug, *der*

compact¹ /kəm'pækt/ *adj.* kompakt

compact² /'kɒmpækt/ *n.* Puderdose [mit Puder(stein)]

compact: ~ 'disc *n.* Compactdisc, *die*; ~ 'disc player *n.* CD-Spieler, *der*

companion /kəm'pænjən/ *n.* Begleiter, *der*/ Begleiterin, *die*

com'panionship *n.* Gesellschaft, *die*

⸛ **company** /'kʌmpəni/ *n.* **1** (persons assembled, companionship) Gesellschaft, *die*; **expect** ~ Besuch *od.* Gäste erwarten; **keep sb** ~ jmdm. Gesellschaft leisten
2 (firm) Gesellschaft, *die*
3 (of actors) Truppe, *die*; Ensemble, *das*
4 (Mil.) Kompanie, *die*

company: ~ 'car *n.* Firmenwagen, *der*; ~ 'policy *n.* Unternehmenspolitik, *die*; Firmenpolitik, *die*

comparable /'kɒmpərəbl/ *adj.* vergleichbar (**to, with** mit)

comparably /'kɒmpərəbli/ *adv.* in vergleichbarer Weise; vergleichbar

comparative /kəm'pærətɪv/ **A** *adj.* **1** (relative) relativ; **in** ~ **comfort** relativ komfortabel
2 (Ling.) komparativ (fachspr.); **a** ~ **adjective/ adverb** ein Adjektiv/Adverb im Komparativ
B *n.* (Ling.) Komparativ, *der*

com'paratively *adv.* verhältnismäßig

⸛ **compare** /kəm'peə(r)/ **A** *v.t.* vergleichen (**to, with** mit); ~**d with** *or* **to sb/sth** verglichen mit *od.* im Vergleich zu jmdm./etw.
B *v.i.* sich vergleichen lassen

⸛ **comparison** /kəm'pærɪsn/ *n.* Vergleich, *der*; **in** *or* **by** ~ **[with sb/sth]** im Vergleich [zu jmdm./etw.]

compartment /kəm'pɑːtmənt/ *n.* (in drawer, desk, etc.) Fach, *das*; (of railway carriage) Abteil, *das*

compass /'kʌmpəs/ *n.* **1** *in pl.* **[a pair of]** ~**es** ein Zirkel
2 (for navigating) Kompass, *der*

compassion /kəm'pæʃn/ *n.* Mitgefühl, *das* (**for** mit)

compassionate /kəm'pæʃənət/ *adj.* mitfühlend; **on** ~ **grounds** aus persönlichen Gründen; (for family reasons) aus familiären Gründen

compatibility /kəmpætɪ'bɪlɪtɪ/ *n.* Vereinbarkeit, *die*; (of people) Zueinanderpassen, *das*; (Comp.) Kompatibilität, *die*

compatible /kəm'pætɪbl/ *adj.* vereinbar; zueinander passend ‹*Personen*›; (Comp.) kompatibel

compel /kəm'pel/ *v.t.*, **-ll-** zwingen

compelling /kəm'pelɪŋ/ *adj.* bezwingend

compendium /kəm'pendɪəm/ *n.* Kompendium, *das*

compensate /'kɒmpenseɪt/ **A** *v.i.* ~ **for sth** etw. ersetzen
B *v.t.* ~ **sb for sth** jmdn. für etw. entschädigen

compensation /kɒmpen'seɪʃn/ *n.* Ersatz, *der*; (for damages, injuries, etc.) Schaden[s]ersatz, *der*

compère /'kɒmpeə(r)/ *n.* (BrE) Conférencier, *der*

⸛ **compete** /kəm'piːt/ *v.i.* konkurrieren (**for** um); (Sport) kämpfen

competence /'kɒmpɪtəns/ *n.* Fähigkeiten *Pl.*

competent /'kɒmpɪtənt/ *adj.* fähig; **not** ~ **to do sth** nicht kompetent, etw. zu tun

'competently *adv.* kompetent

⸛ **competition** /kɒmpɪ'tɪʃn/ *n.* **1** (contest) Wettbewerb, *der*; (in magazine etc.) Preisausschreiben, *das*
2 (those competing) Konkurrenz, *die*

competitive /kəm'petɪtɪv/ *adj.* wettbewerbsfähig ‹*Preis, Unternehmen*›

competitive 'sports *n.* Leistungssport, *der*

competitor /kəm'petɪtə(r)/ *n.* Konkurrent, *der*/Konkurrentin, *die*; (in contest, race) Teilnehmer, *der*/-nehmerin, *die*

compile /kəm'paɪl/ *v.t.* zusammenstellen

complacency /kəm'pleɪsənsɪ/ *n.* Selbstzufriedenheit, *die*

complacent /kəm'pleɪsənt/ *adj.* selbstzufrieden

⸛ **complain** /kəm'pleɪn/ *v.i.* sich beklagen (**about, at** über + *Akk.*) (**to** bei); ~ **of sth** über etw. (*Akk.*) klagen

⸛ **complaint** /kəm'pleɪnt/ *n.* **1** Beschwerde, *die*
2 (ailment) Leiden, *das*

complement A /'kɒmplɪmənt/ *n.* **1** (what completes) Vervollständigung, *die*
2 (full number) **a [full]** ~ **die** volle Zahl; (of people) die volle Stärke
B /'kɒmplɪment/ *v.t.* ergänzen

complementary /kɒmplɪ'mentərɪ/ *adj.*
1 (completing) ergänzend
2 (completing each other) einander ergänzend

complementary 'medicine *n.* Komplementärmedizin, *die*

⸛ **complete** /kəm'pliːt/ **A** *adj.* **1** vollständig; (in number) vollzählig
2 (finished) fertig
3 (absolute) völlig ‹*Idiot*›; absolut ‹*Katastrophe*›; total, (ugs.) blutig ‹*Anfänger*›
B *v.t.* **1** (finish) beenden; fertig stellen ‹*Gebäude, Arbeit*›
2 ausfüllen ‹*Formular*›

⸛ **com'pletely** *adv.* völlig; absolut ‹*erfolgreich*›

completion /kəm'pliːʃn/ *n.* Beendigung, *die*; (of building, work) Fertigstellung, *die*

⸛ **complex** /'kɒmpleks/ **A** *adj.* kompliziert
B *n.* Komplex, *der*

complexion /kəm'plekʃn/ *n.* Gesichtsfarbe, *die*; (fig.) Gesicht, *das*

-complexioned /kəm'plekʃnd/ *adj., in comb.* **sallow-/fair-~** mit gelblichem Teint/ mit hellem Teint

complexity /kəm'pleksɪtɪ/ *n.* Kompliziertheit, *die*

complicate /'kɒmplɪkeɪt/ *v.t.* komplizieren

'complicated *adj.* kompliziert

complication /kɒmplɪ'keɪʃn/ *n.* Komplikation, *die*

complicity /kəm'plɪsɪtɪ/ *n.* Mittäterschaft, *die* (in bei)

compliment **A** /'kɒmplɪmənt/ *n.* Kompliment, *das*; *in pl.* (formal greetings) Grüße *Pl.*; **pay sb a ~** jmdn. ein Kompliment machen

B /'kɒmplɪment/ *v.t.* **~ sb on sth** jmdm. Komplimente wegen etw. machen

complimentary /kɒmplɪ'mentərɪ/ *adj.* **1** schmeichelhaft **2** (free) Frei-

comply /kəm'plaɪ/ *v.i.* **~ with sth** sich nach etw. richten; **he refused to ~** er wollte sich nicht danach richten

⚹ **component** /kəm'pəʊnənt/ **A** *n.* Bestandteil, *der*

B *adj.* **a ~ part** ein Bestandteil

compose /kəm'pəʊz/ *v.t.* **1** bilden; **be ~d of** sich zusammensetzen aus **2** verfassen ‹*Rede, Gedicht*›; abfassen ‹*Brief*› **3** (Mus.) komponieren

com'posed *adj.* (calm) gefasst

com'poser *n.* Komponist, *der*/Komponistin, *die*

composition /kɒmpə'zɪʃn/ *n.* **1** (constitution) (of soil etc.) Zusammensetzung, *die*; (of picture) Aufbau, *der* **2** (essay) Aufsatz, *der*; (Mus.) Komposition, *die*

compost /'kɒmpɒst/ *n.* Kompost, *der*

compostable /'kɒmpɒstəbl/ *adj.* kompostierbar

'compost heap *n.* Komposthaufen, *der*

composure /kəm'pəʊʒə(r)/ *n.* Gleichmut, *der*

compound¹ **A** /'kɒmpaʊnd/ *adj.* zusammengesetzt

B /'kɒmpaʊnd/ *n.* **1** (mixture) Mischung, *die* **2** (Ling.) Kompositum, *das* **3** (Chem.) Verbindung, *die*

C /'kəm'paʊnd/ *v.t.* verschlimmern ‹*Schwierigkeiten, Verletzung usw.*›

compound² /'kɒmpaʊnd/ *n.* umzäuntes Gelände

compound: **~ 'fracture** *n.* (Med.) komplizierter Bruch; **~ 'interest** *n.* Zinseszinsen *Pl.*

comprehend /kɒmprɪ'hend/ *v.t.* verstehen

comprehensible /kɒmprɪ'hensɪbl/ *adj.* verständlich

comprehension /kɒmprɪ'henʃn/ *n.* Verständnis, *das*

comprehensive /kɒmprɪ'hensɪv/ **A** *adj.* **1** umfassend **2** (insurance) Vollkasko- **B** *n.* Gesamtschule, *die*

compre'hensive school *n.* Gesamtschule, *die*

compress **A** /kəm'pres/ *v.t.* **1** (squeeze) zusammenpressen (into zu) **2** komprimieren ‹*Luft, Gas, Bericht*› **3** (Comp.) komprimieren **B** /'kɒmpres/ *n.* Kompresse, *die*

compression /kəm'preʃn/ *n.* Kompression, *die*

compressor /kəm'presə(r)/ *n.* Kompressor, *der*

comprise /kəm'praɪz/ *v.t.* (include) umfassen; (consist of) bestehen aus

compromise /'kɒmprəmaɪz/ **A** *n.* Kompromiss, *der* **B** *v.i.* Kompromisse/einen Kompromiss schließen **C** *v.t.* kompromittieren

compromising /'kɒmprəmaɪzɪŋ/ *adj.* kompromittierend

compulsion /kəm'pʌlʃn/ *n.* Zwang, *der*; **be under no ~ to do sth** keineswegs etw. tun müssen

compulsive /kəm'pʌlsɪv/ *adj.* **1** zwanghaft; **he is a ~ gambler** er ist dem Spiel verfallen **2** **this book is ~ reading** von diesem Buch kann man sich nicht losreißen

compulsory /kəm'pʌlsərɪ/ *adj.* obligatorisch

compunction /kəm'pʌŋkʃn/ *n.* Schuldgefühle

⚹ **computer** /kəm'pju:tə(r)/ *n.* Computer, *der*

computer: **~-'aided** *adj.* computergestützt; **~ ani'mation** *n.* Computeranimation, *die*; **~-as'sisted** *adj.* computergestützt; **~ 'dating** *n.* Partnervermittlung per Computer; **~ 'dating agency/service** Computer-Partnervermittlung[sagentur], *die*; **~ game** *n.* Computerspiel, *das*; **~ 'graphics** *n. pl.* Computergraphik, *die*

computerization /kəmpju:tərar'zeɪʃn/ *n.* Computerisierung, *die*

computerize /kəm'pju:təraɪz/ *v.t.* computerisieren

computer: **~-'literate** *adj.* mit Computern vertraut; **~-'operated** *adj.* computergesteuert; rechnergesteuert; **~ program** *n.* Programm, *das*; **~ programmer** *n.* Programmierer, *der*/Programmiererin, *die*; **~ programming** *n.* Programmieren, *das*; **~ room** *n.* Computerraum, *der*; **~ 'science** *n.* Computerwissenschaft, *die*; **~ terminal** *n.* Terminal, *das*; **~ 'typesetting** *n.* Computersatz, *der*; **~ virus** *n.* [Computer]virus, *das od. der*

⚹ Schlüsselwort

computing /kəm'pju:tɪŋ/ n. EDV, die; elektronische Datenverarbeitung; ~ **skills** Computerkenntnisse Pl.

comrade /'kɒmreɪd, 'kɒmrɪd/ n. Kamerad, der/Kameradin, die

'**comradeship** n. Kameradschaft, die

con /kɒn/ (infml) **A** n. Schwindel, der
B v.t., **-nn-** reinlegen (ugs.); ~ **sb into sth** jmdm. etw. aufschwatzen (ugs.)

concave /'kɒnkeɪv/ adj. konkav

conceal /kən'si:l/ v.t. verbergen (from vor + Dat.)

con'cealment n. Verbergen, das

concede /kən'si:d/ v.t. zugeben

conceit /kən'si:t/ n. Einbildung, die

con'ceited adj. eingebildet

conceivable /kən'si:vəbl/ adj. vorstellbar; it is scarcely ~ that ... man kann sich (Dat.) kaum vorstellen, dass ...

conceivably /kən'si:vəblɪ/ adv. möglicherweise; he cannot ~ have done it er kann es unmöglich getan haben

conceive /kən'si:v/ **A** v.t. **1** empfangen <Kind>
2 (form in mind) sich (Dat.) vorstellen; haben <Idee, Plan>
B v.i. **1** (become pregnant) empfangen
2 ~ of sth sich (Dat.) etw. vorstellen

✧ **concentrate** /'kɒnsəntreɪt/ **A** v.t. konzentrieren
B v.i. sich konzentrieren (on auf + Akk.)

'**concentrated** adj. konzentriert

✧ **concentration** /kɒnsən'treɪʃn/ n. Konzentration, die

concen'tration camp n. Konzentrationslager, das; KZ, das

concentric /kən'sentrɪk/ adj. konzentrisch

✧ **concept** /'kɒnsept/ n. Begriff, der; (idea) Vorstellung, die

conception /kən'sepʃn/ **1** Vorstellung, die (of von)
2 (of child) Empfängnis, die

conceptual /kən'septjʊəl/ adj. begrifflich

conceptualize /kən'septjʊəlaɪz/ v.t. begrifflich fassen

✧ **concern** /kən'sɜ:n/ **A** v.t. **1** (affect) betreffen; so far as ... is ~ed was ... betrifft; 'to whom it may ~' ≈ „Bestätigung"; (on certificate, testimonial) ≈ „Zeugnis"
2 (interest) ~ oneself with or about sth sich mit etw. befassen
3 (trouble) beunruhigen
B n. **1** (anxiety) Besorgnis, die; (interest) Interesse, das
2 (matter) Angelegenheit, die
3 (firm) Unternehmen, das

con'cerned /kən'sɜ:nd/ adj. **1** (involved) betroffen; (interested) interessiert; as or so far as I'm ~ was mich betrifft
2 (troubled) besorgt

con'cerning prep. bezüglich

concert /'kɒnsət/ n. Konzert, das

concerted /kən'sɜ:tɪd/ adj. vereint

concert: ~**-goer** n. Konzertbesucher, der/-besucherin, die; ~ **hall** n. Konzertsaal, der

concertina /kɒnsə'ti:nə/ n. Konzertina, die

concerto /kən'tʃeətəʊ/ n. Konzert, das

concession /kən'seʃn/ n. Konzession, die

concessionary /kən'seʃənərɪ/ adj. Konzessions-; ~ **rate/fare** ermäßigter Tarif

conciliatory /kən'sɪljətərɪ/ adj. versöhnlich

concise /kən'saɪs/ adj. kurz und prägnant; knapp, konzis <Stil>

✧ **conclude** /kən'klu:d/ **A** v.t. **1** (end) beschließen
2 (infer) schließen (from aus)
3 (reach decision) beschließen
B v.i. (end) schließen

concluding /kən'klu:dɪŋ/ adj. abschließend

✧ **conclusion** /kən'klu:ʒn/ n. **1** (end) Abschluss, der; in ~ zum Abschluss
2 (result) Ausgang, der
3 (inference) Schluss, der; draw or reach a ~ zu einem Schluss kommen

conclusive /kən'klu:sɪv/ adj., **con'clusively** adv. schlüssig

concoct /kən'kɒkt/ v.t. zubereiten; zusammenbrauen <Trank>

concoction /kən'kɒkʃn/ n. Gebräu, das

concourse /'kɒnkɔ:s/ n. Halle, die; **station** ~ Bahnhofshalle, die

concrete /'kɒnkri:t/ **A** adj. konkret
B n. Beton, der; attrib. Beton-; aus Beton präd.

concrete /'kɒnkri:t/: ~ **mixer** n. Betonmischer, der; Betonmischmaschine, die; ~ '**poetry** n. konkrete Poesie

concur /kən'kɜ:(r)/ v.i., **-rr-**; ~ [with sb] [in sth] [jmdm.] [in etw. (Dat.)] zustimmen

concurrent /kən'kʌrənt/ adj., **con'currently** adv. gleichzeitig

concussion /kən'kʌʃn/ n. Gehirnerschütterung, die

condemn /kən'dem/ v.t. **1** (censure) verdammen
2 (Law) (sentence) verurteilen (to zu)
3 für unbewohnbar erklären <Gebäude>

condemnation /kɒndem'neɪʃn/ n. Verdammung, die

condensation /kɒnden'seɪʃn/ n. **1** (condensing) Kondensation, die
2 (water) Kondenswasser, das

condense /kən'dens/ **A** v.t. **1** komprimieren; ~**d milk** Kondensmilch, die
2 (Phys., Chem.) kondensieren
B v.i. kondensieren

condescend /kɒndɪ'send/ v.i. ~ **to do sth** sich dazu herablassen, etw. zu tun

conde'scending adj. herablassend

condescension /kɒndɪ'senʃn/ n. (derog.) (patronizing manner) Herablassung, die

condiment /'kɒndɪmənt/ n. Gewürz, das

✧ **condition** /kən'dɪʃn/ n. **1** (stipulation)

C

[Vor]bedingung, *die*; on [the] ~ that ... unter der Voraussetzung, dass ...
2 *in pl.* (circumstances) Umstände *Pl.*; **weather/ living ~s** Witterungs-/Wohnverhältnisse; **working ~s** Arbeitsbedingungen
3 (of athlete etc.) Form, *die*; (of thing) Zustand, *der*; (of patient) Verfassung, *die*
4 (Med.) Leiden, *das*
conditional /kən'dɪʃənl/ *adj.* **1** bedingt; **be ~ [up]on sth** von etw. abhängen
2 (Ling.) Konditional-
con'ditioner *n.* Frisiermittel, *das*
condolence /kən'dəʊləns/ *n.* Anteilnahme, *die*; **letter of ~** Beileidsbrief, *der*
condom /'kɒndɒm/ *n.* Kondom, *das od. der*
condominium /'kɒndə'mɪnɪəm/ *n.* (AmE) Appartementhaus [mit Eigentumswohnungen]
condone /kən'dəʊn/ *v.t.* hinwegsehen über (+ *Akk.*); (approve) billigen
conducive /kən'dju:sɪv/ *adj.* **be ~ to sth** einer Sache (*Dat.*) förderlich sein
✦ **conduct** **A** /'kɒndʌkt/ *n.* **1** (behaviour) Verhalten, *das*
2 (way of ~ing) Führung, *die*
B /kən'dʌkt/ *v.t.* **1** führen
2 (Mus.) dirigieren
3 (Phys.) leiten
4 ~**ed tour** Führung, *die*
conduction /kən'dʌkʃn/ *n.* (Phys.) Leitung, *die*
conductor /kən'dʌktə(r)/ *n.* **1** (Mus.) Dirigent, *der*/Dirigentin, *die*
2 (of bus, tram) Schaffner, *der*
conductress /kən'dʌktrɪs/ *n.* Schaffnerin, *die*
conduit /'kɒndjʊɪt/ *n.* **1** Leitung, *die*; Kanal, *der* (auch fig.)
2 (Electr.) Isolierrohr, *das*
cone /kəʊn/ *n.* **1** Kegel, *der*; (traffic ~) Leitkegel, *der*
2 (Bot.) Zapfen, *der*
3 **ice-cream ~** Eistüte, *die*
confectioner /kən'fekʃənə(r)/ *n.* ~**'s [shop]** Süßwarengeschäft, *das*
con'fectionery *n.* Süßwaren *Pl.*
confederate /kən'fedərət/ *adj.* verbündet
confederation /kən'fedə'reɪʃn/ *n.* [Staaten]bund, *der*
confer /kən'fɜ:(r)/ **A** *v.t.*, **-rr-**; ~ **sth [up]on sb** jmdm. etw. verleihen
B *v.i.*, **-rr-**; ~ **with sb** sich mit jmdm. beraten
✦ **conference** /'kɒnfərəns/ *n.* **1** Konferenz, *die*
2 **be in ~** in einer Besprechung sein
conference: ~ **room** *n.* Konferenzraum, *der*; ~ **table** *n.* Konferenztisch, *der*
confess /kən'fes/ **A** *v.t.* **1** gestehen
2 (Eccl.) beichten
B *v.i.* **1** ~ **to sth** etw. gestehen
2 (Eccl.) beichten (**to sb** jmdm.)
confession /kən'feʃn/ *n.* **1** Geständnis, *das*
2 (Eccl.) (of sins etc.) Beichte, *die*

✦ Schlüsselwort

confetti /kən'fetɪ/ *n.* Konfetti, *das*
confidant /'kɒnfɪdænt, kɒnfɪ'dænt/ *n.* Vertraute, *der*
confidante /'kɒnfɪdænt, kɒnfɪ'dænt/ *n.* Vertraute, *die*
confide /kən'faɪd/ **A** *v.i.* ~ **in sb** sich jmdm. anvertrauen
B *v.t.* ~ **sth to sb** jmdm. etw. anvertrauen
✦ **confidence** /'kɒnfɪdəns/ *n.* **1** (firm trust) Vertrauen, *das*; **have ~ in sb/sth** Vertrauen zu jmdm./etw. haben; **have [absolute] ~ that ...** [absolut] sicher sein, dass ...
2 (assured expectation) Gewissheit, *die*
3 (self-reliance) Selbstvertrauen, *das*
4 **in ~** im Vertrauen; **this is in [strict] ~** das ist [streng] vertraulich
'confidence trick *n.* (BrE) Trickbetrug, *der*
confident /'kɒnfɪdənt/ *adj.* zuversichtlich (**about** in Bezug auf + *Akk.*)
confidential /kɒnfɪ'denʃl/ *adj.* vertraulich
confidentiality /kɒnfɪdenʃɪ'ælɪtɪ/ *n.* Vertraulichkeit, *die*
confi'dentially *adv.* vertraulich
'confidently *adv.* zuversichtlich
confiding /kən'faɪdɪŋ/ *adj.*, **con'fidingly** *adv.* vertrauensvoll
configure /kən'fɪgə(r)/ *v.t.* (esp. Comp.) konfigurieren
confine /kən'faɪn/ *v.t.* **1** einsperren; **be ~d to bed/the house** ans Bett/Haus gefesselt sein
2 (fig.) ~ **oneself to doing sth** sich darauf beschränken, etw. zu tun
con'fined *adj.* begrenzt
con'finement *n.* (imprisonment) Einsperrung, *die*
confines /'kɒnfaɪnz/ *n. pl.* Grenzen
✦ **confirm** /kən'fɜ:m/ *v.t.* bestätigen
confirmation /kɒnfə'meɪʃn/ *n.* **1** Bestätigung, *die*
2 (Protestant Ch.) Konfirmation, *die*; (RC Ch.) Firmung, *die*
con'firmed *adj.* eingefleischt ‹*Junggeselle*›; überzeugt ‹*Vegetarier*›
confiscate /'kɒnfɪskeɪt/ *v.t.* beschlagnahmen
confiscation /kɒnfɪs'keɪʃn/ *n.* Beschlagnahme, *die*
✦ **conflict** **A** /'kɒnflɪkt/ *n.* **1** (fight) Kampf, *der*
2 (clashing) Konflikt, *der*
B /kən'flɪkt/ *v.i.* (be incompatible) sich (*Dat.*) widersprechen; ~ **with sth** einer Sache (*Dat.*) widersprechen
con'flicting *adj.* widersprüchlich
conform /kən'fɔ:m/ *v.i.* **1** entsprechen (**to** *Dat.*)
2 (comply) sich einfügen; ~ **to** *or* **with sth/ with sb** sich nach etw./jmdm. richten
conformist /kən'fɔ:mɪst/ *n.* Konformist, *der*/Konformistin, *die*
conformity /kən'fɔ:mɪtɪ/ *n.* Übereinstimmung, *die* (**with, to** mit)
confound /kən'faʊnd/ *v.t.* **1** (defeat) vereiteln

2 (confuse) verwirren

con'founded *adj.* (infml derog.) verdammt

confront /kən'frʌnt/ *v.t.* **1** gegenüberstellen; ~ sb with sth/sb jmdn. mit etw./[mit] jmdm. konfrontieren
2 (stand facing) gegenüberstehen (+ *Dat.*)

confrontation /kɒnfrən'teɪʃn/ *n.* Konfrontation, *die*

confuse /kən'fju:z/ *v.t.* **1** (disorder) durcheinander bringen
2 (mix up mentally) verwechseln
3 (perplex) verwirren

con'fused *adj.* konfus; wirr ‹*Gedanken, Gerüchte*›; verworren ‹*Lage, Situation*›

confusing /kən'fju:zɪŋ/ *adj.* verwirrend

confusion /kən'fju:ʒn/ *n.* **1** Verwirrung, *die*; (mixing up) Verwechslung, *die*
2 (embarrassment) Verlegenheit, *die*

congeal /kən'dʒi:l/ *v.i.* gerinnen

congenial /kən'dʒi:nɪəl/ *adj.* (agreeable) angenehm

congenital /kən'dʒenɪtl/ *adj.* angeboren; kongenital (fachspr.)

conger /'kɒŋgə(r)/, **conger eel** *ns.* Seeaal, *der*

congested /kən'dʒestɪd/ *adj.* verstopft ‹*Straße, Nase*›

congestion /kən'dʒestʃn/ *n.* (of traffic) Stauung, *die*; nasal ~ verstopfte Nase

con'gestion charge *n.* Staugebühr, *die*

conglomerate /kən'glɒmərət/ *n.* (Commerc.) Großkonzern, *der*

conglomeration /kənglɒmə'reɪʃn/ *n.* Anhäufung, *die*

congratulate /kən'grætjʊleɪt/ *v.t.* gratulieren (+ *Dat.*); ~ sb/oneself on sth jmdm./sich zu etw. gratulieren

congratulations /kəngrætjʊ'leɪʃnz/ **A** *int.* ~! herzlichen Glückwunsch! (on zu); (on passing exam etc.) ich gratuliere!
B *n. pl.* Glückwünsche *Pl.*

congregate /'kɒŋgrɪgeɪt/ *v.i.* sich versammeln

congregation /kɒŋgrɪ'geɪʃn/ *n.* (Eccl.) Gemeinde, *die*

congress /'kɒŋgres/ *n.* Kongress, *der*; C~ (AmE) der Kongress

congressional /kən'greʃənl/ *adj.* Kongress-

conical /'kɒnɪkl/ *adj.* kegelförmig

conifer /'kɒnɪfə(r)/ *n.* Nadelbaum, *der*

coniferous /kə'nɪfərəs/ *adj.* Nadel-

coniferous 'tree *n.* Nadelbaum, *der*; Konifere, *die*

conjecture /kən'dʒektʃə(r)/ **A** *n.* Vermutung, *die*
B *v.t.* vermuten
C *v.i.* Vermutungen anstellen

conjugate /'kɒndʒʊgeɪt/ *v.t.* (Ling.) konjugieren

conjugation /kɒndʒʊ'geɪʃn/ *n.* (Ling.) Konjugation, *die*

conjunction /kən'dʒʌŋkʃn/ *n.* **1** Verbindung, *die*; in ~ with in Verbindung mit
2 (Ling.) Konjunktion, *die*

conjure /'kʌndʒə(r)/ *v.i.* zaubern; conjuring trick Zaubertrick, *der*
■ ~ 'up *v.t.* heraufbeschwören

conjurer, conjuror /'kʌndʒərə(r)/ *ns.* Zauberkünstler, *der*/-künstlerin, *die*

✧ **connect** /kə'nekt/ **A** *v.t.* verbinden (to, with mit)
B *v.i.* ~ with sth mit etw. zusammenhängen

con'nected *adj.* zusammenhängend

✧ **connection**, (BrE also) **connexion** /kə'nekʃn/ *ns.* **1** (act, state) Verbindung, *die*
2 (fig.) (of ideas) Zusammenhang, *der*; in ~ with im Zusammenhang mit
3 (train, bus, etc.) Anschluss, *der*

connectivity /ˌkɒnek'tɪvɪtɪ/ *n.*, *no pl.* (Computing) Konnektivität, *die*; (Internet access) Internetzugang, *der*

connoisseur /kɒnə'sɜ:(r)/ *n.* Kenner, *der*

connotation /kɒnə'teɪʃn/ *n.* Assoziation, *die*

conquer /'kɒŋkə(r)/ *v.t.* besiegen; erobern ‹*Land*›

conqueror /'kɒŋkərə(r)/ *n.* (of a country) Eroberer, *der*

conquest /'kɒŋkwest/ *n.* Eroberung, *die*

conscience /'kɒnʃəns/ *n.* Gewissen, *das*; have a clear/guilty ~ ein gutes/schlechtes Gewissen haben

'conscience-stricken, 'conscience-struck *adjs.* schuldbewusst

conscientious /kɒnʃɪ'enʃəs/ *adj.* pflichtbewusst; (meticulous) gewissenhaft

consci'entiously *adv.* pflichtbewusst; (meticulously) gewissenhaft

conscientious ob'jector *n.* Wehrdienstverweigerer [aus Gewissensgründen]

conscious /'kɒnʃəs/ *adj.* **1** he is not ~ of it es ist ihm nicht bewusst
2 *pred.* (awake) bei Bewusstsein *präd.*
3 (realized by doer) bewusst ‹*Versuch, Bemühung*›

'consciously *adv.* bewusst

'consciousness *n.* Bewusstsein, *das*

conscript **A** /kən'skrɪpt/ *v.t.* einberufen
B /'kɒnskrɪpt/ *n.* Einberufene, *der*/die

conscription /kən'skrɪpʃn/ *n.* Wehrpflicht, *die*

consecrate /'kɒnsɪkreɪt/ *v.t.* weihen

consecutive /kən'sekjʊtɪv/ *adj.* aufeinander folgend ‹*Monate, Jahre*›; fortlaufend ‹*Zahlen*›

con'secutively *adj.* hintereinander

consensus /kən'sensəs/ *n.* Einigkeit, *die*

consent /kən'sent/ **A** *v.i.* zustimmen
B *n.* (agreement) Zustimmung, *die* (to zu); by common *or* general ~ nach allgemeiner Auffassung; age of ~ ≈ Ehemündigkeitsalter, *das*

⚡ **consequence** /'kɒnsɪkwəns/ n. 1 (result)
Folge, die; in ~ folglich; as a ~ infolgedessen
2 (importance) Bedeutung, die

consequent /'kɒnsɪkwənt/ adj. daraus
folgend

'**consequently** adv. infolgedessen

conservation /kɒnsə'veɪʃn/ n. Erhaltung,
die; wildlife ~ Schutz wild lebender
Tierarten

conser'vation area n. (BrE) (rural)
Landschaftsschutzgebiet, das; (urban) unter
Denkmalschutz stehendes Gebiet

conservationist /kɒnsə'veɪʃənɪst/ n.
Naturschützer, der/-schützerin, die

⚡ **conservative** /kən'sɜːvətɪv/ **A** adj.
1 konservativ
2 vorsichtig ‹Schätzung›
3 C~ (BrE) (Polit.) konservativ; the C~ Party
die Konservative Partei
B n. C~ (BrE) (Polit.) Konservative, der/die

con'servatively adv. vorsichtig ‹geschätzt›

conservatory /kən'sɜːvətəri/ n.
Wintergarten, der

conserve /kən'sɜːv/ v.t. erhalten; schonen
‹Kräfte›

⚡ **consider** /kən'sɪdə(r)/ v.t. 1 (think about) ~ sth
an etw. (Akk.) denken; he's ~ing emigrating
er denkt daran, auszuwandern
2 (reflect on) sich (Dat.) überlegen
3 (regard as) halten für; all things ~ed alles
in allem

⚡ **considerable** /kən'sɪdərəbl/ adj.,
con'siderably adv. erheblich

considerate /kən'sɪdərət/ adj. rücksichtsvoll;
(thoughtfully kind) entgegenkommend

considerately /kən'sɪdərətli/ adv.
rücksichtsvoll; (obligingly) entgegenkommend

⚡ **consideration** /kənsɪdə'reɪʃn/ n.
1 Überlegung, die; take sth into ~ etw.
berücksichtigen; the matter is under ~ die
Angelegenheit wird geprüft
2 (thoughtfulness) Rücksichtnahme, die

considered /kən'sɪdəd/ adj. 1 ~ opinion
feste od. ernsthafte Überzeugung
2 be highly ~ [by others] [bei anderen] in
hohem Ansehen stehen

con'sidering prep. ~ sth wenn man etw.
bedenkt; ~ [that] ... wenn man bedenkt,
dass ...

consign /kən'saɪn/ v.t. anvertrauen (to Dat.)

con'signment n. (Commerc.) Sendung, die;
(large) Ladung, die

⚡ **consist** /kən'sɪst/ v.i. ~ of bestehen aus

consistency /kən'sɪstənsi/ n. 1 (density)
Konsistenz, die
2 (being consistent) Konsequenz, die

⚡ **consistent** /kən'sɪstənt/ adj. 1 (compatible)
[miteinander] vereinbar
2 (uniform) gleich bleibend ‹Qualität›
3 (unchanging) konsequent

⚡ Schlüsselwort

consolation /kɒnsə'leɪʃn/ n. Trost, der

conso'lation prize n. Trostpreis, der

console /kən'səʊl/ v.t. trösten

consolidate /kən'sɒlɪdeɪt/ v.t. festigen

consolidation /kənsɒlɪ'deɪʃn/ n. Festigung,
die

consoling /kən'səʊlɪŋ/ adj. tröstlich

consonant /'kɒnsənənt/ n. Konsonant, der

consort /kən'sɔːt/ v.i. verkehren (with mit)

consortium /kən'sɔːtɪəm/ n., pl. **consortia**
/kən'sɔːtɪə/ Konsortium, das

conspicuous /kən'spɪkjʊəs/ adj. 1 (visible)
unübersehbar
2 (obvious) auffallend

con'spicuously adv. 1 (visibly) unübersehbar
2 (obviously) auffallend

conspiracy /kən'spɪrəsi/ n. (conspiring)
Verschwörung, die; (plot) Komplott, das

conspire /kən'spaɪə(r)/ v.i. sich verschwören

constable /'kʌnstəbl, 'kɒnstəbl/ n. (BrE)
Polizist, der/Polizistin, die

constabulary /kən'stæbjʊləri/ n. Polizei, die

⚡ **constant** /'kɒnstənt/ adj. 1 (unceasing) ständig
2 (unchanging) gleich bleibend

'**constantly** adv. 1 (unceasingly) ständig
2 (unchangingly) konstant

constellation /kɒnstə'leɪʃn/ n. Sternbild, das

consternation /kɒnstə'neɪʃn/ n.
Bestürzung, die

constipated /'kɒnstɪpeɪtɪd/ adj. be ~ an
Verstopfung leiden

constipation /kɒnstɪ'peɪʃn/ n. Verstopfung,
die

constituency /kən'stɪtjʊənsi/ n. Wahlkreis,
der

constituent /kən'stɪtjʊənt/ n. 1 (part)
Bestandteil, der
2 (Polit.) Wähler, der/Wählerin, die

constitute /'kɒnstɪtjuːt/ v.t. 1 (form, be) sein;
~ a threat to eine Gefahr sein für
2 (make up) bilden

constitution /kɒnstɪ'tjuːʃn/ n. 1 (of person)
Konstitution, die
2 (of state) Verfassung, die

constitutional /kɒnstɪ'tjuːʃənl/ adj. (of
constitution) der Verfassung nachgestellt; (in
harmony with constitution) verfassungsmäßig

constrain /kən'streɪn/ v.t. zwingen

constraint /kən'streɪnt/ n. (limitation)
Einschränkung, die

constrict /kən'strɪkt/ v.t. verengen

constriction /kən'strɪkʃn/ n. Verengung, die

⚡ **construct** /kən'strʌkt/ v.t. bauen; (fig.)
erstellen ‹Plan›

⚡ **construction** /kən'strʌkʃn/ n. 1 (constructing)
Bau, der; be under ~ im Bau sein
2 (thing constructed) Bauwerk, das

constructive /kən'strʌktɪv/ adj. konstruktiv

consul /'kɒnsl/ n. Konsul, der

consulate /'kɒnsjʊlət/ n. Konsulat, das

consult /kənˈsʌlt/ *v.t.* konsultieren ‹*Arzt, Fachmann*›; ~ a book in einem Buch nachsehen

consultant /kənˈsʌltənt/ *n.* Berater, *der*/ Beraterin, *die*; (Med.) Chefarzt, *der*/-ärztin, *die*

consultation /kɒnsəlˈteɪʃn/ *n.* Beratung, *die*

conˈsulting room *n.* Sprechzimmer, *das*

consume /kənˈsjuːm/ *v.t.* verbrauchen; (eat, drink) konsumieren

◆ **conˈsumer** *n.* Verbraucher, *der*/ Verbraucherin, *die*

conˈsumer goods *n. pl.* Konsumgüter *Pl.*

consumerism /kənˈsjuːmərɪzm/ *n.*, *no art.* Konsumerismus, *der*

consumer: ~ **proˈtection** *n.* Verbraucherschutz, *der*; ~ **research** *n.* Verbrauchsforschung, *die*; Konsumforschung, *die*

consumption /kənˈsʌmpʃn/ *n.* Verbrauch, *der* (of an + *Dat.*); (eating or drinking) Verzehr, *der* (of von)

cont. *abbr.* = **continued** Forts.

◆ **contact** **A** /ˈkɒntækt/ *n.* Berührung, *die*; (fig.) Kontakt, *der*; be in ~ with sth etw. berühren; be in ~ with sb (fig.) mit jmdm. Kontakt haben
  B /ˈkɒntækt, kənˈtækt/ *v.t.* sich in Verbindung setzen mit

ˈcontact lens *n.* Kontaktlinse, *die*

ˈcontactless *adj.* kontaktlos; berührungslos

contagious /kənˈteɪdʒəs/ *adj.* ansteckend

◆ **contain** /kənˈteɪn/ *v.t.* **1** (hold, include) enthalten **2** (prevent from spreading) aufhalten

conˈtainer *n.* Behälter, *der*; (cargo ~) Container, *der*; cardboard/wooden ~ Pappkarton, *der*/Holzkiste, *die*

contaminate /kənˈtæmɪneɪt/ *v.t.* verunreinigen; (with radioactivity) verseuchen

contamination /kəntæmɪˈneɪʃn/ *n.* Verunreinigung, *die*; (with radioactivity) Verseuchung, *die*

contemplate /ˈkɒntəmpleɪt/ *v.t.* **1** betrachten; (mentally) nachdenken über (+ *Akk.*) **2** (expect) rechnen mit; (consider) ~ sth/doing sth an etw. (*Akk.*) denken/daran denken, etw. zu tun

contemplation /kɒntəmˈpleɪʃn/ *n.* Betrachtung, *die*; (mental) Nachdenken, *das* (of über + *Akk.*)

◆ **contemporary** /kənˈtempərəri/ **A** *adj.* zeitgenössisch
  B *n.* Zeitgenosse, *der*/-genossin, *die*

contempt /kənˈtempt/ *n.* Verachtung, *die* (of, for für)

contemptible /kənˈtemptɪbl/ *adj.* verachtenswert

contemptuous /kənˈtemptjʊəs/ *adj.* verächtlich

contend /kənˈtend/ *v.i.* be able/have to ~ with fertig werden können/müssen mit

conˈtender *n.* Bewerber, *der*/Bewerberin, *die*

◆ **content¹** /ˈkɒntent/ *n.* **1** *in pl.* Inhalt, *der*; [table of] ~s Inhaltsverzeichnis, *das* **2** (amount contained) Gehalt, *der* (of an + *Dat.*)

content² /kənˈtent/ **A** *pred. adj.* zufrieden
  B *v.t.* zufrieden stellen; ~ oneself with sth/ sb sich mit etw./jmdm. zufrieden geben

conˈtented *adj.*, **conˈtentedly** *adv.* zufrieden

contention /kənˈtenʃn/ *n.* **1** Streit, *der* **2** (point asserted) Behauptung, *die*

contentious /kənˈtenʃəs/ *adj.* strittig ‹*Punkt, Thema*›

conˈtentment *n.* Zufriedenheit, *die*

contest **A** /ˈkɒntest/ *n.* Wettbewerb, *der*
  B /kənˈtest/ *v.t.* **1** bestreiten; infrage stellen ‹*Behauptung*› **2** (BrE) (compete for) kandidieren für

contestant /kənˈtestənt/ *n.* (competitor) Teilnehmer, *der*/Teilnehmerin, *die*

◆ **context** /ˈkɒntekst/ *n.* Kontext, *der*; in/out of ~ im/ohne Kontext; in this ~ in diesem Zusammenhang

contextual /kənˈtekstjʊəl/ *adj.* kontextuell

contextualize /kənˈtekstjʊəlaɪz/ *v.t.* (place in context) in einen Kontext einordnen

continent /ˈkɒntɪnənt/ *n.* Kontinent, *der*; the C~ das europäische Festland

continental /kɒntɪˈnentl/ *adj.* **1** kontinental **2** C~ (mainland European) kontinental[europäisch]

continental: ~ **ˈbreakfast** *n.* kontinentales Frühstück; ~ **ˈquilt** *n.* (BrE) [Stepp]federbett, *das*

conˈtingency plan /kənˈtɪndʒənsɪ/ *n.* Alternativplan, *der*

contingent /kənˈtɪndʒənt/ *n.* Kontingent, *das*

continual /kənˈtɪnjʊəl/ *adj.*, **conˈtinually** *adv.* (frequent[ly]) ständig; (without stopping) unaufhörlich

continuation /kəntɪnjʊˈeɪʃn/ *n.* Fortsetzung, *die*

◆ **continue** /kənˈtɪnjuː/ **A** *v.t.* fortsetzen; 'ˈ~d on page 2' „Fortsetzung auf Seite 2"; ~ doing or to do sth etw. weiter tun; it ~d to rain es regnete weiter
  B *v.i.* (persist) ‹*Wetter, Zustand, Krise usw.*:› andauern; (persist in doing sth) nicht aufhören; ~ with sth mit etw. fortfahren

continuity /kɒntɪˈnjuːɪtɪ/ *n.* Kontinuität, *die*

continuous /kənˈtɪnjʊəs/ *adj.* **1** ununterbrochen; anhaltend ‹*Regen, Sonnenschein*›; ständig ‹*Kritik, Streit*›; durchgezogen ‹*Linie*› **2** (Ling.) ~ [form] Verlaufsform, *die*

conˈtinuously *adv.* ununterbrochen; ständig ‹*sich ändern*›

contort /kənˈtɔːt/ *v.t.* verdrehen

contortion /kənˈtɔːʃn/ *n.* Verdrehung, *die*

contour /ˈkɒntʊə(r)/ *n.* Kontur, *die*

'**contour map** *n.* Höhenlinienkarte, *die*

contraband /'kɒntrəbænd/ *n.* Schmuggelware, *die*

contraception /kɒntrə'sepʃn/ *n.* Empfängnisverhütung, *die*

contraceptive /kɒntrə'septɪv/ **A** *adj.* empfängnisverhütend
B *n.* Verhütungsmittel, *das*

⚹ **contract A** /'kɒntrækt/ *n.* Vertrag, *der*; ∼ of employment Arbeitsvertrag, *der*; **be under** ∼ **to do sth** vertraglich verpflichtet sein, etw. zu tun
B /kən'trækt/ *v.t.* (Med.) sich (*Dat.*) zuziehen
C /kən'trækt/ *v.i.* **1** ∼ **to do sth** sich vertraglich verpflichten, etw. zu tun
2 (become smaller, be drawn together) sich zusammenziehen

contraction /kən'trækʃn/ *n.* Kontraktion, *die*

'**contract killer** *n.* Auftragskiller, *der*/-killerin, *die*

contractor /kən'træktə(r)/ *n.* Auftragnehmer, *der*/-nehmerin, *die*

contradict /kɒntrə'dɪkt/ *v.t.* widersprechen (+ *Dat.*)

contradiction /kɒntrə'dɪkʃn/ *n.* Widerspruch, *der*; **in** ∼ **to sb/sth** im Widerspruch zu jmdm./etw.

contradictory /kɒntrə'dɪktəri/ *adj.* widersprüchlich

'**contraflow system** /'kɒntrəfləʊ/ *n.* Gegenverkehr auf einem Fahrstreifen

contralto /kən'træltəʊ/ *n., pl.* ∼**s** Alt, *der*

contraption /kən'træpʃn/ *n.* (infml) [komisches] Gerät

contrary /'kɒntrəri/ **A** *adj.* **1** entgegengesetzt; **be** ∼ **to sth** im Gegensatz zu etw. stehen
2 /kən'treəri/ (perverse) widerspenstig
B *n.* **the** ∼ das Gegenteil; **on the** ∼ im Gegenteil
C *adv.* ∼ **to sth** entgegen einer Sache

⚹ **contrast A** /kən'trɑːst/ *v.t.* gegenüberstellen
B /'kɒntrɑːst/ *n.* Kontrast, *der* (with zu); in ∼, … im Gegensatz dazu, …; [be] in ∼ with sth im Gegensatz zu etw. [stehen]

con'trasting *adj.* gegensätzlich

contravene /kɒntrə'viːn/ *v.t.* verstoßen gegen

contravention /kɒntrə'venʃn/ *n.* Verstoß, *der* (of gegen)

⚹ **contribute** /kən'trɪbjuːt/ **A** *v.t.* ∼ **sth [to or towards sth]** etw. [zu etw.] beitragen
B *v.i.* ∼ **to charity** für karitative Zwecke spenden; ∼ **to the success of sth** zum Erfolg einer Sache (*Gen.*) beitragen

⚹ **contribution** /kɒntrɪ'bjuːʃn/ *n.* Beitrag, *der*; (for charity) Spende, *die* (to für); **make a** ∼ einen Beitrag leisten; (to charity) etwas spenden

contributor /kən'trɪbjʊtə(r)/ *n.* (to encyclopaedia etc.) Mitarbeiter, *der*/Mitarbeiterin, *die*

'**con trick** (BrE) (infml) ▶ **confidence trick**

contrite /'kɒntraɪt/ *adj.* zerknirscht

contrive /kən'traɪv/ *v.t.* ∼ **to do sth** es fertig bringen, etw. zu tun

contrived /kən'traɪvd/ *adj.* künstlich

⚹ **control** /kən'trəʊl/ **A** *n.* **1** Kontrolle, *die* (of über + *Akk.*); **keep** ∼ **of sth** etw. unter Kontrolle halten; **be in** ∼ **[of sth]** die Kontrolle [über etw. (*Akk.*)] haben; **[go or get] out of** ∼ außer Kontrolle [geraten]; **[get sth] under** ∼ [etw.] unter Kontrolle [bringen]
2 (device) Regler, *der*; ∼**s** Schalttafel, *die*
B *v.t.*, -**ll**- kontrollieren; lenken ‹*Auto*›; zügeln ‹*Zorn*›; regeln ‹*Verkehr*›

control: ∼ **centre** *n.* Kontrollzentrum, *das*; ∼ **desk** *n.* Schaltpult, *das*

con'troller *n.* (director) Leiter, *der*/Leiterin, *die*

control: ∼ **panel** *n.* Schalttafel, *die*; ∼ **room** *n.* Kontrollraum, *der*; ∼ **tower** *n.* Kontrollturm, *der*

controversial /kɒntrə'vɜːʃl/ *adj.* umstritten

controversy /'kɒntrəvɜːsi, kən'trɒvəsi/ *n.* Auseinandersetzung, *die*

conurbation /kɒnɜː'beɪʃn/ *n.* Konurbation, *die* (Soziol.); ≈ Stadtregion, *die*

convalesce /kɒnvə'les/ *v.i.* genesen

convalescence /kɒnvə'lesəns/ *n.* Genesung, *die*

convection /kən'vekʃn/ *n.* (Phys., Meteorol.) Konvektion, *die*

convector /kən'vektə(r)/ *n.* Konvektor, *der*

convene /kən'viːn/ **A** *v.t.* einberufen
B *v.i.* zusammenkommen

convenience /kən'viːnɪəns/ *n.* **1** for sb's ∼ zu jmds. Bequemlichkeit; **at your** ∼ wann es Ihnen passt
2 (toilet) **[public]** ∼ [öffentliche] Toilette

con'venience food *n.* Fertignahrung, *die*

convenient /kən'viːnɪənt/ *adj.* günstig; (useful) praktisch; **would it be** ∼ **to or for you?** würde es Ihnen passen?

con'veniently *adv.* **1** günstig ‹gelegen, angebracht›
2 (opportunely) angenehmerweise

convent /'kɒnvənt/ *n.* Kloster, *das*

convention /kən'venʃn/ *n.* **1** Brauch, *der*
2 (assembly) Konferenz, *die*
3 (agreement) Konvention, *die*

conventional /kən'venʃənl/ *adj.* konventionell

converge /kən'vɜːdʒ/ *v.i.* ∼ **[on each other]** aufeinander zulaufen

conversant /kən'vɜːsənt/ *pred. adj.* vertraut (with mit)

⚹ **conversation** /kɒnvə'seɪʃn/ *n.* Unterhaltung, *die*; **have a** ∼ ein Gespräch führen

conversational /kɒnvə'seɪʃənl/ *adj.* ∼ **English** gesprochenes Englisch

converse¹ /kən'vɜːs/ *v.i.* (formal) ∼ **[with sb] [about or on sth]** sich [mit jmdm.] [über etw.

⚹ Schlüsselwort

(*Akk.*)] unterhalten

converse² /'kɒnvɜːs/ **A** *adj.* entgegengesetzt; umgekehrt ‹*Fall, Situation*›
B *n.* Gegenteil, *das*

conversely /kən'vɜːslɪ/ *adv.* umgekehrt

conversion /kən'vɜːʃn/ *n.* **1** Umwandlung, *die* (into in + *Akk.*)
2 (adaptation) Umbau, *der*
3 (of person) Bekehrung, *die* (to zu)

con'version table *n.* Umrechnungstabelle, *die*

◆ **convert A** /kən'vɜːt/ *v.t.* umwandeln (into in + *Akk.*); (Comp.) konvertieren ‹*Daten*›; ~ sb [to sth] jmdn. [zu etw.] bekehren
B /kən'vɜːt/ *v.i.* ~ into sth sich in etw. (*Akk.*) umwandeln lassen
C /'kɒnvɜːt/ *n.* Konvertit, *der*/Konvertitin, *die*

convertible /kən'vɜːtɪbl/ **A** *adj.* be ~ into sth sich in etw. (*Akk.*) umwandeln lassen
B *n.* Kabrio[lett], *das*

convex /'kɒnveks/ *adj.* konvex

convey /kən'veɪ/ *v.t.* **1** befördern
2 (impart) vermitteln

conveyance /kən'veɪəns/ *n.* **1** (transportation) Beförderung, *die*
2 (formal) (vehicle) Beförderungsmittel, *das*

con'veyancing *n.* (Law) ~ [of property] [Eigentums]übertragung, *die*

conveyor /kən'veɪə(r)/ *n.* ~ [belt] Förderband, *das*

convict A /'kɒnvɪkt/ *n.* Strafgefangene, *der*/*die*
B /kən'vɪkt/ *v.t.* verurteilen

conviction /kən'vɪkʃn/ *n.* **1** (Law) Verurteilung, *die* (for wegen)
2 (belief) Überzeugung, *die*

convince /kən'vɪns/ *v.t.* überzeugen; ~ sb that ... jmdn. davon überzeugen, dass ...; be ~d that ... davon überzeugt sein, dass ...

convincing /kən'vɪnsɪŋ/ *adj.*, **con'vincingly** *adv.* überzeugend

convivial /kən'vɪvɪəl/ *adj.* fröhlich

convoluted /'kɒnvəluːtɪd/ *adj.* (complex) kompliziert

convoy /'kɒnvɔɪ/ *n.* Konvoi, *der*; in ~ im Konvoi

convulse /kən'vʌls/ *v.t.* be ~d with sich krümmen vor (+ *Dat.*)

convulsions /kən'vʌlʃnz/ *n. pl.* Krämpfe *Pl.*

convulsive /kən'vʌlsɪv/ *adj.*, **con'vulsively** *adv.* konvulsivisch

coo /kuː/ *v.i.* gurren

cook /kʊk/ **A** *n.* Koch, *der*/Köchin, *die*
B *v.t.* kochen ‹*Mahlzeit*›; (fry, roast) braten; (boil) kochen
C *v.i.* kochen
■ ~ 'up *v.t.* erfinden ‹*Geschichte*›

'cookbook *n.* (AmE) Kochbuch, *das*

'cooker *n.* (BrE) Herd, *der*

cookery /'kʊkərɪ/ *n.* Kochen, *das*

'cookery book *n.* (BrE) Kochbuch, *das*

cookie /'kʊkɪ/ *n.* **1** (AmE) Keks, *der*
2 (Comp.) Cookie, *der*

'cooking *n.* Kochen, *das*

cooking: ~ **apple** *n.* Kochapfel, *der*; ~ **utensil** *n.* Küchengerät, *das*

◆ **cool** /kuːl/ **A** *adj.* **1** kühl; store in a ~ place kühl aufbewahren
2 (unemotional, unfriendly) kühl; (calm) ruhig
B *n.* Kühle, *die*
C *v.i.* abkühlen
D *v.t.* kühlen; (from high temperature) abkühlen
■ ~ 'down, ~ 'off *v.i.* & *t.* abkühlen

cool: ~ **box** *n.* Kühlbox, *die*; ~**-headed** *adj.* kühl; nüchtern

coolly /'kuːllɪ/ *adv.* (calmly) ruhig; (unemotionally) kühl

coop /kuːp/ **A** *n.* (for poultry) Hühnerstall, *der*
B *v.t.* ~ up einpferchen

cooperate /kəʊ'ɒpəreɪt/ *v.i.* mitarbeiten (in bei); (with each other) zusammenarbeiten (in bei)

cooperation /kəʊɒpə'reɪʃn/ *n.* Zusammenarbeit, *die*

cooperative /kəʊ'ɒpərətɪv/ **A** *adj.* kooperativ; (helpful) hilfsbereit
B *n.* Genossenschaft, *die*

coordinate /kəʊ'ɔːdɪneɪt/ *v.t.* koordinieren

coordination /kəʊɔːdɪ'neɪʃn/ *n.* Koordination, *die*

co-owner /kəʊ'əʊnə(r)/ *n.* Miteigentümer, *der*/-eigentümerin, *die*; (of business) Mitinhaber, *der*/-inhaberin, *die*

cop /kɒp/ *n.* (infml) (police officer) Bulle, *der* (salopp)

cope /kəʊp/ *v.i.* ~ with sb/sth mit jmdm./etw. fertig werden

Copenhagen /kəʊpn'heɪgn/ *pr. n.* Kopenhagen (*das*)

copier /'kɒpɪə(r)/ *n.* (machine) Kopiergerät, *das*

co-pilot /'kəʊpaɪlət/ *n.* Kopilot, *der*/Kopilotin, *die*

copious /'kəʊpɪəs/ *adj.* reichhaltig

'cop-out *n.* (infml) Drückebergerei, *die* (ugs. abwertend); that's a ~ das ist Drückebergerei (ugs. abwertend)

copper¹ /'kɒpə(r)/ *n.* Kupfer, *das*

copper² (BrE) (infml) ▶ **cop**

coppice /'kɒpɪs/, **copse** /kɒps/ *ns.* Wäldchen, *das*

'cop shop *n.* (BrE) (infml) Wache, *die*; Revier, *das*

copula /'kɒpjʊlə/ *n.* (Ling.) Kopula, *die*

copulate /'kɒpjʊleɪt/ *v.i.* kopulieren

◆ **copy** /'kɒpɪ/ **A** *n.* **1** (reproduction) Kopie, *die*
2 (specimen) Exemplar, *das*
B *v.t. & i.* kopieren; (transcribe) abschreiben

copy: ~**cat** *n.* (infml) you're such a ~cat! du musst immer alles nachmachen!; ~ **editor** *n.* Redakteur, *der*/Redakteurin, *die* (*der*/*die* nur nach schriftlichen Vorlagen arbeitet);

~ **protection** n. (Comp.) Kopierschutz, der;
~**right** n. Urheberrecht, das; ~**writer** n.
[Werbe]texter, der/-texterin, die

coral /'kɒrl/ n. Koralle, die

cord /kɔːd/ n. **1** Kordel, die; (strong string)
Schnur, die
2 (cloth) Cord, der
3 in pl. (trousers) [pair of] ~s Cordhose, die

cordial /'kɔːdɪəl/ **A** adj. herzlich
B n. (drink) Sirup, der

cordiality /kɔːdɪ'ælɪtɪ/ n. Herzlichkeit, die

'**cordially** adv. herzlich

cordless /'kɔːdlɪs/ adj. (without flex) ohne
Kabel nachgestellt

cordless '**phone** n. Schnurlostelefon, das

cordon /'kɔːdn/ **A** n. Kordon, der
B v.t. ~ [off] absperren

corduroy /'kɔːdərɔɪ, 'kɔːdjʊrɔɪ/ n. Cordsamt,
der

♂ **core** /kɔː(r)/ **A** n. (of fruit) Kerngehäuse, das
B v.t. entkernen

co-respondent /kəʊrɪ'spɒndənt/ n.
Mitbeklagte, der/die (im Scheidungsprozess)

cork /kɔːk/ **A** n. **1** (bark) Kork, der
2 (bottle stopper) Korken, der
B v.t. zukorken

cork: ~**screw** n. Korkenzieher, der; ~ '**tile**
n. Korkplatte, die

cormorant /'kɔːmərənt/ n. Kormoran, der

corn[1] /kɔːn/ n. Getreide, das

corn[2] n. (on foot) Hühnerauge, das

cornea /'kɔːnɪə/ n. (Anat.) Hornhaut, die;
Cornea, die (fachspr.)

corned beef /kɔːnd 'biːf/ n. Cornedbeef, das

♂ **corner** /'kɔːnə(r)/ **A** n. **1** Ecke, die; (curve)
Kurve, die; on the ~ an der Ecke/in der
Kurve
2 (of mouth, eye) Winkel, der
B v.t. (fig.) in die Enge treiben
C v.i. die Kurve nehmen

corner: ~ **kick** n. (Footb.) Eckball, der; ~
shop n. Tante-Emma-Laden, der (ugs.);
~**stone** n. (fig.) Eckpfeiler, der

cornet /'kɔːnɪt/ n. **1** (BrE) (for ice cream)
[Eis]tüte, die
2 (Mus.) Kornett, das

corn: ~**flakes** n. pl. Cornflakes Pl.; ~**flour**
(BrE) n. Maismehl, das; ~**flower** n.
Kornblume, die; ~**starch** (AmE) n. Maismehl,
das

'**corny** adj. (infml) (trite) abgedroschen

coronary /'kɒrənərɪ/ **A** adj. (Anat.) koronar
B n. (Med.) ▶ coronary thrombosis

coronary: ~ '**artery** n. Herzkranzarterie,
die; Koronararterie, die (fachspr.); ~
throm'bosis n. Koronarthrombose, die

coronation /kɒrə'neɪʃn/ n. Krönung, die

coroner /'kɒrənə(r)/ n. Coroner, der;
Beamter, der gewaltsame od. unnatürliche
Todesfälle untersucht

coronet /'kɒrənet/ n. Krone, die

corporal[1] /'kɔːpərl/ adj. körperlich

corporal[2] n. ≈ Hauptgefreite, der

♂ **corporate** /'kɔːpərət/ adj. körperschaftlich

corporation /kɔːpə'reɪʃn/ n. Stadtverwaltung,
die

corpo'ration tax n. Körperschaftssteuer,
die

corps /kɔː(r)/ n., pl. same /kɔːz/ Korps, das

corpse /kɔːps/ n. Leiche, die

corpulent /'kɔːpjʊlənt/ adj. korpulent

Corpus Christi /kɔːpəs 'krɪstɪ/ n. (Eccl.)
Fronleichnam (der)

corpuscle /'kɔːpəsl/ n. [blood] ~
Blutkörperchen, das

corral /kə'rɑːl/ (AmE) **A** n. Pferch, der
B v.t., -ll- einpferchen

♂ **correct** /kə'rekt/ **A** v.t. korrigieren
B adj. korrekt; that is ~ das stimmt

correction /kə'rekʃn/ n. Korrektur, die

cor'rectly adv. korrekt

correspond /kɒrɪ'spɒnd/ v.i. **1** ~ [to each
other] einander entsprechen; ~ to sth einer
Sache (Dat.) entsprechen
2 (communicate) ~ with sb mit jmdm.
korrespondieren

correspondence /kɒrɪ'spɒndəns/ n.
1 Übereinstimmung, die (with, to mit)
2 (communication) Briefwechsel, der

corre'spondence course n. Fernkurs, der

correspondent /kɒrɪ'spɒndənt/ n. (reporter)
Korrespondent, der/Korrespondentin, die

corre'sponding adj. entsprechend (to Dat.)

corre'spondingly adv. entsprechend

corridor /'kɒrɪdɔː(r)/ n. **1** Flur, der
2 (Railw.) [Seiten]gang, der

corroborate /kə'rɒbəreɪt/ v.t. bestätigen

corroboration /kərɒbə'reɪʃn/ n. Bestätigung,
die

corrode /kə'rəʊd/ **A** v.t. zerfressen
B v.i. zerfressen werden

corrosion /kə'rəʊʒn/ n. Korrosion, die

corrugated /'kɒrəgeɪtɪd/: ~ '**cardboard** n.
Wellpappe, die; ~ '**iron** n. Wellblech, das

corrupt /kə'rʌpt/ **A** adj. (depraved) verdorben
(geh.); (influenced by bribery) korrupt
B v.t. (deprave) korrumpieren; (bribe)
bestechen

corruption /kə'rʌpʃn/ n. (moral deterioration)
Verdorbenheit, die (geh.); (corrupt practices)
Korruption, die

corset /'kɔːsɪt/ n. Korsett, das

Corsica /'kɔːsɪkə/ pr. n. Korsika (das)

cortège /kɔː'teɪʒ/ n. Trauerzug, der

cortisone /'kɔːtɪzəʊn/ n. Kortison, das;
Cortison, das (fachspr.)

cosh /kɒʃ/ (BrE) (infml) **A** n. Totschläger, der
B v.t. niederknüppeln

cosmetic /kɒz'metɪk/ **A** adj. kosmetisch
B n. Kosmetikum, das

♂ Schlüsselwort

cosmic /'kɒzmɪk/ adj. kosmisch

cosmonaut /'kɒzmənɔːt/ n. Kosmonaut, der/ Kosmonautin, die

cosmopolitan /kɒzmə'pɒlɪtən/ adj. kosmopolitisch

cosmos /'kɒzmɒs/ n. Kosmos, der

cosset /'kɒsɪt/ v.t. [ver]hätscheln

cost /kɒst/ **A** n. **1** Kosten Pl.
  2 (fig.) Preis, der; at all ∼s, at any ∼ um jeden Preis
  B v.t. **1** p.t., p.p. ∼ (lit. or fig.) kosten; how much does it ∼? was kostet es?
  2 p.t., p.p. ∼ed (Commerc.) (fix price of) ∼ sth den Preis für etw. kalkulieren

co-star /'kəʊstɑː(r)/ (Cinemat., Theatre) **A** n.
  be a/the ∼ eine der Hauptrollen/die zweite Hauptrolle spielen
  B v.i., -rr- eine der Hauptrollen spielen
  C v.t., -rr-; the film ∼red Robert Redford der Film zeigte Robert Redford in einer der Hauptrollen

cost: ∼ **cutting** n. Kostensenkung, die; ∼-**cutting** adj. Spar-; ∼-**effective** adj. rentabel

'costly adj. teuer

cost: ∼ **of 'living** n. Lebenshaltungskosten Pl.; ∼-**of-'living index** n. Lebenshaltungsindex, der; ∼ **price** n. Selbstkostenpreis, der

costume /'kɒstjuːm/ n. Kleidermode, die; (theatrical ∼) Kostüm, das

costume 'jewellery n. Modeschmuck, der

cosy /'kəʊzɪ/ adj. gemütlich

cot /kɒt/ n. Kinderbett, das

'cot death n. (BrE) plötzlicher Kindstod; Cot-death, der (Med.)

cottage /'kɒtɪdʒ/ n. Cottage, das

cottage: ∼ **'cheese** n. Hüttenkäse, der; ∼ **'hospital** n.: kleines [Land]krankenhaus ohne ständige ärztliche Betreuung; ∼ **industry** n. Heimarbeit, die; ∼ **'pie** n.: mit Kartoffelbrei überbackenes Hackfleisch

cotton /'kɒtən/ **A** n. Baumwolle, die; (thread) Baumwollgarn, das
  B attrib. adj. Baumwoll-
  C v.i. ∼ 'on (infml) kapieren (ugs.)

cotton: ∼ **reel** n. [Näh]garnrolle, die; ∼ **'wool** n. Watte, die

couch /kaʊtʃ/ n. Couch, die

couchette /kuː'ʃet/ n. (Railw.) Liegewagenplatz, der

couch po'tato n. (infml) Couchpotato[e], der

cough /kɒf/ **A** n. Husten, der
  B v.i. husten

cough: ∼ **medicine** n. Hustenmittel, das; ∼ **mixture** n. Hustensaft, der

could ▸ can[2]

couldn't /'kʊdnt/ (infml) = could not ▸ can[2]

council /'kaʊnsl/ n. Rat, der; local ∼ Gemeinderat, der; city/town ∼ Stadtrat, der; C∼ of Ministers Ministerrat, der

council: ∼ **estate** n. Wohnviertel mit Sozialwohnungen; ∼ **flat** n. Sozialwohnung, die; ∼ **house** n. Haus des sozialen Wohnungsbaus; ∼ **housing** n. sozialer Wohnungsbau

councillor /'kaʊnsələ(r)/ n. Ratsmitglied, das

'council tax n. (BrE) Gemeindesteuer, die

counsel /'kaʊnsl/ **A** n. **1** Rat[schlag], der
  2 pl. same (Law) Rechtsanwalt, der/-anwältin, die
  B v.t., (BrE) -ll- beraten

counselling (AmE: **counseling**) /'kaʊnsəlɪŋ/ n. Beratung, die; marriage ∼ Eheberatung, die

counsellor (AmE: **counselor**) /'kaʊnsələ(r)/ n. Berater, der/Beraterin, die

count[1] /kaʊnt/ **A** n. Zählen, das; keep ∼ [of sth] [etw.] zählen; lose ∼ sich verzählen
  B v.t. **1** zählen
  2 (include) mitzählen; not ∼ing abgesehen von
  3 (consider) halten für; ∼ oneself lucky sich glücklich schätzen können
  C v.i. **1** zählen; ∼ [up] to ten bis zehn zählen
  2 (be included) zählen
  ■ '∼ on v.t. ∼ on sb/sth sich auf jmdn./etw. verlassen
  ■ ∼ 'up v.t. zusammenzählen

count[2] n. (nobleman) Graf, der

'countdown n. Count down, der od. das

countenance /'kaʊntɪnəns/ **A** n. (literary) (face) Antlitz, das
  B v.t. (formal) (approve) gutheißen

counter[1] /'kaʊntə(r)/ n. **1** (in shop) Ladentisch, der; (in cafeteria) Büfett, das; (in bank) Schalter, der
  2 (for games) Spielmarke, die

counter[2] **A** adj. Gegen-
  B v.t. **1** (oppose) begegnen (+ Dat.)
  2 (act against) kontern
  C adv. go ∼ to zuwiderlaufen (+ Dat.)

counter: ∼**act** v.t. entgegenwirken (+ Dat.); ∼-**attack** n. Gegenangriff, der; ∼**balance** v.t. (fig.) ausgleichen; ∼-**'espionage** n. Spionageabwehr, die

counterfeit /'kaʊntəfɪt/ **A** adj. gefälscht
  B v.t. fälschen

'counterfeiter n. Fälscher, der/Fälscherin, die

counterfeit 'money n. Falschgeld, das

counterfoil /'kaʊntəfɔɪl/ n. Kontrollabschnitt, der

counter: ∼**part** n. Gegenstück, das (of zu); ∼**pro'ductive** adj. sth is ∼productive etw. bewirkt das Gegenteil des Gewünschten; ∼**sign** v.t. gegenzeichnen; ∼**weight** n. Gegengewicht, das

countess /'kaʊntɪs/ n. Gräfin, die

'countless adj. zahllos

countrified /'kʌntrɪfaɪd/ adj. ländlich

country /'kʌntrɪ/ n. **1** Land, das; sb's [home] ∼ jmds. Heimat
  2 (∼side) Landschaft, die; in the ∼ auf dem Land; ∼ road/air Landstraße, die/Landluft, die

country 'dancing n. Kontertanz, der

countryfied ▸ countrified
country: ~**man** /'kʌntrɪmən/ *n., pl.* ~**men**
/'kʌntrɪmən/ Landsmann, *der;* ~**side** *n.*
1 (rural areas) Land, *das* **2** (rural scenery)
Landschaft, *die*

◆ **county** /'kaʊntɪ/ *n.* (BrE) Grafschaft, *die*
coup /kuː/ *n.* **1** Coup, *der*
2 ▸ coup d'état
coup d'état /kuː deɪ'taː/ *n.* Staatsstreich, *der*
coupé /'kuːpeɪ/ *n.* Coupé, *das*

◆ **couple** /kʌpl/ **A** **1** *n.* (pair) Paar, *das;* (married)
[Ehe]paar, *das*
2 a ~ **[of]** (a few) ein paar; (two) zwei
B *v.t.* koppeln
coupon /'kuːpɒn/ *n.* **1** (for rations) Marke, *die*
2 (in advertisement) Coupon, *der*
courage /'kʌrɪdʒ/ *n.* Mut, *der*
courageous /kə'reɪdʒəs/ *adj.,*
cou'rageously *adv.* mutig
courgette /kʊə'ʒet/ *n.* (BrE) Zucchino, *der*
courier /'kʊrɪə(r)/ *n.* **1** (Tourism) Reiseleiter,
der/-leiterin, *die*
2 (messenger) Kurier, *der*
'courier company *n.* Kurierdienst, *der*

◆ **course** /kɔːs/ *n.* **1** (of ship, plane) Kurs, *der;* ~
[of action] Vorgehensweise, *die*
2 of ~ natürlich
3 in due ~ zu gegebener Zeit; **in the** ~ **of
the day/his life** im Lauf[e] des Tages/seines
Lebens
4 (of meal) Gang, *der*
5 (Sport) Kurs, *der;* **[golf]**~ [Golf]platz, *der*
6 (Educ.) Kurs[us], *der;* **go to** *or* **attend/do a**
~ **in sth** einen Kurs in etw. (*Dat.*) besuchen/
machen
7 (Med.) **a** ~ **of treatment** eine Kur

◆ **court** /kɔːt/ **A** *n.* **1** Hof, *der*
2 (Tennis, Squash) Platz, *der*
3 (Law) Gericht, *das*
B *v.t.* ~ **sb** jmdn. umwerben
courteous /'kɜːtɪəs/ *adj.* höflich
courtesy /'kɜːtəsɪ/ *n.* Höflichkeit, *die*
'courtesy light *n.* (Motor Veh.)
Innenbeleuchtung, *die*
court: ~ **house** *n.* (Law) Gerichtsgebäude,
das; ~ **'martial** *n., pl.* ~**s martial** (Mil.)
Kriegsgericht, *das;* ~**room** *n.* (Law)
Gerichtssaal, *der*
courtship /'kɔːtʃɪp/ *n.* Werben, *das*
court: ~ **shoe** *n.* Pumps, *der;* ~**yard** *n.*
Hof, *der*
cousin /'kʌzn/ *n.* **[first]** ~ Cousin, *der/*
Cousine, *die*
couturier /kuː'tjʊərɪeɪ/ *n.* Couturier, *der;*
Modeschöpfer, *der*
cove /kəʊv/ *n.* (Geog.) [kleine] Bucht
covenant /'kʌvənənt/ *n.* formelle
Übereinkunft

◆ **cover** /'kʌvə(r)/ **A** *n.* **1** (piece of cloth) Decke,
die; (of cushion, bed) Bezug, *der;* (lid) Deckel,

◆ Schlüsselwort

der; (of hole, engine, typewriter, etc.) Abdeckung,
die
2 (of book) Einband, *der;* (of magazine)
Umschlag, *der*
3 [send sth] under separate ~ [etw.] mit
getrennter Post [schicken]
4 take ~ **[from sth]** Schutz [vor etw. (*Dat.*)]
suchen; **under** ~ (from rain) überdacht
B *v.t.* **1** bedecken; beziehen ‹*Sessel, Kissen*›;
zudecken ‹*Pfanne*›; **the roses are** ~**ed with
greenfly** die Rosen sind voller Blattläuse
2 (include) abdecken
3 (Journ.) berichten über (+ *Akk.*)
4 decken ‹*Kosten*›
■ ~ **'up A** *v.t.* zudecken; (fig.) vertuschen
B *v.i.* ~ **up for sb** jmdn. decken

◆ **coverage** /'kʌvərɪdʒ/ *n.* (Journ.)
Berichterstattung, *die*
'cover charge *n.* [Preis für das] Gedeck
'covering *n.* Decke, *die;* (of chair, bed) Bezug,
der
'covering letter *n.* Begleitbrief, *der*
'cover story *n.* (Journ.) Titelgeschichte, *die*
covert /'kʌvət/ *adj.* versteckt
cover: ~**-up** *n.* Verschleierung, *die;* ~
version *n.* Coverversion, *die*
covet /'kʌvɪt/ *v.t.* begehren (geh.)
covetous /'kʌvɪtəs/ *adj.* begehrlich (geh.)
cow /kaʊ/ *n.* Kuh, *die*
coward /'kaʊəd/ *n.* Feigling, *der*
cowardice /'kaʊədɪs/ *n.* Feigheit, *die*
'cowardly *adj.* feig[e]
'cowboy *n.* Cowboy, *der*
cower /'kaʊə(r)/ *v.i.* sich ducken
cowherd *n.* Kuhhirte, *der*
'co-worker *n.* Kollege, *der/*Kollegin, *die*
cow: ~ **parsley** *n.* (Bot.) Wiesenkerbel, *der;*
~**pat** *n.* Kuhfladen, *der;* ~**shed** *n.* Kuhstall,
der; ~**slip** *n.* Schlüsselblume, *die*
coy /kɔɪ/ *adj.* gespielt schüchtern
cozy (AmE) ▸ cosy
CPU *abbr.* (Comp.) = **central processing
unit** ZE
crab /kræb/ *n.* Krabbe, *die*
'crab apple *n.* Holzapfel, *der*
crack /kræk/ **A** *n.* **1** (noise) Krachen, *das*
2 (in china etc.) Sprung, *der;* (in rock) Spalte,
die; (chink) Spalt, *der*
3 (infml) (try) **have a** ~ **at sth/doing sth**
versuchen, etw. zu tun
4 (sl.) (drug) ~ **[cocaine]** Crack, *das*
B *attrib. adj.* (infml) erstklassig
C *v.t.* **1** knacken ‹*Nuss, Problem, Kode*›
2 (make a ~ in) anschlagen ‹*Porzellan usw.*›
3 ~ **a joke** einen Witz machen
4 ~ **a whip** mit einer Peitsche knallen
D *v.i.* ‹*Porzellan usw.*:› einen Sprung/
Sprünge bekommen
■ ~ **'down** *v.i.* (infml) ~ **down [on sb/sth]**
[gegen jmdn./etw.] [hart] vorgehen
■ ~ **'up** *v.i.* (infml) ‹*Person:*› zusammenbrechen

'crackdown n. (infml) **there will be a ~ man** wird hart durchgreifen; **have/order a ~ on sb/sth** drastische Maßnahmen gegen jmdn./ etw. ergreifen/anordnen

cracked /krækt/ adj. gesprungen ‹*Porzellan usw.*›; rissig ‹*Verputz*›

cracker /'krækə(r)/ n. **1 [Christmas]** ~ ≈ Knallbonbon, der od. das **2** (biscuit) Cracker, der

'crackers pred. adj. (BrE) (infml) übergeschnappt (ugs.)

crackle /'krækl/ **A** v.i. knistern; ‹*Feuer:*› prasseln **B** n. Knistern, das

cradle /'kreɪdl/ **A** n. Wiege, die **B** v.t. wiegen

cradle: ~**-snatch** v.i. (infml) **Your boyfriend/ girlfriend is much younger than you. You're ~-snatching** Dein Freund/deine Freundin ist viel jünger als du. Du vergreifst dich ja an kleinen Kindern (ugs. scherzh.); ~**-snatcher** n. (fig. infml) jmd., der mit einer sehr viel jüngeren Person eine Liebesbeziehung eingeht

craft /krɑːft/ n. **1** (trade) Handwerk, das; (art) Kunsthandwerk, das **2** pl. same (boat) Boot, das

craftily /'krɑːftɪlɪ/ adv. listig

craftsman /'krɑːftsmən/ n., pl. **craftsmen** /'krɑːftsmən/ Handwerker, der

craftsmanship /'krɑːftsmənʃɪp/ n. (skilled workmanship) handwerkliches Können

crafty /'krɑːftɪ/ adj. listig

crag /kræɡ/ n. Felsspitze, die

'craggy adj. **1** felsig **2** zerfurcht ‹*Gesicht*›

cram /kræm/ **A** v.t., **-mm-** (overfill) voll stopfen (ugs.); (force) stopfen **B** v.i., **-mm-** (for exam) büffeln (ugs.)

cramp /kræmp/ **A** n. (Med.) Krampf, der **B** v.t. einengen

cramped /kræmpt/ adj. eng ‹*Raum*›; gedrängt ‹*Handschrift*›

cranberry /'krænbərɪ/ n. Preiselbeere, die

crane /kreɪn/ **A** n. Kran, der **B** v.t. ~ **one's neck** den Hals recken

crane: ~ **driver** n. Kranführer, der/-führerin, die; ~ **fly** n. Schnake, die

crank¹ /kræŋk/ n. (Mech. Engin.) [Hand]kurbel, die

crank² n. Irre, der/die (salopp)

crank: ~ **arm** n. (of bicycle) Tretkurbel, die; ~**shaft** n. (Mech. Engin.) Kurbelwelle, die

'cranky adj. (eccentric) schrullig

cranny /'krænɪ/ n. Ritze, die

crap /kræp/ n. (coarse) **1** (faeces) Scheiße, die (derb); **have a** ~ scheißen (derb) **2** (nonsense) Scheiß, der (salopp)

⚬ᶠ **crash** /kræʃ/ **A** n. **1** (noise) Krachen, das **2** (collision) Zusammenstoß, der; **have a** ~ einen Unfall haben **B** v.i. **1** (make a noise, go noisily) krachen **2** (have a collision) einen Unfall haben;

‹*Flugzeug, Flieger:*› abstürzen; ~ **into sth** gegen etw. krachen **3** (Finance etc., Computing) zusammenbrechen **C** v.t. **1** (smash) schmettern **2** (cause to have collision) einen Unfall haben mit

crash: ~ **barrier** n. Leitplanke, die; ~ **course** n. Intensivkurs, der; ~ **diet** n. radikale Diät; ≈ Nulldiät, die; ~ **helmet** n. Sturzhelm, der; ~**-land** **A** v.t. ~**-land a plane** mit einem Flugzeug bruchlanden **B** v.i. bruchlanden; ~**-landing** n. Bruchlandung, die

crass /kræs/ adj. haarsträubend ‹*Dummheit, Unwissenheit*›; (grossly stupid) strohdumm

crate /kreɪt/ n. Kiste, die

crater /'kreɪtə(r)/ n. Krater, der

cravat /krə'væt/ n. Krawatte, die

crave /kreɪv/ v.t. **1** (beg) erbitten **2** (long for) sich sehnen nach

'craving n. Verlangen, das (for nach)

crawl /krɔːl/ **A** v.i. **1** kriechen; ‹*Baby, Insekt:*› krabbeln **2** (infml) ~ **to sb** vor jmdm. kriechen **B** n. **1 go at a** ~ im Schneckentempo fahren **2** (swimming stroke) Kraulen, das

'crawler lane n. Kriechspur, die

crayfish /'kreɪfɪʃ/ n., pl. same Flusskrebs, der

crayon /'kreɪən/ n. **[coloured]** ~ Buntstift, der; (wax) Wachsmalstift, der

craze /kreɪz/ n. Begeisterung, die

crazy /'kreɪzɪ/ adj. verrückt; **be** ~ **about sb/sth** (infml) nach jmdm./etw. verrückt sein (ugs.)

creak /kriːk/ **A** n. Knarren, das **B** v.i. knarren

cream /kriːm/ **A** n. **1** Sahne, die **2** (dessert, cosmetic) Creme, die **B** adj. ~**[-coloured]** creme[farben]

cream: ~ **cake** n. Cremetorte, die; (small) Cremetörtchen, das; (with whipped ~) Sahnetorte, die, Sahnetörtchen, das; ~ **'cheese** n. ≈ Frischkäse, der; ~ **'cracker** n. ≈ Cracker, der; ~ **'tea** n. Tee mit Marmeladetörtchen und Sahne

'creamy adj. (with cream) sahnig; (like cream) cremig

crease /kriːs/ **A** n. (pressed) Bügelfalte, die; (accidental) Falte, die **B** v.t. (press) eine Falte bügeln in (+ Akk.); (accidentally) zerknittern **C** v.i. Falten bekommen; knittern

'crease-resistant adj. knitterfrei

⚬ᶠ **create** /kriː'eɪt/ v.t. schaffen; verursachen ‹*Verwirrung*›; machen ‹*Eindruck*›

⚬ᶠ **creation** /kriː'eɪʃn/ n. Schaffung, die; (of the world) Schöpfung, die (geh.)

⚬ᶠ **creative** /kriː'eɪtɪv/ adj. kreativ

creator /kriː'eɪtə(r)/ n. Schöpfer, der/ Schöpferin, die

creature /'kriːtʃə(r)/ n. Geschöpf, das

crèche /kreʃ/ n. [Kinder]krippe, die

credentials /krɪ'denʃlz/ n. pl. Zeugnis, das

credibility /kredɪˈbɪlɪtɪ/ n. Glaubwürdigkeit, die

credible /ˈkredɪbl/ adj. glaubwürdig

◆ **credit** /ˈkredɪt/ **A** n. **1** (honour) Ehre, die; take the ~ for sth die Anerkennung für etw. einstecken
2 (Commerc.) Kredit, der
3 ~s, ~ titles (at beginning of film) Vorspann, der; (at end) Nachspann, der
B v.t. **1** glauben
2 (Finance) gutschreiben

creditable /ˈkredɪtəbl/ adj. anerkennenswert

creditably /ˈkredɪtəblɪ/ adv. achtbar

credit: ~ **account** n. Kreditkonto, das; ~ **card** n. Kreditkarte, die; ~ **crunch** n. Kreditklemme, die; ~ **facilities** n. pl. [Kredit]fazilität, die (fachspr.); ~ **limit** n. Kreditlinie, die

creditor /ˈkredɪtə(r)/ n. Gläubiger, der/ Gläubigerin, die

credit: ~ **rating** n. [Einschätzung der] Kreditwürdigkeit; have a good/bad ~ rating als kreditwürdig/kreditunwürdig eingeschätzt werden; ~**worthy** adj. kreditwürdig

creed /kriːd/ n. Glaubensbekenntnis, das

creek /kriːk/ n. **1** (BrE) (of coast) [kleine] Bucht **2** (of river) [kurzer] Flussarm

creep /kriːp/ **A** v.i., **crept** [krept] kriechen; (move timidly, slowly, stealthily) schleichen
B n. **1** (infml) (person) Fiesling, der (salopp)
2 (infml) give sb the ~s jmdn. nicht [ganz] geheuer sein

ˈcreeper n. Kletterpflanze, die

ˈcreepy adj. unheimlich

cremate /krɪˈmeɪt/ v.t. einäschern

cremation /krɪˈmeɪʃn/ n. Einäscherung, die

crematorium /kremaˈtɔːrɪəm/ n. Krematorium, das

creosote /ˈkriːəsəʊt/ n. Kreosot, das

crept ▸ creep A

crescendo /krɪˈʃendəʊ/ n., pl. ~s (Mus.) Crescendo, das; (fig.) Zunahme, die

crescent /ˈkresənt/ n. Mondsichel, die

cress /kres/ n. Kresse, die

crest /krest/ n. Kamm, der

ˈcrestfallen adj. niedergeschlagen

Crete /kriːt/ pr. n. Kreta (das)

cretin /ˈkretɪn/ n. (infml) Trottel, der

Creutzfeldt-Jakob disease /ˈkrɔɪtsfeltˈjækɒb/ n. Creutzfeldt-Jakob-Krankheit, die

crevasse /krɪˈvæs/ n. Gletscherspalte, die

crevice /ˈkrevɪs/ n. Spalt, der

◆ **crew** /kruː/ n. Besatzung, die

crew: ~**cut** n. Bürstenschnitt, der; ~ **neck** n. enger, runder Halsausschnitt; a ~-neck pullover ein Pullover mit engem, rundem Halsausschnitt

◆ Schlüsselwort

crib /krɪb/ **A** n. Krippe, die
B v.t., -**bb**- (infml) abkupfern (salopp)

crick /krɪk/ n. a ~ [in one's neck/back] ein steifer Hals/Rücken

cricket¹ /ˈkrɪkɪt/ n. Kricket, das

cricket² n. (Zool.) Grille, die

cricket: ~ **ball** n. Kricketball, der; ~ **bat** Schlagholz, das

ˈcricketer n. Kricketspieler, der/-spielerin, die

ˈcricket match n. Kricketspiel, das

cried ▸ cry B

◆ **crime** /kraɪm/ n. **1** Verbrechen, das
2 collect. a wave of ~ eine Welle von Straftaten; ~ doesn't pay Verbrechen lohnen sich nicht

crime: ~ **prevention** n. Verbrechensverhütung, die; C~ Prevention Officer Polizeibeamter, dessen/-beamtin, deren Aufgabe aktive, vorbeugende Verbrechensbekämpfung ist; ~ **rate** n. Kriminalitätsrate, die; ~ **wave** n. Welle von Straftaten; ~ **writer** n. Kriminalschriftsteller, der/-schriftstellerin, die

◆ **criminal** /ˈkrɪmɪnl/ **A** adj. kriminell; strafbar
B n. Kriminelle, der/die

criminal: ~ **ˈact** n. Straftat, die; ~ **ˈcharge** n. Anklage, die; face ~ charges [for sth] sich [wegen etw.] vor Gericht zu verantworten haben; there are ~ charges against him er steht unter Anklage; ~ **ˈcourt** n. Strafgericht, das; ~ **ˈdeed** n. Straftat, die; ~ **ˈlaw** n. Strafrecht, das; ~ **ˈlawyer** n. Anwalt/Anwältin für Strafsachen; ~ **ofˈfence** n. Straftat, die; ~ **ˈrecord** n. Strafregister, das; have a ~ record vorbestraft sein

crimson /ˈkrɪmzn/ **A** adj. purpurrot
B n. Purpurrot, das

cringe /krɪndʒ/ v.i. zusammenzucken

crinkle /ˈkrɪŋkl/ **A** n. Knitterfalte, die
B v.t. zerknittern
C v.i. knittern

cripple /ˈkrɪpl/ **A** n. (dated, offensive) Krüppel, der
B v.t. zum Krüppel machen; (fig.) lähmen

crippled /ˈkrɪpld/ adj. verkrüppelt

crippling /ˈkrɪplɪŋ/ adj. zur Verkrüppelung führend <Krankheit, Verletzung>; (fig.) erdrückend <Preise, Inflationsrate, Steuern, Mieten>; lähmend <Streik, Schmerzen>

◆ **crisis** /ˈkraɪsɪs/ n., pl. **crises** /ˈkraɪsiːz/ Krise, die

crisis: ~ **area** n. Krisengebiet, das; ~ **ˈmanagement** n. Krisenmanagement, das

crisp /krɪsp/ **A** adj. knusprig
B n. **1** usu. in pl. (BrE) (potato ~) [Kartoffel]chip, der
2 be burned to a ~ verbrannt sein

ˈcrispbread n. Knäckebrot, das

ˈcrispy adj. knusprig

criss-cross /ˈkrɪskrɒs/ **A** adj. ~ pattern Muster aus gekreuzten Linien

B *adv.* kreuz und quer
C *v.t.* wiederholt schneiden
criterion /kraɪˈtɪəriən/ *n.*, *pl.* **criteria** /kraɪˈtɪəriə/ Kriterium, *das*

ⸯ **critic** /ˈkrɪtɪk/ *n.* Kritiker, *der*/Kritikerin, *die*
ⸯ **critical** /ˈkrɪtɪkl/ *adj.* kritisch; **be** ~ **of sb/sth** jmdn./etw. kritisieren
critically /ˈkrɪtɪkəli/ *adv.* kritisch; ~ **ill** ernstlich krank
critical ˈmass *n.* (Phys.) kritische Masse
ⸯ **criticism** /ˈkrɪtɪsɪzm/ *n.* Kritik, *die* (**of** an + Dat.)
ⸯ **criticize** /ˈkrɪtɪsaɪz/ *v.t.* kritisieren (**for** wegen)
critique /krɪˈtiːk/ *n.* Kritik, *die*
croak /krəʊk/ **A** *n.* (of frog) Quaken, *das*; (of person) Krächzen, *das*
    B *v.i.* <*Frosch:*> quaken; <*Person:*> krächzen
    C *v.t.* krächzen
Croat /ˈkrəʊæt/ *n.* **1** (person) Kroate, *der*/ Kroatin, *die*
    2 (language) Kroatisch, *das*
Croatia /krəʊˈeɪʃə/ *pr. n.* Kroatien *(das)*
Croatian /krəʊˈeɪʃən/ **A** *adj.* kroatisch; **sb is** ~ jmd. ist Kroate/Kroatin
    B *n.* ▸ Croat
crochet /ˈkrəʊʃeɪ/ **A** *n.* Häkelarbeit, *die*
    B *v.t.* häkeln
ˈcrochet hook *n.* Häkelhaken, *der*
crock /krɒk/ *n.* (infml) **[old]** ~ (person) altes Wrack, *das* (fig.); (vehicle) [alte] Klapperkiste (ugs.)
crockery /ˈkrɒkəri/ *n.* Geschirr, *das*
crocodile /ˈkrɒkədaɪl/ *n.* Krokodil, *das*
crocus /ˈkrəʊkəs/ *n.* Krokus, *der*
croft /krɒft/ *n.* **1** [kleines] Stück Acker-/ Weideland
    2 (smallholding) [kleines] Pachtgut
ˈcrofter *n.* (BrE) Pächter, *der*/Pächterin, *die*
croissant /ˈkrwɑːsɑ̃/ *n.* Hörnchen, *das*
crony /ˈkrəʊni/ *n.* Kumpel, *der* (ugs.)
crook /krʊk/ *n.* **1** (infml) (rogue) Gauner, *der*
    2 (shepherd's) Hirtenstab, *der*
crooked /ˈkrʊkɪd/ *adj.* krumm; (fig.) (dishonest) betrügerisch
crop /krɒp/ **A** *n.* [Feld]frucht, *die*; (season's yield) Ernte, *die*
    B *v.t.* stutzen <*Haare usw.*>
    ■ ~ **ˈup** *v.i.* auftauchen
ˈcrop dusting *n.* Schädlingsbekämpfung aus der Luft
ˈcropper *n.* (infml) **come a** ~ einen Sturz bauen (ugs.)
crop: ~**-spraying** *n.* Schädlingsbekämpfung (*mit Sprühmitteln*); ~ **top** *n.* bauch- od. nabelfreies Top
croquet /ˈkrəʊkeɪ/ *n.* Krocket[spiel], *das*
croquette /krəˈket/ *n.* Krokette, *die*
ⸯ **cross** /krɒs/ **A** *n.* **1** Kreuz, *das*
    2 (mixture) Mischung, *die* (**between** aus)
    B *v.t.* **1** [über]kreuzen; ~ **one's arms/legs** die Arme verschränken/die Beine übereinander

schlagen; **keep one's fingers** ~**ed [for sb]** (fig.) [jmdm.] die od. den Daumen drücken
    2 (go across) kreuzen; überqueren <*Straße, Gebirge*>; durchqueren <*Land, Zimmer*>; ~ **sb's mind** (fig.) jmdm. einfallen; '~ **now**' „Gehen"
    3 (BrE) **a** ~**ed cheque** ein Verrechnungsscheck
    4 ~ **oneself** sich bekreuzigen
    C *v.i.* aneinander vorbeigehen; ~ **[in the post]** <*Briefe:*> sich kreuzen
    D *adj.* verärgert; **sb will be** ~ jmd. wird ärgerlich od. böse werden; **be** ~ **with sb** böse auf jmdn. sein
    ■ ~ **ˈout** *v.t.* ausstreichen
    ■ ~ **ˈover** *v.t.* überqueren; abs. hinübergehen
cross: ~**bar** *n.* **1** [Fahrrad]stange, *die*
    2 (Sport) Querlatte, *die*; ~**bones** *n. pl.* gekreuzte Knochen Pl. (unter Totenkopf); ~**bow** *n.* Armbrust, *die*; ~**-breed** **A** *n.* Hybride, *die*; (animal) Bastard, *der* **B** *v.t.* kreuzen; ~**-Channel** *adj.* ~**-Channel traffic/ferry** Verkehr/Fähre über den Kanal; ~**-check** **A** *n.* Gegenprobe, *die* **B** *v.t.* [nochmals] nachprüfen; nachkontrollieren; ~**-country** **A** *adj.* Querfeldein- **B** *adv.* querfeldein; ~**-cultural** *adj.* interkulturell; ~**-dressing** *n.* Crossdressing, *das*; ~**-examination** *n.* Kreuzverhör, *das*; ~**-examine** *v.t.* ins Kreuzverhör nehmen; ~**-eyed** /ˈkrɒsaɪd/ *adj.* [nach innen] schielend; **be** ~**-eyed** schielen; ~**-ˈfertilize** *v.t.* fremdbestäuben; kreuzbefruchten; (fig.) sich gegenseitig befruchten; ~**fire** *n.* Kreuzfeuer, *das*; **get caught in the** ~**fire** (fig.) ins Kreuzfeuer geraten
ˈcrossing *n.* **1** (act) Überquerung, *die*
    2 (pedestrian ~) Überweg, *der*
cross-legged /ˈkrɒslegd/ *adv.* mit gekreuzten Beinen; (with feet across thighs) im Schneidersitz
ˈcrossly *adv.* verärgert
cross: ~ **ˈpurposes** *n. pl.* **talk at** ~ **purposes** aneinander vorbeireden; ~**-ˈquestion** *v.t.* ins Kreuzverhör nehmen; ~**-refer** *v.i.* einen Querverweis machen (**to** auf + Akk.); ~**-reference** *n.* Querverweis, *der*; ~**roads** *n. sing.* Kreuzung, *die*; (fig.) Wendepunkt, *der*; ~ **section** *n.* Querschnitt, *der*; ~**word**, ~**word puzzle** *ns.* Kreuzworträtsel, *das*
crotch /krɒtʃ/ *n.* (of trousers, body) Schritt, *der*
crotchet /ˈkrɒtʃɪt/ *n.* (BrE) (Mus.) Viertelnote, *die*
crouch /kraʊtʃ/ *v.i.* [sich zusammen]kauern
croupier /ˈkruːpɪə(r), ˈkruːpɪeɪ/ *n.* Croupier, *der*
crow /krəʊ/ *n.* Krähe, *die*; **as the** ~ **flies** Luftlinie
ˈcrowbar *n.* Brechstange, *die*
ⸯ **crowd** /kraʊd/ **A** *n.* [Menschen]menge, *die*
    B *v.t.* füllen
    C *v.i.* sich sammeln

C

'crowded adj. überfüllt

'crowd-puller n. (infml) Publikumsmagnet, der

crown /kraʊn/ ▲ n. Krone, die
  B v.t. 1 krönen
  2 überkronen <Zahn>

crown 'jewels n. pl. Kronjuwelen Pl.

'crow's foot n., usu. in pl. Krähenfuß, der

✧ **crucial** /'kru:ʃl/ adj. entscheidend (to für)

crucially /'kru:ʃlɪ/ adv. entscheidend; **be ~ important** von entscheidender Wichtigkeit sein

crucifix /'kru:sɪfɪks/ n. Kruzifix, das

crucifixion /kru:sɪ'fɪkʃn/ n. Kreuzigung, die

crucify /'kru:sɪfaɪ/ v.t. kreuzigen

crude /kru:d/ adj. 1 roh
  2 (fig.) grob <Entwurf, Worte>

crude 'oil n. Rohöl, das

cruel /'kru:əl/ adj. grausam

cruelty /'kru:əltɪ/ n. Grausamkeit, die

cruet /'kru:ɪt/ n. 1 Essig-/Ölfläschchen, das
  2 ▶ cruet stand

'cruet stand n. Menage, die

cruise /kru:z/ ▲ v.i. (at random) <Fahrzeug, Fahrer:> herumfahren
  B n. Kreuzfahrt, die

'cruise missile n. Marschflugkörper, der

'cruiser n. Kreuzer, der

crumb /krʌm/ n. Krümel, der

crumble /'krʌmbl/ ▲ v.t. zerkrümeln <Keks, Kuchen>
  B v.i. <Mauer:> zusammenfallen

crumbly /'krʌmblɪ/ adj. krümelig <Keks, Kuchen>; bröckelig <Gestein>

crumpet /'krʌmpɪt/ n.: weiches Hefeküchlein zum Toasten

crumple /'krʌmpl/ ▲ v.t. 1 (crush) zerdrücken
  2 (wrinkle) zerknittern
  B v.i. knittern

'crumple zone n. (Motor Veh.) Knautschzone, die

crunch /krʌntʃ/ ▲ v.t. [geräuschvoll] knabbern <Keks>
  B v.i. <Schnee, Kies:> knirschen
  C n. Knirschen, das; **when it comes to the ~** wenn es hart auf hart geht

'crunchy adj. knusprig

crusade /kru:'seɪd/ ▲ n. (Hist.; also fig.) Kreuzzug, der
  B v.i. (fig.) zu Felde gehen

cru'sader n. (Hist.) Kreuzfahrer, der

crush /krʌʃ/ ▲ v.t. 1 quetschen
  2 (powder) zerstampfen
  3 (fig.) niederschlagen
  B n. 1 (crowd) Gedränge, das
  2 (infml) **have/get a ~ on sb** in jmdn. verknallt sein/sich in jmdn. verknallen (ugs.)

crush: ~ bar n. Bar, die (im Foyer eines Theaters); **~-barrier** n. Absperrgitter, das

✧ Schlüsselwort

crushing /'krʌʃɪŋ/ adj. niederschmetternd <Antwort>; vernichtend <Niederlage, Schlag>

crust /krʌst/ n. Kruste, die

'crusty adj. knusprig

crutch /krʌtʃ/ n. Krücke, die; **go about on ~es** an Krücken gehen

crux /krʌks/ n. **the ~ of the matter** der springende Punkt bei der Sache

✧ **cry** /kraɪ/ ▲ n. (of grief) Schrei, der; (of words) Schreien, das; **a far ~ from ...** (fig.) etwas ganz anderes als ...
  B v.i. 1 rufen; (loudly) schreien
  2 (weep) weinen (over wegen)
  ■ **~ 'off** v.i. absagen
  ■ **~ 'out** v.i. aufschreien

'crying adj. **it's a ~ shame** es ist eine wahre Schande

crypt /krɪpt/ n. Krypta, die

cryptic /'krɪptɪk/ adj. geheimnisvoll

crystal /'krɪstl/ ▲ n. 1 Kristall, der
  2 (glass) Bleikristall, das
  B adj. (made of ~ glass) kristallen; Kristall<schale, -vase>

crystal: ~ clear adj. kristallklar; (fig.) glasklar; **~ 'glass** n. Bleikristall, das; Kristallglas, das

crystallize /'krɪstəlaɪz/ v.i. kristallisieren; (fig.) feste Form annehmen

cub /kʌb/ n. 1 Junge, das; (of wolf, fox, dog) Welpe, der
  2 Cub ▶ Cub Scout

Cuba /'kju:bə/ pr. n. Kuba (das)

cubby /'kʌbɪ/, **cubbyhole** /'kʌbɪhəʊl/, ns. Kämmerchen, das

cube /kju:b/ n. Würfel, der

'cube sugar n. Würfelzucker, der

cubic /'kju:bɪk/ adj. 1 würfelförmig
  2 Kubik<meter usw.>

cubicle /'kju:bɪkl/ n. Kabine, die

cubism /'kju:bɪzm/ n. (Art) Kubismus, der

cubist /'kju:bɪst/ n. (Art) Kubist, der/Kubistin, die

'Cub Scout n. Wölfling, der

cuckoo /'kʊku:/ n. Kuckuck, der

'cuckoo clock n. Kuckucksuhr, die

cucumber /'kju:kʌmbə(r)/ n. [Salat]gurke, die

cuddle /'kʌdl/ ▲ n. enge Umarmung
  B v.t. schmusen mit; hätscheln <kleines Kind>
  C v.i. schmusen

cuddly /'kʌdlɪ/ adj. zum Schmusen nachgestellt

cuddly 'toy n. Plüschtier, das

cudgel /'kʌdʒl/ n. Knüppel, der

cue¹ /kju:/ n. (Billiards etc.) Queue, das

cue² n. (Theatre) Stichwort, das

cuff¹ /kʌf/ n. 1 Manschette, die; **off the ~** (fig.) aus dem Stegreif
  2 (AmE) (trouser turn-up) [Hosen]aufschlag, der

cuff² ▲ v.t. **~ sb** jmdm. einen Klaps geben
  B n. Klaps, der

'cuff link *n.* Manschettenknopf, *der*
cuisine /kwɪˈziːn/ *n.* Küche, *die*
cul-de-sac /ˈkʌldəsæk/ *n.* Sackgasse, *die*
culinary /ˈkʌlɪnərɪ/ *adj.* kulinarisch
culminate /ˈkʌlmɪneɪt/ *v.i.* gipfeln; ~ **in sth**
in etw. (*Dat.*) seinen Höchststand erreichen
culmination /kʌlmɪˈneɪʃn/ *n.* Höhepunkt, *der*
culottes /kjuːˈlɒts/ *n. pl.* Hosenrock, *der*
culpable /ˈkʌlpəbl/ *adj.* schuldig <*Person*>;
strafbar <*Handlung*>
culprit /ˈkʌlprɪt/ *n.* Täter, *der*/Täterin, *die*
cult /kʌlt/ *n.* Kult, *der*
cultivate /ˈkʌltɪveɪt/ *v.t.* kultivieren (auch
fig.); bestellen <*Acker, Land*>; anbauen
<*Pflanzen*>
cultivated /ˈkʌltɪveɪtɪd/ *adj.* kultiviert
<*Manieren, Sprache, Geschmack*>; kultiviert,
gebildet <*Person*>
cultivation /kʌltɪˈveɪʃn/ *n.* ▶ **cultivate**
Kultivierung, *die*; Bestellen, *das*; Anbau, *der*
cultural /ˈkʌltʃərl/ *adj.* kulturell <*Entwicklung,
Ereignis, Interessen, Beziehungen*>
cultural revoˈlution *n.* Kulturrevolution,
die
✧ **culture** /ˈkʌltʃə(r)/ *n.* Kultur, *die*
'cultured *adj.* kultiviert
'culture shock *n.* Kulturschock, *der*
cumbersome /ˈkʌmbəsəm/ *adj.* hinderlich
<*Kleider*>; sperrig <*Pakete*>; schwerfällig
<*Arbeitsweise*>
cunning /ˈkʌnɪŋ/ **A** *n.* Schläue, *die*
B *adj.* schlau
cup /kʌp/ *n.* **1** Tasse, *die*
2 (prize, competition) Pokal, *der*
3 (~ful) Tasse, *die*; **a ~ of coffee/tea** eine
Tasse Kaffee/Tee
cupboard /ˈkʌbəd/ *n.* Schrank, *der*
'Cup Final *n.* Pokalendspiel, *das*
cupful /ˈkʌpfl/ *n.* Tasse, *die*; **a ~ of water**
eine Tasse Wasser
'cup tie *n.* Pokalspiel, *das*
curable /ˈkjʊərəbl/ *adj.* heilbar
curate /ˈkjʊərət/ *n.* Kurat, *der*
curator /kjʊəˈreɪtə(r)/ *n.* (of museum) Direktor,
der/Direktorin, *die*
curb /kɜːb/ *v.t.* zügeln
'curd cheese *n.* ≈ Quark, *der*
curdle /ˈkɜːdl/ *v.i.* gerinnen
cure /kjʊə(r)/ **A** *n.* [Heil]mittel, *das* (**for**
gegen); (fig.) Mittel, *das*
B *v.t.* **1** heilen
2 [ein]pökeln <*Fleisch*>
'cure-all *n.* Allheilmittel, *das*
curfew /ˈkɜːfjuː/ *n.* Ausgangssperre, *die*
curiosity /kjʊərɪˈɒsɪtɪ/ *n.* **1** Neugier[de], *die*
2 (object) Wunderding, *das*
curious /ˈkjʊərɪəs/ *adj.* **1** (inquisitive) neugierig
2 (strange, odd) seltsam
curl /kɜːl/ **A** *n.* Locke, *die*
B *v.t.* locken

C *v.i.* **1** sich locken
2 <*Straße, Fluss:*> sich winden
'curler *n.* Lockenwickler, *der*
'curly *adj.* lockig
'curly-haired *adj.* lockenköpfig; mit
lockigem Haar
currant /ˈkʌrənt/ *n.* Korinthe, *die*
currency /ˈkʌrənsɪ/ *n.* (money) Währung, *die*;
foreign currencies Devisen *Pl.*
✧ **current** /ˈkʌrənt/ **A** *adj.* **1** verbreitet
<*Meinung*>; gebräuchlich <*Wort*>
2 laufend <*Jahr, Monat*>
3 (the present) aktuell <*Ereignis, Mode*>;
Tages<*politik, -preis*>
B *n.* **1** (of water, air) Strömung, *die*
2 (Electr.) Strom, *der*
current: ~ **account** *n.* Girokonto, *das*; ~
affairs *n. pl.* Tagespolitik, *die*
✧ **'currently** *adv.* zur Zeit
curriculum /kəˈrɪkjʊləm/ *n.* Lehrplan, *der*
curriculum vitae /- ˈviːtaɪ/ *n.* Lebenslauf,
der
curry¹ /ˈkʌrɪ/ *n.* Curry[gericht], *das*
curry² *v.t.* ~ **favour [with sb]** sich [bei jmdm.]
einschmeicheln
curse /kɜːs/ **A** *n.* Fluch, *der*
B *v.t.* verfluchen
C *v.i.* fluchen
cursor /ˈkɜːsə(r)/ *n.* Läufer, *der*; (on screen)
Cursor, *der*; Schreibmarke, *die*
cursory /ˈkɜːsərɪ/ *adj.* flüchtig
curt /kɜːt/ *adj.* kurz angebunden; kurz und
schroff <*Brief*>
curtail /kɜːˈteɪl/ *v.t.* kürzen; abkürzen
<*Urlaub*>; beschneiden <*Macht*>
curtain /ˈkɜːtən/ *n.* Vorhang, *der*; **draw** or
pull the ~s (open) die Vorhänge aufziehen;
(close) die Vorhänge zuziehen
curtain: ~ **call** *n.* Vorhang, *der*; ~ **hook**
n. Gardinenhaken, *der*; ~ **rod** *n.*
Gardinenstange, *die*
curtsy /ˈkɜːtsɪ/ **A** *n.* Knicks, *der*
B *v.i.* einen Knicks machen (**to** vor + *Dat.*)
curvaceous /kɜːˈveɪʃəs/ *adj.* kurvenreich
(ugs.); **a ~ figure** eine üppige Figur
curve /kɜːv/ **A** *v.t.* krümmen
B *v.i.* <*Straße, Fluss:*> eine Biegung machen
C *n.* Kurve, *die*
cushion /ˈkʊʃn/ **A** *n.* Kissen, *das*
B *v.t.* dämpfen <*Aufprall, Stoß*>
cushy /ˈkʊʃɪ/ *adj.* (infml) bequem
custard /ˈkʌstəd/ *n.* ≈ Vanillesoße, *die*
'custard powder *n.* Vanillesoßenpulver, *das*
custodian /kʌsˈtəʊdɪən/ *n.* (of museum)
Wächter, *der*/Wächterin, *die*; (of valuables)
Hüter, *der*/Hüterin, *die*
custody /ˈkʌstədɪ/ *n.* **1** (care) Obhut, *die*
2 (imprisonment) **[be] in ~** in Haft [sein]; **take
sb into ~** jmdn. verhaften *od.* festnehmen
custom /ˈkʌstəm/ *n.* **1** Brauch, *der*
2 *in pl.* (duty on imports) Zoll, *der*

customary /ˈkʌstəməri/ adj. üblich

'**custom-built** adj. spezial[an]gefertigt

⚷ **customer** /ˈkʌstəmə(r)/ n. Kunde, der/ Kundin, die

customize (**customise**) /ˈkʌstəmaɪz/ v.t. speziell anfertigen; (alter) umbauen

'**custom-made** adj. spezial[an]gefertigt; maßgeschneidert <Kleidung>

customs: ∼ **duty** n. Zoll, der; ∼ **inspection** n. Zollkontrolle, die; ∼ **officer** n. Zollbeamter, der/-beamtin, die

⚷ **cut** /kʌt/ **A** v.t., -tt-, ∼ **1** schneiden; durchschneiden <Seil>; ∼ one's leg sich (Dat. od. Akk.) ins Bein schneiden **2** abschneiden <Scheibe>; schneiden <Hecke>; mähen <Getreide, Gras>; ∼ one's nails sich (Dat.) die Nägel schneiden **3** (reduce) senken <Preise>; kürzen <Lohn>; abbauen <Arbeitsplätze> **4** ∼ sth short (interrupt) etw. abbrechen **5** (Comp.) ∼ and paste ausschneiden und einfügen

B v.i., -tt-, ∼ **1** <Messer:> schneiden **2** ∼ through or across the field/park [quer] über das Feld/durch den Park gehen **C** n. **1** (act of cutting) Schnitt, der **2** (stroke, blow) (with knife) Schnitt, der; (with sword, whip) Hieb, der **3** (reduction) Kürzung, die; (in prices) Senkung, die; (in services) Verringerung, die **4** (of meat) Stück, das

▪ ∼ **a'way** v.t. abschneiden

▪ ∼ '**back** v.t. **1** (reduce) einschränken **2** (prune) stutzen

▪ ∼ '**down A** v.t. **1** fällen <Baum> **2** (reduce) einschränken **B** v.i. ∼ down on sth etw. einschränken

▪ ∼ '**off** v.t. abschneiden; unterbrechen <Telefongespräch, Sprecher>

▪ ∼ '**out A** v.t. **1** ausschneiden (of aus) **2** be ∼ out for geeignet sein zu **B** v.i. <Motor:> aussetzen

▪ ∼ '**up** v.t. zerschneiden

cut: ∼**back** n. (reduction) Kürzung, die; ∼ '**glass** n. Kristall[glas], das; ∼**-glass** adj. Kristall-

cutlery /ˈkʌtləri/ n. Besteck, das

cutlet /ˈkʌtlɪt/ n. Kotelett, das

cut: ∼**-off** n. Trennung, die; ∼**-off point** n. Trennungslinie, die; ∼**-out** n. (figure) Ausschneidefigur, die; ∼**-price** adj. herabgesetzt; ∼**-price offer** Billigangebot, das

'**cutting A** adj. beißend <Bemerkung, Antwort> **B** n. (from newspaper) Ausschnitt, der

'**cutting edge** n. be at the ∼ of technology auf dem Gebiet der Technologie führend sein; die Speerspitze der Technologie sein; be at the ∼ of fashion auf dem Gebiet der Mode führend sein

c. v. abbr. = curriculum vitae

cyber: ∼**attack** /ˈsaɪbərətæk/ n. Cyber-Angriff, der; Internet-Angriff, der; ∼**bullying** /ˈsaɪbəbʊlɪŋ/ n. Internet-Mobbing, das; ∼**cafe** /ˈsaɪbəkæfeɪ/ n. Internet-Café, das; ∼**sex** /ˈsaɪbəseks/ n., no art. Cybersex, der; ∼**space** /ˈsaɪbəspeɪs/ n., no art. Cyberspace, der

⚷ **cycle** /ˈsaɪkl/ **A** n. **1** (recurrent period) Zyklus, der **2** (bicycle) Rad, das **B** v.i. Rad fahren

cycle: ∼ **lane** n. Fahrradspur, die; ∼ **race** n. Radrennen, das; ∼ **track** n. Rad[fahr]weg, der; (for racing) Radrennbahn, die

cycling /ˈsaɪklɪŋ/ n. (activity) Radfahren, das; (sport) Radsport, der

'**cycling shorts** n. Radlerhose, die

cyclist /ˈsaɪklɪst/ n. Radfahrer, der/-fahrerin, die

cyclone /ˈsaɪkləʊn/ n. (violent hurricane) Zyklon, der

cylinder /ˈsɪlɪndə(r)/ n. Zylinder, der

cylindrical /sɪˈlɪndrɪkl/ adj. zylindrisch

cymbal /ˈsɪmbl/ n. Beckenteller, der; ∼s Becken Pl.

cynic /ˈsɪnɪk/ n. Zyniker, der

cynical /ˈsɪnɪkl/ adj. zynisch; bissig <Bemerkung, Worte>

cynicism /ˈsɪnɪsɪzm/ n. Zynismus, der

Cyprus /ˈsaɪprəs/ pr. n. Zypern (das)

czar ▶ **tsar**

Czech /tʃek/ **A** adj. tschechisch; sb is ∼ jmd. ist Tscheche/Tschechin **B** n. **1** (language) Tschechisch, das **2** (person) Tscheche, der/Tschechin, die

Czechoslovakia /tʃekəʊsləˈvækiə/ pr. n. (Hist.) die Tschechoslowakei

Czechoslovakian /tʃekəʊsləˈvækiən/ (Hist.) **A** adj. tschechoslowakisch **B** n. Tschechoslowake, der/ Tschechoslowakin, die

Czech Re'public pr. n. Tschechische Republik; Tschechien (das)

⚷ Schlüsselwort

Dd

D, d /diː/ n. D, d, das
dab /dæb/ **A** n. Tupfer, der
  B v.t., -bb- abtupfen; ~ sth on or against sth etw. auf etw. (Akk.) tupfen
dabble /'dæbl/ v.i. ~ in sth sich in etw. (Dat.) versuchen
dachshund /'dækshʊnd/ n. Dackel, der
dad /dæd/ n. (infml) Vater, der
daddy /'dædɪ/ n. (infml) Vati, der (fam.)
daddy-'long-legs n. Schnake, die
daffodil /'dæfədɪl/ n. Osterglocke, die
daft /dɑːft/ adj. doof (ugs.)
dagger /'dægə(r)/ n. Dolch, der
✔ daily /'deɪlɪ/ **A** adj. täglich
  B adv. täglich
  C n. Tageszeitung, die
daily 'newspaper n. Tageszeitung, die
dainty /'deɪntɪ/ adj. zierlich; anmutig <Bewegung, Person>; zart <Gesichtszüge>
dairy /'deərɪ/ n. **1** Molkerei, die **2** (shop) Milchladen, der
dairy: ~ **cattle** n. Milchvieh, das; ~ **farm** n. Milchbetrieb, der; ~ **farmer** n. Milchbauer, der; ~ **produce** n., ~ **products** n. pl. Molkereiprodukte
dais /'deɪs/ n. Podium, das
daisy /'deɪzɪ/ n. Gänseblümchen, das
'daisy chain n. Kranz aus Gänseblümchen
dam /dæm/ **A** n. [Stau]damm, der
  B v.t., -mm- **1** ~ [up] sth etw. abblocken **2** aufstauen <Fluss>
✔ damage /'dæmɪdʒ/ **A** n. Schaden, der
  B v.t. beschädigen
damaging /'dæmɪdʒɪŋ/ adj. schädlich (to für)
damn /dæm/ **A** v.t. verdammen
  B adj., adv., int. (infml) verdammt (ugs.)
  C n. he doesn't give or care a ~ ihm ist es völlig wurscht (ugs.)
damp /dæmp/ **A** adj. feucht
  B v.t. ▶ dampen
  C n. Feuchtigkeit, die
dampen /'dæmpn/ v.t. befeuchten; (fig.) dämpfen <Begeisterung, Eifer>
'dampness n. Feuchtigkeit, die
'damp-proof adj. feuchtigkeitsbeständig
'damp-proof course n. Sperrschicht, die (gegen aufsteigende Bodenfeuchtigkeit)
✔ dance /dɑːns/ **A** v.i. & t. tanzen
  B n. **1** Tanz, der **2** (party) Tanzveranstaltung, die; (private) Tanzparty, die
dance: ~ **floor** n. Tanzfläche, die; ~ **hall** n. Tanzsaal, der

'dancer n. Tänzer, der/Tänzerin, die
'dance step n. Tanzschritt, der
dandelion /'dændɪlaɪən/ n. Löwenzahn, der
dandruff /'dændrʌf/ n. [Kopf]schuppen Pl.
Dane /deɪn/ n. Däne, der/Dänin, die
✔ danger /'deɪndʒə(r)/ n. Gefahr, die; in/out of ~ in/außer Gefahr; be in ~ of doing sth <Person:> Gefahr laufen, etw. zu tun
danger: ~ **area** n. Gefahrenzone, die; ~ **list** n. be on/off the ~ list in/außer Lebensgefahr sein
✔ dangerous /'deɪndʒərəs/ adj.,
'dangerously adv. gefährlich
danger: ~ **signal** n. Warnzeichen, das; ~ **zone** n. Gefahrenzone, die
dangle /'dæŋgl/ **A** v.i. baumeln (from an + Dat.)
  B v.t. baumeln lassen
Danish /'deɪnɪʃ/ **A** adj. dänisch; sb is ~ jmd. ist Däne/Dänin
  B n. Dänisch, das; see also English B1
dank /dæŋk/ adj. feucht
Danube /'dænjuːb/ pr. n. Donau, die
dare /deə(r)/ **A** v.t. **1** [es] wagen; ~ to do sth [es] wagen, etw. zu tun **2** (challenge) ~ sb to do sth jmdn. aufstacheln, etw. zu tun; I ~ you! trau dich!
  B n. Mutprobe, die
daring /'deərɪŋ/ adj. (bold) kühn; waghalsig <Kunststück, Tat>; (fearless) wagemutig
✔ dark /dɑːk/ **A** adj. dunkel; (dark-haired) dunkelhaarig; ~-blue/-brown dunkelblau/-braun
  B n. **1** Dunkel, das; in the ~ im Dunkeln; keep sb in the ~ (fig.) jmdn. im Dunkeln lassen **2** no art. (nightfall) Einbruch der Dunkelheit
darken /'dɑːkn/ v.t. verdunkeln
dark: ~ **'glasses** n. pl. dunkle Brille; ~-'haired adj. dunkelhaarig; ~ **'horse** n. be a ~ horse ein stilles Wasser sein; ~ **matter** n., no pl. (Astron.) Dunkelmaterie, die
'darkness n. Dunkelheit, die
'darkroom n. Dunkelkammer, die
darling /'dɑːlɪŋ/ n. Liebling, der
darn /dɑːn/ v.t. stopfen
dart /dɑːt/ **A** n. **1** (missile) Pfeil, der **2** (Sport) Wurfpfeil, der; ~s sing. (game) Darts, das
  B v.i. sausen
'dartboard n. Dartsscheibe, die
dash /dæʃ/ **A** v.i. sausen
  B v.t. (fling) schleudern

C *n.* **1** make a ∼ rasen (ugs.) (for zu)
2 (horizontal stroke) Gedankenstrich, *der*
3 (small amount) Schuss, *der*

'dashboard *n.* Armaturenbrett, *das*

⚹ **data** /'deɪtə, 'dɑːtə/ *n.* Daten *Pl.*

data: ∼**base** *n.* Datenbank, *die*; ∼ **capture**
n. (Comp.) Datenerfassung, *die*; ∼ **file** *n.*
(Comp.) Datei, *die*; ∼ **highway** *n.* (Comp.)
Datenautobahn, *die*; ∼ **processing** *n.*
(Computing) Datenverarbeitung, *die*; ∼
pro'tection *n.* (Comp.) Datenschutz, *der*;
∼ **retrieval** *n.* (Comp.) Retrieval, *das*;
Datenabruf, *der*; ∼ **security** *n.* (Comp.)
Datensicherung, *die*; ∼ **storage** *n.*
(Comp.) Datenspeicherung, *die*; (capacity)
Speicherkapazität, *die*

⚹ **date**[1] /deɪt/ *n.* (Bot.) Dattel, *die*

⚹ **date**[2] **A** *n.* **1** Datum, *das*; (on coin etc.)
Jahreszahl, *die*; be out of ∼ altmodisch sein;
to ∼ bis heute
2 (infml) (appointment) Verabredung, *die*; have/
make a ∼ with sb mit jmdm. verabredet
sein/sich mit jmdm. verabreden
B *v.t.* **1** datieren
2 (infml) (make seem old) alt machen
C *v.i.* ∼ back to/∼ from stammen aus

dated /'deɪtɪd/ *adj.* altmodisch

date: ∼ **line** *n.* Datumsgrenze, *die*; ∼ **of**
'**birth** *n.* Geburtsdatum, *das*; ∼ **rape**
n.: Vergewaltigung der eigenen Freundin
oder Vergewaltigung einer Frau während
einer Verabredung mit ihr; ∼ **stamp**
n. Datumsstempel, *der*; ∼**-stamp** *v.t.*
abstempeln; mit einem Datumsstempel
versehen

'dating agency /'deɪtɪŋ/ *n.*
Partnervermittlung, *die*

dative /'deɪtɪv/ *adj. & n.* ∼ [case] Dativ, *der*

daub /dɔːb/ *v.t.* (smear) beschmieren; (put
crudely) schmieren

⚹ **daughter** /'dɔːtə(r)/ *n.* Tochter, *die*

'daughter-in-law *n., pl.* **daughters-in-
law** Schwiegertochter, *die*

daunt /dɔːnt/ *v.t.* entmutigen

dawdle /'dɔːdl/ *v.i.* bummeln (ugs.)

dawn /dɔːn/ **A** *v.i.* dämmern; sth ∼s [up]on
sb etw. dämmert jmdm
B *n.* [Morgen]dämmerung, *die*; at ∼ im
Morgengrauen

dawn 'chorus *n.* morgendlicher Gesang
der Vögel

⚹ **day** /deɪ/ *n.* Tag, *der*; all ∼ [long] den ganzen
Tag [lang]; for two ∼s zwei Tage [lang];
the ∼ before yesterday/after tomorrow
vorgestern/übermorgen; ∼ after ∼ Tag
für Tag; ∼ in ∼ out tagaus, tagein; in the
∼s when ... zu der Zeit, als ...; these ∼s
heutzutage; in those ∼s damals

day: ∼**bed** *n.* Liegesofa, *das*; ∼**break**
n. Tagesanbruch, *der*; ∼ **care** *n.*
Ganztagsbetreuung, *die*; ∼**dream A** *n.*

Tagtraum, *der* **B** *v.i.* träumen; ∼**dreamer**
n. Tagträumer, *der*/-träumerin, *die*; ∼**light**
n. Tageslicht, *das*; in broad ∼light am
helllichten Tag[e]; ∼ **release** *n.* (BrE)
[tageweise] Freistellung zur Fortbildung;
∼ **re'turn** *n.* Tagesrückfahrkarte,
die; ∼**time** *n.* Tag, *der*; ∼**-to-**∼ *adj.*
[tag]täglich; ∼ **trip** *n.* Tagesausflug,
der; ∼ **tripper** *n.* Tagesausflügler,
der/-ausflüglerin, *die*

daze /deɪz/ *v.t.* benommen machen

dazed /deɪzd/ *adj.* benommen

dazzle /'dæzl/ *v.t.* blenden

DC *abbr.* = **direct current** GS

⚹ **dead** /ded/ **A** *adj.* **1** tot
2 plötzlich ‹Halt›; genau ‹Mitte›
3 (numb) taub
B *adv.* völlig; ∼ **straight** schnurgerade; ∼
easy/slow kinderleicht/ganz langsam; ∼ on
time auf die Minute; ∼ **tired** todmüde
C *n. pl.* the ∼ die Toten *Pl.*

deaden /'dedn/ *v.t.* dämpfen; betäuben
‹Schmerz›

dead: ∼ '**end** *n.* Sackgasse, *die*; ∼ '**heat** *n.*
totes Rennen; ∼**line** *n.* [letzter] Termin;
∼**lock** *n.* völliger Stillstand; ∼ '**loss** *n.*
(infml) (worthless thing) totaler Reinfall (ugs.);
(person) hoffnungsloser Fall (ugs.)

deadly /'dedlɪ/ *adj.* tödlich; (fig. infml) (boring)
todlangweilig

dead: ∼**pan** *adj.* unbewegt; he looked
∼**pan** *or* had a ∼**pan expression** er verzog
keine Miene; **D**∼ '**Sea** *pr. n.* Totes Meer;
∼ '**wood** *n.* (fig.) be just ∼ wood völlig
überflüssig sein

deaf /def/ **A** *adj.* taub; ∼ and dumb
taubstumm
B *n. pl.* the ∼ die Gehörlosen *Pl.*

'deaf aid *n.* Hörgerät, *das*

deafen /'defn/ *v.t.* ∼ sb bei jmdm. zur
Taubheit führen; I was ∼ed by the noise
(fig.) ich war von dem Lärm wie betäubt

'deafening *adj.* ohrenbetäubend

'deafness *n.* Taubheit, *die*

⚹ **deal**[1] /diːl/ **A** *v.t.*, **dealt** /delt/ **1** (Cards)
austeilen
2 ∼ sb a blow jmdm. einen Schlag versetzen
B *v.i.*, **dealt 1** (do business) ∼ in sth mit etw.
handeln
2 ∼ with sth (occupy oneself) sich mit etw.
befassen; (manage) mit etw. fertig werden;
(be about) von etw. handeln; ∼ with sb mit
jmdm. fertig werden
C *n.* (infml) (arrangement) Geschäft, *das*; it's a
∼! abgemacht!; big ∼! (iron.) na, und?
■ ∼ '**out** *v.t.* verteilen

⚹ **deal**[2] *n.* a great *or* good ∼ viel; (often)
ziemlich viel; a great *or* good ∼ of viel

'dealer *n.* **1** Händler, *der*
2 (Cards) Geber, *der*; he's the ∼ er gibt

'dealings *n. pl.* have ∼ with sb mit jmdm. zu
tun haben

⚹ Schlüsselwort

dealt ▸ deal¹ A, B

dean /diːn/ n. (Eccl.) Dechant, der

dear /dɪə(r)/ **A** adj. **1** lieb; sb/sth is ∼ to sb['s heart] jmd. liebt jmdn./etw.; (beginning letter) D∼ Sir/Madam Sehr geehrter Herr/Sehr geehrte Dame; D∼ Mr Jones/Mrs Jones Sehr geehrter Herr Jones/Sehr geehrte Frau Jones; D∼ Malcolm/Emily Lieber Malcolm/Liebe Emily **2** (expensive) teuer **B** int. ∼, ∼!, ∼ me!, oh ∼! [ach] du liebe od. meine Güte!

'dearly adv. **1** von ganzem Herzen **2** (at high price) teuer

dearth /dɜːθ/ n. Mangel, der (of an + Dat.)

✷ **death** /deθ/ n. **1** Tod, der; ... to ∼ zu Tode ...; bleed to ∼ verbluten **2** (instance) Todesfall, der

death: ∼**bed** n. Totenbett, das; on one's ∼bed auf dem Sterbebett; ∼ **certificate** n. (from doctor) Totenschein, der

deathly /'deθlɪ/ **A** adj. tödlich **B** adv. tödlich; ∼ still/quiet totenstill

death: ∼ **penalty** n. Todesstrafe, die; ∼ **sentence** n. Todesurteil, das; ∼ **threat** n. Morddrohung, die; ∼ **trap** n. lebensgefährliche Sache

debatable /dɪ'beɪtəbl/ adj. (questionable) fraglich

✷ **debate** /dɪ'beɪt/ n. Debatte, die

debilitating /dɪ'bɪlɪteɪtɪŋ/ adj. anstrengend ‹Klima›; schwächend ‹Krankheit›

debit /'debɪt/ **A** n. Soll, das **B** v.t. belasten ‹Konto›

'debit card Debitkarte, die

debris /'debriː/ n. Trümmer Pl.

✷ **debt** /det/ n. Schuld, die; be in ∼ Schulden haben; get into ∼ in Schulden geraten

debtor /'detə(r)/ n. Schuldner, der/Schuldnerin, die

debug /diː'bʌg/ v.t., -gg- (infml) (remove defects from) von Fehlern befreien

debut /'deɪbjuː, 'deɪbuː/ n. Debüt, das

Dec. abbr. = **December** Dez.

✷ **decade** /'dekeɪd/ n. Jahrzehnt, das

decadent /'dekədənt/ adj. dekadent

decaf®, **decaff** /'diːkæf/ n. koffeinfreier Kaffee

decaffeinated /diː'kæfɪneɪtɪd/ adj. entkoffeiniert

decanter /dɪ'kæntə(r)/ n. Karaffe, die

decay /dɪ'keɪ/ **A** v.i. verrotten; ‹Gebäude:› zerfallen; ‹Zahn:› faul werden **B** n. Verrotten, das; (of building) Zerfall, der; (of tooth) Fäule, die

deceased /dɪ'siːst/ **A** adj. verstorben **B** n. Verstorbene, der/die

deceit /dɪ'siːt/ n. Täuschung, die

deceitful /dɪ'siːtfl/ adj. falsch ‹Person, Art›; hinterlistig ‹Trick›

deceive /dɪ'siːv/ v.t. täuschen; (be unfaithful to) betrügen

✷ **December** /dɪ'sembə(r)/ n. Dezember, der; see also August

decency /'diːsənsɪ/ n. Anstand, der

decent /'diːsənt/ adj. anständig

decentralization /diːsentrəlaɪ'zeɪʃn/ n. Dezentralisierung, die

decentralize /diː'sentrəlaɪz/ v.t. dezentralisieren

deception /dɪ'sepʃn/ n. Betrug, der; (being deceived) Täuschung, die

deceptive /dɪ'septɪv/ adj. trügerisch

decibel /'desɪbel/ n. Dezibel, das

✷ **decide** /dɪ'saɪd/ **A** v.t. **1** (settle, judge) entscheiden über (+ Akk.) **2** (resolve) ∼ that ... beschließen, dass ...; ∼ to do sth sich entschließen, etw. zu tun **B** v.i. sich entscheiden (in favour of zugunsten von; against gegen)

de'cided adj., **de'cidedly** adv. entschieden

deciduous 'tree /dɪ'sɪdjʊəs triː/ n. ≈ Laubbaum, der

decimal /'desɪml/ **A** n. Dezimalbruch, der **B** adj. Dezimal-

decimal: ∼ **'currency** n. Dezimalwährung, die; ∼ **'fraction** n. Dezimalbruch, der; ∼ **'point** n. Komma, das

decimate /'desɪmeɪt/ v.t. dezimieren

decipher /dɪ'saɪfə(r)/ v.t. entziffern

✷ **decision** /dɪ'sɪʒn/ n. Entscheidung, die

decisive /dɪ'saɪsɪv/ adj. entscheidend

deck /dek/ n. **1** Deck, das; on ∼ an Deck; below ∼[s] unter Deck **2** (AmE) (pack) a ∼ of cards ein Spiel Karten

'deckchair n. Liegestuhl, der

declaration /deklə'reɪʃn/ n. Erklärung, die

✷ **declare** /dɪ'kleə(r)/ v.t. erklären; kundtun (geh.) ‹Wunsch, Absicht›; ∼ sth/sb [to be] sth etw./jmdn. für etw. erklären

declension /dɪ'klenʃn/ n. Deklination, die

✷ **decline** /dɪ'klaɪn/ **A** v.i. nachlassen; ‹Anzahl:› sinken **B** v.t. **1** ablehnen **2** (Ling.) deklinieren **C** n. ▸ A; Nachlassen, das, Sinken, das (in Gen.); be on the ∼ nachlassen/sinken

declutter /diː'klʌtə(r)/ v.t. entrümpeln

decode /diː'kəʊd/ v.t. entziffern

decommission /diːkə'mɪʃən/ v.t. stilllegen; außer Dienst stellen ‹Schiff›

decompose /diːkəm'pəʊz/ v.i. sich zersetzen

décor /'deɪkɔː(r)/ n. Ausstattung, die

decorate /'dekəreɪt/ v.t. **1** schmücken ‹Raum, Straße, Baum›; verzieren ‹Kuchen, Kleid›; (paint) streichen; (wallpaper) tapezieren **2** (award medal etc. to) auszeichnen

decoration /dekə'reɪʃn/ n. **1** Schmücken, das; (with paint) Streichen, das; (with wallpaper) Tapezieren, das; (of cake, dress) Verzieren, das **2** (adornment) Schmuck, der

d

d

3 (medal etc.) Auszeichnung, *die*
decorative /ˈdekərətɪv/ *adj.* dekorativ
decorator /ˈdekəreɪtə(r)/ *n.* Maler, *der*; (paperhanger) Tapezierer, *der*
decorous /ˈdekərəs/ *adj.*, **ˈdecorously** *adv.* schicklich (geh.)
decorum /dɪˈkɔːrəm/ *n.* Schicklichkeit, *die* (geh.)
decoy /ˈdiːkɔɪ/ *n.* Lockvogel, *der*
decrease [A] /dɪˈkriːs/ *v.i.* abnehmen; <*Stärke:*> nachlassen
  [B] /dɪˈkriːs/ *v.t.* [ver]mindern <*Wert, Lärm*>; schmälern <*Popularität, Macht*>
  [C] /ˈdiːkriːs/ *n.* Rückgang, *der*; (in weight) Abnahme, *die*; (in strength) Nachlassen, *das*; (in value, noise) Minderung, *die*
decree /dɪˈkriː/ [A] *n.* Dekret, *das*; Erlass, *der*
  [B] *v.t.* verfügen
decrepit /dɪˈkrepɪt/ *adj.* altersschwach; (dilapidated) heruntergekommen
decriminalize /diːˈkrɪmɪnəlaɪz/ *v.t.* entkriminalisieren
dedicate /ˈdedɪkeɪt/ *v.t.* ~ sth to sb jmdm. etw. widmen
ˈdedicated *adj.* **1** (devoted) be ~ to sth/sb nur für etw./jmdn. leben
  2 (to vocation) hingebungsvoll; a ~ teacher ein Lehrer mit Leib und Seele
dedication /dedɪˈkeɪʃn/ *n.* **1** Widmung, *die* (to *Dat.*)
  2 (devotion) Hingabe, *die*
deduce /dɪˈdjuːs/ *v.t.* ~ sth [from sth] etw. [aus etw.] schließen
deduct /dɪˈdʌkt/ *v.t.* ~ sth [from sth] etw. [von etw.] abziehen
deduction /dɪˈdʌkʃn/ *n.* **1** (deducting) Abzug, *der*
  2 (deducing, thing deduced) Ableitung, *die*
  3 (amount) Abzüge *Pl.*
deed /diːd/ *n.* **1** Tat, *die*
  2 (Law) Urkunde, *die*
deejay /ˈdiːdʒeɪ/ *n.* (infml) Diskjockey, *der*
deem /diːm/ *v.t.* erachten für
⚬ **deep** /diːp/ [A] *adj.* (lit. or fig.) tief; tiefgründig <*Bemerkung*>; water ten feet ~ drei Meter tiefes Wasser; take a ~ breath tief Atem holen; be ~ in thought in Gedanken versunken sein
  [B] *adv.* tief
ˈdeepen [A] *v.t.* vertiefen
  [B] *v.i.* sich vertiefen
deep: ~-ˈfreeze *v.t.* tiefgefrieren; ~-**fried** *adj.* frittiert
⚬ **ˈdeeply** *adv.* (lit. or fig.) tief; äußerst <*interessiert, dankbar*>
deep-ˈrooted *adj.* tief <*Abneigung*>; tief verwurzelt <*Tradition*>
deer /dɪə(r)/ *n.*, *pl. same* Hirsch, *der*; (roe ~) Reh, *das*
de-escalate /diːˈeskəleɪt/ *v.t.* deeskalieren

⚬ Schlüsselwort

deface /dɪˈfeɪs/ *v.t.* verunstalten
defamation /defəˈmeɪʃn/ *n.* Diffamierung, *die*
defamatory /dɪˈfæmətəri/ *adj.* diffamierend
default /dɪˈfɔːlt, dɪˈfɒlt/ [A] *n.* **1** lose/go by ~ durch Abwesenheit verlieren/nicht zur Geltung kommen; win by ~ durch Nichterscheinen des Gegners gewinnen
  2 (Comp.) Voreinstellung, *die*
  [B] *v.i.* ~ on one's payments/debts seinen Zahlungsverpflichtungen nicht nachkommen
defeat /dɪˈfiːt/ [A] *v.t.* besiegen
  [B] *n.* (being ~ed) Niederlage, *die*; (~ing) Sieg, *der* (of über + *Akk.*)
deˈfeatist *adj.* defätistisch
defect [A] /ˈdiːfekt/ *n.* **1** (lack) Mangel, *der*
  2 (shortcoming) Fehler, *der*
  [B] /dɪˈfekt/ *v.i.* überlaufen (to zu)
defection /dɪˈfekʃn/ *n.* Flucht, *die*
defective /dɪˈfektɪv/ *adj.* defekt <*Maschine*>; fehlerhaft <*Material, Arbeiten, Methode*>
defector /dɪˈfektə(r)/ *n.* Überläufer, *der*/-läuferin, *die*
⚬ **defence** /dɪˈfens/ *n.* (BrE) Verteidigung, *die*; (means of ~) Schutz, *der*
deˈfenceless *adj.* wehrlos
deˈfence mechanism *n.* (Physiol., Psych.) Abwehrmechanismus, *der*
⚬ **defend** /dɪˈfend/ *v.t.* verteidigen
defendant /dɪˈfendənt/ *n.* (Law) (accused) Angeklagte, *der/die*; (sued) Beklagte, *der/die*
deˈfender *n.* Verteidiger, *der*
defense etc. (AmE) ▶ defence etc.
defensive /dɪˈfensɪv/ [A] *adj.* defensiv
  [B] *n.* be on the ~ in der Defensive sein
defer¹ /dɪˈfɜː(r)/ *v.t.*, **-rr-** aufschieben
defer² *v.i.*, **-rr-**; ~ [to sb] sich [jmdm.] beugen
deference /ˈdefərəns/ *n.* Respekt, *der*; in ~ to sb/sth aus Achtung vor jmdm./etw.
deferential /defəˈrenʃl/ *adj.* respektvoll
defiance /dɪˈfaɪəns/ *n.* Trotz, *der*; in ~ of sb/sth jmdm./einer Sache zum Trotz
defiant /dɪˈfaɪənt/ *adj.*, **deˈfiantly** *adv.* trotzig
deficiency /dɪˈfɪʃənsi/ *n.* Mangel, *der*
deficient /dɪˈfɪʃənt/ *adj.* unzulänglich; sb/sth is ~ in sth jmdm./einer Sache mangelt es an etw. (*Dat.*)
deficit /ˈdefɪsɪt/ *n.* Defizit, *das* (of an + *Dat.*)
defile /dɪˈfaɪl/ *v.t.* verpesten <*Luft*>; beflecken <*Reinheit, Unschuld*>
⚬ **define** /dɪˈfaɪn/ *v.t.* definieren
definite /ˈdefɪnɪt/ *adj.* bestimmt; eindeutig <*Antwort, Entscheidung, Beschluss, Verbesserung*>; klar umrissen <*Ziel, Plan*>; klar <*Vorstellung*>; genau <*Zeitpunkt*>
⚬ **ˈdefinitely** [A] *adv.* bestimmt; eindeutig <*festlegen, größer sein, verbessern*>; endgültig <*entscheiden*>
  [B] *int.* (infml) na, klar (ugs.)
⚬ **definition** /defɪˈnɪʃn/ *n.* Definition, *die*;

(Telev., Phot.) Schärfe, *die*

definitive /dɪˈfɪnɪtɪv/ *adj.* endgültig ⟨*Beschluss, Antwort, Urteil*⟩; (authoritative) maßgeblich

deflate /dɪˈfleɪt/ *v.t.* die Luft ablassen aus; (fig.) ernüchtern

deflation /dɪˈfleɪʃn/ *n.* (Econ.) Deflation, *die*

deflect /dɪˈflekt/ *v.t.* brechen ⟨*Licht*⟩; ∼ **sb/ sth** [**from sb/sth**] jmdn./etw. [von jmdm./ einer Sache] ablenken

deforestation /diːfɒrɪˈsteɪʃn/ *n.* Entwaldung, *die*; Abholzung, *die*

deform /dɪˈfɔːm/ *v.t.* deformieren

deformed /dɪˈfɔːmd/ *adj.* entstellt ⟨*Gesicht*⟩; verunstaltet ⟨*Person, Körperteil*⟩

deformity /dɪˈfɔːmɪtɪ/ *n.* (malformation) Verunstaltung, *die*

defraud /dɪˈfrɔːd/ *v.t.* ∼ **sb** [**of sth**] jmdn. [um etw.] betrügen

defray /dɪˈfreɪ/ *v.t.* bestreiten

defrost /diːˈfrɒst/ *v.t.* auftauen ⟨*Speisen*⟩; abtauen ⟨*Kühlschrank*⟩

deft /deft/ *adj.*, '**deftly** *adv.* sicher und geschickt

defunct /dɪˈfʌŋkt/ *adj.* defekt ⟨*Maschine*⟩; veraltet ⟨*Gesetz*⟩

defuse /dɪˈfjuːz/ *v.t.* entschärfen

defy /dɪˈfaɪ/ *v.t.* **1** (resist openly) ∼ **sb** jmdm. trotzen
2 (refuse to obey) ∼ **sb/sth** sich jmdm./einer Sache widersetzen

degenerate /dɪˈdʒenəreɪt/ *v.i.* ∼ [**into sth**] [zu etw.] verkommen

degradation /degrəˈdeɪʃn/ *n.* Erniedrigung, *die*

degrade /dɪˈgreɪd/ *v.t.* erniedrigen

degrading /dɪˈgreɪdɪŋ/ *adj.* entwürdigend; erniedrigend

⚓ **degree** /dɪˈgriː/ *n.* **1** Grad, *der*; **20** ∼**s** 20 Grad
2 (academic rank) [akademischer] Grad

de'gree course *n.* Studium, *das*

dehydrate /diːˈhaɪdreɪt/ *v.t.* austrocknen ⟨*Körper*⟩; ∼**d** dehydratisiert (fachspr.)

dehydration /diːhaɪˈdreɪʃn/ *n.* Dehydration, *die* (fachspr.); Austrocknung, *die*

de-ice /diːˈaɪs/ *v.t.* enteisen

deign /deɪn/ *v.t.* ∼ **to do sth** sich [dazu] herablassen, etw. zu tun

deity /ˈdiːɪtɪ/ *n.* Gottheit, *die*

dejected /dɪˈdʒektɪd/ *adj.* niedergeschlagen

dejection /dɪˈdʒekʃn/ *n.* Niedergeschlagenheit, *die*

delay /dɪˈleɪ/ **A** *v.t.* (make late) aufhalten; verzögern ⟨*Ankunft, Abfahrt*⟩; **the train has been** ∼**ed** der Zug hat Verspätung
B *v.i.* warten
C *n.* **1** Verzögerung, *die* (**to** bei)
2 (Transport) Verspätung, *die*

delectable /dɪˈlektəbl/ *adj.* köstlich

delegate **A** /ˈdelɪgət/ *n.* Delegierte, *der/die*
B /ˈdelɪgeɪt/ *v.t.* delegieren (**to** an + *Akk.*)

delegation /delɪˈgeɪʃn/ *n.* Delegation, *die*

delete /dɪˈliːt/ *v.t.* streichen (**from** in + *Dat.*); (Comp.) löschen

de'lete key *n.* (Comp.) Löschtaste, *die*

deletion /dɪˈliːʃn/ *n.* Streichung, *die*; (Comp.) Löschung, *die*

deli /ˈdelɪ/ (infml) ▶ **delicatessen**

deliberate /dɪˈlɪbərət/ *adj.* **1** (intentional) absichtlich; bewusst ⟨*Lüge, Irreführung*⟩
2 (fully considered) wohl überlegt

de'liberately *adv.* absichtlich

deliberation /dɪlɪbəˈreɪʃn/ *n.* Überlegung, *die*; (discussion) Beratung, *die*

delicacy /ˈdelɪkəsɪ/ *n.* **1** (tactfulness and care) Feingefühl, *das*
2 (food) Delikatesse, *die*

delicate /ˈdelɪkət/ *adj.* zart; (requiring careful handling) empfindlich; delikat ⟨*Frage, Angelegenheit*⟩

delicatessen /delɪkəˈtesən/ *n.* Feinkostgeschäft, *das*

delicious /dɪˈlɪʃəs/ *adj.* köstlich

delight /dɪˈlaɪt/ **A** *v.t.* erfreuen
B *v.i.* **sb** ∼**s in doing sth** es macht jmdm. Freude, etw. zu tun
C *n.* Freude, *die* (**at** über + *Akk.*) (**in** an + *Dat.*)

de'lighted *adj.* **be** ∼ ⟨*Person:*⟩ hocherfreut sein; **be** ∼ **by** *or* **with sth** sich über etw. (*Akk.*) freuen

delightful /dɪˈlaɪtfl/ *adj.* wunderbar; köstlich ⟨*Geschmack*⟩; reizend ⟨*Person, Landschaft*⟩

de'lightfully *adv.* wunderbar

delinquent /dɪˈlɪŋkwənt/ **A** *n.* Randalierer, *der*
B *adj.* kriminell

delirious /dɪˈlɪrɪəs/ *adj.* **be** ∼ im Delirium sein; **be** ∼ [**with sth**] (fig.) außer sich [vor etw. (*Dat.*)] sein

delirium /dɪˈlɪrɪəm/ *n.* Delirium, *das*

⚓ **deliver** /dɪˈlɪvə(r)/ *v.t.* **1** bringen; liefern ⟨*Ware*⟩; zustellen ⟨*Post, Telegramm*⟩; überbringen ⟨*Botschaft*⟩
2 halten ⟨*Rede*⟩

⚓ **delivery** /dɪˈlɪvərɪ/ *n.* Lieferung, *die*; (of letters, parcels) Zustellung, *die*

delivery: ∼ **date** *n.* Liefertermin, *der*; ∼ **note** *n.* Lieferschein, *der*; ∼ **service** *n.* Zustelldienst, *der*; ∼ **van** *n.* Lieferwagen, *der*

delta /ˈdeltə/ *n.* Delta, *das*

delude /dɪˈljuːd/ *v.t.* täuschen

deluge /ˈdeljuːdʒ/ **A** *n.* sintflutartiger Regen
B *v.t.* überschwemmen

delusion /dɪˈljuːʒn/ *n.* Illusion, *die*

de luxe /dəˈlʌks/ *adj.* Luxus-

⚓ **demand** /dɪˈmɑːnd/ **A** *n.* Forderung, *die* (**for** nach); (for commodity) Nachfrage, *die*; **sth/sb is in** ∼ etw. ist gefragt/jmd. ist begehrt
B *v.t.* verlangen (**of, from** von); fordern ⟨*Recht*⟩

de'manding *adj.* anspruchsvoll

demean /dɪˈmiːn/ *v. refl.* (lower one's dignity) ~ oneself [to do sth] sich [dazu] erniedrigen[, etw. zu tun]; ~ oneself by sth/doing sth sich durch etw. erniedrigen/sich dadurch erniedrigen, dass man etw. tut

demeaning /dɪˈmiːnɪŋ/ *adj.* erniedrigend

demeanour (BrE/AmE: **demeanor**) /dɪˈmiːnə(r)/ *n.* Benehmen, *das*

demented /dɪˈmentɪd/ *adj.* wahnsinnig

dementia /dɪˈmenʃə/ *n.* (Med.) Demenz, *die*

demerara /deməˈreərə/ *n.* ~ [sugar] brauner Zucker; Farin, *der*

demise /dɪˈmaɪz/ *n.* (death) Ableben, *das* (geh.); (of firm, party, etc.) Untergang, *der*

demo /ˈdeməʊ/ *n.*, *pl.* ~**s** (infml) Demo, *die* (ugs.)

de'mobilize *v.t.* demobilisieren <*Armee, Kriegsschiff*>; aus dem Kriegsdienst entlassen <*Soldat*>

✗ **democracy** /dɪˈmɒkrəsi/ *n.* Demokratie, *die*

Democrat /ˈdeməkræt/ *n.* (AmE) (Polit.) Demokrat, *der*/Demokratin, *die*

✗ **democratic** /deməˈkrætɪk/ *adj.*, **democratically** /deməˈkrætɪkəli/ *adv.* demokratisch

demolish /dɪˈmɒlɪʃ/ *v.t.* abreißen

demolition /deməˈlɪʃn/ *n.* Abriss, *der*

demo'lition work *n.* Abbrucharbeit, *die*

demon /ˈdiːmən/ *n.* Dämon, *der*

demonstrably /ˈdemənstrəbli, dɪˈmɒnstrəbli/ *adv.* nachweislich

✗ **demonstrate** /ˈdemənstreɪt/ **A** *v.t.* zeigen; (be proof of) zeigen; beweisen **B** *v.i.* demonstrieren

demonstration /demənˈstreɪʃn/ *n.* (also Pol. etc.) Demonstration, *die*; (proof) Beweis, *der*

demonstrative /dəˈmɒnstrətɪv/ *adj.* **1** offen <*Person*> **2** (Ling.) Demonstrativ-

demonstrator /ˈdemənstreɪtə(r)/ *n.* (Pol. etc.) Demonstrant, *der*/Demonstrantin, *die*

demoralize /dɪˈmɒrəlaɪz/ *v.t.* demoralisieren

demote /diːˈməʊt/ *v.t.* degradieren (**to** zu)

demotion /diːˈməʊʃn/ *n.* Degradierung, *die* (**to** zu)

demur /dɪˈmɜː(r)/ *v.i.*, **-rr-** Einwände erheben

demure /dɪˈmjʊə(r)/ *adj.* betont zurückhaltend

den /den/ *n.* Höhle, *die*

denial /dɪˈnaɪəl/ *n.* (refusal) Verweigerung, *die*; (of request) Ablehnung, *die*; **be in** ~ die Augen vor der Wahrheit schließen

denier /ˈdenjə(r)/ *n.* Denier, *das*; **20** ~ **stockings** 20-den-Strümpfe

denim /ˈdenɪm/ *n.* Denim®, *der*; Jeansstoff, *der*; ~ **jacket** Jeansjacke, *die*; ~**s** Bluejeans *Pl.*

Denmark /ˈdenmɑːk/ *pr. n.* Dänemark (*das*)

denomination /dɪnɒmɪˈneɪʃn/ *n.* (Relig.) Konfession, *die*

denote /dɪˈnəʊt/ *v.t.* bezeichnen

dénouement, denouement /deɪˈnuːmɑ̃/ *n.* Ausgang, *der*

denounce /dɪˈnaʊns/ *v.t.* denunzieren; (accuse publicly) beschuldigen

dense /dens/ *adj.* **1** dicht; massiv <*Körper*> **2** (stupid) dumm

'**densely** *adv.* dicht; ~ **packed** dicht gedrängt

density /ˈdensɪti/ *n.* Dichte, *die*

dent /dent/ **A** *n.* Beule, *die* **B** *v.t.* einbeulen

dental /ˈdentl/ *adj.* Zahn-

dental: ~ **care** *n.* Zahnpflege, *die*; ~ **floss** /ˈdentl flɒs/ *n.* Zahnseide, *die*; ~ **practitioner**, ~ **surgeon** *ns.* Zahnarzt, *der*/-ärztin, *die*; ~ **treatment** *n.* zahnärztliche Behandlung

dentist /ˈdentɪst/ *n.* Zahnarzt, *der*/-ärztin, *die*

dentistry /ˈdentɪstri/ *n.* Zahnheilkunde, *die*

denture /ˈdentʃə(r)/ *n.* ~**[s]** Zahnprothese, *die*

denunciation /dɪnʌnsɪˈeɪʃn/ *n.* Denunziation, *die*; (public accusation) Beschuldigung, *die*

✗ **deny** /dɪˈnaɪ/ *v.t.* (declare untrue) bestreiten; (refuse) ~ **sb sth** jmdm. etw. verweigern; ~ **sb's request** jmdm. seine Bitte abschlagen

deodorant /diːˈəʊdərənt/ **A** *adj.* deodorierend **B** *n.* Deodorant, *das*

depart /dɪˈpɑːt/ *v.i.* **1** (go away) weggehen **2** (set out, leave) abfahren; (on one's journey) abreisen **3** (fig.) (deviate) abweichen (**from** von)

✗ **department** /dɪˈpɑːtmənt/ *n.* Abteilung, *die*; (government ~) Ministerium, *das*; (of university) Seminar, *das*

de'partment store *n.* Kaufhaus, *das*

departure /dɪˈpɑːtʃə(r)/ *n.* **1** Abreise, *die*; (of train, bus, ship) Abfahrt, *die*; (of aircraft) Abflug, *der* **2** (deviation) ~ **from sth** Abweichen von etw.

departure: ~ **gate** *n.* Flugsteig, *der*; ~ **lounge** *n.* Abflughalle, *die*; ~ **time** *n.* (of train, bus) Abfahrtzeit, *die*; (of aircraft) Abflugzeit, *die*

✗ **depend** /dɪˈpend/ *v.i.* **1** ~ [up]on abhängen von; **it/that** ~**s** es kommt drauf an **2** (rely, trust) ~ [up]on sich verlassen auf (+ *Akk.*); (have to rely on) angewiesen sein auf (+ *Akk.*)

dependable /dɪˈpendəbl/ *adj.* zuverlässig

dependant /dɪˈpendənt/ *n.* Abhängige, *der*/*die*

dependence /dɪˈpendəns/ *n.* Abhängigkeit, *die*

dependent /dɪˈpendənt/ **A** *n.* ▶ **dependant** **B** *adj.* abhängig

depict /dɪˈpɪkt/ *v.t.* darstellen

deplete /dɪˈpliːt/ *v.t.* erheblich verringern

deplorable /dɪˈplɔːrəbl/ *adj.* beklagenswert

deplore /dɪˈplɔː(r)/ *v.t.* **1** (disapprove of) verurteilen

---

✗ Schlüsselwort

2 (regret) beklagen

deploy /dɪˈplɔɪ/ v.t. einsetzen

deport /dɪˈpɔːt/ v.t. ausweisen

deportation /diːpɔːˈteɪʃn/ n. Ausweisung, *die*

depose /dɪˈpəʊz/ v.t. absetzen

deposit /dɪˈpɒzɪt/ **A** n. **1** (in bank) Depot, *das*; (credit) Guthaben, *das*; (BrE) (at interest) Sparguthaben, *das* **2** (first instalment) Anzahlung, *die*; **put down a ~ on sth** eine Anzahlung für etw. leisten **3** (on bottle) Pfand, *das* **B** v.t. **1** (lay down) ablegen; abstellen ‹*etw. Senkrechtes*› **2** (in bank) deponieren

de'posit account n. (BrE) Sparkonto, *das*

depot /ˈdepəʊ/ n. Depot, *das*

depraved /dɪˈpreɪvd/ adj. verdorben

depravity /dɪˈprævɪtɪ/ n. Verdorbenheit, *die*

depreciate /dɪˈpriːʃɪeɪt/ v.i. an Wert verlieren

depreciation /dɪpriːʃɪˈeɪʃn/ n. Wertverlust, *der*

depress /dɪˈpres/ v.t. **1** (deject) deprimieren **2** (push down) herunterdrücken

depressed /dɪˈprest/ adj. deprimiert

de'pressing adj., **de'pressingly** adv. deprimierend

depression /dɪˈpreʃn/ n. **1** Depression, *die* **2** (sunk place) Vertiefung, *die* **3** (Meteorol.) Tief[druckgebiet], *das* **4** (Econ.) Wirtschaftskrise, *die*

deprivation /deprɪˈveɪʃn/ n. Entbehrung, *die*

deprive /dɪˈpraɪv/ v.t. **~ sb of sth** jmdm. etw. nehmen; (prevent from having) jmdm. etw. vorenthalten

deprived /dɪˈpraɪvd/ adj. benachteiligt ‹*Kind, Familie usw.*›

depth /depθ/ n. Tiefe, *die*; **in ~** gründlich; **in the ~s of winter** im tiefsten Winter

'depth charge n. Wasserbombe, *die*

deputation /depjʊˈteɪʃn/ n. Abordnung, *die*

deputize /ˈdepjʊtaɪz/ v.i. **~ for sb** jmdn. vertreten

deputy /ˈdepjʊtɪ/ n. [Stell]vertreter, *der*/-vertreterin, *die*; attrib. stellvertretend

derail /dɪˈreɪl/ v.t. **be ~ed** entgleisen

de'railment n. Entgleisung, *die*

deranged /dɪˈreɪndʒd/ adj. **[mentally] ~** geistesgestört

deregulate /diːˈregjʊleɪt/ v.t. deregulieren (fachspr.); dem freien Wettbewerb überlassen

deregulation /diːregjʊˈleɪʃn/ n. Deregulation, *die* (fachspr.); Deregulierung, *die* (fachspr.)

derelict /ˈderɪlɪkt/ **A** adj. verlassen und verfallen **B** n. Ausgestoßene, *der*/*die*

deride /dɪˈraɪd/ v.t. sich lustig machen über (+ *Akk.*)

derision /dɪˈrɪʒn/ n. Spott, *der*

derisive /dɪˈraɪsɪv/ adj. (ironical) spöttisch; (scoffing) verächtlich

derisory /dɪˈraɪzərɪ/ adj. (ridiculously inadequate) lächerlich

derivation /derɪˈveɪʃn/ n. Ableitung, *die*

derivative /dɪˈrɪvətɪv/ **A** adj. (lacking originality) nachahmend **B** n. Ableitung, *die*

derive /dɪˈraɪv/ **A** v.t. **~ sth from sth** etw. aus etw. gewinnen; **~ pleasure from sth** Freude an etw. (*Dat.*) haben **B** v.i. **~ from** beruhen auf (+ *Dat.*)

derogatory /dɪˈrɒgətərɪ/ adj. abfällig

derrick /ˈderɪk/ n. [Derrick]kran, *der*

derv /dɜːv/ n. Diesel[kraftstoff], *der*

descale /diːˈskeɪl/ v.t. entkalken

descend /dɪˈsend/ **A** v.i. **1** (go down) hinuntergehen/-steigen/-klettern/-fahren; (come down) herunterkommen; ‹*Fallschirm, Flugzeug:*› niedergehen **2** (slope downwards) abfallen **3** **~ on sb** jmdn. überfallen **B** v.t. (go/come down) hinunter-/herUntergehen/-steigen/-klettern/-fahren

descendant /dɪˈsendənt/ n. Nachkomme, *der*

de'scended adj. **be ~ from sb** von jmdm. abstammen

descent /dɪˈsent/ n. **1** Abstieg, *der*; (of parachute, plane) Niedergehen, *das* **2** (lineage) Herkunft, *die*; **be of Russian ~** russischer Abstammung sein

✔ **describe** /dɪˈskraɪb/ v.t. beschreiben

✔ **description** /dɪˈskrɪpʃn/ n. **1** Beschreibung, *die* **2** (sort, class) Art, *die*

descriptive /dɪˈskrɪptɪv/ adj. beschreibend; (vivid) anschaulich; **a purely ~ report** ein reiner Tatsachenbericht

desecrate /ˈdesɪkreɪt/ v.t. entweihen

desert¹ /ˈdezət/ n. Wüste, *die*

desert² /dɪˈzɜːt/ **A** v.t. verlassen **B** v.i. ‹*Soldat:*› desertieren

de'serted adj. verlassen

de'serter n. Deserteur, *der*

desertification /dezɜːtɪfɪˈkeɪʃn/ n., no pl. Verwüstung, *die*; Desertifikation, *die*

desertion /dɪˈzɜːʃn/ n. Desertion, *die*

desert 'island /dezət ˈaɪlənd/ n. einsame Insel

deserts /dɪˈzɜːts/ n. pl. **get one's [just] ~** das bekommen, was man verdient hat

✔ **deserve** /dɪˈzɜːv/ v.t. verdienen

deserving /dɪˈzɜːvɪŋ/ adj. verdienstvoll; **a ~ cause** ein guter Zweck

✔ **design** /dɪˈzaɪn/ **A** n. Entwurf, *der*; (pattern) Muster, *das*; (established form of machine, engine, etc.) Bauweise, *die*; (general idea, construction) Konstruktion, *die* **B** v.t. entwerfen; **be ~ed to do sth** etw. tun sollen

designate /ˈdezɪgneɪt/ v.t. **1** bezeichnen

2 (appoint) designieren (geh.)
designation /deztg'netʃn/ n. Bezeichnung, die
'**designer** n. Designer, der/Designerin, die; (of machines) Konstrukteur, der/Konstrukteurin, die; attrib. Modell‹kleidung, -jeans›
desirability /dtzatərə'bılıtı/ n. Wunschbarkeit, die
desirable /dt'zatərəbl/ adj. wünschenswert
⚬ **desire** /dt'zatə(r)/ ◮ n. Wunsch, der (for nach); (longing) Sehnsucht, die (for nach) ◭ v.t. sich (Dat.) wünschen; (long for) sich sehnen nach
desist /dt'zıst/ v.i. (literary) einhalten (geh.); ~ from sth von etw. ablassen (geh.)
desk /desk/ n. **1** Schreibtisch, der; (in school) Tisch, der
2 (cash ~) Kasse, die; (reception ~) Rezeption, die
desk: ~-**bound** adj. an den Schreibtisch gefesselt (fig.); ~ **calendar**, ~ **diary** ns. Tischkalender, der; ~ **editor** n. Manuskriptbearbeiter, der/-bearbeiterin, die; Lektor, der/Lektorin, die; ~ **lamp** n. Schreibtischlampe, die; ~**top** adj. ~top publishing Desktoppublishing, das; ~top computer Tischcomputer, der
desolate /'desələt/ adj. trostlos
desolation /desə'leıʃn/ n. Trostlosigkeit, die
despair /dt'speə(r)/ ◮ n. Verzweiflung, die; be the ~ of sb jmdn. zur Verzweiflung bringen ◭ v.i. verzweifeln
desperate /'despərət/ adj. verzweifelt; extrem ‹Maßnahmen›; be ~ for sth etw. dringend brauchen
desperation /despə'reıʃn/ n. Verzweiflung, die
despicable /dt'spıkəbl/ adj. verabscheuungswürdig
despise /dt'spaız/ v.t. verachten
⚬ **despite** /dt'spaıt/ prep. trotz
despondent /dt'spɒndənt/ adj. bedrückt
despot /'despɒt/ n. Despot, der
dessert /dt'zɜ:t/ n. Nachtisch, der
dessert: ~**spoon** n. Esslöffel, der; ~**spoonful** n. Esslöffel, der; ~ **wine** n. Dessertwein, der
destabilize /di:'steıbılaız/ v.t. (Polit.) destabilisieren
destination /destı'neıʃn/ n. Reiseziel, das; (of goods) Bestimmungsort, der; (of train, bus) Zielort, der
destine /'destın/ v.t. bestimmen; be ~d to do sth dazu bestimmt sein, etw. zu tun
destiny /'destını/ n. Schicksal, das
destitute /'destıtju:t/ adj. mittellos
⚬ **destroy** /dt'strɔı/ v.t. zerstören
de'stroyer n. (also Naut.) Zerstörer, der

⚬ **destruction** /dt'strʌkʃn/ n. Zerstörung, die
destructive /dt'strʌktıv/ adj. zerstörerisch; verheerend ‹Sturm, Feuer›
desultory /'desəltərı/ adj. sprunghaft; zwanglos, ungezwungen ‹Gespräch›
detach /dt'tætʃ/ v.t. entfernen; abnehmen ‹wieder zu Befestigendes›; herausnehmen ‹innen Befindliches›
detachable /dt'tætʃəbl/ adj. abnehmbar
detached /dt'tætʃt/ adj. **1** (impartial) unvoreingenommen; (unemotional) unbeteiligt
2 a ~ house ein Einzelhaus
de'tachment n. **1** ▸ detach Entfernen, das; Abnehmen, das; Herausnehmen, das
2 (Mil.) Abteilung, die
⚬ **detail** /'di:teıl/ ◮ n. Einzelheit, die; Detail, das; in ~ Punkt für Punkt; go into ~[s] ins Detail gehen ◭ v.t. **1** einzeln ausführen
2 (Mil.) abkommandieren
detailed /'di:teıld/ adj. detailliert; eingehend ‹Studie›
detain /dt'teın/ v.t. **1** festhalten; (take into confinement) verhaften
2 (delay) aufhalten
detainee /di:teı'ni:/ n. Verhaftete, der/die
detect /dt'tekt/ v.t. entdecken; wahrnehmen ‹Bewegung›; aufdecken ‹Irrtum, Verbrechen›
detection /dt'tekʃn/ n. Entdeckung, die; (of error, crime) Aufdeckung, die
detective /dt'tektıv/ n. Detektiv, der; private ~ Privatdetektiv, der
detective: ~ **story** n. Detektivgeschichte, die; ~ **work** n. Ermittlungsarbeit, die
detector /dt'tektə(r)/ n. Detektor, der
detention /dt'tenʃn/ n. **1** Festnahme, die; (confinement) Haft, die
2 (Sch.) Nachsitzen, das
de'tention centre n. (BrE) Jugendstrafanstalt, die
deter /dt'tɜ:(r)/ v.t., -rr- abschrecken
detergent /dt'tɜ:dʒənt/ n. Waschmittel, das
deteriorate /dt'tıərıəreıt/ v.i. sich verschlechtern; ‹Haus:› verfallen
deterioration /dttıərıə'reıʃn/ n. ▸ deteriorate Verschlechterung, die; Verfall, der
determination /dttɜ:mı'neıʃn/ n. Entschlossenheit, die
⚬ **determine** /dt'tɜ:mın/ v.t. **1** (decide) beschließen
2 (be a decisive factor for) bestimmen
3 (ascertain) feststellen
determined /dt'tɜ:mınd/ adj. **1** be ~ to do sth etw. unbedingt tun wollen
2 (resolute) entschlossen
deterrent /dt'terənt/ n. Abschreckungsmittel, das (to für)
detest /dt'test/ v.t. verabscheuen
detestable /dt'testəbl/ adj. verabscheuenswert
detonate /'detəneıt/ ◮ v.t. zünden ◭ v.i. detonieren

detonation /detə'neɪʃn/ n. Detonation, *die*

detonator /'detəneɪtə(r)/ n. Sprengkapsel, *die*

detour /'diːtʊə(r)/ n. Umweg, *der*; (diversion) Umleitung, *die*

detoxify /diː'tɒksɪfaɪ/ v.t. entgiften; unschädlich machen <*Gift usw.*>

detract /dɪ'trækt/ v.i. ~ from sth etw. beeinträchtigen

detriment /'detrɪmənt/ n. to the ~ of sth zum Nachteil einer Sache (*Gen.*)

detrimental /detrɪ'mentl/ adj. schädlich; be ~ to sth einer Sache (*Dat.*) schaden

deuce /djuːs/ n. (Tennis) Einstand, *der*

devaluation /diːvæljuː'eɪʃn/ n. Abwertung, *die*

devalue /diː'væljuː/ v.t. abwerten

devastate /'devəsteɪt/ v.t. verwüsten; (fig.) niederschmettern

devastating /'devəsteɪtɪŋ/ adj. verheerend; (fig.) niederschmetternd

devastation /devə'steɪʃn/ n. Verwüstung, *die*

◇ develop /dɪ'veləp/ **A** v.t. entwickeln; erschließen <*natürliche Ressourcen*>; bekommen <*Krankheit, Fieber, Lust*>; ~ a taste for sth Geschmack an etw. (*Akk.*) finden
  B v.i. sich entwickeln (from aus; into zu)

de'veloper n. **1** (Photog.) Entwickler, *der* **2** (of land) Bauunternehmer, *der*

developing: ~ country n. Entwicklungsland, *das*; ~ **world** n. Entwicklungsländer *Pl.*

◇ de'velopment n. Entwicklung, *die* (from aus; into zu); (of natural resources etc.) Erschließung, *die*

de'velopment area n. (BrE) Entwicklungsgebiet, *das*

deviant /'diːvɪənt/ adj. abweichend

deviate /'diːvɪeɪt/ v.i. abweichen

deviation /diːvɪ'eɪʃn/ n. Abweichung, *die*

◇ device /dɪ'vaɪs/ n. Gerät, *das*; (as part of sth) Vorrichtung, *die*; leave sb to his own ~s jmdn. sich (*Dat.*) selbst überlassen

devil /'devl/ n. Teufel, *der*; the D~ der Teufel

'devilish adj. teuflisch

devious /'diːvɪəs/ adj. **1** (winding) verschlungen; ~ route Umweg, *der* **2** (unscrupulous, insincere) hinterhältig

devise /dɪ'vaɪz/ v.t. entwerfen; schmieden <*Pläne*>

devoid /dɪ'vɔɪd/ adj. ~ of sth (lacking) ohne etw.; (free from) frei von etw.

devolution /diːvə'luːʃn/ n. (Polit.) Dezentralisierung, *die*

devote /dɪ'vəʊt/ v.t. widmen (to *Dat.*)

de'voted adj. treu; aufrichtig <*Freundschaft, Liebe, Verehrung*>; be ~ to sb jmdn. innig lieben

devotion /dɪ'vəʊʃn/ n. ~ to sb/sth Hingabe an jmdn./etw.

devour /dɪ'vaʊə(r)/ v.t. verschlingen

devout /dɪ'vaʊt/ adj. fromm

dew /djuː/ n. Tau, *der*

'dewdrop n. Tautropfen, *der*

dexterity /dek'sterɪtɪ/ n. Geschicklichkeit, *die*

dextrous /'dekstrəs/ adj. geschickt

diabetes /daɪə'biːtiːz/ n. Zuckerkrankheit, *die*

diabetic /daɪə'betɪk/ **A** adj. zuckerkrank <*Person*>
  B n. Diabetiker, *der*/Diabetikerin, *die*

diabolical /daɪə'bɒlɪkl/ adj. teuflisch

diagnose /daɪəg'nəʊz/ v.t. diagnostizieren; feststellen <*Fehler*>

diagnosis /daɪəg'nəʊsɪs/ n., pl. **diagnoses** /daɪəg'nəʊsiːz/ Diagnose, *die*; make a ~ eine Diagnose stellen

diagonal /daɪ'ægənl/ **A** adj. diagonal
  B n. Diagonale, *die*

di'agonally adv. diagonal

diagram /'daɪəgræm/ n. Diagramm, *das*

dial /'daɪəl/ **A** n. (of clock or watch) Zifferblatt, *das*; (of gauge, meter, etc.) Skala, *die*; (Teleph.) Wählscheibe, *die*
  B v.t. & i., (BrE) **-ll-** (Teleph.) wählen; ~ direct selbst wählen; (dial extension) durchwählen

dialect /'daɪəlekt/ n. Dialekt, *der*

dialling (AmE: **dialing**): ~ **code** n. Vorwahl, *die*; ~ **tone** Wählton, *der*

◇ dialogue /'daɪəlɒg/ n. Dialog, *der*

'dialogue box n. (Comp.) Dialogbox, *die*; Dialogfenster, *das*

'dial tone n. (AmE) Wählton, *der*

dialysis /daɪ'ælɪsɪs/ n. [Hämo]dialyse, *die* (fachspr.); Blutwäsche, *die*

di'alysis machine n. Dialyseapparat, *der*

diameter /daɪ'æmɪtə(r)/ n. Durchmesser, *der*

diametrical /daɪə'metrɪkl/ adj., **dia'metrically** adv. diametral

diamond /'daɪəmənd/ n. **1** Diamant, *der* **2** (figure) Raute, *die* **3** (Cards) Karo, *das*; see also **club** A4

diaper /'daɪəpə(r)/ n. (AmE) Windel, *die*

diaphragm /'daɪəfræm/ n. Diaphragma, *das* (fachspr.); (Anat. also) Zwerchfell, *das*; (Photog. also) Blende, *die*

diarrhoea (AmE: **diarrhea**) /daɪə'riːə/ n. Durchfall, *der*

diary /'daɪərɪ/ n. **1** Tagebuch, *das* **2** (for appointments) Terminkalender, *der*

dice /daɪs/ **A** n. Würfel, *der*
  B v.t. (Cooking) würfeln

dicey /'daɪsɪ/ adj. (infml) riskant

Dictaphone® /'dɪktəfəʊn/ n. Diktaphon, *das* (fachspr.); Diktiergerät, *das*

dictate /dɪk'teɪt/ v.t. & i. diktieren; (prescribe) vorschreiben; ~ to Vorschriften machen (+ *Dat.*)

dic'tating machine n. Diktiergerät, *das*

dictation /dɪk'teɪʃn/ n. Diktat, *das*

dictator /dɪk'teɪtə(r)/ n. Diktator, *der*

d

dictatorial /dɪktə'tɔːrɪəl/ *adj.* diktatorisch

dic'tatorship *n.* Diktatur, *die*

dictionary /'dɪkʃənərɪ/ *n.* Wörterbuch, *das*

did ▸ do

diddle /'dɪdl/ *v.t.* (infml) übers Ohr hauen (ugs.)

didn't /'dɪdnt/ (infml) = did not ▸ do

✧ **die** /daɪ/ *v.i.*, **dying** /'daɪɪŋ/ sterben (of, from an + *Dat.*); ‹*Tier, Pflanze:*› eingehen; **be dying to do sth** darauf brennen, etw. zu tun; **be dying for sth** etw. unbedingt brauchen

■ ~ **'down** *v.i.* ‹*Sturm, Wind, Protest:*› sich legen; ‹*Flammen:*› kleiner werden; ‹*Feuer:*› herunterbrennen; ‹*Lärm:*› leiser werden

■ ~ **'out** *v.i.* aussterben

'diehard *n.* Ewiggestrige, *der/die*

diesel /'diːzl/ *n.* ~ **[engine]** Diesel[motor], *der*; ~ **[fuel]** Diesel[kraftstoff], *der*

diet /'daɪət/ 🄰 *n.* Diät, *die*; **be/go on a** ~ eine Schlankheitskur machen
🄱 *v.i.* eine Schlankheitskur machen

'diet sheet *n.* Diätplan, *der*

differ /'dɪfə(r)/ *v.i.* (be different) sich unterscheiden

✧ **difference** /'dɪfərəns/ *n.* **1** Unterschied, *der*; **make no** ~ **[to sb]** [jmdm.] nichts ausmachen; **it makes a** ~ es ist ein *od.* (ugs.) macht einen Unterschied
2 (disagreement) Meinungsverschiedenheit, *die*

✧ **different** /'dɪfərənt/ *adj.* verschieden; (*pred. also*) anders; (*attrib. also*) ander...; **be** ~ **from** *or* (esp. BrE) **to** *or* (AmE) **than** ... anders sein als ...

differentiate /dɪfə'renʃɪeɪt/ *v.t. & i.* unterscheiden (**between zwischen** + *Dat.*)

'differently *adv.* anders (**from**, (esp. BrE) **to** als)

✧ **difficult** /'dɪfɪkəlt/ *adj.* schwierig

✧ **difficulty** *n.* Schwierigkeit, *die*; **with [great]** ~ [sehr] mühsam; **get into difficulties in** Schwierigkeiten kommen

diffident /'dɪfɪdənt/ *adj.* zaghaft; (modest) zurückhaltend

diffuse 🄰 /dɪ'fjuːz/ *v.t.* verbreiten
🄱 /dɪ'fjuːz/ *v.i.* sich ausbreiten (**through in** + *Dat.*)
🄲 /dɪ'fjuːs/ *adj.* diffus

dig /dɪɡ/ 🄰 *v.i.*, **-gg-**, **dug** /dʌɡ/ graben (**for** nach)
🄱 *v.t.*, **-gg-**, **dug** graben; umgraben ‹*Erde, Garten*›
■ ~ **'out** *v.t.* ausgraben
■ ~ **'up** *v.t.* ausgraben; umgraben ‹*Garten*›; aufreißen ‹*Straße*›

digest /dɪ'dʒest, daɪ'dʒest/ *v.t.* verdauen

digestion /dɪ'dʒestʃn, daɪ'dʒestʃn/ *n.* Verdauung, *die*

'digger *n.* Bagger, *der*

digit /'dɪdʒɪt/ *n.* Ziffer, *die*

✧ **digital** /'dɪdʒɪtl/ *adj.* Digital-

digital: ~ **'audio tape** *n.* Digitaltonband, *das*; ~ **'camera** *n.* Digitalkamera, *die*; ~

'radio *n.* Digitalradio, *das*; ~ **'television** *n.* Digitalfernsehen, *das*; ~ **'video disc** *n.* DVD, *die*; Digital Video Disc, *die*

dignified /'dɪɡnɪfaɪd/ *adj.* würdig; (stately) würdevoll

dignify /'dɪɡnɪfaɪ/ *v.t.* Würde verleihen (+ *Dat.*)

dignitary /'dɪɡnɪtərɪ/ *n.* Würdenträger, *der*; **dignitaries** (prominent people) Honoratioren *Pl.*

dignity /'dɪɡnɪtɪ/ *n.* Würde, *die*

digress /daɪ'ɡres/ *v.i.* abschweifen

digression /daɪ'ɡreʃn/ *n.* Abschweifung, *die*

dike /daɪk/ *n.* Deich, *der*

dilapidated /dɪ'læpɪdeɪtɪd/ *adj.* verfallen ‹*Gebäude*›; verwahrlost ‹*Erscheinung*›

dilate /daɪ'leɪt/ 🄰 *v.i.* sich weiten
🄱 *v.t.* ausdehnen

dilemma /dɪ'lemə, daɪ'lemə/ *n.* Dilemma, *das*

diligence /'dɪlɪdʒəns/ *n.* Fleiß, *der*

diligent /'dɪlɪdʒənt/ *adj.*, **'diligently** *adv.* fleißig

dilute /daɪ'ljuːt, 'daɪljuːt/ *adj.* verdünnt
🄱 /daɪ'ljuːt/ *v.t.* verdünnen

dim /dɪm/ 🄰 *adj.* **1** schwach ‹*Licht, Flackern*›; dunkel ‹*Zimmer*›; verschwommen ‹*Gestalt*›
2 (vague) verschwommen
3 (infml) (stupid) beschränkt
🄱 *v.i.* schwächer werden

dime /daɪm/ *n.* (AmE) (infml) Zehncentstück, *das*

dimension /dɪ'menʃn, daɪ'menʃn/ *n.* Dimension, *die*; ~**s** (measurements) Abmessungen; Maße

diminish /dɪ'mɪnɪʃ/ 🄰 *v.i.* nachlassen; ‹*Vorräte, Einfluss:*› abnehmen; ‹*Wert, Ansehen:*› geringer werden
🄱 *v.t.* verringern; schmälern ‹*Ansehen, Ruf*›

dimple /'dɪmpl/ *n.* Grübchen, *das*

dim: ~**wit** *n.* (infml) Dummkopf, *der* (ugs.); ~**-witted** /'dɪmwɪtɪd/ *adj.* (infml) dusselig (salopp)

din /dɪn/ *n.* Lärm, *der*

dine /daɪn/ *v.i.* [zu Mittag/zu Abend] essen

'diner *n.* Gast, *der*

dinghy /'dɪŋɡɪ, 'dɪŋɪ/ *n.* Ding[h]i, *das*; (inflatable) Schlauchboot, *das*

dingy /'dɪndʒɪ/ *adj.* schmuddelig

dining /'daɪnɪŋ/: ~ **area** *n.* ≈ Essecke, *die*; ~ **car** *n.* Speisewagen, *der*; ~ **room** *n.* Esszimmer, *das*; (in hotel etc.) Speisesaal, *der*; ~ **table** *n.* Esstisch, *der*

✧ **dinner** /'dɪnə(r)/ *n.* (at midday) Mittagessen, *das*; (in the evening) Abendessen, *das*; (formal) Diner, *das*

dinner: ~ **jacket** *n.* (BrE) Dinnerjacket, *das*; ~ **party** *n.* Abendeinladung, *die* (mit Essen); (more formal) Abendgesellschaft, *die*; ~ **plate** *n.* flacher Teller; Essteller, *der*; ~ **table** *n.* Esstisch, *der*; ~ **time** *n.* Essenszeit, *die*; **at** ~ **time** zur Essenszeit; (12-2 p.m.) mittags

---

✧ Schlüsselwort

dinosaur /'daɪnəsɔː(r)/ *n.* Dinosaurier, *der*

dint /dɪnt/ *n.* **by ~ of** durch; **by ~ of doing sth** indem jmd. etw. tut

dip /dɪp/ Ⓐ *v.t.*, **-pp- 1** [ein]tauchen (**in** in + *Akk.*)
   2 ~ one's headlights abblenden
   Ⓑ *v.i.* sinken; (incline) abfallen
   Ⓒ *n.* **1** (in road) Senke, *die*
   2 (bathe) [kurzes] Bad

diphtheria /dɪf'θɪərɪə/ *n.* Diphtherie, *die*

diphthong /'dɪfθɒŋ/ *n.* Diphthong, *der*

diploma /dɪ'pləʊmə/ *n.* Diplom, *das*

diplomacy /dɪ'pləʊməsɪ/ *n.* Diplomatie, *die*

diplomat /'dɪpləmæt/ *n.* Diplomat, *der*/ Diplomatin, *die*

diplomatic /dɪplə'mætɪk/ *adj.*, **diplo'matically** *adv.* diplomatisch

diplo'matic service *n.* diplomatischer Dienst

'dipstick *n.* [Öl-/Benzin]messstab, *der*

dire /'daɪə(r)/ *adj.* furchtbar

✅ **direct** /dɪ'rekt, daɪ'rekt/ Ⓐ *v.t.* **1** (turn) richten (**to[wards]** auf + *Akk.*); **~ sb to a place** jmdn. den Weg zu einem Ort weisen
   2 (control) leiten; regeln ‹*Verkehr*›
   3 (order) anweisen
   4 (Theatre, Cinemat., etc.) Regie führen bei
   Ⓑ *adj.* direkt; durchgehend ‹*Zug*›; unmittelbar ‹*Ursache, Auswirkung, Erfahrung, Verantwortung*›; genau ‹*Gegenteil*›; direkt ‹*Widerspruch*›; diametral ‹*Gegensatz*›
   Ⓒ *adv.* direkt

direct: ~ 'current *n.* (Electr.) Gleichstrom, *der*; **~ 'debit** *n.* (BrE) Lastschriftverfahren, *das*; **~ 'dialling** *n.* Durchwahl, *die*; **we will soon have ~ dialling** wir werden bald ein Durchwahlsystem haben; **~ 'flight** *n.* Direktflug, *der*; **~ 'hit** *n.* Volltreffer, *der*

✅ **direction** /dɪ'rekʃn, daɪ'rekʃn/ *n.* **1** Richtung, *die*; **in the ~ of London** in Richtung London
   2 (guidance) Führung, *die*; (Theatre, Cinemat., etc.) Regie, *die*; Spielleitung, *die*
   3 *usu. in pl.* (order) Anordnung, *die*; **~s [for use]** Gebrauchsanweisung, *die*

✅ **di'rectly** *adv.* **1** direkt; unmittelbar ‹*folgen, verantwortlich sein*›
   2 (exactly) genau
   3 (at once) umgehend
   4 (shortly) gleich

di'rect object *n.* direktes Objekt

✅ **director** /daɪ'rektə(r), dɪ'rektə(r)/ *n.*
   1 (Commerc.) Direktor, *der*/Direktorin, *die*; **board of ~s** Aufsichtsrat, *der*
   2 (Theatre, Cinemat., etc.) Regisseur, *der*/ Regisseurin, *die*

directory /daɪ'rektərɪ, dɪ'rektərɪ/ *n.* (telephone ~) Telefonbuch, *das*; (of tradesmen etc.) Branchenverzeichnis, *das*; (Comp.) Verzeichnis, *das*

directory 'enquiries (BrE), **directory 'information** (AmE) *ns.*

[Fernsprech]auskunft, *die*

direct 'speech *n.* direkte Rede

dirt /dɜːt/ *n.* Schmutz, *der*; **~ cheap** (infml) spottbillig

'dirty Ⓐ *adj.* schmutzig; **get sth ~** etw. schmutzig machen
   Ⓑ *v.t.* schmutzig machen

disa'bility *n.* Behinderung, *die*

disa'bility allowance *n.* Erwerbsunfähigkeitsentschädigung, *die*

disabled /dɪs'eɪbld/ *adj.* behindert

disad'vantage *n.* Nachteil, *der*; **at a ~** im Nachteil

disad'vantaged *adj.* benachteiligt

disa'gree *v.i.* anderer Meinung sein; **~ with sb/sth** mit jmdm./etw. nicht übereinstimmen; **~ [with sb] about** *or* **over sth** sich [mit jmdm.] über etw. (*Akk.*) nicht einig sein

disa'greeable *adj.* unangenehm

disa'greement *n.* **1** (difference of opinion) Uneinigkeit, *die*; **be in ~ with sb/sth** mit jmdm./etw. nicht übereinstimmen
   2 (quarrel) Meinungsverschiedenheit, *die*
   3 (discrepancy) Diskrepanz, *die*

disal'low *v.t.* verbieten; (Sport) nicht geben ‹*Tor*›

✅ **disap'pear** *v.i.* verschwinden; ‹*Brauch, Tierart:*› aussterben

disap'pearance *n.* Verschwinden, *das*

disap'point *v.t.* enttäuschen

disap'pointed *adj.* enttäuscht

disap'pointing *adj.* enttäuschend

disap'pointment *n.* Enttäuschung, *die*

disap'proval *n.* Missbilligung, *die*

disap'prove *v.i.* dagegen sein; **~ of sb/sth** jmdn. ablehnen/etw. missbilligen

dis'arm *v.t.* entwaffnen

disarmament /dɪs'ɑːməmənt/ *n.* Abrüstung, *die*

disarray /dɪsə'reɪ/ *n.* Unordnung, *die*; **in ~** in Unordnung

✅ **disaster** /dɪ'zɑːstə(r)/ *n.* Katastrophe, *die*

disaster: ~ area *n.* Katastrophengebiet, *das*; **~ fund** *n.* Nothilfefonds, *der*

disastrous /dɪ'zɑːstrəs/ *adj.* katastrophal; verhängnisvoll ‹*Irrtum, Entscheidung, Politik*›

dis'band Ⓐ *v.t.* auflösen
   Ⓑ *v.i.* sich auflösen

disbe'lief *n.* Unglaube, *der*; **in ~** ungläubig

disbe'lieve *v.t.* **~ sb/sth** jmdm./etw. nicht glauben

✅ **disc** /dɪsk/ *n.* **1** Scheibe, *die*; (record) Platte, *die*
   2 (Comp.) ▶ **disk 1**

discard /dɪs'kɑːd/ *v.t.* wegwerfen; fallen lassen ‹*Vorschlag, Idee*›

'disc brake *n.* Scheibenbremse, *die*

discern /dɪ'sɜːn/ *v.t.* wahrnehmen

discernible /dɪ'sɜːnɪbl/ *adj.* erkennbar

d

di'scerning *adj.* kritisch
discharge **A** /dɪs'tʃɑːdʒ/ *v.t.* **1** entlassen
(**from** aus); freisprechen <*Angeklagte*>
2 ablassen <*Flüssigkeit, Gas*>
B /'dɪstʃɑːdʒ/ *n.* **1** Entlassung, *die* (**from** aus);
(of defendant) Freispruch, *der*
2 (emission) Ausfluss, *der*
disciple /dɪ'saɪpl/ *n.* **1** (Relig.) Jünger, *der*
2 (follower) Anhänger, *der*/Anhängerin, *die*
disciplinary /dɪsɪ'plɪnərɪ/ *adj.* disziplinarisch
disciplinary 'action *n.*
Disziplinarmaßnahmen *Pl.*
discipline /'dɪsɪplɪn/ **A** *n.* Disziplin, *die*
B *v.t.* disziplinieren; (punish) bestrafen
disciplined /'dɪsɪplɪnd/ *adj.* diszipliniert
'disc jockey *n.* Diskjockey, *der*
dis'claim *v.t.* abstreiten
dis'claimer *n.* Gegenerklärung, *die*; (Law)
Verzichterklärung, *die*
disclose /dɪs'kləʊz/ *v.t.* enthüllen; bekannt
geben <*Information, Nachricht*>
dis'closure *n.* Enthüllung, *die*; (of information,
news) Bekanntgabe, *die*
disco /'dɪskəʊ/ *n.*, *pl.* ~**s** (infml) Disko, *die*
'disco dancing *n.* Diskotanz, *der*
dis'colour (BrE; AmE: **discolor**) *v.t.* verfärben
dis'comfort *n.* **1** *no pl.* (slight pain)
Beschwerden *Pl.*
2 (hardship) Unannehmlichkeit, *die*
'disco music *n.* Diskomusik, *die*
disconcert /dɪskɒn'sɜːt/ *v.t.* irritieren
discon'nect *v.t.* abtrennen; abstellen
<*Telefon*>
disconsolate /dɪs'kɒnsələt/ *adj.* **1** (unhappy)
unglücklich
2 (inconsolable) untröstlich
discon'tent *n.* Unzufriedenheit, *die*
discon'tented *adj.* unzufrieden
discon'tinue *v.t.* einstellen
discord /'dɪskɔːd/ *n.* **1** Zwietracht, *die*
2 (Mus.) Dissonanz, *die*
discordant /dɪs'kɔːdənt/ *adj.* **1** (conflicting)
gegensätzlich
2 a ~ **note** ein Misston
discotheque /'dɪskətek/ *n.* Diskothek, *die*
discount **A** /'dɪskaʊnt/ *n.* (Commerc.) Rabatt,
der (**on** auf + *Akk.*)
B /dɪ'skaʊnt/ *v.t.* (disbelieve) unberücksichtigt
lassen
discourage /dɪ'skʌrɪdʒ/ *v.t.* **1** entmutigen
2 (advise against) abraten
di'scouragement *n.* **1** Entmutigung, *die*
2 (depression) Mutlosigkeit, *die*
discouraging /dɪ'skʌrɪdʒɪŋ/ *adj.*
entmutigend
dis'courteous *adj.* unhöflich
dis'courtesy *n.* Unhöflichkeit, *die*
✧ **discover** /dɪ'skʌvə(r)/ *v.t.* entdecken; (by

✧ Schlüsselwort

search) herausfinden
discoverability /dɪskʌvərə'bɪlɪtɪ/ *n.*, *no pl.*
Entdeckbarkeit, *die*
di'scovery *n.* Entdeckung, *die*
dis'credit **A** *n.* Misskredit, *der*; **bring** ~
on sb/sth, bring sb/sth into ~ jmdn./etw. in
Misskredit bringen
B *v.t.* in Misskredit bringen
discreet /dɪ'skriːt/ *adj.*, **di'screetly** *adv.*
diskret
discrepancy /dɪ'skrepənsɪ/ *n.* Diskrepanz, *die*
discrepant /dɪ'skrepənt/ *adj.* [voneinander]
abweichend
discretion /dɪ'skreʃn/ *n.* (prudence) Umsicht,
die
discriminate /dɪ'skrɪmɪneɪt/ *v.i.*
1 unterscheiden
2 ~ **against/in favour of sb** jmdn.
diskriminieren/bevorzugen
discrimination /dɪskrɪmɪ'neɪʃn/ *n.*
1 Unterscheidung, *die*
2 Diskriminierung, *die* (**against** *Gen.*); ~ **in
favour of** *Gen.* Bevorzugung (+ *Gen.*)
discus /'dɪskəs/ *n.* Diskus, *der*
✧ **discuss** /dɪ'skʌs/ *v.t.* besprechen; (debate)
diskutieren über (+ *Akk.*)
✧ **discussion** /dɪ'skʌʃn/ *n.* Gespräch, *das*;
(debate) Diskussion, *die*
disdain /dɪs'deɪn/ **A** *n.* Verachtung, *die*
B *v.t.* verachten; ~ **to do sth** zu stolz sein,
etw. zu tun
disdainful /dɪs'deɪnfl/ *adj.* verächtlich
✧ **disease** /dɪ'ziːz/ *n.* Krankheit, *die*
diseased /dɪ'ziːzd/ *adj.* krank
disem'bark *v.i.* von Bord gehen
disen'chant *v.t.* ernüchtern; **he became** ~**ed
with her/it** sie/es hat ihn desillusioniert
disen'gage *v.t.* lösen (**from** aus, von); ~ **the
clutch** auskuppeln
disen'tangle *v.t.* entwirren; (extricate)
befreien (**from** aus)
dis'figure *v.t.* entstellen
disgrace /dɪs'greɪs/ **A** *n.* Schande, *die* (**to** für)
B *v.t.* Schande machen (+ *Dat.*); ~ **oneself**
sich blamieren
disgraceful /dɪs'greɪsfl/ *adj.* skandalös; **it's** ~
es ist ein Skandal
disgruntled /dɪs'grʌntld/ *adj.* verstimmt
disguise /dɪs'gaɪz/ **A** *v.t.* verkleiden <*Person*>;
verstellen <*Stimme*>; tarnen <*Gegenstand*>
B *n.* Verkleidung, *die*
disgust /dɪs'gʌst/ **A** *n.* (nausea) Ekel, *der* (**at**
vor + *Dat.*); (revulsion) Abscheu, *der* (**at** vor
+ *Dat.*); (indignation) Empörung, *die* (**at** über
+ *Akk.*)
B *v.t.* anwidern; (fill with nausea) ekeln; (fill
with indignation) empören
dis'gusted *adj.* angewidert; (nauseated)
angeekelt; (indignant) empört
dis'gusting *adj.* widerlich

dish /dɪʃ/ *n*. **1** Schale, *die*; (deeper) Schüssel, *die*; ~**es** (crockery) Geschirr, *das*; **wash** *or* (infml) **do the** ~**es** Geschirr spülen **2** (type of food) Gericht, *das*
■ ~ '**out** *v.t.* **1** austeilen <*Essen*> **2** (infml) (distribute) verteilen
■ ~ '**up** *v.t.* auftragen

'**dishcloth** *n*. Spültuch, *das*

dis'hearten *v.t.* entmutigen

dishevelled (AmE: **disheveled**) /dɪˈʃevld/ *adj.* zerzaust <*Haar*>; ungepflegt <*Erscheinung*>

dis'honest *adj.*, **dis'honestly** *adv.* unehrlich

dis'honesty *n*. Unehrlichkeit, *die*

dis'honour A *n*. Unehre, *die*
B *v.t.* beleidigen

dishonourable /dɪsˈɒnərəbl/ *adj.* unehrenhaft

dish: ~ **rack** *n*. Abtropfgestell, *das*; (in dishwasher) Geschirrwagen, *der*; ~**washer** *n*. Geschirrspülmaschine, *die*

disil'lusion A *v.t.* ernüchtern
B *n*. Desillusion, *die* (with über + *Akk*.)

disil'lusionment *n*. Desillusionierung, *die*

disincentive /dɪsɪnˈsentɪv/ *n*. Hemmnis, *das*; **act as** *or* **be a** ~ **to sth to do sth** jmdn. davon abhalten, etw. zu tun

disin'fect *v.t.* desinfizieren

disinfectant /dɪsɪnˈfektənt/ A *adj.* desinfizierend
B *n*. Desinfektionsmittel, *das*

disinformation /dɪsɪnfəˈmeɪʃn/ *n*. Desinformation, *die*

disingenuous /dɪsɪnˈdʒenjʊəs/ *adj.* unaufrichtig

dis'integrate *v.i.* zerfallen

disinte'gration *n*. Zerfall, *der*

dis'interested *adj.* **1** (impartial) unvoreingenommen **2** (infml) (uninterested) desinteressiert

disjointed /dɪsˈdʒɔɪntɪd/ *adj.* unzusammenhängend

disk *n*. **1** *Comp.* [**floppy**] ~ Floppydisk, *die*; Diskette, *die*; [**hard**] ~ (exchangeable) [harte] Magnetplatte; (fixed) Festplatte, *die* **2** ▶ **disc 1**

'**disk drive** *n*. (Comp.) Diskettenlaufwerk, *das*

diskette /dɪsˈket/ *n*. Diskette, *die*

dis'like A *v.t.* nicht mögen; ~ **doing sth** etw. ungern tun
B *n*. Abneigung, *die* (of, for gegen); **take a** ~ **to sb/sth** eine Abneigung gegen jmdn./ etw. empfinden

dislocate /ˈdɪsləkeɪt/ *v.t.* ausrenken; auskugeln <*Schulter, Hüfte*>

dis'lodge *v.t.* entfernen (**from** aus)

dis'loyal *adj.* illoyal (**to** gegenüber)

dis'loyalty *n*. Illoyalität, *die* (**to** gegenüber)

dismal /ˈdɪzməl/ *adj.* trist

dismantle /dɪsˈmæntl/ *v.t.* demontieren; abbauen <*Schuppen, Gerüst*>

dismay /dɪsˈmeɪ/ A *v.t.* bestürzen
B *n*. Bestürzung, *die* (at über + *Akk*.)

⸰′ **dismiss** /dɪsˈmɪs/ *v.t.* entlassen; (reject) ablehnen

dismissal /dɪsˈmɪsl/ *n*. Entlassung, *die*

dismissive /dɪsˈmɪsɪv/ *adj.* abweisend; (disdainful) abschätzig

dis'mount *v.i.* absteigen

diso'bedience *n*. Ungehorsam, *der*

diso'bedient *adj.* ungehorsam

diso'bey *v.t.* nicht gehorchen (+ *Dat*.); nicht befolgen <*Befehl*>

dis'order *n*. **1** Durcheinander, *das* **2** (Med.) Störung, *die*

dis'orderly *adj.* (untidy) unordentlich

disorderly 'conduct *n*. ungebührliches Benehmen

dis'organized *adj.* chaotisch

dis'orientated, **dis'oriented** *adjs.* desorientiert

dis'own *v.t.* verleugnen

disparage /dɪˈspærɪdʒ/ *v.t.* herabsetzen

disparaging /dɪˈspærɪdʒɪŋ/ *adj.* abschätzig

disparity /dɪˈspærɪti/ *n*. Ungleichheit, *die*

dispatch /dɪˈspætʃ/ A *v.t.* **1** schicken **2** (kill) töten
B *n*. Bericht, *der*

di'spatch note *n*. Versandanzeige, *die*

dispel /dɪˈspel/ *v.t.*, **-ll-** vertreiben; zerstreuen <*Besorgnis, Befürchtung*>

dispensable /dɪˈspensəbl/ *adj.* entbehrlich

dispensary /dɪˈspensəri/ *n*. Apotheke, *die*

dispense /dɪˈspens/ *v.i.* ~ **with** verzichten auf (+ *Akk*.)

dispensing 'chemist *n*. Apotheker, *der*/ Apothekerin, *die*

dispersal /dɪˈspɜːsl/ *n*. Zerstreuung, *die*

disperse /dɪˈspɜːs/ A *v.t.* zerstreuen
B *v.i.* sich zerstreuen

dispirited /dɪˈspɪrɪtɪd/ *adj.* entmutigt

dis'place *v.t.* verschieben; (supplant) ersetzen

displaced 'person *n*. Vertriebene, *der/die*

⸰′ **display** /dɪˈspleɪ/ A *v.t.* **1** zeigen; ausstellen <*Waren*> **2** (Comp.) anzeigen
B *n*. **1** Ausstellung, *die*; (of goods) Auslage, *die*; (ostentatious show) Zurschaustellung, *die* **2** (Comp. etc.) Display, *das*; Anzeige, *die*

dis'please *v.t.* ~ **sb** jmds. Missfallen erregen

dis'pleasure *n*. Missfallen, *das*

disposable /dɪˈspəʊzəbl/ *adj.* Wegwerf-

disposal /dɪˈspəʊzl/ *n*. Beseitigung, *die*; **have sth/sb at one's** ~ etw./jmdn. zur Verfügung haben; **be at sb's** ~ jmdm. zur Verfügung stehen

dispose /dɪˈspəʊz/ *v.t.* ~ **sb to sth** jmdn. zu etw. veranlassen; ~ **sb to do sth** jmdn. dazu veranlassen, etw. zu tun

d

■ **di'spose of** *v.t.* beseitigen; (settle) erledigen

disposed /dɪˈspəʊzd/ *adj.* **be ~ to do sth** dazu neigen, etw. zu tun; **be well ~ towards sb/sth** jmdm. wohl gesinnt sein/einer Sache (*Dat.*) positiv gegenüberstehen

disposition /dɪspəˈzɪʃn/ *n.* Veranlagung, *die*; (nature) Art, *die*

dis'prove *v.t.* widerlegen

disputable /dɪˈspjuːtəbl, ˈdɪspjʊtəbl/ *adj.* strittig

✓ **dispute** /dɪˈspjuːt/ **A** *n.* Streit, *der* (over um) **B** *v.t.* **1** (discuss) sich streiten über (+ *Akk.*) **2** (oppose) bestreiten

disqualifi'cation *n.* Ausschluss, *der*; (Sport) Disqualifikation, *die*

dis'qualify *v.t.* ausschließen (from von); (Sport) disqualifizieren

disre'gard **A** *v.t.* ignorieren **B** *n.* Missachtung, *die* (of, for *Gen.*); (of wishes, feelings) Gleichgültigkeit, *die* (for, of gegenüber)

dis'reputable *adj.* verrufen

disrepute /dɪsrɪˈpjuːt/ *n.* Verruf, *der*; **bring sb/sth into ~** jmdn./etw. in Verruf bringen

disre'spect *n.* Missachtung, *die*; **show ~ for sb/sth** keine Achtung vor jmdm./etw. haben

disre'spectful *adj.* respektlos

disrupt /dɪsˈrʌpt/ *v.t.* stören

disruption /dɪsˈrʌpʃn/ *n.* Störung, *die*

disruptive /dɪsˈrʌptɪv/ *adj.* störend

dissatis'faction *n.* Unzufriedenheit, *die*

dis'satisfied *adj.* unzufrieden

dissect /dɪˈsekt/ *v.t.* sezieren

disseminate /dɪˈsemɪneɪt/ *v.t.* verbreiten

dissent /dɪˈsent/ **A** *v.i.* **1** (refuse to assent) nicht zustimmen; **~ from sth** mit etw. nicht übereinstimmen **2** (disagree) **~ from sth** von etw. abweichen **B** *n.* Ablehnung, *die*; (from majority) Abweichung, *die*

dissertation /dɪsəˈteɪʃn/ *n.* Dissertation, *die*

dis'service *n.* **do sb a ~** jmdm. einen schlechten Dienst erweisen

dissident /ˈdɪsɪdənt/ *n.* Dissident, *der*/ Dissidentin, *die*

dis'similar *adj.* unähnlich (to *Dat.*)

dissociate /dɪˈsəʊʃɪeɪt/ *v.t.* trennen; **~ oneself** sich distanzieren (from von)

dissolve /dɪˈzɒlv/ **A** *v.t.* auflösen **B** *v.i.* sich auflösen

dissuade /dɪˈsweɪd/ *v.t.* abbringen (from von)

✓ **distance** /ˈdɪstəns/ *n.* **1** Entfernung, *die* (from zu) **2** (way to cover) Strecke, *die*; **from a ~** von weitem; **in/into the ~** in der/die Ferne

'distance learning *n.* Fernstudium, *das*

distant /ˈdɪstənt/ *adj.* **1** fern; entfernt ‹*Ähnlichkeit, Verwandtschaft, Verwandte*› **2** (reserved) distanziert

✓ Schlüsselwort

dis'taste *n.* Abneigung, *die* (for gegen)

dis'tasteful *adj.* unangenehm

distend /dɪˈstend/ *v.t.* erweitern

distil, (AmE) **distill** /dɪˈstɪl/ *v.t.* destillieren; brennen ‹*Branntwein*›

distillation /dɪstɪˈleɪʃn/ *n.* Destillation, *die*

distillery /dɪˈstɪlərɪ/ *n.* Brennerei, *die*

distinct /dɪˈstɪŋkt/ *adj.* deutlich; (different) verschieden

distinction /dɪˈstɪŋkʃn/ *n.* Unterschied, *der*

distinctive /dɪˈstɪŋktɪv/ *adj.* unverwechselbar

dis'tinctly *adv.* deutlich

distinguish /dɪˈstɪŋgwɪʃ/ **A** *v.t.* **1** (make out) erkennen **2** (differentiate) unterscheiden **3** (characterize) kennzeichnen **4 ~ oneself [by sth]** sich [durch etw.] hervortun **B** *v.i.* unterscheiden; **~ between** auseinander halten

distinguished /dɪˈstɪŋgwɪʃt/ *adj.* angesehen; glänzend ‹*Laufbahn*›; vornehm ‹*Aussehen*›

distort /dɪˈstɔːt/ *v.t.* verzerren; (fig.) verdrehen

distortion /dɪˈstɔːʃn/ *n.* Verzerrung, *die*; (fig.) Verdrehung, *die*

distract /dɪˈstrækt/ *v.t.* ablenken; **~ sb['s attention from sth]** jmdn. [von etw.] ablenken

di'stracted *adj.* von Sinnen *nachgestellt*; (mentally far away) abwesend

distraction /dɪˈstrækʃn/ *n.* **1** (diversion) Ablenkung, *die*; (interruption) Störung, *die* **2 drive sb to ~** jmdn. zum Wahnsinn treiben

distraught /dɪˈstrɔːt/ *adj.* aufgelöst (with vor + *Dat.*); verstört ‹*Blick*›

distress /dɪˈstres/ **A** *n.* **1** Kummer, *der* (at über + *Akk.*) **2** (pain) Qualen *Pl.* **3 an aircraft/ship in ~** ein Flugzeug in Not/ ein Schiff in Seenot **B** *v.t.* nahe gehen (+ *Dat.*)

di'stressing *adj.* erschütternd

di'stress signal *n.* Notsignal, *das*

distribute /dɪˈstrɪbjuːt/ *v.t.* verteilen (to an + *Akk.*) (among unter + *Akk.*); (Commerc.) vertreiben

✓ **distribution** /dɪstrɪˈbjuːʃn/ *n.* Verteilung, *die*; (Commerc.) Vertrieb, *der*

distributor /dɪˈstrɪbjʊtə(r)/ *n.* Verteiler, *der*/ Verteilerin, *die*; (Commerc.) Vertreiber, *der*

✓ **district** /ˈdɪstrɪkt/ *n.* Gegend, *die*; (Admin.) Bezirk, *der*

district: ~ at'torney *n.* (AmE) (Law) [Bezirks]staatsanwalt, *der*/-anwältin, *die*; **~ 'nurse** *n.* (BrE) Gemeindeschwester, *die*

dis'trust /dɪsˈtrʌst/ **A** *n.* Misstrauen, *das* (of gegen) **B** *v.t.* misstrauen (+ *Dat.*)

dis'trustful *adj.* misstrauisch

disturb /dɪˈstɜːb/ *v.t.* **1** stören; **'do not ~!'** „bitte nicht stören!" **2** (worry) beunruhigen

disturbance /dɪ'stɜːbəns/ *n.* Störung, *die*;
political ~s politische Unruhen

disturbed /dɪ'stɜːbd/ *adj.* besorgt; **[mentally]**
~ geistig gestört

disturbing /dɪs'tɜːbɪŋ/ *adj.* bestürzend

disuse /dɪs'juːs/ *n.* fall into ~ außer Gebrauch
kommen

disused /dɪs'juːzd/ *adj.* stillgelegt; leer
stehend ‹*Gebäude*›

ditch /dɪtʃ/ **A** *n.* Graben, *der*
B *v.t.* (infml) sausen lassen ‹*Plan*›; sitzen
lassen ‹*Familie, Freund*›

dither /'dɪðə(r)/ *v.i.* schwanken

ditto /'dɪtəʊ/ *n., pl.* ~s ebenso; ditto

'ditto marks *n. pl.* Unterführungszeichen,
das

divan /dɪ'væn/ *n.* [Polster]liege, *die*

dive /daɪv/ **A** *v.i.,* ~**d** *or* (AmE) **dove** /dəʊv/
1 einen Kopfsprung machen; (when already in
water) tauchen
2 ‹*Vogel, Flugzeug usw.*:› einen Sturzflug
machen
B *n.* **1** Kopfsprung, *der*; (of bird, aircraft, etc.)
Sturzflug, *der*
2 (infml) (place) Spelunke, *die*

'diver *n.* **1** (Sport) Kunstspringer,
der/-springerin, *die*
2 (as profession) Taucher, *der*/Taucherin, *die*

diverge /daɪ'vɜːdʒ/ *v.i.* auseinander gehen

divergent /daɪ'vɜːdʒənt/ *adj.* auseinander
gehend

diverse /daɪ'vɜːs/ *adj.* verschieden

diversify /daɪ'vɜːsɪfaɪ, dɪ'vɜːsɪfaɪ/ *v.i.*
‹*Firma*:› sich auf neue Produktions-/
Produktbereiche umstellen

diversion /daɪ'vɜːʃn/ *n.* **1** Ablenkung,
die; create a ~ ein Ablenkungsmanöver
durchführen
2 (BrE) (alternative route) Umleitung, *die*

diversity /daɪ'vɜːsɪtɪ/ *n.* Vielfalt, *die*

divert /daɪ'vɜːt/ *v.t.* umleiten ‹*Verkehr, Fluss*›;
ablenken ‹*Aufmerksamkeit*›

∘ **divide** /dɪ'vaɪd/ **A** *v.t.* **1** teilen; ~ sth in two
etw. [in zwei Teile] zerteilen
2 (distribute) aufteilen (**among/between**
unter + *Akk. od. Dat.*)
3 (Math.) dividieren (fachspr.), teilen (**by** durch)
B *v.i.* sich teilen; ~ **[from sth]** von etw.
abzweigen
■ ~ **'out** *v.t.* aufteilen (**among/between** unter +
Akk. od. Dat.); (distribute) verteilen an (+ *Akk.*)
■ ~ **'up** *v.t.* aufteilen

dividend /'dɪvɪdend/ *n.* Dividende, *die*

dividers /dɪ'vaɪdəz/ *n. pl.* Stechzirkel, *der*

divine /dɪ'vaɪn/ *adj.* göttlich

diving /'daɪvɪŋ/ *n.* Kunstspringen, *das*

diving: ~ **board** *n.* Sprungbrett, *das*; ~
suit *n.* Taucheranzug, *der*

divinity /dɪ'vɪnɪtɪ/ *n.* **1** Göttlichkeit, *die*
2 (god) Gottheit, *die*

divisible /dɪ'vɪzɪbl/ *adj.* teilbar (**by** durch)

∘ **division** /dɪ'vɪʒn/ *n.* **1** Teilung, *die*
2 (Math.) Dividieren, *das*; do ~ dividieren;
long ~ ausführliche Division (*mit
Aufschreiben der Zwischenprodukte*); short
~ verkürzte Division (*ohne Aufschreiben
der Zwischenprodukte*)
3 (section, part) Abteilung, *die*
4 (group) Gruppe, *die*
5 (Mil. etc.) Division, *die*
6 (Footb. etc.) Liga, *die*; Spielklasse, *die*; (in
British football) Division, *die*

divorce /dɪ'vɔːs/ **A** *n.* [Ehe]scheidung, *die*
B *v.t.* ~ one's husband/wife sich von seinem
Mann/seiner Frau scheiden lassen

divorced /dɪ'vɔːst/ *adj.* geschieden; get ~
sich scheiden lassen

divorcee /dɪvɔː'siː/ *n.* Geschiedene, *der/die*;
be a ~ geschieden sein

divulge /daɪ'vʌldʒ/ *v.t.* preisgeben

DIY *abbr.* = do-it-yourself

dizzy /'dɪzɪ/ *adj.* schwind[e]lig; I feel ~ mir ist
schwindlig

DJ /diː'dʒeɪ/ *abbr.* = disc jockey

DNA *abbr.* = deoxyribonucleic acid DNS

∘ **do** /də, *stressed* duː/ **A** *v.t., neg.* (infml) **don't**
/dəʊnt/; *pres.t.* **he** ~**es** /dʌz/; *neg.* (infml)
doesn't /'dʌznt/; *p.t.* **did** /dɪd/; *neg.* (infml)
didn't /'dɪdnt/; *pres.p.* ~**ing** /'duːɪŋ/; *p.p.*
done /dʌn/ **1** machen ‹*Hausaufgaben,
Hausarbeit, Examen, Übersetzung, Kopie,
Bett, Handstand*›; erfüllen ‹*Pflicht*›;
verrichten ‹*Arbeit*›; vorführen ‹*Trick,
Nummer, Tanz*›; durchführen ‹*Test*›;
schaffen ‹*Pensum*›; (clean) putzen; (arrange)
[zurecht]machen ‹*Haare*›; schminken
‹*Lippen, Augen, Gesicht*›; machen (ugs.)
‹*Nägel*›; (cut) schneiden ‹*Nägel*›; (paint)
machen (ugs.) ‹*Zimmer*›; streichen ‹*Haus,
Möbel*›; (repair) in Ordnung bringen; ~ the
shopping/washing-up/cleaning einkaufen
[gehen]/abwaschen/sauber machen; what
can I ~ for you? (in shop) was darfs sein?;
~ sth about sth/sb etw. gegen etw./jmdn.
unternehmen
2 (cook) braten; well done durch[gebraten]
3 (solve) lösen ‹*Problem, Rätsel*›; machen
‹*Puzzle, Kreuzworträtsel*›
4 (infml) (swindle) reinlegen (ugs.); ~ sb out of
sth jmdn. um etw. bringen
5 (satisfy) zusagen (+ *Dat.*)
B *v.i. forms as* A: **1** (act) tun; ~ as they ~
mach es wie sie
2 (fare) how are you ~ing? wie gehts dir?
3 (get on) vorankommen; (in exams)
abschneiden; ~ well/badly at school gut/
schlecht in der Schule sein
4 how ~ you ~? (formal) guten Tag/Morgen/
Abend!
5 (serve purpose) es tun; (suffice) [aus]reichen;
(be suitable) gehen; that won't ~ das geht
nicht; that will ~! jetzt aber genug!
C *v. substitute, forms as* A; you mustn't act as
he ~es du darfst nicht so wie er handeln; You
went to Paris, didn't you? – Yes, I did Du warst

doch in Paris, nicht wahr? – Ja[, stimmt]; **come in**, ~! komm doch herein!

D *v. aux. forms* as **A**; **I** ~ **love Greece** Griechenland gefällt mir wirklich gut; **little did he know that ...** er hatte keine Ahnung, dass ...; ~ **you know him?** kennst du ihn?; **what** ~**es he want?** was will er?; **I don't** *or* ~ **not wish to take part** ich möchte nicht teilnehmen; **don't be so noisy!** seid [doch] nicht so laut!

E *n.* /du:/ *pl.* ~**'s** *or* ~**s** /du:z/ (BrE) (infml) Feier, *die*; Fete, *die* (ugs.)

■ ~ **a'way with** *v.t.* abschaffen

■ '~ **for** *v.t.* (infml) ~ **for sb** jmdn. fertig machen (ugs.); **be done for** erledigt sein

■ ~ **'in** *v.t.* (sl.) kaltmachen (salopp)

■ ~ **'up** *v.t.* **1** (fasten) zumachen; binden ‹*Schnürsenkel, Fliege*› **2** (wrap) einpacken

■ '~ **with** *v.t.* **I could** ~ **with ...** ich brauche ...

■ '~ **without** *v.t.* ~ **without sth** auf etw. (*Akk.*) verzichten

docile /'dəʊsaɪl/ *adj.* sanft; (submissive) unterwürfig

dock¹ /dɒk/ **A** *n.* **1** Dock, *das* **2** *usu. in pl.* (area) Hafen, *der* **B** *v.t.* [ein]docken **C** *v.i.* anlegen

dock² *n.* (in lawcourt) Anklagebank, *die*; **stand/be in the** ~ ≈ auf der Anklagebank sitzen

'docker *n.* Hafenarbeiter, *der*

dock: ~**land** *n.* das Hafenviertel; ~**yard** *n.* Schiffswerft, *die*

✎ **doctor** /'dɒktə(r)/ **A** *n.* **1** Arzt, *der*/Ärztin, *die*; **as address** Herr/Frau Doktor **2** (holder of degree) Doktor, *der* **B** *v.t.* (infml) verfälschen

doctorate /'dɒktərət/ *n.* Doktorwürde, *die*

doctrine /'dɒktrɪn/ *n.* Lehre, *die*

docudrama /'dɒkjuːdrɑːmə/ *n.* Dokudrama, *das*

✎ **document** /'dɒkjʊmənt/ *n.* **1** Dokument, *das*; Urkunde, *die* **2** (Comp.) Dokument, *das*

documentary /dɒkjʊ'mentərɪ/ **A** *adj.* dokumentarisch **B** *n.* (film) Dokumentarfilm, *der*

documentation /dɒkjʊmen'teɪʃn/ *n.* (material) beweiskräftige Dokumente *Pl.*

dodge /dɒdʒ/ **A** *v.i.* ausweichen **B** *v.t.* ausweichen (+ *Dat.*) ‹*Schlag, Hindernis usw.*›; entkommen (+ *Dat.*) ‹*Polizei, Verfolger*› **C** *n.* (trick) Trick, *der*

dodgems /'dɒdʒəmz/ *n. pl.* [Auto]skooterbahn, *die*; **have a ride/go on the** ~ Autoskooter fahren

dodgy /'dɒdʒɪ/ *adj.* (BrE) (infml) (unreliable) unsicher; (risky) gewagt

doe /dəʊ/ *n.* (deer) Damtier, *das*; (rabbit) [Kaninchen]weibchen, *das*

does /dʌz/ ► **do**

✎ **Schlüsselwort**

doesn't /'dʌznt/ (infml) = **does not** ► **do**

✎ **dog** /dɒg/ **A** *n.* Hund, *der* **B** *v.t.*, **-gg-** verfolgen; (fig.) heimsuchen

dog: ~ **biscuit** *n.* Hundekuchen, *der*; ~ **collar** *n.* [Hunde]halsband, *das*; (joc.) (clerical collar) Kollar, *das*; ~**-eared** *adj.* **a** ~**-eared book** ein Buch mit Eselsohren; ~**-end** *n.* (infml) Kippe, *die* (ugs.)

dogged /'dɒgɪd/ *adj.* hartnäckig ‹*Weigerung, Verurteilung*›; zäh ‹*Durchhaltevermögen, Ausdauer*›

'dog licence *n.* Hundesteuerbescheinigung, *die*

dogma /'dɒgmə/ *n.* Dogma, *das*

dogmatic /dɒg'mætɪk/ *adj.* dogmatisch

do-gooder /duː'gʊdə(r)/ *n.* Wohltäter, *der* (iron.)

dog: ~**sbody** *n.* (BrE) (infml) Mädchen für alles; ~**'s life** *n.* **a** ~**'s life** ein Hundeleben; **give** *or* **lead sb a** ~**'s life** jmdn. schäbig behandeln; ~**-'tired** *adj.* hundemüde

doing /'duːɪŋ/ *n.* Tun, *das*

do-it-yourself /duːɪtjə'self/ **A** *adj.* Do-it-yourself- **B** *n.* Heimwerken, *das*

doldrums /'dɒldrəmz/ *n. pl.* **in the** ~ (in low spirits) niedergeschlagen; (Econ.) in einer Flaute

dole /dəʊl/ **A** *n.* (infml) **the** ~ Stempelgeld, *das* (ugs.); **be/go on the** ~ stempeln gehen (ugs.) **B** *v.t.* ~ **out** [in kleinen Mengen] verteilen

doll /dɒl/ *n.* Puppe, *die*

✎ **dollar** /'dɒlə(r)/ *n.* Dollar, *der*

dollar: ~ **'bill** *n.* Dollarnote, *die*; Dollarschein, *der*; ~ **sign** *n.* Dollarzeichen, *das*

dollop /'dɒləp/ *n.* (infml) Klacks, *der* (ugs.)

'doll's house *n.* Puppenhaus, *das*

dolphin /'dɒlfɪn/ *n.* Delphin, *der*

domain /də'meɪn/ *n.* **1** Gebiet, *das* **2** (Comp.) Domäne, *die*; Domain, *die*

do'main name *n.* Domänenname, *der*

dome /dəʊm/ *n.* Kuppel, *die*

✎ **domestic** /də'mestɪk/ *adj.* **1** (household) häuslich; (family) familiär ‹*Angelegenheit, Reibereien*› **2** (Econ.) inländisch; Binnen-

domestic 'animal *n.* Haustier, *das*

domesticated /də'mestɪkeɪtɪd/ *adj.* gezähmt ‹*Tier*›; (fig.) häuslich

domestic 'cat *n.* Hauskatze, *die*

domesticity /dəʊmes'tɪsɪtɪ, dɒmes'tɪsɪtɪ/ *n.* (being domestic) Häuslichkeit, *die*

domestic: ~ **'science** *n.* Hauswirtschaftslehre, *die*; ~ **'violence** *n.* häusliche Gewalt

dominant /'dɒmɪnənt/ *adj.* vorherrschend

✎ **dominate** /'dɒmɪneɪt/ *v.t.* beherrschen

domination /dɒmɪ'neɪʃn/ *n.* [Vor]herrschaft, *die* (over über + *Akk.*)

domineering /dɒmɪ'nɪərɪŋ/ *adj.* herrisch

domino /'dɒmɪnəʊ/ n. Domino[stein], der; ∼es sing. (game) Domino[spiel], das; play ∼es Domino spielen

'**domino effect** n. Dominoeffekt, der

don¹ /dɒn/ v.t. (Liter.) anlegen (geh.)

don² n. (Univ.) Dozent, der

donate /dəʊ'neɪt/ v.t. spenden; (on large scale) stiften

donation /də'neɪʃn/ n. Spende, die (to für); (large-scale) Stiftung, die

done /dʌn/ ▸ do

donkey /'dɒŋkɪ/ n. Esel, der

donor /'dəʊnə(r)/ n. Spender, der/Spenderin, die

don't /dəʊnt/ (infml) = do not ▸ do

doodle /'du:dl/ v.i. [herum]kritzeln

doom /du:m/ **A** n. Verhängnis, das
B v.t. verurteilen; be ∼ed verloren sein; be ∼ed to fail or failure zum Scheitern verurteilt sein

◌ **door** /dɔ:(r)/ n. Tür, die; (of castle, barn) Tor, das; out of ∼s im Freien; go out of ∼s nach draußen gehen

door: ∼**bell** n. Türklingel, die; ∼ **frame** n. Türrahmen, der; ∼ **handle** n. Türklinke, die; ∼**keeper** n. Pförtner, der; Portier, der; ∼**knob** n. Türknopf, der, Türknauf, der; ∼**man** n. Portier, der; Türsteher, der; ∼**mat** n. Fußmatte, die; ∼**step** n. Türstufe, die; on one's/the ∼step (fig.) vor jmds. Tür; ∼**way** n. Eingang, der

dope /dəʊp/ **A** n. **1** (sl.) (narcotic) Stoff, der (salopp) **2** (infml) (fool) Dussel, der
B v.t. dopen ‹Pferd, Athleten›

dormant /'dɔ:mənt/ adj. ruhend ‹Tier, Pflanze›; untätig ‹Vulkan›

dormitory /'dɔ:mɪtərɪ/ n. Schlafsaal, der

dormouse /'dɔ:maʊs/ n., pl. **dormice** /'dɔ:maɪs/ Haselmaus, die

DOS /dɒs/ abbr. (Comp.) = **disk operating system** DOS

dosage /'dəʊsɪdʒ/ n. (size of dose) Dosis, die

dose /dəʊs/ **A** n. Dosis, die
B v.t. ∼ sb with sth jmdm. etw. geben

dot /dɒt/ n. Punkt, der; on the ∼ auf den Punkt genau

dot.com /'dɒtkɒm/ **A** adj. Dot-com-
B n. Dot-com-Firma, die

dote /dəʊt/ v.i. ∼ on sb/sth jmdn./etw. abgöttisch lieben

'**dot matrix** n. (Comp.) Punktmatrix, die

dot matrix 'printer n. Nadeldrucker, der

dotted /'dɒtɪd/ adj. gepunktet

dotty /'dɒtɪ/ adj. (infml) (silly) dümmlich; (feeble-minded) vertrottelt (ugs.); (absurd) blödsinnig (ugs.)

◌ **double** /'dʌbl/ **A** adj. doppelt; be ∼ the height/width/length doppelt so hoch/breit/lang sein
B adv. doppelt
C n. **1** Doppelte, das

2 (twice as much) doppelt so viel; (twice as many) doppelt so viele **3** (person) Doppelgänger, der/-gängerin, die **4** in pl. (Tennis etc.) Doppel, das **5** at the ∼ (Mil.) im Laufschritt; (fig.) ganz schnell
D v.t. verdoppeln
E v.i. sich verdoppeln
■ ∼ '**back** v.i. kehrtmachen (ugs.)
■ ∼ '**up** v.i. sich krümmen (with vor + Dat.)

double: ∼ '**agent** n. Doppelagent, der/-agentin, die; ∼**-barrelled**, (AmE) ∼**-barreled** /'dʌblbærəld/ adj. doppelläufig; ∼**-barrelled surname** (BrE) Doppelname, der; ∼ '**bass** n. Kontrabass, der; ∼ '**bed** n. Doppelbett, das; ∼ '**bill** n. Doppelprogramm, das; ∼**-breasted** /dʌbl'brestɪd/ adj. zwei- od. doppelreihig; ∼**-breasted jacket** Zweireiher, der; ∼**-'check** v.t. (verify twice) zweimal kontrollieren; (verify in two ways) zweifach überprüfen; ∼ '**chin** n. Doppelkinn, das; ∼**-click** (Comp.) **A** v.i. doppelklicken
B v.t. ∼click sth auf etw. (Dat.) doppelklicken; ∼ '**cream** n. Sahne mit hohem Fettgehalt; ∼**-'cross** v.t. ein Doppelspiel treiben mit; ∼**-decker** /dʌbl'dekə(r)/ n. Doppeldeckerbus, der

double entendre /du:bl ɑ̃'tɑ̃dr/ n. Zweideutigkeit, die

double: ∼**-'glazed** adj. Doppel‹fenster›; ∼ '**glazing** n. Doppelverglasung, die; ∼**-'jointed** adj. sehr gelenkig; ∼ **lesson** n. Doppelstunde, die; ∼**-'lock** v.t. zweimal abschließen; ∼ '**meaning** ▸ double entendre; ∼**-page 'spread** n. the advertisement was a ∼-page spread die Anzeige war doppelseitig; ∼**-'parking** n. Parken in der zweiten Reihe; ∼ '**room** n. Doppelzimmer, das; ∼ '**standard** n. (rule) Doppelmoral, die; apply or operate a ∼ standard or ∼ standards mit zweierlei Maß messen; ∼ '**vision** n. Doppelsehen, das; ∼ **yellow 'lines** n. pl.: am Fahrbahnrand verlaufende gelbe Doppellinie, die ein Halteverbot signalisiert

doubly /'dʌblɪ/ adv. doppelt

◌ **doubt** /daʊt/ **A** n. Zweifel, der (about, as to, of an + Dat.); ∼[s] [about or as to sth/as to whether ...] (as to future) Ungewissheit, (as to fact) Unsicherheit [über etw. (Akk.) /darüber, ob ...]; there's no ∼ that ... es besteht kein Zweifel daran, dass ...; ∼[s] (hesitations) Bedenken Pl. (about gegen); no ∼ (certainly) gewiss; (probably) sicherlich
B v.i. zweifeln
C v.t. zweifeln an (+ Dat.); I don't ∼ that or it ich bezweifle das nicht; I ∼ whether or if or that ... ich bezweifle, dass ...

doubtful /'daʊtfl/ adj. skeptisch ‹Wesen›; ungläubig ‹Blick›

doubtless /'daʊtlɪs/ adv. **1** (certainly) gewiss **2** (probably) sicherlich

dough /dəʊ/ n. **1** Teig, der **2** (infml) (money) Knete, die (salopp)

d

'doughnut *n*. [Berliner] Pfannkuchen, *der*

douse /daʊs/ *v.t.* übergießen; (extinguish) ausmachen

dove¹ /dʌv/ *n*. Taube, *die*

dove² /dəʊv/ ▶ dive A

dovecot, dovecote /'dʌvkɒt/ *n*. Taubenschlag, *der*; **flutter the ~cots** (fig.) für einige Aufregung sorgen

dowdy /'daʊdɪ/ *adj.* unansehnlich; (shabby) schäbig

down¹ /daʊn/ *n*. (feathers) Daunen *Pl*.

✿ **down**² **A** *adv.* **1** (to lower place) herunter/ hinunter; (in lift) abwärts **2** (in lower place, downstairs) unten; **~ there/ here** da/hier unten; **the next floor ~** ein Stockwerk tiefer; **be ~ with an illness** eine Krankheit haben; **be three points/games ~** mit drei Punkten/Spielen zurückliegen **B** *prep.* herunter/hinunter; **lower ~ the river** weiter unten am Fluss; **walk ~ the hill/ road** den Berg/die Straße heruntergehen; **fall ~ the stairs/steps** die Treppe/Stufen herunterstürzen; **fall ~ a hole/ditch** in ein Loch/ einen Graben fallen; **go ~ the pub** in die Kneipe gehen; **live just ~ the road** ein Stück weiter unten in der Straße wohnen; **be ~ the pub/town** in der Kneipe/Stadt sein; **I've got coffee [all] ~ my skirt** mein ganzer Rock ist voll Kaffee **C** *v.t.* (infml) schlucken (ugs.) ‹*Getränk*›; **~ tools** die Arbeit niederlegen

down: **~-and-'out** *n*. Stadtstreicher, *der*/-streicherin, *die*; **~cast** *adj.* niedergeschlagen; **~fall** *n*. Untergang, *der*; **~-'hearted** *adj.* niedergeschlagen; **~'hill** *adv.* bergab; **~'load** *v.t.* (Comp.) herunterladen; **~market** *adj.* weniger anspruchsvoll; **~ payment** *n*. Anzahlung, *die*; **~pour** *n*. Regenguss, *der*; **~right** *adj.* ausgemacht; glatt ‹*Lüge*›; **~size A** *v.t.* verschlanken **B** *v.i.* abspecken; **~stairs A** /-'-'-/ *adv.* die Treppe hinunter‹*gehen, -fallen, -kommen*›; unten ‹*wohnen, sein*› **B** /'--/ *adj.* im Erdgeschoss *nachgestellt*; **~'stream** *adv.* flussabwärts; **~-to-'earth** *adj.* sachlich; **~town** *adv.* im / (direction) ins Stadtzentrum; **~trodden** *adj.* unterdrückt; **~turn** *n*. (Econ., Commerc.) Abschwung, *der*; **~ 'under** *adv.* (infml) in / (to) nach Australien/Neuseeland

downward /'daʊnwəd/ **A** *adj.* nach unten gerichtet **B** *adv.* abwärts ‹*sich bewegen*›; nach unten ‹*sehen, gehen*›

downwards /'daʊnwədz/ ▶ downward B

dowry /'daʊrɪ/ *n*. Aussteuer, *die*

doz. *abbr.* = dozen Dtzd.

doze /dəʊz/ **A** *v.i.* dösen (ugs.) **B** *n*. Nickerchen, *das* (ugs.) ■ **~ 'off** *v.i.* eindösen (ugs.)

dozen /'dʌzn/ *n*. **1** Dutzend, *das*; **half a ~** sechs **2** *in pl.* (infml) (many) Dutzende *Pl*.

✿ **Dr** *abbr.* = **Doctor** Dr.

drab /dræb/ *adj.* langweilig; trostlos ‹*Landschaft*›; eintönig ‹*Leben*›

draft /drɑːft/ **A** *n*. **1** (of speech) Konzept, *das*; (of treaty, bill) Entwurf, *der* **2** (AmE) ▶ draught **B** *v.t.* entwerfen

drafty (AmE) ▶ draughty

drag /dræg/ **A** *v.t.*, **-gg-** schleppen; (Comp.) ziehen; **~ and drop** ziehen und ablegen **B** *v.i.*, **-gg-** schleifen; (fig.) (pass slowly) sich [hin]schleppen **C** *n*. **1** (infml) **in ~** in Frauenkleidung **2** (infml) (at cigarette) Zug, *der* ■ **~ 'down** *v.t.* nach unten ziehen; **~ sb down to one's own level** (fig.) jmdn. auf sein Niveau herabziehen ■ **~ 'on** *v.i.* sich [da]hinschleppen

dragon /'drægn/ *n*. Drache, *der*

'dragonfly *n*. Libelle, *die*

drain /dreɪn/ **A** *n*. **1** Abflussrohr, *das*; (underground) Kanalisationsrohr, *das*; (grating at roadside) Gully, *der*; **go down the ~** (fig. infml) für die Katz sein (ugs.) **B** *v.t.* **1** trockenlegen ‹*Teich*›; entwässern ‹*Land*›; ableiten ‹*Wasser*› **2** (Cookery) abgießen ‹*Wasser, Gemüse*› **3** austrinken ‹*Glas*› **C** *v.i.* ‹*Flüssigkeit:*› ablaufen; ‹*Geschirr, Gemüse:*› abtropfen

drainage /'dreɪnɪdʒ/ *n*. Kanalisation, *die*

'draining board (BrE; AmE: **'drainboard**) *n*. Abtropfbrett, *das*

'drainpipe *n*. Regen[abfall]rohr, *das*

drake /dreɪk/ *n*. Enterich, *der*

drama /'drɑːmə/ *n*. Drama, *das*

dramatic /drə'mætɪk/ *adj.* dramatisch

dramatist /'dræmətɪst/ *n*. Dramatiker, *der*/ Dramatikerin, *die*

dramatize /'dræmətaɪz/ *v.t.* dramatisieren

drank ▶ drink B

drape /dreɪp/ **A** *v.t.* drapieren **B** *n*. (AmE) (curtain) Vorhang, *der*

'draper *n*. (BrE) Textilkaufmann, *der*; **~'s [shop]** Textilgeschäft, *das*

drastic /'dræstɪk/ *adj.* drastisch

draught /drɑːft/ *n*. [Luft]zug, *der*; **there's a ~** es zieht

draught: **~ 'beer** *n*. Fassbier, *das*; **~ board** *n*. (BrE) Damebrett, *das*; **~ excluder** *n*. Abdichtvorrichtung, *die*; Zugluftverhinderer, *der*; **~proof** *adj.* winddicht

draughts /drɑːfts/ *n*. (BrE) Damespiel, *das*

'draughtsman /-mən/ *n*., *pl.* **draughtsmen** /-mən/ Zeichner, *der*/Zeichnerin, *die*

'draughty *adj.* zugig

✿ **draw** /drɔː/ **A** *v.t.*, **drew** /druː/, **drawn** /drɔːn/ **1** (pull) ziehen; **~ the curtains/blinds** (close) die Vorhänge zuziehen/die Jalousien herunterlassen; ∼ **sth towards one** etw. zu sich heranziehen

2 (attract) anlocken; **be** ∼**n to sb** von jmdm. angezogen werden

3 (take out) herausziehen; schöpfen ‹*Wasser*›; ∼ **money from the bank** Geld bei der Bank holen/abheben

4 beziehen ‹*Gehalt, Rente, Arbeitslosenunterstützung*›

5 ziehen ‹*Strich*›; zeichnen ‹*geometrische Figur, Bild*›

6 ziehen ‹*Parallele, Vergleich*›; herausstellen ‹*Unterschied*›

B *v.i.* **1 drew, drawn:** ∼ **to an end** zu Ende gehen

2 *Sport* **they drew [three-all]** sie spielten [3 : 3] unentschieden

C *n.* **1** (raffle) Tombola, *die*

2 (of lottery) Ziehung, *die*

3 ([result of] drawn game) Unentschieden, *das*; **end in a** ∼ mit einem Unentschieden enden

■ ∼ '**back A** *v.t.* zurückziehen

B *v.i.* zurückweichen

■ ∼ '**in** *v.i.* einfahren; ‹*Tage:*› kürzer werden

■ ∼ '**out** *v.i.* abfahren; ‹*Tage:*› länger werden

■ ∼ '**up A** *v.t.* **1** aufsetzen ‹*Vertrag*›; aufstellen ‹*Liste*›

2 (pull closer) heranziehen

B *v.i.* [an]halten

draw: ∼**back** *n.* Nachteil, *der*; ∼**bridge** *n.* Zugbrücke, *die*

drawer /drɔː(r), 'drɔːə(r)/ *n.* Schublade, *die*

'**drawing** *n.* (sketch) Zeichnung, *die*

'**drawing:** ∼ **board** *n.* Zeichenbrett, *das*; ∼ **pin** *n.* (BrE) Reißzwecke, *die*; ∼ **room** *n.* Salon, *der*

drawl /drɔːl/ **A** *v.i.* gedehnt sprechen

B *n.* gedehntes Sprechen

drawn ▶ draw **A, B**

dread /dred/ **A** *v.t.* sich sehr fürchten vor (+ *Dat.*); **the** ∼**ed day/moment** der gefürchtete Tag/Augenblick

B *n.* Angst, *die*

dreadful /'dredfl/ *adj.* schrecklich; (infml) (very bad) fürchterlich; **I feel** ∼ (unwell) ich fühle mich scheußlich (ugs.)

'**dreadfully** *adv.* schrecklich; (infml) (very badly) fürchterlich

✓ **dream** /driːm/ **A** *n.* Traum, *der; attrib.* traumhaft; Traum‹*haus, -auto, -urlaub*›; **have a** ∼ **about sb/sth** von jmdm./etw. träumen

B *v.i. & t.*, ∼**t** /dremt/ *or* ∼**ed** träumen

'**dreamer** *n.* (in sleep) Träumende, *der/die*; (day∼) Träumer, *der*/Träumerin, *die*

dreary /'drɪərɪ/ *adj.* trostlos

dredge /dredʒ/ *v.t.* ausbaggern

'**dredger** *n.* Bagger, *der*

dregs /dregz/ *n. pl.* [Boden]satz, *der*

drench /drentʃ/ *v.t.* durchnässen

✓ **dress** /dres/ **A** *n.* Kleid, *das*; (clothing) Kleidung, *die*

B *v.t.* **1** anziehen; **be well** ∼**ed** gut gekleidet sein; **get** ∼**ed** sich anziehen

2 verbinden ‹*Wunde*›

C *v.i.* sich anziehen

■ ∼ '**up** *v.i.* sich fein machen

dress: ∼ **circle** *n.* (Theatre) erster Rang; ∼ **designer** *n.* Modeschöpfer, *der*/-schöpferin, *die*

'**dresser** *n.* **1** Anrichte, *die*

2 (AmE) ▶ dressing table

'**dressing** *n.* **1** *no pl.* Anziehen, *das*

2 (Cookery) Dressing, *das*

3 (Med.) Verband, *der*

'**dressing:** ∼ **gown** *n.* Bademantel, *der*; ∼ **room** *n.* (Sport) Umkleideraum, *der*; (for actor) Garderobe, *die*; ∼ **table** *n.* Frisierkommode, *die*

dress: ∼**maker** *n.* Damenschneider, *der*/-schneiderin, *die*; ∼**making** *n.* Damenschneiderei, *die*; ∼ **rehearsal** *n.* Generalprobe, *die*

drew ▶ draw **A, B**

dribble /'drɪbl/ *v.i.* **1** (slobber) sabbern

2 (Sport) dribbeln

dried /draɪd/ *adj.* getrocknet

dried: ∼ '**fruit** *n.* Dörrobst, *das*; ∼ '**milk** *n.* Trockenmilch, *die*

drier /'draɪə(r)/ *n.* (for hair) Trockenhaube, *die*; (hand-held) Föhn, *der*; (for laundry) [Wäsche]trockner, *der*

drift /drɪft/ **A** *n.* **1** (of snow or sand) Verwehung, *die*

2 (gist) **get** *or* **catch the** ∼ **of sth** etw. im Wesentlichen verstehen

B *v.i.* **1** treiben; ‹*Wolke:*› ziehen

2 ‹*Sand, Schnee:*› zusammengeweht werden

'**driftwood** *n.* Treibholz, *das*

drill /drɪl/ **A** *n.* **1** (tool) Bohrer, *der*

2 (Mil.) (training) Drill, *der*

B *v.t. & i.* bohren (**for** nach)

'**drill bit** *n.* Bohrer, *der*

✓ **drink** /drɪŋk/ **A** *n.* Getränk, *das*; (alcoholic) Glas, *das*; (not with food) Drink, *der*; **have a** ∼ [etwas] trinken; (alcoholic) ein Glas trinken

B *v.t. & i.*, **drank** /dræŋk/, **drunk** /drʌŋk/ trinken

drinkable /'drɪŋkəbl/ *adj.* trinkbar

'**drink-driving** *n.* Fahren unter Alkoholeinfluss; Alkohol am Steuer

drink-driving offence *n.* Alkoholdelikt, *das*

drinker /'drɪŋkə(r)/ *n.* Trinker, *der*/Trinkerin, *die*

drinking /'drɪŋkɪŋ/: ∼ **fountain** *n.* Trinkbrunnen, *der*; ∼ **water** *n.* Trinkwasser, *das*

drip /drɪp/ **A** *n.* **1** Tropfen, *das*

2 (infml) (feeble person) Schlappschwanz, *der* (salopp)

B *v.i.*, **-pp-** tropfen; **be** ∼**ping with water/moisture** triefend nass sein

'**drip-dry** *adj.* bügelfrei

'**dripping** *n.* (Cookery) Schmalz, *das*

d

drive /draɪv/ **A** *n.* **1** Fahrt, *die*
2 (private road) Zufahrt, *die*; (entrance) (to small building) Einfahrt, *die*; (to large building) Auffahrt, *die*
3 (energy) Tatkraft, *die*
4 (Psych.) Trieb, *der*
5 (Motor Veh.) **left-hand/right-hand** ~ Links-/ Rechtssteuerung, *die*
B *v.t.*, **drove** /drəʊv/, **driven** /ˈdrɪvn/
1 fahren
2 treiben ‹*Tier*›
3 (compel to move) vertreiben (**out of, from** aus)
4 (fig.) ~ **sb to sth** jmdn. zu etw. treiben; ~ **sb to do sth** *or* **into doing sth** jmdn. dazu treiben, etw. zu tun
5 (power) antreiben
C *v.i.*, **drove, driven 1** fahren; **can you** ~? kannst du Auto fahren?
2 (go by car) mit dem [eigenen] Auto fahren
■ '~ **at** *v.t.* (fig.) hinauswollen auf (+ *Akk.*); **what are you driving at?** worauf wollen Sie hinaus?
■ ~ a'**way** **A** *v.i.* wegfahren
B *v.t.* **1** wegfahren
2 (chase away) vertreiben
■ ~ '**off** ▸ drive away
■ ~ '**on** *v.i.* weiterfahren
■ ~ '**up** *v.i.* vorfahren (**to** vor + *Dat.*)
'**drive-in** *adj.* Drive-in-
drive-in '**cinema**, (AmE) **drive-in** '**movie theater** *ns.* Autokino, *das*
drivel /ˈdrɪvl/ *n.* Gefasel, *das* (ugs.); **talk** ~ faseln (ugs.)
driven ▸ drive B, C
driver /ˈdraɪvə(r)/ *n.* **1** Fahrer, *der*/Fahrerin, *die*; (of locomotive) Führer, *der*/Führerin, *die*; ~'**s license** (AmE) Führerschein, *der*
2 (Comp.) Treiber, *der*
driving /ˈdraɪvɪŋ/ **A** *n.* Fahren, *das*
B *adj.* peitschend ‹*Regen*›
driving: ~ **force** *n.* treibende Kraft; Triebfeder, *die*; **the** ~ **force behind sth** die treibende Kraft hinter etw.; ~ **gloves** *n. pl.* Autohandschuhe *Pl.*; ~ **instructor** *n.* Fahrlehrer, *der*/-lehrerin, *die*; ~ **lesson** *n.* Fahrstunde, *die*; ~ **licence** *n.* Führerschein, *der*; ~ **mirror** *n.* Rückspiegel, *der*; ~ **school** *n.* Fahrschule, *die*; ~ **test** *n.* Fahrprüfung, *die*
drizzle /ˈdrɪzl/ **A** *n.* Nieseln, *das*
B *v.i.* **it's drizzling** es nieselt
drone /drəʊn/ **A** *v.i.* **1** ‹Biene:› summen; ‹*Maschine*:› brummen
2 ‹*Rezitator*:› leiern
B *n.* ▸ **A** Summen, *das*; Brummen, *das*; Geleier, *das*
drool /druːl/ *v.i.* ~ **over** eine kindische Freude haben an (+ *Dat.*)
droop /druːp/ *v.i.* herunterhängen; ‹*Blume*:› den Kopf hängen lassen
drop /drɒp/ **A** *n.* **1** Tropfen, *der*; **in** ~**s**

tropfenweise
2 (decrease) Rückgang, *der*
B *v.i.*, **-pp- 1** (fall) (accidentally) [herunter]fallen; (deliberately) sich [hinunter]fallen lassen
2 (in amount etc.) sinken; ‹*Preis, Wert*:› sinken, fallen; ‹*Wind*:› sich legen; ‹*Stimme*:› sich senken
C *v.t.*, **-pp- 1** fallen lassen; abwerfen ‹*Bomben, Nachschub*›
2 (discontinue, abandon) fallen lassen; ~ **out of university/the course** das Studium abbrechen *od.* aufgeben
3 (omit) auslassen
■ ~ '**by**, ~ '**in** *v.i.* vorbeikommen
■ ~ '**off** **A** *v.i.* **1** (fall off) abfallen
2 (fall asleep) einnicken
B *v.t.* absetzen ‹*Fahrgast*›
■ ~ '**out** *v.i.* **1** herausfallen (**of** aus)
2 (withdraw) aussteigen (ugs.) (**of** aus); (beforehand) seine Teilnahme absagen
drop: ~**-down menu** *n.* (Comp.) Dropdownmenü, *das*; ~ **handlebars** *n. pl.* Rennlenker, *der*; ~ **kick** *n.* (Football) Dropkick, *der*
droplet /ˈdrɒplɪt/ *n.* Tröpfchen, *das*
dropout /ˈdrɒpaʊt/ *n.* Aussteiger, *der*/ Aussteigerin, *die*
dropper /ˈdrɒpə(r)/ *n.* (esp. Med.) Tropfer, *der*
drop shot *n.* (Tennis etc.) Stoppball, *der*
drought /draʊt/ *n.* Dürre, *die*
drove ▸ drive B, C
drown /draʊn/ **A** *v.i.* ertrinken
B *v.t.* ertränken; **be** ~**ed** ertrinken
drowse /draʊz/ *v.i.* [vor sich hin]dösen
drowsy /ˈdraʊzɪ/ *adj.* schläfrig; (on just waking) verschlafen
drudgery /ˈdrʌdʒərɪ/ *n.* Schufterei, *die*
drug /drʌɡ/ **A** *n.* **1** (Med.) [Arznei]mittel, *das*
2 (narcotic) Droge, *die*; **be on** ~**s** Rauschgift nehmen
B *v.t.*, **-gg-** betäuben ‹*Person*›; ~ **sb's food/drink** jmds. Essen/Getränk (*Dat.*) ein Betäubungsmittel beimischen
drug: ~ **abuse** *n.* Drogenmissbrauch, *der*; ~ **abuser** *n.* Drogenmissbrauch Treibende/ Treibende; ~ **addict** *n.* Drogensüchtige, *der*/*die*; ~ **addiction** *n.* Drogensucht, *die*; ~ **dealer** *n.* Drogenhändler, *der*/-händlerin, *die*; Dealer, *der*/Dealerin, *die* (Drogenjargon); ~ **peddler** ▸ drug dealer; ~**-related** *adj.* Drogen‹tote, -kriminalität, -delikt, -probleme*›; ~ **scene** *n.* Drogenszene, *die*; ~**store** *n.* (AmE) Drugstore, *der*; ~**-taking** *n.* Drogeneinnahme, *die*; ~ **test** *n.* Dopingkontrolle, *die*; Dopingtest, *der*; ~ **trafficking** *n.* Drogenhandel, *der*; ~ **user** *n.* Drogenkonsument/-konsumentin, *der*/*die*
drum /drʌm/ **A** *n.* **1** Trommel, *die*
2 in *pl.* (in jazz or pop) Schlagzeug, *das*
3 (container) Fass, *das*
B *v.i.* trommeln
■ ~ '**up** *v.i.* auftreiben

'**drum beat** n. Trommelschlag, der

'**drummer** n. Schlagzeuger, der

'**drumstick** n. **1** Trommelschlägel, der
2 (Cookery) Keule, die

drunk /drʌŋk/ **A** adj. be ~ betrunken
sein; get ~ betrunken werden (on von);
(intentionally) sich betrinken (on mit)
B n. Betrunkene, der/die

drunkard /'drʌŋkəd/ n. Trinker, der/
Trinkerin, die

drunken /'drʌŋkn/ attrib. adj. betrunken;
(habitually) ständig betrunken; ~ **driving**
Trunkenheit am Steuer

'**drunkenness** n. Betrunkenheit, die;
(habitual) Trunksucht, die

✔ **dry** /draɪ/ **A** adj. trocken; trocken; (very ~)
herb <Wein>; ausgetrocknet <Flussbett>; **get**
or **become** ~ trocknen
B v.t. **1** trocknen <Haare, Wäsche>;
abtrocknen <Geschirr, Baby>; ~ **oneself** sich
abtrocknen; ~ **one's eyes** or **tears/hands** sich
(Dat.) die Tränen abwischen/die Hände
abtrocknen
2 (preserve) trocknen; dörren <Obst, Fleisch>
C v.i. trocknen
■ ~ '**out** v.t. & i. trocknen
■ ~ '**up** **A** v.t. abtrocknen
B v.i. **1** (~ the dishes) abtrocknen
2 <Brunnen, Quelle:> versiegen; <Fluss,
Teich:> austrocknen

dry: ~·'**clean** v.t. chemisch reinigen;
~·'**cleaner's** n. chemische Reinigung;
~·'**cleaning** n. chemische Reinigung

'**dryer** ▶ drier

dry: '~-**eyed** adj. ohne Rührung; ~ '**ice** n.
Trockeneis, das

drying-'up n. Abtrocknen, das; **do the** ~
abtrocknen

drying-'up cloth n. Geschirrtuch, das

'**dryness** n. Trockenheit, die

dry 'rot n. Trockenfäule, die

dual /'djuːəl/ adj. doppelt

dual: ~ '**carriageway** n. (BrE) Straße mit
Mittelstreifen; ~ **con'trol** n. (Aeronaut.)
Doppelsteuerung, die; (Motor Veh.) doppelte
Bedienungselemente Pl.; ~·'**purpose** adj.
zweifach verwendbar

dub /dʌb/ v.t., -**bb**- (Cinemat.) synchronisieren

dubious /'djuːbɪəs/ adj. (doubting) unschlüssig;
(suspicious) zweifelhaft

duchess /'dʌtʃɪs/ n. Herzogin, die

duck /dʌk/ **A** n. Ente, die
B v.i. sich [schnell] ducken
C v.t. ~ **one's head** den Kopf einziehen

duckling /'dʌklɪŋ/ n. Entenküken, das

'**duck pond** n. Ententeich, der

duct /dʌkt/ n. Rohr, das; (for air) Ventil, das

dud /dʌd/ **A** n. (useless thing) Niete, die (ugs.);
(counterfeit) Fälschung, die
B adj. mies (ugs.); schlecht; (fake) gefälscht;
geplatzt <Scheck>

dude /djuːd, duːd/ n. (esp. AmE) (infml) Typ,
der (ugs.)

✔ **due** /djuː/ **A** adj. **1** (owed) geschuldet;
zustehend <Eigentum, Recht usw.>; there's
sth ~ **to me, I've got sth** ~ mir steht etw. zu
2 (immediately payable) fällig
3 (that it is proper to give or use) gebührend;
angemessen <Belohnung>; **be** ~ **to sb** jmdm.
gebühren; **with all** ~ **respect** bei allem
gebotenen Respekt
4 (attributable) **the mistake was** ~ **to negligence**
der Fehler war durch Nachlässigkeit
verursacht; **it's** ~ **to her that we missed the**
train ihretwegen verpassten wir den Zug
5 (scheduled, expected) **be** ~ **to do sth** etw. tun
sollen; **be** ~ **[to arrive]** ankommen sollen
6 (likely to get, deserving) **be** ~ **for sth** etw.
verdienen
B adv. **1** ~ **north** genau nach Norden
2 ~ **to** aufgrund (+ Gen.); auf Grund (+ Gen.)
C n. **1** **give sb his** ~ jmdm. Gerechtigkeit
widerfahren lassen
2 ~**s** (fees) Gebühren Pl.

duel /'djuːəl/ n. Duell, das

duet /djuːˈet/ n. (for voices) Duett, das;
(instrumental) Duo, das

duffle /'dʌfl/: ~ **bag** n. Matchbeutel, der; ~
coat n. Dufflecoat, der

dug ▶ dig

duke /djuːk/ n. Herzog, der

dull /dʌl/ **A** adj. **1** (stupid) beschränkt; (slow to
understand) begriffsstutzig
2 (boring) langweilig
3 (gloomy) trübe <Wetter, Tag>
B v.t. abstumpfen <Geist, Sinne, Verstand>

duly /'djuːlɪ/ adv. ordnungsgemäß

dumb /dʌm/ adj. **1** stumm
2 (infml) (stupid) doof (ugs.)
■ ~ **down** v.t. & i. (infml) verflachen

dumbfounded /dʌmˈfaʊndɪd/ adj. sprachlos

dummy /'dʌmɪ/ n. **1** (of tailor) Schneiderpuppe,
die; (in shop) Schaufensterpuppe, die;
(of ventriloquist) Puppe, die; (stupid person)
Dummkopf, der (ugs.); **like a stuffed** ~ wie
ein Ölgötze (ugs.)
2 (imitation) Attrappe, die
3 (esp. BrE) (for baby) Schnuller, der

dump /dʌmp/ **A** n. **1** (place) Müllkippe,
die; (heap) Müllhaufen, der; (permanent)
Müllhalde, die
2 (Mil.) Depot, das
3 (infml) (town) Kaff, das (ugs.)
B v.t. (dispose of) werfen; (deposit) abladen
<Sand, Müll usw.>; (leave) lassen; (place)
abstellen

'**dumping ground** n. Müllkippe, die; (fig.)
Abstellplatz, der

dumpling /'dʌmplɪŋ/ n. Kloß, der

dumps /dʌmps/ n. pl. be or feel down in the
~ ganz down sein (ugs.)

'**dump truck** n. Kipper, der

dunce /dʌns/ n. Null, die (ugs.)

dune /djuːn/ n. Düne, die

d

dung /dʌŋ/ *n.* Dung, *der*
dungarees /dʌŋgə'riːz/ *n. pl.* Latzhose, *die*
dungeon /'dʌndʒən/ *n.* Kerker, *der*
dunk /dʌŋk/ *v.t.* tunken
dupe /djuːp/ **A** *v.t.* übertölpeln
B *n.* Dumme, *der/die*
duplex /'djuːpleks/ *adj.* (esp. AmE) (two-storey) zweistöckig <*Wohnung*>; (two-family) Zweifamilien<*haus*>
duplicate **A** /'djuːplɪkət/ *adj.* **1** (identical) Zweit-
2 (twofold) doppelt
B /'djuːplɪkət/ *n.* Kopie, *die*; (second copy of letter/document/key) Duplikat, *das*; **in** ~ in doppelter Ausfertigung
C /'djuːplɪkeɪt/ *v.t.* **1** (make a copy of, make in ~) ~ sth eine zweite Anfertigung von etw. machen
2 (on machine) vervielfältigen
3 (do twice) noch einmal tun
duplicity /djuː'plɪsɪtɪ/ *n.* Falschheit, *die*
durability /djʊərə'bɪlɪtɪ/ *n.* (of friendship, peace, etc.) Dauerhaftigkeit, *die*; (of garment, material) Haltbarkeit, *die*
durable /'djʊərəbl/ *adj.* haltbar; dauerhaft <*Friede, Freundschaft usw.*>
duration /djʊə'reɪʃn/ *n.* Dauer, *die*
duress /djʊə'res/ *n.* Zwang, *der*
✒ **during** /'djʊərɪŋ/ *prep.* während; (at a point in) in (+ *Dat.*)
dusk /dʌsk/ *n.* Einbruch der Dunkelheit
dust /dʌst/ **A** *n.* Staub, *der*
B *v.t.* abstauben <*Möbel*>; ~ a room/house in einem Zimmer/Haus Staub wischen
C *v.i.* Staub wischen
dust: ~**bin** *n.* (BrE) Mülltonne, *die*; ~**cart** *n.* (BrE) Müllwagen, *der*; ~ **cloth** *n.* Schonbezug, *der*; (duster) Staubtuch, *das*
'**duster** *n.* Staubtuch, *das*
dust: ~ **jacket** *n.* Schutzumschlag, *der*; ~**man** /-mən/ *n., pl.* ~**men** /-mən/ (BrE) Müllmann, *der*; ~**pan** *n.* Kehrschaufel, *die*
'**dusty** *adj.* staubig; verstaubt <*Bücher, Möbel*>
Dutch /dʌtʃ/ **A** *adj.* holländisch; **sb is** ~ jmd. ist Holländer/Holländerin
B *n.* **1** (language) Holländisch, *das*; *see also*

English B1
2 the ~ *pl.* die Holländer *Pl.*
Dutch: ~ '**courage** *n.* angetrunkener Mut; ~ '**elm disease** *n.* Ulmensterben, *das*; ~**man** /-mən/ *n., pl.* ~**men** /-mən/ Holländer, *der*; ~**woman** *n.* Holländerin, *die*
dutiful /'djuːtɪfl/ *adj.*, '**dutifully** *adv.* pflichtbewusst
✒ **duty** /'djuːtɪ/ *n.* **1** Pflicht, *die*; (task) Aufgabe, *die*; **be on** ~ Dienst haben; **off** ~ nicht im Dienst; **be off** ~ keinen Dienst haben; <*ab ... Uhr*> dienstfrei sein
2 (tax) Zoll, *der*; **pay** ~ **on sth** Zoll für etw. bezahlen
'**duty-free** *adj., adv.* zollfrei
duvet /'duːveɪ/ *n.* Federbett, *das*
'**duvet cover** *n.* Bettbezug, *der*
DVD *abbr.* = **digital video disc** DVD; ~ drive DVD-Laufwerk, *das*; ~ player DVD-Spieler, *der*; DVD-Player, *der*; ~ burner, ~ writer DVD-Brenner, *der*
dwarf /dwɔːf/ *n., pl.* ~**s** *or* **dwarves** /'dwɔːvz/ Zwerg, *der*/Zwergin, *die*
dwell /dwel/ *v.i.*, **dwelt** /dwelt/ (literary) wohnen
■ '~ [up]on *v.t.* (in discussion) sich ausführlich befassen mit; (in thought) in Gedanken verweilen bei
'**dwelling** *n.* Wohnung, *die*
dwelt ▸ **dwell**
dwindle /'dwɪndl/ *v.i.* ~ [away] abnehmen; <*Unterstützung, Interesse:*> nachlassen; <*Vorräte:*> schrumpfen
dye /daɪ/ **A** *n.* Färbemittel, *das*
B *v.t.*, ~**ing** /'daɪɪŋ/ färben
dying /'daɪɪŋ/ *adj.* sterbend; absterbend <*Baum*>
dyke ▸ **dike**
dynamic /daɪ'næmɪk/ *adj.* dynamisch
dynamism /'daɪnəmɪzm/ *n.* Dynamik, *die*
dynamite /'daɪnəmaɪt/ *n.* Dynamit, *das*
dynamo /'daɪnəməʊ/ *n.* Dynamo, *der*; (in car) Lichtmaschine, *die*
dynasty /'dɪnəstɪ/ *n.* Dynastie, *die*
dysentery /'dɪsəntrɪ/ *n.* Ruhr, *die*

✒ Schlüsselwort

Ee

E, e /iː/ *n.* E, e, *das*
E. *abbr.* **1** = **east** O
  2 = **eastern** ö

⚘ **each** /iːtʃ/ **A** *adj.* jeder/jede/jedes; they cost *or* are a pound ~ sie kosten ein Pfund pro Stück
  B *pron.* **1** jeder/jede/jedes
  2 ~ other sich

eager /ˈiːgə(r)/ *adj.* eifrig; be ~ to do sth etw. unbedingt tun wollen

ˈ**eagerly** *adv.* eifrig; gespannt ‹*warten*›

eagle /ˈiːgl/ *n.* Adler, *der*

eagle-ˈeyed *adj.* adleräugig

⚘ **ear¹** /ɪə(r)/ *n.* Ohr, *das*; up to one's ~s in work/debt bis zum Hals in Arbeit/Schulden; be[come] all ~s [plötzlich] ganz Ohr sein; play by ~ (Mus.) nach dem Gehör spielen

ear² *n.* (Bot.) Ähre, *die*

ear: ~**ache** *n.* Ohrenschmerzen *Pl.*; ~ **clip** *n.* Ohr[en]klipp, *der*; ~ **drops** *n. pl.* **1** (Med.) Ohrentropfen *Pl.* **2** (earrings) Ohrgehänge, *das*; ~**drum** *n.* Trommelfell, *das*

earl /ɜːl/ *n.* Graf, *der*

ˈ**ear lobe** *n.* Ohrläppchen, *das*

⚘ **early** /ˈɜːlɪ/ **A** *adj.* früh
  B *adv.* früh; I am a bit ~ ich bin etwas zu früh gekommen; ~ next week Anfang der nächsten Woche; ~ in June Anfang Juni; from ~ in the morning till late at night von früh [morgens] bis spät [nachts]; ~ on schon früh

early: ~ ˈ**closing** *n.* it is ~ closing die Geschäfte haben nachmittags geschlossen; ~-ˈ**closing day** *n.*: Tag, an dem die *Geschäfte nachmittags geschlossen haben*

ear: ~**mark** *v.t.* vorsehen; ~**muffs** *n. pl.* Ohrenschützer *Pl.*

⚘ **earn** /ɜːn/ *v.t.* verdienen; (bring in as income or interest) einbringen

earnest /ˈɜːnɪst/ **A** *adj.* ernsthaft
  B *n.* in ~ mit vollem Ernst

earnings /ˈɜːnɪŋz/ *n. pl.* Verdienst, *der*; (of business etc.) Ertrag, *der*

ear: ~**phones** *n. pl.* Kopfhörer, *der*; ~**piece** *n.* Hörmuschel, *die*; ~-**piercing** **A** *adj.* durch Mark und Bein gehend ‹*Lärm*›
  B *n.* Durchstechen der Ohrläppchen; ~**plug** *n.* Ohropax®, *das*; ~**ring** *n.* Ohrring, *der*; ~**shot** *n.* out of/within ~shot außer/in Hörweite; ~-**splitting** *adj.* ohrenbetäubend

⚘ **earth** /ɜːθ/ **A** *n.* (also BrE Electr.) Erde, *die*; how/what *etc.* on ~ ...? wie/was *usw.* in aller Welt ...?
  B *v.t.* (BrE) (Electr.) erden

earthenware /ˈɜːθnweə(r)/ **A** *n.* Tonwaren *Pl.*
  B *adj.* Ton-

earthly /ˈɜːθlɪ/ *adj.* irdisch; no ~ use etc. (infml) nicht der geringste Nutzen *usw.*

earth: ~**quake** *n.* Erdbeben, *das*; ~**quake-proof** *adj.* erdbebensicher; ~ **sciences** *n. pl.* Geowissenschaften *Pl.*; ~**worm** *n.* Regenwurm, *der*

ˈ**earthy** *adj.* **1** erdig
  2 (coarse) derb

ˈ**earwax** *n.* Ohrenschmalz, *das*

earwig /ˈɪəwɪg/ *n.* Ohrwurm, *der*

ease /iːz/ **A** *n.* **1** set sb at ~ jmdn. beruhigen; at [one's] ~ entspannt; be *or* feel at [one's] ~ sich wohl fühlen; [stand] at ~! (Mil.) rührt euch!
  2 with ~ (without difficulty) mit Leichtigkeit
  B *v.t.* lindern ‹*Schmerz, Kummer*›; entspannen ‹*Lage*›; verringern ‹*Belastung, Druck, Spannung*›
  C *v.i.* nachlassen

easel /ˈiːzl/ *n.* Staffelei, *die*

⚘ **easily** /ˈiːzɪlɪ/ *adv.* leicht

easiness /ˈiːzɪnɪs/ *n.* Leichtigkeit, *die*

⚘ **east** /iːst/ **A** *n.* **1** Osten, *der*; in/to[wards]/from the ~ im/nach/von Osten; to the ~ of östlich von
  2 *usu.* **E**~ (Geog., Polit.) Osten, *der*
  B *adj.* östlich; Ost‹*küste, -wind, -grenze*›
  C *adv.* nach Osten; ~ of östlich von

East Berˈlin *pr. n.* (Hist.) Ostberlin, *das*

ˈ**eastbound** *adj.* ‹*Zug, Verkehr usw.*› in Richtung Osten

Easter /ˈiːstə(r)/ *n.* Ostern, *das od. Pl.*

ˈ**Easter egg** *n.* Osterei, *das*

easterly /ˈiːstəlɪ/ *adj.* östlich; ‹*Wind*› aus östlichen Richtungen

Easter ˈMonday *n.* Ostermontag, *der*

⚘ **eastern** /ˈiːstən/ *adj.* östlich; Ost‹*grenze, -hälfte, -seite*›; ~ Germany Ostdeutschland *(das)*

Eastern: ~ ˈ**Europe** *pr. n.* Osteuropa *(das)*; ~ **Euroˈpean** **A** *adj.* osteuropäisch
  B *n.* Osteuropäer, *der*/Osteuropäerin, *die*

Easter ˈSunday *n.* Ostersonntag, *der*

East: ~ ˈ**German** (Hist.) **A** *adj.* ostdeutsch; he/she is ~ German er ist Ostdeutscher/sie ist Ostdeutsche **B** *n.* Ostdeutsche, *der/die*; ~ ˈ**Germany** *pr. n.* (Hist.) Ostdeutschland *(das)*; ~ ˈ**Timor** /ˈtiːmɔː(r)/ *pr. n.* Osttimor *(das)*

e

eastward /ˈiːstwəd/, **eastwards** /ˈiːstwədz/ *adv.* ostwärts

⚬ **easy** /ˈiːzɪ/ **A** *adj.* **1** leicht; on ~ terms auf Raten <*kaufen*>
2 sorglos <*Leben, Zeit*>
3 (free from constraint) ungezwungen
B *adv.* leicht; **easier said than done** leichter gesagt als getan; **take it** ~**!** (calm down!) beruhige dich!
easy: ~**-care** *attrib. adj.* pflegeleicht; ~ **chair** *n.* Sessel, *der*; ~**-'going** *adj.* gelassen; (lax) nachlässig; ~ **'money** *n.* leicht verdientes Geld

⚬ **eat** /iːt/ *v.t. & i.*, **ate** /et, eɪt/, **eaten** /ˈiːtn/ essen; <*Tier:*> fressen
■ ~ **a'way** *v.t.* <*Rost, Säure:*> zerfressen
■ ~ **'out** *v.i.* essen gehen
■ ~ **'up** *v.t.* aufessen; <*Tier:*> auffressen
'eat-by date *n.* Verfallsdatum, *das*

eaten ▸ eat

eating: ~ **apple** *n.* Essapfel, *der*; ~ **disorder** *n.* Essstörung, *die (meist Pl.)*; ~ **place** *n.* Essgelegenheit, *die*

eau de cologne /ˌəʊdəkəˈləʊn/ *n.* Kölnischwasser, *das*

eaves /iːvz/ *n. pl.* Dachgesims, *das*

'eavesdrop *v.i.* lauschen; ~ **on** belauschen

'eavesdropper *n.* Lauscher, *der*/Lauscherin, *die*

'e-banking *n.* E-banking, *das*

ebb /eb/ **A** *n.* Ebbe, *die*; **be at a low** ~ (fig.) <*Person, Stimmung, Moral:*> auf dem Nullpunkt sein
B *v.i.* zurückgehen; ~ **away** (fig.) dahinschwinden
'ebb tide *n.* Ebbe, *die*

ebony /ˈebənɪ/ *n.* Ebenholz, *das*

EC *abbr.* = **European Community** EG

eccentric /ɪkˈsentrɪk/ **A** *adj.* exzentrisch
B *n.* Exzentriker, *der*/Exzentrikerin, *die*

eccentricity /eksenˈtrɪsɪtɪ/ *n.* Exzentrizität, *die*

ecclesiastical /ɪkliːzɪˈæstɪkl/ *adj.* kirchlich; geistlich <*Musik*>

ECG *abbr.* = **electrocardiogram** EKG

echo /ˈekəʊ/ **A** *n.* Echo, *das*
B *v.t.* zurückwerfen; (fig.) (repeat) wiederholen

eclair /eɪˈkleə(r)/ *n.* Eclair, *das*

eclipse /ɪˈklɪps/ *n.* (Astron.) Finsternis, *die*; ~ **of the sun** Sonnenfinsternis, *die*

'eco-friendly *adj.* umweltfreundlich

ecological /iːkəˈlɒdʒɪkl/ *adj.* ökologisch

eco'logically *adv.* ökologisch; ~ **aware/ sound/harmful** umweltbewusst/-gerecht/ -schädlich

ecologist /iːˈkɒlədʒɪst/ *n.* Ökologe, *der*/ Ökologin, *die*

ecology /iːˈkɒlədʒɪ/ *n.* Ökologie, *die*

⚬ Schlüsselwort

e-commerce /ˈiːkɒmɜːs/ *n.* (Comp.) elektronischer Handel; E-Commerce, *der*

⚬ **economic** /iːkəˈnɒmɪk/ *adj.*
1 Wirtschafts<*politik, -abkommen, -system, -krise, -wunder*>; wirtschaftlich <*Entwicklung, Zusammenbruch*>
2 (giving adequate return) wirtschaftlich

economical /iːkəˈnɒmɪkl/ *adj.* wirtschaftlich; sparsam <*Person*>; **be** ~ **with sth** mit etw. haushalten

eco'nomically *adv.* wirtschaftlich; (not wastefully) sparsam

economic refu'gee *n.* Wirtschaftsflüchtling, *der*

economics /iːkəˈnɒmɪks/ *n.* Wirtschaftswissenschaft, *die (meist Pl.)*

economist /ɪˈkɒnəmɪst/ *n.* Wirtschaftswissenschaftler, *der*/-wissenschaftlerin, *die*

economize /ɪˈkɒnəmaɪz/ *v.i.* sparen; ~ **on sth** etw. sparen

⚬ **economy** /ɪˈkɒnəmɪ/ *n.* **1** (frugality) Sparsamkeit, *die*
2 (instance) Einsparung, *die*; **make economies** zu Sparmaßnahmen greifen
3 (of country etc.) Wirtschaft, *die*
economy: ~ **class** *n.* Touristenklasse, *die*; Economyklasse, *die*; ~**-class syndrome** *n.* Economyclasssyndrom, *das*; ~ **size** *n.* Haushaltspackung, *die*

eco: ~**sphere** *n.* Ökosphäre, *die*; ~**system** *n.* Ökosystem, *das*; ~**terrorism** *n.*, *no pl.* **1** (terrorism carried out by environmentalist groups) Ökoterrorismus, *der* **2** (damage to the environment) Ökoterror, *der*; ~**tourism** *n.* Ökotourismus, *der*; ~**tourist** *n.* Ökotourist, *der*/-touristin, *die*; ~**-warrior** *n.* Ökokrieger, *der*/-kriegerin, *die*

ecstasy /ˈekstəsɪ/ *n.* **1** Ekstase, *die*
2 E~ (drug) Ecstasy, *das*

ecstatic /ɪkˈstætɪk/ *adj.* ekstatisch

ecu, ECU /ˈeɪkjuː/ *abbr.* = **European currency unit** Ecu, *der od. die*

eddy /ˈedɪ/ *n.* Strudel, *der*

⚬ **edge** /edʒ/ **A** *n.* **1** (of knife, razor, weapon) Schneide, *die*; **on** ~ (fig.) nervös *od.* gereizt (about wegen)
2 (of solid, bed, table) Kante, *die*; (of sheet of paper, road, forest, cliff) Rand, *der*
B *v.i.* sich schieben

edgy /ˈedʒɪ/ *adj.* nervös

edible /ˈedɪbl/ *adj.* essbar

edict /ˈiːdɪkt/ *n.* Erlass, *der*

edit /ˈedɪt/ *v.t.* **1** herausgeben <*Zeitung*>; redigieren <*Buch, Artikel, Manuskript*>
2 (Comp.) editieren

⚬ **edition** /ɪˈdɪʃn/ *n.* Ausgabe, *die*

⚬ **editor** /ˈedɪtə(r)/ *n.* Redakteur, *der*/ Redakteurin, *die*; (of particular work) Bearbeiter, *der*/Bearbeiterin, *die*; (of newspaper) Herausgeber, *der*/Herausgeberin, *die*

editorial /edɪˈtɔːrɪəl/ **A** *n.* Leitartikel, *der*

B *adj.* redaktionell

EDP *abbr.* = **electronic data processing** EDV

educate /'edjʊkeɪt/ *v.t.* **1** (bring up) erziehen; (train mind and character of) bilden **2** (provide schooling for) he was ~d at ... er hat seine Ausbildung in ... erhalten

educated /'edjʊkeɪtɪd/ *adj.* gebildet

💰 **education** /edjʊ'keɪʃn/ *n.* Erziehung, *die*; (system) Erziehungswesen, *das*

💰 **educational** /edjʊ'keɪʃənl/ *adj.* pädagogisch; Lehr<*film, -spiele, -anstalt*>; Erziehungs<*methoden, -arbeit*>

edu'cation system *n.* Bildungssystem, *das*

EEC *abbr.* = **European Economic Community** EWG

eel /iːl/ *n.* Aal, *der*

eerie /'ɪːrɪ/ *adj.* unheimlich

eff /ef/ *v.i.* (sl.) ~ **and blind** fluchen

💰 **effect** /ɪ'fekt/ *n.* **1** Wirkung, *die* (on auf + *Akk.*); the ~s of sth on sth die Auswirkungen einer Sache (*Gen.*) auf etw. (*Akk.*); take ~ die erwünschte Wirkung erzielen; in ~ in Wirklichkeit **2 come into** ~ gültig werden; <*Gesetz:*> in Kraft treten; **put into** ~ in Kraft setzen <*Gesetz*>; verwirklichen <*Plan*>; with ~ from **2 November/Monday** mit Wirkung vom 2. November/von Montag **3 personal** ~s persönliches Eigentum; Privateigentum, *das*; household ~s Hausrat, *der*

💰 **effective** /ɪ'fektɪv/ *adj.* **1** wirksam <*Mittel, Maßnahmen*>; be ~ <*Arzneimittel:*> wirken **2** (in operation) gültig; ~ from/as of mit Wirkung vom

ef'fectively *adv.* (in fact) effektiv; (with effect) wirkungsvoll

effectual /ɪ'fektjʊəl/ *adj.* wirksam

effeminate /ɪ'femɪnət/ *adj.* unmännlich

effervescent /efə'vesənt/ *adj.* sprudelnd; (fig.) übersprudelnd

effete /e'fiːt/ *adj.* verweichlicht

efficiency /ɪ'fɪʃənsɪ/ *n.* (of person) Fähigkeit, *die*; Tüchtigkeit, *die*; (of machine, factory, engine) Leistungsfähigkeit, *die*; (of organization, method) gutes Funktionieren

efficient /ɪ'fɪʃənt/ *adj.* fähig <*Person*>; tüchtig <*Arbeiter, Sekretärin*>; leistungsfähig <*Maschine, Motor, Fabrik*>; gut funktionierend <*Methode, Organisation*>

ef'ficiently *adj.* gut

effigy /'efɪdʒɪ/ *n.* Bildnis, *das*

effing /'efɪŋ/ *adj.* (sl.) Scheiß- (salopp)

effluent /'efluənt/ Abwässer *Pl.*

💰 **effort** /'efət/ *n.* **1** Anstrengung, *die*; Mühe, *die*; make an/every ~ (physically) sich anstrengen; (mentally) sich bemühen **2** (attempt) Versuch, *der*

'effortless *adj.* mühelos

effrontery /ɪ'frʌntərɪ/ *n.* Dreistigkeit, *die*; have the ~ to do sth die Stirn besitzen, etw. zu tun

effusive /ɪ'fjuːsɪv/ *adj.* überschwänglich; exaltiert (geh.) <*Person*>

EFL *abbr.* = **English as a foreign language**

e.g. /iː'dʒiː/ *abbr.* = **for example** z.B.

💰 **egg** /eg/ *n.* Ei, *das* ■ ~ **'on** *v.t.* anstacheln

egg: ~ **cup** *n.* Eierbecher, *der*; ~**plant** *n.* Aubergine, *die*; (fruit also) Eierfrucht, *die*; (plant also) Eierpflanze, *die*; ~**shell** *n.* Eierschale, *die*; ~ **timer** *n.* Eieruhr, *die*; ~ **white** *n.* Eiweiß, *das*; ~ **yolk** *n.* Eigelb, *das*

ego /'egəʊ, 'iːgəʊ/ *n.*, *pl.* ~**s 1** (Psych.) Ego, *das* **2** (self-esteem) Selbstbewusstsein, *das*

egotism /'egətɪzm/ *n.* **1** Egotismus, *der* (fachspr.); Ichbezogenheit, *die* **2** (self-conceit) Egoismus, *der*; Selbstgefälligkeit, *die*

egotist /'egətɪst/ *n.* Egotist, *der*/Egotistin, *die* (fachspr.); (self-centred person) Egozentriker, *der*/ Egozentrikerin, *die*

egotistic /egə'tɪstɪk/, **egotistical** /egə'tɪstɪkl/ *adj.* **1** ichbezogen <*Rede, Gespräch*> **2** selbstsüchtig, selbstgefällig <*Person*>

Egypt /'iːdʒɪpt/ *pr. n.* Ägypten (*das*)

Egyptian /ɪ'dʒɪpʃn/ **A** *adj.* ägyptisch; sb is ~ jmd. ist Ägypter/Ägypterin **B** *n.* (person) Ägypter, *der*/Ägypterin, *die*

eiderdown /'aɪdədaʊn/ *n.* Federbett, *das*

💰 **eight** /eɪt/ **A** *adj.* acht; at ~ um acht; half past ~ halb neun; ~ **thirty** acht Uhr dreißig; ~ **ten/fifty** zehn nach acht/vor neun; (esp. in timetable) acht Uhr zehn/fünfzig; ~**-year-old boy** achtjähriger Junge; an ~**-year-old** ein Achtjähriger/eine Achtjährige; at [the age of] ~, aged ~ mit acht Jahren; ~ **times** achtmal **B** *n.* Acht, *die*; the first/last ~ die ersten/ letzten acht; there were ~ of us present wir waren [zu] acht

eighteen /eɪ'tiːn/ **A** *adj.* achtzehn **B** *n.* Achtzehn, *die*; *See also* **eight**

eighteenth /eɪ'tiːnθ/ **A** *adj.* achtzehnt... **B** *n.* (fraction) Achtzehntel, *das*. *See also* **eighth**

eighth /eɪtθ/ **A** *adj.* acht...; be/come ~ Achter sein/als Achter ankommen; ~ **largest** achtgrößt... **B** *n.* (in sequence, rank) Achte, *der/die/das*; (fraction) Achtel, *das*; the ~ **of May** der achte Mai

eightieth /'eɪtɪɪθ/ *adj.* achtzigst...

eighty /'eɪtɪ/ **A** *adj.* achtzig **B** *n.* Achtzig, *die*; the eighties (years) die Achtzigerjahre; be in one's eighties in den Achtzigern sein. *See also* **eight**

Eire /'eərə/ *pr. n.* Irland, *das*; Eire, *das*

💰 **either** /'aɪðə(r), 'iːðə(r)/ **A** *adj.* **1** (each) at ~ **end** of the table an beiden Enden des Tisches **2** (one or other) [irgend]ein ... [von beiden];

e

take ~ one nimm einen/eine/eins von [den] beiden

B *pron.* **1** (each) beide *Pl.*; **I can't cope with** ~ ich kann mit keinem von beiden fertig werden

2 (one or other) einer/eine/ein[e]s [von beiden] **C** *adv.* auch [nicht]; **'I don't like that** ~ ich mag es auch nicht

D *conj.* ~ ... or ... entweder ... oder ...; (after negation) weder ... noch ...

ejaculate /ɪ'dʒækjʊleɪt/ *v.t.* (utter suddenly) ausstoßen

B *v.i.* (eject semen) ejakulieren

eject /'ɪdʒekt/ **A** *v.t.* **1** (from hall, meeting) hinauswerfen (from aus)

2 <Gerät:> auswerfen, <Person:> herausholen <Kassette>

B *v.i.* sich hinauskatapultieren

ejector seat /ɪ'dʒektə siːt/ *n.* Schleudersitz, *der*

eke out /iːk 'aʊt/ *v.t.* strecken; ~ ~ a **living** sich (*Dat.*) seinen Lebensunterhalt notdürftig verdienen

elaborate **A** /ɪ'læbərət/ *adj.* kompliziert; kunstvoll [gearbeitet] <Arrangement, Verzierung>

B /ɪ'læbəreɪt/ *v.i.* mehr ins Detail gehen; ~ **on** näher ausführen

elapse /ɪ'læps/ *v.i.* <Zeit:> vergehen

elastic /ɪ'læstɪk/ **A** *adj.* elastisch

B *n.* (~ band) Gummiband, *das*

elastic 'band *n.* Gummiband, *das*

elated /ɪ'leɪtɪd/ *adj.* freudig erregt; **be** *or* **feel** ~ in Hochstimmung sein

elation /ɪ'leɪʃn/ *n.* freudige Erregung

elbow /'elbəʊ/ **A** *n.* Ell[en]bogen, *der*

B *v.t.* ~ **sb aside** jmdn. mit dem Ellenbogen zur Seite stoßen

elbow: ~ **grease** *n.* (joc.) Muskelkraft, *die*; ~ **room** *n.* Ell[en]bogenfreiheit, *die*

elder[1] /'eldə(r)/ **A** *attrib. adj.* älter...

B *n.* **1** (senior) Ältere, *der/die*

2 (village ~), church ~) Älteste, *der/die*

elder[2] *n.* (Bot.) Holunder, *der*

'elderberry *n.* Holunderbeere, *die*

elderly /'eldəlɪ/ **A** *adj.* älter

B *n. pl.* **the** ~ ältere Menschen

eldest /'eldɪst/ *adj.* ältest...

✓ **elect** /ɪ'lekt/ **A** *adj., postpos.* gewählt; **the President** ~ der designierte Präsident

B *v.t.* wählen; ~ **sb chairman** jmdn. zum Vorsitzenden wählen

✓ **election** /ɪ'lekʃn/ *n.* Wahl, *die*; **general** ~ allgemeine Wahlen *Pl.*

e'lection campaign *n.* Wahlkampagne, *die*

electioneer /ɪlekʃə'nɪə(r)/ *v.i.* **be/go** ~**ing** Wahlkampf machen

e'lection results *n. pl.* Wahlergebnisse *Pl.*

elector /ɪ'lektə(r)/ *n.* Wähler, *der*/Wählerin, *die*

electoral /ɪ'lektərl/ *adj.* Wahl-

electoral 'college *n.* Wahlmännergremium, *das*; Wahlausschuss, *der*

electorate /ɪ'lektərət/ *n.* Wähler *Pl.*

electric /ɪ'lektrɪk/ *adj.* elektrisch; Elektro<kabel, -motor, -herd, -kessel>; Strom<versorgung>; (fig.) spannungsgeladen <Atmosphäre>

electrical /ɪ'lektrɪkl/ *adj.* elektrisch; Elektro<abteilung, -handel, -geräte>

electric: ~ **blanket** *n.* Heizdecke, *die*; ~ **'chair** *n.* elektrischer Stuhl; ~ **cooker** *n.* Elektroherd, *der*; ~ **'fire** *n.* [elektrischer] Heizofen; ~ **gui'tar** *n.* elektrische Gitarre; E-Gitarre, *die*

electrician /ɪlek'trɪʃn/ *n.* Elektriker, *der*/ Elektrikerin, *die*

electricity /ɪlek'trɪsɪtɪ/ *n.* Elektrizität, *die*

electricity: ~ **bill** *n.* Stromrechnung, *die*; ~ **man** *n.* (fitter) Elektroinstallateur, *der*; (meter reader, collector) Stromableser, *der*; ~ **meter** *n.* Stromzähler, *der*

electric 'shock *n.* Stromschlag, *der*

electrify /ɪ'lektrɪfaɪ/ *v.t.* elektrifizieren; (fig.) elektrisieren

electro'cardiogram *n.* Elektrokardiogramm, *das*

electrocute /ɪ'lektrəkjuːt/ *v.t.* durch Stromschlag töten

electrode /ɪ'lektrəʊd/ *n.* Elektrode, *die*

electro'magnet *n.* Elektromagnet, *der*

electromag'netic *adj.* elektromagnetisch

electron /ɪ'lektron/ *n.* Elektron, *das*

electronic /ɪlek'tronɪk/ *adj.* elektronisch

electronic: ~ **'cash** *n.* elektronisches Geld; ~ **'mail** *n.* elektronische Post; ~ **'publishing** *n.* elektronisches Publizieren

electronics /ɪlek'tronɪks/ *n.* Elektronik, *die*

electronic: ~ **'shopping basket** *n.* elektronischer Warenkorb; ~ **'storefront** *n.* elektronisches Schaufenster

electron 'microscope *n.* Elektronenmikroskop, *das*

elegance /'elɪɡəns/ *n.* Eleganz, *die*

elegant /'elɪɡənt/ *adj.* elegant

elegy /'elɪdʒɪ/ *n.* Elegie, *die*

✓ **element** /'elɪmənt/ *n.* **1** Element, *das*

2 (Electr.) Heizelement, *das*

3 ~**s** (rudiments) Grundlagen *Pl.*

elementary /elɪ'mentərɪ/ *adj.* elementar; grundlegend <Fakten, Wissen>; Grundschul<bildung>; Grund<kurs, -ausbildung, -kenntnisse>

elementary: ~ **'particle** *n.* (Phys.) Elementarteilchen, *das*; ~ **school** *n.* Grundschule, *die*

elephant /'elɪfənt/ *n.* Elefant, *der*; **white** ~ (fig.) nutzloser Besitz; **be a white** ~ <Gebäude, Einkaufszentrum usw.:> reine Geldverschwendung sein

elevate /'elɪveɪt/ *v.t.* [empor]heben

elevation /elɪ'veɪʃn/ *n.* **1** (height) Höhe, *die*

2 (Archit.) Aufriss, *der*

elevator /'elɪveɪtə(r)/ *n*. (AmE) Aufzug, *der*; Fahrstuhl, *der*

eleven /ɪ'levn/ **A** *adj.* elf
  B *n.* (also Sport) Elf, *die*. See also **eight**

elevenses /ɪ'levnzɪz/ *n. sing. or pl.* (BrE) (infml) ≈ zweites Frühstück [gegen elf Uhr]

eleventh /ɪ'levnθ/ **A** *adj.* elft...; **at the ~ hour** in letzter Minute
  B *n.* (fraction) Elftel, *das*. See also **eighth**

elf /elf/ *n., pl.* **elves** /elvz/ Elf, *der*/Elfe, *die*

elicit /ɪ'lɪsɪt/ *v.t.* entlocken (from *Dat.*); gewinnen ‹*Unterstützung*›

eligible /'elɪdʒɪbl/ *adj.* **be ~ for sth** (fit) für etw. geeignet sein; (entitled) zu etw. berechtigt sein

ᵩ eliminate /ɪ'lɪmɪneɪt/ *v.t.* **1** (remove) beseitigen; ausschließen ‹*Möglichkeit*› **2** (exclude) ausschließen; **be ~d** (Sport) ausscheiden

elimination /ɪlɪmɪ'neɪʃn/ *n.* **1** (removal) Beseitigung, *die*; **process of ~** Ausleseverfahren, *das* **2** (exclusion) Ausschluss, *der*; (Sport) Ausscheiden, *das*

elite /eɪ'liːt/ *n.* Elite, *die*

elitist /eɪ'liːtɪst/ *adj.* elitär; Elite‹*denken*›

elk /elk/ *n., pl.* **~s** *or same* **1** (deer) Elch, *der* **2** (moose) Riesenelch, *der*

ellipse /ɪ'lɪps/ *n.* Ellipse, *die*

elliptical /ɪ'lɪptɪkl/ *adj.* elliptisch

elm /elm/ *n.* Ulme, *die*

elocution /elə'kjuːʃn/ *n.* Sprechkunst, *die*

elongated /'iːlɒŋɡeɪtɪd/ *adj.* lang gestreckt

elope /ɪ'ləʊp/ *v.i.* durchbrennen (ugs.)

eloquence /'eləkwəns/ *n.* Beredtheit, *die*

eloquent /'eləkwənt/ *adj.* beredt ‹*Person*›; gewandt ‹*Stil, Redner*›

ᵩ else /els/ *adv.* **1** (besides) sonst [noch]; **somebody/something ~** [noch] jemand anders/noch etwas; **everybody/everything ~** alle anderen/alles andere; **who/what/when/how ~?** wer/was/wann/wie sonst noch?; **why ~?** warum sonst? **2** (instead) ander...; **sb ~'s** hat der Hut von jmd. anders; **anybody/anything ~?** [irgend]jemand anders/[irgend]etwas anderes?; **somebody/something ~** jemand anders/etwas anderes; **everybody/everything ~** alle anderen/alles andere **3** (otherwise) sonst; **or ~** oder aber; **do it or ~ ...!** tun Sie es, sonst ...!

ᵩ 'elsewhere *adv.* woanders

elude /ɪ'ljuːd/ *v.t.* (avoid) ausweichen (+ *Dat.*); (escape from) entkommen (+ *Dat.*)

elusive /ɪ'ljuːsɪv/ *adj.* schwer zu erreichen ‹*Person*›; schwer zu fassen ‹*Straftäter*›; schwer definierbar ‹*Begriff, Sinn*›

elves *pl. of* **elf**

emaciated /ɪ'meɪsɪeɪtɪd/ *adj.* abgezehrt

ᵩ email /'iːmeɪl/ **A** *n.* E-Mail, *die*
  B *v.t.* per E-Mail übermitteln ‹*Ergebnisse, Datei usw.*›; **~ sb** jmdm. eine E-Mail schicken

email: ~ address *n.* E-Mail-Adresse, *die*; **~ message** *n.* E-Mail, *die*

emancipated /ɪ'mænsɪpeɪtɪd/ *adj.* emanzipiert; **become ~** sich emanzipieren

emancipation /ɪmænsɪ'peɪʃn/ *n.* Emanzipation, *die*

embalm /ɪm'bɑːm/ *v.t.* einbalsamieren

embankment /ɪm'bæŋkmənt/ *n.* Damm, *der*

embargo /em'bɑːɡəʊ/ *n., pl.* **~es** Embargo, *das*; **put** *or* **lay an ~ on sth** etw. mit einem Embargo belegen

embark /ɪm'bɑːk/ *v.i.* **1** sich einschiffen (**for** nach) **2 ~ [up]on sth** etw. in Angriff nehmen

embarkation /embɑː'keɪʃn/ *n.* Einschiffung, *die*

embarrass /ɪm'bærəs/ *v.t.* in Verlegenheit bringen

embarrassed /ɪm'bærəst/ *adj.* verlegen; **feel ~** verlegen sein

em'barrassing *adj.* peinlich

em'barrassment *n.* Verlegenheit, *die*

embassy /'embəsɪ/ *n.* Botschaft, *die*

embed /ɪm'bed/ *v.t.*, **-dd-** (fix) einlassen; **~ sth in cement/concrete** etw. einzementieren/ einbetonieren; **~ded in the mud** im Schlamm versunken; **~ded journalist** eingebetteter Journalist; **~ded sentence** (Ling.) eingeschobener Satz

embellish /em'belɪʃ/ *v.t.* beschönigen ‹*Wahrheit*›; ausschmücken ‹*Geschichte, Bericht*›

embers /'embəz/ *n. pl.* Glut, *die*

embezzle /ɪm'bezl/ *v.t.* unterschlagen

embitter /ɪm'bɪtə(r)/ *v.t.* verbittern

emblem /'embləm/ *n.* Emblem, *das*

embody /ɪm'bɒdɪ/ *v.t.* verkörpern

embrace /ɪm'breɪs/ **A** *v.t.* umarmen; (fig.) (accept, adopt) annehmen
  B *v.i.* sich umarmen
  C *n.* Umarmung, *die*

embroider /ɪm'brɔɪdə(r)/ *v.t.* sticken ‹*Muster*›; besticken ‹*Tuch, Kleid*›; (fig.) ausschmücken

embroidery /ɪm'brɔɪdərɪ/ *n.* Stickerei, *die*

embroil /ɪm'brɔɪl/ *v.t.* **become/be ~ed in sth** in etw. (*Akk.*) verwickelt werden/sein

embryo /'embrɪəʊ/ *n.* Embryo, *der*

embryonic /embrɪ'ɒnɪk/ *adj.* (Biol.) (fig.) Embryonal‹*entwicklung, -struktur, -zustand, -stadium*›; unausgereift ‹*Vorstellung*›

'embryo research *n.* Embryonenforschung, *die*

emerald /'emərəld/ **A** *n.* Smaragd, *der*
  B *adj.* smaragdgrün; **the E~ Isle** die Grüne Insel

emerald 'green *n.* Smaragdgrün, *das*

ᵩ emerge /ɪ'mɜːdʒ/ *v.i.* auftauchen (**from** aus; **from behind** hinter + *Dat.*); ‹*Wahrheit:*› an den Tag kommen; it ~s that ... es stellt sich heraus, dass ...

◆ **emergency** /ɪ'mɜːdʒənsɪ/ **A** n. Notfall, der; in an or in case of ~ im Notfall; declare a state of ~ den Ausnahmezustand ausrufen **B** adj. Not-

emergency: ~ **exit** n. Notausgang, der; ~ **services** n. pl. Hilfsdienste Pl.

'**emery paper** n. Schmirgelpapier, das

emetic /ɪ'metɪk/ (Med.) n. Emetikum, das (fachspr.); Brechmittel, das

emigrant /'emɪɡrənt/ n. Auswanderer, der/ Auswanderin, die

emigrate /'emɪɡreɪt/ v.i. auswandern (to nach; from aus)

emigration /emɪ'ɡreɪʃn/ n. Auswanderung, die (to nach; from aus)

eminence /'emɪnəns/ n. hohes Ansehen

eminent /'emɪnənt/ adj. bedeutend; herausragend

emission /ɪ'mɪʃn/ n. Emission, die (fachspr.); (process also) Abgabe, die

emit /ɪ'mɪt/ v.t., **-tt-** abgeben, emittieren (fachspr.) <Wärme, Strahlung usw.>; ausstoßen <Rauch>

emoticon /ɪ'mɒtɪkɒn/ n. (Comp.) Emoticon, das

◆ **emotion** /ɪ'məʊʃn/ n. Gefühl, das

◆ **emotional** /ɪ'məʊʃənl/ adj. emotional; Gemüts<zustand, -störung>; gefühlvoll <Stimme>

e'motionally adv. emotional; gefühlvoll <sprechen>; ~ disturbed seelisch gestört

emotive /ɪ'məʊtɪv/ adj. emotional

empathize /'empəθaɪz/ v.i. ~ with sb sich in jmdn. hineinversetzen; ~ with sth etw. nachempfinden

empathy /'empəθɪ/ n. Empathie, die (Psych.); Einfühlung, die

emperor /'empərə(r)/ n. Kaiser, der

emphasis /'emfəsɪs/ n., pl. **emphases** /'emfəsiːz/ Betonung, die; lay or place or put ~ on sth etw. betonen

◆ **emphasize** /'emfəsaɪz/ v.t. betonen

emphatic /ɪm'fætɪk/ adj. nachdrücklich; demonstrativ <Ablehnung>; be ~ that ... darauf bestehen, dass ...

em'phatically adv. nachdrücklich

empire /'empaɪə(r)/ n. Reich, das

empirical /ɪm'pɪrɪkl/ adj. empirisch

◆ **employ** /ɪm'plɔɪ/ v.t. **1** (take on) einstellen; (have working for one) beschäftigen; be ~ed by a company bei einer Firma arbeiten **2** (use) einsetzen (for, in, on für); anwenden <Methode, List> (for, in, on bei)

◆ **employee** (AmE: **employe**) /emplɔɪ'iː, em'plɔɪiː/ n. Angestellte, der/die

◆ **employer** /ɪm'plɔɪə(r)/ n. Arbeitgeber, der/-geberin, die

◆ **employment** /ɪm'plɔɪmənt/ n. **1** (work) Arbeit, die **2** (regular trade or profession) Beschäftigung, die

employment: ~ **agency** n. Stellenvermittlung, die; ~ **office** n. (BrE) Arbeitsamt, das

empower /ɪm'paʊə(r)/ v.t. (authorize) ermächtigen; (enable) befähigen

empress /'empris/ n. Kaiserin, die

emptiness /'emptɪnɪs/ n. Leere, die

empty /'emptɪ/ **A** adj. leer; frei <Sitz, Parkplatz> **B** v.t. leeren; (pour) schütten (over über + Akk.) **C** v.i. sich leeren

'**empty-handed** adj. mit leeren Händen

EMS abbr. = **European Monetary System** EWS

emu /'iːmjuː/ n. (Ornith.) Emu, der

EMU abbr. = **Economic and Monetary Union** WWU

emulate /'emjʊleɪt/ v.t. nacheifern (+ Dat.)

emulsion /ɪ'mʌlʃn/ n. **1** Emulsion, die **2** ▸ emulsion paint

e'mulsion paint n. Dispersionsfarbe, die

◆ **enable** /ɪ'neɪbl/ v.t. ~ sb to do sth es jmdm. ermöglichen, etw. zu tun

enamel /ɪ'næml/ **A** n. Email, das **B** v.t., (BrE) **-ll-** emaillieren

enchant /ɪn'tʃɑːnt/ v.t. verzaubern; (delight) entzücken

en'chanted adj. verzaubert

en'chanting adj. entzückend

en'chantment n. Verzauberung, die; (fig.) Zauber, der

encircle /ɪn'sɜːkl/ v.t. umgeben

encl. abbr. = **enclosed, enclosure[s]** Anl.

enclave /'enkleɪv/ n. Enklave, die

enclose /ɪn'kləʊz/ v.t. **1** (surround) umgeben; (shut up or in) einschließen **2** (with letter) beilegen (with, in Dat.); please find ~d anbei erhalten Sie

enclosure /ɪn'kləʊʒə(r)/ n. **1** (in zoo) Gehege, das **2** (with letter) Anlage, die

encode /ɪn'kəʊd/ v.t. verschlüsseln; chiffrieren

encore /'ɒŋkɔː(r)/ **A** int. Zugabe! **B** n. Zugabe, die

encounter /ɪn'kaʊntə(r)/ **A** v.t. (as adversary) treffen auf (+ Akk.); (by chance) begegnen (+ Dat.); stoßen auf (+ Akk.) <Problem, Widerstand usw.> **B** n. (chance meeting) Begegnung, die

◆ **encourage** /ɪn'kʌrɪdʒ/ v.t. ermutigen; (promote) fördern

encouragement n. Ermutigung, die (from durch)

encroach /ɪn'krəʊtʃ/ v.i. ~ on eindringen in (+ Akk.); in Anspruch nehmen <Zeit>

encrypt /en'krɪpt/ v.t. (Comp.) verschlüsseln <Daten etc.>

◆ Schlüsselwort

encryption /en'krɪpʃn/ n. Verschlüsselung, die

encumber /ɪn'kʌmbə(r)/ v.t. belasten

encumbrance /ɪn'kʌmbrəns/ n. Belastung, die

encyclopaedia /ɪnsaɪklə'piːdɪə/ n. Lexikon, das; Enzyklopädie, die

encyclopaedic /ɪnsaɪklə'piːdɪk/ adj. enzyklopädisch

◆ **end** /end/ **A** n. **1** Ende, das; (of nose, hair, finger) Spitze, die; from ~ to ~ von einem Ende zum anderen; at the ~ of 1987/March Ende 1987/März; in the ~ schließlich; come to an ~ ein Ende nehmen; be at an ~ zu Ende sein
2 (of box, packet, etc.) Schmalseite, die; (top/bottom surface) Ober-/Unterseite, die; on ~ hochkant; make ~s meet (fig.) zurechtkommen; no ~ of (infml) unendlich viel/viele
3 (remnant) Rest, der; (of cigarette) Stummel, der
4 (purpose, object) Ziel, das; ~ in itself Selbstzweck, der
B v.t. beenden
C v.i. enden
■ ~ 'up v.i. enden; ~ up in (infml) landen in (+ Dat.); ~ up [as] a teacher (infml) schließlich Lehrer werden

endanger /ɪn'deɪndʒə(r)/ v.t. gefährden

endear /ɪn'dɪə(r)/ v.t. ~ sb/sth/oneself to sb jmdn./etw./sich bei jmdm. beliebt machen

en'dearing adj. reizend; gewinnend ‹Lächeln, Art›

endeavour (BrE; AmE: **endeavor**) /ɪn'devə(r)/ **A** v.i. ~ to do sth sich bemühen, etw. zu tun **B** n. Bemühung, die; (attempt) Versuch, der

'ending n. Schluss, der; (of word) Endung, die

endive /'endaɪv/ n. Endivie, die

'endless adj. endlos

'endlessly adv. unaufhörlich ‹streiten, schwatzen›

endorse /ɪn'dɔːs/ v.t. **1** indossieren ‹Scheck› **2** beipflichten (+ Dat.) ‹Meinung›; billigen ‹Entscheidung, Handlung›; unterstützen ‹Vorschlag›
3 (BrE) (Law) einen Strafvermerk machen auf (+ Akk. od. Dat.)

en'dorsement n. **1** (of cheque) Indossament, das
2 (support) Billigung, die; (of proposal) Unterstützung, die
3 (BrE) (Law) Strafvermerk, der

endow /ɪn'daʊ/ v.t. [über Stiftungen/ eine Stiftung] finanzieren; stiften ‹Preis, Lehrstuhl›; be ~ed with charm/a talent for music Charme/musikalisches Talent besitzen

en'dowment mortgage n. ≈ Tilgungslebensversicherung, die

end: ~ 'product n. Endprodukt, das; ~ re'sult n. Ergebnis, das; (consequence) Folge, die

endurable /ɪn'djʊərəbl/ adj. erträglich

endurance /ɪn'djʊərəns/ n. Ausdauer, die

en'durance test n. Belastungsprobe, die

endure /ɪn'djʊə(r)/ v.t. ertragen

enema /'enəmə/ n. Einlauf, der

◆ **enemy** /'enəmɪ/ **A** n. Feind, der (of, to Gen.) **B** adj. feindlich

energetic /enə'dʒetɪk/ adj. energiegeladen; (active) tatkräftig

◆ **energy** /'enədʒɪ/ n. Energie, die
energy: ~ **consumption** n. Energieverbrauch, der; ~ **crisis** n. Energiekrise, die; ~ **resources** n. pl. Energieressourcen Pl.; ~**-saving** adj. Energie sparend; ~**-saving lamp** Energiesparlampe, die

enforce /ɪn'fɔːs/ v.t. durchsetzen; sorgen für ‹Disziplin›; ~d erzwungen ‹Schweigen›; unfreiwillig ‹Untätigkeit›

ENG abbr. = **electronic news-gathering** elektronische Berichterstattung; EB

◆ **engage** /ɪn'geɪdʒ/ **A** v.t. **1** (hire) einstellen ‹Arbeiter›; engagieren ‹Sänger›
2 wecken ‹Interesse›; auf sich (Akk.) ziehen ‹Aufmerksamkeit›
3 ~ the clutch/first gear einkuppeln/den ersten Gang einlegen
B v.i. ~ in sth sich an etw. (Dat.) beteiligen; ~ in politics sich politisch engagieren

engaged /ɪn'geɪdʒd/ adj. **1** be ~ [to be married] [to sb] [mit jmdm.] verlobt sein; get ~ [to be married] [to sb] sich [mit jmdm.] verloben
2 be ~ in sth/in doing sth mit etw. beschäftigt sein/damit beschäftigt sein, etw. zu tun; be otherwise ~ etwas anderes vorhaben
3 besetzt ‹Toilette, [Telefon]anschluss, Nummer›

en'gaged signal, **en'gaged tone** ns. (BrE) Besetztzeichen, das

en'gagement n. **1** (to be married) Verlobung, die (to mit)
2 (appointment) Verabredung, die

en'gagement ring n. Verlobungsring, der

engaging /ɪn'geɪdʒɪŋ/ adj. bezaubernd; einnehmend ‹Persönlichkeit, Art›

◆ **engine** /'endʒɪn/ n. **1** Motor, der; (rocket/jet ~) Triebwerk, das
2 (locomotive) Lok[omotive], die

'engine driver n. Lok[omotiv]führer, der

engineer /endʒɪ'nɪə(r)/ **A** n. **1** Ingenieur, der/Ingenieurin, die; (service ~, installation ~) Techniker, der/Technikerin, die
2 (AmE) (engine driver) Lok[omotiv]führer, der
B v.t. arrangieren

engi'neering n. Technik, die

England /'ɪŋglənd/ pr. n. England (das)

◆ **English** /'ɪŋglɪʃ/ **A** adj. englisch; he/she is ~ er ist Engländer/sie ist Engländerin
B n. **1** Englisch, das; say sth in ~ etw. auf Englisch sagen; I cannot or do not speak

~ ich spreche kein Englisch; **translate into/from [the]** ~ ins Englische/aus dem Englischen übersetzen **2** *pl.* **the** ~ die Engländer *Pl.*

English: ~ '**breakfast** *n.* englisches Frühstück; ~ '**Channel** *pr. n.* the ~ Channel der [Ärmel]kanal; ~**man** /-mən/ *n.*, *pl.* ~**men** /-mən/ Engländer, *der*; ~**woman** *n.* Engländerin, *die*

engrave /ɪn'greɪv/ *v.t.* gravieren; eingravieren ‹*Namen, Figur usw.*›

engraving /ɪn'greɪvɪŋ/ *n.* Stich, *der*; (from wood) Holzschnitt, *der*

engross /ɪn'grəʊs/ *v.t.* fesseln; **be** ~**ed in sth** in etw. (*Akk.*) vertieft sein; **become** *or* **get** ~**ed in sth** sich in etw. (*Akk.*) vertiefen

engrossing /ɪn'grəʊsɪŋ/ *adj.* fesselnd

engulf /ɪn'gʌlf/ *v.t.* verschlingen

♦ **enhance** /ɪn'hɑːns/ *v.t.* erhöhen ‹*Wert, Aussichten, Schönheit*›; verstärken ‹*Wirkung*›; heben ‹*Aussehen*›

enigma /ɪ'nɪgmə/ *n.* Rätsel, *das*

enigmatic /enɪg'mætɪk/ *adj.* rätselhaft

♦ **enjoy** /ɪn'dʒɔɪ/ **A** *v.t.* **1 I** ~**ed the book/work** das Buch/die Arbeit hat mir gefallen; **he** ~**s reading/travelling** er liest/reist gern **2** genießen ‹*Rechte, Privilegien, Vorteile*› **B** *v. refl.* sich amüsieren

enjoyable /ɪn'dʒɔɪəbl/ *adj.* schön; angenehm ‹*Empfindung, Arbeit*›; unterhaltsam ‹*Buch, Film, Stück*›

en'joyment *n.* Vergnügen, *das* (**of** an + *Dat.*)

enlarge /ɪn'lɑːdʒ/ **A** *v.t.* vergrößern; verbreitern ‹*Straße, Durchgang*› **B** *v.i.* ~ **[up]on sth** etw. weiter ausführen

en'largement *n.* Vergrößerung, *die*; (making wider) Verbreiterung, *die*

enlighten /ɪn'laɪtn/ *v.t.* aufklären (**on, as to** über + *Akk.*)

en'lightenment *n.* Aufklärung, *die*

enlist /ɪn'lɪst/ **A** *v.t.* (obtain) gewinnen **B** *v.i.* ~ **[for the army/navy]** in die Armee/Marine eintreten; ~ **[as a soldier]** Soldat werden

enliven /ɪn'laɪvn/ *v.t.* beleben

enmity /'enmɪtɪ/ *n.* Feindschaft, *die*

enormous /ɪ'nɔːməs/ *adj.* enorm; riesig, gewaltig ‹*Figur, Tier, Menge*›

e'normously *adv.* enorm

♦ **enough** /ɪ'nʌf/ **A** *adj.* genug; **there's** ~ **room** es ist Platz genug **B** *n.* genug; **be** ~ **to do sth** genügen, etw. zu tun; **have had** ~ **[of sb/sth]** genug [von jmdm./etw.] haben; **I've had** ~**!** jetzt reicht's mir aber! **C** *adv.* genug; **oddly/funnily** ~ merkwürdigerweise/(ugs.) komischerweise

enquire /ɪn'kwaɪə(r)/ **A** *v.i.* sich erkundigen (**about, after** nach; **of** bei); ~ **into** untersuchen

B *v.t.* sich erkundigen nach ‹*Weg, Namen*›

enquiring /ɪn'kwaɪərɪŋ, ɪŋ'kwaɪərɪŋ/ *adj.* fragend; forschend ‹*Geist*›

enquiry /ɪn'kwaɪərɪ/ *n.* **1** (question) Erkundigung, *die* (**into** über + *Akk.*); **make enquiries** Erkundigungen einziehen **2** (investigation) Untersuchung, *die*

enquiry desk, enquiry office *ns.* Auskunft, *die*

enrage /ɪn'reɪdʒ/ *v.t.* wütend machen; **be** ~**d by sth** über etw. (*Akk.*) wütend werden

enrich /ɪn'rɪtʃ/ *v.t.* reich machen; (fig.) bereichern

enrol, (AmE: **enroll**) /ɪn'rəʊl/ **A** *v.i.*, **-ll-** sich einschreiben; ~ **for a course** sich zu einem Kurs anmelden **B** *v.t.* einschreiben

en'rolment, (AmE: **en'rollment**) *n.* Einschreibung, *die*

en route /ɑ̃ 'ruːt/ *adv.* unterwegs; ~ **to/for Edinburgh** auf dem Weg nach Edinburgh

ensign /'ensaɪn, 'ensn/ *n.* Hoheitszeichen, *das*

enslave /ɪn'sleɪv/ *v.t.* versklaven

ensue /ɪn'sjuː/ *v.i.* folgen (**from** aus); **the discussion which** ~**d** die anschließende Diskussion

♦ **ensure** /ɪn'ʃʊə(r)/ *v.t.* ~ **that ...** (see to it that) gewährleisten, dass ...; ~ **sth** etw. gewährleisten

entail /ɪn'teɪl/ *v.t.* mit sich bringen; **sth** ~**s doing sth** etw. bedeutet, dass man etw. tun muss

entangle /ɪn'tæŋgl/ *v.t.* sich verfangen lassen; **get** *or* **become** ~**d in** *or* **with sth** sich in etw. (*Dat.*) verfangen

♦ **enter** /'entə(r)/ **A** *v.i.* **1** hineingehen; ‹*Fahrzeug:*› hineinfahren; (come in) hereinkommen; (into room) eintreten **2** (register as competitor) sich zur Teilnahme anmelden (**for** an + *Dat.*) **B** *v.t.* **1** [hinein]gehen in (+ *Akk.*); ‹*Fahrzeug:*› [hinein]fahren in (+ *Akk.*); betreten ‹*Gebäude, Zimmer*›; einlaufen in (+ *Akk.*) ‹*Hafen*›; einreisen in (+ *Akk.*) ‹*Land*›; (come into) [herein]kommen in (+ *Akk.*) **2** teilnehmen an (+ *Dat.*) ‹*Rennen, Wettbewerb*› **3** (in book etc.) eintragen (**in** in + *Akk.*) **4** (Comp.) eingeben ‹*Daten usw.*›; **press** ~ „Enter" drücken ■ '~ **into** *v.t.* aufnehmen ‹*Verhandlungen*›; eingehen ‹*Verpflichtung*›; schließen ‹*Vertrag*› ■ '~ **[up]on** *v.t.* beginnen

'**enter key** *n.* (Comp.) Entertaste, *die*; Eingabetaste, *die*

enterprise /'entəpraɪz/ *n.* **1** (undertaking) Unternehmen, *das*; **free/private** ~ freies/privates Unternehmertum **2** (enterprising spirit) Unternehmungsgeist, *der*

♦ Schlüsselwort

enterprising /'entəpraızıŋ/ *adj.*
unternehmungslustig

entertain /entə'teın/ *v.t.* **1** (amuse) unterhalten
2 (receive as guest) bewirten
3 haben <*Vorstellung*>; hegen (geh.) <*Gefühl,
Verdacht, Zweifel*>; (consider) in Erwägung
ziehen

enter'tainer *n.* Unterhalter, *der*/
Unterhalterin, *die*

enter'taining *adj.* unterhaltsam

✶ enter'tainment *n.* **1** (amusement)
Unterhaltung, *die*
2 (performance, show) Veranstaltung, *die*

enthral, AmE **enthrall** /ın'θrɔːl/ *v.t.*, **-ll-**
gefangen nehmen (fig.)

enthuse /ın'θjuːz/ **A** *v.i.* in Begeisterung
ausbrechen (**about** über + *Akk.*)
B *v.t.* begeistern

enthusiasm /ın'θjuːzıæzm/ *n.* Begeisterung,
die

enthusiast /ın'θjuːzıæst/ *n.* Enthusiast,
der; (for sports) Fan, *der*; **a great DIY** ~ ein
begeisterter Heimwerker

enthusiastic /ınθjuːzı'æstık/ *adj.* begeistert;
not be very ~ **about doing sth** keine große
Lust haben, etw. zu tun

entice /ın'taıs/ *v.t.* locken (**into** in + *Akk.*);
~ **sb into doing** *or* **to do sth** jmdn. dazu
verleiten, etw. zu tun

✶ entire /ın'taıə(r)/ *adj.* **1** (whole) ganz
2 (intact) vollständig

✶ en'tirely *adv.* **1** (wholly) völlig
2 (solely) ganz <*für sich behalten*>; voll
<*verantwortlich sein*>; **it's up to you** ~ es
liegt ganz bei dir

entirety /ın'taıərətı/ *n.* **in its** ~ in seiner/
ihrer Gesamtheit

✶ entitle /ın'taıtl/ *v.t.* berechtigen (**to** zu); ~
sb to do sth jmdn. das Recht geben, etw. zu
tun; **be** ~**d to** [claim] **sth** Anspruch auf etw.
(*Akk.*) haben; **be** ~**d to do sth** das Recht
haben, etw. zu tun

entomologist /entə'mɒlədʒıst/ *n.*
Entomologe, *der*/Entomologin, *die*

entomology /entə'mɒlədʒı/ *n.* Entomologie,
die; Insektenkunde, *die*

entourage /ɒntʊ'rɑːʒ/ *n.* Gefolge, *das*

entrails /'entreılz/ *n. pl.* Eingeweide *Pl.*

entrance¹ /ın'trɑːns/ *v.t.* hinreißen

entrance² /'entrəns/ *n.* (way in) Eingang, *der*
(**to** *Gen. od.* zu); (for vehicles) Einfahrt, *die*

entrance /'entrəns/: ~ **examination**
n. Aufnahmeprüfung, *die*; ~ **fee** *n.*
Eintrittsgeld, *das*; ~ **hall** *n.* Eingangshalle,
die; ~ **ticket** *n.* Eintrittskarte, *die*

entrant /'entrənt/ *n.* (for competition, race, etc.)
Teilnehmer, *der*/Teilnehmerin, *die* (**for**
Gen., an + *Dat.*)

entreat /ın'triːt/ *v.t.* anflehen

en'treaty *n.* flehentliche Bitte

entrepreneur /ɒntrəprə'nɜː(r)/ *n.*
Unternehmer, *der*/Unternehmerin, *die*

entrepreneurial /ɒntrəprə'nɜːrıəl/ *adj.*
unternehmerisch

entrust /ın'trʌst/ *v.t.* ~ **sb with sth** jmdm.
etw. anvertrauen; ~ **sb/sth to sb/sth** jmdn./
etw. jmdm./einer Sache anvertrauen; ~ **a
task to sb** jmdn. mit einer Aufgabe betrauen

✶ entry /'entrı/ *n.* **1** Eintritt, *der* (**into** in +
Akk.); (into country) Einreise, *die*; **'no** ~**'**
(for people) „Zutritt verboten"; (for vehicles)
„Einfahrt verboten"
2 (way in) Eingang, *der*; (for vehicle) Einfahrt,
die
3 (registration, item) Eintragung, *die* (**in, into**
in + *Akk. od. Dat.*); (in dictionary, encyclopaedia)
Eintrag, *der*

entry: ~ **fee** *n.* Eintrittsgeld, *das*; ~ **form**
n. Anmeldeformular, *das*; ~ **visa** *n.*
Einreisevisum, *das*

envelop /ın'veləp/ *v.t.* [ein]hüllen (**in** in +
Akk.); **be** ~**ed in flames** ganz von Flammen
umgeben sein

envelope /'envələʊp, 'ɒnvələʊp/ *n.*
[Brief]umschlag, *der*

enviable /'envıəbl/ *adj.* beneidenswert

envious /'envıəs/ *adj.* neidisch (**of** auf + *Akk.*)

✶ environment /ın'vaıərənmənt/ *n.* Umwelt,
die; (surrounding objects, region) Umgebung, *die*

✶ environmental /ınvaıərən'mentl/
adj. Umwelt<*verschmutzung, -schutz,
-katastrophe*>; **for** ~ **reasons** aus Gründen
des Umweltschutzes

environmental: ~ **group**
Umweltschutzorganisation, *die*; ~
'health Umwelthygiene, *die*; ~ **'health
department** Umwelthygieneamt,
das; ~ **'health officer**
Umwelthygienebeauftragte, *der*/*die*

environ'mentalist *n.* Umweltschützer,
der/-schützerin, *die*

environ'mentally *adv.* ~ **friendly**
umweltfreundlich; ~ **sensitive** ökologisch
sensibel; ~ **sound** umweltverträglich;
umweltgerecht

environmental pro'tection *n.*
Umweltschutz, *der*

envisage /ın'vızıdʒ/, **envision** /ın'vıʒn/ *v.t.*
sich (*Dat.*) vorstellen

envoy /'envɔı/ *n.* Gesandte, *der*/Gesandtin, *die*

envy /'envı/ **A** *n.* Neid, *der*; **you'll be the** ~ **of
all your friends** alle deine Freunde werden
dich beneiden
B *v.t.* beneiden; ~ **sb sth** jmdn. um etw.
beneiden

enzyme /'enzaım/ *n.* Enzym, *das*

ephemeral /ı'femərl/ *adj.* kurzlebig

epic /'epık/ **A** *adj.* episch
B *n.* Epos, *das*

epidemic /epı'demık/ **A** *adj.* epidemisch
B *n.* Epidemie, *die*

epilepsy /'epılepsı/ *n.* Epilepsie, *die*

epileptic /epı'leptık/ **A** *adj.* epileptisch
B *n.* Epileptiker, *der*/Epileptikerin, *die*

e

epileptic 'fit n. epileptischer Anfall

Epiphany /ɪ'pɪfənɪ/ n. [Feast of the] ~ Epiphanias, das; Dreikönigsfest, das; at ~ am Dreikönigstag

✧ **episode** /'epɪsəʊd/ n. **1** Episode, die **2** (of serial) Folge, die

epistle /ɪ'pɪsl/ n. Epistel, die

epitaph /'epɪtɑːf/ n. Grab[in]schrift, die

epithet /'epɪθet/ n. Beiname, der; (as term of abuse) Schimpfname, der

epitome /ɪ'pɪtəmɪ/ n. Inbegriff, der

epitomize /ɪ'pɪtəmaɪz/ v.t. ~ sth der Inbegriff einer Sache (Gen.) sein

epoch /'iːpɒk/ n. Epoche, die

'epoch-making adj. Epoche machend

✧ **equal** /'iːkwl/ **A** adj. **1** gleich; ~ in or of ~ height/size/importance etc. gleich hoch/ groß/wichtig usw.
2 be ~ to sth/sb (strong, clever, etc. enough) einer Sache/jmdm. gewachsen sein
B n. Gleichgestellte, der/die; have no ~ nicht seines-/ihresgleichen haben
C v.t., (BrE) **-ll-**; ~ sb es jmdm. gleichtun; three times four ~s twelve drei mal vier ist [gleich] zwölf

equality /ɪ'kwɒlɪtɪ/ n. Gleichheit, die; (equal rights) Gleichberechtigung, die; ~ between the sexes Gleichheit von Mann und Frau

equalize /'iːkwəlaɪz/ v.i. (Sport) den Ausgleich[streffer] erzielen

'equalizer n. (Sport) Ausgleich[streffer], der

✧ **'equally** adv. gleich; (just as) ebenso; in gleiche Teile <aufteilen>; gleichmäßig <verteilen>

Equal Oppor'tunities Commission n. (BrE) Ausschuss für Chancengleichheit; ≈ Gleichstellungsausschuss, der

equal oppor'tunity n. Chancengleichheit, die

'equals sign n. (Math.) Gleichheitszeichen, das

equanimity /ekwə'nɪmɪtɪ/ n. Gelassenheit, die

equate /ɪ'kweɪt/ v.t. gleichsetzen (with mit)

equation /ɪ'kweɪʒn/ n. (Math.) Gleichung, die

equator /ɪ'kweɪtə(r)/ n. Äquator, der

equilibrium /iːkwɪ'lɪbrɪəm/ n., pl. **equilibria** /iːkwɪ'lɪbrɪə/ or ~s Gleichgewicht, die

equinox /'ekwɪnɒks/ n. Tagundnachtgleiche, die

equip /ɪ'kwɪp/ v.t., **-pp-** ausrüsten <Fahrzeug, Armee>; ausstatten <Küche>; fully ~ped komplett ausgerüstet/ausgestattet; ~ sb/ oneself [with sth] jmdn./sich [mit etw.] ausrüsten

✧ **e'quipment** n. Ausrüstung, die; (of kitchen, laboratory) Ausstattung, die; (needed for activity) Geräte Pl.

equity /'ekwɪtɪ/ n. **1** (fairness) Gerechtigkeit, die; with ~ gerecht

✧ Schlüsselwort

2 in pl. (stocks and shares without fixed interest) [Stamm]aktien Pl.
3 (value of shares) Eigenkapital, das
4 (net value of mortgaged property) Wert eines Besitzes nach Abzug der Belastungen

'equity market n. (Commerc.) Aktienmarkt, der

equivalent /ɪ'kwɪvələnt/ **A** adj. gleichwertig; be ~ to sth einer Sache (Dat.) entsprechen
B n. **1** (thing, person) Pendant, das; Gegenstück, das (of zu)
2 be the ~ of sth (have same result) einer Sache (Dat.) entsprechen

equivocal /ɪ'kwɪvəkl/ adj. zweideutig

er /ɜː(r)/ int. äh

✧ **era** /'ɪərə/ n. Ära, die

eradicate /ɪ'rædɪkeɪt/ v.t. ausrotten

erase /ɪ'reɪz/ v.t. auslöschen; (with rubber, knife) ausradieren; (from tape) (also Comp.) löschen

e'raser n. [pencil] ~ Radiergummi, der

'e-reader n. elektronisches Lesegerät

erect /ɪ'rekt/ **A** adj. aufrecht
B v.t. errichten; aufstellen <Standbild, Mast, Verkehrsschild, Gerüst, Zelt>

erection /ɪ'rekʃn/ n. **1** ▸ erect B Errichtung, die; Aufstellen, das
2 (Physiol.) Erektion, die

ergonomic /ɜːgə'nɒmɪk/ adj., **ergo'nomically** adv. ergonomisch

ermine /'ɜːmɪn/ n. Hermelin, der

erode /ɪ'rəʊd/ v.t. **1** <Säure, Rost:> angreifen; <Wasser:> auswaschen; <Wind:> verwittern lassen
2 (fig.) unterminieren

erosion /ɪ'rəʊʒn/ n. **1** ▸ erode 1 Angreifen, das; Auswaschung, die; Verwitterung, die
2 (fig.) Unterminierung, die

erotic /ɪ'rɒtɪk/ adj. erotisch

err /ɜː(r)/ v.i. sich irren

errand /'erənd/ n. Botengang, der; (shopping) Besorgung, die; go on or run an ~ einen Botengang/eine Besorgung machen

'errand boy n. Laufbursche, der

erratic /ɪ'rætɪk/ adj. unregelmäßig; sprunghaft <Wesen, Person, Art>; launenhaft <Verhalten>

erroneous /ɪ'rəʊnɪəs/ adj. falsch; irrig <Schlussfolgerung, Annahme>

✧ **error** /'erə(r)/ n. (mistake) Fehler, der; (wrong opinion) Irrtum, der; in ~ irrtümlich[erweise]

'error message n. (Comp.) Fehlermeldung, die

erudite /'eruːdaɪt/ adj. gelehrt

erupt /ɪ'rʌpt/ v.i. ausbrechen

eruption /ɪ'rʌpʃn/ n. Ausbruch, der

escalate /'eskəleɪt/ **A** v.i. sich ausweiten (into zu); <Preise, Kosten:> [ständig] steigen
B v.t. ausweiten (into zu)

escalator /'eskəleɪtə(r)/ n. Rolltreppe, die

escapade /eskə'peɪd/ n. Eskapade, die (geh.)

✧ **escape** /ɪ'skeɪp/ **A** n. Flucht, die (from aus); have a narrow ~ gerade noch einmal

davonkommen
B *v.i.* **1** fliehen (**from** aus); (successfully)
entkommen (**from** *Dat.*)
2 <*Gas:*> ausströmen; <*Flüssigkeit:*> auslaufen
C *v.t.* **1** entkommen (+ *Dat.*) <*Verfolger,
Feind*>; entgehen (+ *Dat.*) <*Bestrafung,
Gefangennahme, Tod*>; verschont bleiben
von <*Zerstörung, Auswirkungen*>
2 (not be remembered by) entfallen sein (+ *Dat.*)
escape: ~ **artist** ▶ escapologist; ~
attempt, ~ **bid** *ns.* Fluchtversuch, *der*;
(from prison) Ausbruchsversuch, *der*; ~ **hatch**
n. Notausstieg, *der*; (fig.) Rettungsanker,
der; ~ **key** *n.* (Comp.) Escapetaste, *die*; ~
road *n.* Auslaufstrecke, *die*; ~ **route** *n.*
Fluchtweg, *der*
escapism /ɪˈskeɪpɪzm/ *n.* Realitätsflucht, *die*
escapologist /eskəˈpɒlədʒɪst/ *n.* (BrE)
Entfesselungskünstler, *der*/-künstlerin, *die*
escarpment /ɪˈskɑːpmənt/ *n.* (Geog.)
Steilhang, *der*
escort **A** /ˈeskɔːt/ *n.* **1** Begleitung, *die*; (Mil.)
Eskorte, *die*
2 (hired companion) Begleiter, *der*/Begleiterin,
die
B /ɪˈskɔːt/ *v.t.* begleiten; (lead) führen; (Mil.)
eskortieren
Eskimo /ˈeskɪməʊ/ **A** *adj.* Eskimo-
B *n., pl.* ~**s** or *same* Eskimo, *der*/Eskimofrau,
die; the ~[s] die Eskimos
esoteric /esəʊˈterɪk/ *adj.* esoterisch
especial /ɪˈspeʃl/ *attrib. adj.* [ganz] besonder...
⚜ **especially** /ɪˈspeʃəli/ *adv.* besonders
espionage /ˈespɪɒnɑːʒ/ *n.* Spionage, *die*
esplanade /espləˈneɪd, espləˈnɑːd/ *n.*
Esplanade, *die* (geh.)
espouse /ɪˈspaʊz/ *v.t.* eintreten für
espresso /eˈspresəʊ/ *n., pl.* ~**s** (coffee)
Espresso, *der*
e'spresso bar *n.* Espressobar, *die*
Esq. /ɪˈskwaɪə(r)/ *abbr.* = **Esquire** ≈ Hr.; (on
letter) ≈ Hrn.; **Jim Smith,** ~ Hr./Hrn. Jim
Smith
essay /ˈeseɪ/ *n.* Essay, *der*; Aufsatz, *der* (bes.
Schulw.)
essence /ˈesns/ *n.* **1** Wesen, *das*; (gist)
Wesentliche, *das*; **in** ~ im Wesentlichen
2 (Cookery) Essenz, *die*
⚜ **essential** /ɪˈsenʃl/ **A** *adj.* **1** (fundamental)
wesentlich
2 (indispensable) unentbehrlich;
lebensnotwendig <*Versorgungseinrichtungen,
Güter*>; unabdingbar <*Qualifikation,
Voraussetzung*>; **it is** ~ **that** ... es ist
unbedingt notwendig, dass ...
B *n. pl.* the ~**s** (fundamentals) das Wesentliche;
(items) das Notwendigste
es'sentially *adv.* im Grunde
⚜ **establish** /ɪˈstæblɪʃ/ *v.t.* **1** schaffen <*Einrichtung,
Präzedenzfall*>; gründen <*Organisation,
Institut*>; errichten <*Geschäft, System*>
2 (secure acceptance for) etablieren; **become**

~**ed** sich einbürgern
3 (prove) beweisen
4 (discover) feststellen
established /ɪˈstæblɪʃt/ *adj.* bestehend
<*Ordnung*>; etabliert <*Schriftsteller*>;
(accepted) üblich; fest <*Brauch*>; feststehend
<*Tatsache*>; **become** ~ sich durchsetzen
e'stablishment *n.* **1** (setting up, foundation)
Gründung, *die*
2 [business] ~ Unternehmen, *das*
⚜ **estate** /ɪˈsteɪt/ *n.* **1** (landed property) Gut, *das*
2 (BrE) (housing ~) [Wohn]siedlung, *die*
3 (of deceased person) Erbmasse, *die*
estate: ~ **agent** *n.* (BrE) Grundstücksmakler,
der/-maklerin, *die*; ~ **car** *n.* (BrE) Kombiwagen,
der; ~ **duty** (BrE), **e'state tax** (AmE) *ns.*
Erbschaftssteuer, *die*
esteem /ɪˈstiːm/ **A** *n.* Wertschätzung, *die*
(geh.) (**for** *Gen.*, für)
B *v.t.* schätzen; **highly** ~**ed** hoch geschätzt
⚜ **estimate** **A** /ˈestɪmət/ *n.* **1** Schätzung, *die*; **at
a rough** ~ grob geschätzt
2 (Commerc.) Kostenvoranschlag, *der*
B /ˈestɪmeɪt/ *v.t.* schätzen (**at** auf + *Akk.*)
estimation /estɪˈmeɪʃn/ *n.* Schätzung, *die*; **in
sb's** ~ nach jmds. Schätzung
Estonia /eˈstəʊnɪə/ *pr. n.* Estland (*das*)
Estonian /eˈstəʊnɪən/ **A** *adj.* estländisch;
estnisch; **sb is** ~ jmd. ist Este/Estin
B *n.* **1** (language) Estnisch, *das*; Estländisch,
das; *see also* **English B1**
2 (person) Este, *der*/Estin, *die*; Estländer, *der*/
Estländerin, *die*
estuary /ˈestjʊərɪ/ *n.* [Trichter]mündung, *die*
ETA *abbr.* = **estimated time of arrival**
voraussichtliche Ankunftszeit
⚜ **etc.** *abbr.* = **et cetera** usw.
etch /etʃ/ *v.t.* ätzen (**on** auf + *Akk.*); (on
metal also) <*bes. Künstler:*> radieren; (fig.)
einprägen (**in, on** *Dat.*)
'etching *n.* (Art) Radierung, *die*
eternal /ɪˈtɜːnl/ *adj.*, **e'ternally** *adv.* ewig
eternity /ɪˈtɜːnɪtɪ/ *n.* Ewigkeit, *die*
ether /ˈiːθə(r)/ *n.* Äther, *der*
ethereal /ɪˈθɪərɪəl/ *adj.* ätherisch
ethical /ˈeθɪkl/ *adj.* ethisch
ethics /ˈeθɪks/ *n.* **1** Moral, *die*; (moral philosophy)
Ethik, *die*
2 *usu. constr. as pl.* (moral code) Ethik, *die* (geh.)
Ethiopia /iːθɪˈəʊpɪə/ *pr. n.* Äthiopien (*das*)
Ethiopian /iːθɪˈəʊpɪən/ **A** *adj.* äthiopisch; **sb
is** ~ jmd. ist Äthiopier/Äthiopierin
B *n.* Äthiopier, *der*/Äthiopierin, *die*
ethnic /ˈeθnɪk/ *adj.* ethnisch
ethnic: ~ **'cleansing** *n.* ethnische Säuberung;
~ **mi'nority** *n.* ethnische Minderheit
ethnology /eθˈnɒlədʒɪ/ *n.* Ethnologie, *die*
ethos /ˈiːθɒs/ *n.* (guiding beliefs) Gesinnung,
die; (fundamental values) Ethos, *das* (geh.);
(characteristic spirit) Geist, *der*
'e-ticket *n.* elektronisches Ticket; E-Ticket,
das

etiquette /'etɪket/ *n.* Etikette, *die*
etymology /etɪ'mɒlədʒɪ/ *n.* Etymologie, *die*
EU *abbr.* = **European Union** EU
eulogy /'juːlədʒɪ/ *n.* Lobrede, *die*
euphemism /'juːfəmɪzm/ *n.* Euphemismus, *der*
euphemistic /juːfə'mɪstɪk/ *adj.* verhüllend
euphoria /juː'fɔːrɪə/ *n.* Euphorie, *die* (geh.)
euro /'jʊərəʊ/ *n* Euro, *der*
Euro: ~**cheque** *n.* Euroscheck, *der*; ~**land** *n.* Euroland, *das*; ~**-MP** *n.* Europaabgeordnete, *der/die*
Europe /'jʊərəp/ *pr. n.* Europa (*das*)
✓ **European** /jʊərə'piːən/ 🅰 *adj.* europäisch; **sb is** ~ jmd. ist Europäer/Europäerin; ~ **[Economic] Community** Europäische [Wirtschafts]gemeinschaft
🅱 *n.* Europäer, *der*/Europäerin, *die*
European: ~ **Central 'Bank** *n.* Europäische Zentralbank; ~ **Com'mission** *n.* Europäische Kommission; ~ **'Council** *n.* Europäischer Rat; ~ **Court of 'Justice** *n.* Europäischer Gerichtshof; ~ **'currency unit** *n.* Europäische Währungseinheit; ~ **'Monetary System** *n.* Europäisches Währungssystem; ~ **Monetary 'Union** *n.* Europäische Währungsunion; ~ **'Parliament** *n.* Europäisches Parlament; ~ **'Union** *n.* Europäische Union
Euro-: ~**-rebel** *n.* (esp. BrE) [innerparteilicher] Europagegner/[innerparteiliche] Europagegnerin; ~**sceptic** *n.* Euroskeptiker, *der*/-skeptikerin, *die*; ~**star**® *n.* Eurostar, *der*; **go by** ~**star** mit dem Eurostar fahren; **e**~**zone** *n.* Eurozone, *die*
euthanasia /juːθə'neɪzɪə/ *n.* Euthanasie, *die*
evacuate /ɪ'vækjʊeɪt/ *v.t.* evakuieren (**from aus**)
evacuation /ɪvækjʊ'eɪʃn/ *n.* Evakuierung, *die* (**from aus**)
evade /ɪ'veɪd/ *v.t.* ausweichen (+ *Dat.*) <*Angriff, Angreifer, Schlag, Problem, Frage*>; sich entziehen (+ *Dat.*) <*Verhaftung, Verantwortung*>; entkommen (+ *Dat.*) <*Verfolger, Verfolgung*>; hinterziehen <*Steuern*>; ~ **doing sth** vermeiden, etw. zu tun
evaluate /ɪ'væljʊeɪt/ *v.t.* einschätzen; bewerten <*Daten*>
evangelical /iːvæn'dʒelɪkl/ *adj.* missionarisch (fig.); (Protestant) evangelisch
evangelist /ɪ'vændʒəlɪst/ *n.* Evangelist, *der*
evaporate /ɪ'væpəreɪt/ 🅰 *v.i.* verdunsten
🅱 *v.t.* verdunsten lassen
evaporated 'milk *n.* Kondensmilch, *die*
evaporation /ɪvæpə'reɪʃn/ *n.* Verdunstung, *die*
evasion /ɪ'veɪʒn/ *n.* Umgehung, *die*; (of responsibility, question) Ausweichen, *das* (of vor + *Dat.*); **tax** ~ Steuerhinterziehung, *die*

✓ Schlüsselwort

evasive /ɪ'veɪsɪv/ *adj.* **1 be/become** ~ ausweichen
2 ausweichend <*Antwort*>
eve /iːv/ *n.* Vorabend, *der* (of Gen.); (day) Vortag, *der* (of Gen.)
✓ **even** /'iːvn/ 🅰 *adj.* **1** eben <*Boden, Fläche*>; gleich hoch <*Stapel, Stuhl-, Tischbein*>; **be of** ~ **height/length** gleich hoch/lang sein
2 gerade <*Zahl, Seite, Hausnummer*>
3 be *or* **get** ~ **with sb** (quits) es jmdm. heimzahlen; **break** ~ die Kosten decken
🅱 *adv.* sogar; selbst; sogar noch <*weniger, schlimmer usw.*>; ~ **if** selbst wenn; ~ **so** [aber] trotzdem; **not** *or* **never** ~ ... [noch] nicht einmal ...
■ ~ '**up** *v.t.* ausgleichen
✓ **evening** /'iːvnɪŋ/ *n.* Abend, *der*; **this/ tomorrow** ~ heute/morgen Abend; **in the** ~ am Abend; (regularly) abends
evening: ~ **class** *n.* Abendkurs, *der*; ~ **dress** *n.* Abendkleidung, *die*; ~ **'meal** *n.* Abendessen, *das*; ~ **'paper** *n.* Abendzeitung, *die*
'evenly *adv.* gleichmäßig
'even-numbered *adj.* gerade
✓ **event** /ɪ'vent/ *n.* **1 in the** ~ **of his dying** *or* **death** im Falle seines Todes; **in the** ~ **letzten Endes; in the** ~ **of rain** bei Regenwetter
2 (occurrence) Ereignis, *das*
3 (planned public or social occasion) Veranstaltung, *die*
e'ventful *adj.* ereignisreich
eventual /ɪ'ventjʊəl/ *adj.* **predict sb's** ~ **downfall** vorhersagen, dass jmd. schließlich zu Fall kommen wird; **the career of Napoleon and his** ~ **defeat** der Aufstieg Napoleons und schließlich seine Niederlage
eventuality /ɪventjʊ'ælɪtɪ/ *n.* Eventualität, *die*
✓ **e'ventually** *adv.* schließlich
✓ **ever** /'evə(r)/ *adv.* **1** (always) immer; **for** ~ für immer; ewig <*lieben, da sein, leben*>; ~ **since [then]** seit [dieser Zeit]
2 (at any time) je[mals]; **hardly** ~ so gut wie nie; **as** ~ wie gewöhnlich
3 *in comb. with compar. adj. or adv.* noch; ~**-increasing** ständig zunehmend
4 what ~ **does he want?** was will er nur?; **why** ~ **not?** warum denn nicht?
ever: ~**green** 🅰 *adj.* immergrün
🅱 *n.* immergrüne Pflanze; ~**lasting** *adj.* **1** (eternal) immer während; ewig <*Leben*>; unvergänglich <*Ruhm, Ehre*>
2 (incessant) endlos
✓ **every** /'evrɪ/ *adj.* **1** jeder/jede/jedes; ~ **one** jeder/jede/jedes [einzelne]; **your** ~ **wish** all[e] deine Wünsche; **she comes** ~ **day** sie kommt jeden Tag; ~ **three/few days** alle drei/paar Tage; ~ **other** (~ second, almost ~) jeder/jede/jedes zweite
2 (the greatest possible) all <*Respekt, Aussicht*>
✓ **'everybody** *n. & pron.* jeder; ~ **else** alle anderen

✔ **'everyday** *attrib. adj.* alltäglich; Alltags<*kleidung, -sprache*>; in ~ life im Alltag

✔ **'everyone** ▸ everybody

'everyplace (AmE) ▸ everywhere

✔ **'everything** *n. & pron.* alles

✔ **'everywhere** *adv.* überall; ~ you go/look wohin man auch geht/sieht

evict /ɪ'vɪkt/ *v.t.* ~ sb [from his home] jmdn. zur Räumung [seiner Wohnung] zwingen

eviction /ɪ'vɪkʃn/ *n.* Zwangsräumung, *die*; the ~ of the tenant die zwangsweise Vertreibung des Mieters

✔ **evidence** /'evɪdəns/ *n.* **1** Beweis, *der*; (indication) Anzeichen, *das*; be ~ of sth etw. beweisen
2 (Law) Beweismaterial, *das*; give ~ aussagen

evident /'evɪdənt/ *adj.* offensichtlich; be ~ to sb jmdm. klar sein; it soon became ~ that ... es stellte sich bald heraus, dass ...

'evidently *adv.* offensichtlich

✔ **evil** /'iːvl, 'iːvɪl/ **A** *adj.* böse; schlecht <*Charakter, Einfluss, System*>
B *n.* **1** Böse, *das*
2 (bad thing) Übel, *das*

evocative /ɪ'vɒkətɪv/ *adj.* be ~ of sth etw. heraufbeschwören

evoke /ɪ'vəʊk/ *v.t.* heraufbeschwören; hervorrufen <*Bewunderung, Überraschung*>; erregen <*Interesse*>

evolution /iːvə'luːʃn/ *n.* Entwicklung, *die*; (Biol.) Evolution, *die*

evolve /ɪ'vɒlv/ **A** *v.i.* sich entwickeln (from aus; into zu)
B *v.t.* entwickeln

ewe /juː/ *n.* Mutterschaf, *das*

ex¹ /eks/ *n.* (infml) Verflossene, *der/die* (ugs.)

ex² *prep.* (Commerc.) ~ works/store <*Güter*> ab Werk/Lager

ex- *pref.* Ex-<*Freundin, Präsident, Champion*>; Alt<*[bundes]kanzler*>

exacerbate /ek'sæsəbeɪt/ *v.t.* verschärfen <*Lage*>; verschlechtern <*Zustand*>

exact /ɪg'zækt/ **A** *adj.* genau
B *v.t.* fordern; erheben <*Gebühr*>

exacting /ɪg'zæktɪŋ/ *n.* anspruchsvoll; hoch <*Anforderung*>

exactitude /ɪg'zæktɪtjuːd/ Genauigkeit, *die*

✔ **exactly** /ɪg'zæktlɪ/ *adv.* genau; not ~ (infml iron.) nicht gerade

exactness /ɪg'zæktnɪs/ *n.* Genauigkeit, *die*

exaggerate /ɪg'zædʒəreɪt/ *v.t.* übertreiben

exaggeration /ɪgzædʒə'reɪʃn/ *n.* Übertreibung, *die*

exam /ɪg'zæm/ (infml) ▸ examination 2

examination /ɪgzæmɪ'neɪʃn/ *n.* **1** (inspection) (Med.) Untersuchung, *die*
2 (Sch. etc.) Prüfung, *die*; (final ~ at university) Examen, *das*

exami'nation paper *n.* **1** ~[s] schriftliche Prüfungsaufgaben *Pl.*

2 (with candidate's answers) ≈ Klausurarbeit, *die*

✔ **examine** /ɪg'zæmɪn/ *v.t.* **1** (inspect) (Med.) untersuchen (for auf + *Akk.*); prüfen <*Dokument, Gewissen*>; kontrollieren <*Ausweis, Gepäck*>
2 (Sch. etc.) prüfen (in in + *Dat.*)
3 (Law) verhören

examiner /ɪg'zæmɪnə(r)/ *n.* Prüfer, *der*/ Prüferin, *die*

✔ **example** /ɪg'zɑːmpl/ *n.* Beispiel, *das*; for ~ zum Beispiel; make an ~ of sb ein Exempel an jmdm. statuieren

exasperate /ɪg'zæspəreɪt/ *v.t.* (irritate) verärgern; (infuriate) zur Verzweiflung bringen

exasperation /ɪgzæspə'reɪʃn/ *n.* ▸ exasperate Ärger, *der*/Verzweiflung, *die* (with über + *Akk.*); in ~ verärgert/verzweifelt

excavate /'ekskəveɪt/ *v.t.* **1** ausschachten; (with machine) ausbaggern
2 (Archaeol.) ausgraben

excavation /ekskə'veɪʃn/ *n.* **1** Ausschachtung, *die*; (with machine) Ausbaggerung, *die*
2 (Archaeol.) Ausgrabung, *die*

excavator /'ekskəveɪtə(r)/ *n.* Bagger, *der*

exceed /ɪk'siːd/ *v.t.* **1** (be greater than) übertreffen (in an + *Dat.*); <*Kosten, Summe, Anzahl:*> übersteigen (by um)
2 (go beyond) überschreiten; hinausgehen über (+ *Akk.*) <*Auftrag, Befehl*>

ex'ceedingly *adv.* äußerst; ausgesprochen <*hässlich, dumm*>

excel /ɪk'sel/ **A** *v.t.*, **-ll-** übertreffen; ~ oneself (lit. or iron.) sich selbst übertreffen
B *v.i.*, **-ll-** sich hervortun (at, in in + *Dat.*)

excellence /'eksələns/ *n.* hervorragende Qualität

✔ **excellent** /'eksələnt/ *adj.* hervorragend

✔ **except** /ɪk'sept/ **A** *prep.* ~ [for] außer (+ *Dat.*); ~ for (in all respects other than) abgesehen von
B *v.t.* ausnehmen (from bei); ~ed ausgenommen

ex'cepting *prep.* außer (+ *Dat.*)

✔ **exception** /ɪk'sepʃn/ *n.* Ausnahme, *die*; take ~ to Anstoß nehmen an (+ *Dat.*)

exceptional /ɪk'sepʃənl/ *adj.* außergewöhnlich

ex'ceptionally *adv.* **1** (as an exception) ausnahmsweise
2 (remarkably) ungewöhnlich

excerpt /'eksɜːpt/ *n.* Auszug, *der* (from aus)

excess /ɪk'ses/ *n.* **1** Übermaß, *das* (of an + *Dat.*); eat/drink to ~ übermäßig essen/ trinken
2 *esp. in pl.* (over-indulgence) Exzess, *der*
3 be in ~ of sth etw. übersteigen
4 (surplus) Überschuss, *der*

excess /'ekses/: ~ **'baggage** *n.* Mehrgepäck, *das*; ~ **'fare** *n.* Mehrpreis, *der*; pay the ~ fare nachlösen

excessive /ɪk'sesɪv/ *adj.* übermäßig; übertrieben <*Forderung, Lob, Ansprüche*>;

unmäßig ‹Esser, Trinker›

ex'cessively adv. übertrieben; unmäßig ‹essen, trinken›

excess: ~ 'luggage ▶ excess baggage; ~ 'postage n. Nachgebühr, die

✓ **exchange** /ɪks'tʃeɪndʒ/ **A** v.t. **1** tauschen ‹Plätze, Ringe, Küsse›; umtauschen ‹Geld›; wechseln ‹Blicke, Worte›; ~ insults sich beleidigen
2 (give in place of another) eintauschen (for für, gegen); umtauschen ‹[gekaufte] Ware› (for gegen)
B n. **1** Tausch, der; in ~ dafür; in ~ for sth für etw.
2 (Educ.) Austausch, der; an ~ student ein Austauschstudent/eine Austauschstudentin
3 (of money) Umtausch, der; ~ rate, rate of ~ Wechselkurs, der
4 (Teleph.) Fernmeldeamt, das

exchequer /ɪks'tʃekə(r)/ n. (BrE) Schatzamt, das

excise /'eksaɪz/ n. Verbrauchsteuer, die

excitable /ek'saɪtəbl/ adj. leicht erregbar

excite /ɪk'saɪt/ v.t. **1** (thrill) begeistern
2 (agitate) aufregen

ex'cited adj. aufgeregt (at über + Akk.); get ~ sich aufregen

ex'citement n. Aufregung, die; (enthusiasm) Begeisterung, die

✓ **exciting** /ɪk'saɪtɪŋ/ adj. aufregend; (full of suspense) spannend

exclaim /ɪk'skleɪm/ **A** v.t. ausrufen
B v.i. aufschreien

exclamation /eksklə'meɪʃn/ n. Ausruf, der

excla'mation mark, (AmE) **excla'mation point** ns. Ausrufezeichen, das

exclude /ɪk'sklu:d/ v.t. ausschließen

excluding /ɪk'sklu:dɪŋ/ prep. ~ drinks/VAT Getränke ausgenommen/ohne Mehrwertsteuer

exclusion /ɪk'sklu:ʒn/ n. Ausschluss, der

exclusive /ɪk'sklu:sɪv/ adj. **1** alleinig ‹Besitzer, Kontrolle›; Allein‹eigentum›; (Journ.) Exklusiv‹bericht, -interview›
2 (select) exklusiv
3 ~ of ohne

ex'clusively adv. ausschließlich

excommunicate /ekskə'mju:nɪkeɪt/ v.t. exkommunizieren

excrement /'ekskrɪmənt/ n. Kot, der (geh.)

excrete /ɪk'skri:t/ v.t. ausscheiden

excruciating /ɪk'skru:ʃɪeɪtɪŋ/ adj. unerträglich

excursion /ɪk'skɜ:ʃn/ n. Ausflug, der

excusable /ɪk'skju:zəbl/ adj. entschuldbar; verzeihlich

excuse A /ɪk'skju:z/ v.t. **1** entschuldigen; ~ oneself sich entschuldigen; ~ me Entschuldigung
2 (release, exempt) befreien (from von)
B /ɪk'skju:s/ n. Entschuldigung, die

✓ Schlüsselwort

ex-di'rectory adj. (BrE) (Teleph.) Geheim‹nummer, -anschluss›; be ~ nicht im Telefonbuch stehen

execute /'eksɪkju:t/ v.t. **1** hinrichten
2 (put into effect) ausführen

execution /eksɪ'kju:ʃn/ n. **1** Hinrichtung, die
2 (putting into effect) Ausführung, die

exe'cutioner n. Scharfrichter, der

✓ **executive** /ɪg'zekjʊtɪv/ **A** n. leitender Angestellter/leitende Angestellte
B adj. leitend ‹Stellung, Funktion›

executive: ~ 'stress n. Managerstress, der; ~ 'toy n. Managerspielzeug, das

executor /ɪg'zekjʊtə(r)/ n. (Law) Testamentsvollstrecker, der

exemplary /ɪg'zemplərɪ/ adj. **1** (model) vorbildlich
2 (deterrent) exemplarisch

exemplify /ɪg'zemplɪfaɪ/ v.t. veranschaulichen

exempt /ɪg'zempt/ **A** adj. [be] ~ [from sth] [von etw.] befreit [sein]
B v.t. befreien

exemption /ɪg'zempʃn/ n. Befreiung, die

✓ **exercise** /'eksəsaɪz/ **A** n. **1** Übung, die
2 no pl. (physical exertion) Bewegung, die; take ~ sich (Dat.) Bewegung schaffen
B v.t. ausüben ‹Recht, Macht, Einfluss›; walten lassen ‹Vorsicht›
C v.i. sich (Dat.) Bewegung schaffen

exercise: ~ **bicycle,** (infml) ~ **bike** ns. Heimtrainer, der; ~ **book** n. [Schul]heft, das

exert /ɪg'zɜ:t/ **A** v.t. aufbieten ‹Kraft›; ausüben ‹Einfluss, Druck›
B v. refl. sich anstrengen

exertion /ɪg'zɜ:ʃn/ n. **1** (of strength, force) Aufwendung, die; (of influence, pressure) Ausübung, die
2 (effort) Anstrengung, die

exhale /eks'heɪl/ v.t. & i. ausatmen

exhaust /ɪg'zɔ:st/ **A** v.t. erschöpfen; erschöpfend behandeln ‹Thema›
B n. (Motor Veh.) Auspuff, der; (gases) Auspuffgase Pl.

ex'hausted adj. erschöpft

ex'haust emissions n. pl. Auspuffabgase Pl.; ~ ~ test Abgasuntersuchung, die

ex'hausting adj. anstrengend

exhaustion /ɪg'zɔ:stʃn/ n. Erschöpfung, die

exhaustive /ɪg'zɔ:stɪv/ adj. umfassend

ex'haust pipe n. Auspuffrohr, das

exhibit /ɪg'zɪbɪt/ **A** v.t. ausstellen; zeigen ‹Mut, Symptome, Angst usw.›
B n. Ausstellungsstück, das

✓ **exhibition** /eksɪ'bɪʃn/ n. Ausstellung, die; make an ~ of oneself sich unmöglich aufführen

exhibitionism /eksɪ'bɪʃənɪzm/ n. Exhibitionismus, der

exhibitionist /eksɪ'bɪʃənɪst/ n. Exhibitionist, der/Exhibitionistin, die

exhibitor /ɪgˈzɪbɪtə(r)/ n. Aussteller, der/ Ausstellerin, die

exhilarated /ɪgˈzɪləreɪtɪd/ adj. belebt

exhilarating /ɪgˈzɪləreɪtɪŋ/ adj. belebend

exhilaration /ɪgzɪləˈreɪʃn/ n. [feeling of] ∼ Hochgefühl, das

exhort /ɪgˈzɔːt/ v.t. ermahnen

exile /ˈeksaɪl/ **A** n. **1** Exil, das; in/into ∼ im/ ins Exil
2 (person) Verbannte, der/die
B v.t. verbannen

ᴑ **exist** /ɪgˈzɪst/ v.i. existieren; <Zweifel, Gefahr, Problem, Einrichtung:> bestehen; ∼ on sth von etw. leben

ᴑ **existence** /ɪgˈzɪstəns/ n. Existenz, die; (mode of living) Dasein, das; be in/come into ∼ existieren/entstehen

exit /ˈeksɪt/ n. (way out) Ausgang, der (from aus); (for vehicle) Ausfahrt, die

exit: ∼ **permit** n. Ausreiseerlaubnis, die; ∼ **poll** n.: Befragung der ein Wahllokal verlassenden Wähler; ∼ **visa** n. Ausreisevisum, das

exonerate /ɪgˈzɒnəreɪt/ v.t. entlasten

exorbitant /ɪgˈzɔːbɪtənt/ adj. [maßlos] überhöht

exorcize /ˈeksɔːsaɪz/ v.t. austreiben

exotic /ɪgˈzɒtɪk/ adj. exotisch

ᴑ **expand** /ɪkˈspænd/ **A** v.i. **1** sich ausdehnen; (Commerc.) expandieren
2 ∼ on weiter ausführen
B v.t. ausdehnen; (Commerc.) erweitern

expanse /ɪkˈspæns/ n. [weite] Fläche

expansion /ɪkˈspænʃn/ n. Ausdehnung, die; (Commerc.) Expansion, die

ᴑ **expect** /ɪkˈspekt/ v.t. **1** erwarten; ∼ to do sth damit rechnen, etw. zu tun; ∼ sb to do sth damit rechnen, dass jmd. etw. tut; (require) von jmdm. erwarten, dass er etw. tut
2 (infml) (think, suppose) glauben; I ∼ so ich glaube schon

expectancy /ɪkˈspektənsɪ/ n. Erwartung, die

expectant /ɪkˈspektənt/ adj. erwartungsvoll

ex'pectantly adv. erwartungsvoll; gespannt <warten>

expectant 'mother n. werdende Mutter

ᴑ **expectation** /ekspekˈteɪʃn/ n. Erwartung, die

expedient /ɪkˈspiːdɪənt/ **A** adj. angebracht
B n. Mittel, das

expedition /ekspɪˈdɪʃn/ n. Expedition, die

expel /ɪkˈspel/ v.t., **-ll-** ausweisen (from aus); ∼ sb from school jmdn. von der Schule verweisen

expend /ɪkˈspend/ v.t. **1** aufwenden ([up]on für)
2 (use up) aufbrauchen ([up]on für)

expendable /ɪkˈspendəbl/ adj. entbehrlich; be ∼ geopfert werden können

expenditure /ɪkˈspendɪtʃə(r)/ n. **1** (amount spent) Ausgaben Pl. (on für)
2 (spending) Ausgabe, die

ᴑ **expense** /ɪkˈspens/ n. **1** Kosten Pl.; at sb's ∼ auf jmds. Kosten (Akk.); at one's own ∼ auf eigene Kosten
2 usu. in pl. (Commerc. etc.) (amount spent [and repaid]) Spesen Pl.
3 (fig.) [be] at the ∼ of sth auf Kosten von etw. [gehen]

ex'pense account n. Spesenabrechnung, die; put sth on one's ∼ etw. als Spesen abrechnen

ᴑ **expensive** /ɪkˈspensɪv/ adj., **ex'pensively** adv. teuer

ᴑ **experience** /ɪkˈspɪərɪəns/ **A** n. Erfahrung, die; (incident) Erlebnis, das
B v.t. erleben; haben <Schwierigkeiten>; verspüren <Kälte, Schmerz, Gefühl>

ex'perienced adj. erfahren

ᴑ **experiment** **A** /ɪkˈsperɪmənt/ n. **1** Experiment, das, Versuch, der (on an + Dat.)
2 (fig.) Experiment, das
B /ɪkˈsperɪment/ v.i. Versuche anstellen (on an + Dat.)

experimental /ɪksperɪˈmentl/ adj. experimentell; Experimentier<theater, -kino>

ᴑ **expert** /ˈekspɜːt/ **A** adj. ausgezeichnet; be ∼ in or at sth Fachmann od. Experte für etw. sein; be ∼ in or at doing sth etw. ausgezeichnet können
B n. Fachmann, der; Experte, der/Expertin, die; be an ∼ in or at/on sth Fachmann od. Experte in etw. (Dat.) /für etw. sein

expertise /ekspɜːˈtiːz/ n. Fachkenntnisse Pl.; (skill) Können, das

expert: ∼ **system** n. (Comp.) Expertensystem, das; ∼ **'witness** n. sachverständiger Zeuge

expire /ɪkˈspaɪə(r)/ v.i. ablaufen

expiry /ɪkˈspaɪərɪ/ n. Ablauf, der

ᴑ **explain** /ɪkˈspleɪn/ **A** v.t., also abs. erklären
B v. refl., often abs. please ∼ [yourself] bitte erklären Sie mir das
■ ∼ a'way v.t. eine [plausible] Erklärung finden für

ᴑ **explanation** /ekspləˈneɪʃn/ n. Erklärung, die; need ∼ einer Erklärung bedürfen

explanatory /ɪkˈsplænətərɪ/ adj. erklärend; erläuternd <Bemerkung>

explicable /ɪkˈsplɪkəbl/ adj. erklärbar

explicit /ɪkˈsplɪsɪt/ adj. klar; ausdrücklich <Zustimmung, Erwähnung>

ex'plicitly adv. ausdrücklich; deutlich <beschreiben, angeben>

explode /ɪkˈspləʊd/ **A** v.i. explodieren
B v.t. zur Explosion bringen

exploit **A** /ˈeksplɔɪt/ n. Heldentat, die
B /ɪkˈsplɔɪt/ v.t. ausbeuten <Arbeiter usw.>; ausnutzen <Gutmütigkeit, Freund, Unwissenheit>

exploitation /eksplɔɪˈteɪʃn/ n. ▶ exploit B Ausbeutung, die; Ausnutzung, die

exploration /ekspləˈreɪʃn/ n. Erforschung, die; (fig.) Untersuchung, die

exploratory /ɪkˈsplɒrətərɪ/ adj. Forschungs-

e

  explore /ɪk'splɔː(r)/ *v.t.* erforschen; (fig.) untersuchen

ex'plorer *n.* Entdeckungsreisende, *der/die*

explosion /ɪk'spləʊʒn/ *n.* Explosion, *die*

explosive /ɪk'spləʊzɪv/ **A** *adj.* explosiv
B *n.* Sprengstoff, *der*

export **A** /ɪk'spɔːt, 'ekspɔːt/ *v.t.* exportieren; ausführen
B /'ekspɔːt/ *n.* Export, *der*

export /'ekspɔːt/: ~ **drive** *n.* Exportkampagne, *die*; ~ **duty** *n.* Exportzoll, *der*

ex'porter *n.* Exporteur, *der*

export /'ekspɔːt/: ~ **licence** *n.* Ausfuhrlizenz, *die*; ~ **market** *n.* Exportmarkt, *der*; ~ **permit** *n.* Exporterlaubnis, *die*; Ausfuhrerlaubnis, *die*

  expose /ɪk'spəʊz/ *v.t.* **1** (uncover) freilegen; entblößen <*Haut, Körper*> **2** offenbaren <*Schwäche*>; aufdecken <*Missstände, Verbrechen*>; entlarven <*Täter, Spion*> **3** (subject) ~ to sth einer Sache (*Dat.*) aussetzen **4** (Photog.) belichten

exposed /ɪk'spəʊzd/ *adj.* (unprotected) ungeschützt; ~ position exponierte Stellung

  exposure /ɪk'spəʊʒə(r)/ *n.* **1** (to cold etc.) die of/suffer from ~ an Unterkühlung (*Dat.*) sterben/leiden **2** (Photog.) (exposing time) Belichtung, *die*; (picture) Aufnahme, *die*

ex'posure meter *n.* Belichtungsmesser, *der*

expound /ɪk'spaʊnd/ *v.t.* darlegen

  express /ɪk'spres/ **A** *v.t.* ausdrücken; äußern <*Meinung, Wunsch, Dank, Bedauern*>; ~ oneself sich ausdrücken
B *attrib. adj.* **1** Eil<*brief, -bote usw.*>; Schnell<*paket, -sendung*> **2** ausdrücklich <*Wunsch, Absicht*>
C *adv.* als Eilsache <*senden*>
D *n.* (train) Schnellzug, *der*

express de'livery *n.* Eilzustellung, *die*

  expression /ɪk'spreʃn/ *n.* Ausdruck, *der*

expressive /ɪk'spresɪv/ *adj.* ausdrucksvoll

express: ~ **'letter** *n.* Eilbrief, *der*; ~ **'lift** *n.* Schnellaufzug, *der*

ex'pressly *adv.* ausdrücklich

express: ~ **'train** *n.* D-Zug, *der*; ~**way** *n.* (AmE) Schnellstraße, *die*

expulsion /ɪk'spʌlʃn/ *n.* Ausweisung, *die* (from aus); (from school) Verweisung, *die* (from von)

exquisite /'ekskwɪzɪt, ɪk'skwɪzɪt/ *adj.* erlesen

ex'quisitely *adv.* vorzüglich; kunstvoll <*verziert, geschnitzt*>

  extend /ɪk'stend/ **A** *v.t.* verlängern; ausstrecken <*Arm, Bein, Hand*>; ausziehen <*Leiter, Teleskop*>; verlängern lassen <*Leihbuch, Visum*>; ausdehnen <*Einfluss, Macht*>; vergrößern <*Haus, Geschäft,*

Fabrik>; gewähren <[*Gast*]*freundschaft, Hilfe, Kredit*> (to *Dat.*); ~ the time limit den Termin hinausschieben
B *v.i.* sich erstrecken; the season ~s from November to March die Saison geht von November bis März

extended 'family *n.* Großfamilie, *die*

extension /ɪk'stenʃn/ *n.* **1** Verlängerung, *die* **2** (part of house) Anbau, *der* **3** (telephone) Nebenanschluss, *der*; (number) Apparat, *der*

extension: ~ **cord** (AmE) ▸ extension lead; ~ **ladder** *n.* Ausziehleiter, *die*; ~ **lead** *n.* (BrE) Verlängerungsschnur, *die*

extensive /ɪk'stensɪv/ *adj.* ausgedehnt; umfangreich <*Reparatur, Wissen, Nachforschungen*>; beträchtlich <*Schäden*>; weit reichend <*Änderungen*>

ex'tensively *adv.* beträchtlich <*ändern, beschädigen*>; ausführlich <*berichten, schreiben*>

  extent /ɪk'stent/ *n.* Ausdehnung, *die*; (scope) Umfang, *der*; (of damage) Ausmaß, *das*; to what ~? inwieweit?

exterior /ɪk'stɪərɪə(r)/ **A** *adj.* äußer...; Außen<*fläche, -wand*>
B *n.* Äußere, *das*; (of house) Außenwände *Pl.*

exterminate /ɪk'stɜːmɪneɪt/ *v.t.* ausrotten <*Nation, Volk*>; vertilgen <*Ungeziefer*>; liquidieren <*Person*>

extermination /ɪkstɜːmɪ'neɪʃn/ *n.* Ausrottung, *die*; (of pests) Vertilgung, *die*

extermi'nation camp *n.* Vernichtungslager, *das*

external /ɪk'stɜːnl/ *adj.* äußer...; Außen<*fläche, -abmessungen*>; purely ~ rein äußerlich; for ~ use only nur äußerlich anzuwenden

extinct /ɪk'stɪŋkt/ *adj.* erloschen <*Vulkan*>; ausgestorben <*Art, Rasse, Gattung*>

extinction /ɪk'stɪŋkʃn/ *n.* Aussterben, *das*

extinguish /ɪk'stɪŋgwɪʃ/ *v.t.* löschen

ex'tinguisher *n.* Feuerlöscher, *der*

extol /ɪk'stɒl/ *v.t.*, **-ll-** rühmen; preisen

extort /ɪk'stɔːt/ *v.t.* erpressen (out of von)

extortion /ɪk'stɔːʃn/ *n.* Erpressung, *die*

extortionate /ɪk'stɔːʃənət/ *adj.* Wucher<*preis, -zinsen usw.*>; maßlos überzogen <*Forderung*>

  extra /'ekstrə/ **A** *adj.* zusätzlich; Mehr<*arbeit, -kosten, -ausgaben*>; Sonder<*bus, -zug*>
B *adv.* **1** (more than usually) besonders; extra <*lang, stark, fein*> **2** (additionally) extra; packing and postage ~ zuzüglich Verpackung und Porto
C *n.* **1** (added to services, salary, etc.) zusätzliche Leistung; (on car etc.) Extra, *das* **2** (in play, film, etc.) Statist, *der*/Statistin, *die*

extract **A** /'ekstrækt/ *n.* **1** Extrakt, *der od.* (fachspr.) *auch das* **2** (from book, music, etc.) Auszug, *der*
B /ɪk'strækt/ *v.t.* ziehen <*Zahn*>; herausziehen <*Dorn, Splitter usw.*>

extraction /ɪkˈstrækʃn/ n. (of tooth) Extraktion, *die*; (of thorn, splinter, etc.) Herausziehen, *das*

ex'tractor fan n. Entlüfter, *der*

extra-curricular /ekstrəkəˈrɪkjʊlə(r)/ adj. extracurricular (fachspr.); ‹*Aktivität*› außerhalb des Lehrplans

extradite /ˈekstrədaɪt/ v.t. ausliefern

extradition /ekstrəˈdɪʃn/ n. Auslieferung, *die*

extraˈmarital adj. außerehelich

extraordinary /ɪkˈstrɔːdɪnəri/ adj. außergewöhnlich; merkwürdig ‹*Benehmen*›; how ∼! wie seltsam!

extraordinary rendition /renˈdɪʃn/ außerordentliche Auslieferung

extravagance /ɪkˈstrævəɡəns/ n.
1 Extravaganz, *die*
2 (extravagant thing) Luxus, *der*

extravagant /ɪkˈstrævəɡənt/ adj. verschwenderisch; aufwendig ‹*Lebensstil*›; teuer ‹*Geschmack*›

extreme /ɪkˈstriːm/ **A** adj. 1 äußerst... ‹*Spitze, Rand, Ende*›; extrem ‹*Gegensätze, Hitze, Kälte*›; höchst... ‹*Gefahr*›; äußerst... ‹*Notfall, Höflichkeit, Bescheidenheit*›; stärkst... ‹*Schmerzen*›; größt... ‹*Wichtigkeit*›; at the ∼ edge/left ganz am Rand/ganz links 2 (not moderate) extrem; drastisch ‹*Maßnahme*›
B n. Extrem, *das*; go to ∼s vor nichts zurückschrecken; go from one ∼ to the other von einem Extrem ins andere fallen

✦ **exˈtremely** adv. äußerst

extreme 'sport n. Extremsportart, *die*

extremist /ɪkˈstriːmɪst/ n. Extremist, *der*/ Extremistin, *die*; attrib. extremistisch

extremity /ɪkˈstremɪti/ n. äußerstes Ende

extricate /ˈekstrɪkeɪt/ v.t. ∼ sth from sth etw. aus etw. herausziehen; ∼ oneself/sb from sth sich/jmdn. aus etw. befreien

extrovert /ˈekstrəvɜːt/ **A** n. extravertierter Mensch; be an ∼ extravertiert sein
B adj. extravertiert

exuberant /ɪɡˈzjuːbərənt/ adj. be ∼ sich überschwänglich freuen

exude /ɪɡˈzjuːd/ v.t. absondern; (fig.) ausstrahlen

exult /ɪɡˈzʌlt/ v.i. jubeln (**in, at, over** über + Akk.)

✦ **eye** /aɪ/ **A** n. 1 Auge, *das*; keep an ∼ on sb/ sth auf jmdn./etw. aufpassen; see ∼ to ∼ einer Meinung sein; with one's ∼s shut (fig.) blind; (easily) im Schlaf; be up to one's ∼s in work/debt bis über beide Ohren in Arbeit/ Schulden stecken (ugs.)
2 (of needle) Öhr, *das*; (metal loop) Öse, *die*
B v.t. beäugen; ∼ sb up and down jmdn. von oben bis unten mustern

eye: ∼**ball** n. Augapfel, *der*; ∼**brow** n. Augenbraue, *die*; ∼**-catching** adj. ins Auge springend od. fallend ‹*Inserat, Plakat, Buchhülle usw.*›; be [very] ∼-catching ein [wirkungsvoller] Blickfang sein; ∼ **drops** n. pl. (Med.) Augentropfen Pl.; ∼ **hospital** n. Augenklinik, *die*; ∼**lash** n. Augenwimper, *die*; ∼ **level** n. Augenhöhe, *die*; ∼**-level** attrib. in Augenhöhe *nachgestellt*; at ∼ level in Augenhöhe; ∼**lid** n. Augenlid, *das*; ∼ **make-up** n. Augen-Make-up, *das*; ∼**shadow** n. Lidschatten, *der*; ∼**sight** n. Sehkraft, *die*; have good ∼sight gute Augen haben; his ∼sight is poor er hat schlechte Augen; ∼**sore** n. Schandfleck, *der*; ∼**wash** n. 1 (Med.) (lotion) Augenwasser, *das* 2 (infml) (nonsense) Gewäsch, *das* (ugs.); (concealment) Augen[aus]wischerei, *die* (ugs.); ∼**witness** n. Augenzeuge, *der*/-zeugin, *die*

e
f

Ff

F, f /ef/ n. F, f, *das*

fable /ˈfeɪbl/ n. Fabel, *die*; (myth, lie) Märchen, *das*

fabric /ˈfæbrɪk/ n. Gewebe, *das*

fabricate /ˈfæbrɪkeɪt/ v.t. (invent) erfinden

fabrication /fæbrɪˈkeɪʃn/ n. Erfindung, *die*

'fabric softener /ˈsɒfənə(r)/ n. Weichspülmittel, *das*; Weichspüler, *der*

fabulous /ˈfæbjʊləs/ adj. 1 sagenhaft
2 (infml) (marvellous) fabelhaft (ugs.)

facade, façade /fəˈsɑːd/ n. (lit. or fig.) Fassade, *die*; that's just a ∼ (fig.) das ist alles nur Fassade

✦ **face** /feɪs/ **A** n. 1 Gesicht, *das*; lie ∼ down[ward] ‹*Person/Buch*:› auf dem Bauch/Gesicht liegen; make or pull a ∼/∼s Grimassen schneiden; on the ∼ of it dem Anschein nach; in the ∼ of sth trotz etw. (Gen.)
2 (of mountain, cliff) Wand, *die*; (of clock, watch) Zifferblatt, *das*; (of dice) Seite, *die*; (of coin, playing card) Vorderseite, *die*

B *v.t.* **1** sich wenden zu; [stand] facing one another sich (*Dat.*) gegenüber[stehen] **2** (fig.) ins Auge sehen (+ *Dat.*) ‹*Tod, Vorstellung*›; stehen vor (+ *Dat.*) ‹*Ruin, Entscheidung*›; ~ the facts den Tatsachen ins Gesicht sehen; be ~d with sth sich einer Sache (*Dat.*) gegenübersehen **3** (infml) (bear) verkraften **C** *v.i.* (in train etc.) ~ backwards/forwards ‹*Person:*› entgegen der/in Fahrtrichtung sitzen ▪ ~ 'up to *v.t.* ins Auge sehen (+ *Dat.*); sich abfinden mit ‹*Möglichkeit*›

face: 'F~book *v. i.* facebooken; ~ cream *n.* Gesichtscreme, *die*; ~ flannel *n.* (BrE) Waschlappen, *der*; ~less /'feɪslɪs/ *adj.* (anonymous) anonym (fig.); ~lift *n.* **1** Facelifting, *das*; have *or* get a ~lift sich liften lassen **2** (fig.) Verschönerung, *die*; ~ pack *n.* [Gesichts]maske, *die*; ~-saving *adj.* zur Wahrung des Gesichts *nachgestellt*

facet /'fæsɪt/ *n.* Facette, *die*; (fig.) Aspekt, *der*

facetious /fə'si:ʃəs/ *adj.* [gewollt] witzig

face: ~-to-~ *adj.* persönlich ‹*Gespräch, Treffen*›; ~ value *n.* Nennwert, *der*; accept sth at [its] ~ value (fig.) etw. für bare Münze nehmen

facial /'feɪʃl/ *adj.* Gesichts-

facile /'fæsaɪl/ *adj.* nichts sagend

facility /fə'sɪlɪtɪ/ *n., esp. in pl.* **1** Einrichtung; cooking/washing facilities Koch-/Waschgelegenheit, *die*; sports facilities Sportanlagen *Pl.*; shopping facilities Einkaufsmöglichkeiten *Pl.* **2** (building[s], premises) Anlage, *die*; research ~ Forschungseinrichtung, *die* **3** (feature of service or machine) Möglichkeit, *die* **4** *no pl.* (ease, aptitude, freedom from difficulty) Leichtigkeit, *die*; (dexterity) Gewandtheit, *die*

facsimile /fæk'sɪmɪlɪ/ *n.* **1** Faksimile, *das* **2** ▶ fax A

◆ **fact** /fækt/ *n.* Tatsache, *die*; ~s and figures Fakten und Zahlen; the ~ remains that ... Tatsache bleibt: ...; the true ~s of the case *or* matter der wahre Sachverhalt; know for a ~ that ... genau wissen, dass ...; in ~ tatsächlich

faction /'fækʃn/ *n.* Splittergruppe, *die*

◆ **factor** /'fæktə(r)/ *n.* Faktor, *der*

◆ **factory** /'fæktərɪ/ *n.* Fabrik, *die*

factory: ~ 'farm *n.* [voll]automatisierter landwirtschaftlicher Betrieb; ~ 'farming *n.* [fabrikmäßige] Massentierhaltung; the ~ farming of salmon die massenweise Lachsproduktion; ~ worker *n.* Fabrikarbeiter, *der*/-arbeiterin, *die*

'**fact sheet** *n.* Infoblatt, *das*

factual /'fæktjʊəl/ *adj.* sachlich

faculty /'fækəltɪ/ *n.* **1** Fähigkeit, *die*; mental ~ geistige Kraft

◆ Schlüsselwort

2 (Univ.) Fakultät, *die*

fad /fæd/ *n.* Marotte, *die*

fade /feɪd/ *v.i.* **1** ‹*Blätter, Blumen:*› [ver]welken **2** ~ [in colour] [ver]bleichen; the light ~d es dunkelte **3** ‹*Laut:*› verklingen **4** (fig.) verblassen; ‹*Schönheit:*› verblühen; ‹*Hoffnung:*› schwinden **5** (blend) übergehen (into in + *Akk.*) ▪ ~ a'way *v.i.* schwinden; ‹*Laut:*› verklingen (into in + *Dat.*)

faded /'feɪdɪd/ *adj.* welk ‹*Blume, Blatt, Laub*›; verblichen ‹*Stoff, Farbe*›

faeces /'fi:si:z/ *n. pl.* Fäkalien *Pl.*

fag /fæg/ *n.* **1** (BrE) (infml) Schinderei, *die* (ugs.) **2** (infml) (cigarette) Stäbchen, *das* (ugs.)

◆ **fail** /feɪl/ **A** *v.i.* **1** scheitern; (in examination) nicht bestehen, (ugs.) durchfallen (in in + *Dat.*) **2** (become weaker) ‹*Augenlicht, Gehör, Stärke:*› nachlassen **3** (break down, stop) ‹*Versorgung:*› zusammenbrechen; ‹*Motor:*› aussetzen; ‹*Batterie, Pumpe:*› ausfallen; ‹*Bremse:*› versagen **B** *v.t.* **1** ~ to do sth (not succeed in doing) etw. nicht tun [können]; ~ to achieve one's purpose/aim seine Absicht/sein Ziel verfehlen **2** (be unsuccessful in) nicht bestehen, (ugs.) durchfallen in (+ *Dat.*) ‹*Prüfung*› **3** (reject) durchfallen lassen (ugs.) ‹*Prüfling*› **4** ~ to do sth (not do) etw. nicht tun; (neglect to do) [es] versäumen, etw. zu tun; not ~ to do sth etw. tun **5** words ~ me mir fehlen die Worte; his courage ~ed him ihn verließ der Mut **C** *n.* without ~ auf jeden Fall

'**failing** **A** *n.* Schwäche, *die* **B** *prep.* ~ that andernfalls

◆ **failure** /'feɪljə(r)/ *n.* **1** (omission, neglect) Versäumnis, *das* **2** (lack of success) Scheitern, *das*; end in ~ scheitern **3** (person or thing) Versager, *der*; our plan/attempt was a ~ unser Plan/Versuch war fehlgeschlagen

◆ **faint** /feɪnt/ **A** *adj.* **1** matt ‹*Licht, Farbe, Stimme, Lächeln*›; schwach ‹*Geruch, Duft*›; leise ‹*Flüstern, Geräusch, Stimme*›; entfernt ‹*Ähnlichkeit*›; undeutlich ‹*Umriss, Linie, Spur, Fotokopie*› **2** (giddy, weak) matt; she felt ~ ihr war schwindlig **B** *v.i.* ohnmächtig werden (from vor + *Dat.*) **C** *n.* Ohnmacht, *die*

faint-'hearted *adj.* hasenherzig; zaghaft ‹*Versuch*›

'**faintly** *adv.* schwach; entfernt ‹*sich ähneln*›

fair[1] /feə(r)/ *n.* (fun~) Jahrmarkt, *der*; (exhibition) Messe, *die*; book/trade ~ Buch-/Handelsmesse, *die*

◆ **fair**[2] *adj.* **1** (just) gerecht; begründet

‹*Beschwerde, Annahme*›; fair ‹*Spiel, Kampf, Prozess, Preis, Beurteilung, Handel*› **2** (not bad, pretty good) ganz gut ‹*Bilanz, Anzahl, Chance*›; ziemlich ‹*Maß, Geschwindigkeit*› **3** (blond) blond ‹*Haar, Person*›; (light) hell ‹*Haut*›; (∼-skinned) hellhäutig ‹*Person*› **4** schön ‹*Wetter, Tag*›

fair: ∼**ground** *n.* Festplatz, *der*; ∼**-haired** *adj.* blond; ∼**-haired boy** (AmE) (fig.) Liebling, *der*; Favorit, *der*

◆ **'fairly** *adv.* **1** fair ‹*kämpfen, spielen*›; gerecht ‹*bestrafen, beurteilen, behandeln*› **2** (rather) ziemlich

'fair-minded *adj.* unvoreingenommen

'fairness *n.* Gerechtigkeit, *die*; **in all** ∼ **[to sb]** um fair [gegen jmdn.] zu sein

fair 'play *n.* Fairness, *die*

fairy /ˈfeərɪ/ *n.* Fee, *die*

fairy: ∼ **'godmother** *n.* gute Fee; ∼ **story,** ∼ **tale** *ns.* Märchen, *das*

◆ **faith** /feɪθ/ *n.* **1** (reliance, trust) Vertrauen, *das* (in zu); **have** ∼ **in oneself** Selbstvertrauen haben; **in good** ∼ in gutem Glauben **2** (religious belief) Glaube, *der*

faithful /ˈfeɪθfl/ *adj.* **1** treu (**to** to *Dat.*) **2** (conscientious) pflichtbewusst; [ge]treu ‹*Diener*› **3** (accurate) [wahrheits]getreu; originalgetreu ‹*Wiedergabe, Kopie*›

'faithfully *adv.* **1** treu ‹*dienen*›; pflichtbewusst ‹*überbringen, zustellen*›; hoch und heilig ‹*versprechen*› **2** (accurately) wahrheitsgetreu ‹*erzählen*›; originalgetreu ‹*wiedergeben*›; genau ‹*befolgen*› **3** yours ∼ hochachtungsvoll

faith: ∼ **group** *n.* Glaubensgemeinschaft, *die*; ∼ **healer** *n.* Gesundbeter, *der*/-beterin, *die*; ∼ **healing** *n.* Gesundbeten, *das*; ∼ **school** *n.* religiöse Schule

fake /feɪk/ **A** *adj.* unecht; gefälscht ‹*Dokument, Banknote, Münze*› **B** *n.* **1** Imitation, *die*; (painting) Fälschung, *die* **2** (person) Schwindler, *der*/Schwindlerin, *die* **C** *v.t.* fälschen ‹*Unterschrift*›; vortäuschen ‹*Krankheit, Unfall*›

falcon /ˈfɔːlkn/ *n.* Falke, *der*

◆ **fall** /fɔːl/ **A** *n.* **1** Fallen, *das*; (of person) Sturz, *der*; ∼ **of snow/rain** Schnee-/Regenfall, *der*; **have a** ∼ stürzen **2** (collapse, defeat) Fall, *der*; (of dynasty, empire) Untergang, *der* **3** (decrease) Rückgang, *der* **4** (AmE) (autumn) Herbst, *der* **B** *v.i.*, **fell** /fel/, **fallen** /ˈfɔːln/ **1** fallen; ‹*Baum*:› umstürzen; ‹*Pferd*:› stürzen; ∼ **off sth,** ∼ **down from sth** von etw. [herunter]fallen; ∼ **down [into] sth** in etw. (*Akk.*) [hinein]fallen; ∼ **to the ground** auf den Boden fallen; ∼ **down the stairs** or **downstairs** die Treppe herunter-/hinunterfallen

2 ‹*Nacht, Dunkelheit*:› hereinbrechen; ‹*Abend*:› anbrechen **3** ‹*Blätter*:› [ab]fallen **4** (sink) sinken; ‹*Barometer*:› fallen; ‹*Absatz, Verkauf*:› zurückgehen; ∼ **by 10 per cent/ from 10[°C] to 0[°C]** um 10%/von 10[°C] auf 0[°C] sinken **5** (be killed) ‹*Soldat*:› fallen **6** (collapse) einstürzen; ∼ **to pieces,** ∼ **apart** auseinander fallen **7** (occur) fallen (**on** auf + *Akk.*)

■ ∼ **'back** *v.i.* zurückweichen

■ ∼ **'back on** *v.t.* zurückgreifen auf (+ *Akk.*)

■ ∼ **'down** *v.i.* **1** ▸ fall B1 **2** ‹*Brücke, Gebäude*:› einstürzen

■ '∼ **for** *v.t.* (infml) ∼ **for sb** sich in jmdn. verknallen (ugs.); ∼ **for sth** auf etw. (*Akk.*) hereinfallen (ugs.)

■ ∼ **'in** *v.i.* **1** hineinfallen **2** (Mil.) antreten; ∼ **in!** angetreten! **3** ‹*Gebäude, Wand usw.*:› einstürzen

■ ∼ **'off** *v.i.* **1** herunterfallen **2** (diminish) nachlassen

■ ∼ **'out** *v.i.* **1** herausfallen; ‹*Haare, Federn*› ausfallen **2** (quarrel) ∼ **out [with sb]** sich [mit jmdm.] streiten

■ ∼ **'over** *v.i.* umfallen; ‹*Person*:› [hin]fallen

■ ∼ **'through** *v.i.* (fig.) ins Wasser fallen (ugs)

fallacy /ˈfæləsɪ/ *n.* Irrtum, *der*

fallen ▸ fall B

fallible /ˈfælɪbl/ *adj.* nicht unfehlbar; fehlbar ‹*Person*›

'fallout *n.* radioaktiver Niederschlag

fallow /ˈfæləʊ/ *adj.* brachliegend; **lie** ∼ brachliegen

fallow 'ground, fallow 'land *ns.* Brache, *die*, Brachland, *das*

◆ **false** /fɔːls, fɒls/ *adj.* falsch; gefälscht ‹*Urkunde, Dokument*›; künstlich ‹*Wimpern*›; **under a** ∼ **name** unter falschem Namen

false a'larm *n.* blinder Alarm

'falsely *adv.* falsch; fälschlich[erweise] ‹*annehmen, glauben, behaupten, beschuldigen*›

false: ∼ **'move** ▸ false step; ∼ **pre'tences** *n. pl.* Vorspiegelung falscher Tatsachen; ∼ **'start** *n.* Fehlstart, *der*; ∼ **'step** *n.* (lit. or fig.) falscher Schritt; **make a** ∼ **step** einen falschen Schritt tun; ∼ **'teeth** *n. pl.* [künstliches] Gebiss

falsify /ˈfɔːlsɪfaɪ/ *v.t.* (alter) fälschen; (misrepresent) verfälschen ‹*Tatsachen, Wahrheit*›

falter /ˈfɔːltə(r)/ *v.i.* stocken

fame /feɪm/ *n.* Ruhm, *der*

◆ **familiar** /fəˈmɪljə(r)/ *adj.* **1** vertraut; bekannt ‹*Gesicht, Name, Lied*›; **he looks** ∼ er kommt mir bekannt vor **2** (informal) ungezwungen ‹*Sprache, Art*›

familiarity /fəmɪlɪˈærɪtɪ/ *n.* Vertrautheit, *die*

familiarize /fəˈmɪljəraɪz/ *v.t.* vertraut machen (**with** mit)

⚜ **family** /'fæməlɪ/ *n.* Familie, *die*
family: ∼ **'doctor** *n.* Hausarzt, *der*; ∼
name *n.* Familienname, *der*; ∼ **'planning**
n. Familienplanung, *die*; ∼ **'tree** *n.*
Stammbaum, *der*

famine /'fæmɪn/ *n.* Hungersnot, *die*

famished /'fæmɪʃt/ *adj.* ausgehungert; **I'm
absolutely** ∼ (infml) ich sterbe vor Hunger
(ugs.)

⚜ **famous** /'feɪməs/ *adj.* berühmt

fan¹ /fæn/ **A** *n.* Fächer, *der*; (apparatus)
Ventilator, *der*
B *v.t.*, **-nn-** fächeln ‹*Gesicht*›; anfachen
‹*Feuer*›; ∼ **oneself/sb** sich/jmdm. Luft
zufächeln
∎ ∼ **'out** *v.i.* fächern; ‹*Soldaten:*› ausfächern

⚜ **fan²** *n.* (devotee) Fan, *der*

fanatic /fə'nætɪk/ *n.* Fanatiker, *der*/Fanatikerin,
die

fanatical /fə'nætɪkl/ *adj.* fanatisch

fanaticism /fə'nætɪsɪzm/ *n.* Fanatismus, *der*

'fan belt *n.* Keilriemen, *der*

fanciful /'fænsɪfl/ *adj.* überspannt ‹*Vorstellung,
Gedanke*›; fantastisch ‹*Gemälde, Design*›

'fan club *n.* Fanklub, *der*

fancy /'fænsɪ/ **A** *n.* **1** (taste, inclination) **he has
taken a** ∼ **to a new car/her** ein neues Auto/
sie hat es ihm angetan; **take** *or* **catch sb's** ∼
jmdm. gefallen
2 (whim) Laune, *die*; **tickle sb's** ∼ jmdn. reizen
B *attrib. adj.* kunstvoll ‹*Arbeit, Muster*›;
fein[st...] ‹*Kuchen, Spitzen*›
C *v.t.* **1** (imagine) sich (*Dat.*) einbilden; ∼
that! (infml) sieh mal einer an!
2 (suppose) glauben
3 (wish to have) mögen; **what do you** ∼
for dinner? was hättest du gern zum
Abendessen?; **do you think she fancies him?**
glaubst du, sie mag ihn?

fancy: ∼ **'dress** *n.* [Masken]kostüm, *das*;
in ∼ **dress** kostümiert; ∼**-'dress ball**
n. Maskenball, *der*; ∼**-'dress party** *n.*
Kostümfest, *das*

fanfare /'fænfeə(r)/ *n.* Fanfare, *die*

fang /fæŋ/ *n.* Reißzahn, *der*; (of snake)
Giftzahn, *der*

fan: ∼ **heater** *n.* Heizlüfter, *der*; ∼**light** *n.*
Oberlicht, *das*; ∼ **mail** *n.* Fanpost, *die*; ∼
oven *n.* Heißluftofen, *der*

fantastic /fæn'tæstɪk/ *adj.* **1** (grotesque, quaint)
bizarr
2 (infml) (excellent) fantastisch (ugs.)

fantasy /'fæntəzɪ/ *n.* Fantasie, *die*; (mental
image) Fantasiegebilde, *das*

FAQ /fæk/ *abbr.* (Comp.) FAQ

⚜ **far** /fɑː(r)/ **A** *adv.* weit; ∼ **above/below** hoch
über/tief unter (+ *Dat.*); hoch oben/tief
unten; **as** ∼ **as Munich/the church** bis [nach]
München/bis zur Kirche; ∼ **and wide** weit
und breit; **from** ∼ **and wide** von fern und

nah; ∼ **too viel zu;** ∼ **longer/better** weit[aus]
länger/besser; **as** ∼ **as I remember/know**
soweit ich mich erinnere/weiß; **go so** ∼ **as
to do sth** so weit gehen und etw. tun; **so** ∼
(until now) bisher; **so** ∼ **so good** so weit, so
gut; **by** ∼ bei weitem; ∼ **from easy/good**
alles andere als leicht/gut
B *adj.* **1** (remote) weit entfernt; (in time) fern;
in the ∼ **distance** in weiter Ferne
2 (more remote) weiter entfernt; **the** ∼ **bank
of the river/side of the road** das andere
Flussufer/die andere Straßenseite; **the** ∼
door/wall *etc.* die hintere Tür/Wand *usw.*

farce /fɑːs/ *n.* Farce, *die*

farcical /'fɑːsɪkl/ *adj.* (absurd) farcenhaft

fare /feə(r)/ *n.* **1** (price) Fahrpreis, *der*; (money)
Fahrgeld, *das*; **what** *or* **how much is the** ∼?
was kostet die Fahrt?
2 (food) Kost, *die*

Far: ∼ **'East** *n.* **the** ∼ **East** der Ferne Osten; ∼
'Eastern *adj.* fernöstlich; des Fernen Ostens
nachgestellt

farewell /feə'wel/ **A** *int.* leb[e] wohl (veralt.)
B *n.*, *attrib.* ∼ **speech/gift** Abschiedsrede,
die/-geschenk, *das*

far-'fetched *adj.* weit hergeholt

⚜ **farm** /fɑːm/ **A** *n.* [Bauern]hof, *der*; (larger)
Gut, *das*
B *v.t.* bebauen ‹*Land*›
C *v.i.* Landwirtschaft treiben

farm 'animals *n. pl.* Nutzvieh, *das*

⚜ **'farmer** *n.* Landwirt, *der*/-wirtin, *die*

farmer's 'market *n.* Bauernmarkt, *der*

farm: ∼**hand** *n.* Landarbeiter, *der*/-arbeiterin,
die; ∼**house** *n.* Bauernhaus, *das*; (larger)
Gutshaus, *das*

'farming *n.* Landwirtschaft, *die*

farm: ∼**land** *n.* Acker- und Weideland, *das*;
∼**worker** *n.* Landarbeiter, *der*/-arbeiterin,
die; ∼**yard** *n.* Hof, *der*

far: ∼**-'reaching** *adj.* weit reichend;
∼**sighted** *adj.* **1** (fig.) weit blickend
2 (AmE) (long-sighted) weitsichtig

fart /fɑːt/ (coarse) **A** *v.i.* furzen (derb)
B *n.* Furz, *der* (derb)

farther /'fɑːðə(r)/ ▶ **further A, B**

farthest /'fɑːðɪst/ ▶ **furthest**

fascinate /'fæsɪneɪt/ *v.t.* fesseln; bezaubern

fascinated /'fæsɪneɪtɪd/ *adj.* fasziniert

fascinating /'fæsɪneɪtɪŋ/ *adj.* faszinierend
(geh.); bezaubernd; hochinteressant ‹*Thema,
Faktum, Meinung*›; spannend, fesselnd
‹*Buch*›

fascination /fæsɪ'neɪʃn/ *n.* Zauber, *der*; **have
a** ∼ **for sb** einen besonderen Reiz auf jmdn.
ausüben

fascism /'fæʃɪzm/ *n.* Faschismus, *der*

fascist /'fæʃɪst/ **A** *n.* Faschist, *der*/Faschistin,
die
B *adj.* faschistisch

⚜ **fashion** /'fæʃn/ **A** *n.* **1** Mode, *die*
2 (manner) Art [und Weise]; **talk/behave in**

⚜ Schlüsselwort

a peculiar ~ merkwürdig sprechen/sich merkwürdig verhalten
B *v.t.* formen (out of, from aus; [in]to zu)
fashionable /ˈfæʃənəbl/ *adj.* modisch; vornehm ‹*Hotel, Restaurant*›; Mode‹*farbe, -autor*›
fashionably /ˈfæʃənəblɪ/ *adv.* modisch
fashion: **~-conscious** *adj.* modebewusst; **~ designer** *n.* Modeschöpfer, *der*/-schöpferin, *die*; **~ parade**, **~ show** *ns.* Mode[n]schau, *die*
fast¹ /fɑːst/ **A** *v.i.* fasten
B *n.* Fasten, *das*
fast² **A** *adj.* **1** (fixed, attached) fest; **make [the boat] ~** das Boot festmachen; **hard and ~** fest; bindend ‹*Regel*›; klar ‹*Entscheidung*›
2 (rapid) schnell
3 be [ten minutes] ~ ‹*Uhr:*› [zehn Minuten] vorgehen
B *adv.* **1 be ~ asleep** fest schlafen; (when one should be awake) fest eingeschlafen sein
2 (quickly) schnell
fastback *n.* (back of car) Fließheck, *das*; Fastback, *das*; (car) Wagen mit Fließheck; Fastback, *das*
fasten /ˈfɑːsn/ *v.t.* befestigen (on, to an + *Dat.*); zumachen ‹*Kleid, Spange, Jacke*›; [ab]schließen ‹*Tür*›; anstecken ‹*Brosche*› (to an + *Akk.*); **~ one's seat belt** sich anschnallen
fastener, fastening *ns.* Verschluss, *der*
fast: **~ food** *n.* im Schnellrestaurant angebotenes Essen; Fastfood, *das*; **~ food restaurant** *n.* Schnellrestaurant, *das*; **~ forward** *n.* schneller Vorlauf; (playback) Zeitrafferwiedergabe, *die*; **~-forward A** *attrib. adj.* Vorspul‹*taste, -funktion*› **B** *v.t. & i.* vorspulen
fastidious /fæˈstɪdɪəs/ *adj.* wählerisch; (hard to please) heikel
fast: **~ lane** *n.* Überholspur, *die*; **life in the ~ lane** (fig.) Leben auf vollen Touren (ugs.); **~ track** *n.* Überholspur, *die*; **a career on the ~ track** eine Blitzkarriere; **be on the ~ track** eine Blitzkarriere machen; **~-track A** *v.t.* beschleunigen ‹*Projekt*› **B** *attrib. adj.* Schnell-; **~ train** *n.* Schnellzug, *der*; D-Zug, *der*
fat /fæt/ **A** *adj.* dick; rund ‹*Wangen, Gesicht*› **B** *n.* Fett, *das*; **animal/vegetable ~** tierisches/ pflanzliches Fett
fatal /ˈfeɪtl/ *adj.* **1** (disastrous) verheerend (to für); **it would be ~** das wäre das Ende
2 (deadly) tödlich ‹*Unfall, Verletzung*›
fatality /fəˈtælɪtɪ/ *n.* Todesopfer, *das*
fatally *adv.* tödlich; **be ~ ill** todkrank sein
fate /feɪt/ *n.* Schicksal, *das*
fat-free *adj.* fettfrei
fathead *n.* Dummkopf, *der* (ugs.)
father /ˈfɑːðə(r)/ *n.* Vater, *der*
father: **F~ Christmas** *n.* der Weihnachtsmann; **~ figure** *n.* Vaterfigur, *die*
fatherhood /ˈfɑːðəhʊd/ *n.* Vaterschaft, *die*

father-in-law *n., pl.* **fathers-in-law** Schwiegervater, *der*
fatherly *adj.* väterlich
Father's Day *n.* Vatertag, *der*
fathom /ˈfæðəm/ **A** *n.* (Naut.) Faden, *der* **B** *v.t.* (comprehend) verstehen; **~ sb/sth out** jmdn./etw. ergründen
fatigue /fəˈtiːg/ **A** *n.* Ermüdung, *die* **B** *v.t.* ermüden
fatness *n.* Dicke, *die*
fatten /ˈfætn/ *v.t.* herausfüttern ‹*Person*›; mästen ‹*Tier*›
fattening *adj.* **be ~** dick machen
fatty /ˈfætɪ/ *adj.* fett ‹*Fleisch, Soße*›; fetthaltig ‹*Speise, Nahrungsmittel*›
faucet /ˈfɔːsɪt/ *n.* (AmE) Wasserhahn, *der*
fault /fɔːlt, fɒlt/ *n.* **1** Fehler, *der*
2 (responsibility) Schuld, *die*; **it's your ~** du bist schuld; **it isn't my ~** ich habe keine Schuld; **be at ~** im Unrecht sein
3 (in machinery) (also Electr.) Defekt, *der*
faultless *adj.* einwandfrei
faulty *adj.* fehlerhaft; defekt ‹*Gerät, usw.*›
fauna /ˈfɔːnə/ *n., pl.* **~e** /ˈfɔːniː/ or **~s** Fauna, *die*
favor etc. (AmE) ▸ **favour** etc.
favour /ˈfeɪvə(r)/ **A** *n.* **1** Gunst, *die*
2 (kindness) Gefallen, *der*; **ask sb a ~**, **ask a ~ of sb** jmdn. um einen Gefallen bitten; **do sb a ~**, **do a ~ for sb** jmdm. einen Gefallen tun; **as a ~** aus Gefälligkeit
3 be in ~ of sth für etw. sein
B *v.t.* bevorzugen
favourable /ˈfeɪvərəbl/ *adj.* (BrE) **1** günstig ‹*Eindruck, Licht*›; gewogen ‹*Haltung, Einstellung*›; freundlich ‹*Erwähnung*›; positiv ‹*Bericht[erstattung], Bemerkung*›
2 (helpful) günstig (to für) ‹*Wetter, Wind, Umstand*›
favourably /ˈfeɪvərəblɪ/ *adv.* (BrE) wohlwollend; **be ~ disposed towards sb/sth** jmdm./einer Sache positiv gegenüberstehen
favourite /ˈfeɪvərɪt/ (BrE) **A** *adj.* Lieblings- **B** *n.* **1** Liebling, *der*; (food/country etc.) Lieblingsessen, *das*/-land, *das usw.*; **this/he is my ~** das/ihn mag ich am liebsten
2 (Sport) Favorit, *der*/Favoritin, *die*
favouritism /ˈfeɪvərɪtɪzm/ *n.* (BrE) Begünstigung, *die*; (when selecting sb for a post etc.) Günstlingswirtschaft, *die*
fawn /fɔːn/ **A** *n.* **1** (colour) Rehbraun, *das*
2 (young deer) [Dam]kitz, *das*
B *adj.* rehfarben
fax /fæks/ **A** *n.* [Tele]fax, *das* **B** *v.t.* faxen
fax: **~ machine** *n.* Faxgerät, *das*; **~ modem** *n.* (Comp.) Faxmodem, *das*; **~ number** *n.* Faxnummer, *die*
FBI *abbr.* (AmE) = **Federal Bureau of Investigation** FBI, *das*
fear /fɪə(r)/ **A** *n.* Angst, *die* (of vor + *Dat.*); (instance) Befürchtung, *die*; **~ of death** or

f

dying/heights Todes-/Höhenangst, *die*; ~
of doing sth Angst davor, etw. zu tun; in ~
angstvoll; no ~! (infml) keine Bange! (ugs.)
B *v.t.* **1** ~ sb/sth vor jmdm./etw. Angst
haben; ~ to do *or* doing sth Angst haben,
etw. zu tun
2 (be worried about) befürchten; ~ [that ...]
fürchten[, dass ...]
fearful /'fɪəfl/ *adj.* **1** (terrible) furchtbar
2 (frightened) ängstlich; be ~ of sth/sb vor
etw./jmdm. Angst haben
'**fearless** *adj.*, '**fearlessly** *adv.* furchtlos
feasibility /fiːzɪ'bɪlɪtɪ/ *n.* Durchführbarkeit,
die
feasible /'fiːzɪbl/ *adj.* durchführbar
feast /fiːst/ **A** *n.* **1** (Relig.) Fest, *das*
2 (banquet) Festessen, *das*
B *v.i.* schlemmen; ~ on sth sich an etw.
(*Dat.*) gütlich tun
feat /fiːt/ *n.* Meisterleistung, *die*
feather /'feðə(r)/ *n.* Feder, *die*
feather: ~ '**bed** *n.* mit Federn gefüllte
Matratze; ~ '**duster** *n.* Flederwisch, *der*;
~**weight** *n.* (Boxing) Federgewicht, *das*
◆ **feature** /'fiːtʃə(r)/ **A** *n.* **1** *usu.* in pl. (of face)
Gesichtszug, *der*
2 (characteristic) [charakteristisches] Merkmal;
be a ~ of sth charakteristisch für etw. sein
3 (Journ.) Feature, *das*
4 (Cinemat.) ~ [**film**] Hauptfilm, *der*
B *v.t.* vorrangig vorstellen; (in film) in der
Hauptrolle zeigen
C *v.i.* vorkommen; ~ **in** (be important) eine
bedeutende Rolle haben bei
Feb. *abbr.* = **February** Febr.
◆ **February** /'febrʊərɪ/ *n.* Februar, *der*
feces (AmE) ▸ **faeces**
fed /fed/ **A** ▸ **feed A, B**
B *pred. adj.* (infml) be/get ~ up with sb/sth
jmdn./etw. satt haben/kriegen (ugs.); I'm ~
up ich hab die Nase voll (ugs.)
◆ **federal** /'fedərl/ *adj.* Bundes-; föderativ
<*System*>
federation /fedə'reɪʃn/ *n.* Föderation, *die*
◆ **fee** /fiː/ *n.* Gebühr, *die*; (of doctor, lawyer, etc.)
Honorar, *das*
feeble /'fiːbl/ *adj.* schwach; wenig
überzeugend <*Entschuldigung*>; zaghaft
<*Versuch*>; lahm (ugs.) <*Witz*>
◆ **feed** /fiːd/ **A** *v.t.*, **fed** /fed/ **1** füttern; ~ sb/an
animal with sth jmdm. etw. zu essen/einem
Tier [etw.] zu fressen geben
2 (provide food for) ernähren (**on, with** mit)
B *v.i.*, **fed** <*Tier:*> fressen (**from** aus);
<*Person:*> essen (**off** von); ~ **on** sth <*Tier:*>
etw. fressen
C *n.* **1** (for baby) Mahlzeit, *die*
2 (fodder) Futter, *das*
'**feedback** *n.* Reaktion, *die*
◆ **feel** /fiːl/ **A** *v.t.*, **felt** /felt/ **1** (explore by touch)

befühlen
2 (perceive by touch) fühlen; (become aware of)
bemerken; (have sensation of) spüren
3 (experience) empfinden; verspüren <*Drang*>;
~ the cold/heat unter der Kälte/Hitze
leiden; ~ [that] ... das Gefühl haben, dass ...;
(think) glauben, dass ...
B *v.i.*, **felt 1** ~ [about] in sth [for sth] in etw.
(*Dat.*) [nach etw.] [herum]suchen
2 (be conscious that one is) sich ... fühlen;
~ angry/sure/disappointed böse/sicher/
enttäuscht sein; ~ like sth/doing sth auf
etw. (*Akk.*) Lust haben/Lust haben, etw.
zu tun
3 (be consciously perceived as) sich ... anfühlen
■ ~ **for** *v.t.* ~ for sb mit jmdm. Mitleid haben
'**feeler** *n.* Fühler, *der*
◆ '**feeling** *n.* **1** Gefühl, *das*; (sense of touch) [**sense
of**] ~ Tastsinn, *der*; hurt sb's ~s jmdn.
verletzen
2 (opinion) Ansicht, *die*
feet *pl. of* **foot**
feign /feɪn/ *v.t.* vortäuschen; ~ to do sth
vorgeben, etw. zu tun
feline /'fiːlaɪn/ *adj.* (of cat[s]) Katzen-; (catlike)
katzenartig; katzenhaft
fell¹ ▸ **fall B**
fell² /fel/ *v.t.* fällen <*Baum*>
fell³ *adj.* in one ~ swoop auf einen Schlag
◆ **fellow** /'feləʊ/ **A** *n.* **1** (comrade) Kamerad, *der*
2 (BrE) (Univ.) Fellow, *der*
3 (of academy or society) Mitglied, *das*
4 (infml) (man, boy) Kerl, *der* (ugs.)
B *attrib. adj.* Mit-
fellow: ~ **human** '**being** *n.* Mitmensch,
der; ~ '**man** *n.* Mitmensch, *der*
fellowship /'feləʊʃɪp/ *n.* (companionship)
Gesellschaft, *die*
felt¹ /felt/ *n.* Filz, *der*
felt² ▸ **feel**
felt-tip '**pen**, **felt-tipped** '**pen**, '**felt tip**
ns. Filzstift, *der*
◆ **female** /'fiːmeɪl/ **A** *adj.* weiblich;
Frauen<*stimme, -chor, -verein*>
B *n.* Frau, *die*; (foetus, child) Mädchen, *das*;
(animal) Weibchen, *das*
feminine /'femɪnɪn/ *adj.* weiblich;
Frauen<*angelegenheit, -leiden*>; (womanly)
feminin
femininity /femɪ'nɪnɪtɪ/ *n.* Weiblichkeit, *die*
feminism /'femɪnɪzm/ *n.* Feminismus, *der*
feminist /'femɪnɪst/ **A** *adj.* feministisch;
Feministen<*bewegung, -gruppe*>
B *n.* Feministin, *die*/Feminist, *der*
◆ **fence** /fens/ **A** *n.* Zaun, *der*
B *v.i.* (Sport) fechten
C *v.t.* ~ **[in]** einzäunen
'**fencer** *n.* Fechter, *der*/Fechterin, *die*
fencing /'fensɪŋ/ *n.* (Sport) Fechten, *das*
fend /fend/ *v.i.* ~ **for** oneself für sich selbst
sorgen; (in hostile surroundings) sich allein
durchschlagen

◆ Schlüsselwort

■ ~ '**off** *v.t.* abwehren

fender /'fendə(r)/ *n.* **1** (for fire) Kaminschutz, *der*
2 (AmE) (car bumper) Stoßstange, *die*; (car mudguard) Kotflügel, *der*

ferment /fə'ment/ **A** *v.i.* gären
B *v.t.* zur Gärung bringen

fermentation /fɜːmen'teɪʃn/ *n.* Gärung, *die*

fern /fɜːn/ *n.* Farnkraut, *das*

ferocious /fə'rəʊʃəs/ *adj.* wild

ferocity /fə'rɒsɪtɪ/ *n.* Wildheit, *die*

ferret /'ferɪt/ *n.* Frettchen, *das*

ferrous /'ferəs/ *adj.* (containing iron) eisenhaltig; Eisen-

ferry /'ferɪ/ **A** *n.* Fähre, *die*; (service) Fährverbindung, *die*
B *v.t.* (in boat) ~ [across *or* over] übersetzen

'**ferry service** *n.* **1** Fährverbindung, *die*
2 (business) Fährbetrieb, *der*

fertile /'fɜːtaɪl/ *adj.* (fruitful) fruchtbar; (capable of developing) befruchtet

fertility /fɜː'tɪlɪtɪ/ *n.* Fruchtbarkeit, *die*

fer'tility drug *n.* Hormonpräparat, *das* (*zur Steigerung der Fruchtbarkeit*)

fertilization /fɜːtɪlaɪ'zeɪʃn/ *n.* **1** (Biol.) Befruchtung, *die*
2 (Agric.) Düngung, *die*

fertilize /'fɜːtɪlaɪz/ *v.t.* befruchten

'**fertilizer** *n.* Dünger, *der*

fervent /'fɜːvənt/ *adj.* leidenschaftlich; inbrünstig <*Gebet, Wunsch, Hoffnung*>

fervour (BrE; AmE: **fervor**) /'fɜːvə(r)/ *n.* Leidenschaftlichkeit, *die*

fester /'festə(r)/ *v.i.* eitern

⚡ **festival** /'festɪvl/ *n.* **1** (feast day) Fest, *das*
2 (of music etc.) Festival, *das*

festive /'festɪv/ *adj.* festlich; fröhlich; the ~ season die Weihnachtszeit

festivity /fe'stɪvɪtɪ/ *n.* **1** (gaiety) Feststimmung, *die*
2 (celebration) Feier, *die*; **festivities** Feierlichkeiten *Pl.*

festoon /fe'stuːn/ **A** *n.* Girlande, *die*
B *v.t.* schmücken (**with** mit)

fetch /fetʃ/ *v.t.* **1** holen; (collect) abholen (**from** von); ~ **sb sth,** ~ **sth for sb** jmdm. etw. holen
2 (be sold for) erzielen <*Preis*>

'**fetching** *adj.* einnehmend

fête /feɪt/ *n.* [Wohltätigkeits]basar, *der*

fetish /'fetɪʃ/ *n.* Fetisch, *der*

fetishism /'fetɪʃɪzm/ *n.* Fetischismus, *der*

fetishist /'fetɪʃɪst/ *n.* Fetischist, *der*/ Fetischistin, *die*

fetter /'fetə(r)/ *v.t.* fesseln

fetus (AmE) ▶ **foetus**

feud /fjuːd/ *n.* Fehde, *die*

feudal /'fjuːdl/ *adj.* Feudal-; feudalistisch

'**feudal system** *n.* Feudalsystem, *das*

fever /'fiːvə(r)/ *n.* **1** (high temperature) Fieber, *das*; **have a [high]** ~ [hohes] Fieber haben

2 (disease) Fieberkrankheit, *die*

'**feverish** *adj.* **1** (Med.) fiebrig; **be** ~ Fieber haben
2 (excited) fiebrig

'**fever pitch** *n.* Siedepunkt, *der* (fig.); **reach** ~ auf dem Siedepunkt angelangt sein; **at** ~ auf dem Siedepunkt

⚡ **few** /fjuː/ **A** *adj.* **1** (not many) wenige; *abs.* nur wenige; **with very** ~ **exceptions** mit ganz wenigen Ausnahmen; **his** ~ **belongings** seine paar Habseligkeiten; **a** ~ ... wenige ...
2 (some) wenige; **a** ~ ... ein paar ...; **a** ~ **more** ... noch ein paar ...
B *n.* **1** (not many) wenige; **a** ~ wenige; **just a** ~ **of you/her friends** nur ein paar von euch/ ihrer Freunde
2 (some) **with a** ~ **of our friends** mit einigen unserer Freunde; **quite a** ~ ziemlich viele

fiancé /fɪ'ɒseɪ/ *n.* Verlobte, *der*

fiancée /fɪ'ɒseɪ/ *n.* Verlobte, *die*

fiasco /fɪ'æskəʊ/ *n.*, *pl.* ~**s** Fiasko, *das*

fib /fɪb/ **A** *n.* Flunkerei, *die* (ugs.); **tell** ~**s** flunkern (ugs.)
B *v.i.*, **-bb-** flunkern (ugs.)

fibre (BrE; AmE: **fiber**) /'faɪbə(r)/ *n.* **1** Faser, *die*
2 (material) [Faser]gewebe, *das*

fibre: ~**glass** *n.* (plastic) glasfaserverstärkter Kunststoff; ~ **optic 'cable** *n.* Glasfaserkabel, *das*; ~ '**optics** *n.* Faseroptik, *die*

fibrous /'faɪbrəs/ *adj.* faserig <*Aufbau, Beschaffenheit, Eigenschaft*>; Faser<*gewebe, -holz, -stoff*>

fiche /fiːʃ/ *n.*, *pl.* same *or* ~**s** Mikrofiche, *das* od. der

fickle /'fɪkl/ *adj.* unberechenbar

fiction /'fɪkʃn/ *n.* erzählende Literatur; **a** ~/~**s** eine Erfindung

fictional /'fɪkʃənl/ *adj.* erfunden <*Geschichte*>; fiktiv <*Figur*>

'**fiction writer** *n.* Belletrist, *der*/ Belletristin, *die*

fictitious /fɪk'tɪʃəs/ *adj.* fingiert; falsch <*Name, Identität*>

fiddle /'fɪdl/ **A** *n.* **1** (Mus.) (infml/derog.) Fiedel, *die*; (violin for traditional music) Geige, *die*; **[as] fit as a** ~ kerngesund
2 (infml) (swindle) Gaunerei, *die*
B *v.t.* (infml) frisieren (ugs.) <*Bücher, Rechnungen*>
C *v.i.* herumspielen (**with** mit)

fiddler /'fɪdlə(r)/ *n.* Geiger, *der*/Geigerin, *die*

fiddly /'fɪdlɪ/ *adj.* (infml) knifflig

fidelity /fɪ'delɪtɪ/ *n.* Treue, *die* (**to** zu)

fidget /'fɪdʒɪt/ **A** *v.i.* ~ **[about]** herumrutschen
B *n.* (person) Zappelphilipp, *der* (ugs.)

'**fidgety** *adj.* unruhig; zappelig <*Kind*>

⚡ **field** /fiːld/ *n.* **1** Feld, *das*
2 (for game) Platz, *der*; [Spiel]feld, *das*
3 (subject area) [Fach]gebiet, *das*; **in the** ~ **of medicine** auf dem Gebiet der Medizin; **that is outside my** ~ das fällt nicht in mein Fach

field: ~ **day** *n.* **have a** ~ **day** seinen

großen Tag haben; ~ **events** n. pl.
technische Disziplinen Pl.; ~ **glasses** n.
pl. Feldstecher, der; F~ **'Marshal** n. (BrE)
(Mil.) Feldmarschall, der; ~ **mouse** n.
Brandmaus, die; ~ **trip** n. Exkursion, die

fiend /fiːnd/ n. **1** (wicked person) Scheusal, das
2 (evil spirit) böser Geist

'fiendish adj. **1** teuflisch
2 (very awkward) höllisch

fierce /'fɪəs/ adj. wild; erbittert ‹Widerstand,
Kampf›; scharf ‹Kritik›

'fiercely adv. heftig ‹angreifen, Widerstand
leisten›; wütend ‹brüllen›; aufs heftigste
‹kritisieren, bekämpfen›

fiery /'faɪərɪ/ adj. glühend; (looking like fire)
feurig; (blazing red) feuerrot

fifteen /fɪf'tiːn/ **A** adj. fünfzehn
B n. Fünfzehn, die. See also **eight**

fifteenth /fɪf'tiːnθ/ **A** adj. fünfzehnt...
B n. (fraction) Fünfzehntel, das. See also
eighth

fifth /fɪfθ/ **A** adj. fünft...
B n. (in sequence, rank) Fünfte, der/die/das;
(fraction) Fünftel, das. See also **eighth**

fiftieth /'fɪftɪθ/ adj. fünfzigst...

fifty /'fɪftɪ/ **A** adj. fünfzig
B n. Fünfzig, die. See also **eight, eighty B**

fig /fɪɡ/ n. Feige, die

fig. abbr. = **figure** Abb.

⚷ **fight** /faɪt/ **A** v.i., **fought** /fɔːt/ **1** kämpfen;
(with fists) sich schlagen
2 (squabble) [sich] streiten (**about** wegen)
B v.t., **fought 1** ~ sb/sth gegen jmdn./etw.
kämpfen; (using fists) ~ sb sich mit jmdm.
schlagen
2 (seek to overcome) bekämpfen; (resist) ~ sb/
sth gegen jmdn./etw. ankämpfen
3 ~ **a battle** einen Kampf austragen
4 kandidieren bei ‹Wahl›
C n. Kampf, der (**for** um)
■ '~ **against** v.t. kämpfen gegen; ankämpfen
gegen ‹Wellen, Wind›
■ ~ **'back A** v.i. zurückschlagen
B v.t. (suppress) zurückhalten
■ ~ **'off** v.t. abwehren
■ '~ **with** v.t. **1** kämpfen mit
2 (squabble with) [sich] streiten mit

'fighter n. Kämpfer, der/Kämpferin, die;
(aircraft) Kampfflugzeug, das

'fighting n. Kämpfe Pl.

fighting 'chance n. have a ~ of
succeeding/of doing sth Aussicht auf Erfolg
haben/gute Chancen haben, etw. zu tun

'fig leaf n. (lit. or fig.) Feigenblatt, das

figment /'fɪɡmənt/ n. a ~ of one's or the
imagination pure Einbildung

'fig tree n. Feigenbaum, der

figurative /'fɪɡərətɪv/ adj. übertragen

⚷ **figure** /'fɪɡə(r)/ **A** n. **1** (shape) Form, die
2 (carving, sculpture, one's bodily shape) Figur, die

3 (illustration) Abbildung, die
4 (person as seen) Gestalt, die; (literary ~)
Figur, die
5 (numerical symbol) Ziffer, die; (number) Zahl,
die; (amount of money) Betrag, der
B v.i. **1** vorkommen
2 that ~s (infml) das kann gut sein
■ ~ **'out** v.t. **1** (by arithmetic) ausrechnen
2 (understand) verstehen

figure: ~head n. (lit. or fig.) Galionsfigur,
die; ~ **of 'speech** n. Redewendung, die; ~
skating n. Eiskunstlauf, der

filament /'fɪləmənt/ n. **1** Faden, der
2 (Electr.) Glühfaden, der

filch /fɪltʃ/ v.t. stibitzen (ugs.)

file¹ /faɪl/ **A** n. Feile, die
B v.t. feilen ‹Fingernägel›; mit der Feile
bearbeiten ‹Holz, Eisen›

⚷ **file²** **A** n. **1** (holder) Ordner, der; (box) Kassette,
die
2 (papers) Ablage, die; (cards) Kartei, die
3 (Computing) Datei, die
B v.t. **1** [in die Kartei] einordnen/[in die
Akten] aufnehmen
2 einreichen ‹Antrag›

file³ **A** n. (Mil. etc.) Reihe, die; [in] single or
Indian ~ [im] Gänsemarsch
B v.i. ~ **[in/out]** in einer Reihe [hinein-/
hinaus]gehen

file: ~ copy n. Belegexemplar, das; (of letter)
Kopie für die Akten; ~ **extension** n.
(Comp.) Dateierweiterung, die; ~ **name** n.
(Comp.) Dateiname, der

filigree /'fɪlɪɡriː/ n. Filigran, das

'filing cabinet n. Aktenschrank, der

filings /'faɪlɪŋz/ n. pl. Späne Pl.

⚷ **fill** /fɪl/ **A** v.t. **1** füllen; besetzen ‹Sitzplätze›;
(fig.) ausfüllen ‹Gedanken, Zeit›;
(pervade) erfüllen; ~ed with voller ‹Reue,
Bewunderung, Neid usw.›
2 (appoint sb to) besetzen ‹Posten›
B v.i. ~ **[with sth]** sich [mit etw.] füllen
C n. eat/drink one's ~ sich satt essen/trinken
■ ~ **'in A** v.t. **1** füllen; zuschütten ‹Erdloch›
2 (complete) ausfüllen
3 ~ sb in [on sth] (infml) jmdn. [über etw.
(Akk.)] ins Bild setzen
B v.i. ~ **in for sb** für jmdn. einspringen
■ ~ **'out** v.t. ausfüllen
■ ~ **'up** v.t. **1** füllen (**with** mit)
2 (put petrol into) ~ up the tank tanken; ~ **her**
up! (infml) voll [tanken]!

fillet /'fɪlɪt/ **A** n. Filet, das
B v.t. entgräten ‹Fisch›

'filling n. **1** (for teeth) Füllung, die
2 (for pancakes etc.) Füllung, die; (for sandwiches
etc.) Belag, der; (for spreading) Aufstrich, der

'filling station n. Tankstelle, die

filly /'fɪlɪ/ n. junge Stute

⚷ **film** /fɪlm/ **A** n. **1** Film, der
2 (thin layer) Schicht, die
B v.t. filmen; drehen ‹Kinofilm, Szene›

film: ~ crew n. Kamerateam, das;

⚷ Schlüsselwort

~ **director** n. Filmregisseur, der/-regisseurin, die; ~ **industry** n. Filmindustrie, die; ~ **music** n. Filmmusik, die; ~ **poster** n. Filmplakat, das; ~ **projector** n. Projektor, der; ~ **script** n. Drehbuch, das; ~ **set** n. Dekoration, die; ~ **star** n. Filmstar, der; ~**strip** n. Filmstreifen, der; ~ **studio** n. Filmstudio, das

Filofax® /'faɪləʊfæks/ n. ≈ Terminplaner, der

filter /'fɪltə(r)/ **A** n. Filter, der
  B v.t. filtern
  ■ ~ **'through** v.t. durchsickern

filter: ~ **ciga'rette** n. Filterzigarette, die; ~ **coffee** n. Filterkaffee, der; ~ **lane** n. Abbiegespur, die; ~**-tip** n. **1** Filter, der
  2 ~-tip [cigarette] Filterzigarette, die

filth /fɪlθ/ n. Dreck, der

'filthy adj. dreckig (ugs.); schmutzig

fin /fɪn/ n. Flosse, die

ℐ **final** /'faɪnl/ **A** adj. letzt...; End<spiel, -stadium, -stufe, -ergebnis>; endgültig <Entscheidung>
  B n. **1** (Sport etc.) Finale, das
  2 ~s pl. (university examination) Examen, das

finale /fɪ'nɑːlɪ/ n. Finale, das

finalist /'faɪnəlɪst/ n. Teilnehmer/ Teilnehmerin in der Endausscheidung; (Sport) Finalist, der/Finalistin, die

finality /faɪ'nælɪtɪ/ n. Endgültigkeit, die; (of tone of voice) Entschiedenheit, die

finalize /'faɪnəlaɪz/ v.t. [endgültig] beschließen; (complete) zum Abschluss bringen

ℐ **finally** /'faɪnəlɪ/ adv. **1** (in the end) schließlich; (expressing impatience etc.) endlich
  2 (in conclusion) abschließend
  3 (conclusively) entschieden <sagen>

finance /faɪ'næns, 'faɪnæns/ **A** n. **1** in pl. (resources) Finanzen Pl.
  2 (management of money) Geldwesen, das
  3 (support) Geldmittel Pl.
  B v.t. finanzieren

'finance company n. Finanzierungsgesellschaft, die

ℐ **financial** /faɪ'nænʃl/ adj. finanziell; Finanz<mittel, -experte, -lage>

fi'nancially adv. finanziell

financial 'year n. Geschäftsjahr, das

financier /faɪ'nænsɪə(r)/ n. Finanzexperte, der/-expertin, die

finch /fɪntʃ/ n. Fink[envogel], der

ℐ **find** /faɪnd/ **A** v.t., **found** /faʊnd/ finden; (come across unexpectedly) entdecken; auftreiben <Geld, Gegenstand>; aufbringen <Kraft, Energie>; want to ~ suchen; ~ that ... herausfinden, dass ...; ~ sth necessary etw. für nötig, erachten; ~ sth/sb to be ... herausfinden, dass etw./jmd. ... ist/war; you will ~ [that] ... Sie werden sehen, dass ...
  B n. Fund, der
  ■ ~ **'out** v.t. herausfinden

'finder n. Finder, der/Finderin, die

'findings n. pl. Ergebnisse Pl.

fine¹ /faɪn/ **A** n. Geldstrafe, die
  B v.t. mit einer Geldstrafe belegen

ℐ **fine²** adj. **1** hochwertig <Qualität, Lebensmittel>; fein <Gewebe, Spitze>; edel <Holz, Wein>
  2 (delicate) fein; zart <Porzellan>; (thin) hauchdünn; **cut** or **run it** ~ knapp kalkulieren
  3 (in small particles) [hauch]fein <Sand, Staub>
  4 (sharp) scharf <Spitze, Klinge>; spitz <Nadel, Schreibfeder>
  5 (excellent) ausgezeichnet <Sänger, Schauspieler>
  6 (satisfactory) schön; **that's** ~ **by** or **with me** ja, ist mir recht
  7 (in good health or state) gut; **feel** ~ sich wohl fühlen
  8 schön <Wetter>

fine 'arts n. pl. schöne Künste Pl.

fine 'rain n. Nieselregen, der

finery /'faɪnərɪ/ n. Pracht, die; (garments etc.) Staat, der

ℐ **finger** /'fɪŋgə(r)/ **A** n. Finger, der
  B v.t. berühren; (meddle with) befingern

finger: ~**mark** n. Fingerabdruck, der; ~**nail** n. Fingernagel, der; ~**print** n. Fingerabdruck, der; ~**tip** n. Fingerspitze, die; **have sth at one's** ~**tips** (fig.) etw. im kleinen Finger haben (ugs.)

ℐ **finish** /'fɪnɪʃ/ **A** v.t. **1** beenden <Unterhaltung>; erledigen <Arbeit>; abschließen <Kurs, Ausbildung>; **have** ~**ed sth** etw. fertig haben; ~ **writing/reading sth** etw. zu Ende schreiben/lesen
  2 aufessen <Mahlzeit>; auslesen <Buch, Zeitung>; austrinken <Flasche, Glas>
  B v.i. **1** aufhören; **have you** ~**ed?** sind Sie fertig?; **when does the concert** ~**?** wann ist das Konzert aus?; **have you** ~**ed with the sugar?** brauchen Sie der Zucker noch?; ~ **with one's boyfriend/girlfriend** mit seinem Freund/seiner Freundin Schluss machen
  2 (in race) das Ziel erreichen
  C n. **1** Ende, das
  2 (~ing line) Ziel, das
  ■ ~ **'off** v.t. abschließen

finishing: ~ **post** n. Zielpfosten, der; ~ **'touch** n. **as a** ~ **touch to sth** zur Vollendung od. Vervollkommnung einer Sache; **put the** ~ **touches to sth** einer Sache (Dat.) den letzten Schliff geben

finite /'faɪnaɪt/ adj. begrenzt

Finland /'fɪnlənd/ pr. n. Finnland (das)

Finn /fɪn/ n. Finne, der/Finnin, die

Finnish /'fɪnɪʃ/ **A** adj. finnisch; **sb is** ~ jmd. ist Finne/Finnin
  B n. Finnisch, das; see also **English B1**

fiord /fɪ'ɔːd/ n. Fjord, der

fir /fɜː(r)/ n. Tanne, die

ℐ **fire** /faɪə(r)/ **A** n. **1** Feuer, das; **be on** ~ brennen; **catch** ~ Feuer fangen; <Wald, Gebäude:> in Brand geraten; **set** ~ **to sth** etw. anzünden
  2 (in grate) [offenes] Feuer; (electric or gas ~)

Heizofen, *der*; **light the** ~ den Ofen anstecken; (in grate) das [Kamin]feuer anmachen **3** (destructive burning) Brand, *der* **4** (of guns) **come/be under** ~ unter Beschuss geraten/beschossen werden **B** *v.t.* **1** abschießen *‹Gewehr›*; abfeuern *‹Kanone›*; abgeben *‹Schuss›*; ~ **one's gun/ pistol/rifle at sb** auf jmdn. schießen; **two shots were** ~d es fielen zwei Schüsse; ~ **questions at sb** jmdn. mit Fragen bombardieren **2** (infml) (dismiss) feuern (ugs.) **C** *v.i.* feuern; ~ **at/on** schießen auf (+ *Akk.*); ~**! Feuer!**

fire: ~ **alarm** *n.* Feuermelder, *der*; ~**arm** *n.* Schusswaffe, *die*; ~**bomb** *n.* Brandsatz, *der*; (aerial bomb) Brandbombe, *die*; ~ **brigade** (BrE), ~ **department** (AmE) *ns.* Feuerwehr, *die*; ~ **drill** *n.* Probe[feuer]alarm, *der*; ~ **engine** *n.* Löschfahrzeug, *das*; ~ **escape** *n.* (staircase) Feuertreppe, *die*; ~ **exit** *n.* Notausgang, *der*; ~ **extinguisher** *n.* Feuerlöscher, *der*; ~**fighter** *n.* Feuerwehrmann, *der*/-frau, *die*; ~**fighting** *n.* Feuerbekämpfung, *die*; Brandbekämpfung, *die*; ~ **hazard** *n.* Brandrisiko, *das*; ~**lighter** *n.* (BrE) Feueranzünder, *der*; ~**man** /'faɪəmən/ *n.*, *pl.* ~**men** /-mən/ Feuerwehrmann, *der*; ~**place** *n.* Kamin, *der*; ~ **precautions** *n. pl.* Feuerschutz, *der*; ~**proof** **A** *adj.* feuerfest **B** *v.t.* feuerfest machen; ~**-resistant** *adj.* feuerbeständig; ~ **risk** ► ~ hazard; ~**side** *n.* at *or* by the ~side am Kamin; ~ **station** *n.* Feuerwache, *die*; ~ **tongs** *n. pl.* Feuerzange, *die*; **a pair of** ~ **tongs** eine Feuerzange; ~**wood** *n.* Brennholz, *das*; ~**work** *n.* Feuerwerkskörper, *der*; ~**works** (display) Feuerwerk, *das*

✧ **firm¹** /fɜːm/ *n.* Firma, *die*

firm² *adj.* **1** fest; stabil *‹Konstruktion, Stuhl›* **2** (resolute, strict) bestimmt

'**firmly** *adv.* **1** fest **2** (resolutely, strictly) bestimmt

✧ **first** /fɜːst/ **A** *adj.* erst...; **he was** ~ **to arrive** er kam als Erster an **B** *adv.* **1** (before anyone else) zuerst; als Erster/ Erste *‹sprechen, ankommen›*; (before anything else) an erster Stelle *‹stehen, kommen›*; ~ **come** ~ **served** wer zuerst kommt, mahlt zuerst (Spr.) **2** (beforehand) vorher **3** (for the ~ time) zum ersten Mal **4** ~ **of all** zuerst; (in importance) vor allem **C** *n.* **1 the** ~ (in sequence, rank) der/die/das Erste; *pl.* die Ersten **2 at** ~ zuerst; **from the** ~ von Anfang an **first:** ~ '**aid** *n.* erste Hilfe; ~ '**aid box** *n.* Verbandkasten, *der*; ~ '**aid kit** *n.* Erste-Hilfe-Ausrüstung, *die*; ~**-class** **A** /'--/ *adj.* **1** erster Klasse *nachgestellt*; Erste[r]-Klasse-

‹Fahrkarte, Abteil, Post, Brief usw.› **2** (excellent) erstklassig **B** /-'-/ *adv.* erster Klasse *‹reisen›*

'**firstly** *adv.* zunächst [einmal]; (followed by 'secondly') erstens

first: ~ **name** *n.* Vorname, *der*; ~ '**night** *n.* (Theatre) Premiere, *die*; ~ **offender** *n.* Ersttäter, *der*/-täterin, *die*; ~**-rate** *adj.* erstklassig; ~ **school** *n.* (BrE) ≈ Grundschule, *die*

'**fir tree** *n.* Tanne, *die*

✧ **fish** /fɪʃ/ **A** *n.* Fisch, *der* **B** *v.i.* fischen; (with rod) angeln; **go** ~**ing** fischen/angeln gehen ■ ~ '**out** *v.t.* (infml) herausfischen (ugs.)

fish: ~ **bone** *n.* [Fisch]gräte, *die*; ~ **cake** *n.* Fischfrikadelle, *die*

fisherman /'fɪʃəmən/ *n.*, *pl.* **fishermen** /'fɪʃəmən/ Fischer, *der*; (angler) Angler, *der*

fish: ~**eye lens** *n.* Fischaugenobjektiv, *das*; ~ **farm** *n.* Fischzucht[anlage], *die*; ~ **farming** *n.* Fischzucht, *die*; ~ '**finger** *n.* Fischstäbchen, *das*; ~ **hook** *n.* Angelhaken, *der*

'**fishing** *n.* Fischen, *das*; (with rod) Angeln, *das* **fishing:** ~ **boat** *n.* Fischerboot, *das*; ~ **industry** *n.* Fischerei[industrie], *die*; ~ **net** *n.* Fischernetz, *das*; ~ **rod** *n.* Angelrute, *die*; ~ **tackle** *n.* Angelgeräte *Pl.*; ~ **vessel** *n.* Fischereifahrzeug, *das*; ~ **village** *n.* Fischerdorf, *das*

fish: ~ **kettle** *n.* Fischkessel, *der*; ~**monger** /'fɪʃmʌŋgə(r)/ *n.* (BrE) Fischhändler, *der*/-händlerin, *die*; ~ **pond** *n.* Fischteich, *der*; ~ **shop** *n.* Fischgeschäft, *das*; ~ **slice** *n.* Wender, *der*; ~ **tank** *n.* Fischkasten, *der*; Fischbehälter, *der*

'**fishy** *adj.* **1** fischartig; Fisch‹*geschmack, -geruch›* **2** (infml) (suspicious) verdächtig

fist /fɪst/ *n.* Faust, *der*

fit¹ /fɪt/ *n.* Anfall, *der*; (fig.) [plötzliche] Anwandlung; **be in** ~**s of laughter** sich vor Lachen biegen; **in a** ~ **of ...** in einem Anfall von ...

✧ **fit²** **A** *adj.* **1** (suitable) geeignet; ~ **to eat** essbar **2** (worthy) würdig; wert **3** (proper) richtig; **see** *or* **think** ~ **[to do sth]** es für richtig halten[, etw. zu tun] **4** (healthy) fit (ugs.); **keep** ~ sich fit halten **B** *n.* Passform, *die*; **it is a good/bad** ~ es sitzt *od.* passt gut/nicht gut **C** *v.t.*, **-tt-** **1** *‹Kleider:›* passen (+ *Dat.*); *‹Deckel, Bezug:›* passen auf (+ *Akk.*) **2** (put into place) anbringen (**to** an + *Dat. od. Akk.*); einbauen *‹Motor, Ersatzteil›* **D** *v.i.*, **-tt-** passen ■ ~ '**in** **A** *v.t.* unterbringen **B** *v.i.* **1** *‹Person:›* sich anpassen (**with** an + *Akk.*) **2** (be in accordance with) ~ **in with sth** mit etw. übereinstimmen

✧ Schlüsselwort

fitful /'fɪtfl/ *adj.* unbeständig; unruhig ‹*Schlaf*›; launisch ‹*Brise*›

'fitment *n.* Einrichtung, *die*

'fitness *n.* **1** (physical) Fitness, *die* **2** (suitability) Eignung, *die*

'fitness studio *n.* Fitnessstudio, *das*

'fitted *adj.* **1** (suited) geeignet (**for** für, zu) **2** (shaped) tailliert ‹*Kleider*›; Einbau‹*küche, schrank*›

fitted 'carpet *n.* Teppichboden, *der*

'fitter *n.* Monteur, *der*; (of pipes) Installateur, *der*; (of machines) Maschinenschlosser, *der*

'fitting **A** *adj.* (appropriate) passend; (becoming) schicklich (geh.) ‹*Benehmen*›

  B *n.* **1** *usu. in pl.* (fixture) Anschluss, *der*; ~s (furniture) Ausstattung, *die* **2** (BrE) (size) Größe, *die*

'fitting room *n.* Anprobe, *die*

✓ **five** /faɪv/ **A** *adj.* fünf

  B *n.* Fünf, *die. See also* **eight**

fiver /'faɪvə(r)/ *n.* (BrE) (infml) Fünfpfundschein, *der*

five: ~**-star** *adj.* Fünf-Sterne-‹*Hotel, General*›; (fig.) ausgezeichnet; ~-'**year plan** *n.* Fünfjahresplan, *der*

✓ **fix** /fɪks/ **A** *v.t.* **1** befestigen **2** festsetzen ‹*Termin, Preis, Grenze*›; (agree on) ausmachen **3** (repair) reparieren **4** (arrange) arrangieren

  B *n.* (infml) (predicament) Klemme, *die* (ugs.); **be in a** ~ in der Klemme sitzen

■ ~ '**up** *v.t.* **1** (arrange) arrangieren; festsetzen ‹*Termin, Treffpunkt*› **2** (provide) versorgen; ~ **sb up with sth** jmdm. etw. verschaffen

fixed: ~ **price** Festpreis, *der*; ~**-rate** *attrib. adj.* Festzins-; mit festem Zins *nachgestellt*

fixture /'fɪkstʃə(r)/ *n.* **1** (furnishing) eingebautes Teil **2** (Sport) Veranstaltung, *die*

fizz /fɪz/ *v.i.* [zischend] sprudeln

fizzle /'fɪzl/ *v.i.* zischen

■ ~ '**out** *v.i.* ‹*Kampagne:*› im Sande verlaufen

fizzy /'fɪzɪ/ *adj.* sprudelnd; ~ **lemonade** Brause[limonade], *die*

flabbergast /'flæbəgɑːst/ *v.t.* umhauen (ugs.)

flabby /'flæbɪ/ *adj.* schlaff

flag¹ /flæg/ *n.* Fahne, *die*; (national ~, on ship) Flagge, *die*

flag² *v.i.,* **-gg-** ‹*Person:*› abbauen; ‹*Kraft, Begeisterung usw.:*› nachlassen

flagon /'flægn/ *n.* Kanne, *die*

'flagpole *n.* Flaggenmast, *der*

flagrant /'fleɪgrənt/ *adj.* eklatant; flagrant ‹*Verstoß*›

'flagstone *n.* Steinplatte, *die*

flair /fleə(r)/ *n.* Gespür, *das*; (special ability) Talent, *das*

flak /flæk/ *n.* Flakfeuer, *das* (Milit.); (gun) Flak, *die* (Milit.); **get a lot of** ~ **for sth** (fig.) wegen

etw. [schwer] unter Beschuss geraten

flake /fleɪk/ **A** *n.* Flocke, *die*; (of dry skin) Schuppe, *die*

  B *v.i.* abblättern

'flak jacket *n.* kugelsichere Weste

flaky /'fleɪkɪ/ *adj.* blättrig ‹*Kruste*›

flaky 'pastry *n.* Blätterteig, *der*

flamboyant /flæm'bɔɪənt/ *adj.* extravagant

flame /fleɪm/ *n.* Flamme, *die*; **be in** ~**s** in Flammen stehen

'flameproof *adj.* nicht entflammbar; flammfest

flan /flæn/ *n.* [fruit] ~ [Obst]torte, *die*

flank /flæŋk/ *n.* Seite, *die*; (of animal) (also Mil.) Flanke, *die*

flannel /'flænl/ *n.* **1** (fabric) Flanell, *der* **2** (BrE) (for washing) Waschlappen, *der*

flap /flæp/ *v.t.,* **-pp-**; ~ **its wings** mit den Flügeln schlagen

  B *v.i.,* **-pp-** ‹*Flügel:*› schlagen; ‹*Segel, Fahne, Vorhang:*› flattern

  C *n.* **1** Klappe, *die*; (envelope seal, of shoe) Lasche, *die* **2** (fig. infml) **in a** ~ furchtbar aufgeregt

flare /fleə(r)/ **A** *v.i.* flackern; (fig.) ausbrechen; **tempers** ~**d** die Gemüter erhitzten sich

  B *n.* Leuchtsignal, *das*

■ ~ '**up** *v.i.* **1** aufflackern **2** (break out) [wieder] ausbrechen

flash /flæʃ/ **A** *n.* Aufleuchten, *das*; (as signal) Lichtsignal, *das*; ~ **of lightning** Blitz, *der*; **in a** ~ (quickly) im Nu

  B *v.t.* **1** aufleuchten lassen; ~ **one's headlights** die Lichthupe betätigen; ~ **sb a smile/glance** jmdm. ein Lächeln/einen Blick zuwerfen **2** (display briefly) kurz zeigen

  C *v.i.* aufleuchten; ~ **by** *or* **past** ‹*Zeit, Ferien:*› wie im Fluge vergehen

flash: ~**back** *n.* Rückblende, *die* (**to** auf + *Akk.*); ~ **bulb** *n.* Blitzbirnchen, *das*; ~ **cube** *n.* Blitzwürfel, *der*; ~ **flood** *n.* Überschwemmung, *die* (*durch heftige Regenfälle*); ~**gun** *n.* Blitzgerät, *das*; ~**light** *n.* **1** (for signals) Blinklicht, *das* **2** (AmE) (torch) Taschenlampe, *die*; ~**point** *n.* Flammpunkt, *der*; (fig.) Siedepunkt, *der*

'flashy *adj.* auffällig

flask /flɑːsk/ *n.* **1** ▶ **thermos 2** (for wine, oil) [bauchige] Flasche **3** (Chem.) Kolben, *der*

flat¹ /flæt/ *n.* (BrE) Wohnung, *die*

flat² **A** *adj.* **1** flach; eben ‹*Fläche*›; platt ‹*Nase, Reifen*› **2** (downright) glatt (ugs.) ‹*Absage, Weigerung, Widerspruch*› **3** (Mus.) [um einen Halbton] erniedrigt ‹*Note*› **4** schal, abgestanden ‹*Bier, Sekt*› **5** leer ‹*Batterie*›

  B *adv.* (Mus.) zu tief

'flatbed scanner *n.* (Comp.) Flachbettscanner, *der*

flat: ~**-chested** /flæt'tʃestɪd/ *adj.* flachbrüstig;

flachbusig; ~ **'feet** *n. pl.* Plattfüße *Pl.*;
~**'fish** *n.* Plattfisch, *der*; ~-**'footed** *adj.*
plattfüßig; ~-**heeled** *adj.* ‹*Schuh*› mit
flachem Absatz; flach ‹*Schuh*›

flatlet /'flætlɪt/ *n.* (BrE) Appartement, *das*

'flatly *adv.* rundweg

flat: ~ **mate** *n.* (BrE) Mitbewohner, *der*/
Mitbewohnerin, *die*; they were ~ mates sie
haben zusammen gewohnt; ~ **'out** *adv.* (at
top speed) he ran/worked ~ out er rannte/
arbeitete, so schnell er konnte; ~-**pack**
adj. ‹*Möbel*› zum Selbstbauen; ~ **rate** *n.*
Einheitstarif, *der*; ~ **'spin** *n.* (Aeronaut.)
Flachtrudeln, *das*; go into a ~ spin (fig. infml)
durchdrehen (ugs.)

flatten /'flætn/ ▲ *v.t.* flach drücken
‹*Schachtel*›; dem Erdboden gleichmachen
‹*Stadt, Gebäude*›
🅱 *v. refl.* ~ oneself against sth sich flach
gegen etw. drücken

flatter /'flætə(r)/ *v.t.* schmeicheln (+ *Dat.*)

'flattering *adj.* schmeichelhaft

'flattery *n.* Schmeichelei, *die*

flat 'tyre *n.* Reifenpanne, *die*

flatulence /'flætjʊləns/ *n.* Blähungen *Pl.*;
Flatulenz, *die* (Med.)

flaunt /flɔːnt/ *v.t.* zur Schau stellen

flavor etc. *(AmE)* ▶ flavour etc.

flavour /'fleɪvə(r)/ (BrE) 🅰 *n.* **1** Geschmack,
der
2 (fig.) Anflug, *der*
🅱 *v.t.* abschmecken

'flavouring *n.* (BrE) Aroma, *das*

'flavourless *adj.* (BrE) fade

flavoursome /'fleɪvəsəm/ *adj.* (BrE)
schmackhaft

flaw /flɔː/ *n.* Fehler, *der*; (imperfection) Makel,
der; (in workmanship or goods) Mangel, *der*

flax /flæks/ *n.* Flachs, *der*

flea /fliː/ *n.* Floh, *der*

flea: ~ **bite** *n.* Flohbiss, *der*; ~ **market** *n.*
(infml) Flohmarkt, *der*

fled ▶ flee

flee /fliː/ 🅰 *v.i.*, **fled** /fled/ fliehen; ~ from
sth/sb aus etw./vor jmdm. flüchten
🅱 *v.t.*, **fled** fliehen aus

fleece /fliːs/ 🅰 *n.* **1** [Schaf]fell, *das*
2 (garment) Fleece, *das*
🅱 *v.t.* (fig.) ausplündern

fleecy /'fliːsɪ/ *adj.* flauschig

fleet /fliːt/ *n.* Flotte, *die*

fleeting /'fliːtɪŋ/ *adj.* flüchtig

flesh /fleʃ/ *n.* Fleisch, *das*; (of fruit, plant)
[Frucht]fleisch, *das*

flesh: ~-**coloured** *adj.* fleischfarben; ~
wound *n.* Fleischwunde, *die*

'fleshy *adj.* fett; fleischig ‹*Hände*›

flew ▶ fly² A, B

flex¹ /fleks/ *n.* (BrE) (Electr.) Kabel, *das*

flex² *v.t.* beugen ‹*Arm, Knie*›; ~ one's muscles
seine Muskeln spielen lassen

flexible /'fleksɪbl/ *adj.* **1** biegsam; elastisch
2 (fig.) flexibel; ~ working hours or time
gleitende Arbeitszeit

flexitime /'fleksɪtaɪm/ (BrE), **flextime**
/'flekstaɪm/ (AmE) *ns.* Gleitzeit, *die*; be on or
work ~ gleitende Arbeitszeit haben

flick /flɪk/ *v.t.* schnippen; anknipsen
‹*Schalter*›; verspritzen ‹*Tinte*›
■ '~ **through** *v.t.* durchblättern

flicker /'flɪkə(r)/ 🅰 *v.i.* flackern;
‹*Fernsehapparat:*› flimmern
🅱 *n.* Flackern, *das*; (of TV) Flimmern, *das*

'flick knife *n.* (BrE) Schnappmesser, *das*

⚜ **flight¹** /flaɪt/ *n.* **1** Flug, *der*
2 ~ [of stairs or steps] Treppe, *die*

flight² *n.* (fleeing) Flucht, *die*; take ~ die
Flucht ergreifen; put to ~ in die Flucht
schlagen

flight: ~ **attendant** *n.* Flugbegleiter,
der/-begleiterin, *die*; ~ **control** *n.* ≈
Flugsicherung, *die*; ~ **controller** *n.*
(Aeronaut.) Fluglotse, *der*; ~ **deck** *n.* **1** (of
aircraft carrier) Flugdeck, *das* **2** (of aircraft)
Cockpit, *das*; ~ **number** *n.* Flugnummer,
die; ~ **path** *n.* (Aeronaut.) Flugweg, *der*;
(Astronaut.) Flugbahn, *die*; ~ **recorder** *n.*
Flugschreiber, *der*

flimsy /'flɪmzɪ/ *adj.* **1** dünn; nicht sehr
haltbar ‹*Verpackung*›
2 (fig.) fadenscheinig ‹*Entschuldigung,
Argument*›

flinch /flɪntʃ/ *v.i.* zurückschrecken (from vor
+ *Dat.*); (wince) zusammenzucken

fling /flɪŋ/ 🅰 *n.* have a or one's ~ sich
ausleben
🅱 *v.t.*, **flung** /flʌŋ/ werfen; ~ oneself into
sth (fig.) sich in etw. (*Akk.*) stürzen

flint /flɪnt/ *n.* Feuerstein, *der*

flip /flɪp/ *v.t.*, -**pp**- schnipsen; [over] (turn
over) umdrehen
■ '~ **through** *v.t.* durchblättern

flippant /'flɪpənt/ *adj.* leichtfertig

flipper /'flɪpə(r)/ *n.* Flosse, *die*

'flip side *n.* B-Seite, *die*

flirt /flɜːt/ *v.i.* flirten

flirtation /flɜː'teɪʃn/ *n.* Flirt, *der*

flirtatious /flɜː'teɪʃəs/ *adj.* kokett ‹*Blick, Art*›

flit /flɪt/ *v.i.* huschen

float /fləʊt/ 🅰 *v.i.* treiben; (in air) schweben
🅱 *n.* (for carnival) Festwagen, *der*
🅲 *v.t.* (set afloat) flottmachen; (fig.) lancieren
‹*Plan, Idee*›

floating: ~ '**dock** *n.* Schwimmdock, *das*; ~
'**voter** *n.* Wechselwähler, *der*/-wählerin, *die*

flock /flɒk/ 🅰 *n.* **1** Herde, *die*; (of birds)
Schwarm, *der*
2 (of people) Schar, *die*
🅱 *v.i.* strömen; ~ round sb sich um jmdn.
scharen

⚜ Schlüsselwort

flog /flɒg/ *v.t.*, **-gg- 1** auspeitschen
2 (BrE) (infml) (sell) verscheuern (salopp)
flood /flʌd/ **A** *n.* Überschwemmung, *die*; the
F~ (Bibl.) die Sintflut
B *v.i.* <*Fluss:*> über die Ufer treten; (fig.)
strömen
C *v.t.* überschwemmen
flood: ~ **damage** *n.* Hochwasserschaden,
der; the area suffered extensive ~ damage
in dem Gebiet gab es beträchtliche
Hochwasserschäden; ~**gate** *n.* (Hydraulic
Engin.) Schütze, *die*; open the ~gates to sth
(fig.) einer Sache (*Dat.*) Tür und Tor öffnen;
~**light** **A** *n.* Scheinwerfer, *der*
B *v.t.*, **floodlit** /flʌdlɪt/ anstrahlen;
~ **tide** *n.* Flut, *die*; ~ **warning** *n.*
Hochwasserwarnung, *die*; ~ **water** *n.*
Hochwasser, *das*
ℱ **floor** /flɔː(r)/ **A** *n.* **1** Boden, *der*
2 (storey) Stockwerk, *das*; **first** ~ (AmE)
Erdgeschoss, *das*; **first** ~ (BrE), **second** ~
(AmE) erster Stock; **ground** ~ Erdgeschoss,
das, Parterre, *das*
B *v.t.* **1** (confound) überfordern
2 (knock down) zu Boden schlagen
floor: ~**board** *n.* Dielenbrett, *das*; ~**cloth**
n. (BrE) Scheuertuch, *das*; ~ **polish**
n. Bohnerwachs, *das*; ~ **show** *n.* ≈
Unterhaltungsprogramm, *das*
flop /flɒp/ **A** *v.i.*, **-pp- 1** plumpsen
2 (infml) (fail) fehlschlagen; <*Theaterstück,
Show:*> durchfallen
B *n.* (infml) (failure) Reinfall, *der* (ugs.)
floppy /flɒpɪ/ *adj.* weich und biegsam
floppy disk *n.* (Comp) Floppy Disk, *die*;
Diskette, *die*
flora /flɔːrə/ *n.* Flora, *die*
floral /flɔːrl, ˈflɒrl/ *adj.* geblümt <*Kleid, Stoff*>;
Blumen<*muster*>
Florence /flɒrəns/ *pr. n.* Florenz (*das*)
florid /flɒrɪd/ *adj.* blumig <*Stil, Redeweise*>;
gerötet <*Teint*>
florist /flɒrɪst/ *n.* Florist, *der*/Floristin, *die*
flotsam /flɒtsəm/ *n.* ~ [and jetsam] Treibgut,
das
flounder /flaʊndə(r)/ *v.i.* taumeln
flour /flaʊə(r)/ *n.* Mehl, *das*
flourish /flʌrɪʃ/ **A** *v.i.* gedeihen; <*Geschäft:*>
florieren, gut gehen
B *v.t.* schwingen
C *n.* do sth with a ~ etw. schwungvoll tun
flout /flaʊt/ *v.t.* missachten
ℱ **flow** /fləʊ/ **A** *v.i.* fließen; <*Körner, Sand:*>
rinnen, rieseln; <*Gas:*> strömen
B *n.* **1** Fließen, *das*; ~ of water/people
Wasser-/Menschenstrom, *der*; ~ of
information Informationsfluss, *der*
2 (of tide, river) Flut, *die*
flow chart *n.* Flussdiagramm, *das*
ℱ **flower** /flaʊə(r)/ **A** *n.* (blossom) Blüte, *die*;
(plant) Blume, *die*; come into ~ zu blühen

beginnen
B *v.i.* blühen
flower bed *n.* Blumenbeet, *das*
flowering /flaʊərɪŋ/: ~ **cherry** *n.*
Zierkirsche, *die*; ~ **shrub** *n.* Blütenstrauch,
der
flowerpot *n.* Blumentopf, *der*
flowery *adj.* geblümt <*Stoff, Muster*>; (fig.)
blumig <*Sprache*>
flowing *adj.* fließend; wallend <*Haar*>
flown ▶ fly² A, B
flu /fluː/ *n.* (infml) Grippe, *die*
fluctuate /flʌktjʊeɪt/ *v.i.* schwanken
fluctuation /flʌktjʊˈeɪʃn/ *n.* Schwankung, *die*
fluency /fluːənsɪ/ *n.* Gewandtheit, *die*;
(spoken) Redegewandtheit, *die*
fluent /fluːənt/ *adj.* gewandt <*Stil, Redeweise,
Redner, Schreiber*>; be ~ in Russian, speak ~
Russian fließend Russisch sprechen
fluff /flʌf/ *n.* Flusen *Pl.*; Fusseln *Pl.*
fluffy /flʌfɪ/ *adj.* [flaum]weich <*Kissen,
Küken*>; flauschig <*Spielzeug, Decke*>
fluid /fluːɪd/ **A** *n.* Flüssigkeit, *die*
B *adj.* flüssig
fluke /fluːk/ *n.* (piece of luck) Glücksfall, *der*
flung ▶ fling B
fluorescent /flʊəˈresənt/ *adj.* fluoreszierend
fluorescent light *n.* Leuchtstofflampe, *die*
fluoride /flʊəraɪd/ *n.* Fluorid, *das*
fluoride toothpaste *n.* fluorhaltige
Zahnpasta
flurry /flʌrɪ/ *n.* **1** Aufregung, *die*
2 (of rain/snow) [Regen-/Schnee]schauer, *der*
flush¹ /flʌʃ/ **A** *v.i.* rot werden
B *v.t.* ausspülen <*Becken*>; ~ the toilet or
lavatory spülen
C *n.* Rotwerden, *das*
flush² *adj.* (level) bündig; be ~ with sth mit
etw. bündig abschließen
flush toilet *n.* Toilette mit Wasserspülung
fluster /flʌstə(r)/ *v.t.* aus der Fassung
bringen
flustered /flʌstəd/ *adj.* nervös
flute /fluːt/ *n.* Flöte, *die*
flutter /flʌtə(r)/ **A** *v.i.* flattern
B *v.t.* flattern mit <*Flügel*>
flux /flʌks/ *n.* in a state of ~ im Fluss
fly¹ /flaɪ/ *n.* Fliege, *die*
ℱ **fly²** **A** *v.i.*, **flew** /fluː/, **flown** /fləʊn/
1 fliegen; ~ away *or* off wegfliegen
2 (fig.) ~ [by *or* past] wie im Fluge vergehen
3 <*Fahne:*> gehisst sein
B *v.t.*, **flew**, **flown** fliegen <*Flugzeug,
Fracht, Einsatz usw.*>; fliegen über (+ *Akk.*)
<*Strecke*>
C *n.*, in sing. or pl. (on trousers) Hosenschlitz,
der
■ ~ **in** *v.i.* [mit dem Flugzeug] eintreffen (from
aus)
■ ~ **out** *v.i.* abfliegen (of von)
fly-fishing *n.* Fliegenfischerei, *die*

flying /'flaɪŋ/: ~ 'doctor n.: Arzt, der seine Krankenbesuche mit dem Flugzeug macht; ~ 'saucer n. fliegende Untertasse; ~ 'start n. (Sport) fliegender Start; ~ 'visit n. Stippvisite, die (ugs.)

fly: ~leaf n. Vorsatzblatt, das; ~over n. (BrE) [Straßen]überführung, die; ~ spray n. Insektenspray, der od. das; ~ swatter n. Fliegenklappe, die; Fliegenklatsche, die

foal /fəʊl/ n. Fohlen, das

foam /fəʊm/ 🅐 n. Schaum, der
🅑 v.i. schäumen

foam: ~-backed adj. schaumstoffverstärkt; ~ 'mattress n. Schaumgummimatratze, die; ~ 'rubber n. Schaumgummi, der

fob /fɒb/ v.t., -bb-; ~ sb off with sth jmdn. mit etw. abspeisen (ugs.)

'focal point n. Brennpunkt, der (auch fig.)

◆ **focus** /'fəʊkəs/ 🅐 n., pl. ~es or foci /'fəʊsaɪ/ Brennpunkt, der; out of/in ~ unscharf/ scharf eingestellt; unscharf/scharf <Foto, Film usw.>; (fig.) be the ~ of attention im Brennpunkt des Interesses stehen
🅑 v.t., -s- or -ss- einstellen (on auf + Akk.); bündeln <Licht, Strahlen>
🅒 v.i., -s- or -ss- (fig.) sich konzentrieren (on auf + Akk.)

'focus group n. Fokusgruppe, die

fodder /'fɒdə(r)/ n. [Vieh]futter, das

foe /fəʊ/ n. (poet./rhet.) Feind, der

foetus /'fiːtəs/ n. Fötus, der

fog /fɒg/ n. Nebel, der

foggy /'fɒgi/ adj. neblig

'fog light n. Nebelscheinwerfer, der

fogy /'fəʊgi/ n. [old] ~ [alter] Opa (salopp) / [alte] Oma (salopp)

foible /'fɔɪbl/ n. Eigenheit, die

foil¹ /fɔɪl/ n. Folie, die

foil² v.t. vereiteln

foist /fɔɪst/ v.t. ~ [off] on to sb jmdm. andrehen (ugs.); auf jmdn. abwälzen <Probleme, Verantwortung>

fold /fəʊld/ 🅐 v.t. [zusammen]falten; ~ one's arms die Arme verschränken
🅑 v.i. 1 (become ~ed) sich zusammenfalten
2 (be able to be ~ed) sich falten lassen
3 (go bankrupt) Konkurs machen
🅒 n. Falte, die; (line made by ~ing) Kniff, der
■ ~ 'up v.t. zusammenfalten <Laken>; zusammenklappen <Stuhl>

'folder n. 1 Mappe, die
2 (Comp.) Ordner, der

foliage /'fəʊliɪdʒ/ n. Blätter Pl.; (of tree also) Laub, das

◆ **folk** /fəʊk/ n. 1 Volk, das
2 in pl. ~[s] (people) Leute Pl.

folk: ~ dance n. Volkstanz, der; ~ hero n. Volksheld, der; ~lore /-lɔː(r)/ n. Folklore, die; ~ music n. Volksmusik, die; ~ singer n. Sänger/Sängerin von Volksliedern; (modern)

Folksänger, der/-sängerin, die; ~ song n. Volkslied, das; (modern) Folksong, der

◆ **follow** /'fɒləʊ/ 🅐 v.t. 1 folgen (+ Dat.)
2 entlanggehen/-fahren <Straße usw.>
3 (come after) folgen auf (+ Akk.)
4 (result from) die Folge sein von
5 (treat or take as guide) sich orientieren an (+ Dat.)
6 folgen (+ Dat.) <Prinzip, Instinkt, Trend>; verfolgen <Politik>; befolgen <Regel, Vorschrift, Rat, Warnung>; sich halten an (+ Akk.) <Konventionen, Diät>
7 (grasp meaning of) folgen (+ Dat.); do you ~ me? verstehst du, was ich meine?
🅑 v.i. 1 (go, come) ~ after sb/sth jmdn./einer Sache folgen
2 (come next in order or time) folgen; as ~s wie folgt
3 ~ from sth (result) die Folge von etw. sein; (be deducible) aus etw. folgen
■ ~ 'on v.i. (continue) ~ on from sth die Fortsetzung von etw. sein
■ ~ 'up v.t. 1 ausbauen <Erfolg, Sieg>
2 nachgehen (+ Dat.) <Hinweis>

'follower n. Anhänger, der/Anhängerin, die

'following 🅐 adj. folgend; the ~ Folgendes
🅑 prep. nach
🅒 n. Anhängerschaft, die

folly /'fɒli/ n. Torheit, die (geh.)

fond /fɒnd/ adj. liebevoll; lieb <Erinnerung>; be ~ of sb jmdn. mögen; be ~ of doing sth etw. gern tun

fondle /'fɒndl/ v.t. streicheln

'fondness n. Liebe, die; ~ for sth Vorliebe für etw.

font¹ /fɒnt/ n. Taufstein, der

font² n. (Comp., Printing) Schrift, die; Font, der (fachspr.)

'font size n. Fontgröße, die; Schriftgröße, die

◆ **food** /fuːd/ n. 1 Nahrung, die; (for animals) Futter, das
2 (as commodity) Lebensmittel Pl.
3 (in solid form) Essen, das
4 (particular kind) Nahrungsmittel, das; Kost, die

food: ~ chain n. Nahrungskette, die; ~ mile ≈ Lebensmittelkilometer, das; ~ poisoning n. Lebensmittelvergiftung, die; ~ processor n. Küchenmaschine, die; ~ shop, ~ store ns. Lebensmittelgeschäft, das; ~stuff n. Nahrungsmittel, das; perishable ~stuffs leicht verderbliche Lebensmittel

fool /fuːl/ 🅐 n. Dummkopf, der (ugs.)
🅑 v.t. ~ sb into doing sth jmdn. [durch Tricks] dazu bringen, etw. zu tun
■ ~ a'bout, ~ a'round v.i. Unsinn machen

foolhardy /'fuːlhɑːdi/ adj. tollkühn

'foolish adj. töricht; verrückt (ugs.) <Idee, Vorschlag>

'foolproof adj. (infallible) absolut sicher

◆ **foot** /fʊt/ 🅐 n., pl. feet /fiːt/ 1 Fuß, der; on ~ zu Fuß; put one's ~ in it (fig. infml) ins

Fettnäpfchen treten (ugs.)
2 (far end) unteres Ende; (of bed) Fußende, *das*
3 (measure) Fuß, *der* (30,48 cm)
B *v.t.* ~ **the bill** die Rechnung bezahlen
✦ **football** /'fʊtbɔːl/ *n.* (game, ball) Fußball, *der*
'**football boot** *n.* Fußballschuh, *der*
'**footballer** *n.* Fußballspieler, *der*/-spielerin, *die*
football: ~ **pitch** *n.* Fußballplatz, *der*; ~
pools *n. pl.* **the** ~ **pools** das Fußballtoto
foot: ~ **brake** *n.* Fußbremse, *die*; ~ **bridge**
n. Fußgängerbrücke, *die*; ~**hold** *n.* Halt, *der*
'**footing** *n.* **1** (fig.) **be on an equal** ~ **[with sb]**
[jmdm.] gleichgestellt sein
2 (foothold) Halt, *der*
foot: ~**note** *n.* Fußnote, *die*; ~ **passenger**
n. Fußpassagier, *der*; ~**path** *n.* Fußweg,
der; ~**print** *n.* Fußabdruck, *der*; ~**rest**
n. Fußstütze, *die*; (on bicycle or motorcycle)
Fußraste, *die*; ~**step** *n.* Schritt, *der*; **follow
in sb's** ~**steps** (fig.) in jmds. Fußstapfen
(Akk.) treten; ~**stool** *n.* Fußbank, *die*;
Fußschemel, *der*; ~**wear** *n.* Schuhe *Pl.*;
~**work** *n.* (Sport, Dancing) Beinarbeit, *die*
✦ **for** /fə(r), *stressed* fɔː(r)/ **A** *prep.* **1** für;
what is it ~**?** wofür ist das?; **reason** ~
living Grund zu leben; **a request** ~ **help**
eine Bitte um Hilfe; **study** ~ **a university
degree** auf einen Hochschulabschluss hin
studieren; **take sb** ~ **a walk** mit jmdm.
einen Spaziergang machen; **be** '~ **doing sth**
(in favour) dafür sein, etw. zu tun; **cheque/bill**
~ **£5** Scheck/Rechnung über 5 Pfund; **what
have you got** ~ **a cold?** was haben Sie gegen
Erkältungen da?
2 (on account of, as penalty of) wegen; **were it not**
~ **you/your help** ohne dich/deine Hilfe; ~
fear of aus Angst vor (+ *Dat.*)
3 (in spite of) ~ **all ...** trotz ...; ~ **all that, ...**
trotzdem ...
4 ~ **all I know/care ...** möglicherweise/was
mich betrifft, ...; ~ **one thing, ...** zunächst
einmal ...
5 (during) **stay** ~ **a week** eine Woche bleiben;
we've/we haven't been here ~ **three years**
wir sind seit drei Jahren hier/nicht mehr
hier gewesen
6 walk ~ **20 miles** 20 Meilen gehen
B *conj.* denn
forage /'fɒrɪdʒ/ **A** *n.* Futter, *das*
B *v.i.* ~ **for sth** auf der Suche nach etw. sein
forbad, forbade ▸ forbid
forbid /fə'bɪd/ *v.t.*, **-dd-, forbad** /fə'bæd/
or **forbade** /fə'bæd, fə'beɪd/, **forbidden**
/fə'bɪdn/ ~ **sb to do sth** jmdm. verbieten,
etw. zu tun; ~ **[sb] sth** [jmdm.] etw.
verbieten; **it is** ~**den [to do sth]** es ist
verboten[, etw. zu tun]
forbidden ▸ forbid
for'bidding *adj.* Furcht einflößend
✦ **force** /fɔːs/ **A** *n.* **1** (strength, power) Stärke, *die*;
(of explosion, storm) Wucht, *die*; (Phys.) (physical
strength) Kraft, *die*; **in** ~ mit einem großen

Aufgebot
2 (validity) Kraft, *die*; **in** ~ in Kraft; **come into**
~ <*Gesetz usw.*:> in Kraft treten
3 (violence) Gewalt, *die*; **by** ~ gewaltsam
4 (group) (of workers) Kolonne, *die*; Trupp, *der*;
(Mil.) Armee, *die*; **the** ~ (Police) die Polizei;
the ~**s** die Armee; **be in the** ~**s** beim Militär
sein
B *v.t.* **1** zwingen; ~ **sth [up]on sb** jmdm.
etw. aufzwingen
2 ~ **[open]** aufbrechen; ~ **one's way in** sich
(*Dat.*) mit Gewalt Zutritt verschaffen
forced /fɔːst/ *adj.* **1** (contrived, unnatural)
gezwungen
2 (compelled by force) erzwungen;
Zwangs<*arbeit*>
forced 'landing *n.* Notlandung, *die*
'**force-feed** *v.t.* zwangsernähren
forceful /'fɔːsfl/ *adj.* stark <*Persönlichkeit,
Charakter*>; energisch <*Person, Art*>;
eindrucksvoll <*Sprache*>
forceps /'fɔːseps/ *n., pl. same* **[pair of]** ~
Zange, *die*
forcible /'fɔːsɪbl/ *adj.*, **forcibly** /'fɔːsɪblɪ/ *adv.*
gewaltsam
ford /fɔːd/ **A** *n.* Furt, *die*
B *v.t.* durchqueren; (wade through) durchwaten
fore /fɔː(r)/ **A** *adj., esp. in comb.* vorder...;
Vorder<*teil, -front usw.*>
B *n.* **to the** ~ im Vordergrund
'**forearm** *n.* Unterarm, *der*
foreboding /fɔː'bəʊdɪŋ/ *n.* Vorahnung, *die*
'**forecast** **A** *v.t.* forecast *or* forecasted
vorhersagen
B *n.* Voraussage, *die*
'**forecaster** *n.* Meteorologe, *der*/
Meteorologin, *die*
'**forecourt** *n.* Vorhof, *der*
'**forefather** *n., usu. in pl.* Vorfahr, *der*
'**forefinger** *n.* Zeigefinger, *der*
'**forefront** *n.* **[be] in the** ~ **of** in vorderster
Linie (+ *Gen.*) [stehen]
'**foregone** *adj.* **be a** ~ **conclusion** von
vornherein feststehen; (be certain) so gut wie
sicher sein
'**foreground** *n.* Vordergrund, *der*
'**forehead** /'fɒrɪd, 'fɔːhed/ *n.* Stirn, *die*
✦ **foreign** /'fɒrɪn/ *adj.* **1** (from abroad) ausländisch;
Fremd<*kapital, -sprache*>; **he is** ~ er ist
Ausländer
2 (abroad) fremd; Außen<*politik, -handel*>;
from a ~ **country** aus einem anderen Land;
aus dem Ausland; ~ **countries** Ausland, *das*
3 (from outside) fremd
foreign: ~ '**body** *n.* Fremdkörper,
der; ~ **corre'spondent** *n.*
(Journ.) Auslandskorrespondent,
der/-korrespondentin, *die*
'**foreigner** *n.* Ausländer, *der*/Ausländerin, *die*
foreign: ~ **ex'change** *n.* Devisen
Pl.; ~ '**language** *n.* Fremdsprache,
die; ~ '**language assistant** *n.*

Fremdsprachenassistent, *der*/-assistentin, *die*; ~ **'language broadcast** *n.* fremdsprachige Rundfunksendung; ~ **'language newspaper** *n.* fremdsprachige Zeitung; ~ **'language teaching** *n.* Fremdsprachenunterricht, *der*; F~ **'Minister** *n.* Außenminister, *der*/-ministerin, *die*; F~ **'Ministry** *n.* Außenministerium, *das*; ~ **'national** *n.* Ausländer, der/Ausländerin, die; ausländische[r] Staatsangehörige[r]; F~ **Office** *n.* (BrE) (Hist./) (infml) Außenministerium, *das*; ~ **policy** *n.* Außenpolitik, *die*; F~ **'Secretary** *n.* (BrE) Außenminister, der/-ministerin, die; ~ **'substance** *n.* Fremdkörper, *der*; ~ **'trade** *n.* Außenhandel, *der*

foreman /'fɔːmən/ *n.*, *pl.* **foremen** /'fɔːmən/ Vorarbeiter, *der*

foremost /'fɔːməʊst, 'fɔːməst/ **A** *adj.* **1** vorderst... **2** (fig.) führend **B** *adv.* first and ~ zunächst einmal

'forename *n.* Vorname, *der*

forensic /fə'rensɪk/: ~ **'medicine** *n.* Gerichtsmedizin, *die*; ~ **'science** *n.* Kriminaltechnik, *die*

'foreplay *n.* Vorspiel, *das*

'forerunner *n.* Vorläufer, *der*/Vorläuferin, *die*

foresaw ▸ foresee

foresee /fɔː'siː/ *v.t.* forms as see voraussehen

foreseeable /fɔː'siːəbl/ *adj.* vorhersehbar; **in the** ~ **future** in nächster Zukunft

foreseen ▸ foresee

'foresight *n.* Weitblick, *der*

foreskin *n.* (Anat.) Vorhaut, *die*

◆ **forest** /'fɒrɪst/ *n.* Wald, *der*; (commercially exploited) Forst, *der*

fore'stall *v.t.* zuvorkommen (+ *Dat.*)

forested /'fɒrɪstɪd/ *adj.* bewaldet

forestry /'fɒrɪstrɪ/ *n.* Forstwirtschaft, *die*

'foretaste *n.* Vorgeschmack, *der*

fore'tell *v.t.* fore'told voraussagen

'forethought *n.* (prior deliberation) [vorherige] Überlegung; (care for the future) Vorausdenken, *das*

forever /fə'revə(r)/ *adv.* (constantly) ständig

fore'warn *v.t.* vorwarnen

fore'warning *n.* Vorwarnung, *die*

'foreword *n.* Vorwort, *das*

forfeit /'fɔːfɪt/ **A** *v.t.* verlieren; verwirken (geh.) ‹*Recht, jmds. Gunst*› **B** *n.* Strafe, *die*; (games) Pfand, *das*

forgave ▸ forgive

forge¹ /fɔːdʒ/ **A** *n.* **1** (workshop) Schmiede, *die* **2** (blacksmith's hearth) Esse, *die* **B** *v.t.* **1** schmieden (into zu) **2** (fig.) schmieden ‹*Plan*›; schließen ‹*Vereinbarung, Freundschaft*›

◆ Schlüsselwort

3 (counterfeit) fälschen

forge² *v.i.* ~ **ahead** [das Tempo] beschleunigen; (fig.) Fortschritte machen

'forger *n.* Fälscher, *der*/Fälscherin, *die*

forgery /'fɔːdʒərɪ/ *n.* Fälschung, *die*

◆ **forget** /fə'get/ **A** *v.t.*, **-tt-**, **forgot** /fə'gɒt/, **forgotten** /fə'gɒtn/ vergessen; (~ learned ability) verlernen **B** *v.i.*, **-tt-**, **forgot**, **forgotten** es vergessen; ~ **about** sth etw. vergessen; ~ **about it!** (infml) schon gut!

forgetful /fə'getfl/ *adj.* vergesslich

for'getfulness *n.* Vergesslichkeit, *die*

for'get-me-not *n.* (Bot.) Vergissmeinnicht, *das*

forgettable /fə'getəbl/ *adj.* easily ~ leicht zu vergessen

forgive /fə'gɪv/ *v.t.*, **forgave** /fə'geɪv/, **forgiven** /fə'gɪvn/ verzeihen; vergeben ‹*Sünden*›; ~ **sb** [sth or for sth] jmdm. [etw.] verzeihen

for'giveness *n.* Verzeihung, *die*; (of sins) Vergebung, *die*

for'giving /fə'gɪvɪŋ/ *adj.* versöhnlich

forgo /fɔː'gəʊ/ *v.t.* forms as go verzichten auf (+ *Akk.*)

forgone ▸ forgo

forgot, **forgotten** ▸ forget

fork /fɔːk/ **A** *n.* **1** Gabel, *die*; **knives and** ~**s** Besteck, *das* **2** (in road) Gabelung, *die*; (one branch) Abzweigung, *die* **B** *v.i.* (divide) sich gabeln; (turn) abbiegen; ~ **left** links abbiegen ■ ~ **'out** *v.i.* (infml) blechen (ugs.)

forked 'lightning *n.*, *no indef. art.* Linienblitz, *der*

'forklift truck *n.* Gabelstapler, *der*

forlorn /fə'lɔːn/ *adj.* **1** (desperate) verzweifelt **2** (forsaken) verlassen

◆ **form** /fɔːm/ **A** *n.* **1** (shape, type, style) Form, *die*; **take** ~ Gestalt annehmen **2** (printed sheet) Formular, *das* **3** (BrE) (Sch.) Klasse, *die* **4** (bench) Bank, *die* **5** (Sport) (physical condition) Form, *die*; (fig.) **true to** ~ wie üblich **B** *v.t.* **1** bilden **2** (shape) formen, gestalten (into zu) **3** sich (*Dat.*) bilden ‹*Meinung, Urteil*›; gewinnen ‹*Eindruck*›; fassen ‹*Plan*›; entwickeln ‹*Vorliebe, Gewohnheit*›; schließen ‹*Freundschaft*› **4** (set up) bilden ‹*Regierung*›; gründen ‹*Bund, Firma, Partei*› **C** *v.i.* sich bilden; ‹*Idee:*› Gestalt annehmen

◆ **formal** /'fɔːml/ *adj.* formell; förmlich ‹*Person, Art, Einladung, Begrüßung*›; (official) offiziell; **a** ~ **'yes'/'no'** eine bindende Zusage/endgültige Absage

formality /fɔː'mælɪtɪ/ *n.* **1** (requirement) Formalität, *die*

2 (being formal) Förmlichkeit, *die*
formalize /'fɔːməlaɪz/ *v.t.* **1** (specify and systematize) formalisieren
2 (make official) formell bekräftigen
format /'fɔːmæt/ **A** *n.* (also Comp.) Format, *das*
B *v.t.*, **-tt-** (Comp.) formatieren
formation /fɔː'meɪʃn/ *n.* **1** ▸ form B Bildung, *die*; Gründung, *die*
2 (Mil., Aeronaut.) Formation, *die*
formative /'fɔːmətɪv/ *adj.* formend, prägend <*Einfluss*>; **the ~ years of life** die entscheidenden Lebensjahre
✓ **former** /'fɔːmə(r)/ *attrib. adj.* ehemalig; **in ~ times** früher; **the ~** (*as noun*) der/die/das Erstere; *pl.* die Ersteren
'formerly *adv.* früher
formidable /'fɔːmɪdəbl/ *adj.* gewaltig; gefährlich <*Herausforderung, Gegner*>
formula /'fɔːmjʊlə/ *n.* Formel, *die*
formulate /'fɔːmjʊleɪt/ *v.t.* formulieren; (devise) entwickeln
formulation /fɔːmjʊ'leɪʃn/ *n.* Formulierung, *die*
forsake /fə'seɪk/ *v.t.*, **forsook** /fə'sʊk/, **~n** /fə'seɪkn/ **1** (give up) verzichten auf (ı *Akk.*)
2 (desert) verlassen
for'saken *adj.* verlassen
forsook ▸ forsake
fort /fɔːt/ *n.* (Mil.) Fort, *das*
forte /'fɔːteɪ/ *n.* Stärke, *die*
forth /fɔːθ/ *adv.* **and so ~** und so weiter; *see also* back C
forthcoming /'---, '-'--/ *adj.* **1** (approaching) bevorstehend; in Kürze erscheinend <*Buch usw.*>
2 *pred.* **be ~** <*Geld, Antwort:*> kommen; <*Hilfe:*> geleistet werden; **not be ~** ausbleiben
3 (responsive) mitteilsam <*Person*>
'forthright *adj.* direkt
forth'with *adv.* unverzüglich
fortieth /'fɔːtɪɪθ/ *adj.* vierzigst...
fortify /'fɔːtɪfaɪ/ *v.t.* **1** (Mil.) befestigen
2 (strengthen) stärken
fortitude /'fɔːtɪtjuːd/ *n.* innere Stärke
fortnight /'fɔːtnaɪt/ *n.* vierzehn Tage *Pl.*
fortnightly /'fɔːtnaɪtlɪ/ **A** *adj.* vierzehntäglich; zweiwöchentlich
B *adv.* alle vierzehn Tage; alle zwei Wochen
fortress /'fɔːtrɪs/ *n.* Festung, *die*
fortuitous /fɔː'tjuːɪtəs/ *adj.*, **for'tuitously** *adv.* zufällig
fortunate /'fɔːtʃənət/ *adj.* glücklich
'fortunately *adv.* glücklicherweise
fortune /'fɔːtʃən, 'fɔːtʃuːn/ *n.* **1** (wealth) Vermögen, *das*
2 (luck) Schicksal, *das*; **bad/good ~** Pech/ Glück, *das*
'fortune teller *n.* Wahrsager, *der*/ Wahrsagerin, *die*

forty /'fɔːtɪ/ **A** *adj.* vierzig; **have ~ 'winks** ein Nickerchen machen (ugs.)
B *n.* Vierzig, *die*. *See also* eight, eighty B
forum /'fɔːrəm/ *n.* Forum, *das*
✓ **forward** /'fɔːwəd/ **A** *adv.* **1** (in direction faced) vorwärts
2 (to the front) nach vorn; vor<*laufen, -rücken, -schieben*>
3 (closer) heran; **he came ~ to greet me** er kam auf mich zu, um mich zu begrüßen
4 come ~ <*Zeuge, Helfer:*> sich melden
B *adj.* **1** (directed ahead) vorwärts gerichtet
2 (at or to the front) Vorder-; vorder...
C *n.* (Sport) Stürmer, *der*/Stürmerin, *die*
D *v.t.* (send on) nachschicken <*Post*> (**to an** + *Akk.*)
forwarding ad'dress /'fɔːwədɪŋ/ *n.* Nachsendeanschrift, *die*
forward: ~-looking *adj.* vorausschauend; **~ 'planning** *n.* Vorausplanung, *die*
forwards /'fɔːwədz/ ▸ forward A
'forward slash *n.* Schrägstrich, *der*
forwent ▸ forgo
fossil /'fɒsɪl/ *n.* Fossil, *das*
fossil 'fuel *n.* fossiler Brennstoff
foster /'fɒstə(r)/ **A** *v.t.* **1** fördern; pflegen <*Freundschaft*>
2 in Pflege haben <*Kind*>
B *adj.* **~-** Pflege<*kind, -eltern, -sohn usw.*>
fought ▸ fight A, B
foul /faʊl/ **A** *adj.* **1** abscheulich <*Geruch, Geschmack*>
2 (polluted) verschmutzt <*Wasser, Luft*>; (putrid) faulig <*Wasser*>; stickig <*Luft*>
3 (infml) (awful) scheußlich (ugs.); anstößig <*Sprache*>
B *n.* (Sport) Foul, *das*
C *v.t.* **1** beschmutzen; verpesten <*Luft*>
2 (Sport) foulen
foul: ~-mouthed /faʊlmaʊðd/ *adj.* unanständig; unflätig; **~-smelling** *adj.* übel riechend
found¹ /faʊnd/ *v.t.* **1** (establish) gründen; stiften <*Krankenhaus, Kloster*>; begründen <*Wissenschaft, Religion*>
2 (fig.) (base) begründen; **be ~ed [up]on sth** [sich] auf etw. (*Akk.*) gründen
found² ▸ find A
✓ **foundation** /faʊn'deɪʃn/ *n.* **1** Gründung, *die*; (of hospital, monastery) Stiftung, *die*
2 *usu. in pl.* **~[s]** (lit. or fig.) Fundament, *das*; **be without ~** (fig.) unbegründet sein
foundation: ~ course *n.* (Univ. etc.) Grundkurs, *der*; **~ cream** *n.* Grundierungscreme, *die*; **~ stone** *n.* (lit. or fig.) Grundstein, *der*
'founder¹ *n.* Gründer, *der*/Gründerin, *die*; (of hospital) Stifter, *der*/Stifterin, *die*
founder² *v.i.* **1** <*Schiff:*> sinken
2 (fig.) (fail) sich zerschlagen
foundry /'faʊndrɪ/ *n.* Gießerei, *die*

f

fountain /'faʊntɪn/ n. Fontäne, die; (structure) Springbrunnen, der; (fig.) Quelle, die

'fountain pen n. Füllfederhalter, der

◊ **four** /fɔː(r)/ **A** adj. vier
B n. Vier, die; **on all ~s** auf allen vieren (ugs.). See also **eight**

four: ~-by-~ A adj. Allrad- **B** n. Allradler, der; Allradfahrzeug, das; **~-door** attrib. adj. viertürig <Auto>; **~fold** /'fɔːfəʊld/ adj., adv. vierfach; **a ~fold increase** ein Anstieg auf das Vierfache; **~-legged** /'fɔːleɡɪd, 'fɔːleɡd/ adj. vierbeinig; **~-letter 'word** n. vulgärer Ausdruck; (expressing anger) ≈ Kraftausdruck, der; **~-poster** n. Himmelbett, das; **~some** /'fɔːsəm/ n. Quartett, das; **go in** or **as a ~some** zu viert gehen; **~-star** n. **~-star [petrol]** Super[benzin], das

fourteen /fɔː'tiːn/ **A** adj. vierzehn
B n. Vierzehn, die. See also **eight**

fourteenth /fɔː'tiːnθ/ **A** adj. vierzehnt...
B n. (fraction) Vierzehntel, das. See also **eighth**

◊ **fourth** /fɔːθ/ **A** adj. viert...
B n. (in sequence, rank) Vierte, der/die/das; (fraction) Viertel, das. See also **eighth**

'fourthly adv. viertens

four-wheel 'drive n. (Motor Veh.) Vier- od. Allradantrieb, der

fowl /faʊl/ n. Haushuhn, das; (collectively) Geflügel, das

fox /fɒks/ **A** n. Fuchs, der
B v.t. verwirren

'fox-hunting n. Fuchsjagd, die

foyer /'fɔɪeɪ/ n. Foyer, das

fracking /'frækɪŋ/ n., no pl. Fracking, das; Hydraulic Fracturing, das

fraction /'frækʃn/ n. **1** (Math.) Bruch, der
2 (small part) Bruchteil, der

fracture /'fræktʃə(r)/ **A** n. Bruch, der
B v.t. brechen

fragile /'frædʒaɪl/ adj. zerbrechlich

fragility /frə'dʒɪlɪtɪ/ n. Zerbrechlichkeit, die

fragment /'fræɡmənt/ n. Bruchstück, das

fragmentary /'fræɡməntərɪ/ adj. bruchstückhaft

fragrance /'freɪɡrəns/ n. Duft, der

fragrant /'freɪɡrənt/ adj. duftend

frail /freɪl/ adj. zerbrechlich; gebrechlich <Greis, Greisin>

◊ **frame** /freɪm/ **A** n. **1** (of vehicle) Rahmen, der; (of bed) Gestell, die
2 (border) Rahmen, der; **[spectacle] ~s** [Brillen]gestell, das
B v.t. **1** rahmen
2 formulieren <Frage, Antwort>
3 (infml) (incriminate) **~ sb** jmdm. etwas anhängen (ugs.)

frame: ~-up n. (infml) abgekartetes Spiel (ugs.); **~work** n. Gerüst, das

◊ Schlüsselwort

franc /fræŋk/ n. Franc, der; (Swiss) Franken, der

France /frɑːns/ pr. n. Frankreich (das)

franchise /'fræntʃaɪz/ n. **1** Stimmrecht, das
2 (Commerc.) Lizenz, die

frank¹ adj. offen; freimütig <Geständnis, Äußerung>; **be ~ with sb** zu jmdm. offen sein

frank² v.t. (Post) frankieren

frankfurter /'fræŋkfɜːtə(r)/, (AmE: **frankfurt** /'fræŋkfɜːt/) n. Frankfurter [Würstchen]

'frankly adv. offen; (honestly) offen gesagt

frantic /'fræntɪk/ adj. **1** verzweifelt <Hilferufe, Gestikulieren>; **be ~ with fear/rage** etc. außer sich (Dat.) sein vor Angst/Wut usw.
2 hektisch <Aktivität, Suche>

frantically /'fræntɪkəlɪ/ adv. verzweifelt

fraternal /frə'tɜːnl/ adj. brüderlich

fraternize /'frætənaɪz/ v.i. **~ [with sb]** sich verbrüdern [mit jmdm.]

fraud /frɔːd/ n. **1** no pl. Betrug, der
2 (trick) Schwindel, der
3 (person) Betrüger, der/Betrügerin, die

fraudulent /'frɔːdjʊlənt/ adj. betrügerisch

fraught /frɔːt/ adj. **be ~ with danger** voller Gefahren sein

fray¹ /freɪ/ n. [Kampf]getümmel, das; **enter** or **join the ~** sich in den Kampf stürzen

fray² v.i. [sich] durchscheuern; <Hosenbein, Teppich, Seilende:> ausfransen; **our nerves/tempers began to ~** (fig.) wir verloren langsam die Nerven/unsere Gemüter erhitzten sich

freak /friːk/ n. **1** Missgeburt, die; attrib. ungewöhnlich <Wetter, Ereignis>
2 (infml) (fanatic) Freak, der

freakish /'friːkɪʃ/ adj. (capricious) launisch; verrückt (ugs.); (abnormal) absonderlich

freaky /'friːkɪ/ adj. **1** ▶ **freakish**
2 (infml) (bizarre) irre (salopp); verrückt (ugs.)

freckle /'frekl/ n. Sommersprosse, die

'freckled adj. sommersprossig

◊ **free** /friː/ **A** adj., **freer** /'friːə(r)/, **freest** /'friːɪst/ **1** frei; **get ~** freikommen; **set ~** freilassen; **~ of charge/cost** gebührenfrei/kostenlos; **sb is ~ to do sth** es steht jmdm. frei, etw. zu tun; **he's ~ in the mornings** er hat morgens Zeit
2 (without payment) kostenlos; frei <Unterkunft, Verpflegung>; Frei<karte, -exemplar>; Gratis<probe>; **'admission ~'** „Eintritt frei"; **for ~** (infml) umsonst
B adv. gratis; umsonst
C v.t. (set at liberty) freilassen; (disentangle) befreien (of, from von); **~ sb/oneself from** jmdn./sich befreien aus <Gefängnis, Sklaverei>

free 'agent n. **be a ~** sein eigener Herr sein

◊ **freedom** /'friːdəm/ n. Freiheit, die; **~ of the press** Pressefreiheit, die; **~ of action/**

speech/movement Handlungs-/Rede-/
Bewegungsfreiheit, *die*; ∼ of information
Auskunftsrecht, *das*

'**freedom fighter** *n.* Freiheitskämpfer,
der/-kämpferin, *die*

free: ∼ '**enterprise** *n.* freies
Unternehmertum; ∼ '**fall** *n.* freier Fall;
∼-**fall** '**parachuting** *n.* Fallschirmspringen
mit freiem Fall; **F**∼**fone**® /'fri:fəʊn/ *n.* ≈
Service 130; phone us on F∼fone 0800 343 027
rufen Sie uns unter 0800 343 027 zum
Nulltarif an; ∼ '**gift** *n.* Gratisgabe, *die*;
∼**hold** **A** *n.* Besitzrecht, *das*
B *adj.* Eigentums-; ∼**holder** *n.*
Grundeigentümer, *der*; ∼ '**house** *n.* (BrE)
brauereiunabhängiges Wirtshaus; ∼ '**kick**
n. (Footb.) Freistoß, *der*; ∼**lance** **A** *n.* freier
Mitarbeiter/freie Mitarbeiterin
B *adj.* freiberuflich; ∼**lancer** /'fri:lɑ:nsə(r)/
▶ freelance A

'**freely** *adv.* (willingly) großzügig; freimütig
<*eingestehen*>; (without restriction) frei; (frankly)
offen

free: ∼ '**market** *n.* (Econ.) freier Markt;
F∼**mason** *n.* Freimaurer, *der*; **F**∼**phone**
▶ Freefone; ∼-**range** *adj.* frei laufend
<*Huhn*>; ∼-**range** '**eggs** *n. pl.* Eier von
frei laufenden Hühnern; ∼ '**speech**
n. Redefreiheit; ∼-**standing** *adj.* frei
stehend; ∼ '**time** *n.* Freizeit, *die*; ∼**ware**
/'fri:weə(r)/ *n.*, *no infel. art.* (Comp.) Freeware,
die; kostenlose Software; ∼**way** *n.* (AmE)
Autobahn, *die*; ∼-**wheel** *v.i.* im Freilauf
fahren; ∼ '**world** *n.* freie Welt

freeze /fri:z/ **A** *v.i.*, **froze** /frəʊz/, **frozen**
/'frəʊzn/ **1** frieren; (become covered with ice)
zufrieren; <*Straße*:> vereisen; <*Flüssigkeit*:>
gefrieren; <*Rohr, Schloss*:> einfrieren
2 (become rigid) steif frieren
B *v.t.*, **froze**, **frozen** **1** (preserve) tiefkühlen
2 einfrieren <*Kredit, Löhne, Preise usw.*>

'**freeze-dry** *v.t.* gefriertrocknen

'**freezer** *n.* Tiefkühltruhe, *die*; [upright] ∼
Tiefkühlschrank, *der*

'**freezer compartment** *n.* Tiefkühlfach,
das

freezing /'fri:zɪŋ/ **A** *adj.* (lit. or fig.) frostig; it's
∼ es ist eiskalt
B *n.* above/below ∼ über/unter dem/den
Gefrierpunkt

freezing: ∼ '**fog** *n.* gefrierender Nebel; ∼
point *n.* Gefrierpunkt, *der*

freight /freɪt/ *n.* Fracht, *die*

'**freighter** *n.* Frachter, *der*

'**freight train** *n.* Güterzug, *der*

◆ **French** /frentʃ/ **A** *adj.* französisch; he/she is
∼ er ist Franzose/sie ist Französin
B *n.* **1** (language) Französisch, *das*; *see also*
English B1
2 the ∼ *pl.* die Franzosen *Pl.*

French: ∼ '**bean** *n.* (BrE) Gartenbohne, *die*; ∼
'**bread** *n.* französisches [Stangen]weißbrot;
∼ '**dressing** *n.* Vinaigrette, *die*; ∼

'**fries** *n. pl.* Pommes frites *Pl.*; ∼ '**kiss** *n.*
französischer Kuss (ugs.); Zungenkuss, *der*;
∼**man** /'frentʃmən/ *n.*, *pl.* ∼**men** /'frentʃmən/
Franzose, *der*; ∼ '**polish** *n.* Schellackpolitur,
die; ∼ '**window** *n.* französisches Fenster;
∼**woman** *n.* Französin, *die*

frenzied /'frenzɪd/ *adj.* rasend

frenzy /'frenzɪ/ *n.* Wahnsinn, *der*; (fury)
Raserei, *die*

frequency /'fri:kwənsɪ/ *n.* **1** Häufigkeit, *die*
2 (Phys.) Frequenz, *die*

frequent **A** /'fri:kwənt/ *adj.* **1** häufig;
become less ∼ seltener werden
2 (habitual) eifrig
B /fri:'kwent/ *v.t.* häufig besuchen <*Café,
Klub usw.*>

◆ **frequently** /'fri:kwəntlɪ/ *adv.* häufig

fresco /'freskəʊ/ *n.*, *pl.* ∼**es** or ∼**s** Fresko, *das*

◆ **fresh** /freʃ/ *adj.* frisch; neu <*Beweise, Anstrich,
Mut, Energie*>; ∼ supplies Nachschub, *der*
(of an + *Dat.*); make a ∼ start noch einmal
von vorne anfangen; (fig.) neu beginnen

freshen /'freʃn/ *v.i.* auffrischen
■ ∼ '**up** *v.i.* sich auffrischen

'**freshly** *adv.* frisch

'**freshness** *n.* Frische, *die*

fresh '**water** *n.* Süßwasser, *das*

fret /fret/ *v.i.*, -**tt**- sich (*Dat.*) Sorgen machen

fretful /'fretfl/ *adj.* verdrießlich; quengelig
(ugs.)

'**fretsaw** *n.* Laubsäge, *die*

Fri. *abbr.* = **Friday** Fr.

friar /'fraɪə(r)/ *n.* Ordensbruder, *der*

friction /'frɪkʃn/ *n.* Reibung, *die*

◆ **Friday** /'fraɪdeɪ, 'fraɪdɪ/ *n.* Freitag, *der*; on
∼ [am] Freitag; on a ∼, on ∼s freitags; ∼
13 August Freitag, der 13. August; (at top of
letter etc.) Freitag, den 13. August; next/last
∼ [am] nächsten/letzten Freitag; Good ∼
Karfreitag, *der*

fridge /frɪdʒ/ *n.* (BrE) (infml) Kühlschrank, *der*

fried ▶ fry¹

◆ **friend** /frend/ **A** *n.* Freund, *der*/Freundin,
die; be ∼s with sb mit jmdm. befreundet
sein; make ∼s [with sb] [mit jmdm.]
Freundschaft schließen
B *v.t.* (on social network) frienden; als Freund
hunzufügen

friendliness /'frendlɪnɪs/ *n.* Freundlichkeit,
die

'**friendly** **A** *adj.* freundlich (to zu);
freundschaftlich <*Rat, Beziehungen,
Wettkampf*>
B *n.* (Sport) Freundschaftsspiel, *das*

'**friendship** *n.* Freundschaft, *die*

fries /fraɪz/ *n. pl.* (AmE) Pommes frites *Pl.*

frigate /'frɪgət/ *n.* (Naut.) Fregatte, *die*

fright /fraɪt/ *n.* Schreck, *der*; take ∼
erschrecken

frighten /'fraɪtn/ *v.t.* <*Explosion, Schuss*:>
erschrecken; <*Gedanke, Drohung*:> Angst

machen (+ *Dat.*); be ~ed at *or* by sth vor
etw. (*Dat.*) erschrecken

'frightful *adj.*, **'frightfully** *adv.* furchtbar

frigid /'frɪdʒɪd/ *adj.* frostig; (sexually) frigid[e]

frill /frɪl/ *n.* **1** Rüsche, *die*
2 *in pl.* (embellishments) Beiwerk, *das*

'frilly *adj.* mit Rüschen besetzt;
Rüschen‹*kleid, -bluse*›

fringe /frɪndʒ/ *n.* **1** Fransenkante, *die* (on
an + *Dat.*)
2 (hair) [Pony]fransen *Pl.* (ugs.)
3 (edge) Rand, *der*

frisk /frɪsk/ **A** *v.i.* ~ [about] [herum]springen
B *v.t.* (infml) filzen (ugs.)

'frisky *adj.* munter

fritter[1] /'frɪtə(r)/ *n.* apple *etc.* ~s Apfelstücke
usw. in Pfannkuchenteig

fritter[2] *v.t.* ~ away vergeuden

frivolity /frɪ'vɒlɪtɪ/ *n.* Oberflächlichkeit, *die*

frivolous /'frɪvələs/ *adj.* **1** frivol
2 (trifling) belanglos

frizzy /'frɪzɪ/ *adj.* kraus

fro /frəʊ/ *adv.* ▸ to B

frock /frɒk/ *n.* Kleid, *das*

frog /frɒg/ *n.* Frosch, *der*

frog: ~**man** /'frɒgmən/ *n.*, *pl.* ~**men**
/'frɒgmən/ Froschmann, *der*; ~**spawn** *n.*
Froschlaich, *der*

frolic /'frɒlɪk/ *v.i.*, **-ck-**; ~ [about *or* around]
[herum]springen

ꝫ **from** /frəm, *stressed* frɒm/ *prep.* von; (~
within; expr. origin) aus; ~ Paris aus Paris; ~
Paris to Munich von Paris nach München; be
a mile ~ sth eine Meile von etw. entfernt
sein; where do you come ~?, where are you
~? woher kommen Sie?; painted ~ life nach
dem Leben gemalt; weak ~ hunger schwach
vor Hunger; ~ the year 1972 seit 1972; ~
[the age of] 18 ab 18 Jahre; ~ 4 to 6 eggs
4 bis 6 Eier

ꝫ **front** /frʌnt/ **A** *n.* **1** Vorderseite, *die*; (of
house) Vorderfront, *die*; in *or* at the ~ [of
sth] vorn [in etw. *position: Dat., movement:
Akk.*]; to the ~ nach vorn; in ~ vorn[e]; be in
~ of sth/sb vor etw./jmdm. sein
2 (Mil.) Front, *die*
3 (at seaside) Strandpromenade, *die*
4 (Metereol.) Front, *die*
5 (bluff) Fassade, *die*
B *adj.* vorder...; Vorder‹*rad, -zimmer, -zahn*›

frontal /'frʌntl/ *adj.* Frontal-

front: ~ **'door** *n.* (of flat) Wohnungstür,
die; (of house) Haustür, *die*; ~ '**garden** *n.*
Vorgarten, *der*

frontier /'frʌntɪə(r)/ *n.* Grenze, *die*

front: ~ **'page** *n.* Titelseite, *die*; ~ '**row**
n. erste Reihe; ~**-wheel drive** **A** *n.*
Vorderradantrieb, *der*; Frontantrieb, *der*
B *adj.* a ~**-wheel drive vehicle** ein Fahrzeug
mit Vorderrad- *od.* Frontantrieb

frost /frɒst/ **A** *n.* Frost, *der*; ten degrees of ~
(BrE) zehn Grad minus
B *v.t.* ~ed glass Mattglas, *das*

'frostbite *n.* Erfrierung, *die*

'frosting *n.* (esp. AmE) Glasur, *die*

'frosty *adj.* frostig

froth /frɒθ/ **A** *n.* Schaum, *der*
B *v.i.* schäumen

'frothy *adj.* schaumig

frown /fraʊn/ **A** *v.i.* die Stirn runzeln
([up]on über + *Akk.*)
B *n.* Stirnrunzeln, *das*

froze ▸ **freeze**

frozen /'frəʊzn/ **A** ▸ **freeze**
B *adj.* **1** zugefroren ‹*Fluss, See*›; eingefroren
‹*Wasserleitung*›; I'm ~ (fig.) mir ist eiskalt
2 (to preserve) tiefgekühlt

frozen 'food *n.* Tiefkühlkost, *die*

frugal /'fruːgl/ *adj.* genügsam ‹*Lebensweise,
Mensch*›; frugal ‹*Mahl*›

ꝫ **fruit** /fruːt/ *n.* Frucht, *die*; collect. Obst, *das*

'fruit cake *n.* englischer Teekuchen

fruitful /'fruːtfl/ *adj.* fruchtbar

'fruit juice *n.* Obstsaft, *der*

'fruitless *adj.* nutzlos ‹*Versuch, Gespräch*›;
fruchtlos ‹*Verhandlung, Suche*›

fruit: ~ **machine** *n.* (BrE) Spielautomat, *der*;
~ '**salad** *n.* Obstsalat, *der*

'fruity *adj.* fruchtig ‹*Geschmack, Wein*›

frustrate /frʌ'streɪt/ *v.t.* vereiteln ‹*Plan,
Versuch*›; zunichte machen ‹*Hoffnung,
Bemühungen*›

'frustrated *adj.* frustriert

frustration /frʌ'streɪʃn/ *n.* Frustration, *die*

fry[1] /fraɪ/ *v.t. & i.*, **fried** /fraɪd/ braten; **fried
egg** Spiegelei, *das*

fry[2] *n.* (fishes) Brut, *die*; small ~ (fig.)
unbedeutende Leute

'frying pan *n.* Bratpfanne, *die*

ft. *abbr.* = **feet, foot** ft.

fuchsia /'fjuːʃə/ *n.* (Bot.) Fuchsie, *die*

fuck /fʌk/ (coarse) **A** *v.t. & i.* ficken (vulg.);
[oh,] ~!, [oh,] ~ it! [au,]! Scheiße! (derb)
B *n.* Fick, *der* (vulg.)

fuddy-duddy /'fʌdɪdʌdɪ/ (infml) **A** *adj.*
verkalkt (ugs.)
B *n.* Fossil, *das* (fig.)

fudge /fʌdʒ/ *n.* Karamellbonbon, *der od. das*

ꝫ **fuel** /'fjuːəl/ *n.* Brennstoff, *der*; (for vehicle)
Kraftstoff, *der*; (for ship, aircraft) Treibstoff,
der

fuel: ~ **consumption** *n.* (of vehicle)
Kraftstoffverbrauch, *der*; ~ **gauge** *n.*
Kraftstoffanzeiger, *der*; ~ **injection** *n.*
Benzineinspritzung, *die*

fugitive /'fjuːdʒɪtɪv/ *n.* Flüchtige, *der/die*

fugue /fjuːg/ *n.* (Mus.) Fuge, *die*

fulfil, (AmE: **fulfill**) /fʊl'fɪl/ *v.t.*, **-ll-** erfüllen;
halten ‹*Versprechen*›; ~ oneself sich selbst
verwirklichen

ꝫ Schlüsselwort

ful'filment, (AmE: **ful'fillment**) *n.*
Erfüllung, *die*

⚡ **full** /fʊl/ **A** *adj.* **1** voll; satt *‹Person›*; ~
of voller; be ~ up voll [besetzt] sein;
‹Behälter:› randvoll sein; *‹Flug:›* völlig
ausgebucht sein; I'm ~ [up] (infml) ich bin
voll [bis obenhin] (ugs.); be ~ of oneself sehr
von sich eingenommen sein
2 ausführlich *‹Bericht, Beschreibung›*;
erfüllt *‹Leben›*; ganz *‹Stunde, Jahr, Monat,
Seite›*; voll *‹Name, Bezahlung, Verständnis›*;
at ~ speed mit Höchstgeschwindigkeit
3 voll *‹Gesicht›*; füllig *‹Figur›*; weit *‹Rock›*
B *n.* in ~ vollständig
C *adv.* (exactly) genau

full: ~**-blown** *adj.* ausgewachsen *‹Skandal›*;
ausgereift *‹Theorie, Plan, Gedanke›*; ~**-blown**
'AIDS Vollbild-Aids, *das*; ~**-bodied** *adj.*
vollmundig, (fachspr.) körperreich *‹Wein›*;
~**-cream** *adj.* ~**-cream** milk/cheese
Vollmilch, *die*, Vollfettkäse, *der*; ~ '**details**
n. alle Einzelheiten; ~**-length** *adj.* lang
‹Kleid›; ~ '**moon** *n.* Vollmond, *der*;
~**-scale** *adj.* **1** in Originalgröße **2** groß
angelegt *‹Untersuchung, Suchaktion›*;
~ '**stop** *n.* Punkt, *der*; ~**-time** *adj.*
ganztägig; Ganztags*‹arbeit›*; ~**-'timer** *n.*
Ganztagsbeschäftigte, *der/die*

⚡ **fully** /'fʊlɪ/ *adv.* voll [und ganz]; reich
‹belohnt›; ausführlich *‹erklären›*

fulsome /'fʊlsəm/ *adj.* übertrieben

fumble /'fʌmbl/ *v.i.* ~ at or with
[herum]fingern an (+ *Dat.*); ~ in one's
pockets for sth in seinen Taschen nach etw.
kramen (ugs.)

fume /fjuːm/ **A** *n.*, in pl. ~s Dämpfe *Pl.* (from
car exhaust) Abgase *Pl.*
B *v.i.* vor Wut schäumen

fumigate /'fjuːmɪɡeɪt/ *v.t.* ausräuchern

⚡ **fun** /fʌn/ *n.* Spaß, *der*; have ~! viel Spaß!;
make ~ of sb sich über jmdn. lustig
machen; for ~, for the ~ of it zum Spaß

⚡ **function** /'fʌŋkʃn/ **A** *n.* Aufgabe, *die*;
Funktion, *die*; (formal event) Veranstaltung, *die*
B *v.i.* *‹Maschine, System:›* funktionieren; ~
as fungieren als; (serve as) dienen als

functional /'fʌŋkʃənl/ *adj.* **1** (useful)
funktionell
2 (working) funktionsfähig

'**function key** *n.* (Comp.) Funktionstaste, *die*

⚡ **fund** /fʌnd/ **A** *n.* **1** (money) Fonds, *der*
2 (fig.) (stock) Fundus, *der* (of von, an + *Dat.*)
B *v.t.* finanzieren

⚡ **fundamental** /fʌndə'mentl/ *adj.* grundlegend
(to für); elementar *‹Bedürfnisse›*

fundamentalism /fʌndə'mentəlɪzm/ *n.*
Fundamentalismus, *der*

fundamentalist /fʌndə'mentəlɪst/ *n.*
Fundamentalist, *der*/Fundamentalistin, *die*

funda'mentally *adv.* grundlegend; von
Grund auf *‹verschieden, ehrlich›*

funding /'fʌndɪŋ/ *n.*, no pl., no indef. art.
1 (providing funds) Finanzierung, *die*

2 (resources) Finanzierungsmittel *Pl.*

fund: ~**-raiser** /'fʌndreɪzə(r)/ *n.* **1** (person)
Geldbeschaffer, *der*/-beschafferin, *die*
2 (event) Benefizveranstaltung, *die*;
~**-raising** /'fʌndreɪzɪŋ/ *n.* Geldbeschaffung,
die; *attrib.* zur Geldbeschaffung *nachgestellt*

funeral /'fjuːnərl/ *n.* Beerdigung, *die*

funeral: ~ **director** *n.*
Bestattungsunternehmer, *der*; ~ **service** *n.*
Trauerfeier, *die*

'**funfair** *n.* (BrE) Jahrmarkt, *der*

fungus /'fʌŋɡəs/ *n.*, pl. **fungi** /'fʌŋɡaɪ,
'fʌndʒaɪ/ or ~**es** Pilz, *der*

funicular /fjuː'nɪkjʊlə(r)/ *adj.* & *n.* ~
[railway] [Stand]seilbahn, *die*

'**fun-loving** *adj.* lebenslustig

funnel /'fʌnl/ *n.* Trichter, *der*; (of ship etc.)
Schornstein, *der*

funnily /'fʌnɪlɪ/ *adv.* komisch; ~ enough
komischerweise

⚡ **funny** /'fʌnɪ/ *adj.* **1** komisch; lustig; witzig
‹Mensch, Einfall›
2 (strange) komisch

'**funny bone** *n.* Musikantenknochen, *der*

fur /fɜː(r)/ *n.* **1** Fell, *das*; (garment) Pelz, *der*; ~
coat Pelzmantel, *der*
2 (in kettle) Kesselstein, *der*

furious /'fjʊərɪəs/ *adj.* wütend; heftig
‹Streit›; wild *‹Tanz, Tempo, Kampf›*; be ~
with sb wütend auf jmdn. sein

'**furiously** *adv.* wütend; wild; *‹kämpfen›*:
wie wild (ugs.) *‹arbeiten›*

furl /fɜːl/ *v.t.* einrollen *‹Segel, Flagge›*

furnace /'fɜːnɪs/ *n.* Ofen, *der*

furnish /'fɜːnɪʃ/ *v.t.* **1** möblieren
2 (supply) liefern; ~ sb with sth jmdm. etw.
liefern

'**furnishings** *n. pl.* Einrichtungsgegenstände
Pl.

furniture /'fɜːnɪtʃə(r)/ *n.* Möbel *Pl.*; piece of
~ Möbel[stück], *das*

furniture: ~ **polish** *n.* Möbelpolitur, *die*; ~
van *n.* Möbelwagen, *der*

furrow /'fʌrəʊ/ *n.* Furche, *die*

furry /'fɜːrɪ/ *adj.* haarig

furry 'animal *n.* (toy) Plüschtier, *das*

⚡ **further** /'fɜːðə(r)/ **A** *adj.* **1** (in space) weiter
entfernt
2 (additional) weiter...
B *adv.* weiter
C *v.t.* fördern

further edu'cation *n.* Weiterbildung, *die*;
(for adults also) Erwachsenenbildung, *die*

further'more *adv.* außerdem

'**furthermost** *adj.* äußerst...

furthest /'fɜːðɪst/ **A** *adj.* am weitesten
entfernt
B *adv.* am weitesten *‹springen, laufen›*; am
weitesten entfernt *‹sein, wohnen›*

furtive /'fɜːtɪv/ *adj.*, **furtively** *adv.*
verstohlen

f

fury /ˈfjʊərɪ/ n. Wut, die; (of sea, battle) Wüten, das

fuse¹ /fjuːz/ **A** v.t. (blend) verschmelzen (into zu)
B v.i. ~ **together** miteinander verschmelzen

fuse² n. [time] ~ [Zeit]zünder, der; (cord) Zündschnur, die

fuse³ (Electr.) **A** n. Sicherung, die
B v.i. **the lights have** ~d die Sicherung ist durchgebrannt

'fuse box n. Sicherungskasten, der

fuselage /ˈfjuːzəlɑːʒ/ n. [Flugzeug]rumpf, der

fusion /ˈfjuːʒn/ n. **1** Verschmelzung, die
2 (Phys.) Fusion, die

fuss /fʌs/ **A** n. Theater, das (ugs.); **make a** ~ **[about sth]** einen Wirbel [um etw.] machen
B v.i. Wirbel machen; (get agitated) sich [unnötig] aufregen

'fussy adj. (fastidious) eigen; penibel; **I'm not** ~ (I don't mind) ich bin nicht wählerisch

futile /ˈfjuːtaɪl/ adj. vergeblich <Versuch, Bemühung>; zum Scheitern verurteilt <Plan>

futility /fjuːˈtɪlɪtɪ/ n. (of attempt, effort) Vergeblichkeit, die; (of plan) Zwecklosigkeit, die

futon /ˈfuːtɒn/ n. Futon, der

✓ future /ˈfjuːtʃə(r)/ **A** adj. [zu]künftig; **at some** ~ **date** zu einem späteren Zeitpunkt
B n. **1** Zukunft, die; **in** ~ in Zukunft; künftig
2 (Ling.) Futur, das; Zukunft, die
3 in pl. (Commerc.) Terminware, die; (contracts) Lieferungsverträge Pl.

futuristic /fjuːtʃəˈrɪstɪk/ adj. futuristisch

fuze /fjuːz/ ▶ **fuse²**

fuzzy /ˈfʌzɪ/ adj. **1** (frizzy) kraus
2 (blurred) verschwommen

Gg

G, g /dʒiː/ n. G, g, das

gab /gæb/ n. (infml) **have the gift of the** ~ reden können

gabble /ˈgæbl/ v.i. brabbeln (ugs.)

gable /ˈgeɪbl/ n. Giebel, der

gad /gæd/ v.i., **-dd-** (infml) ~ **about** herumziehen (ugs.)

gadget /ˈgædʒɪt/ n. Gerät, das

gadgetry /ˈgædʒɪtrɪ/ n. [hoch technisierte] Ausstattung

Gaelic /ˈgeɪlɪk, ˈgælɪk/ **A** adj. gälisch
B n. Gälisch, das

gaffe /gæf/ n. Fauxpas, der

'gaffer tape n., no pl. Lassoband, das

gag /gæg/ **A** n. **1** Knebel, der
2 (joke) Gag, der
B v.t., **-gg-** knebeln

gaiety /ˈgeɪətɪ/ n. Fröhlichkeit, die

gaily /ˈgeɪlɪ/ adv. fröhlich; in leuchtenden Farben <bemalt, geschmückt>

✓ gain /geɪn/ **A** n. **1** Gewinn, der
2 (increase) Zunahme, die (in an + Dat.)
B v.t. **1** gewinnen; finden <Zugang, Zutritt>; erwerben <Wissen, Ruf>; erlangen <Freiheit>; erzielen <Vorteil, Punkte>; verdienen <Lebensunterhalt, Geldsumme>; ~ **weight/ five pounds [in weight]** zunehmen/fünf Pfund zunehmen; ~ **speed** schneller werden
2 <Uhr:> vorgehen um

C v.i. **1** ~ **by sth** von etw. profitieren
2 <Uhr:> vorgehen

gainful employment /geɪnfl ɪmˈplɔɪmənt/ n. Erwerbstätigkeit, die

gainfully /ˈgeɪnfəlɪ/ adv. ~ **employed** erwerbstätig

gait /geɪt/ n. Gang, der

gala /ˈgɑːlə, ˈgeɪlə/ n. Festveranstaltung, die; attrib. Gala<abend, -vorstellung>; **swimming** ~ Schwimmfest, das

galaxy /ˈgæləksɪ/ n. Galaxie, die

gale /geɪl/ n. Sturm, der

gall /gɔːl/ n. Unverschämtheit, die

gallant /ˈgælənt/ adj. (brave) tapfer; (chivalrous) ritterlich

gallantry /ˈgæləntrɪ/ n. (bravery) Tapferkeit, die

'gall bladder n. Gallenblase, die

gallery /ˈgælərɪ/ n. **1** Galerie, die
2 (Theatre) dritter Rang

galley /ˈgælɪ/ n. **1** (ship's kitchen) Kombüse, die
2 (Hist.) Galeere, die

gallivant /ˈgælɪvænt/ v.i. (infml) herumziehen (ugs.)

gallon /ˈgælən/ n. Gallone, die

gallop /ˈgæləp/ **A** n. Galopp, der
B v.i. <Pferd, Reiter:> galoppieren

gallows /ˈgæləʊz/ n. sing. Galgen, der

Gallup poll® /ˈgæləp pəʊl/ n. Meinungsumfrage, die

✓ Schlüsselwort

galore /gə'lɔː(r)/ *adv.* im Überfluss; in Hülle und Fülle

galvanize /'gælvənaɪz/ *v.t.* wachrütteln; ∼ **sb into action** jmdn. veranlassen, sofort aktiv zu werden

gambit /'gæmbɪt/ *n.* Gambit, *das*

gamble /'gæmbl/ *v.i.* **1** [um Geld] spielen; ∼ **at cards/on horses** um Geld Karten spielen/ auf Pferde wetten
2 (fig.) spekulieren; ∼ **on sth** sich auf etw. (*Akk.*) verlassen

gambler /'gæmblə(r)/ *n.* Glücksspieler, *der*

gambling /'gæmblɪŋ/ *n.* Spiel[en], *das*; Glücksspiel, *das*; (on horses, dogs) Wetten, *das*

game¹ /geɪm/ *n.* **1** Spiel, *das*; (of [table] tennis, chess, cards, cricket) Partie, *die*
2 (fig.) (scheme) Vorhaben, *das*
3 *in pl.* (athletic contests) Spiele *Pl.*; (in school) (sports) Sport, *der*; (athletics) Leichtathletik, *die*
4 (Hunting, Cookery) Wild, *das*

game² *adj.* mutig; **be** ∼ **to do sth** bereit sein, etw. zu tun

'gamekeeper *n.* Wildheger, *der*

'games console *n.* Spielkonsole, *die*

'game show *n.* Gameshow, *die*; Spielshow, *die*

gamma rays /'gæmə/ *n. pl.* (Phys.) Gammastrahlen *Pl.*

gammon /'gæmən/ *n.* Räucherschinken, *der*

gamut /'gæmət/ *n.* Skala, *die*

gander /'gændə(r)/ *n.* Gänserich, *der*

gang /gæŋ/ **A** *n.* Bande, *die*; (of workmen, prisoners) Trupp, *der*
B *v.i.* ∼ **up against** *or* **on** (infml) sich verbünden gegen

gangling /'gæŋglɪŋ/ schlaksig (ugs.)

gangster /'gæŋstə(r)/ *n.* Gangster, *der*

'gang warfare *n.* Bandenkrieg, *der*

'gangway *n.* Gangway, *die*; (BrE) (between seats) Gang, *der*

gaol /dʒeɪl/ ▶ **jail**

gap /gæp/ *n.* **1** Lücke, *die*
2 (in time) Pause, *die*
3 (divergence) Kluft, *die*

gape /geɪp/ *v.i.* **1** den Mund aufsperren; <*Loch, Abgrund, Wunde:*> klaffen
2 (stare) Mund und Nase aufsperren (ugs.); ∼ **at sb/sth** jmdn./etw. mit offenem Mund anstarren

'gap year *n.* (BrE) Zwischenjahr, *das*

garage /'gærɪdʒ/ *n.* Garage, *die*; (selling petrol) Tankstelle, *die*; (for repairing cars) [Kfz-]Werkstatt, *die*

garb /gɑːb/ *n.* Tracht, *die*

garbage /'gɑːbɪdʒ/ *n.* **1** Abfall, *der*; Müll, *der*
2 (infml) (nonsense) Quatsch, *der* (salopp)

garbage: ∼ **can** *n.* (AmE) Mülltonne, *die*; ∼ **dis'posal unit**, ∼ **disposer** *ns.* Abfallvernichter, *der*; Müllwolf, *der*

garble /'gɑːbl/ *v.t.* verstümmeln

garden /'gɑːdn/ *n.* Garten, *der*

garden: ∼ **centre** *n.* Gartencenter, *das*; ∼ **'city** *n.* Gartenstadt, *die*

gardener /'gɑːdnə(r)/ *n.* Gärtner, *der*/ Gärtnerin, *die*

gardening /'gɑːdnɪŋ/ *n.* Gartenarbeit, *die*

garden: ∼ **'shed** *n.* Geräteschuppen, *der*; ∼ **'waste** *n.* Gartenabfälle *Pl.*; Gartenabfall, *der*

gargle /'gɑːgl/ *v.i.* gurgeln

gargoyle /'gɑːgɔɪl/ *n.* (Archit.) Wasserspeier, *der*

garish /'geərɪʃ/ *adj.* grell <*Farbe, Licht*>; knallbunt <*Kleidung*>

garland /'gɑːlənd/ *n.* Girlande, *die*

garlic /'gɑːlɪk/ *n.* Knoblauch, *der*

garment /'gɑːmənt/ *n.* Kleidungsstück, *das*; ∼**s** *pl.* (clothes) Kleidung, *die*; Kleider *Pl.*

garnish /'gɑːnɪʃ/ **A** *v.t.* garnieren
B *n.* Garnierung, *die*

garret /'gærət/ *n.* Dachkammer, *die*

garrison /'gærɪsn/ *n.* Garnison, *die*

garter /'gɑːtə(r)/ *n.* Strumpfband, *das*

gas /gæs/ **A** *n.* **1** *pl.* ∼**es** /'gæsɪz/ Gas, *das*
2 (AmE) (infml) (petrol) Benzin, *das*
B *v.t.,* **-ss-** mit Gas vergiften

gas: ∼ **chamber** *n.* Gaskammer, *die*; ∼ **'cooker** *n.* (BrE) Gasherd, *der*; ∼ **cylinder** *n.* Gasflasche, *die*; ∼ **'fire** *n.* Gasofen, *der*

gash /gæʃ/ **A** *n.* Schnittwunde, *die*
B *v.t.* aufritzen <*Haut*>; ∼ **one's finger** sich (*Dat. od. Akk.*) in den Finger schneiden

gas: ∼ **heater** *n.* Gasofen, *der*; ∼ **mask** *n.* Gasmaske, *die*; ∼ **meter** *n.* Gaszähler, *der*

gasoline (**gasolene**) /'gæsəliːn/ *n.* (AmE) Benzin, *das*

gasometer /gæ'sɒmɪtə(r)/ *n.* Gasometer, *der*

gasp /gɑːsp/ **A** *v.i.* nach Luft schnappen (with vor); **he was** ∼**ing for air** er rang nach Luft
B *v.t.* ∼ **out** hervorstoßen
C *n.* Keuchen, *das*

'gas station *n.* (AmE) Tankstelle, *die*

gastric: ∼ **'flu** (infml), ∼ **influ'enza** *ns.* Darmgrippe, *die*; ∼ **'ulcer** *n.* Magengeschwür, *das*

gastro-enteritis /gæstrəʊentə'raɪtɪs/ *n.* Gastroenteritis, *die* (fachspr.); Magen-Darm-Katarrh, *der*

gastronomy /gæ'strɒnəmɪ/ *n.* Gastronomie, *die*

'gasworks *n. sing.* Gaswerk, *das*

gate /geɪt/ *n.* Tor, *das*; (barrier) Sperre, *die*; (to field etc.) Gatter, *das*; (of level crossing) [Bahn]schranke, *die*; (in airport) Flugsteig, *der*

gateau /'gætəʊ/ *n., pl.* ∼**s** *or* ∼**x** /'gætəʊz/ Torte, *die*

gate: ∼**crasher** /'geɪtkræʃə(r)/ *n.* ungeladener Gast; ∼**way** *n.* Tor, *das*

gather /'gæðə(r)/ **A** *v.t.* **1** sammeln; zusammentragen <*Informationen*>; pflücken

g

g

<*Obst, Blumen*>
2 (infer, deduce) schließen (**from** aus)
3 ~ **speed/force** schneller/stärker werden
B *v.i.* sich versammeln; <*Wolken:*> sich zusammenziehen

'**gathering** *n.* Versammlung, *die*

GATT /gæt/ *abbr.* = **General Agreement on Tariffs and Trade** GATT, *das*

gauche /gəʊʃ/ *adj.* linkisch

gaudy /'gɔːdɪ/ *adj.* protzig; grell <*Farben*>

gauge /geɪdʒ/ **A** *n.* **1** (measure) Maß, *das*
2 (instrument) Messgerät, *das*
B *v.t.* messen; (fig.) beurteilen

gaunt /gɔːnt/ *adj.* hager

gauntlet /'gɔːntlɪt/ *n.* Stulpenhandschuh, *der*

gauze /gɔːz/ *n.* Gaze, *die*

gave ▸ give A, B

✓ **gay** /geɪ/ **A** *adj.* **1** fröhlich; (brightly coloured) farbenfroh
2 (infml) (homosexual) schwul (ugs.); Schwulen<*lokal*>
B *n.* (infml) Schwule, *der* (ugs.)

gay: ~ '**marriage** *n.* Homo-Ehe, *die* (ugs.); ~ '**rights** *n. pl.* Schwulenrechte *Pl.*

gaze /geɪz/ *v.i.* blicken; (fixedly) starren; ~ **at sb/sth** jmdn./etw. anstarren

gazebo /gə'ziːbəʊ/ *n.* (building) Aussichtspavillon, *der*; (tent-like) Zeltling, *der*

GB *abbr.* = **Great Britain** GB

GCSE *abbr.* (BrE) = **General Certificate of Secondary Education**

gear /gɪə(r)/ **A** *n.* **1** (Motor Veh.) Gang, *der*; **top/bottom** ~ (BrE) der höchste/erste Gang; **change** *or* **shift** ~ schalten; **put the car into** ~ einen Gang einlegen; **out of** ~ im Leerlauf
2 (infml) (clothes) Aufmachung, *die*
3 (equipment) Gerät, *das*; Ausrüstung, *die*
B *v.t.* ausrichten (**to** auf + *Akk.*)

gear: ~**box** *n.* Getriebekasten, *der*; ~ **lever**, (AmE) ~ **shift** *ns.* Schalthebel, *der*

geese *pl. of* goose

geezer /'giːzə(r)/ (infml) (old man) Opa, *der* (ugs.)

gel /dʒel/ *n.* Gel, *das*

gelatin /'dʒelətɪn/, (BrE) **gelatine** /'dʒelətiːn/ *n.* Gelatine, *die*

gelignite /'dʒelɪgnaɪt/ *n.* Gelatinedynamit, *das*

gem /dʒem/ *n.* Edelstein, *der*

Gemini /'dʒemɪnaɪ, 'dʒemɪnɪ/ *n.* (Astrol., Astron.) Zwillinge *Pl.*

'**gemstone** *n.* Edelstein, *der*

gender /'dʒendə(r)/ *n.* (Ling.) [grammatisches] Geschlecht

gene /dʒiːn/ *n.* (Biol.) Gen, *das*

✓ **general** /'dʒenrl/ **A** *adj.* allgemein; weit verbreitet <*Ansicht*>; (true of [nearly] all cases) allgemein gültig; ungefähr <*Vorstellung,*

Beschreibung usw.>; **the** ~ **public** weite Kreise der Bevölkerung; **in** ~ **use** allgemein verbreitet; **as a** ~ **rule, in** ~ im Allgemeinen
B *n.* (Mil.) General, *der*

general: ~ **e'lection** ▸ election; ~ '**hospital** *n.* Allgemeinkrankenhaus, *das*

generalization /dʒenrəlaɪ'zeɪʃn/ *n.* Verallgemeinerung, *die*

generalize /'dʒenrəlaɪz/ **A** *v.t.* verallgemeinern
B *v.i.* ~ **about sth** etw. verallgemeinern

general '**knowledge** *n.* Allgemeinwissen, *das*

✓ **generally** /'dʒenrəlɪ/ *adv.* **1** allgemein; ~ **available** überall erhältlich; ~ **speaking** im Allgemeinen
2 (usually) im Allgemeinen

general: ~ '**manager** *n.* [leitender] Direktor/[leitende] Direktorin; ~ '**meeting** *n.* Generalversammlung, *die*; Hauptversammlung, *die*; **G**~ **National Vo'cational Qualification** *n.* (BrE) *staatliches Berufsausbildungsprogramm*; ~ **prac'titioner** *n.* (Med.) Arzt/Ärztin für Allgemeinmedizin

✓ **generate** /'dʒenəreɪt/ *v.t.* erzeugen (**from** aus); (result in) führen zu

✓ **generation** /dʒenə'reɪʃn/ *n.* **1** Generation, *die*
2 (production) Erzeugung, *die*

generator /'dʒenəreɪtə(r)/ *n.* Generator, *der*

generosity /dʒenə'rɒsɪtɪ/ *n.* Großzügigkeit, *die*

generous /'dʒenərəs/ *adj.* großzügig; reichlich <*Vorrat, Portion*>

'**generously** *adv.* großzügig

genetic /dʒɪ'netɪk/ *adj.* genetisch

genetically /dʒɪ'netɪkəlɪ/ *adv.* genetisch; ~ **modified** gentechnisch verändert; ~ **engineered** gentechnisch verändert <*Organismen, Pflanzen, Tiere, Nahrungsmittel*>; genetisch hergestellt <*Medikament, Enzym*>

genetic engi'neering *n.* Gentechnologie, *die*

genetics /dʒɪ'netɪks/ *n.* Genetik, *die*

genetic '**test** *n.* Gentest, *der*

Geneva /dʒɪ'niːvə/ **A** *pr. n.* Genf *(das)*
B *attrib. adj.* Genfer

genial /'dʒiːnɪəl/ *adj.* freundlich

genitals /'dʒenɪtlz/ *n. pl.* Geschlechtsorgane *Pl.*

genitive /'dʒenɪtɪv/ *adj. & n.* ~ [**case**] Genitiv, *der*

genius /'dʒiːnɪəs/ *n.* **1** (person) Genie, *das*
2 (ability) Talent, *das*

genome /'dʒiːnəʊm/ *n.* (Biol.) Genom, *das*

genre /'ʒɑːrə/ *n.* Genre, *das*

gent /dʒent/ *n.* **1** (infml/joc.) Gent, *der* (iron.)
2 the G~**s** (BrE) (infml) die Herrentoilette

genteel /dʒen'tiːl/ *adj.* vornehm

gentle /'dʒentl/ *adj.*, ~**r** /'dʒentlə(r)/, ~**st** /'dʒentlɪst/ sanft; liebenswürdig <*Person,*

✓ Schlüsselwort

Verhalten>; leicht, schwach <*Brise*>; leise <*Geräusch*>; gemächlich <*Spaziergang, Tempo*>; mäßig <*Hitze*>

gentleman /'dʒentlmən/ *n.*, *pl.* **gentlemen** /'dʒentlmən/ Herr, *der*; (well-mannered) Gentleman, *der*; **Ladies and Gentlemen!** meine Damen und Herren!; 'Gentlemen' (sign) „Herren"

'gentleness *n.* Sanftheit, *die*; (of nature) Sanftmütigkeit, *die*

gently /'dʒentlɪ/ *adv.* (tenderly) zart; zärtlich; (mildly) sanft; (carefully) behutsam; (quietly, softly) leise

genuine /'dʒenjʊɪn/ *adj.* **1** (real) echt **2** (true) aufrichtig; wahr <*Grund, Not*>

'genuinely *adv.* wirklich

genus /'dʒiːnəs, 'dʒenəs/ *n.*, *pl.* **genera** /'dʒenərə/ (Biol.) Gattung, *die*

geographical /dʒiːə'ɡræfɪkl/ *adj.* geographisch

geography /dʒɪ'ɒɡrəfɪ/ *n.* Geographie, *die*; Erdkunde, *die* (Schulw.)

geological /dʒiːə'lɒdʒɪkl/ *adj.* geologisch

geologist /dʒɪ'ɒlədʒɪst/ *n.* Geologe, *der*/ Geologin, *die*

geology /dʒɪ'ɒlədʒɪ/ *n.* Geologie, *die*

geometric /dʒiːə'metrɪk/, **geometrical** /dʒiːə'metrɪkl/ *adjs.* geometrisch

geometry /dʒɪ'ɒmɪtrɪ/ *n.* Geometrie, *die*

geranium /dʒə'reɪnɪəm/ *n.* Geranie, *die*; Pelargonie, *die*

geriatric /dʒerɪ'ætrɪk/ *adj.* geriatrisch

germ /dʒɜːm/ *n.* Keim, *der*

German /'dʒɜːmən/ **A** *adj.* deutsch; **he/she is ∼** er ist Deutscher/sie ist Deutsche **B** *n.* **1** (person) Deutsche, *der/die* **2** (language) Deutsch, *das*; *see also* **English B1**

German Democratic Re'public *pr. n.* (Hist.) Deutsche Demokratische Republik

Germanic /dʒɜː'mænɪk/ *adj.* germanisch

German 'measles *n.* Röteln *Pl.*

Germany /'dʒɜːmənɪ/ *pr. n.* Deutschland *(das)*; **Federal Republic of ∼** Bundesrepublik Deutschland, *die*

germinate /'dʒɜːmɪneɪt/ *v.i.* keimen

germ 'warfare *n.* Bakterienkrieg, *der*

gesticulate /dʒe'stɪkjʊleɪt/ *v.i.* gestikulieren

gesticulation /dʒestɪkjʊ'leɪʃn/ *n.* Gesten *Pl.*

gesture /'dʒestʃə(r)/ *n.* Geste, *die*

get /ɡet/ **A** *v.t.*, **-tt-**, **got** /ɡɒt/, **got** *or* (AmE) **gotten** /'ɡɒtn/ **1** (obtain, receive) bekommen; kriegen (ugs.); sich (*Dat.*) besorgen <*Visum, Genehmigung*>; sich (*Dat.*) beschaffen <*Geld*>; (find) finden <*Zeit*>; (fetch) holen; (buy) kaufen; **where did you ∼ that?** wo hast du das her?; **∼ sb a job/taxi, ∼ a job/ taxi for sb** jmdm. einen Job verschaffen/ ein Taxi besorgen; **∼ oneself sth** sich (*Dat.*) etw. zulegen **2 ∼ the bus** *etc.* (be in time for, catch) den Bus *usw.* erreichen *od.* (ugs.) kriegen; (travel by)

den Bus *usw.* nehmen **3** (prepare) machen (ugs.), zubereiten <*Essen*> **4** (win) bekommen; finden <*Anerkennung*>; erzielen <*Tor, Punkt, Treffer*>; gewinnen <*Spiel, Preis, Belohnung*>; **∼ permission** die Erlaubnis erhalten **5** finden <*Schlaf, Ruhe*>; bekommen <*Einfall, Vorstellung, Gefühl, Kopfschmerzen, Grippe*>; gewinnen <*Eindruck*> **6 have got** (infml) (have) haben; **have got a cold** eine Erkältung haben; **have got to do sth** etw. tun müssen **7** (succeed in placing, bringing, etc.) bringen; kriegen (ugs.); **∼ a message to sb** jmdm. eine Nachricht zukommen lassen; **∼ things going** *or* **started** die Dinge in Gang bringen **8 ∼ everything packed/prepared** alles [ein]packen/vorbereiten; **∼ sth ready/done** etw. fertig machen; **∼ one's feet wet** nasse Füße kriegen; **∼ one's hands dirty** sich (*Dat.*) die Hände schmutzig machen; **∼ one's hair cut** sich *Dat.* die Haare schneiden lassen; **∼ sb to do sth** (induce) jmdn. dazu bringen, etw. zu tun **9 ∼ sb [on the telephone]** jmdn. [telefonisch] erreichen **10** (infml) (understand) kapieren (ugs.); (hear) mitkriegen (ugs.)

B *v.i.*, **-tt-**, **got**, **got** *or* (AmE) **gotten** **1** (succeed in coming or going) kommen; **∼ to London before dark** London vor Einbruch der Dunkelheit erreichen **2** (come to be) **∼ working** sich an die Arbeit machen; **∼ going** *or* **started** (leave) losgehen; (become lively or operative) in Schwung kommen; **∼ going on** *or* **with sth** mit etw. anfangen **3 ∼ to know sb** jmdn. kennen lernen **4** (become) werden; **∼ ready/washed** sich fertig machen/waschen; **∼ frightened/ hungry** Angst/Hunger kriegen

■ **∼ a'bout** *v.i.* **1** (travel) herumkommen **2** <*Gerücht:*> sich verbreiten

■ **'∼ at** *v.t.* **1** herankommen an (+ *Akk.*) **2** (find out) [he]rausfinden <*Wahrheit usw.*>; **what are you ∼ting at?** worauf wollen Sie hinaus? **3** (infml) (attack, taunt) anmachen (salopp)

■ **∼ a'way** *v.i.* **1** (leave) wegkommen **2** (escape) entkommen

■ **∼ 'back** **A** *v.i.* zurückkommen; **∼ back home** nach Hause kommen **B** *v.t.* (recover) zurückbekommen; **∼ one's own back** (infml) sich rächen

■ **∼ 'by** *v.i.* **1** vorbeikommen **2** (infml) (manage) über die Runden kommen (ugs.)

■ **∼ 'down** **A** *v.i.* hinunter-/heruntersteigen; **∼ down to sth** (start) sich an etw. (*Akk.*) machen **B** *v.t.* **1 ∼ sb/sth down** jmdn./etw. hinunter-/herunterbringen **2** (infml) (depress) fertig machen (ugs.)

■ **∼ 'in** **A** *v.i.* (into bus etc.) einsteigen; (arrive) ankommen **B** *v.t.* (fetch) reinholen

g

■ ~ **'off** A *v.i.* **1** (alight) aussteigen; (dismount) absteigen
2 (leave) [weg]gehen
3 (escape punishment) davonkommen
B *v.t.* **1** (remove) ausziehen ‹*Kleidung usw.*›; entfernen ‹*Fleck usw.*›; abbekommen ‹*Deckel usw.*›
2 (alight from) aussteigen aus; absteigen von ‹*Fahrrad*›
3 ~ **off the subject** vom Thema abkommen

■ ~ **'on** *v.i.* **1** (mount) aufsteigen; (enter vehicle) einsteigen
2 (make progress) vorankommen; **he's** ~**ting on well** es geht ihm gut
3 (manage) zurechtkommen

■ ~ **'on with** *v.t.* **1** weitermachen mit
2 ~ **on [well] with sb** mit jmdm. [gut] auskommen

■ ~ **'out** A *v.i.* **1** rausgehen/rausfahren (**of** aus)
2 (alight) aussteigen
3 (escape) ausbrechen (**of** aus); (fig.) herauskommen; ~ **out of** (avoid) herumkommen um (ugs.)
B *v.t.* **1** (cause to leave) rausbringen
2 (withdraw) abheben ‹*Geld*› (**of** von)

■ ~ **'over** *v.t.* **1** (cross) gehen über (+ *Akk.*); (climb) klettern über (+ *Akk.*)
2 (recover from) überwinden; hinwegkommen über (+ *Akk.*)

■ ~ **'round** *v.i.* ~ **round to doing sth** dazu kommen, etw. zu tun

■ ~ **'through** *v.i.* durchkommen

■ ~ **'up** *v.i.* aufstehen

■ ~ **'up to** *v.t.* ~ **up to mischief** etwas anstellen
get: ~**away** *n.* Flucht, *die; attrib.* Flucht‹*plan, -wagen*›; **make one's** ~**away** entkommen; ~**-together** *n.* (infml) gemütliches Beisammensein; ~**-up** *n.* (infml) Aufmachung, *die*

geyser /ˈgiːzə(r)/ *n.* **1** (spring) Geysir, *der*
2 (BrE) Durchlauferhitzer, *der*

ghastly /ˈgɑːstlɪ/ *adj.* grauenvoll; entsetzlich ‹*Verletzungen*›; schrecklich ‹*Fehler*›

gherkin /ˈgɜːkɪn/ *n.* Essiggurke, *die*

ghetto /ˈgetəʊ/ *n., pl.* ~**s** Getto, *das*

ghetto blaster /ˈgetəʊblɑːstə(r)/ *n.* (infml) [großer, tragbarer] Radiorekorder

ghost /gəʊst/ *n.* Geist, *der*; Gespenst, *das*

'ghostly *adj.* gespenstisch

ghost: ~ **story** *n.* Gespenstergeschichte, *die*; ~ **writer** *n.* Ghostwriter, *der*

giant /ˈdʒaɪənt/ A *n.* Riese, *der*
B *attrib. adj.* riesig

gibberish /ˈdʒɪbərɪʃ/ *n.* Kauderwelsch, *das*

gibe /dʒaɪb/ *n.* Stichelei, *die*

giblets /ˈdʒɪblɪts/ *n. pl.* [Geflügel]klein, *das*

giddiness /ˈgɪdɪnɪs/ *n.* Schwindel, *der*

giddy /ˈgɪdɪ/ *adj.* schwind[e]lig

✧ **gift** /gɪft/ *n.* **1** Geschenk, *das*; **make sb a** ~ **of sth, make a** ~ **of sth to sb** jmdm. etw. schenken; **a** ~ **box/pack** eine Geschenkpackung
2 (talent) Begabung, *die*; **have a** ~ **for languages/mathematics** sprachbegabt/ mathematisch begabt sein

'gifted *adj.* begabt (**in, at** für)

gift: ~ **shop** *n.* Geschenkboutique, *die*; Geschenkladen, *der*; ~ **token,** ~ **voucher** *ns.* Geschenkgutschein, *der*; ~**-wrap** *v.t.* als Geschenk einpacken; in Geschenkpapier einpacken

'gigabyte *n.* (Comp.) Gigabyte, *das*

gigantic /dʒaɪˈgæntɪk/ *adj.* gigantisch; riesig; enorm ‹*Verbesserung, Appetit*›

giggle /ˈgɪgl/ A *n.* Kichern, *das*
B *v.i.* kichern

gild /gɪld/ *v.t.* vergolden

gill /gɪl/ *n.* Kieme, *die*

gilt /gɪlt/ A *n.* Goldauflage, *die*; (paint) Goldfarbe, *die*
B *adj.* vergoldet

gimmick /ˈgɪmɪk/ *n.* (infml) Gag, *der*

gin /dʒɪn/ *n.* Gin, *der*

ginger /ˈdʒɪndʒə(r)/ *n.* **1** Ingwer, *der*
2 (colour) Rötlichgelb, *das*

ginger: ~ **beer** *n.* Ingwerbier, *das*; ~**bread** *n.* Pfefferkuchen, *der*

gingerly /ˈdʒɪndʒəlɪ/ *adv.* vorsichtig

gipsy ▶ **gypsy**

giraffe /dʒɪˈrɑːf/ *n.* Giraffe, *die*

girder /ˈgɜːdə(r)/ *n.* Träger, *der*

girdle /ˈgɜːdl/ *n.* Hüfthalter, *der*

✧ **girl** /gɜːl/ *n.* Mädchen, *das*; (teenager) junges Mädchen

girl: ~**band** *n.* Girlgroup, *die*; ~**friend** *n.* Freundin, *die*

'girlish *adj.* mädchenhaft

'girl power *n.* (infml) Girlpower, *die*

giro /ˈdʒaɪərəʊ/ *n.* **1** Giro, *das; attrib.* Giro-; **bank** ~ Giroverkehr, *der*
2 (cheque) Scheck, *der*

girth /gɜːθ/ *n.* **1** Umfang, *der*
2 (for horse) Bauchgurt, *der*

gismo /ˈgɪzməʊ/ *n.* (infml) Ding, *das* (ugs.)

gist /dʒɪst/ *n.* Wesentliche, *das*; (of tale, question, etc.) Kern, *der*

✧ **give** /gɪv/ A *v.t.*, **gave** /geɪv/, **given** /ˈgɪvn/
1 geben (**to** *Dat.*)
2 (as gift) schenken; ~ **sb sth,** ~ **sth to sb** jmdm. etw. schenken; ~ **and take** (fig.) Kompromisse eingehen
3 (assign) aufgeben ‹*Hausaufgaben usw.*›; (grant, award, offer, allow to have) geben; verleihen ‹*Preis, Titel usw.*›; lassen ‹*Wahl, Zeit*›; verleihen ‹*Gewicht, Nachdruck*›; bereiten, machen ‹*Freude, Mühe, Kummer*›; bieten ‹*Schutz*›; leisten ‹*Hilfe*›; gewähren ‹*Unterstützung*›; **be** ~**n sth** etw. bekommen; ~**n that** (because) da; (if) wenn; ~ **sb hope** jmdm. Hoffnung machen
4 (tell) angeben ‹*Namen, Anschrift, Alter, Grund*›; nennen ‹*Einzelheiten*›; geben ‹*Rat, Befehl, Anweisung, Antwort*›; fällen ‹*Urteil,*

✧ Schlüsselwort

Entscheidung>; sagen <*Meinung*>; bekannt geben <*Nachricht*>; ~ him my best wishes richte ihm meine besten Wünsche aus
5 (perform, sing, etc.) geben <*Vorstellung, Konzert*>; halten <*Vortrag, Seminar*>
6 (produce) geben <*Licht, Milch*>; ergeben <*Zahlen, Resultat*>
7 (make, show) geben <*Zeichen, Stoß, Tritt*>; machen <*Satz, Ruck*>; ausstoßen <*Schrei, Seufzer, Pfiff*>; ~ **sb a [friendly] look** jmdm. einen [freundlichen] Blick zuwerfen
8 (inflict) versetzen <*Schlag, Stoß*>; **sth** ~**s me a headache** von etw. bekomme ich Kopfschmerzen
9 geben <*Party, Essen usw.*>
B *v.i.*, **gave, given** (yield) nachgeben; <*Knie:*> weich werden; <*Bett:*> federn
C *n.* Nachgiebigkeit, *die*; (elasticity) Elastizität, *die*
■ ~ **a'way** *v.t.* **1** verschenken
2 (in marriage) dem Bräutigam zuführen
3 (betray) verraten
■ ~ **'back** *v.t.* zurückgeben
■ ~ **in** **A** /'--/ *v.t.* abgeben
B /-'-/ *v.i.* nachgeben (**to** *Dat.*)
■ ~ **'off** *v.t.* ausströmen <*Geruch*>; aussenden <*Strahlen*>
■ ~ **'up** **A** *v.i.* aufgeben
B *v.t.* aufgeben; widmen <*Zeit*>; ~ **sth up** (abandon habit) sich (*Dat.*) etw. abgewöhnen; ~ **oneself up** sich stellen
■ ~ **'way** *v.i.* **1** (yield) nachgeben
2 (in traffic) ~ **way [to traffic from the right]** [dem Rechtsverkehr] die Vorfahrt lassen; **'G~ Way'** „Vorfahrt beachten"
3 (collapse) einstürzen

given ▶ give A, B
'given name *n.* (AmE) Vorname, *der*
give-'way sign *n.* (BrE) Vorfahrtsschild, *das*
gizmo ▶ gismo
glacier /'glæsɪə(r)/ *n.* Gletscher, *der*
glad /glæd/ *adj.* froh; **be** ~ **of sth** über etw. (*Akk.*) froh sein; für etw. dankbar sein
gladden /'glædn/ *v.t.* erfreuen
glade /gleɪd/ *n.* Lichtung, *die*
'gladly *adv.* gern
glamor (AmE) ▶ glamour
glamorous /'glæmərəs/ *adj.* glanzvoll; glamourös <*Filmstar*>
glamour /'glæmə(r)/ *n.* Glanz, *der*; (of person) Ausstrahlung, *die*
glance /glɑːns/ **A** *n.* Blick, *der*
B *v.i.* blicken; ~ **at sb/sth** jmdn./etw. anblicken; ~ **at one's watch** auf seine Uhr blicken; ~ **at the newspaper** *etc.* einen Blick in die Zeitung *usw.* werfen; ~ **round [the room]** sich [im Zimmer] umsehen
gland /glænd/ *n.* Drüse, *die*
glandular /'glændjʊlə(r)/ *adj.* Drüsen-
glare /gleə(r)/ **A** *n.* **1** grelles Licht
2 (hostile look) feindseliger Blick; **with a** ~ feindselig
B *v.i.* (glower) [finster] starren; ~ **at sb/sth**

jmdn./etw. anstarren
glaring /'gleərɪŋ/ *adj.* grell; (fig.) (conspicuous) schreiend; grob <*Fehler*>; krass <*Gegensatz*>
✓ **glass** /glɑːs/ *n.* **1** (substance) Glas, *das*; pieces of/broken ~ Glasscherben *Pl.*; (smaller) Glassplitter *Pl.*
2 (drinking ~) Glas, *das*; **a** ~ **of milk** ein Glas Milch
3 (pane) [Glas]scheibe, *die*
4 *in pl.* (spectacles) [a pair of] ~**es** eine Brille
glass 'ceiling *n.* (fig.) unsichtbare Barriere
'glassy *adj.* gläsern
glaze /gleɪz/ **A** *n.* Glasur, *die*
B *v.t.* **1** glasieren
2 (fit with glass) verglasen
glazed /gleɪzd/ *adj.* glasig <*Blick*>
glazier /'gleɪzɪə(r)/ *n.* Glaser, *der*
gleam /gliːm/ **A** *n.* Schein, *der*; (fainter) Schimmer, *der*; ~ **of hope** Hoffnungsschimmer, *der*
B *v.i.* <*Licht:*> scheinen; <*Fußboden, Stiefel:*> glänzen; <*Zähne:*> blitzen; <*Augen:*> leuchten
'gleaming *adj.* glänzend
glean /gliːn/ *v.t.* zusammentragen <*Informationen usw.*>; ~ **sth from sth** einer Sache (*Dat.*) etw. entnehmen
glee /gliː/ *n.* Freude, *die*; (gloating joy) Schadenfreude, *die*
gleeful /'gliːfl/ *adj.* freudig; (gloating) schadenfroh
glen /glen/ *n.* [schmales] Tal
glib /glɪb/ *adj.* aalglatt <*Person*>; leicht dahingesagt <*Antwort*>
glide /glaɪd/ *v.i.* gleiten; (through the air) schweben
'glider *n.* Segelflugzeug, *das*
glimmer /'glɪmə(r)/ **A** *n.* Schimmer, *der* (**of** von); (of fire) Glimmen, *das*
B *v.i.* glimmen
glimpse /glɪmps/ **A** *n.* [kurzer] Blick; **catch or have or get a** ~ **of sb/sth** jmdn./etw. [kurz] zu sehen bekommen
B *v.t.* flüchtig sehen
glint /glɪnt/ **A** *n.* Schimmer, *der*
B *v.i.* blinken; glitzern
glisten /'glɪsn/ *v.i.* glitzern
glitter /'glɪtə(r)/ **A** *v.i.* glitzern; <*Juwelen, Sterne:*> funkeln
B *n.* Glitzern, *das*; (of diamonds) Funkeln, *das*
glitz /glɪts/ *n.* Glanz, *der*
glitzy /'glɪtsɪ/ *adj.* glanzvoll
gloat /gləʊt/ *v.i.* ~ **over sth** sich hämisch über etw. (*Akk.*) freuen
✓ **global** /'gləʊbl/ *adj.* weltweit; **the** ~ **village** das Weltdorf
globalization /gləʊbəlaɪ'zeɪʃn/ *n.* Globalisierung, *die*
globalize /'gləʊbəlaɪz/ *v.t.* globalisieren
global: G~ Po'sitioning System *n.* GPS[-Navigationssystem], *das*; ~ **'warming** *n.* globaler Temperaturanstieg

g

globe /gləʊb/ n. **1** (sphere) Kugel, die **2** (with map) Globus, der **3** (world) **the** ~ der Globus; der Erdball

'**globetrotter** n. Globetrotter, der; Weltenbummler, der

gloom /gluːm/ n. **1** (darkness) Dunkel, das (geh.) **2** (despondency) düstere Stimmung

'**gloomy** adj. **1** (dark) düster; finster **2** (depressing) düster; (depressed) trübsinnig <Person>

glorify /'glɔːrɪfaɪ/ v.t. verherrlichen; **a glorified messenger boy** ein besserer Botenjunge

glorious /'glɔːrɪəs/ adj. **1** (illustrious) ruhmreich <Held, Sieg> **2** (delightful) wunderschön; herrlich

glory /'glɔːrɪ/ 🅰 n. **1** (splendour) Schönheit, die; (majesty) Herrlichkeit, die **2** (fame) Ruhm, der 🅱 v.i. ~ **in sth** (be proud of) sich einer Sache (Gen.) rühmen

gloss /glɒs/ n. Glanz, der ■ '~ **over** v.t. bemänteln; beschönigen <Fehler>

glossary /'glɒsərɪ/ n. Glossar, das

'**gloss paint** n. Lackfarbe, die

'**glossy** 🅰 adj. glänzend; (fig.) glanzvoll 🅱 n. (infml) (magazine) auf [Hoch]glanzpapier gedruckte Zeitschrift

glove /glʌv/ n. Handschuh, der

glove: ~ **box** n. **1** ▶ **glove compartment 2** (for toxic material etc.) Handschuhkasten, der; ~ **compartment** n. Handschuhfach, das; ~ **puppet** n. Handpuppe, die

glow /gləʊ/ v.i. **1** glühen; <Lampe, Leuchtfarbe:> schimmern, leuchten **2** (fig.) (with warmth or pride) <Gesicht, Wangen:> glühen (**with** vor + Dat.); (with health or vigour) strotzen (**with** vor + Dat.)

glower /'glaʊə(r)/ v.i. finster dreinblicken; ~ **at sb** jmdn. finster anstarren

'**glowing** adj. glühend; begeistert <Bericht>

'**glow-worm** n. Glühwürmchen, das

glucose /'gluːkəʊz/ n. Glucose, die

glue /gluː/ 🅰 n. Klebstoff, der 🅱 v.t. kleben; ~ **sth to sth** etw. an etw. (Dat.) an- od. festkleben

'**glue-sniffing** n. Schnüffeln, das (ugs.); Sniefen, das (ugs.)

glum /glʌm/ adj. verdrießlich

glut /glʌt/ n. Überangebot, das (**of** an, von + Dat.)

glutton /'glʌtən/ n. Vielfraß, der (ugs.); **a** ~ **for punishment** (iron.) ein Masochist (fig.)

gluttony /'glʌtənɪ/ n. Gefräßigkeit, die

glycerine /'glɪsəriːn/, (AmE: **glycerin** /'glɪsərɪn/) n. Glyzerin, die

GM abbr. = **genetically modified**; ~ **crops/food** gentechnisch veränderte Feldfrüchte Pl. /Nahrungsmittel Pl.

gm. abbr. = **gram[s]** g

GMO abbr. = **genetically modified organism** GVO

GMT abbr. = **Greenwich Mean Time** GMT; WEZ

gnarled /nɑːld/ adj. knorrig; knotig <Hand>

gnash /næʃ/ v.t. ~ **one's teeth** mit den Zähnen knirschen

gnat /næt/ n. [Stech]mücke, die

gnaw /nɔː/ 🅰 v.i. ~ [**away**] **at sth** an etw. (Dat.) nagen 🅱 v.t. nagen an (+ Dat.); abnagen <Knochen>

gnome /nəʊm/ n. Gnom, der

GNVQ abbr. = **General National Vocational Qualification**

✧ **go** /gəʊ/ 🅰 v.i., pres. **he** ~**es** /gəʊz/; p.t. **went** /went/; pres. p. ~**ing** /'gəʊɪŋ/; p.p. **gone** /gɒn/ **1** gehen; <Fahrzeug:> fahren; <Flugzeug:> fliegen; <Vierfüßer:> laufen; (on horseback etc.) reiten; (in lift) fahren; (on outward journey) weg-, abfahren; (travel regularly) <Verkehrsmittel:> verkehren (**from ... to** zwischen (+ Dat.)...und); ~ **by bicycle/car/ bus/train** or **rail/boat** or **sea** or **ship** mit dem [Fahr]rad/Auto/Bus/Zug/Schiff fahren; ~ **by plane** or **air** fliegen; ~ **on foot** zu Fuß gehen; laufen (ugs.); ~ **on a journey** verreisen; **have far to** ~ es weit haben; ~ **to the toilet/ cinema/a museum** auf die Toilette/ins Kino/ ins Museum gehen; ~ **to the doctor['s]** etc. zum Arzt usw. gehen; ~ **bathing** baden gehen; ~ **cycling** Rad fahren; ~ **to see sb** jmdn. aufsuchen; ~ **and see whether ...** nachsehen [gehen], ob ...; **I'll** ~**!** ich geh schon!; (answer phone) ich geh ran od. nehme ab; (answer door) ich mache auf **2** (start) losgehen; (in vehicle) losfahren **3** (pass, circulate) **a shiver went up** or **down my spine** ein Schauer lief mir über den Rücken; ~ **to** (be given to) <Preis, Gelder, Job:> gehen an (+ Akk.); <Titel, Besitz:> übergehen auf (+ Akk.); ~ **towards** (be of benefit to) zugute kommen (+ Dat.) **4** (act, function effectively) gehen; <Mechanismus, Maschine:> laufen; **keep** ~**ing** (in movement) weitergehen/-fahren; (in activity) weitermachen; (not fail) sich aufrecht halten; **keep sth** ~**ing** etw. in Gang halten; **make sth** ~, **get/set sth** ~**ing** etw. in Gang bringen **5** ~ **to work** zur Arbeit gehen; ~ **to school** in die Schule gehen; ~ **to a comprehensive school** auf eine Gesamtschule gehen **6** (depart) gehen; <Bus, Zug:> [ab]fahren; <Post:> rausgehen (ugs.) **7** (cease to function) kaputtgehen; <Sicherung:> durchbrennen; (break) brechen; <Seil usw.:> reißen **8** (disappear) weggehen; <Mantel, Hut, Fleck:> verschwinden; <Geruch, Rauch:> sich verziehen; <Geld, Zeit:> draufgehen (ugs.) (**in, on** für) **9** ~ **to** (still remaining): **have sth [still] to** ~ [noch] etw. übrig haben; **one week** etc. **to** ~ **to ...** noch eine Woche usw. bis ...; **there's**

hours to ~ es dauert noch Stunden
10 (be sold) weggehen (ugs.); verkauft
werden; **~ing! ~ing! gone!** zum Ersten!
zum Zweiten! zum Dritten!; **~ to sb** an
jmdn. gehen
11 (run) <*Grenze, Straße usw.:*> verlaufen,
gehen; (lead) gehen; führen; (extend) reichen;
as *or* **so far as he/it ~es** so weit
12 (turn out, progress) <*Projekt, Interview,
Abend:*> verlaufen; **how did your holiday ~?**
wie war Ihr Urlaub?; **things have been ~ing
well/badly** in der letzten Zeit läuft alles
gut/schief
13 (be, have form or nature) sein; <*Sprichwort,
Gedicht, Titel:*> lauten; **that's the way it ~es**
so ist es nun mal; **~ hungry** hungern; **~
without food/water** es ohne Essen/Wasser
aushalten
14 (become) werden; **the tyre has gone flat**
der Reifen ist platt
15 (have usual place) kommen; (belong)
gehören; **where does the box ~?** wo kommt
od. gehört die Kiste hin?
16 (fit) passen; **~ in[to] sth** in etw. (*Akk.*)
gehen *od.* [hinein]passen; **~ through sth**
durch etw. [hindurch]gehen
17 (match) passen (**with** zu)
18 <*Turmuhr, Gong:*> schlagen; <*Glocke:*>
läuten
19 (infml) (be acceptable or permitted) erlaubt
sein; **it/that ~es without saying** es/das ist
doch selbstverständlich. *See also* **going B**
B *n., pl.* **~es** /gəʊz/ (infml) **1** (attempt, try)
Versuch, *der*; (chance) Gelegenheit, *die*; **have
a ~** es versuchen; **let me have a ~/can I
have a ~?** lass mich [auch ein]mal/kann ich
[auch ein]mal? (ugs.); **it's 'my ~** ich bin an der
Reihe *od.* dran; **at one ~** auf einmal; **at the
first ~** auf Anhieb
2 (vigorous activity) **it's all ~** es ist alles eine
einzige Hetzerei (ugs.); **be on the ~** auf Trab
sein (ugs.)
3 (success) **make a ~ of sth** mit etw. Erfolg
haben
■ **~ a'head** *v.i.* **1** (in advance) vorausgehen (**of**
Dat.)
2 (proceed) weitermachen; (make progress)
<*Arbeit:*> fortschreiten, vorangehen
■ **~ a'long with** *v.t.* **~ along with sth** (agree to)
sich einer Sache (*Dat.*) anschließen
■ **~ a'way** *v.i.* weggehen; (on holiday or business)
verreisen
■ **~ 'back** *v.i.* zurückgehen/-fahren; (restart)
<*Schule, Fabrik:*> wieder anfangen; (fig.)
zurückgehen; **~ back to the beginning** noch
mal von vorne anfangen
■ **~ by A** /'--/ *v.t.* **~ by sth** sich nach etw.
richten; (adhere to) sich an etw. (*Akk.*) halten
B /-'-/ *v.i.* <*Zeit:*> vergehen
■ **~ 'down** *v.i.* hinuntergehen/-fahren;
<*Sonne:*> untergehen; <*Schiff:*> untergehen;
(fall to ground) <*Flugzeug usw.:*> abstürzen
■ **'~ for** *v.t.* **~ for sb/sth** (go to fetch) jmdn./etw.
holen; (apply to) für jmdn./etw. gelten; (like)
jmdn./etw. gut finden

■ **~ 'in** *v.i.* hineingehen; reingehen (ugs.)
■ **~ 'off A** *v.i.* **1 ~ off with sb/sth** sich mit
jmdm./etw. auf- und davonmachen (ugs.)
2 <*Alarm, Schusswaffe:*> losgehen; <*Wecker:*>
klingeln; <*Bombe:*> hochgehen
3 (turn bad) schlecht werden
4 <*Strom:*> ausfallen
B *v.t.* (begin to dislike) **~ off sth** von etw.
abkommen
■ **~ 'on** *v.i.* **1** weitergehen/-fahren
2 (continue) weitermachen
3 (happen) passieren
■ **~ 'out** *v.i.* ausgehen; **~ out to work/for a
meal** arbeiten/essen gehen; **~ out with sb**
(date sb) mit jmdm. gehen (ugs.)
■ **~ over A** /-'--/ *v.i.* hinübergehen
B /'---, -'--/ *v.t.* (re-examine) durchgehen
■ **~ 'round** *v.i.* **1** (call) **~ round and** *or* **to see sb**
bei jmdm. vorbeigehen (ugs.)
2 (look round) sich umschauen
3 (suffice) reichen; langen (ugs.)
4 (spin) sich drehen
■ **~ through A** /-'-/ *v.i.* <*Ernennung:*>
durchkommen; <*Antrag:*> durchgehen
B /'--/ **1** (rehearse) durchgehen
2 (examine) durchsehen
3 (endure) durchmachen
■ **~ 'through with** *v.t.* zu Ende führen
■ **~ 'under** *v.i.* untergehen; (fig.) (fail) eingehen
■ **~ 'up** *v.i.* **1** hinaufgehen/-fahren; <*Ballon:*>
aufsteigen; (Theatre) <*Vorhang:*> aufgehen;
<*Lichter:*> angehen
2 (increase) <*Zahl:*> wachsen; <*Preis, Wert,
Niveau:*> steigen; (in price) <*Ware:*> teurer
werden
■ **~ without A** /'--/ *v.t.* verzichten auf (+ *Akk.*)
B /-'-/ *v.i.* verzichten
goad /gəʊd/ *v.t.* **~ sb into sth/doing sth** jmdn.
zu etw. anstacheln/dazu anstacheln, etw.
zu tun
'go-ahead A *adj.* unternehmungslustig;
(progressive) fortschrittlich
B *n.* **give sb/sth the ~** jmdm./einer Sache
grünes Licht geben
✔ **goal** /gəʊl/ *n.* **1** (aim) Ziel, *das*
2 (Footb., Hockey) Tor, *das*; **score a ~** einen
Treffer erzielen
goalie /'gəʊlɪ/ *n.* (infml) Tormann, *der*
goal: ~keeper *n.* Torwart, *der*; **~post** *n.*
Torpfosten, *der*; **move the ~posts** (fig. infml)
sich nicht an die Spielregeln halten
goat /gəʊt/ *n.* Ziege, *die*
gobble /'gɒbl/ **A** *v.t.* **~ [down** *or* **up]**
hinunterschlingen
B *v.i.* schlingen
'go-between *n.* Vermittler, *der*/Vermittlerin,
die
goblet /'gɒblɪt/ *n.* Kelchglas, *das*
goblin /'gɒblɪn/ *n.* Kobold, *der*
✔ **god** /gɒd/ *n.* **1** Gott, *der*
2 God (Theol.) Gott
god: ~child *n.* Patenkind, *das*; **~-daughter**
n. Patentochter, *die*

goddess /'gɒdɪs/ n. Göttin, die
god: ~**father** n. Pate, der; ~**forsaken** adj.
gottverlassen; ~**mother** n. Patentante, die;
~**send** n. Gottesgabe, die; be a ~send to sb
für jmdn. ein Geschenk des Himmels sein;
~**son** n. Patensohn, der
'**go-getter** n. Draufgänger, der
'**goggle-box** n. (BrE) (dated, infml) Glotze, die
(salopp); Glotzkiste, die (salopp)
goggles /'gɒglz/ n. pl. Schutzbrille, die
going /'gəʊɪŋ/ ◪ n. (progress) Vorankommen,
das; while the ~ is good solange es noch
geht
◪ adj. **1** (available) erhältlich; there is sth ~
es gibt etw.
2 be ~ to do sth etw. tun [werden/wollen];
I was ~ to say ich wollte sagen; it's ~ to
snow es wird schneien; a ~ concern eine
gesunde Firma
3 (current) [derzeit/damals/dann] geltend;
the ~ rate of exchange der augenblickliche
Wechselkurs
4 a ~ concern eine gesunde Firma
goings-'on n. pl. Ereignisse Pl.
gold /gəʊld/ ◪ n. Gold, das
◪ attrib. adj. golden; Gold<münze, -kette
usw.>
'**gold-digger** n. Goldgräber, der; she's a
~-digger (fig. infml) sie ist nur auf das Geld
der Männer aus
golden /'gəʊldn/ adj. golden
golden 'wedding n. goldene Hochzeit
gold: ~**fish** n. Goldfisch, der; ~**fish bowl**
n. Goldfischglas, das; like being in a ~fish
bowl (fig.) wie auf dem Präsentierteller; ~
'**medal** n. Goldmedaille, die; ~ '**medallist**
n. Goldmedaillengewinner, der/-gewinnerin,
die; ~ **mine** n. Goldmine, die; (fig.)
Goldgrube, die; ~-'**plated** adj. vergoldet;
~**smith** n. Goldschmied, der/-schmiedin,
die
golf /gɒlf/ n. Golf, das
golf: ~ **ball** n. Golfball, der; ~ **club** n.
1 (implement) Golfschläger, der **2** (association)
Golfklub, der; ~**course** n. Golfplatz, der
'**golfer** n. Golfer, der/Golferin, die
golf links n. Golfplatz, der
gondola /'gɒndələ/ n. Gondel, die
gondolier /gɒndə'lɪə(r)/ n. Gondoliere, der
gone /gɒn/ ◪ ▶ go A
◪ pred. adj. **1** (away) weg; it's time you were
~ es ist od. wird Zeit, dass du gehst
2 (of time) (after) nach; it's ~ ten o'clock es ist
zehn Uhr vorbei
gong /gɒŋ/ n. Gong, der
◈ **good** /gʊd/ ◪ adj., **better**
/'betə(r)/, **best**
/best/ **1** gut; günstig <Gelegenheit, Angebot>;
ausreichend <Vorrat>; ausgiebig <Mahl>; as
~ as so gut wie; his ~ eye/leg sein gesundes
Auge/Bein; in ~ time frühzeitig; all in ~
time alles zu seiner Zeit; be ~ at sth in etw.

(Dat.) gut sein; too ~ to be true zu schön,
um wahr zu sein; apples are ~ for you Äpfel
sind gesund; be too much of a ~ thing zu
viel des Guten sein; ~ times eine schöne
Zeit; feel ~ sich wohl fühlen; take a ~ look
round sich gründlich umsehen; give sb a ~
beating/scolding jmdn. tüchtig verprügeln/
ausschimpfen; ~ afternoon/day guten Tag!;
~ evening/morning guten Abend/Morgen!;
~ night gute Nacht!
2 (enjoyable) schön <Leben, Urlaub,
Wochenende>; the ~ life das angenehme[,
sorglose] Leben; have a ~ time! viel Spaß!;
have a ~ journey! gute Reise!
3 (well-behaved) gut; brav; be ~!, be a ~ girl/
boy! sei brav od. lieb!; [as] ~ as gold ganz
artig od. brav
4 (virtuous) rechtschaffen; (kind) nett; gut
<Absicht, Wünsche, Benehmen, Tat>; be ~
to sb gut zu jmdm. sein; would you be so ~
as to or ~ enough to do that? wären Sie so
freundlich od. nett, das zu tun?; that/it is ~
of you das/es ist nett od. lieb von dir
5 (commendable) gut; ~ for 'you etc. (infml)
bravo!
6 (attractive) schön; gut <Figur>; look ~ gut
aussehen
7 (considerable) [recht] ansehnlich
<Menschenmenge>; ganz schön, ziemlich
(ugs.) <Entfernung, Strecke>; gut <Preis, Erlös>
8 make ~ (succeed) erfolgreich sein;
(compensate for) wieder gutmachen; (indemnify)
ersetzen
◪ n. **1** (use) Nutzen, der; be some ~ to sb/
sth jmdm./einer Sache nützen; be no ~ to
sb/sth für jmdn./etw. nicht zu gebrauchen
sein; it is no/not much ~ doing sth es hat
keinen/kaum einen Sinn, etw. zu tun; what's
the ~ of ...?, what ~ is ...? was nützt ...?
2 (benefit) for your/his etc. own ~ zu
deinem/seinem usw. Besten; do no/little
~ nichts/wenig helfen od. nützen; do sb/
sth ~ jmdm./einer Sache nützen; <Ruhe,
Erholung:> jmdm./einer Sache gut tun;
<Arznei:> jmdm./einer Sache helfen
3 (goodness) Gute, das; be up to no ~ nichts
Gutes im Sinn haben
4 for ~ (finally) ein für alle Mal; (permanently)
für immer
5 in pl. (wares etc.) Waren Pl.; (belongings)
Habe, die; (BrE) (Railw.) Fracht, die; attrib.
Güter<wagen, -zug>
good: ~'**bye**, (AmE) ~'**by** int. auf
Wiedersehen!; (on telephone) auf Wiederhören!;
~-**for-nothing** ◪ adj. nichtsnutzig
◪ n. Taugenichts, der; ~-'**looking** adj. gut
aussehend
'**goodness** ◪ n. Güte, die
◪ int. [my] ~! meine Güte! (ugs.)
good: ~**s train** n. (BrE) Güterzug, der;
~-'**tempered** adj. ausgeglichen; verträglich
<Person>; ~**will** n. guter Wille; attrib.
Goodwill<botschaft, -reise usw.>
'**goody** n. (infml) (hero) Gute, der/die

g

gooey /'gu:ɪ/ adj., **gooier** /'gu:ɪə(r)/, **gooiest** /'gu:ɪɪst/ (infml) klebrig

google /'gu:gl/ **A** v.t. ~ sb das Internet nach Informationen über jmdn. durchsuchen. **B** v.i. googeln

goose /gu:s/ n., pl. **geese** /gi:s/ Gans, die

gooseberry /'gʊzbərɪ/ n. Stachelbeere, die

goosebumps (AmE), **goose pimples** ns. pl. have ~ eine Gänsehaut haben

gore¹ /gɔ:(r)/ v.t. [mit den Hörnern] aufspießen od. durchbohren

gore² n. Blut, das

gorge /gɔ:dʒ/ **A** n. Schlucht, die **B** v.i. & refl. ~ [oneself] sich voll stopfen (ugs.) (on mit)

gorgeous /'gɔ:dʒəs/ adj. prächtig; hinreißend <Frau, Mann, Lächeln>

gorilla /gə'rɪlə/ n. Gorilla, der

gormless /'gɔ:mlɪs/ adj. (BrE) (infml) dämlich (ugs.)

gorse /gɔ:s/ n. Stechginster, der

gory /'gɔ:rɪ/ adj. (fig.) blutrünstig

gosh /gɒʃ/ int. (infml) Gott!

'go-slow n. (BrE) Bummelstreik, der

gospel /'gɒspl/ n. Evangelium, das

'gospel singer n. Gospelsänger, der/-sängerin, die

gossamer /'gɒsəmə(r)/ n. Altweibersommer, der; attrib. hauchdünn

gossip /'gɒsɪp/ **A** n. **1** (talk) Klatsch, der (ugs.) **2** (person) Klatschbase, die (ugs.) **B** v.i. klatschen (ugs.)

gossip: ~ **column** n. Klatschspalte, die (ugs.); ~ **columnist** n. Klatschspaltenkolumnist, der/-kolumnistin, die

got ▶ get

Gothic /'gɒθɪk/ adj. gotisch

gotten ▶ get

gouge /gaʊdʒ/ v.t. aushöhlen

goulash /'gu:læʃ/ n. Gulasch, das od. der

gourmet /'gʊəmeɪ/ n. Gourmet, der

gout /gaʊt/ n. Gicht, die

govern /'gʌvn/ **A** v.t. **1** regieren <Land, Volk>; verwalten <Provinz> **2** (dictate) bestimmen **B** v.i. regieren

governess /'gʌvənɪs/ n. Gouvernante, die (veraltet); Hauslehrerin, die

government /'gʌvnmənt/ n. Regierung, die; attrib. Regierungs-

government: ~ **department** n. Regierungsstelle, die; ~**-funded** adj. staatlich finanziert; ~ **official** n. Regierungsbeamte, der/-beamtin, die

governor /'gʌvənə(r)/ n. **1** (of province etc.) Gouverneur, der **2** (of institution) Direktor, der/Direktorin, die; [board of] ~s Vorstand, der **3** (infml) (employer) Boss, der (ugs.)

gown /gaʊn/ n. **1** [elegantes] Kleid **2** (official or uniform robe) Talar, der

GP abbr. = general practitioner

GPS abbr. = **Global Positioning System**

grab /græb/ **A** v.t., **-bb-** greifen nach; (seize) packen; ~ the chance die Gelegenheit ergreifen; ~ hold of sb/sth sich (Dat.) jmdn./etw. schnappen (ugs.) **B** v.i., **-bb-**; ~ at sth nach etw. greifen **C** n. make a ~ at or for sb/sth nach jmdm./etw. greifen

grace /greɪs/ n. **1** (charm) Anmut, die (geh.) **2** (decency) have the ~ to do sth so anständig sein und etw. tun **3** (delay) Frist, die; give sb a day's ~ jmdm. einen Tag Aufschub gewähren **4** (prayers) say ~ das Tischgebet sprechen

graceful /'greɪsfl/ adj. elegant; graziös <Bewegung, Eleganz>

gracious /'greɪʃəs/ **A** adj. **1** liebenswürdig **2** (merciful) gnädig **B** int. good ~! [ach] du meine Güte!

grade /greɪd/ **A** n. **1** Rang, der; (Mil.) Dienstgrad, der **2** (position) Stufe, die **3** (AmE) (Sch.) (class) Klasse, die **4** (Sch., Univ.) (mark) Note, die; Zensur, die **B** v.t. **1** einstufen <Schüler>; [nach Größe/ Qualität] sortieren <Eier, Kartoffeln> **2** (mark) benoten

gradient /'greɪdɪənt/ n. (ascent) Steigung, die; (descent) Gefälle, das

gradual /'grædʒʊəl/ adj., **gradually** adv. allmählich

graduate **A** /'grædʒʊət/ n. Graduierte, der/die; (who has left university) Akademiker, der/Akademikerin, die; university ~ Hochschulabsolvent, der/-absolventin, die **B** /'grædʒʊeɪt/ v.i. einen akademischen Grad/Titel erwerben; (AmE) (Sch.) die [Schul]abschlussprüfung bestehen (from an + Dat.)

graduation /grædʒʊ'eɪʃn/ n. **1** (Univ.) Graduierung, die **2** (AmE) (Sch.) Entlassung, die

graffiti /grə'fi:ti:/ n. sing. or pl. Graffiti Pl.

graf'fiti artist n. Graffitikünstler, der/-künstlerin, die

graft /grɑːft/ **A** n. **1** (Bot.) Edelreis, das **2** (Med.) (operation) Transplantation, die; (thing ~ed) Transplantat, das **3** (BrE) (infml) (work) Plackerei, die (ugs.) **B** v.t. **1** (Bot.) pfropfen **2** (Med.) transplantieren **C** v.i. (BrE) (infml) schuften (ugs.)

grain /greɪn/ n. **1** Korn, das; collect. Getreide, das **2** (particle) Korn, das **3** (in wood) Maserung, die; (in paper) Faser, die; (in leather) Narbung, die; go against the ~ [for sb] (fig.) jmdm. gegen den Strich gehen (ugs.)

'grainy adj. körnig; gemasert <Holz>; genarbt <Leder>

gram /græm/ n. Gramm, das

grammar /'græmə(r)/ n. Grammatik, die

grammar: ~ **book** n. Grammatik, die;

g

~ **school** n. (BrE) ≈ Gymnasium, das

grammatical /grə'mætɪkl/ adj.
1 grammat[ikal]isch richtig od. korrekt
2 (of grammar) grammatisch

grammatically /grə'mætɪkəli/ adv.
grammat[ikal]isch ‹richtig, falsch›

gramme ▸ gram

gramophone /'græməfəʊn/ n. Plattenspieler,
der (dated)

gran /græn/ n. (infml/child lang.) Oma, die
(Kinderspr./ugs.)

granary /'grænərɪ/ n. Getreidesilo, der od.
das; Kornspeicher, der

'granary bread® n. (BrE) Ganzkornbrot,
das

grand /grænd/ adj. **1** (most or very important)
groß
2 (splendid) grandios
3 (infml) (excellent) großartig

grandad /'grændæd/ n. (infml/child lang.) Opa,
der (Kinderspr./ugs.)

grand: ~**child** n. Enkel, der/Enkelin, die;
Enkelkind, das; ~**dad** /'grændæd/, ~**daddy**
/'grændædi/ ▸ grandad; ~**daughter** n.
Enkelin, die

grandeur /'grændʒə(r), 'grændjə(r)/ n.
Erhabenheit, die

grand: ~**father** n. Großvater, der; ~**father
'clock** n. Standuhr, die; ~ **fi'nale** n. großes
Finale

grandiose /'grændɪəʊs/ adj. grandios;
(pompous) bombastisch

grand: ~**ma** n. (infml/child lang.) Oma, die
(Kinderspr./ugs.); ~**mother** n. Großmutter,
die; ~**pa** n. (infml/child lang.) Opa, der
(Kinderspr./ugs.); ~**parent** n. (male)
Großvater, der; (female) Großmutter, die;
~**parents** Großeltern Pl.; ~ **pi'ano** n.
[Konzert]flügel, der; ~**son** n. Enkel, der;
~**stand** n. [Haupt]tribüne, die

granite /'grænɪt/ n. Granit, der

granny /'grænɪ/ n. (infml/child lang.) Oma, die
(Kinderspr./ugs.)

'granny flat n. Einliegerwohnung, die

✔ **grant** /grɑːnt/ **A** v.t. **1** erfüllen ‹Wunsch›;
stattgeben (+ Dat.) ‹Gesuch›
2 (concede, give) gewähren; geben ‹Zeit›;
bewilligen ‹Geldmittel›; zugestehen ‹Recht›;
erteilen ‹Erlaubnis›
3 (in argument) zugeben; **take sb/sth for**
~**ed** (Dat.) jmds. sicher sein/etw. für
selbstverständlich halten
B n. Zuschuss, der; (financial aid [to student])
[Studien]beihilfe, die; (scholarship)
Stipendium, das

granulated sugar /grænjʊleɪtɪd 'ʃʊɡə(r)/ n.
Kristallzucker, der

granule /'grænjuːl/ n. Körnchen, das

grape /greɪp/ n. Weintraube, die; **a bunch of**
~**s** eine Traube

✔ Schlüsselwort

grape: ~**fruit** n., pl. same Grapefruit, die; ~
juice n. Traubensaft, der; ~**vine** n. (fig.) the
~**vine** die Flüsterpropaganda; **I heard on the**
~**vine that** ... es wird geflüstert, dass ...

graph /grɑːf/ n. grafische Darstellung

graphic /'græfɪk/ adj. **1** grafisch
2 (vivid) plastisch; anschaulich

graphically /'græfɪkəli/ adv. **1** (vividly)
plastisch
2 (using graphics) grafisch

graphic 'arts n. pl. Grafik, die

graphics /'græfɪks/ n. (use of diagrams)
grafische Darstellung; **computer** ~
Computergraphik, die

'graph paper n. Diagrammpapier, das

grapple /'græpl/ v.i. handgemein werden; ~
with (fig.) sich auseinander setzen mit

grasp /grɑːsp/ **A** v.i. ~ **at** ergreifen; sich
stürzen auf (+ Akk.) ‹Angebot›
B v.t. **1** (seize) ergreifen
2 (hold firmly) festhalten
3 (understand) verstehen; erfassen ‹Bedeutung›
C n. **1** (firm hold) Griff, der
2 (mental ~) **have a good** ~ **of sth** etw. gut
beherrschen

'grasping adj. habgierig

grass /grɑːs/ n. **1** Gras, das
2 (lawn) Rasen, der
3 (BrE) (sl.) (police informer) Spitzel, der

grass: ~**hopper** n. Grashüpfer, der;
~-**roots** attrib. adj. (Polit.) Basis-; ~ **seed** n.
Grassamen, der; (collect.) Grassamen Pl.

grassy /'grɑːsɪ/ adj. mit Gras bewachsen

grate¹ /greɪt/ n. Rost, der; (recess) Kamin, der

grate² v.t. **1** reiben; (less finely) raspeln
2 (grind) ~ **one's teeth** mit den Zähnen
knirschen

grateful /'greɪtfl/ adj. dankbar (**to** Dat.)

'gratefully adv. dankbar

'grater n. Reibe, die; Raspel, die

gratify /'grætɪfaɪ/ v.t. freuen; **be gratified by**
or **with** or **at sth** über etw. (Akk.) erfreut
sein

'gratifying adj. erfreulich

grating /'greɪtɪŋ/ n. Gitter, das

gratitude /'grætɪtjuːd/ n. Dankbarkeit, die
(**to** gegenüber)

gratuitous /grə'tjuːɪtəs/ adj. (motiveless)
grundlos

gratuity /grə'tjuːɪtɪ/ n. Trinkgeld, das

grave¹ /greɪv/ n. Grab, das

grave² adj. **1** (important, solemn) ernst
2 (serious) schwer ‹Fehler, Irrtum›; ernst
‹Situation, Lage›; groß ‹Gefahr›; schlimm
‹Nachricht›

'gravedigger n. Totengräber, der

gravel /'grævl/ n. Kies, der

grave: ~**stone** n. Grabstein, der; ~**yard** n.
Friedhof, der

gravity /'grævɪtɪ/ n. **1** (of mistake, offence)
Schwere, die; (of situation) Ernst, der

2 (Phys., Astron.) Gravitation, *die*; Schwerkraft, *die*

gravy /'greɪvɪ/ *n.* **1** (juices) Bratensaft, *der* **2** (dressing) [Braten]soße, *die*

gravy: ~ **boat** *n.* Sauciere, *die*; Soßenschüssel, *die*; ~ **train** *n.* ride/board the ~ **train** (infml) leichtes Geld machen (ugs.)

gray etc. (AmE) ▸ **grey** etc.

graze¹ /greɪz/ *v.i.* grasen; weiden

graze² **A** *n.* Schürfwunde, *die*
B *v.t.* **1** (touch lightly) streifen **2** (scrape) abschürfen ‹*Haut*›; zerkratzen ‹*Oberfläche*›

grease /griːs/ **A** *n.* Fett, *das*; (lubricant) Schmierfett, *das*
B *v.t.* einfetten; (lubricate) schmieren

'greaseproof *adj.* fettdicht

greaseproof 'paper *n.* Pergament- *od.* Butterbrotpapier, *das*

greasy /'griːsɪ/ *adj.* fettig; fett ‹*Essen*›; (lubricated) geschmiert; (dirty with lubricant) schmierig

⌀ **great** /greɪt/ *adj.* **1** groß; a ~ many sehr viele; sehr gut ‹*Freund*›; (impressive; infml: splendid) großartig; be a ~ one for sth etw. sehr gern tun **2** Groß‹*onkel, -tante, -neffe, -nichte*›; Ur‹*großmutter, -großvater, -enkel, -enkelin*›

great: **G**~ **'Bear** *n.* (Astron.) Großer Bär; **G**~ **'Britain** *pr. n.* Großbritannien *(das)*; ~**-'grandparent** *n.* (male) Urgroßvater, *der*; (female) Urgroßmutter, *die*; ~**-grandparents** *pl.* Urgroßeltern

'greatly *adv.* sehr; höchst ‹*verärgert*›; stark ‹*beeinflusst*›; bedeutend ‹*verbessert*›

'greatness *n.* Größe, *die*

Great 'War *n.* Erster Weltkrieg

Greece /griːs/ *pr. n.* Griechenland *(das)*

greed /griːd/ *n.* Gier, *die* (for nach); (gluttony) Gefräßigkeit, *die*

'greedy *adj.* gierig; (gluttonous) gefräßig

Greek /griːk/ **A** *adj.* griechisch; sb is ~ jmd. ist Grieche/Griechin
B *n.* **1** (person) Grieche, *der*/Griechin, *die* **2** (language) Griechisch, *das*; see also English B1

⌀ **green** /griːn/ **A** *adj.* **1** grün **2** (environmentally safe) ökologisch; ~ **electricity** Ökostrom, *der* **3** (gullible) naiv; (inexperienced) grün **4** (Polit.) G~ grün; the G~s die Grünen
B *n.* **1** (colour) Grün, *das* **2** (piece of land) Grünfläche, *die*; village ~ Dorfanger, *der* **3** *in pl.* (~ vegetables) Grüngemüse, *das*

green: ~ **belt** *n.* Grüngürtel, *der*; ~ **'card** *n.* (Motor Veh.) grüne Karte

greenery /'griːnərɪ/ *n.* Grün, *das*

green: ~**fly** *n.* (BrE) grüne Blattlaus; ~**gage** /'griːngeɪdʒ/ *n.* Reineclaude, *die*; ~**grocer** *n.* (BrE) Obst- und Gemüsehändler, *der*/-händlerin, *die*

'greenhouse *n.* Gewächshaus, *das*

greenhouse: ~ **effect** *n.* Treibhauseffekt, *der*; ~ **gas** *n.* Treibhausgas, *das*

green: ~ **light** *n.* **1** grünes Licht; (as signal) Grün, *das* **2** (fig.) give sb/get the ~ jmdm. grünes Licht geben/grünes Licht erhalten; **G**~ **Party** *n.* (Polit.) die Grünen Pl.

greet /griːt/ *v.t.* begrüßen; (in passing) grüßen; (receive) empfangen

'greeting *n.* Begrüßung, *die*; (in passing) Gruß, *der*; (words) Grußformel, *die*

'greetings card *n.* Grußkarte, *die*; (for birthday) Glückwunschkarte, *die*

gregarious /grɪ'geərɪəs/ *adj.* gesellig

grenade /grɪ'neɪd/ *n.* Granate, *die*

grew ▸ **grow**

grey /greɪ/ **A** *adj.* grau
B *n.* Grau, *das*

grey: ~**-haired** *adj.* grauhaarig; ~**hound** *n.* Windhund, *der*; ~**hound racing** *n.* Windhundrennen, *das*

greyish /'greɪɪʃ/ *adj.* gräulich

grid /grɪd/ *n.* **1** (grating) Rost, *der* **2** (of lines) Gitter[netz], *das* **3** (for supply) Versorgungsnetz, *das*

grid: ~**lock** *n.* Verkehrsinfarkt, *der*; (fig.) völliger Stillstand; ~**locked** /'grɪdlɒkt/ *adj.* total verstopft ‹*Straße, Stadt*›; (fig.) festgefahren

grief /griːf/ *n.* Kummer, *der* (over, at über (+ Akk.) um); (at loss of sb) Trauer, *die* (for um); **come to** ~ (fail) scheitern

'grief-stricken *adj.* untröstlich (at über + Akk.)

grievance /'griːvəns/ *n.* (complaint) Beschwerde, *die*; (grudge) Groll, *der*

grieve /griːv/ **A** *v.t.* betrüben; bekümmern
B *v.i.* trauern (for um)

grievous /'griːvəs/ *adj.* schwer ‹*Verwundung, Krankheit*›

grievous bodily 'harm *n.* (Law) schwere Körperverletzung

grill /grɪl/ **A** *v.t.* (cook) grillen; (fig.) (question) in die Mangel nehmen (ugs.)
B *n.* **1** mixed ~ gemischte Grillplatte **2** (on cooker) Grill, *der*

grille (**grill**) *n.* **1** Gitter, *das* **2** (Motor Veh.) [Kühler]grill, *der*

grim /grɪm/ *adj.* (stern) streng; grimmig ‹*Lächeln, Schweigen*›; (unrelenting) erbittert ‹*Widerstand, Kampf*›; (ghastly) grauenvoll ‹*Aufgabe, Nachricht*›; trostlos ‹*Aussichten*›

grimace /grɪ'meɪs/ **A** *n.* Grimasse, *die*
B *v.i.* Grimassen schneiden; ~ **with pain** vor Schmerz das Gesicht verziehen

grime /graɪm/ *n.* Schmutz, *der*

grimy /'graɪmɪ/ *adj.* schmutzig

grin /grɪn/ **A** *n.* Grinsen, *das*
B *v.i.*, **-nn-** grinsen; ~ **at sb** jmdn. angrinsen

grind /graɪnd/ **A** *v.t.*, **ground** /graʊnd/ **1** ~ [up] zermahlen; mahlen ‹*Kaffee, Pfeffer, Getreide*›

g

2 (sharpen) schleifen <*Schere, Messer*>; schärfen <*Klinge*>
3 (rub harshly) zerquetschen; ~ one's teeth mit den Zähnen knirschen
B *v.i.*, **ground**; ~ to a halt <*Fahrzeug:*> quietschend zum Stehen kommen; (fig.) <*Verkehr:*> zum Erliegen kommen
C *n.* (infml) Plackerei, *die* (ugs.)

'**grinder** *n.* Schleifmaschine, *die*; (coffee ~ etc.) Mühle, *die*

'**grindstone** *n.* Schleifstein, *der*

grip /grɪp/ **A** *n.* **1** (firm hold) Halt, *der*; (fig.) (power) Umklammerung, *die*; **have a ~ on sth** etw. festhalten; (fig.) etwas im Griff haben; **loosen one's ~** loslassen; **lose one's ~** (fig.) nachlassen
2 (strength or way of ~ping) Griff, *der*
B *v.t.*, **-pp-** [fest] halten; <*Reifen:*> greifen; (fig.) fesseln <*Publikum, Aufmerksamkeit*>
C *v.i.*, **-pp-** <*Räder, Bremsen usw.:*> greifen

gripe /graɪp/ *v.i.* (infml) meckern (ugs.) (**about** über + *Akk.*)

gripping /'grɪpɪŋ/ *adj.* (fig.) packend

grisly /'grɪzlɪ/ *adj.* grausig

gristle /'grɪsl/ *n.* Knorpel, *der*

grit /grɪt/ **A** *n.* **1** Sand, *der*
2 (infml) (courage) Schneid, *der* (ugs.)
B *v.t.*, **-tt- 1** streuen <*Straßen*>
2 ~ one's teeth die Zähne zusammenbeißen (ugs.)

grizzly /'grɪzlɪ/ *n.* ~ [**bear**] Grislybär, *der*

groan /grəʊn/ **A** *n.* Stöhnen, *das*; (of thing) Ächzen, *das*
B *v.i.* [auf]stöhnen (**at** bei); <*Tisch, Planken:*> ächzen
C *v.t.* stöhnen

grocer /'grəʊsə(r)/ *n.* Lebensmittelhändler, *der*/-händlerin, *die*

grocery /'grəʊsərɪ/ *n.* **1** in pl. (goods) Lebensmittel *Pl.*
2 ~ [store] Lebensmittelgeschäft, *das*

groggy /'grɒgɪ/ *adj.* groggy präd. (ugs.)

groin /grɔɪn/ *n.* Leistengegend, *die*

groom /gruːm, grʊm/ **A** *n.* **1** (stable boy) Stallbursche, *der*
2 (bride~) Bräutigam, *der*
B *v.t.* striegeln <*Pferd*>; (fig.) vorbereiten (**for** auf + *Akk.*)

groove /gruːv/ *n.* Rille, *die*

grope /grəʊp/ *v.i.* tasten (**for** nach)

gross[1] /grəʊs/ *adj.* **1** (flagrant) grob <*Fahrlässigkeit, Fehler*>
2 (obese) fett
3 (total) Brutto-

gross[2] *n.*, pl. same Gros, *das*

'**grossly** *adj.* (flagrantly) äußerst; grob <*übertreiben*>

grotesque /grəʊ'tesk/ *adj.* grotesk

grotto /'grɒtəʊ/ *n.*, pl. ~**es** or ~**s** Grotte, *die*

grotty /'grɒtɪ/ *adj.* (BrE) (infml) mies (ugs.)

✔ **ground**[1] /graʊnd/ **A** *n.* **1** Boden, *der*; **get off the ~** (infml) konkrete Gestalt annehmen
2 [sports] ~ Sportplatz, *der*
3 in pl. (attached to house) Anlage, *die*
4 (reason) Grund, *der*; **on the ~[s] of** auf Grund (+ *Gen.*); **on the ~[s] that ...** unter Berufung auf die Tatsache, dass ...
5 in pl. (sediment) Satz, *der*
B *v.t.* (Aeronaut.) am Boden festhalten

ground[2] **A** ▸ grind A, B
B *adj.* gemahlen <*Kaffee, Getreide*>

ground: ~ **control** *n.* (Aeronaut.) (personnel, equipment, etc.) Flugsicherungskontrolldienst, *der*; ~ '**floor** ▸ floor A2; ~ **forces** *n. pl.* Bodentruppen *Pl.*; ~ **frost** *n.* Bodenfrost, *der*

'**grounding** *n.* Grundkenntnisse *Pl.*

'**groundless** *adj.* unbegründet

ground: ~**sheet** *n.* Bodenplane, *die*; ~**sman** /'graʊndzmən/ *n.*, pl. ~**smen** /'graʊndzmən/ (Sport) Platzwart, *der*; ~**work** *n.* Vorarbeiten *Pl.*; ~ '**zero** *n.* [Boden]nullpunkt, *der*

✔ **group** /gruːp/ **A** *n.* Gruppe, *die*
B *v.t.* gruppieren

group: ~ **practice** *n.* Gemeinschaftspraxis, *die*; ~ **therapy** *n.* Gruppentherapie, *die*

grouse[1] /graʊs/ *n.*, pl. same Raufußhuhn, *das*; [red] ~ (BrE) Schottisches Moorschneehuhn

grouse[2] *v.i.* (infml) meckern (ugs.)

grove /grəʊv/ *n.* Wäldchen, *das*

grovel /'grɒvl/ *v.i.*, (BrE) **-ll-** (fig.) katzbuckeln

✔ **grow** /grəʊ/ **A** *v.i.*, **grew** /gruː/, **grown** /grəʊn/ **1** wachsen; ~ **out of** or **from sth** sich aus etw. entwickeln; (from sth abstract) von etw. herrühren; ~ **in** gewinnen an (+ *Dat.*) <*Größe, Bedeutung*>
2 (become) werden; ~ **apart** (fig.) sich auseinander leben; ~ **to love/hate sb/sth** jmdn./etw. lieben lernen/hassen lernen; ~ **to like sb/sth** nach und nach Gefallen an jmdm./etw. finden
B *v.t.*, **grew, grown** ziehen; (on a large scale) anpflanzen; züchten <*Blumen*>
■ ~ '**up** *v.i.* **1** aufwachsen; (become adult) erwachsen werden
2 <*Legende:*> entstehen

growl /graʊl/ **A** *n.* Knurren, *das*; (of bear) Brummen, *das*
B *v.i.* knurren; <*Bär:*> [böse] brummen

grown /grəʊn/ **A** ▸ grow
B *adj.* erwachsen

'**grown-up** **A** *n.* Erwachsene, *der*/*die*
B *adj.* erwachsen

✔ **growth** /grəʊθ/ *n.* **1** Wachstum, *das* (of, in Gen.); (increase) Zunahme, *die* (of, in Gen.)
2 (Med.) Gewächs, *das*

growth: ~ **area** *n.* Wachstumsbereich, *der*; ~ **industry** *n.* Wachstumsindustrie, *die*; ~ **rate** *n.* Wachstumsrate, *die*

grub /grʌb/ *n.* **1** Larve, *die*; (maggot) Made, *die*
2 (infml) (food) Fressen, *das* (salopp)

grubby /'grʌbɪ/ *adj.* schmudd[e]lig (ugs.)

grudge /grʌdʒ/ **A** *v.t.* ~ **sb sth** jmdm. etw. missgönnen; ~ **doing sth** etw. ungern tun

g

B *n.* Groll, *der*; **bear sb a.** ~ *or* a ~ **against sb** jmdm. gegenüber nachtragend sein

grudging /'grʌdʒɪŋ/ *adj.* widerwillig; widerwillig gewährt ‹*Zuschuss*›

'**grudgingly** *adv.* widerwillig

gruelling (AmE: **grueling**) /'gruːəlɪŋ/ *adj.* aufreibend; strapaziös ‹*Reise*›

gruesome /'gruːsəm/ *adj.* grausig

gruff /grʌf/ *adj.* barsch; rau ‹*Stimme*›

grumble /'grʌmbl/ *v.i.* murren; ~ **about** *or* **over sth** sich über etw. (*Akk.*) beklagen

grumpily /'grʌmpɪlɪ/ *adv.* unleidlich

grumpy /'grʌmpɪ/ *adj.* unleidlich

grunge /grʌndʒ/ *n.* Grunge, *der*

grunt /grʌnt/ **A** *n.* Grunzen, *das*
B *v.i.* grunzen

guarantee /gærən'tiː/ **A** *v.t.* **1** garantieren für; [eine] Garantie geben auf (+ *Akk.*); **the clock is** ~**d for a year** die Uhr hat ein Jahr Garantie
2 (promise) garantieren (ugs.); (ensure) bürgen für ‹*Qualität*›
B *n.* **1** (Commerc. etc.) Garantie, *die*; (document) Garantieschein, *der*
2 (promise) Garantie, *die* (ugs.); **give sb a** ~ **that ...** jmdm. garantieren, dass ...

guarantor /'gærəntə(r), gærən'tɔː(r)/ *n.* Bürge, *der*/Bürgin, *die*

guaranty /'gærəntɪ/ *n.* (basis of security) Garantie, *die*; Gewähr, *die*

⚬ **guard** /gɑːd/ **A** *n.* **1** (guardsman) Wachtposten, *der*; (group of soldiers) Wache, *die*; **be on** ~ Wache haben; **be on [one's]** ~ (lit. or fig.) sich hüten
2 (BrE) (Railw.) [Zug]schaffner, *der*/-schaffnerin, *die*
3 (AmE) (prison warder) [Gefängnis]wärter, *der*/-wärterin, *die*
4 (safety device) Schutz, *der*
B *v.t.* bewachen; hüten ‹*Geheimnis*›; schützen ‹*Leben*›; beschützen ‹*Prominenten*›
■ '~ **against** *v.t.* sich hüten vor (+ *Dat.*); vorbeugen (+ *Dat.*) ‹*Krankheit, Irrtum*›

guard: ~ **dog** *n.* Wachhund, *der*; ~ **duty** *n.* Wachdienst, *der*

'**guarded** *adj.* zurückhaltend

guardian /'gɑːdɪən/ *n.* **1** Hüter, *der*; Wächter, *der*
2 (Law) Vormund, *der*

guardian 'angel *n.* Schutzengel, *der*

guerrilla /gə'rɪlə/ *n.* Guerillakämpfer, *der*/-kämpferin, *die*; *attrib.* Guerilla-

⚬ **guess** /ges/ **A** *v.t.* **1** (estimate) schätzen; (surmise) raten; (surmise correctly) erraten; raten ‹*Rätsel*›; ~ **what!** (infml) stell dir vor!
2 (esp. AmE) (suppose) **I** ~ ich glaube
B *v.i.* (estimate) schätzen; (make assumption) vermuten; (surmise correctly) es erraten; ~ **at sth** etw. schätzen; **keep sb** ~**ing** (infml) jmdn. im Unklaren lassen
C *n.* Schätzung, *die*; **make** *or* **have a** ~ schätzen

guesstimate /'gestɪmət/ *n.* (infml) grobe Schätzung

'**guesswork** *n.* **be** ~ eine Vermutung sein

⚬ **guest** /gest/ *n.* Gast, *der*

guest: ~ **house** *n.* Pension, *die*; ~ **list** *n.* Gästeliste, *die*; ~ **room** *n.* Gästezimmer, *das*; ~ **worker** *n.* Gastarbeiter, *der*/-arbeiterin, *die*

guffaw /gʌ'fɔː/ **A** *n.* brüllendes Gelächter
B *v.i.* brüllend lachen

guidance /'gaɪdəns/ *n.* **1** (leadership) Führung, *die*; (by teacher etc.) [An]leitung, *die*
2 (advice) Rat, *der*

guide /gaɪd/ **A** *n.* **1** Führer, *der*/Führerin, *die*; (Tourism) [Fremden]führer, *der*/-führerin, *die*
2 (indicator) **be a [good]** ~ **to sth** ein [guter] Anhaltspunkt für etw. sein; **be no** ~ **to sth** keine Rückschlüsse auf etw. (*Akk.*) zulassen
3 (BrE) **[Girl] G**~ Pfadfinderin, *die*
4 (handbook) Handbuch, *das*
5 (for tourists) [Reise]führer, *der*
B *v.t.* führen; (fig.) bestimmen ‹*Handeln, Urteil*›; **be** ~**d by sth/sb** sich von etw./jmdm. leiten lassen

'**guidebook** *n.* [Reise]führer, *der*

guided 'missile *n.* Lenkflugkörper, *der*

'**guide dog** *n.* Blinden[führ]hund, *der*

guided 'tour *n.* Führung, *die* (of durch)

'**guideline** *n.* Richtlinie, *die*

guild /gɪld/ *n.* **1** Verein, *der*
2 (Hist.) Gilde, *die*; Zunft, *die*

guile /gaɪl/ *n.* Hinterlist, *die*

guillotine /'gɪlətiːn/ *n.* Guillotine, *die*

guilt /gɪlt/ *n.* **1** Schuld, *die* (of, for an + *Dat.*)
2 (guilty feeling) Schuldgefühle Pl.

'**guiltless** *adj.* unschuldig (of an + *Dat.*)

⚬ '**guilty** *adj.* **1** schuldig; **be** ~ **of murder** des Mordes schuldig sein; **find sb** ~/**not** ~ **[of sth]** jmdn. [an etw. (*Dat.*)] schuldig sprechen/[von etw.] freisprechen; **feel** ~ ein schlechtes Gewissen haben
2 schuldbewusst ‹*Miene, Blick, Verhalten*›; schlecht ‹*Gewissen*›

guinea: ~**fowl**, ~ **hen** *ns.* Perlhuhn, *das*; ~ **pig** *n.* **1** (animal) Meerschweinchen, *das*
2 (fig.) (subject of experiment) (person) Versuchsperson, *die*; Versuchskaninchen, *das* (ugs. abwertend); (thing) Versuchsobjekt, *das*; **act as** ~ **pig** Versuchskaninchen spielen

guise /gaɪz/ *n.* Gestalt, *die*; **in the** ~ **of** in Gestalt (+ *Gen.*)

guitar /gɪ'tɑː(r)/ *n.* Gitarre, *die*

guitarist /gɪ'tɑːrɪst/ *n.* Gitarrist, *der*/Gitarristin, *die*

gulf /gʌlf/ *n.* **1** (Geog.) Golf, *der*
2 (wide gap) Kluft, *die*

gull /gʌl/ *n.* Möwe, *die*

gullet /'gʌlɪt/ *n.* **1** Speiseröhre, *die*
2 (throat) Kehle, *die*

gullible /'gʌlɪbl/ *adj.* leichtgläubig

gully /'gʌlɪ/ *n.* (artificial channel) Abzugsrinne, *die*; (drain) Gully, *der*

gulp /gʌlp/ **A** *v.t.* hinunterschlingen; hinuntergießen ‹*Getränk*› **B** *n.* **1** Schlucken, *das* **2** (large mouthful of drink) kräftiger Schluck ■ ~ '**down** *v.t.* hinunterschlingen; hinuntergießen ‹*Getränk*›

gum[1] /gʌm/ *n.* (Anat.) ~[s] Zahnfleisch, *das*

gum[2] **A** *n.* **1** Gummi, *das*; (glue) Klebstoff, *der* **2** (AmE) ▶ **chewing gum** **B** *v.t.*, -**mm**- **1** (smear with ~) mit Klebstoff bestreichen; gummieren ‹*Briefmarken, Etiketten usw.*› **2** (fasten with ~) kleben

'**gumboot** *n.* Gummistiefel, *der*

gumption /'gʌmpʃn/ *n.* (infml) Grips, *der*

⚔ **gun** /gʌn/ *n.* Schusswaffe, *die*; (rifle) Gewehr, *das*; (pistol) Pistole, *die*; (revolver) Revolver, *der* ■ ~ '**down** *v.t.* niederschießen

gun: ~**fight** *n.* (AmE) (infml) Schießerei, *die*; ~**fire** *n.* Geschützfeuer, *das*; ~ **laws** *pl.* Waffengesetze *Pl.*; ~**man** /'gʌnmən/ *n.*; ~**men** /'gʌnmən/ bewaffneter Mann; ~**powder** *n.* Schießpulver, *das*; ~**shot** *n.* Schuss, *der*; ~**shot wound** *n.* Schusswunde, *die*; ~**smith** *n.* Büchsenmacher, *der*

gurgle /'gɜːgl/ **A** *n.* Gluckern, *das*; (of brook) Plätschern, *das* **B** *v.i.* gluckern; ‹*Bach:*› plätschern; ‹*Baby:*› lallen; (with delight) glucksen

guru /'gʊruː/ *n.* Guru, *der*

gush /gʌʃ/ **A** *n.* Schwall, *der* **B** *v.i.* **1** strömen; ~ **out** herausströmen **2** (fig.) (enthuse) schwärmen

'**gushing** *adj.* **1** reißend ‹*Strom*› **2** (effusive) exaltiert

gust /gʌst/ *n.* ~ **[of wind]** Bö[e], *die*

gusto /'gʌstəʊ/ *n.* Genuss, *der*; (vitality) Schwung, *der*

'**gusty** *adj.* böig

gut /gʌt/ **A** *n.* **1** (material) Darm, *der* **2** *in pl.* (bowels) Eingeweide *Pl.*; Gedärme *Pl.* **3** *in pl.* (infml) (courage) Schneid, *der* (ugs.) **B** *v.t.*, -**tt**- **1** (remove ~s of) ausnehmen **2** (remove fittings from) ausräumen; **the house was** ~**ted [by fire]** das Haus brannte aus

gut 'feeling *n.* instinktives Gefühl; **have a** ~ **that** ... es im Gefühl *od.* (salopp) Urin haben, dass ...

gutter /'gʌtə(r)/ *n.* (below edge of roof) Dachrinne, *die*; (at side of street) Rinnstein, *der*; Gosse, *die*

'**guttering** *n.* (on roof) Dachrinnen *Pl.*

gutter 'press *n.* Sensationspresse, *die*

guttural /'gʌtərl/ *adj.* guttural; kehlig

⚔ **guy** /gaɪ/ *n.* **1** (infml) (man) Typ, *der* (ugs.) **2** *in pl.* (AmE) (everyone) **[listen,] you** ~**s!** [hört mal,] Kinder! (ugs.)

'**guy rope** *n.* Zelt[spann]leine, *die*

guzzle /'gʌzl/ **A** *v.t.* (eat) hinunterschlingen; (drink) hinuntergießen **B** *v.i.* schlingen

gym /dʒɪm/ *n.* (infml) **1** (gymnasium) Turnhalle, *die* **2** (gymnastics) Turnen, *das*

gymnasium /dʒɪm'neɪziəm/ *n., pl.* ~**s** *or* **gymnasia** /dʒɪm'neɪzɪə/ Turnhalle, *die*

gymnast /'dʒɪmnæst/ *n.* Turner, *der*/ Turnerin, *die*

gymnastic /dʒɪm'næstɪk/ *adj.* turnerisch ‹*Können*›

gym'nastic equipment *n.* Turngeräte *Pl.*

gymnastics /dʒɪm'næstɪks/ *n.* Gymnastik, *die*; (esp. with apparatus) Turnen, *das*

'**gymslip** *n.* Trägerrock, *der*

gynaecologist /gaɪnɪ'kɒlədʒɪst/ *n.* Frauenarzt, *der*/-ärztin, *die*

gynaecology /gaɪnɪ'kɒlədʒɪ/ *n.* Gynäkologie, *die*

gypsy, Gypsy /'dʒɪpsɪ/ *n.* Zigeuner, *der*/ Zigeunerin, *die*

gyrate /dʒaɪə'reɪt/ *v.i.* sich drehen

Hh

H, h /eɪtʃ/ *n.* H, h, *das*

haberdashery /'hæbədæʃərɪ/ *n.* (goods) Kurzwaren *Pl.*; (AmE) (menswear) Herrenmoden *Pl.*

habit /'hæbɪt/ *n.* **1** Gewohnheit, *die*; **good/ bad** ~ gute/schlechte [An]gewohnheit; **get**

or **fall into** a *or* the ~ **of doing sth** [es] sich (*Dat.*) angewöhnen, etw. zu tun **2** (infml) (addiction) Süchtigkeit, *die*

habitable /'hæbɪtəbl/ *adj.* bewohnbar

habitat /'hæbɪtæt/ *n.* Habitat, *das*

habitation /hæbɪ'teɪʃn/ *n.* **fit/unfit for human** ~ bewohnbar/unbewohnbar

⚔ Schlüsselwort

habitual /həˈbɪtjʊəl/ adj. **1** gewohnt
2 (given to habit) gewohnheitsmäßig; Gewohnheits<trinker>

ha'bitually adv. (regularly) regelmäßig

hack¹ /hæk/ v.t. **1** hacken <Holz>; ~ sth to bits or pieces etw. in Stücke hacken **2** (Comp.) eindringen in (+ Akk.) <Computersystem>; ~ into sth in etw. (Akk.) eindringen

■ ~ 'off v.t. abhacken
■ ~ 'out v.t. heraushauen (from aus)

hack² n. (derog.) (writer) Schreiberling, der

hacker /ˈhækə(r)/ n. (Comp.) Hacker, der

hackneyed /ˈhæknɪd/ adj. abgegriffen; abgedroschen (ugs.)

'hacksaw n. [Metall]bügelsäge, die

had ▸ have

haddock /ˈhædək/ n., pl. same Schellfisch, der

hadn't /ˈhædnt/ (infml) = **had not** ▸ have

haemoglobin /hiːməˈgləʊbɪn/ n. Hämoglobin, das

haemophilia /hiːməˈfɪlɪə/ n. Hämophilie, die (fachspr.); Bluterkrankheit, die

haemophiliac /hiːməˈfɪlɪæk/ n. Bluter, der/ Bluterin, die

haemorrhage /ˈhemərɪdʒ/ n. Blutung, die

haemorrhoid /ˈhemərɔɪd/ n. Hämorrhoide, die

hag /hæg/ n. [alte] Hexe

haggard /ˈhægəd/ adj. ausgezehrt; (with worry) abgehärmt

haggle /ˈhægl/ v.i. sich zanken (over, about wegen); (over price) feilschen (over, about um)

Hague /heɪg/ pr. n. The ~ Den Haag (das)

hail¹ /heɪl/ **A** n. Hagel, der
B v.i. it ~s or is ~ing es hagelt; ~ down (fig.) niederprasseln (on auf + Akk.)

hail² v.t. **1** (call out to) anrufen; (signal to) anhalten <Taxi>
2 (acclaim) zujubeln (+ Dat.); bejubeln (as als)

'hailstone n. Hagelkorn, das

✧ **hair** /heə(r)/ n. **1** (one strand) Haar, das
2 collect. Haar, das; Haare Pl.; attrib. Haar-; have or get one's ~ done sich (Dat.) das Haar od. die Haare machen lassen (ugs.)

hair: ~**brush** n. Haarbürste, die; ~ **conditioner** n. Pflegespülung, die; ~ **cream** n. Haarcreme, die; Pomade, die; ~ **curler** n. Lockenwickler, der; ~**cut** n. **1** (act) Haareschneiden, das; **go for/need a** ~cut zum Friseur gehen/müssen; **get/have a** ~cut (Dat.) die Haare schneiden lassen **2** (style) Haarschnitt, der; ~**do** n. (style) Frisur, die; ~**dresser** n. Friseur, der/ Friseurin, die; **go to the** ~dresser's zum Friseur gehen; ~ **dye** n. Haarfärbemittel, das; ~**grip** n. (BrE) Haarklammer, die; ~**line** n. **1** (edge of hair) Haaransatz, der; his ~line is receding, he has a receding ~line er bekommt eine Stirnglatze **2** (crack) Haarriss; ~**line fracture** (Med.) Fissur, die; ~**line 'fracture** n. (Med.) Fissur, die;

~**pin** n. Haarnadel, die; ~**pin 'bend** n. Haarnadelkurve, die; ~**raising** /ˈheəreɪzɪŋ/ adj. haarsträubend; ~**spray** n. Haarspray, das; ~ **straighteners** n. pl. Glätteisen, das; ~**style** n. Frisur, die

'hairy adj. **1** behaart; flauschig <Pullover, Teppich>
2 (infml) (difficult) haarig

hale /heɪl/ adj. ~ **and hearty** gesund und munter

✧ **half** /hɑːf/ **A** n., pl. **halves** /hɑːvz/ **1** Hälfte, die; ~ [of sth] die Hälfte [von etw.]; ~ of Europe halb Europa; **one and a** ~ **hours, one hour and a** ~ anderthalb od. eineinhalb Stunden; **divide sth in** ~ or **into halves** etw. halbieren; **she is three and a** ~ sie ist dreieinhalb
2 (Footb. etc.) (period) Halbzeit, die
B adj. halb; ~ **the house/books/time** die Hälfte des Hauses/der Bücher/der Zeit; ~ **an hour** eine halbe Stunde
C adv. **1** zur Hälfte; halb <schließen, aufessen, fertig, voll, geöffnet>; (almost) fast <ersticken, tot sein>; ~ **as much/many** halb so viel/viele; **only** ~ **hear what ...** nur zum Teil hören, was ...
2 ~ **past** or (infml) ~ **one/two/three** etc. halb zwei/drei/vier usw.; ~ **past twelve** halb eins

half: ~ **'board** n. Halbpension, die; ~**caste** n. (offens.) Mischling, der; ~**'hearted** adj. halbherzig; ~ **'hour** n. halbe Stunde; ~ **'mast** n. **be [flown] at** ~ **mast** auf Halbmast stehen; ~ **'moon** n. Halbmond, der; ~ **note** n. (AmE) (Mus.) halbe Note; ~ **'price** n. halber Preis; ~**'price** **A** adj. zum halben Preis nachgestellt **B** adv. zum halben Preis; ~**'term** n. (BrE) (holiday) ~**term** [holiday/ break] Ferien in der Mitte des Trimesters; ~**'time** n. (Sport) Halbzeit, die; ~**'way** **A** adj. ~**way point** Mitte, die **B** adv. die Hälfte des Weges <begleiten, fahren>; ~**wit** n. Schwachkopf, der; (scatterbrain) Schussel, der

halibut /ˈhælɪbət/ n., pl. same Heilbutt, der

✧ **hall** /hɔːl/ n. **1** Saal, der; (building) Halle, die; **school/church** ~ Aula, die/Gemeindehaus, das
2 (entrance ~) Flur, der
3 (Univ.) ~ **[of residence]** Studentenwohnheim, das

'hallmark n. [Feingehalts]stempel, der; (fig.) Kennzeichen, das

hallo /həˈləʊ/ int. **1** (to call attention) hallo
2 (BrE) ▸ hello

Hallowe'en /hæləʊˈiːn/ n. Halloween, das; Abend vor Allerheiligen

hallucination /həluːsɪˈneɪʃn/ n. Halluzination, die

hallucinogen /həˈluːsɪnədʒen/ n. (Med.) Halluzinogen, das

hallucinogenic /həluːsɪnəˈdʒenɪk/ adj. (Med.) halluzinogen '**hallway** *n.* Flur, *der*

halo /'heɪləʊ/ *n.*, *pl.* ~**es** Heiligenschein, *der*

halt /hɒlt, hɔːlt/ **A** *n.* **1** Pause, *die*; (interruption) Unterbrechung, *die*; **call a** ~ **to sth** mit etw. Schluss machen
2 (BrE) (Railw.) Haltepunkt, *der*
B *v.i.* **1** stehen bleiben; <*Fahrer:*> anhalten; (for a rest) eine Pause machen; (esp. Mil.) Halt machen; ~, **who goes there?** (Mil.) halt, wer da?
2 (end) eingestellt werden
C *v.t.* anhalten; einstellen <*Projekt*>

'**halting** *adj.* schleppend; zögernd <*Antwort*>

halve /hɑːv/ *v.t.* halbieren

halves *pl. of* **half**

ham /hæm/ *n.* Schinken, *der*

hamburger /'hæmbɜːɡə(r)/ *n.* Hacksteak, *das*; (in roll) Hamburger, *der*

hamlet /'hæmlɪt/ *n.* Weiler, *der*

hammer /'hæmə(r)/ **A** *n.* Hammer, *der*
B *v.t.* hämmern
C *v.i.* hämmern (**at** an + *Dat.*)
■ ~ '**out** *v.t.* ausklopfen <*Delle, Beule*>; (fig.) (devise) ausarbeiten

hammock /'hæmək/ *n.* Hängematte, *die*

hamper[1] /'hæmpə(r)/ *n.* [Deckel]korb, *der*

hamper[2] *v.t.* behindern

hamster /'hæmstə(r)/ *n.* Hamster, *der*

'**hamstring** **A** *n.* (Anat.) Kniesehne, *die*
B *vt.* (fig.) lähmen

✓ **hand** /hænd/ **A** *n.* **1** Hand, *die*; **by** ~ (manually) mit der *od.* von Hand; **give** *or* **lend** [**sb**] **a** ~ [**with** *or* **in sth**] [jmdm.] [bei etw.] helfen
2 (share) **have a** ~ **in sth** bei etw. seine Hände im Spiel haben
3 (worker) Arbeiter, *der*; (Naut.) (seaman) Matrose, *der*
4 (of clock or watch) Zeiger, *der*
5 **at** ~ in der Nähe; **on the one** ~ ..., [**but**] **on the other** [~] ... einerseits ..., andererseits ...
6 (Cards) Karte, *die*
B *v.t.* geben; <*Überbringer:*> übergeben <*Sendung, Lieferung*>
■ ~ '**in** *v.t.* abgeben (**to**, **at** bei); einreichen <*Petition*>
■ ~ '**out** *v.t.* austeilen
■ ~ '**over** *v.t.* übergeben (**to** *Dat.*)

hand: ~**bag** *n.* Handtasche, *die*; ~ **baggage** *n.* Handgepäck, *das*; ~**book** *n.* Handbuch, *das*; ~**brake** *n.* Handbremse, *die*; ~**cuff** **A** *n.*, *usu. in pl.* Handschelle, *die*
B *v.t.* ~**cuff sb** jmdm. Handschellen anlegen

handful /'hændfʊl/ *n.* Handvoll, *die*; **be a** ~ (fig. infml) einen ständig auf Trab halten (ugs.)

hand: ~ **grenade** *n.* Handgranate, *die*; ~**gun** *n.* Faustfeuerwaffe, *die*; ~**held** *adj.* ~**held camera** Handkamera, *die*

handicap /'hændɪkæp/ **A** *n.* **1** (Sport, also fig.) Handikap, *das*
2 (dated/offensive) (physical) Behinderung, *die*

B *v.t.*, **-pp-** benachteiligen

handicapped /'hændɪkæpt/ *adj.* (dated/offensive) [**mentally/physically**] ~ [geistig/körperlich] behindert

handicraft /'hændɪkrɑːft/ *n.* [Kunst]handwerk, *das*; (needlework, knitting, etc.) Handarbeit, *die*

handiwork /'hændɪwɜːk/ *n.* handwerkliche Arbeit; **it's all his own** ~ das hat er selbst gemacht

handkerchief /'hæŋkətʃɪf/ *n.*, *pl.* ~**s** *or* **handkerchieves** /'hæŋkətʃiːvz/ Taschentuch, *das*

✓ **handle** /'hændl/ **A** *n.* Griff, *der*; (of door) Klinke, *die*; (of axe, brush, comb, broom, saucepan) Stiel, *der*; (of cup, jug) Henkel, *der*
B *v.t.* **1** (touch, feel) anfassen
2 (control) handhaben <*Fahrzeug, Flugzeug*>
3 (deal/cope with) umgehen/fertig werden mit

'**handlebars** *n. pl.* Lenkstange, *die*

'**handling charge** /'hændlɪŋ/ *n.* (Commerc.) Bearbeitungsgebühr, *die*

hand: ~ **lotion** *n.* Handlotion, *die*; ~ **luggage** *n.* Handgepäck, *das*; ~**made** *adj.* handgearbeitet; ~**over** *n.* Übergabe, *die*; ~**-painted** *adj.* handbemalt; ~**-picked** *adj.* sorgfältig ausgewählt; ~**s-free** *adj.* Freisprech<*einrichtung, -betrieb*>; ~**s-free 'kit** *n.* Freisprechanlage, *die*; Freispricheinrichtung, *die*; ~**shake** *n.* Händedruck, *der*

handsome /'hænsəm/ *adj.* gut aussehend

hand: ~**s-'on** *adj.* praktisch; ~**stand** *n.* Handstand, *der*; ~ **towel** *n.* [Hände]handtuch, *das*; ~**writing** *n.* [Hand]schrift, *die*; ~**written** *adj.* handgeschrieben; handschriftlich

handy /'hændɪ/ *adj.* greifbar; **keep/have sth** ~ etw. greifbar haben

'**handyman** *n.* Handwerker, *der*; [**home**] ~ Heimwerker, *der*

✓ **hang** /hæŋ/ **A** *v.t.* **1** *p.t., p.p.* **hung** /hʌŋ/ hängen; aufhängen <*Bild, Gardinen*>; ankleben <*Tapete*>
2 *p.t., p.p.* ~**ed** (execute) hängen (**for** wegen); ~ **oneself** sich erhängen
B *v.i.*, **hung 1** hängen; <*Kleid usw.:*> fallen
2 (be executed) hängen
C *n.* **get the** ~ **of sth** (infml) mit etw. klarkommen (ugs.)
■ ~ **a'bout**, ~ **a'round** *v.i.* **1** (loiter) herumlungern (salopp)
2 (infml) (wait) warten
■ ~ '**on** *v.i.* **1** sich festhalten (**to** an + *Dat.*)
2 (infml) (wait) warten
3 ~ **on to** (infml) (keep) behalten
■ ~ '**out** **A** *v.t.* aufhängen <*Wäsche*>
B *v.i.* **1** heraushängen
2 (infml) (live) wohnen; (be often present) sich herumtreiben (ugs.)
■ ~ '**up** **A** *v.t.* aufhängen
B *v.i.* (Teleph.) auflegen

hangar /'hæŋə(r)/ *n.* Hangar, *der*

✓ Schlüsselwort

'**hanger** *n.* Bügel, *der*

hang: ∼**-glider** *n.* Hängegleiter, *der*; Drachen, *der*; ∼**-glider pilot** Drachenflieger, *der*/-fliegerin, *die*; ∼**-gliding** *n.* Drachenfliegen, *das*

'**hanging** *n.* (execution) Hinrichtung [durch den Strang], *die*

hanging 'basket *n.* Hängekorb, *der*

hang: ∼**man** /ˈhæŋmən/ *n.*, *pl.* ∼**men** /ˈhæŋmən/ Henker, *der*; ∼**over** *n.* Katɐr, *der* (ugs.); ∼**-up** *n.* (infml) Macke, *die* (ugs.)

hanker /ˈhæŋkə(r)/ *v.i.* ∼ **after** ein heftiges Verlangen haben nach

hanky /ˈhæŋkɪ/ *n.* (infml) Taschentuch, *das*

Hanover /ˈhænəʊvə(r)/ *pr. n.* Hannover (*das*)

haphazard /hæpˈhæzəd/ *adj.*, **hap'hazardly** *adv.* willkürlich

ↄ' **happen** /ˈhæpn/ *v.i.* geschehen; ‹*Vorhergesagtes:*› eintreffen; ∼ **to sb** jmdm. passieren; ∼ **to do sth/be sb** zufällig etw. tun/jmd. sein; **as it** ∼**s** *or* **it so** ∼**s I have ...** zufällig habe ich ...

'**happening** *n.* Ereignis, *das*

happily /ˈhæpɪlɪ/ *adv.* **1** glücklich ‹*lächeln*›; vergnügt ‹*spielen, lachen*› **2** (gladly) mit Vergnügen

happiness /ˈhæpɪnɪs/ *n.* Glück, *das*; Heiterkeit, *die*; Zufriedenheit, *die*

ↄ' **happy** /ˈhæpɪ/ *adj.* **1** (joyful) glücklich; heiter ‹*Bild, Veranlagung*›; erfreulich ‹*Erinnerung, Szene*›; froh ‹*Ereignis*›; (contented) zufrieden **2** be ∼ **to do sth** (glad) etw. gern tun

happy: ∼ '**ending** *n.* Happyend, *das*; ∼**-go-'lucky** *adj.* sorglos

harass /ˈhærəs/ *v.t.* schikanieren

harassed /ˈhærəst/ *adj.* geplagt (with von); gequält ‹*Blick, Ausdruck*›

'**harassment** *n.* Schikanierung, *die*; **sexual** ∼ [sexuelle] Belästigung

harbour (BrE; AmE: **harbor**) /ˈhɑːbə(r)/ **A** *n.* Hafen, *der*; **in** ∼ im Hafen
B *v.t.* Unterschlupf gewähren (+ *Dat.*) ‹*Verbrecher, Flüchtling*›; hegen (geh.) ‹*Groll, Verdacht*›

ↄ' **hard** /hɑːd/ **A** *adj.* **1** hart; fest ‹*Gelee*›; stark ‹*Regen*›; streng ‹*Frost, Winter*›; gesichert ‹*Beweis, Daten*›
2 (difficult) schwer; **this is** ∼ **to believe** das ist kaum zu glauben; **do sth the** ∼ **way** es sich (*Dat.*) bei etw. unnötig schwer machen
3 (strenuous) hart
4 (vigorous) kräftig ‹*Schlag, Stoß, Tritt*›
5 (harsh) hart
B *adv.* **1** (strenuously) hart ‹*arbeiten, trainieren*›; fleißig ‹*studieren, üben*›; genau ‹*überlegen*›; gut ‹*aufpassen, zuhören*›; **try** ∼ sich sehr bemühen
2 (vigorously) heftig; fest ‹*schlagen, drücken, klopfen*›
3 (severely) hart; **be** ∼ **up** knapp bei Kasse sein (ugs.); **feel** ∼ **done by** sich schlecht behandelt fühlen

hard: ∼**back** *n.* gebundene Ausgabe; ∼**board** *n.* Hartfaserplatte, *die*; ∼**-boiled** *adj.* **1** hart gekocht ‹*Ei*› **2** (tough) hartgesotten; ∼ '**cash** *n.* **in** ∼ **cash** in bar ‹*bezahlen*›; ∼ **copy** *n.* (Comp.) Hardcopy, *die*; ∼**-core** *attrib. adj.* hart ‹*Pornographie*›; ∼ **court** *n.* (Tennis) Hartplatz, *der*; ∼ '**currency** *n.* harte Währung; ∼ '**disk** ▶ disk 1; ∼ **drug** *n.* harte Droge; ∼**-earned** *adj.* schwer verdient

harden /ˈhɑːdn/ **A** *v.t.* härten; (fig.) abhärten (to gegen)
B *v.i.* hart werden; (become confirmed) sich verhärten

hardened /ˈhɑːdnd/ *adj.* abgehärtet (to gegen); hartgesotten ‹*Verbrecher*›

hard: ∼ '**hat** *n.* Schutzhelm, *der*; ∼**-headed** *adj.* nüchtern; ∼**-hearted** *adj.* hartherzig (towards gegenüber); ∼-'**hitting** *adj.* (fig.) aggressiv ‹*Rede, Politik, Kritik*›; ∼ '**labour** *n.* Zwangsarbeit, *die*

ↄ' **hardly** /ˈhɑːdlɪ/ *adv.* kaum; ∼ **anyone** *or* **anybody/anything** fast niemand/nichts; ∼ **ever** so gut wie nie; ∼ **at all** fast überhaupt nicht

'**hardness** *n.* Härte, *die*

hard: ∼ **porn** (infml), ∼ **pornography** *ns.* harte Pornographie; harte Pornos *Pl.* (ugs.); ∼ '**pressed** *adj.* hart bedrängt; **be** ∼ **pressed** große Schwierigkeiten haben; ∼ **sell** *n.* aggressive Verkaufsmethoden *Pl.*

'**hardship** *n.* **1** Not, *die*; Elend, *das* **2** (instance) Notlage, *die*

hard: ∼ '**shoulder** *n.* (BrE) Standspur, *die*; ∼**ware** *n.* **1** (goods) Eisenwaren *Pl.*; *attrib.* Eisenwaren‹*geschäft*› **2** (Comp.) Hardware, *die*; ∼**-wearing** *adj.* strapazierfähig; ∼**-working** *adj.* fleißig; ∼**wood** *n.* Hartholz, *das*

hardy /ˈhɑːdɪ/ *adj.* abgehärtet; zäh ‹*Rasse*›; winterhart ‹*Pflanze*›

hare /heə(r)/ *n.* Hase, *der*

harem /ˈhɑːriːm, hɑːˈriːm/ *n.* Harem, *der*

hark /hɑːk/ *v.i.* [just] ∼ **at him** hör ihn dir/hört ihn euch nur an!; ∼ **back to** zurückkommen auf (+ *Akk.*)

harm /hɑːm/ **A** *n.* Schaden, *der*; **do sb** ∼, **do** ∼ **to sb** jmdm. schaden
B *v.t.* etwas [zuleide] tun (+ *Dat.*); schaden (+ *Dat.*) ‹*Beziehungen, Land, Ruf*›

harmful /ˈhɑːmfl/ *adj.* schädlich (to für)

'**harmless** *adj.* harmlos

harmonica /hɑːˈmɒnɪkə/ *n.* Mundharmonika, *die*

harmonious /hɑːˈməʊnɪəs/ *adj.* harmonisch

harmonize /ˈhɑːmənaɪz/ **A** *v.t.* aufeinander abstimmen
B *v.i.* harmonieren (with mit)

harmony /ˈhɑːmənɪ/ *n.* Harmonie, *die*; **be in** ∼ harmonieren

harness /ˈhɑːnɪs/ **A** *n.* Geschirr, *das*
B *v.t.* anschirren; (fig.) nutzen

h

harp /hɑːp/ **A** *n.* Harfe, *die*
B *v.i.* ~ on [about] sth immer wieder von etw. reden; (critically) auf etw. (*Dat.*) herumreiten (salopp)

harpoon /hɑːˈpuːn/ *n.* Harpune, *die*

harpsichord /ˈhɑːpsɪkɔːd/ *n.* Cembalo, *das*

harrowing /ˈhærəʊɪŋ/ *adj.* entsetzlich; grauenhaft <*Anblick, Geschichte*>

harsh /hɑːʃ/ *adj.* **1** rau <*Gewebe, Klima*>; schrill <*Ton, Stimme*>; grell <*Licht*>; hart <*Bedingungen, Leben*>
2 (excessively severe) [sehr] hart; [äußerst] streng <*Disziplin*>; rücksichtslos <*Tyrann, Herrscher, Politik*>

'harshly *adv.* [sehr] hart

harvest /ˈhɑːvɪst/ **A** *n.* Ernte, *die*
B *v.t.* ernten

harvest 'festival *n.* Erntedankfest, *das*

has ▶ have

has-been /ˈhæzbiːn/ *n.* (infml) be a ~ seine besten Jahre hinter sich haben

hash /hæʃ/ *n.* **1** (Cookery) Haschee, *das*
2 make a ~ of sth (infml) etw. verpfuschen (ugs.)

'hash browns *n. pl.* Bratkartoffeln mit Zwiebeln; ≈ Rösti mit Zwiebeln

hashish /ˈhæʃɪʃ/ *n.* Haschisch, *das*

'hashtag *n.* Hashtag, *der od. das*

hasn't /ˈhæznt/ = **has not** ▶ have

hassle /ˈhæsl/ (infml) **A** *n.* Ärger, *der*
B *v.t.* schikanieren

haste /heɪst/ *n.* Eile, *die*; (rush) Hast, *die*; **make ~** sich beeilen

hasten /ˈheɪsn/ **A** *v.t.* beschleunigen
B *v.i.* eilen

hastily /ˈheɪstɪlɪ/ *adv.* (hurriedly) eilig; (rashly) übereilt

hasty /ˈheɪstɪ/ *adj.* eilig; flüchtig <*Skizze, Blick*>; (rash) übereilt

hat /hæt/ *n.* Hut, *der*

hatch¹ /hætʃ/ *n.* Luke, *die*; (serving ~) Durchreiche, *die*

hatch² **A** *v.t.* ausbrüten
B *v.i.* [aus]schlüpfen
■ ~ 'out **A** *v.i.* ausschlüpfen
B *v.t.* ausbrüten

'hatchback *n.* (car) Schräghecklimousine, *die*

hatchet /ˈhætʃɪt/ *n.* Beil, *das*; **bury the ~** (fig.) das Kriegsbeil begraben

ẟ **hate** /heɪt/ **A** *n.* Hass, *der*
B *v.t.* hassen; **I ~ to say this** (infml) ich sage das nicht gern

hateful /ˈheɪtfl/ *adj.* abscheulich

'hate mail *n.* hasserfüllte Briefe *Pl.*

'hatpin *n.* Hutnadel, *die*

hatred /ˈheɪtrɪd/ *n.* Hass, *der*

hat: ~**stand** *n.* Hutständer, *der*; ~ **trick** *n.* Hattrick, *der*

haughty /ˈhɔːtɪ/ *adj.* hochmütig

ẟ Schlüsselwort

haul /hɔːl/ **A** *v.i. & t.* ziehen
B *n.* **1** Ziehen, *das*
2 (catch) Fang, *der*; (fig.) Beute, *die*

haulage /ˈhɔːlɪdʒ/ *n.* Transport, *der*

haunch /hɔːntʃ/ *n.* **sit on one's/its ~es** auf seinem Hinterteil sitzen

haunt /hɔːnt/ *v.t.* ~ **a house/castle** in einem Haus/Schloss spuken; **a ~ed house** ein Haus, in dem es spukt

'haunting *adj.* sehnsüchtig

ẟ **have** **A** /hæv/ *v.t., pres.* **he has** /hæz/; *p.t. & p.p.* **had** /hæd/ haben; (obtain) bekommen; (take) nehmen; bekommen <*Kind*>; ~ **breakfast/dinner/lunch** frühstücken/zu Abend/zu Mittag essen; ~ **a cup of tea** eine Tasse Tee trinken; ~ **sb to stay** jmdn. zu Besuch haben; **you've had it now** (infml) jetzt ist es aus (ugs.); ~ **a game of football** Fußball spielen
B /həv, əv, *stressed* hæv/ *v. aux.,* **he has** /həz, əz, *stressed* hæz/, **had** /həd, əd, *stressed* hæd/ **I ~/I had read** ich habe/hatte gelesen; **I ~/I had gone** ich bin/war gegangen; **if I had known** … wenn ich gewusst hätte …; ~ **sth made** etw. machen lassen; ~ **to** müssen
■ ~ **'on** *v.t.* **1** (wear) tragen
2 (BrE) (infml) (deceive) ~ **sb on** jmdn. auf den Arm nehmen (ugs.)
■ ~ **'out** *v.t.* **1** ~ **a tooth/one's tonsils out** sich (*Dat.*) einen Zahn ziehen lassen/sich (*Dat.*) die Mandeln herausnehmen lassen
2 ~ **it out with sb** mit jmdm. offen sprechen

haven /ˈheɪvn/ *n.* geschützte Anlegestelle, *die*; (fig.) Zufluchtsort, *der*

haven't /ˈhævnt/ = **have not**

haversack /ˈhævəsæk/ *n.* Brotbeutel, *der*

havoc /ˈhævək/ *n.* **1** (devastation) Verwüstungen *Pl.*; **cause** *or* **wreak ~** Verwüstungen anrichten
2 (confusion) Chaos; **play ~ with** sth etw. völlig durcheinander bringen

hawk¹ /hɔːk/ *n.* Falke, *der*

hawk² *v.t.* hausieren mit

'hawker *n.* Hausierer, *der*/Hausiererin, *die*

hawthorn /ˈhɔːθɔːn/ *n.* (Bot.) (white) Weißdorn, *der*; (red) Rotdorn, *der*

hay /heɪ/ *n.* Heu, *das*

hay: ~ **fever** *n.* Heuschnupfen, *der*; ~**making** *n.* Heuernte, *die*; ~**stack** *n.* Heuschober, *der* (südd.); Heudieme, *die* (nordd.); ~**wire** *adj.* (infml) **go ~wire** <*Instrument:*> verrückt spielen (ugs.)

hazard /ˈhæzəd/ **A** *n.* Gefahr, *die*
B *v.t.* ~ **a guess** es mit Raten probieren

'hazard lights *n. pl.* Warnblinkanlage, *die*

hazardous /ˈhæzədəs/ *adj.* gefährlich

hazardous 'waste *n.* Sondermüll, *der*

hazard 'warning lights ▶ hazard lights

haze /heɪz/ *n.* Dunst[schleier], *der*

hazel /ˈheɪzl/ *adj.* haselnussbraun

hazelnut /ˈheɪzlnʌt/ *n.* Haselnuss, *die*

hazy /ˈheɪzɪ/ *adj.* dunstig; (fig.) vage

HD *abbr.* = **high-definition** ‹*Fernsehen*› hochauflösend

HDTV *abbr.* = **high-definition television** HDTV

◊ **he** /hiː, *stressed* hiː/ *pron.* er

◊ **head** /hed/ **A** *n.* **1** Kopf, *der*; ~ **first** mit dem Kopf voran; ~ **over heels** kopfüber; **keep/lose one's** ~ einen klaren Kopf behalten/den Kopf verlieren; **in one's** ~ im Kopf; **enter sb's** ~ jmdm. in den Sinn kommen; **use your** ~ gebrauch deinen Verstand; **a** *or* **per** ~ pro Kopf
2 *in pl.* (on coin) ~**s** Kopf; ~**s or tails?** Kopf oder Zahl?
3 (leader) Leiter, *der*/Leiterin, *die*
4 (on beer) Blume, *die*
B *v.t.* **1** (stand at top of) anführen ‹*Liste*›; (lead) leiten; führen ‹*Bewegung*›
2 (Football) köpfen
C *v.i.* steuern; ~ **for London** ‹*Flugzeug, Schiff:*› Kurs auf London nehmen; ‹*Auto:*› in Richtung London fahren; **you're** ~**ing for trouble** du wirst Ärger bekommen
head: ~**ache** *n.* Kopfschmerzen *Pl.*; ~**band** *n.* Stirnband, *das*; ~**board** *n.* Kopfende, *das*; ~ **'boy** *n.* ≈ Schulsprecher, *der* (*vom Lehrkörper eingesetzt*); ~ **count** *n.* Kopfzahl, *die*
'header *n.* (Footb.) Kopfball, *der*
head: ~**gear** *n.* Kopfbedeckung, *die*; ~ **'girl** *n.* ≈ Schulsprecherin, *die* (*vom Lehrkörper eingesetzt*)
'heading *n.* Überschrift, *die*
head: ~**lamp** *n.* Scheinwerfer, *der*; ~**land** *n.* Landspitze, *die*; ~**light** *n.* Scheinwerfer, *der*; ~**line** *n.* Schlagzeile, *die*; **be** ~**line news, make [the]** ~**lines, hit the** ~**lines** Schlagzeilen machen; ~**long** *adv.* kopfüber; ~**'master** *n.* Schulleiter, *der*; ~**'mistress** *n.* Schulleiterin, *die*; ~ **'office** *n.* Hauptverwaltung, *die*; ~**-on** **A** /'--/ *adj.* frontal; Frontal‹*zusammenstoß*›
B /'-'-/ *adv.* frontal; ~**phones** *n. pl.* Kopfhörer, *der*; ~**'quarters** *n. sing. or pl.* Hauptquartier, *das*; ~**rest** *n.* Kopfstütze, *die*; ~**room** *n.* [lichte] Höhe, *die*; ~**scarf** *n.* Kopftuch, *das*; ~**set** *n.* Kopfhörer, *der*; ~**stone** *n.* **1** (gravestone) Grabstein, *der* **2** (of building) Grundstein, *der*; (fig.) Grundpfeiler, *der*; ~**strong** *adj.* eigensinnig; ~ **'teacher** *n.* ▸ headmaster, headmistress; ~ **'waiter** *n.* Oberkellner, *der*; ~**way** *n.* make ~**way** Fortschritte machen; ~ **wind** *n.* Gegenwind, *der*
heady /'hedɪ/ *adj.* berauschend
heal /hiːl/ **A** *v.t.* heilen
B *v.i.* ~ [up] [ver]heilen
healer /'hiːlə(r)/ *n.* (person) Heilkundige, *der*/*die*
◊ **health** /helθ/ *n.* Gesundheit, *die*; **in good/very good** ~ bei guter/bester Gesundheit; **good** *or* **your** ~! auf deine Gesundheit!
health: ~ **and 'safety** *n.*, *no pl.*, *no art.* Gesundheits- und Sicherheitsvorschriften

Pl.; (in the workplace) Arbeitsschutzvorschriften *Pl.*; ~ **care** *n.* Gesundheitsfürsorge, *die*; **inadequate** ~ **care** unzureichende medizinische Versorgung; ~ **care worker** *n.* im Gesundheitswesen Beschäftigte, *der/die*; ~ **centre** *n.* Poliklinik, *die*; ~ **certificate** *n.* Gesundheitszeugnis, *das*; ~ **check** *n.* Gesundheitsuntersuchung, *die*; ~ **farm** *n.* Gesundheitsfarm, *die* (ugs.); ~ **food** *n.* Reformhauskost, *die*; ~ **food shop** *n.* Reformhaus, *das*; ~ **hazard** *n.* Gesundheitsrisiko, *das*
healthily /'helθɪlɪ/ *adv.* gesund
health: ~ **insurance** *n.* Krankenversicherung, *die*; ~ **resort** *n.* Kurort, *der*; ~ **service** *n.* Gesundheitsdienst, *der*; ~ **visitor** *n.* Krankenschwester/-pfleger im Sozialdienst; ~ **warning** *n.* Warnhinweis, *der*; *Hinweis auf die Gesundheitsgefährdung*
◊ **healthy** /'helθɪ/ *adj.* gesund
◊ **heap** /hiːp/ **A** *n.* Haufen, *der*; ~**s of** (infml) jede Menge (ugs.)
B *v.t.* aufhäufen
◊ **hear** /hɪə(r)/ **A** *v.t.*, ~**d** /hɜːd/ **1** hören
2 (understand) verstehen
B *v.i.*, ~**d**; ~ **about sth/sth** von jmdm./etw. [etwas] hören; **he wouldn't** ~ **of it** er wollte nichts davon hören
C *int.* H~! H~! bravo!; richtig!
■ ~ **'out** *v.t.* ausreden lassen
heard ▸ hear A, B
◊ **'hearing** *n.* Gehör, *das*; **be hard of** ~ schwerhörig sein
'hearing aid *n.* Hörgerät, *das*
hearsay /'hɪəseɪ/ *n.* Gerücht, *das*; **it's only** ~ es ist nur ein Gerücht
hearse /hɜːs/ *n.* Leichenwagen, *der*
◊ **heart** /hɑːt/ *n.* (also Cards) Herz, *das*; **by** ~ auswendig; **at** ~ im Grunde seines/ihres Herzens; **take/lose** ~ Mut schöpfen/verlieren; **my** ~ **sank** mein Mut sank; **the** ~ **of the matter** der wahre Kern der Sache; *see also* club A4
heart: ~**ache** *n.* [seelische] Qual; ~ **attack** *n.* Herzanfall, *der*; (fatal) Herzschlag, *der*; ~**beat** *n.* Herzschlag, *der*; ~**breaking** *adj.* herzzerreißend; ~**broken** *adj.* **she was** ~**broken** ihr Herz war gebrochen; ~**burn** *n.* Sodbrennen, *das*; ~ **disease** *n.* Herzkrankheiten *Pl.*
hearten /'hɑːtn/ *v.t.* ermutigen
'heartening *adj.* ermutigend
heart: ~ **failure** *n.* Herzversagen, *das*; ~**felt** *adj.* tief empfunden ‹*Beileid*›; aufrichtig ‹*Dankbarkeit*›
hearth /hɑːθ/ *n.*: Platz vor dem Kamin
'hearthrug *n.* Kaminvorleger, *der*
heartily /'hɑːtɪlɪ/ *adv.* von Herzen; **eat** ~ tüchtig essen
'heartless *adj.* herzlos
heart: ~ **rate** *n.* Herzfrequenz, *die*; ~**-shaped** *adj.* herzförmig; ~**-throb** *n.* Idol, *das*;

h

~ **transplant** n. Herztransplantation, die (fachspr.); ~**-warming** adj. herzerfreuend

hearty /'hɑːtɪ/ adj. herzlich; ungeteilt <Zustimmung>; herzhaft <Mahlzeit>

✓ **heat** /hiːt/ **A** n. **1** (hotness) Hitze, die
2 (Phys.) Wärme, die
3 (Sport) Vorlauf, der
B v.t. heizen
■ ~ 'up v.t. heiß machen

'heated adj. (angry) hitzig

'heater n. Ofen, der; (for water) Boiler, der

heath /hiːθ/ n. Heide, die

heathen /'hiːðn/ **A** adj. heidnisch
B n. Heide, der/Heidin, die

heather /'heðə(r)/ n. Heidekraut, das

'heating n. Heizung, die

heat: ~**proof** adj. feuerfest; ~ **rash** n. Hitzebläschen Pl.; ~**-resistant** adj. hitzebeständig; ~**stroke** n. Hitzschlag, der; ~ **treatment** n. (Med.) Wärmebehandlung, die; ~**wave** n. Hitzewelle, die

heave /hiːv/ **A** v.t. **1** heben
2 (infml) (throw) schmeißen (ugs.)
3 ~ a sigh aufseufzen
B v.i. (pull) ziehen
C n. Zug, der

heaven /'hevn/ n. Himmel, der; in ~ im Himmel; for H~'s sake! um Gottes willen!

'heavenly adj. himmlisch

heavily /'hevɪlɪ/ adv. schwer; (to a great extent) stark; schwer <bewaffnet>; tief <schlafen>; dicht <bevölkert>; smoke/drink ~ ein starker Raucher/Trinker sein; it rained/snowed ~ es regnete/schneite stark

✓ **heavy** /'hevɪ/ adj. schwer; unmäßig <Trinken, Rauchen>; a ~ smoker/drinker ein starker Raucher/Trinker; be a ~ sleeper sehr fest schlafen

heavy: ~**-duty** adj. strapazierfähig <Kleidung, Material>; schwer <Werkzeug, Maschine>; ~ '**goods vehicle** n. (BrE) Schwerlastwagen, der; ~-'**handed** adj. (clumsy) ungeschickt <Person>; ~ '**industry** n. Schwerindustrie, die; ~ '**metal** n. **1** Schwermetall, das **2** (Mus.) Heavy metal, das; ~**weight** n. Schwergewicht, das

Hebrew /'hiːbruː/ **A** adj. hebräisch
B n. (language) Hebräisch, das

heckle /'hekl/ v.t. durch Zwischenrufe unterbrechen

heckler /'heklə(r)/ n. Zwischenrufer, der/ Zwischenruferin, die

hectic /'hektɪk/ adj. hektisch

he'd /hɪd, stressed hiːd/ (infml) **1** = **he had** ▸ have
2 = **he would** ▸ will[1]

hedge /hedʒ/ **A** n. Hecke, die
B v.t. ~ one's bets (fig.) nicht alles auf eine Karte setzen

✓ Schlüsselwort

C v.i. sich nicht festlegen

'**hedge clippers** n. pl. Heckenschere, die

hedgehog /'hedʒhɒg/ n. Igel, der

'**hedgerow** n. Hecke, die [als Feldbegrenzung]

hedonism /'hiːdənɪzm/ n. Hedonismus, der

hedonist /'hiːdənɪst/ n. Hedonist, der/ Hedonistin, die

heed /hiːd/ **A** v.t. beachten; beherzigen <Rat, Lektion>; ~ the danger/risk sich (Dat.) der Gefahr/des Risikos bewusst sein
B n. give or pay ~ to, take ~ of Beachtung schenken (+ Dat.)

'**heedless** adj. unachtsam; be ~ of sth auf etw. (Akk.) nicht achten

heel /hiːl/ n. Ferse, die; (of shoe) Absatz, der; Achilles' ~ (fig.) Achillesferse, die; down at ~ (fig.) heruntergekommen; take to one's ~s Fersengeld geben (ugs.)

hefty /'heftɪ/ adj. kräftig; (heavy) schwer

height /haɪt/ n. **1** Höhe, die; (of person, animal, building) Größe, die
2 (fig.) (highest point) Höhepunkt, der

heighten /'haɪtn/ v.t. aufstocken; (fig.) verstärken

heir /eə(r)/ n. Erbe, der/Erbin, die

heiress /'eərɪs/ n. Erbin, die

heirloom /'eəluːm/ n. Erbstück, das

held ▸ hold[2] A, B

helicopter /'helɪkɒptə(r)/ n. Hubschrauber, der

helicopter 'gunship n. Kampfhubschrauber, der

heliport /'helɪpɔːt/ n. Heliport, der

helium /'hiːlɪəm/ n. Helium, das

hell /hel/ n. **1** Hölle, die
2 (infml) [oh] ~! verdammter Mist! (ugs.); what the ~! ach, zum Teufel! (ugs.); run like ~ wie der Teufel rennen (ugs.)

he'll /hɪl, stressed hiːl/ (infml) = **he will**

hello /hə'ləʊ, he'ləʊ/ int. (greeting) hallo; (surprise) holla

hell's 'angel n. Rocker, der

helm /helm/ n. (Naut.) Ruder, das

helmet /'helmɪt/ n. Helm, der

✓ **help** /help/ **A** v.t. **1** ~ sb [to do sth] jmdm. helfen[, etw. zu tun]; can I ~ you? (in shop) was möchten Sie bitte?
2 (serve) ~ oneself sich bedienen; ~ oneself to sth sich (Dat.) etw. nehmen; (infml) (steal) etw. mitgehen lassen (ugs.)
3 (avoid) if I/you can ~ it wenn es irgend zu vermeiden ist; (remedy) I can't ~ it ich kann nichts dafür (ugs.); it can't be ~ed es lässt sich nicht ändern
4 (refrain from) I can't ~ thinking or can't ~ but think that ... ich kann mir nicht helfen, ich glaube, ...; I can't ~ laughing ich muss einfach lachen
B n. Hilfe, die; with the ~ of ... mit Hilfe ... (+ Gen.); be of [some]/no/much ~ to sb jmdm.

eine gewisse/keine/eine große Hilfe sein
■ ~ **'out** A *v.i.* aushelfen
  B *v.t.* ~ **sb out** jmdm. helfen
'help desk *n.* Help Desk, *das* (fachspr.);
  Auskunftsstelle für Computerbenutzer
'helper *n.* Helfer, *der*/Helferin, *die*
helpful /'helpfl/ *adj.* (willing) hilfsbereit;
  (useful) hilfreich; nützlich
'helping A *adj.* lend [sb] a ~ **hand [with sth]**
  (fig.) [jmdm.] [bei etw.] helfen
  B *n.* Portion, *die*
'helpless *adj.*, **'helplessly** *adv.* hilflos
'helpline *n.* Hotline, *die*
helter-skelter /heltə'skeltə(r)/ *n.*
  [spiralförmige] Rutschbahn
hem /hem/ A *n.* Saum, *der*
  B *v.t.*, **-mm-** säumen
■ ~ **'in** *v.t.* einschließen; **feel** ~**med in** sich
  eingeengt fühlen
hemisphere /'hemɪsfɪə(r)/ *n.* Halbkugel, *die*
'hemline *n.* Saum, *der*
hemo- (AmE) ▶ **haemo-**
hemp /hemp/ *n.* Hanf, *der*
hen /hen/ *n.* Huhn, *das*; Henne, *die*
hence /hens/ *adv.* (therefore) daher
hence'forth *adv.* von nun an
henchman /'hentʃmən/ *n.*, *pl.* **henchmen**
  /'hentʃmən/ Handlanger, *der*
hen: ~ **party** *n.* (infml) [Damen]kränzchen,
  das; ~**pecked** /'henpekt/ *adj.* a ~ **husband**
  ein Pantoffelheld, *der* (ugs.)
hepatitis /hepə'taɪtɪs/ *n.* (Med.)
  Leberentzündung, *die*
💠 **her¹** /hə(r), *stressed* hɜː(r)/ *pron.* sie; *as
  indirect object* ihr; **it was** ~ sie wars
💠 **her²** *poss. pron. attr.* ihr
herald /'herəld/ A *n.* Herold, *der*
  B *v.t.* ankündigen
heraldic /he'rældɪk/ *adj.* heraldisch
heraldry /'herəldrɪ/ *n.* Heraldik, *die*
herb /hɜːb/ *n.* Kraut, *das*
herbaceous /hɜː'beɪʃəs/ *adj.* krautartig
herbaceous 'border *n.* Staudenrabatte, *die*
herbal /'hɜːbl/ *attrib. adj.* Kräuter-
herbivore /'hɜːbɪvɔː(r)/ *n.* Pflanzenfresser,
  der
'herb tea *n.* Kräuteraufguss, *der*
herd /hɜːd/ A *n.* Herde, *die*; (of wild animals)
  Rudel, *das*
  B *v.t.* **1** treiben; ~ **people together** Menschen
  zusammenpferchen
  2 (tend) hüten
💠 **here** /hɪə(r)/ A *adv.* **1** (in or at this place) hier;
  down/in/up ~ hier unten/drin/oben; ~ **you
  are** (infml) (giving sth) hier
  2 (to this place) hierher; **in[to]** ~ hierherein;
  come/bring ~ hierher kommen/bringen
  B *int.* (attracting attention) he
here'by *adv.* (formal) hiermit
hereditary /hɪ'redɪtərɪ/ *adj.* **1** erblich ‹*Titel,
  Amt*›

2 (Biol.) angeboren
heresy /'herɪsɪ/ *n.* Ketzerei, *die*
heretic /'herɪtɪk/ *n.* Ketzer, *der*/Ketzerin, *die*
heretical /hɪ'retɪkl/ *adj.* ketzerisch
here'with *adv.* in der Anlage
heritage /'herɪtɪdʒ/ *n.* Erbe, *das*
hermetic /hɜː'metɪk/ *adj.* luftdicht
hermetically /hɜː'metɪkəlɪ/ *adv.* hermetisch
hermit /'hɜːmɪt/ *n.* Einsiedler, *der*/
  Einsiedlerin, *die*
hernia /'hɜːnɪə/ *n.* Bruch, *der*
💠 **hero** /'hɪərəʊ/ *n.*, *pl.* ~**es** Held, *der*
heroic /hɪ'rəʊɪk/ *adj.* heldenhaft
heroin /'herəʊɪn/ *n.* Heroin, *das*
heroine /'herəʊɪn/ *n.* Heldin, *die*
heroism /'herəʊɪzm/ *n.* Heldentum, *das*
heron /'hern/ *n.* Reiher, *der*
herpes /'hɜːpiːz/ *n.* (Med.) Herpes, *der*
herring /'herɪŋ/ *n.* Hering, *der*
hers /hɜːz/ *poss. pron. pred.* ihrer/ihre/ihres;
  the book is ~ das Buch gehört ihr
💠 **her'self** *pron.* **1** *emphat.* selbst; [all] by ~
  [ganz] allein[e]
  2 *refl.* sich; allein[e] ‹*tun, wählen*›; **younger
  than/as heavy as** ~ jünger als/so schwer wie
  sie selbst
he's /hɪz, *stressed* hiːz/ (infml) **1** = **he is** ▶ **be**
  2 = **he has** ▶ **have**
hesitant /'hezɪtənt/ *adj.* zögernd ‹*Reaktion*›;
  stockend ‹*Rede*›
hesitate /'hezɪteɪt/ *v.i.* zögern; (falter) ins
  Stocken geraten; ~ **to do sth** Bedenken
  haben, etw. zu tun
hesitation /hezɪ'teɪʃn/ *n.* **1** (indecision)
  Unentschlossenheit, *die*; **without** ~ ohne
  zu zögern
  2 (instance of faltering) Unsicherheit, *die*
  3 (reluctance) Bedenken *Pl.*
hetero /'hetərəʊ/ *n.* (infml) Hetero, *der*/*die*
heterosexual /hetərəʊ'seksjʊəl/ A *adj.*
  heterosexuell
  B *n.* Heterosexuelle, *der*/*die*
het up /het 'ʌp/ *adj.* aufgeregt
hew /hjuː/ *v.t.*, *p.p.* **hewn** /hjuːn/ *or* ~**ed**
  /hjuːd/ hacken ‹*Holz*›; losschlagen ‹*Kohle,
  Gestein*›
hewn ▶ **hew**
hexagon /'heksəgən/ *n.* Sechseck, *das*
hey /heɪ/ *int.* he; ~ **presto!** simsalabim!
heyday /'heɪdeɪ/ *n.* Blütezeit, *die*
HGV *abbr.* (BrE) = **heavy goods vehicle**
hi /haɪ/ *int.* hallo (ugs.)
hiatus /haɪ'eɪtəs/ *n.* Unterbrechung, *die*
hibernate /'haɪbəneɪt/ *v.i.* Winterschlaf
  halten
hibernation /haɪbə'neɪʃn/ *n.* Winterschlaf,
  der
hiccup /'hɪkʌp/ A *n.* **1** Schluckauf, *der*;
  have/get [the] ~**s** den Schluckauf haben/
  bekommen

h

2 (fig.) (stoppage) Störung, *die*

B *v.i.* schlucksen (ugs.)

hid ▸ hide[1]

hidden ▸ hide[1]

✓ **hide[1]** /haɪd/ **A** *v.t.*, **hid** /hɪd/, **hidden** /'hɪdn/ **1** verstecken <*Gegenstand, Person usw.*> (from vor + *Dat.*); verbergen <*Gefühle, Sinn usw.*> (from vor + *Dat.*); verheimlichen <*Tatsache, Absicht usw.*> (from *Dat.*)
2 (obscure) verdecken

B *v.i.*, **hid**, **hidden** sich verstecken (from vor + *Dat.*)

hide[2] *n.* Haut, *die*; (of furry animal) Fell, *das*; (dressed) Leder, *das*

hide-and-'seek *n.* Versteckspiel, *das*; **play ~** Versteck spielen

hideous /'hɪdɪəs/ *adj.* scheußlich

'hideout *n.* Versteck, *das*

hiding[1] /'haɪdɪŋ/ *n.* **go into ~** sich verstecken; (to avoid police, public attention) untertauchen; **be in ~** sich versteckt halten; (to avoid police, public attention) untergetaucht sein

hiding[2] *n.* (infml) (beating) Tracht Prügel; **give sb a [good] ~** jmdm. eine [ordentliche] Tracht Prügel verpassen (ugs.)

'hiding place *n.* Versteck, *das*

hierarchic /haɪə'rɑːkɪk/, **hierarchical** /haɪə'rɑːkɪkl/ *adj.* hierarchisch

hierarchy /'haɪərɑːkɪ/ *n.* Hierarchie, *die*

hi-fi /'haɪfaɪ/ (infml) **A** *adj.* Hi-Fi-

B *n.* Hi-Fi-Anlage, *die*

✓ **high** /haɪ/ **A** *adj.* **1** hoch; groß <*Höhe*>; stark <*Wind*>
2 (infml) (on a drug) high (ugs.)
3 it's **~ time you left** es ist höchste Zeit, dass du gehst

B *adv.* hoch; **search** *or* **look ~ and low** überall suchen

C *n.* **1** (~est level/figure) Höchststand, *der*
2 (Meteorol.) Hoch, *das*
3 (infml) (drug-induced euphoria) Rausch[zustand], *der*; **give sb a ~** <*Droge:*> jmdn. high machen (ugs.)

high: ~brow A *n.* Intellektuelle, *der/die*

B *adj.* intellektuell <*Person, Gerede usw.*>; hochgestochen (abwertend) <*Person, Musik, Literatur usw.*>; **~ chair** *n.* Hochstuhl, *der*; **~-definition 'television** *n.* hochauflösendes Fernsehen

higher edu'cation *n.* Hochschulbildung, *die*

high: ~ fi'nance *n.* Hochfinanz, *die*; **~-'flier, ~-'flyer** *n.* (successful person) Senkrechtstarter, *der*; (person with great potential) Hochbegabte, *der/die*; **~ 'frequency** *n.* Hochfrequenz, *die*; **~-'handed** *adj.* selbstherrlich; **~-'heeled** /haɪ'hiːld/ *adj.* <*Schuhe*> mit hohen Absätzen; **~-income** *adj.* einkommensstark; **~ jump** *n.* Hochsprung, *der*; **~land** /'haɪlənd/ *n.* Hochland, *das*

✓ **'highlight A** *n.* **1** Höhepunkt, *der*
2 (bright area) Licht, *das*

B *v.t.* **~ed** ein Schlaglicht werfen auf (+ *Akk.*) <*Probleme usw.*>

✓ **'highly** *adv.* sehr; hoch <*angesehen, bezahlt*>; hoch<*interessant, -gebildet*>; leicht <*entzündlich*>; stark <*gewürzt*>; **think ~ of sb/sth** eine hohe Meinung von jmdm./etw. haben; **speak ~ of sb/sth** jmdn./etw. sehr loben

highly-strung /'haɪlɪstrʌŋ/ *adj.* übererregbar

Highness /'haɪnɪs/ *n.* **His/Her** *etc.* **~** Seine/Ihre *usw.* Hoheit

high: ~-pitched /'haɪpɪtʃt/ *adj.* hoch <*Ton, Stimme*>; **~-powered** /'haɪpaʊəd/ *adj.* (forceful) dynamisch <*Geschäftsmann*>; **~ 'pressure** *n.* **1** (Meteorol.) Hochdruck, *der*
2 (Mech. Engin.) Überdruck, *der*; **~-rise** *adj.* **~-rise 'building** Hochhaus, *das*; **~-rise block of flats/office block** Wohn-/ Bürohochhaus, *das*; **~-risk** *attrib. adj.* risikoreich; Risiko<*gruppe, -sportart*>; **a ~-risk in'vestment** eine Geldanlage mit hohem Risiko; **~ school** *n.* ≈ Oberschule, *die*; **~ 'seas** *n. pl.* **the ~ seas** die hohe See; **~ season** *n.* Hochsaison, *die*; **~-speed 'train** *n.* Hochgeschwindigkeitszug, *der*; **~ street** *n.* Hauptstraße, *die*; **~ 'tech** (infml) ▸ high technology; **~-tech** *adj.* (infml) Hightech-; **~ tech'nology** *n.* Spitzentechnologie, *die*; Hochtechnologie, *die*; **~-'voltage** *adj.* Hochspannungs-; **~way** *n.* öffentliche Straße

hijab /hɪ'dʒɑːb/ *n.* Hijab, *der*

hijack /'haɪdʒæk/ *v.t.* entführen

'hijacker *n.* Entführer, *der*; (of aircraft) Hijacker, *der*

hike /haɪk/ *n.* Wanderung, *die*

'hiker *n.* Wanderer, *der*/Wanderin, *die*

hilarious /hɪ'leərɪəs/ *adj.* urkomisch

hill /hɪl/ *n.* Hügel, *der*; (higher) Berg, *der*; (slope) Hang, *der*

hill: ~billy /'hɪlbɪlɪ/ *n.* (AmE) Hinterwäldler, *der*/Hinterwäldlerin, *die*; **~side** *n.* Hang, *der*; **~top** *n.* [Berg]gipfel, *der*

'hilly *adj.* hüg[e]lig

hilt /hɪlt/ *n.* Griff, *der*; **[up] to the ~** (fig.) voll und ganz

✓ **him** /ɪm, *stressed* hɪm/ *pron.* ihn; *as indirect object* ihm; **it was ~** er war's

Himalayas /hɪmə'leɪəz/ *pr. n. pl.* Himalaya, *der*

✓ **him'self** *pron.* **1** *emphat.* selbst
2 *refl.* sich. *See also* **herself**

hind /haɪnd/ *adj.* hinter...

hinder /'hɪndə(r)/ *v.t.* (impede) behindern; (delay) verzögern <*Vollendung einer Arbeit, Vorgang*>; aufhalten <*Person*>; **~ sb from doing sth** jmdn. daran hindern, etw. zu tun

hind 'legs *n. pl.* Hinterbeine *Pl.*

'hindquarters *n. pl.* Hinterteil, *das*

hindrance /'hɪndrəns/ *n.* Hindernis, *das* (to für)

h

✓ Schlüsselwort

'hindsight *n.* with [the benefit of] ~ im Nachhinein

Hindu /'hɪnduː:, hɪn'duː/ **A** *n.* Hindu, *der*
 B *adj.* hinduistisch; Hindu‹*gott, -tempel*›

Hinduism /'hɪnduːːɪzm/ *n.* Hinduismus, *der*

hinge /hɪndʒ/ **A** *n.* Scharnier, *das*
 B *v.t.* mit Scharnieren versehen
 C *v.i.* (depend) abhängen ([up]on von)

hint /hɪnt/ **A** *n.* **1** (suggestion) Wink, *der*
 2 (slight trace) Spur, *die* (of von); **the ~/no ~ of a smile** der Anflug/nicht die Spur eines Lächelns
 3 (information) Tipp, *der* (on für)
 B *v.i.* ~ **at** andeuten

hip /hɪp/ *n.* Hüfte, *die*

hip: ~ **bone** *n.* Hüftbein, *das*; ~ **flask** *n.* Taschenflasche, *die*; ~ **joint** *n.* Hüftgelenk, *das*

hippie /'hɪpɪ/ *n.* (infml) Hippie, *der*

hippopotamus /hɪpə'pɒtəməs/ *n.* Nilpferd, *das*

hippy ▸ hippie

☞ **hire** /haɪə(r)/ **A** *n.* Mieten, *das*; **be on ~ [to sb]** [an jmdn.] vermietet sein; **for ~** zu vermieten
 B *v.t.* **1** (employ) anwerben; engagieren ‹*Anwalt, Berater usw.*›
 2 (obtain use of) mieten; ~ **sth from sb** etw. bei jmdm. mieten
 3 (grant use of) ~ **[out]** vermieten; ~ **sth [out] to sb** etw. jmdm. *od.* an jmdn. vermieten

hire: ~ **car** *n.* Mietwagen, *der*; ~ **purchase** *n.* (BrE) Ratenkauf, *der*; *attrib.* Raten-; **pay for/buy sth on** ~ etw. in Raten bezahlen/auf Raten kaufen

☞ **his** /hɪz/ *poss. pron.* **1** *attrib.* sein
 2 *pred.* seiner/seine/sein[e]s; *see also* hers

hiss /hɪs/ **A** *n.* Zischen, *das*
 B *v.i.* zischen

historian /hɪ'stɔːrɪən/ *n.* Historiker, *der*/Historikerin, *die*

historic /hɪ'stɒrɪk/ *adj.* historisch

☞ **historical** /hɪ'stɒrɪkl/ *adj.* historisch; geschichtlich ‹*Belege, Hintergrund*›

☞ **history** /'hɪstərɪ/ *n.* Geschichte, *die*

☞ **hit** /hɪt/ **A** *v.t.*, **-tt-**, ~; schlagen; (with missile) treffen; ‹*Geschoss, Ball usw.*:› treffen; ‹*Fahrzeug:*› prallen gegen; ‹*Schiff:*› laufen gegen; ~ **one's head on sth** mit dem Kopf gegen etw. stoßen; ~ **it off with sb** gut mit jmdm. auskommen
 B *v.i.*, **-tt-**, ~; schlagen
 C *n.* (blow) Schlag, *der*; (shot or bomb striking target) Treffer, *der*
 2 (success) Erfolg, *der*; (in entertainment) Schlager, *der*; Hit, *der* (ugs.)
 ■ ~ **'back** *v.t. & i.* zurückschlagen
 ■ '~ **[up]on** *v.t.* kommen auf (+ *Akk.*) ‹*Idee*›; finden ‹*richtige Antwort, Methode*›

hit-and-'run *adj.* unfallflüchtig ‹*Fahrer*›; ~ **accident** Unfall mit Fahrerflucht

hitch /hɪtʃ/ **A** *v.t.* **1** binden ‹*Seil*› (round um + *Akk.*); [an]koppeln ‹*Anhänger usw.*› (to an + *Akk.*); spannen ‹*Zugtier usw.*› (to vor + *Akk.*)
 2 ~ **a lift** *or* **ride** (infml) per Anhalter fahren
 B *n.* (problem) Problem, *das*
 ■ ~ **'up** *v.t.* hochheben ‹*Rock*›

'hitch-hike *v.i.* per Anhalter fahren

'hitch-hiker *n.* Anhalter, *der*/Anhalterin, *die*

hit: ~ **man** *n.* (AmE) Killer, *der* (salopp); ~**-or-'miss** *adj.* (infml) (random) unsicher, unzuverlässig ‹*Methode*›; ~ **parade** *n.* Hitparade, *die*; ~ '**record** *n.* Hit, *der* (ugs.)

HIV *abbr.* = **human immunodeficiency virus** HIV; ~**-positive/-negative** HIV-positiv/-negativ

hive /haɪv/ *n.* [Bienen]stock, *der*

HMS *abbr.* (BrE) = **Her/His Majesty's Ship** H.M.S.

hoard /hɔːd/ **A** *n.* Vorrat, *der*
 B *v.t.* ~ **[up]** horten; hamstern ‹*Lebensmittel*›

hoarding /'hɔːdɪŋ/ *n.* (fence) Bauzaun, *der*; (BrE) (for advertisements) Reklamewand, *die*

hoar frost /'hɔːfrɒst/ *n.* [Rau]reif, *der*

hoarse /hɔːs/ *adj.* heiser

hoax /həʊks/ **A** *v.t.* anführen (ugs.); foppen
 B *n.* (deception) Schwindel, *der*; (practical joke) Streich, *der*; (false alarm) blinder Alarm

hob /hɒb/ *n.* [Koch]platte, *die*

hobble /'hɒbl/ *v.i.* ~ **[about]** [herum]humpeln

hobby /'hɒbɪ/ *n.* Hobby, *das*

'hobby horse *n.* Steckenpferd, *das*

hobnailed /'hɒbneɪld/ *adj.* Nagel‹*schuh, -stiefel*›

hobo /'həʊbəʊ/ *n.*, *pl.* **-es** (AmE) Landstreicher, *der*/-streicherin, *die*

hockey /'hɒkɪ/ *n.* Hockey, *das*

'hockey stick *n.* Hockeyschläger, *der*

hoe /həʊ/ **A** *n.* Hacke, *die*
 B *v.t. & i.* hacken

hog /hɒg/ **A** *n.* [Mast]schwein, *das*
 B *v.t.*, **-gg-** (infml) mit Beschlag belegen

hoist /hɔɪst/ **A** *v.t.* hochziehen, hissen ‹*Flagge usw.*›; hieven ‹*Last*›; setzen ‹*Segel*›
 B *n.* [Lasten]aufzug, *der*

hold¹ /həʊld/ *n.* (of ship) Laderaum, *der*; (of aircraft) Frachtraum, *der*

☞ **hold²** **A** *v.t.*, **held** /held/ **1** halten; (carry) tragen; (keep fast) festhalten; ~ **the door open for sb** jmdm. die Tür aufhalten; ~ **sth in place** etw. halten
 2 (contain) enthalten; (be able to contain) fassen ‹*Liter, Personen usw.*›
 3 (possess) besitzen; haben
 4 (keep possession of) halten ‹*Stützpunkt, Stadt, Stellung*›; ~ **the line** (Teleph.) am Apparat bleiben; ~ **one's own** sich behaupten
 5 (cause to take place) stattfinden lassen; abhalten ‹*Veranstaltung, Konferenz, Gottesdienst, Sitzung*›; veranstalten ‹*Festival, Auktion*›; austragen ‹*Meisterschaften*›; führen ‹*Unterhaltung,*

h

Gespräch>; durchführen <*Untersuchung*>;
halten <*Vortrag, Rede*>
6 (think, believe) ～ a view *or* an opinion
eine Ansicht haben (**on** über + *Akk.*);
～ **that ...** der Ansicht sein, dass ...; ～
oneself responsible for sth sich für etw.
verantwortlich fühlen; ～ sth against sb
jmdm. etw. vorwerfen
B *v.i.*, **held** halten; <*Wetter:*> sich halten
C *n.* **1** (grasp) Griff, *der*; **grab** *or* **seize** ～
of sth etw. ergreifen; **get** *or* **lay** *or* **take** ～
of sth etw. fassen *od.* packen; **keep** ～ **of**
sth etw. festhalten; **get** ～ **of** sth (fig.) etw.
auftreiben; **get** ～ **of** sb (fig.) jmdn. erreichen
2 (influence) Einfluss, *der* (**on**, **over** auf + *Akk.*)
3 (Sport) Griff, *der*
■ ～ '**back** **A** *v.t.* zurückhalten
   B *v.i.* zögern
■ ～ '**on** **A** *v.t.* [fest]halten
   B *v.i.* **1** sich festhalten; ～ **on to** sich
festhalten an (+ *Dat.*); (keep) behalten
   2 (infml) (wait) warten
■ ～ '**out** **A** *v.t.* ausstrecken <*Hand, Arm usw.*>;
hinhalten <*Tasse, Teller*>
   B *v.i.* (resist) sich halten
■ ～ '**up** *v.t.* **1** (raise) hochhalten; heben <*Hand,
Kopf*>
   2 (delay) aufhalten
   3 (rob) überfallen
■ '～ **with** *v.t.* not ～ **with** sth etw. ablehnen
'**holdall** *n.* Reisetasche, *die*
'**holder** *n.* **1** (of post, title) Inhaber, *der/*
Inhaberin, *die*
   2 <*Zigaretten*>spitze, *die*; <*Papier-,
Zahnputzglas*>halter, *der*
'**hold-up** *n.* **1** (robbery) [Raub]überfall, *der*
   2 (delay) Verzögerung, *die*
♂ **hole** /həʊl/ *n.* Loch, *das*; (of fox, badger, rabbit)
Bau, *der*; **pick** ～**s in** (fig.) zerpflücken (ugs.)
♂ **holiday** /ˈhɒlɪdeɪ/ *n.* **1** [arbeits]freier Tag;
(public ～) Feiertag, *der*
   2 *in sing. or pl.* (BrE) (vacation) Urlaub, *der*;
(Sch.) [Schul]ferien *Pl.*
holiday: ～ **home** *n.* Feriendomizil, *das*; ～
job *n.* Ferienjob, *der*; ～**maker** *n.* Urlauber,
*der/*Urlauberin, *die*; ～ **resort** *n.* Ferienort,
der; ～ **season** *n.* Urlaubszeit, *die*
Holland /ˈhɒlənd/ *pr. n.* Holland *(das)*
hollow /ˈhɒləʊ/ **A** *adj.* hohl; eingefallen
<*Wangen, Schläfen*>; (fig.) leer <*Versprechen*>
   B *n.* [Boden]senke, *die*
   C *v.t.* ～ **out** aushöhlen
holly /ˈhɒlɪ/ *n.* Stechpalme, *die*
holocaust /ˈhɒləkɔːst/ *n.* (destruction)
Massenvernichtung, *die*; **the H**～ der
Holocaust
hologram /ˈhɒləgræm/ *n.* Hologramm, *der*
holster /ˈhəʊlstə(r)/ *n.* [Pistolen]halfter, *die
od. das*
holy /ˈhəʊlɪ/ *adj.* heilig
Holy: H～ '**Bible** *n.* Heilige Schrift; **H**～

'**Ghost** ▸ Holy Spirit; **H**～ **Land** *n.* the
H～ **Land** das Heilige Land; **H**～ '**Spirit** *n.*
Heiliger Geist
homage /ˈhɒmɪdʒ/ *n.* Huldigung, *die* (**to** an
+ *Akk.*); (**pay** *or* **do** ～ **to** sb/sth jmdm./einer
Sache huldigen
♂ **home** /həʊm/ **A** *n.* **1** Heim, *das*; (flat)
Wohnung, *die*; (house) Haus, *das*; (household)
[Eltern]haus, *das*; (native country) Heimat, *die*;
at ～ zu Hause; **be/feel at** ～ (fig.) sich wohl
fühlen; **make yourself at** ～ fühl dich wie
zu Hause
   2 (institution) Heim, *das*
   B *adj.* **1** Haus-
   2 (Sport) Heim-
   C *adv.* nach Hause
home: ～ **address** *n.* Privatanschrift,
die; ～ '**banking** *n.* Homebanking, *das*;
～**-based** /ˈhəʊmbeɪst/ *adj.* zu Hause
arbeitend; **be** ～**-based** zu Hause arbeiten;
seinen Arbeitsplatz zu Hause haben;
～**coming** *n.* Heimkehr, *die*; ～ **com'puter**
n. Heimcomputer, *der*; ～ '**ground** *n.* **on**
～ **ground** auf heimischem Boden; (fig.) zu
Hause (ugs.); ～**-grown** *adj.* selbst gezogen;
～**land** *n.* Heimat, *die*; ～**land security** (esp.
AmE) Heimatschutz, *der*
'**homeless** **A** *adj.* obdachlos
   B *n.*, *pl.* **the** ～ die Obdachlosen *Pl.*
'**homelessness** *n.* Obdachlosigkeit, *die*
homely /ˈhəʊmlɪ/ *adj.* wohnlich <*Zimmer
usw.*>; behaglich <*Atmosphäre*>
home: ～**-made** *adj.* selbst gemacht; selbst
gebacken <*Brot*>; hausgemacht <*Lebensmittel*>;
～ **match** *n.* Heimspiel, *das*; **H**～ **Office** *n.*
(BrE) Innenministerium, *das*
homeopathic *etc. (AmE)* ▸ **homoeopathic** *etc.*
home: ～**owner** *n.* Eigenheimbesitzer,
der/-besitzerin, *die*; ～ **page** *n.* (Comp.)
Homepage, *die*; **H**～ '**Secretary** *n.* (BrE)
Innenminister, *der/*Innenministerin, *die*;
～ '**shopping** *n.* Homeshopping, *das*;
～**sick** *adj.* heimwehkrank; **become/be** ～**sick**
Heimweh bekommen/haben; ～**sickness** *n.*
Heimweh, *das*; ～ '**town** *n.* Heimatstadt, *die*;
～**work** *n.* Hausaufgaben *Pl.*; **piece of** ～**work**
Hausaufgabe, *die*
homicide /ˈhɒmɪsaɪd/ *n.* Tötung, *die*;
(manslaughter) Totschlag, *der*
homoeopathic /həʊmɪəˈpæθɪk,
hɒmɪˈpæθɪk/ *adj.* homöopathisch
homoeopathy /həʊmɪˈɒpəθɪ, hɒmɪˈɒpəθɪ/ *n.*
Homöopathie, *die*
homoe'rotic *adj.* homoerotisch
homophobia /hɒməˈfəʊbɪə/ *n.*, *no pl.*
Homophobie, *die*
homophobic /hɒməˈfəʊbɪk/ *adj.* homophob
homosexual /həʊməʊˈseksjʊəl/ **A** *adj.*
homosexuell
   B *n.* Homosexuelle, *der/die*
homosexu'ality *n.* Homosexualität, *die*
hone /həʊn/ *v.t.* wetzen
honest /ˈɒnɪst/ *adj.* ehrlich

'**honestly** *adv.* ehrlich; redlich <*handeln*>; ~!
ehrlich!; (annoyed) also wirklich!

honesty /'ɒnɪstɪ/ *n.* Ehrlichkeit, *die*

honey /'hʌnɪ/ *n.* Honig, *der*

honey: ~ **bee** *n.* Honigbiene, *die*; ~**comb**
n. Honigwabe, *die*; ~**moon** *n.* Flitterwochen
Pl.; (journey) Hochzeitsreise, *die*; ~**suckle** *n.*
Geißblatt, *das*

honk /hɒŋk/ **A** *v.i.* <*Fahrzeug, Fahrer:*> hupen
B *n.* Hupen, *das*

honor, honorable (AmE) ▶ honour,
honourable

honorary /'ɒnərərɪ/ *adj.* Ehren<*mitglied,
-präsident, -doktor, -bürger*>

ℱ **honour** /'ɒnə(r)/ (BrE) **A** *n.* **1** Ehre, *die*
2 (distinction) Auszeichnung, *die*
B *v.t.* ehren; (Commerc.) honorieren

honourable /'ɒnərəbl/ *adj.* (BrE) ehrenwert
(geh.)

'**honours degree** *n.* Examen mit
Auszeichnung

hood /hʊd/ *n.* **1** Kapuze, *die*
2 (AmE) (Motor Veh.) Motorhaube, *die*
3 (of pram) Verdeck, *das*

hoodlum /'huːdləm/ *n.* Rowdy, *der*

hoodwink /'hʊdwɪŋk/ *v.t.* hinters Licht
führen

hoody /'hʊdɪ/ *n.* (hooded sweater)
Kapuzenpullover, *der*; (zipped)
Kapuzenjacke, *die*

hoof /huːf/ *n.*, *pl.* ~**s** or **hooves** /huːvz/
Huf, *der*

hook /hʊk/ **A** *n.* Haken, *der*; **by** ~ or **by
crook** mit allen Mitteln
B *v.t.* **1** (grasp) mit Haken/mit einem Haken
greifen
2 (fasten) mit Haken/mit einem Haken
befestigen (**to** an + *Dat.*)
3 be ~**ed** [on sth] (addicted) [von etw.]
abhängig sein; (harmlessly) auf etw. (*Akk.*)
stehen (ugs.)
■ ~ '**up** *v.t.* festhaken (**to** an + *Akk.*)

hooligan /'huːlɪgən/ *n.* Rowdy, *der*

hooliganism /'huːlɪgənɪzm/ *n.* Rowdytum,
das

hoop /huːp/ *n.* Reifen, *der*

hooray /hʊ'reɪ/ *int.* hurra

hoot /huːt/ **A** *v.i.* **1** (call out) johlen
2 <*Eule:*> schreien
3 <*Fahrzeug, Fahrer:*> hupen
B *n.* **1** (shout) ~**s of derision** verächtliches
Gejohle
2 (of owl) Schrei, *der*
3 (of vehicle) Hupen, *das*

'**hooter** *n.* (BrE) (siren) Sirene, *die*

hoover /'huːvə(r)/ (BrE) **A** *n.* **1 H**~®
[Hoover]staubsauger, *der*
2 (made by any company) Staubsauger, *der*
B *v.t.* staubsaugen

hooves *pl.* of hoof

hop¹ /hɒp/ *n.* **1** (plant) Hopfen, *der*
2 *in pl.* (Brewing) Hopfen, *der*

hop² **A** *v.i.*, **-pp- 1** hüpfen; <*Hase:*> hoppeln
2 (fig. infml) ~ **out of bed** aus dem Bett
springen; ~ **into the car/on [to] the bus/train**
sich ins Auto/in den Bus/Zug schwingen
(ugs.)
B *v.t.*, **-pp-** (BrE) (infml) ~ **it** sich verziehen
(ugs.)
C *n.* **1** Hüpfer, *der*
2 (BrE) (infml) **catch sb on the** ~ jmdn.
überraschen

ℱ **hope** /həʊp/ **A** *n.* Hoffnung, *die*; sb's ~**[s]
of sth** jmds. Hoffnung auf etw. (*Akk.*); **raise
sb's** ~**s** jmdm. Hoffnung machen
B *v.i. & t.* hoffen (**for** auf + *Akk.*); **I** ~ **so/not**
hoffentlich/hoffentlich nicht; ~ **for the best**
das Beste hoffen

hopeful /'həʊpfl/ *adj.* **1** zuversichtlich; **be** ~
of sth/of doing sth auf etw. (*Akk.*) hoffen/
voller Hoffnung sein, etw. zu tun
2 (promising) viel versprechend

'**hopefully** *adv.* **1** (expectantly) voller Hoffnung
2 (infml) (it is hoped that) hoffentlich

'**hopeless** *adj.*, '**hopelessly** *adv.*
1 hoffnungslos
2 (inadequate) miserabel

'**hopelessness** *n.* Hoffnungslosigkeit, *die*

hopscotch /'hɒpskɒtʃ/ *n.* Himmel-und-
Hölle-Spiel, *das*

horde /hɔːd/ *n.* Horde, *die*

horizon /hə'raɪzn/ *n.* Horizont, *der*; **on the**
~ am Horizont; (fig.) **broaden one's/sb's** ~**s**
seinen/jmds. Horizont erweitern

horizontal /hɒrɪ'zɒntl/ *adj.* horizontal;
waagerecht

hori'zontally *adv.* horizontal; (flat)
waagerecht

hormone /'hɔːməʊn/ *n.* Hormon, *das*

hormone re'placement therapy *n.*
Hormonsubstitutionstherapie, *die*

horn /hɔːn/ *n.* Horn, *das*; (of vehicle) Hupe, *die*

hornet /'hɔːnɪt/ *n.* Hornisse, *die*

'**horny** *adj.* (hard) hornig

horoscope /'hɒrəskəʊp/ *n.* Horoskop, *das*

horrendous /hə'rendəs/ *adj.* (infml)
schrecklich (ugs.)

horrible /'hɒrɪbl/ *adj.* grauenhaft; grausig
<*Monster*>; grauenvoll <*Verbrechen,
Albtraum*>

horrid /'hɒrɪd/ *adj.* scheußlich

horrific /hə'rɪfɪk/ *adj.* schrecklich

horrify /'hɒrɪfaɪ/ *v.t.* mit Schrecken erfüllen;
be horrified (shocked, scandalized) entsetzt sein
(**at, by** über + *Akk.*)

'**horrifying** *adj.* grauenhaft

horror /'hɒrə(r)/ **A** *n.* Entsetzen, *das* (**at**
über + *Akk.*); (repugnance) Grausen, *das*;
(horrifying thing) Gräuel, *der*
B *attrib. adj.* Horror-; ~ **film/story**
Horrorfilm, *der*/-geschichte, *die*

'**horror-stricken, 'horror-struck** *adjs.*
von Entsetzen gepackt

h

hors d'oeuvre /ɔːˈdɜːvr/ *n.* Horsd'œuvre, *das*; ≈ Vorspeise, *die*

◆ **horse** /hɔːs/ *n.* Pferd, *das*

horse: ~**back** *n.* on ~**back** zu Pferd; ~'**chestnut** *n.* Rosskastanie, *die*; ~**fly** *n.* Pferdebremse, *die*; ~**man** /ˈhɔːsmən/ *n.*, *pl.* ~**men** /ˈhɔːsmən/ ([skilled] rider) [guter] Reiter; ~**play** *n.* Balgerei, *die*; ~**power** *n.*, *pl. same* (Mech.) Pferdestärke, *die*; ~**racing** *n.* Pferderennsport, *der*; ~**radish** *n.* Meerrettich, *der*; ~**shoe** *n.* Hufeisen, *das*

horticulture /ˈhɔːtɪkʌltʃə(r)/ *n.* Gartenbau, *der*

hose /həʊz/, '**hosepipe** *ns.* Schlauch, *der*

hospice /ˈhɒspɪs/ *n.* (BrE) (for the terminally ill) Sterbehospiz, *das*

hospitable /hɒˈspɪtəbl/ *adj.* gastfreundlich ‹*Person, Wesensart*›; **be** ~ **to sb** jmdn. gastfreundlich aufnehmen

◆ **hospital** /ˈhɒspɪtl/ *n.* Krankenhaus, *das*; **in** ~ (BrE), **in the** ~ (AmE) im Krankenhaus

'**hospital bed** *n.* Krankenhausbett, *das*

hospitality /hɒspɪˈtælɪti/ *n.* Gastfreundschaft, *die*

'**hospital nurse** *n.* ≈ Krankenschwester, *die*

◆ **host**[1] /həʊst/ *n.* (large number) Menge, *die*; **a** ~ **of people/children** eine Menge Leute/eine Schar von Kindern

◆ **host**[2] **A** *n.* **1** Gastgeber, *der*/-geberin, *die*
  2 (Comp.) Host, *der*
  B *v.t.* **1** (act as host at) Gastgeber sein bei
  2 (compère) moderieren
  3 (Comp.) hosten ‹*Website*›

hostage /ˈhɒstɪdʒ/ *n.* Geisel, *die*

'**host country** *n.* Gastland, *das*

hostel /ˈhɒstl/ *n.* (BrE) Wohnheim, *das*

hostess /ˈhəʊstɪs/ *n.* Gastgeberin, *die*; (in nightclub) Animierdame, *die*

hostile /ˈhɒstaɪl/ *adj.* **1** feindlich
  2 (unfriendly) feindselig (**to[wards]** gegenüber); **be** ~ **to sth** etw. ablehnen

hostility /hɒˈstɪlɪti/ *n.* Feindseligkeit, *die*

◆ **hot** /hɒt/ *adj.* **1** heiß; warm ‹*Mahlzeit, Essen*›; **I am/feel** ~ mir ist heiß
  2 (pungent) scharf ‹*Gewürz, Senf usw.*›; scharf gewürzt ‹*Essen*›
  3 (recent) noch warm ‹*Nachrichten*›
  4 (infml) (illegally obtained) heiß ‹*Ware, Geld*›

hot: ~ '**air** *n.* (infml) leeres Gerede (ugs.); ~**bed** *n.* (Hort.) Mistbeet, *das*; (fig.) (of vice, corruption) Brutstätte, *die* (**of** für)

hotchpotch /ˈhɒtʃpɒtʃ/ *n.* Mischmasch, *der* (ugs.) (**of** aus)

hot: ~**desking** *n.*: Mehrfachnutzung von Arbeitsplätzen; ~ **dog** *n.* (infml) Hotdog, *der od. das*

◆ **hotel** /həʊˈtel/ *n.* Hotel, *das*

hotelier /həˈtelɪə(r)/ *n.* Hotelier, *der*

ho'tel room *n.* Hotelzimmer, *das*

hot: ~**head** *n.* Hitzkopf, *der*; ~**house** *n.* Treibhaus, *das*; ~ **line** *n.* Hotline, *die*; (Polit.) heißer Draht

'**hotly** *adv.* heftig

hot: ~**plate** *n.* Kochplatte, *die*; (to keep food ~) Warmhalteplatte, *die*; ~ **seat** *n.* (infml) **be in the** ~ **seat** den Kopf hinhalten müssen (ugs.); ~-**tempered** *adj.* heißblütig; ~-'**water bottle** *n.* Wärmflasche, *die*

hound /haʊnd/ **A** *n.* Jagdhund, *der*
  B *v.t.* verfolgen

◆ **hour** /ˈaʊə(r)/ *n.* **1** Stunde, *die*; **half an** ~ eine halbe Stunde; **an** ~ **and a half** anderthalb Stunden; **be paid by the** ~ stundenweise bezahlt werden; **the 24-**~ **clock** die Vierundzwanzigstundenuhr
  2 (time o'clock) Zeit, *die*; **the small** ~**s** [of the morning] die frühen Morgenstunden; **0100/0200/1700/1800** ~**s** (on 24-~ clock) 1.00/2.00/17.00/18.00 Uhr

'**hourly** *adj., adv.* stündlich; **be paid** ~ stundenweise bezahlt werden

◆ **house** **A** /haʊs/ *n.*, *pl.* ~**s** /ˈhaʊzɪz/ Haus, *das*; **to/at my** ~ zu mir [nach Hause]/bei mir [zu Hause]
  B /haʊz/ *v.t.* **1** ein Heim geben (+ *Dat.*)
  2 (keep, store) unterbringen

house /haʊs/: ~ **arrest** *n.* Hausarrest, *der*; ~**boat** *n.* Hausboot, *das*; ~-**bound** *adj.* ans Haus gefesselt

◆ **household** /ˈhaʊshəʊld/ *n.* Haushalt, *der*; *attrib.* Haushalts-

'**householder** *n.* Wohnungsinhaber, *der*/-inhaberin, *die*

household 'name *n.* geläufiger Name; **be a** ~ ein Begriff sein

house /haʊs/: ~ **husband** *n.* Hausmann, *der*; ~**keeper** *n.* Haushälterin, *die*; ~**keeping** *n.* Hauswirtschaft, *die*; ~**owner** *n.* Hausbesitzer, *der*; ~ **plant** *n.* Zimmerpflanze, *die*; ~-**proud** *adj.* he/she is ~-proud Ordnung und Sauberkeit [im Haushalt] gehen ihm/ihr über alles; ~-**sit** *v.i.* das Haus hüten; ~-**sitter** *n.* Housesitter, *der* (ugs.); Person, die für jemanden das Haus hütet; ~-**trained** *adj.* (BrE) stubenrein ‹*Hund, Katze*›; ~-**warming** *n.* ~-warming [party] Einzugsfeier, *die*; ~**wife** *n.* Hausfrau, *die*; ~**work** *n.* Hausarbeit, *die*

◆ **housing** /ˈhaʊzɪŋ/ *n.* (dwellings) Wohnungen Pl.; (provision of dwellings) Wohnungsbeschaffung, *die*

housing: ~ **association** *n.* (BrE) Gesellschaft für sozialen Wohnungsbau; ~ **benefit** *n.* (BrE) Wohngeld, *das*; ~ **estate** *n.* (BrE) Wohnsiedlung, *die*; ~ **shortage** *n.* Wohnraummangel, *der*

hovel /ˈhɒvl/ *n.* [armselige] Hütte

hover /ˈhɒvə(r)/ *v.i.* **1** schweben
  2 (linger) sich herumdrücken (ugs.)

'**hovercraft** *n.*, *pl. same* Hovercraft, *das*; Luftkissenfahrzeug, *das*

'**hover mower** *n.* Luftkissenmäher, *der*

◆ Schlüsselwort

ᕲ **how** /haʊ/ *adv.* wie; **learn ∼ to ride a bike/ swim** Rad fahren/schwimmen lernen; **∼ 'are you?** wie geht es dir?; (greeting) guten Morgen/Tag/Abend!; **∼ do you 'do?** (formal) guten Morgen/Tag/Abend!; **∼ much?** wie viel?; **∼ many?** wie viel?; wie viele?

ᕲ **however** /haʊ'evə(r)/ *adv.* **1** wie ... auch **2** (nevertheless) jedoch; aber

howl /haʊl/ **A** *n.* (of animal) Heulen, *das*; (of distress) Schrei, *der*; **∼s of laughter** brüllendes Gelächter
B *v.i.* <*Tier, Wind:*> heulen; (with distress) schreien
C *v.t.* [hinaus]schreien

howler /'haʊlə(r)/ *n.* (infml) (blunder) Schnitzer, *der* (ugs.)

HP *abbr.* (BrE) **hire purchase**

HQ *abbr.* = **headquarters** HQ

HR *abbr.* = **human resources [department]**

HTML *abbr.* (Comp.) = **hypertext markup language** HTML

hub /hʌb/ *n.* (Rad)nabe, *die*; (fig.) Mittelpunkt, *der*; (Aeronaut.) Drehkreuz, *das*

hubbub /'hʌbʌb/ *n.* Lärm, *der*; **a ∼ of voices** ein Stimmengewirr

hub: **∼cap** *n.* Radkappe, *die*; **∼ dynamo** *n.* Nabendynamo, *der*; **∼ gear** *n.* Nabenschaltung, *die*

huddle /'hʌdl/ *v.i.* sich drängen; **∼ together** sich zusammendrängen
■ **∼ 'up** *v.i.* (nestle up) sich zusammenkauern; (crowd together) sich [zusammen]drängen

hue /hju:/ *n.* Farbton, *der*

hue and 'cry *n.* lautes Geschrei; (protest) Gezeter, *das*

huff /hʌf/ **A** *v.i.* **∼ and puff** schnaufen und keuchen
B *n.* **in a ∼** beleidigt

hug /hʌg/ **A** *n.* Umarmung, *die*; **give sb a ∼** jmdn. umarmen
B *v.t.,* **-gg-** umarmen

ᕲ **huge** /hju:dʒ/ *adj.* riesig; gewaltig <*Unterschied, Verbesserung, Interesse*>

hulking /'hʌlkɪŋ/ *adj.* (infml) **∼ great** klobig

hull /hʌl/ *n.* (Naut.) Schiffskörper, *der*

hum /hʌm/ **A** *v.i.,* **-mm-** **1** summen; <*Maschine:*> brummen
2 ∼ and haw (infml) herumdrucksen (ugs.)
B *v.t.,* **-mm-** summen
C *n.* **1** Summen, *das*; (of machinery) Brummen, *das*
2 (of voices, conversation) Gemurmel, *das*; (of traffic) Brausen, *das*

ᕲ **human** /'hju:mən/ **A** *adj.* menschlich; **the ∼ race** die menschliche Rasse
B *n.* Mensch, *der*

human 'being *n.* Mensch, *der*

humane /hju:'meɪn/ *adj.* human

humanitarian /hju:mænɪ'teərɪən/ *adj.* humanitär

humanity /hju:'mænɪtɪ/ *n.* **1** (mankind) Menschheit, *die*; (people collectively) Menschen *Pl.*
2 (being humane) Humanität, *die*

human re'sources *n., pl.* **1** [Arbeits]kräfte *Pl.*; Personal, *das*
2 *sing.* (department) Personalabteilung, *die*

human 'rights *n. pl.* Menschenrechte *Pl.*; **∼ activist** Menschenrechtsaktivist, *der/*-aktivistin, *die*; **∼ group** Menschenrechtsorganisation, *die*

humble /'hʌmbl/ **A** *adj.* **1** demütig
2 (modest) bescheiden
3 (low-ranking) einfach; niedrig <*Status, Rang usw.*>
B *v.t.* **1** demütigen; **∼ oneself** sich demütigen *od.* erniedrigen
2 (defeat decisively) [vernichtend] schlagen

humbly /'hʌmblɪ/ *adv.* demütig

humdrum /'hʌmdrʌm/ *adj.* alltäglich; eintönig <*Leben*>

humid /'hju:mɪd/ *adj.* feucht

humidifier /hju:'mɪdɪfaɪə(r)/ *n.* Luftbefeuchter, *der*

humidify /hju:'mɪdɪfaɪ/ *v.t.* befeuchten

humidity /hju:'mɪdɪtɪ/ *n.* Feuchtigkeit, *die*

humiliate /hju:'mɪlɪeɪt/ *v.t.* demütigen

humiliation /hju:mɪlɪ'eɪʃn/ *n.* Demütigung, *die*

humility /hju:'mɪlɪtɪ/ *n.* Demut, *die*

humor (AmE) ▸ **humour**

humorous /'hju:mərəs/ *adj.* lustig, komisch <*Geschichte, Name, Situation*>; witzig <*Bemerkung*>

humour /'hju:mə(r)/ (BrE) **A** *n.* **1** Humor, *der*; **sense of ∼** Sinn für Humor; **have no sense of ∼** keinen Humor haben
2 (mood) Laune, *die*
B *v.t.* **∼ sb** jmdm. seinen Willen lassen

hump /hʌmp/ **A** *n.* **1** (of person) Buckel, *der*; (of animal) Höcker, *der*
2 (mound) Hügel, *der*
B *v.t.* (BrE) (infml) (carry) schleppen

humpback 'bridge *n.* gewölbte Brücke

hunch¹ /hʌntʃ/ *v.t.* **∼ [up]** hochziehen

hunch² *n.* (feeling) Gefühl, *das*

'hunchback *n.* (back) Buckel, *der*; (often offensive) (person) Bucklige, *der/die*; **be a ∼** (often offensive) einen Buckel haben

ᕲ **hundred** /'hʌndrəd/ **A** *adj.* hundert; **a** *or* **one ∼** [ein]hundert; **two/several ∼** zweihundert/mehrere hundert; **a** *or* **one ∼ and one** [ein]hundert[und]eins
B *n.* **1** (number) Hundert; **a** *or* **one/two ∼** [ein]hundert/zweihundert
2 (written figure; group) Hundert, *das*
3 (indefinite amount) **∼s** Hunderte. *See also* **eight**

hundredth /'hʌndrədθ/ **A** *adj.* hundertst...; **a ∼ part** ein Hundertstel
B *n.* (fraction) Hundertstel, *das*; (in sequence, rank) Hundertste, *der/die/das*

h

'**hundredweight** *n.*, *pl. same* (BrE) 50,8 kg; ≈ Zentner, *der*

hung ▶ hang A, B

Hungarian /hʌŋˈgeərɪən/ **A** *adj.* ungarisch; sb is ~ jmd. ist Ungar/Ungarin
B *n.* 1 (person) Ungar, *der*/Ungarin, *die* 2 (language) Ungarisch, *das*; *see also* English B1

Hungary /ˈhʌŋgərɪ/ *pr. n.* Ungarn *(das)*

hunger /ˈhʌŋgə(r)/ **A** *n.* Hunger, *der*
B *v.i.* ~ after *or* for sb/sth [heftiges] Verlangen nach jmdm./etw. haben

'**hunger strike** *n.* Hungerstreik, *der*; go on ~ in den Hungerstreik treten

hung 'over *adj.* (infml) verkatert (ugs.)

hungry /ˈhʌŋgrɪ/ *adj.* hungrig; be ~ Hunger haben; go ~ hungern

hunk /hʌŋk/ *n.* [großes] Stück

hunt /hʌnt/ **A** *n.* Jagd, *die*; (search) Suche, *die*
B *v.t.* jagen; (search for) Jagd machen auf (+ Akk.) ‹*Mörder usw.*›
C *v.i.* jagen; go ~ing auf die Jagd gehen; ~ after *or* for Jagd machen auf (+ Akk.); (seek) suchen

'**hunter** *n.* Jäger, *der*

'**hunting** *n.* die Jagd (of auf + Akk.); (searching) Suche, *die* (for nach)

hurdle /ˈhɜːdl/ *n.* Hürde, *die*

hurl /hɜːl/ *v.t.* werfen; (violently) schleudern; ~ insults at sb jmdm. Beleidigungen ins Gesicht schleudern

hurly-burly /ˈhɜːlɪbɜːlɪ/ *n.* Tumult, *der*; the ~ of city life der Großstadttrummel (ugs.)

hurrah /hʊˈrɑː/, **hurray** /hʊˈreɪ/ *int.* hurra

hurricane /ˈhʌrɪkən/ *n.* (tropical cyclone) Hurrikan, *der*; (storm, lit. *or* fig.) Orkan, *der*

hurried /ˈhʌrɪd/ *adj.* eilig; überstürzt ‹*Abreise*›; in Eile ausgeführt ‹*Arbeit*›

hurry /ˈhʌrɪ/ **A** *n.* Eile, *die*; in a ~ eilig; be in a ~ es eilig haben; there's no ~ es eilt nicht ‹*Essen*›; ~ one's work seine Arbeit in zu großer Eile erledigen
C *v.i.* sich beeilen; (to or from place) eilen
■ ~ 'up **A** *v.i.* sich beeilen
B *v.t.* antreiben

⚷ **hurt** /hɜːt/ **A** *v.t.*, ~ 1 wehtun (+ *Dat.*); (injure) verletzen; ~ oneself sich (*Dat.*) wehtun; (injure oneself) sich verletzen; ~ one's arm/back sich (*Dat.*) am Arm/Rücken wehtun; (injure) sich (*Dat.*) den Arm/am Rücken verletzen
2 (damage, be detrimental to) schaden (+ *Dat.*)
3 (upset) verletzen ‹*Person, Stolz*›
B *v.i.*, ~ 1 wehtun
2 (cause damage, be detrimental) schaden
C *adj.* gekränkt ‹*Tonfall, Miene*›
D *n.* (emotional pain) Schmerz, *der*

hurtful /ˈhɜːtfl/ *adj.* verletzend

hurtle /ˈhɜːtl/ *v.i.* rasen (ugs.)

⚷ **husband** /ˈhʌzbənd/ *n.* Ehemann, *der*;

⚷ Schlüsselwort

my/your/her ~ mein/dein/ihr Mann; ~ and wife Mann und Frau

hush /hʌʃ/ **A** *n.* (silence) Schweigen, *das*; (stillness) Stille, *die*
B *v.t.* (silence) zum Schweigen bringen; (still) beruhigen
C *v.i.* still sein; ~! still!
■ ~ 'up *v.t.* vertuschen

husk /hʌsk/ *n.* Spelze, *die*

husky¹ /ˈhʌskɪ/ *adj.* heiser

husky² *n.* Eskimohund, *der*

hustle /ˈhʌsl/ **A** *v.t.* drängen (into zu)
B *n.* ~ and bustle geschäftiges Treiben

hut /hʌt/ *n.* Hütte, *die*

hutch /hʌtʃ/ *n.* Stall, *der*

hyacinth /ˈhaɪəsɪnθ/ *n.* Hyazinthe, *die*

hybrid /ˈhaɪbrɪd/ **A** *n.* Hybride, *die od. der* (between aus); (fig.) (mixture) Mischung, *die*
B *adj.* hybrid ‹*Züchtung*›

hybrid: ~ **bike** *n.* Crossrad, *das*; ~ **car** *n.* Hybridauto, *das*; Hybridfahrzeug, *das*

hydrangea /haɪˈdreɪndʒə/ *n.* Hortensie, *die*

hydrant /ˈhaɪdrənt/ *n.* Hydrant, *der*

hydraulic /haɪˈdrɔːlɪk/ *adj.* hydraulisch

hydrochloric acid /haɪdrəklɔːrɪk ˈæsɪd/ *n.* Salzsäure, *die*

hydroelectric /haɪdrəʊɪˈlektrɪk/ *adj.* hydroelektrisch

hydroelectric 'power station *n.* Wasserkraftwerk, *das*

hydrofoil /ˈhaɪdrəfɔɪl/ *n.* Tragflächenboot, *das*

hydrogen /ˈhaɪdrədʒən/ *n.* Wasserstoff, *der*

'**hydrogen bomb** *n.* Wasserstoffbombe, *die*

hyena /haɪˈiːnə/ *n.* Hyäne, *die*

hygiene /ˈhaɪdʒiːn/ *n.* Hygiene, *die*

hygienic /haɪˈdʒiːnɪk/ *adj.* hygienisch

hymn /hɪm/ *n.* Hymne, *die*; (sung in service) Kirchenlied, *das*

'**hymn book** *n.* Gesangbuch, *das*

hyper /ˈhaɪpə(r)/ *adj.* (infml) aufgedreht (ugs.)

hyperactive /haɪpəˈræktɪv/ *adj.* überaktiv

hyperbole /haɪˈpɜːbəlɪ/ *n.* (Rhet.) Hyperbel, *die*

hyper: ~**link** *n.* (Comp.) Hyperlink, *der*; ~**market** *n.* (BrE) Verbrauchermarkt, *der*; ~**text** *n.* (Comp.) Hypertext, *der*; ~**'ventilate** *v.i.* hyperventilieren

hyphen /ˈhaɪfn/ **A** *n.* Bindestrich, *der*
B *v.t.* mit Bindestrich schreiben

hyphenate /ˈhaɪfəneɪt/ ▶ hyphen B

hyphenation /haɪfəˈneɪʃn/ *n.* Kopplung, *die*

hypnosis /hɪpˈnəʊsɪs/ *n.*, *pl.* **hypnoses** /hɪpˈnəʊsiːz/ Hypnose, *die*; (act, process) Hypnotisierung, *die*; under ~ in Hypnose (*Dat.*)

hypnotic /hɪpˈnɒtɪk/ *adj.* hypnotisch

hypnotism /ˈhɪpnətɪzm/ *n.* Hypnotik, *die*; (act) Hypnotisieren, *das*

hypnotist /ˈhɪpnətɪst/ *n.* Hypnotiseur, *der*/Hypnotiseurin, *die*

h

hypnotize /'hɪpnətaɪz/ *v.t.* hypnotisieren
hypochondria /haɪpə'kɒndrɪə/ *n.*
  Hypochondrie, *die*
hypochondriac /haɪpə'kɒndrɪæk/ *n.*
  Hypochonder, *der*
hypocrisy /hɪ'pɒkrɪsɪ/ *n.* Heuchelei, *die*
hypocrite /'hɪpəkrɪt/ *n.* Heuchler, *der*/
  Heuchlerin, *die*
hypocritical /hɪpə'krɪtɪkl/ *adj.* heuchlerisch
hypodermic /haɪpə'dɜːmɪk/ *adj. & n.* ~
  [syringe] Injektionsspritze, *die*
hypotenuse /haɪ'pɒtənjuːz/ *n.* Hypotenuse,
  die

hypothermia /haɪpə'θɜːmɪə/ *n.* (Med.)
  Hypothermie, *die* (fachspr.); Unterkühlung, *die*
hypothesis /haɪ'pɒθɪsɪs/ *n., pl.* **hypotheses**
  /haɪ'pɒθɪsiːz/ Hypothese, *die*
hypothetical /haɪpə'θetɪkl/ *adj.* hypothetisch
hysterectomy /hɪstə'rektəmɪ/ *n.* (Med.)
  Hysterektomie, *die* (fachspr.)
hysteria /hɪ'stɪərɪə/ *n.* Hysterie, *die*
hysterical /hɪ'sterɪkl/ *adj.* hysterisch
hysterics /hɪ'sterɪks/ *n. pl.* (laughter)
  hysterischer Lachanfall; (crying) hysterischer
  Weinkrampf; **have** ~ hysterisch lachen/
  weinen

h

i

I¹, i /aɪ/ *n.* I, i, *das*
✇ **I²** *pron.* ich
✇ **ice** /aɪs/ **A** *n.* **1** Eis, *das*; **feel/be like** ~ (be very
  cold) eiskalt sein
  2 (~ cream) [Speise]eis, *das*; **an** ~/**two** ~**s**
  ein/zwei Eis
  B *v.t.* glasieren ‹*Kuchen*›
■ ~ '**over**, ~ '**up** *v.i.* ‹*Gewässer:*› zufrieren
'**ice age** *n.* Eiszeit, *die*
iceberg /'aɪsbɜːg/ *n.* Eisberg, *der*
ice: ~**box** *n.* (AmE) Kühlschrank, *der*; ~
  bucket *n.* Eisbehälter, *der*; ~**-cold** *adj.*
  eiskalt; ~ '**cream** *n.* Eis, *das*; Eiscreme, *die*;
  one ~ cream/**two/too many** ~ **creams** ein/
  zwei/zu viel Eis; ~ '**cream parlour** *n.*
  Eisdiele, *die*; ~ **cube** *n.* Eiswürfel, *die*
iced /aɪst/ *adj.* **1** (cooled) eisgekühlt
  2 (with icing) glasiert
iced: ~ '**coffee** *n.* Eiskaffee, *der*; ~ '**tea** *n.*
  Eistee, *der*
'**ice hockey** *n.* Eishockey, *das*
Iceland /'aɪslənd/ *pr. n.* Island *(das)*
Icelandic /aɪs'lændɪk/ **A** *adj.* isländisch
  B *n.* Isländisch, *das*; *see also* **English B1**
ice: ~ '**lolly** *n.* Eis am Stiel; ~ **rink** *n.*
  Eisbahn, *die*; ~ **skate** *n.* Schlittschuh,
  der; ~**-skate** *v.i.* Schlittschuh laufen; ~
  skating *n.* Schlittschuhlaufen, *das*
icicle /'aɪsɪkl/ *n.* Eiszapfen, *der*
icing /'aɪsɪŋ/ *n.* Zuckerguss, *der*
'**icing sugar** *n.* (BrE) Puderzucker, *der*
icon /'aɪkɒn/ *n.* **1** Ikone, *die*
  2 (Comp.) Icon, *das*
icy /'aɪsɪ/ *adj.* **1** vereist ‹*Berge, Landschaft,
  Straße*›; eisreich ‹*Region, Land*›; **in** ~
  conditions bei Eis
  2 (very cold) eiskalt; eisig; (fig.) frostig

I'd /aɪd/ (infml) **1** = **I had** ▶ **have**
  2 = **I would** ▶ **will¹**
✇ **idea** /aɪ'dɪə/ *n.* Idee, *die*; Gedanke, *der*;
  (mental picture) Vorstellung, *die*; (vague notion)
  Ahnung, *die*; **have you any** ~ [**of**] **how ...?**
  weißt du ungefähr, wie ...?; **have no** ~ [**of**]
  where ... keine Ahnung haben, wo ...; **not
  have the slightest** *or* **faintest** ~ nicht die
  leiseste Ahnung haben
ideal /aɪ'dɪəl/ **A** *adj.* ideal; vollendet
  ‹*Ehemann, Gastgeber*›; vollkommen ‹*Welt*›
  B *n.* Ideal, *das*
idealism /aɪ'dɪəlɪzm/ *n.* Idealismus, *der*
idealist /aɪ'dɪəlɪst/ *n.* Idealist, *der*/Idealistin,
  die
idealistic /aɪdɪə'lɪstɪk/ *adj.* idealistisch
idealize /aɪ'dɪəlaɪz/ *v.t.* idealisieren
ideally /aɪ'dɪəlɪ/ *adv.* ideal; ~, ... idealerweise
  od. im Idealfall ...
identical /aɪ'dentɪkl/ *adj.* identisch; **be** ~
  sich (*Dat.*) völlig gleichen
identical 'twins *n. pl.* eineiige Zwillinge
identification /aɪdentɪfɪ'keɪʃn/ *n.*
  Identifizierung, *die*; (of plants, animals)
  Bestimmung, *die*
identifi'cation parade *n.* (BrE)
  Gegenüberstellung [zur Identifizierung], *die*
✇ **identify** /aɪ'dentɪfaɪ/ **A** *v.t.* identifizieren;
  bestimmen ‹*Pflanze, Tier*›
  B *v.i.* ~ **with sb** sich mit jmdm.
  identifizieren
Identikit® /aɪ'dentɪkɪt/ *n.* Phantombild, *das*
✇ **identity** /aɪ'dentɪtɪ/ *n.* Identität, *die*; **proof
  of** ~ Identitätsnachweis, *der*; [**case of**]
  mistaken ~ [Personen]verwechslung, *die*
identity: ~ **card** *n.* [Personal]ausweis,
  der; ~ **crisis** *n.* Identitätskrise, *die*;

~ parade ▶ identification parade; **~ theft** *n.* Identitätsdiebstahl, *der*

ideological /aɪdɪə'lɒdʒɪkl/ *adj.* ideologisch

ideology /aɪdɪ'ɒlədʒɪ/ *n.* Ideologie, *die*

idiocy /'ɪdɪəsɪ/ *n.* Idiotie, *die*

idiom /'ɪdɪəm/ *n.* [Rede]wendung, *die*

idiomatic /ɪdɪə'mætɪk/ *adj.* idiomatisch

idiosyncrasy /ɪdɪə'sɪŋkrəsɪ/ *n.* Eigentümlichkeit, *die*

idiosyncratic /ɪdɪəsɪŋ'krætɪk/ *adj.* eigenwillig

idiot /'ɪdɪət/ *n.* Idiot, *der* (ugs.)

idiotic /ɪdɪ'ɒtɪk/ *adj.* idiotisch (ugs.)

idle /'aɪdl/ **A** *adj.* **1** (lazy) faul
2 (not in use) außer Betrieb *nachgestellt*; be **~** <*Maschinen, Fabrik:*> stillstehen
3 bloß <*Neugier, Spekulation*>; leer <*Geschwätz*>
B *v.i.* <*Motor:*> leer laufen
▪ **~ a'way** *v.t.* vertun

'idleness *n.* Faulheit, *die*

idol /'aɪdl/ *n.* Idol, *das*

idolize /'aɪdəlaɪz/ *v.t.* vergöttern

idyllic /ɪ'dɪlɪk/ *adj.* idyllisch

i.e. /aɪ'iː/ *abbr.* = **that is** d.h.; i.e.

◆ **if** /ɪf/ *conj.* **1** wenn; **~ anyone should ask ...** falls jemand fragt, ...; **~ I knew what to do ...** wenn ich wüsste, was ich tun soll ...; **~ I were you** an deiner Stelle; **~ so/not** wenn ja/nein *od.* nicht; **~ then/that/at all** wenn überhaupt; **as ~** als ob; **~ I only knew, ~ only I knew!** wenn ich das nur wüsste!; **~ it isn't Ronnie!** das ist doch Ronnie!
2 (whenever) [immer] wenn
3 (whether) ob
4 (though) auch *od.* selbst wenn
5 (despite being) wenn auch

iffy /'ɪfɪ/ *adjs.* (infml) ungewiss; zweifelhaft

igloo /'ɪɡluː/ *n.* Iglu, *der od. das*

ignite /ɪɡ'naɪt/ **A** *v.t.* anzünden
B *v.i.* sich entzünden

ignition /ɪɡ'nɪʃn/ *n.* **1** (igniting) Zünden, *das*
2 (Motor Veh.) Zündung, *die*

ig'nition key *n.* Zündschlüssel, *der*

ignorance /'ɪɡnərəns/ *n.* Unwissenheit, *die*; **keep sb in ~ of sth** jmdn. in Unkenntnis über etw. (*Akk.*) lassen

ignorant /'ɪɡnərənt/ *adj.* unwissend; **be ~ of sth** (uninformed) über etw. (*Akk.*) nicht informiert sein

◆ **ignore** /ɪɡ'nɔː(r)/ *v.t.* ignorieren; nicht befolgen <*Befehl, Rat*>; übergehen <*Frage, Bemerkung*>

ill /ɪl/ **A** *adj.* krank; **fall ~** krank werden
B *adv.*, **worse** /wɜːs/, **worst** /wɜːst/ **be ~ at ease** sich nicht wohl fühlen
C *n.* Übel, *das*

I'll /aɪl/ (infml) **1** = **I shall**
2 = **I will**

'ill-advised *adj.* unklug

◆ Schlüsselwort

◆ **illegal** /ɪ'liːɡl/ *adj.*, **il'legally** *adv.* illegal

il'legal immigrant *n.* illegaler Einwanderer/ illegale Einwanderin

illegality /ɪlɪ'ɡælɪtɪ/ *n.* Ungesetzlichkeit, *die*

illegible /ɪ'ledʒɪbl/ *adj.* unleserlich

illegitimate /ɪlɪ'dʒɪtɪmət/ *adj.* unehelich <*Kind*>

ill 'health *n.* schwache Gesundheit

illicit /ɪ'lɪsɪt/ *adj.* unerlaubt <*Beziehung, [Geschlechts]verkehr*>; Schwarz<*handel, -verkauf, -arbeit*>

'ill-informed *adj.* schlecht informiert

illiteracy /ɪ'lɪtərəsɪ/ *n.* Analphabetentum, *das*; Analphabetismus, *der*

illiterate /ɪ'lɪtərət/ *adj.* des Lesens und Schreibens unkundig; analphabetisch <*Bevölkerung*>

◆ **illness** /'ɪlnɪs/ *n.* Krankheit, *die*

illogical /ɪ'lɒdʒɪkl/ *adj.* unlogisch

ill-'treat *v.t.* misshandeln

ill-'treatment *n.* Misshandlung, *die*

illuminate /ɪ'luːmɪneɪt/ *v.t.* beleuchten

illuminating /ɪ'luːmɪneɪtɪŋ/ *adj.* aufschlussreich

illumination /ɪluːmɪ'neɪʃn/ *n.* Beleuchtung, *die*

illusion /ɪ'luːʒn/ *n.* Illusion, *die*; **be under the ~ that ...** sich (*Dat.*) einbilden, dass ...

illusory /ɪ'luːsərɪ/ *adj.* illusorisch

illustrate /'ɪləstreɪt/ *v.t.* **1** (serve as example of) veranschaulichen
2 illustrieren <*Buch, Erklärung*>

illustration /ɪlə'streɪʃn/ *n.* **1** (example) Beispiel, *das* (of für)
2 (picture) Abbildung, *die*

illustrious /ɪ'lʌstrɪəs/ *adj.* berühmt <*Person*>

ill 'will *n.* Böswilligkeit, *die*

I'm /aɪm/ = **I am**

◆ **image** /'ɪmɪdʒ/ *n.* **1** Bildnis, *das* (geh.)
2 (Optics) Bild, *das*
3 [public] **~** Image, *das*

'image-conscious *adj.* imagebewusst

imaginable /ɪ'mædʒɪnəbl/ *adj.* **the best solution ~** die denkbar beste Lösung

imaginary /ɪ'mædʒɪnərɪ/ *adj.* imaginär (geh.); eingebildet <*Krankheit*>

imagination /ɪmædʒɪ'neɪʃn/ *n.* **1** Fantasie, *die*
2 (fancy) Einbildung, *die*

imaginative /ɪ'mædʒɪnətɪv/ *adj.* fantasievoll; (showing imagination) einfallsreich

◆ **imagine** /ɪ'mædʒɪn/ *v.t.* **1** sich (*Dat.*) vorstellen
2 (suppose) glauben
3 (get the impression) **~ [that ...]** sich (*Dat.*) einbilden[, dass ...]

imbalance /ɪm'bæləns/ *n.* Unausgeglichenheit, *die*

imbecile /'ɪmbɪsiːl/ *n.* Idiot, *der* (ugs.)

IMF *abbr.* = **International Monetary Fund** IWF, *der*

imitate /'ɪmɪteɪt/ *v.t.* nachahmen

imitation /ɪmɪˈteɪʃn/ n. **1** Nachahmung, die **2** (counterfeit) Imitation, die

immaculate /ɪˈmækjʊlət/ adj. (spotless) makellos; (faultless) tadellos

immaterial /ɪməˈtɪərɪəl/ adj. unerheblich

immature /ɪməˈtjʊə(r)/ adj. unreif; noch nicht voll entwickelt <Lebewesen>

immaturity /ɪməˈtjʊərɪti/ n. Unreife, die

✰ **immediate** /ɪˈmiːdjət/ adj. **1** unmittelbar; (nearest) nächst... <Nachbar[schaft], Umgebung, Zukunft>; engst... <Familie> **2** (occurring at once) prompt; unverzüglich <Handeln, Maßnahmen>; umgehend <Antwort>

✰ **im'mediately** **A** adv. **1** unmittelbar **2** (without delay) sofort **B** conj. sobald

immemorial /ɪmɪˈmɔːrɪəl/ adj. from time ~ seit undenklichen Zeiten

immense /ɪˈmens/ adj. **1** ungeheuer **2** (infml) (great) enorm

im'mensely adv. **1** ungeheuer **2** (infml) (very much) unheimlich (ugs.)

immerse /ɪˈmɜːs/ v.t. [ein]tauchen; be ~d in thought/one's work in Gedanken versunken/ in seine Arbeit vertieft sein

immersion /ɪˈmɜːʃn/ n. Eintauchen, das

im'mersion heater n. Heißwasserbereiter, der

immigrant /ˈɪmɪɡrənt/ **A** n. Einwanderer, der/Einwanderin, die **B** adj. Einwanderer-

immigrant 'workers n. pl. ausländische Arbeitnehmer Pl.

immigration /ɪmɪˈɡreɪʃn/ n. Einwanderung, die (into nach; from aus); attrib. Einwanderungs<kontrolle, -gesetz>; go through ~ durch die Passkontrolle gehen

immigration: ~ authorities n. Einwanderungsbehörden Pl.; ~ **officer** n. Beamter/Beamtin der Einwanderungsbehörde

imminent /ˈɪmɪnənt/ adj. unmittelbar bevorstehend; drohend <Gefahr>; be ~ unmittelbar bevorstehen/drohen

immobile /ɪˈməʊbaɪl/ adj. (immovable) unbeweglich

immobilize /ɪˈməʊbɪlaɪz/ v.t. verankern; (fig.) lähmen

immobilizer /ɪˈməʊbɪlaɪzə(r)/ n. (Motor Veh.) Wegfahrsperre, die

immodest /ɪˈmɒdɪst/ adj. unbescheiden; (improper) unanständig

immoral /ɪˈmɒrəl/ adj. unmoralisch; (in sexual matters) sittenlos

immorality /ɪməˈrælɪti/ n. Unmoral, die; (in sexual matters) Sittenlosigkeit, die

immortal /ɪˈmɔːtl/ adj. unsterblich

immortality /ɪmɔːˈtælɪti/ n. Unsterblichkeit, die

immortalize /ɪˈmɔːtəlaɪz/ v.t. unsterblich machen

immovable /ɪˈmuːvəbl/ adj. unbeweglich; be ~ sich nicht bewegen lassen

immune /ɪˈmjuːn/ adj. **1** (exempt) sicher (from vor + Dat.) **2** (not susceptible) unempfindlich (to gegen) **3** (Med.) immun (to gegen)

immune: ~ system n. Immunsystem, das; ~ **therapy** n. Immuntherapie, die

immunity /ɪˈmjuːnɪti/ n. **1** diplomatic ~ diplomatische Immunität **2** (Med.) Immunität, die

immunization /ɪmjʊnaɪˈzeɪʃn/ n. Immunisierung, die

immunize /ˈɪmjʊnaɪz/ v.t. immunisieren

immunodeficiency /ɪˈmjuːnəʊdɪfɪʃənsɪ/ n. Immunschwäche, die

immunology /ɪmjʊˈnɒlədʒɪ/ n. Immunologie, die

immunotherapy /ɪmjuːnəʊˈθerəpɪ/ n. Immuntherapie, die

immutable /ɪˈmjuːtəbl/ adj. unveränderlich

imp /ɪmp/ n. **1** Kobold, der **2** (fig.) (child) Racker, der (fam.)

✰ **impact** /ˈɪmpækt/ n. **1** Aufprall, der (on, against auf + Akk.); (collision) Zusammenprall, der **2** (fig.) Wirkung, die

impair /ɪmˈpeə(r)/ v.t. beeinträchtigen; schaden (+ Dat.) <Gesundheit>

impale /ɪmˈpeɪl/ v.t. aufspießen

impart /ɪmˈpɑːt/ v.t. **1** (give) [ab]geben (to an + Akk.) **2** (communicate) kundtun (geh.) (to Dat.); vermitteln <Kenntnisse> (to Dat.)

impartial /ɪmˈpɑːʃl/ adj. unparteiisch; gerecht <Entscheidung, Urteil>

impassable /ɪmˈpɑːsəbl/ adj. unpassierbar (to für); (to vehicles) unbefahrbar (to für)

impasse /ˈæmpɑːs/ n. Sackgasse, die

impassive /ɪmˈpæsɪv/ adj. ausdruckslos

impatience /ɪmˈpeɪʃəns/ n. Ungeduld, die (at über + Akk.)

impatient /ɪmˈpeɪʃnt/ adj. ungeduldig; ~ at sth/with sb ungeduldig über etw. (Akk.)/mit jmdm

im'patiently adv. ungeduldig

impeccable /ɪmˈpekəbl/ adj. makellos; tadellos <Manieren>

impeccably /ɪmˈpekəblɪ/ adv. tadellos; makellos <rein>

impede /ɪmˈpiːd/ v.t. behindern

impediment /ɪmˈpedɪmənt/ n. **1** Hindernis, das (to für) **2** (speech defect) Sprachfehler, der

impel /ɪmˈpel/ v.t., -ll- treiben; feel ~led to do sth sich genötigt od. gezwungen fühlen, etw. zu tun

impending /ɪmˈpendɪŋ/ adj. bevorstehend

impenetrable /ɪmˈpenɪtrəbl/ adj. undurchdringlich (by, to für)

imperative /ɪmˈperətɪv/ **A** adj. dringend erforderlich

B n. (Ling.) Imperativ, der

imperceptible /ˌɪmpə'septɪbl/ adj. nicht wahrnehmbar; (very slight or gradual) unmerklich

imperfect /ɪm'pɜːfɪkt/ **A** adj. **1** (incomplete) unvollständig
2 (faulty) mangelhaft
B n. (Ling.) Imperfekt, das

imperfection /ɪmpə'fekʃn/ n. **1** (incompleteness) Unvollständigkeit, die
2 (fault) Mangel, der

im'perfectly adv. **1** (incompletely) unvollständig
2 (faultily) fehlerhaft

imperial /ɪm'pɪərɪəl/ adj. kaiserlich

imperialism /ɪm'pɪərɪəlɪzm/ n. Imperialismus, der

imperil /ɪm'perəl/ v.t., (BrE) -ll- gefährden

imperious /ɪm'pɪərɪəs/ adj. herrisch

impermeable /ɪm'pɜːmɪəbl/ adj. undurchlässig

impersonal /ɪm'pɜːsənl/ adj. unpersönlich

impersonate /ɪm'pɜːsəneɪt/ v.t. sich ausgeben als; (to entertain) imitieren; nachahmen

impersonator /ɪm'pɜːsəneɪtə(r)/ n. (entertainer) Imitator, der/Imitatorin, die

impertinence /ɪm'pɜːtɪnəns/ n. Unverschämtheit, die

impertinent /ɪm'pɜːtɪnənt/ adj. unverschämt

imperturbable /ɪmpə'tɜːbəbl/ adj. gelassen; be completely ~ durch nichts zu erschüttern sein

impervious /ɪm'pɜːvɪəs/ adj. undurchlässig; be ~ to sth (fig.) unempfänglich für etw. sein

impetuous /ɪm'petjʊəs/ adj. unüberlegt; impulsiv <Person>

impetus /'ɪmpɪtəs/ n. **1** Kraft, die
2 (fig.) Motivation, die

impinge /ɪm'pɪndʒ/ v.i. ~ on sth auf etw. (Akk.) Einfluss nehmen

impish adj. lausbübisch

implacable /ɪm'plækəbl/ adj. unversöhnlich; erbittert <Gegner>

implausible /ɪm'plɔːzɪbl/ adj. unglaubwürdig

⚬ **implement A** /'ɪmplɪmənt/ n. Gerät, das
B /'ɪmplɪment/ v.t. [in die Tat] umsetzen <Politik, Plan usw.>

implicate /'ɪmplɪkeɪt/ v.t. belasten; be ~d in a scandal in einen Skandal verwickelt sein

implication /ɪmplɪ'keɪʃn/ n. Implikation, die; by ~ implizit

implicit /ɪm'plɪsɪt/ adj. **1** (implied) implizit (geh.); unausgesprochen <Drohung, Zweifel>
2 (resting on authority) unbedingt; blind <Vertrauen>

implicitly /ɪm'plɪsɪtlɪ/ adv. **1** (by implication) implizit (geh.)
2 (unquestioningly) blind <vertrauen, gehorchen usw.>

implode /ɪm'pləʊd/ v.i. implodieren

implore /ɪm'plɔː(r)/ v.t. anflehen (for um)

imply /ɪm'plaɪ/ v.t. **1** implizieren (geh.); (say indirectly) hindeuten auf (+ Akk.)
2 (insinuate) unterstellen

impolite /ɪmpə'laɪt/ adj. unhöflich

import A /ɪm'pɔːt/ v.t. importieren, einführen <Waren> (from aus; into nach)
B /'ɪmpɔːt/ n. **1** (process) Import, der
2 (article) Importgut, das

⚬ **importance** /ɪm'pɔːtəns/ n. Wichtigkeit, die (to für); (significance) Bedeutung, die; be of ~ wichtig sein; full of one's own ~ von seiner eigenen Wichtigkeit überzeugt

⚬ **important** /ɪm'pɔːtənt/ adj. wichtig (to für); (significant) bedeutend

'import duty n. Einfuhrzoll, der

im'porter n. Importeur, der

⚬ **impose** /ɪm'pəʊz/ v.t. auferlegen (geh.) <Bürde, Verpflichtung> ([up]on Dat.); erheben <Steuer> (on auf + Akk.); verhängen <Kriegsrecht>; anordnen <Rationierung>
■ **im'pose** on v.t. ausnutzen <Gutmütigkeit, Toleranz usw.>; ~ on sb sich jmdm. aufdrängen

imposing /ɪm'pəʊzɪŋ/ adj. imposant

imposition /ɪmpə'zɪʃn/ n. **1** Auferlegung, die; (of tax) Erhebung, die
2 (unreasonable demand) Zumutung, die

impossibility /ɪmpɒsɪ'bɪlɪtɪ/ n. Unmöglichkeit, die

⚬ **impossible** /ɪm'pɒsɪbl/ adj., **impossibly** /ɪm'pɒsɪblɪ/ adv. unmöglich

impostor /ɪm'pɒstə(r)/ n. Hochstapler, der/-staplerin, die; (swindler) Betrüger, der/Betrügerin, die

impotence /'ɪmpətəns/ n. **1** (powerlessness) Machtlosigkeit, die
2 (lack of sexual power) Impotenz, die

impotent /'ɪmpətənt/ adj. **1** (powerless) machtlos
2 (lacking in sexual power; in popular use) (sterile) impotent

impound /ɪm'paʊnd/ v.t. beschlagnahmen

impoverished /ɪm'pɒvərɪʃt/ adj. be/become ~ verarmt sein/verarmen

impracticable /ɪm'præktɪkəbl/ adj. undurchführbar

impractical /ɪm'præktɪkl/ adj. **1** (unpractical) unpraktisch
2 ▸ impracticable

imprecise /ɪmprɪ'saɪs/ adj. ungenau

impregnable /ɪm'pregnəbl/ adj. uneinnehmbar <Festung, Bollwerk>; (fig.) unanfechtbar <Ruf, Stellung>

impregnate /'ɪmpregneɪt/ v.t. imprägnieren

impress /ɪm'pres/ v.t. beeindrucken; abs. Eindruck machen; be ~ed by or with sth von etw. beeindruckt sein
■ **im'press [up]on** v.t. einschärfen (+ Dat.); ~ sth [up]on sb's memory jmdm. etw. einschärfen

impression /ɪm'preʃn/ n. **1** Eindruck, der; form an ~ of sb sich (Dat.) ein Bild von

⚬ Schlüsselwort

jmdm. machen

2 (impersonation) do an ~ of sb jmdn. imitieren; do ~s andere Leute imitieren

impressionable adj. beeinflussbar

impressionist /ɪmˈpreʃənɪst/ n. Impressionist, der/Impressionistin, die

◆ **impressive** /ɪmˈpresɪv/ adj. beeindruckend; imponierend

imprint **A** /ˈɪmprɪnt/ n. Abdruck, der; (fig.) Stempel, der
B /ɪmˈprɪnt/ v.t. aufdrucken; (fig.) einprägen (on Dat.)

imprison /ɪmˈprɪzn/ v.t. in Haft nehmen; be ~ed sich in Haft befinden

im'prisonment n. Haft, die; a long term of ~ eine lange Haftstrafe

improbable /ɪmˈprɒbəbl/ adj. unwahrscheinlich

impromptu /ɪmˈprɒmptjuː/ **A** adj. improvisiert; an ~ speech eine Stegreifrede
B adv. aus dem Stegreif

improper /ɪmˈprɒpə(r)/ adj. 1 (wrong) unrichtig
2 (unseemly) unpassend; (indecent) unanständig

im'properly adv. ▸ improper unrichtig; unpassend; unanständig

improvable /ɪmˈpruːvəbl/ adj. verbesserungsfähig

◆ **improve** /ɪmˈpruːv/ **A** v.i. besser werden; <Person, Wetter:> sich bessern
B v.t. verbessern
C v. refl. ~ oneself sich weiterbilden
■ **im'prove [up]on** v.t. überbieten <Rekord, Angebot>; verbessern <Leistung>

◆ **improvement** /ɪmˈpruːvmənt/ n. Verbesserung, die (on, over gegenüber); make ~s to sth Verbesserungen an etw. (Dat.) vornehmen

improvisation /ˌɪmprəvaɪˈzeɪʃn/ n. Improvisieren, das

improvise /ˈɪmprəvaɪz/ v.t. improvisieren

imprudent /ɪmˈpruːdənt/ adj. unklug; (showing rashness) unbesonnen

impudence /ˈɪmpjʊdəns/ n. Unverschämtheit, die; (brazenness) Dreistigkeit, die

impudent /ˈɪmpjʊdənt/ adj., **'impudently** adv. unverschämt; (brazen[ly]) dreist

impulse /ˈɪmpʌls/ n. Impuls, der; on [an] ~ impulsiv

'impulse buying n. Spontankäufe Pl.

impulsive /ɪmˈpʌlsɪv/ adj. impulsiv

impunity /ɪmˈpjuːnɪti/ v.t. with ~ ungestraft

impure /ɪmˈpjʊə(r)/ adj. unrein

impurity /ɪmˈpjʊərɪti/ n. Unreinheit, die; (foreign body) Fremdstoff, der

impute /ɪmˈpjuːt/ v.t. zuschreiben (to Dat.)

◆ **in** /ɪn/ **A** prep. (position; also fig.) in (+ Dat.); (into) in (+ Akk.); ~ this heat bei dieser Hitze; two feet ~ diameter mit einem Durchmesser von zwei Fuß; there are three

feet ~ a yard ein Yard hat drei Fuß; draw ~ crayon/ink mit Kreide/Tinte zeichnen; pay ~ pounds/dollars in Pfund/Dollars bezahlen; ~ fog/rain etc. bei Nebel/Regen usw.; ~ the 20th century im 20. Jahrhundert; 4 o'clock ~ the morning/afternoon 4 Uhr morgens/abends; ~ 1990 [im Jahre] 1990; ~ three minutes/years in drei Minuten/Jahren; ~ doing this, he … indem er das tut/tat, … er …; ~ that …; insofern als …
B adv. 1 (inside) hinein <gehen usw.>; herein <kommen usw.>
2 (at home, work, etc.) be ~ da sein
3 have it ~ for sb es auf jmdn. abgesehen haben (ugs.); sb is ~ for sth (about to undergo) jmdm. steht etw. bevor
C adj. (infml) (in fashion) in (ugs.)
D n. know the ~s and outs of sth sich in einer Sache genau auskennen

in. abbr. = **inch[es]**

ina'bility n. Unfähigkeit, die

inaccessible /ɪnəkˈsesɪbl/ adj. unzugänglich

in'accuracy n. 1 (incorrectness) Unrichtigkeit, die
2 (imprecision) Ungenauigkeit, die

in'accurate adj. 1 (incorrect) unrichtig
2 (imprecise) ungenau

in'active adj. untätig

inac'tivity n. Untätigkeit, die

inadequacy /ɪnˈædɪkwəsɪ/ n.
1 Unzulänglichkeit, die
2 (incompetence) mangelnde Eignung

in'adequate adj. unzulänglich; (incompetent) ungeeignet; feel ~ sich überfordert fühlen

inadvertent /ɪnədˈvɜːtənt/ adj., **inad'vertently** adv. versehentlich

inad'visable adj. nicht ratsam

inane /ɪnˈeɪn/ adj. dümmlich

in'animate adj. unbelebt

inap'plicable adj. nicht zutreffend

inap'propriate adj. unpassend

in'apt adj. unpassend

inar'ticulate adj. 1 she's rather/very ~ sie kann sich ziemlich schlecht/sehr schlecht ausdrücken
2 (indistinct) unverständlich

inat'tentive adj. unaufmerksam (to gegenüber)

in'audible adj. unhörbar

inau'spicious adj. (ominous) unheilvoll; (unlucky) unglücklich

'inborn adj. angeboren (in Dat.)

'in-box n. (Comp.) Inbox, die; Posteingang, der

in'bred adj. they are/have become ~ bei ihnen herrscht Inzucht

in'breeding n. Inzucht, die

'inbuilt adj. jmdm./einer Sache eigen

Inc. abbr. (AmE) = **Incorporated** e. G.

incalculable /ɪnˈkælkjʊləbl/ adj. (very great) unermesslich

in'capable adj. **1** be ~ of doing sth außerstande sein, etw. zu tun; be ~ of sth zu etw. unfähig sein **2** be ~ of nicht zulassen <Beweis, Messung usw.>

incapacitate /ɪnkəˈpæsɪteɪt/ v.t. unfähig machen

incarcerate /ɪnˈkɑːsəreɪt/ v.t. einkerkern (geh.)

incarceration /ɪnkɑːsəˈreɪʃn/ n. Einkerkerung, die (geh.)

incendiary /ɪnˈsendɪərɪ/ adj. & n. ~ [bomb] Brandbombe, die

incendiary de'vice n. Brandsatz, der

incense¹ /ˈɪnsens/ n. Weihrauch, der

incense² /ɪnˈsens/ v.t. erzürnen

incentive /ɪnˈsentɪv/ n. Anreiz, der

incessant /ɪnˈsesənt/ adj., **in'cessantly** adv. unablässig

incest /ˈɪnsest/ n. Inzest, der

incestuous /ɪnˈsestjʊəs/ adj. inzestuös

✎ **inch** /ɪntʃ/ **A** n. Inch, der; Zoll, der (veralt.) **B** v.t. & i. ~ [one's way] forward sich Zoll für Zoll vorwärts bewegen

✎ **incident** /ˈɪnsɪdənt/ n. **1** (notable event) Vorfall, der **2** (clash) Zwischenfall, der

incidental /ɪnsɪˈdentl/ adj. beiläufig <Bemerkung>; Neben<ausgaben, -einnahmen>

incidentally /ɪnsɪˈdentəlɪ/ adv. nebenbei [bemerkt]

inci'dental music n. Begleitmusik, die

incinerate /ɪnˈsɪnəreɪt/ v.t. verbrennen

incineration /ɪnsɪnəˈreɪʃn/ n., no pl. Verbrennung, die

incinerator /ɪnˈsɪnəreɪtə(r)/ n. Verbrennungsofen, der

incision /ɪnˈsɪʒn/ n. Einschnitt, der

incisive /ɪnˈsaɪsɪv/ adj. schneidend <Ton>; scharf <Verstand>; scharfsinnig <Kritik, Frage, Bemerkung, Argument>

incite /ɪnˈsaɪt/ v.t. anstiften; aufstacheln <Massen, Volk>

in'citement n. Anstiftung, die, Aufstachelung, die

incl. abbr. = **including** inkl.

inclination /ɪnklɪˈneɪʃn/ n. Neigung, die

incline A /ɪnˈklaɪn/ v.t. **1** (bend) neigen **2** (dispose) veranlassen **B** /ɪnˈklaɪn/ v.i. (be disposed) neigen (to[wards] zu) **C** /ˈɪnklaɪn/ n. Steigung, die

inclined /ɪnˈklaɪnd/ adj. geneigt; **they are** ~ **to be slow** sie neigen zur Langsamkeit; **if you feel [so]** ~ wenn Sie Lust [dazu] haben

✎ **include** /ɪnˈkluːd/ v.t. einschließen; (contain) enthalten; ~d **in the price** im Preis inbegriffen

including /ɪnˈkluːdɪŋ/ prep. einschließlich (+ Gen.); ~ **VAT** inklusive Mehrwertsteuer

inclusion /ɪnˈkluːʒn/ n. Aufnahme, die

inclusive /ɪnˈkluːsɪv/ adj. einschließlich; be ~ of sth etw. einschließen; from 2 to 6 January ~ vom 2. bis einschließlich 6. Januar; cost £50 ~ 50 Pfund kosten, alles inbegriffen

incognito /ɪnkɒgˈniːtəʊ/ adj., adv. inkognito

inco'herent adj. zusammenhanglos

✎ **income** /ˈɪnkʌm/ n. Einkommen, das

income: ~ **bracket,** ~ **group** ns. Einkommensklasse, die; ~ **sup'port** n. (BrE) zusätzliche Hilfe zum Lebensunterhalt; ~ **tax** n. Einkommensteuer, die; (on wages, salary) Lohnsteuer, die

'**incoming** adj. ankommend; landend <Flugzeug>; einfahrend <Zug>; eingehend <Telefongespräch, Auftrag>

incomings /ˈɪnkʌmɪŋz/ n. pl. (revenue, income) Einnahmen Pl.

in'comparable adj. unvergleichlich

incom'patible adj. unvereinbar; be ~ <Menschen:> nicht zueinander passen

in'competence /ɪnˈkɒmpɪtəns/ n. Unfähigkeit, die; Unvermögen, das

in'competent adj. unfähig

incom'plete adj. unvollständig

incompre'hensible adj. unbegreiflich; unverständlich <Rede, Argument>

incon'ceivable adj. unvorstellbar

incon'clusive adj. ergebnislos; nicht schlüssig <Beweis, Argument>

incongruous /ɪnˈkɒŋgrʊəs/ adj. unpassend

inconsequential /ɪnkɒnsɪˈkwenʃl/ adj. belanglos

incon'siderate adj. rücksichtslos

incon'sistency n. ▸ inconsistent Widersprüchlichkeit, die; Inkonsequenz, die; Unbeständigkeit, die

incon'sistent adj. widersprüchlich; (illogical) inkonsequent; (irregular) unbeständig

inconsolable /ɪnkənˈsəʊləbl/ adj. untröstlich

incon'spicuous adj. unauffällig

incontinence /ɪnˈkɒntɪnəns/ n. (Med.) Inkontinenz, die

incontinent /ɪnˈkɒntɪnənt/ adj. (Med.) inkontinent; be ~ an Inkontinenz leiden

incontrovertible /ɪnkɒntrəˈvɜːtəbl/ adj. unbestreitbar; unwiderlegbar <Beweis>

incon'venience A n. Unannehmlichkeiten Pl. (to für); **put sb to a lot of** ~ jmdm. große Unannehmlichkeiten bereiten **B** v.t. Unannehmlichkeiten bereiten (+ Dat.); (disturb) stören

incon'venient adj. unbequem; ungünstig <Lage, Standort>; **come at an** ~ **time** zu ungelegener Zeit kommen; **be** ~ **for sb** jmdm. nicht passen

incorporate /ɪnˈkɔːpəreɪt/ v.t. aufnehmen (in[to], with in + Akk.)

incorporated /ɪnˈkɔːpəreɪtɪd/ adj. eingetragen <[Handels]gesellschaft>

✎ Schlüsselwort

incor'rect *adj.* **1** unrichtig; be ~ nicht stimmen; it is ~ to say that ... es stimmt nicht, dass ...
2 (improper) inkorrekt

incor'rectly *adv.* **1** unrichtigerweise; falsch ‹*beantworten, aussprechen*›
2 (improperly) inkorrekt

incorrigible /ɪn'kɒrɪdʒɪbl/ *adj.* unverbesserlich

⚘ **increase** **A** /ɪn'kriːs/ *v.i.* zunehmen; ‹*Lärm:*› größer werden; ‹*Preise, Nachfrage:*› steigen; ~ in weight/size/price schwerer/größer/teurer werden
B /ɪn'kriːs/ *v.t.* **1** (make greater) erhöhen
2 (intensify) verstärken
C /'ɪnkriːs/ *n.* Zunahme, *die* (in *Gen.*); be on the ~ ständig zunehmen

increasing /ɪn'kriːsɪŋ/ *adj.* steigend; an ~ number of people mehr und mehr Menschen

⚘ **in'creasingly** *adv.* in zunehmendem Maße; become ~ apparent immer deutlicher werden

in'credible *adj.* (also infml) (remarkable) unglaublich

in'credibly *adv.* (also infml) (remarkably) unglaublich

incredulity /ɪnkrɪ'djuːlɪtɪ/ *n.* Ungläubigkeit, *die*

incredulous /ɪn'kredjʊləs/ *adj.* ungläubig

increment /'ɪnkrɪmənt/ *n.* Erhöhung, *die*; (amount of growth) Zuwachs, *der*

incriminate /ɪn'krɪmɪneɪt/ *v.t.* belasten

incubate /'ɪŋkjʊbeɪt/ *v.t.* bebrüten; (to hatching) ausbrüten

incubation /ɪŋkjʊ'beɪʃn/ *n.* Bebrütung, *die*

incubator /'ɪŋkjʊ'beɪtə(r)/ *n.* Inkubator, *der*; (for babies also) Brutkasten, *der*

incur /ɪn'kɜː(r)/ *v.t.*, **-rr-** sich (*Dat.*) zuziehen ‹*Unwillen, Ärger*›; ~ debts/expenses/risks Schulden machen/Ausgaben haben/Risiken eingehen

in'curable *adj.* unheilbar

incurably /ɪn'kjʊərəblɪ/ *adv.* unheilbar ‹*krank*›

incursion /ɪn'kɜːʃn/ *n.* Eindringen, *das*; (by sudden attack) Einfall, *der*

indebted /ɪn'detɪd/ *pred. adj.* be [much] ~ to sb for sth jmdm. für etw. [sehr] zu Dank verpflichtet sein

in'decency *n.* Unanständigkeit, *die*

in'decent *adj.*, **in'decently** *adv.* unanständig

indecipherable /ɪndɪ'saɪfərəbl/ *adj.* unentzifferbar

inde'cision *n.* Unentschlossenheit, *die*

inde'cisive *adj.* **1** ergebnislos ‹*Streit, Diskussion*›; nichts sagend ‹*Ergebnis*›
2 (hesitating) unentschlossen

⚘ **indeed** /ɪn'diːd/ *adv.* **1** in der Tat; thank you very much ~ haben Sie vielen herzlichen Dank; ~ it is in der Tat
2 (in fact) ja sogar; ~, he can ... ja, er kann sogar ...

3 (admittedly) zugegebenermaßen

indefatigable /ɪndɪ'fætɪɡəbl/ *adj.* unermüdlich

indefensible /ɪndɪ'fensɪbl/ *adj.* (intolerable) unverzeihlich

in'definite *adj.* **1** (vague) unbestimmt
2 (unlimited) unbegrenzt

in'definitely *adv.* **1** (vaguely) unbestimmt
2 (unlimitedly) unbegrenzt; auf unbestimmte Zeit ‹*verschieben*›

indelible /ɪn'delɪbl/ *adj.* unauslöschlich

indelible 'ink *n.* Wäschetinte, *die*

indelibly /ɪn'delɪblɪ/ *adv.* unauslöschlich

indemnify /ɪn'demnɪfaɪ/ *v.t.* absichern (against gegen); (compensate) entschädigen

indemnity /ɪn'demnɪtɪ/ *n.* Absicherung, *die*; (compensation) Entschädigung, *die*

indentation /ɪnden'teɪʃn/ *n.* **1** (indenting, notch) Einkerbung, *die*
2 (recess) Einschnitt, *der*

inde'pendence *n.* Unabhängigkeit, *die*

⚘ **inde'pendent** *adj.*, **inde'pendently** *adv.* unabhängig (of von)

indescribable /ɪndɪ'skraɪbəbl/ *adj.* unbeschreiblich

indestructible /ɪndɪ'strʌktɪbl/ *adj.* unzerstörbar

indeterminable /ɪndɪ'tɜːmɪnəbl/ *adj.* unbestimmbar

indeterminate /ɪndɪ'tɜːmɪnət/ *adj.* unbestimmt; unklar ‹*Konzept*›

index /'ɪndeks/ **A** *n.* Register, *das*
B *v.t.* mit einem Register versehen

index: ~ **card** *n.* Karteikarte, *die*; ~ **finger** *n.* Zeigefinger, *der*; ~ **gears** *pl.* Indexschaltung, *die*; ~-**linked** *adj.* (Econ.) indexiert; dynamisch ‹*Rente*›; ~ **number** *n.* Indexzahl, *die*

India /'ɪndɪə/ *n.* Indien *(das)*

⚘ **Indian** /'ɪndɪən/ **A** *adj.* **1** indisch; sb is ~ jmd. ist Inder/Inderin
2 [American] ~ indianisch
B *n.* **1** Inder, *der*/Inderin, *die*
2 [American] ~ Indianer, *der*/Indianerin, *die*

Indian: ~ **'Ocean** *pr. n.* Indischer Ozean; ~ **'summer** *n.* Altweibersommer, *der*

⚘ **indicate** /'ɪndɪkeɪt/ **A** *v.t.* **1** (be a sign of) erkennen lassen
2 (state briefly) andeuten
3 (mark, point out) anzeigen
4 (suggest, make evident) zum Ausdruck bringen (to gegenüber)
B *v.i.* (Motor Veh.) blinken

indication /ɪndɪ'keɪʃn/ *n.* [An]zeichen, *das* (of *Gen.*, für)

indicative /ɪn'dɪkətɪv/ **A** *adj.* **1** be ~ of sth auf etw. (*Akk.*) schließen lassen
2 (Ling.) indikativisch
B *n.* (Ling.) Indikativ, *der*

indicator /'ɪndɪkeɪtə(r)/ *n.* (on vehicle) Blinker, *der*

indict /ɪnˈdaɪt/ v.t. anklagen (**for, on a charge of** Gen.)

indie /ˈɪndɪ/ (infml) **A** adj. Indie-<Gruppe, Szene, Charts usw.>
B n. (record company) Indie-Label, das; (band) Indie-Band, die

in'difference n. Gleichgültigkeit, die (**to[wards]** gegenüber)

in'different adj. **1** gleichgültig **2** (not good) mittelmäßig

indigenous /ɪnˈdɪdʒɪnəs/ adj. einheimisch; eingeboren <Bevölkerung>

indigestible /ɪndɪˈdʒestɪbl/ adj. (lit. or fig.) unverdaulich

indi'gestion n. Magenverstimmung, die; (chronic) Verdauungsstörungen Pl.

indignant /ɪnˈdɪgnənt/ adj. entrüstet (**at, over, about** über + Akk.); indigniert <Blick, Geste>

in'dignantly adv. entrüstet; indigniert

indignation /ɪndɪgˈneɪʃn/ n. Entrüstung, die (**about, at, against, over** über + Akk.)

in'dignity n. Demütigung, die

indigo /ˈɪndɪgəʊ/ **A** adj. ~ [blue] indigoblau
B n. ~ [blue] Indigoblau, das

indi'rect adj. indirekt

indi'rectly adv. indirekt

indirect: ~ 'object n. indirektes Objekt; (in German) Dativobjekt, das; ~ 'speech n. indirekte Rede

indiscipline /ɪnˈdɪsɪplɪn/ n., no indef. art. Disziplinlosigkeit, die

indi'screet adj. indiskret

indi'scretion n. Indiskretion, die

indiscriminate /ɪndɪˈskrɪmɪnət/ adj. (lacking judgement) unkritisch; (random, unrestrained) wahllos

indi'spensable adj. unentbehrlich (**to** für); unabdingbar <Voraussetzung>

indisposed /ɪndɪˈspəʊzd/ adj. (unwell) unpässlich; indisponiert <Sänger, Schauspieler>

indisputable /ɪndɪˈspjuːtəbl/ adj., **indisputably** /ɪndɪˈspjuːtəblɪ/ adv. unbestreitbar

indi'stinct adj., **indi'stinctly** adv. undeutlich

indi'stinguishable adj. nicht unterscheidbar

✱ **individual** /ɪndɪˈvɪdjʊəl/ **A** adj. **1** einzeln **2** (distinctive, characteristic) individuell
B n. Einzelne, der/die

individualist /ɪndɪˈvɪdjʊəlɪst/ n. Individualist, der/Individualistin, die

individualistic /ɪndɪvɪdjʊəˈlɪstɪk/ adj. individualistisch

individuality /ɪndɪvɪdjʊˈælɪtɪ/ n. (character) eigene Persönlichkeit

indi'vidually adv. einzeln

indi'visible adj. unteilbar

indoctrinate /ɪnˈdɒktrɪneɪt/ v.t. indoktrinieren

indoctrination /ɪndɒktrɪˈneɪʃn/ n. Indoktrination, die

indolence /ˈɪndələns/ n. Trägheit, die

indolent /ˈɪndələnt/ adj. träge

indomitable /ɪnˈdɒmɪtəbl/ adj. unbeugsam

Indonesia /ɪndəˈniːzɪə/ pr. n. Indonesien (das)

indoor: ~ 'games n. pl. Spiele im Haus; (Sport) Hallenspiele; ~ 'plant n. Zimmerpflanze, die

indoors /ɪnˈdɔːz/ adv. drinnen; im Haus; **go/come** ~ nach drinnen gehen/kommen

indoor: ~ 'sports n. Hallensport, der; ~ 'swimming pool n. Hallenbad, das

indubitable /ɪnˈdjuːbɪtəbl/ adj. unzweifelhaft

indubitably /ɪnˈdjuːbɪtəblɪ/ adv. zweifellos; zweifelsohne

induce /ɪnˈdjuːs/ v.t. ~ **sb to do sth** jmdn. dazu bringen, etw. zu tun

in'ducement n. (incentive) Anreiz, der

induction /ɪnˈdʌkʃn/ n. Amtseinführung, die

in'duction course n. Einführungskurs[us], der

indulge /ɪnˈdʌldʒ/ **A** v.t. **1** nachgeben (+ Dat.) <Wunsch, Verlangen, Verlockung>; frönen (geh.) (+ Dat.) <Leidenschaft> **2** (please) verwöhnen
B v.i. ~ **in** frönen (geh.) (+ Dat.) <Leidenschaft>

indulgence /ɪnˈdʌldʒəns/ n. **1** Nachsicht, die; (humouring) Nachgiebigkeit, die (**with** gegenüber) **2** (thing indulged in) Luxus, der

indulgent /ɪnˈdʌldʒənt/ adj. nachsichtig (**with, to[wards]** gegenüber)

✱ **industrial** /ɪnˈdʌstrɪəl/ adj. industriell; Arbeits<unfall, -medizin, -psychologie>

industrial: ~ 'action n. Arbeitskampfmaßnahmen Pl.; **take** ~ **action** in den Ausstand treten; ~ **area** n. Industriegebiet, das; ~ **di'sease** n. Berufskrankheit, die; ~ **dispute** n. Arbeitskonflikt, der; ~ 'espionage n. Industriespionage, die; ~ **estate** n. Industriegebiet, das; ~ 'injury n. Arbeitsverletzung, die

industrialist /ɪnˈdʌstrɪəlɪst/ n. Industrielle, der/die

industrialization /ɪndʌstrɪəlaɪˈzeɪʃn/ n. Industrialisierung, die

industrialize /ɪnˈdʌstrɪəlaɪz/ v.t. industrialisieren

industrial: ~ **park** n. Industriegebiet, das; ~ **plant** n. Industrieanlage, die; ~ **re'lations** n. pl. Industrialrelations Pl.; ~ **town** n. Industriestadt, die; ~ **tribunal** n. Arbeitsgericht, das; ~ 'waste n. Industriemüll, der

industrious /ɪnˈdʌstrɪəs/ adj. fleißig; (busy) emsig

industry /'ɪndəstrɪ/ *n.* **1** Industrie, *die* **2** ▶ industrious Fleiß, *der*; Emsigkeit, *die*

inebriated /ɪ'niːbrɪeɪtɪd/ *adj.* betrunken

inebriation /ɪniːbrɪ'eɪʃn/ *n.* Betrunkenheit, *die*; betrunkener Zustand

in'edible *adj.* ungenießbar

inef'fective *adj.* unwirksam; fruchtlos ‹*Anstrengung, Versuch*›

ineffectual /ɪnɪ'fektjʊəl/ *adj.* unwirksam; fruchtlos ‹*Versuch, Bemühung*›; ineffizient ‹*Methode, Person*›

inef'ficiency *n.* Leistungsschwäche, *die*; (of organization, method) schlechtes Funktionieren

inef'ficient *adj.* leistungsschwach; schlecht funktionierend ‹*Organisation, Methode*›

in'elegant *adj.* unelegant

in'eligible *adj.* ungeeignet; be ~ for nicht infrage kommen für ‹*Beförderung, Position*›; nicht berechtigt sein zu ‹*Leistungen des Staats usw.*›

inept /ɪ'nept/ *adj.* unbeholfen

ineptitude /ɪ'neptɪtjuːd/ *n.* Unbeholfenheit, *die*

ine'quality *n.* Ungleichheit, *die*

inert /ɪ'nɜːt/ *adj.* **1** reglos; (sluggish) träge **2** (Chem.) inert

inert 'gas *n.* Edelgas, *das*

inertia /ɪ'nɜːʃə/ *n.* Trägheit, *die*

inertia reel 'seat belt *n.* Automatikgurt, *der*

inescapable /ɪnɪ'skeɪpəbl/ *adj.* unausweichlich

ines'sential *adj.* unwesentlich; (dispensable) entbehrlich

inestimable /ɪn'estɪməbl/ *adj.* unschätzbar

inevitable /ɪn'evɪtəbl/ *adj.* unvermeidlich; unabwendbar ‹*Ereignis, Krieg, Schicksal*›; zwangsläufig ‹*Ergebnis, Folge*›

inevitably /ɪn'evɪtəblɪ/ *adv.* zwangsläufig

ine'xact *adj.* ungenau

inex'cusable *adj.* unverzeihlich

inexhaustible /ɪnɪg'zɔːstɪbl/ *adj.* unerschöpflich; unverwüstlich ‹*Person*›

inexorable /ɪn'eksərəbl/ *adj.* unerbittlich

inex'pensive *adj.* preisgünstig

inex'perience *n.* Unerfahrenheit, *die*

inex'perienced *adj.* unerfahren; ~ in sth wenig vertraut mit etw.

inexpert /ɪn'ekspɜːt/ *adj.* unerfahren

inex'plicable *adj.* unerklärlich

inexpressive /ɪnɪk'spresɪv/ *adj.* ausdruckslos ‹*Gesicht, Augen*›; trocken ‹*Ausdrucksweise, Sprache*›

inextricably /ɪn'ekstrɪkəblɪ/ *adv.* become ~ entangled sich vollkommen verheddern (ugs.); [be] ~ linked untrennbar verbunden [sein]

infallibility /ɪnfælɪ'bɪlɪtɪ/ *n.* Unfehlbarkeit, *die*

in'fallible *adj.* unfehlbar

infamous /'ɪnfəməs/ *adj.* berüchtigt

infancy /'ɪnfənsɪ/ *n.* frühe Kindheit; be in its ~ (fig.) noch in den Anfängen stecken

infant /'ɪnfənt/ *n.* kleines Kind

infantile /'ɪnfəntaɪl/ *adj.* kindlich; (childish) kindisch

infant mor'tality *n.* Säuglingssterblichkeit, *die*

infantry /'ɪnfəntrɪ/ *n.* Infanterie, *die*

'infant school *n.* (BrE) ≈ Vorschule, *die*

infatuated /ɪn'fætjʊeɪtɪd/ *adj.* be ~ with sb in jmdn. vernarrt sein

infect /ɪn'fekt/ *v.t.* anstecken; infizieren; the wound became ~ed die Wunde entzündete sich

infection /ɪn'fekʃn/ *n.* Infektion, *die*; throat/ear/eye ~ Hals-/Ohren-/Augenentzündung, *die*

infectious /ɪn'fekʃəs/ *adj.* ansteckend; be ~ ‹*Person:*› eine ansteckende Krankheit haben

infer /ɪn'fɜː(r)/ *v.t.*, **-rr-** schließen (from aus); ziehen ‹*Schlussfolgerung*›

inference /'ɪnfərəns/ *n.* [Schluss]folgerung, *die*

inferior /ɪn'fɪərɪə(r)/ **A** *adj.* (of lower quality) minderwertig ‹*Ware*›; minder... ‹*Qualität*›; unterlegen ‹*Gegner*›; ~ to sth schlechter als etw.; feel ~ Minderwertigkeitsgefühle haben **B** *n.* Untergebene, *der/die*

inferiority /ɪnfɪərɪ'ɒrɪtɪ/ *n.* Minderwertigkeit, *die*; (of opponent) Unterlegenheit, *die*

inferi'ority complex *n.* Minderwertigkeitskomplex, *der*

infernal /ɪn'fɜːnl/ *adj.* **1** (of hell) höllisch **2** (infml) verdammt (salopp)

inferno /ɪn'fɜːnəʊ/ *n.* Inferno, *das*

in'fertile *adj.* unfruchtbar

infer'tility *n.* Unfruchtbarkeit, *die*

infest /ɪn'fest/ *v.t.* ‹*Ungeziefer:*› befallen; ‹*Unkraut:*› überwuchern; ~ed with befallen/überwuchert von

infestation /ɪnfes'teɪʃn/ *n.* ~ of rats/insects Ratten-/Insektenplage, *die*

infidelity /ɪnfɪ'delɪtɪ/ *n.* Untreue, *die* (to gegenüber)

'infighting *n.* (in organization) interne Machtkämpfe *Pl.*

infiltrate /'ɪnfɪltreɪt/ *v.t.* **1** infiltrieren; unterwandern ‹*Partei, Organisation*› **2** einschleusen ‹*Agenten*›

infinite /'ɪnfɪnɪt/ *adj.* **1** (endless) unendlich **2** (very great) ungeheuer

infinitesimal /ɪnfɪnɪ'tesɪml/ *adj.* **1** (Math.) infinitesimal **2** (very small) äußerst gering; winzig ‹*Menge*›

infinitive /ɪn'fɪnɪtɪv/ *n.* Infinitiv, *der*

infinity /ɪn'fɪnɪtɪ/ *n.* Unendlichkeit, *die*

infirm /ɪn'fɜːm/ *adj.* gebrechlich

infirmary /ɪn'fɜːmərɪ/ *n.* (hospital) Krankenhaus, *das*

i

infirmity /ɪnˈfɜːmɪtɪ/ n. Gebrechlichkeit, die; (malady) Gebrechen, das

inflamed /ɪnˈfleɪmd/ adj. (Med.) be/become ~ entzündet sein/sich entzünden

inflammable /ɪnˈflæməbl/ adj. feuergefährlich

inflammation /ɪnfləˈmeɪʃn/ n. (Med.) Entzündung, die

inflammatory /ɪnˈflæmətərɪ/ adj. aufrührerisch; an ~ speech eine Hetzrede

inflatable /ɪnˈfleɪtəbl/ adj. aufblasbar

inflatable ˈdinghy n. Schlauchboot, das

inflate /ɪnˈfleɪt/ v.t. aufblasen; (with pump) aufpumpen

inflated /ɪnˈfleɪtɪd/ adj. (lit or fig.) aufgeblasen

inflation /ɪnˈfleɪʃn/ n. (Econ.) Inflation, die

inˈflexible adj. **1** (stiff) unbiegsam **2** (obstinate) [geistig] unbeweglich

inflict /ɪnˈflɪkt/ v.t. zufügen; <Leid, Schmerzen>, beibringen; <Wunde>, versetzen <Schlag> (on Dat.)

infliction /ɪnˈflɪkʃn/ n. ▶ inflict Zufügen, das; Beibringen, das; Versetzen, das

ˈin-flight adj. Bord<verpflegung, -programm>

⚜ **influence** /ˈɪnfluəns/ **A** n. Einfluss, der; be a good/bad ~ [on sb] einen guten/schlechten Einfluss [auf jmdn.] ausüben
B v.t. beeinflussen

influential /ɪnfluˈenʃl/ adj. einflussreich

influenza /ɪnfluˈenzə/ n. Grippe, die

influx /ˈɪnflʌks/ n. Zustrom, der

info /ˈɪnfəʊ/ n. (infml) Infos Pl. (ugs.)

⚜ **inform** /ɪnˈfɔːm/ **A** n. informieren (of, about über + Akk.); keep sb ~ed jmdn. auf dem Laufenden halten
B v.i. ~ against or on sb jmdn. denunzieren (to bei)

inˈformal adj. **1** zwanglos **2** (unofficial) informell

inforˈmality n. Zwanglosigkeit, die

informant /ɪnˈfɔːmənt/ n. Informant, der/ Informantin, die

⚜ **information** /ɪnfəˈmeɪʃn/ n. Informationen Pl.; give ~ on sth Auskunft über etw. (Akk.) erteilen; piece or bit of ~ Information, die

information: ~ **bureau**, ~ **centre** ns. Auskunftsbüro, das; ~ **desk** n. Informationsschalter, der; ~ **explosion** n. Informationsflut, die; ~ **highway** n. (Comp.) Datenautobahn, die; ~ **office** ▶ information bureau; ~ **pack** n. Informationspaket, das; (folder etc.) Informationsmappe, die; ~ **retrieval** n. (Comp.) Retrieval, das; ~ **science** n. Informatik, die; ~ **superhighway** n. (Comp.) Datenautobahn, die; Datensuperhighway, der; ~ **system** n. Informationssystem, das; ~ **technology** n. Informationstechnologie, die

---

⚜ Schlüsselwort

informative /ɪnˈfɔːmətɪv/ adj. informativ; not very ~ nicht sehr aufschlussreich <Dokument, Schriftstück>

informed /ɪnˈfɔːmd/ adj. informiert

inˈformer n. Denunziant, der/Denunziantin, die

infra-red /ɪnfrəˈred/ adj. infrarot

infrastructure /ˈɪnfrəstrʌktʃə(r)/ n. Infrastruktur, die

infrequency /ɪnˈfriːkwənsɪ/ n. Seltenheit, die

inˈfrequent adj., **inˈfrequently** adv. selten

infringe /ɪnˈfrɪndʒ/ v.t. & i. ~ [on] verstoßen gegen

inˈfringement n. Verstoß, der (of gegen)

infuriate /ɪnˈfjʊərɪeɪt/ v.t. wütend machen; be ~d wütend sein (by über + Akk.)

infuriating /ɪnˈfjʊərɪeɪtɪŋ/ adj. ärgerlich

ingenious /ɪnˈdʒiːnɪəs/ adj. einfallsreich; genial <Methode, Idee>; raffiniert <Spielzeug, Maschine>

ingenuity /ɪndʒɪˈnjuːɪtɪ/ n. Genialität, die

ingot /ˈɪŋgət/ n. Ingot, der

ingratiate /ɪnˈgreɪʃɪeɪt/ v. refl. ~ oneself with sb sich bei jmdm. einschmeicheln

inˈgratitude n. Undankbarkeit, die (to[wards] gegenüber)

ingredient /ɪnˈgriːdɪənt/ n. Zutat, die

ingrowing /ˈɪngrəʊɪŋ/ adj. eingewachsen <Zehennagel usw.>

inhabit /ɪnˈhæbɪt/ v.t. bewohnen

inhabitable /ɪnˈhæbɪtəbl/ adj. bewohnbar

inhabitant /ɪnˈhæbɪtənt/ n. Bewohner, der/ Bewohnerin, die

inhale /ɪnˈheɪl/ v.t. & i. einatmen; inhalieren (ugs.) <Zigarettenrauch usw.>

inherent /ɪnˈhɪərənt, ɪnˈherənt/ adj. (belonging by nature) innewohnend (geh.); natürlich <Anmut, Eleganz>

inherit /ɪnˈherɪt/ v.t. erben

inheritance /ɪnˈherɪtəns/ n. Erbe, das; (inheriting) Erbschaft, die

inˈheritance tax n. Erbschaftssteuer, die

inhibit /ɪnˈhɪbɪt/ v.t. hemmen

inˈhibited adj. gehemmt

inhibition /ɪnhɪˈbɪʃn/ n. Hemmung, die

inhoˈspitable adj. ungastlich <Person, Verhalten>; unwirtlich <Gegend, Klima>

ˈin-house adj. hausintern

inˈhuman adj. unmenschlich

inhumane /ɪnhjuːˈmeɪn/ adj. unmenschlich

⚜ **initial** /ɪˈnɪʃl/ **A** adj. anfänglich; Anfangs<stadium, -schwierigkeiten>
B n., esp. in pl. Initiale, die
C v.t., (BrE) **-ll-** abzeichnen <Scheck, Quittung>; paraphieren <Vertrag, Abkommen usw.>

initial ˈletter n. Anfangsbuchstabe, der

⚜ **iˈnitially** adv. anfangs; am Anfang

initiate /ɪˈnɪʃɪeɪt/ v.t. **1** (introduce) einführen (into in + Akk.); (into knowledge, mystery)

einweihen (**into** in + *Akk.*)
2 (begin) einleiten

initiation /ɪnɪʃɪˈeɪʃn/ *n.* **1** (introduction)
Einführung, *die*
2 (into knowledge, mystery) Einweihung, *die*

♂ **initiative** /ɪˈnɪʃətɪv/ *n.* Initiative, *die*; **lack** ∼
keine Initiative haben

inject /ɪnˈdʒekt/ *v.t.* [ein]spritzen; injizieren
(Med.)

injection /ɪnˈdʒekʃn/ *n.* Spritze, *die*;
Injektion, *die*

♂ **injure** /ˈɪndʒə(r)/ *v.t.* **1** verletzen; **his leg was**
∼**d** er wurde /(state) war am Bein verletzt
2 (impair) schaden (+ *Dat.*)

injured /ˈɪndʒəd/ *adj.* verletzt; verwundet
‹*Soldat*›

♂ **injury** /ˈɪndʒərɪ/ *n.* Verletzung, *die* (**to** *Gen.*)

'**injury time** *n.* (BrE) (Footb.) Nachspielzeit,
die; **be into/play** ∼ nachspielen

in'justice *n.* Ungerechtigkeit, *die*

ink /ɪŋk/ *n.* Tinte, *die*

'**inkjet printer** *n.* Tintenstrahldrucker, *der*

inkling /ˈɪŋklɪŋ/ *n.* Ahnung, *die*; **have an** ∼ **of**
sth etw. ahnen

'**ink pad** *n.* Stempelkissen, *das*

inland /ˈɪnlənd, ˈɪnlænd/ *adj.* Binnen-;
binnenländisch

Inland '**Revenue** *n.* (BrE, Hist.) ≈ Finanzamt,
das

'**in-laws** *n. pl.* (infml) Schwiegereltern *Pl.*

inlet /ˈɪnlət/ *n.* [schmale] Bucht

'**inmate** *n.* Insasse, *der*/Insassin, *die*

inn /ɪn/ *n.* (hotel) Gasthof, *der*; (pub) Wirtshaus,
das

innate /ɪˈneɪt/ *adj.* angeboren

inner /ˈɪnə(r)/ *adj.* inner...; Innen‹*hof, -tür,*
-fläche, -seite usw.›

inner '**city** *n.* Innenstadt, *die*; ∼ **areas**
Innenbezirke

innermost /ˈɪnəməʊst/ *adj.* innerst...

inner '**tube** *n.* Schlauch, *der*

'**innkeeper** *n.* [Gast]wirt, *der*/-wirtin, *die*

innocence /ˈɪnəsns/ *n.* **1** Unschuld, *die*
2 (naivety) Naivität, *die*

innocent /ˈɪnəsnt/ *adj.* **1** unschuldig (**of** an
+ *Dat.*)
2 (naive) naiv

innocuous /ɪˈnɒkjʊəs/ *adj.* harmlos

innovation /ɪnəˈveɪʃn/ *n.* Innovation, *die*;
(thing, change) Neuerung, *die*

innovative /ˈɪnəvətɪv/ *adj.* innovativ

innuendo /ɪnjuːˈendəʊ/ *n.*, *pl.* ∼**es** *or* ∼**s**
versteckte Andeutung

innumerable /ɪˈnjuːmərəbl/ *adj.* unzählig

innumeracy /ɪˈnjuːmərəsɪ/ *n.* Nicht-
Rechnen-Können, *das*

innumerate /ɪˈnjuːmərət/ *adj.* **be** ∼ nicht
rechnen können

inoculate /ɪˈnɒkjʊleɪt/ *v.t.* impfen

inoculation /ɪnɒkjʊˈleɪʃn/ *n.* Impfung, *die*

inof'fensive *adj.* harmlos

inoperable /ɪnˈɒpərəbl/ *adj.* (Surg.)
inoperabel (fachspr.)

inoperative /ɪnˈɒpərətɪv/ *adj.* ungültig

in'opportune *adj.* unpassend; unangebracht
‹*Bemerkung*›

inordinate /ɪˈnɔːdɪnət/ *adj.* unmäßig;
ungeheuer ‹*Menge*›

inor'ganic *adj.* anorganisch

'**inpatient** *n.* stationär behandelter Patient/
behandelte Patientin

'**input** *n.* Input, *der od. das*

inquest /ˈɪŋkwest/ *n.* gerichtliche
Untersuchung der Todesursache

♂ **inquire, inquiry** *etc.* ▸ **enquire, enquiry**, *etc.*

inquisitive /ɪnˈkwɪzɪtɪv/ *adj.* neugierig

'**inroad** *n.* Eingriff, *der* (**on, into** in + *Akk.*);
make ∼**s into sb's savings** jmds. Ersparnisse
angreifen

in'sane *adj.* geisteskrank

in'sanitary *adj.* unhygienisch

in'sanity *n.* Geisteskrankheit, *die*

insatiable /ɪnˈseɪʃəbl/ *adj.* unersättlich;
unstillbar ‹*Verlangen*›

inscribe /ɪnˈskraɪb/ *v.t.* schreiben; (on stone,
rock) einmeißeln; mit einer Inschrift
versehen ‹*Denkmal, Grabstein*›

inscription /ɪnˈskrɪpʃn/ *n.* Inschrift, *die*;
(on coin) Aufschrift, *die*

inscrutable /ɪnˈskruːtəbl/ *adj.* unergründlich;
undurchdringlich ‹*Miene*›

insect /ˈɪnsekt/ *n.* Insekt, *das*

insect: ∼ **bite** *n.* Insektenstich, *der*; ∼**-borne**
adj. durch Insekten übertragen ‹*Krankheit*›

insecticide /ɪnˈsektɪsaɪd/ *n.* Insektizid, *das*

'**insect repellent** *n.* Insektenschutzmittel,
das

inse'cure *adj.* unsicher

inse'curity *n.* Unsicherheit, *die*

insemination /ɪnsemɪˈneɪʃn/ *n.* (of woman)
Befruchtung, *die*; (of animal) Besamung, *die*

in'sensitive *adj.* **1** gefühllos ‹*Person, Art*›;
(unappreciative) unempfänglich (**to** für)
2 (physically) unempfindlich (**to** gegen)

in'separable *adj.* untrennbar; (fig.)
unzertrennlich

insert /ɪnˈsɜːt/ *v.t.* **1** einlegen ‹*Film*›;
einwerfen ‹*Münze*›; hineinstecken
‹*Schlüssel*›; einstechen ‹*Nadel*›
2 (Comp.) einfügen; ∼ **key** Einfügetaste, *die*

insertion /ɪnˈsɜːʃn/ *n.* ▸ **insert** Einlegen,
das; Einwerfen, *das*; Hineinstecken, *das*;
Einstechen, *das*; Einfügen, *das*

'**inset** *n.* (small map) Nebenkarte, *die*; (small
photograph, diagram) Nebenbild, *das*

♂ **inside** **A** /-ˈ-, ˈ-ˈ/ *n.* **1** (internal side) Innenseite,
die; **on the** ∼ innen; **to/from the** ∼ nach/
von innen
2 (inner part) Innere, *das*
B /ˈ--/ *adj.* inner...; Innen‹*wand,*
-einrichtung, -ansicht›; (fig.) intern

i

C /-'-/ *adv.* (on or in the ~) innen; (to the ~) nach innen hinein/herein; (indoors) drinnen; **come ~** hereinkommen; **take a look ~** hineinsehen; **go ~** [ins Haus] hineingehen; **turn a jacket ~ out** eine Jacke nach links wenden; **know sth ~ out** etw. in- und auswendig kennen
D /-'-/ *prep.* (position) in (+ *Dat.*); (direction) in (+ *Akk.*) hinein

inside 'leg *adj.* ~ **measurement** Schrittlänge, *die*

insidious /ɪnˈsɪdɪəs/ *adj.* heimtückisch

'insight *n.* (discernment) Verständnis, *das*; **gain an ~ into sth** Einblick in etw. (*Akk.*) gewinnen

insig'nificant *adj.* unbedeutend; geringfügig <*Summe*>

insin'cere *adj.* unaufrichtig

insin'cerity *n.* Unaufrichtigkeit, *die*

insinuate /ɪnˈsɪnjʊeɪt/ *v.t.* andeuten (**to sb** jmdm. gegenüber)

insinuation /ɪnsɪnjʊˈeɪʃn/ *n.* Anspielung, *die* (about auf + *Akk.*)

insipid /ɪnˈsɪpɪd/ *adj.* fade

✓ **insist** /ɪnˈsɪst/ *v.i.* bestehen ([up]on auf + *Dat.*); ~ **on doing sth/on sb's doing sth** darauf bestehen, etw. zu tun/dass jmd. etw. tut; **if you ~** wenn du darauf bestehst

insistence /ɪnˈsɪstəns/ *n.* Bestehen, *das* (on auf + *Dat.*)

insistent /ɪnˈsɪstənt/ *adj.* **be ~ that ...** darauf bestehen, dass ...

insolence /ˈɪnsələns/ *n.* Unverschämtheit, *die*; Frechheit, *die*

insolent /ˈɪnsələnt/ *adj.*, **'insolently** *adv.* unverschämt; frech

in'soluble *adj.* **1** (esp. Chem.) unlöslich **2** (not solvable) unlösbar

insolvency /ɪnˈsɒlvənsɪ/ *n.* Zahlungsunfähigkeit, *die*

in'solvent *adj.* zahlungsunfähig

insomnia /ɪnˈsɒmnɪə/ *n.* Schlaflosigkeit, *die*

insomniac /ɪnˈsɒmnɪæk/ *n.* **be an ~** an Schlaflosigkeit leiden

inspect /ɪnˈspekt/ *v.t.* prüfend betrachten; (examine officially) überprüfen; kontrollieren <*Räumlichkeiten*>

inspection /ɪnˈspekʃn/ *n.* Überprüfung, *die*; (of premises) Kontrolle, *die*; Inspektion, *die*; **on [closer] ~** bei näherer Betrachtung

inspector /ɪnˈspektə(r)/ *n.* **1** (on bus, train, etc.) Kontrolleur, *der*/Kontrolleurin, *die* **2** (BrE) ≈ Polizeiinspektor, *der*

inspiration /ɪnspəˈreɪʃn/ *n.* Inspiration, *die* (geh.)

✓ **inspire** /ɪnˈspaɪə(r)/ *v.t.* **1** inspirieren (geh.) <*Person*> **2** (instil) einflößen (in *Dat.*)

inspiring /ɪnˈspaɪərɪŋ/ *adj.* inspirierend (geh.)

insta'bility *n.* Instabilität, *die*; (of person) Labilität, *die*

✓ **install** /ɪnˈstɔːl/ *v.t.* installieren; einbauen <*Badezimmer*>; anschließen <*Telefon, Herd*>; ~ **oneself** sich installieren

installation /ɪnstəˈleɪʃn/ *n.* **1** Installation, *die*; (of bathroom) Einbau, *der*; (of telephone, cooker) Anschluss, *der* **2** (apparatus etc. installed) Anlage, *die*

instalment, (AmE: **installment**) /ɪnˈstɔːlmənt/ *n.* **1** (part payment) Rate, *die*; **pay by** *or* **in ~s** in Raten zahlen **2** (of serial, novel) Fortsetzung, *die*; (Radio, Telev.) Folge, *die*

instance /ˈɪnstəns/ *n.* (example) Beispiel, *das* (of für); **for ~** zum Beispiel; **in many ~s** (cases) in vielen Fällen; **in the first ~** zunächst einmal

instant /ˈɪnstənt/ **A** *adj.* unmittelbar; sofortig <*Wirkung, Linderung, Ergebnis*> **B** *n.* Augenblick, *der*; **at that very ~** genau in dem Augenblick; **come here this ~** komm sofort her; **in an ~** augenblicklich

instantaneous /ɪnstənˈteɪnɪəs/ *adj.* unmittelbar; **his reaction was ~** er reagierte sofort

instant 'coffee *n.* Pulverkaffee, *der*

'instantly *adv.* sofort

instant messaging /ˌɪnstənt ˈmesɪdʒɪŋ/ *n.* sofortige Nachrichtenübermittlung

instant: ~ **po'tatoes** *n. pl.* fertiger Kartoffelbrei; ~ **'tea** *n.* Instanttee, *der*

✓ **instead** /ɪnˈsted/ *adv.* stattdessen; ~ **of doing sth** [an]statt etw. zu tun; ~ **of sth** anstelle einer Sache (*Gen.*); **I will go ~ of you** ich gehe an deiner Stelle

'instep *n.* (of foot) Spann, *der*; Fußrücken, *der*; (of shoe) Blatt, *das*

instigate /ˈɪnstɪgeɪt/ *v.t.* anstiften (to zu); initiieren (geh.) <*Reformen, Projekt usw.*>

instigation /ɪnstɪˈgeɪʃn/ *n.* Anstiftung, *die*; (of reforms, project, etc.) Initiierung, *die*; **at sb's ~** auf jmds. Betreiben (*Akk.*)

instil, (AmE: **instill**) /ɪnˈstɪl/ *v.t.*, **-ll-** einflößen (in *Dat.*); beibringen <*gutes Benehmen, Wissen*> (in *Dat.*)

instinct /ˈɪnstɪŋkt/ *n.* Instinkt, *der*

instinctive /ɪnˈstɪŋktɪv/ *adj.*, **in'stinctively** *adv.* instinktiv

institute /ˈɪnstɪtjuːt/ **A** *n.* Institut, *das* **B** *v.t.* einführen; einleiten <*Suche, Verfahren*>; anstrengen <*Prozess*>

✓ **institution** /ɪnstɪˈtjuːʃn/ *n.* Institution, *die*; (home) Heim, *das*; Anstalt, *die*

instruct /ɪnˈstrʌkt/ *v.t.* **1** (teach) unterrichten <*Klasse, Fach*> **2** (direct, command) anweisen

instruction /ɪnˈstrʌkʃn/ *n.* **1** (teaching) Unterricht, *der* **2** *esp. in pl.* (direction, order) Anweisung, *die*; ~ **manual**/~**s for use** Gebrauchsanleitung, *die*

✓ Schlüsselwort

instructive /ɪn'strʌktɪv/ *adj.* aufschlussreich; lehrreich <*Erfahrung, Buch*>

instructor /ɪn'strʌktə(r)/ *n.* Lehrer, *der*/ Lehrerin, *die*; (Mil.) Ausbilder, *der*

ℐ **instrument** /'ɪnstrʊmənt/ *n.* Instrument, *das*

instrumental /ɪnstrə'mentl/ *adj.* **1** (Mus.) Instrumental-
2 (helpful) dienlich (**to** *Dat.*); he was ~ in finding me a job er hat mir zu einer Stelle verholfen

instrumentalist /ɪnstrʊ'mentəlɪst/ *n.* Instrumentalist, *der*/Instrumentalistin, *die*

insubordinate /ɪnsə'bɔːdɪnət/ *adj.* aufsässig

insubordination /ɪnsəbɔːdɪ'neɪʃn/ *n.* Aufsässigkeit, *die*

insubstantial /ɪnsəb'stænʃl/ *adj.* wenig substanziell (geh.)

insufferable /ɪn'sʌfərəbl/ *adj.* (unbearably arrogant) unausstehlich

insuf'ficient *adj.* nicht genügend; unzulänglich <*Beweise*>; unzureichend <*Versorgung, Beleuchtung*>

insuf'ficiently *adv.* ungenügend

insular /'ɪnsjʊlə(r)/ *adj.* **1** Insel-; insular (fachspr.)
2 (fig.) (narrow-minded) provinziell (abwertend)

insulate /'ɪnsjʊleɪt/ *v.t.* isolieren (**against, from** gegen)

'insulating tape Isolierband, *das*

insulation /ɪnsjʊ'leɪʃn/ *n.* Isolierung, *die*

insulin /'ɪnsjʊlɪn/ *n.* Insulin, *das*

insult Ⓐ /'ɪnsʌlt/ *n.* Beleidigung, *die* (**to** *Gen.*)
Ⓑ /ɪn'sʌlt/ *v.t.* beleidigen

insulting /ɪn'sʌltɪŋ/ *adj.* beleidigend

insuperable /ɪn'suːpərəbl/ *adj.* unüberwindlich

insupportable /ɪnsə'pɔːtəbl/ *adj.* (unendurable) unerträglich

ℐ **insurance** /ɪn'ʃʊərəns/ *n.* Versicherung, *die*; (fig.) Sicherheit, *die*; take out ~ against/ on sth eine Versicherung gegen etw. abschließen/etw. versichern lassen; travel ~ Reisegepäck- und -unfallversicherung, *die*

insurance: ~ **agent** *n.* Versicherungsvertreter, *der*/-vertreterin, *die*; ~ **broker** *n.* Versicherungsmakler, *der*/-maklerin, *die*; ~ **claim** *n.* Versicherungsanspruch, *der*; ~ **company** *n.* Versicherungsgesellschaft, *die*; ~ **stamp** *n.* (BrE) Versicherungsmarke, *die*

insure /ɪn'ʃʊə(r)/ *v.t.* versichern <*Person*>; versichern lassen <*Gepäck, Gemälde usw.*>; ~ [oneself] against sth [sich] gegen etw. versichern

insurer /ɪn'ʃʊərə(r)/ *n.* Versicherer, *der*

insurmountable /ɪnsə'maʊntəbl/ *adj.* unüberwindlich

intact /ɪn'tækt/ *adj.* **1** (entire) unbeschädigt; intakt <*Uhr, Maschine usw.*>
2 (unimpaired) unversehrt

'intake *n.* **1** (action) Aufnahme, *die*
2 (persons, things) Neuzugänge *Pl.*; (amount) aufgenommene Menge

in'tangible *adj.* nicht greifbar; (mentally) unbestimmbar

integral /'ɪntɪgrl/ *adj.* **1** wesentlich <*Bestandteil*>
2 (whole) vollständig

integrate /'ɪntɪgreɪt/ *v.t.* integrieren (**into** in + *Akk.*)

integration /ɪntɪ'greɪʃn/ *n.* Integration, *die* (**into** in + *Akk.*)

integrity /ɪn'tegrɪti/ *n.* Redlichkeit, *die*

intellect /'ɪntəlekt/ *n.* Verstand, *der*; Intellekt, *der*

intellectual /ɪntə'lektjʊəl/ Ⓐ *adj.* intellektuell; geistig anspruchsvoll <*Person, Publikum*>
Ⓑ *n.* Intellektuelle, *der/die*

intellectual 'property *n.*, *no pl.* (Law) geistiges Eigentum; *attrib.* ~ rights gewerblicher Rechtsschutz und Urheberrecht

ℐ **intelligence** /ɪn'telɪdʒəns/ *n.* **1** Intelligenz, *die*
2 (information) Informationen *Pl.*
3 military ~ (organization) militärischer Geheimdienst

intelligence: ~ **quotient** *n.* Intelligenzquotient, *der*; ~ **test** *n.* Intelligenztest, *der*

intelligent /ɪn'telɪdʒənt/ *adj.* intelligent

intelligible /ɪn'telɪdʒɪbl/ *adj.* verständlich (**to** für)

ℐ **intend** /ɪn'tend/ *v.t.* beabsichtigen; it was ~ed as a joke das sollte ein Witz sein

in'tended *adj.* beabsichtigt <*Wirkung*>; be ~ for sb/sth für jmdn./etw. gedacht sein

intense /ɪn'tens/ *adj.* **1** intensiv; groß <*Hitze, Belastung, Interesse*>; stark <*Schmerzen*>
2 (earnest) ernst

in'tensely *adv.* äußerst; intensiv <*studieren, fühlen*>

intensify /ɪn'tensɪfaɪ/ Ⓐ *v.t.* intensivieren
Ⓑ *v.i.* zunehmen

intensity /ɪn'tensɪti/ *n.* ▸ intense 1 Intensität, *die*; Größe, *die*; Stärke, *die*

intensive /ɪn'tensɪv/ *adj.* intensiv; Intensiv<*kurs*>; be in ~ care auf der Intensivstation sein

in'tensively *adv.* intensiv

intent /ɪn'tent/ Ⓐ *n.* Absicht, *die*; to all ~s and purposes im Grunde
Ⓑ *adj.* be ~ on achieving sth etw. unbedingt erreichen wollen

ℐ **intention** /ɪn'tenʃn/ *n.* Absicht, *die*

intentional /ɪn'tenʃənl/ *adj.*, **in'tentionally** *adv.* absichtlich

in'tently *adv.* aufmerksam

interact /ɪntər'ækt/ *v.i.* interagieren

interaction /ɪntər'ækʃn/ *n.* Interaktion, *die*

interactive /ɪntər'æktɪv/ *adj.* (Sociol., Psych., Comp.) interaktiv

interactive 'television *n.* interaktives Fernsehen

intercede /ɪntəˈsiːd/ *v.i.* sich einsetzen (with bei; for, on behalf of für)

intercept /ɪntəˈsept/ *v.t.* abfangen

interchange **A** /ˈɪntətʃeɪndʒ/ *n.* **1** Austausch, *der*
2 (road junction) [Autobahn]kreuz, *das*
B /ɪntəˈtʃeɪndʒ/ *v.t.* austauschen

interchangeable /ɪntəˈtʃeɪndʒəbl/ *adj.* austauschbar

inter-city /ɪntəˈsɪtɪ/ *adj.* Intercity-

inter-city ˈtrain *n.* Intercity[-Zug], *der*

intercom /ˈɪntəkɒm/ *n.* (infml) Gegensprechanlage, *die*

interconnect /ɪntəkəˈnekt/ **A** *v.t.* miteinander verbinden
B *v.i.* miteinander in Zusammenhang stehen

intercontinental /ɪntəkɒntɪˈnentl/ *adj.* interkontinental

intercourse /ˈɪntəkɔːs/ *n.* (sexual) [Geschlechts]verkehr, *der*

♦ **interest** /ˈɪntrəst/ **A** *n.* **1** Interesse, *das*; take or have an ~ in sb/sth sich für jmdn./etw. interessieren; [just] for or out of ~ [nur] interessehalber; with ~ interessiert; act in one's own/sb's ~[s] im eigenen/in jmds. Interesse handeln; be of ~ interessant sein (to für)
2 (Finance) Zinsen *Pl.*
B *v.t.* interessieren; be ~ed sich interessieren (in für)

interest-ˈfree *adj., adv.* unverzinslich <Schuldverschreibung>; zinsfrei <Darlehen>

♦ **ˈinteresting** *adj.* interessant

ˈinterest rate *n.* Zinssatz, *der*; Zinsfuß, *der*

interface /ˈɪntəfeɪs/ *n.* (Comp.) Schnittstelle, *die*

interfere /ɪntəˈfɪə(r)/ *v.i.* sich einmischen (in in + *Akk.*); ~ with sth sich (*Dat.*) an etw. (*Dat.*) zu schaffen machen

interference /ɪntəˈfɪərəns/ *n.* **1** (interfering) Einmischung, *die*
2 (Radio, Telev.) Störung, *die*

interim /ˈɪntərɪm/ **A** *n.* in the ~ in der Zwischenzeit
B *adj.* vorläufig

interior /ɪnˈtɪərɪə(r)/ **A** *adj.* inner...; Innen<fläche, -wand>
B *n.* Innere, *das*

interior: ~ **decoˈration** *n.* Raumgestaltung, *die*; ~ **ˈdecorator** *n.* Raumgestalter, *der/*-gestalterin, *die*; ~ **deˈsign** *n.* Innenarchitektur, *die*; ~ **deˈsigner** *n.* Innenarchitekt, *der/*-architektin, *die*

interject /ɪntəˈdʒekt/ *v.t.* einwerfen

interjection /ɪntəˈdʒekʃn/ *n.* Ausruf, *der*

interloper /ˈɪntələʊpə(r)/ *n.* Eindringling, *der*

interlude /ˈɪntəluːd/ *n.* Pause, *die*; (music) Zwischenspiel, *das*

♦ Schlüsselwort

intermediary /ɪntəˈmiːdɪərɪ/ *n.* Vermittler, *der/*Vermittlerin, *die*

intermediate /ɪntəˈmiːdjət/ *adj.* Zwischen-

interminable /ɪnˈtɜːmɪnəbl/ *adj.* endlos

intermingle /ɪntəˈmɪŋgl/ *v.i.* sich vermischen

intermission /ɪntəˈmɪʃn/ *n.* Pause, *die*

intermittent /ɪntəˈmɪtənt/ *adj.* in Abständen auftretend

interˈmittently *adv.* in Abständen

intern /ɪnˈtɜːn/ *v.t.* gefangen halten

♦ **internal** /ɪnˈtɜːnl/ *adj.* inner...; Innen<fläche, -abmessungen>

internalize, internalise /ɪnˈtɜːnəlaɪz/ *v.t.* (Psych.) verinnerlichen

internally /ɪnˈtɜːnəlɪ/ *adv.* innerlich

♦ **international** /ɪntəˈnæʃənl/ **A** *adj.* international
B *n.* **1** (Sport) (contest) Länderspiel, *das*
2 (participant) Nationalspieler, *der/*-spielerin, *die*

international: ~ **call** *n.* Auslandsgespräch, *das*; ~ **ˈlaw** *n.* Völkerrecht, *das*

interˈnationally *adv.* international

International ˈMonetary Fund *n.* Internationaler Währungsfonds

internee /ɪntɜːˈniː/ *n.* Internierte, *der/die*

♦ **Internet** /ˈɪntənet/ *n.* the ~ das Internet; on the ~ im Internet

Internet: ~ **acˈcess** *n., no pl.* Internetzugang, *der*; ~ **ˈbanking** *n., no pl.* Online-Banking, *das*; ~ **ˈcafe** *n.* Internetcafé, *das*; ~ **ˈforum** *n.* Internetforum, *das*; ~ **ˈservice provider** *n.* Internetprovider, *der*; ~ **ˈshopping** *n., no pl.* Online-Shopping, *das*; ~ **site** *n.* Internetseite, *die*

inˈternment *n.* Internierung, *die*

interplay /ˈɪntəpleɪ/ *n.* Zusammenspiel, *das*

interpret /ɪnˈtɜːprɪt/ **A** *v.t.* **1** interpretieren; deuten <Traum, Zeichen>
2 (between languages) dolmetschen
B *v.i.* dolmetschen

interpretation /ɪntɜːprɪˈteɪʃn/ *n.* Interpretation, *die*; (of dream, symptoms) Deutung, *die*

inˈterpreter *n.* Dolmetscher, *der/* Dolmetscherin, *die*

interrogate /ɪnˈterəgeɪt/ *v.t.* verhören; ausfragen <Freund, Kind usw.>

interrogation /ɪnterəˈgeɪʃn/ *n.* Verhör, *das*

interrogative /ɪntəˈrɒgətɪv/ *adj.* (Ling.) Interrogativ-

interrogator /ɪnˈterəgeɪtə(r)/ *n.* Vernehmer, *der*

interrupt /ɪntəˈrʌpt/ **A** *v.t.* unterbrechen; don't ~ me when I'm busy stör mich nicht, wenn ich zu tun habe
B *v.i.* unterbrechen; stören

interruption /ɪntəˈrʌpʃn/ *n.* Unterbrechung, *die*; Störung, *die*

intersect /ɪntəˈsekt/ *v.i.* **1** <Straßen:> sich kreuzen

2 (Geom.) sich schneiden
intersection /ɪntəˈsekʃn/ n. 1 (road junction)
Kreuzung, die
2 (Geom.) Schnittpunkt, der
intersperse /ɪntəˈspɜːs/ v.t. be ⁓d with
durchsetzt sein mit
interval /ˈɪntəvl/ n. 1 [Zeit]abstand, der; at
⁓s in Abständen
2 (break) (also BrE) (Theatre etc.) Pause, die;
sunny ⁓s Aufheiterungen Pl.
intervene /ɪntəˈviːn/ v.i. 1 [vermittelnd]
eingreifen (in in + Akk.)
2 the intervening years die
dazwischenliegenden Jahre
✱ **intervention** /ɪntəˈvenʃn/ n. Eingreifen,
das; Intervention, die (bes. Politik)
✱ **interview** /ˈɪntəvjuː/ **A** n. 1 (for job)
Vorstellungsgespräch, das
2 (Journ., Radio, Telev.) Interview, das
B v.t. ein Vorstellungsgespräch führen mit;
interviewen ‹Politiker, Filmstar usw.›
'**interviewer** n. Interviewer, der/
Interviewerin, die
intestine /ɪnˈtestɪn/ n. Darm, der
intimacy /ˈɪntɪməsɪ/ n. 1 Vertrautheit, die
2 (sexual) Intimität, die
intimate **A** /ˈɪntɪmət/ adj. 1 eng ‹Freund,
Verhältnis›; genau, (geh.) intim ‹Kenntnis›
2 (sexually) intim
B /ˈɪntɪmeɪt/ v.t. (imply) andeuten
intimately /ˈɪntɪmətlɪ/ adv. genau[estens]
‹kennen›; eng ‹verbinden›
intimidate /ɪnˈtɪmɪdeɪt/ v.t. einschüchtern
intimidation /ɪntɪmɪˈdeɪʃn/ n.
Einschüchterung, die
✱ **into** /before vowel ˈɪntʊ, before consonant
ˈɪntə/ prep. in (+ Akk.); (against) gegen; I went
out ⁓ the street ich ging auf die Straße
hinaus; translate sth ⁓ English etw. ins
Englische übersetzen
in'tolerable adj. unerträglich
in'tolerance n. Intoleranz, die
in'tolerant adj. intolerant (of gegenüber)
intonation /ɪntəˈneɪʃn/ n. Intonation, die
intoxicant /ɪnˈtɒksɪkənt/ n. Rauschmittel,
das
intoxicate /ɪnˈtɒksɪkeɪt/ v.t. betrunken
machen
intoxication /ɪntɒksɪˈkeɪʃn/ n. Rausch, der
intractable /ɪnˈtræktəbl/ adj. hartnäckig
‹Problem›
intransigent /ɪnˈtrænsɪdʒənt/ adj.
unnachgiebig
in'transitive adj. (Ling.) intransitiv
intra-uterine /ɪntrəˈjuːtəraɪn/ adj. (Med.)
intrauterin; ⁓ [contraceptive] device
Intrauterinpessar, das
intravenous /ɪntrəˈviːnəs/ adj. (Med.)
intravenös
'**in tray** n. Eingangskorb, der
intrepid /ɪnˈtrepɪd/ adj. unerschrocken

intricacy /ˈɪntrɪkəsɪ/ n. Kompliziertheit, die
intricate /ˈɪntrɪkət/ adj. kompliziert
intrigue /ɪnˈtriːg/ v.t. faszinieren
intriguing /ɪnˈtriːgɪŋ/ adj. faszinierend
intrinsic /ɪnˈtrɪnsɪk/ adj. innewohnend;
inner...
intrinsically /ɪnˈtrɪnsɪkəlɪ/ adv. im
Wesentlichen
intrinsic 'value n. innerer Wert
intro /ˈɪntrəʊ/ n., pl. ⁓s (infml) (presentation)
Vorstellung, die; (Mus.) Einleitung, die
✱ **introduce** /ɪntrəˈdjuːs/ v.t. einführen;
⁓ oneself/sb [to sb] sich/jmdn. [jmdm.]
vorstellen
✱ **introduction** /ɪntrəˈdʌkʃn/ n. Einführen,
das; Einführung, die; (to person) Vorstellung,
die; (to book) Einleitung, die
intro'duction agency n.
Partnervermittlung[sagentur], die
introductory /ɪntrəˈdʌktərɪ/ adj. einleitend;
Einführungs‹kurs, -vortrag›
introspective /ɪntrəˈspektɪv/ adj. in sich
(Akk.) gerichtet
introvert /ˈɪntrəvɜːt/ **A** n. Introvertierte,
der/die; be an ⁓ introvertiert sein
B adj. introvertiert
introverted /ˈɪntrəvɜːtɪd/ adj. introvertiert
intrude /ɪnˈtruːd/ v.i. stören
in'truder n. Eindringling, der
in'truder alarm n. Einbruchmeldeanlage,
die
intrusion /ɪnˈtruːʒn/ n. Störung, die
intrusive /ɪnˈtruːsɪv/ adj. aufdringlich
intuition /ɪntjuːˈɪʃn/ n. Intuition, die
intuitive /ɪnˈtjuːɪtɪv/ adj., **in'tuitively** adv.
intuitiv
inundate /ˈɪnəndeɪt/ v.t. überschwemmen
inure /ɪˈnjʊə(r)/ v.t. gewöhnen (to an + Akk.)
invade /ɪnˈveɪd/ v.t. einfallen in (+ Akk.)
in'vader n. Angreifer, der
invalid¹ /ˈɪnvəlɪd/ (BrE) **A** n. Kranke, der/die;
(disabled) Körperbehinderte, der/die
B adj. körperbehindert
invalid² /ɪnˈvælɪd/ adj. nicht schlüssig
‹Argument, Theorie›; ungültig ‹Fahrkarte,
Garantie, Vertrag›
invalidate /ɪnˈvælɪdeɪt/ v.t. aufheben;
widerlegen ‹Theorie, These›
in'valuable adj. unersetzlich ‹Person›;
unschätzbar ‹Dienst, Hilfe›; außerordentlich
wichtig ‹Rolle›
in'variable adj. unveränderlich
invariably /ɪnˈveərɪəblɪ/ adv. immer;
ausnahmslos ‹falsch, richtig›
invasion /ɪnˈveɪʒn/ n. Invasion, die
invective /ɪnˈvektɪv/ n. Beschimpfungen Pl.
invent /ɪnˈvent/ v.t. erfinden
invention /ɪnˈvenʃn/ n. Erfindung, die
inventive /ɪnˈventɪv/ adj. 1 schöpferisch
‹Person, Begabung›

i

2 (original) originell

inventor /ɪnˈventə(r)/ n. Erfinder, der/ Erfinderin, die

inventory /ˈɪnvəntəri/ n. Bestandsliste, die; **make** or **take an ~ of sth** von etw. ein Inventar aufstellen

inverse /ˈɪnvɜːs/ adj. umgekehrt

invert /ɪnˈvɜːt/ v.t. umstülpen

in'vertebrate n. wirbelloses Tier

inverted 'commas n. pl. (BrE) Anführungszeichen Pl.

⚷ **invest** /ɪnˈvest/ v.t. **1** (Finance) anlegen (**in** in + Dat.); investieren (**in** in + Dat. od. Akk.) **2** (fig.) investieren; **~ sb with sth** jmdm. etw. übertragen; **~ sth with sth** einer Sache (Dat.) etw. verleihen

⚷ **investigate** /ɪnˈvestɪɡeɪt/ v.t. untersuchen

⚷ **investigation** /ɪnvestɪˈɡeɪʃn/ n. Untersuchung, die

investigative /ɪnˈvestɪɡətɪv/ adj. detektivisch

investigative 'journalism n. Enthüllungsjournalismus, der

investigator /ɪnˈvestɪɡeɪtə(r)/ n. **[private] ~** [Privat]detektiv, der/-detektivin, die

⚷ **in'vestment** n. Investition, die; (money invested) angelegtes Geld; **be a good ~** (fig.) sich bezahlt machen

⚷ **investor** /ɪnˈvestə(r)/ n. [Kapital]anleger, der/-anlegerin, die

inveterate /ɪnˈvetərət/ adj. eingefleischt <Trinker, Raucher>; unverbesserlich <Lügner>

invigilate /ɪnˈvɪdʒɪleɪt/ v.i. (BrE) (in examination) Aufsicht führen

invigilator /ɪnˈvɪdʒɪleɪtə(r)/ n. (BrE) Aufsichtsperson, die

invigorate /ɪnˈvɪɡəreɪt/ v.t. stärken; (physically) kräftigen

invigorating /ɪnˈvɪɡəreɪtɪŋ/ adj. kräftigend <Getränk, Klima>

invincible /ɪnˈvɪnsɪbl/ adj. unbesiegbar

in'visible adj. unsichtbar

invitation /ɪnvɪˈteɪʃn/ n. Einladung, die; **at sb's ~** auf jmds. Einladung (Akk.)

⚷ **invite** /ɪnˈvaɪt/ v.t. **1** (request to come) einladen **2** (request to do sth) auffordern **3** (bring on) herausfordern <Kritik, Verhängnis>

inviting /ɪnˈvaɪtɪŋ/ adj. einladend; verlockend <Gedanke, Vorstellung>

in vitro fertili'zation /ɪnˈviːtrəʊ fɜːtɪlaɪˈzeɪʃn/ n. künstliche Befruchtung [im Reagenzglas]; In-vitro-Fertilisation, die (fachspr.)

invoice /ˈɪnvɔɪs/ **A** n. (bill) Rechnung, die **B** v.t. **~ sb** jmdm. eine Rechnung schicken; **~ sb for sth** jmdm. etw. in Rechnung stellen

invoke /ɪnˈvəʊk/ v.t. anrufen

in'voluntarily adv., **in'voluntary** adj. unwillkürlich

⚷ **involve** /ɪnˈvɒlv/ v.t. **1** (implicate) verwickeln **2** **become** or **get ~d in a fight** in eine Schlägerei verwickelt werden; **get ~d with sb** sich mit jmdm. einlassen **3** (entail) mit sich bringen

involved /ɪnˈvɒlvd/ adj. verwickelt; (complicated) kompliziert

invulnerable /ɪnˈvʌlnərəbl/ adj. unverwundbar; (fig.) unantastbar

inward /ˈɪnwəd/ **A** adj. inner... **B** adv. einwärts <gerichtet, gebogen>; **open ~** nach innen öffnen

'inwardly adv. im Inneren; innerlich

inwards /ˈɪnwədz/ ▶ inward B

iodine /ˈaɪədiːn/ n. Jod, das

ion /ˈaɪən/ n. Ion, das

iota /aɪˈəʊtə/ n. **not one** or **an ~** nicht ein Jota (geh.)

IOU /aɪəʊˈjuː/ n. Schuldschein, der

IQ abbr. = **intelligence quotient** IQ, der; **~ test** IQ-Test, der

IRA abbr. = **Irish Republican Army** IRA, die

Iran /ɪˈrɑːn/ pr. n. Iran, der od. (das)

Iraq /ɪˈrɑːk/ pr. n. Irak, der od. (das)

Iraq 'War n. Irakkrieg, der

irate /aɪˈreɪt/ adj. wütend

Ireland /ˈaɪələnd/ pr. n. Irland (das)

iris /ˈaɪərɪs/ n. (Bot., Anat.) Iris, die

⚷ **Irish** /ˈaɪərɪʃ/ **A** adj. irisch; **sb is ~** jmd. ist Ire/Irin **B** n. **1** (language) Irisch, das; see also English B1 **2** constr. as pl. **the ~** die Iren Pl.

Irish: ~man /ˈaɪərɪʃmən/ n., pl. **~men** /ˈaɪərɪʃmən/ Ire, der; **~ Re'public** pr. n. Irische Republik; **~ 'Sea** pr. n. Irische See; **~woman** /ˈaɪərɪʃwʊmən/ n., pl. **~women** /ˈaɪərɪʃwɪmɪn/ Irin, die

irk /ɜːk/ v.t. ärgern

irksome /ˈɜːksəm/ adj. lästig

iron /ˈaɪən/ **A** n. **1** (metal) Eisen, das **2** (for smoothing) Bügeleisen, das **B** attrib. adj. eisern; Eisen<platte usw.> **C** v.t. & i. bügeln ■ **~ 'out** v.t. herausbügeln; (fig.) aus dem Weg räumen

Iron 'Curtain n. (Hist.) Eiserner Vorhang

ironic /aɪˈrɒnɪk/, **ironical** /aɪˈrɒnɪkl/ adj. ironisch

ironing /ˈaɪənɪŋ/ n. Bügeln, das; (items) Bügelwäsche, die; **do the ~** bügeln

'ironing board n. Bügelbrett, das

ironmonger /ˈaɪənmʌŋɡə(r)/ n. (BrE) Eisenwarenhändler, der/-händlerin, die

irony /ˈaɪərəni/ n. Ironie, die; **the ~ was that ...** die Ironie lag darin, dass ...

irradiate /ɪˈreɪdieɪt/ v.t. bestrahlen

irrational /ɪˈræʃənl/ adj. irrational

irreconcilable /ɪˈrekənsaɪləbl/ adj. (incompatible) unvereinbar

irrefutable /ɪrɪˈfjuːtəbl/ adj. unwiderlegbar

irregular /ɪˈregjʊlə(r)/ adj. unregelmäßig; unkorrekt <Verhalten, Handlung usw.>
irregularity /ɪregjʊˈlærɪti/ n. ▸ irregular Unregelmäßigkeit, die; Unkorrektheit, die
irrelevance /ɪˈrelɪvəns/, **irrelevancy** /ɪˈrelɪvənsi/ ns. Belanglosigkeit, die; Irrelevanz, die (geh.)
irrelevant /ɪˈrelɪvənt/ adj. belanglos; irrelevant (geh.)
irreparable /ɪˈrepərəbl/ adj. nicht wieder gutzumachend nicht präd.; irreparabel (geh., Med.)
irreplaceable /ɪrɪˈpleɪsəbl/ adj. unersetzlich
irrepressible /ɪrɪˈpresɪbl/ adj. nicht zu unterdrückend nicht präd.; she is ~ sie ist nicht unterzukriegen (ugs.)
irreproachable /ɪrɪˈprəʊtʃəbl/ adj. untadelig
irresistible /ɪrɪˈzɪstɪbl/ adj. unwiderstehlich; bestechend <Argument>
irresolute /ɪˈrezəluːt/ adj. unentschlossen
irrespective /ɪrɪˈspektɪv/ adj. ~ of ungeachtet (+ Gen.)
irresponsible /ɪrɪˈspɒnsɪbl/ adj. verantwortungslos <Person>; unverantwortlich <Benehmen>
irretrievable /ɪrɪˈtriːvəbl/ adj. nicht mehr wiederzubekommen nicht attr.
irreverence /ɪˈrevərəns/ n. Respektlosigkeit, die
irreverent /ɪˈrevərənt/ adj. respektlos
irreversible /ɪrɪˈvɜːsɪbl/, **irrevocable** /ɪˈrevəkəbl/ adjs. unwiderruflich
irrigate /ˈɪrɪgeɪt/ v.t. bewässern
irrigation /ɪrɪˈgeɪʃn/ n. Bewässerung, die
irritable /ˈɪrɪtəbl/ adj. (quick to anger) reizbar; (temporarily) gereizt
irritant /ˈɪrɪtənt/ n. Reizstoff, der
irritate /ˈɪrɪteɪt/ v.t. 1 ärgern; get ~d ärgerlich werden; be ~d by sth sich über etw. (Akk.) ärgern
2 (Med.) reizen
irritating /ˈɪrɪteɪtɪŋ/ adj. lästig
irritation /ɪrɪˈteɪʃn/ n. 1 Ärger, der
2 (Med.) Reizung, die
is ▸ be
Islam /ˈɪzlɑːm/ n. Islam, der
✓ **Islamic** /ɪzˈlæmɪk/ adj. islamisch
Islamist /ˈɪzlæmɪst/ **A** n. Islamist, der/ Islamistin, die
B adj. islamistisch
✓ **island** /ˈaɪlənd/ n. Insel, die
'**islander** n. Inselbewohner, der/-bewohnerin, die
island: ~-**hop** v.i. go ~-hopping eine Inselhoppingtour machen; ~-**hopping** n. Inselhopping, das
isle /aɪl/ n. Insel, die
isn't /ˈɪznt/ (infml) = **is not** ▸ be
isolate /ˈaɪsəleɪt/ v.t. isolieren
isolated /ˈaɪsəleɪtɪd/ adj. 1 (single) einzeln; ~ cases/instances Einzelfälle
2 (remote) abgelegen
isolation /aɪsəˈleɪʃn/ n. 1 (act) Isolierung, die
2 (state) Isolation, die
ISP abbr. = **Internet service provider** ISP
Israel /ˈɪzreɪl/ pr. n. Israel (das)
Israeli /ɪzˈreɪli/ **A** adj. israelisch; sb is ~ jmd. ist Israeli
B n. Israeli, der/die
✓ **issue** /ˈɪʃuː, ˈɪsjuː/ **A** n. 1 (point in question) Frage, die; make an ~ of sth etw. aufbauschen; evade or dodge the ~ ausweichen
2 (of magazine etc.) Ausgabe, die
3 (result, outcome) Ergebnis, das
B v.t. 1 (give out) ausgeben; ausstellen <Pass>; erteilen <Lizenz, Befehl>; ~ sb with sth etw. an jmdn. austeilen
2 (publish) herausgeben <Publikation>
✓ **it** /ɪt/ pron. 1 es; I can't cope with ~ any more ich halte das nicht mehr länger aus; what is ~? was ist los?
2 (the thing, animal, young child previously mentioned) er/sie/es; as direct obj. ihn/sie/es; as indirect obj. ihm/ihr/ihm
3 (the person in question) who is ~? wer ist da?; ~ was the children es waren die Kinder; is ~ you, Dad? bist du es, Vater?
IT abbr. = **information technology** IT
Italian /ɪˈtæljən/ **A** adj. italienisch; sb is ~ jmd. ist Italiener/Italienerin
B n. 1 (person) Italiener, der/Italienerin, die
2 (language) Italienisch, das; see also English B1
italic /ɪˈtælɪk/ **A** adj. kursiv
B n., in pl. Kursivschrift, die; in ~s kursiv
Italy /ˈɪtəli/ pr. n. Italien (das)
itch /ɪtʃ/ **A** n. Juckreiz, der; I have an ~ es juckt mich
B v.i. 1 einen Juckreiz haben; it ~es es juckt
2 ~ or be ~ing to do sth darauf brennen, etw. zu tun
'**itchy** adj. kratzig; be ~ <Körperteil:> jucken
it'd /ˈɪtəd/ (infml) 1 = **it had** ▸ have
2 = **it would** ▸ will¹
✓ **item** /ˈaɪtəm/ n. 1 Ding, das; Sache, die; (in shop, catalogue) Artikel, der; (on radio, TV) Nummer, die; ~ of clothing Kleidungsstück, das
2 ~ [of news] Nachricht, die
itemize /ˈaɪtəmaɪz/ v.t. einzeln aufführen
itinerary /aɪˈtɪnərəri/ n. Reiseroute, die
it'll /ˈɪtl/ (infml) = **it will**
✓ **its** /ɪts/ poss. pron. attrib. sein/ihr/sein
it's /ɪts/ (infml) 1 = **it is** ▸ be
2 = **it has** ▸ have
✓ **itself** /ɪtˈself/ pron. 1 emphat. selbst
2 refl. sich
IUD abbr. = **intrauterine device** IUD
I've /aɪv/ (infml) = **I have**
IVF abbr. = **in-vitro fertilization** IVF
ivory /ˈaɪvəri/ n. Elfenbein, das; attrib. elfenbeinern; Elfenbein-
ivy /ˈaɪvi/ n. Efeu, der

Jj

J, j /dʒeɪ/ *n.* J, j, *das*
jab /dʒæb/ **A** *v.t.*, **-bb-** stoßen
B *n.* **1** Stoß, *der*; (with needle) Stich, *der*
2 (BrE) (infml) (injection) Spritze, *die*
jabber /'dʒæbə(r)/ *v.i.* plappern (ugs.)
jack /dʒæk/ *n.* **1** (for car) Wagenheber, *der*
2 (Cards) Bube, *der*
jackal /'dʒækl/ *n.* Schakal, *der*
jackdaw /'dʒækdɔː/ *n.* Dohle, *die*
jacket /'dʒækɪt/ *n.* **1** Jacke, *die*; (of suit) Jackett, *das*; sports ~ Sakko, *der*
2 (of book) Schutzumschlag, *der*
jacket po'tato *n.* in der Schale gebackene Kartoffel
jack: ~**-knife** *v.i.* the lorry ~-knifed der Anhänger des Lastwagens stellte sich quer; ~**pot** *n.* Jackpot, *der*; hit the ~pot (fig.) das große Los ziehen
Jacuzzi® /dʒə'kuːzɪ/ *n.* ≈ Whirlpool, *der*
jaded /'dʒeɪdɪd/ *adj.* abgespannt
jagged /'dʒægɪd/ *adj.* gezackt
jaguar /'dʒægjʊə(r)/ *n.* Jaguar, *der*
jail /dʒeɪl/ **A** *n.* Gefängnis, *das*
B *v.t.* ins Gefängnis bringen
jail: ~**bird** Knastbruder, *der* (ugs.); ~**break** *n.* Gefängnisausbruch, *der*
jailer, jailor /'dʒeɪlə(r)/ *n.* Gefängniswärter, *der*/-wärterin, *die*
jam¹ /dʒæm/ **A** *v.t.*, **-mm-** **1** (between two surfaces) einklemmen
2 (make immovable) blockieren; (fig.) lähmen
B *v.i.*, **-mm-** **1** (become wedged) sich verklemmen
2 <*Maschine:*> klemmen
C *n.* **1** (crush, stoppage) Blockierung, *die*
2 (infml) (dilemma) be in a ~ in der Klemme stecken (ugs.)
■ ~ **'on** *v.t.* ~ the brakes [full] on [voll] auf die Bremse steigen (ugs.)
jam² *n.* Marmelade, *die*
Jamaica /dʒə'meɪkə/ *pr. n.* Jamaika (*das*)
jamb /dʒæm/ *n.* (of doorway, window) Pfosten, *der*
'jam-packed *adj.* (infml) knallvoll (ugs.), proppenvoll (ugs.) (with von)
Jan. *abbr.* = **January** Jan.
jangle /'dʒæŋgl/ **A** *v.i.* klimpern; <*Klingel:*> bimmeln
B *v.t.* rasseln mit
janitor /'dʒænɪtə(r)/ *n.* Hausmeister, *der*

◆ **January** /'dʒænjʊərɪ/ *n.* Januar, *der*; see also August
Japan /dʒə'pæn/ *n.* Japan (*das*)
◆ **Japanese** /dʒæpə'niːz/ **A** *adj.* japanisch; sb is ~ jmd. ist Japaner/Japanerin
B *n.*, *pl.* same **1** (person) Japaner, *der*/Japanerin, *die*
2 (language) Japanisch, *das*; see also English B1
jar¹ /dʒɑː(r)/ **A** *v.i.*, **-rr-** quietschen; (fig.) ~ on sb/sb's nerves jmdm. auf die Nerven gehen
B *v.t.*, **-rr-** erschüttern
jar² *n.* Topf, *der*; (glass ~) Glas, *das*
jargon /'dʒɑːgən/ *n.* Jargon, *der*
jasmin, jasmine /'dʒæsmɪn/ *n.* Jasmin, *der*
jaundice /'dʒɔːndɪs/ *n.* (Med.) Gelbsucht, *die*
jaundiced /'dʒɔːndɪst/ *adj.* (fig.) verbittert
jaunt /dʒɔːnt/ *n.* Ausflug, *der*
jaunty /'dʒɔːntɪ/ *adj.* unbeschwert; keck <*Hut*>; he wore his hat at a ~ angle er hatte sich (*Dat.*) den Hut keck aufs Ohr gesetzt
javelin /'dʒævlɪn/ *n.* **1** Speer, *der*
2 (Sport) (event) Speerwerfen, *das*
jaw /dʒɔː/ *n.* Kiefer, *der*
'jawbone *n.* Kieferknochen, *der*
jay /dʒeɪ/ *n.* Eichelhäher, *der*
'jay-walk *v.i.* als Fußgänger im Straßenverkehr unachtsam sein
jazz /dʒæz/ **A** *n.* Jazz, *der*; attrib. Jazz-
B *v.t.* ~ up aufpeppen (ugs.)
jazz: ~ **band** *n.* Jazzband, *die*; ~ **dance** *n.* Jazztanz, *der*; ~ **'rock** *n.* Jazzrock, *der*
jazzy /'dʒæzɪ/ *adj.* poppig; a ~ sports car ein aufgemotzter Sportwagen (ugs.)
jealous /'dʒeləs/ *adj.* eifersüchtig (of auf + *Akk.*)
'jealousy *n.* Eifersucht, *die*
jeans /dʒiːnz/ *n. pl.* Jeans Pl.
Jeep® /dʒiːp/ *n.* Jeep®, *der*
jeer /dʒɪə(r)/ *v.i.* höhnen (geh.); ~ at sb jmdn. verhöhnen
jelly /'dʒelɪ/ *n.* Gelee, *das*; (dessert) Götterspeise, *die*
'jellyfish *n.* Qualle, *die*
jeopardize /'dʒepədaɪz/ *v.t.* gefährden
jeopardy /'dʒepədɪ/ *n.* in ~ in Gefahr; gefährdet
jerk /dʒɜːk/ **A** *n.* Ruck, *der*
B *v.t.* reißen an (+ *Dat.*)
C *v.i.* zucken
jersey /'dʒɜːzɪ/ *n.* Pullover, *der*; (Sport) Trikot, *das*

jest /dʒest/ **A** n. Scherz, der; in ~ im Scherz
  B v.i. scherzen

Jesus /'dʒiːzəs/ pr. n. Jesus (der)

jet /dʒet/ n. **1** (stream) Strahl, der
  2 (nozzle) Düse, die
  3 (aircraft) Düsenflugzeug, das; Jet, der

jet: ~**-black** adj. pechschwarz; ~ **engine**
n. Düsentriebwerk, das; ~**foil** n.
[Jetfoil-]Tragflügelboot, das; ~ **lag** n. Jetlag,
der; ~**-lagged** adj. sb is ~-lagged jmdm.
macht der Jetlag zu schaffen; ~ **plane** n.
Düsenflugzeug, das; ~**-propelled** adj.
düsengetrieben; ~ **pro'pulsion** n. Düsen-
od. Strahlantrieb, der

jetsam /'dʒetsəm/ n. ▶ flotsam

jet: ~ **set** n. Jet-set, der; ~ **ski** n. Jetski, der

jettison /'dʒetɪsən/ v.t. über Bord werfen;
(discard) wegwerfen

jetty /'dʒetɪ/ n. Landungsbrücke, die

Jew /dʒuː/ n. Jude, der/Jüdin, die

jewel /'dʒuːəl/ n. Juwel, das od. der

'jewel box, **'jewel case** ns.
Schmuckkasten, der

jeweller (AmE: **jeweler**) /'dʒuːələ(r)/ n.
Juwelier, der

jewellery (BrE), **jewelry** /'dʒuːəlrɪ/ n.
Schmuck, der

✔ **Jewish** /'dʒuːɪʃ/ adj. jüdisch; he/she is ~ er ist
Jude/sie ist Jüdin

jib /dʒɪb/ v.i., **-bb-** sich sträuben (at gegen)

jibe ▶ gibe

jiffy /'dʒɪfɪ/ n. (infml) in a ~ sofort

'Jiffy bag® n. gefütterte Versandtasche

jig /dʒɪg/ n. Jig, die

'jigsaw n. **1** Dekupiersäge, die; (electric)
Stichsäge, die
  2 ~ [puzzle] Puzzle, das

jihad /dʒɪˈhæd/ n. Dschihad, der

jihadi /dʒɪˈhædɪ/ n. Dschihad-Kämpfer, der

jilt /dʒɪlt/ v.t. sitzen lassen (ugs.)

jingle /'dʒɪŋgl/ **A** n. (Commerc.)
Werbespruch, der; Jingle, der (Werbespr.)
  B v.i. klimpern; <Glöckchen:> bimmeln
  C v.t. klimpern mit <Münzen, Schlüsseln>

jinx /dʒɪŋks/ (infml) **A** n. Fluch, der
  B v.t. verhexen

jitters /'dʒɪtəz/ n. pl. (infml) großes Zittern

jittery /'dʒɪtərɪ/ adj. (infml) (nervous) nervös;
(frightened) verängstigt

✔ **job** /dʒɒb/ n. **1** (piece of work) Arbeit, die; I have
a ~ for you ich habe eine Aufgabe für dich
  2 (employment) Stelle, die; Job, der (ugs.)

job: ~ **advert** n. Stellenanzeige, die;
~**centre** n. (BrE) Arbeitsvermittlungsstelle,
die; ~ **creation scheme** n.
Beschäftigungsprogramm, das;
Arbeitsbeschaffungsprogramm, das; ~
description n. Arbeitsplatzbeschreibung,
die; ~ **evaluation** n. Arbeitsbewertung,
die; ~**-hunt** v.i. go/be ~-hunting auf
Arbeits- od. Stellensuche gehen/sein;

~**-hunter** n. Stellen- od. Arbeitssuchende,
der/die; ~**-hunting** n. Arbeitssuche, die;
Stellensuche, die

'jobless adj. arbeitslos

job: ~ **market** n. Arbeitsmarkt,
der; Stellenmarkt, der; ~ **offer** n.
Stellenangebot, das; ~ **satisfaction** n.
Arbeitszufriedenheit, die; ~ **security** n.
Arbeitsplatzsicherheit, die; ~**-share**
  A n. geteilter Arbeitsplatz **B** v.i. sich
(Dat.) einen Arbeitsplatz teilen (with mit);
~**-sharing** n. Jobsharing, das

jockey /'dʒɒkɪ/ n. Jockei, der

jockey shorts n. pl. (AmE) Unterhose, die;
Unterhosen Pl.

jocular /'dʒɒkjʊlə(r)/ adj. lustig

jodhpurs /'dʒɒdpəz/ n. pl. Reithose, die

jog /dʒɒg/ **A** v.t., **-gg- 1** (shake) rütteln
  2 (nudge) [an]stoßen
  3 ~ sb's memory jmds. Gedächtnis (Dat.)
auf die Sprünge helfen
  B v.i., **-gg- 1** (up and down) auf und ab
hüpfen
  2 (trot) <Pferd:> [dahin]trotten
  3 (Sport) joggen
  C n. go for a ~ joggen gehen

jogger /'dʒɒgə(r)/ n. Jogger, der/Joggerin, die

'jogging n. Jogging, das

'jogtrot n. (lit. or fig.) Trott, der

john /dʒɒn/ n. (AmE) (infml) (lavatory) Lokus,
der (salopp)

✔ **join** /dʒɔɪn/ **A** v.t. **1** (connect) verbinden
(to mit)
  2 (come into company of) sich gesellen zu
  3 eintreten in (+ Akk.) <Armee, Firma,
Verein, Partei>
  B v.i. <Straßen:> zusammenlaufen
  ■ ~ **in A** /'-'-/ v.i. mitmachen (with bei)
    B /'--/ v.t. mitmachen bei
  ■ ~ **'up A** v.i. (Mil.) einrücken
    B v.t. miteinander verbinden

'joiner n. Tischler, der/Tischlerin, die

joinery /'dʒɔɪnərɪ/ n., no art. (craft) Tischlerei,
die; Tischlerhandwerk, das

✔ **joint** /dʒɔɪnt/ **A** n. **1** (Building) Fuge, die
  2 (Anat.) Gelenk, das
  3 a ~ [of meat] ein Stück Fleisch; (for
roasting) ein Braten
  4 (infml) (place) Laden, der
  5 (sl.) (marijuana cigarette) Joint, der
  B adj. **1** (of two or more) gemeinsam
  2 Mit<autor, -erbe, -besitzer>

'jointly adv. gemeinsam

joint 'venture n. (Commerc.) Jointventure,
das

joist /dʒɔɪst/ n. (Building) Deckenbalken, der;
(steel) [Decken]träger, der

joke /dʒəʊk/ **A** n. Witz, der; Scherz, der
  B v.i. scherzen, Witze machen (about über
+ Akk.); joking apart Scherz beiseite!

'joker n. **1** Spaßvogel, der
  2 (Cards) Joker, der

j

jollity /'dʒɒlɪtɪ/ n. Fröhlichkeit, die; (merrymaking) Festlichkeit, die

jolly /'dʒɒlɪ/ **A** adj. fröhlich
B adv. (BrE) (infml) ganz schön (ugs.); ~ good! ausgezeichnet!

jolt /dʒəʊlt/ **A** v.t. ‹Fahrzeug:› durchrütteln
B v.i. ‹Fahrzeug:› holpern
C n. **1** (jerk) Stoß, der; Ruck, der **2** (fig.) (shock) Schock, der

Jordan /'dʒɔːdn/ pr. n. Jordanien (das)

jostle /'dʒɒsl/ **A** v.i. ~ [against each other] aneinander stoßen
B v.t. stoßen

jot /dʒɒt/ n. [not] a ~ [k]ein bisschen ■ ~ 'down v.t. [rasch] aufschreiben

jotter /'dʒɒtə(r)/ n. Notizblock, der

journal /'dʒɜːnl/ n. Zeitschrift, die

journalism /'dʒɜːnəlɪzm/ n. Journalismus, der

✓ **journalist** /'dʒɜːnəlɪst/ n. Journalist, der/ Journalistin, die

✓ **journey** /'dʒɜːnɪ/ n. **1** Reise, die **2** (of vehicle) Fahrt, die

jovial /'dʒəʊvɪəl/ adj. herzlich ‹Gruß›; fröhlich ‹Person›

jowl /dʒaʊl/ n. (jaw) Unterkiefer, der; (lower part of face) Kinnbacken Pl.; (double chin) Doppelkinn, das

joy /dʒɔɪ/ n. Freude, die

joyful /'dʒɔɪfl/ adj. froh [gestimmt] ‹Person›; freudig ‹Blick, Ereignis, Gesang›

joy: ~**ride** n. (infml) Spritztour, die, [im gestohlenen Auto]; ~**stick** n. **1** (Aeronaut.) Knüppel, der **2** (on computer etc.) Hebel, der; Joystick, der

JP abbr. = **Justice of the Peace**

jubilant /'dʒuːbɪlənt/ adj. jubelnd; be ~ ‹Person:› frohlocken

jubilation /dʒuːbɪ'leɪʃn/ n. Jubel, der

jubilee /'dʒuːbɪliː/ n. Jubiläum, das

Judaism /'dʒuːdeɪɪzm/ n., no art. Judentum, das; Judaismus, der

✓ **judge** /dʒʌdʒ/ **A** n. **1** Richter, der/Richterin, die **2** (in contest) Preisrichter, der/-richterin, die **3** (fig.) (critic) Kenner, der/Kennerin, die
B v.t. **1** (sentence) richten (geh.) **2** (form opinion about) [be]urteilen

✓ **judgement, judgment** n. **1** Urteil, das **2** (critical faculty) Urteilsvermögen, das

judicial /dʒuː'dɪʃl/ adj. gerichtlich

judiciary /dʒuː'dɪʃərɪ/ n. Richterschaft, die

judicious /dʒuː'dɪʃəs/ adj. klar blickend

judo /'dʒuːdəʊ/ n. Judo, das

jug /dʒʌg/ n. Krug, der; (with lid, water ~) Kanne, die

juggernaut /'dʒʌgənɔːt/ n. (BrE) (lorry) schwerer Brummer (ugs.)

juggle /'dʒʌgl/ v.i. jonglieren

juggler /'dʒʌglə(r)/ n. Jongleur, der/ Jongleurin, die

juice /dʒuːs/ n. Saft, der

juicy /'dʒuːsɪ/ adj. saftig

jukebox /'dʒuːkbɒks/ n. Jukebox, die; Musikbox, die

Jul. abbr. = **July** Jul.

✓ **July** /dʒʊ'laɪ/ n. Juli, der; see also **August**

jumble /'dʒʌmbl/ **A** v.t. ~ up durcheinander bringen
B n. Durcheinander, das

'jumble sale n. (BrE) Trödelmarkt, der

jumbo jet /dʒʌmbəʊ 'dʒet/ n. Jumbojet, der

✓ **jump** /dʒʌmp/ **A** n. **1** Sprung, der **2** (in prices) sprunghafter Anstieg
B v.i. **1** springen; ~ for joy einen Freudensprung machen **2** ~ to conclusions voreilige Schlüsse ziehen
C v.t. **1** überspringen **2** ~ the queue (BrE) sich vordrängeln ■ ~ a'bout, ~ a'round v.i. herumspringen (ugs.)
■ '~ at v.t. (fig.) sofort zugreifen bei ‹Angebot, Gelegenheit›

jumped-up /'dʒʌmptʌp/ adj. (infml) emporgekommen

'jumper n. Pullover, der

jump: ~ **jet** n. Senkrechtstarter, der; ~ **leads** n. pl. (BrE) (Motor Veh.) Starthilfekabel, das; ~**-start** **A** v.t. Starthilfe geben (+ Dat.) ‹Auto›; (fig.) [wieder] in Gang bringen; [wieder] ankurbeln ‹Wirtschaft, Industrie›
B n. Start durch Starthilfe; (fig.) neuer Impuls od. Auftrieb; ~**suit** n. Overall, der

jumpy /'dʒʌmpɪ/ adj. nervös

Jun. abbr. = **June** Jun.

junction /'dʒʌŋkʃn/ n. **1** (of railway lines, roads) ≈ Einmündung, die **2** (crossroads) Kreuzung, die

'junction box n. (Electr.) Verteilerkasten, der

juncture /'dʒʌŋktʃə(r)/ n. at this ~ zu diesem Zeitpunkt

✓ **June** /dʒuːn/ n. Juni, der; see also **August**

jungle /'dʒʌŋgl/ n. Dschungel, der

junior /'dʒuːnɪə(r)/ adj. **1** (in age) jünger **2** (in rank) rangniedriger ‹Person›; niedriger ‹Rang›

junior: ~ **'partner** n. Juniorpartner, der/-partnerin, die; ~ **school** n. (BrE) Grundschule, die; ~ **team** n. (Sport) Juniorenmannschaft, die

junk /dʒʌŋk/ n. Trödel, der (ugs.); (trash) Ramsch, der (ugs.)

junk: ~ **'email** n. Junkmail, die; ~ **food** n. minderwertige Kost

junkie /'dʒʌŋkɪ/ n. (sl.) Junkie, der (Drogenjargon)

junk: ~ **mail** n. Postwurfsendungen Pl.; Reklame, die (ugs.); ~ **shop** n. Trödelladen, der (ugs.)

Jupiter /'dʒuːpɪtə(r)/ pr. n. (Astron.) Jupiter, der

✓ Schlüsselwort

j

jurisdiction /dʒʊərɪs'dɪkʃn/ *n.* Gerichtsbarkeit, *die*

juror /'dʒʊərə(r)/ *n.* Geschworene, *der/die*

jury /'dʒʊərɪ/ *n.* **1** (in court) **the ~** die Geschworenen *Pl.*
2 (in competition) Jury, *die*

ﹾ **just** /dʒʌst/ **A** *adj.* (morally right) gerecht
B *adv.* **1** (exactly) genau; **~ then/enough** gerade da/genug; **~ as** (exactly as) genauso wie; (when) gerade, als; **~ as you like** *or* **please** ganz wie Sie wünschen/du magst; **~ as good** *etc.* genauso gut *usw.*
2 (barely) gerade [eben]; (with little time to spare) gerade noch; (no more than) nur; **~ under £10** nicht ganz zehn Pfund
3 (at this moment) gerade; **not ~ now** im Moment nicht
4 (infml) (simply) einfach; (only) nur; *esp. with imper.* mal [eben]; **~ look at that!** guck dir das mal an!; **~ a moment** einen Moment mal; **~ in case** für alle Fälle

ﹾ **justice** /'dʒʌstɪs/ *n.* **1** Gerechtigkeit, *die*
2 (magistrate) Schiedsrichter, *der/*-richterin, *die*

Justice of the 'Peace *n.* Friedensrichter, *der/*-richterin, *die*

justifiable /dʒʌstɪ'faɪəbl/ *adj.* berechtigt

justifiably /dʒʌstɪ'faɪəblɪ/ *adv.* zu Recht

justification /dʒʌstɪfɪ'keɪʃn/ *n.* Rechtfertigung, *die*

ﹾ **justify** /'dʒʌstɪfaɪ/ *v.t.* rechtfertigen; **be justified in doing sth** etw. zu Recht tun

jut /dʒʌt/ *v.i.,* **-tt-;** **~ [out]** [her]vorragen; herausragen

juvenile /'dʒuːvənaɪl/ **A** *adj.* **1** jugendlich
2 (immature) kindisch
B *n.* Jugendliche, *der/die*

juvenile delinquency /dɪ'lɪŋkwənsɪ/ *n.* Jugendkriminalität, *die*

juvenile delinquent /dɪ'lɪŋkwənt/ *n.* jugendlicher Straftäter/jugendliche Straftäterin

juxtapose /dʒʌkstə'pəʊz/ *v.t.* nebeneinander stellen (**with, to** und)

juxtaposition /dʒʌkstəpə'zɪʃn/ *n.* Nebeneinanderstellung, *die*

j

k

Kk

K, k /keɪ/ *n.* K, k, *das*

kale /keɪl/ *n.* Grünkohl, *der*; Krauskohl, *der*

kaleidoscope /kə'laɪdəskəʊp/ *n.* Kaleidoskop, *das*

kangaroo /kæŋgə'ruː/ *n.* Känguru, *das*

karaoke /kærɪ'əʊkɪ/ *n., no indef. art.* Karaoke, *das; attrib.* Karaoke-

karate /kə'rɑːtɪ/ *n.* Karate, *das*

kebab /kɪ'bæb/ *n.* Kebab, *der*

keel /kiːl/ **A** *n.* (Naut.) Kiel, *der*
B *v.i.* **~ over** umstürzen; *<Schiff:>* kentern; *<Person:>* umkippen

keen /kiːn/ *adj.* **1** (sharp) scharf
2 (cold) schneidend *<Wind, Kälte>*
3 (eager) begeistert *<Fußballfan, Sportler>*; lebhaft *<Interesse>*; **be ~ to do sth** darauf erpicht sein, etw. zu tun; **be ~ on doing sth** etw. gern[e] tun
4 (sensitive) scharf *<Augen>*; fein *<Sinne>*

'keenly *adv.* **1** (sharply) scharf
2 (eagerly) eifrig; brennend *<interessiert sein>*
3 (acutely) **be ~ aware of sth** sich *(Dat.)* einer Sache *(Gen.)* voll bewusst sein

ﹾ **keep** /kiːp/ **A** *v.t.,* **kept** /kept/ **1** halten *<Versprechen, Schwur, Sabbat, Fasten>*; einhalten *<Verabredung, Vereinbarung>*; begehen, feiern *<Fest>*
2 (have charge of) aufbewahren

3 (retain) behalten; (not lose or destroy) aufheben *<Quittung, Rechnung>*
4 halten *<Bienen, Hund usw.>*
5 führen *<Tagebuch, Geschäft, Ware>*
6 (support) versorgen *<Familie>*
7 (detain) festhalten; **~ sb waiting** jmdn. warten lassen; **what kept you?** wo bleibst du denn?
8 (reserve) aufheben
B *v.i.,* **kept 1** (remain) bleiben; **are you ~ing well?** gehts dir gut?
2 ~ [to the] left/right sich links/rechts halten; **~ doing sth** (repeatedly) etw. immer wieder tun; **~ talking/working** *etc.* **until …** weiterreden/-arbeiten *usw.,* bis …
3 (remain good) *<Lebensmittel:>* sich halten
C *n.* **1** (maintenance) Unterhalt, *der*
2 for ~s (infml) auf Dauer
3 (Hist.) (tower) Bergfried, *der*

■ **~ 'back** **A** *v.i.* zurückbleiben
B *v.t.* **1** (restrain) zurückhalten *<Menschenmenge, Tränen>*
2 (withhold) verschweigen *<Informationen, Tatsachen>* (**from** *Dat.*)

■ **~ 'down** **A** *v.i.* unten bleiben
B *v.t.* **1** niedrig halten *<Steuern, Preise usw.>*; **~ one's weight down** nicht zunehmen
2 ~ your voice down! rede nicht so laut!

■ **~ 'off** **A** *v.i.* *<Person:>* wegbleiben

B *v.t.* fern halten; '~ off the grass' „Betreten des Rasens verboten"

■ ~ 'on *v.i.* weitermachen (with *Akk.*); ~ on doing sth etw. [immer] weiter tun; (repeatedly) etw. immer wieder tun

■ ~ 'out **A** *v.i.* '~ out' „Zutritt verboten" **B** *v.t.* nicht hereinlassen

■ ~ 'up **A** *v.i.* ~ up with sb/sth mit jmdm./etw. Schritt halten **B** *v.t.* aufrechterhalten ‹*Freundschaft, jmds. Moral*›; ~ one's strength up sich bei Kräften halten; ~ it up! weiter so!

keep-'fit *n.* Fitnesstraining, *das*

keep-'fit class *n.* Fitnessgruppe, *die*; go to ~es zu Fitnessübungen gehen

'keeping *n.* be in ~ with sth einer Sache (*Dat.*) entsprechen

'keepsake *n.* Andenken, *das*

keg /keg/ *n.* [kleines] Fass

kelp /kelp/ *n.* [See]tang, *der*

kennel /'kenl/ *n.* Hundehütte, *die*

Kenya /'kenjə/ *pr. n.* Kenia *(das)*

kept ▶ keep A, B

kerb /kɜːb/ *n.* (BrE) Bordstein, *der*

kerb: ~-**crawling** *n.* (BrE) *(langsames) Fahren auf dem Autostrich zur Kontaktaufnahme mit einer Prostituierten*; ~**stone** *n.* (BrE) Bordstein, *der*

kernel /'kɜːnl/ *n.* Kern, *der*

kerosene, kerosine /'kerəsiːn/ *n.* (AmE, Austral. NZ, or as tech. term) Paraffin[öl], *das*; (for jet engines) Kerosin, *das*

kestrel /'kestrəl/ *n.* Turmfalke, *der*

ketch /ketʃ/ *n.* Ketsch, *die*

ketchup /'ketʃʌp/ *n.* Ketchup, *der od. das*

kettle /'ketl/ *n.* [Wasser]kessel, *der*

⚭ **key** /kiː/ **A** *n.* **1** Schlüssel, *der* **2** (on piano, typewriter, computer, etc.) Taste, *die* **3** (Mus.) Tonart, *die* **B** *v.t.* (Comp.) eintasten

key: ~**board** *n.* (of piano etc.) Klaviatur, *die*; (of typewriter, computer, etc.) Tastatur, *die*; ~**boarder** *n.* Taster, *der*/Tasterin, *die*; ~**boarding** *n.* Tasten, *das*; ~boarding error Tastfehler, *der*; ~board operator *n.* Taster, *der*/ Tasterin, *die*; ~ **card** *n.* Schlüsselkarte, *die*; ~**hole** *n.* Schlüsselloch, *das*; ~**hole surgery** *n.* Schlüssellochchirurgie, *die*; Knopflochchirurgie, *die*

'keying ▶ keyboarding

key: ~**ring** *n.* Schlüsselring, *der*; ~**stone** *n.* (Archit.) Schlussstein, *der*; (fig.) Grundpfeiler, *der*; ~**stroke** *n.* Anschlag, *der*

kg. *abbr.* = kilogram[s] kg

khaki /'kɑːkɪ/ **A** *adj.* khakifarben **B** *n.* (cloth) Khaki, *der*

⚭ **kick** /kɪk/ **A** *n.* **1** [Fuß]tritt, *der*; (Footb.) Schuss, *der*; give sb a ~ jmdm. einen Tritt geben **2** (infml) (thrill) do sth for ~s etw. zum Spaß tun; he gets a ~ out of it er hat Spaß daran

B *v.i.* treten; ‹*Pferd:*› ausschlagen **C** *v.t.* einen Tritt geben (+ *Dat.*) ‹*Person, Hund*›; treten gegen ‹*Gegenstand*›; kicken (ugs.), schießen ‹*Ball*›

■ ~ a'bout, ~ a'round *v.t.* [in der Gegend] herumkicken (ugs.)

■ ~ 'off *v.i.* (Footb.) anstoßen

■ ~ 'up *v.t.* ~ up a fuss/row Krach schlagen/anfangen (ugs.)

kick: ~-**off** *n.* (Footb.) Anstoß, *der*; ~-**start A** *n.* **1** Kickstarter, *der* **2** (fig.) [neuer] Auftrieb **B** *v.t.* **1** [mit dem Kickstarter] starten **2** (fig.) ankurbeln ‹*Industrie, Wirtschaft*›; vorantreiben, forcieren ‹*Friedensprozess, Entwicklung*›

⚭ **kid** /kɪd/ **A** *n.* **1** (young goat) Kitz, *das* **2** (infml) (child) Kind, *das* **B** *v.t.*, -**dd**- (infml) auf den Arm nehmen (ugs.); ~ oneself sich (*Dat.*) was vormachen

kiddie /'kɪdɪ/ *n.* (infml) Kindchen, *das*

kid-'glove *adj.* sanft

kidnap /'kɪdnæp/ *v.t.*, (BrE) -**pp**- entführen

'kidnapper *n.* Entführer, *der*/Entführerin, *die*

kidnapping /'kɪdnæpɪŋ/ *n.* Entführung, *die*

kidney /'kɪdnɪ/ *n.* Niere, *die*

kidney: ~ **bean** *n.* Gartenbohne, *die*; (scarlet runner bean) Feuerbohne, *die*; red ~ bean Kidneybohne, *die*; ~ **machine** *n.* künstliche Niere, *die*; ~-**shaped** *adj.* nierenförmig

⚭ **kill** /kɪl/ *v.t.* **1** töten; (deliberately) umbringen; be ~ed in action im Kampf fallen; be ~ed in a car crash bei einem Autounfall ums Leben kommen **2** ~ time die Zeit totschlagen

'killer *n.* Mörder, *der*/Mörderin, *die*

'killer whale *n.* Mörderwal, *der*

'killing *n.* **1** Töten, *das* **2** make a ~ (infml) (great profit) einen [Mords]reibach machen (ugs.)

'killjoy *n.* Spielverderber, *der*/-verderberin, *die*

kiln /kɪln/ *n.* Brennofen, *der*

kilo /'kiːləʊ/ *n., pl.* ~**s** Kilo, *das*

'kilobyte *n.* (Computing) Kilobyte, *das*

kilogram, kilogramme /'kɪləgræm/ *n.* Kilogramm, *das*

kilometre (BrE) (AmE: **kilometer**) /'kɪləmiːtə(r) (BrE), kɪ'lɒmɪtə(r)/ *n.* Kilometer, *der*

kilowatt *n.* /'kɪləwɒt/ Kilowatt, *das*

kilt /kɪlt/ *n.* Kilt, *der*

kimono /kɪ'məʊnəʊ/ *n., pl.* ~**s** Kimono, *der*

kin /kɪn/ *n.* (relatives) Verwandte *Pl.*; (relative) Verwandte, *der/die*

⚭ **kind¹** /kaɪnd/ *n.* **1** (class, sort) Art, *die*; several ~s of apples mehrere Sorten Äpfel; all ~s of things/excuses alles Mögliche/ alle möglichen Ausreden; no ... of any ~ keinerlei ...; what ~ is it? was für einer/

⚭ Schlüsselwort

k

eine/eins ist es?; **what ～ of [a] tree is this?**
was für ein Baum ist das?
2 (implying vagueness) **a ～ of** ... [so] eine Art ...;
～ of cute (infml) irgendwie niedlich (ugs.)

kind² adj. liebenswürdig; (showing friendliness)
freundlich; **be ～ to animals** gut zu Tieren
sein; **how ～!** wie nett [von ihm/Ihnen usw.]!

kindergarten /'kɪndəgɑːtn/ n. Kindergarten,
der

kind-hearted /kaɪnd'hɑːtɪd/ adj. gutherzig

kindle /'kɪndl/ (fig.) wecken

kindly /'kaɪndlɪ/ **A** adv. **1** freundlich; nett
2 in polite request etc. freundlicherweise;
thank you ～ herzlichen Dank
B adj. freundlich; nett; (kind-hearted) gütig

'**kindness** n. **1** no pl. (kind nature)
Freundlichkeit, die
2 do sb a ～ (kind act) jmdm. eine Gefälligkeit
erweisen

kindred /'kɪndrɪd/ adj. verwandt

kindred '**spirit** n. Gleichgesinnte, der/die

♂ **king** /kɪŋ/ n. König, der

kingdom /'kɪŋdəm/ n. Königreich, das

'**kingfisher** n. Eisvogel, der

'**king-size**, '**king-sized** adj. extragroß;
King-size-‹Zigaretten›

kink /kɪŋk/ n. (in pipe, wire, etc.) Knick, der; (in
hair, wool) Welle, die

'**kinky** adj. (infml) spleenig; (sexually) abartig

kinsman /'kɪnzmən/ n., pl. **kinsmen**
/'kɪnzmən/ Verwandte, der

kinswoman /'kɪnzwʊmn/ n. Verwandte, die

kiosk /'kiːɒsk/ n. **1** Kiosk, der
2 (telephone booth) [Telefon]zelle, die

kip /kɪp/ n. (BrE) (infml) (sleep) **have a/get some
～** eine Runde pennen (salopp)

kipper /'kɪpə(r)/ n. Kipper, der

kiss /kɪs/ **A** n. Kuss, der
B v.t. küssen; **～ sb good night/goodbye**
jmdm. einen Gutenacht-/Abschiedskuss
geben
C v.i. **they ～ed** sie küssten sich

kit /kɪt/ n. **1** (BrE) (set of items) Set, das
2 (BrE) (clothing etc.) sports ～ Sportzeug, das;
riding/skiing ～ Reit-/Skiausrüstung, die

'**kitbag** n. Tornister, der

♂ **kitchen** /'kɪtʃɪn/ n. Küche, die; attrib. Küchen-

kitchen: ～ paper n. Küchenkrepp,
der; **～ roll** n. Küchenrolle, die; (kitchen
paper) Küchenkrepp, der; **～ 'sink**
n. [Küchen]ausguss, der; **～ unit** n.
Küchenelement, das; **～ units** Küchenmöbel
Pl.; **～ utensil** n. Küchengerät, das; **～ware**
n. Küchengeräte Pl.

kite /kaɪt/ n. Drachen, der

kith /kɪθ/ n. **～ and kin** Freunde und
Verwandte

kitten /'kɪtn/ n. Kätzchen, das

kitty /'kɪtɪ/ n. (money) Kasse, die

kleptomania /kleptə'meɪnɪə/ n. Kleptomanie,
die

kleptomaniac /kleptə'meɪnɪæk/ n.
Kleptomane, der/Kleptomanin, die

km. abbr. = **kilometre[s]** km

knack /næk/ n. Talent, das; **get the ～** [of
doing sth] den Bogen rauskriegen[, wie man
etw. macht] (ugs.); **have lost the ～** es nicht
mehr zustande bringen

knapsack /'næpsæk/ n. Rucksack, der; (Mil.)
Tornister, der

knead /niːd/ v.t. kneten

knee /niː/ n. Knie, das

knee: ～cap n. Kniescheibe, die; **～-deep**
adj. knietief; **～-high** adj. kniehoch; **～-jerk
reaction** n. (fig.) automatische Reaktion; **～
joint** n. Kniegelenk, das

kneel /niːl/ v.i., **knelt** /nelt/ or (esp. AmE) **～ed**
knien; **～ down** niederknien

'**knee-length** adj. knielang

knelt ▸ **kneel**

knew ▸ **know**

knickers /'nɪkəz/ n. pl. (BrE) [Damen]schlüpfer,
der

knife /naɪf/ **A** n., pl. **knives** /naɪvz/ Messer,
das
B v.t. (stab) einstechen auf (+ Akk.); (kill)
erstechen

'**knife-edge** n. Schneide, die; **be [balanced] on
a ～** (fig.) auf des Messers Schneide stehen

knight /naɪt/ n. **1** (Hist.) Ritter, der
2 (Chess) Springer, der

'**knighthood** n. Ritterwürde, die

knit /nɪt/ v.t., **-tt-** stricken; **～ one's brow** die
Stirn runzeln

'**knitting** n. Stricken, das; (work being knitted)
Strickarbeit, die

'**knitting needle** n. Stricknadel, die

'**knitwear** n. Strickwaren Pl.

knives pl. of knife A

knob /nɒb/ n. **1** (on door, walking stick, etc.) Knauf,
der
2 (control on radio etc.) Knopf, der
3 (of butter) Klümpchen, das

knock /nɒk/ **A** v.t. **1** (strike) (lightly) klopfen
an (+ Akk.); (forcefully) schlagen gegen od.
an (+ Akk.); **～ a hole in sth** ein Loch in etw.
(Akk.) schlagen
2 (infml) (criticize) herziehen über (+ Akk.)
(ugs.)
B v.i. klopfen (at an + Akk.)
C n. Klopfen, das
■ **～ 'down** v.t. **1** (in car) umfahren
2 (demolish) abreißen
■ **～ 'off A** v.t. **1** **～ off work** (infml) (leave)
Feierabend machen
2 (deduct) **～ five pounds off the price** es fünf
Pfund billiger machen
3 (infml) (do quickly) aus dem Ärmel schütteln
(ugs.)
4 (infml) (steal) klauen (salopp)
B v.i. (infml) Feierabend machen
■ **～ 'out** v.t. **1** (make unconscious) bewusstlos
umfallen lassen

k

2 (Boxing) k.o. schlagen
3 (infml) (exhaust) kaputtmachen (ugs.)
■ ~ **'over** *v.t.* umstoßen; *<Fahrer, Fahrzeug:>* umfahren *<Person>*
'knock-down *adj.* ~ **prices** Schleuderpreise
'knocker *n.* [Tür]klopfer, *der*
knock: **~-kneed** /'nɒkni:d/ *adj.* x-beinig *<Person>*; **~out** *n.* (Boxing) K.-o.-Schlag, *der*
knot /nɒt/ **A** *n.* Knoten, *der*
  B *v.t.*, **-tt-** knoten *<Seil, Faden usw.>*
'knotty *adj.* (fig.) (puzzling) verwickelt
✧ **know** /nəʊ/ *v.t.*, **knew** /nju:/, **known** /nəʊn/
  1 (recognize) erkennen (**by** an + *Dat.*) (**for** als + *Akk.*)
  2 (be able to distinguish) ~ **sth from sth** etw. von etw. unterscheiden können
  3 (be aware of) wissen
  4 (have understanding of) können *<ABC, Einmaleins, Deutsch usw.>*; ~ **how to mend fuses** wissen, wie man Sicherungen repariert; ~ **how to drive a car** Auto fahren können
  5 kennen *<Person>*
'know-all *n.* Neunmalkluge, *der/die*
'know-how *n.* praktisches Wissen; (technical expertise) Know-how, *das*
'knowing *adj.* **1** wissend *<Blick, Lächeln>*
  2 (cunning) verschlagen
'knowingly *adv.* **1** (intentionally) wissentlich
  2 vielsagend *<lächeln, anblicken>*
✧ **knowledge** /'nɒlɪdʒ/ *n.* **1** (familiarity) Kenntnisse *Pl.* (**of** in + *Dat.*)
  2 (awareness) Wissen, *das*; **have no** ~ **of sth** nichts von etw. wissen; keine Kenntnis von etw. haben (geh.)
  3 [a] ~ **of languages/French** Sprach-/

Französischkenntnisse *Pl.*
knowledgeable /'nɒlɪdʒəbl/ *adj.* **be** ~ **about** *or* **on sth** viel über etw. (*Akk.*) wissen
known /nəʊn/ **A** ▶ **know**
  B *adj.* bekannt
knuckle /'nʌkl/ *n.* [Finger]knöchel, *der*
Koran /kɔ:'rɑːn, kə'rɑːn/ *n.* Koran, *der*
Koranic /kə'rænɪk, -'rɑːnɪk/ *adj.* koranisch
Korea /kə'rɪə/ *pr. n.* Korea (*das*)
Korean /kə'rɪən/ **A** *adj.* koreanisch; **sb is** ~ jmd. ist Koreaner/Koreanerin
  B *n.* **1** (person) Koreaner, *der*/Koreanerin, *die*
  2 (language) Koreanisch, *das*; *see also* **English B1**
kosher /'kəʊʃə(r)/ *adj.* koscher
Kosovan /'kɒsəvən/ **A** *adj.* ~ **town/immigrant** Stadt im Kosovo/Einwanderer aus dem Kosovo; **he/she is** ~ er ist Kosovarer/sie ist Kosovarin
  B *n.* (person) Kosovare, *der*/Kosovarin, *die*
Kosovan Al'banian *n.* Kosovoalbaner, *der*/-albanerin, *die*
Kosovo /'kɒsəvə/ *pr. n.* Kosovo, *der od. das od.* (*das*)
kudos /'kju:dɒs/ *n.* Prestige, *das*
Kurd /kɜ:d/ *n.* Kurde, *der*/Kurdin, *die*
Kurdish /'kɜ:dɪʃ/ **A** *adj.* kurdisch; **sb is** ~ jmd. ist Kurde/Kurdin
  B *n.* (language) Kurdisch, *das*
Kurdistan /kɜ:dɪ'stɑ:n/ *pr. n.* Kurdistan (*das*)
Kuwait /kʊ'weɪt/ *pr. n.* Kuwait (*das*)
Kuwaiti /kʊ'weɪtɪ/ **A** *adj.* kuwaitisch; **sb is** ~ jmd. ist Kuwaiti
  B *n.* Kuwaiti, *der/die*
kW *abbr.* = **kilowatt[s]** kW

k

l

Ll

L, l /el/ *n.* L, l, *das*
l. *abbr.* = **litre[s]** l
lab /læb/ *n.* (infml) Labor, *das*
✧ **label** /'leɪbl/ **A** *n.* Schildchen, *das*; (on bottles, in clothes) Etikett, *das*; (tied/stuck to an object) Anhänger/Aufkleber, *der*
  B *v.t.*, (BrE) **-ll- 1** etikettieren; auszeichnen *<Waren>*; (write on) beschriften
  2 (fig.) ~ **sb/sth [as] sth** jmdn./etw. als etw. etikettieren
labor (AmE) ▶ **labour**
laboratory /lə'bɒrətərɪ/ *n.* Labor[atorium], *das*

laboratory 'animal *n.* Versuchstier, *das*
labored, laborer (AmE) ▶ **laboured, labourer**
laborious /lə'bɔ:rɪəs/ *adj.* mühsam
la'boriously *adv.* mühevoll
✧ **labour** /'leɪbə(r)/ (BrE) **A** *n.* **1** Arbeit, *die*
  2 (workers) Arbeiterschaft, *die*; **immigrant** ~ ausländische Arbeitskräfte *Pl.*
  3 L~, **the L**~ **Party** (Polit.) die Labour Party
  4 (childbirth) Wehen *Pl.*; **be in** ~ in den Wehen liegen
  B *v.i.* hart arbeiten (**at, on** an + *Dat.*)
  C *v.t.* ~ **the point** sich lange darüber verbreiten

✧ Schlüsselwort

laboured /'leɪbəd/ adj. (BrE) mühsam; schwerfällig <Stil>; **his breathing was ~ er** atmete schwer

'**labourer** n. (BrE) Arbeiter, der/Arbeiterin, die

labour: **~ pains** n. pl. Wehenschmerzen Pl.; **~-saving** adj. arbeit[s]sparend

laburnum /lə'bɜːnəm/ n. (Bot.) Goldregen, der

labyrinth /'læbərɪnθ/ n. Labyrinth, das

lace /leɪs/ **A** n. **1** (for shoe) Schnürsenkel, der **2** (fabric) Spitze, die; attrib. Spitzen- **B** v.t. **~ [up]** [zu]schnüren

lacerate /'læsəreɪt/ v.t. aufreißen

'**lace-up** **A** attrib. adj. Schnür- **B** n. Schnürschuh/-stiefel, der

✧ **lack** /læk/ **A** n. Mangel, der (**of** an + Dat.) **B** v.t. **sb/sth ~s sth** jmdm./einer Sache fehlt es an etw. (Dat.)

lackey /'lækɪ/ n. Lakai, der

'**lacking** adj. **be ~** fehlen

laconic /lə'kɒnɪk/ adj. lakonisch

lacquer /'lækə(r)/ n. Lack, der

lacrosse /lə'krɒs/ n. Lacrosse, das

lacy /'leɪsɪ/ adj. Spitzen-

lad /læd/ n. Junge, der

ladder /'lædə(r)/ **A** n. **1** Leiter, die **2** (BrE) (in tights etc.) Laufmasche, die **B** v.i. (BrE) Laufmaschen/eine Laufmasche bekommen **C** v.t. (BrE) Laufmaschen/eine Laufmasche machen in (+ Akk.)

laden /'leɪdn/ beladen (**with** mit)

ladle /'leɪdl/ n. Schöpfkelle, die

✧ **lady** /'leɪdɪ/ n. **1** Dame, die **2** '**Ladies**' (WC) „Damen" **3** (as form of address) **Ladies** meine Damen **4** (BrE) (as title) **L~** Lady

lady: **~bird**, (AmE) **~bug** ns. Marienkäfer, der; **~-in-'waiting** n. (BrE) Hofdame, die; **~like** adj. damenhaft

lag[1] /læg/ v.i., **-gg-**; **~ [behind]** zurückbleiben; (fig.) im Rückstand sein

lag[2] v.t., **-gg-** (insulate) isolieren

lager /'lɑːgə(r)/ n. Lagerbier, das

'**lager lout** n. Bier trinkender Rüpel

'**lagging** n. Isolierung, die

lagoon /lə'guːn/ n. Lagune, die

laid ▸ **lay**[2]

'**laid-back** adj. (infml) gelassen

lain ▸ **lie**[2]

lair /leə(r)/ n. (of wild animal) Unterschlupf, der; (of pirates, bandits) Schlupfwinkel, der

lake /leɪk/ n. See, der

Lake Constance /leɪk 'kɒnstəns/ pr. n. der Bodensee

lama /'lɑːmə/ n. Lama, der

lamb /læm/ n. **1** Lamm, das **2** (meat) Lamm[fleisch], das

lamb 'chop n. Lammkotelett, das

lambswool /'læmzwʊl/ n. Lambswool, die

lame /leɪm/ adj., '**lamely** adv. lahm

lament /lə'ment/ **A** n. Klage, die (**for** um) **B** v.t. **~ that ...** beklagen, dass ... **C** v.i. klagen (geh.); **~ over sth** etw. beklagen (geh.)

lamentable /'læməntəbl/ adj. beklagenswert

laminated /'læmɪneɪtɪd/ adj. lamelliert

laminated 'glass n. Verbundglas, das

lamp /læmp/ n. Lampe, die; (in street) [Straßen]laterne, die

lamp: **~ post** n. Laternenpfahl, der; **~shade** n. Lampenschirm, der

lance /lɑːns/ **A** n. Lanze, die **B** v.t. (Med.) mit der Lanzette öffnen

lance 'corporal n. Obergefreite, der

✧ **land** /lænd/ **A** n. Land, das; **have or own ~** Grundbesitz haben **B** v.t. **1** (set ashore) [an]landen **2** (Aeronaut.) landen **3** **~ oneself in trouble** sich in Schwierigkeiten bringen; **~ sb with sth, ~ sth on sb** jmdm. etw. aufhalsen (ugs.) **C** v.i. **1** <Boot usw.:> anlegen, landen; <Passagier:> aussteigen (from aus); **we ~ed at Dieppe** wir gingen in Dieppe an Land **2** (Aeronaut.) landen **3** **~ on one's feet** (fig.) [wieder] auf die Füße fallen

landed: **~ ari'stocracy** n. Landadel, der; **~ 'gentry** n. Landadel, die

'**landing** n. **1** (of ship, aircraft) Landung, die **2** (on stairs) Treppenabsatz, der; (passage) Treppenflur, der

landing: **~ card** n. Landekarte, die; **~ stage** n. Landesteg, der

land: **~lady** n. **1** (of rented property) Vermieterin, die **2** (of public house) [Gast]wirtin, die; **~locked** adj. vom Land eingeschlossen <Bucht, Hafen>; <Staat> ohne Zugang zum Meer; **~lord** n. **1** (of rented property) Vermieter, der **2** (of public house) [Gast]wirt, der; **~mark** n. **1** Orientierungspunkt, der **2** (fig.) Markstein, der; **~ mass** n. Landmasse, die; **~mine** n. Landmine, die; **~owner** n. Grundbesitzer, der/-besitzerin, die

✧ **landscape** /'lændskeɪp/ n. Landschaft, die

landscape: **~ architect** n. Landschaftsarchitekt, der/-architektin, die; **~ format** n. (also Comp.) Querformat, das; **~ gardener** n. Landschaftsgärtner, der/-gärtnerin, die; **~ gardening** n. Landschaftsgärtnerei, die

'**landslide** n. Erdrutsch, der; **a ~slide [victory]** (Polit.) ein Erdrutsch[wahl]sieg

lane /leɪn/ n. **1** (in the country) Landsträßchen, das; Weg, der **2** (in town) Gasse, die **3** (part of road) [Fahr]spur, die; '**get in ~'** „bitte einordnen" **4** (Sport) Bahn, die

◆ **language** /'læŋgwɪdʒ/ n. Sprache, die; (style) Ausdrucksweise, die

language: ~ **course** n. Sprachkurs[us], der; ~ **school** n. Sprachenschule, die; ~ **teacher** n. Sprachlehrer, der/-lehrerin, die

languid /'læŋgwɪd/ adj. träge

languish /'læŋgwɪʃ/ v.i. **1** (lose vitality) ermatten (geh.)
2 ~ **under sth** unter etw. (Dat.) schmachten (geh.)

lank /læŋk/ adj. **1** hager
2 glatt herabhängend <Haar>

lanky /'læŋkɪ/ adj. schlaksig (ugs.)

lantern /'læntən/ n. Laterne, die

lap¹ /læp/ n. (part of body) Schoß, der

lap² n. (Sport) Runde, die

lap³ **A** v.i., **-pp-** schlecken
B v.t., **-pp-**; ~ **[up]** [auf]schlecken
■ ~ **'up** v.t. (fig.) schlucken

'lap belt n. Beckengurt, der

lapel /lə'pel/ n. Revers, das

Lapland /'læplænd/ pr. n. Lappland (das)

lapse /læps/ **A** n. **1** (interval) **a**/the ~ **of** ... eine/die Zeitspanne von ...
2 (mistake) Fehler, der; ~ **of memory** Gedächtnislücke, die
B v.i. **1** <Vertrag, usw.:> ungültig werden
2 ~ **into** verfallen in (+ Akk.)

'laptop **A** adj. tragbar, Laptop<gerät, -PC>
B n. Laptop, der; tragbarer PC

larceny /'lɑːsənɪ/ n. Diebstahl, der

lard /lɑːd/ n. Schweineschmalz, das

larder /'lɑːdə(r)/ n. Speisekammer, die

◆ **large** /lɑːdʒ/ **A** adj. groß
B n. **at** ~ (not in prison etc.) auf freiem Fuß
C adv. ▶ **by B3**

◆ **'largely** adv. weitgehend

larger-than-'life attrib. adj. überlebensgroß

large: ~**-scale** attrib. adj. groß angelegt; groß <Erfolg, Misserfolg>; <Katastrophe> großen Ausmaßes; <Modell> in großem Maßstab; ~**-scale manufacture** Massenproduktion, die; ~**-size**, ~**-sized** adj. groß

lark¹ /lɑːk/ n. (Ornith.) Lerche, die

lark² (infml) **A** n. Jux, der (ugs.)
B v.i. ~ **[about or around]** herumalbern (ugs.)

larva /'lɑːvə/ n., pl. ~**e** /'lɑːviː/ Larve, die

laryngitis /lærɪn'dʒaɪtɪs/ n. Kehlkopfentzündung, die

larynx /'lærɪŋks/ n. Kehlkopf, der

lascivious /lə'sɪvɪəs/ adj. lüstern (geh.)

laser /'leɪzə(r)/ n. Laser, der

laser: ~ **beam** n. Laserstrahl, der; ~**disc** n. Laserplatte, die; ~ **printer** n. Laserdrucker, der

lash /læʃ/ **A** n. **1** (stroke) [Peitschen]hieb, der
2 (on eyelid) Wimper, die
B v.i. <Welle, Regen:> peitschen (against gegen; on auf + Akk.)

◆ **Schlüsselwort**

C v.t. **1** (fasten) festbinden (**to** an + Dat.)
2 (as punishment) auspeitschen
■ ~ **'down** **A** v.t. festbinden
B v.i. <Regen:> niederprasseln
■ ~ **'out** v.i. **1** (hit out) um sich schlagen; ~ **out at sb** nach jmdm. schlagen
2 ~ **out on sth** (infml) (spend freely) sich (Dat.) etw. leisten

lashings /'læʃɪŋz/ n. pl. ~ **of sth** Unmengen von etw.

lass /læs/ n. Mädchen, das

lasso /lə'suː/ n. Lasso, das

◆ **last¹** /lɑːst/ **A** adj. letzt...; **be** ~ **to arrive** als Letzter/Letzte ankommen; ~ **night** gestern Nacht/Abend
B adv. **1** [ganz] zuletzt; als Letzter/Letzte <sprechen, ankommen>
2 (on ~ previous occasion) das letzte Mal; zuletzt
C n. **1** (person or thing) **the** ~ der/die/das Letztere; pl. die Letzteren
2 **at** [**long**] ~ endlich

◆ **last²** v.i. **1** (continue) dauern; <Wetter, Ärger:> anhalten
2 (suffice) reichen

'last-ditch adj. ~ **attempt** letzter verzweifelter Versuch

'lasting adj. bleibend; dauerhaft <Beziehung>; nachhaltig <Eindruck, Wirkung>

'lastly adv. schließlich

last: ~**-minute** attrib. adj. in letzter Minute vorgebracht <Plan, Aufruf, Ergänzung, Gesuch, Bewerbung>; ~ **name** n. Zuname, der; Nachname, der

latch /lætʃ/ n. Riegel, der; **on the** ~ nur eingeklinkt
■ ~ **'on to** v.t. (infml) (understand) kapieren (ugs.)

◆ **late** /leɪt/ **A** adj. **1** spät; **am I** ~? komme ich zu spät?; **be** ~ **for the train** den Zug verpassen; **the train is [an hour]** ~ der Zug hat [eine Stunde] Verspätung
2 (dead) verstorben
3 (former) ehemalig. See also **later A, latest**
B adv. **1** (after proper time) verspätet
2 (at/till a ~ hour) spät; **be up** ~ bis spät in die Nacht aufbleiben; **work** ~ **at the office** [abends] lange im Büro arbeiten; **[a bit]** ~ **in the day** (fig. infml) reichlich spät
C n. **of** ~ in letzter Zeit

latecomer /'leɪtkʌmə(r)/ n. Zuspätkommende, der/die

'lately adv. in letzter Zeit

'lateness n. **1** (delay) Verspätung, die
2 **the** ~ **of the performance** der späte Beginn der Vorstellung

'late-night attrib. adj. Spät<programm, -vorstellung>

latent /'leɪtənt/ adj. latent

◆ **later** /'leɪtə(r)/ **A** adv. ~ **[on]** später
B adj. später; (more recent) neuer

lateral /'lætərl/ adj. seitlich (**to** von)

lateral 'thinking n. Querdenken, das

'late shift n. Spätschicht, die

latest /'leɪtɪst/ *adj.* **1** (modern) neu[e]st... **2** (most recent) letzt...
3 at [the] ~/the very ~ spätestens/ allerspätestens

late 'summer *n.* Spätsommer, *der*

lathe /leɪð/ *n.* Drehbank, *die*

lather /'lɑːðə(r)/ **A** *n.* [Seifen]schaum, *der* **B** *v.t.* einschäumen

Latin /'lætɪn/ **A** *adj.* lateinisch
B *n.* Latein, *das; see also* **English B1**

Latin A'merica *pr. n.* Lateinamerika *(das)*

Latin-A'merican *adj.* lateinamerikanisch

latitude /'lætɪtjuːd/ *n.* **1** (freedom) Freiheit, *die*
2 (Geog.) Breite, *die*

latrine /lə'triːn/ *n.* Latrine, *die*

⚡ **latter** /'lætə(r)/ *attrib. adj.* letzter...; the ~ der/die/das Letztere; *pl.* die Letzteren

'latterly *adv.* in letzter Zeit

lattice /'lætɪs/ *n.* Gitter, *das*

laudable /'lɔːdəbl/ *adj.* lobenswert

⚡ **laugh** /lɑːf/ **A** *n.* Lachen, *das*; (continuous) Gelächter, *das*
B *v.i.* lachen; ~ **out loud** laut auflachen; ~ **at sb/sth** über jmdn./etw. lachen; (jeer) jmdn. auslachen/etw. verlachen
■ ~ **'off** *v.t.* mit einem Lachen abtun

laughable /'lɑːfəbl/ *adj.* lachhaft; lächerlich

'laughing *n.* **be no** ~ **matter** nicht zum Lachen sein

laughing: ~ **gas** *n.* Lachgas, *das*; ~ **stock** *n.* **make sb a** ~ **stock, make a** ~ **stock of sb** jmdn. zum Gespött machen

laughter /'lɑːftə(r)/ *n.* Lachen, *das*; (continuous) Gelächter, *das*

'laughter lines *n. pl.* Lachfältchen *Pl.*

⚡ **launch** /lɔːntʃ/ *v.t.* **1** zu Wasser lassen ‹*Boot*›; vom Stapel lassen ‹*neues Schiff*›; abschießen ‹*Harpune, Torpedo*›; schleudern ‹*Speer*›
2 (fig.) auf den Markt bringen ‹*Produkt*›; vorstellen ‹*Buch, Schallplatte, Sänger*›; ~ **an** attack einen Angriff durchführen
■ ~ **'out** *v.i.* (fig.) ~ **out into films/a new career/ on one's own** sich beim Film versuchen/ beruflich etwas ganz Neues anfangen/sich selbstständig machen

'launching pad, launch pad *ns.* [Raketen]abschussrampe, *die*

launder /'lɔːndə(r)/ *v.t.* waschen und bügeln

launderette /lɔːndə'ret/, **laundrette** /lɔːn'dret/ (AmE), **laundromat** /'lɔːndrəmæt/ *ns.* Waschsalon, *der*

laundry /'lɔːndrɪ/ *n.* **1** (place) Wäscherei, *die*
2 (clothes etc.) Wäsche, *die*

'laundry basket *n.* Wäschekorb, *der*

lava /'lɑːvə/ *n.* Lava, *die*

lavatory /'lævətərɪ/ *n.* Toilette, *die*

lavender /'lævɪndə(r)/ *n.* Lavendel, *der*

lavish /'lævɪʃ/ **A** *adj.* großzügig
B *v.t.* ~ **sth on sb** jmdn. mit etw. überhäufen

⚡ **law** /lɔː/ *n.* **1** Gesetz, *das*; **break the** ~ gegen das Gesetz verstoßen; **take the** ~ **into**

one's own hands sich (*Dat.*) selbst Recht verschaffen
2 (of game) Regel, *die*
3 (as subject) Jura *o. Art.*

law: ~**-abiding** /'lɔːəbaɪdɪŋ/ *adj.* gesetzestreu; ~ **and 'order** *n.* Ruhe und Ordnung; ~**court** *n.* Gerichtsgebäude, *das*; (room) Gerichtssaal, *der*; ~ **firm** *n.* (AmE) Anwaltskanzlei, *die*

lawful /'lɔːfl/ *adj.* rechtmäßig ‹*Besitzer, Erbe*›; legal, gesetzmäßig ‹*Vorgehen, Maßnahme*›

'lawless *adj.* gesetzlos

lawn /lɔːn/ *n.* Rasen, *der*

lawn: ~**mower** *n.* Rasenmäher, *der*; ~ **sprinkler** *n.* Rasensprenger, *der*; ~ **tennis** *n.* Rasentennis, *das*

'law suit *n.* Prozess, *der*

⚡ **lawyer** /'lɔːjə(r)/ *n.* Rechtsanwalt, *der*/ Rechtsanwältin, *die*

lax /læks/ *adj.* lax; **be** ~ **about hygiene/paying the rent** *etc.* es mit der Hygiene/der Zahlung der Miete *usw.* nicht so genau nehmen

laxative /'læksətɪv/ *n.* Abführmittel, *das*

laxity /'læksɪtɪ/, **'laxness** *ns.* Laxheit, *die*

lay¹ /leɪ/ *adj.* Laien-

⚡ **lay²** *v.t.*, **laid** /leɪd/ **1** legen ‹*Teppichboden, Rohr, Kabel*›
2 (impose) auferlegen ‹*Verantwortung, Verpflichtung*› (on *Dat.*); verhängen ‹*Strafe*› (on über + *Akk.*)
3 ~ **the table** den Tisch decken
4 (Biol.) legen ‹*Ei*›
■ ~ **a'side** *v.t.* beiseite legen
■ ~ **'by** *v.t.* beiseite legen
■ ~ **'down** *v.t.* **1** hinlegen
2 festlegen ‹*Regeln, Bedingungen*›
■ ~ **'off** **A** *v.t.* (from work) vorübergehend entlassen
B *v.i.* (infml) (stop) aufhören
■ ~ **'out** *v.t.* **1** (spread out) ausbreiten
2 anlegen ‹*Garten*›
■ ~ **'up** *v.t.* **1** (store) lagern
2 I was laid up in bed for a week ich musste eine Woche das Bett hüten

lay³ ▸ **lie²**

lay: ~**about** *n.* (BrE) Gammler, *der* (ugs.); ~**-by** *n., pl.* ~**-bys** (BrE) Parkbucht, *die*; Haltebucht, *die*

⚡ **layer** /'leɪə(r)/ *n.* Schicht, *die*

layette /leɪ'et/ *n.* [baby's] ~ Babyausstattung, *die*

lay: ~**man** /'leɪmən/ *n., pl.* ~**men** /'leɪmən/ Laie, *der*; ~**out** *n.* (of garden, park) Anlage, *die*; (of book, advertisement, etc.) Layout, *das*

laze /leɪz/ *v.i.* faulenzen; ~ **around** *or* **about** herumfaulenzen (ugs.)

lazily /'leɪzɪlɪ/ *adv.* faul

laziness /'leɪzɪnɪs/ *n.* Faulheit, *die*

lazy /'leɪzɪ/ *adj.* faul

'lazybones *n. sing.* Faulpelz, *der*

lb. *abbr.* = **pound[s]** ≈ Pfd.

LCD *abbr.* = **liquid crystal display** LCD

lead¹ /led/ **A** n. **1** (metal) Blei, das
2 (in pencil) [Bleistift]mine, die
B attrib. adj. Blei-
C v.t. **1** in Blei fassen ‹Fenster›; ~ed
bleigefasst
2 ~ed petrol bleihaltiges Benzin

⚜ **lead²** /liːd/ **A** v.t., **led** /led/ **1** führen; ~ sb to
do sth (fig.) jmdn. dazu bringen, etw. zu tun
2 (fig.) (influence) ~ sb to do sth jmdn.
veranlassen, etw. zu tun; be easily led sich
leicht beeinflussen lassen; he led me to
believe that ... er machte mich glauben,
dass ...
3 (be first in) anführen
4 (direct) anführen ‹Bewegung, Abordnung›;
leiten ‹Diskussion, Orchester›
B v.i., **led 1** ‹Straße usw., Tür:› führen
2 (be first) führen; (go in front) vorangehen
C n. **1** (precedent) Beispiel, das; (clue)
Anhaltspunkt, der; **follow sb's ~** jmds.
Beispiel (Dat.) folgen
2 (first place) Führung, die; be in the ~ in
Führung liegen
3 (distance ahead) Vorsprung, der
4 (leash) Leine, die; on a ~ an der Leine
5 (Electr.) Kabel, das
6 (Theatre) Hauptrolle, die
▪ ~ a'way v.t. abführen ‹Gefangenen,
Verbrecher›
▪ ~ 'off **A** v.t. abführen
B v.i. beginnen
▪ ~ 'on **A** v.t. ~ sb on (entice) jmdn. reizen;
(deceive) jmdn. auf den Leim führen
B v.i. ~ on to the next topic etc. zum
nächsten Thema usw. führen
▪ ~ 'up to v.t. schließlich führen zu

⚜ **leader** n. **1** Führer, der/Führerin, die;
(of political party) Vorsitzende, der/die; (of
expedition) Leiter, der/Leiterin, die
2 (BrE) (Journ.) Leitartikel, der

⚜ **leadership** n. Führung, die

leader writer n. Leitartikelschreiber,
der/-schreiberin, die; Leitartikler,
der/-artiklerin, die (Pressejargon)

lead-free /ˈledfriː/ adj. bleifrei

leading /ˈliːdɪŋ/ adj. führend

leading: ~ 'lady n. Hauptdarstellerin, die; ~
'man n. Hauptdarsteller, der; ~ 'question
n. Suggestivfrage, die; ~ 'role n. Hauptrolle,
die; (fig.) führende Rolle

lead: ~ pencil /led'pensl/ n. Bleistift, der; ~
poisoning /ˈled pɔɪzənɪŋ/ n. Bleivergiftung,
die; ~ singer /liːd ˈsɪŋə(r)/ n. Leadsänger,
der/-sängerin, die; ~ story /liːd stɔːrɪ/ n.
(Journ.) Titelgeschichte, die; ~ time /ˈliːd
taɪm/ n. (Econ.) Entwicklungszeit, die

leaf /liːf/ n., pl. **leaves** /liːvz/ Blatt, das; (of
table) Platte, die
▪ ~ 'through v.t. durchblättern

leaflet /ˈliːflɪt/ n. [Hand]zettel, der; (advertising)
Reklamezettel, der; (political) Flugblatt, das

leafy adj. belaubt

⚜ Schlüsselwort

⚜ **league** /liːg/ n. **1** (agreement) Bündnis, das; be
in ~ with sb mit jmdm. im Bunde sein
2 (Sport) Liga, die

league: ~ 'football n. Ligafußball, der;
~ match n. Ligaspiel, das; ~ table n.
Tabelle, die (Sport); be at the top/bottom
of the ~ table an der Tabellenspitze/
am Tabellenende sein (fig.); an der Spitze
rangieren/das Schlusslicht bilden (ugs.) (of
unter + Dat.)

leak /liːk/ **A** n. **1** (hole) Leck, das; (in roof, tent;
also fig.) undichte Stelle
2 (escaping gas) durch ein Leck austretendes
Gas
B v.i. **1** (escape) austreten (from aus)
2 ‹Fass, Tank, Schiff:› lecken; ‹Rohr, Leitung,
Dach:› undicht sein; ‹Gefäß, Füller:›
auslaufen
3 (fig.) ~ [out] durchsickern
C v.t. ~ sth to sb jmdm. etw. zuspielen

leakage /ˈliːkɪdʒ/ n. Auslaufen, das; (of fluid,
gas) Ausströmen, das; (fig.) (of information)
Durchsickern, das

leaky adj. undicht; leck ‹Boot›

lean¹ /liːn/ **A** adj. mager
B n. (meat) Magere, das

lean² **A** v.i., ~ed /liːnd, lent/ or (BrE) ~t /lent/
1 sich beugen; ~ against the door sich gegen
die Tür lehnen; ~ down/forward sich herab-/
vorbeugen; ~ back sich zurücklehnen
2 (support oneself) ~ against/on sth sich
gegen/an etw. (Akk.) lehnen
3 (be supported) lehnen (against an + Dat.)
4 (fig.) ~ [up]on sb (rely) auf jmdn. bauen; ~
to[wards] sth (tend) zu etw. neigen
B v.t. ~ed or (BrE) ~t lehnen (against gegen
od. an + Akk.)
▪ ~ 'over v.i. sich hinüberbeugen

leaning n. Neigung, die

leant ▸ lean²

leap /liːp/ **A** v.i., ~ed /liːpt, lept/ or ~t /lept/
1 springen; ‹Herz:› hüpfen
2 (fig.) ~ at the chance die Gelegenheit beim
Schopf packen
B v.t. ~ed or ~t überspringen
C n. Sprung, der; with or in one ~ mit
einem Satz; by ~s and bounds (fig.) mit
Riesenschritten

leapfrog A n. Bockspringen, das
B v.i., -gg- Bockspringen machen
C v.t. **1** ~ sb einen Bocksprung über jmdn.
machen
2 (fig.) übertreffen ‹Konkurrenz, Kollegen
usw.›

leapt ▸ leap A, B

leap year n. Schaltjahr, das

⚜ **learn** /lɜːn/ **A** v.t., ~ed /lɜːnd, lɜːnt/ or ~t
/lɜːnt/ **1** lernen; ~ to swim schwimmen
lernen
2 (find out) erfahren
B v.i. **1** ~ed or ~t lernen; ~ about sth
etwas über etw. (Akk.) lernen

2 (get to know) erfahren (of von)
learned /'lɜːnɪd/ *adj.* gelehrt
'**learner** *n.* (beginner) Anfänger, *der/*Anfängerin, *die*; ~ [driver] Fahrschüler, *der/*-schülerin, *die*
ℰ '**learning** *n.* (of person) Gelehrsamkeit, *die*
learning: ~ **curve** *n.* Lernkurve, *die*; ~ **difficulties** *n. pl.* Lernschwierigkeiten *Pl.*; ~ **disability** *n.* Lernbehinderung, *die*
learnt ▸ learn
lease /liːs/ **A** *n.* (of land, business premises) Pachtvertrag, *der*; (of house, flat, office) Mietvertrag, *der*
B *v.t.* **1** (grant ~ on) verpachten ‹*Grundstück, Geschäft, Rechte*›; vermieten ‹*Haus, Wohnung, Büro*›
2 (take ~ on) pachten ‹*Grundstück, Geschäft*›; mieten ‹*Haus, Wohnung, Büro*›
'**leasehold** *n.* ▸ lease A; have the ~ of *or* on sth etw. gepachtet/gemietet haben
leash /liːʃ/ **A** *n.* Leine, *die*
ℰ **least** /liːst/ **A** *adj.* (smallest) kleinst...; (in quantity) wenigst...; (in status) geringst...
B *n.* Geringste, *das*; **the ~ I can do** das Mindeste, was ich tun kann; **at ~** mindestens; (anyway) wenigstens; **at the [very] ~** [aller]mindestens; **not [in] the ~** nicht im Geringsten
C *adv.* am wenigsten
leather /'leðə(r)/ **A** *n.* Leder, *das*
B *adj.* ledern; Leder‹*jacke, -mantel*›
'**leather goods** *n. pl.* Lederwaren *Pl.*
'**leathery** *adj.* ledern
ℰ **leave**¹ /liːv/ *n.* **1** (permission) Erlaubnis, *die*
2 (from duty or work) Urlaub, *der*; ~ [of absence] Urlaub, *der*
3 take one's ~ sich verabschieden
ℰ **leave**² *v.t.*, **left** /left/ **1** (make or let remain) hinterlassen; ~ sb to do sth es jmdm. überlassen, etw. zu tun; (in will) ~ sb sth, ~ sth to sb jmdm. etw. hinterlassen
2 (refrain from doing, using, etc.) stehen lassen ‹*Abwasch, Essen*›
3 (in given state) lassen; ~ sb alone (allow to be alone) jmdn. allein lassen; (stop bothering) jmdn. in Ruhe lassen
4 (refer, entrust) ~ sth to sb/sth etw. jmdm./einer Sache überlassen
5 (go away from, quit, desert) verlassen; ~ home at 6 a.m. um 6 Uhr früh von zu Hause weggehen/-fahren; ~ Bonn at 6 p.m. (by car, in train) um 18 Uhr von Bonn abfahren; (by plane) um 18 Uhr in Bonn abfliegen; *abs.* the train ~s at 8.30 a.m. der Zug fährt *od.* geht um 8.30 Uhr; ~ on the 8 a.m. train/flight mit dem Achtuhrzug fahren/der Achtuhrmaschine fliegen
■ ~ a'side *v.t.* beiseite lassen
■ ~ be'hind *v.t.* zurücklassen; (by mistake) vergessen; liegen lassen
■ ~ 'off *v.t.* (stop) aufhören mit; *abs.* aufhören
■ ~ 'out *v.t.* auslassen
■ ~ 'over *v.t.* be left over übrig [geblieben] sein

leaves *pl. of* leaf
Lebanon /'lebənən/ *pr. n.* [the] ~ [der] Libanon
lecherous /'letʃərəs/ *adj.* lüstern (geh.)
lecture /'lektʃə(r)/ **A 1** *n.* Vortrag, *der*; (Univ.) Vorlesung, *die*
2 (reprimand) Strafpredigt, *die* (ugs.)
B *v.i.* ~ [to sb] [on sth] [vor jmdm.] einen Vortrag /(Univ.) eine Vorlesung [über etw. (*Akk.*)] halten
C *v.t.* (scold) ~ sb jmdm. eine Strafpredigt halten
'**lecture hall** *n.* Hörsaal, *der*
'**lecturer** *n.* Vortragende, *der/die*; senior ~ Dozent, *der/*Dozentin, *die*
'**lecture room** *n.* Vortragsraum, *der*; (Univ.) Vorlesungsraum, *der*
lectureship /'lektʃəʃɪp/ *n.* Dozentur, *die*
lecture: ~ **theatre** *n.* Hörsaal, *der*; ~ **tour** *n.* Vortragsreise, *die*
led ▸ lead² A, B
LED *abbr.* = **light-emitting diode** LED
ledge /ledʒ/ *n.* Sims, *der od. das*; (of rock) Vorsprung, *der*
ledger /'ledʒə(r)/ *n.* (Commerc.) Hauptbuch, *das*
lee /liː/ *n.* **1** (shelter) Schutz, *der*
2 ~ [side] (Naut.) Leeseite, *die*
leech /liːtʃ/ *n.* [Blut]egel, *der*
leek /liːk/ *n.* Stange Porree *od.* Lauch; ~s Porree, *der*; Lauch, *der*
leek 'soup *n.* Lauch[creme]suppe, *die*
leer /lɪə(r)/ **A** *n.* anzüglicher/spöttischer Blick
B *v.i.* ~ at sb jmdm. einen anzüglichen/spöttischen [Seiten]blick zuwerfen
leeward /'liːwəd/ **A** *adj.* to/on the ~ side of the ship nach/in Lee
B *n.* Leeseite, *die*; to ~ leewärts
'**leeway** *n.* **1** (Naut.) Leeweg, *der*; Abdrift, *die*
2 (fig.) Spielraum, *der*
left¹ ▸ leave²
ℰ **left**² /left/ **A** *adj.* **1** link...; on the ~ side auf der linken Seite; links
2 L~ (Polit.) link...
B *adv.* nach links
C *n.* **1** (~-hand side) linke Seite; on *or* to the ~ [of sb/sth] links [von jmdm./etw.]
2 (Polit.) the L~ die Linke
left: ~-**hand** *adj.* link...; ~-'**handed** **A** *adj.* linkshändig; ‹*Werkzeug*› für Linkshänder; be ~-handed Linkshänder/Linkshänderin sein
B *adv.* linkshändig; ~ '**luggage office**, ~ '**luggage** *n.* (BrE) (Railw.) Gepäckaufbewahrung, *die*; ~**overs** *n. pl.* Reste *Pl.*; ~ '**wing** *n.* linker Flügel; ~-**wing** *adj.* (Polit.) linksgerichtet; Links‹*extremist, -intellektueller*›; ~-'**winger** *n.* **1** (Sport) Linksaußen, *der*
2 (Polit.) Angehöriger/Angehörige des linken Flügels
ℰ **leg** /leg/ *n.* **1** Bein, *das*; pull sb's ~ (fig.) jmdn. auf den Arm nehmen (ugs.); stretch one's ~s

sich (*Dat.*) die Beine vertreten
2 ~ of lamb Lammkeule, *die*
3 (of journey) Etappe, *die*
legacy /'legəsɪ/ *n.* Vermächtnis, *das* (Rechtsspr.); Erbschaft, *die*
⚭ **legal** /'liːgl/ *adj.* **1** (concerning the law) juristisch; Rechts‹*beratung, -streit, -experte, -schutz*›; gesetzlich ‹*Vertreter*›; rechtlich ‹*Gründe, Stellung*›; Gerichts‹*kosten*›
2 (required by law) gesetzlich ‹*Verpflichtung*›; gesetzlich verankert ‹*Recht*›
3 (lawful) legal; rechtsgültig ‹*Vertrag, Testament*›
legal: ~ 'action *n.* Gerichtsverfahren, *das*; Prozess, *der*; take ~ action against sb gerichtlich gegen jmdn. vorgehen; ~ 'aid *n.* ≈ Prozesskostenhilfe, *die*
legality /lɪ'gælɪtɪ/ *n.* Legalität, *die*
legalization /liːgəlaɪ'zeɪʃn/ *n.* Legalisierung, *die*
legalize /'liːgəlaɪz/ *v.t.* legalisieren
legend /'ledʒənd/ *n.* Sage, *die*; (unfounded belief) Legende, *die*
legendary /'ledʒəndərɪ/ *adj.* legendär
leggings /'legɪŋz/ *n. pl.* Ledergamaschen *Pl.* (veralt.); (of baby) Strampelhose, *die*
legibility /ledʒɪ'bɪlɪtɪ/ *n.* Leserlichkeit, *die*
legible /'ledʒɪbl/ *adj.* leserlich; easily/scarcely ~ leicht/kaum lesbar
legion /'liːdʒn/ *n.* Legion, *die*
legion'naires' disease *n.* (Med.) Legionärskrankheit, *die*
legislate /'ledʒɪsleɪt/ *v.i.* Gesetze verabschieden
⚭ **legislation** /ledʒɪs'leɪʃn/ *n.* **1** (laws) Gesetze *Pl.*
2 (legislating) Gesetzgebung, *die*
legislative /'ledʒɪslətɪv/ *adj.* gesetzgebend
legislator /'ledʒɪsleɪtə(r)/ *n.* Gesetzgeber, *der*
legislature /'ledʒɪsleɪtʃə(r)/ *n.* Legislative, *die*
legitimacy /lɪ'dʒɪtɪməsɪ/ *n.*
1 Rechtmäßigkeit, *die*; Legitimität, *die*
2 (of child) Ehelichkeit, *die*
legitimate /lɪ'dʒɪtɪmət/ *adj.* **1** (lawful) legitim; rechtmäßig ‹*Besitzer, Regierung*›
2 (valid) berechtigt
3 ehelich ‹*Kind*›
legitimatize (**legitimatise**) /lɪ'dʒɪtɪmətaɪz/, **legitimize**, (**legitimise**) /lɪ'dʒɪtɪmaɪz/ *v.t.* legitimieren
leisure /'leʒə(r)/ *n.* Freizeit, *die*; *attrib.* Freizeit-
'**leisurely** *adj.* gemächlich
'**leisurewear** *n., no indef. art.* Freizeitkleidung, *die*
lemon /'lemən/ *n.* Zitrone, *die*
lemonade /lemə'neɪd/ *n.* [Zitronen]limonade, *die*
lend /lend/ *v.t.*, **lent** /lent/ leihen; ~ sth to sb jmdm. etw. leihen

'**lender** *n.* Verleiher, *der*/Verleiherin, *die*
⚭ **length** /leŋθ, leŋkθ/ *n.* **1** (also of time) Länge, *die*; be six feet in ~ sechs Fuß lang sein; a short ~ of time kurze Zeit
2 at ~ (for a long time) lange; (eventually) schließlich; at [great] ~ (in great detail) lang und breit; at some ~ ziemlich ausführlich
3 go to any/great ~s alles nur/alles Erdenkliche tun
4 (piece of material) Länge, *die*; Stück, *das*
lengthen /'leŋθən/ **A** *v.i.* länger werden
B *v.t.* verlängern; länger machen ‹*Kleid*›
lengthways /'leŋθweɪz/ *adv.* der Länge nach; längs
'**lengthy** *adj.* überlang
lenient /'liːnɪənt/ *adj.* nachsichtig
lens /lenz/ *n.* Linse, *die*; (of spectacles) Glas, *das*
lens cap *n.* Objektivdeckel, *der*
lent ▶ lend
Lent /lent/ *n.* Fastenzeit, *die*
lentil /'lentl/ *n.* Linse, *die*
Leo /'liːəʊ/ *n., pl.* ~s (Astrol., Astron.) der Löwe
leopard /'lepəd/ *n.* Leopard, *der*
leotard /'liːətɑːd/ *n.* Turnanzug, *der*
leper /'lepə(r)/ *n.* Leprakranke, *der*/*die*
leprosy /'leprəsɪ/ *n.* Lepra, *die*
lesbian /'lezbɪən/ **A** *n.* Lesbierin, *die*
B *adj.* lesbisch
⚭ **less** /les/ **A** *adj.* weniger; of ~ value/importance weniger wertvoll/wichtig
B *adv.* weniger; ~ and ~ immer weniger; ~ and ~ [often] immer seltener
C *n.* weniger
D *prep.* (deducting) ten ~ three zehn weniger drei
lessee /le'siː/ *n.* Pächter, *der*/Pächterin, *die*; Mieter, *der*/Mieterin, *die*
lessen /'lesn/ **A** *v.t.* verringern
B *v.i.* sich verringern
lesser /'lesə(r)/ *attrib. adj.* geringer...
⚭ **lesson** /'lesn/ *n.* **1** (class) [Unterrichts]stunde, *die*
2 (example, warning) Lehre, *die*
3 (Eccl.) Lesung, *die*
⚭ **let** /let/ **A** *v.t.*, **-tt-**, ~ **1** (allow to) lassen; ~ sb do sth jmdn. etw. tun lassen; ~ alone (far less) geschweige denn
2 (cause to) ~ sb know jmdn. wissen lassen
3 (BrE) (rent out) vermieten
B *v. aux.*, **-tt-**, ~; lassen; Let's go to the cinema. – Yes, ~'s/No, ~'s not Komm/Kommt, wir gehen ins Kino. – Ja, gut/Nein, lieber nicht; ~ them come in sie sollen hereinkommen
■ ~ 'down *v.t.* **1** (lower) herunter-/hinunterlassen
2 (Dressm.) auslassen
3 (disappoint, fail) im Stich lassen
■ ~ 'in *v.t.* **1** (admit) herein-/hineinlassen
2 ~ oneself in for sth sich auf etw. (*Akk.*) einlassen
3 ~ sb in on a secret/plan *etc.* jmdn. in ein

Geheimnis/einen Plan *usw.* einweihen
■ '~ **into** *v.t.* **1** (admit into) lassen in (+ *Akk.*)
2 (fig.) (acquaint with) ~ **sb into a secret** jmdn. in ein Geheimnis einweihen
■ ~ '**off** *v.t.* **1** (excuse) laufen lassen (ugs.); ~ **sb off sth** jmdm. etw. erlassen
2 (allow to alight) aussteigen lassen
3 abbrennen <*Feuerwerk*>
■ ~ '**on** (infml) **A** *v.i.* **don't** ~ **on!** nichts verraten!
  B *v.t.* **sb** ~ **on to me that ...** man hat mir gesteckt, dass ... (ugs.)
■ ~ '**out** *v.t.* **1** ~ **sb/an animal out** jmdn./ein Tier heraus-/hinauslassen
2 ausstoßen <*Schrei*>; ~ **out a groan** aufstöhnen
3 verraten <*Geheimnis*>
4 (Dressm.) auslassen
5 (BrE) (rent out) vermieten
■ ~ '**through** *v.t.* durchlassen
■ ~ '**up** *v.i.* (infml) nachlassen
'**let-down** *n.* Enttäuschung, *die*
lethal /'li:θl/ *adj.* tödlich
lethargic /lɪ'θɑːdʒɪk/ *adj.* träge; (apathetic) lethargisch
lethargy /'leθədʒɪ/ *n.* Trägheit, *die*; (apathy) Lethargie, *die*
✎ **letter** /'letə(r)/ *n.* **1** Brief, *der* (to an + *Akk.*)
2 (of alphabet) Buchstabe, *der*
letter: ~ **bomb** *n.* Briefbombe, *die*; ~ **box** *n.* Briefkasten, *der*; ~**head**, ~-**heading** *ns.* Briefkopf, *der*
'**lettering** *n.* Typographie, *die*
letter: ~ **pad** *n.* Briefblock, *der*; ~**s page** *n.* Leserbriefseite, *die*
lettuce /'letɪs/ *n.* [Kopf]salat, *der*
leukaemia, (AmE): **leukemia** /luː'kiːmɪə/ *n.* Leukämie, *die*
✎ **level** /'levl/ **A** *n.* **1** Höhe, *die*; (storey) Etage, *die*
2 (fig.) (steady state) Niveau, *das*; **be on a** ~ [**with sb/sth**] auf dem gleichen Niveau sein [wie jmd./etw.]
3 (of computer game) Level, *der*
  B *adj.* **1** waagerecht; eben <*Boden, Land*>
2 (on a ~) **be** ~ [**with sth/sb**] auf gleicher Höhe [mit etw./jmdm.] sein
3 (fig.) **keep a** ~ **head** einen kühlen Kopf bewahren; **do one's** ~ **best** (infml) sein Möglichstes tun
  C *v.t.*, (BrE) **-ll- 1** (make ~) ebnen
2 (aim) richten <*Blick, Gewehr*> (at auf + *Akk.*); (fig.) richten <*Kritik usw.*> (at gegen)
level: ~ '**crossing** *n.* (BrE) (Railw.) [schienengleicher] Bahnübergang; ~-'**headed** *adj.* besonnen
lever /'liːvə(r)/ **A** *n.* Hebel, *der*
  B *v.t.* ~ **sth open** etw. aufhebeln
leverage /'liːvərɪdʒ/ *n.* Hebelwirkung, *die*
levity /'levɪtɪ/ *n.* (frivolity) Unernst, *der*
levy /'levɪ/ **A** *n.* (tax) Steuer, *die*
  B *v.t.* erheben
lewd /ljuːd/ *adj.* geil; anzüglich <*Geste*>; schlüpfrig <*Witz*>

lexicon /'leksɪkən/ *n.* **1** (dictionary) Wörterbuch, *das*; Lexikon, *das* (veralt.)
2 (vocabulary) Wortschatz, *der*
liability /laɪə'bɪlɪtɪ/ *n.* **1** Haftung, *die*
2 (handicap) Belastung, *die* (to für)
liable /'laɪəbl/ *pred. adj.* **1** (legally bound) **be** ~ **for sth** für etw. haftbar sein *od.* haften
2 (prone) **be** ~ **to sth** <*Person:*> zu etw. neigen; **be** ~ **to do sth** <*Sache:*> leicht etw. tun; <*Person:*> dazu neigen, etw. zu tun
liaise /lɪ'eɪz/ *v.i.* eine Verbindung herstellen; ~ **on a project** bei einem Projekt zusammenarbeiten
liaison /lɪ'eɪzɒn/ *n.* (cooperation) Zusammenarbeit, *die*
liar /'laɪə(r)/ *n.* Lügner, *der*/Lügnerin, *die*
libel /'laɪbl/ **A** *n.* Verleumdung, *die*
  B *v.t.*, (BrE) **-ll-** verleumden
libellous, (AmE): **libelous** /'laɪbələs/ *adj.* verleumderisch
liberal /'lɪbərl/ **A** *adj.* **1** großzügig
2 (Polit.) liberal
  B *n.* **L**~ (Polit.) Liberale, *der*/*die*
Liberal 'Democrat *n.* (BrE) (Polit.) Liberaldemokrat, *der*/-demokratin, *die*
liberate /'lɪbəreɪt/ *v.t.* befreien (**from** aus); **a** ~**d woman** eine emanzipierte Frau
liberation /lɪbə'reɪʃn/ *n.* Befreiung, *die*; *see also* **Women's Liberation**
liberator /'lɪbəreɪtə(r)/ *n.* Befreier, *der*/Befreierin, *die*
liberty /'lɪbətɪ/ *n.* Freiheit, *die*; **take the** ~ **of doing sth** sich (*Dat.*) die Freiheit nehmen, etw. zu tun; **take liberties with sb** sich (*Dat.*) Freiheiten gegen jmdn. herausnehmen (ugs.)
Libra /'liːbrə/ *n.* (Astrol., Astron.) die Waage
librarian /laɪ'breərɪən/ *n.* Bibliothekar, *der*/Bibliothekarin, *die*
✎ **library** /'laɪbrərɪ/ *n.* Bibliothek, *die*; **public** ~ öffentliche Bücherei
library: ~ **book** *n.* Buch aus der Bibliothek; ~ **ticket** *n.* Lesekarte, *die*
Libya /'lɪbɪə/ *pr. n.* Libyen (*das*)
lice *pl. of* **louse**
✎ **licence** /'laɪsəns/ **A** *n.* [behördliche] Genehmigung; Lizenz, *die*; [**driving**] ~ Führerschein, *der*
  B *v.t.* ▶ **license A**
'**licence fee** *n.* Lizenzgebühr, *die*
license /'laɪsəns/ **A** *v.t.* ermächtigen; **the restaurant is** ~**d to sell drinks** das Restaurant hat eine Schankerlaubnis *od.* -konzession; ~**d** <*Händler, Makler, Buchmacher*> mit [einer] Lizenz; **licensing laws** Schankgesetze; ~**d premises** Gaststätte mit Schankerlaubnis; **get a car** ~**d** ≈ die Kfz-Steuer für ein Auto bezahlen
  B *n.* (AmE) ▶ **licence A**
'**license plate** *n.* (AmE) Nummernschild, *das*
licentious /laɪ'senʃəs/ *adj.* zügellos <*Person*>; unzüchtig <*Benehmen*>
lichen /'laɪkn, 'lɪtʃn/ *n.* Flechte, *die*

lick /lɪk/ **A** *v.t.* **1** lecken
2 (infml) (beat) verdreschen (ugs.)
B *n.* Lecken, *das*
■ ~ '**off** *v.t.* ablecken
lid /lɪd/ *n.* **1** Deckel, *der*
2 (eyelid) Lid, *das*
lido /'liːdəʊ/ *n.*, *pl.* ~**s** Freibad, *das*
lie¹ /laɪ/ **A** *n.* Lüge, *die*; **tell** ~**s/a** ~ lügen
B *v.i.*, **lying** /'laɪɪŋ/ lügen; ~ **to sb** jmdn.
be- *od.* anlügen
✤ **lie²** *v.i.*, **lying** /'laɪɪŋ/, **lay** /leɪ/, **lain** /leɪn/
1 liegen; (assume horizontal position) sich legen
2 ~ **idle** <*Maschine, Fabrik:*> stillstehen
■ ~ a'**bout**, ~ a'**round** *v.i.* herumliegen (ugs.)
■ ~ '**back** *v.i.* sich zurücklegen; (sitting) sich
zurücklehnen
■ ~ '**down** *v.i.* sich hinlegen
lie detector /'laɪdɪˈtektə(r)/ *n.* Lügendetektor,
der
'**lie-in** *n.* (infml) **have a** ~ [sich] ausschlafen
lieu /ljuː/ *n.* **in** ~ **of sth** anstelle einer Sache
(*Gen.*); **get holiday in** ~ stattdessen Urlaub
bekommen
lieutenant /lefˈtenənt/ *n.* (Army)
Oberleutnant, *der*
✤ **life** /laɪf/ *n.*, *pl.* **lives** /laɪvz/ Leben, *das*; **for**
~ lebenslänglich <*inhaftiert*>; **true to** ~
wahrheitsgetreu; **get a** ~ (infml) was aus
seinem Leben machen
life: ~-**and-death** *adj.* <*Kampf*> auf Leben
und Tod; (fig.) überaus wichtig <*Frage, Brief*>;
~ **assurance** *n.* (BrE) Lebensversicherung,
die; ~**belt** *n.* Rettungsring, *der*; ~**boat** *n.*
Rettungsboot, *das*; ~**buoy** *n.* Rettungsring,
der; ~ **cycle** *n.* Lebenszyklus, *der*; ~
expectancy *n.* Lebenserwartung,
die; ~**guard** *n.* Rettungsschwimmer,
der/-schwimmerin, *die*; ~ **insurance**
n. Lebensversicherung, *die*; ~ **jacket** *n.*
Schwimmweste, *die*; ~**less** *adj.* leblos; (fig.)
farblos; ~**like** *adj.* lebensecht; ~**line** *n.*
Rettungsleine, *die*; (fig.) Rettungsanker, *der*;
~**long** *adj.* lebenslang
lifer /'laɪfə(r)/ *n.* (infml) Lebenslängliche, *der*/
die (ugs.)
life: ~-**saving** *n.* Rettungsschwimmen,
das; *attrib.* Rettungs-; ~ **sciences** *n. pl.*
Biowissenschaften *Pl.*; ~ **sentence** *n.*
lebenslängliche Freiheitsstrafe; ~-**size**,
~-**sized** *adj.* lebensgroß; **in Lebensgröße**
nachgestellt; ~**span** *n.* Lebenserwartung,
die; (Biol.) Lebensdauer, *die*; ~**style** *n.*
Lebensstil, *der*; ~**time** *n.* Lebenszeit, *die*;
during my ~**time** während meines Lebens;
once in a ~**time** einmal im Leben; ~ **vest** *n.*
Schwimmweste, *die*
✤ **lift** /lɪft/ **A** *v.t.* heben; (fig.) erheben <*Gemüt,
Geist*>
B *n.* **1** (in vehicle) **get a** ~ mitgenommen
werden; **give sb a** ~ jmdn. mitnehmen
2 (BrE) (elevator) Aufzug, *der*

✤ Schlüsselwort

C *v.i.* <*Nebel:*> sich auflösen
■ '~ **off** *v.t. & i.* abheben
■ ~ '**up** *v.t.* hochheben; heben <*Kopf*>
'**lift-off** *n.* Abheben, *das*
ligament /'lɪgəmənt/ *n.* Band, *das*
✤ **light¹** /laɪt/ **A** *n.* **1** Licht, *das*; ~ **of day**
Tageslicht, *das*
2 (lamp) Licht, *das*; (fitting) Lampe, *die*
3 (signal to traffic) Ampel, *die*; **as far as the** ~**s**
bis zur Ampel
4 (to ignite) **have you got a** ~? haben Sie
Feuer? **set** ~ **to sth** etw. anzünden
5 bring sth to ~ etw. ans [Tages]licht
bringen; **throw** *or* **shed** ~ [up]on **sth** Licht in
etw. (*Akk.*) bringen
6 (aspect) **in that** ~ aus dieser Sicht; **seen in
this** ~ so gesehen; **in the** ~ **of** angesichts
(+ *Gen.*); **show sb in a bad** ~ ein schlechtes
Licht auf jmdn. werfen
B *adj.* hell; ~-**blue/-brown** *etc.*
hellblau/-braun *usw.*
C *v.t.*, **lit** /lɪt/ *or* ~**ed** **1** (ignite) anzünden
2 (illuminate) erhellen
■ ~ '**up** **A** *v.i.* **1** (become lit) erleuchtet werden
2 (become bright) aufleuchten (**with** vor)
B *v.t.* **1** (illuminate) erleuchten
2 anzünden <*Zigarette*>
✤ **light²** **A** *adj.* leicht; (mild) mild <*Strafe*>
B *adv.* **travel** ~ mit wenig *od.* leichtem
Gepäck reisen
light: ~ '**aircraft** *n.* Leichtflugzeug, *das*; ~
bulb *n.* Glühbirne, *die*
'**lighted** *adj.* brennend <*Kerze, Zigarette*>;
angezündet <*Streichholz*>
light-emitting 'diode /'daɪəʊd/ *n.*
Leuchtdiode, *die*
lighten¹ /'laɪtn/ *v.t.* (make less heavy, difficult)
leichter machen
lighten² **A** *v.t.* (make brighter) aufhellen;
heller machen <*Raum*>
B *v.i.* sich aufhellen
'**lighter** *n.* Feuerzeug, *das*
light: ~-'**headed** *adj.* leicht benommen;
~-'**hearted** *adj.* **1** (humorous) unbeschwert
2 (optimistic) unbekümmert; ~**house**
n. Leuchtturm, *der*; ~ '**industry** *n.*
Leichtindustrie, *die*
'**lighting** *n.* Beleuchtung, *die*
'**lightly** *adv.* **1** leicht
2 (without serious consideration) leichtfertig
3 (cheerfully) leichthin; **not treat sth** ~ etw.
nicht auf die leichte Schulter nehmen
4 get off ~ glimpflich davonkommen
'**light meter** *n.* Lichtmesser, *der*; (exposure
meter) Belichtungsmesser, *der*
'**lightness¹** *n.* (of weight; also fig.) Leichtigkeit,
die
lightness² *n.* (of colour) Helligkeit, *die*
lightning /'laɪtnɪŋ/ *n.* Blitz, *der*; **flash of** ~
Blitz, *der*
lightning: ~ **conductor** *n.* Blitzableiter,
der; ~ **strike** *n.* Blitzschlag, *der*
light: ~**weight** **A** *adj.* leicht

B *n.* Leichtgewicht, *das*; ~ **year** *n.* Lichtjahr, *das*

✒ **like¹** /laɪk/ **A** *adj.* **1** (resembling) wie; **your dress is** ~ **mine** dein Kleid ist so ähnlich wie meins; **in a case** ~ **that** in so einem Fall; **what is sb/sth** ~? wie ist jmd./etw.?
2 (characteristic of) typisch für <*dich, ihn usw.*>
3 (similar) ähnlich
B *prep.* (in the manner of) wie; **[just]** ~ **that** [einfach] so
C *n.* **1** (equal) his/her ~ seines-/ihresgleichen
2 (similar things) **the** ~ so etwas; **and the** ~ und dergleichen

✒ **like²** **A** *v.t.* (be fond of, wish for) mögen; ~ **vegetables** Gemüse mögen; gern Gemüse essen; ~ **doing sth** etw. gern tun; **would you** ~ **a drink?** möchtest du etwas trinken?; **would you** ~ **me to do it?** möchtest du, dass ich es tue?; **how do you** ~ **it?** wie gefällt es dir?; **if you** ~ *expr. assent* wenn du willst
B *n.*, in pl. ~**s and dislikes** Vorlieben und Abneigungen

likeable /ˈlaɪkəbl/ *adj.* nett; sympathisch

likelihood /ˈlaɪklɪhʊd/ *n.* Wahrscheinlichkeit, *die*

✒ **likely** /ˈlaɪklɪ/ **A** *adj.* wahrscheinlich; **there are** ~ **to be [traffic] hold-ups** man muss mit [Verkehrs]staus rechnen; **they are [not]** ~ **to come** sie werden wahrscheinlich [nicht] kommen; **is it** ~ **to rain tomorrow?** wird es morgen wohl regnen?; **this is not** ~ **to happen** es ist unwahrscheinlich, dass das geschieht
B *adv.* wahrscheinlich; **as** ~ **as not** höchstwahrscheinlich; **not** ~! (infml) auf keinen Fall!

'like-minded *adj.* gleich gesinnt

liken /ˈlaɪkn/ *v.t.* ~ **sth/sb to sth/sb** etw./jmdn. mit etw./jmdm. vergleichen

'likeness *n.* Ähnlichkeit, *die* (to mit)

likewise /ˈlaɪkwaɪz/ *adv.* ebenso

liking /ˈlaɪkɪŋ/ *n.* Vorliebe, *die*; **take a** ~ **to sb/sth** an jmdm./etw. Gefallen finden; **sth is [not] to sb's** ~ etw. ist [nicht] nach jmds. Geschmack

lilac /ˈlaɪlək/ **A** *n.* **1** (Bot.) Flieder, *der*
2 (colour) Zartlila, *das*
B *adj.* zartlila; fliederfarben

Lilo® /ˈlaɪləʊ/ *n.* Luftmatratze, *die*

lily /ˈlɪlɪ/ *n.* Lilie, *die*

limb /lɪm/ *n.* **1** (Anat.) Glied, *das*
2 be out on a ~ (fig.) exponiert sein

limber up /lɪmbər ˈʌp/ *v.i.* (loosen up) die Muskeln lockern

lime¹ /laɪm/ *n.* **[quick]**~ [ungelöschter] Kalk

lime² *n.* (fruit) Limone, *die*

lime³ ► lime tree

'limelight *n.* **be in the** ~ im Rampenlicht [der Öffentlichkeit] stehen

limerick /ˈlɪmərɪk/ *n.* Limerick, *der*

lime: ~**stone** *n.* Kalkstein, *der*; ~ **tree** *n.* Linde, *die*

✒ **limit** /ˈlɪmɪt/ **A** *n.* **1** Grenze, *die*; **set** *or* **put a** ~ **on sth** etw. begrenzen; **be over the** ~ <*Autofahrer:*> zu viele Promille haben; **lower/upper** ~ Untergrenze/Höchstgrenze, *die*; **without** ~ unbegrenzt; **within** ~**s** innerhalb gewisser Grenzen
2 (infml) **this is the** ~! das ist [doch] die Höhe!; **he/she is the [very]** ~ er/sie ist [einfach] unmöglich
B *v.t.* begrenzen (**to** auf + *Akk.*); einschränken <*Freiheit*>

limitation /lɪmɪˈteɪʃn/ *n.* Beschränkung, *die*

✒ **limited** *adj.* **1** (restricted) begrenzt
2 (intellectually narrow) beschränkt

'limitless *adj.* grenzenlos

limousine /ˈlɪmʊziːn/ *n.* Limousine, *die*

limp¹ /lɪmp/ **A** *v.i.* hinken
B *n.* Hinken, *das*

limp² *adj.* schlaff

limpet /ˈlɪmpɪt/ *n.* (Zool.) Napfschnecke, *die*

limpid /ˈlɪmpɪd/ *adj.* klar

'limply *adv.* schlaff; (weakly) schwach

linctus /ˈlɪŋktəs/ *n.* Hustensaft, *der*

✒ **line¹** /laɪn/ **A** *n.* **1** (string, cord, rope, etc.) Leine, *die*
2 (telephone cable) Leitung, *die*
3 (long mark) (also Math., Phys.) Linie, *die*
4 (row, series) Reihe, *die*; (AmE) (queue) Schlange, *die*; **bring sb into** ~ dafür sorgen, dass jmd. nicht aus der Reihe tanzt (ugs.)
5 (row of words on a page) Zeile, *die*
6 (wrinkle) Falte, *die*
7 (direction, course) Richtung, *die*; **on the** ~**s of** nach Art (+ *Gen.*); **be on the right/wrong** ~**s** in die richtige/falsche Richtung gehen; **along** *or* **on the same** ~**s** in der gleichen Richtung
8 (Railw.) Bahnlinie, *die*; (track) Gleis, *das*
9 (field of activity) Branche, *die*
10 (Commerc.) (product) Artikel, *der*; Linie, *die* (fachspr.)
B *v.t.* **1** linieren <*Papier*>; **a** ~**d face** ein faltiges Gesicht
2 säumen (geh.) <*Straße, Strecke*>
■ ~ **'up** **A** *v.t.* antreten lassen <*Gefangene, Soldaten usw.*>; [in einer Reihe] aufstellen <*Gegenstände*>
B *v.i.* <*Gefangene, Soldaten:*> antreten; (queue up) sich anstellen

line² *v.t.* füttern <*Kleidungsstück*>; ausschlagen <*Schublade usw.*>

lineage /ˈlɪnɪɪdʒ/ *n.* Abstammung, *die*

linear /ˈlɪnɪə(r)/ *adj.* linear

line: ~ **dance** **A** *n.* Linedance, *der*
B *v.i.* Linedance tanzen; ~ **dancing** *n.* Linedance-Tanzen, *das*; ~ **manager** *n.* [unmittelbarer] Vorgesetzter; Linienmanager, *der*

linen /ˈlɪnɪn/ **A** *n.* **1** Leinen, *das*
2 (shirts, sheets, etc.) Wäsche, *die*
B *adj.* Leinen<*faden, -bluse*>; Lein<*tuch*>

linen: ~ **basket** *n.* (BrE) Wäschekorb, *der*; ~ **cupboard** *n.* Wäscheschrank, *der*

'line printer n. (Comp.) Zeilendrucker, der

liner /'laɪnə(r)/ Linienschiff, das

'line-up n. Aufstellung, die

linger /'lɪŋgə(r)/ v.i. verweilen (geh.); bleiben

lingerie /'læʒərɪ/ n. [women's] ~ Damenunterwäsche, die

lingo /'lɪŋgəʊ/ n. (infml) Sprache, die

linguist /'lɪŋgwɪst/ n. Sprachkundige, der/die

linguistic /lɪŋ'gwɪstɪk/ adj. (of ~s) linguistisch; (of language) sprachlich

linguistics /lɪŋ'gwɪstɪks/ n. Linguistik, die

lining /'laɪnɪŋ/ n. (of clothes) Futter, das; (of objects, machines, etc.) Auskleidung, die

'lining paper n. Schrankpapier, das

✧ **link** /lɪŋk/ **A** n. **1** (of chain) Glied, das
2 (connection) Verbindung, die
B v.t. verbinden; ~ arms sich unterhaken
■ ~ 'up v.t. miteinander verbinden

links /lɪŋks/ n. [golf] ~ Golfplatz, der

lino /'laɪnəʊ/ n., pl. ~s Linoleum, das

linoleum /lɪ'nəʊlɪəm/ n. Linoleum, das

linseed /'lɪnsiːd/ n. Leinsamen, der

linseed 'oil n. Leinöl, das

lint /lɪnt/ n. Mull, der

lintel /'lɪntl/ n. (Archit.) Sturz, der

lion /'laɪən/ n. Löwe, der

lioness /'laɪənɪs/ n. Löwin, die

lip /lɪp/ n. **1** Lippe, die; lower/upper ~ Unter-/Oberlippe, die
2 (of cup) [Gieß]rand, der; (of jug) Schnabel, der

liposuction /'laɪpəʊsʌkʃn, 'lɪpəʊsʌkʃn/ n. Fettabsaugung, die; Liposuktion, die

lip: ~-**read** v.i. von den Lippen lesen; ~-**reading** n. Lippenlesen, das; ~ **service** n. pay ~ service to sth ein Lippenbekenntnis zu etw. ablegen; ~**stick** n. Lippenstift, der

✧ **liquefy** /'lɪkwɪfaɪ/ **A** v.t. verflüssigen
B v.i. sich verflüssigen

liqueur /lɪ'kjʊə(r)/ n. Likör, der

✧ **liquid** /'lɪkwɪd/ **A** adj. flüssig
B n. Flüssigkeit, die

liquidate /'lɪkwɪdeɪt/ v.t. (Commerc.) liquidieren

liquidation /lɪkwɪ'deɪʃn/ n. (Commerc.) Liquidation, die

liquid crystal dis'play n. Flüssigkristallanzeige, die

liquidize /'lɪkwɪdaɪz/ v.t. auflösen; (Cookery) [im Mixer] pürieren

'liquidizer n. Mixer, der

liquid 'measure n. Flüssigkeitsmaß, das

liquor /'lɪkə(r)/ n. (drink) Alkohol, der

liquorice /'lɪkərɪs/ n. Lakritze, die

Lisbon /'lɪzbən/ pr. n. Lissabon (das)

lisp /lɪsp/ **A** v.i. & t. lispeln
B n. Lispeln, das

✧ **list¹** /lɪst/ **A** n. Liste, die
B v.t. aufführen; auflisten; (verbally) aufzählen

──────

list² v.i. (Naut.) Schlagseite haben

listed 'building n. (BrE) Gebäude unter Denkmalsschutz

✧ **listen** /'lɪsn/ v.i. zuhören; ~ to music/the radio Musik/Radio hören; they ~ed to his words sie hörten ihm zu

listener /'lɪsnə(r)/ n. Zuhörer, der/Zuhörerin, die; (to radio) Hörer, der/Hörerin, die

listless /'lɪstlɪs/ adj. lustlos

'list price n. Katalogpreis, der

lit ▸ light¹ C

litany /'lɪtənɪ/ n. Litanei, die

lite /laɪt/ **A** adj. kalorienreduziert ‹Bier, Käse etc.›
B n., L~®; Leichtbier, das

liter (AmE) ▸ litre

literacy /'lɪtərəsɪ/ n. Lese- und Schreibfertigkeit, die

literal /'lɪtərl/ adj. **1** wörtlich
2 (not exaggerated) buchstäblich

literally /'lɪtərəlɪ/ adv. **1** wörtlich
2 (actually) buchstäblich
3 (infml) (with some exaggeration) geradezu

literary /'lɪtərərɪ/ adj. literarisch

literary 'agent n. Literaturagent, der/-agentin, die

✧ **literate** /'lɪtərət/ adj. des Lesens und Schreibens kundig; (educated) gebildet

✧ **literature** /'lɪtrətʃə(r)/ n. Literatur, die

lithe /laɪð/ adj. geschmeidig

litigation /lɪtɪ'geɪʃn/ n. Rechtsstreit, der

litre /'liːtə(r)/ n. (BrE) Liter, der od. das

litter /'lɪtə(r)/ **A** n. **1** (rubbish) Abfall, der
2 (of animals) Wurf, der
B v.t. verstreuen

litter: ~ **basket** n. Abfallkorb, der; ~ **bin** n. Abfalleimer, der; ~**bug**, ~ **lout** ns. Schmutzfink, der (ugs.)

✧ **little** /'lɪtl/ **A** adj., ~r /'lɪtlə(r)/, ~st /'lɪtlɪst/; (Note: it is more common to use the compar. and superl. forms smaller, smallest) **1** klein; a ~ way ein kurzes Stück; after a ~ while nach kurzer Zeit
2 (not much) wenig; there is very ~ tea left es ist kaum noch Tee da; a ~ … (a small quantity of) etwas …; ein bisschen …
B n. wenig; a ~ (a small quantity) etwas; (somewhat) ein wenig; ~ by ~ nach und nach

little: ~ 'finger n. kleiner Finger; ~-**known** adj. wenig bekannt

liturgy /'lɪtədʒɪ/ n. Liturgie, die

✧ **live¹** /laɪv/ **A** adj. **1** attrib. (alive) lebend
2 (Electr.) Strom führend
B adv. (Radio, Telev.) live ‹übertragen usw.›

✧ **live²** /lɪv/ **A** v.i. **1** leben
2 (make permanent home) wohnen; leben
B v.t. leben
■ ~ 'down v.t. Gras wachsen lassen über (+ Akk.); he will never be able to ~ it down das wird ihm ewig anhängen
■ ~ on **A** /'--/ v.t. leben von
B /-'-/ v.i. weiterleben

──────

✧ Schlüsselwort

■ ~ 'up to *v.t.* gerecht werden (+ *Dat.*)

live broadcast /laɪv 'brɔːdkɑːst/ *n.* (Radio, Telev.) Livesendung, *die*

live-in /'lɪvɪn/ *attrib. adj.* im Haus wohnend <*Personal*>

livelihood /'laɪvlɪhʊd/ *n.* Lebensunterhalt, *der*

liveliness /'laɪvlɪnɪs/ *n.* Lebhaftigkeit, *die*

lively /'laɪvlɪ/ *adj.* lebhaft; lebendig <*Schilderung*>; rege <*Handel*>

liven up /laɪvn 'ʌp/ **A** *v.t.* Leben bringen in (+ *Akk.*)
   B *v.i.* <*Person:*> aufleben

live /laɪv/: ~ **per'formance** *n.* (Radio, Telev.) Liveaufführung, *die*; ~**stock** *n. pl.* Vieh, *das*; ~ 'wire *n.* (fig.) Energiebündel, *das* (ugs.)

liver /'lɪvə(r)/ *n.* Leber, *die*

livery /'lɪvərɪ/ *n.* Livree, *die*

lives *pl. of* life

livid /'lɪvɪd/ *adj.* (BrE) (infml) fuchtig (ugs.)

living /'lɪvɪŋ/ **A** *n.* **1** Leben, *das*
   2 make a ~ seinen Lebensunterhalt verdienen
   3 *pl.* the ~ die Lebenden *Pl.*
   B *adj.* lebend; within ~ memory seit Menschengedenken

living: ~ **room** *n.* Wohnzimmer, *das*; ~ 'will *n.* Patientenverfügung, *die*

lizard /'lɪzəd/ *n.* Eidechse, *die*

llama /'lɑːmə/ *n.* Lama, *das*

load /ləʊd/ **A** *n.* (burden, weight; also fig.) Last, *die*; (amount carried) Ladung, *die*
   B *v.t.* **1** (put ~ on) beladen; (put as load) ~ sb with work (fig.) jmdm. Arbeit auftragen
   2 laden <*Gewehr*>; ~ a camera einen Film [in einen Fotoapparat] einlegen
   ■ ~ 'up *v.i.* laden (with *Akk.*)

loaded *adj.* a ~ question eine suggestive Frage; be ~ (infml) (rich) [schwer] Kohle haben (salopp)

loading bay *n.* Ladeplatz, *der*

loaf¹ /ləʊf/ *n., pl.* **loaves** /ləʊvz/ Brot, *das*; [Brot]laib, *der*; a ~ of bread ein Laib Brot

loaf² *v.i.* ~ round town/the house in der Stadt/zu Hause herumlungern (ugs.)

loan /ləʊn/ **A** *n.* **1** (thing lent) Leihgabe, *die*; be out on ~ ausgeliehen sein; have sth on ~ [from sb] etw. [von jmdm.] geliehen haben
   2 (money lent) Darlehen, *das*
   B *v.t.* ~ sth to sb jmdm. etw. leihen

loan shark *n.* (infml) Kredithai, *der* (ugs.)

loath /ləʊθ/ *pred. adj.* be ~ to do sth etw. ungern tun

loathe /ləʊð/ *v.t.* verabscheuen

loathing /'ləʊðɪŋ/ *n.* Abscheu, *der* (of, for vor + *Dat.*)

loathsome /'ləʊðsəm/ *adj.* abscheulich; widerlich

loaves *pl. of* loaf¹

lobby /'lɒbɪ/ *n.* **1** (pressure group) Lobby, *die*
   2 (of hotel) Eingangshalle, *die*; (of theatre) Foyer, *das*

lobe /ləʊb/ *n.* (ear~) Ohrläppchen, *das*

lobster /'lɒbstə(r)/ *n.* Hummer, *der*

lobster pot *n.* Hummerkorb, *der*

local /'ləʊkl/ **A** *adj.* lokal (bes. Zeitungsw.); Kommunal<*wahl, -abgaben*>; (of this area) hiesig; (of that area) dortig; ortsansässig <*Firma, Familie*>; <*Wein, Produkt, Spezialität*> [aus] der Gegend; she's a ~ girl sie ist von hier/dort
   B *n.* **1** (person) Einheimische, *der/die*
   2 (BrE) (infml) (pub) [Stamm]kneipe, *die*

local: ~ **anaes'thetic** *n.* Lokalanästhetikum, *das*; ~ **au'thority** *n.* (BrE) Kommunalverwaltung, *die*; ~ **call** *n.* (Teleph.) Ortsgespräch, *das*; ~ 'government *n.* Kommunalverwaltung, *die*

locality /ləʊ'kælɪtɪ/ *n.* Ort, *der*

localization /ləʊkəlaɪ'zeɪʃn/ *n.* (Comp.) Lokalisierung, *die*

locally *adv.* im/am Ort

locate /ləʊ'keɪt/ *v.t.* **1** be ~d liegen
   2 (determine position of) ausfindig machen

location /ləʊ'keɪʃn/ *n.* **1** Lage, *die*
   2 (Cinemat.) Drehort, *der*; be on ~ bei Außenaufnahmen sein

loch /lɒx, lɒk/ *n.* (Scot.) See, *der*

lock¹ /lɒk/ *n.* (of hair) [Haar]strähne, *die*

lock² **A** *n.* **1** (of door etc.) Schloss, *das*
   2 (on canal etc.) Schleuse, *die*
   B *v.t.* zuschließen
   C *v.i.* <*Tür, Kasten usw.:*> sich zuschließen lassen
   ■ ~ a'way *v.t.* einschließen; einsperren <*Person*>
   ■ ~ 'in *v.t.* einschließen; (deliberately) einsperren
   ■ ~ 'out *v.t.* aussperren (of aus); ~ oneself out sich aussperren
   ■ ~ 'up **A** *v.i.* abschließen
   B *v.t.* **1** abschließen <*Haus, Tür*>
   2 (imprison) einsperren

locker /'lɒkə(r)/ *n.* Schließfach, *das*

locket /'lɒkɪt/ *n.* Medaillon, *das*

lock: ~**jaw** *n.* (Med.) Kieferklemme, *die*; ~**out** *n.* Aussperrung, *die*; ~**smith** *n.* Schlosser, *der*

locomotive /ləʊkə'məʊtɪv/ *n.* Lokomotive, *die*

locust /'ləʊkəst/ *n.* Heuschrecke, *die*

lodge /lɒdʒ/ **A** *n.* **1** (cottage) Pförtner-/Gärtnerhaus, *das*
   2 (porter's room) [Pförtner]loge, *die*
   B *v.t.* **1** einlegen <*Beschwerde, Protest usw.*>
   2 einreichen <*Klage*>
   C *v.i.* [zur Miete] wohnen

lodger *n.* Untermieter, *der*/Untermieterin, *die*

lodging /'lɒdʒɪŋ/ *n.* [möbliertes] Zimmer

loft /lɒft/ *n.* (attic) [Dach]boden, *der*

lofty /'lɒftɪ/ *adj.* **1** (exalted) hoch
   2 (haughty) hochmütig

I

log /lɒg/ *n.* **1** (timber) [geschlagener] Baumstamm; (as firewood) [Holz]scheit, *das* **2** ~[book] (Naut.) Logbuch, *das*
■ ~ 'in ▸ log on
■ ~ 'off *v.i.* (Comp.) sich abmelden
■ ~ 'on *v.i.* (Comp.) sich anmelden
■ ~ 'out ▸ log off
log: ~ 'cabin *n.* Blockhütte, *die*; ~ 'fire *n.* Holzfeuer, *das*
loggerheads /'lɒgəhedz/ *n. pl.* be at ~ with sb mit jmdm. im Clinch liegen
logic /'lɒdʒɪk/ *n.* Logik, *die*
logical /'lɒdʒɪkl/ *adj.* logisch; she has a ~ mind sie denkt logisch
logically /'lɒdʒɪkəlɪ/ *adv.* logisch
'**login** *n.* (Comp.) Log-in, *das*
logistics /lə'dʒɪstɪks/ *n. pl.* Logistik, *die*
logo /'ləʊgəʊ/ *n., pl.* ~s Signet, *das*
loin /lɔɪn/ *n.* Lende, *die*
'**loincloth** *n.* Lendenschurz, *der*
loiter /'lɔɪtə(r)/ *v.i.* trödeln; (linger suspiciously) herumlungern
loll /lɒl/ *v.i.* sich lümmeln (ugs.)
lollipop /'lɒlɪpɒp/ *n.* Lutscher, *der*
London /'lʌndən/ **A** *pr. n.* London *(das)* **B** *attrib. adj.* Londoner
'**Londoner** *pr. n.* Londoner, *der*/Londonerin, *die*
lone /ləʊn/ *attrib. adj.* einsam
loneliness /'ləʊnlɪnɪs/ *n.* Einsamkeit, *die*
lonely /'ləʊnlɪ/ *adj.* einsam
lone 'parent *n.* allein erziehender Elternteil; she/he is a ~ sie/er ist allein erziehend
loner /'ləʊnə(r)/ *n.* Einzelgänger, *der*/-gängerin, *die*
lonesome /'ləʊnsəm/ *adj.* einsam
⚷ **long¹** /lɒŋ/ **A** *adj.,* ~er /'lɒŋgə(r)/, ~est /'lɒŋgɪst/ **1** lang; weit <*Reise, Weg*> **2** (elongated) länglich; schmal **3** in the '~ run auf die Dauer **B** *n.* (~ interval) take ~ lange dauern; for ~ lange; (since ~ ago) seit langem; before ~ bald **C** *adv.,* ~er, ~est **1** lang[e]; as *or* so ~ as solange; you should have finished ~ before now du hättest schon längst fertig sein sollen; much ~er viel länger **2** as *or* so ~ as (provided that) solange; wenn
long² *v.i.* ~ for sb/sth sich nach jmdm./etw. sehnen; ~ to do sth sich danach sehnen, etw. zu tun
long-distance **A** /'---/ *adj.* Fern<*gespräch, -verkehr usw.*>; Langstrecken<*läufer, -flug usw.*> **B** /-'--/ *adv.* phone ~ ein Ferngespräch führen
longevity /lɒn'dʒevɪtɪ/ *n.* Langlebigkeit, *die*
long: ~-**haired** *adj.* langhaarig; Langhaar<*dackel, -katze*>; ~**hand** *n.* Langschrift, *die*; ~-**haul** *adj.* Fern<*verkehr,* -lastwagen*>; Langstrecken<[flug]verkehr>
'**longing** **A** *n.* Sehnsucht, *die* **B** *adj.* sehnsüchtig
'**longingly** *adv.* sehnsüchtig
longitude /'lɒngɪtjuːd/ *n.* (Geog.) Länge, *die*
long: ~ **jump** *n.* (BrE) (Sport) Weitsprung, *der;* ~-**lasting** *adj.* langandauernd; dauerhaft <*Beziehung, Freundschaft*>; ~-**legged** *adj.* langbeinig; ~ 'lens *n.* Fernobjektiv, *das;* ~-**life** *adj.* haltbar [gemacht]; ~-**life** battery Batterie mit langer Lebensdauer; ~-**life** milk H-Milch, *die;* ~-**lived** /'lɒŋlɪvd/ *adj.* langlebig; ~-**playing 'record** *n.* Langspielplatte, *die;* ~-**range** *adj.* **1** Langstrecken<*flugzeug, -rakete usw.*> **2** (relating to time) langfristig; ~-**sighted** /lɒŋ'saɪtɪd/ *adj.* weitsichtig; (fig.) weitblickend; ~-**sleeved** /'lɒŋsliːvd/ *adj.* langärmelig; ~-**standing** *attrib. adj.* seit langem bestehend; alt <*Schulden, Streit*>; ~-**suffering** *adj.* schwer geprüft; ~-**term** *adj.* langfristig; ~ **wave** *n.* (Radio) Langwelle, *die;* ~-**winded** /lɒŋ'wɪndɪd/ *adj.* langatmig
loo /luː/ *n.* (BrE) (infml) Klo, *das* (ugs.)
⚷ **look** /lʊk/ **A** *v.i.* **1** sehen; gucken (ugs.) **2** (search) nachsehen **3** (face) zugewandt sein (to[wards] *Dat.*) **4** (appear) aussehen; ~ well/ill gut/schlecht aussehen **B** *n.* **1** Blick, *der;* have *or* take a ~ at sb/sth sich (*Dat.*) jmdn./etw. ansehen **2** (appearance) Aussehen, *das*
■ ~ 'after *v.t.* (care for) sorgen für
■ ~ a'head *v.i.* (fig.) an die Zukunft denken
■ '~ at *v.t.* **1** (regard) ansehen **2** (consider) betrachten
■ ~ 'back *v.i.* **1** sich umsehen **2** ~ back on *or* to sth an etw. (*Akk.*) zurückdenken
■ ~ 'down [up]on *v.t.* **1** herunter-/hinuntersehen auf (+ *Akk.*) **2** (fig.) (despise) herabsehen auf (+ *Akk.*)
■ '~ for *v.t.* **1** (seek) suchen nach **2** (expect) erwarten
■ ~ 'out *v.i.* **1** hinaus-/heraussehen (of aus) **2** (take care) aufpassen **3** ~ out on sth <*Zimmer, Wohnung usw.*> zu etw. hin liegen
■ ~ 'out for *v.t.* (be prepared for) achten auf (+ *Akk.*); (keep watching for) Ausschau halten nach <*Arbeit, Gelegenheit, Sammelobjekt usw.*>
■ ~ 'over *v.t.* **1** sehen über (+ *Akk.*) **2** (survey) sich (*Dat.*) ansehen <*Haus*>
■ ~ 'round *v.i.* sich umsehen
■ '~ through *v.t.* **1** ~ through sth durch etw. [hindurch] sehen **2** (inspect) durchsehen <*Papiere*>
■ '~ to *v.t.* (rely on) ~ to sb/sth for sth etw. von jmdm./etw. erwarten
■ ~ 'up **A** *v.i.* **1** aufblicken **2** (improve) besser werden **B** *v.t.* nachschlagen <*Wort*>; heraussuchen <*Telefonnummer, Zugverbindung usw.*>

⚷ Schlüsselwort

■ ~ **'up to** *v.t.* ~ up to sb zu jmdm. aufsehen

'look-alike *n.* Doppelgänger, *der*/-gängerin, *die*

looker-'on *n.* Zuschauer, *der*/Zuschauerin, *die*

'looking glass *n.* Spiegel, *der*

'lookout *n.*, *pl.* ~s **1** (observation post) Ausguck, *der*
2 (person) Wache, *die*
3 (BrE) (fig.) that's a bad ~ das sind schlechte Aussichten; that's his ~ das ist sein Problem
4 keep a ~ [for sb/sth] [nach jmdm./etw.] Ausschau halten

loom¹ /luːm/ *n.* (Weaving) Webstuhl, *der*

loom² *v.i.* auftauchen

loop /luːp/ **A** *n.* **1** Schleife, *die*
2 (cord) Schlaufe, *die*
B *v.t.* zu einer Schlaufe formen

'loophole *n.* (fig.) Lücke, *die*

loopy /'luːpɪ/ *adj.* (infml) verrückt (ugs.)

loose /luːs/ *adj.* **1** (not firm) locker ‹Zahn, Schraube, Knopf›
2 (not fixed) lose ‹Knopf, Buchseite, Brett, Stein›; offen ‹Haar›
3 be at a ~ end (fig.) nichts zu tun haben
4 (inexact) ungenau

loose: ~**-fitting** *adj.* bequem geschnitten; ~**-leaf** *adj.* Loseblatt-; ~**-leaf 'file** *n.* Ringbuch, *das*; ~**-limbed** *adj.* gelenkig

'loosely *adv.* locker; lose ‹zusammenhängen›; frei ‹übersetzen›

loosen /'luːsn/ *v.t.* lockern
■ ~ **'up** *v.i.* sich auflockern; (relax) auftauen

'looseness *n.* Lockerheit, *die*

loot /luːt/ **A** *v.t.* plündern
B *n.* Beute, *die*

'looter *n.* Plünderer, *der*

lop /lɒp/ *v.t.* ~ sth [off *or* away] etw. abbauen *od.* abhacken

lopsided /lɒp'saɪdɪd/ *adj.* schief

loquacious /lə'kweɪʃəs/ *adj.* redselig

lord /lɔːd/ **A** *n.* **1** (master) Herr, *der*
2 L~ (Relig.) Herr, *der*
3 (BrE) (as title) Lord, *der*; the House of L~s (BrE) das Oberhaus
B *int.* (infml) Gott; oh/good L~! du lieber Himmel!

'lordship *n.* Lordschaft, *die*

lore /lɔː(r)/ *n.* Überlieferung, *die*

lorry /'lɒrɪ/ *n.* (BrE) Lastwagen, *der*; Lkw, *der*

'lorry driver *n.* (BrE) Lastwagenfahrer, *der*; Lkw-Fahrer, *der*

✎ **lose** /luːz/ **A** *v.t.*, **lost** /lɒst/ **1** verlieren; ~ one's way sich verlaufen/verfahren
2 ‹Uhr:› nachgehen
3 (waste) vertun ‹Zeit›; (miss) versäumen ‹Gelegenheit›
4 ~ weight abnehmen
B *v.i.*, **lost 1** (in match, contest) verlieren
2 ‹Uhr:› nachgehen

'loser *n.* Verlierer, *der*/Verliererin, *die*

✎ **loss** /lɒs/ *n.* **1** Verlust, *der* (of Gen.); sell at a ~ mit Verlust verkaufen
2 be at a ~ nicht [mehr] weiterwissen; be at a ~ for words um Worte verlegen sein; be at a ~ what to do nicht wissen, was zu tun ist

loss: ~ **adjuster** *n.* (Finance) Schaden[s]regulierer, *der*/-reguliererin, *die*; ~**-making** *adj.* mit Verlust arbeitend

lost /lɒst/ **A** ▶ **lose**
B *adj.* **1** verloren; get ~ ‹Person:› sich verlaufen/verfahren; get ~! (infml) verdufte! (salopp)
2 (wasted) vertan ‹Zeit›; (missed) versäumt ‹Gelegenheit›

lost 'cause *n.* aussichtslose Sache

✎ **lot** /lɒt/ *n.* **1** (destiny) Los, *das*
2 (set of persons) Haufen, *der*; the ~ [sie] alle
3 (set of things) Menge, *die*; the ~ alle/alles
4 (infml) (large quantity) ~s *or* a ~ of money *etc.* viel *od.* eine Menge Geld *usw.*; sing *etc.* a ~ viel singen *usw.*; like sth a ~ etw. sehr mögen; have ~s to do viel zu tun haben
5 (for choosing) Los, *das*; draw/cast/throw ~s [for sth] um etw. losen

lotion /'ləʊʃn/ *n.* Lotion, *die*

lottery /'lɒtərɪ/ *n.* Lotterie, *die*

'lottery number *n.* Lottozahl, *die*

loud /laʊd/ **A** *adj.* **1** laut; lautstark ‹Protest, Kritik›
2 (flashy, conspicuous) aufdringlich; grell ‹Farbe›
B *adv.* laut; laugh out ~ laut auflachen; say sth out ~ etw. aussprechen

loud'hailer *n.* Megaphon, *das*

'loudly *adv.* laut

loud: ~**mouth** *n.* Großmaul, *das*; ~**-mouthed** /'laʊdmaʊðd/ *adj.* großmäulig (ugs.)

'loudness *n.* Lautstärke, *die*

loud'speaker *n.* Lautsprecher, *der*

lounge /laʊndʒ/ **A** *v.i.* ~ [about *or* around] [faul] herumliegen/-sitzen/-stehen
B *n.* **1** (in hotel) [Hotel]halle, *die*; (at airport) Wartehalle, *die*
2 (sitting room) Wohnzimmer, *das*

lounger /'laʊndʒə(r)/ *n.* (sunbed) Liege, *die*

'lounge suit *n.* (BrE) Straßenanzug, *der*

louse /laʊs/ *n.*, *pl.* **lice** /laɪs/ Laus, *die*

lousy /'laʊzɪ/ *adj.* (infml) **1** (disgusting) ekelhaft
2 (very poor) lausig (ugs.); feel ~ sich mies (ugs.) fühlen

lout /laʊt/ *n.* Rüpel, *der*; Flegel, *der*

loutish /'laʊtɪʃ/ *adj.* rüpelhaft; flegelhaft

louver, louvre /'luːvə(r)/: ~ **'door** *n.* Jalousietür, *die*; ~ **'window** *n.* Jalousiefenster, *das*

lovable /'lʌvəbl/ *adj.* liebenswert

✎ **love** /lʌv/ **A** *n.* **1** Liebe, *die* (of, for zu); in ~ [with] verliebt [in (+ *Akk.*)]; fall in ~ [with] sich verlieben [in (+ *Akk.*)]; for ~ aus Liebe; ~ from Beth (in letter) herzliche Grüße von Beth; send one's ~ to sb jmdn. grüßen lassen
2 (sweetheart) Geliebte, *der/die*; [my] ~ (infml)

(form of address) [mein] Liebling *od.* Schatz
3 (Tennis) **fifteen/thirty** ~ fünfzehn/dreißig null

B *v.t.* **1** lieben; **our/their** ~d ones unsere/ihre Lieben
2 (like) **I'd** ~ **a cigarette** ich hätte sehr gerne eine Zigarette; ~ **to do** *or* ~ **doing sth** etw. gern tun
love: ~ **affair** *n.* Liebesverhältnis, *das;* ~ **letter** *n.* Liebesbrief, *der;* ~ **life** *n.* Liebesleben, *das*
loveliness /ˈlʌvlɪnɪs/ *n.* Schönheit, *die*
lovely /ˈlʌvlɪ/ *adj.* [wunder]schön; herrlich ‹*Tag, Essen*›
lover /ˈlʌvə(r)/ *n.* **1** Liebhaber, *der;* Geliebte, *der;* (woman) Geliebte, *die;* **be** ~s ein Liebespaar sein
2 (person who likes sth) Freund, *der/*Freundin, *die*
love: ~**sick** *adj.* an Liebeskummer leidend; liebeskrank (geh.); ~ **song** *n.* Liebeslied, *das;* ~ **story** *n.* Liebesgeschichte, *die*
loving /ˈlʌvɪŋ/ *adj.* **1** (affectionate) liebend
2 (expressing love) liebevoll
lovingly *adv.* liebevoll
⚜ **low** /ləʊ/ **A** *adj.* **1** niedrig; tief ausgeschnitten ‹*Kleid*›; tief ‹*Ausschnitt*›; tief liegend ‹*Grund*›
2 (of humble rank) nieder...; niedrig
3 (inferior) niedrig; gering ‹*Intelligenz, Bildung*›
4 (in pitch) tief; (in loudness) leise
B *adv.* **1** (to a ~ position) tief
2 (not loudly) leise
3 lie ~ (hide) untertauchen
low: ~**-alcohol** *adj.* alkoholarm ‹*Getränk*›; ~**brow** *adj.* schlicht ‹*Person*›; [geistig] anspruchslos ‹*Buch, Programm*›; ~**-budget** *adj.* Lowbudget-, Billig‹*film, -produktion usw.*›; ~**-calorie** *adj.* kalorienarm ‹*Kost, Getränk*›; ~**-carbon** *adj.* **1** (producing low amounts of carbon) wenig Kohlenstoff freisetzend; (emitting low amounts of carbon into the atmosphere) kohlenstoffemissionsarm
2 (containing low amounts of carbon) kohlenstoffarm ‹*Stahl*›; ~**-cost** *adj.* preiswert; ~**-cut** *adj.* [tief] ausgeschnitten ‹*Kleid*›; ~**-cut neck** tiefer Ausschnitt; ~**-cut shoes** Halbschuhe
lower[1] /ˈləʊə(r)/ *v.t.* **1** herab-/hinablassen
2 senken ‹*Blick*›; auslassen ‹*Saum*›; senken ‹*Preis, Miete, Zins usw.*›; ~ **one's voice** leiser sprechen
lower[2] **A** *compar. adj.* unter...; Unter‹*grenze, -arm, -lippe usw.*›
B *compar. adv.* tiefer
lower 'case A *n.* Kleinbuchstaben *Pl.*
B *adj.* klein ‹*Buchstabe*›
low: ~**-fat** *adj.* fettarm; ~**-flying** *adj.* tief fliegend; ~**-flying aircraft** Tiefflieger, *der;* ~ **'frequency** *n.* Niederfrequenz, *die;* ~**-grade** *adj.* minderwertig; ~**-income** *adj.* einkommenschwach; ~**-income families**

Familien mit niedrigem Einkommen; ~**-key** *adj.* zurückhaltend; unaufdringlich ‹*Beleuchtung, Unterhaltung*›; unauffällig ‹*Einsatz*›; ~**-land** /ˈləʊlənd/ *n.* Tiefland, *das*
lowly /ˈləʊlɪ/ *adj.* (modest) bescheiden
low: ~**-lying** *adj.* tief liegend; ~**-nicotine** *adj.* nikotinarm; ~**-paid** *adj.* niedrig bezahlt; ~**-paid families** Familien mit geringem Einkommen; ~ **point** *n.* Tiefpunkt, *der;* ~ **pressure** *n.* (Meteorol.) Tiefdruck, *der;* ~**-priced** *adj.* preisgünstig; ~ **season** *n.* Nebensaison, *die;* ~**-tech** *adj.* Lowtech‹*-system, -ausrüstung etc.*›; ~**-voltage** *adj.* Niederspannungs-; ~**-wage** *attrib. adj.* schlecht bezahlt; Niedriglohn‹*land*›
loyal /ˈlɔɪəl/ *adj.* treu
loyalty /ˈlɔɪəltɪ/ *n.* Treue, *die*
'loyalty card *n.* Treuekarte, *die (für Kunden)*
lozenge /ˈlɒzɪndʒ/ *n.* Pastille, *die*
LP *abbr.* = **long-playing record** LP, *die*
'L-plate *n.* (BrE) 'L'-Schild, *das;* ≈ „Fahrschule"-Schild, *das*
Ltd. *abbr.* = **Limited** GmbH
lubricant /ˈluːbrɪkənt/ *n.* Schmiermittel, *das*
lubricate /ˈluːbrɪkeɪt/ *v.t.* schmieren
lubrication /luːbrɪˈkeɪʃn/ *n.* Schmierung, *die; attrib.* Schmier‹*system, -vorrichtung*›
lucid /ˈluːsɪd/ *adj.* klar
lucidity /luːˈsɪdɪtɪ/ *n.* Klarheit, *die*
luck /lʌk/ *n.* Glück, *das;* **good** ~ Glück, *das;* **bad** *or* **hard** ~ Pech, *das;* **good** ~! viel Glück!; **be in/out of** ~ Glück/kein Glück haben; **no such** ~ schön wärs
luckily /ˈlʌkɪlɪ/ *adv.* glücklicherweise
⚜ **lucky** /ˈlʌkɪ/ *adj.* **1** glücklich; **be** ~ Glück haben
2 (bringing good luck) Glücks‹*zahl, -tag usw.*›
lucky 'charm *n.* Glücksbringer, *der*
lucrative /ˈluːkrətɪv/ *adj.* einträglich; lukrativ
ludicrous /ˈluːdɪkrəs/ *adj.* lächerlich; lachhaft ‹*Angebot, Ausrede*›
lug /lʌɡ/ *v.t.,* **-gg-** (drag) schleppen
luggage /ˈlʌɡɪdʒ/ *n.* Gepäck, *das*
luggage: ~ **locker** *n.* [Gepäck]schließfach, *das;* ~ **rack** *n.* Gepäckablage, *die*
lugubrious /luːˈɡuːbrɪəs/ *adj.* (mournful) kummervoll; (dismal) düster
lukewarm /ˈluːkwɔːm/ *adj.* lauwarm
lull /lʌl/ **A** *v.t.* **1** (soothe) lullen
2 (fig.) einlullen; ~ **sb into a false sense of security** jmdn. in eine trügerischen Sicherheit wiegen
B *n.* Pause, *die*
lullaby /ˈlʌləbaɪ/ *n.* Schlaflied, *das*
lumbago /lʌmˈbeɪɡəʊ/ *n., pl.* ~**s** (Med.) Hexenschuss, *der*
lumber /ˈlʌmbə(r)/ **A** *n.* **1** (furniture) Gerümpel, *das*
2 (useless material) Kram, *der* (ugs.)
3 (AmE) (timber) [Bau]holz, *das*

⚜ Schlüsselwort

B *v.t.* ~ sb with sth/sb jmdm. etw./jmdn. aufhalsen (ugs.)

'**lumbering** *adj.* schwerfällig

lumberjack /'lʌmbədʒæk/ *n.* (AmE) Holzfäller, *der*

luminous /'lu:mɪnəs/ *adj.* [hell] leuchtend; Leucht<*anzeige, -zeiger usw.*>

lump /lʌmp/ **A** *n.* **1** Klumpen, *der*; (of sugar, butter, etc.) Stück, *das*; (of wood) Klotz, *der*; (of dough) Kloß, *der*; (of bread) Brocken, *der* **2** (swelling) Beule, *die*
B *v.t.* ~ sth with sth etw. und etw. zusammentun

lump: ~ '**payment** *n.* einmalige Zahlung [einer größeren Summe]; ~ '**sum** *n.* Pauschalsumme, *die*

'**lumpy** *adj.* klumpig <*Brei*>; <*Kissen, Matratze*> mit klumpiger Füllung

lunacy /'lu:nəsɪ/ *n.* Wahnsinn, *der*

lunar /'lu:nə(r)/ *adj.* Mond-

lunatic /'lu:nətɪk/ **A** *adj.* wahnsinnig
B *n.* Wahnsinnige, *der/die*; Irre, *der/die*

'**lunatic asylum** *n.* (Hist.) Irrenanstalt, *die* (veralt., ugs.)

✎ **lunch** /lʌntʃ/ **A** *n.* Mittagessen, *das*; **have** *or* **eat [one's]** ~ zu Mittag essen
B *v.i.* zu Mittag essen

lunch: ~ **box** *n.* Lunchbox, *die*; ~ **break** ▶ lunch hour

luncheon: ~ **meat** *n.* Frühstücksfleisch, *das*; ~ **voucher** *n.* (BrE) Essenmarke, *die*

lunch: ~ **hour** *n.* Mittagspause, *die*; ~**time** *n.* Mittagszeit, *die*; **at** ~**time** mittags

lung /lʌŋ/ *n.* (right or left) Lungenflügel, *der*; ~**s** Lunge, *die*

'**lung cancer** *n.* Lungenkrebs, *der*

lunge /lʌndʒ/ **A** *n.* Sprung nach vorn
B *v.i.* ~ **at sb with a knife** jmdn. mit einem Messer angreifen

lurch¹ /lɜːtʃ/ *n.* **leave sb in the** ~ jmdn. im Stich lassen

lurch² **A** *n.* Rucken, *das*
B *v.i.* rucken; <*Betrunkener:*> torkeln

lure /ljʊə(r), lʊə(r)/ **A** *v.t.* locken
B *n.* Lockmittel, *das*

lurid /'ljʊərɪd, 'lʊərɪd/ *adj.* **1** (in colour) grell **2** (sensational) reißerisch

lurk /lɜːk/ *v.i.* lauern

lurker /'lɜːkə(r)/ *n.* (Comp. sl.) Lurker, *der*/ Lurkerin, *die*

luscious /'lʌʃəs/ *adj.* köstlich [süß]; saftig [süß] <*Obst*>

lush /lʌʃ/ *adj.* saftig <*Wiese*>; grün <*Tal*>; üppig <*Vegetation*>

lust /lʌst/ **A** *n.* **1** (sexual) Sinnenlust, *die* **2** (strong desire) Gier, *die* (**for** nach)
B *v.i.* ~ **after** [lustvoll] begehren (geh.)

lustful /'lʌstfl/ *adj.* lüstern (geh.)

lustily /'lʌstɪlɪ/ *adv.* kräftig; aus voller Kehle <*rufen, singen*>

lustre /'lʌstə(r)/ *n.* (BrE) **1** Schimmer, *der* **2** (fig.) (splendour) Glanz, *der*

lusty /'lʌstɪ/ *adj.* kräftig

Luxembourg, Luxemburg /'lʌksəmbɜːg/ *pr. n.* Luxemburg (*das*)

luxuriant /lʌg'zjʊərɪənt/ *adj.* üppig

luxuriate /lʌg'zjʊərɪeɪt/ *v.i.* ~ **in** sich aalen **in** (+ *Dat.*)

luxurious /lʌg'zjʊərɪəs/ *adj.* luxuriös

luxury /'lʌkʃərɪ/ *n.* **1** Luxus, *der*; *attrib.* Luxus- **2** (article) Luxusgegenstand, *der*; **luxuries** Luxus, *der*

LW *abbr.* (Radio) = **long wave** LW

lying /'laɪɪŋ/ *adj.* verlogen <*Person*>. **See also** lie¹ B

lymph gland *n.* Lymphknoten, *der*

lynch /lɪntʃ/ *v.t.* lynchen

lynx /lɪŋks/ *n.* Luchs, *der*

lyre /'laɪə(r)/ *n.* Lyra, *die*

lyric /'lɪrɪk/ **A** *adj.* lyrisch
B *n.*, **in** *pl.* (of song) Text, *der*

lyrical /'lɪrɪkl/ *adj.* **1** lyrisch **2** (infml) (enthusiastic) gefühlvoll

lyric 'poetry *n.* Lyrik, *die*

Mm

M, m /em/ *n.* M, m, *das*

m. *abbr.* **1** = **masculine** m.
  2 = **metre[s]** m
  3 = **million[s]** Mill.
  4 = **minute[s]** Min.

MA *abbr.* = **Master of Arts** M.A.

mac /mæk/ *n.* (BrE) (infml) Regenmantel, *der*

macaroni /mækə'rəʊnɪ/ *n.* Makkaroni Pl.

Macedonia /mæsɪ'dəʊnɪə/ *pr. n.* Makedonien (*das*)

✎ **machine** /mə'ʃiːn/ *n.* Maschine, *die*

machine: ~ **gun** *n.* Maschinengewehr, *das*; ~-**made** *adj.* maschinell hergestellt; ~ **operator** *n.* [Maschinen]bediener,

l

m

der/-bedienerin, *die*; **~-readable** *adj.*
(Comp.) maschinenlesbar

machinery /mə'ʃiːnəri/ *n.* **1** (machines)
Maschinen *Pl.*
2 (mechanism) Mechanismus, *der*

machine: ~ **tool** *n.* Werkzeugmaschine,
die; **~-wash** *v.t.* in der Waschmaschine
waschen; **~-washable** *adj.*
waschmaschinenfest

machinist /mə'ʃiːnɪst/ *n.* Maschinist,
der/Maschinistin, *die*; [sewing] ~
[Maschinen]näherin, *die*/-näher, *der*

machismo /mə'tʃɪzməʊ, mə'kɪzməʊ/ *n.*
Machismo, *der*; Männlichkeitswahn, *der*

macho /'mætʃəʊ/ *adj.* Macho-; **he is** ~ er ist
ein Macho

mackerel /'mækərl/ *n.*, *pl. same or* ~**s**
Makrele, *die*

mackintosh /'mækɪntɒʃ/ *n.* Regenmantel,
der

macro /'mækrəʊ/ *n.* (Comp.) Makro, *das*

macrobiotic /mækrəʊbaɪ'ɒtɪk/ *adj.*
makrobiotisch

mad /mæd/ *adj.* **1** (insane) geisteskrank
2 (frenzied) wahnsinnig; **drive sb** ~ jmdn. um
den Verstand bringen
3 (foolish) verrückt (ugs.)
4 (very enthusiastic) **be** ~ **about** *or* **on sb/sth**
auf jmdn./etw. wild sein (ugs.)
5 (infml) (annoyed) ~ **[with** *or* **at sb]** sauer [auf
jmdn.] (ugs.)
6 (with rabies) toll[wütig]; **[run** *etc.*] **like** ~
(infml) wie wild *‹laufen usw.›*

madam /'mædəm/ *n.* gnädige Frau; **Dear M**~
(in letter) Sehr geehrte Dame

mad 'cow disease *n.* (infml)
Rinderwahnsinn, *der*

madden /'mædn/ *v.t.* (irritate) [ver]ärgern

maddening /'mædənɪŋ/ *adj.* (irritating)
[äußerst] ärgerlich

made ▸ **make A**

made-to-'measure *attrib. adj.* Maß-

'madly *adv.* (infml) wahnsinnig (ugs.)

madman /'mædmən/ *n.*, *pl.* **madmen**
/'mædmən/ *n.* Wahnsinnige, *der*

'madness *n.* Wahnsinn, *der*

♂ **magazine** /mægə'ziːn/ *n.* **1** Zeitschrift, *die*
2 (of firearm) Magazin, *das*

maggot /'mægət/ *n.* Made, *die*

magic /'mædʒɪk/ **A** *n.* **1** Magie, *die*; **work like**
~ wie ein Wunder wirken
2 (conjuring) Zauberei, *die*
B *adj.* **1** magisch; Zauber‹*trank, -baum*›
2 (fig.) wunderbar

magical /'mædʒɪkl/ *adj.* zauberhaft

magician /mə'dʒɪʃn/ *n.* Magier, *der*/Magierin,
die; (conjurer) Zauberer, *der*/Zauberin, *die*

magic 'wand *n.* Zauberstab, *der*

magistrate /'mædʒɪstreɪt/ *n.* Friedensrichter,
der/-richterin, *die*

♂ Schlüsselwort

maglev /'mæglev/ *n.* ~ [system]/train
Magnetschwebebahn, *die*

magnanimity /mægnə'nɪmɪti/ *n.* Großmut,
die

magnanimous /mæg'nænɪməs/ *adj.*
großmütig (towards gegen)

magnate /'mægneɪt/ *n.* Magnat, *der*/
Magnatin, *die*

magnesium /mæg'niːzɪəm/ *n.* Magnesium,
das

magnet /'mægnɪt/ *n.* Magnet, *der*

magnetic /mæg'netɪk/ *adj.* magnetisch

magnetic: ~ **'north** magnetisch Nord, *das*;
~ **'tape** *n.* Magnetband, *das*

magnetism /'mægnɪtɪzm/ *n.* **1** (force, lit. or fig.)
Magnetismus, *der*
2 (fig.) (charm) Anziehungskraft, *die*

magnetize /'mægnɪtaɪz/ *v.t.* magnetisieren

magnification /mægnɪfɪ'keɪʃn/ *n.*
Vergrößerung, *die*

magnificence /mæg'nɪfɪsəns/ *n.* Pracht,
die; (beauty) Herrlichkeit, *die*; (lavishness)
Üppigkeit, *die*

magnificent /mæg'nɪfɪsənt/ *adj.* **1** prächtig;
herrlich ‹*Garten, Kunstwerk, Wetter*›;
(lavish) üppig ‹*Mahl*›
2 (infml) (excellent) fabelhaft (ugs.)

magnifier /'mægnɪfaɪə(r)/ *n.* (Optics) Lupe,
die

magnify /'mægnɪfaɪ/ *v.t.* **1** vergrößern
2 (exaggerate) aufbauschen

'magnifying glass *n.* Lupe, *die*

magnitude /'mægnɪtjuːd/ *n.* **1** (size) Größe,
die
2 (importance) Wichtigkeit, *die*

magnolia /mæg'nəʊlɪə/ *n.* Magnolie, *die*

magnum /'mægnəm/ *n.* (bottle) Magnum, *die*

magpie /'mægpaɪ/ *n.* Elster, *die*

mahogany /mə'hɒɡəni/ *n.* Mahagoni[holz],
das; *attrib.* Mahagoni-

maid /meɪd/ *n.* Dienstmädchen, *das*

maiden /'meɪdn/ **A** *n.* Jungfrau, *die*
B *adj.* **1** (unmarried) unverheiratet
2 (first) ~ **voyage/speech** Jungfernfahrt/-rede,
die

'maiden name *n.* Mädchenname, *der*

mail /meɪl/ **A** *n.* ▸ **post²** A
B *v.t.* abschicken

mail: ~**bag** *n.* Postsack, *der*; ~**box** *n.*
(AmE) Briefkasten, *der*; ~**ing address**
n. Postanschrift, *die*; ~**ing list** *n.*
Adressenliste, *die*; ~**man** *n.* (AmE)
Briefträger, *der*; ~ **order** *n.* Bestellung
per Post; ~ **order catalogue** *n.*
Versandhauskatalog, *der*; ~ **order firm** *n.*
Versandhaus, *das*; ~ **room** *n.* Poststelle, *die*

maim /meɪm/ *v.t.* verstümmeln

♂ **main** /meɪn/ **A** *n.* **1** (channel, pipe) Hauptleitung,
die; ~**s** (Electr.) Stromnetz, *das*
2 in the ~ im Großen und Ganzen
B *attrib. adj.* Haupt-; **the** ~ **thing is that ...**

die Hauptsache ist, dass …
main: ~ **beam** n. (Motor Veh.) on ~ beam aufgeblendet; ~ **course** n. Hauptgang, der; Hauptgericht, das; ~**frame** n. (Comp.) Großrechner, der; ~**land** /'meɪnlənd/ n. Festland, das; ~ **'line** n. (Railw.) Hauptstrecke, die; ~-line station/train Fernbahnhof/-zug, der
⚹ **'mainly** adv. hauptsächlich
main: ~ **'road** n. Hauptstraße, die; ~**stay** n. [wichtigste] Stütze; ~ **street** n. Hauptstraße, die
⚹ **maintain** /meɪn'teɪn/ v.t. **1** (keep up) aufrechterhalten
2 (provide for) ~ sb für jmds. Unterhalt aufkommen
3 (preserve) instand halten; warten <Maschine>
4 ~ that … behaupten, dass …
maintenance /'meɪntənəns/ n. **1** (keeping up) Aufrechterhaltung, die
2 (preservation) Instandhaltung, die; (of machinery) Wartung, die
3 (Law) (money paid to support sb) Unterhalt, der
maintenance-'free adj. wartungsfrei
maisonette /meɪzə'net/, **maisonnette** n. [zweistöckige] Wohnung
maize /meɪz/ n. Mais, der
majestic /mə'dʒestɪk/ adj., **majestically** /mə'dʒestɪklɪ/ adv. majestätisch
majesty /'mædʒɪstɪ/ n. Majestät, die (geh.); Your/Her etc. M~ Eure/Seine usw. Majestät
⚹ **major** /'meɪdʒə(r)/ **A** adj. **1** attrib. (greater) größer…
2 attrib. (important) bedeutend…; (serious) schwer
3 (Mus.) Dur-; C ~ C-Dur
B n. (Mil.) Major, der
C v.i. (AmE) (Univ.) ~ in sth etw. als Hauptfach haben
Majorca /mə'jɔːkə/ pr. n. Mallorca (das)
⚹ **majority** /mə'dʒɒrɪtɪ/ n. Mehrheit, die; be in the ~ in der Mehrzahl sein
majority 'rule n. Mehrheitsregierung, die
major 'road n. Hauptverkehrsstraße, die
⚹ **make** /meɪk/ **A** v.t., **made** /meɪd/ **1** machen (of aus); bauen <Straße, Flugzeug>; anlegen <Teich, Weg usw.>; zimmern <Tisch, Regal>; basteln <Spielzeug, Vogelhäuschen usw.>; nähen <Kleider>; (manufacture) herstellen; (prepare) zubereiten <Mahlzeit>; machen, kochen <Kaffee, Tee>; backen <Brot, Kuchen>
2 (establish, enact) treffen <Unterscheidung, Übereinkommen>; ziehen <Vergleich>; erlassen <Gesetz>; aufstellen <Regeln, Behauptung>; stellen <Forderung>; geben <Bericht>; vornehmen <Zahlung>; erheben <Protest, Beschwerde>
3 (cause to be or become) ~ happy/known etc. glücklich/bekannt usw. machen; ~ sb captain jmdn. zum Kapitän machen
4 ~ sb do sth (cause) jmdn. dazu bringen, etw. zu tun; (compel) jmdn. zwingen, etw. zu tun; be made to do sth etw. tun müssen

5 (earn) machen <Profit, Verlust>; verdienen <Lebensunterhalt>
6 what do you ~ of him? was hältst du von ihm?
7 (arrive at) erreichen; ~ it (succeed in arriving) es schaffen
8 ~ 'do vorlieb nehmen; ~ 'do with/without sth mit/ohne etw. auskommen
B n. (brand) Marke, die
■ '~ **for** v.t. zusteuern auf (+ Akk.)
■ ~ 'off v.i. sich davonmachen
■ ~ 'off with v.t. ~ off with sb/sth sich mit jmdm./etw. auf und davon machen
■ ~ 'out **A** v.t. **1** (write) ausstellen; ~ out a cheque to sb einen Scheck auf jmdn. ausstellen
2 (claim) behaupten
3 (manage to see or hear) ausmachen; (manage to read) entziffern
4 (pretend) vorgeben
B v.i. (infml) zurechtkommen (at bei)
■ ~ 'over v.t. überschreiben (to auf + Akk.)
■ ~ 'up **A** v.t. **1** (assemble) zusammenstellen
2 (invent) erfinden
3 (constitute) bilden; be made up of … bestehen aus …
4 (apply cosmetics to) schminken; ~ up one's face sich schminken
B v.i. (be reconciled) sich wieder vertragen
■ ~ 'up for v.t. wieder gutmachen; ~ up for lost time Versäumtes nachholen
make: ~-**believe A** n. it's only ~-believe das ist bloß Fantasie **B** adj. nicht echt; ~-**or-'break** attrib. adj. alles entscheidend; ~**over** n. (of a person's appearance) [grundlegende] Verwandlung; (of a building) Umbau, der
'maker n. (manufacturer) Hersteller, der
make: ~**shift** adj. behelfsmäßig; ~-**up** n. Make-up, das; ~-**up bag** Kosmetiktasche, die
making /'meɪkɪŋ/ n. in the ~ im Entstehen; have the ~s of a leader das Zeug zum Führer haben (ugs.)
maladjusted /mælə'dʒʌstɪd/ adj. verhaltensgestört
malady /'mælədɪ/ n. Leiden, das
malaise /mə'leɪz/ n. Unbehagen, das
malaria /mə'leərɪə/ n. Malaria, die
Malaysia /mə'leɪzɪə/ pr. n. Malaysia (das)
⚹ **male** /meɪl/ **A** adj. männlich; Männer<stimme, -chor, -verein>; ~ doctor/nurse Arzt, der/Krankenpfleger, der
B n. (person) Mann, der; (animal) Männchen, das
'male-dominated adj. von Männern dominiert
malevolence /mə'levələns/ n. Boshaftigkeit, die
malevolent /mə'levələnt/ adj. boshaft
malfunction /mæl'fʌŋkʃn/ **A** n. Störung, die; (Med.) Funktionsstörung, die
B v.i. nicht richtig funktionieren
malice /'mælɪs/ n. Bosheit, die

m

malicious /məˈlɪʃəs/ *adj.* böse

malign /məˈlaɪn/ *v.t.* verleumden

malignant /məˈlɪɡnənt/ *adj.* bösartig

malinger /məˈlɪŋɡə(r)/ *v.i.* simulieren

maˈlingerer *n.* Simulant, *der*/Simulantin, *die*

malleable /ˈmælɪəbl/ *adj.* formbar

mallet /ˈmælɪt/ *n.* Holzhammer, *der*

malnourished /mælˈnʌrɪʃt/ *adj.* unterernährt

malnutrition /mælnjuˈtrɪʃn/ *n.* Unterernährung, *die*

malpractice /mælˈpræktɪs/ *n.* (Law, Med.) Kunstfehler, *der*

malt /mɔːlt/ *n.* Malz, *das*

Malta /ˈmɔːltə/ *pr. n.* Malta *(das)*

maltreat /mælˈtriːt/ *v.t.* misshandeln

malˈtreatment *n.* Misshandlung, *die*

malt ˈwhisky *n.* Malzwhisky, *der*

malware /ˈmælweə(r)/ *n., no pl., no indef. art.* (Comp.) Schadprogramme *Pl.*; Malware, *die*

mammal /ˈmæml/ *n.* Säugetier, *das*

mammoth /ˈmæməθ/ **A** *n.* Mammut, *das* **B** *adj.* Mammut-; gigantisch *‹Vorhaben›*

♂ **man** /mæn/ **A** *n.* **1** *pl.* **men** [men] Mann, *der* **2** (human race) der Mensch **B** *v.t.*, **-nn-** bemannen *‹Schiff›*; besetzen *‹Büro, Stelle usw.›*; bedienen *‹Telefon, Geschütz›*

m

manacle /ˈmænəkl/ **A** *n., usu. in pl.* [Hand]fessel, *die* **B** *v.t.* Handfesseln anlegen (+ *Dat.*)

♂ **manage** /ˈmænɪdʒ/ **A** *v.t.* **1** leiten *‹Geschäft›* **2** (Sport) betreuen *‹Mannschaft›* **3** (cope with) schaffen **4** ~ to do sth es fertig bringen, etw. zu tun; he ~d to do it es gelang ihm, es zu tun **B** *v.i.* zurechtkommen; ~ without sth ohne etw. auskommen; I can ~ es geht

manageable /ˈmænɪdʒəbl/ *adj.* leicht frisierbar *‹Haar›*; fügsam *‹Person, Tier›*; überschaubar *‹Größe, Menge›*

♂ **ˈmanagement** *n.* **1** (of a business) Leitung, *die* **2** (managers) the ~ die Geschäftsleitung

management: ~ consultancy *n.* Unternehmensberatung, *die*; ~ **consultant** *n.* Unternehmensberater, *der*/-beraterin, *die*

♂ **ˈmanager** *n.* (of shop or bank) Filialleiter, *der*/-leiterin, *die*; (of football team) [Chef]trainer, *der*/-trainerin, *die*; (of restaurant, shop, hotel) Geschäftsführer, *der*/-führerin, *die*

manageress /mænɪdʒəˈres/ *n.* Geschäftsführerin, *die*

managerial /mænəˈdʒɪərɪəl/ *adj.* führend, leitend *‹Stellung›*; ~ skills Führungsqualitäten

managing director /ˈmænɪdʒɪŋ/ *n.* Geschäftsführer, *der*/-führerin, *die*

♂ Schlüsselwort

mandarin¹ /ˈmændərɪn/ *n.* ~ [orange] Mandarine, *die*

mandarin² *n.* (bureaucrat) Bürokrat, *der*/ Bürokratin, *die*

mandarine /ˈmændəriːn/ ▶ **mandarin¹**

mandate /ˈmændeɪt/ *n.* Mandat, *das*

mandatory /ˈmændətərɪ/ *adj.* obligatorisch

mandolin /mændəˈlɪn/ *n.* (Mus.) Mandoline, *die*

mane /meɪn/ *n.* Mähne, *die*

maneuver, maneuverable (AmE) ▶ **manoeuvre, manoeuvrable**

manful /ˈmænfl/ *adj.*, **manfully** /ˈmænfəlɪ/ *adv.* mannhaft

manger /ˈmeɪndʒə(r)/ *n.* Krippe, *die*

mangetout /mɑ̃ʒˈtuː/ *n.* Zuckererbse, *die*

mangle /ˈmæŋɡl/ *v.t.* verstümmeln *‹Person›*; demolieren *‹Sache›*

mango /ˈmæŋɡəʊ/ *n., pl.* ~**es** *or* ~**s** (fruit) Mango[frucht], *die*

mangy /ˈmeɪndʒɪ/ *adj.* **1** (Vet. Med.) räudig **2** (shabby) schäbig

man: ~handle *v.t.* **1** von Hand bewegen *‹Gegenstand›* **2** grob behandeln *‹Person›*; ~**hole** *n.* Mannloch, *das*

ˈmanhood *n.* Mannesalter, *das*

man: ~-hour *n.* Arbeitsstunde, *die*; ~**hunt** *n.* Verbrecherjagd, *die*

mania /ˈmeɪnɪə/ *n.* Manie, *die*

maniacal /məˈnaɪəkl/ *adj.* wahnsinnig

manicure /ˈmænɪkjʊə(r)/ **A** *n.* Maniküre, *die* **B** *v.t.* maniküren

manifest /ˈmænɪfest/ **A** *adj.* offenkundig **B** *v.t.* (reveal) offenbaren

ˈmanifestly *adv.* offenkundig

manifesto /mænɪˈfestəʊ/ *n., pl.* ~**s** Manifest, *das*

manifold /ˈmænɪfəʊld/ *adj.* (literary) mannigfaltig (geh.)

manipulate /məˈnɪpjʊleɪt/ *v.t.* **1** manipulieren **2** (handle) handhaben

manipulation /mənɪpjʊˈleɪʃn/ *n.* **1** Manipulation, *die* **2** (handling) Handhabung, *die*

manipulative /məˈnɪpjʊlətɪv/ *adj.* manipulativ

mankind /mænˈkaɪnd/ *n.* Menschheit, *die*

manly /ˈmænlɪ/ *adj.* männlich

ˈman-made *adj.* künstlich; (synthetic) Kunst*‹faser, -stoff›*

manned /mænd/ *adj.* bemannt

♂ **manner** /ˈmænə(r)/ *n.* **1** Art, *die*; Weise, *die*; in this ~ auf diese Art und Weise **2** (general behaviour) Art, *die* **3** *in pl.* Manieren *Pl.*

mannerism /ˈmænərɪzm/ *n.* Eigenart, *die*

manoeuvrable /məˈnuːvrəbl/ *adj.* (BrE) manövrierfähig

manoeuvre /məˈnuːvə(r)/ (BrE) **A** *n.* Manöver, *das*

B *v.t. & i.* manövrieren

manor /'mænə(r)/ *n.* **1** (land) [Land]gut, *das* **2 ▸ manor house**

'manor house *n.* Herrenhaus, *das*

'manpower *n.* Arbeitskräfte *Pl.*

mansion /'mænʃn/ *n.* Herrenhaus, *das*

'mansion tax *n.* (infml) Villensteuer, *die*; Reichensteuer, *die*

manslaughter /'mænslɔːtə(r)/ *n.* Totschlag, *der*

mantel: ~**piece** /'mæntlpiːs/ *n.* **1** (above fireplace) Kaminsims, *der od. das* **2** (around fireplace) Kamineinfassung, *die*; ~**shelf ▸ mantelpiece 1**

mantle /'mæntl/ *n.* Umhang, *der*

manual /'mænjʊəl/ **A** *adj.* **1** manuell; ~ **work** Handarbeit; ~ **worker** Handarbeiter, *der*/-arbeiterin, *die* **2** (not automatic) handbetrieben; <*Bedienung, Schaltung*> von Hand **B** *n.* Handbuch, *das*

manually /'mænjʊəli/ *adv.* manuell; a ~ **operated machine** eine handbetriebene Maschine

manufacture /mænjʊ'fæktʃə(r)/ **A** *n.* Herstellung, *die* **B** *v.t.* herstellen

ℐ **manu'facturer** *n.* Hersteller, *der*

manure /mə'njʊə(r)/ **A** *n.* Dung, *der* **B** *v.t.* düngen

manuscript /'mænjʊskrɪpt/ *n.* Manuskript, *das*

ℐ **many** /'meni/ **A** *adj.* viele; **how** ~ **people/ books?** wie viele *od.* wie viel Leute/Bücher? **B** *n.* viele [Leute]; ~ **of us** viele von uns; **a good/great** ~ eine Menge

ℐ **map** /mæp/ **A** *n.* [Land]karte, *die*; (street plan) Stadtplan, *der* **B** *v.t.,* -**pp-** kartographieren ▪ ~ **'out** *v.t.* im Einzelnen festlegen

maple /'meɪpl/ *n.* Ahorn, *der*

'map-reading *n.* Kartenlesen, *das*

mar /mɑː(r)/ *v.t.* verderben

marathon /'mærəθən/ *n.* **1** Marathon[lauf], *der* **2** (fig.) Marathon, *das*

marauder /mə'rɔːdə(r)/ *n.* Plünderer, *der*

marble /'mɑːbl/ *n.* **1** (stone) Marmor, *der* **2** (toy) Murmel, *die*; [game of] ~s Murmelspiel, *das*

march **A** *n.* Marsch, *der*; [protest] ~ Protestmarsch, *der* **B** *v.i.* marschieren ▪ ~ **'off** **A** *v.i.* losmarschieren **B** *v.t.* abführen ▪ ~ **'past** *v.i.* vorbeimarschieren

ℐ **March** /mɑːtʃ/ *n.* März, *der; see also* **August**

'marcher *n.* [protest] ~ Demonstrant, *der*/ Demonstrantin, *die*

mare /meə(r)/ *n.* Stute, *die*

margarine /mɑːdʒə'riːn/, (infml) **marge** /mɑːdʒ/ *ns.* Margarine, *die*

margin /'mɑːdʒɪn/ *n.* **1** (of page) Rand, *der* **2** (extra amount) Spielraum, *der*; [profit] ~ [Gewinn]spanne, *die*; **by a narrow** ~ knapp

marginal /'mɑːdʒɪnl/ *adj.,* **'marginally** *adv.* unwesentlich

marginalize /'mɑːdʒɪnəlaɪz/ *v.t.* marginalisieren

marigold /'mærɪɡəʊld/ *n.* Ringelblume, *die*

marijuana /mærɪ'ɑːnə/ *n.* Marihuana, *das*

marina /mə'riːnə/ *n.* Jachthafen, *der*

marinade /mærɪ'neɪd/ **A** *n.* Marinade, *die* **B** ▸ **marinate**

marinate /'mærɪneɪt/ *v.t.* marinieren

marine /mə'riːn/ **A** *adj.* Meeres-; See<*versicherung, -recht usw.*>; Schiffs<*ausrüstung, -turbine usw.*> **B** *n.* (person) Marineinfanterist, *der*

mariner /'mærɪnə(r)/ *n.* Seemann, *der*

marionette /mærɪə'net/ *n.* Marionette, *die*

marital /'mærɪtl/ *adj.* ehelich

marital 'status *n.* Familienstand, *der*

maritime /'mærɪtaɪm/ *adj.* See-

ℐ **mark¹** /mɑːk/ **A** *n.* **1** (trace) Spur, *die*; (stain etc.) Fleck, *der*; (scratch) Kratzer, *der* **2** (sign) Zeichen, *das* **3** (Sch.) Note, *die* **4** (target) Ziel, *das* **B** *v.t.* **1** (dirty) schmutzig machen; (scratch) zerkratzen **2** (put distinguishing ~ on) kennzeichnen, markieren (with mit) **3** (Sch.) (correct) korrigieren; (grade) benoten **4** ~ **time** auf der Stelle treten ▪ ~ **'off** *v.t.* abgrenzen (from von, gegen) ▪ ~ **'out** *v.t.* markieren

ℐ **mark²** *n.* (hist.) (monetary unit) Mark, *die*

marked /mɑːkt/ *adj.,* **markedly** /'mɑːkɪdli/ *adv.* deutlich

'marker *n.* Markierung, *die*

'marker pen *n.* Markierstift, *der*

ℐ **market** /'mɑːkɪt/ **A** *n.* Markt, *der* **B** *v.t.* vermarkten

market: ~ **day** *n.* Markttag, *der*; ~ **e'conomy** *n.* Marktwirtschaft, *die*; ~ **'forces** *n. pl.* Kräfte des freien Marktes; ~ **'gardening** *n.* (BrE) Gemüseanbau, *der*

ℐ **'marketing** *n.* Marketing, *das*

market: ~ **'leader** *n.* (company, brand) Marktführer, *der*; (product) meistverkauftes Produkt; **the company is the** ~ **leader in its field** die Firma ist marktführend auf ihrem Gebiet; ~ **place** *n.* Marktplatz, *der*; (fig.) Markt, *der*; ~ **'price** *n.* Marktpreis, *der*; ~ **'research** *n.* Marktforschung, *die*; ~ **share** *n.* Marktanteil, *der*; ~ **town** *n.* Marktort, *der*; ~ **'value** *n.* Marktwert, *der*

'marking *n.* **1** Markierung, *die* **2** (on animal) Zeichnung, *die*

marksman /'mɑːksmən/ *n., pl.* **marksmen** /'mɑːksmən/ Scharfschütze, *der*

marmalade /'mɑːməleɪd/ *n.* [orange] ~ Orangenmarmelade, *die*

m

maroon¹ /məˈruːn/ **A** *adj.* kastanienbraun
B *n.* Kastanienbraun, *das*
maroon² *v.t.* **1** (Naut.) (put ashore) aussetzen
2 <*Flut, Hochwasser:*> von der Außenwelt abschneiden
marquee /maːˈkiː/ *n.* Festzelt, *das*
marquess, marquis /ˈmaːkwɪs/ *n.* Marquis, *der*
marquetry /ˈmaːkɪtrɪ/ *n.* Marketerie, *die*
marriage /ˈmærɪdʒ/ *n.* **1** Ehe, *die* (**to** mit)
2 (wedding) Hochzeit, *die*
marriage: ~ **broker** *n.* Heiratsvermittler, *der*/-vermittlerin, *die*; ~ **bureau** *n.* Eheanbahnungs- *od.* Ehevermittlungsinstitut, *das*; ~ **certificate** *n.* Trauschein, *der*; (record of civil marriage also) Heiratsurkunde, *die*; ~ **'guidance** *n.* Eheberatung, *die*; ~ **licence** *n.* Heirats- *od.* Eheerlaubnis, *die*
married /ˈmærɪd/ *adj.* **1** verheiratet; ~ **couple** Ehepaar, *das*
2 (marital) Ehe<*leben, -name*>
marrow /ˈmærəʊ/ *n.* **1** [vegetable] ~ Speisekürbis, *der*
2 (Anat.) [Knochen]mark, *das*
marry /ˈmærɪ/ **A** *v.t.* **1** heiraten
2 (join); **they were** *or* **got/have got married** sie haben geheiratet
B *v.i.* heiraten
Mars /maːz/ *pr. n.* (Astron.) Mars, *der*
marsh /maːʃ/ *n.* Sumpf, *der*
marshal /ˈmaːʃl/ **A** *n.* **1** (officer in army) Marschall, *der*
2 (Sport) Ordner, *der*
B *v.t.*, (BrE) **-ll-** aufstellen <*Truppen*>; ordnen <*Fakten*>
'marshalling yard *n.* Rangierbahnhof, *der*
marshmallow /maːʃˈmæləʊ/ *n.* (sweet) ≈ Mohrenkopf, *der*
'marshy *adj.* sumpfig
marsupial /maːˈsjuːpɪəl/ *n.* Beuteltier, *das*
martial /ˈmaːʃl/ *adj.* kriegerisch
martial 'law *n.* Kriegsrecht, *das*
martyr /ˈmaːtə(r)/ **A** *n.* Märtyrer, *der*/Märtyrerin, *die*
B *v.t.* be ~ed den Märtyrertod sterben
marvel /ˈmaːvl/ **A** *n.* Wunder, *das*
B *v.i.*, (BrE) **-ll-** (literary) ~ **at sth** über etw. (*Akk.*) staunen
marvellous /ˈmaːvələs/ *adj.*, **'marvellously** *adv.* wunderbar
marvelous, marvelously (AmE)
▶ marvellous
Marxism /ˈmaːksɪzm/ *n.* Marxismus, *der*
Marxist /ˈmaːksɪst/ **A** *n.* Marxist, *der*/Marxistin, *die*
B *adj.* marxistisch
marzipan /ˈmaːzɪpæn/ *n.* Marzipan, *das*
mascara /mæˈskaːrə/ *n.* Mascara, *das*
mascot /ˈmæskɒt/ *n.* Maskottchen, *das*

masculine /ˈmæskjʊlɪn/ *adj.* männlich
masculinity /mæskjuˈlɪnɪtɪ/ *n.* Männlichkeit, *die*
mash /mæʃ/ **A** *n.* **1** Brei, *der*
2 (BrE) (infml) (~ed potatoes) Kartoffelbrei, *der*
B *v.t.* zerdrücken; ~ed potatoes Kartoffelbrei, *der*
mask /maːsk/ **A** *n.* Maske, *die*
B *v.t.* maskieren
'masking tape *n.* Abklebeband, *das*
masochism /ˈmæsəkɪzm/ *n.* Masochismus, *der*
masochist /ˈmæsəkɪst/ *n.* Masochist, *der*/Masochistin, *die*
masochistic /mæsəˈkɪstɪk/ *adj.* masochistisch
mason /ˈmeɪsn/ *n.* **1** Steinmetz, *der*
2 M~ (Free~) [Frei]maurer, *der*
Masonic /məˈsɒnɪk/ *adj.* [frei]maurerisch
Masonic 'lodge *n.* [Frei]maurerloge, *die*
masonry /ˈmeɪsnrɪ/ *n.* Mauerwerk, *das*
masquerade /mæskəˈreɪd, maːskəˈreɪd/ **A** *n.* Maskerade, *die*
B *v.i.* ~ **as sb/sth** sich als jmd./etw. ausgeben
mass¹ /mæs/ *n.* (Eccl.) Messe, *die*
mass² **A** *n.* **1** Masse, *die*
2 a ~ **of** ... eine Unmenge von ...
3 *attrib.* (for many people) Massen-
B *v.t.* anhäufen
C *v.i.* sich ansammeln; <*Truppen:*> sich massieren
massacre /ˈmæsəkə(r)/ **A** *n.* Massaker, *das*
B *v.t.* massakrieren
massage /ˈmæsaːʒ/ **A** *n.* Massage, *die*
B *v.t.* massieren
mass communi'cations *n. pl.* Massenkommunikation, *die*
masseur /mæˈsɜː(r)/ *n.* Masseur, *der*
masseuse /mæˈsɜːz/ *n. fem.* Masseurin, *die*
mass hy'steria *n.* Massenhysterie, *die*
massive /ˈmæsɪv/ *adj.* massiv; gewaltig <*Aufgabe*>; enorm <*Schulden*>
mass: ~ **market** *attrib. adj.* für den Massenmarkt *nachgestellt*; ~ **'media** *n. pl.* Massenmedien *Pl.*; ~ **'murderer** *n.* Massenmörder, *der*/-mörderin, *die*; ~**-pro'duced** *adj.* serienmäßig produziert; ~ **pro'duction** *n.* Massenproduktion, *die*
mast /maːst/ *n.* Mast, *der*
mastectomy /mæˈstektəmɪ/ *n.* (Med.) Mastektomie, *die*
master /ˈmaːstə(r)/ **A** *n.* **1** Herr, *der*
2 (of dog) Herrchen, *das*; (of ship) Kapitän, *der*
3 (Sch.) (teacher) Lehrer, *der*
4 (expert, great artist) Meister, *der* (**at** in + *Dat.*)
5 M~ **of Arts/Science** Magister Artium/rerum naturalium
B *adj.* Haupt-
C *v.t.* (learn) erlernen; **have** ~ed **a language** eine Sprache beherrschen
masterful /ˈmaːstəfl/ *adj.* (masterly) meisterhaft

'**master key** n. Hauptschlüssel, der
masterly /'mɑːstəlɪ/ adj. meisterhaft
master: ~**mind** **A** n. führender Kopf
  B v.t. ~**mind the plot** der Kopf des
Komplotts sein; ~**piece** n. (work of
art) Meisterwerk, das; ~ **stroke** n.
Geniestreich, der; **be a** ~ **stroke** genial sein;
~ **switch** n. Hauptschalter, der
mastery /'mɑːstərɪ/ n. **1** (skill) Meisterschaft,
die
  2 (knowledge) Beherrschung, die (of Gen.)
masturbate /'mæstəbeɪt/ v.i. & t.
masturbieren
masturbation /mæstə'beɪʃn/ n.
Masturbation, die
mat /mæt/ n. **1** Matte, die
  2 (to protect table etc.) Untersetzer, der
matador /'mætədɔː(r)/ n. Matador, der
ꞌ **match**¹ /mætʃ/ **A** n. **1 be no** ~ **for sb** sich mit
jmdm. nicht messen können; **meet one's** ~
seinen Meister finden
  2 be a [good etc.**]** ~ **for sth** [gut usw.] zu etw.
passen
  3 (Sport) Spiel, das; (Boxing) Kampf, der
  B v.t. **1** (equal) ~ **sb at chess** es mit jmdm. im
Schach aufnehmen [können]
  2 (harmonize with) passen zu; **a handbag and**
~**ing shoes** eine Handtasche und [dazu]
passende Schuhe; ~ **each other** zueinander
passen
  C v.i. zusammenpassen
match² n. (~stick) Streichholz, das
'**matchbox** n. Streichholzschachtel, die
'**matchless** adj. unvergleichlich
match: ~**maker** n. Ehestifter, der/
Ehestifterin, die; ~**stick** n. Streichholz, das
mate¹ /meɪt/ **A** n. **1** Kumpel, der (ugs.); **look**
or listen, ~, ... jetzt hör [mir] mal gut zu,
Freundchen, ...
  2 (Naut.) ≈ Kapitänleutnant, der
  3 (workman's assistant) Gehilfe, der
  4 (Zool.) (male) Männchen, das; (female)
Weibchen, das
  B v.i. sich paaren
  C v.t. paaren ‹Tiere›
mate² (Chess) ▶ **checkmate**
ꞌ **material** /mə'tɪərɪəl/ **A** adj. **1** materiell
  2 (relevant) wesentlich
  B n. **1** ~**[s]** Material, das; **building/writing**
~**s** Bau-/Schreibmaterial, das
  2 (cloth) Stoff, der
materialism /mə'tɪərɪəlɪzm/ n.
Materialismus, der
materialistic /mətɪərɪə'lɪstɪk/ adj.
materialistisch
materialize /mə'tɪərɪəlaɪz/ v.i. ‹Plan, Idee:›
sich verwirklichen; ‹Treffen:› zustande
kommen
maternal /mə'tɜːnl/ adj. mütterlich;
Mutter‹instinkt›
maternity /mə'tɜːnɪtɪ/ n. Mutterschaft, die
maternity: ~ **benefit** n. Mutterschaftsgeld,

das; ~ **dress** n. Umstandskleid, das; ~
hospital n. Entbindungsheim, das; ~
leave n. Mutterschaftsurlaub, der;
~ **nurse** n. Hebamme, die; ~ **pay** n.
Mutterschaftsgeld, das; ~ **unit,** ~ **ward**
ns. Entbindungsstation, die; ~ **wear** n.
Umstandskleidung, die
matey /'meɪtɪ/ adj., **matier** /'meɪtɪə(r)/,
matiest /'meɪtɪɪst/ (BrE) (infml)
kameradschaftlich
math /mæθ/ (AmE) (infml) ▶ **maths**
mathematical /mæθɪ'mætɪkl/ adj.,
mathematically /mæθɪ'mætɪkəlɪ/ adv.
mathematisch
mathematician /mæθɪmə'tɪʃn/ n.
Mathematiker, der/Mathematikerin, die
mathematics /mæθɪ'mætɪks/ n. Mathematik,
die
maths /mæθs/ n. (BrE) (infml) Mathe, die
(Schülerspr.)
matinee /'mætɪneɪ/ n.
Nachmittagsvorstellung, die
matriarchal /meɪtrɪ'ɑːkl/ adj. matriarchalisch
matriarchy /'meɪtrɪɑːkɪ/ n. Matriarchat, das
matrices pl. of **matrix**
matriculate /mə'trɪkjʊleɪt/ **A** v.t.
immatrikulieren (in an + Dat.)
  B v.i. sich immatrikulieren
matriculation /mətrɪkjʊ'leɪʃn/ n.
Immatrikulation, die
matrimonial /mætrɪ'məʊnɪəl/ adj. Ehe-
matrimony /'mætrɪmənɪ/ n. Ehestand, der
matrix /'meɪtrɪks/ n., pl. **matrices**
/'meɪtrɪsiːz/ or ~**es** Matrix, die
matron /'meɪtrən/ n. (in school) ≈ Hausmutter,
die; (in hospital) Oberschwester, die
matt /mæt/ adj. matt
'**matted** adj. verfilzt
ꞌ **matter** /'mætə(r)/ **A** n. **1** (affair)
Angelegenheit, die; ~**s** die Dinge; **money**
~**s** Geldangelegenheiten
  2 it's a ~ **of taste** das ist Geschmackssache;
[only] a ~ **of time** [nur noch] eine Frage
der Zeit
  3 what's the ~**?** was ist [los]?
  4 (physical material) Materie, die
  B v.i. etwas ausmachen; **what does it** ~**?**
was macht das schon?; **[it] doesn't** ~ **[das]**
macht nichts (ugs.)
'**matter-of-fact** adj. sachlich
mattress /'mætrɪs/ n. Matratze, die
mature /mə'tjʊə(r)/ **A** adj. reif; ausgereift
‹Stil, Käse, Portwein, Sherry›
  B v.t. reifen lassen
  C v.i. reifen
maturity /mə'tjʊərɪtɪ/ n. Reife, die
Maundy Thursday /mɔːndɪ 'θɜːzdɪ/ n.
Gründonnerstag, der
mausoleum /mɔːsə'liːəm/ n. Mausoleum, das
mauve /məʊv/ adj. mauve
mawkish /'mɔːkɪʃ/ adj. rührselig

m

max. *abbr.* = **maximum** (*adj.*) max., (*n.*) Max.

maxim /ˈmæksɪm/ *n.* Maxime, *die*

maximum /ˈmæksɪməm/ **A** *n.*, *pl.* **maxima** /ˈmæksɪmə/ Maximum, *das* **B** *adj.* maximal; Maximal-; ~ **speed/ temperature** Höchstgeschwindigkeit, *die*/-temperatur, *die*

ˈ**maximum-security** *attrib. adj.* Hochsicherheits‹[gefängnis]trakt›

✔ **may** *v. aux., only in pres.* ~ *neg.* (infml) **mayn't** /meɪnt/; *past* **might** /maɪt/; *neg.* (infml) **mightn't** /ˈmaɪtnt/ **1** (expr. possibility) können; **it** ~ **be true** das kann stimmen; **I** ~ **be wrong** vielleicht irre ich mich; **it** ~ **not be possible** das wird vielleicht nicht möglich sein; **he** ~ **have missed his train** vielleicht hat er seinen Zug verpasst; **it** ~ *or* **might rain** es könnte regnen; **we** ~ *or* **might as well go** wir könnten eigentlich ebenso gut [auch] gehen **2** (expr. permission) dürfen **3** (expr. wish) mögen; ~ **the best man win!** auf dass der Beste gewinnt!

✔ **May** /meɪ/ *n.* Mai, *der*; *see also* **August**

✔ **maybe** /ˈmeɪbiː, ˈmeɪbɪ/ *adv.* vielleicht

ˈ**May Day** *n.* der Erste Mai; **the** ~ **holiday** der Maifeiertag

ˈ**mayfly** *n.* Eintagsfliege, *die*

mayhem /ˈmeɪhem/ *n.* Chaos, *das*

mayn't /meɪnt/ (infml) = **may not** ▶ **may**

mayonnaise /meɪəˈneɪz/ *n.* Mayonnaise, *die*

mayor /meə(r)/ *n.* Bürgermeister, *der*

mayoress /ˈmeərɪs/ *n.* (woman mayor) Bürgermeisterin, *die*; (mayor's wife) [Ehe]frau des Bürgermeisters

maze /meɪz/ *n.* Labyrinth, *das*

MBA *abbr.*: = **Master of Business Administration** Diplom in Betriebswirtschaft

✔ **me** /mɪ, *stressed* miː/ *pron.* mich; *as indirect object* mir; **who,** ~**?** wer, ich?; **not** ~ ich nicht; **it's** ~ ich bins

ME *abbr.* (Med.) = **myalgic encephalomyelitis**

meadow /ˈmedəʊ/ *n.* Wiese, *die*

meagre /ˈmiːgə(r)/ *adj.* dürftig

✔ **meal** /miːl/ *n.* Mahlzeit, *die*; **go out for a** ~ essen gehen; **enjoy your** ~ guten Appetit!; ~**s on wheels** (BrE) Essen auf Rädern

meal: ~ **ticket** *n.* Essenmarke, *die*; (fig. infml) melkende Kuh (ugs.); ~**time** *n.* Essenszeit, *die*; ~ **voucher** *n.* Essenmarke, *die*

✔ **mean¹** /miːn/ *n.* **1** Mittelweg, *der* **2** (Math.) Mittelwert, *der*

mean² *adj.* **1** (miserly) geizig **2** (unkind) gemein **3** (shabby) schäbig

✔ **mean³** *v.t.,* **meant** /ment/ **1** (intend) beabsichtigen; ~ **to do sth** etw. tun wollen **2** (design, destine) **be** ~**t to do sth** etw. tun sollen

3 (intend to convey) meinen; **I [really]** ~ **it** ich meine das ernst; **what do you** ~ **by that?** was hast du damit gemeint? **4** (signify) bedeuten

meander /mɪˈændə(r)/ *v.i.* **1** ‹*Fluss:*› sich winden **2** ‹*Person:*› schlendern

✔ ˈ**meaning** *n.* Bedeutung, *die*; (of text etc., life) Sinn, *der*

meaningful /ˈmiːnɪŋfl/ *adj.* bedeutungsvoll ‹*Blick, Ergebnis*›; sinnvoll ‹*Aufgabe, Gespräch*›

meaningless *adj.* ‹*Wort, Gespräch:*› ohne Sinn; sinnlos ‹*Aktivität*›

means /miːnz/ *n.* **1** Möglichkeit, *die*; [Art und] Weise; **by this** ~ hierdurch; ~ **of transport** Transportmittel, *das* **2** *pl.* (resources) Mittel *Pl.*; **live within/beyond one's** ~ seinen Verhältnissen entsprechend/ über seine Verhältnisse leben **3 by all** ~**!** selbstverständlich!; **by no [manner of]** ~ ganz und gar nicht; **by** ~ **of** durch; mit [Hilfe von]

ˈ**means test** *n.* Überprüfung der Bedürftigkeit

meant ▶ **mean³**

ˈ**meantime** **A** *n.* **in the** ~ inzwischen **B** *adv.* inzwischen

✔ ˈ**meanwhile** *adv.* inzwischen

measles /ˈmiːzlz/ *n.* Masern *Pl.*

measly /ˈmiːzlɪ/ *adj.* (infml) pop[e]lig (ugs.)

measurable /ˈmeʒərəbl/ *adj.* messbar

✔ **measure** /ˈmeʒə(r)/ **A** *n.* **1** Maß, *das*; **for good** ~ sicherheitshalber; (as an extra) zusätzlich; **made to** ~ maßgeschneidert **2** (degree) **in some/large** ~ in gewisser Hinsicht; in hohem Maße **3** (for measuring) Maß, *das* **4** (step) Maßnahme, *die*; **take** ~**s** Maßnahmen treffen **B** *v.t.* messen ‹*Größe, Menge usw.*›; ausmessen ‹*Raum*› **C** *v.i.* messen ■ ~ ˈ**up** *v.t.* entsprechen (+ *Dat.*)

ˈ**measured** /ˈmeʒəd/ *adj.* gemessen ‹*Schritt, Worte*›

ˈ**measurement** *n.* **1** Messung, *die* **2** (dimension) Maß, *das*

ˈ**measuring tape** *n.* Bandmaß, *das*

meat /miːt/ *n.* Fleisch, *das*

ˈ**meaty** *adj.* **1** fleischig **2** (fig.) gehaltvoll

mechanic /mɪˈkænɪk/ *n.* Mechaniker, *der*/ Mechanikerin, *die*

mechanical /mɪˈkænɪkl/ *adj.* mechanisch

mechanical engiˈneering *n.* Maschinenbau, *der*

meˈchanically *adv.* mechanisch

mechanical ˈpencil *n.* (AmE) Drehbleistift, *der*

meˈchanics *n.* **1** Mechanik, *die* **2** *pl.* (mechanism) Mechanismus, *der*

✔ Schlüsselwort

ₒˢ **mechanism** /'mekənɪzm/ n. Mechanismus, der

mechanization /mekənaɪ'zeɪʃn/ n. Mechanisierung, die

mechanize /'mekənaɪz/ v.t. mechanisieren

medal /'medl/ n. Medaille, die; (decoration) Orden, der

medallion /mɪ'dæljən/ n. [große] Medaille

medallist /'medəlɪst/ n. Medaillengewinner, der/ gewinnerin, die

meddle /'medl/ v.i. ~ with sth sich (Dat.) an etw. (Dat.) zu schaffen machen; ~ in sth sich in etw. (Akk.) einmischen

ₒˢ **media** /'miːdɪə/ ▶ mass media, medium A

mediaeval ▶ medieval

'**media studies** n. sing. Medienwissenschaft, die; (school subject) Medienkunde, die

mediate /'miːdɪeɪt/ v.i. vermitteln

mediator /'miːdɪeɪtə(r)/ n. Vermittler, der/ Vermittlerin, die

ₒˢ **medical** /'medɪkl/ adj. medizinisch; ärztlich <Behandlung, Untersuchung>
medical: ~ **certificate** n. Attest, das; ~ **examination** n. ärztliche Untersuchung; ~ '**history** n. (of person) Krankengeschichte, die; ~ **insurance** n. Krankenversicherung, die; have ~ insurance krankenversichert sein; ~ **prac'titioner** n. praktischer Arzt/ praktische Ärztin; ~ **report** n. medizinisches Gutachten; ~ **school** n. medizinische Hochschule; ~ **student** n. Medizinstudent, der/-studentin, die

medicament /mɪ'dɪkəmənt, 'medɪkəmənt/ n. Medikament, das

Medicare /'medɪkeə(r)/ n. (AmE) [bundes]staatliches Krankenversicherungssystem für Personen über 65 Jahre

medicated /'medɪkeɪtɪd/ adj. medizinisch

medication /medɪ'keɪʃn/ n. (medicine) Medikament, das

medicinal /mɪ'dɪsɪnl/ adj. medizinisch

ₒˢ **medicine** /'medsən, 'medɪsɪn/ n. **1** (science) Medizin, die
2 (preparation) Medikament, das

'**medicine chest** n. Medikamentenschränkchen, das; (in home) Hausapotheke, die

medieval /medɪ'iːvl/ adj. mittelalterlich

mediocre /miːdɪ'əʊkə(r)/ adj. mittelmäßig

mediocrity /miːdɪ'ɒkrɪtɪ/ n. Mittelmäßigkeit, die

meditate /'medɪteɪt/ v.i. nachdenken, (esp. Relig.) meditieren ([up]on über + Akk.)

meditation /medɪ'teɪʃn/ n. **1** (act) Nachdenken, das
2 (Relig.) Meditation, die

Mediterranean /medɪtə'reɪnɪən/ pr. n. the ~ das Mittelmeer

medium /'miːdɪəm/ **A** n., pl. **media** /'miːdɪə/ or ~s **1** (substance) Medium, das

2 (means) Mittel, das; by or through the ~ of durch
3 pl. ~s (Spiritualism) Medium, das
4 in pl. **media** (mass media) Medien Pl.
B adj. mittler ...; medium nur präd. <Steak>
medium: ~-**range** adj. Mittelstrecken<flugzeug, -rakete>; ~-**sized**, ~-**size** adj. mittelgroß

medley /'medlɪ/ n. **1** buntes Gemisch
2 (Mus.) Potpourri, das

meek /miːk/ adj. **1** (humble) sanftmütig
2 (submissive) zu nachgiebig

ₒˢ **meet** /miːt/ **A** v.t., **met** /met/ **1** treffen; (collect) abholen
2 (make the acquaintance of) kennen lernen; pleased to ~ you [sehr] angenehm
3 (experience) stoßen auf (+ Akk.) <Widerstand, Problem>
4 (satisfy) entsprechen (+ Dat.) <Wunsch, Bedürfnis, Kritik>; einhalten <Termin, Zeitplan>
5 (pay) decken <Kosten>; bezahlen <Rechnung>
B v.i., **met 1** (by chance) sich (Dat.) begegnen; (by arrangement) sich treffen; we've met before wir kennen uns bereits
2 <Komitee, Ausschuss usw.> tagen
■ ~ 'up v.i. sich treffen; ~ up with sb (infml) sich treffen
■ '~ with v.t. **1** begegnen (+ Dat.)
2 (experience) haben <Erfolg, Unfall>; stoßen auf (+ Akk.) <Widerstand>

ₒˢ '**meeting** n. **1** Begegnung, die; (by arrangement) Treffen, das
2 (assembly) Versammlung, die; (of committee etc.) Sitzung, die

'**meeting place** n. Treffpunkt, der

mega /'megə/ (infml) **A** adj. **1** (enormous) Mega- (Jugendspr.)
2 (excellent) geil (Jugendspr.)
B adv. äußerst; be ~ rich super- od. (Jugendspr.) megareich sein

'**megabyte** n. (Comp.) Megabyte, das

megalomania /megələ'meɪnɪə/ n. Größenwahn, der

megaphone /'megəfəʊn/ n. Megaphon, das

melancholic /melən'kɒlɪk/ adj. melancholisch

melancholy /'melənkəlɪ/ **A** n. Melancholie, die
B adj. melancholisch

mellow /'meləʊ/ **A** adj. **1** (softened by age or experience) abgeklärt
2 (ripe, well-matured) reif
B v.i. reifen

melodic /mɪ'lɒdɪk/, **melodious** /mɪ'ləʊdɪəs/ adjs., **me'lodiously** adv. melodisch

melodrama /'melədrɑːmə/ n. Melodrama, das

melodramatic /melədrə'mætɪk/ adj. melodramatisch

melody /'melədɪ/ n. Melodie, die

melon /'melən/ n. Melone, die

m

melt /melt/ **A** *v.i.* schmelzen
  B *v.t.* schmelzen; zerlassen <*Butter*>
■ ~ a'way *v.i.* [weg]schmelzen
■ ~ 'down **A** *v.i.* schmelzen
  B *v.t.* einschmelzen
'**meltdown** *n.* **1** Schmelzen, *das*
  2 (Finance) Einbruch, *der*
melting: ~ **point** *n.* Schmelzpunkt, *der*;
  ~ **pot** *n.* (fig.) Schmelztiegel, *der*
⚹ **member** /'membə(r)/ *n.* **1** Mitglied, *das*;
  be a ~ Mitglied sein; ~ of a/the family
  Familienangehörige, *der/die*
  2 M~ [of Parliament] (BrE) Abgeordnete [des
  Unterhauses], *der/die*
'**membership** *n.* **1** Mitgliedschaft, *die*
  (of in + *Dat.*)
  2 (number of members) Mitgliederzahl, *die*
  3 (members) Mitglieder *Pl.*
'**member state** *n.* Mitglied[s]staat, *der*
membrane /'membreɪn/ *n.* (Biol.) Membran,
  die
meme /miːm/ *n.* Mem, *das*; *kulturelle
  Grundeinheit*
memento /mɪ'mentəʊ/ *n.*, *pl.* ~es *or* ~s
  Andenken, *das* (of an + *Akk.*)
memo /'meməʊ/ *n.*, *pl.* ~s (infml)
  ▶ memorandum
memoirs /'memwɑːz/ *n. pl.* Memoiren *Pl.*
memorable /'memərəbl/ *adj.* denkwürdig
  <*Ereignis, Tag*>; unvergesslich <*Film, Buch,
  Aufführung*>
memorandum /memə'rændəm/ *n.*,
  pl. **memoranda** /memə'rændə/ *or* ~s
  Mitteilung, *die*
memorial /mɪ'mɔːrɪəl/ **A** *adj.* Gedenk-
  B *n.* Denkmal, *das* (to für)
memorize /'meməraɪz/ *v.t.* sich (*Dat.*)
  merken *od.* einprägen; (learn by heart)
  auswendig lernen
⚹ **memory** /'meməri/ *n.* **1** Gedächtnis, *das*
  2 (thing remembered, act of remembering)
  Erinnerung, *die* (of an + *Akk.*); from ~ aus
  dem Gedächtnis; in ~ of zur Erinnerung an
  (+ *Akk.*)
  3 (Comp.) Speicher, *der*
memory: ~ **bank** *n.* Speicherbank, *die*;
  ~ **stick** *n.* (Comp.) Memorystick, *der*;
  Speicherstab, *der*
men *pl. of* **man**
menace /'menəs/ **A** *v.t.* bedrohen
  B *n.* Plage, *die*
menacing /'menəsɪŋ/ *adj.* drohend
mend /mend/ **A** *v.t.* reparieren; ausbessern
  <*Kleidung*>; kleben <*Glas, Porzellan*>
  B *v.i.* <*Knochen, Bein usw.:*> heilen
  C *n.* be on the ~ auf dem Wege der
  Besserung sein
'**menfolk** *n. pl.* Männer *Pl.*
menial /'miːnɪəl/ *adj.* niedrig; untergeordnet
  <*Aufgabe*>

⚹ Schlüsselwort

meningitis /menɪn'dʒaɪtɪs/ *n.*
  Hirnhautentzündung, *die*
menopause /'menəpɔːz/ *n.* Wechseljahre *Pl.*
menstrual /'menstrʊəl/ *adj.* menstrual
  (fachspr.)
menstruate /'menstrʊeɪt/ *v.i.* menstruieren
menstruation /menstrʊ'eɪʃn/ *n.*
  Menstruation, *die*
menswear /'menzweə(r)/ *n.*
  Herrenbekleidung, *die*
⚹ **mental** /'mentl/ *adj.* **1** (of the mind) geistig;
  Geistes<*zustand, -störung*>
  2 (BrE) (infml) (mad) verrückt (salopp)
mental: ~ a'rithmetic *n.* Kopfrechnen,
  das; ~ 'health *n.* seelische Gesundheit;
  ~ hospital *n.* Nervenklinik, *die* (ugs.); ~
  'illness *n.* Geisteskrankheit, *die*
mentality /men'tælɪti/ *n.* Mentalität, *die*
'**mentally** *adv.* geistig
⚹ **mention** /'menʃn/ **A** *n.* Erwähnung, *die*
  B *v.t.* erwähnen (to gegenüber); don't ~ it
  keine Ursache
menu /'menju:/ *n.* **1** [Speise]karte, *die*
  2 (Comp., Telev.) Menü, *das*
'**menu bar** *n.* (Comp.) Menüleiste, *die*
mercenary /'mɜːsɪnəri/ **A** *adj.* gewinnsüchtig
  B *n.* Söldner, *der*
merchandise /'mɜːtʃəndaɪz/ *n.*
  [Handels]ware, *die*
merchant /'mɜːtʃənt/ *n.* Kaufmann, *der*
merchant: ~ 'bank *n.* Handelsbank, *die*; ~
  'navy *n.* (BrE) Handelsmarine, *die*
merciful /'mɜːsɪfl/ *adj.* gnädig
mercifully /'mɜːsɪfəli/ *adv.* (fortunately)
  glücklicherweise
merciless /'mɜːsɪlɪs/ *adj.*, '**mercilessly** *adv.*
  gnadenlos
mercury /'mɜːkjʊri/ **A** *n.* Quecksilber, *das*
  B *pr. n.* M~ (Astron.) Merkur, *der*
mercy /'mɜːsi/ *n.* Erbarmen, *das* (on mit);
  show sb [no] ~ mit jmdm. [kein] Erbarmen
  haben; be at the ~ of sb/sth jmdm./
  einer Sache [auf Gedeih und Verderb]
  ausgeliefert sein
⚹ **mere** /mɪə(r)/ *adj.*, '**merely** *adv.* bloß
merge /mɜːdʒ/ **A** *v.t.* **1** (combine)
  zusammenschließen
  2 (blend gradually) verschmelzen (with mit)
  B *v.i.* **1** (combine) fusionieren (with mit)
  2 <*Straße:*> zusammenlaufen (with mit)
merger /'mɜːdʒə(r)/ *n.* Fusion, *die*
meringue /mə'ræŋ/ *n.* Meringe, *die*; Baiser,
  das
merit /'merɪt/ **A** *n.* **1** (worth) Verdienst, *das*
  2 (good feature) Vorzug, *der*
  B *v.t.* verdienen
mermaid /'mɜːmeɪd/ *n.* Nixe, *die*
merrily /'merɪli/ *adv.* munter
merriment /'merɪmənt/ *n.* Fröhlichkeit, *die*
merry /'meri/ *adj.* fröhlich; ~ Christmas!
  frohe *od.* fröhliche Weihnachten!

'**merry-go-round** *n.* Karussell, *das*

'**merrymaking** *n.* Feiern, *das*

mesh /meʃ/ *n.* **1** Masche, *die*
    2 (netting; also fig.: network) Geflecht, *das*; wire
    ~ Maschendraht, *der*

mesmerize /'mezmǝraɪz/ *v.t.* faszinieren

mess /mes/ *n.* **1** (dirty/untidy state) **[be] a** ~ *or* in
    a ~ schmutzig/unaufgeräumt [sein]; what a
    ~! was für ein Dreck (ugs.)/Durcheinander!
    2 (bad state) be **[in] a** ~ sich in einem
    schlimmen Zustand befinden; <Person:>
    schlimm dran sein; **get into a** ~ in
    Schwierigkeiten geraten; **make a** ~ **of**
    verpfuschen (ugs.) <Arbeit, Leben>
    3 (Mil.) Kasino, *das*
    ■ ~ **a'bout**, ~ **a'round** **A** *v.i.* (potter)
    herumwerken; (fool about) herumalbern
    B *v.t.* ~ **sb about** *or* **around** mit jmdm. nach
    Belieben umspringen
    ■ ~ '**up** *v.t.* **1** (make dirty) schmutzig machen;
    (make untidy) in Unordnung bringen
    2 (bungle) ~ **it/things up** Mist bauen (ugs.)

ˢ **message** /'mesɪdʒ/ *n.* Nachricht, *die*; give sb
    a ~ jmdm. etwas ausrichten

messenger /'mesɪndʒǝ(r)/ *n.* Bote, *der*/
    Botin, *die*

Messiah /mɪ'saɪǝ/ *n.* Messias, *der*

Messrs /'mesǝz/ *n. pl.* **1** (in name of firm) ≈ Fa.
    2 *pl. of* **Mr**; (in list of names) ~ **A and B** die
    Herren A und B

'**messy** *adj.* (dirty) schmutzig; (untidy)
    unordentlich

met ▶ **meet**

metabolism /mɪ'tæbǝlɪzm/ *n.* Stoffwechsel,
    der

ˢ **metal** /'metl/ **A** *n.* Metall, *das*
    B *adj.* Metall-

'**metal detector** *n.* Metallsuchgerät, *das*

metallic /mɪ'tælɪk/ *adj.* metallisch; have a ~
    taste nach Metall schmecken

metallurgy /mɪ'tælǝdʒɪ/ *n.* Metallurgie, *die*

'**metalwork** *n.* (products) Metallarbeiten *Pl.*

metamorphosis /metǝ'mɔːfǝsɪs/ *n.*,
    pl. **metamorphoses** /metǝ'mɔːfǝsiːz/
    Metamorphose, *die*

metaphor /'metǝfǝ(r)/ *n.* Metapher, *die*

metaphorical /metǝ'fɒrɪkl/ *adj.*,
    metaphorically /metǝ'fɒrɪkǝlɪ/ *adv.*
    metaphorisch

meteor /'miːtɪǝ(r)/ *n.* Meteor, *der*

meteoric /miːtɪ'ɒrɪk/ *adj.* (fig.) kometenhaft

meteorological /miːtɪǝrǝ'lɒdʒɪkl/
    adj. meteorologisch <*Instrument*>;
    Wetter<*ballon, -bericht*>

meteorologist /miːtɪǝ'rɒlǝdʒɪst/ *n.*
    Meteorologe, *der*/Meteorologin, *die*

meteorology /miːtɪǝ'rɒlǝdʒɪ/ *n.*
    Meteorologie, *die*

ˢ **meter¹** /'miːtǝ(r)/ *n.* **1** Zähler, *der*; (for coins)
    Münzzähler, *der*
    2 (parking ~) Parkuhr, *die*

meter² (AmE) ▶ **metre¹**, **metre²**

methane /'miːθeɪn/ *n.* Methan, *das*

ˢ **method** /'meθǝd/ *n.* Methode, *die*

methodical /mɪ'θɒdɪkl/ *adj.*, **me'thodically**
    adv. systematisch

Methodist /'meθǝdɪst/ *n.* Methodist, *der*/
    Methodistin, *die*

meths /meθs/ *n.* (BrE) (infml) [Brenn]spiritus,
    der

methylated spirit /meθɪleɪtɪd 'spɪrɪt/ *n.*
    methylated 'spirits *n. pl.* Brennspiritus,
    der

meticulous /mɪ'tɪkjʊlǝs/ *adj.*,
    me'ticulously *adv.* (scrupulous[ly])
    sorgfältig; (overscrupulous[ly]) übergenau

metre¹ /'miːtǝ/ *n.* (BrE) (poetic rhythm) Metrum,
    das

metre² *n.* (BrE) (unit) Meter, *der od. das*

metric /'metrɪk/ *adj.* metrisch

metrication /metrɪ'keɪʃn/ *n.* Umstellung auf
    das metrische System

'**metric system** *n.* metrisches System

metro /'metrǝʊ/ *n.*, *pl.* ~**s** U-Bahn, *die*; **the
    Paris M**~ die [Pariser] Metro

metronome /'metrǝnǝʊm/ *n.* Metronom,
    das

metropolis /mɪ'trɒpǝlɪs/ *n.* Metropole, *die*

metropolitan /metrǝ'pɒlɪtǝn/ *adj.* ~ **New
    York** der Großraum New York; ~ **London**
    Großlondon *(das)*

Mexican /'meksɪkǝn/ **A** *adj.* mexikanisch; sb
    is ~ jmd. ist Mexikaner/Mexikanerin
    B *n.* Mexikaner, *der*/Mexikanerin, *die*

Mexico /'meksɪkǝʊ/ *pr. n.* Mexiko *(das)*

miaow /mɪ'aʊ/ **A** *v.i.* miauen
    B *n.* Miauen, *das*

mice *pl. of* **mouse**

microbe /'maɪkrǝʊb/ *n.* Mikrobe, *die*

micro /'maɪkrǝʊ/: ~**chip** *n.* Mikrochip, *der*;
    ~**computer** *n.* Mikrocomputer, *der*; ~**dot**
    n. Mikrat, *das*; ~**fibre** *n.* Mikrofaser, *die*;
    ~**fiche** *n.* Mikrofiche, *das od. der*; ~**film**
    A *n.* Mikrofilm, *der* **B** *v.t.* auf Mikrofilm
    aufnehmen; ~**light**, ~**light 'aircraft** *n.*
    Ultraleichtflugzeug, *das*

microphone /'maɪkrǝfǝʊn/ *n.* Mikrofon, *das*

microprocessor /maɪkrǝʊ'prǝʊsesǝ(r)/ *n.*
    Mikroprozessor, *der*

microscope /'maɪkrǝskǝʊp/ *n.* Mikroskop,
    das

microscopic /maɪkrǝ'skɒpɪk/ *adj.*
    mikroskopisch; (fig.) (very small) winzig

'**microwave** *n.* Mikrowelle, *die*; ~ **[oven]**
    Mikrowellenherd, *der*

mid- /mɪd/ *in comb.* in ~**-air** in der Luft; in
    ~**-sentence** mitten im Satz; ~**-July** Mitte
    Juli; the ~**-60s** die Mitte der Sechzigerjahre;
    a man in his ~**-fifties** ein Mittfünfziger; be
    in one's ~**-thirties** Mitte dreißig sein

midday /'mɪddeɪ, mɪd'deɪ/ *n.* **1** (noon) zwölf
    Uhr

m

2 (middle of day) Mittag, *der; attrib.* Mittags-
ꝑ **middle** /'mɪdl/ ▣ *attrib. adj.* mittler...
  ▣ *n.* **1** Mitte, *die;* in the ∼ of the forest/
  night mitten im Wald/in der Nacht
  2 (waist) Taille, *die*
middle: ∼ **'age** *n.* mittleres [Lebens]alter;
  ∼**-aged** /'mɪdleɪdʒd/ *adj.* mittleren Alters
  nachgestellt; **M**∼ **'Ages** *n. pl.* the M∼ Ages
  das Mittelalter; ∼ **'class** *n.* Mittelstand, *der;*
  ∼**-class** *adj.* bürgerlich; **M**∼ **'East** *pr. n.*
  the M∼ East der Nahe [und Mittlere] Osten;
  M∼ **'Eastern** *adj.* nahöstlich; ∼**man** *n.*
  (Commerc.) Zwischenhändler, *der*/-händlerin,
  die; (fig.) Vermittler, *der*/Vermittlerin, *die;* ∼
  'management *n.* mittleres Management;
  ∼ **name** *n.* zweiter Vorname
middling /'mɪdlɪŋ/ *adj.* mittelmäßig
'midfield *n.* (Footb.) Mittelfeld, *das*
midge /mɪdʒ/ *n.* Stechmücke, *die*
midget /'mɪdʒɪt/ ▣ *n.* (offens.) Liliputaner,
  der/Liliputanerin, *die*
  ▣ *adj.* winzig
Midlands /'mɪdləndz/ *n. pl.* the ∼ (BrE)
  Mittelengland, *das*
midlife crisis /mɪdlaɪf 'kraɪsɪs/ *n.*
  Midlifecrisis, *die*
'midnight *n.* Mitternacht, *die*
'midpoint *n.* Mitte, *die*
midriff /'mɪdrɪf/ *n.* Bauch, *der*
midst /mɪdst/ *n.* in the ∼ of sth mitten in
  einer Sache; in our/their/your ∼ in unserer/
  ihrer/eurer Mitte
midsummer /'---, -'--/ *n.* die [Zeit der]
  Sommersonnenwende
midway /'--, -'-/ *adv.* auf halbem Weg[e] <*sich
  treffen, sich befinden*>
midweek /'mɪdwiːk, mɪd'wiːk/ *n.* in ∼ in der
  Wochenmitte
'midwife *n., pl.* **'midwives** Hebamme, *die*
midwifery /'mɪdwɪfrɪ, mɪd'wɪfərɪ/ *n., no art.*
  Geburtshilfe, *die*
mid'winter *n.* die [Zeit der]
  Wintersonnenwende
ꝑ **might¹** ▸ **may**
might² /maɪt/ *n.* **1** (force) Gewalt, *die*
  2 (power) Macht, *die*
mightn't /'maɪtnt/ (infml) = **might not**
  ▸ **may**
mighty /'maɪtɪ/ ▣ *adj.* mächtig
  ▣ *adv.* (infml) verdammt (ugs.)
migraine /'miːgreɪn/ *n.* Migräne, *die*
migrant /'maɪgrənt/ *n.* **1** Auswanderer, *der*/
  Auswanderin, *die*
  2 (bird) Zugvogel, *der*
migrate /maɪ'greɪt/ *v.i.* **1** (to a town) abwandern;
  (to another country) auswandern
  2 <Vogel:> fortziehen
migration /maɪ'greɪʃn/ *n.* **1** (to a town)
  Abwandern, *das;* (to another country)
  Auswandern, *das*

2 (of birds) Zug, *der*
migratory /maɪ'greɪtərɪ/ *adj.* ∼ bird/fish
  Zugvogel, *der,* Wanderfisch, *der*
mike /maɪk/ *n.* (infml) Mikro, *das*
Milan /mɪ'læn/ *pr. n.* Mailand *(das)*
mild /maɪld/ *adj.* mild; sanft <*Person*>
mildew /'mɪldjuː/ *n.* **1** Schimmel, *der*
  2 (on plant) Mehltau, *der*
'mildly *adv.* **1** (gently) mild[e]
  2 (slightly) ein bisschen
  3 to put it ∼ gelinde gesagt
ꝑ **mile** /maɪl/ *n.* **1** Meile, *die*
  2 (fig. infml) ∼s better/too big tausendmal
  besser/viel zu groß; be ∼s ahead of sb
  jmdm. weit voraus sein
mileage /'maɪlɪdʒ/ *n.* [Anzahl der] Meilen *Pl.;*
  a low ∼ ein niedriger Meilenstand
'milestone *n.* Meilenstein, *der*
militant /'mɪlɪtənt/ ▣ *adj.* militant
  ▣ *n.* Militante, *der*/*die*
militaristic /mɪlɪtə'rɪstɪk/ *adj.* militaristisch
ꝑ **military** /'mɪlɪtərɪ/ ▣ *adj.* militärisch;
  Militär<*regierung, -akademie, -uniform,
  -parade*>
  ▣ *n.* the ∼ das Militär
military 'service *n.* Militärdienst, *der*
militate /'mɪlɪteɪt/ *v.i.* ∼ against/in favour of
  sth [deutlich] gegen/für etw. sprechen
militia /mɪ'lɪʃə/ *n.* Miliz, *die*
milk /mɪlk/ ▣ *n.* Milch, *die*
  ▣ *v.t.* melken
milk: ∼ **bottle** *n.* Milchflasche, *die;* ∼
  'chocolate *n.* Milchschokolade, *die;* ∼
  float *n.* (BrE) Milchwagen, *der*
milking /'mɪlkɪŋ/ *n.* Melken, *das*
milk: ∼ **jug** *n.* Milchkännchen, *das;* ∼**man**
  /'mɪlkmən/ *n., pl.* ∼**men** /'mɪlkmən/
  Milchmann, *der;* ∼ **shake** *n.* Milchshake,
  der; ∼ **tooth** *n.* Milchzahn, *der*
'milky *adj.* milchig
Milky 'Way *n.* Milchstraße, *die*
mill /mɪl/ ▣ *n.* **1** Mühle, *die*
  2 (factory) Fabrik, *die*
  ▣ *v.t.* **1** mahlen <*Getreide*>
  2 fräsen <*Metallgegenstand*>
mill a'bout (BrE), **mill a'round** *v.i.*
  durcheinander laufen
millennium /mɪ'lenɪəm/ *n., pl.* ∼**s** or
  millennia /mɪ'lenɪə/ Jahrtausend, *das;*
  Millennium, *das*
mil'lennium bug *n.* (Comp.)
  Jahrtausendvirus, *der od. das*
'miller *n.* Müller, *der*
millet /'mɪlɪt/ *n.* Hirse, *die*
milligram /'mɪlɪgræm/ *n.* Milligramm, *das*
millilitre (BrE; AmE: **milliliter**) /'mɪlɪliːtə(r)/
  n. Milliliter, *der od. das*
millimetre (BrE; AmE: **millimeter**)
  /'mɪlɪmiːtə(r)/ *n.* Millimeter, *der*
milliner /'mɪlɪnə(r)/ *n.* Modist, *der*/Modistin,
  die

ꝑ Schlüsselwort

m

'millinery n. Hutmacherei, *die*

million /'mɪljən/ **A** adj. a or one/two ~ eine Million/zwei Millionen; **half a** ~ eine halbe Million

B n. **1** Million, *die*

2 (indefinite amount) ~s of people eine Unmenge Leute

millionaire /mɪljə'neə(r)/ n. Millionär, *der*/ Millionärin, *die*

millionth /'mɪljən0/ **A** adj. millionst...

B n. (fraction) Millionstel, *das*

'millstone n. Mühlstein, *der*

mime /maɪm/ **A** n. **1** (performance) Pantomime, *die*

2 (art) Pantomimik, *die*

B v.i. pantomimisch agieren

C v.t. pantomimisch darstellen

mimic /'mɪmɪk/ **A** n. Imitator, *der*

B v.t., **-ck-** nachahmen

min. abbr. **1** = **minute[s]** Min.

2 = **minimum** (*adj.*) mind., (*n.*) Min.

mince /mɪns/ **A** n. Hackfleisch, *das*

B v.t. durch den [Fleisch]wolf drehen ‹*Fleisch*›

'mincemeat n. **1** Hackfleisch, *das*

2 (sweet) *süße Pastetenfüllung aus Obst, Rosinen, Gewürzen, Nierenfett usw.*

mince 'pie n.: *mit süssem „mincemeat" gefüllte Pastete*

'mincer n. Fleischwolf, *der*

mind /maɪnd/ **A** n. **1** Geist, *der*

2 (remembrance) **bear** or **keep sth in** ~ an etw. (*Akk.*) denken; **have [got] sb/sth in** ~ an jmdn./etw. denken

3 (opinion) **give sb a piece of one's** ~ jmdm. gründlich die Meinung sagen; **to my** ~ meiner Meinung od. Ansicht nach; **change one's** ~ seine Meinung ändern; **I have a good** ~ **to do that** ich hätte große Lust, das zu tun; **make up one's** ~, **make one's** ~ **up** sich entscheiden

4 ([normal] mental powers) Verstand, *der*; **be out of one's** ~ den Verstand verloren haben

5 frame of ~ [seelische] Verfassung

B v.t. **1** I can't afford a bicycle, never ~ **a car** ich kann mir kein Fahrrad leisten, geschweige denn ein Auto; **we've got some decorations up, - not many,** ~ **you** wir haben etwas dekoriert, allerdings nicht viel

2 usu. neg. or interrog. (object to) **would you** ~ **opening the door?** würdest du bitte die Tür öffnen?; **I wouldn't** ~ **a walk** ich hätte nichts gegen einen Spaziergang

3 (take care) ~ **you don't go too near the cliff edge!** pass auf, dass du nicht zu nah an den Felsenrand gehst!; ~ **how you go!** pass auf!

4 (have charge of) aufpassen auf (+ *Akk.*)

C v.i. **1** ~! Vorsicht!; Achtung!

2 (care, object) **do you** ~ **if I smoke?** stört es Sie, wenn ich rauche?

3 never ~ (it's not important) macht nichts

■ ~ **'out** v.i. aufpassen (**for** auf + *Akk.*); ~ **out!** Vorsicht!

mind: ~**-bending**, (infml) ~**-blowing** adjs. bewusstseinsverändernd; ~**-boggling** /'maɪndbɒglɪŋ/ adj. (infml) wahnsinnig (ugs.)

'minded adj. **mechanically** ~ technisch veranlagt; **not politically** ~ unpolitisch

minder /'maɪndə(r)/ n. **1** (for child) **we need a** ~ **for the child** wir brauchen jemanden, der auf das Kind aufpasst od. das Kind betreut

2 (sl.) (protector of criminal) Gorilla, *der* (salopp)

mindful /'maɪndfl/ adj. **be** ~ **of sth** etw. berücksichtigen

'mindless adj. geistlos ‹*Person*›; sinnlos ‹*Gewalt*›

mine¹ /maɪn/ n. **1** Bergwerk, *das*

2 (explosive) Mine, *die*

mine² poss. pron. pred. meiner/meine/ mein[e]s; *see also* hers

mine: ~**-detector** n. Minensuchgerät, *das*; ~**field** n. Minenfeld, *das*

'miner n. Bergmann, *der*

mineral /'mɪnərl/ **A** adj. mineralisch; Mineral‹*salz, -quelle*›

B n. **1** Mineral, *das*

2 (BrE) (soft drink) Erfrischungsgetränk, *das*

'mineral water n. Mineralwasser, *das*

minesweeper /'maɪnswi:pə(r)/ n. Minensuchboot, *das*

mingle /'mɪŋgl/ **A** v.t. [ver]mischen

B v.i. sich [ver]mischen (**with** mit)

mini /'mɪnɪ/ n. (infml) **1 M**~® (car) Mini, *der*

2 (skirt) Mini, *der* (ugs.)

mini- /'mɪnɪ/ in comb. Mini-; Klein‹*bus, -wagen, -taxi*›

miniature /'mɪnɪtʃə(r)/ **A** n. (picture) Miniatur, *die*

B adj. Miniatur-

mini: ~**bus** n. Kleinbus, *der*; ~**cab** n. Minicar, *das*

minim /'mɪnɪm/ n. (BrE) (Mus.) halbe Note

minimal /'mɪnɪml/ adj. minimal

minimize /'mɪnɪmaɪz/ v.t. **1** (reduce) auf ein Mindestmaß reduzieren

2 (understate) bagatellisieren

minimum /'mɪnɪməm/ **A** n., pl. **minima** /'mɪnɪmə/ Minimum, *das* (**of** an + *Dat.*)

B attrib. adj. Mindest-

minimum: ~ **'lending rate** n. Mindestausleihsatz [der Bank von England]; ≈ Mindestdiskontsatz, *der*; ~ **'wage** n. Mindestlohn, *der*

mining /'maɪnɪŋ/ n. Bergbau, *der; attrib.* Bergbau-

mining: ~ **industry** n. Bergbau, *der*; ~ **town** n. Bergbaustadt, *die*

minion /'mɪnjən/ n. Lakai, *der*

mini: ~ **roundabout** n. (BrE) *sehr kleiner, oft nur aufs Pflaster aufgezeichneter Kreisverkehr*; ~**skirt** n. Minirock, *der*

minister /'mɪnɪstə(r)/ **A** n. **1** (Polit.) Minister, *der*/Ministerin, *die*

2 (Eccl.) Geistliche, *der/die*; Pfarrer, *der*/ Pfarrerin, *die*

m

B *v.i.* ~ **to sb** sich um jmdn. kümmern
ministerial /mɪnɪˈstɪərɪəl/ *adj.* (Polit.)
Minister-; ministeriell
ministry /ˈmɪnɪstrɪ/ *n.* **1** (Polit.) Ministerium,
das
2 (Eccl.) geistliches Amt
mink /mɪŋk/ *n.* Nerz, *der*
minnow /ˈmɪnəʊ/ *n.* Elritze, *die*
⚬ **minor** /ˈmaɪnə(r)/ **A** *adj.* **1** (lesser) kleiner...
2 (unimportant) weniger bedeutend; (not
serious) leicht
3 (Mus.) Moll-; **A** ~ a-Moll
B *n.* Minderjährige, *der/die*
⚬ **minority** /maɪˈnɒrɪtɪ, mɪˈnɒrɪtɪ/ *n.* Minderheit,
die; **in the** ~ in der Minderheit
minor 'road *n.* kleine Straße
minstrel /ˈmɪnstrl/ *n.* fahrender Sänger
mint¹ /mɪnt/ **A** *n.* (place) Münzanstalt, *die*
B *adj.* funkelnagelneu (ugs.); **in** ~ **condition**
in tadellosem Zustand
C *v.t.* prägen
mint² *n.* **1** (plant) Minze, *die*
2 (peppermint) Pfefferminz, *das*; *attrib.*
Pfefferminz-
mint 'sauce *n.* Minzsoße, *die*
minuet /mɪnjʊˈet/ *n.* Menuett, *das*
minus /ˈmaɪnəs/ *prep.* minus; weniger;
(without) abzüglich (+ *Gen.*)
minuscule /ˈmɪnəskjuːl/ *adj.* winzig
⚬ **minute¹** /ˈmɪnɪt/ *n.* **1** Minute, *die*; (moment)
Moment, *der*
2 ~**s** (of meeting) Protokoll, *das*; **take the**
~**s of a meeting** bei einer Sitzung [das]
Protokoll führen
minute² /maɪˈnjuːt/ *adj.* (tiny) winzig
minute hand /ˈmɪnɪthænd/ *n.*
Minutenzeiger, *der*; großer Zeiger
minutiae /maɪˈnjuːʃiː, mɪˈnjuːʃiː/ *n. pl.*
Details *Pl.*
miracle /ˈmɪrəkl/ *n.* Wunder, *das*
miraculous /mɪˈrækjʊləs/ *adj.* wunderbar
mirage /ˈmɪrɑːʒ/ *n.* Fata Morgana, *die*
mire /maɪə(r)/ *n.* Morast, *der*
mirror /ˈmɪrə(r)/ **A** *n.* Spiegel, *der*
B *v.t.* [wider]spiegeln
mirror 'image *n.* Spiegelbild, *das*
misadventure /mɪsədˈventʃə(r)/ *n.*
Missgeschick, *das*
misanthropist /mɪˈzænθrəpɪst/ *ns.*
Misanthrop, *der* (geh.); Menschenfeind, *der*
misanthropy /mɪˈzænθrəpɪ/ *n.*
Menschenfeindlichkeit, *die*
misapprehension /mɪsæprɪˈhenʃn/ *n.*
Missverständnis, *das*; **be under a** ~ einem
Irrtum unterliegen
misbehave /mɪsbɪˈheɪv/ *v.i. & refl.* sich
schlecht benehmen
misbehaviour (AmE: **misbehavior**)
/mɪsbɪˈheɪvjə(r)/ *n.* schlechtes Benehmen

⚬ Schlüsselwort

miscalculate /mɪsˈkælkjʊleɪt/ **A** *v.t.* falsch
berechnen; (misjudge) falsch einschätzen
B *v.i.* sich verrechnen
miscalculation /mɪskælkjʊˈleɪʃn/
n. Rechenfehler, *der*; (misjudgement)
Fehleinschätzung, *die*
miscarriage /mɪsˈkærɪdʒ/ *n.* Fehlgeburt, *die*
miscarriage of 'justice *n.* Justizirrtum,
der
miscarry /mɪsˈkærɪ/ *v.i.* **1** (Med.) eine
Fehlgeburt haben
2 ‹*Plan, Vorhaben usw.*:› fehlschlagen
miscellaneous /mɪsəˈleɪnɪəs/ *adj.*
1 [kunter]bunt
2 *with pl. n.* verschieden
miscellany /mɪˈselənɪ/ *n.* [bunte] Sammlung;
[buntes] Gemisch
mischief /ˈmɪstʃɪf/ *n.* **1** Unfug, *der*; **get up to**
~ etwas anstellen
2 (harm) Schaden, *der*
mischievous /ˈmɪstʃɪvəs/ *adj.* spitzbübisch;
schelmisch
misconception /mɪskənˈsepʃn/ *n.* falsche
Vorstellung (**about** von); **be labouring]**
under a ~ **about sth** sich (*Dat.*) eine falsche
Vorstellung von etw. machen
misconduct /mɪsˈkɒndʌkt/ *n.* unkorrektes
Verhalten
misconstrue /mɪskənˈstruː/ *v.t.* missverstehen
miscount /mɪsˈkaʊnt/ **A** *v.i.* sich verzählen
B *v.t.* falsch zählen
misdeed /mɪsˈdiːd/ *n.* Missetat, *die* (veralt.,
scherzh.)
misdemeanour (AmE: **misdemeanor**)
/mɪsdɪˈmiːnə(r)/ *n.* Missetat, *die* (veralt.,
scherzh.)
misdirect /mɪsdɪˈrekt, mɪsdaɪˈrekt/ *v.t.* falsch
adressieren ‹*Brief*›; in die falsche Richtung
schicken ‹*Person*›
miser /ˈmaɪzə(r)/ *n.* Geizhals, *der*
miserable /ˈmɪzərəbl/ *adj.* **1** unglücklich;
feel ~ sich elend fühlen
2 trist ‹*Wetter, Urlaub*›
miserably /ˈmɪzərəblɪ/ *adv.* unglücklich;
jämmerlich ‹*versagen*›; ~ **poor** bettelarm
miserly /ˈmaɪzəlɪ/ *adj.* geizig
misery /ˈmɪzərɪ/ *n.* **1** Elend, *das*
2 (infml) (discontented person) ~ **[guts]**
Miesepeter, *der* (ugs.)
misfire /mɪsˈfaɪə(r)/ *v.i.* **1** ‹*Motor*:›
Fehlzündungen haben
2 ‹*Plan, Versuch*:› fehlschlagen; ‹*Streich,
Witz*:› danebengehen
misfit /ˈmɪsfɪt/ *n.* Außenseiter, *der/*
Außenseiterin, *die*
misfortune /mɪsˈfɔːtʃuːn/ *n.* Missgeschick,
das
misgiving /mɪsˈgɪvɪŋ/ *n.* ~**[s]** Bedenken *Pl.*
misguided /mɪsˈgaɪdɪd/ *adj.* töricht
mishandle /mɪsˈhændl/ *v.t.* falsch behandeln
mishap /ˈmɪshæp/ *n.* Missgeschick, *das*

m

mishear /mɪs'hɪə(r)/ **A** *v.i.*, **~d** /mɪs'hɜːd/ sich verhören
  B *v.t.*, **~d** falsch verstehen

mishit **A** /'mɪshɪt/ *n.* Fehlschlag, *der*
  B /mɪs'hɪt/ *v.t.*, **-tt-**, **~**; verschlagen

mishmash /'mɪʃmæʃ/ *n.* Mischmasch, *der* (ugs.) (of aus)

misinform /mɪsɪn'fɔːm/ *v.t.* falsch informieren

misinterpret /mɪsɪn'tɜːprɪt/ *v.t.* (make wrong inference from) falsch deuten; missdeuten

misinterpretation /mɪsɪntɜːprɪ'teɪʃn/ *n.* be open to ~ leicht missdeutet werden können

misjudge /mɪs'dʒʌdʒ/ *v.t.* falsch einschätzen; falsch beurteilen <*Person*>

misjudgement, misjudgment /mɪs'dʒʌdʒmənt/ *n.* Fehleinschätzung, *die*; (of person) falsche Beurteilung

mislay /mɪs'leɪ/ *v.t.*, **mislaid** /mɪs'leɪd/ verlegen

mislead /mɪs'liːd/ *v.t.*, **misled** /mɪs'led/ irreführen

mis'leading *adj.* irreführend

mismanage /mɪs'mænɪdʒ/ *v.t.* schlecht abwickeln <*Geschäft, Projekt*>

mismanagement /mɪs'mænɪdʒmənt/ *n.* schlechte Abwicklung

misnomer /mɪs'nəʊmə(r)/ *n.* unzutreffende Bezeichnung

misogynist /mɪ'sɒdʒɪnɪst/ *n.* Frauenhasser, *der*

misplace /mɪs'pleɪs/ *v.t.* an den falschen Platz stellen/legen/setzen *usw.*

misprint **A** /'mɪsprɪnt/ *n.* Druckfehler, *der*
  B /mɪs'prɪnt/ *v.t.* verdrucken

mispronounce /mɪsprə'naʊns/ *v.t.* falsch aussprechen

misquote /mɪs'kwəʊt/ *v.t.* falsch zitieren; **he was ~d as saying that …** man unterstellte ihm, gesagt zu haben, dass …

misread /mɪs'riːd/ *v.t.*, **~** /mɪs'red/ falsch lesen

misrepresent /mɪsreprɪ'zent/ *v.t.* falsch darstellen

misrepresentation /mɪsreprɪzen'teɪʃn/ *n.* falsche Darstellung

miss **A** *n.* Fehlschlag, *der*; (shot) Fehlschuss, *der*; (throw) Fehlwurf, *der*
  B *v.t.* **1** (fail to hit) verfehlen
  2 (let slip) verpassen; **~ an opportunity** sich (*Dat.*) eine Gelegenheit entgehen lassen
  3 (fail to catch) verpassen <*Zug*>
  4 (fail to take part in) versäumen; **~ school** in der Schule fehlen
  5 (fail to see) übersehen; (fail to hear) nicht mitbekommen
  6 (feel the absence of) vermissen; **she ~es him** er fehlt ihr
  ■ *v.i.* (not hit sth) danebentreffen
  ■ ~ 'out **A** *v.t.* weglassen
  B *v.i.* **~ out on sth** (infml) sich (*Dat.*) etw. entgehen lassen

Miss /mɪs/ *n.* **~ Brown** (unmarried woman) Frau Brown; Fräulein Brown (veralt.); (girl) Fräulein Brown

misshapen /mɪs'ʃeɪpn/ *adj.* missgebildet

missile /'mɪsaɪl/ *n.* **1** (thrown) [Wurf]geschoss, *das*
  2 (Mil.) Rakete, *die*

'missile base, 'missile site *ns.* Raketenbasis, *die*

'missing *adj.* fehlend; **be ~** fehlen; <*Person:*> (Mil. etc.) vermisst werden; (not present) fehlen

missing 'person *n.* Vermisste, *der/die*

mission /'mɪʃn/ *n.* **1** Mission, *die*
  2 (planned operation) Einsatz, *der*

missionary /'mɪʃənərɪ/ *n.* Missionar, *der/* Missionarin, *die*

'mission statement *n.* Unternehmensleitbild, *das*

misspell /mɪs'spel/ *v.t.* forms as spell¹ falsch schreiben

mist /mɪst/ *n.* (fog) Nebel, *der*; (haze) Dunst, *der*; (on windscreen etc.) Beschlag, *der*
  ■ ~ 'up *v.i.* [sich] beschlagen

mistake /mɪ'steɪk/ **A** *n.* Fehler, *der*; **by ~** versehentlich
  B *v.t.* forms as **take A 1** falsch verstehen
  2 ~ x for y x mit y verwechseln

mistaken /mɪ'steɪkn/ *adj.* **be ~** sich täuschen; **a case of ~ identity** eine Verwechslung

mi'stakenly *adv.* irrtümlicherweise

mistletoe /'mɪsltəʊ/ *n.* Mistel, *die*

mistook ▶ **mistake B**

mistranslate /mɪstræns'leɪt/ *v.t.* falsch übersetzen

mistreat /mɪs'triːt/ *v.t.* schlecht behandeln; (violently) misshandeln

mistreatment /mɪs'triːtmənt/ *n.* schlechte Behandlung; (violent) Misshandlung, *die*

mistress /'mɪstrɪs/ *n.* **1** (BrE) (Sch.) (teacher) Lehrerin, *die*
  2 (lover) Geliebte, *die*

mistrust /mɪs'trʌst/ **A** *v.t.* misstrauen (+ *Dat.*)
  B *n.* Misstrauen, *das* (of gegenüber + *Dat.*)

mistrustful /mɪs'trʌstfl/ *adj.* misstrauisch (of gegenüber)

'misty *adj.* dunstig

misunderstand /mɪsʌndə'stænd/ *v.t.* forms as **understand** missverstehen

misunder'standing *n.* Missverständnis, *das*

misuse **A** /mɪs'juːz/ *v.t.* missbrauchen
  B /mɪs'juːs/ *n.* Missbrauch, *der*

mite /maɪt/ *n.* **1** (Zool.) Milbe, *die*
  2 (small child) Würmchen, *das* (fam.); **poor little ~** armes Kleines

miter (AmE) ▶ **mitre**

mitigate /'mɪtɪgeɪt/ *v.t.* **1** (reduce) lindern
  2 (make less severe) mildern; **mitigating circumstances** mildernde Umstände

mitre /'maɪtə(r)/ *n.* (BrE) (Eccl.) Mitra, *die*

mitten /'mɪtn/ *n.* Fausthandschuh, *der*

m

$\mathscr{S}$ **mix** /mɪks/ **A** *v.t.* [ver]mischen; verrühren <*Zutaten*>

B *v.i.* **1** (become ~ed) sich vermischen
2 (be sociable, participate) Umgang mit anderen [Menschen] haben; ~ **with** Umgang haben mit; ~ **well** kontaktfreudig sein

C *n.* (infml) Mischung, *die*; [cake] ~ Backmischung, *die*

■ ~ **'up** *v.t.* **1** vermischen
2 (muddle) durcheinander bringen; (confuse) verwechseln
3 be/get ~ed up in sth in etw. (*Akk.*) verwickelt sein/werden

mixed /mɪkst/ *adj.* **1** gemischt
2 (diverse) unterschiedlich

mixed: ~ **'bag** *n.* bunte Mischung; ~ **'blessing** *n.* be a ~ blessing nicht nur Vorteile haben; ~ **'grill** *n.* Mixedgrill, *der* (Gastr.); gemischte Grillplatte; ~ **'marriage** *n.* Mischehe, *die*; ~ **'up** *adj.* (fig. infml) verwirrt, konfus <*Person*>; be/feel very ~ up völlig durcheinander sein

'mixer *n.* (for food) Küchenmaschine, *die*; hand ~ Handrührgerät, *das*

mixture /'mɪkstʃə(r)/ *n.* **1** Mischung, *die* (of aus)
2 (Med.) Mixtur, *die*

'mix-up *n.* Durcheinander, *das*; (misunderstanding) Missverständnis, *das*

mm. *abbr.* = **millimetre[s]** mm

moan /məʊn/ **A** *n.* **1** Stöhnen, *das*
2 have a ~ (complain) jammern
B *v.i.* **1** stöhnen (with vor + *Dat.*)
2 (complain) jammern (about über + *Akk.*)
C *v.t.* stöhnen

moat /məʊt/ *n.* [castle] ~ Burggraben, *der*

mob /mɒb/ **A** *n.* **1** (rabble) Mob, *der*
2 (infml) (group) Peter and his ~ Peter und seine ganze Blase (salopp)
B *v.t.*, **-bb-** belagern (ugs.) <*Star*>

$\mathscr{S}$ **mobile** /'məʊbaɪl/ **A** *adj.* beweglich; (on wheels) fahrbar; **upwardly** ~ sozial aufsteigend
B *n.* Mobile, *das*; (~ phone) Handy, *das*

mobile: ~ **'home** *n.* transportable Wohneinheit; ~ **'phone** *n.* Mobiltelefon, *das*

mobility /mə'bɪlɪtɪ/ *n.* Beweglichkeit, *die*

mobilization /məʊbɪlaɪ'zeɪʃn/ *n.* Mobilisierung, *die*

mobilize /'məʊbɪlaɪz/ *v.t.* mobilisieren

moccasin /'mɒkəsɪn/ *n.* Mokassin, *der*

mocha /'mɒkə/ *n.* Mokka, *der*

mock /mɒk/ **A** *v.t.* sich lustig machen über (+ *Akk.*)
B *v.i.* sich lustig machen (at über + *Akk.*)
C *adj.* Schein<*kampf, -angriff, -ehe*>

mockery /'mɒkərɪ/ *n.* Spott, *der*; make a ~ of sth etw. zur Farce machen

'mock-up *n.* Modell [in Originalgröße]

mode /məʊd/ *n.* **1** Art [und Weise], *die*

2 (fashion) Mode, *die*

$\mathscr{S}$ **model** /'mɒdl/ **A** *n.* **1** Modell, *das*
2 (example to be imitated) Vorbild, *das*
3 (Art) Modell, *das*; (Fashion) Mannequin, *das*; (male) Dressman, *der*
B *adj.* **1** (exemplary) Muster-
2 (miniature) Modell-
C *v.t.*, (BrE) **-ll- 1** modellieren; ~ **sth after** *or* **[up]on sth** etw. einer Sache (*Dat.*) nachbilden
2 (Fashion) vorführen
D *v.i.* (Fashion) als Mannequin/Dressman arbeiten; (Art) Modell stehen/sitzen

modem /'məʊdem/ *n.* Modem, *der*

moderate **A** /'mɒdərət/ *adj.* **1** gemäßigt <*Ansichten*>; maßvoll <*Trinker, Forderungen*>
2 mittler... <*Größe, Menge, Wert*>; (reasonable) angemessen <*Preis, Summe*>
B /'mɒdərət/ *n.* Gemäßigte, *der/die*
C /'mɒdəreɪt/ *v.t.* mäßigen
D /'mɒdəreɪt/ *v.i.* nachlassen

moderately /'mɒdərətlɪ/ *adv.* einigermaßen; mäßig <*begeistert, groß, begabt*>

moderation /mɒdə'reɪʃn/ *n.* Mäßigkeit, *die*; in ~ mit Maßen

$\mathscr{S}$ **modern** /'mɒdn/ *adj.* modern; heutig <*Zeit[alter], Welt, Mensch*>; ~ **art/music** moderne Kunst/Musik

modern 'history *n.* neuere Geschichte

modernize /'mɒdənaɪz/ *v.t.* modernisieren

modern 'languages *n. pl.* neuere Sprachen

modest /'mɒdɪst/ *adj.* bescheiden; einfach <*Haus, Kleidung*>

'modestly *adv.* bescheiden

'modesty *n.* Bescheidenheit, *die*

modification /mɒdɪfɪ'keɪʃn/ *n.* [Ab]änderung, *die*

modify /'mɒdɪfaɪ/ *v.t.* [ab]ändern

modulate /'mɒdjʊleɪt/ *v.t. & i.* modulieren

modulation /mɒdjʊ'leɪʃn/ *n.* Modulation, *die*

module /'mɒdjuːl/ *n.* **1** Bauelement, *das*
2 (Astronaut.) **command** ~ Kommandoeinheit, *die*
3 (Educ.) Unterrichtseinheit, *die*

mohair /'məʊheə(r)/ *n.* Mohair, *der*

moist /mɔɪst/ *adj.* feucht (with von)

moisten /'mɔɪsn/ *v.t.* anfeuchten

moisture /'mɔɪstʃə(r)/ *n.* Feuchtigkeit, *die*

moisturize /'mɔɪstjʊraɪz, 'mɔɪstʃəraɪz/ *v.t.* befeuchten; ~ **the skin** der Haut (*Dat.*) Feuchtigkeit zuführen; <*Creme:*> der Haut (*Dat.*) Feuchtigkeit verleihen

moisturizer /'mɔɪstʃəraɪzə(r)/, **moisturizing cream** /'mɔɪstʃəraɪzɪŋ kriːm/ *ns.* Feuchtigkeitscreme, *die*

molar /'məʊlə(r)/ *n.* Backenzahn, *der*

molasses /mə'læsɪz/ *n.* Melasse, *die*

mold (AmE) ▶ **mould**[1], **mould**[2]

molder, molding, moldy (AmE) ▶ **moulder, moulding, mouldy**

mole¹ /məʊl/ *n.* (on skin) Leberfleck, *der*

mole² *n.* (animal) Maulwurf, *der*

molecular /məˈlekjʊlə(r)/ *adj.* molekular

molecule /ˈmɒlɪkjuːl/ *n.* Molekül, *das*

'molehill *n.* Maulwurfshügel, *der*

molest /məˈlest/ *v.t.* belästigen

mollify /ˈmɒlɪfaɪ/ *v.t.* besänftigen

mollusc, (AmE): **mollusk** /ˈmɒləsk/ *n.* Weichtier, *das*

mollycoddle /ˈmɒlɪkɒdl/ *v.t.* [ver]hätscheln

molt (AmE) ▶ **moult**

molten /ˈməʊltn/ *adj.* geschmolzen

mom /mɒm/ (AmE) (infml) ▶ **mum²**

✿ **moment** /ˈməʊmənt/ *n.* Augenblick, *der*; at any ~, (infml) any ~ jeden Augenblick; one *or* just a *or* wait a ~! einen Augenblick!; in a ~ (very soon) sofort; at the ~ im Augenblick; the ~ of truth die Stunde der Wahrheit

momentarily /ˈməʊməntərɪlɪ/ *adv.* einen Augenblick lang

momentary /ˈməʊməntərɪ/ *adj.* kurz

momentous /məˈmentəs/ *adj.* (important) bedeutsam; (of consequence) folgenschwer

momentum /məˈmentəm/ *n.* Schwung, *der*

Mon. *abbr.* = **Monday** Mo.

monarch /ˈmɒnək/ *n.* Monarch, *der*/ Monarchin, *die*

'monarchy *n.* Monarchie, *die*

monastery /ˈmɒnəstrɪ/ *n.* Kloster, *das*

monastic /məˈnæstɪk/ *adj.* mönchisch

✿ **Monday** /ˈmʌndeɪ, ˈmʌndɪ/ *n.* Montag, *der*; *see also* **Friday**

monetary /ˈmʌnɪtərɪ/ *adj.* **1** (of currency) monetär; Währungs<*politik, -system*> **2** (of money) finanziell

monetary 'union *n.* Währungsunion, *die*

✿ **money** /ˈmʌnɪ/ *n.* Geld, *das*; make ~ <*Person:*> [viel] Geld verdienen; <*Geschäft:*> etwas einbringen; for 'my ~ wenn man mich fragt

money: ~ **bag** *n.* Geldsack, *der*; ~ **belt** *n.* Geldgürtel, *der*; ~ **box** *n.* Sparbüchse, *die*; ~**making** *adj.* Gewinn bringend; ~ **order** *n.* Postanweisung, *die*

Mongolia /mɒŋˈɡəʊlɪə/ *pr. n.* Mongolei, *die*

Mongolian /mɒŋˈɡəʊlɪən/ **A** *adj.* mongolisch; sb is ~ jmd. ist Mongole/Mongolin **B** *n.* (person) Mongole, *der*/Mongolin, *die*

mongrel /ˈmʌŋɡrəl/ *n.* ~ [dog] Promenadenmischung, *die*

monitor /ˈmɒnɪtə(r)/ **A** *n.* **1** (Sch.) Aufsichtsschüler, *der*/-schülerin, *die* **2** (Med., Telev., Comp.) Monitor, *der* **B** *v.t.* beobachten <*Wetter, Flugzeug*>; abhören <*Sendung, Telefongespräch*>

monk /mʌŋk/ *n.* Mönch, *der*

monkey /ˈmʌŋkɪ/ *n.* Affe, *der*

monkey: ~ **business** *n.* (infml) (mischief) Schabernack, *der*; ~ **nut** *n.* Erdnuss, *die*; ~ **wrench** *n.* Universalschraubenschlüssel, *der*

mono /ˈmɒnəʊ/ *adj.* Mono<*platte[nspieler], -wiedergabe*>

monochrome /ˈmɒnəkrəʊm/ *adj.* monochrom (fachspr.); einfarbig; Schwarzweiß- (Ferns.)

monocle /ˈmɒnəkl/ *n.* Monokel, *das*

monogamous /məˈnɒɡəməs/ *adj.* monogam

monogamy /məˈnɒɡəmɪ/ *n.* Monogamie, *die*; Einehe, *die*

monogram /ˈmɒnəɡræm/ *n.* Monogramm, *das*

monogrammed /ˈmɒnəɡræmd/ *adj.* monogrammiert; <*Taschentuch usw.:*> mit Monogramm

monologue (AmE: **monolog**) /ˈmɒnəlɒɡ/ *n.* Monolog, *der*

monopolize /məˈnɒpəlaɪz/ *v.t.* (Econ.) monopolisieren; (fig.) mit Beschlag belegen; ~ the conversation den/die anderen nicht zu Wort kommen lassen

monopoly /məˈnɒpəlɪ/ *n.* **1** (Econ.) Monopol, *das* (of auf + Akk.) **2** (exclusive possession) alleiniger Besitz

monotone /ˈmɒnətəʊn/ *n.* gleich bleibender Ton

monotonous /məˈnɒtənəs/ *adj.*, **moˈnotonously** *adv.* eintönig

monotony /məˈnɒtənɪ/ *n.* Eintönigkeit, *die*

monsoon /mɒnˈsuːn/ *n.* Monsun, *der*

monster /ˈmɒnstə(r)/ *n.* **1** (creature) Ungeheuer, *das*; (huge thing) Ungetüm, *das* **2** (inhuman person) Unmensch, *der*

monstrosity /mɒnˈstrɒsɪtɪ/ *n.* **1** (outrageous thing) Ungeheuerlichkeit, *die* **2** (hideous building etc.) Ungetüm, *das*

monstrous /ˈmɒnstrəs/ *adj.* **1** (huge) riesig **2** (outrageous) ungeheuerlich **3** (atrocious) scheußlich

✿ **month** /mʌnθ/ *n.* Monat, *der*; for a ~/~s einen Monat [lang]/monatelang

'monthly A *adj.* monatlich; Monats<*einkommen, -gehalt*> **B** *adv.* einmal im Monat **C** *n.* Monatsschrift, *die*

monument /ˈmɒnjʊmənt/ *n.* Denkmal, *das*

monumental /mɒnjʊˈmentl/ *adj.* **1** (massive) monumental **2** gewaltig <*Misserfolg, Irrtum*>

moo /muː/ **A** *n.* Muhen, *das* **B** *v.i.* muhen

mooch /muːtʃ/ *v.i.* (infml) ~ about *or* around/ along herumschleichen (ugs.)/zockeln (ugs.)

mood /muːd/ *n.* **1** Stimmung, *die*; be in a good/bad ~ [bei] guter/schlechter Laune sein; I'm not in the ~ ich hab keine Lust dazu **2** (bad ~) Verstimmung, *die*

'moody *adj.* **1** (sullen) missmutig **2** (subject to moods) launenhaft

moon /muːn/ *n.* Mond, *der*

moon: ~**beam** *n.* Mondstrahl, *der*; ~**light A** *n.* Mondlicht, *das*; Mondschein, *der*

m

B *v.i.* (infml) nebenberuflich abends arbeiten; ∼**lit** *adj.* mondbeschienen (geh.)

moor¹ /mʊə(r), mɔː(r)/ *n.* (Geog.) [Hoch]moor, *das*

moor² *v.t. & i.* festmachen; vertäuen

'moorhen *n.* [Grünfüßiges] Teichhuhn

mooring *n.* ∼[s] Anlegestelle, *die*

'mooring post *n.* Pfahl, *der*; ≈ Duckdalben, *der*

moorland /'mʊələnd, 'mɔːlənd/ *n.* Moorland, *das*

moose /muːs/ *n.*, *pl. same* Amerikanischer Elch

moot /muːt/ **A** *adj.* umstritten; offen <*Frage*>; strittig <*Punkt*>
   B *v.t.* erörtern <*Frage, Punkt*>

mop /mɒp/ **A** *n.* **1** Mopp, *der*
   2 ∼ [of hair] Wuschelkopf, *der*
   B *v.t.*, **-pp-** moppen <*Fußboden*>; (wipe) abwischen <*Träne, Schweiß, Stirn*>
   ∎ ∼ 'up *v.t.* aufwischen

mope /məʊp/ *v.i.* Trübsal blasen

moped /'məʊped/ *n.* Moped, *das*

✓ **moral** /'mɒrl/ **A** *adj.* **1** moralisch; sittlich <*Wert*>; Moral<*begriff, -prinzip*>
   2 (virtuous) moralisch <*Leben, Person*>
   B *n.* **1** Moral, *die*
   2 *in pl.* (habits) Moral, *die*

morale /məˈrɑːl/ Moral, *die*; low/high ∼ schlechte/gute Moral

mo'rale-booster *n.* be a *or* act as a ∼ for sb jds. Moral heben *od.* stärken

morality /mə'rælɪtɪ/ *n.* Moral, *die*

moral sup'port *n.* moralische Unterstützung

morbid /'mɔːbɪd/ *adj.* krankhaft; morbid (geh.) <*Faszination, Neigung*>

✓ **more** /mɔː(r)/ **A** *adj.* mehr; any *or* some ∼ (apples, books, etc.) noch welche; any *or* some ∼ (tea, paper, etc.) noch etwas; any *or* some ∼ apples/tea noch Äpfel/Tee; I haven't any ∼ [apples/tea] ich habe keine [Äpfel]/keinen [Tee] mehr; ∼ and ∼ immer mehr
   B *n.* mehr; ∼ and ∼ immer mehr; six or ∼ mindestens sechs
   C *adv.* **1** mehr; ∼ interesting interessanter
   2 (nearer, rather) eher
   3 (again) wieder; no ∼, not any ∼ nicht mehr; once ∼ noch einmal
   4 ∼ and ∼ immer mehr; ∼ and ∼ absurd immer absurder
   5 ∼ or less (fairly) mehr oder weniger; (approximately) annähernd

moreish /'mɔːrɪʃ/ *adj.* (infml) lecker

more'over *adv.* und außerdem

morgue /mɔːg/ ▶ **mortuary**

✓ **morning** /'mɔːnɪŋ/ *n.* Morgen, *der*; (not afternoon) Vormittag, *der*; *attrib.* morgendlich; Morgen-; this ∼ heute Morgen; tomorrow ∼, (infml) in the ∼

✓ Schlüsselwort

---

morgen früh; [early] in the ∼ am [frühen] Morgen; (regularly) [früh]morgens

morning: ∼ **'after** *n.* ∼-'after [feeling] (infml) (hangover) Katzenjammer, *der*; ∼-'after pill *n.* Pille [für den Morgen] danach; ∼ **'star** *n.* Morgenstern, *der*

Moroccan /mə'rɒkən/ **A** *adj.* marokkanisch; sb is ∼ jmd. ist Marokkaner/Marokkanerin
   B *n.* Marokkaner, *der*/Marokkanerin, *die*

Morocco /mə'rɒkəʊ/ *pr. n.* Marokko *(das)*

moron /'mɔːrɒn/ *n.* (infml) Schwachkopf, *der* (ugs.)

morose /mə'rəʊs/ *adj.* verdrießlich

morphine /'mɔːfiːn/ *n.* Morphin, *das*

Morse /mɔːs/, **Morse 'code** *n.* Morsealphabet, *das*

morsel /'mɔːsl/ *n.* (of food) Bissen, *der*

mortal /'mɔːtl/ **A** *adj.* **1** sterblich
   2 (fatal) tödlich (to für)
   B *n.* Sterbliche, *der/die*

mortality /mɔː'tælɪtɪ/ *n.* **1** Sterblichkeit, *die*
   2 ∼ [rate] Sterblichkeitsrate, *die*

'mortally *adv.* tödlich

mortar /'mɔːtə(r)/ *n.* **1** Mörtel, *der*
   2 (vessel) Mörser, *der*
   3 (weapon) Minenwerfer, *der*; Mörser, *der*

mortgage /'mɔːgɪdʒ/ **A** *n.* Hypothek, *die*
   B *v.t.* mit einer Hypothek belasten

mortuary /'mɔːtjʊərɪ/ *n.* (building) Leichenschauhaus, *das*; (room) Leichenkammer, *die*

mosaic /məʊ'zeɪɪk/ *n.* Mosaik, *das*

Moscow /'mɒskəʊ/ *pr. n.* Moskau *(das)*

Moselle /məʊ'zel/ *pr. n.* Mosel, *die*

Moslem /'mɒzləm/ ▶ **Muslim**

mosque /mɒsk/ *n.* Moschee, *die*

mosquito /mɒs'kiːtəʊ/ *n.*, *pl.* ∼**es** Stechmücke, *die*; (in tropics) Moskito, *der*

mos'quito net *n.* Moskitonetz, *das*

moss /mɒs/ *n.* Moos, *das*

'mossy *adj.* moosig

✓ **most** /məʊst/ **A** *adj.* (in number, majority of) die meisten; (in amount) meist...; **make the** ∼ **mistakes/the** ∼ **noise** die meisten Fehler/ den größten Lärm machen; **for the** ∼ **part** größtenteils
   B *n.* **1** (greatest amount) **the** ∼ **it will cost is £10** es wird höchstens zehn Pfund kosten; **pay the** ∼ am meisten bezahlen
   2 (greater part) ∼ **of the girls** die meisten Mädchen; ∼ **of his friends** die meisten seiner Freunde; ∼ **of the poem** der größte Teil des Gedichts; ∼ **of the time** die meiste Zeit
   3 (on ∼ occasions) meistens
   C *adv.* **1** am meisten; **the** ∼ **interesting book** das interessanteste Buch; ∼ **often** am häufigsten
   2 (exceedingly) äußerst

✓ **'mostly** *adv.* (most of the time) meistens; (mainly) größtenteils

MOT ▶ **MOT test**

motel /məʊˈtel/ *n.* Motel, *das*

moth /mɒθ/ *n.* Nachtfalter, *der*; (in clothes) Motte, *die*

moth: ~**ball** *n.* Mottenkugel, *die*; ~**-eaten** *adj.* von Motten zerfressen

ℰ **mother** /ˈmʌðə(r)/ **A** *n.* Mutter, *die*
  B *v.t.* (over-protect) bemuttern

motherboard *n.* (Comp.) Mutterplatine, *die*

motherhood *n.* Mutterschaft, *die*

Mothering Sunday /ˈmʌðərɪŋ sʌndɪ/ (BrE) (Eccl.) ▶ Mother's Day

mother: ~**-in-law** *n.*, *pl.* ~**s-in-law** Schwiegermutter, *die*; ~**land** *n.* Vaterland, *das*

motherly /ˈmʌðəlɪ/ *adj.* mütterlich; ~ love Mutterliebe, *die*

mother: ~**-of-'pearl** *n.* Perlmutt, *das*; **M**~**'s Day** *n.* Muttertag, *der*; ~ **'tongue** *n.* Muttersprache, *die*

moth: ~ **hole** *n.* Mottenloch, *das*; ~**proof** *adj.* mottenfest

motif /məʊˈtiːf/ *n.* Motiv, *das*

ℰ **motion** /ˈməʊʃn/ **A** *n.* **1** Bewegung, *die*
  2 (proposal) Antrag, *der*
  B *v.t. & i.* ~ [**to**] sb to do sth jmdm. bedeuten (geh.), etw. zu tun

motionless *adj.* bewegungslos

motivate /ˈməʊtɪveɪt/ *v.t.* motivieren

motivation /məʊtɪˈveɪʃn/ *n.* Motivation, *die*

motive /ˈməʊtɪv/ *n.* Beweggrund, *der*; the ~ for the crime das Tatmotiv

motley /ˈmɒtlɪ/ *adj.* bunt gemischt

motor /ˈməʊtə(r)/ **A** *n.* **1** Motor, *der*
  2 (BrE) (~ car) Auto, *das*
  B *adj.* Motor‹mäher, -jacht usw.›
  C *v.i.* (BrE) [mit dem Auto] fahren

motor: ~**bike** *n.* (infml) Motorrad, *das*; ~ **boat** *n.* Motorboot, *das*

motorcade /ˈməʊtəkeɪd/ *n.* Fahrzeug- od. Wagenkolonne, *die*

motor: ~ **car** *n.* (BrE) Kraftfahrzeug, *das*; ~ **cycle** *n.* Motorrad, *das*; ~**cyclist** *n.* Motorradfahrer, *der*/-fahrerin, *die*

motoring *n.* (BrE) Autofahren, *das*

motorist *n.* Autofahrer, *der*/-fahrerin, *die*

motorize /ˈməʊtəraɪz/ *v.t.* motorisieren

motor: ~ **racing** *n.* Autorennsport, *der*; ~ **show** *n.* Auto[mobil]ausstellung, *die*; ~ **vehicle** *n.* Kraftfahrzeug, *das*; ~**way** *n.* (BrE) Autobahn, *die*

MOT test *n.* (BrE) ≈ TÜV, *der*

mottled /ˈmɒtld/ *adj.* gesprenkelt

motto /ˈmɒtəʊ/ *n.*, *pl.* ~**es** Motto, *das*

mould¹ /məʊld/ **A** *n.* (hollow container) Form, *die*
  B *v.t.* formen (**out of, from** aus)

mould² *n.* (Bot.) Schimmel, *der*

moulder /ˈməʊldə(r)/ *v.i.* ~ [**away**] [ver]modern

moulding *n.* **1** Formteil, *das* (**of, in** aus); (Archit.) Zierleiste, *die*
  2 (wooden) Leiste, *die*

mouldy *adj.* schimmlig; go ~ schimmeln

moult /məʊlt/ *v.i.* ‹Vogel:› sich mausern; ‹Hund, Katze:› sich haaren

mound /maʊnd/ *n.* **1** (of earth) Hügel, *der*
  2 (heap) Haufen, *der*

mount /maʊnt/ **A** *n.* **1** M~ Vesuvius/Everest der Vesuv/der Mount Everest
  2 (animal) Reittier, *das*; (horse) Pferd, *das*
  3 (of picture, photograph) Passepartout, *das*
  4 (for gem) Fassung, *die*
  B *v.t.* **1** hinaufsteigen ‹Treppe›; steigen auf (+ Akk.) ‹Plattform, Reittier, Fahrzeug›
  2 aufziehen ‹Bild›; einfassen ‹Edelstein usw.›
  3 inszenieren ‹Stück, Oper›; organisieren ‹Ausstellung›; durchführen ‹Angriff, Operation›
  C *v.i.* ~ [**up**] (increase) steigen (**to** auf + Akk.)

ℰ **mountain** /ˈmaʊntɪn/ *n.* Berg, *der*; in the ~s im Gebirge

mountain: ~ **bike** *n.* Mountainbike, *das*; ~ **chain** *n.* Gebirgszug, *der*

mountaineer /maʊntɪˈnɪə(r)/ *n.* Bergsteiger, *der*/Bergsteigerin, *die*

mountaineering *n.* Bergsteigen, *das*

mountainous /ˈmaʊntɪnəs/ *adj.* **1** gebirgig
  2 (huge) riesig

mountain: ~ **'range** *n.* Gebirgszug, *der*; ~**side** *n.* [Berg][ab]hang, *der*; ~ **top** *n.* Berggipfel, *der*

ℰ **mourn** /mɔːn/ **A** *v.i.* trauern; ~ **for** *or* **over** trauern um ‹Toten›
  B *v.t.* betrauern

mourner *n.* Trauernde, *der/die*

mournful /ˈmɔːnfl/ *adj.* klagend ‹Stimme, Ton, Schrei›; trauervoll (geh.) ‹Person›

mourning *n.* Trauer, *die*; be in/go into ~ Trauer tragen/anlegen

mouse /maʊs/ *n.*, *pl.* **mice** /maɪs/ Maus, *die*

mouse: ~ **button** *n.* (Comp.) Maustaste, *die*; ~ **click** *n.* (Comp.) Mausklick, *der*; ~ **mat** *n.* (Comp.) Mauspad, *das*; ~**over** *n.* (BrE) (Comp.) Mausover, *das*; ~ **pointer** *n.* (Comp.) Mauszeiger, *der*; ~**trap** *n.* Mausefalle, *die*

mousse /muːs/ *n.* Mousse, *die*

moustache /məˈstɑːʃ/ *n.* Schnurrbart, *der*

mousy /ˈmaʊsɪ/ *adj.* **1** mattbraun ‹Haar›
  2 (timid) scheu

ℰ **mouth** **A** /maʊθ/ *n.* **1** (of person) Mund, *der*; (of animal) Maul, *das*; with one's ~ open/full mit offenem/vollem Mund
  2 (harbour entrance) [Hafen]einfahrt, *die*; (of tunnel, cave) Eingang, *der*; (of river) Mündung, *die*
  B /maʊð/ *v.t.* mit Lippenbewegungen sagen

mouthful /ˈmaʊθfʊl/ *n.* Mundvoll, *der*

mouth: ~ **organ** *n.* Mundharmonika, *die*; ~**piece** *n.* **1** Mundstück, *das*
  2 (fig.) Sprachrohr, *das*

movable /ˈmuːvəbl/ *adj.* beweglich

ℰ **move** /muːv/ **A** *n.* **1** (change of home) Umzug, *der*
  2 (action taken) Schritt, *der*; (Footb. etc.)

m

Spielzug, *der*
3 (turn in game) Zug, *der*; **make a ~** ziehen; **it's your ~** du bist am Zug
4 be on the ~ <*Person:*> unterwegs sein
5 make a ~ (do sth) etwas tun; (infml) (leave) losziehen (ugs.)
6 get a ~ on (infml) einen Zahn zulegen (ugs.); **get a ~ on!** (infml) [mach] Tempo! (ugs.)
B *v.t.* **1** (change position of) bewegen; wegräumen <*Hindernis, Schutt*>; (transport) befördern; **~ sth to a new position** etw. an einen neuen Platz bringen; **~ house** umziehen
2 (in game) ziehen
3 (affect) bewegen; **~ sb to tears** jmdn. zu Tränen rühren; **be ~d by sth** über etw. (*Akk.*) gerührt sein
4 (prompt) **~ sb to do sth** jmdn. dazu bewegen, etw. zu tun
5 (propose) beantragen
C *v.i.* **1** sich bewegen; (in vehicle) fahren
2 (in games) ziehen
3 (do sth) handeln
4 (change home) umziehen (**to** nach); **~ into a flat** in eine Wohnung einziehen; **~ out of a flat** aus einer Wohnung ausziehen; **~ to London** nach London ziehen
5 (change posture or state) sich bewegen; **don't ~!** keine Bewegung!
■ **~ a'bout** **A** *v.i.* zugange sein; (travel) unterwegs sein
B *v.t.* herumräumen
■ **~ a'long** **A** *v.i.* **1** gehen/fahren
2 ~ along, please! gehen/fahren Sie bitte weiter!
B *v.t.* zum Weitergehen/-fahren auffordern
■ **~ 'in** **A** *v.i.* **1** (to home etc.) einziehen
2 ~ in on <*Truppen, Polizeikräfte:*> vorrücken gegen
B *v.t.* hineinbringen
■ **~ 'off** *v.i.* sich in Bewegung setzen
■ **~ 'on** **A** *v.i.* weitergehen/-fahren; **~ on to another question** (fig.) zu einer anderen Frage übergehen
B *v.t.* zum Weitergehen/-fahren auffordern
■ **~ 'out** *v.t.* ausziehen (**of** aus)
■ **~ 'over** *v.i.* rücken
■ **~ 'up** *v.i.* **1** rücken
2 (in queue, hierarchy) aufrücken
⚜ **'movement** *n.* **1** Bewegung, *die*; (trend, tendency) Tendenz, *die* (**towards** zu)
2 *in pl.* Aktivitäten *Pl.*
3 (Mus.) Satz, *der*
⚜ **movie** /'mu:vɪ/ *n.* (AmE) (infml) Film, *der*; **the ~s** der Film; **go to the ~s** ins Kino gehen
moving /'mu:vɪŋ/ *adj.* **1** beweglich
2 (affecting) ergreifend
mow /məʊ/ *v.t., p.p.* **~n** /məʊn/ *or* **~ed** /məʊd/ mähen
■ **~ 'down** *v.t.* (shoot) niedermähen <*Menschen*>
'mower *n.* Rasenmäher, *der*
mown ▶ **mow**

⚜ Schlüsselwort

MP *abbr.* = **Member of Parliament**
mpg *abbr.* = **miles per gallon**
m.p.h. *abbr.* = **miles per hour**
MPV *abbr.* = **multi-purpose vehicle**
⚜ **Mr** /'mɪstə(r)/ *n.* Herr; (in an address) Herrn
⚜ **Mrs** /'mɪsɪz/ *n.* Frau
⚜ **Ms** /mɪz/ *n.* Frau
MS *abbr.* (Med.) = **multiple sclerosis** MS
Mt. *abbr.* = **Mount**
⚜ **much** /mʌtʃ/ **A** *adj.*, *more* /mɔː(r)/, *most* /məʊst/ viel; **too ~** zu viel *indekl.*
B *n.* vieles; **~ of the day** der Großteil des Tages; **not be ~ to look at** nicht sehr ansehnlich sein
C *adv.*, *more*, *most* **1** viel <*besser, schöner usw.*>; **~ more lively/attractive** viel lebhafter/attraktiver
2 mit Abstand <*der/die/das Beste, Klügste usw.*>
3 (greatly) sehr <*lieben, genießen usw.*>; (for ~ of the time) viel <*lesen, spielen usw.*>; (often) oft <*sehen, besuchen usw.*>
4 [pretty *or* very] **~ the same** fast [genau] der-/die-/dasselbe
muck /mʌk/ *n.* **1** (infml) (something disgusting) Dreck, *der* (ugs.)
2 (infml) (nonsense) Mist, *der* (ugs.)
■ **~ a'bout, ~ a'round** (BrE) (infml) *v.i.*
1 herumalbern (ugs.)
2 (tinker) herumfummeln (**with** an + *Dat.*)
■ **~ 'in** *v.i.* (infml) mit anpacken (**with** bei)
■ **~ 'up** *v.t.* **1** (BrE) (infml) (bungle) vermurksen (ugs.)
2 (make dirty) dreckig machen (ugs.)
3 (infml) (spoil) vermasseln (salopp)
'mucky *adj.* dreckig (ugs.)
mucus /'mju:kəs/ *n.* Schleim, *der*
mud /mʌd/ *n.* Schlamm, *der*
muddle /'mʌdl/ **A** *n.* Durcheinander, *das*
B *v.t.* **~** [up] durcheinander bringen; **~ up** (mix up) verwechseln (**with** mit)
■ **~ a'long, ~ 'on** *v.i.* vor sich (*Akk.*) hin wursteln (ugs.)
■ **~ 'through** *v.i.* sich durchwursteln (ugs.)
muddy /'mʌdɪ/ *adj.* schlammig; **get** *or* **become ~** verschlammen
'mudguard *n.* Schutzblech, *das*; (of car) Kotflügel, *der*
muesli /'mju:zlɪ/ *n.* Müsli, *das*
muff¹ /mʌf/ *n.* Muff, *der*
muff² *v.t.* verpatzen (ugs.)
muffin /'mʌfɪn/ *n.* Muffin, *der*
muffle /'mʌfl/ *v.t.* **1** (envelop) **~ [up]** einhüllen
2 dämpfen <*Geräusch*>
'muffler *n.* **1** (wrap, scarf) Schal, *der*
2 (AmE) (Motor Veh.) Schalldämpfer, *der*
mug /mʌg/ **A** *n.* **1** Becher, *der* (meist mit Henkel); (for beer etc.) Krug, *der*
2 (infml) (face, mouth) Visage, *die* (salopp)
3 (BrE) (infml) (gullible person) Trottel, *der* (ugs.)
B *v.t.,* **-gg-** (rob) überfallen und berauben
'mugger *n.* Straßenräuber, *der*/-räuberin, *die*

'**mugging** n. Straßenraub, der

muggy /'mʌgɪ/ adj. schwül

mule /mjuːl/ n. Maultier, das

multi: ∼**coloured** (BrE), ∼**colored** (AmE) adj. mehrfarbig; bunt ‹Stoff, Kleid›; ∼'**cultural** adj. multikulturell; ∼**function button** n. Multifunktionstaste, die; ∼**media** n. sing. Multimedia, das; ∼**millio'naire** n. Multimillionär, der/-millionärin, die; ∼**national** /mʌltɪ'næʃənl/ **A** adj. multinational **B** n. multinationaler Konzern, der; Multi, der (ugs.)

✧ **multiple** /'mʌltɪpl/ adj. mehrfach

multiple: ∼'**choice** adj. Multiplechoice‹-test, -frage›; ∼ '**store** n. (BrE) Kettenladen, der

multiplication /mʌltɪplɪ'keɪʃn/ n. Multiplikation, die

multiply /'mʌltɪplaɪ/ **A** v.t. multiplizieren, malnehmen (**by** mit) **B** v.i. sich vermehren

multi: ∼-**purpose** adj. Mehrzweck-; ∼-**purpose 'vehicle** n. Großraumlimousine, die; '∼-**storey** adj. mehrstöckig; mehrgeschossig; ∼-**storey car park/block of flats** Parkhaus/Wohnhochhaus, das; ∼**track** adj. mehrspurig; Mehrspur‹aufnahme, -ton, -tonbandgerät›

multitude /'mʌltɪtjuːd/ n. (crowd) Menge, die; (great number) Vielzahl, die

mum[1] /mʌm/ (infml) **A** int. ∼'s the word nicht weitersagen! **B** adj. keep ∼ den Mund halten (ugs.)

mum[2] n. (BrE) (infml) (mother) Mama, die (fam.)

mumble /'mʌmbl/ v.i. & t. nuscheln (ugs.)

mummy[1] n. (BrE) (infml) (mother) Mutti, die (fam.)

mummy[2] /'mʌmɪ/ n. Mumie, die

mumps /mʌmps/ n. Mumps, der

munch /mʌntʃ/ v.t. & i. ∼ [one's food] mampfen (salopp)

mundane /mʌn'deɪn/ adj. 1 (dull) banal 2 (worldly) weltlich

Munich /'mjuːnɪk/ pr. n. München (das)

municipal /mjʊ'nɪsɪpl/ adj. kommunal; Kommunal‹politik, -verwaltung›

munition /mjuː'nɪʃn/ n., usu. in pl. Kriegsmaterial, das

mu'nitions factory n. Rüstungsbetrieb, der

mural /'mjʊərl/ n. Wandbild, das

✧ **murder** /'mɜːdə(r)/ **A** n. Mord, der (of an + Dat.) **B** v.t. ermorden

'**murderer** n. Mörder, der/Mörderin, die

murderess /'mɜːdərɪs/ n. Mörderin, die

murderous /'mɜːdərəs/ adj. tödlich; Mord‹absicht, -drohung›; mörderisch (ugs.) ‹Kampf›

murk /mɜːk/ n. Dunkelheit, die

'**murky** adj. 1 (dark) düster 2 (dirty) schmutzig-trüb ‹Wasser›

murmur /'mɜːmə(r)/ **A** n. 1 (subdued sound) Rauschen, das 2 (expression of discontent) Murren, das 3 (soft speech) Murmeln, das **B** v.t. murmeln **C** v.i. ‹Person:› murmeln; (complain) murren

✧ **muscle** /'mʌsl/ n. Muskel, der

muscular /'mʌskjʊlə(r)/ adj. 1 (Anat.) Muskel- 2 (strong) muskulös

muse /mjuːz/ (literary) v.i. [nach]sinnen (geh.) (**on, over** über + Akk.)

✧ **museum** /mjuː'ziːəm/ n. Museum, das

mush /mʌʃ/ n. Brei, der

mushroom /'mʌʃrʊm, 'mʌʃruːm/ **A** n. Pilz, der; (cultivated) Champignon, der **B** v.i. wie Pilze aus dem Boden schießen

'**mushroom cloud** n. Rauchpilz, der; (after nuclear explosion) Atompilz, der

'**mushy** adj. breiig

✧ **music** /'mjuːzɪk/ n. 1 Musik, die; piece of ∼ Musikstück, das; set sth to ∼ etw. vertonen 2 (score) Noten Pl.

✧ **musical** /'mjuːzɪkl/ **A** adj. musikalisch; Musik‹instrument, -verständnis, -notation, -abend› **B** n. Musical, das

'**musical box** n. (BrE) Spieldose, die

musician /mjuː'zɪʃn/ n. Musiker, der/ Musikerin, die

music: ∼ **lesson** n. Musikstunde, die; ∼ **room** n. Musiksaal, der; ∼ **stand** n. Notenständer, der; ∼ **teacher** n. Musiklehrer, der/-lehrerin, die; ∼ **video** n. Musikvideo, das

✧ **Muslim** /'mʊslɪm, 'mʌzlɪm/ **A** adj. moslemisch **B** n. Moslem, der/Moslime, die

muslin /'mʌzlɪn/ n. Musselin, der

mussel /'mʌsl/ n. Muschel, die

✧ **must** /məst, stressed mʌst/ **A** v. aux., only in pres., neg. (infml) **mustn't** /'mʌsnt/ müssen; with neg. dürfen **B** n. (infml) Muss, das

mustache ▶ moustache

mustard /'mʌstəd/ n. Senf, der

muster /'mʌstə(r)/ **A** n. pass ∼ akzeptabel sein **B** v.t. versammeln; (Mil., Naut.) [zum Appell] antreten lassen; (fig.) zusammennehmen ‹Kraft, Mut, Verstand› **C** v.i. sich [ver]sammeln ∎ ∼ '**up** v.t. aufbringen

mustn't /'mʌsnt/ (infml) = must not

musty /'mʌstɪ/ adj. muffig

mutant /'mjuːtənt/ **A** adj. mutiert **B** n. Mutante, die

mutation /mjuː'teɪʃn/ n. Mutation, die

mute /mjuːt/ **A** adj. stumm **B** n. 1 (person) Stumme, der/die 2 (Telev., Teleph., etc.) Stummtaste, die

'**muted** adj. gedämpft

mutilate /'mjuːtɪleɪt/ v.t. verstümmeln

m

mutilation /mjuːtɪ'leɪʃn/ *n.* Verstümmelung, *die*

mutinous /'mjuːtɪnəs/ *adj.* meuternd

mutiny /'mjuːtɪnɪ/ **A** *n.* Meuterei, *die*
B *v.i.* meutern

mutter /'mʌtə(r)/ *v.i. & t.* murmeln

'**muttering** *n.* Gemurmel, *das*

mutton /'mʌtn/ *n.* Hammelfleisch, *das*

mutual /'mjuːtjʊəl/ *adj.* **1** gegenseitig
2 (infml) (shared) gemeinsam

'**mutually** *adv.* **1** gegenseitig; **be ~ exclusive** sich [gegenseitig] ausschließen
2 (in common) gemeinsam

muzak /'mjuːzæk/ *n.* (often derog.) Hintergrundmusik, *die*

muzzle /'mʌzl/ **A** *n.* **1** (of dog) Schnauze, *die*; (of horse, cattle) Maul, *das*
2 (of gun) Mündung, *die*
3 (put over animal's mouth) Maulkorb, *der*
B *v.t.* **1** einen Maulkorb anlegen (+ *Dat.*) ‹*Hund*›
2 (fig.) mundtot machen (ugs.) (+ *Dat.*)

muzzy /'mʌzɪ/ *adj.* verschwommen; **feel ~** ein dumpfes Gefühl haben

MW *abbr.* (Radio) = **medium wave** MW

⌀ **my** /maɪ/ *poss. pron. attrib.* mein; **~[, ~]!, [~]** oh **~!** [ach du] meine Güte! (ugs.)

myalgic encephalomyelitis /maɪældʒɪk ensefələʊmaɪə'laɪtɪs/ *n.* (Med.) myalgische Enzephalomyelitis

myopia /maɪ'əʊpɪə/ *n.* Kurzsichtigkeit, *die* (auch fig.)

myopic /maɪ'ɒpɪk/ *adj.* kurzsichtig (auch fig.)

⌀ **myself** /maɪ'self/ *pron.* **1** emphat. selbst; **I thought so ~** das habe ich auch gedacht
2 refl. mich/mir. *See also* **herself**

mysterious /mɪ'stɪərɪəs/ *adj.* rätselhaft; geheimnisvoll ‹*Fremder, Orient*›

my'steriously *adv.* auf rätselhafte Weise; geheimnisvoll ‹*lächeln usw.*›

mystery /'mɪstərɪ/ *n.* **1** Rätsel, *das*
2 (secrecy) Geheimnis, *das*

mystery: ~ tour *n.* Fahrt ins Blaue (ugs.); **~ writer** *n.* Kriminalschriftsteller, *der*/-schriftstellerin, *die*

mystic /'mɪstɪk/ **A** *adj.* mystisch
B *n.* Mystiker, *der*/Mystikerin, *die*

mystical /'mɪstɪkl/ *adj.* mystisch

mysticism /'mɪstɪsɪzm/ *n.* Mystik, *die*

mystify /'mɪstɪfaɪ/ *v.t.* verwirren

myth /mɪθ/ *n.* Mythos, *der*

mythical /'mɪθɪkl/ *adj.* **1** (based on myth) mythisch
2 (invented) fiktiv

mythological /mɪθə'lɒdʒɪkl/ *adj.* mythologisch

mythology /mɪ'θɒlədʒɪ/ *n.* Mythologie, *die*

m

n

Nn

N, n /en/ *n.* N, n, *das*

N. *abbr.* **1** = **north** N
2 = **northern** n.

NAAFI /'næfɪ/ *abbr.*: (BrE) = **Navy, Army and Air Force Institutes** Kaufhaus für Angehörige der britischen Truppen

nab /næb/ *v.t.*, **-bb-** (infml) **1** (arrest) schnappen (ugs.)
2 (seize) sich (*Dat.*) schnappen

nag /næg/ *v.i. & t.*, **-gg-**; **~ [at]** sb an jmdm. herumnörgeln; **~ [at]** sb to do sth jmdm. zusetzen (ugs.), dass er etw. tut

'**nagging** **A** *adj.* (persistent) quälend; bohrend ‹*Schmerz*›
B *n.* Genörgel, *das*

nail /neɪl/ **A** *n.* Nagel, *der*; **hit the ~ on the head** (fig.) den Nagel auf den Kopf treffen (ugs.)
B *v.t.* nageln (**to** an + *Akk.*)

◾ **~ 'down** *v.t.* festnageln; zunageln ‹*Kiste*›
nail: ~ brush *n.* Nagelbürste, *die*;
~ clippers *n. pl.* [pair of] **~ clippers** Nagelknipser, *der*; **~ file** *n.* Nagelfeile, *die*; **~ polish** *n.* Nagellack, *der*; **~ polish remover** *n.* Nagellackentferner, *der*;
~ scissors *n. pl.* [pair of] **~ scissors** Nagelschere, *die*; **~ varnish** (BrE) ▸ **nail polish**

naive, naïve /naɪ'iːv/ *adj.*, **na'ively, na'ïvely** *adv.* naiv

naked /'neɪkɪd/ *adj.* nackt; **visible to or with the ~ eye** mit bloßem Auge zu erkennen

'**nakedness** *n.* Nacktheit, *die*

⌀ **name** /neɪm/ **A** *n.* **1** Name, *der*; **what's your ~/the ~ of this place?** wie heißt du/ dieser Ort?; **my ~ is Jack** ich heiße Jack; **last ~** Nachname, *der*; **by ~** namentlich ‹*erwähnen, aufrufen usw.*›; **know sb by ~** jmdn. mit Namen kennen
2 (reputation) Ruf, *der*; **make a ~ for oneself**

⌀ Schlüsselwort

sich (*Dat.*) einen Namen machen
3 call sb ~s jmdn. beschimpfen
B *v.t.* **1** (give ~ to) einen Namen geben
(+ *Dat.*); ~ **sb John** jmdn. John nennen; ~
sb/sth after *or* (AmE) **for sb** jmdn./etw. nach
jmdm. benennen; **be ~d John** John heißen;
a man ~d Smith ein Mann namens Smith
2 (call by right ~) benennen
3 (nominate) ~ **sb [as] sth** jmdn. zu etw.
ernennen

'**name-drop** *v.i.* [scheinbar beiläufig]
bekannte Namen fallen lassen

'**nameless** *adj.* namenlos

'**namely** *adv.* nämlich

'**namesake** *n.* Namensvetter, *der*/-schwester,
die

nanny /'nænɪ/ *n.* (BrE) Kindermädchen, *das*

nanny: ~ **goat** *n.* Ziege, *die*; ~ '**state** *n.*
(derog.) Versorgungsstaat, *der*

nap /næp/ **A** *n.* Nickerchen, *das* (fam.); **have a**
~ ein Nickerchen halten
B *v.i.*, -**pp**- dösen (ugs.); **catch sb ~ping** (fig.)
jmdn. überrumpeln

nape /neɪp/ *n.* ~ **[of the neck]** Nacken, *der*;
Genick, *das*

napkin /'næpkɪn/ *n.* Serviette, *die*

Naples /'neɪplz/ *pr. n.* Neapel (*das*)

nappy /'næpɪ/ *n.* (BrE) Windel, *die*

narcissistic /nɑ:sɪ'sɪstɪk/ *adj.* narzisstisch

narcissus /nɑ:'sɪsəs/ *n.*, *pl.* **narcissi** /nɑ:'sɪsaɪ/
or ~**es** Narzisse, *die*

narcotic /nɑ:'kɒtɪk/ **A** *n.* **1** (drug) Rauschgift,
das
2 (active ingredient) Betäubungsmittel, *das*
B *adj.* **1** narkotisch; ~ **drug** Rauschgift, *das*
2 (causing drowsiness) einschläfernd

narrate /nə'reɪt/ *v.t.* erzählen; kommentieren
<*Film*>

narration /nə'reɪʃn/ *n.* Erzählung, *die*

narrative /'nærətɪv/ **A** *n.* Erzählung, *die*
B *adj.* erzählend

narrator /nə'reɪtə(r)/ *n.* Erzähler, *der*/
Erzählerin, *die*

narrow /'nærəʊ/ **A** *adj.* **1** schmal; schmal
geschnitten <*Rock, Hose, Ärmel usw.*>; eng
<*Tal, Gasse*>
2 (limited) eng; begrenzt <*Auswahl*>
3 knapp <*Sieg, Mehrheit*>; **have a** ~ **escape**
mit knapper Not entkommen (**from** *Dat.*)
4 (not tolerant) engstirnig
B *v.i.* sich verschmälern; <*Tal:*> sich
verengen
C *v.t.* verschmälern; (fig.) einengen
■ ~ '**down** *v.t.* einengen (to auf + *Akk.*)

narrow-'minded *adj.* engstirnig

nasal /'neɪzl/ *adj.* **1** (Anat.) Nasen-
2 näselnd; **speak in a** ~ **voice** näseln

nastily /'nɑ:stɪlɪ/ *adv.* **1** (unpleasantly) scheußlich
2 (ill-naturedly) gemein; **behave** ~ hässlich
sein

nasty /'nɑ:stɪ/ *adj.* **1** (unpleasant) scheußlich
<*Geruch, Geschmack*>; gemein <*Trick,*

Person>; hässlich <*Angewohnheit*>; **that was
a** ~ **thing to say/do** das war gemein
2 (ill-natured) böse; **be** ~ **to sb** hässlich zu
jmdm. sein
3 (serious) übel; schlimm <*Krankheit, Husten,
Verletzung*>; **she had a** ~ **fall** sie ist übel
gefallen

⚓ **nation** /'neɪʃn/ *n.* Nation, *die*; (people) Volk,
das

⚓ **national** /'næʃənl/ **A** *adj.* national;
National<*flagge, -held, -theater, -gericht,
-charakter*>; Staats<*sicherheit, -religion*>;
überregional <*Rundfunkstation, Zeitung*>;
landesweit <*Streik*>
B *n.* (citizen) Staatsbürger, *der*/-bürgerin, *die*;
foreign ~ Ausländer, *der*/Ausländerin, *die*

national: ~ '**anthem** *n.* Nationalhymne,
die; ~ **call** *n.* (BrE) (Teleph.) Inlandsgespräch,
das; ~ '**costume** *n.* Nationaltracht, *die*;
N~ 'Health Service, N~ 'Health
ns. (BrE) staatlicher Gesundheitsdienst;
N~ Health doctor/patient/spectacles ≈
Kassenarzt, *der*/-patient, *der*/-brille, *die*; **N~
In'surance** *n.* (BrE) Sozialversicherung, *die*

nationalism /'næʃənəlɪzm/ *n.* Nationalismus,
der

nationalist /'næʃənəlɪst/ **A** *n.* Nationalist,
der/Nationalistin, *die*
B *adj.* nationalistisch

nationality /næʃə'nælɪtɪ/ *n.*
Staatsangehörigkeit, *die*; **what's his** ~?
welche Staatsangehörigkeit hat er?

nationalization /næʃənəlaɪ'zeɪʃn/ *n.*
Verstaatlichung, *die*

nationalize /'næʃənəlaɪz/ *v.t.* verstaatlichen

'**nationally** *adv.* landesweit

National: **n~ 'park** *n.* Nationalpark,
der; ~ '**Savings** *n. pl.* (BrE)
Staatsschuldverschreibungen *Pl.*; ~ **Savings
certificate** Sparkassengutschein, *der*;
öffentlicher Sparbrief; **n~ 'service** *n.*
(BrE) Wehrdienst, *der*; **do n~ service** seinen
Wehrdienst ableisten; ~ '**Socialist** *n.*
Nationalsozialist, *der*/-sozialistin*attrib.*
nationalsozialistisch, *die*; ~ **Vo'cational
Qualification** *n.* (BrE) staatliches
Berufsausbildungsprogramm

native /'neɪtɪv/ **A** *n.* **1** (of specified place) **a** ~ **of**
Britain ein gebürtiger Brite/eine gebürtige
Britin
2 (person born in a place) Eingeborene, *der*/*die*
3 (local inhabitant) Einheimische, *der*/*die*
B *adj.* eingeboren; einheimisch <*Pflanze,
Tier*>

native: ~ **in'habitant** *n.* Eingeborene, *der*/
Einheimische, *der*/*die*; ~ '**land** *n.* Geburts-
od. Heimatland, *das*; ~ '**language** *n.*
Muttersprache, *die*

nativity /nə'tɪvɪtɪ/ *n.* **the N~ [of Christ]** die
Geburt Christi

na'tivity play *n.* Krippenspiel, *das*

NATO, Nato /'neɪtəʊ/ *abbr.* = **North
Atlantic Treaty Organization** NATO, *die*

n

natter /'nætə(r)/ (BrE) (infml) **A** *v.i.* quatschen (ugs.)
B *n.* have a ~ quatschen (ugs.)
◆ **natural** /'nætʃrəl/ *adj.* natürlich; Natur‹*zustand, -seide, -gewalt*›
natural: ~ **'childbirth** *n.* natürliche Geburt; ~ **'gas** *n.* Erdgas, *das*; ~ **'history** *n.* Naturkunde, *die*
naturalism /'nætʃrəlɪzm/ *n.* Naturalismus, *der*
naturalist /'nætʃrəlɪst/ *n.* Naturforscher, *der*/-forscherin, *die*
naturalization /ˌnætʃrəlaɪ'zeɪʃn/ *n.* Einbürgerung, *die*
naturalize /'nætʃrəlaɪz/ *v.t.* einbürgern
'naturally *adv.* **1** (by nature) von Natur aus ‹*blass, fleißig usw.*›; (in a true-to-life way) naturgetreu
2 (of course) natürlich
'naturalness Natürlichkeit, *die*
◆ **nature** /'neɪtʃə(r)/ *n.* **1** Natur, *die*
2 (essential qualities) Beschaffenheit, *die*; **in the** ~ **of things** naturgemäß
3 (kind) Art, *die*; **things of this** ~ derartiges
4 (character) Wesen, *das*; **be proud/friendly** *etc.* **by** ~ ein stolzes/freundliches *usw.* Wesen haben
nature: ~ **conservation** *n.* Naturschutz, *der*; ~ **lover** *n.* Naturfreund, *der*/-freundin, *die*; ~ **reserve** *n.* Naturschutzgebiet, *das*; ~ **study** *n.* Naturkunde, *die*; ~ **trail** *n.* Naturlehrpfad, *der*
naturist /'neɪtʃərɪst/ *n.* (nudist) Naturist, *der*/Naturistin, *die*; FKK-Anhänger, *der*/FKK-Anhängerin, *die*
naught /nɔːt/ *n.* (arch./dial.) **come to** ~ zunichte werden
naughtily /'nɔːtɪlɪ/ *adv.* ungezogen
naughtiness /'nɔːtɪnɪs/ *n.* Ungezogenheit, *die*
naughty /'nɔːtɪ/ *adj.* ungezogen; **you** ~ **boy/ dog** du böser Junge/Hund
nausea /'nɔːzɪə/ *n.* Übelkeit, *die*
nauseate /'nɔːzɪeɪt/ *v.t.* (disgust) anwidern
'nauseating *adj.* (disgusting) widerlich
nauseous /'nɔːzɪəs/ *adj.* **sb is** *or* **feels** ~ jmdm. ist übel
nautical /'nɔːtɪkl/ *adj.* nautisch
nautical 'mile *n.* Seemeile, *die*
naval /'neɪvl/ *adj.* Marine-; See‹*schlacht, -macht, -streitkräfte*›
naval: ~ **base** *n.* Flottenstützpunkt, *der*; ~ **officer** *n.* Marineoffizier, *der*; ~ **ship** *n.* Kriegsschiff, *das*
nave /neɪv/ *n.* [Mittel]schiff, *das*
navel /'neɪvl/ *n.* Nabel, *der*
navigate /'nævɪgeɪt/ *v.t.* **1** navigieren ‹*Schiff, Flugzeug*›
2 befahren ‹*Fluss usw.*›
navigation /ˌnævɪ'geɪʃn/ *n.* Navigation, *die*

navigator /'nævɪgeɪtə(r)/ *n.* Navigator, *der*/ Navigatorin, *die*
navy /'neɪvɪ/ **A** *n.* **1** [Kriegs]marine, *die*
2 ▸ navy blue
B *adj.* ▸ navy-blue
navy: ~ **'blue** *n.* Marineblau, *das*; ~**-blue** *adj.* marineblau
Nazi /'nɑːtsɪ/ **A** *n.* Nazi, *der*
B *adj.* nazistisch; Nazi-
NB *abbr.* = **nota bene** NB
NCO *abbr.* = **non-commissioned officer** Uffz.
NE *abbr.* = **north-east** NO
◆ **near** /nɪə(r)/ **A** *adv.* nah[e]; **stand/live [quite]** ~ [ganz] in der Nähe stehen/wohnen; **come** *or* **draw** ~/~**er** ‹*Tag, Zeitpunkt:*› nahen/ näher rücken; **get** ~**er together** näher zusammenrücken; ~ **at hand** in Reichweite (*Dat.*); ‹*Ort*› ganz in der Nähe; ~ **to** = **B**
B *prep.* **1** (position) nahe an/bei (+ *Dat.*); (fig.) in der Nähe (+ *Gen.*); **keep** ~ **me** halte dich in meiner Nähe; **it's** ~ **here** es ist hier in der Nähe
2 (motion) nahe an (+ *Akk.*); (fig.) in der Nähe (+ *Gen.*); **don't come** ~ **me** komm mir nicht zu nahe
C *adj.* **1** (in space or time) nahe; **in the** ~ **future** in nächster Zukunft; **the** ~**est man** der am nächsten stehende Mann
2 (in nature) **£30 or** ~/~**est offer** 30 Pfund oder nächstbestes Angebot; ~ **escape** Entkommen mit knapper Not; **that was a** ~ **miss/thing!** das war knapp!
D *v.t.* sich nähern (+ *Dat.*); **the building is** ~**ing completion** das Gebäude steht kurz vor seiner Vollendung
E *v.i.* ‹*Zeitpunkt:*› näher rücken
'nearby *adj.* nahe gelegen
◆ **'nearly** *adv.* fast; **be** ~ **in tears** den Tränen nahe sein; **it is** ~ **six o'clock** es ist kurz vor sechs Uhr; **are you** ~ **ready?** bist du bald fertig?
'nearness *n.* Nähe, *die*
'near-sighted *adj.* (AmE) kurzsichtig
neat /niːt/ *adj.* **1** (tidy) ordentlich
2 (undiluted) pur
3 (smart) gepflegt ‹*Erscheinung, Kleidung*›
4 (deft) geschickt
'neatly *adv.* ▸ neat 1, 3, 4 ordentlich; gepflegt; geschickt
'neatness *n.* ▸ neat 1, 3, 4 Ordentlichkeit, *die*; Gepflegtheit, *die*; Geschicktheit, *die*
◆ **necessarily** /ˌnesɪ'serɪlɪ/ *adv.* zwangsläufig; **it is not** ~ **true** es muss nicht [unbedingt] stimmen
◆ **necessary** /'nesɪsərɪ/ **A** *adj.* nötig; notwendig; **do everything** ~ das Nötige *od.* Notwendige tun
B *n.* **the necessaries of life** das Lebensnotwendige
necessitate /nɪ'sesɪteɪt/ *v.t.* erforderlich machen

n

necessity /nɪˈsesɪtɪ/ *n.* **1** (need, necessary thing) Notwendigkeit, *die*; do sth out of *or* from ~ etw. notgedrungen tun; of ~ notwendigerweise **2** (want) Not, *der*

neck /nek/ *n.* **1** Hals, *der*; be a pain in the ~ (infml) jmdm. auf die Nerven gehen (ugs.); break one's ~ (fig. infml) sich den Hals brechen; ~ and ~ Kopf an Kopf **2** (of garment) Kragen, *der*

neck: ~**lace** /ˈneklɪs/ *n.* [Hals]kette, *die*; (with jewels) Kollier, *das*; ~**line** *n.* [Hals]ausschnitt, *der*; ~**tie** *n.* Krawatte, *die*

nectar /ˈnektə(r)/ *n.* Nektar, *der*

née (AmE: **nee**) /neɪ/ *adj.* geborene

🖙 **need** /niːd/ 🇦 *n.* **1** Notwendigkeit, *die* (for, of Gen.); (demand) Bedarf, *der* (for, of an + Dat.); as the ~ arises nach Bedarf; if ~ be nötigenfalls; there's no ~ for that [das ist] nicht nötig; there's no ~ to do sth es ist nicht nötig, etw. zu tun; be in ~ of sth etw. brauchen; there's no ~ for you to come du brauchst nicht zu kommen **2** no pl. (emergency) Not, *die*; in case of ~ im Notfall **3** (thing) Bedürfnis, *das*

🇧 *v.t.* **1** (require) brauchen; sth that urgently ~s doing etw., was dringend gemacht werden muss; it ~s a coat of paint es muss gestrichen werden **2** (expr. necessity) müssen; I ~ to do it ich muss es tun; it ~s/doesn't ~ to be done es muss getan werden/es braucht nicht getan zu werden **3** *pres.* he ~ *neg.* ~ not *or* (infml) ~n't /ˈniːdnt/ (expr. desirability) müssen; *with neg.* brauchen zu

needle /ˈniːdl/ 🇦 *n.* Nadel, *die* 🇧 *v.t.* (infml) nerven (ugs.)

needle: ~**cord** *n.* (Textiles) Feinkord, *der*; ~**craft** *n.* Nadelarbeit, *die*

needless /ˈniːdlɪs/ *adj.* unnötig; ~ to add *or* say, ... überflüssig zu sagen, dass ...

'needlessly *adv.* unnötig

'needlework *n.* Handarbeit, *die*; do ~ handarbeiten

needn't /ˈniːdnt/ (infml) = **need not**

'needy *adj.* notleidend; bedürftig

negation /nɪˈgeɪʃn/ *n.* Verneinung, *die*

🖙 **negative** /ˈnegətɪv/ 🇦 *adj.* negativ 🇧 *n.* **1** (Photog.) Negativ, *das* **2** (~ statement) negative Aussage; (answer) Nein, *das*

negative 'equity *n.* Negativwert, *der*

'negatively *adv.* negativ

neglect /nɪˈglekt/ 🇦 *v.t.* vernachlässigen; she ~ed to write sie hat es versäumt zu schreiben 🇧 *n.* Vernachlässigung, *die*; be in a state of ~ <*Gebäude:*> verwahrlost sein

neglectful /nɪˈglektfl/ *adj.* gleichgültig (of gegenüber); be ~ of sich nicht kümmern um

negligence /ˈneglɪdʒəns/ *n.* Nachlässigkeit, *die*; (Law, Insurance, etc.) Fahrlässigkeit, *die*

negligent /ˈneglɪdʒənt/ *adj.* nachlässig; be ~ about sth sich um etw. nicht kümmern

negligible /ˈneglɪdʒəbl/ *adj.* unerheblich

negotiable /nɪˈgəʊʃəbl/ *adj.* **1** verhandlungsfähig <*Forderung, Bedingungen*> **2** passierbar <*Straße, Fluss*>

negotiate /nɪˈgəʊʃɪeɪt/ 🇦 *v.i.* verhandeln (for, on, about über + Akk.) 🇧 *v.t.* **1** (arrange) aushandeln **2** überwinden <*Hindernis*>; passieren <*Straße, Fluss*>; nehmen <*Kurve*>

negotiation /nɪgəʊʃɪ'eɪʃn/ *n.* Verhandlung, *die*

negotiator /nɪˈgəʊʃɪeɪtə(r)/ *n.* Unterhändler, *der*/-händlerin, *die*

Negress /ˈniːgrɪs/ *n.* (dated/offensive) Negerin, *die*

Negro /ˈniːgrəʊ/ 🇦 *n.*, pl. ~**es** (dated/offensive) Neger, *der* 🇧 *adj.* Neger-

neigh /neɪ/ 🇦 *v.i.* wiehern 🇧 *n.* Wiehern, *das*

neighbor *etc.* (AmE) ▶ **neighbour** *etc.*

🖙 **neighbour** /ˈneɪbə(r)/ 🇦 *n.* Nachbar, *der*/ Nachbarin, *die*; my next-door ~s meine Nachbarn von nebenan 🇧 *v.t. & i.* ~ [upon] grenzen an (+ Akk.)

🖙 **'neighbourhood** *n.* (district) Gegend, *die*; (neighbours) Nachbarschaft, *die*; [somewhere] in the ~ of £100 [so] um [die] 100 Pfund

'neighbourhood watch *n.*: *Programm zur Verhütung von Straftaten, bes. von Wohnungseinbrüchen, durch erhöhte Wachsamkeit aller in einem Wohngebiet lebenden Menschen*

'neighbouring *adj.* Nachbar-; angrenzend <*Felder*>

neighbourly /ˈneɪbəlɪ/ *adj.* **1** (characteristic of neighbours) [gut]nachbarlich **2** (friendly) freundlich

🖙 **neither** /ˈnaɪðə(r), ˈniːðə(r)/ 🇦 *adj.* keiner/ keine/keins der beiden 🇧 *pron.* keiner/keine/keins von *od.* der beiden 🇨 *adv.* (also not) auch nicht; ~ am I, (infml) me ~ ich auch nicht 🇩 *conj.* (not either) weder; ~ ... nor ... weder ... noch ...

neo'classical *adj.* klassizistisch

neo'conservative 🇦 *adj.* neokonservativ 🇧 *n.* Neokonservative, *der*/die

neo'fascist *adj.* neofaszistisch

neon /ˈniːɒn/ *n.* Neon, *das*

neo-'Nazi 🇦 *n.* Neonazi, *der* 🇧 *adj.* neonazistisch; a ~ group eine Neonazigruppe

neon: ~ **'lamp**, ~ **'light** *ns.* Neonlampe, *die*; ~ **'sign** *n.* Neonreklame, *die*

nephew /ˈnevjuː, ˈnefjuː/ *n.* Neffe, *der*

nepotism /'nepətɪzm/ n. Vetternwirtschaft, die

Neptune /'neptjuːn/ pr. n. (Astron.) Neptun, der

nerve /nɜːv/ n. Nerv, der; get on sb's ~s jmdm. auf die Nerven gehen (ugs.); lose one's ~ die Nerven verlieren; what [a] ~! [so eine] Frechheit!

nerve: ~ **cell** n. Nervenzelle, die; ~ **centre** n. (fig.) Schaltzentrale, die; ~ **gas** n. Nervengas, das; ~**racking** adj. nervenaufreibend

nervous /'nɜːvəs/ adj. 1 (Anat., Med.) Nerven- 2 (having delicate nerves) nervös; be a ~ wreck mit den Nerven völlig am Ende sein 3 (BrE) (timid) be ~ of or about Angst haben vor (+ Dat.); be a ~ person ängstlich sein

nervous 'breakdown n. Nervenzusammenbruch, der

'nervously adv. nervös

'nervousness n. Ängstlichkeit, die

nervy /'nɜːvɪ/ adj. 1 nervös 2 (AmE) (infml) (impudent) unverschämt

nest **A** n. Nest, das **B** v.i. nisten

'nest egg n. (fig.) Notgroschen, der

nestle /'nesl/ v.i. 1 sich schmiegen (to, up against an + Akk.) 2 (lie half hidden) eingebettet sein

net¹ /net/ **A** n. 1 Netz, das 2 the Net (Comp.) das Netz **B** v.t., -tt- [mit einem Netz] fangen

net² adj. 1 netto; Netto<einkommen, -[verkaufs]preis usw.>; ~ weight Nettogewicht, das 2 (ultimate) End<ergebnis, -effekt>

net: ~**ball** n. Netzball, der; ~**book** n. (Comp.) Netbook, das; ~ **'curtain** n. Store, der

Netherlands /'neðələndz/ pr. n. sing. or pl. Niederlande Pl.

net 'profit n. Reingewinn, der

'netspeak n. Internetjargon, der

nett ▶ net²

'netting n. ([piece of] net) Netz, das; wire ~ Maschendraht, der

nettle /'netl/ n. Nessel, die

'network n. Netz, das; (Comp.) Netzwerk, das

'network provider n. (Comp.) Netzanbieter, der

neuralgia /njʊə'rældʒə/ n. Neuralgie, die

neurological /njʊərə'lɒdʒɪkl/ adj. neurologisch

neurologist /njʊə'rɒlədʒɪst/ n. Neurologe, der/Neurologin, die

neurology /njʊə'rɒlədʒɪ/ n. Neurologie, die

neurosis /njʊə'rəʊsɪs/ n., pl. **neuroses** /njʊə'rəʊsiːz/ Neurose, die

neurotic /njʊə'rɒtɪk/ adj. 1 nervenkrank 2 (infml) neurotisch

neuter /'njuːtə(r)/ adj. sächlich

neutral /'njuːtrl/ **A** adj. neutral **B** n. (~ gear) Leerlauf, der

neutrality /njuː'trælɪtɪ/ n. Neutralität, die

neutralize /'njuːtrəlaɪz/ v.t. neutralisieren

neutron /'njuːtrɒn/ n. Neutron, das

ℐ **never** /'nevə(r)/ adv. 1 nie; ~-ending endlos 2 (infml) you ~ believed that, did you? du hast das doch wohl nicht geglaubt?; well, I ~ [did]! [na] so was!

neverthe'less adv. trotzdem

ℐ **new** /njuː/ adj. neu

new: New Age n. Newage, das; attrib. Newage-; ~**born** adj. neugeboren; ~ **build** n. Neubau, der; ~**comer** /'njuːkʌmə(r)/ n. Neuankömmling, der; ~**fangled** /'njuːfæŋgld/ adj. neumodisch; ~**found** adj. neu; ~**laid** adj. frisch [gelegt]; **New 'Left** n. neue Linke; ~ **'look** n. (infml) neuer Stil

'newly adv. (recently) neu; ~ married seit kurzem verheiratet

'newly-wed n. Jungverheiratete, der/die

new: New 'Man n. der neue Mann; ~ **'moon** n. Neumond, der

'newness n. Neuheit, die

ℐ **news** /njuːz/ n. 1 Nachricht, die; be in the ~ Schlagzeilen machen; good/bad ~ schlechte/gute Nachrichten Pl. 2 (Radio, Telev.) Nachrichten Pl.

news: ~ **agency** n. Nachrichtenagentur, die; ~**agent** n. Zeitungshändler, der/-händlerin, die; ~ **bulletin** n. Nachrichten Pl.; ~**cast** n. Nachrichtensendung, die; ~**caster** n. Nachrichtensprecher, der/-sprecherin, die; ~ **desk** n. Nachrichtenredaktion, die; this is Joe Smith at the ~ desk (Radio) hier ist Joe Smith mit den Nachrichten; ~**flash** n. Kurzmeldung, die; ~**group** n. (Comp.) Newsgroup, die; ~ **'headline** n. Schlagzeile, die; ~**letter** n. Rundschreiben, das

ℐ **newspaper** n. 1 Zeitung, die; ~ **boy/girl** Zeitungsausträger, der/-austrägerin, die 2 (material) Zeitungspapier, das

news: ~**reader** n. Nachrichtensprecher, der/-sprecherin, die; ~**reel** n. Wochenschau, die; ~**room** n. Nachrichtenredaktion, die; ~**-sheet** n. Informationsblatt, das; ~**stand** n. Zeitungskiosk, der; Zeitungsstand, der; ~ **summary** n. Kurznachrichten Pl.; ~ **vendor** n. Zeitungsverkäufer, der/-verkäuferin, die; ~**worthy** adj. [für die Medien] interessant

newt /njuːt/ n. [Wasser]molch, der

New: new town n.: mit Unterstützung der Regierung völlig neu entstandene Ansiedlung; **new 'year** n. Neujahr, das; over the new year über Neujahr; a Happy ~ Year ein glückliches od. gutes neues Jahr.; ~ **'Year's** (AmE), ~ **Year's 'Day** n. Neujahrstag, der; ~ **Year's 'Eve** n. Silvester, der od. das; ~ **Zealand** /- 'ziːlənd/ pr. n. Neuseeland (das); ~ **'Zealander** n. Neuseeländer,

---

ℐ Schlüsselwort

der/-länderin, *die*

ϗ **next** /nekst/ **A** *adj.* nächst...; the ∼ but one der/die/das Übernächste; ∼ **to** (fig.) (almost) fast; nahezu; [the] ∼ **time** das nächste Mal; the ∼ **best** der/die/das Nächstbeste; **am I** ∼? komme ich jetzt dran?

B *adv.* (in the ∼ place) als Nächstes; (on the ∼ occasion) das nächste Mal; it's my turn ∼ ich komme als Nächster dran; **sit/stand** ∼ **to sb** neben jmdm. sitzen/stehen; **place sth** ∼ **to sb/sth** etw. neben jmdn./etw. stellen

C *n.* **1** the week after ∼ [die] übernächste Woche

2 (person) ∼**, please!** der Nächste, bitte!

'**next-door** *adj.* gleich nebenan *nachgestellt*

next of '**kin** *n.* nächster/nächste Angehörige

NHS *abbr.* (BrE) **National Health Service**

nib /nɪb/ *n.* Feder, *die*

nibble /'nɪbl/ *v.t. & i.* knabbern (**at, on** an + *Dat.*)

ϗ **nice** /naɪs/ *adj.* nett; angenehm <*Stimme*>; schön <*Wetter*>; (iron.) (disgraceful, difficult) schön; ∼ **[and] warm/fast** schön warm/ schnell; ∼**-looking** gut aussehend

'**nicely** *adv.* (infml) **1** (well) nett; gut <*arbeiten, sich benehmen, platziert sein*>

2 (all right) gut; **that will do** ∼ das reicht völlig

niceties /'naɪsɪtɪz/ *n. pl.* Feinheiten *Pl.*

niche /nɪtʃ, niːʃ/ *n.* **1** (in wall) Nische, *die*
2 (fig.) (suitable place) Platz, *der*

nick **A** *n.* **1** (notch) Kerbe, *die*

2 (sl.) (prison) Knast, *der* (salopp)

3 (BrE) (police station) Wache, *die*

4 in good/poor ∼ (infml) gut/nicht gut im Schuss (ugs.)

5 in the ∼ of time gerade noch rechtzeitig

B *v.t.* **1** einkerben

2 (BrE) (infml) (arrest) einlochen (salopp)

3 (BrE) (infml) (steal) klauen (salopp)

nickel /'nɪkl/ *n.* **1** Nickel, *das*
2 (AmE) (infml) (coin) Fünfcentstück, *das*

nickname /'nɪkneɪm/ *n.* Spitzname, *der*; (affectionate) Koseform, *die*

nicotine /'nɪkətiːn/ *n.* Nikotin, *das*

'**nicotine patch** *n.* Nikotinpflaster, *das*

niece /niːs/ *n.* Nichte, *die*

Nigeria /naɪ'dʒɪərɪə/ *pr. n.* Nigeria (*das*)

niggardly /'nɪgədlɪ/ *adj.* knaus[e]rig (ugs.)

niggling /'nɪglɪŋ/ *adj.* **1** (petty) belanglos
2 (trivial) nichts sagend
3 (nagging) nagend

ϗ **night** /naɪt/ *n.* Nacht, *die*; (evening) Abend, *der*; **the following** ∼ die Nacht/der Abend darauf; **the previous** ∼ die vorausgegangene Nacht/der vorausgegangene Abend; **on Sunday** ∼ Sonntagnacht/[am] Sonntagabend; **for the** ∼ über Nacht; **at** ∼ nachts/abends; **late at** ∼ spätabends

night: ∼**bird** *n.* (person) Nachteule, *die* (ugs. scherzh.); ∼ **blindness** *n.* Nachtblindheit,

die; ∼**cap** *n.* (drink) Schlaftrunk, *der;* ∼**clothes** *n. pl.* Nachtwäsche, *die;* ∼**club** *n.* Nachtklub, *der;* ∼**dress** *n.* Nachthemd, *das;* ∼ **duty** *n.* Nachtdienst, *der;* be on ∼ **duty** Nachtdienst haben; ∼**fall** *n.* Einbruch der Dunkelheit

nightie /'naɪtɪ/ *n.* (infml) Nachthemd, *das*

nightingale /'naɪtɪŋgeɪl/ *n.* Nachtigall, *die*

'**nightlife** *n.* Nachtleben, *das*

'**nightly** /'naɪtlɪ/ **A** *adj.* (happening every night/ evening) allnächtlich/allabendlich

B *adv.* (every night) jede Nacht; (every evening) jeden Abend

night: ∼**mare** *n.* Albtraum, *der;* ∼**marish** /'naɪtmeərɪʃ/ *adj.* albtraumhaft; ∼ **owl** *n.* **1** (Ornith.) Eule, *die*
2 (infml) (person) Nachteule, *die* (ugs. scherzh.); ∼ **porter** *n.* Nachtportier, *der;* ∼ **safe** *n.* Nachttresor, *der;* ∼ **school** *n.* Abendschule, *die;* ∼ **shelter** *n.* Nachtasyl, *das;* ∼ **shift** *n.* Nachtschicht, *die;* ∼ '**sky** *n.* Nachthimmel, *der;* ∼ '**storage heater** *n.* Nachtspeicherofen, *der;* ∼**-time** *n.* Nacht, *die;* **in the** *or* **at** ∼**-time** nachts; ∼'**watchman** *n.* Nachtwächter, *der;* ∼**wear** *n. sing.* ▶ **nightclothes**

nihilistic /naɪɪ'lɪstɪk, nɪhɪ'lɪstɪk/ *adj.* nihilistisch

nil /nɪl/ *n.* null

Nile /naɪl/ *pr. n.* Nil, *der*

nimble /'nɪmbl/ *adj.*, **nimbly** /'nɪmblɪ/ *adv.* flink

ϗ **nine** /naɪn/ **A** *adj.* neun

B *n.* Neun, *die; see also* **eight**

nineteen /naɪn'tiːn/ **A** *adj.* neunzehn

B *n.* Neunzehn, *die; see also* **eight**

nineteenth /naɪn'tiːnθ/ **A** *adj.* neunzehnt...

B *n.* (fraction) Neunzehntel, *das; see also* **eighth**

ninetieth /'naɪntɪθ/ *adj.* neunzigst...

ninety /'naɪntɪ/ **A** *adj.* neunzig

B *n.* Neunzig, *die; see also* **eight, eighty B**

ninth /naɪnθ/ **A** *adj.* neunt...

B *n.* (in sequence, rank) Neunte, *der/die/das;* (fraction) Neuntel, *das; see also* **eighth**

nip **A** *v.t.*, **-pp-** zwicken

B *v.i.*, **-pp-** (BrE) (infml) ∼ **in** hinein-/ hereinflitzen (ugs.); ∼ **out** hinaus-/ herausflitzen (ugs.)

C *n.* (pinch, squeeze) Kniff, *der;* (bite) Biss, *der*

nipper /'nɪpə(r)/ *n.* (BrE) (infml) (child) Balg, *das* (ugs.)

nipple /'nɪpl/ *n.* **1** Brustwarze, *die*
2 (of feeding bottle) Sauger, *der*

niqab /nɪ'kɑːb/ *n.* Niqab, *der*

nitrate /'naɪtreɪt/ *n.* **1** (salt) Nitrat, *das*
2 (fertilizer) Nitratdünger, *der*

nitric acid /'naɪtrɪk æsɪd/ *n.* Salpetersäure, *die*

nitrogen /'naɪtrədʒən/ *n.* Stickstoff, *der*

'**nitrogen cycle** *n.* Stickstoffkreislauf, *der*

nitwit /'nɪtwɪt/ *n.* (infml) Trottel, *der* (ugs.)

n

◆ **no** /nəʊ/ **A** *adj.* kein
B *adv.* **1** (by no amount) nicht; ~ **less [than]** nicht weniger [als]; ~ **more wine?** keinen Wein mehr?
2 (as answer) nein
C *n., pl.* ~**es** /nəʊz/ Nein, *das*

No. *abbr.* = **number** Nr.

Noah's ark /nəʊəz 'ɑːk/ *n.* die Arche Noah

Nobel prize /nəʊbel 'praɪz/ *n.* Nobelpreis, *der*

nobility /nə'bɪlɪtɪ/ *n.* Adel, *der*; **many of the** ~ viele Adlige

noble /'nəʊbl/ **A** *adj.* ad[e]lig; edel <*Gedanken, Gefühle*>
B *n.* Adlige, *der/die*

nobleman /'nəʊblmən/ *n., pl.* **noblemen** /'nəʊblmən/ Adlige, *der*

nobly /'nəʊblɪ/ *adv.* **1** edel [gesinnt]
2 (generously) edelmütig (geh.)

◆ **nobody** /'nəʊbədɪ/ *n. & pron.* niemand; keiner; (person of no importance) Niemand, *der*

no-brainer /nəʊ'breɪnə(r)/ *n.* (infml) (simple decision, idea) nahe liegende Sache

no-'claims bonus *n.* (Insurance) Schadenfreiheitsrabatt, *der*

nocturnal /nɒk'tɜːnl/ *adj.* nächtlich; ~ **animal/bird** Nachttier, *das*/-vogel, *der*

nod /nɒd/ **A** *v.i.* **-dd-** nicken
B *v.t.* **-dd-**; ~ **one's head [in greeting]** [zum Gruß] mit dem Kopf nicken
C *n.* [Kopf]nicken, *das*
■ ~ **'off** *v.i.* einnicken (ugs.)

nodule /'nɒdjuːl/ *n.* **1** Klümpchen, *das*
2 (Bot.) Knötchen, *das*

no-'fly zone *n.* Flugverbotszone, *die*

no-'go *adj.* Sperr<*gebiet, -zone*>

'no-good *adj.* (infml) nichtsnutzig (abwertend)

no-hoper /nəʊ'həʊpə(r)/ *n.* absoluter Außenseiter; **be a** ~ keine Chance haben

nohow /'nəʊhaʊ/ *adv.* (AmE) (infml) in keiner Weise

◆ **noise** /nɔɪz/ *n.* Geräusch, *das*; (loud, harsh, unwanted) Lärm, *der*

'noise abatement *n.* Lärmbekämpfung, *die*

'noiseless *adj.*, **'noiselessly** *adv.* lautlos

noise: ~ **level** *n.* Geräuschpegel, *der*; (of unpleasant noise) Lärmpegel, *der*; ~ **pollution** *n.* Lärmbelästigung, *die*

noisily /'nɔɪzɪlɪ/ *adv.*, **noisy** /'nɔɪzɪ/ *adj.* laut

nomad /'nəʊmæd/ *n.* Nomade, *der*

nomadic /nəʊ'mædɪk/ *adj.* nomadisch

nomadic 'tribe *n.* Nomadenstamm, *der*

'no man's land *n.* Niemandsland, *das*

nominal /'nɒmɪnl/ *adj.* **1** (in name only) nominell
2 (virtually nothing) äußerst gering

nominally /'nɒmɪnəlɪ/ *adv.* namentlich

nominate /'nɒmɪneɪt/ *v.t.* **1** (propose) nominieren

2 (appoint) ernennen

nomination /nɒmɪ'neɪʃn/ *n.* ▸ **nominate** Nominierung, *die*; Ernennung, *die*

nominative /'nɒmɪnətɪv/ *adj. & n.* ~ **[case]** Nominativ, *der*

nominee /nɒmɪ'niː/ *n.* (candidate) Kandidat, *der*/Kandidatin, *die*

non- /nɒn/ *pref.* nicht-

non-alco'holic *adj.* alkoholfrei

nonchalant /'nɒnʃələnt/ *adj.* unbekümmert

non-commissioned 'officer *n.* Unteroffizier, *der*

non-committal /nɒnkə'mɪtl/ *adj.* unverbindlich; **he was** ~ er hat sich nicht klar geäußert

noncon'formist *n.* Nonkonformist, *der*/Nonkonformistin, *die*

non-con'tributory *adj.* beitragsfrei

nondescript /'nɒndɪskrɪpt/ *adj.* unscheinbar; undefinierbar <*Farbe*>

'non-drip *adj.* nicht tropfend <*Farbe*>

non-'driver *n.* Nicht[auto]fahrer, *der*

◆ **none** /nʌn/ **A** *pron.* kein...; ~ **of them** keiner/keine/keines von ihnen; ~ **of this** nichts davon
B *adv.* keineswegs; **I'm** ~ **the wiser now** jetzt bin ich um nichts klüger; ~ **the less** nichtsdestoweniger

nonentity /nɒ'nentɪtɪ/ *n.* Nichts, *das*

non-existent /nɒnɪg'zɪstənt/ *adj.* nicht vorhanden

non-'fiction *n.* Sachliteratur, *die*

non-'iron *adj.* bügelfrei

non-'member *n.* Nichtmitglied, *das*

'no-no *n., pl.* ~**es** (infml) **be a** ~ nicht infrage kommen (ugs.)

no-'notice account *n.* (Bankw.) Tagesgeldkonto, *das*

non-'payment *n.* Nichtzahlung, *die*

nonplus /nɒn'plʌs/ *v.t.* **-ss-** verblüffen

non-'profit, non-'profit-making (BrE) *adjs.* nicht auf Gewinn ausgerichtet

non-prolife'ration *n.* Nichtverbreitung von Atomwaffen

non-prolife'ration treaty *n.* Atom[waffen]sperrvertrag, *der*

non-re'cyclable *adj.* nicht recycelbar

non-'resident *n.* (outside of a country) Nichtansässige, *der/die*; **the bar is open to** ~**s** die Bar ist auch für Gäste geöffnet, die nicht im Hotel wohnen

nonsense /'nɒnsəns/ **A** *n.* Unsinn, *der*
B *int.* Unsinn

nonsensical /nɒn'sensɪkl/ *adj.* unsinnig

non sequitur /nɒn 'sekwɪtə(r)/ *n.* unlogische Folgerung

non-'smoker *n.* **1** (person) Nichtraucher, *der*/-raucherin, *die*
2 (train compartment) Nichtraucherabteil, *das*

non-'starter *n.* (fig. infml) Reinfall, *der* (ugs.)

n

non-'stick *adj.* ~ frying pan *etc.* Bratpfanne *usw.* mit Antihaftbeschichtung

non-stop **A** /'--/ *adj.* durchgehend ‹*Zug, Busverbindung*›; Nonstop‹*flug, -revue*› **B** /'-'-/ *adv.* ohne Unterbrechung ‹*tanzen, reden, reisen, senden*›; nonstop ‹*fliegen, tanzen, fahren*›

'non-toxic *adj.* ungiftig

noodle /'nu:dl/ *n., usu. pl.* Nudel, *die*

nook /nʊk/ *n.* Winkel, *der*; Ecke, *die*

noon /nu:n/ *n.* Mittag, *der*; zwölf Uhr [mittags]; **at/before** ~ um/vor zwölf [Uhr mittags]

'no one *pron.* ▸ nobody

noose /nu:s/ *n.* Schlinge, *die*

✐ **nor** /nə(r)/, *stressed* nɔ:(r)/ *conj.* noch; **neither/ not ... ~ ...** weder ... noch ...

norm /nɔ:m/ *n.* Norm, *die*

✐ **normal** /'nɔ:ml/ **A** *adj.* normal **B** *n.* **1** (~ value) Normalwert, *der* **2** (usual state) normaler Stand; **everything is back to** *or* **has returned to** ~ es hat sich wieder alles normalisiert

normality /nɔ:'mælɪti/ Normalität, *die*

✐ **'normally** *adv.* **1** (in normal way) normal **2** (ordinarily) normalerweise

✐ **north** /nɔ:θ/ **A** *n.* **1** Norden, *der*; **in/ to[wards]/from the** ~ im/nach/von Norden; **to the** ~ **of** nördlich von **2** *usu.* **N**~ (Geog., Polit.) Norden, *der* **B** *adj.* nördlich; Nord‹*wind, -küste, -grenze*› **C** *adv.* nach Norden; ~ **of** nördlich von

north: **N**~ **'Africa** *pr. n.* Nordafrika (*das*); **N**~ **A'merica** *pr. n.* Nordamerika (*das*); **N**~ **A'merican** **A** *adj.* nordamerikanisch **B** *n.* Nordamerikaner, *der*/-amerikanerin, *die*; ~**bound** *adj.* ‹*Zug, Verkehr usw.*› in Richtung Norden; ~-'**east** **A** *n.* Nordosten, *der* **B** *adj.* nordöstlich; Nordost‹*wind, -küste*› **C** *adv.* nordostwärts; nach Nordosten; ~-'**eastern** *adj.* nordöstlich

✐ **northerly** /'nɔ:ðəlɪ/ *adj.* nördlich; ‹*Wind*› aus nördlichen Richtungen

✐ **northern** /'nɔ:ðən/ *adj.* nördlich; Nord‹*grenze, -hälfte, -seite*›

northern: **N**~ **'Ireland** *pr. n.* Nordirland (*das*); ~ **'lights** *n. pl.* Nordlicht, *das*

North: ~ **'Germany** *pr. n.* Norddeutschland (*das*); ~ **'Pole** *pr. n.* Nordpol, *der*; ~ **'Sea** *pr. n.* Nordsee, *die*

northward /'nɔ:θwəd/, **northwards** /'nɔ:θwədz/ *adv.* nordwärts

north: ~-'**west** **A** *n.* Nordwesten, *der* **B** *adj.* nordwestlich; Nordwest‹*wind, -küste*› **C** *adv.* nordwestwärts; nach Nordwesten; ~-'**western** *adj.* nordwestlich

Norway /'nɔ:weɪ/ *pr. n.* Norwegen (*das*)

Norwegian /nɔ:'wi:dʒn/ **A** *adj.* norwegisch; **sb is** ~ jmd. ist Norweger/Norwegerin **B** *n.* **1** (person) Norweger, *der*/Norwegerin, *die*

2 (language) Norwegisch, *das; see also* **English B1**

Nos. *abbr.* = **numbers** Nrn.

nose /nəʊz/ **A** *n.* Nase, *die* **B** *v.t.* ~ **one's way** sich (*Dat.*) vorsichtig seinen Weg bahnen **C** *v.i.* sich vorsichtig bewegen ■ ~ **a'bout,** ~ **a'round** *v.i.* (infml) herumschnüffeln (ugs.)

nose: ~**bleed** *n.* Nasenbluten, *das*; ~**dive** **A** *n.* Sturzflug, *der* **B** *v.i.* im Sturzflug hinuntergehen

nosey ▸ nosy

nostalgia /nɒ'stældʒə/ *n.* Nostalgie, *die*; ~ **for sth** Sehnsucht nach etw.

nostalgic /nɒ'stældʒɪk/ *adj.* nostalgisch

nostril /'nɒstrɪl/ *n.* Nasenloch, *das*; (of horse) Nüster, *die*

nosy /'nəʊzɪ/ *adj.* (infml) neugierig

✐ **not** /nɒt/ *adv.* nicht; **he is** ~ **a doctor** er ist kein Arzt; ~ **at all** überhaupt nicht; ~ ... **but** ... nicht ..., sondern ...; ~ **a thing** gar nichts

notable /'nəʊtəbl/ *adj.* bemerkenswert; **be** ~ **for sth** für etw. bekannt sein

notably /'nəʊtəblɪ/ *adv.* besonders

notation /nəʊ'teɪʃn/ *n.* Notierung, *die*

notch /nɒtʃ/ **A** *n.* Kerbe, *die* **B** *v.t.* kerben ■ ~ **'up** *v.t.* erreichen

✐ **note** /nəʊt/ **A** *n.* **1** (Mus.) (sign) Note, *die*; (key of piano) Taste, *die*; (sound) Ton, *der* **2** (jotting) Notiz, *die*; **take** *or* **make** ~**s** sich (*Dat.*) Notizen machen; **take** *or* **make a** ~ **of sth** etw. notieren **3** (comment, footnote) Anmerkung, *die* **4** (short letter) [kurzer] Brief **5** (importance) **a person/something of** ~ eine bedeutende Persönlichkeit/etwas Bedeutendes; **be of** ~ bedeutend sein **B** *v.t.* **1** (pay attention to) beachten **2** (notice) bemerken **3** (write) ~ **[down]** [sich (*Dat.*)] notieren

'notebook *n.* **1** Notizbuch, *das*; (for lecture notes) Kollegheft, *das* **2** ~**book [computer]** Notebook, *das*

'noted *adj.* bekannt (**for** für, wegen)

note: ~**pad** *n.* Notizblock, *der*; ~**paper** *n.* Briefpapier, *das*; ~**worthy** *adj.* bemerkenswert

✐ **nothing** /'nʌθɪŋ/ *n.* nichts; ~ **interesting** nichts Interessantes; ~ **much** nichts Besonderes; ~ **more than** nur; ~ **more,** ~ **less** nicht mehr, nicht weniger; **next to** ~ so gut wie nichts; **have [got]** *or* **be** ~ **to do with sb/sth** (not concern) nichts zu tun haben mit jmdm./etw.; **have** ~ **to do with sb** (avoid) jmdm. aus dem Weg gehen

✐ **notice** /'nəʊtɪs/ **A** *n.* **1** Anschlag, *der*; (in newspaper) Anzeige, *die* **2** (warning) **at short/a moment's** ~ kurzfristig/ von einem Augenblick zum andern **3** (formal notification) Ankündigung, *die*; **until further** ~ bis auf weiteres

n

4 (ending an agreement) Kündigung, *die*; **give sb a month's ~** jmdm. mit einer Frist von einem Monat kündigen; **hand in one's ~, give ~** (BrE), **give one's ~** (AmE) kündigen **5** (attention) **bring sb/sth to sb's ~** jmdm. auf jmdn./etw. aufmerksam machen; **take no ~ of sb/sth** (disregard) keine Notiz von jmdm./etw. nehmen; **take no ~** sich nicht darum kümmern
B *v.t.* bemerken

noticeable /ˈnəʊtɪsəbl/ *adj.* wahrnehmbar ‹*Fleck, Schaden, Geruch*›; merklich ‹*Verbesserung*›; spürbar ‹*Mangel*›

noticeably /ˈnəʊtɪsəblɪ/ *adv.* sichtlich ‹*größer, kleiner*›; merklich ‹*verändern*›; spürbar ‹*kälter*›

'noticeboard *n.* (BrE) Anschlagbrett, *das*; schwarzes Brett

notifiable /ˈnəʊtɪfaɪəbl/ *adj.* meldepflichtig ‹*Krankheit*›

notification /nəʊtɪfɪˈkeɪʃn/ *n.* Mitteilung, *die* (**of sth** über etw. *Akk.*)

notify /ˈnəʊtɪfaɪ/ *v.t.* **1** (make known) ankündigen
2 (inform) benachrichtigen (**of** über + *Akk.*)

✼ **notion** /ˈnəʊʃn/ *n.* Vorstellung, *die*; **not have the faintest/least ~ of how/what** *etc.* nicht die blasseste/geringste Ahnung haben, wie/ was *usw.*

notoriety /nəʊtəˈraɪətɪ/ *n.* traurige Berühmtheit

notorious /nəˈtɔːrɪəs/ *adj.* berüchtigt (**for** wegen); notorisch ‹*Lügner*›

nougat /ˈnuːgɑː/ *n.* Nougat, *das od. der*

nought /nɔːt/ *n.* Null, *die*

noun /naʊn/ *n.* (Ling.) Substantiv, *das*

nourish /ˈnʌrɪʃ/ *v.t.* ernähren (**on** mit)

'nourishing *adj.* nahrhaft

'nourishment *n.* Nahrung, *die*

Nov. *abbr.* = **November** Nov.

✼ **novel** /ˈnɒvl/ **A** *n.* Roman, *der*
B *adj.* neuartig

novelist /ˈnɒvəlɪst/ *n.* Romanautor, *der*/-autorin, *die*

novella /nəˈvelə/ *n.* Novelle, *die*

novelty /ˈnɒvltɪ/ *n.* **1** **be a/no ~** etwas/nichts Neues sein
2 (newness) Neuheit, *die*
3 (gadget) Überraschung, *die*

✼ **November** /nəˈvembə(r)/ *n.* November, *der*; *see also* **August**

novice /ˈnɒvɪs/ *n.* Anfänger, *der*/Anfängerin, *die*

✼ **now** /naʊ/ **A** *adv.* jetzt; (nowadays) heutzutage; (immediately) [jetzt] sofort; **just ~** (very recently) gerade eben; [**every**] **~ and then** *or* **again** hin und wieder; **well ~** also; **~, ~** na, na; **~ then** na (ugs.)
B *conj.* **~** [**that**] … jetzt, wo …
C *n.* **before ~** früher; **by ~** inzwischen;

a week from ~ [heute] in einer Woche

nowadays /ˈnaʊədeɪz/ *adv.* heutzutage

nowhere /ˈnəʊweə(r)/ *adv.* nirgends; nirgendwo; (to no place) nirgendwohin

no-'win *attrib. adj.* Verlierer-

noxious /ˈnɒkʃəs/ *adj.* giftig

nozzle /ˈnɒzl/ *n.* Düse, *die*

nuance /ˈnjuːɑːs/ *n.* Nuance, *die*

✼ **nuclear** /ˈnjuːklɪə(r)/ *adj.* Atom-; Kern‹*explosion*›; atomar ‹*Antrieb, Gefechtskopf, Wettrüsten, Abrüstung*›; nuklear ‹*Sprengkörper*›; atomgetrieben ‹*Unterseeboot*›

nuclear: **~ 'bomb** *n.* Atombombe, *die*; **~ capa'bility** *n.* nukleares Potenzial; **a missile with ~ capability** eine nuklearfähige Rakete; **have ~ capability** nuklearfähig sein; **~ de'terrent** *n.* atomare *od.* nukleare Abschreckung; **~ 'energy** *n.* Atom- *od.* Kernenergie, *die*; **~ 'family** *n.* Kernfamilie, *die*; **~-free** *adj.* atomwaffenfrei ‹*Zone*›; **~ 'fuel** *n.* Kernbrennstoff, *der*; **~ 'physics** *n.* Kernphysik, *die*; **~ 'power** *n.* **1** Atom- *od.* Kernkraft, *die*
2 (country) Atom- *od.* Nuklearmacht, *die*; **~-'powered** *adj.* atomgetrieben; **~ 'power station** *n.* Atom- *od.* Kernkraftwerk, *das*; **~ 'test** *n.* Atom[waffen]test, *der*; **~ 'testing** *n.* Atomversuche *Pl.*; **~ 'warfare** *n.* Atomkrieg, *der*; **~ 'waste** *n.* Atommüll, *der*; **~ 'weapon** *n.* Atomwaffe, *die*

nucleus /ˈnjuːklɪəs/ *n., pl.* **nuclei** /ˈnjuːklɪaɪ/ Kern, *der*

nude /njuːd/ **A** *adj.* nackt
B *n.* **1** (figure) Akt, *der*
2 in the ~ nackt

nudge /nʌdʒ/ **A** *v.t.* anstoßen
B *n.* Stoß, *der*

nudism /ˈnjuːdɪzm/ *n.* Nudismus, *der*; Freikörperkultur, *die*

nudist /ˈnjuːdɪst/ *n.* Nudist, *der*/Nudistin, *die*; *attrib.* Nudisten-

nudity /ˈnjuːdɪtɪ/ *n.* Nacktheit, *die*

nugget /ˈnʌgɪt/ *n.* Klumpen, *der*; (of gold) Goldklumpen, *der*; (fig.) **~s of wisdom** goldene Weisheiten

nuisance /ˈnjuːsəns/ *n.* Ärgernis, *das*; **what a ~!** so etwas Dummes!

null /nʌl/ *adj.* **~ and void** null und nichtig

numb /nʌm/ **A** *adj.* gefühllos, taub (**with** vor + *Dat.*); (without emotion) benommen
B *v.t.* betäuben

✼ **number** /ˈnʌmbə(r)/ **A** *n.* **1** (in series) Nummer, *die*; **you've got the wrong ~** (Teleph.) Sie sind falsch verbunden; **dial a wrong ~** sich verwählen (ugs.)
2 (esp. Math.) (numeral) Zahl, *die*
3 (sum, total, quantity) [An]zahl, *die*; **a ~ of people/things** einige Leute/Dinge; **a ~ of times** mehrmals
B *v.t.* **1** (assign ~ to) nummerieren

n

2 (amount to, comprise) zählen
3 (include) zählen (**among, with** zu)
4 sb's days are ~**ed** jmds. Tage sind gezählt
'**numbering** n. Nummerierung, *die*
'**numberless** *adj.* unzählig; zahllos
'**number plate** n. Nummernschild, *das*
numeracy /'nju:mərəsɪ/ n. rechnerische
  Fähigkeiten *Pl.*
numeral /'nju:mərl/ n. Ziffer, *die*
numerate /nju:mərət/ *adj.* **be** ~ rechnen
  können
numerical /nju:'merɪkl/ *adj.* numerisch;
  Zahlen<*wert, -folge*>; zahlenmäßig <*Stärke,
  Überlegenheit*>
numerically /nju:'merɪkəlɪ/ *adv.* numerisch
⚹ **numerous** /'nju:mərəs/ *adj.* zahlreich
nun /nʌn/ n. Nonne, *die*
⚹ **nurse** /nɜːs/ **A** n. Krankenschwester, *die*;
  [male] ~ Krankenpfleger, *der*
  B *v.t.* **1** pflegen <*Kranke*>
  2 (fig.) hegen (geh.) <*Gefühl, Groll*>
'**nursemaid** n. (lit. or fig.) Kindermädchen, *das*
nursery /'nɜːsərɪ/ n. **1** (room) Kinderzimmer,
  das
  2 (crèche) Kindertagesstätte, *die*
  3 ▸ nursery school
  4 (for plants) Gärtnerei, *die*
nursery: ~ **rhyme** n. Kinderreim, *der*; ~
  school n. Kindergarten, *der*; ~**-school
  teacher** n. (female) Kindergärtnerin, *die*;
  Erzieherin, *die*; (male) Erzieher, *der*; ~ **slopes**
  n. *pl.* (Skiing) Idiotenhügel, *der* (ugs. scherzh.)
nursing /'nɜːsɪŋ/ n. Krankenpflege, *die*;
  attrib. Pflege<*personal, -beruf*>

'**nursing home** n. Pflegeheim, *das*
nurture /'nɜːtʃə(r)/ *v.t.* (rear) aufziehen; (fig.)
  nähren
nut /nʌt/ n. **1** Nuss, *die*
  2 (Mech. Engin.) [Schrauben]mutter, *die*
  3 (crazy person) Verrückte, *der/die* (ugs.)
nut: ~ **case** n. (infml) Verrückte, *der/die* (ugs.);
  ~**crackers** n. *pl.* Nussknacker, *der*
nutmeg /'nʌtmeg/ n. Muskat, *der*
nutrient /'nju:trɪənt/ n. Nährstoff, *der*
nutrition /nju:'trɪʃn/ n. Ernährung, *die*;
  (food) Nahrung, *die*
nutritional /nju:'trɪʃənl/ *adj.* nahrhaft
nutritional '**value** n. Nährwert, *der*
nutritionist /nju:'trɪʃənɪst/ n.
  Ernährungswissenschaftler,
  der/-wissenschaftlerin, *die*
nutritious /nju:'trɪʃəs/ *adj.* nahrhaft
'**nutshell** n. Nussschale, *die*; **in a** ~ (fig.) kurz
  [gesagt]
nutty /'nʌtɪ/ *adj.* **1** (in taste) nussig
  2 (infml) (crazy) verrückt (ugs.)
nuzzle /'nʌzl/ *v.i.* sich kuscheln (**up to,
  against** an + *Akk.*)
NVQ *abbr.* (BrE) = **National Vocational
  Qualification**
NW *abbr.* = **north-west** NW
nylon /'naɪlɒn/ n. **1** Nylon, *das*; attrib. Nylon-
  2 *in pl.* (stockings) Nylonstrümpfe *Pl.*
nymph /nɪmf/ n. Nymphe, *die*
nymphomaniac /nɪmfə'meɪnɪæk/ n.
  Nymphomanin, *die*
NZ *abbr.* = **New Zealand**

Oo

O, **o** /əʊ/ n. O, o, *das*
oaf /əʊf/ n. Stoffel, *der* (ugs.)
oak /əʊk/ n. Eiche, *die*
'**oak tree** n. Eiche, *die*
OAP *abbr.* (BrE) = **old-age pensioner**
  Rentner, *der/*Rentnerin, *die*
oar /ɔː(r)/ n. Ruder, *das*
oarsman /'ɔːzmən/ n., *pl.* **oarsmen** /'ɔːzmən/
  Ruderer, *der*
oasis /əʊ'eɪsɪs/ n., *pl.* **oases** /əʊ'eɪsiːz/ Oase,
  die
oat /əʊt/ n. ~**s** Hafer, *der*
'**oatcake** n. [flacher] Haferkuchen
oath /əʊθ/ n. **1** Eid, *der*; Schwur, *der*; **take** *or*
  swear an ~ einen Eid schwören

  2 (swear word) Fluch, *der*
'**oatmeal** n. Hafermehl, *das*
obedience /ə'biːdɪəns/ n. Gehorsam, *der*
obedient /ə'biːdɪənt/ *adj.* gehorsam; **be** ~ **to**
  sb/sth jmdm./einer Sache gehorchen
o'**bediently** *adv.* gehorsam
obelisk /'ɒbəlɪsk/ n. Obelisk, *der*
obese /əʊ'biːs/ *adj.* fettleibig
obesity /əʊ'biːsɪtɪ/ n. Fettleibigkeit, *die*
obey /əʊ'beɪ/ **A** *v.t.* gehorchen (+ *Dat.*);
  sich halten an (+ *Akk.*) <*Vorschrift, Regel*>;
  befolgen <*Befehl*>
  B *v.i.* gehorchen
obituary /ə'bɪtjʊərɪ/ n. Nachruf, *der* (**to, of**
  auf + *Akk.*)

n

o

ꞙ **object** **A** /ˈɒbdʒɪkt/ *n.* **1** (thing) Gegenstand, *der*
2 (purpose) Ziel, *das*
3 (obstacle) **money/time** *etc.* **is no** ~ Geld/Zeit *usw.* spielt keine Rolle
4 (Ling.) Objekt, *das*
B /əbˈdʒekt/ *v.i.* **1** Einwände/einen Einwand erheben (**to** gegen)
2 (have objection or dislike) etwas dagegen haben; ~ **to** sb/sth etwas gegen jmdn./etw. haben
C /əbˈdʒekt/ *v.t.* einwenden

objection /əbˈdʒekʃn/ *n.* **1** Einwand, *der*; **raise** *or* **make an** ~ **[to** sth] einen Einwand [gegen etw.] erheben
2 (dislike) Abneigung, *die*; **have an/no** ~ **to** sb/sth etw./nichts gegen jmdn./etw. haben; **have no** ~s nichts dagegen haben

objectionable /əbˈdʒekʃənəbl/ *adj.* unangenehm <Anblick, Geruch>; anstößig <Bemerkung, Wort, Benehmen>

ꞙ **objective** /əbˈdʒektɪv/ **A** *adj.* objektiv
B *n.* (goal) Ziel, *das*

ob'jectively *adv.* objektiv

objectivity /ɒbdʒekˈtɪvɪti/ *n.* Objektivität, *die*

obligation /ɒblɪˈɡeɪʃn/ *n.* Verpflichtung, *die*; **be under an** ~ **to** sb jmdm. verpflichtet sein; **without** ~ unverbindlich

obligatory /əˈblɪɡətəri/ *adj.* obligatorisch; **it has become** ~ **to …** es ist jetzt Pflicht, zu …

oblige /əˈblaɪdʒ/ *v.t.* **1** (be binding on) ~ sb **to do** sth jmdm. vorschreiben, etw. zu tun
2 (compel) zwingen; **be** ~**d to do** sth gezwungen sein, etw. zu tun; **feel** ~**d to do** sth sich verpflichtet fühlen, etw. zu tun
3 (be kind to) ~ sb **by doing** sth jmdm. den Gefallen tun und etw. tun
4 (grateful) **be much/greatly** ~**d to** sb [**for** sth] jmdm. [für etw.] sehr verbunden sein; **much** ~**d!** besten Dank!

obliging /əˈblaɪdʒɪŋ/ *adj.* entgegenkommend

oblique /əˈbliːk/ *adj.* schief <Gerade, Winkel>; (fig.) indirekt

obliterate /əˈblɪtəreɪt/ *v.t.* auslöschen

oblivion /əˈblɪvɪən/ *n.* Vergessenheit, *die*; **sink** *or* **fall into** ~ in Vergessenheit geraten

oblivious /əˈblɪvɪəs/ *adj.* **be** ~ **to** *or* **of** sth sich (*Dat.*) einer Sache (*Gen.*) nicht bewusst sein

oblong /ˈɒblɒŋ/ **A** *adj.* rechteckig
B *n.* Rechteck, *das*

obnoxious /əbˈnɒkʃəs/ *adj.* widerlich

oboe /ˈəʊbəʊ/ *n.* Oboe, *die*

obscene /əbˈsiːn/ *adj.* obszön

obscenity /əbˈsenɪti/ *n.* Obszönität, *die*

obscure /əbˈskjʊə(r)/ **A** *adj.* **1** (unexplained) dunkel
2 (hard to understand) schwer verständlich <Argument, Dichtung, Autor, Stil>
3 (unknown) unbekannt
B *v.t.* **1** (make indistinct) verdunkeln;

ꞙ **Schlüsselwort**

versperren <Aussicht>
2 (make unintelligible) unverständlich machen

obsequious /əbˈsiːkwɪəs/ *adj.* unterwürfig

observance /əbˈzɜːvəns/ *n.* Einhaltung, *die*

observant /əbˈzɜːvənt/ *adj.* aufmerksam

ꞙ **observation** /ɒbzəˈveɪʃn/ *n.* **1** Beobachtung, *die*; **be [kept] under** ~ beobachtet werden; (by police) überwacht werden
2 (remark) Bemerkung, *die* (**on** über + *Akk.*)

obser'vation post *n.* Beobachtungsposten, *der*

observatory /əbˈzɜːvətəri/ *n.* (Astron.) Sternwarte, *die*

ꞙ **observe** /əbˈzɜːv/ *v.t.* **1** (watch) beobachten; (perceive) bemerken
2 (abide by, keep) einhalten
3 (say) bemerken

ob'server *n.* Beobachter, *der*/Beobachterin, *die*

obsess /əbˈses/ *v.t.* ~ sb von jmdm. Besitz ergreifen (fig.); **be/become** ~**ed with** *or* **by** sb/sth von jmdm./etw. besessen sein/werden

obsession /əbˈseʃn/ *n.* Zwangsvorstellung, *die*

obsessive /əbˈsesɪv/ *adj.* zwanghaft; **be** ~ **about** sth von etw. besessen sein

obsolescent /ɒbsəˈlesənt/ *adj.* veraltend

obsolete /ˈɒbsəliːt/ *adj.* veraltet

obstacle /ˈɒbstəkl/ *n.* Hindernis, *das* (**to** für)

obstacle: ~ course *n.* Hindernisparcours, *der*; ~ **race** *n.* Hindernisrennen, *das*

obstetrics /ɒbˈstetrɪks/ *n.* (Med.) Obstetrik, *die* (fachspr.)

obstinacy /ˈɒbstɪnəsi/ *n.* ▸ **obstinate** Starrsinn, *der*; Hartnäckigkeit, *die*

obstinate /ˈɒbstɪnət/ *adj.* starrsinnig; (adhering to particular course of action) hartnäckig

obstruct /əbˈstrʌkt/ *v.t.* **1** (block) blockieren; behindern <Verkehr>; ~ sb's **view** jmdm. die Sicht versperren
2 (fig.) (impede; also Sport) behindern

obstruction /əbˈstrʌkʃn/ *n.* Blockierung, *die*; (of progress) (also Sport) Behinderung, *die*

obstructive /əbˈstrʌktɪv/ *adj.* hinderlich; obstruktiv <Politik, Taktik>; **be** ~ <Person:> sich quer legen (ugs.)

ꞙ **obtain** /əbˈteɪn/ *v.t.* bekommen; erzielen <Resultat, Wirkung>

obtainable /əbˈteɪnəbl/ *adj.* erhältlich

obtrusive /əbˈtruːsɪv/ *adj.* aufdringlich; (conspicuous) auffällig

obtuse /əbˈtjuːs/ *adj.* **1** stumpf <Winkel>
2 (stupid) begriffsstutzig

ꞙ **obvious** /ˈɒbvɪəs/ *adj.* offenkundig; (easily seen) augenfällig; **be** ~ **[to** sb] **that …** [jmdm.] klar sein, dass …

ꞙ **'obviously** *adv.* offenkundig; sichtlich <enttäuschen, überraschen usw.>

ꞙ **occasion** /əˈkeɪʒn/ **A** *n.* **1** Gelegenheit, *die*; **rise to the** ~ sich der Situation gewachsen

zeigen; **on several ~s** bei mehreren Gelegenheiten; **on ~[s]** gelegentlich
2 (special occurrence) Anlass, *der*; **it was quite an ~** es war ein Ereignis
3 (reason) Grund, *der* (**for** zu)
B *v.t.* verursachen

occasional /ə'keɪʒənl/ *adj.* gelegentlich; vereinzelt ‹*Regenschauer*›

oc'casionally *adv.* gelegentlich; **[only] very ~** gelegentlich einmal

occult /ɒ'kʌlt, 'ɒkʌlt/ *adj.* okkult; **the ~** das Okkulte

occupant /'ɒkjʊpənt/ *n.* Bewohner, *der*/ Bewohnerin, *die*; (of car, bus, etc.) Insasse, *der*/ Insassin, *die*

occupation /ɒkjʊ'peɪʃn/ *n.* **1** (Mil.) Besetzung, *die*; (period) Besatzungszeit, *die*
2 (activity) Beschäftigung, *die*
3 (profession) Beruf, *der*

occupational /ɒkjʊ'peɪʃənl/ *adj.* Berufs‹*beratung, -risiko*›
occupational: ~ 'therapist *n.* Beschäftigungstherapeut, *der*/-therapeutin, *die*; **~ 'therapy** *n.* Beschäftigungstherapie, *die*

occupier /'ɒkjʊpaɪə(r)/ *n.* (BrE) Besitzer, *der*/Besitzerin, *die*; (tenant) Bewohner, *der*/ Bewohnerin, *die*

⚬ **occupy** /'ɒkjʊpaɪ/ *v.t.* **1** (Mil.) (as demonstration) besetzen
2 (live in) bewohnen
3 (take up, fill) einnehmen; belegen ‹*Zimmer*›; in Anspruch nehmen ‹*Zeit, Aufmerksamkeit*›
4 (busy, employ) beschäftigen

⚬ **occur** /ə'kɜ:(r)/ *v.i.*, **-rr- 1** (be met with) vorkommen; ‹*Gelegenheit:*› sich bieten; ‹*Problem:*› auftreten
2 (happen) ‹*Veränderung:*› eintreten; ‹*Unfall, Vorfall:*› sich ereignen
3 ~ to sb (be thought of) jmdm. in den Sinn kommen; ‹*Idee:*› jmdm. kommen

occurrence /ə'kʌrəns/ *n.* **1** (incident) Ereignis, *das*; Begebenheit, *die*
2 (occurring) Vorkommen, *das*

ocean /'əʊʃn/ *n.* Ozean, *der*; Meer, *das*

o'clock /ə'klɒk/ *adv.* **it is two/six ~** es ist zwei/sechs Uhr; **at two/six ~** um zwei/sechs Uhr; **six ~** *attrib.* Sechsuhr‹*zug, -maschine, -nachrichten*›

Oct. *abbr.* = **October** Okt.

octagon /'ɒktəgən/ *n.* Achteck, *das*

octane /'ɒkteɪn/ *n.* Oktan, *das*

octave /'ɒktɪv/ *n.* Oktave, *die*

⚬ **October** /ɒk'təʊbə(r)/ *n.* Oktober, *der*; *see also* **August**

octopus /'ɒktəpəs/ *n.* Tintenfisch, *der*

⚬ **odd** /ɒd/ *adj.* **1** (surplus, spare) übrig ‹*Stück, Silbergeld*›; **£25 and a few ~ pence** 25 Pfund und ein paar Pence
2 (occasional) gelegentlich; **~ job/~-job man** Gelegenheitsarbeit, *die*/-arbeiter, *der*
3 (one of pair or group) einzeln; **~ socks** nicht

zusammengehörende Socken; **be the ~ man out** ‹*Gegenstand:*› nicht dazu passen
4 (uneven) ungerade ‹*Zahl, Seite, Hausnummer*›
5 (plus something) **forty ~** über vierzig; **twelve pounds ~** etwas mehr als zwölf Pfund
6 (strange, eccentric) seltsam

oddity /'ɒdɪtɪ/ *n.* (object, event) Kuriosität, *die*

'oddly *adv.* seltsam; **~ enough** seltsamerweise

odd 'man *n.* **~ out** Außenseiter, *der*/ Außenseiterin, *die*; **be the ~ out** (extra person) überzählig sein

'odd-numbered *adj.* ungerade

odds /ɒdz/ *n. pl.* **1** (Betting) Odds *Pl.*
2 [the] **~ are that she did it** wahrscheinlich hat sie es getan; **the ~ are against/in favour of sb/sth** jmds. Aussichten/die Aussichten für etw. sind gering/gut
3 be at ~ with sb over sth mit jmdm. in etw. (*Dat.*) uneinig sein
4 it makes no/little ~ [**whether ...**] es ist völlig/ziemlich gleichgültig[, ob ...]

odds and 'ends *n. pl.* Kleinigkeiten; (of food) Reste

'odds-on **A** *adj.* gut ‹*Chance, Aussicht*›; hoch, klar ‹*Favorit*›
B *adv.* wahrscheinlich

odious /'əʊdɪəs/ *adj.* widerwärtig

odor *etc.* (AmE) ▸ **odour** *etc.*

odour /'əʊdə(r)/ *n.* Geruch, *der*

'odourless *adj.* geruchlos

oedema /ɪ'di:mə/ *n.* Ödem, *das*

oestrogen /'i:strədʒən/ *n.* Östrogen, *das*

oeuvre /ɜ:vr/ *n.* Œuvre, *das* (geh.); Werk, *das*

⚬ **of** /əv, stressed ɒv/ *prep.* **1**; (indicating material, substance) aus; **articles ~ clothing** Kleidungsstücke; **a friend ~ mine** ein Freund von mir; **where's that pencil ~ mine?** wo ist mein Bleistift?; **it was clever ~ you to do that** es war klug von dir, das zu tun; **the approval ~ sb** jmds. Zustimmung; **the works ~ Shakespeare** Shakespeares Werke; **be made ~ ...** aus ... [hergestellt] sein; **the fifth ~ January** der fünfte Januar; **his love ~ his father** seine Liebe zu seinem Vater; **person ~ extreme views** Mensch mit extremen Ansichten; **a boy ~ 14 years** ein vierzehnjähriger Junge; **the five ~ us** wir fünf

Ofcom /'ɒfkɒm/ *abbr.*: (BrE) = **Office of Communications** *Regulierungsbehörde für Telekommunikation*

⚬ **off** /ɒf/ **A** *adv.* **1** (away) **be a few miles ~** wenige Meilen entfernt sein; **the lake is not far ~** der See ist nicht weit [weg]; **I'm ~ now** ich gehe jetzt; **~ we go!** los gehts!
2 (not on or attached or supported) ab; **get the lid ~** den Deckel abbekommen
3 be ~ (switched or turned ~) ‹*Wasser, Gas, Strom:*› abgestellt sein; **the light/radio etc. is ~** das Licht/Radio *usw.* ist aus
4 the meat etc. is ~ das Fleisch *usw.* ist schlecht [geworden]

O

5 be ~ (cancelled) abgesagt sein; ‹*Verlobung*:› [auf]gelöst sein; ~ **and on** immer mal wieder (ugs.)
6 (not at work) frei; **on my day** ~ an meinem freien Tag; **have a week** ~ eine Woche Urlaub bekommen
7 (no longer available) [the] soup *etc.* **is** ~ es gibt keine Suppe *usw.* mehr
8 (situated as regards money etc.) **he is badly** *etc.* ~ er ist schlecht *usw.* gestellt
B *prep.* von; **be** ~ **school/work** in der Schule/am Arbeitsplatz fehlen; **be** ~ **one's food** keinen Appetit haben; **just** ~ **the square** ganz in der Nähe des Platzes

offal /'ɒfl/ *n.*, *no pl.* Innereien *Pl.*

off: ~'**beat** *adj.* (fig.) (eccentric) unkonventionell; ~-'**centre** *adv.* nicht [genau] in der Mitte; ~ '**colour** *adj.* unwohl; ~**cut** *n.* Rest, *der*; ~**duty** *attrib. adj.* Freizeit-; ‹*Polizist usw.*:› der dienstfrei hat

ᵈ **offence** /ə'fens/ *n.* (BrE) **1** (hurting of sb's feelings) Kränkung, *die*; **I meant no** ~ ich wollte Sie/ihn *usw.* nicht kränken
2 (annoyance) **give** ~ Missfallen erregen; **take** ~ verärgert sein
3 (crime) Straftat, *die*; **criminal** ~ strafbare Handlung

offend /ə'fend/ **A** *v.i.* verstoßen (**against** gegen)
B *v.t.* ~ **sb** bei jmdm. Anstoß erregen; (hurt feelings of) jmdn. kränken

of'fender *n.* Straffällige, *der/die*

offense (AmE) ▶ offence

offensive /ə'fensɪv/ **A** *adj.* **1** (aggressive) offensiv; Angriffs‹*waffe*›
2 (giving offence) ungehörig; (indecent) anstößig
B *n.* Offensive, *die*; **take the** *or* **go on the** ~ in die *od.* zur Offensive übergehen

ᵈ **offer** /'ɒfə(r)/ **A** *v.t.* anbieten; vorbringen ‹*Entschuldigung*›; bieten ‹*Chance*›; aussprechen ‹*Beileid*›; ~ **to help** seine Hilfe anbieten; ~ **resistance** Widerstand leisten
B *n.* Angebot, *das*; **[have/be] on** ~ im Angebot [haben/sein]

'**offering** *n.* (thing) Angebot, *das*; (to a deity) Opfer, *das*

off'hand **A** *adv.* **1** (without preparation) auf Anhieb ‹*sagen, wissen*›; spontan ‹*beschließen, entscheiden*›
2 (casually) leichthin
B *adj.* **1** (without preparation) spontan
2 (casual) beiläufig; **be** ~ **with sb** zu jmdm. kurz angebunden sein

ᵈ **office** /'ɒfɪs/ *n.* **1** Büro, *das*
2 (branch) Zweigstelle, *die*
3 (position) Amt, *das*; **hold** ~ amtieren
office: ~ **block** *n.* Bürogebäude, *das*; ~ **hours** *n. pl.* Dienststunden *Pl.*; ~ **job** *n.* Bürotätigkeit, *die*

ᵈ Schlüsselwort

ᵈ **officer** /'ɒfɪsə(r)/ *n.* **1** (Army etc.) Offizier, *der*
2 (official) Beamte, *der*/Beamtin, *die*
3 (constable) Polizeibeamte, *der*/-beamtin, *die*
office: ~ **technology** *n.* Bürotechnik, *die*; ~ **worker** *n.* Büroangestellte, *der/die*

ᵈ **official** /ə'fɪʃl/ **A** *adj.* offiziell; amtlich ‹*Verlautbarung*›; regulär ‹*Streik*›
B *n.* Beamte, *der*/Beamtin, *die*; (party, union, or sports ~) Funktionär, *der*/Funktionärin, *die*

officialdom /ə'fɪʃldəm/ *n.*, *no art.* Beamtentum, *das*; Bürokratie, *die*

of'ficially *adv.* offiziell

officious /ə'fɪʃəs/ *adj.* übereifrig

offing /'ɒfɪŋ/ *n.* **be in the** ~ bevorstehen; ‹*Gewitter*:› aufziehen

off: ~-**licence** *n.* (BrE) ≈ Wein- und Spirituosenladen, *der*; ~**line** (Comp.) **A** /'--/ *adj.* Offline- **B** /-'-/ *adv.* offline; ~**load** *v.t.* abladen; ~-**peak** *attrib. adj.* during ~-peak hours außerhalb der Spitzenlastzeiten; ~-**peak power** *or* **electricity** Nachtstrom, *der*; ~-**putting** /'ɒfpʊtɪŋ/ *adj.* (BrE) abstoßend; ~**print** *n.* Sonderdruck, *der*; ~-**road** *attrib. adj.* Gelände-, Offroad‹*fahrzeug, -fahrrad, -wagen, -fahrt, -einsatz*›; ~-**road driving** Fahren im Gelände; ~**set** /'--, -'-/ *v.t.* forms as set ausgleichen; ~ **season** *n.* Nebensaison, *die*; ~**shore** *adj.* küstennah; ~'**side** *adj.* Abseits-; **be** ~**side** abseits sein; ~**spring** *n.*, *pl. same* Nachkommenschaft, *die*; (of animal) Junge *Pl.*; ~-**the-peg** *attrib. adj.* Konfektions-; ~-**the-shoulder** *attrib. adj.* schulterfrei ‹*Kleid*›; ~-**the-wall** *attrib. adj.* (esp. AmE) (infml) ausgeflippt (ugs.); ~-'**white** *adj.* gebrochen weiß

ᵈ **often** /'ɒfn, 'ɒftn/ *adv.* oft; **every so** ~ gelegentlich

Ofwat /'ɒfwɒt/ *abbr.*: (BrE) = **Office of Water Services** Regulierungsbehörde für Wasserwirtschaft

ᵈ **oh** /əʊ/ *int.* oh

OHP *abbr.* (BrE) = **overhead projector** OHP

ᵈ **oil** /ɔɪl/ **A** *n.* Öl, *das*
B *v.t.* ölen
oil: ~-**burner** *n.* Ölbrenner, *der*; ~**can** *n.* Ölkanne, *die*; ~ **change** *n.* (Motor Veh.) Ölwechsel, *der*; ~ **drum** *n.* Ölfass, *das*; ~**field** *n.* Ölfeld, *das*; ~ **lamp** *n.* Öllampe, *die*; ~ **painting** *n.* Ölgemälde, *das*; ~-**producing** *adj.* [Erd]öl fördernd ‹*Land*›; ~ **refinery** *n.* [Erd]ölraffinerie, *die*; ~ **rig** ▶ rig¹; ~**skins** *n. pl.* Ölzeug, *das*; ~ **slick** *n.* Ölteppich, *der*; ~ **tanker** *n.* Öltanker, *der*; ~ **well** *n.* Ölquelle, *die*

oily /'ɔɪlɪ/ *adj.* ölig; ölverschmiert ‹*Gesicht, Hände*›

ointment /'ɔɪntmənt/ *n.* Salbe, *die*

OK /əʊ'keɪ/ (infml) **A** *adj.* in Ordnung; okay (ugs.)
B *adv.* gut
C *int.* okay (ugs.)
D *v.t.* (approve) zustimmen (+ *Dat.*); **be** ~'**d**

O

by sb von jmdm. das Okay bekommen (ugs.)

okay /əʊ'keɪ/ ▶ OK

✔ **old** /əʊld/ adj. alt; be [more than] 30 years ~ [über] 30 Jahre alt sein

old: ~ **'age** n. [fortgeschrittenes] Alter; ~**-age** attrib. adj. Alters‹rente, -ruhegeld›; ~**-age 'pensioner** n. Rentner, der/ Rentnerin, die; ~**-fashioned** /əʊld'fæʃnd/ adj. altmodisch; ~ **'people's home** n. Altenheim, das; Altersheim, das; ~ **'wives' tale** n. Ammenmärchen, das

oligarch /'ɒlɪɡɑːk/ n. (Polit.) Oligarch, der/ Oligarchin, die

olive /'ɒlɪv/ n. Olive, die

olive 'oil n. Olivenöl, das

Olympic /ə'lɪmpɪk/ adj. olympisch

Olympic 'Games n. pl. Olympische Spiele

Olympics /ə'lɪmpɪks/ n. pl. Olympiade, die; Winter ~ Winterolympiade, die

omelette (**omelet**) /'ɒmlɪt/ n. Omelett, das

omen /'əʊmən/ n. Vorzeichen, das

ominous /'ɒmɪnəs/ adj. (of evil omen) ominös; (worrying) beunruhigend

omission /ə'mɪʃn/ n. Auslassung, die; (failure to act) Unterlassung, die

omit /ə'mɪt/ v.t., **-tt-** weglassen; ~ to do sth es versäumen, etw. zu tun

omnipotence /ɒm'nɪpətəns/ n. Allmacht, die (geh.)

omnipotent /ɒm'nɪpətənt/ adj. allmächtig

✔ **on** /ɒn/ **A** prep. auf (position: + Dat.; direction: + Akk.); (attached to) an (+ Dat./ Akk.); (concerning, about) über (+ Akk.); (in expressions of time) an ‹einem Abend, Tag usw.›; write sth ~ the wall etw. an die Wand schreiben; be hanging ~ the wall an der Wand hängen; have sth ~ one etw. bei sich haben; ~ the bus/train im Bus/Zug; (by bus/train) mit dem Bus/Zug; ~ Oxford 556767 unter der Nummer Oxford 556767; ~ Sundays sonntags; ~ [his] arrival bei seiner Ankunft; ~ entering the room ... beim Betreten des Zimmers ...; it's just ~ 9 es ist fast 9 Uhr; the drinks are ~ me (infml) die Getränke gehen auf mich **B** adv. with/without a hat/coat ~ mit/ohne Hut/Mantel; have a hat ~ einen Hut aufhaben; ~ and ~ immer weiter; speak/wait/work etc. ~ weiterreden/-warten/-arbeiten usw.; from now ~ von jetzt an; the light/radio etc. is ~ das Licht/Radio usw. ist an; is Sunday's picnic ~? findet das Picknick am Sonntag statt?; what's ~ at the cinema? was läuft im Kino?; ~ and off immer mal wieder (ugs.); ~ to, onto auf (+ Akk.)

✔ **once** /wʌns/ **A** adv. **1** einmal; ~ a week/ month/year einmal die Woche/im Monat/im Jahr; ~ again or more noch einmal; ~ [and] for all ein für alle Mal; never/not ~ nicht ein einziges Mal **2** (multiplied by one) ein mal **3** (formerly) früher einmal; ~ upon a time

there lived a king es war einmal ein König **4** at ~ (immediately) sofort; (at the same time) gleichzeitig; all at ~ (suddenly) plötzlich; (simultaneously) alle[s] zugleich **B** conj. wenn; (with past tense) als **C** n. [just or only] this ~ [nur] dieses eine Mal

'oncoming adj. entgegenkommend ‹Fahrzeug, Verkehr›

✔ **one** /wʌn/ **A** adj. ein; see also eight A (single, only) einzig; no/not ~ kein; the ~ thing das Einzige; at ~ time einmal; ~ morning/night eines Morgens/Nachts **B** n. **1** eins **2** (number, symbol) Eins, die **3** (unit) in ~s einzeln **C** pron. **1** ein... (of + Gen.); big ~s and little ~s Große und Kleine; the older/younger ~ der/die/das Ältere/Jüngere; this ~ dieser/ diese/dieses [da]; that ~ der/die/das [da]; which ~? welcher/welche/welches?; which ~s? welche?; ~ by ~ einzeln; love/hate ~ another sich lieben/hassen; be kind to ~ another nett zueinander sein **2** (people in general; (infml) I, we) man; as indirect object einem; as direct object einen; ~'s sein

one: ~**-night 'stand** n. (infml) [sexuelles] Abenteuer für eine Nacht; ~**-off** (BrE) **A** n. (article) Einzelstück, das **B** adj. einmalig; ~**-parent family** n. Einelternfamilie, die

onerous /'əʊnərəs/ adj. schwer

one: ~**'self** pron. **1** emphat. selbst; be ~self man selbst sein **2** refl. sich; see also herself; ~**-sided** adj. einseitig; ~**-stop shopping** n. Einkaufen in einem Einkaufszentrum [mit Komplettangebot]; ~**-storey** adj. eingeschossig; ~**-touch 'dialling** n. Zielwahl, die; ~**-track** adj. eingleisig; have a ~-track mind (be obsessed) nur eins im Kopf haben; ~**-upmanship** /wʌn'ʌpmənʃɪp/ n., no indef. art. die Kunst, den anderen immer um eine Nasenlänge voraus zu sein; ~**-way** adj. **1** in einer Richtung nachgestellt; Einbahn‹straße, -verkehr› **2** einfach ‹Fahrpreis, Flug›

'ongoing adj. aktuell ‹Problem, Debatte›; andauernd ‹Situation›

onion /'ʌnjən/ n. Zwiebel, die

onion: ~ **skin** n. Zwiebelschale, die; ~ **'soup** n. Zwiebelsuppe, die

✔ **online** (Comp.) **A** /'--/ adj. Online- **B** /'-'-/ adv. online

'onlooker n. Zuschauer, der/Zuschauerin, die

✔ **only** /'əʊnlɪ/ **A** attrib. adj. einzig...; the ~ person der/die Einzige; an ~ child ein Einzelkind **B** adv. nur; we had been waiting ~ **5** minutes when ... wir hatten erst 5 Minuten gewartet, als ...; it's ~/~ just **6** o'clock es ist erst 6 Uhr/gerade erst 6 Uhr

o

vorbei; **he ~ just made it** er hat es gerade
noch geschafft; **~ if** nur [dann] ..., wenn; **~
the other day/week** erst neulich
on-screen *adj.* (Comp., TV) Bildschirm-
'onset *n.* (of winter) Einbruch, *der*; (of disease)
Ausbruch, *der*
onslaught /'ɒnslɔːt/ *n.* [heftige] Attacke (fig.)
'on-target *attrib. adj.* **~ earnings £50,000**
Verdienst bei erfolgreicher Tätigkeit
50 000 Pfund
ꝺ **onto** ▶ on B
onus /'əʊnəs/ *n.* **the ~ is on him to do it** es ist
seine Sache, es zu tun
onward /'ɒnwəd/, **onwards** /'ɒnwədz/ (BrE)
adv. (in space) vorwärts; **from X ~** von X an;
from that day ~ von diesem Tag an
onyx /'ɒnɪks/ *n.* Onyx, *der*
ooze /uːz/ **A** *v.i.* sickern (**from** aus)
B *v.t.* triefen von *od.* vor (+ *Dat.*); (fig.)
ausstrahlen
op /ɒp/ *n.* (infml) Operation, *die*
opaque /əʊ'peɪk/ *adj.* lichtundurchlässig;
opak (fachspr.)
ꝺ **open** /'əʊpn/ **A** *adj.* **1** offen; (not blocked or
obstructed) frei; (available) frei <*Stelle*>; **in the
~ air** im Freien; **be ~** <*Laden, Museum,
Bank usw.*:> geöffnet sein; **have an ~ mind
about** *or* **on sth** einer Sache gegenüber
aufgeschlossen sein
2 unverhohlen <*Bewunderung, Hass,
Verachtung*>
3 (frank, communicative) offen <*Wesen, Streit,
Abstimmung, Regierungsstil*>; (not secret)
öffentlich <*Wahl*>
4 geöffnet <*Regenschirm*>; aufgeblüht
<*Blume, Knospe*>; aufgeschlagen <*Zeitung,
Landkarte*>
B *n.* **in the ~** (outdoors) unter freiem
Himmel; **[out] in the ~** (fig.) öffentlich
bekannt
C *v.t.* **1** öffnen
2 eröffnen <*Konferenz, Diskussion, Laden*>;
beginnen <*Verhandlungen, Spiel*>
3 (unfold, spread out) aufschlagen <*Zeitung,
Buch, Landkarte*>; öffnen <*Schirm*>
D *v.i.* **1** sich öffnen; **~ into/on to sth** zu etw.
führen
2 (become ~ to customers) öffnen; (start trading
etc.) eröffnet werden
3 (start) beginnen; <*Ausstellung*:> eröffnet
werden; <*Theaterstück*:> Premiere haben
■ **~ 'up A** *v.t.* öffnen; (establish) eröffnen
B *v.i.* sich öffnen; <*Filiale*:> eröffnet
werden; <*Firma*:> sich niederlassen
open: **~-air** *attrib. adj.* Openair<*konzert*>;
~-air [swimming] pool Freibad, *das*; **~-and-
'shut case** *n.* (infml) klarer Fall; **~ day** *n.*
Tag der offenen Tür
'opener *n.* Öffner, *der*
ꝺ **'opening A** *n.* **1** Öffnen, *das*; (becoming
open) Sichöffnen, *das*; (of exhibition, new centre)

Eröffnen, *das*
2 (establishment, ceremony) Eröffnung, *die*
3 (initial part) Anfang, *der*
4 (gap, aperture) Öffnung, *die*
5 (opportunity) Möglichkeit, *die*; (vacancy) freie
Stelle
B *adj.* einleitend
opening: **~ hours** *n. pl.* Öffnungszeiten *Pl.*;
~ time *n.* Öffnungszeit, *die*
'openly *adv.* **1** (publicly) in der Öffentlichkeit;
öffentlich <*zugeben, verurteilen*>
2 (frankly) offen
open: **~ 'market** *n.* offener *od.* freier Markt;
~-'minded *adj.* aufgeschlossen
openness /'əʊpnnɪs/ *n.* (frankness) Offenheit,
die
open: **~-plan 'office** *n.* Großraumbüro, *das*;
~ 'prison *n.* offene Anstalt; **~ 'sandwich**
n. belegtes Brot
opera /'ɒpərə/ *n.* Oper, *die*
opera: **~ glasses** *n. pl.* Opernglas, *das*; **~
house** *n.* Opernhaus, *das*; **~ singer** *n.*
Opernsänger, *der*/-sängerin, *die*
ꝺ **operate** /'ɒpəreɪt/ **A** *v.i.* **1** (be in action) in
Betrieb sein; <*Bus, Zug usw.*:> verkehren
2 (function) arbeiten; **the torch ~s on
batteries** die Taschenlampe arbeitet mit
Batterien
3 ~ [on sb] (Med.) [jmdn.] operieren
B *v.t.* bedienen <*Maschine*>; unterhalten
<*Busverbindung, Telefondienst*>; betätigen
<*Hebel, Bremse*>
operating: **~ system** *n.* (Comp.)
Betriebssystem, *das*; **~ theatre** *n.* (BrE)
(Med.) Operationssaal, *der*
ꝺ **operation** /ɒpə'reɪʃn/ *n.* **1** (causing to work) (of
machine) Bedienung, *die*; (of bus service, telephone
service, etc.) Unterhaltung, *die*; (of lever, brake)
Betätigung, *die*
2 come into ~ <*Gesetz, Gebühr usw.*:> in
Kraft treten; **be in/out of ~** <*Maschine,
Gerät usw.*:> in/außer Betrieb sein
3 (Med.) Operation, *die*; **have an ~** operiert
werden
operational /ɒpə'reɪʃənl/ *adj.* (esp. Mil.)
(ready to function) einsatzbereit
operative /'ɒpərətɪv/ *adj.* **become ~**
<*Gesetz*:> in Kraft treten; **the scheme is ~**
das Programm läuft
operator /'ɒpəreɪtə(r)/ *n.* [Maschinen]bediener,
der/-bedienerin, *die*; (Teleph.) (at exchange)
Vermittlung, *die*; (at switchboard) Telefonist,
der/Telefonistin, *die*
ophthalmic op'tician /ɒf'θælmɪk/ *n.* (BrE)
Augenoptiker, *der*/-optikerin, *die*
ꝺ **opinion** /ə'pɪnjən/ *n.* Meinung, *die* (**on** über
(+ *Akk.*) zu); **have a high/low ~ of sb** eine/
keine hohe Meinung von jmdm. haben; **in
my ~** meiner Meinung nach
opinionated /ə'pɪnjəneɪtɪd/ *adj.*
rechthaberisch
o'pinion poll *n.* Meinungsumfrage, *die*
opium /'əʊpɪəm/ *n.* Opium, *das*

---

o

◆ opponent /ə'pəʊnənt/ n. Gegner, der/ Gegnerin, die

opportune /'ɒpətjuːn/ adj. **1** (favourable) günstig
2 (well-timed) zur rechten Zeit nachgestellt

opportunism /ɒpə'tjuːnɪzm/ n. Opportunismus, der

opportunist /ɒpə'tjuːnɪst/ n. Opportunist, der/Opportunistin, die

◆ opportunity /ɒpə'tjuːnɪtɪ/ n. Gelegenheit, die

◆ oppose /ə'pəʊz/ **A** v.t. sich wenden gegen
B v.i. the opposing team die gegnerische Mannschaft

opposed /ə'pəʊzd/ adj. as ~ to im Gegensatz zu; be ~ to sth <Person:> gegen etw. sein

opposite /'ɒpəzɪt/ **A** adj. gegenüberliegend <Straßenseite, Ufer>; entgegengesetzt <Ende, Weg, Richtung>; the ~ sex das andere Geschlecht
B n. Gegenteil, das (of von)
C adv. gegenüber
D prep. gegenüber

opposite 'number n. (fig.) Pendant, das

◆ opposition /ɒpə'zɪʃn/ n. **1** Opposition, die; (resistance) Widerstand, der (to gegen); in ~ to entgegen
2 (BrE) (Polit.) the O~ die Opposition

oppress /ə'pres/ v.t. unterdrücken; (fig.) <Gefühl:> bedrücken

oppression /ə'preʃn/ n. Unterdrückung, die

oppressive /ə'presɪv/ adj. repressiv; (fig.) bedrückend <Ängste, Atmosphäre>; (hot and close) drückend <Wetter, Klima, Tag>

opt /ɒpt/ v.i. sich entscheiden (for für); ~ to do sth sich dafür entscheiden, etw. zu tun; ~ out nicht mitmachen /(stop taking part) nicht länger mitmachen (of bei)

optic /'ɒptɪk/ **A** adj. (Anat.) Seh<nerv, -bahn>
B n. or O~® (BrE) (for spirits) Portionierer, der

optical /'ɒptɪkl/ adj. optisch

optical 'character reader n. (Comp.) Klarschriftleser, der

optician /ɒp'tɪʃn/ n. Optiker, der/Optikerin, die

optics /'ɒptɪks/ n. Optik, die

optima pl. of optimum

optimise ▸ optimize

optimism /'ɒptɪmɪzm/ n. Optimismus, der

optimist /'ɒptɪmɪst/ n. Optimist, der/ Optimistin, die

optimistic /ɒptɪ'mɪstɪk/ adj. optimistisch

optimize /'ɒptɪmaɪz/ v.t. (make the most of) das Beste machen aus

optimum /'ɒptɪməm/ **A** n., pl. optima /'ɒptɪmə/ Optimum, das
B adj. optimal

◆ option /'ɒpʃn/ n. (choice) Wahl, die; (thing) Wahlmöglichkeit, die

optional /'ɒpʃənl/ adj. nicht zwingend; ~ subject Wahlfach, das

opulence /'ɒpjʊləns/ n. Wohlstand, der

opulent /'ɒpjʊlənt/ adj. wohlhabend; feudal <Auto, Haus usw.>

◆ or /ɔː(r), stressed ɔː(r)/ conj. **1** oder; he cannot read ~ write er kann weder lesen noch schreiben; without food ~ water ohne Essen und Wasser; **15 ~ 20 minutes** 15 bis 20 Minuten; **in a day ~ two** in ein, zwei Tagen
2 (introducing explanation) das heißt; ~ rather beziehungsweise

oracle /'ɒrəkl/ n. Orakel, das

oral /'ɔːrəl/ adj. mündlich; (Med.) oral

orally /'ɔːrəlɪ/ adv. take ~ einnehmen

orange /'ɒrɪndʒ/ **A** n. **1** (fruit) Orange, die; Apfelsine, die
2 (colour) Orange, das
B adj. orange[farben]

orange: ~ **juice** n. Orangensaft, der; ~ **peel** n. Orangenschale, die; ~ **'squash** n. Orangensaftgetränk, das

orator /'ɒrətə(r)/ n. Redner, der/Rednerin, die

oratory /'ɒrətərɪ/ n. Redekunst, die

orb /ɔːb/ n. Kugel, die

orbit /'ɔːbɪt/ **A** n. (Astron.) [Umlauf]bahn, die
B v.i. kreisen
C v.t. umkreisen

orbital 'road /'ɔːbɪtl/ n. Ringstraße, die

orchard /'ɔːtʃəd/ n. Obstgarten, der; (commercial) Obstplantage, die

orchestra /'ɔːkɪstrə/ n. Orchester, das

orchestral /ɔː'kestrl/ adj. Orchester-

orchestrate /'ɔːkɪstreɪt/ v.t. orchestrieren

orchid /'ɔːkɪd/ n. Orchidee, die

ordain /ɔː'deɪn/ v.t. **1** (Eccl.) ordinieren
2 (decree) verfügen

ordeal /ɔː'diːl/ n. Qual, die

◆ order /'ɔːdə(r)/ **A** n. **1** (sequence) Reihenfolge, die; out of ~ durcheinander
2 (regular arrangement, normal state) Ordnung, die; be/not be in ~ in Ordnung/nicht in Ordnung sein (ugs.); be out of/in ~ (not in/in working condition) nicht funktionieren/funktionieren; 'out of ~' „außer Betrieb"; in good/bad ~ in gutem/schlechtem Zustand
3 (command) Anweisung, die; (Mil.) Befehl, der
4 in ~ to do sth um etw. zu tun
5 (Commerc.) Auftrag, der (for über + Akk.); (to waiter, ~ed goods) Bestellung, die
6 keep ~ Ordnung [be]wahren; see also law 2
7 (religious ~) Orden, der
B v.t. **1** (command) befehlen; <Richter:> verfügen; ~ sb to do sth jmdn. anweisen / (Milit.) jmdm. befehlen, etw. zu tun
2 (Commerc.) bestellen (from bei)
3 (arrange) ordnen
■ ~ a'bout, ~ a'round v.t. herumkommandieren

'order form n. Bestellformular, das

orderly /'ɔːdəlɪ/ **A** adj. friedlich; diszipliniert <Menge>; (methodical) methodisch; (tidy)

O

ordentlich
B *n.* **1** (Mil.) [Offiziers]bursche, *der*
2 medical ~ ≈ Krankenpflegehelfer, *der*
ordinal /'ɔːdɪnl/ *adj. & n.* ~ **[number]**
Ordinalzahl, *die*
ordinarily /'ɔːdɪnərɪlɪ/ *adv.* normalerweise;
gewöhnlich
❖ **ordinary** /'ɔːdɪnərɪ/ *adj.* (normal) normal
‹*Gebrauch*›; üblich ‹*Verfahren*›; (not
exceptional) gewöhnlich
ordination /ɔːdɪ'neɪʃn/ *n.* (Eccl.) Ordination,
die; Ordinierung, *die*
ordnance /'ɔːdnəns/: ~ '**survey** *n.* (BrE)
amtliche Landesvermessung; ~ '**survey**
map *n.* amtliche topographische Karte
ore /ɔː(r)/ *n.* Erz, *das*
organ /'ɔːgən/ *n.* **1** (Mus.) Orgel, *die*
2 (Biol.) Organ, *das*
organ: ~ **donor** *n.* Organspender,
der/-spenderin, *die*; ~ '**donor card** *n.*
Organspende[r]ausweis, *der*
organic /ɔː'gænɪk/ *adj.* organisch; biologisch,
biodynamisch ‹*Nahrungsmittel*›; biologisch-
dynamisch ‹*Ackerbau*›
organically /ɔː'gænɪkəlɪ/ *adv.* **1** (also Med.)
organisch
2 (without chemicals) biologisch
organic: ~ '**farmer** *n.* Biobauer,
der/-bäuerin, *die*; ~ '**waste** *n.* Biomüll, *der*
organism /'ɔːgənɪzm/ *n.* Organismus, *der*
organist /'ɔːgənɪst/ *n.* Organist, *der*/
Organistin, *die*
❖ **organization** /ɔːgənaɪ'zeɪʃn/ *n.* Organisation,
die; ~ **of time/work** Zeit-/Arbeitseinteilung,
die
❖ **organize** /'ɔːgənaɪz/ *v.t.* organisieren;
einteilen ‹*Arbeit, Zeit*›; veranstalten
‹*Konferenz, Festival*›; ~ **into groups** in
Gruppen einteilen
organized /'ɔːgənaɪzd/ *adj.* organisiert
'**organizer** *n.* Organisator, *der*/
Organisatorin, *die*; (of event, festival)
Veranstalter, *der*/Veranstalterin, *die*
'**organ transplant** *n.* Organverpflanzung,
die
orgasm /'ɔːgæzm/ *n.* Orgasmus, *der*
orgy /'ɔːdʒɪ/ *n.* Orgie, *die*
orient **A** /'ɔːrɪənt/ *n.* the O~ der Orient
B /'ɔːrɪent/ *v.t.* ausrichten (towards nach); ~
oneself sich orientieren
oriental /ɔːrɪ'entl/ **A** *adj.* orientalisch
B *n.* (often offensive) Asiat, *der*/Asiatin, *die*
orientate /'ɔːrɪənteɪt/ ▶ orient B
orientation /ɔːrɪən'teɪʃn/ *n.* Orientierung, *die*
orienteering /ɔːrɪən'tɪərɪŋ/ *n.* (BrE)
Orientierungslauf, *der*
orifice /'ɒrɪfɪs/ *n.* Öffnung, *die*
❖ **origin** /'ɒrɪdʒɪn/ *n.* (derivation) Herkunft, *die*;
(beginnings) Anfänge *Pl.*; (source) Ursprung,
der; **country of** ~ Herkunftsland, *das*; **have**

its ~ **in** sth seinen Ursprung in etw. (*Dat.*)
haben
❖ **original** /ə'rɪdʒɪnl/ **A** *adj.* ursprünglich;
Ur‹*text, -fassung*›; eigenständig ‹*Forschung*›;
(inventive) originell; **an** ~ **painting** ein Original
B *n.* Original, *das*
original '**gravity** *n.* Stammwürze, *die*
originality /ərɪdʒɪ'nælɪtɪ/ *n.* Originalität, *die*
❖ **originally** /ə'rɪdʒɪnəlɪ/ *adv.* **1** ursprünglich
2 originell ‹*schreiben usw.*›
originate /ə'rɪdʒɪneɪt/ *v.i.* ~ **from** entstehen
aus; ~ **in** seinen Ursprung haben in (+ *Dat.*)
ornament /'ɔːnəmənt/ *n.* Ziergegenstand,
der
ornamental /ɔːnə'mentl/ *adj.* dekorativ;
Zier‹*pflanze, -naht usw.*›
ornate /ɔː'neɪt/ *adj.* reich verziert; prunkvoll
‹*Dekoration*›
ornithologist /ɔːnɪ'θɒlədʒɪst/ *n.*
Ornithologe, *der*/Ornithologin, *die*
ornithology /ɔːnɪ'θɒlədʒɪ/ *n.* Ornithologie,
die
orphan /'ɔːfn/ **A** *n.* Waise, *die*
B *v.t.* be ~ed [zur] Waise werden
orphanage /'ɔːfənɪdʒ/ *n.* Waisenhaus, *das*
orthodox /'ɔːθədɒks/ *adj.* orthodox
orthopaedic /ɔːθə'piːdɪk/ *adj.* orthopädisch
orthopaedics /ɔːθə'piːdɪks/ *n.* Orthopädie,
die
oscillate /'ɒsɪleɪt/ *v.i.* schwingen
oscillation /ɒsɪ'leɪʃn/ *n.* Schwingen, *das*;
(single ~) Schwingung, *die*
osmosis /ɒz'məʊsɪs/ *n.*, *pl.* **osmoses**
/ɒz'məʊsiːz/ Osmose, *die*
ostensible /ɒ'stensɪbl/ *adj.* vorgeschoben
ostensibly /ɒ'stensɪblɪ/ *adv.* vorgeblich
ostentatious /ɒsten'teɪʃəs/ *adj.* prunkhaft
‹*Kleidung, Schmuck*›; prahlerisch ‹*Art*›
osteopath /'ɒstɪəpæθ/ *n.* Osteopath, *der*/
Osteopathin, *die*
osteoporosis /ɒstɪəʊpə'rəʊsɪs/ *n.*
Osteoporose, *die*
ostrich /'ɒstrɪtʃ/ *n.* Strauß, *der*
❖ **other** /'ʌðə(r)/ **A** *adj.* **1** (not the same) ander...;
the ~ **two/three** etc. (the remaining) die
beiden/drei *usw.* anderen; the ~ **one** der/
die/das andere; **some** ~ **time** ein andermal
2 (further) one ~ **thing** noch eins; **some/six**
~ **people** noch ein paar/noch sechs [andere
od. weitere] Leute; **no** ~ **questions** keine
weiteren Fragen
3 ~ **than** (different from) anders als; (except)
außer
4 the ~ **day/evening** neulich/neulich abends
B *n.* anderer/andere/anderes; **there are**
six ~s es sind noch sechs andere da; **any**
~ irgendein anderer/-eine andere/-ein
anderes; **not any** ~ kein anderer/keine
andere/kein anderes; **one after the** ~ einer/
eine/eins nach dem/der/dem anderen
C *adv.* anders; ~ **than that,** ... abgesehen
davon, ...

ꝰ **otherwise** /ˈʌðəwaɪz/ **A** *adv.* **1** (in a different way) anders
2 (or else) anderenfalls
3 (in other respects) im Übrigen
B *pred. adj.* anders

otter /ˈɒtə(r)/ *n.* [Fisch]otter, *der*

ouch /aʊtʃ/ *int.* autsch

ought /ɔːt/ *v. aux., only in pres. and past ought, neg.* (infml) **oughtn't** /ˈɔːtnt/ **I** ~ **to do/have done it** (expr. moral duty) ich müsste es tun/hätte es tun müssen; (expr. desirability) ich sollte es tun/hätte es tun sollen; ~ **not** *or* ~**n't you to have left by now?** müsstest du nicht schon weg sein?; **one** ~ **not to do it** man sollte es nicht tun; **he** ~ **to be hanged/in hospital** er gehört an den Galgen/ins Krankenhaus; **that** ~ **to be enough** das dürfte reichen; **he** ~ **to win** er müsste [eigentlich] gewinnen

oughtn't /ˈɔːtnt/ (infml) = **ought not**

ounce /aʊns/ *n.* (measure) Unze, *die*

ꝰ **our** /ˈaʊə(r)/ *poss. pron. attrib.* unser

ours /ˈaʊəz/ *poss. pron. pred.* unserer/unsere/unseres; *see also* **hers**

ꝰ **ourselves** /aʊəˈselvz/ *pron.* **1** *emphat.* selbst
2 *refl.* uns. *See also* **herself**

oust /aʊst/ *v.t.* verdrängen; ~ **sb from his job/from power** jmdn. von seinem Arbeitsplatz vertreiben/jmdn. entmachten

ꝰ **out** /aʊt/ *adv.* **1** (away from place) ~ **here/there** hier/da draußen; **be** ~ **in the garden** draußen im Garten sein; **what's it like** ~? wie ist es draußen?; **go** ~ **shopping** *etc.* einkaufen *usw.* gehen; **be** ~ (not at home, not in one's office, etc.) nicht da sein; **she was** ~ **all night** sie war eine/die ganze Nacht weg; **have a day** ~ **in London** einen Tag in London verbringen; **row** ~ **to ... hinaus-/herausrudern zu ...; **be** ~ **at sea** auf See sein
2 (Sport, Games) **be** ~ <*Ball:*> aus *od.* im Aus sein; <*Mitspieler:*> ausscheiden; <*Schlagmann:*> aus[geschlagen] sein; **not** ~ nicht aus
3 be ~ (asleep) weg sein (ugs.); (unconscious) bewusstlos sein
4 (no longer burning) aus[gegangen]
5 (in error) **be 3%** ~ **in one's calculations** sich um 3% verrechnet haben; **this is £5** ~ das stimmt um 5 Pfund nicht
6 (not in fashion) passé (ugs.); out (ugs.)
7 say it ~ **loud** es laut sagen; ~ **with it!** heraus mit der Sprache; **their secret is** ~ ihr Geheimnis ist bekannt geworden; **[the] truth will** ~ die Wahrheit wird an den Tag kommen; **the sun/moon is** ~ die Sonne/der Mond scheint; **the third volume is just** ~ der dritte Band ist soeben erschienen; **the roses are** ~ die Rosen blühen
8 be ~ **for sth/to do sth** auf etw. (Akk.) aus sein/darauf aus sein, etw. zu tun; **be** ~ **for trouble** Streit suchen
9 (to or at an end) **before the day/month was**

~ **am selben Tag/vor Ende des Monats.** *See also* **out of**

out: ~**back** *n.* (esp. Austral.) Hinterland, *das*; ~**'bid** *v.t.* ~**bid** überbieten; ~**board 'motor** *n.* Außenbordmotor, *der*; ~**break** *n.* Ausbruch, *der*; **at the** ~**break of war bei Kriegsausbruch; an ~break of flu** eine Grippeepidemie; ~**building** *n.* Nebengebäude, *das*; ~**burst** *n.* Ausbruch, *der*; **an ~burst of weeping/laughter** ein Weinkrampf/Lachanfall; **an ~burst of temper** ein Wutanfall; ~**cast** *n.* Ausgestoßene, *der/die*; **a social ~cast** ein Geächteter/eine Geächtete

ꝰ **'outcome** *n.* Ergebnis, *das*; Resultat, *das*

out: ~**cry** *n.* [Aufschrei der] Empörung; ~**'dated** *adj.* überholt; ~**'do** *v.t. forms as* do überbieten (in an + Dat.); ~**door** *adj.* ~**door shoes/things** Straßenschuhe/-kleidung, *die*; ~**door games/pursuits** Spiele/Beschäftigungen im Freien; ~**door swimming pool** Freibad, *das*; ~**'doors A** *adv.* draußen; **go** ~**doors** nach draußen gehen
B *n.* **the [great]** ~**doors** die freie Natur

outer /ˈaʊtə(r)/ *adj.* äußer...; Außen<fläche, -seite, -wand, -tür>

outer 'space *n.* Weltraum, *der*

out: ~**fit** *n.* **1** (clothes) Kleider *Pl.*
2 (equipment) Ausrüstung, *die*
3 (infml) (organization) Laden, *der* (ugs.); ~**going A** *adj.* **1** [aus dem Amt] scheidend <Regierung, Präsident> **2** (friendly) kontaktfreudig <Person> **B** *n., in pl.* ~**s** (expenditure) Ausgaben *Pl.*; ~**'grow** *v.t. forms as* grow herauswachsen aus <Kleider>; (leave behind) entwachsen (+ Dat.); ~**growth** *n.* Auswuchs, *der*; ~**house** *n.* Nebengebäude, *das*

'outing *n.* Ausflug, *der*

out: ~**landish** /aʊtˈlændɪʃ/ *adj.* ausgefallen; ~**'last** *v.t.* überdauern; überleben <Person, Jahrhundert>; ~**law A** *n.* Bandit, *der*/Banditin, *die* **B** *v.t.* verbieten; ~**lay** *n.* Ausgaben *Pl.* (on für); ~**let** /ˈaʊtlet, ˈaʊtlɪt/ *n.* **1** Ablauf, *der*, Abfluss, *der*, Auslauf, *der*, Auslass, *der* **2** (fig.) Ventil, *das* **3** (market) Absatzmarkt, *der*; (shop) Verkaufsstelle, *die*; ~**line A** *n.* **1** *in sing. or pl.* Umriss, *der* **2** (short account) Grundriss, *der*; (of topic) Übersicht, *die* (of über + Akk.) **B** *v.t.* (describe) umreißen; ~**live** /aʊtˈlɪv/ *v.t.* überleben; ~**look** *n.* **1** (view) Aussicht, *die* (over über + Akk.) (on to auf + Akk.); (fig. & Meteorol.) Aussichten *Pl.* **2** (mental attitude) Einstellung, *die* (on zu); ~**lying** *adj.* entlegen; ~**ma'noeuvre** *v.t.* überlisten <Truppen>; ~**moded** /aʊtˈməʊdɪd/ *adj.* antiquiert; ~**number** *v.t.* zahlenmäßig überlegen sein (+ Dat.)

'out of *prep.* **1** (from within) aus; **go** ~ **the door** zur Tür hinausgehen
2 (not within) **be** ~ **the country** im Ausland

o

sein; **be ~ town/the room** nicht in der Stadt/im Zimmer sein; **feel ~ it** *or* **things sich ausgeschlossen fühlen**
3 (from among) **one ~ every three smokers** jeder dritte Raucher; **58 ~ every 100** 58 von hundert
4 (beyond range of) außer ‹*Reich-/Hörweite, Sicht, Kontrolle*›
5 (from) aus; **get money ~ sb** Geld aus jmdm. herausholen; **do well ~ sb/sth** von jmdm./ etw. profitieren
6 aus ‹*Mitleid, Furcht, Neugier usw.*›
7 (without) **~ money** ohne Geld; **we're ~ tea** wir haben keinen Tee mehr
8 (away from) von … entfernt; **ten miles ~ London** 10 Meilen außerhalb von London

out: **~-of-court 'settlement** n. (Law) (agreement) außergerichtlicher Vergleich; (payment) Vergleichssumme, *die*; **~-of-'date** *attrib. adj.* veraltet; (expired) ungültig ‹*Karte*›; **~-of-'pocket** *attrib. adj.* Bar‹*auslagen*›; **~-of-'print** *attrib. adj.* vergriffen; **~-of-'work** *attrib. adj.* arbeitslos; **~patient** n. ambulanter Patient/ambulante Patientin; **~patients[' department]** Poliklinik, *die*; **~'play** v.t. (Sport) besser spielen als; **~post** n. Außenposten, *der*; (of civilization etc.) (also Mil.) Vorposten, *der*; **~pouring** n., usu. in pl. Gefühlsäußerung, *die*; **~put** n. **1** Produktion, *die*; (of liquid, electricity, etc.) Leistung, *die* **2** (Comp.) Ausgabe, *die*

outrage 🅰 /'aʊtreɪdʒ/ n. **1** (deed) Verbrechen, *das*; (during war) Gräueltat, *die*; (against decency) grober Verstoß
2 (strong resentment) Empörung, *die* (at gegen)
🅱 /aʊt'reɪdʒ/ v.t. empören

outrageous /aʊt'reɪdʒəs/ adj. unverschämt; unverschämt hoch ‹*Preis*›; unerhört ‹*Frechheit, Skandal*›

out: **~right** 🅰 /-'-/ adv. **1** ganz, komplett ‹*kaufen, verkaufen*› **2** (openly) freiheraus ‹*erzählen, sagen, lachen*› 🅱 /'--/ adj. ausgemacht ‹*Unehrlichkeit*›; glatt (ugs.) ‹*Ablehnung, Absage, Lüge*›; klar ‹*Sieg, Niederlage, Sieger*›; **~set** n. Anfang, *der*; **at the ~set** zu Anfang; **from the ~set** von Anfang an; **~'shine** v.t., **~shone** /aʊt'ʃɒn/ (fig.) in den Schatten stellen

🕈 **outside** 🅰 /-'-, '--/ n. **1** Außenseite, *die*; **on the ~** außen; **to/from the ~** nach/von außen
2 (external appearance) Äußere, *das*
3 **at the [very] ~** äußerstenfalls; höchstens
🅱 /'--/ adj. **1** äußer…; Außen‹*wand, -antenne, -kajüte, -toilette, -durchmesser*›
2 **have only an ~ chance** nur eine sehr geringe Chance haben
🅲 /-'-/ adv. (on the **~**) draußen; (to the **~**) nach draußen
🅳 /-'-/ prep. **1** (position) außerhalb (+ *Gen.*); **~ the door** vor der Tür
2 (to the **~** of) aus … hinaus; **go ~ the house** nach draußen gehen

---

outside 'lane n. Überholspur, *die*
out'sider n. (Sport; also fig.) Außenseiter, *der*
out: **~size** adj. überdimensional; **~size clothes** Kleidung in Übergröße; **~skirts** n. pl. Stadtrand, *der*; **the ~skirts of the town** die Außenbezirke der Stadt; **~'smart** v.t. (infml) ausschmieren (ugs.); **~source** v.t. extern vergeben ‹*Arbeit, Aufträge*›; **~sourcing** n. /'aʊtsɔːsɪŋ/ Outsourcing, *das* (fachspr.); Fremdbezug, *der* (fachspr.); **~'spoken** adj. freimütig; **be ~spoken about sth** sich freimütig über etw. äußern; **~'standing** adj. **1** (exceptional) hervorragend; überragend ‹*Bedeutung*›; außergewöhnlich ‹*Person, Mut, Fähigkeit*› **2** (not yet settled) ausstehend ‹*Schuld, Geldsumme*›; unbezahlt ‹*Rechnung*›; ungelöst ‹*Problem*›; **~'standingly** adv. außergewöhnlich; **~stretched** adj. ausgestreckt; (spread out) ausgebreitet; **~'strip** v.t. (pass in running) überholen; (in competition) überflügeln; **~tray** n. Ablage für Ausgänge; **~'vote** v.t. überstimmen

outward /'aʊtwəd/ 🅰 adj. **1** (external, apparent) [rein] äußerlich; äußer… ‹*Erscheinung, Bedingung*›
2 Hin‹*reise, -fracht*›
🅱 adv. nach außen ‹*aufgehen, richten*›

'outwardly adv. nach außen hin ‹*Gefühle zeigen*›; öffentlich ‹*Loyalität erklären*›

'outwards ▸ outward ▸

out: **~'weigh** v.t. schwerer wiegen als; überwiegen ‹*Nachteile*›; **~'wit** v.t., **-tt-** überlisten; **~'worn** adj. veraltet

oval /'əʊvl/ 🅰 adj. oval
🅱 n. Oval, *das*

ovary /'əʊvəri/ n. (Anat.) Eierstock, *der*

ovation /əʊ'veɪʃn/ n. Ovation, *die*; **a standing ~** stehende Ovationen Pl.

oven /'ʌvn/ n. [Back]ofen, *der*

oven: **~ cloth** n. Topflappen, *der*; **~ glove** n. Topfhandschuh, *der*; **~proof** adj. feuerfest; **~-ready** adj. backfertig ‹*Pommes frites, Pastete*›; bratfertig ‹*Geflügel*›; **~ware** n. feuerfestes Geschirr

🕈 **over** /'əʊvə(r)/ 🅰 adv. **1** (outward and downward) hinüber; **climb/look/jump ~** hinüber- od. (ugs.) rüberklettern/-sehen/-springen
2 (so as to cover surface) **board/cover ~** zunageln/-decken
3 (across a space) hinüber; (towards speaker) herüber; **he swam ~ to us/the other side** er schwamm zu uns herüber/hinüber zur anderen Seite; **~ here/there** (direction) hier herüber/dort hinüber; (location) hier/dort; **[come in, please,] ~** (Radio) übernehmen Sie bitte; **~ and out** (Radio) Ende
4 (in excess etc.) **children of 12 and ~** Kinder im Alter von zwölf Jahren und darüber; **be [left] ~** übrig [geblieben] sein
5 (from beginning to end) von Anfang bis Ende; **say sth twice ~** etw. zweimal sagen; **[all] ~ again**, (AmE) **~** noch einmal [ganz von vorn]; **~ and ~ [again]** immer wieder

6 (at an end) vorbei; vorüber; **be** ~ **vorbei sein;** ‹*Aufführung:*› zu Ende sein; **get sth** ~ **with** etw. hinter sich (*Akk.*) bringen; **be** ~ **and done with** erledigt sein
7 all ~ (completely finished) aus [und vorbei]; **I ache all** ~ mir tut alles weh; **be shaking all** ~ am ganzen Körper zittern

B *prep.* **1** (above, on, round about) über (*position:* + *Dat.*; *direction:* + *Akk.*); (across) über (+ *Akk.*); **look** ~ **a wall** über eine Mauer sehen; **fall** ~ **a cliff** von einem Felsen stürzen; **the pub** ~ **the road** die Wirtschaft gegenüber; **hit sb** ~ **the head** jmdm. auf den Kopf schlagen; ~ **the page** auf der nächsten Seite
2 (in or across every part of) [überall] in (+ *Dat.*); (to and fro upon) über (+ *Akk.*); (all through) durch; **all** ~ (in or on all parts of) überall in (+ *Dat.*); **travel all** ~ **the country** das ganze Land bereisen; **all** ~ **Spain** in ganz Spanien; **all** ~ **the world** in der ganzen Welt
3 (on account of) wegen
4 (engaged with) bei; **take trouble** ~ **sth** sich (*Dat.*) mit etw. Mühe geben; **be a long time** ~ **sth** lange für etw. brauchen; ~ **work/ dinner** bei der Arbeit/beim Essen
5 (superior to, in charge of) über (+ *Akk.*); **have command/authority** ~ **sb** Befehlsgewalt über jmdn./Weisungsbefugnis gegenüber jmdm. haben; **be** ~ **sb** (in rank) über jmdm. stehen
6 (beyond, more than) über (+ *Akk.*); ~ **and above** zusätzlich zu
7 (throughout, during) über (+ *Akk.*); ~ **the weekend/summer** übers Wochenende/ den Sommer über; ~ **the past years** in den letzten Jahren

over'active *adj.* hyperaktiv
'overall **A** *n.* (BrE) (garment) Arbeitskittel, *der*
B *adj.* **1** Gesamt‹*breite, -einsparung, -abmessung*›; **have an** ~ **majority** die absolute Mehrheit haben
2 (general) allgemein
C /'---, --'-/ *adv.* **1** (in all parts) insgesamt
2 (taken as a whole) im Großen und Ganzen
over: ~**'anxious** *adj.* **be** ~**anxious to do sth** etw. unbedingt tun wollen; ~**'awe** *v.t.* Ehrfurcht einflößen (+ *Dat.*); ~**'balance** *v.i.* das Gleichgewicht verlieren; ~**'bearing** *adj.* herrisch; ~**'blown** *adj.* (past its prime) (lit. or fig.) verblühend; ~**board** *adv.* über Bord; **fall** ~**board** über Bord gehen; ~**cast** *adj.* trübe; bewölkt ‹*Himmel*›; ~**'charge** *v.t.* **1** (beyond reasonable price) zu viel abverlangen (+ *Dat.*)
2 (beyond right price) zu viel berechnen (+ *Dat.*); ~**coat** *n.* Mantel, *der*; ~**'come** *v.t. forms as* come **1** überwinden; bezwingen ‹*Feind*›; ‹*Dämpfe:*› betäuben
2 he was ~**come by grief/with emotion** Kummer/Rührung überwältigte ihn; ~**'confidence** *n.* übersteigertes Selbstvertrauen; ~**'confident** *adj.* übertrieben zuversichtlich; ~**'cooked** *adj.* verkocht; ~**'critical** *adj.* zu kritisch; ~**'crowded** *adj.* überfüllt; ~**'crowding**

n. (of room, bus, train) Überfüllung, *die*; (of city) Übervölkerung, *die*; ~**'do** *v.t. forms as* do (carry to excess) übertreiben; ~**do it** *or* **things** (work too hard) sich übernehmen; ~**'done** *adj.* **1** (exaggerated) übertrieben
2 (~cooked) verkocht; verbraten ‹*Fleisch*›; ~**dose** **A** *n.* Überdosis, *die*
B *v.i.* ~**dose on heroin** eine Überdosis Heroin nehmen; ~**'draft** *n.* Kontoüberziehung, *die*; **have an** ~**draft of £50** sein Konto um 50 Pfund überzogen haben; ~**'draw** *v.t. forms as* draw **A** überziehen ‹*Konto*›; ~**'drawn** *adj.* überzogen ‹*Konto*›; **I am** ~**drawn [at the bank]** mein Konto ist überzogen; ~**drive** *n.* Schongang, *der*; ~**'due** *adj.* überfällig; **the train is 15 minutes** ~**due** der Zug hat schon 15 Minuten Verspätung; ~**'eager** *adj.* übereifrig; ~**'eat** *v.i. forms as* eat zu viel essen; ~**estimate**
A /-'estimeit/ *v.t.* überschätzen
B /-'estimat/ *n.* zu hohe Schätzung; ~**ex'ert** *v. refl.* sich überanstrengen; ~**ex'pose** *v.t.* (Photog.) überbelichten; ~**'fill** *v.t.* zu voll machen; ~ **'fish** *v.t.* überfischen; ~**flow**
A /--'-/ *v.t.* laufen über (+ *Akk.*) ‹*Rand*›; (flow over brim of) überlauten aus; ~**flow its banks** ‹*Fluss:*› über die Ufer treten
B /--'-/ *v.i.* überlaufen **C** /'---/ *n.* ~**flow [pipe]** Überlauf, *der*; ~**flow 'car park** *n.* Ausweichparkplatz, *der*; ~**'full** *adj.* zu voll; übervoll; ~**grown** *adj.* überwachsen (with von); ~**hang** **A** /--'-/ *v.t.*, ~**hung** /əυvə'hʌŋ/ ‹*Felsen, Stockwerk:*› hinausragen über (+ *Akk.*). **B** /'---/ *n.* Überhang, *der*; ~**'hanging** *adj.* überhängend; ~**haul**
A /--'-/ *v.t.* überholen; überprüfen ‹*System*›
B /'---/ *n.* Überholung, *die*; ~**head**
A /--'-/ *adv.* über mir/ihm/uns *usw.*
B /'---/ *adj.* ~**head wires** Oberleitung, *die*; ~**head lighting** Deckenbeleuchtung, *die*
C /'---/ *n.* ~**heads,** (AmE) ~**head** (Commerc.) Gemeinkosten *Pl.*; ~**'hear** *v.t. forms as* hear **A** (accidentally) zufällig [mit]hören; (intentionally) belauschen; ~**'heat** *v.i.* zu heiß werden; ‹*Maschine, Lager:*› heißlaufen; ~**in'dulge** *v.i.* es übertreiben; ~**indulge in food and drink** sich an Essen und Trinken mehr als gütlich tun; ~**in'dulgence** *n.* übermäßiger Genuss (**in** von); (towards a person) zu große Nachgiebigkeit; ~**in'dulgent** *adj.* unmäßig; (towards a person) zu nachgiebig
overjoyed /əυvə'dʒɔid/ *adj.* überglücklich (**at** über + *Akk.*)
over: ~**land** /--'-/ *adv.* auf dem Landweg; ~**lap** **A** /--'-/ *v.t.* überlappen
B /--'-/ *v.i.* ‹*Flächen, Dachziegel:*› sich überlappen; ‹*Aufgaben:*› sich überschneiden
C *n.* Überlappung, *die*; ~**'leaf** *adv.* auf der Rückseite; ~**'load** *v.t.* überladen; ~**'look** *v.t.* **1** ‹*Hotel, Zimmer, Haus:*› Aussicht bieten auf (+ *Akk.*) **2** (ignore, not see) übersehen; (allow to go unpunished) hinwegsehen über (+ *Akk.*)

o

'**overly** *adv.* allzu
over: ~'**man** *v.t.* überbesetzen; ~**manning**
n. [personelle] Überbesetzung; ~'**modest**
adj. zu bescheiden; ~'**much** **A** *adj.* allzu viel
B *adv.* allzu sehr; ~**night** **A** /-'-/ *adv.*
(also fig.) (suddenly) über Nacht; stay ~
night übernachten **B** /'---/ *adj.* ~night
stay Übernachtung, *die*; be an ~night
success (fig.) über Nacht Erfolg haben;
~'**pay** *v.t. forms as* pay B überbezahlen;
~'**populated** *adj.* überbevölkert;
~**popu'lation** *n.* Übervölkerung, *die*;
~'**power** *v.t.* überwältigen; ~'**powering**
adj. überwältigend; durchdringend
‹*Geruch*›; ~'**priced** *adj.* zu teuer;
~'**qualified** *adj.* überqualifiziert;
~'**rate** *v.t.* überschätzen; ~**re'act** *v.i.*
unangemessen heftig reagieren (to auf
+ *Akk.*); ~**re'action** *n.* Überreaktion,
die (to auf + *Akk.*); ~'**ride** *v.t. forms as*
ride C sich hinwegsetzen über (+ *Akk.*);
~'**riding** *adj.* vorrangig; be of ~riding
importance wichtiger als alles andere sein;
~**ripe** *adj.* überreif; ~'**rule** *v.t.* aufheben
‹*Entscheidung*›; zurückweisen ‹*Einwand,*
Argument›; ~rule sb jmds. Vorschlag
ablehnen; ~'**run** *v.t. forms as* run C; be
~run with überlaufen sein von ‹*Touristen*›;
überwuchert sein von ‹*Unkraut*›; ~**seas**
A /-'-/ *adv.* in Übersee ‹*leben, sein*›; nach
Übersee ‹*gehen*› **B** /'---/ *adj.* Übersee-;
~'**see** *v.t. forms as* see A überwachen;
(manage) leiten ‹*Abteilung*›; ~'**sensitive** *adj.*
überempfindlich; ~**sexed** /əʊvə'sekst/ *adj.*
sexbesessen; ~'**shadow** *v.t.* überschatten;
~'**shoot** *v.t. forms as* shoot B hinausschießen
über (+ *Akk.*); ~shoot [the runway] ‹*Pilot,*
Flugzeug:› zu weit kommen; ~**sight** *n.*
Versehen, *das*; ~**simplifi'cation** *n.* zu
starke Vereinfachung; ~'**simplify** *v.t.* zu
stark vereinfachen; ~'**sleep** *v.i. forms as*
sleep B verschlafen; ~'**spend** *v.i. forms as*
spend zu viel [Geld] ausgeben; ~**statement**
n. Übertreibung, *die*; ~'**stay** *v.t.* überziehen
‹*Urlaub*›; ~'**step** *v.t.* überschreiten;
~'**stretch** *v.t.* überdehnen; (fig.) überfordern
overt /əʊ'vɜ:t/ *adj.* unverhohlen
over: ~'**take** *v.t. forms as* take überholen;
'no ~taking' (BrE) „Überholen verboten";
~**-the-top** *adj.* überzogen; ~**throw**
A /-'-/ *v.t. forms as* throw B stürzen **B** /'---/ *n.*
Sturz, *der*; ~**time** **A** *n.* Überstunden Pl.
B *adv.* work ~time Überstunden machen;
~'**tire** *v.t.* übermüden; ~tire oneself sich
übernehmen *od.* überanstrengen
overtly /'əʊvətlɪ, əʊ'vɜ:tlɪ/ *adv.* unverhohlen

'**overtone** *n.* (fig.) Unterton, *der*
overture /'əʊvətjʊə(r)/ *n.* (Mus.) Ouvertüre,
die
over: ~'**turn** **A** *v.t.* umstoßen
B *v.i.* ‹*Auto, Boot:*› umkippen; ‹*Boot:*›
kentern; ~**use** /əʊvə'ju:z/ *v.t.* zu oft
verwenden
overweening /əʊvə'wi:nɪŋ/ *adj.* maßlos
‹*Ehrgeiz, Gier, Stolz*›
'**overweight** *adj.* übergewichtig ‹*Person*›;
be ~weight Übergewicht haben
overwhelm /əʊvə'welm/ *v.t.* überwältigen
over'whelming *adj.* überwältigend
over: ~'**work** **A** *v.t.* mit Arbeit überlasten
B *v.i.* sich überarbeiten; ~'**wrought** *adj.*
überreizt
ovulate /'ɒvjʊleɪt/ *v.i.* (Physiol.) ovulieren
ovulation /ɒvjʊ'leɪʃn/ *n.* Ovulation, *die*
owe /əʊ/ *v.t.*, **owing** /'əʊɪŋ/ schulden; ~ sb
sth, ~ sth to sb jmdm. etw. schulden; (fig.)
jmdm. etw. verdanken
owing /'əʊɪŋ/ *pred. adj.* ausstehend; be ~
ausstehen
'**owing to** *prep.* wegen
owl /aʊl/ *n.* Eule, *die*
* **own** /əʊn/ **A** *adj.* eigen; be sb's ~ [property]
jmdm. selbst gehören; **a house/ideas of one's**
~ ein eigenes Haus/eigene Ideen; on one's/
its ~ allein
B *v.t.* besitzen; be ~ed by sb jmdm. gehören
■ ~ '**up** *v.i.* gestehen; ~ up to sth etw. zugeben
'**own-brand** **A** *attrib. adj.* Eigenmarken-
B *n.* Hausmarke, *die*
* '**owner** *n.* Besitzer, *der*/Besitzerin, *die*; (of shop,
hotel, firm, etc.) Inhaber, *der*/Inhaberin, *die*
owner-'occupier *n.* (BrE) Eigenheimbesitzer,
der/-besitzerin, *die*
'**ownership** *n.* Besitz, *der*
own: '**goal** *n.* (lit. *or* fig.) Eigentor, *das*;
~-**label** ▶ own-brand
ox /ɒks/ *n.*, *pl.* **oxen** /'ɒksn/ Ochse, *der*
oxidize (**oxidise**) /'ɒksɪdaɪz/ *v.t. & i.* (Chem.)
oxidieren; oxydieren (fachspr.)
oxtail '**soup** *n.* Ochsenschwanzsuppe, *die*
oxygen /'ɒksɪdʒən/ *n.* Sauerstoff, *der*
'**oxygen mask** *n.* Sauerstoffmaske, *die*
oyster /'ɔɪstə(r)/ *n.* Auster, *die*
oz. *abbr.* = **ounce[s]**
ozone /'əʊzəʊn/ *n.* Ozon, *das*
ozone: ~ **depletion** *n.* Ozonabbau, *der*;
~-**friendly** *adj.* ozonsicher; (not using CFCs)
FCKW-frei; ~ **hole** *n.* Ozonloch, *das* (ugs.);
~ **layer** *n.* Ozonschicht, *die*

o

* Schlüsselwort

Pp

P, p /piː/ *n.* P, p, *das*

p. *abbr.* **1** = **page** S.
2 (BrE) = **penny/pence** p

⚬ **pace** /peɪs/ **A** *n.* **1** (step) Schritt, *der*
2 (speed) Tempo, *das*; **keep** ~ **with** Schritt halten mit
B *v.i.* ~ **up and down** auf und ab gehen
C *v.t.* auf und ab gehen in (+ *Dat.*)

'pacemaker *n.* (Sport, Med.) Schrittmacher, *der*

Pacific /pə'sɪfɪk/ *n.* the ~ der Pazifik

Pacific 'Ocean *pr. n.* (Geog.) Pazifischer *od.* Stiller Ozean

pacifier /'pæsɪfaɪə(r)/ *n.* (AmE) (dummy) Schnuller, *der*

pacifism /'pæsɪfɪzm/ *n.* Pazifismus, *der*

pacifist /'pæsɪfɪst/ **A** *n.* Pazifist, *der*/ Pazifistin, *die*
B *adj.* pazifistisch

pacify /'pæsɪfaɪ/ *v.t.* besänftigen

⚬ **pack** /pæk/ **A** *n.* **1** (bundle) Bündel, *das*; (Mil.) Tornister, *der*; (rucksack) Rucksack, *der*
2 (derog.) (lot) (people) Bande, *die*; **a** ~ **of lies/ nonsense** ein Sack voll Lügen/eine Menge Unsinn
3 (BrE) ~ **[of cards]** [Karten]spiel, *das*
4 (of wolves, wild dogs) Rudel, *das*; (of hounds) Meute, *die*
5 (packet) Packung, *die*
B *v.t.* **1** einpacken; (fill) packen; ~ **one's bags** seine Koffer packen
2 (cram) voll stopfen (ugs.)
3 (wrap) verpacken (**in** + *Dat. od. Akk.*)
C *v.i.* packen; **send sb** ~**ing** (fig.) jmdn. rausschmeißen (ugs.)
■ ~ **'up A** *v.t.* zusammenpacken ‹*Sachen, Werkzeug*›; packen ‹*Paket*›
B *v.i.* (infml) (stop) aufhören

⚬ **package** /'pækɪdʒ/ **A** *n.* Paket, *das*
B *v.t.* verpacken

package: ~ **deal** *n.* Paket, *das*; ~ **holiday,** ~ **tour** *ns.* Pauschalreise, *die*

packaging /'pækɪdʒɪŋ/ *n.* (material) Verpackung, *die*

packed /pækt/ *adj.* **1** gepackt
2 (crowded) [über]voll; ~ **out** gerammelt voll (ugs.)

packed 'lunch *n.* Lunchpaket, *das*

packet /'pækɪt/ *n.* Päckchen, *das*; (box) Schachtel, *die*; **a** ~ **of cigarettes** ein Päckchen/eine Schachtel Zigaretten; **cost/ earn a** ~ ein Heidengeld kosten (ugs.) /ein Schweinegeld verdienen (ugs.)

packet 'soup *n.* Instantsuppe, *die*

'packing *n.* (material) Verpackungsmaterial, *das*; **postage and** ~ Porto und Verpackung

'packing case *n.* [Pack]kiste, *die*

pact /pækt/ *n.* Pakt, *der*

pad¹ /pæd/ **A** *n.* Polster, *das*; (block of paper) Block, *der*
B *v.t.,* **-dd-** polstern ‹*Jacke, Schulter*›
■ ~ **'out** *v.t.* (fig.) auswalzen

pad² *v.i.,* **-dd-** tappen

padded /'pædɪd/ *adj.* gepolstert

padded 'envelope *n.* wattierter Umschlag

padding /'pædɪŋ/ *n., no indef. art.* Polsterung, *die*; (fig.) Füllsel, *das*

paddle¹ /'pædl/ **A** *n.* [Stech]paddel, *das*
B *v.t. & i.* paddeln

paddle² **A** *v.i.* (with feet) planschen
B *n.* **have a/go for a** ~ ein bisschen planschen/planschen gehen

paddling pool /'pædlɪŋpuːl/ *n.* Planschbecken, *das*

paddock /'pædək/ *n.* Koppel, *die*

'padlock A *n.* Vorhängeschloss, *das*
B *v.t.* [mit einem Vorhängeschloss] verschließen

paediatrician /piːdɪə'trɪʃn/ *n.* Kinderarzt, *der*/-ärztin, *die*

paediatrics /piːdɪ'ætrɪks/ *n.* Pädiatrie, *die* (fachspr.); Kinderheilkunde, *die*

paedophile /'piːdəfaɪl/ **A** *n.* Pädophile, *der*
B *adj.* pädophil

pagan /'peɪgən/ **A** *n.* Heide, *der*/Heidin, *die*
B *adj.* heidnisch

page¹ /peɪdʒ/ *n.* (boy) Page, *der*

⚬ **page²** *n.* (of book etc.) Seite, *die*

pageant /'pædʒənt/ *n.* (spectacle) Schauspiel, *das*

pageantry /'pædʒəntrɪ/ *n.* Prunk, *der*

page: ~ **break** *n.* (Comp.) Seitenbruch, *der*; ~ **number** *n.* Seitenzahl, *die*

pager /'peɪdʒə(r)/ *n.* Piepser, *der* (ugs.)

paginate /'pædʒɪneɪt/ *v.t.* paginieren

pagination /pædʒɪ'neɪʃn/ *n.* Paginierung, *die*

'paging device ▶ **pager**

paid /peɪd/ **A** ▶ **pay B, C**
B *adj.* **1** bezahlt ‹*Urlaub, Arbeit*›
2 **put** ~ **to** (BrE) (infml) zunichte machen; kurzen Prozess machen mit (ugs.) ‹*Person*›

pail /peɪl/ *n.* Eimer, *der*

⚬ **pain** /peɪn/ *n.* **1** (suffering) Schmerzen *Pl.*;

p

(mental ∼) Qualen *Pl.*; be in ∼ Schmerzen haben

2 (instance) Schmerz, *der*; I have a ∼ in my knee/stomach mir tut mein Knie/Magen tut weh

3 *in pl.* (trouble taken) Mühe, *die*; take ∼s sich (*Dat.*) Mühe geben (over mit, bei)

painful /ˈpeɪnfl/ *adj.* **1** schmerzhaft; be ∼ ‹*Körperteil:*› wehtun

2 (distressing) schmerzlich ‹*Gedanke, Erinnerung*›; traurig ‹*Pflicht*›

'painkiller *n.* schmerzstillendes Mittel

'painless *adj.* schmerzlos; (fig.) unproblematisch

painstaking /ˈpeɪnzteɪkɪŋ/ *adj.* gewissenhaft

⚬ **paint** /peɪnt/ **A** *n.* Farbe, *die*; (on car) Lack, *der*

B *v.t.* (cover, colour) [an]streichen; (make picture of, make by ∼ing) malen; bemalen ‹*Wand, Vase, Decke*›

paint: ∼**box** *n.* Malkasten, *der*; ∼**brush** *n.* Pinsel, *der*

'painter *n.* Maler, *der*/Malerin, *die*

⚬ **'painting** *n.* (art) Malerei, *die*; (picture) Gemälde, *das*; Bild, *das*

'painting book *n.* Malbuch, *das*

paint: ∼ **stripper** *n.* Abbeizer, *der*; ∼**work** *n.* (on walls etc.) Anstrich, *der*; (of car) Lack, *der*

⚬ **pair** /peə(r)/ **A** *n.* Paar, *das*; a ∼ of gloves/socks/shoes *etc.* ein Paar Handschuhe/Socken/Schuhe *usw.*; in ∼s paarweise; a ∼ of trousers/jeans eine Hose/Jeans

B *v.t.* paaren

■ ∼ **'off** *v.i.* Zweiergruppen bilden

pajamas /pəˈdʒɑːməz/ (AmE) ▶ pyjamas

Pakistan /pɑːkɪˈstɑːn/ *pr. n.* Pakistan (*das*)

Pakistani /pɑːkɪˈstɑːnɪ/ **A** *adj.* pakistanisch; sb is ∼ jmd. ist Pakistani

B *n.* Pakistani, *der*/die

pal /pæl/ *n.* (infml) Kumpel, *der* (ugs.)

palace /ˈpælɪs/ *n.* Palast, *der*

palate /ˈpælət/ *n.* Gaumen, *der*

palatial /pəˈleɪʃl/ *adj.* palastartig

pale¹ /peɪl/ *adj.* blass, (nearly white) bleich ‹*Gesichtsfarbe, Haut, Gesicht*›; blass ‹*Farbe*›; fahl ‹*Licht*›; go ∼ blass/bleich werden; (fig.) ∼ imitation schlechte Nachahmung

pale² *n.* beyond the ∼ unmöglich

Palestine /ˈpælɪstaɪn/ *pr. n.* Palästina (*das*)

Palestinian /pælɪˈstɪnɪən/ **A** *adj.* palästinensisch; sb is ∼ jmd. ist Palästinenser/Palästinenserin

B *n.* Palästinenser, *der*/Palästinenserin, *die*

palette /ˈpælɪt/ *n.* Palette, *die*

pall¹ /pɔːl/ *n.* **1** (over coffin) Sargtuch, *das*

2 (fig.) Schleier, *der*

pall² *v.i.* ∼ [on sb] [jmdm.] langweilig werden

pallor /ˈpælə(r)/ *n.* Blässe, *die*

palm¹ /pɑːm/ *n.* (tree) Palme, *die*

palm² *n.* Handteller, *der*

■ ∼ **'off** *v.t.* ∼ sth off on sb, ∼ sb off with sth

⚬ Schlüsselwort

jmdm. etw. andrehen (ugs.)

palmistry /ˈpɑːmɪstrɪ/ *n.* Handlesekunst, *die*

palm: **P**∼ **'Sunday** *n.* Palmsonntag, *der*; ∼**top** *n.* ∼top [computer] Palmtop, *der*; ∼ **tree** *n.* Palme, *die*

palpitation /pælpɪˈteɪʃn/ *n.*, *in pl.* (Med.) (of heart) Palpitation, *die* (fachspr.); **suffer from** ∼**s** Herzklopfen haben

paltry /ˈpɔːltrɪ, ˈpɒltrɪ/ *adj.* schäbig

pamper /ˈpæmpə(r)/ *v.t.* verhätscheln; ∼ oneself sich verwöhnen

pamphlet /ˈpæmflɪt/ *n.* (leaflet) Prospekt, *der*; (booklet) Broschüre, *die*

pan /pæn/ *n.* [Koch]topf, *der*; (for frying) Pfanne, *die*

panacea /pænəˈsɪə/ *n.* Allheilmittel, *das*

Panama /pænəˈmɑː/ *pr. n.* Panama (*das*)

Panama Ca'nal *pr. n.* Panamakanal, *der*

'pancake *n.* Pfannkuchen, *der*

pancreas /ˈpæŋkrɪəs/ *n.* Bauchspeicheldrüse, *die*

panda /ˈpændə/ *n.* Panda, *der*

pandemonium /pændɪˈməʊnɪəm/ *n.* Chaos, *das*; (uproar) Tumult, *der*

pander /ˈpændə(r)/ *v.i.* ∼ **to** allzu sehr entgegenkommen (+ *Dat.*)

pane /peɪn/ *n.* Scheibe, *die*

⚬ **panel** /ˈpænl/ *n.* **1** Paneel, *das*

2 (esp. Telev., Radio, etc.) (quiz team) Rateteam, *das*; (in public discussion) Podium, *das*

panelling /ˈpænəlɪŋ/ *n.* Täfelung, *die*

panellist /ˈpænəlɪst/ *n.* (Telev., Radio) (on quiz programme) Mitglied des Rateteams; (on discussion panel) Diskussionsteilnehmer, *der*/-teilnehmerin, *die*

'pan-fry *v.t.* [in der Pfanne] braten

pang /pæŋ/ *n.* (of pain) Stich, *der*; feel ∼s of conscience/guilt Gewissensbisse haben; ∼[s] of hunger quälender Hunger

panic /ˈpænɪk/ **A** *n.* Panik, *die*; hit the ∼ button (fig. infml) Alarm schlagen; (∼) durchdrehen (ugs.)

B *v.i.*, **-ck-** in Panik (*Akk.*) geraten; don't ∼! nur keine Panik!

panic: ∼ **attack** *n.* Angstanfall, *der*; ∼**-stricken**, ∼**-struck** *adjs.* von Panik erfasst

panorama /pænəˈrɑːmə/ *n.* Panorama, *das*

pansy /ˈpænzɪ/ *n.* Stiefmütterchen, *das*

pant /pænt/ *v.i.* keuchen; ‹*Hund:*› hecheln

panther /ˈpænθə(r)/ *n.* Panther, *der*

panties /ˈpæntɪz/ *n. pl.* (infml) [pair of] ∼ Schlüpfer, *der*

pantomime /ˈpæntəmaɪm/ *n.* (BrE) *Märchenspiel im Varietéstil, das um Weihnachten aufgeführt wird*

pantry /ˈpæntrɪ/ *n.* Speisekammer, *die*

pants /pænts/ *n. pl.* **1** (esp. AmE) (infml) (trousers) [pair of] ∼ Hose, *die*

2 (BrE) (infml) (underpants) Unterhose, *die*

paparazzo /pæpæ'rɑːtsəʊ/ *n.*, *pl.* **paparazzi** /pæpæ'rɑːtsi:/ Paparazzo, *der*

ⓢ **paper** /'peɪpə(r)/ **A** *n.* **1** (material) Papier, *das* **2** *in pl.* (documents) Unterlagen *Pl.*; (to prove identity etc.) Papiere *Pl.* **3** (in examination) (Univ.) Klausur, *die*; (Sch.) Arbeit, *die* **4** (newspaper) Zeitung, *die* **5** (learned article) Referat, *das* **B** *adj.* aus Papier *nachgestellt*; Papier<*mütze, -taschentuch>* **C** *v.t.* tapezieren

paper: ~**back**, ~**back** '**book** *n.* Paperback, *das*; ~ '**bag** *n.* Papiertüte, *die*; ~ **boy** *n.* Zeitungsjunge, *der*; ~ **clip** *n.* Büroklammer, *die*; (larger) Aktenklammer, *die*; ~ '**handkerchief** *n.* Papiertaschentuch, *das*; ~ **mill** *n.* Papierfabrik *od.* -mühle, *die*; ~ **money** *n.* Papiergeld, *das*; ~ '**napkin** *n.* Papierserviette, *die*; ~ **round** *n.* Zeitungenaustragen, *das*; ~ **servi'ette** ▸ paper napkin; ~ '**towel** *n.* Papierhandtuch, *das*; ~**weight** *n.* Briefbeschwerer, *der*; ~**work** *n.* Schreibarbeit, *die*

par /pɑː(r)/ *n.* **feel below** ~ nicht ganz auf dem Posten sein (ugs.); **be on a** ~ **with sb/sth** jmdm./einer Sache gleichkommen

parable /'pærəbl/ *n.* Gleichnis, *das*

parachute /'pærəʃuːt/ **A** *n.* Fallschirm, *der* **B** *v.i.* <*Truppen:*> abspringen (into über + *Dat.*)

parade /pə'reɪd/ **A** *n.* **1** (display) Zurschaustellung, *die* **2** (Mil.) Appell, *der* **3** (procession) Umzug, *der*; (of troops) Parade, *die* **B** *v.t.* zur Schau stellen **C** *v.i.* paradieren

pa'rade ground *n.* Exerzierplatz, *der*

paradise /'pærədaɪs/ *n.* Paradies, *das*

paradox /'pærədɒks/ *n.* Paradox[on], *das*

paradoxical /pærə'dɒksɪkl/ *adj.* paradox

paraffin /'pærəfɪn/ *n.* Paraffin, *das*; (BrE) (fuel) Petroleum, *das*

paragliding /'pærəglaɪdɪŋ/ *n.* Paragliding, *das*

paragon /'pærəgən/ *n.* Muster, *das* (of an + *Dat.*); ~ **of virtue** Tugendheld, *der*/-heldin, *die*

ⓢ **paragraph** /'pærəgrɑːf/ *n.* Absatz, *der*

parallel /'pærəlel/ **A** *adj.* parallel; (fig.) (similar) vergleichbar **B** *n.* Parallele, *die*; ~ **[of latitude]** Breitenkreis, *der*

parallel '**bars** *n. pl.* Barren, *der*

Paralympian /pærə'lɪmpɪən/ **A** *adj.* paralympisch **B** *n.* Paralympiker, *der*/Paralympikerin, *die*

Paralympic /pærə'lɪmpik/ *adj.* paralympisch; **the** ~ **Games, the** ~**s** die Paralympischen Spiele

paralyse /'pærəlaɪz/ *v.t.* lähmen; (fig.) lahm legen <*Verkehr, Industrie>*

paralysis /pə'rælɪsɪs/ *n.* Lähmung, *die*

paralyze (AmE) ▸ paralyse

paramedic /pærə'medɪk/ *n.* medizinische Hilfskraft; (ambulance worker) Sanitäter, *der*/ Sanitäterin, *die*

parameter /pə'ræmɪtə(r)/ *n.* Faktor, *der*

paramilitary /pærə'mɪlɪtərɪ/ *adj.* paramilitärisch

paramount /'pærəmaʊnt/ *adj.* größt... <*Wichtigkeit>*; Haupt<*überlegung>*; **be** ~ Vorrang haben

paranoia /pærə'nɔɪə/ *n.* Paranoia, *die* (Med.); (tendency), Verfolgungswahn, *der*

paranoid /'pærənɔɪd/ *adj.* **be** ~ <*Person:>* an Verfolgungswahn leiden

parapet /'pærəpɪt/ *n.* Brüstung, *die*

paraphernalia /pærəfə'neɪlɪə/ *n. sing.* Apparat, *der*

paraphrase /'pærəfreɪz/ **A** *n.* Umschreibung, *die* **B** *v.t.* umschreiben

paraplegic /pærə'pliːdʒɪk/ **A** *adj.* doppelseitig gelähmt **B** *n.* doppelseitig Gelähmter/Gelähmte

parasite /'pærəsaɪt/ *n.* Schmarotzer, *der*

parasitic /pærə'sɪtɪk/ *adj.* **1** (Biol.) parasitisch **2** (fig.) schmarotzerhaft

parasol /'pærəsɒl/ *n.* Sonnenschirm, *der*

paratroops /'pærətruːps/ *n. pl.* Fallschirmjäger *Pl.*

parcel /'pɑːsl/ *n.* Paket, *das*

parched /pɑːtʃt/ *adj.* ausgedörrt; trocken <*Lippen>*

parchment /'pɑːtʃmənt/ *n.* Pergament, *das*

pardon /'pɑːdn/ **A** *n.* Verzeihung, *die*; **beg sb's** ~ jmdn. um Entschuldigung bitten; **I beg your** ~ entschuldigen Sie bitte **B** *v.t.* **1** ~ **sb [for] sth** jmdm. etw. verzeihen **2** (excuse) entschuldigen

pardonable /'pɑːdənəbl/ *adj.* verzeihlich

pare /peə(r)/ *v.t.* (trim) schneiden; (peel) schälen

ⓢ **parent** /'peərənt/ *n.* Elternteil, *der*; ~**s** Eltern *Pl.*

parental /pə'rentl/ *adj.* Eltern<*pflicht, -haus, -liebe>*

parenthesis /pə'renθɪsɪs/ *n.*, *pl.* **parentheses** /pə'renθɪsiːz/ (bracket) runde Klammer

'**parents' evening** *n.* Elternabend, *der*

'**parents-in-law** *n. pl.* Schwiegeeltern *Pl.*

Paris /'pærɪs/ *pr. n.* Paris (*das*)

parish /'pærɪʃ/ *n.* Gemeinde, *die*

parish: ~ '**church** *n.* Pfarrkirche, *die*; ~ '**council** *n.* (BrE) Gemeinderat, *der*

parishioner /pə'rɪʃənə(r)/ *n.* Gemeinde[mit]glied, *das*

parish '**priest** *n.* Gemeindepfarrer, *der*

ⓢ **park** /pɑːk/ **A** *n.* Park, *der* **B** *v.i.* parken **C** *v.t.* abstellen; parken <*Kfz>*; **a** ~**ed car** ein parkendes Auto

p

park-and-'ride *n.* Park-and-ride-System, *das*; (place) Park-and-ride-Parkplatz, *der*

'parking *n.* Parken, *das*; 'no ~' „Parken verboten"

parking: ~ **fine** *n.* Geldbuße für falsches Parken; ~ **light** *n.* Parkleuchte, *die*; ~ **lot** *n.* (AmE) Parkplatz, *der*; ~ **meter** *n.* Parkuhr, *die*; ~ **offence** *n.* Verstoß gegen das Parkverbot; ~ **space** *n.* **1** *no pl.* Parkraum, *der* **2** (single space) Parkplatz, *der*; ~ **ticket** *n.* Strafzettel [für falsches Parken]

'park-keeper *n.* Parkwächter, *der*/-wächterin, *die*

parliament /'pɑːləmənt/ *n.* Parlament, *das*; [Houses of] P~ (BrE) Parlament, *das*

parliamentary /pɑːlə'mentərɪ/ *adj.* parlamentarisch; Parlaments‹*geschäfte, -wahlen, -reform*›

parlour (BrE; AmE: **parlor**) /'pɑːlə(r)/ *n.* (dated) Wohnzimmer, *das*

parochial /pə'rəʊkɪəl/ *adj.* krähwinklig

parody /'pærədɪ/ **A** *n.* Parodie, *die* (of auf + *Akk.*) **B** *v.t.* parodieren

parole /pə'rəʊl/ *n.* bedingter Straferlass (Rechtsw.); on ~ auf Bewährung

paroxysm /'pærəksɪzm/ *n.* Krampf, *der*; (fit, convulsion) Anfall, *der* (of von)

parquet /'pɑːkɪ, 'pɑːkeɪ/ *n.* ~ [floor/flooring] Parkett, *das*

parrot /'pærət/ *n.* Papagei, *der*

parry /'pærɪ/ *v.t.* abwehren ‹*Faustschlag*›; (Fencing) (also fig.) parieren

parsley /'pɑːslɪ/ *n.* Petersilie, *die*

parsnip /'pɑːsnɪp/ *n.* Gemeiner Pastinak, *der*

parson /'pɑːsn/ *n.* Pfarrer, *der*

♂ **part** /pɑːt/ **A** *n.* **1** Teil, *der*; the greater ~ der größte Teil; der Großteil; for the most ~ größtenteils; in ~ teilweise; in large ~ groß[en]teils; in ~s zum Teil **2** (of machine) [Einzel]teil, *das* **3** (share) Anteil, *der* **4** (Theatre) Rolle, *die* **5** (Mus.) Part, *der*; Stimme, *die* **6** *usu. in pl.* (region) Gegend, *die*; (of continent, world) Teil, *der* **7** (side) Partei, *die*; take sb's ~ jmds. *od.* für jmdn. Partei ergreifen **8** take [no] ~ [in sth] sich [an etw. (*Dat.*)] [nicht] beteiligen **9** take sth in good ~ etw. nicht übel nehmen **B** *adv.* teils **C** *v.t.* **1** (divide into ~s) teilen; scheiteln ‹*Haar*› **2** (separate) trennen **D** *v.i.* ‹*Seil, Tau, Kette:*› reißen; ‹*Wege, Personen:*› sich trennen; ~ with sich trennen von ‹*Besitz, Geld*›

part ex'change *n.* accept sth in ~ for sth etw. für etw. in Zahlung nehmen; sell sth in

~ etw. in Zahlung geben

partial /'pɑːʃl/ *adj.* **1** (biased) voreingenommen **2** be/not be ~ to sth eine Schwäche/keine besondere Vorliebe für etw. haben **3** partiell ‹*Lähmung, Sonnenfinsternis*›; a ~ success ein Teilerfolg

'partially *adv.* teilweise

♂ **participant** /pɑː'tɪsɪpənt/ *n.* Beteiligte, *der*/*die* (in an + *Dat.*)

♂ **participate** /pɑː'tɪsɪpeɪt/ *v.i.* sich beteiligen (in an + *Dat.*); (in arranged event) teilnehmen (in an + *Dat.*)

participation /pɑːtɪsɪ'peɪʃn/ *n.* Beteiligung, *die* (in an + *Dat.*); (in arranged event) Teilnahme, *die* (in bei, an + *Dat.*)

participle /'pɑːtɪsɪpl/ *n.* Partizip, *das*

particle /'pɑːtɪkl/ *n.* Teilchen, *das*

♂ **particular** /pə'tɪkjʊlə(r)/ **A** *adj.* **1** besonder...; here in ~ besonders hier; nothing/anything [in] ~ nichts/irgendetwas Besonderes **2** (fastidious) genau; I am not ~ es ist mir gleich; be ~ about sth es mit etw. genau nehmen **B** *n., in pl.* Einzelheiten Pl., Details Pl.; (of person) Personalien Pl.

♂ **par'ticularly** *adv.* besonders

'parting **A** *n.* **1** [final] ~ Abschied, *der* **2** (BrE) (in hair) Scheitel, *der* **B** *attrib. adj.* Abschieds-

partisan /'pɑːtɪzæn/ *n.* Partisan, *der*/Partisanin, *die*

partition /pɑː'tɪʃn/ **A** *n.* **1** (Polit.) Teilung, *die* **2** (room divider) Trennwand, *die* **B** *v.t.* **1** (divide) aufteilen ‹*Land, Zimmer*› **2** (Polit.) teilen ‹*Land*› ■ ~ 'off *v.t.* abteilen

'partly *adv.* zum Teil; teilweise

♂ **partner** /'pɑːtnə(r)/ *n.* Partner, *der*/Partnerin, *die*

'partnership *n.* Partnerschaft, *die*; business ~ [Personen]gesellschaft, *die*

'part-owner *n.* Mitbesitzer, *der*/-besitzerin, *die*

partridge /'pɑːtrɪdʒ/ *n.*, *pl. same or* ~s Rebhuhn, *das*

part: ~-**time** **A** /'--/ *adj.* Teilzeit‹*arbeit, -arbeiter*› **B** /-'-/ *adv.* stundenweise, halbtags ‹*arbeiten, studieren*›; ~-'**timer** *n.* Teilzeitkraft, *die*; study as a ~-timer halbtags *od.* stundenweise studieren

♂ **party** /'pɑːtɪ/ *n.* **1** (Polit., Law) Partei, *die*; attrib. Partei- **2** (group) Gruppe, *die* **3** (social gathering) Party, *die*

party: ~ **po'litical** *adj.* parteipolitisch; ~ **'politics** *n.* Parteipolitik, *die*; ~ **wall** *n.* Mauer zum Nachbargrundstück/-gebäude

♂ **pass** /pɑːs/ **A** *n.* **1** (passing of an examination) bestandene Prüfung; '~' (mark) Ausreichend, *das*; get a ~ in maths die

Mathematikprüfung bestehen
2 (written permission) Ausweis, *der*
3 (Footb.) Pass, *der* (fachspr.); Ballabgabe, *die*
4 (in mountains) Pass, *der*
B *v.i.* **1** (go by) <*Fußgänger:*> vorbeigehen;
<*Fahrer, Fahrzeug:*> vorbeifahren; <*Zeit,
Sekunde:*> vergehen; (by chance) <*Person,
Fahrzeug:*> vorbeikommen
2 (come to an end) vorbeigehen; <*Gewitter,
Unwetter:*> vorüberziehen
3 (be accepted) durchgehen (**as** als; **for** für)
4 (in exam) bestehen
C *v.t.* **1** <*Fußgänger:*> vorbeigehen an
(+ *Dat.*); <*Fahrer, Fahrzeug:*> vorbeifahren
an (+ *Dat.*); (by chance) <*Person, Fahrzeug:*>
vorbeikommen an (+ *Dat.*)
2 (overtake) vorbeifahren an (+ *Dat.*)
3 bestehen <*Prüfung*>
4 (approve) verabschieden <*Gesetzentwurf*>;
annehmen <*Vorschlag*>; bestehen lassen
<*Prüfungskandidaten*>
5 (Footb. etc.) abgeben (**to** an + *Akk.*)
6 (spend) verbringen <*Leben, Zeit, Tag*>
7 (hand) ~ **sb sth** jmdm. etw. reichen *od.*
geben
8 fällen <*Urteil*>; machen <*Bemerkung*>
9 ~ **water** Wasser lassen
■ ~ a'way *v.i.* (euphem.) verscheiden (geh.)
■ ~ 'off *v.t.* ~ **sth off as sth** etw. als etw.
ausgeben
■ ~ 'on *v.t.* weitergeben (**to** an + *Akk.*)
■ ~ 'out *v.i.* ohnmächtig werden
■ ~ 'up *v.t.* entgehen lassen <*Gelegenheit*>;
ablehnen <*Angebot*>
passable /ˈpɑːsəbl/ *adj.* **1** (acceptable) passabel
2 befahrbar <*Straße*>
passage /ˈpæsɪdʒ/ *n.* **1** (voyage) Überfahrt, *die*
2 (way) Durchgang, *der*; (corridor) Korridor,
der
3 (part of book etc.) Textstelle, *die*; (Mus.)
Stelle, *die*
'**passageway** *n.* Gang, *der*; (between houses)
Durchgang, *der*
♂ **passenger** /ˈpæsɪndʒə(r)/ *n.* Passagier, *der*;
(on train) Reisende, *der/die*; (on bus, in taxi)
Fahrgast, *der*; (in car, on motor cycle) Mitfahrer,
der/Mitfahrerin, *die*; (in front seat of car)
Beifahrer, *der*/Beifahrerin, *die*
passenger: ~ **aircraft** *n.* Passagierflugzeug,
das; ~ **door** *n.* Beifahrertür, *die*; ~
lounge *n.* Warteraum, *der*; ~ **plane**
n. Passagierflugzeug, *das*; ~ **seat** *n.*
Beifahrersitz, *der*; ~ **service** *n.* (train)
Personenzugverbindung, *die*; (ferry)
Personenfährverbindung, *die*
passer-by /pɑːsəˈbaɪ/ *n.* Passant, *der*/
Passantin, *die*
'**passing** **A** *n.* (of time, years) Lauf, *der*; **in** ~
beiläufig <*bemerken usw.*>
B *adj.* **1** vorbeifahrend <*Zug, Auto*>;
vorbeikommend <*Person*>
2 flüchtig <*Blick*>; vorübergehend <*Mode,
Interesse*>; flüchtig <*Bekanntschaft*>
'**passing place** *n.* Ausweichstelle, *die*

passion /ˈpæʃn/ *n.* Leidenschaft, *die*;
(enthusiasm) leidenschaftliche Begeisterung;
he has a ~ **for steam engines** Dampfloks
sind seine Leidenschaft
passionate /ˈpæʃənət/ *adj.* leidenschaftlich;
heftig <*Verlangen*>
passive /ˈpæsɪv/ **A** *adj.* **1** passiv
2 (Ling.) Passiv-
B *n.* (Ling.) Passiv, *das*
passive: ~ '**smoker** *n.* Passivraucher,
der/-raucherin, *die*; ~ '**smoking** *n.* passives
Rauchen
pass: ~ **key** *n.* (master key) Hauptschlüssel,
der; ~ **mark** *n.* Mindestpunktzahl, *die*;
~**port** *n.* **1** [Reise]pass, *der*; *attrib.* Pass-
2 (fig.) Schlüssel, *der* (**to** zu); ~**port
con'trol** *n.* Passkontrolle, *die*; ~**word**
n. **1** Parole, *die*; Losung, *die* **2** (Comp.)
Passwort, *das*; ~**word-pro'tected** *adj.*
(Comp.) passwortgeschützt
♂ **past** /pɑːst/ **A** *adj.* **1** *pred.* (over) vorbei
2 *attrib.* (previous) früher; vergangen;
ehemalig <*Präsident, Vorsitzende usw.*>
3 *attrib.* (just gone by) letzt...; vergangen; **in
the** ~ **few days** während der letzten Tage
4 (Ling.) ~ **tense** Vergangenheit, *die*
B *n.* Vergangenheit, *die*; **in the** ~ früher; **in**
der Vergangenheit <*leben*>; **be a thing of the**
~ der Vergangenheit angehören
C *prep.* (in time) nach; (in place) hinter
(+ *Dat.*); **half** ~ **three** halb vier; **five
[minutes]** ~ **two** fünf [Minuten] nach
zwei; **gaze/walk** ~ **sb/sth** an jmdm./etw.
vorbeiblicken/vorbeigehen; ~ **repair** nicht
mehr zu reparieren
D *adv.* vorbei; **hurry** ~ vorübereilen
pasta /ˈpæstə/ *n.* Teigwaren *Pl.*
paste /peɪst/ **A** *n.* **1** Brei, *der*
2 (glue) Kleister, *der*
3 (of meat, fish, etc.) Paste, *die*
B *v.t.* **1** kleben; ~ **sth into sth** etw. in etw.
(*Akk.*) einkleben
2 (Comp.) einfügen (**into** in + *Akk.*); *see also*
cut A5
pastel /ˈpæstl/ **A** *n.* (crayon) Pastellstift, *der*
B *adj.* pastellfarben; Pastell<*farben, -töne,
-zeichnung*>
pasteurize /ˈpɑːstʃəraɪz/ *v.t.* pasteurisieren
pastille /ˈpæstɪl/ *n.* Pastille, *die*
pastime /ˈpɑːstaɪm/ *n.* Zeitvertreib, *der*;
(person's specific ~) Hobby, *das*
past 'master *n.* (fig.) Meister, *der*
pastor /ˈpɑːstə(r)/ *n.* Pfarrer, *der*/Pfarrerin,
die; Pastor, *der*/Pastorin, *die*
pastoral /ˈpɑːstərl/ *adj.* Weide-; ländlich
<*Reiz, Idylle, Umgebung*>
pastry /ˈpeɪstrɪ/ *n.* Teig, *der*; (article of
food) Gebäckstück, *das*; **pastries** collect.
[Fein]gebäck, *das*
pasture /ˈpɑːstʃə(r)/ *n.* Weide, *die*
'**pastureland** *n.* Weideland, *das*
pasty /ˈpæstɪ/ *n.* Pastete, *die*
pat[1] /pæt/ **A** *n.* **1** (tap) Klaps, *der*

p

2 (of butter) Stückchen, *das*

B *v.t.*, **-tt-** leicht klopfen auf (+ *Akk.*); tätscheln, (once) einen Klaps geben (+ *Dat.*) ‹*Person, Hund, Pferd*›; ~ sb on the arm/head jmdm. den Arm/Kopf tätscheln

pat² *adv.* have sth off ~ etw. parat haben

patch /pætʃ/ **A** *n.* **1** Stelle, *die*; fog ~es Nebelfelder

2 (on worn garment) Flicken, *der*; be not a ~ on sth (fig. infml) nichts gegen etw. sein

B *v.t.* flicken

■ ~ 'up *v.t.* reparieren; (fig.) beilegen ‹*Streit*›

patchwork *n.* Patchwork, *das*

patchy /'pætʃɪ/ *adj.* uneinheitlich ‹*Qualität*›; ungleichmäßig ‹*Arbeit*›; sehr lückenhaft ‹*Wissen*›

pâté /'pæteɪ/ *n.* Pastete, *die*

patent /'peɪtənt, 'pætənt/ **A** *adj.* (obvious) offenkundig

B *n.* Patent, *das*

C *v.t.* patentieren lassen

patent 'leather *n.* Lackleder, *das*; ~ shoes Lackschuhe *Pl.*

'patently *adv.* offenkundig; ~ obvious ganz offenkundig

paternal /pə'tɜːnl/ *adj.* väterlich

paternity /pə'tɜːnɪtɪ/ *n.* (fatherhood) Vaterschaft, *die*

pa'ternity leave *n.* Vaterschaftsurlaub, *der*

⚜ **path** /pɑːθ/ *n.* Weg, *der*; (line of motion) Bahn, *die*

pathetic /pə'θetɪk/ *adj.* **1** (pitiful) Mitleid erregend

2 (contemptible) armselig ‹*Entschuldigung*›; erbärmlich ‹*Person, Leistung*›

pathogen /'pæθədʒən/ *n.* [Krankheits]erreger, *der*

p

pathological /pæθə'lɒdʒɪkl/ *adj.*
1 pathologisch
2 (fig.) (obsessive) krankhaft

pathologist /pə'θɒlədʒɪst/ *n.* Pathologe, *der*/ Pathologin, *die*

pathology /pə'θɒlədʒɪ/ *n.* Pathologie, *die*; the ~ of a disease das Krankheitsbild

'pathway *n.* Weg, *der*

patience /'peɪʃəns/ *n.* Geduld, *die*

⚜ **patient** /'peɪʃənt/ **A** *adj.* geduldig

B *n.* Patient, *der*/Patientin, *die*

'patiently *adv.* geduldig

patio /'pætɪəʊ/ *n., pl.* ~s Veranda, *die*; Terrasse, *die*

patio 'door *n.* große Glasschiebetür (*zum Garten*)

patriarch /'peɪtrɪɑːk/ *n.* (of family) Familienoberhaupt, *das*

patriarchal /peɪtrɪ'ɑːkl/ *adj.* patriarchalisch

patriot /'peɪtrɪət/ *n.* Patriot, *der*/Patriotin, *die*

patriotic /peɪtrɪ'ɒtɪk/ *adj.* patriotisch

patriotism /'peɪtrɪətɪzm/ *n.* Patriotismus, *der*

⚜ Schlüsselwort

patrol /pə'trəʊl/ **A** *n.* (Police) Streife, *die*; (Mil.) Patrouille, *die*; be on ~ patrouillieren

B *v.i.*, **-ll-** patrouillieren; ‹*Polizei:*› Streife laufen/fahren

C *v.t.*, **-ll-** patrouillieren durch (+ *Akk.*); abpatrouillieren ‹*Straßen, Gegend, Lager*›; patrouillieren vor (+ *Dat.*) ‹*Küste, Grenze*›; ‹*Polizei:*› Streife laufen/fahren in (+ *Dat.*) ‹*Straßen, Stadtteil*›

patrol: ~ **boat** *n.* Patrouillenboot, *das*; ~ **car** *n.* Streifenwagen, *der*

patron /'peɪtrən/ *n.* **1** Gönner, *der*/Gönnerin, *die*; (of institution, campaign) Schirmherr, *der*/ Schirmherrin, *die*

2 (customer) (of shop) Kunde, *der*/Kundin, *die*; (of restaurant, hotel) Gast, *der*; (of theatre, cinema) Besucher, *der*/Besucherin, *die*

3 ~ [saint] Schutzheilige, *der*/*die*

patronage /'pætrənɪdʒ/ *n.* Gönnerschaft, *die*; (for campaign, institution) Schirmherrschaft, *die*

patronize /'pætrənaɪz/ *v.t.* **1** (frequent) besuchen

2 (condescend to) ~ sb jmdn. herablassend behandeln

patronizing /'pætrənaɪzɪŋ/ *adj.* gönnerhaft; herablassend

⚜ **patter** /'pætə(r)/ **A** *n.* (of rain) Prasseln, *das*; (of feet) Trappeln, *das*

B *v.i.* ‹*Regen:*› prasseln

⚜ **pattern** /'pætən/ *n.* Muster, *das*; (model) Vorlage, *die*; (for sewing) Schnittmuster, *das*; (for knitting) Strickmuster, *das*

paunch /pɔːntʃ/ *n.* Bauch, *der*

pauper /'pɔːpə(r)/ *n.* Arme, *der*/*die*

pause /pɔːz/ **A** *n.* Pause, *die*

B *v.i.* eine Pause machen; ‹*Redner:*› innehalten; (hesitate) zögern

pave /peɪv/ *v.t.* befestigen; (with stones) pflastern; ~ the way for sth (fig.) einer Sache (*Dat.*) den Weg ebnen

'pavement *n.* **1** (BrE) (footway) Bürgersteig, *der*

2 (AmE) (roadway) Fahrbahn, *die*

'pavement cafe *n.* Straßencafé, *das*

pavilion /pə'vɪljən/ *n.* Pavillon, *der*; (BrE) (Sport) Klubhaus, *das*

'paving stone *n.* Platte, *die*; Pflasterstein, *der*

paw /pɔː/ *n.* Pfote, *die*; (of bear, lion, tiger) Pranke, *die*

pawn¹ /pɔːn/ *n.* (Chess) Bauer, *der*; (fig.) Schachfigur, *die*

pawn² **A** *n.* Pfand, *das*; in ~ verpfändet

B *v.t.* verpfänden

pawn: ~**broker** *n.* Pfandleiher, *der*/-leiherin, *die*; ~**shop** *n.* Leihhaus, *das*

⚜ **pay** /peɪ/ **A** *n.* (wages) Lohn, *der*; (salary) Gehalt, *das*; be in the ~ of sb/sth für jmdn./ etw. arbeiten

B *v.t.*, **paid** /peɪd/ bezahlen; zahlen ‹*Geld*›; ~ sb to do sth jmdn. dafür bezahlen, dass er etw. tut; ~ sb £10 jmdm. 10 Pfund zahlen

C *v.i.*, **paid 1** zahlen; ~ **for sth/sb** etw./für jmdn. bezahlen; **sth** ~**s for itself** etw. macht sich bezahlt
2 (be profitable) sich lohnen; ‹*Geschäft:*› rentabel sein; **it** ~**s to be careful** es lohnt sich, vorsichtig zu sein. *See also* **paid**
■ ~ '**back** *v.t.* zurückzahlen; **I'll** ~ **you back later** ich gebe dir das Geld später zurück
■ ~ '**in** *v.t.* einzahlen
■ ~ '**off** *v.t.* auszahlen ‹*Arbeiter*›; abbezahlen ‹*Schulden*›; ablösen ‹*Hypothek*›; befriedigen ‹*Gläubiger*›
■ ~ '**out** *v.t.* auszahlen; (spend) ausgeben
■ ~ '**up** *v.i.* zahlen
payable /'peɪəbl/ *adj.* zahlbar; **be** ~ **to sb** an jmdn. zu zahlen sein; **make a cheque** ~ **to the Post Office/to sb** einen Scheck auf die Post/auf jmds. Namen ausstellen
pay: ~ **and display** **A** *n.* Parken mit Parkschein; *attrib.* Parkschein-
B *n.* ~ **and display car park** Parkplatz mit Parkscheinautomat; ~ **cheque** *n.* Lohn-/Gehaltsscheck, *der*; ~ **claim** *n.* Lohn-/Gehaltsforderung, *die*; ~ **day** *n.* Zahltag, *der*; ~ **increase** ▸ pay rise
payee /peɪ'iː/ *n.* Zahlungsempfänger, *der*/-empfängerin, *die*
paying /'peɪɪŋ/: ~ '**guest** *n.* zahlender Gast; ~-'**in slip** *n.* (BrE) (Banking) Einzahlungsschein, *der*
✶ '**payment** *n.* **1** (of sum, bill, debt, fine) Bezahlung, *die*; (of interest, instalment, tax, fee) Zahlung, *die*; in ~ **[for sth]** als Bezahlung [für etw.]
2 (amount) Zahlung, *die*
pay: ~ **packet** *n.* (BrE) Lohntüte, *die*; ~ **phone** *n.* Münzfernsprecher, *der*; ~ **rise** *n.* Lohn-/Gehaltserhöhung, *die*; ~**roll** *n.* Lohnliste, *die*; **be on sb's** ~**roll** für jmdn. arbeiten; ~**slip** *n.* Lohnstreifen, *der*, Gehaltszettel, *der*; ~ **station** *n.* (AmE) ▸ pay phone; ~**wall** /'peɪwɔːl/ *n.* (Computing) Paywall, *die*; Bezahlmauer, *die*
PC *abbr.* **1** (BrE) = **police constable** Wachtm.
2 = **personal computer** PC
3 = **politically correct** politisch korrekt
p.c. *abbr.* = **per cent** v. H.
PE *abbr.* = **physical education**
pea /piː/ *n.* Erbse, *die*
✶ **peace** /piːs/ *n.* Frieden, *der*; (tranquillity) Ruhe, *die*; ~ **of mind** Seelenfrieden, *der*
peaceable /'piːsəbl/ *adj.* friedfertig; (calm) friedlich
peaceful /'piːsfl/ *adj.* friedlich; friedfertig ‹*Person, Volk*›
'**peacefully** *adv.* friedlich; **die** ~ sanft entschlafen
peace: ~**keeper** *n.* Friedenswächter, *der*; ~**keeping force** *n.* Friedenstruppe, *die*; ~**maker** *n.* Friedensstifter, *der*/-stifterin, *die*; ~ **movement** *n.* Friedensbewegung, *die*; ~ **process** *n.* Friedensprozess, *der*; ~ **treaty** *n.* Friedensvertrag, *der*
peach /piːtʃ/ *n.* Pfirsich, *der*

'**peacock** *n.* Pfau, *der*
'**pea-green** *adj.* erbsengrün; maigrün
peak /piːk/ **A** *n.* **1** (of cap) Schirm, *der*
2 (of mountain) Gipfel, *der*; (fig.) Höhepunkt, *der*
B *attrib. adj.* Höchst-, Spitzen ‹*preise, -werte*›; ~-**hour traffic** Stoßverkehr, *der*
peaked '**cap** /piːkt/ *n.* Schirmmütze, *die*
'**peak season** *n.* Hochsaison, *die*
peal /piːl/ *n.* Läuten, *das*; ~ **of bells** Glockenläuten, *das*; **a** ~/~**s of laughter** schallendes Gelächter
peanut /'piːnʌt/ *n.* Erdnuss, *die*; ~**s** (infml) (little money) ein paar Kröten (salopp)
peanut '**butter** *n.* Erdnussbutter, *die*
pear /peə(r)/ *n.* Birne, *die*
pearl /pɜːl/ *n.* Perle, *die*
pear: ~-**shaped** *adj.* birnenförmig; ~ **tree** *n.* Birnbaum, *der*
peasant /'pezənt/ *n.* [armer] Bauer, *der*; Landarbeiter, *der*
pea '**soup** *n.* Erbsensuppe, *die*
peat /piːt/ *n.* Torf, *der*
pebble /'pebl/ *n.* Kiesel[stein], *der*
peck /pek/ **A** *v.t.* hacken; picken ‹*Körner*›
B *v.i.* picken (at nach); ~ **at one's food** im Essen herumstochern
C *n.* (kiss) flüchtiger Kuss
'**pecking order** *n.* Hackordnung, *die*
peckish /'pekɪʃ/ *adj.* (infml) **feel/get** ~ Hunger haben/bekommen
peculiar /pɪ'kjuːlɪə(r)/ *adj.* **1** (strange) seltsam; **I feel [slightly]** ~ mir ist [etwas] komisch
2 (especial) besonder...
3 (belonging exclusively) eigentümlich (to Dat.)
peculiarity /pɪkjuːlɪ'ærɪtɪ/ *n.* **1** (odd trait) Eigentümlichkeit, *die*
2 (distinguishing characteristic) [charakteristisches] Merkmal
pe'culiarly *adv.* **1** (strangely) seltsam
2 (especially) besonders
pedal /'pedl/ **A** *n.* Pedal, *das*
B *v.i.*, (BrE) **-ll-** in die Pedale treten
'**pedal bin** *n.* Treteimer, *der*
pedalo /'pedələʊ/ *n.*, *pl.* ~**s** Tretboot, *das*
pedant /'pedənt/ *n.* Pedant, *der*/Pedantin, *die*
pedantic /pɪ'dæntɪk/ *adj.* pedantisch
peddle /'pedl/ *v.t.* auf der Straße verkaufen; (door to door) hausieren mit
pedestal /'pedɪstl/ *n.* Sockel, *der*
pedestrian /pɪ'destrɪən/ **A** *adj.* (uninspired) trocken; langweilig
B *n.* Fußgänger, *der*/-gängerin, *die*
pedestrian '**crossing** *n.* Fußgängerüberweg, *der*
pedestrianize (pedestrianise) /pɪ'destrɪənaɪz/ *v.t.* zur Fußgängerzone machen; ~**d zone** Fußgängerzone, *die*
pedestrian '**precinct** ▸ precinct 1
pediatrician *etc.* ▸ paediatrician *etc.*

p

pedicure /'pedɪkjʊə(r)/ *n., no art.* Pediküre, *die*

pedigree /'pedɪgriː/ **A** *n.* Stammbaum, *der* **B** *adj.* mit Stammbaum *nachgestellt*

pedlar /'pedlə(r)/ *n.* Straßenhändler, *der*/-händlerin, *die*; (door to door) Hausierer, *der*/Hausiererin, *die*

pee /piː/ (infml) **A** *v.i.* pinkeln (salopp); Pipi machen (Kinderspr.) **B** *n.* **1** have a ~ pinkeln (salopp) **2** (urine) Pipi, *das* (Kinderspr.)

peek /piːk/ ▶ peep²

peel /piːl/ **A** *v.t.* schälen **B** *v.i.* <*Person, Haut:*> sich schälen; <*Farbe:*> abblättern **C** *n.* Schale, *die*

'peelings *n. pl.* Schalen *Pl.*

peep¹ /piːp/ **A** *v.i.* <*Maus, Vogel:*> piep[s]en **B** *n.* Piepsen, *das*; (infml) (remark etc.) Piep[s], *der*

peep² **A** *v.i.* gucken (ugs.); (furtively) verstohlen gucken (ugs.) **B** *n.* kurzer/verstohlener Blick

peep: ~**hole** *n.* Guckloch, *das*; ~**ing 'Tom** *n.* Spanner, *der* (ugs.)

peer¹ /pɪə(r)/ *n.* Peer, *der*; (equal) Gleichgestellte, *der/die*

peer² *v.i.* forschend schauen; (with difficulty) angestrengt schauen; ~ **at** sth/sb [sich (*Dat.*)] etw. genau ansehen/jmdn. forschend ansehen; (with difficulty) [sich (*Dat.*)] etw./ jmdn. angestrengt ansehen

peerage /'pɪərɪdʒ/ *n.* Peerswürde, *die*

'peer pressure *n.* Gruppenzwang, *der*

peevish /'piːvɪʃ/ *adj.* nörgelig

peg /peg/ *n.* (for holding together) Stift, *der*; (for tying things to) Pflock, *der*; (for hanging things on) Haken, *der*; (clothes ~) Wäscheklammer, *die*; (tent ~) Hering, *der*; **off the** ~ (BrE) (ready-made) von der Stange (ugs.)

pejorative /pɪ'dʒɒrətɪv/ *adj.,* **pe'joratively** *adv.* abwertend

pelican /'pelɪkən/ *n.* Pelikan, *der*

'pelican crossing *n.* (BrE) Ampelübergang, *der*

pellet /'pelɪt/ *n.* Kügelchen, *das*

pelmet /'pelmɪt/ *n.* Blende, *die*

pelt¹ /pelt/ *n.* Fell, *das*

pelt² **A** *v.t.* ~ **sb with** sth jmdn. mit etw. bewerfen **B** *v.i.* **1** it was ~ing down [with rain] es goss wie aus Kübeln (ugs.) **2** (run fast) rasen (ugs.)

pelvic /'pelvɪk/ *adj.* Becken-

pelvis /'pelvɪs/ *n., pl.* **pelves** /'pelviːz/ *or* ~**es** (Anat.) Becken, *das*

pen¹ /pen/ **A** *n.* (enclosure) Pferch, *der* **B** *v.t.,* **-nn-;** ~ **sb in a corner** jmdn. in eine Ecke drängen ▪ ~ **'in** *v.t.* einpferchen

⚹ Schlüsselwort

pen² **A** *n.* Federhalter, *der*; (fountain ~) Füller, *der*; (ball ~) Kugelschreiber, *der*; (felt-tip ~) Filzstift, *der* **B** *v.t.,* **-nn-** schreiben

penal /'piːnl/ *adj.* Straf-

penalize /'piːnəlaɪz/ *v.t.* bestrafen; (Sport) eine Strafe verhängen gegen

⚹ **penalty** /'penltɪ/ *n.* **1** Strafe, *die*; **pay the** ~/ **the** ~ **for** or **of** sth dafür/für etw. büßen [müssen] **2** (Footb.) Elfmeter, *der*

penalty: ~ **box** *n.* (Footb.) Strafraum, *der*; (Ice Hockey) Strafbank, *die*; ~ **kick** *n.* (Footb.) Strafstoß, *der*

penance /'penəns/ *n.* Buße, *die*; **act of** ~ Bußwerk, *das*; **do** ~ Buße tun

pence ▶ penny

pencil /'pensl/ **A** *n.* Bleistift, *der*; **red/ coloured** ~ Rot-/Buntstift, *der* **B** *v.t.,* (BrE) **-ll-** mit einem Bleistift/Farbstift schreiben

pencil: ~ **case** *n.* Griffelkasten, *der*; (of soft material) Federmäppchen, *das*; ~ **sharpener** *n.* Bleistiftspitzer, *der*

pendant /'pendənt/ *n.* Anhänger, *der*

pending /'pendɪŋ/ **A** *adj.* unentschieden <*Angelegenheit, Sache*>; schwebend <*Verfahren*> **B** *prep.* ~ **his return** bis zu seiner Rückkehr

pendulum /'pendjʊləm/ *n.* Pendel, *das*

penetrate /'penɪtreɪt/ *v.t.* eindringen in (+ *Akk.*); (pass through) durchdringen

penetrating /'penɪtreɪtɪŋ/ *adj.* durchdringend

penetration /penɪ'treɪʃn/ *n.* Eindringen, *das* (of in + *Akk.*); (passing through) Durchdringen, *das*

'penfriend *n.* Brieffreund, *der*/-freundin, *die*

penguin /'peŋgwɪn/ *n.* Pinguin, *der*

penicillin /penɪ'sɪlɪn/ *n.* Penizillin, *das*

peninsula /pɪ'nɪnsjʊlə/ *n.* Halbinsel, *die*

penis /'piːnɪs/ *n.* Penis, *der*

penitence /'penɪtəns/ *n.* Reue, *die*

penitent /'penɪtənt/ *adj.* reuevoll (geh.); reuig (geh.) <*Sünder*>

penitentiary /penɪ'tenʃərɪ/ *n.* (AmE) Straf[vollzugs]anstalt, *die*

pen: ~**knife** *n.* Taschenmesser, *das*; ~ **light** *n.* [Mini]stablampe, *die*

pennant /'penənt/ *n.* Wimpel, *der*; (on official car etc.) Stander, *der*

penniless /'penɪlɪs/ *adj.* mittellos

penny /'penɪ/ *n., pl. usu.* **pennies** /'penɪz/ (for separate coins) **pence** /pens/ (for sum of money) Penny, *der*; **fifty pence** fünfzig Pence; **two/ fifty pence [piece]** Zwei-/Fünfzigpencestück, *das*

pension /'penʃn/ *n.* Rente, *die*; (payment to retired civil servant) Pension, *die*; **widow's** ~ Witwenrente/-pension, *die*; **be on a** ~ eine Rente beziehen ▪ ~ **'off** *v.t.* berenten (Amtsspr.); auf Rente setzen (ugs.); pensionieren <*Lehrer, Beamten*>

'pensioner n. Rentner, der/Rentnerin, die; (retired civil servant) Pensionär, der/ Pensionärin, die

pensive /'pensɪv/ adj. nachdenklich

pentagon /'pentəgən/ n. Fünfeck, das; the P~ (AmE) (Polit.) das Pentagon

Pentecost /'pentɪkɒst/ n. Pfingsten, das

pent: ~**house** n. Penthaus, das; ~**-up** adj. angestaut <Ärger, Wut>; unterdrückt <Sehnsucht, Gefühle>

penultimate /pe'nʌltɪmət/ adj. vorletzt...

✧ **people** /'piːpl/ n. **1** constr. as pl. Leute Pl.; Menschen Pl.; (as opposed to animals) Menschen Pl.; city/country ~ (inhabitants) Stadt-/Landbewohner Pl.; local ~ Einheimische Pl.; working ~ arbeitende Menschen; black/white ~ Farbige/Weiße Pl.; ~ say ... man sagt ...; a crowd of ~ eine Menschenmenge **2** (nation) Volk, das

pepper /'pepə(r)/ 🅰 n. **1** Pfeffer, der **2** (vegetable) Paprikaschote, die; red/green ~ roter/grüner Paprika
🅱 v.t. **1** pfeffern **2** (pelt) bombardieren (ugs.)

pepper: ~**corn** n. Pfefferkorn, das; ~ **mill** n. Pfeffermühle, die; ~**mint** n. (sweet) Pfefferminz, das; ~ **pot** n. Pfefferstreuer, der

peppery /'pepərɪ/ adj. pfeff[e]rig; (spicy) scharf

✧ **per** /pə(r), stressed pɜː(r)/ prep. pro

perceive /pə'siːv/ v.t. wahrnehmen; (with the mind) spüren; ~d vermeintlich <Bedrohung, Gefahr, Wert>

per cent (BrE; AmE: **percent**) /pə'sent/
🅰 adv. ninety ~ effective zu 90 Prozent wirksam
🅱 adj. a 5 ~ increase ein Zuwachs von 5 Prozent
🅲 n. **1** Prozent, das
2 ▸ percentage

percentage /pə'sentɪdʒ/ n. Prozentsatz, der

per'centage sign n. Prozentzeichen, das

perceptible /pə'septɪbl/ adj. wahrnehmbar

perception /pə'sepʃn/ n. (act) Wahrnehmung, die; (result) Erkenntnis, die; (faculty) Wahrnehmungsvermögen, das

perceptive /pə'septɪv/ adj. einfühlsam <Person, Bemerkung>

perch /pɜːtʃ/ 🅰 n. Sitzstange, die
🅱 v.i. **1** sich niederlassen **2** (be supported) sitzen
🅲 v.t. setzen/stellen/legen

percolate /'pɜːkəleɪt/ v.i. [durch]sickern

percolator /'pɜːkəleɪtə(r)/ n. Kaffeemaschine, die

percussion /pə'kʌʃn/ n. (Mus.) Schlagzeug, das

per'cussion instrument n. Schlaginstrument, das

perennial /pə'renjəl/ 🅰 adj. **1** (Bot.) ausdauernd **2** immer wieder auftretend <Problem>

🅱 n. (Bot.) ausdauernde Pflanze

✧ **perfect** 🅰 /'pɜːfɪkt/ adj. vollkommen; perfekt <Englisch, Timing>; tadellos <Zustand>; (infml) (unmitigated) absolut; a ~ stranger ein völlig Fremder
🅱 /pə'fekt/ v.t. vervollkommnen

perfection /pə'fekʃn/ n. Perfektion, die; to ~ perfekt

perfectionism /pə'fekʃənɪzm/ n. Perfektionismus, der

perfectionist /pə'fekʃənɪst/ n. Perfektionist, der/Perfektionistin, die

✧ **'perfectly** adv. **1** (completely) vollkommen; be ~ entitled to do sth durchaus berechtigt sein, etw. zu tun **2** (faultlessly) perfekt; tadellos <sich verhalten>

perfect 'pitch n. (Mus.) absolutes Gehör

perforate /'pɜːfəreɪt/ v.t. perforieren; (make opening into) durchlöchern

perforation /pɜːfə'reɪʃn/ n. **1** (hole) Loch, das **2** in pl. ~s Perforation, die; (in sheets of stamps) Zähnung, die

✧ **perform** /pə'fɔːm/ 🅰 v.t. ausführen <Arbeit, Operation>; erfüllen <Pflicht, Aufgabe>; vollbringen <[Helden]tat, Leistung>; ausfüllen <Funktion>; vollbringen <Wunder>; anstellen <Berechnungen>; durchführen <Experiment, Sektion>; vorführen <Trick>; aufführen <Theaterstück, Scharade>; vortragen <Lied, Sonate usw.>
🅱 v.i. eine Vorführung geben; (sing) singen; (play) spielen

✧ **performance** /pə'fɔːməns/ n. **1** (of duty, task) Erfüllung, die **2** ([notable] achievement) (Motor Veh.) Leistung, die **3** (at theatre, cinema, etc.) Vorstellung, die; her ~ as Desdemona ihre Darstellung der Desdemona; the ~ of a play/opera die Aufführung eines Theaterstücks/einer Oper

performance: ~ **art** n. Performance-Art, die; ~ **artist** n. Performancekünstler, der/-künstlerin, die; ~**-enhancing** adj. ~-enhancing drug/substance leistungsfördernde od. -steigernde Droge/Substanz

per'former n. Künstler, der/Künstlerin, die

per'forming attrib. adj. dressiert <Tier>

performing 'arts n. pl. darstellende Künste

perfume /'pɜːfjuːm/ n. Duft, der; (fluid) Parfüm, das

perfunctory /pə'fʌŋktərɪ/ adj. oberflächlich <Arbeit, Überprüfung>; flüchtig <Erkundigung, Bemerkung>

✧ **perhaps** /pə'hæps/ adv. vielleicht

peril /'perəl/ n. Gefahr, die

perilous /'perələs/ adj. gefahrvoll; be ~ gefährlich sein

perimeter /pə'rɪmɪtə(r)/ n. [äußere] Begrenzung; Grenze, die

p

period /'pɪərɪəd/ **A** n. 1 (of history or life) Periode, die; Zeit, die; (any portion of time) Zeitraum, der; the Classical/Romantic ~ die Klassik/Romantik
2 (Sch.) Stunde, die; chemistry/English ~ Chemie-/Englischstunde, die
3 (menstruation) Periode, die
4 (punctuation mark) Punkt, der
B adj. zeitgenössisch <Tracht, Kostüm>; antik <Möbel>
periodic /pɪərɪ'ɒdɪk/ adj. regelmäßig; (intermittent) gelegentlich
periodical /pɪərɪ'ɒdɪkl/ **A** adj. ► periodic
B n. Zeitschrift, die; weekly/monthly ~ Wochenzeitschrift/Monatsschrift, die
peri'odically adv. regelmäßig; (intermittently) gelegentlich
peripheral /pə'rɪfərl/ **A** adj. peripher (geh.); Rand<problem, -erscheinung>
B n. (Comp.) Peripheriegerät, das
periphery /pə'rɪfərɪ/ n. Peripherie, die
periscope /'perɪskəʊp/ n. Periskop, das
perish /'perɪʃ/ v.i. 1 (die) umkommen
2 (rot) verderben; <Gummi:> altern
perishable /'perɪʃəbl/ adj. [leicht] verderblich
'perishing (infml) **A** adj. mörderisch <Kälte>; it's/I'm ~ es ist bitterkalt/ich komme um vor Kälte (ugs.)
B adv. mörderisch <kalt>
perjury /'pɜːdʒərɪ/ n. Meineid, der; commit ~ einen Meineid leisten
perk¹ /pɜːk/ (infml) **A** v.i. ~ up munter werden
B v.t. ~ up aufmuntern
perk² n. (BrE) (infml) [Sonder]vergünstigung, die
perky /'pɜːkɪ/ adj. lebhaft; munter
perm /pɜːm/ **A** n. Dauerwelle, die
B v.t. have one's hair ~ed sich (Dat.) eine Dauerwelle machen lassen
permanence /'pɜːmənəns/ n. Dauerhaftigkeit, die
permanent /'pɜːmənənt/ adj. fest <Sitz, Bestandteil, Mitglied>; ständig <Wohnsitz, Adresse, Kampf>; Dauer<stellung, -visum>; bleibend <Schaden>
'permanently adv. dauernd; auf Dauer <verhindern, bleiben>
permanent 'wave n. Dauerwelle, die
permeable /'pɜːmɪəbl/ adj. durchlässig; be ~ to sth etw. durchlassen
permeate /'pɜːmɪeɪt/ **A** v.t. dringen durch; be ~d with or by sth (fig.) von etw. durchdrungen sein
B v.i. ~ through sth etw. durchdringen
permissible /pə'mɪsɪbl/ adj. zulässig; be ~ to or for sb jmdm. erlaubt sein
permission /pə'mɪʃn/ n. Erlaubnis, die; (given by official body) Genehmigung, die; give sb ~ to do sth jmdm. erlauben, etw. zu tun

permissive /pə'mɪsɪv/ adj. the ~ society die permissive Gesellschaft
permit A /pə'mɪt/ v.t., **-tt-** zulassen <Berufung, Einspruch usw.>; ~ sb sth jmdm. etw. erlauben; sb is ~ted to do sth es ist jmdm. erlaubt, etw. zu tun
B /pə'mɪt/ v.i., **-tt-** es zulassen
C /'pɜːmɪt/ n. Genehmigung, die
pernicious /pə'nɪʃəs/ adj. verderblich; bösartig <Krankheit>
peroxide /pə'rɒksaɪd/ n. Peroxid, das
peroxide 'blonde n. Wasserstoffblondine, die
perpendicular /pɜːpən'dɪkjʊlə(r)/ adj. senkrecht
perpetrate /'pɜːpɪtreɪt/ v.t. begehen; verüben <Gräuel>
perpetual /pə'petjʊəl/ adj. 1 (eternal) ewig
2 (continuous; (infml) repeated) ständig
per'petually adv. 1 (eternally) ewig
2 (continuously; (infml) repeatedly) ständig
perpetuate /pə'petjʊeɪt/ v.t. aufrechterhalten
perplex /pə'pleks/ v.t. verwirren
perplexed /pə'plekst/ adj. verwirrt; (puzzled) ratlos
perplexity /pə'pleksɪtɪ/ n. Verwirrung, die; (puzzlement) Ratlosigkeit, die
persecute /'pɜːsɪkjuːt/ v.t. verfolgen
persecution /pɜːsɪ'kjuːʃn/ n. Verfolgung, die
persecutor /'pɜːsɪkjuːtə(r)/ n. Verfolger, der/ Verfolgerin, die
perseverance /pɜːsɪ'vɪərəns/ n. Beharrlichkeit, die; Ausdauer, die
persevere /pɜːsɪ'vɪə(r)/ v.i. ausharren; ~ with or at or in sth bei etw. dabeibleiben
Persian /'pɜːʃn/ adj. persisch; Perser<katze, -teppich>
persist /pə'sɪst/ v.i. 1 nicht nachgeben; ~ in doing sth etw. weiterhin [beharrlich] tun
2 (continue to exist) anhalten
persistence /pə'sɪstəns/ n., no pl. Hartnäckigkeit, die
persistent /pə'sɪstənt/ adj. 1 hartnäckig
2 (constantly repeated) dauernd; hartnäckig <Gerüchte>
per'sistently adv. hartnäckig
person /'pɜːsn/ n. Mensch, der; in ~ persönlich; selbst
personal /'pɜːsənl/ adj. persönlich; Privat<angelegenheit, -leben>
personal: ~ **ad** n. Privatanzeige, die; (seeking friendship, romance) Kontaktanzeige, die; ~ **as'sistant** n. persönlicher Referent/persönliche Referentin; ~ **'best** n. (Sport) persönliche Bestleistung; ~ **call** n. (BrE) (Teleph.) Anruf mit Voranmeldung; ~ **column** n. Rubrik für private [Klein]anzeigen; ~ **com'puter** n. Personalcomputer, der; ~ **'hygiene** n. Körperpflege, die; ~ **identifi'cation number** n. persönliche Identifikationsnummer; Geheimnummer, die

p

♦ Schlüsselwort

personality /pɜːsə'nælɪtɪ/ n. Persönlichkeit, *die*

'**personal loan** n. Personal- *od.* Privatdarlehen, *das*; Personal- *od.* Privatkredit, *der*

ℱ '**personally** *adv.* persönlich

personal: ~ '**organizer** n. Terminplaner, *der*; ~ '**pension plan** n. persönlicher Renten[vorsorge]plan; ~ '**property** n. persönliches Eigentum; ~ '**stereo** n. Walkman, *der*

personification /pəsɒnɪfɪ'keɪʃn/ n. Verkörperung, *die*

personify /pə'sɒnɪfaɪ/ v.t. verkörpern; **be kindness personified** die Freundlichkeit in Person sein

personnel /pɜːsə'nel/ n. Belegschaft, *die*; (of shop, restaurant, etc.) Personal, *das*; *attrib.* Personal-

person'nel department n. Personalabteilung, *die*

person-to-'person *adj.* (AmE) (Teleph.) ~ **call** Anruf mit Voranmeldung

ℱ **perspective** /pə'spektɪv/ n. Perspektive, *die*; (fig.) Blickwinkel, *der*

perspiration /pɜːspɪ'reɪʃn/ n. Schweiß, *der*

perspire /pə'spaɪə(r)/ v.i. schwitzen

persuade /pə'sweɪd/ v.t. **1** (convince) überzeugen (of von); ~ **oneself [that]** ... sich (*Dat.*) einreden, dass ... **2** (induce) überreden

persuasion /pə'sweɪʒn/ n. Überzeugung, *die*; **it didn't take much** ~ es brauchte nicht viel Überredungskunst

persuasive /pə'sweɪsɪv/, **per'suasively** *adv.* überzeugend

pert /pɜːt/ *adj.* keck

pertinent /'pɜːtɪnənt/ *adj.* relevant (**to** für)

perturb /pə'tɜːb/ v.t. beunruhigen

Peru /pə'ruː/ *pr. n.* Peru *(das)*

peruse /pə'ruːz/ v.t. genau durchlesen; (fig.) (examine) untersuchen

Peruvian /pə'ruːvɪən/ A *adj.* peruanisch; **sb is** ~ jmd. ist Peruaner/Peruanerin B *n.* Peruaner, *der*/Peruanerin, *die*

pervade /pə'veɪd/ v.t. durchdringen

pervasive /pə'veɪsɪv/ *adj.* durchdringend <*Geruch, Kälte*>; weit verbreitet <*Ansicht*>; sich ausbreitend <*Gefühl*>

perverse /pə'vɜːs/ *adj.* starrköpfig

perversion /pə'vɜːʃn/ n. **1** (sexual) Perversion, *die* **2** ~ **of justice** Rechtsbeugung, *die*

pervert A /pə'vɜːt/ v.t. (morally) verderben B /'pɜːvɜːt/ n. perverser Mensch

perverted /pə'vɜːtɪd/ *adj.* (sexually) pervers

pessimism /'pesɪmɪzm/ n. Pessimismus, *der*

pessimist /'pesɪmɪst/ n. Pessimist, *der*/Pessimistin, *die*

pessimistic /pesɪ'mɪstɪk/ *adj.* pessimistisch

pest /pest/ n. (thing) Ärgernis, *das*; (person) Nervensäge, *die* (ugs.); (animal) Schädling, *der*

pester /'pestə(r)/ v.t. belästigen; nerven (ugs.); ~ **sb for sth** jmdm. wegen etw. in den Ohren liegen

pesticide /'pestɪsaɪd/ n. Pestizid, *das*

pestle /'pesl/ n. Stößel, *der*

pet /pet/ A n. **1** (animal) Haustier, *das* **2** (as term of endearment) Schatz, *der* B *adj.* (favourite) Lieblings- C v.i., **-tt-** knutschen (ugs.)

petal /'petl/ n. Blütenblatt, *das*

peter /'piːtə(r)/ v.i. ~ **out** [allmählich] zu Ende gehen; <*Weg:*> sich verlieren

'**pet food** n. Tierfutter, *das*

petite /pə'tiːt/ *adj.* zierlich

petition /pə'tɪʃn/ A n. Petition, *die*; Eingabe, *die* B v.t. eine Eingabe richten an (+ *Akk.*)

petitioner /pə'tɪʃənə(r)/ n. Antragsteller, *der*/Antragstellerin, *die*

'**pet owner** n. Tierhalter, *der*/-halterin, *die*

petrify /'petrɪfaɪ/ v.t. **be petrified with fear/shock** starr vor Angst/Schrecken sein

petrol /'petrl/ n. (BrE) Benzin, *das*

petrol: ~ **bomb** n. Benzinbombe, *die*; ~ **can** n. (BrE) Benzinkanister, *der*; ~ **cap** n. (BrE) Tankverschluss, *der*

petroleum /pɪ'trəʊlɪəm/ n. Erdöl, *das*

petroleum 'jelly n. Vaseline, *die*

petrol: ~ **pump** n. (BrE) Zapfsäule, *die*; ~ **station** n. (BrE) Tankstelle, *die*; ~ **tank** n. (BrE) Benzintank, *der*; ~ **tanker** n. (BrE) Benzintankwagen, *der*

'**pet shop** n. Tierhandlung, *die*

petticoat /'petɪkəʊt/ n. Unterrock, *der*

petty /'petɪ/ *adj.* kleinlich <*Vorschrift, Einwand*>; belanglos <*Detail, Sorgen*>

petty: ~ '**cash** n. kleine Kasse; Portokasse, *die*; ~ '**criminal** n. Kleinkriminelle, *der*/*die*; ~ '**theft** n. Bagatelldiebstahl, *der*; ~ '**thief** n. kleiner Dieb/kleine Diebin

petulance /'petjʊləns/ n. Bockigkeit, *die*

petulant /'petjʊlənt/ *adj.* bockig

pew /pjuː/ n. Kirchenbank, *die*

pewter /'pjuːtə(r)/ n. Zinn, *das*

phallic /'fælɪk/ *adj.* phallisch

phallic 'symbol n. Phallussymbol, *das*

phantom /'fæntəm/ n. Phantom, *das*

pharmacist /'fɑːməsɪst/ n. Apotheker, *der*/Apothekerin, *die*

pharmacy /'fɑːməsɪ/ n. (dispensary) Apotheke, *die*

ℱ **phase** /feɪz/ n. Phase, *die* ■ ~ '**in** v.t. stufenweise einführen ■ ~ '**out** v.t. allmählich abschaffen <*Verfahrensweise, Methode*>; (stop producing) [langsam] auslaufen lassen

PhD /piːeɪtʃ'diː/ *abbr.* = **Doctor of Philosophy** Dr. phil.

pheasant /'fezənt/ n. Fasan, *der*

p

phenomenal /fɪˈnɒmɪnl/ *adj.*,
  phenomenally /fɪˈnɒmɪnəlɪ/ *adv.*
  phänomenal
phenomenon /fɪˈnɒmɪnən/ *n.*, *pl.*
  phenomena /fɪˈnɒmɪnə/ Phänomen, *das*
phew /fjuː/ *int.* puh
philanderer /fɪˈlændərə(r)/ *n.* Schürzenjäger,
  der (spött.)
philanthropist /fɪˈlænθrəpɪst/ *n.*
  Philanthrop, *der*/Philanthropin, *die* (geh.)
philanthropy /fɪˈlænθrəpɪ/ *n.* Philanthropie,
  die (geh.)
Philippines /ˈfɪlɪpiːnz/ *pr. n. pl.* Philippinen
  Pl.
philistine /ˈfɪlɪstaɪn/ *n.* Banause, *der*/
  Banausin, *die*
Phillips /ˈfɪlɪps/ *n.* ~®_ **screw**
  Kreuz[schlitz]schraube, *die* ~®_ **screwdriver**
  Kreuz[schlitz]schraubenzieher, *der*
philosopher /fɪˈlɒsəfə(r)/ *n.* Philosoph, *der*/
  Philosophin, *die*
philosophical /fɪləˈsɒfɪkl/ *adj.*
  1 philosophisch
  2 (resigned) abgeklärt
philosophize (philosophise) /fɪˈlɒsəfaɪz/
  v.i. philosophieren (about, on über + Akk.)
philosophy /fɪˈlɒsəfɪ/ *n.* Philosophie, *die*
phishing /ˈfɪʃɪŋ/ *n.*, *no pl.* Phishing, *das*
phlegm /flem/ *n.* Schleim, *der*
phobia /ˈfəʊbɪə/ *n.* Phobie, *die*
phobic /ˈfəʊbɪk/ *adj.* phobisch
◆ **phone** /fəʊn/ (infml) **A** *n.* Telefon, *das*; by
  ~ telefonisch; **be on the** ~ Telefon haben;
  (be phoning) telefonieren
  B *v.t. & i.* anrufen
■ ~ **'back** *v.t. & i.* zurückrufen; (make further call)
  wieder anrufen
■ ~ **'up** *v.t. & i.* anrufen
phone: ~ **book** *n.* Telefonbuch, *das*; ~
  booth, ~ **box** *ns.* Telefonzelle, *die*; ~ **call**
  n. Anruf, *der*; ~ **card** *n.* Telefonkarte, *die*;
  ~ **hacking** *n.* Telefonhacking, *das*; ~-**in**
  n. ~-in [programme] (Radio) Hörersendung,
  die; (Telev.) Phone-in-Sendung, *die* (Jargon); ~
  number *n.* Telefonnummer, *die*
phonetic /fəˈnetɪk/ *adj.* phonetisch
phonetics /fəˈnetɪks/ *n.* Phonetik, *die*
phoney /ˈfəʊnɪ/ *adj.* (infml) (sham) falsch;
  gefälscht ‹Brief, Dokument›
phonograph /ˈfəʊnəɡrɑːf/ *n.* (AmE)
  Plattenspieler, *der*
phony ▸ phoney
phosphate /ˈfɒsfeɪt/ *n.* Phosphat, *das*
phosphorus /ˈfɒsfərəs/ *n.* Phosphor, *der*
◆ **photo** /ˈfəʊtəʊ/ *n.*, *pl.* ~**s** Foto, *das*
photo: ~ **album** *n.* Fotoalbum, *das*; ~**call** *n.*
  Fototermin, *der*; ~**copier** *n.* Fotokopiergerät,
  das; ~**copy** **A** *n.* Fotokopie, *die*
  B *v.t.* fotokopieren

◆ Schlüsselwort

photogenic /fəʊtəˈdʒiːnɪk/ *adj.* fotogen
◆ **photograph** /ˈfəʊtəɡrɑːf/ **A** *n.* Fotografie,
  die; Foto, *das*; **take a** ~ **[of sb/sth]** [jmdn./
  etw.] fotografieren
  B *v.t. & i.* fotografieren
'photograph album *n.* Fotoalbum, *das*
photographer /fəˈtɒɡrəfə(r)/ *n.* Fotograf,
  der/Fotografin, *die*
photographic /fəʊtəˈɡræfɪk/ *adj.* fotografisch;
  Foto‹ausrüstung, -apparat, -ausstellung›
photography /fəˈtɒɡrəfɪ/ *n.* Fotografie, *die*
photo: ~ **session**, ~ **shoot** *ns.* Shooting,
  das; ~'**synthesis** *n.* Photosynthese, *die*
phrase /freɪz/ **A** *n.* [Rede]wendung, *die*
  B *v.t.* formulieren
'phrase book *n.* Sprachführer, *der*
◆ **physical** /ˈfɪzɪkl/ *adj.* **1** physisch ‹Gewalt›;
  dinglich ‹Welt, Universum›
  2 (of physics) physikalisch
  3 (bodily) körperlich
physical edu'cation *n.* (Sch.) Sport, *der*
'physically *adv.* (relating to the body) körperlich
physical 'training *n.* Sport, *der*; (Sch.)
  Sport[unterricht], *der*
physician /fɪˈzɪʃn/ *n.* Arzt, *der*/Ärztin, *die*
physicist /ˈfɪzɪsɪst/ *n.* Physiker, *der*/
  Physikerin, *die*
physics /ˈfɪzɪks/ *n.* Physik, *die*
physiology /fɪzɪˈɒlədʒɪ/ *n.* Physiologie, *die*
physiotherapist /fɪzɪəʊˈθerəpɪst/ *n.*
  Physiotherapeut, *der*/-therapeutin, *die*
physiotherapy /fɪzɪəʊˈθerəpɪ/ *n.*
  Physiotherapie, *die*
physique /fɪˈziːk/ *n.* Körperbau, *der*
pianist /ˈpiːənɪst/ *n.* Pianist, *der*/Pianistin,
  die
piano /pɪˈænəʊ/ *n.*, *pl.* ~**s** (upright) Klavier,
  das; (grand) Flügel, *der*
piano: ~ **ac'cordion** *n.* Akkordeon, *das*;
  ~ **music** *n.* Klaviermusik, *die*; ~ **player**
  n. Klavierspieler, *der*/-spielerin, *die*; ~
  stool *n.* Klavierschemel, *der*; ~ **tuner** *n.*
  Klavierstimmer, *der*/-stimmerin, *die*
pick¹ /pɪk/ *n.* (tool) Spitzhacke, *die*
◆ **pick²** **A** *n.* **1** (choice) Wahl, *die*; **take your** ~
  du hast die Wahl
  2 (best part) Elite, *die*; **the** ~ **of the fruit** die
  besten Früchte
  B *v.t.* **1** pflücken ‹Blumen, Äpfel usw.›; lesen
  ‹Trauben›
  2 (select) auswählen; ~ **one's way** sich (*Dat.*)
  vorsichtig [s]einen Weg suchen
  3 ~ **one's nose** in der Nase bohren
  4 ~ **sb's pocket** jmdn. bestehlen; **he had**
  his pocket ~**ed** er wurde von einem
  Taschendieb bestohlen
  5 ~ **a lock** ein Schloss knacken (salopp)
  C *v.i.* ~ **and choose** wählerisch sein
■ '~ **at** *v.t.* herumstochern in (+ *Dat.*) ‹Essen›
■ '~ **on** *v.t.* (victimize) es abgesehen haben auf
  (+ *Akk.*)
■ ~ **'out** *v.t.* **1** (choose) auswählen; (for oneself)

sich (*Dat.*) aussuchen
2 (distinguish) entdecken <*Detail, jmds.
Gesicht in der Menge*>
■ ~ **up** **A** /'--/ *v.t.* **1** [in die Hand] nehmen;
hochnehmen <*Baby*>; (after dropping) aufheben;
aufnehmen <*Masche*>; ~ **up the telephone**
den [Telefon]hörer abnehmen
2 (collect) mitnehmen; (by arrangement)
abholen (**at, from** von); (obtain) holen
3 (become infected by) sich (*Dat.*) holen (ugs.)
<*Virus, Grippe*>
4 <*Bus, Autofahrer:*> mitnehmen
5 (rescue from the sea) [aus Seenot] bergen
6 empfangen <*Signal, Funkspruch usw.*>
7 (infml) (make acquaintance of) aufreißen (ugs.)
B /-'-/ *v.i.* **1** sich bessern
2 <*Wind:*> auffrischen

'**pickaxe** (AmE: '**pickax**) ▶ pick¹
picket /'pɪkɪt/ **A** *n.* Streikposten, *der*
B *v.i.* Streikposten stehen
C *v.t.* Streikposten stellen vor (+ *Dat.*)
'**picket fence** *n.* Palisadenzaun, *der*
'**picketing** /'pɪkɪtɪŋ/ *n.* Aufstellen von
Streikposten
'**picket line** *n.* Streikpostenkette, *die*
pickle /'pɪkl/ **A** *n., usu. in pl.* (food)
Mixedpickles *Pl.*
B *v.t.* einlegen <*Gurken, Zwiebeln, Eier*>;
marinieren <*Hering*>
pick: ~-**me-up** *n.* Stärkungsmittel, *das*;
~**pocket** *n.* Taschendieb, *der*/-diebin, *die*;
~**up** *n.* **1** ~up [truck] Kleinlastwagen, *der*
2 (of record player, guitar) Tonabnehmer, *der*
pic-'headed *adj.* dickschädelig (ugs.)
picnic /'pɪknɪk/ **A** *n.* Picknick, *das*; **go for** *or*
on/have a ~ ein Picknick machen
B *v.i.*, -**ck**- picknicken; Picknick machen
picnic: ~ **basket** *n.* Picknickkorb, *der*; ~
site *n.* Picknickplatz, *der*
pictorial /pɪk'tɔːrɪəl/ *adj.* illustriert <*Bericht,
Zeitschrift*>; bildlich <*Darstellung*>
✧ **picture** /'pɪktʃə(r)/ **A** *n.* **1** Bild, *das*; **get the**
~ (infml) verstehen[, worum es geht]; **put sb**
in the ~ jmdn. ins Bild setzen
2 (film) Film, *der*
3 *in pl.* (BrE) (cinema) Kino, *das*; **go to the** ~s
ins Kino gehen; **what's on at the** ~s? was
läuft im Kino?
B *v.t.* ~ [**to oneself**] sich (*Dat.*) vorstellen
picture: ~ **book** *n.* Bilderbuch, *das*; ~
frame *n.* Bilderrahmen, *der*; ~ '**postcard**
n. Ansichtskarte, *die*
picturesque /pɪktʃə'resk/ *adj.* malerisch
pidgin /'pɪdʒɪn/ *n.* Pidgin, *das*
pidgin '**English** *n.* Pidginenglisch, *das*
pie /paɪ/ *n.* (of meat, fish, etc.) Pastete, *die*;
(of fruit etc.) ≈ Obstkuchen, *der*
✧ **piece** /piːs/ **A** *n.* **1** Stück, *das*; (of broken
glass or pottery) Scherbe, *die*; (of jigsaw puzzle,
crashed aircraft, etc.) Teil, *der*; (AmE) (distance)
[kleines] Stück; **a** ~ **of meat/cake** ein Stück
Fleisch/Kuchen; ~ **of furniture/luggage**
Möbel-/Gepäckstück, *das*; **a three-**~
suite eine dreiteilige Sitzgarnitur; ~ **of**

luck Glücksfall, *der*; ~ **of news/gossip/
information** Nachricht, *die*/Klatsch, *der*/
Information, *die*
2 (Chess) Figur, *die*
3 (coin) **gold** ~ Goldstück, *das*; **a 10p** ~ ein
10-Pence-Stück
4 (literary or musical composition) Stück, *das*; ~ **of**
music Musikstück, *das*
B *v.t.* ~ **to'gether** zusammenfügen (**from**
aus)
piece: ~**meal** *adv., adj.* stückweise; ~**work**
n. Akkordarbeit, *die*
pie: ~ **chart** *n.* Kreisdiagramm, *das*; ~**crust**
n. Teigmantel, *der*
pier /pɪə(r)/ *n.* (at seaside) Pier, *der*
pierce /pɪəs/ *v.t.* (prick) durchstechen;
(penetrate) [ein]dringen in (+ *Akk.*) <*Körper,
Fleisch, Herz*>; ~ **a hole in sth** ein Loch in
etw. (*Akk.*) stechen
piercing /'pɪəsɪŋ/ *adj.* durchdringend
<*Stimme, Schrei, Blick*>
piety /'paɪətɪ/ *n.* Frömmigkeit, *die*
pig /pɪg/ *n.* **1** Schwein, *das*; ~**s might fly** (iron.)
da müsste schon ein Wunder geschehen
2 (infml) (greedy person) Vielfraß, *der* (ugs.)
pigeon /'pɪdʒɪn/ *n.* Taube, *die*
'**pigeonhole** *n.* [Ablage]fach, *das*; (for letters)
Postfach, *das*
piggy /'pɪgɪ/: ~**back** *n.* **give sb a** ~**back**
jmdn. huckepack nehmen; ~ **bank** *n.*
Sparschwein[chen], *das*
pig-'headed *adj.* dickschädelig (ugs.)
piglet /'pɪglɪt/ *n.* Ferkel, *das*
pigment /'pɪgmənt/ *n.* Pigment, *das*
pigmentation /pɪgmən'teɪʃn/ *n.*
Pigmentierung, *die*
pig's '**ear** *n.* (BrE) (infml) **make a** ~'s **ear of sth**
etw. verpfuschen *od.* (ugs.) vermurksen
pig: ~**sty** *n.* (lit. or fig.) Schweinestall, *der*;
~**tail** *n.* (plaited) Zopf, *der*; ~**tails** (at either side
of head) Rattenschwänzchen *Pl.* (ugs.)
pike /paɪk/ *n., pl. same* Hecht, *der*
pilchard /'pɪltʃəd/ *n.* Sardine, *die*
pile¹ /paɪl/ **A** *n.* **1** (of dishes, plates) Stapel, *der*;
(of paper, books, letters) Stoß, *der*; (of clothes)
Haufen, *der*
2 (infml) (large quantity) Haufen, *der* (ugs.)
B *v.t.* **1** (load) [voll] beladen
2 (heap up) aufstapeln <*Holz, Steine*>;
aufhäufen <*Abfall, Schnee*>
■ ~ '**in** *v.i.* (seen from outside) hineindrängen;
(seen from inside) hereindrängen
■ ~ **into** *v.t.* sich zwängen in (+ *Akk.*) <*Auto,
Zimmer, Zugabteil*>
■ ~ '**on** **A** *v.i.* ▶ pile in
B *v.t.* (fig.) ~ **on the pressure** Druck machen
■ ~ **on to** *v.t.* drängen in (+ *Akk.*) <*Bus usw.*>
■ ~ '**out** *v.i.* nach draußen drängen
■ ~ '**up** **A** *v.i.* **1** <*Waren, Post, Arbeit, Schnee:*>
sich auftürmen; <*Verkehr:*> sich stauen
2 (crash) aufeinander auffahren
B *v.t.* aufstapeln <*Steine, Bücher usw.*>;
aufhäufen <*Abfall, Schnee*>

p

pile² n. (of fabric etc.) Flor, der

pile³ n. (stake) Pfahl, der

'**piledriver** n. [Pfahl]ramme, die

piles /paɪlz/ n. pl. (Med.) Hämorrhoiden Pl.

'**pile-up** n. Massenkarambolage, die

pilfer /'pɪlfə(r)/ v.t. stehlen

pilgrim /'pɪlgrɪm/ n. Pilger, der/Pilgerin, die

pilgrimage /'pɪlgrɪmɪdʒ/ n. Pilgerfahrt, die

pill /pɪl/ n. **1** Tablette, die; Pille, die (ugs.)
　　2 (infml) (contraceptive) the ~ or P~ die Pille
　　(ugs.); be on the ~ die Pille nehmen (ugs.)

pillage /'pɪlɪdʒ/ v.t. [aus]plündern

pillar /'pɪlə(r)/ n. Säule, die

'**pillar box** n. (BrE) Briefkasten, der

'**pillbox** n. Pillenschachtel, die

pillion /'pɪljən/ n. Beifahrersitz, der; ride ~
　　als Beifahrer/Beifahrerin mitfahren

pillow /'pɪləʊ/ n. [Kopf]kissen, das

'**pillowcase**, '**pillowslip** ns.
　　[Kopf]kissenbezug, der

'**pill-popping** n. (infml) Pillenschluckerei,
　　die (ugs.)

♂ **pilot** /'paɪlət/ **A** n. **1** (Aeronaut.) Pilot, der/
　　Pilotin, die
　　2 (Naut.) Lotse, der
　　B adj. Pilot<programm, -studie, -projekt
　　usw.>
　　C v.t. **1** (Aeronaut.) fliegen
　　2 (Naut.; fig.) lotsen

'**pilot light** n. Zündflamme, die

pimp /pɪmp/ n. Zuhälter, der

pimple /'pɪmpl/ n. Pickel, der

pimply /'pɪmplɪ/ adj. pick[e]lig

pin **A** n. **1** Stecknadel, die; ~s and needles
　　(fig.) Kribbeln, das
　　2 (peg) Stift, der
　　3 (Electr.) a two-/three-~ plug ein zwei-/
　　dreipoliger Stecker
　　B v.t., **-nn- 1** nageln <Knochen, Bein>;
　　~ a badge to one's lapel sich (Dat.) ein
　　Abzeichen ans Revers stecken
　　2 (fig.) ~ one's hopes on sb/sth seine [ganze]
　　Hoffnung auf jmdn./etw. setzen; ~ the
　　blame for sth on sb jmdm. die Schuld an etw.
　　(Dat.) zuschieben
　　3 ~ sb against the wall jmdn. an die Wand
　　drängen
　　■ ~ 'down v.t. **1** (fig.) festnageln (to or on auf
　　+ Akk.)
　　2 (trap) festhalten
　　■ ~ 'up v.t. aufhängen <Bild, Foto>; anschlagen
　　<Bekanntmachung, Liste>; aufstecken <Haar>;
　　abstecken <Saum>

PIN /pɪn/ abbr. =~ [number] ▸ personal
　　identification number

pinafore /'pɪnəfɔː(r)/ n. Schürze, die (mit
　　Oberteil)

pincers /'pɪnsəz/ n. pl. **1** [pair of] ~ Beißzange,
　　die
　　2 (of crab etc.) Schere, die

pinch /pɪntʃ/ **A** n. **1** (squeezing) Kniff, der;
　　give sb a ~ on the arm/cheek jmdn. od.
　　jmdm. in den Arm/die Backe kneifen
　　2 (fig.) feel the ~ knapp bei Kasse sein (ugs.);
　　at a ~ zur Not
　　3 (small amount) Prise, die
　　B v.t. **1** kneifen; ~ sb's cheek/bottom jmdn.
　　in die Wange/den Hintern (ugs.) kneifen
　　2 (infml) (steal) klauen (salopp)

'**pincushion** n. Nadelkissen, das

pine¹ /paɪn/ n. (tree) Kiefer, die

pine² v.i. sich [vor Kummer] verzehren (geh.)
　　■ ~ a'way v.i. dahinkümmern

pineapple /'paɪnæpl/ n. Ananas, die

'**pine tree** n. Kiefer, die

ping-pong (AmE: **Ping-Pong**®) /'pɪŋpɒŋ/
　　n. Tischtennis, das

pinhole 'camera n. Lochkamera, die;
　　Camera obscura, die

pink /pɪŋk/ **A** n. Rosa, das
　　B adj. rosa

pinkie /'pɪŋkɪ/ n. (AmE) Scot. kleiner Finger

'**pin money** n. Taschengeld, das

pinnacle /'pɪnəkl/ n. Gipfel, der; (fig.)
　　Höhepunkt, der

pin: ~**point** v.t. genau festlegen; ~**prick** n.
　　Nadelstich, der; ~**stripe** n. Nadelstreifen,
　　der; ~**stripe 'suit** n. Nadelstreifenanzug,
　　der

pint /paɪnt/ n. Pint, das; ≈ halber Liter

pint 'mug n. ≈ Halbliterglas, das/-humpen,
　　der

'**pin-up** (infml) n. Pin-up-Girl, das; (picture) (of
　　beautiful girl) Pin-up[-Foto], das; (of sports, film or
　　pop star) Starfoto, das

pioneer /paɪə'nɪə(r)/ **A** n. Pionier, der
　　B v.t. Pionierarbeit leisten für

pious /'paɪəs/ adj. fromm

pip /pɪp/ n. (seed) Kern, der

pipe /paɪp/ **A** n. **1** (tube) Rohr, das
　　2 (Mus.) Pfeife, die
　　3 [tobacco] ~ [Tabaks]pfeife, die
　　B v.t. [durch ein Rohr/durch Rohre] leiten
　　■ ~ 'down v.i. (infml) ruhig sein
　　■ ~ 'up v.i. (infml) etwas sagen

pipe: ~ **dream** n. Wunschtraum, der;
　　Hirngespinst, das (abwertend); ~**line**
　　n. Pipeline, die; in the ~line (fig.) in
　　Vorbereitung

piper /'paɪpə(r)/ n. Pfeifer, der/Pfeiferin, die;
　　(bagpiper) Dudelsackspieler, der/-spielerin,
　　die

piping hot /'paɪpɪŋ hɒt/ adj. kochend heiß

piquant /'piːkənt/ adj. pikant

pique /piːk/ n. in a [fit of] ~ verstimmt

piracy /'paɪrəsɪ/ n. Seeräuberei, die

piranha /pɪ'rɑːnə, pɪ'rɑːnjə/ n. Piranha, der

pirate /'paɪrət/ n. Pirat, der; Seeräuber, der

pirate 'radio station n. (Radio)
　　Piratensender, der

Pisces /'paɪsiːz/ n. (Astrol., Astron.) Fische Pl.

p

piss /pɪs/ (coarse) **A** *n.* **1** (urine) Pisse, *die* (derb)
2 have a/go for a ~ pissen/pissen gehen (derb)
B *v.i.* pissen (derb)
■ '~ **down** *v.i.* (sl.) ~ **down [with rain]** schiffen (salopp)
■ ~ **'off** (BrE) (sl.) **A** *v.i.* sich verpissen (salopp)
B *v.t.* ankotzen (derb)
pissed /pɪst/ *adj.* (sl.) **1** (drunk) voll (salopp)
2 (AmE) (angry) [stock]sauer (**with** auf + *Akk.*) (salopp)
pissed 'off *adj.* (sl.) stocksauer (**with** auf + *Akk.*) (salopp)
'piss-up *n.* (sl.) Sauferei, *die* (salopp)
pistol /'pɪstl/ *n.* Pistole, *die*
piston /'pɪstən/ *n.* Kolben, *der*
pit /pɪt/ **A** *n.* (hole, mine) Grube, *die*; (natural) Vertiefung, *die*
B *v.t.*, **-tt-**; ~ **one's wits/skill** *etc.* **against sth** seinen Verstand/sein Können *usw.* an etw. (*Dat.*) messen
'pit bull terrier *n.* Pitbullterrier, *der*
pitch¹ /pɪtʃ/ **A** *n.* **1** (BrE) (usual place) [Stand]platz, *der*; (Sport) (playing area) Feld, *das*; Platz, *der*
2 (Mus.) Tonhöhe, *die*
3 (slope) Neigung, *die*
B *v.t.* **1** (erect) aufschlagen; ~ **camp** ein/das Lager aufschlagen
2 (throw) werfen
C *v.i.* stürzen; ‹*Schiff:*› stampfen; ~ **forward** vornüberstürzen
pitch² *n.* (substance) Pech, *das*
pitch: ~**-'black** *adj.* pechschwarz; stockdunkel (ugs.) ‹*Nacht*›; ~**-'dark** *adj.* stockdunkel (ugs.)
pitcher /'pɪtʃə(r)/ *n.* [Henkel]krug, *der*
'pitchfork *n.* Heugabel, *die*
'pitfall *n.* Fallstrick, *der*
pith /pɪθ/ *n.* **1** (of orange etc.) weiße Haut
2 (fig.) Kern, *der*
'pith helmet *n.* Tropenhelm, *der*
'pithy *adj.* (fig.) prägnant
pitiable /'pɪtɪəbl/, **pitiful** /'pɪtɪfl/ *adjs.*
1 Mitleid erregend
2 (contemptible) jämmerlich
pitifully /'pɪtɪfəlɪ/ *adv.* erbärmlich; jämmerlich
'pitiless *adj.* unbarmherzig
'pit stop *n.* (Motor racing) Boxenstopp, *der*
pittance /'pɪtəns/ *n.* Hungerlohn, *der*
pity /'pɪtɪ/ **A** *n.* Mitleid, *das*; **feel** ~ **for sb** Mitgefühl für jmdn. empfinden; **have/take** ~ **on sb** Erbarmen mit jmdm. haben; **[what a]** ~**!** [wie] schade!
B *v.t.* bemitleiden; **I** ~ **you** du tust mir leid
pivot /'pɪvət/ **A** *n.* [Dreh]zapfen, *der*
B *v.i.* sich drehen
pivotal /'pɪvətl/ *adj.* (fig.) (crucial) zentral
pixel /'pɪksel/ *n.* (Comp. etc.) Bildpunkt, *der*; Pixel, *das*
pixie /'pɪksɪ/ *n.* Kobold, *der*

pizza /'piːtsə/ *n.* Pizza, *die*
pizzeria /piːtsə'riːə/ *n.* Pizzeria, *die*
placard /'plækɑːd/ *n.* Plakat, *das*
placate /plə'keɪt/ *v.t.* beschwichtigen
✔ **place** /pleɪs/ **A** *n.* **1** Ort, *der*; (spot) Stelle, *die*; **a [good]** ~ **to park/to stop** ein [guter] Platz zum Parken/eine [gute] Stelle zum Halten; **do you know a good/cheap** ~ **to eat?** weißt du, wo man gut/billig essen kann?; ~ **of worship** Andachtsort, *der*; **all over the** ~ überall; (infml) (in a mess) ganz durcheinander (ugs.)
2 (rank, position) Stellung, *die*; **put sb in his** ~ jmdn. in seine Schranken weisen
3 (country, town) Ort, *der*; ~ **of birth** Geburtsort, *der*; ~ **of residence** Wohnort, *der*; **'go** ~**s** (infml) (fig.) es [im Leben] zu was bringen (ugs.)
4 (infml) (premises) Bude, *die* (ugs.); **she is at his** ~ sie ist bei ihm
5 (seat etc.) [Sitz]platz, *der*; **change** ~**s [with sb]** [mit jmdm.] die Plätze tauschen; (fig.) [mit jmdm.] tauschen
6 (step, stage) **in the first** ~ zuerst; **why didn't you say so in the first** ~**?** warum hast du das nicht gleich gesagt?
7 (proper ~) Platz, *der*; **everything fell into** ~ (fig.) alles wurde klar; **out of** ~ nicht am richtigen Platz; (several things) in Unordnung
8 (position in competition) Platz, *der*
B *v.t.* **1** (vertically) stellen; (horizontally) legen
2 *in p.p.* (situated) gelegen
3 (find situation or home for) unterbringen (**with** bei)
4 (class) einordnen; einstufen; **be** ~**d second in the race** im Rennen den zweiten Platz belegen
placebo /plə'siːbəʊ/ *n.*, *pl.* ~**s** Placebo, *das*
'place mat *n.* Set, *der od. das*
placement /'pleɪsmənt/ *n.* Platzierung, *die*
'place name *n.* Ortsname, *der*
placenta /plə'sentə/ *n.*, *pl.* ~**e** /plə'sentiː/ *or* ~**s** Plazenta, *die*
'place setting *n.* Gedeck, *das*
placid /'plæsɪd/ *adj.* ruhig
plagiarism /'pleɪdʒərɪzm/ *n.* Plagiat, *das*
plagiarize /'pleɪdʒəraɪz/ *v.t.* plagiieren
plague /pleɪg/ **A** *n.* **1** (esp. Hist.) (epidemic) Seuche, *die*; **the** ~ (bubonic) die Pest
2 (infestation) ~ **of rats** Rattenplage, *die*
B *v.t.* plagen; ~**d with** *or* **by sth** von etw. geplagt
plaice /pleɪs/ *n.*, *pl.* same Scholle, *die*
plain /pleɪn/ **A** *adj.* **1** (clear) klar; (obvious) offensichtlich
2 (frank) offen; schlicht ‹*Wahrheit*›; **be** ~ **sailing** (fig.) [ganz] einfach sein
3 (unsophisticated) einfach; schlicht ‹*Kleidung*›; unliniert ‹*Papier*›; ‹*Stoff*› ohne Muster
4 wenig attraktiv ‹*Mädchen*›
B *adv.* **1** (clearly) deutlich
2 (simply) einfach
C *n.* Ebene, *die*

p

plain: ~ **'chocolate** n. halbbittere Schokolade; ~ **'clothes** n., pl. in ~ clothes in Zivil

'plainly adv. **1** (clearly) deutlich **2** (obviously) offensichtlich; (undoubtedly) eindeutig **3** (frankly) offen **4** (simply) schlicht

plaintiff /'pleɪntɪf/ n. Kläger, der/Klägerin, die

plaintive /'pleɪntɪv/ adj. klagend

plait /plæt/ **A** n. Zopf, der **B** v.t. flechten

⚡ **plan** /plæn/ **A** n. Plan, der; [go] according to ~ nach Plan [gehen]; planmäßig [verlaufen] **B** v.t., **-nn-** planen; (design) entwerfen **C** v.i., **-nn-** planen

plane¹ /pleɪn/ n. ~ [tree] Platane, die

plane² **A** n. (tool) Hobel, der **B** v.t. hobeln

⚡ **plane³** n. **1** (Geom.) (fig.) Ebene, die **2** (aircraft) Flugzeug, das; Maschine, die (ugs.)

'planeload n. Flugzeugladung, die

⚡ **planet** /'plænɪt/ n. Planet, der

planetarium /plænɪ'teərɪəm/ n., pl. ~**s** or **planetaria** /plænɪ'teərɪə/ Planetarium, das

planetary /'plænɪtərɪ/ adj. planetarisch

plank /plæŋk/ n. Brett, das; (thicker) Bohle, die; (on ship) Planke, die

plankton /'plæŋktən/ n. Plankton, das

planned e'conomy n. Planwirtschaft, die

'planner n. Planer, der/Planerin, die

⚡ **'planning** n. Planen, das; Planung, die

⚡ **plant** /plɑːnt/ **A** n. **1** (Bot.) Pflanze, die **2** no indef. art. (machinery) Maschinen Pl. **3** (factory) Fabrik, die; Werk, das **B** v.t. **1** pflanzen **2** (infml) (conceal) anbringen ‹Wanze›; legen ‹Bombe›; ~ sth on sb jmdm. etw. unterschieben

plantation /plɑːn'teɪʃn/ n. Plantage, die

planter /'plɑːntə(r)/ n. (container) Pflanzgefäß, das

'plant food n. Pflanzennahrung, die

plaque /plɑːk, plæk/ n. **1** Platte, die; (commemorating sb) [Gedenk]tafel, die **2** (Dent.) Zahnbelag, der

plasma /'plæzmə/ n. Plasma, das

plaster /'plɑːstə(r)/ **A** n. **1** (for walls etc.) [Ver]putz, der **2** ~ [of Paris] Gips, der; have one's leg in ~ ein Gipsbein haben **3** ▶ sticking plaster **B** v.t. **1** verputzen ‹Wand› **2** (daub) ~ sth on sth etw. dick auf etw. (Akk.) auftragen

plaster: ~**board** n. Gipsplatte, die; ~ **cast** n. (Med.) Gipsverband, der

plastered /'plɑːstəd/ adj. (sl.) (drunk) voll (salopp); get ~ sich voll laufen lassen (salopp)

⚡ Schlüsselwort

'plasterer n. Gipser, der

plastic /'plæstɪk/ **A** n. **1** Plastik, das; Kunststoff, der **2** (infml) (credit cards etc.) Plastikgeld, das **B** adj. aus Plastik od. Kunststoff nachgestellt

plastic: ~ **'bag** n. Plastiktüte, die; ~ **'bullet** n. Plastikgeschoss, das

Plasticine® /'plæstɪsiːn/ n. Plastilin, das

plastic: ~ **'money** n. (joc.) Kreditkarten Pl.; ~ **'surgeon** n. Facharzt für plastische Chirurgie; ~ **'surgery** n. plastische Chirurgie

⚡ **plate** /pleɪt/ **A** n. **1** Teller, der; (serving ~) Platte, die **2** (metal ~ with name etc.) Schild, das **3** (for printing) Platte, die; (illustration) [Bild]tafel, die **B** v.t. ~ sth [with gold/silver] etw. vergolden/versilbern

plateau /'plætəʊ/ n., pl. ~**x** /'plætəʊz/ or ~**s** Hochebene, die; Plateau, das

plate: ~ **'glass** n. Flachglas, das; ~ **rack** n. (BrE) Abtropfständer, der; Geschirrablage, die

⚡ **platform** /'plætfɔːm/ n. **1** (BrE) (Railw.) Bahnsteig, der; ~ **4** Gleis 4 **2** (stage) Podium, das

platinum /'plætɪnəm/ n. Platin, das

platitude /'plætɪtjuːd/ n. Plattitüde, die (geh.); Gemeinplatz, der

platonic /plə'tɒnɪk/ adj. platonisch ‹Liebe, Freundschaft›

platoon /plə'tuːn/ n. (Mil.) Zug, der

plausible /'plɔːzɪbl/ adj. plausibel; einleuchtend

⚡ **play** /pleɪ/ **A** n. **1** (Theatre) [Theater]stück, das; **television** ~ Fernsehspiel, das **2** (recreation) Spielen, das; Spiel, das; ~ on words Wortspiel, das **3** (Sport) Spiel, das **4** come into ~, be brought or called into ~ ins Spiel kommen **B** v.i. **1** spielen; ~ safe sichergehen; ~ for time Zeit gewinnen wollen **2** (Mus.) spielen (on auf + Dat.) **C** v.t. (also Sport, Theatre, Cards, Mus.) spielen; abspielen ‹Schallplatte, Tonband›; schlagen ‹Ball›; spielen gegen ‹Mannschaft, Gegner›; ~ the violin etc. Geige usw. spielen; ~ a trick/joke on sb jmdn. hereinlegen (ugs.) /jmdm. einen Streich spielen; ~ one's cards right (fig.) es richtig anfassen (fig.) ▪ ~ a'bout, ~ a'round v.i. spielen; stop ~ing about or around hör doch auf mit dem Unsinn! ▪ ~ a'long v.i. mitspielen ▪ ~ 'back v.t. abspielen ‹Tonband› ▪ ~ 'down v.t. herunterspielen ▪ ~ 'up **A** v.i. (infml) ‹Kinder:› nichts als Ärger machen **B** v.t. (infml) (annoy) ärgern

play: ~**-acting** n. Theater, das (ugs.); ~ **area** n. Spielplatz, der; ~**back** n. Wiedergabe, die;

listen to the ~back die Aufnahme anhören; ~boy n. Playboy, der

✔ 'player n. Spieler, der/Spielerin, die

playful /'pleɪfl/ adj. spielerisch; (frolicsome) verspielt

play: ~ground n. Spielplatz, der; (Sch.) Schulhof, der; ~ group n. Spielgruppe, die

playing: ~ area n. (Sport) Spielfeld, das; ~ card n. Spielkarte, die; ~ field n. Sportplatz, der

play: ~mate n. Spielkamerad, der/ -kameradin, die; ~off n. Entscheidungsspiel, das; ~pen n. Laufgitter, das; ~ school n. Kindergarten, der; ~thing n. Spielzeug, das; ~wright /'pleɪraɪt/ n. Dramatiker, der/ Dramatikerin, die

PLC, plc abbr. (BrE) = public limited company ≈ GmbH

plea /pliː/ n. Bitte, die; (public appeal) Appell, der (for zu)

plead /pliːd/ A v.i. 1 inständig flehen (for um); (imploringly) flehen (for um); ~ with sb for sth jmdn. inständig um etw. bitten 2 (Law) (also fig.) plädieren
B v.t. 1 inständig bitten; (imploringly) flehen 2 (Law) ~ guilty/not guilty sich schuldig/ nicht schuldig bekennen

'pleading adj. flehend

pleasant /'plezənt/ adj. angenehm

pleasantry /'plezəntri/ n. Nettigkeit, die

✔ please /pliːz/ A v.t. gefallen (+ Dat.); ~ oneself tun, was man will; ~ yourself ganz wie du willst
B v.i. I come and go as I ~ ich komme und gehe, wie es mir gefällt; if you ~ bitte schön
C int. bitte; ~ do! aber bitte od. gern!

pleased /pliːzd/ adj. (satisfied) zufrieden (by mit); (happy) erfreut (by über + Akk.); be ~ at or about sth sich über etw. (Akk.) freuen

pleasing /'pliːzɪŋ/ adj. gefällig

pleasure /'pleʒə(r)/ n. (joy) Freude, die; (enjoyment) Vergnügen, das; have the ~ of doing sth das Vergnügen haben, etw. zu tun; with ~ mit Vergnügen

'pleasure cruise n. Vergnügungsfahrt, die

pleat /pliːt/ n. Falte, die

'pleated adj. gefältelt; Falten<rock>

plebiscite /'plebɪsɪt, 'plebɪsaɪt/ n. Plebiszit, das

pledge /pledʒ/ A n. Versprechen, das
B v.t. versprechen; geloben <Treue>

plentiful /'plentɪfl/ adj. reichlich; be ~ reichlich vorhanden sein

✔ plenty /'plenti/ n. ~ of viel; eine Menge; (infml) (enough) genug

pleurisy /'plʊərɪsɪ/ n. Pleuritis, die; Brustfellentzündung, die

pliable /'plaɪəbl/ adj. biegsam

plied ▸ ply

pliers /'plaɪəz/ n. pl. [pair of] ~ Zange, die

plight /plaɪt/ n. Notlage, die

plimsoll /'plɪmsl/ n. (BrE) Turnschuh, der

plinth /plɪnθ/ n. Sockel, der

plod /plɒd/ v.i., -dd- trotten
■ ~ 'on v.i. (fig.) sich weiterkämpfen

plonk /plɒŋk/ n. (infml) [billiger] Wein

✔ plot /plɒt/ A n. 1 (conspiracy) Verschwörung, die 2 (of play, novel) Handlung, die 3 (of ground) Stück Land
B v.t., -tt- 1 [heimlich] planen 2 (mark on map) einzeichnen
C v.i., -tt-; ~ against sb sich gegen jmdn. verschwören

'plotter n. Verschwörer, der/Verschwörerin, die

plough /plaʊ/ A n. Pflug, der
B v.t. pflügen
■ ~ 'back v.t. (Finance) reinvestieren

plow (AmE) / (arch.) ▸ plough

ploy /plɔɪ/ n. Trick, der

pluck /plʌk/ A v.t. 1 pflücken <Obst>; ~ [out] auszupfen <Federn, Haare> 2 (pull at) zupfen an (+ Dat.) 3 (strip of feathers) rupfen
B v.i. ~ at sth an etw. (Dat.) zupfen
C n. Mut, der
■ ~ 'up v.t. ~ up [one's] courage all seinen Mut zusammennehmen

pluckily /'plʌkɪlɪ/ adv., 'plucky adj. tapfer

plug /plʌg/ A n. 1 (filling hole) Pfropfen, der; (in cask) Spund, der; (for basin etc.) Stöpsel, der 2 (Electr.) Stecker, der
B v.t., -gg- 1 ~ [up] zustopfen <Loch usw.> 2 (infml) (advertise) Schleichwerbung machen für
■ ~ 'in v.t. anschließen

'plughole n. Abfluss, der

plum /plʌm/ n. 1 Pflaume, die 2 (fig.) Leckerbissen, der; a ~ job ein Traumjob (ugs.)

plumage /'pluːmɪdʒ/ n. Gefieder, das

plumb¹ /plʌm/ A v.t. [aus]loten
B adv. 1 lotrecht 2 (fig.) genau

plumb² v.t. ~ in fest anschließen

plumber /'plʌmə(r)/ n. Klempner, der

plumbing /'plʌmɪŋ/ n. 1 Klempnerarbeiten Pl. 2 (waterpipes) Wasserleitungen Pl.

'plumb line n. Lot, das

plume /pluːm/ n. Feder, die; (ornamental bunch) Federbusch, der

plummet /'plʌmɪt/ v.i. stürzen

plump /plʌmp/ adj. mollig; rundlich
■ ~ for v.t. sich entscheiden für

plunder /'plʌndə(r)/ A v.t. [aus]plündern <Gebäude, Gebiet>
B n. Plünderung, die; (booty) Beute, die

plunge /plʌndʒ/ A v.t. stecken; (into liquid) tauchen
B v.i. 1 ~ into sth in etw. (Akk.) stürzen

p

2 ‹Straße usw.:› steil abfallen
C n. Sprung, der; **take the ~** (fig. infml) den Sprung wagen

plunger /ˈplʌndʒə(r)/ n. (suction cup) Stampfer, der

plural /ˈplʊərl/ **A** adj. pluralisch; Plural-; **~ noun** Substantiv im Plural
B n. Mehrzahl, die; Plural, der

pluralism /ˈplʊərəlɪzm/ n. Pluralismus, der

‹ **plus** /plʌs/ **A** prep. plus (+ Dat.)
B n. (advantage) Pluspunkt, der

plush /plʌʃ/ **A** n. Plüsch, der
B adj. (infml) feudal (ugs.)

Pluto /ˈpluːtəʊ/ pr. n. (Astron.) Pluto, der

plutonium /pluːˈtəʊnɪəm/ n. Plutonium, das

ply /plaɪ/ **A** v.t. **1** (use) gebrauchen
2 nachgehen (+ Dat.) ‹Handwerk, Arbeit›
3 (supply) **~ sb with sth** jmdn. mit etw. versorgen
4 (assail) überhäufen
B v.i. **~ between** zwischen ‹Orten› [hin- und her]pendeln

ˈ**plywood** n. Sperrholz, das

PM abbr. Prime Minister

p.m. /piːˈem/ adv. nachmittags; **one ~** ein Uhr mittags

PMT abbr. = **premenstrual tension** PMS

pneumatic /njuːˈmætɪk/ adj. pneumatisch

pneumatic ˈdrill n. Pressluftbohrer, der

pneumonia /njuːˈməʊnɪə/ n. Lungenentzündung, die

PO abbr. **1** = **postal order** PA
2 = **Post Office** PA

poach¹ /pəʊtʃ/ v.t. **1** (catch illegally) wildern; illegal fangen ‹Fische›
2 stehlen, (ugs.) klauen ‹Idee›

poach² v.t. (Cookery) pochieren ‹Ei›; dünsten ‹Fisch, Fleisch, Gemüse›; **~ed eggs** verlorene Eier

ˈ**poacher** n. Wilderer, der

PO box ▸ post office box

pocket /ˈpɒkɪt/ **A** n. **1** Tasche, die
2 (fig.) **be in ~** Geld verdient haben; **be out of ~** draufgelegt haben
B adj. Taschen‹rechner, -uhr, -ausgabe›
C v.t. **1** einstecken
2 (steal) in die eigene Tasche stecken (ugs.)

pocket: **~book** n. (wallet) Brieftasche, die; (notebook) Notizbuch, das; **~ ˈhandkerchief** n. Taschentuch, das; **~ knife** n. Taschenmesser, das; **~ money** n. Taschengeld, das; **~-sized**, **~-size** adj. im Taschenformat nachgestellt

ˈ**pockmarked** adj. **1** pockennarbig ‹Gesicht, Haut›
2 a wall ~ with bullets eine mit Einschüssen übersäte Wand

pod /pɒd/ n. Hülse, die; (of pea) Schote, die

podgy /ˈpɒdʒɪ/ adj. dicklich

‹ **poem** /ˈpəʊɪm/ n. Gedicht, das

poet /ˈpəʊɪt/ n. Dichter, der/Dichterin, die

poetic /pəʊˈetɪk/ adj. dichterisch

poetry /ˈpəʊɪtrɪ/ n. [Vers]dichtung, die; Lyrik, die

pogrom /ˈpɒɡrəm/ n. Pogrom, das od. der

poignant /ˈpɔɪnjənt/ adj. tief ‹Bedauern, Trauer›; ergreifend ‹Anblick›

‹ **point** /pɔɪnt/ **A** n. **1** (tiny mark, dot) Punkt, der
2 (of tool, pencil, etc.) Spitze, die
3 (single item; unit of scoring) Punkt, der
4 (stage, degree) **up to a ~** bis zu einem gewissen Grad; **he gave up at this ~** an diesem Punkt gab er auf
5 (moment) Zeitpunkt, der; **be on the ~ of doing sth** etw. gerade tun wollen
6 (distinctive trait) Seite, die; **best/strong ~** starke Seite; Stärke, die
7 (thing to be discussed) **come to** or **get to the ~** zum Thema kommen; **be beside the ~** keine Rolle spielen; **make a ~ of doing sth** [großen] Wert darauf legen, etw. zu tun
8 (of story, joke, remark) Pointe, die
9 (purpose) Zweck, der; Sinn, der; **there's no ~ in protesting** es hat keinen Sinn od. Zweck zu protestieren
10 (precise place, spot) Punkt, der; Stelle, die
11 (BrE) **[power** or **electric] ~** Steckdose, die
12 usu in pl. (BrE) (Railw.) Weiche, die
B v.i. **1** zeigen, weisen (**to**, **at** auf + Akk.)
2 ~ towards or **to** (fig.) [hin]deuten auf (+ Akk.)
C v.t. richten ‹Waffe, Kamera› (**at** auf + Akk.); **~ one's finger at sth/sb** mit dem Finger auf etw./jmdn. zeigen
■ **~ ˈout** v.t. hinweisen auf (+ Akk.); **~ sth/sb out to sb** jmdn. auf etw./jmdn. hinweisen

point-ˈblank **A** adj. (lit. or fig.) direkt; glatt ‹Weigerung›; **~ range** kürzeste Entfernung
B adv. (at very close range) aus kürzester Entfernung

ˈ**pointed** adj. **1** spitz
2 (fig.) unmissverständlich

ˈ**pointer** n. **1** Zeiger, der; (rod) Zeigestock, der
2 (infml) (indication) Hinweis, der (**to** auf + Akk.)

ˈ**pointless** adj. sinnlos; belanglos ‹Bemerkung, Geschichte›

point of ˈview n. (fig.) Standpunkt, der

poise /pɔɪz/ n. (composure) Haltung, die; (self-confidence) Selbstvertrauen, das

poised /pɔɪzd/ adj. selbstsicher

poison /ˈpɔɪzn/ **A** n. Gift, das
B v.t. vergiften

ˈ**poisoning** n. Vergiftung, die

poisonous /ˈpɔɪzənəs/ adj. giftig

poke **A** v.t. **1 ~ sth [with sth]** [mit etw.] gegen etw. stoßen; **~ sth into sth** etw. in etw. (Akk.) stoßen; **~ the fire** das Feuer schüren
2 stecken ‹Kopf›
B v.i. **1** [herum]stochern (**at**, **in**, **among** in + Dat.)
2 (pry) schnüffeln (ugs.)

p

C *n.* (thrust) Stoß, *der*; **give sb a ~ [in the ribs]** jmdm. einen [Rippen]stoß versetzen; **give the fire a ~** das Feuer [an]schüren
■ **~ a'bout**, **~ a'round** *v.i.* herumschnüffeln (ugs.)

'**poker**¹ *n.* Schüreisen, *das*

'**poker**² *n.* (Cards) Poker, *das od. der*

'**poker-faced** *adj.* mit unbewegter Miene *nachgestellt*

poky /'pəʊkɪ/ *adj.* winzig

Poland /'pəʊlənd/ *pr. n.* Polen *(das)*

polar /'pəʊlə(r)/ *adj.* polar <*Kaltluft, Gewässer*>; Polar<*eis, -gebiet, -fuchs*>

polar: **~ 'bear** *n.* Eisbär, *der*; **~ 'cap** *n.* Polkappe, *die*

pole¹ *n.* (support) Stange, *die*; **drive sb up the ~** (BrE) (infml) jmdn. zum Wahnsinn treiben (ugs.)

pole² *n.* (Astron., Geog., Magn., Electr., fig.) Pol, *der*

Pole /pəʊl/ *n.* Pole, *der*/Polin, *die*

pole: **~ star** *n.* Polarstern, *der*; **~-vault** *n.* Stabhochsprung, *der*; **~ vaulter** *n.* Stabhochspringer, *der*/-springerin, *die*

✓ **police** /pə'liːs/ **A** *n. pl.* Polizei, *die*; (members) Polizisten *Pl.*; attrib. Polizei-
B *v.t.* [polizeilich] überwachen <*Fußballspiel*>; kontrollieren <*Gebiet*>

police: **~ force** *n.* **the ~ force** die Polizei; **~man** /pə'liːsmən/ *n.*, *pl.* **-men** /pə'liːsmən/ Polizist, *der*; **~ officer** *n.* Polizeibeamte, *der*/-beamtin, *die*; **~ state** *n.* Polizeistaat, *der*; **~ station** *n.* Polizeirevier, *das*; **~woman** *n.* Polizistin, *die*

✓ **policy**¹ /'pɒlɪsɪ/ *n.* Politik, *die*

policy² *n.* (Insurance) Police, *die*

'**policy holder** *n.* Versicherte, *der*/*die*

polio /'pəʊlɪəʊ/ *n.*, *no art.* Polio, *die*; [spinale] Kinderlähmung

polish /'pɒlɪʃ/ **A** *v.t.* **1** polieren; bohnern <*Fußboden*>; putzen <*Schuhe*>
2 (fig.) ausfeilen <*Text, Theorie, Stil*>
B *n.* **1** (smoothness) Glanz, *der*
2 (substance) Politur, *die*
3 (fig.) Schliff, *der*
■ **~ 'off** *v.t.* (infml) **1** (consume) verdrücken (ugs.) **2** (complete quickly) durchziehen (ugs.)
■ **~ 'up** *v.t.* **1** polieren
2 ausfeilen <*Stil*>; aufpolieren <*Kenntnisse*>

Polish /'pəʊlɪʃ/ **A** *adj.* polnisch; **sb is ~** jmd. ist Pole/Polin
B *n.* Polnisch, *das; see also* English B1

polite /pə'laɪt/ *adj.*, **~r** /pə'laɪtə(r)/, **~st** /pə'laɪtɪst/ höflich

po'liteness *n.* Höflichkeit, *die*

✓ **political** /pə'lɪtɪkl/ *adj.* politisch

politically /pə'lɪtɪkəlɪ/ *adv.* politisch; **~ correct** politisch korrekt

political 'prisoner *n.* politischer Gefangener/politische Gefangene

✓ **politician** /pɒlɪ'tɪʃn/ *n.* Politiker, *der*/ Politikerin, *die*

politicize (**politicise**) /pə'lɪtɪsaɪz/ *v.t.* politisieren

✓ **politics** /'pɒlɪtɪks/ *n.* Politik, *die*; (of individual) politische Einstellung

polka /'pɒlkə, 'pəʊlkə/ *n.* Polka, *die*

'**polka dot** *n.* [großer] Tupfen

✓ **poll** /pəʊl/ **A** *n.* **1** (voting) Abstimmung, *die*; (to elect sb) Wahl, *die*; **go to the ~s** zur Wahl gehen
2 (opinion ~) Umfrage, *die*
B *v.t.* **1** (take vote[s] of) abstimmen/wählen lassen
2 (take opinion of) befragen

pollen /'pɒlən/ *n.* Pollen, *der*; Blütenstaub, *der*

'**pollen count** *n.* Pollenmenge, *die*

pollinate /'pɒlɪneɪt/ *v.t.* bestäuben

pollination /pɒlɪ'neɪʃn/ *n.* Bestäubung, *die*

polling /'pəʊlɪŋ/: **~ booth** *n.* Wahlkabine, *die*; **~ station** *n.* (BrE) Wahllokal, *das*

'**poll tax** *n.* Kopfsteuer, *die*

pollutant /pə'luːtənt/ *n.* [Umwelt]schadstoff, *der*

pollute /pə'luːt/ *v.t.* verschmutzen <*Luft, Boden, Wasser*>

pollution /pə'luːʃn/ *n.* [environmental] ~ [Umwelt]verschmutzung, *die*; noise ~ Lärmbelästigung, *die*

polo /'pəʊləʊ/ *n.* Polo, *das*

polo: **~ neck** *n.* Rollkragen, *der*; **~ shirt** *n.* Polohemd, *das*

poly /'pɒlɪ/ *n.*, *pl.* **~s** (infml) Polytechnikum, *das*; ≈ TH, *die*

polyester /pɒlɪ'estə(r)/ *n.* Polyester, *der*

polygamy /pə'lɪɡəmɪ/ *n.* Polygamie, *die*

polystyrene /pɒlɪ'staɪriːn/ *n.* Polystyrol, *das*

polystyrene 'foam *n.* Styropor®, *das*

polytechnic /pɒlɪ'teknɪk/ *n.* (BrE) ≈ technische Hochschule

polythene /'pɒlɪθiːn/ *n.* Polyäthylen, *das*

polythene 'bag *n.* Plastikbeutel, *der*

polyunsaturated /pɒlɪʌn'sætʃəreɪtɪd/ *adj.* mehrfach ungesättigt

polyunsaturates /pɒlɪʌn'sætʃʊrəts/ *n. pl.* mehrfach ungesättigte Fettsäuren *Pl.*

pomegranate /'pɒmɪɡrænɪt/ *n.* Granatapfel, *der*

'**pommel horse** *n.* Seitpferd, *das*

pomp /pɒmp/ *n.* Pomp, *der*

pompom /'pɒmpɒm/ *n.* Pompon, *der*

pompom 'hat *n.* Pudelmütze, *die*

pompous /'pɒmpəs/ *adj.* großspurig; gespreizt <*Sprache*>

pond /pɒnd/ *n.* Teich, *der*

ponder /'pɒndə(r)/ **A** *v.t.* nachdenken über (+ Akk.) <*Frage, Ereignis*>; abwägen <*Vorteile, Worte*>
B *v.i.* nachdenken (over, on über + Akk.)

ponderous /'pɒndərəs/ *adj.* schwer

pong /pɒŋ/ (BrE) (infml) **A** *n.* Mief, *der* (ugs.)

p

B *v.i.* miefen (ugs.)
pony /'pəʊnɪ/ *n.* Pony, *das*
pony: ~**tail** *n.* Pferdeschwanz, *der*;
~**trekking** /'pəʊnɪtrekɪŋ/ *n.* (BrE)
Ponyreiten, *das*
poodle /'puːdl/ *n.* Pudel, *der*
pool[1] /puːl/ *n.* **1** Tümpel, *der*
2 (temporary) Lache, *die*; ~ of blood Blutlache, *die*
3 (swimming ~) Schwimmbecken, *das*; (public) Schwimmbad, *das*; (in house or garden) Pool, *der*
pool[2] **A** *n.* **1** (Gambling) [gemeinsame Spiel]kasse; the ~s (BrE) das Toto
2 (common supply) Topf, *der*; a ~ of experience ein Erfahrungsschatz
3 (game) Pool[billard], *das*
B *v.t.* zusammenlegen <Geld, Ersparnisse>; bündeln <Anstrengungen>
'pool table *n.* Pool[billard]tisch, *der*
poor /pʊə(r)/ **A** *adj.* **1** arm
2 (inadequate) schlecht; schwach <Spiel, Gesundheit, Leistung, Rede>; dürftig <Kleidung, Essen, Unterkunft>; of ~ quality minderer Qualität
3 (paltry) schwach <Trost>; schlecht <Aussichten>
4 (unfortunate) arm (auch iron.)
5 karg <Boden>
6 (deficient) arm (in an + Dat.); ~ in vitamins vitaminarm
B *n. pl.* the ~ die Armen *Pl.*
poorly /'pʊəlɪ/ *adv.*, *pred. adj.* schlecht
pop[1] /pɒp/ **A** *v.i.*, **-pp- 1** (make sound) knallen
2 (infml) (go quickly) let's ~ round to Fred's komm, wir gehen kurz bei Fred vorbei (ugs.)
B *v.t.*, **-pp- 1** (infml) (put) ~ the meat in the fridge das Fleisch in den Kühlschrank tun
2 platzen <Luftballon>
C *n.* **1** Knall, *der*; Knallen, *das*
2 (infml) (drink) Brause, *die* (ugs.)
D *adv.* go ~ knallen
■ ~ **'out** *v.i.* hervorschießen; ~ out to the shops schnell einkaufen gehen
pop[2] (infml) **A** *n.* Popmusik, *die*; Pop, *der*
B *adj.* Pop<star, -musik usw.>
'popcorn *n.* Popcorn, *das*
pope /pəʊp/ *n.* Papst, *der*/Päpstin, *die*
poplar /'pɒplə(r)/ *n.* Pappel, *die*
'pop music *n.* Popmusik, *die*
popper /'pɒpə(r)/ *n.* (BrE) (infml) Druckknopf, *der*
poppy /'pɒpɪ/ *n.* Mohn, *der*
popular /'pɒpjʊlə(r)/ *adj.* **1** (well liked) beliebt; populär <Entscheidung, Maßnahme>
2 verbreitet <Aberglaube, Irrtum, Meinung>; allgemein <Wahl, Unterstützung>
popularity /pɒpjʊ'lærɪtɪ/ *n.* Beliebtheit, *die*; (of decision, measure) Popularität, *die*
popularize /'pɒpjʊləraɪz/ *v.t.* **1** (make popular) populär machen

2 (make understandable) breiteren Kreisen zugänglich machen
'popularly *adv.* allgemein
popular 'music *n.* Unterhaltungsmusik, *die*
populate /'pɒpjʊleɪt/ *v.t.* bevölkern; bewohnen <Insel>
population /pɒpjʊ'leɪʃn/ *n.* Bevölkerung, *die*; Britain has a ~ of 56 million Großbritannien hat 56 Millionen Einwohner; ~ density Bevölkerungsdichte, *die*
popu'lation explosion *n.* Bevölkerungsexplosion, *die*
'pop-up *adj.* Stehauf<buch, -illustration>
pop-up: ~ **'menu** *n.* (Comp.) Pop-up-Menü, *das*; ~ **'toaster** *n.* Toaster mit Auswerfmechanismus; ~ **'window** *n.* (Comp.) Pop-up-Fenster, *das*
porcelain /'pɔːslɪn/ *n.* Porzellan, *das*
porch /pɔːtʃ/ *n.* Vordach, *das*; (with side walls) Vorbau, *der*; (enclosed) Windfang, *der*
porcupine /'pɔːkjʊpaɪn/ *n.* Stachelschwein, *das*
pore[1] /pɔː(r)/ *n.* Pore, *die*
pore[2] *v.i.* ~ over sth etw. [genau] studieren
pork /pɔːk/ *n.* Schweinefleisch, *das*; attrib. Schweine-
pork: ~ **'chop** *n.* Schweinekotelett, *das*; ~ **'pie** *n.* Schweinepastete, *die*
porn /pɔːn/ *n.* (infml) Pornographie, *die*; Pornos *Pl.* (ugs.)
pornographic /pɔːnə'græfɪk/ *adj.* pornographisch; Porno- (ugs.)
pornography /pɔː'nɒgrəfɪ/ *n.* Pornographie, *die*
porous /'pɔːrəs/ *adj.* porös
porridge /'pɒrɪdʒ/ *n.* [Hafer]brei, *der*
port[1] /pɔːt/ **A** *n.* **1** Hafen, *der*
2 (Naut., Aeronaut.) (left side) Backbord, *das*
B *adj.* (Naut., Aeronaut.) (left) Backbord-; backbordseitig
port[2] *n.* (wine) Portwein, *der*
portable /'pɔːtəbl/ *adj.* tragbar
port au'thority *n.* Hafenbehörde, *die*
porter[1] /'pɔːtə(r)/ *n.* (BrE) (doorman) Pförtner, *der*; (of hotel) Portier, *der*
porter[2] *n.* [Gepäck]träger, *der*/-trägerin, *die*; (in hotel) Hausdiener, *der*
portfolio /pɔːt'fəʊlɪəʊ/ *n.*, *pl.* ~**s 1** (Polit.) Geschäftsbereich, *der*
2 (case, contents) Mappe, *die*
porthole /'pɔːthəʊl/ *n.* (Naut.) Seitenfenster, *das*; (round) Bullauge, *das*
portion /'pɔːʃn/ *n.* **1** (part) Teil, *der*; (of ticket) Abschnitt, *der*
2 (of food) Portion, *die*
portly /'pɔːtlɪ/ *adj.* beleibt
portrait /'pɔːtrɪt/ *n.* Porträt, *das*
'portrait format *n.* (also Comp.) Hochformat, *das*
portray /pɔː'treɪ/ *v.t.* darstellen; (make likeness of) porträtieren

Portugal /'pɔːtjʊgl/ *pr. n.* Portugal *(das)*

Portuguese /pɔːtjʊ'giːz/ **A** *adj.* portugiesisch; **sb is** ~ jmd. ist Portugiese/Portugiesin **B** *n.*, *pl. same* **1** (person) Portugiese, *der/* Portugiesin, *die* **2** (language) Portugiesisch, *das*; *see also* **English B1**

ᴄ **pose** /pəʊz/ **A** *v.t.* aufwerfen ‹*Frage, Problem*›; darstellen ‹*Bedrohung*›; mit sich bringen ‹*Schwierigkeiten*› **B** *v.i.* **1** (assume attitude) posieren; (fig.) sich geziert benehmen **2** ~ **as** sich geben als **C** *n.* Pose, *die*; **strike a** ~ eine Pose einnehmen

poser /'pəʊzə(r)/ *n.* (question) knifflige Frage

posh /pɒʃ/ *adj.* (infml) vornehm; nobel (spött.); stinkvornehm (salopp)

ᴄ **position** /pə'zɪʃn/ **A** *n.* **1** (place occupied) Platz, *der*; (of player in team, of plane, ship, etc.) Position, *die*; (of hands of clock, words, stars) Stellung, *die*; (of building) Lage, *die*; **be in/out of** ~ an seinem Platz/nicht an seinem Platz sein **2** (Mil.) Stellung, *die* **3** (fig.) (mental attitude) Standpunkt, *der* **4** (fig.) (situation) **be in a good** ~ **[financially]** [finanziell] gut gestellt sein; **be in a** ~ **of strength** eine starke Position haben **5** (rank) Stellung, *die* **6** (job) Stelle, *die* **7** (posture) Haltung, *die* **B** *v.t.* platzieren; postieren ‹*Polizisten, Wachen*›; ~ **oneself** sich stellen /(sit) setzen

ᴄ **positive** /'pɒzɪtɪv/ *adj.* **1** (also Math.) positiv; konstruktiv ‹*Vorschlag*›; (definite) eindeutig; (convinced) sicher; **I'm** ~ **of it** ich bin [mir] [dessen] ganz sicher **2** (Electr.) positiv ‹*Elektrode, Ladung*›; Plus‹*platte, -leiter*› **3** *as intensifier* (infml) echt

positive: ~ **discrimi'nation** *n.* positive Diskriminierung; ~ **vetting** *n.*, *no indef. art.* (BrE) Sicherheitsüberprüfung, *die*

possess /pə'zes/ *v.t.* besitzen; (as faculty or quality) haben; ‹*Furcht usw.:*› ergreifen; **what** ~ **ed you?** was ist in dich gefahren?

possessed /pə'zest/ *adj.* besessen

possession /pə'zeʃn/ *n.* **1** (thing possessed) Besitz, *der*; **some of my** ~**s** einige meiner Sachen **2** *in pl.* (property) Besitz, *der* **3** (possessing) Besitz, *der*; **be in** ~ **of sth** im Besitz einer Sache *(Gen.)* sein; **take** ~ **of** in Besitz nehmen; beziehen ‹*Haus, Wohnung*›

possessive /pə'zesɪv/ *adj.* **1** besitzergreifend; **be** ~ **about sth/sb** etw. eifersüchtig hüten/an jmdn. Besitzansprüche stellen **2** (Ling.) possessiv; Possessiv‹*pronomen*›

possessor /pə'zesə(r)/ *n.* Besitzer, *der/* Besitzerin, *die*

ᴄ **possibility** /pɒsɪ'bɪlɪti/ *n.* Möglichkeit, *die*

ᴄ **possible** /'pɒsɪbl/ *adj.* möglich; (likely) [gut] möglich; **if** ~ wenn möglich; **as ... as** ~ so ... wie möglich; möglichst ...

ᴄ **possibly** /'pɒsɪbli/ *adv.* **1 as often as I** ~ **can** sooft ich irgend kann; **I cannot** ~ **commit myself** ich kann mich unmöglich festlegen **2** (perhaps) möglicherweise

ᴄ **post¹** /pəʊst/ *n.* **1** (as support) Pfosten, *der* **2** (stake) Pfahl, *der* **3** (starting/finishing ~) Start-/Zielpfosten, *der*

ᴄ **post²** **A** *n.* **1** (BrE) (one dispatch/delivery of letters) Postausgang, *der/*Post[zustellung], *die*; **by return of** ~ postwendend **2** *no indef. art.* (BrE) (official conveying) Post, *die*; **by** ~ mit der Post; per Post **3** (~ office) Post, *die* **B** *v.t.* **1** abschicken **2** (fig. infml) **keep sb** ~**ed** jmdn. auf dem Laufenden halten

ᴄ **post³** **A** *n.* **1** (job) Stelle, *die*; Posten, *der* **2** (Mil.; also fig.) Posten, *der* **B** *v.t.* postieren; aufstellen

postage /'pəʊstɪdʒ/ *n.* Porto, *das*; ~ **paid** freigemacht; frankiert; Frei‹*umschlag*›

'**postage stamp** *n.* Briefmarke, *die*

postal /'pəʊstl/ *adj.* Post-; postalisch ‹*Aufgabe, Einrichtung*›; (by post) per Post *nachgestellt*

'**postal order** *n.* ≈ Postanweisung, *die*

post: ~**box** *n.* (BrE) Briefkasten, *der*; ~**card** *n.* Postkarte, *die*; ~**code** *n.* (BrE) Postleitzahl, *die*; ~'**date** *v.t.* (give later date to) vordatieren

poster /'pəʊstə(r)/ *n.* Plakat, *das*

poste restante /pəʊst re'stãt/ *n.* Abteilung/ Schalter für postlagernde Sendungen; **write to sb [at the]** ~ **in Rome** jmdm. postlagernd nach Rom schreiben

posterior /pɒ'stɪərɪə(r)/ *n.* (joc.) Hinterteil, *das* (ugs.)

posterity /pɒ'sterɪti/ *n.*, *no art.* Nachwelt, *die*

postgrad /pəʊst'græd/ (infml) **post'graduate** **A** *adj.* Graduierten- **B** *n.* Graduierte, *der/die*

posthumous /'pɒstjʊməs/ *adj.* postum

post: ~**man** /'pəʊstmən/ *pl.* ~**men** /'pəʊstmən/ *n.* Briefträger, *der*; ~**mark** **A** *n.* Poststempel, *der* **B** *v.t.* abstempeln; ~'**modern** ▸ postmodernist A; ~'**modernist** **A** *adj.* postmodernistisch **B** *n.* Postmodernist/ Postmodernistin, *der/die*

post-mortem /pəʊst'mɔːtəm/ *n.* Obduktion, *die*

post: ~ **office** *n.* **1** (organization) **the P**~ **Office** die Post **2** (place) Postamt, *das*; Post, *die*; ~ **office box** *n.* Postfach, *das*

postpone /pə'spəʊn/ *v.t.* verschieben; (for an indefinite period) aufschieben

post'ponement *n.* Verschiebung, *die*, Aufschub, *der*

'**post room** *n.* Poststelle, *die*

postscript /'pəʊskrɪpt/ *n.* Nachschrift, *die*; (fig.) Nachtrag, *der*

p

posture /'pɒstʃə(r)/ n. [Körper]haltung, die

'**post-war** adj. Nachkriegs-; der Nachkriegszeit *nachgestellt*

posy /'pəʊzɪ/ n. Sträußchen, das

pot¹ /pɒt/ **A** n. **1** [Koch]topf, der; **go to ~** (infml) den Bach runtergehen (ugs.)
2 (container, contents) Topf, der; (teapot, coffee pot) Kanne, die
3 (infml) (large sum) **a ~ of/~s of** massenweise
B v.t. **~ [up]** eintopfen *<Pflanze>*

pot² n. (sl.) (marijuana) Pot, das (Jargon)

potassium /pə'tæsɪəm/ n. Kalium, das

potato /pə'teɪtəʊ/ n., pl. **~es** Kartoffel, die

potato 'salad n. Kartoffelsalat, der

pot: **~belly** n. Schmerbauch, der (ugs.); **~boiler** n. (derog.) Fließbandprodukt, das

potent /'pəʊtənt/ adj. [hoch]wirksam *<Droge>*; stark *<Schnaps usw.>*; schlagkräftig *<Waffe>*

✓ **potential** /pə'tenʃl/ **A** adj. potenziell (geh.); möglich
B n. Potenzial, das (geh.); Möglichkeiten Pl.

potentially /pə'tenʃəlɪ/ adv. potenziell (geh.); **he's ~ dangerous** er kann gefährlich werden; **a ~ rich country** ein Land, das reich sein könnte

pot: **~hole** n. **1** Schlagloch, das
2 (cave) [tiefe] Höhle; **~holer** n. Höhlenforscher, der/-forscherin, die; **~ plant** n. Topfpflanze, die

potpourri /pəʊpʊə'ri:/ n. Duftmischung, die

pot: **~ roast** n. Schmorbraten, der; **~shot** n. **take a ~shot [at sb/sth]** aufs Geratewohl [auf jmdn./etw.] schießen

'**potted** adj. **1** (planted) Topf-
2 (abridged) kurz [gefasst]

'**potter¹** n. Töpfer, der/Töpferin, die

'**potter²** v.i. **~ [about]** [he]rumwerkeln (ugs.)

pottery /'pɒtərɪ/ n. **1** Töpferware, die
2 (workshop, craft) Töpferei, die

potty¹ /'pɒtɪ/ adj. (BrE) (infml) verrückt (ugs.) (about, on such)

potty² n. (BrE) (infml) Töpfchen, das

pouch /paʊtʃ/ n. Beutel, der

pouffe /pu:f/ n. Sitzpolster, das

poultry /'pəʊltrɪ/ n. Geflügel, das

pounce /paʊns/ v.i. **1** sich auf sein Opfer stürzen; *<Raubvogel:>* herabstoßen auf (+ Akk.)
2 (fig.) **~ [up]on/at** sich stürzen auf (+ Akk.)

✓ **pound¹** /paʊnd/ n. **1** (unit of weight) [britisches] Pfund (453,6 Gramm); **two ~[s] of apples** 2 Pfund Äpfel
2 (unit of currency) Pfund, das

pound² n. (enclosure) Pferch, der; (for stray dogs) Zwinger Pl.; (for cars) Abstellplatz, der

pound³ **A** v.t. (crush) zerstoßen
B v.i. **1** (make one's way heavily) stampfen
2 *<Herz:>* heftig schlagen

'**pound sign** n. Pfundzeichen, das

✓ Schlüsselwort

pour /pɔ:(r)/ **A** v.t. gießen; (into cup, glass) einschenken
B v.i. **1** (flow) strömen; *<Rauch:>* hervorquellen (**from** aus); **~ [with rain]** in Strömen regnen
2 (fig.) strömen; **~ in** herein-/hineinströmen; **~ out** heraus-/hinausströmen
■ **~ 'down** v.i. **it's ~ing down** es gießt [in Strömen] (ugs.)

pout /paʊt/ **A** v.i. einen Schmollmund machen
B v.t. aufwerfen *<Lippen>*

✓ **poverty** /'pɒvətɪ/ n. Armut, die

poverty: **~ line** n. Armutsgrenze, die; **be on the ~ line** an der Armutsgrenze liegen; **live below the ~ line** unterhalb der Armutsgrenze leben; **~-stricken** adj. Not leidend

powder /'paʊdə(r)/ **A** n. **1** Pulver, das
2 (cosmetic) Puder, der
B v.t. **1** pudern
2 (reduce to ~) pulverisieren; **~ed milk** Milchpulver, das

'**powdery** adj. pulv[e]rig

✓ **power** /'paʊə(r)/ **A** n. **1** (ability) Kraft, die; **do all in one's ~ to help sb** alles in seiner Macht Stehende tun, um jmdm. zu helfen
2 (faculty) Fähigkeit, die
3 (strength, intensity) Kraft, die; (of blow) Wucht, die
4 (authority, political ~) Macht, die (**over** über + Akk.); **come into ~** an die Macht kommen
5 (authorization) Vollmacht, die
6 (State) Macht, die
7 (Math.) Potenz, die
8 (Mech., Electr.) Kraft, die; (electric current) Strom, der
B v.t. *<Treibstoff, Strom:>* antreiben; *<Batterie:>* mit Energie versorgen

power: **~-assisted** adj. **~-assisted steering/brakes** Servolenkung, die/-bremsen Pl.; **~ brakes** n. pl. Servobremsen Pl.; **~ cable** n. Hochspannungsleitung, die; **~ cut** n. Stromsperre, die; **~ dressing** n.: *das Tragen betont streng wirkender Kleidung*; **~ failure** n. Stromausfall, der

✓ **powerful** /'paʊəfl/ adj. **1** (strong) stark; kräftig *<Tritt, Schlag, Tier>*; heftig *<Gefühl, Empfindung>*; hell, strahlend *<Licht>*
2 mächtig *<Clique, Person, Herrscher>*

'**powerless** adj. machtlos

power: **~ plant** ▶ power station; **~ point** n. (BrE) Steckdose, die; **~ station** n. Kraftwerk, das; **~ steering** n. Servolenkung, die; **~ supply** n. Energieversorgung, die (**to** Gen.)

pp. abbr. = **pages**

p.p. /pi:'pi:/ abbr. = **by proxy** pp[a].

practicable /'præktɪkəbl/ adj. durchführbar *<Projekt, Plan>*

✓ **practical** /'præktɪkl/ adj. **1** praktisch; praktisch veranlagt *<Person>*
2 (virtual) tatsächlich

3 (feasible) möglich
practical 'joke n. Streich, der
'practically adv. praktisch; (almost) so gut wie; praktisch (ugs.)
✔ **practice¹** /'præktɪs/ n. **1** (repeated exercise) Übung, die; **be out of ~** außer Übung sein **2** (session) Übungen Pl.; **piano ~** Klavierüben, das **3** (of doctor, lawyer, etc.) Praxis, die **4** (action) **put sth into ~** etw. in die Praxis umsetzen **5** (custom) Gewohnheit, die; **regular ~** Brauch, der
practice², **practiced**, **practicing** (AmE) ▶ practis-
✔ **practise** /'præktɪs/ **A** v.t. **1** (apply) anwenden; praktizieren **2** ausüben ‹Beruf, Religion› **3** trainieren in (+ Dat.) ‹Sportart›; **~ the piano/flute** Klavier/Flöte üben **B** v.i. üben
practised /'præktɪst/ adj. geübt
practising /'præktɪsɪŋ/ adj. praktizierend ‹Arzt, Katholik usw.›
practitioner /præk'tɪʃənə(r)/ n. Fachmann, der; see also **general practitioner**
pragmatic /præg'mætɪk/ adj. pragmatisch
Prague /prɑːg/ pr. n. Prag (das)
prairie /'preərɪ/ n. Grassteppe, die; (in North America) Prärie, die
praise /preɪz/ **A** v.t. loben; (more strongly) rühmen **B** n. Lob, das
'praiseworthy adj. lobenswert
pram /præm/ n. (BrE) Kinderwagen, der
prance /prɑːns/ v.i. **1** ‹Pferd:› tänzeln **2** (fig.) stolzieren; **~ about** or **around** herumhüpfen
prank /præŋk/ n. Streich, der
prattle /'prætl/ **A** v.i. plappern (ugs.) **B** n. Geplapper, das (ugs.)
prawn /prɔːn/ n. Garnele, die
prawn 'cocktail n. Krabbencocktail, der
pray /preɪ/ v.i. beten (for um)
prayer /preə(r)/ n. **1** Gebet, das **2** no art. (praying) Beten, das
'prayer book n. Gebetbuch, das
preach /priːtʃ/ **A** v.i. predigen (to zu, vor + Dat.) (on über + Akk.) **B** v.t. halten ‹Predigt›; predigen ‹Evangelium, Botschaft›
'preacher n. Prediger, der/Predigerin, die
pre-arrange /priːə'reɪndʒ/ v.t. vorher absprechen; vorher ausmachen ‹Treffpunkt, Zeichen›
precarious /prɪ'keərɪəs/ adj. **1** (uncertain) labil; prekär; **make a ~ living** eine unsichere Existenz haben **2** (insecure, dangerous) gefährlich
precaution /prɪ'kɔːʃn/ n. Vorsichts-, Schutzmaßnahme, die; **as a ~** vorsichtshalber

precede /prɪ'siːd/ v.t. (in order or time) vorangehen (+ Dat.)
precedence /'presɪdəns/ n. Priorität, die (geh.), Vorrang, der (over vor + Dat.)
precedent /'presɪdənt/ n. Präzedenzfall, der
precinct /'priːsɪŋkt/ n. **1** [pedestrian] ~ Fußgängerzone, die **2** (AmE) (district) Bezirk, der
precious /'preʃəs/ **A** adj. **1** kostbar ‹Schmuckstück, Zeit›; Edel‹metall, -stein› **2** (beloved) lieb **3** (affected) affektiert **B** adv. (infml) herzlich ‹wenig, wenige›
precipice /'presɪpɪs/ n. Abgrund, der
precipitate **A** /prɪ'sɪpɪtət/ adj. eilig ‹Flucht›; übereilt ‹Entschluss› **B** /prɪ'sɪpɪteɪt/ v.t. (hasten) beschleunigen; (trigger) auslösen
precipitation /prɪsɪpɪ'teɪʃn/ n. (Meteorol.) Niederschlag, der
precipitous /prɪ'sɪpɪtəs/ adj. **1** (steep) sehr steil **2** ▶ **precipitate A**
precis /'preɪsiː/ n., pl. same /'preɪsiːz/ Zusammenfassung, die
precise /prɪ'saɪs/ adj. genau; präzise; fein ‹Instrument›; förmlich ‹Art›; **be [more] ~** sich präzise[r] ausdrücken
pre'cisely adv. genau
precision /prɪ'sɪʒn/ n. Genauigkeit, die
precision 'instrument n. Präzisions[mess]gerät, das
preclude /prɪ'kluːd/ v.t. ausschließen
precocious /prɪ'kəʊʃəs/ adj. frühreif ‹Kind›; altklug ‹Äußerung›
preconceived /priːkən'siːvd/ adj. vorgefasst ‹Ansicht, Vorstellung›
preconception /priːkən'sepʃn/ n. vorgefasste Meinung (of über + Akk.)
precondition /priːkən'dɪʃn/ n. Vorbedingung, die (of für)
pre-cooked /priː'kʊkt/ adj. vorgekocht
precursor /priː'kɜːsə(r)/ n. Wegbereiter, der/-bereiterin, die
predator /'predətə(r)/ n. Raubtier, das; (fish) Raubfisch, der
'predatory adj. räuberisch; **~ animal** Raubtier, das
predecessor /'priːdɪsesə(r)/ n. Vorgänger, der/-gängerin, die
predestine /priː'destɪn/ v.t. von vornherein bestimmen (to zu)
predicament /prɪ'dɪkəmənt/ n. Dilemma, das
predicate /'predɪkət/ n. (Ling.) Prädikat, das
predicative /prɪ'dɪkətɪv/ adj. (Ling.) prädikativ
✔ **predict** /prɪ'dɪkt/ v.t. voraus-, vorhersagen; vorhersehen ‹Folgen›
predictable /prɪ'dɪktəbl/ adj. voraussagbar; vorhersehbar ‹Ereignis, Reaktion›; berechenbar ‹Person›

p

prediction /prɪ'dɪkʃn/ *n.* Vorhersage, *die*
predominance /prɪ'dɒmɪnəns/ *n.* **1** (control) Vorherrschaft, *die* (**over** über + *Akk.*) **2** (majority) Überzahl, *die* (**of** von)
predominant /prɪ'dɒmɪnənt/ *adj.* (having more power) dominierend; (prevailing) vorherrschend
pre'dominantly *adv.* überwiegend
predominate /prɪ'dɒmɪneɪt/ *v.i.* (be more powerful) dominierend sein; (be more important) vorherrschen
pre-eminent /pri:'emɪnənt/ *adj.* herausragend
pre-empt /pri:'empt/ *v.t.* zuvorkommen (+ *Dat.*)
preen /pri:n/ *v.t.* putzen ‹*Federn*›
prefab /'pri:fæb/ *n.* (infml) Fertighaus, *das*
prefabricated /pri:'fæbrɪkeɪtɪd/ *adj.* vorgefertigt
preface /'prefəs/ Ⓐ *n.* Vorwort, *das* (**to** *Gen.*)
   Ⓑ *v.t.* (introduce) einleiten
prefect /'pri:fekt/ *n.* (Sch.) *die Aufsicht führender älterer Schüler/führende ältere Schülerin*
✒ **prefer** /prɪ'fɜ:(r)/ *v.t.*, **-rr-** vorziehen; ~ **to do sth** etw. lieber tun; ~ **sth to sth** etw. einer Sache (*Dat.*) vorziehen
preferable /'prefərəbl/ *adj.* vorzuziehen *präd.*; vorzuziehend *attr.*; besser (**to** als)
preferably /'prefərəblɪ/ *adv.* am besten; (as best liked) am liebsten; **Wine or beer? – Wine, ~!** Wein oder Bier? – Lieber Wein!
preference /'prefərəns/ *n.* **1** (greater liking) Vorliebe, *die*; **for** ~ ▶ **preferably; have a** ~ **for sth [over sth]** etw. [einer Sache (*Dat.*)] vorziehen; **do sth in** ~ **to sth else** etw. lieber als etw. anderes tun
   2 (thing preferred) **what are your** ~**s?** was wäre dir am liebsten?
   3 give ~ **to sb** jmdn. bevorzugen
preferential /prefə'renʃl/ *adj.* bevorzugt ‹*Behandlung*›
preferred /prɪ'fɜ:d/ *adj.* bevorzugt; **my** ~ **solution** *etc.* die Lösung *usw.*, der ich den Vorzug gebe
prefix /'pri:fɪks/ *n.* Präfix, *das*
pregnancy /'pregnənsɪ/ *n.* (of woman) Schwangerschaft, *die*; (of animal) Trächtigkeit, *die*
'pregnancy test *n.* Schwangerschaftstest, *der*
pregnant /'pregnənt/ *adj.* schwanger ‹*Frau*›; trächtig ‹*Tier*›
preheat /pri:'hi:t/ *v.t.* vorheizen ‹*Backofen*›; vorwärmen ‹*Geschirr, Essen*›
prehistoric /pri:hɪ'stɒrɪk/ *adj.* prähistorisch
prehistory /pri:'hɪstərɪ/ Vorgeschichte, *die*
prejudge /pri:'dʒʌdʒ/ *v.t.* vorschnell urteilen über (+ *Akk.*)
prejudice /'predʒʊdɪs/ Ⓐ *n.* Vorurteil, *das*

   Ⓑ *v.t.* beeinflussen
prejudiced /'predʒʊdɪst/ *adj.* voreingenommen (**about** gegenüber; **against** gegen)
preliminary /prɪ'lɪmɪnərɪ/ Ⓐ *adj.* Vor-; vorbereitend ‹*Forschung, Maßnahme*›
   Ⓑ *n.*, usu. in pl. **preliminaries** Präliminarien *Pl.*; **as a** ~ **to sth** als Vorbereitung auf etw. (*Akk.*)
prelude /'prelju:d/ *n.* **1** (introduction) Anfang, *der* (**to** *Gen.*)
   2 (Theatre, Mus.) Vorspiel, *das*
premature /'premətjʊə(r)/ *adj.* **1** (hasty) übereilt
   2 (early) vorzeitig ‹*Altern, Ankunft*›; verfrüht ‹*Bericht, Eile*›; ~ **baby** Frühgeburt, *die*
prema'turely *adv.* (early) vorzeitig; zu früh ‹*geboren werden*›; (hastily) übereilt
premeditated /pri:'medɪteɪtɪd/ *adj.* vorsätzlich
premeditation /pri:medɪ'teɪʃn/ *n.* Vorsatz, *der*
premenstrual /pri:'menstrʊəl/ *adj.* prämenstruell
premenstrual 'tension *n.* prämenstruelles Syndrom
premier /'premɪə(r)/ *n.* Premier[minister], *der*/Premierministerin, *die*
premiere /'premjeə(r)/ *n.* Premiere, *die*; Erstaufführung, *die*
premise /'premɪs/ *n.* ▶ **premiss**
premises *n. pl.* (building) Gebäude, *das*; (buildings and land) Gelände, *das*; (rooms) Räumlichkeiten *Pl.*
premiss /'premɪs/ *n.* Prämisse, *die*
premium /'pri:mɪəm/ *n.* Prämie, *die*; **be at a** ~ (fig.) sehr gefragt sein
'Premium Bond *n.* (BrE) Prämienanleihe, *die*; Losanleihe, *die*
premonition /premə'nɪʃn/ *n.* Vorahnung, *die*
pre-natal /pri:'neɪtl/ *adj.* pränatal (fachspr.)
pre-natal 'care *n.* Schwangerschaftsfürsorge, *die*
preoccupation /priɒkjʊ'peɪʃn/ *n.* Sorge, *die* (**with** um)
preoccupied /prɪ'ɒkjʊpaɪd/ *adj.* (lost in thought) gedankenverloren; (concerned) besorgt (**with** um)
pre-'packed *adj.* abgepackt
prepaid 'envelope /pri:'peɪd/ *n.* frankierter Umschlag
preparation /prepə'reɪʃn/ *n.* Vorbereitung, *die*; ~**s** pl. Vorbereitungen *Pl.* (**for** für)
preparatory /prɪ'pærətərɪ/ Ⓐ *adj.* vorbereitend ‹*Maßnahme, Schritt*›; ~ **work** Vorarbeiten *Pl.*
   Ⓑ *adv.* ~ **to sth** vor etw. (*Dat.*)
✒ **prepare** /prɪ'peə(r)/ Ⓐ *v.t.* **1** vorbereiten; ausarbeiten ‹*Plan, Rede*›; vorbereiten ‹*Person*› (**for** auf + *Akk.*); **be** ~**d to do sth**

p

✒ Schlüsselwort

(be willing) bereit sein, etw. zu tun
2 herstellen <*Chemikalie usw.*>; zubereiten
<*Essen*>
  B *v.i.* sich vorbereiten (**for** auf + *Akk.*)
preponderance /prɪ'pɒndərəns/ *n.*
Überlegenheit, *die* (**over** über + *Akk.*)
preposition /prepə'zɪʃn/ *n.* (Ling.)
Präposition, *die*
prepossessing /pri:pə'zesɪŋ/ *adj.*
einnehmend
preposterous /prɪ'pɒstərəs/ *adj.* absurd;
grotesk <*Äußeres, Kleidung*>
'pre-program *v.t.*, **-mm-** [vor]programmieren
prerequisite /pri:'rekwɪzɪt/ **A** *n.*
[Grund]voraussetzung, *die*
  B *adj.* unbedingt erforderlich
prerogative /prɪ'rɒgətɪv/ *n.* Privileg, *das*;
Vorrecht, *das*
Presbyterian /prezbɪ'tɪərɪən/ *adj.*
presbyterianisch
  B *n.* Presbyterianer, *der*/Presbyterianerin,
die
prescribe /prɪ'skraɪb/ *v.t.* **1** (impose)
vorschreiben
2 (Med.; also fig.) verschreiben
prescription /prɪ'skrɪpʃn/ *n.* **1** Vorschreiben,
das
2 (Med.) Rezept, *das*
pre'scription charge *n.* Rezeptgebühr, *die*
✧ **presence** /'prezəns/ *n.* **1** (of person)
Anwesenheit, *die*; (of things) Vorhandensein,
das; **in the** ~ **of** in Anwesenheit (+ *Gen.*)
2 ~ **of mind** Geistesgegenwart, *die*
✧ **present¹** /'prezənt/ **A** *adj.* **1** anwesend (**at**
bei); **all those** ~ alle Anwesenden
2 (existing now) gegenwärtig; jetzig <*Bischof,
Chef usw.*>
3 (Ling.) ~ **tense** Präsens, *das*; Gegenwart,
die
  B *n.* **1 the** ~ die Gegenwart; **at** ~ zurzeit;
for the ~ vorläufig
2 (Ling.) Präsens, *das*; Gegenwart, *die*
✧ **present²** **A** /'prezənt/ *n.* (gift) Geschenk, *das*
  B /prɪ'zent/ *v.t.* **1** schenken; überreichen
<*Preis, Medaille, Geschenk*>; ~ **sth to sb or sb
with sth** jmdm. etw. schenken/überreichen;
~ **sb with difficulties/a problem** jmdn. vor
Schwierigkeiten/ein Problem stellen
2 überreichen <*Gesuch*> (**to** bei); vorlegen
<*Scheck, Bericht, Rechnung*> (**to** *Dat.*); ~
one's case seinen Fall darlegen
3 (exhibit) zeigen; bereiten <*Schwierigkeit*>
4 (introduce) vorstellen (**to** *Dat.*); vorlegen
<*Abhandlung*>; moderieren <*Sendung*>
  C /prɪ'zent/ *v. refl.* <*Problem:*> auftreten;
<*Möglichkeit:*> sich ergeben; ~ **oneself for an
interview** zu einem Gespräch erscheinen
presentable /prɪ'zentəbl/ *adj.* ansehnlich;
I'm not ~ ich kann mich nicht so zeigen
✧ **presentation** /prezən'teɪʃn/ *n.* **1** (giving)
Schenkung, *die*; (of prize, medal) Überreichung,
die
2 (ceremony) Verleihung, *die*

3 (of petition) Überreichung, *die*; (of
cheque, report, account) Vorlage, *die*; (of case)
Darlegung, *die*
present-day /prəzənt'deɪ/ *adj.* heutig
presenter /prɪ'zentə(r)/ *n.* (Radio, Telev.)
Moderator, *der*/Moderatorin, *die*
presentiment /prɪ'zentɪmənt/ *n.* Vorahnung,
die
presently /'prezəntlɪ/ *adv.* bald; (AmE, Scot.:
now) zurzeit
preservation /prezə'veɪʃn/ *n.* Erhaltung, *die*;
(of leather, wood, etc.) Konservierung, *die*
preservative /prɪ'zɜːvətɪv/ *n.*
Konservierungsmittel, *das*
preserve /prɪ'zɜːv/ **A** *n.* **1** *in sing. or pl.* (fruit)
Eingemachte, *das*
2 (fig.) (special sphere) Domäne, *die* (geh.)
3 wildlife/game ~ Tierschutzgebiet, *das*/
Wildpark, *der*
  B *v.t.* **1** (keep safe) schützen (**from** vor + *Dat.*)
2 bewahren <*Brauch*>; wahren <*Anschein,
Reputation*>
3 (keep from decay) konservieren; einmachen
<*Obst, Gemüse*>
4 (protect) hegen <*Tierart, Wald*>
preside /prɪ'zaɪd/ *v.i.* präsidieren, vorsitzen
(**over** *Dat.*); (at meeting etc.) den Vorsitz haben
(**at** bei)
presidency /'prezɪdənsɪ/ *n.* **1** Präsidentschaft,
die
2 (of society) Vorsitz, *der*
✧ **president** /'prezɪdənt/ *n.* **1** Präsident, *der*/
Präsidentin, *die*
2 (of society) Vorsitzende, *der*/*die*
presidential /prezɪ'denʃl/ *adj.* Präsidenten-
✧ **press¹** /pres/ **A** *n.* **1** (newspapers etc.) Presse,
die; attrib. Presse-
2 ▸ **printing press**
3 (for flattening, compressing, etc.) Presse, *die*
  B *v.t.* **1** drücken; drücken auf (+ *Akk.*)
<*Klingel, Knopf*>; treten auf (+ *Akk.*) <*Gas-,
Brems-, Kupplungspedal usw.*>
2 (urge) drängen <*Person*>; (force) aufdrängen
([up]on *Dat.*); nachdrücklich vorbringen
<*Forderung, Argument*>; **he did not** ~ **the
point** er ließ die Sache auf sich beruhen
3 (compress) pressen; auspressen <*Orangen,
Saft*>; keltern <*Trauben, Äpfel*>
4 (iron) bügeln
5 be ~ed **for time/money** zu wenig Zeit/
Geld haben
  C *v.i.* **1** (exert pressure) drücken
2 (be urgent) drängen
3 (make demand) ~ **for sth** auf etw. (*Akk.*)
drängen
  ■ ~ **a'head**, ~ **'on** *v.i.* (continue) [zügig]
weitermachen; (continue travelling) [zügig]
weitergehen/-fahren; ~ **on with one's work**
sich mit der Arbeit ranhalten (ugs.)
press² *v.t.* ~ **into service/use** in Dienst
nehmen; einsetzen
press: ~ **agent** *n.* Presseagent, *der*/-agentin,
die; ~ **conference** *n.* Pressekonferenz,

p

die; ~ **coverage** n. Berichterstattung in der Presse; ~ **cutting** n. (BrE) Zeitungsausschnitt, *der*

'**pressing** *adj.* (urgent) dringend

press: ~**man** n. (BrE) (journalist) Journalist, *der;* ~ **release** n. Presseinformation, *die;* ~ **stud** n. (BrE) Druckknopf, *der;* ~**-up** n. Liegestütz, *der*

◊' **pressure** /'preʃə(r)/ **A** n. Druck, *der;* put ~ on sb jmdn. unter Druck setzen; atmospheric ~ Luftdruck, *der* **B** v.t. unter Druck setzen <*Person*>; ~ sb into doing sth jmdn. [dazu] drängen, etw. zu tun

pressure: ~ **cooker** n. Schnellkochtopf, *der;* ~ **group** n. Pressuregroup, *die*

pressurize /'preʃəraɪz/ v.t. **1** ▶ pressure B **2** ~d cabin Druckkabine, *die*

prestige /pre'stiːʒ/ n. Prestige, *das*

prestigious /pre'stɪdʒəs/ *adj.* angesehen

presumably /prɪ'zjuːməblɪ/ *adv.* vermutlich

presume /prɪ'zjuːm/ **A** v.t. **1** ~ to do sth sich (*Dat.*) anmaßen, etw. zu tun; (take the liberty) sich (*Dat.*) erlauben, etw. zu tun **2** (suppose) annehmen **B** v.i. [up]on sth etw. ausnützen

presumption /prɪ'zʌmpʃn/ n. **1** (arrogance) Anmaßung, *die* **2** (assumption) Annahme, *die*

presumptuous /prɪ'zʌmptjʊəs/ *adj.* anmaßend

presuppose /priːsə'pəʊz/ v.t. voraussetzen

pre-teen /'priːtiːn/ *adj.* ≈ zehn- bis zwölfjährig

pretence /prɪ'tens/ n. (BrE) **1** (pretext) Vorwand, *der* **2** no art. (make-believe, insincere behaviour) Verstellung, *die;* it is all *or* just a ~ das ist alles nicht echt

pretend /prɪ'tend/ **A** v.t. **1** vorgeben; she ~ed to be asleep sie tat, als ob sie schlief[e] **2** (imagine in play) ~ to be sth so tun, als ob man etw. sei **B** v.i. sich verstellen; she's only ~ing sie tut nur so

pretense (AmE) ▶ pretence

pretension /prɪ'tenʃn/ n. **1** Anspruch, *der* (to auf + *Akk.*) **2** (pretentiousness) Überheblichkeit, *die*

pretentious /prɪ'tenʃəs/ *adj.* hochgestochen; wichtigtuerisch <*Person*>; (ostentatious) großspurig

pretext /'priːtekst/ n. Vorwand, *der;* [up]on *or* under the ~ of doing sth unter dem Vorwand, etw. tun zu wollen

prettily /'prɪtɪlɪ/ *adv.* hübsch; sehr schön <*singen, tanzen*>

◊' **pretty** /'prɪtɪ/ **A** *adj.* (also iron.) hübsch **B** *adv.* ziemlich; I am ~ well es geht mir ganz gut

◊' Schlüsselwort

prevail /prɪ'veɪl/ v.i. **1** die Oberhand gewinnen (against, over über + *Akk.*); ~ [up]on sb to do sth jmdn. dazu bewegen, etw. zu tun **2** (predominate) <*Zustand, Bedingung:*> vorherrschen **3** (be current) herrschen

prevalence /'prevələns/ n. Vorherrschen, *das*

prevalent /'prevələnt/ *adj.* **1** (existing) herrschend; weit verbreitet <*Krankheit*> **2** (predominant) vorherrschend

◊' **prevent** /prɪ'vent/ v.t. **1** (hinder) verhindern; (forestall) vorbeugen; ~ sb from doing sth, ~ sb's doing sth, (infml) ~ sb doing sth jmdn. daran hindern, etw. zu tun

preventable /prɪ'ventəbl/ *adj.* vermeidbar

prevention /prɪ'venʃn/ n. Verhinderung, *die;* (forestalling) Vorbeugung, *die*

preventive /prɪ'ventɪv/ *adj.* vorbeugend; Präventiv<*maßnahme*>

preventive 'medicine n. Präventivmedizin, *die*

preview /'priːvjuː/ n. (of film, play) Voraufführung, *die;* (of exhibition) Vernissage, *die* (geh.)

◊' **previous** /'priːvɪəs/ **A** *adj.* **1** früher <*Anstellung, Gelegenheit*>; vorherig <*Abend*>; vorig <*Besitzer, Wohnsitz*>; the ~ page die Seite davor **2** (prior) ~ to vor (+ *Dat.*) **B** *adv.* ~ to vor (+ *Dat.*)

◊' '**previously** *adv.* vorher

pre-war /'priːwɔː(r)/ *adj.* Vorkriegs-

prey /preɪ/ **A** n., pl. same **1** (animal[s]) Beute, *die;* beast/bird of ~ Raubtier, *das*/-vogel, *der* **2** (victim) Opfer, *das* **B** v.i. ~ [up]on <*Raubtier, Raubvogel:*> schlagen; (plunder) ausplündern <*Person*>; Jagd machen auf (+ *Akk.*); ~ [up]on sb's mind jmdm. keine Ruhe lassen

◊' **price** /praɪs/ n. (lit. or fig.) Preis, *der;* at a ~ of zum Preis von; what is the ~ of this? was kostet das?; at/not at any ~ um jeden/ keinen Preis

price: ~ **bracket** ▶ price range; ~ **cut** n. Preissenkung, *die;* ~**-cutting** n. Preisschleuderei, *die;* ~ **increase** n. Preiserhöhung, *die*

'**priceless** *adj.* **1** (invaluable) unbezahlbar **2** (infml) (amusing) köstlich

price: ~ **list** n. Preisliste, *die;* ~ **range** n. Preisspanne, *die;* ~ **rise** n. Preisanstieg, *der;* ~ **tag** n. Preisschild, *das;* ~ **war** n. Preiskrieg, *der*

pricey /'praɪsɪ/ *adj.* (BrE) (infml) teuer

prick /prɪk/ **A** v.t. stechen; stechen in <*Ballon*>; aufstechen <*Blase*> **B** v.i. stechen **C** n. Stich, *der* ■ '~ **up** v.t. aufrichten <*Ohren*>; ~ up one's/its ears die Ohren spitzen

prickle /'prɪkl/ **A** n. **1** Dorn, *der* **2** (Zool., Bot.) Stachel, *der*

B *v.i.* kratzen
prickly /'prɪklɪ/ *adj.* dornig; stachelig; (fig.)
empfindlich
pride /praɪd/ **A** *n.* **1** Stolz, *der*; (arrogance)
Hochmut, *der*; **take [a]** ~ **in sb/sth** auf
jmdn./etw. stolz sein; **sb's** ~ **and joy** jmds.
ganzer Stolz
2 (of lions) Rudel, *das*
B *v. refl.* ~ **oneself [up]on sth** auf etw.
(*Akk.*) stolz sein
pried ▸ pry
priest /priːst/ *n.* Priester, *der*
'priesthood *n.* geistliches Amt
prig /prɪg/ *n.* Tugendbold, *der* (ugs., iron.)
priggish /'prɪgɪʃ/ *adj.* übertrieben tugendhaft
prim /prɪm/ *adj.* spröde; (prudish) zimperlich
primarily /'praɪmərɪlɪ/ *adv.* in erster Linie
◆ **primary** /'praɪmərɪ/ **A** *adj.* **1** (first) primär
(geh.); grundlegend
2 (chief) Haupt‹*rolle, -ziel, -zweck*›
B *n.* (AmE) (election) Vorwahl, *die*
'primary school *n.* Grundschule, *die*
primate /'praɪmeɪt/ *n.* **1** (Eccl.) Primas, *der*
2 (Zool.) Primat, *der*
prime¹ /praɪm/ **A** *n.* Höhepunkt, *der*; **be in
one's** ~ in den besten Jahren sein
B *adj.* **1** Haupt-; hauptsächlich
2 (excellent) erstklassig; vortrefflich
‹*Beispiel*›
prime² *v.t.* **1** (equip) vorbereiten; ~ **sb with
information/advice** jmdn. instruieren/jmdm.
Ratschläge erteilen
2 grundieren ‹*Wand, Decke*›
3 schärfen ‹*Sprengkörper*›
Prime 'Minister *n.* Premierminister,
der/-ministerin, *die*
prime 'number *n.* (Math.) Primzahl, *die*
'primer *n.* **1** (explosive) Zündvorrichtung, *die*
2 (paint) Grundierlack, *der*
prime: ~ **time** *n.* Hauptsendezeit, *die*;
~**-time T'V** Hauptsendezeit im Fernsehen,
die
primeval /praɪ'miːvl/ *adj.* urzeitlich;
Ur‹*zeiten, -wälder*›
primitive /'prɪmɪtɪv/ *adj.* primitiv; (prehistoric)
urzeitlich ‹*Mensch*›
primrose /'prɪmrəʊz/ *n.* gelbe Schlüsselblume
Primus® /'praɪməs/ *n.* ~ **[stove]**
Primuskocher, *der*
prince /prɪns/ *n.* Prinz, *der*
'princely *adj.* fürstlich
princess /prɪn'ses/ *n.* Prinzessin, *die*
principal /'prɪnsɪpl/ **A** *adj.* Haupt-; (most
important) wichtigst...
B *n.* (of college) Rektor, *der*/Rektorin, *die*
principality /prɪnsɪ'pælɪtɪ/ *n.* Fürstentum, *das*
'principally *adv.* in erster Linie
◆ **principle** /'prɪnsɪpl/ *n.* Prinzip, *das*; **on the** ~
that ... nach dem Grundsatz, dass ...; **in** ~ im
Prinzip; **do sth on** ~ *or* **as a matter of** ~ etw.

prinzipiell *od.* aus Prinzip tun
◆ **print** /prɪnt/ **A** *n.* **1** (impression) Abdruck, *der*;
(finger~) Fingerabdruck, *der*
2 (~ed lettering) Gedruckte, *das*; (typeface)
Druck, *der*
3 be in/out of ~ ‹*Buch:*› erhältlich/
vergriffen sein
4 (~ed picture or design) Druck, *der*
5 (Photog.) Abzug, *der*
B *v.t.* **1** drucken ‹*Buch, Zeitschrift usw.*›
2 (write) in Druckschrift schreiben
■ ~ **'out** *v.t.* (Comp.) ausdrucken
'printed *adj.* **1** gedruckt
2 (published) veröffentlicht
'printed matter *n.* (Post) Drucksachen *Pl.*
'printer *n.* **1** (worker) Drucker, *der*/Druckerin,
die; (firm) Druckerei, *die*
2 (Comp.) Drucker, *der*
'printing *n.* **1** Drucken, *das*
2 (writing like print) Druckschrift, *die*
3 (edition) Auflage, *die*
'printing press *n.* Druckerpresse, *die*
print: ~**out** *n.* (Comp.) Ausdruck, *der*; ~ **run**
n. (Publishing) Auflage, *die*; **what is the** ~ **run?**
wie hoch ist die Auflage?
prion /'priːɒn/ *n.* (Biol.) Prion, *das*
◆ **prior** /'praɪə(r)/ **A** *adj.* vorherig ‹*Warnung,
Zustimmung usw.*›; früher ‹*Verabredung*›;
Vor‹*geschichte, -kenntnis*›
B *adv.* ~ **to** vor (+ *Dat.*); ~ **to doing sth**
bevor man etw. tut/tat; ~ **to that** vorher
prioritize (prioritise) /praɪ'ɒrɪtaɪz/ *v.t.*
nach Vordringlichkeit ordnen
◆ **priority** /praɪ'ɒrɪtɪ/ *n.* **1** (precedence) Vorrang,
der; *attrib.* vorrangig; **have** *or* **take** ~
Vorrang haben (**over** vor + *Dat.*); **have** ~
(on road) Vorfahrt haben; **give** ~ **to sb/sth**
jmdm./einer Sache den Vorrang geben; **give
top** ~ **to sth** einer Sache (*Dat.*) höchste
Priorität einräumen
2 (matter) vordringliche Angelegenheit
prism /'prɪzm/ *n.* Prisma, *die*
◆ **prison** /'prɪzn/ *n.* **1** Gefängnis, *das*; *attrib.*
Gefängnis-
2 (custody) Haft, *die*; **in** ~ im Gefängnis; **go
to** ~ ins Gefängnis kommen
'prison camp *n.* Gefangenenlager, *das*
◆ **'prisoner** *n.* Gefangene, *der*/*die*; **take sb** ~
jmdn. gefangen nehmen
prisoner of 'war *n.* Kriegsgefangene,
der/*die*
prison: ~ **sentence** *n.* Gefängnisstrafe, *die*;
~ **service** *n.* Strafvollzugsbehörde, *die*
pristine /'prɪstiːn/ *adj.* unberührt; **in** ~
condition in tadellosem Zustand
privacy /'prɪvəsɪ/ *n.* Privatsphäre, *die*; (being
undisturbed) Ungestörtheit, *die*; **invasion of**
~ Eindringen in die Privatsphäre; **in the
strictest** ~ unter strengster Geheimhaltung
◆ **private** /'praɪvət/ **A** *adj.* **1** (outside State system)
privat; Privat‹*schule, -industrie, -klinik usw.*›
2 persönlich ‹*Dinge, Meinung, Interesse*›;

p

nichtöffentlich <*Versammlung, Sitzung*>; privat <*Telefongespräch, Vereinbarung*>; Privat*strand, -parkplatz, -leben*>; geheim <*Verhandlung, Geschäft*>; persönlich <*Gründe*>; (confidential) vertraulich **B** *n.* **1** (BrE) (Mil.) einfacher Soldat **2** in ~ privat; in kleinem Kreis <*feiern*>; (confidentially) ganz im Vertrauen

private: ~ **de'tective** *n.* [Privat]detektiv, *der*/-detektivin, *die*; ~ **'enterprise** *n.* das freie Unternehmertum; **[spirit of]** ~ **enterprise** (fig.) Unternehmungsgeist, *der*; ~ **'income** *n.* private Einkünfte *Pl.*; ~ **investigator** *n.* Privatdetektiv, *der*/-detektivin, *die*

'privately *adv.* privat <*erziehen, zugeben*>; vertraulich <*jmdn. sprechen*>; insgeheim <*denken, glauben*>; ~ owned in Privatbesitz

private: ~ **'parts** *n. pl.* Geschlechtsteile *Pl.*; ~ **'practice** *n.* (Med.) Privatpraxis, *die*; ~ **'property** *n.* Privateigentum, *das*; ~ **'view,** ~ **'viewing** *n.* (Art) Vernissage, *die*

privation /praɪ'veɪʃn/ *n.* Not, *die*; **suffer many** ~**s** viele Entbehrungen erleiden

privatize /'praɪvətaɪz/ *v.t.* privatisieren

privet /'prɪvɪt/ *n.* Liguster, *der*

privilege /'prɪvɪlɪdʒ/ *n.* (right, immunity) Privileg, *das*; (special benefit) Sonderrecht, *das*; (honour) Ehre, *die*

'privileged *adj.* privilegiert

privy /'prɪvɪ/ *adj.* be ~ **to sth** in etw. (*Akk.*) eingeweiht sein

✓ **prize¹** /praɪz/ **A** *n.* **1** (reward, money) Preis, *der*; **win** *or* **take first** ~ den ersten Preis gewinnen **2** (in lottery) Gewinn, *der* **B** *v.t.* ~ **sth [highly]** etw. hoch schätzen

prize² *v.t.* ~ **[open]** aufstemmen

prize: ~**-giving** *n.* Preisverleihung, *die*; ~ **money** *n.* Geldpreis, *der*; (Sport) Preisgeld, *das*; ~**winner** *n.* Preisträger, *der*/-trägerin, *die*; (in lottery) Gewinner, *der*/Gewinnerin, *die*

pro /prəʊ/ *n., in pl.* **the** ~**s and cons** das Pro und Kontra

proactive /prəʊ'æktɪv/ *adj.* aktiv <*Haltung, Rolle*>; **be** ~ <*Person:*> [selbst] die Initiative ergreifen

probability /prɒbə'bɪlɪtɪ/ *n.* Wahrscheinlichkeit, *die*; **in all** ~ aller Wahrscheinlichkeit nach

probable /'prɒbəbl/ *adj.* wahrscheinlich; **highly** ~ höchstwahrscheinlich

✓ **probably** /'prɒbəblɪ/ *adv.* wahrscheinlich

probation /prə'beɪʃn/ *n.* **1** Probezeit, *die* **2** (Law) Bewährung, *die*; **on** ~ auf Bewährung

probationary /prə'beɪʃənərɪ/ *adj.* Probe-; ~ **period** Probezeit, *die*

pro'bation officer *n.* Bewährungshelfer, *der*/-helferin, *die*

✓ Schlüsselwort

probe /prəʊb/ **A** *n.* **1** Untersuchung, *die* (into *Gen.*) **2** (Med., Astron.) Sonde, *die* **B** *v.t.* untersuchen

✓ **problem** /'prɒbləm/ *n.* Problem, *das*; (puzzle) Rätsel, *das*; **what's the** ~? (infml) wo fehlts denn?; **the** ~ **about** *or* **with sb/sth** das Problem mit jmdm./bei etw.

problematic /prɒblə'mætɪk/, **problematical** /prɒblə'mætɪkl/ *adj.* problematisch

✓ **procedure** /prə'si:djə(r)/ *n.* Verfahren, *das*

✓ **proceed** /prə'si:d/ *v.i.* (formal) **1** (on foot) gehen; (as or by vehicle) fahren; (after interruption) weitergehen/-fahren **2** (begin and carry on) beginnen; (after interruption) fortfahren; ~ **in** *or* **with sth** (begin) [mit] etw. beginnen; (continue) etw. fortsetzen **3** (be under way) <*Verfahren:*> laufen; (be continued after interruption) fortgesetzt werden

pro'ceedings *n. pl.* **1** (events) Vorgänge *Pl.* **2** (Law) Verfahren, *das*; **legal** ~ Gerichtsverfahren, *das*; **start/take [legal]** ~ gerichtlich vorgehen (**against** gegen)

proceeds /'prəʊsi:dz/ *n. pl.* Erlös, *der* (from aus)

✓ **process¹** /'prəʊses/ **A** *n.* **1** (of time or history) Lauf, *der*; **he learnt a lot in the** ~ er lernte eine Menge dabei; **be in the** ~ **of doing sth** gerade etw. tun **2** (proceeding, natural operation) Vorgang, *der* **3** (method) Verfahren, *das* **B** *v.t.* verarbeiten <*Rohstoff, Signal, Daten*>; bearbeiten <*Antrag, Akte*>; (Photog.) entwickeln <*Film*>

process² /prəʊ'ses/ *v.i.* ziehen

'process cheese (AmE), **'processed cheese** *ns.* Schmelzkäse, *der*

procession /prə'seʃn/ *n.* Zug, *der*; (religious) Prozession, *die*; (festive) Umzug, *der*; **go/ march in** ~ ziehen

proclaim /prə'kleɪm/ *v.t.* erklären <*Absicht*>; geltend machen <*Recht, Anspruch*>; verkünden <*Amnestie*>; ausrufen <*Republik*>

proclamation /prɒklə'meɪʃn/ *n.* **1** (proclaiming) Verkündung, *die* **2** (notice) Bekanntmachung, *die*; (decree) Erlass, *der*

procreation /prəʊkrɪ'eɪʃn/ *n.* Fortpflanzung, *die*

procure /prə'kjʊə(r)/ *v.t.* beschaffen

prod /prɒd/ **A** *v.t.*, **-dd-** (poke) stupsen (ugs.); stoßen mit <*Stock, Finger usw.*>; ~ **sb gently** jmdn. anstupsen **B** *n.* Stupser, *der*; **give sb a** ~ jmdm. einen Stupser geben

prodigal /'prɒdɪgl/ *adj.* verschwenderisch

prodigal 'son *n.* verlorener Sohn

prodigious /prə'dɪdʒəs/ *adj.* ungeheuer

prodigy /'prɒdɪdʒɪ/ *n.* [außergewöhnliches] Talent; **child** ~ Wunderkind, *das*

✓ **produce A** /'prɒdju:s/ *n.* Produkte *Pl.*;

Erzeugnisse *Pl.*
B /prə'dju:s/ *v.t.* **1** vorzeigen <*Pass,
Fahrkarte*>
2 produzieren <*Show, Film*>; inszenieren
<*Theaterstück, Hörspiel*>; herausgeben
<*Schallplatte, Buch*>
3 (manufacture) herstellen; (in nature) (Agric.)
produzieren
4 (cause) hervorrufen; bewirken <*Änderung*>
5 (bring into being) erzeugen; führen zu
<*Situation*>
6 (yield) geben <*Milch*>; legen <*Eier*>
7 <*Baum, Blume:*> tragen <*Früchte, Blüten*>;
entwickeln <*Triebe*>; bilden <*Keime*>
♂ **producer** /prə'dju:sə(r)/ *n.* **1** (Cinemat., Theatre,
Radio, Telev.) Produzent, *der*/Produzentin, *die*
2 (BrE) (Theatre/Radio/Telev.) Regisseur, *der*/
Regisseurin, *die*
♂ **product** /'prɒdʌkt/ *n.* **1** Produkt, *das*; (of
industrial process) Erzeugnis, *das*; (of art or
intellect) Werk, *das*
2 (result) Folge, *die*
3 (Math.) Produkt, *das* (of aus)
♂ **production** /prə'dʌkʃn/ *n.* **1** (Cinemat.)
Produktion, *die*; (Theatre) Inszenierung, *die*;
(of record, book) Herausgabe, *die*
2 (making) Produktion, *die*; (manufacturing)
Herstellung, *die*; (thing produced) Produkt,
das; (thing created) Werk, *das*
3 (yielding) Produktion, *die*; (yield) Ertrag, *der*
production: ~ **line** *n.* Fertigungsstraße,
die; ~ **manager** *n.* Produktionsleiter,
der/-leiterin, *die*
productive /prə'dʌktɪv/ *adj.* leistungsfähig
<*Betrieb, Bauernhof*>; fruchtbar <*Gespräch,
Verhandlungen*>
productivity /prɒdʌk'tɪvɪtɪ/ *n.* Produktivität,
die
'**product range** *n.* Produktpalette, *die*
Prof. /prɒf/ *abbr.* = **Professor** Prof.
profane /prə'feɪn/ *adj.* **1** (irreligious)
gotteslästerlich
2 (secular) weltlich
3 (irreverent) respektlos <*Bemerkung*>; profan
<*Sprache*>
profess /prə'fes/ *v.t.* **1** (declare openly)
bekunden <*Vorliebe, Abneigung*>; ~ **to be/do
sth** erklären, etw. zu sein/tun
2 (claim) vorgeben; ~ **to be/do sth**
behaupten, etw. zu sein/tun
profession /prə'feʃn/ *n.* **1** Beruf, *der*; **be a
pilot by** ~ von Beruf Pilot sein
2 (body of people) Berufsstand, *der*
♂ **professional** /prə'feʃənl/ **A** *adj.*
1 Berufs<*ausbildung, -leben*>; beruflich
<*Qualifikation*>
2 (worthy of profession) (in technical expertise)
fachmännisch; (in attitude) professionell;
(in experience) routiniert
3 ~ **people** Angehörige *Pl.* hoch
qualifizierter Berufe
4 (by profession) gelernt; (not amateur)
Berufs<*musiker, -sportler*>; Profi<*sportler*>

5 (paid) Profi<*sport, -boxen*>
B *n.* (trained person) Fachmann, *der*/Fachfrau,
die; (non-amateur) (also Sport) Profi, *der*
♂ **professor** /prə'fesə(r)/ *n.* **1** (Univ.) Professor,
der/Professorin, *die* (of für)
2 (AmE) (teacher at university) Dozent, *der*/
Dozentin, *die*
proficiency /prə'fɪʃənsɪ/ *n.* Können, *das*
proficient /prə'fɪʃənt/ *adj.* fähig; gut
<*Pianist, Reiter usw.*>; geschickt <*Radfahrer,
Handwerker*>; **be** ~ **at** *or* **in maths** viel von
Mathematik verstehen
♂ **profile** /'prəufaɪl/ *n.* **1** (side aspect) Profil, *das*
2 (biographical sketch) Porträt, *das*
3 (fig.) keep a low ~ sich zurückhalten
♂ **profit** /'prɒfɪt/ *n.* Gewinn, *der*; Profit, *der*;
make a ~ **from** *or* **out of sth** mit etw. Geld
verdienen; **make [a few pence]** ~ **on sth** [ein
paar Pfennige] an etw. (*Dat.*) verdienen
■ '~ **by** *v.t.* profitieren von; Nutzen ziehen aus
<*Fehler, Erfahrung*>
■ '~ **from** *v.t.* profitieren von
profitable /'prɒfɪtəbl/ *adj.* rentabel;
einträglich; (fruitful) nützlich
profit: ~ **and** '**loss** *n.* Gewinn und Verlust;
~ **and** '**loss account** *n.* Gewinn und
Verlust-Rechnung, *die*
profiteer /prɒfɪ'tɪə(r)/ **A** *n.* Profitmacher,
der/-macherin, *die*
B *v.i.* sich bereichern
profi'teering *n.* Wucher, *der*
profit: ~ **margin** *n.* Gewinnspanne, *die*;
~**-sharing** *n.* Gewinnbeteiligung, *die*
profligate /'prɒflɪgət/ *adj.* verschwenderisch;
be ~ **of** *or* **with sth** verschwenderisch
umgehen mit etw.
profound /prə'faʊnd/ *adj.* tief; nachhaltig
<*Wirkung, Einfluss*>; tief greifend <*Wandel,
Veränderung*>; tief empfunden <*Beileid,
Mitgefühl*>; tief sitzend <*Misstrauen*>
prognosis /prɒg'nəʊsɪs/ *n.*, *pl.* **prognoses**
/prɒg'nəʊsi:z/ Prognose, *die*
♂ **program** /'prəʊgræm/ **A** *n.* **1** (AmE)
▶ **programme**
2 (Comp.) Programm, *das*
B *v.t.*, **-mm-** (Comp.) programmieren
'**program file** *n.* Programmdata, *die*
♂ **programme** /'prəʊgræm/ *n.* **1** [notice of]
events) Programm, *das*
2 (Radio, Telev.) Sendung, *die*
3 (plan, instructions for machine) Programm, *das*
programmer /'prəʊgræmə(r)/ *n.* (Comp.)
Programmierer, *der*/Programmiererin, *die*
♂ **progress** **A** /'prəʊgres/ *n.* **1** no pl., no indef.
art. (onward movement) [Vorwärts]bewegung,
die
2 (advance) Fortschritt, *der*; **make** ~
vorankommen; <*Student, Patient:*>
Fortschritte machen; **in** ~ im Gange
B /prə'gres/ *v.i.* **1** (move forward) vorankommen
2 (be carried on, develop) Fortschritte machen
progression /prə'greʃn/ *n.* **1** (development)
Fortschritt, *der*

p

2 (succession) Folge, *die*

progressive /prə'gresɪv/ *adj.* **1** fortschreitend <*Verbesserung, Verschlechterung*>; schrittweise <*Reform*>; allmählich <*Veränderung*>
2 (favouring reform; in culture) fortschrittlich; progressiv

pro'gressively *adv.* immer <*schlechter, weiter*>

prohibit /prə'hɪbɪt/ *v.t.* (forbid) verbieten; ∼ sb's doing sth, ∼ sb from doing sth jmdm. verbieten, etw. zu tun

prohibition /prəʊhɪ'bɪʃn, prəʊɪ'bɪʃn/ *n.* Verbot, *das*

prohibitive /prə'hɪbɪtɪv/ *adj.* unerschwinglich <*Preis, Miete*>; untragbar <*Kosten*>

✦ **project** **A** /prə'dʒekt/ *v.t.* werfen <*Schein*>; senden <*Strahl*>; (Cinemat.) projizieren
B /prə'dʒekt/ *v.i.* (jut out) <*Felsen:*> vorspringen; <*Zähne, Brauen:*> vorstehen
C /'prɒdʒekt/ *n.* Projekt, *das*

projectile /prə'dʒektaɪl/ *n.* Geschoss, *das*

projection /prə'dʒekʃn/ *n.* **1** (protruding thing) Vorsprung, *der*
2 (estimate) Hochrechnung, *die*; (forecast) Voraussage, *die*

projectionist /prə'dʒekʃənɪst/ *n.* (Cinemat.) Filmvorführer, *der*/-vorführerin, *die*

pro'jection room *n.* (Cinemat.) Vorführraum, *der*

projector /prə'dʒektə(r)/ *n.* Projektor, *der*

proletarian /prəʊlɪ'teərɪən/ **A** *adj.* proletarisch
B *n.* Proletarier, *der*/Proletarierin, *die*

'pro-life *adj.* Lebensschutz-

'pro-lifer *n.* Verfechter, *der*/Verfechterin, *die*, des Rechts auf Leben

proliferate /prə'lɪfəreɪt/ *v.i.* (increase) sich ausbreiten

proliferation /prəlɪfə'reɪʃn/ *n.* starke Zunahme

prolific /prə'lɪfɪk/ *adj.* **1** (fertile) fruchtbar
2 (productive) produktiv

prologue (AmE: **prolog**) /'prəʊlɒg/ *n.* Prolog, *der* (**to** zu)

prolong /prə'lɒŋ/ *v.t.* verlängern

prolonged /prə'lɒŋd/ *adj.* lang; lang anhaltend <*Beifall*>

promenade /prɒmə'nɑːd/ *n.* Promenade, *die*

prominence /'prɒmɪnəns/ *n.*
1 (conspicuousness) Auffälligkeit, *die*
2 (distinction) Bekanntheit, *die*

prominent /'prɒmɪnənt/ *adj.* **1** (conspicuous) auffallend
2 (foremost) herausragend; **he was** ∼ **in politics** er war ein prominenter Politiker
3 (projecting) vorspringend; vorstehend <*Backenknochen, Brauen*>

promiscuity /prɒmɪ'skjuːɪtɪ/ *n.* Promiskuität, *die* (geh.)

promiscuous /prə'mɪskjʊəs/ *adj.* promiskuitiv (geh.); **a** ∼ **man** ein Mann, der häufig die Partnerin wechselt

✦ **promise** /'prɒmɪs/ **A** *n.* **1** Versprechen, *das*; **sb's** ∼**s** jmds. Versprechungen; **give** *or* **make a** ∼ **[to sb]** [jmdm.] ein Versprechen geben; **give** *or* **make a** ∼ **[to sb] to do sth** [jmdm.] versprechen, etw. zu tun
2 (fig.) (reason for expectation) Hoffnung, *die*; **a painter of** *or* **with** ∼ ein viel versprechender Maler
B *v.t.* **1** versprechen; ∼ **sth to sb**, ∼ **sb sth** jmdm. etw. versprechen
2 (fig.) (give reason for expectation of) verheißen (geh.); ∼ **sb sth** jmdm. etw. in Aussicht stellen
C *v.i.* ∼ **well** *or* **favourably** viel versprechend sein; **I can't** ∼ ich kann es nicht versprechen

promising /'prɒmɪsɪŋ/ *adj.* viel versprechend

✦ **promote** /prə'məʊt/ *v.t.* **1** (to more senior job) befördern
2 (encourage) fördern
3 (publicize) Werbung machen für
4 (Footb.) **be** ∼**d** aufsteigen

pro'moter *n.* Veranstalter, *der*/Veranstalterin, *die*

promotion /prə'məʊʃn/ *n.* **1** Beförderung, *die*; **win** *or* **gain** ∼ befördert werden
2 (furtherance) Förderung, *die*
3 (publicization) Werbung, *die*; (instance) Werbekampagne, *die*
4 (Footb.) Aufstieg, *der*

promotional /prə'məʊʃənl/ *adj.* Werbe<*kampagne, -broschüre usw.*>

prompt /prɒmpt/ **A** *adj.* **1** (ready to act) bereitwillig; **be** ∼ **in doing sth** *or* **to do sth** etw. unverzüglich tun
2 (done readily) sofortig; **her** ∼ **answer** ihre prompte Antwort; **take** ∼ **action** sofort handeln
3 (punctual) pünktlich
B *adv.* pünktlich; **at 6 o'clock** ∼ Punkt 6 Uhr
C *v.t.* **1** (incite) veranlassen
2 (supply with words) soufflieren (+ *Dat.*); (give suggestion to) weiterhelfen (+ *Dat.*)
3 hervorrufen <*Kritik*>; provozieren <*Antwort*>

'promptly *adv.* **1** (quickly) prompt
2 (punctually) pünktlich

prone /prəʊn/ *adj.* (liable) **be** ∼ **to** anfällig sein für <*Krankheiten*>; **be** ∼ **to do sth** dazu neigen, etw. zu tun

prong /prɒŋ/ *n.* (of fork) Zinke, *die*

pronoun /'prəʊnaʊn/ *n.* (Ling.) Pronomen, *das*; Fürwort, *das*

pronounce /prə'naʊns/ **A** *v.t.* **1** (declare) verkünden; ∼ **sb/sth [to be]** sth jmdn./etw. für etw. erklären; ∼ **sb fit for work** jmdn. für arbeitsfähig erklären
2 aussprechen <*Wort, Buchstaben usw.*>
B *v.i.* ∼ **on sth** zu etw. Stellung nehmen; ∼ **for** *or* **in favour of/against sth** sich für/gegen etw. aussprechen

✦ Schlüsselwort

p

pronounced /prə'naʊnst/ *adj.* (marked) ausgeprägt

pro'nouncement *n.* Erklärung, *die*; make a ~ [about sth] eine Erklärung [zu etw.] abgeben

pronunciation /prənʌnsɪ'eɪʃn/ *n.* Aussprache, *die*; what is the ~ of this word? wie wird dieses Wort ausgesprochen?

proof /pru:f/ **A** *n.* **1** (fact, evidence) Beweis, *der* **2** *no indef. art.* (Law) Beweismaterial, *das* **3** (proving) **in** ~ **of** zum Beweis (+ *Gen.*) **4** *no art.* (standard of strength) Proof *o. Art.*; 100° ~ (BrE) 128° ~ (AmE) 64 Vol.-% Alkohol **5** (Printing) [Korrektur]abzug, *der* **B** *adj.* **1** be ~ against sth unempfindlich gegen etw. sein; (fig.) gegen etw. immun sein **2** *in comb.* ‹kugel-, einbruch-, idioten›sicher; ‹schall-, wasser›dicht; flame-~ nicht brennbar

proof: ~**-read** *v.t.* Korrektur lesen; ~**-reader** *n.* Korrektor, *der*/Korrektorin, *die*

prop¹ /prɒp/ **A** *n.* Stütze, *die*; (Mining) Strebe, *die* **B** *v.t.*, **-pp-** stützen; the ladder was ~ped against the house die Leiter war gegen das Haus gelehnt ■ ~ **'up** *v.t.* stützen; (fig.) vor dem Konkurs bewahren ‹Firma›; stützen ‹Regierung›

prop² *n.* (Theatre, Cinemat.) (also fig.) Requisit, *das*

propaganda /prɒpə'gændə/ *n.* Propaganda, *die*

propagate /'prɒpəgeɪt/ **A** *v.t.* **1** (Hort., Agric.) vermehren (from, by durch) **2** (spread) verbreiten **B** *v.i.* **1** (Bot.) sich vermehren **2** (spread) sich ausbreiten

propagation /prɒpə'geɪʃn/ *n.* **1** (Hort., Agric.) Züchtung, *die* **2** (Bot.) Vermehrung, *die* **3** (spreading) Verbreitung, *die*

propel /prə'pel/ *v.t.*, **-ll-** antreiben

propellant /prə'pelənt/ *n.* **1** Treibstoff, *der* **2** (of aerosol spray) Treibgas, *das*

pro'peller *n.* Propeller, *der*

propelling 'pencil *n.* (BrE) Drehbleistift, *der*

propensity /prə'pensɪtɪ/ *n.* have a ~ to do sth or for doing sth dazu neigen, etw. zu tun

⚬ **proper** /'prɒpə(r)/ *adj.* **1** (accurate) richtig; zutreffend ‹Beschreibung›; eigentlich ‹Wortbedeutung› **2** *postpos.* (strictly so called) im engeren Sinn *nachgestellt*; in London ~ in London selbst **3** (genuine) echt; richtig ‹Wirbelsturm, Schauspieler› **4** (satisfactory) richtig; zufrieden stellend ‹Antwort› **5** (suitable) angemessen; (morally fitting) gebührend; do sth the ~ way etw. richtig machen **6** *attrib.* (infml) (thorough) richtig

⚬ **'properly** *adv.* richtig; (rightly) zu Recht; ~ speaking genau genommen

proper 'name, proper 'noun *ns.* (Ling.) Eigenname, *der*

⚬ **property** /'prɒpətɪ/ *n.* **1** (possession[s]) Eigentum, *das*; lost ~ [department or office] Fundbüro, *das* **2** (estate) Besitz, *der*; Immobilie, *die* (fachspr.) **3** (attribute) Eigenschaft, *die*; (effect, special power) Wirkung, *die*

'property developer *n.* ≈ Bauunternehmer, *der*/-unternehmerin, *die*

prophecy /'prɒfɪsɪ/ *n.* (prediction) Vorhersage, *die*; (prophetic utterance) Prophezeiung, *die*

prophesy /'prɒfɪsaɪ/ *v.t.* (predict) vorhersagen; (fig.) prophezeien ‹Unglück›; (as fortune teller) weissagen

prophet /'prɒfɪt/ *n.* Prophet, *der*

prophetic /prə'fetɪk/ *adj.* prophetisch

proportion /prə'pɔ:ʃn/ **A** *n.* **1** (portion) Teil, *der* **2** (ratio) Verhältnis, *das*; the ~ of sth to sth das Verhältnis von etw. zu etw. **3** (correct relation) (Math.) Proportion, *die*; be in ~ [to or with sth] im richtigen Verhältnis [zu od. mit etw.] stehen; keep things in ~ (fig.) die Dinge im richtigen Licht sehen; be out of ~/all or any ~ [to or with sth] in keinem/keinerlei Verhältnis zu etw. stehen **4** *in pl.* (size) Dimensionen *Pl.* **B** *v.t.* proportionieren

proportional /prə'pɔ:ʃnl/ *adj.* **1** (in proportion) entsprechend; be ~ to sth einer Sache (*Dat.*) entsprechen **2** (Math.) be directly/indirectly ~ to sth einer Sache (*Dat.*) direkt/umgekehrt proportional sein

proportionate /prə'pɔ:ʃənət/ ▶ proportional 1

⚬ **proposal** /prə'pəʊzl/ *n.* Vorschlag, *der*; (offer) Angebot, *das*; ~ [of marriage] [Heirats]antrag, *der*

⚬ **propose** /prə'pəʊz/ **A** *v.t.* **1** vorschlagen; ~ sth to sb jmdm. etw. vorschlagen; ~ marriage [to sb] [jmdm.] einen Heiratsantrag machen **2** (nominate) ~ sb as/for sth jmdn. als/für etw. vorschlagen **3** (intend) ~ doing or to do sth beabsichtigen, etw. zu tun **B** *v.i.* (offer marriage) ~ [to sb] jmdm. einen Heiratsantrag machen

proposition /prɒpə'zɪʃn/ *n.* **1** (proposal) Vorschlag, *der*; make or put a ~ to sb jmdm. einen Vorschlag machen **2** (statement) (Logic) Aussage, *die*

propound /prə'paʊnd/ *v.t.* darlegen

proprietary /prə'praɪətərɪ/ *adj.* ~ name or term Markenname, *der*

proprietor /prə'praɪətə(r)/ *n.* Inhaber, *der*/Inhaberin, *die*

propriety /prə'praɪətɪ/ *n.* Anstand, *der*; breach of ~ Verstoß gegen die guten Sitten

p

propulsion /prə'pʌlʃn/ n. Antrieb, *der*

prosaic /prə'zeɪɪk/ *adj.* prosaisch (geh.); nüchtern

proscribe /prə'skraɪb/ v.t. verbieten

prose /prəʊz/ n. Prosa, *die*; *attrib.* Prosa‹*werk, -stil*›

prosecute /'prɒsɪkju:t/ **A** v.t. strafrechtlich verfolgen; ~ sb for sth/doing sth jmdn. wegen etw. strafrechtlich verfolgen/jmdn. strafrechtlich verfolgen, weil er etw. tut/getan hat
B v.i. Anzeige erstatten

prosecution /prɒsɪ'kju:ʃn/ n. (bringing to trial) [strafrechtliche] Verfolgung; (court procedure) Anklage, *die*; (prosecuting party) Anklage[vertretung], *die*; the ~ die Anklage

prosecutor /'prɒsɪkju:tə(r)/ n. Ankläger, *der*/Anklägerin, *die*; public ~ ≈ Generalstaatsanwalt, *der*/-anwältin, *die*

✱ **prospect** **A** /'prɒspekt/ n. **1** (expectation) Erwartung, *die* (of hinsichtlich); [at the] ~ of sth/doing sth bei der] Aussicht auf etw. (*Akk.*) /[darauf], etw. zu tun
2 *in pl.* (hope of success) Zukunftsaussichten *Pl.*; a man with [good] ~s ein Mann mit Zukunft; sb's ~s of sth/doing sth jmds. Chancen auf etw. (*Akk.*) /darauf, etw. zu tun; the ~s for sb/sth die Aussichten für jmdn./etw.
B /prə'spekt/ v.i. nach Bodenschätzen suchen

prospective /prə'spektɪv/ *adj.* voraussichtlich; zukünftig ‹*Erbe, Braut*›; potenziell ‹*Käufer, Kandidat*›

prospector /prə'spektə(r)/ n. Prospektor, *der*; (for gold) Goldsucher, *der*

prospectus /prə'spektəs/ n. Prospekt, *der*; (BrE) (Univ.) Studienführer, *der*

prosper /'prɒspə(r)/ v.i. gedeihen; ‹*Geschäft:*› florieren; ‹*Berufstätiger:*› Erfolg haben

prosperity /prɒ'sperɪti/ n. Wohlstand, *der*

prosperous /'prɒspərəs/ *adj.* wohlhabend; florierend ‹*Unternehmen*›

prostitute /'prɒstɪtju:t/ n. Prostituierte, *die*

prostitution /prɒstɪ'tju:ʃn/ n. Prostitution, *die*

prostrate **A** /'prɒstreɪt/ *adj.* [auf dem Bauch] ausgestreckt
B /prə'streɪt/ v. refl. ~ oneself [at sth/before sb] sich [vor etw./jmdm.] niederwerfen

protagonist /prəʊ'tægənɪst/ n. (Lit.) Protagonist, *der*/Protagonistin, *die*

✱ **protect** /prə'tekt/ v.t. **1** schützen (from vor + *Dat.*) (against gegen)
2 (preserve) unter [Natur]schutz stellen ‹*Pflanze, Tier*›

✱ **protection** /prə'tekʃn/ n. Schutz, *der* (from vor + *Dat.*) (against gegen)

protective /prə'tektɪv/ *adj.* schützend; Schutz‹*hülle, -anstrich, -vorrichtung, -maske*›; be ~ towards sb fürsorglich

gegenüber jmdm. sein

✱ **protein** /'prəʊti:n/ n. Protein, *das* (fachspr.); Eiweiß, *das*

✱ **protest** **A** /'prəʊtest/ n. **1** Beschwerde, *die*; make *or* lodge a ~ [against sb/sth] eine Beschwerde [gegen jmdn./etw.] einreichen
2 (gesture of disapproval) ~[s] Protest, *der*; under ~ unter Protest; in ~ [against sth] aus Protest [gegen etw.]
3 *no art.* (dissent) Protest, *der*
B /prə'test/ v.t. (affirm) beteuern
C /prə'test/ v.i. protestieren (about gegen); (make written or formal ~) Protest einlegen (to bei)

Protestant /'prɒtɪstənt/ **A** n. Protestant, *der*/Protestantin, *die*
B *adj.* protestantisch; evangelisch

Protestantism /'prɒtɪstəntɪzm/ n., *no art.* Protestantismus, *der*

pro'tester n. Protestierende, *der*/*die*; (at demonstration) Demonstrant, *der*/Demonstrantin, *die*

protocol /'prəʊtəkɒl/ n. Protokoll, *das*

proton /'prəʊtɒn/ n. Proton, *das*

prototype /'prəʊtətaɪp/ n. Prototyp, *der*

protract /prə'trækt/ v.t. verlängern

protractor /prə'træktə(r)/ n. (Geom.) Winkelmesser, *der*

protrude /prə'tru:d/ v.i. herausragen (from aus); ‹*Zähne*› vorstehen

protuberance /prə'tju:bərəns/ n. Auswuchs, *der*

✱ **proud** /praʊd/ **A** *adj.* **1** stolz; ~ to do sth *or* to be doing sth stolz darauf, etw. zu tun; ~ of sb/sth/doing sth stolz auf jmdn./etw./darauf, etw. zu tun
2 (arrogant) hochmütig
B *adv.* (BrE) (infml) do sb ~ jmdn. verwöhnen

'proudly *adv.* **1** stolz
2 (arrogantly) hochmütig

provable /'pru:vəbl/ *adj.* beweisbar

✱ **prove** /pru:v/ **A** v.t., *p.p.* ~d *or* ~n /'pru:vn/ beweisen; nachweisen ‹*Identität*›; ~ one's ability sein Können unter Beweis stellen; ~ sb right/wrong ‹*Ereignis:*› jmdm. recht/unrecht geben; be ~d wrong *or* to be false ‹*Theorie:*› widerlegt werden; ~ one's/sb's case *or* point beweisen, dass man recht hat/jmdm. recht geben
B v. refl., *p. p.* ~d *or* ~n; ~ oneself sich bewähren
C v.i., *p. p.* ~d *or* ~n; ~ [to be] sich erweisen als

proven ▸ prove

proverb /'prɒvɜ:b/ n. Sprichwort, *das*

proverbial /prə'vɜ:bɪəl/ *adj.* sprichwörtlich

✱ **provide** /prə'vaɪd/ v.t. **1** besorgen; liefern ‹*Beweis*›; bereitstellen ‹*Dienst, Geld*›; ~ a home/a car for sb jmdm. Unterkunft/ein Auto [zur Verfügung] stellen
2 ‹*Vertrag, Gesetz:*› vorsehen

p

✱ Schlüsselwort

■ **pro'vide for** *v.t.* **1** (make provision for) vorsorgen für; <*Plan, Gesetz:*> vorsehen **2** (maintain) sorgen für, versorgen <*Familie, Kind*>

pro'vided *conj.* ~ **[that]** ... vorausgesetzt, [dass] ...

providence /'prɒvɪdəns/ *n.* **1 [divine]** ~ die [göttliche] Vorsehung **2** P~ (God) der Himmel

province /'prɒvɪns/ *n.* **1** Provinz, *die* **2** the ~s (regions outside capital) die Provinz **3** (sphere of action) [Tätigkeits]bereich, *der*; (area of responsibility) Zuständigkeitsbereich, *der*

provincial /prə'vɪnʃl/ *adj.* Provinz-

♂ **provision** /prə'vɪʒn/ *n.* **1** (providing) Bereitstellung, *die*; make ~ for vorsorgen od. Vorsorge treffen für <*Notfall*> **2** ~s *pl.* (food) Lebensmittel *Pl.*

provisional /prə'vɪʒənl/ *adj.*, **provisionally** /prə'vɪʒənlɪ/ *adv.* vorläufig; provisorisch

proviso /prə'vaɪzəʊ/ *n., pl.* ~s Vorbehalt, *der*

provocation /prɒvə'keɪʃn/ *n.* Provokation, *die*

provocative /prə'vɒkətɪv/ *adj.* provozierend; (sexually) aufreizend

provoke /prə'vəʊk/ *v.t.* **1** provozieren <*Person*>; reizen <*Person, Tier*>; ~ sb into doing sth jmdn. so sehr provozieren, dass er etw. tut **2** (give rise to) hervorrufen; erregen

prow /praʊ/ *n.* (Naut.) Bug, *der*

prowl /praʊl/ ⓐ *v.i.* streifen ⓑ *v.t.* durchstreifen ⓒ *n.* be on the ~ auf einem Streifzug sein

proximity /prɒk'sɪmɪtɪ/ *n.* Nähe, *die*

proxy /'prɒksɪ/ *n.* by ~ durch einen Bevollmächtigten/eine Bevollmächtigte

prude /pruːd/ *n.* prüder Mensch

prudence /'pruːdəns/ *n.* Besonnenheit, *die*

prudent /'pruːdənt/ *adj.* **1** (careful) besonnen **2** (circumspect) vorsichtig

prudish /'pruːdɪʃ/ *adj.* prüde

prune¹ /pruːn/ *n.* Backpflaume, *die*

prune² *v.t.* **1** (trim) [be]schneiden **2** (fig.) reduzieren

pry /praɪ/ *v.i.* neugierig sein ■ '~ **into** *v.t.* seine Nase stecken in (+ *Akk.*) (ugs.) <*Angelegenheit*>

PS *abbr.* = postscript PS

psalm /sɑːm/ *n.* Psalm, *der*

pseudo /'sjuːdəʊ/ ⓐ *adj.* **1** (sham) unecht **2** (insincere) verlogen ⓑ *n., pl.* ~s (pretentious person) Möchtegern, *der* (ugs. spött.)

pseudonym /'sjuːdənɪm/ *n.* Pseudonym, *das*

psychiatric /saɪkɪ'ætrɪk/ *adj.* psychiatrisch

psychiatrist /saɪ'kaɪətrɪst/ *n.* Psychiater, *der*/ Psychiaterin, *die*

psychiatry /saɪ'kaɪətrɪ/ *n.* Psychiatrie, *die*

psychic /'saɪkɪk/ *adj.* be ~ übernatürliche Fähigkeiten haben

psychoanalyse /saɪkəʊ'ænəlaɪz/ *v.t.* psychoanalysieren

psychoa'nalysis *n.* Psychoanalyse, *die*

psycho'analyst *n.* Psychoanalytiker, *der*/-analytikerin, *die*

psychological /saɪkə'lɒdʒɪkl/ *adj.* psychologisch; psychisch <*Problem*>

psychologist /saɪ'kɒlədʒɪst/ *n.* Psychologe, *der*/Psychologin, *die*

psychology /saɪ'kɒlədʒɪ/ *n.* Psychologie, *die*

psychopath /'saɪkəpæθ/ *n.* Psychopath, *der*/ Psychopathin, *die*

psychopathic /saɪkə'pæθɪk/ *adj.* psychopathisch

psychosis /saɪ'kəʊsɪs/ *n., pl.* **psychoses** /saɪ'kəʊsiːz/ Psychose, *die*

psychotherapist /saɪkəʊ'θerəpɪst/ *n.* Psychotherapeut, *der*/-therapeutin, *die*

psycho'therapy *n.* Psychotherapie, *die*

psychotic /saɪ'kɒtɪk/ *adj.* psychotisch

PTO *abbr.* = **please turn over** b.w.

pub /pʌb/ *n.* (BrE) (infml) Kneipe, *die* (ugs.)

'pub crawl *n.* (BrE) (infml) Zechtour, *die* (ugs.)

puberty /'pjuːbətɪ/ *n., no art.* Pubertät, *die*

'pub grub *n.* (BrE) (infml) Kneipenessen, *das* (ugs.)

pubic /'pjuːbɪk/ *adj.* Scham-

♂ **public** /'pʌblɪk/ ⓐ *adj.* öffentlich; make sth ~ etw. bekannt machen ⓑ *n., sing. or pl.* **1** (the people) Öffentlichkeit, *die* **2** (section of community) Publikum, *das* **3** in ~ öffentlich

publican /'pʌblɪkən/ *n.* (BrE) [Gast]wirt, *der*/-wirtin, *die*

♂ **publication** /pʌblɪ'keɪʃn/ *n.* Veröffentlichung, *die*

public: ~ **'building** *n.* öffentliches Gebäude; ~ **con'venience** *n.* öffentliche Toilette; ~ **'figure** *n.* Persönlichkeit des öffentlichen Lebens; ~ **'footpath** *n.* öffentlicher Fußweg; ~ **'holiday** *n.* gesetzlicher Feiertag; ~ **'house** *n.* (BrE) Gastwirtschaft, *die*; Gaststätte, *die*

publicity /pʌb'lɪsɪtɪ/ *n.* Publicity, *die*; (advertising) Werbung, *die*

publicity: ~ **agent** *n.* Publicitymanager, *der*/-managerin, *die*; ~ **campaign** *n.* Werbekampagne, *die*

publicize /'pʌblɪsaɪz/ *v.t.* publik machen <*Ungerechtigkeit*>; werben für, Reklame machen für <*Produkt*>

public: ~ **'library** *n.* öffentliche Bücherei; ~ **limited company** *n.* (BrE) ≈ Aktiengesellschaft, *die*

'publicly *adv.* öffentlich; ~ owned staatseigen

public: ~ **property** *n.* Staatsbesitz, *der*; ~ **re'lations** *n., sing. or pl.* Publicrelations *Pl.*; ~ **school** *n.* **1** (BrE) Privatschule, *die* **2** (Scot., AmE) staatliche od. öffentliche Schule; ~ **'servant** *n.* Inhaber/Inhaberin eines öffentlichen Amtes; ~ **'transport** *n.*

p

öffentlicher Personenverkehr

✒ **publish** /ˈpʌblɪʃ/ *v.t.* ‹*Verlag*:› verlegen ‹*Buch, Zeitschrift, Musik usw.*›; ‹*Autor*:› veröffentlichen ‹*Text*›

'publisher *n.* Verleger, *der*/Verlegerin, *die*; ∼[s] (company) Verlag, *der*

'publishing *n., no art.* Verlagswesen, *das*

puck /pʌk/ *n.* (Ice Hockey) Puck, *der*

pucker /ˈpʌkə(r)/ **A** *v.t.* ∼ [up] runzeln ‹*Brauen, Stirn*›; kräuseln ‹*Lippen*› **B** *v.i.* ∼ [up] ‹*Stoff*:› sich kräuseln

pudding /ˈpʊdɪŋ/ *n.* **1** Pudding, *der* **2** (dessert) süße Nachspeise

puddle /ˈpʌdl/ *n.* Pfütze, *die*

puerile /ˈpjʊəraɪl/ *adj.* kindisch

puff /pʌf/ **A** *n.* **1** Stoß, *der*; ∼ of breath/wind Atem-/Windstoß, *der* **2** ∼ of smoke Rauchstoß, *der* **3** (pastry) Blätterteigteilchen, *das* **B** *v.i.* **1** ∼ [and blow] schnaufen [und keuchen] **2** (∼ cigarette smoke etc.) paffen (ugs.) (at an + *Dat.*) **3** ‹*Person*:› keuchen; ‹*Zug, Lokomotive*› schnaufend fahren **C** *v.t.* blasen ‹*Rauch*›; stäuben ‹*Puder*› ∎ ∼ 'out *v.t.* **1** bauschen ‹*Segel*› **2** (put out of breath) außer Atem bringen ‹*Person*›; be ∼ed [out] außer Atem sein

puff 'pastry *n.* Blätterteig, *der*

puffy /ˈpʌfɪ/ *adj.* verschwollen

pugnacious /pʌgˈneɪʃəs/ *adj.* kampflustig

puke /pjuːk/ (coarse) **A** *v.i.* kotzen (salopp) **B** *n.* Kotze, *die* (salopp)

✒ **pull** /pʊl/ **A** *v.t.* **1** (draw, tug) ziehen an (+ *Dat.*); ziehen ‹*Hebel*›; ∼ sb's *or* sb by the hair/ears/sleeve jmdn. an den Haaren/ Ohren/am Ärmel ziehen; ∼ sth over one's ears/head sich (*Dat.*) etw. über die Ohren/ den Kopf ziehen; ∼ to pieces in Stücke reißen; (fig.) zerpflücken ‹*Argument usw.*› **2** (extract) [her]ausziehen; [heraus]ziehen ‹*Zahn*› **3** (strain) sich (*Dat.*) zerren ‹*Muskel*› **B** *v.i.* **1** ziehen; 'P∼' „Ziehen" **2** ∼ [to the left/right] ‹*Auto, Boot*:› [nach links/rechts] ziehen **3** (pluck) ∼ at ziehen an (+ *Dat.*); ∼ at sb's sleeve jmdn. am Ärmel ziehen **C** *n.* **1** Zug, *der* **2** (influence) Einfluss, *der* (with auf (+ *Akk.*), bei) ∎ ∼ a'part *v.t.* **1** (take to pieces) auseinander nehmen **2** (fig.) (criticize) zerpflücken; verreißen ‹*Buch, [literarisches] Werk*› ∎ ∼ 'down *v.t.* **1** herunterziehen **2** (demolish) abreißen ∎ ∼ 'in **A** *v.t.* hereinziehen **B** *v.i.* **1** ‹*Zug*:› einfahren **2** (move to side of road) an die Seite fahren;

(stop) anhalten

∎ ∼ 'off *v.t.* **1** (remove) abziehen; (violently) abreißen **2** (accomplish) an Land ziehen (ugs.)

∎ ∼ 'out **A** *v.t.* herausziehen **B** *v.i.* **1** (depart) abfahren **2** (away from roadside) ausscheren

∎ ∼ 'through *v.i.* ‹*Patient*:› durchkommen

∎ ∼ to'gether *v. refl.* sich zusammennehmen

∎ ∼ 'up *v.t.* **1** hochziehen **2** [he]rausziehen ‹*Unkraut, Pflanze*› **3** (reprimand) zurechtweisen **B** *v.i.* (stop) anhalten

'pull-down menu *n.* (Comp.) Pull-down- Menü, *das*

pulley /ˈpʊlɪ/ *n.* Rolle, *die*

pullover /ˈpʊləʊvə(r)/ *n.* Pullover, *der*

pulp /pʌlp/ **A** *n.* Brei, *der* **B** *v.t.* zerdrücken ‹*Rübe*›; einstampfen ‹*Druckerzeugnis*›

pulpit /ˈpʊlpɪt/ *n.* Kanzel, *die*

pulsate /pʌlˈseɪt/ *v.i.* pulsieren

pulse¹ /pʌls/ *n.* Puls, *der*; (single beat) Pulsschlag, *der*

pulse² *n.* (Cookery) Hülsenfrucht, *die*

'pulse rate *n.* Pulsfrequenz, *die*

pulverize /ˈpʌlvəraɪz/ *v.t.* pulverisieren

puma /ˈpjuːmə/ *n.* Puma, *der*

pumice /ˈpʌmɪs/ *n.* ∼ [stone] Bimsstein, *der*

pummel /ˈpʌml/ *v.t.*, (BrE) **-ll-** einschlagen auf (+ *Akk.*)

pump /pʌmp/ **A** *n.* Pumpe, *die* **B** *v.i.* pumpen **C** *v.t.* pumpen; ∼ sth dry etw. leer pumpen; ∼ sb for information Auskünfte aus jmdm. herausholen; ∼ up aufpumpen

'pump-action *adj.* ∼ spray Pumpspray, *das od. der*

pumpkin /ˈpʌmpkɪn/ *n.* Kürbis, *der*

pun /pʌn/ *n.* Wortspiel, *das*

punch¹ **A** *v.t.* **1** (with fist) boxen **2** (pierce) lochen; ∼ a hole ein Loch stanzen; ∼ a hole/holes in sth etw. lochen **B** *n.* **1** (blow) Faustschlag, *der* **2** (for making holes) (in leather, tickets) Lochzange, *die*; (in paper) Locher, *der*

punch² *n.* (drink) Punsch, *der*

punch: ∼ **line** *n.* Pointe, *die*; ∼**-up** *n.* (BrE) (infml) Prügelei, *die*

punctual /ˈpʌŋktjʊəl/ *adj.* pünktlich

punctuality /pʌŋktjʊˈælɪtɪ/ *n.* Pünktlichkeit, *die*

'punctually *adv.* pünktlich

punctuate /ˈpʌŋktjʊeɪt/ *v.t.* mit Satzzeichen versehen

punctuation /pʌŋktjʊˈeɪʃn/ *n.* Zeichensetzung, *die*

punctu'ation mark *n.* Satzzeichen, *das*

puncture /ˈpʌŋktʃə(r)/ **A** *n.* **1** (flat tyre) Reifenpanne, *die* **2** (hole) Loch, *das*

B *v.t.* durchstechen; **be** ~**d** <*Reifen*:> platt sein

pundit /'pʌndɪt/ *n.* Experte, *der*/Expertin, *die*

pungent /'pʌndʒənt/ *adj.* beißend, ätzend <*Rauch*>; scharf <*Soße*>; stechend riechend <*Gas*>

punish /'pʌnɪʃ/ *v.t.* bestrafen

punishable /'pʌnɪʃəbl/ *adj.* strafbar

'**punishment** *n.* **1** (punishing) Bestrafung, *die* **2** (penalty) Strafe, *die*

punitive /'pju:nɪtɪv/ *adj.* **1** (penal) Straf- **2** (severe) [allzu] rigoros

punk /pʌŋk/ *n.* **1** (AmE) (sl.) (worthless person) Dreckskerl, *der* (salopp) **2** (admirer of ~ rock) Punk, *der*; (performer) Punk[rock]er, *der*/-[rock]erin, *die* **3** (music) Punkrock, *der*

punnet /'pʌnɪt/ *n.* (BrE) Körbchen, *das*

punt /pʌnt/ *n.* Stechkahn, *der*

punter *n.* (infml) **the** ~**s** (customers) die Leutchen (ugs.)

puny /'pju:nɪ/ *adj.* **1** (undersized) zu klein <*Baby, Junge*> **2** (feeble) gering <*Kraft*>; schwach <*Waffe, Person*>

pup /pʌp/ *n.* Welpe, *der*

pupa /'pju:pə/ *n., pl.* ~**e** /'pju:pi:/ Puppe, *die*

pupate /pju:'peɪt/ *v.i.* sich verpuppen

ᴅ **pupil** /'pju:pɪl/ *n.* **1** Schüler, *der*/Schülerin, *die* **2** (Anat.) Pupille, *die*

puppet /'pʌpɪt/ *n.* Puppe, *die*; (marionette; also fig.) Marionette, *die*

puppy /'pʌpɪ/ *n.* Hundejunge, *das*; Welpe, *der*

puppy: ~ **fat** *n.* (BrE) Babyspeck, *der*; ~ **love** *n.* Jugendschwärmerei, *die*

ᴅ **purchase** /'pɜ:tʃəs/ **A** *n.* **1** Kauf, *der*; **make a** ~ etwas kaufen **2** (hold) Halt, *der*; (leverage) Hebelwirkung, *die* **B** *v.t.* kaufen

'**purchase price** *n.* Kaufpreis, *der*

'**purchaser** *n.* Käufer, *der*/Käuferin, *die*

'**purchasing power** *n.* Kaufkraft, *die*

pure /pjʊə(r)/ *adj.* rein

purée /'pjʊəreɪ/ *n.* Püree, *das*

'**purely** *adv.* **1** (solely) rein **2** (merely) lediglich

purgatory /'pɜ:gətərɪ/ *n.* it was ~ (fig.) es war eine Strafe

purge /pɜ:dʒ/ **A** *v.t.* **1** (cleanse) reinigen (of von) **2** (remove) entfernen **3** (rid) säubern <*Partei*> (of von) **B** *n.* Säuberung[saktion], *die*

purification /pjʊərɪfɪ'keɪʃn/ *n.* Reinigung, *die*

purify /'pjʊərɪfaɪ/ *v.t.* reinigen

purist /'pjʊərɪst/ *n.* Purist, *der*/Puristin, *die*

puritan, (Hist.) **Puritan** /'pjʊərɪtn/ *n.* Puritaner, *der*/Puritanerin, *die*

puritanical /pjʊərɪ'tænɪkl/ *adj.* puritanisch

purity /'pjʊərɪtɪ/ *n.* Reinheit, *die*

purl /pɜ:l/ **A** *n.* linke Masche **B** *v.t.* links stricken; ~ **three [stitches]** drei linke Maschen stricken

purple /'pɜ:pl/ **A** *adj.* lila; violett **B** *n.* Lila, *das*; Violett, *das*

purport /pə'pɔ:t/ *v.t.* ~ **to do sth** (profess) [von sich] behaupten, etw. zu tun; (be intended to seem) den Anschein erwecken sollen, etw. zu tun

ᴅ **purpose** /'pɜ:pəs/ *n.* **1** (object) Zweck, *der*; (intention) Absicht, *die*; **what is the** ~ **of doing that?** was hat es für einen Zweck, das zu tun?; **on** ~ mit Absicht; absichtlich **2** (effect) **to no** ~ ohne Erfolg; **to some/good** ~ mit einigem/gutem Erfolg **3** (determination) Entschlossenheit, *die*

'**purpose-built** *adj.* [eigens] zu diesem Zweck errichtet <*Gebäude*>

purposeful /'pɜ:pəsfl/ *adj.* zielstrebig; (with specific aim) entschlossen

'**purposely** *adv.* absichtlich

'**purpose-made** *adj.* spezialgefertigt

purr /pɜ:(r)/ **A** *v.i.* schnurren **B** *n.* Schnurren, *das*

purse /pɜ:s/ **A** *n.* Portemonnaie, *das* **B** *v.t.* kräuseln <*Lippen*>

purser /'pɜ:sə(r)/ *n.* Zahlmeister, *der*/-meisterin, *die*

ᴅ **pursue** /pə'sju:/ *v.t.* **1** (chase) verfolgen **2** (look into) nachgehen (+ *Dat.*) **3** (engage in) betreiben

pursuer /pə'sju:ə(r)/ *n.* Verfolger, *der*/Verfolgerin, *die*

pursuit /pə'sju:t/ *n.* **1** Verfolgung, *die*; (of knowledge, truth, etc.) Streben, *das* (of nach); **in** ~ **of** auf der Jagd nach sich (*Dat.*) einen Weg durch/in/auf *usw.* etw. (*Akk.*) bahnen Ausführung (+ *Gen.*) <*Beschäftigung*>; **with the police in [full]** ~ mit der Polizei [dicht] auf den Fersen **2** (pastime) Beschäftigung, *die*

pus /pʌs/ *n.* Eiter, *der*

ᴅ **push** /pʊʃ/ **A** *v.t.* **1** schieben; (make fall) stoßen; drücken gegen <*Tür*>; ~ **one's way through/into/on to** *etc.* etw. (*Dat.*) einen Weg durch/in/auf *usw.* etw. (*Akk.*) bahnen **2** (fig.) (impel) drängen **3** (tax) ~ **sb [hard]** jmdn. [stark] fordern; **be** ~**d for sth** (infml) (find it difficult to provide sth) mit etw. knapp sein; **be** ~**d for money** *or* **cash** knapp bei Kasse sein (ugs.) **4** (sell illegally, esp. drugs) pushen (Drogenjargon) **B** *v.i.* **1** schieben; (in queue) drängeln; (at door) drücken; ~ **and shove** schubsen und drängeln **2** (make demands) ~ **for sth** etw. fordern **3** (make one's way) **he** ~**ed between us** er drängte sich zwischen uns; ~ **through the crowd** sich durch die Menge drängeln **C** *n.* **1** Stoß, *der*; **give sth a** ~ etw. schieben **2** (effort) Anstrengungen *Pl.*; (Mil.) (attack) Vorstoß, *der*

p

3 (crisis) **when it comes to the** ~, (AmE) (infml) **when** ~ **comes to shove** wenn es ernst wird
4 (BrE) (infml) (dismissal) **get the** ~ **rausfliegen** (ugs.)
■ ~ a'**head** v.i. ~ **ahead with sth** etw. vorantreiben
■ ~ '**in** v.i. sich hineindrängen
■ ~ '**off** v.i. **1** (Boating) abstoßen
2 (infml) (leave) abhauen (salopp)
■ ~ '**on** A v.i. (with plans etc.) weitermachen
B v.t. draufdrücken <Deckel usw.>
■ ~ '**up** v.t. hochschieben; (fig.) hochtreiben
push: ~**bike** n. (BrE) (infml) Fahrrad, das; ~-**button** n. [Druck]knopf, der; Drucktaste, die; ~**chair** n. (BrE) Sportwagen, der
pusher /'pʊʃə(r)/ n. (seller of drugs) Dealer, der/ Dealerin, die
'**pushover** n. (infml) Kinderspiel, das
pushy /'pʊʃɪ/ adj. (infml) [übermäßig] ehrgeizig <Person>
pussy /'pʊsɪ/ n. (child lang.) (cat) Miezekatze, die (fam.)
◆' **put** /pʊt/ A v.t., -**tt**-, ~ **1** (place) tun; (vertically) stellen; (horizontally) legen; ~ **plates on the table** Teller auf den Tisch stellen; ~ **a stamp on the letter** eine Briefmarke auf den Brief kleben; ~ **the letter in an envelope/ the letter box** den Brief in einen Umschlag/ in den Briefkasten stecken; ~ **sth in one's pocket** etw. in die Tasche stecken; ~ **petrol in the tank** Benzin in den Tank füllen; ~ **the car in[to] the garage** das Auto in die Garage stellen; ~ **the plug in the socket** den Stecker in die Steckdose stecken; ~ **one's hands over one's eyes** sich (Dat.) die Hände auf die Augen legen; **where shall I** ~ **it?** wo soll ich es hintun (ugs.) /-stellen/-legen usw.?; (fig.) **be** ~ **in a difficult position** in eine schwierige Lage geraten; ~ **sb on to sth** jmdn. auf etw. (Akk.) hinweisen; ~ **sb to work** jmdn. arbeiten lassen; ~ **sb on antibiotics** jmdn. auf Antibiotika setzen; ~ **oneself in sb's place** or **situation** sich in jmds. Lage (Akk.) versetzen
2 (submit) unterbreiten <Vorschlag, Plan> (to Dat.)
3 (express) ausdrücken; **let's** ~ **it like this: …** sagen wir so: …; ~ **sth into English** etc. etw. ins Englische usw. übertragen; ~ **sth into words** etw. in Worte fassen
4 (write) schreiben; ~ **one's name on the list** seinen Namen auf die Liste setzen; ~ **sth on the bill** etw. auf die Rechnung setzen
5 (stake) setzen (on auf + Akk.)
6 (estimate) ~ **sb/sth at** jmdn./etw. schätzen auf (+ Akk.)
B v.i., -**tt**-, ~ (Naut.) ~ **[out] to sea** in See stechen
■ ~ a'**cross** v.t. **1** (communicate) vermitteln (to Dat.)
2 (make acceptable) ankommen mit
■ ~ a'**way** v.t. **1** wegräumen; reinstellen

<Auto>; (in file) abheften
2 (save) beiseite legen
3 (infml) (eat) verdrücken (ugs.); (drink) runterkippen (ugs.)
4 (infml) (confine) einsperren (ugs.)
■ ~ '**back** v.t. **1** ~ **the book back** das Buch zurücktun
2 ~ **the clock back** die Uhr zurückstellen
3 (postpone) verschieben
■ ~ '**down** v.t. **1** (set down) (vertically) hinstellen; (horizontally) hinlegen; auflegen <Hörer>
2 (suppress) niederwerfen
3 (humiliate) herabsetzen
4 (kill) töten
5 (write) notieren
6 (attribute) ~ **sth down to sth** etw. auf etw. (Akk.) zurückführen
■ ~ '**forward** v.t. **1** (propose) aufwarten mit
2 (nominate) vorschlagen
3 ~ **the clock forward** die Uhr vorstellen
■ ~ '**in** A v.t. **1** (install) einbauen
2 (submit) stellen <Forderung>; einreichen <Bewerbung>
3 (devote) aufwenden <Mühe>; (perform) einlegen <Sonderschicht, Überstunden>
B v.i. ~ **in for** sich bei jmdm. bewerben um <Stellung>; beantragen <Urlaub>
■ ~ '**off** v.t. **1** (postpone) verschieben (until auf + Akk.); (postpone engagement with) vertrösten (until auf + Akk.)
2 (switch off) ausmachen
3 (repel) abstoßen; ~ **sb off sth** jmdm. etw. verleiden
4 (distract) stören
5 (dissuade) ~ **sb off doing sth** jmdn. davon abbringen, etw. zu tun
■ ~ '**on** v.t. **1** anziehen <Kleidung, Hose usw.>; aufsetzen <Hut, Brille>; draufsetzen <Deckel>; ~ **it on** (infml) [nur] Schau machen (ugs.)
2 anmachen <Radio, Licht>; aufsetzen <Wasser, Kessel>
3 (gain) ~ **on weight** zunehmen
4 (stage) spielen <Stück>; zeigen <Film>
■ ~ '**out** v.t. **1** rausbringen
2 ausmachen <Licht>; löschen <Feuer>
3 (inconvenience) in Verlegenheit bringen
■ ~ '**through** v.t. **1** (carry out) durchführen <Plan, Programm>
2 (Teleph.) verbinden (to mit)
■ ~ '**up** A v.t. **1** heben <Hand>; errichten <Gebäude, Denkmal>; aufstellen <Gerüst>
2 (display) aushängen
3 hochnehmen <Fäuste>; leisten <Widerstand, Gegenwehr>
4 (propose) vorschlagen; (nominate) aufstellen
5 (incite) ~ **sb up to sth** jmdn. zu etw. anstiften
6 (accommodate) unterbringen
7 (increase) [he]raufsetzen <Preis, Miete>
B v.i. (lodge) übernachten
■ ~ '**up with** v.t. sich (Dat.) bieten lassen <Beleidigung, Benehmen>; sich abfinden mit <Lärm, Elend>; sich abgeben mit <Person>
'**put-down** n. Herabsetzung, die; (snub) Abfuhr, die

p

◆ Schlüsselwort

putrefaction /pjuːtrɪˈfækʃn/ *n., no indef. art.*
Zersetzung, *die*
putrefy /ˈpjuːtrɪfaɪ/ *v.i.* sich zersetzen
putrid /ˈpjuːtrɪd/ *adj.* (rotten) faul; ~ **smell**
Fäulnisgeruch, *der*
putt /pʌt/ (Golf) **A** *v.i. & t.* putten
B *n.* Putt, *der*
'**putter** *n.* Putter, *der*
putty /ˈpʌtɪ/ *n.* Kitt, *der*
'**put-up** *adj.* a ~ **job** ein abgekartetes Spiel
(ugs.)
puzzle /ˈpʌzl/ **A** *n.* (problem, enigma) Rätsel,
das; (toy) Geduldsspiel, *das*
B *v.t.* rätselhaft *od.* ein Rätsel sein (+ *Dat.*)

C *v.i.* ~ **over** *or* **about sth** sich (*Dat.*) über
etw. den Kopf zerbrechen
puzzled /ˈpʌzld/ *adj.* ratlos
puzzling /ˈpʌzlɪŋ/ *adj.* rätselhaft
PVC *abbr.* = **polyvinyl chloride** PVC, *das*
pygmy /ˈpɪgmɪ/ *n.* Pygmäe, *der*
pyjamas /pɪˈdʒɑːməz/ *n. pl.* [**pair of**] ~
Schlafanzug, *der*
pylon /ˈpaɪlən/ *n.* Mast, *der*
pyramid /ˈpɪrəmɪd/ *n.* Pyramide, *die*
Pyrenees /pɪrəˈniːz/ *pr. n. pl.* the ~ die
Pyrenäen
python /ˈpaɪθən/ *n.* Python, *der*

Qq

Q, q /kjuː/ *n.* Q, q, *das*
quack /kwæk/ **A** *v.i.* ‹Ente:› quaken
B *n.* Quaken, *das*
quadrangle /ˈkwɒdræŋgl/ *n.* [viereckiger]
Innenhof
quadruped /ˈkwɒdrʊped/ *n.* Vierfüßler, *der*
quadruple /ˈkwɒdrʊpl/ **A** *adj.* vierfach
B *v.t.* vervierfachen
C *v.i.* sich vervierfachen
quagmire /ˈkwægmaɪə(r)/ *n.* Sumpf, *der*;
Morast, *der*
quail[1] /kweɪl/ *n.* (Ornith.) Wachtel, *die*
quail[2] *v.i.* ‹Person:› [ver]zagen
quaint /kweɪnt/ *adj.* drollig ‹Häuschen,
Einrichtung›; malerisch ‹Ort›; (odd) kurios
‹Bräuche, Anblick›
quake /kweɪk/ **A** *n.* (infml) [Erd]beben, *das*
B *v.i.* beben; ~ **with fear** vor Angst zittern
Quaker /ˈkweɪkə(r)/ *n.* Quäker, *der*/
Quäkerin, *die*
qualification /kwɒlɪfɪˈkeɪʃn/ *n.*
1 Qualifikation, *die*; (condition)
Voraussetzung, *die*
2 (limitation) Vorbehalt, *der*; **without** ~
vorbehaltlos
qualified /ˈkwɒlɪfaɪd/ *adj.* **1** qualifiziert; (by
training) ausgebildet
2 (restricted) nicht uneingeschränkt; a ~
success kein voller Erfolg; ~ **acceptance**
bedingte Annahme
ˢ **qualify** /ˈkwɒlɪfaɪ/ **A** *v.t.* **1** (make competent)
berechtigen (**for** zu)
2 (modify) einschränken
B *v.i.* **1** ~ **in law/medicine** seinen
[Studien]abschluss in Jura/Medizin machen;

~ **as a doctor/lawyer** sein Examen als Arzt/
Anwalt machen
2 (fulfil a condition) in Frage kommen (**for** für)
3 (Sport) sich qualifizieren
qualifying match /ˈkwɒlɪfaɪɪŋ/ *adj.* (Sport)
Qualifikationsspiel, *das*
ˢ **quality** /ˈkwɒlɪtɪ/ **A** *n.* **1** Qualität, *die*
2 (characteristic) Eigenschaft, *die*
B *adj.* Qualitäts-
quality: ~ **control** *n.* Qualitätskontrolle,
die; ~ **time** *n.*: ganz dem Miteinander
gewidmete Zeit
qualm /kwɑːm/ *n.* Bedenken, *das* (**over,
about** gegen)
quandary /ˈkwɒndərɪ/ *n.* Dilemma, *das*
quantify /ˈkwɒntɪfaɪ/ *v.t.* quantifizieren
quantity /ˈkwɒntɪtɪ/ *n.* **1** Quantität, *die*
2 (amount, sum) Menge, *die*
'**quantity surveyor** *n.* Baukostenkalkulator,
der/-kalkulatorin, *die*
quantum: ~ **jump,** ~ **leap** *ns.* (Phys.; also
fig.) Quantensprung, *der*; ~ **me'chanics** *n.*
Quantenmechanik, *die*
quarantine /ˈkwɒrəntiːn/ *n.* Quarantäne,
die; **be in** ~ unter Quarantäne stehen
quarrel /ˈkwɒrl/ **A** *n.* **1** Streit, *der*; **have/
pick a** ~ **with sb** [**about/over sth**] sich mit
jmdm. [über etw. (*Akk.*)] streiten/mit jmdm.
[wegen etw.] Streit anfangen
2 (cause of complaint) Einwand, *der* (**with**
gegen)
B *v.i.,* (BrE) -**ll**- [sich] streiten (**over** um
about über + *Akk.*); ~ **with each other**
[sich] [miteinander] streiten; (fall out) sich
[zer]streiten (**over** um **about** über + *Akk.*)

quarrelsome /ˈkwɒrlsəm/ *adj.* streitsüchtig
quarry¹ /ˈkwɒrɪ/ *n.* Steinbruch, *der*
quarry² *n.* (prey) Beute, *die*
quart /kwɔːt/ *n.* Quart, *das*
↙ **quarter** /ˈkwɔːtə(r)/ **A** *n.* **1** Viertel, *das*; a *or* one ∼ of ein Viertel (+ Gen.); a ∼ of a mile/an hour eine Viertelmeile/-stunde
2 (of year) Quartal, *das*; Vierteljahr, *das*
3 [a] ∼ to/past six Viertel vor/nach sechs
4 (direction) Richtung, *die*
5 (area of town) [Stadt]viertel, *das*
6 ∼s *pl.* (lodgings) Quartier, *das* (bes. Milit.); Unterkunft, *die*
7 (Amer. coin) Vierteldollar, *der*
B *v.t.* **1** (divide) vierteln
2 (lodge) einquartieren <Soldaten>
quarter-ˈfinal *n.* Viertelfinale, *das*
ˈquarterly **A** *adj.* vierteljährlich
B *n.* Vierteljahr[e]sschrift, *die*
quarter-ˈpounder *n.* Viertelpfünder, *der*
quartet /kwɔːˈtet/ *n.* Quartett, *das*
quartz /kwɔːts/ *n.* Quarz, *der*
quash /kwɒʃ/ *v.t.* **1** (annul) aufheben
2 (suppress) niederschlagen
quaver /ˈkweɪvə(r)/ **A** *n.* (BrE) (Mus.) Achtelnote, *die*
B *v.i.* (vibrate) zittern
quay /kiː/, **ˈquayside** *ns.* Kai, *der*
queasy /ˈkwiːzɪ/ *adj.* unwohl
queen /kwiːn/ *n.* **1** Königin, *die*
2 (Chess, Cards) Dame, *die*
queen: ∼ ˈbee *n.* Bienenkönigin, *die*; ∼ ˈmother *n.* Königinmutter, *die*
queer /kwɪə(r)/ **A** *adj.* **1** (strange) sonderbar; (eccentric) verschroben
2 (shady) merkwürdig
3 (BrE) (infml dated) (out of sorts) unwohl
4 (sl. derog.) (homosexual) schwul (ugs.)
B *n.* (sl. derog.) (homosexual) Schwule, *der* (ugs.)
quell /kwel/ *v.t.* (literary) niederschlagen <Aufstand>; zügeln <Furcht>
quench /kwentʃ/ *v.t.* löschen
query /ˈkwɪərɪ/ **A** *n.* Frage, *die*
B *v.t.* in Frage stellen <Anweisung, Glaubwürdigkeit>; beanstanden <Rechnung>
quest /kwest/ *n.* Suche, *die* (for nach)
↙ **question** /ˈkwestʃn/ **A** *n.* **1** Frage, *die*; ask sb a ∼ jmdm. eine Frage stellen
2 (doubt, objection) Zweifel, *der* (about an + Dat.); there is no ∼ about sth es besteht kein Zweifel an etw. (Dat.); beyond all *or* without ∼ ohne Frage
3 (problem, concern) Frage, *die*; sth/it is only a ∼ of time etw./es ist [nur] eine Frage der Zeit; it is [only] a ∼ of doing sth es geht [nur] darum, etw. zu tun; the person/thing in ∼ die fragliche Person/Sache; sth/it is out of the ∼ etw./es ist ausgeschlossen
B *v.t.* **1** befragen; <Polizei, Gericht usw.:> vernehmen

2 (throw doubt upon, raise objections to) bezweifeln
questionable /ˈkwestʃənəbl/ *adj.* fragwürdig
ˈquestion mark *n.* Fragezeichen, *das*
questionnaire /kwestʃəˈneə(r)/ *n.* Fragebogen, *der*
queue /kjuː/ **A** *n.* Schlange, *die*; join the ∼ sich anstellen
B *v.i.* ∼ [up] Schlange stehen
ˈqueue-jumping *n.* (BrE) Vordrängen, *das*
quibble /ˈkwɪbl/ **A** *n.* Spitzfindigkeit, *die*
B *v.i.* streiten
quibbling /ˈkwɪblɪŋ/ *adj.* spitzfindig
quiche /kiːʃ/ *n.* Quiche, *die*
↙ **quick** /kwɪk/ **A** *adj.* schnell; kurz <Rede, Pause>; flüchtig <Kuss, Blick>; be ∼! mach schnell! (ugs.); be ∼ to do sth etw. schnell tun; a ∼ temper ein aufbrausendes Wesen
B *adv.* schnell
C *n.* empfindliches Fleisch; be cut to the ∼ (fig.) tief getroffen sein
quicken /ˈkwɪkn/ *v.t.* beschleunigen
B *v.i.* sich beschleunigen
↙ **quickly** *adv.* schnell
quickness *n.* **1** (speed) Schnelligkeit, *die*
2 (∼ of perception) Schärfe, *die*
quick: ∼sand *n.* Treibsand, *der*; ∼-tempered /-ˈtempəd/ *adj.* hitzig; be ∼-tempered leicht aufbrausen; ∼-witted *adj.* geistesgegenwärtig
quid /kwɪd/ *n.*, *pl. same* (BrE) (infml) Pfund, *das*
↙ **quiet** /ˈkwaɪət/ **A** *adj.*, ∼er /ˈkwaɪətə(r)/, ∼est /ˈkwaɪətɪst/ **1** (silent; not loud) leise; keep ∼ about sth (fig.) etw. geheim halten
2 (peaceful, not busy) ruhig
3 (not overt) versteckt; on the ∼ still und heimlich
B *n.* Ruhe, *die*; (silence, stillness) Stille, *die*
■ **quieten ˈdown** *v.i.* sich beruhigen
quieten /ˈkwaɪətn/ *v.t.* beruhigen
ˈquietly *adv.* **1** (silently) still; (not loudly) leise
2 (peacefully) ruhig
ˈquietness *n.* (absence of noise) Stille, *die*; (peacefulness) Ruhe, *die*
quill /kwɪl/ *n.* **1** (feather) Kielfeder, *die*; (of porcupine) Stachel, *der*
quilt /kwɪlt/ **A** *n.* Schlafdecke, *die*
B *v.t.* wattieren
quince /kwɪns/ *n.* Quitte, *die*
quintessential /kwɪntɪˈsenʃl/ *adj.* typisch; wesentlich
quintet /kwɪnˈtet/ *n.* Quintett, *das*
quip /kwɪp/ **A** *n.* Witzelei, *die*
B *v.i.*, -pp- witzeln (at über + Akk.)
quirk /kwɜːk/ *n.* Marotte, *die*; a ∼ of fate eine Laune des Schicksals
quirky /ˈkwɜːkɪ/ *adj.* schrullig (ugs.)
quit /kwɪt/ *v.t.*, -tt- (AmE) ∼ **1** (give up) aufgeben; (stop) aufhören mit; ∼ doing sth aufhören, etw. zu tun; they were given notice to ∼ [the flat] ihnen wurde [die

Wohnung] gekündigt
2 (Comp.) beenden

ℰ **quite** /kwaɪt/ *adv.* **1** (entirely) ganz; völlig; fest
‹*entschlossen*›; ~ [so]! [ja,] genau!
2 (to some extent) ziemlich; ganz ‹*gern*›; ~ a
few ziemlich viele

quits /kwɪts/ *pred. adj.* be ~ [with sb] [mit
jmdm.] quitt sein (ugs.)

quiver¹ /ˈkwɪvə(r)/ *v.i.* zittern (with vor +
Dat.); ‹*Stimme, Lippen:*› beben (geh.); ‹*Lid:*›
zucken

quiver² *n.* (for arrows) Köcher, *der*

quiz /kwɪz/ **A** *n., pl.* ~zes Quiz, *das*
B *v.t.,* **-zz-** ausfragen (about sth nach etw.;
about sb über jmdn.)

'**quiz programme**, '**quiz show** *ns.* (Radio,
Telev.) Quizsendung, *die*

quizzical /ˈkwɪzɪkl/ *adj.* fragend

quoit /kɔɪt/ *n.* [Gummi]ring, *der*

quorum /ˈkwɔːrəm/ *n.* Quorum, *das*

quota /ˈkwəʊtə/ *n.* **1** (share) Anteil, *der*
2 (goods to be produced)
Produktionsmindestquote, *die*
3 (maximum number) Höchstquote, *die*

quotation /kwəʊˈteɪʃn/ *n.* **1** Zitieren, *das*;
(passage) Zitat, *das*
2 (estimate) Kosten[vor]anschlag, *der*

quo'tation marks *n. pl.* Anführungszeichen
Pl.

ℰ **quote** /kwəʊt/ **A** *v.t., also abs.* zitieren (from
aus); zitieren aus ‹*Buch, Text*›; (mention)
anführen; nennen ‹*Preis*›
B *n.* (infml) **1** (passage) Zitat, *das*
2 (estimate) Kosten[vor]anschlag, *der*
3 *usu. in pl.* (quotation mark)
Anführungszeichen, *das*

quotient /ˈkwəʊʃnt/ *n.* (Math.) Quotient, *der*;
see also intelligence quotient

Rr

R, r /ɑː(r)/ *n.* R, r, *das*

R. *abbr.* = **River** Fl.

R&B *abbr.* = **rhythm and blues** R&B

R&D *abbr.* = **research and development**
F&E

rabbi /ˈræbaɪ/ *n.* Rabbi[ner], *der*; (as title)
Rabbi, *der*

rabbit /ˈræbɪt/ *n.* Kaninchen, *das*

rabbit: ~ **burrow** *n.* Kaninchenbau, *der*;
~ **hutch** *n.* (also fig.) Kaninchenstall, *der*;
~ **warren** *n.* Kaninchengehege, *das*; (fig.)
Labyrinth, *das*

rabble /ˈræbl/ *n.* Mob, *der*

rabid /ˈræbɪd/ *adj.* **1** tollwütig
2 (extreme) fanatisch

rabies /ˈreɪbiːz/ *n.* Tollwut, *die*

ℰ **race¹** /reɪs/ **A** *n.* Rennen, *das*; (fig.) a ~
against time ein Wettlauf mit der Zeit
B *v.i.* **1** (in swimming, running, etc.) um die
Wette schwimmen/laufen *usw.* (with,
against mit)
2 ‹*Motor:*› durchdrehen; ‹*Puls:*› jagen
3 (rush) sich sehr beeilen; ~ after sb jmdm.
hinterherhetzen
C *v.t.* um die Wette schwimmen/laufen
usw. mit

race² *n.* (Anthrop., Biol.) Rasse, *die*; the human
~ die Menschheit

race: ~**course** *n.* Rennbahn, *die*; ~ **hatred**
n. Rassenhass, *der*; ~**horse** *n.* Rennpferd,
das; ~ **meeting** *n.* Renntag, *der*; (on

successive days) Renntage *Pl.*; ~ **relations** *n.
pl.* Beziehung zwischen den Rassen; ~ **riot**
n. Rassenkrawall, *der*; ~**track** *n.* Rennbahn,
die

racial /ˈreɪʃl/ *adj.* Rassen‹*diskriminierung,
-konflikt, -gleichheit, -spannung, -vorurteil*›;
rassisch ‹*Gruppe, Minderheit*›

racialism /ˈreɪʃəlɪzm/ *n.* Rassismus, *der*

racialist /ˈreɪʃəlɪst/ **A** *n.* Rassist, *der*/Rassistin,
die
B *adj.* rassistisch

racially /ˈreɪʃəli/ *adv.* rassisch; be ~
prejudiced Rassenvorurteile haben

racing /ˈreɪsɪŋ/ *n.* Rennsport, *der*; (with horses)
Pferdesport, *der*

racing: ~ **bicycle** *n.* Rennrad, *das*;
Rennmaschine, *die*; ~ **car** *n.* Rennwagen, *der*;
~ **driver** *n.* Rennfahrer, *der*/-fahrerin, *die*

racism /ˈreɪsɪzm/ *n.* Rassismus, *der*

racist /ˈreɪsɪst/ **A** *n.* Rassist, *der*/Rassistin, *die*
B *adj.* rassistisch

rack /ræk/ **A** *n.* (for luggage) Ablage, *die*; (for
toast, plates) Ständer, *der*; (on bicycle, motor cycle)
Gepäckträger, *der*
B *v.t.* ~ one's brain[s] (fig.) sich (*Dat.*) den
Kopf zerbrechen (ugs.)

racket¹ /ˈrækɪt/ *n.* Schläger, *der*

racket² *n.* **1** (disturbance) Lärm, *der*; Krach, *der*
2 (scheme) Schwindelgeschäft, *das* (ugs.)

racketeer /rækɪˈtɪə(r)/ *n.* Ganove, *der*;
(profiteer) Wucherer, *der*

q

r

racketeering /ˈrækɪˈtɪərɪŋ/ n. kriminelle Geschäfte Pl.

racoon /rəˈkuːn/ n. Waschbär, der

racy /ˈreɪsɪ/ adj. flott (ugs.) ⟨Stil⟩

radar /ˈreɪdɑː(r)/ n. Radar, das od. der

ˈradar screen n. Radarschirm, der

radiant /ˈreɪdɪənt/ adj. strahlend; fröhlich ⟨Stimmung⟩; be ~ strahlen (with vor + Dat.)

radiate /ˈreɪdɪeɪt/ **A** v.i. **1** ⟨Hitze, Wärme:⟩ ausstrahlen; ⟨Schein, Wellen:⟩ ausgehen (from von) **2** (from central point) strahlenförmig ausgehen (from von) **B** v.t. ausstrahlen ⟨Licht, Wärme; Glück, Liebe⟩; aussenden ⟨Strahlen, Wellen⟩

radiation /ˌreɪdɪˈeɪʃn/ n. (of energy) Emission, die; (of signals) Ausstrahlung, die; (energy transmitted) Strahlung, die

radiator /ˈreɪdɪeɪtə(r)/ n. **1** (for heating) Heizkörper, der **2** (Motor Veh.) Kühler, der

ˈradiator cap n. Kühlverschraubung, die

radical /ˈrædɪkl/ **A** adj. **1** (thorough) (also Polit.) radikal; drastisch ⟨Maßnahme⟩ **2** (progressive) radikal **3** (fundamental) grundlegend **B** n. (Polit.) Radikale, der/die

radicalize /ˈrædɪkəlaɪz/ v.t. (Polit., Soziol.) radikalisieren

✎ **radio** /ˈreɪdɪəʊ/ **A** n., pl. ~s **1** no indef. art. Funk, der; (for private communication) Sprechfunk, der **2** no indef. art. (Broadcasting) Rundfunk, der; on the ~ im Radio **3** (apparatus) Radio, das **B** attrib. adj. (Broadcasting) Rundfunk-; Radio⟨welle, -teleskop⟩; Funk⟨mast, -turm, -taxi⟩ **C** v.t. funken

radio: ~ˈactive adj. radioaktiv; ~acˈtivity n. Radioaktivität, die; ~ casˈsette player n. Kassettenradio, das; Radio mit Kassettenteil; ~conˈtrolled adj. funkgesteuert; ~ ˈfrequency n. Hochfrequenz, die; attrib. ~-frequency Hochfrequenz-; ~ play n. Hörspiel, das; ~ station n. Rundfunkstation, die; Rundfunk- od. Radiosender, der; ~ ˈtelescope n. Radioteleskop, das; ~ˈtherapy n. Strahlentherapie, die

radish /ˈrædɪʃ/ n. Rettich, der; (small, red) Radieschen, das

radius /ˈreɪdɪəs/ n., pl. **radii** /ˈreɪdɪaɪ/ or ~es (Math.) Radius, der; (fig.) Umkreis, der

RAF /ɑːreɪˈef, (infml) ræf/ abbr. = Royal Air Force

raffle /ˈræfl/ **A** n. Tombola, die **B** v.t. ~ [off] verlosen

ˈraffle ticket n. Los, das

raft /rɑːft/ n. Floß, das

rafter /ˈrɑːftə(r)/ n. Sparren, der

✎ Schlüsselwort

rag¹ /ræg/ n. **1** [Stoff]fetzen, der **2** in pl. (old and torn clothes) Lumpen Pl. **3** (derog.) (newspaper) Käseblatt, das (salopp)

rag² v.t., -gg- (tease) aufziehen

rag: ~**bag** n. (fig.) Sammelsurium, das; ~ **doll** n. Stoffpuppe, die

rage /reɪdʒ/ **A** n. **1** (violent anger) Wut, die; (fit of anger) Wutausbruch, der **2** sth is [all] the ~ etw. ist [ganz] groß in Mode **B** v.i. **1** (rave) toben; ~ at or against sth/sb gegen etw./jmdn. wüten **2** (be violent, unchecked) toben; ⟨Krankheit:⟩ wüten

ragged /ˈrægɪd/ adj. zerrissen

ˈrag trade n. (infml) Modebranche, die (ugs.)

raid /reɪd/ **A** n. Einfall, der; Überfall, der; (Mil.) Überraschungsangriff, der; (by police) Razzia, die (on in + Dat.) **B** v.t. ⟨Polizei:⟩ eine Razzia machen auf (+ Akk.); ⟨Räuber, Soldaten:⟩ überfallen

ˈraider n. Räuber, der/Räuberin, die

rail /reɪl/ n. **1** Stange, die; (on ship) Reling, die; (as protection against contact) Barriere, die **2** (Railw.) (of track) Schiene, die **3** (~way) [Eisen]bahn, die; attrib. Bahn-; by ~ mit der Bahn

ˈrail card n. Bahnkarte, die

railing /ˈreɪlɪŋ/ n. (round park) Zaun, der; (on staircase) Geländer, das

ˈrailroad (AmE), **ˈrailway** (BrE) n. **1** (track) Bahnlinie, die; Bahnstrecke, die **2** (system) [Eisen]bahn, die

railway: ~ **carriage** n. Eisenbahnwagen, der; ~ **crossing** n. Bahnübergang, der; ~ **engine** n. Lokomotive, die; ~ **line** n. [Eisen]bahnlinie, die; ~ **station** n. Bahnhof, der; ~ **worker** n. Bahnarbeiter, der/-arbeiterin, die

✎ **rain** /reɪn/ **A** n. **1** Regen, der **2** (fig.) (of arrows, blows, etc.) Hagel, der **B** v.i. impers. it is ~ing es regnet **C** v.t. hageln lassen ⟨Schläge, Hiebe⟩

rain: ~**bow** /ˈreɪnbəʊ/ n. Regenbogen, der; ~ **check** n. (AmE) (fig.) take a ~ check on sth auf etw. (Akk.) später wieder zurückkommen; ~ **cloud** n. Regenwolke, die; ~**coat** n. Regenmantel, der; ~**fall** n. Niederschlag, der; ~**forest** n. Regenwald, der; ~**proof** adj. regendicht; ~**water** n. Regenwasser, das; ~**wear** n. Regenkleidung, die

ˈrainy adj. regnerisch ⟨Tag, Wetter⟩; regenreich ⟨Gebiet, Sommer⟩; keep sth for a ~ day (fig.) sich (Dat.) etw. für schlechte Zeiten aufheben

ˈrainy season n. Regenzeit, die

✎ **raise** /reɪz/ v.t. **1** (lift up) heben; erhöhen ⟨Temperatur, Miete, Gehalt⟩; hochziehen ⟨Fahne⟩; aufziehen ⟨Vorhang⟩; hochheben ⟨Arm⟩; ~ one's glass to sb das Glas auf jmdn. erheben **2** (set upright) aufrichten; erheben ⟨Banner⟩;

~ **sb's spirits** jmds. Stimmung heben
3 erheben ‹*Forderungen, Einwände*›;
aufwerfen ‹*Frage*›; zur Sprache bringen
‹*Thema, Problem*›
4 aufziehen ‹*Vieh, [Haus]tiere*›; großziehen
‹*Familie, Kinder*›
5 aufbringen ‹*Geld, Betrag*›
6 aufheben ‹*Belagerung, Blockade, Embargo, Verbot*›
raisin /'reɪzn/ *n.* Rosine, *die*
rake /reɪk/ **A** *n.* Rechen, *der*; Harke, *die*
  B *v.t.* **1** harken
2 ~ **the fire** die Asche entfernen
3 (with eyes, shots) bestreichen
■ ~ **'in** *v.t.* (infml) scheffeln (ugs.)
■ ~ **'up** *v.t.* zusammenharken; (fig.) wieder
ausgraben
'rake-off *n.* (infml) [Gewinn]anteil, *der*
rakish /'reɪkɪʃ/ *adj.* flott; kess
rally /'rælɪ/ **A** *v.i.* (regain health) sich wieder
[ein wenig] erholen
  B *v.t.* **1** (reassemble) wieder zusammenrufen
2 einigen ‹*Partei, Kräfte*›; sammeln
‹*Anhänger*›
  C *n.* **1** (mass meeting) Versammlung, *die*
2 [motor] ~ Rallye, *die*
3 (Tennis) Ballwechsel, *der*
ram /ræm/ **A** *n.* (Zool.) Schafbock, *der*;
Widder, *der*
  B *v.t.*, **-mm- 1** (force) stopfen; ~ **a post
into the ground** einen Pfosten in die Erde
rammen; ~ **sth home to sb** jmdm. etw.
deutlich vor Augen führen
2 (collide with) rammen
RAM /ræm/ *abbr.* (Comp.) = **random access
memory** RAM
ramble /'ræmbl/ **A** *n.* [nature] ~ Wanderung,
die
  B *v.i.* **1** (walk) umherstreifen (**through, in**
in + *Dat.*)
2 (in talk) zusammenhangloses Zeug reden;
keep rambling on about sth sich endlos über
etw. (*Akk.*) auslassen
rambler /'ræmblə(r)/ *n.* Wanderer, *der*/
Wanderin, *die*
rambling /'ræmblɪŋ/ **A** *n.* Wandern, *das*
  B *adj.* **1** (irregularly arranged) verschachtelt;
verwinkelt ‹*Straßen*›
2 (incoherent) unzusammenhängend
‹*Erklärung*›
rambling 'rose *n.* Kletterrose, *die*
ramp /ræmp/ *n.* Rampe, *die*
rampage **A** /'ræmpeɪdʒ/ *n.* Randale, *die*
(ugs.); **be/go on the** ~ (infml) randalieren
  B /ræm'peɪdʒ/ *v.i.* randalieren
rampant /'ræmpənt/ *adj.* zügellos ‹*Gewalt,
Rassismus*›; steil ansteigend ‹*Inflation*›;
üppig ‹*Wachstum*›
rampart /'ræmpɑːt/ *n.* Wehrgang, *der*
ram: ~ **raid** **A** *v.t.* [durch Rammen mit einem
Fahrzeug] einbrechen in (+ *Akk.*).
  B *n.* [durch Rammen eines Gebäudes
verübter] Einbruch; ~**-raider** *n.*:

Einbrecher, der sich durch Einrammen bes.
eines Schaufensters mit einem Fahrzeug
Zutritt verschafft
'ramshackle *adj.* klapprig ‹*Auto*›;
verkommen ‹*Gebäude*›
ran ▸ **run** B, C
ranch /rɑːntʃ/ *n.* Ranch, *die*
'ranch hand *n.* Farmarbeiter, *der*/-arbeiterin,
die
rancid /'rænsɪd/ *adj.* ranzig
rancour (BrE; AmE: **rancor**) /'ræŋkə(r)/ *n.*
[tiefe] Verbitterung
random /'rændəm/ **A** *n.* **at** ~ wahllos;
willkürlich; (aimlessly) ziellos; **choose at** ~
aufs Geratewohl wählen
  B *adj.* willkürlich
random 'access memory *n.* (Comp.)
Schreib-Lese-Speicher, *der*
randy /'rændɪ/ *adj.* geil; scharf (ugs.)
rang ▸ **ring²** B, C
range /reɪndʒ/ **A** *n.* **1** ~ **of mountains**
Bergkette, *die*
2 (of subjects) Palette, *die*; (of knowledge, voice)
Umfang, *der*
3 (of missile etc.) Reichweite, *die*; **at a** ~
of 200 metres auf eine Entfernung von
200 Metern
4 (series, selection) Kollektion, *die*
5 (stove) Herd, *der*
  B *v.i.* ‹*Preise, Temperaturen:*› schwanken,
sich bewegen (**from ... to** zwischen
(+ *Dat.*) ... und)
'ranger *n.* Förster, *der*/Försterin, *die*
rank¹ /ræŋk/ **A** *n.* **1** (position in hierarchy) Rang,
der; (Mil. also) Dienstgrad, *der*
2 (social position) [soziale] Stellung
3 (row) Reihe, *die*; **the** ~ **and file** (fig.)
die breite Masse; **the** ~**s** (enlisted men) die
Mannschaften und Unteroffiziere
  B *v.t.* ~ **among** zählen zu
  C *v.i.* ~ **among** zählen zu
rank² *adj.* **1** krass ‹*Außenseiter*›
2 ~ **weeds** [wild]wucherndes Unkraut
rankings /'ræŋkɪŋz/ *n. pl.* (Sport) Rangliste,
die; **the team has fallen in the** ~ die
Mannschaft ist in der Tabelle nach unten
gerutscht
ransack /'rænsæk/ *v.t.* **1** (search) durchsuchen
(**for** nach)
2 (pillage) plündern
ransom /'rænsəm/ *n.* ~ [**money**] Lösegeld,
das; **hold to** ~ als Geisel festhalten
rant /rænt/ *v.i.* ~ [**and rave**] wettern (ugs.)
(**about** über + *Akk.*)
rap /ræp/ **A** *n.* [energisches] Klopfen
  B *v.t.*, **-pp-** klopfen
  C *v.i.*, **-pp-** klopfen (**on** an + *Akk.*)
rape¹ /reɪp/ **A** *n.* Vergewaltigung, *die*
  B *v.t.* vergewaltigen
rape² *n.* (Bot., Agric.) Raps, *der*
rape: ~**seed** *n.* Rapssamen, *der*; ~**seed oil**
n. Rapsöl, *das*

r

rapid /'ræpɪd/ **A** adj. schnell <Bewegung, Wachstum, Puls>; rasch <Fortschritt, Ausbreitung>
B n., in pl. Stromschnellen Pl.
rapid-'fire adj. Schnellfeuer<waffe, -schießen>; (fig.) schnell aufeinander folgend <Wiederholung>; Schnellfeuer<witze, -fragen>
rapidity /rə'pɪdɪtɪ/ n. Schnelligkeit, die
'**rapidly** adv. schnell
rapist /'reɪpɪst/ n. Vergewaltiger, der
rapport /rə'pɔː(r)/ n. [harmonisches] Verhältnis
rapt /ræpt/ adj. gespannt <Miene>
rapture /'ræptʃə(r)/ n. [state of] ~ Verzückung, die
rapturous /'ræptʃərəs/ adj. begeistert
⚬ **rare**[1] /reə(r)/ adj., '**rarely** adv. selten
rare[2] adj. (Cookery) englisch gebraten
rarefied /'reərɪfaɪd/ adj. dünn <Luft>; (fig.) exklusiv
rarity /'reərɪtɪ/ n. Seltenheit, die
rash[1] /ræʃ/ n. [Haut]ausschlag, der
rash[2] adj. voreilig <Urteil, Entscheidung>; überstürzt <Versprechung>
rasher /'ræʃə(r)/ n. Speckscheibe, die
'**rashly** adv. voreilig
rasp /rɑːsp/ **A** n. (tool) Raspel, die
B v.t. (say gratingly) schnarren
raspberry /'rɑːzbərɪ/ n. Himbeere, die
rat /ræt/ n. **1** Ratte, die; smell a ~ (fig.) Lunte riechen (ugs.)
2 (infml derog.) (person) Ratte, die (derb)
ratchet /'rætʃɪt/ n. **1** (Mech. Engin.) (set of teeth) Zahnkranz, der
2 ~ [wheel] Klinkenrad, das
'**ratchet screwdriver** n. Drillschraubenzieher, der
⚬ **rate** /reɪt/ **A** n. **1** (proportion) Rate, die; ~ of inflation Inflationsrate, die
2 (tariff) Satz, der; ~ [of pay] Lohnsatz, der
3 (speed) Geschwindigkeit, die; Tempo, das
4 (BrE) (levy) [local or council] ~s Gemeindeabgaben Pl.
5 (infml) at any ~ (at least) zumindest; wenigstens; (whatever happens) auf jeden Fall; at this ~ we won't get any work done so kriegen wir gar nichts fertig (ugs.)
B v.t. **1** einschätzen <Intelligenz, Leistung>
2 (consider) betrachten; rechnen (among zu)
C v.i. ~ as gelten als
'**ratepayer** n. (BrE) Realsteuerpflichtige, der/die
⚬ **rather** /'rɑːðə(r)/ adv. **1** (by preference) lieber
2 (somewhat) ziemlich; I ~ think that ... ich bin ziemlich sicher, dass ...
3 (more truly) vielmehr; or ~ beziehungsweise
ratification /rætɪfɪ'keɪʃn/ n. Ratifizierung, die
ratify /'rætɪfaɪ/ v.t. ratifizieren

rating /'reɪtɪŋ/ n. **1** (estimated standing) Einschätzung, die
2 (Radio, Telev.) [popularity] ~ Einschaltquote, die
3 (BrE) (Navy) Matrose, der
ratio /'reɪʃɪəʊ/ n., pl. ~s Verhältnis, das
ration /'ræʃn/ **A** n. ~[s] Ration, die (of an + Dat.)
B v.t. rationieren <Benzin, Zucker usw.>
rational /'ræʃənl/ adj. (having reason) rational <Wesen>; (sensible) vernünftig <Person, Art usw.>
rationalist /'ræʃənəlɪst/ n. Rationalist, der/ Rationalistin, die
rationalize /'ræʃənəlaɪz/ v.t. rationalisieren
rationing /'ræʃənɪŋ/ n. Rationierung, die
rat: ~ **poison** n. Rattengift, das; ~ **race** n. erbarmungsloser Konkurrenzkampf; ~ **run** n. (BrE) (infml) Schleichweg, der
rattle /'rætl/ **A** v.i. **1** <Fenster:> klappern; <Flaschen:> klirren; <Kette:> rasseln
2 <Zug, Bus:> rattern
B v.t. **1** klappern mit <Würfel, Geschirr>; klirren lassen <Fenster[scheiben]>; rasseln mit <Kette>
2 (infml) (disconcert) ~ sb, get sb ~d jmdn. durcheinander bringen
C n. **1** (of baby) Rassel, die
2 (sound) Klappern, das
■ ~ '**off** v.t. (infml) herunterrasseln (ugs.)
'**rattlesnake** n. Klapperschlange, die
raucous /'rɔːkəs/ adj. rau
raunchy /'rɔːntʃɪ/ adj. (lewd) vulgär; (suggestive) scharf (salopp)
ravage /'rævɪdʒ/ **A** v.t. heimsuchen <Gebiet, Stadt>
B n., in pl. verheerende Wirkung
rave /reɪv/ **A** v.i. **1** (talk wildly) irrereden
2 (speak admiringly) schwärmen (about von)
B attrib. adj. (infml) begeistert <Kritik>
C n. (infml) (dancing party) Rave, der od. das
raven /'reɪvn/ n. Rabe, der
ravenous /'rævənəs/ adj. I'm ~ ich habe einen Bärenhunger (ugs.)
'**rave-up** n. (BrE) (infml) [wilde] Fete (ugs.)
ravine /rə'viːn/ n. Schlucht, die
raving /'reɪvɪŋ/ **A** adj. irreredend <Idiot>
B adv. be ~ mad völlig verrückt sein (ugs.)
ravish /'rævɪʃ/ v.t. (charm) entzücken
'**ravishing** adj. bildschön <Anblick, Person>; hinreißend <Schönheit>
raw /rɔː/ adj. **1** (uncooked) roh
2 (inexperienced) unerfahren
3 (stripped of skin) blutig <Fleisch>; offen <Wunde>
4 (chilly) nasskalt
Rawlplug® /'rɔːlplʌg/ n. Dübel, der
raw ma'terial n. Rohstoff, der
ray /reɪ/ n. **1** Strahl, der; ~ of sunshine/light Sonnen-/Lichtstrahl, der
raze /reɪz/ v.t. ~ to the ground dem Erdboden gleichmachen

⚬ Schlüsselwort

razor /ˈreɪzə(r)/ *n.* Rasiermesser, *das*; [electric] ~ [elektrischer] Rasierapparat

razor: ~ **blade** *n.* Rasierklinge, *die*; ~**-sharp** *adj.* sehr scharf ‹*Messer*›; (fig.) messerscharf ‹*Verstand, Intellekt*›; scharfsinnig ‹*Person*›

RC *abbr.* = **Roman Catholic** r.-k.; röm.-kath.

Rd. *abbr.* = **Road** Str.

re /riː/ *prep.* (Commerc.) betreffs

RE *abbr.* (BrE) = **Religious Education** Religionslehre, *die*

✶ **reach** /riːtʃ/ **A** *v.t.* **1** (arrive at) erreichen; ankommen in (+ *Dat.*) ‹*Stadt, Land*›; erzielen ‹*Übereinstimmung*›; kommen zu ‹*Entscheidung; Ausgang, Eingang*›; **you can** ~ **her at this number** du kannst sie unter dieser Nummer erreichen

2 (extend to) ‹*Straße:*› führen bis zu; ‹*Leiter, Haar:*› reichen bis zu

B *v.i.* **1** (stretch out hand) ~ **for sth** nach etw. greifen; ~ **across the table** über den Tisch langen

2 (be long/tall enough) **sth will/won't** ~ etw. ist/ ist nicht lang genug; **I can't** ~ ich komme nicht daran

3 (go as far as) ‹*Wasser, Gebäude, Besitz:*› reichen ([up] **to** bis [hinauf] zu)

C *n.* Reichweite, *die*; **be within easy** ~ ‹*Ort:*› leicht erreichbar sein; **be out of** ~ ‹*Ort:*› nicht erreichbar sein; ‹*Gegenstand:*› außer Reichweite sein

■ ~ **'out** *v.i.* die Hand ausstrecken (**for** nach)

react /rɪˈækt/ *v.i.* reagieren (**to** auf + *Akk.*)

✶ **reaction** /rɪˈækʃn/ *n.* Reaktion, *die* (**to** auf + *Akk.*)

reactionary /rɪˈækʃənərɪ/ (Polit.) **A** *adj.* reaktionär

B *n.* Reaktionär, *der*/Reaktionärin, *die*

reactor /rɪˈæktə(r)/ *n.* [nuclear] ~ Kernreaktor, *der*

✶ **read** /riːd/ **A** *v.t.*, ~ /red/ **1** lesen; ~ **sb sth**, ~ **sth to sb** jmdm. etw. vorlesen; ~ **the gas meter** das Gas ablesen

2 (interpret) deuten; ~ **between the lines** zwischen den Zeilen lesen

3 (study) studieren

B *v.i.*, ~ **1** lesen; ~ **to sb** jmdm. vorlesen

2 (convey meaning) lauten; **the contract** ~**s as follows** der Vertrag hat folgenden Wortlaut

■ ~ **'out** *v.t.* laut vorlesen

■ ~ **'over**, ~ **'through** *v.t.* durchlesen

■ ~ **'up** *v.t.* sich informieren (**on** über + *Akk.*)

readable /ˈriːdəbl/ *adj.* **1** (pleasant to read) lesenswert

2 (legible) leserlich

✶ **'reader** *n.* **1** Leser, *der*/Leserin, *die*

2 (book) Lesebuch, *das*

'readership *n.* Leserschaft, *die*

readily /ˈredɪlɪ/ *adv.* **1** (willingly) bereitwillig

2 (easily) ohne weiteres

readiness /ˈredɪnɪs/ *n.* Bereitschaft, *die*; **be in** ~ bereit sein (**for** für)

✶ **'reading** *n.* **1** Lesen, *das*

2 (figure shown) Anzeige, *die*

3 (recital) Lesung, *die* (**from** aus)

4 (Parl.) Lesung, *die*

reading: ~ **glasses** *n. pl.* Lesebrille, *die*; ~ **lamp**, ~ **light** *ns.* Leselampe, *die*; ~ **matter** *n.* Lesestoff, *der*; Lektüre, *die*

readjust /riːəˈdʒʌst/ **A** *v.t.* neu einstellen; neu anpassen ‹*Gehalt, Zinssatz*›

B *v. refl. & i.* ~ [oneself] **to** sich wieder gewöhnen an (*Akk.*)

read /riːd/: ~**-'only memory** *n.* (Comp.) Fest[wert]speicher, *der*; ~**-out** *n.* (Comp.) Ausgabe, *die*; ~**-write** *n.*, attrib. (Comp.) Schreib-Lese-; ~**-write 'head** *n.* Schreib-Lese-Kopf, *der*

✶ **ready** /ˈredɪ/ **A** *adj.* **1** (prepared) fertig; **be** ~ **to do sth** bereit sein, etw. zu tun; **get** ~ sich fertig machen

2 (willing) bereit

3 (within reach) griffbereit

B *adv.* fertig

C *n.* **at the** ~ ‹*Schusswaffe*› im Anschlag

ready: ~ **'cash ▸ ready money**; ~**-cooked** *adj.* vorgekocht; ~**-cooked meal** Fertiggericht, *das*; Fertigmahlzeit, *die*; ~**-'made** *adj.* **1** Konfektions‹*anzug, -kleidung*›

2 (fig.) vorgefertigt; ~ **'money** *n.* Bargeld, *das*; ~**-to-eat** *adj.* Fertig‹*mahlzeit, -dessert*›; ~**-to-serve** *adj.* tischfertig; ~**-to-wear** *adj.* Konfektions‹*anzug, -kleidung*›

✶ **real** /rɪəl/ *adj.* **1** (actually existing) real ‹*Ereignis, Lebewesen*›; wirklich ‹*Macht*›

2 (genuine) echt ‹*Interesse, Gold, Seide*›

3 (complete) total (ugs.) ‹*Desaster, Enttäuschung*›

4 (true) wahr ‹*Grund, Name, Glück*›; echt ‹*Mitleid, Sieg*›; **the** ~ **thing** der/die/das Echte

5 be for ~ (infml) echt sein

'real estate *n.* (AmE) Immobilien *Pl.*

realism /ˈrɪəlɪzm/ *n.* Realismus, *der*

'realist *n.* Realist, *der*/Realistin, *die*

realistic /rɪəˈlɪstɪk/ *adj.* realistisch

✶ **reality** /rɪˈælɪtɪ/ *n.* Realität, *die*; **in** ~ in Wirklichkeit

reality TV *n.* Reality-TV, *das*

realization /rɪəlaɪˈzeɪʃn/ *n.* Erkenntnis, *die*

✶ **realize** /ˈrɪəlaɪz/ *v.t.* **1** (be aware of) bemerken; erkennen ‹*Fehler*›; **I didn't** ~ **abs.** ich habe es nicht gewusst; ~ **[that]** … merken, dass …

2 (make happen) verwirklichen

3 erbringen ‹*Summe, Preis*›

real-life attrib. adj. real

✶ **really** /ˈrɪəlɪ/ *adv.* wirklich; **not** ~ eigentlich nicht; [**well,**] ~! [also] so was!

realm /relm/ *n.* Reich, *das*

realtor® /ˈriːəltə(r)/ (AmE) Grundstücksmakler, *der*

reap /riːp/ *v.t.* (cut) schneiden ‹*Getreide*›; (gather in) einfahren ‹*Getreide, Ernte*›

reappear /riːəˈpɪə(r)/ *v.i.* wieder auftauchen; (come back) [wieder] zurückkommen

r

rear¹ /rɪə(r)/ **A** n. **1** (back part) hinterer Teil **2** (back) Rückseite, die **3** (Mil.) Rücken, der **B** adj. hinter...

rear² **A** v.t. großziehen ‹Kind, Familie›; halten ‹Vieh› **B** v.i. ‹Pferd:› sich aufbäumen

rear: ~ 'axle n. Hinterachse, die; ~guard n. (Mil.) Nachhut, die; ~ light n. Rücklicht, das; ~-wheel drive **A** n. Hinterradantrieb, der **B** adj. a ~-wheel drive vehicle ein Fahrzeug mit Hinterradantrieb

rearm /riːˈɑːm/ v.i. & t. wieder aufrüsten

rearrange /riːəˈreɪndʒ/ v.t. umräumen ‹Möbel›; verlegen ‹Spiel› (for auf + Akk.); ändern ‹Programm›

rear-view 'mirror n. Rückspiegel, der

✔ **reason** /ˈriːzn/ **A** n. **1** (cause) Grund, der; have no ~ to complain sich nicht beklagen können; for that [very] ~ aus [eben] diesem Grund **2** (power to understand; sense) Vernunft, die; (power to think) Verstand, der; in or within ~ innerhalb eines vernünftigen Rahmens; it stands to ~ that ... es ist unzweifelhaft, dass ... **B** v.i. **1** schlussfolgern (from aus) **2** ~ with diskutieren mit (about, on über + Akk.); you can't ~ with her mit ihr kann man nicht vernünftig reden **C** v.t. schlussfolgern

✔ **reasonable** /ˈriːzənəbl/ adj. **1** vernünftig **2** (inexpensive) günstig

reasonably /ˈriːzənəblɪ/ adv. **1** (within reason) vernünftig **2** (fairly) ganz ‹gut›; ziemlich ‹gesund›

reasoned /ˈriːznd/ adj. durchdacht

reasoning /ˈriːzənɪŋ/ n. logisches Denken

reassurance /riːəˈʃʊərəns/ n. **1** (calming) give sb ~ jmdn. beruhigen **2** (confirmation) Bestätigung, die

reassure /riːəˈʃʊə(r)/ v.t. beruhigen; ~ sb about his health. jmdm. versichern, dass er gesund ist

reassuring /riːəˈʃʊərɪŋ/ adj. beruhigend

rebate /ˈriːbeɪt/ n. **1** (refund) Rückzahlung, die **2** (discount) Preisnachlass, der (on auf + Akk.)

rebel **A** /ˈrebl/ n. Rebell, der/Rebellin, die **B** attrib. adj. Rebellen- **C** /rɪˈbel/ v.i., -ll- rebellieren

rebellion /rɪˈbeljən/ n. Rebellion, die

rebellious /rɪˈbeljəs/ adj. rebellisch

rebirth /riːˈbɜːθ/ n. (revival) Wiederaufleben, das

reboot /riːˈbuːt/ (Comp.) v.t. & i. neu booten

rebound **A** /rɪˈbaʊnd/ v.i. **1** (spring back) abprallen (from von) **2** (fig.) zurückfallen (upon auf + Akk.) **B** /ˈriːbaʊnd/ n. Abprall, der

rebuff /rɪˈbʌf/ **A** n. [schroffe] Abweisung **B** v.t. [schroff] zurückweisen

rebuild /riːˈbɪld/ v.t., **rebuilt** /riːˈbɪlt/ wieder aufbauen

rebuke /rɪˈbjuːk/ **A** v.t. tadeln, rügen (for wegen) **B** n. Rüge, die

✔ **recall** **A** /rɪˈkɔːl/ v.t. **1** (remember) sich erinnern an (+ Akk.) **2** (serve as reminder of) erinnern an (+ Akk.) **3** abberufen ‹Botschafter› **B** /rɪˈkɔːl, ˈriːkɔːl/ n. **1** [powers of] ~ Gedächtnis, das **2** beyond ~ unwiderruflich

recant /rɪˈkænt/ v.i. [öffentlich] widerrufen

recap /ˈriːkæp/ v.t. & i., -pp- (infml) rekapitulieren

recapitulate /riːkəˈpɪtjʊleɪt/ v.t. & i. rekapitulieren

recapture /riːˈkæptʃə(r)/ v.t. wieder ergreifen ‹Gefangenen›; wieder einfangen ‹Tier›

recede /rɪˈsiːd/ v.i. ‹Hochwasser, Flut:› zurückgehen; ~ [into the distance] in der Ferne verschwinden

receding /rɪˈsiːdɪŋ/ adj. fliehend ‹Kinn, Stirn›

receipt /rɪˈsiːt/ n. **1** (receiving) Empfang, der **2** (written acknowledgement) Quittung, die **3** in pl. (amount received) Einnahmen Pl. (from aus)

✔ **receive** /rɪˈsiːv/ v.t. **1** (get) erhalten; beziehen ‹Gehalt, Rente› **2** (accept) entgegennehmen ‹Strauß, Lieferung› **3** (entertain) empfangen ‹Gast›

re'ceiver n. **1** Empfänger, der/Empfängerin, die **2** (Teleph.) [Telefon]hörer, der **3** (of stolen goods) Hehler, der/Hehlerin, die

✔ **recent** /ˈriːsnt/ adj. jüngst... ‹Ereignisse, Vergangenheit usw.›; the ~ closure of the factory die kürzlich erfolgte Schließung der Fabrik

✔ **'recently** adv. (a short time ago) vor kurzem; (in the recent past) in der letzten Zeit

receptacle /rɪˈseptəkl/ n. Behälter, der; Gefäß, das

reception /rɪˈsepʃn/ n. **1** (welcome) Aufnahme, die **2** (party) Empfang, der **3** (BrE) (foyer) die Rezeption

reception: ~ com'mittee n. Empfangskomitee, das; ~ desk n. Rezeption, die

re'ceptionist n. (in hotel) Empfangschef, der/-dame, die; (at doctor's, dentist's) Sprechstundenhilfe, die

receptive /rɪˈseptɪv/ adj. aufgeschlossen, empfänglich (to für)

recess /rɪˈses, ˈriːses/ n. **1** (alcove) Nische, die **2** (BrE) (Parl.) Ferien Pl.; (AmE) (short vacation) Ferien Pl.; (AmE) (Sch.) (between classes) Pause, die

recession /rɪˈseʃn/ n. (Econ.) Rezession, die (fachspr.); Konjunkturrückgang, der

r

recharge /ri:'tʃɑːdʒ/ v.t. aufladen ‹*Batterie*›

rechargeable /ri:'tʃɑːdʒəbl/ adj. wieder aufladbar

recipe /'resɪpɪ/ n. Rezept, *das*

recipient /rɪ'sɪpɪənt/ n. Empfänger, *der*/ Empfängerin, *die*

reciprocal /rɪ'sɪprəkl/ adj. gegenseitig ‹*Abkommen, Zuneigung*›

reciprocate /rɪ'sɪprəkeɪt/ v.t. erwidern

recital /rɪ'saɪtl/ n. (performance) [Solisten]konzert, *das*; (of literature also) Rezitation, *die*

recitation /resɪ'teɪʃn/ n. Rezitation, *die*

recite /rɪ'saɪt/ v.t. **1** rezitieren ‹*Gedicht*› **2** (list) aufzählen

reckless /'reklɪs/ adj. unbesonnen; rücksichtslos ‹*Fahrweise*›; ~ of the dangers/ consequences ungeachtet der Gefahren/ Folgen

reckon /'rekn/ v.t. **1** (work out) ausrechnen ‹*Kosten*›; bestimmen ‹*Position*› **2** (consider) halten (as für) **3** (estimate) schätzen
■ '~ on v.t. **1** (rely on) zählen auf (+ *Akk.*) **2** (expect) rechnen mit
■ '~ with v.i. rechnen mit

'**reckoning** n. Berechnung, *die*; by my ~ nach meiner Rechnung

reclaim /rɪ'kleɪm/ v.t. **1** zurückbekommen ‹*Steuern*› **2** urbar machen ‹*Land*›

recline /rɪ'klaɪn/ v.i. liegen; reclining seat Liegesitz, *der*

recluse /rɪ'kluːs/ n. Einsiedler, *der*/ Einsiedlerin, *die*

recognition /rekəg'nɪʃn/ n.
1 Wiedererkennen, *das*; be beyond all ~ nicht wieder zu erkennen sein
2 (acknowledgement) Anerkennung, *die*; in ~ of als Anerkennung für

ꝰ **recognize** /'rekəgnaɪz/ v.t. **1** (know again) wieder erkennen (by an + *Dat.*) (from durch)
2 (acknowledge) erkennen; anerkennen ‹*Gültigkeit, Land*›; be ~d as gelten als

recoil A /rɪ'kɔɪl/ v.i. zurückfahren
B /'riːkɔɪl, rɪ'kɔɪl/ n. Rückstoß, *der*

recollect /rekə'lekt/ **A** v.t. sich erinnern an (+ *Akk.*)
B v.i. sich erinnern

recollection /rekə'lekʃn/ n. Erinnerung, *die*

ꝰ **recommend** /rekə'mend/ v.t. empfehlen

ꝰ **recommendation** /rekəmen'deɪʃn/ n. Empfehlung, *die*; on sb's ~ auf jmds. Empfehlung (*Akk.*)

recompense /'rekəmpens/ **A** v.t. entschädigen
B n. Entschädigung, *die*

reconcile /'rekənsaɪl/ v.t. **1** (restore to friendship) versöhnen
2 ~ oneself to sth sich mit etw. versöhnen

reconciliation /rekənsɪlɪ'eɪʃn/ n. Versöhnung, *die*

recondition /riːkən'dɪʃn/ v.t. [general]überholen; ~ed engine Austauschmotor, *der*

reconnaissance /rɪ'kɒnɪsəns/ n. (Mil.) Aufklärung, *die*

reconnoitre (BrE; AmE: **reconnoiter**) /rekə'nɔɪtə(r)/ v.i. auf Erkundung [aus]gehen

reconsider /riːkən'sɪdə(r)/ v.t. [noch einmal] überdenken

reconstruct /riːkən'strʌkt/ v.t. wieder aufbauen; (fig.) rekonstruieren

reconstruction /riːkən'strʌkʃn/ n. Wiederaufbau, *der*; (thing reconstructed) Rekonstruktion, *die*

ꝰ **record A** /rɪ'kɔːd/ v.t. **1** aufzeichnen; ~ a new CD eine neue CD aufnehmen
2 (register officially) dokumentieren; protokollieren ‹*Verhandlung*›
B /'rekɔːd/ n. **1** be on ~ ‹*Prozess, Verhandlung, Besprechung*›: protokolliert sein; have sth on ~ etw. dokumentiert haben
2 (report) Protokoll, *das*
3 (document) Dokument, *das*; [strictly] off the ~ [ganz] inoffiziell
4 (for ~ player) [Schall]platte, *die*
5 have a [criminal/police] ~ vorbestraft sein
6 (Sport) Rekord, *der*

record /'rekɔːd/: ~-**breaking** adj. Rekord-; ~ **deck** n. Plattenspieler, *der*

recorded /rɪ'kɔːdɪd/ adj. aufgezeichnet ‹*Konzert, Rede*›; ~ music Musikaufnahmen Pl.

recorded de'livery n. (BrE) (Post.) eingeschriebene Sendung (*ohne Versicherung*)

recorder /rɪ'kɔːdə(r)/ n. (Mus.) Blockflöte, *die*

'**record holder** n. (Sport) Rekordhalter, *der*/-halterin, *die*

recording /rɪ'kɔːdɪŋ/ n. **1** (process) Aufzeichnung, *die*
2 (what is recorded) Aufnahme, *die*

recording: ~ **head** n. Aufnahmekopf, *der*; ~ **studio** n. Tonstudio, *das*

record /'rekɔːd/: ~ **player** n. Plattenspieler, *der*; ~ **sleeve** n. Plattenhülle, *die*; ~ **token** n. [Schall]plattengutschein, *der*

re-count A /riː'kaʊnt/ v.t. [noch einmal] nachzählen
B /'riːkaʊnt/ n. Nachzählung, *die*

recoup /rɪ'kuːp/ v.t. [wieder] hereinbekommen ‹*[Geld]einsatz*›

recourse /rɪ'kɔːs/ n. have ~ to sb/sth bei jmdm./zu etw. Zuflucht nehmen

ꝰ **recover** /rɪ'kʌvə(r)/ **A** v.t. zurückbekommen
B v.i. ~ from sth sich von etw. [wieder] erholen; be [fully] ~ed [völlig] wiederhergestellt sein

ꝰ **recovery** /rɪ'kʌvərɪ/ n. Erholung, *die*; make a quick/good ~ sich schnell/gut erholen

recovery: ~ **position** n. (Med.) stabile Seitenlage; ~ **vehicle** n. Bergungsfahrzeug, *das*

r

recreation /rɛkrɪˈeɪʃn/ *n.*
Freizeitbeschäftigung, *die*; Hobby, *das*
recreational /rɛkrɪˈeɪʃənl/ *adj.* Freizeit-
recreational: ~ **'drug** *n.* Freizeitdroge, *die*;
~ **'vehicle** *n.* (AmE) Wohnmobil, *das*
recre'ation centre *n.* Freizeitzentrum, *das*
recrimination /rɪkrɪmɪˈneɪʃn/ *n.*
Gegenbeschuldigung, *die*
recruit /rɪˈkruːt/ **A** *n.* **1** (Mil.) Rekrut, *der*
2 (new member) neues Mitglied
B *v.t.* (Mil.) (enlist) anwerben; (into party
etc.) werben <*Mitglied*>; einstellen <*neuen
Mitarbeiter*>
re'cruitment *n.* (Mil.) Anwerbung, *die*; (of
new staff) Neueinstellung, *die*; ~ **of members**
Mitgliederwerbung, *die*
rectangle /ˈrɛktæŋgl/ *n.* Rechteck, *das*
rectangular /rɛkˈtæŋgjʊlə(r)/ *adj.* rechteckig
rector /ˈrɛktə(r)/ *n.* **1** Pfarrer, *der*
2 (Univ.) Rektor, *der*/Rektorin, *die*
rectory /ˈrɛktərɪ/ *n.* Pfarrhaus, *das*
recuperate /rɪˈkjuːpəreɪt/ *v.i.* sich erholen
recuperation /rɪkjuːpəˈreɪʃn/ *n.* Erholung,
die
recur /rɪˈkəː(r)/ *v.i.*, **-rr-** sich wiederholen;
<*Krankheit:*> wiederkehren; <*Symptom:*>
wieder auftreten
recurrence /rɪˈkʌrəns/ *n.* Wiederholung, *die*;
(of illness, thought, feeling) Wiederkehr, *die*; (of
symptom) Wiederauftreten, *das*
recurrent /rɪˈkʌrənt/ *adj.* immer
wiederkehrend
recyclable /rɪˈsaɪkləbl/ *adj.* recycelbar
recycle /riːˈsaɪkl/ *v.t.* wieder verwerten; ~d
paper Recyclingpapier, *das*
recycling /rɪˈsaɪklɪŋ/ *n.* Recycling, *das*
↙ **red** /rɛd/ **A** *adj.* rot
B *n.* **1** Rot, *das*
2 (debt) **[be] in the** ~ in den roten Zahlen
[sein]
red: ~ **'card** *n.* (Footb.) rote Karte, *die*;
Red 'Crescent *n.* Roter Halbmond; **Red
'Cross** *n.* Rotes Kreuz; ~**'currant** *n.* [rote]
Johannisbeere
redden /ˈrɛdn/ *v.i.* <*Gesicht, Himmel:*> sich
röten; <*Person:*> rot werden
reddish /ˈrɛdɪʃ/ *adj.* rötlich
redecorate /riːˈdɛkəreɪt/ *v.t.* renovieren;
(with wallpaper) neu tapezieren; (with paint)
neu streichen
redeem /rɪˈdiːm/ *v.t.* **1** [wieder] einlösen
<*Pfand*>; einlösen <*Gutschein, Coupon*>
2 (save) retten
redemption /rɪˈdɛmpʃn/ *n.* (from sin) Erlösung,
die
redeploy /riːdɪˈplɔɪ/ *v.t.* woanders einsetzen
<*Arbeitskräfte*>
red: ~**-'handed** *adj.* catch sb ~-handed jmdn.
auf frischer Tat ertappen; ~ **'herring** *n.*
(fig.) Ablenkungsmanöver, *das*; ~**-hot** *adj.*

[rot] glühend
redial **A** /riːˈdaɪəl/ *v.t.* noch einmal wählen
<*Telefonnummer*>
B /ˈriːdaɪəl/ *n.* Wahlwiederholung, *die*
'redial button *n.* Wahlwiederholungstaste,
die
Red 'Indian (BrE) (dated) **A** *n.* Indianer, *der*/
Indianerin, *die*
B *adj.* Indianer-
redirect /riːdaɪˈrɛkt/ *v.t.* nachsenden <*Post,
Brief usw.*>; umleiten <*Verkehr*>
rediscover /riːdɪˈskʌvə(r)/ *v.t.* wieder
entdecken
redistribute /riːdɪˈstrɪbjuːt/ *v.t.* umverteilen
<*Besitz, Einkommen*>
redistribution /riːdɪstrɪˈbjuːʃn/ *n.* (of land,
wealth) Umverteilung, *die*
red: ~**-'letter day** *n.* großer Tag; ~ **'light**
n. rotes Warnlicht; (traffic light) rote Ampel;
drive through a ~ light bei Rot über die
Ampel fahren; ~**-'light district** *n.* Strich,
der (salopp); ~ **meat** *n.* dunkles Fleisch (z.B.
vom Rind)
redo /riːˈduː/ *v.t.* forms as do noch einmal
machen <*Bett, Hausaufgabe*>; neu frisieren
<*Haare*>
redouble /riːˈdʌbl/ *v.t.* verdoppeln
red 'pepper *n.* rote Paprika[schote]
redress /rɪˈdrɛs/ **A** *n.* Entschädigung, *die*
B *v.t.* wieder gutmachen; ~ **the balance** das
Gleichgewicht wiederherstellen
red 'tape *n.* (fig.) [unnötige] Bürokratie
↙ **reduce** /rɪˈdjuːs/ *v.t.* **1** senken <*Preis, Gebühr,
Fieber, Aufwendungen, Blutdruck usw.*>;
reduzieren <*Geschwindigkeit, Gewicht*>; at
~d prices zu herabgesetzten Preisen
2 ~ **to silence/tears** verstummen lassen/zum
Weinen bringen
↙ **reduction** /rɪˈdʌkʃn/ *n.* (in price, costs, speed, etc.)
Senkung, *die* (in Gen.); ~ **in wages/weight**
Lohnsenkung, *die*/Gewichtsabnahme, *die*
redundancy /rɪˈdʌndənsɪ/ *n.* (BrE)
Arbeitslosigkeit, *die* **redundancies**
Entlassungen *Pl.*; **take** *or* **accept voluntary**
~ seiner betriebsbedingten Kündigung
zustimmen
re'dundancy payment *n.* Abfindung, *die*
redundant /rɪˈdʌndənt/ *adj.* (BrE) arbeitslos;
be made ~ den Arbeitsplatz verlieren; **make**
~ entlassen
red 'wine *n.* Rotwein, *der*
reed /riːd/ *n.* Schilf[rohr], *das*
re-educate /riːˈɛdjʊkeɪt/ *v.t.* umerziehen
reef /riːf/ *n.* Riff, *das*
'reef knot *n.* Kreuzknoten, *der*
reek /riːk/ *v.i.* stinken (**of** nach)
reel /riːl/ **A** *n.* <*Garn-, Angel*>rolle, *die*; <*Film-,
Tonband*>spule, *die*
B *v.i.* **1** (be in a whirl) sich drehen
2 (sway) torkeln
re-establish /riːɪˈstæblɪʃ/ *v.t.* wiederherstellen

↙ Schlüsselwort

re-examine /ˌriːɪɡˈzæmɪn/ *v.t.* (scrutinize) erneut überprüfen

ref /ref/ *n.* (Sport infml) Schiri, *der* (Sportjargon)

ref. *abbr.* = **reference** Verw.; **your/our** ~ Ihr/unser Zeichen

refashion /riːˈfæʃn/ *v.t.* umgestalten

refectory /rɪˈfektərɪ/ *n.* Mensa, *die*

✓ **refer** /rɪˈfɜː(r)/ ⓐ *v.i.*, **-rr- 1** ~ **to** (allude to) sich beziehen auf (+ *Akk.*) ‹*Buch, Person usw.*›; (speak of) sprechen von ‹*Person, Problem usw.*›
 2 ~ **to** (apply to, relate to) betreffen
 3 ~ **to** (consult, cite as proof) nachsehen in (+ *Dat.*)
 ⓑ *v.t.*, **-rr-**; ~ **sb/sth to sb/sth** jmdn./etw. an jmdn./auf etw. (*Akk.*) verweisen

referee /refəˈriː/ (Sport) ⓐ *n.* (umpire) Schiedsrichter, *der*/-richterin, *die*; (Boxing) Ringrichter, *der*
 ⓑ *v.t.* als Schiedsrichter/-richterin leiten

✓ **reference** /ˈrefrəns/ *n.* **1** (allusion) Hinweis, *der* (**to** auf + *Akk.*); **make no** ~ **to sth** etw. nicht ansprechen
 2 (testimonial) Zeugnis, *das*

reference: ~ **book** *n.* Nachschlagewerk, *das*; ~ **number** *n.* [Kenn]nummer, *die*; ~ **point** *n.* Bezugspunkt, *der*

referendum /refəˈrendəm/ *n.* Volksentscheid, *der*

refill ⓐ /riːˈfɪl/ *v.t.* nachfüllen; ~ **the glasses** nachschenken
 ⓑ /ˈriːfɪl/ *n.* (for ball pen) Ersatzmine, *die*

refine /rɪˈfaɪn/ *v.t.* **1** (purify) raffinieren
 2 (make cultured) kultivieren
 3 (improve) verbessern; verfeinern ‹*Stil, Technik*›

refined /rɪˈfaɪnd/ *adj.* kultiviert

refinement *n.* Kultiviertheit, *die*; (improvement) Verbesserung, *die*

refinery /rɪˈfaɪnərɪ/ *n.* Raffinerie, *die*

reflate /riːˈfleɪt/ *v.t.* (Econ.) ankurbeln

reflation /riːˈfleɪʃn/ *n.* (Econ.) Reflation, *die*

✓ **reflect** /rɪˈflekt/ *v.t.* **1** reflektieren
 2 (fig.) widerspiegeln ‹*Ansichten*›
 3 (contemplate) nachdenken über (+ *Akk.*); ~ **what/how ...** überlegen, was/wie ...
 ▪ **reflect [up]on** *v.t.* **1** (consider) nachdenken über (+ *Akk.*)
 2 ~ **badly [up]on sb/sth** auf jmdn./etw. ein schlechtes Licht werfen

reflection /rɪˈflekʃn/ *n.* **1** Reflexion, *die*; (by surface of water) Spiegelung, *die*
 2 (image) Spiegelbild, *das*
 3 (consideration) Nachdenken, *das* (**upon** über + *Akk.*); **on** ~ bei weiterem Nachdenken

reflective /rɪˈflektɪv/ *adj.* **1** reflektierend
 2 (thoughtful) nachdenklich

reflector /rɪˈflektə(r)/ *n.* Rückstrahler, *der*

reflex /ˈriːfleks/ *n.* Reflex, *der*

reflex action *n.* Reflexhandlung, *die*

reflexive /rɪˈfleksɪv/ *adj.* (Ling.) reflexiv

reforestation /riːfɒrɪˈsteɪʃn/ *n.* Wiederaufforstung, *die*

✓ **reform** /rɪˈfɔːm/ ⓐ *v.t.* (make better) bessern ‹*Person*›; reformieren ‹*Institution*›
 ⓑ *n.* Reform, *die* (in *Gen.*)

reformation /refəˈmeɪʃn/ *n.* (of character) Wandlung, *die*; **the R**~ (Hist.) die Reformation

re'former *n.* [political] ~ Reformpolitiker, *der*/-politikerin, *die*

refract /rɪˈfrækt/ *v.t.* (Phys.) brechen

refrain[1] /rɪˈfreɪn/ *n.* Refrain, *der*

refrain[2] *v.i.* ~ **from doing sth** es unterlassen, etw. zu tun

refresh /rɪˈfreʃ/ *v.t.* erfrischen

re'fresher course *n.* Auffrischungskurs, *der*

re'freshing *adj.* erfrischend; wohltuend ‹*Abwechslung*›

re'freshment *n.* Erfrischung, *die*

refrigerate /rɪˈfrɪdʒəreɪt/ *v.t.* **1** kühl lagern ‹*Lebensmittel*›
 2 (chill) kühlen; (freeze) einfrieren

refrigeration /rɪfrɪdʒəˈreɪʃn/ *n.* kühle Lagerung, *die*; (chilling) Kühlung, *die*; (freezing) Einfrieren, *das*

refrigerator /rɪˈfrɪdʒəreɪtə(r)/ *n.* Kühlschrank, *der*

refuel /riːˈfjuːəl/ (BrE) **-ll-** ⓐ *v.t.* auftanken
 ⓑ *v.i.* [auf]tanken

refuge /ˈrefjuːdʒ/ *n.* Zuflucht, *die*; **take** ~ **in** Schutz *od.* Zuflucht suchen in (+ *Dat.*) (**from** vor + *Dat.*); **women's** ~ Frauenhaus, *das*

refugee /refjʊˈdʒiː/ *n.* Flüchtling, *der*

refu'gee camp *n.* Flüchtlingslager, *das*

refund ⓐ /riːˈfʌnd/ *v.t.* (pay back) zurückzahlen ‹*Geld*›; erstatten ‹*Kosten*›
 ⓑ /ˈriːfʌnd/ *n.* Rückzahlung, *die*; (of expenses) [Rück]erstattung, *die*

refundable /riːˈfʌndəbl/ *adj.* **be** ~ zurückerstattet werden

refurbish /riːˈfɜːbɪʃ/ *v.t.* renovieren ‹*Haus*›

refurnish /riːˈfɜːnɪʃ/ *v.t.* neu einrichten

refusal /rɪˈfjuːzl/ *n.* Ablehnung, *die*; (after a period of time) Absage, *die*; ~ **to do sth** Weigerung, etw. zu tun

✓ **refuse**[1] /rɪˈfjuːz/ ⓐ *v.t.* ablehnen; verweigern ‹*Zutritt, Einreise, Erlaubnis*›; ~ **sb admittance/entry/permission** jmdm. den Zutritt/die Einreise/die Erlaubnis verweigern; ~ **to do sth** sich weigern, etw. zu tun
 ⓑ *v.i.* ablehnen; (after request) sich weigern

refuse[2] /ˈrefjuːs/ *n.* Abfall, *der*

refuse /ˈrefjuːs/: ~ **collection** *n.* Müllabfuhr, *die*; ~ **collector** *n.* Müllwerker, *der*; ~ **disposal** *n.* Abfallbeseitigung, *die*

refute /rɪˈfjuːt/ *v.t.* widerlegen

regain /rɪˈɡeɪn/ *v.t.* zurückgewinnen ‹*Zuversicht, Vertrauen, Augenlicht*›; ~ **one's strength** wieder zu Kräften kommen

regal /'riːgl/ *adj.* majestätisch

regalia /rɪ'geɪlɪə/ *n. pl.* (of royalty) Krönungsinsignien *Pl.*

✓ **regard** /rɪ'gɑːd/ **A** *v.t.* **1** (look at) betrachten **2** (give heed to) beachten **3** (fig.) (look upon, contemplate) betrachten; ∼ **sb as a friend/fool/genius** jmdn. als Freund betrachten/für einen Dummkopf/ein Genie halten; **be** ∼**ed as** gelten als **4** (concern, have relation to) betreffen; **as** ∼**s sb/ sth**, ∼**ing sb/sth** was jmdn./etw. angeht *od.* betrifft **B** *n.* **1** (attention) **pay** *or* **have** ∼ **to sb/sth** jmdm./etw. Beachtung schenken; **without** ∼ **to** ohne Rücksicht auf (+ *Akk.*) **2** (esteem) Achtung, *die*; **hold sb/sth in high** ∼ jmdn./etw. sehr schätzen **3** *in pl.* Grüße *Pl.*; **give her my** ∼**s** grüße sie von mir; **with kind[est]** ∼**s** mit herzlich[st]en Grüßen

re'gardless *adj.* ohne Rücksicht (**of** auf + *Akk.*)

regatta /rɪ'gætə/ *n.* Regatta, *die*

regenerate /rɪ'dʒenəreɪt/ *v.t.* erneuern

reggae /'regeɪ/ *n.* Reggae, *der*

✓ **regime** /reɪ'ʒiːm/ *n.* [Regierungs]system, *das* **re'gime change** *n., no pl.* Regimewechsel, *der*

regiment /'redʒɪmənt/ *n.* Regiment, *das* **regimental** /redʒɪ'mentl/ *adj.* Regiments-

✓ **region** /'riːdʒn/ *n.* **1** (area) Gebiet, *das* **2** (administrative division) Bezirk, *der*; **in the** ∼ **of** (fig.) ungefähr

✓ **regional** /'riːdʒənl/ *adj.* regional

regionalism /'riːdʒənəlɪzm/ *n.* (Polit., Ling.) Regionalismus, *der*

regionalize /'riːdʒənəlaɪz/ *v.t.* regionalisieren

✓ **register** /'redʒɪstə(r)/ **A** *n.* Register, *das*; (at school) Klassenbuch, *das* **B** *v.t.* **1** (enter) registrieren; (cause to be entered) registrieren lassen; anmelden <*Auto, Patent*>; (at airport) einchecken <*Gepäck*>; *abs.* (at hotel) sich ins Fremdenbuch eintragen; ∼ **with the police** sich polizeilich anmelden **2** (enrol) anmelden; (Univ.) sich einschreiben **3** zum Ausdruck bringen <*Überraschung*>; ∼ **a protest** Protest anmelden

registered /'redʒɪstəd/ *adj.* eingetragen <*Firma*>; eingeschrieben <*Student, Brief*>; ∼ **trade mark** eingetragenes Warenzeichen; **by** ∼ **post** per Einschreiben

registrar /'redʒɪstrɑː(r)/ *n.* Standesbeamte, *der*/-beamtin, *die*

registration /redʒɪ'streɪʃn/ *n.* Registrierung, *die*; (enrolment) Anmeldung, *die*; (of students) Einschreibung, *die*

registration: ∼ **document** *n.* (BrE) Kraftfahrzeugbrief, *der*; ∼ **form** *n.* Anmeldeformular, *das*; ∼ **number** *n.* amtliches Kennzeichen; ∼ **plate** *n.* (Motor

Veh.) Nummernschild, *das*

registry /'redʒɪstrɪ/ *n.* ∼ [**office**] Standesamt, *das*

regret /rɪ'gret/ **A** *v.t.*, **-tt-** bedauern; **I** ∼ **to say that ...** ich muss leider sagen, dass ... **B** *n.* Bedauern, *das*; **have no** ∼**s** nichts bereuen

regretfully /rɪ'gretfəlɪ/ *adv.* mit Bedauern

regrettable /rɪ'gretəbl/ *adj.* bedauerlich

regrettably /rɪ'gretəblɪ/ *adv.* bedauerlicherweise

regroup /riː'gruːp/ **A** *v.t.* umgruppieren **B** *v.i.* **1** (form new group) sich neu gruppieren **2** (Mil.) sich neu formieren

✓ **regular** /'regjʊlə(r)/ **A** *adj.* regelmäßig; geregelt <*Arbeit*>; fest <*Anstellung*>; ∼ **customer** Stammkunde, *der*/-kundin, *die* **B** *n.* (infml) (∼ customer) Stammkunde, *der*/-kundin, *die*; (in pub) Stammgast, *der*

regular 'army *n.* reguläre Armee

regularity /regjʊ'lærɪtɪ/ *n.* Regelmäßigkeit, *die*

'regularly *adv.* regelmäßig

regulate /'regjʊleɪt/ *v.t.* (control) regeln; (restrict) begrenzen; (adjust) regulieren

✓ **regulation** /regjʊ'leɪʃn/ *n.* **1** ▶ regulate Regelung, *die*; Begrenzung, *die*; Regulierung, *die* **2** (rule) Vorschrift, *die*

rehabilitate /riːhə'bɪlɪteɪt/ *v.t.* rehabilitieren; ∼ [**back into society**] wieder [in die Gesellschaft] eingliedern

rehabilitation /riːhəbɪlɪ'teɪʃn/ *n.* ∼ [**in society**] Wiedereingliederung [in die Gesellschaft], *die*

rehash **A** /riː'hæʃ/ *v.t.* aufwärmen **B** /'riːhæʃ/ *n.* Aufguss, *der*

rehearsal /rɪ'hɜːsl/ *n.* Probe, *die*

rehearse /rɪ'hɜːs/ *v.t.* proben

reheat /riː'hiːt/ *v.t.* wieder erwärmen; aufwärmen <*Essen*>

rehouse /riː'haʊz/ *v.t.* umquartieren

reign /reɪn/ **A** *n.* Herrschaft, *die* **B** *v.i.* herrschen (**over** über + *Akk.*)

reimburse /riːɪm'bɜːs/ *v.t.* [zurück]erstatten <*[Un]kosten, Spesen*>; entschädigen <*Person*>

rein /reɪn/ *n.* Zügel, *der*

reincarnation /riːɪnkɑː'neɪʃn/ *n.* (Relig.) Reinkarnation, *die*

reindeer /'reɪndɪə(r)/ *n., pl. same* Ren[tier], *das*

reinforce /riːɪn'fɔːs/ *v.t.* verstärken; ∼**d concrete** Stahlbeton, *der*

rein'forcement *n.* Verstärkung, *die*; ∼[**s**] (additional men etc.) Verstärkung, *die*

reinstate /riːɪn'steɪt/ *v.t.* (in job) wieder einstellen

reintegrate /riː'ɪntɪgreɪt/ **A** *v.t.* wieder eingliedern (**into** in + *Akk.*) **B** *v. refl.* sich wieder eingliedern (**into** + *Akk.*)

✓ Schlüsselwort

r

reintegration /riːɪntɪˈɡreɪʃn/ n. Wiedereingliederung, die (into in + Akk.)

reinvigorate /riːɪnˈvɪɡəreɪt/ v.t. neu beleben; feel ~d sich gestärkt fühlen

reissue /riːˈɪʃuː/ v.t. neu herausbringen

reiterate /riːˈɪtəreɪt/ v.t. wiederholen

✓ **reject** **A** /rɪˈdʒekt/ v.t. ablehnen; zurückweisen <Bitte, Annäherungsversuch>
   B /ˈriːdʒekt/ (thing) Ausschuss, der

rejection /rɪˈdʒekʃn/ n. Ablehnung, die, Zurückweisung, die

re'jection slip n. Absage, die

rejoice /rɪˈdʒɔɪs/ v.i. sich freuen (over, at über + Akk.)

rejoin[1] /rɪˈdʒɔɪn/ v.t. (reply) erwidern (to auf + Akk.)

rejoin[2] /riːˈdʒɔɪn/ v.t. wieder eintreten in (+ Akk.) <Partei, Verein>

rejoinder /rɪˈdʒɔɪndə(r)/ n. Erwiderung, die (to auf + Akk.)

rejuvenate /rɪˈdʒuːvəneɪt/ v.t. verjüngen

rekindle /riːˈkɪndl/ v.t. wieder anfachen; wieder aufleben lassen <Verlangen, Hoffnungen>

relapse /rɪˈlæps/ **A** v.i. <Kranker:> einen Rückfall bekommen
   B n. Rückfall, der

✓ **relate** /rɪˈleɪt/ **A** v.t. **1** erzählen <Geschichte>; erzählen von <Abenteuer>
   2 (bring into relation) in Zusammenhang bringen (to, with mit)
   B v.i. **1** ~ to (have reference) in Zusammenhang stehen mit; betreffen <Person>
   2 ~ to (feel involved with) eine Beziehung haben zu

✓ **re'lated** adj. verwandt (to mit)

✓ **relation** /rɪˈleɪʃn/ n. **1** (connection) Beziehung, die, Zusammenhang, der (of ... and zwischen ... und); in or with ~ to in Bezug auf (+ Akk.)
   2 in pl. (dealings) Verhältnis, das (with zu)
   3 (relative) Verwandte, der/die

✓ **re'lationship** n. **1** (mutual tie) Beziehung, die (with zu)
   2 (kinship) Verwandtschaftsverhältnis, das
   3 (connection) Beziehung, die; (between cause and effect) Zusammenhang, der
   4 (sexual) Verhältnis, das

✓ **relative** /ˈrelətɪv/ **A** n. Verwandte, der/die
   B adj. relativ; Relativ<satz, -pronomen>

✓ **'relatively** adv. relativ; verhältnismäßig

relative 'pronoun n. (Ling.) Relativpronomen, das

relax /rɪˈlæks/ **A** v.t. **1** entspannen <Muskel, Körper[teil]>; lockern <Griff>
   2 (make less strict) lockern <Gesetz, Disziplin>
   B v.i. sich entspannen

relaxation /riːlækˈseɪʃn/ n. Entspannung, die; for ~ zur Entspannung

relaxed /rɪˈlækst/ adj. entspannt, gelöst <Atmosphäre, Person>

re'laxing adj. entspannend

relay **A** /ˈriːleɪ/ n. **1** (race) Staffel, die
   2 (gang) Schicht, die; work in ~s schichtweise arbeiten
   3 (Electr.) Relais, das
   B /riːˈleɪ/ v.t. **1** weiterleiten
   2 (Radio, Telev.) übertragen

'relay race n. Staffellauf, der; (Swimming) Staffelschwimmen, das

✓ **release** /rɪˈliːs/ **A** v.t. **1** (free) freilassen <Tier, Häftling, Sklaven>; (from jail) entlassen (from aus)
   2 (let go) loslassen; lösen <Handbremse>
   3 (make known) veröffentlichen <Erklärung, Nachricht>; (issue) herausbringen <Film, Schallplatte>
   B n. **1** ▸ **A1** Freilassung, die; Entlassung, die
   2 (of published item) Veröffentlichung, die
   3 (handle, lever, button) Auslöser, der

relegate /ˈrelɪɡeɪt/ v.t. **1** ~ sb to the position of ... jmdn. zu ... degradieren
   2 (Sport) absteigen lassen; be ~d absteigen (to in + Akk.)

relegation /relɪˈɡeɪʃn/ n. (Sport) Abstieg, der

relent /rɪˈlent/ v.i. nachgeben

re'lentless adj., **re'lentlessly** adv. unerbittlich

relevance /ˈreləvəns/ n. Relevanz, die (to für)

✓ **relevant** /ˈreləvənt/ adj. relevant (to für); wichtig <Information>

reliability /rɪlaɪəˈbɪlɪtɪ/ n. Zuverlässigkeit, die

reliable /rɪˈlaɪəbl/ adj., **reliably** /rɪˈlaɪəblɪ/ adv. zuverlässig

reliance /rɪˈlaɪəns/ n. Abhängigkeit, die (on von)

reliant /rɪˈlaɪənt/ adj. be ~ on sb/sth auf jmdn./etw. angewiesen sein

✓ **relief**[1] /rɪˈliːf/ n. **1** Erleichterung, die; give [sb] ~ [from pain] [jmdm.] [Schmerz]linderung verschaffen; what a ~!, that's a ~! da bin ich aber erleichtert!
   2 (assistance) Hilfe, die

relief[2] n. (Art) Relief, das

relief: ~ **bus** n. Entlastungsbus, der; (as replacement) Ersatzbus, der; ~ **map** n. Reliefkarte, die; ~ **road** n. Entlastungsstraße, die; ~ **worker** n. Helfer, der

relieve /rɪˈliːv/ v.t. **1** erleichtern; unterbrechen <Eintönigkeit>; abbauen <Anspannung>; stillen <Schmerzen>; I am or feel ~d to hear that ... es erleichtert mich zu hören, dass ...
   2 ablösen <Wache, Truppen>

✓ **religion** /rɪˈlɪdʒn/ n. Religion, die

✓ **religious** /rɪˈlɪdʒəs/ adj. religiös; Religions<freiheit, -unterricht>

re'ligiously adv. (conscientiously) gewissenhaft

relinquish /rɪˈlɪŋkwɪʃ/ v.t. **1** (give up) aufgeben
   2 ~ one's hold or grip on sb/sth jmdn./etw. loslassen

relish /ˈrelɪʃ/ **A** n. **1** (liking) Vorliebe, die; do sth with [great] ~ etw. mit [großem] Genuss tun
   2 (condiment) Relish, das
   B v.t. genießen

r

relive /riːˈlɪv/ n. noch einmal durchleben
reload /riːˈləʊd/ v.t. nachladen ‹Schusswaffe›
relocate /riːləˈkeɪt/ **A** v.t. verlegen ‹Fabrik, Büro›; versetzen ‹Angestellten›
B v.i. (settle) sich niederlassen
relocation /riːləˈkeɪʃn/ n. (of factory, office) Verlegung, die; (of employee) Versetzung, die
relo'cation expenses n. pl. Umzugskosten Pl.
reluctance /rɪˈlʌktəns/ n. Widerwille, der; have a [great] ~ to do sth etw. nur mit Widerwillen tun
reluctant /rɪˈlʌktənt/ adj. unwillig; be ~ to do sth etw. nur ungern tun
re'luctantly adv. nur ungern
⚜ **rely** /rɪˈlaɪ/ v.i. (have trust) sich verlassen /(be dependent) angewiesen sein ([up]on auf + Akk.)
⚜ **remain** /rɪˈmeɪn/ v.i. **1** (be left over) übrigbleiben
2 (stay) bleiben; ~ behind noch dableiben
3 (continue to be) bleiben; it ~s to be seen es wird sich zeigen
remainder /rɪˈmeɪndə(r)/ n. Rest, der
re'maining adj. restlich
re'mains n. pl. **1** Reste Pl.
2 (human) sterbliche [Über]reste Pl. (verhüll.)
remand /rɪˈmɑːnd/ **A** v.t. ~ sb [in custody] jmdn. in Untersuchungshaft behalten
B n. on ~ in Untersuchungshaft
remark /rɪˈmɑːk/ **A** v.t. bemerken (to gegenüber)
B v.i. eine Bemerkung machen ([up]on zu, über + Akk.)
C n. Bemerkung, die (on über + Akk.)
remarkable /rɪˈmɑːkəbl/ adj. **1** (notable) bemerkenswert
2 (extraordinary) außergewöhnlich
remarkably /rɪˈmɑːkəblɪ/ adv. **1** (notably) bemerkenswert
2 (exceptionally) außergewöhnlich
remarry /riːˈmærɪ/ v.i. & t. wieder heiraten
remedy /ˈremɪdɪ/ **A** n. [Heil]mittel, das (for gegen)
B v.t. beheben ‹Problem›; retten ‹Situation›
⚜ **remember** /rɪˈmembə(r)/ v.t. **1** sich erinnern an (+ Akk.); I ~ed to bring the book ich habe daran gedacht, das Buch mitzubringen; an evening to ~ ein unvergesslicher Abend
2 (convey greetings) ~ me to them grüße sie von mir
remembrance /rɪˈmembrəns/ n. Gedenken, das; in ~ of sb zu jmds. Gedächtnis
Remembrance Day, Remembrance Sunday ns. (BrE) ≈ Volkstrauertag, der
⚜ **remind** /rɪˈmaɪnd/ v.t. erinnern (of an + Akk.); ~ sb to do sth jmdn. daran erinnern, etw. zu tun; that ~s me, ... dabei fällt mir ein, ...
re'minder n. Erinnerung, die (of an + Akk.); (letter) Mahnung, die; Mahnbrief, der

reminisce /remɪˈnɪs/ v.i. sich in Erinnerungen (Dat.) ergehen (about an + Akk.)
reminiscences /remɪˈnɪsənsɪz/ n. pl. Erinnerungen Pl. (memoirs) [Lebens]erinnerungen Pl.
reminiscent /remɪˈnɪsənt/ adj. be ~ of sth an etw. (Akk.) erinnern
remiss /rɪˈmɪs/ adj. nachlässig (of von)
remission /rɪˈmɪʃn/ n. **1** (of debt, punishment) Erlass, der
2 (of prison sentence) Straferlass, der
remit /rɪˈmɪt/ v.t., **-tt-** (send) überweisen ‹Geld›
remittance /rɪˈmɪtəns/ n. Überweisung, die
remnant /ˈremnənt/ n. Rest, der
remonstrate /ˈremənstreɪt/ v.i. protestieren (against gegen); ~ with sb jmdm. Vorhaltungen machen (about, on wegen)
remorse /rɪˈmɔːs/ n. Reue, die (for, about über + Akk.)
re'morseful /rɪˈmɔːsfl/ adj. reumütig
re'morseless adj. unerbittlich
remote /rɪˈməʊt/ adj., ~r /rɪˈməʊtə(r)/, ~st /rɪˈməʊtɪst/ **1** fern ‹Vergangenheit, Zukunft, Zeit›; abgelegen ‹Ort, Gebiet›; ~ from weit entfernt von
2 (slight) gering ‹Chance›
remote: ~ con'trol n. (of vehicle) Fernlenkung, die; (for TV set) Fernbedienung, die; ~-con'trolled, ~-con'trol adj. ferngelenkt; fernbedient ‹Anlage›
re'motely adv. entfernt ‹verwandt›; they are not ~ alike sie haben nicht die entfernteste Ähnlichkeit miteinander
removable /rɪˈmuːvəbl/ adj. abnehmbar; entfernbar ‹Trennwand›; herausnehmbar ‹Futter›
removal /rɪˈmuːvl/ n. **1** Entfernung, die; (of obstacle, problem) Beseitigung, die
2 (transfer of furniture) Umzug, der
removal: ~ expenses n. pl. Umzugskosten Pl.; ~ firm n. Spedition, die; ~ man n. Möbelpacker, der; ~ van n. Möbelwagen, der
⚜ **remove** /rɪˈmuːv/ v.t. entfernen; beseitigen ‹Spur, Hindernis›; (take off) abnehmen; ausziehen ‹Kleidungsstück›; ~ a book from the shelf ein Buch vom Regal nehmen
re'mover n. **1** (of paint/varnish/hair/rust) Farb-/Lack-/Haar-/Rostentferner, der
2 (man) Möbelpacker, der; [firm of] ~s Spedition[sfirma], die
remunerate /rɪˈmjuːnəreɪt/ v.t. bezahlen
remuneration /rɪmjuːnəˈreɪʃn/ n. Bezahlung, die
Renaissance /rəˈneɪsəns, rɪˈneɪsəns/ n. (Hist.) Renaissance, die
rename /riːˈneɪm/ v.t. umbenennen
render /ˈrendə(r)/ v.t. **1** (make) machen
2 erweisen ‹Dienst›
3 (translate) übersetzen (by mit)
'**rendering** n. (translation) Übersetzung, die

rendezvous /'rɒndeɪvuː/ *n., pl. same* /'rɒndeɪvuːz/ **1** (meeting place) Treffpunkt, *der* **2** (meeting) Verabredung, *die*

renegade /'renɪgeɪd/ **A** *n.* Abtrünnige, *der/ die* **B** *adj.* abtrünnig

renegotiate /riːnɪ'gəʊʃieɪt/ *v.t.* neu aushandeln

renew /rɪ'njuː/ *v.t.* erneuern; fortsetzen ‹*Angriff, Bemühungen*›; (extend) erneuern ‹*Vertrag, Ausweis usw.*›; ~ **a library book** ‹*Bibliothekar/Benutzer:*› ein Buch [aus der Bücherei] verlängern/verlängern lassen

re'newable /rɪ'njuːəbl/ *adj.* regenerationsfähig ‹*Energiequelle*›; verlängerbar ‹*Vertrag, Genehmigung, Ausweis*›

renewal /rɪ'njuːəl/ *n.* Erneuerung, *die*

renounce /rɪ'naʊns/ *v.t.* verzichten auf (+ *Akk.*); verstoßen ‹*Person*›; ~ **the devil/ one's faith** dem Teufel/seinem Glauben abschwören

renovate /'renəveɪt/ *v.t.* renovieren ‹*Gebäude*›; restaurieren ‹*Möbel usw.*›

renovation /renə'veɪʃn/ *n.* ▸ renovate Renovierung, *die*; Restaurierung, *die*

renown /rɪ'naʊn/ *n.* Renommee, *das*

renowned /rɪ'naʊnd/ *adj.* berühmt (**for** wegen, für)

rent /rent/ **A** *n.* (for house etc.) Miete, *die*; (for land) Pacht, *die*
  B *v.t.* **1** (use) mieten ‹*Haus, Wohnung usw.*›; pachten ‹*Land*›; mieten ‹*Auto*›
  2 (let) vermieten ‹*Haus, Auto usw.*› (**to** *Dat.*, an + *Akk.*); verpachten ‹*Land*› (**to** *Dat.*, an + *Akk.*)
■ ~ **'out** *v.t.* ▸ rent B2

rental /'rentl/ *n.* Miete, *die*

rent: ~ **boy** *n.* (infml) Strichjunge, *der* (salopp); ~ **rebate** *n.* Mietermäßigung, *die*; ~ **tribunal** *n.* Mietgericht, *das*

renunciation /rɪnʌnsɪ'eɪʃn/ *n.* ▸ renounce Verzicht, *der*; Verstoßung, *die*

reopen /riː'əʊpn/ **A** *v.t.* wieder öffnen; wieder aufmachen; wieder eröffnen ‹*Geschäft, Lokal usw.*›; wieder aufnehmen ‹*Diskussion, Verhandlung*›
  B *v.i.* ‹*Geschäft, Lokal usw.:*› wieder öffnen

reorder /riː'ɔːdə(r)/ *v.t.* **1** (Commerc.) nachbestellen ‹*Ware*›
  2 (rearrange) umordnen

reorganization /riːɔːgənaɪ'zeɪʃn/ *n.* Umorganisation, *die*; (of time, work) Neueinteilung, *die*

reorganize /riː'ɔːgənaɪz/ *v.t.* umorganisieren; neu einteilen ‹*Zeit, Arbeit*›

rep /rep/ *n.* (infml) (representative) Vertreter, *der*/Vertreterin, *die*

repaid ▸ repay

repair /rɪ'peə(r)/ **A** *v.t.* (mend) reparieren; ausbessern ‹*Kleidung, Straße*›
  B *n.* Reparatur, *die*; **be in good/bad** ~ **in** gutem/schlechtem Zustand sein

repair: ~ **man** *n.* Mechaniker, *der*; (in house) Handwerker, *der*; ~ **shop** *n.* Reparaturwerkstatt, *die*

repaper /riː'peɪpə(r)/ *v.t.* neu tapezieren

repatriate /riː'pætrɪeɪt/ *v.t.* repatriieren

repatriation /riːpætrɪ'eɪʃn/ *n.* Repatriierung, *die*

repay /riː'peɪ/ *v.t.*, **repaid** /riː'peɪd/ zurückzahlen ‹*Schulden usw.*›; erwidern ‹*Besuch, Gruß, Freundlichkeit*›; ~ **sb for sth** jmdm. etw. vergelten

re'payment *n.* Rückzahlung, *die*

re'payment mortgage *n.* Tilgungshypothek, *die*

repeal /rɪ'piːl/ **A** *v.t.* aufheben ‹*Gesetz, Erlass usw.*›
  B *n.* Aufhebung, *die*

✐ **repeat** /rɪ'piːt/ **A** *n.* Wiederholung, *die*
  B *v.t.* wiederholen; **please** ~ **after me:** ... sprich/sprecht/sprechen Sie mir bitte nach: ...

re'peated *adj.* wiederholt; (several) mehrere; **make** ~ **efforts to** ... wiederholt od. mehrfach versuchen, ...zu...

re'peatedly *adv.* mehrmals

repel /rɪ'pel/ *v.t.*, **-ll- 1** (drive back) abwehren **2** (be repulsive to) abstoßen

repellent /rɪ'pelənt/ **A** *adj.* abstoßend
  B *n.* [insect] ~ Insektenschutzmittel, *das*

repent /rɪ'pent/ *v.i.* bereuen (**of** *Akk.*)

repentance /rɪ'pentəns/ *n.* Reue, *die*

repentant /rɪ'pentənt/ *adj.* reuig

repercussion /riːpə'kʌʃn/ *n., usu. in pl.* Auswirkung, *die* ([up]on auf + *Akk.*)

repertoire /'repətwɑː(r)/ *n.* Repertoire, *das*

repertory /'repətərɪ/ *n.* (Theatre) Repertoiretheater, *das*

'repertory company *n.* Repertoiretheater, *das*

repetition /repɪ'tɪʃn/ *n.* Wiederholung, *die*

repetitious /repɪ'tɪʃəs/ *adj.* sich immer wiederholend *attr.*

repetitive /rɪ'petɪtɪv/ *adj.* eintönig

repetitive 'strain injury *n.* chronisches Überlastungssyndrom

rephrase /riː'freɪz/ *v.t.* umformulieren; **I'll** ~ **that** ich will es anders ausdrücken

✐ **replace** /rɪ'pleɪs/ *v.t.* **1** (vertically) zurückstellen; (horizontally) zurücklegen **2** (take place of) ersetzen; ~ **A with** *or* **by B** A durch B ersetzen
  3 (exchange) austauschen, auswechseln ‹*Maschinen[teile] usw.*›

re'placement *n.* **1** ▸ replace 1 Zurückstellen, *das*; Zurücklegen, *das*
  2 (provision of substitute for) Ersatz, *der; attrib.* Ersatz-
  3 (substitute) Ersatz, *der*; ~ **[part]** Ersatzteil, *das*

replay **A** /riː'pleɪ/ *v.t.* wiederholen ‹*Spiel*›; nochmals abspielen ‹*Tonband usw.*›

r

B /'ri:pleɪ/ *n.* Wiederholung, *die*; (match) Wiederholungsspiel, *das*

replenish /rɪ'plenɪʃ/ *v.t.* auffüllen

replica /'replɪkə/ *n.* Nachbildung, *die*

✶ **reply** /rɪ'plaɪ/ **A** *v.i.* ~ **[to sb/sth]** [jmdm./auf etw. (*Akk.*)] antworten
  B *v.t.* ~ **that** ... antworten, dass ...
  C *n.* Antwort, *die* (**to** auf + *Akk.*)

re'ply-paid *adj.* ~ **telegram** RP-Telegramm, *das*; ~ **envelope** Freiumschlag, *der*

repopulate /ri:'pɒpjʊleɪt/ *v.t.* neu besiedeln

✶ **report** /rɪ'pɔːt/ **A** *v.t.* **1** (relate) berichten / (in writing) einen Bericht schreiben über (+ *Akk.*); (state formally also) melden
  2 (name to authorities) melden (**to** *Dat.*); (for prosecution) anzeigen (**to** bei)
  B *v.i.* **1** Bericht erstatten (**on** über + *Akk.*); berichten (**on** über + *Akk.*)
  2 (present oneself) sich melden (**to** bei)
  C *n.* **1** (account) Bericht, *der* (**on, about** über + *Akk.*)
  2 (Sch.) Zeugnis, *das*
  3 (of gun) Knall, *der*

reportedly /rɪ'pɔːtɪdlɪ/ *adv.* wie verlautet

reported 'speech *n.* indirekte Rede

✶ **re'porter** *n.* Reporter, *der*/Reporterin, *die*

repossess /ri:pə'zes/ *v.t.* wieder in Besitz nehmen

reprehensible /reprɪ'hensɪbl/ *adj.* tadelnswert

✶ **represent** /reprɪ'zent/ *v.t.* **1** darstellen (**as** als)
  2 (act for) vertreten

representation /reprɪzen'teɪʃn/ *n.*
  1 (depicting, image) Darstellung, *die*
  2 (acting for sb) Vertretung, *die*
  3 make ~s **to sb** bei jmdm. Protest einlegen

✶ **representative** /reprɪ'zentətɪv/ **A** *n.*
  1 (Commerc.) Vertreter, *der*/Vertreterin, *die*
  2 R~ (AmE) (Polit.) Abgeordnete, *der*/*die*
  B *adj.* (typical) repräsentativ (**of** für)

repress /rɪ'pres/ *v.t.* **1** unterdrücken
  ‹*Aufruhr, Gefühle, Lachen usw.*›
  2 (Psych.) verdrängen ‹*Gefühle*› (**from** aus)

repressed /rɪ'prest/ *adj.* unterdrückt; (Psych.) verdrängt

repression /rɪ'preʃn/ *n.* Unterdrückung, *die*

repressive /rɪ'presɪv/ *adj.* repressiv

reprieve /rɪ'priːv/ **A** *v.t.* ~ **sb** (postpone execution) jmdm. Strafaufschub gewähren; (remit execution) jmdn. begnadigen
  B *n.* Strafaufschub, *der* (**of** für) /Begnadigung, *die*; (fig.) Gnadenfrist, *die*

reprimand /'reprɪmɑːnd/ **A** *n.* Tadel, *der*
  B *v.t.* tadeln

reprint **A** /riː'prɪnt/ *v.t.* wieder abdrucken
  B /'riː'prɪnt/ *n.* Nachdruck, *der*

reprisal /rɪ'praɪzl/ *n.* Vergeltungsakt, *der* (**for** gegen)

reproach /rɪ'prəʊtʃ/ **A** *v.t.* ~ **sb** jmdm. Vorwürfe machen

✶ Schlüsselwort

B *n.* Vorwurf, *der*

reproachful /rɪ'prəʊtʃfl/ *adv.* vorwurfsvoll

reproduce /riːprə'djuːs/ **A** *v.t.* wiedergeben
  B *v.i.* (multiply) sich fortpflanzen

reproduction /riːprə'dʌkʃn/ *n.* **1** Wiedergabe, *die*
  2 (producing offspring) Fortpflanzung, *die*
  3 (copy) Reproduktion, *die*

reproductive /riːprə'dʌktɪv/ *adj.* Fortpflanzungs-

reprove /rɪ'pruːv/ *v.t.* tadeln

reptile /'reptaɪl/ *n.* Reptil, *das*

republic /rɪ'pʌblɪk/ *n.* Republik, *die*

republican /rɪ'pʌblɪkən/ **A** *adj.* republikanisch
  B *n.* R~ (AmE) (Polit.) Republikaner, *der*/Republikanerin, *die*

repudiate /rɪ'pjuːdɪeɪt/ *v.t.* zurückweisen

repugnance /rɪ'pʌɡnəns/ *n.* Abscheu, *der* (**to[wards]** vor + *Dat.*)

repugnant /rɪ'pʌɡnənt/ *adj.* widerlich (**to** *Dat.*)

repulse /rɪ'pʌls/ *v.t.* abwehren

repulsion /rɪ'pʌlʃn/ *n.* (disgust) Widerwille, *der* (**towards** gegen)

repulsive /rɪ'pʌlsɪv/ *adj.* abstoßend

reputable /'repjʊtəbl/ *adj.* angesehen ‹*Person, Beruf, Zeitung usw.*›; anständig ‹*Verhalten*›; seriös ‹*Firma*›

reputably /'repjʊtəblɪ/ *adv.* anständig

✶ **reputation** /repjʊ'teɪʃn/ *n.* **1** Ruf, *der*; **have a** ~ **for** *or* **of doing/being sth** in dem Ruf stehen, etw. zu tun/sein
  2 (good name) Name, *der*

repute /rɪ'pjuːt/ **A** *v.t.*, *in pass.* **be** ~**d [to be] sth** als etw. gelten; **she is** ~**d to have/make** ... man sagt, dass sie ... hat/macht
  B *n.* Ruf, *der*

reputed /rɪ'pjuːtɪd/ *adj.*, **re'putedly** *adv.* angeblich

✶ **request** /rɪ'kwest/ **A** *v.t.* bitten; ~ **sth** *or* **from sb** jmdn. um etw. bitten
  B *n.* Bitte, *die* (**for** um); **at sb's** ~ auf jmds. Bitte (*Akk.*) [hin]

re'quest stop *n.* (BrE) Bedarfshaltestelle, *die*

✶ **require** /rɪ'kwaɪə(r)/ *v.t.* **1** (need) brauchen
  2 (order, demand) verlangen (**of** von); **be** ~**d to do sth** etw. tun müssen

✶ **re'quirement** *n.* **1** (need) Bedarf, *der*
  2 (condition) Erfordernis, *das*

requisite /'rekwɪzɪt/ **A** *adj.* notwendig (**to, for** für)
  B *n.*, *in pl.* **toilet/travel** ~s Toiletten-/Reiseartikel *Pl.*

requisition /rekwɪ'zɪʃn/ **A** *n.* (order for sth) Anforderung, *die* (**for** *Gen.*)
  B *v.t.* anfordern

rescind /rɪ'sɪnd/ *v.t.* für ungültig erklären

rescue /'reskjuː/ **A** *v.t.* retten (**from** aus)
  B *n.* Rettung, *die*; *attrib.* Rettungs‹*dienst,*

-mannschaft>; **go/come to the/sb's** ~ jmdm.
zu Hilfe kommen

rescuer /'reskjuːə(r)/ n. Retter, *der*/Retterin,
die

'**rescue worker** n. [Einsatz]helfer,
der/-helferin, *die*

✔ **research** /rɪ'sɜːtʃ, 'riːsɜːtʃ/ **A** n. Forschung, *die*
(into, on über + Akk.)
B v.i. forschen; ~ **into sth** etw. erforschen

research as'sistant n. wissenschaftlicher
Assistent/wissenschaftliche Assistentin

✔ **researcher** /-'---, '---/ n. Forscher, *der*/
Forscherin, *die*

research: ~ **student** n. ≈ Doktorand/
Doktorandin, *derdie*; ~ **work** n. Recherchen
Pl.; (medical, scientific) Forschungsarbeit,
die; ~ **worker** n. ≈ Rechercheur, *der*/
Rechercheurin, *die*; (medical, scientific) Forscher,
der/Forscherin, *die*

resell /riː'sel/ v.t., **resold** /riː'səʊld/
weiterverkaufen (to an + Akk.)

resemblance /rɪ'zembləns/ n. Ähnlichkeit,
die (to mit)

resemble /rɪ'zembl/ v.t. ähneln, gleichen
(+ Dat.)

resent /rɪ'zent/ v.t. übel nehmen

resentful /rɪ'zentfl/ adj. übelnehmerisch,
nachtragend <Person, Art>; **be** ~ **of** or **feel** ~
about sth etw. übel nehmen

re'sentment n. Groll, *der* (geh.); **feel** ~
towards or **against sb** einen Groll auf jmdn.
haben

reservation /rezə'veɪʃn/ n. **1** Reservierung,
die; **have a** ~ **[for a room]** ein Zimmer
reserviert haben
2 (doubt) Vorbehalt, *der* (about gegen);
Bedenken (about bezüglich + Gen.); **without**
~ ohne Vorbehalt

reserve /rɪ'zɜːv/ **A** v.t. reservieren lassen
<Zimmer, Tisch, Platz>; (set aside) reservieren;
~ **the right to do sth** sich (Dat.) [das Recht]
vorbehalten, etw. zu tun
B n. **1** (extra amount) Reserve, *die* (of an +
Dat.); **have/hold** or **keep sth in** ~ etw. in
Reserve haben/halten
2 (place set apart) Reservat, *das*
3 (Sport) Reservespieler, *der*/-spielerin, *die*;
the R~**s** die Reserve
4 (reticence) Zurückhaltung, *die*

reserved /rɪ'zɜːvd/ adj. (reticent) reserviert

reservoir /'rezəvwɑː(r)/ n. ([artificial] lake)
Reservoir, *das*

reshape /riː'ʃeɪp/ v.t. umgestalten

reshuffle /riː'ʃʌfl/ **A** v.t. **1** umbilden
<Kabinett>
2 (Cards) neu mischen
B n. Umbildung, *die*

reside /rɪ'zaɪd/ v.i. (formal) wohnen; wohnhaft
sein (Amtsspr.)

residence /'rezɪdəns/ n. **1** (abode) Wohnsitz,
der; (of ambassador etc.) Residenz, *die*
2 (stay) Aufenthalt, *der*

'**residence permit** n.
Aufenthaltsgenehmigung, *die*

✔ **resident** /'rezɪdənt/ **A** adj. wohnhaft; **be**
~ **in England** seinen Wohnsitz in England
haben
B n. (inhabitant) Bewohner, *der*/Bewohnerin,
die; (at hotel) Hotelgast, *der*

residential /rezɪ'denʃl/ adj. Wohn<gebiet,
-siedlung, -straße>; ~ **hotel** Hotel für
Dauergäste

residential 'care n. stationäre Pflege

resident's 'parking n. Parken nur für
Anlieger

residual /rɪ'zɪdjʊəl/ adj. zurückgeblieben

residue /'rezɪdjuː/ n. **1** Rest, *der*
2 (Chem.) Rückstand, *der*

resign /rɪ'zaɪn/ **A** v.t. zurücktreten von <Amt>
B v. refl. ~ **oneself to sth/to doing sth** sich
mit etw. abfinden/sich damit abfinden, etw.
zu tun
C v.i. <Arbeitnehmer:> kündigen;
<Regierungsbeamter:> zurücktreten (**from**
von)

resignation /rezɪg'neɪʃn/ n. **1** ▶ resign C
Kündigung, *die*; Rücktritt, *der*; **tender
one's** ~ seine Kündigung/seinen Rücktritt
einreichen
2 (being resigned) Resignation, *die*; **with** ~
resigniert

resigned /rɪ'zaɪnd/ adj. resigniert; **be** ~ **to
sth** sich mit etw. abgefunden haben

resilience /rɪ'zɪliəns/ n. **1** Elastizität, *die*
2 (fig.) Unverwüstlichkeit, *die*

resilient /rɪ'zɪliənt/ adj. elastisch; (fig.)
unverwüstlich

resin /'rezɪn/ n. Harz, *das*

resist /rɪ'zɪst/ **A** v.t. **1** standhalten (+ Dat.)
<Frost, Hitze, Feuchtigkeit usw.>
2 (oppose) sich widersetzen (+ Dat.);
widerstehen (+ Dat.) <Versuchung>
B v.i. ▶ A2 sich widersetzen; widerstehen

✔ **resistance** /rɪ'zɪstəns/ n. Widerstand, *der*
(to gegen)

re'sistance movement n.
Widerstandsbewegung, *die*

resistant /rɪ'zɪstənt/ adj. **1** (opposed) **be** ~ **to**
sich widersetzen (+ Dat.)
2 (having power to resist) widerstandsfähig (**to**
gegen)

resize /riː'saɪz/ v. t. die Größe ändern von

reskill /riː'skɪl/ v.t. fort- od. weiterbilden;
umschulen <Arbeitslose>

resold ▶ resell

resolute /'rezəluːt/ adj. resolut, energisch
<Person>; entschlossen <Tat>

✔ **resolution** /rezə'luːʃn/ n. **1** (firmness)
Entschlossenheit, *die*
2 (decision) Entschließung, *die*; (Polit. also)
Resolution, *die*
3 (resolve) Vorsatz, *der*; **make a** ~ einen
Vorsatz fassen

✔ **resolve** /rɪ'zɒlv/ **A** v.t. **1** lösen <Problem,

r

Rätsel>; ausräumen *<Schwierigkeit>*
2 (decide) beschließen
3 (settle) beilegen *<Streit>*; regeln
<Angelegenheit>
B *n.* **1** Vorsatz, *der*
2 (resoluteness) Entschlossenheit, *die*
resolved /rɪ'zɒlvd/ *adj.* ~ [to do sth]
entschlossen[, etw. zu tun]
resonant /'rezənənt/ *adj.* hallend *<Ton,
Klang>*
resort /rɪ'zɔːt/ **A** *n.* **1** (place) Aufenthalt[sort],
der; [holiday] ~ Ferienort, *der*; ski ~
Skiurlaubsort, *der*; seaside ~ Seebad, *das*
2 (recourse) as a last ~ als letzter Ausweg
B *v.i.* ~ to sth/sb zu etw. greifen/sich an
jmdm. wenden (for um)
resound /rɪ'zaʊnd/ *v.i.* widerhallen
re'sounding *adj.* hallend *<Lärm>*;
überwältigend *<Sieg, Erfolg>*
◆ **resource** /rɪ'sɔːs, rɪ'zɔːs/ *n., usu. in pl.* (stock)
Mittel *Pl.*; Ressource, *die*
resourceful /rɪ'sɔːsfl, rɪ'zɔːsfl/ *adj.* findig
<Person>
◆ **respect** /rɪ'spekt/ **A** *n.* **1** (esteem) Respekt,
der, Achtung, *die* (for vor + *Dat.*); show ~
for sb/sth Respekt vor jmdm./etw. zeigen
2 (aspect) Hinsicht, *die*; in some ~s in
mancher Hinsicht
3 with ~ to ... in Bezug auf ... (*Akk.*); was ...
[an]betrifft
B *v.t.* respektieren; achten
respectable /rɪ'spektəbl/ *adj.* angesehen
<Bürger usw.>; ehrenwert *<Motive>*; (decent)
ehrbar (geh.) *<Leute, Kaufmann>*; anständig,
respektabel *<Beschäftigung usw.>*
respectful /rɪ'spektfl/ *adj.* respektvoll
(to[wards] gegenüber)
re'spectfully *adv.* respektvoll
respective /rɪ'spektɪv/ *adj.* jeweilig
re'spectively *adv.* beziehungsweise
respiration /respɪ'reɪʃn/ *n.* Atmung, *die*
respiratory /'respərətərɪ/ *adj.*
Atmungs*<system, -organ, -funktion>*
respite /'respaɪt/ *n.* Ruhepause, *die*; (delay)
Aufschub, *der*; without ~ ohne Pause
resplendent /rɪ'splendənt/ *adj.* prächtig
◆ **respond** /rɪ'spɒnd/ **A** *v.i.* **1** (answer)
antworten (to auf + *Akk.*)
2 (react) reagieren (to auf + *Akk.*); *<Patient,
Bremsen:>* ansprechen (to auf + *Akk.*)
B *v.t.* antworten; erwidern
◆ **response** /rɪ'spɒns/ *n.* **1** (answer) Antwort, *die*
(to auf + *Akk.*); in ~ [to] als Antwort [auf
(+ *Akk.*)]
2 (reaction) Reaktion, *die*
◆ **responsibility** /rɪspɒnsɪ'bɪlɪtɪ/ *n.* **1** (being
responsible) Verantwortung, *die*
2 (duty) Verpflichtung, *die*
◆ **responsible** /rɪ'spɒnsɪbl/ *adj.*
1 verantwortlich; be ~ to sb jmdm.

◆ Schlüsselwort

gegenüber verantwortlich sein (for für)
2 (trustworthy) verantwortungsvoll
responsibly /rɪ'spɒnsɪblɪ/ *adv.*
verantwortungsbewusst
responsive /rɪ'spɒnsɪv/ *adj.* aufgeschlossen
<Person>; be ~ to sth auf etw. (*Akk.*)
reagieren
◆ **rest¹** /rest/ **A** *v.i.* ruhen; ~ on ruhen auf
(+ *Dat.*); ~ from sth sich von etw. ausruhen;
~ assured that ... seien Sie versichert,
dass ...; ~ with sb *<Verantwortung:>* bei
jmdm. liegen
B *v.t.* **1** ~ sth against sth etw. an etw. (*Akk.*)
lehnen
2 ausruhen *<Augen>*
C *n.* **1** (repose) Ruhe, *die*
2 (break, relaxation) Ruhe[pause], *die*;
Erholung, *die* (from von); take a ~ sich
ausruhen (from von); give it a ~! (infml) hör
jetzt mal auf damit!
3 (pause) have a ~ [eine] Pause machen; ~
period [Ruhe]pause, *die*
◆ **rest²** *n.* the ~ der Rest; we'll do the ~ alles
Übrige erledigen wir
◆ **restaurant** /'restərɒnt/ *n.* Restaurant, *das*
'restaurant car *n.* (BrE) (Railw.)
Speisewagen, *der*
rest: ~ **cure** *n.* Erholungskur, *die*; ~ **day** *n.*
Ruhetag, *der*
'rested *adj.* ausgeruht
restful /'restfl/ *adj.* ruhig *<Tag, Woche>*
'rest home *n.* Pflegeheim, *das*
restive /'restɪv/ *adj.* unruhig
'restless *adj.* unruhig *<Nacht, Schlaf,
Bewegung>*; ruhelos *<Person>*
restoration /restə'reɪʃn/ *n.* **1** (of peace, health)
Wiederherstellung, *die*; (of work of art, building)
Restaurierung, *die*
2 the R~ (BrE) (Hist.) die Restauration
◆ **restore** /rɪ'stɔː(r)/ *v.t.* **1** (give back)
zurückgeben
2 restaurieren *<Bauwerk, Kunstwerk usw.>*;
~ sb to health jmdn. wiederherstellen
3 wiederherstellen *<Ordnung, Ruhe>*
restrain /rɪ'streɪn/ *v.t.* zurückhalten *<Gefühl,
Lachen, Person>*; bändigen *<unartiges Kind,
Tier>*; ~ sb/oneself from doing sth jmdn.
davon abhalten/sich zurückhalten, etw.
zu tun
restrained /rɪ'streɪnd/ *adj.* zurückhaltend
<Wesen, Kritik>; beherrscht *<Reaktion,
Worte>*
restraint /rɪ'streɪnt/ *n.* **1** (restriction)
Einschränkung, *die*
2 (reserve) Zurückhaltung, *die*
3 (self-control) Selbstbeherrschung, *die*
restrict /rɪ'strɪkt/ *v.t.* beschränken (to auf +
Akk.)
re'stricted *adj.* beschränkt
restriction /rɪ'strɪkʃn/ *n.* Beschränkung, *die*
(on *Gen.*)
restrictive /rɪ'strɪktɪv/ *adj.* restriktiv

'rest room *n.* (esp. AmE) Toilette, *die*

restyle /ri:'staɪl/ *v.t.* neu stylen; ~ sb's hair jmdm. eine neue Frisur machen

✧ **result** /rɪ'zʌlt/ **A** *v.i.* **1** (follow) ~ **from** sth die Folge einer Sache (*Gen.*) sein
2 (end) ~ **in** sth in etw. (*Dat.*) resultieren
B *n.* Ergebnis, *das*; **be the** ~ **of** sth die Folge einer Sache (*Gen.*) sein; **as a** ~ **[of this]** infolgedessen

re'sultant /rɪ'zʌltənt/ *attrib. adj.* daraus resultierend

resume /rɪ'zju:m/ *v.t.* wieder aufnehmen; fortsetzen <*Reise*>

résumé /'rezʊmeɪ/ *n.* **1** Zusammenfassung, *die*
2 (AmE) (curriculum vitae) Lebenslauf, *der*

resumption /rɪ'zʌmpʃn/ *n.* Wiederaufnahme, *die*

resurface /ri:'sɜːfɪs/ **A** *v.t.* ~ **a road** den Belag einer Straße erneuern
B *v.i.* (lit. or fig.) wieder auftauchen

resurgence /rɪ'sɜːdʒəns/ *n.* Wiederaufleben, *das*

resurrection /rezə'rekʃn/ *n.* Auferstehung, *die*

resuscitate /rɪ'sʌsɪteɪt/ *v.t.* wieder beleben

resuscitation /rɪsʌsɪ'teɪʃn/ *n.* Wiederbelebung, *die*

retail /'ri:teɪl/ **A** *adj.* Einzel<*handel*>; Einzelhandels<*geschäft, -preis*>
B *adv.* buy/sell ~ en détail kaufen/verkaufen

'retailer *n.* Einzelhändler, *der*/-händlerin, *die*

'retailing /'ri:teɪlɪŋ/ *n.*, *no art.* Einzelhandel, *der*

retail 'price index *n.* (BrE) Preisindex des Einzelhandels

✧ **retain** /rɪ'teɪn/ *v.t.* behalten; ein-, zurückbehalten <*Gelder*>

retaining: ~ **fee** *n.* Honorarvorschuss, *der*; ~ **wall** *n.* Böschungsmauer, *die*

retaliate /rɪ'tælɪeɪt/ *v.i.* Vergeltung üben (**against** an + *Dat.*)

retaliation /rɪtælɪ'eɪʃn/ *n.* Vergeltung, *die*; **in** ~ **for** als Vergeltung für

retarded /rɪ'tɑːdɪd/ *adj.* [mentally] ~ (offensive) [geistig] zurückgeblieben

retch /retʃ/ *v.i.* würgen

retentive /rɪ'tentɪv/ *adj.* gut <*Gedächtnis*>

rethink /ri:'θɪŋk/ *v.t.*, **rethought** /ri:'θɔːt/ noch einmal überdenken

reticence /'retɪsəns/ *n.* Zurückhaltung, *die*

reticent /'retɪsənt/ *adj.* zurückhaltend (**on, about** in Bezug auf + *Akk.*)

retina /'retɪnə/ *n.* Netzhaut, *die*

retinue /'retɪnjuː/ *n.* Gefolge, *das*

retire /rɪ'taɪə(r)/ *v.i.* **1** <*Angestellter, Arbeiter:*> in Rente (*Akk.*) gehen; <*Beamter, Militär:*> in Pension *od.* den Ruhestand gehen
2 (withdraw) sich zurückziehen (**to** in + *Akk.*)

retired /rɪ'taɪəd/ *adj.* aus dem Berufsleben ausgeschieden; <*Beamter, Soldat*> im Ruhestand, pensioniert

re'tirement *n.* Ruhestand, *der*; **take early** ~ <*Selbstständiger:*> sich vorzeitig zur Ruhe setzen; <*Angestellter, Arbeiter:*> vorzeitig in Rente (*Akk.*) gehen; <*Beamter, Militär:*> sich vorzeitig pensionieren lassen

retirement: ~ **age** *n.* Altersgrenze, *die*; ~ **home** *n.* **1** (house, flat) Alters- *od.* Ruhesitz, *der* **2** (institution) Alters- *od.* Altenheim, *das*; ~ **pay**, ~ **pension** *ns.* [Alters]rente, *die*

retiring /rɪ'taɪərɪŋ/ *adj.* (shy) zurückhaltend

retort /rɪ'tɔːt/ **A** *n.* Entgegnung, *die* (**to** auf + *Akk.*)
B *v.t.* entgegnen

retrace /rɪ'treɪs/ *v.t.* zurückverfolgen; ~ **one's steps** denselben Weg noch einmal zurückgehen

retract /rɪ'trækt/ *v.t.* zurücknehmen

retrain /ri:'treɪn/ **A** *v.i.* [sich] umschulen [lassen]
B *v.t.* umschulen

re'training *n.* Umschulung, *die*

retreat /rɪ'triːt/ **A** *n.* **1** (withdrawal) Rückzug, *der*; **beat a** ~ (fig.) das Feld räumen
2 (place) Zufluchtsort, *der*
B *v.i.* sich zurückziehen

retribution /retrɪ'bjuːʃn/ *n.* Vergeltung, *die*

retrieval /rɪ'triːvl/ *n.* **1** (of situation) Rettung, *die*; **beyond** *or* **past** ~ hoffnungslos
2 (rescue) Rettung, *die*; (from wreckage) Bergung, *die*

retrieve /rɪ'triːv/ *v.t.* **1** (rescue) retten (**from** aus); (from wreckage) bergen (**from** aus)
2 (recover) zurückholen <*Brief*>; wiederholen <*Ball*>; wiederbekommen <*Geld*>
3 (Comp.) wieder auffinden <*Informationen*>
4 <*Hund:*> apportieren
5 retten <*Situation*>

re'triever *n.* Apportierhund, *der*; (breed) Retriever, *der*

retrospect /'retrəspekt/ *n.* **in** ~ im Nachhinein

retrospective /retrə'spektɪv/ **A** *adj.* retrospektiv (geh.)
B *n.* (Art) Retrospektive, *die* (geh.)

retrovirus /'retrəʊvaɪrəs/ *n.* Retrovirus, *das od. die*

returf /ri:'tɜːf/ *v.t.* neuen Rasen verlegen auf (*Dat.*)

✧ **return** /rɪ'tɜːn/ **A** *v.i.* (come back) zurückkommen; (go back) zurückgehen; (by vehicle) zurückfahren
B *v.t.* **1** (bring back) zurückbringen; zurückgeben <*geliehenen/gestohlenen Gegenstand*>; ~ed **with thanks** mit Dank zurück
2 erwidern <*Besuch, Gruß, Liebe*>; sich revanchieren für (ugs.) <*Freundlichkeit, Gefallen*>
3 (elect) wählen <*Kandidaten*>
4 ~ **a verdict of guilty/not guilty**

r

<Geschworene:> auf „schuldig"/„nicht schuldig" erkennen

◧ *n.* **1** Rückkehr, *die*; **many happy ~s** [of the day]! herzlichen Glückwunsch [zum Geburtstag]!

2 by ~ [of post] postwendend **3** (ticket) Rückfahrkarte, *die*; (for flight) Rückflugschein, *der* **4 ~[s]** (proceeds) Gewinn, *der* (on, from aus) **5** (bringing back) Zurückbringen, *das*; (of property, goods, book) Rückgabe, *die* (to an + *Akk.*); **receive/get sth in ~** [for sth] etw. [für etw.] bekommen

returnable /rɪˈtɜːnəbl/ *adj.* Mehrweg<*behälter, -flasche usw.*>; rückzahlbar <*Gebühr, Kaution*>

returnable: **~ ˈbottle** *n.* Pfandflasche, *die*; **~ deˈposit** *n.* Pfand, *der*

return: **~ ˈfare** *n.* Preis für eine Rückfahrkarte /(for flight) einen Rückflugschein; **~ ˈflight** *n.* Rückflug, *der*; **~ ˈjourney** *n.* Rückreise, *die*; Rückfahrt, *die*; **~ ˈmatch** *n.* Rückspiel, *das*; **~ ˈticket** *n.* (BrE) Rückfahrkarte, *die*; (for flight) Rückflugschein, *der*; **~ ˈtrip** *n.* **1** (trip back) Rückweg, *der*; Rückfahrt, *die* **2** (trip out and back) Hin- und Rückfahrt, *die*; Hin- und Rückreise, *die*

retype /riːˈtaɪp/ *v.t.* neu tippen

reunification /riːjuːnɪfɪˈkeɪʃn/ *n.* Wiedervereinigung, *die*

reunify /riːjuːˈnɪfaɪ/ *v.t.* wieder vereinigen

reunion /riːˈjuːnjən/ *n.* (gathering) Treffen, *das*

reunite /riːjʊˈnaɪt/ *v.t.* wieder zusammenführen

reusable /riːˈjuːzəbl/ *adj.* wieder verwendbar

reuse ◧ /riːˈjuːz/ *v.t.* wieder verwenden ◨ /riːˈjuːs/ *n.* Wiederverwendung, *die*

rev /rev/ (infml) ◧ *n., usu. in pl.* Umdrehung, *die* ◨ *v.i.*, **-vv-** hochtourig laufen ◧ *v.t.*, **-vv-** aufheulen lassen ■ **~ ˈup** *v.t.* aufheulen lassen

Rev. /ˈrevərənd, (infml) rev/ *abbr.* = **Reverend** Rev.

♂ **reveal** /rɪˈviːl/ *v.t.* enthüllen (geh.); **be ~ed** <*Wahrheit:*> ans Licht kommen

reˈvealing *adj.* aufschlussreich

revel /ˈrevl/ *v.i.*, (BrE) **-ll-** genießen (in *Akk.*); **~ in doing sth** es [richtig] genießen, etw. zu tun

revelation /revəˈleɪʃn/ *n.* **1** Enthüllung, *die* (geh.); **be a ~** einem die Augen öffnen **2** (Relig.) Offenbarung, *die*

reveller /ˈrevələ(r)/ *n.* Feiernde, *der/die*

revelry /ˈrevlrɪ/ *n.* Feiern, *das*

revenge /rɪˈvendʒ/ ◧ *v.t.* rächen <*Person, Tat*> ◨ *n.* (action) Rache, *die*; **take ~ or have one's ~** [on sb] [for sth] Rache [an jmdm.] [für etw.] nehmen; **in ~ for sth** als Rache für etw.

revengeful /rɪˈvendʒfl/ *adj.* rachsüchtig (geh.)

♂ **revenue** /ˈrevənjuː/ *n.* **~[s]** Einnahmen *Pl.*

revere /rɪˈvɪə(r)/ *v.t.* verehren

reverence /ˈrevərəns/ *n.* Ehrfurcht, *die*

Reverend /ˈrevərənd/ *adj.* **the ~ John Wilson** Hochwürden John Wilson

reverent /ˈrevərənt/ *adj.* ehrfürchtig

reverie /ˈrevərɪ/ *n.* Träumerei, *die*

reversal /rɪˈvɜːsl/ *n.* Umkehrung, *die*

reverse /rɪˈvɜːs/ ◧ *adj.* entgegengesetzt <*Richtung*>; Rück<*seite*>; umgekehrt <*Reihenfolge*> ◨ *n.* **1** (contrary) Gegenteil, *das* **2** (Motor Veh.) Rückwärtsgang, *der*; **put the car into ~**, **go into ~** den Rückwärtsgang einlegen ◧ *v.t.* **1** umkehren <*Reihenfolge*>; **~ the charge[s]** (BrE) ein R-Gespräch anmelden **2** zurücksetzen <*Fahrzeug*> ◨ *v.i.* zurücksetzen; rückwärts fahren

reverse: **~-ˈcharge** *adj.* (BrE) **make a ~-charge call** ein R-Gespräch führen; **~ ˈgear** *n.* (Motor Veh.) Rückwärtsgang, *der*; *see also* gear A1

reversible /rɪˈvɜːsɪbl/ *adj.* beidseitig tragbar <*Kleidungsstück*>; Wende<*mantel, -jacke*>

reˈversing light *n.* Rückfahrscheinwerfer, *der*

revert /rɪˈvɜːt/ *v.i.* **~ to** zurückkommen auf (+ *Akk.*) <*Thema, Frage*>; **~ to savagery** in den Zustand der Wildheit zurückfallen

♂ **review** /rɪˈvjuː/ ◧ *n.* **1** (survey) Überblick, *der* (of über + *Akk.*) **2** (re-examination) [nochmalige] Überprüfung **3** (of book, play, etc.) Kritik, *die*; Rezension, *die* ◨ *v.t.* **1** (survey) untersuchen; prüfen **2** (re-examine) überprüfen **3** (Mil.) inspizieren **4** (write a criticism of) rezensieren

reˈviewer *n.* Rezensent, *der*/Rezensentin, *die*

revile /rɪˈvaɪl/ *v.t.* schmähen (geh.)

revise /rɪˈvaɪz/ *v.t.* **1** (check over) durchsehen <*Manuskript*> **2** (for exam) wiederholen; *abs.* lernen

revision /rɪˈvɪʒn/ *n.* **1** (checking over) Durchsicht, *die* **2** (amended version) revidierte Fassung **3** (for exam) Wiederholung, *die*

revisit /riːˈvɪzɪt/ *v.t.* wieder besuchen

revitalize /riːˈvaɪtəlaɪz/ *v.t.* neu beleben

revival /rɪˈvaɪvl/ *n.* Neubelebung, *die*

revive /rɪˈvaɪv/ ◧ *v.i.* (come back to consciousness) wieder zu sich kommen; (be reinvigorated) zu neuem Leben erwachen ◨ *v.t.* **1** (restore to consciousness) wieder beleben; (reinvigorate) wieder zu Kräften kommen lassen **2** wieder wecken <*Lebensgeister, Interesse*>

revoke /rɪˈvəʊk/ *v.t.* aufheben <*Entscheidung*>; widerrufen <*Befehl, Erlaubnis, Genehmigung*>

revolt /rɪˈvəʊlt/ ◧ *v.i.* revoltieren (against gegen) ◨ *v.t.* mit Abscheu erfüllen

C *n.* Revolte, *die* (auch fig.); Aufstand, *der*

re'volting *adj.* abscheulich; (unpleasant) widerlich

revolution /revə'lu:ʃn/ *n.* Revolution, *die*

revolutionary /revə'lu:ʃənərɪ/ **A** *adj.* revolutionär
  B *n.* Revolutionär, *der*/Revolutionärin, *die*

revolve /rɪ'vɒlv/ **A** *v.t.* drehen
  B *v.i.* sich drehen (**round, about, on** um)

revolver /rɪ'vɒlvə(r)/ *n.* [Trommel]revolver, *der*

revolving /rɪ'vɒlvɪŋ/ *attrib. adj.* Dreh<*bühne, -tür*>

revue /rɪ'vju:/ *n.* Kabarett, *das*; (musical show) Revue, *die*

revulsion /rɪ'vʌlʃn/ *n.* Abscheu, *der* (**at** vor + *Dat.*, **gegen**)

reward /rɪ'wɔ:d/ **A** *n.* Belohnung, *die*
  B *v.t.* belohnen

re'warding *adj.* lohnend; **be** ~/**financially** ~ sich lohnen/einträglich sein

rewind /ri:'waɪnd/ *v.t.*, **rewound** /ri:'waʊnd/ **1** wieder aufziehen <*Uhr*>
  2 zurückspulen <*Film, Band*>

'rewind button *n.* (on camera) Rückspulknopf, *der*; (on cassette recorder etc.) Rücklauftaste, *die*

reword /ri:'wɜ:d/ *v.t.* umformulieren

rewrite /ri:'raɪt/ *v.t.*, **rewrote** /ri:'rəʊt/, **rewritten** /ri:'rɪtn/ noch einmal [neu] schreiben; (write differently) umschreiben

rhetoric /'retərɪk/ *n.* [art of] ~ Redekunst, *die*; Rhetorik, *die*

rhetorical /rɪ'tɒrɪkl/ *adj.* rhetorisch

rheumatic /ru:'mætɪk/ *adj.* rheumatisch

rheumatism /'ru:mətɪzm/ *n.* Rheumatismus, *der*; Rheuma, *das* (ugs.)

Rhine /raɪn/ *pr. n.* Rhein, *der*

rhinoceros /raɪ'nɒsərəs/ *n.*, *pl. same or* ~**es**, **rhino** /'raɪnəʊ/ *pl. same or* ~**s** (infml) Nashorn, *das*; Rhinozeros, *das*

rhododendron /rəʊdə'dendrən/ *n.* Rhododendron, *der*

rhubarb /'ru:bɑ:b/ *n.* Rhabarber, *der*

rhyme /raɪm/ **A** *n.* Reim, *der*; **without** ~ **or reason** ohne Sinn und Verstand
  B *v.i.* sich reimen (**with** auf + *Akk.*)

rhythm /'rɪðm/ *n.* Rhythmus, *der*

rhythmic /'rɪðmɪk/, **rhythmical** /'rɪðmɪkl/ *adj.* rhythmisch

rib /rɪb/ **A** *n.* Rippe, *die*
  B *v.t.*, **-bb-** (infml) aufziehen (ugs.)

ribald /'rɪbəld/ *adj.* zotig

ribbon /'rɪbn/ *n.* Band, *das*; (on typewriter) [Farb]band, *das*

'ribcage *n.* Brustkorb, *der*

rice /raɪs/ *n.* Reis, *der*

rice: ~ **'pudding** *n.* Milchreis, *der*; ~ **wine** *n.* Reiswein, *der*

✓ **rich** /rɪtʃ/ **A** *adj.* **1** reich (**in** an + *Dat.*); (fertile)

fruchtbar <*Land, Boden*>
  2 (splendid) prachtvoll
  3 (containing much fat, oil, eggs, etc.) gehaltvoll
  4 (deep, full) voll[tönend] <*Stimme*>; voll <*Ton*>; satt <*Farbe, Farbton*>
  B *n. pl.* **the** ~ die Reichen *Pl.*; ~ **and poor** Arm und Reich

riches /'rɪtʃɪz/ *n. pl.* Reichtum, *der*

'richly *adv.* **1** (splendidly) reich; üppig <*ausgestattet*>; prächtig <*gekleidet*>
  2 (fully) voll und ganz; ~ **deserved** wohlverdient

'richness *n.* **1** (of food) Reichhaltigkeit, *die*
  2 (of voice) voller Klang; (of colour) Sattheit, *die*

rickets /'rɪkɪts/ *n.* Rachitis, *die*

rickety /'rɪkɪtɪ/ *adj.* wack[e]lig

ricochet /'rɪkəʃeɪ/ **A** *n.* **1** Abprallen, *das*
  2 (hit) Abpraller, *der*
  B *v.i.*, ~**ed** /'rɪkəʃeɪd/ abprallen (**off** von)

rid /rɪd/ *v.t.*, **-dd-**, **rid:** ~ **sth of sth** etw. von etw. befreien; ~ **oneself of sb/sth** sich von jmdm./etw. befreien; **be** ~ **of sb/sth** jmdn./ etw. los sein (ugs.); **get** ~ **of sb/sth** jmdn./ etw. loswerden

riddance /'rɪdəns/ *n.* **good** ~! Gott sei Dank ist er/es *usw.* weg!

ridden ▶ ride B, C

riddle¹ /'rɪdl/ *n.* Rätsel, *das*

riddle² *v.t.* durchlöchern; ~**d with bullets** von Kugeln durchsiebt

✓ **ride** /raɪd/ **A** *n.* (on horseback) [Aus]ritt, *der*; (in vehicle, at fair) Fahrt, *die*; ~ **in a train/coach** Zug-/Busfahrt, *die*; **go for a** ~ ausreiten; **go for a [bi]cycle** ~ Rad fahren; **go for a** ~ [**in the car**] [mit dem Auto] wegfahren; **take sb for a** ~ (fig. infml) (deceive) jmdn. reinlegen (ugs.)
  B *v.i.*, **rode** /rəʊd/, **ridden** /'rɪdn/ (on horse) reiten; (on bicycle, in vehicle) fahren; ~ **to town on one's bike/in one's car/on the train** mit dem Rad/Auto/Zug in die Stadt fahren
  C *v.t.*, **rode**, **ridden** reiten <*Pferd usw.*>; fahren mit <*Fahrrad*>
  ■ ~ **a'way**, ~ **'off** *v.i.* wegreiten/-fahren

'rider *n.* **1** Reiter, *der*/Reiterin, *die*; (of cycle) Fahrer, *der*/Fahrerin, *die*
  2 (addition) Zusatz, *der*

ridge /rɪdʒ/ *n.* **1** (of roof) First, *der*
  2 (long hilltop) Grat, *der*; Kamm, *der*
  3 (Meteorol.) ~ [**of high pressure**] lang gestrecktes Hoch

ridicule /'rɪdɪkju:l/ **A** *n.* Spott, *der*
  B *v.t.* verspotten

ridiculous /rɪ'dɪkjʊləs/ *adj.* lächerlich

riding /'raɪdɪŋ/ *n.* Reiten, *das*

riding: ~ **lesson** *n.* Reitstunde, *die*; ~ **school** *n.* Reitschule, *die*

rife /raɪf/ *pred. adj.* weit verbreitet

riff-raff /'rɪfræf/ *n.* Gesindel, *das*

rifle /'raɪfl/ **A** *n.* Gewehr, *das*
  B *v.t.* durchwühlen

r

C *v.i.* ~ **through sth** etw. durchwühlen

rift /rɪft/ *n.* Unstimmigkeit, *die*

rig[1] /rɪg/ *n.* (for oil well) [Öl]förderturm, *der*; (off shore) Förderinsel, *die*
■ ~ 'out *v.t.* ausstaffieren
■ ~ 'up *v.t.* aufbauen

rig[2] *v.t.*, **-gg-** manipulieren <[Wahl]ergebnis>; fälschen <Wahl>

rigging /'rɪgɪŋ/ *n.* Takelung, *die*

♂ **right** /raɪt/ **A** *adj.* **1** (just, morally good, sound) richtig
2 (correct, true) richtig; **you're [quite]** ~ du hast [völlig] recht; **be** ~ **in sth** Recht mit etw. haben; **is that clock** ~? geht die Uhr da richtig?; **put** *or* **set** ~ richtig stellen <Irrtum, Behauptung>; wieder gutmachen <Unrecht>; berichtigen <Fehler>; richtig stellen <Uhr>; **put** *or* **set sb** ~ jmdn. berichtigen; **that's** ~ ja[wohl]; so ist es; **is that** ~? stimmt das?; (indeed?) aha!; **[am I]** ~? nicht [wahr]?
3 (preferable, most suitable) richtig; recht; **do sth the** ~ **way** etw. richtig machen
4 (opposite of left) recht...; **on the** ~ **side** rechts
5 R~ (Polit.) recht...
B *v.t.* aus der Welt schaffen <Unrecht>
C *n.* **1** (fair claim, authority) Recht, *das*; **have a/no** ~ **to sth** ein/kein Anrecht *od.* Recht auf etw. (*Akk.*) haben; **in one's own** ~ aus eigenem Recht; ~ **of way** Vorfahrtsrecht, *das*; **have** ~ **of way** Vorfahrt haben
2 (what is just) Recht, *das*; **by** ~[s] von Rechts wegen; **in the** ~ im Recht
3 (~-hand side) rechte Seite; **on** *or* **to the** ~ [of sb/sth] rechts [von jmdm./etw.]
4 (Polit.) **the** R~ die Rechte
D *adv.* **1** (correctly) richtig
2 (to the ~-hand side) nach rechts
3 (completely) ganz
4 (exactly) genau; ~ 'now im Moment; jetzt sofort <handeln>
5 (straight) direkt

'**right angle** *n.* rechter Winkel; **at** ~**s to sth** rechtwinklig zu etw.

righteous /'raɪtʃəs/ *adj.* rechtschaffen

rightful /'raɪtfl/ *adj.* rechtmäßig <Besitzer, Herrscher>

right: ~-**hand** *adj.* recht...; ~-'**handed**
A *adj.* rechtshändig; <Werkzeug> für Rechtshänder; **be** ~-**handed** <Person:> Rechtshänder/Rechtshänderin sein
B *adv.* rechtshändig; ~-**hand** '**man** *n.* rechte Hand

'**rightly** *adv.* zu Recht

right: ~-'**minded** *adj.* gerecht denkend; ~-**to-'life** *attrib. adj.* Recht-auf-Leben-; ~ '**wing** *n.* rechter Flügel; ~-**wing** *adj.* (Polit.) rechtsgerichtet; Rechts<extremist, -intellektueller>; ~-**winger** *n.* **1** (Sport) Rechtsaußen, *der*
2 (Polit.) Rechte, *der/die*

rigid /'rɪdʒɪd/ *adj.* **1** starr; (stiff) steif
2 (strict) streng; unbeugsam <System>

─────────────

♂ Schlüsselwort

rigidity /rɪ'dʒɪtɪ/ *n.* ▶ **rigid** Starrheit, *die*; Steifheit, *die*; Strenge, *die*

rigmarole /'rɪgmərəʊl/ *n.* **1** (talk) langatmiges Geschwafel (ugs.)
2 (procedure) Zirkus, *der*

rigor /'rɪgə(r)/ (AmE) ▶ **rigour**

rigor mortis /rɪgə 'mɔːtɪs/ *n.* Totenstarre, *die*

rigorous /'rɪgərəs/ *adj.* streng

rigour /'rɪgə(r)/ *n.* (BrE) Strenge, *die*

rile /raɪl/ *v.t.* (infml) ärgern

rim /rɪm/ *n.* Rand, *der*; (of wheel) Felge, *die*

rind /raɪnd/ *n.* (of fruit) Schale, *die*; (of cheese) Rinde, *die*; (of bacon) Schwarte, *die*

♂ **ring**[1] /rɪŋ/ **A** *n.* **1** Ring, *der*
2 (Boxing) Ring, *der*; (in circus) Manege, *die*
B *v.t.* (surround) umringen; einkreisen <Wort usw.>

♂ **ring**[2] **A** *n.* **1** (act of sounding bell) Läuten, *das*; Klingeln, *das*
2 (BrE) (infml) (telephone call) Anruf, *der*; **give sb a** ~ jmdn. anrufen
3 (fig.) (impression) **have the** ~ **of truth [about it]** glaubhaft klingen
B *v.i.*, **rang** /ræŋ/, **rung** /rʌŋ/ **1** (sound clearly) [er]schallen; <Hammer:> [er]dröhnen
2 (be sounded) <Glocke, Klingel, Telefon:> läuten; <Wecker, Telefon, Kasse:> klingeln; **the doorbell rang** es klingelte
3 (~ bell) läuten (**for** nach)
4 (BrE) (make telephone call) anrufen
C *v.t.*, **rang**, **rung 1** läuten <Glocke>; ~ **the [door]bell** läuten; klingeln; **it** ~**s a bell** (fig. infml) es kommt mir [irgendwie] bekannt vor
2 (BrE) (telephone) anrufen
■ ~ 'back (BrE) *v.t. & i.* **1** (again) wieder anrufen
2 (in return) zurückrufen
■ ~ 'off *v.i.* (BrE) auflegen
■ ~ 'out *v.i.* ertönen
■ ~ 'up *v.t.* (BrE) (telephone) anrufen

ring: ~ **binder** *n.* Ringbuch, *das*; ~ **finger** *n.* Ringfinger, *der*

ringing /'rɪŋɪŋ/ *n.* Läuten, *das*

'**ringing tone** *n.* (BrE) (Teleph.) Freiton, *der*

'**ringleader** *n.* Anführer, *der*/Anführerin, *die*

ringlet /'rɪŋlɪt/ *n.* [Ringel]löckchen, *das*

ring: ~ **road** *n.* Ringstraße, *die*; ~**tone** *n.* Klingelton, *der*

rink /rɪŋk/ *n.* (for ice skating) Eisbahn, *die*; (for roller skating) Rollschuhbahn, *die*

rinse /rɪns/ **A** *v.t.* **1** (wash out) ausspülen <Mund, Gefäß usw.>
2 [aus]spülen <Wäsche usw.>; abspülen <Hände, Geschirr>
B *n.* Spülen, *das*; **give sth a [good/quick]** ~ etw. [gut/schnell] ausspülen/abspülen/spülen
■ ~ 'out *v.t.* ausspülen

riot /'raɪət/ **A** *n.* Aufruhr, *der*; ~**s** Unruhen *Pl.*; **run** ~ randalieren
B *v.i.* randalieren

'**rioter** *n.* Randalierer, *der*

'**riot gear** *n.* Schutzkleidung *od.* -ausrüstung

riotous /'raɪətəs/ *adj.* **1** gewalttätig
2 (unrestrained) wild

rip /rɪp/ **A** *n.* Riss, *der*
B *v.t.*, **-pp-** zerreißen; ~ **open** aufreißen
■ ~ '**off** *v.t.* **1** (remove from) reißen von; (remove) abreißen
2 (infml) (defraud) übers Ohr hauen (ugs.)
■ ~ '**out** *v.t.* herausreißen (**of** aus)

RIP *abbr.* = **rest in peace** R.I.P.

'**ripcord** *n.* Reißleine, *die*

ripe /raɪp/ *adj.* reif (**for** zu)

ripen /'raɪpn/ **A** *v.t.* zur Reife bringen
B *v.i.* reifen

'**ripeness** *n.* Reife, *die*

'**rip-off** *n.* (infml) Nepp, *der* (ugs.)

riposte /rɪ'pɒst/ **A** *n.* (retort) [rasche] Entgegnung
B *v.i.* [rasch] antworten

ripple /'rɪpl/ **A** *n.* kleine Welle
B *v.i.* <*See:*> sich kräuseln; <*Welle:*> plätschern
C *v.t.* kräuseln

♂ **rise** /raɪz/ **A** *n.* **1** (advancement) Aufstieg, *der*
2 (in value, price, cost) Steigerung, *die*; (in population, temperature) Zunahme, *die*
3 (BrE) [**pay**] ~ (in wages) Lohnerhöhung, *die*; (in salary) Gehaltserhöhung, *die*
4 (hill) Anhöhe, *die*
5 give ~ to führen zu; Anlass geben zu <*Spekulation*>
B *v.i.*, **rose** /rəʊz/, **risen** /'rɪzn/ **1** (go up) aufsteigen
2 <*Sonne, Mond:*> aufgehen
3 (increase, reach higher level) steigen
4 (advance) <*Person:*> aufsteigen
5 <*Teig, Kuchen:*> aufgehen
6 (Theatre) <*Vorhang:*> aufgehen
7 <*Fluss:*> entspringen
■ ~ '**up** *v.i.* **1** ~ up [in revolt] aufbegehren (geh.)
2 <*Berg:*> aufragen

risen ▶ **rise** B

'**riser** *n.* early ~ Frühaufsteher, *der*/ Frühaufsteherin, *die*

rising /'raɪzɪŋ/ **A** *n.* (of sun, moon, etc.) Aufgang, *der*
B *adj.* **1** aufgehend <*Sonne, Mond usw.*>
2 steigend <*Kosten, Temperatur, Wasser, Flut*>
3 (sloping upwards) ansteigend

♂ **risk** /rɪsk/ **A** *n.* Gefahr, *die*; (chance taken) Risiko, *das*; at one's own ~ auf eigene Gefahr *od.* eigenes Risiko; take the ~ of doing sth es riskieren, etw. zu tun; be at ~ <*Zukunft, Plan:*> gefährdet sein
B *v.t.* riskieren; I'll ~ it ich lasse es darauf ankommen

'**risky** *adj.* gefährlich; gewagt <*Experiment, Projekt*>

risotto /rɪ'zɒtəʊ/ *n.*, *pl.* ~**s** Risotto, *der od. das*

risqué /'rɪskeɪ/ *adj.* gewagt

rissole /'rɪsəʊl/ *n.* Frikadelle, *die*

rite /raɪt/ *n.* Ritus, *der*

ritual /'rɪtʃʊəl/ **A** *adj.* rituell; Ritual<*mord, -tötung*>
B *n.* Ritual, *das*

rival /'raɪvl/ **A** *n.* (competitor) Rivale, *der*/ Rivalin, *die*; business ~s Konkurrenten Pl.
B *v.t.*, (BrE) **-ll-** nicht nachstehen (+ *Dat.*)

rivalry /'raɪvlrɪ/ *n.* Rivalität, *die* (geh.)

♂ **river** /'rɪvə(r)/ *n.* Fluss, *das*

river: ~ **bank** Flussufer, *der*; ~ **basin** *n.* Stromgebiet, *das*; ~ **bed** *n.* Flussbett, *das*; ~**side** **A** *n.* Flussufer, *das*
B *attrib. adj.* am Fluss gelegen; am Fluss nachgestellt

rivet /'rɪvɪt/ **A** *n.* Niete, *die*
B *v.t.* **1** [ver]nieten
2 (fig.) fesseln

'**riveting** *adj.* fesselnd

rivulet /'rɪvjʊlɪt/ *n.* Bach, *der*

RN *abbr.* (BrE) = **Royal Navy** Königl. Mar.

♂ **road** /rəʊd/ *n.* Straße, *die*; across *or* over the ~ [from us] [bei uns] gegenüber; by ~ (by car/bus/lorry) per Auto/Bus/Lkw; be on the ~ auf Reisen *od.* unterwegs sein; <*Theaterensemble usw.:*> auf Tournee *od.* Tour sein

road: ~ **accident** *n.* Verkehrsunfall, *der*; ~ **atlas** *n.* Autoatlas, *der*; ~**block** *n.* Straßensperre, *die*; ~ **bridge** *n.* Straßenbrücke, *die*; ~ **haulage** *n.* Gütertransport auf der Straße; ~ **hog** *n.* Verkehrsrowdy, *der*; ~ **hump** ▶ speed bump

roadie /'rəʊdɪ/ *n.* (infml) Roadie, *der*

road: ~ **manager** *n.* Roadmanager, *der*; ~ **map** *n.* Straßenkarte, *die*; ~**mender** *n.* Straßen[bau]arbeiter, *der*/-arbeiterin, *die*; ~ **rage** *n.*: *häufig zu gewalttätigen Ausbrüchen führende Wut eines Autofahrers*; ~ **safety** *n.* Verkehrssicherheit, *die*; ~ **sense** *n.* Gespür für Verkehrssituationen; ~**side** *n.* Straßenrand, *der*; at *or* by/along the ~side am Straßenrand; ~ **sign** *n.* Verkehrszeichen, *das*; Straßenschild, *das* (ugs.); ~ **sweeper** *n.* Straßenkehrer, *der*/-kehrerin, *die*; ~ **tax** *n.* (BrE) Kraftfahrzeugsteuer, *die*; Kfz-Steuer, *die*; ~ **transport** *n.* Personen- und Güterbeförderung auf der Straße; form of ~ transport Verkehrsmittel der Straße; ~ **user** *n.* Verkehrsteilnehmer, *der*/-teilnehmerin, *die*; ~**way** *n.* Fahrbahn, *die*; ~**works** *n. pl.* Straßenbauarbeiten Pl.; ~**worthy** *adj.* fahrtüchtig

roam /rəʊm/ **A** *v.i.* umherstreifen
B *v.t.* streifen durch

roaming /'rəʊmɪŋ/ *n.* (Teleph.) Roaming, *das*

roar /rɔː(r)/ **A** *n.* (of wild beast) Gebrüll, *das*; (of applause) Tosen, *das*; (of engine, traffic) Dröhnen, *das*; ~**s/a** ~ [of laughter] dröhnendes Gelächter
B *v.i.* brüllen (**with** vor + *Dat.*); <*Motor:*> dröhnen

'**roaring** *adj.* **1** bullernd (ugs.) <*Feuer*>

r

2 a ~ success ein Bombenerfolg; **do a ~ trade** ein Bombengeschäft machen

roast /rəʊst/ **A** v.t. braten; rösten <Kaffeebohnen, Kastanien>

B attrib. adj. gebraten <Fleisch, Ente usw.>; Brat<hähnchen, -kartoffeln>; Röst<kastanien>

C n. Braten, der

roast 'beef n. (sirloin) Roastbeef, das

rob /rɒb/ v.t., **-bb-** ausrauben <Bank, Safe, Kasse>; berauben <Person>

robber /'rɒbə(r)/ n. Räuber, der/Räuberin, die

robbery /'rɒbərɪ/ n. Raub, der; **robberies** Raubüberfälle Pl.

robe /rəʊb/ n. Gewand, das (geh.); (of judge, vicar) Talar, der

robin /'rɒbɪn/ n. ~ **[redbreast]** Rotkehlchen, das

robot /'rəʊbɒt/ n. Roboter, der

robotics /rəʊ'bɒtɪks/ n. Robotertechnik, die; Robotik, die

robust /rəʊ'bʌst/ adj. robust

✧ **rock¹** /rɒk/ n. **1** (piece of ~) Fels, der

2 (large ~, hill) Felsen, der

3 (substance) Fels, der; (esp. Geol.) Gestein, das

4 (boulder) Felsbrocken, der; (AmE) (stone) Stein, der

5 stick of ~ Zuckerstange, die

6 be on the ~s (fig. infml) <Ehe, Firma:> kaputt sein (ugs.)

✧ **rock²** **A** v.t. wiegen; (in cradle) schaukeln

B v.i. **1** schaukeln

2 (sway) schwanken

C n. (Mus.) Rock, der; attrib. Rock-; ~ **and or 'n' roll [music]** Rock and Roll, der

rock: ~-'bottom (infml) **A** adj. ~-bottom prices Schleuderpreise Pl. (ugs.)

B n. reach or touch ~-bottom <Handel, Preis:> in den Keller fallen (ugs.); **her spirits reached ~-bottom** ihre Stimmung war auf dem Tiefpunkt; ~ **climber** n. Kletterer, der/Kletterin, die; ~ **climbing** n. [Fels]klettern, das

rocker /'rɒkə(r)/ n. **be off one's ~** (fig. infml) übergeschnappt od. durchgedreht sein (ugs.)

rockery /'rɒkərɪ/ n. Steingarten, der

rocket /'rɒkɪt/ **A** n. Rakete, die

B v.i. <Preise:> in die Höhe schnellen

rocket: ~ base n. (Mil.) Raketen[abschuss]basis, die; ~ **launcher** n. Raketenwerfer, der; ~-**propelled** adj. raketengetrieben

rock: ~ face n. Felswand, die; ~**fall** n. Steinschlag, der; ~ **formation** n. Gesteinsformation, die; ~ **garden** n. Steingarten, der; ~-**hard** adj. steinhart

rocking: ~ chair n. Schaukelstuhl, der; ~ **horse** n. Schaukelpferd, das

rock: ~ plant n. Felsenpflanze, die; (Hort.) Steingartengewächs, das; ~ **salt** n.

✧ Schlüsselwort

Steinsalz, das

'rocky adj. **1** felsig

2 (infml) (unsteady) wackelig (ugs.)

rod /rɒd/ n. Stange, die; (for punishing) Rute, die; (for fishing) [Angel]rute, die

rode ▶ ride B, C

rodent /'rəʊdənt/ n. Nagetier, das

rodeo /'rəʊdɪəʊ, rəʊ'deɪəʊ/ n., pl. ~s Rodeo, der od. das

roe¹ /rəʊ/ n. (of fish) **[hard]** ~ Rogen, der; **[soft]** ~ Milch, die

roe² n. ~ **[deer]** Reh, das

rogue /rəʊg/ n. Gauner, der

'rogue state n. Schurkenstaat, der

✧ **role, rôle** /rəʊl/ n. Rolle, die

role: ~ model n. Leitbild, das; ~ **playing** n. Rollenspiel, das; ~ **reversal** n. Rollentausch, der

roll¹ /rəʊl/ n. **1** Rolle, die; (of cloth etc.) Ballen, der; ~ **of film** Rolle Film

2 [bread] ~ Brötchen, das

3 be on a ~ (infml) eine Glückssträhne haben

✧ **roll²** **A** n. (of drum) Wirbel, der

B v.t. **1** rollen; (between surfaces) drehen

2 (shape by ~ing) rollen; drehen <Zigarette>

3 walzen <Rasen, Metall usw.>; ausrollen <Teig>

C v.i. **1** rollen

2 <Maschine:> laufen; **get sth ~ing** (fig.) etw. ins Rollen bringen

3 be ~ing in money or **in it** (infml) im Geld schwimmen (ugs.)

■ ~ **a'bout** v.i. herumrollen; <Schiff:> schlingern; <Kind, Hund:> sich wälzen

■ ~ **'back** v.t. zurückrollen

■ ~ **'by** v.i. <Zeit:> vergehen

■ ~ **'in** v.i. (infml) <Briefe, Geldbeträge:> eingehen

■ ~ **'out** v.t. ausrollen <Teig, Teppich>

■ ~ **'over** v.i. <Person:> sich umdrehen; (to make room) sich zur Seite rollen

■ ~ **'up** **A** v.t. aufrollen <Teppich>; zusammenrollen <Landkarte, Dokument usw.>; hochkrempeln <Ärmel>

B v.i. (infml) (arrive) aufkreuzen (salopp)

'roll-call n. Ausrufen aller Namen; (Mil.) Zählappell, der

rolled 'oats n. pl. Haferflocken Pl.

'roller n. **1** Rolle, die; (for lawn, road, etc.) Walze, die

2 (for hair) Lockenwickler, der

roller: R~blade® n. Rollerblade, der; Inliner, der; ~**blade** v.i. Rollerblades fahren; ~ **blind** n. Rouleau, das; ~ **coaster** n. Achterbahn, die; ~ **skate** n. Rollschuh, der; ~-**skate** v.i. Rollschuh laufen; ~ **skating** n. Rollschuhlaufen, das

'roll film n. Rollfilm, der

'rolling adj. wellig <Gelände>; ~ **hills** sanfte Hügel Pl.

rolling: ~ pin n. Teigrolle, die; ~ **stock** n. (BrE) (Railw.) Fahrzeugbestand, der

roll: ~-neck **A** n. Rollkragen, der

B adj. Rollkragen-; ~-**on** ~-**off** adj. ~-on

~-**off ship/ferry** Roll-on-roll-off-Schiff, *das*/-Fähre, *die*; ~**over** *n.* (*von Auslosung zu Auslosung*) aufgestockter Jackpot; ~-**up** (BrE) (infml), ~-**your-own** (esp. AmE) (infml) *ns.* Selbstgedrehte, *die*

ROM /rɒm/ *abbr.* (Comp.) = **read only memory** ROM

Roman /ˈrəʊmən/ **A** *n.* Römer, *der*/Römerin, *die*
   B *adj.* römisch

Roman 'Catholic A *adj.* römisch-katholisch
   B *n.* Katholik, *der*/Katholikin, *die*; **sb is a** ~ jmd. ist römisch-katholisch

romance /rəˈmæns/ *n.* **1** (love affair) Romanze, *die*
   2 (love story) [romantische] Liebesgeschichte

Romania /rəʊˈmeɪnɪə/ *pr. n.* Rumänien *(das)*

Romanian /rəʊˈmeɪnɪən/ **A** *adj.* rumänisch; **sb is** ~ jmd. ist Romäne/Rumänin
   B *n.* **1** (person) Rumäne, *der*/Rumänin, *die*
   2 (language) Rumänisch, *das*; *see also* **English B1**

Roman 'numeral *n.* römische Ziffer

romantic /rəʊˈmæntɪk/ *adj.* romantisch

romanticism /rəʊˈmæntɪsɪzm/ *n.* (Lit., Art., Mus.) Romantik, *die*

romanticize /rəʊˈmæntɪsaɪz/ *v.t.* romantisieren

'roman type *n.* (Printing) Antiquaschrift, *die*

Romany /ˈrəʊməni/ **A** **1** (person) Rom, *der*
   2 (language) Romani, *das*
   B *adj.* Roma-; (Ling.) Romani-

Rome /rəʊm/ *pr. n.* Rom *(das)*

romp /rɒmp/ **A** *v.i.* **1** [herum]tollen
   2 ~ **home** *or* **in** (infml) (win easily) spielend gewinnen
   B *n.* Tollerei, *die*

rompers /ˈrɒmpəz/ *n. pl.* Spielhöschen, *das*

roof /ruːf/ **A** *n.* **1** Dach, *das*
   2 ~ **of the mouth** Gaumen, *der*
   B *v.t.* bedachen

'roof garden *n.* Dachgarten, *der*

'roofing *n.* (material) Deckung, *die*

roof: ~ **rack** *n.* Dachgepäckträger, *der*; ~**top** *n.* Dach, *das*

rook¹ /rʊk/ *n.* (Ornith.) Saatkrähe, *die*

rook² *n.* (Chess) Turm, *der*

rookery /ˈrʊkəri/ *n.* Saatkrähenkolonie, *die*

◆ **room** /ruːm, rʊm/ *n.* **1** (in building) Zimmer, *das*; (for function) Saal, *der*
   2 (space) Platz, *der*; **make** ~ **[for sb/sth]** [jmdm./einer Sache] Platz machen; **there is still** ~ **for improvement in his work** seine Arbeit ist noch verbesserungsfähig

room: ~-**mate** *n.* Zimmergenosse, *der*/-genossin, *die*; ~ **service** *n.* Zimmerservice, *der*; ~ **temperature** *n.* Zimmertemperatur, *die*

roomy /ˈruːmi/ *adj.* geräumig

roost /ruːst/ **A** *n.* [Sitz]stange, *die*
   B *v.i.* <*Vogel:*> sich [zum Schlafen]

niederlassen

◆ **root¹** /ruːt/ **A** *n.* Wurzel, *die*; **put down** ~**s/take** ~ Wurzeln schlagen
   B *v.i.* <*Pflanze:*> wurzeln
   C *v.t.* **stand** ~**ed to the spot** wie angewurzelt dastehen
   ■ ~ **'out** *v.t.* ausrotten

root² *v.i.* **1** (turn up ground) wühlen (for nach)
   2 (infml) ~ **for** (cheer) anfeuern

'root crop *n.*, **'root crops** *n. pl.* Hackfrüchte *Pl.*

'rooted *adj.* eingewurzelt

'rootless *adj.* wurzellos

'root vegetable *n.* Wurzelgemüse, *das*

rope /rəʊp/ **A** *n.* **1** (cord) Seil, *das*
   2 know the ~**s** sich auskennen
   B *v.t.* festbinden
   ■ ~ **'in** *v.t.* (fig.) einspannen (ugs.)

rope 'ladder *n.* Strickleiter, *die*

ro-ro /ˈrəʊrəʊ/ *adj.* Ro-Ro- <*Schiff, Fähre*>

rosary /ˈrəʊzəri/ *n.* Rosenkranz, *der*

rose¹ /rəʊz/ *n.* **1** (plant, flower) Rose, *die*
   2 (colour) Rosa, *das*

rose² ► **rise B**

rosé /ˈrəʊzeɪ, ˈrəʊzeɪ/ *n.* Rosé, *der*

rose: ~ **bed** *n.* Rosenbeet, *das*; ~**bud** *n.* Rosenknospe, *die*; ~ **bush** *n.* Rosenstrauch, *der*; ~ **hip** *n.* Hagebutte, *die*

rosemary /ˈrəʊzməri/ *n.* Rosmarin, *der*

'rose petal *n.* Rosen[blüten]blatt, *das*

rosette /rəʊˈzet/ *n.* Rosette, *die*

roster /ˈrɒstə(r)/ *n.* Dienstplan, *der*

rostrum /ˈrɒstrəm/ *n.*, *pl.* **rostra** /ˈrɒstrə/ *or* ~**s** Podium, *das*

rosy /ˈrəʊzi/ *adj.* rosig

rot /rɒt/ **A** *n.* **1** ► **B** Verrottung, *die*; Fäulnis, *die*; (fig.) (deterioration) Verfall, *der*; **stop the** ~ (fig.) dem Verfall Einhalt gebieten
   2 (infml) (nonsense) Quark, *der* (salopp)
   B *v.i.*, **-tt-** verrotten; <*Fleisch, Gemüse, Obst:*> verfaulen
   C *v.t.*, **-tt-** verrotten lassen; verfaulen lassen <*Fleisch, Gemüse, Obst*>; zerstören <*Zähne*>

rota /ˈrəʊtə/ *n.* (BrE) (order of rotation) Turnus, *der*; (list) Arbeitsplan, *der*

rotary /ˈrəʊtəri/ *adj.* rotierend

rotate /rəʊˈteɪt/ **A** *v.i.* (revolve) rotieren; sich drehen
   B *v.t.* in Rotation versetzen

rotation /rəʊˈteɪʃn/ *n.* **1** Rotation, *die*, Drehung, *die* (about um)
   2 (succession) turnusmäßiger Wechsel; **in** *or* **by** ~ im Turnus

rote /rəʊt/ *n.* **by** ~ auswendig

rotten /ˈrɒtn/ *adj.*, ~**er** /ˈrɒtənə(r)/, ~**est** /ˈrɒtənɪst/ **1** (decayed) verrottet; verfault <*Obst, Gemüse*>; faul <*Ei, Holz, Zähne*>; ~ **to the core** (fig.) verdorben bis ins Mark
   2 (corrupt) verdorben
   3 (infml) (bad) mies (ugs.)

rotund /rəʊˈtʌnd/ *adj.* **1** (round) rund

r

2 (plump) rundlich

rouble /'ru:bl/ *n.* Rubel, *der*

rouge /ru:ʒ/ *n.* Rouge, *das*

rough /rʌf/ **A** *adj.* **1** (coarse, uneven) rau; holp[e]rig ‹*Straße usw.*›; uneben ‹*Gelände*›; unruhig ‹*Überfahrt*› **2** (violent) grob ‹*Person, Worte, Behandlung*› **3** (trying) hart; **this is ~ on him** das ist hart für ihn; **sth is ~ going** etw. ist nicht einfach **4** (approximate) grob ‹*Skizze, Schätzung*›; vag ‹*Vorstellung*›; **~ paper/notebook** Konzeptpapier, *das*, Kladde, *die* **5** (infml) (ill) angeschlagen (ugs.) **B** *n.* **[be] in ~** [sich] im Rohzustand [befinden] **C** *adv.* rau ‹*spielen*›; **sleep ~** im Freien schlafen **D** *v.t.* **~ it** primitiv leben ▪ **~ 'out** *v.t.* grob entwerfen ▪ **~ 'up** *v.t.* (infml) zusammenschlagen

roughage /'rʌfɪdʒ/ *n.* Ballaststoffe *Pl.*

rough: ~-and-ready *adj.* provisorisch; **~ and 'tumble** *n.* [milde] Rauferei; **~ copy, ~ draft** *ns.* grobe Skizze; grober Entwurf; **~ 'diamond** *n.* (fig.) ungehobelter, aber guter Mensch

roughen /'rʌfn/ *v.t.* aufrauen

rough: ~ 'justice *n.* ziemlich willkürliche Urteile *Pl.*; **~ 'luck** *n.* Pech, *das*

'roughly *adv.* **1** (violently) roh; grob **2** (crudely) leidlich; grob ‹*skizzieren, bearbeiten, bauen*› **3** (approximately) ungefähr; grob ‹*geschätzt*›

'roughness *n.* **1** Rauheit, *die*; (unevenness) Unebenheit, *die* **2** (violence) Rohheit, *die*

'roughshod *adj.* **ride ~ over sb/sth** jmdn./ etw. mit Füßen treten

roulette /ru:'let/ *n.* Roulette, *das*

✧ **round** /raʊnd/ **A** *adj.* rund; **in ~ figures** rund gerechnet **B** *n.* **1** (recurring series) Serie, *die*; **~ of talks/negotiations** Gesprächs-/ Verhandlungsrunde, *die*; **the daily ~** der Alltag **2** (of ammunition) Ladung, *die*; **50 ~s [of ammunition]** 50 Schuss Munition **3** (of game or contest) Runde, *die* **4** (burst) **~ of applause** Beifallssturm, *der* **5 ~ [of drinks]** Runde, *die* **6** (regular calls) Runde, *die*; Tour, *die*; **go [on] or make one's ~s** seine Runden machen **7 a ~ of toast/sandwiches** eine Scheibe Toast/eine Portion Sandwiches **C** *adv.* **1 all the year ~** das ganze Jahr hindurch; **the third time ~** beim dritten Mal; **have a look ~** sich umsehen; **ask sb ~ [for a drink]** jmdn. [zu einem Gläschen zu sich] einladen **2** (by indirect way) herum; **walk ~** außen herum gehen **3** (here) hier; (there) dort; **I'll go ~ tomorrow**

✧ Schlüsselwort

ich gehe morgen hin **D** *prep.* **1** um [... herum]; **travel ~ England** durch England reisen; **run ~ the streets** durch die Straßen rennen; **walk ~ and ~ sth** immer wieder um etw. herumgehen **2** (in various directions from) um [... herum]; rund um ‹*einen Ort*› **E** *v.t.* **~ a bend** um eine Kurve fahren/ gehen/kommen *usw.* ▪ **~ 'off** *v.t.* abrunden ▪ **~ 'up** *v.t.* verhaften ‹*Verdächtige*›; zusammentreiben ‹*Vieh*›

round: ~ a'bout *adv.* (on all sides) ringsum; **~about** **A** *n.* **1** (BrE) (merry-go-round) Karussell, *das* **2** (BrE) (road junction) Kreisverkehr, *der* **B** *adj.* umständlich; **~ 'brackets** *n. pl.* runde Klammern *Pl.*

rounded /'raʊndɪd/ *adj.* **1** rund **2** harmonisch ‹*Person*›

rounders /'raʊndəz/ *n. sing.* (BrE) Rounders, *das*; ≈ Schlagball, *der*

round: ~ 'number *n.* runde Zahl; **~ 'robin** *n.* Petition, *die*; **~-shouldered** /raʊnd'ʃəʊldəd/ *adj.* ‹*Person*› mit einem Rundrücken; **~-the-'clock** *adj.* rund um die Uhr *nachgestellt*; **~ 'trip** *n.* Rundreise, *die*; **~-up** *n.* **1** (of animals) Zusammentreiben, *das* **2** (summary) Zusammenfassung, *die*

rouse /raʊz/ *v.t.* wecken (**from** aus)

rousing /'raʊzɪŋ/ *adj.* mitreißend ‹*Lied*›; leidenschaftlich ‹*Rede*›

rout /raʊt/ **A** *n.* [wilde] Flucht; (defeat) verheerende Niederlage **B** *v.t.* aufreiben ‹*Feind, Truppen*›; vernichtend schlagen ‹*Gegner*›

✧ **route** /ru:t/ *n.* Route, *die*; Weg, *der*

'route march *n.* (Mil.) Übungsmarsch, *der*

router¹ /'raʊtə(r)/ *n.* (tool) Nuthobel, *der*

router² /'ru:tə(r)/ *n.* (Comp.) Router, *der*

routine /ru:'ti:n/ **A** *n.* **1** Routine, *die* **2** (infml) (set speech) Platte, *die* (ugs.) **3** (Theatre) Nummer, *die*; (Dancing, Skating) Figur, *die* **B** *adj.* routinemäßig; Routine‹*arbeit*›

roux /ru:/ *n.* Mehlschwitze, *die*

row¹ /raʊ/ **A** (infml) *n.* **1** (noise) Krach, *der*; **make a ~** Krach machen **2** (quarrel) Krach, *der* (ugs.); **have/start a ~** Krach haben/anfangen (ugs.) **B** *v.i.* sich streiten

✧ **row²** /rəʊ/ *n.* Reihe, *die*; **in a ~** in einer Reihe

row³ /rəʊ/ *v.i. & t.* (with oars) rudern

rowan /'rəʊən/ *n.* ~ [tree] Eberesche, *die*

rowboat /'rəʊbəʊt/ *n.* (AmE) Ruderboot, *das*

rowdy /'raʊdɪ/ **A** *adj.* rowdyhaft; **the party was ~** auf der Party ging es laut zu **B** *n.* Krawallmacher, *der*

rower /'rəʊə(r)/ *n.* Ruderer, *der*/Ruderin, *die*

rowing /'rəʊɪŋ/ *n.* Rudern, *das*

rowing: ~ boat *n.* (BrE) Ruderboot, *das*; **~ machine** *n.* Rudergerät, *das*

royal /'rɔɪəl/ *adj.* königlich
royal: R~ 'Air Force *n.* (BrE) Königliche Luftwaffe; ~ **'blue** *n.* (BrE) Königsblau, *das*; ~ **'family** *n.* königliche Familie; **R~ 'Navy** *n.* (BrE) Königliche Kriegsmarine
royalty /'rɔɪəltɪ/ *n.* **1** (payment) Tantieme, *die* (on für)
2 *collect.* (royal persons) Mitglieder *Pl.* des Königshauses
RSI *abbr.* = repetitive strain injury
RSPCA *abbr.*: (BrE) = **Royal Society for the Prevention of Cruelty to Animals** britischer Tierschutzverein
rub /rʌb/ **A** *v.t.*, **-bb-** reiben (**on, against** an + *Dat.*); (to remove dirt etc.) abreiben; (to dry) trockenreiben; ~ **sth off sth** etw. von etw. [ab]reiben
B *v.i.*, **-bb-** reiben ([up]on, against an + *Dat.*)
C *n.* **give it a** ~ reib es ab; **there's the** ~ (fig.) da liegt der Haken [dabei] (ugs.)
■ ~ **'down** *v.t.* abreiben
■ ~ **'in** *v.t.* einreiben; **there's no need to** *or* **don't** ~ **it in** (fig.) reib es mir nicht [dauernd] unter die Nase
■ ~ **'off** *v.t.* wegreiben; wegwischen
■ ~ **'out** **A** *v.t.* ausreiben; (using eraser) ausradieren
B *v.i.* sich ausreiben/sich ausradieren lassen
rubber /'rʌbə(r)/ *n.* **1** Gummi, *das od. der*
2 (eraser) Radiergummi, *der*
rubber: ~ **'band** *n.* Gummiband, *das*; ~ **'glove** *n.* Gummihandschuh, *der*; ~ **plant** *n.* Gummibaum, *der*; ~ **'stamp** *n.* Gummistempel, *der*; ~**-stamp** *v.t.* (fig.) absegnen (ugs.)
rubbery /'rʌbərɪ/ *adj.* gummiartig; (tough) zäh
rubbish /'rʌbɪʃ/ **A** *n.* **1** (refuse) Abfall, *der*; (to be collected and dumped) Müll, *der*
2 (worthless material) Plunder, *der* (ugs.); **be** ~ nichts taugen
3 (nonsense) Quatsch, *der* (ugs.)
B *int.* Quatsch (ugs.)
rubbish: ~ **bin** *n.* Abfall-/Mülleimer, *der*; (in factory) Abfall-/Mülltonne, *die*; ~ **chute** *n.* Müllschlucker, *der*; ~ **collection** *n.* Müllabfuhr, *die*; ~ **dump** *n.* Müllkippe, *die*; ~ **heap** *n.* Müllhaufen, *der*; ~ **tip** *n.* Müllabladeplatz, *der*
rubbishy /'rʌbɪʃɪ/ *adj.* mies (ugs.)
rubble /'rʌbl/ *n.* Trümmer *Pl.*
rubella /rʊ'belə/ *n.* (Med.) Röteln *Pl.*
ruby /'ru:bɪ/ *n.* Rubin, *der*
ruby 'wedding *n.* Rubinhochzeit, *die*
rucksack /'rʌksæk, 'rʊksæk/ *n.* Rucksack, *der*
rudder /'rʌdə(r)/ *n.* [Steuer]ruder, *das*
ruddy /'rʌdɪ/ *adj.* **1** (reddish) rötlich
2 (BrE) (infml) (bloody) verdammt (salopp)
rude /ru:d/ *adj.* **1** unhöflich; (stronger) rüde; **be** ~ **to sb** zu jmdm. grob unhöflich sein/jmdn. rüde behandeln
2 (abrupt) unsanft; ~ **awakening** böses Erwachen

'rudely *adv.* **1** (impolitely) unhöflich; rüde
2 (abruptly) jäh (geh.)
'rudeness *n.* (bad manners) ungehöriges Benehmen
rudimentary /ru:dɪ'mentərɪ/ elementar; primitiv <*Gebäude*>
rudiments /'ru:dɪmənts/ *n. pl.* Grundlagen *Pl.*
rueful /'ru:fl/ *adj.* reumütig
ruffian /'rʌfɪən/ *n.* Rohling, *der*
ruffle /'rʌfl/ *v.t.* **1** kräuseln; ~ **sb's hair** jmdm. durch die Haare fahren
2 (upset) aus der Fassung bringen
rug /rʌg/ *n.* [kleiner, dicker] Teppich; **Persian** ~ Perserbrücke, *die*
Rugby /'rʌgbɪ/ *n.* Rugby, *das*
Rugby: ~ **ball** *n.* Rugbyball, *der*; ~ **tackle** *n.* tiefes Fassen; **the policeman brought him down with a** ~ **tackle** der Polizist warf sich auf ihn und riss ihn zu Boden
rugged /'rʌgɪd/ *adj.* **1** (uneven) zerklüftet; unwegsam <*Land*>; zerfurcht <*Gesicht*>
2 (sturdy) robust
ruin /'ru:ɪn/ **A** *n.* **1** *in sing. or pl.* (remains) Ruine, *die*; **in** ~**s** in Trümmern
2 (downfall) Ruin, *der*
B *v.t.* ruinieren; verderben <*Urlaub, Abend*>; ~**ed** (reduced to ruins) verfallen; **a** ~**ed castle/church** eine Burg-/Kirchenruine
ruinous /'ru:ɪnəs/ *adj.* ruinös
rule /ru:l/ **A** *n.* **1** Regel, *die*; **the** ~**s of the game** die Spielregeln; **be against the** ~**s** regelwidrig sein; (fig.) gegen die Spielregeln verstoßen; **as a** ~ in der Regel; ~ **of thumb** Faustregel, *die*
2 *no pl.* (government) Herrschaft, *die* (**over** über + *Akk.*)
B *v.t.* **1** (control) beherrschen
2 (be the ruler of) regieren; <*Monarch, Diktator usw.*:> herrschen über (+ *Akk.*)
C *v.i.* **1** (govern) herrschen
2 (decide) entscheiden (**against** gegen; **in favour of** für)
■ ~ **'out** *v.t.* ausschließen; (prevent) unmöglich machen
'rule book *n.* Regeln
ruled /ru:ld/ *adj.* liniert <*Papier*>
ruler /'ru:lə(r)/ *n.* **1** (person) Herrscher, *der*/Herrscherin, *die*
2 (for measuring) Lineal, *das*
ruling /'ru:lɪŋ/ **A** *adj.* herrschend <*Klasse*>; regierend <*Partei*>
B *n.* Entscheidung, *die*
rum /rʌm/ *n.* Rum, *der*
Rumania *etc.* /ru:'meɪnɪə/ ▸ **Romania** *etc.*
rumble /'rʌmbl/ **A** *n.* Grollen, *das*
B *v.i.* **1** grollen; <*Magen:*> knurren
2 <*Fahrzeug:*> rumpeln (ugs.)
ruminate /'ru:mɪneɪt/ *v.i.* ~ **on** *or* **over sth** über etw. (*Akk.*) grübeln
rummage /'rʌmɪdʒ/ *v.i.* wühlen; ~ **through sth** etw. durchwühlen (ugs.)
rummy /'rʌmɪ/ *n.* Rommé, *das*

r

rumour (BrE; AmE: **rumor**) /'ruːmə(r)/ **A** *n.* Gerücht, *das*; there is a ~ that ... es geht das Gerücht, dass ... **B** *v.t.* it is ~ed that ... es geht das Gerücht, dass ...

rump /rʌmp/ *n.* **1** (buttocks) Hinterteil, *das* (ugs.) **2** (remnant) Rest, *der*

rumple /'rʌmpl/ *v.t.* **1** (crease) zerknittern **2** (tousle) zerzausen

'**rump steak** *n.* Rumpsteak, *das*

rumpus /'rʌmpəs/ *n.* (infml) Krach, *der* (ugs.); **kick up** *or* **make a** ~ einen Spektakel veranstalten (ugs.)

'**rumpus room** *n.* (AmE) Spielzimmer, *das*

✶ **run** /rʌn/ **A** *n.* **1** Lauf, *der*; **go for a** ~ laufen gehen; **on the** ~ (fleeing) auf der Flucht **2** (trip in vehicle) Fahrt, *die*; (for pleasure) Ausflug, *der* **3** (continuous stretch) Länge, *die* **4** (spell) she has had a long ~ of success sie war lange [Zeit] erfolgreich; **have a long** ~ <Stück, Show:> viele Aufführungen erleben **5** (succession) Serie, *die*; (Cards) Sequenz, *die*; **a** ~ **of victories** eine Siegesserie **6** (use) **have the** ~ **of sth** etw. zu seiner freien Verfügung haben **7** (enclosure) Auslauf, *der* **8** (in stocking etc.) Laufmasche, *die* **B** *v.i.,* **-nn-,** **ran** /ræn/, ~ **1** laufen; ~ **for the bus** laufen, um den Bus zu kriegen (ugs.); ~ **to help sb** jmdm. zu Hilfe eilen **2** (roll, slide) laufen; <Ball, Kugel:> rollen, laufen; <Schlitten, [Schiebe]tür:> gleiten **3** <Rad, Maschine:> laufen **4** (operate on a schedule) fahren; ~ **between two places** <Zug, Bus:> zwischen zwei Orten verkehren **5** (flow) laufen; <Fluss:> fließen; <Augen:> tränen; **his nose was** ~**ning** ihm lief die Nase **6** <Vertrag, Theaterstück:> laufen **7** (have wording) lauten; <Geschichte:> gehen (fig.) **8** <Butter, Eis:> zerlaufen; <Farben:> auslaufen **9** (in election) kandidieren **C** *v.t.,* **-nn-,** **ran,** ~ **1** laufen lassen; (drive) fahren; ~ **one's hand/fingers through/along** *or* **over sth** mit der Hand/den Fingern durch etw. fahren/über etw. (Akk.) streichen; ~ **an** *or* **one's eye along** *or* **down** *or* **over sth** (fig.) etw. überfliegen **2** (cause to flow) [ein]laufen lassen; ~ **a bath** ein Bad einlaufen lassen **3** (organize, manage) führen, leiten <Geschäft usw.>; veranstalten <Wettbewerb> **4** (operate) bedienen <Maschine>; verkehren lassen <Verkehrsmittel>; einsetzen <Sonderbus, -zug>; laufen lassen <Motor> **5** (own and use) sich (Dat.) halten <Auto> **6** ~ **sb into town** etc. jmdn. in die Stadt usw. fahren

✶ Schlüsselwort

■ ~ **a'cross** *v.t.* ~ **across sb/sth** jmdn. treffen/ auf etw. (Akk.) stoßen

■ ~ **a'way** *v.i.* **1** (flee) weglaufen; fortlaufen **2** (abscond) ~ **away [from home]** [von zu Hause] weglaufen

■ ~ '**down** **A** *v.t.* **1** (collide with) überfahren **2** (criticize) heruntermachen (ugs.) **3** (reduce) abbauen **B** *v.i.* **1** hin-/herunterlaufen **2** (decline) sich verringern **3** <Uhr, Spielzeug:> ablaufen; <Batterie:> leer werden

■ '~ **into** *v.t.* **1** ~ **into a tree** gegen einen Baum fahren **2** (meet) ~ **into sb** jmdm. in die Arme laufen (ugs.) **3** stoßen auf (+ Akk.) <Schwierigkeiten, Widerstand usw.> **4** (amount to) ~ **into thousands** in die tausende gehen

■ ~ '**off** **A** *v.i.* weglaufen **B** *v.t.* abziehen <Kopien>

■ ~ '**out** *v.i.* **1** hin-/herauslaufen **2** <Vorräte, Bestände:> zu Ende gehen

■ ~ '**out of** *v.t.* **sb** ~**s out of sth** jmdm. geht etw. aus; **I'm** ~**ning out of patience** meine Geduld geht zu Ende

■ ~ '**over** **A** /'---/ *v.t.* (knock down) überfahren **B** /'-'-/ *v.i.* überlaufen

■ '~ **through** *v.t.* durchspielen <Theaterstück>; durchgehen <Plan>

■ '~ **to** *v.t.* **1** (amount to) sich belaufen auf (Akk.) **2** (be sufficient for) **sth will** ~ **to sth** etw. reicht für etw

■ ~ '**up** **A** *v.i.* hinlaufen; **come** ~**ning up** hingelaufen kommen **B** *v.t.* **1** rasch nähen <Kleidungsstück> **2** zusammenkommen lassen <Schulden, Rechnung>

■ ~ '**up against** *v.t.* stoßen auf (+ Akk.) <Probleme, Widerstand usw.>

run: ~**about** *n.* (infml) [little] ~**about** Kleinwagen, *der*; ~**around** *n.* (infml) **give sb the** ~**around** jmdn. an der Nase herumführen (ugs.); ~**away** **A** *n.* Ausreißer, *der*/ Ausreißerin, *die* (ugs.) **B** *attrib. adj.* durchgegangen <Pferd>; außer Kontrolle geraten <Fahrzeug, Preise>; galoppierend <Inflation>; ~**down** /'--/ *n.* (infml) (briefing) Übersicht, *die* (**on** über + Akk.); ~**-down** /-'-/ *adj.* (tired) mitgenommen

rung[1] /rʌŋ/ *n.* Sprosse, *die*

rung[2] ▸ **ring**[2] B, C

'**runner** *n.* **1** Läufer, *der*/Läuferin, *die* **2** (Bot.) Ausläufer, *der* **3** (on sledge) Kufe, *die*

'**runner bean** *n.* (BrE) Stangenbohne, *die*

runner-'up *n.* Zweite, *der*/*die*; **the runners- up** die Platzierten Pl.

'**running** **A** *n.* **1** (management) Leitung, *die* **2** (action) Laufen, *das*; **in/out of the** ~ im/aus dem Rennen **B** *adj.* (in succession) hintereinander; **win**

for the third year ~ schon drei Jahre hintereinander gewinnen
running: ~ 'commentary *n.* (Broadcasting; also fig.) Livekommentar, *der*; ~ **costs** *n. pl.* Betriebskosten *Pl.*; ~ **shoe** *n.* Rennschuh, *der*; ~ 'total *n.* fortlaufende Summe; ~ **track** *n.* Aschenbahn, *die*; ~ 'water *n.* hot and cold ~ water fließendes kaltes und warmes Wasser
runny /'rʌnɪ/ *adj.* **1** laufend <*Nase*>
   2 zu dünn <*Farbe, Marmelade*>
'**run-off** *n.* (election) Stichwahl, *die*; (race) Entscheidungslauf, *der*
run: ~**-of-the-'mill** *adj.* ganz gewöhnlich; ~**-up** *n.* **1** during *or* in the ~-up to an event im Vorfeld eines Ereignisses
   2 (Sport) Anlauf, *der*; ~**way** *n.* (for take-off) Startbahn, *die*; (for landing) Landebahn, *die*
rupture /'rʌptʃə(r)/ ◪ *n.* Bruch, *der*
   ◪ *v.t.* ~ oneself sich (*Dat.*) einen Bruch zuziehen
◞ **rural** /'rʊərl/ *adj.* ländlich
ruse /ruːz/ *n.* List, *die*
rush[1] /rʌʃ/ *n.* (Bot.) Binse, *die*
rush[2] ◪ *n.* **1** (hurry) Eile, *die*; what's all the ~? wozu diese Hast?; be in a [great] ~ in [großer] Eile sein
   2 (period of great activity) Hochbetrieb, *der*; (~ hour) Stoßzeit, *die*
   3 make a ~ for sth sich nach etw. (*Akk.*) stürzen
   ◪ *v.t.* **1** ~ sb/sth somewhere jmdn./etw. auf schnellstem Wege irgendwohin bringen; be ~ed (have to hurry) in Eile sein; ~ sb into

doing sth jmdn. dazu drängen, etw. zu tun
   2 (perform quickly) auf die Schnelle erledigen; ~ it zu schnell machen
   ◪ *v.i.* **1** (move quickly) eilen; <*Hund, Pferd:*> laufen; ~ to help sb jmdm. zu Hilfe eilen
   2 (hurry unduly) sich zu sehr beeilen; don't ~! nur keine Eile!
   ■ ~ a'bout, ~ a'round *v.i.* herumhetzen
rush: ~ **hour** *n.* Stoßzeit, *die*; ~ **job** *n.* eilige Arbeit
rusk /rʌsk/ *n.* Zwieback, *der*
Russia /'rʌʃə/ *pr. n.* Russland (*das*)
Russian /'rʌʃn/ ◪ *adj.* russisch; sb is ~ jmd. ist Russe/Russin
   ◪ *n.* **1** (person) Russe, *der*/Russin, *die*
   2 (language) Russisch, *das*; see also **English B1**
rust /rʌst/ ◪ *n.* Rost, *der*
   ◪ *v.i.* rosten
rustic /'rʌstɪk/ *adj.* **1** ländlich
   2 rustikal <*Mobiliar*>
rustle /'rʌsl/ ◪ *n.* Rascheln, *das*
   ◪ *v.i.* rascheln
   ◪ *v.t.* **1** rascheln lassen
   2 (AmE) (steal) stehlen
   ■ ~ 'up *v.t.* zusammenzaubern <*Mahlzeit*>
'**rustproof** *adj.* rostfrei
'**rusty** *adj.* rostig
rut /rʌt/ *n.* Spurrille, *die*; be in a ~ (fig.) aus dem [Alltags]trott nicht mehr herauskommen
ruthless /'ruːθlɪs/ *adj.* rücksichtslos
RV *abbr.* (AmE) = **recreational vehicle**
rye /raɪ/ *n.* Roggen, *der*
'**rye bread** *n.* Roggenbrot, *das*

Ss

r

s

S, s /es/ *n.* S, s, *das*
S. *abbr.* **1** = **south** S
   2 = **southern** s.
sabbath /'sæbəθ/ *n.* Sabbat, *der*
sabbatical /sə'bætɪkl/ ◪ *adj.* ~ **term/year** Forschungssemester/-jahr, *das*
   ◪ *n.* Forschungsurlaub, *der*
sabotage /'sæbətɑːʒ/ ◪ *n.* Sabotage, *die*
   ◪ *v.t.* einen Sabotageakt verüben auf (+ *Akk.*); (fig.) sabotieren
saboteur /sæbə'tɜː(r)/ *n.* Saboteur, *der*
saccharin /'sækərɪn/ *n.* Saccharin, *das*
sachet /'sæʃeɪ/ *n.* Beutel, *der*; (cushion-shaped) Kissen, *das*
sack /sæk/ ◪ *n.* **1** Sack, *der*
   2 (infml) (dismissal) Rausschmiss, *der* (ugs.); get the ~ rausgeschmissen werden (ugs.);

give sb the ~ jmdn. rausschmeißen (ugs.)
   ◪ *v.t.* (infml) rausschmeißen (ugs.) (**for** wegen)
sacking /'sækɪŋ/ *n.* **1** (infml) (dismissal) Rausschmiss, *der* (ugs.)
   2 (coarse fabric) Sackleinen, *das*
sacrament /'sækrəmənt/ *n.* Sakrament, *das*
sacred /'seɪkrɪd/ *adj.* heilig
sacrifice /'sækrɪfaɪs/ ◪ *n.* Opfer, *das*
   ◪ *v.t.* opfern
sacrilege /'sækrɪlɪdʒ/ *n.* [act of] ~ Sakrileg, *das*
◞ **sad** /sæd/ *adj.* traurig (**at, about** über + *Akk.*); schmerzlich <*Tod, Verlust*>; feel ~ traurig sein
SAD *abbr.* = **seasonal affective disorder**
sadden /'sædn/ *v.t.* traurig stimmen

saddle /'sædl/ **A** *n.* Sattel, *der*
  B *v.t.* **1** satteln ‹*Pferd usw.*›
  2 (fig.) ~ **sb with sth** jmdm. etw. aufbürden (geh.)
'**saddlebag** *n.* Satteltasche, *die*
sadism /'seɪdɪzm/ *n.* Sadismus, *der*
sadist /'seɪdɪst/ *n.* Sadist, *der*/Sadistin, *die*
sadistic /sə'dɪstɪk/ *adj.*, **sa'distically** *adv.* sadistisch
'**sadly** *adv.* **1** (with sorrow) traurig
  2 (unfortunately) leider
'**sadness** *n.* Traurigkeit, *die*
sadomasochism /seɪdəʊ'mæsəkɪzm/ *n.* Sadomasochismus, *der*
sae /eseɪ'iː/ *abbr.* = **stamped addressed envelope** adressierter Freiumschlag
safari /sə'fɑːrɪ/ *n.* Safari, *die*; **on** ~ auf Safari
⚬ **safe** /seɪf/ **A** *n.* Safe, *der*; Geldschrank, *der*
  B *adj.* **1** (out of danger) sicher (**from** vor + *Dat.*); **he's** ~ er ist in Sicherheit; ~ **and sound** sicher und wohlbehalten
  2 (free from danger) ungefährlich; sicher ‹*Ort, Hafen*›; **wish sb a** ~ **journey** jmdm. eine gute Reise wünschen; **to be on the** ~ **side** zur Sicherheit
  3 (reliable) sicher ‹*Methode, Investition*›
safe: ~**guard** **A** *n.* Schutz, *der*
  B *v.t.* schützen; ~ '**haven** *n.* **1** (safe place) Zuflucht, *die*
  2 (Polit.) Schutzzone, *die*
safely /'seɪflɪ/ *adv.* sicher; **did the parcel arrive** ~? ist das Paket heil angekommen?
safe '**sex** *n.* Safersex, *der*
safety /'seɪftɪ/ *n.* **1** (being out of danger) Sicherheit, *die*; **cross the river in** ~ sicher über den Fluss fahren
  2 (lack of danger) Ungefährlichkeit, *die*; (of a machine) Betriebssicherheit, *die*
safety: ~ **belt** *n.* Sicherheitsgurt, *der*; ~ **catch** *n.* (of gun) Sicherungshebel, *der*; ~ **helmet** *n.* Schutzhelm, *der*; ~ **margin** *n.* Spielraum, *der*; ~ **pin** *n.* Sicherheitsnadel, *die*; ~ **valve** *n.* Sicherheitsventil, *das*; (fig.) Ventil, *das*
'**safe zone** *n.* (Polit.) Schutzzone, *die*
saffron /'sæfrən/ *n.* Safran, *der*
sag /sæg/ *v.i.*, **-gg-** durchhängen; (sink) sich senken
saga /'sɑːgə/ *n.* **1** (story of adventure) Heldenepos, *das*; (medieval narrative) Saga, *die*
  2 (long involved story) [ganzer] Roman (fig.)
sage¹ /seɪdʒ/ *n.* (Bot.) Salbei, *der od. die*
sage² **A** *adj.* weise
  B *n.* Weise, *der*
Sagittarius /sædʒɪ'teərɪəs/ *n.* (Astrol., Astron.) der Schütze
Sahara /sə'hɑːrə/ *pr. n.* **the** ~ [**Desert**] die [Wüste] Sahara
said ▸ **say** A
sail /seɪl/ **A** *n.* **1** Segelfahrt, *die*

2 (piece of canvas) Segel, *das*
  B *v.i.* **1** (travel on water) fahren; (in sailing boat) segeln
  2 (start voyage) auslaufen (**for** nach)
  C *v.t.* **1** steuern ‹*Boot, Schiff*›; segeln mit ‹*Segeljacht, -schiff*›
  2 durchfahren /‹*Segelschiff:*› durchsegeln ‹*Meer*›
sail: ~**board** *n.* Surfbrett, *das* (*zum Windsurfen*); ~**boarding** *n.* Windsurfen, *das*; ~**boat** *n.* (AmE) Segelboot, *das*
'**sailing** *n.* Segeln, *das*
sailing: ~ **boat** *n.* Segelboot, *das*; ~ **ship** *n.* Segelschiff, *das*
sailor /'seɪlə(r)/ *n.* Seemann, *der*; (in navy) Matrose, *der*
saint **A** /sənt/ *adj.* **S**~ **Michael** der heilige Michael; Sankt Michael
  B /seɪnt/ *n.* Heilige, *der*/*die*
'**saintly** /'seɪntlɪ/ *adj.* heilig
sake /seɪk/ *n.* **for the** ~ **of** um ... (*Gen.*) willen; **for my** *etc.* ~ um meinetwillen *usw.*; mir *usw.* zuliebe
salad /'sæləd/ *n.* Salat, *der*
salad: ~ **cream** *n.* ≈ Mayonnaise, *die*; ~ **dressing** *n.* Salatsoße, *die*; ~ **servers** *n. pl.* Salatbesteck, *das*
salary /'sælərɪ/ *n.* Gehalt, *das*
⚬ **sale** /seɪl/ *n.* **1** Verkauf, *der*; (at reduced prices) Ausverkauf, *der*; (at end of season) Schlußverhauf, *der*; [**up**] **for** ~ zu verkaufen
  2 ~**s** (amount sold) Verkaufszahlen *Pl.* (**of** für); Absatz, *der*
  3 [**jumble** *or* **rummage**] ~ [Wohltätigkeits]basar, *der*
'**sale price** *n.* **1** (retail price) Verkaufspreis, *der*
  2 (price in sale) Ausverkaufspreis, *der*
sales: ~ **assistant** (BrE), ~ **clerk** (AmE) *ns.* Verkäufer, *der*/Verkäuferin, *die*; ~**man** /'seɪlzmən/ *n.*, *pl.* ~**men** /'seɪlzmən/ Verkäufer, *der*
'**salesmanship** *n.* Kunst des Verkaufens
sales: ~ **rep** (infml), ~ **representative** *ns.* [Handels]vertreter, *der*/-vertreterin, *die*; ~**woman** *n.* Verkäuferin, *die*
salient /'seɪlɪənt/ *adj.* auffallend
saliva /sə'laɪvə/ *n.* Speichel, *der*
sallow /'sæləʊ/ *adj.* blassgelb
salmon /'sæmən/ *n.* Lachs, *der*
saloon /sə'luːn/ *n.* **1** (BrE) ~ [**bar**] *separater Teil eines Pubs mit mehr Komfort*
  2 (BrE) ~ [**car**] Limousine, *die*
salt /sɔːlt, sɒlt/ **A** *n.* [**common**] ~ [Koch]salz, *das*
  B *adj.* (containing or tasting of ~) salzig; (preserved with ~) gepökelt ‹*Fleisch*›; gesalzen ‹*Butter*›
  C *v.t.* **1** salzen
  2 (cure) [ein]pökeln
  3 ~ **the roads** Salz auf die Straßen streuen
salt: ~ **cellar** *n.* Salzfässchen, *das*; ~ '**water** *n.* Salzwasser, *das*
'**salty** *adj.* salzig

⚬ Schlüsselwort

s

salute /sə'lu:t/ **A** v.t. grüßen
B v.i. (Mil., Navy) [militärisch] grüßen
C n. Salut, der; militärischer Gruß

salvage /'sælvɪdʒ/ **A** n. Bergung, die
B v.t. bergen

salvation /sæl'veɪʃn/ n. Erlösung, die

Salvation 'Army n. Heilsarmee, die

salvo /'sælvəʊ/ n. Salve, die

Samaritan /sə'mærɪtən/ n. **good** ∼
[barmherziger] Samariter; **the** ∼**s**
(organization) ≈ die Telefonseelsorge

✓ **same** /seɪm/ **A** adj. the ∼ der/die/das gleiche;
the ∼ [thing] (identical) der-/die-/dasselbe
B adv. all or just the ∼ trotzdem

✓ **sample** /'sɑ:mpl/ **A** n. (example)
[Muster]beispiel, das; (specimen) Probe, die;
[commercial] ∼ Muster, das
B v.t. probieren

'**sample letter** n. Musterbrief, der

sampler /'sɑ:mplə(r)/ n. (trial pack)
Probe[packung], die

sanatorium /sænə'tɔ:rɪəm/ n. Sanatorium,
das

sanctify /'sæŋktɪfaɪ/ v.t. heiligen

sanctimonious /sæŋktɪ'məʊnɪəs/ adj.
scheinheilig

sanction /'sæŋkʃn/ **A** n. Sanktion, die
B v.t. sanktionieren

sanctity /'sæŋktɪtɪ/ n. Heiligkeit, die

sanctuary /'sæŋktʃʊərɪ/ n. **1** (holy place)
Heiligtum, das
2 (refuge) Zufluchtsort, der
3 (for animals) Naturschutzgebiet, das

sand /sænd/ **A** n. Sand, der
B v.t. ∼ sth [down] etw. [ab]schmirgeln

sandal /'sændl/ n. Sandale, die

sandalwood n. Sandelholz, das

sand: ∼**bag A** n. Sandsack, der
B v.t. mit Sandsäcken schützen; ∼**bank**
n. Sandbank, die; ∼**castle** n. Sandburg,
die; ∼ **dune** n. Düne, die; ∼**paper A** n.
Sandpapier, das **B** v.t. [mit Sandpapier]
[ab]schmirgeln; ∼**pit** n. Sandkasten, der;
∼**stone** n. Sandstein, der

sandwich /'sænwɪdʒ/ **A** n. Sandwich, der od.
das; ≈ [zusammengeklapptes] belegtes Brot;
cheese ∼ Käsebrot, das
B v.t. einschieben (between zwischen +
Akk.) (into in + Akk.)

'**sandy** adj. **1** sandig; Sand<boden, -strand>
2 rotblond <Haar>

sane /seɪn/ adj. **1** geistig gesund
2 (sensible) vernünftig

sang ▶ sing

sanitary /'sænɪtərɪ/ adj. sanitär <Verhältnisse,
Anlagen>

'**sanitary napkin** (AmE), '**sanitary
towel** (BrE) ns. Damenbinde, die

sanitation /sænɪ'teɪʃn/ n. Kanalisation und
Abfallbeseitigung

sanitize (**sanitise**) /'sænɪtaɪz/ v.t. (fig.)
entschärfen

sanity /'sænɪtɪ/ n. geistige Gesundheit; **lose
one's** ∼ den Verstand verlieren

sank ▶ sink B, C

Santa Claus /'sæntə klɔ:z/ n. der
Weihnachtsmann

sap /sæp/ **A** n. Saft, der
B v.t., -**pp-** zehren an (+ Dat.)

sapling /'sæplɪŋ/ n. junger Baum

sapphire /'sæfaɪə(r)/ n. Saphir, der

sarcasm /'sɑ:kæzm/ n. Sarkasmus, der

sarcastic /sɑ:'kæstɪk/ adj. sarkastisch

sardine /sɑ:'di:n/ n. Sardine, die

Sardinia /sɑ:'dɪnɪə/ pr. n. Sardinien (das)

sardonic /sɑ:'dɒnɪk/ adj. höhnisch;
sardonisch <Lächeln>

SARS /sɑ:z/ n. SARS, das

sash /sæʃ/ n. Schärpe, die

sash 'window n. Schiebefenster, das

sat ▶ sit

Sat. abbr. = **Saturday** Sa.

Satan /'seɪtən/ pr. n. Satan, der

satanic /sə'tænɪk/ adj. satanisch

satchel /'sætʃl/ n. [Schul]ranzen, der

satellite /'sætəlaɪt/ n. Satellit, der

satellite: ∼ '**broadcasting** n. Satellitenfunk,
der; ∼ **dish** n. Satellitenschüssel, die; ∼
navi'gation n. Satellitennavigation, die;
∼ **receiver** n. Satellitenempfänger, der;
∼ **technology** n. Satellitentechnik, die; ∼
'**television** n. Satellitenfernsehen, das; ∼
town n. Satelliten- od. Trabantenstadt, die

satin /'sætɪn/ n. Satin, der

satire /'sætaɪə(r)/ n. Satire, die (on auf + Akk.)

satirical /sə'tɪrɪkl/ adj. satirisch

satisfaction /sætɪs'fækʃn/ n. Befriedigung,
die (at, with über + Akk.); **meet with
sb's [complete]** ∼ jmdn. [in jeder Weise]
zufrieden stellen

satisfactory /sætɪs'fæktərɪ/ adj. zufrieden
stellend

satisfied /'sætɪsfaɪd/ adj. **1** (contented)
zufrieden
2 (convinced) überzeugt (of von)

✓ **satisfy** /'sætɪsfaɪ/ v.t. **1** befriedigen; zufrieden
stellen <Kunden>; stillen <Hunger, Durst>
2 (convince) ∼ **sb [of sth]** jmdn. [von etw.]
überzeugen

'**satisfying** adj. befriedigend; sättigend
<Gericht, Speise>

satnav /'satnav/ Satelliten-Navigationsgerät,
das; Navi, das (ugs.)

satphone /'sætfəʊn/ n. Satellitentelefon, das

saturate /'sætʃəreɪt/ v.t. durchnässen; [mit
Feuchtigkeit durch]tränken <Boden, Erde>

saturated /'sætʃəreɪtɪd/ adj. durchnässt

saturation /sætʃə'reɪʃn/ n. Durchnässung,
die

✓ **Saturday** /'sætədeɪ, 'sætədɪ/ n. Samstag, der;

S

see also Friday

'**Saturday job** *n.* Samstagsjob, *der* (ugs.)

Saturn /'sætən/ *pr. n.* (Astron.) Saturn, *der*

sauce /sɔːs/ *n.* **1** Soße, *die*
2 (impudence) Frechheit, *die*

sauce: ~ **boat** *n.* Sauciere, *die*; ~**pan**
/'sɔːspən/ *n.* Kochtopf, *der*; (with straight handle)
[Stiel]kasserolle, *die*

saucer /'sɔːsə(r)/ *n.* Untertasse, *die*

saucy /'sɔːsɪ/ *adj.* **1** (rude) frech
2 (pert, jaunty) keck

Saudi Arabia /saʊdɪ ə'reɪbɪə/ *pr. n.* Saudi-
Arabien *(das)*

sauna /'sɔːnə, 'saʊnə/ *n.* Sauna, *die*

saunter /'sɔːntə(r)/ *v.i.* schlendern

sausage /'sɒsɪdʒ/ *n.* Wurst, *die*

sausage: ~ **meat** *n.* Wurstmasse, *die*; ~
'**roll** *n.*: Blätterteig mit Wurstfüllung

savage /'sævɪdʒ/ **A** *adj.* **1** (uncivilized) primitiv;
wild <*Volksstamm*>; unzivilisiert <*Land*>
2 (fierce) brutal; wild <*Tier*>
B *n.* Wilde, *der/die* (veralt.)

savagery /'sævɪdʒrɪ/ *n.* Brutalität, *die*

ⅆ **save** /seɪv/ **A** *v.t.* **1** (rescue) retten (**from** vor
+ *Dat.*); ~ **oneself from falling** sich [beim
Hinfallen] fangen
2 (put aside) aufheben; sparen <*Geld*>;
sammeln <*Briefmarken usw.*>; (conserve)
sparsam umgehen mit
3 (make unnecessary) sparen <*Geld, Zeit,
Energie*>; ~ **sb/oneself sth** jmdm./sich etw.
ersparen
4 (Sport) abwehren <*Schuss, Ball*>
5 (Comp.) speichern; sichern; ~ **sth on [to]
a disk** etw. auf Diskette abspeichern
B *v.i.* sparen (**on** Akk.)
C *n.* (Sport) Abwehr, *die*
▪ ~ '**up** **A** *v.t.* sparen
B *v.i.* sparen (**for** für, auf + Akk.)

'**saver** *n.* Sparer, *der*/Sparerin, *die*

saving /'seɪvɪŋ/ **A** *n.*, *in pl.* Ersparnisse Pl.
B *adj.* <*kosten-, benzin*>sparend

savings: ~ **account** *n.* Sparkonto, *das*; ~
bank *n.* Sparkasse, *die*

saviour /'seɪvjə(r)/ *n.* **1** Retter, *der*/Retterin,
die
2 (Relig.) the S~ der Heiland

savor etc. *(AmE)* ▶ savour etc.

savour /'seɪvə(r)/ *(BrE)* **A** *n.* (flavour)
Geschmack, *der*
B *v.t.* genießen

savoury /'seɪvərɪ/ *(BrE)* **A** *adj.* **1** pikant; salzig
2 (appetizing) appetitanregend
B *n.* [pikantes] Häppchen

saw¹ /sɔː/ **A** *n.* Säge, *die*
B *v.t., p.p.* ~**n** /sɔːn/ *or* ~**ed** [zer]sägen; ~ **in
half** in der Mitte durchsägen
C *v.i., p.p.* ~**n** *or* ~**ed** sägen; ~ **through sth**
etw. durchsägen

saw² ▶ see

ⅆ Schlüsselwort

saw: ~**dust** *n.* Sägemehl, *das*; ~**mill** *n.*
Sägemühle, *die*

sawn ▶ saw¹ B, C

'**sawn-off** *adj.* (BrE) <*Gewehr*> mit abgesägtem
Lauf

saxophone /'sæksəfəʊn/ *n.* Saxophon, *das*

saxophonist /sæk'sɒfənɪst/ *n.* Saxophonist,
der/Saxophonistin, *die*

ⅆ **say** /seɪ/ **A** *v.t., pres. t.* **he** ~**s** /sez/; *p.t. & p.p.*
said /sed/ **1** sagen; **that is to** ~ das heißt;
do as *or* **what I** ~ tun Sie, was ich sage;
when all is said and done letzten Endes; **go
without** ~**ing** sich von selbst verstehen; **she
is said to be clever/to have done it** man sagt,
sie sei klug/habe es getan
2 (recite) sprechen <*Gebet, Text*>
3 (have specified wording or reading) sagen;
<*Zeitung:*> schreiben; <*Uhr:*> zeigen <*Uhrzeit*>;
what does it ~ **here?** was steht hier?
B *n.* **have a** *or* **some** ~ ein Mitspracherecht
haben (**in** bei); **have no** ~ nichts zu sagen
haben; **have one's** ~ seine Meinung sagen

'**saying** *n.* Redensart, *die*

scab /skæb/ *n.* [Wund]schorf, *der*

scaffold /'skæfəld/ *n.* Schafott, *das*

'**scaffolding** *n.* Gerüst, *das*

'**scaffolding pole** *n.* Gerüststange, *die*

scald /skɔːld, skɒld/ **A** *n.* Verbrühung, *die*
B *v.t.* verbrühen

scale¹ /skeɪl/ *n.* **1** (of fish, reptile, etc.) Schuppe,
die
2 (in kettle etc.) Kesselstein, *der*; (on teeth)
Zahnstein, *der*

scale² *n.* **1** *in sing. or pl.* (weighing instrument)
~[s] Waage, *die*
2 (dish of balance) Waagschale, *die*

ⅆ **scale³** **A** *n.* **1** (series of degrees) Skala, *die*
2 (Mus.) Tonleiter, *die*
3 (dimensions) Ausmaß, *das*; **be on a small** ~
bescheidenen Umfang haben
4 (ratio of reduction) Maßstab, *der*; **what is the**
~ **of the map?** welchen Maßstab hat diese
Karte?
5 (indication) (on map) Maßstab, *der*; (on
thermometer) [Anzeige]skala, *die*
B *v.t.* ersteigen <*Mauer, Leiter, Gipfel*>
▪ ~ '**down** *v.t.* [entsprechend] drosseln
<*Produktion*>; Abstriche machen bei
<*Planungen*>

scalp /skælp/ *n.* Kopfhaut, *die*

scalpel /'skælpl/ *n.* Skalpell, *das*

scam /skæm/ *n.* (infml) Masche, *die* (ugs.)

scamper /'skæmpə(r)/ *v.i.* <*Person:*> flitzen;
<*Tier:*> huschen

scampi /'skæmpɪ/ *n. pl.* Scampi Pl.

scan /skæn/ **A** *v.t.*, **-nn- 1** (search thoroughly)
absuchen (**for** nach)
2 (look over cursorily) flüchtig ansehen;
überfliegen <*Zeitung, Liste usw.*> (**for** auf der
Suche nach)
3 (Med.) szintigraphisch untersuchen
4 (Comp.) scannen

s

B *v.i.*, **-nn-** ‹*Vers[zeile]:*› das richtige Versmaß haben
C *n.* (Med.) szintigraphische Untersuchung, *die*; (image) szintigramm, *das*
scandal /'skændl/ *n.* **1** Skandal, *der* (**about/of** um); (story) Skandalgeschichte, *die* **2** (outrage) Empörung, *die* **3** (gossip) Klatsch, *der* (ugs.)
scandalize /'skændəlaɪz/ *v.t.* schockieren
scandalous /'skændələs/ *adj.* skandalös; schockierend ‹*Bemerkung*›
Scandinavia /skændɪ'neɪvɪə/ *pr. n.* Skandinavien (*das*)
Scandinavian /skændɪ'neɪvɪən/ **A** *adj.* skandinavisch; **sb is** ~ jmd. ist Skandinavier/ Skandinavierin
B *n.* **1** (person) Skandinavier, *der*/ Skandinavierin, *die* **2** (Ling.) skandinavische Sprachen *Pl.*
scanner /'skænə(r)/ *n.* **1** (to detect radioactivity) Geigerzähler, *der* **2** (radar aerial) Radarantenne, *die* **3** (Comp., Med.) Scanner, *der*
scant /skænt/ *adj.* wenig
scanty /'skæntɪ/ *adj.* spärlich; knapp ‹*Bikini*›
scapegoat /'skeɪpɡəʊt/ *n.* Sündenbock, *der*; **make sb a** ~ jmdn. zum Sündenbock machen
scar /skɑː(r)/ **A** *n.* Narbe, *die*
B *v.t.*, **-rr-**; ~ **sb/sb's face** bei jmdm./in jmds. Gesicht (*Dat.*) Narben hinterlassen
scarce /skeəs/ *adj.* **1** (insufficient) knapp **2** (rare) selten; **make oneself** ~ (infml) sich aus dem Staub machen (ugs.)
'scarcely *adv.* kaum
scarcity /'skeəsɪtɪ/ *n.* Knappheit, *die* (**of** an + *Dat.*)
scare /skeə(r)/ **A** *n.* **1** (sensation of fear) Schreck[en], *der*; **give sb a** ~ jmdm. einen Schreck[en] einjagen **2** (general alarm) [allgemeine] Hysterie; **bomb** ~ Bombendrohung, *die*
B *v.t.* (frighten) Angst machen (+ *Dat.*); (startle) erschrecken
■ ~ **a'way**, ~ **'off** *v.t.* verscheuchen
'scarecrow *n.* Vogelscheuche, *die*
scared /skeəd/ *adj.* **be** ~ **of sb/sth** vor jmdm./ etw. Angst haben; **be** ~ **of doing/to do sth** sich nicht [ge]trauen, etw. zu tun
scaremongering /'skeəmʌŋɡərɪŋ/ *n.* Panikmache, *die*
scarf /skɑːf/ *n., pl.* ~**s** or **scarves** /skɑːvz/ Schal, *der*; (square) Halstuch, *das*; (worn over hair) Kopftuch, *das*
scarlet /'skɑːlɪt/ **A** *n.* Scharlach, *der*
B *adj.* scharlachrot
scarlet 'fever *n.* Scharlach, *der*
scarves ▶ scarf
scary /'skeərɪ/ *adj.* Furcht erregend ‹*Anblick*›; schaurig ‹*Film, Geschichte*›
scathing /'skeɪðɪŋ/ *adj.* bissig ‹*Person, Humor, Bemerkung*›

scatter /'skætə(r)/ **A** *v.t.* **1** vertreiben; auseinander treiben ‹*Menge*› **2** (distribute irregularly) verstreuen
B *v.i.* sich auflösen; ‹*Menge:*› sich zerstreuen; (in fear) auseinander stieben
scattered /'skætəd/ *adj.* verstreut; vereinzelt ‹*Regenschauer*›
scatty /'skætɪ/ *adj.* (BrE) (infml) dusslig (salopp)
scavenge /'skævɪndʒ/ *v.i.* ~ **for sth** nach etw. suchen
'scavenger *n.* (animal) Aasfresser, *der*; (fig. derog.) (person) Aasgeier, *der* (ugs.)
scenario /sɪ'nɑːrɪəʊ/ *n., pl.* ~**s** Szenario, *das*
✵ **scene** /siːn/ *n.* **1** (place of event) Schauplatz, *der*; ~ **of the crime** Tatort, *der* **2** (division of act) Auftritt, *der* **3** (view) Anblick, *der* **4** **behind the** ~**s** hinter den Kulissen **5** **the political/drug/artistic** ~ die politische Szene/die Drogen-/Kunstszene
scenery /'siːnərɪ/ *n.* **1** Landschaft, *die* **2** (Theatre) Bühnenbild, *das*
scenic /'siːnɪk/ *adj.* landschaftlich schön
scent /sent/ **A** *n.* **1** (smell) Duft, *der* **2** (Hunting) (also fig.) (trail) Fährte, *die*; **be on the** ~ **of sb/sth** (fig.) jmdm./einer Sache auf der Spur sein **3** (BrE) (perfume) Parfüm, *das*
B *v.t.* wittern
scented /'sentɪd/ *adj.* **1** (having smell) duftend **2** (perfumed) parfümiert
sceptic /'skeptɪk/ *n.* Skeptiker, *der*/Skeptikerin, *die*
sceptical /'skeptɪkl/ *adj.* skeptisch; **be** ~ **about** *or* **of sb/sth** jmdm./einer Sache skeptisch gegenüberstehen
scepticism /'skeptɪsɪzm/ *n.* Skepsis, *die*
✵ **schedule** /'ʃedjuːl/ **A** *n.* **1** (list) Tabelle, *die*; (for event) Programm, *das* **2** (of work) Zeitplan, *der* **3** **on** ~ plangemäß
B *v.t.* zeitlich planen
'scheduled flight *n.* Linienflug, *der*
✵ **scheme** /skiːm/ *n.* **1** (arrangement) Anordnung, *die* **2** (plan) Programm, *das*; (project) Projekt, *das* **3** (dishonest plan) Intrige, *die*
schizophrenia /skɪtsə'friːnɪə/ *n.* Schizophrenie, *die*
schizophrenic /skɪtsə'frenɪk, skɪtsə'friːnɪk/ *adj.* schizophren
scholar /'skɒlə(r)/ *n.* Gelehrte, *der/die*
'scholarly *adj.* wissenschaftlich; gelehrt ‹*Person*›
'scholarship *n.* **1** (award) Stipendium, *das* **2** (scholarly work) Gelehrsamkeit, *die*
✵ **school** /skuːl/ *n.* Schule, *die*; (AmE) (college) Hochschule, *die*; **be at** or **in** ~ in der Schule sein; (attend) zur Schule gehen; **go to** ~ zur Schule gehen; ~ **holidays/exchange** Schulferien *Pl.* /Schüleraustausch, *der*
school: ~ **age** *n.* Schulalter, *das*; ~**bag**

S

n. Schultasche, *die*; ~**boy** *n.* Schüler, *der*;
~**child** *n.* Schulkind, *das*; ~ **friend** *n.*
Schulfreund, *der*/-freundin, *die*; ~**girl** *n.*
Schülerin, *die*; ~ '**governor** *n.* ≈ Mitglied
des Schulbeirats; ~**kid** *n.* (infml) Schulkind,
das; ~ **leaver** *n.* (BrE) Schulabgänger,
der/-abgängerin, *die*; ~**master** *n.* Lehrer,
der; ~**mistress** *n.* Lehrerin, *die*; ~ '**rule** *n.*
Schulvorschrift, *die*; Schulregel, *die*; **it is a** ~
rule that ... an der Schule ist es Vorschrift,
dass ...; ~**teacher** *n.* Lehrer, *der*/Lehrerin,
die; ~ '**uniform** *n.* Schuluniform, *die*;
~ **work** *n.* Schularbeiten *Pl.*; ~ '**year** *n.*
Schuljahr, *das*

sciatica /saɪˈætɪkə/ *n.* Ischias, *der od. das*

♂ **science** /ˈsaɪəns/ *n.* Wissenschaft, *die*

science 'fiction *n.* Sciencefiction, *die*

♂ **scientific** /saɪənˈtɪfɪk/ *adj.* wissenschaftlich

♂ **scientist** /ˈsaɪəntɪst/ *n.* Wissenschaftler, *der*/
Wissenschaftlerin, *die*

sci-fi /ˈsaɪfaɪ/ *n.* (infml) Sciencefiction, *die*

scintillating /ˈsɪntɪleɪtɪŋ/ *adj.* (fig.)
geistsprühend

scissors /ˈsɪzəz/ *n. pl.* **[pair of]** ~ Schere, *die*

scoff[1] /skɒf/ *v.i.* (mock) spotten; ~ **at** sich
lustig machen über (+ *Akk.*)

scoff[2] *v.t.* (infml) (eat greedily) verschlingen

scold /skəʊld/ *v.t.* ausschimpfen (**for** wegen);
she ~**ed him for being late** sie schimpfte ihn
aus, weil er zu spät kam

scone /skɒn, skəʊn/ *n.*: *weicher, oft zum Tee
gegessener kleiner Kuchen*

scoop /skuːp/ **A** *n.* **1** Schaufel, *die*; (for ice
cream etc.) Portionierer, *der*
2 (Journ.) Knüller, *der* (ugs.)
B *v.t.* schaufeln <*Kohlen, Zucker*>; schöpfen
<*Flüssigkeit*>
■ ~ '**out** *v.t.* **1** (hollow out) aushöhlen; schaufeln
<*Loch, Graben*>
2 [her]ausschöpfen <*Flüssigkeit*>;
auslöffeln <*Fruchtfleisch*>; (with a knife)
herausschneiden <*Gehäuse, Fruchtfleisch*>
■ ~ '**up** *v.t.* schöpfen <*Flüssigkeit, Suppe*>;
schaufeln <*Erde*>

scooter /ˈskuːtə(r)/ *n.* **1** (toy) Roller, *der*
2 [motor] ~ [Motor]roller, *der*

scope /skəʊp/ *n.* **1** Bereich, *der*; (of discussion
etc.) Rahmen, *der*
2 (opportunity) Entfaltungsmöglichkeiten *Pl.*

scorch /skɔːtʃ/ *v.t.* versengen

scorched 'earth policy *n.* Politik der
verbrannten Erde

scorching /ˈskɔːtʃɪŋ/ *adj.* glühend heiß

♂ **score** /skɔː(r)/ **A** *n.* **1** (points) [Spiel]stand,
der; (made by one player) Punktzahl, *die*; **keep**
[the] ~ zählen
2 (Mus.) Partitur, *die*; (Cinemat.) [Film]musik,
die
3 *pl. same or* ~**s** (group of 20) zwanzig
4 *in pl.* (great numbers) ~**s [and** ~**s] of** zig

(ugs.); Dutzende [von]
5 on that ~ was das betrifft
6 pay off *or* **settle an old** ~ (fig.) eine alte
Rechnung begleichen
B *v.t.* erzielen <*Erfolg, Punkt usw.*>; ~ **a goal**
ein Tor schießen
C *v.i.* **1** (make ~) Punkte/einen Punkt
erzielen; (~ goal/goals) ein Tor/Tore
schießen/werfen
2 (keep ~) aufschreiben

'**scoreboard** *n.* Anzeigetafel, *die*

'**scorer** *n.* **1** (recorder) Anschreiber, *der*/
Anschreiberin, *die*
2 (Footb.) Torschütze, *der*/-schützin, *die*

'**scoresheet** *n.* Anschreibebogen, *der*

scorn /skɔːn/ **A** *n.* Verachtung, *die*
B *v.t.* verachten; in den Wind schlagen
<*Rat*>; ausschlagen <*Angebot*>

scornful /ˈskɔːnfl/ *adj.* verächtlich <*Lächeln,
Blick*>; **be** ~ **of sth** für etw. nur Verachtung
haben

Scorpio /ˈskɔːpiəʊ/ *n.* (Astrol., Astron.) der
Skorpion

scorpion /ˈskɔːpiən/ *n.* Skorpion, *der*

Scot /skɒt/ *n.* Schotte, *der*/Schottin, *die*

scotch *v.t.* den Boden entziehen (+ *Dat.*)
<*Gerücht*>; zunichte machen <*Plan*>

Scotch /skɒtʃ/ **A** *adj.* ▶ **Scottish**
B *n.* Scotch, *der*; schottischer Whisky

Scotch: ~ '**egg** *n.*: *hart gekochtes Ei in
Wurstbrät*; ~ '**whisky** *n.* schottischer
Whisky

scot-'free *adj.* **[get off/go]** ~ ungeschoren
[davonkommen *od.* bleiben]

Scotland /ˈskɒtlənd/ *pr. n.* Schottland (*das*)

Scots /skɒts/ **A** *adj.* (esp. Scot.) schottisch; **sb**
is ~ jmd. ist Schotte/Schottin
B *n.* (dialect) Schottisch, *das*

Scotsman /ˈskɒtsmən/ *n., pl.* **Scotsmen**
/ˈskɒtsmən/ Schotte, *der*

'**Scotswoman** *n.* Schottin, *die*

Scottish /ˈskɒtɪʃ/ *adj.* schottisch; **sb is** ~ jmd.
ist Schotte/Schottin

scoundrel /ˈskaʊndrl/ *n.* Schuft, *der*

scour[1] /skaʊə(r)/ *v.t.* (search) durchkämmen
(for nach)

scour[2] *v.t.* scheuern <*Topf, Metall*>

'**scourer** *n.* Topfreiniger, *der*

scourge /skɜːdʒ/ *n.* Geißel, *die*

scout /skaʊt/ **A** *n.* **1** [**Boy**] **S**~ Pfadfinder, *der*
2 (Mil.) Späher, *der*
B *v.i.* ~ **for** Ausschau halten nach

scowl /skaʊl/ **A** *v.i.* ein mürrisches Gesicht
machen
B *n.* mürrischer [Gesichts]ausdruck

scram /skræm/ *v.i.*, **-mm-** (infml) abhauen
(salopp)

scramble /ˈskræmbl/ **A** *v.i.* **1** (clamber)
klettern; ~ **through a hedge** sich durch eine
Hecke zwängen
2 (move hastily) rennen (ugs.); ~ **for sth** um
etw. rangeln

♂ Schlüsselwort

B *v.t.* (Teleph., Radio) verschlüsseln

scrambled 'egg *n.* Rührei, *das*

scrap[1] /skræp/ **A** *n.* **1** (of paper) Fetzen, *der*; (of food) Bissen, *der*

2 *in pl.* (odds and ends) (of food) Reste *Pl.*

3 (smallest amount) **not a** ~ **of** kein bisschen; (of sympathy, truth also) nicht ein Fünkchen; **not a** ~ **of evidence** nicht die Spur eines Beweises

4 ~ **[metal]** Schrott, *der*

B *v.t.*, **-pp-** wegwerfen; (send for ~) verschrotten; (fig.) aufgeben

scrap[2] (infml) **A** *n.* (fight) Rauferei, *die*

B *v.i.*, **-pp-** sich raufen

'scrapbook *n.* [Sammel]album, *das*

scrape /skreɪp/ **A** *v.t.* **1** (make smooth) schaben ‹*Häute, Möhren, Kartoffeln usw.*›; abziehen ‹*Holz*›; (damage) verschrammen ‹*Fußboden, Auto*›

2 (remove) [ab]kratzen ‹*Farbe, Schmutz, Rost*› **(off, from** von**)**

3 (draw along) schleifen

4 ~ **together** (raise) zusammenkratzen (ugs.); (save up) zusammensparen

B *v.i.* **1** (move with sound) schleifen

2 (emit scraping noise) ein schabendes Geräusch machen

3 (rub) streifen **(against, over** *Akk.*)

C *n.* **1** (act, sound) Kratzen, *das* **(against** an + *Dat.*)

2 (predicament) Schwulitäten *Pl.* (ugs.)

■ ~ **'by** *v.i.* (fig.) sich über Wasser halten **(on** mit**)**

■ ~ **'out** *v.t.* **1** (excavate) buddeln (ugs.); scharren

2 (clean) auskratzen

■ ~ **through A** /'--/ *v.t.* sich zwängen durch; (fig.) mit Hängen und Würgen kommen durch ‹*Prüfung*›

B /-'-/ *v.i.* sich durchzwängen; (fig.) (in examination) mit Hängen und Würgen durchkommen

'scraper *n.* (for shoes) Kratzeisen, *das*; (grid) Abtreter, *der*; (tool, kitchen utensil) Schaber, *der*; (for removing ice from car windows) [Eis]kratzer, *der*

scrap: ~ **heap** *n.* Schrotthaufen, *der*; ~ **'iron** *n.* Alteisen, *das*; ~ **merchant** *n.* Schrotthändler, *der*/-händlerin, *die*; ~ **'paper** *n.* Schmierpapier, *das*

scrappy /'skræpɪ/ *adj.* lückenhaft

'scrapyard *n.* Schrottplatz, *der*

scratch /skrætʃ/ **A** *v.t.* **1** (score surface of) zerkratzen; (score skin of) kratzen

2 (get scratch[es] on) ~ **oneself/one's hands** *etc.* sich schrammen/sich (*Dat.*) die Hände *usw.* zerkratzen

3 (scrape without marking) kratzen; kratzen an (+ *Dat.*) ‹*Insektenstich usw.*›; ~ **oneself/ one's arm** sich kratzen/sich (*Dat.*) den Arm *od.* am Arm kratzen

B *v.i.* kratzen; (~ oneself) sich kratzen

C *n.* **1** (mark, wound) Kratzer, *der* (ugs.); Schramme, *die*

2 (sound) Kratzen, *das*

---

3 have a [good] ~ sich [ordentlich] kratzen

4 start from ~ bei Null anfangen (ugs.); **be up to** ~ ‹*Arbeit, Leistung:*› nichts zu wünschen übrig lassen; ‹*Person:*› den Anforderungen genügen

■ ~ **a'bout**, ~ **a'round** *v.i.* scharren; (fig.) (search) suchen **(for** nach**)**

'scratch card *n.* Rubbellos, *das*

scrawl /skrɔːl/ **A** *v.t.* hinkritzeln

B *v.i.* kritzeln

C *n.* Gekritzel, *das*; (handwriting) Klaue, *die* (salopp)

scrawny /'skrɔːnɪ/ *adj.* hager; dürr

scream /skriːm/ **A** *v.i.* schreien **(with** vor + *Dat.*)

B *v.t.* schreien

C *n.* Schrei, *der*; (of jet engine) Heulen, *das*; ~**s of pain** Schmerzensschreie *Pl.*

screech /skriːtʃ/ **A** *v.i. & t.* kreischen

B *n.* Kreischen, *das*

✔ **screen** /skriːn/ **A** *n.* **1** (partition) Trennwand, *die*; (piece of furniture) Wandschirm, *der*

2 (of trees, persons, fog) Wand, *die*

3 (Cinemat.) Leinwand, *die*; **[TV]** ~ Bildschirm, *der*

B *v.t.* **1** (shelter) schützen **(from** vor + *Dat.*); (conceal) verdecken

2 vorführen ‹*Film*›

3 (for disease) untersuchen

screening /'skriːnɪŋ/ *n.* **1** (in cinema) Vorführung, *die*; (on TV) Sendung, *die*

2 (Med.) Untersuchung, *die*

screen: ~**play** *n.* Drehbuch, *das*; ~ **saver** *n.* (Comp.) Bildschirmschoner, *der*; ~**writer** *n.* Filmautor, *der*/-autorin, *die*

screw /skruː/ **A** *n.* Schraube, *die*; **he has a** ~ **loose** (infml joc.) bei ihm ist eine Schraube locker *od.* lose (salopp)

B *v.t.* **1** schrauben **(to** an + *Akk.*); ~ **together** zusammenschrauben; ~ **down** festschrauben

2 ~ **you!** (coarse) leck mich am Arsch! (salopp)

■ ~ **'up** *v.t.* **1** (crumple up) zusammenknüllen ‹*Blatt Papier*›

2 verziehen ‹*Gesicht*›; zusammenkneifen ‹*Augen, Mund*›

3 (sl.) (bungle) vermurksen (salopp); ~ **it/ things up** Mist bauen (salopp)

screw: ~ **cap** *n.* Schraubverschluss, *der*; ~**driver** *n.* Schraubenzieher, *der*

'screwed-up *adj.* (fig. infml) neurotisch

'screw top ▶ screw cap

screwy /'skruːɪ/ *adj.* (infml) spinnig (ugs.)

scribble /'skrɪbl/ **A** *v.t.* hinkritzeln

B *v.i.* kritzeln

C *n.* Gekritzel, *das*

script /skrɪpt/ *n.* **1** (handwriting) Handschrift, *die*

2 (of play) Regiebuch, *das*; (of film) [Dreh]buch, *das*

3 (for broadcaster) Manuskript, *das*

scripture /'skrɪptʃə(r)/ *n.* **1** [Holy] S~, **the [Holy] S**~**s** die [Heilige] Schrift

2 (Sch.) Religion, *die*

S

'scriptwriter *n.* (of film) Drehbuchautor, *der*/-autorin, *die*

scroll /skrəʊl/ **A** *n.* (roll) Rolle, *die*
 B *v.t.* (Comp.) scrollen
 ■ ~ **'down** *v.i.* (Comp.) runterscrollen
 ■ ~ **'up** *v.i.* (Comp.) hochscrollen

scrollable /'skrəʊləbl/ *adj.* (Comp.) scrollbar

'scroll bar *n.* (Comp.) Rollbalken, *der*

scrounge /skraʊndʒ/ (infml) **A** *v.t.* schnorren (ugs.) (**off, from** von)
 B *v.i.* schnorren (ugs.) (**from** bei)

'scrounger *n.* (infml) Schnorrer, *der*/Schnorrerin, *die* (ugs.)

scrub¹ /skrʌb/ **A** *v.t.*, **-bb-** **1** schrubben (ugs.); scheuern
 2 (infml) (cancel) zurücknehmen <*Befehl*>; sausen lassen (ugs.) <*Plan*>
 B *v.i.*, **-bb-** schrubben (ugs.); scheuern
 C *n.* give sth a ~ etw. schrubben (ugs.) *od.* scheuern

scrub² *n.* (brushwood) Buschwerk, *das*; (area) Buschland, *das*

scruff¹ /skrʌf/ *n.* **by the** ~ **of the neck** beim Genick

scruff² *n.* (BrE) (infml) (man) vergammelter Typ (ugs.); (woman, girl) Schlampe, *die*

'scruffy *adj.* vergammelt (ugs.)

scrum /skrʌm/ *n.* Gedränge, *das*

scruple /'skru:pl/ *n.* Skrupel, *der*; **have no** ~**s about doing sth** keine Skrupel haben, etw. zu tun

scrupulous /'skru:pjʊləs/ *adj.* gewissenhaft <*Person*>; unbedingt <*Ehrlichkeit*>; peinlich <*Sorgfalt*>

scrutinize /'skru:tɪnaɪz/ *v.t.* [genau] untersuchen <*[Forschungs]gegenstand*>; [über]prüfen <*Rechnung, Pass, Fahrkarte*>; mustern <*Person*>

scrutiny /'skru:tɪnɪ/ *n.* **1** (critical gaze) musternder Blick
 2 (examination) (of recruit) Musterung, *die*; (of bill, passport, ticket) [Über]prüfung, *die*

scuff /skʌf/ **A** *v.t.* streifen; verschrammen <*Schuhe, Fußboden*>
 B *n.* Schramme, *die*

scuffle /'skʌfl/ **A** *n.* Handgreiflichkeiten Pl.
 B *v.i.* handgreiflich werden (**with** gegen)

scullery /'skʌlərɪ/ *n.* Spülküche, *die*

sculptor /'skʌlptə(r)/ *n.* Bildhauer, *der*/-hauerin, *die*

sculpture /'skʌlptʃə(r)/ *n.* **1** (art) Bildhauerei, *die*
 2 (piece of work) Skulptur, *die*; Plastik, *die*; (pieces collectively) Skulpturen Pl.

scum /skʌm/ *n.* **1** Schmutzschicht, *die*; (film) Schmutzfilm, *der*
 2 (fig. derog.) Abschaum, *der*

'scumbag *n.* (sl. derog.) Schwein, *das* (salopp)

scurry /'skʌrɪ/ *v.i.* huschen

scuttle¹ /'skʌtl/ *n.* Kohlenfüller, *der*

scuttle² *v.t.* (Naut.) versenken

scuttle³ *v.i.* rennen; flitzen (ugs.); <*Maus, Krabbe:*> huschen

scythe /saɪð/ *n.* Sense, *die*

SE *abbr.* = **south-east** SO

◆ **sea** /si:/ *n.* **1** Meer, *das*; **the** ~ das Meer; die See; **by** ~ mit dem Schiff; **by the** ~ am Meer; **at** ~ auf See (*Dat.*); **be all at** ~ (fig.) nicht mehr weiter wissen; **put [out] to** ~ in See (*Akk.*) gehen
 2 (specific tract of water) Meer, *das*

sea: ~ **'air** *n.* Seeluft, *die*; ~**'bed** *n.* Meeresboden, *der*; ~**bird** *n.* Seevogel, *der*; ~ **breeze** *n.* Seewind, *der*; ~**food** *n.* Meeresfrüchte Pl.; *attrib.* Fisch<*restaurant*>; ~**gull** *n.* [See]möwe, *die*

seal¹ /si:l/ *n.* (Zool.) Robbe, *die*; [**common**] ~ [Gemeiner] Seehund

seal² **A** *n.* (wax etc., stamp, impression) Siegel, *das*
 B *v.t.* **1** (stamp, affix ~ to) siegeln <*Dokument*>; (fasten with ~) verplomben <*Tür, Stromzähler*>
 2 (close securely) abdichten <*Behälter, Rohr usw.*>; zukleben <*Umschlag, Paket*>
 3 (stop up) verschließen; abdichten <*Leck*>; verschmieren <*Riss*>
 ■ ~ **'off** *v.t.* abriegeln

sea: ~ **lane** *n.* See[schifffahrts]straße, *die*; ~ **legs** *n. pl.* Seebeine Pl. (Seemannsspr.); **get** *or* **find one's** ~ **legs** sich (*Dat.*) Seebeine wachsen lassen; ~**level** *n.* Meeresspiegel, *der*

'sealing wax *n.* Siegellack, *der*

'sea lion *n.* Seelöwe, *der*

seam /si:m/ *n.* **1** Naht, *die*
 2 (of coal) Flöz, *das*

sea: ~**man** /'si:mən/ *n.*, *pl.* ~**men** /'si:mən/ Matrose, *der*; ~ **mist** *n.* Küstennebel, *der*

'seamless *adj.* nahtlos

'seamy *adj.* **the** ~ **side [of life** etc.**]** (fig.) die Schattenseite[n] [des Lebens *usw.*]

seance /'seɪəns/, **séance** /'seɪɑ̃s/ *n.* Séance, *die*

sea: ~**plane** *n.* Wasserflugzeug, *das*; ~**port** *n.* Seehafen, *der*; ~ **power** *n.* Seemacht, *die*

sear /'sɪə(r)/ *v.t.* versengen

◆ **search** /sɜ:tʃ/ **A** *v.t.* durchsuchen (**for** nach); absuchen <*Gebiet, Fläche*> (**for** nach); (fig.) (probe) erforschen <*Herz, Gewissen*>; suchen in (+ *Dat.*) <*Gedächtnis*> (**for** nach)
 B *v.i.* suchen (**for** nach)
 C *n.* Suche, *die* (**for** nach); (of building, room, etc.) Durchsuchung, *die*; **in** ~ **of sb/sth** auf der Suche nach jmdm./etw.

searchable /'sɜ:tʃəbl/ *adj.* durchsuchbar

'search engine *n.* (Comp.) Suchmaschine, *die*

'searching *adj.* prüfend, forschend <*Blick*>; bohrend <*Frage*>

search: ~**light** *n.* Suchscheinwerfer, *der*; ~ **party** *n.* Suchtrupp, *der*; ~ **warrant** *n.* Durchsuchungsbefehl, *der*

sea: ~ **salt** *n.* Meersalz, *das*; Seesalz, *das*;

~**shore** n. [Meeres]küste, die; (beach) Strand, der; ~**sick** adj. seekrank; ~**sickness** n. Seekrankheit, die; ~**side** n. [Meeres]küste, die; by/to/at the ~side am/ans/am Meer; ~side town Seestadt, die

✧ **season** /'si:zn/ **A** n. 1 Jahreszeit, die; nesting ~ Nistzeit, die

2 (period of social activity) [opera/football] ~ [Opern-/Fußball]saison, die; holiday or (AmE) vacation ~ Urlaubszeit, die; tourist ~ Reisezeit, die

3 raspberries are in/out of or not in ~ jetzt ist die/nicht die Saison od. Zeit für Himbeeren; be in ~ (on heat) brünstig sein

4 ▸ season ticket

B v.t. würzen <Fleisch, Rede>

seasonable /'si:zənəbl/ adj. der Jahreszeit gemäß

seasonal /'si:zənl/ adj. Saison<arbeit, -geschäft>; saisonabhängig <Preise>

seasonal af'fective disorder /si:zənl ə'fektɪv dɪsɔ:də(r)/ n. (Med.) saisonabhängige Depression

'**seasoned** adj. (fig.) erfahren

'**seasoning** n. Gewürze Pl.; Würze, die

'**season ticket** n. Dauerkarte, die

✧ **seat** /si:t/ **A** n. 1 Sitzgelegenheit, die; (in vehicle, cinema, etc.) Sitz, der; (of toilet) [Klosett]brille, die (ugs.)

2 (place) Platz, der; (in vehicle) [Sitz]platz, der; have or take a ~ sich [hin]setzen

3 (part of chair) Sitzfläche, die

4 (buttocks) Gesäß, das; (part of clothing) Gesäßpartie, die; (of trousers) Sitz, der

B v.t. 1 (cause to sit) setzen; <Platzanweiser:> einen Platz anweisen (+ Dat.); ~ oneself sich setzen

2 (have ~s for) Sitzplätze bieten (+ Dat.); ~ 500 people 500 Sitzplätze haben

'**seat belt** n. Sicherheitsgurt, der

'**seat-belt tensioner** /'tenʃnə(r)/ n. Gurtstraffer, der

'**seated** adj. sitzend; remain ~ sitzen bleiben

'**seating** n. Sitzplätze Pl.; attrib. Sitz<ordnung, -plan>

sea: ~ **urchin** n. Seeigel, der; ~ **wall** n. Strandmauer, die; ~ **water** n. Meerwasser, das; ~**weed** n. [See]tang, der; ~**worthy** adj. seetüchtig

secateurs /sekə'tɜ:z/ n. pl. (BrE) Gartenschere, die

secluded /sɪ'klu:dɪd/ adj. (hidden) versteckt; (isolated) abgelegen; zurückgezogen <Leben>

seclusion /sɪ'klu:ʒn/ n. (remoteness) Abgelegenheit, die; (privacy) Zurückgezogenheit, die

✧ **second¹** /'sekənd/ **A** adj. zweit...; ~ largest/ highest etc. zweitgrößt.../-höchst... usw.; come/be ~ Zweiter/Zweite werden/sein

B n. 1 (unit of time or angle) Sekunde, die

2 (infml) (moment) Sekunde, die (ugs.); wait a few ~s einen Moment warten; in a ~ (immediately) sofort (ugs.); (very quickly) im Nu

(ugs.); just a ~! (infml) einen Moment!

3 the ~ (in sequence, rank) der/die/das Zweite

4 in pl. (helping of food) zweite Portion

C v.t. (support) unterstützen

second² /sɪ'kɒnd/ v.t. (transfer) vorübergehend versetzen

secondary /'sekəndərɪ/ adj. (of less importance) zweitrangig; Neben<sache>; be ~ to sth einer Sache (Dat.) untergeordnet sein

'**secondary school** n. höhere Schule

second: ~-**best** **A** /---/ adj. zweitbest...

B /--'-/ n. Zweitbeste, der/die/das; ~-**class** **A** /---/ adj. (of lower class) zweiter Klasse nachgestellt; Zweite[r]-Klasse-<Fahrkarte, Abteil, Post, Brief usw.>

B /--'-/ adv. zweiter Klasse <fahren>; ~-**class** '**stamp** n.: Briefmarke für einen Zweiter-Klasse-Brief; ~ '**floor** ▸ floor A2; ~ **hand** n. Sekundenzeiger, der; ~-**hand** **A** /---/ adj. 1 gebraucht <Kleidung, Auto usw.>; antiquarisch <Buch>

2 (selling used goods) Gebrauchtwaren-; Secondhand<laden>

3 <Nachrichten, Bericht> aus zweiter Hand

B /--'-/ adv. aus zweiter Hand; ~ '**home** n. Zweitwohnung, die

'**secondly** adv. zweitens

second: ~ **name** n. Nachname, der; ~-'**rate** adj. zweitklassig; ~ '**thoughts** n. pl. have ~ thoughts es sich (Dat.) anders überlegen (about mit); we've had ~ thoughts about buying it wir wollen es nun doch nicht kaufen; but on ~ thoughts ... wenn ich's mir [noch mal] überlege, ...

secrecy /'si:krɪsɪ/ n. 1 (keeping of secret) Geheimhaltung, die

2 (secretiveness) Heimlichtuerei, die

3 in ~ im Geheimen

secret /'si:krɪt/ **A** adj. geheim; Geheim<fach, -tür, -abkommen, -kode>; heimlich <Trinker, Liebhaber>; keep sth ~ etw. geheim halten (from vor + Dat.)

B n. 1 Geheimnis, das; make no ~ of sth kein Geheimnis aus etw. machen; (fig.) keinen Hehl aus etw. machen; keep ~s/ a ~ schweigen (fig.)

2 in ~ im Geheimen

secret 'agent n. Geheimagent, der/-agentin, die

secretarial /sekrə'teərɪəl/ adj. Sekretärinnen<kursus, -tätigkeit>; <Arbeit> als Sekretärin

✧ **secretary** /'sekrətərɪ/ n. Sekretär, der/ Sekretärin, die

secret 'ballot n. geheime Abstimmung

secretive /'si:krɪtɪv/ adj. verschlossen <Person>; be ~ geheimnisvoll tun (about mit)

'**secretly** adv. heimlich; insgeheim <etw. glauben>

sect /sekt/ n. Sekte, die

✧ **section** /'sekʃn/ n. 1 (part cut off) Abschnitt, der; Stück, das; (part of divided whole) Teil, der

2 (of firm) Abteilung, die; (of organization)

Sektion, *die*

3 (of chapter, book) Abschnitt, *der*; (of statute etc.) Paragraph, *der*

◆ **sector** /'sektə(r)/ *n*. Sektor, *der*

secular /'sekjʊlə(r)/ *adj*. weltlich

◆ **secure** /sɪ'kjʊə(r)/ **A** *adj*. sicher; (firmly fastened) fest; ~ **against burglars** gegen Einbruch geschützt

B *v.t*. **1** sichern (**for** *Dat*.); beschaffen <*Auftrag*> (**for** *Dat*.); (for oneself) sich (*Dat*.) sichern

2 (fasten) sichern

se'curely *adv*. (firmly) fest <*verriegeln, zumachen*>; sicher <*befestigen, untergebracht sein*>

◆ **security** /sɪ'kjʊərɪtɪ/ *n*. **1** Sicherheit, *die*; ~ **[measures]** Sicherheitsmaßnahmen *Pl*.

2 (Finance) **securities** *pl*. Wertpapiere *Pl*.

security: ~ **check** *n*. Sicherheitskontrolle, *die*; ~ **forces** *n. pl*. Sicherheitskräfte *Pl*.; ~ **guard** *n*. Wächter, *der*/Wächterin, *die*; ~ **risk** *n*. Sicherheitsrisiko, *das*; ~ **van** *n*. gepanzerter Transporter; (for money) Geldtransporter, *der*

sedan /sɪ'dæn/ *n*. (AmE) (Motor Veh.) Limousine, *die*

sedate /sɪ'deɪt/ **A** *adj*. bedächtig; gesetzt <*alte Dame*>; gemächlich <*Tempo, Leben*>

B *v.t*. sedieren

sedation /sɪ'deɪʃn/ *n*. Sedation, *die*; **be under** ~ sediert sein

sedative /'sedətɪv/ **A** *n*. Beruhigungsmittel, *das*

B *adj*. sedativ

sedentary /'sedntərɪ/ *adj*. sitzend

sediment /'sedɪmənt/ *n*. Ablagerung, *die*; (of tea, coffee, etc.) Bodensatz, *der*

seduce /sɪ'dju:s/ *v.t*. verführen

seduction /sɪ'dʌkʃn/ *n*. Verführung, *die*

seductive /sɪ'dʌktɪv/ *adj*. verführerisch; verlockend <*Angebot*>

◆ **see** /si:/ **A** *v.t*., **saw** /sɔ:/, **seen** /si:n/ **1** sehen; **I can** ~ **it's hard for you** ich verstehe, dass es nicht leicht für dich ist; **I** ~ **what you mean** ich verstehe[, was du meinst]

2 (meet [with]) sehen; treffen; (meet socially) sich treffen mit; **I'll** ~ **you there/at five** wir sehen uns dort/um fünf; ~ **you!**, **[I'll] be** ~**ing you!** (infml) bis bald! (ugs.)

3 (speak to) sprechen <*Person*> (**about** wegen); (visit) gehen zu <*Arzt, Anwalt usw.*>; (receive) empfangen

4 (find out) feststellen; (by looking) nachsehen

5 (make sure) ~ **[that]** ... darauf achten, dass ...

6 (imagine) sich (*Dat*.) vorstellen

7 (escort) begleiten

B *v.i*., **saw**, **seen 1** sehen

2 (make sure) nachsehen

3 I ~ ich verstehe; **you** ~ weißt du/wisst ihr/wissen Sie

◆ Schlüsselwort

■ '~ **about** *v.t*. sich kümmern um

■ ~ **'off** *v.t*. **1** (say goodbye to) verabschieden

2 (chase away) vertreiben

■ ~ **'out** *v.t*. (escort) hinausbegleiten (**of** aus); ~ **oneself out** allein hinausfinden

■ ~ **'through** *v.t*. **1** /'--/ hindurchsehen durch; (fig.) durchschauen

2 /-'-/ (not abandon) zu Ende bringen

■ '~ **to** *v.t*. sich kümmern um

◆ **seed** /si:d/ **A** *n*. **1** Samen, *der*; (of grape etc.) Kern, *der*

2 *no pl., no indef. art*. (~s collectively) Samen[körner] *Pl*.; (as collected for sowing) Saatgut, *das*; (for birds) Körner *Pl*.; **go** *or* **run to** ~ Samen bilden; (fig.) herunterkommen (ugs.)

3 (Sport) gesetzter Spieler/gesetzte Spielerin

B *v.t*. **1** (place ~s in) besäen

2 (Sport) setzen <*Spieler*>; **be** ~**ed number one** als Nummer eins gesetzt werden/sein

'**seed bed** *n*. [Saat]beet, *das*

'**seedless** *adj*. kernlos

seedling /'si:dlɪŋ/ *n*. Sämling, *der*

'**seedy** *adj*. **1** (infml) (unwell) **feel** ~ sich [leicht] angeschlagen fühlen

2 (shabby) schäbig, (ugs.) vergammelt <*Aussehen*>; heruntergekommen <*Stadtteil*>

3 (disreputable) zweifelhaft

'**seeing** *conj*. ~ **[that]** ... in Anbetracht dessen, dass ...

◆ **seek** /si:k/ *v.t*., **sought** /sɔ:t/ suchen; anstreben <*Posten, Amt*>; sich bemühen um <*Anerkennung, Interview, Einstellung*>; (try to reach) aufsuchen

◆ **seem** /si:m/ *v.i*. scheinen; **you** ~ **tired** du wirkst müde; **she** ~**s nice** sie scheint nett zu sein

'**seeming** *adj*. scheinbar

'**seemingly** *adv*. **1** (evidently) offensichtlich

2 (to outward appearance) scheinbar

seemly /'si:mlɪ/ *adj*. schicklich

seen ▸ **see**

seep /si:p/ *v.i*. ~ **[away]** [ab]sickern

'**see-saw** *n*. Wippe, *die*

seethe /si:ð/ *v.i*. **1** ~ **[with anger/inwardly]** vor Wut/innerlich schäumen

2 <*Straßen usw.*:> wimmeln (**with** von)

'**see-through** *adj*. durchsichtig

segment /'segmənt/ *n*. (of orange, pineapple, etc.) Scheibe, *die*

segregate /'segrɪgeɪt/ *v.t*. trennen; (racially) absondern

segregation /segrɪ'geɪʃn/ *n*. Trennung, *die*; **[racial]** ~ Rassentrennung, *die*

seismic /'saɪzmɪk/ *adj*. seismisch

seize /si:z/ **A** *v.t*. **1** ergreifen; ~ **power** die Macht ergreifen; ~ **sb by the arm/collar** jmdn. am Arm/Kragen packen; ~ **the opportunity [to do sth]** die Gelegenheit ergreifen [und etw. tun]; ~ **any/a** *or* **the chance [to do sth]** jede/die Gelegenheit nutzen[, um etw. zu tun]; **be** ~**d with**

s

remorse/panic von Gewissensbissen geplagt/ von Panik ergriffen werden
2 (capture) gefangen nehmen ‹*Person*›; kapern ‹*Schiff*›; mit Gewalt übernehmen ‹*Flugzeug, Gebäude*›; einnehmen ‹*Festung, Brücke*›
3 (confiscate) beschlagnahmen
B *v.i.* ▸ seize up
■ '∼ **on** *v.t.* sich (*Dat.*) vornehmen ‹*Einzelheit, Aspekt, Schwachpunkt*›; aufgreifen ‹*Idee, Vorschlag*›
■ ∼ '**up** *v.i.* sich festfressen
seizure /ˈsiːʒə(r)/ *n.* **1 A** Gefangennahme, *die*; Kapern, *das*; Übernahme, *die*; Einnahme, *die*; Beschlagnahme, *die*
2 (Med.) Anfall, *der*
seldom /ˈseldəm/ *adv.* selten
✓ **select** /sɪˈlekt/ **A** *adj.* ausgewählt
    B *v.t.* auswählen
✓ **selection** /sɪˈlekʃn/ *n.* **1** (what is selected [from]) Auswahl, *die* (of an + *Dat.*) (from aus)
2 (act of choosing) [Aus]wahl, *die*
selective /sɪˈlektɪv/ *adj.* (using selection) selektiv; (careful in one's choice) wählerisch
✓ **self** /self/ *n.*, *pl.* **selves** [selvz] Selbst, *das* (geh.); Ich, *das*
self- *pref.* selbst-/Selbst-
self: ∼-**ab'sorbed** *adj.* mit sich selbst beschäftigt; ∼-**addressed 'envelope** *n.* adressierter Rückumschlag; ∼-**ad'hesive** *adj.* selbstklebend; ∼-**ap'pointed** *adj.* selbst ernannt; ∼-**as'surance** *n.* Selbstsicherheit, *die*; ∼-**as'sured** *adj.* selbstsicher; ∼-**a'wareness** *n.* Selbsterkenntnis, *die*; ∼-**'catering A** *adj.* mit Selbstversorgung *nachgestellt* **B** *n.* Selbstversorgung, *die*; ∼-**'centred** *adj.* egozentrisch; ∼-**con'fessed** *adj.* erklärt; ∼-**'confidence** *n.* Selbstbewusstsein, *das*; ∼-**'confident** *adj.* selbstbewusst; ∼-**'conscious** *adj.* unsicher; ∼-**'consciousness** *n.* Unsicherheit, *die*; ∼-**con'tained** *adj.* abgeschlossen ‹*Wohnung*›; ∼-**con'trol** *n.* Selbstbeherrschung, *die*; ∼-**con'trolled** *adj.* voller Selbstbeherrschung *nachgestellt*; ∼-**'critical** *adj.* selbstkritisch; ∼-**de'ception** *n.* Selbsttäuschung, *die*; ∼-**de'feating** *adj.* unsinnig; ∼-**de'fence** *n.* Notwehr, *die*; in ∼-**defence** aus Notwehr; ∼-**de'lusion** *n.* Selbsttäuschung, *die*; ∼-**de'nial** *n.* Selbstverleugnung, *die*; ∼-**de'structive** *adj.* selbstzerstörerisch; ∼-**'discipline** *n.* Selbstdisziplin, *die*; ∼-**'drive** *adj.* ∼-**drive hire [company]** Autovermietung, *die*; ∼-**drive vehicle** Mietwagen, *der*; ∼-**em'ployed** *adj.* selbstständig; ∼-**e'steem** *n.* Selbstachtung, *die*; ∼-**'evident** *adj.* offenkundig; ∼-**ex'planatory** *adj.* ohne weiteres verständlich; **be** ∼-**explanatory** für sich selbst sprechen; ∼-**ful'filling** *adj.* zur eigenen Bestätigung mit beitragend; ∼-**'help** *n.* Selbsthilfe, *die*; ∼-**im'portant** *adj.* eingebildet; ∼-**in'dulgent** *adj.* maßlos;

∼-**in'flicted** *adj.* selbst beigebracht ‹*Wunde*›; selbst auferlegt ‹*Strafe*›; ∼-**'interest** *n.* Eigeninteresse, *das*
'selfish *adj.*, **'selfishly** *adv.* selbstsüchtig
'selfishness *n.* Selbstsucht, *die*
self-'knowledge *n.* Selbstkenntnis, *die*
selfless /ˈselflɪs/ *adj.* selbstlos
self: ∼-**'motivated** *adj.* von sich aus motiviert; ∼-**ob'sessed** *adj.* ichbesessen; ∼-**o'pinionated** *adj.* eingebildet; ∼-**'pity** *n.* Selbstmitleid, *das*; ∼-**'portrait** *n.* Selbstporträt, *das*; ∼-**pos'sessed** *adj.* selbstbeherrscht; ∼-**preser'vation** *n.* Selbsterhaltung, *die*; ∼-**'raising flour** *n.* (BrE) mit Backpulver versetztes Mehl; ∼-**re'liant** *adj.* selbstbewusst; ∼-**re'spect** *n.* Selbstachtung, *die*; ∼-**re'specting** *adj.* no ∼-**respecting person** ... niemand, der etwas auf sich hält, ...; ∼-**'righteous** *adj.* selbstgerecht; ∼-**'sacrifice** *n.* Selbstaufopferung, *die*; ∼-**'satisfied** *adj.* selbstzufrieden; (smug) selbstgefällig; ∼-**'service** *n.* Selbstbedienung, *die*; *attrib.* Selbstbedienungs-; ∼-**suf'ficient** *adj.* unabhängig; selbstständig ‹*Person*›; ∼-**'taught** *adj.* autodidaktisch; ∼-**taught person** Autodidakt, *der*/Autodidaktin, *die*; ∼-**'willed** *adj.* eigenwillig
✓ **sell** /sel/ **A** *v.t.*, **sold** /səʊld/ ∼ **sth to sb**, ∼ **sb sth** jmdm. etw. verkaufen; **be sold out** ausverkauft sein
    B *v.i.*, **sold** sich verkaufen; ‹*Person*:› verkaufen
■ ∼ '**off** *v.t.* verkaufen
■ ∼ '**out A** *v.t.* **1** ausverkaufen
2 (infml) (betray) verraten
    B *v.i.* **we have** *or* **are sold out** wir sind ausverkauft
'sell-by date *n.* ≈ Mindesthaltbarkeitsdatum, *das*
'seller *n.* **1** Verkäufer, *der*/Verkäuferin, *die*
2 (product) **be a good/slow** ∼ sich gut/nur langsam verkaufen
'selling point *n.* **a [good]** ∼ (fig.) ein Pluspunkt
Sellotape® /ˈseləteɪp/ **A** *n.* ≈ Tesafilm®, *der*
    B *v.t.* mit Tesafilm kleben
'sell-out *n.* **be a** ∼ ausverkauft sein; (infml) (betrayal) Verrat sein
selves *pl. of* self
semaphore /ˈseməfɔː(r)/ **A** *n.* (system) Winken, *das*
    B *v.i.* ∼ **to sb** jmdm. ein Winksignal übermitteln
semblance /ˈsembləns/ *n.* Anschein, *der*
semen /ˈsiːmən/ *n.* Samen, *der*
semester /sɪˈmestə(r)/ *n.* Semester, *das*
semi- /semɪ/ *pref.* halb-/Halb-
semi: ∼-**bold** *adj.* (Printing) halbfett; ∼-**breve** *n.* (BrE) (Mus.) ganze Note; ∼-**circle** *n.* Halbkreis, *der*; ∼-**'circular** *adj.*

S

halbkreisförmig; ~**'colon** n. Semikolon,
das; ~-**de'tached** adj. & n. ~-detached
[house] Doppelhaushälfte, die; ~-**'final** n.
Halbfinale, das

seminar /'semɪnɑː(r)/ n. Seminar, das

semi: ~-**'precious** adj. ~-precious stone
Halbedelstein, der; ~-**skimmed** A adj.
teilentrahmt

B n. teilentrahmte Milch; ~**tone** n. (Mus.)
Halbton, der

semolina /seməˈliːnə/ n. Grieß, der

senate /'senət/ n. Senat, der

senator /'senətə(r)/ n. Senator, der

⚜ **send** /send/ v.t., **sent** /sent/ schicken; senden
(geh.)

■ ~ a**'way** A v.t. wegschicken

B v.i. ~ away [to sb] for sth etw. [bei jmdm.]
anfordern

■ ~ **'back** v.t. zurückschicken

■ '~ **for** v.t. 1 (tell to come) holen lassen; rufen
<Polizei, Arzt usw.>

2 (order from elsewhere) anfordern

■ ~ **'off** A v.t. 1 (dispatch) abschicken <Sache>

2 (Sport) vom Platz stellen

B v.i. ▶ send away B

■ ~ **'up** v.t. (BrE) (infml) (parody) parodieren

'sender n. Absender, der

'send-off n. Verabschiedung, die

senile /'siːnaɪl/ adj. senil

senile de'mentia n. senile Demenz

senility /sɪˈnɪlɪtɪ/ n. Senilität, die

⚜ **senior** /'siːnɪə(r)/ A adj. 1 (older) älter

2 höher <Rang, Beamter, Stellung>; leitend
<Angestellter, Stellung>

B n. (older) Ältere, der/die; (of higher rank)
Vorgesetzte, der/die

senior 'citizen n. Senior, der/Seniorin, die

seniority /siːnɪˈɒrɪtɪ/ n. (greater length of service)
höheres Dienstalter; (higher rank) höherer
Rang

senior: ~ **'management** n. oberer
Führungskreis; ~ **'manager** n. obere
Führungskraft; ~ **'partner** n. Seniorpartner,
der/-partnerin, die

sensation /sen'seɪʃn/ n. 1 (feeling) Gefühl, das

2 (person, event, etc.) Sensation, die

sensational /sen'seɪʃənl/ adj. sensationell

sensationalism /sen'seɪʃənəlɪzm/ n.
Sensationshascherei, die

sensationalist /sen'seɪʃənəlɪst/ adj.
sensationslüstern

sensationalize /sen'seɪʃənəlaɪz/ v.t. ~ sth
etw. zur Sensation aufbauschen

⚜ **sense** /sens/ A n. 1 (faculty) Sinn, der;
~ of smell/touch/taste Geruchs-/Tast-/
Geschmackssinn, der; come to one's ~s das
Bewusstsein wiedererlangen

2 in pl. (normal state of mind) Verstand, der;
have taken leave of one's ~s den Verstand
verloren haben

⚜ Schlüsselwort

3 (consciousness) Gefühl, das; ~ of
responsibility/guilt Verantwortungs-/
Schuldgefühl, das

4 (practical wisdom) Verstand, der; sound or
good ~ [gesunder Menschen]verstand; not
have the ~ to do sth nicht so schlau sein,
etw. zu tun; there is no ~ in doing that es
hat keinen Sinn, das zu tun

5 (meaning) Sinn, der; (of word) Bedeutung,
die; make ~ einen Sinn ergeben; in a or one
~ in gewisser Hinsicht; make ~ of sth etw.
verstehen

B v.t. spüren

'senseless adj. 1 (unconscious) bewusstlos

2 (purposeless) sinnlos

sensible /'sensɪbl/ adj. 1 (reasonable) vernünftig

2 (practical) zweckmäßig

sensibly /'sensɪblɪ/ adv. 1 (reasonably) vernünftig

2 (practically) zweckmäßig

sensitive /'sensɪtɪv/ adj. empfindlich; be ~
to sth empfindlich auf etw. (Akk.) reagieren

sensitivity /sensɪˈtɪvɪtɪ/ n. Empfindlichkeit,
die

sensory /'sensərɪ/ adj. Sinnes-

sensual /'sensjʊəl/ adj. sinnlich

sensuous /'sensjʊəs/ adj. sinnlich

sent ▶ send

⚜ **sentence** /'sentəns/ A n. 1 (Law) [Straf]urteil,
das

2 (Ling.) Satz, der

B v.t. verurteilen (to zu)

sentiment /'sentɪmənt/ n. 1 Gefühl, das

2 (sentimentality) Sentimentalität, die

3 (thought) Gedanke, der

sentimental /sentɪˈmentl/ adj. sentimental

sentimentality /sentɪmenˈtælɪtɪ/ n.
Sentimentalität, die

sentimentalize /sentɪˈmentəlaɪz/ v.t.
sentimental darstellen

sentry /'sentrɪ/ n. Wache, die

separable /'sepərəbl/ adj. trennbar

⚜ **separate** A /'sepərət/ adj. verschieden
<Fragen, Probleme, Gelegenheiten>; gesondert
<Teil>; separat <Eingang, Toilette, Blatt Papier,
Abteil>; (one's own, individual) eigen <Zimmer,
Identität, Organisation>; keep two things ~
zwei Dinge auseinander halten

B /'sepəreɪt/ v.t. trennen; they are ~d (no
longer live together) sie leben getrennt

C /'sepəreɪt/ v.i. 1 (disperse) sich trennen

2 <Ehepaar:> sich trennen

separately /'sepərətlɪ/ adv. getrennt

separation /sepəˈreɪʃn/ n. Trennung, die

Sept. abbr. = **September** Sept.

⚜ **September** /sep'tembə(r)/ n. September,
der; see also August

septic /'septɪk/ adj. septisch; go ~ eitrig
werden

sequel /'siːkwl/ n. 1 (consequence, result) Folge,
die (to von)

2 (continuation) Fortsetzung, die

sequence /'si:kwəns/ *n.* **1** Reihenfolge, *die*
2 (part of film) Sequenz, *die*

sequin /'si:kwɪn/ *n.* Paillette, *die*

Serbia /'sɜ:bɪə/ *pr. n.* Serbien, *das*

Serbian /'sɜ:bɪən/ **A** *adj.* serbisch; **sb is ~**
jmd. ist Serbe/Serbin
B *n.* **1** (Ling.) serbischer Dialekt
2 (person) Serbe, *der*/Serbin, *die*; *see also*
English B1

serenade /serə'neɪd/ **A** *n.* Ständchen, *das*
B *v.t.* **~ sb** jmdm. ein Ständchen bringen

serene /sɪ'ri:n/ *adj.* gelassen

serenity /sɪ'renɪtɪ/ *n.* Gelassenheit, *die*

sergeant /'sɑ:dʒənt/ *n.* (Mil.) Unteroffizier,
der; (police officer) ≈ Polizeimeister, *der*

sergeant 'major *n.* ≈ [Ober]stabsfeldwebel,
der

serial /'sɪərɪəl/ *n.* Fortsetzungsgeschichte, *die*;
(Radio, Telev.) Serie, *die*

serialize /'sɪərɪəlaɪz/ *v.t.* in Fortsetzungen
veröffentlichen; (Radio, Telev.) in
Fortsetzungen senden

'serial killer *n.* Serienmörder, *der*

✒ **series** /'sɪəri:z, 'sɪərɪz/ *n., pl. same* **1** (sequence)
Reihe, *die*; (of events, misfortunes) Folge, *die*
2 (set of successive issues) Serie, *die*; **radio/TV ~**
Hörfunkreihe/Fernsehserie, *die*
3 (set of books) Reihe, *die*

✒ **serious** /'sɪərɪəs/ *adj.* **1** (earnest) ernst
2 (important, grave) ernst ‹*Angelegenheit,
Lage, Problem, Zustand*›; schwer ‹*Krankheit,
Unfall, Fehler, Niederlage*›; ernst zu
nehmend ‹*Rivale*›; ernstlich ‹*Gefahr,
Bedrohung*›; bedenklich ‹*Mangel*›

✒ **'seriously** *adv.* **1** (earnestly) ernst; **take sth/sb
~** etw./jmdn. ernst nehmen
2 (severely) ernstlich; schwer ‹*verletzt*›

'seriousness *n.* Ernst, *der*; **in all ~** ganz im
Ernst

sermon /'sɜ:mən/ *n.* Predigt, *die*

serpent /'sɜ:pənt/ *n.* Schlange, *die*

serrated /se'reɪtɪd/ *adj.* gezackt; **~ knife**
Sägemesser, *das*

serum /'sɪərəm/ *n.* Serum, *das*

servant /'sɜ:vənt/ *n.* Diener, *der*/Dienerin,
die

✒ **serve** /sɜ:v/ **A** *v.t.* **1** (work for) dienen (+ *Dat.*)
2 (be useful to) dienlich sein (+ *Dat.*)
3 (meet needs of) nutzen (+ *Dat.*); **~ a/no
purpose** einen Zweck erfüllen/keinen
Zweck haben
4 durchlaufen ‹*Lehre*›; verbüßen ‹*Haftstrafe*›
5 (dish up) servieren; (pour out) einschenken
(to *Dat.*)
6 ~[s] or it ~s him right! [das] geschieht
ihm recht!
B *v.i.* **1** dienen; **~ as chairman** das Amt des
Vorsitzenden innehaben; **~ as a Member of
Parliament** Mitglied des Parlaments sein; **~
on a jury** Geschworener/Geschworene sein
2 (be of use) **~ to do sth** dazu dienen, etw. zu

tun; **~ to show sth** etw. zeigen; **~ for** *or* **as**
dienen als
3 (Sport) aufschlagen
C *n.* ▸ **service A7**
■ **~ 'up** *v.t.* **1** servieren
2 (offer for consideration) auftischen (ugs.)

server /'sɜ:və(r)/ *n.* (Comp.) Server, *der*

✒ **service** /'sɜ:vɪs/ **A** *n.* **1** Dienst, *der*; **do sb a ~**
jmdm. einen guten Dienst erweisen
2 (Eccl.) Gottesdienst, *der*
3 (attending to customer) Service, *der*; (in shop,
garage, etc.) Bedienung, *die*
4 (system of transport) Verbindung, *die*; **there is
no [bus] ~ on Sundays** sonntags verkehren
keine Busse
5 (provision of maintenance) **[after-sale] ~**
Kundendienst, *der*; **take one's car in for a ~**
sein Auto zur Inspektion bringen
6 (operation) Betrieb, *der*; **out of ~** außer
Betrieb
7 (Sport) Aufschlag, *der*; **whose ~ is it?** wer
hat Aufschlag?
8 (crockery set) Service, *das*
9 (assistance) **can I be of ~ [to you]?** kann
ich Ihnen behilflich sein?; **I'm at your ~** ich
stehe zu Ihren Diensten
10 (Mil.) **the [armed** *or* **fighting] ~s** die
Streitkräfte *Pl.*; **in the ~s** beim Militär
11 [motorway] ~s [Autobahn]raststätte, *die*
B *v.t.* warten ‹*Wagen, Waschmaschine,
Heizung*›

serviceable /'sɜ:vɪsəbl/ *adj.* **1** (useful) nützlich
2 (durable) haltbar

service: ~ area *n.* Raststätte, *die*; **~
charge** *n.* Bedienungsgeld, *das*; **~
hatch** *n.* Durchreiche, *die*; **~ industry**
n. Dienstleistungsbetrieb, *der*; **~man**
/'sɜ:vɪsmən/ *n. pl.* **~men** /'sɜ:vɪsmən/
Militärangehörige, *der*; **~ provider** *n.*
(Comp.) Provider, *der*; **Internet ~ provider**
Internetanbieter, *der*; **~ station** *n.*
Tankstelle, *die*

serviette /sɜ:vɪ'et/ *n.* (BrE) Serviette, *die*

servile /'sɜ:vaɪl/ *adj.* unterwürfig

servility /sɜ:'vɪlɪtɪ/ *n.* Unterwürfigkeit, *die*

serving /'sɜ:vɪŋ/ *n.* Portion, *die*

'serving spoon *n.* Vorlegelöffel, *der*

servitude /'sɜ:vɪtju:d/ *n.* Knechtschaft, *die*

sesame /'sesəmɪ/ *n.* **~ [seed]** Sesamkorn, *das*

✒ **session** /'seʃn/ *n.* (meeting) Sitzung, *die*; **be in
~** tagen

✒ **set** /set/ **A** *v.t.*, **-tt-**, **~ 1** (put) (horizontally)
legen; (vertically) stellen; **~ sb ashore** jmdn.
an Land setzen; **~ sth/things right** *or* **in
order** etw./die Dinge in Ordnung bringen
2 (apply) setzen; **~ a match to sth** ein
Streichholz an etw. (*Akk.*) halten; *see also*
fire A1, light¹ A4
3 (adjust) einstellen (at auf + *Akk.*);
aufstellen ‹*Falle*›; stellen ‹*Uhr*›; **~ the
alarm for 5.30 a.m.** den Wecker auf 5.30 Uhr
stellen
4 be ~ ‹*Buch, Film:*› spielen (in in + *Dat.*)

5 (specify) festlegen ⟨*Bedingungen*⟩; festsetzen ⟨*Termin, Ort usw.*⟩ (for auf + *Akk.*); ∼ **limits** Grenzen setzen
6 ∼ **sb thinking that ...** jmdn. auf den Gedanken bringen, dass ...
7 (put forward) stellen ⟨*Frage, Aufgabe*⟩; aufgeben ⟨*Hausaufgabe*⟩; aufstellen ⟨*Rekord*⟩; (compose) zusammenstellen ⟨*Rätsel, Fragen*⟩; ∼ **sb an example,** ∼ **an example to sb** jmdm. ein Beispiel geben; ∼ **sb a task/problem** jmdm. eine Aufgabe stellen/jmdn. vor ein Problem stellen; ∼ **[sb/oneself] a target** [jmdm./sich] ein Ziel setzen
8 (Med.) (put into place) [ein]richten; einrenken ⟨*verrenktes Gelenk*⟩
9 legen ⟨*Haare*⟩
10 decken ⟨*Tisch*⟩; auflegen ⟨*Gedeck*⟩
11 fassen ⟨*Edelstein*⟩
B *v.i.,* **-tt-,** ∼ **1** (solidify) fest werden
2 (go down) ⟨*Sonne, Mond:*⟩ untergehen
C *n.* **1** (group) Satz, *der;* ∼ **[of two]** Paar, *das;* **a** ∼ **of chairs** eine Sitzgruppe
2 (Radio, TV) Gerät, *das*
3 (Tennis) Satz, *der*
4 (of hair) Legen, *das*
5 (Theatre) (scenery) Bühnenbild, *das;* (area of performance) (of film) Drehort, *der;* (of play) Bühne, *die*
6 (of people) Kreis, *der*
7 (Math.) Menge, *die*
D *adj.* **1** (fixed) fest ⟨*Absichten, Zielvorstellungen, Zeitpunkt*⟩; **be** ∼ **in one's ways** *or* **habits** in seinen Gewohnheiten festgefahren sein; ∼ **meal** *or* **menu** Menü, *das*
2 vorgeschrieben ⟨*Buch, Lektüre*⟩
3 (ready) **be [all]** ∼ **for sth** zu etw. bereit sein; **be [all]** ∼ **to do sth** bereit sein, etw. zu tun
4 (determined) **be** ∼ **on sth/doing sth** zu etw. entschlossen sein/entschlossen sein, etw. zu tun
■ '∼ **about** *v.t.* ∼ **about sth** sich an etw. (*Akk.*) machen; ∼ **about doing sth** sich daranmachen, etw. zu tun
■ ∼ **a'side** *v.t.* **1** beiseite legen
2 aufheben ⟨*Urteil, Entscheidung*⟩
■ ∼ **'back** *v.t.* **1** aufhalten ⟨*Entwicklung*⟩; zurückwerfen ⟨*Projekt, Programm*⟩
2 (infml) (cost) kosten ⟨*Person*⟩
3 (place at a distance) zurücksetzen
■ ∼ **'down** *v.t.* **1** absetzen ⟨*Fahrgast*⟩
2 (record) niederschreiben
■ ∼ **'off** **A** *v.i.* (begin journey) aufbrechen; (start to move) loslaufen; ⟨*Fahrzeug:*⟩ losfahren
B *v.t.* **1** (cause to explode) explodieren lassen; abbrennen ⟨*Feuerwerk*⟩
2 auslösen ⟨*Reaktion, Alarmanlage*⟩
■ ∼ **'out** **A** *v.i.* **1** (begin journey) aufbrechen (for nach/zu)
2 ∼ **out to do sth** sich (*Dat.*) vornehmen, etw. zu tun
B *v.t.* darlegen

♂ Schlüsselwort

■ ∼ **'up** **A** *v.t.* **1** errichten ⟨*Straßensperre, Denkmal*⟩; aufbauen ⟨*Zelt, Klapptisch*⟩
2 (establish) gründen ⟨*Firma, Organisation*⟩; einrichten ⟨*Büro*⟩
B *v.i.* ∼ **up in business** ein Geschäft aufmachen
'setback *n.* Rückschlag, *der*
settee /se'ti:/ *n.* Sofa, *das*
♂ **'setting** *n.* **1** (Mus.) Vertonung, *die*
2 (surroundings) Rahmen, *der;* (of novel etc.) Schauplatz, *der*
'setting lotion *n.* Haarfestiger, *der*
♂ **settle** /'setl/ **A** *v.t.* **1** (horizontally) [sorgfältig] legen; (vertically) [sorgfältig] stellen; (at an angle) [sorgfältig] lehnen
2 (determine, resolve) sich einigen auf ⟨*Preis*⟩; beilegen ⟨*Streit, Konflikt, Meinungsverschiedenheit*⟩; ausräumen ⟨*Zweifel*⟩; entscheiden ⟨*Frage, Spiel*⟩
3 bezahlen ⟨*Rechnung, Betrag*⟩; erfüllen ⟨*Forderung, Anspruch*⟩; ausgleichen ⟨*Konto*⟩
B *v.i.* **1** (become established) sich niederlassen; (as colonist) sich ansiedeln
2 (pay) abrechnen
3 (in chair, in front of fire, etc.) sich niederlassen; (to work etc.) sich konzentrieren (to auf + *Akk.*); (into way of life, retirement, etc.) sich gewöhnen (into an + *Akk.*)
4 (subside) ⟨*Haus, Fundament, Boden:*⟩ sich senken
5 ⟨*Schnee:*⟩ liegen bleiben
■ ∼ **'down** *v.i.* **1** (make oneself comfortable) sich niederlassen (in in + *Dat.*)
2 (in town or house) heimisch werden
B *v.t.* **1** ∼ **oneself down** sich [gemütlich] hinsetzen
2 (calm down) beruhigen
■ '∼ **for** *v.t.* (agree to) sich zufrieden geben mit
■ ∼ **'in** *v.i.* (in new home) sich einleben
■ '∼ **on** *v.t.* (decide on) sich entscheiden für
■ ∼ **'up** *v.i.* abrechnen; ∼ **up with the waiter** beim Kellner bezahlen
'settlement *n.* **1** (of argument, conflict, dispute, differences) Beilegung, *die;* (of question) Klärung, *die;* (of bill, account) Bezahlung, *die;* (of court case) Vergleich, *der*
2 (colony) Siedlung, *die*
settler /'setlə(r)/ *n.* Siedler, *der*/Siedlerin, *die*
set-: ∼**-to** *n., pl.* ∼**-tos: have a** ∼**-to** Streit haben; (with fists) sich prügeln; ∼**-up** *n.* System, *das*
♂ **seven** /'sevn/ **A** *adj.* sieben
B *n.* Sieben, *die; see also* eight
seventeen /sevn'ti:n/ **A** *adj.* siebzehn
B *n.* Siebzehn, *die; see also* eight
seventeenth /sevn'ti:nθ/ **A** *adj.* siebzehnt...
B *n.* (fraction) Siebzehntel, *das; see also* eighth
seventh /'sevnθ/ **A** *adj.* sieb[en]t...
B *n.* (in sequence, rank) Sieb[en]te, *der/die/das;* (fraction) Sieb[en]tel, *das; see also* eighth
seventieth /'sevntιθ/ *adj.* siebzigst...
seventy /'sevntι/ **A** *adj.* siebzig
B *n.* Siebzig, *die; see also* eight, eighty B

sever /'sevə(r)/ *v.t.* **1** (cut) durchtrennen; (fig.) abbrechen ‹*Beziehungen*›
2 (separate) abtrennen; (with axe etc.) abhacken

✧ **several** /'sevrl/ **A** *adj.* mehrere; einige; ~ times mehrmals
B *pron.* einige; ~ of us einige von uns; ~ of the buildings einige *od.* mehrere [der] Gebäude

✧ **severe** /sɪ'vɪə(r)/ *adj.*, ~**r** /sɪ'vɪərə(r)/, ~**st** /sɪ'vɪərɪst/ hart ‹*Urteil, Strafe, Kritik, Test, Prüfung*›; streng ‹*Frost, Stil, Schönheit*›; schwer ‹*Dürre, Verlust, Behinderung, Verletzung, Krankheit*›; rau ‹*Wetter*›; heftig ‹*Anfall, Schmerz*›; bedrohlich ‹*Mangel, Knappheit*›; stark ‹*Blutung*›

se'verely *adv.* hart; schwer ‹*verletzt, behindert*›

severity /sɪ'verɪtɪ/ *n.* Strenge, *die*; (of drought, shortage) großes Ausmaß; (of criticism) Schärfe, *die*

sew /səʊ/ *v.t. & i., p.p.* ~**n** /səʊn/ *or* ~**ed** /səʊd/ nähen
■ ~ **'on** *v.t.* annähen ‹*Knopf*›; aufnähen ‹*Abzeichen, Band*›
■ ~ **'up** *v.t.* nähen ‹*Saum, Naht, Wunde*›

sewage /'sjuːɪdʒ/ *n.* Abwasser, *das*

'sewage disposal *n.* Abwasserbeseitigung, *die*

sewer /'sjuːə(r), 'suːə(r)/ *n.* (tunnel) Abwasserkanal, *der*; (pipe) Abwasserleitung, *die*

sewing /'səʊɪŋ/ *n.* Näharbeit, *die*

'sewing machine *n.* Nähmaschine, *die*

sewn ▶ sew

✧ **sex** /seks/ *n.* **1** Geschlecht, *das*
2 (sexuality; (infml) intercourse) Sex, *der* (ugs.); have ~ with sb (infml) mit jmdm. schlafen; Sex mit jmdm. haben (salopp)

sex: ~ **appeal** *n.* Sexappeal, *der*; ~ **change** *n.* Geschlechtsumwandlung, *die*; ~ **discrimination** *n.* sexuelle Diskriminierung; ~ **education** *n.* Sexualerziehung, *die*

sexism /'seksɪzm/ *n.* Sexismus, *der*

sexist /'seksɪst/ *adj.* sexistisch

sex: ~ **life** *n.* Geschlechtsleben, *das*; Sexualleben, *das*; ~ **maniac** *n.* Triebverbrecher, *der*; you ~ maniac! (infml) du geiler Bock! (ugs.); ~ **offender** *n.* Sexual[straf]täter, *der*/-täterin, *die*

sexploitation /seksplɔɪ'teɪʃn/ *n.* [kommerzielle] Ausbeutung der Sexualität

sex: ~ **shop** *n.* Sexshop, *der*; ~ **symbol** *n.* Sexidol, *das*

✧ **sexual** /'sekʃʊəl/ *adj.* sexuell
sexual: ~ **a'buse** *n.* sexueller Missbrauch; ~ **'harassment** *n.* sexuelle Belästigung; ~ **'intercourse** *n.* Geschlechtsverkehr, *der*

sexuality /sekʃʊ'ælɪtɪ/ *n.* Sexualität, *die*

sexual: ~ **'organs** *n. pl.* Geschlechtsorgane *Pl.*; ~ **'partner** *n.* Sexualpartner, *der*/-partnerin, *die*

'sexy *adj.* sexy (ugs.)

sh /ʃ/ *int.* sch; pst

shabbily /'ʃæbɪlɪ/ *adv.*, **shabby** /'ʃæbɪ/ *adj.* schäbig

shack /ʃæk/ *n.* [armselige] Hütte

shackle /'ʃækl/ **A** *n., usu. in pl.* Fessel, *die*
B *v.t.* anketten (**to** an + *Akk.*)

shade /ʃeɪd/ **A** *n.* **1** Schatten, *der*
2 (colour) Ton, *der*; (fig.) Schattierung, *die*
3 (lamp~) [Lampen]schirm, *der*
B *v.t.* **1** (screen) abschatten
2 (darken with lines) ~ **[in]** [ab]schattieren
C *v.i.* übergehen (**into** in + *Akk.*)

shadow /'ʃædəʊ/ **A** *n.* Schatten, *der*
B *v.t.* (follow) beschatten

'shadowy *adj.* (indistinct) schattenhaft

shady /'ʃeɪdɪ/ *adj.* **1** schattig
2 (disreputable) zwielichtig

shaft /ʃɑːft/ *n.* **1** (of tool, golf club) Schaft, *der*
2 (Mech. Engin.) Welle, *die*
3 (of mine, lift) Schacht, *der*
4 (of light, lightning) Strahl, *der*

shaggy /'ʃægɪ/ *adj.* zottelig

✧ **shake** /ʃeɪk/ **A** *n.* Schütteln, *das*; give sb/sth a ~ jmdn./etw. schütteln
B *v.t.*, **shook** /ʃʊk/, **shaken** /'ʃeɪkn/ **1** (move violently) schütteln; ~ one's fist/a stick at sb jmdm. mit der Faust/einem Stock drohen; ~ hands sich (*Dat.*) die Hand geben
2 (cause to tremble) erschüttern ‹*Gebäude usw.*›; ~ one's head den Kopf schütteln
3 (shock) erschüttern
C *v.i.*, **shook**, **shaken** wackeln; ‹*Boden, Stimme:*› beben; ‹*Hand:*› zittern
■ ~ **'off** *v.t.* abschütteln
■ ~ **'up** *v.t.* **1** (upset, shock) einen Schrecken einjagen (+ *Dat.*)
2 (reorganize) umkrempeln (ugs.)

shaken ▶ shake B, C

shaky /'ʃeɪkɪ/ *adj.* wack[e]lig ‹*Möbelstück, Leiter*›; zittrig ‹*Hand, Stimme, Greis*›; feel ~ sich zittrig fühlen

✧ **shall** /ʃl, *stressed* ʃæl/ *v. aux., only in pres.* ~, *neg.* (infml) **shan't** /ʃɑːnt/; *past* **should** /ʃəd, *stressed* ʃʊd/; *neg.* (infml) **shouldn't** /'ʃʊdnt/
1 (expr. simple future) werden
2 should (expr. conditional) würde/ würdest/würden/würdet; I should have been killed if I had let go ich wäre getötet worden, wenn ich losgelassen hätte; if we should be defeated falls wir unterliegen [sollten]
3 (expr. will or intention) what ~ we do? was sollen wir tun?; let's go in, ~ we? gehen wir doch hinein, oder?; we should be safe by now jetzt dürften wir in Sicherheit sein; he shouldn't do things like that! er sollte so etwas nicht tun!

shallot /ʃə'lɒt/ *n.* Schalotte, *die*

shallow /'ʃæləʊ/ *adj.* seicht ‹*Wasser, Fluss*›; flach ‹*Schüssel, Teller, Wasser*›; (fig.) flach ‹*Person*›

sham /ʃæm/ **A** *adj.* unecht; imitiert ‹*Leder, Holz, Pelz*›

S

B *n.* (pretence) Heuchelei, *die*; (person) Heuchler, *der*/Heuchlerin, *die*
C *v.t.*, **-mm-** vortäuschen
D *v.i.*, **-mm-** simulieren
shambles /'ʃæmblz/ *n.* (infml) Chaos, *das*; the room was a ~ das Zimmer glich einem Schlachtfeld
shambolic /ʃæm'bɒlɪk/ *adj.* (infml) chaotisch
shame /ʃeɪm/ *n.* **1** Scham, *die*
2 (state of disgrace) Schande, *die*; put sb/sth to ~ jmdn. beschämen/etw. in den Schatten stellen
3 what a ~! wie schade!
'**shamefaced** *adj.* betreten
shameful /'ʃeɪmfl/ *adj.* beschämend
'**shameless** *adj.* schamlos
shampoo /ʃæm'puː/ **A** *v.t.* schamponieren
B *n.* Shampoo[n], *das*
shamrock /'ʃæmrɒk/ *n.* Klee, *der*
shandy /'ʃændɪ/ *n.* Bier mit Limonade; Radlermaß, *die* (bes. südd.)
shan't /ʃɑːnt/ (infml) = **shall not**
shanty¹ /'ʃæntɪ/ *n.* (hut) [armselige] Hütte
shanty² *n.* (song) Shanty, *das*
'**shanty town** *n.* Elendsviertel, *das*
♂ **shape** /ʃeɪp/ *v.t.* formen; bearbeiten <Holz, Stein> (into zu)
B *n.* Form, *die*; take ~ Gestalt annehmen
■ ~ '**up** *v.i.* sich entwickeln
'**shapeless** *adj.* formlos; unförmig <Kleid, Person>
shapely /'ʃeɪplɪ/ *adj.* wohlgeformt <Beine, Busen>; gut <Figur>
♂ **share** /ʃeə(r)/ **A** *n.* **1** (portion) Teil, *der od. das*; [fair] ~ Anteil, *der*; fair ~s gerechte Teile; do more than one's [fair] ~ of the work mehr als seinen Teil zur Arbeit beitragen
2 (Commerc.) Aktie, *die*
B *v.t.* teilen; gemeinsam tragen <Verantwortung>
C *v.i.* ~ in teilnehmen an (+ *Dat.*); beteiligt sein an (+ *Dat.*) <Gewinn>; teilen <Freude, Erfahrung>
■ ~ '**out** *v.t.* aufteilen (among unter + *Akk.*)
share: ~ **certificate** *n.* Aktienurkunde, *die*; ~**holder** *n.* Aktionär, *der*/Aktionärin, *die*; ~ **index** *n.* Aktienindex, *der*; ~**out** *n.* Aufteilung, *die*; ~**ware** *n.* (Comp.) Shareware, *die*
shark /ʃɑːk/ *n.* Hai[fisch], *der*
♂ **sharp** /ʃɑːp/ **A** *adj.* **1** scharf; spitz <Nadel, Bleistift, Gipfel, Winkel>; deutlich <Unterscheidung>; sauer <Apfel>; herb <Wein>; (shrill, piercing) schrill <Schrei, Pfiff>; heftig <Schmerz, Krampf, Kampf>; begabt <Schüler, Student>
2 (derog.) (dishonest) gerissen
3 (Mus.) [um einen Halbton] erhöht <Note>
B *adv.* **1** (punctually) at six o'clock ~ Punkt sechs Uhr

2 turn ~ right/left scharf nach rechts/links abbiegen
3 look ~! halt dich ran! (ugs.)
4 (Mus.) zu hoch <singen, spielen>
sharpen /'ʃɑːpn/ *v.t.* schärfen; [an]spitzen <Bleistift>
'**sharpener** *n.* (for pencils) Spitzer, *der* (ugs.)
'**sharp-eyed** *adj.* scharfäugig; be ~ scharfe Augen haben
'**sharpish** *adv.* (infml) (quickly) rasch; (promptly) unverzüglich; sofort
'**sharply** *adv.* scharf; in scharfem Ton <antworten>
'**sharpness** *n.* Schärfe, *die*; (fineness of point) Spitzheit, *die*
'**sharp-witted** *adj.* scharfsinnig
shatter /'ʃætə(r)/ **A** *v.t.* zertrümmern; zerbrechen <Glas, Fenster>; zerschlagen <Hoffnungen>
B *v.i.* zerbrechen
shattered /'ʃætəd/ *adj.* **1** zerbrochen <Glas, Fenster>; (fig.) zerstört <Hoffnungen>; zerrüttet <Nerven>
2 (infml) (greatly upset) she was ~ by the news die Nachricht hat sie schwer mitgenommen; I'm ~! ich bin ganz erschüttert!; (BrE) (infml) (exhausted) ich bin kaputt! (ugs.)
'**shattering** *adj.* verheerend <Wirkung>; vernichtend <Schlag, Niederlage>
shave /ʃeɪv/ **A** *v.t.* rasieren; abrasieren <Haare>
B *v.i.* sich rasieren
C *n.* Rasur, *die*; have a ~ sich rasieren
■ ~ '**off** *v.t.* abrasieren
'**shaven** /'ʃeɪvn/ *adj.* rasiert; [kahl] geschoren <Kopf>
'**shaver** *n.* Rasierapparat, *der*
'**shaver point** *n.* Anschluss für den Rasierapparat, *der*
shaving /'ʃeɪvɪŋ/ *n.* **1** Rasieren, *das*
2 *in pl.* (of wood, metal, etc.) Späne *Pl.*
shaving: ~ **brush** *n.* Rasierpinsel, *der*; ~ **cream** *n.* Rasiercreme, *die*; ~ **foam** *n.* Rasierschaum, *der*; ~ **soap** *n.* Rasierseife, *die*; ~ **stick** *n.* Stangenrasierseife, *die*
shawl /ʃɔːl/ *n.* Schultertuch, *das*
♂ **she** /ʃɪ, stressed ʃiː/ *pron.* sie
sheaf /ʃiːf/ *n.*, *pl.* **sheaves** /ʃiːvz/ (of corn etc.) Garbe, *die*; (of paper, arrows, etc.) Bündel, *das*
shear /ʃɪə(r)/ *v.t.*, *p.p.* **shorn** /ʃɔːn/ *or* ~**ed** (clip) scheren
shears /ʃɪəz/ *n. pl.* [pair of] ~ Schere, *die*; garden ~ Gartenschere, *die*
sheath /ʃiːθ/ *n.*, *pl.* ~**s** /ʃiːðz, ʃiːθs/ **1** (for knife, sword, etc.) Scheide, *die*
2 (condom) Gummischutz, *der*
sheaves *pl. of* **sheaf**
shebang /ʃɪ'bæŋ/ *n.* (AmE) (infml) the whole ~ der ganze Kram (ugs.)
shed¹ /ʃed/ *v.t.*, **-dd-**, ~ **1** verlieren; abwerfen <Laub, Geweih>
2 vergießen <Blut, Tränen>

♂ Schlüsselwort

S

3 verbreiten <*Licht*>

shed² *n.* Schuppen, *der*

she'd /ʃɪd, *stressed* ʃiːd/ (infml) **1** = **she had**
2 = **she would**

sheen /ʃiːn/ *n.* Glanz, *der*

sheep /ʃiːp/ *n.*, *pl. same* Schaf, *das*

sheep: ~ **dip** *n.* Desinfektionsbad für Schafe;
~**dog** *n.* Hütehund, *der*; Schäferhund, *der*;
Old English S~dog Bobtail, *der*

sheepish /ˈʃiːpɪʃ/ *adj.* verlegen

sheep: ~ **shearer** /ˈʃiːp ʃɪərə(r)/ *n.*
Schafscherer, *der*; ~**-shearing** *n.*
Schafschur, *die*; ~**skin** *n.* Schaffell, *das*

sheer /ʃɪə(r)/ *adj.* **1** rein; blank <*Unsinn,
Gewalt*>; by ~ chance rein zufällig
2 schroff <*Felsen, Abfall*>

sheet /ʃiːt/ *n.* **1** Laken, *das*
2 (of thin metal or plastic) Folie, *die*; (of iron, tin)
Blech, *das*; (of glass) Platte, *die*; (of paper)
Bogen, *der*; Blatt, *das*
3 <*Eis-, Nebel*>decke, *die*

sheet: ~ **lightning** *n.* Flächenblitz, *der*; ~
music *n.* Notenblätter *Pl.*

sheikh, sheik /ʃeɪk, ʃiːk/ *n.* Scheich, *der*

shelf /ʃelf/ *n.*, *pl.* **shelves** /ʃelvz/ Brett, *das*;
Bord, *das*; **shelves** (set) Regal, *das*

'shelf life *n.* Lagerfähigkeit, *die*

shell /ʃel/ ◼ *n.* **1** Schale, *die*; (of snail) Haus,
das; (of turtle, tortoise) Panzer, *der*; (on beach)
Muschel, *die*
2 (Mil.) (bomb) Granate, *die*
◼ *v.t.* **1** (take out of ~) schälen
2 (Mil.) [mit Artillerie] beschießen
◼ ~ **'out** *v.t. & i.* (infml) blechen (ugs.) (on für)

she'll /ʃɪl, *stressed* ʃiːl/ (infml) = **she will**

shell: ~**fish** *n.*, *pl. same* **1** Schal[en]tier,
das; (oyster, clam) Muschel, *die*; (crustacean)
Krebstier, *das*
2 *in pl.* (Gastr.) Meeresfrüchte *Pl.*; ~
shock *n.* Kriegsneurose, *die*; ~ **suit** *n.*
Trilobalanzug, *der*

shelter /ˈʃeltə(r)/ ◼ *n.* **1** (shield) Schutz, *der*
(against gegen, vor + *Dat.*); bomb *or* air-raid
~ Luftschutzraum, *der*; get under ~ sich
unterstellen
2 *no pl.* (place of safety) Zuflucht, *die*
◼ *v.t.* schützen (from vor + *Dat.*);
Unterschlupf gewähren (+ *Dat.*) <*Flüchtling*>
◼ *v.i.* Schutz suchen (from vor + *Dat.*)

'sheltered /ˈʃeltəd/ *adj.* geschützt; behütet
<*Leben*>; live in ~ housing in einer
Altenwohnung/in Altenwohnungen leben

shelve /ʃelv/ ◼ *v.t.* (defer) auf Eis legen (ugs.)
◼ *v.i.* (slope) abfallen

shelves *pl. of* shelf

'shelving *n.* Regale *Pl.*

shepherd /ˈʃepəd/ ◼ *n.* Schäfer, *der*
◼ *v.t.* führen

'shepherdess *n.* Schäferin, *die*

shepherd: ~**'s 'crook** *n.* Schäferstock, *der*;
~**'s 'pie** *n.*: *Auflauf aus Hackfleisch mit einer
Schicht Kartoffelbrei darüber*

sheriff /ˈʃerɪf/ *n.* Sheriff, *der*

sherry /ˈʃerɪ/ *n.* Sherry, *der*

she's /ʃɪz, *stressed* ʃiːz/ (infml) **1** = **she is** ► be
2 = **she has** ► have

Shia, Shi'a /ˈʃiːə/ *n.* (Muslim Relig.) Shia, *die*

shield /ʃiːld/ ◼ *n.* Schild, *der*
◼ *v.t.* schützen (from vor + *Dat.*)

✧ **shift** /ʃɪft/ ◼ *v.t.* **1** (move) umstellen <*Möbel*>;
wegnehmen <*Arm, Hand, Fuß*>; wegräumen
<*Schutt*>; entfernen <*Schmutz, Fleck*>;
~ the responsibility/blame on to sb die
Verantwortung/Schuld auf jmdn. schieben
2 (AmE) (Motor Veh.) ~ gears schalten
◼ *v.i.* **1** <*Wind:*> drehen (to nach); <*Ladung:*>
verrutschen
2 (infml) (move quickly) rasen
◼ *n.* **1** a ~ in emphasis eine Verlagerung
des Akzents; a ~ in public opinion ein
Umschwung der öffentlichen Meinung
2 (for work) Schicht, *die*; eight-hour/late ~
Achtstunden-/Spätschicht, *die*; do *or* work
the late ~ Spätschicht haben

'shift work *n.* Schichtarbeit, *die*

shifty /ˈʃɪftɪ/ *adj.* verschlagen

Shiite /ˈʃiːaɪt/ (Muslim Relig.) ◼ *n.* Schiit, *der*/
Schiitin, *die*
◼ *adj.* schiitisch

shilling /ˈʃɪlɪŋ/ *n.* (Hist.) Shilling, *der*

shilly-shally /ˈʃɪlɪʃælɪ/ *v.i.* zaudern; **stop**
~**ing**! entschließ dich endlich!

shimmer /ˈʃɪmə(r)/ ◼ *v.i.* schimmern
◼ *n.* Schimmer, *der*

shin /ʃɪn/ ◼ *n.* Schienbein, *das*
◼ *v.i.*, **-nn-**; ~ up/down a tree *etc.* einen
Baum *usw.* hinauf-/hinunterklettern

'shin bone *n.* Schienbein, *das*

shine /ʃaɪn/ ◼ *v.i.*, **shone** /ʃɒn/ <*Lampe,
Licht, Stern:*> leuchten; <*Sonne, Mond:*>
scheinen; (reflect light) glänzen
◼ *v.t.*, **shone**; ~ a light on sth/in sb's
eyes etw. anleuchten/jmdm. in die Augen
leuchten
◼ *n.* Glanz, *der*

shingle /ˈʃɪŋgl/ *n.* (pebbles) Kies, *der*

'shingles *n.* (Med.) Gürtelrose, *die*

shin~ **guard, ~ pad** *ns.* Schienbeinschutz,
der

shiny /ˈʃaɪnɪ/ *adj.* glänzend

✧ **ship** /ʃɪp/ ◼ *n.* Schiff, *das*
◼ *v.t.*, **-pp-** (transport by sea) verschiffen; (send
by road, train, or air) verschicken <*Waren*>

'shipbuilding *n.* Schiffbau, *der*

'shipment *n.* **1** Versand, *der*; (by sea)
Verschiffung, *die*
2 (amount) Sendung, *die*

'shipowner *n.* Schiffseigentümer,
der/-eigentümerin, *die*; (of several ships)
Reeder, *der*/Reederin, *die*

'shipper *n.* Spediteur, *der*/Spediteurin, *die*;
(company) Spedition, *die*

S

'**shipping** n. **1** (ships) Schiffe Pl.; (traffic) Schifffahrt, die
2 (transporting) Versand, der
shipping: ~ **agent** n. Schiffsagent, der; ~ **forecast** n. Seewetterbericht, der; ~ **lane** n. Schifffahrtsweg, der
ship: ~**shape** adj. in bester Ordnung; ~**wreck** n. Schiffbruch, der
B v.t. be ~**wrecked** Schiffbruch erleiden; ~**yard** n. [Schiffs]werft, die
shirk /ʃɜːk/ v.t. sich drücken vor (+ Dat.)
'**shirker** n. Drückeberger, der/ Drückebergerin, die (ugs.)
shirt /ʃɜːt/ n. [man's] ~ [Herren- od. Ober]hemd, das; [woman's] ~ Hemdbluse, die
'**shirtsleeve** n. Hemdsärmel, der; in ~s in Hemdsärmeln
shit /ʃɪt/ (coarse) A v.i., -tt-, **shitted** or ~; scheißen (derb)
B n. **1** Scheiße, die (derb); **have** (BrE) or (AmE) **take a** ~ scheißen (derb)
2 (person) Scheißkerl, der (derb)
3 (nonsense) Scheiß, der (salopp)
shiver /'ʃɪvə(r)/ A v.i. zittern (with vor + Dat.)
B n. Schau[d]er, der (geh.)
shoal /ʃəʊl/ n. (of fish) Schwarm, der
◇ **shock** /ʃɒk/ A n. **1** Schock, der; **give sb a** ~ jmdn. einen Schock versetzen
2 (violent impact) Erschütterung, die (of durch)
3 (Electr.) Schlag, der
4 (Med.) Schock, der
B v.t. ~ **sb** [**deeply**] ein [schwerer] Schock für jmdn. sein; (scandalize) jmdn. schockieren
'**shock absorber** n. Stoßdämpfer, der
'**shocking** adj. **1** schockierend
2 (infml) (very bad) fürchterlich (ugs.)
shock: ~ **jock** n. (infml) Skandal-DJ, der; ~**proof** adj. stoßfest; ~ **wave** n. Druckwelle, die (from Gen.); (of earthquake) Erschütterungswelle, die (from Gen.)
shod ▸ **shoe** B
shoddy /'ʃɒdɪ/ adj. schäbig; minderwertig <Arbeit, Stoff, Artikel>
shoe /ʃuː/ A n. Schuh, der; (of horse) [Huf]eisen, das; **put oneself into sb's** ~s (fig.) sich in jmds. Lage (Akk.) versetzen
B v.t., ~**ing, shod** /ʃɒd/ beschlagen <Pferd>
shoe: ~**cream** n. Schuhcreme, die; ~**horn** n. Schuhlöffel, der; ~**lace** n. Schnürsenkel, der; ~**maker** n. Schuhmacher, der; ~ **polish** n. Schuhcreme, die; ~ **shop** n. Schuhgeschäft, das; ~**string** n. **on a** ~**string** (infml) mit ganz wenig Geld
shone ▸ **shine** A, B
shoo /ʃuː/ A int. sch
B v.t. scheuchen; ~ **away** fortscheuchen
shook ▸ **shake** B, C
◇ **shoot** /ʃuːt/ A v.i., **shot** /ʃɒt/ **1** schießen (at auf + Akk.)
2 (move rapidly) schießen (ugs.)

B v.t., **shot 1** (wound) anschießen; (kill) erschießen; (hunt) schießen; ~ **sb dead** jmdn. erschießen
2 schießen mit <Bogen, Munition, Pistole>; abschießen <Pfeil, Kugel> (at auf + Akk.)
3 (Cinemat.) drehen <Film, Szene>
C n. (Bot.) Trieb, der
▪ ~ '**down** v.t. niederschießen <Person>; abschießen <Flugzeug>
▪ ~ '**out** v.i. hervorschießen
▪ ~ '**up** v.i. in die Höhe schießen; <Preise, Kosten, Temperatur:> in die Höhe schnellen
shooting: ~ **range** n. Schießstand, der; ~ '**star** n. Sternschnuppe, die; ~ **stick** n. Jagdstock, der
'**shoot-out** n. Schießerei, die
◇ **shop** /ʃɒp/ A n. Laden, der; Geschäft, das; **go to the** ~s einkaufen gehen; **talk** ~ fachsimpeln (ugs.)
B v.i., -pp- einkaufen; **go** ~**ping** einkaufen gehen
▪ ~ a'**round** v.i. sich umsehen (for nach)
shopaholic /'ʃɒpəhɒlɪk/ n. Kaufsüchtige, der/die
shop: ~ **assistant** n. (BrE) Verkäufer, der/Verkäuferin, die; ~**front** n. Schaufensterfront, die; ~**keeper** n. Ladenbesitzer, der/-besitzerin, die; ~**lifter** n. Ladendieb, der/-diebin, die; ~**lifting** n. Ladendiebstahl, der; ~**owner** ▸ shopkeeper
'**shopper** n. Käufer, der/Käuferin, die
'**shopping** n. **1** Einkaufen, das; **do the/one's** ~ einkaufen/[seine] Einkäufe machen
2 (items bought) Einkäufe Pl.
shopping: ~ **bag** n. Einkaufstasche, die; ~ **basket** n. Einkaufskorb, der; ~ **centre** n. Einkaufszentrum, das; ~ **list** n. Einkaufszettel, der; ~ **mall** /-mæl/ n. Einkaufszentrum, das; ~ **precinct** n. Einkaufs- od. Geschäftsviertel, das; ~ **street** n. Geschäftsstraße, die; ~ **trolley** n. (in supermarket) Einkaufswagen, der; (personal) Einhaufsroller, der
shop: ~-**soiled** adj. (BrE) (slightly damaged) leicht beschädigt; (slightly dirty) angeschmutzt; ~ **steward** n. [gewerkschaftlicher] Vertrauensmann; ~ '**window** n. Schaufenster, das
shore /ʃɔː(r)/ n. Ufer, das; (beach) Strand, der
▪ ~ '**up** v.t. abstützen <Mauer, Haus>; (fig.) stützen
shorn ▸ **shear**
◇ **short** /ʃɔːt/ A adj. **1** kurz; **in a** ~ **time** or **while** (soon) bald; **in Kürze; a** ~ **time** or **while ago/later** vor kurzem/kurze Zeit später; **in** ~, … kurz, …
2 klein <Person, Wuchs>
3 (deficient, scanty) knapp; **go** ~ [**of sth**] [an etw. (Dat.)] Mangel leiden; **sb is** ~ **of sth** jmdm. fehlt es an etw. (Dat.); **time is getting/is** ~ die Zeit wird/ist knapp; **be in** ~ **supply** knapp sein; **be** ~ [**of cash**] knapp [bei Kasse] sein (ugs.)
B adv. **1** (abruptly) plötzlich; **stop** ~ plötzlich

◇ Schlüsselwort

abbrechen; **stop sb ~** jmdm. ins Wort fallen
2 stop ~ of doing sth nicht so weit gehen,
etw. zu tun

shortage /'ʃɔːtɪdʒ/ n. Mangel, der (**of** an +
Dat.); **~ of fruit/teachers** Obstknappheit,
die/Lehrermangel, der

short: **~bread** n. Shortbread, das; Kekse
aus Butterteig; **~** 'circuit n. (Electr.)
Kurzschluss, der; **~coming** n., usu. in pl.
Unzulänglichkeit, die; **~cut** n. **1** Abkürzung,
die; **take a ~cut** den Weg abkürzen
2 (Comp.) **[keyboard] ~cut** Shortcut, der
3 (Comp.) (stored address) Verknüpfung, die

shorten /'ʃɔːtn/ **A** v.i. kürzer werden
B v.t. kürzen; verkürzen ‹Besuch, Wartezeit›

short: **~fall** n. Fehlmenge, die; **~-haired**
adj. kurzhaarig; Kurzhaar‹dackel, -katze›;
~hand n. Stenografie, die; **~hand** 'typist
n. Stenotypist, der/-typistin, die; **~** list n.
(BrE) engere Auswahl; **be on/put sb on the
~ list** in der engeren Auswahl sein/jmdn. in
die engere Auswahl nehmen; **~list** v.t. in
die engere Auswahl nehmen; **~lived** adj.
kurzlebig

✧ 'shortly adv. in Kürze; demnächst; **~ before/
after sth** kurz vor/nach etw.

short: **~** 'pastry n. Mürbeteig, der; **~-range**
adj. **1** Kurzstrecken‹flugzeug, -rakete usw.›
2 (relating to time) kurzfristig

shorts /ʃɔːts/ n. pl. **1** (trousers) kurze Hose[n Pl.];
Shorts Pl.
2 (AmE) (underpants) Unterhose, die

short: **~-'sighted** adj. kurzsichtig;
~-sleeved /'-sliːvd/ adj. kurzärm[e]lig;
~-staffed /'-staːft/ adj. **be [very] ~-staffed**
[viel] zu wenig Personal haben; **~** 'story
n. Kurzgeschichte, die; **~-'tempered** adj.
aufbrausend; **~-term** adj. kurzfristig;
(provisional) vorläufig ‹Lösung›; befristet
‹Vertrag›; **~** 'trousers n. pl. kurze Hose[n
Pl.]; **~** wave n. (Radio) Kurzwelle, die

✧ shot /ʃɒt/ **A** n. **1** Schuss, der; **fire a ~** einen
Schuss abgeben (**at** auf + Akk.); **like a ~**
(fig.) wie der Blitz (ugs.); **I'd do it like a ~** ich
würde es auf der Stelle tun
2 (Athletics) **put the ~** die Kugel stoßen;
[putting] the ~ Kugelstoßen, das
3 (Sport) (stroke, kick, throw) Schuss, der
4 (Photog.) Aufnahme, die; (Cinemat.)
Einstellung, die
B ▶ shoot A, B
C adj. **be/get ~ of** (infml) los sein/loswerden

'shotgun n. [Schrot]flinte, die

✧ should ▶ shall

✧ shoulder /'ʃəʊldə(r)/ **A** n. Schulter, die
B v.t. schultern; (fig.) übernehmen

shoulder: **~ bag** n. Umhängetasche, die;
~ blade n. Schulterblatt, das; **~ joint**
n. Schultergelenk, das; **~-length** adj.
schulterlang; **~ pad** n. Schulterpolster, das;
~ strap n. (on garment) Schulterklappe, die;
(on bag) Tragriemen, der

shouldn't /'ʃʊdnt/ (infml) = **should not**
▶ shall

shout /ʃaʊt/ **A** n. Ruf, der; (inarticulate) Schrei,
der
B v.i. & t. schreien
■ **~** 'down v.t. niederschreien
■ **~** 'out **A** v.i. aufschreien
B v.t. [laut] rufen

'shouting n. Geschrei, das

shove /ʃʌv/ **A** n. Stoß, der
B v.t. stoßen; schubsen (ugs.); (infml) (put) tun
■ **~ a'way** v.t. (infml) wegschubsen (ugs.)
■ **~** 'off v.i. (infml) (leave) abschieben (ugs.)

shovel /'ʃʌvl/ **A** n. Schaufel, die
B v.t., (BrE) **-ll-** schaufeln

✧ show /ʃəʊ/ **A** n. **1** (entertainment, performance)
Show, die; (Theatre) Vorstellung, die; (Radio,
Telev.) [Unterhaltungs]sendung, die
2 (exhibition) Ausstellung, die; Schau, die;
put sth on ~ etw. ausstellen; **be on ~**
ausgestellt sein
3 (appearance) Anschein, der; **be for ~** reine
Angeberei sein (ugs.)
B v.t., p.p. **shown** /ʃəʊn/ **1** zeigen;
vorzeigen ‹Pass, Fahrschein usw.›; **~ sb sth,
~ sth to sb** jmdm. etw. zeigen
2 beweisen ‹Mut, Urteilsvermögen usw.›; **~
sb that …** jmdm. beweisen, dass …; **~ [sb]**
kindness/mercy freundlich [zu jmdm.] sein/
Erbarmen [mit jmdm.] haben
3 ‹Thermometer, Uhr usw.:› anzeigen
4 (exhibit in a show) ausstellen; zeigen ‹Film›
C v.i., p.p. **shown** **1** (be visible) sichtbar od.
zu sehen sein; (come into sight) sich zeigen
2 (be ~n) ‹Film:› laufen; ‹Künstler:›
ausstellen
■ **~** 'in v.t. hinein-/hereinführen
■ **~** 'off v.i. angeben (ugs.); prahlen
■ **~** 'out v.t. hinausführen
■ **~** 'round v.t. herumführen
■ **~** 'through v.i. durchscheinen
■ **~** 'up **A** v.t. **1** (make visible) [deutlich] sichtbar
machen
2 (infml) (embarrass) blamieren
B v.i. **1** (be visible) [deutlich] zu sehen sein
2 (infml) (arrive) sich blicken lassen (ugs.)

show-: **~ biz** (infml), **~ business** ns., no art.
Schaugeschäft, das; **~case** n. Vitrine, die;
(fig.) Schaufenster, das; **~down** n. (fig.)
Kraftprobe, die; **have a ~down [with sb]** sich
[mit jmdm.] auseinander setzen

shower /'ʃaʊə(r)/ **A** n. **1** Schauer, der; **~ of
rain/hail** Regen-/Hagelschauer, der
2 (for washing) Dusche, die; **have or take a
[cold/quick] ~** [kalt/schnell] duschen
B v.t. (lavish) **~ sth [up]on sb, ~ sb with sth**
jmdn. mit etw. überhäufen
C v.i. (have a ~) duschen

shower: **~ cap** n. Duschhaube, die; **~
curtain** n. Duschvorhang, der; **~ gel**
n. Duschgel, das; **~proof** adj. [bedingt]
regendicht

'showery adj. **it is ~** es gibt immer wieder
kurze Schauer; **a ~ day** ein Tag mit
Schauerwetter

'showjumping n. Springreiten, das

S

shown ▶ show B, C
show: ~**-off** n. (infml) Angeber, der/Angeberin, die; ~**piece** n. (of exhibition, collection) Schaustück, das; (highlight) Paradestück, das; ~**room** n. Ausstellungsraum, der; ~ **trial** n. Schauprozess, der
'showy adj. protzig (ugs.)
shrank ▶ shrink
shred /ʃred/ **A** n. Fetzen, der; (fig.) Spur, die; **tear sth to** ~**s** etw. zerfetzen; (fig.) etw. zerpflücken
  B v.t., **-dd-** [im Reißwolf] zerkleinern
shredder /ˈʃredə(r)/ n. (for paper) Reißwolf, der
shrew /ʃruː/ n. (Zool.) Spitzmaus, die
shrewd /ʃruːd/ adj. klug; genau ‹[Ein]schätzung›
shriek /ʃriːk/ **A** n. [Auf]schrei, der
  B v.i. [auf]schreien
  C v.t. schreien
shrift /ʃrɪft/ n. **give sb short** ~ jmdn. kurz abfertigen (ugs.); **get short** ~ kurz abgefertigt werden (ugs.)
shrill /ʃrɪl/ adj. schrill
shrimp /ʃrɪmp/ n. Garnele, die
shrine /ʃraɪn/ n. (tomb) Grab, das
shrink /ʃrɪŋk/ **A** v.i., **shrank** /ʃræŋk/, **shrunk** /ʃrʌŋk/ **1** schrumpfen; ‹Kleidung, Stoff:› einlaufen; ‹Metall, Holz:› sich zusammenziehen
  2 (recoil) ~ **from sb/sth** vor jmdm. zurückweichen/vor etw. (Dat.) zurückschrecken; ~ **from doing sth** sich scheuen, etw. zu tun
  B v.t., **shrank**, **shrunk** einlaufen lassen ‹Textilien›
shrinkage /ˈʃrɪŋkɪdʒ/ n. (of clothing) Einlaufen, das
shrink: ~**-proof**, ~**-resistant** adjs. schrumpffrei; **be** ~**-proof** nicht einlaufen; ~**-wrap** v.t. in einer Schrumpffolie verpacken
shrivel /ˈʃrɪvl/ v.i., (BrE) **-ll-**; ~ [up] verschrumpeln; ‹Pflanze, Blume:› welk werden
shroud /ʃraʊd/ **A** n. Leichentuch, das
  B v.t. ~ **sth in sth** in etw. (Akk.) hüllen
Shrove 'Tuesday /ʃrəʊv/ n. Fastnachtsdienstag, der
shrub /ʃrʌb/ n. Strauch, der
shrubbery /ˈʃrʌbəri/ n. Gesträuch, das
shrug /ʃrʌg/ **A** v.t. & i., **-gg-**; ~ [one's shoulders] die Achseln zucken
  B n. ~ [of one's or the shoulders] Achselzucken, das
  ■ ~ **'off** v.t. in den Wind schlagen
shrunk ▶ shrink
shrunken /ˈʃrʌŋkn/ adj. verhutzelt (ugs.) ‹Person›; schrump[e]lig ‹Apfel›
shudder /ˈʃʌdə(r)/ **A** v.i. zittern (with vor + Dat.)

ↄ Schlüsselwort

  B n. Zittern, das
shuffle /ˈʃʌfl/ **A** n. **1** Schlurfen, das; **walk with a** ~ schlurfen
  2 (Cards) Mischen, das; **give the cards a [good]** ~ die Karten [gut] mischen
  B v.t. **1** (Cards) mischen
  2 ~ **one's feet** von einem Fuß auf den anderen treten
shun /ʃʌn/ v.t., **-nn-** meiden
shunt /ʃʌnt/ v.t. (Railw.) rangieren
shush /ʃʊʃ/ int. still
ↄ **shut** /ʃʌt/ **A** v.t., **-tt-**, ~; zumachen; schließen; zusammenklappen ‹Klappmesser, Fächer›; ~ **one's finger in the door** sich (Dat.) den Finger in der Tür einklemmen
  B v.i., **-tt-**, ~; schließen; ‹Blüte:› sich schließen
  ■ ~ **'down** **A** v.t. **1** schließen, zumachen ‹Deckel›
  2 stilllegen ‹Fabrik›; abschalten ‹Kernreaktor›
  B v.i. ‹Laden, Fabrik:› geschlossen werden
  ■ ~ **'out** v.t. aussperren
  ■ ~ **'up** **A** v.t. abschließen; einsperren ‹Tier, Person›
  B v.i. (infml) (be quiet) den Mund halten
shutter /ˈʃʌtə(r)/ n. **1** [Fenster]laden, der
  2 (Photog.) Verschluss, der
shutter: ~ **release** n. Auslöser, der; ~ **speed** n. Verschlusszeit, die
shuttle /ˈʃʌtl/ **A** n. (in loom) Schiffchen, das
  B v.i. pendeln
shuttle: ~**cock** n. Federball, der; ~ **service** n. Pendelverkehr, der
shy /ʃaɪ/ adj. scheu; (diffident) schüchtern
  ■ ~ **a'way** v.i. ~ **away from sth/doing sth** etw. scheuen/sich scheuen, etw. zu tun
'shyness n. Scheuheit, die; (diffidence) Schüchternheit, die
Siamese /saɪəˈmiːz/: ~ **'cat** n. Siamkatze, die; ~ **'twins** n. pl. siamesische Zwillinge Pl.
Siberia /saɪˈbɪəriə/ pr. n. Sibirien (das)
sibling /ˈsɪblɪŋ/ n. (male) Bruder, der; (female) Schwester, die; in pl. Geschwister, die Pl.
Sicily /ˈsɪsɪli/ pr. n. Sizilien (das)
ↄ **sick** /sɪk/ **A** adj. **1** (ill) krank; **be off** ~ krank [gemeldet] sein
  2 (BrE) (vomiting or about to vomit) **be** ~ sich erbrechen; **I'm going to be** ~ ich muss mich erbrechen; **sb gets/feels** ~ jmdm. wird/ist [es] übel od. schlecht; **be/get** ~ **of sb/sth** (fig.) jmdn./etw. satt haben/allmählich satt haben; **make sb** ~ (disgust) jmdn. anekeln
  B n. pl. the ~ die Kranken Pl.
sick 'building syndrome n. Sickbuildingsyndrom, das
'sicken /ˈsɪkn/ **A** v.i. **be** ~**ing for sth** (BrE) krank werden; etw. ausbrüten (ugs.)
  B v.t. (disgust) anwidern
'sickening adj. Ekel erregend, widerlich ‹Anblick, Geruch›
sickle /ˈsɪkl/ n. Sichel, die
sick: ~ **leave** n. Urlaub wegen Krankheit;

be on ~ **leave** krank geschrieben sein; ~ **list** *n.* Liste der Kranken, *die*; **on the ~ list** krank [gemeldet/geschrieben]

'**sickly** *adj.* kränklich

'**sickness** *n.* Krankheit, *die*; (nausea) Übelkeit, *die*

sick: ~ **pay** *n.* Entgeltfortzahlung im Krankheitsfalle; (paid by insurance) Krankengeld, *das*; ~**room** *n.* Krankenzimmer, *das*

⚬ **side** /saɪd/ **A** *n.* **1** Seite, *die*; ~ **of beef** Rinderhälfte, *die*; ~ **of bacon** Speckseite, *die*; **walk/stand** ~ **by** ~ nebeneinander gehen/stehen; **work/fight** ~ **by** ~ [**with sb**] Seite an Seite [mit jmdm.] arbeiten/kämpfen; **live** ~ **by** ~ [**with sb**] in [jmds.] unmittelbarer Nachbarschaft leben; **to one** ~ zur Seite; **on one** ~ an der Seite; **on the** ~ (as ~line) nebenbei; **take** ~s [**with/against sb**] [für/gegen jmdn.] Partei ergreifen **2** (Sport) (team) Mannschaft, *die* **B** *v.i.* ~ **with sb** sich auf jmds. Seite (*Akk.*) stellen **C** *adj.* Seiten-

side: ~**board** *n.* Anrichte, *die*; ~**boards** (infml) ~**burns** *ns. pl.* (on cheeks) Backenbart, *der*; (in front of the ears) Koteletten *Pl.*; ~**car** *n.* Beiwagen, *der*; ~ **dish** *n.* Beilage, *die*; ~ **door** *n.* Seitentür, *die*; ~ **effect** *n.* Nebenwirkung, *die*; ~ **entrance** *n.* Seiteneingang, *der*; ~ **exit** *n.* Seitenausgang, *der*; ~ **issue** *n.* Randproblem, *das*; ~**kick** *n.* (infml) Kumpan, *der*; ~**light** *n.* Begrenzungsleuchte, *die*; **drive on** ~**lights** mit Standlicht fahren; ~**line** *n.* (occupation) Nebenbeschäftigung, *die*; ~**long** *adj.* a ~**long look/glance** ein Seitenblick; ~ **plate** *n.* kleiner Teller (*neben dem Teller für das Hauptgericht*); ~ **road** *n.* Seitenstraße, *die*; ~-**saddle** *adv.* **ride** ~-**saddle** im Damensitz reiten; ~ **salad** *n.* Salat [als Beilage]; **steak with chips and a** ~ **salad** Steak mit Pommes frites und dazu ein Salat; ~**show** *n.* Nebenattraktion, *die*; ~**step** **A** *n.* Schritt zur Seite **B** *v.t.* ausweichen (+ *Dat.*); ~ **street** *n.* Seitenstraße, *die*; ~ **table** *n.* Beistelltisch, *der*; ~**track** *v.t.* **get** ~**tracked** abgelenkt werden; ~**walk** *n.* (AmE) Bürgersteig, *der*; ~**ways** /'saɪdweɪz/ **A** *adv.* **look at sb/sth** ~**ways** jmdn./etw. von der Seite ansehen **B** *adj.* seitlich; ~ **wind** *n.* Seitenwind, *der*

siding /'saɪdɪŋ/ *n.* Abstellgleis, *das*

sidle /'saɪdl/ *v.i.* schleichen (**up to** zu)

siege /siːdʒ/ *n.* Belagerung, *die*; (by police) Umstellung, *die*; **lay** ~ **to sth** etw. belagern

siesta /sɪ'estə/ *n.* Siesta, *die*

sieve /sɪv/ **A** *n.* Sieb, *das* **B** *v.t.* sieben

sift /sɪft/ *v.t.* sieben; ~ **sth from sth** etw. von etw. trennen
  ■ ~ '**out** *v.t.* aussieben

sigh /saɪ/ **A** *n.* Seufzer, *der*; **breathe** *or* **give** *or* **heave a** ~ einen Seufzer ausstoßen;

~ **of relief/contentment** Seufzer der Erleichterung/Zufriedenheit **B** *v.i.* seufzen; ~ **with relief/despair** erleichtert/verzweifelt seufzen

⚬ **sight** /saɪt/ **A** *n.* **1** (faculty) Sehvermögen, *das*; **know sb by** ~ jmdn. vom Sehen kennen **2** (act of seeing; spectacle) Anblick, *der*; **catch/lose** ~ **of sb/sth** jmdn./etw. erblicken/aus dem Auge verlieren; **at first** ~ auf den ersten Blick **3** *in pl.* ~**s** (places of interest) Sehenswürdigkeiten *Pl.*; **see the** ~**s** die Sehenswürdigkeiten besichtigen **4** (range) Sichtweite, *die*; **in** ~ in Sicht; **within** *or* **in** ~ **of sth** (able to see) in jmds. Sichtweite (*Dat.*) /in Sichtweite einer Sache; **out of** ~ außer Sicht **5** (of gun) Visier, *das*; **set/have [set] one's** ~**s on sth** (fig.) etw. anpeilen **B** *v.t.* sichten 〈*Land, Schiff, Flugzeug*〉; sehen 〈*Entflohenen, Vermissten*〉

sighted /'saɪtɪd/ *adj.* sehend; **partially** ~ [hochgradig] sehbehindert

'**sighting** *n.* Beobachtung, *die*

sight-read (Mus.) *v.t. & i.* 〈*Pianist usw.:*〉 vom Blatt spielen; 〈*Sänger:*〉 vom Blatt singen

'**sightseeing** *n.* **go** ~ Besichtigungen machen

sightseer /'saɪtsiːə(r)/ *n.* Tourist (*der die Sehenswürdigkeiten besichtigt*)

⚬ **sign** /saɪn/ **A** *n.* **1** (symbol, signal, indication) Zeichen, *das*; (of future event) Anzeichen, *das*; **as a** ~ **of** als Zeichen (+ *Gen.*) **2** (Astrol.) ~ [**of the zodiac**] Sternzeichen, *das* **3** (notice; on shop etc.) Schild, *das* **B** *v.t. & i.* unterschreiben; ~ **one's name** [mit seinem Namen] unterschreiben
  ■ ~ '**on** *v.i.* (as unemployed) sich arbeitslos melden
  ■ ~ '**up** *v.i.* sich [vertraglich] verpflichten (**with** bei); (for course) sich einschreiben

⚬ **signal** /'sɪgnl/ **A** *n.* Signal, *das*; **a** ~ **for sth/to sb** ein Zeichen zu etw./für jmdn **B** *v.i.*, (BrE) -**ll**- signalisieren; Signale geben; 〈*Kraftfahrer:*〉 blinken; (with hand) anzeigen; ~ **to sb** [**to do sth**] jmdm. ein Zeichen geben[, etw. zu tun]

signal: ~ **box** *n.* Stellwerk, *das*; ~**man** /-mən/ *n* Bahnwärter, *der*

signature /'sɪgnətʃə(r)/ *n.* Unterschrift, *die*; (on painting) Signatur, *die*

'**signature tune** *n.* Erkennungsmelodie, *die*

'**signboard** *n.* Schild, *das*

signet ring /'sɪgnɪt rɪŋ/ *n.* Siegelring, *der*

significance /sɪg'nɪfɪkəns/ *n.* Bedeutung, *die*; **be of [no]** ~ [nicht] von Bedeutung sein

⚬ **significant** /sɪg'nɪfɪkənt/ *adj.* **1** (noteworthy, important) bedeutend **2** (full of meaning) bedeutsam

sig'nificantly *adv.* **1** (meaningfully) bedeutungsvoll; ~ [**enough**] bedeutsamerweise **2** (notably) bedeutend

signify /'sɪgnɪfaɪ/ *v.t.* bedeuten

S

sign: ~ **language** n. Zeichensprache, die; ~**post** n. Wegweiser, der; ~**writer** n. Schildermaler, der

Sikh /siːk, sɪk/ n. Sikh, der

silence /'saɪləns/ **A** n. Schweigen, das; (keeping a secret) Verschwiegenheit, die; (stillness) Stille, die; there was ~ es herrschte Schweigen/Stille; in ~ schweigend
B v.t. zum Schweigen bringen; (fig.) ersticken <Proteste>; mundtot machen <Gegner>

'silencer n. (on gun) (BrE) (Motor Veh.) Schalldämpfer, der

silent /'saɪlənt/ adj. stumm; (noiseless) unhörbar; (still) still; be ~ (say nothing) schweigen

silent 'film n. Stummfilm, der

'silently adv. schweigend; stumm <weinen, beten>; (noiselessly) lautlos

silent ma'jority n. schweigende Mehrheit

silhouette /sɪluˈet/ **A** n. **1** (picture) Schattenriss, der
2 (appearance against the light) Silhouette, die
B v.t. be ~d against sth sich als Silhouette gegen etw. abheben

silicon /'sɪlɪkən/ n. Silicium, das

silicon 'chip n. Siliciumchip, der

silicone /'sɪlɪkəʊn/ n. Silikon, das; ~ **[breast]** implant Silikon[brust]implantat, das

silk /sɪlk/ **A** n. Seide, die
B attrib. adj. seiden; Seiden-

'silkworm n. Seidenraupe, die

'silky adj. seidig

sill /sɪl/ n. (of door) [Tür]schwelle, die; (of window) Fensterbank, die

silly /'sɪlɪ/ adj. dumm; (imprudent, unwise) töricht; (childish) albern

silo /'saɪləʊ/ n., pl. ~s Silo, der

silt /sɪlt/ n. Schlamm, der; Schlick, der

silver /'sɪlvə(r)/ **A** n. Silber, das
B attrib. adj. silbern; Silber<pokal, -münze>

silver: ~ **'jubilee** n. silbernes Jubiläum; ~ **'medal** n. Silbermedaille, die; ~ **'paper** n. Silberpapier, das; ~**-plated** adj. versilbert; ~**smith** n. Silberschmied, der/-schmiedin, die; ~ **'wedding** n. Silberhochzeit, die

SIM card /'sɪm kɑːd/ n. Sim-Karte, die

◆ **similar** /'sɪmɪlə(r)/ adj. ähnlich (to Dat.)

similarity /sɪmɪˈlærɪtɪ/ n. Ähnlichkeit, die (to mit)

'similarly adv. ähnlich; (in exactly the same way) ebenso

simile /'sɪmɪlɪ/ n. Vergleich, der

simmer /'sɪmə(r)/ **A** v.i. <Flüssigkeit:> sieden; ziehen
B v.t. köcheln od. ziehen lassen
■ ~ **'down** v.i. sich abregen (ugs.)

simper /'sɪmpə(r)/ v.i. affektiert od. gekünstelt lächeln

◆ **simple** /'sɪmpl/ adj. einfach; (unsophisticated, not elaborate) schlicht <Mobiliar, Schönheit, Kunstwerk, Kleidung>; it was a ~ misunderstanding es war [ganz] einfach ein Missverständnis

'simple-minded adj. **1** (unsophisticated) schlicht
2 (unintelligent) beschränkt

simpleton /'sɪmpltən/ n. Einfaltspinsel, der (ugs.)

simplicity /sɪmˈplɪsɪtɪ/ n. Einfachheit, die; (unpretentiousness, lack of sophistication) Schlichtheit, die

simplification /sɪmplɪfɪˈkeɪʃn/ n. Vereinfachung, die

simplify /'sɪmplɪfaɪ/ v.t. vereinfachen

simplistic /sɪmˈplɪstɪk/ adj. [all]zu simpel

◆ **simply** /'sɪmplɪ/ adv. einfach; (in an unsophisticated manner) schlicht; (merely) nur; it ~ isn't true es ist einfach nicht wahr; I was ~ trying to help ich wollte nur helfen

simulate /'sɪmjʊleɪt/ v.t. **1** (feign) vortäuschen
2 simulieren <Bedingungen, Wetter usw.>

simulation /sɪmjʊˈleɪʃn/ n. **1** (feigning) Vortäuschung, die
2 (imitation of conditions) Simulation, die
3 (simulated object) Imitation, die

simulator /'sɪmjʊleɪtə(r)/ n. Simulator, der

simultaneous /sɪmlˈteɪnɪəs/ adj., **simul'taneously** adv. gleichzeitig

sin /sɪn/ **A** n. Sünde, die
B v.i., **-nn-** sündigen

◆ **since** /sɪns/ **A** adv. seitdem
B prep. seit; I have/had been waiting ~ 8 o'clock ich warte/wartete [schon] seit 8 Uhr; he has lived here ~ his childhood er wohnt seit seiner Kindheit hier; ~ seeing you ... seit ich dich gesehen habe; ~ then/ that time inzwischen
C conj. **1** seit; it is a long time/so long/not so long ~ ... es ist lange/so lange/gar nicht lange her, dass ...
2 (seeing that, as) da

sincere /sɪnˈsɪə(r)/ adj., ~**r** /sɪnˈsɪərə(r)/, ~**st** /sɪnˈsɪərɪst/ aufrichtig; herzlich <Grüße, Glückwünsche usw.>

sin'cerely adv. aufrichtig; yours ~ mit freundlichen Grüßen

sincerity /sɪnˈserɪtɪ/ n. Aufrichtigkeit, die

sinew /'sɪnjuː/ n. Sehne, die

sinful /'sɪnfl/ adj. sündig; (reprehensible) sündhaft; it is ~ to ... es ist eine Sünde, zu ...

◆ **sing** /sɪŋ/ v.i. & t., **sang** /sæŋ/, **sung** /sʌŋ/ singen
■ ~ **'up** v.i. lauter singen

singe /sɪndʒ/ v.t. & i. ~**ing** versengen

singer /'sɪŋə(r)/ n. Sänger, der/Sängerin, die

◆ **single** /'sɪŋgl/ **A** adj. **1** einfach; (sole) einzig; (separate, individual, isolated) einzeln; not a ~ one kein Einziger/keine Einzige/kein Einziges; every ~ one jeder/jede/jedes Einzelne; every ~ day jeden Tag; ~ ticket

S

◆ Schlüsselwort

(BrE) einfache Fahrkarte
2 (for one person) Einzel‹*bett, -zimmer*›
3 (unmarried) ledig; **a** ~ **man/woman** ein Lediger/eine Ledige; ~ **people** Ledige *Pl.*; ~ **mother** allein erziehende *od.* stehende Mutter
B *n.* **1** (BrE) (ticket) einfache Fahrkarte; **[a]** ~**/two** ~**s to Manchester, please** einmal/zweimal einfach nach Manchester, bitte
2 (record) Single, *die*
3 *in pl.* (Tennis etc.) Einzel, *das*
◼ ~ **'out** *v.t.* ~ sb/sth out as/for sth jmdn./etw. als/für etw. auswählen

single: ~ **'cream** *n.* [einfache] Sahne; ~ **'currency** *n.* Einheitswährung, *die*; ~**-'decker** **A** *n.* Bus/Straßenbahn mit nur einem deck; **be a** ~**-decker** ‹*Bus, Straßenbahn:*› nur ein Deck haben
B *adj.* ~-decker bus/tram Bus/Straßenbahn mit [nur] einem Deck;
~ **'market,** ~ **European market** *ns.* [europäischer] Binnenmarkt;
~**-'handed** *adv.* allein; ~**-lens reflex 'camera** *n.* (Photog.) einäugige Spiegelreflexkamera; ~**-'minded** *adj.* zielstrebig; ~**-'mindedly** /ˈsɪŋglˈmaɪndɪdlɪ/ *adv.* zielstrebig; ~**-'parent** *n.* allein erziehender Elternteil

'singles bar *n.* Singlekneipe, *die*
single: ~**-sex 'school** *n.* reine Mädchen-/Jungenschule; ~**-'storey** *adj.* eingeschossig
singlet /ˈsɪŋglɪt/ *n.* (BrE) (vest) Unterhemd, *das*; (Sport) Trikot, *das*
singly /ˈsɪŋglɪ/ *adv.* einzeln
singular /ˈsɪŋgjʊlə(r)/ **A** *adj.* **1** (Ling.) singularisch; Singular-; ~ **noun** Substantiv im Singular
2 (extraordinary) einmalig
B *n.* (Ling.) Einzahl, *die*; Singular, *der*
'singularly *adv.* (extraordinarily) außerordentlich
sinister /ˈsɪnɪstə(r)/ *adj.* finster; (of evil omen) Unheil verkündend
sink /sɪŋk/ **A** *n.* Spülbecken, *das*
B *v.i.,* **sank** /sæŋk/ *or* **sunk** /sʌŋk/, **sunk** sinken
C *v.t.,* **sank** *or* **sunk,** **sunk** **1** versenken ‹*Schiff*›
2 niederbringen ‹*Schacht*›
◼ ~ **'in** *v.i.* (fig.) jmdm. ins Bewusstsein dringen; ‹*Warnung, Lektion:*› verstanden werden
'sink unit *n.* Spüle, *die*
'sinner *n.* Sünder, *der*/Sünderin, *die*
sinus /ˈsaɪnəs/ *n.* Nebenhöhle, *die*
sinusitis /saɪnəˈsaɪtɪs/ *n.* Nebenhöhlenentzündung, *die*
sip /sɪp/ **A** *v.t.,* **-pp-;** ~ **[up]** schlürfen
B *v.i.,* **-pp-;** ~ at/from sth an etw. (*Dat.*) nippen
C *n.* Schlückchen, *das*
siphon /ˈsaɪfn/ **A** *n.* Siphon, *der*
B *v.t.* [durch einen Saugheber] laufen lassen
sir /sɜː(r)/ *n.* **1** (formal address) der Herr; (to teacher) Herr Meier/Schmidt *usw.*

2 (in letter) **Dear Sir** Sehr geehrter Herr; **Dear Sirs** Sehr geehrte [Damen und] Herren; **Dear Sir or Madam** Sehr geehrte Dame/Sehr geehrter Herr
3 Sir /sə(r)/ (title of knight etc.) Sir
siren /ˈsaɪrən/ *n.* Sirene, *die*
sirloin /ˈsɜːlɔɪn/ *n.* **1** (BrE) Roastbeef, *das*
2 (AmE) Rumpsteak, *das*
sirloin 'steak *n.* Rumpsteak, *das*
sissy /ˈsɪsɪ/ **A** *n.* Waschlappen, *der*
B *adj.* feige
◆ **sister** /ˈsɪstə(r)/ *n.* **1** Schwester, *die*
2 (BrE) (nurse) Oberschwester, *die*
'sister-in-law *n., pl.* **sisters-in-law** Schwägerin, *die*
sisterly /ˈsɪstəlɪ/ *adj.* schwesterlich
◆ **sit** /sɪt/ **A** *v.i.,* **-tt-,** **sat** /sæt/ **1** (become seated) sich setzen; ~ **on** *or* **in a chair/in an armchair** sich auf einen Stuhl/in einen Sessel setzen
2 (be seated) sitzen
B *v.t.,* **-tt-,** **sat 1** setzen
2 (BrE) machen ‹*Prüfung*›
◼ ~ **'back** *v.i.* sich zurücklehnen; (fig.) sich im Sessel zurücklehnen
◼ ~ **'down** *v.i.* **1** (become seated) sich setzen (on/in auf/in + *Akk.*)
2 (be seated) sitzen
◼ ~ **'up** *v.i.* **1** (rise) sich aufsetzen
2 (be sitting erect) [aufrecht] sitzen
3 (stay up) aufbleiben
B *v.t.* aufsetzen
sitcom /ˈsɪtkɒm/ (infml) ▸ **situation comedy**
◆ **site** /saɪt/ **A** *n.* **1** (land) Grundstück, *das*
2 (location) Sitz, *der*; (of new factory etc.) Standort, *der*
B *v.t.* stationieren ‹*Raketen*›; ~ **a factory in London** London als Standort einer Fabrik wählen; **be** ~**d** gelegen sein
siting /ˈsaɪtɪŋ/ *n.* Standortwahl, *die* (of für); (position) Lage, *die*
sitter /ˈsɪtə(r)/ ▸ **babysitter**
'sitting *n.* Sitzung, *die*; **the first** ~ **[for lunch]** der erste Schub [zum Mittagessen]
sitting: ~ **'duck** *n.* (fig.) leichtes Ziel; ~ **room** *n.* Wohnzimmer, *das*; ~ **'target** ▸ **sitting duck**
situate /ˈsɪtjʊeɪt/ *v.t.* legen
'situated *adj.* gelegen; **be** ~ liegen
◆ **situation** /sɪtjʊˈeɪʃn/ *n.* **1** (location) Lage, *die*
2 (circumstances) Situation, *die*
3 (job) Stelle, *die*
situation 'comedy *n.* Situationskomödie, *die*
◆ **six** /sɪks/ **A** *adj.* sechs
B *n.* Sechs, *die*; see also **eight**
six: ~**-'footer** *n.* (person) Zweimetermann, *der/*-frau, *die*; ~**-pack** *n.* Sechserpack, *der*
sixteen /sɪksˈtiːn/ **A** *adj.* sechzehn
B *n.* Sechzehn, *die*; see also **eight**
sixteenth /sɪksˈtiːnθ/ **A** *adj.* sechzehnt...
B *n.* (fraction) Sechzehntel, *das*; see also **eighth**

s

sixth /sɪksθ/ **A** *adj.* sechst...
B *n.* (in sequence, rank) Sechste, *der/die/das*;
(fraction) Sechstel, *das; see also* **eighth**
sixth: ~ **form** *n.* (BrE) (Sch.) ≈ zwölfte/
dreizehnte Klasse; ~-**form college** *n.* (BrE)
(Sch.) ≈ Oberstufenzentrum, *das; College, das
nur Schüler der zwölften/dreizehnten Klasse
aufnimmt*; ~-**former** *n.* (BrE) (Sch.) Schüler/
Schülerin der zwölften/dreizehnten Klasse;
~ '**sense** *n.* sechster Sinn
sixtieth /'sɪkstɪɪθ/ *adj.* sechzigst...
sixty /'sɪkstɪ/ **A** *adj.* sechzig
B *n.* Sechzig, *die; see also* **eight, eighty** B
✧ **size** /saɪz/ *n.* Größe, *die*; (of paper) Format, *das*;
be twice the ~ of sth zweimal so groß wie
etw. sein; a ~ 8 dress ein Kleid [in] Größe 8;
be ~ 8 <*Person:*> Größe 8 haben
▪ ~ '**up** *v.t.* taxieren <*Lage*>
sizeable /'saɪzəbl/ *adj.* ziemlich groß;
beträchtlich <*Summe, Einfluss*>
sizzle /'sɪzl/ *v.i.* zischen
skate **A** *n.* (ice ~) Schlittschuh, *der*; (roller ~)
Rollschuh, *der*
B *v.i.* (ice-~) Schlittschuh laufen; (roller-~)
Rollschuh laufen
'**skateboard** **A** *n.* Skateboard, *das*;
Rollerbrett, *das*
B *v.i.* Skateboard fahren
'**skateboarder** *n.* Skateboardfahrer,
der/-fahrerin, die
'**skateboarding** *n.* Skateboardfahren, *das*
'**skater** *n.* (ice ~) Eisläufer, *der/-läuferin, die*;
(roller ~) Rollschuhläufer, *der/-läuferin, die*
skating /'skeɪtɪŋ/ *n.* (ice ~) Schlittschuhlaufen,
das; (roller ~) Rollschuhlaufen, *das*
'**skating rink** *n.* (ice) Eisbahn, *die*; (for roller
skating) Rollschuhbahn, *die*
skeleton /'skelɪtn/ *n.* Skelett, *das*
skeleton: ~ '**key** *n.* Dietrich, *der*; ~ '**staff**
n. Minimalbesetzung, *die*
skeptic *etc.* (AmE) ▶ **sceptic** *etc.*
sketch /sketʃ/ **A** *n.* **1** (drawing) Skizze, *die*
2 (play) Sketch, *der*
B *v.t.* skizzieren
sketch: ~**book** *n.* Skizzenbuch, *das*; ~ **map**
n. Faustskizze, *die*
'**sketchy** *adj.* skizzenhaft; lückenhaft
<*Informationen, Bericht*>
skew /skju:/ **A** *adj.* schräg
B *n.* on the ~ schief
skewer /'skju:ə(r)/ **A** *n.* Bratspieß, *der*
B *v.t.* aufspießen
ski /ski:/ **A** *n.* **1** Ski, *der*
2 (on vehicle) Kufe, *die*
B *v.i.* Ski laufen *od.* fahren
'**ski boot** *n.* Skistiefel, *der*
skid /skɪd/ **A** *v.i.*, **-dd-** schlittern; (from one side
to the other; spinning round) schleudern
B *n.* Schlittern/Schleudern, *das*
'**skid marks** *n. pl.* Schleuderspur, *die*

skier /'ski:ə(r)/ *n.* Skiläufer, *der/-läuferin, die*
skiing /'ski:ɪŋ/ *n.* Skilaufen, *das*; (Sport)
Skisport, *der*
'**ski jumping** *n.* Skispringen, *das*
skilful /'skɪlfl/ *adj.* geschickt; gewandt
<*Redner*>; gut <*Beobachter, Lehrer*>
'**ski lift** *n.* Skilift, *der*
✧ **skill** /skɪl/ *n.* **1** (expertness) Geschick, *das*;
(of artist) Können, *das*
2 (technique) Fertigkeit, *die*; (of weaving,
bricklaying) Technik, *die*
skilled /skɪld/ *adj.* **1** ▶ **skilful**
2 qualifiziert <*Arbeit, Tätigkeit*>; ~ **trade**
Ausbildungsberuf, *der*
3 (trained) ausgebildet
'**skillful** (AmE) ▶ **skilful**
skim /skɪm/ *v.t.*, **-mm- 1** (remove) abschöpfen
2 abrahmen <*Milch*>
3 ▶ **skim through**
▪ ~ '**off** *v.t.* abschöpfen
▪ '~ **through** *v.t.* überfliegen <*Buch, Zeitung*>
skimmed '**milk** *n.* entrahmte Milch
skimp /skɪmp/ **A** *v.t.* sparen an (+ Dat.)
B *v.i.* sparen (with, on an + Dat.)
'**skimpy** *adj.* winzig <*Badeanzug*>; spärlich
<*Wissen*>
✧ **skin** /skɪn/ **A** *n.* **1** Haut, *die*
2 (fur) Fell, *das*
3 (peel) Schale, *die*
B *v.t.*, **-nn-** häuten; schälen <*Frucht*>
skin: ~ **cancer** *n.* Hautkrebs, *der*; ~ **colour**
n. Hautfarbe, *die*; ~ **cream** *n.* Hautcreme,
die; ~-'**deep** *adj.* (fig.) oberflächlich; ~
disease *n.* Hautkrankheit, *die*; ~ **diver**
n. Taucher, *der/*Taucherin, *die*; ~ **diving**
n. Tauchen, *das*; ~**flint** *n.* Geizhals, *der*; ~
graft *n.* Hauttransplantation, *die*; ~**head** *n.*
Skinhead, *der*
skinny /'skɪnɪ/ *adj.* mager
skint /skɪnt/ *adj.* (BrE) (infml) be ~ blank *od.*
pleite sein (ugs.)
'**skin-tight** *adj.* hauteng
skip¹ /skɪp/ **A** *v.i.*, **-pp- 1** hüpfen
2 (with skipping rope) seilspringen
B *v.t.*, **-pp-** (omit) überspringen; ~
breakfast/lunch das Frühstück/Mittagessen
auslassen
C *n.* Hüpfer, *der*
skip² *n.* (Building) Container, *der*
ski: ~ **pass** *n.* Skipass, *der*; ~ **pole** *n.*
Skistock, *der*
skipper /'skɪpə(r)/ *n.* Kapitän, *der*
'**skipping rope** (BrE), '**skip rope** (AmE) *ns.*
Sprungseil, *das*
'**ski resort** *n.* Skiurlaubsort, *der*
skirmish /'skɜ:mɪʃ/ *n.* (Mil.) Gefecht, *das*
skirt /skɜ:t/ **A** *n.* Rock, *der*
B *v.t.* herumgehen um
▪ ~ '**round** *v.t.* herumgehen um; (fig.) umgehen
'**skirting** *n.* ~ [**board**] (BrE) Fußleiste, *die*
ski: ~ **run** *n.* Skihang, *der*; (prepared) [Ski]piste,
die; ~ **stick** *n.* Skistock, *der*

skittle /'skɪtl/ n. **1** Kegel, der
2 ~s sing. (game) Kegeln, das
skive /skaɪv/ v.i. (BrE) (infml) sich drücken
(ugs.)
■ ~ 'off (BrE) (infml) **A** v.i. sich verdrücken
(ugs.)
B v.t. schwänzen (ugs.)
skulk /skʌlk/ v.i. lauern
skull /skʌl/ n. Schädel, der
skunk /skʌŋk/ n. Stinktier, das
ᕤ **sky** /skaɪ/ n. Himmel, der; in the ~ am Himmel
sky: ~**diving** n. Fallschirmspringen, das (als
Sport); Fallschirmsport, der; ~**high A** adj.
himmelhoch; astronomisch (ugs.) <Preise
usw.>
B adv. go ~-high <Preise usw.:> in
astronomische Höhen klettern (ugs.);
~**light** n. Dachfenster, das; ~**line** n.
Silhouette, die; (characteristic of certain town)
Skyline, die; ~ **marshal** n. Skymarshal,
der; ~**scraper** n. Wolkenkratzer, der
slab /slæb/ n. **1** (flat stone etc.) Platte, die
2 (thick slice) [dicke] Scheibe; (of cake) [dickes]
Stück; (of chocolate, toffee) Tafel, die
slack /slæk/ **A** adj. **1** (lax) nachlässig;
schlampig (ugs.)
2 (loose) schlaff; locker <Verband>
B n. take in or up the ~ das Seil/die Schnur
usw. straffen
C v.i. (infml) bummeln (ugs.)
slacken /'slækn/ **A** v.i. **1** (loosen) sich lockern
2 (diminish) nachlassen; <Geschwindigkeit:>
sich verringern
B v.t. **1** (loosen) lockern
2 (diminish) verringern
slacker /'slækə(r)/ n. (derog.) Faulenzer, der/
Faulenzerin, die
slacks /slæks/ n. pl. [pair of] ~ lange Hose;
Slacks Pl.
slag /slæg/ n. Schlacke, die
slain ▸ slay
slake /sleɪk/ v.t. löschen, stillen <Durst>
slam /slæm/ **A** v.t., -mm- **1** (shut) zuschlagen
2 (put violently) knallen (ugs.)
B v.i., -mm- zuschlagen
slander /'slɑːndə(r)/ **A** n. Verleumdung, die
(on Gen.)
B v.t. verleumden
slanderous /'slɑːndərəs/ adj.
verleumderisch
slang /slæŋ/ n. Slang, der; <Theater-,
Soldaten-, Juristen>jargon, der; attrib.
Slang<wort, -ausdruck>
'slanging match n. gegenseitige
[lautstarke] Beschimpfung
slangy /'slæŋi/ adj. Slang<ausdruck, -wort>;
salopp<Wortwahl, Redeweise>
slant /slɑːnt/ **A** v.i. <Fläche:> sich neigen;
<Linie:> schräg verlaufen
B v.t. **1** abschrägen
2 (fig.) (bias) [so] hinbiegen (ugs.) <Meldung,
Bemerkung>

C n. Schräge, die; on the or a ~ schräg
slanting /'slɑːntɪŋ/ adj. schräg
slap /slæp/ **A** v.t., -pp- **1** schlagen
2 (put) knallen (ugs.)
B v.i., -pp- schlagen; klatschen
C n. Schlag, der
D adv. voll; ~ in the middle genau in der
Mitte
'slapdash adj. schludrig (ugs.)
'slap-up attrib. adj. (infml) <Essen> mit allen
Schikanen (ugs.)
slash /slæʃ/ **A** v.t. **1** aufschlitzen
2 (fig.) [drastisch] reduzieren; [drastisch]
kürzen <Gehalt, Umfang>
B n. **1** (slit) Schlitz, der
2 (~ing stroke) Hieb, der
slat /slæt/ n. Latte, die
slate /sleɪt/ **A** n. **1** (Geol.) Schiefer, der
2 (Building) Schieferplatte, die
B v.t. (BrE) (infml) (criticize) in der Luft
zerreißen (ugs.)
slaughter /'slɔːtə(r)/ **A** n. Schlachten, das;
(massacre) Gemetzel, das
B v.t. schlachten; (massacre) abschlachten
slave /sleɪv/ **A** n. Sklave, der/Sklavin, die
B v.i. ~ [away] schuften (ugs.); sich
abplagen (at mit)
'slave driver n. (fig.) Sklaventreiber,
der/-treiberin, die
slavery /'sleɪvəri/ n. Sklaverei, die
slavish /'sleɪvɪʃ/ adj. sklavisch
slay /sleɪ/ v.t., **slew** /sluː/, **slain** /sleɪn/
(literary) ermorden
sleaze /sliːz/ n. (derog.) Korruption, die
'sleazebag, 'sleazeball ns. (sl. derog.)
Drecksack, der (derb abwertend)
sleazy /'sliːzi/ adj. schäbig; (disreputable)
anrüchig
sled /sled/, **sledge** /sledʒ/ ns. Schlitten, der
'sledgehammer n. Vorschlaghammer, der
sleek /sliːk/ adj. (glossy) seidig
ᕤ **sleep** /sliːp/ **A** n. Schlaf, der; get/go to ~
einschlafen; put to ~ einschläfern <Tier>
B v.i., **slept** /slept/ schlafen
C v.t., **slept**; the hotel ~s 80 das Hotel hat
80 Betten
■ ~ a'round v.i. (infml) herumschlafen (ugs.)
■ ~ 'in v.i. im Bett bleiben
■ ~ 'off v.t. ausschlafen; ~ it off seinen
Rausch ausschlafen
■ ~ 'over v.i. [auswärts] übernachten;
our cousin was ~ing over unser Cousin
übernachtete bei uns
■ '~ together v.i. (also infml euphem.)
miteinander schlafen
■ '~ with v.t. ~ with sb (infml euphem.) mit
jmdm. schlafen
'sleeper n. **1** be a heavy/light ~ einen tiefen/
leichten Schlaf haben
2 (BrE) (Railw.) (support) Schwelle, die
3 (Railw.) (coach) Schlafwagen, der; (train)
[night] ~ Nachtzug mit Schlafwagen

S

sleeping: ~ **accommodation** n.
Übernachtungsmöglichkeit, die; ~ **bag** n.
Schlafsack, der; ~ **car** n. Schlafwagen, der;
~ **'partner** n. (Commerc.) stiller Teilhaber;
~ **pill**, ~ **tablet** ns. Schlaftablette, die
sleep: ~**less** adj. schlaflos; ~**walk** v.i.
schlafwandeln; ~**walker** n. Schlafwandler,
der/-wandlerin, die
'sleepover n. Übernachtung außer Haus od.
bei anderen Leuten
'sleepy adj. schläfrig
sleet /sliːt/ **A** n. Schneeregen, der
  B v.i. impers. it is ~ing es gibt Schneeregen
sleeve /sliːv/ n. **1** Ärmel, der; (fig.) have sth
up one's ~ etw. in petto haben (ugs.); roll up
one's ~s die Ärmel hochkrempeln (ugs.)
  2 (for record) Hülle, die
'sleeveless adj. ärmellos
sleigh /sleɪ/ n. Schlitten, der
sleight of 'hand /slaɪt/ n. Fingerfertigkeit,
die
slender /'slendə(r)/ adj. **1** (slim) schlank;
schmal ‹Buch, Band›
  2 gering ‹Chance, Mittel, Hoffnung›
slept ▸ sleep B, C
sleuth /sluːθ/ n. Detektiv, der
slew¹ /sluː/ v.i. & t. schwenken
slew² ▸ slay
slice /slaɪs/ **A** n. Scheibe, die; (of apple, melon,
peach, cake, pie) Stück, das; a ~ of cake ein
Stück Kuchen
  B v.t. in Scheiben schneiden; in Stücke
schneiden ‹Bohnen, Apfel, Kuchen usw.›; ~d
bread Schnittbrot, das
slick /slɪk/ adj. **1** (dexterous) professionell
  2 (pretentiously dexterous) clever (ugs.)
  B n. [oil] ~ Ölteppich, der
slid ▸ slide A, B
slide /slaɪd/ **A** v.i., slid /slɪd/ rutschen;
‹Kolben, Schublade, Feder:› gleiten
  B v.t., slid schieben
  C n. **1** (children's ~) Rutschbahn, die
  2 (Photog.) Dia[positiv], das
slide: ~ **film** n. Diafilm, der; ~ **projector**
n. Diaprojektor, der; ~ **show** n. Diashow,
die
sliding door /'slaɪdɪŋ/ n. Schiebetür, die
slight /slaɪt/ **A** adj. leicht; schwach
‹Hoffnung, Aussichten, Wirkung›; not in the
~est nicht im Geringsten
  B n. Verunglimpfung, die (on Gen.); (lack of
courtesy) Affront, der (on gegen)
✧ **'slightly** adv. ein bisschen; leicht ‹verletzen,
riechen nach, gewürzt sein, ansteigen›;
flüchtig ‹jmdn. kennen›; oberflächlich ‹etw.
kennen›
slim /slɪm/ **A** adj. schlank; schmal ‹Band,
Buch›; schwach ‹Aussicht, Hoffnung›; gering
‹Gewinn, Chancen›
  B v.i., -mm- abnehmen

✧ Schlüsselwort

slime /slaɪm/ n. Schleim, der
slimmer /'slɪmə(r)/ n. (BrE) jmd., der etwas
für die schlanke Linie tut; advice/a diet
for ~s Ratschläge Pl. /eine Diät zum
Abnehmen
slimming /'slɪmɪŋ/ **A** n. Abnehmen, das;
attrib. Schlankheits-
  B adj. schlank machend
slimy /'slaɪmɪ/ adj. schleimig
sling /slɪŋ/ **A** n. (Med.) Schlinge, die
  B v.t., slung /slʌŋ/ (infml) (throw) schmeißen
(ugs.)
■ ~ **'out** v.t. (infml) wegschmeißen (ugs.); ~
out jmdn. rausschmeißen (ugs.)
slink /slɪŋk/ v.i., slunk /slʌŋk/ schleichen
■ ~ a'way, ~ 'off v.i. davonschleichen
slip /slɪp/ **A** v.i., -pp- **1** (slide) rutschen;
‹Messer:› abrutschen; (and fall) ausrutschen
  2 (escape) schlüpfen
  3 (go) ~ to the butcher's etc. [rasch] zum
Fleischer usw. rüberspringen (ugs.)
  B v.t., -pp- **1** stecken; ~ the dress over one's
head das Kleid über den Kopf streifen
  2 ~ sb's mind or memory jmdm. entfallen
  C n. **1** (fall) after his ~ nachdem er
ausgerutscht [und gestürzt] war
  2 (mistake) Versehen, das; ~ of the tongue
Versprecher, der
  3 (underwear) Unterrock, der
  4 (piece of paper) Zettel, der
  5 give sb the ~ jmdm. entwischen (ugs.)
■ ~ a'way v.i. **1** ‹Person:› sich fortschleichen
  2 ‹Zeit:› verfliegen
■ ~ 'down v.i. runterrutschen (ugs.)
■ ~ 'in v.i. ‹Person:› sich hineinschleichen
■ '~ into v.t. schlüpfen in (+ Akk.)
‹Kleidungsstück›
■ ~ 'off v.i. **1** runterrutschen (ugs.)
  2 ▸ slip away 1.
  B v.t. abstreifen ‹Schmuck, Handschuh›;
schlüpfen aus ‹Kleid, Schuh›
■ ~ 'on v.t. überstreifen ‹Handschuh, Ring›;
schlüpfen in (+ Akk.) ‹Kleid, Schuh›
■ ~ 'out v.i. ‹Person:› sich hinausschleichen
■ ~ 'over v.i. (fall) ausrutschen
■ ~ 'up v.i. (infml) einen Schnitzer machen (ugs.)
slipped 'disc /slɪpt/ n. Bandscheibenvorfall,
der
'slipper n. Hausschuh, der
slippery /'slɪpərɪ/ adj. schlüpfrig
slippy /'slɪpɪ/ (infml) ▸ slippery
slip: ~ **road** n. (BrE) (to motorway) Auffahrt,
die; (from motorway) Ausfahrt, die; ~**shod** adj.
schludrig (ugs.); ~**-up** n. (infml) Schnitzer, der
slit /slɪt/ **A** n. Schlitz, der
  B v.t., -tt-, ~; aufschlitzen; ~ sb's throat
jmdm. die Kehle durchschneiden
slither /'slɪðə(r)/ v.i. rutschen
sliver /'slɪvə(r)/ n. Splitter, der
slob /slɒb/ n. (infml) Schwein, das (derb)
slobber /'slɒbə(r)/ v.i. sabbern (ugs.)
slog /slɒg/ **A** v.t., -gg- (in boxing, fight) voll
treffen

779 | **slogan** | **smart**

B *v.i.*, **-gg-** (work) schuften (ugs.)
C *n.* **1** (hit) wuchtiger Schlag
2 (work) Plackerei, *die* (ugs.)
slogan /'sləʊɡən/ *n.* Slogan, *der*; (advertising ~) Werbeslogan, *der*
slop /slɒp/ **A** *v.i.* schwappen (**out of, from aus**)
  B *v.t.* schwappen; (intentionally) kippen
■ ~ **'over** *v.i.* überschwappen
slope /sləʊp/ **A** *n.* **1** (slant) Neigung, *die*
2 (slanting ground) Hang, *der*
  B *v.i.* (slant) sich neigen; <*Boden, Garten:*> abschüssig sein; ~ **downwards/upwards** <*Straße:*> abfallen/ansteigen
■ ~ **a'way** *v.i.* abfallen
■ ~ **'off** *v.i.* (infml) sich verdrücken (ugs.)
sloppy /'slɒpɪ/ *adj.* schludrig (ugs.)
slosh /slɒʃ/ **A** *v.i.* platschen (ugs.); <*Flüssigkeit:*> schwappen
  B *v.t.* (infml) (pour clumsily) schwappen
sloshed /slɒʃt/ *adj.* (BrE) (infml) blau (ugs.)
slot /slɒt/ **A** *n.* **1** (hole) Schlitz, *der*
2 (groove) Nut, *die*
  B *v.t.*, **-tt-**; ~ **sth into place/sth** etw. einfügen/in etw. (*Akk.*) einfügen
■ ~ **'in** **A** *v.t.* einfügen
  B *v.i.* sich einfügen
■ ~ **to'gether** **A** *v.t.* zusammenfügen
  B *v.i.* (lit. or fig.) sich zusammenfügen
sloth /sləʊθ/ *n.* **1** (lethargy) Trägheit, *die*
2 (Zool.) Faultier, *das*
'slot machine *n.* Automat, *der*; (for gambling) Spielautomat, *der*
slouch /slaʊtʃ/ *v.i.* sich schlecht halten
Slovak /'sləʊvæk/ **A** *adj.* slowakisch; **sb is ~** jmd. ist Slowake/Slowakin
  B *n.* **1** (person) Slowake, *der*/Slowakin, *die*
2 (language) Slowakisch, *das*; *see also* **English B1**
Slovakia /slə'vɑːkɪə/ *pr. n.* Slowakei, *die*
Slovene /'sləʊviːn/ **A** *adj.* slowenisch; **sb is ~** jmd. ist Slowene/Slowenin
  B *n.* **1** (person) Slowene, *der*/Slowenin, *die*
2 (language) Slowenisch, *das*
Slovenia /slə'viːnɪə/ *pr. n.* Slowenien (*das*)
Slovenian /slə'viːnɪən/ ▶ **Slovene**
slovenly /'slʌvnlɪ/ *adj.* schlampig (ugs.)
⚡ **slow** /sləʊ/ **A** *adj.* langsam; langwierig <*Arbeit*>; **be [ten minutes] ~** <*Uhr:*> [zehn Minuten] nachgehen
  B *adv.* langsam
  C *v.i.* langsamer werden; ~ **to a halt** anhalten
■ ~ **'down,** ~ **'up** *v.i.* langsamer werden
'slowcoach *n.* Trödler, *der*/Trödlerin, *die* (ugs.)
⚡ **'slowly** *adv.* langsam
slow 'motion *n.* **in ~** in Zeitlupe
slowness *n.* Langsamkeit, *die*
slow: ~ **'puncture** *n.* winziges Loch; ~ **train** *n.* Bummelzug, *der* (ugs.); ~**-witted** /sləʊ'wɪtɪd/ *adj.* [geistig] schwerfällig

sludge /slʌdʒ/ *n.* Schlamm, *der*
slug /slʌɡ/ *n.* Nacktschnecke, *die*
sluggish /'slʌɡɪʃ/ *adj.* träge; schleppend <*Nachfrage*>
sluice /sluːs/ **A** *n.* Schütz, *das*
  B *v.t.* ~ **[down]** abspritzen
'sluice gate *n.* Schütz, *das*
slum /slʌm/ *n.* Slum, *der*; (single house or apartment) Elendsquartier, *das*
slumber /'slʌmbə(r)/ (poet./rhet.) **A** *n.* ~**[s]** Schlummer, *der* (geh.)
  B *v.i.* schlummern (geh.)
slump /slʌmp/ **A** *n.* Sturz, *der* (*fig.*); (in demand, investment, sales) starker Rückgang (in *Gen.*); (economic depression) Depression, *die*
  B *v.i.* **1** (Commerc.) stark zurückgehen; <*Preise, Kurse:*> stürzen
2 (collapse) <*Person:*> fallen; ~**ed in a chair** in einem Sessel zusammengesunken
slung ▶ **sling B**
slunk ▶ **slink**
slur /slɜː(r)/ **A** *v.t.*, **-rr-**; ~ **one's words/speech** undeutlich sprechen
  B *n.* Beleidigung, *die* (**on** für)
slurp /slɜːp/ (infml) **A** *v.t.* ~ **[up]** schlürfen
  B *n.* Schlürfen, *das*
slush /slʌʃ/ *n.* Schneematsch, *der*
'slush fund *n.* Fonds für Bestechungsgelder, *der*
'slushy *adj.* **1** matschig
2 (sloppy) sentimental
slut /slʌt/ *n.* Schlampe, *die* (ugs.)
sly /slaɪ/ **A** *adj.* schlau; gerissen (ugs.) <*Geschäftsmann, Trick*>; verschlagen <*Blick*>
  B *n.* **on the ~** heimlich
smack¹ /smæk/ **A** *n.* **1** (sound) Klatsch, *der*
2 (blow) Schlag, *der*; (on child's bottom) Klaps, *der* (ugs.)
  B *v.t.* **1** [mit der flachen Hand] schlagen
2 ~ **one's lips** [mit den Lippen] schmatzen
  C *adv.* (infml) direkt
smack² *v.i.* ~ **of** schmecken nach; (fig.) riechen nach (ugs.)
⚡ **small** /smɔːl/ **A** *adj.* klein; gering <*Wirkung, Appetit, Fähigkeit*>; schmal <*Taille*>; dünn <*Stimme*>; **make sb feel ~** jmdn. beschämen
  B *n.* ~ **of the back** Kreuz, *das*
  C *adv.* klein
small: ~ **ad** *n.* (infml) Kleinanzeige, *die*; ~ **'change** *n.* Kleingeld, *das*; ~**holding** *n.* landwirtschaftlicher Kleinbetrieb; ~**'minded** *adj.* kleinlich; ~**pox** *n.* Pocken *Pl.*; ~ **'print** *n.* (lit. or fig.) Kleingedruckte, *das*
smalls /smɔːlz/ *n. pl.* (BrE) (infml) Unterwäsche, *die*
small: ~ **'screen** *n.* (Telev.) Bildschirm, *der*; ~ **talk** *n.* leichte Unterhaltung; (at parties) Smalltalk, *der*; **make ~ talk [with sb]** [mit jmdm.] Konversation machen
smarmy /'smɑːmɪ/ *adj.* (infml) kriecherisch
⚡ **smart** /smɑːt/ **A** *adj.* **1** (clever) clever;

S

(ingenious) raffiniert

2 (neat) schick; schön ‹*Haus, Garten, Auto*›

3 *attrib.* (fashionable) elegant; smart

B *v.i.* schmerzen

smart: ~ **alec**, (N. AmE) **smart aleck** /'smɑːt ælɪk/ *n.* (infml) Besserwisser, *der*/ Besserwisserin, *die*; ~ **bomb** *n.* intelligente Bombe; ~ **card** *n.* Chipkarte, *die*; ~ **drug** *n.* Nootropikum, *das*

smarten /'smɑːtn/ *v.t.* herrichten; ~ oneself [up] auf sein Äußeres achten

'smartly *adv.* **1** (cleverly) clever

2 (neatly) schmuck ‹[*an*]*gestrichen*›; smart, flott ‹*gekleidet, geschnitten*›

smart: ~ **money** *n.* the ~ ~ is on ... Experten setzen auf ...; ~**phone** *n.* Smartphone, *das*

smash /smæʃ/ **A** *v.t.* **1** zerschlagen

2 ~ sb in the face/mouth jmdm. [hart] ins Gesicht/auf den Mund schlagen

3 (Tennis etc.) schmettern

B *v.i.* **1** zerbrechen

2 (crash) krachen (**into** gegen)

C *n.* **1** (sound) Krachen, *das*

2 ▸ smash-up

3 (Tennis) Schmetterball, *der*

■ ~ 'in *v.t.* zerschmettern; einschlagen ‹*Tür, Schädel*›

■ ~ 'up *v.t.* zertrümmern

smash-and-'grab, smash-and-'grab raid *n.* (infml) Schaufenstereinbruch, *der*

smashed /smæʃt/ *adj.* (sl.) **1** (drunk) get ~ on sth von etw. besoffen werden (derb); be ~ out of one's head *or* mind *or* brains sturzbetrunken (ugs.) *od.* (derb) sturzbesoffen sein

2 (on drugs) stoned (Drogenjargon)

'smashing *adj.* (infml) toll (ugs.)

'smash-up *n.* schwerer Zusammenstoß

smattering /'smætərɪŋ/ *n.* [have] a ~ of German *etc.* ein paar Brocken Deutsch *usw.* [können]

smear /smɪə(r)/ **A** *v.t.* **1** (daub) beschmieren; (put on or over) schmieren

2 (smudge) verwischen

3 (fig.) in den Schmutz ziehen

B *n.* **1** (blotch) [Schmutz]fleck, *der*

2 (fig.) Beschmutzung, *die* (on Gen.)

smear: ~ **campaign** *n.* Schmutzkampagne, *die*; ~ **tactics** *n. pl.* schmutzige Mittel *Pl.*; ~ **test** *n.* (Med.) Abstrich, *der*

smell /smel/ **A** *n.* **1** have a good/bad sense of ~ einen guten/schlechten Geruchssinn haben

2 (odour) Geruch, *der* (of nach); (pleasant also) Duft, *der* (of nach); a ~ of burning/gas ein Brand-/Gasgeruch

3 (stink) Gestank, *der*

B *v.t.*, **smelt** /smelt/ *or* ~ed /smeld/

1 (perceive) riechen

2 (inhale ~ of) riechen an (+ *Dat.*)

C *v.i.* **1** smelt *or* ~ed

2 (emit ~) riechen; (pleasantly also) duften

3 ~ of sth (lit. or fig.) nach etw. riechen

4 (stink) riechen

'smelly *adj.* stinkend; be ~ stinken

smelt ▸ smell B, C

✧ **smile** /smaɪl/ **A** *n.* Lächeln, *das*; give sb a ~ jmdn. anlächeln

B *v.i.* lächeln; ~ at sb/sth jmdn. anlächeln/ über etw. (*Akk.*) lächeln

smirk /smɜːk/ **A** *v.t.* grinsen

B *n.* Grinsen, *das*

smith /smɪθ/ *n.* Schmied, *der*

smithereens /smɪðə'riːnz/ *n. pl.* blow/smash sth to ~ etw. in tausend Stücke sprengen/ schlagen

smock /smɒk/ *n.* Kittel, *der*

smog /smɒg/ *n.* Smog, *der*

smoke /sməʊk/ **A** *n.* Rauch, *der*

B *v.i. & t.* rauchen

smoked /sməʊkt/ *adj.* (Cookery) geräuchert

'smoke detector *n.* Rauchmelder, *der*

smoke-free *adj.* rauchfrei

'smokeless *adj.* rauchlos; rauchfrei ‹*Zone*›

smoker /'sməʊkə(r)/ *n.* **1** Raucher, *der*/ Raucherin, *die*; ~'s cough Raucherhusten, *der*

2 (Railw.) Raucherabteil, *das*

'smokescreen *n.* [künstliche] Nebelwand; (fig.) Vernebelung, *die* (for Gen.)

smoking /'sməʊkɪŋ/ *n.* **1** Rauchen, *das*; 'no ~' „Rauchen verboten"

2 (seating area) [do you want to sit in] ~ or non-~? möchten Sie für Raucher oder Nichtraucher?

'smoking compartment *n.* (Railw.) Raucherabteil, *das*

smoky /'sməʊkɪ/ *adj.* (emitting smoke) rauchend; (smoke-filled) verräuchert

smooth /smuːð/ **A** *adj.* **1** (even) glatt; eben ‹*Straße, Weg*›

2 (mild) weich

3 (not jerky) geschmeidig ‹*Bewegung*›; ruhig ‹*Fahrt, Flug*›; weich ‹*Landung*›

4 (without problems) reibungslos

B *v.t.* glätten

smoothie /'smuːðɪ/ *n.* (infml derog.) aalglatter Typ (ugs.)

'smoothly *adv.* **1** (evenly) glatt

2 (not jerkily) geschmeidig ‹*sich bewegen*›; weich ‹*landen*›; reibungslos ‹*funktionieren*›

smother /'smʌðə(r)/ *v.t.* ersticken; (fig.) unterdrücken ‹*Gähnen*›; ersticken ‹*Gelächter, Schreie*›

smoulder /'sməʊldə(r)/ *v.i.* schwelen; she was ~ing with rage Zorn schwelte in ihr

smudge /smʌdʒ/ **A** *v.t.* verwischen

B *v.i.* schmieren

C *n.* Fleck, *der*

smug /smʌg/ *adj.* selbstgefällig

smuggle /'smʌgl/ *v.t.* schmuggeln

■ ~ 'in *v.t.* einschmuggeln; hinein-/

✧ Schlüsselwort

S

hereinschmuggeln ‹*Person*›

■ ~ **'out** *v.t.* hinaus-/herausschmuggeln

smuggler /'smʌɡlə(r)/ *n.* Schmuggler, *der*/ Schmugglerin, *die*

smuggling /'smʌɡlɪŋ/ *n.* Schmuggel, *der*

smutty /'smʌti/ *adj.* (lewd) schmutzig

snack /snæk/ *n.* Imbiss, *der*

'snack bar *n.* Schnellimbiss, *der*

snag /snæɡ/ *n.* (problem) Haken, *der*; what's the ~? wo klemmt es? (ugs.)

snail /sneɪl/ *n.* Schnecke, *die*; at [a] ~'s pace im Schneckentempo (ugs.)

'snail mail *n.* (infml joc.) Schneckenpost, *die*

snake /sneɪk/ *n.* Schlange, *die*

snap /snæp/ ◼ *v.t.*, **-pp- 1** (break) zerbrechen; ~ sth in two *or* in half etw. in zwei Stücke brechen

2 ~ one's fingers mit den Fingern schnalzen

3 ~ sth home *or* into place etw. einschnappen lassen; ~ shut zuschnappen lassen ‹*Portemonnaie, Schloss*›; zuklappen ‹*Buch, Etui*›; ~ sth open etw. aufschnappen lassen

4 (take photograph of) knipsen

5 (say sharply) fauchen; (speak crisply or curtly) bellen

◼ *v.i.*, **-pp- 1** (break) brechen

2 (fig.) (give way under strain) ausrasten (ugs.); my patience has finally ~ped nun ist mir der Geduldsfaden aber gerissen

◼ *n.* (Photog.) Schnappschuss, *der*

■ '~ **at** *v.t.* (speak sharply to) anfauchen (ugs.)

■ ~ **'off** *v.t. & i.* abbrechen

■ ~ **'up** *v.t.* (fig. infml) [sich (*Dat.*)] schnappen (ugs.)

'snapshot *n.* Schnappschuss, *der*

snare /sneə(r)/ ◼ *n.* Schlinge, *die*

  ◼ *v.t.* [in einer Schlinge] fangen

snarl¹ /snɑːl/ ◼ *v.i.* knurren

  ◼ *n.* Knurren, *das*

snarl² *n.* (tangle) Knoten, *der*

■ ~ **'up** *v.t.* (bring to a halt) zum Erliegen bringen; get ~ed up in the traffic im Verkehr stecken bleiben

'snarl-up *n.* Stau, *der*

snatch /snætʃ/ ◼ *v.t.* **1** (grab) schnappen; ~ sth from sb jmdm. etw. wegreißen; ~ some sleep ein bisschen schlafen

2 (steal) klauen (ugs.)

  ◼ *v.i.* einfach zugreifen

  ◼ *n.* ~es of talk/conversation Gesprächsfetzen *Pl.*

snazzy /'snæzi/ *adj.* (infml) [super]schick (ugs.)

sneak /sniːk/ ◼ *v.t.* schmuggeln; ~ a look at schielen nach

  ◼ *v.i.* **1** schleichen

2 (BrE) (Sch.) (infml) (tell tales) petzen (Schülerspr.)

  ◼ *n.* (BrE) (Sch.) (infml) Petze, *die* (Schülerspr.)

■ ~ **'out** *v.i.* [sich] hinausschleichen

'sneaker *n.* (AmE) Turnschuh, *der*

'sneaking *attrib. adj.* heimlich; leise ‹*Verdacht*›

'sneak thief *n.* Einschleichdieb, *der*

'sneaky *adj.* **1** (underhand) hinterhältig

2 have a ~ feeling that … so ein leises Gefühl haben, dass …

sneer /snɪə(r)/ *v.i.* höhnisch lächeln/grinsen

■ '~ **at** *v.t.* höhnisch anlächeln/angrinsen; (scorn) verhöhnen

sneeze /sniːz/ ◼ *v.i.* niesen

  ◼ *n.* Niesen, *das*

snicker /'snɪkə(r)/ ▸ **snigger**

snide /snaɪd/ *adj.* abfällig

sniff /snɪf/ ◼ *n.* Schnuppern, *das*; (with running nose, while crying) Schniefen, *das*

  ◼ *v.i.* schniefen; (to detect a smell) schnuppern

  ◼ *v.t.* riechen *od.* schnuppern an (+ *Dat.*); ~ glue/cocaine Klebstoff schnüffeln/Kokain sniffen (Drogenjargon)

■ '~ **at** *v.t.* **1** ▸ **sniff C**

2 (show contempt for) die Nase rümpfen über

'sniffer dog *n.* Spürhund, *der*

snigger /'snɪɡə(r)/ ◼ *v.i.* [boshaft] kichern

  ◼ *n.* [boshaftes] Kichern

snip /snɪp/ ◼ *v.t.*, **-pp-** schnippeln (ugs.), schneiden ‹*Loch*›; schnippeln (ugs.) *od.* schneiden an (+ *Dat.*) ‹*Tuch, Haaren, Hecke*›; (cut off) abschnippeln (ugs.); abschneiden

  ◼ *n.* (cut) Schnitt, *der*; Schnipser, *der* (ugs.)

snipe /snaɪp/ *v.i.* ~ at aus dem Hinterhalt beschießen

'sniper *n.* Heckenschütze, *der*

snippet /'snɪpɪt/ *n.* (of information in newspaper) Notiz, *die*; (of conversation) Gesprächsfetzen, *der*; useful ~s of information nützliche Hinweise

snivel /'snɪvl/ *v.i.*, (BrE) **-ll-** schniefen

'snivelling (AmE) **sniveling**) (fig.) attrib. adj. heulend

snob /snɒb/ *n.* Snob, *der*

snobbery /'snɒbəri/ *n.* Snobismus, *der*

snobbish /'snɒbɪʃ/ *adj.* snobistisch

snog /snɒɡ/ (BrE) (infml) ◼ *v.i.*, **-gg-** knutschen (ugs.)

  ◼ *n.* Knutschen, *das* (ugs.)

snooker /'snuːkə(r)/ *n.* Snooker, *das*

snoop /snuːp/ *v.i.* schnüffeln (ugs.)

snooty /'snuːti/ *adj.* (infml) hochnäsig (ugs.)

snooze /snuːz/ (infml) ◼ *v.i.* dösen (ugs.)

  ◼ *n.* Nickerchen, *das* (fam.)

'snooze button *n.* Schlummertaste, *die*

snore /snɔː(r)/ ◼ *v.i.* schnarchen

  ◼ *n.* Schnarcher, *der* (ugs.); ~s Schnarchen, *das*

snorkel /'snɔːkl/ *n.* Schnorchel, *der*

snort /snɔːt/ *v.i.* schnauben (with, in vor + *Dat.*); (sl.) (take) ~ [coke] [Koks] sniffen (Drogenjargon)

snot /snɒt/ *n.* (sl.) Rotz, *der* (derb)

snotty *adj.* rotznäsig (salopp); ~ child/nose Rotznase, *die* (salopp)

snout /snaʊt/ *n.* Schnauze, *die*; (of pig) Rüssel, *der*

snow /snəʊ/ ◼ *n.* Schnee, *der*

S

B *v.i. impers.* it ~s/is ~ing es schneit

■ ~ 'in *v.t.* they are ~ed in sie sind eingeschneit

■ ~ 'under *v.t.* be ~ed under (with work) erdrückt werden; (with gifts, mail) überschüttet werden

snow: ~**ball** **A** *n.* Schneeball, *der*

B *v.i.* (fig.) lawinenartig zunehmen; ~**blindness** *n.* Schneeblindheit, *die*; ~**board** **A** *n.* Snowboard, *das*

B *v.i.* Snowboard fahren; ~**boarder** *n.* Snowboarder, *der*/Snowboarderin, *die*; ~**boarding** *n.* Snowboardfahren, *das*; Snowboarden, *das*; ~**bound** *adj.* eingeschneit; ~**-capped** *adj.* schneebedeckt; ~ **chains** *n. pl.* Schneeketten *Pl.*; ~**drift** *n.* Schneewehe, *die*; ~**drop** *n.* Schneeglöckchen, *das*; ~**fall** *n.* Schneefall, *der*; ~**flake** *n.* Schneeflocke, *die*; ~**man** *n.* Schneemann, *der*; ~**plough** *n.* Schneepflug, *der*; ~**storm** *n.* Schneesturm, *der*

'**snowy** *adj.* schneereich ‹*Gegend*›; schneebedeckt ‹*Berge*›

snub /snʌb/ **A** *v.t.* **-bb- 1** (rebuff) brüskieren

2 (reject) ablehnen

B *n.* Abfuhr, *die*

snub-'nosed *adj.* stupsnasig

snuff¹ /snʌf/ *n.* Schnupftabak, *der*; take a pinch of ~ eine Prise schnupfen

snuff² *v.t.* ~ [out] löschen ‹*Kerze*›

snuffle /'snʌfl/ *v.i.* schnüffeln

snug /snʌg/ *adj.* gemütlich; behaglich; be a ~ fit genau passen

snuggle /'snʌgl/ *v.i.* ~ up to sb sich an jmdn. kuscheln; ~ together sich aneinander kuscheln; ~ up *or* down in bed sich ins Bett kuscheln

✓ **so** /səʊ/ **A** *adv.* **1** so; as winter draws near, ~ it gets darker je näher der Winter rückt, desto dunkler wird es; ~ ... as so ... wie; ~ far bis hierher; (until now) bisher; (to such a distance) so weit; ~ much the better um so besser; ~ long! bis dann! (ugs.); and ~ on [and ~ forth] und so weiter [und so fort]; ~ as to um ... zu; ~ [that] damit; I'm ~ glad/tired! ich bin ja so froh/müde!; It's a rainbow! – So it is! Es ist ein Regenbogen! – Ja, wirklich!; You suggested it. – So I did Du hast es vorgeschlagen. – Das stimmt; is that ~? so? (ugs.); wirklich?; ~ am/have/would/could/will/do I ich auch

2 *pron.* he suggested that I take the train, and if I had done ~, ... er riet mir, den Zug zu nehmen, und wenn ich es getan hätte, ...; I'm afraid ~ leider ja; I told you ~ ich habe es dir [ja] gesagt; a week or ~ etwa eine Woche; very much ~ in der Tat

B *conj.* (therefore) daher; ~ there you 'are! ich habe also recht!; ~ 'there! [und] fertig!; ~? na und?; ~ you see ... du siehst also ...; ~ where have you been? wo warst du denn?

soak /səʊk/ **A** *v.t.* **1** einweichen ‹*Wäsche in Lauge*›; eintauchen ‹*Brot in Milch*›

2 (wet) nass machen

B *v.i.* **1** (steep) put sth in sth to ~ etw. in etw. (*Dat.*) einweichen

2 (drain) ‹*Feuchtigkeit, Nässe:*› sickern

'**soaking** *adj. & adv.* ~ [wet] völlig durchnässt

'**so-and-so** *n., pl.* ~'s **1** (person not named) [Herr/Frau] Soundso

2 (infml) (disliked person) Biest, *das* (ugs.)

soap /səʊp/ *n.* **1** Seife, *die*; with ~ and water mit Wasser und Seife

2 (infml) ▶ soap opera.

soap: ~ **flakes** *n. pl.* Seifenflocken *Pl.*; ~ **opera** *n.* Seifenoper, *die* (ugs.); ~ **powder** *n.* Seifenpulver, *das*; ~**suds** *n. pl.* Seifenschaum, *der*

'**soapy** *adj.* seifig; ~ water Seifenlauge, *die*

soar /sɔː(r)/ *v.i.* aufsteigen; (fig.) ‹*Preise, Kosten usw.:*› in die Höhe schießen (ugs.)

sob /sɒb/ **A** *v.i.* **-bb-** schluchzen (with vor + *Dat.*)

B *n.* Schluchzer, *der*

sober /'səʊbə(r)/ *adj.* **1** (not drunk) nüchtern

2 (serious) ernst

■ ~ 'up **A** *v.i.* nüchtern werden

B *v.t.* ausnüchtern

'**sobering** *adj.* ernüchternd

so-called /'səʊkɔːld/ *adj.* so genannt; (alleged) angeblich

soccer /'sɒkə(r)/ *n.* Fußball, *der*

sociable /'səʊʃəbl/ *adj.* gesellig

✓ **social** /'səʊʃl/ *adj.* **1** sozial; gesellschaftlich

2 (of ~ life) gesellschaftlich; gesellig ‹*Abend, Beisammensein*›

'**social club** *n.* Klub für geselliges Beisammensein

socialism /'səʊʃəlɪzm/ *n.* Sozialismus, *der*

socialist /'səʊʃəlɪst/ **A** *n.* Sozialist, *der*/Sozialistin, *die*

B *adj.* sozialistisch

socialize /'səʊʃəlaɪz/ *v.i.* geselligen Umgang pflegen; ~ with sb (chat) sich mit jmdm. unterhalten

'**social life** *n.* gesellschaftliches Leben; not have much ~ ‹*Person:*› nicht viel ausgehen

'**socially** *adv.* meet ~ sich privat treffen; ~ deprived sozial benachteiligt

social: ~ '**network** *n.* (Comp.) soziales Netzwerk; ~ '**networking** *n.* (Comp.) soziales Netzwerken; ~ '**networking site** *n.* (Comp.) soziales Netzwerk

social: ~ '**science** *n.* Sozialwissenschaften *Pl.*; Gesellschaftswissenschaften *Pl.*; ~ se'**curity** *n.* **1** (BrE) (benefit) Sozialhilfe, *die*

2 (system) soziale Sicherheit; ~ '**service** *n.* staatliche Sozialleistung; ~ '**services** *n. pl.* Sozialdienste *Pl.*; ~ **work** *n.* Sozialarbeit, *die*; ~ **worker** *n.* Sozialarbeiter, *der*/-arbeiterin, *die*

✓ **society** /sə'saɪətɪ/ *n.* **1** Gesellschaft, *die*; high ~ Highsociety, *die*

2 (club, association) Verein, *der*

socio-eco'nomic *adj.* sozioökonomisch

✓ Schlüsselwort

sociological /ˌsəʊsɪəˈlɒdʒɪkl/ adj. soziologisch

sociologist /ˌsəʊsɪˈɒlədʒɪst/ n. Soziologe, der/ Soziologin, die

sociology /ˌsəʊsɪˈɒlədʒɪ/ n. Soziologie, die

sock¹ /sɒk/ n. Socke, die

sock² v.t. (infml) (hit) hauen (ugs.)

socket /ˈsɒkɪt/ n. **1** (Anat.) (of eye) Höhle, die; (of joint) Pfanne, die **2** (Electr.) Steckdose, die

soda /ˈsəʊdə/ n. Soda, das

'soda water n. Soda[wasser], das

sodden /ˈsɒdn/ adj. durchnässt (with von)

sodium /ˈsəʊdɪəm/ n. Natrium, das

sodium: ~ **bi'carbonate** n. doppeltkohlensaures Natrium; Natriumhydrogenkarbonat, das; ~ **'chloride** n. Natriumchlorid, das

sofa /ˈsəʊfə/ n. Sofa, das

✵ **soft** /sɒft/ adj. weich; (quiet) leise; (gentle) sanft; **have a** ~ **spot for sb** eine Vorliebe für jmdn. haben

soft: ~**-boiled** adj. weich gekocht ‹Ei›; ~**-centred** adj. ‹Praline usw.› mit weicher Füllung; ~ **copy** n. (Comp.) Softcopy, die; ~ **cover** n. book with a ~ cover Buch mit einem Softcover (Verlagsw.) od. mit einem flexiblen Einband; ~ **drink** n. alkoholfreies Getränk; ~ **drug** n. weiche Droge

soften /ˈsɒfn/ v.i. weicher werden **B** v.t. aufweichen ‹Boden›; enthärten ‹Wasser›; mildern ‹Farbe›

soft: ~ **'furnishings** n. pl. (BrE) Raumtextilien Pl.; ~**-'hearted** /sɒftˈhɑːtɪd/ adj. weichherzig

'softly adv. (quietly) leise; (gently) sanft

soft: ~ **option** n. Weg des geringsten Widerstandes; ~ **'porn** (infml) ~ **por'nography** ns. Softpornographie, die; ~**-spoken** adj. leise sprechend ‹Person›; ~ **top** n. **1** (roof) Stoffverdeck, das; **2** (car) Cabrio, das; ~ **'toy** n. Stoffspielzeug, das; (toy animal) Stofftier, das; ~ **verge** n. (BrE) Grünstreifen, der

✵ **'software** n. (Comp.) Software, die

soggy /ˈsɒgɪ/ adj. aufgeweicht

✵ **soil¹** /sɔɪl/ n. Erde, die; Boden, der

soil² v.t. beschmutzen

solace /ˈsɒləs/ n. Trost, der; **take** or **find** ~ **in** sth Trost in etw. (Dat.) finden

solar /ˈsəʊlə(r)/ adj. Sonnen-

solar: ~ **e'clipse** n. Sonnenfinsternis, die; ~ **'energy** n. Sonnenenergie, die; ~ **'farm** n. Solarfarm, die; ~ **'panel** n. Sonnenkollektor, der; (on satellite) Sonnensegel, das; ~**-powered** adj. mit Sonnenenergie betrieben; ~ **system** n. Sonnensystem, das

sold ► sell

solder /ˈsəʊldə(r)/ **A** n. Lot, das **B** v.t. löten

soldering iron /ˈsəʊldərɪŋaɪən/ n. Lötkolben, der

✵ **soldier** /ˈsəʊldʒə(r)/ n. Soldat, der

sole¹ /səʊl/ n. (of foot/shoe) Sohle, die

sole² adj. einzig; alleinig ‹Verantwortung, Recht›; Allein‹erbe, -eigentümer›

'solely adv. einzig und allein

solemn /ˈsɒləm/ adj. feierlich; ernst ‹Anlass, Gespräch›

solicitor /səˈlɪsɪtə(r)/ n. (BrE) (lawyer) Rechtsanwalt, der/-anwältin, die

✵ **solid** /ˈsɒlɪd/ **A** adj. **1** (rigid) fest **2** (of the same substance all through) massiv **3** (well-built) stabil; solide gebaut ‹Haus, Mauer usw.› **4** (complete) ganz; **a good** ~ **meal** eine kräftige Mahlzeit **B** n. fester Körper

solidarity /ˌsɒlɪˈdærɪtɪ/ n. Solidarität, die

solid: ~ **'fuel** n. fester Brennstoff; ~**-'fuel** attrib. adj. Festbrennstoff-; ~**-fuel rocket** Feststoffrakete, die

solidify /səˈlɪdɪfaɪ/ v.i. fest werden

solitary /ˈsɒlɪtərɪ/ adj. **1** einsam **2** (sole) einzig

solitary con'finement n. Einzelhaft, die

solitude /ˈsɒlɪtjuːd/ n. Einsamkeit, die

solo /ˈsəʊləʊ/ **A** n., pl. ~**s** (Mus.) Solo, das **B** adj. **1** (Mus.) Solo- **2** ~ **flight** Alleinflug, der **C** adv. **1** (Mus.) solo **2 go/fly** ~ (Aeronaut.) einen Alleinflug machen

soloist /ˈsəʊləʊɪst/ n. (Mus.) Solist, der/ Solistin, die

solstice /ˈsɒlstɪs/ n. Sonnenwende, die

soluble /ˈsɒljʊbl/ adj. **1** (esp. Chem.) löslich **2** (solvable) lösbar

✵ **solution** /səˈluːʃn/ n. **1** (esp. Chem.) Lösung, die **2** ([result of] solving) Lösung, die (to Gen.); **find a** ~ **to** sth eine Lösung für etw. finden; etw. lösen

solvable /ˈsɒlvəbl/ adj. lösbar

✵ **solve** /sɒlv/ v.t. lösen

solvent /ˈsɒlvənt/ **A** adj. **1** (esp. Chem.) lösend **2** (Finance) solvent **B** n. Lösungsmittel, das

sombre (AmE: **somber**) /ˈsɒmbə(r)/ adj. dunkel; düster ‹Stimmung, Atmosphäre›

✵ **some** /səm, stressed sʌm/ **A** adj. **1** (one or other) [irgend]ein; ~ **day** eines Tages **2** (a considerable quantity of) einig... **3** (a small quantity of) ein bisschen; **would you like** ~ **wine/cherries?** möchten Sie [etwas] Wein/[ein paar] Kirschen?; **do** ~ **shopping/ reading** einkaufen/lesen **4** (to a certain extent) ~ **guide** eine gewisse Orientierungshilfe **B** pron. einig...; **would you like** ~**?** möchtest du etwas /plural, welche?; ~ ..., **others** ... manche ..., andere ...

✵ **somebody** /ˈsʌmbədɪ/ n. & pron. jemand; ~ **or other** irgendjemand

✵ **'somehow** adv. ~ **[or other]** irgendwie

S

⚡ **someone** /'sʌmwʌn/ ▶ somebody

somersault /'sɒməsɔːlt/ n. Purzelbaum, der (ugs.); Salto, der (Sport); turn a ~ einen Purzelbaum schlagen (ugs.) /einen Salto springen

⚡ '**something** n. & pron. etwas; ~ new etwas Neues; ~ or other irgendetwas; see ~ of sb jmdn. sehen

'**sometime** **A** adj. ehemalig
B adv. irgendwann

⚡ '**sometimes** adv. manchmal

⚡ '**somewhat** adv. ziemlich

⚡ '**somewhere** **A** adv. 1 (in a place) irgendwo 2 (to a place) irgendwohin
B n. look for ~ to stay sich nach einer Unterkunft umsehen

⚡ **son** /sʌn/ n. Sohn, der

sonata /sə'nɑːtə/ n. Sonate, die

⚡ **song** /sɒŋ/ n. 1 Lied, das 2 (bird cry) Gesang, der

song: ~**bird** n. Singvogel, der; ~**book** n. Liederbuch, das

sonic /'sɒnɪk/ attrib. adj. Schall-; ~ **bang** or **boom** Überschallknall, der

'**son-in-law** n., pl. **sons-in-law** Schwiegersohn, der

⚡ **soon** /suːn/ adv. 1 bald; (quickly) schnell 2 (early) früh; none too ~ keinen Augenblick zu früh; ~er or later früher oder später 3 we'll set off as ~ as he arrives sobald er ankommt, machen wir uns auf den Weg; as ~ as possible so bald wie möglich 4 (willingly) just as ~ [as ...] genauso gern [wie ...]; she would ~er die than ... sie würde lieber sterben, als ...

soot /sʊt/ n. Ruß, der

soothe /suːð/ v.t. 1 (calm) beruhigen 2 lindern ‹Schmerz›

soothing /'suːðɪŋ/ adj. beruhigend; wohltuend ‹Bad, Creme, Massage›

'**sooty** adj. verrußt; rußig

sophisticated /sə'fɪstɪkeɪtɪd/ adj. 1 (cultured) kultiviert 2 (elaborate, complex) hoch entwickelt; subtil ‹Argument, System›

soporific /sɒpə'rɪfɪk/ adj. einschläfernd

sopping /'sɒpɪŋ/ adj. & adv. ~ [wet] völlig durchnässt

soppy /'sɒpɪ/ adj. (BrE) (infml) rührselig; sentimental ‹Person›

soprano /sə'prɑːnəʊ/ n. Sopran, der; (female also) Sopranistin, die

sorbet /'sɔːbɪt, 'sɔːbeɪ/ n. Sorbet, das

sorcerer /'sɔːsərə(r)/ n. Zauberer, der

sorcery /'sɔːsərɪ/ n. Zauberei, die

sordid /'sɔːdɪd/ adj. dreckig; unerfreulich ‹Detail, Geschichte›

sore /sɔː(r)/ **A** adj. weh; (inflamed or injured) wund; a ~ throat Halsschmerzen Pl.; sb has

a ~ back/foot etc. jmdm. tut der Rücken/ Fuß usw. weh
B n. wunde Stelle

'**sorely** adv. sehr; dringend ‹nötig›; ~ tempted stark versucht

sorrow /'sɒrəʊ/ n. Kummer, der

⚡ **sorry** /'sɒrɪ/ adj. 1 sb is ~ that ... es tut jmdm. Leid, dass ...; sb is ~ about sth jmdm. tut etwas Leid; I am or feel ~ for him er tut mir Leid; sb is or feels ~ for sth jmd. bedauert etw.; ~! Entschuldigung!; ~? wie bitte?; I'm ~ to say leider; you'll be ~! das wird dir noch Leid tun 2 (wretched) traurig

⚡ **sort** /sɔːt/ **A** n. 1 Art, die; (type) Sorte, die; a new ~ of bicycle ein neuartiges Fahrrad; all ~s of ... alle möglichen ...; there are all ~s of things to do es gibt alles Mögliche od. allerlei zu tun; ~ of (infml) (more or less) mehr oder weniger; nothing of the ~ nichts dergleichen 2 be out of ~s nicht in Form sein
B v.t. sortieren
■ ~ '**out** v.t. 1 (settle) klären; schlichten ‹Streit›; beenden ‹Verwirrung› 2 (select) aussuchen

'**sort code** n. Bankleitzahl, die

sortie /'sɔːtɪ/ n. Ausfall, der; (flight) Einsatz, der

'**sorting office** n. Postverteilstelle, die

SOS n. SOS, das

'**so so**, '**so-so** adj., adv. so lala (ugs.)

soufflé /'suːfleɪ/ n. Soufflé, das

sought ▶ seek

⚡ **soul** /səʊl/ n. Seele, die; not a ~ keine Menschenseele

'**soul-destroying** adj. 1 (boring) nervtötend 2 (depressing) deprimierend

soulful /'səʊlfl/ adj. gefühlvoll; (sad) schwermütig

soul: ~ **mate** n. Seelenverwandte, der/die; ~**-searching** n. Gewissenskampf, der

sound[1] /saʊnd/ **A** adj. 1 (healthy) gesund; intakt ‹Gebäude, Mauerwerk›; of ~ mind im Vollbesitz seiner geistigen Kräfte 2 (well-founded) vernünftig ‹Argument, Rat›; klug ‹Wahl›; it makes ~ sense es ist sehr vernünftig 3 (Finance) (secure) gesund, solide ‹Basis›; klug ‹Investition›
B adv. fest, tief ‹schlafen›

⚡ **sound**[2] **A** n. 1 (Phys.) Schall, der 2 (noise) Laut, der; (of wind, sea, car, footsteps, breaking glass or twigs) Geräusch, das; (of voices, laughter, bell) Klang, der; do sth without a ~ etw. lautlos tun 3 (Radio, Telev., Cinemat.) Ton, der 4 (fig.) (impression) I like the ~ of your plan ich finde, Ihr Plan hört sich gut an; I don't like the ~ of this das hört sich nicht gut an
B v.i. klingen; it ~s as if .../like ... es klingt, als .../wie ...; that ~s a good idea to me ich finde, die Idee hört sich gut an; that ~s odd

⚡ Schlüsselwort

to me das hört sich seltsam an, finde ich; ∼**s good to me!** klingt gut! (ugs.)
C *v.t.* **1** ertönen lassen
2 (utter) ∼ **a note of caution** zur Vorsicht mahnen
■ ∼ '**off** *v.i.* tönen (ugs.) schwadronieren (**on, about** von)
■ ∼ '**out** *v.i.* ausfragen ‹*Person*›; ∼ **sb out on sth** bei jmdm. wegen etw. vorfühlen
sound: ∼ **barrier** *n.* Schallmauer, *die*; ∼ **bite** *n.* kurzes, prägnantes Zitat; ∼ **card** *n.* (Comp.) Soundkarte, *die*; ∼ **effect** *n.* Geräuscheffekt, *der*; ∼ **engineer** *n.* Toningenieur, *der*/-ingenieurin, *die*
'**sounding board** *n.* **1** (Mus.) Decke, *die*
2 (fig.) (trial audience) ≈ Testgruppe, *die*
'**soundless** *adj.* lautlos
'**soundly** *adv.* **1** (solidly) stabil, solide ‹*bauen*›
2 (deeply) tief, fest ‹*schlafen*›
3 (thoroughly) ordentlich (ugs.) ‹*verhauen*›; vernichtend ‹*schlagen, besiegen*›
sound: ∼**proof** **A** *adj.* schalldicht
B *v.t.* schalldicht machen; ∼ **system** *n.* Tonanlage, *die*; ∼**track** *n.* Soundtrack, *der*; ∼ **wave** *n.* Schallwelle, *die*
soup /suːp/ *n.* Suppe, *die*; **be/land in the** ∼ (fig. infml) in der Patsche sitzen/landen (ugs.)
souped-up /ˈsuːptʌp/ *attrib. adj.* (Motor Veh. infml) frisiert (ugs.)
soup: ∼ **plate** *n.* Suppenteller, *der*; ∼ **spoon** *n.* Suppenlöffel, *der*
sour /ˈsaʊə(r)/ *adj.* **1** sauer
2 (morose) griesgrämig; säuerlich ‹*Blick*›
3 (unpleasant) bitter
⚬ **source** /sɔːs/ *n.* Quelle, *die*; ∼ **of income/ infection** Einkommensquelle, *die*/ Infektionsherd, *der*; **at** ∼ an der Quelle
sour '**cream** *n.* saure Sahne; Sauerrahm, *der*
⚬ **south** /saʊθ/ **A** *n.* **1** Süden, *der*; **in/to[wards]/ from the** ∼ im/nach/von Süden; **to the** ∼ **of** südlich von
2 *usu.* **S**∼ (Geog., Polit.) Süden, *der*
B *adj.* südlich; Süd‹*küste, -wind, -grenze*›
C *adv.* nach Süden; ∼ **of** südlich von
South: ∼ '**Africa** *pr. n.* Südafrika *(das)*; ∼ '**African** *adj.* südafrikanisch; ∼ **A'merica** *pr. n.* Südamerika *(das)*; ∼ **A'merican** *adj.* südamerikanisch; **s**∼**bound** *adj.* ‹*Zug, Verkehr usw.*› in Richtung Süden; **s**∼-'**east** **A** *n.* Südosten, *der*
B *adj.* südöstlich; Südost‹*wind, -küste*›
C *adv.* südostwärts; nach Südosten; **s**∼-'**eastern** *adj.* südöstlich
southerly /ˈsʌðəlɪ/ *adj.* südlich; ‹*Wind*› aus südlichen Richtungen
⚬ **southern** /ˈsʌðən/ *adj.* südlich; Süd‹*grenze, -hälfte, -seite*›
Southern Europe *pr. n.* Südeuropa *(das)*
South: ∼ '**Germany** *pr. n.* Süddeutschland *(das)*; ∼ '**Pole** *pr. n.* Südpol, *der*
southward /ˈsaʊθwəd/, **southwards** /ˈsaʊθwədz/ *adv.* südwärts
south: ∼-'**west** **A** *n.* Südwesten, *der*

B *adj.* südwestlich; Südwest‹*wind, -küste*›
C *adv.* südwestwärts; nach Südwesten; ∼-'**western** *adj.* südwestlich
souvenir /suːvəˈnɪə(r)/ *n.* Souvenir, *das* (**of** aus); Andenken, *das*
sovereign /ˈsɒvrɪn/ *n.* (ruler) Souverän, *der*
sovereignty /ˈsɒvrɪntɪ/ *n.* Souveränität, *die*
Soviet /ˈsəʊvɪət, ˈsɒvɪət/ *adj.* (Hist.) sowjetisch; Sowjet‹*bürger, -literatur*›
Soviet 'Union *pr. n.* (Hist.) Sowjetunion, *die*
sow¹ /səʊ/ *v.t., p.p.* ∼**n** /səʊn/ *or* ∼**ed** /səʊd/
1 (plant) [aus]säen
2 einsäen ‹*Feld, Boden*›
sow² /saʊ/ *n.* (female pig) Sau, *die*
sown ▶ **sow¹**
soya [bean] /ˈsɔɪə (biːn)/ *n.* Sojabohne, *die*
soy sauce /ˈsɔɪ sɔːs/ *n.* Sojasoße, *die*
sozzled /ˈsɒzld/ *adj.* (infml) voll (ugs.)
spa /spɑː/ *n.* **1** (place) Bad, *das*; Badeort, *der*
2 (spring) Mineralquelle, *die*
⚬ **space** /speɪs/ *n.* **1** Raum, *der*
2 (interval between points) Platz, *der*; **clear a** ∼ Platz schaffen
3 the wide open ∼**s** das weite, flache Land
4 (Astron.) Weltraum, *der*
5 (blank between words) Zwischenraum, *der*
6 (interval of time) Zeitraum, *der*; **in the** ∼ **of a minute/an hour** innerhalb einer Minute/ Stunde; **in a short** ∼ **of time he was back** nach kurzer Zeit war er zurück
■ ∼ '**out** *v.t.* verteilen
space: ∼ **age** *n.* [Welt]raumzeitalter, *das*; ∼ **bar** *n.* Leertaste, *die*; ∼**craft** *n.* Raumfahrzeug, *das*; ∼-**saving** *adj.* Platz sparend; ∼**ship** *n.* Raumschiff, *das*; ∼**suit** *n.* Raumanzug, *der*; ∼ **travel** *n.* Raumfahrt, *die*
spacious /ˈspeɪʃəs/ *adj.* geräumig
spade /speɪd/ *n.* **1** Spaten, *der*
2 (Cards) Pik, *das*; *see also* **club A4**
spaghetti /spəˈgetɪ/ *n.* Spaghetti *Pl.*
Spain /speɪn/ *pr. n.* Spanien *(das)*
spam /spæm/ *n.* (Comput.) Spam, *der*
span /spæn/ **A** *n.* **1** Spanne, *die*; Zeitspanne, *die*
2 (of bridge) Spannweite, *die*
B *v.t.*, **-nn-** überspannen ‹*Fluss*›; umfassen ‹*Zeitraum*›
Spaniard /ˈspænjəd/ *n.* Spanier, *der*/Spanierin, *die*
Spanish /ˈspænɪʃ/ **A** *adj.* spanisch; **sb is** ∼ jmd. ist Spanier/Spanierin
B *n.* **1** (language) Spanisch, *das*; *see also* **English B1**
2 the ∼ *pl.* die Spanier *Pl.*
spank /spæŋk/ **A** *n.* ≈ Klaps, *der* (ugs.)
B *v.t.* ∼ **sb** jmdm. einen Klaps geben (ugs.)
spanner /ˈspænə(r)/ *n.* (BrE) Schraubenschlüssel, *der*
spar /spɑː(r)/ *v.i.*, **-rr- 1** (Boxing) sparren
2 (fig.) (argue) [sich] zanken

S

spare /speə(r)/ **A** *adj.* **1** (not in use) übrig; ~ time/moment Freizeit, *die*, freier Augenblick; there is one ~ seat ein Platz ist noch frei **2** (for use when needed) zusätzlich, Extra‹*bett, -tasse*› **B** *n.* Ersatzteil, *das*/-reifen, *der usw. usw.* **C** *v.t.* **1** entbehren; we arrived with ten minutes to ~ wir kamen zehn Minuten früher an **2** (not inflict on) ~ sb sth jmdm. etw. ersparen **3** (not hurt) [ver]schonen **4** (fail to use) not ~ any expense/pains *or* efforts keine Kosten/Mühe scheuen; no expense ~d an nichts gespart

spare: ~ '**part** *n.* Ersatzteil, *das*; ~ **room** *n.* Gästezimmer, *das*; ~ '**tyre** *n.* Reserve-, Ersatzreifen, *der*; ~ '**wheel** *n.* Ersatzrad, *das*

sparing /'speərɪŋ/ *adj.*, '**sparingly** *adv.* sparsam

spark /spɑːk/ **A** *n.* **1** Funke, *der*; (fig.) a ~ of generosity/decency ein Funke[n] Großzügigkeit/Anstand **2** a bright ~ (infml) (person, also iron.) ein schlauer Kopf **B** *v.t.* ~ [off] zünden; (fig.) auslösen

sparkle /'spɑːkl/ **A** *v.i.* **1** ‹*Diamant*:› glitzern; ‹*Augen*:› funkeln **2** (be lively) sprühen (with vor + *Dat.*) **B** *n.* Funkeln, *das*

sparkling /'spɑːklɪŋ/ *adj.* glitzernd ‹*Diamant*›; funkelnd ‹*Augen*›

sparkling 'wine *n.* Schaumwein, *der*
'**spark plug** *n.* Zündkerze, *die*
sparrow /'spærəʊ/ *n.* Spatz, *der*
sparse /spɑːs/ *adj.* spärlich; dünn ‹*Besiedlung*›
spasm /'spæzm/ *n.* Krampf, *der*

spasmodic /spæz'mɒdɪk/ *adj.* **1** (marked by spasms) krampfartig **2** (intermittent) sporadisch

spastic /'spæstɪk/ **A** *n.* Spastiker, *der*/ Spastikerin, *die* **B** *adj.* spastisch

spat ▸ spit A, B

spate /speɪt/ *n.* **1** the river is in [full] ~ der Fluss führt Hochwasser **2** (fig.) a ~ of sth eine Flut von etw.; a ~ of burglaries eine Einbruchsserie

spatial /'speɪʃl/ *adj.* räumlich
spatter /'spætə(r)/ *v.t.* spritzen; ~ sb/sth with sth jmdn./etw. mit etw. bespritzen
spatula /'spætjʊlə/ *n.* Spachtel, *der od. die*
spawn /spɔːn/ **A** *v.t.* (fig.) hervorbringen **B** *v.i.* (Zool.) laichen **C** *n.* (Zool.) Laich, *der*

◆ **speak** /spiːk/ **A** *v.i.*, **spoke** /spəʊk/, **spoken** /'spəʊkn/ **1** sprechen; ~ [with sb] on *or* about sth [mit jmdm.] über etw. (*Akk.*) sprechen; ~ for/against sth sich für/gegen etw. aussprechen **2** (on telephone) Is Mr Grant there? – S~ing!

◆ Schlüsselwort

Ist Mister Grant da? – Am Apparat!; who is ~ing, please? wer ist am Apparat, bitte? **B** *v.t.*, **spoke, spoken** sprechen ‹*Satz, Wort, Sprache*›; sagen ‹*Wahrheit*›; ~ one's mind sagen, was man denkt
■ '~ **for** *v.t.* sprechen für; sth is spoken for (reserved) etw. ist schon vergeben
■ '~ **of** *v.t.* sprechen von; ~ing of Mary da wir gerade von Mary sprechen; nothing to ~ of nichts Besonderes
■ '~ **to** *v.t.* sprechen *od.* reden mit
■ ~ '**up** *v.i.* lauter sprechen

◆ '**speaker** *n.* **1** (in public) Redner, *der*/Rednerin, *die* **2** (of a language) Sprecher, *der*/Sprecherin, *die*; be a 'French ~ Französisch sprechen **3** (loudspeaker) Lautsprecher, *der*

'**speaking** **A** *n.* Sprechen, *das* **B** *adv.* strictly/generally ~ genau genommen/im Allgemeinen

speaking 'clock *n.* (BrE) telefonische Zeitansage

spear /spɪə(r)/ *n.* Speer, *der*
'**spearhead** **A** *n.* (fig.) Speerspitze, *die* **B** *v.t.* (fig.) anführen
'**spearmint** *n.* Grüne Minze; ~ chewing gum Pfefferminzkaugummi, *der od. das*

spec¹ /spek/ (infml) ▸ specification
spec² /spek/ *n.* (infml) (speculation) on ~ auf gut Glück; auf Verdacht (ugs.)

◆ **special** /'speʃl/ *adj.* speziell; besonder...; nobody ~ niemand Besonderes

special de'livery *n.* (Post) Eilzustellung, *die*
special ef'fects *n. pl.* (Cinemat.) Special effects *Pl.*

specialist /'speʃəlɪst/ *n.* **1** Spezialist, *der*/ Spezialistin, *die* (in für) **2** (Med.) Facharzt, *der*/-ärztin, *die*

speciality /speʃɪ'ælɪtɪ/ *n.* Spezialität, *die*
specialization /speʃəlaɪ'zeɪʃn/ *n.* Spezialisierung, *die*
specialize /'speʃəlaɪz/ *v.i.* sich spezialisieren (in auf + *Akk.*)

specialized /'speʃəlaɪzd/ *adj.* **1** (requiring detailed knowledge) speziell; Spezial‹*kenntnisse, -gebiet*› **2** (concentrating on small area) spezialisiert

'**specially** *adv.* **1** speziell; make sth ~ etw. speziell *od.* extra anfertigen **2** (especially) besonders

special: ~ '**needs** *n.* children with ~ needs Kinder, die besonders betreut werden müssen; ~ '**needs teacher** *n.* Förderlehrer, *der*/-lehrerin, *die*; ~ '**offer** *n.* Sonderangebot, *das*; on ~ offer im Sonderangebot; ~ '**school** *n.* Sonderschule, *die*

specialty /'speʃltɪ/ (esp. AmE) ▸ speciality
◆ **species** /'spiːʃiːz/ *n., pl. same* Art, *die*
'**species barrier** *n.* (Biol.) Artenbarriere, *die*; Artengrenze, *die*

◆ **specific** /spɪ'sɪfɪk/ *adj.* bestimmt; could you be more ~? kannst du dich genauer ausdrücken?

⚡ **specifically** /spɪˈsɪfɪkəli/ adv. ausdrücklich; eigens; extra (ugs.)

specification /spesɪfɪˈkeɪʃn/ n., often pl. (details) technische Daten Pl.; (for building) Baubeschreibung, die

specify /ˈspesɪfaɪ/ v.t. ausdrücklich sagen; unless otherwise specified wenn nicht anders angegeben

specimen /ˈspesɪmən/ n. **1** (example) Exemplar, das **2** (sample) Probe, die

speck /spek/ n. **1** (spot) Fleck, der **2** (particle) Teilchen, das; ~ of soot/dust Rußflocke, die/Staubkörnchen, das

specs /speks/ n., pl. (infml) (spectacles) Brille, die

spectacle /ˈspektəkl/ n. **1** in pl. [pair of] ~s Brille, die **2** (public show) Spektakel, das **3** (object of attention) Anblick, der

'**spectacle case** n. Brillenetui, das

spectacular /spekˈtækjʊlə(r)/ adj. spektakulär

spectator /spekˈteɪtə(r)/ n. Zuschauer, der/ Zuschauerin, die

spec'tator sport n. Publikumssport, der

specter (AmE) ▸ spectre

spectra pl. of spectrum

spectre /ˈspektə(r)/ n. (BrE) **1** (ghost) Gespenst, das **2** (fig.) Schreckgespenst, das

spectrum /ˈspektrəm/ n., pl. **spectra** /ˈspektrə/ Spektrum, das

speculate /ˈspekjʊleɪt/ v.i. spekulieren (about, on über + Akk.)

speculation /spekjʊˈleɪʃn/ n. Spekulation, die (over über + Akk.)

speculative /ˈspekjʊlətɪv/ adj. spekulativ

speculator /ˈspekjʊleɪtə(r)/ n. Spekulant, der/Spekulantin, die

sped ▸ speed B

⚡ **speech** /spiːtʃ/ n. **1** (public address) Rede, die; make or deliver or give a ~ eine Rede halten **2** (faculty or manner of speaking) Sprache, die

'**speechless** adj. sprachlos (with vor + Dat.)

⚡ **speed** /spiːd/ **A** n. Geschwindigkeit, die; Schnelligkeit, die; at a ~ of ... mit einer Geschwindigkeit von ...
B v.i. **1** p.t. & p.p. **sped** /sped/ or ~ed schnell fahren; rasen (ugs.) **2** p.t.&p.p. ~ed (go too fast) zu schnell fahren; rasen (ugs.)

speed: ~**boat** n. Rennboot, das; ~ **bump** n. Bodenschwelle, die; ~ **camera** n. Geschwindigkeitsüberwachungskamera, die; ~ **dating**, (AmE) **SpeedDating®** n. Speeddating, das

'**speeding** n. Geschwindigkeitsüberschreitung, die

'**speed limit** n. Geschwindigkeitsbeschränkung, die

speedo /ˈspiːdəʊ/ n., pl. ~**s** (BrE) (infml) Tacho, der (ugs.)

speedometer /spiːˈdɒmɪtə(r)/ n. Tachometer, der od. das

speed: ~ **ramp** n. Bodenschwelle, die; ~**way** n. Speedwayrennen, das

'**speedy** adj. schnell; umgehend, prompt <Antwort>

spell[1] /spel/ **A** v.t., **spelt** /spelt/ (BrE) or ~**ed 1** schreiben; (aloud) buchstabieren **2** (fig.) (mean) bedeuten
B v.i. **spelt** (BrE) or ~**ed** (say) buchstabieren; (write) richtig schreiben

spell[2] n. (period) Weile, die; a cold ~ eine Kälteperiode

spell[3] n. **1** (magic charm) Zauberspruch, der; cast a ~ on sb jmdn. verzaubern **2** (fascination) Zauber, der; break the ~ den Bann brechen

'**spellbound** adj. verzaubert

'**spell checker** ▸ spelling checker

'**spelling** n. Rechtschreibung, die

spelling: ~ **checker** n. Rechtschreibprogramm, das; ~ **mistake** n. Rechtschreibfehler, der

spelt ▸ spell[1]

⚡ **spend** /spend/ v.t., **spent** /spent/ **1** (pay out) ausgeben; ~ a penny (fig. infml) mal verschwinden (ugs.) **2** verbringen <Zeit>

'**spendthrift** n. Verschwender, der/ Verschwenderin, die

spent **A** ▸ spend
B adj. **1** (used up) verbraucht **2** (drained of energy) erschöpft

sperm /spɜːm/ n. pl.; ~**s** or same, Sperma, der

sperm: ~ **bank** n. Samenbank, die; ~ **count** n. Spermienzahl, die

spew /spjuː/ v.t. spucken

sphere /sfɪə(r)/ n. **1** (field of action) Bereich, der; Sphäre, die (geh.) **2** (Geom.) Kugel, die

spherical /ˈsferɪkl/ adj. kugelförmig

spice /spaɪs/ **A** n. Gewürz, das; (fig.) Würze, die
B v.t. würzen

'**spice rack** n. Gewürzregal, das

spicy /ˈspaɪsɪ/ adj. pikant; würzig

spider /ˈspaɪdə(r)/ n. Spinne, die

spider: ~ **plant** n. Grünlilie, die; ~'**s web**, (AmE) ~ **web** Spinnennetz, das; (fig.) Netz, das

spike /spaɪk/ n. Stachel, der

spiky /ˈspaɪkɪ/ adj. stachelig

spill /spɪl/ **A** v.t., **spilt** /spɪlt/ or ~**ed** verschütten <Flüssigkeit>; ~ sth on sth etw. auf etw. (Akk.) schütten; ~ the beans aus der Schule plaudern
B v.i. spilt or ~ed überlaufen

spilt ▸ spill

spin /spɪn/ **A** v.t., **-nn-**, **spun** /spʌn/ **1** spinnen; ~ yarn Garn spinnen

S

2 (in washing machine etc.) schleudern
B *v.i.*, **-nn-**, **spun** sich drehen; my head is
~ning (fig.) mir schwirrt der Kopf
■ ~ **'out** *v.t.* (prolong) in die Länge ziehen

spinach /'spɪnɪdʒ/ *n.* Spinat, *der*

spinal /'spaɪnl/ *adj.* Wirbelsäulen-;
Rückgrat[s]-

spinal: ~ **'column** *n.* Wirbelsäule, *die*; ~
'cord *n.* Rückenmark, *das*

spindle /'spɪndl/ *n.* Spindel, *die*

spindly /'spɪndlɪ/ *adj.* spindeldürr

spin: ~ **doctor** *n.* (infml) Spin-Doktor, *der*; ~
'drier *n.* Wäscheschleuder, *die*; ~**-dry** *v.t.*
schleudern

spine /spaɪn/ *n.* **1** (backbone) Wirbelsäule, die
2 (Bot., Zool.) Stachel, *der*

'spineless *adj.* (fig.) rückgratlos

'spin-off *n.* Nebenprodukt, *das*

spinster /'spɪnstə(r)/ *n.* ledige Frau

spiny /'spaɪnɪ/ *adj.* stachelig

spiral /'spaɪrl/ **A** *adj.* spiralförmig
B *n.* Spirale, *die*
C *v.i.*, (BrE) **-ll-** <*Weg:*> sich hochwinden;
<*Kosten:*> in die Höhe klettern; <*Rauch:*> in
einer Spirale aufsteigen

spiral 'staircase *n.* Wendeltreppe, *die*

spire /'spaɪə(r)/ *n.* Turmspitze, *die*

◆ **spirit** /'spɪrɪt/ *n.* **1** *in pl.* (distilled liquor)
Spirituosen *Pl.*
2 (mental attitude) Geisteshaltung, *die*; in the
right/wrong ~ mit der richtigen/falschen
Einstellung; take sth in the wrong ~ etw.
falsch auffassen
3 (courage) Mut, *der*
4 (mental tendency) Geist, *der*; high ~s
gehobene Stimmung; in poor *or* low ~s
niedergedrückt

'spirited *adj.* beherzt

'spirit level *n.* Wasserwaage, *die*

◆ **spiritual** /'spɪrɪtʃʊəl/ *adj.* spirituell (geh.)

spit /spɪt/ **A** *v.i.*, **-tt-**, **spat** /spæt/ *or* ~;
spucken
B *v.t.*, **-tt-**, **spat** *or* ~; spucken
C *n.* Spucke, *die*
■ ~ **'out** *v.t.* ausspucken

spite /spaɪt/ **A** *n.* **1** Boshaftigkeit, *die*
2 in ~ of trotz; in ~ of oneself obwohl man
es eigentlich nicht will
B *v.t.* ärgern

spiteful /'spaɪtfl/ *adj.* gehässig

spitting 'image *n.* be the ~ of sb jmdm.
wie aus dem Gesicht geschnitten sein

spittle /'spɪtl/ *n.* Spucke, *die*

splash /splæʃ/ **A** *v.t.* spritzen; ~ sth on
[to] *or* over sb/sth jmdn./etw. mit etw.
bespritzen
B *v.i.* **1** spritzen
2 (in water) platschen (ugs.)
C *n.* **1** (liquid) Spritzer, *der*
2 (noise) Plätschern, *das*

◆ Schlüsselwort

■ ~ **'out** *v.i.* (infml) ~ out on sth für etw.
unbekümmert Geld ausgeben

splendid /'splendɪd/ *adj.* (excellent) großartig;
(magnificent) prächtig

splendour (BrE; AmE: **splendor**)
/'splendə(r)/ *n.* Pracht, *die*

splint /splɪnt/ *n.* Schiene, *die*

splinter /'splɪntə(r)/ *n.* Splitter, *der*

split /splɪt/ **A** *n.* **1** (tear) Riss, *der*
2 (division into parts) [Auf]teilung, *die*; (fig.)
Spaltung, *die*
B *adj.* gespalten; be ~ on a question [sich
(*Dat.*] in einer Frage uneins sein
C *v.t.*, **-tt-**, ~ **1** (tear) zerreißen
2 (divide) teilen
D *v.i.*, **-tt-**, ~ **1** <*Holz:*> splittern; <*Stoff,
Seil:*> reißen; ~ apart zersplittern
2 (divide into parts) sich teilen
■ ~ **'up** **A** *v.t.* aufteilen
B *v.i.* (infml) sich trennen; ~ up with sb sich
von jmdm. trennen

split: ~**-level** *adj.* mit Zwischengeschoss
nachgestellt; auf zwei Ebenen *nachgestellt*;
a ~-level lounge ein Wohnraum auf zwei
Ebenen; ~-level cooker *Einbauherd, bei dem
Kochplatten und Backofen getrennt sind*;
~ **'pea** *n.* getrocknete [halbe] Erbse; ~
perso'nality *n.* gespaltene Persönlichkeit;
~ **'second** *n.* in a ~ second im Bruchteil
einer Sekunde; ~**-second timing** [zeitliche]
Abstimmung auf die Sekunde genau

splitting /'splɪtɪŋ/ *adj.* a ~ headache rasende
Kopfschmerzen *Pl.*

splutter /'splʌtə(r)/ *v.i.* <*Person:*> prusten;
<*Motor:*> stottern

spoil /spɔɪl/ **A** *v.t.*, ~**t** /spɔɪlt/ *or* ~**ed**
1 (impair) verderben
2 (pamper) verwöhnen; be ~t for choice die
Qual der Wahl haben
B *v.i.* **1** ~t *or* ~ed
2 verderben
3 be ~ing for a fight Streit suchen
C *n.* ~[s *pl.*] Beute, *die*

'spoiler *n.* (of car, aircraft) Spoiler, *der*

'spoilsport *n.* Spielverderber,
der/-verderberin, *die*

spoilt ▶ spoil A, B

spoke¹ /spəʊk/ *n.* Speiche, *die*

spoke², spoken ▶ speak

◆ **spokesman** /'spəʊksmən/ *n., pl.* **spokesmen**
/'spəʊksmən/ Sprecher, *der*

sponge /spʌndʒ/ **A** *n.* Schwamm, *der*
B *v.t.* mit einem Schwamm waschen
■ ~ **on** *v.t.* ~ on sb bei od. von jmdm.
schnorren (ugs.)

sponge: ~ **bag** *n.* (BrE) Kulturbeutel, *der*; ~
cake *n.* Biskuitkuchen, *der*

sponger /'spʌndʒə(r)/ *n.* Schmarotzer, *der*/
Schmarotzerin, *die*

spongy /'spʌndʒɪ/ *adj.* schwammig

sponsor /'spɒnsə(r)/ **A** *n.* Sponsor, *der*
B *v.t.* **1** sponsern

2 (Polit.) ~ **sb** jmds. Kandidatur unterstützen

spontaneity /spɒntə'niːɪtɪ/ n. Spontaneität, die

spontaneous /spɒn'teɪnɪəs/ adj. spontan

spooky /'spuːkɪ/ adj. gespenstisch

spool /spuːl/ n. Spule, die

spoon /spuːn/ n. **1** Löffel, der
2 (amount) ▶ spoonful

'**spoon-feed** v.t. (fig.) ~ **sb** jmdm. alles vorkauen (ugs.)

spoonful /'spuːnfʊl/ n. a ~ of sugar ein Löffel [voll] Zucker

sporadic /spə'rædɪk/ adj. sporadisch

sporadically /spə'rædɪkəlɪ/ adv. hin und wieder

spore /spɔː(r)/ n. Spore, die

⚹ **sport** /spɔːt/ **A** n. **1** Sport, der; ~s Sportarten Pl.; **water/indoor** ~ Wasser-/Hallensport, der
2 (fun) Spaß, der
3 be a [real] ~ (infml) ein prima Kerl sein (ugs.); **be a** ~! sei kein Spielverderber!
B v.t. stolz tragen

'**sporting** adj. **1** sportlich
2 give sb a ~ **chance** jmdm. eine [faire] Chance geben

sports: ~ **bra** n. Sport-BH, der; ~ **car** n. Sportwagen, der; ~ **centre** n. Sportzentrum, das; ~ **channel** n. Sportkanal, der; ~ **commentator** n. Sportberichterstatter, der/-berichterstatterin, die; ~ **complex** n. Sportzentrum, das; ~ **field** n. Sportplatz, der; ~ **hall** n. Sporthalle, die; ~ **jacket** n. sportlicher Sakko; ~**man** /'spɔːtsmən/ n., pl.; ~**men** /'spɔːtsmən/ Sportler, der; ~**manship** /'spɔːtsmənʃɪp/ n. (fairness) [sportliche] Fairness; ~ **page** n. (Journ.) Sportseite, die; ~ **section** n. (Journ.) Sportteil, der; ~**wear** n. Sport[be]kleidung, die; ~**woman** n. Sportlerin, die

'**sporty** adj. sportlich

⚹ **spot** /spɒt/ **A** n. **1** (precise place) Stelle, die; **on this** ~ an dieser Stelle; **be in a tight** ~ (fig. infml) in der Klemme sitzen (ugs.); **put sb on the** ~ (fig. infml) jmdn. in Verlegenheit bringen
2 (suitable area) Platz, der
3 (dot) Tupfen, der
4 (stain) ~ **[of blood/grease/ink]** [Blut-/Fett-/Tinten]fleck, der
5 (BrE) (infml) (small amount) **do a** ~ **of work/sewing** ein bisschen arbeiten/nähen
6 (drop) **a** ~ **or a few** ~s **of rain** ein paar Regentropfen
7 (Med.) Pickel, der
B v.t., -**tt**- (detect) entdecken; erkennen ‹Gefahr›

spot: ~ '**check** n. Stichprobe, die; ~**less** adj. fleckenlos; **her house is absolutely** ~**less** (fig.) ihr Haus ist makellos sauber; ~**light** n. Scheinwerfer, der; **be in the** ~**light** (fig.) im Rampenlicht stehen

spotted /'spɒtɪd/ adj. gepunktet

'**spotty** adj. (pimply) picklig

spouse /spaʊs/ n. [Ehe]gatte, der/-gattin, die

spout /spaʊt/ **A** n. Schnabel, der; (of tap) Ausflussrohr, das
B v.i. (gush) schießen (**from** aus)

sprain /spreɪn/ **A** v.t. verstauchen
B n. Verstauchung, die

sprang ▶ spring B, C

sprawl /sprɔːl/ v.i. **1** sich ausstrecken; (fall) der Länge nach hinfallen
2 (straggle) sich ausbreiten

'**sprawling** attrib. adj. wuchernd ‹Großstadt›

spray[1] /spreɪ/ (bouquet) Strauß, der

spray[2] **A** v.t. spritzen; sprühen ‹Parfüm›; besprühen ‹Haar, Pflanze›
B n. **1** (drops) Sprühnebel, der
2 (liquid) Spray, der od. das

spray: ~ **can** ▶ aerosol; ~ **gun** n. Spritzpistole, die

⚹ **spread** /spred/ **A** v.t., ~ **1** ausbreiten ‹Tuch, Landkarte› (**on** auf + Dat.); streichen ‹Butter, Farbe, Marmelade›
2 (extend range of) verbreiten
3 (distribute) verteilen
B v.i., ~; sich ausbreiten
C n. **1** Verbreitung, die; (of city, poverty) Ausbreitung, die
2 (infml) (meal) Festessen, das
3 (paste) Brotaufstrich, der
4 (Printing) **the advertisement was a full-page/double-page** ~ die Anzeige war ganzseitig/doppelseitig
■ ~ '**out** **A** v.t. ausbreiten
B v.i. sich verteilen

spread: ~ **betting** n., no indef. art. Differenzwetten, das; ~**sheet** n. (Comp.) Arbeitsblatt, das

spree /spriː/ n. **go on a shopping** ~ ganz groß einkaufen gehen

'**spree killer** n. Amokläufer, der

sprig /sprɪg/ n. Zweig, der

'**sprightly** /'spraɪtlɪ/ adj. munter

⚹ **spring** /sprɪŋ/ **A** n. **1** (season) Frühling, der; **in [the]** ~ im Frühling od. Frühjahr
2 (water) Quelle, die
3 (Mech.) Feder, die
4 (jump) Sprung, der
B v.i., **sprang** /spræŋ/ or (AmE) **sprung** /sprʌŋ/, **sprung 1** (jump) springen; ~ **to life** (fig.) [plötzlich] zum Leben erwachen
2 (arise) entspringen (**from** Dat.)
C v.t., **sprang** or (AmE) **sprung**, **sprung**; ~ **sth on sb** jmdm. mit etw. überfallen

spring: ~**board** n. Sprungbrett, das; ~ '**chicken** n. **be no** ~ **chicken** nicht mehr der/die Jüngste sein (ugs.); ~-'**clean A** n. Frühjahrsputz, der **B** v.t. Frühjahrsputz machen in (+ Dat.); ~-**loaded** adj. mit Sprungfeder nachgestellt; ~ '**onion** n. Frühlingszwiebel, die; ~**time** n. Frühling, der

springy /'sprɪŋɪ/ adj. elastisch; federnd ‹Schritt, Brett, Boden›

S

sprinkle /'sprɪŋkl/ *v.t.* streuen; sprengen <Flüssigkeit>

sprinkler /'sprɪŋklə(r)/ *n.* (Hort.) Sprinkler, *der*

sprinkling /'sprɪŋklɪŋ/ *n.* a ~ of snow/sugar/dust eine dünne Schneedecke/Zucker-/Staubschicht

sprint /sprɪnt/ **A** *v.t. & i.* rennen; sprinten (bes. Sport)
B *n.* Sprint, *der*

sprout /spraʊt/ **A** *n.* **1** Brussels ~s Rosenkohl, *der*
2 (Bot.) Trieb, *der*
B *v.i.* sprießen (geh.)

spruce /spruːs/ **A** *adj.* gepflegt
B *n.* Fichte, *die*

sprung /sprʌŋ/ **A** ▶ spring B, C
B *attrib. adj.* gefedert

spry /spraɪ/ *adj.* rege

spud /spʌd/ *n.* (infml) Kartoffel, *die*

spun ▶ spin

spunk /spʌŋk/ *n.* (infml) (courage) Mumm, *der* (ugs.)

spur /spɜː(r)/ **A** *n.* Sporn, *der*; (fig.) Ansporn, *der*; on the ~ of the moment ganz spontan
B *v.t.*, **-rr-** (fig.) anspornen

spurious /'spjʊərɪəs/ *adj.* gespielt <Interesse>; unberechtigt <Anspruch, Anklage>

spurn /spɜːn/ *v.t.* zurückweisen

spurt¹ /spɜːt/ *n.* Spurt, *der*; put on a ~ einen Spurt einlegen

spurt² **A** *v.i.* ~ out [from or of] herausspritzen [aus]
B *n.* Strahl, *der*

spy /spaɪ/ **A** *n.* Spion, *der*/Spionin, *die*
B *v.i.* spionieren; ~ on sb jmdm. nachspionieren

spy: ~**master** *n.* Chef eines Spionagerings, *der*; ~ **ring** *n.* Spionagering, *der*; ~ **story** *n.* Spionagegeschichte, *die*; ~**ware** *n.*, no pl., no indef. art. (Comp.) Spyware, *die*

squabble /'skwɒbl/ **A** *n.* Streit, *der*
B *v.i.* sich zanken (over, about wegen)

squad /skwɒd/ *n.* **1** (Mil.) Gruppe, *die*
2 (group) Mannschaft, *die*

squadron /'skwɒdrən/ *n.* **1** (Navy) Geschwader, *das*
2 (Air Force) Staffel, *die*

squalid /'skwɒlɪd/ *adj.* **1** (dirty) schmutzig
2 (poor) schäbig

squall /skwɔːl/ *n.* (gust) Bö, *die*

squalor /'skwɒlə(r)/ *n.* Schmutz, *der*

squander /'skwɒndə(r)/ *v.t.* vergeuden

square /skweə(r)/ **A** *n.* **1** (Geom.) Quadrat, *das*
2 (open area) Platz, *der*
B *adj.* **1** quadratisch
2 a ~ metre/mile ein Quadratmeter/eine Quadratmeile
3 be all ~ [völlig] quitt sein (ugs.)

C *v.t.* **1** (Math.) quadrieren
2 ~ it with sb es mit jmdm. klären
D *v.i.* (agree) übereinstimmen
■ ~ 'up *v.i.* (settle up) abrechnen

square: ~ 'brackets *n. pl.* eckige Klammern *Pl.*; ~ 'meal *n.* anständige Mahlzeit (ugs.); ~ 'root *n.* Quadratwurzel, *die*

squash /skwɒʃ/ **A** *v.t.* (crush) zerquetschen; ~ sth flat etw. platt drücken
B *n.* **1** Fruchtsaftgetränk, *das*
2 (Sport) Squash, *das*

squash: ~ **court** *n.* Squashfeld, *das*; ~ **racket** *n.* Squashschläger, *der*

squat /skwɒt/ *v.i.*, **-tt-** **1** (crouch) hocken
2 ~ in a house ein Haus besetzen

'squatter *n.* Hausbesetzer, *der*/-besetzerin, *die*

squawk /skwɔːk/ *v.i.* <Krähe:> krähen; <Huhn:> kreischen

squeak /skwiːk/ **A** *n.* **1** (of animal) Quieken, *das*
2 (of brakes, hinge, etc.) Quietschen, *das*
B *v.i.* **1** <Tier:> quieken
2 <Scharnier, Tür, Bremse, Schuh usw.:> quietschen

squeaky /'skwiːkɪ/ *adj.* quietschend

squeal /skwiːl/ **A** *v.i.* **1** ~ with pain/in fear <Person:> vor Schmerz/Angst aufschreien; <Tier:> vor Schmerz/Angst laut quieken
2 <Bremsen, Räder:> kreischen; <Reifen:> quietschen
B *n.* Kreischen, *das*; (of tyres) Quietschen, *das*; (of animal) Quieken, *das*

squeamish /'skwiːmɪʃ/ *adj.* be ~ zart besaitet sein

squeeze /skwiːz/ **A** *n.* Druck, *der*; give sth a small ~ etw. [leicht] drücken
B *v.t.* **1** (press) drücken; drücken auf (Akk.) <Tube, Plastikflasche>; (to get juice) auspressen
2 (extract) drücken (out of aus); ~ out sth etw. herausdrücken
3 (force) zwängen

squelch /skweltʃ/ *v.i.* quatschen (ugs.)

squid /skwɪd/ *n.* Kalmar, *der*

squiggle /'skwɪgl/ *n.* Schnörkel, *der*

squint /skwɪnt/ **A** *n.* Schielen, *das*
B *v.i.* **1** (Med.) schielen
2 (with half-closed eyes) blinzeln

squire /'skwaɪə(r)/ *n.* ≈ Gutsherr, *der*

squirm /skwɜːm/ *v.i.* sich winden (with vor + Dat.)

squirrel /'skwɪrl/ *n.* Eichhörnchen, *das*

squirt /skwɜːt/ **A** *v.t.* spritzen; sprühen <Spray, Puder>; ~ sth at sb jmdn. mit etw. bespritzen/besprühen
B *v.i.* spritzen
C *n.* Spritzer, *der*

St *abbr.* = **Saint** St.

st. *abbr.* (BrE) (unit of weight) = **stone** A2

St. *abbr.* = **Street** Str.

stab /stæb/ **A** *v.t.*, **-bb-** stechen; ~ sb in the chest jmdm. in die Brust stechen

✒ Schlüsselwort

S

B *v.i.*, **-bb-** stechen
C *n.* **1** Stich, *der*
2 (infml) (attempt) **make** *or* **have a** ~ **[at it]** [es] probieren
stability /stə'bɪlɪti/ *n.* Stabilität, *die*
stabilize /'steɪbɪlaɪz/ **A** *v.t.* stabilisieren
B *v.i.* sich stabilisieren
stable¹ /'steɪbl/ *adj.* stabil; gefestigt ‹*Person*›
stable² *n.* Stall, *der*
stack /stæk/ **A** *n.* **1** (pile) Stoß, *der*; Stapel, *der*
2 (infml) (large amount) Haufen, *der* (ugs.)
3 [chimney] ~ Schornstein, *der*
B *v.t.* ~ [up] [auf]stapeln
stadium /'steɪdɪəm/ *n.* Stadion, *das*
♂ **staff** /stɑːf/ **A** *n.* **1** (stick) Stock, *der*
2 (personnel) Personal, *das*; (of school) Lehrerkollegium, *das*
B *v.t.* mit Personal ausstatten
staff: ~ **meeting** *n.* [Lehrer]konferenz, *die*; ~**room** *n.* Lehrerzimmer, *das*
stag /stæg/ *n.* Hirsch, *der*
♂ **stage** /steɪdʒ/ **A** *n.* **1** (Theatre) Bühne, *die*
2 (part of process) Stadium, *das*; **at this** ~ in diesem Stadium; **do sth by** ~**s** etw. abschnittsweise tun; **in the final** ~**s** in der Schlussphase
3 (distance) Etappe, *die*
B *v.t.* **1** (present) inszenieren
2 (arrange) veranstalten
stage: ~**coach** *n.* Postkutsche, *die*; ~ **door** *n.* Bühneneingang, *der*; ~ **effect** *n.* Bühneneffekt, *der*; ~ **fright** *n.* Lampenfieber, *das*; ~**hand** *n.* Bühnenarbeiter, *der*/-arbeiterin, *die*; ~**-manage** *v.t.* (fig.) veranstalten; ~ **name** *n.* Künstlername, *der*
stagger /'stægə(r)/ **A** *v.i.* schwanken
B *v.t.* (astonish) die Sprache verschlagen (+ *Dat.*)
stagnant /'stægnənt/ *adj.* **1** stehend ‹*Gewässer*›
2 (Econ.) stagnierend
stagnate /stæg'neɪt/ *v.i.* **1** ‹*Wasser*:› abstehen
2 ‹*Wirtschaft, Geschäft*:› stagnieren; ‹*Person*:› abstumpfen
stagnation /stæg'neɪʃn/ *n.* **1** (of water) Stehen, *das*
2 (Econ.) Stagnation, *die*
stag: ~ **night** *n.*: *Zechabend des Bräutigams mit seinen Freunden kurz vor seiner Hochzeit*; ~ **party** *n.* Herrenabend, *der*
staid /steɪd/ *adj.* gesetzt
stain /steɪn/ **A** *v.t.* **1** verfärben; (make ~s on) Flecken hinterlassen auf (+ *Dat.*)
2 (colour) beizen ‹*Holz*›
B *n.* Fleck, *der*
stained: ~ **'glass** *n.* farbiges Glas; ~ **glass 'window** *n.* Fenster mit Glasmalerei
'stainless *adj.* fleckenlos
stainless 'steel *n.* Edelstahl, *der*
'stain remover *n.* Fleck[en]entferner, *der*

stair /steə(r)/ *n.* (step) [Treppen]stufe, *die*; ~**s** Treppe, *die*
stair: ~**case** *n.* Treppenhaus, *das*; ~**way** *n.* Treppe, *die*
stake /steɪk/ *n.* **1** (pointed stick) Pfahl, *der*
2 (wager) Einsatz, *der*; **be at** ~ auf dem Spiel stehen
stale /steɪl/ *adj.* alt; muffig; abgestanden ‹*Luft*›; alt[backen] ‹*Brot*›; schal ‹*Bier, Wein usw.*›
'stalemate *n.* Patt, *das*
stalk¹ /stɔːk/ *v.t.* **1** sich heranpirschen an (+ *Akk.*)
2 (follow obsessively) ~ **sb** jmdm. nachstellen
stalk² *n.* (Bot.) (main stem) Stängel, *der*; (of leaf, flower, fruit) Stiel, *der*
stalker /'stɔːkə(r)/ *n.* (obsessive pursuer) [lästiger] Verfolger
stall /stɔːl/ **A** *n.* **1** Stand, *der*
2 (BrE) (Theatre) ~**s** Parkett, *das*
B *v.t.* abwürgen (ugs.) ‹*Motor*›
C *v.i.* ‹*Motor*:› stehen bleiben
'stallholder *n.* Standinhaber, *der*/-inhaberin, *die*
stallion /'stæljən/ *n.* Hengst, *der*
stalwart /'stɔːlwət/ *adj.* (determined) entschieden; (loyal) treu
stamen /'steɪmen/ *n.* Staubblatt, *das*
stamina /'stæmɪnə/ *n.* Ausdauer, *die*
stammer /'stæmə(r)/ **A** *v.i.* stottern
B *v.t.* stammeln
C *n.* Stottern, *das*
stamp /stæmp/ **A** *v.t.* **1** (impress, imprint sth on) [ab]stempeln
2 ~ **one's foot** mit dem Fuß stampfen
3 (put postage ~ on) frankieren; ~**ed addressed envelope** frankierter Rückumschlag
4 **become** *or* **be** ~**ed on sb's memory** *or* **mind** sich jmdm. fest einprägen
B *v.i.* aufstampfen
C *n.* Marke, *die*; (postage ~) Briefmarke, *die*; (instrument for ~ing) Stempel, *der*
■ **~ on** *v.t.* **1** zertreten ‹*Insekt*›; ~ **on sb's foot** jmdm. auf den Fuß treten
2 (suppress) durchgreifen gegen
■ **~ 'out** *v.t.* [aus]stanzen; (fig.) ausmerzen
stamp: ~ **album** *n.* Briefmarkenalbum, *das*; ~ **collecting** *n.* Briefmarkensammeln, *das*; ~ **collection** *n.* Briefmarkensammlung, *die*; ~ **duty** *n.* Stempelsteuer, *die*
stampede /stæm'piːd/ *n.* Stampede, *die*
stance /stɑːns/ *n.* (posture; fig.: attitude) Haltung, *die*
stanch /stɑːnʃ/ *v.t.* stillen ‹*Blut*›; abbinden ‹*Wunde*›
♂ **stand** /stænd/ **A** *v.i.*, **stood** /stʊd/ **1** stehen
2 my offer/promise still ~**s** mein Angebot/ Versprechen gilt nach wie vor; **as it** ~**s**, as things ~ wie die Dinge [jetzt] liegen; **I'd like to know where I** ~ (fig.) ich möchte wissen, wo ich dran bin
3 (be candidate) kandidieren

4 [not] ~ in sb's way (fig.) jmdm. [keine] Steine in den Weg legen
5 (be likely) ~ to win or gain/lose sth etw. gewinnen/verlieren können
B v.t., **stood 1** (set in position) stellen
2 (endure) ertragen; **I cannot** ~ [the sight of] him/her ich kann ihn/sie nicht ausstehen; he can't ~ the pressure/strain er ist dem Druck/ den Strapazen nicht gewachsen; **I can't** ~ it any longer! ich halte es nicht mehr aus!
3 (buy) ~ sb sth jmdm. etw. spendieren
C n. **1** (support) Ständer, der
2 (stall; at exhibition) Stand, der
3 (raised structure) Tribüne, die
■ ~ a'bout, ~ a'round v.i. herumstehen
■ ~ a'side v.i. zur Seite treten
■ ~ 'back v.i. **1** ~ [well] back [from sth] [ein gutes Stück] [von etw.] entfernt stehen
2 (fig.) (distance oneself) zurücktreten
■ '~ between v.t. sth ~s between sb and sth (fig.) etw. steht jmdm. bei etw. im Wege
■ ~ by **A** /-'-/ v.i. **1** (be near) daneben stehen
2 (be ready) sich zur Verfügung halten
B /'--/ v.t. **1** (support) ~ by sb/one another jmdm./sich [gegenseitig] beistehen
2 (adhere to) ~ by sth zu etw. stehen
■ ~ 'down v.i. verzichten
■ '~ for v.t. **1** (signify) bedeuten
2 (infml) (tolerate) sich (Dat.) bieten lassen
■ ~ 'in v.i. aushelfen; ~ in for sb für jmdn. einspringen
■ ~ 'out v.i. (be prominent) herausragen; ~ out a mile (fig.) nicht zu übersehen sein
■ '~ over v.t. beaufsichtigen
■ ~ 'up v.i. **1** aufstehen; ~ up straight sich aufrecht hinstellen
2 ~ up well [in comparison with sb/sth] [im Vergleich zu jmdm./etw.] gut abschneiden; ~ up for sb/sth für jmdn./etw. Partei ergreifen; ~ up to sb sich jmdm. entgegenstellen
stand-alone /ˈstændəˈləʊn/ adj. (Comp.) selbstständig
ⱷ **standard** /ˈstændəd/ **A** n. **1** Maßstab, der; safety ~s Sicherheitsnormen Pl.; above/ below/up to ~ überdurchschnittlich [gut]/unter dem Durchschnitt/der Norm entsprechend
2 (degree) Niveau, das; ~ of living Lebensstandard, der
3 ~s (morals) Prinzipien Pl.
4 (flag) Standarte, die
B adj. Standard-; be ~ practice allgemein üblich sein
standardize /ˈstændədaɪz/ v.t. standardisieren
'**standard lamp** n. Stehlampe, die
stand: ~-**by A** n. be on ~-by einsatzbereit sein
B adj. Ersatz-; ~-**in A** n. Ersatz, der
B adj. Ersatz-
'**standing A** n. **1** (repute) Ansehen, das
2 (duration) of long/short ~ von langer/kurzer Dauer

ⱷ **Schlüsselwort**

B adj. **1** (erect) stehend
2 fest ‹Regel, Brauch›
standing: ~ 'order n. Dauerauftrag, der; ~ o'vation n. stürmischer Beifall; ~ room n. Stehplätze Pl.
stand-offish /stændˈɒfɪʃ/ adj. reserviert
stand: ~**pipe** n. Standrohr, das; ~**point** n. (fig.) Standpunkt, der; ~**still** n. Stillstand, der; be at a ~**still** stillstehen; come to a ~**still** zum Stehen kommen
stank ▸ stink A
staple¹ /ˈsteɪpl/ **A** n. [Heft]klammer, die
B v.t. heften (**on to** an + Akk.)
staple² A attrib. adj. **1** Grund-; a ~ diet ein Grundnahrungsmittel
2 (Commerc.) grundlegend; ~ goods Haupthandelsartikel Pl.
B n. (Commerc.) (major item) Haupterzeugnis, das
stapler /ˈsteɪplə(r)/ n. [Draht]hefter, der
ⱷ **star** /stɑː(r)/ **A** n. **1** Stern, der
2 (prominent person) Star, der
B v.i. ~ in a film in einem Film die Hauptrolle spielen
starboard /ˈstɑːbəd/ n. Steuerbord, das
starch /stɑːtʃ/ n. Stärke, die
starchy /ˈstɑːtʃɪ/ adj. stärkehaltig ‹Nahrungsmittel›; (fig.) (prim) steif
stardom /ˈstɑːdəm/ n. Starruhm, der
stare /steə(r)/ v.i. starren; ~ at sb/sth jmdn./ etw. anstarren
'**starfish** n. Seestern, der
stark /stɑːk/ **A** adj. scharf ‹Kontrast, Umriss›
B adv. völlig; ~ naked splitternackt (ugs.)
'**starless** adj. stern[en]los
starlet /ˈstɑːlɪt/ n. Starlet[t], das
starling /ˈstɑːlɪŋ/ n. Star, der
'**starlit** adj. sternhell
starry /ˈstɑːrɪ/ adj. sternklar
star: ~ **sign** n. Sternzeichen, das; ~-**studded** adj. ‹Show, Film, Besetzung› mit großem Staraufgebot
ⱷ **start** /stɑːt/ **A** v.i. **1** (begin) anfangen; ~ on sth etw. beginnen
2 (set out) aufbrechen
3 (begin to function) anlaufen; ‹Auto, Motor usw.›> anspringen
B v.t. **1** (begin) beginnen [mit]; ~ doing or to do sth [damit] anfangen, etw. zu tun
2 (cause) auslösen; anfangen ‹Streit, Schlägerei›; legen /(accidentally) verursachen ‹Brand›
3 (set up) ins Leben rufen ‹Organisation, Projekt›
4 (switch on) einschalten; anlassen ‹Motor, Auto›
C n. **1** Anfang, der; Beginn, der; (of race) Start, der; from the ~ von Anfang an; from ~ to finish von Anfang bis Ende; make a ~ anfangen (**on mit**); (on journey) aufbrechen
2 (Sport) (~ing place) Start, der
'**starter** n. **1** (food) Vorspeise, die

2 (Sport) Starter, *der*

starting /'stɑːtɪŋ/: ~ **point** *n.* (lit. or fig.) Ausgangspunkt, *der*; ~ **post** *n.* (Sport) Startpfosten, *der*; ~ **salary** *n.* Anfangsgehalt, *das*

startle /'stɑːtl/ *v.t.* erschrecken; be ~d by sth über etw. (*Akk.*) erschrecken

startling /'stɑːtlɪŋ/ *adj.* erstaunlich

starvation /stɑːˈveɪʃn/ *n.* Verhungern, *das*

starve /stɑːv/ *v.i.* ~ **[to death]** verhungern

stash /stæʃ/ (infml) **A** *v.t.* ~ **[away]** verstecken **B** *n.* [geheimes] Lager

state /steɪt/ **A** *n.* **1** (condition) Zustand, *der*
2 (nation) Staat, *der*
3 be in a ~ aufgeregt sein
4 lie in ~ aufgebahrt sein
B *v.t.* (express) erklären; angeben <*Alter usw.*>

stately /'steɪtlɪ/ *adj.* majestätisch; stattlich <*Körperbau, Gebäude*>

stately 'home *n.* Herrensitz, *der*

statement *n.* **1** (stating, account) Aussage, *die*; (declaration) Erklärung, *die*
2 [bank] ~ Kontoauszug, *der*

state: ~**-of-the-'art** *adj.* auf dem neuesten Stand der Technik *nachgestellt*; ~ **school** *n.* (BrE) staatliche Schule; ~**-owned** *adj.* staatlich

statesman /'steɪtsmən/ *n.*, *pl.* **statesmen** /'steɪtsmən/ Staatsmann, *der*

static /'stætɪk/ *adj.* statisch

static elec'tricity *n.* statische Elektrizität

station /'steɪʃn/ **A** *n.* **1** ▸ railway station
2 (status) Rang, *der*
B *v.t.* aufstellen <*Wache*>

stationary /'steɪʃənərɪ/ *adj.* stehend; be ~ stehen

stationer /'steɪʃənə(r)/ *n.* ~'s **[shop]** Schreibwarengeschäft, *das*

stationery /'steɪʃənərɪ/ *n.* **1** (writing materials) Schreibwaren *Pl.*
2 (writing paper) Briefpapier, *das*

'station wagon *n.* (AmE) Kombiwagen, *der*

statistic /stəˈtɪstɪk/ *n.* statistische Tatsache

statistical /stəˈtɪstɪkl/ *attrib. adj.*, **statistically** /stəˈtɪstɪkəlɪ/ *adv.* statistisch

statistics /stəˈtɪstɪks/ *n.* Statistik, *die*

statue /'stætʃuː, 'stætjuː/ *n.* Statue, *die*

statuesque /ˌstætjʊˈesk/ *adj.* statuenhaft; (imposing) stattlich

stature /'stætʃə(r)/ *n.* Statur, *die*; (fig.) Format, *das*

status /'steɪtəs/ *n.* Rang, *der*; **social** ~ [gesellschaftlicher] Status

'status symbol *n.* Statussymbol, *das*

statute /'stætjuːt/ *n.* Gesetz, *das*

statutory /'stætjʊtərɪ/ *adj.* gesetzlich

staunch /stɔːntʃ/ *adj.* treu <*Freund*>; überzeugt <*Katholik usw.*>

stave /steɪv/ *v.t.* ~ '**off** abwenden; stillen <*Hunger*>

stay /steɪ/ **A** *n.* Aufenthalt, *der*; (visit)

Besuch, *der*; **come/go for a short** ~ **with sb** jmdn. kurz besuchen
B *v.i.* bleiben; ~ **put** (infml) <*Person:*> bleiben[, wo man ist]; ~ **the night in a hotel** die Nacht in einem Hotel verbringen
C *v.t.* ~ **the course** (fig.) durchhalten
■ ~ a'**head** *v.i.* die Führung halten
■ ~ a'**way** *v.i.* wegbleiben
■ ~ be'**hind** *v.i.* zurückbleiben
■ ~ '**in** *v.i.* zu Hause bleiben
■ ~ '**out** *v.i.* **1** (not go home) wegbleiben (ugs.)
2 (remain outside) draußen bleiben
■ ~ '**over** *v.i.* (infml) über Nacht bleiben
■ ~ '**up** *v.i.* aufbleiben

'staying power *n.* Durchhaltevermögen, *das*

stead /sted/ *n.* **1 in sb's** ~ an jmds. Stelle (*Dat.*)
2 stand sb in good ~ jmdm. zustatten kommen

steadfast /'stedfɑːst/ *adj.* standhaft; zuverlässig <*Freund*>

steadily /'stedɪlɪ/ *adv.* **1** (stably) fest
2 (continuously) stetig

steady /'stedɪ/ **A** *adj.* **1** (stable) stabil; (not wobbling) standfest
2 (still) ruhig
3 (regular, constant) stetig; gleichmäßig <*Arbeit, Tempo*>; stabil <*Preis, Lohn*>; gleich bleibend <*Temperatur*>; **we had** ~ **rain/ drizzle** wir hatten Dauerregen/es nieselte [bei uns] ständig
4 a ~ **job** eine feste Stelle; **a** ~ **boyfriend** ein fester Freund
B *v.t.* festhalten <*Leiter*>; beruhigen <*Nerven*>

steak /steɪk/ *n.* Steak, *das*

'steak knife *n.* Messer mit Sägezahnung

steal /stiːl/ **A** *v.t.*, **stole** /stəʊl/, **stolen** /'stəʊln/ stehlen (from *Dat.*)
B *v.i.*, **stole**, **stolen 1** stehlen; ~ **from sb** jmdn. bestehlen
2 ~ **in/out** sich hinein-/hinausstehlen

stealth /stelθ/ *n.* Heimlichkeit, *die*; **by** ~ heimlich

stealthy /'stelθɪ/ *adj.* heimlich

steam /stiːm/ **A** *n.* Dampf, *der*; **let off** ~ (fig.) Dampf ablassen (ugs.); **run out of** ~ (fig.) den Schwung verlieren; **under one's own** ~ (fig.) aus eigener Kraft
B *v.t.* (Cookery) dämpfen; dünsten
C *v.i.* dämpfen; ~**ing hot** dampfend heiß
■ ~ a'**head** *v.i.* (fig. infml) rasche Fortschritte machen
■ ~ '**up** *v.i.* beschlagen

steam: ~**boat** *n.* Dampfschiff, *das*; (small) Dampfboot, *das*; ~ **engine** *n.* Dampflok[omotive], *die*; (stationary) Dampfmaschine, *die*

'steamer *n.* Dämpfer, *der*

steam: ~ **iron** *n.* Dampfbügeleisen, *das*; ~**roller** *n.* Dampfwalze, *die*; ~ **train** *n.* Dampfzug, *der*

'steamy *adj.* dunstig; beschlagen <*Glas*>

S

steel /stiːl/ **A** n. Stahl, der

  B attrib. adj. stählern; Stahl<helm, -block, -platte>

  C v.t. ~ oneself for/against sth sich für/ gegen etw. wappnen (geh.); ~ oneself to do sth allen Mut zusammennehmen, um etw. zu tun

steel: ~ 'band n. (Mus.) Steelband, die; ~ 'drum n. (Mus.) Steeldrum, die; ~ industry n. Stahlindustrie, die; ~ 'wool n. Stahlwolle, die; ~works n. sing. or pl. Stahlwerk, das

steep¹ /stiːp/ adj. **1** steil

  2 (infml) (excessive) happig (ugs.); **the bill is [a bit]** ~ die Rechnung ist [ziemlich] gesalzen (ugs.)

steep² v.t. (soak) einweichen

steeped /stiːpt/ adj. durchdrungen (in von)

steeple /'stiːpl/ n. Kirchturm, der

steer /stɪə(r)/ **A** v.t. steuern; lenken

  B v.i. steuern; ~ **clear of sb/sth** (fig. infml) jmdm./einer Sache aus dem Weg[e] gehen

'steering n. (Motor Veh.) Lenkung, die

steering: ~ **column** n. Lenksäule, die; ~ **lock** n. Lenkradschloss, das; ~ **wheel** n. Lenkrad, das

stem¹ /stem/ **A** n. **1** (Bot.) Stiel, der

  2 (Ling.) Stamm, der

  B v.i., -mm-; ~ **from sth** auf etw. (Akk.) zurückzuführen sein

stem² v.t., -mm- (check, dam up) aufhalten; eindämmen <Flut>; stillen <Blutung>

'stem cell n. (Biol.) Stammzelle, die; attrib. ~ **research** Stammzellenforschung, die

stench /stentʃ/ n. Gestank, der

stencil /'stensl/ n. Schablone, die; (for duplicating) Matrize, die

✷ **step** /step/ **A** n. **1** Schritt, der; **take a** ~ **back/ forwards** einen Schritt zurücktreten/nach vorn treten

  2 (stair) Stufe, die; **a flight of** ~s eine Treppe; **[pair of]** ~s (ladder) Stehleiter, die

  3 **be in** ~ im Schritt sein; (with music) im Takt sein

  4 **take** ~s **to do sth** Schritte unternehmen, um etw. zu tun

  5 (stage) ~ **by** ~ Schritt für Schritt; **what is the next** ~? wie geht es weiter?

  6 (grade) Stufe, die

  B v.i., -pp- treten; ~ **inside** eintreten; ~ **into sb's shoes** (fig.) an jmds. Stelle treten; ~ **over sb/sth** über jmdn./etw. steigen

■ ~ 'back v.i. zurücktreten

■ ~ 'in v.i. **1** eintreten

  2 (fig.) (take sb's place) einspringen; (intervene) eingreifen

■ ~ 'up **A** v.i. (ascend) hinaufsteigen

  B v.t. erhöhen; verstärken <Anstrengungen>

step: ~ **aerobics** n. Stepaerobic, das; ~child n. Stiefkind, das; ~daughter n. Stieftochter, die; ~father n. Stiefvater, der;

~ladder n. Stehleiter, die; ~mother n. Stiefmutter, die

'stepping stone n. Trittstein, der; (fig.) Sprungbrett, das (**to** für)

stereo /'steriəʊ/ **A** n. Stereo, das; (equipment) Stereoanlage, die

  B adj. stereo; Stereo<aufnahme, -platte>

stereophonic /steriə'fɒnɪk/ adj. stereophon

stereotype /'steriətaɪp/ **A** n. Stereotyp, das

  B v.t. in ein Klischee zwängen; ~d stereotyp

sterile /'steraɪl/ adj. steril

sterility /stə'rɪlɪti/ n. Sterilität, die

sterilization /sterɪlaɪ'zeɪʃn/ n. Sterilisation, die

sterilize /'sterɪlaɪz/ v.t. sterilisieren

sterling /'stɜːlɪŋ/ **A** n. Sterling, der; **in** ~ in Pfund [Sterling]

  B attrib. adj. **1** ~ **silver** Sterlingsilber, das

  2 (fig.) gediegen

stern¹ /stɜːn/ adj. streng; ernst <Warnung>

stern² n. (Naut.) Heck, das

'sternly adv. streng

steroid /'sterɔɪd/ n. Steroid, das

stethoscope /'steθəskəʊp/ n. Stethoskop, das

stew /stjuː/ **A** n. Eintopf, der

  B v.t. schmoren [lassen]

steward /'stjuːəd/ n. **1** (on ship, plane) Steward, der

  2 (at public meeting etc.) Ordner, der

'stewardess n. Stewardess, die

stewed /stjuːd/ adj. (Cookery) geschmort

'stewing steak n. [Rinder]schmorfleisch, das

✷ **stick** /stɪk/ **A** v.t., **stuck** /stʌk/ **1** (thrust point of) stecken; ~ **sth in[to] sth** mit etw. in etw. (Akk.) stechen

  2 (infml) (put) stecken; ~ **a picture on the wall/a vase on the shelf** ein Bild an die Wand hängen/eine Vase aufs Regal stellen; ~ **sth in the kitchen** etw. in die Küche tun (ugs.)

  3 (with glue etc.) kleben

  4 **the car is stuck in the mud** das Auto ist im Schlamm stecken geblieben; **the door is stuck** die Tür klemmt [fest]

  B v.i., **stuck 1** (be fixed by point) stecken

  2 (adhere) kleben; ~ **to sth** an etw. (Dat.) kleben

  3 (become immobile) <Auto, Räder:> stecken bleiben; <Schublade, Tür, Griff, Bremse:> klemmen; <Schlüssel:> feststecken

  C n. Stock, der; **a** ~ **of chalk** ein Stück Kreide; **a** ~ **of celery/rhubarb** eine Stange Sellerie/Rhabarber

■ ~ a'bout, ~ a'round v.i. (infml) dableiben; (wait) warten

■ '~ **by** v.t. (fig.) stehen zu

■ ~ 'on v.t. (glue on) aufkleben

■ ~ 'out **A** v.t. **1** herausstrecken <Zunge>

  2 ~ **it out** (infml) durchhalten

  B v.i. **1** <Bauch:> vorstehen; **his ears** ~ **out** er hat abstehende Ohren

✷ Schlüsselwort

2 (fig.) (be obvious) sich abheben; ∼ **out a mile** (infml) [klar] auf der Hand liegen; ∼ **out like a sore thumb** (infml) ins Auge springen
■ '∼ **to** v.t. **1** (be faithful to) halten ‹*Versprechen*›; bleiben bei ‹*Entscheidung*›
   2 ∼ **to the point** beim Thema bleiben
■ ∼ **to'gether** v.i. zusammenkleben; (fig.) zusammenhalten
■ ∼ **'up** Ⓐ v.t. **1** (infml) anschlagen ‹*Poster*›; ∼ **up one's hand** die Hand heben
   2 (seal) zukleben
   Ⓑ v.i. ∼ **up for sb/sth** für jmdn./etw. eintreten; ∼ **up for yourself!** setz dich zur Wehr!

stick de'odorant n. Deo[dorant]stift, der
'sticker n. Aufkleber, der
'sticking plaster n. Heftpflaster, das
stickler /'stɪklə(r)/ n. **be a** ∼ **for** tidiness/ authority es mit der Sauberkeit sehr genau nehmen/in puncto Autorität keinen Spaß verstehen
'stick-up n. (infml) bewaffneter Raubüberfall
'sticky adj. **1** klebrig; ∼ **label** Aufkleber, der
   2 (humid) schwül ‹*Klima, Luft*›
stiff /stɪf/ adj. **1** (rigid) steif; hart ‹*Bürste, Stock*›; **be frozen** ∼ steif vor Kälte sein
   2 (intense, severe) hartnäckig
   3 (formal) steif
   4 (difficult) hart ‹*Test*›; schwer ‹*Frage, Prüfung*›
   5 (infml) **be bored/scared** ∼ sich zu Tode langweilen/eine wahnsinnige Angst haben (ugs.)
stiffen /'stɪfn/ Ⓐ v.t. steif machen
   Ⓑ v.i. steifer werden; ‹*Person:*› erstarren
'stiffness n. Steifheit, die
stifle /'staɪfl/ Ⓐ v.t. ersticken; (fig.) unterdrücken
   Ⓑ v.i. ersticken
stifling /'staɪflɪŋ/ adj. stickig; drückend ‹*Hitze*›
stigma /'stɪɡmə/ n. Stigma, das (geh.)
stile /staɪl/ n. Zauntritt, der
stiletto /stɪ'letəʊ/ n. ∼ **[heel]** Stöckelabsatz, der
✔ **still¹** /stɪl/ Ⓐ pred. adj. still; **be** ∼ [still] stehen; **hold sth** ∼ etw. ruhig halten; **keep** or **stay** ∼ stillhalten; **stand** ∼ stillstehen
   Ⓑ adv. **1** (without change) noch; expr. *surprise* or *annoyance* immer noch
   2 (nevertheless) trotzdem
   3 with *comparative* (even) noch
still² n. Destillierapparat, der
still: ∼ **birth** n. Totgeburt, die; ∼**born** adj. tot geboren; ∼ **'life** n. (Art) Stillleben, das
stilt /stɪlt/ n. Stelze, die
'stilted adj. gestelzt
stimulant /'stɪmjʊlənt/ n. Stimulans, das
stimulate /'stɪmjʊleɪt/ v.t. anregen
stimulation /stɪmjʊ'leɪʃn/ n. Anregung, die
stimulus /'stɪmjʊləs/ n., pl. **stimuli** /'stɪmjʊlaɪ/ Ansporn, der

sting /stɪŋ/ Ⓐ n. **1** (wounding) Stich, der; (by jellyfish, nettles) Verbrennung, die
   2 (from ointment, wind) Brennen, das
   Ⓑ v.t., **stung** /stʌŋ/ stechen
   Ⓒ v.i., **stung** brennen
'stinging nettle n. Brennnessel, die
stingy /'stɪndʒɪ/ adj. geizig; knaus[e]rig (ugs.)
stink /stɪŋk/ Ⓐ v.i., **stank** /stæŋk/ or **stunk** /stʌŋk/, **stunk** stinken (of nach)
   Ⓑ n. Gestank, der
'stink bomb n. Stinkbombe, die
stint /stɪnt/ Ⓐ v.i. ∼ **on sth** an etw. (*Dat.*) sparen
   Ⓑ n. [Arbeits]pensum, das
stipulate /'stɪpjʊleɪt/ v.t. (demand) fordern; (lay down) festlegen
stipulation /stɪpjʊ'leɪʃn/ n. (condition) Bedingung, die
stir /stɜː(r)/ Ⓐ v.t., **-rr-** **1** (mix) rühren; umrühren ‹*Tee, Kaffee*›
   2 (move) bewegen
   Ⓑ v.i., **-rr-** (move) sich rühren
   Ⓒ n. Aufregung, die
■ ∼ **'in** v.t. einrühren
■ ∼ **'up** v.t. **1** (disturb) aufrühren
   2 (fig.) (arouse) wecken ‹*Interesse, Leidenschaft*›
stirring /'stɜːrɪŋ/ adj. bewegend ‹*Musik, Poesie*›; mitreißend ‹*Rede*›
stirrup /'stɪrəp/ n. Steigbügel, der
stitch /stɪtʃ/ Ⓐ n. **1** (Sewing) Stich, der; (Knitting) Masche, die
   2 (pain) **have a** ∼ Seitenstechen haben
   Ⓑ v.t. nähen
■ ∼ **'up** v.t. **1** nähen; vernähen ‹*Loch, Riss, Wunde*›
   2 (BrE) (fig. infml) (betray, cheat) reinlegen (ugs.); linken (salopp)
'stitching n. **1** Naht, die
   2 (ornamental stitches) Stickerei, die
stoat /stəʊt/ n. Hermelin, das
✔ **stock** /stɒk/ Ⓐ n. **1** (origin, family, breed) Abstammung, die
   2 (supply, store) Vorrat, der; (in shop etc.) Warenbestand, der; **be in/out of** ∼ ‹*Ware:*› vorrätig/nicht vorrätig sein; **have sth in** ∼ etw. auf Lager haben; **take** ∼ **of sth** (fig.) über etw. (*Akk.*) Bilanz ziehen
   3 (Cookery) Brühe, die
   Ⓑ v.t. **1** (supply with ∼) beliefern
   2 (Commerc.) (keep in ∼) auf Lager haben
   Ⓒ attrib. adj. Standard-
stock: ∼**broker** n. Effektenmakler, der/-maklerin, die; ∼ **cube** n. Brühwürfel, der; ∼ **exchange** n. Börse, die
stocking /'stɒkɪŋ/ n. Strumpf, der
'stockist n. Fachhändler, der/-händlerin, die
stock: ∼ **market** n. **1** Börse, die
   2 (trading) Börsengeschäft, das; ∼ **market crash** Börsenkrach, der; ∼**pile** Ⓐ n. Vorrat, der; (weapons) Arsenal, das
   Ⓑ v.t. horten; anhäufen ‹*Waffen*›; ∼**pot** n. Suppentopf, der; ∼**room** n. Lager, das;

S

~-'**still** *pred. adj.* bewegungslos; ~**taking** *n.* Inventur, *die*

stocky /'stɒkɪ/ *adj.* stämmig

stodgy /'stɒdʒɪ/ *adj.* pappig

stoical /'stəʊɪkl/ *adj.* stoisch

stoicism /'stəʊɪsɪzm/ *n.* Stoizismus, *der*

stoke /stəʊk/ *v.t.* heizen ‹*Ofen, Kessel*›; unterhalten ‹*Feuer*›

stole ▶ steal

stolen /'stəʊln/ **A** ▶ steal
B *attrib. adj.* heimlich ‹*Vergnügen, Kuss*›

stolid /'stɒlɪd/ *adj.* stur (ugs.)

stomach /'stʌmək/ **A** *n.* **1** Magen, *der*
2 (abdomen) Bauch, *der*
B *v.t.* (fig.) (tolerate) ausstehen

stomach: ~ **ache** *n.* Magenschmerzen *Pl.*; have a ~ ache Magenschmerzen haben; ~ **upset** *n.* Magenverstimmung, *die*

✐ **stone** /stəʊn/ **A** *n.* **1** Stein, *der*; a ~'s throw [away] (fig.) nur einen Steinwurf weit entfernt; be written *or* carved *or* set in ~ (fig.) unverrückbar sein
2 (BrE) (weight unit) *Gewicht von 6,35 kg.*
B *adj.* steinern; Stein‹*mauer, -brücke*›
C *v.t.* mit Steinen bewerfen

stone: **S**~ **Age** *n.* Steinzeit, *die*; ~-**cold** *adj.* eiskalt

stoned /stəʊnd/ *adj.* (sl.) stoned (Drogenjargon); (drunk) voll zu (salopp)

stone: ~-'**dead** *pred. adj.* mausetot (fam.); kill sth ~-**dead** (fig.) etw. völlig zunichte machen; ~-'**deaf** *adj.* stocktaub (ugs.); ~**mason** *n.* Steinmetz, *der*; ~'**wall** (BrE) *v.i.* mauern (fig.); ~**ware** *n.*, *no pl.* Steingut, *das*; *attrib.* ‹*Krug, Vase*› aus Steingut; ~**washed** *adj.* mit Steinen ausgewaschen; ~**work** *n.* Mauerwerk, *das*

stony /'stəʊnɪ/ *adj.* steinig

stood ▶ stand A, B

stool /stuːl/ *n.* Hocker, *der*

stoop /stuːp/ **A** *v.i.* ~ [down] sich bücken
B *n.* walk with a ~ gebeugt gehen

✐ **stop** /stɒp/ **A** *v.t.*, **-pp- 1** anhalten ‹*Person, Fahrzeug*›; aufhalten ‹*Fortschritt, Verkehr, Feind*›
2 (not let continue) unterbrechen ‹*Redner, Spiel, Gespräch*›; beenden ‹*Krieg, Arbeit*›; stoppen ‹*Produktion, Uhr*›; einstellen ‹*Zahlung, Lieferung*›; ~ that! hör damit auf!; ~ **smoking/crying** aufhören zu rauchen/weinen
3 (not let happen) verhindern ‹*Verbrechen, Unfall*›; ~ **sth [from] happening** verhindern, dass etw. geschieht
4 (switch off) abstellen ‹*Maschine*›
5 (block up) zustopfen ‹*Loch*›; verschließen ‹*Wasserhahn, Flasche*›
6 ~ **a cheque** einen Scheck sperren lassen
B *v.i.*, **-pp- 1** (not extend further) aufhören; ‹*Zahlungen, Lieferungen:*› eingestellt werden

2 (not move further) ‹*Fahrzeug, Fahrer:*› halten; ‹*Maschine, Motor:*› stillstehen; ‹*Uhr, Fußgänger, Herz:*› stehen bleiben
C *n.* **1** (halt) Halt, *der*; bring to a ~ zum Stehen bringen ‹*Fahrzeug*›; zum Erliegen bringen ‹*Verkehr*›; unterbrechen ‹*Arbeit*›; come to a ~ stehen bleiben; ‹*Fahrzeug:*› zum Stehen kommen; ‹*Arbeit, Verkehr:*› zum Erliegen kommen; put a ~ to abstellen ‹*Missstände, Unsinn*›
2 (place) Haltestelle, *die*
■ ~ '**by** *v.i.* (AmE) vorbeischauen (ugs.)
■ ~ '**out** *v.i.* (infml) draußen bleiben
■ ~ '**over** *v.i.* (infml) übernachten (at bei)
■ ~ '**up** **A** *v.t.* zustopfen ‹*Loch, Öffnung*›
B *v.i.* (infml) ~ **stay up**

stop: ~ **button** *n.* Stopptaste, *die*; ~**cock** *n.* Abstellhahn, *der*; ~**gap** *n.* Notlösung, *die*; ~ **light** *n.* (traffic light) rotes Licht; ~**over** *n.* Stopover, *der*

stoppage /'stɒpɪdʒ/ *n.* **1** (halt) Stillstand, *der*; (strike) Streik, *der*
2 (deduction) Abzug, *der*

'**stoppage time** *n.*, *no pl.* (Sport) Nachspielzeit, *die*

stopper /'stɒpə(r)/ *n.* Stöpsel, *der*

stopping /'stɒpɪŋ/: ~ **distance** *n.* Anhalteweg, *der*; ~ **place**, ~ **point** *ns.* Station, *die*

stop: ~**press** *n.* letzte Meldung/Meldungen *Pl.*; ~ **sign** *n.* Stoppschild, *das*; ~ **signal** *n.* Haltesignal, *das*; ~**watch** *n.* Stoppuhr, *die*

storage /'stɔːrɪdʒ/ *n.* Lagerung, *die*; (of films, books, documents) Aufbewahrung, *die*; (of data, water, electricity) Speicherung, *die*

storage: ~ **capacity** *n.* (Comp.) Speicherkapazität, *die*; ~ **device** *n.* (Comp.) Speichermedium, *das*; ~ **heater** *n.* [Nacht]speicherofen, *der*; ~ **space** *n.* Lagerraum, *der*; (in house) Platz [zum Aufbewahren]; ~ **tank** *n.* Sammelbehälter, *der*

✐ **store** /stɔː(r)/ **A** *n.* **1** (AmE) (shop) Laden, *der*
2 (BrE) (large general shop) Kaufhaus, *das*
3 (warehouse) Lager, *das*; put sth in ~ etw. einlagern
4 (stock) Vorrat, *der* (of an + *Dat.*); be *or* lie in ~ for sb jmdn. erwarten
5 set [great] ~ by *or* on sth [großen] Wert auf etw. (*Akk.*) legen
B *v.t.* einlagern; speichern ‹*Getreide, Energie, Wissen, Daten*›
■ ~ '**up** *v.t.* speichern; ~ up provisions sich (*Dat.*) Vorräte anlegen

store: ~ **detective** *n.* Kaufhausdetektiv, *der*; ~**house** *n.* Lager[haus], *das*; ~**keeper** *n.* (AmE) (shopkeeper) Besitzer eines Einzelhandelsgeschäftes; ~**room** *n.* Lagerraum, *der*

storey /'stɔːrɪ/ *n.* Stockwerk, *das*

stork /stɔːk/ *n.* Storch, *der*

storm /stɔːm/ **A** *n.* Unwetter, *das*; (thunder~) Gewitter, *das*
B *v.t. & i.* stürmen

✐ Schlüsselwort

s

'**storm damage** n. Sturmschaden, *der* (*meist Pl.*)

'**stormy** *adj.* stürmisch

✶ **story**[1] /'stɔːrɪ/ n. **1** Geschichte, *die*
2 (news item) Bericht, *der*
3 (infml) (lie) Märchen, *das*

story[2] (AmE) ▸ **storey**

'**story book** n. Geschichtenbuch, *das*; (with fairy tales) Märchenbuch, *das*

stout /staʊt/ *adj.* **1** (strong) fest
2 (fat) beleibt

stove /stəʊv/ n. Ofen, *der*; (for cooking) Herd, *der*

stow /stəʊ/ *v.t.* verstauen (into in + *Dat.*)
■ ~ a'**way** **A** *v.t.* verwahren
B *v.i.* als blinder Passagier reisen

straddle /'strædl/ *v.t.* ~ a fence/chair rittlings auf einem Zaun/Stuhl sitzen

straggle /'strægl/ *v.i.* ~ [along] behind the others den anderen hinterherzockeln (ugs.)

straggler /'stræglə(r)/ n. Nachzügler, *der*

straggly /'stræglɪ/ zottig ‹*Haar, Bart*›

✶ **straight** /streɪt/ **A** *adj.* **1** gerade; glatt ‹*Haar*›; in a ~ line in gerader Linie
2 (undiluted) drink whisky ~ Whisky pur trinken
3 (direct) direkt ‹*Blick, Schuss, Weg*›; be ~ with sb zu jmdm. offen sein; get sth ~ (fig.) etw. genau verstehen; put *or* set the record ~ die Sache richtig stellen
B *adv.* **1** gerade
2 (directly) geradewegs; ~ after sofort nach; come ~ to the point direkt zur Sache kommen; look sb ~ in the eye jmdm. direkt in die Augen blicken; ~ ahead *or* on immer geradeaus
3 (frankly) aufrichtig
4 (clearly) klar ‹*sehen, denken*›

straight a'way *adv.* sofort

straighten /'streɪtn/ **A** *v.t.* **1** gerade ziehen ‹*Teppich*›; glätten ‹*Kleidung, Haare*›
2 (put in order) aufräumen
B *v.i.* gerade werden
■ ~ 'out **A** *v.t.* **1** gerade biegen; glätten ‹*Decke, Teppich*›
2 (clear up) klären
B *v.i.* gerade werden
■ ~ 'up **A** *v.t.* ▸ tidy up
B *v.i.* sich aufrichten

straight: ~ '**face** n. with a ~ face ohne eine Miene zu verziehen; keep a ~ face keine Miene verziehen; ~-**faced** *adj.* mit unbewegter Miene *nachgestellt*; ~'**forward** *adj.* **1** (frank) freimütig; schlicht ‹*Stil, Sprache, Bericht*›; klar ‹*Anweisung, Vorstellungen*›
2 (simple) einfach

strain /streɪn/ **A** n. **1** (pull) Belastung, *die*; (on rope) Spannung, *die*
2 (tension) Stress, *der*; be under [a great deal of] ~ unter großem Stress stehen
3 (person, thing) be a ~ on sb/sth jmdn./etw. belasten
4 (muscular injury) Zerrung, *die*

B *v.t.* **1** (overexert) überanstrengen; zerren ‹*Muskel*›
2 (stretch tightly) [fest] spannen
3 (filter) durchseihen; seihen (**through** durch)
C *v.i.* (strive intensely) sich anstrengen

strained /streɪnd/ *adj.* gezwungen ‹*Lächeln*›; ~ relations gespannte Beziehungen *Pl.*

'**strainer** n. Sieb, *das*

strait /streɪt/ n. **1** in sing. or pl. (Geog.) Meerenge, *die*
2 usu. in pl. (distress, difficulty) Schwierigkeiten *Pl.*

strait: ~**jacket** n. Zwangsjacke, *die*; ~-**laced** /streɪt'leɪst/ *adj.* puritanisch

strand[1] /strænd/ n. (thread) Faden, *der*; (of beads) Kette, *die*; (of hair) Strähne, *die*; (of rope) Strang, *der*

strand[2] *v.t.* (leave behind) trockensetzen; be [left] ~ed festsitzen (fig.), seinem Schicksal überlassen sein

✶ **strange** /streɪndʒ/ *adj.* (peculiar) seltsam; sonderbar; ~ to say seltsamerweise; feel ~ sich komisch fühlen

strangely /'streɪndʒlɪ/ *adv.* seltsam

stranger /'streɪndʒə(r)/ n. Fremde, *der/die*; he is a ~ here/to the town er ist hier/in der Stadt fremd; be a/no ~ to sth etw. nicht gewöhnt/etw. gewöhnt sein

strangle /'stræŋgl/ *v.t.* erwürgen

'**stranglehold** n. Würgegriff, *der*

strangulation /stræŋgjʊ'leɪʃn/ n. Erwürgen, *das*

strap /stræp/ **A** n. **1** (leather) Riemen, *der*; (textile) Band, *das*; (shoulder ~) Träger, *der*; (for watch) Armband, *das*
2 (to grasp in vehicle) Halteriemen, *der*
B *v.t.*, -**pp**-; ~ [into position]/down festschnallen; ~ oneself in sich anschnallen

'**strapless** *adj.* trägerlos

strapping /'stræpɪŋ/ *adj.* stramm

strata pl. of **stratum**

strategic /strə'tiːdʒɪk/ *adj.* strategisch

strategically /strə'tiːdʒɪkəlɪ/ *adv.* strategisch

strategist /'strætɪdʒɪst/ n. Stratege, *der*/ Strategin, *die*

✶ **strategy** /'strætɪdʒɪ/ n. Strategie, *die*

stratosphere /'strætəsfɪə(r)/ n. Stratosphäre, *die*

stratum /'strɑːtəm/ n., pl. **strata** /'strɑːtə/ Schicht, *die*

straw /strɔː/ n. **1** no pl. Stroh, *das*
2 (single stalk) Strohhalm, *der*; that's the last *or* final ~ jetzt reichts aber
3 [drinking] ~ Strohhalm, *der*

strawberry /'strɔːbərɪ/ n. Erdbeere, *die*

stray /streɪ/ **A** *v.i.* **1** (wander) streunen
2 (deviate) abweichen (**from** von)
B n. (animal) streunendes Tier
C *adj.* **1** streunend
2 (occasional) vereinzelt

streak /striːk/ n. Streifen, *der*; (in hair) Strähne, *die*; have a jealous/cruel ~ zur

S

Eifersucht/Grausamkeit neigen

'streaky *adj.* streifig; ~ **bacon** durchwachsener Speck

stream /striːm/ **A** *n.* (of water) Wasserlauf, *der*; (brook) Bach, *der*
B *v.i.* strömen; <*Sonnenlicht*:> fluten; **have a ~ing cold** einen schlimmen Schnupfen haben

streamer /'striːmə(r)/ *n.* (ribbon) Band, *das*; (of paper) Luftschlange, *die*

streaming *n., no indef. art* (Comp.) Streaming, *das*

'streamline *v.t.* [eine] Stromlinienform geben (+ *Dat.*); **be ~d** eine Stromlinienform haben

✧ **street** /striːt/ *n.* Straße, *die*; **in the ~** auf der Straße; **in** (BrE) *or* **on ... Street** in der ... straße

street: **~car** *n.* (AmE) Straßenbahn, *die*; **~ cred** /'striːt kred/ (infml) **~ credibility** *ns.* [glaubwürdiges] Image; **~ crime** *n., no indef. art.* Straßenkriminalität, *die*; **~ lamp** *n.* Straßenlaterne, *die*; **~ lighting** *n.* Straßenbeleuchtung, *die*; **~ map** *n.* Stadtplan, *der*; **~ market** *n.* Straßenmarkt, *der*; **~ plan** *n.* Stadtplan, *der*; **~ sweeper** *n.* **1** (person) Straßenfeger, *der*/-fegerin, *die* (bes. nordd.); Straßenkehrer, *der*/-kehrerin, *die* (bes. südd.) **2** (vehicle) Straßenkehrmaschine, *die*; **~ vendor** *n.* Straßenhändler/-händlerin, *der/die*; **~-wise** *adj.* (infml) **be ~-wise** wissen, wo es langgeht

✧ **strength** /streŋθ/ *n.* (power) Kraft, *die*; (strong point, force, intensity, amount of ingredient) Stärke, *die*; (of poison, medicine) Wirksamkeit, *die*; **not know one's own ~** nicht wissen, wie stark man ist; **give sb ~** jmdm. stärken; **go from ~ to ~** immer erfolgreicher werden; **on the ~ of sth/that** aufgrund einer Sache (*Gen.*) /dessen; **in full ~** in voller Stärke; **the police were there in ~** ein starkes Polizeiaufgebot war da

strengthen /'streŋθən/ *v.t.* stärken; (reinforce, intensify) verstärken

strenuous /'strenjʊəs/ *adj.* **1** (energetic) energisch; gewaltig <*Anstrengung*> **2** (requiring exertion) anstrengend

✧ **stress** /stres/ **A** *n.* **1** (strain) Stress, *der*; **be under ~** unter Stress (*Dat.*) stehen **2** (emphasis) Betonung, *die* **B** *v.t.* (emphasize) betonen

'stressed out *adj.* (infml) [völlig] gestresst

stressful /'stresfl/ *adj.* anstrengend

stress: **~ mark** *n.* Betonungszeichen, *das*; **~-related** *adj.* stressbedingt

stretch /stretʃ/ **A** *v.t.* **1** (lengthen) strecken <*Arm, Hand*>; recken <*Hals*>; dehnen <*Gummiband*>; (tighten) spannen **2** (widen) dehnen **B 1** *v.i.* (extend in length) sich dehnen

✧ **Schlüsselwort**

2 ~ to sth (be sufficient for) für etw. reichen
C *v. refl.* sich strecken
D *n.* **1** have a ~ sich strecken
2 at a ~ (fig.) wenn es sein muss
3 (expanse) Abschnitt, *der*; **a ~ of road** ein Stück Straße
4 (period) **a four-hour ~** eine [Zeit]spanne von vier Stunden; **at a ~** ohne Unterbrechung
E *adj.* Stretch<*hose, -gewebe*>

stretcher /'stretʃə(r)/ *n.* [Trag]bahre, *die*

stretch: **~ marks** *n. pl.* Schwangerschaftsstreifen *Pl.*; **~ pants** *n. pl.* Stretchhose, *die*

stretchy /'stretʃɪ/ *adj.* (infml) dehnbar

strew /struː/ *v.t., p.p.* **~ed** /struːd/ *or* **~n** /struːn/ streuen

stricken /'strɪkn/ *adj.* (afflicted) heimgesucht; havariert <*Schiff*>; **be ~ with fear/grief** angsterfüllt/gramgebeugt

strict /strɪkt/ *adj.* **1** (firm) streng; **in ~ confidence** streng vertraulich **2** (precise) streng

'strictly *adv.* streng; **~ [speaking]** streng genommen

stride /straɪd/ **A** *n.* Schritt, *der*; **put sb off his ~** (fig.) jmdn. aus dem Konzept bringen; **take sth in one's ~** (fig.) mit etw. gut fertig werden
B *v.i.*, **strode** /strəʊd/, **stridden** /'strɪdn/ [mit großen Schritten] gehen

strident /'straɪdənt/ *adj.* schrill

strife /straɪf/ *n.* Streit, *der*

✧ **strike** /straɪk/ **A** *n.* (Industry) Streik, *der*; Ausstand, *der*; **be on/go [out]** *or* **come out on ~** in den Streik getreten sein/in den Streik treten
B *v.t.*, **struck** /strʌk/ **1** (hit) schlagen; <*Schlag, Geschoss*:> treffen; <*Blitz*:> [ein]schlagen in (+ *Akk.*)
2 (delete) streichen (**from, off** aus)
3 (ignite) anzünden <*Streichholz*>
4 (chime) schlagen
5 (impress) beeindrucken; **~ sb as [being] silly** jmdm. dumm erscheinen; **it ~s sb that ...** es scheint jmdm., dass ...
6 (occur to) einfallen (+ *Dat.*)
C *v.i.*, **struck 1** (deliver a blow) zuschlagen; <*Blitz*:> einschlagen; <*Unheil, Katastrophe*:> hereinbrechen (geh.); (hit) schlagen (**against** gegen; **[up]on** auf + *Akk.*)
2 (ignite) zünden
3 (chime) schlagen
4 (Industry) streiken
■ **~ 'back** *v.i.* zurückschlagen
■ **~ 'off** *v.t.* (~ off list) streichen <*Namen*>; (from professional body) die Zulassung entziehen (+ *Dat.*)
■ **'~ through** *v.t.* durchstreichen <*Wort*>; (on list also) ausstreichen
■ **'~ up** *v.t.* beginnen <*Unterhaltung*>; schließen <*Freundschaft*>

strike: **~ action** *n.* Streikaktionen *Pl.*; **~ pay** *n.* Streikgeld, *das*

'**striker** *n.* **1** (worker on strike) Streikende, *der/die*
2 (Footb.) Stürmer, *der/*Stürmerin, *die*

striking /'straɪkɪŋ/ *adj.* auffallend; erstaunlich ‹*Ähnlichkeit*›; schlagend ‹*Beispiel*›

'**striking distance** *n.* Reichweite, *die*

string /strɪŋ/ ◣ *n.* **1** (thin cord) Schnur, *die*; (to tie up parcels etc. also) Bindfaden, *der*; **pull [a few** *or* **some] ~s** (fig.) seine Beziehungen spielen lassen; **with no ~s attached** ohne Bedingung[en]
2 (of bow) Sehne, *die*; (of racket, musical instrument) Saite, *die*
◥ *v.t.*, **strung** /strʌŋ/ (thread) auffädeln
■ ~ **a'long** *v.t.* (deceive) an der Nase herumführen (ugs.)
■ ~ **to'gether** *v.t.* auffädeln; miteinander verknüpfen ‹*Wörter*›
■ ~ '**up** *v.t.* aufhängen

string: ~ **bag** *n.* [Einkaufs]netz, *das*; ~ '**bean** *n.* (AmE) Stangenbohne, *die*

stringed /strɪŋd/ *attrib. adj.* (Mus.) Saiten-

stringent /'strɪndʒənt/ *adj.* streng

string 'vest *n.* Netzhemd, *das*

strip[1] /strɪp/ ◣ *v.t.*, **-pp-** ausziehen ‹*Person*›
◥ *v.i.*, **-pp-** sich ausziehen

strip[2] *n.* (narrow piece) Streifen, *der*

strip: ~ **cartoon** *n.* Comic[strip], *der*; ~ **club** *n.* Stripteaselokal, *das*

stripe /straɪp/ *n.* Streifen, *der*

striped /straɪpt/ *adj.* gestreift

strip: ~ **light** *n.* Neonröhre, *die*; ~ **lighting** *n.* Neonbeleuchtung, *die*

stripped pine /strɪpt 'paɪn/ *n.* abgebeizte Kiefer

stripper /'strɪpə(r)/ *n.* Stripper, *der/*Stripperin, *die* (ugs.)

strip'tease *n.* Striptease, *die*

stripy /'straɪpɪ/ *adj.* gestreift; Streifen‹*muster*›

strive /straɪv/ *v.i.*, **strove** /strəʊv/, **striven** /'strɪvn/ sich bemühen; ~ **after** *or* **for sth** nach etw. streben

strode ▶ **stride** B

stroke[1] /strəʊk/ *n.* **1** (act of striking) Schlag, *der*
2 (Med.) Schlaganfall, *der*
3 (sudden impact) ~ **of lightning** Blitzschlag, *der*; ~ **of [good] luck** Glücksfall, *der*
4 at a *or* **one** ~ auf einen Schlag; **not do a** ~ **[of work]** keinen [Hand]schlag tun; ~ **of genius** genialer Einfall
5 (in swimming) Zug, *der*
6 (of clock) Schlag, *der*; **on the** ~ **of nine** Punkt neun [Uhr]

stroke[2] ◣ *v.t.* streicheln
◥ *n.* **give sb/sth a** ~ jmdn./etw. streicheln

stroll /strəʊl/ ◣ *v.i.* spazieren gehen
◥ *n.* **go for a** ~ einen Spaziergang machen

◌ **strong** /strɒŋ/ *adj.*, ~**er** /'strɒŋɡə(r)/, ~**est** /'strɒŋɡɪst/ stark; fest ‹*Fundament, Schuhe*›; robust ‹*Konstitution, Magen*›; kräftig ‹*Arme, Muskeln, Tritt, Zähne*›; leistungsfähig ‹*Wirtschaft*›; gut, handfest ‹*Grund, Beispiel,*

Argument›; glühend ‹*Anhänger*›; kräftig ‹*Geruch, Geschmack, Stimme*›; **there is a** ~ **possibility that** ... es ist sehr wahrscheinlich, dass ...; **take** ~ **measures/action** energisch vorgehen

strong: ~**hold** *n.* Festung, *die*; (fig.) Hochburg, *die*; ~ '**language** *n.* derbe Ausdrucksweise

◌ '**strongly** *adv.* stark; solide ‹*gearbeitet*›; energisch ‹*protestieren, bestreiten*›; nachdrücklich ‹*unterstützen*›; dringend ‹*raten*›; fest ‹*glauben*›

strong: ~**man** *n.* Muskelmann, *der* (ugs.); ~**-'minded** *adj.* willensstark; ~**room** *n.* Tresorraum, *der*; ~**-'willed** *adj.* willensstark

stroppy /'strɒpɪ/ *adj.* (BrE) (infml) pampig (salopp)

strove ▶ **strive**

struck ▶ **strike** B, C

structural /'strʌktʃərl/ *adj.* baulich

◌ **structure** /'strʌktʃə(r)/ *n.* **1** Struktur, *die*
2 (something constructed) Konstruktion, *die*; (building) Bauwerk, *das*

structured /'strʌktʃəd/ *adj.* strukturiert; geregelt ‹*Leben*›

◌ **struggle** /'strʌɡl/ ◣ *v.i.* kämpfen; ~ **to do sth** sich abmühen, etw. zu tun; ~ **against** *or* **with sb/sth** mit jmdm./etw. *od.* gegen jmdn./etw. kämpfen; ~ **with sth** (try to cope) mit etw. kämpfen
◥ *n.* Kampf, *der*

strum /strʌm/ ◣ *v.i.*, **-mm-** klimpern (ugs.) (on auf + *Dat.*)
◥ *v.t.*, **-mm-** klimpern (ugs.) auf (+ *Dat.*)

strung ▶ **string** B

strut[1] /strʌt/ ◣ *v.i.*, **-tt-** stolzieren
◥ *n.* stolzierender Gang

strut[2] *n.* (support) Strebe, *die*

stub /stʌb/ ◣ *n.* **1** (remaining portion) Stummel, *der*; (of cigarette) Kippe, *die*
2 (counterfoil) Abschnitt, *der*
◥ *v.t.*, **-bb- 1** ~ **one's toe [against** *or* **on sth]** sich (*Dat.*) den Zeh [an etw. (*Dat.*)] stoßen
2 ausdrücken ‹*Zigarette*›
■ ~ '**out** *v.t.* ausdrücken

stubble /'stʌbl/ *n.* Stoppeln *Pl.*

stubbly /'stʌblɪ/ *adj.* stopp[e]lig

stubborn /'stʌbən/ *adj.* **1** (obstinate) starrköpfig; störrisch ‹*Tier, Gesicht, Haltung*›
2 (resolute) hartnäckig

'**stubbornness** *n.* ▶ **stubborn** Starrköpfigkeit, *die*; Hartnäckigkeit, *die*

stuck ▶ **stick** A, B

'**stuck up** *adj.* (conceited) eingebildet

◌ **student** /'stju:dənt/ *n.* Student, *der/*Studentin, *die*; (in school or training establishment) Schüler, *der/*Schülerin, *die*; **be a** ~ **of sth** etw. studieren

◌ **studio** /'stju:dɪəʊ/ *n.*, *pl.* ~**s 1** (workroom) Atelier, *das*
2 (Cinemat., Radio, Telev.) Studio, *das*

studio: ~ **apartment** (AmE) ▶ **studio flat**;

∼ '**audience** *n*. (Radio, Telev.) Publikum im Studio; ∼ **flat** *n*. (BrE) **1** Atelier, *das* **2** (one-room flat) Einzimmerwohnung, *die*

studious /'stjuːdɪəs/ *adj*. lerneifrig

✦ **study** /'stʌdɪ/ **A** *n*. **1** Studium, *das* **2** (room) Arbeitszimmer, *das* **B** *v.t.* studieren; sich (*Dat.*) [sorgfältig] durchlesen <*Prüfungsfragen, Bericht*>

'**study group** *n*. Arbeitsgruppe, *die*

✦ **stuff** /stʌf/ **A** *n*. (material[s]) Zeug, *das* (ugs.) **B** *v.t.* **1** stopfen; zustopfen <*Loch, Ohren*>; (Cookery) füllen; ∼ sth with *or* full of sth etw. mit etw. voll stopfen (ugs.) **2** (sl.) ∼ him! zum Teufel mit ihm!

stuffed '**shirt** *n*. (infml derog.) Spießer, *der* (ugs. abwertend)

'**stuffing** *n*. **1** (material) Füllmaterial, *das* **2** (Cookery) Füllung, *die*

stuffy /'stʌfɪ/ *adj*. stickig

stumble /'stʌmbl/ *v.i.* stolpern (**over** über + *Akk.*)

stumbling block /'stʌmblɪŋblɒk/ *n*. Stolperstein, *der*

stump /stʌmp/ **A** *n*. (of tree, branch, tooth) Stumpf, *der*; (of cigar, pencil) Stummel, *der* **B** *v.t.* verwirren; **be** ∼**ed** ratlos sein

'**stumpy** *adj*. gedrungen; ∼ **tail** Stummelschwanz, *der*

stun /stʌn/ *v.t.*, **-nn-** (knock senseless) betäuben; **be** ∼**ned** at *or* by sth (fig.) von etw. wie betäubt sein

stung ▶ sting B, C

stunk ▶ stink A

stunner /'stʌnə(r)/ *n*. (infml) **be a** ∼ Spitze sein (ugs.)

stunning /'stʌnɪŋ/ *adj*. (infml) **1** (splendid) hinreißend **2** (shocking) bestürzend <*Nachricht*>; (amazing) sensationell

stunt[1] /stʌnt/ *v.t.* hemmen

stunt[2] *n*. halsbrecherisches Kunststück; (Cinemat.) Stunt, *der*

'**stunt man** *n*. Stuntman, *der*

stupefying /'stjuːpɪfaɪɪŋ/ *adj*. die Sinne betäubend <*Hitze*>; (fig.) (astonishing) unfassbar

stupendous /stjuː'pendəs/ *adj*. gewaltig

stupid /'stjuːpɪd/ *adj*. dumm; (ridiculous) lächerlich; **it would be** ∼ **to do sth** es wäre töricht, etw. zu tun

stupidity /stjuː'pɪdɪtɪ/ *n*. Dummheit, *die*

'**stupidly** *adv*. dumm

stupor /'stjuːpə(r)/ *n*. Benommenheit, *die*; **in a drunken** ∼ sinnlos betrunken

sturdy /'stɜːdɪ/ *adj*. kräftig; stämmig <*Beine, Arme*>

stutter /'stʌtə(r)/ **A** *v.i.* stottern **B** *n*. Stottern, *das*

sty[1] /staɪ/ ▶ pigsty

✦ Schlüsselwort

sty[2], **stye** /staɪ/ *n*. (Med.) Gerstenkorn, *das*

✦ **style** /staɪl/ *n*. Stil, *der*; [hair]∼ Frisur, *die*; **dress in the latest** ∼ sich nach der neuesten Mode kleiden

styli *pl. of* stylus

stylish /'staɪlɪʃ/ *adj*. stilvoll; elegant <*Kleidung, Auto, Person*>

stylist /'staɪlɪst/ *n*. (hair∼) Haarstilist, *der*/-stilistin, *die*

stylus /'staɪləs/ *n.*, *pl.* **styli** /'staɪlaɪ/ *or* ∼**es** [Abtast]nadel, *die*

suave /swɑːv/ *adj*. gewandt

sub- /sʌb/ *pref.* unter-; sub-

sub'conscious A *adj*. unterbewusst **B** *n*. Unterbewusstsein, *das*

sub'continent *n*. Subkontinent, *der*

'**subcontract** *v.t.* an einen Subunternehmer vergeben

subcon'tractor *n*. Subunternehmer, *der*/-unternehmerin, *die*

'**subculture** *n*. Subkultur, *die*

subdivide /---, --'-/ *v.t.* unterteilen

subdue /səb'djuː/ *v.t.* bändigen <*Kind, Tier*>; dämpfen <*Zorn, Lärm, Licht*>

subdued /səb'djuːd/ *adj*. gedämpft

'**subgroup** *n*. Untergruppe, *die*

'**subheading** *n*. Untertitel, *der*

sub'human *adj*. unmenschlich

✦ **subject A** /'sʌbdʒɪkt/ *n*. **1** Staatsbürger, *der*/-bürgerin, *die*; (to monarch) Untertan, *der*/Untertanin, *die* **2** (topic) Thema, *das*; (of study) Fach, *das*; **change the** ∼ das Thema wechseln **B** /'sʌbdʒɪkt/ *adj*. **be** ∼ **to sth** von etw. abhängen **C** /səb'dʒekt/ *v.t.* unterwerfen (**to** *Dat.*); (expose) ∼ **sb/sth to sth** jmdn./etw. einer Sache (*Dat.*) aussetzen

subjective /səb'dʒektɪv/ *adj.*, **sub'jectively** *adv*. subjektiv

'**subject matter** *n.*, *no indef. art.* Gegenstand, *der*

subjugate /'sʌbdʒʊgeɪt/ *v.t.* unterjochen (**to** unter + *Akk.*)

subjugation /sʌbdʒʊ'geɪʃn/ *n*. Unterjochung, *die*

subjunctive /səb'dʒʌŋktɪv/ *n*. Konjunktiv, *der*

sub'let *v.t.*, **-tt-**, **sublet** untervermieten

sublime /sə'blaɪm/ *adj*. erhaben

submarine /sʌbmə'riːn/ *n*. Unterseeboot, *das*; U-Boot, *das*

submerge /səb'mɜːdʒ/ *v.t.* **1** ∼ **sth** [**in the water**] etw. eintauchen **2** (flood) <*Wasser:*> überschwemmen; **be** ∼**d in water** unter Wasser stehen

submerged /səb'mɜːdʒd/ *adj*. versunken

submission /səb'mɪʃn/ *n*. **1** (surrender, meekness) Unterwerfung, *die* **2** (presentation) Einreichung, *die* (**to** bei)

submissive /səb'mɪsɪv/ *adj*. gehorsam

✔ **submit** /səb'mɪt/ *v.t.*, **-tt-** (present) einreichen; vorbringen ‹*Vorschlag*›; ~ sth to sb jmdm. etw. vorlegen

subordinate **A** /sə'bɔ:dɪnət/ *adj.* untergeordnet

B /sə'bɔ:dɪnət/ *n.* Untergebene, *der/die*
C /sə'bɔ:dɪneɪt/ *v.t.* unterordnen (to *Dat.*)

subprime /'sʌbpraɪm/ *adj.* zweitklassig

subscribe /səb'skraɪb/ *v.i.* **1** (support) ~ to sth sich einer Sache anschließen
2 (make contribution) ~ to sth eine Spende für etw. zusichern
3 ~ to a newspaper eine Zeitung abonnieren

sub'scriber *n.* (to newspaper etc.) Abonnent, *der*/Abonnentin, *die* (to *Gen.*)

subscription /səb'skrɪpʃn/ *n.* (membership fee) Mitgliedsbeitrag, *der* (to für); (to newspaper etc.) Abonnement, *das*

subsequent /'sʌbsɪkwənt/ *adj.* folgend; später ‹*Gelegenheit*›

'subsequently *adv.* später; danach

subservient /səb'sɜ:vɪənt/ *adj.* untergeordnet (to *Dat.*); (servile) unterwürfig

subside /səb'saɪd/ *v.i.* **1** (sink lower) ‹*Flut, Fluss:*› sinken; ‹*Boden, Haus:*› sich senken
2 (abate) nachlassen

subsidence /səb'saɪdəns/ *n.* (of ground, structure) Senkung, *die*

subsidiary /səb'sɪdɪərɪ/ **A** *adj.* untergeordnet ‹*Funktion, Stellung*›; Neben‹*fach, -aspekt*›
B *n.* (Commerc.) Tochtergesellschaft, *die*

subsidize /'sʌbsɪdaɪz/ *v.t.* subventionieren

subsidy /'sʌbsɪdɪ/ *n.* Subvention, *die*

subsist /səb'sɪst/ *v.i.* ~ on sth von etw. leben

subsistence /səb'sɪstəns/ *n.* [Über]leben, *das*

'subsoil *n.* Untergrund, *der*

substance /'sʌbstəns/ *n.* **1** Stoff, *der*
2 (solidity) Substanz, *die*
3 (content) Inhalt, *der*

'substance abuse *n.* Drogen- und Genussmittelmissbrauch, *der*

sub'standard *adj.* unzulänglich

✔ **substantial** /səb'stænʃl/ *adj.* **1** (considerable) beträchtlich
2 gehaltvoll ‹*Essen*›
3 (solid) solide ‹*Möbel, Haus*›; wesentlich ‹*Unterschied*›

sub'stantially *adv.* **1** (considerably) wesentlich
2 (solidly) solide
3 (essentially) im Wesentlichen

substitute /'sʌbstɪtju:t/ **A** *n.* **1** ~[s *pl.*] Ersatz, *der*
2 (Sport) Ersatzspieler, *der*/-spielerin, *die*
B *v.t.* ~ A for B B durch A ersetzen

substitution /sʌbstɪ'tju:ʃn/ *n.* Ersetzung, *die*; make a ~ (Sport) [einen Spieler] auswechseln

subterfuge /'sʌbtəfju:dʒ/ *n.* Täuschungsmanöver *Pl.*

'subtitle *n.* Untertitel, *der*

subtle /'sʌtl/ *adj.* subtil (geh.); zart ‹*Duft, Parfüm, Hinweis*›; fein ‹*Geschmack, Unterschied, Humor*›

'subtotal *n.* Zwischensumme, *die*

subtract /səb'trækt/ *v.t.* abziehen

subtraction /səb'trækʃn/ *n.* Subtraktion, *die*

sub'tropical *adj.* subtropisch

suburb /'sʌbɜ:b/ *n.* Vorort, *der*

suburban /sə'bɜ:bən/ *adj.* Vorort-; ‹*Leben, Haus*› am Stadtrand

suburbia /sə'bɜ:bɪə/ *n.* (derog.) die [eintönigen] Vororte *Pl.*

subversive /səb'vɜ:sɪv/ *adj.* subversiv

'subway *n.* **1** (passage) Unterführung, *die*
2 (AmE) (railway) Untergrundbahn, *die*; U-Bahn, *die*

sub-'zero *adj.* ~ temperatures/conditions Temperaturen unter Null

✔ **succeed** /sək'si:d/ **A** *v.i.* **1** Erfolg haben; sb ~s in sth jmdm. gelingt etw.; jmd. schafft etw.; sb ~s in doing sth es gelingt jmdm., etw. zu tun; jmd. schafft es, etw. zu tun; ~ in business/college geschäftlich/im Studium erfolgreich sein; I did not ~ in doing it ich habe es nicht geschafft
2 (come next) die Nachfolge antreten
B *v.t.* (take place of) ablösen

✔ **success** /sək'ses/ *n.* Erfolg, *der*; make a ~ of sth bei etw. Erfolg haben

✔ **successful** /sək'sesfl/ *adj.* erfolgreich; be ~ in sth/doing sth Erfolg bei etw. haben/dabei haben, etw. zu tun

suc'cessfully *adv.* erfolgreich

succession /sək'seʃn/ *n.* **1** Folge, *die*; in ~ hintereinander
2 (series) Serie, *die*
3 (to throne) Erbfolge, *die*

successive /sək'sesɪv/ *adj.* aufeinander folgend

suc'cessively *adv.* hintereinander

successor /sək'sesə(r)/ *n.* Nachfolger, *der*/ Nachfolgerin, *die*

suc'cess story *n.* Erfolgsstory, *die* (ugs.)

succinct /sək'sɪŋkt/ *adj.* **1** (terse) knapp
2 (clear) prägnant

succulent /'sʌkjʊlənt/ *adj.* saftig

succumb /sə'kʌm/ *v.i.* unterliegen; ~ to sth einer Sache (*Dat.*) erliegen

✔ **such** /sʌtʃ/ **A** *adj.* **1** (of that kind) solch...; ~ a person ein solcher Mensch; ~ a book ein solches Buch; ~ people solche Leute; ~ things so etwas; I said no ~ thing ich habe nichts dergleichen gesagt; there is no ~ bird einen solchen Vogel gibt es nicht; or some ~ thing oder so etwas; you'll do no ~ thing das wirst du nicht tun; experiences ~ as these solche Erfahrungen
2 (so great) solch...; derartig; I got ~ a fright that ... ich bekam einen derartigen od. (ugs.) so einen Schrecken, dass ...; ~ was the force of the explosion that ... die Explosion war so stark, dass ...; to ~ an extent dermaßen

S

3 *with adj.* so; ~ **a big house** ein so großes
Haus; ~ **a long time** so lange
B *pron.* **as** ~ als solcher/solche/solches;
(strictly speaking) im Grunde genommen; an
sich; ~ **as** wie [zum Beispiel]; ~ **is life** so ist
das Leben
such-and-such /ˈsʌtʃənsʌtʃ/ *adj.* **at** ~ **a time**
um die und die Zeit
'**suchlike** *pron.* derlei
suck /sʌk/ **A** *v.t.* saugen (**out of** aus); lutschen
‹*Bonbon*›
　　B *sth* ~**s** (esp. AmE) (sl.) etw. ist Scheiße (derb)
■ ~ '**up A** *v.t.* aufsaugen
　　B *v.i.* ~ **up to sb** (infml) jmdm. in den
Hintern kriechen (salopp)
'**sucker** *n.* **1** (suction pad) Saugfuß, *der*; (Zool.)
Saugnapf, *der*
　　2 (infml) (dupe) Dumme, *der/die*
suckle /ˈsʌkl/ *v.t.* säugen
suction /ˈsʌkʃn/ *n.* Saugwirkung, *die*
Sudan /suːˈdɑːn/ *pr. n.* [the] ~ [der] Sudan
sudden /ˈsʌdn/ **A** *adj.* **1** (unexpected) plötzlich
　　2 (abrupt) jäh ‹*Abgrund, Übergang, Ruck*›;
there was a ~ **bend in the road** plötzlich
machte die Straße eine Biegung
　　B *n.* **all of a** ~ plötzlich
ᵟ '**suddenly** *adv.* plötzlich
'**suddenness** *n.* Plötzlichkeit, *die*
suds /sʌdz/ *n. pl.* [soap]~ [Seifen]lauge, *die*;
(froth) Schaum, *der*
sue /suː/ **A** *v.t.* verklagen (**for** auf + *Akk.*)
　　B *v.i.* klagen (**for** auf + *Akk.*)
suede /sweɪd/ *n.* Wildleder, *das*
suet /ˈsuːɪt/ *n.* Talg, *der*
Suez /ˈsuːɪz, ˈsjuːɪz/ *pr. n.* Suez (*das*); ~ **Canal**
Suez-Kanal, *der*
ᵟ **suffer** /ˈsʌfə(r)/ **A** *v.t.* erleiden;
durchmachen ‹*Schweres, Kummer*›; dulden
‹*Unverschämtheit*›
　　B *v.i.* leiden
■ '~ **from** *v.t.* leiden unter (+ *Dat.*); leiden an
(+ *Dat.*) ‹*Krankheit*›
sufferance /ˈsʌfərəns/ *n.* Duldung, *die*; **he
remains here on** ~ **only** er ist hier bloß
geduldet
'**suffering** *n.* Leiden, *das*
suffice /səˈfaɪs/ **A** *v.i.* genügen; ~ **it to say** …
nur so viel sei gesagt: …
　　B *v.t.* genügen (+ *Dat.*)
sufficiency /səˈfɪʃnsɪ/ *n.* Zulänglichkeit, *die*
ᵟ **sufficient** /səˈfɪʃnt/ *adj.* genug; ~ **money/
food** genug Geld/genug zu essen; **be** ~
genügen; ~ **reason** Grund genug; **have you
had** ~**?** (food, drink) haben Sie schon genug?
suf'ficiently *adv.* genug; (adequately)
ausreichend; ~ **large** groß genug; **a** ~ **large
number** eine genügend große Zahl
suffix /ˈsʌfɪks/ *n.* Nachsilbe, *die*
suffocate /ˈsʌfəkeɪt/ **A** *v.t.* ersticken; **he was**
~**d by the smoke** der Rauch erstickte ihn

　　B *v.i.* ersticken
suffocation /sʌfəˈkeɪʃn/ *n.* Erstickung, *die*;
a feeling of ~ das Gefühl, zu ersticken
sugar /ˈʃʊɡə(r)/ **A** *n.* Zucker, *der*; **two** ~**s,
please** (lumps) zwei Stück Zucker, bitte;
(spoonfuls) zwei Löffel Zucker, bitte
　　B *v.t.* zuckern
sugar: ~ **basin** ▸ sugar bowl; ~ **beet** *n.*
Zuckerrübe, *die*; ~ **bowl** *n.* Zuckerschale,
die; (covered) Zuckerdose, *die*; ~ **cane** *n.*
Zuckerrohr, *das*; ~**-coated** *adj.* gezuckert;
mit Zucker überzogen ‹*Dragee usw.*›; ~
daddy *n.* (infml) *spendabler älterer Mann,
der ein junges Mädchen aushält*; ~ **lump** *n.*
Zuckerstück, *das*; (when counted) Stück Zucker;
~ **tongs** *n. pl.* Zuckerzange, *die*
'**sugary** *adj.* süß; (fig.) süßlich
ᵟ **suggest** /səˈdʒest/ *v.t.* **1** (propose) vorschlagen;
~ **sth to sb** jmdm. etw. vorschlagen; **he** ~**ed
going to the cinema** er schlug vor, ins Kino
zu gehen
　　2 (assert) **are you trying to** ~ **that he is lying**
wollen Sie damit sagen, dass er lügt?
　　3 (make one think of) suggerieren; ‹*Symptome,
Tatsachen:*› schließen lassen auf (+ *Akk.*)
ᵟ **suggestion** /səˈdʒestʃn/ *n.* **1** Vorschlag, *der*;
at *or* **on sb's** ~ auf jmds. Vorschlag (*Akk.*)
　　2 (insinuation) Andeutungen *Pl.*
　　3 (fig.) (trace) Spur, *der*
suggestive /səˈdʒestɪv/ *adj.* **1 be** ~ **of sth** auf
etw. (*Akk.*) schließen lassen
　　2 (indecent) anzüglich
suicidal /suːɪˈsaɪdl/ *adj.* selbstmörderisch;
I felt *or* **was quite** ~ ich hätte mich am
liebsten gleich umgebracht
ᵟ **suicide** /ˈsuːɪsaɪd/ *n.* Selbstmord, *der*
'**suicide attack** *n.* Selbstmordanschlag, *der*
'**suicide attempt** *n.* Selbstmordversuch,
der
ᵟ **suit** /suːt/ **A** *n.* **1** (for men) Anzug, *der*; (for
women) Kostüm, *das*
　　2 (Law) ~ **[at law]** Prozess, *der*
　　3 (Cards) Farbe, *die*; **follow** ~ (fig.) das
Gleiche tun
　　B *v.t.* **1** anpassen (**to** *Dat.*)
　　2 be ~**ed [to sth/one another]** [zu etw./
zueinander] passen
　　3 (satisfy needs of) passen (+ *Dat.*); **will
Monday** ~ **you?** passt Ihnen Montag?; **does
the climate** ~ **you?** bekommt Ihnen das
Klima?
　　4 (go well with) passen zu; **does this hat** ~ **me?**
steht mir dieser Hut?; **black** ~**s her** Schwarz
steht ihr gut
　　C *v. refl.* ~ **oneself** tun, was man will; ~
yourself! [ganz] wie du willst!
suitability /suːtəˈbɪlɪtɪ/ *n.* Eignung, *die* (**for**
für)
suitable /ˈsuːtəbl/ *adj.* geeignet; angemessen
‹*Kleidung*›; (convenient) passend; ~ **for
children** für Kinder geeignet; **Monday is the
most** ~ **day [for me]** Montag passt [mir] am
besten

---

s

ᵟ Schlüsselwort

suitably /ˈsuːtəblɪ/ adv. angemessen; entsprechend ‹gekleidet›

'suitcase n. Koffer, der

suite /swiːt/ n. **1** (of furniture) Garnitur, die; three-piece ~ Polstergarnitur, die **2** (of rooms) Suite, die

suitor /ˈsuːtə(r)/ n. Freier, der

sulfur, sulfuric (AmE) ▶ sulphur, sulphuric

sulk /sʌlk/ v.i. schmollen

'sulky adj. schmollend; eingeschnappt (ugs.)

sullen /ˈsʌlən/ adj. mürrisch

sulphur /ˈsʌlfə(r)/ n. Schwefel, der

sulphuric /sʌlˈfjʊərɪk/ adj. ~ acid Schwefelsäure, die

sultan /ˈsʌltən/ n. Sultan, der

sultana /sʌlˈtɑːnə/ n. Sultanine, die

sultry /ˈsʌltrɪ/ adj. schwül

sum /sʌm/ n. **1** Summe, die (of aus); ~ [total] Ergebnis, das **2** (Arithmetic) Rechenaufgabe, die; do ~s rechnen; she is good at ~s sie kann gut rechnen
■ ~ 'up **A** v.t. **1** zusammenfassen **2** (BrE) (assess) einschätzen **B** v.i. ein Fazit ziehen

summarily /ˈsʌmərɪlɪ/ adv. summarisch; ~ dismissed fristlos entlassen

summarize /ˈsʌməraɪz/ v.t. zusammenfassen

summary /ˈsʌmərɪ/ **A** adj. summarisch; fristlos ‹Entlassung› **B** n. Zusammenfassung, die

⚓ **summer** /ˈsʌmə(r)/ n. Sommer, der; in [the] ~ im Sommer

summer: ~ **house** n. [Garten]laube, die; ~ **school** n. Sommerkurs, der; ~ **term** n. Sommerhalbjahr, das; ~**time** n. Sommer, der

'summery adj. sommerlich

summing 'up n. Zusammenfassung, die

summit /ˈsʌmɪt/ n. Gipfel, der; ~ conference/meeting Gipfelkonferenz, die/-treffen, das

summon /ˈsʌmən/ v.t. **1** rufen (to zu); holen ‹Hilfe› **2** (Law) vorladen
■ ~ 'up v.t. aufbringen

summons /ˈsʌmənz/ n. Vorladung, die

sump /sʌmp/ n. Ölwanne, die

sumptuous /ˈsʌmptjʊəs/ adj. üppig; luxuriös ‹Möbel, Kleidung›

⚓ **sun** /sʌn/ **A** n. Sonne, die; catch the ~ (be in sunny position) viel Sonne abbekommen; (get ~burnt) einen Sonnenbrand bekommen **B** v. refl., **-nn-** sich sonnen

Sun. abbr. = Sunday So.

sun: ~**baked** adj. an der Sonne getrocknet ‹Ziegel›; ausgedörrt ‹Landschaft, Prärie usw.›; ~**bathe** v.i. sonnenbaden; ~**bathing** n. Sonnenbaden, das; ~**beam** n. Sonnenstrahl, der; ~**bed** n. (with UV lamp) Sonnenbank, die; (in garden) Gartenliege, die; ~**block** n. Sonnenschutzcreme [mit hohem Lichtschutzfaktor], die; ~**burn** n. Sonnenbrand, der; ~**burnt** adj. be/get ~burnt einen Sonnenbrand haben/bekommen; ~**cream** n. Sonnencreme, die

sundae /ˈsʌndeɪ/ n. [ice cream] ~ Eisbecher, der

⚓ **Sunday** /ˈsʌndeɪ, ˈsʌndɪ/ n. Sonntag, der; ~ opening die sonntägliche Öffnung; ~ trading sonntägliche Ladenöffnung; see also Friday

sun: ~**deck** n. Sonnendeck, das; ~**dial** n. Sonnenuhr, die; ~**drenched** adj. sonnenüberflutet (geh.); ~**dress** n. Strandod. Sonnenkleid, das; ~**-dried** adj. an der Sonne getrocknet

sundry /ˈsʌndrɪ/ **A** adj. verschieden **B** n., in pl. Verschiedenes

'sunflower n. Sonnenblume, die

sung ▶ sing

sun: ~**glasses** n. pl. Sonnenbrille, die; ~**hat** n. Sonnenhut, der

sunk ▶ sink B, C

sun: ~**lamp** n. Höhensonne, die; ~**lit** adj. sonnenbeschienen; ~**light** n. Sonnenlicht, das

Sunni /ˈsʌnɪ/ n. (Muslim Relig.) Sunnit, der/Sunnitin, die; attrib. sunnitisch

sunny /ˈsʌnɪ/ adj. sonnig; ~ intervals Aufheiterungen

sun: ~ **protection factor** n. Lichtschutzfaktor, der; ~**ray** n. Sonnenstrahl, der; ~**rise** n. Sonnenaufgang, der; ~**roof** n. (Motor Veh.) Schiebedach, das; ~**set** n. Sonnenuntergang, der; ~**shade** n. Sonnenschirm, der; ~**shine** n. Sonnenschein, der; ~**stroke** n. Sonnenstich, der; ~**tan** n. [Sonnen]bräune, die; get a ~tan braun werden; ~**tan lotion** n. Sonnencreme, die; ~**tanned** adj. braun [gebrannt]; ~**tan oil** n. Sonnenöl, das; ~**trap** n. sonniges Plätzchen; ~ **worshipper** n. (lit./joc.) Sonnenanbeter, der/-anbeterin, die

super /ˈsuːpə(r)/ adj. (infml) super (ugs.)

superb /suːˈpɜːb/ adj. einzigartig; erstklassig ‹Essen›

superbug /ˈsuːpəbʌg/ n. multiresistenter Erreger

supercilious /suːpəˈsɪlɪəs/ adj. hochnäsig

supercomputer /ˈsuːpəkəmpjuːtə(r)/ n. Supercomputer, der

superficial /suːpəˈfɪʃl/ adj. oberflächlich

superficiality /suːpəfɪʃɪˈælɪtɪ/ n. Oberflächlichkeit, die

superfluous /sʊˈpɜːfluəs/ adj. überflüssig

super: ~**glue** n. Sekundenkleber, der; ~**highway** n. **1** (AmE) Autobahn, die **2** (Comp.) Datenautobahn, die; ~**human** adj. übermenschlich

superintendent /suːpərɪnˈtendənt/ n. (BrE) (Police) Kommissar, der/Kommissarin, die

superior /suːˈpɪərɪə(r)/ **A** adj. **1** (of higher quality) besonders gut ‹Restaurant, Qualität,

S

Stoff⟩; überlegen ⟨*Technik, Intelligenz*⟩; **he thinks he is ~ to us** er hält sich für besser als wir

2 (having higher rank) höher...; **be ~ to sb** einen höheren Rang als jmd. haben

B *n.* Vorgesetzte, *der/die*

superiority /suːpɪərɪˈɒrɪtɪ/ *n.* Überlegenheit, *die* (**to** über + *Akk.*)

superlative /suːˈpɜːlətɪv/ **A** *adj.*
1 unübertrefflich
2 (Ling.) **a ~ adjective/adverb** ein Adjektiv/ Adverb im Superlativ
B *n.* (Ling.) Superlativ, *der*

super: **~market** *n.* Supermarkt, *der*; **~model** *n.* Supermodel, *das*; **~'natural** *adj.* übernatürlich; **~power** *n.* (Polit.) Supermacht, *die*

supersede /suːpəˈsiːd/ *v.t.* ablösen (**by** durch)

supersonic /suːpəˈsɒnɪk/ *adj.* Überschall-

superstar /ˈsuːpəstɑː(r)/ *n.* Superstar, *der*

superstition /suːpəˈstɪʃn/ *n.* Aberglaube, *der*

superstitious /suːpəˈstɪʃəs/ *adj.* abergläubisch

superstore /ˈsuːpəstɔː(r)/ *n.* Großmarkt, *der*

supervise /ˈsuːpəvaɪz/ *v.t.* beaufsichtigen

supervision /suːpəˈvɪʒn/ *n.* Aufsicht, *die*

supervisor /ˈsuːpəvaɪzə(r)/ *n.* Aufseher, *der/* Aufseherin, *die*

supper /ˈsʌpə(r)/ *n.* Abendessen, *das*; **have [one's] ~** zu Abend essen

'suppertime *n.* Abendbrotzeit, *die*; **it's ~** es ist Zeit zum Abendessen

supplant /səˈplɑːnt/ *v.t.* ablösen, ersetzen (**by** durch)

supple /ˈsʌpl/ *adj.* geschmeidig

supplement /ˈsʌplɪmənt/ **A** *n.* **1** Ergänzung, *die* (**to** + *Gen.*); (addition) Zusatz, *der*
2 (of book) Nachtrag, *der*; (of newspaper) Beilage, *die*
3 (to fare) Zuschlag, *der*
B *v.t.* ergänzen

supplementary /sʌplɪˈmentərɪ/ *adj.* zusätzlich; **~ fare/charge** Zuschlag, *der*

supplier /səˈplaɪə(r)/ *n.* (Commerc.) Lieferant, *der/*Lieferantin, *die*

S

⌀ **supply** /səˈplaɪ/ **A** *v.t.* liefern ⟨*Waren usw.*⟩; beliefern ⟨*Kunden, Geschäft*⟩; **~ sth to sb, ~ sb with sth** jmdn. mit etw. versorgen/ (Commerc.) beliefern
B *n.* Vorräte *Pl.*; **military/medical supplies** militärischer/medizinischer Nachschub; **~ and demand** (Econ.) Angebot und Nachfrage

sup'ply teacher *n.* Vertretung, *die*

⌀ **support** /səˈpɔːt/ **A** *v.t.* **1** (hold up) stützen ⟨*Mauer, Verletzten*⟩; (bear weight of) tragen
2 unterstützen ⟨*Politik, Verein*⟩; (Footb.) **~ Spurs** Spurs-Fan sein
3 (provide for) ernähren ⟨*Familie, sich selbst*⟩
4 (speak in favour of) befürworten
B *n.* **1** Unterstützung, *die*; **in ~** zur Unterstützung; **speak in ~ of sb/sth** jmdn.

⌀ Schlüsselwort

unterstützen/etw. befürworten
2 (money) Unterhalt, *der*
3 (sb/sth that ~s) Stütze, *die*

⌀ **sup'porter** *n.* Anhänger, *der/*Anhängerin, *die*; **football ~** Fußballfan, *der*

sup'porting *adj.* (Cinemat., Theatre) **~ role** Nebenrolle, *die*; **~ actor/actress** Schauspieler/-spielerin in einer Nebenrolle; **~ film** Vorfilm, *der*

supportive /səˈpɔːtɪv/ *adj.* hilfreich; **be very ~ [to sb]** [jmdm.] eine große Hilfe *od.* Stütze sein

⌀ **suppose** /səˈpəʊz/ *v.t.* **1** (assume) annehmen; **~ or supposing [that] he ...** angenommen, [dass] er ...
2 (presume) vermuten; **I ~ so** (doubtfully) ja, vermutlich; (more confidently) ich glaube schon
3 **be ~d to do/be sth** (be generally believed to do/ be sth) etw. tun/sein sollen
4 (allow) **you are not ~d to do that** das darfst du eigentlich nicht; **I'm not ~d to be here** ich dürfte eigentlich gar nicht hier sein

supposed /səˈpəʊzd/ *attrib. adj.* mutmaßlich

supposedly /səˈpəʊzɪdlɪ/ *adv.* angeblich

supposition /sʌpəˈzɪʃn/ *n.* Annahme, *die*; Vermutung, *die*

suppress /səˈpres/ *v.t.* unterdrücken

suppression /səˈpreʃn/ *n.* Unterdrückung, *die*

supremacy /suːˈpreməsɪ/ *n.* **1** (supreme authority) Souveränität, *die*
2 (superiority) Überlegenheit, *die*

supreme /suːˈpriːm/ *adj.* höchst...

Supt. *abbr.* = **Superintendent**

surcharge /ˈsɜːtʃɑːdʒ/ *n.* Zuschlag, *der*

⌀ **sure** /ʃʊə(r)/ **A** *adj.* sicher; **be ~ of sth** sich (*Dat.*) einer Sache (*Gen.*) sicher sein; **~ of oneself** selbstsicher; **don't be too ~** da wäre ich mir nicht so sicher; **there is ~ to be a petrol station** es gibt bestimmt eine Tankstelle; **don't worry, it's ~ to turn out well** keine Sorge, es wird schon alles gut gehen; **for ~** (infml) auf jeden Fall; **make ~ [of sth]** sich [einer Sache] vergewissern; **make or be ~ you do it, be ~ to do it** (do not fail to do it) sieh zu, dass du es tust; (do not forget) vergiss nicht, es zu tun; **a ~ winner** ein todsicherer Tipp (ugs.)
B *adv.* **~ enough** tatsächlich
C *int.* **~!, ~ thing!** (AmE) na klar! (ugs.)

sure: **~-fire** *attrib. adj.* (AmE) (infml) todsicher; **~-footed** *adj.* trittsicher

⌀ **'surely A** *adv.* **1** *as sentence-modifier* doch; **~ we've met before?** wir kennen uns doch, oder?
2 (steadily) sicher; **slowly but ~** langsam, aber sicher
3 (certainly) sicherlich
B *int.* (AmE) natürlich

surf /sɜːf/ **A** *n.* Brandung, *die*
B *v.i.* **1** surfen

805 surface | suspense

2 (Comp.) surfen; (TV) zappen (ugs.)
C *v.t.* (Comp., TV) ~ the Internet im Internet surfen; ~ the channels sich durch die Kanäle zappen (ugs.)

surface /'sɜːfɪs/ **A** *n.* Oberfläche, *die*; outer ~ Außenfläche, *die*; the earth's ~ die Erdoberfläche; on the ~ an der Oberfläche; (fig.) oberflächlich betrachtet
B *v.i.* auftauchen; (fig.) hochkommen
surface: ~ **area** *n.* Oberfläche, *die*; ~ **mail** *n.* gewöhnliche Post

'surfboard *n.* Surfbrett, *das*
surfeit /'sɜːfɪt/ *n.* Übermaß, *das*
'surfer *n.* Surfer, *der*/Surferin, *die*
'surfing *n.* Surfen, *das*
surge /sɜːdʒ/ *v.i.* <Wellen:> branden; the crowd ~d forward die Menschenmenge drängte nach vorn
surgeon /'sɜːdʒən/ *n.* Chirurg, *der*/Chirurgin, *die*
surgery /'sɜːdʒərɪ/ *n.* **1** Chirurgie, *die*; undergo ~ sich einer Operation (*Dat.*) unterziehen
2 (BrE) (place) Praxis, *die*; doctor's/dental ~ Arzt-/Zahnarztpraxis, *die*
3 (BrE) (time) Sprechstunde, *die*
surgical /'sɜːdʒɪkl/ *adj.* chirurgisch; ~ treatment Operation, *die*, Operationen *Pl.*
surly /'sɜːlɪ/ *adj.* mürrisch
surmise /sə'maɪz/ **A** *n.* Vermutung, *die*
B *v.t.* mutmaßen
surmount /sə'maʊnt/ *v.t.* überwinden
surmountable /sə'maʊntəbl/ *adj.* überwindbar
surname /'sɜːneɪm/ *n.* Nachname, *der*; Zuname, *der*
surpass /sə'pɑːs/ *v.t.* übertreffen; ~ oneself sich selbst übertreffen
surplus /'sɜːpləs/ **A** *n.* Überschuss, *der* (of an + *Dat.*)
B *adj.* überschüssig; be ~ to sb's requirements von jmdm. nicht benötigt werden
surprise /sə'praɪz/ **A** *n.* **1** Überraschung, *die*; take sb by ~ jmdn. überrumpeln; to my great ~, much to my ~ zu meiner großen Überraschung; it came as a ~ to us es war für uns eine Überraschung
2 *attrib.* überraschend, unerwartet <Besuch>; a ~ attack ein Überraschungsangriff
B *v.t.* überraschen; überrumpeln <Feind>; I shouldn't be ~d if ... es würde mich nicht wundern, wenn ...; be ~d at sb/sth sich über jmdn./etw. wundern
surprising /sə'praɪzɪŋ/ *adj.* überraschend
'surprisingly *adv.* überraschend; ~ [enough], he was ... überraschenderweise war er ...
surreal /sə'rɪəl/ *adj.* surrealistisch
surrealism /sə'rɪːəlɪzm/ *n.* Surrealismus, *der*
surrender /sə'rendə(r)/ **A** *n.* (to enemy) Kapitulation, *die*; (of possession) Aufgabe, *die*

B *v.i.* kapitulieren
C *v.t.* aufgeben
surreptitious /sʌrəp'tɪʃəs/ *adj.* heimlich; verstohlen <Blick>
surrogate /'sʌrəgət/ *n.* Ersatz, *der*
surrogate 'mother *n.* Leihmutter, *die*
surround /sə'raʊnd/ *v.t.* **1** (come or be all round) umringen; <Truppen, Heer:> umzingeln <Stadt, Feind>
2 (encircle) umgeben; be ~ed by or with sth von etw. umgeben sein
sur'rounding *adj.* umliegend; the ~ countryside die [Landschaft in der] Umgebung
sur'roundings *n. pl.* Umgebung, *die*
surtitle /'sɜːtaɪtl/ *n.* Übertitel, *der*
surveillance /sə'veɪləns/ *n.* Überwachung, *die*; be under ~ überwacht werden
survey **A** /sə'veɪ/ *v.t.* betrachten; überblicken <Landschaft>; inspizieren <Gebäude>; bewerten <Situation>
B /'sɜːveɪ/ *n.* Überblick, *der* (of über + *Akk.*); (poll) Umfrage, *die*; (Surv.) Vermessung, *die*
surveyor /sə'veɪə(r)/ *n.* (of building) Gutachter, *der*/Gutachterin, *die*; (of land) Landvermesser, *der*/-vermesserin, *die*
survival /sə'vaɪvl/ *n.* Überleben, *das*; fight for ~ Existenzkampf, *der*
survive /sə'vaɪv/ **A** *v.t.* überleben
B *v.i.* <Person:> überleben; <Schriften, Traditionen:> erhalten bleiben
survivor /sə'vaɪvə(r)/ *n.* Überlebende, *der*/die
sus /sʌs/ (BrE) (infml) *v.t.*, **-ss-** spitzkriegen (ugs.); get sb ~sed jmdn. durchschauen
■ ~ **'out** *v.t.* (infml) checken (ugs.); spannen (ugs.)
susceptible /sə'septɪbl/ *adj.* empfänglich (to für); (to illness) anfällig (to für)
suspect **A** /sə'spekt/ *v.t.* **1** (imagine to be likely) vermuten; ~ the worst das Schlimmste befürchten; ~ sb to be sth, ~ that sb is sth glauben od. vermuten, dass jmd. etw. ist
2 (mentally accuse) verdächtigen; ~ sb of sth/of doing sth jmdn. einer Sache verdächtigen/jmdn. verdächtigen, etw. zu tun
B /'sʌspekt/ *adj.* fragwürdig; verdächtig <Stoff, Paket>
C /'sʌspekt/ *n.* Verdächtige, *der*/die
suspend /sə'spend/ *v.t.* **1** (hang up) [auf]hängen
2 (stop) suspendieren
3 (from work) ausschließen (from von); sperren <Sportler>
suspended 'sentence *n.* (Law) Strafe mit Bewährung
suspender belt /sə'spendə belt/ *n.* (BrE) Strumpfbandgürtel, *der*
suspenders /sə'spendəz/ *n. pl.* **1** (BrE) (for stockings) Strumpfbänder *Pl.*
2 (AmE) (for trousers) Hosenträger *Pl.*
suspense /sə'spens/ *n.* Spannung, *die*; keep sb in ~ jmdn. auf die Folter spannen

S

suspension /sə'spenʃn/ n. (Motor Veh.) Federung, die
su'spension bridge n. Hängebrücke, die
sus'pension forks n. pl. Federgabel, die
suspicion /sə'spɪʃn/ n. **1** (uneasy feeling) Misstrauen, das (of gegenüber); (unconfirmed belief) Verdacht, der; **have a** ~ **that ...** den Verdacht haben, dass ... **2** (suspecting) Verdacht, der (of auf + Akk.); **on** ~ **of murder** wegen Mordverdachts; **be under** ~ verdächtigt werden
suspicious /sə'spɪʃəs/ adj. **1** (tending to suspect) misstrauisch (of gegenüber); **be** ~ **of sb/sth** jmdm./einer Sache misstrauen **2** (arousing suspicion) verdächtig
✱ **sustain** /sə'steɪn/ v.t. **1** (support) tragen <Gewicht>; (fig.) aufrechterhalten **2** erleiden <Verlust, Verletzung>
sustainable /sʌ'steɪnəbl/ adj. (Ecology) nachhaltig
sustenance /'sʌstɪnəns/ n. Nahrung, die
SW abbr. **1** = **south-west** SW **2** (Radio) = **short wave** KW
swab /swɒb/ n. (Med.) (pad) Tupfer, der
swagger /'swægə(r)/ v.i. großspurig stolzieren
swallow[1] /'swɒləʊ/ **A** v.t. schlucken; (by mistake) verschlucken **B** v.i. schlucken. **C** n. Schluck, der
■ ~ **'up** v.t. verschlucken
swallow[2] n. Schwalbe, die
swam ▸ swim A
swamp /swɒmp/ **A** n. Sumpf, der **B** v.t. überschwemmen
'swampy adj. sumpfig
swan /swɒn/ n. Schwan, der
'swansong n. (fig.) Schwanengesang, der
swap /swɒp/ **A** v.t., **-pp-** tauschen (for gegen) **B** v.i., **-pp-** tauschen **C** n. Tausch, der
swarm /swɔːm/ **A** n. Schwarm, der **B** v.i. schwärmen; (teem) wimmeln (with von)
swarthy /'swɔːðɪ/ adj. dunkel
swastika /'swɒstɪkə/ n. Hakenkreuz, das
swat /swɒt/ v.t., **-tt-** totschlagen
sway /sweɪ/ **A** v.i. [hin und her] schwanken; (gently) sich wiegen **B** v.t. **1** wiegen **2** (influence) beeinflussen **C** n. (fig.) Herrschaft, die; **hold** ~ **over sb** über jmdn. herrschen
swear /sweə(r)/ **A** v.t., **swore** /swɔː(r)/, **sworn** /swɔːn/ schwören <Eid usw.> **B** v.i., **swore**, **sworn 1** fluchen **2** ~ **to sth** etw. beschwören
■ '~ **at** v.t. beschimpfen
■ '~ **by** v.t. (infml) schwören auf (+ Akk.)

✱ Schlüsselwort

'swear word n. Kraftausdruck, der
sweat /swet/ **A** n. Schweiß, der **B** v.i. schwitzen
'sweatband n. Schweißband, das
sweater /'swetə(r)/ n. Pullover, der
sweat: ~**shirt** n. Sweatshirt, das; ~**shop** n. ausbeuterische [kleine] Klitsche (ugs.)
'sweaty adj. schweißig
swede n. Kohlrübe, die
Swede /swiːd/ n. Schwede, der/Schwedin, die
Sweden /'swiːdn/ pr. n. Schweden (das)
Swedish /'swiːdɪʃ/ **A** adj. schwedisch; **sb is** ~ jmd. ist Schwede/Schwedin **B** n. Schwedisch, das; see also **English B1**
sweep /swiːp/ **A** v.t., **swept** /swept/ **1** fegen; kehren **2** ~ **the country** <Epidemie, Mode:> das Land überrollen **B** v.i., **swept 1** fegen; kehren **2** (go fast) <Person, Auto:> rauschen; <Wind usw.:> fegen **C** n. **1** give sth a ~ etw. fegen od. kehren **2** (curve) Bogen, der
■ ~ **'up** v.t. zusammenfegen; zusammenkehren
'sweeping adj. pauschal; weit reichend <Einsparung>; umwälzend <Veränderung>
✱ **sweet** /swiːt/ **A** adj. süß; reizend <Wesen, Gesicht, Mädchen>; **have a** ~ **tooth** gern Süßes mögen; **how** ~ **of you!** wie nett od. lieb von dir! **B** n. (BrE) **1** (candy) Bonbon, das od. der **2** (dessert) Nachtisch, der
sweet: ~**-and-'sour** attrib. adj. süßsauer; ~ **corn** n. Zuckermais, der
sweeten /'swiːtn/ v.t. süßen
'sweetener n. Süßstoff, der
'sweetheart n. Schatz, der
'sweetness n. Süße, die
sweet: ~ **'pea** n. Wicke, die; ~ **po'tato** n. Batate, die; ~**shop** n. (BrE) Süßwarengeschäft, das; ~ **talk** (AmE) n. Süßholzraspel, das (ugs.); ~**talk** v.t. ~**talk sb** [**into doing sth**] jmdn. beschwatzen[, etw. zu tun]
swell /swel/ **A** v.t., ~**ed**, **swollen** /'swəʊlən/ or ~**ed** anschwellen lassen **B** v.i., ~**ed**, **swollen** or ~**ed 1** (expand) <Körperteil:> anschwellen; <Segel:> sich blähen; <Material:> aufquellen **2** <Anzahl:> zunehmen
'swelling n. Schwellung, die
swelter /'sweltə(r)/ v.i. ~ **in the heat** in der Hitze schmoren (ugs.); ~**ing** glühend heiß <Tag, Wetter>; ~**ing heat** Bruthitze, die
swept ▸ sweep A, B
swerve /swɜːv/ **A** v.i. einen Bogen machen; ~ **to the right/left** nach rechts/links [aus]schwenken **B** n. Bogen, der
swift /swɪft/ **A** adj. schnell **B** n. Mauersegler, der
'swiftly adv. schnell
swig /swɪg/ n. (infml) Schluck, der

swill /swɪl/ *v.t.* ~ [out] [aus]spülen

swim /swɪm/ **A** *v.i.*, **-mm-**, **swam** /swæm/, **swum** /swʌm/ schwimmen; my head was ~ming mir war schwindelig
B *n.* have a/go for a ~ schwimmen/ schwimmen gehen

'**swimmer** *n.* Schwimmer, *der*/Schwimmerin, *die*; be a good/poor ~ gut/schlecht schwimmen können

'**swimming** *n.* Schwimmen, *das*

swimming: ~ **baths** *n. pl.* Schwimmbad, *das*; ~ **costume** *n.* Badeanzug, *der*; ~ **lesson** *n.* Schwimmstunde, *die*; ~ **lessons** Schwimmunterricht, *der*; ~ **pool** *n.* Schwimmbecken, *das*; (building) Schwimmbad, *das*; ~ **trunks** *n. pl.* Badehose, *die*

'**swimsuit** *n.* Badeanzug, *der*

swindle /'swɪndl/ **A** *v.t.* betrügen; ~ sb out of sth jmdn. um etw. betrügen
B *n.* Schwindel, *der*; Betrug, *der*

swindler /'swɪndlə(r)/ *n.* Schwindler, *der*/ Schwindlerin, *die*

swine /swaɪn/ *n.* Schwein, *das*

swine flu *n.* Schweinegrippe, *die*

swing /swɪŋ/ **A** *n.* **1** Schaukel, *die* **2** (~ing) Schaukeln, *das*; in full ~ (fig.) in vollem Gang[e]
B *v.i.*, **swung** /swʌŋ/ **1** schwingen; (in wind) schaukeln **2** (go in sweeping curve) schwenken
C *v.t.*, **swung** schwingen

swing: ~**bin** *n.* Schwingdeckel[müll]eimer, *der*; ~ '**door** *n.* Pendeltür, *die*

swipe /swaɪp/ (infml) **A** *v.t.* **1** (hit) knallen (ugs.) **2** (infml) (steal) klauen (ugs.) **3** ~ the card through the swipe reader die Karte durch das [Karten]lesegerät ziehen
B *n.* (device) ~ [reader] [Karten]lesegerät, *das*

'**swipe card** *n.* Magnetkarte, *die*

swirl /swɜːl/ **A** *v.i.* wirbeln
B *v.t.* umherwirbeln
C *n.* Spirale, *die*

swish /swɪʃ/ **A** *v.i.* zischen
B *n.* Zischen, *das*
C *adj.* (infml) schick (ugs.)

Swiss /swɪs/ **A** *adj.* Schweizer; schweizerisch; sb is ~ jmd. ist Schweizer/Schweizerin
B *n.* Schweizer, *der*/Schweizerin, *die*; the ~ *pl.* die Schweizer *Pl.*

Swiss '**roll** *n.* Biskuitrolle, *die*

switch /swɪtʃ/ **A** *n.* **1** (esp. Electr.) Schalter, *der* **2** (change) Wechsel, *der*
B *v.t.* **1** (change) ~ sth [over] to sth etw. auf etw. (*Akk.*) umstellen *od.* (Electr.) umschalten **2** (exchange) tauschen
C *v.i.* wechseln; ~ [over] to sth auf etw. (*Akk.*) umstellen *od.* (Electr.) umschalten
■ ~ '**off** *v.t. & i.* ausschalten; (also fig. infml) abschalten
■ ~ '**on A** *v.t.* einschalten; anschalten
B *v.i.* sich anschalten

switch: ~**back** *n.* Achterbahn, *die*; ~**blade** *n.* Springmesser, *das*; ~**board** *n.* [Telefon]zentrale, *die*

Switzerland /'swɪtsələnd/ *pr. n.* die Schweiz

swivel /'swɪvl/ **A** *v.i.*, **-ll-** sich drehen
B *v.t.*, **-ll-** drehen

'**swivel chair** *n.* Drehstuhl, *der*

swollen /'swəʊlən/ **A** ▸ swell
B *adj.* geschwollen; angeschwollen ‹*Fluss*›

swoon /swuːn/ (literary) *v.i.* ohnmächtig werden

swoop /swuːp/ **A** *n.* **1** Sturzflug, *der* **2** (infml) (raid) Razzia, *die*
B *v.i.* herabstoßen; ~ on sb sich auf jmdn. stürzen

swop ▸ swap

sword /sɔːd/ *n.* Schwert, *das*

'**swordfish** *n.* Schwertfisch, *der*

swore, sworn ▸ swear

swot /swɒt/ (BrE) (infml) **A** *n.* Streber, *der*/ Streberin, *die*
B *v.i.*, **-tt-** büffeln (ugs.)

swum ▸ swim A

swung ▸ swing B, C

'**swung dash** *n.* Tilde, *die*

sycamore /'sɪkəmɔː(r)/ *n.* Bergahorn, *der*

sycophant /'sɪkəfænt/ *n.* Kriecher, *der*

syllable /'sɪləbl/ *n.* Silbe, *die*

syllabus /'sɪləbəs/ *n.* Lehrplan, *der*; (for exam) Studienplan, *der*

symbol /'sɪmbl/ *n.* Symbol, *das* (of für)

symbolic /sɪm'bɒlɪk/, **symbolical** /sɪm'bɒlɪkl/ *adj.* symbolisch

symbolism /'sɪmbəlɪzm/ *n.* Symbolik, *die*

symbolize /'sɪmbəlaɪz/ *v.t.* symbolisieren

symmetrical /sɪ'metrɪkl/ *adj.* symmetrisch

symmetry /'sɪmɪtrɪ/ *n.* Symmetrie, *die*

sympathetic /sɪmpə'θetɪk/ *adj.* mitfühlend

sympathize /'sɪmpəθaɪz/ *v.i.* **1** ~ with sb mit jmdm. [mit]fühlen **2** ~ with (understand) Verständnis haben für

sympathy /'sɪmpəθɪ/ *n.* Mitgefühl, *das*; in deepest ~ mit aufrichtigem Beileid

symphonic /sɪm'fɒnɪk/ *adj.* sinfonisch

symphony /'sɪmfənɪ/ *n.* Sinfonie, *die*

'**symphony orchestra** *n.* Sinfonieorchester, *das*

symposium /sɪm'pəʊzɪəm/ *n., pl.* **symposia** /sɪm'pəʊzɪə/ Symposion, *das*

⤵ **symptom** /'sɪmptəm/ *n.* Symptom, *das*

symptomatic /sɪmptə'mætɪk/ *adj.* symptomatisch (of für)

synagogue (AmE: **synagog**) /'sɪnəgɒg/ *n.* Synagoge, *die*

sync /sɪŋk/ (infml) *n.* be in ~/out of ~ harmonisieren/nicht harmonieren (with mit)

synchromesh /'sɪŋkrəmeʃ/ *n.* (Motor Veh.) Synchrongetriebe, *das*

synchronize /'sɪŋkrənaɪz/ *v.t.* synchronisieren; gleichstellen ‹*Uhren*›

syndicate /'sɪndɪkət/ *n.* Syndikat, *das*
syndrome /'sɪndrəʊm/ *n.* Syndrom, *das*
synonym /'sɪnənɪm/ *n.* Synonym, *das*
synonymous /sɪ'nɒnɪməs/ *adj.* **1** (Ling.)
  synonym (with mit)
  2 ~ with (fig.) gleichbedeutend mit
synopsis /sɪ'nɒpsɪs/ *n., pl.* **synopses**
  /sɪ'nɒpsiːz/ Inhaltsangabe, *die*
syntactic /sɪn'tæktɪk/ *adj.* syntaktisch
syntax /'sɪntæks/ *n.* Syntax, *die*
synthesis /'sɪnθɪsɪs/ *n., pl.* **syntheses**
  /'sɪnθɪsiːz/ Synthese, *die*
synthesize /'sɪnθɪsaɪz/ *v.t.* zur Synthese
  bringen; (Chem.) synthetisieren
synthesizer /'sɪnθɪsaɪzə(r)/ *n.* (Mus.)
  Synthesizer, *der*
synthetic /sɪn'θetɪk/ *adj.* synthetisch

syphilis /'sɪfɪlɪs/ *n.* Syphilis, *die*
syphon ▶ siphon
Syria /'sɪrɪə/ *pr. n.* Syrien (*das*)
syringe /sɪ'rɪndʒ/ **A** *n.* Spritze, *die*
  B *v.t.* spritzen; ausspritzen ‹*Ohr*›
syrup /'sɪrəp/ *n.* Sirup, *der*
⚜ **system** /'sɪstəm/ *n.* System, *das*
systematic /sɪstə'mætɪk/ *adj.*,
  systematically /sɪstə'mætɪkəli/ *adv.*
  systematisch
systematize /'sɪstəmətaɪz/ *v.t.*
  systematisieren
system: ~ **disk** *n.* (Comp.) Systemdiskette,
  die; ~ **error** *n.* (Comp.) Systemfehler,
  der; ~**s analyst** *n.* Systemanalytiker,
  der/-analytikerin, *die*; ~ **software** *n.*
  (Comp.) Systemsoftware, *die*

Tt

T, t /tiː/ *n.* T, t, *das*; to a ~ ganz genau
ta /tɑː/ *int.* (BrE) (infml) danke
tab /tæb/ **A** *n.* **1** (projecting flap) Zunge,
  die; (on clothing) Etikett, *das*; (with name)
  Namensschild, *das*
  2 pick up the ~ (AmE) (infml) die Zeche
  bezahlen
  3 keep ~s *or* a ~ on (watch) [genau]
  beobachten
  4 (Comp.) Tabulator, *der*
  B *v.t.* (Comp.) tabellarisieren
tabby /'tæbɪ/ *n.* ~ **[cat]** Tigerkatze, *die*
'**tab key** *n.* (Comp.) Tabulatortaste, *die*
⚜ **table** /'teɪbl/ **A** *n.* **1** Tisch, *der*
  2 (list) Tabelle, *die*; ~ of contents
  Inhaltsverzeichnis, *das*
  B *v.t.* einbringen
tableau /'tæbləʊ/ *n., pl.* ~**x** /'tæbləʊz/
  Tableau, *das*
table: ~**cloth** *n.* Tischdecke, *die*; ~ **leg** *n.*
  Tischbein, *das*; ~ **linen** *n.* Tischwäsche,
  die; ~ **manners** *n. pl.* Tischmanieren *Pl.*;
  ~ **mat** *n.* Set, *das*; ~ **salt** *n.* Tafelsalz, *das*;
  ~**spoon** *n.* Servierlöffel, *der*; ~**spoonful**
  n. Servierlöffel [voll]
tablet /'tæblɪt/ *n.* **1** Tablette, *die*
  2 (of soap) Stück, *das*
  3 ~ [PC/Computer]®; Tablet-PC, *der*; Tablet-
  Computer, *der*
table: ~ **tennis** *n.* Tischtennis, *das*; ~
  tennis bat *n.* Tischtennisschläger, *der*; ~
  wine *n.* Tischwein, *der*

⚜ Schlüsselwort

tabloid /'tæblɔɪd/ *n.* Boulevardzeitung, *die*;
  the ~s (derog.) die Boulevardpresse
tabloid 'journalism *n.*
  Sensationsjournalismus, *der*
taboo, tabu /tə'buː/ **A** *n.* Tabu, *das*
  B *adj.* Tabu‹*wort*›; be ~ tabu sein
tabulate /'tæbjʊleɪt/ *v.t.* tabellarisch
  darstellen
tabulator /'tæbjʊleɪtə(r)/ *n.* Tabulator, *der*
tacit /'tæsɪt/ *adj.*, '**tacitly** *adv.* stillschweigend
taciturn /'tæsɪtɜːn/ *adj.* schweigsam; wortkarg
tack /tæk/ **A** *n.* **1** (nail) kleiner Nagel
  2 (stitch) Heftstich, *der*
  3 (Naut., also fig.) Kurs, *der*
  B *v.t.* **1** (nail) festnageln
  2 (stitch) heften
  C *v.i.* (Naut.) kreuzen
tackle /'tækl/ **A** *v.t.* **1** angehen ‹*Problem
  usw.*›; ~ sb about/on/over sth jmdn. auf etw.
  (*Akk.*) ansprechen; (ask for sth) jmdn. um
  etw. angehen
  2 (Sport) angreifen ‹*Spieler*›; (Amer. Footb.;
  Rugby) fassen
  B *n.* **1** (equipment) Ausrüstung, *die*
  2 (Sport) Angriff, *der*; (sliding ~) Tackling,
  das; (Amer. Footb.; Rugby) Fassen und Halten
tacky /'tækɪ/ *adj.* **1** (sticky) klebrig
  2 (infml derog.) (tasteless) geschmacklos
tact /tækt/ *n.* Takt, *der*; he has no ~ er hat
  kein Taktgefühl
tactful /'tæktfl/ *adj.*, '**tactfully** *adv.* taktvoll
tactical /'tæktɪkl/ *adj.* taktisch
tactics /'tæktɪks/ *n. pl.* Taktik, *die*

'tactless *adj.*, **'tactlessly** *adv.* taktlos
tadpole /'tædpəʊl/ *n.* Kaulquappe, *die*
tag¹ /tæg/ **A** *n.* **1** Schild, *das*
2 (electronic device) (on person) elektronische
Fessel; (on goods) Sicherungsetikett, *das*
3 (Comp.) Tag, *das*; Markierung, *die*
B *v.t.*, **-gg-** (Comp.) taggen; markieren
■ ~ a'**long** *v.i.* mitkommen
tag² *n.* (game) Fangen, *das*
tail /teɪl/ **A** *n.* **1** Schwanz, *der*
2 *in pl.* (on coin) ~s [it is] Zahl
B *v.t.* (infml) (follow) beschatten
■ ~ '**back** *v.i.* sich stauen
■ ~ '**off** *v.i.* **1** zurückgehen
2 (into silence) verstummen
tail: ~**back** *n.* (BrE) Rückstau, *der*; ~ **end**
n. Ende, *das*; ~**gate** **A** *n.* (Motor Veh.)
Heckklappe, *die*
B *v.i.* zu dicht auffahren; ~ **light** *n.*
Rücklicht, *das*
tailor /'teɪlə(r)/ *n.* Schneider, *der*/Schneiderin,
die
tailored /'teɪləd/, '**tailor-made** *adjs.*
maßgeschneidert
'**tail wind** *n.* Rückenwind, *der*
taint /teɪnt/ *v.t.* verderben; **be** ~**ed with sth**
mit etw. behaftet sein (geh.)
Taiwan /taɪ'wɑːn/ *pr. n.* Taiwan (*das*)
✇ **take** /teɪk/ **A** *v.t.*, **took** /tʊk/, **taken** /'teɪkn/
1 (get hold of, grasp, seize) nehmen
2 (capture) einnehmen ‹*Stadt, Festung*›;
machen ‹*Gefangenen*›
3 (gain, earn) ‹*Laden*:› einbringen; ‹*Person*:›
einnehmen; ‹*Film, Stück*:› einspielen; (win)
gewinnen ‹*Satz, Spiel, Preis, Titel*›
4 (~ away with one) mitnehmen; (steal)
mitnehmen (verhüll.); ~ **place** stattfinden;
(spontaneously) sich ereignen; ‹*Wandlung*:›
sich vollziehen
5 (avail oneself of, use) nehmen; machen ‹*Pause,
Ferien, Nickerchen*›; ~ **the opportunity
to do/of doing sth** die Gelegenheit dazu
benutzen, etw. zu tun
6 (carry, guide, convey) bringen; ~ **sb to visit sb**
jmdn. zu Besuch bei jmdm. mitnehmen; ~
home mit nach Hause nehmen; (earn) nach
Hause bringen ‹*Geld*›; (accompany) nach
Hause bringen
7 (remove) nehmen; (deduct) abziehen; ~ **sth/
sb from sb** jmdm. etw./jmdn. wegnehmen
8 (make) machen ‹*Foto, Kopie*›; (photograph)
aufnehmen; aufnehmen ‹*Brief, Diktat*›;
machen ‹*Prüfung, Sprung, Spaziergang,
Reise*›; ablegen ‹*Gelübde, Eid*›; treffen
‹*Entscheidung*›
9 (conduct) halten ‹*Gottesdienst, Unterricht*›;
Ms X ~**s us for maths** in Mathe haben wir
Frau X
10 (eat, drink) nehmen ‹*Zucker, Milch,
Tabletten, Überdosis*›; trinken ‹*Tee, Kaffee,
Kognak usw.*›
11 (need, require) brauchen ‹*Platz, Zeit*›;
haben ‹*Objekt, Plural-s*›; gebraucht werden

mit ‹*Kasus*›; **sth** ~**s an hour/a year/all day**
etw. dauert eine Stunde/ein Jahr/einen
ganzen Tag
12 (ascertain and record) notieren ‹*Namen,
Adresse, Autonummer usw.*›; fühlen ‹*Puls*›;
messen ‹*Temperatur, Größe usw.*›
13 (assume) ~ **it [that]** ... annehmen, dass ...;
~ **sb/sth for/to be sth** jmdn./etw. für etw.
halten
14 (react to) aufnehmen; ~ **sth well/badly**
etw. gut/nur schwer verkraften; ~ **sth
calmly** *or* **coolly** etw. gelassen [auf]nehmen
15 (accept) annehmen
16 (adopt, choose) ergreifen ‹*Maßnahmen*›;
unternehmen ‹*Schritte*›; ~ **the wrong road**
die falsche Straße fahren/gehen
17 be ~**n ill** krank werden
18 ~ **sth to bits** *or* **pieces** etw. auseinander
nehmen
B *v.i.*, **took**, **taken 1** ‹*Transplantat*:› vom
Körper angenommen werden; ‹*Sämling,
Pflanze*:› angehen
2 (detract) ~ **from sth** etw. schmälern
■ '~ **after** *v.t.* ~ **after sb** (resemble) jmdm.
ähnlich sein; (~ as one's example) es jmdm.
gleichtun
■ ~ a'**way** *v.t.* **1** (remove) wegnehmen; (to a
distance) mitnehmen; ~ **sth away from sb**
jmdm. etw. abnehmen; **to** ~ **away** ‹*Pizza,
Snack usw.*› zum Mitnehmen
2 (Math.) (deduct) abziehen
■ ~ a'**way from** *v.t.* schmälern
■ ~ '**back** *v.t.* zurücknehmen; (return)
zurückbringen
■ ~ '**down** *v.t.* **1** (carry or lead down)
hinunterbringen
2 abnehmen ‹*Bild, Ankündigung,
Weihnachtsschmuck*›; herunterziehen
‹*Hose*›; ~ **sth down from a shelf** etw. von
einem Regal herunternehmen
3 (write down) aufnehmen
■ ~ '**in** *v.t.* **1** hineinbringen; (bring indoors)
hereinholen
2 enger machen ‹*Kleidungsstück*›
3 (understand) begreifen
4 (cheat) hereinlegen (ugs.); (deceive)
täuschen
■ ~ '**off** **A** *v.t.* **1** abnehmen ‹*Deckel, Hut,
Tischtuch, Verband*›; abziehen ‹*Kissenbezug*›;
ausziehen ‹*Schuhe, Handschuhe*›; ablegen
‹*Mantel, Schmuck*›
2 (deduct) abziehen; ~ **sth off sth** etw. von
etw. abziehen
3 ~ **a day** *etc.* **off** sich (*Dat.*) einen Tag *usw.*
frei nehmen (ugs.)
4 (mimic) nachahmen
B *v.i.* (Aeronaut.) starten
■ ~ '**on** *v.t.* **1** (undertake) übernehmen; auf sich
(*Akk.*) nehmen ‹*Bürde*›
2 (employ) einstellen
3 (as opponent) es aufnehmen mit; (Sport)
(meet) antreten gegen
■ ~ '**out** *v.t.* **1** (remove) herausnehmen; ziehen
‹*Zahn*›; ~ **sth out of sth** etw. aus etw.
[heraus]nehmen

t

2 (withdraw) abheben ‹*Geld*›
3 (go out with) ~ **sb** out mit jmdm. ausgehen;
~ **sb** out to *or* for lunch jmdn. zum
Mittagessen einladen
4 (get issued) abschließen ‹*Versicherung*›;
ausleihen ‹*Bücher*›; ~ out a subscription to
sth etw. abonnieren
5 ~ it out on **sb** seine Wut an jmdm.
auslassen
■ ~ 'over **A** *v.t.* übernehmen
B *v.i.* übernehmen; ‹*Manager, Firmenleiter:*›
die Geschäfte übernehmen; ‹*Regierung,
Präsident:*› die Amtsgeschäfte übernehmen;
~ over from **sb** jmdn. ersetzen; (temporarily)
jmdn. vertreten
■ '~ to *v.t.* 1 (get into habit of) ~ to doing sth es
sich (*Dat.*) angewöhnen, etw. zu tun
2 (like) sich hingezogen fühlen zu ‹*Person*›;
sich erwärmen für ‹*Sache*›
■ ~ 'up **A** *v.t.* 1 (lift up) hochheben; (pick up)
aufheben; herausreißen ‹*Dielen*›; aufreißen
‹*Straße*›
2 (carry or lead up) hinaufbringen
3 in Anspruch nehmen ‹*Zeit*›; brauchen /
(undesirably) wegnehmen ‹*Platz*›
4 (start) ergreifen ‹*Beruf*›; anfangen ‹*Tennis,
Schach, Gitarre usw.*›; aufnehmen ‹*Arbeit,
Kampf*›; antreten ‹*Stelle*›; ~ up a hobby sich
(*Dat.*) ein Hobby zulegen
5 (pursue further) ~ sth up with **sb** sich in
einer Sache an jmdn. wenden
B *v.i.* ~ up with **sb** (infml) sich mit jmdm.
einlassen
'**takeaway** *n.* (meal) Essen zum Mitnehmen;
(restaurant) Restaurant mit Straßenverkauf
taken ▶ take
take: ~-**off** *n.* 1 (Aeronaut.) Start, *der*
2 (infml) (caricature) Parodie, *die*; ~**over** *n.*
Übernahme, *die*
takings /'teɪkɪŋz/ *n. pl.* Einnahmen *Pl.*
talc /tælk/ *n.* Talkum, *das*
talcum /'tælkəm/ *n.* ~ [**powder**] Körperpuder,
der
tale /teɪl/ *n.* Erzählung, *die*; Geschichte, *die*
(of von; about über + *Akk.*)
◢ **talent** /'tælənt/ *n.* Talent, *das*; have [great/no
etc.] ~ [**for sth**] [viel/kein *usw.*] Talent [zu *od.*
für etw.] haben
'**talented** *adj.* talentiert
'**talent-spotting** *n.* Talentsuche, *die*
◢ **talk** /tɔːk/ **A** *n.* 1 (discussion) Gespräch, *das*;
have a ~ [**with sb**] [**about sth**] [mit jmdm.]
[über etw. (*Akk.*)] sprechen; have *or* hold
~s [**with sb**] [mit jmdm.] Gespräche führen;
there is [**much/some**] ~ of ... man hört
[häufig/öfter] von ...
2 (speech, lecture) Vortrag, *der*
B *v.i.* sprechen (**with, to** mit); (lecture)
sprechen; (converse) sich unterhalten; (have
~s) Gespräche führen; (gossip) reden; ~ on
the phone telefonieren
C *v.t.* reden; ~ **sb** into/out of sth jmdn. zu

◢ Schlüsselwort

etw. überreden/jmdm. etw. ausreden
■ ~ 'over *v.t.* besprechen
■ ~ 'round *v.t.* ~ **sb** round jmdn. überreden
talkative /'tɔːkətɪv/ *adj.* gesprächig
talking: ~ **point** *n.* Gesprächsthema, *das*;
~-**to** *n.* (infml) Standpauke, *die* (ugs.)
'**talk show** *n.* Talkshow, *die*
tall /tɔːl/ *adj.* hoch; groß ‹*Person, Tier*›; that's
a ~ **order** das ist ziemlich viel verlangt; ~
story unglaubliche Geschichte
tally /'tælɪ/ **A** *n.* keep a ~ of sth über etw.
(*Akk.*) Buch führen
B *v.i.* übereinstimmen
talon /'tælən/ *n.* Klaue, *die*
tambourine /tæmbə'riːn/ *n.* Tamburin, *das*
tame /teɪm/ **A** *adj.* zahm; (fig.) (spiritless)
lahm (ugs.)
B *v.t.* zähmen
tamper /'tæmpə(r)/ *v.i.* ~ **with** sich (*Dat.*) zu
schaffen machen an (+ *Dat.*)
tampon /'tæmpɒn/ *n.* Tampon, *der*
tan /tæn/ **A** *v.t.*, **-nn-** gerben ‹*Tierhaut, Fell*›
B *v.i.*, **-nn-** braun werden
C *n.* 1 (colour) Gelbbraun, *das*
2 (sun~) Bräune, *die*; have/get a ~ braun
sein/werden
D *adj.* gelbbraun
tandem /'tændəm/ *n.* ~ [**bicycle**] Tandem, *das*
tang /tæŋ/ *n.* (taste) Geschmack, *der*; (smell)
Geruch, *der*
tangent /'tændʒənt/ *n.* Tangente, *die*;
go off at a ~ (fig.) plötzlich vom Thema
abschweifen
tangerine /tændʒə'riːn/ *n.* (fruit) ~ [**orange**]
Tangerine, *die*
tangible /'tændʒɪbl/ *adj.* greifbar; spürbar
‹*Unterschied, Verbesserung*›; handfest
‹*Beweis*›
tangle /'tæŋgl/ **A** *n.* Gewirr, *das*; (in hair)
Verfilzung, *die*
B *v.t.* verheddern (ugs.); verfilzen ‹*Haar*›
■ ~ 'up *v.t.* verheddern (ugs.)
tango /'tæŋgəʊ/ *n., pl.* ~s Tango, *der*
tank /tæŋk/ *n.* 1 Tank, *der*
2 (Mil.) Panzer, *der*
tankard /'tæŋkəd/ *n.* Krug, *der*
tanker /'tæŋkə(r)/ *n.* (ship) Tanker, *der*;
(vehicle) Tank[last]wagen, *der*
tanned /tænd/ *adj.* braun gebrannt
tantalize /'tæntəlaɪz/ *v.t.* reizen
tantalizing /'tæntəlaɪzɪŋ/ *adj.* verlockend
tantamount /'tæntəmaʊnt/ *adj.* be ~ to sth
gleichbedeutend mit etw. sein
tantrum /'tæntrəm/ *n.* Wutanfall, *der*; (of
child) Trotzanfall, *der*; throw a ~ einen
Wutanfall/Trotzanfall bekommen
tap¹ /tæp/ **A** *n.* Hahn, *der*; hot/cold[-water] ~
Warm-/Kaltwasserhahn, *der*; be on ~ (fig.)
zur Verfügung stehen
B *v.t.*, **-pp- 1** erschließen ‹*Reserven, Markt*›
2 (Teleph.) abhören; anzapfen (ugs.)

tap² **A** v.t., **-pp-** klopfen an (+ Akk.); (on upper surface) klopfen auf (+ Akk.)
B v.i., **-pp-**; ~ at/on sth an etw. (Akk.) klopfen; (on upper surface) auf etw. (Akk.) klopfen
C n. Klopfen, das

'tap dance **A** n. Stepp[tanz], der
B v.i. Stepptanzen; steppen

tape /teɪp/ **A** n. **1** Band, das; adhesive or (infml) sticky ~ Klebeband, das
2 (for recording) [Ton]band, das (of mit); make a ~ of sth etw. auf Band aufnehmen
B v.t. **1** (record on ~) [auf Band] aufnehmen
2 (bind with ~) [mit Klebeband] zukleben
3 have got sb/sth ~d (infml) jmdn. durchschaut haben/etw. im Griff haben
tape: ~ **cassette** n. Tonbandkassette, die; ~ **deck** n. Tapedeck, das; ~ **measure** n. Bandmaß, das

taper /'teɪpə(r)/ **A** v.i. sich verjüngen; ~ [to a point] spitz zulaufen
B n. [wax] ~ Wachsstock, der
tape: ~ **recorder** n. Tonbandgerät, das; ~ **recording** n. Tonbandaufnahme, die

tapestry /'tæpɪstrɪ/ n. Gobelingewebe, das; (wall hanging) Bildteppich, der

'tapeworm n. Bandwurm, der
'tap water n. Leitungswasser, das

tar /tɑː(r)/ **A** n. Teer, der; high-~/low-~ cigarette Zigarette mit hohem/niedrigem Teergehalt
B v.t., **-rr-** teeren

✍ **target** /'tɑːgɪt/ **A** n. **1** Ziel, das; hit/miss the/its ~ [das Ziel] treffen/das Ziel verfehlen; production/export/savings ~ Produktions-/Export-/Sparziel, das; be above/below ~ (fig.) das Ziel über-/unterschritten haben
2 (Sport) Zielscheibe, die
B v.t. (fig.) zielen auf <Käufergruppe>
target: ~ **date** n. vorgesehener Termin; ~ **figure** n. (esp. Commerc.) Ziel, das

tariff /'tærɪf/ n. **1** (tax) Zoll, der
2 (list of charges) Tarif, der

tarnish /'tɑːnɪʃ/ **A** v.t. stumpf werden lassen <Metall>; (fig.) beflecken <Ruf>
B v.i. stumpf werden

tarpaulin /tɑː'pɔːlɪn/ n. Plane, die

tart¹ /tɑːt/ adj. herb; sauer <Obst>; (fig.) scharfzüngig

tart² n. **1** (BrE) (filled pie) ≈ Obstkuchen, der; (small pastry) Obsttörtchen, das
2 (sl.) (prostitute) Nutte, die (salopp)
■ ~ **'up** v.t. (BrE) (infml) ~ oneself up, get ~ed up sich auftakeln (ugs.)

tartan /'tɑːtən/ **A** n. Schotten[stoff], der
B adj. Schotten<rock, -jacke>

tartar /'tɑːtə(r)/ n. Zahnstein, der

tartar sauce /'tɑːtə 'sɔːs/ n. Remoulade[nsoße], die

✍ **task** /tɑːsk/ n. Aufgabe, die; take sb to ~ jmdm. eine Lektion erteilen
task: ~**bar** n. (Comp.) Taskleiste, die; ~ **force** n. Sonderkommando, das

tassel /'tæsl/ n. Quaste, die

✍ **taste** /teɪst/ **A** v.t. **1** schmecken; (try a little) probieren
2 (recognize flavour of) [heraus]schmecken
B v.i. schmecken (of nach); not ~ of anything nach nichts schmecken
C n. **1** (flavour) Geschmack, der; [sense of] ~ Geschmack[ssinn], der
2 (discernment) Geschmack, der
3 (sample) Kostprobe, die

tasteful /'teɪstfl/ adj., **'tastefully** adv. geschmackvoll

'tasteless adj. geschmacklos

tasty /'teɪstɪ/ adj. lecker

tat /tæt/ ▸ tit²

tattered /'tætəd/ adj. zerlumpt <Kleidung>; zerfleddert <Buch>

tatters /'tætəz/ n. pl. Fetzen Pl.; be in ~ in Fetzen sein; (fig.) ruiniert sein

tattoo /tə'tuː/ **A** v.t. tätowieren
B n. Tätowierung, die

tattooer /tə'tuːə(r)/, **tattooist** /tə'tuːɪst/ ns. Tätowierer, der/Tätowiererin, die

tatty /'tætɪ/ adj. (infml) schäbig

taught ▸ teach

taunt /tɔːnt/ **A** v.t. verspotten (about wegen)
B n. spöttische Bemerkung

Taurus /'tɔːrəs/ n. (Astrol., Astron.) der Stier

taut /tɔːt/ adj. straff <Seil, Kabel>; gespannt <Muskel>

tavern /'tævən/ n. Schenke, die

tawny /'tɔːnɪ/ adj. gelbbraun

✍ **tax** /tæks/ **A** n. Steuer, die; before/after ~ vor Steuern/nach Abzug der Steuern; for ~ reasons aus steuerlichen Gründen
B v.t. **1** besteuern; versteuern <Einkommen>
2 (fig.) strapazieren <Kräfte, Geduld>

taxable /'tæksəbl/ adj. steuerpflichtig

tax: ~ **allowance** n. Steuerfreibetrag, der; ~ **assessment** n. Steuerbescheid, der

taxation /tæk'seɪʃn/ n. Besteuerung, die; (taxes payable) Steuern Pl.

tax: ~ **avoidance** n. Steuerumgehung, die; ~ **bill** n. Steuerbescheid, der; (amount) Steuerschuld, die; ~ **bracket** n. Stufe im Steuertarif; ~**deductible** adj. steuerabzugsfähig; [steuerlich] absetzbar; ~ **demand** n. Steuerforderung, die; ~ **disc** n. (Motor Veh.) Steuerplakette, die; ~ **evasion** n. Steuerhinterziehung, die; ~ **exile** n. (person) Steuerflüchtling, der; ~ **form** n. Steuerformular, das; ~**free** adj. steuerfrei; ~ **haven** n. Steueroase, die (ugs.)

taxi /'tæksɪ/ **A** n. Taxi, das
B v.i. <Flugzeug:> rollen

'taxi driver n. Taxifahrer, der/-fahrerin, die

tax: ~ **incentive** n. steuerlicher Anreiz; ~ **inspector** n. Steuerinspektor, der/-inspektorin, die

taxi~ rank (BrE), ~ **stand** (AmE) ns. Taxistand, der

tax: ~**man** n. (infml) Finanzbeamte,

t

der/-beamtin, die; ~ **office** n. Finanzamt,
das; ~**payer** n. Steuerzahler, der/-zahlerin,
die; ~ **return** n. Steuererklärung, die; ~
relief n. Steuererleichterung, die; ~ **year**
n. Steuerjahr, das

TB abbr. = **tuberculosis** Tb, die

T-bone 'steak n. T-Bone-Steak, das

tbsp abbr., pl. same or ~**s** = tablespoon

tea /tiː/ n. **1** Tee, der
2 (meal) [high] ~ Abendessen, das

tea: ~ **bag** n. Teebeutel, der; ~ **break** n.
(BrE) Teepause, die; ~ **caddy** n. Teebüchse,
die

ℰ **teach** /tiːtʃ/ **A** v.t., **taught** /tɔːt/ unterrichten;
(at university) lehren; ~ sb/oneself/an animal
sth jmdm./sich/einem Tier etw. beibringen;
~ sb to ride jmdm. das Reiten beibringen
B v.i., **taught** unterrichten

ℰ **'teacher** n. Lehrer, der/Lehrerin, die

teacher: ~ **'training** n. Lehrerausbildung,
die; ~-**'training college** n. ≈
pädagogische Hochschule

'teaching n. **1** (act) Unterrichten, das (of
von); the ~ of languages, language ~ der
Sprachunterricht; all the ~ here is in French
hier wird nur in französischer Sprache
unterrichtet
2 no pl., no art. (profession) Lehrberuf, der; go
into or take up ~ Lehrer/Lehrerin werden
3 (doctrine) Lehre, die

teaching profession n. Lehrberuf, der

tea: ~ **cloth** n. Geschirrtuch, das; ~ **cosy** n.
Teewärmer, der; ~**cup** n. Teetasse, die

teak /tiːk/ n. Teak[holz], das

'tea leaf n. Teeblatt, das

ℰ **team** /tiːm/ n. Team, das; (Sport also)
Mannschaft, die
■ ~ 'up v.i. sich zusammentun (ugs.)

team: ~ **effort** n. Team- od.
Gemeinschaftsarbeit, die; ~ **game** n.
Mannschaftsspiel, das; ~ **leader** n.
Gruppenleiter, der/-leiterin, die; ~**mate**
n. Mannschaftskamerad, der/-kameradin,
die; ~ **'spirit** n. Teamgeist, der; (Sport
also) Mannschaftsgeist, der; ~**work** n.
Teamarbeit, die

'teapot n. Teekanne, die

tear¹ /teə(r)/ **A** n. Riss, der
B v.t., **tore** /tɔː(r)/, **torn** /tɔːn/ **1** (rip)
zerreißen; (pull apart) auseinander reißen;
(damage) aufreißen; ~ open aufreißen
‹Brief, Paket›
2 ~ sth out of sb's hands jmdm. etw. aus der
Hand reißen
C v.i., **tore**, **torn 1** (rip) [zer]reißen
2 (move hurriedly) rasen (ugs.)
■ ~ a'way v.t. wegreißen; ~ oneself away (fig.)
sich losreißen
■ ~ 'up v.t. zerreißen

tear² /tɪə(r)/ n. Träne, die
tear /tɪə(r)/: ~**drop** n. Träne, die; ~ **gas** n.

ℰ Schlüsselwort

Tränengas, das

tearful /'tɪəfl/ adj. weinend

tease /tiːz/ **A** v.t. necken (about wegen);
aufziehen (ugs.) (about mit)
B v.i. seine Späße machen

tea: ~ **service**, ~**set** ns. Teeservice, das;
~ **shop** n. (BrE) ≈ Café, das; ~**spoon** n.
Teelöffel, der; ~ **strainer** n. Teesieb, das

teat /tiːt/ n. **1** Zitze, die
2 (of rubber or plastic) Sauger, der

tea: ~**time** n. Teezeit, die; ~ **towel** n.
Geschirrtuch, das; ~ **trolley** n. Teewagen,
der; ~ **urn** n. Teebehälter, der

techie /'tekɪ/ n. (infml) Technikfreak, der;
(computer expert) Computerfreak, der

ℰ **technical** /'teknɪkl/ adj. technisch ‹Problem,
Daten, Fortschritt›; Fach‹kenntnis, -sprache,
-begriff, -wörterbuch›; ~ **term** Fachbegriff,
der; Fachausdruck, der

'technical college n. Fachhochschule, die

technicality /teknɪ'kælɪtɪ/ n. technisches
Detail

technician /tek'nɪʃn/ n. Techniker, der/
Technikerin, die

ℰ **technique** /tek'niːk/ n. Technik, die;
(procedure) Methode, die

techno **A** adj. Techno-
B n. Techno, der od. das

technological /teknə'lɒdʒɪkl/ adj. technisch;
technologisch

ℰ **technology** /tek'nɒlədʒɪ/ n. Technik, die;
(application of science) Technologie, die

technophobe /'teknəʊfəʊb/ n. Mensch mit
einer Technikphobie

tectonic /tek'tɒnɪk/ (Geol.) **A** adj. tektonisch
B n., in pl. Tektonik, die; **plate** ~**s**
Plattentektonik, die

tectonic 'plate n. tektonische Platte

teddy /'tedɪ/ n. ~ [bear] Teddy[bär], der

tedious /'tiːdɪəs/ adj. langwierig ‹Reise,
Arbeit›; (uninteresting) langweilig

tee /tiː/ (Golf) Tee, das

teem /tiːm/ v.i. wimmeln (with von)

teen /tiːn/ adj. Teenager-

teenage /'tiːneɪdʒ/, **teenaged** /'tiːneɪdʒd/
attrib. adj. im Teenageralter nachgestellt

teenager /'tiːneɪdʒə(r)/ n. Teenager, der;
(loosely) Jugendliche, der/die

teens /tiːnz/ n. pl. Teenagerjahre Pl.

'tee shirt n. T-Shirt, das

teeter /'tiːtə(r)/ v.i. wanken; ~ on the edge
of sth schwankend am Rande einer Sache
(Gen.) stehen

teeth pl. of tooth

teething troubles /'tiːðɪŋ trʌblz/ n. pl.
have ~ (fig.) Anfangsschwierigkeiten haben

teetotal /tiː'təʊtl/ adj. abstinent lebend

teetotaller /tiː'təʊtələ(r)/ n. Abstinenzler,
der/Abstinenzlerin, die

TEFL /'tefl/ abbr. = **teaching of English as
a foreign language**

Teflon® /'teflɒn/ n. Teflon®, das

tel., Tel. abbr. = **telephone** Tel.

telebanking /'telɪbæŋkɪŋ/ n. Telebanking, das

telecommunications /telɪkəmjuːnɪ'keɪʃnz/ n. pl. Fernmelde- od. Nachrichtentechnik, die

telecommute /'telɪkəmjuːt/ v.i. Telearbeit verrichten

telecommuting /'telɪkəmjuːtɪŋ/ n. Telearbeit, die

teleconference /'telɪkɒnfərəns/ n. Telekonferenz, die

telecottage /'telɪkɒtɪdʒ/ n.: jedermann zugängliche Einrichtung, die bes. Telearbeitern Zugang zu einem ans Internet angeschlossenen Computer bietet

telegram /'telɪgræm/ n. Telegramm, das

telegraph /'telɪgrɑːf/ n. Telegraf, der

'telegraph pole n. Telegrafenmast, der

telemarketing /'telɪmɑːkɪtɪŋ/ n. Telefonmarketing, das

telepathy /tɪ'lepəθɪ/ n. Telepathie, die

telephone /'telɪfəʊn/ **A** n. Telefon, das; attrib. Telefon-; **answer the** ~ Anrufe entgegennehmen; (on one occasion) ans Telefon gehen; (speak) sich melden; **be on the** ~ Telefon haben; (be speaking) telefonieren (**to** mit)

B v.t. anrufen

C v.i. anrufen; ~ **for a taxi** nach einem Taxi telefonieren

telephone: ~ **'answering machine** n. Anrufbeantworter, der; ~ **'banking** n. Telefonbanking, das; ~ **book** n. Telefonbuch, das; ~ **booth**, (BrE) ~ **box** ns. Telefonzelle, die; ~ **call** n. Telefongespräch, das; ~ **connection** n. Telefonverbindung, die; ~ **directory** n. Telefonverzeichnis, das; ~ **exchange** n. Fernmeldeamt, das; ~ **number** n. Telefonnummer, die; ~ **operator** n. Telefonist, der/Telefonistin, die

telephonist /tɪ'lefənɪst/ n. Telefonist, der/ Telefonistin, die

telephoto 'lens /telɪ'fəʊtəʊ/ n. Teleobjektiv, das

teleprinter /'telɪprɪntə(r)/ n. Fernschreiber, der

'telesales n. pl. Telefonverkauf, der; Verkauf per Telefon

telescope /'telɪskəʊp/ n. Teleskop, das; Fernrohr, das

telescopic /telɪ'skɒpɪk/ adj. (collapsible) ausziehbar; Teleskop<antenne>

Teletex® /'telɪteks/ n. Teletex, das

teletext /'telɪtekst/ n. Teletext, der

televise /'telɪvaɪz/ v.t. im Fernsehen senden od. übertragen

✧ **television** /'telɪvɪʒn, telɪ'vɪʒn/ n. **1** no art. das Fernsehen; **on** ~ im Fernsehen; **watch** ~ fernsehen

2 (~ set) Fernsehapparat, der; Fernseher,

der (ugs.)

television: ~ **aerial** n. Fernsehantenne, die; ~ **channel** n. [Fernseh]kanal, der; ~ **coverage** n. Fernsehberichterstattung, die; ~ **licence** n. (BrE) Fernsehgenehmigung, die (die jährlich gegen Zahlen der Gebühren erneuert wird); ~ **'licence fee** n. Fernsehgebühren Pl.; ~ **lounge** n. Fernsehraum, der; ~ **personality** n. Fernsehgröße, die (ugs.); ~ **picture** n. Fernsehbild, das; ~ **programme** n. Fernsehsendung, die; ~ **screen** n. Bildschirm, der; ~ **serial** n. Fernsehserie, die; ~ **set** n. Fernsehgerät, das; ~ **studio** n. Fernsehstudio, das; ~ **viewer** n. Fernsehzuschauer, der/-zuschauerin, die

teleworking /'telɪwɜːkɪŋ/ n. Telearbeit, die

telex /'teleks/ **A** n. Telex, das

B v.t. ein Telex schicken (+ Dat.); telexen <Nachricht>

✧ **tell** /tel/ **A** v.t., **told** /təʊld/ **1** (relate) erzählen; (make known) sagen <Name, Adresse>; anvertrauen <Geheimnis>; ~ **sb sth** or **sth to sb** jmdm. etw. erzählen/sagen/anvertrauen; ~ **sb the way to the station** jmdm. den Weg zum Bahnhof beschreiben; ~ **sb the time** jmdm. die Uhrzeit sagen; ~ **tales** (lie) Lügengeschichten erzählen; (gossip) tratschen (ugs.)

2 (instruct) sagen; ~ **sb [not] to do sth** jmdm. sagen, er soll[e] etw. [nicht] tun

3 (determine) feststellen; (see, recognize) erkennen (**by** an + Dat.); (with reference to the future) [vorher]sagen

4 (distinguish) unterscheiden

5 all told insgesamt

B v.i., **told 1** (determine) **how can you** ~? wie kann man das feststellen od. wissen?; **you never can** ~ man kann nie wissen

2 (give information) erzählen (**of, about** von)

3 (reveal secret) es verraten; **time will** ~ das wird sich zeigen

4 (produce an effect) sich auswirken

■ ~ **a'part** v.t. auseinander halten

■ ~ **'off** v.t. (infml) ~ **sb off [for sth]** jmdn. [für od. wegen etw.] ausschimpfen

teller /'telə(r)/ n. **1** (in bank) ▶ **cashier**
2 (counting votes) Stimmenzähler, der/-zählerin, die

telly /'telɪ/ n. (BrE) (infml) Fernseher, der (ugs.); **on** ~ im Fernsehen; **watch** ~ Fernsehen gucken (ugs.)

temp /temp/ n. (BrE) (infml) Zeitarbeitskraft, die

temper /'tempə(r)/ **A** n. **1** Naturell, das; **be in a good/bad** ~ gute/schlechte Laune haben; **keep/lose one's** ~ sich beherrschen/ die Beherrschung verlieren

2 (anger) fit of ~ Wutanfall, der; **have a** ~ jähzornig sein

B v.t. mäßigen; mildern <Kritik>

temperament /'temprəmənt/ n. (nature) Veranlagung, die; Natur, die; (disposition) Temperament, das

temperamental /temprə'mentl/ *adj.*
launenhaft

temperate /'tempərət/ *adj.* gemäßigt

✍ **temperature** /'temprɪtʃə(r)/ *n.* Temperatur,
die; **have** *or* **run a** ∼ (infml) Temperatur *od.*
Fieber haben

template /'templɪt/ *n.* **1** Schablone, *die*
2 (Comp.) Schablone, *die*; Template, *das*

temple¹ /'templ/ *n.* Tempel, *der*

temple² *n.* (Anat.) Schläfe, *die*

tempo /'tempəʊ/ *n., pl.* ∼**s** *or* **tempi**
/'tempi:/ Tempo, *das*

temporarily /'tempərərɪlɪ/ *adv.*
vorübergehend

temporary /'tempərərɪ/ **A** *adj.*
vorübergehend; provisorisch <*Gebäude,
Büro*>
B *n.* Aushilfe, *die*; Aushilfskraft, *die*

temporary 'job *n.* Aushilfstätigkeit, *die*

tempt /tempt/ *v.t.* **1** ∼ **sb to do sth** jmdn.
geneigt machen, etw. zu tun; **be** ∼**ed to
do sth** versucht sein, etw. zu tun; ∼ **sb out**
jmdn. hinauslocken
2 (provoke) herausfordern; ∼ **fate** das
Schicksal herausfordern

temptation /temp'teɪʃn/ *n.* **1** *no pl.*
(attracting) Verlockung, *die*; (being attracted)
Versuchung, *die*
2 (thing) Verlockung, *die*

'tempting *adj.* verlockend

✍ **ten** /ten/ **A** *adj.* zehn
B *n.* Zehn, *die*; *see also* **eight**

tenable /'tenəbl/ *adj.* haltbar <*Theorie*>;
vertretbar <*Standpunkt*>

tenacious /tɪ'neɪʃəs/ *adj.* hartnäckig

tenacity /tɪ'næsɪtɪ/ *n.* Hartnäckigkeit, *die*

tenant /'tenənt/ *n.* (of flat, residential building)
Mieter, *der*/Mieterin, *die*; (of farm, shop)
Pächter, *der*/Pächterin, *die*

✍ **tend¹** /tend/ *v.i.* ∼ **to do sth** dazu neigen
od. tendieren, etw. zu tun; ∼ **to sth** zu etw.
neigen; **he** ∼**s to get upset if** ... er regt sich
leicht auf, wenn ...

✍ **tend²** *v.t.* sich kümmern um; hüten <*Schafe*>;
bedienen <*Maschine*>

tendency /'tendənsɪ/ *n.* (inclination) Tendenz,
die; **have a** ∼ **to do sth** dazu neigen, etw.
zu tun

tender¹ /'tendə(r)/ *adj.* **1** (not tough) zart
2 (loving) zärtlich
3 (sensitive) empfindlich

tender² **A** *v.t.* **1** (present) einreichen
<*Rücktritt*>; vorbringen <*Entschuldigung*>
2 (offer as payment) anbieten
B *n.* Angebot, *das*

'tenderly *adv.* (gently) behutsam; (lovingly)
zärtlich

'tenderness *n.* ▶ **tender¹** Zartheit, *die*;
Zärtlichkeit, *die*; Empfindlichkeit, *die*

tendon /'tendən/ *n.* (Anat.) Sehne, *die*

✍ Schlüsselwort

tenement /'tenɪmənt/ *n.* Mietshaus, *das*

tenet /'tenɪt/ *n.* Grundsatz, *der*

tenner /'tenə(r)/ *n.* (BrE) (infml)
Zehnpfundschein, *der*

tennis /'tenɪs/ *n.* Tennis, *das*

tennis: ∼ **ball** *n.* Tennisball, *der*; ∼
club *n.* Tennisverein, *der*; ∼ **court**
n. (for lawn ∼) Tennisplatz, *der*; (indoor)
Tennishalle, *die*; ∼ **'elbow** *n., no art.*
(Med.) Tennisell[en]bogen, *der*; ∼ **match**
n. Tennismatch, *das*; Tennisspiel, *das*; ∼
racket *n.* Tennisschläger, *der*; ∼ **shoe** *n.*
Tennisschuh, *der*

tenor /'tenə(r)/ *n.* (Mus.) Tenor, *der*

tense¹ /tens/ *n.* (Ling.) Zeit, *die*; **in the
present/future** *etc.* ∼ im Präsens/Futur *usw.*

tense² **A** *adj.* gespannt
B *v.i.* **sb** ∼**s** jmds. Muskeln spannen sich an
C *v.t.* anspannen

✍ **tension** /'tenʃn/ *n.* **1** Spannung, *die*
2 (mental strain) Anspannung, *die*

tent /tent/ *n.* Zelt, *das*

tentacle /'tentəkl/ *n.* Tentakel, *der od. das*

tentative /'tentətɪv/ *adj.* **1** (not definite)
vorläufig
2 (hesitant) zaghaft

tenterhooks /'tentəhʊks/ *n. pl.* **be on** ∼
[wie] auf glühenden Kohlen sitzen

tenth /tenθ/ **A** *adj.* zehnt...
B *n.* (in sequence, rank) Zehnte, *der/die/das*;
(fraction) Zehntel, *das*; *see also* **eight**

tent: ∼ **peg** *n.* Zeltpflock, *der*; ∼ **pole** *n.*
Zeltstange, *die*

tenuous /'tenjʊəs/ *adj.* dünn <*Atmosphäre*>;
dürftig <*Argument*>; unbegründet
<*Anspruch*>

tepid /'tepɪd/ *adj.* lauwarm

✍ **term** /tɜːm/ **A** *n.* **1** [Fach]begriff, *der*
2 *in pl.* (conditions) Bedingungen *Pl.*; **come to**
∼**s with sth** mit etw. zurechtkommen; (resign
oneself to sth) sich mit etw. abfinden
3 *in pl.* (charges) Konditionen *Pl.*
4 **in the short/long/medium** ∼ kurz-/lang-/
mittelfristig
5 (Sch.) Halbjahr, *das*; (Univ.) (one of two/three
divisions per year) Semester, *das*/Trimester, *das*
6 (limited period) Zeitraum, *der*; ∼ **[of office]**
Amtszeit, *die*
7 *in pl.* (mode of expression) Worte *Pl.*
8 *in pl.* (relations) **be on good/bad** ∼**s with
sb** mit jmdm. auf gutem/schlechtem Fuß
stehen
B *v.t.* nennen

terminal /'tɜːmɪnl/ **A** *n.* **1** (for train or bus)
Bahnhof, *der*; (for airline passengers) Terminal,
der od. das
2 (Teleph., Comp.) Terminal, *das*
B *adj.* (Med.) unheilbar

terminally /'tɜːmɪnəlɪ/ *adv.* ∼ **ill** unheilbar
krank

terminate /'tɜːmɪneɪt/ *v.t.* **1** beenden; lösen
<*Vertrag*>

2 (Med.) unterbrechen ‹Schwangerschaft›

termination /tɜːmɪˈneɪʃn/ n. **1** no pl. Beendigung, die; (of lease) Ablauf, der
2 (Med.) Schwangerschaftsabbruch, der

termini pl. of **terminus**

terminology /tɜːmɪˈnɒlədʒɪ/ n. Terminologie, die

terminus /ˈtɜːmɪnəs/ n., pl. **~es** or **termini** /ˈtɜːmɪnaɪ/ Endstation, die

terrace /ˈterəs, ˈterɪs/ n. Terrasse, die; (row of houses) Häuserreihe, die

terraced house /ˈterəst haʊs, ˈterɪst haʊs/ n. Reihenhaus, das

terracotta /terəˈkɒtə/ n., no indef. art. Terrakotta, die

terrain /teˈreɪn/ n. Gelände, das

terrestrial /təˈrestrɪəl/ adj. terrestrisch ‹Raumschiff, Fernsehen, Bevölkerung›; Erd‹satellit, -bevölkerung›

terrible /ˈterɪbl/ adj. **1** (infml) (very great or bad) schrecklich (ugs.)
2 (infml) (incompetent) schlecht
3 (causing terror) furchtbar

terribly /ˈterɪblɪ/ adv. **1** (infml) (very) unheimlich (ugs.)
2 (infml) (appallingly) furchtbar (ugs.)
3 (infml) (incompetently) schlecht
4 (fearfully) auf erschreckende Weise

terrier /ˈterɪə(r)/ n. Terrier, der

terrific /təˈrɪfɪk/ adj. (infml) **1** (great, intense) irrsinnig (ugs.)
2 (magnificent) sagenhaft (ugs.)
3 (highly expert) klasse (ugs.)

terrify /ˈterɪfaɪ/ v.t. **1** Angst machen (+ Dat.); **be terrified that …** Angst haben, dass …
2 (scare) Angst einjagen (+ Dat.)

'terrifying adj. entsetzlich ‹Erlebnis, Buch›; Furcht erregend ‹Anblick›; beängstigend ‹Geschwindigkeit›

terrine /təˈriːn/ n. **1** (dish) Steinguttopf, der
2 (Gastr.) Terrine, die

territorial /terɪˈtɔːrɪəl/ adj. territorial; Gebiets‹anspruch usw.›

ᐟ **territory** /ˈterɪtrɪ/ n. Gebiet, das

terror /ˈterə(r)/ n. [panische] Angst; Schrecken, der

ᐟ **terrorism** /ˈterərɪzm/ n. Terrorismus, der; (terrorist acts) Terror, der

ᐟ **'terrorist** n. Terrorist, der/Terroristin, die; attrib. Terror‹gruppe, -organisation, -angriff, -netzwerk, -zelle›

terrorize /ˈterəraɪz/ v.t. **1** (frighten) in [Angst und] Schrecken versetzen
2 (coerce) terrorisieren

terse /tɜːs/ adj. **1** (concise) kurz und bündig
2 (curt) knapp

ᐟ **test** /test/ **A** n. **1** (Sch.) Klassenarbeit, die; (Univ.) Klausur, die; **put sb/sth to the ~** jmdn./etw. erproben
2 (analysis) Test, der
B v.t. untersuchen ‹Wasser, Augen›; testen ‹Gehör, Augen›; prüfen ‹Schüler›; **~ sb for**

Aids jmdn. auf Aids untersuchen
■ **'~ out** v.t. ausprobieren ‹Produkte› (on an + Dat.); erproben ‹Theorie, Idee›

Testament /ˈtestəmənt/ n. **Old/New ~** (Bibl.) Altes/Neues Testament

test: ~ ban n. Atom[waffen]teststopp, der; **~ ban treaty** n. [Atom]teststopp-Abkommen, das; **~ drive** n. Probefahrt, die; **~-drive** v.t. Probe fahren

testicle /ˈtestɪkl/ n. Testikel, der (fachspr.); Hoden, der

testicular /tesˈtɪkjʊlə(r)/ adj. testikulär (fachspr.); Hoden‹krebs, -tumor›

testify /ˈtestɪfaɪ/ **A** v.i. **1** **~ to sth** etw. bezeugen
2 (Law) **~ against sb** gegen jmdn. aussagen
B v.t. bestätigen

testimonial /testɪˈməʊnɪəl/ n. Zeugnis, das; Referenz, die

testimony /ˈtestɪmənɪ/ n. Aussage, die

test: ~ pilot n. Testpilot, der/-pilotin, die; **~ tube** n. Reagenzglas, das; **~-tube baby** n. (infml) Retortenbaby, das (ugs.)

testy /ˈtestɪ/ adj. leicht reizbar ‹Person›; gereizt ‹Antwort›

tetanus /ˈtetənəs/ n. Tetanus, der

tetchy /ˈtetʃɪ/ adj. leicht reizbar; gereizt

tether /ˈteðə(r)/ **A** n. **be at the end of one's ~** am Ende [seiner Kraft] sein
B v.t. anbinden (to an + Dat. od. Akk.)

ᐟ **text** /tekst/ **A** n. Text, der
B v.t. **~ sb** jmdm. eine [Text]nachricht schicken
C v.i. eine Textnachricht [ver]schicken; (to mobile phone) eine SMS [ver]schicken; simsen (ugs.)

text: ~book n. Lehrbuch, das; **~book case** Paradefall, der; **~ file** n. (Comp.) Textdatei, die

textile /ˈtekstaɪl/ n. Stoff, der; **~s** Textilien Pl.

'textphone n. Texttelefon, das

'text processing n. (Comp.) Textverarbeitung, die

texture /ˈtekstʃə(r)/ n. Beschaffenheit, die; (of fabric) Struktur, die

Thai /taɪ/ **A** adj. thailändisch; **sb is ~** jmd. ist Thai
B n. **1** pl. same or **~s** Thai, der/die
2 (language) Thai, das

Thailand /ˈtaɪlænd/ pr. n. Thailand (das)

Thames /temz/ pr. n. Themse, die

ᐟ **than** /ðən, stressed ðæn/ conj. als; **I know you better ~ [I do]** him ich kenne dich besser als ihn

ᐟ **thank** /θæŋk/ v.t. **~ sb [for sth]** jmdm. [für etw.] danken; **~ God** or **goodness** or **heaven[s]** Gott sei Dank; **[I] ~ you** danke; **no, ~ you** nein, danke; **yes, ~ you** ja, bitte; **~ you very much** vielen herzlichen Dank

thankful /ˈθæŋkfl/ adj. dankbar

thankfully /ˈθæŋkfəlɪ/ adv. **1** (gratefully) dankbar

t

2 (as sentence-modifier) (fortunately)
glücklicherweise

'thankless adj. undankbar

✐ **thanks** /θæŋks/ n., pl. **1** (gratitude) Dank, der;
~ **to** (with the help of) dank; (on account of the bad
influence of) wegen

2 (formula expr. gratitude) danke; **no, ~** nein,
danke; **yes, ~** ja, bitte; **many ~** (infml) vielen
Dank

thanksgiving /'θæŋksɡɪvɪŋ/ n. T~ **[Day]**
(AmE) [amerikanisches] Erntedankfest;
Thanksgiving Day, der

'thank-you n. (infml) Dankeschön, das

✐ **that** Ⓐ /ðæt/ adj., pl. **those** /ðəʊz/ **1** dieser/
diese/dieses

Ⓑ /ðæt/ pron., pl. **those 1** der/die/das; **what
bird is ~?** was für ein Vogel ist das?; **like ~**
so; **[just] like ~** (without effort, thought) einfach
so; **~'s right!** gut od. recht so; (iron.) nur so
weiter!; **~ will do** das reicht

2 (BrE) **who is ~?** wer ist da?; (on telephone)
wer ist am Apparat?

Ⓒ /ðət/ rel. pron., pl. **same** der/die/das;
everyone ~ I know jeder, den ich kenne;
this is all [the money] ~ I have das ist alles
[Geld], was ich habe

Ⓓ /ðæt/ adv. (infml) so

Ⓔ /ðət/ rel. adv. der/die/das; **the day ~ I first
met her** der Tag, an dem ich sie zum ersten
Mal sah

Ⓕ /ðət, stressed ðæt/ conj. dass; **[in order] ~**
damit

thatch /θætʃ/ n. (of straw) Strohdach,
das; (of reeds) Schilfdach, das; (roofing)
Dachbedeckung, die

thatched /θætʃt/ adj. stroh-/schilfgedeckt

thaw /θɔː/ Ⓐ n. Tauwetter, das

Ⓑ v.i. **1** tauen

2 (melt) auftauen

Ⓒ v.t. auftauen

■ **~ 'out** ▶ thaw B, C

✐ **the** /before vowel ðɪ, before consonant ðə,
when stressed ðiː/ Ⓐ def. art. der/die/das

Ⓑ adv. **~ more I practise ~ better I play** je
mehr ich übe, desto od. umso besser spiele
ich; **so much ~ worse for sb/sth** umso
schlimmer für jmdn./etw.

✐ **theatre** (AmE: **theater**) /'θɪətə(r)/ n.

1 Theater, das

2 (lecture ~) Hörsaal, der

3 (BrE) (Med.) ▶ **operating theatre**

theatrical /θɪˈætrɪkl/ adj. **1** schauspielerisch

2 (showy) theatralisch

theft /θeft/ n. Diebstahl, der

✐ **their** /ðeə(r)/ poss. pron. attrib. ihr

theirs /ðeəz/ poss. pron. pred. ihrer/ihre/ihres

✐ **them** /ðəm, stressed ðem/ pron. sie; (as indirect
object) ihnen; see also **her**¹

✐ **theme** /θiːm/ n. Thema, das

theme: ~ music n. Titelmelodie, die; ~

park n.: Freizeitpark, dessen Attraktionen
und Einrichtungen auf ein bestimmtes Thema
bezogen sind; **~ song** n. Erkennungssong,
der; **~ tune** n. Erkennungsmelodie, die

✐ **themselves** /ðəmˈselvz/ pron. **1** emphat.
selbst

2 refl. sich ‹waschen usw.›; sich selbst ‹die
Schuld geben, regieren›. See also **herself**

✐ **then** /ðen/ Ⓐ adv. **1** (at that time) damals; **~
and there** auf der Stelle

2 (after that) dann; **~ [again]** (and also)
außerdem; **but ~** (after all) aber schließlich

3 (in that case) dann; **but ~ again** aber
andererseits

Ⓑ n. **before ~** vorher; davor; **from ~ on** von
da an; **since ~** seitdem

Ⓒ adj. damalig

theological /θiːəˈlɒdʒɪkl/ adj. theologisch;
Theologie‹student›

theology /θɪˈɒlədʒɪ/ n. Theologie, die

theoretical /θɪəˈretɪkl/ adj. theoretisch

✐ **theory** /'θɪərɪ/ n. Theorie, die; **in ~** theoretisch

therapeutic /θerəˈpjuːtɪk/ adj. therapeutisch

therapist /'θerəpɪst/ n. Therapeut, der/
Therapeutin, die

✐ **therapy** /'θerəpɪ/ n. Therapie, die

✐ **there** /ðeə(r)/ Ⓐ adv. **1** (in/at that place) da;
dort; (fairly close) da; **be down/in/up ~** da
unten/(drin/oben sein

2 (calling attention) **hello** or **hi ~!** hallo!; **you
~!** Sie da!

3 (in that respect) da; **so ~** und damit basta
(ugs.)

4 (to that place) dahin, dorthin ‹gehen, fahren,
rücken›; **down/up ~** dort hinunter/hinauf

5 /ðə(r), stressed ðeə(r)/ **was ~ anything in
it?** war da irgendwas drin?; **~ was once** es
war einmal; **~ is enough food** es gibt genug
zu essen

Ⓑ int. **~, ~,** na, na (ugs.); **~ [you are]!** da,
siehst du!

Ⓒ n. da; dort; **near ~** da od. dort in der Nähe

thereabouts /'ðeərəbaʊts/ adv. **1** da [in der
Nähe]

2 (near that number) ungefähr

✐ **therefore** /'ðeəfɔː(r)/ adv. deshalb; also

thermal /'θɜːml/ adj. thermisch

thermal: ~ 'imaging /θɜːml 'ɪmɪdʒɪŋ/ n.
Thermographie, die; **~ 'underwear** n.
kälteisolierende Unterwäsche

thermometer /θəˈmɒmɪtə(r)/ n.
Thermometer, das

thermos® /'θɜːməs/ n. **~ [flask/jug/bottle]**
Thermosflasche®, die

thermostat /'θɜːməstæt/ n. Thermostat, der

these pl. of **this**

thesis /'θiːsɪs/ n., pl. **theses** /'θiːsiːz/

1 (proposition) These, die

2 (dissertation) Dissertation, die (on über +
Akk.)

✐ **they** /ðeɪ/ pron. **1** sie

2 (people in general) man

✐ Schlüsselwort

t

they'd /ðeɪd/ (infml) **1** = **they had** ▶ have
2 = **they would** ▶ will¹
they'll /ðeɪl/ (infml) = **they will**
they're /ðeə(r)/ (infml) = **they are** ▶ be
they've /ðeɪv/ (infml) = **they have**
thick /θɪk/ **A** *adj.* **1** dick; **a rope two inches
~, a two-inch ~ rope** ein zwei Zoll starkes
od. dickes Seil
2 (dense) dicht <*Haar, Nebel, Wolken usw.*>
3 (filled) **~ with** voll von
4 dickflüssig <*Sahne*>; dick <*Suppe, Schlamm,
Kleister*>
5 (stupid) dumm
B *n.* **in the ~ of** mitten in (+ *Dat.*)
thick ˈ**ear** *n.* **give sb a ~** (BrE) (infml) jmdm.
ein paar hinter die Ohren geben (ugs.)
thicken /ˈθɪkn/ **A** *v.t.* dicker machen;
eindicken <*Sauce*>
B *v.i.* **1** dicker werden
2 <*Nebel:*> dichter werden
3 **the plot ~s** die Sache wird kompliziert
ˈ**thickly** *adv.* **1** (in a thick layer) dick
2 (densely) dicht
ˈ**thickness** *n.* **1** Dicke, *die*; **be two metres in
~ thickness** zwei Meter dick sein
2 (denseness) Dichte, *die*
thick: ~set *adj.* gedrungen; **~-skinned** *adj.*
(fig.) dickfellig (ugs.)
thief /θiːf/ *n., pl.* **thieves** /θiːvz/ Dieb, *der/*
Diebin, *die*
thieve /θiːv/ *v.i.* stehlen
thieves *pl. of* thief
thigh /θaɪ/ *n.* Oberschenkel, *der*
thimble /ˈθɪmbl/ *n.* Fingerhut, *der*
thin /θɪn/ **A** *adj.* **1** dünn; **a tall, ~ man** ein
großer, hagerer Mann
2 (sparse) dünn, schütter <*Haar*>
B *adv.* dünn
C *v.t.,* **-nn- 1** dünner machen
2 (dilute) verdünnen
■ **~** ˈ**out** *v.i.* <*Menschenmenge:*> sich verlaufen;
<*Verkehr:*> abnehmen
ˢ⸳ **thing** /θɪŋ/ *n.* **1** Sache, *die*; Ding, *das*; **what's
that ~ in your hand?** was hast du da in der
Hand?; **be a rare ~** etwas Seltenes sein
2 (action) **it was the right ~ to do** es war das
einzig Richtige; **that was a foolish/friendly
~ to do** das war eine große Dummheit/das
war sehr freundlich
3 (fact) [Tat]sache, *die*; **it's a strange ~ that ...**
es ist seltsam, dass ...; **the best/worst ~
about her** das Beste/Schlimmste an ihr
4 (idea) **say the first ~ that comes into
one's head** das sagen, was einem gerade so
einfällt; **what a ~ to say!** wie kann man nur
so etwas sagen!
5 (task) **she has a reputation for getting ~s
done** sie ist für ihre Tatkraft bekannt; **a big
~ to undertake** ein großes Unterfangen
6 (affair) Sache, *die*; Angelegenheit, *die*
7 (circumstance) **take ~s too seriously** alles zu
ernst nehmen; **how are ~s?** wie gehts [dir]?
8 (individual, creature) Ding, *das*

9 *in pl.* (personal belongings, clothes) Sachen *Pl.*
10 (product of work) Sache, *die*; **the latest ~**
der letzte Schrei
11 (what is important or proper) das Richtige; **the
~ is ...** (question) die Frage ist ...
thingamy /ˈθɪŋəmɪ/, **thingumabob**
/ˈθɪŋəməbɒb/, **thingumajig** /ˈθɪŋəmədʒɪg/,
thingummy /ˈθɪŋəmɪ/, **thingy** /ˈθɪŋɪ/
ns. (infml) Dings, *der/die/das* (salopp);
Dingsbums, *der/die/das* (ugs.)
ˢ⸳ **think** /θɪŋk/ **A** *v.t.,* **thought** /θɔːt/
1 (consider) meinen; **we ~ [that] he will come**
wir denken *od.* glauben, dass er kommt;
what do you ~? was meinst du? **do you
really ~ so?** findest du wirklich?; **what do
you ~ of him/it?** was hältst du von ihm/
davon?; **..., don't you ~?** ... , findest *od.*
meinst du nicht auch?; **I ~ so/not** ich glaube
schon/nicht; **I ~ I'll try** ich glaube, ich werde
es versuchen
2 (imagine) sich (*Dat.*) vorstellen
B *v.i.,* **thought** [nach]denken; **I need time
to ~** ich muss es mir erst überlegen; **I've
been ~ing** ich habe nachgedacht; **~ twice** es
sich (*Dat.*) zweimal überlegen
■ **~ of** *v.t.* **1** denken an (+ *Akk.*); **he ~s of
everything** er denkt reich an alles
2 (have as idea) **we'll ~ of something** wir
werden uns etwas einfallen lassen; **can you
~ of anyone who ...?** fällt dir jemand ein,
der ...?
3 (remember) sich erinnern an (+ *Akk.*); **I just
can't ~ of her name** ich komme einfach
nicht auf ihren Namen
4 **~ little/nothing of sb/sth** (consider
contemptible) wenig/nichts von jmdm./etw.
halten; **not ~ much of sb/sth** nicht viel von
jmdm./etw. halten
■ **~** ˈ**over** *v.t.* sich (*Dat.*) überlegen
■ **~** ˈ**through** *v.t.* [gründlich] durchdenken
■ **~** ˈ**up** *v.t.* (infml) sich (*Dat.*) ausdenken
ˈ**thinker** *n.* Denker, *der/*Denkerin, *die*
ˈ**think tank** *n.* Beraterstab, *der*
ˈ**thin-skinned** *adj.* (fig.) empfindlich;
dünnhäutig (geh.)
ˢ⸳ **third** /θɜːd/ **A** *adj.* dritt...
B *n.* (in sequence, rank) Dritte, *der/die/das*;
(fraction) Drittel, *das*; *see also* eighth
ˈ**thirdly** *adv.* drittens
third: ~ ˈ**party** *n., attrib.* **~-party insurance**
Haftpflichtversicherung, *die*; **~-rate** *adj.*
drittklassig; **T~** ˈ**World** *n.* Dritte Welt;
countries of the T~ World, T~ World countries
Länder der Dritten Welt
thirst /θɜːst/ **A** *n.* Durst, *der*; **die of ~**
verdursten
B *v.i.* **~ for revenge/knowledge** nach Rache/
Wissen dürsten (geh.)
ˈ**thirsty** *adj.* durstig; **be ~** Durst haben
thirteen /θɜːˈtiːn/ **A** *adj.* dreizehn
B *n.* Dreizehn, *die; see also* eight
thirteenth /θɜːˈtiːnθ/ *adj.* dreizehnt...; *see
also* eighth

t

thirtieth /'θɜ:tɪɪθ/ **A** *adj.* dreißigst...
B *n.* (fraction) Dreißigstel, *das*; *see also* eighth

thirty /'θɜ:tɪ/ **A** *adj.* dreißig
B *n.* Dreißig, *die*; *see also* eight, eighty B

'**thirty-something** **A** *adj.* be ~ in den Dreißigern sein
B *n.* Dreißiger, *der*/Dreißigerin, *die*

♂ **this** /ðɪs/ **A** *adj.*, *pl.* **these** /ði:z/ dieser/diese/dieses; (with less emphasis) der/die/das; at ~ time zu dieser Zeit; by ~ time inzwischen; mittlerweile; these days heut[zutag]e; before ~ time vorher; zuvor; all ~ week die[se] ganze Woche; ~ morning/evening *etc.* heute Morgen/Abend *usw.*; these last three weeks die letzten drei Wochen; ~ Monday (to come) nächsten Montag
B *pron.*, *pl.* **these 1** what's ~? was ist [denn] das?; fold it like ~ falte es so!
2 (the present) before ~ bis jetzt
3 (BrE) (Teleph.) (person speaking) ~ is Andy hier [spricht *od.* ist] Andy; (AmE) (Teleph.) who did you say ~ was? wer ist am Apparat?
4 ~ and that dies und das

thistle /'θɪsl/ *n.* Distel, *die*

thorn /θɔ:n/ *n.* **1** (part of plant) Dorn, *der*
2 (plant) Dornenstrauch, *der*

'**thorny** *adj.* **1** dornig
2 (fig.) heikel

thorough /'θʌrə/ *adj.* gründlich

thorough: ~**bred** *n.* reinrassiges Tier; (horse) Rassepferd, *das*; ~**fare** *n.* Durchfahrtsstraße, *die*; 'no ~fare' „Durchfahrt verboten"; (on foot) „kein Durchgang"

'**thoroughly** *adv.* gründlich <*untersuchen*>; gehörig <*erschöpft*>; so richtig <*genießen*>; zutiefst <*beschämt*>; total <*verdorben, verwöhnt*>; be ~ fed up with sth (infml) von etw. die Nase gestrichen voll haben (ugs.)

'**thoroughness** *n.* Gründlichkeit, *die*

those ▸ that A, B

♂ **though** /ðəʊ/ **A** *conj.* **1** (despite the fact that) obwohl; late ~ it was obwohl es so spät war; the car, ~ powerful, is also economical der Wagen ist zwar stark, aber [zugleich] auch wirtschaftlich
2 (but nevertheless) aber; a slow ~ certain method eine langsame, aber *od.* wenn auch sichere Methode
3 (even if) [even] ~ auch wenn
4 (and yet) ~ you never know obwohl man nie weiß
B *adv.* (infml) trotzdem

♂ **thought** /θɔ:t/ **A** ▸ think
B *n.* **1** no pl. Denken, *das*
2 no pl., no art. (reflection) Überlegung, *die*; Nachdenken, *das*
3 (consideration) Rücksicht, *die* (for auf + *Akk.*)
4 (idea, conception) Gedanke, *der*; it's the ~ that counts der gute Wille zählt; give up all

~[s] of sth sich (*Dat.*) etw. aus dem Kopf schlagen

thoughtful /'θɔ:tfl/ *adj.* **1** nachdenklich
2 (considerate) rücksichtsvoll; (helpful) aufmerksam

'**thoughtfully** *adv.* **1** nachdenklich
2 (considerately) rücksichtsvollerweise

'**thoughtless** *adj.* **1** gedankenlos
2 (inconsiderate) rücksichtslos

'**thoughtlessly** *adv.* **1** gedankenlos
2 (inconsiderately) aus Rücksichtslosigkeit

thought: ~ **process** *n.* Denkprozess, *der*; ~**-provoking** *adj.* nachdenklich stimmend; be ~-provoking nachdenklich stimmen

♂ **thousand** /'θaʊznd/ **A** *adj.* **1** tausend; a *or* one ~ eintausend; two/several ~ zweitausend/mehrere tausend; a *or* one ~ and one [ein]tausend[und]eins
2 a ~ [and one] (fig.) (innumerable) tausend (ugs.)
B *n.* **1** (number) tausend; a *or* one/two ~ ein-/zweitausend
2 (written figure; group) Tausend, *das*
3 (indefinite amount) ~s tausende

thousandth /'θaʊzndθ/ **A** *adj.* tausendst...
B *n.* (fraction) Tausendstel, *das*; (in sequence) Tausendste, *der/die/das*

thrash /θræʃ/ *v.t.* **1** verprügeln
2 (defeat) vernichtend schlagen
■ ~ '**out** *v.t.* ausdiskutieren

thrashing /'θræʃɪŋ/ *n.* (beating) Prügel Pl.; give sb a ~ jmdm. eine Tracht Prügel verpassen (ugs.)

thread /θred/ **A** *n.* **1** Faden, *der*
2 (of screw) Gewinde, *das*
B *v.t.* **1** einfädeln; auffädeln <*Perlen*>
2 ~ one's way through sth sich durch etw. schlängeln

'**threadbare** *adj.* abgenutzt; abgetragen <*Kleidung*>; (fig.) abgedroschen <*Argument*>

♂ **threat** /θret/ *n.* Drohung, *die*

♂ **threaten** /'θretn/ *v.t.* **1** bedrohen; ~ sb with sth jmdm. etw. androhen
2 ~ to do sth damit drohen, etw. zu tun
3 drohen mit <*Gewalt, Rache usw.*>

threatening /'θretnɪŋ/ *adj.* drohend

♂ **three** /θri:/ **A** *adj.* drei
B *n.* Drei, *die*; *see also* eight

three: ~**-dimensional** /θri:dɪ'menʃənl/ *adj.* dreidimensional; ~**fold** *adj.*, *adv.* dreifach; a ~fold increase ein Anstieg auf das Dreifache; ~**-lane** *adj.* dreispurig; ~**-pin** ▸ pin A3; ~**-quarters** **A** *n.* drei Viertel *pl.* (of + *Gen.*); ~-quarters of an hour eine Dreiviertelstunde **B** *adv.* drei viertel <*voll*>; ~**some** /'θri:səm/ *n.* Dreigespann, *das*; Trio, *das*

thresh /θreʃ/ *v.t.* dreschen

threshold /'θreʃəʊld/ *n.* Schwelle, *die*

threw ▸ throw A

thrift /θrɪft/ *n.* Sparsamkeit, *die*

'**thrifty** *adj.* sparsam

♂ Schlüsselwort

t

thrill /θrɪl/ **A** *v.t.* **1** (excite) faszinieren **2** (delight) begeistern
B *n.* **1** Erregung, *die*
2 (exciting experience) aufregendes Erlebnis

'**thriller** *n.* Thriller, *der*

'**thrilling** *adj.* aufregend; spannend ‹*Buch, Film*›

thrive /θraɪv/ *v.i.*, ~**d** *or* **throve** /θrəʊv/, ~**d** *or* ~**n** /'θrɪvn/ **1** ‹*Pflanze:*› wachsen und gedeihen
2 (prosper) aufblühen (**on** bei)

throat /θrəʊt/ *n.* Hals, *der*; (esp. inside) Kehle, *die*; **a [sore]** ~ Halsschmerzen *Pl.*

throb /θrɒb/ **A** *v.i.*, **-bb-** pochen; ‹*Motor:*› dröhnen
B *n.* Pochen, *das*; (of engine) Dröhnen, *das*

throes /θrəʊz/ *n. pl.* Qual, *die*; **be in the** ~ **of** **sth** (fig.) mitten in etw. (*Dat.*) stecken (ugs.)

thrombosis /θrɒm'bəʊsɪs/ *n., pl.* **thromboses** /θrɒm'bəʊsiːz/ Thrombose, *die*

throne /θrəʊn/ *n.* Thron, *der*

throng /θrɒŋ/ *n.* [Menschen]menge, *die*

throttle /'θrɒtl/ *v.t.* erdrosseln

⚡ **through** /θruː/ **A** *prep.* **1** durch
2 (AmE) (up to and including) bis [einschließlich]
3 (by reason of) durch; infolge von ‹*Vernachlässigung, Einflüssen*›
B *adv.* **1 let sb** ~ jmdn. durchlassen
2 (Teleph.) **be** ~ durch sein (ugs.); **be** ~ **to sb** mit jmdm. verbunden sein
C *attrib. adj.* durchgehend ‹*Zug*›

⚡ **through'out** **A** *prep.* ~ **the war/period** den ganzen Krieg/die ganze Zeit hindurch; ~ **the country** im ganzen Land
B *adv.* (entirely) ganz; (always) stets; die ganze Zeit [hindurch]

throve ▸ **thrive**

⚡ **throw** /θrəʊ/ **A** *v.t.*, **threw** /θruː/, **thrown** /θrəʊn/ **1** werfen; ~ **sth to sb** jmdm. etw. zuwerfen; ~ **sth at sb** etw. nach jmdm. werfen
2 (bring to the ground) zu Boden werfen; abwerfen ‹*Reiter*›
3 (infml) (disconcert) ‹*Frage:*› aus der Fassung bringen
B *n.* Wurf, *der*
■ ~ **a'way** *v.t.* **1** wegwerfen
2 (lose by neglect) verschenken ‹*Vorteil, Spiel usw.*›
■ ~ **'up** **A** *v.t.* **1** hochwerfen ‹*Arme, Hände*›
2 (produce) hervorbringen ‹*Ideen usw.*›
B *v.i.* (infml: vomit) brechen (ugs.)

'**throwaway** *adj.* **1** Wegwerf-; Einweg-
2 beiläufig ‹*Bemerkung*›

thrown ▸ **throw A**

thrush /θrʌʃ/ *n.* (Ornith.) Drossel, *die*

thrust /θrʌst/ **A** *v.t.*, ~; stoßen; ~ **aside** (fig.) beiseite schieben
B *n.* Stoß, *der*

thud /θʌd/ *n.* dumpfer Schlag

thug /θʌg/ *n.* Schläger, *der*; **football** ~**s** Fußballrowdys *Pl.*

thuggish /'θʌgɪʃ/ *adj.* aggressiv ‹*Verhalten, Fußballfan*›

thumb /θʌm/ **A** *n.* Daumen, *der*; **get the** ~**s up** ‹*Person, Projekt:*› akzeptiert werden; **be under sb's** ~ unter jmds. Fuchtel stehen
B *v.t.* ~ **a lift** per Anhalter fahren
■ '~ **through** *v.t.* durchblättern

thumb: ~ **index** *n.* Daumenregister, *das*; ~**nail** *n.* Daumennagel, *der*; ~**tack** *n.* (AmE) Reißzwecke, *die*

thump /θʌmp/ **A** *v.t.* [mit Wucht] schlagen
B *v.i.* **1** hämmern (**at, on** gegen)
2 ‹*Herz:*› heftig pochen
C *n.* (blow) Schlag, *der*; (sound) Bums, *der* (ugs.); dumpfer Schlag

thunder /'θʌndə(r)/ **A** *n.* Donner, *der*
B *v.i.* donnern

thunder: ~**clap** *n.* Donnerschlag, *der*; ~**storm** *n.* Gewitter, *das*

thundery /'θʌndərɪ/ *adj.* gewittrig

Thurs. *abbr.* = **Thursday** Do.

⚡ **Thursday** /'θɜːzdeɪ, 'θɜːzdɪ/ *n.* Donnerstag, *der*; *see also* **Friday**

⚡ **thus** /ðʌs/ *adv.* so

thwart /θwɔːt/ *v.t.* durchkreuzen ‹*Pläne*›; vereiteln ‹*Versuch*›; ~ **sb** jmdm. einen Strich durch die Rechnung machen

thyme /taɪm/ *n.* Thymian, *der*

thyroid /'θaɪrɔɪd/ *n.* Schilddrüse, *die*

tiara /tɪ'ɑːrə/ *n.* Diadem, *das*

tick /tɪk/ **A** *v.i.* ticken
B *v.t.* **1** mit einem Häkchen versehen
2 ▸ **tick off 1**
C *n.* **1** (of clock etc.) Ticken, *das*
2 (mark) Häkchen, *das*
■ ~ **'off** *v.t.* **1** (cross off) abhaken
2 (infml) (reprimand) rüffeln (ugs.)

⚡ **ticket** /'tɪkɪt/ *n.* Karte, *die*; (for bus, train) Fahrschein, *der*; (for aeroplane) Flugschein, *der*; (for lottery, raffle) Los, *das*; (for library) Ausweis, *der*; **price** ~ Preisschild, *das*

ticket: ~ **agency** *n.* Kartenvorverkaufsstelle, *die*; ~ **agent** *n.* Inhaber/Inhaberin einer Kartenvorverkaufsstelle; ~ **collector** *n.* (on train) Schaffner, *der*/Schaffnerin, *die*; (on station) Fahrkartenkontrolleur, *der*/-kontrolleurin, *die*; ~ **dispenser** *n.* Kartenautomat, *der*; (for train etc.) Fahrschein- *od.* Fahrkartenautomat, *der*; ~ **holder** *n.* Besitzer/Besitzerin einer Eintrittskarte; ~ **machine** ▸ **ticket dispenser**; ~ **office** *n.* Fahrkartenschalter, *der*; (for advance booking) Kartenvorverkaufsstelle, *die*

tickle /'tɪkl/ *v.t. & i.* kitzeln

ticklish /'tɪklɪʃ/ *adj.* kitzlig

tidal /'taɪdl/ *adj.* Gezeiten-

'**tidal wave** *n.* Flutwelle, *die*

tiddlywinks /'tɪdlɪwɪŋks/ *n. sing.* (game) Flohhüpfen, *das*

tide /taɪd/ **A** *n.* Tide (nordd.); **high** ~ Flut, *die*; **low** ~ Ebbe, *die*; **the** ~**s** die Gezeiten; **the** ~ **is in/out** es ist Flut/Ebbe
B *v.t.* ~ **sb over** jmdm. über die Runden

t

helfen (ugs.)

tidiness /'taɪdɪnɪs/ n. Ordentlichkeit, die

tidy /'taɪdɪ/ **A** adj. ordentlich; aufgeräumt ‹Zimmer, Schreibtisch›

　B v.t. aufräumen; ~ oneself sich zurechtmachen

■ ~ 'up v.i. aufräumen

♂ **tie** /taɪ/ **A** v.t., **tying** /'taɪɪŋ/ binden (to an + Akk.) (into zu); ~ a knot einen Knoten machen; (Sport) ~ the match unentschieden spielen

　B v.i., **tying 1** (be fastened) it ~s at the back es wird hinten gebunden

　2 (have equal scores) ~ for second place mit gleicher Punktzahl den zweiten Platz erreichen

　C n. **1** Krawatte, die

　2 (bond) Band, das; (restriction) Bindung, die

　3 (equality of scores) Punktgleichheit, die

　4 (Sport) (match) Begegnung, die

■ ~ 'in v.i. ~ in with sth zu etw. passen

■ ~ 'up v.t. **1** festbinden; ~ up a parcel ein Paket verschnüren

　2 (keep busy) beschäftigen

tier /tɪə(r)/ n. **1** Rang, der

　2 (unit) Stufe, die

tiger /'taɪgə(r)/ n. Tiger, der

tiger e'conomy n. Tigerstaat, der

tight /taɪt/ **A** adj. **1** (firm) fest; fest angezogen ‹Schraube, Mutter›; fest sitzend ‹Deckel›

　2 (close-fitting) eng ‹Kleid, Schuh usw.›

　3 (impermeable) ~ seal/joint dichter Verschluss/dichte Fuge

　4 (taut) straff

　5 (difficult to negotiate) a ~ corner eine enge Kurve; be in a ~ corner (fig.) in der Klemme sein (ugs.)

　6 (strict) streng ‹Kontrolle, Disziplin›

　7 (infml) (stingy) knauserig (ugs.)

　8 (infml) (drunk) voll (salopp)

　B adv. fest; hold ~! halt dich fest!

　C n., in pl. **1** (BrE) [pair of] ~s Strumpfhose, die

　2 (of dancer etc.) Trikothose, die

tighten /'taɪtn/ **A** v.t. **1** [fest] anziehen ‹Knoten, Schraube›; straff ziehen ‹Seil›

　2 verschärfen ‹Kontrolle›

　B v.i. sich spannen

tight-fisted /taɪt'fɪstɪd/ adj. geizig

'**tightrope** n. Drahtseil, das

tile /taɪl/ **A** n. (on roof) Ziegel, der; (on floor) Fliese, die; (on wall) Kachel, die

　B v.t. [mit Ziegeln] decken ‹Dach›; fliesen ‹Fußboden›; kacheln ‹Wand›

till[1] /tɪl/ **A** prep. bis; (followed by article + noun) bis zu; not [...] ~ erst

　B conj. bis

till[2] n. Kasse, die

'**till receipt** n. Kassenzettel, der

tilt /tɪlt/ **A** v.i. kippen

　B v.t. kippen; neigen ‹Kopf›

♂ Schlüsselwort

　C n. **1** Schräglage, die; a 45° ~ eine Neigung von 45°

　2 [at] full ~ mit voller Wucht

timber /'tɪmbə(r)/ n. [Bau]holz, das

♂ **time** /taɪm/ **A** n. **1** Zeit, die; in [the course of] ~, as ~ goes on/went on mit der Zeit; im Laufe der Zeit; in ~, with ~ (sooner or later) mit der Zeit; in [good] ~ (not late) rechtzeitig; all the or this ~ die ganze Zeit; (without occasion) ständig; a short ~ ago vor kurzem; ~ off or out freie Zeit; in 'no ~ im Handumdrehen; in a week's/year's ~ in einer Woche/in einem Jahr; harvest/ Christmas ~ Ernte-/Weihnachtszeit, die; on ~ (punctually) pünktlich; ahead of ~ zu früh ‹ankommen›; vorzeitig ‹fertig werden›; have a good ~ sich amüsieren; Spaß haben (ugs.); have no ~ for sb/sth (fig.) für jmdn./etw. ist einem seine Zeit zu schade

　2 (occasion) Mal, das; for the first ~ zum ersten Mal; at ~s gelegentlich; ~ and again, ~ after ~ immer [und immer] wieder; at one ~, at [one and] the same ~ (simultaneously) gleichzeitig; one at a ~ einzeln; two at a ~ jeweils zwei

　3 (point in day etc.) [Uhr]zeit, die; tell the ~ die Uhr lesen; what ~ is it?, what is the ~? wie spät ist es?; by this/that ~ inzwischen; by the ~ [that] we arrived bis wir hinkamen; T~! (BrE) (in pub) Feierabend!; ~, [ladies and] gentlemen, please! wir machen Feierabend, meine [Damen und] Herren!

　4 (multiplication) mal; three ~s four drei mal vier

　5 (Mus.) Takt, der; in ~ im Takt

　B v.t. **1** zeitlich abstimmen; be well ~d zur richtigen Zeit kommen

　2 (set to operate at correct) ~) einstellen

　3 (measure ~ taken by) stoppen

time: ~ **bomb** n. Zeitbombe, die; ~-**consuming** adj. **1** (taking ~) zeitaufwendig

　2 (wasteful of ~) zeitraubend; ~ **lag** n. zeitliche Verzögerung

timeless /'taɪmlɪs/ adj. zeitlos

'**time limit** n. Frist, die

timely /'taɪmlɪ/ adj. rechtzeitig

time: ~**scale** n. Zeitskala, die; ~ **sheet** n. Stundenzettel, der; ~ **switch** n. Zeitschalter, der; ~ **table** n. **1** (scheme of work) Zeitplan, der; (Educ.) Stundenplan, der

　2 (Transport) Fahrplan, der; ~ **warp** n. Verwerfung im Raum-Zeit-Kontinuum; ~ **zone** n. Zeitzone, die

timid /'tɪmɪd/ adj. **1** scheu ‹Tier›

　2 zaghaft ‹Mensch›; (shy) schüchtern

timing /'taɪmɪŋ/ n. **1** that was perfect ~! du kommst gerade im richtigen Augenblick!

　2 (Theatre, Sport) Timing, das

tin /tɪn/ **A** n. **1** (metal) Zinn, das; ~[plate] Weißblech, das

　2 (BrE) (for preserving) [Konserven]dose, die

　B v.t., -nn- (BrE) zu Konserven verarbeiten

tin 'foil n. Stanniol, das; Alufolie, die

tinge /tɪndʒ/ **A** *v.t.*, ~**ing** /ˈtɪndʒɪŋ/ tönen
   B *n.* [leichte] Färbung; (fig.) Hauch, *der*

tingle /ˈtɪŋgl/ *v.i.* kribbeln

tinker /ˈtɪŋkə(r)/ **A** *n.* Kesselflicker, *der*
   B *v.i.* ~ with sth an etw. (*Dat.*)
   herumbasteln (ugs.)

tinkle /ˈtɪŋkl/ **A** *n.* Klingeln, *das*
   B *v.i.* klingeln

tinned /tɪnd/ *adj.* (BrE) Dosen-

tin: ~ **opener** *n.* (BrE) Dosenöffner, *der*;
   ~**pot** *attrib. adj.* (derog.) schäbig

tinsel /ˈtɪnsl/ *n.* Lametta, *das*

tint /tɪnt/ **A** *n.* Farbton, *der*
   B *v.t.* tönen; kolorieren <*Zeichnung*>

✍ **tiny** /ˈtaɪnɪ/ *adj.* winzig

tip¹ /tɪp/ *n.* (end, point) Spitze, *die*

tip² **A** *v.i.*, -**pp-** (lean, fall) kippen; ~ over
   umkippen
   B *v.t.*, -**pp- 1** (make tilt) kippen
   2 (make overturn) umkippen; (BrE) (discharge)
   kippen
   3 voraussagen <*Sieger*>; ~ sb to win auf
   jmds. Sieg tippen
   4 (reward) ~ sb jmdm. Trinkgeld geben
   C *n.* **1** (money) Trinkgeld, *das*
   2 (special information) Hinweis, *der*; Tipp, *der*
   (ugs.)
   3 (BrE) Müllkippe, *die*
   ■ ~ 'off *v.t.* ~ sb off jmdm. einen Hinweis od.
   (ugs.) Tipp geben

'**tip-off** *n.* Hinweis, *der*

tipsy /ˈtɪpsɪ/ *adj.* (infml) angeheitert;
   beschwipst (ugs.)

tip: ~**toe A** *v.i.* auf Zehenspitzen gehen
   B *n.* on ~toe[s] auf Zehenspitzen; ~**top**
   adj. tipptopp (ugs.)

tire¹ /ˈtaɪə(r)/ (AmE) ▶ tyre

tire² **A** *v.t.* ermüden
   B *v.i.* müde werden; ermüden; ~ of sth/
   doing sth einer Sache (*Gen.*) überdrüssig
   werden
   ■ ~ 'out *v.t.* erschöpfen; ~ oneself out doing
   sth etw. bis zur Erschöpfung tun

tired /ˈtaɪəd/ *adj.* **1** (weary) müde
   2 (fed up) be ~ of sth/doing sth etw. satt
   haben/es satt haben, etw. zu tun

tiredness /ˈtaɪədnɪs/ *n.* Müdigkeit, *die*

'**tireless** *adj.* unermüdlich

'**tiresome** /ˈtaɪəsəm/ *adj.* **1** (wearisome) mühsam
   2 (annoying) lästig

tiring /ˈtaɪərɪŋ/ *adj.* ermüdend

tissue /ˈtɪʃuː, ˈtɪsjuː/ *n.* **1** Gewebe, *das*
   2 [paper] ~ Papiertuch, *das*; (handkerchief)
   Papiertaschentuch, *das*
   3 ~ [paper] Seidenpapier, *das*

tit¹ /tɪt/ *n.* (Ornith.) Meise, *die*

tit² *n.* it's ~ for tat wie du mir, so ich dir

'**titbit** *n.* **1** (food) Häppchen, *das* (ugs.)
   2 (piece of news) Neuigkeit, *die*

titchy /ˈtɪtʃɪ/ *adj.* (infml) klitzeklein (ugs.)

titillate /ˈtɪtɪleɪt/ *v.t.* erregen

titillation /tɪtɪˈleɪʃn/ *n.* Kitzel, *der*

✍ **title** /ˈtaɪtl/ *n.* Titel, *der*

title: ~ **deed** *n.* (Law) Eigentumsurkunde,
   die; ~**holder** *n.* (Sport) Titelhalter,
   der/-halterin, *die*; ~ **page** *n.* Titelseite, *die*;
   ~ **role** *n.* Titelrolle, *die*

tittle-tattle /ˈtɪtltætl/ *n.* Klatsch, *der* (ugs.)

'**T-junction** *n.* Einmündung, *die*

✍ **to** **A** /*before vowel* tʊ, *before consonant*
   tə, *stressed* tuː/ *prep.* **1** (in the direction of and
   reaching) zu; (with name of place) nach; go ~
   work/~ the theatre zur Arbeit/ins Theater
   gehen; ~ France nach Frankreich
   2 (as far as) bis zu; from London ~ Edinburgh
   von London [bis] nach Edinburgh; increase
   from 10% ~ 20% von 10% auf 20% steigen
   3 (introducing relationship or indirect object) ~ sb/
   sth jmdm./einer Sache (*Dat.*); lend/explain
   etc. sth ~ sb jmdm. etw. leihen/erklären
   usw.; speak ~ sb mit jmdm. sprechen; that's
   all there is ~ it mehr ist dazu nicht zu sagen;
   what's that ~ you? was geht das dich an?;
   ~ me (in my opinion) meiner Meinung nach;
   14 miles ~ the gallon 14 Meilen auf eine
   Gallone
   4 (until) bis; ~ the end bis zum Ende; ~ this
   day bis heute; five [minutes] ~ eight fünf
   [Minuten] vor acht
   5 (with infinitive of a verb) zu; (expr. purpose,
   or after too) um […] zu; want ~ know wissen
   wollen; do sth ~ annoy sb etw. tun, um
   jmdn. zu ärgern; too hot ~ drink zu heiß zum
   Trinken; he would have phoned but forgot ~
   er hätte angerufen, aber er vergaß es
   B *adv.* /tuː/ ~ and fro hin und her

toad /təʊd/ *n.* (also fig. derog.) Kröte, *die*

'**toadstool** *n.* Giftpilz, *der*

toast /təʊst/ **A** *n.* **1** *no pl.* Toast, *der*; a piece
   of ~ eine Scheibe Toast
   2 (call to drink) Toast, *der*; drink a ~ to sb/sth
   auf jmdn./etw. trinken
   B *v.t.* **1** rösten; toasten <*Brot*>
   2 (drink to) trinken auf (+ *Akk.*)

'**toaster** *n.* Toaster, *der*

'**toast rack** *n.* Toastständer, *der*

tobacco /təˈbækəʊ/ *n.*, *pl.* ~**s** Tabak, *der*

tobacconist /təˈbækənɪst/ *n.*
   Tabak[waren]händler, *der*/-händlerin, *die*

toboggan /təˈbɒgən/ **A** *n.* Schlitten, *der*
   B *v.i.* Schlitten fahren

tod /tɒd/ *n.* (BrE) (infml) on one's ~ [ganz]
   allein

✍ **today** /təˈdeɪ/ **A** *n.* heute; ~'s newspaper die
   Zeitung von heute
   B *adv.* heute

toddler /ˈtɒdlə(r)/ *n.* ≈ Kleinkind, *das*

to-do /təˈduː/ *n.* Getue, *das* (ugs.)

toe /təʊ/ **A** *n.* Zeh, *der*; Zehe, *die*; (of footwear)
   Spitze, *die*
   B *v.t.* ~ing (fig.) ~ the line *or* (AmE) mark
   sich einordnen

'**toenail** *n.* Zeh[en]nagel, *der*

t

toffee /'tɒfɪ/ n. Karamell, der; (BrE) (piece) Toffee, das; Sahnebonbon, das

'**toffee apple** n. mit Karamell überzogener Apfel am Stiel

tofu /'təʊfuː/ n., no indef. art. Tofu, der

✓ **together** /tə'geðə(r)/ adv. 1 (in or into company) zusammen
2 (simultaneously) gleichzeitig
3 (one with another) miteinander

toggle /'tɒgl/ **A** n. 1 (button) Knebelknopf, der
2 (Comp.) [Kipp]schalter, der; Umschalttaste, die
B v.i. (Comp.) [hin und her] schalten

toil /tɔɪl/ **A** v.i. schwer arbeiten
B n. [harte] Arbeit

toilet /'tɔɪlɪt/ n. Toilette, die; go to the ~ auf die Toilette gehen

toilet: ~ **bag** n. Kulturbeutel, der; ~ **brush** n. Klosettbürste, die; ~ **paper** n. Toilettenpapier, das

toiletries /'tɔɪlɪtrɪz/ n. pl. Körperpflegemittel Pl.; Toilettenartikel Pl.

toilet: ~ **roll** n. Rolle Toilettenpapier; ~ **seat** n. Klosettbrille, die (ugs.); Toilettensitz, der; ~ **tissue** ▶ toilet paper; ~ **water** n. Toilettenwasser, das; Eau de Toilette, das

token /'təʊkn/ **A** n. 1 (voucher) Gutschein, der
2 (counter, disc) Marke, die
3 (sign) Zeichen, das
B attrib. adj. symbolisch ⟨Preis⟩

Tokyo /'təʊkjəʊ/ pr. n. Tokio (das)

told ▶ tell

tolerable /'tɒlərəbl/ adj. 1 (endurable) erträglich (to, for für)
2 (fairly good) leidlich; annehmbar

tolerance /'tɒlərəns/ n. Toleranz, die

tolerant /'tɒlərənt/ adj. tolerant (of, towards gegen[über])

tolerate /'tɒləreɪt/ v.t. dulden (bear) ertragen ⟨Schmerzen⟩

toleration /tɒlə'reɪʃn/ n. Tolerierung, die (geh.)

toll[1] /təʊl/ n. 1 (tax, duty) Gebühr, die
2 (damage etc.) Aufwand, der; take its ~ of sth einen Tribut an etw. (Dat.) fordern (fig.)

toll[2] v.i. ⟨Glocke:⟩ läuten

toll: ~ **bridge** n. gebührenpflichtige Brücke; ~**road** n. gebührenpflichtige Straße; Mautstraße, die (bes. österr.)

tom /tɒm/ n. (cat) Kater, der

tomato /tə'mɑːtəʊ/ n., pl. ~es Tomate, die

tomato: ~ **juice** n. Tomatensaft, der; ~ '**ketchup** n. Tomatenketchup, der od. das; ~ '**purée** n. Tomatenmark, das

tomb /tuːm/ n. Grab, das; (monument) Grabmal, das

'**tomboy** n. Wildfang, der

'**tombstone** n. Grabstein, der

'**tomcat** n. Kater, der

tome /təʊm/ n. dicker Band; Wälzer, der (ugs.)

tomfoolery /tɒm'fuːlərɪ/ n. Blödsinn, der (ugs.)

✓ **tomorrow** /tə'mɒrəʊ/ **A** n. morgen; ~ **morning/afternoon/evening/night** morgen früh od. Vormittag/Nachmittag/Abend/ Nacht; ~'s **newspaper** die morgige Zeitung
B adv. morgen; **see you** ~! (infml) bis morgen!; **the day after** ~ übermorgen

ton /tʌn/ n. Tonne, die

✓ **tone** /təʊn/ **A** n. 1 (sound) Klang, der; (Teleph.) Ton, der
2 (style of speaking) Ton, der
3 (tint, shade) [Farb]ton, der
4 (fig.) (character) **lower/raise the** ~ **of sth** das Niveau einer Sache (Gen.) senken/erhöhen; **set the** ~ den Ton angeben
B v.t. tönen; abtönen ⟨Farbe⟩
■ ~ '**down** v.t. [ab]dämpfen ⟨Farbe⟩; (fig.) mäßigen ⟨Sprache⟩

tone: ~'**deaf** adj. ohne musikalisches Gehör; ~ **dialling** n. (Teleph.) Tonwahl, die

tongs /tɒŋz/ n., pl. [**pair of**] ~ Zange, die

tongue /tʌŋ/ n. Zunge, die; **bite one's** ~ (lit. or fig.) sich auf die Zunge beißen; **find one's** ~ seine Sprache wieder finden; **hold one's** ~ stillschweigen; **he made the remark** ~ **in cheek** (fig.) er meinte die Bemerkung nicht ernst

tongue: ~-**tied** adj. schüchtern; ~-**twister** n. Zungenbrecher, der (ugs.)

tonic /'tɒnɪk/ **A** n. 1 (Med.) Tonikum, das
2 (fig.) (invigorating influence) Wohltat, die (geh.)
3 (~ water) Tonic, das
B attrib. adj. kräftigend; (fig.) wohltuend ⟨Wirkung⟩

'**tonic water** n. Tonic[wasser], das

✓ **tonight** /tə'naɪt/ **A** n. 1 (this evening) heute Abend; ~'s **performance** die heutige [Abend]vorstellung
2 (this or the coming night) heute Nacht
B adv. 1 (this evening) heute Abend
2 (during this or the coming night) heute Nacht; [**I'll**] **see you** ~! bis heute Abend!

tonne /tʌn/ n. [metrische] Tonne

tonsil /'tɒnsl/ n. [Gaumen]mandel, die; **have one's** ~**s out** sich (Dat.) die Mandeln herausnehmen lassen

tonsillitis /tɒnsə'laɪtɪs/ n. Mandelentzündung, die

✓ **too** /tuː/ adv. 1 (excessively) zu; ~ **difficult a task** eine zu schwierige Aufgabe
2 (also) auch
3 (infml) (very) besonders; **not** ~ **pleased** nicht gerade erfreut

took ▶ take

✓ **tool** /tuːl/ n. 1 Werkzeug, das; (garden ~) Gerät, das; [**set of**] ~**s** Werkzeug, das
2 (Comp.) Tool, das; Werkzeug, das
3 (fig.) (means) [Hilfs]mittel, das

tool: ~**bar** n. (Comp.) Werkzeugleiste, die; ~**box** n. Werkzeugkasten, der; ~ **kit** n. Werkzeug, das

toot /tuːt/ **A** v.i. (on car etc. horn) hupen

B *n.* Tuten, *das*
tooth /tuːθ/ *n., pl.* **teeth** /tiːθ/ **1** Zahn, *der*
2 (of rake, fork, comb) Zinke, *die*; (of cogwheel, saw) Zahn, *der*
tooth: ~**ache** *n.* Zahnschmerzen *Pl.*; ~**brush** *n.* Zahnbürste, *die*; ~ **decay** *n.* Zahnverfall, *der*; ~**glass** *n.* Zahnputzglas, *das*; ~ **mug** *n.* Zahnputzbecher, *der*; ~**paste** *n.* Zahnpasta, *die*; ~**pick** *n.* Zahnstocher, *der*; ~ **powder** *n.* Zahnpulver, *das*
♂ **top¹** /tɒp/ **A** *n.* **1** (highest part) Spitze, *die*; (of table) Platte, *die*; (~ end) oberes Ende; (of tree) Wipfel, *der*; (~ floor) oberstes Stockwerk; (rim of glass) Rand, *der*; **on ~ of one another** aufeinander; **on ~ of sth** (fig.) (in addition) zusätzlich zu etw.; **from ~ to bottom** von oben bis unten; **at the ~** oben; **at the ~ of the building/hill/pile/stairs** oben im Gebäude/[oben] auf dem Hügel/[oben] auf dem Stapel/oben an der Treppe
2 (highest rank) Spitze, *die*; ~ **of the table** (Sport) Tabellenspitze, *die*; **be [at the] ~ of the class** der/die Klassenbeste sein
3 (upper surface) Oberfläche, *die*; (of cupboard, chest) Oberseite, *die*; **on ~ of sth** [oben] auf etw. (*position: Dat.; direction: Akk.*)
4 (folding roof) Verdeck, *das*
5 (upper deck of bus) Oberdeck, *das*
6 (cap of pen) [Verschluss]kappe, *die*
7 (upper garment) Oberteil, *das*
8 (lid) Deckel, *der*; (of bottle) Stöpsel, *der*
B *adj.* oberst...; höchst... <*Ton, Preis*>; ~ **end** oberes Ende; **the ~ pupil** der beste Schüler; ~ **speed** Spitzen- *od.* Höchstgeschwindigkeit, *die*
C *v.t.* **1** (be taller than) überragen
2 (surpass) übertreffen
■ ~ '**up** (BrE) (infml) *v.t.* auffüllen <*Tank, Flasche, Glas*>
top² *n.* (toy) Kreisel, *der*
top: ~-**flight** *attrib. adj.* erstrangig; Spitzen<*sportler, -politiker*>; ~ '**hat** *n.* Zylinder[hut], *der*; ~-**heavy** *adj.* oberlastig
♂ **topic** /'tɒpɪk/ *n.* Thema, *das*
topical /'tɒpɪkl/ *adj.* aktuell
'**topless** *adj.* **a** ~ **dress/swimsuit** ein busenfreies Kleid/ein Oben-ohne-Badeanzug; **go/bathe ~** oben ohne gehen/baden
top-level *attrib. adj.* Gipfel<*treffen, -konferenz*>; ~ **negotiations/deals** Verhandlungen/Vereinbarungen auf höchster Ebene
topmost /'tɒpməʊst, 'tɒpməst/ *adj.* oberst...; höchst... <*Gipfel, Note*>
top-'notch *adj.* (infml) fantastisch (ugs.)
topple /'tɒpl/ **A** *v.i.* fallen
B *v.t.* stürzen
■ ~ '**down** *v.i.* hinab-/herabfallen
■ ~ '**over** *v.i.* umfallen
top: ~-**quality** *adj.* [qualitativ] hochwertig; ~-**ranking** *attrib. adj.* Spitzen<*funktionär, -beamter, -politiker, -sportler*>; hochrangig <*Offizier*>; ~ '**secret** *adj.* streng geheim;

~**soil** *n.* Mutterboden, *der*
topsy-turvy /tɒpsɪ'tɜːvɪ/ *adv.* verkehrtrum (ugs.); **turn sth ~** etw. auf den Kopf stellen (ugs.)
'**top-up** *n.* (infml) Auffüllung, *die*; **I need a ~** ich muss mir noch mal nachgießen/nachgießen lassen
'**top-up card** *n.* (for mobile phone) Aufladekarte, *die*
torch /tɔːtʃ/ *n.* (BrE) Taschenlampe, *die*
'**torchlight** *n.* Licht der/einer Taschenlampe; **by ~** im Schein einer Taschenlampe
tore, torn ▸ **tear¹** B, C
torment **A** /'tɔːment/ *n.* Qual, *die*
B /tɔː'ment/ *v.t.* quälen
tornado /tɔː'neɪdəʊ/ *n., pl.* ~**es** Wirbelsturm, *der*; (in North America) Tornado, *der*
torpedo /tɔː'piːdəʊ/ **A** *n., pl.* ~**es** Torpedo, *der*
B *v.t.* torpedieren
torrent /'tɒrənt/ *n.* reißender Bach; (fig.) Flut, *die*
torrential /tə'renʃl/ *adj.* wolkenbruchartig <*Regen*>
torso /'tɔːsəʊ/ *n., pl.* ~**s** Rumpf, *der*; **bare ~** nackter Oberkörper
tortoise /'tɔːtəs/ *n.* Schildkröte, *die*
tortoiseshell /'tɔːtəsʃel/ *n.* Schildpatt, *das*
tortuous /'tɔːtjʊəs/ *adj.* verschlungen; (fig.) umständlich
torture /'tɔːtʃə(r)/ **A** *n.* Folter, *die*
B *v.t.* foltern; (fig.) quälen
Tory /'tɔːrɪ/ *n.* (BrE) (Polit.) (infml) Tory, *der*
toss /tɒs/ **A** *v.t.* **1** (throw upwards) hochwerfen; ~ **a pancake** einen Pfannkuchen [durch Hochwerfen] wenden
2 (throw casually) werfen; schmeißen (ugs.)
3 ~ **a coin** eine Münze werfen
4 (Cookery) (mix) wenden; mischen <*Salat*>
B *v.i.* **1** ~ **and turn** sich [schlaflos] im Bett wälzen
2 <*Schiff:*> hin und her geworfen werden
3 (~ coin) eine Münze werfen; ~ **for sth** mit einer Münze um etw. losen
C *n.* **1** ~ **of a coin** Hochwerfen einer Münze
2 (throw) Wurf, *der*
3 **I couldn't give a ~** (BrE) (fig. sl.) es ist mir scheißegal (salopp)
■ ~ '**up** *v.i.* eine Münze werfen; ~ **up for sth** mit einer Münze um etw. losen
tot¹ /tɒt/ *n.* (infml) **1** kleines Kind
2 (of liquor) Gläschen, *das*
tot² (infml) *v.t.*, **-tt-**; ~ '**up** zusammenziehen (ugs.)
♂ **total** /'təʊtl/ **A** *adj.* **1** gesamt; Gesamt<*gewicht, -wert, usw.*>
2 (absolute) völlig *nicht präd.*; **a ~ beginner** ein absoluter Anfänger
B *n.* (number) Gesamtzahl, *die*; (amount) Gesamtbetrag, *der*; (result of addition) Summe, *die*; **a ~ of 200** insgesamt 200; **in ~** insgesamt

t

C *v.t.*, (BrE) **-ll-** **1** addieren, zusammenzählen ‹*Zahlen*›
2 (amount to) [insgesamt] betragen

total e'clipse *n.* (Astron.) totale Finsternis

totalitarian /təʊtælɪ'teərɪən/ *adj.* totalitär

◆ **'totally** *adv.* völlig

totter /'tɒtə(r)/ *v.i.* wanken; taumeln

◆ **touch** /tʌtʃ/ **A** *v.t.* **1** berühren
2 (harm) anrühren
3 (fig.) (rival) ~ **sth** an etw. (*Akk.*) heranreichen
4 (affect emotionally) rühren
B *v.i.* sich berühren; **don't** ~! nicht anfassen!
C *n.* **1** Berührung, *die*
2 *no art.* (faculty) [**sense of**] ~ Tastsinn, *der*
3 (small amount) **a** ~ **of salt/pepper** *etc.* eine Spur Salz/Pfeffer *usw.*; **a** ~ **of irony** *etc.* ein Anflug von Ironie *usw.*
4 (fig.) Detail, *das*
5 (communication) **be in/out of** ~ [**with sb**] [mit jmdm.] Kontakt/keinen Kontakt haben; **get in** ~ mit jmdm. Kontakt aufnehmen
■ ~ **'down** *v.i.* ‹*Flugzeug:*› landen
■ '~ **on** *v.t.* (mention) ansprechen
■ ~ **'up** *v.t.* (improve) ausbessern

touch: ~**-and-go** *adj.* **it is** ~**-and-go** [**whether...**] es steht auf des Messers Schneide [, ob...]; ~**down** *n.* (Aeronaut.) Landung, *die*

'touching *adj.* rührend

touch: ~**line** *n.* (Footb., Rugby) Seitenlinie, *die*; ~**paper** *n.* Zündpapier, *das*; (on firework) Papierlunte, *die*; ~**-tone** *adj.* **a** ~**-tone** **telephone** ein Telefon mit Mehrfrequenzwahl; ~**-type** *v.i.* blind schreiben; ~**-typing** *n.* Blindschreiben, *das*

touchy /'tʌtʃi/ *adj.* empfindlich; heikel ‹*Thema*›

◆ **tough** /tʌf/ *adj.* **1** fest ‹*Material, Stoff*›; zäh ‹*Fleisch; fachspr.: Werkstoff, Metall*›; widerstandsfähig ‹*Belag, Glas, Haut*›; strapazierfähig ‹*Kleidung*›
2 (hardy) zäh ‹*Person*›
3 (difficult) schwierig
4 (severe, harsh) hart
5 (infml) ~ **luck** Pech, *das*

toughen /'tʌfn/ *v.t.* ~ [**up**] abhärten ‹*Person*›; verschärfen ‹*Gesetz*›

toupee, **toupet** /'tu:peɪ/ *n.* Toupet, *das*

◆ **tour** /tʊə(r)/ **A** *n.* **1** [Rund]reise, *die*; Tour, *die* (ugs.)
2 (Theatre, Sport) Tournee, *die*
3 (of house etc.) Besichtigung, *die*
4 ~ [**of duty**] Dienstzeit, *die*
B *v.i.* **1** ~/**go** ~**ing in** or **through a country** eine Reise *od.* (ugs.) Tour durch ein Land machen
2 (Theatre, Sport) eine Tournee machen
C *v.t.* **1** besichtigen ‹*Stadt, Gebäude*›; ~ **a country/region** eine Reise *od.* (ugs.) Tour durch ein Land/Gebiet machen

2 (Theatre, Sport) ~ **a country/the provinces** eine Tournee durch das Land/die Provinz machen

tour de force /tʊə də 'fɔːs/ *n.*, *pl.* **tours de force** /tʊə də 'fɔːs/ Glanzleistung, *die*

'tour guide *n.* Reiseführer, *der*/Reiseführerin, *die*; (book) Reiseführer, *der* (**to, of** von)

'touring holiday *n.* **have a** ~ **in a country** in den Ferien/im Urlaub durch ein Land fahren

tourism /'tʊərɪzm/ *n.* **1** Tourismus, *der*
2 (operation of tours) Touristik, *die*

◆ **tourist** /'tʊərɪst/ **A** *n.* Tourist, *der*/Touristin, *die*
B *attrib. adj.* Touristen-

tourist: ~ **agency** *n.* Reisebüro, *das*; ~ **attraction** *n.* Touristenattraktion, *die*; ~ **board** *n.* (BrE) Amt für Fremdenverkehrswesen; ~ **class** *n.* Touristenklasse, *die*; ~ **hotel** *n.* Touristenhotel, *das*; ~ **industry** *n.* Tourismusindustrie, *die*; ~ **infor'mation centre**, ~ **office** *ns.* Fremdenverkehrsbüro, *das*; Touristeninformation, *die* (ugs.); ~ **season** *n.* Touristensaison, *die*; ~ **trade** ▶ **tourist industry**

touristy /'tʊərɪsti/ *adj.* (derog.) auf Tourismus getrimmt (ugs.); Touristen‹*stadt, -nest, -gegend*› (ugs. abwertend)

'tour leader *n.* Reiseleiter, *der*/-leiterin, *die*

tournament /'tʊənəmənt/ *n.* (Hist.; Sport) Turnier, *das*

tourniquet /'tʊənɪkeɪ/ *n.* (Med.) Tourniquet, *das*

'tour operator *n.* Reiseveranstalter, *der*/-veranstalterin, *die*

tousle /'taʊzl/ *v.t.* zerzausen

tout /taʊt/ **A** *v.i.* ~ **for customers** Kunden anreißen (ugs.) *od.* werben
B *n.* Anreißer, *der*/Anreißerin, *die* (ugs.); **ticket** ~ Kartenschwarzhändler, *der*/-händlerin, *die*

tow /təʊ/ **A** *v.t.* schleppen; ziehen ‹*Anhänger, Wasserskiläufer*›
B *n.* Schleppen, *das*; **give a car a** ~ einen Wagen schleppen; **on** ~ im Schlepp[tau]
■ ~ **a'way** *v.t.* abschleppen

◆ **toward** /tə'wɔːd/, ~**s** /tə'wɔːdz/ *prep.* **1** (in direction of) ~ **sb/sth** auf jmdn./etw. zu; **turn** ~ **sb** sich zu jmdm. umdrehen
2 (in relation to) gegenüber; **feel sth** ~ **sb** jmdm. gegenüber etw. empfinden
3 (for) **a contribution** ~ **sth** ein Beitrag zu etw.; **proposals** ~ **solving a problem** Vorschläge zur Lösung eines Problems
4 (near) gegen; ~ **the end of May** [gegen] Ende Mai

'tow bar *n.* (Motor Veh.) Anhängerkupplung, *die*

towel /'taʊəl/ *n.* Handtuch, *das*

towelling (AmE: **toweling**) /'taʊəlɪŋ/ *n.*, *no indef. art.* Frottierware, *die*

◆ Schlüsselwort

t

'towel rail *n.* Handtuchhalter, *der*

tower /'taʊə(r)/ **A** *n.* Turm, *der*
B *v.i.* in die Höhe ragen
■ '~ **above** *v.t.* ~ above sb/sth jmdn./etw. überragen

'tower block *n.* Hochhaus, *das*

'towering *attrib. adj.* hoch aufragend; (fig.) herausragend ‹*Leistung*›

✸ **town** /taʊn/ *n.* Stadt, *die*; **the** ~ **of Cambridge** die Stadt Cambridge; **in [the]** ~ in der Stadt; **the** ~ **(people)** die Stadt; **be in/out of** ~ in der Stadt/nicht in der Stadt sein

town: ~ **'centre** *n.* Stadtmitte, *die*; Stadtzentrum, *das*; ~ **'council** *n.* (BrE) Stadtrat, *der*; ~ **'councillor** *n.* (BrE) Stadtrat, *der*/-rätin, *die*; ~ **'hall** *n.* Rathaus, *das*; ~ **house** *n.* (residence in ~) Stadthaus, *das*; (terrace house) Reihenhaus, *das*

townie /'taʊniː/ *n.* Stadtmensch, *der*

town: ~ **'planner** *n.* Stadtplaner, *der*/-planerin, *die*; ~ **'planning** *n.* Stadtplanung, *die*

tow: ~**path** *n.* Leinpfad, *der*; ~ **rope** *n.* Abschleppseil, *das*

toxic /'tɒksɪk/ *adj.* giftig

toxic 'debt *n.* (Finance) faule Schulden *Pl.*

toxicity /tɒk'sɪsɪti/ *n.* Giftigkeit, *die*

toxic 'waste *n.* Giftmüll, *der*; ~ **tip** *or* **dump** Giftmülldeponie, *die*

toxin /'tɒksɪn/ *n.* Toxin, *das*

toy /tɔɪ/ **A** *n.* Spielzeug, *das*; ~**s** Spielzeug, *das*
B *adj.* Spielzeug-
C *v.i.* ~ **with the idea of doing sth** mit dem Gedanken spielen, etw. zu tun

toy: ~ **boy** *n.* (infml) Gespiele, *der* (scherzh.); ~**shop** *n.* Spielwarengeschäft, *das*

trace /treɪs/ **A** *v.t.* **1** (copy) durchpausen; abpausen
2 zeichnen ‹*Linie*›
3 (follow track of) folgen (+ *Dat.*); verfolgen
4 (find) finden
B *n.* Spur, *die*

'trace element *n.* (Chem.) Spurenelement, *das*

'tracing paper /'treɪsɪŋ peɪpə(r)/ *n.* Pauspapier, *das*

✸ **track** /træk/ **A** *n.* **1** Spur, *die*; (of wild animal) Fährte, *die*; ~**s** (footprints) [Fuß]spuren; (of animal also) Fährte, *die*; **keep** ~ **of sb/sth** jmdn./etw. im Auge behalten
2 (path) Weg, *der*; (footpath) Pfad, *der*
3 (Sport) Bahn, *die*; **cycling/greyhound** ~ Radrennbahn, *die*/Windhundrennbahn, *die*
4 (Railw.) Gleis, *das*
5 (course taken) Route, *die*; (of rocket, satellite) Bahn, *die*
B *v.t.* ~ **an animal** die Spur/Fährte eines Tieres verfolgen; **the police** ~**ed him [to Paris]** die Polizei folgte seiner Spur [bis nach Paris]
■ ~ **'down** *v.t.* aufspüren

'trackball, 'tracker ball *ns.* (Comp.) Rollball, *der*

'track events *n. pl.* Laufwettbewerbe *Pl.*

'tracking station *n.* (Astronaut.) Bahnverfolgungsstation, *die*

track: ~ **shoe** *n.* Rennschuh, *der*; ~**suit** *n.* Trainingsanzug, *der*

tract¹ /trækt/ *n.* (area) Gebiet, *das*

tract² *n.* (pamphlet) [Flug]schrift, *die*

tractor /'træktə(r)/ *n.* Traktor, *der*

trad /træd/ *adj.* (Mus. infml) traditional (Jargon)

✸ **trade** /treɪd/ **A** *n.* **1** (line of business) Gewerbe, *das*; **he's a butcher/lawyer** *etc.* **by** ~ er ist von Beruf Metzger/Rechtsanwalt *usw.*
2 *no indef. art.* (commerce) Handel, *der*
3 (craft) Handwerk, *das*
B *v.i.* (buy and sell) Handel treiben
C *v.t.* tauschen; austauschen ‹*Waren, Grüße*›; sich (*Dat.*) sagen ‹*Beleidigungen*›; ~ **sth for sth** etw. gegen etw. tauschen
■ ~ **'in** *v.t.* in Zahlung geben
■ ~ **'up** *v.i.* sich verbessern

trade: ~ **balance** *n.* Handelsbilanz, *die*; ~ **deficit** *n.* passive Handelsbilanz; Handelsbilanzdefizit, *das*; ~ **'discount** *n.* Branchenrabatt, *der*; ~ **fair** *n.* [Fach]messe, *die*; ~ **journal** *n.* Fachzeitschrift, *die*; ~ **mark** *n.* Warenzeichen, *das*; **leave one's** ~ **mark on sth** (fig.) einer Sache (*Dat.*) seinen Stempel aufdrücken; ~ **name** *n.* Fachbezeichnung, *die*; (proprietary name) Markenname, *der*; ~ **price** *n.* Einkaufspreis, *der*

'trader *n.* Händler, *der*/Händlerin, *die*

trade: ~ **'secret** *n.* Geschäftsgeheimnis, *das*; ~**sman** /'treɪdzmən/ *n.*, *pl.* ~**smen** /'treɪdzmən/ (shopkeeper) [Einzel]händler, *der*; (craftsman) Handwerker, *der*; ~ **'union** *n.* Gewerkschaft, *die*; *attrib.* Gewerkschafts-; ~ **'unionist** *n.* Gewerkschaft[l]er, *der*/Gewerkschaft[l]erin, *die*

trading /'treɪdɪŋ/ *n.* Handel, *der*

trading: ~ **estate** *n.* (BrE) Gewerbegebiet, *das*; ~ **hours** *n. pl.* Geschäftszeit, *die*; **during/outside** ~ **hours** während/außerhalb der Geschäftszeit; 'Trading hours: ...' „Geschäftszeiten: ..."; ~ **partner** *n.* Handelspartner, *der*

✸ **tradition** /trə'dɪʃn/ *n.* Tradition, *die*

✸ **traditional** /trə'dɪʃənl/ *adj.* traditionell; herkömmlich ‹*Erziehung, Methode*›

tra'ditionally *adv.* traditionell

trad 'jazz *n.* (infml) Traditional Jazz, *der*

✸ **traffic** /'træfɪk/ **A** *n.* **1** *no indef. art.* Verkehr, *der*
2 (trade) Handel, *der*
B *v.i.*, **-ck-**; ~ **in sth** mit etw. handeln

traffic: ~ **calming** *n.* Verkehrsberuhigung, *die*; ~ **circle** *n.* (AmE) Kreisverkehr, *der*; ~ **cone** *n.* Pylon; Leitkegel, *der*; ~ **island** *n.* Verkehrsinsel, *die*; ~ **jam** *n.* [Verkehrs]stau, *der*

trafficker /'træfɪkə(r)/ *n.* Händler, *der*/Händlerin, *die*; ~ **in drugs** Drogenhändler, *der*/-händlerin, *die*

t

traffic: ~ **lights** n. pl. [Verkehrs]ampel, die; ~ **police** n. Verkehrspolizei, die; ~ **report** n. Verkehrsübersicht, die; (on radio) Verkehrsservice, der; ~ **sign** n. Verkehrszeichen, das; ~ **signals** ▸ traffic lights; ~ **warden** n. (BrE) Hilfspolizist, der; (woman) Hilfspolizistin, die; Politesse, die

tragedy /ˈtrædʒɪdɪ/ n. Tragödie, die

tragic /ˈtrædʒɪk/ adj. tragisch

trail /treɪl/ **A** n. **1** Spur, die; ~ of smoke/dust Rauch-/Staubfahne, die **2** (Hunting) Spur, die; Fährte, die **3** (path) Pfad, der; Weg, der **B** v.t. **1** (pursue) verfolgen **2** (drag) ~ sth [after or behind one] etw. hinter sich (Dat.) herziehen **C** v.i. **1** (be dragged) schleifen **2** (lag) hinterhertrotten **3** <Pflanze:> kriechen

trailer /ˈtreɪlə(r)/ n. **1** Anhänger, der; (AmE) (caravan) Wohnanhänger, der **2** (Cinemat., Telev.) Trailer, der

◂ **train** /treɪn/ **A** v.t. **1** ausbilden (in in + Dat.); erziehen <Kind>; abrichten <Hund>; dressieren <Tier> **2** (Sport) trainieren **3** (Hort.) ziehen **B** v.i. **1** eine Ausbildung machen; he is ~ing as or to be a doctor/engineer er macht eine Arzt-/Ingenieursausbildung **2** (Sport) trainieren **C** n. **1** (Railw.) Zug, der; on the ~ im Zug **2** (of skirt etc.) Schleppe, die **3** ~ of thought Gedankengang, der

'**train driver** n. Lokomotivführer, der/-führerin, die

trained /treɪnd/ adj. ausgebildet <Arbeiter, Lehrer, Arzt, Stimme>; abgerichtet <Hund>; dressiert <Tier>; geschult <Geist, Auge, Ohr>

trainee /treɪˈniː/ n. Auszubildende, der/die

'**trainer** n. [Konditions]trainer, der/-trainerin, die

'**train fare** n. Fahrpreis, der

◂ '**training** n. **1** Ausbildung, die **2** (Sport) Training, das

training: ~ **camp** n. (Sport) Trainingslager, das; ~ **college** n. berufsbildende Schule; ~ **course** n. Lehrgang, der; ~ **scheme** n. Ausbildungsprogramm, das; ~ **shoes** n. pl. Trainingsschuhe Pl.

train: ~ **journey** n. Bahnfahrt, die; (long) Bahnreise, die; ~ **service** n. Zugverbindung, die; ~ **set** n. [Modell]eisenbahn, die; ~**spotting** n.: das Aufschreiben von Lokomotivnummern als Hobby; ~ **station** n. (AmE) Bahnhof, der

traipse /treɪps/ v.i. (infml) latschen (salopp) ■ ~ a'bout, ~ a'round v.i. rumlatschen (salopp)

trait /treɪt/ n. Eigenschaft, die

traitor /ˈtreɪtə(r)/ n. Verräter, der/Verräterin, die

◂ Schlüsselwort

traitorous /ˈtreɪtərəs/ adj. verräterisch

trajectory /trəˈdʒektərɪ/ n. [Flug-]bahn, die

tram /træm/ n. (BrE) Straßenbahn, die

'**tramlines** n. pl. Straßenbahnschienen Pl.

tramp /træmp/ **A** n. Landstreicher, der/-streicherin, die; (in city) Stadtstreicher, der/-streicherin, die **B** v.i. **1** (tread heavily) trampeln **2** (walk) marschieren

trample /ˈtræmpl/ **A** v.t. zertrampeln **B** v.i. trampeln ■ '~ on v.t. herumtrampeln auf (+ Dat.)

trampoline /ˈtræmpəliːn/ n. Trampolin, das

'**tram stop** n. Straßenbahnhaltestelle, die

trance /trɑːns/ n. Trance, die; be in a ~ in Trance sein

tranquil /ˈtræŋkwɪl/ adj. ruhig

tranquillity /træŋˈkwɪlɪtɪ/ Ruhe, die

tranquillizer /ˈtræŋkwɪlaɪzə(r)/ n. Beruhigungsmittel, das

transact /trænˈzækt/ v.t. ~ business Geschäfte tätigen

transaction /trænˈzækʃn/ n. Geschäft, das; (financial) Transaktion, die

transatlantic /trænzətˈlæntɪk/ adj. transatlantisch

transcend /trænˈsend/ v.t. übersteigen

transcript /ˈtrænskrɪpt/ n. Abschrift, die; (of trial) Protokoll, das

◂ **transfer** **A** /trænsˈfɜː(r)/ v.t., -rr- **1** (move) verlegen (to nach); überweisen <Geld> (to auf + Akk.); übertragen <Befugnis, Macht> (to Dat.) **2** übereignen <Gegenstand, Grundbesitz> (to Dat.) **3** versetzen <Arbeiter, Angestellte>; (Footb.) transferieren **B** /trænsˈfɜː(r)/ v.i., -rr- **1** (when travelling) umsteigen **2** (change job etc.) wechseln **C** /ˈtrænsfɜː(r)/ n. **1** (moving) Verlegung, die; (of powers) Übertragung, die (to an + Akk.); (of money) Überweisung, die **2** (of employee etc.) Versetzung, die; (Footb.) Transfer, der **3** (picture) Abziehbild, das

transferable /trænsˈfɜːrəbl/ adj. übertragbar

'**transfer**: ~ **fee** n. (Footb.) Ablösesumme, die; Transfersumme, die (fachspr.); ~ **list** n. (Footb.) Transferliste, die

◂ **transform** /trænsˈfɔːm/ v.t. verwandeln

transformation /trænsfəˈmeɪʃn/ n. Verwandlung, die

trans'former n. (Electr.) Transformator, der

transfusion /trænsˈfjuːʒn/ n. (Med.) Transfusion, die

transient /ˈtrænzɪənt/ adj. kurzlebig; vergänglich

transistor /trænˈzɪstə(r)/ n. Transistor, der

transit /ˈtrænsɪt/ n. in ~ auf der Durchreise; <Waren> auf dem Transport; passengers in

~ Transitreisende *Pl.*

transition /træn'sɪʒn, træn'zɪʃn/ *n.* Übergang, *der*; Wechsel, *der*

transitional /træn'zɪʃənl/ *adj.* Übergangs-

transitive /'trænsɪtɪv/ *adj.* (Ling.) transitiv

'**transit lounge** *n.* Transithalle, *die*

transitory /'trænsɪtərɪ/ *adj.* vergänglich; (fleeting) flüchtig

'**transit passenger** *n.* Transitpassagier, *der*

translate /træns'leɪt/ *v.t.* übersetzen

translation /træns'leɪʃn/ *n.* Übersetzung, *die*

translator /træns'leɪtə(r)/ *n.* Übersetzer, *der*/ Übersetzerin, *die*

translucent /træns'luːsənt/ *adj.* durchscheinend

transmission /træns'mɪʃn/ *n.* **1** Übertragung, *die*
2 (Motor Veh.) Antrieb, *der*; (gearbox) Getriebe, *das*

transmit /træns'mɪt/ *v.t.*, **-tt- 1** (pass on) übersenden; übertragen
2 durchlassen <*Licht*>; leiten <*Wärme*>

trans'mitter *n.* Sender, *der*

transparency /træns'pærənsɪ/ *n.*
1 Durchsichtigkeit, *die*
2 (Photog.) Transparent, *das*; (slide) Dia, *das*

transparent /træns'pærənt/ *adj.* durchsichtig

transparently /træns'pærəntlɪ/ *adv.* offenkundig; ~ **obvious** ganz offenkundig

transpire /træn'spaɪə(r)/ *v.i.* sich herausstellen; (infml) (happen) passieren

transplant Ⓐ /træns'plɑːnt/ *v.t.* **1** verpflanzen <*Organ*>
2 (plant in another place) umpflanzen
Ⓑ /'trænsplɑːnt/ *n.* (Med.) Transplantation, *die*; Verpflanzung, *die*

♂ **transport** Ⓐ /træns'pɔːt/ *v.t.* transportieren; befördern
Ⓑ /'trænspɔːt/ *n.* **1** Transport, *der*; Beförderung, *die*; attrib. Beförderungs-
2 (means of conveyance) Verkehrsmittel, *das*; **be without** ~ kein [eigenes] Fahrzeug haben

'**transport café** *n.* (BrE) Fernfahrerlokal, *das*

transpose /træns'pəʊz/ *v.t.* vertauschen; umstellen

transsexual /træns'seksjʊəl/ Ⓐ *adj.* transsexuell
Ⓑ *n.* Transsexuelle, *der/die*

transvestite /træns'vestaɪt/ *n.* Transvestit, *der*

trap /træp/ Ⓐ *n.* **1** Falle, *die*; set *or* lay a ~ for an animal eine Falle für ein Tier legen *od.* aufstellen; set *or* lay a ~ for sb (fig.) jmdm. eine Falle stellen; fall into a/sb's ~ (fig.) in die/jmdm. in die Falle gehen
2 (sl.) (mouth) Klappe, *die* (salopp)
Ⓑ *v.t.*, **-pp- 1** (in od. mit einer Falle) fangen <*Tier*>; (fig.) in eine Falle locken <*Person*>; be ~ped (fig.) in eine Falle gehen/in der Falle sitzen; be ~ped in a cave/by the tide in einer Höhle festsitzen/von der Flut

abgeschnitten sein
2 (confine) einschließen; einklemmen <*Körperteil*>

'**trap door** *n.* Falltür, *die*

trapeze /trə'piːz/ *n.* Trapez, *das*

tra'peze artist *n.* Trapezkünstler, *der*/-künstlerin, *die*

trash /træʃ/ *n.* **1** (rubbish) Abfall, *der*
2 (badly made thing) Mist, *der* (ugs.); (bad literature) Schund, *der* (ugs.)

trauma /'trɔːmə/ *n.*, *pl.* ~**ta** /'trɔːmətə/ *or* ~**s** Trauma, *das*

traumatic /trɔː'mætɪk/ *adj.* traumatisch

traumatize /'trɔːmətaɪz/ *v.t.* traumatisieren

♂ **travel** /'trævl/ Ⓐ *n.* Reisen, *das*; attrib. Reise-
Ⓑ *v.i.*, (BrE) **-ll-** reisen; (go in vehicle) fahren
Ⓒ *v.t.*, (BrE) **-ll-** zurücklegen <*Strecke, Entfernung*>; benutzen <*Weg, Straße*>; we had ~**led 10 miles** wir waren 10 Meilen gefahren
■ ~ **a'bout**, ~ **a'round** *v.i.* umherreisen

travel: ~ **agency** *n.* Reisebüro, *das*; ~ **agent** *n.* Reisebürokaufmann, *der*/-kauffrau, *die*; ~ **brochure** *n.* Reiseprospekt, *der*; ~ **bureau** *n.* Reisebüro, *das*

traveler, **traveling** (AmE) ▶ **travell-**

'**travel insurance** *n.* Reiseversicherung, *die*

traveller /'trævlə(r)/ *n.* (BrE) **1** Reisende, *der/die*
2 *in pl.* (gypsies etc.) fahrendes Volk

'**traveller's cheque** *n.* Reisescheck, *der*

travelling /'trævlɪŋ/ attrib. adj. (BrE) Wander<*zirkus, -ausstellung*>

travelling: ~ **clock** *n.* Reisewecker, *der*; ~ '**salesman** *n.* Vertreter, *der*

travel: ~**-sick** adj. reisekrank; ~**-sickness** *n.* Reisekrankheit, *die*; ~**-sickness pill** *n.* Tablette gegen Reisekrankheit

trawler /'trɔːlə(r)/ *n.* [Fisch]trawler, *der*

tray /treɪ/ *n.* Tablett, *das*; (for correspondence) Ablagekorb, *der*

treacherous /'tretʃərəs/ *adj.* **1** treulos <*Person*>
2 (deceptive) tückisch

treachery /'tretʃərɪ/ *n.* Verrat, *der*

treacle /'triːkl/ *n.* (BrE) Sirup, *der*

tread /tred/ Ⓐ *n.* **1** (of tyre, boot, etc.) Lauffläche, *die*; **2 millimetres of** ~ **on a tyre** 2 Millimeter Profil auf einem Reifen
2 (sound of walking) Schritt, *der*
Ⓑ *v.i.*, **trod** /trɒd/, **trodden** /'trɒdn/ *or* **trod** treten (in/on in/auf + Akk.); (walk) gehen
Ⓒ *v.t.*, **trod**, **trodden** *or* **trod** treten auf (+ Akk.); stampfen <*Weintrauben*>

'**treadmill** *n.* (lit. or fig.) Tretmühle, *die*

treason /'triːzn/ *n.* [high] ~ Hochverrat, *der*

treasure /'treʒə(r)/ Ⓐ *n.* Schatz, *der*; Kostbarkeit, *die*; art ~s Kunstschätze. *Pl.*
Ⓑ *v.t.* in Ehren halten

treasure: ~ **house** *n.* [wahre] Fundgrube;

t

∼ **hunt** *n.* Schatzsuche, *die*
treasurer /'treʒərə(r)/ *n.* Kassenwart, *der*/-wartin, *die*
treasury /'treʒərɪ/ *n.* the T∼ das Finanzministerium
◆ **treat** /triːt/ ◢ *n.* **1** [besonderes] Vergnügen
  2 (entertainment) *Vergnügen, für dessen Kosten jmd. anderes aufkommt;* lay on a special ∼ for sb jmdm. etwas Besonderes bieten; it's my ∼ ich lade ein
  ◢ *v.t.* **1** behandeln; ∼ sth as a joke etw. als Witz nehmen; ∼ sth with contempt für etw. nur Verachtung haben
  2 (Med.) behandeln; ∼ sb for sth jmdn. wegen etw. behandeln; (before confirmation of diagnosis) jmdn. auf etw. (*Akk.*) behandeln
  3 klären <*Abwässer*>
  4 (provide with at own expense) einladen; ∼ sb to sth jmdm. etw. spendieren; ∼ oneself to a new hat sich (*Dat.*) einen neuen Hut leisten
treatise /'triːtɪs, 'triːtɪz/ *n.* Abhandlung, *die*
◆ **'treatment** *n.* Behandlung, *die*
treaty /'triːtɪ/ *n.* [Staats]vertrag, *der*
treble /'trebl/ ◢ *adj.* **1** dreifach
  2 (BrE) (Mus.) ∼ voice Sopranstimme, *die*
  ◢ *n.* **1** (∼ quantity) Dreifache, *das*
  2 (Mus.) he is a ∼ er singt Sopran
  ◢ *v.t.* verdreifachen
  ◢ *v.i.* sich verdreifachen
'treble clef *n.* (Mus.) Violinschlüssel, *der*
◆ **tree** /triː/ *n.* Baum, *der*
'tree house *n.* Baumhaus, *das*
'treeless *adj.* baumlos
tree: ∼-**lined** *adj.* von Bäumen gesäumt; ∼ **surgeon** *n.* Baumchirurg, *der*; ∼ **surgery** *n.* Baumchirurgie, *die*; ∼**top** *n.* [Baum]wipfel, *der*; ∼ **trunk** *n.* Baumstamm, *der*
trek /trek/ ◢ *v.i.*, -**kk-** ziehen (**across** durch)
  ◢ *n.* [schwierige] Reise
trellis /'trelɪs/ *n.* Gitter, *das*; (for plants) Spalier, *das*
tremble /'trembl/ *v.i.* zittern (**with** vor + *Dat.*)
trembling /'tremblɪŋ/ ◢ *adj.* zitternd
  ◢ *n.* Zittern, *das*
tremendous /trɪ'mendəs/ *adj.* gewaltig; (infml) (wonderful) großartig
tremor /'tremə(r)/ *n.* **1** Zittern, *das*
  2 [earth] ∼ leichtes Erdbeben
trench /trentʃ/ *n.* Graben, *der*; (Mil.) Schützengraben, *der*
trench 'warfare *n.* Grabenkrieg, *der*
◆ **trend** /trend/ ◢ *n.* **1** Trend, *der*; upward ∼ steigende Tendenz
  2 (fashion) Mode, *die*; [Mode]trend, *der*
  ◢ *v.i.* (in news or social media website) trenden
trendiness /'trendɪnəs/ *n.* (BrE) (infml) modische Art
'trendsetter *n.* Trendsetter, *der*
'trendy *adj.* (BrE) (infml) modisch; Schickimicki<*kneipe*> (ugs.)

◆ Schlüsselwort

trepidation /trepɪ'deɪʃn/ *n.* Beklommenheit, *die*
trespass /'trespəs/ *v.i.* ∼ on unerlaubt betreten <*Grundstück*>
'trespasser *n.* Unbefugte, *der*/*die*
◆ **trial** /'traɪəl/ *n.* **1** (Law) [Gerichts]verfahren, *das*; be on ∼ [for murder] [wegen Mordes] vor Gericht stehen
  2 (testing) Test, *der*; employ sb on ∼ jmdn. probeweise einstellen; [by] ∼ and error [durch] Ausprobieren
  3 (trouble) Problem, *das*
  4 (Sport) (competition) Prüfung, *die*; (for selection) Testspiel, *das*
trial 'run *n.* (of car) Testfahrt, *die*; (fig.) Probelauf, *der*
triangle /'traɪæŋgl/ *n.* **1** Dreieck, *das*
  2 (Mus.) Triangel, *der od. das*
triangular /traɪ'æŋgjʊlə(r)/ *adj.* dreieckig
tribal /'traɪbl/ *adj.* Stammes-
tribalism /'traɪbəlɪzm/ *n.* Tribalismus, *der* (fachspr.)
tribe /traɪb/ *n.* Stamm, *der*
tribulation /trɪbjʊ'leɪʃn/ *n.* Kummer, *der*
tribunal /traɪ'bjuːnl/ *n.* Schiedsgericht, *das*
tributary /'trɪbjʊtərɪ/ *n.* Nebenfluss, *der*
tribute /'trɪbjuːt/ *n.* Tribut, *der* (to an + *Akk.*); pay ∼ to sb/sth jmdm./einer Sache den schuldigen Tribut zollen (geh.)
trice /traɪs/ *n.* in a ∼ im Handumdrehen
trick /trɪk/ ◢ *n.* **1** Trick, *der*; it was all a ∼ das war [alles] nur Bluff
  2 (feat of skill etc.) Kunststück, *das*; that should do the ∼ (infml) damit dürfte es klappen (ugs.)
  3 (knack) get *or* find the ∼ [of doing sth] den Dreh finden[, wie man etw. tut]
  4 (prank) Streich, *der*; play a ∼ on sb jmdm. einen Streich spielen
  5 (Cards) Stich, *der*
  ◢ *v.t.* täuschen; hereinlegen; ∼ sb out of/into sth jmdm. etw. ablisten
trickery /'trɪkərɪ/ *n.* [Hinter]list, *die*
trickle /'trɪkl/ *v.i.* rinnen; (in drops) tröpfeln
trick: ∼ **'photograph** *n.* Trickaufnahme, *die*; ∼ **'question** *n.* Fangfrage, *die*
trickster /'trɪkstə(r)/ *n.* Schwindler, *der*/ Schwindlerin, *die*
'tricky *adj.* verzwickt (ugs.)
tricycle /'traɪsɪkl/ *n.* Dreirad, *das*
tried ▸ try B, C
trifle /'traɪfl/ *n.* **1** (BrE) (Gastron.) Trifle, *das*
  2 (thing of slight value) Kleinigkeit, *die*
trifling /'traɪflɪŋ/ *adj.* unbedeutend <*Angelegenheit*>; gering <*Wert*>
trigger /'trɪgə(r)/ ◢ *n.* **1** (of gun) Abzug, *der*; (of machine) Drücker, *der*
  2 (fig.) Auslöser, *der*
  ◢ *v.t.* ∼ [off] auslösen
trigonometry /trɪgə'nɒmɪtrɪ/ *n.* Trigonometrie, *die*

t

trilingual /traɪ'lɪŋgwəl/ *adj.* dreisprachig

trill /trɪl/ **A** *n.* Trillern, *das*; (Mus.) Triller, *der*
　B *v.i.* trillern.

trillion /'trɪljən/ *n.* (million million) Billion, *die*

trilogy /'trɪlədʒɪ/ *n.* Trilogie, *die*

trim /trɪm/ **A** *v.t.*, **-mm-** **1** schneiden
　‹Hecke›; [nach]schneiden ‹Haar›;
　beschneiden ‹Papier, Hecke, Budget›
　2 (ornament) besetzen (with mit)
　B *adj.* proper; gepflegt ‹Garten›
　C *n.* **1** be in ~ (healthy) in Form *od.* fit sein
　2 (cut) Nachschneiden, *das*

'**trimming** *n.* **1** (decorations) Verzierung, *die*
　2 *in pl.* (infml) (accompaniments) Beilagen *Pl.*;
　with all the ~s mit allem Drum und Dran
　(ugs.)

Trinity /'trɪnɪtɪ/ *n.* (Theol.) the [Holy] ~ die
　Heilige Dreieinigkeit

trinket /'trɪŋkɪt/ *n.* kleines, billiges
　Schmuckstück

trio /'triːəʊ/ *n.*, *pl.* ~s Trio, *das*

ꞏ **trip** /trɪp/ **A** *n.* **1** Reise, *die*; (shorter) Ausflug,
　der
　2 (infml) (drug-induced hallucinations) Trip, *der*
　B *v.i.*, **-pp-** stolpern (on über + Akk.)
　■ ~ '**over** *v.t.* stolpern über (Akk.)
　■ ~ '**up A** *v.i.* **1** stolpern
　2 (fig.) einen Fehler machen
　B *v.t.* **1** stolpern lassen
　2 (fig.) aufs Glatteis führen (fig.)

tripe /traɪp/ *n.* **1** Kaldaunen *Pl.*
　2 (infml) (rubbish) Quatsch, *der* (ugs.)

triple /'trɪpl/ **A** *adj.* **1** (threefold) dreifach
　2 (three times greater than) ~ the ... der/die/das
　dreifache ...
　B *n.* Dreifache, *das*
　C *v.i.* sich verdreifachen
　D *v.t.* verdreifachen

'**triple jump** *n.* (Sport) Dreisprung, *der*

triplet /'trɪplɪt/ *n.* Drilling, *der*

triplicate /'trɪplɪkət/ *n.* in ~ in dreifacher
　Ausfertigung

trip 'mileage recorder *n.* (Motor Veh.)
　Tageskilometerzähler, *der*

tripod /'traɪpɒd/ *n.* Dreibein, *das*

'**tripper** *n.* (BrE) Ausflügler, *der*/Ausflüglerin,
　die

'**tripwire** *n.* Stolperdraht, *der*

trite /traɪt/ *adj.* banal

triumph /'traɪəmf, 'traɪʌmf/ **A** *n.* Triumph,
　der (over über + Akk.)
　B *v.i.* triumphieren (over über + Akk.)

triumphant /traɪ'ʌmfənt/ *adj.* **1** siegreich
　2 triumphierend ‹Blick›

trivia /'trɪvɪə/ *n. pl.* Belanglosigkeiten *Pl.*

trivial /'trɪvɪəl/ *adj.* belanglos

triviality /trɪvɪ'ælɪtɪ/ *n.* Belanglosigkeit, *die*

trivialize /'trɪvɪəlaɪz/ *v.t.* auf eine belanglose
　Ebene bringen

trod, trodden ▸ tread B, C

trolley /'trɒlɪ/ *n.* **1** (for serving food)
　Servierwagen, *der*
　2 [supermarket] ~ Einkaufswagen, *der*

trombone /trɒm'bəʊn/ *n.* Posaune, *die*

ꞏ **troop** /truːp/ **A** *n.* **1** *in pl.* Truppen *Pl.*
　2 (fig.) Schar, *die*
　B *v.i.* ~ **in/out** hinein-/hinausströmen

troop: ~ **carrier** *n.* Truppentransporter, *der*;
　~**ship** *n.* Truppentransporter, *der*

trophy /'trəʊfɪ/ *n.* Trophäe, *die*

tropic /'trɒpɪk/ *n.* **the T~s** (Geog.) die Tropen;
　the ~ of Cancer/Capricorn (Astron., Geog.) der
　Wendekreis des Krebses/Steinbocks

tropical /'trɒpɪkl/ *adj.* tropisch;
　Tropen‹krankheit, -kleidung›

tropical: ~ '**medicine** *n.* Tropenmedizin,
　die; ~ '**rainforest** *n.* tropischer Regenwald

trot /trɒt/ **A** *n.* (infml) **on the** ~ hintereinander;
　be on the ~ auf Trab sein (ugs.)
　B *v.i.*, **-tt-** traben

ꞏ **trouble** /'trʌbl/ **A** *n.* **1** Ärger, *der*;
　Schwierigkeiten *Pl.*; **there'll be** ~ [if ...] es
　wird Ärger geben, [wenn ...]; **what's the** ~?
　was ist denn?
　2 engine/brake ~ Probleme mit dem Motor/
　der Bremse; **suffer from heart/liver** ~ herz-/
　leberkrank sein
　3 (inconvenience) Mühe, *die*; **take a lot of** ~
　sich (Dat.) sehr viel Mühe geben; **it's more**
　~ **than it's worth** es lohnt sich nicht
　4 *in sing. or pl.* (unrest) Unruhen *Pl.*
　B *v.t.* **1** (agitate) beunruhigen; **don't let it** ~
　you mach dir deswegen keine Sorgen
　2 (inconvenience) stören
　C *v.i.* (make an effort) sich bemühen

troubled /'trʌbld/ *adj.* **1** (worried) besorgt
　2 (restless) unruhig

trouble: ~-**free** *adj.* problemlos; ~**maker**
　n. Unruhestifter, *der*/-stifterin, *die*

troublesome /'trʌblsəm/ *adj.* schwierig;
　lästig ‹Krankheit›

trough /trɒf/ *n.* Trog, *der*

troupe /truːp/ *n.* Truppe, *die*

trouser /'traʊzə/: ~ **leg** *n.* Hosenbein, *das*; ~
　press *n.* Bügelpresse, *die*; Hosenbügler, *der*

trousers /'traʊzəz/ *n.*, *pl.* **[pair of]** ~; Hose,
　die

'**trouser suit** *n.* (BrE) Hosenanzug, *der*

trousseau /'truːsəʊ/ *n.*, *pl.* ~**s** or ~**x**
　/'truːsəʊz/ Aussteuer, *die*

trout /traʊt/ *n.*, *pl.* same Forelle, *die*

trout: ~ **farm** *n.* Forellenzuchtbetrieb, *der*;
　~-**fishing** *n.* Forellenfang, *der*

trowel /'traʊəl/ *n.* Kelle, *die*; (Hort.)
　Pflanzkelle, *die*

truant /'truːənt/ *n.* **play** ~ [die Schule]
　schwänzen (ugs.)

truce /truːs/ *n.* Waffenstillstand, *der*

truck /trʌk/ *n.* **1** Last[kraft]wagen, *der*; Lkw;
　der
　2 (BrE) (Railw.) offener Güterwagen

t

'**truck driver, trucker** /'trʌkə(r)/ ns.
Lastwagenfahrer, *der*/-fahrerin, *die*; (long-
distance) Fernfahrer, *der*/-fahrerin, *die*
truculent /'trʌkjʊlənt/ adj. aufsässig
trudge /trʌdʒ/ v.i. trotten; (through snow etc.)
stapfen
↙ **true** /truː/ adj., ∼**r** /'truːə(r)/, ∼**st** /'truːɪst/
1 wahr; wahrheitsgetreu <*Bericht*>; richtig
<*Vorteil*>; (rightly so called) eigentlich; echt,
wahr <*Freund*>; **is it** ∼ **that …?** stimmt es,
dass …?; ∼ **to life** lebensecht
2 (loyal) treu
truffle /'trʌfl/ n. Trüffel, *die od.* (ugs.) der
truism /'truːɪzm/ n. Binsenweisheit, *die*
↙ **truly** /'truːlɪ/ adv. **1** wirklich
2 (accurately) zutreffend; **yours** ∼ mit
freundlichen Grüßen
trump /trʌmp/ (Cards) **A** n. Trumpf, *der*
B v.t. übertrumpfen
'**trump card** n. (lit. or fig.) Trumpf, *der*
trumped up /'trʌmpt ʌp/ adj. falsch
<*Beschuldigung usw.*>
trumpet /'trʌmpɪt/ n. Trompete, *die*
'**trumpeter** n. Trompeter, *der*/Trompeterin,
die
truncheon /'trʌntʃn/ n. Schlagstock, *der*
trundle /'trʌndl/ v.t. & i. rollen
trunk /trʌŋk/ n. **1** (of elephant etc.) Rüssel, *der*
2 (large box) Schrankkoffer, *der*
3 (of tree) Stamm, *der*
4 (of body) Rumpf, *der*
5 (AmE) (of car) Kofferraum, *der*
6 *in pl.* (BrE) **[swimming]** ∼s Badehose, *die*
truss /trʌs/ n. (Med.) Bruchband, *das*
↙ **trust** /trʌst/ **A** n. **1** Vertrauen, *das*; **place** *or*
put one's ∼ **in sb/sth** sein Vertrauen auf
od. in jmdn./etw. setzen; **take sth on** ∼ etw.
einfach glauben
2 (organization managed by trustees)
Treuhandgesellschaft, *die*; **[charitable]** ∼
Stiftung, *die*; (association of companies) Trust,
der
3 (Law) **hold in** ∼ treuhänderisch verwalten
B v.t. **1** (rely on) trauen (+ *Dat.*); vertrauen
(+ *Dat.*) <*Person*>; ∼ **sb with sth** jmdm. etw.
anvertrauen
C v.i. **1** ∼ **to** sich verlassen auf (+ *Akk.*)
2 (believe) ∼ **in sb/sth** auf jmdn./etw.
vertrauen
trustee /trʌ'stiː/ n. Treuhänder, *der*/
Treuhänderin, *die*
trustful /'trʌstfl/, '**trusting** adjs.
vertrauensvoll
trust: ∼ **fund** n. Treuhandvermögen, *das*;
∼**worthy** adj. vertrauenswürdig
↙ **truth** /truːθ/ n., pl. ∼**s** /truːðz, truːθs/
Wahrheit, *die*; **tell the [whole]** ∼ die [ganze]
Wahrheit sagen
truthful /'truːθfl/ adj. ehrlich
↙ **try** /traɪ/ **A** n. Versuch, *der*; **have a** ∼ **at sth/**

doing sth etw. versuchen/versuchen, etw. zu
tun; **give it a** ∼, **have a** ∼ es versuchen
B v.t. **1** (attempt) versuchen
2 (test usefulness of) probieren
3 (test) auf die Probe stellen <*Fähigkeit,
Kraft, Geduld*>
4 (Law) (take to trial) ∼ **a case** einen Fall
verhandeln; ∼ **sb [for sth]** jmdn. [wegen
einer Sache] vor Gericht stellen
C v.i. es versuchen; ∼ **hard/harder** sich
(*Dat.*) viel/mehr Mühe geben
■ ∼ **'on** v.t. anprobieren <*Kleidungsstück*>
■ ∼ **'out** v.t. ausprobieren
'**trying** adj. **1** (testing) schwierig
2 (difficult to endure) anstrengend
tsar /zɑː(r)/ n. (Hist.) Zar, *der*
'**T-shirt** n. T-Shirt, *das*
tub /tʌb/ n. **1** Kübel, *der*; (for ice cream etc.)
Becher, *der*
tuba /'tjuːbə/ n. (Mus.) Tuba, *die*
tubby /'tʌbɪ/ adj. rundlich
tube /tjuːb/ n. **1** (for conveying liquids etc.) Rohr,
das
2 (small cylinder) Tube, *die*; (for sweets, tablets)
Röhrchen, *das*
3 (Anat., Zool.) Röhre, *die*
4 (of TV etc.) Röhre, *die*
5 (BrE) (infml) (underground railway) U-Bahn, *die*
tuber /'tjuːbə(r)/ n. (Bot.) Knolle, *die*
tuberculosis /tjuːbɜːkjʊ'ləʊsɪs/ n.
Tuberkulose, *die*
tube: ∼ **station** n. (BrE) (infml) U-Bahnhof,
der; ∼ **train** n. (BrE) (infml) U-Bahn-Zug, *der*
tubing /'tjuːbɪŋ/ n. Rohre *Pl.*
tubular /'tjuːbjʊlə(r)/ adj. röhrenförmig
tuck /tʌk/ **A** v.t. stecken
B n. (in fabric) (for decoration) Biese, *die*; (to
tighten) Abnäher, *der*
■ ∼ **'in A** v.t. hineinstecken
B v.i. (infml) zulangen (ugs.)
■ ∼ **'up** v.t. **1** hochkrempeln <*Ärmel, Hose*>;
hochnehmen <*Rock*>
2 (cover snugly) zudecken
Tue., Tues. abbrs. = **Tuesday** Di.
↙ **Tuesday** /'tjuːzdeɪ, 'tjuːzdɪ/ n. Dienstag, *der*;
see also **Friday**
tuft /tʌft/ n. Büschel, *das*
tug /tʌg/ **A** n. **1** Ruck, *der*
2 ∼ **[boat]** Schlepper, *der*
B v.t., **-gg-** ziehen
C v.i., **-gg-** zerren (**at** an + *Dat.*)
tug of 'war n. Tauziehen, *das*
tuition /tjuː'ɪʃn/ n. Unterricht, *der*
tulip /'tjuːlɪp/ n. Tulpe, *die*
tumble /'tʌmbl/ **A** v.i. stürzen; fallen
B n. Sturz, *der*
tumble: ∼**down** adj. verfallen; ∼**-drier**
n. Wäschetrockner, *der*; ∼**-dry** v.t. im
Automaten trocknen
tumbler /'tʌmblə(r)/ n. (short) Whiskyglas,
das; (long) Wasserglas, *das*

↙ Schlüsselwort

t

tummy /'tʌmɪ/ *n.* (child lang./infml) Bäuchlein, *das*

tummy: ~ **ache** *n.* (child lang./infml) Bauchweh, *das*; ~ **button** *n.* (child lang./infml) Bauchnabel, *der*; ~ **upset** *n.* (child lang./infml) Magenverstimmung, *die*

tumour (BrE; AmE: **tumor**) /'tju:mə(r)/ *n.* Tumor, *der*

tumult /'tju:mʌlt/ *n.* Tumult, *der*

tuna /'tju:nə/ *n., pl. same or* ~**s** Thunfisch, *der*

tune /tju:n/ **A** *n.* **1** (melody) Melodie, *die*; **change one's** ~ (fig.) sein Verhalten ändern; **call the** ~ den Ton angeben
2 (correct pitch) **sing in/out of** ~ richtig/falsch singen; **be in/out of** ~ ⟨*Instrument*:⟩ richtig gestimmt/verstimmt sein
B *v.t.* **1** (Mus.) (put in ~) stimmen
2 (Radio, Telev.) einstellen (**to** auf + *Akk.*)
3 einstellen ⟨*Motor, Vergaser*⟩

tuneful /'tju:nfl/ *adj.* melodisch

tune 'in *v.i.* (Radio, Telev.) ~ **to a station** einen Sender einstellen

tuner /'tju:nə(r)/ *n.* **1** (Mus.) Stimmer, *der*/ Stimmerin, *die*
2 (radio) Tuner, *der*

tunic /'tju:nɪk/ *n.* (of soldier) Uniformjacke, *die*; (of schoolgirl) Kittel, *der*

'tuning fork /'tju:nɪŋfɔ:k/ *n.* Stimmgabel, *die*

Tunisia /tju:'nɪzɪə/ *pr. n.* Tunesien *(das)*

tunnel /'tʌnl/ **A** *n.* Tunnel, *der*; (dug by animal) Gang, *der*
B *v.i.*, (BrE) **-ll-** einen Tunnel graben

turban /'tɜ:bən/ *n.* Turban, *der*

turbine /'tɜ:baɪn/ *n.* Turbine, *die*

turbocharged /'tɜ:bəʊtʃɑ:dʒd/ *adj.* mit Turbolader *nachgestellt*

turbot /'tɜ:bət/ *n.* Steinbutt, *der*

turbulence /'tɜ:bjʊləns/ *n.* **1** Aufgewühltheit, *die*; (fig.) Aufruhr, *der*
2 (Phys.) Turbulenz, *die*

turbulent /'tɜ:bjʊlənt/ *adj.* **1** aufgewühlt
2 (Phys.) turbulent

turd /tɜ:d/ *n.* (coarse) Scheißhaufen, *der* (derb)

tureen /tjʊə'ri:n/ *n.* Terrine, *die*

turf /tɜ:f/ *n., pl.* ~**s** *or* **turves** /tɜ:vz/ **1** *no pl.* Rasen, *der*
2 (segment) Rasenstück, *das*

■ ~ **'out** *v.t.* (infml) rausschmeißen (ugs.)

Turk /tɜ:k/ *n.* Türke, *der*/Türkin, *die*

turkey *n.* Truthahn, *der*/Truthenne, *die*; (esp. as food) Puter, *der*/Pute, *die*

Turkey /'tɜ:kɪ/ *pr. n.* die Türkei

Turkish /'tɜ:kɪʃ/ **A** *adj.* türkisch; **sb is** ~ jmd. ist Türke/Türkin
B *n.* Türkisch, *das*; *see also* **English B1**

turmoil /'tɜ:mɔɪl/ *n.* Aufruhr, *der*

✧ **turn** /tɜ:n/ **A** *n.* **1 it is sb's** ~ **to do sth** jmd. ist an der Reihe, etw. zu tun; **it's your** ~ **[next]** du bist als Nächster/Nächste dran (ugs.) *od.* an der Reihe; **out of** ~ außer der Reihe; (fig.) an der falschen Stelle ⟨*lachen*⟩; **take**

[it in] ~**s** sich abwechseln
2 (rotary motion) Drehung, *die*
3 (change of direction) Wende, *die*; **take a** ~ **to the right/left, do** *or* **take a right/left** ~ nach rechts/links abbiegen; (fig.) **take a favourable** ~ sich zum Guten wenden; **the** ~ **of the year/century** die Jahres-/ Jahrhundertwende
4 (bend) Kurve, *die*; (corner) Ecke, *die*
5 (short performance) Nummer, *die*
6 (service) **do sb a good** ~ jmdm. einen guten Dienst erweisen
7 (fright) **give sb quite a** ~ jmdm. einen gehörigen Schrecken einjagen (ugs.)
B *v.t.* **1** (make revolve) drehen
2 (reverse) umdrehen; wenden ⟨*Pfannkuchen, Auto, Heu*⟩; ~ **sth upside down** *or* **on its head** (lit. or fig.) etw. auf den Kopf stellen; ~ **the page** umblättern
3 (give new direction to) drehen, wenden ⟨*Kopf*⟩; ~ **a hose/gun on sb/sth** einen Schlauch/ ein Gewehr auf jmdn./etw. richten; ~ **one's attention/mind to sth** sich/seine Gedanken einer Sache (*Dat.*) zuwenden
4 ~ **sb loose on sb/sth** jmdn. auf jmdn./etw. loslassen
5 (cause to become) verwandeln; ~ **the lights [down] low** das Licht dämpfen; ~ **a play/ book into a film** ein Theaterstück/Buch verfilmen
6 (shape in lathe) drechseln ⟨*Holz*⟩; drehen ⟨*Metall*⟩
7 drehen ⟨*Pirouette*⟩; schlagen ⟨*Purzelbaum*⟩
C *v.i.* **1** (revolve) sich drehen
2 (reverse direction) ⟨*Person*:⟩ sich herumdrehen; ⟨*Auto*:⟩ wenden
3 (take new direction) sich wenden; (~ round) sich umdrehen; ~ **to the left/right** nach links/rechts abbiegen
4 (become) werden; ~ **[in]to sth** zu etw. werden; (be transformed) sich in etw. (*Akk.*) verwandeln
5 (become sour) ⟨*Milch*:⟩ sauer werden

■ ~ **a'way** **A** *v.i.* sich abwenden
B *v.t.* **1** (avert) abwenden
2 (send away) wegschicken

■ ~ **'down** *v.t.* **1** herunterschlagen ⟨*Kragen*⟩
2 niedriger stellen ⟨*Heizung*⟩; herunterdrehen ⟨*Gas*⟩; leiser stellen ⟨*Ton, Radio, Fernseher*⟩
3 (reject) ablehnen; abweisen ⟨*Kandidaten usw.*⟩

■ ~ **'in** **A** *v.t.* **1** nach innen drehen
2 (hand in) abgeben
B *v.i.* **1** (enter) einbiegen
2 (infml) (go to bed) in die Falle gehen (salopp)

■ ~ **'off** **A** *v.t.* abschalten; abstellen ⟨*Wasser, Gas*⟩; zudrehen ⟨*Wasserhahn*⟩
B *v.i.* abbiegen

■ ~ **on** *v.t.* **1** /-'-/ anschalten; aufdrehen ⟨*Wasserhahn, Gas*⟩
2 /'--/ (attack) angreifen

■ ~ **'out** **A** *v.t.* **1** (expel) hinauswerfen (ugs.)
2 (switch off) ausschalten; abdrehen ⟨*Gas*⟩
3 (produce) produzieren

t

4 (BrE) (empty) ausräumen; leeren; (get rid of) wegwerfen
B *v.i.* **1** (prove to be) sb/sth ~s out to be sth jmd./etw. stellt sich als jmd./etw. heraus; everything ~ed out well/all right in the end alles endete gut
2 (appear) <*Fans usw.:*> erscheinen
■ ~ 'over **A** *v.t.* umdrehen
B *v.i.* **1** (tip over) umkippen; <*Boot:*> kentern; <*Auto, Flugzeug:*> sich überschlagen
2 (from one side to the other) sich umdrehen
3 (~ a page) umblättern
■ ~ 'round *v.i.* sich umdrehen
■ '~ **to** *v.t.* (fig.) ~ to sb sich an jmdn. wenden; ~ to sb for help/advice bei jmdm. Hilfe/Rat suchen; ~ to drink sich in den Alkohol flüchten
■ ~ 'up **A** *v.i.* **1** <*Person:*> erscheinen
2 (present itself) auftauchen; <*Gelegenheit:*> sich bieten
B *v.t.* **1** hochschlagen <*Kragen*>
2 lauter stellen <*Ton, Radio, Fernseher*>; aufdrehen <*Heizung, Gas*>; heller machen <*Licht*>

'**turnaround** *n.* **1** (change) [Kehrt]wende, *die*
2 (of aircraft, ship, vehicle) Abfertigung, *die*
'**turned-up** /'tɜ:ndʌp/ *adj.* ~ nose Stupsnase, *die* (ugs.)
'**turning** *n.* Abzweigung, *die*
'**turning point** *n.* Wendepunkt, *der*
turnip /'tɜ:nɪp/ *n.* (white) Rübe, *die*
turn: ~**out** *n.* (of people) Beteiligung, *die* (for an + *Dat.*); ~**over** *n.* **1** (Commerc.) Umsatz, *der*; (of stock) Umschlag, *der*
2 (of staff) Fluktuation, *die*; ~**pike** *n.* (AmE) gebührenpflichtige Autobahn; ~**stile** *n.* Drehkreuz, *das*; ~**table** *n.* Plattenteller, *der*; ~**up** *n.* (BrE) (Fashion) Aufschlag, *der*
turpentine /'tɜ:pntaɪn/ *n.* Terpentin, *das*
turps /tɜ:ps/ *n.* (infml) Terpentin, *das* (ugs.)
turquoise /'tɜ:kwɔɪz/ **A** *n.* **1** Türkis, *der*
2 (colour) Türkis, *das*
B *adj.* türkis[farben]
turret /'tʌrɪt/ *n.* Türmchen, *das*
turreted /'tʌrɪtɪd/ *adj.* <*Schloss*> mit Mauertürmchen
turtle /'tɜ:tl/ *n.* **1** Meeresschildkröte, *die*
2 (AmE) (freshwater reptile) Wasserschildkröte, *die*
'**turtleneck** *n.* ~ **pullover** Pullover mit Stehbund
turves ▶ turf 2
tusk /tʌsk/ *n.* Stoßzahn, *der*
tussle /'tʌsl/ **A** *n.* Gerangel, *das* (ugs.)
B *v.i.* sich balgen
tut /tʌt/, **tut-tut** /tʌt'tʌt/ **A** *int.* na[, na]
B *v.i.,* **-tt-**; ~ [with disapproval] [missbilligend] „na, na!" sagen
tutor /'tju:tə(r)/ *n.* [private] ~ [Privat]lehrer, *der*/-lehrerin, *die*
tutu /'tu:tu:/ *n.* Tutu, *das*

tuxedo /tʌk'si:dəʊ/ *n., pl.* ~s *or* ~es (AmE) Smoking, *der*
⚹ **TV** /ti:'vi:/ *n.* **1** Fernsehen, *das*
2 (television set) Fernseher, *der* (ugs.)
twaddle /'twɒdl/ *n.* Gewäsch, *das* (ugs.)
twang /twæŋ/ **A** *v.t.* zupfen <*Saite*>
B *n.* [nasal] ~ Näseln, *das*
tweed /twi:d/ *n.* Tweed, *der*
tweet /twi:t/ *n.* (Comp.) Tweet, *der od. das*
tweezers /'twi:zəz/ *n. pl.* [pair of] ~ Pinzette, *die*
twelfth /twelfθ/ **A** *adj.* zwölft...
B *n.* (fraction) Zwölftel, *das; see also* eighth
twelve /twelv/ **A** *adj.* zwölf
B *n.* Zwölf, *die; see also* eight
twentieth /'twentɪθ/ **A** *adj.* zwanzigst...
B *n.* (fraction) Zwanzigstel, *das; see also* eighth
twenty /'twentɪ/ **A** *adj.* zwanzig
B *n.* Zwanzig, *die; see also* eight, eighty B
⚹ **twice** /twaɪs/ *adv.* **1** zweimal
2 (doubly) doppelt
twiddle /'twɪdl/ *v.t.* herumdrehen an (+ *Dat.*) (ugs.); ~ one's thumbs (lit. or fig.) Däumchen drehen
twig[1] /twɪg/ *n.* Zweig, *der*
twig[2] (infml) **A** *v.t.,* **-gg-** kapieren (ugs.)
B *v.i.,* **-gg-** es kapieren (ugs.)
twilight /'twaɪlaɪt/ *n.* **1** (evening light) Dämmerlicht, *das*
2 (period of half-light) Dämmerung, *die*
twin /twɪn/ **A** *attrib. adj.* **1** Zwillings-
2 (forming a pair) Doppel-
B *n.* Zwilling, *der*
C *v.t.* Bottrop is ~ned with Blackpool Bottrop und Blackpool sind Partnerstädte
twin 'beds *n. pl.* zwei Einzelbetten *Pl.*
twine /twaɪn/ **A** *n.* Bindfaden, *der*
B *v.i.* sich winden (about, around um)
twinge /twɪndʒ/ *n.* Stechen, *das*; ~[s] of conscience (fig.) Gewissensbisse *Pl.*
twinkle /'twɪŋkl/ **A** *v.i.* funkeln (with vor + *Dat.*)
B *n.* Funkeln, *das*
twinkling /'twɪŋklɪŋ/ *n.* in a ~, in the ~ of an eye im Handumdrehen
'**twin town** *n.* (BrE) Partnerstadt, *die*
twirl /twɜ:l/ **A** *v.t.* [schnell] drehen
B *v.i.* wirbeln (around über + *Akk.*)
twist /twɪst/ **A** *v.t.* **1** verdrehen <*Worte, Bedeutung*>; ~ one's ankle sich (*Dat.*) den Knöchel verrenken; ~ sb's arm jmdm. den Arm umdrehen; (fig.) jmdm. [die] Daumenschrauben anlegen
2 (rotate) drehen
B *v.i.* sich winden
C *n.* **1** (motion) Drehung, *die*
2 (unexpected occurrence) überraschende Wendung
'**twisted** *adj.* verbogen; (fig.) verdreht (ugs. abwertend) <*Geist*>; verquer <*Humor*>

twit /twɪt/ *n.* (BrE) (infml) Trottel, *der* (ugs.)
twitch /twɪtʃ/ **A** *v.i.* <Mund, Lippe:> zucken
  B *n.* Zucken, *das*
twitter /'twɪtə(r)/ **A** *n.* Zwitschern, *das*
  B *v.i.* zwitschern
⚡ **two** /tuː/ **A** *adj.* zwei
  B *n.* Zwei, *die; see also* eight
two: ~**-bit** *adj.* (AmE) (of poor quality) mies
  (ugs.); ~**-faced** /'tuːfeɪst/ *adj.* (fig.) falsch;
  ~**fold** *adj., adv.* zweifach; a ~**fold increase**
  ein Anstieg auf das Doppelte; ~**-lane** *adj.*
  zweispurig; ~**-piece** **A** *n.* Zweiteiler, *der*
  B *adj.* zweiteilig; ~**-seater** /-'--/ *n.*
  Zweisitzer, *der*; ~**some** /'tuːsəm/ *n.*
  Paar, *das*; ~**-storey** *adj.* zweigeschossig;
  ~**-tone** *adj.* zweifarbig; ~**-up** ~**-down**
  n. kleines [Reihen]haus; ~**-way** *adj.*
  zweibahnig (Verkehrsw.); '~**-way traffic**
  ahead„ „Achtung Gegenverkehr"; ~**-way**
  'mirror *n.* Einwegspiegel, *der*
tycoon /taɪˈkuːn/ *n.* Magnat, *der*
tying ▶ tie A, B
⚡ **type** /taɪp/ **A** *n.* **1** Art, *die*; (person) Typ, *der*;
  what ~ **of car …?** was für ein Auto …?
  2 (Printing) Drucktype, *die*
  B *v.t.* [mit der Maschine] schreiben;
  tippen (ugs.)
  C *v.i.* Maschine schreiben
■ ~ **'out** *v.t.* [mit der Schreibmaschine]
  abschreiben; abtippen (ugs.)
type: ~**cast** *v.t.* [auf eine bestimmte Rolle]
  festlegen; ~**face** *n.* Schriftbild, *das*; ~**script**
  n. maschine[n]geschriebene Fassung;
  ~**setter** *n.* [Schrift]setzer, *der*/-setzerin, *die*;
  ~**setting** *n.* [Schrift]setzen, *das*; ~**writer**
  n. Schreibmaschine, *die*; ~**written** *adj.*
  maschine[n]geschrieben
typhoid /'taɪfɔɪd/ *n.* ~ **[fever]** Typhus, *der*
typhoon /taɪˈfuːn/ *n.* Taifun, *der*
⚡ **typical** /'tɪpɪkl/ *adj.* typisch (of für)
typify /'tɪpɪfaɪ/ *v.t.* ~ **sth** als typisches
  Beispiel für etw. dienen
typing /'taɪpɪŋ/ *n.* Maschineschreiben, *das*
'typing error *n.* Tippfehler, *der*
typist /'taɪpɪst/ *n.* Schreibkraft, *die*
typography /taɪˈpɒɡrəfɪ/ *n.* Typographie,
  die
tyrannical /tɪˈrænɪkl/ *adj.* tyrannisch
tyranny /'tɪrənɪ/ *n.* Tyrannei, *die*
tyrant /'taɪərənt/ *n.* Tyrann, *der*
tyre /'taɪə(r)/ *n.* Reifen, *der*
'tyre pressure *n.* Reifendruck, *der*
tzar ▶ tsar

Uu

U, u /juː/ *n.* U, u, *das*
'U-bend *n.* U-Rohr, *das*
ubiquitous /juːˈbɪkwɪtəs/ *adj.* allgegenwärtig
udder /'ʌdə(r)/ *n.* Euter, *das*
UFO /'juːfəʊ/ *n., pl.* ~**s** Ufo, *das*
ugh /ʌh, ʊh, ɜːh/ *int.* bah
ugliness /'ʌɡlɪnɪs/ *n.* Hässlichkeit, *die*
ugly /'ʌɡlɪ/ *adj.* **1** hässlich
  2 (nasty) übel <Wunde, Laune usw.>
UHF *abbr.* = **ultra-high frequency** UHF
UHT *abbr.* = **ultra heat-treated** ultrahoch
  erhitzt
UK *abbr.* = **United Kingdom**
Ukraine /juːˈkreɪn/ *pr. n.* Ukraine, *die*
Ukrainian /juːˈkreɪnɪən/ **A** *adj.* ukrainisch;
  sb is ~ jmd. ist Ukrainer/Ukrainerin
  B *n.* **1** (person) Ukrainer, *der*/Ukrainerin, *die*
  2 (language) Ukrainisch, *das; see also*
  English B1
ulcer /'ʌlsə(r)/ *n.* Geschwür, *das*
ulterior /ʌlˈtɪərɪə(r)/ *adj.* hintergründig; ~
  motive Hintergedanke, *der*

ultimate /'ʌltɪmət/ **A** *attrib. adj.* **1** (final)
  letzt…; (eventual) endgültig <Sieg>
  2 (fundamental) tiefst…
  B *n.* **the** ~ **in comfort/luxury** der Gipfel an
  Bequemlichkeit/Luxus
⚡ **'ultimately** *adv.* **1** (in the end) schließlich
  2 (in the last analysis) letzten Endes
ultimatum /ʌltɪˈmeɪtəm/ *n., pl.* ~**s** or
  ultimata /ʌltɪˈmeɪtə/ Ultimatum, *das*
ultra'sound *n.* Ultraschall, *der*
ultra'violet *adj.* (Phys.) ultraviolett; UV-
  <Lampe, Filter>
umbilical cord /ʌmˈbɪlɪkl kɔːd/ *n.*
  Nabelschnur, *die*
umbrage /'ʌmbrɪdʒ/ *n.* **take** ~ **[at sth]** [an
  etw. (+ Dat.)] Anstoß nehmen
umbrella /ʌmˈbrelə/ *n.* [Regen]schirm, *der*
um'brella stand *n.* Schirmständer, *der*
umpire /'ʌmpaɪə(r)/ *n.* Schiedsrichter,
  der/-richterin, *die*
umpteen /ʌmpˈtiːn/ *adj.* (infml) zig (ugs.);
  x (ugs.)
unabashed /ʌnəˈbæʃt/ *adj.* ungeniert

t
u

◈ **unable** /ʌnˈeɪbl/ *pred. adj.* **be ~ to do sth** etw. nicht tun können

unabridged /ʌnəˈbrɪdʒd/ *adj.* ungekürzt

unac'ceptable *adj.* unannehmbar

unaccompanied /ʌnəˈkʌmpənɪd/ *adj.* ohne Begleitung *nachgestellt*

unac'countable *adj.* unerklärlich

unaccountably /ʌnəˈkaʊntəblɪ/ *adv.* unerklärlicherweise

unac'customed *adj.* ungewohnt; **be ~ to** sth etw. (*Akk.*) nicht gewöhnt sein

unadulterated /ʌnəˈdʌltəreɪtɪd/ *adj.* **1** (pure) unverfälscht
2 (utter) völlig

unadventurous /ʌnədˈventʃərəs/ *adj.* bieder <*Person*>; ereignislos <*Leben*>

unafraid /ʌnəˈfreɪd/ *adj.* **be ~** [of sb/sth] keine Angst [vor jmdm./etw.] haben

unaided /ʌnˈeɪdɪd/ *adj.* ohne fremde Hilfe

unalike /ʌnəˈlaɪk/ *pred. adj.* unähnlich

unambiguous /ʌnæmˈbɪgjʊəs/ *adj.* unzweideutig

unambitious /ʌnæmˈbɪʃəs/ *adj.* <*Person*> ohne Ergeiz

unanimity /juːnəˈnɪmɪtɪ/ *n.* Einmütigkeit, *die*

unanimous /juːˈnænɪməs/ *adj.* einstimmig; **be ~ in doing sth** etw. einmütig tun

u'nanimously *adv.* einstimmig

unannounced /ʌnəˈnaʊnst/ *adj.* unangemeldet

unappetizing /ʌnˈæpɪtaɪzɪŋ/ *adj.* unappetitlich

unarmed /ʌnˈɑːmd/ *adj.* unbewaffnet; **~ combat** Kampf ohne Waffen

unassuming /ʌnəˈsjuːmɪŋ/ *adj.* bescheiden

unattached /ʌnəˈtætʃt/ *adj.* **1** nicht befestigt
2 (without a partner) ungebunden

unat'tended *adj.* **1 ~ to** (not dealt with) unerledigt; nicht bedient <*Kunde*>; nicht behandelt <*Patient*>
2 (not supervised) unbewacht <*Parkplatz, Gepäck*>

unat'tractive *adj.* unattraktiv

unauthorized /ʌnˈɔːθəraɪzd/ *adj.* unbefugt; **no entry for ~ persons** Zutritt für Unbefugte verboten

una'vailable *adj.* nicht erhältlich <*Ware*>; **be ~ for comment** zur Stellungnahme nicht zur Verfügung stehen

una'voidable *adj.* unvermeidlich

unaware /ʌnəˈweə(r)/ *adj.* **be ~ of sth** sich (*Dat.*) einer Sache (*Gen.*) nicht bewusst sein

unawares /ʌnəˈweəz/ *adv.* **catch sb ~** jmdn. überraschen

unbalanced /ʌnˈbælənst/ *adj.*
1 unausgewogen
2 (mentally ~) unausgeglichen

un'bearable *adj.*, **unbearably** /ʌnˈbeərəblɪ/ *adv.* unerträglich

◈ **Schlüsselwort**

unbeatable /ʌnˈbiːˈtəbl/ *adj.* unschlagbar (ugs.)

un'beaten *adj.* **1** ungeschlagen
2 (not surpassed) unerreicht; ungebrochen <*Rekord*>

unbe'lievable *adj.* **1** unglaublich
2 (tremendous) unwahrscheinlich

unbiased, unbiassed /ʌnˈbaɪəst/ *adj.* unvoreingenommen

unblemished /ʌnˈblemɪʃt/ *adj.* makellos <*Haut, Ruf*>

un'block *v.t.* frei machen

un'bolt *v.t.* aufriegeln <*Tür*>

unborn /ʌnˈbɔːn, *attrib.* ˈʌnbɔːn/ *adj.* ungeboren

un'breakable *adj.* unzerbrechlich

unburden /ʌnˈbɜːdn/ *v.t.* **~ oneself** sein Herz ausschütten

un'button *v.t.* aufknöpfen

uncalled-for /ʌnˈkɔːldfɔː(r)/ *adj.* unangebracht

uncanny /ʌnˈkænɪ/ *adj.* unheimlich

uncared-for /ʌnˈkeədfɔː(r)/ *adj.* vernachlässigt

uncaring /ʌnˈkeərɪŋ/ *adj.* gleichgültig

unceasing /ʌnˈsiːsɪŋ/ *adj.* unaufhörlich

unceremonious /ʌnserɪˈməʊnɪəs/ *adj.*
1 (informal) formlos
2 (abrupt) brüsk

uncere'moniously *adv.* ohne Umschweife

un'certain *adj.* **1** (not sure) **be ~** [whether ...] sich (*Dat.*) nicht sicher sein[, ob ...]
2 (not clear) ungewiss <*Ergebnis, Zukunft*>; **of ~ age/origin** unbestimmten Alters/ unbestimmter Herkunft
3 (ambiguous) vage; **in no ~ terms** ganz eindeutig

uncertainty /ʌnˈsɜːtntɪ/ *n.* **1** Ungewissheit, *die*
2 (hesitation) Unsicherheit, *die*

unchanged /ʌnˈtʃeɪndʒd/ *adj.* unverändert

uncharacteristic /ʌnkærɪktəˈrɪstɪk/ *adj.* uncharakteristisch (of für)

un'charitable *adj.*, **uncharitably** /ʌnˈtʃærɪtəblɪ/ *adv.* lieblos

un'civil *adj.* unhöflich

uncle /ˈʌŋkl/ *n.* Onkel, *der*

un'comfortable *adj.* **1** unbequem
2 (feeling discomfort) **be ~** sich unbehaglich fühlen
3 (uneasy, disconcerting) unangenehm; peinlich <*Stille*>

un'comfortably *adv.* unbequem; **be ~ aware of sth** sich (*Dat.*) einer Sache peinlich bewusst sein

un'common *adj.* ungewöhnlich

uncompli'mentary *adj.* wenig schmeichelhaft

uncompromising /ʌnˈkɒmprəmaɪzɪŋ/ *adj.* kompromisslos

uncon'ditional *adj.* bedingungslos ‹*Kapitulation*›; kategorisch ‹*Ablehnung*›; ‹*Versprechen*› ohne Vorbehalte

unconfirmed /ʌnkən'fɜːmd/ *adj.* unbestätigt

un'conscious **A** *adj.* **1** (Med.) bewusstlos **2** (unaware) **be ~ of sth** sich einer Sache (*Gen.*) nicht bewusst sein **3** (not intended) (Psych.) unbewusst **B** *n.* Unbewusste, *das*

un'consciously *adv.* unbewusst

uncontrollable /ʌnkən'trəʊləbl/ *adj.* unkontrollierbar; **the child is ~** das Kind ist nicht zu bändigen

uncon'ventional *adj.*, **uncon'ventionally** *adv.* unkonventionell

unconvinced /ʌnkən'vɪnst/ *adj.* nicht überzeugt; **remain ~** sich nicht überzeugen lassen

uncooked /ʌn'kʊkt/ *adj.* roh

unco'operative *adj.* unkooperativ; (unhelpful) wenig hilfsbereit

uncoordinated /ʌnkəʊ'ɔːdɪneɪtɪd/ *adj.* unkoordiniert

un'cork *v.t.* entkorken

uncouth /ʌn'kuːθ/ *adj.* ungehobelt ‹*Person, Benehmen*›; grob ‹*Bemerkung*›

un'cover *v.t.* aufdecken

undaunted /ʌn'dɔːntɪd/ *adj.* unverzagt

undecided /ʌndɪ'saɪdɪd/ *adj.* **1** (not settled) nicht entschieden **2** (hesitant) unentschlossen

undeclared /ʌndɪ'kleəd/ *adj.* **~ income** (for tax) nicht angegebenes Einkommen

'undelete *v.t.* (Comp.) wiederherstellen

undemanding /ʌndɪ'mɑːndɪŋ/ *adj.* anspruchslos

unde'niable *adj.*, **undeniably** /ʌndɪ'naɪəblɪ/ *adv.* unbestreitbar

⚬ **under** /'ʌndə(r)/ **A** *prep.* **1** (underneath, below) unter (*position:* + *Dat.; motion:* + *Akk.*); **from ~ the table/bed** unter dem Tisch/Bett hervor **2** (undergoing) **~ treatment** in Behandlung; **~ repair** in Reparatur; **~ construction** im Bau **3** (in conditions of) bei ‹*Stress, hohen Temperaturen usw.*› **4** (subject to) unter (+ *Dat.*); **~ the terms of the contract** nach den Bestimmungen des Vertrags **5** (with the use of) unter (+ *Dat.*); **~ an assumed name** unter falschem Namen **6** (less than) unter (+ *Dat.*) **B** *adv.* **1** (in or to a lower or subordinate position) darunter **2** (in/into a state of unconsciousness) **be ~/put sb ~** in Narkose liegen/jmdn. in Narkose versetzen

under: ~a'chieve *v.i.* unter dem erreichbaren Leistungsniveau bleiben; **~-age** *adj.* minderjährig; **~carriage** *n.* Fahrwerk, *das*; **~clothes** *n. pl.* **~clothing** *n.* ▸ underwear;

~coat *n.* (layer of paint) Grundierung, *die*; (paint) Grundierfarbe, *die*; **~'cover** *adj.* (disguised) getarnt; (secret) verdeckt; **~cover 'agent** *n.* Geheimagent, *der*; **~current** *n.* Unterströmung, *die*; (fig.) Unterton, *der*; **~'cut** *v.t.* **~cut** unterbieten; **~dog** *n.* **1** (in fight) Unterlegene, *der/die* **2** (fig.) Benachteiligte, *der/die*; **~'done** *adj.* halb gar; **~estimate** /ʌndər'estɪmeɪt/ **A** *v.t.* unterschätzen **B** /ʌndər'estɪmət/ *n.* Unterschätzung, *die*; **~'fed** *adj.* unterernährt; **~'foot** *adv.* am Boden; **be trampled ~foot** mit Füßen zertrampelt werden; **~'funding** *n.* Unterfinanzierung, *die*; **~'go** *v.t.* forms as go A durchmachen; **~go treatment** sich einer Behandlung unterziehen; **~go a change** sich verändern; **~'graduate** *n.* **~graduate** [student] Student/Studentin vor der ersten Prüfung; **~ground** **A** /--'-/ *adv.* **1** unter der Erde; (Mining) unter Tage **2** (fig.) (in hiding) im Untergrund; (into hiding) in den Untergrund **B** /'---/ *adj.* unterirdisch ‹*Höhle, See*› **C** /'---/ *n.* (railway) U-Bahn, *die*; **~ground station/train** U-Bahnhof, *der*/U-Bahn-Zug, *der*; **~ground 'car park** *n.* Tiefgarage, *die*; **~ground 'railway** *n.* Untergrundbahn, *die*; U-Bahn, *die*; **~growth** *n.* Unterholz, *das*; **~hand,** **~'handed** *adj.* **1** (secret) heimlich **2** (crafty) hinterhältig; **~lay** *n.* Unterlage, *die*; **~'lie** *v.t.* forms as lie²; **~lie sth** (fig.) einer Sache (*Dat.*) zugrunde liegen; **~lying cause** eigentliche Ursache; **~'line** *v.t.* unterstreichen

underling /'ʌndəlɪŋ/ *n.* Untergebene, *der/die*

under: ~'lying ▸ underlie; **~'mine** *v.t.* **1** unterhöhlen **2** (fig.) untergraben; unterminieren ‹*Autorität*›

underneath /ʌndə'niːθ/ **A** *prep.* unter (*position:* + *Dat.; motion:* + *Akk.*) **B** *adv.* darunter

under: ~'nourished *adj.* unterernährt; **~'paid** *adj.* unterbezahlt; **~pants** *n., pl.* Unterhose, *die*; **~pass** *n.* Unterführung, *die*; **~'play** *v.t.* herunterspielen; **~'lay** *n.* **~'privileged** *adj.* unterprivilegiert; **~'rate** *v.t.* unterschätzen; **~seal** *n.* Unterbodenschutz, *der*; **~signed** /ʌndə'saɪnd/ *adj.* (esp. Law) **the ~signed** der/die Unterzeichnete/*pl.* die Unterzeichneten (Papierdt.); **~'staffed** *adj.* unterbesetzt; **be ~staffed** an Personalmangel leiden

⚬ **understand** /ʌndə'stænd/ **A** *v.t.*, **understood** /ʌndə'stʊd/ **1** verstehen; **make oneself understood** sich verständlich machen **2** (have heard) gehört haben **3** (take as implied) **it was understood that …** es wurde allgemein angenommen, dass … **B** *v.i.*, **understood 1** verstehen **2** (gather, hear) **if I ~ correctly** wenn ich mich nicht irre; **he is, I ~, no longer here** er ist, wie ich höre, nicht mehr hier

u

understandable /ʌndə'stændəbl/ *adj.*
verständlich

understandably /ʌndə'stændəblı/ *adv.*
verständlicherweise

ꜰ **under'standing** Ⓐ *adj.* verständnisvoll
Ⓑ *n.* **1** (agreement) Verständigung, *die*; **reach
an ～ with sb** sich mit jmdm. verständigen;
on the ～ that ... unter der Voraussetzung,
dass ...
2 (intelligence) Verstand, *der*
3 (insight) Verständnis, *das* (**of, for** für)

under: **～statement** *n.* Untertreibung,
die; **～study** *n.* Ersatzspieler, *der*/-spielerin,
die; **～'take** *v.t. forms as* **take A** unternehmen;
～take a task eine Aufgabe übernehmen;
～take to do sth sich verpflichten, etw. zu tun;
～taker *n.* Leichenbestatter, *der*/-bestatterin,
die; **～'taking** *n.* **1** (task) Aufgabe, *die*
2 (pledge) Versprechen, *das*; **～tone** *n.*
in ～tones *or* **an ～tone** mit gedämpfter
Stimme; **～tone of criticism** kritischer
Unterton; **～tow** *n.* Unterströmung, *die*;
～'value *v.t.* unterbewerten; **～water**
Ⓐ /----/ *attrib. adj.* Unterwasser- Ⓑ /--'--/
adv. unter Wasser; **～wear** *n.* Unterwäsche,
die; **～'weight** *adj.* untergewichtig;
～world *n.* Unterwelt, *die*

undeserved /ʌndɪ'zɜːvd/ *adj.* unverdient

unde'sirable *adj.* unerwünscht; **it is ～
that ...** es ist nicht wünschenswert, dass ...

undeveloped /ʌndɪ'veləpt/ *adj.* **1** (immature)
nicht voll ausgebildet
2 (not built on) nicht bebaut

undies /'ʌndɪz/ *n. pl.* (infml) Unterwäsche, *die*

un'dignified *adj.* blamabel

undisciplined /ʌn'dɪsɪplɪnd/ *adj.*
undiszipliniert

undiscovered /ʌndɪ'skʌvəd/ *adj.* unentdeckt

undisguised /ʌndɪs'gaɪzd/ *adj.* unverhohlen

undisturbed /ʌndɪ'stɜːbd/ *adj.* (not interrupted)
ungestört

undo /ʌn'duː/ *v.t.*, **～es** /ʌn'dʌz/, **～ing**
/ʌn'duːɪŋ/, **undid** /ʌn'dɪd/, **undone** /ʌn'dʌn/
(unfasten) aufmachen

un'done *adj.* **1** (not accomplished) unerledigt
2 (not fastened) offen

undoubted /ʌn'daʊtɪd/ *adj.* unzweifelhaft

un'doubtedly *adv.* zweifellos

un'dress Ⓐ *v.t.* ausziehen; **get ～ed** sich
ausziehen
Ⓑ *v.i.* sich ausziehen

undrinkable /ʌn'drɪŋkəbl/ *adj.* nicht
trinkbar; ungenießbar

un'due *attrib. adj.* übertrieben; übermäßig

undulating /'ʌndjʊleɪtɪŋ/ *adj.* Wellen‹linie›;
～ country sanfte Hügellandschaft

unduly /ʌn'djuːlı/ *adv.* übermäßig

undying /ʌn'daɪɪŋ/ *adj.* ewig; unsterblich
‹*Ruhm*›

unearth /ʌn'ɜːθ/ *v.t.* **1** ausgraben

2 (fig.) (discover) aufdecken

unearthly /ʌn'ɜːθlı/ *adj.* unheimlich; **at an ～
hour** in aller Herrgottsfrühe

un'easy *adj.* **1** (anxious) besorgt; **he felt ～** ihm
war unbehaglich zumute
2 (restless) unruhig

uneatable /ʌn'iːtəbl/ *adj.* ungenießbar

uneco'nomic *adj.* unrentabel

uneco'nomical *adj.* **～ [to run]**
unwirtschaftlich

uneducated /ʌn'edjʊkeɪtɪd/ *adj.* ungebildet

unemotional /ʌnɪ'məʊʃənl/ *adj.*
emotionslos; nüchtern

unemployed /ʌnɪm'plɔɪd/ Ⓐ *adj.* arbeitslos
Ⓑ *n., pl.* **the ～** die Arbeitslosen *Pl.*

unem'ployment *n.* Arbeitslosigkeit, *die*

unem'ployment benefit *n.*
Arbeitslosengeld, *das*

un'ending *adj.* endlos

un'equal *adj.* unterschiedlich; ungleich
‹*Kampf*›; **be ～ to sth** einer Sache (*Dat.*)
nicht gewachsen sein

unequalled (AmE: **unequaled**) /ʌn'iːkwld/
adj. unerreicht

une'quivocal *adj.* eindeutig

unerring /ʌn'ɜːrɪŋ/ *adj.* unfehlbar

un'ethical *adj.* unmoralisch

un'even *adj.* **1** (not smooth) uneben
2 (not uniform) ungleichmäßig
3 (odd) ungerade ‹*Zahl*›

un'evenly *adv.* ungleichmäßig

uneventful /ʌnɪ'ventfl/ *adj.* ereignislos

unexciting /ʌnɪk'saɪtɪŋ/ *adj.* wenig
aufregend; (boring) langweilig

unex'pected *adj.* unerwartet

unexplained /ʌnɪk'spleɪnd/ *adj.* ungeklärt

un'fair *adj.* unfair; ungerecht

un'fairly *adv.* **1** (unjustly) ungerecht; unfair
‹*spielen*›
2 (unreasonably) zu Unrecht

un'fairness *n.* Ungerechtigkeit, *die*

un'faithful *adj.* untreu

unfa'miliar *adj.* **1** (strange) unbekannt;
ungewohnt ‹*Arbeit*›
2 be ～ with sth sich mit etw. nicht auskennen

un'fasten *v.t.* **1** öffnen
2 (detach) lösen

un'favourable *adj.* ungünstig

un'favourably *adv.* ungünstig; **be ～
disposed towards sb/sth** jmdm./etw.
gegenüber ablehnend eingestellt sein

un'feeling *adj.* gefühllos

unfinished /ʌn'fɪnɪʃt/ *adj.* unvollendet
‹*Werk*›; unerledigt ‹*Arbeit*›

un'fit *adj.* **1** ungeeignet
2 (not physically fit) nicht fit (ugs.); **～ for
military service** [wehrdienst]untauglich

un'flattering *adj.* wenig schmeichelhaft

un'flinching *adj.* unerschrocken

u

un'fold **A** *v.t.* entfalten; ausbreiten ‹*Zeitung, Landkarte*›
B *v.i.* sich entfalten; (develop) sich entwickeln

unfore'seen *adj.* unvorhergesehen

unforgettable /ʌnfəˈgetəbl/ *adj.* unvergesslich

unforgivable /ʌnfəˈgɪvəbl/ *adj.* unverzeihlich

un'fortunate *adj.* unglücklich

✓ **un'fortunately** *adv.* leider

un'founded *adj.* (fig.) unbegründet

un'freeze *v.t. & i.*, **unfroze** /ʌnˈfrəʊz/, **unfrozen** /ʌnˈfrəʊzn/ auftauen

un'friendly *adj.* unfreundlich; feindlich ‹*Staat*›

unfulfilled /ʌnfʊlˈfɪld/ *adj.* unerfüllt ‹*Person*›

un'furl **A** *v.t.* aufrollen; losmachen ‹*Segel*›
B *v.i.* sich aufrollen

un'furnished *adj.* unmöbliert

ungainly /ʌnˈgeɪnlɪ/ *adj.* unbeholfen

ungram'matical *adj.* ungrammatisch

un'grateful *adj.* undankbar

un'happily *adv.* **1** unglücklich **2** (unfortunately) leider

un'happiness *n.* Bekümmertheit, *die*

un'happy *adj.* unglücklich; (not content) unzufrieden (about with); be *or* feel ~ about doing sth Bedenken haben, etw. zu tun

un'harmed *adj.* unbeschädigt; (uninjured) unverletzt

un'healthy *adj.* ungesund

unheard-of /ʌnˈhɜːdɒv/ *adj.* (unknown) [gänzlich] unbekannt; (unprecedented) beispiellos; (outrageous) unerhört

un'helpful *adj.* wenig hilfsbereit ‹*Person*›; ‹*Bemerkung, Kritik*› die einem nicht weiterhilft

un'hook *v.t.* vom Haken nehmen; aufhaken ‹*Kleid*›

un'hurt *adj.* unverletzt

unhy'gienic *adj.* unhygienisch

unicorn /ˈjuːnɪkɔːn/ *n.* Einhorn, *das*

uni'dentified *adj.* nicht identifiziert; ~ flying object unbekanntes Flugobjekt

unification /juːnɪfɪˈkeɪʃn/ *n.* Einigung, *die*

uniform /ˈjuːnɪfɔːm/ **A** *adj.* einheitlich; be ~ in shape/size die gleiche Form/Größe haben **B** *n.* Uniform, *die*; in/out of ~ in/ohne Uniform

uniformity /juːnɪˈfɔːmɪtɪ/ *n.* Einheitlichkeit, *die*

'uniformly *adv.* einheitlich

unify /ˈjuːnɪfaɪ/ *v.t.* einigen

unilateral /juːnɪˈlætərl/ *adj.* einseitig

uni'maginable *adj.* unvorstellbar

uni'maginative *adj.* fantasielos

unim'portant *adj.* unwichtig; bedeutungslos

unimpressed /ʌnɪmˈprest/ *adj.* nicht beeindruckt

unin'habitable *adj.* unbewohnbar

unin'habited *adj.* unbewohnt

un'injured *adj.* unverletzt

uninspired /ʌnɪnˈspaɪəd/ *adj.* einfallslos; I am/feel ~ mir fehlt die Inspiration

uninspiring /ʌnɪnˈspaɪərɪŋ/ *adj.* langweilig

unin'telligent *adj.* nicht intelligent

unin'telligible *adj.* unverständlich

unin'tended *adj.* unbeabsichtigt

unin'tentional *adj.*, **unin'tentionally** *adv.* unabsichtlich

un'interested *adj.* desinteressiert (in an + *Dat.*)

un'interesting *adj.* uninteressant

uninterrupted /ʌnɪntəˈrʌptɪd/ *adj.* ununterbrochen

uninvited /ʌnɪnˈvaɪtɪd/ *adj.* ungeladen

✓ **union** /ˈjuːnɪən/ *n.* **1** (trade ~) Gewerkschaft, *die* **2** (Polit.) Union, *die*

Union 'Jack *n.* (BrE) Union Jack, *der*

✓ **unique** /juːˈniːk/ *adj.* einzigartig

unisex /ˈjuːnɪseks/ *adj.* Unisex‹*mantel, -kleidung*›; ~ hairdresser Damen-und-Herren-Frisör, *der*

unison /ˈjuːnɪsən/ *n.* Unisono, *das*; in ~ einstimmig; act in ~ (fig.) vereint handeln

✓ **unit** /ˈjuːnɪt/ *n.* **1** (also Mil., Math.) Einheit, *die*; ~ of length/monetary ~ Längen-/Währungseinheit, *die* **2** (piece of furniture) Element, *das*; kitchen ~ Küchenelement, *das*

unite /juːˈnaɪt/ **A** *v.t.* vereinigen; einen, einigen ‹*Partei, Mitglieder*›
B *v.i.* sich vereinigen

u'nited *adj.* **1** (harmonious) einig **2** (combined) gemeinsam

United: ~ 'Kingdom *pr. n.* Vereinigtes Königreich [Großbritannien und Nordirland]; ~ 'Nations *pr. n. sing.* Vereinte Nationen *Pl.*; ~ States of A'merica, ~ States *pr. n. sing.* Vereinigte Staaten [von Amerika] *Pl.*

unit 'price *n.* Stückpreis, *der*

unity /ˈjuːnɪtɪ/ *n.* Einheit, *die*

universal /juːnɪˈvɜːsl/ *adj.*, **uni'versally** *adv.* allgemein

universe /ˈjuːnɪvɜːs/ *n.* Universum, *das*

✓ **university** /juːnɪˈvɜːsɪtɪ/ *n.* Universität, *die*; attrib. Universitäts-

uni'versity place *n.* Studienplatz, *der*

un'just *adj.* ungerecht

unjustified /ʌnˈdʒʌstɪfaɪd/ *adj.* ungerechtfertigt

unkempt /ʌnˈkempt/ *adj.* ungepflegt

un'kind *adj.*, **un'kindly** *adv.* unfreundlich

un'kindness *n.* Unfreundlichkeit, *die*

un'known **A** *adj.* unbekannt
B *adv.* ~ to sb ohne dass jmd. davon weiß/wusste

u

un'lawful *adj.* ungesetzlich

unleaded /ʌn'ledɪd/ *adj.* bleifrei ‹*Benzin*›

✔ **unless** /ən'les/ *conj.* es sei denn; wenn ... nicht

✔ **un'like** **A** *adj.* nicht ähnlich
B *prep.* be ~ sb/sth jmdm./einer Sache nicht ähnlich sein; ~ him, ... im Gegensatz zu ihm ...

✔ **un'likely** *adj.* unwahrscheinlich; be ~ to do sth etw. wahrscheinlich nicht tun

un'limited *adj.* unbegrenzt

un'load *v.t.* entladen ‹*Lastwagen, Waggon*›; löschen ‹*Schiff, Schiffsladung*›; ausladen ‹*Gepäck*›

un'lock *v.t.* aufschließen

un'lucky *adj.* **1** unglücklich; (not successful) glücklos; be [very] ~ [großes] Pech haben **2** (bringing bad luck) an ~ number eine Unglückszahl; be ~ Unglück bringen

unmanageable /ʌn'mænɪdʒəbl/ *adj.* widerspenstig ‹*Kind, Pferd*›; unkontrollierbar ‹*Situation*›

un'manned *adj.* unbemannt

un'married *adj.* unverheiratet; ledig

un'mask *v.t.* (fig.) entlarven

unmi'stakable /ʌnmɪ'steɪkəbl/ *adj.* deutlich; unverwechselbar ‹*Handschrift, Stimme*›

unmi'stakably /ʌnmɪ'steɪkəblɪ/ *adv.* unverkennbar

un'mitigated *adj.* vollkommen; be an ~ disaster (infml) eine einzige Katastrophe sein

unmotivated /ʌn'məʊtɪveɪtɪd/ *adj.* unmotiviert

un'natural *adj.*, **un'naturally** *adv.* unnatürlich; (abnormal) nicht normal

un'necessarily *adv.*, **un'necessary** *adj.* unnötig

unnerve /ʌn'nɜːv/ *v.t.* entnerven

unnerving /ʌn'nɜːvɪŋ/ *adj.* entnervend

unnoticed /ʌn'nəʊtɪst/ *adj.* unbemerkt

unobservant /ʌnəb'zɜːvənt/ *adj.* unaufmerksam

unobserved /ʌnəb'zɜːvd/ *adj.* unbeobachtet

unob'tainable *adj.* nicht erhältlich; number ~ (Teleph.) kein Anschluss unter dieser Nummer

unofficial *adj.*, **unof'ficially** *adv.* inoffiziell

un'pack *v.t. & i.* auspacken

un'paid *adj.* unbezahlt; nicht bezahlt; ~ for nicht bezahlt

unpalatable /ʌn'pælətəbl/ *adj.* ungenießbar

un'paralleled *adj.* beispiellos

un'pardonable *adj.* unverzeihlich

un'pleasant *adj.*, **un'pleasantly** *adv.* unangenehm

un'pleasantness *n.* (bad feeling) Verstimmung, *die*

un'plug *v.t.*, **-gg-**; ~ a lamp den Stecker einer Lampe herausziehen

✔ Schlüsselwort

un'popular *adj.* unbeliebt ‹*Lehrer, Regierung usw.*›; unpopulär ‹*Maßnahme, Politik*› (with bei)

unpre'cedented *adj.* beispiellos

unpre'dictable *adj.* unberechenbar

unpre'pared *adj.* unvorbereitet

unprepos'sessing *adj.* wenig attraktiv

unpre'tentious *adj.* einfach ‹*Wein, Stil, Haus*›; bescheiden ‹*Person*›

unprincipled /ʌn'prɪnsɪpld/ *adj.* skrupellos

unprintable /ʌn'prɪntəbl/ *adj.* nicht druckreif

unpro'ductive *adj.* fruchtlos ‹*Diskussion, Nachforschung*›; unproduktiv ‹*Zeit, Arbeit*›

unpro'fessional *adj.* (contrary to standards) standeswidrig

un'profitable *adj.* unrentabel

un'promising *adj.* nicht sehr viel versprechend

unpublished /ʌn'pʌblɪʃt/ *adj.* unveröffentlicht

un'qualified *adj.* **1** unqualifiziert **2** (absolute) uneingeschränkt; voll ‹*Erfolg*›

un'questionable *adj.* unbezweifelbar ‹*Tatsache*›; unbestreitbar ‹*Recht, Ehrlichkeit*›

unquestionably /ʌn'kwestʃənəblɪ/ *adv.* ohne Frage

unquote /ʌn'kwəʊt/ *v.i.* ..., quote, ..., ~ ..., Zitat, ..., Ende des Zitats

unravel /ʌn'rævl/ **A** *v.t.*, (BrE) **-ll-** entwirren; (undo) aufziehen; (fig.) ~ a mystery/the truth ein Geheimnis enträtseln/die Wahrheit aufdecken
B *v.i.*, (BrE) **-ll-** sich aufziehen

un'real *adj.* unwirklich

unrea'listic *adj.* unrealistisch

un'reasonable *adj.* unvernünftig; übertrieben ‹*Ansprüche, Forderung, Preis, Kosten*›

unrecognizable /ʌn'rekəgnaɪzəbl/ *adj.* be [absolutely *or* quite] ~ [überhaupt] nicht wieder zu erkennen sein

unre'lated *adj.* be ~ nicht miteinander zusammenhängen; (by family) nicht verwandt sein

unrelenting /ʌnrɪ'lentɪŋ/ *adj.* unvermindert, nicht nachlassend ‹*Hitze, Kälte*›

unre'liable *adj.* unzuverlässig

unrequited /ʌnrɪ'kwaɪtɪd/ *adj.* unerwidert

unreservedly /ʌnrɪ'zɜːvɪdlɪ/ *adv.* uneingeschränkt

unresolved /ʌnrɪ'zɒlvd/ *adj.* **1** (not solved) ungelöst **2** (undecided) be ~ sich [noch] nicht entschieden haben

un'rest *n.* Unruhen Pl.

unre'stricted *adj.* unbeschränkt; uneingeschränkt

un'ripe *adj.* unreif

un'rivalled (AmE: **un'rivaled**) *adj.* unübertroffen

un'roll A *v.t.* aufrollen
   B *v.i.* sich aufrollen
unromantic /ʌnrə'mæntɪk/ *adj.* unromantisch
unruly /ʌn'ruːlɪ/ *adj.* ungebärdig
un'safe *adj.* nicht sicher; **feel** ~ sich unsicher fühlen
un'said *adj.* ungesagt
un'salted *adj.* ungesalzen
unsatis'factory *adj.* unbefriedigend
unsatisfying /ʌn'sætɪsfaɪɪŋ/ *adj.* unbefriedigend
un'savoury (AmE: **un'savory**) *adj.* unangenehm; zweifelhaft ‹*Angelegenheit*›; unerfreulich ‹*Einzelheiten*›
unscathed /ʌn'skeɪðd/ *adj.* unversehrt
unscented /ʌn'sentɪd/ *adj.* nicht parfümiert ‹*Seife, Shampoo*›
un'screw A *v.t.* abschrauben
   B *v.i.* sich abschrauben lassen
un'scrupulous *adj.* skrupellos
unsecured /ʌnsɪ'kjʊəd/ *adj.* (Finance) ohne Sicherheit[en] *nachgestellt*
un'seemly *adj.* unschicklich
unself'conscious *adj.* unbefangen
un'selfish *adj.* selbstlos
un'selfishness *n.* Selbstlosigkeit, *die*
un'settled *adj.* (changeable) wechselhaft; (fig.) ruhelos ‹*Leben*›; unruhig ‹*Zeit, Land*›
un'settling *adj.* störend
unshakeable, unshakable /ʌn'ʃeɪkəbl/ *adj.* unerschütterlich
un'shaven *adj.* unrasiert
un'sightly *adj.* unschön
un'skilled *adj.* ungelernt ‹*Arbeiter*›
unskimmed 'milk *adj.* Vollmilch, *die*
un'sociable *adj.* ungesellig
unsolved /ʌn'sɒlvd/ *adj.* unaufgeklärt ‹*Verbrechen*›
unso'phisticated *adj.* einfach
un'sound *adj.* **1** (diseased) nicht gesund; krank **2** baufällig ‹*Gebäude*› **3** (ill-founded) wenig stichhaltig; nicht vertretbar ‹*Ansicht, Methode*› **4** of ~ mind unzurechnungsfähig
unspeakable /ʌn'spiːkəbl/ *adj.* unbeschreiblich; (very bad) unsäglich
unspecified /ʌn'spesɪfaɪd/ *adj.* nicht näher bezeichnet
unspoken /ʌn'spəʊkn/ *adj.* ungesagt
un'stable *adj.* nicht stabil; [mentally/emotionally] ~ [psychisch] labil
un'steadily *adv.* unsicher
un'steady *adj.* unsicher; wackelig ‹*Leiter, Tisch*›
unstoppable /ʌn'stɒpəbl/ *adj.* unhaltbar ‹*Schuss aufs Fußballtor*›; (fig.) unaufhaltsam
un'stuck *adj.* **come** ~ sich lösen; (fig. infml) (fail) ‹*Person:*› baden gehen (ugs.) (**over** mit)
unsuc'cessful *adj.* erfolglos; **be** ~ keinen Erfolg haben
unsuc'cessfully *adv.* erfolglos
un'suitable *adj.* ungeeignet
unsu'specting *adj.* nichtsahnend
un'sweetened *adj.* ungesüßt
unsympa'thetic *adj.* wenig mitfühlend; **be** ~ kein Mitgefühl zeigen
untalented /ʌn'tæləntɪd/ *adj.* untalentiert
untenable /ʌn'tenəbl/ *adj.* unhaltbar
unthinkable /ʌn'θɪŋkəbl/ *adj.* unvorstellbar
unthinking /ʌn'θɪŋkɪŋ/ *adj.*, **un'thinkingly** *adv.* gedankenlos
un'tidily *adv.* unordentlich
un'tidiness *n.* ▸ untidy Ungepflegtheit, *die*; Unaufgeräumtheit, *die*
un'tidy *adj.* ungepflegt ‹*Äußeres, Person, Garten*›; unaufgeräumt ‹*Zimmer*›
un'tie *v.t.* untying aufknüpfen ‹*Seil, Paket*›; aufbinden ‹*Knoten*›; losbinden ‹*Pferd, Boot*›
♂ **until** /ən'tɪl/ A *prep.* bis; ~ [the] evening bis zum Abend; ~ then bis dahin; not ~ [Christmas/the summer] erst [Weihnachten/im Sommer] B *conj.* bis
un'timely *adj.* **1** ungelegen **2** (premature) vorzeitig
un'tiring *adj.* unermüdlich
un'told *adj.* unbeschreiblich; unermesslich ‹*Reichtümer, Anzahl*›
untoward /ʌntə'wɔːd, ʌn'təʊəd/ *adj.* ungünstig; **nothing** ~ **happened** es gab keine Schwierigkeiten
untranslatable /ʌntræns'leɪtəbl/ *adj.* unübersetzbar
untreated /ʌn'triːtɪd/ *adj.* unbehandelt
un'true *adj.* unwahr; **that's** ~ das ist nicht wahr
un'trustworthy *adj.* unzuverlässig
un'truth *n.* Unwahrheit, *die*
un'truthful *adj.* verlogen
un'typical *adj.* untypisch (**of** für)
unusable /ʌn'juːzəbl/ *adj.* unbrauchbar
unused[1] /ʌn'juːzd/ *adj.* (new, fresh) unbenutzt; (not utilized) ungenutzt
unused[2] /ʌn'juːst/ *adj.* (unaccustomed) **be** ~ **to sth/doing sth** etw. (*Akk.*) nicht gewohnt sein/nicht gewohnt sein, etw. zu tun
♂ **un'usual** *adj.*, **un'usually** *adv.* ungewöhnlich
unvarnished /ʌn'vɑːnɪʃt/ *adj.* unlackiert; (fig.) ungeschminkt ‹*Wahrheit*›
un'veil *v.t.* enthüllen; (fig.) vorstellen ‹*Produkt*›; enthüllen ‹*Plan*›
un'versed *adj.* nicht bewandert (**in** in + *Dat.*)
un'wanted *adj.* unerwünscht
un'warranted *adj.* ungerechtfertigt
un'welcome *adj.* unwillkommen
un'well *adj.* unwohl; **look** ~ nicht wohl *od.* gut aussehen; **he feels** ~ (poorly) er fühlt sich nicht wohl
un'wholesome *adj.* (lit. or fig.) ungesund
unwieldy /ʌn'wiːldɪ/ *adj.* sperrig

u

un'willing adj. widerwillig; be ~ to do sth etw. nicht tun wollen

un'willingly adv. widerwillig

unwind /ʌn'waɪnd/ **A** v.t., **unwound** /ʌn'waʊnd/ abwickeln

B v.i., **unwound 1** sich abwickeln

2 (infml) (relax) sich entspannen

un'wise adj. unklug

unwitting /ʌn'wɪtɪŋ/ adj., **un'wittingly** adv. unwissentlich

un'workable adj. undurchführbar ‹Plan›

un'worthy adj. unwürdig; be ~ of sth einer Sache (Gen.) nicht würdig sein; be ~ of sb/sth ‹Verhalten:› einer Person/Sache (Gen.) unwürdig sein

un'wrap v.t., **-pp-** auswickeln

un'written adj. ungeschrieben

un'zip v.t., **-pp- 1** ~ a dress/bag etc. den Reißverschluss eines Kleides/einer Tasche usw. öffnen

2 (Comp.) entpacken ‹Datei›

⚹ **up** /ʌp/ **A** adv. **1** (to higher place) nach oben; (in lift) aufwärts; **the bird flew** ~ **to the** roof der Vogel flog aufs Dach [hinauf]; ~ **into the air** in die Luft [hinauf]; ~ **here/there** hier herauf/dort hinauf; **higher/a little way** ~ höher/ein kurzes Stück hinauf; **come on** ~! komm [hier/weiter] herauf!

2 (to upstairs) herauf/hinauf; nach oben

3 (in higher place, upstairs) oben; ~ **here/there** hier/da oben; **the next floor** ~ ein Stockwerk höher

4 (out of bed) be ~ auf sein

5 (in price, value, amount) **prices have gone** ~/ **are** ~ die Preise sind gestiegen; **butter is** ~ **[by ...]** Butter ist [...] teurer

6 (as far as) ~ **to sth** bis zu etw.; ~ **to here/ there** bis hier[hin]/bis dorthin

7 [not] be/feel ~ **to sth** (capable of sth) einer Sache (Dat.) [nicht] gewachsen sein/sich einer Sache (Dat.) [nicht] gewachsen fühlen; **[not] be/feel** ~ **to doing sth** [nicht] in der Lage sein/sich [nicht] in der Lage fühlen, etw. zu tun

8 be ~ **to sth** (doing) etw. anstellen (ugs.); **it is [not]** ~ **to sb to do sth** (sb's duty) es ist [nicht] jmds. Sache, etw. zu tun

9 be three points/games ~ mit drei Punkten/Spielen vorn liegen

10 walk ~ **and down** auf und ab gehen

11 time is ~ die Zeit ist abgelaufen

B prep. herauf/hinauf; **walk** ~ **the hill/road** den Berg/die Straße hinaufgehen; **walk** ~ **and down the platform** auf dem Bahnsteig auf und ab gehen; **further** ~ **the ladder/coast** weiter oben auf der Leiter/an der Küste; **live just** ~ **the road** ein Stück weiter oben in der Straße wohnen

C adj. (infml) (amiss) **what's** ~? was ist los? (ugs.); **something is** ~ irgendwas ist los (ugs.)

D v.t., **-pp-** (infml) (increase) erhöhen

⚹ Schlüsselwort

'up-and-coming adj. (infml) aufstrebend

'up-and-up n. (infml) be on the ~ auf dem aufsteigenden Ast sein (ugs.)

'upbeat A n. (Mus.) Auftakt, der

B adj. (infml) (optimistic) optimistisch; (cheerful) fröhlich

'upbringing n. Erziehung, die

up'date v.t. auf den aktuellen Stand bringen

up 'front adv. (infml) (as down payment) im Voraus

upgrade A /-'-/ v.t. **1** aufwerten ‹Stellung›

2 (improve) verbessern

3 (Comp.) aufrüsten, nachrüsten ‹Computer›

B /'--/ n. (Comp.) (act of upgrading) Nachrüsten, das; Erweiterung, die; (upgraded version) erweiterte Version; Upgrade, der (fachspr.)

upheaval /ʌp'hiːvl/ n. Aufruhr, der; (disturbance) Durcheinander, das

up'hill A adj. (fig.) **an** ~ **task/struggle** eine mühselige Aufgabe/ein harter Kampf

B adv. bergauf

uphold v.t., **upheld** unterstützen; wahren ‹Tradition›

upholster /ʌp'həʊlstə(r)/ v.t. polstern

up'holsterer n. Polsterer, der/Polsterin, die

up'holstery n. **1** (craft) Polster[er]handwerk, das

2 (padding) Polsterung, die

'upkeep n. Unterhalt, der

up'lifting adj. erhebend

'uplighter n. Deckenfluter, der

up'load v.t. (Comp.) hinaufladen ‹Datei, Daten›

'upmarket adj. exklusiv

⚹ **upon** /ə'pɒn/ prep. auf ‹direction: + Akk.; position: + Dat.›

⚹ **upper** /'ʌpə(r)/ **A** compar. adj. ober...; Ober‹grenze, -lippe, -arm usw.›; ~ **class[es]** Oberschicht, die; **have/get/gain the** ~ **hand** die Oberhand haben/gewinnen/erhalten

B n. Oberteil, das

upper 'circle n. oberer Rang

upper 'deck n. Oberdeck, das

'uppermost A adj. oberst...

B adv. ganz oben

'upright adj. aufrecht

'uprising n. Aufstand, der

'uproar n. Aufruhr, der

up'root v.t. [her]ausreißen; ‹Sturm:› entwurzeln

upset /ʌp'set/ v.t., **-tt-**, ~ **1** (overturn) umkippen; (accidentally) umstoßen ‹Tasse, Milch usw.›

2 (distress) erschüttern; (make angry) aufregen; **don't let it** ~ **you** nimm es nicht so schwer

3 (make ill) sth ~s sb etw. bekommt jmdm. nicht

4 durcheinander bringen ‹Plan›

B /ʌp'set/ v.i., **-tt-**, ~; umkippen

C /ʌp'set/ adj. (distressed) bestürzt; (agitated) aufgeregt; **get** ~ **[about/over sth]** sich [über

etw. (*Akk.*)] aufregen
D /'ʌpset/ *n.* **1** (agitation) Aufregung, *die*; (annoyance) Verärgerung, *die* **2** stomach ~ Magenverstimmung, *die* **3** (upheaval) Aufruhr, *der*

up'setting *adj.* erschütternd; (sad) traurig; (annoying) ärgerlich

'**upshot** *n.* Ergebnis, *das*

upside '**down** **A** *adv.* verkehrt herum; **turn sth** ~ **etw.** auf den Kopf stellen
B *adj.* auf dem Kopf stehend <*Bild*>; **be** ~ auf dem Kopf stehen

upstairs **A** /-'-/ *adv.* nach oben <*gehen, kommen*>; oben <*sein, wohnen*>
B /'--/ *adj.* im Obergeschoss *nachgestellt*

'**upstart** *n.* Emporkömmling, *der*

up'stream *adv.* flussaufwärts

'**uptake** *n.* be quick/slow on the ~ (infml) schnell begreifen/schwer von Begriff sein (ugs.)

uptight /-'-, '--/ *adj.* (infml) (tense) nervös (about wegen)

up to '**date** *adj.* be/keep ~ auf dem neuesten Stand sein/bleiben; **bring sth** ~ etw. auf den neuesten Stand bringen

up-to-'date *attrib. adj.* (current) aktuell; (modern) modern

up-to-the-'minute *adj.* hochaktuell

'**upturn** *n.* Aufschwung, *der* (in *Gen.*)

upturned /'ʌptɜːnd/ *adj.* umgedreht; ~ **nose** Stupsnase, *die*

upward /'ʌpwəd/ **A** *adj.* nach oben gerichtet
B *adv.* aufwärts <*sich bewegen*>; nach oben <*sehen, gehen*>

upwards /'ʌpwədz/ *adv.* **1** ▶ upward B **2** ~ **of** über (+ *Akk.*)

uranium /jʊəˈreɪnɪəm/ *n.* Uran, *das*

Uranus /'jʊərənəs, jʊəˈreɪnəs/ *pr. n.* (Astron.) Uranus, *der*

✓ **urban** /'ɜːbn/ *adj.* städtisch; Stadt<*gebiet, -bevölkerung, -planung*>

urbane /ɜːˈbeɪn/ *adj.* weltmännisch

urchin /'ɜːtʃɪn/ *n.* Strolch, *der*

✓ **urge** /ɜːdʒ/ **A** *v.t.* ~ **sb to do sth** jmdn. drängen, etw. zu tun
B *n.* Trieb, *der*
■ ~ '**on** *v.t.* antreiben; (encourage) anfeuern

urgency /'ɜːdʒənsɪ/ *n.* Dringlichkeit, *die*

urgent /'ɜːdʒənt/ *adj.* dringend; (to be dealt with immediately) eilig; **be in** ~ **need of sth** etw. dringend brauchen

'**urgently** *adv.* dringend; (immediately) eilig

urinal /jʊəˈraɪnl/ *n.* [**public**] ~ [öffentliche] Herrentoilette; Pissoir, *das*

urinary /'jʊərɪnərɪ/ *adj.* Harn-

urinate /'jʊərɪneɪt/ *v.i.* urinieren

urine /'jʊərɪn/ *n.* Urin, *der*; Harn, *der*

URL *abbr.* (Comp.) = **uniform resource locator** URL, *der*

urn /ɜːn/ *n.* **1** tea/coffee ~ Tee-/Kaffeemaschine, *die*

2 (vessel) Urne, *die*

Uruguay /'jʊərəgwaɪ/ *pr. n.* Uruguay (*das*)

✓ **us** /əs, stressed ʌs/ *pron.* uns; it's ~ wir sinds (ugs.)

US *abbr.* = **United States** USA

USA *abbr.* = **United States of America** USA

usage /'juːzɪdʒ, 'juːsɪdʒ/ *n.* **1** Brauch, *der* **2** (Ling.) Sprachgebrauch, *der*

US'B stick *n.* (Comp.) USB-Stick, *der*

✓ **use A** /juːs/ *n.* **1** Gebrauch, *der*; (of dictionary, calculator, room) Benutzung, *die*; (of word, pesticide, spice) Verwendung, *die*; [**not**] **be in** ~ [nicht] in Gebrauch sein; **be no longer in** ~ nicht mehr verwendet werden; **make** ~ **of sb/sth** jmdn./etw. gebrauchen /(exploit) ausnutzen; **make good** ~ **of**, **turn** *or* **put to good** ~ gut nutzen <*Zeit, Talent, Geld*>; **put sth to** ~ etw. verwenden

2 (usefulness) Nutzen, *der*; **is it of [any]** ~? ist das [irgendwie] von Nutzen?; **be [of] no** ~ [**to sb**] [jmdm.] nicht nützen; **it's no** ~ [**doing that**] es hat keinen Sinn[, das zu tun]

3 (purpose) Verwendung, *die*; **have/find a** ~ **for sth/sb** für etw./jmdn. Verwendung haben/finden; **have no/not much** ~ **for sth/ sb** etw./jmdn. nicht/kaum brauchen
B /juːz/ *v.t.* **1** benutzen; nutzen <*Gelegenheit*>; anwenden <*Gewalt*>; in Anspruch nehmen <*Firma, Dienstleistung*>; nutzen <*Zeit, Gelegenheit*>; verwenden <*Kraftstoff, Butter, Wort*>

2 ~**d to** /'juːst tə/ **I** ~**d to live in London** früher habe ich in London gelebt
■ ~ '**up** *v.t.* aufbrauchen; verbrauchen <*Geld, Energie*>

use-by date /'juːzbaɪ/ *n.* (esp. BrE) [Mindest]haltbarkeitsdatum, *das*

used A *adj.* **1** /juːzd/ gebraucht; gestempelt <*Briefmarke*>; ~ **car** Gebrauchtwagen, *der* **2** /juːst/ **be** ~ **to sth** [an] etw. (*Akk.*) gewöhnt
B /juːst/ ▶ use B2

✓ **useful** /'juːsfl/ *adj.* nützlich; praktisch <*Werkzeug*>; hilfreich <*Rat, Idee*>

'**usefulness** *n.* Nützlichkeit, *die*

useless /'juːslɪs/ *adj.* unbrauchbar <*Werkzeug, Rat, Idee*>; nutzlos <*Wissen, Information, Protest, Anstrengung, Kampf*>; zwecklos <*Widerstand, Protest*>

✓ **user** /'juːzə(r)/ *n.* Benutzer, *der*/Benutzerin, *die*

user: ~-**friendly** *adj.* benutzerfreundlich; ~ **group** *n.* Benutzergruppe, *die*; ~ **interface** *n.* (Comp.) Benutzerschnittstelle, *die*; ~ **name** *n.* (Comp.) Benutzername, *der*

usher /'ʌʃə(r)/ **A** *n.* (in court) Gerichtsdiener, *der*; (at cinema, church) Platzanweiser, *der*
B *v.t.* führen
■ ~ '**in** *v.t.* hineinführen; (fig.) einläuten

usherette /ʌʃəˈret/ *n.* Platzanweiserin, *die*

USSR *abbr.* (Hist.) = **Union of Soviet Socialist Republics** UdSSR, *die*

u

⚡ **usual** /'juːʒəl/ adj. üblich

⚡ **usually** /'juːʒəli/ adv. gewöhnlich

usurp /juːˈzɜːp/ v.t. sich (Dat.) widerrechtlich aneignen

utensil /juːˈtensɪl/ n. Utensil, das; writing ~s Schreibutensilien Pl.; kitchen ~s Küchengeräte Pl.

uterus /'juːtərəs/ n. Gebärmutter, die

utilitarian /juːtɪlɪˈteərɪən/ adj. funktionell

utility /juːˈtɪlɪti/ n. **1** Nutzen, der **2** [public] ~ öffentlicher Versorgungsbetrieb

u'tility room n.: Raum, in dem [größere] Haushaltsgeräte (z.B. Waschmaschine) installiert sind

utilize /'juːtɪlaɪz/ v.t. nutzen

utmost /'ʌtməʊst/ **A** adj. äußerst...; größt... ‹Höflichkeit, Eleganz, Einfachheit, Geschwindigkeit› **B** n. Äußerste, das; do or try one's ~ to do sth mit allen Mitteln versuchen, etw. zu tun

utter¹ /'ʌtə(r)/ adj. völlig; vollkommen; ~ fool Vollidiot, der (ugs.)

utter² v.t. **1** von sich geben ‹Schrei, Seufzer› **2** (say) sagen

utterance /'ʌtərəns/ n. Worte Pl.

'utterly adv. völlig; vollkommen; äußerst ‹dumm, lächerlich›

'U-turn n. Wende [um 180°]; (fig.) Kehrtwendung, die; make a ~ wenden; 'No ~s' „Wenden verboten"

UV abbr. = **ultraviolet** UV

Vv

V¹, v /viː/ n. V, v, das

V² abbr. = **volt[s]** V

v. abbr. = **versus** gg.

vacancy /'veɪkənsi/ n. **1** (job) freie Stelle **2** (room) freies Zimmer; 'vacancies' „Zimmer frei"; 'no vacancies' „belegt"

vacant /'veɪkənt/ adj. **1** frei; 'situations ~' „Stellenangebote" **2** (mentally) leer

vacate /vəˈkeɪt/ v.t. räumen

vacation /vəˈkeɪʃn/ n. **1** (BrE) (Univ.) Ferien Pl. **2** (AmE) ▶ holiday 2

vaccinate /'væksɪneɪt/ v.t. impfen

vaccination /væksɪˈneɪʃn/ n. Impfung, die; have a ~ geimpft werden

vaccine /'væksiːn/ n. Impfstoff, der

vacillate /'væsɪleɪt/ v.i. schwanken

vacuum /'vækjʊəm/ **A** n. **1** Vakuum, das; live in a ~ im luftleeren Raum leben **2** (infml) (~ cleaner) Staubsauger, der (ugs.) **B** v.t. & i. [staub]saugen

vacuum: ~ **cleaner** n. Staubsauger, der; ~ **flask** n. (BrE) Thermosflasche, die; ~-**packed** adj. vakuumverpackt

vagaries /'veɪɡəriz/ n. pl. Launen Pl.

vagina /vəˈdʒaɪnə/ n. Scheide, die

vagrant /'veɪɡrənt/ n. Landstreicher, der/-streicherin, die; (in cities) Stadtstreicher, der/-streicherin, die

vague /veɪɡ/ adj. vage; verschwommen ‹Form, Umriss›; (absent-minded) geistesabwesend; not have the ~st idea

⚡ Schlüsselwort

or notion nicht die blassteste od. leiseste Ahnung haben

'vaguely adv. vage; entfernt ‹bekannt sein, erinnern an›; schwach ‹sich erinnern›

vain /veɪn/ adj. **1** (conceited) eitel **2** (useless) leer; vergeblich ‹Hoffnung, Versuch›; in ~ vergeblich

'vainly adv. vergebens

vale /veɪl/ n. (arch./poet.) Tal, das

valentine /'væləntaɪn/ n. ~ [card] Grußkarte zum Valentinstag; St. V~'s Day Valentinstag, der

valet /'væleɪ/ n. Kammerdiener, der

valiant /'vælɪənt/ adj., **'valiantly** adv. tapfer

valid /'vælɪd/ adj. **1** (legally acceptable) gültig; berechtigt ‹Anspruch› **2** (justifiable) stichhaltig ‹Argument›; triftig ‹Grund›; begründet ‹Einwand, Entschuldigung›

validate /'vælɪdeɪt/ v.t. rechtskräftig machen

validity /vəˈlɪdɪti/ n. Gültigkeit, die

valley /'væli/ n. Tal, das

valour (AmE: **valor**) /'vælə(r)/ n. Tapferkeit, die

valuable /'væljʊəbl/ **A** adj. wertvoll; be ~ to sb für jmdn. wertvoll sein **B** n. ~s Wertsachen Pl.

valuation /væljʊˈeɪʃn/ n. Schätzung, die

⚡ **value** /'væljuː/ **A** n. Wert, der; be of great/ little/some/no ~ [to sb] [für jmdn.] von großem/geringem/einigem/keinerlei Nutzen sein; know the ~ of sth wissen, was etw. wert ist; something/nothing of ~

etwas/nichts Wertvolles
B *v.t.* schätzen
value added 'tax *n.* Mehrwertsteuer, *die*
valued /'væljuːd/ *adj.* geschätzt
'value judgement *n.* Werturteil, *das*
'valueless *adj.* wertlos
valuer /'væljʊə(r)/ *n.* Schätzer, *der*; Taxator, *der*
valve /vælv/ *n.* **1** Ventil, *das*
2 (Anat.) Klappe, *die*
vampire /'væmpaɪə(r)/ *n.* Vampir, *der*
van /væn/ *n.* [delivery] ~ Lieferwagen, *der*
vandal /'vændl/ *n.* Rowdy, *der*
vandalism /'vændəlɪzm/ *n.* Wandalismus, *der*
vandalize /'vændəlaɪz/ *v.t.* [mutwillig] beschädigen
vanilla /və'nɪlə/ **A** *n.* Vanille, *die*
B *adj.* Vanille-
vanish /'vænɪʃ/ *v.i.* verschwinden
vanity /'vænɪtɪ/ *n.* Eitelkeit, *die*
'vanity bag *n.* Kosmetiktäschchen, *das*
'vantage point /'vɑːntɪdʒ pɔɪnt/ *n.* Aussichtspunkt, *der*
vapour (BrE; AmE: **vapor**) /'veɪpə(r)/ *n.* Dampf, *der*
'vapour trail *n.* (Aeronaut.) Kondensstreifen, *der*
variable /'veəriəbl/ *adj.* **1** (alterable) veränderbar; **be** ~ verändert werden können
2 (inconsistent) unbeständig ‹ *Wetter, Wind, Leistung* ›; wechselhaft ‹ *Wetter, Launen, Qualität* ›
variance /'veəriəns/ *n.* **be at** ~ **[with sth]** [mit etw.] nicht übereinstimmen
variant /'veəriənt/ *n.* Variante, *die*
variation /veəri'eɪʃn/ *n.* **1** (varying) Veränderung, *die*; (difference) Unterschied, *der*
2 (variant) Variante, *die* (**of, on** *Gen.*)
varicose vein /værɪkəʊs 'veɪn/ *n.* Krampfader, *die*
varied /'veərɪd/ *adj.* unterschiedlich; abwechslungsreich ‹ *Diät, Leben* ›
✧ **variety** /və'raɪətɪ/ *n.* **1** (diversity) Vielfältigkeit, *die*; (in diet, routine) Abwechslung, *die*; **add** *or* **give** ~ **to sth** etw. abwechslungsreicher gestalten
2 (assortment) Auswahl, *die* (**of an** + *Dat.*, **von**); **for a** ~ **of reasons** aus verschiedenen Gründen
3 (Theatre) Varieté, *das*
4 (form) Art, *die*; (of fruit, vegetable) Sorte, *die*; (cultivated) Züchtung, *die*
✧ **various** /'veəriəs/ *adj.* **1** pred. (different) verschieden; unterschiedlich
2 attrib. (several) verschiedene; **at** ~ **times** mehrere Male
'variously *adv.* unterschiedlich
varnish /'vɑːnɪʃ/ **A** *n.* Lasur, *die*

B *v.t.* lasieren
✧ **vary** /'veərɪ/ **A** *v.t.* verändern; ändern ‹ *Bestimmungen, Programm, Methode, Route* ›; (add variety to) abwechslungsreicher gestalten
B *v.i.* (become different) sich ändern; ‹ *Preis, Qualität:* › schwanken; (be different) unterschiedlich sein
'varying *adj.* wechselnd; (different) unterschiedlich
vase /vɑːz/ *n.* Vase, *die*
✧ **vast** /vɑːst/ *adj.* **1** (huge) riesig; weit ‹ *Fläche, Meer* ›
2 (infml) (great) enorm; Riesen‹ *menge, -summe* ›
'vastly *adv.* (infml) enorm; weitaus ‹ *besser* ›; weit ‹ *überlegen, unterlegen* ›
vat /væt/ *n.* Bottich, *der*
VAT /viːeɪ'tiː, væt/ *abbr.* = **value added tax** MwSt.
Vatican /'vætɪkən/ *pr. n.* Vatikan, *der*
vault¹ /vɔːlt, vɒlt/ *n.* **1** (Archit.) Gewölbe, *das*
2 (in bank) Tresorraum, *der*
3 (tomb) Gruft, *die*
vault² **A** *v.i.* sich schwingen
B *v.t.* sich schwingen über (+ *Akk.*)
C *n.* Sprung, *der*
VD *n.* Geschlechtskrankheit, *die*
VDU *abbr.* = **visual display unit**
veal /viːl/ *n.* Kalb[fleisch], *das*; attrib. Kalbs-
veer /vɪə(r)/ *v.i.* ‹ *Auto:* › ausscheren
■ ~ **a'way,** ~ **'off** *v.i.* ‹ *Auto:* › ausscheren; ‹ *Fahrer, Straße:* › abbiegen
veg /vedʒ/ *n.*, *pl.* **same** (infml) Gemüse, *das*
vegan /'viːgən/ **A** *n.* Veganer, *der*/Veganerin, *die*
B *adj.* vegan
vegetable /'vedʒɪtəbl/ *n.* Gemüse, *das*; **fresh** ~**s** frisches Gemüse; attrib. Gemüse‹ *suppe, -extrakt, -garten* ›
'vegetable oil *n.* Pflanzenöl, *das*
vegetarian /vedʒɪ'teəriən/ **A** *n.* Vegetarier, *der*/Vegetarierin, *die*
B *adj.* vegetarisch; **sb is** ~ jmd. ist Vegetarier/Vegetarierin; **eat** ~ **[food]** vegetarisch essen
vegetarianism /vedʒɪ'teəriənɪzm/ *n.* Vegetarismus, *der*
vegetate /'vedʒɪteɪt/ *v.i.* nur noch [dahin]vegetieren
vegetation /vedʒɪ'teɪʃn/ *n.* Vegetation, *die*
veggie /'vedʒɪ/ (infml) **A** *adj.* vegetarisch
B *n.* Vegetarier, *der*/Vegetarierin, *die*
'veggie burger *n.* Bratling, *der*
vehement /'viːəmənt/ *adj.*, **'vehemently** *adv.* heftig
✧ **vehicle** /'viːɪkl/ *n.* **1** Fahrzeug, *das*
2 (fig.) (medium) Vehikel, *das*
vehicular /vɪ'hɪkjʊlə(r)/ *adj.* Fahrzeug-
veil /veɪl/ **A** *n.* Schleier, *der*
B *v.t.* verschleiern

v

veiled /veɪld/ *adj.* verschleiert; (fig.) versteckt

vein /veɪn/ *n.* **1** Vene, *die*; (any blood vessel)
Ader, *die*
2 (fig.) (mood) Stimmung, *die*; **in a similar** ~
vergleichbarer Art

Velcro® /'velkrəʊ/ *n.* Klettverschluss®, *der*

velocity /vɪ'lɒsɪtɪ/ *n.* Geschwindigkeit, *die*

velvet /'velvɪt/ **A** *n.* Samt, *der*
B *adj.* aus Samt *nachgestellt*; Samt-

'velvety *adj.* samtig

vendetta /ven'detə/ *n.* Hetzkampagne, *die*;
(feud) Fehde, *die*

vending machine /'vendɪŋ məʃiːn/ *n.*
[Verkaufs]automat, *der*

vendor /'vendə(r)/ *n.* Verkäufer, *der*/
Verkäuferin, *die*

veneer /vɪ'nɪə(r)/ *n.* Furnier, *das*

venerable /'venərəbl/ *adj.* ehrwürdig

venerate /'venəreɪt/ *v.t.* verehren

ve'nereal disease *n.* (Med.)
Geschlechtskrankheit, *die*

venetian blind /vɪ'niːʃn blaɪnd/ *n.* Jalousie,
die

Venezuela /venɪ'zweɪlə/ *pr. n.* Venezuela
(das)

vengeance /'vendʒəns/ *n.* **1** Rache, *die*; **take**
~ **[up]on sb [for sth]** sich an jmdm. [für etw.]
rächen
2 with a ~ (infml) gewaltig (ugs.)

Venice /'venɪs/ *pr. n.* Venedig *(das)*

venison /'venɪsn, 'venɪzn/ *n.* Hirsch, *der*;
Hirschfleisch, *das*; (roe deer) Reh[fleisch], *das*

venom /'venəm/ *n.* Gift, *das*

venomous /'venəməs/ *adj.* giftig

vent¹ /vent/ **A** *n.* **1** Öffnung, *die*
2 (fig.) Ventil, *das* (fig.); **give** ~ **to** Luft
machen (+ *Dat.*)
B *v.t.* (fig.) Luft machen (+ *Dat.*)

vent² *n.* (in garment) Schlitz, *der*

ventilate /'ventɪleɪt/ *v.t.* belüften

ventilation /ventɪ'leɪʃn/ *n.* Belüftung, *die*

ventilator /'ventɪleɪtə(r)/ *n.* **1** Ventilator, *der*
2 (Med.) Beatmungsgerät, *das*

ventriloquist /ven'trɪləkwɪst/ *n.*
Bauchredner, *der*/-rednerin, *die*

venture /'ventʃə(r)/ **A** *n.* Unternehmung, *die*
B *v.i.* **1** (dare) wagen
2 (dare to go) sich wagen
C *v.t.* wagen
■ ~ **'out** *v.i.* sich hinauswagen

venue /'venjuː/ *n.* (Sport) [Austragungs]ort,
der; (Mus., Theatre) [Veranstaltungs]ort, *der*;
(meeting place) Treffpunkt, *der*

Venus /'viːnəs/ *pr. n.* (Astron.) Venus, *die*

veranda, verandah /və'rændə/ *n.* Veranda,
die

verb /vɜːb/ *n.* Verb, *das*

verbal /'vɜːbl/ *adj.*, **verbally** /'vɜːbəlɪ/ *adv.*
1 (relating to words) sprachlich

2 (oral[ly]) mündlich

verbatim /və'beɪtɪm/ *adj., adv.* [wort]wörtlich

verbose /və'bəʊs/ *adj.* weitschweifig
‹*Roman, Autor*›; langatmig ‹*Rede, Redner*›

verdict /'vɜːdɪkt/ *n.* Urteil, *das*; ~ **of guilty/
not guilty** Schuld-/Freispruch, *der*; **reach a** ~
zu einem Urteil kommen

verge /vɜːdʒ/ *n.* **1** Rasensaum, *der*; (on road)
Bankette, *die*
2 (fig.) **be on the** ~ **of war/tears** am Rande
des Krieges stehen/den Tränen nahe sein;
be on the ~ **of doing sth** kurz davor stehen,
etw. zu tun
■ '~ **on** *v.t.* [an]grenzen an (+ *Akk.*)

verger /'vɜːdʒə(r)/ *n.* Küster, *der*

verifiable /'verɪfaɪəbl/ *adj.* nachprüfbar

verification /verɪfɪ'keɪʃn/ *n.* **1** (check)
Überprüfung, *die*
2 (confirmation) Bestätigung, *die*

verify /'verɪfaɪ/ *v.t.* **1** (check) überprüfen
2 (confirm) bestätigen

veritable /'verɪtəbl/ *adj.* richtig

vermin /'vɜːmɪn/ *n.* Ungeziefer, *das*

vermouth /'vɜːməθ/ *n.* Wermut[wein], *der*

vernacular /və'nækjʊlə(r)/ *n.*
Landessprache, *die*

versatile /'vɜːsətaɪl/ *adj.* vielseitig; (having
many uses) vielseitig verwendbar

versatility /vɜːsə'tɪlɪtɪ/ *n.* Vielseitigkeit, *die*

verse /vɜːs/ *n.* **1** (stanza) Strophe, *die*
2 (poetry) Lyrik, *die*; **write some** ~ einige
Verse schreiben; **piece of** ~ Gedicht, *das*;
written in ~ in Versform
3 (in Bible) Vers, *der*

versed /vɜːst/ *adj.* **be [well]** ~ **in sth** sich in
etw. (*Dat.*) [gut] auskennen

♂ **version** /'vɜːʃn/ *n.* Version, *die*; (in another
language) Übersetzung, *die*; (of vehicle, machine,
tool) Modell, *das*

versus /'vɜːsəs/ *prep.* gegen

vertebra /'vɜːtɪbrə/ *n., pl.* ~**e** /'vɜːtɪbriː/
Wirbel, *der*

vertebrate /'vɜːtɪbrət/ *n.* Wirbeltier, *das*

vertical /'vɜːtɪkl/ *adj.* senkrecht; **be** ~
senkrecht stehen

vertically /'vɜːtɪkəlɪ/ *adv.* senkrecht

vertigo /'vɜːtɪgəʊ/ *n.* Schwindel, *der*

verve /vɜːv/ *n.* Schwung, *der*

♂ **very** /'verɪ/ **A** *attrib. adj.* **1** (precise, exact)
genau; **you're the** ~ **person I wanted to
see** genau dich wollte ich sehen; **at the** ~
moment when ... im selben Augenblick,
als ...; **at the** ~ **centre** genau in der Mitte;
the ~ **thing** genau das Richtige
2 (extreme) **at the** ~ **back/front** ganz hinten/
vorn; **at the** ~ **end/beginning** ganz am Ende/
Anfang; **from the** ~ **beginning** von Anfang
an; **only a** ~ **little** nur ein ganz kleines
bisschen
3 (mere) bloß ‹*Gedanke*›
4 (absolute) absolut ‹*Minimum, Maximum*›;
the ~ **most I can offer is ...** ich kann

allerhöchstens ... anbieten; **for the ~ last time** zum allerletzten Mal
5 *emphat.* **before their ~ eyes** vor ihren Augen
B *adv.* **1** (extremely) sehr; **it's ~ near** es ist ganz in der Nähe; **~ probably** höchstwahrscheinlich; **not ~ much** nicht sehr; **~ little** [nur] sehr wenig <*verstehen, essen*>; **thank you [~,] ~ much** [vielen,] vielen Dank
2 (absolutely) aller <*best..., -letzt..., -leichtest...*>; **at the ~ latest** allerspätestens
3 (precisely) **the ~ same one** genau der-/die-/dasselbe

vessel /'vesl/ *n.* **1** (receptacle) Gefäß, *das*; [drinking] ~ Trinkgefäß, *das*
2 (Naut.) Schiff, *das*

vest /vest/ **A** *n.* **1** (BrE) Unterhemd, *das*
2 (AmE) (waistcoat) Weste, *die*
B *v.t.* **~ sb with sth, ~ sth in sb** jmdm. etw. verleihen

'vested *adj.* **have a ~ interest in sth** ein persönliches Interesse an etw. (*Dat.*) haben

vestige /'vestɪdʒ/ *n.* Spur, *die*; **not a ~ of** truth kein Fünkchen Wahrheit

vestment /'vestmənt/ *n.* [Priester]gewand, *das*

vestry /'vestrɪ/ *n.* Sakristei, *die*

vet /vet/ **A** *n.* Tierarzt, *der*/-ärztin, *die*
B *v.t.*, **-tt-** überprüfen

veteran /'vetərən/ *n.* Veteran, *der*/Veteranin, *die*

veteran 'car *n.* (BrE) Veteran, *der*

veterinarian /veterɪ'neərɪən/ *n.* (AmE) Tierarzt, *der*/-ärztin, *die*

veterinary /'vetərɪnərɪ/ *adj.* tiermedizinisch

veterinary 'surgeon *n.* (BrE) Tierarzt, *der*/-ärztin, *die*

veto /'viːtəʊ/ **A** *n.*, *pl.* **~es** Veto, *das*
B *v.t.* sein Veto einlegen gegen

vex /veks/ *v.t.* [ver]ärgern; (cause to worry) beunruhigen; **be ~ed with sb** sich über jmdn. ärgern

vexation /vek'seɪʃn/ *n.* Verärgerung, *die*

vexed /vekst/ *adj.* **1** verärgert
2 ~ question viel diskutierte Frage

VHF *abbr.* = **Very High Frequency** UKW

⚡ **via** /'vaɪə/ *prep.* über (+ *Akk.*) <*Ort, Sender, Telefon*>; durch <*Eingang, Schornstein, Person*>; per <*Post*>

viability /vaɪə'bɪlɪtɪ/ *n.* (feasibility) Realisierbarkeit, *die*

viable /'vaɪəbl/ *adj.* (feasible) realisierbar

viaduct /'vaɪədʌkt/ *n.* Viadukt, *das od. der*

Viagra® /vaɪ'ægrə/ *n.* Viagra®, *das*

vibrant /'vaɪbrənt/ *adj.* lebensprühend <*Atmosphäre*>; lebhaft <*Farbe*>

vibrate /vaɪ'breɪt/ **A** *v.i.* vibrieren; (under strong impact) beben
B *v.t.* vibrieren lassen

vibration /vaɪ'breɪʃn/ *n.* Vibrieren, *das*; (under strong impact) Beben, *das*

vicar /'vɪkə(r)/ *n.* Pfarrer, *der*

vicarage /'vɪkərɪdʒ/ *n.* Pfarrhaus, *das*

vicarious /vɪ'keərɪəs/ *adj.* nachempfunden

vice¹ /vaɪs/ *n.* Laster, *das*

vice² *n.* (BrE) (tool) Schraubstock, *der*

vice: **~-'chairman** *n.* stellvertretender Vorsitzender; **~-'president** *n.* Vizepräsident, *der*/-präsidentin, *die*; **~ squad** *n.* Sittenpolizei, *die*

vice versa /vaɪsɪ 'vɜːsə/ *adv.* umgekehrt

vicinity /vɪ'sɪnɪtɪ/ *n.* Umgebung, *die*; **in the ~ [of a place]** in der Nähe [eines Ortes]

vicious /'vɪʃəs/ *adj.* **1** (malicious) böse; bösartig <*Tier*>
2 (violent) brutal

vicious 'circle *n.* Teufelskreis, *der*

'viciously *adv.* **1** (maliciously) boshaft
2 (violently) brutal

⚡ **victim** /'vɪktɪm/ *n.* Opfer, *das*; (of sarcasm, abuse) Zielscheibe, *die* (fig.)

victimization /vɪktɪmaɪ'zeɪʃn/ *n.* Schikanierung, *die*

victimize /'vɪktɪmaɪz/ *v.t.* schikanieren

victor /'vɪktə(r)/ *n.* Sieger, *der*/Siegerin, *die*

victorious /vɪk'tɔːrɪəs/ *adj.* siegreich

⚡ **victory** /'vɪktərɪ/ *n.* Sieg, *der* (**over** über + *Akk.*); *attrib.* Sieges-

⚡ **video** /'vɪdɪəʊ/ **A** *adj.* Video-
B *n.*, *pl.* **~s** (~ recorder) Videorekorder, *der*; (~tape, ~ recording) Video, *das* (ugs.)
C *v.t.* ▶ videotape B

video: **~ camera** *n.* Videokamera, *die*; **~ cas'sette** *n.* Videokassette, *die*; **~ cas'sette recorder** *n.* Videokassettenrekorder, *der*; **~ clip** *n.* Videoclip, *der*; **~ conference** *n.* Videokonferenz, *die*; **~ film** *n.* Videofilm, *der*; **~ game** *n.* Videospiel, *das*; **~ library** *n.* Videothek, *die*; **~ machine** *n.* Videogerät, *das*; **~ 'nasty** *n.* Horrorvideo, *das*; **~-on-demand** *n.* Video-on-Demand, *das*; **~ player** *n.* Video-Player, *der*; **~ recorder** *n.* Videorekorder, *der*; **~ recording** *n.* Videoaufnahme, *die*; **~tape** **A** *n.* Videoband, *das* **B** *v.t.* [auf Videoband (*Akk.*)] aufnehmen

vie /vaɪ/ *v.i.*, **vying** /'vaɪɪŋ/ **~ [with sb] for sth** [mit jmdm.] um etw. wetteifern

Vienna /vɪ'enə/ **A** *pr. n.* Wien (*das*)
B *attrib. adj.* Wiener

Viennese /vɪə'niːz/ **A** *adj.* Wiener
B *n.*, *pl. same* Wiener, *der*/Wienerin, *die*

Vietnam /vɪet'næm/ *pr. n.* Vietnam (*das*)

Vietnamese /vɪetnə'miːz/ **A** *adj.* vietnamesisch; **sb is ~** jmd. ist Vietnamese/ Vietnamesin
B *n.*, *pl. same* **1** (person) Vietnamese, *der*/ Vietnamesin, *die*
2 (language) Vietnamesisch, *das*

⚡ **view** /vjuː/ **A** *n.* **1** (range of vision) Sicht, *die*; **be out of/in ~** nicht zu sehen/zu sehen sein
2 (what is seen) Aussicht, *die*
3 (picture) Ansicht, *die*

V

4 (opinion) Ansicht, *die*; **what is your ~ or are your ~s on this?** was meinst du dazu?; **hold *or* take the ~ that …** der Ansicht sein, dass …; **in my ~** meiner Ansicht nach **5 be on ~** besichtigt werden können; **in ~ of sth** (fig.) angesichts einer Sache; **with a ~ to doing sth** in der Absicht, etw. zu tun
B *v.t.* **1** (look at) sich (*Dat.*) ansehen
2 (consider) betrachten
3 (inspect) besichtigen
C *v.i.* (Telev.) fernsehen

viewdata /ˈvjuːdeɪtə/ *n.* (Teleph.) Bildschirmtextsystem, *das*

'viewer *n.* **1** (Telev.) [Fernseh]zuschauer, *der*/-zuschauerin, *die*
2 (for slides) Diabetrachter, *der*

'viewfinder *n.* Sucher, *der*

viewing /ˈvjuːɪŋ/ *n.* (Telev.) Fernsehen, *das*; **at peak ~ time** zur besten Sendezeit

'viewing figures *n. pl.* Einschaltquoten *Pl.*

'viewpoint *n.* Standpunkt, *der*

vigil /ˈvɪdʒɪl/ *n.* Wachen, *das*; **keep ~** wachen

vigilance /ˈvɪdʒɪləns/ *n.* Wachsamkeit, *die*

vigilant /ˈvɪdʒɪlənt/ *adj.* wachsam

vigilante /vɪdʒɪˈlænti/ *n.* Mitglied einer/der Bürgerwehr

vigor (AmE) ▸ **vigour**

vigorous /ˈvɪɡərəs/ *adj.* kräftig; heftig ‹*Attacke, Protest*›; energisch ‹*Versuch, Anstrengung, Leugnen, Maßnahme*›

'vigorously *adv.* heftig; kräftig ‹*schrubben, drücken*›

vigour /ˈvɪɡə(r)/ *n.* (BrE) (of person) Vitalität, *die*; (of body) Kraft, *die*; (of protest, attack) Heftigkeit, *die*

vile /vaɪl/ *adj.* gemein ‹*Verleumdung*›; vulgär ‹*Sprache*›; (repulsive) widerwärtig; (infml) (very unpleasant) scheußlich (ugs.)

villa /ˈvɪlə/ *n.* **1 [holiday]** ~ Ferienhaus, *das*
2 [country] ~ Landhaus, *das*

✔ **village** /ˈvɪlɪdʒ/ *n.* Dorf, *das*; *attrib.* Dorf-
village: ~ 'green *n.* Dorfwiese, *die*; **~ 'hall** *n.* Dorfgemeinschaftshaus, *das*

villager /ˈvɪlɪdʒə(r)/ *n.* Dorfbewohner, *der*/-bewohnerin, *die*

villain /ˈvɪlən/ *n.* **1** Verbrecher, *der*
2 (Theatre) Bösewicht, *der*

villainous /ˈvɪlənəs/ *adj.* gemein

vindicate /ˈvɪndɪkeɪt/ *v.t.* **1** (justify) rechtfertigen
2 (clear) rehabilitieren

vindication /vɪndɪˈkeɪʃn/ *n.* **1** (justification) Rechtfertigung, *die*
2 (clearing) Rehabilitierung, *die*

vindictive /vɪnˈdɪktɪv/ *adj.* nachtragend

vine /vaɪn/ *n.* Weinrebe, *die*

vinegar /ˈvɪnɪɡə(r)/ *n.* Essig, *der*

vinegary /ˈvɪnɪɡərɪ/ *adj.* sauer

vineyard /ˈvɪnjɑːd, ˈvɪnjəd/ *n.* Weinberg, *der*

✔ Schlüsselwort

vintage /ˈvɪntɪdʒ/ **A** *n.* Jahrgang, *der*
B *adj.* erlesen ‹*Wein*›

vintage 'car *n.* (BrE) Oldtimer, *der*

vintner /ˈvɪntnə(r)/ *n.* Weinhändler, *der*/-händlerin, *die*

vinyl /ˈvaɪnɪl/ *n.* Vinyl, *das*

viola /vɪˈəʊlə/ *n.* Bratsche, *die*

violate /ˈvaɪəleɪt/ *v.t.* **1** verletzen; brechen ‹*Vertrag, Versprechen, Gesetz*›
2 (profane, rape) schänden

violation /vaɪəˈleɪʃn/ *n.* ▸ **violate** Verletzung, *die*; Bruch, *der*; Schändung, *die*

✔ **violence** /ˈvaɪələns/ *n.* **1** (force) Heftigkeit, *die*; (of blow) Wucht, *die*
2 (brutality) Gewalt, *die*; (at public event) Gewalttätigkeiten *Pl.*; **resort to *or* use ~** Gewalt anwenden

✔ **violent** /ˈvaɪələnt/ *adj.* gewalttätig; (fig.) heftig; wuchtig ‹*Schlag, Stoß*›; Gewalt‹*verbrecher, -tat*›

'violently *adv.* brutal; (fig.) heftig

violet /ˈvaɪələt/ **A** *n.* **1** Veilchen, *das*
2 (colour) Violett, *das*
B *adj.* violett

violin /vaɪəˈlɪn/ *n.* Violine, *die*; Geige, *die*

vio'linist *n.* Geiger, *der*/Geigerin, *die*

VIP /viːaɪˈpiː/ *n.* Prominente, *der/die*; **the ~s** die Prominenz

viper /ˈvaɪpə(r)/ *n.* Viper, *die*

virgin /ˈvɜːdʒɪn/ **A** *n.* **1** Jungfrau, *die*
2 the [Blessed] V~ [Mary] die [Heilige] Jungfrau [Maria]
B *adj.* (unspoiled) unberührt; **~ olive oil** natives Olivenöl

virginity /vəˈdʒɪnɪtɪ/ *n.* Unschuld, *die*

Virgo /ˈvɜːɡəʊ/ *n., pl.* **~s** (Astrol., Astron.) die Jungfrau

virile /ˈvɪraɪl/ *adj.* männlich

virility /vɪˈrɪlɪtɪ/ *n.* Männlichkeit, *die*

virology /vaɪəˈrɒlədʒɪ/ *n.* Virologie, *die*

virtual /ˈvɜːtjʊəl/ *adj.* **1 a ~ …** so gut wie ein/eine …; **the traffic came to a ~ standstill** der Verkehr kam praktisch zum Stillstand (ugs.)
2 (Comp., Optics, Mech.) virtuell ‹*Bild, Verrückung*›

'virtually *adv.* so gut wie; praktisch (ugs.)

virtual re'ality *n.* (Comp.) virtuelle Realität

virtue /ˈvɜːtjuː/ *n.* **1** (moral excellence) Tugend, *die*
2 (advantage) Vorteil, *der*
3 by ~ of aufgrund (+ *Gen.*)

virtuoso /vɜːtjʊˈəʊzəʊ/ *n., pl.* **virtuosi** /vɜːtjʊˈəʊziː/ *or* **~s** Virtuose, *der*/Virtuosin, *die*

virtuous /ˈvɜːtjʊəs/ *adj.* rechtschaffen ‹*Person*›; tugendhaft ‹*Leben*›

virulent /ˈvɪrʊlənt/ *adj.* **1** (Med.) virulent; stark wirkend ‹*Gift*›
2 (fig.) heftig; scharf ‹*Angriff*›

virus /ˈvaɪərəs/ *n.* **1** Virus, *das*
2 (Comp.) [Computer]virus, *das od. der*

visa /'vi:zə/ n. Visum, das

vis-à-vis /vi:zɑ:'vi:/ prep. (in relation to) bezüglich (+ Gen.)

viscosity /vɪs'kɒsɪtɪ/ n. Dickflüssigkeit, die

viscount /'vaɪkaʊnt/ n. Viscount, der

viscous /'vɪskəs/ adj. dickflüssig

visibility /vɪzɪ'bɪlɪtɪ/ n. **1** Sichtbarkeit, die **2** (range of vision) Sicht, die; (Meteorol.) Sichtweite, die

visible /'vɪzɪbl/ adj. sichtbar

'visibly adv. sichtlich

✐ **vision** /'vɪʒn/ n. **1** (sight) Sehkraft, die **2** (dream) Vision, die **3** usu. pl. (imaginings) Fantasien Pl. **4** (insight, foresight) Weitblick, der

✐ **visit** /'vɪzɪt/ **A** v.t. besuchen; aufsuchen <Arzt> **B** v.i. einen Besuch/Besuche machen **C** n. Besuch, der; **pay** or **make a ~ to sb, pay sb a ~** jmdm. einen Besuch abstatten (geh.)

visiting: **~ card** n. Visitenkarte, die; **~ hours** n. pl. Besuchszeiten Pl.

✐ **visitor** /'vɪzɪtə(r)/ n. Besucher, der/ Besucherin, die; (to hotel) Gast, der; **have ~s/a ~** Besuch haben

'visitors' book n. Gästebuch, das; **sign the ~** sich ins Gästebuch eintragen

visual /'vɪzjʊəl, 'vɪʒʊəl/ adj. visuell; optisch <Eindruck, Darstellung>

visual: **~ aids** n. pl. Anschauungsmaterial, das; **~ dis'play unit** n. Bildschirmgerät, das

visualization /vɪzjʊəlaɪ'zeɪʃn/ n. Veranschaulichung, die; (imagining) Sichvorstellen, das

visualize /'vɪzjʊəlaɪz, 'vɪʒʊəlaɪz/ v.t. **1** (imagine) sich (Dat.) vorstellen **2** (envisage) voraussehen

'visually adv. bildlich

✐ **vital** /'vaɪtl/ adj. **1** (essential to life) lebenswichtig **2** (essential) unbedingt notwendig **3** (crucial) entscheidend (**to** für); **it is ~ that you …** es ist von entscheidender Bedeutung, dass Sie …

vitality /vaɪ'tælɪtɪ/ n. Vitalität, die

'vitally adv. **~ important** von allergrößter Wichtigkeit; (crucial) von entscheidender Bedeutung

vitamin /'vɪtəmɪn, 'vaɪtəmɪn/ n. Vitamin, das

'vitamin pill n. Vitamintablette, die

vitriolic /vɪtrɪ'blɪk/ adj. ätzend

vivacious /vɪ'veɪʃəs/ adj. lebhaft

vivacity /vɪ'væsɪtɪ/ n. Lebhaftigkeit, die

vivid /'vɪvɪd/ adj. lebhaft <Farbe, Erinnerung>; lebendig <Schilderung>

'vividly adv. lebendig <beschreiben>; **remember sth ~** sich lebhaft an etw. (Akk.) erinnern

vixen /'vɪksn/ n. Füchsin, die

vocabulary /və'kæbjʊlərɪ/ n. **1** (list) Vokabelverzeichnis, das; **learn ~** Vokabeln lernen

2 (range of language) Wortschatz, der

vocal /'vəʊkl/ adj. **1** (concerned with voice) stimmlich **2** lautstark <Minderheit, Protest>

'vocal cords n. pl. Stimmbänder Pl.

vocalist /'vəʊkəlɪst/ n. Sänger, der/Sängerin, die

vocation /və'keɪʃn/ n. Berufung, die

vocational /və'keɪʃənl/ adj. berufsbezogen

vocational: **~ college** n. Berufsschule, die; **~ guidance** n. Berufsberatung, die; **~ training** n. berufliche Bildung

vociferous /və'sɪfərəs/ adj. laut; lautstark <Forderung, Protest>

vodka /'vɒdkə/ n. Wodka, der

vogue /vəʊg/ n. Mode, die; **be in/come into ~** in Mode sein/kommen

✐ **voice** /vɔɪs/ **A** n. Stimme, die; **in a firm/loud/ soft ~** mit fester/lauter/sanfter Stimme **B** v.t. zum Ausdruck bringen

voice: **~mail** n. Voicemail, die; **~-over** n. Begleitkommentar, der; **~ recognition** n. (Comp.) Spracherkennung, die

void /vɔɪd/ **A** adj. **1** (empty) leer **2** (invalid) ungültig **3** **~ of** ohne [jeden/jedes/jede] **B** n. Nichts, das

vol. abbr. = **volume** Bd.

volatile /'vɒlətaɪl/ adj. **1** (Chem.) flüchtig **2** (fig.) impulsiv; brisant <Lage>

volcanic /vɒl'kænɪk/ adj. vulkanisch

volcano /vɒl'keɪnəʊ/ n., pl. **~es** Vulkan, der

vole /vəʊl/ n. Wühlmaus, die

volition /və'lɪʃn/ n. Wille, der; **of one's own ~** aus eigenem Willen

volley /'vɒlɪ/ n. **1** (of missiles) Salve, die; **a ~ of arrows** ein Hagel von Pfeilen **2** (Tennis) Volley, der

'volleyball n. Volleyball, der

volt /vəʊlt/ n. Volt, das

voltage /'vəʊltɪdʒ/ n. Spannung, die

voluble /'vɒljʊbl/ adj. redselig

✐ **volume** /'vɒlju:m/ n. **1** (book) Band, der **2** (loudness) Lautstärke, die; (of voice) Volumen, das **3** (space) Rauminhalt, der; (amount of substance) Teil, der

'volume control n. Lautstärkeregler, der

voluntarily /'vɒləntərɪlɪ/ adv., **voluntary** /'vɒləntərɪ/ adj. freiwillig

volunteer /vɒlən'tɪə(r)/ **A** n. Freiwillige, der/die **B** v.t. anbieten <Hilfe, Dienste>; herausrücken mit <Informationen> **C** v.i. sich [freiwillig] melden; **~ to do** or **~ for the shopping** sich zum Einkaufen bereit erklären

voluptuous /və'lʌptjʊəs/ adj. üppig

vomit /'vɒmɪt/ **A** v.t. erbrechen **B** v.i. sich übergeben **C** n. Erbrochene, das

v

voodoo /'vu:du:/ *n.* Wodu, *der*

voracious /və'reɪʃəs/ *adj.* gefräßig ‹*Person*›; unbändig ‹*Appetit*›

◆ **vote** /vəʊt/ **A** *n.* **1** (individual ⁓) Stimme, *die*
2 (act of voting) Abstimmung, *die*; take a ⁓ on sth über etw. (*Akk.*) abstimmen
3 (right to ⁓) Stimmrecht, *das*
B *v.i.* abstimmen; (in election) wählen; ⁓ for/against stimmen für/gegen; ⁓ to do sth beschließen, etw. zu tun; ⁓ Labour/Conservative *etc.* Labour/die Konservativen *usw.* wählen
C *v.t.* ⁓ sb Chairman/President *etc.* jmdn. zum Vorsitzenden/Präsidenten *usw.* wählen
■ ⁓ 'in *v.t.* wählen

'vote-catching *n.* Stimmenfang, *der*

◆ **'voter** *n.* Wähler, *der*/Wählerin, *die*

voting /'vəʊtɪŋ/ *n.* Abstimmen, *das*; (in election) Wählen, *das*

voting: ⁓ **age** *n.* Wahlalter, *das*; ⁓ **slip** *n.* Wahlzettel, *der*; Stimmzettel, *der*; ⁓ **system** *n.* Wahlsystem, *das*

vouch /vaʊtʃ/ **A** *v.t.* ⁓ that ... sich dafür verbürgen, dass ...
B *v.i.* ⁓ for sb/sth sich für jmdn./etw.

verbürgen

'voucher *n.* Gutschein, *der*

vow /vaʊ/ **A** *n.* Gelöbnis, *das*; (Relig.) Gelübde, *das*
B *v.t.* geloben

vowel /'vaʊəl/ *n.* Vokal, *der*

voyage /'vɔɪdʒ/ **A** *n.* Reise, *die*; (sea ⁓) Seereise, *die*; outward/homeward ⁓, ⁓ out/home Hin-/Rückreise, *die*; a ⁓ to the moon ein Mondflug
B *v.i.* (literary) reisen

voyeur /vwɑː'jɜː(r)/ *n.* Voyeur, *der*

voyeurism /vwɑː'jɜːrɪzm/ *n.* Voyeurismus, *der*

vulgar /'vʌlgə(r)/ *adj.* vulgär; ordinär ‹*Person, Benehmen, Witz*›

vulgarity /vʌl'gærɪtɪ/ *n.* Vulgarität, *die*

vulnerable /'vʌlnərəbl/ *adj.* **1** (exposed to danger) angreifbar; be ⁓ to sth für etw. anfällig sein; be ⁓ to attack/in a ⁓ position leicht angreifbar sein
2 (without protection) schutzlos

vulture /'vʌltʃə(r)/ *n.* Geier, *der*

vying ▸ vie

Ww

W¹, w /'dʌblju:/ *n.* W, w, *das*

W² *abbr.* = watt[s] W

W. *abbr.* **1** = west W.
2 = western W.

wad /wɒd/ *n.* **1** Knäuel, *das*; (smaller) Pfropfen, *der*
2 (of papers) Bündel, *das*

wadding /'wɒdɪŋ/ *n.* Futter, *das*

waddle /'wɒdl/ **A** *v.i.* watscheln
B *n.* watschelnder Gang

wade /weɪd/ *v.i.* waten
■ ⁓ 'through *v.t.* (fig. infml) durchackern (ugs.) ‹*Buch*›

wafer /'weɪfə(r)/ *n.* Waffel, *die*

'wafer-thin *adj.* hauchdünn

waffle¹ /'wɒfl/ *n.* (Gastr.) Waffel, *die*

waffle² **A** *v.i.* (BrE) (infml) (talk) schwafeln (ugs.)
B *n.* Geschwafel, *das* (ugs.)

waft /wɒft, wɑːft/ **A** *v.t.* wehen
B *v.i.* ziehen

wag /wæg/ **A** *v.t.*, **-gg-** ‹*Hund*› wedeln mit ‹*Schwanz*›; ⁓ one's finger at sb jmdm. mit

dem Finger drohen
B *v.i.*, **-gg-** ‹*Schwanz*:› wedeln

◆ **wage** /weɪdʒ/ **A** *n.*, in sing. or pl. Lohn, *der*
B *v.t.* führen ‹*Krieg*›

wage: ⁓ **claim** *n.* Lohnforderung, *die*; ⁓ **earner** *n.* Lohnempfänger, *der*/-empfängerin, *die*; be the ⁓ earner of the family der Ernährer/die Ernährerin der Familie sein; ⁓ **freeze** *n.* Lohnstopp, *der*; ⁓ **increase** *n.* Lohnerhöhung, *die*; ⁓ **packet** *n.* Lohntüte, *die*

wager /'weɪdʒə(r)/ (dated/formal) **A** *n.* Wette, *die*; lay a ⁓ on sth auf etw. (*Akk.*) wetten
B *v.t. & i.* wetten

wage: ⁓ **rise** *n.* Lohnerhöhung, *die*; ⁓ **scale** *n.* Tarif, *der*; ⁓ **slave** *n.* Lohnsklave, *der*

waggle /'wægl/ (infml) **A** *v.t.* ⁓ its tail ‹*Hund*:› mit dem Schwanz wedeln
B *v.i.* hin und her schlagen

waggon (BrE), **wagon** /'wægən/ *n.* Wagen, *der*

waif /weɪf/ *n.* (child) verlassenes Kind

wail /weɪl/ **A** *v.i.* klagen (geh.) (for um); ‹*Kind*:› heulen
B *n.* klagender Schrei; ⁓s Geheul, *das*

◆ Schlüsselwort

V

W

waist /weɪst/ n. Taille, die; **tight round the ~** eng in der Taille

'**waistband** n. Gürtelbund, der; (of trousers) [Hosen]bund, der; (of skirt) [Rock]bund, der

waistcoat /'weɪskəʊt/ n. (BrE) Weste, die

'**waistline** n. Taille, die; **be bad for the ~** schlecht für die schlanke Linie sein

✐ **wait** /weɪt/ A v.i. **1** warten; **~ [for] an hour** eine Stunde warten; **~ a moment** Moment mal; **keep sb ~ing, make sb ~** jmdn. warten lassen

2 ~ at table servieren

B v.t. (await) warten auf (+ Akk.); **~ one's turn** warten, bis man drankommt

C n. **1 after a long/short ~** nach langer/ kurzer Wartezeit

2 lie in ~ for sb/sth jmdm./einer Sache auflauern

■ **~ be'hind** v.i. noch dableiben

■ '**~ for** v.t. warten auf (+ Akk.); **~ for sb to do sth** darauf warten, dass jmd. etw. tut; **~ for the rain to stop** warten, bis der Regen aufhört

■ '**~ on** v.t. (serve) bedienen

■ **~ 'up** v.i. aufbleiben (**for** wegen)

'**waiter** n. Kellner, der; **~!** Herr Ober!

waiting: ~ list n. Warteliste, die; **~ room** n. Wartezimmer, das; (Railw.) Warteraum, der

waitress /'weɪtrɪs/ n. Serviererin, die; **~!** Fräulein! (veralt.)

waive /weɪv/ v.t. verzichten auf (+ Akk.)

✐ **wake¹** /weɪk/ A v.i., **woke** /wəʊk/, **woken** /'wəʊkn/ aufwachen

B v.t., **woke, woken** wecken

C n. (by corpse) Totenwache, die

■ **~ 'up** A v.i. aufwachen; **~ up to sth** (fig.) (realize) etw. erkennen

B v.t. **1** wecken

2 (fig.) (enliven) wachrütteln

wake² n. Kielwasser, das; **in the ~ of sth** (fig.) im Gefolge von etw.

waken /'weɪkn/ A v.t. wecken

B v.i. aufwachen

'**wake-up call** (esp. AmE) ▶ alarm call

Wales /weɪlz/ pr. n. Wales (das)

✐ **walk** /wɔːk/ A v.i. **1** laufen; (not run) gehen; (not drive) zu Fuß gehen; **learn to ~** laufen lernen

2 (exercise) gehen

B v.t. **1** (lead) führen; ausführen ‹Hund›

2 (accompany) bringen

C n. **1** Spaziergang, der; **go [out] for** or **take** or **have a ~** einen Spaziergang machen; **ten minutes' ~ from here** zehn Minuten zu Fuß von hier

2 (gait) Gang, der

3 (path) [Spazier]weg, der

■ **~ a'way with** v.t. (infml) (win easily) spielend leicht gewinnen

■ '**~ into** v.t. (hit by accident) laufen gegen ‹Pfosten, Laternenpfahl›; **~ into sb** mit jmdm. zusammenstoßen; **~ into a trap** in eine Falle gehen

■ **~ 'off with** v.t. sich davonmachen mit

■ **~ 'out** v.i. **1** (leave in protest) aus Protest den Saal verlassen

2 (go on strike) in den Streik treten

■ **~ 'out of** v.t. (leave in protest) aus Protest verlassen

■ **~ 'out on** v.t. verlassen

'**walker** n. **1** Spaziergänger, der/-gängerin, die; (rambler) Wanderer, der/Wanderin, die

2 (baby-~) Laufstuhl, der

walkie-talkie /wɔːkɪ'tɔːkɪ/ n. Walkie-Talkie, das

'**walking** n. [Spazieren]gehen, das; **at ~ pace** im Schritttempo; **be within ~ distance** zu Fuß zu erreichen sein

walking: ~ frame n. Gehbock, der; Gehgestell, das; **~ holiday** n. Wanderurlaub, der; **~ shoe** n. Wanderschuh, der; **~ stick** n. Spazierstock, der; **~ tour** n. Wanderung, die

Walkman® /'wɔːkmən/ n., pl. **~s** Walkman®, der

walk: ~out n. Arbeitsniederlegung, die; **~over** n. (fig.) (easy victory) Spaziergang, der (ugs.); **~way** n. Fußweg, der; (over machinery etc.) Laufsteg, der

✐ **wall** /wɔːl/ n. Wand, die; (freestanding) Mauer, die; **drive sb up the ~** (fig. infml) jmdn. auf die Palme bringen (ugs.); **go to the ~** (fig.) an die Wand gedrückt werden

■ **~ 'up** v.t. zumauern

wall: ~chart n. Schautafel, die; **~ cupboard** n. Hängeschrank, der

wallet /'wɒlɪt/ n. Brieftasche, die

wall: ~flower n. Goldlack, der; **~ hanging** n. Wandbehang, der; **~ light** n. Wandlampe, die

wallop /'wɒləp/ (infml) A v.t. schlagen

B n. Schlag, der

wallow /'wɒləʊ/ v.i. **1** sich wälzen

2 (fig.) schwelgen (**in** in + Dat.)

wall: ~ painting n. Wandgemälde, das; **~paper** A n. **1** Tapete, die

2 (Comp.) Hintergrund, der; (pattern) Hintergrundmuster, das

B v.t. tapezieren; **~-to-~** adj. **~-to-~ carpeting** Teppichboden, der; **~ unit** n. Hängeelement, das

walnut /'wɔːlnʌt/ n. Walnuss, die

walrus /'wɔːlrəs/ n. Walross, das

waltz /wɒːlts, wɒːls/ A n. Walzer, der

B v.i. Walzer tanzen

wan /wɒn/ adj. bleich

wand /wɒnd/ n. Stab, der

wander /'wɒndə(r)/ A v.i. (go aimlessly) umherirren; (walk slowly) bummeln

B v.t. wandern durch

C n. (infml) Spaziergang, der

■ **~ a'bout** v.i. sich herumtreiben

■ **~ 'off** v.i. (stray) weggehen

wane /weɪn/ v.i. abnehmen

wangle /'wæŋgl/ v.t. (infml) organisieren (ugs.)

wannabe /'wɒnəbɪ/ n. (infml derog.) Möchtegern, der; attrib. Möchtegern-

W

⚡ **want** /wɒnt/ **A** *v.t.* **1** (desire) wollen; ~ to do sth etw. tun wollen; I ~ it done by tonight ich will, dass es bis heute Abend fertig wird **2** (require, need) brauchen; **'W~ed – cook'** „Koch/Köchin gesucht"; you're ~ed on the phone du wirst am Telefon verlangt; the windows ~ painting die Fenster müssten gestrichen werden; you ~ to be [more] careful du solltest vorsichtig[er] sein **3** ~ed [by the police] [polizeilich] gesucht **B** *n.* **1** (lack) Mangel, *der* (of an + *Dat.*); for ~ of sth aus Mangel an etw. (*Dat.*) **2** (need) Not, *der* **3** (desire) Bedürfnis, *das* ■ '~ for *v.t.* sb ~s for nothing *or* doesn't ~ for anything jmdm. fehlt es an nichts

'wanting *adj.* be ~ fehlen; sb/sth is ~ in sth jmdm./einer Sache fehlt es an etw. (*Dat.*); be found ~ für unzureichend befunden werden

wanton /'wɒntən/ *adj.*, **'wantonly** *adv.* mutwillig

⚡ **war** /wɔː(r)/ *n.* Krieg, *der*; between the ~s zwischen den Weltkriegen; declare ~ den Krieg erklären (on *Dat.*); be at ~ sich im Krieg befinden; make ~ Krieg führen (on gegen)

warble /'wɔːbl/ *v.t. & i.* trällern

war: ~ **correspondent** *n.* Kriegsberichterstatter, *der*/-berichterstatterin, *die*; ~ **crime** *n.* Kriegsverbrechen, *das*; ~ **criminal** *n.* Kriegsverbrecher, *der*/-verbrecherin, *die*

ward /wɔːd/ *n.* **1** (in hospital) Station, *die*; she's in W~ 3 sie liegt auf Station 3 **2** (child) Mündel, *das od. die* **3** (electoral division) Wahlbezirk, *der* ■ ~ 'off *v.t.* abwehren

'war damage *n.* Kriegsschäden *Pl.*

warden /'wɔːdn/ *n.* **1** (of hostel) Heimleiter, *der*/-leiterin, *die*; (of youth hostel) Herbergsvater, *der*/-mutter, *die* **2** (supervisor) Aufseher, *der*/Aufseherin, *die*

'warder *n.* (BrE) Wärter, *der*

wardrobe /'wɔːdrəʊb/ *n.* **1** Kleiderschrank, *der* **2** (clothes) Garderobe, *die*

warehouse /'weəhaʊs/ *n.* Lagerhaus, *das*; (part of building) Lager, *das*

wares /weəz/ *n. pl.* Ware, *die*

warfare /'wɔːfeə(r)/ *n.* Krieg, *der*

war: ~ **game** *n.* Kriegsspiel, *das*; ~ **grave** *n.* Kriegs- *od.* Soldatengrab, *das*; ~ **head** *n.* Sprengkopf, *der*

warily /'weərɪlɪ/ *adv.* vorsichtig; (suspiciously) misstrauisch

'warlike *adj.* kriegerisch

⚡ **warm** /wɔːm/ **A** *adj.* **1** warm; I am [very] ~ mir ist [sehr] warm **2** (enthusiastic) herzlich ⟨*Grüße, Dank*⟩ **B** *v.t.* wärmen; warm machen ⟨*Flüssigkeit*⟩;

~ one's hands sich (*Dat.*) die Hände wärmen **C** *v.i.* ~ to sb/sth (come to like) sich für jmdn./etw. erwärmen ■ ~ 'up **A** *v.i.* warm werden; ⟨*Sportler:*⟩ sich aufwärmen **B** *v.t.* aufwärmen ⟨*Speisen*⟩; erwärmen ⟨*Raum, Zimmer*⟩

warm-blooded /'wɔːmblʌdɪd/ *adj.* warmblütig

'war memorial *n.* Kriegerdenkmal, *das*

warm-hearted /'wɔːmhɑːtɪd/ *adj.* warmherzig ⟨*Person*⟩

'warmly *adv.* **1** warm **2** (fig.) herzlich ⟨*willkommen heißen, gratulieren, begrüßen, grüßen, danken*⟩

warmonger /'wɔːmʌŋgə(r)/ *n.* Kriegshetzer, *der*/-hetzerin, *die*

warmth /wɔːmθ/ *n.* **1** Wärme, *die* **2** (fig.) Herzlichkeit, *die*

'warm-up *n.* have a ~ (Sport) sich aufwärmen; ~ [lap] (Motor Racing) Aufwärmrunde, *die*

⚡ **warn** /wɔːn/ *v.t.* **1** (inform, give notice) warnen (against, of, about vor + *Dat.*); ~ sb that ... jmdn. darauf hinweisen, dass ...; ~ sb not to do sth jmdn. davor warnen, etw. zu tun **2** (admonish) ermahnen; (officially) abmahnen

⚡ **warning** **A** *n.* **1** (advance notice) Vorwarnung, *die* **2** (lesson) let that be a ~ to you lass dir das eine Warnung sein **3** (caution) Verwarnung, *die*; (less official) Warnung, *die* **B** *adj.* Warn⟨*schild, -signal usw.*⟩

'warning triangle *n.* Warndreieck, *das*

warp /wɔːp/ **A** *v.i.* sich verbiegen; ⟨*Holz, Schallplatte:*⟩ sich verziehen **B** *v.t.* **1** verbiegen **2** (fig.) a ~ed sense of humour ein abartiger Humor

war: ~ **path** *n.* be on the ~path (fig.) in Rage sein; ~ **plane** *n.* Kampfflugzeug, *das*

warrant /'wɒrənt/ **A** *n.* (for sb's arrest) Haftbefehl, *der*; [search] ~ Durchsuchungsbefehl, *der* **B** *v.t.* **1** (justify) rechtfertigen **2** (guarantee) garantieren

'warranty *n.* Garantie, *die*

warrior /'wɒrɪə(r)/ *n.* (esp. literary) Krieger, *der* (geh.)

Warsaw /'wɔːsɔː/ **A** *pr. n.* Warschau (*das*) **B** *attrib. adj.* Warschauer

Warsaw 'Pact *n.* (Hist.) Warschauer Pakt

'warship *n.* Kriegsschiff, *das*

wart /wɔːt/ *n.* Warze, *die*

war: ~ **time** *n.* **1** Kriegszeit, *die*; in *or* during ~ time im Krieg **2** *attrib.* Kriegs⟨*rationierung, -evakuierung usw.*⟩; ~ **torn** *adj.* kriegsgeschunden

wary /'weərɪ/ *adj.* vorsichtig; (suspicious) misstrauisch (of gegenüber); be ~ of sb/sth sich vor jmdm./etw. in Acht nehmen

⚡ Schlüsselwort

W

'war zone n. Kriegsgebiet, das

was ▶ be

wash /wɒʃ/ **A** v.t. **1** waschen; ~ oneself sich waschen; ~ one's hands/face/hair sich (Dat.) die Hände/das Gesicht/die Haare waschen; ~ the clothes Wäsche waschen; ~ the dishes [Geschirr] spülen; ~ the floor den Fußboden aufwischen

2 (remove) waschen ‹Fleck› (out of aus); abwaschen ‹Schmutz› (off von)

3 (carry along) spülen

B v.i. **1** sich waschen

2 ‹Stoff, Kleidungsstück:› sich waschen lassen

C n. **1** give sb/sth a [good] ~ jmdn./etw. [gründlich] waschen

2 (laundering) Wäsche, die

3 (of ship) Sog, der

■ ~ 'down v.t. abspritzen ‹Auto, Deck, Hof›

■ ~ 'off **A** v.t. ~ sth off etw. abwaschen

B v.i. abgehen; (from fabric etc.) herausgehen

■ ~ 'out v.t. ausscheuern ‹Topf›; ausspülen ‹Mund›; ~ dirt/marks out of clothes Schmutz/ Flecken aus Kleidern [her]auswaschen

■ ~ 'up **A** v.t. (BrE) ~ the dishes up das Geschirr spülen

B v.i. abwaschen; spülen

washable /'wɒʃəbl/ adj. waschbar

'washbasin n. Waschbecken, das

washed-'out adj. verwaschen (fig.) (exhausted) abgespannt

washed-'up adj. (infml) kaputt (ugs.)

washer /'wɒʃə(r)/ n. (of tap) Dichtungsring, der

'washing n. Wäsche, die; do the ~ waschen

washing: ~ **machine** n. Waschmaschine, die; ~ **powder** n. Waschpulver, das; ~-'up n. (BrE) Abwasch, der; do the ~-up abwaschen; spülen; ~-'up liquid n. Spülmittel, das

'washtub n. Waschbottich, der

wasn't /'wɒznt/ (infml) = was not ▶ be

wasp n. Wespe, die

⚹ **waste** /weɪst/ **A** n. **1** (useless remains) Abfall, der; kitchen ~ Küchenabfälle Pl.

2 (extravagant use) Verschwendung, die; it's a ~ of time/money/energy das ist Zeit-/Geld-/ Energieverschwendung

B v.t. (squander) verschwenden; all his efforts were ~d all seine Mühe war umsonst; don't ~ my time! stehlen Sie mir nicht die Zeit!

C adj. **1** ~ material Abfall, der

2 lay sth ~ etw. verwüsten

■ ~ a'way v.i. immer mehr abmagern

waste: ~**basket** ▶ waste-paper basket; ~ **disposal** n. Abfallbeseitigung, die; ~ **disposal site** n. [Müll]deponie, die; ~ **disposal unit** n. Müllzerkleinerer, der

wasteful /'weɪstfl/ adj. **1** (extravagant) verschwenderisch

2 (causing waste) unwirtschaftlich

waste: ~**land** n. Ödland, das; ~ **management** n. Abfallmanagement, das; Müllmanagement, das; ~ **'paper** n.

Papierabfall, der; ~-'paper basket n. Papierkorb, der; ~ **pipe** n. Abflussrohr, das; ~ **reduction** n. Abfallverminderung, die; Müllreduzierung, die

⚹ **watch** /wɒtʃ/ **A** n. **1** [wrist/pocket] ~ [Armband-/Taschen]uhr, die

2 keep ~ Wache halten; keep [a] ~ for sb/ sth auf jmdn./etw. achten

3 (Naut.) Wache, die

B v.i. ~ for sb/sth auf jmdn./etw. warten

C v.t. **1** (observe) sich (Dat.) ansehen ‹Sportveranstaltung, Fernsehsendung›; ~ [the] television or TV fernsehen; ~ sb do or doing sth zusehen, wie jmd. etw. tut; we are being ~ed wir werden beobachtet

2 (be careful of, look after) achten auf (+ Akk.)

■ ~ 'out v.i. **1** (be careful) aufpassen; ~ out! Vorsicht!

2 (look out) ~ out for sb/sth auf jmdn./etw. achten

'watchdog n. Wachhund, der; (fig.) [public] ~ [Leiter/Leiterin einer] Aufsichtsbehörde

watchful /'wɒtʃfl/ adj. wachsam

watch: ~**maker** n. Uhrmacher, der/-macherin, die; ~**man** /'wɒtʃmən/ n., pl. ~**men** /'wɒtʃmən/ Wachmann, der; ~ **strap** n. [Uhr]armband, das; ~**tower** n. Wachturm, der

⚹ **water** /'wɔːtə(r)/ **A** n. **1** Wasser, das

2 in pl. (part of the sea etc.) Gewässer Pl.

B v.t. **1** bewässern ‹Land›; wässern ‹Pflanzen›; ~ the flowers die Blumen [be]gießen

2 verwässern ‹Bier usw.›

3 tränken ‹Tier›

C v.i. ‹Augen:› tränen; my mouth was ~ing mir lief das Wasser im Munde zusammen

■ ~ 'down v.t. verwässern

water: ~**bed** n. Wasserbett, das; ~ **birth** n. Unterwassergeburt, die; ~ **biscuit** n. Cracker, der; ~**boarding** n., no pl., no art. Waterboarding, das; ~ **bottle** n. Wasserflasche, die; ~ **butt** n. Regentonne, die; ~ **closet** n. Toilette, die; WC, das; Wasserklosett, das (veralt.); ~**colour** n. **1** (paint) Wasserfarbe, die **2** (picture) Aquarell, das; ~**cress** n. Brunnenkresse, die; ~**fall** n. Wasserfall, der; ~**front** n. Ufer, das; a ~front location eine Gegend am Wasser; ~ **heater** n. Heißwassergerät, das; ~**hole** n. Wasserloch, das

watering: ~ **can** n. Gießkanne, die; ~ **place** n. (for animals) Wasserstelle, die

water: ~ **level** n. Wasserstand, der; ~ **lily** n. Seerose, die; ~**line** n. (Naut.) Wasserlinie, die; ~**logged** /'wɔːtəlɒgd/ adj. nass ‹Boden›; aufgeweicht ‹Sportplatz›; ~ **main** n. Hauptwasserleitung, die; ~**mark** n. Wasserzeichen, das; ~**melon** n. Wassermelone, die; ~ **meter** n. Wasseruhr, die; ~ **pipe** n. Wasserrohr, das; ~ **pistol** n. Wasserpistole, die; ~ **polo** n. Wasserball, der; ~**proof** **A** adj. wasserdicht; wasserfest ‹Farbe› **B** v.t. wasserdicht machen;

w

imprägnieren <*Stoff*>; ~ **rates** *n. pl.* the ~ **rates** die Wassergebühren *Pl.*; ~**-repellent** *adj.* Wasser abstoßend; ~**-resistant** *adj.* wasserundurchlässig; wasserfest <*Farbe*>; ~**shed** *n.* (fig.) Wendepunkt, *der*; ~**ski** **A** *n.* Wasserski, *der* **B** *v.i.* Wasserski laufen; ~**skiing** *n.* Wasserskilaufen, *das*; ~ **softener** /'sɒfənə(r)/ *n.* Wasserenthärter, *der*; ~**-soluble** *adj.* wasserlöslich; ~ **supply** *n.* Wasserversorgung, *die*; ~ **table** *n.* Grundwasserspiegel, *der*; ~ **tap** *n.* Wasserhahn, *der*; ~**tight** *adj.* wasserdicht; ~ **tower** *n.* Wasserturm, *der*; ~**way** *n.* Wasserstraße, *die*; ~ **vapour** *n.* Wasserdampf, *der*; ~**works** *n.*, *sing.*, *pl. same* (establishment) Wasserwerk, *das*; (system) Wasserversorgungssystem, *das*

'**watery** *adj.* wässrig

watt /wɒt/ *n.* Watt, *das*

wattage /'wɒtɪdʒ/ *n.* Wattzahl, *die*

⚬ **wave** /weɪv/ **A** *n.* **1** Welle, *die* **2** (gesture) **give sb a ~** jmdm. zuwinken; **with a ~ of one's hand** mit einem Winken **B** *v.i.* **1** <*Fahne, Flagge, Wimpel:*> wehen; <*Baum, Gras, Korn:*> sich wiegen **2** (with hand) winken; **~ at** *or* **to sb** jmdm. zuwinken **C** *v.t.* schwenken; schwingen <*Schwert*>; **~ one's hand at** *or* **to sb** jmdm. zuwinken; **~ goodbye to sb** jmdm. zum Abschied zuwinken ▪ **~ a'side** *v.t.* **1** abtun <*Zweifel, Einwand*> **2** (signal to move) **~ sb aside** [jmdm.] abwinken

wave: ~**band** *n.* Wellenbereich, *der*; ~**farm** *n.* Wellenkraftwerk, *das*; ~**length** Wellenlänge, *die*

waver /'weɪvə(r)/ *v.i.* schwanken

wavy /'weɪvɪ/ *adj.* wellig; ~ **line** Schlangenlinie, *die*

wax¹ /wæks/ **A** *n.* **1** Wachs, *das* **2** (in ear) Schmalz, *das* **B** *v.t.* wachsen

wax² *v.i.* **1** <*Mond:*> zunehmen **2** (become) werden

wax 'crayon *n.* Wachsmalstift, *der*

waxed /wækst/ *adj.* gewachst

waxed 'paper *n.* Wachspapier, *das*

wax: ~**work** *n.* Wachsfigur, *die*; ~**works** *n. sing.*, *pl. same* Wachsfigurenkabinett, *das*

'**waxy** *adj.* wachsweich

⚬ **way** /weɪ/ **A** *n.* **1** Weg, *der*; **ask the** *or* **one's ~** nach dem Weg fragen; '**W~ In/Out**„ „**Ein-/ Ausgang**"; **by ~ of Switzerland** über die Schweiz; **lead the ~** vorausgehen; **go out of one's ~** einen Umweg machen; (fig.) keine Mühe scheuen **2** (method) Art und Weise, *die*; **do it this ~** mach es so **3** (distance) Stück, *das*; **it's a long ~ off** *or* **a**

long ~ from here es ist weit weg von hier; **all the ~** den ganzen Weg **4** (direction) Richtung, *die*; **she went this/ that/the other ~** sie ist in diese/die/die andere Richtung gegangen; **stand sth the right/wrong ~ up** etw. richtig/falsch herum stellen **5** (respect) **in [exactly] the same ~** [ganz] genauso; **in some ~s** in gewisser Hinsicht; **in one ~** auf eine Art; **in every ~** in jeder Hinsicht; **in a ~** auf eine Art **6** (custom) Art, *die* **7** **get** *or* **have one's [own] ~**, **have it one's [own] ~** seinen Willen kriegen; **be in sb's** *or* **the ~** [jmdm.] im Weg sein; **make ~ for sth** für etw. Platz machen; (fig.) einer Sache (*Dat.*) Platz machen; **in a bad ~** schlecht; **either ~** so oder so; **by the ~** übrigens **B** *adv.* weit; ~ **back** (infml) vor langer Zeit

way: ~**bill** *n.* Frachtbrief, *der*; ~'**lay** *v.t. forms as* **lay²** **1** (ambush) überfallen **2** (stop for conversation) abfangen; ~'**out** *adj.* (infml) extrem; verrückt; ~**side** *n.* Wegrand, *der*; **fall by the ~side** (fig.) auf der Strecke bleiben (ugs.)

wayward /'weɪwəd/ *adj.* eigenwillig

WC *abbr.* = **water closet** WC, *das*

⚬ **we** /wɪ, *stressed* wiː/ *pl. pron.* wir

⚬ **weak** /wiːk/ *adj.* **1** schwach; (easily led) labil <*Charakter, Person*> **2** dünn <*Getränk*>

weaken /'wiːkn/ **A** *v.t.* schwächen; beeinträchtigen <*Augen*> **B** *v.i.* <*Entschlossenheit, Kraft:*> nachlassen

weak-kneed /'wiːkniːd/ *adj.* (fig.) feige

weakling /'wiːklɪŋ/ *n.* Schwächling, *der*

'**weakly** *adv.* schwach

'**weakness** *n.* Schwäche, *die*

'**weak-willed** *adj.* willensschwach

⚬ **wealth** /welθ/ *n.* **1** (abundance) Fülle, *die* **2** (riches, being rich) Reichtum, *der*

'**wealth tax** *n.* Vermögenssteuer, *die*

'**wealthy** **A** *adj.* reich **B** *n. pl.* **the ~** die Reichen *Pl.*

wean /wiːn/ *v.t.* abstillen; **~ sb [away] from sth** (fig.) jmdm. etw. abgewöhnen

⚬ **weapon** /'wepən/ *n.* Waffe, *die*

weapon of mass de'struction *n.* Massenvernichtungswaffe, *die*

weaponry /'wepənrɪ/ *n.* Waffen *Pl.*

⚬ **wear** /weə(r)/ **A** *n.* **1** ~ **[and tear]** Abnutzung, *die* **2** (clothes) Kleidung, *die* **B** *v.t.*, **wore** /wɔː(r)/, **worn** /wɔːn/ **1** (have on) tragen <*Schmuck, Brille, Kleidung, Perücke*>; **I haven't a thing to ~** ich habe überhaupt nichts anzuziehen **2** (rub) abtragen <*Kleidungsstück*>; abnutzen <*Teppich*>; **a [badly] worn tyre** ein [stark] abgefahrener Reifen **C** *v.i.*, **wore**, **worn** **1** <*Kleider:*> sich durchscheuern; <*Absätze:*> sich ablaufen;

⚬ Schlüsselwort

w

<*Teppich:*> sich abnutzen
2 (endure rubbing) halten; ~ **well/badly** sich gut/schlecht tragen

■ ~ **a'way** Ⓐ *v.t.* abschleifen
Ⓑ *v.i.* sich abnutzen

■ ~ **'down** *v.t.* (fig.) zermürben

■ ~ **'off** *v.i.* <*Schicht:*> abgehen; <*Wirkung, Schmerz:*> nachlassen

■ ~ **'out** Ⓐ *v.t.* **1** aufbrauchen; auftragen <*Kleidungsstück*>
2 (fig.) (exhaust) kaputtmachen (ugs.); **be worn out** kaputt sein (ugs.)
Ⓑ *v.i.* kaputtgehen (ugs.)

■ ~ **'through** Ⓐ *v.i.* sich durchscheuern
Ⓑ *v.t.* durchscheuern

wearable /'weərəbl/ *adj.* **sth is [not]** ~ man kann etw. [nicht] anziehen

wearer /'weərə(r)/ *n.* Träger, *der*/Trägerin, *die*

wearily /'wɪərɪlɪ/ *adv.* müde

wearing /'weərɪŋ/ *adj.* ermüdend

wearisome /'wɪərɪsəm/ *adj.* ermüdend

weary /'wɪərɪ/ Ⓐ *adj.* **1** (tired) müde
2 be ~ **of sth** einer Sache (*Gen.*) überdrüssig sein
Ⓑ *v.t.* **be wearied by sth** durch etw. erschöpft sein
Ⓒ *v.i.* ~ **of sth/sb** einer Sache/jmds. überdrüssig werden

weasel /'wiːzl/ *n.* Wiesel, *das*

⚬ **weather** /'weðə(r)/ Ⓐ *n.* Wetter, *das*; **what's the** ~ **like?** wie ist das Wetter?; **in all** ~**s** bei jedem Wetter; **he is feeling under the** ~ (fig.) er ist [zur Zeit] nicht ganz auf dem Posten
Ⓑ *v.t.* abwettern <*Sturm*>; (fig.) durchstehen <*schwere Zeit*>

weather: ~**-beaten** *adj.* wettergegerbt <*Gesicht*>; verwittert <*Felsen, Gebäude*>; ~ **chart** *n.* Wetterkarte, *die*; ~**cock** *n.* Wetterhahn, *der*; ~ **conditions** *n. pl.* Witterungsverhältnisse *Pl.*; ~ **forecast** *n.* Wettervorhersage, *die*

weathering /'weðərɪŋ/ *n.*, *no indef. art.* Verwitterung, *die*

weather: ~**man** *n.* Meteorologe, *der*; ~ **map** *n.* Wetterkarte, *die*; ~**proof** *adj.* wetterfest; ~ **report** *n.* Wetterbericht, *der*; ~ **vane** *n.* Wetterfahne, *die*

weave¹ /wiːv/ Ⓐ *n.* Bindung, *die*
Ⓑ *v.t.*, **wove** /wəʊv/, **woven** /'wəʊvn/
1 weben; flechten <*Korb, Kranz*>
2 (fig.) einflechten <*Thema usw.*> (**into** in + *Akk.*)

weave² *v.i.* (take intricate course) sich schlängeln

weaver *n.* Weber, *der*/Weberin, *die*

⚬ **web** /web/ *n.* **1** Netz, *das*; **spider's** ~ Spinnennetz, *das*
2 the ~ (Comp.) das Web (fachspr.); das Netz

web authoring *n.* Webauthoring, *das* (fachspr.); *attrib.* Webauthoring- <*Programm, Software usw.*>

webbed feet /webd 'fiːt/ *n. pl.* Schwimmfüße *Pl.*

web: ~ **browser** *n.* (Comp.) Web-Browser, *der*; ~**cam** *n.* (Comp.) Webcam, *die*; ~ **designer** *n.* Webdesigner, *der*/-designerin, *die*; ~**mail** *n.* Webmail, *die*; ~ **page** *n.* (Comp.) Webseite, *die*

⚬ **'website** *n.* (Comp.) Website, *die*

Wed. *abbr.* = **Wednesday** Mi.

we'd /wɪd, *stressed* wiːd/ (infml) **1** = **we had** ▶ have
2 = **we would** ▶ will¹

wedding /'wedɪŋ/ *n.* Hochzeit, *die*

wedding: ~ **anniversary** *n.* Hochzeitstag, *der*; ~ **cake** *n.* Hochzeitskuchen, *der*; ~ **day** *n.* Hochzeitstag, *der*; ~ **dress** *n.* Brautkleid, *das*; ~ **present** *n.* Hochzeitsgeschenk, *das*; ~ **ring** *n.* Ehering, *der*

wedge /wedʒ/ Ⓐ *n.* Keil, *der*
Ⓑ *v.t.* verkeilen; ~ **a door/window open** eine Tür/ein Fenster festklemmen, damit sie/es offen bleibt

'wedge-shaped *adj.* keilförmig

wedlock /'wedlɒk/ *n.* **born in/out of** ~ ehelich/unehelich geboren

⚬ **Wednesday** /'wenzdeɪ, 'wenzdɪ/ *n.* Mittwoch, *der*; *see also* **Friday**

wee¹ /wiː/ *adj.* (child lang./Scot.) klein

wee² ▶ wee-wee

weed /wiːd/ Ⓐ *n.* ~**[s]** Unkraut, *das*
Ⓑ *v.t.* jäten

■ ~ **'out** *v.t.* (fig.) aussieben

'weedkiller *n.* Unkrautvertilgungsmittel, *das*

'weedy *adj.* spillerig (ugs.) <*Person*>

⚬ **week** /wiːk/ *n.* Woche, *die*; **for several** ~**s** mehrere Wochen lang; **once a** ~, **every** ~ einmal in der Woche; **three times a** ~ dreimal in der Woche; **a two-**~ **visit** ein zweiwöchiger Besuch; **a** ~ **today/tomorrow** heute/morgen in einer Woche; **a** ~ **on Monday, Monday** ~ Montag in einer Woche

⚬ **'weekday** *n.* Wochentag, *der*

⚬ **'weekend** /-'-, '--/ *n.* Wochenende, *das*; **at the** ~ am Wochenende; **go away for the** ~ übers Wochenende wegfahren

weekly /'wiːklɪ/ Ⓐ *adj.* wöchentlich; Wochen<*zeitung, -zeitschrift, -lohn*>
Ⓑ *adv.* wöchentlich
Ⓒ *n.* (newspaper) Wochenzeitung, *die*; (magazine) Wochenzeitschrift, *die*

weep /wiːp/ *v.t. & i.*, **wept** /wept/ weinen

weepie /'wiːpɪ/ *n.* (infml) Schmachtfetzen, *der* (salopp)

weeping 'willow *n.* Trauerweide, *die*

weepy /'wiːpɪ/ Ⓐ *adj.* weinerlich
Ⓑ *n.* ▶ weepie

'wee-wee (infml) Ⓐ *n.* Pipi, *das* (ugs.); **do a** ~ Pipi machen (ugs.)
Ⓑ *v.i.* Pipi machen (ugs.)

weigh /weɪ/ *v.t. & i.* wiegen

■ ~ **'down** *v.t.* (fig.) (depress) niederdrücken

■ ~ **'up** *v.t.* abwägen

'weighing machine *n.* Waage, *die*

w

⚡ **weight** /weɪt/ *n.* Gewicht, *das*; **what is your ~?** wie viel wiegen Sie?; **be under/over ~** zu wenig/zu viel wiegen

'**weighting** *n.* Zulage, *die*

'**weightlessness** *n.* Schwerelosigkeit, *die*

weight: **~lifter** *n.* Gewichtheber, *der*/-heberin, *die*; **~lifting** *n.* Gewichtheben, *das*; **~-train** *v.i.* mit Hanteln trainieren; **~ training** *n.* Hanteltraining, *das*; **~-watcher** *n.* Schlankheitsbewusste, *der/die*

'**weighty** *adj.* **1** (heavy) schwer **2** (important) gewichtig

weir /wɪə(r)/ *n.* Wehr, *das*

weird /wɪəd/ *adj.* (infml) (odd) bizarr

weirdie /'wɪədɪ/ *n.* (infml) Freak, *der* (ugs.)

weirdo /'wɪədəʊ/ *n.*, *pl.* **~s** ▶ weirdie

⚡ **welcome** /'welkəm/ **A** *int.* willkommen; **~ home/to England!** willkommen zu Hause/ in England!
B *n.* **1** Willkommen, *das* **2** (reception) Empfang, *der*
C *v.t.* begrüßen
D *adj.* **1** willkommen; gefällig ‹Anblick› **2** *pred.* **you are ~ to take it** du kannst es gern nehmen; **you're ~** gern geschehen!

welcoming /'welkəmɪŋ/ *adj.* einladend

weld /weld/ *v.t.* (join) verschweißen; (repair, make, attach) schweißen (**[on]** to an + *Akk.*)

'**welder** *n.* Schweißer, *der*/Schweißerin, *die*

'**welding** *n.* Schweißen, *das*

welfare /'welfeə(r)/ *n.* **1** (health and prosperity) Wohl, *das* **2** (social work; payments etc.) Sozialhilfe, *die*; **be on ~** (AmE) Sozialhilfe bekommen

welfare: **W~ 'State** *n.* Wohlfahrtsstaat, *der*; **~ work** *n.* Sozialarbeit, *die*; **~ worker** *n.* Sozialarbeiter, *der*/-arbeiterin, *die*

well¹ /wel/ *n.* **1** Brunnen, *der* **2** ▶ oil well **3** (stair~) Treppenloch, *das*

⚡ **well²** **A** *int.* **~!** meine Güte!; **~, let's forget that** na ja, lassen wir das; **~, who was it?** nun *od.* und, wer war's?; **oh ~[, never mind]** na ja[, macht nichts]; **~?** na?
B *adv.*, **better** /'betə(r)/, **best** /best/ gut; gründlich ‹trocknen, schütteln›; **the business/patient is doing ~** das Geschäft geht gut/dem Patienten geht es gut; **~ done!** großartig!; **he is ~ over forty** er ist weit über vierzig; **as ~** (in addition) auch; **A as ~ as B** B und auch [noch] A
C *adj.* (in good health) **How are you feeling now? – Quite ~**, **thank you** Wie fühlen Sie sich jetzt? – Ganz gut, danke; **look ~** gut aussehen; **feel ~** sich wohl fühlen; **he isn't [very] ~** es geht ihm nicht [sehr] gut; **get ~ soon!** gute Besserung!; **make sb ~** jmdn. gesund machen

we'll /wɪl, *stressed* wiːl/ (infml) = **we will**

well: **~-aimed** *adj.* gezielt; **~-balanced**

adj. ausgeglichen ‹Person›; **~-behaved** ▶ behave A; **~-being** *n.* Wohl, *das*; **~-bred** *adj.* anständig; **~-built** *adj.* ‹Person:› mit guter Figur; **be ~-built** eine gute Figur haben; **~-chosen** *adj.* wohlgesetzt ‹Worte›; **~-connected** *adj.* ‹Person› mit guten Beziehungen; **~ done** *adj.* (Cookery) durchgebraten; **~-dressed** *adj.* gut gekleidet; **~-educated** *adj.* gebildet; **~-fed** *adj.* wohlgenährt; **~-founded** *adj.* [wohl] fundiert; **~-heeled** *adj.* (infml) gut betucht (ugs.)

wellington /'welɪŋtən/ *n.* **~ [boot]** Gummistiefel, *der*

well: **~-intentioned** /'welɪntenʃənd/ *adj.* gut gemeint; **~-known** *adj.* bekannt; **~ made** *adj.* gut [gearbeitet]; **~-mannered** *adj.* ‹Person› mit guten Manieren; **be ~-mannered** gute Manieren haben; **~-meaning** *adj.* wohlmeinend; **be ~-meaning** es gut meinen; **~-meant** *adj.* gut gemeint; **~ off** *adj.* wohlhabend; **sb is ~ off** jmdm. geht es [finanziell] gut; **~ paid** *adj.* gut bezahlt; **~-read** /'welred/ *adj.* belesen; **~-spoken** *adj.* sprachlich gewandt; **~-timed** *adj.* zeitlich gut gewählt; **~-to-do** *adj.* wohlhabend; **~-tried** *adj.* bewährt; **~-wisher** *n.* Sympathisant, *der*/ Sympathisantin, *die*

Welsh /welʃ/ **A** *adj.* walisisch; **sb is ~** jmd. ist Waliser/Waliserin
B *n.* **1** (language) Walisisch, *das*; *see also* **English B1 2** *pl.* **the ~** die Waliser *Pl.*

Welsh: **~man** /'welʃmən/ *n.*, *pl.* **~men** /'welʃmən/ Waliser, *der*; **~ 'rabbit, ~ rarebit** /'reəbɪt/ *ns.* Käsetoast, *der*

went ▶ go A

wept ▶ weep

were ▶ be

we're /wɪə(r)/ (infml) = **we are** ▶ be

weren't (infml) (infml) = **were not** ▶ be

⚡ **west** /west/ **A** *n.* **1** Westen, *der*; **in/to[wards]/ from the ~** im/nach/von Westen; **to the ~ of** westlich von **2** *usu.* **W~** (Geog., Polit.) Westen, *der*
B *adj.* westlich; West‹küste, -wind, -grenze, -tor›
C *adv.* nach Westen; **~ of** westlich von

West: **~ Ber'lin** *pr. n.* (Hist.) West-Berlin *(das)*; **w~bound** *adj.* ‹Zug, Verkehr usw.› in Richtung Westen; **~ Country** *n.* (BrE) Westengland, *das*; **~ 'End** *n.* (BrE) Westend, *das*

westerly /'westəlɪ/ *adj.* westlich; ‹Wind› aus westlichen Richtungen

⚡ **western** /'westən/ **A** *adj.* westlich; West‹grenze, -hälfte, -seite›
B *n.* Western, *der*

Western: **~ 'Europe** *pr. n.* Westeuropa *(das)*; **~ 'Germany** *n.* Westdeutschland, *das*

West: **~ 'German** (Hist.) **A** *adj.*

⚡ Schlüsselwort

W

westdeutsch; **he/she is ~ German** er ist Westdeutscher/sie ist Westdeutsche **B** *n.* Westdeutsche, *der/die;* **~ 'Germany** *pr. n.* (Hist.) Westdeutschland *(das);* **~ 'Indian** **A** *adj.* westindisch; **sb is ~ Indian** jmd. ist Westinder/-inderin **B** *n.* Westinder, *der/-inderin, die;* **~ 'Indies** *pr. n. pl.* Westindische Inseln *Pl.*

westward /'westwəd/, **westwards** /'westwədz/ *adv.* westwärts

wet /wet/ **A** *adj.* **1** nass
2 (rainy) regnerisch; feucht ‹*Klima*›
3 frisch ‹*Farbe*›; **'~ paint'** „frisch gestrichen"
4 (infml) (feeble) schlapp (ugs.)
B *v.t.* **~ or wetted** befeuchten
C *n.* **1** (moisture) Feuchtigkeit, *die*
2 in the ~ im Regen

'wetness *n.* Nässe, *die*

'wet suit *n.* Tauchanzug, *der*

we've /wɪv, *stressed* wiːv/ (infml) = **we have**

whack /wæk/ (infml) **A** *v.t.* hauen (ugs.)
B *n.* Schlag, *der*

whacked /wækt/ *adj.* (BrE) (infml) (tired out) erledigt (ugs.); kaputt (ugs.)

whale /weɪl/ *n.* **1** Wal, *der*
2 (infml) **we had a ~ of a [good] time** wir haben uns bombig (ugs.) amüsiert

'whalebone *n.* Fischbein, *das*

whaler /'weɪlə(r)/ *n.* Walfänger, *der*

whaling /'weɪlɪŋ/ *n.* Walfang, *die*

wharf /wɔːf/ *n., pl.* **wharves** /wɔːvz/ *or* **~s** Kai, *der*

⚡ **what** /wɒt/ **A** *adj.* welch...; **~ book?** welches Buch?; **~ time does it start?** um wie viel Uhr fängt es an?; **~ kind of man is he?** was für ein Mensch ist er?; **~ a fool you are!** was für ein Dummkopf du doch bist!; **~ cheek/luck!** was für eine Frechheit/ein Glück!; **I will give you ~ help I can** ich werde dir helfen, so gut ich kann
B *adv.* **~ do I care?** was kümmerts mich?; **~ does it matter?** was macht's?
C *pron.* was; **~? wie?; was?** (ugs.); **~ is your name?** wie heißt du/heißen Sie?; **~ about ...?** (**~ will become of ...?**) was ist mit ...?; **~ about a game of chess?** wie wärs mit einer Partie Schach?; **~'s-his/-her/-its-name** wie heißt er/sie/es noch; **~ for?** wozu?; **~ is it like?** wie ist es?; **so ~?** na und?; **do ~ I tell you** tu, was ich dir sage

⚡ **whatever** /wɒt'evə(r)/ **A** *adj.* **~ problems you have** was für Probleme Sie auch haben; **nothing ~** absolut nichts
B *pron.* **do ~ you like** mach, was du willst; **~ happens, ...** was auch geschieht, ...; **or ~** oder was auch immer; **~ does he want?** (infml) was will er nur?

whatsit /'wɒtsɪt/ *n.* (infml) (thing) Dingsbums, *das* (ugs.); (person) Dingsda, *der* (ugs.)

wheat /wiːt/ *n.* Weizen, *der*

wheedle /'wiːdl/ *v.t.* **~ sb into doing sth** jmdm. so lange gut zureden, bis er etw. tut;

~ sth out of sb jmdm. etw. abschwatzen (ugs.)

wheel /wiːl/ **A** *n.* **1** Rad, *das;* [potter's] **~** Töpferscheibe, *die*
2 (steering **~**) Lenkrad, *das;* (ship's **~**) Steuerrad, *das;* **at or behind the ~** (of car) am Steuer
B *v.t.* (push) schieben
C *v.i.* **1** (turn round) kehrtmachen
2 (circle) kreisen

wheel: ~barrow *n.* Schubkarre, *die;* **~ brace** *n.* Radschlüssel, *der;* **~chair** *n.* Rollstuhl, *der;* **~ clamp** *n.* Parkkralle, *die*

wheeler-dealer /wiːlə'diːlə(r)/ *n.* Mauschler, *der*/Mauschlerin, *die;* (financial) Geschäftemacher, *der*/-macherin, *die*

wheelie bin /'wiːlɪ bɪn/ *n.* (BrE) (infml) Müllcontainer auf Rollen, *der*

'wheel reflector (on bicycle) *n.* Speichenreflektor, *der*

wheeze /wiːz/ *v.i.* schnaufen

whelk /welk/ *n.* Wellhornschnecke, *die*

⚡ **when** /wen/ **A** *adv.* wann; **the time ~ ...** die Zeit, zu der /(with past tense) als ...; **the day ~ ...** der Tag, an dem /(with past tense) als ...
B *conj.* **1** (at the time that) als; (with present or future tense) wenn; **~ reading [a newspaper]** beim Lesen [einer Zeitung]
2 (whereas) **why do you go abroad ~ it's cheaper here?** warum fährst du ins Ausland, wo es doch hier billiger ist?
C *pron.* **by/till ~ ...?;** bis wann ...?; **since ~ ...?** seit wann ...?

whence /wens/ *adv., conj.* (arch./literary) woher

whenever /wen'evə(r)/ **A** *adv.* wann immer **or ~** oder wann immer; **~ did he do it?** (infml) wann hat er es nur getan?
B *conj.* jedes Mal wenn

⚡ **where** /weə(r)/ **A** *adv.* **1** (position) wo; **~ shall we sit?** wohin wollen wir uns setzen?
2 (to ~) wohin
B *conj.* wo
C *pron.* **near/not far from ~ it happened** nahe der Stelle/nicht weit von der Stelle, wo es passiert ist

whereabouts **A** /weərə'baʊts/ *adv.* (where) wo; (to where) wohin
B /'weərəbaʊts/ *n., sing. or pl.* (of thing) Verbleib, *der;* (of person) Aufenthalt[sort], *der*

⚡ **where'as** *conj.* während; **he is very quiet, ~ she is an extrovert** er ist sehr ruhig, sie dagegen ist eher extravertiert

where: ~'by *adv.* mit dem/der/denen; **~upon** /weərə'pɒn/ *adv.* worauf

wherever /weər'evə(r)/ **A** *adv.* **1** (position) wo immer; **sit ~ you like** setz dich, wohin du magst; **or ~** oder wo immer
2 (direction) wohin immer; **or ~** oder wohin immer
3 ~ have you been? (infml) wo hast du bloß gesteckt?
B *conj.* **1** (position) überall [da], wo; **~ possible** wo od. wenn [irgend] möglich

W

2 (direction) wohin auch; ~ he went wohin er auch ging

wherewithal /ˈweəwɪðɔːl/ n. (infml) the ~ das nötige Kleingeld (ugs.)

whet /wet/ v.t., **-tt-** **1** (sharpen) wetzen
2 (fig.) anregen ‹Appetit›

⚿ **whether** /ˈweðə(r)/ conj. ob; **I don't know ~ to go [or not]** ich weiß nicht, ob ich gehen soll [oder nicht]

⚿ **which** /wɪtʃ/ Ⓐ adj. welch...; ~ **one** welcher/welche/welches; ~ **ones** welche; ~ **way** (how) wie; (in ~ direction) wohin
Ⓑ pron. **1** interrog. welcher/welche/welches; ~ **of you?** wer von euch?
2 rel. der/die/das; of ~ dessen/deren; after ~ worauf[hin]

whichever /wɪtʃˈevə(r)/ Ⓐ adj. welcher/welche/welches ... auch
Ⓑ pron. **1** welcher/welche/welches ... auch
2 (infml) ~ **could it be?** welcher/welche/welches könnte das nur sein?

whiff /wɪf/ n. (puff; fig.: trace) Hauch, der; (smell) leichter Geruch

⚿ **while** /waɪl/ Ⓐ n. Weile, die; **[for]** a ~ eine Weile; **a long** ~ lange; **for a little** or **short** ~ eine kleine Weile; **[only] a little** or **short** ~ **ago** [erst] kürzlich od. vor kurzem; **be worth sb's** ~ sich [für jmdn.] lohnen
Ⓑ conj. **1** während; (as long as) solange
2 (although) obgleich
3 (whereas) während
■ ~ **a'way** v.t. ~ away the time sich (Dat.) die Zeit vertreiben (by, with mit)

whilst /waɪlst/ (BrE) ▸ while B

whim /wɪm/ n. Laune, die

whimper /ˈwɪmpə(r)/ Ⓐ n. ~[s] Wimmern, das; (of dog etc.) Winseln, das
Ⓑ v.i. wimmern; ‹Hund:› winseln

whimsical /ˈwɪmzɪkl/ adj. launenhaft; (odd, fanciful) spleenig

whine /waɪn/ Ⓐ v.i. **1** heulen; ‹Hund:› jaulen
2 (complain) jammern
Ⓑ n. **1** Heulen, das; (of dog) Jaulen, das
2 (complaint) ~[s] Gejammer, das

whip /wɪp/ Ⓐ n. **1** Peitsche, die
2 (BrE) (Parl.) Fraktionsgeschäftsführer, der/-führerin, die
Ⓑ v.t., **-pp-** **1** peitschen
2 (Cookery) schlagen
3 (move quickly) reißen
4 (infml) (steal) klauen (ugs.)
■ ~ **out** v.t. [blitzschnell] herausziehen
■ ~ **up** v.t. **1** (arouse) anheizen (ugs.)
2 (infml) (make quickly) schnell hinzaubern ‹Gericht, Essen›

whiplash n. ~ **[injury]** Peitschenschlagverletzung, die

whipped 'cream n. Schlagsahne, die

'whipping cream n. [flüssige] Schlagsahne

'whip-round n. (BrE) (infml) Sammlung, die

whirl /wɜːl/ Ⓐ v.t. [im Kreis] herumwirbeln

Ⓑ v.i. wirbeln
Ⓒ n. **1** Wirbeln, das; she was or her thoughts were in a ~ (fig.) ihr schwirrte der Kopf
2 (bustle) Trubel, der
■ ~ **'round** Ⓐ v.t. [im Kreis] herumwirbeln
Ⓑ v.i. [im Kreis] herumwirbeln; ‹Rad, Rotor:› wirbeln

whirl: ~**pool** n. Strudel, der; (bathing pool) Whirlpool, der; ~**wind** n. Wirbelwind, der

whirr /wɜː(r)/ Ⓐ v.i. surren
Ⓑ n. Surren, das

whisk /wɪsk/ Ⓐ n. (Cookery) Schneebesen, der; (part of mixer) Rührbesen, der
Ⓑ v.t. **1** (Cookery) [mit dem Schnee-/Rührbesen] schlagen
2 (convey rapidly) in Windeseile bringen
■ ~ **a'way** v.t. **1** (remove suddenly) ~ sth away [from sb] [jmdm.] etw. [plötzlich] wegreißen
2 (convey rapidly) in Windeseile wegbringen

whisker /ˈwɪskə(r)/ n. **1** ~s (on man's cheek) Backenbart, der
2 (of cat, mouse, rat) Schnurrhaar, das

whiskey (AmE) Ir., **whisky** /ˈwɪskɪ/ n. Whisky, der; (American) Irish Whiskey, der

whisper /ˈwɪspə(r)/ Ⓐ v.i. flüstern; ~ **to sb** jmdm. etwas zuflüstern
Ⓑ v.t. flüstern; ~ **sth to sb** jmdm. etw. zuflüstern
Ⓒ n. **1** Flüstern, das; in a ~, in ~s im Flüsterton
2 (rumour) Gerücht, das

whistle /ˈwɪsl/ Ⓐ v.i. pfeifen; ~ **at sb** (in disapproval) jmdn. auspfeifen
Ⓑ v.t. pfeifen
Ⓒ n. **1** (sound) Pfiff, der; (whistling) Pfeifen, das
2 (instrument) Pfeife, die; **blow a/one's** ~ pfeifen

whistling 'kettle n. Pfeifkessel, der

⚿ **white** /waɪt/ Ⓐ adj. weiß
Ⓑ n. **1** (colour) Weiß, das
2 (of egg) Eiweiß, das
3 W~ (person) Weiße, der/die

white: ~ **bread** n. Weißbrot, das; ~ **cell** n. weiße Blutkörperchen; ~ **coffee** n. (BrE) Kaffee mit Milch; ~**-'collar worker** n. Angestellte, der/die; ~ **corpuscle** ▸ white cell; ~ **elephant** ▸ elephant; W~ **House** pr. n. (AmE) (Polit.) the W~ House das Weiße Haus; ~**-knuckle ride** n. Fahr mit äußerstem Nervenkitzel; ~ **lie** ▸ lie¹ A; ~ **meat** n. weißes Fleisch [und Geflügel]

whiten /ˈwaɪtn/ Ⓐ v.t. weiß machen; weißen ‹Wand, Schuhe›
Ⓑ v.i. weiß werden

'whiteness n. Weiß, das

white: W~ **'Paper** n. (BrE) öffentliches Diskussionspapier über Vorhaben der Regierung; ~ **'sauce** n. weiße od. helle Soße; ~**wash** Ⓐ n. [weiße] Tünche; (fig.) Schönfärberei, die Ⓑ v.t. [weiß] tünchen; ~ **'wedding** n. Hochzeit in Weiß, die; ~ **'wine** n. Weißwein, der

---

⚿ Schlüsselwort

W

Whit 'Monday /wɪt/ *n.* Pfingstmontag, *der*

Whitsun /'wɪtsn/ *n.* Pfingsten, *das od. Pl.*; at ∼ zu *od.* an Pfingsten

whittle /'wɪtl/: ∼ a'way *v.t.* ∼ away sb's rights/power jmdm. nach und nach alle Rechte/Macht nehmen; ∼ 'down *v.t.* allmählich reduzieren <*Anzahl, Gewinn*>; verkürzen <*Liste*>

whizz, whiz (AmE) /wɪz/ **A** *v.i.* zischen **B** *n.* Zischen, *das*

'whizz-kid, whiz-kid *n.* (infml) Senkrechtstarter, *der*

who /hʊ, *stressed* huː/ *pron.* **1** *interrog.* wer; (infml) (whom) wen; (infml) (to whom) wem **2** *rel.* der/die/das; *pl.* die; (infml) (whom) den/die/das; (infml) (to whom) dem/der/denen; anyone/those ∼ ... wer ...; everybody ∼ ... jeder, der ...

whoa /wəʊ/ *int.* brr

who'd /hʊd, *stressed* huːd/ (infml) **1** = **who had** ▸ have **2** = **who would** ▸ will¹

whoever /huː'evə(r)/ *pron.* **1** wer [immer] **2** (no matter who) wer ... auch **3** (infml) ∼ could it be? wer könnte das nur sein?

whole /həʊl/ **A** *adj.* ganz; the ∼ lot [of them] [sie] alle **B** *n.* Ganze, *das*; the ∼ das Ganze; the ∼ of my money/the village/London mein ganzes Geld/das ganze Dorf/ganz London; as a ∼ als Ganzes; on the ∼ im Großen und Ganzen

whole: ∼**food** *n.* Vollwertkost, *die*; ∼**hearted** /həʊl'hɑːtɪd/ *adj.* herzlich <*Dank[barkeit]*>; rückhaltlos <*Unterstützung*>; ∼**meal** *adj.* Vollkorn-; ∼ 'milk *n.* Vollmilch, *die*; ∼ note *n.* (AmE) (Mus.) ganze Note; ∼ 'number *n.* ganze Zahl; ∼sale **A** *adj.* **1** Großhandels- **2** (fig.) (on a large scale) massenhaft; Massen- **B** *adv.* **1** en gros **2** (fig.) (on a large scale) massenweise; ∼**saler** /'həʊlseɪlə(r)/ *n.* Großhändler, *der*/-händlerin, *die*

wholesome /'həʊlsəm/ *adj.* gesund

who'll /hʊl, *stressed* huːl/ (infml) = **who will**

wholly /'həʊllɪ/ *adv.* völlig

whom /huːm/ *pron.* **1** *interrog.* wen; as *indirect object* wem **2** *rel.* den/die/das; *pl.* die; as *indirect object* dem/der/dem; *pl.* denen

whooping cough /'huːpɪŋ kɒf/ *n.* Keuchhusten, *der*

whopper /'wɒpə(r)/ *n.* (infml) **1** Riese, *der* **2** (lie) faustdicke Lüge

whopping /'wɒpɪŋ/ *adj.* (infml) riesig; Riesen- (ugs.); faustdick <*Lüge*>

whore /hɔː(r)/ *n.* Hure, *die*

who's /huːz/ (infml) **1** = **who is** ▸ be **2** = **who has** ▸ have

whose /huːz/ *pron.* **1** *interrog.* wessen; ∼ [book] is that? wem gehört das [Buch]? **2** *rel.* dessen/deren/dessen; *pl.* deren

who've /hʊv, *stressed* huːv/ (infml) = **who have** ▸ have

why /waɪ/ **A** *adv.* **1** (for what reason) warum; (for what purpose) wozu; ∼ is that? warum das? **2** (on account of which) the reason ∼ he did it der Grund, warum er es tat **B** *int.* ∼, certainly/of course! aber sicher!

wick /wɪk/ *n.* Docht, *der*

wicked /'wɪkɪd/ *adj.* böse

'wickedness *n.* Bosheit, *die*

wicker /'wɪkə(r)/ *n.* Korbgeflecht, *das*; *attrib.* Korb<*waren, -stuhl*>

'wickerwork *n.* **1** (material) Korbgeflecht, *das* **2** (articles) Korbwaren *Pl.*

wicket /'wɪkɪt/ *n.* (Cricket) Tor, *das*

'wicketkeeper *n.* (Cricket) Torwächter, *der*/-wächterin, *die*

wide /waɪd/ **A** *adj.* **1** (broad) breit; groß <*Abstand, Winkel*>; three feet ∼ drei Fuß breit **2** (extensive) weit; umfassend <*Lektüre, Wissen, Kenntnisse*>; reichhaltig <*Auswahl, Sortiment*> **3** (off target) be ∼ of sth etw. verfehlen **B** *adv.* **1** ∼ awake hellwach **2** (off target) shoot ∼ danebenschießen; go ∼ das Ziel verfehlen

wide: ∼**angle 'lens** *n.* (Photog.) Weitwinkelobjektiv, *das*; ∼**eyed** *adj.* (surprised) mit großen Augen *nachgestellt*

'widely *adv.* **1** (over a wide area) weit <*verbreitet, gestreut*> **2** (by many people) weithin <*bekannt, akzeptiert*>; a ∼ held view eine weit verbreitete Ansicht **3** (greatly) erheblich <*sich unterscheiden*>

widen /'waɪdn/ **A** *v.t.* verbreitern **B** *v.i.* sich verbreitern

wide: ∼**open** *attrib. adj.* ∼ 'open *pred. adj.* weit geöffnet <*Fenster, Tür*>; weit aufgerissen <*Mund, Augen*>; be ∼ open <*Fenster, Tür:*> weit offen stehen; ∼**ranging** /'waɪdreɪndʒɪŋ/ *adj.* weit gehend <*Maßnahme, Veränderung*>; ausführlich <*Diskussion, Gespräch*>; ∼ 'screen *n.* Breitwand, *die*; ∼**screen television, ∼screen TV** *ns.* Breitwandfernsehen, *das*; ∼**spread** *adj.* weit verbreitet

widget /'wɪdʒɪt/ *n.* **1** (small gadget) Gerät, *das* **2** (Computing) Widget, *das*

widow /'wɪdəʊ/ *n.* Witwe, *die*

widowed /'wɪdəʊd/ *adj.* verwitwet

widower /'wɪdəʊə(r)/ *n.* Witwer, *der*

width /wɪdθ/ *n.* Breite, *die*; (of garment) Weite, *die*

wield /wiːld/ *v.t.* schwingen; (fig.) ausüben <*Macht, Einfluss*>

wife /waɪf/ *n.*, *pl.* **wives** /waɪvz/ Frau, *die*

'wife battering *n.* Misshandlung der [Ehe]frau

W

Wi-Fi® /'waɪfaɪ/ n., no pl. (Comp) Wi-Fi, das
wig /wɪɡ/ n. Perücke, die
wiggle /'wɪɡl/ (infml) **A** v.t. hin und her bewegen
B v.i. wackeln
wiki /'wɪkɪ/ n. Wiki, das
🔑 **wild** /waɪld/ **A** adj. **1** wild lebend ‹Tier›; wild wachsend ‹Pflanze›
2 wild ‹Landschaft›
3 (unrestrained) wild ‹Erregung›; run ∼ ‹Pferd, Hund:› frei herumlaufen; ‹Kind:› herumtoben; **send** or **drive sb** ∼ jmdn. rasend vor Erregung machen
4 (infml) (very keen) **be** ∼ **about sb/sth** wild auf jmdn./etw. sein
B n. the ∼[s] die Wildnis; **see an animal in the** ∼ ein Tier in freier Wildbahn sehen
wild: ∼ 'boar n. Wildschwein, das; ∼ card n. wilde Karte; ∼cat n. Wildkatze, die
wilderness /'wɪldənɪs/ n. Wildnis, die; (desert) Wüste, die
wild: ∼ 'goose chase n. (fig.) aussichtslose Suche; ∼life n. die Tier- und Pflanzenwelt; ∼life park/reserve/sanctuary Naturpark, der/-reservat, das/-schutzgebiet, das
wildly adv. wild; **be** ∼ **excited about sth** über etw. (Akk.) ganz aus dem Häuschen sein (ugs.); ∼ **inaccurate** völlig ungenau
wilful /'wɪlfl/ adj., **wilfully** /'wɪlfəlɪ/ adv.
1 (deliberate[ly]) vorsätzlich
2 (obstinate[ly]) starrsinnig
🔑 **will¹** /wɪl/ v. aux., only in: pres. ∼ neg. (infml) **won't** /wəʊnt/; past **would** /wʊd/; neg. (infml) **wouldn't** /'wʊdnt/ He won't help me. W∼/Would you? Er will mir nicht helfen. Bist du bereit?; **the car won't start** das Auto springt nicht an; ∼**/would you pass the salt, please?** gibst du bitte mal das Salz rüber?/ würdest du bitte mal das Salz rübergeben?; ∼ **you be quiet!** willst du wohl ruhig sein!; **he** ∼ **sit there hour after hour** er pflegt dort stundenlang zu sitzen; **he** '∼ **insist on doing it** er besteht unbedingt darauf, es zu tun; ∼ **you have some more cake?** möchtest od. willst du noch etwas Kuchen?; **the box** ∼ **hold 5 lb. of tea** in die Kiste gehen 5 Pfund Tee; **tomorrow he** ∼ **be in Oxford** morgen ist er in Oxford; **I promise I won't do it again** ich verspreche, ich mach's nicht noch mal; **if he tried, he would succeed** wenn er es versuchen würde, würde er es schaffen; ∼ **you please tidy up** würdest du bitte aufräumen?
🔑 **will²** n. **1** (faculty) Wille, der
2 (Law) (testament) Testament, das
3 (desire) **at** ∼ nach Belieben; ∼ **to live** Lebenswille, der; **against one's/sb's** ∼ gegen seinen/jmds. Willen
🔑 **willing** adj. willig; **ready and** ∼ bereit; **be** ∼ **to do sth** bereit sein, etw. zu tun
willingly adv. **1** (with pleasure) gern[e]

2 (voluntarily) freiwillig
willingness n. Bereitschaft, die
willow /'wɪləʊ/ n. Weide, die
willowy /'wɪləʊɪ/ adj. gertenschlank
will power n. Willenskraft, die
willy-nilly /wɪlɪ'nɪlɪ/ adv. wohl oder übel ‹etw. tun müssen›
wilt /wɪlt/ v.i. ‹Pflanze, Blumen:› welk werden, welken
wily /'waɪlɪ/ adj. listig; gewieft ‹Person›
wimp /wɪmp/ n. (infml) Schlappschwanz, der (ugs.)
wimpish /'wɪmpɪʃ/ adj. (infml) lahm (ugs.)
🔑 **win** /wɪn/ **A** v.t., -nn-, won /wʌn/ gewinnen; bekommen ‹Stipendium, Vertrag, Recht›; ∼ **sb sth** jmdm. etw. einbringen
B v.i., -nn-, won gewinnen
C n. Sieg, der; **have a** ∼ gewinnen
■ ∼ 'over, ∼ 'round v.t. bekehren; (to one's side) auf seine Seite bringen; (convince) überzeugen
■ ∼ 'through v.i. Erfolg haben
wince /wɪns/ v.i. zusammenzucken (at bei)
winch /wɪntʃ/ **A** n. Winde, die
B v.t. winden; ∼ **up** hochwinden
🔑 **wind¹** /wɪnd/ **A** n. Wind, der; (Med.) Blähungen Pl.; **get** ∼ **of sth** (fig.) Wind von etw. bekommen; **be in the** ∼ (fig.) in der Luft liegen; **get/have the** ∼ **up** (infml) Manschetten (ugs.) kriegen/haben
B v.t. the blow ∼ed him der Schlag nahm ihm den Atem
wind² /waɪnd/ **A** v.i., wound /waʊnd/
1 (curve) sich winden; (move) sich schlängeln
2 (coil) sich wickeln
B v.t., wound **1** (coil) wickeln; ∼ **sth on [to]** sth etw. auf etw. (Akk.) [auf]wickeln
2 aufziehen ‹Uhr›
■ ∼ 'down v.t. **1** herunterdrehen ‹Autofenster›
2 (fig.) (reduce gradually) einschränken
■ ∼ 'up **A** v.t. **1** hochdrehen ‹Autofenster›
2 (coil) aufwickeln
3 aufziehen ‹Uhr›
4 (infml) (annoy deliberately) auf die Palme bringen (ugs.)
5 beschließen ‹Debatte›
6 (Finance, Law) auflösen
B v.i. **1** (conclude) schließen
2 (infml) (end up) ∼ **up in prison/hospital** [zum Schluss] im Gefängnis/Krankenhaus landen (ugs.)
wind /wɪnd/: ∼-blown adj. vom Wind zerzaust ‹Haar›; ∼break n. Windschutz, der; ∼breaker (AmE), ∼cheater (BrE) ns. Windjacke, die; ∼ chill factor n. Wind-chill-Index, der
winded /'wɪndɪd/ adj. be ∼ außer Atem sein
winder /'waɪndə(r)/ n. (of watch) Krone, die; (of clock, toy) Aufziehschraube, die
wind /wɪnd/: ∼fall n. **1** (fruit) ∼falls Fallobst, das **2** (fig.) warmer Regen (ugs.); ∼fall tax n.: (einmalige) Sondersteuer

W

auf Privatisierungsgewinne; ~ **farm** *n.*
Windpark, *der;* ~ **force** *n.* Windstärke,
die; ~ **instrument** *n.* Blasinstrument,
das; ~**mill** *n.* Windmühle, *die*

ꭩ **window** /ˈwɪndəʊ/ *n.* (also Comp.) Fenster,
das; (shop ~) [Schau]fenster, *das;* **break a** ~
eine Fensterscheibe zerbrechen

window: ~ **box** *n.* Blumenkasten, *der;* ~
cleaner *n.* Fensterputzer, *der/*-putzerin,
die; ~ **cleaning** *n.* Fensterputzen, *das;*
~ **display** *n.* Schaufensterauslage, *die;*
~ **dresser** *n.* Schaufensterdekorateur,
der/-dekorateurin, *die;* ~ **dressing** *n.*
(fig.) Schönfärberei, *die;* ~ **frame** *n.*
Fensterrahmen, *der;* ~ **ledge** *n.* (inside)
Fensterbank, *die;* (outside) Fenstersims, *der*
od. das; ~ **pane** *n.* Fensterscheibe, *die;* ~
shopping *n.* Schaufensterbummeln, *das;*
go ~ **shopping** einen Schaufensterbummel
machen; ~ **sill** *n.* (inside) Fensterbank, *die;*
(outside) Fenstersims, *der od. das*

wind /wɪnd/: ~**pipe** *n.* (Anat.) Luftröhre,
die; ~ **power** *n.* Windkraft, *die;* ~**proof**
adj. windabweisend; ~**proof** ˈ**jacket** *n.*
Windjacke, *die;* ~**screen,** (AmE) ~**shield**
ns. Windschutzscheibe, *die;* ~screen/~shield
wiper Scheibenwischer, *der;* ~screen/~shield
washer Scheibenwaschanlage, *die;*
~**surfer** *n.* Windsurfer, *der;* ~**surfing**
n. Windsurfen, *das;* ~**swept** *adj.*
windgepeitscht; vom Wind zerzaust ‹*Person,*
Haare›; ~ **tunnel** *n.* Windkanal, *der*

windward /ˈwɪndwəd/ *adj.* ~ **side** Windseite,
die

windy /ˈwɪndɪ/ *adj.* windig

ꭩ **wine** /waɪn/ *n.* Wein, *der*

wine: ~ **bar** *n.* Weinstube, *die;* ~ **bottle** *n.*
Weinflasche, *die;* ~ **cellar** *n.* [Wein]keller,
das; ~ **cooler** *n.* Weinkühler, *der;* ~
glass *n.* Weinglas, *das;* ~**grower** *n.*
Winzer, *der/*Winzerin, *die;* ~**growing**
A *n.* Weinbau, *der* **B** *adj.* ~-growing area
Weingegend, *die;* ~ **list** *n.* Weinkarte,
die; ~ **merchant** *n.* Weinhändler,
der/-händlerin, *die;* ~ **merchants** (business)
Weinhandlung, *die;* ~ **tasting** /ˈwaɪnteɪstɪŋ/
n. Weinprobe, *die;* ~ **vault** *n.* Weinkeller,
der; ~ ˈ**vinegar** *n.* Weinessig, *der*

ꭩ **wing** /wɪŋ/ *n.* **1** (Ornith., Archit., Sport) Flügel,
der
2 (Aeronaut.) Tragfläche, *die*
3 (BrE) (Motor. Veh.) Kotflügel, *der*

winged /wɪŋd/ *adj.* geflügelt

winger /ˈwɪŋə(r)/ *n.* (Sport) Außenstürmer,
der/-stürmerin, *die*

wing: ~ **mirror** *n.* (BrE) (Motor
Veh.) Außenspiegel, *der;* ~**span** *n.*
[Flügel]spannweite, *die;* ~ **tip** *n.*
Flügelspitze, *die*

wink /wɪŋk/ **A** *v.i.* **1** blinzeln; (as signal)
zwinkern; ~ **at sb** jmdm. zuzwinkern
2 (flash) blinken
B *n.* **1** Blinzeln, *das;* (signal) Zwinkern, *das;*

give sb a ~ jmdm. zuzwinkern
2 not sleep a ~ kein Auge zutun

ꭩ ˈ**winner** *n.* Sieger, *der/*Siegerin, *die;*
(of competition or prize) Gewinner, *der/*
Gewinnerin, *die*

ˈ**winning** *adj.* **1** attrib. siegreich; ~ **number**
Gewinnzahl, *die*
2 (charming) einnehmend; gewinnend
‹*Lächeln›*

ˈ**winning post** *n.* Zielpfosten, *der*

ˈ**winnings** *n. pl.* Gewinn, *der*

ꭩ **winter** /ˈwɪntə(r)/ *n.* Winter, *der;* **in [the]** ~
im Winter

winter ˈ**sports** *n. pl.* Wintersport, *der*

wintry /ˈwɪntrɪ/ *adj.* winterlich; ~ **shower**
Schneegestöber, *das*

wipe /waɪp/ **A** *v.t.* **1** abwischen; [auf]wischen
‹*Fußboden›;* (dry) abtrocknen; ~ **one's**
mouth/eyes/nose sich (*Dat.*) den Mund/die
Tränen/die Nase abwischen; ~ **one's feet/**
shoes [sich (*Dat.*)] die Füße/Schuhe abtreten
2 (get rid of) [ab]wischen; ~ **one's/sb's tears**
sich/jmdm. die Tränen abwischen
B *n.* give sth a ~ etw. abwischen

▪ ~ ˈ**down** *v.t.* abwischen; (dry) abtrocknen

▪ ~ ˈ**off** *v.t.* **1** (remove) wegwischen; löschen
‹*Bandaufnahme›*
2 (pay off) zurückzahlen ‹*Schulden›*

▪ ~ ˈ**out** *v.t.* **1** (remove) wegwischen; (erase)
auslöschen
2 (cancel) tilgen; zunichte machen ‹*Vorteil,*
Gewinn usw.›
3 (destroy) ausrotten ‹*Rasse, Tierart, Feinde›;*
ausmerzen ‹*Seuche, Korruption›*

▪ ~ ˈ**up** *v.t.* **1** aufwischen
2 (dry) abtrocknen

ˈ**wiper** *n.* (Motor Veh.) Wischer, *der*

wire /ˈwaɪə(r)/ **A** *n.* **1** Draht, *der*
2 (Electr., Teleph.) Leitung, *die*
3 (infml) (telegram) Telegramm, *das*
B *v.t.* **1** (fasten) ~ **sth together** etw. mit
Draht verbinden
2 (Electr.) ~ **sth to sth** etw. an etw. (*Akk.*)
anschließen; ~ **a house** in einem Haus die
Stromleitungen legen

wire: ~ ˈ**brush** *n.* Drahtbürste, *die;* ~
cutters *n. pl.* Drahtschneider, *der*

ˈ**wireless** **A** *adj.* (Comp.) drahtlos
B *n.* ~ (dated) Radio, *das*

wire: ~ ˈ**netting** *n.* Maschendraht, *der;*
~ **strippers** *n. pl.* Abisolierzange, *die;* ~
ˈ**wool** *n.* Stahlwolle, *die*

wiring /ˈwaɪərɪŋ/ *n.* [elektrische] Leitungen *Pl.*

wisdom /ˈwɪzdəm/ *n.* **1** Weisheit, *die*
2 (prudence) Klugheit, *die*

ˈ**wisdom tooth** *n.* Weisheitszahn, *der*

wise /waɪz/ *adj.* **1** weise; vernünftig ‹*Meinung›*
2 (prudent) klug
3 be none the ~**r** kein bisschen klüger als
vorher sein

wise: ~**crack** (infml) *n.* witzige Bemerkung; ~
guy *n.* (infml) Klugscheißer, *der* (salopp)

w

'**wisely** *adv.* weise; (prudently) klug

✔ **wish** /wɪʃ/ **A** *v.t.* wünschen; I ∼ I was *or* were rich ich wollte, ich wäre reich; I ∼ to go ich möchte gehen; ∼ **sb luck/success** *etc.* jmdm. Glück/Erfolg *usw.* wünschen; ∼ **sb well** jmdm. alles Gute wünschen

B *v.i.* wünschen; ∼ **for sth** sich (*Dat.*) etw. wünschen

C *n.* Wunsch, *der*; **make a** ∼ sich (*Dat.*) etwas wünschen; **get** *or* **have one's** ∼ seinen Wunsch erfüllt bekommen

wishful thinking /wɪʃfl 'θɪŋkɪŋ/ *n.* Wunschdenken, *das*

'**wishing well** *n.* Wunschbrunnen, *der*

wishy-washy /'wɪʃɪwɒʃɪ/ *adj.* labberig (ugs.); (fig.) lasch

wisp /wɪsp/ *n.* (of straw) Büschel, *das*; ∼ of hair Haarsträhne, *die*; ∼ of cloud/smoke Wolkenfetzen, *der*/Rauchfahne, *die*

wistful /'wɪstfl/ *adj.*, '**wistfully** *adv.* wehmütig

wit /wɪt/ *n.* **1** (humour) Witz, *der* **2** (intelligence) Geist, *der*; **be at one's** ∼'s *or* ∼s' **end** sich (*Dat.*) keinen Rat mehr wissen; **be frightened** *or* **scared out of one's** ∼s Todesangst haben; **have/keep one's** ∼s **about one** auf Draht (ugs.) sein/nicht den Kopf verlieren **3** (person) geistreicher Mensch

witch /wɪtʃ/ *n.* Hexe, *die*

witch: ∼**craft** *n.* Hexerei, *die*; ∼ **doctor** *n.* Medizinmann, *der*; ∼-**hunt** *n.* Hexenjagd, *die* (for auf + *Akk.*)

✔ **with** /wɪð/ *prep.* mit; **put sth** ∼ **sth** etw. zu etw. stellen/legen; **have nothing to write** ∼ nichts zum Schreiben haben; **I'm not** '∼ **you** (infml) ich komme nicht mit; **tremble** ∼ **fear** vor Angst zittern; **I have no money** ∼ **me** ich habe kein Geld dabei *od.* bei mir; **sleep** ∼ **the window open** bei offenem Fenster schlafen

with'draw **A** *v.t. forms as* **draw A** zurückziehen; abziehen <*Truppen*>; ∼ **sth from an account** etw. von einem Konto abheben

B *v.i. forms as* **draw A** sich zurückziehen

withdrawal /wɪð'drɔːəl/ *n.* **1** Zurücknahme, *die*; (of troops) Abzug, *der*; (of money) Abhebung, *die* **2** (from drugs) Entzug, *der*

with'drawal symptoms *n. pl.* Entzugserscheinungen *Pl.*

with'drawn *adj.* (unsociable) verschlossen

wither /'wɪðə(r)/ **A** *v.t.* verdorren lassen

B *v.i.* [ver]welken

■ ∼ a'way *v.i.* dahinwelken (geh.)

withered /'wɪðəd/ *adj.* verwelkt <*Gras, Pflanze*>; verkrüppelt <*Gliedmaße*>

withering /'wɪðərɪŋ/ *adj.* vernichtend <*Blick*>

with'hold *v.t. forms as* hold²; ∼ **sth from sb** jmdm. etw. vorenthalten

✔ **within** /wɪ'ðɪn/ *prep.* innerhalb; **stay/be** ∼ **the law** den Boden des Gesetzes nicht verlassen; ∼ **eight miles of sth** acht Meilen im Umkreis von etw.

✔ **without** /wɪ'ðaʊt/ *prep.* ohne; ∼ **doing sth** ohne etw. zu tun; ∼ **his knowing** ohne dass er davon weiß/wusste

with'stand *v.t.*, **withstood** /wɪθ'stʊd/ standhalten (+ *Dat.*); aushalten <*Beanspruchung, hohe Temperaturen*>

✔ **witness** /'wɪtnɪs/ **A** *n.* Zeuge, *der*/Zeugin, *die* (of, to *Gen.*)

B *v.t.* **1** (see) ∼ **sth** Zeuge/Zeugin einer Sache (*Gen.*) sein **2** bestätigen <*Unterschrift*>

'**witness box** (BrE), '**witness stand** (AmE) *ns.* Zeugenstand, *der*

witticism /'wɪtɪsɪzm/ *n.* Witzelei, *die*

wittingly /'wɪtɪŋlɪ/ *adv.* wissentlich

witty /'wɪtɪ/ *adj.* witzig; geistreich <*Person*>

wives *pl. of* **wife**

wizard /'wɪzəd/ *n.* Zauberer, *der*

wizardry /'wɪzədrɪ/ *n.* Zauberei, *die*

wizened /'wɪzənd/ *adj.* runz[e]lig

WMD *abbr.* = **weapon of mass destruction** MVW

wobble /'wɒbl/ *v.i.* wackeln

wobbly /'wɒblɪ/ *adj.* wack[e]lig

woe /wəʊ/ *n.* (arch./literary/joc.) ∼[s] Jammer, *der*; ∼ **betide you!** wehe dir!

woebegone /'wəʊbɪgɒn/ *adj.* jammervoll

woeful /'wəʊfl/ *adj.* (deplorable) beklagenswert; (distressed) jammervoll

wok /wɒk/ *n.* (Cookery) Wok, *der*

woke, woken ▸ **wake¹ A, B**

wolf /wʊlf/ **A** *n., pl.* **wolves** /wʊlvz/ Wolf, *der*

B *v.t.* ∼ [**down**] verschlingen

✔ **woman** /'wʊmən/ *n., pl.* **women** /'wɪmɪn/ Frau, *die*; ∼ **doctor** Ärztin, *die*; ∼ **friend** Freundin, *die*

womanize /'wʊmənaɪz/ *v.i.* den Frauen nachstellen

womanizer /'wʊmənaɪzə(r)/ *n.* Schürzenjäger, *der*

'**womanly** *adj.* fraulich

womb /wuːm/ *n.* Gebärmutter, *die*

women *pl. of* **woman**

women: ∼**folk** *n. pl.* Frauen *Pl.*; **W**∼'s '**Lib** (infml), **W**∼'s **Libe'ration** *ns.* die Frauenbewegung; ∼'s **movement** *n.* Frauenbewegung, *die*; ∼'s '**prison** *n.* Frauengefängnis, *das*; ∼'s '**refuge** *n.* Frauenhaus, *das*; ∼'s '**rights** *n. pl.* die Rechte der Frau

won ▸ **win A, B**

✔ **wonder** /'wʌndə(r)/ **A** *n.* **1** (thing) Wunder, *das* **2** (feeling) Staunen, *das*

✔ Schlüsselwort

W

B *adj.* Wunder-
C *v.i.* sich wundern; staunen (**at** über + *Akk.*)
D *v.t.* sich fragen; I ~ what the time is wie viel Uhr mag es wohl sein?; I ~ whether I might open the window dürfte ich vielleicht das Fenster öffnen?

wonderful /ˈwʌndəfl/ *adj.*, **wonderfully** /ˈwʌndəfəlɪ/ *adv.* wunderbar

wondering /ˈwʌndərɪŋ/ *adj.*, **wonderingly** /ˈwʌndərɪŋlɪ/ *adv.* staunend

won't /wəʊnt/ (*infml*) = **will not**

woo /wuː/ *v.t.* **1** (*literary*) (*court*) ~ sb um jmdn. werben (geh.)
2 umwerben ‹*Kunden, Wähler*›

wood /wʊd/ *n.* **1** Holz, *das*; touch ~ (BrE) knock on ~ (AmE) unberufen!
2 (*trees*) Wald, *der*

wood: ~ **carving** *n.* (*object*) Holzschnitzerei, *die*; ~**craft** *n.* (~work) Holzschnitzerei, *die*; ~**cut** *n.* Holzschnitt, *der*; ~**cutter** *n.* Holzfäller, *der*

'wooded *adj.* bewaldet

wooden /ˈwʊdn/ *adj.* **1** hölzern; Holz-
2 (*fig.*) (*stiff*) hölzern

wood: ~**land** /ˈwʊdlənd/ *n.* Waldland, *das*; ~**pecker** *n.* Specht, *der*; ~ **pigeon** *n.* Ringeltaube, *die*; ~**shed** *n.* Holzschuppen, *der*; ~**wind** *n.* the ~wind [section] die Holzbläser *Pl.*; ~**wind instrument** *n.* Holzblasinstrument, *das*; ~**work** *n.* **1** (craft) Arbeiten mit Holz **2** (things) Holzarbeit[en *Pl.*]; ~**worm** *n.* Holzwurm, *der*; it's got ~worm da ist der Holzwurm drin (ugs.)

'woody *adj.* **1** (wooded) waldreich
2 (consisting of wood) holzig

wool /wʊl/ *n.* Wolle, *die*; *attrib.* Woll-

woollen (AmE: **woolen**) /ˈwʊlən/ **A** *adj.* wollen
B *n.* ~s Wollsachen *Pl.*

'woolly *adj.* **1** wollig; Woll‹*pullover, -mütze*›
2 (confused) verschwommen

woozy /ˈwuːzɪ/ *adj.* (*infml*) **1** (dizzy) duselig (ugs.)
2 (drunk) angeduselt (salopp)

word /wɜːd/ **A** *n.* Wort, *das*; ~s (of song or actor) Text, *der*; in other ~s mit anderen Worten; ~ for ~ Wort für Wort; too funny *etc.* for ~s unsagbar komisch *usw.*; have ~s einen Wortwechsel haben; have a ~ [with sb] about sth [mit jmdm.] über etw. (*Akk.*) sprechen; could I have a ~ [with you]? kann ich dich mal sprechen?; say a few ~s ein paar Worte sprechen; keep/break one's ~ sein Wort halten/brechen; by ~ of mouth durch mündliche Mitteilung; send ~ that ... Nachricht geben, dass ...
B *v.t.* formulieren

'wording *n.* Formulierung, *die*

word: ~ **order** *n.* Wortstellung, *die*; ~**play** *n.* Wortspiel, *das*; ~ **processing** *n.* Textverarbeitung, *die*; ~ **processor** *n.* Textverarbeitungssystem, *das*

wordy /ˈwɜːdɪ/ *adj.* weitschweifig

wore ▸ wear B, C

work /wɜːk/ **A** *n.* **1** Arbeit, *die*; at ~ (engaged in ~ing) bei der Arbeit; (fig.) (operating) am Werk; (at job) auf der Arbeit; out of ~ arbeitslos; be in ~ eine Stelle haben; set to ~ ‹*Person:*› sich an die Arbeit machen; go out to ~ arbeiten gehen
2 ~s *sing. or pl.* (factory) Werk, *das*
3 ~s *pl.* (~ing parts) Werk, *das*; (operations) Arbeiten *Pl.*
4 (thing made or achieved) Werk, *das*; a ~ of art/ literature ein Kunstwerk/literarisches Werk
B *v.i.* **1** arbeiten
2 (function effectively) funktionieren; make the television ~ den Fernsehapparat in Ordnung bringen
3 (have an effect) wirken (on auf + *Akk.*)
4 ~ loose sich lockern
C *v.t.* **1** bedienen ‹*Maschine*›; betätigen ‹*Bremse*›
2 (get labour from) arbeiten lassen
3 ausbeuten ‹*Steinbruch, Grube*›
4 (cause to go gradually) führen; ~ one's way up/into sth sich hocharbeiten/in etw. hineinarbeiten
◾ ~ 'off *v.t.* **1** (get rid of) loswerden; abreagieren ‹*Wut*›
2 abarbeiten ‹*Schuld*›
◾ '~ on *v.t.* **1** ~ on sth an etw. (*Dat.*) arbeiten
2 (try to persuade) ~ on sb jmdn. bearbeiten (ugs.)
◾ ~ 'out **A** *v.t.* **1** (calculate) ausrechnen
2 (solve) lösen
3 (devise) ausarbeiten
B *v.i.* **1** sth ~s out at £2 etw. ergibt 2 Pfund
2 (have result) laufen; things ~ed out [well] in the end es ist schließlich doch alles gut gegangen
◾ ~ 'up **A** *v.t.* (excite) aufpeitschen ‹*Menge*›; get ~ed up sich aufregen
B *v.i.* ~ up to sth ‹*Musik:*› sich zu etw. steigern; ‹*Geschichte, Film:*› auf etw. (*Akk.*) zusteuern

workable /ˈwɜːkəbl/ *adj.* (feasible) durchführbar

workaholic /wɜːkəˈhɒlɪk/ *n.* (*infml*) arbeitswütiger Mensch

work: ~**bench** *n.* Werkbank, *die*; ~**day** *n.* Werktag, *der*

'worker *n.* Arbeiter, *der*/Arbeiterin, *die*

'worker bee *n.* Arbeiterbiene, *die*

work: ~ **ethic** *n.* Arbeitsethos, *das*; ~ **experience** *n.* (for schoolchildren) Praktikum, *das*; ~**force** *n.* Belegschaft, *die*

'working *adj.* (in work) werktätig

working: ~ **'capital** *n.* Betriebskapital, *das*; ~ **'class** *n.* Arbeiterklasse, *die*; ~**-class** *adj.* der Arbeiterklasse nachgestellt; sb is ~-class jmd. gehört zur Arbeiterklasse; ~ **clothes** *n. pl.* Arbeitskleidung, *die*; ~ **'day** *n.* **1** (portion of day) Arbeitstag, *der* **2** (day when work is done) Werktag, *der*; ~ **'hours**

W

n. pl. Arbeitszeit, *die;* ~ **'knowledge** *n.*
ausreichende Kenntnisse (of in + *Dat.*); ~
'model *n.* funktionsfähiges Modell; ~
'mother *n.* berufstätige Mutter; ~ **'order**
n. **be in [good]** ~ **order** betriebsbereit
sein; <*Auto:*> fahrbereit sein; ~**-'over**
n. (sl.) Abreibung, *die* (ugs.); ~ **'week**
n. Arbeitswoche, *die;* **a 35-hour** ~ **week**
eine 35-Stunden-Woche; ~ **'wife** *n.*
berufstätige Ehefrau

work: ~**load** *n.* Arbeitslast, *die;* ~**man**
/'wɜːkmən/ *n., pl.* ~**men** /'wɜːkmən/
Arbeiter, *der;* ~**manship** /'wɜːkmənʃɪp/
n. (quality) Kunstfertigkeit, *die;* ~**out**
n. [Fitness]training, *das;* ~**permit** *n.*
Arbeitserlaubnis, *die;* ~**sheet** *n.* **1** (recording
work done) Arbeitszettel, *der* **2** (for student)
Formular mit Prüfungsfragen; ~**shop** *n.*
1 (room) Werkstatt, *die* **2** (building) Werk, *das;*
~**station** *n.* (Comp.) Workstation, *die;* ~
table *n.* Arbeitstisch, *der;* ~**-to-'rule** *n.*
Dienst nach Vorschrift

✓ **world** /wɜːld/ *n.* **1** Welt, *die;* **in the** ~ auf
der Welt; **the tallest building in the** ~ das
höchste Gebäude der Welt; **all over the** ~ in
od. auf der ganzen Welt
2 (vast amount) **it will do him a** *or* **the** ~ **of**
good es wird ihm unendlich gut tun; **a** ~ **of**
difference ein weltweiter Unterschied

world: **W**~ **'Bank** *n.* Weltbank, *die;* ~
'champion *n.* Weltmeister, *der/*-meisterin,
die; **W**~ **'Cup** *n.* Worldcup, *der;* ~**-famous**
adj. weltberühmt

'worldly *adj.* weltlich; weltlich eingestellt
<*Person*>

worldly 'wise *adj.* weltklug

world: ~ **'music** *n.* Weltmusik, *die;* ~
'power *n.* Weltmacht, *die;* ~ **'record**
n. Weltrekord, *der;* ~**-record holder**
Weltrekordhalter, *der/*-halterin, *die;*
~**-shaking** *adj.* welterschütternd;
W~ **Trade Organization** *n.*
Welthandelsorganisation, *die;* ~ **view** *n.*
Weltsicht, *die;* ~ **'war** *n.* Weltkrieg, *der;*
the First/Second W~ **War, W**~ **War I/II** der
Erste/Zweite Weltkrieg; der 1./2. Weltkrieg;
~**wide** *adj.* weltweit *nicht präd.;* **W**~ **Wide**
'Web *n.* (Comp.) World Wide Web, *das*

worm /wɜːm/ **A** *n.* Wurm, *der*
B *v.t.* **1** ~ **oneself into sb's favour** sich in
jmds. Gunst (*Akk.*) schleichen
2 ~ **sth out of sb** etw. aus jmdm.
herausbringen (ugs.)

'worm-eaten *adj.* wurmstichig

worn ▸ wear B, C

'worn-out *adj.* **1** abgetragen
<*Kleidungsstück*>; abgenutzt <*Teppich*>
2 erschöpft <*Person*>

worried /'wʌrɪd/ *adj.* besorgt

✓ **worry** /'wʌrɪ/ **A** *v.t.* **1** beunruhigen
2 (bother) stören
B *v.i.* sich (*Dat.*) Sorgen machen

C *n.* Sorge, *die;* **sth is the least of sb's**
worries etw. ist jmds. geringste Sorge

'worrying *adj.* **1** (causing worry) beunruhigend
2 (full of worry) sorgenvoll <*Zeit, Woche*>

worse /wɜːs/ **A** *adj.* schlechter; schlimmer
<*Schmerz, Krankheit, Benehmen*>
B *adv.* schlechter; schlimmer, schlechter
<*sich benehmen*>
C *n.* Schlimmeres

worsen /'wɜːsn/ **A** *v.t.* verschlechtern
B *v.i.* sich verschlechtern

worship /'wɜːʃɪp/ **A** *v.t.,* (BrE) **-pp- 1** anbeten
2 (idolize) abgöttisch verehren
B *v.i.,* (BrE) **-pp-** am Gottesdienst
teilnehmen
C *n.* **1** Anbetung, *die;* (service) Gottesdienst,
der
2 Your/His W~ ≈ Euer/seine Ehren

'worshipper (AmE: **worshiper**) *n.*
Gottesdienstbesucher, *der/*-besucherin, *die*

worst /wɜːst/ **A** *adj.* schlechtest...;
schlimmst... <*Schmerz, Krankheit,*
Benehmen>
B *adv.* am schlechtesten/schlimmsten
C *n.* **1 the** ~ der/die/das Schlimmste; **get** *or*
have the ~ **of it** (suffer the most) am meisten
zu leiden haben; **if the** ~ **comes to the** ~
wenn es zum Schlimmsten kommt
2 (poorest in quality) Schlechteste, *der/die/das*

worsted /'wʊstɪd/ *n.* Kammgarn, *das*

✓ **worth** /wɜːθ/ **A** *adj.* wert; **it's** ~ **£80** es ist
80 Pfund wert; **is it** ~ **hearing/the effort?**
ist es hörenswert/der Mühe wert?; **is it** ~
doing? lohnt es sich?; **it isn't** ~ **it** es lohnt
sich nicht
B *n.* Wert, *der;* **ten pounds'** ~ **of petrol**
Benzin für zehn Pfund

'worthless *adj.* **1** (valueless) wertlos
2 (having bad qualities) nichtswürdig

'worthwhile *adj.* lohnend

worthy /'wɜːðɪ/ *adj.* würdig

✓ **would** ▸ will¹

wouldn't /'wʊdnt/ (infml) = **would not**
▸ will¹

wound¹ /wuːnd/ **A** *n.* Wunde, *die*
B *v.t.* verwunden; (fig.) verletzen

wound² ▸ wind²

wove, woven ▸ weave¹ B

wrangle /'ræŋgl/ **A** *v.i.* [sich] streiten
B *n.* Streit, *der*

wrap /ræp/ **A** *v.t.,* **-pp-** einwickeln; (fig.)
hüllen; ~**ped** abgepackt <*Brot usw.*>; ~ **sth**
[a]round sth etw. um etw. wickeln
B *n.* Umschlag[e]tuch, *das*
▪ ~ **'up** *v.t.* **1** einwickeln
2 (conclude) abschließen
3 be ~**ped up in one's work** in seine Arbeit
völlig versunken sein

'wrapper *n.* **1** sweet/toffee ~[s]
Bonbonpapier, *das*
2 (of book) Schutzumschlag, *der*

'wrapping *n.* Verpackung, *die*

✓ Schlüsselwort

'wrapping paper *n.* (strong) Packpapier, *das*; (decorative) Geschenkpapier, *das*

wrath /rɒθ/ *n.* Zorn, *der*

wreak /riːk/ *v.t.* **1** (cause) anrichten
2 ~ **vengeance on sb** an jmdm. Rache nehmen

wreath /riːθ/ *n.*, *pl.* ~s /riːðz, riːθs/ Kranz, *der*

wreck /rek/ **A** *n.* **1** Wrack, *das*
2 (destruction of ship) Schiffbruch, *der*
B *v.t.* **1** (destroy) ruinieren; zu Schrott fahren ‹*Auto*›; **be** ~**ed** (shipwrecked) Schiffbruch erleiden
2 (fig.) (ruin) zerstören; ruinieren ‹*Gesundheit, Urlaub*›

wreckage /'rekɪdʒ/ *n.* Wrackteile *Pl.*; (fig.) Trümmer *Pl.*

wren *n.* Zaunkönig, *der*

wrench /rentʃ/ **A** *n.* **1** (esp. AmE) (spanner) Schraubenschlüssel, *der*
2 (violent twist) Verrenkung, *die*
3 (fig.) **be a great** ~ **[for sb]** sehr schmerzhaft für jmdn. sein
B *v.t.* **1** reißen; ~ **sth from sb** jmdm. etw. entreißen
2 ~ **one's ankle** sich (*Dat.*) den Knöchel verrenken

wrest /rest/ *v.t.* ~ **sth from sb** jmdm. etw. entreißen

wrestle /'resl/ *v.i.* ringen

wrestler /'reslə(r)/ *n.* Ringer, *der*/Ringerin, *die*

wrestling /'reslɪŋ/ *n.* Ringen, *das*

wretch /retʃ/ *n.* Kreatur, *die*

wretched /'retʃɪd/ *adj.* **1** (miserable) unglücklich
2 (infml) (damned) elend
3 (very bad) erbärmlich

wriggle /'rɪgl/ **A** *v.i.* **1** sich winden; ‹*Fisch:*› zappeln
2 (move) sich schlängeln
B *v.t.* ~ **one's way** sich schlängeln
C *n.* Windung, *die*

wring /rɪŋ/ *v.t.*, **wrung** /rʌŋ/ **1** wringen; ~ **out** auswringen
2 ~ **sb's hand** jmdm. fest die Hand drücken; ~ **the neck of an animal** einem Tier den Hals umdrehen
3 ~ **sth from** *or* **out of sb** (fig.) jmdm. etw. abpressen

wringing 'wet *adj.* tropfnass

wrinkle /'rɪŋkl/ **A** *n.* Falte, *die*; (in paper) Knick, *der*
B *v.t.* falten
C *v.i.* sich in Falten legen

wrinkled /'rɪŋkld/ *adj.* runz[e]lig

wrinkly /'rɪŋklɪ/ **A** *adj.* runz[e]lig
B *n.* (infml) Grufti, *der* (ugs.)

wrist /rɪst/ *n.* Handgelenk, *das*

'wristwatch *n.* Armbanduhr, *die*

writ /rɪt/ *n.* (Law) Verfügung, *die*

⚔ **write** /raɪt/ **A** *v.i.*, **wrote** /rəʊt/, **written** /'rɪtn/ schreiben; ~ **to sb/a firm** jmdm./an eine Firma schreiben
B *v.t.*, **wrote, written** schreiben; ausschreiben ‹*Scheck*›; **the written language** die Schriftsprache; **written applications** schriftliche Anträge *Pl.*
■ ~ **'back** *v.i.* zurückschreiben
■ ~ **'down** *v.t.* aufschreiben
■ ~ **'off** **A** *v.t.* **1** abschreiben ‹*Schulden, Verlust*›
2 (destroy) zu Schrott fahren
B *v.i.* ~ **off for sth** etw. [schriftlich] anfordern

'write-off *n.* Totalschaden, *der*

write-pro'tect *v.t.* (Comp.) schreibschützen; mit einem Schreibschutz versehen

⚔ **writer** /'raɪtə(r)/ *n.* Schriftsteller, *der*/Schriftstellerin, *die*; (of letter, article) Verfasser, *der*/Verfasserin, *die*

'write-up *n.* (by critic) Kritik, *die*

writhe /raɪð/ *v.i.* sich winden

⚔ **writing** /'raɪtɪŋ/ *n.* **1** Schreiben, *das*; **put sth in** ~ etw. schriftlich machen (ugs.)
2 (handwriting, something written) Schrift, *die*

'writing paper *n.* Schreibpapier, *das*

written ▸ write

⚔ **wrong** /rɒŋ/ **A** *adj.* **1** (morally bad) unrecht (geh.); (unfair) ungerecht
2 (mistaken) falsch; **be** ~ ‹*Person:*› sich irren; **the clock is** ~ die Uhr geht falsch
3 (not suitable) falsch; **give the** ~ **answer** eine falsche Antwort geben; **[the]** ~ **way round** verkehrt herum
4 (out of order) nicht in Ordnung; **what's** ~? was ist los?
B *adv.* falsch
C *n.* Unrecht, *das*; **do** ~ Unrecht tun
D *v.t.* ~ **sb** jmdn. ungerecht behandeln

'wrongdoer *n.* Übeltäter, *der*/-täterin, *die*; Missetäter, *der*/-täterin, *die* (geh.)

'wrongdoing *n.*, *no indef. art.* Missetaten *Pl.* (geh.)

wrongful /'rɒŋfl/ *adj.* **1** (unfair) unrecht (geh.)
2 (unlawful) rechtswidrig

'wrongfully *adv.* **1** (unfairly) unrecht (geh.) ‹*handeln*›; zu Unrecht ‹*beschuldigen*›
2 (unlawfully) rechtswidrig

'wrongly *adv.* **1** falsch
2 (mistakenly) zu Unrecht
3 ▸ wrongfully 1

wrote ▸ write

wrought iron /rɔːt 'aɪən/ *n.* Schmiedeeisen, *das*; *attrib.* schmiedeeisern

wrung ▸ wring

wry /raɪ/ *adj.*, ~**er** *or* **wrier** /'raɪə(r)/, ~**est** *or* **wriest** /'raɪɪst/ ironisch ‹*Blick*›; fein ‹*Humor, Witz*›

WTO *abbr.* = World Trade Oganization

WWW *abbr.* = **World Wide Web** WWW

w

Xx

X, **x** /eks/ *n.* X, x, *das*
xenophobia /zenəˈfəʊbɪə/ *n.*
Fremdenfeindlichkeit, *die*
xenophobic /zenəˈfəʊbɪk/ *adj.*
fremdenfeindlich
Xerox® /ˈzɪərɒks/ **A** *n.* (copy) Xerokopie, *die*

B **xerox** *v.t.* xerokopieren
Xmas /ˈkrɪsməs, ˈeksməs/ *n.* (infml) Weihnachten, *das*
'X-ray **A** *n.* (picture) Röntgenaufnahme, *die*
B *v.t.* röntgen; durchleuchten ‹*Gepäck*›

Yy

Y, **y** /waɪ/ *n.* Y, y, *das*
yacht /jɒt/ *n.* **1** (for racing) Segeljacht, *die*
2 (for pleasure) Jacht, *die*
'yachting *n.* Segeln, *das*
yachtsman /ˈjɒtsmən/ *n.*, *pl.* **yachtsmen**
/ˈjɒtsmən/ Segler, *der*
yank (infml) **A** *v.t.* reißen an (+ *Dat.*)
B *n.* Reißen, *das*
Yank /jæŋk/ *n.* (BrE) (infml) (American) Ami,
der (ugs.)
yap /jæp/ *v.i.*, **-pp-** kläffen
yard¹ /jɑːd/ *n.* (measure) Yard, *das*
yard² *n.* **1** (attached to building) Hof, *der*; in the
~ auf dem Hof
2 (for storage) Lager, *das*
3 (AmE) (garden) Garten, *der*
'yardstick *n.* (fig.) Maßstab, *der*
yarn /jɑːn/ *n.* **1** (thread) Garn, *das*
2 (infml) (story) Geschichte, *die*
yawn /jɔːn/ **A** *n.* Gähnen, *das*
B *v.i.* gähnen
'yawning *adj.* gähnend
✧ **year** /jɪə(r)/ *n.* **1** Jahr, *das*; for [many] ~s
jahrelang; once a ~, every ~ einmal im
Jahr; a ten-~-old ein Zehnjähriger/eine
Zehnjährige
2 (group of students, vintage of wine) Jahrgang, *der*
'yearbook *n.* Jahrbuch, *das*
'yearly **A** *adj.* jährlich; Einjahres‹*abonnement*›
B *adv.* jährlich
yearn /jɜːn/ *v.i.* ~ for *or* after sth/for sb sich
nach etw./jmdm. sehnen; ~ to do sth sich

danach sehnen, etw. zu tun
'yearning *n.* Sehnsucht, *die*
yeast /jiːst/ *n.* Hefe, *die*
yell /jel/ **A** *n.* gellender Schrei
B *v.t.* & *i.* [gellend] schreien
yellow /ˈjeləʊ/ **A** *adj.* gelb
B *n.* Gelb, *das*
yellow: ~ **'card** *n.* (Footb.) gelbe Karte; ~
'fever *n.* Gelbfieber, *das*
yellowish /ˈjeləʊɪʃ/ *adj.* gelblich
Yellow 'Pages® *n. pl.* gelbe Seiten *Pl.*
yelp /jelp/ **A** *v.i.* jaulen
B *n.* Jaulen, *das*
yen /jen/ *n.* (infml) (longing) sb has a ~ to do
sth es drängt jmdn. danach, etw. zu tun
✧ **yes** /jes/ **A** *adv.* ja; (in contradiction) doch
B *n.*, *pl.* ~**es** Ja, *das*
'yes-man *n.* (infml derog.) Jasager, *der* (abwertend)
✧ **yesterday** /ˈjestədeɪ, ˈjestədɪ/ **A** *n.* gestern;
the day before ~ vorgestern; ~'s paper die
gestrige Zeitung
B *adv.* gestern; the day before ~ vorgestern
✧ **yet** /jet/ **A** *adv.* **1** (still) noch; ~ again noch
einmal
2 (hitherto) bisher; his best ~ sein bisher
bestes
3 *neg.* not [just] ~ [jetzt] noch nicht
4 (before all is over) doch noch; he could win ~
er könnte noch gewinnen
5 *with compar.* (even) noch
6 (nevertheless) doch
B *conj.* doch
yew /juː/ *n.* ~ [tree] Eibe, *die*
Yiddish /ˈjɪdɪʃ/ **A** *adj.* jiddisch

✧ Schlüsselwort

x
y

B n. Jiddisch, das; see also **English B1**
yield /jiːld/ **A** v.t. (give) bringen;
hervorbringen ‹*Ernte*›; abwerfen ‹*Gewinn*›
B v.i. **1** sich unterwerfen
2 (give right of way) Vorfahrt gewähren
C n. Ertrag, der

yob /jɒb/ n. (BrE) (infml) Rowdy, der
yobbish /'jɒbɪʃ/ adj. (BrE) (infml) rowdyhaft
yobbo /'jɒbəʊ/ n., pl. ~s ▸ **yob**
yodel /'jəʊdl/ v.i. & t., (BrE) -ll- jodeln
yoga /'jəʊɡə/ n. Joga, der od. das
yogurt, yoghurt /'jɒɡət/ n. Joghurt, der
od. das
yoke /jəʊk/ n. Joch, das
yokel /'jəʊkl/ n. [Bauern]tölpel, der
yolk /jəʊk/ n. Dotter, der od. das; Eigelb, das
yonder /'jɒndə(r)/ (literary) **A** adj. ~ tree
jener Baum dort (geh.)
B adv. dort drüben

Yorkshire 'pudding n. Yorkshirepudding,
der

✔ **you** /jʊ, stressed juː/ pron. **1** sing./pl. du/ihr;
(polite) sing. or pl. Sie; as direct object dich/
euch/Sie; as indirect object dir/euch/Ihnen,
refl. dich/dir/euch; (polite) sich; it was ~ du
warst/ihr wart/Sie waren es
2 (one) man

you'd /jʊd, stressed juːd/ (infml) **1** = **you had**
▸ **have**
2 = **you would** ▸ **will¹**

you'll /jʊl, stressed juːl/ (infml) **1** = **you will**
2 = **you shall**

✔ **young** /jʌŋ/ **A** adj., ~er /'jʌŋɡə(r)/, ~est
/'jʌŋɡɪst/ jung
B n. pl. (of animals) Junge Pl.; **the** ~ (~
people) die jungen Leute

youngish adj. ziemlich jung

youngster /'jʌŋstə(r)/ n. **1** (child) Kleine,
der/die/das
2 (young person) Jugendliche, der/die

✔ **your** /jə(r), stressed jʊə(r), jɔː(r)/ poss. pron.
attrib.: sing. dein; pl., euer; (polite) sing. or
pl., Ihr

you're /jə(r), stressed jʊə(r), jɔː(r)/ (infml)
= **you are** ▸ **be**

yours /jʊəz, jɔːz/ poss. pron. pred.: sing.
deiner/deine/dein[e]s; pl. eurer/eure/eures;
(polite) sing. or pl. Ihrer/Ihre/Ihr[e]s; see
also **hers**

✔ **yourself** /jə'self, jʊə'self, jɔː'self/ pron.
1 emphat. selbst
2 refl. dich/dir /(polite) sich. See also **herself**

yourselves /jə'selvz, jʊə'selvz, jɔː'selvz/ pron.
1 emphat. selbst
2 refl. euch /(polite) sich. See also **herself**

✔ **youth** /juːθ/ n. **1** Jugend, die
2 pl. ~s /juːðz/ (young man) Jugendliche, der
youth: ~ **centre** n. Jugendzentrum, das; ~
club n. Jugendklub, der

youthful /'juːθfl/ adj. jugendlich
'youth hostel n. Jugendherberge, die
you've /jʊv, stressed juːv/ (infml) = **you have**
yo-yo® /'jəʊjəʊ/ n., pl. ~s Jo-Jo, das
Yugoslav /'juːɡəslɑːv/ ▸ **Yugoslavian**
Yugoslavia /juːɡə'slɑːvɪə/ pr. n. Jugoslawien
(das); **ex-**~ Ex-Jugoslawien (das)
Yugoslavian /juːɡə'slɑːvɪən/ **A** adj.
jugoslawisch; sb is ~ jmd. ist Jugoslawe/
Jugoslawin
B n. Jugoslawe, der/Jugoslawin, die
yuk /jʌk/ int. (infml) bäh
yummy /'jʌmɪ/ (infml) int. lecker
yuppie /'jʌpɪ/ n. (infml) Yuppie, der
yuppie 'flu n. (infml) Yuppie-Grippe, die

Zz

Z, z /zed, (AmE) ziː/ n. Z, z, das
Zaire /zɑː'ɪə(r)/ pr. n. Zaire (das)
Zambia /'zæmbɪə/ pr. n. Sambia (das)
zany /'zeɪnɪ/ adj. irre komisch (ugs.);
Wahnsinns‹humor, -komiker›
zap /zæp/ (infml) v.i., -pp- (Telev. infml) zappen
(ugs.)
zapper /'zæpə(r)/ n. (Telev. infml) Drücker,
der (ugs.)
zeal /ziːl/ n. Eifer, der
zealous /'zeləs/ adj. eifrig

zebra /'zebrə, 'ziːbrə/ n. Zebra, das
zebra 'crossing n. (BrE) Zebrastreifen, der
zenith /'zenɪθ/ n. Zenit, der
zero /'zɪərəʊ/ n., pl. ~s Null, die
zero: ~'**carbon** adj. kohlenstofffrei;
~'**rated** adj. ~-rated goods nicht
mehrwertsteuerpflichtige Güter; ~
'**tolerance** n. Nulltoleranz, die (for, to, of
gegenüber)
zest /zest/ n. (enthusiasm) Begeisterung, die; ~
for living Lebenslust, die

y

z

zigzag /'zɪɡzæg/ **A** *adj.* zickzackförmig; Zickzack‹*muster, -anordnung*› **B** *n.* Zickzacklinie, *die*

Zimbabwe /zɪm'bɑːbwɪ/ *pr. n.* Simbabwe (*das*)

zinc /zɪŋk/ *n.* Zink, *das*

zip /zɪp/ **A** *n.* Reißverschluss, *der* **B** *v.t.*, **-pp- 1** ~ [up] sth den Reißverschluss an etw. (*Dat.*) zuziehen **2** (Comp.) ~ [up] packen ‹*Datei*›

zip: ~ **bag** *n.* Tasche mit Reißverschluss, *die*; **Zip code** *n.* (AmE) Postleitzahl, *die*; ~ **fastener** ▸ zip A

zipper /'zɪpə(r)/ ▸ zip A

zither /'zɪðə(r)/ *n.* Zither, *die*

zodiac /'zəʊdɪæk/ *n.* Tierkreis, *der*; **sign of the** ~ Tierkreiszeichen, *das*

zombie (AmE: **zombi**) /'zɒmbɪ/ *n.* Zombie, *der*

⚹ **zone** /zəʊn/ *n.* Zone, *die*

zoo /zuː/ *n.* Zoo, *der*

'zookeeper *n.* Zoowärter, *der*/-wärterin, *die*

zoological /zuːə'lɒdʒɪkl/ *adj.* zoologisch

zoologist /zuː'ɒlədʒɪst/ *n.* Zoologe, *der*/ Zoologin, *die*

zoology /zuː'ɒlədʒɪ/ *n.* Zoologie, *die*

zoom /zuːm/ *v.i.* rauschen ■ ~ 'in on *v.t.* zoomen auf (+ *Akk.*)

'zoom lens *n.* Zoomobjektiv, *das*

zucchini /zʊ'kiːnɪ/ *n., pl. same or* ~**s** (esp. AmE) Zucchino, *der*

Glossary of grammatical terms

Abbreviation A shortened form of a word or phrase: etc. = usw.

Absolute use The use of a transitive verb without an expressed object, as in: I didn't *realize*

Accusative The case of a direct object; some German prepositions take the accusative

Active In the active form the subject of the verb performs the action: he asked = er hat gefragt

Adjective A word describing a noun: a *red* pencil = ein *roter* Stift

Adverb A word that describes or changes the meaning of a verb, an adjective, or another adverb: she sings *beautifully* = sie singt *schön*

Article The definite article, the = der/die/das, and indefinite article, a/an = ein/eine/ein, used in front of a noun

Attributive An adjective or noun is attributive when it is used directly before a noun: the *black* dog = der *schwarze* Hund; *farewell* speech = Abschiedsrede

Auxiliary verb One of the verbs – as German haben, sein, werden - used to form the perfect or future tense: I *will* help = ich *werde* helfen

Cardinal number A whole number representing a quantity: one/two/three = eins/zwei/drei

Case The form of a noun, pronoun, adjective, or article that shows the part it plays in a sentence; there are four cases in German - nominative, accusative, genitive, and dative

Clause A self-contained section of a sentence that contains a subject and a verb

Collective noun A noun that is singular in form but refers to a group of individual persons or things, e.g. royalty, grain

Collocate A word that regularly occurs with another; in German, Buch is a typical collocate of the verb lesen.

Comparative The form of an adjective or adverb that makes it "more": smaller = kleiner, more clearly = klarer

Compound adjective An adjective formed from two or more separate words: selbstbewusst (selbst + bewusst) = self-confident

Compound noun A noun formed from two or more separate words: der Flughafen (Flug+ Hafen) = airport

Compound verb A verb formed by adding a prefix to a simple verb; in German, some compound verbs are separable (an|fangen), and some are inseparable (verstehen)

Conditional tense A tense of a verb that expresses what might happen if something else occurred: he would go = er würde gehen

Conjugation Variation of the form of a verb to show tense, person, mood, etc.

Conjunction A word used to join clauses together: and = und, because = weil

Consonant In German, all the letters of the alphabet other than a, e, i, o, u, ä, ö, ü

Copula A verb, such as be or become, which links a subject and predicate

Dative The case of an indirect object; many German prepositions take the dative

Declension The form of a noun, pronoun, or adjective that corresponds to a particular case, number, or gender; some German nouns decline like adjectives, e.g. Beamte, Taube

Definite article: the = der/die/das

Demonstrative adjective An adjective indicating the person or thing referred to; *this* table = *dieser* Tisch

Demonstrative pronoun A pronoun indicating the person or thing referred to; *this* is my bicycle = *das* ist mein Fahrrad

Direct object The noun or pronoun directly affected by the verb: he caught *the ball* = er fing *den Ball*

Direct speech A speaker's actual words or the use of these in writing

Elliptical Having a word or words omitted, especially where the sense can be guessed from the context

Ending Letters added to the stem of verbs, as well as to nouns and adjectives, according to tense, case, etc.

Feminine One of the three noun genders in German: die Frau = the woman

Future tense The tense of a verb that refers to something that will happen in the future: I will go = ich werde gehen

Gender One of the three groups of nouns, pronouns, and adjectives in German: masculine, feminine, or neuter

Genitive The case that shows possession; some prepositions in German take the genitive

Imperative A form of a verb that expresses a command: **go away! = geh weg!**

Imperfect tense The tense of a verb that refers to an uncompleted or a habitual action in the past: **I went there every Friday = ich ging jeden Freitag dorthin**

Impersonal verb A verb in English used only with 'it', and in German only with 'es': **it is raining = es regnet**

Indeclinable adjective An adjective that has no inflected forms, as German **klasse, Moskauer**

Indefinite article: a/an = **ein/eine/ein**

Indefinite pronoun A pronoun that does not identify a specific person or object: **one = man, something = etwas**

Indicative form The form of a verb used when making a statement of fact or asking questions of fact: **he is just coming = er kommt gleich**

Indirect object The noun or pronoun indirectly affected by the verb, at which the direct object is aimed: **I gave *him* the book = ich gab *ihm* das Buch**

Indirect speech A report of what someone has said which does not reproduce the exact words

Infinitive The basic part of a verb: **to play = spielen**

Inflect To change the ending or form of a word to show its tense or its grammatical relation to other words: **gehe** and **gehst** are inflected forms of the verb **gehen**

Inseparable verb A verb with a prefix that can never be separated from it: **verstehen, ich verstehe, verstanden**

Interjection A sound, word, or remark expressing a strong feeling such as anger, fear, or joy: **oh! = ach!**

Interrogative pronoun A pronoun that asks a question: **who? = wer?**

Intransitive verb A verb that does not have a direct object: **he died suddenly = er ist plötzlich gestorben**

Irregular verb A verb that does not follow one of the set patterns and has its own individual forms

Masculine One of the three noun genders in German: **der Mann = the man, der Stuhl = the chair**

Modal verb A verb that is used with another verb (not a modal) to express permission, obligation, possibility, etc., as German **können, sollen,** English **might, should**

Negative expressing refusal or denial; **there aren't any = es gibt keine**

Neuter One of the three noun genders in German: **das Buch = the book, das Kind = the child**

Nominative The case of the subject of a sentence; in sentences with **sein** and **werden** the noun after the verb is in the nominative: **that is my car = das ist mein Auto**

Noun A word that names a person or a thing

Number The state of being either singular or plural

Object The word or words naming the person or thing acted upon by a verb or preposition, as 'Buch' in **er las das Buch** or 'ihm' in **ich traue ihm**

Ordinal number A number that shows a person's or thing's position in a series: **the *twenty-first* century = das *einundzwanzigste* Jahrhundert, the *second* door on the left = die *zweite* Tür links**

Part of speech A grammatical term for the function of a word; noun, verb, adjective, etc., are parts of speech.

Passive In the passive form the subject of the verb experiences the action rather than performs it: **he was asked = er wurde gefragt**

Past participle The part of a verb used to form past tenses: **she had gone, er hat gelogen**

Perfect tense The tense of a verb that refers to a completed action in the past or an action that started in the past and is still going on: **I have already eaten = ich habe schon gegessen; I have been reading all day = ich habe den ganzen Tag gelesen**

Person Any of the three groups of personal pronouns and forms taken by verbs; the **first person** (e.g. **I/ich**) refers to the person(s) speaking, the **second person** (e.g. **you/du**) refers to the person(s) spoken to; the **third person** (e.g. **he/er**) refers to the persons spoken about

Personal pronoun A pronoun that refers to a person or thing: **he/she/it = er/sie/es**

Phrasal verb A verb in English combined with a preposition or an adverb to have a particular meaning: **run away = weglaufen**

Phrase A self-contained section of a sentence that does not contain a full verb

Pluperfect tense The tense of a verb that refers to something that happened before a particular point in time: **als ich ankam, war er schon *losgefahren* = when I arrived, he *had* already *left***

Plural Of nouns etc., referring to more than one: **the trees = die Bäume**

Possessive adjective An adjective that shows possession, belonging to someone or something; **my** = **mein/meine/mein**

Possessive pronoun A pronoun that shows possession, belonging to someone or something: **mine** = **meiner/meine/meins**

Postpositive Placed after the word to which it relates, as **in stock** in the phrase **items in stock**

Predicate The part of a sentence that says something about the **subject**, e.g. **went home** in **John went home**

Predicative An adjective is predicative when it comes after a verb such as **be** or **become** in English, or after **sein** or **werden** in German: **she is beautiful** = **sie ist schön**

Prefix A letter or group of letters added to the beginning of a word to change its meaning; in German, the prefix can move from separable verbs (**an|fangen**), but stays fixed to inseparable verbs (**verlassen**)

Preposition A word that stands in front of a noun or pronoun, relating it to the rest of the sentence; in German prepositions are always followed by a particular case, usually either the accusative or dative, but occasionally the genitive: **with** = **mit** (+ dative), **for** = **für** (+ accusative), **because of** = **wegen** (+ genitive)

Present participle The part of a verb that in English ends in -**ing**, and in German adds -**d** to the infinitive: **asking** = **fragend**

Present tense The tense of a verb that refers to something happening now: **I make** = **ich mache**

Pronoun A word that stands instead of a noun: **he** = **er**, **she** = **sie**, **mine** = **meiner/meine/meins**

Proper noun A name of a person, place, institution, etc., in English written with a capital letter at the start; **Germany**, the **Atlantic**, **Karl**, **Europa** are all proper nouns

Reflexive pronoun A pronoun that goes with a reflexive verb: in German **mich, dich, sich, uns, euch, sich**

Reflexive verb A verb whose object is the same as its subject; in German, it is used with a reflexive pronoun: **du sollst dich waschen** = **you should wash yourself**

Regular verb A verb that follows a set pattern in its different forms

Relative pronoun A pronoun that introduces a subordinate clause, relating to a person or thing mentioned in the main clause: **the man who visited us** = **der Mann, der uns besucht hat**

Reported speech Another name for Indirect speech

Root The part of a word to which inflections are added; **fahr-** is the root of the verb **fahren**

Sentence A sequence of words, with a subject and a verb, that can stand on their own to make a statement, ask a question, or give a command

Separable verb A verb with a prefix that is separated from it in some tenses: **anfangen, ich fange an, anzufangen, angefangen**

Singular Of nouns etc., referring to just one: **the tree** = **der Baum**

Stem The part of a verb to which endings are added; **fahr-** is the stem of **fahren**

Subject In a clause or sentence, the noun or pronoun that causes the action of the verb: **he caught the ball** = **er fing den Ball**

Subjunctive A verb form that is used to express doubt or unlikelihood: **if I were to tell you that ...** = **wenn ich dir sagen würde, dass ...**

Subordinate clause A clause which adds information to the main clause of a sentence but cannot be used as a sentence by itself

Suffix A letter or group of letters joined to the end of a word to make another word, as -**heit** in **Schönheit**

Superlative The form of an adjective or adverb that makes it "most": **the smallest house** = **das kleinste Haus**, **most clearly** = **am klarsten**

Syllable A division of a word that contains a vowel sound that is pronounced as a single unit: **Helikopter** has four syllables, he-li-kop-ter

Tense The form of a verb that tells when the action takes place: present, future, imperfect, perfect, pluperfect

Transitive verb A verb that is used with a direct object: **she read the book** = **sie las das Buch**

Verb A word or group of words that describes an action: **the children are playing** = **die Kinder spielen**

Vowel In German, one of the following letters: **a, e, i, o, u, ä, ö, ü**

Summary of German grammar

1 Verbs

1.1 Regular verbs

Most German verbs are regular and add the same endings to their stem. You find the stem by taking away the **-en** (or sometimes just **-n**) from the end of the infinitive. The infinitive of the verb—for example, the regular verb **machen**—is the form you look up in the dictionary. The stem of **machen** is **mach-**. There are six endings for each tense, to go with the different pronouns:

ich = *I*   du = *you*   er/sie/es = *he/she/it*
wir = *we*   ihr = *you*   sie/Sie = *they/you* (*polite form*).

1.2 Irregular verbs

Some German verbs are irregular and change their stem or add different endings. All the irregular verbs that appear in the dictionary are given in the following section, *German irregular verbs*.

1.3 Present tense

For example, *I make, I am making,* or *I do make*:

infinitive	ich	du	er/sie/es	wir	ihr	sie/Sie
machen	mache	machst	macht	machen	macht	machen

1.4 Imperfect tense

For example, *I made, I was making,* or *I used to make*:

infinitive	ich	du	er/sie/es	wir	ihr	sie/Sie
machen	machte	machtest	machte	machten	machtet	machten

1.5 Future tense

For example, *I will make* or *I shall make*. The future is formed by using the present tense of **werden**, which is the equivalent of *will* or *shall*, with the infinitive of the main verb: **ich werde machen**.

infinitive	ich	du	er/sie/es	wir	ihr	sie/Sie
werden	werde	wirst	wird	werden	werdet	werden

1.6 Perfect tense

For example, *I made* or *I have made*. Most German verbs form the perfect tense with the present tense of **haben**, which is the equivalent of *have*, plus the past participle: **ich habe gemacht**. Some verbs form the perfect tense with **sein** instead of **haben**, and these are all marked '*mit sein*' in the dictionary. They are either verbs expressing motion and involving a change of place:

> er ist heute nach Berlin gefahren = *he drove to Berlin today*
> *he went out* = er ist hinausgegangen

or, they express a change of state, and this includes verbs meaning to happen (**geschehen, passieren, vorkommen**):

> er ist aufgewacht = *he woke up*
> sie ist gestern gestorben = *she died yesterday*

infinitive	ich	du	er/sie/es	wir	ihr	sie/Sie
haben	habe	hast	hat	haben	habt	haben
sein	bin	bist	ist	sind	seid	sind

1.7 The subjunctive

This is a form of the verb that is used to express speculation, hope, and doubt, and in reported speech. (It is rarely used in English; one example is: *if I were you*, instead of *if I was you*.) The subjunctive is used in both written and spoken German.

> es könnte wahr sein = *it could be true*
> wenn ich du wäre, ... = *if I were you, ...*
> er sagt, dass er selten in die Stadt gehe = *he says he seldom goes into town*

Present subjunctive

infinitive	ich	du	er/sie/es	wir	ihr	sie/Sie
machen	mache	machest	mache	machen	machet	machen
sein	sei	sei(e)st	sei	seien	seid	seien

Imperfect subjunctive

For regular verbs this is the same as the normal imperfect forms, but irregular verbs vary.

infinitive	ich	du	er/sie/es	wir	ihr	sie/Sie
machen	machte	machtest	machte	machten	machtet	machten
werden	würde	würdest	würde	würden	würdet	würden
sein	wäre	wär(e)st	wäre	wären	wär(e)t	wären

1.8 Conditional tense

The conditional tense expresses what would happen if something else occurred. The imperfect subjunctive of **werden** (**würde, würdest**, etc) is used with the infinitive to form the conditional tense.

> er würde gehen = *he would go*
> das würde ich nicht machen = *I wouldn't do that*

1.9 Reflexive verbs

The object of a reflexive verb is the same as its subject. In German, the object is a reflexive pronoun. This is usually in the accusative (**ich wasche mich** = *I wash myself*). The reflexive pronouns of some verbs are in the dative (**ich stelle mir vor** = *I imagine*), and these are marked in both halves of the dictionary with the label (*Dat*).

infinitive	ich	du	er/sie/es	wir	ihr	sie/Sie
sich waschen	wasche mich	wäschst dich	wäscht sich	waschen uns	wascht euch	waschen sich
sich vorstellen	stelle mir vor	stellst dir vor	stellt sich vor	stellen uns vor	stellt euch vor	stellen sich vor

1.10 The passive

In the passive, the subject of the verb experiences the action rather than performs it: **er wurde gefragt** = *he was asked*. In German, the passive is formed as follows:

PRESENT PASSIVE	es wird gemacht (present tense of **werden** + past participle)	*it is done*
IMPERFECT PASSIVE	es wurde gemacht (imperfect tense of **werden** + past participle)	*it was done*
FUTURE PASSIVE	es wird gemacht werden (present tense of **werden** + past participle + **werden**)	*it will be done*
PERFECT PASSIVE	es ist gemacht worden (present tense of **sein** + past participle + **worden**)	*it has been done*

When forming the perfect passive, note that the past participle of **werden** used is **worden** rather than **geworden**.

1.11 Separable verbs

Some German verbs have stressed separable prefixes, such as **ab-**, **an-**, **aus-**, **her-**, **hin-**, **nach-**, **vor-**, **zu-**. These prefixes become detached from the main verb in the simple tenses: **hinausgehen: ich gehe hinaus**, **sie ging hinaus**. In compound tenses formed with the past participle, for example the perfect tense, the **ge-** of the past participle comes between the prefix and the verb:

er/sie/es hat angefangen = *he/she/it has begun*
er/sie/es ist angekommen = *he/she/it has arrived*

1.12 Inseparable verbs

The following unstressed prefixes are never separated from their verb in either simple or compound tenses and do not take **ge-** in the past participle:

be-, emp-, ent-, er-, ge-, ver-, zer-.
er begleitet seinen Bruder = *he is accompanying his brother*
er wurde nicht begleitet = *he was not accompanied*

2 Articles

The definite article (*the*) can be translated in the nominative case by
der, **die** or **das** in German. Similarly the indefinite article (*a/an*) can be
translated by **ein**, **eine**, or **ein**.

There are three genders of nouns in German: masculine (**der Mann** = *the
man*), feminine (**die Frau** = *the woman*), and neuter (**das Buch** = *the book*).
There are two forms of number: singular (**der Baum** = *the tree*) and plural
(**die Bäume** = *the trees*). And there are four cases, which show the part a
noun plays in a sentence: nominative (for the subject), accusative (for the
object), genitive (to show possession), and dative (for the indirect object).
The plural forms of the definite article are the same for all three genders.
More information on gender is given below.

2.1 Definite article: der/die/das, (*plural*) die = *the*

	SINGULAR			PLURAL
	masculine	feminine	neuter	all genders
NOMINATIVE	**der** Mann	**die** Frau	**das** Buch	**die** Bäume
ACCUSATIVE	**den** Mann	**die** Frau	**das** Buch	**die** Bäume
GENITIVE	**des** Mannes	**der** Frau	**des** Buches	**der** Bäume
DATIVE	**dem** Mann	**der** Frau	**dem** Buch	**den** Bäumen

2.2 Indefinite article

ein/eine/ein = *a* or *an*. This article can only be singular.

	masculine	feminine	neuter
NOMINATIVE	**ein** Mann	**eine** Frau	**ein** Buch
ACCUSATIVE	**einen** Mann	**eine** Frau	**ein** Buch
GENITIVE	**eines** Mannes	**einer** Frau	**eines** Buches
DATIVE	**einem** Mann	**einer** Frau	**einem** Buch

---

3 Nouns

In German, all nouns take an initial capital letter wherever they appear in
a sentence: **der Baum**, **die Schule**, **das Buch**.

3.1 Gender

All German nouns belong to one of the three genders: masculine (**der
Mann** = *the man*), feminine (**die Frau** = *the woman*), and neuter (**das
Buch** = *the book*). These three examples are logical, with masculine for a
male person, feminine for a female person, and neuter for an object. But
genders of German nouns do not always follow logic. For example, **der
Fluss** (= *the river*), **die Menge** (= *the quantity/crowd*), **das Haus** (= *the
house*). **Das Mädchen** (= *the girl*) is neuter and not feminine, because the
ending -**chen** is always neuter.

The gender of German nouns is given in both sides of the dictionary by adding **der**, **die**, or **das** after each noun. There are some general rules regarding the gender of groups of nouns, but these cover only a small proportion of them and in many cases a noun's gender can only be established by looking it up.

3.2 Masculine nouns

■ male persons and animals: **der Arbeiter** = *worker*; **der Bär** = *bear*

■ 'doers' and 'doing' instruments ending in **-er** in German: **der Gärtner** = *gardener*; **der Computer** = *computer*

■ days, months, and seasons: (**der**) **Montag** = *Monday*; (**der**) **März** = *March*; **der Frühling** = *spring*

■ words ending in **-ich**, **-ig**, and **-ling**: **der Strich** = line; **der Honig** = *honey*; **der Lehrling** = *apprentice*

■ words ending in **-ismus**, **-ist**, and **-ant**: **der Kapitalismus** = *capitalism*; **der Kriminalist** = *detective*; **der Diamant** = *diamond*

3.3 Feminine nouns

■ female persons and animals: **die Schauspielerin** = *actress*; **die Henne** = *hen*. The feminine form of professions and animals is made by adding **-in** to the masculine: **der Schauspieler/die Schauspielerin** = *actor/actress*

■ nouns ending in **-ei**, **-ie**, **-ik**, **-in**, **-ion**, **-heit**, **-keit**, **-schaft**, **-tät**, **-ung**, **-ur**: **die Gärtnerei** = *gardening*; **die Energie** = *energy*; **die Million** = *million*; **die Freiheit** = *freedom*; **die Freundlichkeit** = *friendliness*; **die Feindschaft** = *enmity*; **die Universität** = *university*; **die Verwaltung** = *management*; **die Natur** = *nature*

■ many nouns ending in **-e**: **die Blume** = *flower*. Note that there are many common exceptions, including **der Name** = *name*; **der Käse** = *cheese*; **das Ende** = *end*

3.4 Neuter nouns

■ names of continents, most countries, and towns: (**das**) **Europa** = *Europe*; (**das**) **Deutschland** = *Germany*; (**das**) **Köln** = *Cologne*

■ nouns ending in **-chen** and **-lein** (diminutive suffixes): **das Mädchen**, **das Fräulein** = *girl*

■ most (but not all) nouns beginning with **Ge-** or ending in **-nis**, **-tel**, or **-um**: **das Geheimnis** = *secret*; **das Viertel** = *quarter*; **das Zentrum** = *centre*

■ infinitives of verbs used as nouns: **das Lachen** = *laughter*; **das Essen** = *food*

3.5 Compound nouns

When two nouns combine to make a compound noun, the gender of the compound is that of the second noun:

der Brief + die Marke = die Briefmarke (= *stamp*).

3.6 Plural

There are no hard and fast rules for the the formation of plural nouns in German. An ending is generally added. Masculine nouns frequently add -**e** (**der Freund**, **die Freunde**). When the vowels -**a**- or -**u**- appear in the stem of a noun, they may add an umlaut to give: -**ä**-, -**ü**- as in: (**der Gast**, **die Gäste**; **das Haus**, **die Häuser**). Feminine words ending in -**heit**, -**keit**, and -**ung** always add -**en** to make the plural (**die Abbildung**, **die Abbildungen**).

The plurals of all nouns are shown in the German-English part of the dictionary.

3.7 Case

There are four cases, which show the part a noun plays in a sentence: nominative, accusative, genitive, and dative. The noun's article changes according to the case, and the ending of the noun changes in some cases:

| | SINGULAR | | |
	masculine	feminine	neuter
NOMINATIVE	der Mann	die Frau	das Buch
ACCUSATIVE	den Mann	die Frau	das Buch
GENITIVE	des **Mann(e)s**	der Frau	des **Buch(e)s**
DATIVE	dem Mann	der Frau	dem Buch

| | PLURAL | | |
	masculine	feminine	neuter
NOMINATIVE	die Männer	die Frauen	die Bücher
ACCUSATIVE	die Männer	die Frauen	die Bücher
GENITIVE	der Männer	der Frauen	der Bücher
DATIVE	den **Männern**	den Frauen	den **Büchern**

The nominative is used for the subject of a sentence. It is important to note that in sentences with **sein** (*to be*) and **werden** (*to become*), the noun after the verb is in the nominative.

der Hund bellte = *the dog barked*
das ist mein Wagen = *that is my car*

The accusative is used for the direct object and after some prepositions (listed in section 7, *Prepositions*, below):

sie hat einen Sohn = *she has a son*

The genitive shows possession, and is also used after some prepositions (listed in section 7, *Prepositions*, below):

der Hund meines Mannes = *my husband's dog*

The dative is used for the indirect object. Some German verbs, such as **helfen**, take the dative when you might have expected the accusative. This information is given in both halves of the dictionary. The dative is also used after some prepositions (listed in section 7, *Prepositions*, below):

> sie gab den Kindern die Bücher = *she gave the books to the children*
> er hilft der Frau = *he is helping the woman*

The following sentence combines all four cases:

> der Mann gibt der Frau den Bleistift = *the man gives the woman the girl's pencil*
>   des Mädchens

der Mann *is the subject* (*in the nominative*)
gibt *is the verb*
der Frau *is the indirect object* (*in the dative*)
den Bleistift *is the direct object* (*in the accusative*)
des Mädchens *is in the genitive* (*showing possession*).

---

4 Adjectives

An adjective is a word qualifying a noun. In German, an adjective in front of a noun adds endings that vary with the noun's gender, number, and case. Adjectives that come after a noun do not add endings.

4.1 Adjectives following the definite article **der**, **die**, **das** take the following endings:

	SINGULAR			PLURAL
	masculine	feminine	neuter	all genders
NOMINATIVE	der rote Hut	die rote Lampe	das rote Buch	die roten Autos
ACCUSATIVE	den roten Hut	die rote Lampe	das rote Buch	die roten Autos
GENITIVE	des roten Hutes	der roten Lampe	des roten Buches	der roten Autos
DATIVE	dem roten Hut	der roten Lampe	dem roten Buch	den roten Autos

4.2 German demonstrative adjectives follow the pattern of the definite article, and adjectives after them change their endings in the same way as after **der/die/das**. For example, **dieser/diese/dieses** (= *this*):

	SINGULAR			PLURAL
	masculine	feminine	neuter	all genders
NOMINATIVE	dieser	diese	dieses	diese
ACCUSATIVE	diesen	diese	dieses	diese
GENITIVE	dieses	dieser	dieses	dieser
DATIVE	diesem	dieser	diesem	diesen

Other adjectives of this type are:

jeder, jede, jedes = *every, each*
jener, jene, jenes = *that*
mancher, manche, manches = *many a, some*

solcher, solche, solches = *such*
welcher, welche, welches = *which*

4.3 Adjectives following the indefinite article **ein**, **eine**, **ein** take the following endings:

| | SINGULAR | | |
	masculine	**feminine**	**neuter**
NOMINATIVE	ein roter Hut	eine rote Lampe	ein rotes Buch
ACCUSATIVE	einen roten Hut	eine rote Lampe	ein rotes Buch
GENITIVE	eines roten Hutes	einer roten Lampe	eines roten Buches
DATIVE	einem roten Hut	einer roten Lampe	einem roten Buch

Other German adjectives that follow the pattern of the indefinite article, and take the same endings as **ein**, **eine**, **ein**, are:

dein = *your*   ihr = *her/their*   mein = *my*   kein = *no*
euer = *your*   sein = *his/its*   unser = *our*
Ihr = *your*

These adjectives can also be used in the plural: **keine Autos** = *no cars*; **deine Eltern** = *your parents*; **unsere Lehrer** = *our teachers*, etc. The endings of adjectives that follow them are the same in the plural regardless of gender:

| | PLURAL |
	all genders
NOMINATIVE	keine roten Autos
ACCUSATIVE	keine roten Autos
GENITIVE	keiner roten Autos
DATIVE	keinen roten Autos

4.4 Adjectives in front of a noun, without an article, take the following endings:

| | SINGULAR | | | PLURAL |
	masculine	**feminine**	**neuter**	**all genders**
NOMINATIVE	guter Wein	frische Milch	kaltes Bier	alte Leute
ACCUSATIVE	guten Wein	frische Milch	kaltes Bier	alte Leute
GENITIVE	guten Weins	frischer Milch	kalten Biers	alter Leute
DATIVE	gutem Wein	frischer Milch	kaltem Bier	alten Leuten

4.5 Adjectives as nouns

In German, adjectives can be used as nouns, spelt with a capital letter: **alt** = *old*, **ein Alter** = *an old man*, **eine Alte** = *an old woman*.

With the definite article (**der**, **die**, **das**), these nouns take the following endings:

| | SINGULAR | | | PLURAL |
	masculine	**feminine**	**neuter**	**all genders**
NOMINATIVE	der Alte	die Alte	das Alte	die Alten
ACCUSATIVE	den Alten	die Alte	das Alte	die Alten
GENITIVE	des Alten	der Alten	des Alten	der Alten
DATIVE	dem Alten	der Alten	dem Alten	den Alten

Adjectives can be used in this way in the neuter, usually to express an abstract concept: **das Gute** = *the good* (nominative and accusative), **des Guten** (genitive), **dem Guten** (dative).

With the indefinite article (**ein, eine, ein**), these nouns take the following endings:

	SINGULAR			PLURAL
	masculine	feminine	neuter	all genders without an article
NOMINATIVE	ein Alter	eine Alte	ein Altes	Alte
ACCUSATIVE	einen Alten	eine Alte	ein Altes	Alte
GENITIVE	eines Alten	einer Alten	eines Alten	Alter
DATIVE	einem Alten	einer Alten	einem Alten	Alten

4.6 Comparatives and superlatives of adjectives

In English, the comparative of the adjective *small* is *smaller*, and of *difficult* is *more difficult*. The superlatives are *smallest* and *most difficult*. In German, there is just one way to form the comparative and superlative: by adding the endings **-er** and **-(e)st**:

> klein, kleiner, der/die/das kleinste = *small, smaller, smallest*

Many adjectives whose stem vowel is **-a-, -o-**, or **-u-** take an umlaut to become **-ä-, -ö-** or **-ü-**, in the comparative and superlative:

> kalt, kälter, der/die/das kälteste = *cold, colder, coldest*
> grob, gröber, der/die/das gröbste = *rude, ruder, rudest*
> jung, jünger, der/die/das jüngste = *young, younger, youngest*

Some important adjectives are irregular:

> groß, größer, der/die/das größte = *big, bigger, biggest*
> gut, besser, der/die/das beste = *good, better, best*
> hoch, höher, der/die/das höchste = *high, higher, highest*
> viel, mehr, der/die/das meiste = *much, more, most*
> nah, näher, der/die/das nächste = *near, nearer, nearest*

Comparative and superlative adjectives take the same endings as basic adjectives:

> ein kleineres Kind = *a smaller child*
> ein billigerer Hut = *a cheaper hat*
> der kälteste Monat = *the coldest month*
> die nächste Bushaltestelle = *the nearest bus stop*

5 Adverbs

5.1 In German almost all adjectives can also be used as adverbs. Adverbs can modify a verb, an adjective, or another adverb.

> sie singt schön (adverb: schön + verb: singt) = *she sings beautifully*
> sie war schnell fertig (adverb: schnell + adjective: fertig) = *she was ready quickly*
> er fährt sehr langsam (adverb: sehr + adverb: langsam) = *he drives very slowly*

The following important adverbs are invariable: **auch** = *also*, **fast** = *almost*, **immer** = *always*, **sehr** = *very*, **leider** = *unfortunately*

> sie ist sehr klug = *she is very clever*

5.2 Comparatives and superlatives of adverbs

The comparative is formed by adding **-er** to the basic adverb, and the superlative by adding the ending **-(e)sten** to the basic adverb and putting **am** in front:

> klar, klarer, am klarsten = *clearly, more clearly, most clearly*

Some important adverbs are irregular:

> bald, früher, am frühesten = *soon, earlier, at the earliest*
> gut, besser, am besten = *well, better, best*
> gern, lieber, am liebsten = *willingly, more willingly, most willingly*

5.3 Adverbs of time

There are many adverbs and adverbial expressions of time. They are invariable. Some common ones are:

> morgens = *in the morning*   wochenlang, jahrelang *etc* = *for weeks, for years* etc
> nachmittags = *in the afternoon*   montags, dienstags *etc* = *on Mondays, Tuesdays* etc
> nachts = *in the night*

> bald = *soon*   jetzt = *now*
> endlich = *in the end*   kürzlich = *recently*
> immer, stets = *always*   wieder = *again*

5.4 Adverbs of order

The use of adverbs and adverbial expressions to convey order is frequent in German. Here are some common patterns of usage:

> erstens = *firstly*   zum ersten Mal = *for the first time*
> zweitens = *secondly*   zum zweiten Mal = *for the second time*
> drittens = *thirdly*   zum dritten Mal = *for the third time*

---

6 Pronouns

Pronouns are words that can replace a noun. Examples in English are: *I, you, he, she, it, which, theirs, mine, yours.*

6.1 Personal pronouns

These pronouns, such as **er**, **sie**, **es** = *he/she/it*, refer to people or things.

	I	you	he/it	she/it	it	we	you	they	you
NOMINATIVE	ich	du	er	sie	es	wir	ihr	sie	Sie
	me	you	him/it	her/it	it	us	you	them	you
ACCUSATIVE	mich	dich	ihn	sie	es	uns	euch	sie	Sie
DATIVE	mir	dir	ihm	ihr	ihm	uns	euch	ihnen	Ihnen

The genitive form is not given, because it is so rarely used.

In German there are two forms for *you*, **du** and **Sie**. **Du** (plural **ihr**) is informal and is used when speaking to a child, a member of your family, or someone you know well. When speaking to a person or a group of people you do not know very well, use the polite form, **Sie**.

German pronouns agree in gender with the noun they refer to. In the nominative case, *it* can be be translated by **er** or **sie**, as well as **es**:

er (der Bleistift) ist rot = *it (the pencil) is red*
sie (die Rose) ist schön = *it (the rose) is beautiful*
es (das Auto) ist teuer = *it (the car) is expensive*

6.2 Possessive pronouns

The possessive pronouns are:

meiner/meine/mein(e)s = *mine*   unserer/unsere/unser(e)s = *ours*
deiner/deine/dein(e)s = *yours*   eurer/eure/eures = *yours*
(informal singular)   (informal plural)
seiner/seine/sein(e)s = *his*   ihrer/ihre/ihr(e)s = *theirs*
ihrer/ihre/ihr(e)s = *hers*   Ihrer, Ihre, Ihr(e)s = *yours* (polite)
seiner/seine/sein(e)s = *its*

They all take endings like **meiner/meine/mein(e)s**, as follows:

	SINGULAR			PLURAL
	masculine	feminine	neuter	all genders
NOMINATIVE	meiner	meine	mein(e)s	meine
ACCUSATIVE	meinen	meine	mein(e)s	meine
GENITIVE	meines	meiner	meines	meine
DATIVE	meinem	meiner	meinem	meinen

As can be seen in the table, in the neuter form an -e- can be added (making **meines**). This applies to all the possessive pronouns, but the extra -e- is rare.

6.3 Relative pronouns

Relative pronouns link a main clause to a subordinate clause. In English they are *who*, *which*, *that*, and *what*. In German they are **der**, **die**, or **das**, depending on the noun referred to:

	SINGULAR			PLURAL
	masculine	feminine	neuter	all genders
NOMINATIVE	der	die	das	die
ACCUSATIVE	den	die	das	die
GENITIVE	dessen	deren	dessen	deren
DATIVE	dem	der	dem	denen

Relative pronouns can be left out in English, but never in German:

das Buch, das ich lese   = *the book (that) I'm reading*

They agree in gender and number with the noun they refer back to:

der Mann, der uns besucht hat   = *the man who visited us*

(**der** is masculine singular)

der Mann, dessen Frau den Wagen = *the man, whose wife had rented the car,*
vermietet hatte, wusste es nicht   *did not know about it*

The case of the pronoun depends on its function in the clause it introduces:

> der Bleistift, den ich gestern gekauft habe = *the pencil I bought yesterday*

(**den** is masculine singular, and accusative, because it is the object of the clause it introduces)

6.4 Interrogative pronouns

These pronouns are used to ask questions:

> wer? = *who?*   was? = *what?*   welcher/welche/welches? = *which?*

Wer changes as follows:

> NOMINATIVE wer?   ACCUSATIVE wen?   GENITIVE wessen?   DATIVE wem?
>
> wer sprach? = *who was speaking?*
> wen trafst du? = *who (whom) did you meet?*
> wessen Buch ist das? = *whose book is that?*
> mit wem spricht er? = *who is he talking to?*

Was? is invariable.

> was ist das? = *what is that?*

Welcher: The forms are the same as those given for dieser on page 934.

> welche Zeitung hast du gekauft? = *which newspaper have you bought?*

Was für ein ... ? This expression means 'what kind or sort of ...?' **Ein** takes the endings according to whether the noun qualified is the subject, object, or indirect object.

> was für ein Mann/eine Frau ist das? (subject) = *what sort of a man/woman is that?*
> was für ein Geschenk bekam er? (object) = *what sort of a present did he get?*
> was für Zeitungen haben Sie? (plural object) = *what sort of newspapers do you have?*

6.5 Reflexive pronouns

The object of a reflexive verb is the same as its subject. In German, the object is a reflexive pronoun. This is usually in the accusative (**ich wasche mich** = *I wash myself*). The reflexive pronouns of some verbs are in the dative (**ich stelle mir vor** = *I imagine*).

The following table shows which accusative reflexive pronoun corresponds to the normal (nominative) personal pronoun.

ich	mich	wir	uns
du	dich	ihr	euch
er, sie, es, man	sich	sie, Sie	sich

> sie erinnern sich daran = *they remember it*
> es bewegt sich = *it's moving*

The dative forms are the same as the above, except for the **ich** and **du** forms: **ich: mir; du: dir.**

6.6 Indefinite pronouns

Some of these pronouns take endings according to whether they are the subject, object, or indirect object in the sentence. Among those that do are: **jemand** = *someone* or *somebody*, **niemand** = *no one* or *nobody*, **irgend jemand** = *anyone* or *anybody*.

	someone	no one	anyone
NOMINATIVE	jemand	niemand	irgend jemand
ACCUSATIVE	jemanden	niemanden	irgend jemanden
DATIVE	jemandem	niemandem	irgend jemandem

jemand hat mein Fahrrad genommen = *someone has taken my bicycle*
sie sah niemanden = *she saw no one*
er gab es jemandem = *he gave it to someone*

The genitive case is rarely used.

6.7 One

The pronoun *one* is translated by **einer**, **eine**, **eines/eins**, which take
the endings already given in section 6.2 for singular possessive pronouns,
according to their function in the sentence.

trinken wir ein(e)s? (ein Bier) = *shall we have one? (a beer)*
einer von uns muss es tun = *one of us must do it*

Similarly **keiner**, **keine**, **keines/keins** = *no one/nobody*, *nothing* (neuter)
take the endings according to their function in the sentence.

keiner will ihn begleiten = *no one wants to go with him*

Indefinite pronouns which are invariable are:

something = etwas; *everything* = alles; *nothing* = nichts
gefällt noch etwas? = *would you like something else?*
sie nahm alles = *she took everything*
er weiß nichts = *he knows nothing*

Note that *everything new* is translated by **alles Neue** and *something/
nothing new* by **etwas/nichts Neues**.

something good has happened = etwas Gutes ist geschehen

---

7 Prepositions

Prepositions are words like *above*, *in*, *under* that convey the idea of place
and come in front of a noun or pronoun. In German, the noun following a
preposition always has to be in one of three cases: dative, accusative, or
genitive.

Prepositions can also be prefixes and form separable verbs:

die Straße entlanggehen = *to walk along the street*
er geht die Straße entlang = *he is walking along the street*

In the dictionary, the case governed by a preposition is given as follows:

mit A *Präp. mit Dat.*

This means that **mit** always takes the dative case.

The following prepositions always take the dative:

aus   bei   mit   nach   seit   von   zu

The following prepositions always take the accusative:

bis   durch   entlang   für   gegen   ohne   um

The following prepositions always take the genitive:

anstatt   während   trotz   wegen

There is a group of prepositions that can take the dative or the accusative, depending on the sense of the sentence.

They are:

an   auf   außer   hinter   in   unter   neben   vor   über   zwischen

If the speaker wishes to convey the idea that someone or something is stationary, the dative case is used:

sie saß in der Küche = *she sat in the kitchen*
es liegt auf dem Tisch = *it's lying on the table*

But if the speaker wishes to convey the idea of movement the accusative case is used:

sie ging in die Küche = *she went into the kitchen*
er legte den Beutel auf den Tisch = *he put the bag on the table*

Note the expressions **nach Hause** and **zu Hause**: **nach Hause** = *home* (*homewards*), and **zu Hause** = *at home*.

Some forms of the definite article are usually shortened when used with certain prepositions:

am (an dem)	**ans** (an das)	**aufs** (auf das)	**beim** (bei dem)
durchs (durch das)	**fürs** (für das)	**im** (in dem)	**ins** (in das)
ums (um das)	**vom** (von dem)	**zum** (zu dem)	**zur** (zu der)

8 Conjunctions

Conjunctions are words, such as **und** = *and*, **aber** = *but*, which link clauses in a sentence.

Some common conjunctions are:

aber = *but*   denn = *for*   oder = *or*   sondern = *but (on the contrary)*   und = *and*

These conjunctions do not change normal word order in the two clauses:

ich gehe und er kommt auch = *I am going and he is coming too*

This is because the clauses are of equal weight or importance.

Conjunctions which introduce a subordinate clause make the verb in the subordinate clause appear at the end:

als = *when*, = *as*	bevor = *before*	bis = *until*	da = *since*	dass = *that*
ob = *whether*	während = *while*	wenn = *when*, = *if*	weil = *because*	

als er das erfuhr, wollte er nicht mitkommen	= *when he found out, he didn't want to come*
er konnte nicht in die Schule gehen, weil er krank war	= *he couldn't go to school, because he was ill*
wenn sie in die Stadt geht, nimmt sie immer ihre Handtasche	= *when she goes to town, she always takes her handbag*

9 Word order

The basic rule for German word order is that the verb comes second in a sentence. The subject of the sentence usually comes before the verb:

meine Mutter fährt am Freitag nach Köln = *my mother is going to Cologne on Friday*

When the verb used is in a compound tense, such as the perfect and the future tenses, the auxiliary verb comes second in the sentence, while the past participle (in the perfect) or infinitive (in the future tense) goes to the end:

wir haben sehr lang gewartet = *we waited a very long time*
sie wird sicher bald kommen = *she is sure to come soon*

Infinitives go to the end in other sentences too, as when used with modal verbs or the verb **lassen**:

ich kann dieses Lied nicht leiden = *I can't stand this song*
du musst hier bleiben = *you must stay here*
ich lasse mir die Haare schneiden = *I'm going to have my hair cut*

In questions the normal order of the subject and the verb is inverted, as in English:

kommst du heute Abend? = *are you coming this evening?*

In commands the verb is placed first:

komm schnell rein! = *come in quickly!*

Subordinate clauses

A speaker or writer may start a sentence with a subordinate clause in order to introduce variety or for effect. In this case the verb stays in second place, after the subordinate clause, and the subject of the main clause follows the verb; **blieb** in the example below:

da ich kein Geld hatte, blieb ich zu Hause = *since I had no money, I stayed at home*

In the subordinate clause itself, the verb goes to the end; *cf.* **hatte** in the previous example and **war** in the following one:

er konnte nicht in die Schule gehen, weil er krank war

The relative pronouns **der**, **die**, and **das**, as well as conjunctions such as **als** = *when*, **dass** = *that*, **weil** = *because*, introduce subordinate clauses and therefore cause the verb to go to the end of the subordinate clause. (See section 8, *Conjunctions*, for more examples.)

der Junge, der hier wohnt, ist in der Schule = *the boy, who lives here, is at school*
die Soldaten, die gestern hier waren, = *the soldiers, who were here yesterday,*
haben nicht bezahlt *did not pay*

When separable verbs separate, the prefix goes to the end:

der Film fängt um acht Uhr an = *the film starts at 8 o'clock*
wann kommt der Zug an? = *when does the train arrive?*

When there are a number of phrases in a sentence, the usual order for the different elements is: 1 time, 2 manner, 3 place:

wir fahren heute mit dem Auto nach München = *we are driving to Munich today*

(*time* = heute; *manner* = mit dem Auto; *place* = nach München)

German irregular verbs

1st, 2nd, and 3rd person present and imperative forms are given after the infinitive, and preterite subjunctive forms after the preterite indicative, where they take an umlaut, change *e* to *i*, etc.

Compound verbs (including verbs with prefixes) are only given if a) they do not take the same forms as the corresponding simple verb, e.g. *befehlen*, or b) there is no corresponding simple verb, e.g. *bewegen*.

An asterisk (*) indicates a verb which is also conjugated regularly.

Infinitive *Infinitiv*	Preterite *Präteritum*	Past Participle *2. Partizip*
abwägen	wog (wöge) ab	abgewogen
backen (du bäckst, er bäckt; *auch*: du backst, er backt)	backte, *älter*: buk (büke)	gebacken
befehlen (du befiehlst, er befiehlt; befiehl!)	befahl (beföhle, befähle)	befohlen
beginnen	begann (begänne, *seltener*: begönne)	begonnen
beißen	biss	gebissen
bergen (du birgst, er birgt; birg!)	barg (bärge)	geborgen
bersten (du birst, er birst; birst!)	barst (bärste)	geborsten
besinnen	besann (besänne)	besonnen
bewegen2	bewog (bewöge)	bewogen
biegen	bog (böge)	gebogen
bieten	bot (böte)	geboten
binden	band (bände)	gebunden
bitten	bat (bäte)	gebeten
blasen (du bläst, er bläst)	blies	geblasen
bleiben	blieb	geblieben
bleichen*	blich	geblichen
braten (du brätst, er brät)	briet	gebraten
brechen (du brichst, er bricht; brich!)	brach (bräche)	gebrochen
brennen	brannte (brennte)	gebrannt
bringen	brachte (brächte)	gebracht
denken	dachte (dächte)	gedacht
dreschen (du drischst, er drischt; drisch!)	drosch (drösche)	gedroschen
dringen	drang (dränge)	gedrungen
dürfen (ich darf, du darfst, er darf)	durfte (dürfte)	gedurft
empfehlen (du empfiehlst, er empfiehlt, empfiehl!)	empfahl (empföhle, *seltener*: empfähle)	empfohlen
erklimmen	erklomm (erklömme)	erklommen
erlöschen (du erlischst, er erlischt; erlisch!)	erlosch (erlösche)	erloschen
erschallen*	erscholl (erschölle)	erschollen
erschrecken1,3 (du erschrickst, er erschrickt; erschrick!)	erschrak (erschäke)	erschrocken
erwägen	erwog (erwöge)	erwogen

German irregular verbs

Infinitive *Infinitiv*	Preterite *Präteritum*	Past Participle *2. Partizip*
essen (du isst, er isst; iss!)	aß (äße)	gegessen
fahren (du fährst, er fährt)	fuhr (führe)	gefahren
fallen (du fällst, er fällt)	fiel	gefallen
fangen (du fängst, er fängt)	fing	gefangen
fechten (du fichtst, er ficht; ficht!)	focht (föchte)	gefochten
finden	fand (fände)	gefunden
flechten (du flichtst, er flicht; flicht!)	flocht (flöchte)	geflochten
fliegen	flog (flöge)	geflogen
fliehen	floh (flöhe)	geflohen
fließen	floss (flösse)	geflossen
fressen (du frisst, er frisst; friss!)	fraß (fräße)	gefressen
frieren	fror (fröre)	gefroren
gären*	gor (gäre)	gegoren
gebären (*geh.*: du gebierst, sie gebiert; gebier!)	gebar (gebäre)	geboren
geben (du gibst, er gibt; gib!)	gab (gäbe)	gegeben
gedeihen	gedieh	gediehen
gehen	ging	gegangen
gelingen	gelang (gelänge)	gelungen
gelten (du giltst, er gilt; gilt!)	galt (gölte, gälte)	gegolten
genesen	genas (genäse)	genesen
genießen	genoss (genösse)	genossen
geschehen (es geschieht)	geschah (geschähe)	geschehen
gewinnen	gewann (gewönne, gewänne)	gewonnen
gießen	goss (gösse)	gegossen
gleichen	glich	geglichen
gleiten	glitt	geglitten
glimmen	glomm (glömme)	geglommen
graben (du gräbst, er gräbt)	grub (grübe)	gegraben
greifen	griff	gegriffen
haben (du hast, er hat)	hatte (hätte)	gehabt
halten (du hältst, er hält)	hielt	gehalten
hängen[1]	hing	gehangen
hauen	haute, *geh.*: hieb	gehauen
heben	hob (höbe)	gehoben
heißen	hieß	geheißen
helfen (du hilfst, er hilft; hilf!)	half (hülfe, *selten:* hälfe)	geholfen
kennen	kannte (kennte)	gekannt
klingen	klang (klänge)	geklungen
kneifen	kniff	gekniffen
kommen	kam (käme)	gekommen
können (ich kann, du kannst, er kann)	konnte (könnte)	gekonnt
kriechen	kroch (kröche)	gekrochen
laden[1,2] (du lädst, er lädt)	lud (lüde)	geladen
lassen (du lässt, er lässt)	ließ	gelassen
laufen (du läufst, er läuft)	lief	gelaufen
leiden	litt	gelitten
leihen	lieh	geliehen
lesen[1,2] (du liest, er liest; lies!)	las (läse)	gelesen
liegen	lag (läge)	gelegen
lügen	log (löge)	gelogen
mahlen	mahlte	gemahlen
meiden	mied	gemieden
melken* (du milkst, er milkt; milk!; du melkst, er melkt; melke!)	molk (mölke)	gemolken
messen (du misst, er misst; miss!)	maß (mäße)	gemessen
misslingen	misslang (misslänge)	misslungen
mögen (ich mag, du magst, er mag)	mochte (möchte)	gemocht

German irregular verbs

Infinitive *Infinitiv*	Preterite *Präteritum*	Past Participle *2. Partizip*
müssen (ich muss, du musst, er muss)	musste (müsste)	gemusst
nehmen (du nimmst, er nimmt; nimm!)	nahm (nähme)	genommen
nennen	nannte (nennte)	genannt
pfeifen	pfiff	gepfiffen
preisen	pries	gepriesen
quellen (du quillst, er quillt; quill!)	quoll (quölle)	gequollen
raten (du rätst, er rät)	riet	geraten
reiben	rieb	gerieben
reißen	riss	gerissen
reiten	ritt	geritten
rennen	rannte (rennte)	gerannt
riechen	roch (röche)	gerochen
ringen	rang (ränge)	gerungen
rinnen	rann (ränne, *seltener*: rönne)	geronnen
rufen	rief	gerufen
salzen*	salzte	gesalzen
saufen (du säufst, er säuft)	soff (söffe)	gesoffen
saugen*	sog (söge)	gesogen
schaffen*	schuf (schüfe)	geschaffen
schallen*	scholl (schölle)	geschallt
scheiden	schied	geschieden
scheinen	schien	geschienen
scheißen	schiss	geschissen
schelten (du schiltst, er schilt; schilt!)	schalt (schölte)	gescholten
scheren[1]	schor (schöre)	geschoren
schieben	schob (schöbe)	geschoben
schießen	schoss (schösse)	geschossen
schinden	schindete	geschunden
schlafen (du schläfst, er schläft)	schlief	geschlafen
schlagen (du schlägst, er schlägt)	schlug (schlüge)	geschlagen
schleichen	schlich	geschlichen
schleifen[1]	schliff	geschliffen
schließen	schloss (schlösse)	geschlossen
schlingen	schlang (schlänge)	geschlungen
schmeißen	schmiss	geschmissen
schmelzen (du schmilzt, er schmilzt; schmilz!)	schmolz	geschmolzen
schneiden	schnitt	geschnitten
schrecken* (du schrickst, er schrickt; schrick!)	schrak (schräke)	geschreckt
schreiben	schrieb	geschrieben
schreien	schrie	geschrie[e]n
schreiten	schritt	geschritten
schweigen	schwieg	geschwiegen
schwellen (du schwillst, er schwillt; schwill!)	schwoll (schwölle)	geschwollen
schwimmen	schwamm (schwömme, *seltener*: schwämme)	geschwommen
schwinden	schwand (schwände)	geschwunden
schwingen	schwang (schwänge)	geschwungen
schwören	schwor (schwüre)	geschworen
sehen (du siehst, er sieht; sieh[e]!)	sah (sähe)	gesehen
sein (ich bin, du bist, er ist, wir sind, ihr seid, sie sind; sei!)	war (wäre)	gewesen
senden*	sandte (sendete)	gesandt
sieden*	sott (sötte)	gesotten
singen	sang (sänge)	gesungen
sinken	sank (sänke)	gesunken

Infinitive / *Infinitiv*	Preterite / *Präteritum*	Past Participle / 2. *Partizip*
sitzen	saß (säße)	gesessen
sollen (ich soll, du sollst, er soll)	sollte	gesollt
spalten*	spaltete	gespalten
speien	spie	gespie[e]n
spinnen	spann (spönne, spänne)	gesponnen
sprechen (du sprichst, er spricht; sprich!)	sprach (spräche)	gesprochen
sprießen	spross (sprösse)	gesprossen
springen	sprang	gesprungen
stechen (du stichst, er sticht; stich!)	stach (stäche)	gestochen
stehen	stand (stünde, *auch*: stände)	gestanden
stehlen (du stiehlst, er stiehlt; stiehl!)	stahl (stähle, *seltener*: stöhle)	gestohlen
steigen	stieg	gestiegen
sterben (du stirbst, er stirbt; stirb!)	starb (stürbe)	gestorben
stinken	stank (stänke)	gestunken
stoßen (du stößt, er stößt)	stieß	gestoßen
streichen	strich	gestrichen
streiten	stritt	gestritten
tragen (du trägst, er trägt)	trug (trüge)	getragen
treffen (du triffst, er trifft; triff!)	traf (träfe)	getroffen
treiben	trieb	getrieben
treten (du trittst, er tritt; tritt!)	trat (träte)	getreten
triefen*	troff (tröffe)	getroffen
trinken	trank (tränke)	getrunken
trügen	trog (tröge)	getrogen
tun	tat (täte)	getan
verderben (du verdirbst, er verdirbt; verdirb!)	verdarb (verdürbe)	verdorben
verdrießen	verdross (verdrösse)	verdrossen
vergessen (du vergisst, er vergisst, vergiss!)	vergaß (vergäße)	vergessen
verlieren	verlor (verlöre)	verloren
verschleißen*	verschliss	verschlissen
verzeihen	verzieh	verziehen
wachsen¹ (du wächst, er wächst)	wuchs (wüchse)	gewachsen
waschen (du wäschst, er wäscht)	wusch (wüsche)	gewaschen
weichen	wich	gewichen
weisen	wies	gewiesen
wenden²*	wandte (wendete)	gewandt
werben (du wirbst, er wirbt; wirb!)	warb (würbe)	geworben
werden (du wirst, er wird; werde!)	wurde, *dichter*.: ward (würde)	geworden; *als Hilfsverb*: worden
werfen (du wirfst, er wirft; wirf!)	warf (würfe)	geworfen
wiegen¹	wog (wöge)	gewogen
winden	wand (wände)	gewunden
wissen (ich weiß, du weißt, er weiß)	wusste (wüsste)	gewusst
wollen (ich will, du willst, er will)	wollte	gewollt
wringen	wrang (wränge)	gewrungen
ziehen	zog (zöge)	gezogen
zwingen	zwang (zwänge)	gezwungen

Englische unregelmäßige Verben

Ein Sternchen (*) weist darauf hin, dass die korrekte Form von der jeweiligen Bedeutung abhängt.

Infinitive / Infinitiv	Past Tense / Präteritum	Past Participle / 2. Partizip
arise	arose	arisen
awake	awoke	awoken
be	was *sing.*, were *pl.*	been
bear	bore	borne
beat	beat	beaten
become	became	become
begin	began	begun
bend	bent	bent
bet	bet, betted	bet, betted
bid	*bade, bid	*bidden, bid
bind	bound	bound
bite	bit	bitten
bleed	bled	bled
blow	blew	blown
break	broke	broken
breed	bred	bred
bring	brought	brought
broadcast	broadcast	broadcast
build	built	built
burn	burnt, burned	burnt, burned
burst	burst	burst
bust	bust, busted	bust, busted
buy	bought	bought
cast	cast	cast
catch	caught	caught
choose	chose	chosen
cling	clung	clung
come	came	come
cost	*cost, costed	*cost, costed
creep	crept	crept
cut	cut	cut
deal	dealt	dealt
dig	dug	dug
dive	dived, (*AmE*) dove	dived
do	did	done
draw	drew	drawn
dream	dreamt, dreamed	dreamt, dreamed
drink	drank	drunk
drive	drove	driven
dwell	dwelt	dwelt
eat	ate	eaten
fall	fell	fallen
feed	fed	fed
feel	felt	felt
fight	fought	fought

Infinitive / Infinitiv	Past Tense / Präteritum	Past Participle / 2. Partizip
find	found	found
flee	fled	fled
fling	flung	flung
floodlight	floodlit	floodlit
fly	flew	flown
forbid	forbade, forbad	forbidden
forecast	forecast, forecasted	forecast, forecasted
foretell	foretold	foretold
forget	forgot	forgotten
forgive	forgave	forgiven
forsake	forsook	forsaken
freeze	froze	frozen
get	got	got, (*AmE*) gotten
give	gave	given
go	went	gone
grind	ground	ground
grow	grew	grown
hang	*hung, hanged	*hung, hanged
have	had	had
hear	heard	heard
hew	hewed	hewn, hewed
hide	hid	hidden
hit	hit	hit
hold	held	held
hurt	hurt	hurt
keep	kept	kept
kneel	knelt, (*esp. AmE*) kneeled	knelt, (*esp. AmE*) kneeled
know	knew	known
lay	laid	laid
lead	led	led
lean	leaned, (*BrE*) leant	leaned, (*BrE*) leant
leap	leapt, leaped	leapt, leaped
learn	learnt, learned	learnt, learned
leave	left	left
lend	lent	lent
let	let	let
lie³	lay	lain
light	lit, lighted	lit, lighted
lose	lost	lost
make	made	made

Infinitive	Past Tense	Past Participle
Infinitiv	*Präteritum*	*2. Partizip*
mean........	meant	meant
meet	met...........	met
mow	mowed	mown, mowed
overhang	overhung	overhung
pay..........	paid	paid
prove........	proved........	proved, proven
put..........	put	put
quit	quitted, ...	quitted,
	(*AmE*) quit	(*AmE*) quit
read /riːd/....	read /red/	read /red/
rid	rid.............	rid
ride	rode	ridden
ring³	rang	rung
rise	rose	risen
run	ran	run
saw	sawed.........	sawn, sawed
say	said...........	said
see	saw...........	seen
seek	sought	sought
sell..........	sold	sold
send.........	sent	sent
set	set............	set
sew	sewed	sewn, sewed
shake	shook.........	shaken
shear........	sheared	shorn,
		sheared
shed.........	shed	shed
shine........	shone.........	shone
shit	shitted, shit ...	shitted, shit
shoe.........	shod..........	shod
shoot........	shot	shot
show	showed	shown
shrink.......	shrank........	shrunk
shut.........	shut	shut
sing	sang	sung
sink	sank, sunk	sunk
sit...........	sat............	sat
slay	slew	slain
sleep	slept..........	slept
slide	slid	slid
sling	slung	slung
slink	slunk	slunk
slit..........	slit	slit
smell........	smelt, smelled..	smelt, smelled
sow	sowed	sown, sowed
speak........	spoke.........	spoken
speed	*sped,........	*sped,
	speeded	speeded
spell	spelled, ...	spelled,
	(*BrE*) spelt	(*BrE*) spelt

Infinitive	Past Tense	Past Participle
Infinitiv	*Präteritum*	*2. Partizip*
spend	spent	spent
spill.........	spilt, spilled ...	spilt, spilled
spin.........	spun..........	spun
spit	spat, spit	spat, spit
split.........	split	split
spoil	spoilt, spoiled ..	spoilt, spoiled
spread.......	spread	spread
spring.......	sprang, ...	sprung
	(*AmE*)	
	sprung	
stand........	stood	stood
steal........	stole..........	stolen
stick	stuck	stuck
sting	stung	stung
stink	stank, stunk ...	stunk
strew........	strewed.......	strewed,
		strewn
stride	strode	stridden
strike	struck	struck
string	strung	strung
strive	strove	striven
sublet	sublet	sublet
swear	swore.........	sworn
sweep	swept.........	swept
swell	swelled	swollen,
		swelled
swim........	swam.........	swum
swing	swung	swung
take.........	took	taken
teach	taught	taught
tear	tore	torn
tell..........	told...........	told
think........	thought	thought
thrive	thrived, ...	thrived,
	throve	thriven
throw	threw.........	thrown
thrust	thrust	thrust
tread........	trod	trodden, trod
understand..	understood....	understood
undo	undid.........	undone
wake	woke	woken
wear	wore..........	worn
weave¹	wove	woven
weep	wept..........	wept
wet	wet, wetted ...	wet, wetted
win	won	won
wind²	wound	wound
	/waʊnd/	/waʊnd/
wring	wrung	wrung
write........	wrote.........	written

Numbers / Zahlen

Cardinal numbers	Kardinalzahlen	Ordinal numbers	Ordinalzahlen
1 one	1 eins, ein...	1st first	1. erst...
2 two	2 zwei	2nd second	2. zweit...
3 three	3 drei	3rd third	3. dritt...
4 four	4 vier	4th fourth	4. viert...
5 five	5 fünf	5th fifth	5. fünft...
6 six	6 sechs	6th sixth	6. sechst...
7 seven	7 sieben	7th seventh	7. siebt..., siebent...
8 eight	8 acht	8th eighth	8. acht...
9 nine	9 neun	9th ninth	9. neunt...
10 ten	10 zehn	10th tenth	10. zehnt...
11 eleven	11 elf	11th eleventh	11. elft...
12 twelve	12 zwölf	12th twelfth	12. zwölft...
13 thirteen	13 dreizehn	13th thirteenth	13. dreizehnt...
14 fourteen	14 vierzehn	14th fourteenth	14. vierzehnt...
15 fifteen	15 fünfzehn	15th fifteenth	15. fünfzehnt...
16 sixteen	16 sechzehn	16th sixteenth	16. sechzehnt...
17 seventeen	17 siebzehn	17th seventeenth	17. siebzehnt...
18 eighteen	18 achtzehn	18th eighteenth	18. achtzehnt...
19 nineteen	19 neunzehn	19th nineteenth	19. neunzehnt...
20 twenty	20 zwanzig	20th twentieth	20. zwanzigst...
21 twenty-one	21 einundzwanzig	21st twenty-first	21. einundzwanzigst...
30 thirty	30 dreißig	30th thirtieth	30. dreißigst...
40 forty	40 vierzig	40th fortieth	40. vierzigst...
50 fifty	50 fünfzig	50th fiftieth	50. fünfzigst...
60 sixty	60 sechzig	60th sixtieth	60. sechzigst...
70 seventy	70 siebzig	70th seventieth	70. siebzigst...
80 eighty	80 achtzig	80th eightieth	80. achtzigst...
90 ninety	90 neunzig	90th ninetieth	90. neunzigst...
100 one hundred	100 [ein]hundert	100th [one] hundredth	100. [ein]hundertst...
101 one hundred and one	101 [ein]hundert[und]eins	101st [one] hundred and first	101. [ein]hundert[und]erst...
1,000 one thousand	1 000 [ein]tausend	1,000th [one] thousandth	1 000. [ein]tausendst...
1,001 one thousand and one	1 001 [ein]tausend[und]eins	1,001st one thousand and first	1 001. [ein]tausend[und]erst...
10,000 ten thousand	10 000 zehntausend	10,000th ten thousandth	10 000. zehntausendst...
13,438 thirteen thousand, four hundred and thirty-eight	13 438 dreizehntausendvierhundert[und]achtunddreißig	13,438th thirteen thousand, four hundred and thirty-eighth	13 438. dreizehntausendvierhundert[und]achtunddreißigst...
100,000 one hundred thousand	100 000 [ein]hunderttausend	100,000th [one] hundred thousandth	100 000. [ein]hunderttausendst...
1,000,000 one million	1 000 000 eine Million	1,000,000th [one] millionth	1 000 000. millionst...
2,000,000 two million	2 000 000 zwei Millionen	2,000,000th two millionth	2 000 000. zweimillionst...
1,000,000,000 one billion	1 000 000 000 eine Milliarde	1,000,000,000th one billionth	1 000 000 000. milliardst...

Vulgar fractions and mixed numbers / Brüche (gemeine Brüche) und gemischte Zahlen

in figures in Zahlen	in words	in Worten		in figures in Zahlen	in words	in Worten
$1/2$	a/one half	ein halb		$1/1$	one over one	ein eintel
$1/3$	a/one third	ein drittel		$4/1$	four over one	vier eintel
$1/4$	a/one quarter	ein viertel		m/n	m over n	m n-tel
$1/10$	a/one tenth	ein zehntel		$x/6$	x over six	x sechstel
$2/3$	two-thirds	zwei drittel		$1\,1/2$	one and a half	ein[und]einhalb

Decimal numbers / Dezimalzahlen

written as	geschrieben	spoken as	gesprochen
0.1	0,1	nought point one	null Komma eins
0.015	0,015	nought point nought one five	null Komma null eins fünf
1.40	1,40	one point four o /əʊ/	eins Komma vier null